U1019000

古軒轅黃帝像

## 《群书治要考译》编辑委员会


题　词：习仲勋　符　浩

顾　问：符　浩（原全国人大常委、外委会副主任、陕西魏征研究会名誉会长）
　　　　李溪博（原陕西省人大常委会主任、陕西魏征研究会名誉会长）

总策划：吕效祖

策　划：赵保玉　张学谦　王志伟
　　　　张爱玲　张耀武　郭永峰

主　编：吕效祖　赵保玉　张耀武

执行主编：石　岗　马益玲　肖祥剑

译　文：（以姓氏笔划为序）

马守君　王井南　吕效祖　刘　俊　刘淑环
杨新育　余炳毛　张　泓　张玉霞　张须眉
张爱玲　张耀武　武天合　赵保玉　高长安
蔡庄伟　樊为之　樊建夫

为《"群书治要"考译》题：

# 古镜今鉴

习仲勋

二〇〇一年三月二十五日

以古爲鏡可以知興替以人爲鏡可以明得失

一九九一年春 符浩

# 群書治要

考譯

（唐）魏征 虞世南 褚遂良 等撰

吕效祖 赵保玉 张耀武 主编

第一册

周易 尚书 毛诗 春秋左氏传 礼记 周礼 周书

国语 韩诗外传 孝经 论语 孔子家语 史记

團結出版社

**图书在版编目（CIP）数据**

群书治要考译/吕效祖，赵保玉编．—北京：团结出版社，2011.5（2014.9重印）

ISBN 978-7-5126-0427-8

Ⅰ．①群… Ⅱ．①吕…②赵… Ⅲ．①政书－中国－唐代 Ⅳ．①D691.5

中国版本图书馆CIP数据核字(2011)第071929号

**出版**：团结出版社

（北京市东城区东皇根南街84号 邮编：100006）

**电话**：（010）65228880 65244790

**网址**：http://www.tjpress.com

**Email**：65244790@163.com

**经销**：全国新华书店

**印刷**：三河市祥达印刷包装有限公司

**装订**：三河市祥达印刷包装有限公司

**开本**：170×240 1/16

**印张**：128

**字数**：4000千字

**版次**：2011年11月 第1版

**印次**：2014年9月 第7次印刷

**书号**：978-7-5126-0427-8/D.136

**定价**：298.00元（全四册）

# 再版前言

《群书治要》，又名《群书理要》，是唐太宗李世民于贞观初年令谏官魏征及虞世南、褚遂良、萧德言等人整理历代帝王治国资政史料，撷取经、史、子中关于修身、齐家、治国、平天下之精要而成的一部资政巨著。上始五帝，下迄晋代，自一万四千多部、八万九千多卷古籍中“采摭群书，剪截淫放”，博采典籍六十五部，计五十余万言，于贞观五年（公元631年）编辑成书。

《大唐新语》记载：“太宗欲见前代帝王事得失以为鉴戒，魏征乃以虞世南、褚遂良、萧德言等采经史百家之内嘉言善语，明王暗君之迹，为五十卷，号《群书理要》，上之。太宗手诏曰：‘朕少尚威武，不精学业，先王之道，茫若涉海。览所撰书，博而且要，见所未见，闻所未闻，使朕致治稽古，临事不惑。其为劳也，不亦大哉！’赐征等绢千匹，彩物五百段。太子诸王，各赐一本。”

“治要”，即治国必须遵循的纲要、理论与方法。该书诚如魏征序文所说：“用之当今，足以鉴览前古；传之来叶，可以贻厥孙谋。”书中，采撷经典要义，阐明古圣先贤以德为本、修己为要的治国大纲；甄选历代史实，既有明君用贤、忠良辅国达致天下太平的经验，也有昏主宠佞、奸臣欺主导致朝政危亡的实录；博采诸子百家，总括治国安邦、匡政利民的方术。太宗喜其广博而切要，日日手不释卷。该书不仅是魏征向唐太宗进谏的重要理论依据，也是唐太宗开创“贞观之治”的思想源泉和施政参考。

由于印刷术不够发达，《群书治要》至宋初在中国已失传，《宋史》亦不见记载。幸有日本遣唐使把《群书治要》带到日本，使之成为日本此后历代天皇及皇子、大臣从政的准则，更成为日本学习中华文化的一部重要典籍。

公元13世纪，《群书治要》在日本被发现，日本“金泽文库”藏有镰仓时代（1192—1330年）日本僧人手写《群书治要》的全帙。此书后来归德川家康所有，1616年（日本元和二年）正月，德川家康命令用活字排印。但此时的《群书治要》已经缺失第四、第十三和第二十卷，残存四十七卷。半年后，《群书治要》印成五十一部，每部凡四十七册。不幸的是，此时德川家康突然去世，印本只是分赠给了德川家康的后裔尾张、纪伊两家藩主，没有公开发行，所以流传不多。

1781年，也就是日本天明元年，尾张藩主家的大纳言宗睦，有感于《群书治要》未能流布，便从枫山官库中借得原“金泽文库”所藏僧人抄本《群书治要》，重新校刊。1786年（日本天明六年）重印本告成，分赠诸藩主和各位亲臣。这就是今天流传于世的天明本《群书治要》。

我国原驻日本大使符浩先生通过日本皇室成员获得一套天明版《群书治要》，并交给陕西省黄河文化经济发展研究会。该会邀请十几位专家学者，对《群书治要》选用的六十五部典籍进行考证、点评，分篇今译，并进行了标点断句和勘误，集结成书，名为《群书治要考译》。

《群书治要考译》一书于1996年就开始策划，编译工作于1998年正式启动，前后历时十余年，是诸多志士仁人心血和智慧的结晶，所以更显珍贵。

从《群书治要》编成问世，迄今已有一千三百多年，虽然朝代不断更迭、科技日新月异，然而，中华古圣先贤之文化道统，却与日月同辉，历久弥新。

中华文化是中华民族的灵魂，也是中华民族团结一心、百折不挠、不断进取、走向繁荣的精神动力和智慧源泉。《群书治要》是中华传统文化的精粹集成、世代治国安邦的经验汇编，是中华先哲留给我们最宝贵的财富，相信一定能够为当代构建和谐社会乃至和谐世界提供可贵的借鉴。

“以铜为镜，可以正衣冠；以史为镜，可以知兴替；以人为镜，可以明得失。”研读《群书治要》，可以达致“君”学可以治国、“臣”学可以辅政、“民”学可以齐家的效果。

值此《群书治要考译》再版之际，诚愿它能够为有识之士修身、齐家、治国、平天下提供重要参考。

《群书治要考译》编委会

2011年9月

# 序一　《群书治要》与“贞观之治”

吕效祖

《群书治要》（以下简称《治要》）是唐初著名谏官魏征及虞世南、褚遂良、萧德言等受命于唐太宗李世民（626年—649年在位），以辑录前人著述作谏书，为唐太宗“偃武修文”、“治国安邦”、开创“贞观之治”提供借鉴与警示的匡政巨著。《治要》取材于经、史、诸子百家，“上始五帝，下迄晋年”，以“务乎政术，存乎劝戒”为宗旨，从一万四千多部、八万九千多卷古籍中“采摭群书，剪截淫放”而成。魏征等呕心沥血数年，于贞观五年（631年）编竣，计六十五部，五十余万言。

作为唐以后中国历代帝王施政楷模的“贞观之治”，其成因是多方面的。而其中贞观君臣特别是唐太宗，以《治要》为鉴，以“圣贤”为训，吸取历史的经验教训，用于为君、择人、施政、教化，其脉络是显而易见的。故《治要》理所当然地成为唐太宗之后唐朝历代君王乃至辅臣和各级官吏修身治国平天下的教科书。

唐太宗读《治要》后，在《答魏征上〈群书治要〉手诏》中感慨道：“朕少尚威武，不精学业，先王之道，茫若涉海。观所撰书，见所未见，闻所未闻，使朕致治稽古，临事不惑。其为劳也，不亦大哉！”唐太宗还特令缮写十余部，分赐太子及诸侯王以作从政龟鉴。贞观九年，唐太宗再次总结阅读《治要》的感受说：“手不释卷，知风化之本，见政理之源。”

(见《贞观政要》)由此，可知唐太宗及其群臣之所以将《治要》作为创建贞观“盛世”依据的道理了。

“为君之道，必须先存百姓”，是《治要》给唐太宗思想上最重要的警示之一，亦是贞观君臣在治理国家实践中奉行的一条基本原则。唐太宗以“君依于国，国依于民。刻民以奉君，犹刈肉以充腹。腹饱而身毙，君富而国亡”(见《资治通鉴》)警诫群臣，并以《治要》中“君舟民水”即“舟所以比人君，水所以比黎民。水能载舟，亦能覆舟”的古训自省自警。他还对群臣说：“可爱非君，可畏非民。天子者，有道则人推而为主，无道则人弃而不用，诚可畏也。”(见《贞观政要》)为收揽民心以巩固既得政权，唐太宗登基后即表示要“去奢省费，轻徭薄赋，选用廉吏，使民衣食有余”(见《资治通鉴》)，竭力创造一个长治久安的社会环境，以防止人民的报怨与反抗。其主观上为维护李氏皇权而对人民施行的有限让步政策，在客观上确实有利于社会的稳定和生产的发展，百姓也因此而得到了休养生息的机会。这应是贞观君臣得以平天下的重要原因之一。

唐太宗从《治要》取得的另一个思想收获，是“纳谏则国治，杜谏则政乱”。唐太宗认为个人的才智是有限的，即使帝王也不例外。他说：“人欲自照，必须明镜；主欲知过，必藉忠臣。主若自贤，臣不匡正，欲不危败，岂可得哉？”他又说：“人君须得匡谏之臣举其愆过。一日万机，一人听断，虽复忧劳，安能尽善哉？”为了进一步加强中央集权以巩固统治，唐太宗提倡集思广益，将“好自矜夸，护短拒谏”视为亡国之道，因而多次向群臣警示道：“观古之帝王，有兴有衰，犹朝之有暮。皆为蔽其耳目，不知时政之得失。忠正不言，邪谄者日进。既不见过，所以至于灭亡。”(见《贞观政要》)唐太宗作为权力的中心，之所以能虚心纳谏，正是由于他透过《治要》所提供的历史教训这面镜子，清醒地意识到在争夺、维护皇权的斗争中，自己处在各种各样人的包围之中，一如他所说的“人主唯有一心，而攻之者甚众，或以勇力，或以辩口，或以谄谀，或以奸诈，或以嗜欲，辐辏攻之，各求其售，以取宠禄。人主稍懈而受其一，则危亡随之”(见《资治通鉴》)。因而，唐太宗对群臣强调：“君有过失，臣须极言。

朕闻卿等规谏，纵不能当时即从，再三审思，必择善而用之。”通过复杂的治国实践，他深知“国之安危，资于辅弼”(见《魏郑公谏录》)。贞观十一年，唐太宗在手谕里进一步强调说：“夫为人臣，当进思尽忠，退思补过，将顺其美，匡救其恶，所以共治也。”(见《贞观政要》)唐太宗常对群臣说，“人欲自见其形，必资明镜；君欲自知其过，必待忠臣”，“如虞世基等谄事炀帝以保富贵，炀帝既弑，世基等亦诛。公辈宜用此为戒，事有得失，毋惜进言”(见《资治通鉴》)。能够善于纳谏，而又能择其善者用之，并明白“兼听则明，偏信则暗”的真谛，从而少犯错误，这对一个一千多年前的封建帝王而言，实属难能可贵。唐太宗积极求谏、善于纳谏，使群臣敢讲真话，于是，朝中形成了君臣“共相切磋”以求集思广益的氛围和“共相匡辅”的大治局面。这当是“贞观之治”留给其后历代为政者的宝贵启迪。

“为政之要，惟在得人。”(见《资治通鉴》这是唐太宗在施政治国的实践中，从《治要》抽取出来的择人善用以平天下的一条要则。唐太宗认为，“王者，须为官择人，不可造次即用”，“用得正人，为善者皆劝；误用恶人，不善者竞进”(见《贞观政要》)。他的这一体会，可谓得“为政用人”之真谛。唐太宗登基后，即要求朝廷重臣举荐贤才能人，而时任尚书右仆射的封德彝却有“非不尽心，但于今未有奇才耳”的消极论调。对此，太宗驳斥道：“君子用人如器，各取所长。古之致治者，岂借才于异代乎?正患己不能识，安能诬一世之人哉?”他相信每朝每代均有干才，问题是能否知人善用。在中国历代的帝王当中，应该说唐太宗确是一位能知人善任的皇帝。他不拘一格选用贤才的事例，也在中国历史上留下了一段佳话。例如，魏征、王珪、薛万彻以及冯翌兄弟等，都曾是太子建成集团中阴谋诛灭唐太宗而“罪不容诛”的策划者或主要参与者。尤其是魏征。魏征曾参加过李密起义，归唐后官至“太子洗马”，并向太子建成建议，只有及早除掉唐太宗才能获取帝位。唐太宗在杀建成之后即问魏征“离间”其兄弟之罪，而魏征不但供认不讳，且感叹太子不听自己的建议，说如果按自己的建议行事，“必无今日之祸”。然而，唐太宗不仅不杀完全有理由杀掉的这个事前属于主谋、事后又不认错的魏征，反而认为魏征是一个“尽心所事”的“忠臣”而“厚加礼遇”，并拜他为谏议大夫，还“数引之卧内，访以政术”。魏征则深感其“逢知己之主”而为唐太宗“竭其用力”。对于魏征的政绩，唐太宗也给予了高度评价：“贞观之初，上书者皆云‘宜振耀威武，征讨四夷’，唯征劝朕偃武修文。中国安，四夷来服……征之力也。”又褒奖魏征“不许我为非”，“前后所谏二百余事，皆称朕意”。这位辅佐唐太宗开创“贞观之治”的杰出人物魏征，后官至秘书监、侍中、太子太师，封郑国公。再如，对原先追随唐高祖李渊、“玄武门之变”后又躲匿于终南山的薛万彻，唐太宗也不杀他，并夸赞他是一个“忠于其主”的“义士”，屡次遣使谕其出山。薛万彻出山后，被唐太宗委以重任，官至行军大总管，在多次征战中为李唐王朝立下卓著战功。此外，尚有诸如出身庶族的马周和刘洎、原本为萧铣属下的岑文本、来自王世充集团的戴胄、曾经事于窦建德的张玄素以及追随过杜伏威的李百药等人，唐太宗或以深谙吏治、才干过人，或以学识渊博、文翰清丽，均对他们分别委以公卿、大臣之任。以上人等，对唐太宗则深怀“知遇之恩”而更加尽忠敬业，竭尽所长，效命于唐太宗及其“盛世”的创建。还有和魏征一样出身于农民起义军的李勣，以及隋朝官员萧铣和裴寂、少数民族将领阿史那社尔和契苾何力等等，均受到唐太宗的重用。如此不分贵贱、不计旧怨，对有利于自己的“功业”并能为自己所用的干才，便以诚相见，大胆启用、重用，这与唐太宗阅读《治要》手不释卷，从中吸取治国成败的历史经验和教训是分不开的。唐太宗自己也认为其成功的重要原因之一，就在于发现干才、知人用人和爱护人才。他说：“朕所以能及此者，止有五事耳：自古帝王多疾胜己者，朕见人之善，若己有之；人之行能不能兼备，朕常弃其所短，取其所长；人主往往进贤则欲置诸怀，退不肖则欲推诸壑，朕见贤则敬，不肖者则怜之，贤不肖各得其所；人多恶正直，阴诛显戮，无代无之，朕践祚以来，正直之士比肩于朝，未黜责一人；自古皆贵中华、贱夷狄，朕独爱之如一，故其种落皆以朕为父母。此五者，朕所以成今日之功也。”(见《资治通鉴》)唐太宗的这段话，用今天的术语来讲，就是有正确的干部政策和民族政策。其中虽不免有自诩之意，但在中国古代帝王之中，他的知人、用人策略，毕竟胜出一筹，是非常出色的。

“君贪必丧其国，臣贪必亡其身。”这是唐太宗从《治要》所提供的历史教训中总结的君臣皆须谨记的立身准则。他形象而生动地用“珍珠射鸟”的寓言比喻人的生命、前程与身外之物的关系。他说，有人用珍珠弹射鸟雀，这不是很可惜吗?生命和前程比珍珠更贵重，可还是有人见到金钱便不惧法网而收受贿赂，这种不珍惜生命和前程而贪取身外之物的违法行为，岂不是比用珍珠弹射鸟雀更加可惜吗?接着，他告诫群臣，只要忠诚廉洁，全力报效国家，官职爵位就能得到，反之，贪赃枉法必将受到惩罚乃至身败名裂。唐太宗还以隋炀帝杨广骄奢淫逸而自以为能、最终丧命于匹夫的教训为例，说明帝王也一样，任性放纵、恣意挥霍、信任奸佞、疏远忠良，只要沾染上其中一件，就会亡国。唐太宗进而列举了历史上或君王或臣子由于贪财迷金、奢靡无度而亡国丧命的事例，正告群臣记取教训，不要重蹈覆辙，并总结说，国君贪婪必定丧失国家，臣子贪婪必定丧失前程甚至生命(见《贞观政要》)。就其常情而言，封建统治阶级下至官吏上至帝王，无不贪得无厌，而在“贞观”这一从乱到治的少有的历史时期，唐太宗及其群臣为巩固地主阶级的最高利益而重视历史经验和教训，更惧怕“载舟之水”之覆舟，因而“贞观”君臣相对还是比较清廉的。

“远佞人”，是唐太宗阅读《治要》的又一收获。“佞人”做了官就是“谀臣”。西汉刘向有感于宦官专权祸国而撰《说苑》，对“六邪”之一的“谀臣”作了深刻剖析，说这种人“主所言皆曰善，主所为皆曰可；隐而求主之所好而进之，以快主之耳目；偷合苟容，与主为乐，不计其后害”。由此可见“佞人”或者说“谀臣”的危害之大。应该说，唐太宗对佞人谀臣危害朝政的严重性的认识和警觉，还是比较深刻和清醒的。他说，“谗佞之徒，皆国之蟊贼也”，如果“人主所行不当，而臣下又无匡谏，苟在阿顺，事皆称美”，则“君为暗主，臣为谀臣；君暗臣谀，危亡立至”

(见《贞观政要》)。因而他反对臣子“阿旨顺情，唯唯苟过”的谄谀作风。例如，隋大业十二年(616年)，赵元楷以隋炀帝游江都(今扬州)“献异味”而被擢升为江都郡丞，初尝“媚主”甜头。赵归顺唐朝后任蒲州刺史。贞观七年，唐太宗巡视至蒲州时，赵故伎重演，满以为如此会得唐太宗封赏，不料反被唐太宗“召而责之”以“亡隋弊俗”而令其“改旧态”(见《贞观政要》)。又，宇文士及原本事隋，归唐后任殿中监。某日，唐太宗小憩于大树下，赞美大树长得好，士及便趁机大事奉迎。唐太宗听了十分反感，对士及说，魏征常劝我远佞人，“意疑是汝，今果不谬”。士及连忙叩头谢罪(见《资治通鉴》)。唐太宗的“赏直斥谀”，虽是为了维护其统治，但终究在一定程度上端正了“贞观”朝廷风气，不仅鼓励了正直的臣子敢讲真话，而且迫使部分惯于奉承阿谀之徒不得不有所收敛。

《治要》为唐太宗总结了一条用人之道：赏罚分明。唐太宗说：“赏当其劳，无功者自退；罚当其罪，为恶者戒惧。”(见《贞观政要》)君主与臣子之间，是否赏罚分明在于是否善于用人，而是否善于用人又在于是否赏罚分明。二者既有因果关系，也有互动效应。功过同赏，忠奸不分，赏不当其功，则受赏者无示范之效，苟且者势必日益比比；对过失者倘若罚不当其罪，轻罚则纵恶，重罚则伤善，都不能调动人的积极性。唐太宗之对臣子的赏功罚过，相对来说，在我国封建帝王中还是比较分明的。他说自己“赏不避仇雠，罚不阿亲戚”，虽然未免溢美，但他也确实重赏了几个为他建立了功勋的“仇人”，如前文提及的魏征、薛万彻等，也惩办了一些犯法的亲戚。例如，汉王元昌是唐太宗的弟弟，洋州刺史赵节是太宗姐姐长广公主的儿子，附马都尉杜荷是太宗的女婿，贞观十七年，太子承乾被废，元昌、赵节、杜荷均牵连在案。唐太宗尊重群臣意见，“赐元昌自尽于家”，斩赵节、杜荷(见《资治通鉴》)。由于唐太宗对功过的赏罚比较分明，因而，贞观年间，群臣大都能够兢兢业业，忠于职守，这对“贞观之治”的创立，无疑具有积极意义。

从以上事例可以看到，《治要》在贞观君臣治国创业中所起的作用，尤其可以看到作为一个最高封建统治者的唐太宗，确有值得其后历代帝王学习和借鉴的长处。唐太宗十分明白，是农民起义推翻了隋王朝。对此，他既有深刻体会，又从中吸取了历史的经验教训。在他统治的二十三年间，政治比较清明，社会相对稳定，经济逐渐繁荣，国力亦随之强盛，为过渡到其后的“开元盛世”作了准备。从腐败的隋王朝脱胎的唐王朝，其初期创立的堪称我国封建社会治国楷模的“贞观之治”，是那个特殊历史时代社会、政治、经济、文化乃至民心等诸多因素形成的合力创造的，决非某一个人之功，亦非某个单一原因之效。然而，虽然唐太宗以《治要》为鉴开创的“贞观之治”为的是加强、巩固唐王朝的统治，但客观上的“太平”是符合民心、顺乎时势的。唐太宗也因此而被称为中华民族伟大的历史人物之一，是我国封建社会一位杰出的政治家。当然，他与所有封建帝王一样，自有其不可克服的历史的阶级局限性，也决不是一个完人。以上所列举的唐太宗的“功”，仅仅是说明《治要》所提供的历史经验教训给予唐太宗治国方面的警示作用，且这种警示作用也不是万能的。事实上，唐太宗也未能“慎终如始”。由于社会出现了一个相对的长治久安局面，晚年的唐太宗因此而居功自傲，时有独断专行，“天子”的本质，其政绩也大不如贞观初中期。其实，以漫长的封建社会历史而言，“贞观之治”的“盛世”，只不过是昙花一现而已。

然而，《治要》终究是我国古典文献精粹的集大成的巨著，是中华文化宝库中的瑰宝。通过“贞观”及其后历代施政治国的实践，证明了《治要》确是为政者“致治稽古，临事不惑”、“知风化之本，见政理之源”的一面“千秋金镜”。鉴于此，除帝王手不释卷之外，臣子则将《治要》作为修身律己的准绳，作为常人，也从中吸取了不少为人处世的营养。这大概就是《治要》的文化生命力之所在吧。

在此，还需要说明的是，《治要》辑录所依据的原著，均为唐贞观之前的古籍经典。这些古籍经典在唐之后的千余年间，几乎都经过官方、学者的多次点校、勘误、整理，因而它与当今出版的以上著述势必存有差异，而且有少数原著在五代之后便已失传。兴许，这又是《治要》值得重视的另一文化价值，即它不仅为中华文明保存了大量古籍经典的“原貌”，而且从中可以看到我国文化发展的轨迹。

（吕效祖，陕西礼泉赵镇人。1923年4月生，1949年初加入中国共产党，1953年中共中央第二中级党校毕业。历任陕西省教育厅主任科员，《陕西教育工作简报》主编，西藏自治区筹委会文教处视导员，《陕西省志·人物志》副主编兼总纂，《陕西省志·教育志》主编，陕西魏征研究会会长。离休后出版著作有《魏征谏言选注》《魏征谏言译注》《唐太宗贞观言论译注》《魏征研究》《新编魏征集》《养心斋随笔》等。）

# 序二　任人唯贤 国运昌盛

**赵保玉**

用人是治国安邦的头等大事，是国家民族赖以繁荣昌盛的保证。魏征从唐代以前的经、史和诸子百家等古籍中搜集剪辑而成的《群书治要》中，引用了大量有关用人与王朝盛衰兴亡的历史事实和论述，反复说明“为政之道，在于得人”。唐太宗李世民高度评价《群书治要》，说该书“使朕致治稽古，临事不惑”。受《群书治要》影响，他把得人用人作为“致安之本”，说：“为政之要，惟在得人，用非其人，必难致治。”他认为，“王者，须为官择人，不可造次即用”，“用得正人，为善者皆劝；误用恶人，不善者竞进”(《贞观政要》)。用人是否得当，不仅是一个国家的执政者必须高度重视和认真对待的大事，也是一切事业的领导者必须高度重视和认真对待的大事。用人得当，则政兴人和，事业发展，社会安定，人民安居乐业；用人不当，就可能祸乱丛生，事业衰败，以至激起民怨，危及政权。那么，如何才能做到用人得当呢？

其一，必须坚持德才兼备的用人标准。坚持德才兼备，就要任人唯贤。远在二千五百多年前的孔子就提出“为政”要“举贤才”(《论语·子路篇》)，就是主张选拔德才兼备的人来从政。当时与孔子政治思想有所对立的墨子也总结了“贤者为政则国治，愚者为政则国乱”的历史经验，进一步提出“尚贤”，即崇尚贤才的主张，发扬了孔子的“举贤才”思想。

孔子是政治上的保守派，他偏重在亲亲的前提下，从失势的贵族中选拔人才治政。而墨子主张“列德而尚贤，虽在农与工肆之人，有能则举之”，摒弃了孔子“尊贤有等”的主张。墨子说：“尚贤者，政之本也。”又说，“贤良之士众，则国家之治厚；贤良之士寡，则国家之治薄。故大人之务，将在于众贤而已”(《墨子·尚贤》)，意谓执政的大人物之要务，就在于使贤良人才增多。

墨子所说的“贤者”、“贤良”，就是指德行高尚、才能杰出的人才，也就是德才兼备的人才。墨子在其《尚贤》中说：由他们治国，就会“国治而刑法正”；由他们执掌政务，就会“官府实而财不散”；由他们“治邑”，就会“菽粟多而民足乎食”。同时，由于他们的贤明执政、高尚品德和立身处世的楷模作用，还将大有利于“有力者疾以助人，有财者勉以分人，有道者劝以教人”的良好社会风尚的形成。所以墨子说，贤者是“国家之珍”、“社稷之佐”，并反复强调，“欲使国家之富、人民之众、刑法之治”，必须崇尚贤者，任用贤者。

孔子“举贤才”和墨子“尚贤”的用人思想，对战国诸子和历代政治家、思想家都有非常深刻的影响，被历代贤哲反复提倡和发挥。荀子说：“尚贤推德治天下。”(《荀子·成相》)东汉哲学家王符在其《潜夫论》中更明白地说：“何以知国之将乱也？以其不嗜贤也。”北宋改革家王安石在其《兴贤》的著述中也说：“国以任贤使能而兴、弃贤专己而衰。”在上述政治家、思想家看来，一个王朝的治乱兴衰与国祚长短，在很大程度上就是取决于是否重视“贤才”和“贤才”的多少。所以历代英明的执政者都十分重视尊贤重才，选拔德才兼备的人才来辅佐自己治理国家。尧让左右推荐贤才，选出舜来继承自己，国家得治，并传为亘古佳话；周文王姬昌访贤，从渭河边的钓翁中选任姜子牙辅佐，建立了周王朝；汉高祖刘邦选任张良、萧何、韩信(时称“三杰”)辅佐，战胜项羽，建立了西汉王朝；刘备三顾茅庐，选任诸葛亮辅佐，建立了蜀汉政权，并形成三国鼎立之势；唐太宗选用魏征等一批贤才，创建了贞观太平盛世，佳话千古流传。

德才兼备的“德”是有标准的。《尚书》中有以“九德”选贤之论。姜子牙在《六韬》中提出的德的标准是仁、义、忠、信、勇。中国几千年的封建社会，以儒家思想治国，其择官用人，“德”的标准基本上是一致的，即“忠、孝、仁、义、礼、智、信”。其“德”，既包括政治道德，又包括社会道德。不同社会阶段，有着不同的政治道德要求。我们党执政以来，把“坚决执行党的路线，服从党的纪律，和群众有密切联系，积极肯干，不谋私利”作为选拨干部的道德标准；改革开放以来，则把实践“三个代表”、具有求实创新精神，列入选拔干部的道德标准之中。

古往今来的择官用人，“德”的基本标准概括起来，无非是忠、公、廉、正而已。忠，在封建社会是要忠于君主，现代则要求忠于国家和人民的事业；公，就是要心存大公，为公、为国、为民不为私；廉，是要廉洁奉公，不贪不占，不谋私利；正，是要公允正直，处事循法循理，不媚上压下，行为光明正大，不拉帮派，不搞歪门邪道。清代康熙皇帝说，“公”是“德”的核心，认为“事君者如果能以公胜私，于治天下何难？若挟其私心，则天下必不能治”。

在择官用人上，人们常讲“德才兼备”，就是说德与才应该是统一的、不可偏废的。然而德与才的关系，却不可简单地等量齐观。北宋司马光说：“才者德之资也，德者才之帅也。”康熙皇帝说：“论才则必以德为本。”这就是说，德与才相比，德是帅、是本、是前提，是第一位的。一个没有德行的人如果有才，其才足以济其奸，而任用这种人是很危险的。古人的经验告诉我们，选用干部必须注重德行，特别是和平时期。

其二，选贤任能要知人善任。知人就是了解人，只有了解才能正确使用。要真正了解一个人的品德和才能是很不容易的，也是非常重要的。所以古代的政治家、思想家都十分重视对人才的考察了解工作。墨子提出对人才要“听其言，观其行，而慎予官”。姜子牙提出用“八证”的方法了解人才。庄子在姜子牙“八证”的基础上提出了行“九证”以考察人才的方法：“远使之而观其忠，近使之而观其敬，烦使之(派给繁杂的工作)而观其能，卒然问之而观其智，急与之期(规定完成任务的紧迫期限)而观其信，委之以财而观其仁(是否廉洁)，告之以危而观其节，醉之以酒而观其则(仪态)，杂之以处(让与女人杂处)而观其色(是否好色)。九证至，不肖人得矣。”(《庄子·列御寇》) 诸葛亮总结了识别人才的经验，提出七种考察了解人才的方法：“一曰间之以是非而观其忠，二曰穷之以辞辩而观其变，三曰咨之以计谋而观其识，四曰告之以祸难而观其勇，五曰醉之以酒而观其性，六曰临之以利而观其廉，七曰期之以事而观其信。”古人的考察任用，是不但听其言、察其性、观其行、考其智，而且“试之以事”，通过各种艰苦的环境、危难的形势、艰巨的工作、复杂紧迫的任务等实践活动来观察人的综合表现，绝不是凭领导人的印象或一般化的查档案和访问了解，也不是只听少数人的意见，或者凭一时一事的表现。在这方面，王安石有独到的见解。他说，“不能听私于一人之口”，也不能“以一二大臣以为贤而已”，必须“博询众庶”，取“国人皆曰贤”者。他认为，“非一事而后可以知其人之实也，必至于期年，所访一二十事，则其人之贤不肖审矣”；尤其是公卿一级高官，要特别慎重，高级官吏考察不慎、选拔不当，他们就会“推其类”于各级官吏，不肖之徒就会上下充塞，即使有贤能之才，也往往因困于无助而被埋没（《王安石·论馆职札子二道》)。今天，若能参照古贤们所提供的思路和方法考察了解干部，一定不会有那么多的腐败分子混迹官场。当然，任何有效考察了解干部的方法都是由执政者和执掌考察、使用干部的部门来实践的。所以，要真正做到“知人善任”，执政者、领导者和管理干部的人必须首先具备高尚的道德品质和相应的素质。

其三，鉴古论今，我们应认识到，用人上的腐败是最大的腐败。在选拔使用人才问题上，中华民族历来存在两条根本对立的路线：一条是任人唯贤，一条是任人唯亲。任人唯贤就是坚持德才兼备的用人标准，任人唯亲则是用人不重视德才或者只把德才“作参考”，主要看是否亲信、是否顺从自己、是否对自己有利，搞“裙带关系”、拉帮结派、互相利用等等。坚持任人唯贤，就会贤良众多，国运昌盛，事业发展，社会和谐安定；搞任人唯亲，不肖之徒就会投执政者、领导者之所好，拍马钻营表忠心、拉关系以结党营私，相互推举提携，形成佞人、坏人、恶人当道。这就是用人腐败，或者叫做吏治腐败。用人腐败必然导致官场腐败。

历史上，由于吏治腐败，佞人、坏人、恶人当道，每每导致政令不行、欺君罔上、忌贤妒能、排挤陷害忠良、阳奉阴违、弄虚作假、贪赃枉法、买官卖官等歪风泛滥。官场腐败必会导致社会风气的败坏，从而匪盗迭起、乱象丛生、人心动荡、政权不稳，以至江山易帜、国家败亡。司马迁说："国之将兴，君子用而小人退；国之将亡，贤人隐而乱臣贵。"(《史记·楚元王世家》)朱元璋与群臣论元朝兴亡时说，元朝"建国之初，辅弼之臣率皆贤达，所进用者又皆君子，是以政治翕然可观。及其后也，贵戚擅权，奸邪竞进，举用亲旧，结为朋党，中外百司贪婪无耻，由是法度日弛，纪纲不振，以至于土崩瓦解，卒不可救"(《明太祖实录》卷十四)。

用人的腐败，是官场腐败的根子，是最大的腐败。建国以来，我们党一直把选任干部特别是各级领导干部，作为组织人事工作的重中之重，其原因正在于此。所以，在实行改革开放的新的历史时期，我们更应提高对"任人唯贤"和"德才关系"的认识，从根本上增强执政能力，消除社会腐败，保障社会主义事业持久地兴旺发达。

(赵保玉，陕西礼泉昭陵人。1932年2月生，1949年1月加入中国共产党，毕业于西北人民革命大学。曾任西北人事部科员，中共陕西省委组织部干部处副处长，中共汉中地委组织部部长，陕西省委组织部党政干部处处长，陕西省人事局副局长，陕西省劳动人事厅厅长、人事厅厅长、党组书记。离休后曾任陕西省老龄委副主任，省社会发展研究会会长，省老年行政工作者协会会长，省黄河文化经济发展研究会常务副会长，陕西魏征研究会顾问等。)

# 《群书治要》原序

魏　征

窃惟载籍之兴，其来尚矣。左史右史记事记言，皆所以昭德塞违，劝善惩恶。故作而可纪，熏风扬乎百代；动而不法，炯戒垂乎千祀。是以历观前圣，抚运膺期，莫不懔乎御杓，自强不息，朝乾夕惕，意在兹乎？

【译文】

为臣以为圣贤典籍的兴盛，已经由来已久了。左右史官记录历史事件和言论，都是为了彰明美德，杜绝错误，劝人为善，惩罚罪恶。因此，凡是有嘉言懿德的都会被载入典籍，其影响如同和煦的春风传扬千秋万代。相反，如果有言行不合情、不合理、不合法的，也会被记录下来，用以警戒后代子孙。所以纵观历代古圣先王，凡是顺乎天意，承受期运，成为帝王的，登上帝位后无一不是小心谨慎，畏惧得如同用腐朽的缰绳驾驭马一般。（他们）每天都努力向上，永不停息，终日勤奋谨慎，不敢懈怠。大概原因就在于此吧！

近古皇王，时有撰述，并皆包括天地，牢笼群有，竞采浮艳之词，争驰迂诞之说，骋末学之博闻，饰雕虫之小伎，流宕忘反，殊途同致。虽辩周万物，愈失司契之源；术总百端，弥乖得一之旨。

【译文】

近古的帝王，时常会有自己的撰述。其内容涵盖天地，包罗万物，竞相采用华而不实的辞藻，争着传播荒诞怪异的学说，传播肤浅无本之学来炫耀自己见多识广，以此来遮掩自己微不足道的见解和学识，对此竟然极其的热衷，以至于流连忘返。虽然表现形式不尽相同，文章实质却是一样。论述越是面面俱到，越是失去了文以载道的根本。方法越是多种多样，越发违背了万法归一的宗旨。

皇上以天纵之多才，运生知之睿思，性与道合，动妙几神。玄德潜通，化前王之所未化；损己利物，行列圣之所不能行。翰海龙庭之野，并为郡国；扶桑若木之域，咸袭缨冕。天地成平，外内禔福，犹且为而不恃，虽休勿休；俯协尧舜，式遵稽古，不察貌乎止水，将取鉴乎哲人。以为六籍纷纶，百家踳驳，穷理尽性，则劳而少功，周览泛观，则博而寡要。故爰命臣等，采摭群书，翦截淫放，光昭训典。

【译文】

圣上您生来富有才智，有着生而知之的圣明智慧，本性和天道相通，行为和神明接近。用自己含而不露的美德潜移默化地改善了社会风俗，教化出了前代国君没有教化出的良好社会风气；克制自己，利益他人，完成了历代帝王所不能完成的伟业。北方异族的地域都归入了大唐的版图，远至海外的日本也都学习穿戴我朝的服饰。天下和平安宁，人民生活美满。然而我皇并不因此而有恃无恐，并不因此而沾沾自喜，态度谦恭温和，处处以尧舜为榜样，言行有依有据，完全考察古事而行，不只在平静的水面上照看自己的容颜，更要从古圣先贤的教诲中得到治国的大道。皇上认为六经《诗》、《书》、《礼》、《乐》、《易》、《春秋》内容繁多，百家的学术非常的驳杂，想深入研究和完全掌握这些典籍，以此穷究天地万物之理，就需要花费很多的时间，而且收效甚微；即使全部阅读，泛泛地浏览，虽然很广博，但却不得要领。因此，就下诏让臣等采集摘录各种书籍，删除削减淫滥迂腐的内容，使古圣先王的传世典籍得以彰明显扬，发扬光大。

圣思所存，务乎政术，缀叙大略，咸发神衷；雅致钩深，规摹宏远，网罗治体，事非一目。若乃钦明之后屈己以救时，无道之君乐身以亡国，或临难而知惧、在危而获安，或得志而骄居、业成以致败者，莫不备其得失，以著为君之难。

【译文】

皇上的目的是为了得到治国理政的方略。我们从群书中选取重要的文段，这都是出自皇上的主张。我们力求摘取书中的精华内容和深刻思想，学习圣贤宏大深远的志向，力求全面搜集古人治国的纲领，而不是局限于某一个方面。至于敬肃圣明的君主委屈自己来拯救当时的人民，违背道德的昏君只知道贪图自身的享乐从而导致国破家亡；有的国君面临危难知道畏惧反省，从而转危为安，有的国君得志之后反而骄傲自满，使得帝业成功后而招致失败。所有这些，都完备地记录其得失情况，从而体会出为君之难。

其委质策名，立功树惠，贞心直道，忘躯殉国，身殒百年之中，声驰千载之外，或大奸臣猾，转日回天，社鼠城狐，反白仰黑，忠良由其放逐，邦国因以危亡者，咸亦述其终始，以显为臣不易。

【译文】

那些愿意为国献身的忠臣，建功施惠，忠贞正直，捐躯殉国，身虽死在当代，美名却流传于千年后世；相反，那些用心险恶的臣子，权倾朝野，翻云覆雨，依仗权势为所欲为，颠倒邪正是非，将忠臣流放，导致国家危亡。所有这些，也都一一记述其来龙去脉，用以显示为臣不易。

其立德立言，作训垂范，为纲为纪，经天纬地，金声玉振，腾实飞英，雅论徽猷，嘉言美事，可以弘奖名教，崇太平之基者，固亦片善不遗，将以丕显皇极。至于母仪嫔则，懿后良妃，参徽猷于十乱，著深诫于辞辇，或倾城哲妇，亡国艳妻，候晨鸡以先鸣，待举烽而后笑者，时有所存，以备劝戒。爰自六经，讫乎诸子；上始五帝，下尽晋年。凡为五帙，合五十卷，本求治要，故以《治要》为名。

【译文】

那些圣贤的君臣，树立德业，著书立说，创制训典，垂范后世；制定纲常，经营天下，治理国政。他们的声名昭著远扬，其功业流传后世。那些雅正的议论，智慧的谋略，精辟的言辞，垂范于后世的史实，都可以用来发扬光大圣贤教育，以增强天下太平的基业。因此，即使是很细小的良言善事，我们也不会遗漏，为的是发扬皇上治理天下的准则。那些有着贤淑女德的皇后嫔妃，以美好的修养被列入辅佐治国的十大贤能之人（十乱，指十个辅佐周武王治国平乱的大臣，即周公旦、召公奭、太公望、毕公、荣公、太颠、闳夭、散宜生、南宫适、文母。文母一说指文王之后太姒，一说指武王之妻邑姜。后因以“十乱”泛指辅佐皇帝的十个有才能的人），以后妃之德辅助君王，或是诡计多端、祸国殃民的妇人，毁灭朝廷的美妻，她们有的如清晨母鸡先于公鸡啼鸣一样，有的像烽火戏诸侯的褒姒，各种人物时常都有出现，也都会加以记录，以劝诫后人。于是从六经开始至诸子百家的著作，时间跨度上自五帝，下至晋朝，全书编为五册，共计五十卷。目的在于寻求治国理政的要领，因此用《治要》作为书名。

但皇览遍略，随方类聚，名目互显，首尾淆乱，文义断绝，寻究为难。今之所撰，异乎先作，总立新名，各全旧体，欲令见本知末，原始要终，并弃彼春华，采兹秋实。一书之内，牙角无遗；一事之中，羽毛咸尽。用之当今，足以鉴览前古；传之来叶，可以贻厥孙谋。引而申之，触类而长，盖亦言之者无罪，闻之者足以自戒，庶弘兹九德，简而易从。观彼百王，不疾而速，崇巍巍之盛业，开荡荡之王道。可久可大之功，并天地之贞观；日用日新之德，将金镜以长悬。

【译文】

三国魏时编辑的《皇览》一书，各方面的内容均有，名目重复，首尾混乱，文气梗塞，即使想寻根究底，也很困难。现在所编的《群书治要》，不同于《皇览》诸书。它汇集了群书精华的片段，并命以新名。一律保持原书的体例，以便见本知末，明白事理的起源和结果。并且像丢弃花朵采摘果实一样，删除无关紧要的内容，辑录下经世治国的道理。一书之中，录选的内容，结构完整；一件事情，录选的内容，全面完整。用在当今，可以用它作为学习古人经验处理现今事情的一面镜子；流传将来，可以提供给子孙后代作为吸取经验教训的宝典。把其中的内容加以引申，可以解决各个方面的问题。本着“言之者无罪，闻之者足以自戒”的原则，希望发扬光大自古以来的优良传统美德，简便而且容易照做。

借鉴古圣先王治国理政的经验教训，可以避免过失而且快速取得治国的成效，从而奠定王朝的基业，开创以道德仁义治国的大道，建立可以持久和广大的功业，使得天地之间的正道和日用日新的美德，如同一面金镜，高高悬挂，光照后世。

唐·秘书监钜鹿男臣魏征等奉敕撰

# 校正《群书治要》序

（日本）林信敬

古昔圣主贤臣，所以孜孜讲求，莫非平治天下之道，皆以救弊于一时，成法于万世，外此岂有可观者哉？但世迁事变，时换势殊，不得不因物立则，视宜创制。是以论说之言日浩，撰著之文月繁；简朴常寡，浮诞渐胜。其纲之不能知，而况举其目乎？此书之作，盖其以此也。先明道之所以立，而后知政之所行；先寻教之所以设，而后得学之所归。自典、诰深奥，讫史、子辩博，诸系乎政术、存乎劝戒者，举而不遗。罢朝而不厌其淆乱，闭室而不烦其寻究，诚亦次经之书也。我朝承和、贞观之间，致重雍袭熙之盛者，未必不因讲究此书之力。则凡君民、臣君者非所可忽也。

尾公有见于斯，使世子命臣僚校正而上之木，又使余信敬序之。惟信敬弱而不敏，如宜固辞者而不敢者，抑亦有故也。《群书治要》五十卷，五十卷内缺三卷。神祖迁骏府得此书，惜其不全，命我远祖罗山补之，三卷内一卷今不传。今尾公此举，上之欲君民者执以致日新之美，下之欲臣君者奉以赞金镜之明，为天下国家冀升平之愈久，远心旷度，有不可胜言者也。信敬预事，亦知远祖所望，信敬是所以奉命不敢辞也。

天明七年（公元1787年）丁未四月

朝散大夫国子祭酒林信敬谨序

【译文】

古时候贤明的国君和臣子们，勤勤恳恳努力追求的，无不是为了获得治国平天下的大道。用此大道来挽救时弊，为后世树立可供借鉴的法度，除此之外还有什么可供他人作为鉴镜的呢？但是时代在变迁，而且每个时代当时的形势也很悬殊，因此不得不按照当时人事物发展的实际状况，建立相应的规矩和制度。论说的言语越来越多，撰写的文章越来越繁杂，而简明朴实之辞越来越少，虚狂不实之言越来越多，连文章的大纲主旨都不容易掌握到，更何况细目呢？汇集《群书治要》也就是因为这样的原因。首先让我们明了治国的大道，而后才能够明白政治上的举措；先让我们明白设立教育的目的和初衷，然后才能明白学习的方向和归宿。从深奥的训诰、典谟到雄辩博大的史书、诸子百家著作中，把关于治理国家、劝诫君臣百姓的内容都一一选出，而没有遗漏。退朝回到家中读起此书不感到杂乱，关起门来独自一人探究不厌其烦，我的确觉得这本书仅次于经典的地位。承和、贞观年间（约公元834—876年），社会呈现出安定繁荣的盛世局面，未必不是借助这本书的力量所成就的。因此大凡领导人民、侍奉国君的人是不能够忽略这本书的。

尾公有鉴于此，就让他的儿子命令臣子们校对之后，把这本书刻在了木板上，又命我为该书作篇序言。只是我德能不足而且又不聪明，但本应坚决推辞却不敢推辞，也是有原因的。《群书治要》总共五十卷，里边缺少三卷。神祖（指德川家康）搬到骏府后得到这本书，可惜这本书残缺不全，遂命我的远祖罗山先生把它补起来，三卷中有一卷至今也没有传下来。现在尾公的这一举动，对上可以让领导者愈加贤明，对下可以让臣子们作为一面镜子使自己愈加明智，希望国家因此安定太平的时间能够长久，其远大的心量、广阔的胸怀，是言语所说不尽的。我信敬能够参与这件事情，我想也是我的祖宗所希望的吧，所以我接受使命而不敢推辞。

天明七年（公元1787年）丁未四月

朝散大夫国子祭酒林信敬谨序

# 刊《群书治要》考例

谨考国史，承和、贞观之际，经筵屡讲此书，距今殆千年，而宋明诸儒，无一言及者，则其亡失已久。宽永中，我敬公儒臣堀正意捡此书，题其首曰："正和年中，北条实时好居书籍，得请诸中秘写以藏其金泽文库。及神祖统一之日，见之，喜其免兵燹，乃命范金至台庙献之皇朝，其余颁宗戚亲臣，是今之活字铜版也。旧目五十卷，今存四十七卷，其三卷不知亡何时，罗山先生补其二卷，其一卷不传，故不取也。"但知金泽之旧藏，亦缺三本，近世活本亦难得，如其善本，随写随误，势世以音讹，所处以训谬，间有不可读者。我孝昭二世子好学，及读此书，有志校刊，幸魏氏所引原书，今存者十七八，乃博募异本于四方，日与侍臣照对是正。业未成，不幸皆早逝。今世子深悼之，请继其志，勖诸臣相与卒其业。于是我公上自内库之藏，旁至公卿大夫之家，请以比之，借以对之，乃命臣人见桼。臣深田正纯、臣大塚长干、臣宇野久恒、臣角田明、臣野村昌武、臣冈田挺之、臣关嘉、臣中西卫、臣小河鼎、臣南宫龄、臣德民等，考异同，定疑似。臣等议曰：是非不疑者就正之，两可者共存。又与所引错综大异者，疑魏氏所见，其亦有异本欤？又有彼全备而此甚省者，盖魏氏之志，唯主治要，不事修辞。亦足以观魏氏经国之器，规模宏大，取舍之意，大非后世诸儒所及也。今逐次补之，则失魏氏之意，故不为也。不得原书者，则敢附臆考，以待后贤。以是为例，雠校以上。

天明五年乙巳春二月乙未

尾张国校督学巨细井德民谨识

# 出版说明

我们整理出版的这一部《群书治要考译》，以日本1786年刊印本（即天明本）为底本整理翻译而成，在重新整理、白话翻译的过程中，我们遵循以下原则：

原文整理：原经文按照日本天明本（1786年刊印本）校对，并保留了原书的校注。将原来的繁体字改为简体字。在汉字简化过程中，我们依照国家文字工作委员会发布的《文字使用规范条例》、《简化字总表》为基准，以《辞海》、《汉语大辞典》为依据，为尽之处，依照古籍整理通例处理。原本中的混刻字，如已己巳、曰日等，一律改为规范字，对于天明本明显的错别字，也予以改正并说明。根据现行标点符号用法，统一进行标点。

白话翻译：在翻译过程中，以直译为主，尽量保持经典原意，现存经典，参考各版本翻译而成。《群书治要》中唯一留存的经典，则根据原文翻译而成，不妥之处，请诸位读者一一指正。

由于整理翻译者水平有限，本书一定还有许多不足之处。恳请广大读者不吝赐教。如在阅读过程中发现错别字、错译之处，恳请发送邮件至 zhwhdjt@sina.com，以便重印时改正。

# 目录

卷一

# 周易治要

【考评】

魏征编纂《群书治要》，在节录《周易》时，着眼于为君之道与为臣之道，只选录了《周易》六十四卦中关于为君为臣之道的四十四卦的部分内容和《系辞传》的部分内容。如选录《革》卦《彖辞》中“天地革而四时成，汤武革命，顺乎天而应乎人”，是用以肯定统治者政权的更替是合理的。他通过《系辞》《文言》假托孔子答问，向统治者说明，居高危之位，应“知进退存亡而不失其正”的道理，认为“危者，安其位者也；亡者，保其存者也；乱者，有其治者也”。所以得出结论说，英明的统治者因为能够做到“安不忘危，存不忘亡，治不忘乱，是以身安而国家可保”。他又进一步向统治者说明，要国家安全，必须谨慎制定治国安民的政策，认为“君子居其室，出其言，善则千里之外应之……不善则千里之外违之”“言出乎身，加乎民；行发乎迩，见乎远”“言语，君子之枢机。枢机之发，荣辱之主也”。唐太宗读《易经》后，颇有收获。贞观八年，他引用《周易》的话向侍臣说：“言语者，君子之枢机。一言不善，则人记之，成其耻累。”从隋炀帝命令群众捉萤火虫给宫中照夜的故事，他领悟到“万乘之主，出言不可有所乖失”的有益教训。魏征即答对说：“人君居四海之尊，若有亏失，古人以为如日月之蚀，人皆见之，实如陛下所戒慎。”事实上《周易》这些理论，此后就成为魏征辅佐唐太宗创建“贞观”盛世政治主张的总纲领。

《周易》，《汉书·艺文志》著录“《易经》十二篇”。颜师古注云：“上下经及《十翼》，故十二篇。”《周易》十二篇，主要分为《经》与《传》两部分。《经》的部分包括卦、爻两种符号和卦辞、爻辞两种说明文字，共六十四卦，三百八十四爻。每卦都有个卦的形象，卦的名称，卦名之后有说明本卦性质的卦辞。卦有六爻，爻分阳爻、阴爻，有爻辞说明这一爻在本卦的性质。以《易经》的首卦《乾卦》为例，“《乾》：元、亨、利、贞。”䷀是《乾卦》的卦象，《乾》是这一卦的卦名，“元、亨、利、贞”是这一卦的卦辞，“九三，君子终日乾乾，夕惕若，厉，无咎”、“九五，飞龙在天，利见大人”、“上九，亢龙有悔”等为爻辞。所谓爻，指每卦的六画。“—”为阳爻，“--”为阴爻，阳爻称为“九”，阴爻称为“六”。它的次第，由下而上，所以《乾卦》的初爻称“初九”，二爻称“九二”，三爻称“九三”，四爻称“九四”，五爻称“九五”，六爻称“上九”。《经》的上下篇就是这样构成的。《经》分上经和下经，上经三十卦，下经三十四卦。

《传》的部分包括《彖辞》上、《彖辞》下、《象辞》上、《象辞》下、《系辞》上、《系辞》下、《文言》《说卦》《序卦》和《杂卦》，就是所谓的《十翼》。《彖辞》是解释卦辞的。《象辞》分为“大象”、“小象”。“大象”是解释全卦所从的象，“小象”是解释每爻所从的象，也即解释爻辞。《易经》六十四卦分为上下篇，所以《彖辞》和《象辞》也分上下。《系辞》偏于说理，大致追述《易》义的起源，推论《易》学的作用，或解释卦义以补充《彖辞》《象辞》。《文言》所谓“文饰之言”，专解乾坤两卦。因为乾坤为《易》的门户，其他卦爻都由乾坤而出，所以特作《文言》。今本《易经》的《文言》附于乾坤二卦之后。《说卦》偏于说象，大致陈说八卦的德业、变化与法象。《序卦》和《杂卦》，今《易经》都另立卷帙，很易明了。《十翼》中的其他篇与《系辞》性质基本相同，所以都可以称为《易传》。“传”是对于经所作的各种解释，“翼”有辅助的意思。“十翼”就是解释《易经》的十篇著作的总称。

魏征撰《隋书·经籍志》认为，《易传》是孔子所作，传给弟子子夏基本可信。《史记·孔子世家》说，孔子读《易》，“韦编三绝”。《论语·述而》篇又说：“加我数年，五十以学《易》，可以无大过矣。”这都可证明孔子作《易传》。不过《易传》肯定不是出于孔子一人之手，而是有他弟子的记述，如《系辞》每次出现“子曰”即是证明。

☰乾上
☰乾下　《乾》：元、亨、利、贞〔《文言》备也〕。

象曰：天行健，君子以自强不息。

九三：君子终日乾乾，夕惕若厉。无咎〔处下体之极，居上体之下。纯修下道，则居上之德废；纯修上道，则处下之礼旷。故终日乾乾，至于夕。惕犹若厉也〕。

九五：飞龙在天，利见大人〔不行不跃而在乎天，故曰飞龙也。龙德在天，则大人之路亨也。夫位以德兴，德以位叙，以至德而处盛位，万物之睹，不亦宜乎〕。

上九：亢龙有悔。

彖曰：大哉乾元，万物资始，乃统天。云行雨施，品物流形，大明终始，六位时成，时乘六龙以御天。乾道变化，各正性命〔大明乎终始之道，故六位不失其时而成也。升降无常，随时而用。处则乘潜龙，出则乘飞龙，故曰"时乘六龙"也〕。保合大和，乃利贞〔不和而刚暴也〕。首出庶物，万国咸宁〔万物所以宁，各以有君也〕。

《文言》曰："元"者，善之长也。"亨"者，嘉之会也。"利"者，义之和也。"贞"者，事之干也。君子体仁，足以长人，嘉会足以合礼，利物足以和义，贞固足以干事。君子行此四德者，故曰"乾，元、亨、利、贞"。

"君子终日乾乾，夕惕若厉，无咎"，何谓也？子曰："君子进德修业。忠信，所以进德也；修辞立其诚，所以居业也。是故居上位而不骄，在下位而不忧〔居下体之上，在上体之下，明夫终敝，故不骄也。知夫至至，故不忧也〕。故乾乾因其时而惕，虽危无咎矣〔惕，怵惕之谓也〕。"

"飞龙在天，利见大人"，何谓也？子曰："同声相应，同气相求。水流湿，火就燥，云从龙，风从虎，圣人作而万物睹。"

"亢龙有悔"，何谓也？子曰："贵而无位，高而无民〔下无阴也〕，贤人在下位而无辅〔贤人虽在下，而当位，不为之助〕，是以动而有悔也。"

君子学以聚之，问以辨之〔以君德而处下体，资纳于物者也〕，宽以居之，仁以行之。

夫大人者，与天地合其德，与日月合其明，与四时合其序，与鬼神合其吉凶，先天而天弗违，后天而奉天时。天且弗违，而况于人乎？况于鬼神乎？

亢之为言也，知进而不知退，知存而不知亡，知得而不知丧。其唯圣人乎！知进退存亡而不失其正者，其唯圣人乎！

【译文】

乾卦象征着天：具有元始、通达、和谐有利、贞正坚固的德性（《文言》中有详细的说明）。

《象传》说：（乾卦象）天道运行不息，君子应该效法天道，努力自强，不停止地追求进步，永不止息地去努力。

乾卦的第三爻九三，象征着一个才德出众的君子，应当自强自立，勇猛精进，终日不懈，连到了夜晚，也要和白天一样警醒自己。假如能够朝夕戒惧，如临危境，不敢有丝毫的松懈，哪怕遇到危难，最终也会没有灾祸和过失（这是说九三处在下卦的最高处，又在上卦之下，君子悟此卦象，如果纯粹只修习居下位之道，则居上位的德行就会废除，如果纯粹只修习居上位之道，则居下位的礼节就会荒废。因此终日不懈，连到了夜晚，也要和白天一样警醒自己。朝夕戒惧，如临危境，不敢有丝毫的松懈）。

乾卦的第五爻九五，象征着飞在天空中的龙，天下人利于见到有君德又居君位的圣人（不需要行走，也不需要跳跃，已经在天上飞了，所以称作飞龙。圣人有龙德，飞腾而居于天位，则大人的道路就能得以亨通。圣位因至德而兴起，至德因圣位而彰显，以至德而处于圣位，为天下万物所瞻睹，不是很合宜吗）。

乾卦的第六爻上九，象征着处在极高点的龙，知进而忘退，就会有悔闷的后果。

《彖传》说：伟大的乾元啊！万物资之于它而生发，它把天地万物的规律全包括了。云彩运行后，雨水普施大地，万事万物都不断变化出各种形状。彻底明了万事万物的终始之道，就会明白六位无一不是应时而成，不论开始和结束，都要依靠六爻的时势，这就是天的运行之道。

明白这一道理后，就要驾驭乾之道，推行于人事。乾道逐渐变化，从渐变到质变，万物都开始走向成熟，各自有各自的性命、各自有各自的价值、各自有各自的位置，各得其正（意思是说圣人彻底明了宇宙万物周而复始的变化真相，无非是一理以贯之，然后按照万物的不同，因缘时节而成就万事万物。升降无常变化，只是随着万事万物的因缘变化而妙用。潜伏的时候就乘潜龙，出来的时候则乘飞龙，所以称“时乘六龙”）。万事万物如果能够保持它的太和之气不断地运行，永远融洽无偏，就能实现最终的和谐贞正（如果没有和顺，纯阳刚暴，那么万物就会失去其利，不得其正）。圣人从普通的百姓中首先显现出来，而不自为天下人之首，让天下万国各得其所，各安其事，这样（依乾道而行）万国自然和谐相安，无侵无争，都得到了安宁（万物都能得到安宁，在于各自有贤德的人来担任领导之位。圣人效法乾德，生养万物，作为万物之尊，分别任命贤德之君引领万国，所以万国皆得安宁也）！

《文言传》说：元始，是众善的初发；通达，是美好的会聚；有利，是事物的和谐；正固，是办事的根本。君子以仁心为本体，就足以领导众人，寻求美好的事物就会处处合乎礼，施利于他物就会处处合乎众义，坚守正道就可以办好事情。君子就是能够施行此四种德行的人，所以说：“乾卦，象征元始、通达、和谐有利、贞正坚固。”

君子应当自强自立，勇猛精进，终日不懈，连到了夜晚，也要和白天一样警醒自己。假如能够朝夕戒惧，如临危境，不敢稍懈，哪怕遇到危难，最终也不会有灾祸和过失。为什么要这么说呢？孔子说：这是君子修德立业的根本道理啊。推忠于人，以信待物，德行就能够得到提升。修理文教，内心诚实，就是立业的根基。处在上位的时候不敢心怀骄慢，处在下位的时候心也不会忧闷（三爻处在下卦之最上，在上卦之下，比喻君子处于人臣之极，已经明显地显示出君主的美德，因此而更加努力地增进自己的道德和修养，他明白万事万物都会有终点和衰败，所以不会骄慢；知道事物圆满的结局即将到来，所以不会忧闷）。能够终日自强不息，随时警惕谨行，即使面临危机，也就不会有什么过失和患难了。（惕，戒惧、惊惧的意思）。

乾卦第五爻，象征飞在天空中的龙，可以见到有君德又居于君位的圣人了。为什么这么说呢？孔子说：这是比喻同样的声音能够产生共鸣，同样的气味会相互融合，水总是流到湿地上，火总是先烧干燥处，龙吟然后景云就会腾升，谷风随着虎啸之处就会谷风相随，圣人兴起，万民都来仰望他、亲近他，接受他的引导和教化。

乾卦第六爻，象征着处在极高点的龙，就会有悔闷的后果。这是什么意思呢？孔子说：这是比喻某种人尊贵失正而没有实位，居高而无民（指乾卦第六爻下无阴爻，五个爻都是阳爻，代表没有人民，没有人辅助），贤明的人处在下位而没有人辅助他（贤明的人虽然处在下位，也不去辅助他），这种人一旦轻举妄动，就会有悔闷的后果。

君子通过学习来蓄养其德行，在一切事物当中详细地询问考究来明辨决疑（有君主的美德而处在下位，在万事万物之中积蓄学养和德行），以宽厚的态度来对待他人，以仁爱之心来行事接物。

九五爻辞所说的“大人”，圣明德备，他的道德和天地一样覆载万物，他的圣明如同日月一样普照万物，他施理政事像四时一样井然有序，他示人的吉凶祸福如同鬼神一样奥妙无穷。他若在天时之前行事，天不违背他，若在天时之后行事，也能奉顺天道运行的规律。天都不会违背他，何况人呢？何况鬼神呢？

上九爻辞所说的“亢”，是讲某种人只知道进取而不懂得引退，只知道现在的存在而不懂得现在的存在必将衰亡，只知道获得利益而不明白有所得必有所失。只有圣人的才德和智慧，才能深知进取与引退、生存和灭亡的道理，行为不偏失正道。大概只有圣人才能如此吧！

䷁ 坤上
坤下　　《坤》：象曰：地势坤，君子以厚德载物。

彖曰：至哉坤元，万物资生，乃顺承天。坤厚载物，德合无疆，含弘光大，品物咸亨。

《文言》曰：坤至柔而动也刚，至静而德方。含万物而化光。坤道其顺乎？承天而时行。积善之家，必有余庆；积不善之家，必有余殃。君子敬以直内，义以方外，敬义立而德不孤。

【译文】

《坤》卦：（本卦上卦为“坤”，下卦为“坤”，“坤”为地。）《象传》

说：大地的气势宽厚和顺，君子应效法坤卦的精神，以深厚的德行容载天下万物。

《彖传》说：美德至极的坤元啊，她配合上天开创万物，万物依靠她而得以资生，她柔顺地承接天道。大地纯厚而能够普载万物，德性包容万有而广无边界。她含育一切并使其光大，万物亨通畅达，普遍受到她的滋养。

《文言》说：坤卦六爻皆阴，至柔，但在变动时却也显示出无比刚。地体不动，极为安静，但生物不邪，德能方正，含养万物而德化光大。坤道至柔，承载于天而依照四时运行得当。

修积善行的家族，必定能够积累许多庆祥（能够庇佑子孙）；累积恶行的家族，必定会留下许多祸殃（必将贻害子孙）。

君子恭敬一切，以使内心正直；行为适宜，以使外形端方。能够做到恭敬一切、行为适宜（人们就会恭敬于他，以义应之），就能够使美德广布，得到众人的回应。

䷂ 坎上
震下　《屯》：象曰：云雷，屯。君子以经纶〔君子经纶之时〕。

彖曰：天造草昧，宜建侯而不宁〔屯体不宁，故利建诸侯也。屯者，天地造始之时也。造物之始，始于冥昧，故曰“草昧”也。处造始之时，所宜之善，莫善于建侯〕。

【译文】

屯卦：（本卦上卦为“坎”，“坎”为云；下卦为“震”，“震”为雷。）《象传》说：乌云和雷声交动，象征着“初生”，君子在时局创建之初努力筹划经略天下大事。（屯卦之时正是君子努力筹画经略天下大事的时候。）

《彖传》说：万物草创、冥昧之时，王者应该封立诸侯来治理天下，但不可认为封立诸侯后就没有事情了，思想上还要忧勤戒慎，不遑宁处（屯卦象征着不定和变化，所以有利于封立诸侯来管理天下。屯卦，是天地初生的时候，是万物产生的开始，是起于天地未形成时的混沌状态，所以叫“草昧”。在万物初生之时，最适合做的事情莫过于封立诸侯了）。

☶☵ 艮上
坎下　《蒙》：象曰：山下出泉，蒙。君子以果行育德。

象曰：匪我求童蒙，童蒙求我，志应也〔我谓非童蒙者。暗者求明者，明者不咨暗。故蒙之为义，匪我求童蒙，童蒙求我也。童蒙之来求，我志应故也〕。蒙以养正，圣功也。

【译文】

蒙卦：（本卦上卦为“艮”，“艮”为山；下卦为“坎”，“坎”为水。）《象传》说：高山下流出泉水，象征着“蒙稚”渐启。君子效法蒙卦的精神，行动时如水之必行，果决不疑，修德时隐默怀藏，不自彰显。

《象传》说：并不是我有求于幼童来启发蒙稚，而是幼童需要启蒙而有求于我，这样双方的志向就能够相应（我，指明白大道的圣人，不是童蒙者。暗者向明者求教，明者不向暗者谘询，象征“蒙”的含义，并不是我有求于幼童来启发蒙稚，而是幼童需要启蒙而求问于我，问者有感通的心意，然后才可以与之相应）。童蒙的时候就能够培养其纯正无邪的品质，这就是至圣之功了。

☷☵ 坤上
坎下　《师》：象曰：地中有水，师。君子以容民畜众。

初六：师出以律，否臧，凶〔为师之始，齐师者也。失令有功，法所不赦，故师出不以律，否臧皆凶也〕。

上六：大君有命，开国承家，小人勿用〔处师之极，师之终也。大君之命，不失功也。开国承家，以宁邦也。小人勿用，非其道也〕。

象曰：大君有命，以正功也。小人勿用，必乱邦也。

【译文】

师卦：（本卦上卦为“坤”，“坤”为地；下卦为“坎”，“坎”为水。）《象传》说：地中有水，水聚集在地中，象征着“兵众”。君子观察此卦象，因此包容、保护其民众，积聚其民众。

初六：兵众出发要依照律法，如果不依照律法和号令行事，即使胜了也会有凶险（建立军队，一开始就要整顿军纪。士兵如果违反了军纪，就算侥幸立了大功，也是军法所不容的，所以军队出征不依照律法，不管胜败都是很危险的）。

上六：天子颁布命令，封赏功臣为诸侯、为大夫，小人不能够启用（上六处在师卦的终极，是师卦的终竟。天子对功臣的封爵，不能离开了他们的实际功劳，根据功劳大小封赏他们，功劳大的封为诸侯，功劳小的封为卿大夫，为的是使国家安定。小人不能任用，这不符合治国平天下的正道）。

《象传》说："天子颁布命令"，是为了评定功绩，进行封赏；"小人不可任用"，是说明用小人必将危乱国家。

䷇ 坎上
坤下　《比》：象曰：地上有水，比，先王以建万国、亲诸侯〔万国以比建，诸侯以比亲〕。

【译文】

比卦：（本卦上卦为"坎"，"坎"为水；下卦为"坤"，"坤"为地。）《象传》说：地上有水（水和地亲密无间），这是比卦的象征。先王效法比卦的精神而封建万国、亲近诸侯（割土封国要效法比卦的精神来分封建立，爵赏诸侯要依据比卦的精神来亲密和谐）。

䷉ 乾上
兑下　《履》：象曰：上天下泽，履。君子以辨上下，定民志。

【译文】

《履》卦：（本卦上卦为"乾"，"乾"为天；下卦为"兑"，"兑"为泽。）《象传》说：天下有泽（上是天，下是泽，这是上下的正常状态，人的行为也应当如此），象征循礼。君子观察履卦的卦象，要辨清上下的位分，以安定百姓的心志（上下的位分明确，百姓的心志才能确定下来。百姓心志确定，才能谈到治理天下）。

☷坤上
☰乾下　《泰》：象曰：天地交，泰。后以财成天地之道，辅相天地之宜，以左右民〔上下大通，则物失其节，故财成而辅相，以左右民也〕。

象曰：天地交而万物通也，上下交而其志同也。内君子而外小人，君子道长，小人道消也。

【译文】

《泰》卦：（本卦上卦为“坤”，“坤”为地；下卦为“乾”，“乾”为天。）《象传》说：天地互相交合，象征顺畅通达，君主应在此时体会天地交泰的道理，制定裁节调理的施政方法，以成就天地交合之道，促成天地化生万物之机宜，护佑天下黎民百姓，使他们安居乐业（当天地上下通泰之时，万物之化生将失去节制，因此君主要制定裁节调理的施政策略，此时要通过裁节调理以辅助天地交合之宜，来护佑百姓）。

《象传》说：天地阴阳交合，万物生养之道就通畅无阻；君臣上下交心感应，人们的思想意识就会协同起来。此时，君子在内（健于行事），小人在外（顺以听命），君子之道就能渐长，小人之道就会渐消。

☰乾上
☷坤下　《否》：象曰：天地不交，否。君子以俭德避难，不可荣以禄。

象曰：天地不交而万物不通，上下不交而天下无邦也。内阴而外阳，内柔而外刚，内小人而外君子。小人道长，君子道消也。

九五：休否，大人吉。其亡其亡，系于苞桑〔居否之世，能全其身者，唯大人耳。巽为木，木莫善于桑，人虽欲有亡之者，众根坚固，弗能拔之也〕。

【译文】

《否》卦：（本卦上卦为“乾”，“乾”为天；下卦为“坤”，“坤”为地。）《象传》说：否卦的卦象为坤（地）下乾（天）上，为天在地上之表象。天在极高处，地在极低处，天地阴阳之间因此不能够互相交合，所以时世闭塞不通。这个时候君子必须隐藏、俭约，有德而不显，这样才能避开危险与灾难，不可以谋取高官厚利、享受荣华富贵。

《象传》说：天地之间互不交感，万物就会堵塞不通；君臣之间互不沟通，国家就会衰败灭亡。此卦内卦坤体阴，外卦乾体阳，表示内柔而外刚，亲近小人而远离君子。这样，小人之道就会日渐增长，君子之道就会日渐消亡。

九五：能于危难之际而修善行，只有德行高尚者可以做到，这样会获得吉祥。但要懂得居安思危，常常以“不久将要灭亡，不久将要灭亡”这样的警句来提醒自己，以自戒慎，才能像系结在一大片丛生的桑树上那样牢固，安然无事（处在否卦之时，能够保全自身的只有德行高尚的大人。巽为木，木最好的莫过于桑树了，虽然有想要灭亡它的，但是桑树的众多根系，让它变得坚固，因此不能拔除它）。

☰ 乾上
☲ 离下　《同人》：象曰：天与火，同人〔天体于上，而火炎上，《同人》之义〕。君子以类族辩物〔君子小人，各得所同〕。

彖曰：文明以健，中正而应，君子正也〔行健不以武而以文明用之，相应不以邪而以中正应之，君子正也〕。唯君子为能通天下之志〔君子以文明为德者也〕。

【译文】

《同人》卦：（本卦上卦“乾”，为天；下卦“离”，为火。）《象传》说：同人卦的卦象是离（火）下乾（天）上，为天下有火之表象。天在高处，火势熊熊而上，天与火亲和相处（天高高在上，上面又有大火燃烧，这是同人卦的含义）。君子得到此卦的启迪，要明白物以类聚、人以群分的道理，懂得明辨事物，求同存异，团结众人，以实现天下太平（让君子和小人各同其党，使他们各自和相同的人在一起）。

《彖辞》说：君子以文明之德而显现刚健，以中正之道与万物相应，这才是君子的正道（君子行为刚健不用武力而使用文明，表现出来的不是奸邪而是与中正相应，这才是君子所行的正道），只有君子能够以正道感通而聚合天下人的意志（君子用文明来作为自己修习德行的标准）。

☲离上
☰乾下 《大有》：象曰：火在天上，大有。君子以遏恶扬善，顺天休命〔《大有》，包容之象也。故遏恶扬善，成物之美，顺奉天德，休物之命也〕。

彖曰：柔得尊位，大中，而上下应之，曰大有〔处尊以柔，居中以大，上下应之，靡所不纳，大有之义也〕。其德刚健而文明，应乎天而时行，是以元亨〔德应于天，则行不失时矣。刚健不滞，文明不犯，应天则大，时行无违，是以元亨也〕。

上九：自天佑之，吉无不利〔居大有之上，而不累于位，志尚于贤者也〕。

【译文】

《大有》卦：（本卦下卦为“乾”，“乾”为天；上卦“离”，“离”为火。）《象传》说：火焰高悬于天上，无处不照，象征“大获所有”。君子以此卦象所兆，应当遏阻奸邪，宣扬善行，以奉承顺应上天美好的命令，让万物都得到安定（大有卦，是包容的象征。所以君子因此要遏恶扬善，成就万物的美善，尊顺奉行上天的德性，美善万物的性命）。

《彖传》说：按照大有的卦象，柔顺厚德者得居尊位，博大而能保持中道，上下就能应和，所以称“大有”（这是说君子要效法大有的卦象，处在尊位时要柔顺，使自己能博大而保持中道，上下都能相互应和，可以无所不收，万事万物都能够接受，这是大有卦象之义）。此时君子秉持刚健而又文明的美德，顺应天地的规律，万事按时施行，这样前景必然至为亨通（德行顺应天道，那么行为就不会与天时相违背。刚健而又不会壅滞、懂得变通，照耀万物而又不会毁坏万物，能顺应天道以至于盛大（卦象火在天上），万事按照因缘时节的规律进行而不违逆，这样就会事事亨通了）。

上九：有来自于上天的护佑，凡事吉庆，无不顺利（意思是此爻象征处在大有之时，君子没有被物系累其心，是因为他能清静高洁，志在圣贤）。

☷坤上
☶艮下 《谦》：象曰：地中有山，谦。君子以裒多益寡，称物平施〔多者用谦以为裒，少者用谦以为益，随物而与，施不失平也〕。

象曰：谦，亨。天道下济而光明，地道卑而上行。天道亏盈而益谦，地道变盈而流谦，鬼神害盈而福谦，人道恶盈而好谦。谦，尊而光，卑而不可逾，君子之终也。

初六：谦谦君子，用涉大川，吉〔能体谦谦，其唯君子，用涉大难，物无害也〕。象曰：谦谦君子，卑以自牧也〔牧，养也〕。

九三：劳谦，君子有终，吉〔劳谦匪懈，是以吉也〕。象曰：劳谦君子，万民服也。

【译文】

《谦》卦：（本卦上卦为“坤”，“坤”为地；下卦为“艮”，“艮”为山。）《象传》说：高山深藏在地中，象征着谦虚。君子效法谦卦的精神，多者谦虚就能积聚更多，少者谦虚也能增益更多，无论是多者还是少者，都能从谦卦中平等地得到受益（多者谦虚能够积聚更多，少者谦虚也能增益更多。君子根据物品的多少给予，施予不失公平）。

《彖传》说：保持谦逊就能得到亨通。比如天的规律是下降济物，天体就能愈显光明；地的规律是所处卑微，而地气源源上升。天的规律是亏损盈满者，补益谦虚者；地的规律是变易盈满者，充实谦虚者；鬼神的规律是危害盈满者，施福谦虚者，人道的规律是憎恶盈满者，喜爱谦虚者。谦虚的人处在尊高之位，道德会更加光明，处在卑下之位，其德行人们也难以超越。只有君子才能够保持谦德至终啊！

初六：谦而又谦的君子（因为有无比谦逊的美德），即使涉大险、过大河，也将是吉利的（唯有君子有谦而又谦的美德，以此来处理异常的艰难，万物都不会有损害）。《象传》说：“谦而又谦的君子”，是说用谦卑来养成其恒久的美德（牧，养的意思）。

九三：有功劳而且懂得谦虚的君子，能够保持谦德至终，凡事都会吉利（有功劳且能保持谦恭而不懈怠，所以能够获得吉祥）。《象传》说：有功劳还保持谦虚的君子，万民都会敬服于他。

䷏ 震上
坤下　《豫》：象曰：雷出地奋，豫。

彖曰：豫，顺以动，故天地如之。天地以顺动，故日月不过而四时不忒。圣人以顺动，则刑罚清而民服。豫之时义大矣哉。

【译文】

《豫》卦：（本卦上卦为“震”，“震”为雷；下卦为“坤”，“坤”为地。）《象传》说：雷声震震，大地震动，万物得气而生，这是逸豫之象。

《彖传》说：逸豫，表示顺天时而行动，所以天地能够随顺其意。天地能够顺时而动，所以日月运行不会有过，四季轮转没有误差；圣人能够沿顺民情而动，则刑罚清楚简单，万民服从。豫卦所蕴含的“顺时而动”的义理是多么的深远广大啊！

䷐ 兑上
震下　《随》：象曰：泽中有雷，随。君子以向晦入宴息〔泽中有雷，动悦之象也。物皆悦随，可以无为，不劳明鉴，故君子向晦入宴息也〕。

彖曰：随时之义大矣哉〔得时则天下随之矣。随之所施，唯在于时，时异而不随，否之道也。故随时之义大矣哉〕。

【译文】

《随》卦：（本卦下卦为“震”，“震”为雷；上卦为“兑”，“兑”为泽。）《象传》说：大泽中响着雷声，泽随顺雷声而震动，这是随顺之象。君子因此而随天应时，早出晚入，于向晚按时休息（泽中有雷，是震动和喜悦之象，万物都喜悦地随顺，君子可以无为，不需要凡事明察，所以说君子可以早出晚入，于向晚按时休息）。

彖传说：随顺天时的意义是多么的宏大啊（君子随顺天时则天下都会随顺于他。随顺之道，关键在于随顺时机而行动。如果不在天时，就不能使物相随，不能使物相随，则是否塞之道。因此要可随则随，逐时而用，所以说随顺天时的意义是多么的宏大啊）！

☴巽上
☷坤下　《观》：象曰：风行地上，观。先王以省方，观民设教。

象曰：顺而巽，中正以观天下。观天之神道，而四时不忒。圣人以神道设教，而天下服。

六四：观国之光，利用宾于王〔居观之时，最近至尊，观国之光者也。居近得位，明习国仪者也，故曰“利用宾于王”也〕。

九五：观我生，君子无咎〔上之化下，犹风靡草，故观民之俗，以察己道。百姓有罪，在余一人，君子风著，己乃无咎。上为化主，将欲自观，乃观民也〕。

【译文】

《观》卦：（本卦上卦为“巽”，“巽”为风；下卦为“坤”，“坤”为地。）《象传》说：观卦的卦象是坤（地）下巽（风）上，为风吹拂于地上而遍及万物之象，象征瞻仰。先代君王仿效风吹拂于地而遍及万物的精神，设立省方之礼，视察四方，考察民风民俗，设立政教。

《彖传》说：具备温顺谦逊的美德，居中得正位，从而考察天下民风。观察四季运转丝毫不差就能懂得其中存在着大自然神妙的作用。圣贤能够效法天道而设教于天下（自己修积善德，身体力行，做大众的榜样，不需要通过言语教诫和威刑恐逼），万民就会自然服从于他，天下实现垂拱而治。

六四：观仰国家大治的光辉景象，适宜以宾客的身份入朝辅佐君王（在观仰之时，能够最容易接近君王的，是能够观仰国家大治光辉景象的人。接近君王并因此得到官位的，是那些明白和学习国家礼仪的人。所以说“利用宾于王”）。

九五：君王经常巡视国家，看民风淳正与否，从而检查自己所施行的是否为君子之政，这样就不会有过错了（在上位的教化在下位的，如同风吹草木，草木顺风而倒，所以，观察民众的风俗，就可以体察自己所施行的是否合道。百姓如果有罪，罪责在我君主一人。天下有君子之风，自己就没有过错了。在上位的人是教化的主导者，要观察自己所施行的是否合道，观察民风就可以知道了）。

䷔ 离上
震下　　《噬嗑》：象曰：雷电，噬嗑。先王以明罚整（本书整作敕）法。

彖曰：刚柔分动而明，雷电合而彰〔刚柔分动，不溷乃明；雷电并合，不乱乃章。皆利用狱之义也〕。

【译文】

《噬嗑》卦：（本卦下卦为“震”，“震”为雷；上卦为“离”，“离”为电。）《象传》说：噬嗑卦的卦象是震（雷）下离（火）上，为雷电交击之象。雷电交击，就像咬合一样。雷有威慑力，电能放光明。古代帝王效法这一现象，严明刑罚，整饬法令。

《彖传》说：刚柔上下先各分开，然后交相运动而不杂乱，使啮合之义显明，震雷闪电交击互合而啮合之理昭彰（刚柔分开而动，不混杂而能显明。雷电混合而不会错乱，不错乱而得以彰显。这都是断狱的含义啊）。

䷕ 艮上
离下　　《贲》：象曰：山下有火，贲。君子以明庶政，无敢折狱〔处贲之时，止物以文明，不可以威刑，故君子以明庶政，而无敢折狱也〕。

彖曰：观乎天文以察时变，观乎人文以化成天下。

六五：贲于丘园，束帛戋戋。吝，终吉〔为饰之主，饰之盛者也。施饰于物，其道害矣；施饰丘园，盛莫大焉。故曰：贲于丘园，束帛乃戋戋。用莫过俭，泰而能约，故必吝焉，乃得终吉也〕。

【译文】

《贲》卦：（本卦上卦为“艮”，“艮”为山；下卦为“离”，“离”为火。）《象传》说：山下燃烧着火焰，象征着“文饰”，君子因此修明政事，不敢以威刑断狱（出现贲卦卦象之时，火照着山，山因为火而被照明，不可以采用严厉的刑罚来治理政事，所以君子一般采用文明来理政，而不会通过武断判决案件来治理天下，甚至让民众无讼）。

象传说：观察天象，可以知晓四季的变化规律；观察社会的人文现象，可以推行教化而实现天下大治。

六五：用质朴的野外丘园作为修饰，系一束微薄的丝帛，虽俭吝，终能获得吉祥（处在君位上，装饰都十分美盛。拿奢华的财物来作为外饰，将损害大道。如果以朴素的山丘园林来作为修饰，将获得莫大好处。所以说："以朴素的山丘园林来作为修饰，勤俭节约，就会财物更多。"用度要一切从俭，大方而又能够节约，表面看上去是吝啬，最终会得到吉祥）。

艮上
乾下　《大畜》：象曰：天在山中，大畜。君子以多识前言往行，以畜其德〔物之可畜于怀，令德不散，尽于此也〕。

象曰：大畜，刚健笃实，晖光日新其德〔凡物能晖光日新其德者，唯刚健笃实者也〕。

【译文】

《大畜》卦：（本卦内卦"乾"，"乾"为天；外卦为"艮"，"艮"为山。）《象传》说：天包含在山中，这是宽广包容之象，君子感此卦象，应该广泛地学习古圣先贤的的嘉言善行，来培养自己的德行（万事万物中，唯有贮藏前言往行于怀，才能让道德不会散弃）。

《彖传》说：大畜卦，其性刚健笃实，君子感此卦象，得以藉天地之晖光，不断使自己的品德光辉显曜，日新又新（只有刚健笃实的事物，才能不断使自己的品德光辉显曜，日新又新）。

艮上
震下　《颐》：象曰：山下有雷，颐。君子以慎言语，节饮食〔言语饮食，犹慎而节之，而况其余乎〕。

彖曰：颐，贞吉，养正则吉也。天地养万物，圣人养贤以及万民，《颐》之时大矣哉！

【译文】

《颐》卦：（本卦上卦为"艮"，"艮"为山；下卦为"震"，"震"为雷。）《象传》说：山下响动着震雷，象征着颐养，君子感此，谨慎言语以培养德行，节制饮食以养护身体（言语和饮食，都能够谨慎、节制，更何况其他呢）。

《彖传》说：颐养，固守正道才能吉祥。这是说以正道颐养才能够获得吉祥。天地养育着万物，圣人颐养贤德之人以造福万民。颐养的济时之义是多么宏大呀！

坎上
坎下

《习坎》：象曰：水洊至，习坎。君子以常德行，习教事〔至险未夷，教不可废，故以常德行而习教事也。习于坎，然后能不以险难为困，而德行不失常〕。

彖曰：习坎，重险也。天险不可升也〔不可得升，故得保其威尊〕。地险，山川丘陵也〔有山川丘陵，故物得保以全也〕。王公设险以守其国〔国之为卫，恃于险也。言自天地以下，莫不须险也〕。险之时用大矣哉〔非用之常，用有时也〕。

【译文】

《习坎》卦：（上卦为“坎”，下卦也为“坎”，“坎”为水。）《象传》说：水一至再至，长流不滞，象征着重重险陷。君子感此卦象，而恒久保持修习自身德行，反复熟习政教之事（至险没有消除，教化就不能够废除，因此要恒久地保持修习自己的德行，熟习政教之事，在重重险难中修习德行，然后才能不被险难所困，而德行才能够长久保持）。

《彖传》说：习坎是表示重重危险之意。天之险处，在于无阶可登（无阶可登，故能够保全其至高的威尊）；地之险处，在于有山川和丘陵（有山川和丘陵，所以大地承载的万物得以保守其全）。天子和公侯因此而效法天地，设立险隘以保卫其国家（国家的防卫，需要凭藉险陷，所以说天地以下，无一不需要险）。可见“险陷”的时用是多么的大啊（不是时常需要用险，若天下和谐大治，则不需要用险，若家国有难，则需要设险防难，所以说“用以时”）！

☲☲ 离上
离下　《离》：象曰：明两作，离。大人以继明，照于四方〔继，谓不绝〕。

彖曰：离，丽也〔丽犹著也，各得所著之宜者也〕。日月丽乎天，百谷草木丽乎土，重明以丽乎正，乃化成天下。

【译文】

《离》卦：（上卦为“离”，下卦为“离”，“离”为火。）《象传》说：光明两次升起，这是离卦的象征。道德高尚之人以相继不绝的光明品德照耀于四方（继，就是相继不绝的意思）。

《彖传》说：离，就是依附的意思（丽就是附着，各自依附于适合自己的物体之上）。日月依附于天，百谷草木依附于地。君子能将本有的性德之光显明，就可以教化天下，成就文明的风俗了。

☱☶ 兑上
艮下　《咸》：象曰：山上有泽，咸。君子以虚受人〔以虚受人，物乃感应也〕。

彖曰：咸，感也。柔上而刚下，二气感应以相与。天地感而万物化生〔二气相与，乃化生也〕，圣人感人心而天下和平。观其所感，而天地万物之情可见矣〔天地万物之情，见于所感也〕。

【译文】

《咸》卦：（本卦上卦为“兑”，“兑”为“泽”；下卦为“艮”，“艮”为山。）《象传》说：山上有大泽，山泽相通（交感），这是咸卦的象征。看到此象，君子因此虚怀若谷，广泛容纳感化众人（君子能够以虚怀若谷来感，万物都会与之相应）。

《彖传》说：咸，就是“感应”之意。阴柔居上而阳刚在下，阴阳二气感应而又相互交融（阴阳二气相互感应，这是化生生命啊）。天与地相互感应，因而万物得以化生；圣人设立道德教化，与民心相感应，因而天下和平。通过观察其感应的情状，天地万物的情状便可以窥见了（天地万物的情状，就体现在天地万物以气类共相感应的过程中）。

䷟震上
巽下　《恒》：象曰：雷风，恒〔长阳长阴，合而相与，可久之道也〕。君子以立不易方〔得其所久，故不易也〕。

彖曰：天地之道，恒久而不已也〔得其所久，故不已也〕。日月得天而能久照，四时变化而能久成，圣人久于其道而天下化成〔言各得所恒，故皆能久长也〕。观其所恒，而天地万物之情可见矣〔天地万物之情，见于所恒也〕。

九三：不恒其德，或承之羞〔德行无恒，自相违错，不可致诘，故“或承之羞”也〕。不恒其德，无所容也。

【译文】

《恒》卦：（本卦上卦为“震”，“震”为雷；下卦为“巽”，“巽”为风。）《象传》说：雷发风行，刚柔相济，这是恒久之象（上卦为震，震为长子，故称“长阳”；下卦为巽，巽为长女，故称“长阴”。长阳和长阴常相交助，刚柔相济，这是能够长期存在之道啊）。君子因此做人做事有所树立，有卓然不可移易之方（因为得到了长期存在的道，所以不会轻易放弃和改变）。

《彖传》说：天地的运行规律是永恒运行，没有停息（因为天地运行规律是永恒的，所以不会停止）。日月得到天的承载，而能长久照耀天下；四季往复变化，所以能永久生成万物；圣人长久地推行其道义，所以能教化天下（这是说各自得到所以长久的东西，所以都能够长期存在）。观察其所以长久之理，天地万物的性情便可以知道了（天地万物的性情就表现在其所行的“恒久”之道上）。

九三：如果不能长久地保持自己的德行，就有可能会招致别人的羞辱（不能长久保持美德，自己就会违背美德、产生过失，产生过失则不足以向其问明事理，所以说就会蒙受他人的羞辱）。如果不能长久地保持德行，将无容身之地。

䷠ 乾上
艮下《遁》：象曰：天下有山，遁〔天下有山，阴长之象也〕。君子以远小人，不恶而严。

九五：嘉遁，贞吉〔遁而得正，反制于内，小人应命，率正其志。不恶而严，得正之吉，遁之嘉者也〕。象曰："嘉遁贞吉"，以正志也。

上九：肥遁，无不利〔最处外极，无应于内，超然绝志，心无疑顾，忧患不能累，矰缴不能及，是以"肥遁无不利"也〕。象曰："肥遁无不利"，无所疑也。

【译文】

《遁》卦：（本卦上卦为"乾"，乾为天；下卦为"艮"，"艮"为山。）《象传》说：高天之下立着大山，这是退避之意（高天之下立着大山，这是表示阴盛的卦象）。君子因此而远避小人，并不憎恶小人，但亦自具威严，使其不敢冒犯。

九五：嘉美地遁去，是贞正而且吉利的（有德之人退避而能自正其志，可反而控制内部，使小人听其命，遵循其志。不厌恶小人，而是显其威严教化小人。九五以阳刚居中得正，以中正自处，时止时行，从认识到行动都能对遁的问题作出最好的处理，所以获得贞吉）。《象传》说："嘉美地遁去，守持贞正可以获得吉祥"，是因为其能端正心志啊。

上九：飘然远逝，无所疑滞，退隐山林，没有什么不利的（上九处在遁卦之极，比喻君子处在最边远的地方，没有在朝廷中的应酬，超然物外，卓绝其志，心里没有任何顾虑，没有什么忧患让其牵累，阴谋诡计不能加于其身，所以说"肥遁无不利"）。《象传》说："遁世隐居，没有什么不利的"，这是说没有什么可以疑虑的啊。

䷡ 震上
乾下　《大壮》：象曰：雷在天上，大壮。君子以非礼弗履〔壮而违礼则凶，凶则失壮矣。故君子以大壮而顺礼也〕。

彖曰：大壮利贞，大者正也。正大，而天地之情可见矣〔天地之情，正大而已。弘正极大，则天地之情可见矣〕。

【译文】

《大壮》卦：（本卦上为“震”，“震”为雷；下卦为“乾”，“乾”为天。）《象传》说：震雷响彻天上，刚强威盛，这是大壮的象征。君子因此效法此卦的精神，克己复礼，不施行不符合礼的事情（如果强盛但是行为不符合礼，那就是凶象了，是凶象的话就不能够继续保有其强盛了。所以君子不仅刚强威盛，而又顺应于礼）。

《象传》说：大壮卦，“大”得已经达到了强盛，此时守持正固最为有利。“大”是“正大”。君子体认“正大”之理，那么就能知晓天地的性情了（天地的性情，就是“正大”而已。弘扬“正大”，那么天地的性情就都明白了）。

䷢ 离上
坤下　《晋》：象曰：明出地上，晋。君子以自昭明德〔以顺著明，自显之道〕。

【译文】

《晋》卦：（本卦上卦为“离”，“离”为明；下卦为“坤”，“坤”为地。）《象传》说：太阳升起，照耀大地，是显升之象，这是晋卦的特征。君子看到此象，应自己把自身本有的光明的德性显现出来（随顺自然之道显明其德，才是自我显明之道）。

䷣ 坤上
离下　《明夷》：象曰：明入地中，明夷。君子以莅众〔莅众显明，蔽伪百姓者也，故以蒙养正，以明夷莅众矣〕，用晦而明〔藏明于内，乃得明也；显明于外，乃所避也〕。

象曰：内文明而外柔顺，以蒙大难，文王以之。“利艰贞”，晦其明也。内难而能正其志，箕子以之。

【译文】

《明夷》卦：本卦内卦为“离”，“离”为明；外卦为‘坤’，坤为地。）

《象传》说：太阳落入地中，是光明伏踬之象，这是明夷卦的特征。受此卦象启迪，君子治理众人（治理民众，太过于显示自己的机巧智慧，就会让百姓有被蒙蔽和欺骗之感。因此要用大智若愚的方式来培养百姓纯正的民风，用自隐其慧的方式来使众人得到治理），能够自我晦藏其明智，这样反而能更加显示其道德光明（把自己明察的智慧掩藏起来，才是真正的明察之道。把自己明察的智慧显明于外，是君子应该避免的事情）。

《象传》说：内藏光明之德而外显柔顺，以此来躲避大难，周文王采用此道。利用困境坚贞守正，就是隐藏其贤德之能啊。当内难之时，能端正其志向，箕子就是采用的这种方法。

䷤ 巽上
离下　《家人》：象曰：风自火出，家人〔由内相成，炽也〕。君子以言有物而行有恒〔家人之道，修于近小而不妄者也。故君子言必有物，而口无择言；行必有恒，而身无择行也〕。

象曰：家人，女正位乎内，男正位乎外，天地之大义也。家人有严君焉，父母之谓也。父父、子子、兄兄、弟弟、夫夫、妇妇，而家道正。正家而天下定矣。

【译文】

《家人》卦：（本卦上卦为“巽”，“巽”为风；下卦为“离”，“离”为火。）《象传》说：风从火中生出，这是家人卦象的特征（风从火的内部生成，是因为火的温度高的缘故，这是说明家人卦巽在离外，是风从火出。火刚生起的时候，因为有风，会更加炽盛。火炽盛后又会形成风。这样内外互相作用，有似家人之义。所以说“风自火出，家人”）。君子因此应注意自己的一言一行，说话要有根据和内容，行动要有准则和规矩，不能朝三暮四和半途而废（居家行事的道理，要从身边的人和日常小事着手，不可轻忽随意。因此君子说话一定有根有据，这样话一出口就会合乎道理而无需选择；做事一定遵循规律和法则，这样一做事情就会符合大道而无需选择）。

《象传》说：家人卦是说，女子应当居家主内，而男人应当以处理外部事务为主，这样才符合天地阴阳的大道。家中有严正的主人，这是指父母而言的。父亲尽父亲的责任，儿子尽儿子的责任，兄长尽兄长的责任，弟弟尽弟弟的责任，丈夫尽丈夫的责任，妻子尽妻子的责任，这样家道就能端正了。家道端正了，那么天下也就能安定了。

䷥离上
兑下　《睽》：象曰：上火下泽，睽。君子以同而异〔同于通理，异于职事〕。

彖曰：睽，火动而上，泽动而下。天地睽而其事同也，男女睽而其志通也，万物睽而其事类也。睽之时用大矣哉〔睽离之时，非小人之所能用也〕。

【译文】

《睽》卦：（本卦上卦为“离”，“离”为火；下卦为“兑”，“兑”为泽。）《象传》说：上为火而下有泽，两相乖违，这是睽卦的象征。看到此卦象，君子处于世上，应该求同存异，保持自己的个性和特色（认同共通的道理，各自做好不同的事情）。

《彖传》说：睽卦火起而腾升向上，泽动而流泻向下。天与地一高一低两相乖违，但其化育万物的事是相同的；男与女，一刚一柔，两相乖违，但其成家理事的心意是相通的；世间万物，各具风姿，互相乖违，但其发展变化的规律是类似的。睽卦异中有同，同中有异，异同并存的施用范围是很大的（事物睽离之时，只有大德之人能建其用，于异中求同，睽卦的时用不是小人所用的）！

䷦坎上
艮下　《蹇》：象曰：山上有水，蹇。君子以反身修德〔除难莫若反身修德也〕。

彖曰：蹇，难也，险在前也。见险而能止，智矣哉！

六二：王臣蹇蹇，匪躬之故〔处难之时，履当其位，执心不回，志匡王室者也，故曰“王臣蹇蹇，匪躬之故”也。履中行义，以在其上，处蹇以此，未见其尤也〕。象曰：王臣蹇蹇，终无尤也。

【译文】

《蹇》卦：（上卦为“坎”，“坎”为水；下卦为“艮”，“艮”为山。）《象传》说：山上流水，跌宕曲折而下，行动艰难，这是蹇卦的象征。君子效法此卦，在困难之时应该反省自身，修养自身德行（解除困难最好的方法，莫过于自我反省，修习德行）。

《彖传》说：蹇卦，象征着艰难，就是前面有危险的意思。看到险情能够停止，这是明智之举啊。

六二：君王的臣仆忠诚正直，不是为了自身的私事啊（处在危难时，能够坚守岗位，履行自己的职责，做到坚定不移，这才是真正的为君王效忠，所以说“王臣蹇蹇，匪躬之故”。臣子在艰难困苦时还能履行职责，坚持王臣之道，使君王得以保全，用这种行为来处蹇，看不到他有什么过失）。六二《象传》说：君王的臣仆忠诚正直，虽屡陷艰难，但这样做始终不会有过失。

☳震上
☵坎下　《解》：象曰：雷雨作，解。君子以赦过宥罪。

彖曰：天地解而雷雨作，雷雨作而百果草木皆甲坼〔天地否结，则雷雨不作；交通感散，雷雨乃作也。雷雨之作，则险厄者亨；否结者散，故百果草木皆甲坼也〕。解之时大矣哉〔无所而不释也〕。

六三：负且乘，致寇至，贞吝〔处非其位，履非其正，以附于四，用夫柔邪以自媚者也。乘二负四，以容其身。寇之来也，自己所致矣，虽幸而免，正之所贱也〕。

【译文】

《解》卦：（本卦上卦为“震”，“震”为雷；下卦为“坎”，“坎”为雨。）《象传》说：雷雨并作，化育万物，是解困通达的象征。君子因此赦免人之过失，宽恕有罪之人。

《彖传》说：天地舒解时雷雨兴起，雷雨兴起后百果草木的种子舒展发芽，绽开外皮（天地之气否结，雷雨不会兴起。当天地交相感应而解散时，雷雨于是兴起了。当雷雨兴起时，那些身处危险困难境地而能奋发的事物将会吉祥，阻滞的事物将会消散，所以百果草木种子都破壳而出）。解之时的功效是多么宏大呀（处解之时，没有什么是不可以解的）！

六三：背负重物而身乘大车，必招致强盗来抢夺，虽正，也是很鄙吝的（六三处在九四之下、九二之上，比喻处在自己不应处的位置，做着自己不该做的事。依附于九四，采用奸邪伪善的手段谄媚巴结。乘凌九二阳刚之上而攀附于九四，来容纳自身。强盗之所以来抢夺，是自己造成的啊！哪怕侥幸免除了灾难，但这仍是君子所鄙视的行为）。

䷨ 艮上
兑下　《损》：象曰：山下有泽，损。君子以惩忿窒欲〔可损之善，莫善损忿，欲也〕。

彖曰：损益盈虚，与时偕行〔自然之质，各定其分，损益将何加焉！非道之常，故必与时偕行也〕。

【译文】

《损》卦：（本卦上卦为“艮”，“艮”为山；下卦为“兑”，“兑”为泽。）《象传》说：山下有泽，是谦退抑制的象征。效法损卦的精神，君子要控制自己的愤怒、克制自己的欲望（最好的减损，莫过于惩忿窒欲）。

《彖传》说：事物的减损增益、盈满亏虚，都是依照时节的要求而定的（自然所生之万物，各自有自己特定的定位分工，减损增益又怎么能随意加其于上呢！这是不符合正常规律的，所以凡事一定要顺应时节的要求而进行）。

䷩ 巽上
震下　《益》：象曰：风雷，益。君子以见善则迁，有过则改矣〔从善改过，益莫大焉〕。

彖曰：益，损上益下，民悦无疆。自上下下，其道大光。利有攸往，中正有庆〔五处中正，自上下下，故有庆也。以中正有庆之德，有攸往也，何适而不利哉〕。

【译文】

《益》卦：（本卦上卦为“巽”，“巽”为风；下卦为“震”，“震”为雷。）《象传》说：风起雷动，交相助益，象征“增益”。君子观此卦象，从而见善举则仿效从之，有过错则主动改正（依从善道，改正过失，这样得到的好处很大啊）。

《彖传》说：增益，就是损抑尊贵，增益下民，这样民众喜悦无限；尊贵者礼贤下士，损上利民，其道必能大放光芒。利有所往，以中正之道让天下人受益，天下都能得到其福报和喜庆（九五刚中居正而能损上益下，所以有祥庆之象。以九五尊位和祥庆的德行，可以前往任何地方，无论前往何处皆是有利的）。

坤上
巽下《升》：象曰：地中生木，升。君子以慎（通行本作顺）德，积小以成高大。

【译文】

《升》卦：（本卦上卦为“坤”，“坤”为地；下卦为“巽”，“巽”为木。）《象传》说：苗木生于地中，是成长上升的象征。君子因此慎重修德，从积累小善做起，以至修成高行大德。

兑上
离下　《革》：象曰：泽中有火，革。

彖曰：革，水火相息〔凡不合而后变生。火欲上，泽欲下，水火相战，而后变生者也〕。天地革而四时成，汤武革命，顺乎天而应乎人。革之时大矣哉。

上六：君子豹变，小人革面〔居变之终，变道已成。君子处之，能成其文。小人乐成，则变面以顺上也〕。

【译文】

《革》卦：（本卦上卦为“兑”，“兑”为泽，下卦为“离”，“离”为火。）《象传》说：水泽中有烈火（两性相违，必生变故）象征着变革。

《彖传》说：变革，就像水火相长交互更革，火盛则水可涸，水盛则火可灭（凡是有不相融的就会发生变革。火在下面想要向上，水在上面想要下来，水火双方交战，而后必然会出现变革而生成新的事物）。天地变革而四季成。商汤革命而夏桀灭，周武革命而商纣亡，这既顺从天意而又应和人心。变革的时代意义多么大呀！

上六：变革的大业已成，君子像斑豹一样助成变革，小人纷纷改变旧日倾向（上六处于变革之末，此时变革已经完成。君子当此之时，能成就他的美德。百姓喜欢这种美德，于是就慢慢改变原来面貌形成顺上的风气）。

离上
巽下　《鼎》：象曰：木上有火，鼎。

彖曰：鼎，象也。以木巽火，亨饪也。圣人以享上帝，而大亨以养圣贤〔亨者，鼎之所为也。革去故而鼎成新，故为亨饪调和之器也。去故取新，圣贤不可失也。饪，熟也。天下莫不用之，而圣人用之，乃上以享上帝，下以大亨，养圣贤焉〕。

【译文】

《鼎》卦：（本卦下卦为“巽”，“巽”为木；上卦为“离”，“离”为火。）《象传》说：木上烧着烈火，象征鼎器在烹煮。

《彖传》说：鼎卦，取鼎作为卦象。木跟从火，就是烹饪的景象。圣人烹饪以祭祀天帝，又用“大”的烹饪来养圣贤（烹饪，是鼎的功能。革是去故，鼎是成新，所以鼎是烹饪调和的器具。除旧布新，是圣贤之人不可缺失的思想。饪，就是把食物煮熟。天下人没有不用鼎烹饪食物的。而圣人用鼎烹饪食物，对上是用来祭祀天帝，对下是用来广泛供养圣贤的）。

震上
震下　《震》：震惊百里，不丧匕鬯〔威震惊乎百里，则足可以不丧匕鬯矣。匕所以载鼎实。鬯，香酒，奉宗庙之盛者也〕。

象曰：洊雷，震。君子以恐惧修省。

彖曰：震，亨。震来虩虩，恐致福也。震惊百里，惊远而惧迩也〔威震惊乎百里，则惰者惧于近矣〕。出可以守宗庙社稷，以为祭主也〔明所以堪长子之义也。不丧匕鬯，则已出可以守宗庙也〕。

【译文】

《震》卦：（本卦为二“震”相叠，“震”为雷。雷相叠必巨。）巨雷震惊百里，主祭之人却能镇定自若，手拿盛酒的勺子，也没有洒出一滴酒（巨雷的威力震惊百里，让人小心谨慎，那么足够可以使匕、鬯不丢失了。匕是用来盛鼎中之物的。鬯是香酒，是祭祀宗庙时所盛的用品）。

《象传》说：接连而响的巨雷，使人震动。君子因此心生敬畏恐惧之感，自我修身省过。

《象传》说：巨雷震动，可以亨通。震雷响起，使万物感到恐惧，因恐惧而戒慎，反而可能会因此而得福。雷造成的震动震惊百里，让在远处的人为之震惊、在近处的人为之恐惧（君主的政令如巨雷震惊百里，那么懒惰的人就害怕接近了）。这样即使君主外出，也能够有长子留守宗庙社稷，担当主持祭祀的重任（说明之所以委任长子的道理。只要长子能不丢失匕鬯，那么君王外出后长子留守，也可以担当主持祭祀的重任）。

䷳ 艮上 艮下

《艮》：象曰：兼山，艮。君子以思不出其位〔各止其所，不侵官也〕。

象曰：艮，止也。时止则止，时行则行，动静不失其时，其道光明〔止道不可常用，必施于不可以行，适于其时，道乃光明〕。

【译文】

《艮》卦：（本卦上卦为“艮”，下卦也为“艮”，“艮”为山。）《象传》说：两座山重叠，是静止之象。君子因此自我抑制内心的欲望，不敢超越其位分（各自做好自己的事情，不要超越自己的位分）。

《象传》说：“艮”，抑止之意。观察时势，当止则止，宜行则行，只要行止不失其时机，其前途将会更加光明（抑止之道不可以经常用，只有在不得不实施的情况下才采用。只有在适合的时机用，才能显现抑止之道的好处）。

☳震上
☲离下　《丰》：亨，王假之〔大而亨者，王之所至也〕。勿忧，宜日中〔丰之为义，阐弘微细，通夫隐滞者也。为天下之主，而令微隐者不亨，忧未已也。故至丰亨，乃得勿忧也。用夫丰亨不忧之德，宜处天中，以遍照者也，故曰宜日中也〕。

象曰：雷电皆至，丰。君子以折狱致刑〔文明以动，不失情理〕。

彖曰：日中则昃，月盈则食。天地盈虚，与时消息。而况于人乎？况于鬼神乎〔丰之为用，困于昃食者也。施于未足则尚丰，施于已盈则方溢，不可以为常，故具陈消息之道也〕？

【译文】

《丰》卦：（本卦上卦为“震”，“震”为雷；下卦为“离”，“离”为电。）丰卦象征丰盈硕大，亨通，只有圣王可以达到这个境界（硕大而亨通的境界，是只有圣王才能够达到的）。不用忧虑，圣王行事如日在中天，照耀无所不及（丰卦的含义，在于让微细之物也能够发扬光大，能够通达隐居之人。作为天下的君主，而让微小事物、隐居之人不能够亨通，这样会忧患不停啊！所以只有当达到了丰盈亨通时，才能够不担忧啊。而有丰盈亨通不担忧的德行，适合像太阳位居中天一样遍照四方，所以说“宜日中”）。

《象辞》说：雷声和电光一起到来，有威有明，象征丰盈硕大。君子取此象之意，明断案件，按律量刑（一举一动都要文明，不能够违背情理）。

《彖传》说：日至中天必将西斜，月亮圆满盈盛必将亏蚀。天地间万物的盈满与亏缺都随着天时变化而消长，盛衰无常，又何况于人的事业呢？何况于鬼神的享祭呢（丰卦的应用，受困于日至中天必将西斜和月亮圆满盈盛必将亏蚀，在尚未满的情况下还能使之变得丰盈，在运用于已经满了的情况下就会溢出，所以不可以作为常用手段，因此这里具体说明万物消长、增减、盛衰的道理）？

☱兑上
☱兑下　《兑》：象曰：丽泽，兑。君子以朋友讲习。

彖曰：兑，悦也。刚中而柔外，悦以利贞〔悦而违刚则谄，刚而违悦则暴。刚中而柔外，所以悦以利贞也〕。是以顺乎天而应乎人〔天刚而不失悦者也〕。悦以先民，民忘其劳；悦以犯难，民忘其死。悦之大，民劝矣哉。

【译文】

《兑》卦：（本卦上卦为“兑”，下卦为“兑”，“兑”为泽。）《象传》说：两泽相连，互有补益，是相互受益的象征。君子得此启迪，常与良朋益友互相讲习切磋，互相补益。

《彖传》说：兑，就是喜悦的意思。君子内秉刚健之德，外显柔和之态，以相互喜悦的关系相处，有利于坚贞守正（因为喜悦而违背刚健之德就是谄了，因为刚健而让人不高兴就成暴了。兑卦内里刚健而外显柔和，所以说悦以利贞），因此顺乎天道而合乎人心（只有天道刚健却又不失于让人愉悦）。君子大人若能先悦豫百姓（注意百姓的饱食、暖衣、养生），让百姓做事情，百姓就会任劳忘苦；若能先悦豫百姓，危难之时让百姓趋赴危难，百姓也会不避艰险，舍生忘死。悦民作用之大，就在于能使百姓自我勉励呀！

䷺ 巽上
坎下　《涣》：象曰：风行水上，涣。

九五：涣汗其大号。涣，王居无咎〔处尊履正，居巽之中，散汗大号，以荡险扼者也。为涣之主，唯王居之，乃得无咎也〕。

【译文】

《涣》卦：（本卦上卦为“巽”，“巽”为风；下卦为“坎”，“坎”为水。）《象传》说：风行水面，象征着涣散。

九五：君王能如汗从体出一样发布盛大的号令，令出必行，在涣散之时，能这样做就可以没有祸害。这样做，只有由圣明的君王来担当才会没有咎害（处在君王尊位而能履行中正之道，置身于动荡的局势中，因惊怖而流汗，及时发布施行仁德的号令以挽救危机，作为危难之际的主宰，只有圣明的君王在位，才能免于灾祸。)。

䷻ 坎上
兑下　《节》：象曰：泽上有水，节。君子以制度数，议德行。

象曰：苦节不可贞，其道穷〔为节过苦，则物不能堪也。物不能堪，则不可复正也〕。悦以行险，当位以节，中正以通〔无悦而行险，过中而为节，则道穷也〕。天地节而四时成。节以制度，不伤财，不害民。

【译文】

《节》卦：(本卦下卦为“兑”，“兑”为泽；上卦为“坎”，坎为水。)《象传》说：大泽上有水(水位升高，应加高堤防)，当予以节制。君子观此象，从而制订法度礼数作为准则，考察商议德行以期任用得宜。

《彖传》说：过分节俭不可以为中正，因为它难以持久，必然会变(为了节俭而太过艰苦，那是一般人不能够承受的。不能承受，那么就不能够继续坚持正道了)。心甘情愿地去节制，处在九五的尊位而能够懂得节制，就能居中得正，通天下之志(没有高兴的心情而去节制，为了节制而超过中和之度，这样其道就会困窘)。天地有节制(遵从运行规则)，四季才能形成。国家应当以典章制度作为节制准则，要做到既不浪费财物，又不伤害百姓。

䷼ 巽上
兑下　《中孚》：象曰：泽上有风，中孚。君子以议狱缓死〔信发于中，虽过可亮〕。

象曰：中孚，柔在内而刚得中，悦而巽孚〔有上四德，然后乃孚〕，乃化邦也〔信立而后邦乃化也。柔在内而刚得中，各当其所也。刚得中，则直而正；柔在内，则静而顺。悦而以巽，则乖争不作。如此，则物无巧竞。敦实之行著，而笃信发乎其中矣〕。豚鱼吉，信及豚鱼〔鱼者，虫之潜隐者也。豚者，兽之微贱者也。争竞之道不兴，忠信之德淳著，则虽微隐之物，信皆及之也〕。中孚以利贞，乃应天〔盛之至也〕。

【译文】

《中孚》卦：《象传》说：大泽上吹拂着和风（如广施信德），无所不周，诚信之象。君子因此懂得了诚信感化的重要，在判决案件之前进行充分的讨论，把所有可疑的或者不能据以定罪的东西都查出来。在判决死刑后，尽量缓期执行，尽量在犯人必死的罪行中找出可以不死的依据（如果诚信是发自于内心的，即使过了也是可以相信的）。

《彖传》说：中孚卦，阴柔在内且谦虚至诚，阳刚居外又能忠实有信，是诚信的象征。在上位者以至诚顺应于在下位者，在下位者有诚信地、喜悦地服从在上位者（有以上四种美德，然后才能使人信服），诚信如此，才能教化兴邦（诚信确立以后，教化的作用自然能够普及全国。中孚卦柔处于内，而上下二体都以刚居外，各自承担其责。阳刚居外得正位，就会正直而中正；阴柔处内，就会平静而柔顺。如果在上位者以至诚顺应于在下位者，在下位者有诚信地、喜悦地服从在上位者，诚信如此，那么乖戾和争斗就不会有了。这样，万物就不会取巧竞争了。敦厚诚实的风气就会盛行，这样忠实诚信就会从心中生起）。诚信能够感化小猪小鱼，可以获得吉祥，是说诚信到了极点了，连对小猪小鱼也变现出诚信（小鱼，是潜藏的虫类。小猪，是微贱的兽类。如果争夺竞赛的风气不盛行，忠信的美德朴实盛行，那么即使是微隐的事物，都能用诚信来感化）。中心诚信而又能守持正道，那么就可以和天道相应了（盛大达到了顶点）。

䷽ 震上 艮下 《小过》：象曰：山上有雷，小过。君子以行过乎恭，丧过乎哀，用过乎俭。

彖曰：小过，小者过而亨也〔小者，谓凡诸小事也。过于小事而通者也〕。过以利贞，与时行也〔过而得以利贞，应时宜也。施过于恭俭，利贞者也〕。柔得中，是以小事吉；刚失位而不中，是以不可大事〔成大事者，必在刚也。柔而侵大，剥之道也〕。

【译文】

《小过》卦：（本卦下卦为“艮”，“艮”为山；上卦为“震”，“震”

为雷。)《象传》说：山顶上响动着震雷（山大雷小），小有越过之象。君子悟此象，从而行为稍过于恭谦，居丧稍过于哀伤，用度稍过于节俭。

《彖传》说：小过是指在上述小事上稍有越过，反而会亨通（小，是指所有的小事。在小事上稍有越过反而能够亨通）。持稍有越过之态反而有利于保持操守，这是因为适时而行的缘故（稍稍越过而有利于守持正道，是因为行动符合时宜。在恭让节俭上略有所过，就会和谐贞正），阴柔居中而不偏，因此在小事情上会获得吉祥。阳刚失其正位而不持中，因此，大事不可用“小过”之法（成就大事业的人，一定是阳刚之才。以阴柔济大事，是剥落的做法，只是没有害处而已）。

䷾ 坎上
离下　《既济》：象曰：水在火上，既济。君子以思患而豫防之〔存不忘亡，既济不忘未济也〕。

彖曰：既济，亨，利贞，刚柔正而位当〔刚柔正而位当，则邪不可以行矣。故唯正乃利贞也〕。

九五：东邻之杀牛，不如西邻之禴祭，实受其福〔牛，祭之盛者也。禴，祭之薄者也。居既济之时，而处尊位，物皆济矣，将何为焉?其所务者，祭祀而已。祭祀之盛，莫盛修德。故沼沚之毛、蘋蘩之菜，可羞之于鬼神。“黍稷非馨，明德惟馨”，是以“东邻杀牛，不如西邻之禴祭，实受其福”也〕。

【译文】

《既济》卦：（本卦上卦为“坎”，“坎”为水；下卦为“离”，“离”为火。)《象传》说：水在火上，居安思危之象。君子观此卦象，想到火可烧水以为饮，水或倾覆而灭火，于是考虑事成之后可能出现的祸患而采取措施，防范于未然（存在而不忘记灭亡，已经成功但不忘记还将发生变故）。

《彖传》说：处在既济的时候，无所不亨，利于守正，是因为阳爻阴爻各得其正，各居阴阳的正位（刚柔并济而且处位得当，那么邪道就不能盛行了。所以只有守持正道才能利贞）。

九五：东邻（此指殷人）杀牛厚祭鬼神，不如西邻（此指周人）之薄祭（因东邻恃其财大，重奢华而不修德；西邻敬重修德，礼天而不奢侈），实际上西邻更能得到鬼神的福佑（用牛祭祀，表明祭祀用的物资十分丰盛。禴是指祭祀用的东西很少。在既济之时，已经身处尊位，万物各得其所，这时将做什么呢？其所应致力的，仅仅是祭祀而已。祭祀之盛，莫过于蓄积深厚的道德，所以水坑里的草、茂盛的苹和蘩是可以用来祭祀鬼神的。“谷物祭祀本身没有馨香，惟有高尚的品德才有远处可闻的馨香。”所以说“东邻杀牛厚祭，不如西邻以诚敬之心薄祭而更实得福泽”）。

天尊地卑，乾坤定矣。卑高以陈，贵贱位矣。动静有常，刚柔断矣〔刚动而柔止也。动止得其常体，则刚柔之分著矣〕。方以类聚，物以群分，吉凶生矣〔方有类，物有群，则有同有异、有聚有分也。顺其所同则吉，乖其所趣则凶，故“吉凶生矣”〕。在天成象，在地成形，变化见矣〔象，况日月星辰；形，况山川草木也。悬象运转以成昏明，山泽通气而云行雨施，故“变化见也”〕。是故鼓之以雷霆，润之以风雨。日月运行，一寒一暑。乾知大始，坤作成物。乾以易知，坤以简能〔天地之道，不为而善始，不劳而善成，故曰“易简”〕。易则易知，简则易从。易知则有亲，易从则有功。有亲则可久，有功则可大〔有易简之德，则能成可久可大之功〕。可久则贤人之德，可大则贤人之业〔天地易简，万物久载其形；圣人不为，群方各遂其业。德业既成，则入于形器，故以贤人目其德业也〕。易简而天下之理得矣。

【译文】

天尊贵而高高在上，地卑微而在人们脚下，《易经》中乾为天为高为阳、坤为地为低为阴的象征就确定了。天下间的万事万物都是由卑贱到高大而排列，《易经》中六爻贵贱的位置也依序而排定了。天地间的万事万物，动极必静，静极必动，运动与静止都有一定的规律，《易经》中阳刚阴柔、阳极生阴、阴极生阳的道理也就确定了（阳刚主动，阴柔主静。行动和静止都有规律，这样刚柔的区分就很明显了）。天下人各行其道而以类聚集，物各有其群而以类相分，同于善同于君子的就吉，同于恶同于小人的就凶，这样，吉祥与凶险也就产生了（法术性行有不同的种类，物色群党有不同的群体，这样就有了同和异、有了聚和分。顺着君子大道的，就会吉利；顺着小人之趣的，就会凶险。所以说吉凶就产生了）。在天成就日月星辰昼夜晦冥的现象，在地成就山川河岳动植草木的形态，世间万事万物的错综复杂的变化就体现出来了（象比喻日月星辰，形比喻山川草木。日月星辰的运转形成了昏暗和明亮，山川河岳动植草木互通气息而形成了云朵和雨水，所以说万事万物的变化就显现出来了）。因此，天下万物靠雷霆的鼓动（而产生），靠风雨的滋润（而成长）。日月不停地运转交替，形成了有寒冷有暑热的季节变化。乾开创天地，坤作成万物。乾以容易来知，坤以简单去做（天地之道，不需要做什么却善于创始，不需要做什么却善于形成，所以称为“容易和简单”）。容易则易于了解，简单则容易遵从。容易了解就能得到他人的理解和亲近，容易让人遵从就可以用来建立事业。得到理解和亲近就能长久，能够建立事业就能更加宏大（有易简这样的德行，就能成就恒久而伟大的功业）。能够长久就是贤德的人所应有的品德，能够宏大就是贤德的人应该建立的事业（天地有着易简之德，万物因此能够永久地保持其形；圣人没有任何作为，万方都各自成功顺利地把各自的事情做好了。德业成就之后，就成为有形象之物，需要有一定的名称，因此就根据其成就的德业称其为“贤人”了）。秉承易简之德，则天下的道理就都懂得了。

易与天地准〔作易以准天地也〕，故能弥纶天地之道。仰以观于天文，俯以察于地理，知幽明之故，知死生之说也〔幽明者，有形无形之象；死生者，始终之数也〕。

【译文】

《易经》和天地相准（指圣人作《易经》完全效仿天地之道），所以天地的规律都包含在里面了。抬头来观察上天的各种现象，低头来观察大地的各种情况，因此能够知道幽隐难见的和显而易见的事情。研究事物的开始状态，再回头寻求事物的最终结果，所以能够知道消亡与生长的规律（幽隐难见的和显而易见的，是有形的事物和无形的事物的现象；消亡和生长，是始终逃不掉的定数）。

知鬼神之情状，与天地相似〔德合天地，故曰相似也〕。知周乎万物，而道济天下〔知周万物，则能以道济天下也〕。乐天知命，故不忧〔顺天之化，故曰乐也〕。范围天地之化而不过〔范围者，拟范天地而周备其理也〕，曲成万物而不遗〔曲成者，乘变应物，不系一方者也，则物得宜矣〕，故神无方而易无体〔神则阴阳不测，易则唯变所适，不可以一方一体明也〕。仁者见之谓之仁，智者见之谓之智，百姓日用而不知，故君子之道鲜矣〔君子体道以为用者也，体斯道者，不亦鲜乎〕。

【译文】

能够知道万物精微变化的情况和状态。《易经》之理和天地的规律相似（圣人的德行能够和天地相合，所以说相似）。能了解《易经》所包容的万物的规律，就能够按照它所反映出来的规律来解决天下的问题（圣人彻底明白万物的道理，所以能够周济天下万物）。能够乐观地对待自然趋势、明了人生宇宙的真相和规律，所以没有忧愁苦闷（圣人明白天道的常数，从而能够顺应它，所以没有忧虑）。《易经》效法天地之间的一切变化规律而没有错失（范围者，指圣人效法天地之道而周备其理），多方设法成就万物而没有遗漏（曲成者，指随变而应，多方设法而使物成就，而不局限于单一的方术，则物各得其所宜，连细小之物都没有被遗弃而不成就的）。因此它神妙而没有固定的方所，变化无穷而没有具体的形态（因其神妙，所以不能测定其物类，因其善变，所以能适应于一切事物，不能够用一方一体来说明）。仁者见到道就将它叫做“仁”，智者见到道就将它叫做“智”，百姓每天运用道却不知道它的存在，所以真正懂得君子之道的人很少了（圣人是能够体悟道，依照道来修身的人。能体悟道的人，不是也很少吗）。

显诸仁，藏诸用〔衣被万物，故曰“显诸仁”；日用而不知，故曰“藏诸用也”〕，盛德大业至矣哉！富有之谓大业〔广大悉备，故曰“富有”〕，日新之谓盛德〔体化合变，故曰“日新”〕。生生之谓易〔阴阳转易，以成化生〕，阴阳不测之谓神〔神也者，变化之极也，妙万物而为言，不可以形诘者也，故曰“阴阳不测”也〕。

【译文】

《易经》所体现的道显露出来就表现为仁德，又隐藏在一切日常所用的事物之中（养惠、加护于万物，所以叫做“显诸仁”；每日在用而没有察觉，所以叫“藏诸用”）。天地的盛德大业可以说到了极点。富有就叫做“大业”（天地辽阔广大，拥有一切，所以叫做“富有”），一天比一天进步就叫做“盛德”（圣人能够体察时运迁化而与之相合，日日增新，所以叫做“日新”）。使万物生长并再生就是易（阴阳不断地变化，以成就和化生万物），阴与阳的变化无法使人预测叫做神（神是变化到了极点的意思。万物的变化无形无体，不能够用物来形容而穷语，所以说“阴阳不测”）。

夫易，广矣大矣，以言乎天地之间则备矣。广大配天地，变通配四时，阴阳之义配日月，易简之善配至德〔易之所载，配此四义也〕。子曰：“《易》其至矣乎！夫《易》，圣人所以崇德而广业也〔穷理入神，其德崇也；兼济万物，其业广也〕。天地设位，而易行乎其中矣。”

【译文】

《易经》所包含的内容实在是太广泛博大了！从天地之间来看，它无比的完备，什么都包括在内，什么都有。它的广博、伟大与天地相一致，它的变化通达与四季运行相一致，它的阴柔与刚健的道理与日月的形象相一致，它的易简之善可以与至高无上的德性相配合（《易经》所承载的道理，就是这四个含义）。孔子说：“《易》大概完善完美到极点了吧！《易》，圣人用来使人们品德越来越高尚、事业越来越广大（穷究事物的道理到了入神的地步，其德也可以说是无比的崇高了；能够使得天下万物都得到其恩惠，其事业可以说是无比的广大了）。天高和地卑的地位一经设定，《易》所体现的规律就运行在天地之中了。”

圣人有以见天下之赜，而拟诸其形容，象其物宜〔乾刚坤柔，各有其体，故曰拟诸其形容也〕。拟之而后言，议之而后动，拟议以成其变化〔拟议以动，则尽变化之道也〕。

“鸣鹤在阴，其子和之。我有好爵，吾与尔縻之。”〔鹤鸣则子和，修诚则物应。我有好爵，与物散之，物亦以善应也。鹤鸣乎阴，气同则和，出言户庭，千里应之。出言犹然，况其大者乎！千里或应，况其迩者乎〕。

子曰："君子居其室，出其言善，则千里之外应之，况其迩者乎！居其室，出其言不善，则千里之外违之，况其迩者乎！言出乎身，加乎民；行发乎迩，见乎远。言行，君子之枢机〔枢机，制动之主〕。枢机之发，荣辱之主也。言行，君子之所以动天地，可不慎乎！"

《同人》："先号咷而后笑。"子曰："君子之道，或出或处，或默或语。二人同心，其利断金〔同人终获后笑者，以有同心之应也。夫所况同者，岂系乎一方哉?君子出处默语，不违其中，则其迹虽异，道同则应也〕。同心之言，其臭如兰。"

【译文】

圣人因为看到天下万物复杂多样，便用八卦模拟出它们的形态，用合适的物来进行取象（乾道刚健，坤道柔顺，各自有它的体，所以说模拟出它们的形态）。先模拟好物象然后再揭示其中的道理，先讨论事物的情形然后揭示其中变动的规律，通过模拟和讨论而确定万事万物的变化规律（通过模拟和讨论而确定万事万物的变化规律，就能够彻底明白变化之道了）。

"鹤在树荫中鸣叫，其子就会和它共鸣。我有好酒，好朋友来了就与其一起享用。"（鹤一鸣叫，其子就会与之应和，君子修诚，万物就会与之感应。我有美酒，就弥散施予万物，万物也会以善与我感应。鹤在树荫下鸣叫，它的同类就会与之应和。君子在自家庭院中说话，千里之外都会有人应和。出言都如此，何况其他的大事呢？千里之外都能够与之感应，何况近处呢？）

孔子说："君子处在自家的庭院中，发出言论之后，如果言论是美好的，那么千里之外都能得到回应，何况是近处的呢？处在自家的庭院中，发出言论之后，如果不是美好的，那么千里之外也会背弃它，何况那近处的呢？言论从他本身发出来，影响到民众；行动发生在近处，却显现在远处。言论和行动，对君子来说好比是门户的转轴或弓箭上的机关一样（枢机，制动的主要组成部分）。门轴和机关的发动，关系到得到的是称赞还是羞辱。言论和行为，是君子能够影响天地万物的因素，怎能不慎重呢？”

同人卦九五爻辞说，“先会嚎啕大哭，然后会欢笑”。孔子说：“君子之道，可以体现于在外做官，也可以体现于在家闲居；可以体现为沉默不语，也可以体现为言谈议论。两个人能够心志相同，就像锋利的刀剑可以斩断金属（同人卦之所以最后能够获得欢笑，是因为有同心之人的相应。要知道比喻同者的方式，怎么能够只有一个方面呢？君子无论在外为官还是在家闲居，无论沉默不语还是言谈议论，都不违背中道，则其形迹虽然各异，但只要与道相符，就会相互感应）。心志相同的话语，犹如兰花一样芳香。”

“藉用白茅，无咎。”子曰：“苟错诸地而可矣，藉之用白茅，何咎之有？慎之至也。”

【译文】

“大过卦的初六爻辞说，用白色的茅草垫着来放祭品，没有过失。”孔子说：“随便地把祭品放置在地上就可以了，却还要用白色茅草垫在下面作席子，还有什么过失呢？因为已经做到谨慎之至了啊！”

“劳谦，君子有终，吉。”子曰：“劳而不伐，有功而不德，厚之至也。语以其功下人者也。德言盛，礼言恭。谦也者，致恭以存其位者也。”

【译文】

“（谦卦九三爻辞说，）有功劳而无比谦逊，君子能够一直这样做，就能获得吉祥。”孔子说：“有劳苦不自我夸耀，有功绩而不自己认为有功，这是敦厚到了极点啊！这是告诉君子，立了功也要甘于人下。道德以盛大为根本，礼节以恭谨为根本。所谓谦逊，就是使自己达到恭谨而保持地位啊。”

“不出户庭，无咎。”子曰：“乱之所生也，则言语为之阶。君不密则失臣，臣不密则失身，机事不密则害成。是以君子慎密而不出也。”

【译文】

“（节卦初九爻辞说）不走出门户庭院，没有灾难。”孔子说：“一切混乱的产生，就是由于言语不谨慎而一步步发展而来的。君王言语不慎重而周密，就会失去臣子；臣子言语不慎重而周密，就会失去生命；事情初始之时不能慎重而周密地考虑，就会形成灾害。因此君子谨慎守密，言语不轻易出口。”

子曰：“为《易》者，其知盗乎〔言盗亦乘衅而至也〕？《易》曰：‘负且乘，致寇至。’负也者，小人之事也；乘也者，君子之器也。小人而乘君子之器，盗思夺之矣；上慢下暴，盗思伐之矣。慢藏诲盗，冶容诲淫。《易》曰：‘负且乘，致寇至。’盗之招也。”

【译文】

孔子说：“创作《易经》的人大概知道招致盗贼的原因吧（是说盗贼也会趁机而至）。《易经》（解卦六三爻辞）说：‘背着东西并且乘着车子，招致盗寇前来。’背东西是一般百姓的事情，一般百姓却乘坐着君子才能拥有的车子，因此盗贼才想到要夺取。在上位的人轻慢，在下位的人暴虐，因此盗贼才想到要侵犯他！在藏敛财物上轻慢就会引人为盗，在容貌上打扮太妖冶就会引人淫乱。《易经》解卦说：‘背着东西并且乘着车子，必然招致盗寇前来。’这就说出了导致盗贼的原因。”

子曰：“《易》有圣人之道四焉：以言者尚其辞，以动者尚其变，以制器者尚其象，以卜筮者尚其占〔此四存乎器象，可得而用者也〕。”

是以君子将有为也、将有行也，问焉而以言，其受命也如响，无有远近幽深，遂知来物。非天下之至精，其孰能与于此？

参伍以变，错综其数。通其变，遂成天下（下作地）之文；极其数，遂定天下之象。非天下之至变，其孰能与于此？

《易》无思也，无为也，寂然不动，感而遂通天下之故。非天下之至神，其孰能与于此？

夫《易》，圣人之所以极深而研几也。唯深也，故能通天下之志；唯几也，故能成天下之务〔极未形之理则曰深，适动微之会则曰几也〕；唯神也，故不疾而速，不行而至。子曰："《易》有圣人之道四焉"者，此之谓也〔四者由圣道以成，故曰"圣人之道"也〕。

【译文】

孔子说：《易经》中包含有圣人之道的四个方面：圣人通过发言而施政教，则看重其爻卦之辞；圣人有所行动作为时，就效法其阴阳变化之律；圣人用来指导制作器物时，就效法其卦爻之象；圣人用来占问决疑时，则崇尚它的占筮之理（这四个方面存在于爻辞和卦象之中，可以从中获取并且使用）。

因此，君子将要有所作为，将要有所行动，就会用《易经》的卦爻辞来询问吉凶趋向，他所得到的吉凶答复好比敲击物体必然会有回声一样灵验，不管是远是近，还是幽隐精深的事情，都能知道事物未来的吉凶趋势。如果不是天下最为精深的道理，哪一种能够达到这种程度！

三番五次地演变，将这些数字交错综聚，就能够与自然阴阳变化的规律相通，于是就形成了能够体现天地变化的文辞。穷极这些数字的变化，于是就确定了能够体现天下万事万物的卦象。如果不是天下最精妙的变化，哪一种能够达到这种程度！

《易经》所体现的道理，不是思考得来的，更不是人为地创造出来的，它寂静不动，无思无为，却能有感必应，万事皆通。如果不是天下最神妙的道理，哪一种能够达到这种程度！

《易经》是圣人用来深入探求研究事物微妙之理的书。正因为深入，所以能够与天下人的心志贯通；正因为微妙，所以能够成就天下的一切事务（能够深入探究无形的道理叫做"深"，能够洞察精微的变化叫做"几"）；正因为神妙，所以能够不急于求成却自然而然地很快成就，不用主观地去做什么却顺从自然而达到理想的目的。孔子说："《易经》涵有的圣人之道表现在四个方面"，说的就是这个道理（这四个方面是用圣人探求研究事物微妙之理的方式来完成的，所以叫“圣人之道”）。

夫《易》，开物成务，冒天下之道，如斯而已者也〔冒，覆也。言易通万物之志，成天下之务，其道可以覆冒天下也〕。是故圣人以通天下之志，以定天下之业，以断天下之疑。其孰能与于此哉？古之聪明睿智，神武而不杀者夫〔服万物而不以威刑者也〕！是以明于天之道，而察于民之故，以神明其德。一阖一辟谓之变，往来不穷谓之通；见乃谓之象〔兆见曰象〕，形乃谓之器〔成形曰器〕，制而用之谓之法；利用出入，民咸用之谓之神。

【译文】

孔子说：“《易经》是一部揭示万物的道理、成就大的事业、覆盖天下万事万物的规律的书，如此而已（冒，是覆盖的意思。是说《易经》的道理能通达天下万物的心志，成就天下之务，《易经》中的道理可以覆盖天下万事万物）。”因此，圣人用它来通晓天下人的心志，用它来确定天下的大业，用它来决断天下的一切疑难问题。谁能够达到这种程度呢？大概是古代那种耳聪目明、心智聪慧、神妙勇武而又不杀伐人的人吧（圣人用易道来使天下人敬服，而不需用刑杀使民众畏服）？因为他们（通过《易经》来）明晓天地之道，通晓社会规律，从而加强修养，使自己的德行更加神妙圣明！一开一合叫做“变”，有往有来而不穷尽叫做“通”。呈现出来而有物象可观叫做“象”（征兆显现叫象），转变成有形有质的就叫做“器”（具备形体叫器）。制造物品使用，让人效法，叫做“法”。利用它来出出入入，往来不穷，百姓在日常生活中都应用它却不知晓，叫做“神”。

法象莫大乎天地，变通莫大乎四时，悬象著明莫大乎日月，崇高莫大乎富贵〔位，所以一天下之动而济万物也〕。备物致用，立成器以为天下利，莫大乎圣人。探赜索隐，钩深致远，以定天下之吉凶、成天下之亹亹者，莫善乎蓍龟。子曰：“天之所助者，顺也；人之所助者，信也。履信思乎顺，是以自天佑之，吉无不利。”

【译文】

使人取法的现象没有比天地更大的，变化贯通没有比四季更大的，悬挂物象显示光明没有比日月更显著的，尊崇高贵没有比天子的富有和尊贵更高的了（因处在九五尊位，凭藉其能力只要有所行动就能帮助到天下万物）。完备地研究出万物的道理而能使人们应用，创立造成各种器具来给天下人带来利益，没有比圣人更伟大的了。探求万事万物的复杂情况，探索隐含着的道理，挖掘深刻的哲理，搜罗幽远的事物，用来确定天下万事万物的吉凶，鼓励天下之人勤勉追求，没有比“蓍草”和“龟甲”更伟大的了。孔子说：“从上天得到保佑，就会吉无不利。”孔子说：“上天所辅助的是能够顺从天地之道的人，人们所扶助的是讲究诚信的人。按照诚信的要求去做事而时刻不忘记顺从天地之道的人，能够从上天得到保佑，吉祥而无不利。”

天地之道，贞观者也〔明夫天地万物，莫不保其贞以全其用也〕；日月之道，贞明者也；天下之动，贞夫一者也。天地之大德曰生，圣人之大宝曰位。何以守位？曰仁，何以聚人？曰财〔财所以资物生也〕。理财正辞，禁民为非，曰义。

【译文】

天地之道，是因守正才能为人们所观仰（天地万物，无一不是保有其贞正之体以全其用途的）；日月之道，是因守正才能发出光明普照万物。天下万事万物的一切变化，都必须坚守贞正而精诚专一啊。天地最大的功德在生养万物，圣人最宝贵的东西在于有崇高的地位。何以保全名位？要靠“仁爱”的德行。何以聚集人民？那就要有财物（有了财，才能资助万物使之生长）。理好财物，节约用度，端正辞令，出之以理，教化民众不要为非作歹，不让他们作恶，这就是“义”。

《易》曰：“困于石，据于蒺藜。”子曰：“非所困而困焉，名必辱；非所据而据焉，身必危。”

【译文】

《周易》说："前进则受困于坚硬的巨石，后退则又依据于多刺的蒺藜上面，异常痛苦。"孔子说："本不是自己所应经历的困境，却为了欲望而受困，必遭致声名俱裂的恶果。本不是自己所应凭据的据点，却后退以安身，必遭致身家危殆的恶果。"

子曰："小人不耻不仁，不畏不义，不见利不劝，不威不惩。小惩而大诫，此小人之福也。《易》曰：'屦校灭趾，无咎。'此之谓也。善不积，不足以成名，恶不积，不足以灭身。小人以小善为无益而弗为也，以小恶为无伤而弗去也，故恶积而不可掩，罪大而不可解也。《易》曰：'荷校灭耳，凶。'"

【译文】

孔子说："小人行不仁之事却不以为羞耻，做了不义的事也不害怕，不见到功利就不努力去做，不用刑威就不能使他得到惩戒。小的惩罚使他受到大的戒惧，以致不犯大罪，这是小人之福。《周易》说：最初犯有轻微刑法的人，被加上脚镣的刑具，将他的脚趾纳入刑具里，把足趾都灭没了，虽受刑，但过失尚小，能从此改过自新，也就无咎了。"善行不积累，就不足以成名于天下；罪恶不累积，也不足以自灭其身。小人做事，完全以利害关系为出发点，以为做出小小善事，不会得到什么好处，便索性不去做了；以为做些小的恶事，无伤大体，便不改过。因此日积月累，罪恶便盈满天下，以致到了无法掩盖和不可解救的地步。《周易》说："罪恶深重，刑具已负荷在头部，两耳都灭没了，这是凶险之象。"

子曰："危者，安其位者也；亡者，保其存者也；乱者，有其治者也。是故君子安不忘危，存不忘亡，治不忘乱，是以身安而国家可保也。《易》曰：'其亡其亡，系于苞桑。'"

【译文】

孔子说："今日处境危险的人，是因为他先前安逸于他的职位上，自以为安逸，没有畏惧之心，所以导致今日之危；今日灭亡的人，是因为先前自以为自身可以长存，不存忧虑和恐惧，所以导致今日的灭亡；今日有祸乱的人，是因为自恃之前已经将国家治理好，以为就会长治久安，不存忧虑和恐惧，所以导致今日的祸乱。所以君子必须在安定的时候不要忘记危险，在存在的时候不忘记灭亡，在大治的时候不忘记祸乱，以如此的谨慎之心，因而可以使自己身安而国家可以保存。《周易》说：常常以'不久将要灭亡，不久将要灭亡'这样的警句来提醒自己，以自戒慎，才能像系结在一大片丛生的桑树上那样牢固，安然无事。"

子曰："德薄而位尊，知小而谋大，力少而任重，鲜不及矣。《易》曰：'鼎折足，覆公餗，其形渥，凶。'言不胜其任也。"

【译文】

孔子说："德行浅薄而身居尊位，智慧狭小而图谋大事，力量薄弱却担当重任，很少没有灾祸的。《周易》说：'鼎足折断，倾覆了公爵的美食，象征着倾覆家园，身遭刑辱，是非常凶险的。'这是说才力不足以胜任其事啊！"

子曰："知几，其神乎？君子上交不谄，下交不渎，其知几乎？几者，动之微。君子见几而作，不俟终日。《易》曰：'介于石，不终日，贞吉〔定之于始，故不待终日〕。'君子知微知彰，知柔知刚，万夫之望〔此知几其神者也〕。"

【译文】

孔子说："能预先觉察出事物的苗头和趋势，大概可以称得上神妙了吧？君子对上不谄媚阿谀，对下不轻慢无礼，大概可以说能预先觉察出事物的苗头和趋势了吧？几是事情微妙的苗头和趋势。君子能见于未然，所以能够见几就行动，不必等到一天过完。《周易》说：'被坚硬的石头所阻隔，不必等到一天过完才离开，要想到当下脱离此境，这是贞固而吉利的（在事物刚开始萌芽之初就能看出吉凶，因此不需要等一天过完）。’君子见微知彰，见柔知刚，能知几如是，必定能够得到天下万民的景仰（这可以说是知几如神的人了）。”

子曰：“颜氏之子，其殆庶几乎！有不善未尝不知，知之未尝复行也。《易》曰：‘不远复，无只悔，元吉。’

【译文】

孔子赞赏他的学生颜回说：“颜家的这位子弟，差不多算是知几通达的君子了吧！起了不善的念头，没有自己不知道的，一经反省发觉以后，立即端正心念，不会付诸到行动上。《周易》说：‘迷途了，走到未远的地方，就能适时回头猛省，便不至于有太大的悔吝，经此警觉，则有大吉。’”

子曰：“君子安其身而后动，易其心而后语，定其交而后求。君子修此三者，故全也。危以动，则民不与也；惧以语，则民不应也；无交而求，则民不与。莫之与，则伤之者至矣。”

【译文】

孔子说：“君子必先安定其身心，然后才可以有所行动；要先平心静气，然后说话；先建立友谊，然后向对方提出要求。君子有了这三项基本修养，自己和人民都会得到利益。相反，如果是冒险的举动，人们不会拥护你的。如果内心惶恐而发表议论，别人就不会回应。如果没有建立友谊就向对方求助，别人也不会帮助。不仅无人给予帮助，还或许会受到伤害。”

子曰：“《履》，德之基也〔基，所蹈也〕。《谦》，德之柄也。《复》，德之本也。《恒》，德之固也〔固，不倾移也〕。《损》，德之修也。《益》，德之裕也〔能益物者，其德宽大也〕。《困》，德之辨也〔困而益明〕。”

【译文】

孔子说：履卦教人小心谨慎，循礼而行，它是修德的基础（基，就是所应该遵循的）；谦卦教人谦虚礼让，屈己下人，它是修德的柯柄；复卦教人回归正道，趋向仁善，是修德的根本；恒卦教人始终如一，持之以恒，它是巩固道德的保证（固，就是不会偏移的意思）；损卦教人克损物欲，减少过失，是修德的重要表现；益卦教人施益于外，充裕己德，它是道德的余裕（能够利益万物，其德可以说是宽大了）；困卦教人身处困境，守正不乱，是分辨道德的考验（在困境中更能显明其德）。

夫乾，天下之至健也，德行恒易以知险；夫坤，天下之至顺也，德行恒简以知阻。能悦诸心，能研诸侯之虑〔诸侯，物主有为者也。能悦万物之心，能精为者之务也〕，定天下之吉凶，成天下之亹亹者。凡易之情，近而不相得，则凶〔近，况比爻也〕。将叛者其辞惭，中心疑者其辞枝，吉人之辞寡，躁人之辞多，诬善之人其辞游，失其守者其辞屈。

【译文】

乾象是天下最刚健的，它的德性表现在恒久平易，所以可以照出天下危险的事情。坤象是天下最柔顺的，它的德性表现在恒久简静，所以可以明察天下困阻之事的原因。易学的道理，能使人身心和悦，能精妙诸侯的思虑（诸侯，是万物之主和养育万物的人。能让万物之心喜悦，能精通有为者的事务）。能断定天下之吉凶，促使天下之人勤勉不息。凡是《易经》所说的情况，如果相互交接的两爻不相合，就必定会凶险。将要反叛的人，他的言辞一定惭愧不安。心中疑虑的人，他的言辞必定散乱枝蔓。善良吉祥的人，他的言辞必定少而精练。性情烦躁的人，他的言辞必定杂乱繁多。诬陷好人的人，他的言辞必定游移不定。丧失操守的人，他的言辞必定屈曲不直。

昔者圣人之作《易》也，将以顺性命之理也。是以立天之道曰阴与阳，立地之道曰柔与刚，立人之道曰仁与义。

【译文】

从前圣人之所以作《易经》，是要用它来顺和性命的道理的。所以用阴与阳来阐明天道，用柔与刚来阐明地道，用仁与义来阐明人道。

（吕效祖 张爱玲 肖祥剑译）

# 卷二

# 尚书治要

【考评】

魏征对《尚书》颇有研究。他在编撰《群书治要》时，从《尚书》中的《虞书》《夏书》《商书》《周书》各章内经过“剪截淫放”，节录三十四篇段，基本内容可用“务乎政术，存乎劝戒”来概括。

贞观十三年五月久旱不雨，唐太宗诏令五品以上官员，均要上奏疏。魏征的《十渐不克终疏》就是这年五月的应诏之作。他在疏文中引用《尚书》“人为邦本，本固邦宁，为人上者，奈何不敬”的古训，针对太宗顷年意在奢纵，忽忘卑俭，轻用人力，却还自称“百姓无事则骄逸，劳役则易使”的谬论，而“辞强理直，淋漓尽致”地批评太宗说：“自古以来，未有由百姓逸乐而致倾败者也，何有逆畏其骄逸，而故欲劳役者哉?恐非兴邦之至言，岂安人之长算?”太宗读后，“深加奖叹”，为了“反复寻研，朝夕瞻仰”，又把这篇奏疏陈列在皇宫的屏障上，以示“闻过能改”。太宗能够取得“贞观之治”的根本原因是和他懂得“人为邦本，本固邦宁”的道理分不开的。如太宗曾多次向群臣讲：“为君之道，必须先存百姓，若损百姓奉其身，犹割股以啖腹，腹饱而身毙”。又如唐王方庆在《魏郑公谏录》中记载：“太宗曰：《书》云‘可爱非君，可畏非民’。天子者，有道则人推而为主，无道则主弃而不用，诚可畏也!公(指魏征)对曰：古语云：‘君，舟也；人，水也。水能载舟，亦能覆舟。’陛下以为可畏，诚如圣旨。”唐太宗和魏征这段对话，证明

《尚书》不仅是魏征谏言的理论依据，而且也成为太宗“稽古致治”的龟鉴。

《尚书》亦称《书》《书经》，是儒家经典之一。“尚”即“上”，上代以来之书，故名。其为中国上古历史文件和部分追述古代事迹著作的汇编，相传由孔子编选而成。事实上有些篇如《考典》《皋陶谟》《禹贡》《洪范》等是后来儒家补充进去的。西汉初存二十八篇，即《今文尚书》。另有相传汉武帝时在孔子住宅壁中发现的《古文尚书》和东晋梅赜所献的伪《古文尚书》两种。现在通行的《尚书》，就是《今文尚书》和伪《古文尚书》的合编。《尚书》中保存商周特别是西周初期的一些重要史料。注本有唐孔颖达《尚书正义》、清孙星衍《尚书今古文注疏》等。

魏征在《隋书·经籍志》中称：“《书》之所兴，盖与文字俱起。孔子观《书》周室，得虞、夏、商、周四代之典，删其善者，上自虞，下至周，为百篇，编而序之。遭秦灭学，至汉，唯济南伏生口传二十八篇。又河内女子得《泰誓》一篇，献之。伏生作《尚书传》四十一篇，以授同郡张生，张生授千乘欧阳生，欧阳生授同郡倪宽，宽授欧阳生之子，世世传之，至曾孙欧阳高，谓之《尚书》欧阳之学。又有夏侯都尉，授业于张生，以授族子始昌，始昌传族子胜，为大夏侯之学。胜传从子建，别为小夏侯之学。故有欧阳，大、小夏侯，三家并立。讫汉东京，相传不绝，而欧阳最盛。初汉武帝时，鲁恭敬王坏孔子旧宅，得其末孙惠所藏之书，字皆古文。孔安国以今文校之，得二十五篇。其《泰誓》与河内女子所献不同。又济南伏生所诵，有五篇相合。安国并依古文，开其篇第，以隶古字写之，合成五十八篇。其余篇简错乱，不可复读，并送之官府。安国又为五十八篇作传，会巫蛊事起，不得奏上，私传其业于都尉朝，朝授胶东庸生，谓之《尚书古文》之学，而未得立。后汉扶风杜林传《古文尚书》，同郡贾逵为之作训，马融作传，郑玄亦为之注。然其所传，唯二十九篇，又杂以今文，非孔旧本。自余绝无师说。晋世秘府所存，有《古文尚书》经文，今无有传者。及永嘉之乱，欧阳，大、小夏侯《尚书》并亡。济南伏生之传，唯刘向父子所著《五行传》，是其本法，而又多乖戾。至东晋，豫章内史梅赜始得安国之传，奏之，时又阙《舜典》一篇。齐建武中，吴姚方兴，于大木行市得其书，奏上，比马、郑所注，多二十八字，于是始列国学。梁、陈所讲，有孔、郑二家，齐代唯传郑义。至隋，孔、郑并行，而郑氏甚微。自余所存，无复师说。”魏征的评述大致可信。

昔在帝尧，聪明文思，光宅天下〔言圣德之远著〕。作《尧典》〔典者常也。言可为百代常行之道〕。曰若稽古，帝尧〔言能顺考古道而行之者，帝尧也〕，曰放勋，钦明文思安安〔勋，功也。言尧放上世之功化，而以敬、明、文、思之四德，安天下之当安者也〕，允恭克让，光被四表，格于上下〔既有四德，又信恭能让，故其名闻充溢四外，至于天地也〕。克明俊德，以亲九族〔能明俊德之士任用之，以睦高祖、玄孙之亲也〕。九族既睦，平章百姓〔百姓，百官〕。百姓昭明，协和万邦，黎民于变时雍〔时，是也。雍，和也。言天下众人皆变化从上，是以风俗大和也〕。

【译文】

昔日唐尧称帝之时，以其聪敏贤明经纬天地，谋划众物，德光普照天下。（说的是古圣先贤的德化对当时及后世的深远影响。）后人因此写作了《尧典》。（典，是“常”的意思。可以作为子孙后代长久遵循的准则，才称之为“典”。）用心查考往事，凡事都遵循古人的常道，这个人就是尧帝。（这是说能够用心地查考并遵循古道而行的人，莫过于尧帝啊。）尧帝以“放勋”为名。以钦、明、文、思四德来安定天下。（勋，是“功绩”的意思。说的是尧效法前代圣王治理天下的经验，而以“敬、明、文、思”这四种德行教化人民，使天下得以安定。）他诚信、恭谨、克己、礼让，光辉普照四方，成为上下之楷模。（具备了这四种德行，又能够诚实守信、谦恭礼让，所以他的德名被传播到四方以外，直至布满于天地之间。）他能弘扬美德、以亲睦九族；（就是任用有德能的贤达之士，使上至高祖，下至玄孙的族人都和睦亲爱。）九族亲睦之后，又为百官赐授姓氏、区别宗族。（百姓，即百官。）这一百个官位都用来让那些贤明之士得到任用、从而使四方各国协调和顺，黎民随之也变得友好和睦。（时，如此的意思。雍，和的意思。这是说天下百姓因为受到百官德行的感召自上而下地发生变化，所以民风民俗出现了十分和谐的局面。）

虞舜侧微，尧闻之聪明〔侧，侧陋。微，微贱〕，将使嗣位，历试诸难〔历试之以难事〕。慎徽五典，五典克从〔五典，五常之教也，谓父义、母慈、兄友、弟恭、子孝。舜举八元，使布五教于四方，五教能从，无违命也〕；纳于百揆，百揆时叙〔揆，度也。舜举八凯以度百事，百事时叙也〕；宾于四门，四门穆穆〔宾，迎也。四门，宫四门也。舜流四凶族，诸侯来朝者，舜宾迎之，皆有美德，无凶人也〕；纳于大麓，烈风雷雨弗迷〔纳舜于尊显之官，使大录万机之政，于是阴阳清和，烈风雷雨，各以期应，不有迷错愆伏，明舜之行合于天心也〕。正月上日，受终于文祖〔尧天禄永终，舜受之也。文祖，是五庙之大名也〕。五载一巡狩，群后四朝，；敷奏以言，明试以功，车服以庸〔敷奏，犹遍进也。诸侯每见，皆以次序遍进而问焉，以观其才。既则效试其居国为政，以著其功。赐之车服，以旌其所用任也〕。象以典刑〔典，常也。象用之者，谓上刑赭衣不纯，中刑杂屦，下刑墨幪，以居州里，而民耻之，而反于礼〕，流宥五刑〔流，放也。宥，三宥也。言所流宥，皆犯五刑之罪也〕；眚灾肆赦〔眚，过也，灾，害也。肆，失也。言罪过误失，以为当赦之也〕，怙终贼刑〔怙，谓怙赦宥而为者也。终为残贼，当刑之也〕。流共工于幽洲〔共工，穷奇也。幽洲，北裔也〕，放欢兜于崇山〔欢兜，浑敦，崇山南裔也〕，窜三苗于三危〔三苗，国名也，缙云氏之后，为诸侯，号饕餮也。三危，西裔也〕，殛鲧于羽山〔鲧，梼杌也。殛，诛也。羽山，东裔也〕。四罪而天下咸服〔美舜之行，故本其征用之功也〕。二十有八载，放勋乃徂落。百姓如丧考妣，三载，四海遏密八音〔遏，绝也。密，止也。尧崩，百姓如丧父母，绝止金石八音之乐也〕。舜格于文祖，询于四岳，辟四门〔开辟四方之门，广致众贤也〕，明四目〔明视四方也〕，达四听（听原作聪）〔听达于四方也〕；柔远能迩〔能安远者，则能安近也。不能安近，则不能安远也〕，敦德允元〔所厚而尊者德也。所信而行者善也〕，而难任人〔任，佞也。辩给之言，易悦耳目，以理难之也〕，蛮夷率服〔远无不服，迩无不安〕；三载考绩，三考，黜陟幽明〔黜，退也。陟，升也。三岁考功，九载三考；退其幽暗无功者，升其昭明有功者也〕，庶绩咸熙〔九载三考，众功皆兴也〕。

【译文】

虞舜出身微贱，隐匿于民间。（侧，是侧陋的意思。微，是微贱的意思。）尧帝听说他聪明，打算让他继承自己的帝位，屡以各种难事相试。（多次找一些难办的事来考验他。）让他用心地去传布“五典”，以美德教化百姓，结果百姓都能接受顺从；（五典，指的是五种关于伦常的教育，即父义、母慈、兄友、弟恭、子孝。舜从高辛氏的后人中选出八位贤能的人（世称“八元”），令他们传布五伦之教于四方，结果这五种教义都能够被大众顺利地接受，没有人违背它。）让他摄理百官事务，他把一切都处理得井井有条；（揆，是揣度的意思。舜从高阳氏的后人选出八位贤能的人（世称“八凯”）帮助处理百官事务，结果事事都处理得有条有理。）让他在宫庭四门迎接来朝的宾客，四门都礼仪整肃，没有丝毫差错；（宾，是迎接宾客的意思。四门，指宫庭四面的门户。舜处置了四凶及其族人，将他们流放到边远之地。诸侯再有来朝拜的，舜都以宾客之礼来迎接，处处体现出优美的德行，国中再也没有肆意作恶的人了。）让他治理山林川泽，暴风雷雨也不再肆意逞凶。（让舜担任地位显要的职务，令他总揽一切政务，则天地间阴阳二气清澈冲和，烈风雷雨，皆随时令而作，不再错乱生灾，这些都足以证明舜的德行已与天地之心合而为一。）正月的一个吉日，舜在尧的太庙接受了禅让。（尧帝完成了上天赋予他的使命，由舜帝来继承他。文祖，是五庙的名称。）每五年对各诸侯国巡视一次，四方诸侯纷纷前来朝见。舜让他们依次进言，公正地评价他们的政绩，赏赐车马衣物，以示表彰；（敷奏，是普遍进言的意思。诸侯每次朝拜，舜帝都会安排他们依次见面，并和他们逐一交谈，从中观察他们的才干。接着将一些重要的政事安排他们去担当，使他们的才干在实践中得到验证，为国家建功立业。然后再赐给他们车马衣服作为酬劳，以表彰其功绩。）明确告诉他们掌管刑罚的原则；（典，经常的意思。象征性地运用刑罚，指的是对犯有严重罪过者令其穿上颜色深浅不同的赭色衣服，中等过失的人令其穿颜色不同的鞋子，轻微过失的人穿灰黑色的衣服，让他们居住在大众中间，让大众都知道这是羞耻的事，使大家都回归到礼的行为准则上来。）对犯有法律规定的五类罪行者，予以流放，或适时宽赦；（流，放逐的意思。宥，视其情节，分三种情况予以宽减或免于处罚。这里说的是不管是流放还是宽宥，其对象都是指触犯了法律规定的五种罪行的人。）人有过错，或不慎对别人造成了伤害，或行为放纵不够检点，皆可酌情赦免；（眚，指过错；灾，指伤害；肆，指过失。说的是这些罪过误失，都是可以宽恕和赦免的。）对于有所倚仗而不思悔改者，终必处以极刑。（怙，指的是倚仗可以得到赦免而故意胡作非为的人。这些人终究会发展成为凶残暴虐的恶人，必须予以严惩。）舜将共工流放到幽州；（共工又名“穷奇”。幽洲在北方边远的地方。）将欢兜发配到崇山；（欢兜又名“浑敦”。崇山在南方边远的地方。）将三苗驱逐到三危；（三苗是国名。缙云氏的后代，是当时的诸侯，号称“饕餮”。三危在西方边远的地方。）将鲧放逐到羽山。（鲧又名“梼杌”。殛，诛责的意思。羽山在东方边远地方。）这四个罪人得到应有的惩处，天下人都心悦诚服。（这里为光显舜帝的善行，所以引用了他当年适当运用刑罚治理国家的事迹作为证明。）舜继承帝位二十八年后，尧帝逝世，百姓就像失去了父母一样悲痛，三年内，全国停止了各种音乐。（遏，是断绝的意思。密，是停止的意思。尧帝驾崩，人民如同失去父母一样悲痛，所以一切音乐娱乐都停止了。）舜继承了尧的治国之道，又向四方部落首领虚心请教，咨询政事，打开四门招贤，（打开四方之门，让众多贤能的人都汇集到自己身边。）敞亮四方视野，（对四方看到的各种情况都能辨别明白。）通达四方资讯，（对四方的各种声音都能清楚地听到。）远近之地都得到安抚，（能安抚远方，自然也能安抚近方。不能让近处得到安定，自然也就没有能力去安定远方之地。）亲厚贤德之人，（所厚待并尊重的，唯有德。所信奉并力行的，唯有善。）而拒纳佞邪之辈，（任，佞的意思。巧言善辩之人的言语，容易迷惑人，应当明辨是非令其不能得逞。）边远蛮夷之族，都表示顺服。（边远之地没有不敬服的，附近的地方也没有不安定的。）舜帝三年考察一次政绩，经三次考察后，罢免昏官，提拔贤明，（黜，罢免的意思。陟，升迁的意思。每三年一次到各地巡回考察功绩，九年共经过三次巡回考察；罢免了那些昏庸没有作为的人，仁德贤能有功绩的人得到了进一步重用。）于是众多事业都得以兴盛。（九年三次考察，众多政绩显现，一派兴盛的景象。）

曰若稽古，大禹曰：“后克艰厥后，臣克艰厥臣，政乃乂，黎民敏德〔敏，疾也。能知为君之难，为臣不易，则其政治，而众民皆疾修德也〕。”帝曰：“俞！允若兹，嘉言罔攸伏，野无遗贤，万邦咸宁〔攸，所也。嘉言无所伏，言必用也。如此，则贤材在位，天下安也〕。稽于众，舍己从人，弗虐无告，弗废困穷，惟帝时克〔帝谓尧也。舜因嘉言无所伏，遂称尧德以成其义。考众从人，矜孤悯穷，凡人所轻，圣人所重也〕。”益曰：

“都！帝德广运，乃圣乃神，乃武乃文〔益因舜言，又美尧也。广谓所覆者大，运谓所及者远。圣无不通，神妙无方，文经纬天地，武定祸乱也〕。皇天眷命，奄有四海，为天下君〔言尧有此德，故为天所命，所以勉舜也〕。”禹曰：“惠迪吉，从逆凶，惟影响〔迪，道也。顺道吉，从逆凶。吉凶之报，若影之随形、响之应声，言不虚〕。”益曰：“吁，戒哉！敬戒无虞，罔失法度，罔游于逸，罔淫于乐〔淫，过也。游逸过乐，败德之源，富贵所忽，故特以为戒也〕。任贤勿贰，去邪勿疑，疑谋勿成，百志惟熙〔一意任贤，果于去邪，疑则勿行，道义所存于心者，日以广也〕。罔违道以干百姓之誉〔干，求也。失道求名，古人贱之也〕，罔咈百姓以从己之欲〔咈，戾也。专欲难成，犯众兴祸，故戒也〕。无怠无荒，四夷来王〔言天子常戒慎，无怠惰荒废，则四夷归往之也〕。”禹曰：“於！帝念哉！德惟善政，政在养民。水、火、金、木、土、谷惟修〔言养民之本在先修六府也〕，正德、利用、厚生、惟和〔正德以率下，利用以阜财，厚生以养民，三者和，所谓善政也〕。九功惟序，九序惟歌〔言六府三事之功，有次序，皆可歌乐，乃德政之致〕。戒之用休，董之用威，劝之以《九歌》，俾勿坏〔休，美也。董，督也。言善政之道，美以戒之，威以督之，歌以劝之，使政勿坏，在此三者也〕。”帝曰：“俞！地平天成，六府三事允治，万世永赖，时乃功〔水土治曰平，五行叙曰成，因禹陈九功而叹美之，言是汝之功也〕。”帝曰：“咎繇，惟兹臣庶，罔或干予正〔或，有也。无有干我正，言顺命也〕。汝作士，明于五刑，以弼五教，期于予治〔欲其能以刑辅教，当于治体也〕。刑期于无刑，民协于中，时乃功，懋哉〔虽或行刑，以杀止杀，终无犯者，刑期于无所刑，民皆合于大中，是汝之功勉之也〕！”咎繇曰：“帝德罔愆。临下以简，御众以宽〔愆，过也，善则归君，人臣之义也〕；罚弗及嗣，赏延于世〔嗣，亦世也。延，及也。父子罪不相及也，而及其赏，道德之政也〕；宥过无大，刑故无小〔过误所犯，虽大必宥，不忌故犯，虽小必刑也〕；罪疑惟轻，功疑惟重〔刑疑附轻，赏疑从重，忠厚至也〕；与其杀弗辜，宁失不经。好生之德，洽于民心，兹用弗犯于有司〔咎繇因帝勉己，遂称帝之德，所以明民不犯上也。宁失不常之罪，不枉不辜之善，仁爱之道也〕。”帝曰：“来，禹！汝惟弗矜，天下莫与汝争能；汝惟弗伐，天下莫与汝争功〔自贤曰矜，自功曰伐。言禹推善让人而不失其能，不有其劳而不失其功，所以能绝众人也〕。人心惟危，道心惟微，惟精惟一，允执厥中〔危则难安，微则难明，故戒以精一，信执其中也〕。无稽之言勿听，弗询之谋勿庸〔无考，无信验也。不询，专独也，终必无成，故戒勿听用也〕。可爱非君？可畏非民？众非元后何戴？后非众罔与守邦〔庶民以君为命，故可爱。君失道，民叛之，故可畏。言众戴君以自存，君恃众以守国，相须而成也〕。惟口出好兴戎，朕言弗再〔好谓赏善，戎谓伐恶。言口荣辱之主，虑而宣之，成于一也〕。”帝曰：“咨，禹！惟时有苗弗率，汝徂征〔三苗之民，数干王诛。率，循也。徂，往也。不循帝道，言乱逆也。命禹讨之〕。”禹乃会群后，誓于师曰：“济济有众，咸听朕命〔会诸侯共伐有苗也。军旅曰誓。济济，众盛之貌也〕。蠢兹有苗，昏迷弗恭〔蠢，动也。昏，暗也。言其所以宜讨也〕；侮嫚自贤，反道败德〔狎侮先王，轻嫚典教，反正道，败德义也〕；君子在野，小人在位〔废仁贤，任奸佞〕；民弃弗保，天降之咎〔言民叛之，天灾之也〕。肆予以尔众士，奉词伐罪〔肆，故也〕。尔尚一乃心力，其克有勋。”三旬，有苗民逆命，益赞于禹曰：“惟德动天，无远弗届。满招损，谦受益，时乃天道〔自满者人损之，自谦者人益之，是天道之常〕。至诚（诚原作諴）感神，矧兹有苗〔至和感神，况有苗也。言易感也〕。”禹拜昌言曰：“俞！”班师振旅〔以益言为当，故拜受，遂班师。兵入曰振旅，言整众也〕。帝乃诞敷文德〔远人不服，大布文德以来之也〕，舞干羽于两阶。七旬，有苗格〔讨而不服，不讨自来，明御之必有道也〕。

【译文】

考证往事，大禹曾说：“如果君主能够了解先王治国的艰难，臣子能够保持先贤为官的艰辛，国政就会得以安定，民众就会勉力修德。”(敏，迅速的意思。如果真能明白作为一国之君的艰难，作为臣子辅佐君王的不易所在，那么国家的政事就会得到妥善的治理，民众也会很快地提高自己的德行和修养。)舜帝说：“是啊！如果真是这样，善的言论不会被埋没，民间没有被遗漏的贤才，万国都会太平了。（攸，是所的意思。善的言论不会被埋没，指听到善的言论就一定努力去实行。这样，才是真正的贤材在位，天下就太平了。）认真听取众人的意见，放弃个人私见，听从大家的公论；不使孤苦无依之人受到侵害，不使艰难穷困之人沮丧失望；只有我们的帝君随时都能做到。（舜帝说的是尧。舜有感于“善言不被埋没”的道理，于是称颂尧帝的德行，来阐明其中的义理。虚心听取并随顺众人的善言，怜惜和帮助孤苦穷困的人，这些平常人不经意处，正是圣人所留意注重的啊。）益说：“可敬呀！尧帝德行广大而影响深远，真是圣明而神妙，武能平定祸乱，文能治国安邦。（益听了舜的一番话，更加崇敬尧的美德。广，是说所覆盖的面积大；运，是说所达到的地方远。圣德无所不通，神妙无际。文，可以规范、统理天地间的万事万物；武，可以平定远近的祸乱。）皇天眷念而授于天命，使尧拥有四海，成为天下的君主。（这里是说尧有这样的德行，所以得到上天的垂爱，被赋予神圣的使命，益这样说，目的是以此来勉励舜帝啊。）禹说：“顺随正道则吉利，依从背逆则凶险，其效应正如影子与形体、回声与音响。”（迪，是道的意思。沿着正确的道路行走就会诸事吉祥，顺着错误的道路走下去就会遭遇凶险和不测。这种吉和凶的报应，就象影子紧随着我们的身体，回音紧随着最初的声响一样，这话一点都不假。）益说：“啊！要谨慎啊！要恭敬地对待前人的训诫，方可免于犯错。做事情不要轻易违失古人的法度；不要耽于游闲安逸；不要过分追求娱乐。（淫，过分的意思。过分贪图享乐，是道德败坏的根源，人在富贵的时候往往最容易忽视这一点，所以要特别引起警惕。）任用贤才勿存三心二意，去除奸佞不要犹豫不决。心中怀有疑虑，有好的谋略也不会成功。让美好的德行广泛流布，国家就会兴盛起来。（一心一意任用贤能的人，果断地远离种种邪说。如果觉得有些说法似是而非，一时拿不定主意，就不要急于实行。领导者心中时时装满着道义，良善的风气逐步形成，并且越播越广。）不要违背正道去谋求百姓的赞誉；（干，是谋求的意思。舍弃了正确的道路〔让自己时时处于危险的境地〕去谋求〔那本不存在的虚假的〕名声，在古人看来，这显然是很愚蠢下贱的。）不要伤害百姓的利益去满足自己的欲望。（咈，违逆、乖戾的意思。独图私欲难以成事，况且触犯众怒必将给自己带来灾祸，所以一定要谨慎啊。）为政不怠惰、不荒弃，周边诸国就会归附于君主。（说的是做君王的常常鉴戒、谨慎自己的一言一行，不因怠惰、放逸而荒废、放弃了自己的职责，那么四方边远之地的国家都会来归顺于他。）禹说：“这些话，舜帝您值得思考啊！（帝王的）德行就体现在推行善政上，所谓善政就是“养民”（让人民都过上幸福安乐的生活）。妥善治理水、火、金、木、土、谷这“六府”；（“养民”的根本，就是首先要治理好“六府”〔这六个藏财之地，以解决人民的生计问题〕。）端正德行、合理地利用自然资源、重视解决人民的生计问题，这三件事可以相辅相成；（端正德行就能带领好臣民一齐修德向善，自然资源得到合理利用可以聚集财富，让人民生活富足，安定和乐，这就是“养民”了。这三件事能够相辅相成，和谐并进，就可以称为“善政”了。）这九件事做起来应当安排有序，九件事都能有条不紊地进行，就可以将这些事迹配以音乐来加以歌颂。（这里说的是“六府”“三事”这九件事都能有条不紊的进行，并被人们尽情地歌颂，那就是把君王推行仁德的善政发挥到极至了。）要用美德来劝戒；用刑威来监督；用《九歌》来勉励；以保持不致被败坏。（休，美善的意思。董，监督的意思。说的是推行善政的途径，就是用美德来劝勉人们，用刑威来约束人们，用至善的音乐来感化人们。要使政事不至于衰败，最关键的就是这三条啊。）舜帝说：“对！如果有一天真的天下太平，‘六府’‘三事’都得到妥善治理，（这些宝贵的经验财富）能让千秋万代的后人都有所依靠，这也是你的功德。”（水土得到治理为“平”，天地万物按序排列各就其位为“成”，舜帝因大禹陈述“九功”的治国方略而大为赞叹，说这些都是你的功德啊。）舜帝又说：“咎繇啊，群臣众庶，没有人触犯我的政令。（或，有的意思。“没有人触犯我的政令”，说的是大家都能顺从天命。）你作为执掌刑狱之官，彰明五类刑罚，用以辅助‘五教’，帮助我使天下得到妥善的治理。（希望他能以法制来辅佐教育，使治理国家的政策能够完善而无有偏颇。）你使用刑罚，目的是为了以后不再使用刑罚，使民众和洽于心。这都是你们的功劳，令人赞叹啊！（虽然有时也运用刑罚，用暴力手段来阻止暴力的泛滥，最终令大家都不再背离正道，适当地运用刑罚，是期望将来不再需要刑罚，人民的日常言行都能符合无过与不及的中正之道。舜帝说“这是你们的功劳”，这是对大臣们的鼓励啊。）咎繇说：“舜帝您的德行无可挑剔。你以平易对待臣下，以宽容驾驭百姓；（愆，过错的意思。将善绩归功于自己的君主，是做臣子的本分。）惩罚不诛连子孙，赏赐却延及后代；（嗣，和“世”一样指的是后代。延，及的意思。父子之间如果有罪过被惩罚，可以不互相牵连；但如果是荣誉、嘉奖却可以共享，这是真正有道德的善政啊。）过失犯罪再大也可以宽赦，故意犯罪再小也必定惩罚；（因过失而犯罪，虽然后果严重也必定从宽处理，如果是无所顾忌的故意犯罪，罪行再轻必定严肃惩处。）犯罪事实有疑点时考虑宁可从轻判处；立功事实有疑点时考虑宁可从重奖赏；（量刑时有疑问难决就尽量从轻；赏赐时有疑问难决则尽量从重，忠良敦厚的风气就会慢慢形成了。）与其错杀无罪之人，宁可失之于'治理不力'。您怜爱生命的美德，浸润于民众之心，其作用是人们不去冲犯官府。（咎繇受到舜帝的夸赞后，立即称颂舜帝的德行，以显示臣民不可以目无君王而妄自居功。宁可犯下执法不严的过失，也绝不冤枉一个无辜的好人，这才是仁爱之道啊。）舜帝又对禹说："禹呀！你只要不炫耀自己的能力，天下就没有人与你争能；你只要不炫耀自己的功劳，天下就没有人与你争功。（自以为贤明叫"矜"，自夸有功叫"伐"。这里是说禹举荐并让位于贤能的人，但并不因此而失去自己贤能的声誉；有了成绩从不居功，但他的功劳谁也无法否认。这正是他的过人之处啊。）人心（人的欲望）是危险的，道心（伦理道德）是微妙的，只有勇猛精进，一门深入，才能真正的把握中正（无过之、无不及）之道。（欲望是危险的，使人心难以安定；道心是微妙的，人们又很难明了，所以在这里告诫大家：必须精进、专一地修学善法，才能真正把握好中道。）没有根据的话不要听信，没有征求过众人意见的谋略不要采纳。（没有根据的言论，也没有办法用事实来验证。不征求别人的意见，就是独断专行。这两者最终都不能成事，所以说要不听、不做。）世界上最可爱戴者不就是君主吗？最可畏惧者不就是民众吗？民众没有君主又拥戴谁呢？君主没有民众的拥护也就无法守住自己的国家。（民众把君主当作自己的命运的依靠，所以说值得敬爱。如果国君背弃了为民作主的正道，人民也会随着背叛国君，所以说值得畏惧。这里说的是民众拥戴自己的君主，是为了能够更好地生存下去，君主也是因为有了大众的拥护和支持才能保持国家的稳定和繁荣，这两者是相辅相成的。）言语可以用来赞叹美德，也可以用来讨伐罪恶，所以我不会轻易开口说什么，一旦说出来就意味着不容更改。（这里说的"善事"指赏善，这里说的"讨伐"指除恶。这里说的是：一个人口中说出的话直接关系着自身或他人的荣辱，必须慎重地考虑明白了以后再说出来，专一精思之后，无过无不及，才能成事。）舜帝说：“唉！禹呀！现今三苗不遵循帝道，就命你去讨伐他们吧。”（三苗的民众，多次冒犯天威。率，遵循的意思。徂，往的意思。不遵循帝道，指犯上作乱。于是命禹去讨伐三苗。）于是，禹便会聚各方诸侯，并在誓师大会上说：“众位官兵，都要听从我的号令。（调集各路诸侯共同征伐有苗。在大军出发前盟约叫“誓”。济济，人数众多的样子。）那蠢蠢欲动的三苗，昏庸糊涂，不恭不敬，轻慢君主，（蠢，蠢蠢欲动的意思。昏，昏暗的意思。说明为什么要征讨三苗。）妄自尊大，违反正道，败坏德义，（对先王毫无恭敬，把典章教化不当回事，违背伦常的正道，败坏社会道德规范。）有德行操守的人都散落在民间，追名逐利之徒则受到重用，（正直贤良的人被排斥，奸佞之徒纷纷被任用。）百姓背弃自己的国家不愿保护它，上天已经降罪于这片土地。（说的是人民背叛他，上天也降灾于他。）因此，我率领你们诸位，奉舜帝之命，讨伐其罪行。（肆，因此的意思。）只要大家同心尽力，必将在这次征战中建立功勋。”过了三十天，三苗之民（虽然暂时被武力所震摄，但内心里）还是不能顺从的接受禹的命令。益向禹建言说：“只有德能够感动上天，无论多远，其感召力都可到达。自满会招致损害，谦虚会得到益处，这是天下至理。（骄傲自满的人会受到众人的厌弃或攻击，谦卑恭敬的人会得到众人的拥戴和帮助，这是大自然的法则。）至诚能感动神灵，何况这个三苗呢！（至诚冲和的心连神明都可以感动，何况是有苗呢？这里说的是人性本善的道理，一切人都可以通过德行来感化他。）禹接受其善言，说：“很对！”随即整顿士兵，撤回了军队。（认为益的话是对的，所以虚心地接受，于是撤回军队。让军队回到原地叫“振旅”，是让众将士得到休整的意思。）于是，舜帝对苗民广泛进行礼乐的教化，（边远地方的人民不愿遵循王道的统治，可以通过努力进行礼乐教化，使他们心悦臣服地主动来归顺。）在宫殿两侧台阶前持盾牌、羽具，在一片祥和的音乐声中，演出祈祷幸福、和平的歌舞。七十天后，三苗终于主动前来归顺。（武力不能让对方屈服，放弃武力后却能让对方主动归顺，说明治理天下必定是有正确的途径可循的。）

咎繇曰：“允迪厥德，谟明弼谐〔迪，蹈。厥，其也，其古人。谟，谋也。言人君当信蹈行古人之德，谋广聪明，以辅谐其政也〕。”禹曰：“俞，如何〔然其言，问所以行也〕？”咎繇曰：“都！慎厥身修，思永。〔叹美之重也。慎修其身，思为长久之道也〕惇叙九族，庶明厉翼，迩可远，在兹〔言慎修其身，厚次叙九族，则众庶皆明其教，而自勉厉。翼戴上命，迩可推而远者，在此道也〕。”禹拜昌言曰：“俞〔以咎繇言为当，故拜受而然之〕！”咎繇曰：“都！在知人，在安民〔叹修身亲亲之道在知人，所信任在能安民也〕。”禹曰：“吁！咸若时，惟帝其难之〔言帝尧亦以知人安民为难也〕。知人则哲，能官人；安民则惠，黎民怀之〔哲，知也，无所不知，故能官人。惠，爱也，爱则民归之也〕。能哲而惠，何忧乎欢兜？何迁乎有苗？何畏乎巧言令色孔壬〔孔，甚也。壬，佞也。巧言，静言庸违也。令色，象恭滔天也。禹言有苗、欢兜之徒，甚佞如此，尧畏其乱政，故迁放之也〕。”咎繇曰：“都！亦行有九德〔言人性行有九德，以考察真伪，则可知也〕：宽而栗〔性宽弘而能庄栗也〕，柔而立〔和柔而能立事〕，愿而恭〔悫愿而恭恪也〕，乱而敬〔乱，治也。有治而能谨敬也〕，扰而毅〔扰，顺也，致果为毅也〕，直而温〔行正直而气温和也〕，简而廉〔性简大而有廉隅也〕，刚而塞〔刚断而实塞也〕，强而义〔无所屈挠，动必合义〕。彰厥有常，吉哉〔彰，明也。吉，善也。明九德之常，以择人而官之，则政之善也〕！九德咸事，俊乂在官〔使九德之人皆用事，则俊德治能之士并在官也〕。百僚师师，百工惟时〔僚工，皆官也。师师，相师法也。百官皆是，言政无非也〕，庶绩其凝〔凝，成也，言百事功皆成也〕。无教逸欲有邦〔不为逸豫贪欲之教，是有国者之常也〕，兢兢业业，一日二日万几〔兢兢，戒慎。业业，危惧。戒慎万事微也〕。无旷庶官，天工人其代之〔旷，空也。位非其人为空官。言人代天理官，不可以天官私非其才也〕。政事懋哉〔言无非天意者，故人君居天官，听政治事，不可以不自勉也〕。”

【译文】

咎繇说：“只要能够坚定的遵循古人的道德规范，谋划就会英明，群臣就会谐和。”（迪，遵循的意思。厥，那些，这里是“那些古人”的意思。谟，谋略的意思。说的是作为人民的领袖应当努力继承古圣先贤的德范，才能听到许多好的谋略，可以明察事理，大家同心同德把国家治理好。）禹说：“你说得对！

那么应当怎样去做呢？”（先肯定对方的话，再问到具体应该怎样去做。）咎繇说：“问得好！谨慎其自身品德修养，要从长远考虑，（感叹美德的重要。让每个人都重视完善自身的德行，为的就是治理国家的长久之道啊。）重视九族上下的秩序，让大众都懂得努力辅佐尊长，那么由近可以致远（由父可以致君，由家可以致国），天下的太平就从这里开始。”（说的是高度重视自身的德行修养，虔诚恭敬地顺从家族长幼尊卑的秩序，一旦天下百姓都能够明白、愉快的接受这种德行的教育，就能够时时自我勉励。从自觉的辅佐拥戴家族的尊长一直到忠于国家的领袖，由近可以及远的道理就在于此啊。）禹接受其善言，说：“你说得对！”（认为咎繇说的话很恰当，所以恭敬地接受并给予称赞。）咎繇说：“啊！重要的还在于知人善任，在于让人民安居乐业啊。”（进而感叹要让民众都能做到重视自身品德修养、亲人之间都能相亲相爱，重要的还在于了解和选拔人才。让真正赢得大众信任的贤能之人得到任用，原因在于他们能以身作则教会民众敦伦尽分，以此安定民心。）禹说：“哦！要都做到像这样，连帝尧也认为是不容易的。（这是说尧帝也觉得要真正了解一个人和让人民安居乐业都是很困难的啊。）能透彻地了解别人就是大智，这样就能恰当地选拔官员；能让人民安居乐业就是大仁，百姓就会归顺他；（哲，是智慧的意思。一点不会看错人，所以有能力任命官员。惠，是爱的意思。仁爱，民众就会归顺他啊。）智慧与仁爱兼于一身，怎会担忧欢兜？何必流放三苗？又怎么会惧怕善于花言巧语、察言观色的奸佞之人呢？（孔，是大的意思。壬，是奸佞的意思。巧言，就是花言巧语，它的用意是邪僻的。令色，貌似恭敬，但实际却傲慢到了极点。大禹说像有苗、欢兜这些恶人，奸佞到这种程度，尧担心他们会扰乱正常的社会秩序，所以才把他们流放到边远之地。）咎繇说：“啊！人的品行有九种类型：（具体分析人的优良品格，大致可分为九类，以此来考察人的善恶真伪，就可以一目了然了。）一是秉性宽弘而不失庄敬；（胸怀宽阔，器量宏深，能包容万物，又不失肃敬庄严。）二是天性柔和却能有所建树；（性格温和却能成就大事。）三是老实忠厚又能恭肃庄重；（诚实善良又能谨慎恭敬。）四是精于治事又有敬业的精神；（乱，在这里是“治”的意思。有治国的才能，又能够时时恭敬谨慎而无丝毫骄慢之心。）五是为人驯顺，内心却刚强坚韧；（扰，和顺的意思。真诚的驯顺或者说绝对的忠诚可以造就内心的坚定与刚毅。）六是为人正直却能待人温和；（行止方正刚直而态度却不失温和。）七是性情简脱却有操守；（性格豪爽，落拓不羁，却能保持品端行正。）八是性格刚毅又实在；（刚毅果断又能实事求是。）九是坚强不屈又能坚持正义。（做任何事都有股不屈不挠的精神，并且凡事必定得合乎道义才肯去做。）要表彰符合这九种道德标准的人，天下才会昌顺啊！（彰，是表彰、彰显，让大家都明白的意思。吉，大好的意思。让天下人都明白这九种美德的标准，依此来选拔人才并委以重任，那么国家的政治就清明了。）假使具备上述九种德行之人都来参与政事，才德出众之才都处在官位，（让具备“九德”之人都出来从政，那么贤能的人都得到任用。）百官之间互相学习、仿效，这样官员们就可以都达到良善的境界。（僚、工，都是官员的意思。师师，相互学习的意思。官员都能够这样，说的是国家的方针政策已经没有什么不当的了。）那么，各种事业都将会获得成功。（凝，成就的意思。说的是凡事都会顺利成就。）不要教人贪图享受和放纵欲望，才能管理好国家和人民，（领导者不要为民众做出贪图享受的不良示范，这是治理国家的根本原则。）要时时刻刻防微杜渐。（兢兢，常常自我告诫，小心谨慎的意思。业业，忧虑恐惧的样子。从万事的开端就要小心警惕。）不要空设各种官职，因为天赋予的职事，将由人来代它完成。（旷，是空缺的意思。官位被不适合的人占据叫“空官”。这句话的意思是人代表上天来行使职责，不可以将上天赋予的官位让那些不具备行使上天职责的没有德能的人私下占据。）应努力于政事啊！（说的是一切都是在遵循上天的旨意，所以作为人民的领袖，肩负着上天赋予的神圣职责与使命，执政处理国家大小事务，不能不自己经常勉励自己啊。）

帝曰：“吁！臣哉邻哉！邻哉臣哉！”禹曰：“俞！〔邻，近也。言君臣道近，相须而成也〕。”帝曰：“臣作朕股肱耳目〔言大体若身也〕，予欲左右有民，汝翼〔左右，助也，助我所有之民，富而教之，汝翼成我也〕。予欲观古人之象〔欲观示法象之服制也〕，以五采彰施于五色作服，汝明〔天子服日月以下，诸侯自龙衮以下，上得兼下，下不得僭上。以五采明施于五色，作尊卑之服，汝明制之也〕。予欲闻六律五声八音，以出纳五言，汝听〔言欲以六律和声音，出纳仁义礼智信五德之言，施于民以成化，汝当听审之〕。予违，汝弼。汝无面从，退有后言〔我违道，汝当以义辅正我。无得面从我违，退后言我不可弼也〕。”禹曰：“俞哉！万邦黎献，共惟帝臣，惟帝时举，敷纳以言，明庶以功，车服以庸〔献，贤也。万国众贤，共为帝臣，帝举是而用之，使陈布其言，明之皆以功大小为差，以车服旌其能用之〕，谁敢弗让？敢弗敬应〔上唯贤是用，则下皆敬应上命而让善也〕？帝弗时，敷同日奏，罔功〔帝用臣不是，则远近布同，而日进于无功，以贤愚并位、优劣共流故也〕。无若丹朱傲，惟慢游是好〔丹朱，尧子，举以戒也〕，傲虐是作，罔昼夜頟頟〔傲戏而为虐，无昼夜常頟頟，肆恶不休息也〕。罔水行舟，朋淫于家，用殄厥世〔朋，群也。丹朱习于无水陆地行舟，言无度也。群淫于家，妻妾乱也。用是绝其世，不得嗣也〕。帝其念哉！”夔曰：“於！予击石拊石，百兽率舞，庶尹允谐〔尹，正也。众正官之长，信皆和谐，言神人治也，始于任贤，立政以礼，治成以乐，所以致太平也〕。”帝庸作歌，曰：“敕天之命，惟时惟几〔敕，正也。奉正天命以临民，惟在顺时、惟在慎微也〕。”乃歌曰：“股肱喜哉！元首起哉！百工熙哉〔元首，君也。股肱之臣，喜乐尽忠，君之治功乃起，百官之业乃广也〕！”咎繇拜手稽首，乃赓载歌曰：“元首明哉！股肱良哉！庶事康哉〔赓，续也。载，成也。帝歌归美股肱，义未足，故续歌先君后臣，众事乃安，以成其义也〕！”又歌曰：“元首丛脞哉！股肱惰哉！万事堕哉〔丛脞，细碎无大略也。君如此则臣懈惰，万事堕废，其功不成。歌以申戒也〕！”帝拜曰：“俞，钦哉〔拜受其歌，戒群臣自今已往敬职也〕！”

【译文】

舜帝感叹地说：“啊！大臣是君主亲近的人，君主亲近的人就是大臣啊。”禹说：“正是！”（邻，接近的意思。说的是君王和大臣的职责和使命相近，是相互依靠、相辅相成的。）舜帝说：“大臣犹如我的股肱耳目。（这里说的是君王与群臣是一个大的整体，就像一个人的身体一样。）我想教化引导所有百姓，你们来扶助我吧。（左右，从旁帮助的意思。帮助我治理天下的人民，在他们富裕了之后再用礼乐去教化他们，你们来帮我一起做成这件事吧。）我想看到古人的样子，（希望能看到可以显示符合礼仪规范之仪表、举止，且因尊卑不同而款式、图案各异的衣着式样。）以五种颜料将布帛染成五种鲜明的色彩来制作服装，你们先把这件事搞明白；（天子穿的是绘有日月图案的衣服，以及以下等级的衣服；诸侯穿的是绘有龙的图案的被称作“龙衮”的制服，以及以下等级的衣服。尊贵的人可以同时穿低级别的衣服，低级别的人不可以越分冒用尊者的仪制。用五种颜料将布帛染成五种颜色，制作用来区别尊卑的朝服，你们把这些都详细搞清楚以后再把它做出来。）我希望能够重新听到（像古时那样的）六种旋律、五级音阶、八类乐器演奏的至善至美的音乐，用以显露传布‘五德’之言，你们同我一起听受、审辨；（说的是希望能以六种音律和各种乐声，来传播仁义礼智信“五德”之言，使其广布于民间以起到教化的作用。你们应当和我一起仔细倾听，并加以辨别，以便从中选出至善至美的音乐来。）我如果有什么过失，你们应当及时帮助我。你们不可以当面顺从，从我这里离开后又在背后议论我。（我要是违背了正道，你们应当以义理来纠正我。不要当面顺从我的错误，事后又说我这人没法辅佐。）禹说：“是啊，舜帝！全天下贤能的人，都是您的臣子，任由您选拔举用。如果能广泛地采纳他们的意见，公正地考察他们的业绩，赐予车辆官服以表彰那些有所作为的人，（献，贤的意思。各诸侯国众多的贤能之士都是您的臣民，您从中选拔最合适的人并任用他们，让他们各自教化一方，再分别依据他们各自功绩的大小明察他们的德能，分别等级次序，赐以车马官服，用来表彰那些有功之臣。）这样一来，还有谁不谦让，谁敢不恭敬地接受呢？（君上能够唯贤是用，那么群臣都会恭敬地响应上面的号召，并互相让功与对方。）您如果不是这样，不能够做到近贤远佞，而是对贤愚优劣都一概同等对待，那么国家的政事就会一天天荒废下去。（帝王任用臣僚不恰当，那么对待臣下就没有了贤愚远近之分，政事也就会日渐衰微。这是因为贤良优秀的人才和庸愚无行的人受到同等待遇的缘故啊。）所用之人，不能像丹朱那样傲慢，只喜欢游手好闲、（丹朱，尧的儿子，举此例引以为戒。）戏谑作乐、不分昼夜地恣意妄为而不休；（遨游嬉戏，危害百姓。额额不分昼夜，指的是放纵恶行没完没了。）自己坐于木船之上，让人在平地上推着行走；妻妾成群，淫乱于家。其后果是被取消嗣子之位（不能继承尧的帝位）。（朋，群的意思。丹朱喜欢在无水的陆地上让人推着行船，说的是行为一点没有节制。在自己家中聚众享乐，纵欲无度，说的是妻妾家人均不能以礼相待。因此才被取消了世子的爵位，不能够继承帝位。）乐官夔赞叹说：“啊！我依着节拍敲击石磬，连百兽听闻也纷纷随之起舞。众多的君长确实已将职事治理得十分和谐了。”（尹，君长的意思，这里是指众多官员中的尊长。确实已将职事治理得十分和谐，说的是万物神灵和人民都归于大治。这一切都始于选拔任用贤能的君子，用礼规范人的行为标准来确立为政之道，国家安定后就要依靠音乐的教化移风易俗，这就是通往天下太平的途径啊。）舜帝于是作歌唱道：“我等尊奉上天之命，凡事都必顺应天时，诸事小心慎于其始。”（敕：以上正下的意思。奉上天之命以正下民，就是要尊重大自然的法则，顺应天时，在一切事物的开端就要细心观察，以做到防微杜渐。）接着又唱道：“看到终日勤于国事的大臣们是如此地欢喜啊！作为你们的君主我是多麽的振奋！百业兴旺的时代已经来临！”（元首，指天子。大臣们都能心甘情愿、欢喜快乐的为君王竭尽忠诚，君王治理天下的功绩就从这里开始了，各行各业也会越来越兴盛。）舜帝您当深思啊！”咎繇拱手叩头，紧接着唱道：“我们的君主是如此地圣明啊！大臣们才如此地心甘情愿竭尽忠心！才有了今天的诸事康顺！”（赓，是继续的意思。载，是完成的意思。舜帝作歌将美德归功于大臣，如此，其中的义理尚不能完全显现，所以下面咎繇继续歌唱。君在先，臣在后，诸事有序，才是安治天下的道理。这样一来，就将天下大治的真谛完全显现了。）接着又唱道：“倘若做君主的不懂得治国的要领，包揽琐事，事必躬亲，大臣们就会因此而懈怠，万事必定随之荒废，叫人寒心！”（丛脞，拘泥于琐碎的事务而没有远大的谋略。领导者如此，那么做下属的就会懈惰，万事都会随之荒废，君王治理天下的大业就无法完成了。所以在此作歌以为告诫。）舜帝听后拜谢道：“唱得好啊！群臣自今以后务必兢兢业业善始善终啊！”（舜帝在此敬受咎繇歌中的告诫，同时以此来告诫群臣：从今以后，国事就倚仗你们了，你们一定要敬职啊。）

太康尸位以逸豫〔启子也。尸，主也。以尊位为逸豫，不勤也〕，灭厥德，黎民咸贰〔君丧其德，则众民二心也〕。乃盘游无度〔盘乐游逸，无法度也〕，畋于有洛之表，十旬弗反〔洛水表也〕。有穷后羿，因民弗忍，拒于河〔有穷，国名。羿，诸侯名也。拒太康于河，遂废之也〕。厥弟五人，御其母以从〔御，侍，言从畋也〕，徯于洛之汭。五子咸怨〔待太康，怨其久畋失国也〕，述大禹之戒以作歌〔述，循也〕。其一曰："民惟邦本，本固邦宁〔言人君当固民以安国也〕。予视天下愚夫愚妇，一能胜予〔言能敬畏小民，所以得众心也〕。怨岂在明？不见是图〔不见是谋，备其微也〕。予临兆民，懔乎若朽索之驭六马〔懔，危貌也。朽，腐也。腐索御马，言危惧甚也〕。为人上者，奈何弗敬〔能敬则不骄，在上不骄，则高而不危也〕？"其二曰："训有之：内作色荒，外作禽荒〔迷乱曰荒〕，甘酒嗜音，峻宇雕墙。有一于此，未或弗亡〔此六者，有一必亡，况兼有乎〕。"其三曰："惟彼陶唐，有此冀方〔陶唐，帝尧氏，都冀州也〕。今失厥道，乱其纪纲，乃底灭亡〔言失尧之道，乱其法制，自致亡灭也〕。"其四曰："明明我祖，万邦之君。有典有则，贻厥子孙〔典，谓经籍也。则，法也〕。荒坠厥绪，覆宗绝祀〔言古制存，而太康失其业以亡也〕！"其五曰："乌乎曷归？予怀之悲〔曷，何也，言思而悲也〕。万世仇予，予将畴依〔仇，怨也，言当依谁以复国乎〕？郁陶乎予心，颜厚有忸怩〔郁陶，言哀思也。颜厚，色愧。忸怩，心惭也。惭愧于仁人贤士〕。弗慎厥德，虽悔可追〔言人君行己，不慎其德，以速灭败。虽欲改悔，其可追及乎？言无益也〕？"

【译文】

太康身居帝位而不务正事，因为贪图安逸享乐，（太康是夏启的儿子。尸，因为是代死者受祭，所以象征着祭祀者的主宰。太康就像"尸"一样，虽然居于尊位，被奉为万民之主，但却只知道贪图享受安逸，不能勤于国事啊。）丧失了一个君主应有的品德，百姓都对他怀有二心。（君王失德，天下百姓就会离心。）他这样纵情游乐没有了节制，（只知道享受游逸之乐，行为不依照礼仪规范。）在有洛的外面打猎，百余天都不回京都。（在洛水的南面。）有穷国国王后羿，趁着国民不能忍受其所作所为的情绪，在黄河岸边阻止太康返回京都。（有穷是国名，后羿是有穷国诸侯的名字。后羿在黄河边阻拦太康，从此结束了太康的统治地位。）当时，太康的五个弟弟侍候他们的母亲随从打猎（御，陪侍的意思，指的是随从打猎。），在洛黄交汇的河湾等候他。五个弟弟都埋怨太康，（等待太康，责怪他迷恋打猎时间太久，终于失去了国家。）遂依据大禹的训诫而作歌。（述，遵循的意思。）太康的第一个兄弟唱道："百姓是立国的根本，根本得以稳固，国家才会安宁。（说的是人君应当稳固民心，才能使国家安定。）我遍观天下之事，深感愚夫愚妇都能将我战胜。（说的是能敬畏小民，才能赢得人心。）对于民怨，应在其尚未显现时就有所谋划，岂能等它明显了才开始警醒。（防患于未然，从一开始就小心戒备。）我面对亿万民众，危惧的心情就像用烂绳驾驶六马之车，（凛，危惧的样子。朽，腐烂、损坏的意思。用腐烂损坏的绳索驾驭马车，比喻危惧到极点。）作为民众的君主，怎能不时刻谨慎忧惧？（能敬畏就不会骄傲，能处于上位而不骄傲，即使居位再高也不会有什么危险。）第二个兄弟接着唱道："先帝的《训诫》中有这样一段话语，我们千万不能忘记：在内沉迷于女色，在外迷恋于游猎，（迷乱叫"荒"。）贪杯好酒无节制，迷恋歌舞无已时，房子愈造愈大，一味追求豪华，在墙壁上到处雕绘形形色色的图画。只要有上述情况之一，就没有不导致亡国的！（这六种情况，只要有其中的一种情况出现，就必定会导致亡国，何况这六种情况同时出现呢。）第三个兄弟唱道："想当年先祖尧帝德化四方，才拥有了中原这片地方，（陶唐指尧帝，尧帝属陶唐氏。）如今丢弃了先帝的美德，搞乱了祖宗的礼法纲常，才会招致灭亡。（说的是丢失了尧帝的治国之道，乱了法度，才会自取灭亡。）第四个兄弟唱道："我圣德煌煌的先祖啊，是众多诸侯国共同的君主。既有万世不易的经典，又有完备的礼法制度。这些无价之宝都留给了他的子孙，谨慎奉守可保其世代无虞。（典，指的是经典古籍。则，指的是礼法制度。）如今典章犹在，人心不古，眼看前人的事业一片荒芜。宗族将要覆灭，连祭祀也面临断绝！（说的是古制犹存，而太康不能守住前人的功业以至于亡国啊。）最后第五个兄弟也唱道："啊！我们将归向何方？我一想到这里，便感到无限悲伤。（曷，何的意思，此处说因忧思而伤悲。）普天下的人都对我们充满怨恨，我们还有谁可以依凭？（仇，怨恨的意思。这句说的是还可以依靠谁来帮助复国。）我等终日哀伤能怨谁？纵然脸皮再厚也难掩内心的羞愧。（郁陶，说的是心中忧思难平。颜厚，就是面有愧色。忸怩，是心中惭愧。这是因想到古代的仁人贤士而惭愧啊。）平日不慎修自己的德行，此刻已难以追悔！（这里说的是人君的所作所为，如果不慎重自己的德行，就会迅速败亡。此时再想悔改，哪里还来得及呢？也就是说，那已经无补于事了啊！）

成汤放桀于南巢，惟有惭德〔有惭德，惭德不及古也〕，曰：“予恐来世以台为口实〔恐来世论道，我放天子，常不去口也〕。”仲虺乃作诰〔陈义告汤可无惭也〕，曰：“乌乎！惟天生民有欲，无主乃乱〔民无君主，则恣情欲，必致祸乱也〕，惟天生聪明时乂〔言天生聪明，是治民乱也〕。有夏昏德，民坠涂炭〔夏桀暗乱，不恤下民，民之危险，若陷泥坠火，无救之者〕。惟王弗迩声色，弗殖货利〔迩，近也〕；德懋懋官，功懋懋赏；用人惟己，改过弗吝〔勉于德者，则勉之以官，勉于功者，亦勉之以赏。用人之言，若自己出。有过则改，无所吝惜。所以能成王业者也〕；克宽克仁，彰信兆民〔言汤宽仁之德，明信于天下也〕。乃葛伯仇饷，初征自葛，东征西夷怨，南征北狄怨〔葛伯游行，见农民之饷于田者，杀其人，夺其饷，故谓之仇饷。仇，怨也〕，曰：‘奚独后予〔怨者辞也〕？’攸徂之民，室家相庆，曰：‘徯予后，后来其苏。’〔汤所往之民，皆喜曰：“待我君，君来其可苏息也。”〕右贤辅德，显忠进良〔贤则助之，德则辅之，忠则显之，良则进之，明王之道〕。推亡固存，邦乃其昌〔有亡道则推而亡之，有存道则辅而固之。王者如此，国乃昌盛也〕。德日新，万邦惟怀；志自满，九族乃离〔日新，不懈怠也。自满，志盈溢也〕。王懋昭大德，建中于民，以义制事，以礼制心，垂裕后昆〔欲王自勉，明大德，立大中之道于民。率义奉礼，垂优足之道示后世也〕。予闻曰：‘能自得师者王〔求圣贤而事之〕，谓人莫己若者亡〔自多足，人莫之益，己亡之道〕。好问则裕，自用则小〔问则有得，所以足也。不问专固，所以小也〕。’乌乎！慎厥终，惟其始〔靡不有初，鲜克有终，故戒慎终如其始也〕。殖有礼，覆昏暴〔有礼者封殖之，昏暴者覆亡之〕。钦崇天道，永保天命〔王者如此上事，则敬天安命之道也〕。”

【译文】

成汤伐灭夏朝后，将夏桀放逐到南巢，想到自己有愧于古贤之德行，（有惭德，即自惭德行比不上古人。）于是说道：“我担心后世之人要把我的行为当成话柄。”（担心后人评论得失，说我放逐天子，并把这件事常常挂在嘴上。）仲虺于是写下了这篇诰文。（文中向成汤讲出了他可以不必感到内疚的道理。）他这样写道："啊！人天生就有七情六欲，百姓如果没有君主，就会产生祸乱，（民众如果没有了君主的约束，就会放纵自己的情感和欲望，必然要导致祸乱啊。）只有上天降生聪明仁德之人施以教化，时势才能安定。（说的是上天降生聪明之人，就是为了治理民乱。）夏桀昏庸错乱，没有能力教化人民，百姓就如同坠入泥潭、炭火之中。（夏桀昏乱失德，不能体恤帮助下民，人民的境遇，立刻就像陷入泥潭，坠入大火中一样，却没有人能够救他们。）"今大王（成汤）不接近歌舞女色，不聚敛金钱财物；（迩，是近的意思。）对德高者以授官予以劝勉，对功高者以赏赐予以鼓励；任用贤人就像对自己一样信任，改正自己的过错毫不吝惜；（对努力修德的人用官位来劝勉他，对勤奋做事的人用赏赐来激励他。采纳别人好的意见，就像落实自己的主张一样毫不犹豫。自己有过失立即改正，丝毫不会迟疑。这才是真正能成就帝王之业的人选啊。）待人宽厚、内心充满了仁爱，信义播于四海。（指成汤宽厚仁爱的品德为天下人所公认。）"当初葛国的君主随意抢夺、杀害为耕田者送饭的人，所以最初的征伐行动就是从葛伯开始。没有料到的是，大王往东征伐，西夷之民就会埋怨；大王往南征伐，北狄之人就会埋怨。（葛伯在出游的途中，看到往田地里给干活的农民送食物的人，葛伯夺其食物，又杀了这个人，引起天下人的怨恨，所以叫"葛伯仇饷"。仇，就是怨恨的意思。）他们都说：'凭什么偏偏要把我们这个地方摆在后面呢'？（这都是心怀怨恨的人说的话啊。）"大军所向之处的百姓，家家互致庆幸说：'等候我们的君王吧！君王到来，我们就有活路了。'（汤王所向之处的人民，听说汤王大军就要到来，都欢喜地说："等着吧，君王来了，我们的苦日子就要到头了。"）"佑护和辅助贤德的君子，表彰和进用忠良之士，（发现贤能的人就帮助他，发现德行高尚的人就协助他，发现忠义的人就表彰他，发现良善的人就举荐他，这就是历代圣明帝王的治国之道啊。）去恶务尽，从善如流，这样国家才得以昌盛。（对败家亡国的恶习及早铲而除之，对有利于安邦定国的良善之举大力表彰和提倡。做君王的能够这样，国家就会昌盛了。）君王虚心向善，让自己的道德品质一天一个样，万国都会向往；心中自以为满足，九族亲人也将背离。（日新，就是每天都要有新的收获，永不懈怠。如果骄傲自满，就意味着心中什么东西也装不下了。）"我王努力显扬大德，在百姓中建树大中之道，依据道义来做事，以礼法来调伏人心，将伟大的功业传给子孙后代。(希望汤王自我勉励，彰显大德，在人民中树立起大中之道的榜样。遵循道义，奉行礼法，将治国的各种道理完备地彰显出来，用以昭示子孙后代。）我曾听说：‘能自己去寻得老师者可以称王，（寻访圣贤之人做自己的老师。）认为别人没有谁能比得上自己的人终究会灭亡。（如果自以为了不起了，那就谁都帮不了他了，这正是自取灭亡之道啊。）谦卑好学不耻下问的人内心才是真正的富有，自以为是者则是那样的渺小可怜。’(好学好问，收获不断，所以愈来愈富足。不学不问，固执于一己之见，自然就渺小可怜了。)“啊！慎重地结束一件事要如慎重地开始一件事一样战战兢兢。(做一事没有开始不慎重的，但很少有能够小心谨慎一直到结束的。所以这里告诫说：慎终要如慎始一样小心翼翼地善始善终啊。）培植遵从礼法的人，惩治不循法度昏乱残暴的人。（对谦恭守礼的人要尽心扶植培养，对无知妄为的人要予以严惩。）敬奉上天的意志，才可永保上天赋予的使命。（君王能够这样对待国事，这就是敬奉天命安邦定国之道啊。）

王归自克夏，至于亳，诞告万方〔诞，大也，以天命大义告万方之众人〕。曰：“夏王灭德作威，以敷虐于尔万方百姓〔夏桀灭道德，作威刑，以布行虐政于天下百官，言残酷也〕。肆台小子，将天命明威，弗敢（治要旧书敢后有“自”字，本书删之）赦。其尔万方有罪，在予一人〔自责化不至也〕；予一人有罪，无以尔万方〔无用汝万方，言非所及也〕。乌乎！尚克时忱，乃亦有终〔忱，诚也，庶几能是诚道，乃亦有终世之美也〕。”

【译文】

“打败夏桀后，大王自夏都回师，到达亳后，便隆重地诏告天下，(诞，大的意思。阐述天命的大义，昭告天下人民。）说：‘夏王丧失道德，滥用刑罚，对你们各方百姓施行残害。（夏桀无视道德的作用，一味迷信法制，滥用刑罚，在全国上下推行苛严的刑法，这就是我们所说的暴政啊。）于是，我奉行天命以显示天威，不敢赦免桀的罪行。如果说全天下的人都有罪，那就把这些罪过都加到我一个人的头上吧。（自责自己的德行不足以教化所有的人，使他们免于罪责。）我愿意一个人承担所有的惩罚，愿从此以后一切灾祸都与你们大家无关。’（与所有的人无关，就是说要让大家从此不再被灾祸连累。）啊！能够常常保持这样一颗真诚的心，这就是古人所说的善始善终之道啊。”（忱，真诚的意思。如果为人君者差不多都能够这样的真诚有道，那就可以称得上善始善终了。）

成汤既殁，伊尹作《伊训》〔作训以教道太甲也〕，曰：“乌乎！古有夏先后，方懋厥德，罔有天灾〔先君，谓禹以下少康以上贤王，言能以德禳灾也〕。于其子孙弗率，皇天降灾，假手于我有命〔言桀不循其祖道，天下祸灾，借手于我，有命商王诛讨之也〕。惟我商王，布昭圣武，代虐以宽，兆民允怀〔言汤布明武德，以宽政代桀虐政，兆民以此皆信怀我商王之德也〕。今王嗣厥德，罔弗在初〔言善恶之由，无不在初，欲其慎始也〕。立爱惟亲，立敬惟长，始于家邦，终于四海〔言立爱敬之道，始于亲长，则家国并化，终洽四海也〕。乌乎！先后敷求哲人，俾辅于尔后嗣〔敷求贤智，使师辅于尔嗣王，言仁及后世也〕，制官刑，儆于有位〔言汤制治官刑法，儆戒百官也〕。曰：‘敢有恒舞于宫，酣歌于室，时谓巫风〔常舞则荒淫也。乐酒曰酣，事鬼神曰巫也〕；敢有徇于货色，恒于游畋，时谓淫风〔徇，求也，昧求财货美色，常游戏田猎，是淫过之风俗〕；敢有侮圣言，逆忠直，远耆德，比顽童，时谓乱风〔狎侮圣人之言而不行，拒逆忠直之规而不纳，耆年有德疏远之，童稚顽嚚亲比之，是谓荒乱之风俗也〕。惟兹三风十愆，卿士有一于身家必丧〔有一过则德义废，失位亡家之道也〕，邦君有一于身国必亡〔诸侯犯此，国亡之道也〕。臣下弗匡，其刑墨〔邦君卿士，则以争臣自匡正。臣不正君，服墨刑，凿其额，涅以墨也〕。’乌乎！嗣王祇厥身，念哉〔言当敬身，念祖德也〕！惟上帝弗常。作善，降之百祥；作不善，降之百殃〔祥，善也。天之祸福，唯善恶所在，不常在一家也〕。尔惟德罔小，万邦惟庆〔修德无小，则天下赖庆也〕。尔惟弗德罔大，坠厥宗〔苟为不德无大，必坠失宗庙，此伊尹至忠之训也〕。”

【译文】

成汤去世以后，伊尹写作了《伊训》，（作这篇训诫文是用来教导太甲的。）文中说：“啊！想前代夏朝先世的君王，那时正勉力完善其美德，因此天下没有灾祸。（先世的君王，指自禹以下至少康以上这中间的历代贤王，说的是修德可以消除灾祸的道理。）到了他们的子孙，因为不再遵循先王之道，于是上天降灾，借我殷商之手来实现上天的旨意。（说的是夏桀不遵循先祖修德禳灾之道，于是上天借我之手降祸于夏朝。就是说商王是肩负上天的使命，去讨伐夏桀啊。）“再看看今天我们的商王：向全天下展示他的圣明与英武，以宽和之道取代了残暴之政，亿万百姓都无比地怀念他。（说的是汤王广布圣明之道，展示武德，以宽和的仁政代替了夏桀的暴政，天下亿万百姓都因此而真诚地怀念我们商王的美德啊。）“如今阁下欲继承先王的美德，一切都要从最初就开始做起啊。（说的是一切善恶成败，无不形成于最初的起心动念，希望今王凡事都能够慎于始啊。）在事奉父母亲人的过程中建立起自己的仁爱之心，在与长者恭敬相处的过程中建立起自己的敬畏之心，爱敬之风起始于家庭和邦国，最终必将扩展到整个天下。（这里说的是要树立爱敬之道，必得从家中的亲人长辈开始，这样家庭和国家同时都被美德所化，和谐、融洽之风最终必将通达于天下。）“啊！先王（成汤）广求聪明贤达之人，让他们辅佐你等后来的继承者。（遍求贤达有大智慧的人作为国师，来帮助你等王位的继承者。说的是汤王的仁德惠及后世。）他专门制定了《官刑》，以儆戒百官。（说的是汤王专门制定了治理官吏的刑法，用来告诫群臣要勤于修身，不可肆意违犯。）“《官刑》中写道：有胆敢经常在宫中观赏舞蹈、在家中醉酒、听歌的，这叫做巫风；（经常沉湎在歌舞取乐中就会流于荒淫。好酒贪杯叫“酣”，作舞以事奉鬼神的人叫“巫”。）有胆敢贪图财物、女色，经常游乐围猎的，这叫做淫风；（殉，是求的意思。愚昧失德，只知道贪图一时的财货美色，沉湎于游乐打猎，这是放纵过度的习气啊。）胆敢有轻慢圣人的言论、拒绝忠直的规劝、疏远年老德高者却亲近习钻顽劣的市井少年的，这叫做乱风。（轻慢侮弄圣人的教诲而不能依照奉行，对忠直之士的规谏拒而不纳，远离德高望重的长者，却与社会上一些无行的年轻人常常混在一起，这些都是荒乱的习气啊。）“以上这三种风气、十种劣行，公卿士大夫自身沾染其中一例，他的食邑必会丧失（只要有了其中的一种过失，那么他的道德就会荒废，这是一条走向身败名裂的败家之路啊）；诸侯自身沾染其中一例，他的封国必会灭亡（如果是一国之君不幸触犯了，那就是一条亡国之路啊）。臣下如果不匡正国君的错误，就将服以墨刑（所以，作为国君和公卿士大夫，就一定要依赖、仰仗臣下的直言诤谏，使自己的过失及时得到匡正。大臣发现君王的过错而不加以扶正，就应当对其施以墨刑，在其额头上凿上黑色的标记，以儆效尤）。“啊！承继帝位的君王应当恭身自爱，念念不忘啊！（说的是人应当自珍自爱，就是要时时思念祖宗之德，不给列祖列宗脸上抹黑。）上天的眷顾不是专对哪一家的，对行善者，就会赐予各种吉祥；对作恶者，就会降给各种灾祸。（祥，是善的意思。在古代，“善”也有吉利、美好的含义。上天降祸还是降福，全在人之行善还是行恶，并不会固定地偏向于哪一家啊）。你们行有德之事不论多小，天下人都会为之庆幸；（修德行善无论多小，都会令天下人民受益并庆幸。）你们行无德之事即便不大，也是失去宗庙（亡国）的开始。”（如果是不善的行为，纵然不够大，也必将导致亡国之患。这一段话确是伊尹至诚至忠的告诫啊。）

太甲既立，弗明〔不用伊尹之训，不明居丧之礼〕。伊尹放诸桐〔汤葬地也〕。王徂桐宫居忧〔往入桐宫居忧位也〕，克终允德〔言能思念其祖，终其信德也〕。

惟三祀，伊尹奉嗣王归于亳，王拜稽首，曰：“予小子弗明于德，自底弗类〔类，善也。暗于德，故自致不善也〕。欲败度，纵败礼，以速戾于厥躬〔速，召也。言己放纵情欲，毁败礼仪法度，以召罪于其身也〕。天作孽，犹可违；自作孽，弗可逭〔孽，灾也。逭，逃也。言天灾可避，自作灾不可逃也〕。既往背师保之训，弗克于厥初。尚赖匡救之德，圆惟厥终〔言己已往之前，不能言修德于其初，今庶几赖教训之德，谋终于善。悔过之辞也〕。”伊尹拜手稽首〔拜手，首至手也〕，曰：“修厥身，允德协于下，惟明后〔言修其身，使信德合于群下，惟乃明君〕。先王子惠困穷，民服厥命，罔有弗悦〔言汤子爱困穷之人，使皆得其所，故民心服其教令，无有不欣喜也〕。奉先思孝，接下思恭〔以念祖德为孝，以不骄慢为恭也〕。视远惟明，听德惟聪〔言当以明视远，以聪听德〕。朕承王之休无斁〔王所行如此，则我承王之美无厌也〕。”

【译文】

太甲登上帝位之后，不明道德礼义，（不听从伊尹的告戒，也不明白在为父居丧期间所应遵循的礼法。）伊尹将他安排在桐宫。（埋葬商汤之地。）太甲去桐宫为其父守陵，日夜忧思自责，（住进桐宫后，终日面对列祖列宗，很自然的处于一种经常忧思愧责的环境之中。）终于成就了自己的真实德行。（这里是说太甲能够追念先王生前的种种风范与教诲，终于成就了自己至诚恭敬的美德）

太甲继位的第三年，伊尹迎接太甲回到国都亳。太甲向老师伊尹真诚地跪拜，说道："是弟子不明于道德，才自己导致了种种的不善；（类，是善的意思。一个人不明道德，所以才会给自己带来不祥啊。）放纵欲望，败坏礼法，给自身招来罪过。（速，是召的意思。说的是自己放纵情欲，毁坏礼仪法度，才招来自身的罪过。）天作孽，犹可避；自作孽，不可逃。（孽，是灾祸的意思。逭，是逃避的意思。上天造成的灾祸，还可以避开；自己造成的灾祸，是逃脱不了的。）过去，我违背了老师您的教导，不能从一开始就严格要求自己，今后尚要依赖您老人家匡正扶助的恩德，力图能有一个好的结局。（说自己往日不能修德以善始，今日亡羊补牢，或许还可以仰仗老师殷勤教导的恩德，以求善终。这些都是发心忏悔、改过自新的话语啊。）"伊尹拱手伏地跪拜还礼，（拜手，是一种叩首至手的礼节）说："注重自身修养，说到做到，以诚信之美德谐和民众，这才是英明的帝王。（说的是努力修身，说到做到，使诚信之德自上而下形成风气，这才是明君啊。）先王像爱护子女一样爱护困苦贫穷之人，人民都顺从他的命令，没有不高兴的。（说的是汤王慈爱艰难窘迫之人，使他们都能够有所依靠，所以人民都听从他的教导和命令，没有不欢喜的。）奉祀祖先，必心存孝敬；接近臣民，必心存谦恭。（以追念列祖列宗的德范为孝，以不骄慢无礼为恭。）能够看得长远，才叫做眼明；能够听从有德之人的善言，才叫做耳聪。（说的是要做到眼明，为的是能够看得长远；要做到耳聪，为的是能够听得进善言。）倘能如此，老臣将永远蒙荷大王的恩惠，再也不用担心会有终结的那一天哪。（大王能够这样去做，那么我等蒙戴大王的恩惠就不会有止尽了。）"

伊尹申诰于王曰："乌乎！惟天无亲，克敬惟亲〔言天于人无所亲疏，唯亲能敬身者〕。民无常怀，怀于有仁〔民所归无常，以仁政为常也〕。鬼神无常享，享于克诚〔言鬼神不保一人，能诚信者，则享其祀〕。天位难哉〔言居天子之位难，以此三者〕！德惟治，否德乱〔为政以德则治，不以德则乱也〕。与治同道，罔弗兴；与乱同事，罔弗亡〔言安危在所任，治乱在所法也〕。若升高，必自下；若陟遐，必自迩〔言善政有渐，如登高升远，必用下近为始，然后致高远也〕。无轻民事，惟难〔无轻为力役之事，必重难之乃可也〕；无安厥位，惟危〔言当常自危惧，以保其位也〕。慎终于始〔于始虑终，于终虑始〕。有言逆于汝心，必求诸道〔人以言咈违汝心，必以道义求其意，勿拒逆之也〕；有言逊于汝志，必求诸非道〔逊，顺也。言顺汝心，必以非道察之，勿以自臧也〕。乌乎！弗虑胡获？弗为胡成？一人元良，万邦以贞〔胡，何也。贞，正也。言常念虑道德，则得道德，念为善政，则成善政也。一人，天子也。天子有大善，则天下得正也〕。君罔以辨言乱旧政〔利口覆国家，故特慎焉〕，臣罔以宠利居成功〔成功不退，其志无限，故为之极以安之也〕，邦其永孚于休〔言君臣各以其道，则国长信保于美也〕。”

【译文】

伊尹再三告诫太甲说：“啊！上天并非固定要亲近谁，只亲近那恭敬它的人；（说的是上天对于芸芸众生本无亲疏之别，只亲近那些能敬德修身的人）百姓并非固定会归向谁，只归向那施行仁政的人；（民心之所向并非一成不变，仁政所在，便是民心所归，这才是硬道理）鬼神并非固定只享用哪一家的祭祀（享用其祭品才意味着保佑），只享用能保持诚信的祭祀者的祭品（说的是鬼神从来都不是只保佑哪一个人，谁能常怀一颗至诚恭敬之心，言行一致，诚实守信，才会降临到他的祭坛）。“处在天子这个位置上很难啊！（为何说处在天子这个位置上难？就是因为上面这三件事啊）任用有德行的人才会太平，任用无德之人天下就会动乱；（为政以德，天下太平。为政不以德，便是致乱的根源。）与治世采用同一宗旨，则没有不兴盛的；与乱世采用同样的做法，则没有不灭亡的。（说的是天下安危全在用人，国家治乱只在一念之间，就看如何去选择。）若要登高，必然从低处开始；若要远行，必然从近处起步（说的是施行善政也要循序渐进，如登高行远，必从低处、近处开始，然后才能达到高远之境）；不要轻视百姓们的劳作，要想到其艰难（不要轻易兴起劳役之事，必须充分考虑到它的难度才行）；不要自安于天子之位，要想到其危险，（就是说应当常常怀着一颗危惧之心，才能守住这个位置啊。）考虑到事情的结局，那么从一开始就须谨慎！（从一开始就要考虑到结果，也为了有个好结果，所以从一开始就要慎重。）有些话不合你的心意，一定要用道义来权衡（别人的话违逆了你的心意，一定从道义的角度来衡量他的本意，不要轻易的拒之门外）；有些话顺随你的意见，一定要用“违背道义”来设疑推论（逊，是顺从的意思。别人的话正好顺合了你的心意，一定要从是否违背道义的角度来审察它，不可真的就认为自己一定正确）。啊！不用心去体察怎会有收获？不身体力行怎么会成功？天子一人有大善，天下各诸侯国就会风气纯正（胡，何的意思。贞，正的意思。说的是心中常常装着道德，才会拥有道德；经常想着如何落实善政，才能成就善政。一人，这里指的就是天子。天子有大善在身，全天下都会走在正道上。）君主不要听信诡辩之言而搅乱既定政策（一张能言善辩的利口足以败国亡家，所以要特别地警惕啊）；臣下不要因为贪图恩宠和利禄而常以功臣自居（功成而不愿身退，势必另有所图，所以在这里对这些人预为儆戒，以息其私心）。那么，国家将取信于民而长治久安（这里说的是君主和大臣都能遵循道义，各自安于自己的本分，国家就会永葆其良善之风而天下太平）”。

伊尹既复政厥辟〔还政太甲〕，将告归，乃陈戒于德〔告老归邑，陈德以戒〕，曰：“乌乎！天难忱（通行本作谌），命靡常〔以其无常，故难信也〕。常厥德，保厥位。厥德匪常，九有以亡〔人能常其德，则安其位。九有，诸侯也〕。夏王弗克庸德，慢神虐民〔言桀不能常其德，不敬神明，不恤下民〕。皇天弗保〔言天不安桀所为〕，眷求一德，俾作神主〔天求一德使代桀，为天地神祇之主〕。惟尹躬暨汤咸有一德，克享天心，受天明命〔享，当也〕。非天私我有商，惟天佑于一德〔非天私商而王之也，祐助一德，所以王也〕；非商求于下民，惟民归于一德〔非商以力求民，民自归于一德〕。德惟一，动罔弗吉；德二三，动罔弗凶。惟吉凶不僭，在人；惟天降灾祥，在德〔行善则吉，行恶则凶，是不差也。德一，天降之福；不一，天降之灾。是在德也〕。今嗣王新服厥命，惟新厥德〔其命，王命也。新其德，戒勿怠也〕；终始惟一，时乃日新〔言德行终始不衰杀，是乃日新之义也〕。任官惟贤材，左右惟其人〔官贤才而任之，非贤才不可任也。选左右必忠良，不忠良非其人也〕。其难其慎，惟和惟一〔其难，无以为易也。其慎，无以轻之也。群臣当和一心事君，政乃善也〕。后非民罔使，民非后罔事〔君以使民自尊，民以事君自生〕。无自广以狭人，匹夫匹妇弗获自尽，民主罔与成厥功〔上有狭人之心，则下无所自尽矣。言先尽其心，然后乃能尽其力，人君所以成功也〕。”

【译文】

伊尹把政权交还给天子之后（还政给太甲），打算告老归乡，于是再次叮咛告戒，要求太甲保持其德（告老还乡前，再次以德相勉）。他说：“上天难信，天命无常（因为它无常，所以才难信。）常保其德，才能保其位；不能常保其德，国必亡（人能够经常保持自己的德行无亏，才能安居于现有的地位而不至于动摇。九有，指的是各个诸侯国）。“夏桀不能经常修德，侮慢神灵，虐待百姓（说的是夏桀不能继承祖德，上不能正心诚意以敬奉神明，下不能修德行善以体恤百姓），于是上天不再护佑他（是说上天因夏桀的所作所为而感到不安），一心想寻求一位有道德者，使其成为百神之主（上天要另找一个有道德的人，让他代替夏桀作为天地鬼神的祭祀者）。其时只有下臣我和先王汤都还坚守着先祖的德行始终如一，未敢有丝毫懈怠，因而能够符合上天之意，接受天帝圣明的指令（享，与其相当的意思）。“这并非是上天偏向我们殷商，而是上天在佑护永恒的道德（不是上天偏袒殷商才令其拥有天下，而是为了护佑专一不变的德行，所以才令汤王称帝的啊）；并非殷商求之于天下百姓，而是天下百姓归附于永恒的道德（并非殷商以势力征服天下人民令其臣服，而是民心本来就归向于专一不变的道德啊）。只要道德永恒不变，凡事无不吉祥。如果不能坚守道德，三心二意，则凡事无不凶险。境缘是吉是凶完全在于各人的所作所为，不会有丝毫误差；上天是降予灾祸还是降予祥瑞，只在于每个人自身的德行啊（行善则吉，行恶则凶，这是不会有错的。坚守道德，天降之福；偏离道德，天降之灾。这些都是由自身的德行决定的啊）。“现在，大王您刚刚承担起天子的使命，理当勤修圣德，使自己日有所进（其命，就是帝王的使命。不断完善自己的品德，就是告诫其千万不要懈怠），始终如一坚持不懈，这样才能日见其新（说的是修德行善永无懈惰之时，这便是“日新又新”的真义所在）。“任用官员只重那些贤德的人才，所有身边的人也都是这样的人（官职只用来任命给那些有德行的人才，包括对身边的侍从人员，也必须选择那些忠良之士。不是忠良之辈，就一定不能留用）。选拔这样的人很难，所以要特别慎重，细心考察，必须是能够相互间通力合作、一心一意的人（这件事很难，千万不要以为是件容易的事。这件事必得要小心慎重，千万不要轻慢忽视了。群臣协力合作，一心一意辅佐国君，政事才会日见其善啊）。“君主若没有百姓就会孤立无依，什么事情也做不了；民众若没有君主的领导就会成为一盘散沙，失去方向，有力无处使（君王因为教导人民才显出自己的尊贵，百姓因为忠于国君才得以安居乐业）。不要认为自己知识广博而他人所见狭隘，平民百姓如果不能自愿尽心尽力，人主就没有人协助他成就帝王的功业（人君有了轻视别人的心，臣民就无法尽心尽力效忠于君主。这里说的是要先赢得人民全心全意的拥戴，然后才可令其各尽所能。这就是人君之所以能够成就功业的关键所在啊）。”

高宗梦得说〔小乙子也，名武丁，梦得贤相，其名曰说也〕，使百工营求诸野，得诸傅岩〔使百官以所梦之形象经营求之于外野，得之于傅岩之溪也〕。曰：“朝夕纳诲，以辅台德〔言当纳谏诲直辞以辅我〕！若金，用汝作砺；若济巨川，用汝作舟楫；若岁大旱，用汝作霖雨。启乃心，沃朕心！若药弗瞑眩，厥疾弗瘳〔开汝心以沃我心，如服药，必瞑眩极，其病乃除。欲其出切言以自警也〕；若跣弗视地，厥足用伤〔跣必视地，足乃无害。言欲使为己视听也〕。惟暨乃僚，罔弗同心，以匡乃辟〔与汝并官，皆当倡率，无不同心，以匡正汝君也〕。”说复于王曰：“惟木从绳则正，后从谏则圣〔言木以绳直，君以谏明也〕。后克圣，臣弗命其承〔君能受谏，则臣不待命，其承意而谏也〕。谁敢弗祗若王之休命〔言如此，谁敢不敬顺王之美命而谏也〕？”

【译文】

高宗在梦中遇到了一个名叫傅说的人（商王小乙的儿子武丁，在梦中得到一位贤能的宰相，名叫傅说），便让百官去各地寻找，结果在傅岩找到了（派遣众官员按梦中所见之人的相貌，去各地四处寻访，终于在一个叫傅岩的地方，在一条小溪边找到了此人）。高宗见到傅说后就说：“我将朝夕听从您的教诲，以帮助我不断提高自己的德行修养（意思是你应当不断地以直言善语来教导辅助我）。“如果我是一件铜器，就把你当作磨石；如果我要渡过大河，就把你当作船和桨；如果是岁逢大旱，就把你当作甘霖。请开启你心中的智慧之水，来浇灌我干涸已久的心田吧！“譬如药效不猛烈，疾病就不会痊愈（开你之心以润我怀，如生病吃药，必至头晕目眩后，方可除病。说这话是希望对方能直陈忠谏，以起到警醒自己的作用）；若赤脚行走而不察看地面，脚就会受伤（赤脚行走必得看清地面，脚才不至于受到伤害。这是希望对方能像自己的眼睛和耳朵一样为己所用啊）。希望你及你的同僚，无不同心合力，以匡正你们的国君（与同僚们在一起，你要做出榜样，带头倡导，令大家都能同心同德，来辅助你们的国君啊）。”傅说回答高宗说：“木板按绳墨锯解，则会平直；后稷听从臣下规劝，则会圣明（说的是木因绳而直，君因谏而明）。后稷能够圣明，臣下不等令下就会主动进言（君王能诚心接受劝谏，做臣子的不用吩咐，就会主动秉承君王的意愿直陈谏言），谁敢不敬从君主美好的命令呢（说的是君王能有这样的胸襟，谁还会不敬从君王这美善的命令而放言陈谏呢）？”

惟说命总百官〔在冢宰之任也〕，乃进于王曰：“乌乎！明王奉若天道，建邦设都〔天有日月五星，皆有尊卑相正之法，言明王奉顺此道以立国设都也〕，树后王君公，承以大夫师长〔言立君臣上下也。将陈为治之本，故先举其始也〕；弗惟逸豫，惟以乱民〔不使有位者逸豫于民上也。言立之主使治民也〕，惟口起羞，惟甲胄起戎〔言不可轻教令，易用兵也〕；惟衣裳在笥，惟干戈省厥躬〔言服不可加非其人，兵不可任非其才也〕。王惟戒兹！允兹克明，乃罔弗休〔言王戒慎四惟之事，信能明，政乃无不美也〕。惟治乱在庶官〔所官得人则治，失人则乱也〕。官弗及私昵，惟其能〔不加私昵，唯能是官也〕；爵弗及恶德，惟其贤〔言非贤不爵也〕。虑善以动，动惟厥时〔非善非时，不可动也〕。有其善，丧厥善；矜其能，丧厥功〔虽天子亦必让以得之〕。无启宠纳侮〔开宠非其人，则纳侮之道也〕，无耻过作非〔耻过误而文之，遂成大非〕。”王曰：“旨哉！说，乃言惟服〔旨，美也。美其所言皆可服行也〕。乃弗良于言，予罔闻于行〔汝若不善于所言，则我无闻于所行之事〕。”说拜稽首，曰：“非知之艰，行之惟艰〔言知之易而行之难，以勉高宗也〕。”

【译文】

傅说受命总理百官（担任了太宰），遂向高宗进言说：“啊！圣明的君王遵奉天道，建立邦国，选定国都（天有日月星辰，都是按照尊卑偏正的规律依次来定位。这里说的是自古以来，圣明的君王都是遵循大自然的法则，来建立国家，并设定一国之都的），首先确立天子、再分封诸侯，接着又任命大夫、师长等官职（说的是先确立好君臣上下的次序。在阐述治国的根本方针之前，先从最初的做法谈起），不是为了自己安逸享乐，只是要以此来治理万民（不能让有官位的人，为了享乐而高居在民众之上啊。说的是建立上下尊卑的秩序，其宗旨不是为了少数人享受特权，而是为了治国安民啊）。“要知道，言语不当，会招致羞辱；甲胄披身，会引发战争（说的是不可轻易发布指令，不可轻易用兵）；官服存放在竹箱里，不要轻易授人；兴兵、宣战，当先考察将帅是否身堪其任。（说的是官服不可穿在那些德行不相配的人身上，军队不可以交给那些不适合的人才）。君王应戒慎上述四事，倘若真的对这些道理都能通达明了，就没有什么不吉庆的了（说的是君王小心戒慎这四件事，确实做到了，政事就什么都会好起来了）。“一个国家是安定还是动乱，关键就在对百官的任用上（官位选对了人，就会得到好的治理，一切都会和顺。如果是选错了官员，那就会全乱套了）。所以官职不要授给自己所偏爱或亲近之人，应只授予有德能的人（不因为关系亲密而有所偏袒，只任用那些贤能的人）；爵位切不可授给品德恶劣的人，只赐予那些道德高尚的贤者（不是贤德之人切不可重用）。凡事考虑到确系符合道义才实施，实施前还要慎重地选择好时机（不符合道义或者时机尚不成熟，切不可轻举妄动）。“一个人自以为贤德，这本身就是一种失德的表现；当一个人自居其功时，他原有的功绩就已经大打折扣（所以说即使是天子之位，也必须是经过礼让之后再得到的，才合乎天理）；不要开启偏宠之先例，为自己招致羞侮（打开偏宠之门，启用那些德行不能与官位相吻合的人，这是自取其侮的一条路啊)，不要耻于认错而文过饰非（羞于承认自己的过错与失误，试图加以掩饰，终将铸成大错)。”高宗说：“说得真好啊！傅说，你的这番话句句都是切实可行的啊（旨，美的意思。觉得傅说所言甚是，都是可以付诸实施的)。如果不是你这样善于进谏这些有德之言，我还真的从来没听说过自己究竟应该怎样去做啊（你若不讲出这番有道德的话，我对于自己所要做的事还真是一无所知)。”傅说叩头下拜说：“懂得这些道理并不难，要真正做到却很不容易啊（说的是知之为易，而行之为难。以此勉励高宗明白道理之后，要重在力行啊)。”

王曰：“来，汝说！尔惟训于朕志〔言汝当教训于我，使我志通达也〕。若作酒醴，尔惟曲蘖〔酒醴须曲蘖以成，亦我须汝以成也〕；若作和羹，尔惟盐梅〔盐咸，梅酢，羹须咸酢以和之〕。”说曰：“王！人求多闻，时惟建事。学于古训乃有获〔王者求多闻以立事，学古训乃有所得也〕。事弗师古，以克永世，匪说攸闻〔事不法古训，而以能长世，非所闻〕。”王曰：“乌乎，说！四海之内，咸仰朕德，时乃风〔风，教也。使天下皆仰我德，是汝教也〕。股肱惟人，良臣惟圣〔手足具乃成人，有良臣乃成圣也〕。昔先正保衡，作我先王〔保衡，伊尹也。作，起也。正，长也。言先世长官之臣也〕，乃曰：‘予弗克俾厥后惟尧舜，其心愧耻，若挞于市〔言伊尹不能使其君如尧舜，则心耻之，若见挞于市也〕。’一夫弗获，则曰：‘时予之辜〔伊尹见一夫不得其所，则以为己罪也〕。’右我烈祖，格于皇天〔言以此道左右成汤，功至大天〕。尔尚明保予，罔俾阿衡专美有商〔汝庶几明安我，事与伊尹同美也〕。惟后非贤弗乂，惟贤非后弗食〔言君须贤以治，贤须君以食也〕。其尔克绍乃辟于先王，永绥民〔能继汝君于先王，长安民，则汝亦有保衡之功也〕。”说拜稽首曰：“敢对扬天子之休命〔受美命而称扬之也〕！”

【译文】

高宗说：“来吧，傅说！请你训导我树立德行（就是说你应当尽心的教导我，使我成为能够通达事理的有德之人)。若比作酿酒，你就是酒曲（如同酒必须有酒曲才能酿成，我也是一样，必须有你的帮助才能成就啊）；若比作调制和合众味的羹汤，你就是盐和梅（指盐咸和梅酢，制羹须用咸和酢加以调和才行）。”傅说说：“君主希望见闻广博，是想建立功业，认真学习古人的教导，就会有收获（作为一个君王，增广见闻是为了成就大业，学习古人的教诲才会有所收获）。做事不师法古人而能使国家长治久安，我傅说没有听说过（做事情不能遵循古人的教导，而能够做得长久的，这种事从来没有听说过啊）。”高宗说：“啊，傅说！如果有一天四海之内的人民，都景仰我的品德，那都是蒙您教导的结果啊（风，教化的意思。如果我能令全天下的人都仰慕我的德行，那都是您教的啊）。有手有脚才成其为人，有贤良之臣才能成就圣明之君（手足具备方可成人，拥有良臣才可有望成为圣君啊）。“从前的贤臣伊尹，使我们先王之业振兴（保衡，即伊尹。作，兴起的意思。正，官长的意思，这里指的是前代的大臣），他说：‘我若不能使君王成为尧舜一样圣明的君主，我内心就感到惭愧和羞耻，就好像被鞭挞于街市。’（这是说伊尹如果不能帮助自己的君王成为像尧舜那样的圣君，就会内心感到羞耻，就像在大街上被人鞭打一样。）哪怕有一个人没有得到妥善安置，他就说‘这是我的罪过啊’（伊尹如果看到还有一个人没有得到教化和帮助，就会认为是自己的罪过）。他就是这样的辅佐我显赫的先祖，以至诚感通于上天（说的是伊尹正是以这样一种至诚之心辅佐成汤，因此成就了伟大的功业）。“或许你今天也可以勉力来辅佐我，不让伊尹在殷商一朝独享美名（你或许可以努力帮助我安定天下，这件事可以和当年伊尹的所作所为相媲美啊）。君王没有贤臣不能实现国家大治，贤臣没有君王也无法有所作为（说的是君王须有贤人的辅佐，国家才能得以治理；贤人须以君王为依托，才可以施展其抱负）。如果你能让你的君王继续先王的事业，将使百姓得到长久的安定（你若能令我像先王一样，使天下长治久安，那么你也就有了和伊尹一样的功绩啊）。”傅说跪拜道：“请让我努力报答和宣扬天子这番尽善尽美的教导吧（伊尹在此接受神圣的使命并予以称扬）！”

武王伐殷，师渡盟津。王曰：“今商王受弗敬上天，降灾下民；沉湎冒色，敢行暴虐〔沉湎嗜酒，冒乱女色，敢行酷暴，虐杀无辜也〕；罪人以族，官人以世〔一人有罪，刑及父母兄弟妻子，言淫滥也。官人不以贤才而以父兄，所以政乱也〕；焚炙忠良，刳剔孕妇〔忠良无罪，焚炙之，怀子之妇，刳剔视之，言暴虐也〕。皇天震怒。惟受罔有悛心，乃夷居，弗事上帝神祇，遗厥先宗庙弗祀〔悛，改也。言纣纵恶无改心，平居无故废天地百神宗庙之祀，慢甚也〕。乃曰：‘吾有民有命！’罔惩其侮〔纣言吾所以有兆民，有天命故也（原无“也”字）。群臣畏罪不争，无能止其慢心〕。同力度德，同德度义〔力钧则有德者胜，德钧则秉义者强。揆度优劣，胜负可见〕。受其臣亿万，惟亿万心〔人执异心，不和谐也〕；予有臣三千，惟一心〔三千一心，言同欲也〕。商罪贯盈，天命诛之。予弗顺天，厥罪惟钧〔纣之为恶，一以贯之。恶贯已满，天毕其命。今不诛纣，则为逆天，与纣同罪〕。天矜于民，民之所欲，天必从之〔矜，怜也。言天除恶树善，与民同也〕。时哉不可失〔言今我伐纣，正是天人合同之时，不可违失也〕！”

【译文】

周武王讨伐殷商，军队将从孟津渡过黄河，武王说：“当今的商王受，不敬奉上天，给老百姓带来灾难。他嗜酒贪色，竟敢滥行暴虐之政（沉湎嗜酒，贪恋淫乱于女色，肆行酷刑暴政，残酷杀害无辜臣民），用灭族的方法惩罚人，以世袭的办法封赏官职（一人有罪，诛连父母兄弟妻子，这说的是滥用刑罚；封官不以贤能为标准，而以父兄的关系相继承，所以导致政事的紊乱），焚烧烙烤忠良之臣，剖腹验看怀孕妇女（忠良之人无罪，却去炮烙他；对怀胎的孕妇，竟然要剖腹验看。这些都是说纣王的暴虐无道）。“上天已经震怒，但纣王受没有改过之心，反而傲慢无礼，不尊奉天地神灵，遗弃先王宗庙，不行祭祀（悛，悔改的意思。说的是纣王放纵自己的恶行，毫无悔改之心，无缘无故废除了平时祭祀天地神灵和先祖宗庙的礼仪，太轻慢不恭了），还说：‘我拥有百姓，因为我持有天命！’满朝文武没有人能惩戒他这种轻慢无礼的行为（纣王说我之所以拥有天下亿万臣民，因为这是上天的旨意！群臣害怕受到残酷的迫害而不敢直言诤谏，因此没有人能制止他这种傲慢之心的膨胀）。“（古语说）‘势均力敌则看其德行，德行相当则看其仁义（力量相同，有德者胜；德行相同，符合道义的一方必定更强。按照这个标准来衡量谁优谁劣，胜负立即就可以预见）。’纣王有上万臣民，却有上万条心

（人若各怀异心，就不和谐了）；我有臣民三千，但大家都是一条心（三千人一条心，说的是同心同德啊）。商纣恶贯满盈，上天命我诛灭他。我若不顺从上天之意，其罪便与纣王相当（纣王的罪恶不断，从无悔改之意。恶贯满盈，上天就会来结束他的命运。今天我们不去讨伐商纣，就是违背天意，与商纣同罪）。“因为上天怜悯百姓，所以百姓所期望的，上天必会顺从（矜，怜悯的意思。说的是上天除恶扬善的心，与天下百姓是相同的啊）。时不可失啊（说的是我们今天讨伐商纣，正是天人一心之时，不可以违背天意而造成千古遗憾啊）！”

王次于河朔〔次，止〕，群后以师毕会。王乃徇师而誓，曰：“我闻吉人为善，惟日弗足；凶人为不善，亦惟日弗足〔言吉人竭日以为善，凶人亦竭日以行恶者也〕。今商王受，力行无度，播弃犁老，昵比罪人〔鲐背之耇称犁老。播弃，不礼敬也。昵，近也。罪人，谓天下逋逃小人也〕，剥丧元良，贼虐谏辅〔剥，伤害也。贼，杀也。元，善之长。良，善也。以谏辅纣，纣反杀之〕，谓己有天命，谓敬弗足行，谓祭无益，谓暴无伤。天其以予乂民〔用我治民，当除恶也〕。受有亿兆夷人，离心离德〔平人，凡人也。虽多而执心用德不同也〕；予有乱臣十人，同心同德〔我治理之臣虽少，而心德同也〕。今朕必往。百姓懔懔，若崩厥角〔言民畏纣之虐，危惧不安，若崩摧其角，无所容头也〕。乌乎！乃一德一心，立定厥功，惟克永世〔汝同心立功，则能长世以安也〕。”

【译文】

武王在黄河北岸驻扎（次，停止的意思。），众诸侯率领他们的军队都来会合，武王于是检阅军队并盟誓说：“我听说，好人做善事，整日去做仍不满足；恶人做坏事，也是整日去做还不满足（说的是善人行善整天无息时，恶人行恶也是整天没有息时啊。）。“当今商王受，竭力去做违反法度之事，抛弃忠心的老臣，亲近罪恶的小人（背上长满鱼纹斑的面色如垢的老人称“犁老”。播弃，即毫无礼敬之心。昵，亲近的意思。罪人，指在社会上四处流浪或逃亡的一类人），伤害元老贤良，残杀劝谏的大臣（剥，伤害的意思。贼，残杀的意思。元，众善之长。良，善的意思。良臣以忠谏辅佐纣王，纣王反而将这些人杀害），还声称自己拥有天命，说什么‘敬天之事没必要去做，祭祀也没有用处，暴政之下谁也不能把我怎么样，是上天让我来治理百姓的。’（他说这话的意思是：既然上天让我来治理百姓，那么我当然要除掉那些不听我话的“恶人”。）“纣王受有亿万臣民，但失于教化，各怀异心，各行其是。（平人，普通人的意思。人数虽多，但心里想的和做的都不一样）；我有十名善于治国的贤臣，他们同心同德（我的治国之臣虽少，但是他们能心往一处想，劲往一处使）。如今我决定前往伐纣。殷商的百姓终日生活在危惧之中，头痛如裂（说的是百姓害怕纣王的残暴，终日危惧不安，就像头骨被裂开一样痛苦难忍，没地方可容下这颗剧痛的头颅）。啊！你们一定要同心同德，建立功业，以求天下能世代安定（今天只要你们齐心协力建立功业，天下就能得到长久的安宁）。”

王曰：“商王受，自绝于天，结怨于民〔不敬天，自绝之也；酷虐民，结怨也〕。斫朝涉之胫，剖贤人之心；崇信奸回，放黜师保；屏弃典刑，囚奴正士〔屏弃常法而不顾也，箕子正谏，而以为囚奴也〕；郊社弗修，宗庙弗享；作奇伎淫巧，以悦妇人。古人有言曰：‘抚我则后，虐我则仇〔武王述古言以明义，言非唯今恶纣也〕。’独夫受，洪惟作威，乃汝世仇〔言独夫失君道也，大作威，杀无辜，乃是汝累世仇。明不可不讨也〕。树德务滋，除恶务本〔立德务滋长，除恶务除本，言纣为天下恶本也〕。肆予小子，诞以尔众士，殄歼乃雠〔言欲行除恶之义，绝尽纣也〕。”

【译文】

武王说：“商王受自绝于天，结怨于民（不敬天，即自绝于天；残酷暴虐的对待臣民，就是与天下人民结怨），他曾砍断冬晨涉水人的脚胫，挖出贤良之臣的心脏，推崇、宠信奸邪小人，放逐贬谪自己的老师，摒弃法典所定刑法，任意囚禁、奴役正直之士（抛弃国家的法律条文不顾。箕子正当地劝谏，却因此而被囚禁和奴役）。京郊祭天地之坛不予整修，祖宗庙堂不予祭祀，弄一些过于精巧而无益的技艺和器物，一心取悦于妇人。“古人曾说：‘抚爱我们的人就是我们的君主，虐害我们的人就是我们的仇敌（武王在此转述古人的话，以表明此次行动的大义所在。意思是说，并不是今天私自憎恨商纣王，而是遵循自古以来的大义行事）。’独夫纣王大施淫威，作恶多端。他是你们累世的仇敌（说他是独夫，是因为他丧失了为君之道，所以不配被称为‘君’。他大施淫威，滥杀无辜，其实是你们累世的仇敌。这段话是说明对纣王不得不讨伐啊）。立德务求长远，除恶务求除根（建立美德务求与日俱进，剪除邪恶务求断其根本。这是说今天的纣王就是天下众恶之源啊）。所以我今天才会合你们众将士，要大兴正义之师，去歼灭你们的仇敌（说明除恶务求除根的道理，就是要将纣王彻底歼灭）。”

武王与受战于牧野。王曰：“古人有言：‘牝鸡无晨〔言无晨鸣之道〕。牝鸡之晨，惟家之索〔索，尽也。喻妇知外事，雌代雄鸣则家尽，妇夺夫政则国亡也〕。’今商王受，惟妇言是用〔妲己惑纣，纣信用之〕。乃惟四方之多罪逋逃，是崇是长〔言纣弃其忠臣，而尊长逃亡，罪人信用之〕，是信是使，是以为大夫卿士，俾暴虐于尔百姓，以奸宄于商邑〔使四方罪人，暴虐奸宄于都邑也〕。今予发，惟恭（恭原作龚）行天之罚。”

【译文】

武王与纣王战于牧野，武王说：“古人有言：‘母鸡没有早晨啼叫的（说的是自古以来就没有母鸡司晨的道理）。如果母鸡早晨啼叫，这个家就会败尽（索，尽的意思。这是用来比喻女人掌管了外部事务。母鸡代替公鸡打鸣，家就会败尽；后宫操纵了君王的政事，国家就会灭亡）。’“如今，商纣王只听从女人的话（妲己迷惑纣王，纣王便一味听信她的话），而且专门尊崇、重用那些四方戴罪逃亡之人（说的是商纣王抛弃忠臣，却尊崇那些从别国逃亡至商的罪人，信任并重用他们），宠信、任用，让他们占据了大夫、卿士这样重要的位置，让这些人疯狂地残害你们这些百姓，并得以在商国都城违法作乱（致使各国的罪人，都聚集到商都，违法作乱，残害百姓）。现在我姬发，正是恭奉上天的旨意来惩罚他。”

王来自商，至于丰。乃偃武修文〔倒载干戈，示不复用也。行礼射，设庠序，修文教也〕，归马于华山之阳，放牛于桃林之野，示天下弗服〔示天下不复乘用也〕。王若曰："今商王为天下逋逃主，肆予东征，陈于商郊，受率其旅若林，会于牧野，罔有敌于我师，前徒倒戈，攻于后以北，血流漂杵。壹戎衣，天下大定〔一著戎服而灭纣，言与众同心，动有成功（原无功字）也〕。释箕子囚，封比干墓，式商容闾〔封，益（原无益字）其土也。商容，贤人，纣所黜退〕。散鹿台之财，发巨桥之粟〔纣所积之府仓也，皆散发以赈贫民也〕，大赉于四海，而万姓悦服〔施舍己责，救乏赒无，所谓周有大赉也。天下皆悦仁服德也〕。"

【译文】

武王伐商归来，到达丰邑，便停止武备，修治文教（将兵器一律倒置封存，表示不再起用。开始让大家修习礼射，在各地办学校，修明文治与教化），把战马放归华山之南，把当初服役的牛重新放回桃林之野，明示天下不再使用（向世人表明从此不再使用这些为战争服务的马牛了）。武王这样说道："如今商王受已成为天下逃亡罪犯的魁首，所以我兴师东征，陈兵于商都郊外。纣王受所率的军队密如丛林，与我会战于牧野，却没有愿与我军为敌的。其前军临阵倒戈，攻击其后续军队。商军随之败逃，流血之多，可以浮起木杵。只此一战，便天下大定（一穿军装便立即灭了纣王，说的是万众一心，做什么事都会成功）。"随之释放被囚禁的箕子，重修比干的坟墓，礼敬商容的故居（封，加土、培土的意思。商容，贤人，曾被纣王贬黜、斥退），散发鹿台贮积的财货，发放巨桥屯聚的粮米（纣王聚积财物的仓库，现在都被用来散发赈济贫苦的百姓），广泛赏赐于天下百姓，因而万民心悦诚服（做完这些散发财物的事以后，贫苦无依的人都得到了救济。所谓"周朝对人人都有重赏"，说的就是全天下的人都对周朝的仁德心悦诚服啊）。

西旅献獒〔西旅，远国也，贡大犬〕，太保乃作《旅獒》，用训于王〔陈贡獒之义，以训谏也〕。曰："乌乎！明王慎德，四夷咸宾〔言明王慎德以怀远，故四夷皆宾服〕。无有远近，毕献方物，惟服食器用〔天下万国，尽贡方土所生之物，惟可以供服食器用者，言不为耳目华侈〕。王乃昭德之致于异姓之邦，无替厥服〔德之所致，谓远夷之贡也，以分赐异姓诸侯，使无废其职也〕；分宝玉于伯叔之国，时庸展亲〔以宝玉分同姓之国，是用诚信其亲亲之道也〕。人弗易物，惟德其物〔言物贵由人也。有德则物贵，无德则物贱，所贵在德也〕。德盛弗狎侮〔盛德必自敬，何狎易侮慢之有也〕。狎侮君子，罔以尽人心〔以虚受人，则人尽其心矣〕；狎侮小人，罔以尽其力〔以悦使民，民忘其劳，则尽力矣〕。玩人丧德，玩物丧志〔以人为戏弄，则丧其德矣。以器物为戏弄，则丧其志矣〕。弗作无益害有益，功乃成；弗贵异物贱用物，民乃足〔游观为无益，奇巧为异物。言明王之道，以德义为益，器用为贵，所比化俗生民〕。犬马非其土生弗畜〔非此土所生不畜，以不习其用〕。珍禽奇兽，弗育于国〔皆非所用，有所损害故也〕。弗宝远物，则远人格〔不侵夺其利，则来服〕；所宝惟贤，则迩人安〔宝贤任能，则近人安。近人安，则远人安矣〕。乌乎！夙夜罔或弗勤〔言当常勤于德〕。弗务细行，终累大德〔轻忽小物，积害毁大，故君子慎其微也〕。为山九仞，功亏一篑〔谕向成也，未成一篑，犹不为山，故曰功亏一篑。是以圣人乾乾日侧，慎终如始也〕。允迪兹，生民保厥居，惟乃世王〔言其能信蹈行此诫，则生民安其居，天子乃世世王天下也。武王虽圣，犹设此诫，况其非圣，可以无诫乎？其不免于过，则亦宜矣〕。”

【译文】

西旅国来周朝见时向武王献上一种名叫“獒”的高大凶猛的犬（西旅，是边远国家，进贡来一种大犬），太保（召公）得知此事后，立即撰写了《旅獒》一文，用来提醒和劝诫武王（陈述献獒这件事情背后所隐藏的道理，作为对武王的提醒和劝谏）。文中说：“啊！圣明的君王谨慎修德，所以四方外族之邦都来归顺朝见（说的是明君都是通过谨慎修德来安抚边远之地的人民，所以四方邦国才一齐来归顺），不论远近，都献上当地特产，不过都是些吃穿器具之类（四方各国来朝见，都会进贡一些当地的土特产品，这些只可用于吃穿用度而已，意思是千万不可因其稀有，能娱人耳目，而生出豪华奢侈享乐之心）。圣明的君王于是借此来显扬恩德于异姓的诸侯国，使他们不要荒废了政事（恩德所到之处，就是将这些远方的贡物，分赐给那些异姓的诸侯，勉励他们不要忘记了自己的职责）；又将宝玉分赐给同姓的诸侯国，以表达对亲情的重视（将宝玉分赏给同姓之国，是藉以证明不忘亲情的一片真诚）。人们不轻看这些物品，是因为它代表了君王的恩德（说的是物因人而贵的道理。人有德则物贵，人无德则物贱。物之可贵，只在于人的德行啊）。君王德行隆盛就不会轻慢、侮弄他人（厚德之人必定会自尊自爱，怎么会有轻慢、侮弄之心呢？）。若轻慢、侮弄了君子，就不能使他们人尽其心（以一颗谦卑的心去接纳别人，别人就会对你尽心尽意。）；若轻慢、侮弄了百姓，就不能使他们各尽其力（让百姓欢欢喜喜地去做事，百姓会因为忘记了劳累而竭尽全力。）。玩弄别人会丧德，玩物会丧志（把别人当作玩弄的对象，就会玷污其品德；把物品当作玩弄的对象，就会丧失其志向。）。不要做那些无益的事去耽误、妨害了那些有益的事，这样才能成就事业；不看重奇异之物、不轻视实用之物，百姓才能富足（游逛观览即为无益，奇异机巧即为异物。这里说的是明王之道，就是以道德仁义为有益，以实用为贵，一切都是为了教化和养育人民啊）。犬马不是土生土长的不畜养（不是本地所生的不饲养，因为不常用。）；珍禽异兽，不在国内繁育（因为没有什么用处，只会带来一些危害）。不把远方之物看得那么宝贵，远方的人就会归服（不会侵占夺取别人的利益，对方自然会来归顺）；所宝贵的只是贤德之人，近处的人就会安心（珍惜和重用贤能之士，身边的人就会安定。近处能安定，远处也就能安定了）。啊！要从早到晚无不勤奋（说的是君王应当常常勤于修德），平时不注重一些小事，最终将有损于大德（小的方面轻视疏忽，其危害积累起来，就会坏了大事。所以有道德的君子对待每一件小事都是特别谨慎的啊），譬如要堆起九仞之山，却功亏于一篑（比喻堆土为山即将成功，但尚差一筐，就不能成山，所以叫功亏一篑。所以圣人总是终日干干，自强不息，始终如一啊）。若能真诚地奉行这些劝告，百姓将永保安居，天子才能世代称王（这里说的是如果真能老老实实的遵循这些告戒，那么人民就能安居乐业，天子也就可以世世代代的做下去了。由此看来，纵然武王是一位圣明的君主，尚且需要预设下这些告戒，何况后来并非像武王那样圣明的君主，怎么可以没有人来劝诫他呢？那样的话，难免就会犯下过错，这是很自然的事啊）。”

王若曰：“小子封〔封，康叔名〕！惟乃丕显考文王，克明德慎罚，弗敢侮鳏寡，庸庸，祇祇，威威，显民〔惠恤穷民，不慢鳏夫寡妇。用可用，敬可敬，刑可刑，明此道以示民也〕。天乃大命文王，殪戎殷，诞受厥命〔天美文王，乃大命之杀兵殷，大受其王命〕。往尽乃心，无康好逸豫〔往当尽汝心为政，无自安好逸豫也〕。我闻曰：'怨弗在大，亦弗在小。惠弗惠，懋弗懋。〔不在大，起于小也。不在小，小至于大也。言怨不可为，故当使不顺者顺、不勉者勉也〕。'若保赤子，惟民其康乂〔爱养民如赤子，不失其欲，惟民其皆安治也〕。非汝封刑人杀人〔言得刑杀人也〕，无或刑人杀人〔无以得刑杀人，而有妄刑杀也〕；非汝封劓刵人〔劓，截鼻也。刵，截耳也〕，无或劓刵人〔所以举轻刑以戒，为人轻行之也〕。"王曰："封！元恶大憝，矧惟弗孝弗友〔言人之罪恶，莫大于不孝不友〕。乃其速由文王作罚，刑兹无赦〔言当亦速用文王所作违教之罚，刑此无得赦也〕。敬哉！无作怨，勿用非谋非彝〔言当修己以敬，无为可怨之事，勿用非善之谋、非常之法〕。小子封，惟命弗于常〔当念天命之不于常也，行善则得之，行恶则失之〕。"

【译文】

武王曾说："我年轻的封弟啊（封，康叔名）！伟大的先父文王，能够崇尚德教，慎用刑罚，从不敢怠慢老弱孤苦之人，任用当用的人，尊敬当敬的人，威慑那些应当予以威慑的人，并将这些明示于大众（加恩体恤那些无依无靠的人，连鳏夫寡妇都不敢轻慢。用可用之人，敬可敬之士，惩罚那些理应受到惩罚的人，并将这些做法和理由公之于众）。上天这才降大命于文王，剿灭殷国，并全部承担起上天原本赋予殷商的使命（上天赞赏文王的所作所为，于是降大命于文王，令其剿灭殷商，全部肩负起天子的使命）。你此去封赏之国，要尽心为政，不要贪图安乐（你去后要一心一意放在国事上，不可安于自己的享受啊）。我听说过，'民怨不在于大，也不在于小，要使不顺从的人顺从，不勤勉的人勤勉（不在大，大必起于小。不在小，小可至于大。这是说民怨不可结，无论大小皆可生祸，故当努力化解，让原来不顺从的人心甘情愿地顺从王命，让不勤勉的人也变得勤勉起来）。'你要爱民如子，心系人民的康乐与安定（爱护养育人民就像对待怀中的婴儿一样，不违背他们的愿望，那么人民就都能安定归于大治了）。若不是经你亲自核准对罪犯用刑诛杀（这里指的是按其应得之罪用刑诛杀），谁都不可以擅自妄杀无辜（不可因为有按罪用刑杀人的先例，而出现滥用刑罚妄杀无辜的情况）；不是经你亲自核准对罪犯施行割鼻割耳的刑罚（劓，是一种割鼻之刑。刵，是一种割耳之刑），谁都不允许擅自对人动用这类刑罚（这里举出一种较轻的刑罚来作为告诫，因为像这类情况往往是人们很容易就轻率去犯的错误）。”武王又说：“封啊！大奸大恶之人必定人神共愤，而况那些不孝顺父母、不友爱兄弟的人呢（说的是人生的罪恶，莫大于不孝不悌。）？你应当尽快依照文王制定的刑罚，对其严惩不贷（说的是对这些极恶之人，应当尽快依据文王所定的有关违反典教的刑法予以严惩，不得宽恕）。千万要谨慎啊！切不可与无辜百姓结怨，不要采用违背道义的计谋和不合乎古人常法的措施（说的是应当勤修己德，常怀敬畏之心，不作可怨之事，不用不善之谋，不行反常之举）。年轻的封啊！要想到天命不是永久不变的（应当时时想到上天降命于谁是没有固定的，行善的人就会得到，行恶的人就会失去）！”

王若曰：“乃穆考文王，诰庶邦御事，朝夕曰：‘祀兹酒〔文王所告众国治事吏，朝夕敕之，唯祭祀而用此酒，不常饮也〕。’曰：‘小大邦用丧，亦罔非酒惟辜〔于小大之国所用丧，无不以酒为罪也〕。饮惟祀，德将无醉〔饮酒惟当因祭祀，以德自将，无至醉〕。’在昔殷先哲王，惟御事，弗敢自暇自逸〔惟殷御治事之臣，不敢自宽暇自逸豫〕。矧曰其敢崇饮〔崇，聚也。自逸暇犹不敢，况敢聚会饮酒乎〕，弗惟弗敢，亦弗暇〔非徒不敢，志在助君敬法，亦不暇饮〕。在今后嗣王酣身〔嗣王，纣也。酣乐其身，不忧政也〕，惟荒腆于酒，弗惟自息〔言纣大厚于酒，昼夜不念自息〕。庶群嗜酒，腥闻在上。故天降丧于殷〔纣众群臣，用酒耽荒，腥秽闻在天，故下丧亡于殷也〕。天非虐，惟人自速辜〔言凡为天所亡，天非虐人，惟人所行恶，自召罪〕。古人有言曰：‘人无于水鉴，当于民鉴〔古贤圣有言，人无于水鉴，当于民鉴也。视水见己形，视民行事见吉凶〕。’今惟殷坠命，我其可弗大鉴〔今惟殷纣无道，坠失天命，我其可不大视为戒也〕。”

【译文】

武王又说："当初先父文王在位，曾告戒各国诸侯及大小官吏，反复强调说：'在祭祀时才可以用酒（这是文王对各国官员所说的话，早早晚晚都告诫他们：只有祭祀时才能动用这酒，切不可贪杯常饮啊）'。又说：'有许多大大小小的诸侯国之所以败亡了，都是因为饮酒的罪过啊（至于过去大大小小许多国家最终会败亡，没有不是因饮酒而犯下罪过的啊），只有在祭祀时方可饮酒，且要以德行来把持自己，不可醉酒（所以饮酒只能是在为了祭祀的情况下，而且要用德行来约束自己，不可以因贪杯而喝醉了）'。过去殷代的先祖明君在位之时，治理国事的官员们不敢自己安闲逸乐（殷代终日忙于国事的大臣们，从不敢私下懈怠，自图安乐），更何况聚众饮酒呢？（崇，聚的意思。私下自图安闲闲尚且不敢，哪里还敢聚众饮酒呢？）不只是不敢，也没有闲暇去饮酒啊（岂止是不敢啊，这些做臣子的心里只想着如何辅助君王敬奉礼法，也确实是没有那些闲功夫用来饮酒取乐啊）。而近世继承王位的商纣王只顾自身酣乐（嗣王，即纣王。只顾酣乐其身，就是不以国事为虑），一味沉湎于饮酒取乐，不思停息（这是说纣王一味厚爱饮酒，昼夜放纵毫无节制之意）。群臣也随之嗜好饮酒，腥秽升闻于上天，所以上天对殷商降下丧亡之祸（纣王及其群臣，因饮酒而沉迷惑乱，腥秽之气升达于上天，所以才会降大祸于殷商）。这不是上天暴虐，都是人自己招来的罪祸啊（就是说凡是被上天所灭的，并非上天要对人施暴，都是人自己作恶，自己招来的灾祸啊）。古人有句格言说：'有智慧的人不是把水当成镜子，而是把百姓当成一面镜子（古圣先贤曾说过：不要以水为镜，要以民为镜。观察水面只能看到自己的相貌，观察民众的所作所为才可以预见未来的吉凶祸福）'。现在殷商已丧失了上天曾经赐予的大命，我们怎么能不引以为最宝贵的借鉴呢（如今纣王无道，丧失了上天赋予的统治天下的使命，面对这深刻的教训，我们怎能不引以为戒呢）？"

周公作《无逸》〔中人之性，好逸豫。成王即政，恐其逸豫，故以所戒名篇〕。周公曰："乌乎！君子所，其无逸〔叹美君子之道，所在念德，其无逸豫也。君子且犹然，况王者乎〕。先知稼穑之艰难，乃逸，则知小人之依〔稼穑，农夫之艰难事，先知之，乃谋逸豫，则知小民所依怙〕。我闻曰：昔在殷王中宗〔大戊也〕，治民祗惧，弗敢荒宁〔为政敬，身畏惧，不敢荒怠自安〕，享国七十有五年〔以敬畏之故，得寿考之福也〕。其在高宗，嘉靖殷邦，至于小大，无时或怨〔善谋殷国，至于小大之政，民无时有怨也〕，享国五十有九年。其在祖甲〔汤孙太甲〕，爰知小人之依，能保惠于庶民，弗侮鳏寡〔知小人以所依，依仁政也，故能安顺于众民，不敢侮慢茕独也〕，享国三十有三年。自时厥后立王，生则逸〔从是三王，各承其后而立者，生则逸豫，无法度也〕，弗知稼穑之艰（艰原作根）难，弗闻小人之劳，惟耽乐之从〔过乐谓之耽。惟耽乐之从，言荒淫〕，亦罔或克寿〔以耽乐之故，无有能寿者也〕。或十年，或七八年，或四三年〔高者十年，下者三年，言逸乐之损寿也〕。惟我周大王、王季，克自抑畏〔大王，周公曾祖。王季即祖也。言皆能以义自抑，畏敬天命也〕。文王卑服〔文王节俭，卑其衣服〕，自朝至于日中昃，弗皇暇食，用咸和万民〔从朝至日昳，不暇食，思虑政事，用皆协和万民者也〕，厥享国五十年。自殷王中宗，及我周文王，兹四人迪哲〔言此四人皆蹈智明德以临下也〕。厥或告之曰：'小人怨汝詈汝。'则皇自敬德〔其有告之，言小人怨詈者，则大自敬德，增修善政也〕。此厥弗听，人乃或诪张为幻，曰：'小人怨汝詈汝。'则信之〔此其不听中正之君，有人诳惑之，言小人怨憾槵诅詈汝，则信受之也〕，乱罚无罪，杀无辜。怨有同，是丛于厥身〔信谗含怒，罚杀无罪，则天下同怨仇之，丛聚于其身也〕。乌乎！嗣王其监于兹〔视此乱罚之祸以为戒也〕！”

【译文】

周公撰写了《无逸》一文（一般常人的秉性都喜欢安逸享乐。成王执政后，周公担心他会安于享乐才说了这番话，于是就用所告诫的内容作为这篇文章的篇名）。周公说：“啊！君子所居之处，是没有自己的安逸的（赞叹君子之道，时时处处只想着修德，是不会顾及个人的享受的。好的官吏尚且如此，何况是君王呢）？先了解百姓耕耘劳作之艰难，再考虑他们的安乐，就会知道百姓最需要的是什么了（耕耘劳作是农夫最艰辛的事情，要先深入了解这些，再为他们谋求安乐之道，就知道天下百姓所依赖、仰仗的究竟是什么了)。我听说，昔日殷王中宗（即汤王的玄孙太戊)，治理民众，恭敬谨慎，不敢荒废政事、贪图安逸（为政以敬，常怀畏惧之心，不敢自己安于享乐，怕荒废了国事)，在位长达七十五年（正因为常存敬畏之心，所以才得享长寿之福)。到了高宗时期，以德化民，殷国幸福稳定，大事小事，没有什么时候听到有人埋怨过（用美德的教化来治理殷国，终于使全国上下一切大小事务无不顺利，人民没有一点怨声)。所以高宗在位五十九年。就是在祖甲在位的时候（这里指的是汤王之孙太甲。)，也还知道百姓所依靠的是什么，所以能坚持常常施惠于百姓，不欺慢鳏寡孤独之人（知道百姓依靠什么，依靠的就是仁政啊！只有仁政才能做到安抚百姓，顺从民意，不敢侮弄轻慢孤苦伶丁之人啊)，在位三十三年。自此以后所立之王，生来就耽于享乐（在这三位君王之后，分别继承他们王位的人，生下来就安逸享乐，没能守住先人的规矩礼法)，不知耕耘的艰难，不闻百姓的劳苦，只追求过度的安逸享乐(过度的逸乐谓之耽。只求过度享乐，说的就是荒淫啊)，也没有哪一个能够长寿(因为过度逸乐，所以没有能够长寿的)。有的在位十年，有的七八年或三四年（多则十年，少则三年，说的是贪图享乐是要减损寿命的啊)。而我们周朝的曾祖太王、祖父王季，能够持身谦抑，常存敬畏（太王，周公曾祖，王季即其祖父。这是说他们都能以道义来约束自己，对上天赋予自己的使命常怀畏敬之心)。文王总是穿着质地粗劣的衣服（文王生活上很节俭，连平时穿的衣服都很粗劣)，经常从早上一直忙到太阳偏西，都没有空闲时间来吃饭，所作所为都是想着如何让天下人都能和谐融洽地生活在一起（从早到晚，忙得没工夫吃饭，心里装满了国事，想的都是究竟怎样做才能使人民生活和谐美满之类的事情)。他在位五十年。从殷王中宗、高宗、祖甲到我们周文王，这四人都蹈行圣明之道（说的是这四个人都是以他们圣明的智慧与德行来面对天下人民的啊)。有人告诉他们说：‘老百姓埋怨你、咒骂你。’他们就更加谨慎其德行（倘若有人告诉他们，说民众中有人在怨恨责骂，他们就会加倍的小心谨慎，检查反省自己的德行，更加勤勉于仁政)。如果不能做到这一点，有人刚刚造谣惑众，说百姓埋怨你咒骂你，你便相信其言(这就是那些不肯接受中肯之言的君王，一旦有人用巧诈之言迷惑他，说民间有人怨你骂你，他就会立即相信并接受)，从而乱罚无罪、滥杀无辜，民怨就会共同一致，这就等于把民怨都集中到自己身上来（听信谗言，心怀怒气，以致动用刑罚，滥杀无罪之人，那么天下人就会都把你当成他们的仇敌，将怨恨集中在你一个人身上）。啊！继承王位者应以此为鉴呀（仔细看清楚这种乱罚无辜所带来的祸患，要引以为戒啊）！”

蔡叔既没〔以罪放而卒也〕，王命蔡仲践诸侯位〔王，成王也。父卒命子，罪不相及〕。王若曰：“小子胡〔胡仲，名也〕！皇天无亲，惟德是辅；民心无常，惟惠之怀〔天之于人，无有亲疏，惟有德者，则辅佐之。民心于上，无有常主，惟爱己者，则归往之〕。为善弗同，同归于治；为恶弗同，同归于乱。尔其戒哉！慎厥初，惟其终，康济小民。率自中，无作聪明乱旧章〔汝为政，当安小民之业，循用大中之道，无敢为小聪明，作异辩，以变乱旧典文章也〕；详乃视听，罔以侧言改厥度。则予一人汝嘉〔详审汝视听，非礼义勿视听也。无以邪巧之言易其常度，必断之以义，则我一人善汝矣〕。小子胡，汝往哉！无荒弃朕命〔汝往之国，无废我命。欲其终身奉行之〕。”

【译文】

蔡叔死后（因罪放逐而死），成王册命蔡仲为诸侯（王，这里指的是周成王。父死用其子，一方有罪过不互相连累）。王这样对他说：“年轻的胡啊（胡，是蔡仲的名字）！上天从来不会偏爱谁，只佑助贤德之人；民心也不是固定不变的，只归顺那些仁慈宽厚的君主（上天对人没有亲疏之别，谁有德它就保佑谁。在百姓的心中，也没有固定不变的君主，谁爱护他们，他们就归向谁）。行善政的方法不同，但结局都是天下大治；做坏事的方式不同，但结局都是国家动乱。你可要当心呀！凡事从一开始就要慎重，并考虑到它的结局。你的目的就是要安抚、救助你的人民，让他们都过上康宁的日子。所作所为都要遵守中正之道，不要自作聪明扰乱先王的典章（你此去执掌国政，首先考虑的是要让人民安居乐业，处理事情要遵循无过无不及的中正之道，不要耍弄小聪明，用标新立异的诡辩之词，去扰乱先王的典章法规和礼乐制度）；要审慎地对待自己的所见所闻，不要听信一些奸巧之言而轻易改变先人的法度。如果你能这样去做，那我现在就以个人的名义预先嘉奖你（仔细审察你的视听，凡是不符合礼义的东西都不要去听去看。不要被奸巧之言所迷惑，从而怀疑和更改先人的法度。凡事依据道义来作决断，那我这里就对你放心了）。啊！年轻的胡，你去吧！千万不要忘了我的这番话啊（你此去你的封国，切不要把我的这番话不当回事。这样说是希望他能够终生奉行。）！”

王若曰：“猷！告尔四国多方〔顺大道，告四方〕：惟圣罔念作狂，惟狂克念作圣〔惟圣人无念于善，则为狂人；惟狂人能念善，则为圣人。言桀纣非实狂愚，以不念善故灭亡也〕。自作不和，尔惟和哉！尔室弗睦，尔惟和哉！尔邑克明，尔惟克勤乃事〔小大众官，自为不和，汝有方多士，当和之哉。汝亲近室家不睦，汝亦当和之。汝邑中能明，是汝惟能勤职事也〕。”

【译文】

成王这样说过：“天下万事万物都有它的法则。告诉你们四方各国的诸侯们（遵循自然之道，告诫四方诸侯）：圣人如果失去正念就会变成狂人，狂妄之人一旦树立起正念也会变成圣人（圣人一旦不再思虑善法，就会变成狂妄之人；狂妄之人如果常常思考为善之道，也会变成圣人。就是说，夏桀和商纣并非一定就是狂愚之人，只是因为他们心中不再存有善念，所以才会招致灭亡的啊）。人们往往只站在自己的立场上思考和处理一切问题，所以才会造成对立冲突的局面。你们要开导他们顾全大局，令大家同心同德；你们家庭中有人不和睦，你们要帮助他们消除隔阂，使全家人都能彼此互爱。你们在自己的领地把这些事都搞明白了，那就是你们勤于职事的证明啊（大小官员之间，经常会各执己见而不能和睦相处，你们这些各方的贤能之士啊，应当以你们的德行去感召他们，帮助他们团结起来。你们的家人中间有了矛盾，你们也要尽快去化解。你们把自己国邑中的这些事都能搞明白，这就说明你们真的是在勤于职事）。”

周公戒于王曰：“文王罔攸兼于庶言，庶狱庶慎，惟有司之牧夫〔文王无所兼知于毁誉众言，及众刑狱，众所当慎之事，惟慎择有司牧夫而已。

劳于求才，逸于任贤〕是训用违。庶狱庶慎，文王罔敢知于兹〔是万民顺法。用违法，众狱众慎之事，文王一无敢自知于此，委任贤能而已也〕。武王率惟敉功，弗敢替厥义德〔武王循惟文王抚安天下之功，不敢废其义德，奉遵父道也〕。孺子王矣〔稚子今已为王矣，不可不勤法祖考也〕，继自今文子文孙，其勿误于庶狱庶慎，惟正是义之〔文子文孙，文王之子孙也。从今以往，惟以正是之道，治众狱众慎，其勿误也〕。”

【译文】

周公劝诫成王说：“文王在位时并没有兼管社会舆论、各种狱讼案件及各种敕戒之事，均由有关部门的主管官员裁决（文王并没有一一去听那些各种各样或褒或贬的议论，以及各种狱案及敕戒之事，只是慎重选择好有关部门的主管官员而已。文王只把精力放在寻访人才上，一旦贤能的人得到任用，自己就可以放手了），一切合法还是违法，以及各种狱讼及敕戒之事，文王不敢过问这些（但凡有关百姓是否遵循法度，还是违反了刑法，以及种种涉及狱讼、敕戒之事，文王一概不敢亲自过问，自己只是负责委任贤能的官员而已）。武王继承文王完成了安定天下的事业后，完全继承了文王的仁义和道德（武王遵行文王安抚天下的功业，丝毫不敢废其义德，这是奉遵父道啊）。年轻人啊，你现在登上王位了（当年的孩童今天已是万民之主，你可不能不常常去效法你的祖父和父亲啊）。从今以后，文王的子子孙孙，都不要在各种狱讼及敕戒之事上耽误，只是选用好贤能的官员去治理（文子文孙，即文王的子子孙孙。从今往后，只依照先王的选好官员的办法治理各种狱案及敕戒之事，不要弄错了自己的职责啊）。”

王曰：“若昔大猷，制治于未乱，保邦于未危〔言当顺古大道，制治安国，必于未乱未危之前，思患豫防之〕。曰唐虞稽古，建官惟百。内有百揆四岳，外有州牧侯伯〔道尧舜考古以建百官，上下相维，内外咸治也〕。庶政惟和，万国咸宁〔官职有序，故众政惟和。万国皆安，所以为至治也〕。夏商官倍，亦克用乂〔禹汤建官二百，亦能用治，言不及唐虞之清要也〕。明王立政，弗惟其官，惟其人〔言圣帝明王立政修教也，不惟多其官，惟在得其人也〕。立太师、太傅、太保，兹惟三公。论道经邦，燮理阴阳〔师，天子所师法。傅，傅相天子。保，保安天子于德义者也。此惟三公之任，佐王论道，以经纬国事、和理阴阳也〕。官弗必备，唯其人〔三公之官，不必备员，惟其人有德乃处之也〕。少师、少傅、少保，曰三孤〔孤，特也。卑于公，尊于卿，特置此三人也〕。贰公弘化，寅亮天地，弼予一人〔副贰三公弘大道化，敬信天地之教，辅我一人之治〕。冢宰掌邦治，统百官，均四海〔天官卿称太宰，主国政治，统理百官，均平四海之内邦国，言任大〕。司徒掌邦教，敷五典，扰兆民〔地官卿，主国教化，布五常之教，安和天下众民，使小大协睦也〕。宗伯掌邦礼，治神人，和上下〔春官卿，主宗庙天地神祇人鬼之事，及国之五礼，以和上下尊卑等列也〕。司马掌邦政，统六师，平邦国〔夏官卿，主戎马之事，掌国征伐，统正六军，平治王邦四方之乱也〕。司寇掌邦禁，诘奸慝，刑暴乱〔秋官卿，主寇贼，法禁治奸恶、刑强暴作乱者也〕。司空掌邦土，居四民，时地利〔冬官卿，主国空土，以居士农工商四民，使顺天时，分地利，授之土〕。六卿分职，各帅其属，以倡九牧，阜成兆民〔六卿各率其属官大夫士治其所分之职，以倡导九州之牧伯为政，大成兆民之性命，皆能其官，则政治矣〕。”王曰：“乌乎！凡我有官君子，钦乃攸司，慎乃出令。令出惟行，弗惟反〔有官君子，大夫以上也。叹而戒之，使敬所司，慎出令，从政之本也。令出必惟行之，不惟反改。二三其令，乱之道也〕。以公灭私，民其允怀〔从政以公平灭私情，则民其信归之〕。学古入官，议事以制，政乃弗迷〔言当先学古训，然后入官治政。凡制事，必以古义议度终始，政乃不迷错也〕。其尔典常作师，无以利口乱厥官〔其汝为政，当以旧典常故事为师法，无以利口辩佞乱其官也〕。弗学墙面，莅事惟烦〔入而不学，其犹正墙面而立，临政事必烦矣〕。戒尔卿士，功崇惟志，业广惟勤〔此戒凡有官位。但言卿士，举其掌事者也。功高由志，业广由勤也〕；位弗期骄，禄弗期侈〔贵不与骄期，而骄自至。富不与侈期，而侈自来。骄侈以行己，所以速亡也〕；恭俭惟德，无载尔伪〔言当恭俭，惟以立德，无行奸伪也〕。作德，心逸日休；作伪，心劳日拙〔为德，直道而行，于心逸豫，而名日美。为伪，饰巧百端，于心劳苦，而事日拙，不可为之也〕。居宠思危，罔弗惟畏，弗畏入畏〔言虽居贵宠，当常思危惧，无所不畏。若乃不畏，则入不可畏之刑〕。推贤让能，庶官乃和〔贤能相让，俊乂在官，所以和谐也〕。举能其官，惟尔之能；称匪其人，惟尔弗任〔所举能修其官，惟亦汝之功能也。举非其人，惟亦汝之不胜其任也〕。”王曰：“乌乎！三事暨大夫，敬尔有官，乱尔有政〔难而敕公卿以下，各敬居汝所有之官，治汝所有之职也〕，以右乃辟，永康兆民，万邦惟无斁〔言当敬治官政，以助汝君，长安天下兆民，则天下万国，惟乃无厌我周德也〕。”

【译文】

成王说：“应依照先王的治国大道，在国家尚未出现动乱时，就制定平治之策，在国家没有出现危机时就解决好国家长治久安的问题（说的是应当依循古人的大道，安邦定国，必须在国家还未乱未危之前，防患于未然）。”成王说：“尧舜考察古代的典制，设立了一百个官职，上有百揆、四岳，下有州牧、侯伯（说的是尧舜考察古制，依此设立百官，上下配合，里里外外都得到了很好的治理）。各种政事谐和，各方诸侯安宁（官职的设置上下有序，从而使各项工作都能和谐协调的开展。四方各国都相安无事，所以才有了天下大治的局面）。及至夏商两朝，官职增加了一倍，也还能把国家治理得井井有条（夏禹和商汤时设官二百，也还能用以治理国事，就是说已经不如尧舜时候简明扼要了）。英明的君王成就其政事，不以官员的数目为重，只注重所用之官是否称职（这里说的是圣明的帝王，建立国家的政治体系，重在便于施行教化，官不在多，而在于一定要让贤能的人处在官位上）。设立太师、太傅、太保，此为‘三公’。三公的职责是为君王讲解自然大道，帮助经纬国家大事，调理阴阳的和谐（师，天子的老师、榜样。傅，就是教导和佑助天子。保，就是保护天子之心永远安住于道德仁义之中。由此可见三公的职责，就是辅佐君王，讲述大道，用以经纬国家大事，化解冲突，让社会日益和谐）。人员不必齐备，所用必须是德高之人（三公的官位，不必人员齐备，一定要是具备了极高道德修养的人才可以担任这样的职务啊）。设立少师、少傅，少保，称作‘三孤’（孤，特别的意思。因其地位在公卿之间，比公稍下，比卿稍上，特地设置了这三个职务）。其职责是协助三公弘扬教化，敬祀天地神明，共同来辅助我一人治理天下（协助三公，广泛弘扬道德的教化，恭敬信奉天地神明的启示，齐心协力帮助我一个人）。冢宰掌握国家的政治，统领百官，协调天下各诸侯国的关系（作为六卿之首的天官卿，被称为太宰，主持国家政务，统领百官，负责对四方各国的督察与调控，这里说的是责任重大）。司徒掌管对国民教化、传布‘五常’之教，使天下百姓安定和谐（作为仅次于天官卿的地官卿，司徒掌管的是对国民的教化，专门弘扬、传布五种伦常大道的教育，使天下百姓都能够安居乐业，过上幸福和谐的生活）。“宗伯掌管国家的礼仪制度，负责对天地神灵和宗庙的祭祀，并谐和尊卑贵贱的关系（作为六卿之一的春官卿，宗伯主管的是宗庙天地神祇人鬼之事，及国人的五种礼仪，通过这些使上下尊卑之间相互协调和谐）。司马掌管国家军政，统帅六军，平定诸侯之乱（作为夏官卿，司马主管戎马之事，掌管军队的征战，统率六军，负责平定四方邦国的叛乱）。司寇掌握国家的法禁，治理奸恶的人，惩办暴乱之徒（作为秋官卿，司寇主管的是针对盗贼和敌寇的刑法和禁令，惩治奸恶之徒，依法严办那些犯上作乱的暴徒）。司空掌管国家土地，管理士农工商四类民众的生活居住，把握天时，合理开发和利用自然资源（作为冬官卿，司空主管着国家空闲的土地，发放给士农工商各界的人民，使他们都能够顺应天时，分享地利，安居乐业）。六卿分别职责，各自率其部属尽其职分，以倡导九州的州牧尽心于政务，从而使百姓富裕安定（六卿各自率领他们属下的大夫与众士，治理好各自分内的职事，并带动九州官员一起这样做，以成就人民本善的天性。大家都能在各自的位置上做好了，政事也就清明了）。”成王又说：“啊！凡我朝在位的官员，你们一定要以一颗敬畏之心对待你们所承担的职责。你们在颁布每一个政令之前，都要慎之又慎。号令一出，就一心只想着如何去落实，不要再想着是否改变它。（所说在位的官员，都是大夫以上的。成王在此感叹地告戒他们，要他们敬奉自己的职守，慎重地对待所颁布的每一个政令，因为这是为政的根本。令出必行，不得中途废除或更改。如果执政者不断改变政令，反复无常，那正是一条乱国之道啊）。以公心取代私心，老百姓才会诚心归向（为官者以公平代替私情，民众就会信任并归顺他）；先学习古训，然后再进入仕途，朝中议事必以先人的典章制度为依据，面对各种复杂的军政事务才不会迷失方向（说的是为政者必先学习古圣先贤的教诲，然后再去为官执政。讨论决策重大事件必依据古人的义理，反复权衡，贯彻始终，这样政事才不会出现迷错）。你们要以古人的常道为师，不要以利口巧辩扰乱官风（你们为政，当以古人的典常旧例作为学习的榜样，不要逞口舌之利，以巧言善辩来混淆视听）。人不学习古训，如面壁而立，一无所知，遇到政事必会无所适从（人而不学，如面墙而立，临政必生烦恼）。我告诉你等卿士：功高在于立志，业广源于勤勉（这番话是用来告诫所有的为官者。此处只对卿士说，是以这些掌管要务的人为例，以见'功高由志，业广由勤'并非虚言）；位贵者不要去想着骄纵，禄厚者不要去想着奢侈（身居高位的人即使不刻意去想着骄纵，往往不知不觉中就有了骄态；富有的人纵然不想着奢侈，往往无形中就染上了奢侈的习气。骄奢之风一起，就是自己迅速走向败亡的时候了）；恭敬勤俭才是美德，不要有那些伪诈的行为（意思是说应当从恭敬节俭做起，来树立自己的德行，不要做奸巧伪饰之事）。兴办好事，就会心中安宁，日见美善；弄虚作假，就会心中烦劳，日益困窘（为善修德的人像走在笔直平坦的大道上一样，心中安逸舒畅，他的名声也一天比一天好。弄虚作假的人百般巧饰，内心劳苦，而事情总是越办越糟，这种傻事情不能干啊）。处贵宠之位，要想到危惧，要凡事无所不畏。如果不知敬畏，就会坠入可畏之境（说的是一个人纵然处在贵宠的位置，也要时时想到背后的凶险而有所畏惧，对一切都常怀敬畏之心。如果你什么都不怕，最终必将遭到可怕的惩罚）。互相推贤让能，百官就会和谐（相互推让贤能的人，让德才出众的人都处在官位上，社会自然就和谐了）。你推荐了贤能的人来担任官职，这便是你的贤能；你若举用了不能胜任其官职的人，这也就是你的不称职（你所举荐的人能够整饬吏事，把事情都办得有条有理，这也是你的功劳和能力的体现。你若举荐了不该举荐的人，那也是你不能胜任你的职责的表现啊）。"王说："啊！上自三公下及大夫的官员们，敬守你们的官位，管好你们的政务吧（以谨慎之道告诫公卿以下的官员们，要各自以敬慎之心忠于你们的职守，做好你们自己分内的事情），以此来辅佐你们的君主，使百姓永远康宁，天下万邦才会不厌弃我周朝（就是说你们应当常怀敬畏之心来治理政事，以辅佐你们的君王，使天下百姓得到长久的安宁，那么德风所至，天下万国就不会有厌弃我周朝的那一天了）。"

周公既殁，命君陈分正东郊成周〔成王重周公所营，故命陈分居正东郊成周之邑〕。王若曰："君陈，我闻曰：'至治馨香，感于神明。黍稷非馨，明德惟馨〔所闻上古圣贤之言也。政治之至者，芬芳馨气，动于神明。所谓芬芳，非黍稷之气，乃明德之馨，厉之以德也〕。’凡人未见圣，若弗克见；既见圣，亦弗克由圣〔此言凡人有初无终也。未见圣道，如不能得见。已见圣道，亦不能用之，所以无成也〕。尔其戒哉！尔惟风，下民惟草〔汝戒勿为凡人之行也。民从上教而变，犹草应风而偃，不可不慎也〕。无依势作威，无倚法以削〔无乘势位，作威民上，无倚法制，以行刻削之政〕。宽而有制，从容以和〔宽不失制，动不失和，德教之治也〕。殷民在辟，予曰辟，尔惟勿辟；予曰宥，尔惟勿宥。惟厥中〔殷民有罪在刑法者，我曰刑之，汝勿刑也；我曰赦宥，汝勿宥也。惟其当以中正平理断也〕。有弗若于汝政，弗化于汝训，辟以止，辟乃辟〔有不顺于汝政，不变于汝教，刑之而惩止。犯刑者，乃刑之也〕。尔无忿疾于顽，无求备于一人〔人有顽嚣不喻，汝当训之，无忿怒疾之。使人当器之，无责备于一夫也〕。”

【译文】

周公死后，成王命君陈分管东郊成周（文王陵墓所在之封邑）（成王珍惜周公多年来对成周这块地方的辛苦经营，所以才任命君陈分管东郊的成周都邑）。成王这样说道：“君陈啊，我曾听说：‘完美的政治如同芳香之气，可以感通神明。黍稷的芳香还算不得馨香，只有美好的德行才是久远的馨香（成王所听到的是上古的圣贤之言啊。政治到了完美的境界，芬芳馨香之气，可以感动神明。所谓芬芳，并非黍稷之香气，而是美好的德行所散发出来的馨香啊。说这些话，目的是用德行来勉励君陈）。’大凡人未曾见过圣人时，觉得圣人好像不能见到，及至见到圣人，却又不能听从圣人之言（这里说的是平常人往往有始无终，未遇见圣道，如不能得见，时时盼望见到，遇见圣道之后，又不能遵循圣人的教诲，所以还是一事无成）。你要以此为戒啊！你好比是风，百姓好比是草（草随风向而动）（你要当心，不能以普通人的标准来要求自己。百姓会随着官长的教化而改变，如同小草随风而伏，你不可以不谨慎对待啊），不要依仗权势作威，不要打着法律的旗号施行苛政（不要仗着自己的势力权位，在老百姓头上作威作福，不要藉着法律制度的名义，去做侵害人民的事情），应当宽容而有节制，举止从容不失中和（宽不失度，动不失和，就是用道德的教化来治理国家和人民啊）。殷民违犯了法律，我说要处罚，你可以不处罚，我说要赦免，你可以不赦免，只求处置公正（住在成周的殷民有人犯罪当在刑罚之列，我说惩治他，你先别惩治；我说赦免他，你先别赦免。你应当依据实际情况做出中正公平的判断）。他们若有不顺从你的政令、不接受你的训导的，不得不以处罚来终止其罪恶，那就应当处罚（如有拒不服从你的政令，屡教不改者，必须用刑罚来制止其继续触犯刑法，那就去惩治他吧）。对于愚顽之人，你不要愤怒、厌恶；对任何一个人，都不要求全责备（有些人愚妄顽劣，不明事理，你应当耐心开导他，不要忿怒、嫌恶这些人。用人要用其所长，不要求全责备于哪一个人）。”

王（王原作命）曰：“乌乎父师〔毕公代周公为大师，为东伯，命之代君陈也〕！政贵有恒，辞尚体要，弗惟好异〔政以仁义为常，辞以体实为要，故贵尚之。若异于先王，君子不好也〕。商俗靡靡，利口惟贤，余风未殄，公其念哉〔纣以靡靡利口为贤，覆亡国家。今殷民利口，余风未绝，公其念绝之也〕。我闻曰：‘世禄之家，鲜克由礼。’以荡凌德，实悖天道〔世有禄位而无礼教，少不以放荡陵邈有德者，如此，实乱天道也〕。弊化奢丽，万世同流〔言弊俗相化，车服奢丽，虽相去万世，若同一流者也〕。兹殷庶士，骄淫矜侉，将由恶终，闲之惟艰〔言殷士骄恣过制，矜其所能，以自侉大，将用恶自终，以礼御其心惟难也〕。惟周公克慎厥始，惟君陈克和厥中，惟公克成厥终〔周公迁殷顽民，以消乱阶，能慎其始也。君陈弘周公之训，能和其中也。毕公阐二公之烈，能成其终也〕。钦若先王成烈，以休于前政〔敬顺文武成业，以美于前人之政，所以勉毕公〕。”

【译文】

康王说：“啊！父师（毕公取代周公为太师，为东伯，康王命他代替君陈继续治理成周），为政贵有恒常之法，言辞崇尚切实简要，不要喜好标新立异（为政以仁义为常道，措辞以求实为要务，才会受到尊崇。如果与先王之道不合，君子是不会喜欢的）。商朝的风俗浮而不实，以能言善辩为能事，其余风尚未尽绝，您可要想到啊（纣王以巧言善辩为贤能，终于使国家败亡。如今殷商的遗民，巧言利舌的余风未绝，您去后要想办法让它断绝啊）！我听说：'世代享受俸禄的人家，很少能够遵循礼法'他们以放荡的行为欺凌守德之人，实在有悖于天道（世代享有禄位但却没有继承先人的礼教，很少不是以放荡无礼的言行轻慢那些有德之人的，这样做，其实就是在扰乱天道啊）。不良的习俗相互沿习，奢求华丽，世世代代如出一辙（说的是陋习相沿，于车马衣服一味追逐奢侈华丽，虽相隔万世，如同一类）。殷商的众多士人，骄横淫纵，自夸其能，势必从恶而终，遏制此风很难啊（说的是殷商士人骄奢过度，自恃其能，竞相炫耀，势必因种种恶习泛滥成灾而自取灭亡，可见用礼教来调服人心是一件很难的事啊）。当初，周公能够谨慎疏导；接下来，君陈能够化解矛盾；您此番要做的，就是最终达到端正风化的目的（周公将殷商一些顽固不化的遗民迁至成周亲自管教，以消除祸根，这是为了防患于未然，慎于其始；君陈继周公之后进一步弘扬周公的德教，上下相安无事，这是协和于中；毕公此去将二公的教化继续发扬光大，才能够有一个完美的结局），敬守先王的基业，并继续弘扬其德教，在你前任的基础上做得更好（敬守文王、武王开创的基业，在前人政绩的基础上更进一步。这是用来勉励毕公的啊）。"

穆王命君牙作周大司徒〔穆王，昭王子也〕。王若曰："乌乎！惟乃祖乃父，世笃忠贞，服劳王家，厥有成绩，纪于大常〔言汝父祖世厚忠贞，服事勤劳王家，其有成功见纪录，书于王之大常，以表显之也〕。惟予小子，嗣守文、武、成、康遗绪，亦惟先王之臣，克左右乱四方〔惟我小子，继守先王遗业，亦惟父祖之臣，能佐助我治四方。言己无所能也〕。心之忧危，若蹈虎尾，涉于春冰〔言祖业之大，己才之弱，故心怀危惧也。虎噬畏噬，春冰畏陷，危惧之甚也〕。今命尔予翊，作股肱心膂〔今命汝为我辅翊股肱心体之臣，言委任之也〕。尔身克正，罔敢弗正；民心罔中，惟尔之中〔言汝身能正，则下无敢不正。民心无中，从汝取中。必当正身，示民以中正之道〕。夏暑雨，小民惟曰怨咨〔夏月暑雨，天之常道。小民惟怨叹咨嗟，言心无中正也〕；冬祁寒，小民亦惟曰怨咨。厥惟艰哉！思其艰，以图其易，民乃宁〔天不可怨，民犹怨嗟，治民其惟艰哉！当思虑其艰，以谋其易，民乃安〕。"

【译文】

周穆王任命君牙担任周朝大司徒，（穆王，昭王之子）穆王对他说了这样一段话："啊！君牙，你的祖辈和父辈，世代都非常忠贞，为王室奔波效劳，他们的功绩，都记录在大常旗上（你的父辈祖辈都秉性仁厚，世代忠良，为王室奔波劳碌，他们的功劳都有记载，被书写在王室的太常旗上，作为对他们的表彰）。我年纪尚轻，继承和坚守文王、武王、成王、康王的遗业，并仰赖先王的老臣，能够尽心辅佐于我，才得以治理四方（我年轻德薄，如今继承和守护着先王的基业，也只有先父先祖的老臣，能帮助我治理四方。意思是我自己并没有什么能力）。心中的危惧，如踏虎尾，如履春冰（说的是祖宗留下的基业如此之大，自己的能力又是这样的微弱，所以才心怀危惧。踩着虎尾怕随时被老虎吃掉，行走在春天的薄冰之上生怕会掉下去，形容非常的担心恐惧）。现命你为我之辅佐重臣，做我的股肱心腹之臣（现在我任命你做我的辅政大臣，左膀右臂、心腹骨干，说的是正式任命君牙）。如果你自己能够立身中正，便没有谁敢不中正；百姓不明白什么叫中正，只有你才能为他们做出中正的榜样（说的是你的身能正，那么下面的老百姓就不敢不正。百姓的心中本没有中正的标准，需要从你那里获得到中正的标准。所以你必须端正自身，让天下百姓都能从你的身上看到真正的中正之道）。炎夏酷暑天降大雨，百姓会抱怨嗟叹（夏天酷热多雨，是大自然的正常规律，一般百姓只会埋怨叹息。就是说他们的心中没有中正啊）；冬天遇到严寒大雪，百姓也会抱怨嗟叹。要他们心里中正似乎是很难的呀！但你要考虑到他们的艰难，从而设法帮他们解决难题，百姓的心就会安定（上天是不可以怨恨的，但百姓还是会抱怨叹息，要安定民心确实很不容易啊。应当时时想到他们的难处，想办法帮助他们解决难题，化难为易，民心就可以安定了）。"

王若曰："伯冏！昔在文武，聪明齐圣，小大之臣，咸怀忠良〔聪明，听视远也。齐通，无滞碍也。臣虽官有尊卑，无不忠良〕。其侍御仆从，罔匪正人〔给侍进御，仆从从官，官虽微，无不用中正之人〕，以旦夕承弼厥辟。出入起居，罔有弗钦〔小臣皆良，仆从皆正，以旦夕承辅其君，故君出入起居，无有不敬〕；发号施令，罔有弗臧。下民祗若，万邦咸休〔言文武发号施令，无有不善，下民敬顺其命，万国皆美其化也〕。惟予一人无良，实赖左右前后有位之士，匡其弗及〔惟我一人无善，实恃左右前后有职位之士，匡正其不及。言此责群臣正己者也〕，绳愆纠谬，格其非心，俾克绍先烈〔言恃左右之臣，弹正过误，检其非妄之心，使能继先王之功业也〕。今予命汝作大仆正，正于群仆侍御之臣〔欲其教正群仆，无敢佞伪也〕。懋乃后德，交修弗逮〔言侍御之臣，无小大亲疏，皆当勉汝君为德，更代修进其所不逮也〕。慎简乃僚，无以巧言令色便辟侧媚，其惟吉士〔当谨慎简选汝僚属侍臣，无得用巧言无实、令色无质、便辟足恭、侧媚谄谀之人，其惟皆吉良正士也〕。仆臣正，厥后克正；仆臣谀，厥后自圣〔言仆臣皆正，则其君乃能正；仆臣谄谀，则其君乃自谓圣〕。后德惟臣，弗德惟臣〔君之有德，惟臣成之；君之无德，惟臣误之。言君所行善恶，专在左右也〕。尔无昵于憸人充耳目之官，迪上以非先王之典〔汝无亲近憸利小子之人，充备侍从，在视听之官，导君上以先王之法也〕。”

【译文】

周穆王（在任命大臣伯冏时）说道：“伯冏啊！昔日的文王、武王，聪明睿智合于圣道，大小臣子都忠心耿耿、诚实善良（聪明，视听都能达到很远的意思。齐，通达无滞碍的意思。众臣虽官位有高下尊卑之别，但无不忠诚良善）。那些侍奉左右者、驾驶车马者及仆役等，也没有一个不是行端品正之人（从负责日常生活起居的近侍人员，到陪护外出的随从人员，官职虽微，无不选用秉性中正之人）。以这样的人朝夕侍奉、辅助其君主，故君主出入起居，没有不恭敬整肃的（小臣及仆役随从人员都能个个良善中正，大家齐心协力，不分昼夜地辅佐自己的君主，所以君王的出入起居都能敬守礼法，从无失礼不恭之处）；发号施令，没有不合于仁义的。百姓恭敬顺服，万国皆称其美（说的是文王、武王颁布的各种号令，没有不尽善尽美的，天下百姓都能够恭敬欢喜地接受，四方各国都纷纷赞叹周王的美好教化）。只有我自己不够贤明，实在需要依赖左右前后有职位的君子，匡正我的不足（唯我一人缺少德能，实须仰仗诸位有职位的贤者，及时纠正我的过失。他这么说就是在责令群臣，要随时匡正君王的种种不足啊），纠正我的过错和谬误，匡正我不正确的想法，使我能继承先祖的功业（就是说要仰仗身边的群臣，随时帮助自己纠正错误的行为，检查错误的想法，使自己能够恒守中正之道，以继承先王的功业）。现在我任命你担任太仆正之职，教正群仆近侍之臣（希望他能教正群仆，使其不敢奸佞伪诈），使他们都要勉励其君主修德，一起修正君主的不足之处（凡所有侍御之臣，不管大小亲疏，都应当勉励你们的君主努力修德，并且还要代行儆诫进言之事，以随时纠正君主的不足）。你要谨慎地选择你的部属，不用那些巧言令色、阿谀奉承的小人，只能选用品德优良的人士（应当谨慎选拔你的僚属侍臣，不要用那些巧言令色而不实在，谄媚逢迎，为了取媚于人而过度谦敬，不择手段巴结讨好、阿谀奉承的人，只用那些贤良正直之士）。仆从近臣都是中正之士，其君主也会保持中正；仆从近臣谄媚，君主就会自居圣明（说的是仆从近臣身正，他们的君主也会身正；仆从近臣阿谀奉承，他们的君主便会自以为圣明）。君主有德在于臣下，君主失德也在于臣下（君主有德，那是因为群臣的辅佐成就了他的德行；君主无德，也是臣子没能尽职而误导了君主。说的是君主所作所为是善是恶，都取决于身边的近臣）。你不要亲近奸佞小人，不要让他们担任这些充当君王耳目的要职，以免诱导君王违背先王的典制（你不要亲近那些奸邪利口的小人，让他们占了侍从的位置，充当代替君王视听的官员，从而导致君王违背先王的成法）。”

王曰：“乌乎！伯父、伯兄、仲叔、季弟、幼子、童孙，皆听朕言〔皆王同姓，有父兄弟子孙列者也〕。尔尚敬逆天命，以奉我一人。虽畏勿畏，虽休勿休〔汝当庶几敬逆天命，以奉我一人之戒。行事虽见畏，勿自谓可敬畏；虽见美，勿自谓有德美〕。惟敬五刑，以成三德。一人有庆，兆民赖之〔先戒以劳谦之德，次教以惟敬五刑，所以成刚柔正直之三德也。天子有善，则兆民赖之〕。”王曰：“吁！来，有邦有土，告尔祥刑〔吁，叹也。有国有土，诸侯也。告汝以善用刑之道也〕。在今尔安百姓，何择非人？何敬非刑〔在今汝安百官兆民之道，当何所择，非惟吉人乎？当何所敬，非惟五刑乎〕？两造具备，师听五辞〔两，谓囚证也。造，至也。两至具备，则众狱官共听其入五刑之辞也〕。五辞简孚，正于五刑〔五辞简核，信有罪验，则正之于五刑也〕。五刑不简，正于五罚〔不简核，谓不应五刑，当出金赎罪也〕。五罚弗服，正于五过〔不服，不应罚也。正于五过，从赦免也〕。五刑之疑有赦，五罚之疑有赦〔刑疑赦，从罚；罚疑赦，从免〕。刑罚世轻世重，惟齐非齐〔言刑罚随世轻重也。刑新国，用轻典；刑乱国，用重典；刑平国，用中典。凡刑所以齐非齐〕。非佞折狱，惟良折狱，罔非在中〔非口才可以断狱，惟平良可以断狱，无非在中正也〕。哀敬折狱，咸庶中正〔当矜下民之犯法，敬断狱之害人，皆庶几必得中正之道也〕。其刑其罚，其审克之〔其所刑，其所罚，其当审能之，无失中（中后原有“正”字）也〕。”

【译文】

穆王（对着自己的家人）感叹地说：“啊！我的伯父、伯兄、二叔、三弟及年幼的子孙们，你们且听我说（这些人都是周穆王的族人，从父辈到兄弟子孙辈等等）。你们应当敬顺天命，大家同心同德一齐来帮助我。你们（因为是我的亲人，所以）会格外受到众人的敬畏，但不要认为自己理当受人敬畏，有了美誉也不要自认为真的已经做得很好了（你们应当能够恭敬地接受上天的安排，从此大家都要服从我的号令。作为王室的成员，你们平日行事常会受到别人格外的尊重，但你们不要认为这是应该的；别人称赞我们，也不要以为自己的德行真的就很好了）。要像普通百姓一样敬畏国家的刑罚，常常以‘五刑’来警示自己，养成三种美德。”由此可见，天子有了善行，万民都将赖以受惠。（首先告诫家人努力修善，树立谦恭之德；再教导大家要以一颗敬慎之心对待五刑之法，以成就自己刚、柔、正直这三种品德。这正是天子的善行，天子一人有善，全天下人民都赖以受益。）穆王接着（对大臣们）说：“啊！过来吧，还有你们这些各据一方的诸侯大臣们，让我来告诉你们应当如何慎用刑罚（吁，感叹的意思。有国有土，指的是各位诸侯。下面是告诉你们善用刑罚的道理）。如今你们要使百姓安定，应当一心寻求、选择的是什么呢？不就是贤人吗？应当时时警惕、戒慎的是什么呢？不就是刑罚吗？（现在你们要安定你那里的百官和人民的根本问题，就是要选用什么样的人才，不就是要选用贤能的人吗？再就是要慎重些什么，不就是要慎重地对待五刑吗？）审判时，双方证据齐备，法官依据五刑的标准审理相关述词（两，指的是囚、证双方；造，至的意思。原告、被告各方证据齐备后，众法官共同判断其符合‘五刑’的那些条款）；述词无误，合于五刑，按五刑定罪（罪证经核实可信，便按‘五刑’的有关规定治罪）；以‘五刑’治罪的罪证不足，则按‘五罚’的有关规定处置（经核查与事实情况不符，即不应当执行五刑，那就用出钱赎罪的办法处置）；按‘五罚’处置仍不适合的，就按照‘五过’来处理（不服，就是不当罚的意思。按照五过的标准来处理，就是给予赦免）。按‘五刑’条款判罪若有疑点，则改用‘五罚’条款予以宽大处理。按‘五罚’条款处置若有疑点，则改用‘五过’条款予以赦免（从刑有疑则宽而从罚，从罚有疑则宽而从免）。刑罚的轻重要根据时世来定，罪行相同，量刑可以不同（说的是刑罚要随时势不同分别决定轻重。新国用刑宜轻，乱国用刑宜重，承平守成之国用刑轻重宜取其中。这就是案例相同但量刑可以不同的道理所在）。并非巧言善辩之人才能断案，而是贤明良善之人才适宜断案。无非是要存心公正而已（不是靠口才方能断案，只有靠公平良善才可以断案，无非在于端心正念执守中正不偏之道啊）。以怜悯之心、谨慎之心判决案件，就会基本做到公正适当（应当同情百姓触犯法律的缘由，谨防断案失误给这些人带来更大的灾难，都应力求和于中正之道），究竟是按‘五刑’判处还是按‘五罚’处理，也就大致能够清楚地断定了（是用刑，还是用罚，自当能够详察明审，不失其公正）。”

（吕效祖 张爱玲译）

卷三

# 毛诗治要

【考评】

魏征编纂《群书治要》，从《毛诗》中选录七十七首，并在每首夹注中节录郑玄所作《毛诗笺》的部分笺释。魏征在《隋书·经籍志》中评论说："诗者，所以导达心灵、歌咏情志者也。故曰：在心为志，发言为诗。"他认为到了封建社会，"君尊于上，臣卑于下，面称为谄，目击为谤"，从此产生诵美讥恶的讽刺诗。魏征向唐太宗进谏，"所谏前后二百余事"，几乎每次都引用《诗经》的话。如贞观十一年，唐太宗出巡洛阳，停留在显仁宫，因宫苑官员安排生活不周，多被责罚。魏征发现太宗居安忘危，志在奢靡，因而上《论时政疏》以劝谏。疏文以隋亡的教训提醒太宗，不要重蹈"覆车之辙"。针对太宗渐生骄奢，以史为鉴，语重心长，要太宗用刑时小心谨慎，生活上莫忘节俭。他引经据典，反复论证"祸福相倚，吉凶同域""贵不与骄期而骄自至，富不与侈期而侈自来"等辩证思想，以透彻之理来影响、规劝唐太宗。如，他在疏文中郑重指出："夫鉴形之美恶，必就于止水；鉴国之安危，必取于亡国。《诗》曰：'伐柯伐柯，其则不远。'臣顾当今之动静，必思隋代以为殷鉴，则存亡治乱，可得而知。"据史传记载，太宗看到这篇奏章后感叹地说："非公(指魏征)不闻此言。"魏征节选《诗经》的目的是非常明确的。他是为了维护唐王朝既得政权的巩固，"剪截淫放"，编纂《毛诗》。一千多年来，《毛诗》中所蕴涵的治国修身的名言警句，对我们今天"反腐倡廉”，仍有“救弊济时”的价值。

《毛诗》即《诗经》，本只称《诗》，是中国最早的诗歌总集。儒家列为经典之一，故称《诗经》。其编成于春秋时代，共三百零五篇。分为“风”“雅”“颂”三大类：《风》有十五国风，《雅》有《大雅》《小雅》，《颂》有《周颂》《鲁颂》《商颂》。作品大抵出于周初至春秋中叶，产生于今陕西、山西、河南、山东及湖北等地。据《史记》等书记载，《诗》系孔子删定。其中民间诗歌部分，相传是周王室派专人搜集而成，称为“采风”，有“男女相悦”之词，也有不少篇章揭露了当时政治的黑暗和混乱、人民遭受的压迫和痛苦及部分西周上层统治者祀神祭祖、赞美业绩的作品。作品提供了关于周的兴起、周初经济制度和生产情况的重要资料。诗以四言为主，运用赋、比、兴的手法。其优秀篇章，描写生动，语言朴素优美，富有艺术感染力。汉代传《诗》者有鲁、齐、韩、毛四家。鲁、齐、韩三家为今文诗学，西汉时立有博士，魏晋以后逐渐衰亡。清王先谦《诗三家义集疏》辑注较备。《毛诗》为古文诗学，盛行于东汉以后。魏晋后通行的《诗经》就是《毛诗》，有东汉郑玄《毛诗笺》、唐孔颖达《毛诗正义》、清陈奂《诗毛氏传疏》等。宋朱熹《诗集传》则杂采《毛传》《郑笺》，间有三家诗义。《诗经》对中国二千多年来的文学发展有深广的影响，而且是很珍贵的古代史料。

魏征认为：“上古人风俗淳朴，情志未惑，其后君尊于上，臣卑于下，面称为谄，目击为谤，故诵美讥恶，以讽刺之。初但歌咏而已，后之君子，因被管弦，以存劝戒。夏、殷已上，诗多不存。周氏始自后稷，而公刘克笃前烈，太王肇其王迹，文王光昭前绪，武王克平殷乱，成王、周公化至太平，诵美盛德，踵武相继。幽、厉板荡，怨刺并兴。其后王泽竭而诗亡，鲁太师挚次而录之。孔子删诗，上采商，下取鲁，凡三百篇。至秦，独以为讽诵不灭。汉初，有鲁人申公，受《诗》于浮丘伯，作诂训，是为《鲁诗》；齐人辕固生亦传《诗》，是为《齐诗》；燕人韩婴亦传《诗》，是为《韩诗》。终于后汉，三家并立。汉初又有赵人善《毛诗》，自云子夏所传，作《诂训传》，是为‘《毛诗》古学’，而未得立。后汉有九江谢曼卿，善《毛诗》，又为之训。东海卫敬仲，受学于曼卿，先儒相承，谓之《毛诗》。序，子夏所创，毛公及敬仲及加润益。

郑众、贾逵、马融并作《毛诗传》，郑玄作《毛诗笺》。《齐诗》魏代已亡；《鲁诗》亡于西晋；《韩诗》虽存，无传之者。唯《毛诗郑笺》至今独立。”魏征的评述大致可信。

# 周　南

《关雎》，后妃之德也，《风》之始也，所以风天下而正夫妇也。故用之乡人焉，用之邦国焉。《风》，讽也，教也。风以动之，教以化之。诗者，志之所之也，在心为志，发言为诗。情动于衷而形于言，言之不足，故嗟叹之，嗟叹之不足，故咏歌之，咏歌之不足，不知手之舞之、足之蹈之也。情发于声，声成文谓之音〔发，犹见也。声，谓宫商角徵羽。声成文者，宫商上下相应也〕。治世之音安以乐，其政和；乱世之音怨以怒，其政乖；亡国之音哀以思，其民困。故正得失，动天地，感鬼神，莫近于诗。先王以是经夫妇，成孝敬，厚人伦，美教化，移风易俗。故《诗》有六义焉，一曰风，二曰赋，三曰比，四曰兴，五曰雅，六曰颂。上以风化下，下以风刺上，言之者无罪，闻之者足以自诫，故曰《风》。以一国之事，系一人之本，谓之《风》。言天下之事，形四方之风，谓之《雅》。《雅》者，正也，言王政之所由废兴也。政有小大，故有《小雅》焉，有《大雅》焉。《颂》者，美盛德之形容，以其成功告于神明者也。是谓四始，《诗》之至也〔始者，王道兴衰之所由也〕。至于王道衰，礼义废，政教失，国异政，家殊俗，而《变风》、《变雅》作矣（原书一至至也在《变雅》作矣之后，《群书治要》放在了《变雅》作矣之前）。《周南》、《邵南》，正始之道，王化之基。是以《关雎》乐得淑女以配君子，忧在进贤，不淫其色，哀窈窕，思贤才，而无伤善之心焉。是《关雎》之义也。

关关雎鸠，在河之洲〔兴也。关关，和声也。雎鸠，王雎也。鸟挚而有别，后妃悦乐君子之德，无不和谐，又不淫其色，若雎鸠之有别焉，然后可以风化天下。夫妇有别，则父子亲。父子亲，则君臣敬。君臣敬，则朝廷正。朝廷正，则王化成也〕。窈窕淑女，君子好仇〔窈窕，幽闲也。淑，善也。仇，匹也（仇匹也原作仇逑也）。后妃有关雎之德，是幽闲贞专之善女，宜为君子匹逑（匹逑原作仇逑）也〕。参差荇菜，左右流之〔荇，接荼也。流，求也。后妃有关雎之德，乃能供荇菜备庶物，以事宗庙也。左右助之，言三夫人九嫔以下，皆乐后妃之事也〕。窈窕淑女，寤寐求之〔寤，觉也。寐，寝也。言后妃觉寐则常求此贤女，欲与之共己职〕。求之不得，寤寐思服〔服，事也。求贤女而不得，觉寐则思己职事，当与谁共之也〕。悠哉悠哉，展转反侧〔悠，思也。言己诚思之也，卧而不周曰展也〕。

《卷耳》，后妃之志也。又当辅佐君子，求贤审官。知臣下之勤劳，内有进贤之志，而无险诐私谒之心，朝夕思念，至于忧勤〔谒，请也〕。

采采卷耳，不盈倾筐〔忧者之兴也。采采，事采之也。卷耳，苓耳也。倾筐，畚属也，易盈之器也。器之易盈而不盈者，志在辅佐君子，忧思深也〕。嗟我怀人，寘彼周行〔怀，思也。寘，置也。行，列也。思君子官贤人，置之周之列位也。周之列位，谓朝廷之臣也〕。

【译文】

《关雎》一诗，歌咏后妃的美德，是《国风》的第一篇，用以教化天下，使夫妇之道端正。所以，《关雎》对引导乡野民众、改善国家风气都有功用。风，是婉言劝谏、教育感化的意思。用劝谏来转变人的观念，用教化来改善人心风俗。诗，是人的心境的寄托，存在于人的心中便是心境，以言辞表达出来就是诗。情志在内心涌动，就用言辞表达出来。言辞不足以表达人的情志，所以就发表感叹。感叹还不足以表达人的情志，所以就歌咏。歌咏还不足以详尽表达人的心境，便手舞足蹈来抒发。情志流露在声音里，发声形成一定的旋律，则称为音乐（声音形成一定的旋律，就是宫、商、角、征、羽五音互相应和的效果）。世道太平的音乐充满安适与欢乐，表明当时的政治平和；乱世的音乐充满了怨恨与愤怒，表明当时的政治必是倒行逆施的；灭亡或濒于灭亡的国家的音乐充满哀苦和愁思，表明当时的百姓困苦无望。所以说端正得失标准、感动天地鬼神，没有什麽可与诗的作用相比拟的。先王以诗调理夫妇关系，形成孝敬风气，使人伦淳厚，使教化美善，达到移风易俗的目的。所以，诗有六义：一是风，二是赋，三是比，四是兴，五是雅，六是颂。君王以诗来劝勉教化臣民，臣民以诗来劝谏讽喻君王。用《诗》的言辞劝谏的人不会获罪，听到的人能够引以为戒，所以称为讽喻。把一国的时事与国君修身治国的根本相连结，便称之为风类诗歌；谈论天下之事，表现天下的风气，便称之为雅类诗歌。雅，就是端正之意，论说的是君主之政事衰败与兴旺的缘由。政事有大小，所以有小雅、大雅之分。颂是赞美表现君主高尚品德，将其成就的功业告知于天地间一切神灵的。风、小雅、大雅、颂合称为“四始”，是诗的最高成就（称为始，是因为讲述了王道兴起或衰落的缘由）。

到王道衰落、礼义废弃、政教违逆、各诸侯国各自为政、家风改变，因而变风、变雅等作品便随之产生。《周南》、《邵南》是端正初始治国方向的法则，是以王道转变人心风俗的根本。因此《关雎》一诗是说后妃心里以得贤善之女以配君子为喜，以所推选的贤能之人不受重用为忧，不是只沉溺于自己的美色以求专宠而已。哀伤幽静贤良的女子未得以赏识推荐，一心渴望得到贤能的人才，而无丝毫妒忌、抑制贤者之心，这是《关雎》一诗的意旨所在。

小岛上双栖的雎鸠相对而唱，发出关关的和鸣。（这一句为起兴，意在引出下文。雎鸠鸟情感诚挚专一，与其他鸟不同。后妃喜爱君子的德行，没有不和谐的。她不是沉湎于自己的美色，就像关雎鸟与常鸟不一样，这样就可以教化天下。夫妇各有本分，父子就能互相亲爱。父子互相亲爱，君臣就能互相恭敬。君臣互相恭敬，那就能使朝廷端正。朝廷端正，那麽君王就能成功地教化天下。）

只有那娴静温婉的女子，才配得上君子那完美的德行。（后妃具有雎鸠情义专一的美德，是幽静贤淑的好女子，适宜做君子理想的配偶。）

水面上漂满了长短不齐的荇菜，众姐妹顺着水流左采右采。（后妃有关雎情感诚挚专一的美德，才能进献荇草来准备物品，以供奉宗庙。左右助之，是说三夫人九嫔以下，都相互配合，乐于自己的职事。）

温良娴静的人儿啊，我日夜盼望你早一天到来。（这一句说后妃日夜寻求贤德的女子，想与她一起教化天下。）

这样的贤淑之人一天没有出现，总叫我日思夜想寝食难安。（寻求不到贤惠善良的女子，日夜思虑着教化天下的事情有谁能够与自己共同承当。）

我心中日思夜想为国求贤，翻来覆去难安眠。（这一句意指自己思虑到了极点。）

《卷耳》是写后妃志向的作品。后妃之志希望辅助君王，求取贤良，慎选官员。了解臣下的勤苦与功绩，心里只有向君王选荐贤人的志愿，而没有丝毫偏颇、谋私的邪念。为此朝夕思虑，以至于整日忧劳不断。

我两手不停把卷耳采，总觉那罗筐没装满。（这一句为起兴，器皿容易装满却总装不满，意在说明希望辅佐君王的忧虑深远。）

只因我心中把君王念，但愿那天下的君子，都做了君王座上贤！（这一句说明后妃希望君王任人唯贤，让其成为周朝廷的官员。）

# 邵　南

《甘棠》，美邵伯也。邵伯之教，明于南国〔邵伯，姬姓，名奭，作上公为二伯〕。

蔽芾甘棠，勿翦勿伐，邵伯所茇〔蔽芾，小貌。甘棠，杜也。茇，草舍也。邵伯听男女之讼，不重烦劳百姓，止舍小棠之下而听断焉，国人被其德，悦其化，敬其树也〕。

《何彼秾矣》，美王姬也。虽则王姬，亦下嫁于诸侯，车服不系其夫，下王后一等，犹执妇道以成肃雍之德。

何彼秾矣？唐棣之华〔兴也。秾，犹戎戎也。唐棣，栘也。云何乎彼戎戎者，乃栘之华。兴者，喻王姬颜色之美盛也〕。曷弗肃雍，王姬之车〔肃，敬也。雍，和也。曷，何也。之，往也。何不敬和乎？王姬往乘车。言其嫁时始乘车，则已敬和矣〕。

【译文】

《甘棠》是赞美邵伯的诗。邵伯教化民众、执行德政之善举，盛传在江汉一带。

你看那枝繁叶茂的甘棠，切莫要修剪砍伐将它伤！

那里有邵伯住过的草屋，那是他曾经断案的地方。（邵伯审理百姓的官司，为了不让百姓劳烦，在小棠树下的草屋听讼断狱，百姓蒙受邵伯的德泽，悦服邵伯的教化，因而恭敬那棵棠树。）

《何彼秾矣》是赞美周天子女儿的诗。虽然贵为天子之女，又下嫁于诸侯，她的车马服饰规格和她丈夫的地位无关，待遇仅次于王后，却能谨守妇道而表现出庄重谦和的品德。

啊，那是何等的茂盛！请看那棠棣花盛开的地方。（这一句以盛开的棠棣花起兴，比喻周天子的女儿面容娇好。）

怎能不敬肃而和美呢，那正是王姬出嫁的车辆！（怎能不敬肃和睦呢？请看王姬出嫁乘车时的情形吧！这一句意在赞美公主下嫁诸侯从乘车之始就已经显现出敬肃和睦的气象。）

## 邶　风

《柏舟》，言仁而不遇也。卫顷公时，仁人不遇，小人在侧。

泛彼柏舟，亦泛其流〔兴也。泛泛，流貌也。柏木所以宜为舟也。汎其流，不以济渡也。舟，载渡物也。今不用而与众物泛泛然，俱流水中。兴者，喻仁人之不用，与群小人并列，亦犹是也〕。耿耿不寐，如有隐忧〔耿耿，犹儆儆也。隐，痛也。仁人既不遇，忧在见侵害也〕。忧心悄悄，愠于群小〔悄悄，忧貌也。愠，怒也〕。觏闵既多，受侮不少〔闵，病也〕。

《谷风》，刺夫妇失道也。卫人化其上，淫于新婚，而弃其旧室。夫妇离绝，国俗伤败焉。

习习谷风，以阴以雨〔兴也。习习，和舒之貌。东风言之谷风，阴阳和而谷风至，夫妇和则室家成也〕。黾勉同心，不宜有怒〔言黾勉思与君子同心也。所以黾勉者，以为见谴怒非夫妇之宜也〕。采葑采菲，无以下体〔葑，蕵也。菲，芴也。下体，根茎也。二菜皆上下可食，然而其根有美时、有恶时。采之者不可以根恶之时，并弃其叶。喻夫妇以礼义合，以颜色亲，亦不可以颜色衰而弃其相与之礼〕。德音莫违，及尔同死〔莫，无也。及，与也。夫妇之言，无相违者，则可长相与处至死，颜色，斯须之有也〕。

【译文】

《柏舟》一诗，抒发怀有仁德之心却不能尽忠于国君的情怀。卫顷公时，仁人未能受到君王的重用，反而遭到小人的谗害。

任由那柏木小舟空无一人，独自在河流中漂浮。（柏木适宜做舟船，却任其漂流，不用来装载货物渡河。舟船是用来装载货物渡河的，现在不发挥其作用，却任其与其他东西一起漂流水中。这一句以在河流中漂浮的舟船起兴，比喻仁人不被重用，与品德卑微的人并列，也正如能够装载货物的舟船却任意在河流中漂浮着一样。）

我整日整夜难以入眠，心中有无尽的忧虑。（仁人既然不能得到重用，就非常担忧君王和国家利益会受到侵害。）

君子只能遁世而居，枉被小人所嫉妒。

还要饱受痛苦和忧伤，常常要受人轻辱。

《谷风》是斥责当时违背夫妇之道的诗。卫人批评其君主纵欲于新婚而厌弃前妻，因而造成社会上诸多夫妇离弃而国家风俗败坏的情况。

大地上吹起和煦的东风，天空的云雨也应时而降。（这一句以和煦的谷风起兴，比喻“阴阳和则谷风至，夫妻和则家室成”的道理。）

恰如那天地间阴阳和合，夫妇同心切莫以怨怒相伤。（这一句是说夫妇相处，要相互劝勉学习圣贤君子的德行风范，同心同德。若是被别人劝勉，却反认为自己受到了责备，这不是夫妻相处之道。）

譬如那蔓菁萝卜菜蔬味好，怎可以根茎稍苦便一概全抛。（蔓菁和萝卜的嫩叶皆可食用，但是它们的根茎有能食用的时候，也有不能食用的时候。采摘的人不能够因为其根茎不能食用就连叶子一起抛弃。这一句比喻夫妻间以礼仪相结合，以外表相亲近，不可因年老色衰，就抛弃夫妻相偕的道义。）

切莫要违背彼此当初的誓言，今生今世相濡以沫、白头到老！（夫妻之间的誓言，不要失信违背，就可以长长久久相处到老。而外表的姿色是短暂的，犹如昙花一现，不能长久。）

## 鄘　风

《相鼠》，刺无礼也。卫文公能正其群臣，而刺在位承先君之化无礼仪也。

相鼠有皮，人而无仪〔相，视也。仪，威仪也。视鼠有皮，虽居高显之处，偷食苟得，不知廉耻，亦与人无威仪者同也〕。人而无仪，不死胡为〔人以有威仪为贵，今反无之，伤化败俗，不如其死无所害也〕。相鼠有体，人而无礼〔体，支体也〕。人而无礼，胡不遄死。

《干旄》，美好善也。卫文公之臣子多好善，贤者乐告以善道也〔贤者，时处士也〕。

孑孑干旄，在浚之郊〔孑孑，干旄貌，注旄于干首，大夫之旗也。浚，卫邑。时有建此旄来至浚之郊，卿大夫好善者也〕。素丝纰之，良马四之〔纰，所以织组也。总纰于此，成文于彼，愿以素丝纰组之法御四马也〕。彼姝者子，何以畀之〔姝，顺貌。畀，与。时贤者既悦此大夫有忠顺之德，又欲以善道与之，诚爱厚之至焉〕。

【译文】

《相鼠》是斥责丧失礼仪之作。卫文公能够端正其群臣的作风，而责备那些身处在上位，承受着先君的风化，而不守礼仪之人。

看那老鼠身上只有一张皮，就好比人类一旦没有了礼仪。（看那老鼠还有皮，虽然处在高耸突出的地方，但苟且偷生，不知廉耻，也与没有礼仪的人一样。）如果一个人没有了礼仪，纵然不死，活着又有何意思？（人以有礼仪为尊贵。现在却相反，伤风败俗，不如死去就没有危害了。）看那老鼠只空有一副躯壳，就像一个人没有了礼仪。人没了礼仪便如同行尸走肉，过这样的日子为何不赶快去死？

《干旄》是赞美人们向善的诗。卫文公的臣子大多喜欢行善事，因此德行完备的隐士乐于告知他们为善的方法。

招贤的旌旗高高飘扬，大臣们乘着车子来到浚郊。（时常有车尾插着旄旗子的车子到浚郊，那是公卿大夫中，好善求贤者到来的行迹。）

用青丝编织成旌旗上的佩饰，四匹宝马整齐排列，随时恭候那贤人的来到。（汇集丝线在这里，形成花纹在那里，希望用素丝纰组之法，即驾御者手持缰绳于此，俊马驰骋于彼，驾驭者懂得驭术，四匹马奔跑得欢喜。）

连那些多年隐居不仕的君子也不禁动情：如何才能报答你们求贤的至诚！（当时德行完备的隐士欢喜卫文公的大臣们具备忠顺的德行，又一心要把最好的治国方略告诉他们，真是对他们厚爱到了极处啊！）

# 卫　风

《淇澳》，美武公之德也。有文章，又能听规谏，以礼自防，故能入相于周，美而作是诗。

瞻彼淇澳，绿竹猗猗〔兴也。猗猗，美貌也。武公质美德盛，有康叔之余烈也〕。有斐君子，如切如瑳，如琢如磨〔斐，文章貌。治骨曰切，象曰瑳，玉曰琢，石曰磨，道其学而成也。听其规谏，以礼自修饰，如玉石之见琢磨〕。

《芄兰》，刺惠公也。骄而无礼，大夫刺之〔惠公以幼童即位，自谓有才能，而骄慢于大臣。但习威仪，不知为政以礼也〕。

芄兰之支〔兴也。芄兰，草柔弱，恒延蔓于地，有所依缘则起。兴者，喻幼稚之君，任用大臣，乃能成其政也〕，童子佩觿〔觿所以解结，成人之佩也。人君治成人事，虽童子犹佩觿，以早成其德也〕。虽则佩觿，能不我知〔此幼稚之君，虽佩觿焉，其才能实不如我众臣之所知为也。惠公自谓有才能而骄慢，所以见刺也〕。

【译文】

《淇澳》是称扬卫武公美好德行的诗，说他既有文采，又善于听取不同意见，以道德仪节的规范自我约束，所以能够担任周朝的宰相，为表示对他的赞美而作此诗。

请看那弯弯的淇水河边，大片的绿竹秀美又茂盛。（这一句为起兴，用淇水内侧绿竹长得秀美茂盛比喻武公的美德，武公具有卫国开国始祖康叔的风范。）

那文采斐然的君子啊，进德修身如雕琢美玉，人人都精益求精。（善于听取他人的劝谏，用礼义自我修养，成就敬慎庄重的威仪，就像要成就精美的玉器，必须经过切磋琢磨。）

《芄兰》是讽喻惠公的诗。惠公骄纵而不遵礼义，所以大夫们对他进行讽喻。（惠公幼年即位，恃才而骄，只学习了表面威严的举止仪态，不明白用礼贤下士来治理国家的道理。）

就像芄兰那需要有所依托才能攀升的细枝，（这一句为起兴，枝叶细弱的芄兰要有所依托才能在地上不断地攀延。比喻幼小的君王要任用大臣为依托，才能为政治国。）年幼的君王已佩戴起象征成人的解结锥。（惠公治国管理成人，虽是小孩却佩戴标志成人的解结锥，是希望尽早成就他的德行。）

虽然配戴了此物不等于就已经成熟，君王啊，若有难事，别忘了还有我们这群臣子！（这一句说明幼稚的君王，虽然佩戴着成人标志的解结锥，但他的才能实在是比不上我等众臣的见识和智慧。惠公自认为很有才华而恃才骄傲，故被大臣们指责。）

## 王　风

《葛藟》，王族刺桓王也。周室道衰，弃其九族焉。

绵绵葛藟，在河之浒〔水涯曰浒。葛也藟也，生河之涯，得其润泽，以长而不绝。兴者，喻王之同姓，得王恩施以生长其子〕。终远兄弟，谓他人父〔兄弟，族亲也。王寡于恩施，今以远弃族亲矣，是我以他人为己父也〕。

《采葛》，惧谗也〔桓王之时，政事不明。臣无大小，使出者，则为谗人所毁，故惧之也〕。

彼采葛兮，一日不见，如三月兮〔兴也。葛，所以为絺绤也。事虽小，一日不见于君，忧惧于谗矣。兴者，以采葛喻臣，以小事使出者也〕。

【译文】

《葛藟》是王族之人讽喻周平王的诗作。当时周朝王道衰颓，周平王嫌弃厌离自己的九族宗亲。

葛蕉之藤延绵不绝，是因为生长在河边，长期得到河水的滋润。（葛蕉藤生长在河边，得到水的滋润，绵延不断地生长着。这一句为起兴，比喻君王的同姓宗族都是受君王恩泽而生存的。）

没想到君王竟然离弃兄弟宗亲，往日的隆恩不再，原来的慈父已变成路人！（君王对族亲寡恩，现在又远远地离弃我们，王族仰赖君王的恩施，如同仰赖自己的父亲，如今和认他人为父又有什麼区别呢？）

《采葛》是写臣子们惧怕有人谗毁中伤的诗作。（周平王时，政务不分明。大臣无论官职大小，被派出使就会被小人诋毁，所以人人担心惧怕。）

就好像出门去找些葛藤，我离开您只是去办小事一件，可是一天见不到就把心担。

好似有几个月没见面，生怕夜长梦多生事端！（这一句为起兴，用采摘葛藤比喻臣子因小事出使。出使虽然是小事，但一天没见到君王就担心会被小人诋毁。）

# 郑　风

《风雨》，思君子也。乱世则思君子不改其度焉。

风雨凄凄，鸡鸣喈喈〔兴也。风且雨凄凄然，鸡犹守时而鸣喈喈然。兴者，喻君子虽居乱世，不改其节度也〕。既见君子，云胡不夷〔夷，悦也。思而见之，云何不悦也〕。

《子衿》，刺学校废也。乱世则学校不修。

青青子衿，悠悠我心〔青衿，青领。学子之所服，学子而俱在学校之中。己留彼去，故随而思之〕。纵我不往，子宁不嗣音〔嗣，续也。汝曾不传声问我，我以恩责其忘己也〕。

【译文】

《风雨》是思念君子的诗。时处乱世，人们则思念君子。因为君子虽处乱世，却不改变其节操。

任凭它风雨交加天气寒冷，那报晓的雄鸡总是守时而鸣。(这一句为起兴，用风雨交加、凄凉寒冷，但雄鸡还守时鸣叫，比喻君子虽身处乱世却不改变其气节和处事原则。)

我仰慕那君子的品行坚贞有节，今日相见怎能不喜悦欢欣！（久思君子终于见到，为什麽不欢喜呢。)

《子衿》是斥责学校教育荒废的诗。遭逢乱世，学校教育往往得不到整治恢复。

想那班身着青衣的学子啊，你们的离去令我日夜忧思。(这一句说明过去和学子们一起，都在学校中学习，现在他们都走了，而只有自己留下来，所以追思着他们。）纵然我不能一一去挨家探访，难道就从此都音信全无，全忘了师生的情义！（老师的意思是你们走后为何都不曾捎个音信来问候我？这是从师生恩义的角度责备学生不应该忘记了自己的老师。)

# 齐　风

《鸡鸣》，思贤妃也。哀公荒淫怠慢，故陈贤妃贞女夙夜警戒相成之道焉。

鸡既鸣矣，朝既盈矣〔鸡鸣朝盈，夫人也，君也，可以起之常礼也〕。匪鸡则鸣，苍蝇之声〔夫人以蝇声为鸡鸣，则以作早于常时，敬也〕。

《甫田》，大夫刺襄公也。无礼义而求大功，不修其德而求诸侯。志大心劳，所以求者非其道也。

无田甫田，维莠骄骄〔兴也。甫，大也。大田过度，而无人功，终不能获。兴者，喻人君欲立功致治，必勤身修德，积小以成高大也〕。无思远人，劳心忉忉〔忉忉，忧劳。此言无德而求诸侯，徒劳其心忉忉然〕。

【译文】

《鸡鸣》是思得贤妃的诗。哀公荒淫无道，懈怠政事，所以诗人向君王陈述若得贤德贞良的后妃，可早晚警戒辅佐君王成就帝业的道理。

“听窗外鸡已啼鸣，快别让朝中的大臣们久等！”（这一句说明鸡叫早朝，是夫人、君王按常礼起床的时辰。）

却原来并非鸡在叫，竟是那小小苍蝇把夫人惊醒。（夫人把苍蝇鸣叫声当成了鸡叫声，所以起来得比平时还早。这里说的是夫人非常慎重恭敬地对待君王早朝之事。）

《甫田》是大夫讽喻齐襄公之诗。襄公不遵循礼义而一心期求获取大的功绩，不修养自己的德行而只会一味要求诸侯支持拥戴他。他的志向虽大，却心劳日拙，是因为他期求的方法不正确。

农夫无力耕种过大的田地，田地里就只会杂草丛生。（这一句为起兴，田地面积太大，人力不足，终究不会有收获。比喻君王想建立功勋使国家安定，一定要勤勉地修身养性，积累小的善行来成就大的功绩。）

君王无德就别想着远人来归附，那只会白白地劳心费神。（这一句说明自身没有高尚的德行却要求诸侯拥戴，只能是白费心力黯然忧伤。）

## 魏　风

《伐檀》，刺贪也。在位贪鄙，无功而受禄。君子不得进仕尔。

坎坎伐檀兮，寘之河之干兮，河水清且涟漪〔伐檀以俟世用，若俟河水清且涟漪。是谓君子之人不得进仕也〕。不稼不穑，胡取禾三百廛兮？不狩不猎，胡瞻尔庭有悬貆兮〔一夫之居曰廛。貆，兽名也〕？彼君子兮，不素餐兮〔素，空。彼君子者，斥伐檀之人。仕有功，乃肯受禄〕。

《硕鼠》，刺重敛也。国人刺其君之重敛，蚕食于民，不修其政，贪而畏人，若大鼠也。

硕鼠硕鼠，无食我黍。三岁贯汝，莫我肯顾〔硕，大也。大鼠大鼠者，斥其君。汝无复食我黍，疾其君税敛之多，我事汝已三岁矣，曾无教令恩德来顾眷我，又疾其不修德政〕。逝将去汝，适彼乐土〔往矣将去汝，与之诀别之辞。乐土，有德之国也〕。

【译文】

《伐檀》是斥责贪婪的诗。若身在官位而贪心不满足，没有功劳却接受俸禄，就会使君子不能够入仕为官。

有人在深山不停地砍伐，将那质地优良的檀木，整齐地摆放在小河边。

可惜了这些优质的檀木啊，谁肯将它们带出深山？

期待那林边的小河啊，何时再泛起波澜？（砍伐檀木等待着被世人采用，就像等着河水清澈且静静地泛着涟漪。这一句是说德行高尚的君子不能够入仕为官。）

那些人既不能耕种也不会收割，凭什麽将千百捆稻谷运出田间？

你既不会田猎又不能捕捉，为什麽会有小貉，在你的庭院里挂满？

那些德行高尚的君子啊，决不会无功受禄，白吃白喝只会令人汗颜！（那些德行高尚的君子，指的是河边砍伐檀木之人。意思是说为官者应该有功才可以享受俸禄。）

《硕鼠》是斥责国君横征暴敛的诗。国人指责其君主横征暴敛、蚕食百姓、不整顿政令、贪婪无度而使百姓畏惧，就像危害百姓的大老鼠。

大老鼠啊大老鼠，不要再只顾着偷吃我的米谷。

多年来我供养着你，你却从不顾念我。（硕大的老鼠，是斥责君王的；你不要再偷吃我的粮食，是痛恨君王苛收重税；多年来我侍养你，你却没有用教化恩德来顾眷我，这是痛恨君王不修养德行来整顿政令。）

我将要离开你，去投奔那没有盗贼、可以安居乐业的有德之国。

# 唐 风

《杕杜》，刺时也。君不能亲其宗族，骨肉离散，独居而无兄弟，将为沃所并尔。

有杕之杜，其叶湑湑〔兴也。杕，特生貌。杜，赤棠也。湑湑，枝叶不相次比之貌〕。独行踽踽，岂无他人？不如我同父〔踽踽，无所亲也。他人，谓异姓也。言昭公远其宗族，独行国中踽踽然。此岂无异姓之臣乎？顾恩不如同姓之亲亲耳〕。

【译文】

《杕杜》是斥责时弊的诗。君主不能爱其同宗族之人，而导致骨肉离散。他独居高位而无兄弟相助，必将被强国所吞没。

就像那株赤棠树，叶虽繁盛但却枝条稀零。（这一句为起兴。）

你孤单一人走在旷野，无人可亲。

难道无人与你同行？但毕竟都不是自家兄弟，怎比得上同父同祖的至亲？（这一句说明昭公远离宗族，在一国中无人亲近、孤独无助。这样的状况难道是身边没有异姓的大臣吗？是他们不如同姓兄弟那样亲爱对待昭公。）

## 秦　风

《晨风》，刺康公也。忘穆公之业，始弃其贤臣焉。

鴥彼晨风，郁彼北林〔兴也。鴥，疾飞貌也。晨风，鹯也。郁，积也。先君招贤人，贤人归往之，驶疾如晨风之飞入北林也〕。未见君子，忧心钦钦〔言穆公始未见君子之时，思望而忧，钦钦然也〕。如何如何？忘我实多〔此言穆公之意，责康公如何乎，如何乎？汝忘我之事实多大也〕。

《渭阳》，康公念母也。康公之母，晋献公之女。文公遭骊姬之难，未反而秦姬卒。穆公纳文公，康公时为太子，赠送文公于渭之阳，念母之不见也。我见舅氏，如母存焉，及其即位，思而作是诗也。

我送舅氏，曰至渭阳〔渭，水名也〕。何以赠之，路车乘黄〔赠，送也。乘黄，驷马皆黄也〕。我送舅氏，悠悠我思。何以赠之，琼瑰玉佩〔琼瑰，美石而次玉者也〕。

《权舆》，刺康公也。忘先君之旧臣，与贤者有始而无终也。

于我乎！夏屋渠渠〔夏，大也。屋，具也。渠渠，犹勤勤也。言君始于我厚，设礼食大具以食我，其意勤勤然〕。今也每食无余〔此言君今遇我薄，其食我裁足也〕。于嗟乎？不承权舆〔承，继也。权舆，始也〕。

【译文】

《晨风》是讽喻秦康公的诗作。秦康公忘记父亲秦穆公的基业，开始逐渐弃置国家贤能的臣子。

远望那迅疾的晨风鸟，成群地聚向北林。（这一句为起兴，比喻秦穆公招贤纳士，贤才纷纷往秦穆公身边聚集，就像晨风鸟疾速飞入北边林子一般。）

在贤才到来之前，我唯有日夜忧心。（这一句说的是秦穆公没见到贤才的时候，无限忧虑，日思夜想，翘首以望。）

可是为什麽？为什麽今天我的后人，再没有我当初的心境？（这一句是代秦穆公言，责怪秦康公把自己求贤若渴、招揽贤才、治国安邦之事忘记得太多。）

《渭阳》是康公怀念母亲的诗。秦康公之母秦姬是晋献公的女儿。晋文公遭逢骊姬之难，尚未返回晋国时，秦姬已亡故。秦穆公接纳了晋文公，助他回国为君。秦康公当时为太子，在渭河北岸赠别晋文公时，想到母亲已亡不能再见，对晋文公说："我每次见到舅舅您，就好像母亲还在人世！"当他继位后，回想当时的情景，写下了这首诗。

送别母舅，如同送别慈亲。

依依难舍，直送到渭水之滨。

有什麽可以相赠？只有这驷马之车，陪伴您一路风尘。

送别母舅，如同送别慈亲。

悠悠无尽，是心中的惜别之情。

有什麽可以相赠？只有这随身的玉佩和美石，请让它们随您同行！

《权舆》是讽喻康公之诗，言其忘记先君的旧臣与贤良之士，有始而无终。

啊！想当初君王对我何其礼敬，大盘大碗殷勤款待似嘉宾。（这一句说的是君王开始待我情义深厚，用大餐具盛丰盛的食物招待我，态度十分殷勤。）

到如今每餐只够填饱肚，盘干碗净无剩余。（这一句讲如今君王待我薄情，每餐仅仅够吃而已。）

唉，君王的态度已不似当初！

## 曹　风

《蜉蝣》，刺奢也。昭公国小而迫，无法以自守，好奢而任小人，将无所依焉。

蜉蝣之羽，衣裳楚楚〔兴也。蜉蝣，渠略也。朝生夕死，犹有羽翼以自修饰。楚楚，鲜明貌。兴者，喻昭公之朝，其群臣皆小人也。徒整饰其衣裳，不知国将迫胁，君臣死亡之无日，如渠略然也〕。心之忧矣，于我归处〔归，依归也。君当于何依归？言有危亡之难，将无所就往也〕？

《候人》，刺近小人也。共公远君子而好近小人焉。

彼候人兮，荷戈与祋〔候人，道路送迎宾客者也。荷，揭也。祋，殳也。言贤者之官，不过候人也〕。彼其之子，三百赤芾〔芾，韠也。大夫以上，赤芾乘轩之子，是子也。佩赤芾者三百人〕。

【译文】

《蜉蝣》是斥责奢侈的诗。昭公国家弱小而被大国所欺压，自己又没有治国之法来保卫守护自己和国家，既好奢侈又重用小人，最后终将落得无所归依的结局。

瞧那朝生暮死的蜉蝣，把羽翼修饰得剔透光亮，如同炫耀那华丽的衣裳。（这一句为起兴。蜉蝣是一种早上出生傍晚死亡，却拥有羽翼、修饰自己的虫。比喻曹昭公的朝廷众臣全都是小人，只顾着修饰他们的外表，不知国家面临危难，君臣死期已近，就像蜉蝣那样。）

仁者的心中充满忧伤：死期将至的人啊，你将归向何方？（这一句是说君王若不修德用贤，国家危亡的灾难来临之际，君王将无处可去。）

《候人》是讽喻君主亲近小人之诗。曹共公疏远有德君子，而喜欢亲近无德小人。

请看那位孤独的贤者，肩上扛着戈和祋，每天只负责恭候来宾。（这一句是说贤者的官位，不过是负责迎候宾客而已。）

再看那些满朝的小人，穿着赤色官服的大夫，就有三百多人！

## 小　雅

《鹿鸣》，燕群臣嘉宾也。既饮食之，又实币帛筐篚，以将其厚意，然后忠臣嘉宾得尽其心矣。

呦呦鹿鸣，食野之苹〔兴也。苹，大蓱也。鹿得苹草，呦呦然鸣而相呼。恳诚发于中，以兴嘉乐宾客，当有恳诚相招呼以成礼也〕。我有嘉宾，鼓瑟吹笙。吹笙鼓簧，承筐是将〔筐，篚属。所以行币帛也。承犹奉也〕。

《皇皇者华》，君遣使臣也。送之以礼乐，言远而有光华也〔言臣出使能扬君之美，以延其誉于四方，则为不辱君命也〕。

皇皇者华，于彼原隰〔皇皇，犹煌煌也。忠臣奉使，能光君命，无远无近，如华不为（为原作以）高下易其色矣。无远无近，惟所之则然也〕。駪駪征夫，每怀靡及〔駪駪，众多之貌也。征夫，行人也。众行夫既受君命，当速行，每人怀其私相稽留，则于王事将无所及也〕。

《常棣》，燕兄弟也。闵管蔡之失道，故作《常棣》焉〔周公吊二叔之不咸，而使兄弟之恩疏。召公为作是诗而歌之以亲之〕。

常棣之华，萼不炜炜〔承华者曰萼，不当作跗。跗，萼足也。萼足得华之光明炜炜然也。兴者，喻弟以敬事兄，兄以荣覆弟，恩义之显，亦炜炜然也〕。凡今之人，莫如兄弟〔人之恩亲，无如兄弟之最厚〕。鹡鸰在原，兄弟急难〔鹡鸰，雍渠也。飞则鸣，行则摇，不能自舍尔。急难，言兄弟之相救于急难矣〕。每有良朋，况也永叹〔况，兹也。永，长也。每，虽也。良，善也。当急难之时，虽有善同门来，兹对之长叹而已〕。兄弟阋于墙，外御其侮〔阋，狠也。御，禁也。兄弟虽内阋，外犹御侮也〕。

【译文】

《鹿鸣》是写设宴招待群臣、嘉宾的诗。君主既供给酒食，又用筐篚装满财物予以赏赐，以示厚待之意，这样，忠臣嘉宾皆会尽心辅佐君主。

小鹿在野地里呦呦鸣叫，呼唤着同伴，一齐共享那青青的苹草。（这一句为起兴，用小鹿招呼同伴吃苹草，比喻君主设宴招待宾客，应当诚恳地招呼来表达礼敬。）

我也有满座的嘉宾，席间鼓瑟吹笙。

吹笙鼓簧，共度良辰，更有整筐的礼物，奉献给尊贵的客人。（这一句说明君主在席间诚敬地奉送礼物给宾客。）

《皇皇者华》写君主派遣使臣，以礼乐为之送行，表达出使远方国家的光彩荣耀（这一句是说明大臣出使，能够使君主的美德扬名四方，使臣就没有辜负君主的使命了）。

盛开的鲜花漫山遍地，无论远近高低，都因它而充满生机。（忠臣奉命出使，能够使君主光耀美德，无论远近，犹如鲜美的花儿不因开在山冈和洼地就改变花儿的艳丽，君主美德的光耀也是这样的。）

往来的使臣啊，此番远行，也将把圣王的美德播遍遐迩，难怪脚步匆匆不稍停，唯恐有辱君命。（这一句说明众多使臣既然接受了君主的使命，就应当快速地赶路，若因私事而耽误，君主的愿望就不能实现了。）

《常棣》是写宴请兄弟的诗。因伤痛管叔、蔡叔违背道义，所以召公作《常棣》一诗。（这一句说明周公伤痛管蔡二叔与自己不同心，而使兄弟之间的恩情疏远。召公为此作这首诗来抒发感情，欲使兄弟之间和睦相亲。）

常棣开花，花瓣和花萼相互辉映，岂不是同样鲜明？（这一句为起兴，用常棣花开时花瓣和花萼同样鲜明比喻弟弟恭敬侍奉兄长，兄长以荣耀庇护弟弟，兄弟之间的恩义就像常棣花开时花瓣和花萼同样鲜明一样。）

如今世上的众人，没有人比兄弟更亲。（当时人与人之间的恩情，没有像兄弟之间恩情深厚的。）

犹如鹡鸰水鸟不幸流落在高原，行则相顾，飞则相唤。既为兄弟，必当相救于危难。（鹡鸰鸟边飞边鸣，行走摇摆不安，不会舍下同伴自己离开，这种天性犹如兄弟之间在急难时互相救助不愿舍离一样。）

平日的好友虽多，如今急难之时，却只能报以长叹。（当处于急难之时，虽有很好的同学朋友来到，也只能相对长叹而已。）

兄弟在家中尽管也有纷争，但一定会同心抵御来自外部的欺凌。

《伐木》，燕朋友故旧也。自天子以下至于庶人，未有不须友以成者。亲亲以睦，友贤不弃，不遗故旧，则民德归厚矣。

伐木丁丁，鸟鸣嘤嘤〔丁丁，嘤嘤，相切直也。言昔日未居位，与友生于山岩伐木，为勤苦之事，犹以道德相切正也。嘤嘤，两鸟声也。其鸣之志，似于有朋友道然，故连言之〕。出自幽谷，迁于乔木〔迁，徙也。谓向时之鸟，出从深谷，今移处高木也〕。嘤其鸣矣，求其友声〔君子虽迁处于高位，不可以忘其朋友也〕。相彼鸟矣，犹求友声。矧伊人矣，不求友生〔矧，况也。相，视也。鸟尚知居高木呼其友，况是人乎？可不求乎〕。

《天保》，下报上也。君能下下以成其政，则臣亦归美以报其上焉。

天保定尔，俾尔戬穀。罄无不宜，受天百禄〔保，安也。尔，汝也。戬，福也。穀，禄也。罄，尽也。天使汝所福禄之人，谓群臣也。其举事尽得其宜，受天之多福禄〕。如月之恒，如日之升〔恒，弦也。升，出也。言俱进也。月上弦而就盈，日始出而就明也〕。如南山之寿，不骞不崩〔骞，亏〕。如松柏之茂，无不尔或承〔或之言有也。如松柏之枝叶，常茂盛，青青相承，无衰落也〕。

《南山有台》，乐得贤也。得贤者则能为邦家立太平之基矣〔人君得贤者，则其德广大坚固，如山之有基趾也〕。

南山有台，北山有莱〔台，夫须也。兴者，山之有草木以自覆盖，成其高大，喻人君有贤臣自以尊显也〕。乐只君子，邦家之基〔基，本也。只之言是也。人君既得贤者置之于位，又尊敬以礼乐乐之，则能为国家之本也〕。

【译文】

《伐木》是宴请朋友、故旧之诗。自天子以下到平民百姓，没有无须借朋友之助而能成就其功业的。君主热爱亲人来保持和睦，友爱贤者，不忘故旧，那麽百姓的品德就会回归于淳厚了。

当年一起在深山伐木，斧声丁丁，恰似林中的群鸟，在一旁嘤嘤和鸣。（这一句说明君子往日未做官的时候，与朋友一起在险峻的高山中伐木，做勤劳辛苦的事情，还能够相互切磋道德并行正道。两只鸟连声鸣叫，也好似朋友之间在切磋道德互以正道相勉一般。）

小鸟偶而从深谷中飞出，迁居于山顶高大的树木。

高居的小鸟依旧嘤嘤而鸣，不停地呼唤着幽谷内昔日的友人。（君子虽然迁居高位了，但不能忘记故旧和朋友啊。）

看那小鸟也知道不忘故旧，何况是那位君子，怎会不寻求旧友？（小鸟尚且知道聚集在高大树木上而不忘呼叫朋友，何况是人呢？能不求吗？）

《天保》是臣下报答君主之诗。君主能礼贤下士而成就其政事，则臣下就会将众善归功于君主，以美德报答君主。

上天保佑使您安定，并让您赐给群臣以福禄。

凡事都尽得其宜，才得以享受上天赐予的种种恩惠。（上天安定你的王位，所以让你赐福禄予人们，也就是那些朝廷群臣们，都没有赏赐不当的。他们做事都能尽其所能，而堪受君王赐予的种种恩惠。）

君王的福禄如上弦月越来越圆满，像初升的太阳越来越明亮。

如南山之寿，永无终尽之时；如松柏之茂，枝叶长青而永不衰落。

《南山有台》是写喜得贤才的诗。能得到贤才者，则能为国家奠定太平的根基。（国君得到贤才，就能够光大德行使国家政权坚固，就像高山具有牢固的根基。）

南山有莎草，北山有野藜，草木丛生才显出山岳的雄伟。（这一句为起兴，用山上有草木覆盖而成就山的高大来比喻说明国君有贤才从而显示其尊贵。）

啊，天下贤才都乐于归向依止，这就是国家的根基！（国君得到贤才，把他们放在高位，尊敬他们，用礼乐使他们快乐，他们就能成为国家的根基。）

《蓼萧》，泽及四海也。

蓼彼萧斯，零露湑兮〔兴也。蓼，长大貌。萧，蒿也。湑湑然，萧上露貌。兴者，萧香物之微者，喻四海之诸侯，亦国君之贱者。露，天所以润万物，喻王者恩泽，不为远国则不及之〕。既见君子，我心写兮〔既见君子者，远国之君朝见于天子也。我心写者，输（输原作舒）其情意，无留恨者〕。燕笑语兮，是以有誉处兮〔天子与之燕而笑语，则远国之君各得其所。是以称扬德美，使声誉常处天子也〕。

《湛露》，天子燕诸侯也。

湛湛露斯，匪阳不晞〔晞，干也。露虽湛湛然，见阳则干。兴者，露之在物湛湛然，使物柯叶低垂，喻诸侯受燕爵，其威仪有似醉之貌。唯天子赐爵，则貌（貌原作自）变，肃敬承命，有似露见日而晞也〕。厌厌夜饮，不醉无归〔厌厌，安也〕。

《六月》，宣王北伐也。《鹿鸣》废，则和乐缺矣。《四牡》废，则君臣缺矣。《皇皇者华》废，则忠信缺矣。《常棣》废，则兄弟缺矣。《伐木》废，则朋友缺矣。《天保》废，则福禄缺矣。《采薇》废，则征伐缺矣。《出车》废，则功力缺矣。《杕杜》废，则师众缺矣。《鱼丽》废，则法度缺矣。《南陔》废，则孝友缺矣。《白华》废，则廉耻缺矣。《华黍》废，则畜积缺矣。《由庚》废，则阴阳失其道理矣。《南有嘉鱼》废，则贤者不安，下民不得其所矣。《崇丘》废，则万物不遂矣。《南山有台》废，则为国之基坠矣。《由仪》废，则万物失其道理矣。《蓼萧》废，则恩泽乖矣。《湛露》废，则万国离矣。《彤弓》废，则诸夏衰矣。《菁菁者莪》废，则无礼仪矣。《小雅》尽废，则四夷交侵，中国微矣。

六月栖栖，戎车既饰〔栖栖，简阅貌。饰正也。记六月者，盛夏出兵，明其急也〕。猃狁孔炽，我是用急〔炽，盛也。孔，甚也。此序吉甫之意也。北狄来侵甚炽，故王以是急遣我也〕。

【译文】

《蓼萧》是写君主恩惠施及四海的诗。

长长的艾蒿生长在四野，甘露的滋润无所不及。（这一句为起兴，用蓼萧比喻天下的诸侯，也就是比喻了地位低下的人。用滋润万物的露水比喻天子施恩泽到天下所有地方。）

四方的诸侯都来朝见天子，内心的喜悦、感戴难以言喻。（远方诸侯们朝见周天子，心情多麽舒畅，没有留下遗憾了。）

席间欢声笑语，争相传扬周天子的美德。（周天子宴请诸侯们，席间充满欢声笑语，这样远方的诸侯各得其所，因此称赞扬名周天子的美德，使周天子拥有美好的声誉。）

《湛露》是写天子宴请诸侯之诗。

草木上挂满晶莹的露珠，除非是太阳照耀便不会干枯。（露珠虽然浓重，见到阳光就会干。这一句为起兴，用浓重的露珠在草木上使草木枝叶低垂，比喻诸侯接受天子宴请，席间陶陶然似有醉意。当天子赐给爵位时，就变成恭敬的样子接受任命，就像露珠见到阳光一会儿就被晒干了一样。）

天子赐宴直至夜幕低垂，众诸侯心中陶然，不醉不归。

《六月》是写宣王北伐之诗。如果《鹿鸣》之章废弃，则君臣和乐缺失；《四牡》之章废弃，则君臣关系有损；《皇皇者华》之章废弃，则于忠诚信义有失；《常棣》之章废弃，则于兄弟情谊有失；《伐木》之章废弃，则会失去朋友；《天保》之章废弃，则会亏缺福禄；《采薇》之章废弃，则丧失征伐之道；《出车》之章废弃，则会失缺征伐之功劳；《杕杜》之章废弃，则军队难以形成；《鱼丽》之章废弃，则法度缺失；《南陔》之乐曲废弃，则孝敬父母、友爱兄弟之情缺失；《白华》之乐曲废弃，则廉耻之心缺失；《华黍》之乐曲废弃，则仓储积蓄亏缺；《由庚》之乐曲废弃，则会使阴阳失调；《南有嘉鱼》之曲废弃，则会使贤者不安、百姓得不到安顿；《崇丘》之乐曲废弃，则会使万物不能顺利生长；

《南山有台》之乐曲废弃，则会使治国的根本失掉；《由仪》之乐曲废弃，则万物皆失其协调；《蓼萧》之章废弃，则天子与诸侯的恩泽丧失；《湛露》之章废弃，则会使万国背离。《彤弓》之章废弃，则华夏诸国会衰落；《菁菁者莪》之章废弃，则天下将没有礼仪了；《小雅》一类诗歌全部废弃，则会使四方边远民族交替入侵，而使中原衰弱。

正赶上六月农忙之季，战车战马一排排，朝廷正检阅王师。（这一句说明盛夏六月出兵，情况紧急。）

猃狁来犯何其猖獗，王命紧急，不容我稍有迟疑！（这一句是表达周宣王的贤臣尹吉甫的心意。北方少数民族来犯猖獗，所以君王急切地派遣我带兵出征。）

《车攻》，宣王复古也。宣王能内修政事，外攘夷狄，复文武之境土；修车马，备器械，复会诸侯于东都，因田猎而选车徒焉〔东都王城〕。

我车既攻，我马既同〔攻，坚也。同，齐也〕。四牡庞庞，驾言徂东〔庞庞，充实。东，雒邑也〕。萧萧马鸣，悠悠旆旌〔言不讙哗也〕。之子于征，有闻无声〔有善闻而无讙哗〕。

《鸿雁》，美宣王也。万民离散，不安其居，而能劳来，还定安集之，至乎鳏寡，无不得其所焉〔宣王，承厉王衰乱之弊而兴，复先王之道，以安集众民为始〕。

鸿雁于飞，集于中泽〔中泽，泽中。鸿雁之性，安居泽中。今飞而又集于泽之中，犹民去其居而离散，今见还定安集之也〕。之子于垣，百堵皆作〔侯伯卿士又于坏灭之国，征民起屋舍、筑墙壁。百堵同时起，言趋事也〕。虽则劬劳，其究安宅〔此劝万民之辞，汝今虽病劳，终有所安居也〕。

《白驹》，大夫刺宣王也〔刺其不能留贤也〕。

皎皎白驹，食我场苗。絷之维之，以永今朝〔宣王之末，不能用贤。贤者有乘白驹而去者。絷，绊也。维，系也。永，久也。愿此去者乘白驹而来，使食我场中之苗，我则绊之系之，以久今朝，爱之欲留也〕。所谓伊人，于焉逍遥〔乘白驹而去之贤人，今于何游息乎？思之甚矣〕。

《节南山》，家父刺幽王也〔家父，字，周大夫也〕。

节彼南山，维石岩岩〔兴也。节，高峻貌。岩岩，积石貌。兴者，喻三公之位，人所尊严也〕。赫赫师尹，民具尔瞻〔师，大师，周之三公。尹氏为大师。具，俱也。此言尹氏汝居三公之位，天下之民，俱视汝之所为也〕。国既卒斩，何用不监〔卒，尽也。斩，断也。监，视也。天下之诸侯，日相侵伐，其国已尽绝灭，汝何用为职，不监察之〕。

【译文】

《车攻》是写宣王恢复旧的制度之诗。宣王能内修政事，对外抵御外族，收复文王、武王时的疆域，整治车马，完善器械，重新在王城会盟诸侯，借打猎之机选拔善于驾车之人。

我的战车坚不可摧，我的战马并驾齐驱。

四匹雄马精神饱满，驾车直奔洛邑而去。

战马萧萧高声嘶鸣，战旗猎猎迎风飘舞。（这一句说明队伍中气氛严肃没有喧哗声。）

将士远征受人称颂有威名，军纪严明毫无那喧哗之声。

《鸿雁》是赞美宣王的诗。当时万民离散，不能安居，而宣王能慰问归来之民，使其归于故土而汇集安居，即使鳏寡之人，都无不得其居所。（周宣王承受着周厉王衰败混乱的局面而力图中兴，恢复古圣先王之道，并从安定和睦百姓做起。）

成群的大雁离去又飞回，重新汇集在沼泽间。（大雁的天性是习惯于安居在沼泽之中。现在大雁高飞后又汇集在沼泽之中，就像百姓离开家园流离失所，现在又能返回汇集在一起安居。）

朝廷下令重修城墙，众多民舍也随之重建。（侯伯卿士，为着毁灭的国家着想，征用百姓修建房舍、筑起围墙，众多的屋舍同时修建，说明百废俱兴，百姓安居乐业。）

百姓们虽然辛苦劳累，毕竟又有了自己的家园。（这一句是勉励百姓的话，你们现在虽然辛苦劳累，最终将有安居的地方。）

《白驹》是大夫讽喻宣王之诗（隐刺宣王不能留用贤才）。

如白雪般皎洁的骏马呀，请停住你脚步的声响。

我的苗圃长满青草，在此稍事小憩又何妨？

我将轻挽住你的丝缰，让你从此留在我身旁。朝朝暮暮，共度这美好时光。（周宣王末年，不能留用贤才，贤才乘白马离开了。希望离开的小白马，回来吃我场中的苗，我则绊住拴住，希望留住白马常吃草。这一句表达爱慕贤才，渴望留住贤才。）

啊，乘白驹而去的贤者啊，你此刻正遨游在何方？（乘小白马离开的贤才，现在在何处游历歇息？我想念你到了极点。）

《节南山》是周朝一位名叫家父的大夫指斥幽王的诗。

仰望那高峻的南山，堆积着层层岩石。（这一句为起兴，用堆积层层石头的南山比喻三公之位是人们所认为尊严的官位。）

身居高位的尹太师啊，百姓全都看着你。（尹氏处在三公高位，所以，天下百姓全都看着你的所作所为。）

国家将要灭亡，你为何竟毫无觉知？（天下的诸侯一天天侵犯，国家将要灭亡，你是怎麽履行职责的，难道你没觉察吗？）

《正月》，大夫刺幽王也。

正月繁霜，我心忧伤〔正月，夏之四月也。繁，多也。夏之四月霜多，急恒寒若之异，伤害万物，故我心为之忧伤也〕。民之讹言，亦孔之将〔将，大也。讹，伪也。人以伪言相陷入，使王行酷暴之刑，致此灾异，故言甚大〕。谓天盖高，不敢不局。谓地盖厚，不敢不蹐〔局，曲也。蹐，累足也。此民疾苦王政，上下皆可畏之言也〕。哀今之人，胡为虺蜴〔虺蜴之性，见人则走。哀哉今之人，何为如是，伤时政也〕。燎之方扬，宁或烕之〔烕之以水也，燎之方盛之时，炎炽熛怒，宁有能灭息之者乎？言无有也。以无有喻有之者为甚也〕。赫赫宗周，褒姒烕之〔宗周，镐京也。褒，国名也。姒，姓也。烕，灭也。有褒之女，幽王惑焉而以为后，诗人知其必灭周也〕。

【译文】

《正月》是周朝大夫指责幽王酷暴、荒政的诗。

正阳之月却下起了严霜，万物受灾令我心忧伤。（正月下大霜，着急于长时间不正常的寒冷之苦会伤害万物，所以我为此而内心忧伤。）

民间传谣言，沸沸又扬扬。（人们以谎言相骗，彼此陷入不义的境地，致使君王施行残暴的刑罚，导致这次灾难，所以谣言的影响太大。）天何等高远，人们却不敢不弯腰拱背；

地何等深厚，人们却不得不小心翼翼。（百姓受君王的暴政之疾苦，上下都令人畏惧。）

哀怜当今之人，为何都变成了蜥蜴。（蜥蜴的特性是见人就逃走。可悲啊，当今之人，为何像蜥蜴一样见到人就逃走？比喻百姓见到君王就像蜥蜴一样见人就逃，非常感伤当时的暴政之烈。）

《十月之交》，大夫刺幽王也。

十月之交，朔日辛卯。日有蚀之，亦孔之丑〔之交，日月之交会也。丑，恶也。周十月，夏之八月也。日食，阴侵阳，臣侵君之象也。日为君，辰为臣。辛，金也。卯，木也。又以卯侵辛，故甚恶之〕。彼月而蚀，则维其常。此日而蚀，于何不臧〔臧，善也〕。百川沸腾，山冢崒崩〔沸，出也。腾，乘也。山顶曰冢。崒者崔嵬也。百川沸出，相乘凌者，由贵小人也。山顶崔嵬者崩，喻君道坏也〕。高岸为谷，深谷为陵〔言君子居下，小人处上也〕。哀今之人，胡憯莫惩〔憯，曾也。变异如此，祸乱方至。哀哉今在位之人，何曾无以道德止之〕。黾勉从事，不敢告劳〔诗人贤者见时如是，自勉以从王事。虽劳不敢自谓劳，畏刑罚也〕。无罪无辜，谗口嚣嚣〔嚣嚣，众多貌也。时人非有辜罪，其被谗口见椓谮嚣嚣然〕。

《小旻》，大夫刺幽王也。

谋臧不从，不臧覆用〔臧，善也。谋之善者不从之，其不善者，反用之〕。我龟既厌，不我告犹〔犹，图也。卜筮数而渎龟，龟灵厌之，不复告其所图之吉凶〕。谋夫孔多，是用不集〔集，就也。谋事者众多，而非贤者，是非相夺，莫适可从，故所为不成也〕。发言盈庭，谁敢执其咎〔谋事者众，讻汹满庭，而无能决当是非。事若不成，谁云己当受其咎责者。言小人争智而让过〕。如彼筑室于道谋，是用不溃于成〔溃，遂也。如当路筑室，得人而与之谋所为，路人之意不同，故不得遂成也〕。不敢暴虎，不敢冯河，人知其一，莫知其他〔冯，凌也。人皆知暴虎冯河立至之害，而无知当畏慎小人，能危亡己也〕。

《小宛》，大夫刺幽王也。

温温恭人〔温温，和柔貌〕，如集于木〔恐坠也〕。惴惴小心，如临于谷〔恐陨〕。战战兢兢，如履薄冰〔衰乱之世，贤人君子，虽无罪犹恐惧也〕。

【译文】

《十月之交》是周朝大夫指责幽王行暴政、将亡国的诗。

十月的日食以阴侵阳，更兼初一辛卯以木犯金。

日月相侵，这样的凶兆令人心惊。（日食，阴侵袭阳，是大臣侵犯君王的征兆。日是君王，辰是大臣。辛是金，卯是木。又因为木侵犯金，所以是非常不吉利的征兆。）

以日侵月，尚为平常。以月侵日，实为不祥。

时局如百川沸腾，山峰崩陷。（用百川沸腾比喻因为重用小人而造成相互侵犯欺凌，用山峰崩塌比喻君王道德衰败。）

高山化为深谷，深谷却变作高山。（这一句说明君子处在下位，而小人处在上位。）

哀怜当今的圣上，何不以德政来制止？（如此不正常，招来祸乱。哀怜当今在位的人，为何不曾用道德教化来制止祸乱呢？）

小民岂敢诉说辛劳，只有尽力做事。（诗人和有道德的人看到时政如此不正常，勤勉做事，即使劳苦也不敢说，畏惧被处以刑罚。）

纵然无罪无错，众多的谗言已令人心悸！（这一句说明当时之人，无罪无错，却被谗言诋毁，十分嚣张。）

《小旻》是周朝大夫讽喻幽王不用善言的诗。

善的主张不被采纳，不善之言却大行其道。

我反复卜筮已令龟灵厌烦，不愿意再向我显示那吉凶之兆。（因多次占卜而轻慢龟甲，龟灵厌倦，不再告诉我卦象是凶是吉。）

你看那谋事之人虽然众多，不能成事又将奈何？（这一句说明谋事的人众多，但不是贤才，是非混乱，无可适从，故所做的事没有成就。）

纵然言论充斥于朝廷，有谁敢承担过失的责任？（谋事者众多，朝廷上气势汹汹，又不能决断是非。假若事情办不成，谁能说自己当受罪过。这一句说明小人争相表现聪明才智却推卸过失。）

《小宛》是周朝大夫指责幽王听信谗言，以致使群臣惶惧的诗。

是什麽让满朝的大臣，一个个温顺恭谨？

如小鸟立于树顶，无时不胆颤心惊。（担心坠落。）

你看他小心翼翼，如迈步便是深谷。（恐怕陨落。）

你看他忧惧胆怯，如脚下踩着薄冰。（这一句说明衰败混乱的时候，贤才君子，即使没有罪过，还是心存恐惧。）

《小弁》，刺幽王也。太子之傅作焉。

踧踧周道，鞫为茂草〔踧踧，平易貌。周道、周室之通道也。鞫，穷也〕。我心忧伤，惄焉如捣。假寐永叹，维忧用老。心之忧矣，疢如疾首〔惄，思也。捣，心疾也。不脱冠衣而寐曰假寐。疢，犹病也〕。维桑与梓，必恭敬止〔父之所树，己尚不敢不恭敬也〕。靡瞻匪父，靡依匪母。不属于毛，不离于里〔此言人无不瞻仰其父取法则者，无不依恃其母以长大者。今我太子独不受父之皮肤之气乎？不处母之胞胎乎？何曾无恩于我也〕。无逝我梁，无发我笱〔逝，之也。之人梁，发人笱，此必有盗鱼之罪，以言褒姒以淫色来嬖于王，盗我太子母子之宠也〕。我躬不阅，遑恤我后〔念父孝也。念父孝者，太子念王将受谗言不止，我死之后，惧复有被谗者。无如之何，故自决云。身尚不能得自容，何暇乃忧我死之后乎〕。

《巧言》，刺幽王也。大夫伤于谗而作是诗。

乱之初生，僭始既涵〔僭，不信也。涵，同也。王之初生乱萌，群臣之言，信与不信，尽同之不别〕。乱之又生，君子信谗〔君子斥在位者，信谗人言，是复乱之所生〕。君子信盗，乱是用暴〔盗，谓小人〕。盗言孔甘，乱是用餤〔餤，进也〕。

《巷伯》，刺幽王也。寺人伤于谗而作是诗〔巷伯，奄官。寺人，内小臣〕。

萋兮斐兮，成是贝锦〔兴也。萋斐，文章貌。贝锦，锦文。兴者，喻谗人集作己过，以成于罪，犹女工之集采色成锦文也〕。彼谮人者，亦已太甚〔太甚者，谓使己得重罪〕。取彼谮人，投畀豺虎。豺虎不食，投畀有北〔北方寒凉而不毛也〕。有北不受，投畀有昊〔昊，昊天也。与昊天使制其罪也〕。

【译文】

《小弁》是讽喻周幽王之诗，乃太子太傅所作。

平坦的周室通道，长满茂密的杂草。

我内心忧愁伤痛，如锥如捣。

和衣而卧不住长叹，日夜忧伤催人衰老。

我之忧伤，疾首痛心。

眼前的这些树木，是父亲亲手所种，我又安敢不敬？

子女哪有不尊敬自己父亲的，哪有不依赖母亲的养育而成人的？

难道我不是承袭父亲的精气，和母亲的血肉而生？（这一句说明人没有不尊敬自己的父亲并效法父亲的，没有不依靠母亲而长大的。而今难道唯独我太子不承袭父亲的皮肤？不生于母亲的胞胎吗？父母对我何尝不是恩重如山啊。）

然而那可恶的盗贼，你不该无端闯入我的鱼堰，你不该擅自打开我的鱼笼。

那该死的谗言啊，你不该将我的父王长久欺蒙！（到别人的鱼堰，打开别人的鱼笼，这一定是盗鱼的罪名。这里说的是褒姒因为美色取悦于幽王，盗走幽王对太子母子的宠爱。）

啊，罢了罢了，我眼看连自身都难容于世，又何必为死后之事忧心忡忡！（这一句说明太子孝敬父亲。想到父王长期被谗言迷惑，担心自己死后还有贤才被诋毁。面对这种局面却无可奈何，所以发出感叹：“身体还不能够被容纳，怎有闲暇顾及身后之事。”）

《巧言》是讽喻周幽王之诗。其大夫因被奸佞谗言伤害而作此诗。

追溯动乱的源头，是君王面对僞言，分不清善恶真假。（动乱刚刚发生的时候，群臣的言论，真实的与不真实的，没有甄别全都被认同。）

动乱再次出现，那是君王听信谗言，良臣却无辜受压。

君王信任小人，才会有今天的乱象丛生。

小人的甜言蜜语盛行于世，动乱终将逐步升级，直至无法收拾。

《巷伯》是讽喻周幽王之诗。宫中小臣因被谗言伤害而作此诗。

是谁别有用心，将错杂的丝线编造成五彩的锦文？（这一句为起兴，比喻进谗言的小人云集编制花言巧语来陷他人于罪，犹如女工匠采集色彩织成锦文。）

那擅长于谗毁他人的小人，已使我重罪在身！

他的心肠如此歹毒，真该将他丢弃给豺虎。

如果连豺虎也嫌弃不食，就将他丢弃到荒寒的北国。

如果连北国也不愿意容纳，就将他丢给苍天，去接受上天的惩罚！

《谷风》，刺幽王也。天下俗薄，朋友道绝焉。

习习谷风，维风及雨〔兴也。风雨相感，朋友相须。风而有雨则润泽行。喻朋友同志则恩爱成〕。将恐将惧，维予与汝〔将，且也。恐惧。喻遭厄难也〕。将安将乐，汝转弃予〔汝今已志达而安乐，而弃恩忘旧，薄之甚也〕。忘我大德，思我小怨〔大德，切嗟以道，相成之谓也〕。

《蓼莪》，刺幽王也。民人劳苦，孝子不得终养尔。

蓼蓼者莪，匪莪伊蒿〔兴也。蓼蓼，长大貌也。莪已蓼蓼长大，我视之反谓之蒿。兴者，喻忧思心不精识其事也〕。哀哀父母，生我劬劳〔哀哀者，恨不得终养父母，报其生长己之苦也〕。无父何怙？无母何恃？出则衔恤，入则靡至〔恤，忧也。孝子之心，怙恃父母，依依然以为不可斯须无也。出门则思之忧，旋入门又不见，如入无所至也〕。父兮生我，母兮鞠我。拊我畜我，长我育我，顾我复我，出入腹我〔鞠，养也。顾，旋视也。复，反覆也。腹，怀抱〕。欲报之德，昊天罔极〔之，犹是也。我欲报父母是德，昊天乎我心无极也〕。

《北山》，大夫刺幽王也。役使不均，己劳于从事而不得养其父母焉。

溥天之下，莫非王土。率土之滨，莫非王臣〔此言王之土地广大矣，王之臣又众矣，何求而不得，何使而不行乎〕。大夫不均，我从事独贤〔贤，劳也〕。或燕燕以居息〔燕燕，安息貌也〕，或尽瘁以事国〔尽力劳病以从国事〕。或息偃在床，或不已于行〔不已，犹不止也〕。或栖迟偃仰，或王事鞅掌〔鞅，犹荷也。掌，谓捧持之也，负荷捧持以趋走，言促遽也〕。或耽乐饮酒，或惨惨畏咎〔咎，犹罪过〕。

《青蝇》，大夫刺幽王也。

营营青蝇，止于樊〔兴也。营营，往来貌。樊，藩也。兴者，蝇之为虫，污白使黑，污黑使白，喻谗佞之人变乱善恶也。止于藩，欲外之，令远物也〕。恺悌君子，无信谗言〔恺悌，乐易也〕。营营青蝇，止于棘。谗人罔极，交乱四国〔极，犹已也〕。

【译文】

《谷风》是讽喻周幽王的诗。当时天下风俗浇薄，朋友之间的恩义已荡然无存了。

和煦的东风阵阵，风声里伴着雨声。(这一句为起兴，用风雨相互感应滋润，比喻朋友和志趣相同的人相互恩爱同行。)

当年你遭遇厄难，唯有我与你同行。如今你处境安乐，便全然抛弃了故人。(你现在得志而且处于安乐，却抛弃对你有恩的故旧，真是薄情到了极点。)

人啊，你怎可因为一点点小怨，全忘了我当初对你的深恩！(与朋友研讨勉励以正道来互相成就，叫做大德。)

《蓼莪》是斥责周幽王之诗。当时百姓辛勤劳苦，连孝子也无力奉养父母，以终其天年。

莪草已经渐渐长大，看上去不再像莪草，而像是粗壮的青蒿。(莪苗已经渐渐长大了，我看着反而认为是青蒿。这一句为起兴，比喻忧虑自己不能精细地分辨事情了。）

想起了父母，心中有无限哀伤，我从小到大，他们已太过辛劳。（哀伤的是不能终养父母，报答其养育之恩。）

天下的儿女若没有了父母，这世上还有谁可以依靠？

刚离开家门就日夜担心，归来已物是人非，再难觅双亲的踪影。（孝顺的子女不论自己年纪有多大，总是一直把父母当成依靠，心中依依不舍，好像片刻也不能离开，走出家门就会想念担忧，回家却再也见不到父母，心中恍惚，好像不知道走到了什麽地方。）

父亲啊你给我生命，母亲啊你把我抚养到今朝。

你对我的抚爱从不稍停，你对我的养育恩比天高。

你对我的眷顾千遍万遍，你曾经进出都把我怀抱。

我多麽想报答父母的无边恩德，苍天啊，我究竟该如何才能做到？（我想报答父母如此的大恩大德，苍天啊！这如天一样的恩德怎麽报答得完呢。）

《北山》是大夫讽喻周幽王的诗。当时征用劳役不公平，自己勤恳服役，而不能赡养其父母。

普天之下的土地，都是君王的国土。全天下的百姓，都是君王的臣民。（这里是说君王的土地广阔，君王的臣子众多，君王没有什麽得不到的，役使谁谁都不敢不听从。）

大夫们一个个苦乐不均，唯有我为国家劳苦辛勤。

有的人悠闲自在安逸享乐，有的人鞠躬尽瘁竭尽悃诚；

有的人无所事事安养在床，有的人奔波不息劳累忧伤；

有的人闲散无事到处游逛，有的人肩负王命职事纷扰又烦忙；（这里是说臣子分工严重不均。）

有的人终日沉湎饮酒作乐，有的人忧心忡忡生怕又获罪遭殃。

《青蝇》是大夫讽喻周幽王之诗。

苍蝇到处飞舞，别让它闯进了藩篱。（苍蝇这种昆虫，能使白的变黑，能使黑的变白。这一句为起兴，比喻谗邪奸佞之人混淆善恶。欲用篱笆挡住苍蝇，是想让苍蝇离远点，不要让它靠近人们所接触到的物品，以防污染。）

和乐平易的君王啊，切莫要听信谗言。

苍蝇飞来飞去，别让它穿过了枣树。

若不能中止谗言，终会使天下大乱。

《宾之初筵》，卫武公刺时也。幽王荒废，媟近小人，饮酒无度，天下化之。君臣上下，沉湎淫液。武公既入，而作是诗也〔淫液者，饮酒时情态也。言武公入者，入为王卿士也〕。

宾之初筵，温温其恭〔温温，和柔也〕。其未醉止，威仪反反。曰既醉止，威仪幡幡。舍其坐迁，屡舞仙仙〔反反，言重慎也。幡幡，失威仪也。仙仙，舞也。此言宾初即筵之时，自敕戒以礼，至于旅酬，而小人之态出也〕。宾既醉止，载号载呶。乱我笾豆，屡舞僛僛。是曰既醉，不知其邮。侧弁之俄，屡舞傞傞〔号呶，号呼欢呶也。僛僛，儛不能自正也。傞傞，不止也。邮，过也。侧，倾也。俄，倾貌也〕。

《采菽》，刺幽王也。侮慢诸侯，诸侯来朝，不能锡命以礼，数征会之，而无信义，君子见微而思古焉。

采菽采菽，筐之筥之〔菽，所以芼大牢，而待君子也〕。君子来朝，何锡与之。虽无与之，路车乘马〔君子，谓诸侯也。赐诸侯以车马，言虽无与之，尚以为薄也〕。

《角弓》，父兄刺幽王也。不亲九族而好谗佞，骨肉相怨，故作是诗也。

骍骍角弓，翩其反矣〔兴也。骍骍，调和也。不善绁檠巧用，则翩然而反。兴者，喻王与九族不以恩礼御待之，则使之多怨心〕。兄弟婚姻，无胥远矣〔胥，相也。骨肉之亲，当相亲无相疏远。相疏远则以亲亲之望，易以成怨也〕。尔之远矣，民胥然矣。尔之教矣，民胥效矣〔尔，汝。尔，幽王也。胥，皆也。言王汝不亲骨肉，则天下之人皆如斯。汝之教令无善无恶，所尚者天下之人皆学之。言上之化下，不可不慎也〕。

《菀柳》，刺幽王也。暴虐而刑罚不中，诸侯皆不欲朝，言王者之不可朝事也。

有菀者柳，不尚息焉〔尚，庶几也。有菀然枝叶茂盛之柳，行路之人，岂有不庶几欲就之止息乎？兴者，喻王有盛德，则天下皆庶几愿往朝焉！忧今不然也〕。俾予靖之，后予极焉〔靖，谋也。俾，使也。极，诛也。假使我朝王，王留我使我谋政事；王信谗，不察功考绩，后反诛放我。是言王刑罚不中，不可朝事〕。

【译文】

《宾之初筵》是卫武公讽喻时政世风的诗。周幽王荒废政事，不能自重，亲近小人，饮酒无度，天下风气也从而败坏。君臣上下都沉湎于纵酒作乐。武公入朝后，即作此诗。

当宴会刚刚开始，来宾们温雅谦恭。

饮酒尚未至醉，仪表端庄自重。

及至酒醉失态，渐渐举止轻浮。

轻则离席徘徊，重则手舞足蹈。（这一句说明宾客刚入席，用礼节约束自己，到了相互敬酒时，小人的丑态就表现出来了。）

宾客贪杯至醉，喧哗更相呼号。

弄乱筵间礼器，纷纷步乱身摇。

人若贪杯至醉，不知过失昭昭。

衣帽迤迤不整，犹自手舞足蹈。

《采菽》是一首讽喻周幽王的诗。幽王侮辱慢待诸侯，诸侯前来朝见时，不能诏命以礼款待。屡次征诏诸侯集会，幽王却不讲信义。君子目睹朝廷君臣之礼衰微，因而怀念昔日君王善待诸侯的恩义。

为了精心配制宴会的食品，新鲜的豆菽已采得筐满筥盈。（这一句说明君王用豆菽与牛羊豚拌和做成祭祀的食物来款待诸侯。）

听说诸侯们就要前来朝见，君王便愁着用什麽来款待嘉宾。

还一再道歉没什麽好东西馈赠，却赐下鸾车宝马，令诸侯们无限感恩。（把车马赐给诸侯，却说没有赐赏，是说君王这样做都还觉得自己太薄情了。）

《角弓》是周幽王的父兄们讽喻周幽王之诗。幽王不亲爱其九代的直系亲属，而喜近谗佞之臣，以致父子兄弟等至亲之间相互怨恨，所以写作此诗。

用牛角装饰调试好的硬弓，如果不善于使用，也会把箭射往相反的方向。（不善于使用绳索和矫正弓弩的器具，弓箭就会射往相反的方向。这一句为起兴，比喻幽王不按礼仪对待九族，致使九族心生怨恨。）

王族兄弟各自结婚成家，切莫渐渐疏远，使骨肉亲情转变为怨望。（兄弟姐妹之间应当相亲相爱，不要相互疏远。互相疏远，就会使亲人之间相互亲爱的期望得不到满足，容易形成怨恨。）

王族相互疏远而忽视了亲情，就会让全国百姓，都学会了薄情寡恩。

王族用道义教化国人，百姓也会纷纷效仿，凡事皆依循道义而行。（这一句说明幽王不亲爱兄弟姐妹，那麼天下百姓也会像这样。幽王教化百姓，无论善恶，天下的人都会学习。所以说君王教化百姓，不能不慎重。）

《菀柳》是讽喻周幽王的诗。幽王暴虐而刑罚失当，诸侯皆不想朝见。诗意说像幽王这样的君主，真是不可入朝侍奉。

高大的柳树枝叶茂盛，为什麼却不能给行人以庇荫？（枝叶茂盛的柳树，行路之人岂有不愿在树下歇息的道理。比喻君王有盛德，则天下之人都愿意前往朝拜。担忧的是现在不是这样了。）

君王啊，譬如你让我为你谋划，事后却听信谗言，反将我放逐责罚！（假设自己朝见君王，君王挽留我，让我谋划政事。可是君王又听信谗言，不考察我的功绩，反而责罚放逐我。这是说君王刑罚不当，令做臣子的无法奉事尽忠。）

《隰桑》刺幽王也。小人在位，君子在野，思见君子，尽心以事之也。

隰桑有阿，其叶有难〔隰中之桑，枝条阿然长美，其叶又茂盛，可以庇荫人。兴者，喻时贤人君子，不用而野处，有覆养之德也〕。既见君子，其乐如何〔思在野之君子而得见其在位，我喜乐无度也〕？心乎爱矣，遐不谓矣？中心臧之，何日忘之〔遐，远也。谓，勤也。臧，善也。我心爱此君子，虽远在野，岂能不勤思之乎？我心善此君子，又诚不能忘也〕？

《白华》，周人刺幽后也。幽王娶申女以为后，又得褒姒而黜申后。故下国化之，以妾为妻，以孽代宗，而王弗能治〔申，姜姓之国。孽，支庶也。宗，嫡子也。王不能治，己不正故也〕。

英英白云，露彼菅茅〔英英，白云貌。白云下露，养彼可以为菅之茅。使与白华之菅，可相乱易，犹天之下妖气生褒姒，使申后见黜也〕。天步艰难，之子不犹〔步，行也。犹，图也。天行此艰难之妖久矣，王不图其变之所由。昔夏之衰，有二龙之妖，卜藏其漦，周厉王发而观之，化为玄鼋；童女遇之，当宣王之时而生女，惧而弃之。后褒人有狱而入之幽王，幽王嬖之，是谓褒姒〕。鼓钟于宫，声闻于外〔王失礼于内，而下国闻知而化之，王弗能治，如鸣钟鼓于宫中，而欲使外人不闻，亦不可得也〕。念子懆懆，视我迈迈〔迈迈，不悦也。言申后之忠于王也。念之懆懆然，欲谏正之，王反不悦于其所言〕。

《何草不黄》，下国刺幽王也。四夷交侵，中国背叛，用兵不息，视民如禽兽。君子忧之，故作是诗也。

何草不黄，何日不行〔用兵不息，军旅自岁始草生而出，至岁晚矣，何草而不黄乎？草皆黄矣，于是间将率何日不行乎？言常行劳苦甚也〕。何人不将，经营四方〔言万民无不从役者也〕。匪兕匪虎，率彼旷野〔兕虎，野兽也。旷，空也。兕虎者，以比战士也〕。哀我征夫，朝夕不暇。

【译文】

《隰桑》是讽喻周幽王的诗。幽王时，小人在朝为官，君子远离躲避在乡野。作者想访求君子，劝请他们出来尽心匡扶君王。

湿地的桑树婀娜多姿，枝叶茂盛给行人以庇荫。（隰地中的桑树，枝条柔美，树叶茂盛，可以庇勛人们。这一句为起兴，比喻当时贤人君子不被重用而远在乡野。所以，隰地中的桑树如君子所处之地，有庇护养育君子之德啊。）

倘若见到了贤才被重用，我内心将是何等的欢欣！（思念处在乡野的君子，能被君王重用而得到相应的职位，我将无比欢喜啊。）

我心中爱慕君子的美德，不因他身处民间，就会稍减我的思念之诚。（我诚心爱敬这些君子，他们虽远在乡野，岂能不常常思念他们呢？）

我心中爱戴君子，赞叹贤才，昼夜思念何曾有一日忘怀！（我在内心赞叹这些君子，真诚而不能忘怀。）

《白华》是周人隐刺幽王王后褒姒的诗。幽王先是娶姜姓之国的申女为王后，后来得到褒姒便废去了申后。所以许多诸侯国也追随其风，以其妾取代正妻，以旁系子嗣取代嫡子，而幽王自身行为不端故不能整治。

白云飘荡，甘露如膏，却滋养了那些一心想取代白菅的茅草。（这一句为起兴，指白云降下露水，滋养着那些可以替代白菅使用的茅草，若与秋季开白华的菅草相比，真可以假乱真。犹如上天降下妖气生了褒姒，使申皇后受到贬降而失去君王的宠幸。）

时运艰难，君王却不思拯救，所作所为怎不令人心焦。（时运艰难妖孽久存，君王不谋划改变的办法。昔日夏朝末年有两条龙妖来到王宫，夏王通过占卜得到指点，将其遗留的唾液装在木匣子里收藏了起来。直到周厉王时打开观看，唾液化为一只“玄鼋”爬出。一个少女碰上了这只鳖，便受了孕，到宣王时生一女婴。因惧其不祥，该女婴被扔弃。后来有褒国人为赎罪将已成年的她献给周幽王，幽王非常宠爱她，因姓姒，故称为褒姒。）

宫内鸣钟，响声立刻就会传遍四郊。君王一人有失，天下之人都将争相仿效。（君王在宫内失礼，诸侯国听说后就效仿他。君王不能治理国家，就像在宫内鸣钟，却想叫宫外人听不到，这是不可能的。）

我为您日夜担忧愁苦，您却对我横眉冷对，丝毫不顾念为妻的忠告。（说的是申后忠于幽王，想劝谏匡正其过失，幽王却不乐于听申后的话。）

《何草不黄》是诸侯国指责幽王的诗。当时，四方边远少数民族交替入侵，中原之国背叛王室。朝廷用兵不息，视民众如同禽兽。君子为之忧伤，所以写作此诗。

从年头到年尾，什麽草没有变黄？什麽日子停止过行军？（征兵作战不停息，军队从年初青草生长时就出发，到了年末，什麽草不变黄呢？青草全都变黄，在这期间将帅没有一天不行军。说的是征夫常常行军作战劳苦到了极点。)

还有谁不被役使，征战四方奔走不停？（这一句说明百姓没有不从役征战的。)

我不是野牛和老虎，却被迫成年累月以旷野为家。

可怜被役使的征夫，整日奔波何曾有片刻闲暇。

## 大　雅

《文王》，文王受命作周也〔受命，受天命而王天下，制立周邦〕。

文王在上，于昭于天〔在上，在民上也。于，叹辞也。昭，见。文王初为西伯，有功于民，其德著见于天，故天命之以为王也〕。周虽旧邦，其命惟新〔乃新在文王也〕。济济多士，文王以宁〔济济，多威仪也〕。商之孙子，其丽不亿。上帝既命，侯于周服〔丽，数也。商之孙子，其数不徒亿，多言之也。至天已命文王之后，乃为君于周之九服之中，言众之不如德也〕。侯服于周，天命靡常〔则见天命之无常也。无常者，善则就之，恶则去之〕。殷士肤敏，祼将于京〔殷士，殷侯也。肤，美也。敏，疾也。祼，灌鬯也。将，行也。殷之臣壮美而敏，来助周祭也〕。

《大明》，文王有明德，故天复命武王也〔二圣相承，其明德日广大，故曰大明也〕。

明明在下，赫赫在上〔明明，察也。文王之德，明明在于下，故赫赫然著见于天〕。天难忱斯，不易维王。天位殷嫡，使不挟四方〔忱，信也。挟，达也。天意难信矣，不可改易者天子也。今纣居王位，而又殷之正嫡，以其为恶，乃绝弃之。使教令不行于四方，四方共叛之，是天命无常，唯德是与耳〕。维此文王，小心翼翼。昭事上帝，聿怀多福。厥德不回，以受方国〔回，违也。小心翼翼，恭慎貌也。聿，述也。怀，思也。方国，四方来附者也〕。

《思齐》，文王所以圣也〔言其非但天性，德有所由成也〕。

思齐大任，文王之母。思媚周姜，京室之妇〔齐，庄也。媚，爱也。周姜，大姜。京室，王室也。常思庄敬者太任也，乃为文王之母。又常思爱大姜之配大王之礼，以为京室之妇。言其德行纯备，以生圣子〕。大姒嗣徽音，则百斯男〔大姒，文王之妃也。大姒十子，众妾则宜百子也。徽，美也。嗣大任之美音，谓续行其善教令〕。刑于寡妻，至于兄弟，以御于家邦〔刑，法也。寡妻，寡有之妻，言贤也。御，治也。文王以礼法接待其妻，至于其宗族，以此又能为政治于家邦〕。

【译文】

《文王》讲述文王受天之命而统领诸侯、创立周朝的事迹。

文王在上，圣德的光辉天地昭彰。（文王起初被商纣王封为西伯，有功于民。其仁爱恩德普利天下，故天下归之，尊其为王。）

岐周虽然是旧邦，却显现出崭新的气象。（旧邦之新，新在文王承先启后的新政。）

忠勇之士济济一堂，文王任人唯贤，将天下治理得安定祥和。

殷商的后代子孙繁衍众多，其数难计。

如今上天已降命于文王，这些人都成了周朝的臣子。（历史的重任已交与文王及其后人，做天下的君王，意为人数众多比不上德行广大。）

殷商子孙臣服于周，可见天命无常，并无不变之理。（天命没有不变的道理。所谓“无常”，就是谁行善，就会接近上天的恩赐；行恶，天恩就会远离。）

看那殷商的后代，动作优美而敏捷，正殷勤地协助周家的祭祀！

《大明》讲述的是文王有圣明德行，庇荫影响着后代，故治理天下之重任由文王延续至其子武王。（文王、武王两位圣君先后相承，其圣明的德行一天天广为传扬，故称为大明。）

文王的圣德流布天下，声名显著于天地之间。（文王的德行惠及百姓，所以声名显赫。）

天命无常，实难依赖，只有君王的圣德才可以永葆不变。（天意难料，但不轻易变更的是君王。）

上天也曾命殷纣为王，不久又令他失去天下。（殷纣王虽居王位，而且又是殷商的正室所传，因为他作恶多端，于是废除了他，让他的命令在全国无法施行，天下一起背离了他。所以，天命不会恒常不变，只给予那些有德行的人。）

唯有今天的文王，时时恭敬谨慎，唯恐自己的德行有丝毫偏差。

奉行天道，勤于国事，使得天下风调雨顺，国泰民安。

这样的德行始终不变，才能够赢得诸侯的归顺，将天命永久承担。

《思齐》讲述的是文王之所以成为圣人的缘由。（文王成圣，不仅是因他天性纯善，还因为他的德行成就有其特殊的源由。）

内心庄严诚敬始终如一，那便是太任？文王之母。

她一心效法婆母太姜，做好王室之妻，不容自己有半点瑕污。（能够时时刻刻保持庄严恭敬之心的那个人叫太任，她就是文王的母亲。她还常常思想爱慕太姜辅助配合太王的嘉言懿行，要效法婆母做好王室之妻。说的是文王的母亲德行纯正完美，所以才会生出圣子。）

太姒再次继承太任的德音，后代男丁兴旺逾百人，皆蒙受美德的教化。（太姒生有十子，其他嫔妃所生之子约百人。太姒继承太任的德音，这是说她能继续效法太任美好德行的教化。）

文王以礼法善待贤妻，进而延及兄弟，国人纷纷效法，德教乃遍布天下。（文王以礼法善待妻子，并以礼法推及宗族之人，因此也能以德行教化来为政，治理国家。）

《灵台》，民始附也。文王受命，而民乐其有灵德以及鸟兽昆虫焉〔文王受命而作邑于丰，立灵台也〕。

经始灵台，经之营之。庶民攻之，不日成之〔文王应天命，度始灵台之基趾，营表其位，众民则筑作，不设期日而成之。言说文王之德，劝其事，忘己劳也〕。经始勿亟，庶民子来〔亟，急也。经始灵台之基趾，非有急成之意，众民各以子成父事而来攻之〕。

《行苇》，忠厚也。周家忠厚，仁及草木，故能内睦于九族，外尊事黄耇，养老乞言，以成其福禄焉〔乞言，从求善言可以为政者也〕。

敦彼行苇，羊牛勿践履。方苞方体，维叶泥泥〔敦，聚貌也。行，道也。叶初生泥泥然。苞，茂也。体，成形也。敦敦然道旁之苇，牧羊牛者，无使蹈履折伤之。草物方茂盛，以其终将为人用。故周之先王，为此爱之，况于其人乎〕。黄耇台背，以引以翼〔台之言鲐也。大老，则背有鲐文也。既告老人，及其来也，以礼引之，以礼翼之。在其前曰引，在其旁曰翼也〕。寿考维祺，以介景福〔祺，吉。介，助也。养老人而得吉，所以助大福也〕。

《假乐》，嘉成王也。

假乐君子，显显令德。宜民宜人，受禄于天〔假，嘉也。宜民宜人，宜安民，宜官人也。天嘉乐成王有光光之善德，安民官人，皆得其宜，以受福禄于天也〕。千禄百福，子孙千亿。穆穆皇皇，宜君宜王〔宜君王天下也。千，求也。成王行显显之令德，求禄得百福。其子孙亦勤行而求之，得禄千亿。故或为诸侯，或为天子，言皆相勖以道也〕。不愆不忘，率由旧章〔愆，过也。率，循也。成王之令德，不过误，不遗失，循用旧典之文章，谓周公之礼法〕。

《民劳》，召穆公刺厉王也。

民亦劳止，汔可小康。惠此中国，以绥四方〔汔，几也。康，绥，皆安也。惠，爱也。今周民疲劳矣，王几可小安之乎?爱此京师之人，以安天下。京师者，诸夏之根本也〕。

《板》，凡伯刺厉王也。

上帝板板，下民卒瘅。出话不然，为犹不远〔板，反也。上帝，以称王者。瘅，病也。话，善言也。犹，谋也。王为政反先王与天之道，天下民尽瘅，其出善言而不行之也。以此为谋，不能远图，不知祸之将至也〕。犹之不远，是用大谏〔王之谋不能图远，用是故我大谏王也〕。介人维藩，太师维垣。大邦维屏，大宗为翰〔介，善也。藩，屏也。垣，墙也。翰，干也。太师，三公也。大邦，成国诸侯也。大宗，王之同姓，世嫡子也。王当用公卿诸侯及宗室之贵者为藩屏垣干，为辅弼，无疏远之也〕。怀德维宁，宗子维城。无俾城坏，无独斯畏〔怀，和也。斯，离也。和汝德，无行酷暴之政，以安汝国，以是为宗子之城，使免于难。宗子城坏，则乖离，而汝独居而畏矣。宗子，嫡子也〕。

【译文】

《灵台》一诗写于百姓开始亲近依附文王之时。文王接受天命，而百姓乐其有美好德行，且仁爱恩惠泽被鸟兽昆虫。（讲述文王受命，在丰地建筑都城，建立灵台之事。）

文王开始营造灵台，精心规划仔细安排。

四方百姓闻风而动，转眼之间圆满成功。（文王接受上天的旨意，测量规划灵台地基，精确测定基础位置，百姓立即动工建造，还没到竣工日期灵台就很快建成了。大家议论着文王的圣德风范，深受感动，而勤奋努力，心情快乐，忘却了辛劳。）

当初并无速成之意，百姓归心诚如赤子。（文王测量规划灵台的地基，并没有着急建成的意思，但百姓们都用子女替父母做事的心情，来努力建造灵台。）

《行苇》是赞扬忠厚品行的。周室王族忠厚治国，仁爱延及草木，所以对内能使九族和睦，对外能尊敬老人。敬心供养老人以祈求传授智慧经验，如此敬老尊贤的态度积累了绵长济世的福报。（乞言，就是向老人请教，听取善言，即有助于治国安邦之类的言论。）

簇簇新苇生长在路边，切莫让牛羊践踏摧残。

茂盛的芦苇刚长出鲜嫩的枝干，柔润的翠叶怎不令人爱怜。（道旁的芦苇丛丛簇簇，放牛牧羊的人，不要让牛羊踩踏折伤了芦苇。茂盛的草木才刚长出，它最终都会对人有用。周朝的先王对草木尚且都很爱护，更何况人呢？）

倘若见到了年迈的老者，年轻人快快上前扶搀！（台说的是鲐纹。指那些德高望重的老人，背上已长满了鲐纹。既是求教于老人，见他到来，就当以敬师之礼赶紧上前去迎接和搀扶他。在前面带路叫“引”，在旁边搀扶叫“翼”。）

长寿之人最吉祥，能庇佑子孙后代洪福齐天。（敬养老人的行为非常吉利，可以给人带来好运，后福无穷。）

《假乐》是赞扬成王之诗。

嘉美和乐的君子，您的美德如日月高悬。

安民任贤无所不宜，您的福禄受自于上天。（上天赞美欢喜成王有明耀显赫的美德，百姓幸福安乐，贤才选用得当，百姓官吏各得其所，因此国运昌盛，天清地宁。）

您的福禄无穷无尽，您的子孙百亿万千。

身心敬穆仪态庄严，为君为王天意使然。（成王有明耀显赫的美德，故能获得大福大禄。他的子孙也像他一样勤修德行以培厚福，得禄不计其数。所以有的做诸侯，有的做天子。说的是他们都能互相勉励，修己培德，遵循大道。）

先王之训不弃不忘，古人常道不失不偏。（成王的美德还体现在对于周公留下来的典章礼法，不违背，不遗忘，遵照行事。）

《民劳》一诗讲的是召穆公讽谏厉王之过，劝其回归正途。

人民已劳苦不堪，君王啊，让他们稍事安歇又何妨！

能宽厚仁爱身边的百姓，才可以谈得上安抚四方！（如今百姓疲惫不堪，君王大概可以让他们过上稍微安稳的生活了吧！仁爱国都的百姓，才能安定天下。国都是各诸侯国的根本啊。）

《板》是凡伯劝谏厉王之诗。

君王行事不循常道，天下百姓愁苦莫名。

纵有善言而不能行，虽谋不远其祸将临。（君王为政，违背先王教诲和自然规律，天下百姓皆劳苦，君王说出有益之言却又不兑现。用这样的方式治国，非长久之计，不知道大祸即将来临。）

欲为君王谋深虑远，竭我鄙诚倾心力谏。（君王考虑问题不能长远，所以我才竭力劝谏君王。）

才德之士譬如藩篱，太师有道如墙可依。

诸侯公卿如障如屏，宗族兄弟皆我羽翼。（君王当用公卿诸侯及宗室有才德的人，作为藩篱、屏障、城墙和辅翼，作为辅佐的人，可不要疏远了他们。）

君王怀德天下安宁，兄弟拥戴众志成城。

城不可坏德不可弃，离城独居诚可畏矣！（随顺你的德行而不要施行酷暴的政令，这样才可让你的国家安定祥和，用这样的态度治理宗子之城，不要让他们遭受劫难。若宗子之城倒塌，那麽大家就会背离，而你将陷入孤苦无依又恐惧害怕的境地。）

《荡》，召穆公伤周室大坏也。厉王无道，天下荡荡，无纲纪文章，故作是诗也。

荡荡上帝，下民之辟〔上帝，以托君王也。辟，君也。荡荡，言法度废坏之貌也。厉王乃以此居人上，为天下之君，言其无可则像之甚也〕。疾威上帝，其命多僻〔疾，病人矣。威，罪人矣。疾病人者，重赋敛也。威罪人者，峻刑法也。其政教又多邪僻，不由旧章也〕。天生烝民，其命匪谌。靡不有初，鲜克有终〔天之生此众民，其教道之，非当以诚信使之忠厚乎？今则不然，民始皆庶几于善道，后更化于恶俗也〕。既愆尔止，靡明靡晦，式号式呼，俾昼作夜〔使昼为夜也。愆，过也。汝既过于沉湎矣，又不为明晦有止息也。醉则号呼相效，用昼日作夜，不视政事也〕。文王曰：咨，咨汝殷商。匪上帝不时，殷不用旧〔此言纣之乱，非其生不得其时，乃不用先王之故法之所致也〕。虽无老成人，尚有典刑〔老成人，谓若伊尹、伊陟臣扈之属也，虽无此臣，犹有常事，故法可案用〕。曾是莫听，大命以倾〔莫，无也。朝廷君臣，皆任喜怒，曾无用典刑治事者，以至诛灭也〕。殷鉴不远，在夏后之世〔此言殷之明镜不远也。近在夏后之世，谓汤诛桀也。后武王诛纣，今之王何以不用为戒乎〕。

《抑》，卫武公刺厉王也，亦以自警也。

无竞维人，四方其训之。有觉德行，四国顺之〔无竞，竞也。训，教也。觉，直也。竞，强也。人君为政，无强于得贤人。得贤人，则天下教化于其俗。有大德行，则天下顺从其政。言在上所以倡道之〕。敬慎威仪，维民之则〔则，法也〕。慎尔出话，敬尔威仪，无不柔嘉〔话，善言也，谓教令也〕。白圭之玷，尚可磨也。斯言之玷，不可为〔玷，缺也。斯，此也。玉之玷缺尚可磨鑢而平，人君政教一失，谁能反复之也〕。

《桑柔》，芮伯刺厉王也〔芮伯，王卿士也〕。

忧心殷殷，念我土宇。我生不辰，逢天僤怒。自西徂东，靡所定处〔宇，居也。僤，厚也。此士卒从军久不息，劳苦自伤之言也〕。人亦有言，进退维谷〔谷，穷也。前无明君，却迫罪役，故穷也〕。维此良人，弗求弗迪。维彼忍心，是顾是复〔迪，进也。良，善也。国有善人，王不求索，不进用之。有忍为恶之心者，王反顾念而重复之，言其忽贤者爱小人也〕。大风有隧，贪人败类。听言则对，诵言如醉〔类，犹等夷也。贪恶之人，见道听之言，则应答之。见诵诗书之言，则眠卧如醉。君居上位而行如此，人或效之也〕。

【译文】

《荡》是讲召穆公哀伤周厉王时王室法度废坏，厉王无道，天下大乱，不遵循纲常制度，故而作此诗。

君王啊你只想为所欲为，可知道你本是万民的主宰！（厉王以不仁之道居上位，作天下的君王，意思是厉王实在没有可以让臣民效法的地方。）

君王啊你只知降灾降罪，祖宗的常道却屡屡抛开。（令人困苦不堪的，是沉重的赋税。使人纷纷成为罪犯的，是严酷的刑法。厉王的政令多偏离正道，是因为不遵循昔日的典章之故。）

上天之德在于生养百姓，君王您既承天命，岂能不奉守诚信？

所有的帝王最初都信誓旦旦，要做到有始有终却并不简单。（上天生育了百姓，就当教导他们做人的道理。难道不该用诚信的教化使他们变得忠厚吗？如今却不是这样，百姓一开始还能遵循善道，后来却转而被不良的风俗同化了。）

你的仪容举止过于随便，歌舞宴饮昼夜不断。

醉后呼号人我不辨，昼夜颠倒政教全乱。（你既过度沉溺于饮酒享乐，又不分昼夜没有节度。喝醉了一群人大呼小叫，日夜颠倒不理朝政。）

倘若文王见此能不长叹？当叹那殷商之后亡国不远！

殷纣为帝非不逢时，不遵祖训天乃亡之。（这里是说纣王时社会的动乱，并非是他生不逢时，而是不效法先王的法度礼仪所导致的。）

吾祖虽远老臣已逝，祖训犹在尚可凭依。（老成人，说的是像伊尹、伊陟、臣扈这样的良臣。现在虽然没有了像他们那样的老臣，但还有这些先人留下的典章制度可以依照实行。）

似这般祖训常规都弃而不听，当惧那天命无常大厦将倾。（朝廷君臣，都凭着个人喜怒，情绪用事，从来不依循规章制度处理事务，这样下去必将遭到诛灭啊。）

殊不知商汤放桀其事不远，武王灭纣就在眼前！（这里是说殷商值得借鉴的教训就在眼前。近在夏后之世，是指商汤讨伐夏桀。后来武王又讨伐商纣，今天的君王怎麽可以不以此为戒呢？）

《抑》是卫武公劝谏厉王的诗，同时也以此诗自我警惕。

国家的强盛在于拥有贤德之人，四方之国才都会接受其教化。

君王具备了纯正的德行，四方诸侯方能够齐归于麾下。（君王治理国家，最好的莫过于得到贤才。有了贤才，那麽天下都受到其风俗习惯的教化。有大德行，那麽天下都接受其政令。说的是君王因此要带头倡导。）

恭敬谨慎、举止庄重，天下百姓都会效法。

颁布教令当循古人常道，言行举止务求优美合度。

白玉之瑕，尚可琢磨；政令之失，再难弥补！（玉的斑点还可以磨除干净，君王的政教一旦有错，谁能够回头补救呢？）

《桑柔》是大臣芮伯劝谏厉王之诗。

整日里忧心忡忡寝食难安，不由得时时想起故土和家园。

只叹我生不逢时福分浅，赶上那上天震怒降灾难。

从西到东，居无定所，奔波不断。（这是士兵从军，久久不得歇息，发出劳苦忧伤的感叹。）

人都说这世道举步为艰，这些年进退维谷有苦难言。（上没有明君，却强迫百姓去服无道的劳役，所以进退两难。）

大贤大德都流落在民间，无人寻求与打探。（国家有贤人，君王不去寻找、不去任用。）

那邪恶的小人心肠险，偏偏是圣恩浩荡常顾眷。（那些心里残忍的人，君王却常常眷顾想念。指君王轻视贤人而宠爱小人。）

狂风所及草木皆伤，恶人所在必有灾殃。

怕只怕听惯了甜言蜜语心舒畅，终将那祖宗的教诲丢个精光！（贪恶之人，对道听途说的言语很感兴趣，听到诵读经书之声音却像喝醉酒一样昏昏欲睡。君王居上位，却有这样的行为，其他人也会去效仿。）

《云汉》，仍叔美宣王也。宣王承厉王之烈，内有拨乱之志，遇灾而惧，侧身修行，欲消去之，天下喜于王化复行，百姓见忧，故作是诗也〔仍叔，周大夫也〕。

倬彼云汉，昭回于天〔云汉，谓天河也。昭，光也。倬然，天河水气也。精光转运于天，时旱渴雨，故宣王夜仰视天河望其候也〕。王曰於乎！何辜今之人？天降丧乱，饥馑荐臻〔荐，重也。臻，至也。辜，罪也。王忧旱而嗟叹云：何罪与今时天下之人，天仍下旱灾，亡乱之道，饥馑之害，复重至也〕。靡神不举，靡爱斯牲。圭璧既卒，宁莫我听〔靡、莫，皆无也。言王为旱之故，求于群神，无不祭也。无所爱于三牲也，礼神之圭璧，又已尽矣。曾无听聆我之精诚而兴云雨者与〕。

《崧高》，尹吉甫美宣王也。天下复平，能建国亲诸侯，褒赏申伯焉〔尹吉甫、申伯，皆周之卿士也〕。

维岳降神，生甫及申。维申及甫，维周之翰〔翰，干也。申，申伯也。甫，甫侯也。皆以贤知入，为周之桢干之臣也〕。申伯之德，柔惠且直。揉此万邦，闻于四国〔揉，顺也。四国，犹言四方也〕。

《烝民》，尹吉甫美宣王也。任贤使能，周室中兴焉。

天生烝民，好是懿德〔天之生众民，莫不好有美德之人也〕。天监有周，昭假于下。保兹天子，生仲山甫〔监，视也。假，至也。天视周室之政教，其光明乃至于下，谓及于众民也。天安爱此天子宣王，故生仲山甫使佐也〕。仲山甫之德，柔嘉维则。令仪令色，小心翼翼〔嘉，美也。令，善也。善威仪，善颜色，容貌翼翼然，恭敬也〕。肃肃王命，仲山甫将之。邦国若否，仲山甫明之〔将，行也。若，顺也。顺否犹臧否，谓善恶也〕。既明且哲，以保其身。夙夜匪懈，以事一人〔夙，早也。匪，非也。一人，斥天子也〕人亦有言，柔则茹之，刚则吐之。维仲山甫，柔亦不茹，刚亦不吐。不侮鳏寡，不畏强御。人亦有言，德輶如毛，民鲜克举之。我仪图之〔輶，轻也。仪，疋也。人之言云，德甚轻。然而众人寡能独举之以行者，言政事易耳。人不能行者，无其志也。我与伦疋图之而未能为也〕，维仲山甫举之〔仲由甫能独举是德而行之〕。衮职有阙，维仲山甫补之〔王之职有缺，辄能补之者，仲山甫也〕。

【译文】

《云汉》是仍叔赞美宣王之诗。宣王虽继承厉王之后衰微的王室功业，但心存拨乱反正之志，每遇灾害便为之忧惧，谨慎修养其德行，希望借此以消除灾异。天下人喜见宣王重新恢复仁爱之道，忧虑百姓之苦，所以写作此诗赞叹他。

夺目的银河星光灿烂，运行于浩瀚无际的苍穹。（天上的光辉灿烂夺目，时逢久旱不雨，故而宣王在夜晚仰视银河观察其变化。）

君王每每对之长叹：今人何罪，频遭此灾难重重？

上天降下亡乱之祸，饥馑连年灾荒接踵。（宣王忧虑旱情而感叹说："当今百姓有何罪过？上天仍然降下旱灾。前代亡乱的世风，眼前连年的灾荒，相继接踵而至。"）

为民祈福，我祭遍了所有的神灵，何曾吝惜过供祭的牺牲。

祭神的圭璧都已经用尽，苍天啊，难道你还不能相信我的赤诚！（这里说的是宣王因为干旱之故，向众神祈求时没有不做祭祀的。他并不吝惜祭祀用的牲畜，祭神的圭璧也都已经用尽。不禁感叹："为何不聆听我真诚的祈祷，而降下云雨呢？"）

《崧高》是尹吉甫赞美宣王之诗。当时天下复见太平景象，宣王能分封诸侯、亲爱诸侯，并褒奖申伯。

高高的嵩山神灵降临，甫侯和申伯于此降生。

申伯和甫侯不负素志，如今全都是周室的重臣。（甫侯和申伯都是因贤明睿智而成为周朝的重臣。）

申伯的德行名满天下，正直无私、温和柔顺。

辅佐朝廷安邦定国，周王的德化遍及四邻。

《烝民》是尹吉甫赞美宣王之诗。当时宣王任用有贤德、有才能的人，使周王朝得以由衰转盛，重新振作。

上天无私生育万民，万民所爱唯有美德。（上天生养百姓，无人不喜好有美德的人。）

上天将周朝仔细观察，光明普照百姓安乐。

为保天子振其德教，故生山甫佐于君侧。（上天看到周王室的政令教化，其恩惠的光芒照耀于下，惠及百姓。上天喜爱周宣王这位天子，所以降生仲山甫来辅佐他。）

既生山甫必盛其德，柔和美善威仪可则。

仪表庄严言辞安定，待人谦和处事恭敬。

君王在上法令严明，山甫行之上下和顺。

国事纷繁吉凶难卜，山甫断之扬善救恶。

德配贤明智称上哲，修身全道品行高洁。

日夜操劳不疲不厌，鞠躬尽瘁以奉天子。

世人常言见风使舵，逢软则食逢硬则吐。

守节不移惟有山甫，软亦不食硬亦不吐。

怜恤鳏寡老弱是助，除暴安良强权不惧。

世人常言，德轻如毛几人能举？为善虽易行之者稀。

我辈亦曾心向往之。（人们常说积德行善很容易，然而却很少有人去奉行。说的是推行德政很容易，人不能去做，是因为没有这个志向。我与朋辈一直在思量这件事，却未能做到。）

唯有山甫勤而行之。（只有仲山甫真正将德行落到了实处。）

君王在上偶有过失，唯有山甫能补救之。（发现君王有过，能够及时予以补救，只有仲山甫能够做到。）

《瞻仰》，凡伯刺幽王大坏也。

瞻仰昊天，降此大厉〔昊天，斥王也。厉，恶也〕。邦靡有定，士民其瘵〔瘵，病也〕。人有土田，汝反有之。人有民人，汝覆夺之〔此言王削黜诸侯及卿大夫无罪者也。覆犹反也〕。此宜无罪，汝反收之。彼宜有罪，汝覆说之〔收，拘收也。说，放赦也〕。哲夫成城，哲妇倾城〔哲，谓多谋虑也。城，犹国也〕。懿厥哲妇，为枭为鸱〔懿，有所痛伤之声也。枭鸱，恶声之鸟也。喻褒姒之言无善也〕。妇有长舌，维厉之阶。乱匪降自天，生自妇人。匪教匪诲，时维妇寺〔寺，近也。长舌，喻多言语也。今王之有此乱政，非从天而下，但从妇人出耳。又非有人教王为乱，语王为恶者，是维近爱妇人用其言，是故致乱也〕。如贾三倍，君子是识。妇无公事，休其蚕织〔妇人无与外政，虽王后犹以蚕织为事。识，知也。贾而有三倍之利者，小人所宜知也。而君子反知之，非其宜也。今妇人休其蚕桑织纴之事，而与朝廷之事，其为非宜，亦犹是也〕。不吊不祥，威仪不类。人之云亡，邦国殄瘁〔吊，至也。王之为政，德不能至于天矣，不能致征祥于神矣，威仪又不善于朝廷矣。贤人皆言奔亡，则天下邦国将尽困病也〕。

【译文】

《瞻仰》是凡伯隐刺周幽王宠爱褒姒，并使政事大乱的诗。

仰望苍天，降此大难。（苍天，这里指周幽王。）

国无宁日，百姓倒悬。

别人的土地，都归你所有；

别人的民众，也被你霸占。（这里是指君王对于无罪的诸侯和士大夫们削减封地、贬降官爵的行为。）

这些人本来无罪，却被你拘禁收监；

那些人有罪当罚，却被你开脱放还。

男子多谋立国兴邦，女人多谋国败家亡。

叹彼女子多谋多虑，如枭如鸱国之不祥。（枭鸱的叫声很难听，比喻褒姒这个女人的言语不善。）

人有过失未必成灾，妇人长舌酿祸之胎。

乱象迭现非降于天，叹彼妇人酿此祸灾。

君王之过岂有人教，听妇人言故受其害。（现在君王之所以有此乱政，并非天降之灾，而是出自女人之祸。并非有人教唆君王施行乱政、告诉君王为非作歹，而是由于亲近宠爱这个女人，听受其言，所以导致天下大乱。）

譬如经商赚钱获利，非君子事何必知之。

妇道人家外事莫问，养蚕织锦休忘本分。（女人不参与外政，虽为王后，还是以蚕桑和纺织为自己的本分。经商有很高的利润，这些事平民百姓可以去了解，而士人君子反而去热心过问，就不应该了。现在，女人放着蚕桑和纺织的本分不做，而去参与朝廷之事，这样的行为实在不合适，也是同样的道理。）

人而无德不见祯祥，礼仪败坏无以成邦。

百姓离心君子远祸，君王无道国乃危亡。（君王之为政，德行已经不能利益天下了，也不能向神灵奉献天下兴旺的祥瑞之兆了，礼仪威严也不再能完美地行之于朝廷了。贤人们都议论着要远离避祸，则天下国家将要大祸临头了。）

## 周　颂

《清庙》，祀文王也。周公既成雒邑，朝诸侯，率以祀文王焉〔清庙者，祭有清明之德者之宫也。谓祭文王也。天德清明，文王象也，故祭之而歌此诗也〕。

於穆清庙，肃雍显相〔於，叹之辞也。穆，美也。肃，敬也。雍，和。相，助也。显，光也。於乎美哉，周公之祭清庙也，其礼敬且和，又诸侯有光明著见之德者，来助祭之也〕。济济多士，秉文之德，对越在天〔对，配也。越，于也。济济之众士，皆执行文王之德，文王精神已在天矣。犹配顺其素行，如生存焉〕。

《振鹭》，二王之后来助祭也〔二王，夏，殷也。其后，杞，宋也〕。

振鹭于飞，于彼西雍。我客戾止，亦有斯容〔兴也。振，群飞之貌也。鹭，白鸟也。雍，泽也。客，二王之后也。白鸟集于西雍之泽，言所集得其处也。兴者，喻杞，宋之君，有洁白之德，来助祭于周之庙，得礼之宜也。其至止亦有此容，言威仪之善，如鹭鸟然也〕。

《雍》，禘大祖也〔禘，大祭。大祖，谓文王〕。

有来雍雍，至止肃肃。相维辟公，天子穆穆〔相，助也。雍雍，和也。肃肃，敬也。有是来时雍雍然，既至而肃肃然者，乃助王禘祭，百辟与诸侯也。天子是时穆穆然，言得天下之欢心也〕。

《有客》，微子来见于祖庙也〔微子代殷后，既受命来朝见之也〕。

有客有客，亦白其马〔殷尚白也〕。

《敬之》，群臣进戒嗣王也。

敬之敬之！天维显思，命不易哉！无曰高高在上，陟降厥士，日监在兹〔显，光也。监，视也。群臣见王，谋即政之事，故因此时戒之曰：敬之哉！敬之哉！天乃光明，去恶与善，其命吉凶不变易也。无谓天高又高在上，远人而不畏也。天上下其事，谓转运日月，施其所行，日视瞻近在此也〕。

【译文】

《清庙》是祭祀文王之诗。周公建成东都雒邑后，会见诸侯并率领他们共同祭祀文王。（清庙，是专门为祭祀有清明之德的祖宗而修建的宗庙，这里专指祭祀周文王的宗庙。上天之德清明，而为文王所效法。所以在祭祀时歌颂此诗。）

庄严的清庙啊多么美好，况有那前来助祭的诸侯公卿，个个都恭敬谦和望重德高。（太美好了，周公主持祭祀清庙，每个人都怀着礼敬与祥和的心情，而且诸侯中又有光明正大、德行高尚者前来助祭。）

众多的贤士汇聚一堂，人人都奉行文王的德教。

面对先王的在天之灵，犹似当年君臣无欺，肝胆相照。（济济之众士，皆奉行文王的德教。文王的精神已在天上，贤士仍然顺应奉行文王平时的品行，就像文王活在世上时那样。）

《振鹭》是写夏禹后代杞国国君和殷商后代宋国国君这两位君王前来陪同祭祀之诗。

洁白的鹭鸟振翅飞翔，都聚向西边那片美丽的沼泽。

尊贵的客人纷纷驾临，如天空的白鹭般优雅而纯洁！（白色的鹭鸟聚集在西边的沼泽，是说它们找到了最适合自己群聚的地方。这一句为起兴，借此比喻杞国和宋国的国君有着洁白的德行，来到周朝的宗庙参加助祭，非常符合祭典的礼仪。他们的光临也有这样的仪容，是指他们表现出的威仪庄严肃穆，犹如鹭鸟一般优美。）

《雍》是大祭太祖文王之诗。

贵客初临，到处一片祥和，宾主相见无不端庄敬肃。

前来助祭者皆为诸侯百官，周天子神态安详端严静穆。（这些人来时雍雍然和睦愉快，来到后就肃肃然严肃诚敬，为的是助君王禘祭，他们都是诸侯与文武百官。祭祀时天子神情恭敬安详，说的是君王庄严静穆的威仪赢得了天下人的欢心。）

《有客》写微子启来周天子的祖庙朝见。（微子启代表殷商后人，奉命来此朝见周天子。）

你看那位客人远道而来，座下骑着一匹白色的骏马。

那尊贵的客人志行高洁，恰如他的骏马白玉无瑕！（殷朝崇尚如雪一般高洁的白色。）

《敬之》一诗写的是群臣进忠言以戒勉嗣王（周成王）。

天子临朝臣何所献？敬慎敬慎别无他言！

上天之德智慧光明，惩恶赏善万古不变。

莫道上天渺渺何远，日月昭昭举头可见。

上下巡视明察秋毫，人有善恶岂可瞒天！（群臣面见天子周成王，商议成王继位执政之事，因此选择这个时刻大家一齐告诫他说：要敬慎啊，千万要敬慎啊！上天是智慧光明的，弃除邪恶而奖励善良，并依此标准赋予人们吉凶祸福，这一点永远不会改变。不要说上天高高在上，离我们太遥远而不必畏惧它。天上下其事，这一句说的就是上天运行日月，行使自己的职责，明察一切，每天就在这里审视着我们！）

## 鲁　颂

《閟宫》，颂僖公之能复周公之宇也〔宇，居〕。

王曰叔父，建尔元子，俾侯于鲁。大启尔宇，为周室辅〔王，成王也。元，首也。宇，居也。成王告周公叔父，我立汝首子，使为君于鲁。谓欲封伯禽也，以为周公后也。大开汝居，以为周家辅，谓封以方七百里也〕。乃命鲁公，俾侯于东。赐之山川，土田附庸〔既告周公，乃策命伯禽使为君于东，加赐之以山川土田及附庸，令专统之也〕。

【译文】

《閟宫》一诗是歌颂鲁僖公能遵天之命，扩大周公封地，整修周公封地宫室。

周天子一日将周公召见：“尊敬的叔父啊请听我言：

我将加封您的长子伯禽，令他去出任鲁国的国君。

将您的封地再次扩大，好辅佐我周朝世代安宁！”（成王告诉周公：“叔父，我封立您的长子，使他成为鲁国国君。”意思指成王想加封伯禽，让他作为周公爵位的继承人。开拓扩大其封地和宫殿，以作为周朝的辅佐，是指封赏方圆七百里地。）

天子降旨策封言而有信，鲁公受命东去无限感恩。

天子赐下了大片的山川、土地，更有那附庸小国唯鲁独尊。（成王将自己的想法告知周公后，接着就以策书封授伯禽，派他到东方的鲁国为君，还赏赐他山川土地及附庸的小国，让他专门统管。）

## 商　颂

《长发》，大禘也〔大禘，郊祭天也〕。

汤降不迟，圣敬日跻。昭假迟迟，上帝是祗，帝命式于九围〔不迟，言疾也。跻，升也。九围，九州也。降，下也。假，暇也。祗，敬也。式，用也。汤之下士尊贤甚疾，其圣敬之德日进，然而能以其聪明，宽暇天下之人迟迟然，言其急于己而缓于人也。天用是故爱敬之，天于是又命之使用事于天下，言王之〕。不竞不絿，不刚不柔。敷政优优，百禄是遒〔絿，急也。优优，和也。遒，聚也〕。

《殷武》，祀高宗也。

天命降监，下民有严。不僭不滥，不敢怠遑。命于下国，封建厥福〔不僭不滥，赏不僭，刑不滥也。封，大也。遑，暇也。天命乃下视下民，有严显之君，能明德慎罚，不敢怠惰自暇于政事者，则命之于小国，以为天子。大立其福，谓命汤使由七十里王天下也〕。商邑翼翼，四方之极〔商邑，京师也。极，中也。商邑之礼俗，翼翼然可则效，乃四方之中正也〕。

【译文】

《长发》是一首歌颂大禘的诗。（大禘，是在郊外祭祀上天的祭典。）

汤王受命伊始尊贤选能，圣王诚敬之德与日俱增。

严于律己尤能宽厚待人，智慧仁慈赢得人天爱敬。

上天敬其有道足以安民，故委重任立为九有之君。（汤王礼贤下士非常急切，其圣敬的德行与日俱增，然而能以其聪明睿智，宽容天下之人从不苛求。说的是他急于要求自己而缓于要求别人。所以上天敬他爱他，于是就任用他，派他来治理天下，也就是使他成为天下之王，为天下人做最好的榜样。）

从不争强好胜急于求成，既不刚强暴戾也非柔弱不禁。

政教所及唯有仁厚宽和，才有这千祥云集百福骈臻。

《殷武》是写祭祀殷高宗的诗。

上天有道对下界明察秋毫，百姓终于又有了英明的领导。赏罚分明又能够恰如其分，恭敬而勤勉从不敢懈怠逍遥。这才令万国诸侯都归他统管，共助他圣德昭昭造福人间。（上天留心向下观视人间，看到下民百姓有了恭敬贤明的君王，能彰显德行教化而慎于刑罚，为政不敢有丝毫懈怠和贪图安逸之想。于是才让他统领万国诸侯，成为天子，为全天下百姓谋求长久的福祉。这里说的是上天让商汤当初怎样由方圆七十里的小国之君而成为拥有天下的君王。） 请看那京师的礼俗恭敬和谦，万国来朝无不尊之为典范！（京师商邑的礼俗翼翼然恭敬谨慎，可为天下效法的准则，的确是四方诸侯国中最纯正的。）

（吕效祖 张爱玲 张泓译）

卷四

# 春秋左氏传治要(上)

【考评】

魏征编纂的《群书治要》，唐亡后在国内失传。我们今天看到的《群书治要》是影印日本尾张藩刻本，其中《春秋左氏传》原书分上、中、下三卷，缺上卷。天明五年二月，尾张国校督学臣细井德民等十二名汉学家奉命逐次补遗，终因“恐失魏氏(指魏征)之意”而辍笔。所以我们整理的《群书治要·左氏春秋传》仍缺上卷。魏征在编纂《群书治要》时，从唐太宗统治集团的政治需要出发，节录《左传》中记载有关诸侯国君主集团内部争夺权位、君臣父子兄弟之间互相火并的丑行，肯定齐桓公、晋文公因能任贤而成霸业的事迹和歌颂管仲、子产、晏婴等政治家高风亮节等内容的篇章。事实上，魏征向太宗的谏言和奏疏几乎反复地引用《左传》的故事去提醒唐太宗以史为鉴。

魏征在《隋书·经籍志》中称：“《春秋》者，鲁史策书之名。昔成周微弱，典章沦废，鲁以周公之故，遗制尚存。仲尼因其旧史，裁而正之，或婉而成章，以存大顺，或直书其事，以示首恶。故有求名而亡，欲盖而彰，乱臣贼子，于是大惧。其所褒贬，不可具书，皆口授弟子。弟子退而异说，左丘明恐失其真，乃为之传。”

《春秋左氏传》，亦称《左传》或《左氏春秋》。儒家经典之一，旧传春秋时左丘明所撰。清代经文学家认为系刘歆改编。近人认为是战国初年人据各国史料编成，多用事实解释《春秋》，同《公羊传》《谷梁传》完全用义理去解释有异。其纪事起于鲁隐公元年(前722年)，终于鲁悼公四年(前464年)，比《春秋》多出十七年，其叙事更至于悼公十四年(前454年)为止。书中保存了大量古代史料，文字优美，记事详明。相传孔子据鲁史修成了《春秋》。按《汉书·艺文志》，《春秋》古经十二篇，经十一卷的著录，可称为《春秋经》。其书涉及各国之事，而以鲁国为主，分年纪事，上起鲁隐公元年(当周平王四十九年，公元前722年)，下止鲁哀公十四年(当周敬王三十九年，公元前481年)，计凡十二公，二百四十二年。《春秋经》所以命名"春秋"，今古文学家的意见大致相同，即由于《春秋》是编年体，年有四时，不能偏举四字为书名，所以交错互举，取"春""秋"以包"夏""冬"。当时，不论周王室或诸侯国，均有史官负责记载周王室或本国的历史，但其书名并不一样，如晋叫"乘"，楚名"梼杌"，秦称为"记"，周、鲁、燕、齐则称之为"春秋"。《管子·法法》说："故《春秋》之记，臣有弑其君，子有弑其父者矣。"《韩非子·内储说上》载："鲁哀公问于仲尼曰：'《春秋》之记曰，冬十二月陨霜不杀菽，何为记此？'"《战国策·燕策二》记苏代说："今臣逃而纷齐、赵，始可著于《春秋》。"可见"春秋"本是一个普通名词，到孔子据鲁史而修《春秋》之后才有了《春秋经》的专有名词。魏征评述大致可信。

## 卷五

# 春秋左氏传治要(中)

## 宣　公

二年，郑公子归生伐宋，宋华元御之。将战，华元杀羊食士，其御羊斟不与。及战，曰：“畴昔之羊，子为政〔畴昔，犹前日也〕；今日之事，我为政。”与入郑师，故败。

【译文】

鲁宣公二年，郑国公子归生接受楚国的命令去攻打宋国，宋国华元率兵迎战。将要开战时，华元宰羊犒赏战士，可是却不给他的车夫羊斟吃。等到作战时，羊斟就说：“前日分发羊肉，由你做主；今天战车进退的事，由我做主。”于是羊斟就故意把华元乘的战车赶进敌阵，因此宋军大败。

晋灵公不君〔失君道〕，厚斂以雕墙〔雕，画也〕，从台上弹人，而观其避丸也。宰夫胹熊蹯不熟，杀之，寘诸畚，使妇人载以过朝〔畚，筥属〕。赵盾、士季患之。将谏，士季曰：“谏而不入，则莫之继也。会请先，不入则子继之。”三进，及溜，而后视之〔士季，随会也。三进，三伏，公不省而又前也。公知欲谏，故佯不视〕，曰：“吾知所过矣，将改之。”稽首而对曰：“人谁无过?过而能改，善莫大焉。《诗》

曰：‘靡不有初，鲜克有终。’夫如是，则能补过者鲜矣。君能有终，则社稷之固也，岂唯群臣赖之。”犹不改。宣子骤谏，公患之，使鉏麑贼之〔鉏麑，力士〕。晨往，寝门辟矣。盛服将朝，尚早，坐而假寐〔不解衣冠而睡〕。麑退，叹而言曰：“不忘恭敬，民之主也。贼民之主，不忠；弃君之命，不信。有一于此，不如死。”触槐而死〔槐，赵盾庭树〕。晋侯饮赵盾酒，伏甲将攻之。其右提弥明知之〔右，车右〕，趋登曰：“臣侍宴，过三爵，非礼。”遂扶以下。公嗾夫獒焉，明搏而杀之〔獒，猛犬也〕。盾曰：“弃人用犬，虽猛何为〔责公不养士，而更以犬为己用也〕！”斗且出。赵穿攻灵公于桃园〔穿，赵盾之从父昆弟子〕。宣子未出山而复〔晋境之山也，盾出奔，闻公弑而还〕。大史书曰：“赵盾杀其君。”以示于朝。宣子曰：“不然。”对曰：“子为正卿，亡不越境，反不讨贼，非子而谁？”孔子曰：“董狐，古之良史也，书法不隐〔不隐盾之罪〕。赵宣子，古之良大夫也，为法受恶〔善其为法屈也〕。”

【译文】

晋灵公丧失为君之道，向百姓横征暴敛，把宫殿建筑得雕梁画栋，又经常从高台上用弹弓射人，以观看人们躲避弹丸来取乐。有一次，他的御厨没有把熊掌炖烂，他就立刻把厨师杀掉，把尸体剁成肉块放在簸箕中，然后叫宫女端着这些肉块从朝堂上走过。晋国大臣赵盾、士季为晋灵公这样残忍无道而忧虑。于是，二位大臣就准备谏诤。士季说：“我和你一同去谏诤，假如君主不接受的话，就没有人再继续进谏了。让我先进去谏诤，他若不采纳，那你再继续劝谏。”士季进去朝见，跪进三次，（晋灵公都装做没有看见，）一直跪进到房檐滴水处，灵公知道无法回避才理睬了他。灵公说：“我已经知道自己所犯的过错了，打算改正这些错误。”士季赶紧磕头回答说：“人谁没有错？错了能知道改正，那就是再好不过的事了。《诗经》说：‘凡事无不有其初始，但很少人能坚持至终。’果如此说，则能改正过错者极少呀！您若能改正错误并持之以终，那么，国家就可以巩固了，岂只是群臣有所依靠呢？”但晋灵公仍不改过。由于赵宣子屡次谏诤，以致灵公很讨厌他，于是就派大力士鉏麑去暗杀他。第二天凌晨，(鉏麑潜入赵府)看见卧室的门已经开了。赵盾已把朝服穿得整整齐齐准备上朝，只因时间还早，就坐在那里闭目养神。这时鉏麑就退回几步，叹口气说："他在家里还不忘恭敬国君，真是晋国百姓的好主管。我若杀死百姓的好主管，就是不忠；若违背国君的命令，就是不信。在'不忠''不信'中占一条，都不如死了好。"鉏麑说完这话，就一头撞死在赵盾庭院中的槐树上。(同年秋天的九月)晋灵公设宴请赵盾喝酒，暗中却埋伏甲兵，打算杀害赵盾。所幸赵盾的车右提弥明察觉了这件事，于是就快步跑到朝堂上说："臣子陪君主饮宴，酒过三杯还不告退就算失礼。"于是提弥明就立即扶着赵盾走出宫殿。晋灵公就放出一只猛犬来咬他们，提弥明徒手同猛犬进行搏斗，并把它打死。赵盾说："废弃忠臣豢养恶犬，恶犬虽然凶猛，有什么用！"提弥明保护着赵盾，一边和朝中的甲士搏斗，一边往出跑。(九月二十六那一天，)赵盾的同族赵穿在桃园杀死灵公。赵盾逃奔国外避难，还未走出晋国的山界，听到灵公被杀的消息，就又折回朝廷。太史董狐在简册上记载说："是赵盾杀死了他的君主。"并将上面的记载拿到朝廷上公布。赵盾解释说："不是这样。"董狐说："你是晋国的正卿，虽然逃亡，却还没等逃出国境就又折回来，回朝以后又不惩办杀死君主的凶手，不是你杀死君主又是谁？"孔子评论说："董狐，是古代一位好的史官，记事的原则是直书而不隐讳。赵盾，是古代一位好的大夫，却因记史的原则而蒙受弑君的罪名。"

三年，楚子伐陆浑之戎，遂至于雒，观兵于周疆。定王使王孙满劳楚子〔王孙满，周大夫〕。楚子问鼎之大小轻重焉〔示欲逼周取天下也〕。对曰："在德不在鼎。昔夏之方有德也〔禹之世也〕，远方图物〔图画山川奇异之物而献之〕，贡金九牧〔使九州之牧贡金〕，铸鼎象物〔象所图物〕，使民知神奸〔图鬼神百物之形，使民逆备之〕。故民入川泽山林，魑魅罔两〔魑，山神。魅，怪物。罔两，水神也〕，莫能逢之〔逢，遇〕。用能协于上下，以承天休〔民无灾害，则上下和而受天祐〕。桀有昏德，鼎迁于商。商纣暴虐，鼎迁于周。德之休明，虽小，重〔不可迁〕；其奸回昏乱，虽大，轻也〔言可移〕。天祚明德，有所底止〔底，致〕。周德虽衰，天命未改，鼎之轻重，未可问也。"

【译文】

鲁宣公三年，楚庄王发兵征讨陆浑的族部，乘机进兵到雒邑，在周王室境内炫耀兵力。周定王只好派王孙满去慰劳楚庄王。楚庄王向王孙满问起九鼎的大小轻重。王孙满回答说："一个拥有天下的成功统治者，关键是在于德行而不在于鼎的大小轻重。从前当夏朝推行德政时，远方的国家把山川奇异之物画成图象献给夏王，九州的长官则进贡青铜，夏王就用这些青铜铸造成九座鼎，并把各种图象铸在鼎上，让百姓事先了解这些神物和怪物。所以百姓进入山川、沼泽、森林，那些山神、怪物、水妖，都不会遇上。因此得以使上下协和，以承受上天的保佑。后来由于夏桀昏乱失德，九鼎迁移于商朝。殷纣王暴虐无道，九鼎又迁到了周朝。德行如果美善光明，九鼎虽小，却显得很重，他人无法轻易夺去；如果君主奸邪昏乱，九鼎再大，也显得很轻，他人就会轻易夺去。上天赐福给明德的君王，必有所固定，不会随便变更。如今周朝的德行虽然衰微，但天命尚没有改变，九鼎的轻重，诸侯不可以随便探问。"

四年，楚子灭若敖氏。其孙箴尹克黄〔箴尹，官名。克黄，子文孙也〕使于齐，还，及宋，闻乱。其人曰："不可以入矣。"箴尹曰："弃君之命，独谁受之？君，天也，天可逃乎？"遂归复命，自拘于司败。王思子文之治楚国也，曰："子文无后，何以劝善？"使复其所。

【译文】

鲁宣公四年，楚庄王消灭了若敖氏。子文的孙子克黄官拜箴尹，出使齐国，返回时途经宋国，听到了国内动乱的消息。传递消息的人说："不可以再回到楚国了。"箴尹说："废弃君主的命令，有哪个人会接受我呢？君主就等于是上天，难道可以逃避天吗？"于是克黄就回到楚国复命，并且把自己绑起来，到刑官那里去投案。楚庄王想起以前子文治理楚国的功劳，于是就对群臣说："子文如果没有留下后代，用什么来劝人为善？"于是让克黄仍旧担任原来的官职。

十一年，楚子伐陈〔十年，夏征舒弑君也〕，谓陈人无动，将讨于少西氏矣〔少西，征舒之祖，子夏之名〕。遂入陈，杀夏征舒，因县陈〔灭陈以为楚县〕。申叔时使于齐，反，复命而退。王使让之曰："夏征舒为不道，弑其君，寡人以诸侯讨而戮之，诸侯县公，皆庆寡人〔楚县大夫皆僭称公〕，汝独不庆寡人，何故？"对曰："夏征舒弑其君，其罪大矣，讨而戮之，君之义也。抑人亦有言曰：'牵牛以蹊人之田〔抑，辞也。蹊，径也〕，而夺之牛。'牵牛以蹊者，信有罪矣，而夺之牛，罚已重矣。诸侯之从也，曰讨有罪也。今县陈，贪其富也。以讨召诸侯，而以贪归之，无乃不可乎？"王曰："善哉！吾未之闻也。反之，可乎？"对曰："可哉！吾侪小人所谓取诸其怀而与之也〔叔时谦言，小人意浅，谓譬如取人物于其怀而还之，为愈于不还也〕。"乃复封陈。

【译文】

鲁宣公十一年，楚庄王发兵攻打陈国，告诉陈国人不要害怕，此举只是要讨伐弑君之贼少西氏家族。于是攻入陈国，杀死少西之后夏征舒，并把陈国设置为楚国的一个县。楚国大夫申叔时出使齐国返回，向楚庄王复命以后就回府去了。楚庄王派人责备他说："夏征舒大逆不道，杀了自己的国君，寡人率领诸侯讨伐并杀掉了他，诸侯和楚国大夫都来向寡人祝贺，唯独你不向寡人祝贺，是什么缘故？"申叔时回答说："夏征舒杀了他的国君，他当然是罪大恶极之人，君主兴义师讨伐并杀了他，是君王的大义。然而人们也有这么说的：'牵着牛践踏了别人的田地，田主就把他的牛夺过去。'牵着牛践踏人家田地确实是有错误的，但因此就夺取他的牛，惩罚未免太重了。诸侯跟随君王行动，只说是为了讨伐有罪的人。可是现在君王竟把陈国改成楚国的一个县，那就是贪图陈国的财富了。以讨伐贼逆之名来召集诸侯，而以贪图陈国财富作为结束，这恐怕不可以吧？”楚庄王说：“说得好啊！我没有听到过这些话。归还陈国的土地，可以吗？”申叔时回答说：“可以啊！以我等小人浅见，这就叫从他人怀中夺得，又还给了人家。”于是楚庄王又重新封立陈国。

十二年，晋师救郑。及河，闻郑既及楚平。桓子欲还〔桓子，林父〕，随武子曰：“善〔武子，士会也〕。会闻用师，观衅而动〔衅，罪也〕。德、刑、政、事、典、礼不易，不可敌也。楚君讨郑，怒其贰而哀其卑，叛而伐之，服而舍之，德刑成矣。伐叛，刑也；柔服，德也。二者立矣。昔岁入陈〔讨征舒〕，今兹入郑，民不罢劳，君无怨讟〔讟，谤也〕，政有经矣〔经，常也〕。商农工贾，不败其业，而卒乘辑睦〔步曰卒，车曰乘〕，事不奸矣〔奸，犯也〕。蔿敖为宰，择楚国之令典〔宰，令尹。蔿敖，孙叔敖〕，百官象物而动，军政不戒而备〔物，犹类也。戒，敕令也〕，能用典矣。其君之举也，内姓选于亲，外姓选于旧〔言亲疏并用也〕，举不失德，赏不失劳，君子小人，物有服章〔尊卑别也〕，贵有常尊，贱有等威〔威仪有等差也〕，礼不逆矣。德立刑行，政成事时，典从礼顺，若之何敌之？见可而进，知难而退，军之善政也。兼弱攻昧，武之善经也〔昧，昏乱也。经，法〕。子姑整军而经武乎〔姑，且〕？犹有弱而昧者，何必楚。”彘子曰：“不可〔彘子，先縠〕。成师以出，闻敌强而退，非夫也〔非丈夫〕。”师遂济。楚子北师次于管〔荥阳有管城〕。郑皇戌使如晋师，曰：“楚师骤胜而骄，其师老矣，子击之，楚师必败。”栾武子曰〔武子，栾书〕：“楚自克庸以来〔在文十六年〕，其君无日不讨国人而训之〔讨，治也〕，于民生之不易，祸至之无日，戒惧之不可怠〔于，曰也〕。在军，无日不讨军实而申儆之〔军实，军器〕，于胜之不可保，纣之百克，而卒无后。箴之曰：‘民生在勤，勤则不匮。’不可谓骄〔箴，诫也〕。先大夫子犯有言，曰：‘师直为壮，曲为老。’我不德而徼怨于楚，我曲楚直，不可谓老〔不德，谓以力争诸侯也。徼，要也〕。郑不可从。”楚人遂疾进师，乘晋军。桓子不知所为，鼓于军中曰：

“先济者有赏。”中军、下军争舟，舟中之指可掬。潘党曰：“君盍筑武军〔筑军营以彰武功也〕，而收晋尸，以为京观〔积尸封土其上，谓之京观〕？臣闻克敌必示子孙，以无忘武功。”楚子曰：“非尔所知也。夫文，止戈为武〔文，字也〕。武王克商，作《颂》曰：‘载戢干戈，载櫜弓矢〔戢，藏也。櫜，韬也。诗美武王能灭暴乱而息兵也〕。’夫武，禁暴、戢兵、保大、定功、安民、和众、丰财者也〔此武七德也〕，故使子孙无忘其章〔著之篇章，使子孙不忘也〕。今我使二国暴骨，暴矣；观兵以威诸侯，兵不戢矣。暴而不戢，安能保大？犹有晋在，焉得定功？所违民欲犹多，民何安焉？无德而强争诸侯，何以和众？利人之几〔几，危也〕，而安人之乱，以为己荣，何以丰财〔兵动则年荒〕？武有七德，我无一焉，何以示子孙？其为先君宫，告成事而已〔祀先君，告战胜〕。武非吾功也。古者，明王伐不敬，取其鲸鲵而封之，以为大戮，于是乎有京观，以惩淫慝〔鲸鲵，大鱼名也。以喻不义之人，吞食小国也〕。今罪无所〔晋罪无所犯〕，而民皆尽忠，以死君命，又可以为京观乎？”晋师归，桓子请死，晋侯欲许之。士贞子谏曰：“不可〔贞子，士渥浊〕。城濮之役，晋师三日谷〔在僖二十八年〕，文公犹有忧色。左右曰：‘有喜而忧，如有忧而喜乎〔言忧喜失时也〕？’公曰：‘得臣犹在，忧未歇也〔歇，尽也〕。困兽犹斗，况国相乎！’及楚杀子玉〔子玉，得臣也〕，公喜而后可知也〔喜见于颜色也〕，曰：‘莫余毒也已。’是晋再克，而楚再败也。楚是以再世不竞〔成王至穆王也〕。今天或者大警晋也，而又杀林父以重楚胜，其无乃久不竞乎？林父之事君也，进思尽忠，退思补过，社稷之卫也，若之何杀之？夫其败也，如日月之食，何损于明？”晋侯使复其位〔言晋景所以不失霸也〕。

【译文】

鲁宣公十二年，晋国出兵去援救郑国。当晋军到达黄河岸边时，听说郑国已经和楚国讲和了。桓子打算率兵返回，士会说：“对！我听说用兵，要观察其征兆而后行动。若其德行、刑罚、政治、国务、典章、礼仪都没有违反常规，就不可与之为敌。这次楚国君主下令讨伐郑国，是怨怒其对楚有二心，而又怜悯其国家弱小，因其叛楚而征伐之，又因其服罪而宽赦之，是施以恩德和给予惩罚的意图都实现了。讨伐背叛之行是给予惩罚，怀柔使之归服是施以恩德。'恩德'和'惩罚'都树立起来了。楚国去年征讨陈国，今年又攻打郑国，但楚国百姓百姓并不以之为疲劳，楚君也并未因之而招致怨谤，可见楚国的政令仍符合常道。商贩、农民、工匠、店主都不废其业，步卒与军官关系都很和睦，各种事物互不相犯。孙叔敖担任令尹，选择适合楚国国情的政令和典章，各级军官根据象征自己的旌旗的指示而行动，军中政事不必等待命令就已完备，可见很会运用典章制度。楚君选拔人才，同姓者选任亲族，异姓者选任故旧世家。举拔不遗失有德之人，赏赐不遗漏有功之人。君子小人各有制服文饰。爵位高者享有一定的礼仪以示尊重，地位低者各有威仪的等差。这样，就没有违背礼仪的地方了。由此观之，楚国树立道德，实施刑法，修明政治，诸事合时，典章通行，礼仪完善，这样的国家，又如何能与之对抗呢？知道能战就前进，知道难攻就后退，这是最好的用兵策略。兼并衰弱之国，攻取暗昧之国，这是用武的良好法则。您暂且整编军队，研习战略战术，衰弱混乱的国家不少，又何必一定要进兵楚国呢？"先縠说："不可以这样！整个军队已经出动，听说敌人强大就退兵，不是大丈夫！"晋军于是渡过黄河。这时楚庄王率军北进，驻扎在荥阳的管城。郑国派皇戌为使到晋军中，说："楚军多次得胜而自高自大，其军长年作战，斗志已衰，只要将军出兵袭击它，楚军必败。"栾武子说："楚国自从灭掉庸国以来，其国君没有一天不在以民生不易、灾祸时有、戒惧之心不可松懈的道理来教导人民；在军事上，没有一天不在整顿军备并以不能保证永远打胜仗、殷纣王虽屡战屡胜但最终却亡国绝后的道理来再三告诫将士。楚君规劝军民说：'人民的生计在于勤劳，勤劳则生计不会困乏。'由此看来，并不能说楚国已经自满。已故大夫子范曾说：'用兵理直，士气才会旺盛。如果理亏，士气就会低落。'我方现在的做法不合道德，取怨于楚国，我之理曲，楚之理直。因此，不能说楚军斗志衰落。郑国使臣的意见不能听从。"楚国急速进军，袭击晋军。桓子不知该怎么办，在军中击鼓说："先渡河撤退者有赏！”于是中军和下军争抢渡船，船上的断指（争抢所致）多得可用两手捧取。潘党（对楚王）说：“君王何不修筑军营显示武功，收聚晋军尸体，堆集覆土，筑成高坟，以为京观？我听说古人战胜敌人，必会把战果展示给子孙看，以免子孙忘记其武功。”楚庄王说：“不是你所了解的那样。从文字构造看，‘止’‘戈’二字合起来就成为一个‘武’字。周武王灭掉商朝以后，周人作《周颂》说：‘把干戈收藏起来，把弓矢装进囊鞘里。’所谓武，是用来消除暴乱、止息战争、保持太平、建立功业、稳定百姓、和睦万邦、丰富资财的，所以要让子孙后代不要忘记这些内容。现在我使楚、晋两国百姓横尸荒野，这是暴行呀！炫耀兵力以威胁诸侯，这是战事不息呀！如此施暴而不息战，又如何能保持天下太平呢？晋虽战败而国家尚在，又怎能算是建立功业呢？违反民众意愿的事还很多，民众怎能安稳地生活呢？不施仁德而强行与诸侯争霸，又怎能和睦万邦呢？利用他国的危机，坐视他国的动乱，并以此为荣，又怎能丰富天下资财呢？用武有七项美德，我却连一项也没有，以什么展示给子孙呢？只能在祖庙里告慰先人我们打了胜仗而已。用武并非寡人的功业。古代英明的帝王，讨伐那些不尊王命者，选取其中的凶恶之人，诛杀后，集聚其尸，覆土为高坟而埋之，以此作为对这些人最大的惩罚，于是才有了高耸封土的京观，这是用来惩戒邪恶。现在晋国并没有犯什么罪，而晋民又都能尽忠，为国君的命令效死，又怎能聚尸覆土，筑造这样的京观呢？”晋军收兵回国，桓子自请处死，晋景公打算答应他的请求。士贞子劝谏晋君说：“不可以这样做！城濮之战时，晋军获胜后吃了三天楚军的粮食，晋文公还是面带忧色。他的左右侍臣问道：‘有喜事而面带忧色，难道有忧事反倒面呈喜色吗？’文公解释说：‘因为楚国令尹子玉还在，因此忧虑未能终止。困兽犹斗，何况一国的宰相呢？’等到后来楚成王杀死子玉，大家才看见晋文公面有喜色，并且对群臣说：‘今后再也不会有人来危害我们了！’这就等于晋国再次战胜而楚国再次战败。楚国因此在成王、穆王两代不敢同晋国争胜。如今，大概是上天要给晋国一次严厉警告，如果再杀桓子，使得楚国再打一次胜仗，那岂不是使晋国再也不能同楚国争胜了吗？桓子平日侍奉国君，进则想着尽忠，退则想着补过，这是捍卫晋国社稷的良臣，怎么能杀他呢？他这次打败仗，就如同日月之蚀，只不过是一时失辉，哪里会损害其光明呢？”晋景公听后，就让桓子官复原职。

楚子伐萧，申公巫臣曰：“师人多寒。”王巡三军，拊而勉之〔拊，抚，慰勉之〕。三军之士，皆如挟纩〔纩，绵也。言悦以忘寒〕。

【译文】

（同年冬天，）楚庄王率军讨伐萧国，申公巫臣说：“军队将士多感寒冷。”于是楚庄王就巡视全军，抚慰并且勉励他们，因此全军将士都像披上了丝绵那样倍感温暖。

十五年，楚子伐宋，宋人告急于晋。晋侯欲救之。伯宗曰：“不可〔伯宗，晋大夫〕。古人有言曰：‘虽鞭之长，不及马腹〔言非所击〕。’天方授楚，未可与争。虽晋之强，能违天乎？谚曰：‘高下在心〔度时制宜也〕。’川泽纳污〔受污浊也〕，山薮藏疾〔山之有林薮，毒害者所居〕，瑾瑜匿瑕〔匿，亦藏也。虽美玉之质，亦或居藏瑕秽〕，国君含垢，天之道也〔晋侯耻不救宋，故伯宗为说小恶不损大德之喻也〕，君其待之〔待楚衰也〕。”乃止。使解扬如宋，使无降楚，曰：“晋师悉起，将至。”郑人囚而献楚，楚子厚赂之，使反其言，不许，三乃许之。登诸楼车，使呼宋人而告之〔楼车，车上望橹〕。遂致其君命。楚子将杀之，使与之言曰：“尔既许不谷而反之，何故？非我无信，汝则弃之，速即尔刑。”对曰：“臣闻之，君能制命为义，臣能承命为信。义无二信〔欲为义者，不行两信〕，信无二命〔欲行信者，不受二命〕。君之赂臣，不知命也。受命以出，有死无陨〔陨，废队〕，又可赂乎？臣之许君，以成命也〔成君命〕。死之成命，臣之禄也。寡君有信臣〔己不废命也〕，下臣获考〔考，成也〕，死又何求？”楚子舍之以归。

【译文】

鲁宣公十五年，楚庄王讨伐宋国，宋国派人到晋国告急。晋景公打算发兵救宋。伯宗说："不可。古人有句话说：'鞭子虽长，打不到马腹。'如今上天正给楚国强大的机会，我们不可与之争衡。晋国虽然强大，又怎能违背天意呢？俗语说：'双方较量高低在于心计。'河流湖泽总会容纳浊水，山林、草丛总会藏匿毒物，各种美玉难免藏有瑕疵。因此，国君容受一点耻辱，这也是天下常理，君王还是等待时机吧。"于是晋景公停止发兵，派遣解扬到宋国去，让宋国不要投降楚国，并叫他对宋国说："晋国救宋的军队已全部出发，就要到了。"可是当解扬路过郑国时，郑人却把他囚禁起来献给楚国。楚庄王用重金贿赂解扬，让他对宋国说相反的话，解扬不答应，经过多次劝诱，他才表示答应。楚人令解扬登上楼车，让他呼叫宋人，告诉他们晋国不来救援。然而，解扬却按晋景公的命令对宋人喊话。楚庄王要杀解扬，派人对他说："你既然答应了寡人，却又背叛寡人，这是何故？不是我不讲信用，而是你抛弃了信用，快接受你应受的刑罚吧！"解扬回答说："下臣听说，国君能制定正确的命令就是合义，臣下能接受国君的命令就是守信。要合义则不能对双方皆守信，要守信则不能两个命令都接受。君王贿赂下臣，就是不懂得'命令'的涵义。我接受晋侯的命令而出使，宁死而不能废弃君命，又怎么可以接受贿赂呢？下臣所以答应您，是为了借机完成晋侯的命令。身死而能完成使命，这是臣下的福气。寡君有守信的下臣，下臣又获得了不辱使命的业绩，这样死去，死得其所，还有什么奢求呢？"楚庄王赦免了解扬，放他回国。

潞子婴儿之夫人，晋景公之姊也。酆舒为政而杀之，又伤潞子之目〔酆舒，潞相〕。晋侯将伐之，诸大夫皆曰："不可。酆舒有三俊才〔俊，绝异也〕，不如待后之人。"伯宗曰："必伐之。狄有五罪，俊才虽多，何补焉？不祀，一也；耆酒，二也；弃仲章而夺黎氏之地，三也〔仲章，潞贤人。黎氏，黎侯国〕；虐我伯姬，四也；伤其君目，五也。怙其俊才，而不以茂德，兹益罪也。后之人或者将敬奉德义，以事神人，而申固其命〔审政令〕，若之何待之？不讨有罪，曰‘将待后’，后有辞而讨焉，无乃不可乎？夫恃才与众，亡之道也。商纣由之，故灭。天反时为灾〔寒暑易节〕，地反物为妖〔群物失性〕，民反德为乱。乱则妖灾生，尽在狄矣。”晋侯从之。夏，晋荀林父败赤狄于曲梁，灭潞。晋侯赏桓子狄臣千室〔千家也〕，亦赏士伯以瓜衍之县〔士伯，士贞子〕，曰：“吾获狄土，子之功也。微子，吾丧伯氏矣〔伯，桓子字也〕。”羊舌职悦是赏也〔职，叔向父〕，曰：“《周书》所谓‘庸庸祗祗’者，谓此物也夫〔庸，用也。祗，敬也。言文王能用可用、敬可敬也〕？士伯庸中行伯〔言中行伯可用〕，君信之，亦庸士伯，此之谓明德矣。文王所以造周，不是过也。率是道也，其何不济？”

【译文】

潞国国君婴儿的夫人，是晋景公的姐姐。酆舒执政以后杀了她，又伤了潞君的眼睛。晋景公准备讨伐酆舒，许多大夫都说：“不可以。酆舒有三种突出的才能，不如等待他的后任之人。”伯宗说：“一定要讨伐他。狄人有五条罪状，突出的才能虽多，怎能补救？不祭祀祖先，这是第一条罪状；沉溺于饮酒，这是第二条罪状；废弃贤人仲章并夺取黎侯的土地，这是第三条罪状；虐杀我晋国的伯姬，这是第四条罪状；伤害其国君的眼睛，这是第五条罪状。依仗自己突出的才能，而不用以增加美德，这只能增加其罪恶。后继之人或许会敬奉德义并以此事奉神明，进而巩固国家的命运，若真是如此，我们会等来什么呢？不讨伐有罪的人，只说‘要等待后继之人’，等日后有了借口再去讨伐，只怕就不可以了吧？其实，依仗自己有才和人多，这是亡国之道。商纣就是这样，所以灭亡。上天不按四时运行就会发生灾害，大地违反万物属性就会产生妖异，百姓违反道德规范就会发生祸乱，有了祸乱则妖异和灾害便会发生。这些现象，如今都出现在狄人那里了。”晋景公听从了伯宗的话。同年夏天，晋国荀林父在曲梁打败赤狄，灭了潞国。晋景公赏给荀林父狄国的臣民一千户，同时又把瓜衍县邑赏给士伯，并且对他说：“我所以能得到狄国的土地，都是您的功劳。如果没有您，我就丧失荀林父了。”羊舌职对这些赏赐表示高兴，说：“《周书》所谓‘使用可用之物、尊敬可敬之人’，说的就是这类事吧。士伯认为荀林父可用，国君相信荀林父，同时也重用士伯，这就叫做明德之君了。文王所以能建立周朝，并没有超越此理，遵循这个道理行事，难道还有什么不能成功的吗?”

十六年，晋侯命士会将中军，且为太傅，于是晋国之盗逃奔于秦。羊舌职曰：“吾闻之，禹称善人〔称，举也〕，不善人远，此之谓也。夫善人在上，则国无幸民。谚曰：‘民之多幸，国之不幸。’是无善人之谓也。”

【译文】

鲁宣公十六年，晋景公任命士会统率中军，并且担任太傅的官职，于是晋国的盗贼都逃窜到秦国。羊舌职说：“我听说，夏禹推举好人，不好的人就会远离，说的就是这种情况。好人在上面做官，国家就没有心存侥幸的百姓。谚语说：‘如果百姓多存侥幸心理，那将是国家的不幸。’说的就是没有好人居于上位啊！”

## 成　公

二年，卫侯使孙良夫侵齐，与齐师遇，师败。仲叔于奚救孙桓子，桓子是以免。既，卫人赏之以邑〔赏于奚也〕，辞，请曲县〔轩县也〕，繁缨以朝，许之〔繁缨，马饰，皆诸侯之服也〕。仲尼闻之，曰：“惜也，不如多与之邑！唯器与名，不可以假人〔器，车服也。名，爵号也〕。君之所司也，政之大节也，若以假人，与人政也。政亡，则国家从之，不可止也已。”

【译文】

鲁成公二年，卫穆公派孙良夫率兵侵犯齐国，与齐军遭遇，卫军战败。邑大夫仲叔于奚来救孙良夫，才使孙良夫没有被俘。事后，卫君准备赏赐给仲叔于奚城邑，于奚谢绝，改而请求赐给他诸侯才能使用的乐器曲悬和天子、诸侯才能使用的马饰繁缨，然后去朝见国君，卫穆公答应了。孔子听说了这件事以后说："令人痛惜呀，实在不如多赏他一些城邑。因为礼器和名分不能随便赐给人，这是君主所掌管的，是为政之大纲，若以此授人，就等于给人以政权。政权丢失，国家就会跟着灭亡，那就无法挽回了。"

宋文公卒，始厚葬，用蜃炭，益车马，始用徇〔烧蛤为炭，以瘗圹。多埋车焉，用人从葬也〕，重器备〔重，犹多也〕。君子谓："华元、乐举，于是乎不臣。臣，治烦去惑者也，是以伏死而争。今二子者，君生则纵其惑〔谓文十八年杀母弟须〕，死则益其侈，是弃君于恶也，何臣之为〔若言何用为臣〕？"

【译文】

宋文公逝世后，宋国开始了厚葬之风。用蚌蛤烧成的灰铺筑墓穴，增加陪葬所用的车马，并首次以活人来殉葬。此外，所有陪葬的家具器物也都加倍。因此君子评论说："华元、乐举，在这件事上有失为臣之道。作为臣下，是为国君管理繁务、解除疑惑的人，因此，遇事要冒死而谏诤。现在这两个人，国君活着的时候就放任其为非，死了又增加其奢侈，这是把国君丢入邪恶之中，哪里是什么臣下的作为？"

楚之讨陈夏氏也〔在宣十一年〕，庄王欲纳夏姬。申公巫臣谏曰："不可。君召诸侯，以讨罪也。今纳夏姬，贪其色也。贪色为淫，淫为大罚。《周书》曰：'明德慎罚。'若兴诸侯，以取大罚，非慎之也。君其图之！"王乃止。

【译文】

楚国讨伐陈国夏氏的时候，庄王欲纳夏姬为妃。申公巫臣谏阻说："不可以这样做。君王召集诸侯出兵，是为了讨伐其罪。现在若纳夏姬为妃，说明君王是贪其美色。贪色为淫，淫当重罚。《周书》说：'要显明德，要谨慎处罚。’若号令诸侯兴师，却获取重罚，这就是不谨慎。君王应考虑这些问题啊！”楚庄王于是打消了纳夏姬为妃的念头。

六年，晋栾书救郑，与楚师遇于绕角〔绕角，郑地〕。楚师还，晋师遂侵蔡。楚公子申、公子成以申、息之师救蔡。赵同、赵括欲战，请于武子，武子将许之。知庄子〔荀首〕、范文子〔士燮〕、韩献子〔韩厥〕谏曰：“不可。吾来救郑，楚师去我，吾遂至于此〔此蔡地〕，是迁戮也。戮而不已，又怒楚师，战必不克〔迁戮不义，怒敌难当，故不克也〕，虽克不令。成师以出，而败楚二县，何荣之有焉〔六军悉出，故曰成师。以大胜小，不足为荣也〕？若不能败，为辱已甚，不如还也。”乃遂还。于是军帅之欲战者众。或谓栾武子曰：“圣人与众同欲，是以济事。子盍从众〔盍，何不〕？子之佐十一人〔六军之卿佐也〕，其不欲战者，三人而已〔知、范、韩也〕，欲战者，可谓众矣。《商书》曰：‘三人占，从二人。’众故也。”武子曰：“善钧，从众〔钧等〕。夫善，众之主也。三卿为主，可谓众矣〔三卿，皆晋之贤人〕。从之，不亦可乎〔传善栾书得从众之义也〕？”

【译文】

鲁成公六年，晋将栾书率军救援郑国，和楚军在绕角相遇。楚军撤兵回国，晋军乘机侵犯蔡国。楚国公子申、公子成率领申地、息地二县的军队援救蔡国。晋将赵同、赵括打算迎敌，于是就向栾书请战，栾书准备答应他们。知庄子、范文子、韩献子三将劝谏说：“不可以迎战。我们是来救郑国的，楚军离我们而去，我们才到了蔡国，这等于是转移了杀戮之地。杀戮不停，又激怒了楚军，如果交战，必不能取胜，即使战胜也是不善之举。倾六军而出战，仅仅打败楚国的两个县的军队，又有什么光荣可言呢？如果不能打败他们，晋国受到的侮辱就太大了，所以还不如撤兵回国。”于是晋军撤回。在当时，将帅中欲战之人很多，有人对栾武子说：“圣人和大众的愿望相同，所以才能成事。您为什么不顺从众人的愿望？您的辅佐者有十一个人，其中不同意作战者只有三人而已，想要作战的可以说是多数啊。《商书》说：‘三个人占卜，要听从两个人的意见。’这是因为两个人是多数的缘故。”栾武子说：“都是贤者，则听从多数。贤者，是众人的主心骨。现在三卿（不主张作战的）就是主心骨，可以说是多数了。听从他们的意见，不也是可以的吗？”

八年，晋侯使韩穿来言汶阳之田归之于齐。季文子饯之〔饯，送行饮酒也〕，私焉〔私与之言〕，曰：“大国制义以为盟主，是以诸侯怀德畏讨，无有贰心。谓汶阳之田，敝邑之旧也，而用师于齐，使归诸敝邑〔用师，鞍之战也〕。今有二命，曰：‘归诸齐。’信以行义，义以成命，小国所望而怀也。信不可知，义无所立，四方诸侯，其谁不解体〔言不复肃敬于晋也〕？《诗》曰：‘女也不爽，士贰其行。士也罔极，二三其德〔爽，差也。极，中也。妇人怨丈夫不一其行也。喻鲁事晋，犹女之事夫，不敢过差。而晋有罔极之心，反二三其德也〕。’七年之中，一与一夺，二三孰甚焉！士之二三，犹丧配耦，而况霸主乎？将德是以〔以，用也〕，而二三之，其何以长有诸侯乎？”

【译文】

鲁成公八年，晋景公派韩穿来鲁国，说应将鲁成公二年鲁国所得到的汶阳之田归还齐国。季文子为韩穿饯行，私下对韩穿说：“大国做法合乎道义而成为盟主，因此天下诸侯既感念其德望，又畏惧其讨伐，不敢怀有贰心。晋国曾说汶水之南的田地是鲁国的固有领土，因而出兵强迫齐国，让其把这些土地归还鲁国。然而，如今却有第二道命令说：‘鲁国要把汶阳之田归还齐国。’以信用来推行正义，以正义来形成命令，这是小国盼望并感念的。如果信用不可料知，正义无所树立，四方的诸侯，谁能不离心背盟呢？《诗经》说：‘女子没有过失，而是男子行为不专一。男子没有定准，三心二意。’七年之中，一会儿给予，一会儿又要夺去，与《诗经》中所说的‘没有定准’哪个更甚呢？男子没有定准，尚且丧失配偶，何况是称雄一方的霸主呢？霸主应该唯德是用，但却没有定准，将怎样长久得到诸侯拥戴呢？”

晋讨赵同、赵括，武从姬氏畜于公室〔赵武，庄姬之子。庄姬，晋成公女也。畜，养也〕，以其田与祁奚。韩厥言于晋侯曰："成季之勋，宣孟之忠〔成季，赵衰。宣孟，赵盾〕，而无后，为善者其惧矣！三代之令王，皆数百年，保天禄。夫岂无僻王，赖前哲以免也〔言三代亦有邪僻之君，但赖其先人以免祸耳〕。《周书》曰：'不敢辱鳏寡。'所以明德也〔言文王不侮鳏寡，而德益明，欲使晋侯之法文王〕。"乃立武，而反其田焉。

【译文】

晋国讨伐赵同、赵括。当时赵武随母亲庄姬住在晋宫中，晋侯下令把赵氏的田地赐给了祁奚。为此，韩厥对晋景公说："凭赵衰的功勋、赵盾的忠诚，反倒没有继承他们爵位的后人，会使做好事的人感到恐惧。夏、商、周三代圣王，都能享国几百年，保全上天赐予的福分！难道这期间就没有品行不正之君吗？都是依仗其圣祖而免除了灾祸。《周书》说：'不要欺凌鳏寡无助之人！'为的就是彰显德行。"于是晋景公封立赵武为大夫，并且把田地归还给他。

十六年，楚子救郑，司马将中军〔子反也〕。过申，子反入见申叔时〔叔时老在申也〕，曰："师其何如？"对曰："德、刑、详、义、礼、信，战之器也〔器，犹用也〕。德以施惠，刑以正邪，详以事神，义以建利，礼以顺时，信以守物。上下和睦，周旋不逆〔动顺理也〕。是以神降之福，时无灾害。民生敦庞，和同以听〔敦，厚。庞，大〕，莫不尽力以从上命，此战之所由克也。今楚内弃其民〔不施惠也〕，而外绝其好〔义不建利〕，渎齐盟〔不详事神〕，而食话言〔信不守物〕，奸时以动〔不顺时，妨农业〕，而疲民以逞〔刑不正邪，而苟快意〕，民不知信，进退罪也。子其勉之！吾不复见子矣〔言其必败，不反也〕。"

【译文】

鲁成公十六年，楚共王出兵救援郑国，派司马子反统率中军。途经申邑时，子反去拜会楚国老臣申叔时。子反问道："这次出师形势怎样？"申叔时回答道："德行、刑罚、敬慎、道义、礼仪、信用，是用来作战的工具。凭德行来施加恩惠，凭刑罚来纠正邪恶，凭敬慎来奉侍神明，凭道义来创造利益，凭礼制来顺应时势，凭信用来守护众人。上下和睦相亲，应对不违义理，所以神明就会降福，一年四季都没有灾害。人民的生活丰厚充足，和谐同心听从指挥，无不尽力来服从上级命令，这就是战争所以能取胜的原因。现在楚国对内不问民众疾苦，对外断绝与邻国的交好，亵渎盟约，并且自食其言，耽误农时去兴兵打仗，劳累民众，人民不知道国君诚信何在，或进或退都可能犯罪。你努力去作战吧，我恐怕再也见不到你了。"

晋楚遇于鄢陵，范文子不欲战，郤至曰："韩之战，惠公不振旅〔众散败也，在僖十五年〕；邲之师，荀伯不复从〔荀林父奔走，不复故道也。在宣十二年〕。皆晋之耻也。子亦见先君之事矣〔见先君成败之事〕。今我避楚，又益耻也！"文子曰："吾先君之亟战也有故〔亟，数也〕。秦、狄、齐、楚皆强，不尽力，子孙将弱。今三强服矣〔齐、秦、狄也〕，敌楚而已。唯圣人能外内无患，自非圣人，外宁必有内忧〔骄亢则忧患生〕，盍释楚以为外惧乎？"

【译文】

晋楚两国军队在鄢陵相遇，范文子不打算迎战，郤至说："秦晋韩原之战，惠公溃不成军；晋楚邲之战，主帅荀林父兵损溃逃。这些都是晋国的耻辱。您也知道前代国君时战败之事呀！现在我们如果再回避楚军，真是耻上加耻了！"范文子说："我们前代国君屡次作战是有缘故的。当时秦、狄、齐、楚等国都很强盛，假如我们不尽力一搏，子孙将会衰弱下去。现在秦、狄、齐三个强国已经屈服，我们的敌人只有楚国罢了。只有圣人能使国家内外无患，我们不是圣人，一旦外事安宁，国内必有忧患。何不放过楚国，使其作为外部忧患而引起我们警觉呢？"

# 襄　公

三年，祁奚请老〔老，致仕〕，晋侯问嗣焉〔嗣，续其职者〕。称解狐，其仇也，将立之而卒〔解狐卒也〕。又问焉，对曰："午也可〔午，祁奚子〕。"于是羊舌职死矣，晋侯曰："孰可以代之？"对曰："赤也可〔赤，职之子伯华〕。"于是使祁午为中军尉，羊舌赤佐之〔各代其父〕。君子谓："祁奚于是能举善矣。称其仇，不为谄；立其子，不为比；举其偏，不为党〔偏，属也〕。能举善也！夫唯善，故能举其类也。"

【译文】

鲁襄公三年，祁奚请求告老退休，晋悼公问他谁可接替其职务。祁奚荐举解狐，而解狐是他的仇人。晋悼公正准备任命解狐，解狐竟一病而死。晋悼公又问谁可接任，祁奚回答说："(我的儿子)祁午可以胜任。"正在此时，羊舌职死了。晋悼公问道："谁可接替羊舌职之位呢？"祁奚回答："(羊舌职的儿子)羊舌赤就可以。"于是晋悼公就任命祁午为中军尉，羊舌赤辅佐他。君子称赞说："祁奚在这件事上真是能荐举贤人呀！推举其仇人，不是谄媚；推荐自己的儿子，不是勾结；举荐他的副手，不是结党。真是能够举荐贤能啊！唯有贤者，才能推举其同类之人。"

晋侯之弟扬干，乱行于曲梁〔行，陈次也〕，魏绛戮其仆〔仆，御〕。晋侯怒，谓羊舌赤曰："合诸侯以为荣也，扬干为戮，何辱如之？必杀魏绛，无失之也。"对曰："绛无贰志，事君不避难，有罪不逃刑，其将来辞，何辱命焉？"言终，魏绛至，授仆人书〔仆人，晋侯御仆〕，将伏剑。士鲂、张老止之。公读其书曰："日君乏使，使臣斯司马〔斯，此也〕。臣闻师众以顺为武〔顺，莫敢违〕，军事有死无犯为敬〔守官行法，虽死不敢有违〕。君合诸侯，臣敢不敬乎？君师不武，执事不敬，罪莫大焉。臣惧其死，以及扬干，无所逃罪〔惧自犯不武不敬之罪也〕。不能致训，至于用钺〔用钺，斩扬干之仆也〕。臣之罪重，敢有不从，以怒君心〔言不敢不从戮〕？请归死于司寇。”公跣而出，曰：“寡人之言，亲爱也；吾子之讨，军礼也。寡人有弟，弗能教训，使干大命，寡人之过也。子无重寡人之过〔听绛死，为重过〕，敢以为请〔请使无死〕。”反役，使佐新军。

【译文】

晋悼公之弟扬干，在典梁搞乱了军阵行列，因而司马魏绛处死了扬干的车夫。晋悼公知道后大为震怒，对羊舌赤说：“会集诸侯是件很荣耀的事，可是扬干的车夫被杀，还有什么屈辱能像这样？一定要杀掉魏绛，不得有误！”羊舌赤回答说：“魏绛没有二心，事奉君王不避危难，有罪过不逃避惩罚，他会自动前来供述，何必烦劳君王发令呢？”羊舌赤刚说完这话，魏绛就自己来了。他递给晋悼公侍臣一封奏章之后，就准备拔剑自刎。士鲂、张老劝止了他。晋悼公读其奏章，见奏章中说：“日前君王缺乏使臣，派我担任司马。我听说，军人以服从为勇武，军事纪律宁死而不触犯才算戒慎。君王会集诸侯，臣敢不戒慎吗？君王的军队不威武，执事的人员不戒慎，没有比这更大的罪过了！臣下唯恐犯不武、不敬的死罪，并累及扬干，罪责难逃。臣下未能严加训导，以至动用了斧钺大刑。臣下的罪过重大，岂敢不听任惩处而使君王生气呢？故请求回来死于司寇衙前。”晋悼公读完奏章，光着脚走出来，说：“寡人的话，是出于兄弟之爱；您的诛戮，是出于执行军法。寡人有弟弟，未能训导，致使触犯了军令，这是寡人的过错。您不要再加重寡人的过错了。谨以此作为寡人的请求。”于是，派魏绛返回边防阵地，并任命他为新军副帅。

四年，无终子嘉父，使孟乐如晋〔无终，山戎国名也〕，因魏庄子纳虎豹之皮，以请和诸戎〔欲戎与晋和。庄子，魏绛〕。晋侯曰：“戎狄无亲而贪，不如伐之。”魏绛曰：“诸侯新服，陈新来和，将观于我，我德则睦，否则携贰。劳师于戎，而楚伐陈，必不能救，是弃陈也，诸华必叛〔诸华，中国〕。戎，禽兽也。获戎失华，无乃不可乎？昔周辛甲之为太史也，命百官，官箴王阙〔辛甲，周武王太史也。阙，过也。使百官各为箴辞，戒王过也〕。于《虞人之箴》〔虞人，掌田猎者〕曰：‘茫茫禹迹，画为九州〔茫茫，远貌。画，分也〕，经启九道〔启开九州之道〕。民有寝庙，兽有茂草。各有攸处，德用不扰〔人神各有所归，故德不乱也〕。在帝夷羿，冒于原兽〔冒，贪也〕，忘其国恤，而思其麀牡〔言但念猎〕。武不可重〔重，犹数〕，用不恢于夏家〔羿以好武，虽有夏家，而不能恢大之也〕。兽臣司原，敢告仆夫〔兽臣，虞人也。告仆夫，不敢斥尊也〕。’《虞箴》如是，可不惩乎？”于是晋侯好田，故魏绛及之〔及后羿事也〕。公曰：“然则莫如和戎乎？”对曰：“和戎有五利焉：戎狄荐居，贵货易土〔荐，聚也。易，犹轻也〕，土可贾焉，一也；边鄙不耸，民狎其野，穑人成功，二也〔耸，惧也。狎，习也〕；戎狄事晋，四邻振动，诸侯威怀，三也；以德绥戎，师徒不勤，甲兵不顿，四也〔顿，坏也〕；鉴于后羿，而用德度〔以后羿为鉴戒〕，远至迩安，五也。君其图之！”公悦，使魏绛盟诸戎，修民事，田以时〔言晋侯能用善谋也〕。

【译文】

鲁襄公四年，无终国国君嘉父，派他的臣子孟乐到晋国来访问，经由魏绛献给晋悼公虎豹皮，请求晋国和各戎狄部落和好。晋侯说：“戎狄没有亲爱之心而且贪婪，不如讨伐他们。”魏绛说：“各诸侯刚来归附，陈国新近来求好，都要观察我国的情况，我们能推行德政就和睦相处，不然就会叛离。假如我国劳师动众征讨戎狄，楚国就会趁机发兵侵略陈国，到那时我国必然无法救陈，这等于抛弃了陈国，诸多中原诸侯必会纷纷叛离。戎人，是（未开化的）‘禽兽之邦’，得到戎地而失掉中原诸国，只怕不可以吧！古时周武王的太史辛甲，命百官各作箴辞，用以规劝天子的过失。其中《虞人之箴》里说：‘茫茫禹甸（中国），划分为九州，开辟了九州的道路。百姓有了房屋、祖庙，禽兽有了茂密的草木。因为各有所处，因此德行不乱。后羿身居帝位，贪恋打猎，忘记国家忧患，只想着飞禽走兽。虽然勇猛无人可比，但却未能保住夏朝的政权。愚臣我掌管田猎之事，谨以此报告君王之左右。'《虞箴》如此说，能不引以为戒吗？”当时晋悼公喜欢打猎，所以魏绛才讲述后羿的故事。晋悼公说：“这样说来，没有比与戎人和好更好的办法了？”魏绛回答说：“跟戎狄议和有五种好处。戎狄逐水草而群居，只看重财货，而轻视土地，其土地我们可以购买，这是一。边境没有惊扰，百姓就会爱其田地，农夫就会有好的收成，这是二。戎狄事奉晋国，从而使四邻震动，诸侯就会畏威怀德而归服，这是三。用恩德安抚戎人，军队不用劳苦，衣甲兵器不会损坏，这是四。借鉴后羿的教训，利用道德和法度，使远国来服、近国安心，这是五。君王还是考虑一下吧！”晋悼公听了这番话后很高兴，就派魏绛前去和戎人结盟，并整治民事，适时打猎。

九年，秦景公使乞师于楚，将以伐晋，楚子许之。子囊曰：“不可。当今吾不能与晋争也。晋君类能而使之〔随所能也〕，举不失选〔得所选也〕，官不易方〔方，犹宜也〕。其卿让于善〔让胜己者〕，其大夫不失守〔各任其职也〕，其士竞于教〔奉上命也〕，其庶人力于农穑〔种曰农，收曰穑〕。商工皂隶，不知迁业〔四民不杂也〕。君明臣忠，上让下竞〔尊官相让，劳职力竞〕。当是时也，晋不可敌，事之而后可，君其图之！”

【译文】

鲁襄公九年，秦景公派人去楚国请求出兵，准备攻打晋国，楚共王答应了。子囊说：“不可以。现在我们不能和晋国争衡。晋国国君区分能力类别而用人，推举人才不出现误选，官员不轻易改变政令。其卿能让位于贤者，其大夫不失职守，其士人努力，其百姓致力农事。商人、工人、差役，各安本业。国君英明，臣下忠诚。上层互相谦让，下层争相效力。当此之时，不可与晋为敌，应先奉事晋国，而后方可（与之争衡）。君王请予考虑吧！”

冬，诸侯伐郑〔郑从楚也〕。郑人行成〔与晋成也〕。(注：“冬，诸侯”以下恐有脱误。)

【译文】

同年冬天，诸侯讨伐郑国。郑国派人求和，晋国同意和解。

十一年，诸侯复伐郑。郑人赂晋侯以师触、师蠲〔触、蠲皆乐师名〕，歌钟二肆〔肆，列也。悬钟十六为一肆〕，女乐二八〔十六人也〕。晋侯以乐之半赐魏绛，曰：“子教寡人和诸戎狄以正诸华〔在四年〕，八年之中，九合诸侯，如乐之和，无所不谐〔谐亦和也〕。请与子乐之〔共此乐也〕。”辞曰：“夫和戎狄，国之福也。八年之中，九合诸侯，诸侯无慝，君之灵也，二三子之劳也，臣何力之有焉？抑臣愿君安其乐而思其终也。”公曰：“子之教，敢不承命？抑微子，寡人无以待戎〔待遇接纳〕，不能济河〔度河南服郑〕。夫赏，国之典也，不可废也，子其受之。”魏绛于是乎始有金石之乐，礼也〔礼，大夫有功则赐乐〕。

【译文】

鲁襄公十一年，诸侯军队再次攻打郑国。郑国人赠给晋悼公乐师师触、师蠲，歌钟两架，女乐两佾十六人。晋悼公把乐器和乐队的一半赐给魏绛，说：“您教我同戎狄各部落讲和以整顿中原诸国，八年中间九次会合诸侯，像音乐旋律的和鸣，没有什么地方不协调的。请和您一起分享快乐。”魏绛辞谢说：“同戎狄讲和，这是国家的福气。八年中间九次会合诸侯，诸侯顺从，这是由于君王的威灵所致，也是其他几位大臣的功劳，下臣又出过什么力呢？然而臣希望君王既能安享这种快乐，又能想到它的终了。”晋悼公说：“您的教导，我岂敢不接受！而且要是没有您，我也无法接纳戎人，也不能渡过黄河。赏赐，是国家的典章制度所规定的，不能废除。您还是接受吧！”魏绛从这时才有了金石的音乐，这是合于礼的。

十三年，晋侯蒐于绵上以治兵〔为将命军帅也〕，使士匄将中军，辞曰：“伯游长〔伯游，荀偃〕。昔臣习于知伯，是以佐之，非能贤也〔七年，韩厥老，知罃代将中军，士匄佐之，匄今将让，故谓尔时之举，不以己贤也〕，请从伯游。”荀偃将中军〔代荀罃〕，士匄佐之〔位如故〕。使韩起将上军，辞以赵武。又使栾黡〔以武位卑故不听，更命黡也〕，辞曰：“臣不如韩起，韩起愿上赵武，君其听之！”使赵武将上军〔武自新军超四等〕，韩起佐之〔位如故也〕；栾黡将下军，魏绛佐之〔黡亦如故，绛自新军佐超一等〕。晋国之民，是以大和，诸侯遂睦。君子曰：“让，礼之主也。范宣子让，其下皆让；栾黡为汰，弗敢违也。晋国以平，数世赖之。刑善也夫〔刑，法也〕！一人刑善，百姓休和，可不务乎？世之治也，君子尚能而让其下〔能者在下位，则贵尚而让之〕，小人农力以事其上，是以上下有礼，而谗慝黜远，由不争也，谓之懿德。及其乱也，君子称其功以加小人〔加，陵也。君子，在位者也〕，小人伐其技以冯君子〔冯，亦陵也，自称其能为伐〕，是以上下无礼，乱虐并生，由争善也〔争自善也〕，谓之昏德。国家之弊，恒必由之〔传言晋之所以兴也〕。”

【译文】

鲁襄公十三年，晋悼公在绵上打猎并检阅军队。派士匄统率中军，士匄辞让说：“伯游年长。过去臣下向知伯学习，因此辅佐他，而不是我贤能。请让我随从伯游。”于是荀偃就出任中军统帅，士匄辅佐他。另派韩起为上军统帅，可是他却辞谢而推荐赵武。赵武又荐栾黡，栾黡也辞谢说：“臣下不如韩起，韩起愿意让赵武居上位，君王还是听从他的意见吧。”于是晋悼公就派赵武做上军统帅，韩起辅佐他，另派栾黡做下军统帅，魏绛辅佐他。晋国的百姓因此大为和睦，诸侯遂与晋国和好。君子说：“谦让，是礼义的主要内容之一。范宣子能谦让，其部下也都谦让。栾黡虽然骄侈，但却不敢违背君命。晋国因此和平团结，好几世蒙受利益。这是典范树立得好啊！有一个好的典型，其他人就会变得美好和睦。能不致力于此吗？天下大治的时候，君子崇尚贤能并对下层谦让，百姓勤勉尽力以侍奉其上级，因此上下有礼，奸谗邪恶之人被贬退、疏远，皆由于不相互争夺的缘故。这就是至善之德啊！到了天下混乱的时候，君子夸耀自己的功劳并凌驾于百姓之上，百姓夸耀自己的技能而凌驾于君子之上，因此上下无礼，动乱和祸害并生，皆由于互争美名的缘故。这就是混乱而无仁德。国家的衰败，常常都是起因于此。”

十四年，卫献公戒孙文子、宁惠子食〔敕戒二子，欲共宴食〕，日旰不召〔旰，晏也〕，而射鸿于囿。二子怒。公使子蟜、子伯、子皮，与孙子盟于丘宫，孙子皆杀之〔三子，卫群公子也〕。公出奔齐，师旷侍于晋侯〔师旷，子野〕，晋侯曰：“卫人出其君，不亦甚乎？”对曰：“或者其君实甚。良君养民如子，盖之如天，容之如地。民奉其君，爱之如父母，仰之如日月，敬之如神明，畏之如雷霆，其可出乎？夫君，神之主，而民之望也。若困民之主，匮神之祀，百姓绝望，社稷无主，将安用之？弗去何为？天生民而立之君，使司牧之，勿使失性。有君而为之贰〔贰，卿佐〕，使师保之，勿使过度，善则赏之〔赏，谓宣扬之也〕，过则匡之〔匡，正〕，患则救之〔救其难也〕，失则革之。自王以下，各有父兄子弟，以补察其政〔补其愆过，察其得失〕。史为书〔谓大史君举必书〕，瞽为诗〔为诗以风刺〕，工诵箴谏〔工，乐人也。诵箴谏之辞〕，大夫规诲〔规正、谏诲其君〕，士传言〔闻君过失，传告大夫〕，庶人谤〔庶人不与政，闻君过，得从而诽谤〕，商旅于市〔旅，陈也。陈其货物，以示时所贵尚也〕，百工献艺〔献其伎艺，以喻政事也〕。天之爱民甚矣，岂其使一人肆于民上〔肆，放也〕，以从其淫，而弃天地之性？必不然矣〔传言师旷能因问尽言也〕！”

【译文】

鲁襄公十四年，卫献公告请孙文子、宁惠子一起吃饭，可是天很晚了卫献公还不召见，反而在园林里射雁。两个人很生气。不久，卫献公派子蟜、子伯、子皮，与孙文子在丘宫立誓缔约，结果孙文子把他们三人都杀了。于是卫献公就逃奔到齐国。师旷随侍在晋悼公身旁，悼公问他说："卫国人赶走其国君，不也太过分了吗？"师旷回答说："或许是他的国君太过分了。贤良的君主爱护他的臣民一如自己的儿女，像天一样庇护他们，像地一样容纳他们。百姓尊奉他们的国君，热爱他犹如热爱父母，仰慕他犹如仰慕日月，尊敬他犹如尊敬神灵，害怕他犹如害怕雷霆，怎么会赶他出去呢？国君，是祭神的主持者，并且是百姓的希望。如果使百姓生计困窘，对神灵祭祀匮乏，从而百姓就会陷于绝望，国家无人管理，那君主还有什么用呢？不赶走他还等什么？上天生了百姓而给他们立一位君主，让君主管理他们，不使他们失去本性，有了君主，又为其设置辅佐，让他们教育保护之，使君主不要超越常规，有善举则表扬之，有错误则纠正之，有灾难则救助之，有过失则告诫之。自天子以下，各有父兄子弟，来观察补救其政令得失。太史作书记录，乐师写诗讽喻，乐工诵读箴谏，大夫规劝开导，士子传告其言，庶人指责其过，商人旅客议论于市，百工献艺以喻政事。上天爱民之情甚深，难道会让君主一人肆虐于万民之上，放纵其邪恶，而丢掉天地之本性？一定不会这样的。"

十五年，宋人或得玉，献诸子罕，子罕不受。献玉者曰："以示玉人〔玉人，能治玉者〕，玉人以为宝也，故敢献之。"子罕曰："我以不贪为宝，尔以玉为宝，若以与我，皆丧宝也，不若人有其宝。"稽首而告曰："小人怀璧，不可以越乡〔言必为盗所害〕，纳此以请死〔请免死〕。"子罕置诸其里，使玉人为之攻之〔攻，治也〕，富而后使复其所〔卖玉得富〕。

【译文】

鲁襄公十五年，宋国有人得了一块玉石，把它献给子罕。子罕不肯接受。献玉者说："拿给玉工看过，玉工认为是块宝玉，所以才敢进献。"子罕说："我是把不贪当做宝物，而你是把玉石当做宝物。如果你把玉石送给我，那我们俩都丧失了宝物，倒不如各人保有自己的宝物。"献玉者叩头告诉子罕说："小人怀藏玉璧，不敢往来于乡野（惧为盗贼所害），把它送给您是为求免于一死的。"于是子罕就把献玉者安顿在自己的居处，让玉匠为献玉者雕琢宝玉，直到献玉者卖玉致富之后，才让其回家。

二十一年，邾庶其以漆、闾丘来奔〔庶其，邾大夫也〕。季武子以公姑姊妻之，皆有赐于其从者。于是鲁多盗。季孙谓臧武仲曰："子盍诘盗〔诘，治也〕？"武仲曰："不可诘也，纥又不能。"季孙曰："子为司寇，将盗是务去，若之何不能？"武仲曰："子召外盗而大礼焉，何以止吾盗〔吾，谓国中也〕？子为正卿，而来外盗，使纥去，将何以能？庶其窃邑于邾以来，子以姬氏妻之，而与之邑〔使食漆、闾丘也〕，其从者皆有赐焉。若大盗，礼焉以君之姑姊，与其大邑，其次皂牧舆马〔给其贱役，从皂至牧〕，其小者衣裳剑带，是赏盗也。赏而去之，其或难焉。纥也闻之，在上位者，洒濯其心，壹以待人，轨度其信，可明征也〔征，验也〕，而后可以治人。夫上之所为，民之归也。上所不为，而民或为之，是以加刑罚焉，而莫敢不惩。若上之所为，而民亦为之，乃其所也，又可禁乎？"

【译文】

鲁襄公二十一年，邾国大夫庶其以率领私兵攻下的漆、闾丘两城作为献礼投奔鲁国。季武子把鲁襄公的姑母（一说为表姐）嫁给他为妻，对他的随从都给以奖赐。这期间鲁国出现了很多盗贼。季孙对臧武仲说："您为什么不惩治盗贼呢？"臧武仲回答说："不能查办，我也无力查办。"季孙又问："您身为司寇，理应全力惩治盗匪，为什么说不能呢？"臧武仲说："您招纳国外盗匪来鲁国，而且用大礼优待，叫我用什么办法禁止国内的盗贼呢？您身为正卿，竟然收容外国的大盗，却又叫我惩治盗匪，我怎么能够办到？庶其从邾国盗抢城邑而来，您竟把姬氏嫁给他为妻，而且又赠给他封邑，甚至连他的随员也都各有赏赐。像这种大盗，您竟以君王的姑母下嫁来表示尊敬，且又赏给他大块土地，其他的随员也赏赐差役车马，连最卑下的侍者也赏给衣裳、剑带，这分明是在奖励匪盗。既然奖励他们而又要除去他们，这恐怕很难呀！我听说，一个身居上位的人，应反省其心念，以同一尺度待人，规范其信用，并能以行动来证明，然后才可以管理人。居上者的所作所为，就是百姓的榜样。居上位者不做的事而百姓有人做了，因而施加以刑罚，没有人不敢不加以警戒。若居上位者所做的，百姓也做了，这乃是理所当然，又怎能禁止呢？”

晋栾盈出奔楚，宣子杀羊舌虎〔栾盈之党〕，囚叔向。乐王鲋见叔向曰：“吾为子请！”叔向不应〔乐王鲋，晋大夫乐桓子〕。其人皆咎，叔向曰：“必祁大夫〔祁大夫，祁奚〕。”室老闻之，曰：“乐王鲋言于君无不行，求救吾子，吾子不许。祁大夫所不能也，何为也？”叔向曰：“祁大夫外举不弃仇，内举不失亲，其独遗我乎？《诗》曰：‘有觉德行，四国顺之〔言德行直则天下顺也〕。’夫子觉者也〔觉，较然正直〕。”晋侯问叔向之罪于乐王鲋，对曰：“不弃其亲，其有焉〔言叔向笃亲亲，必与叔虎同谋〕。”于是祁奚老矣〔老，去公族大夫〕，闻之，乘驲而见宣子，曰：“《诗》云：‘惠我无疆，子孙保之〔言文武有惠训之德，加于百姓，故子孙保赖之〕。’夫谋而鲜过、惠训不倦者，叔向有焉，社稷之固也，犹将十世宥之，以劝能者。今壹不免其身〔壹，以弟故〕，以弃社稷，不亦惑乎？鲧殛而禹兴〔言不以父罪废其子也〕，管、蔡为戮，周公右王〔言兄弟罪不相及也〕。若之何其以虎也弃社稷乎？子为善，谁敢不勉，多杀何为？”宣子悦，与之乘，以言诸公而免之〔共载入见公也〕。不见叔向而归〔言为国，非私叔向也〕，叔向亦不告免焉而朝〔不告谢之，明不为己〕。

【译文】

（同年秋天，）晋国的栾盈逃奔楚国，范宣子杀了（他的党羽）羊舌虎，同时囚禁了叔向。乐王鲋去看望叔向，说：“我去替您求情好吗？”叔向没有回答。知道此事的人都埋怨他，叔向说：“（能救我者）一定是祁大夫。”叔向的老管家听到这话就说：“乐王鲋的话国君没有不照办的，他要去求情，营救您，您却不答应。要知道，这是祁大夫所做不到的，您到底为什么这样说呢？”叔向回答说：“祁大夫举荐人才，对外不丢弃仇人，对内不遗漏亲人，难道唯独会遗忘了我吗？《诗经》说：‘有大德行者，天下人都会顺从他。’祁大夫便是有大德行者。”不久，晋平公果然向乐王鲋询问叔向的罪过，乐王鲋回答说：“叔向不会抛弃他的亲人，同谋的事恐怕是有的吧！”此时，祁奚已告老在家，听说这事，就乘坐驿站的传车去见范宣子，说：“《诗经》说：‘对我仁爱无边者，子孙将永远保护他。’要说谋划而少有失误的才能、惠爱训导百姓而不倦的品德，叔向都具备，他是国家的栋梁、基石，即使是他的十代子孙有过错，也应给予宽赦，用以勉励贤能之士。如今，偶尔获罪却连自身都不能获得赦免，这就等于抛弃国家的基石，怎能不令人困惑呢？古时鲧被处死，而其子禹却被重用；管叔、蔡叔被处死，而其兄周公仍旧辅佐成王。依此，为什么还要因羊舌虎的罪行而抛弃国家的社稷之臣呀！只要您肯行善政，全国臣民谁敢不努力？为什么要多杀人呢？”范宣子听了祁奚这番话非常高兴，便和祁奚共乘一辆车，用这些话劝谏晋平公，从而赦免了叔向。之后祁奚没有去见叔向就回家了，叔向也没有向祁奚道谢而如常朝见晋平公。

二十三年，孟孙恶臧孙，季孙爱之。孟孙卒，臧孙入，哭甚哀，多涕。出，其御曰：“孟孙之恶子也，而哀如是。季孙若死，其若之何？”臧孙曰：“季孙之爱我，疾疢也〔志相顺从，身之害〕；孟孙之恶我，药石也〔志相违戾，犹药石疗疾〕。美疢不如恶石。夫石犹生我〔愈己疾也〕，疢之美，其毒滋多。孟孙死，吾亡无日矣。”

【译文】

鲁襄公二十三年。孟孙厌恶臧孙，可是季孙却喜爱他。孟孙死了，臧孙进入灵堂，哭声非常悲哀，流了很多眼泪。出来后，他的车夫对他说：“孟孙生前厌恶您，您却悲哀如此。季孙如果死了，您将会怎样呢？”臧孙回答说：“季孙喜欢我，犹如给我增添了疾病；孟孙厌恶我，犹如给了我治病的药物、石针。脸色显得好看的热症不如外表显得不美的石针。石针尚能使我活命，而热症似乎使脸色很美，但其危害更大。如今孟孙死了，我的死期便为时不远了。”

二十五年，齐棠公之妻，东郭偃之姊也〔棠公，齐棠邑大夫〕。棠公死，武子取之〔武子，崔杼〕。庄公通焉，骤如崔氏，崔杼杀庄公。晏子立于崔氏之门外〔闻难而来〕，其人曰：“死乎？”曰：“独吾君也乎哉？吾死也〔言己与众臣无异也〕。”曰：“行乎？”曰：“吾罪也乎哉？吾亡也〔自谓无罪〕。”曰：“归乎？”曰：“君死安归〔言安可以归也〕？君民者，岂以陵人？社稷是主。臣君者，岂为其口实？社稷是养〔言君不徒居民上，臣不徒求禄，皆为社稷也〕。故君为社稷死，则死之；为社稷亡，则亡之〔谓以公义死亡也〕。若为己死，而为己亡，非其私昵，谁敢任之〔私昵，所亲爱也。非所亲爱，无为当其祸〕？”门启而入，枕尸股而哭〔以公尸枕己股〕，兴，三踊而出。

【译文】

鲁襄公二十五年。齐国棠公的妻子，是东郭偃的姐姐。棠公死后，崔武子便娶了棠公之妻棠姜。齐庄公与棠姜通奸，多次进入崔家，崔武子因此杀死了齐庄公。晏子（闻讯而来）站在崔家的门外，他的随从说：“您要殉死吗？”晏子说：“他只是我一个人的国君吗？我为什么要殉死？”随从的人说：“您要弃齐出奔吗？”晏子说：“是我的罪过吗？我为什么逃亡？”随从的人说：“您要回去吗？”晏子说：“国君死了我能回哪里呢？身为百姓君主者，岂能以其地位凌驾于百姓之上？是让他掌管国家的。做国君之臣者，岂是只为自己俸禄者？是来保护国家的。所以，如果君主是为国家而死，那么，臣子则可为其殉死；假如君主是为国家而流亡，臣子则可随其流亡。如果君主是为自己私事而死，或为自己私事而逃亡，若非其偏爱的亲昵者，谁能承担这责任呢？”崔家大门开启后，晏子入室，以庄公尸体枕自己的大腿而痛哭，哭罢起身，（按丧礼规定）顿足三次后，然后走出崔家。

晋程郑卒，子产始知然明〔前年，然明谓程郑将死，今如其言，故知之〕。问为政，对曰：“视民如子，见不仁者，诛之，如鹰鹯之逐鸟雀也。”子产喜，以语子大叔，且曰：“他日吾见蔑之面而已〔蔑，然明名〕，今吾见其心矣。”

【译文】

晋国程郑去世（然明一年前便知其将死），子产才真正了解了然明。他向然明请教为政之道，然明回答说：“对待百姓要像爱护子女一样，看到不仁不义者就责罚之，就像鹰鹯追捕鸟雀那样。”子产很高兴，把这些话告诉子太叔，并且说：“往日我只看到然明的表面而已，现在我看到他的内心了。”

二十六年，初，楚伍参与蔡太师子朝友，其子伍举与声子相善〔声子，子朝子也。伍举，椒举也〕。伍举奔晋，声子通使于晋。还如楚，令尹子木与之语，曰：“晋大夫与楚孰贤？”对曰：“晋卿不如楚，其大夫则贤，皆卿才也。如杞、梓、皮革，自楚往也〔杞、梓，皆木名也〕。虽楚有材，晋实用之〔言楚亡臣多在晋〕。”子木曰：“夫独无族姻乎〔夫，谓晋也〕？”对曰：“虽有，而用楚材实多。归生闻之〔归生，声子名也〕，曰：‘善为国者，赏不僭而刑不滥。’赏僭，则惧及淫人；刑滥，则惧及善人。若不幸而过，宁僭无滥；与其失善，宁其利淫。无善人，则国从之〔从，亡也〕。《诗》曰：‘人之云亡，邦国殄瘁。’无善人之谓也。故《夏书》曰：‘与其杀不辜，宁失不经。’惧失善也〔逸书也。不经，不用常法〕。古之治民者，劝赏而畏刑〔乐行赏，而惮用刑也〕，恤民不倦，赏以春夏，刑以秋冬〔顺天时〕。是以将赏，为之加膳，加膳则饫赐〔饫，厌也。酒食赐下，无不餍足，所谓加膳也〕，此以知其劝赏也；将刑，为之不举，不举则彻乐〔不举盛馔也〕，此以知其畏刑也；夙兴夜寐，朝夕临政，此以知其恤民也。三者，礼之大节也。有礼无败。今楚多淫刑，其大夫逃死于四方，而为之谋主，以害楚国，不可救疗，所谓不能也〔疗，治也。所谓楚人不能用其材也〕。子仪之乱，析公奔晋〔在文十四年〕，晋人以为谋主。绕角之役，楚师宵溃。楚失华夏，则析公之为也。

雍子之父兄谮雍子，君与夫人不善是也〔不是其曲直〕。雍子奔晋，晋人以为谋主。彭城之役，楚师宵溃，晋降彭城而归诸宋〔在元年〕。楚失东夷，则雍子之为也〔楚东小国，见楚不能救彭城，皆叛也〕。子反与子灵争夏姬〔子灵，巫臣〕，子灵奔晋，晋人以为谋主。通吴于晋，教吴叛楚，楚疲于奔命，至今为患，则子灵之为也〔事见成七年〕。若敖之乱，伯贲之子贲皇奔晋，晋人以为谋主。鄢陵之役〔在成十六年〕，楚师大败，王夷师熸〔夷，伤也。吴楚之间谓火灭为熸〕。郑叛吴兴，楚失诸侯，则苗贲皇之为也。”子木曰：“是皆然矣。”声子曰：“今又有甚于此者。椒举娶于申公子牟，子牟得戾而亡，君大夫谓椒举：‘汝实遣之！’惧而奔郑，今在晋矣。晋人将与之县，以比叔向〔以举才能比叔向〕。彼若谋害楚国，岂不为患？”子木惧，言诸王，益其禄爵而复之。

【译文】

鲁襄公二十六年。起初，楚国的伍参和蔡国的太师子朝为友，伍参的儿子伍举和蔡太师的儿子声子相好。伍举畏罪逃往晋国，声子出使晋国。声子返回楚国后，令尹子木与他交谈，说：“晋国的大夫和楚国的大夫谁贤能？”声子回答说：“晋国的卿不如楚国，但其大夫却贤能，都是做卿的人才。就像杞木、梓木、皮革全是从楚去的。可见，楚国虽然有人才，可都被晋国所用。”子木说：“难道晋国君主就没有族人、姻亲可用吗？”声子回答说：“有是有，不过多半是重用楚国人才。我（归生）听说，善于治理国家者，赏赐不过分，刑罚不滥用。赏赐过分，则怕赏及坏人；刑罚滥用，则怕罚及好人。如果不幸赏罚过当，宁可奖赏过分而不要刑罚滥用。与其失掉贤人，宁可放过坏人。贤人没有了，国家就会随之衰败。《诗经》说：‘假如贤人纷纷逃亡，国家将会陷于困苦。’说的就是国家失去贤人的状况。所以《夏书》上说：‘与其错杀无辜，宁可放过有罪的人。’这就是怕失去贤人。古代统治百姓的君主，都乐于行赏而害怕用刑，体恤万民而从不倦怠。奖赏多在春夏时节举行，用刑多在秋冬时节进行。因此，他在将行赏时，加膳以盛宴赐于臣下，以此可知其乐于行赏；在将行刑时，就会为此而停止设宴，停宴就要撤去进餐时的奏乐，以此可知其害怕动用刑罚；早起晚睡，朝夕临朝理政，以此可知其体恤民众。此三者，都是礼义的大纲。拥有礼义则不会失败。现在楚国滥用刑罚很多，以致大夫们为免一死，而逃亡四方各国，并且作为他们的谋士，来危害楚国，以至于不可救治，这就是我所说的楚国不能使用自己的人才。因子仪之乱，析公逃亡到晋国，晋国人让他做谋士。在绕角之战中，（晋国人采纳了析公的建议，）使楚国一夜间全军溃败。楚国失掉中原诸侯，这全是出于析公的谋略。雍子的父亲和哥哥诬陷雍子，国君与夫人不辨是非曲直，结果雍子逃奔到晋国，晋国人让他做谋士。在彭城之战中，（因为雍子的谋略）楚国一夜间全军溃败，以致晋军攻下彭城并归还宋国。楚国丧失东夷，可说是雍子之所为。子反与子灵争夺夏姬，子灵逃奔到晋国，晋国人让他做谋士。使吴国和晋国通好，教唆吴国背叛楚国，使楚国疲于奔命，至今仍是楚国的一大忧患，这可说是子灵之所为。若敖之乱时，伯贲的儿子贲皇逃奔晋国，晋国人让他做谋士。鄢陵之役，楚军大败，国君受伤，军队士气不振，以致郑国背叛，吴国兴起，楚国失去诸侯信任。这可说是贲皇之所为。”子木说：“这些都说得对。”声子说：“现在又有比这更严重的。伍举娶了申公子牟的女儿，子牟因得罪君主而逃离楚国，国君和大夫对伍举说：‘实际上，是你让他走的！’伍举因恐惧而逃往郑国，现在又逃到晋国去了。晋国人将给他一个县作为封地，表示与叔向同等看待。他如果策划危害楚国，岂不是又构成楚国的一大忧患吗？”子木感到很恐惧，告诉了楚王，遂增加伍举的官禄爵位而让他回国。

二十七年，宋向戌欲弭诸侯之兵，为会于宋。将盟于宋西门之外，楚人衷甲〔甲在衣中，欲因会击晋〕。伯州犁曰：“合诸侯之师，以为不信，无乃不可乎？夫诸侯望信于楚也，是以来服。若不信，是弃其所以服诸侯也。”固请释甲。子木曰：“晋楚无信久矣，事利而已。苟得志焉，焉用有信？”大宰退〔大宰，伯州犁〕，告人曰：“令尹将死矣，不及三年。求逞志而弃信，志其逞乎？信亡，何以及三〔明年，子木死也〕？”赵孟患楚衷甲，以告叔向。叔向曰：“何害也？匹夫一为不信，犹不可也，若合诸卿，以为不信，必不捷矣，非子之患也。夫以信召人，而以僭济之〔济，成〕，必莫之与也，安能害我！子何惧焉？”

【译文】

鲁襄公二十七年，宋国向戌想要消除诸侯之间的战争，在宋国举行会议。将要在宋国的西门外结盟，楚国代表却内穿铠甲。伯州犁说：“会合诸侯的军队，却做此不讲信用的事，只怕不可以吧？诸侯寄望于楚国讲信用，因此前来归服。如果不讲信用，就是抛弃我们可使诸侯顺服的东西。”伯州犁坚决请求脱掉铠甲。子木说：“晋国与楚国互不信任已经很久了，只求事情对我们有利就行了。如果能使意愿得逞，哪里还用得着讲信用？”伯州犁退出，告诉人说：“令尹快要死了，活不过三年。只求所愿得逞而丢弃信用，意愿能得逞吗？信用丧失，怎么能活三年？”赵孟担心楚人暗穿铠甲，就把这事告诉了叔向。叔向说：“有什么危害？普通的人一旦做出不守信的事，尚且不可以，如果会合诸侯的卿，而做出不守信用的事，必然不会成功，不用您来担忧。以诚信召集别人，却用虚伪求取成功，必然没有人听从，怎能加害我们！您何必那么恐惧呢？”

宋左师请赏，曰：“请免死之邑〔欲宋君称功加厚赏，故谦言免死之邑〕。”公与之邑六十。以示子罕，子罕曰：“凡诸侯小国，晋、楚所以兵威之。畏而后上下慈和，慈和而后能安静其国家，以事大国，所以存也。无威则骄，骄则乱生，乱生必灭，所以亡也。天生五材〔金、木、水、火、土也〕，民并用之，废一不可。谁能去兵？兵之设久矣，所以威不轨而昭文德。圣人以兴〔谓汤武〕，乱人以废〔谓桀纣〕。废兴存亡，昏明之术，皆兵之由也。而子求去之，不亦诬乎？以诬道蔽诸侯，罪莫大焉。纵无大讨，而又求赏，无厌之甚也！”削而投之〔削赏左师之书〕。左师辞邑。

【译文】

宋国左师（向戌）请求封赏，说："臣下侥幸免于一死，请求赐给城邑。"于是，宋平公就赏赐给他六十个城邑。他把简册拿给子罕看，子罕说："大凡诸侯小国，都受晋、楚两国的武力威胁。由于心存畏惧，他们才上下慈爱和睦，由于慈爱和睦，然后能安定其国家，并因为侍奉大国，所以能够存在。如果没有威胁，这些小国就会骄纵，骄纵就会出现混乱，出现混乱必然被消灭，这就是亡国的原因。上天生成金、木、水、火、土五种材料，民众全都使用之，废弃任何一种都不可以。那么谁又能够废弃兵器呢？军队的设置已经很久了，是用来威慑越轨行为而显扬文德的。圣人（汤武）因用兵而兴邦，暴君（桀纣）因用兵而灭亡。废兴、存亡、愚昧和明智之道，都是由于军队的存在，而您却谋求取消它，这不是骗人吗？用欺骗的办法蒙蔽诸侯，罪莫大焉！不受到大的讨伐已是幸运，却又请求赏赐，贪得无厌也太过分了。"子罕削去简册上的字，扔掉了它。左师（向戌）随后辞还了城邑。

二十九年，吴公子札来聘，见叔孙穆子，曰："子其不得死乎〔不得以寿死也〕？好善而不能择人。吾子为鲁宗卿，而任其大政，不慎举，何以堪之？祸必及子焉〔昭四年，竖牛作乱〕。"

【译文】

鲁襄公二十九年，吴国的公子札前来鲁国访问，见到叔孙穆子说："您恐怕不得善终吧！（因您）喜欢行善事却不能选择贤人。您身为鲁国宗卿，又承担着国政，却不知慎重荐举人才，怎么可以呢？灾祸必然会降临到您身上。"

三十年，楚公子围杀大司马蔿掩而取其室。申无宇曰："王子必不免。善人，国之主也。王子相楚国，将善是封殖，而虐之，是祸国也。且司马，令尹之偏〔偏，佐也〕，而王之四体也。绝民之主，去身之偏，刈王之体，以祸其国，无不祥大焉！何以得免〔为昭十三年弑灵王传〕！"

【译文】

鲁襄公三十年，楚国公子围杀了大司马蔿掩并夺取了他的家产。申无宇说："王子围一定不能免于祸难。贤人，是国家的支柱。王子围为楚国宰相，应该扶植贤人，现在却虐杀他们，这是危害国家。况且司马，是令尹的副职，更是国君的四肢。如今王子竟锯断国家的支柱，除去自己的副职，斩断君主的四肢，而危害他的国家，没有比这再大的不祥了！怎么能免于祸难？"

郑子皮授子产政，子产使都鄙有章〔国都及边鄙，车服尊卑，各有分部也〕，上下有服〔公卿大夫，服不相逾〕，田有封洫〔封，疆也。洫，沟也〕，庐井有伍〔庐，舍也。九夫为井，使五家相保也〕。大人之忠俭者〔谓卿大夫〕，从而与之；泰侈者，因而毙之。从政一年，舆人诵之，曰："取我衣冠而褚之〔褚，畜也。奢侈者畏法，故畜藏也〕，取我田畴而伍之。孰杀子产，吾其与之〔并畔为畴〕！"及三年，又诵之，曰："我有子弟，子产诲之。我有田畴，子产殖之〔殖，生也〕。子产而死，谁其嗣之〔嗣，续也〕？"

【译文】

郑国子皮把国政交付给子产，子产使国都和边塞地区各按一定的尊卑制度行事，公卿大夫各有不同服式，田地之间都有疆界和沟渠，住宅区居民有其编伍（五家一组，便于管理）。公卿大夫中忠贞俭朴的，就给以适当奖励；骄横奢侈的，就依法予以惩办。子产执政一年，众人唱道："收取我的衣帽来贮藏，收取我的田地编伍又丈量。谁去杀子产，我愿意帮忙！"到了第三年，众人唱道："我有子弟，子产来教诲；我有田地，子产使他繁盛。子产如果死了，有谁可以继位？"

三十一年，郑人游于乡校〔校，学之名也〕，以论执政〔论其得失〕。然明谓子产曰："毁乡校，如何〔患人于中谤议国政〕？"子产曰："何为？夫人朝夕退而游焉，以议执政之善否。其所善者，吾则行之；

其所恶者，吾则改之。是吾师也，若之何毁之？我闻忠善以损怨〔为忠善，则怨谤息也〕，不闻作威以防怨〔欲毁乡校，即作威也〕。岂不遽止，然犹防川也〔遽，畏惧也〕。大决所犯，伤人必多，吾不克救也。不如小决使道〔道，通〕，不如吾闻而药之〔以为己药石〕。”然明曰：“蔑也今而后知吾子之信可事，小人实不才。若果行此，其郑国实赖之，岂唯二三臣？”仲尼闻是语也，曰：“以是观之，人谓子产不仁，吾不信也。”

【译文】

鲁襄公三十一年。郑国人经常聚众闲游于乡间的学校，并议论执政者的得失。郑大夫然明对子产说：“把乡校解散了吧！您以为如何？”子产回答说：“为什么要解散乡校呢？人们是早晚劳作归来到学校聚会交流，借机议论执政者施政的好坏。他们赞赏的行政措施，我就推行它；他们厌恶的行政措施，我就改掉它。他们是我的老师呀！既如此，为什么要解散它？我听说尽力为善能减少怨恨，没听说倚仗威权能防止怨恨。（靠威势）不是很快就能制止怨言吗？可是那就像防堵洪水一样，一旦堤防大溃而造成危害，伤人一定很多，我将不能挽救。不如把河开个小口来疏导水流，不如让我听到怨言并把它当做治病的良药。”然明说：“今天（交谈）之后，我才知道您确实可以成大事，像我这样的小人实在没出息。如果能这样做下去，对郑国确实是很有利的，受益的岂止是两三个大臣呢？”孔子听到了这番话，说：“以此看来，有人说子产不仁，我不相信。”

郑子皮欲使尹何为邑〔为邑大夫〕，子产曰：“少，未知可否〔尹何年少〕？”子皮曰：“愿，吾爱之，不吾叛也〔愿，谨善也〕。使夫往而学焉，夫亦愈知治矣〔夫，谓尹何〕。”子产曰：“不可。人之爱人，求利之也。今吾子爱人，则以政〔以政与之〕，犹未能操刀而使割也，其伤实多〔多自伤〕。子之爱人，伤之而已，其谁敢求爱于子？子于郑国，栋也，栋折榱崩，侨将厌焉，敢不尽言！子有美锦，不使人学制〔制，裁〕。大官、大邑，身之所庇也，而使学者制焉。其为美锦，不亦多乎〔言官邑之重，多于美锦〕？侨闻学而后入政，未闻以政学者也。若果行此，必有所害。譬如田猎，射御贯则能获禽〔贯，习也〕，若未尝登车射御，则败绩厌覆是惧，何暇思获？”子皮曰：“善哉！虎不敏。吾闻君子务知大者、远者，小人务知小者、近者。我小人也。衣服附在吾身，我知而慎之；大官、大邑，所以庇身也，吾远而慢之〔慢，易〕。微子之言，吾不知也。他日，我曰：‘子为郑国，我为吾家以庇焉，其可也。’今而后知不足〔自知谋虑不足谋其家〕。自今，请虽吾家，听子而行。”子产曰：“人心不同也，如其面焉。吾岂敢谓子面如吾面乎？抑心所谓危，亦以告也。”子皮以为忠，故委政焉。子产是以能为郑国〔传言子产之治，乃子皮之力〕。

【译文】

郑国子皮想让尹何做自己封邑的长官。子产说：“尹何年纪太轻，不知道能否胜任？”子皮说：“他谨慎善良，我很喜欢他，他不会背叛我。让他去学习一下，也就更懂得治理（办法）了。”子产说：“不可以。当一个人喜爱某人时，要为他的利益着想。现在您喜爱一个人，就把政事交给他，犹如不会拿刀就让他去割东西，受伤的可能性太大了。您喜爱一个人，不过是伤害他罢了，那谁还敢求得您的喜爱？您对于郑国来说，就像房屋的栋梁，栋梁一断，椽子就会崩毁，我将会被压在底下，怎敢不把心里话都说出来？您如果有美丽的彩绸，恐怕不会让人拿去学裁剪吧。而重要的官位、大的封邑，是自身得以庇护的处所，却让初学者去掌管。它同美丽的彩绸相比，不是重要得多吗？我只听说学习从政知识以后才能从政，没听说已经从政才学习从政知识。如果这样做，一定有害处。就像打猎，只有射箭驾车熟练者，才能捕获禽兽，如果从未登上车辆射箭、驾驭，那么就会一心害怕失利、翻车，哪里还有工夫想着猎获禽兽呢？”子皮说：“说得好啊！我真是不聪明。我听说君子致力于懂得大的、远的事情，小人致力于懂得小的、近的事情。我是小人啊！衣服穿在我身上，我知道，于是很当心；重要的官职、大的封邑是庇护自身的，我觉得遥远，于是忽略它。没有您的话，我是不明白这些道理。若是过去，我会说：‘您治理郑国，我治理我的家族以便庇护自己，这也可以。’今日（交谈）之后我才知道自己的不足。从今往后，我请求，即使是我家族的事情，也要听从您的意见去办理。”子产说：“人心各不相同，正像其面孔各不相同一样。我怎敢说您的面孔要像我的面孔呢？只不过是我心里认为危险，也就把它告诉您了。”子皮认为子产忠诚，所以就把国政交给子产。子产因此能够治理郑国。

卫侯在楚，北宫文子见令尹围之威仪，言于卫侯曰：“令尹似君矣，将有他志〔言语瞻视，行步不常〕。虽获其志，不能终也。《诗》云：‘靡不有初，鲜克有终。’终之实难，令尹其将不免乎？”公曰：“何以知之？”对曰：“《诗》云：‘敬慎威仪，惟民之则。’令尹无威仪，民无则焉。民所不则，以在民上，不可以终。”公曰：“善哉！何谓威仪？”对曰：“有威而可畏谓之威，有仪而可象谓之仪。君有君之威仪，其臣畏而爱之，则而象之，故能有其国家，令闻长世。臣有臣之威仪，其下畏而爱之，故能守其官职，保族宜家。顺是以下皆如是，是以上下能相固也。《卫诗》曰：‘威仪棣棣，不可选也〔棣棣，富而闲也。选，犹数也〕。’言君臣、上下、父子、兄弟、内外、大小皆有威仪也。《周书》数文王之德〔逸书〕，曰：‘大国畏其力，小国怀其德。’言畏而爱之也。《诗》云：‘不识不知，顺帝之则。’言则而象之〔言文王行事，无所斟酌，唯在则象上天〕。纣囚文王七年，诸侯皆从之囚，可谓爱之矣。文王伐崇，再驾而降为臣〔文王闻崇德乱而伐之，三旬不降，退修教，而复伐之，因垒而降〕，蛮夷帅服，可谓畏之矣。文王之功，天下诵而歌舞之，可谓则之矣。文王之行，至今为法，可谓象之。有威仪也。故君子在位可畏，施舍可爱，进退可度，周旋可则，容止可观，作事可法，德行可象，声气可乐，动作有文，言语有章，以临其下，谓之有威仪也。”

【译文】

卫襄公在楚国访问时，北宫文子看见令尹围的（言语举止皆不符合常理），于是就对卫襄公说：“令尹的言行很像君主，很可能另有野心。不过他即使野心得逞，也不会得到善终。《诗经》说：‘事情都有一个开始，但很难有善终。’要想善终确实很难，令尹他将不可幸免呀！”卫襄公说：“您怎么知道？”北宫文子回答说：“《诗经》上说：‘严肃而谨慎的威仪，会成为百姓效法的准则。’令尹没有庄严的容止，百姓就没有榜样。百姓不认为是榜样的人，而居于百姓之上，就不可能善终。”卫襄公说：“说得对啊！那什么叫威仪呢？”北宫文子回答说：“有威严而令人敬服就叫‘威’，有仪节而可为法式就叫‘仪’。君主有君主的威仪，他的臣子敬畏而爱戴他，仿效他以作为法式，所以能保有他的国家，好名声长存于世。臣子有臣子的威仪，他的部下敬畏而爱戴他，所以能保住他的官职、保全家族，使家庭和睦。以此类推，都是如此，所以上下能互相巩固，长久相处。《卫诗》说：‘威仪雍容娴雅，不可胜数。’这是说君臣、上下、父子、兄弟、内外、大小，都各有其威仪。《周书》列举周文王的美德说：‘大国畏惧他的力量，小国怀念他的恩德。’这是说天下人敬畏并爱戴他。《诗经》说：‘无须知道，无须了解，只须顺随上天的法则。’这是说把上天的准则作为法式。殷纣王囚禁文王七年，各诸侯都跟随着他去坐牢，可说是爱戴他呀！文王攻打崇国，只发兵两次，崇国就投降称臣，蛮夷相继归服，可说是敬畏他呀！文王的功业，天下传诵并为之歌舞，可说是以他为榜样呀！文王的所作所为，至今还是效法的榜样，可说是仿效他呀！这是因为文王有威仪的缘故。所以，君子在位时能使人敬服，赏赐施与时能使人爱戴，进身退隐均符合法度，与人交往应酬时的礼仪可成为标准，仪容举止可以供人观摩，待人处事可以效仿，道德品行可成为法式，声音气度可使人喜悦，动作斯文典雅，说话有条有理。用这些来对待下面的人，就叫做有威仪。”

**（马守君 张须眉 译）**

卷六

# 春秋左氏传治要（下）

## 昭　公

元年，楚公子围会于虢〔虢，郑邑也〕，寻宋之盟也〔宋盟，在襄二十七年〕。晋祁午谓赵文子曰："宋之盟，楚人得志于晋〔得志，谓先歃也。午，祁奚子也〕。今令尹之不信，诸侯之所闻也。子弗戒，惧又如宋〔恐楚复得志也〕。楚重得志于晋，晋之耻也。吾子其不可以不戒！"文子曰："然宋之盟也，子木有祸人之心，武有仁人之心，是楚所以驾于晋也〔驾，犹陵也〕。今武犹是心也，楚又行僭〔僭，不信〕，非所害也。武将信以为本，循而行之。譬如农夫，是穮是蓘〔穮，耘也。壅苗为蓘〕，虽有饥馑，必有丰年〔言耕锄不以水旱息，必获丰年之收〕。且吾闻之，能信不为人下，吾未能也〔自恐未能信也〕。《诗》曰：'不僭不贼，鲜不为则。'信也〔僭，不信。贼，害人〕。能为人则者，不为人下矣。吾不能是难，楚不为患也。"

【译文】

鲁昭公元年，楚国的公子围到郑国的虢邑开会，重修"宋之盟"。晋国的祁午对赵文子说："在宋国会盟时，楚国压倒晋国，得行其志，占先歃血。现在楚国令尹不守信用，这是诸侯都听到的。您如果不警惕，怕的是又像在宋国一样。楚国人假如再一次在晋国之前歃血，这是晋国的耻辱。您不可以不戒备！”赵文子说：“然而，在宋国的会盟，楚令尹子木有害人之心，我有爱人之心，这就是楚国所以凌驾于晋国之上的原因。现在我还是这样的心，而楚国再次做违背信义的事，它不能对我们构成危害。我要把信用作为根本，依照这个去做一切事。就像农夫一样，他们除草培苗，虽说难免有饥荒之事，但是必然还会有丰收之年。况且我听说过，一个人能坚守信义，就不会居于他人之下。我还未能真正做到守信用啊。《诗经》说：‘不违背信义、不加害于人者，很少有不成为榜样的。’的确是这样。能够成为众人榜样的人，就不会居于他人之下。我难在还做不到这一点，楚国不足以为患。”

三年，齐侯使晏婴于晋，叔向从之宴，相与语。叔向曰：“齐其何如〔问兴衰也〕？”晏子曰：“此季世也，齐其为陈氏矣！公弃其民，而归于陈氏〔弃民，不恤之也〕。公聚朽蠹，而三老冻馁〔三老，谓上寿、中寿、下寿，皆八十以上〕。国之诸市，屦贱踊贵〔踊，刖足者屦也，言刖多也〕。民人痛疾，而或燠休之〔燠休，痛念之声，谓陈氏也〕。其爱之如父母，而归之如流水，欲无获民，将焉避之？”叔向曰：“然。虽吾公室，今亦季世也。庶人罢弊，而宫室滋侈〔滋，益也〕。道殣相望〔饿死为殣〕，而女富溢尤〔女，嬖宠之家也〕。民闻公命，如逃寇仇。政在家门〔大夫专政〕，民无所依。公室之卑，其何日之有〔言今至也〕？谗鼎之铭〔谗，鼎名〕曰：‘昧旦丕显，后世犹怠〔昧旦，早起。丕，大也。言夙兴以务大显，后世犹懈怠〕。’况日不悛〔悛，改也〕，其能久乎？晋之公族尽矣。肸闻之，公室将卑，其宗族枝叶先落，则公从之。”初，景公欲更晏子之宅，曰：“子之宅近市，湫隘嚣尘，不可以居〔湫，下。隘，小也。嚣，声。尘，土也〕，请更诸爽垲者〔爽，明也。垲，燥也〕。”辞曰：“君之先臣容焉〔先臣，晏子之先人也〕，臣不足以嗣之，于臣侈矣〔侈，奢也〕。且小人近市，朝夕得所求，小人之利也。”公笑曰：“子近市，识贵贱乎？”对曰：“既利之，敢不识乎？”公曰：“何贵何贱？”于是景公繁于刑，有鬻踊者，故对曰：“踊贵屦贱。”景公为是省于刑。君子曰：“仁人之言，其利博哉！晏子一言，而齐侯省刑。”

【译文】

鲁昭公三年，齐景公派晏婴到晋国去，叔向陪他饮宴，两人互相交谈。叔向问：“齐国的近况如何？”晏婴说：“已是末代了，齐国恐将为陈氏所有了！国君抛弃他的百姓，从而使他们归附于陈氏。国君的积蓄腐烂生虫，而老人们却挨饿受冻。国都的各个市场上，鞋子贱而假足昂贵。百姓有痛苦疾病，陈氏就会去安抚慰问，他爱护百姓如同父母爱子女一样，百姓归附他如同流水，想要不得到百姓的拥护，又怎么能躲得开呢？”叔向说：“是的。即使是我们晋国公室，现在也到了末世。百姓疲病，而宫室更加奢侈。道路上饿死的人一个接一个，而宠姬近臣家的财物多得装不下。百姓听到国君的命令，如同逃避仇敌一样。大夫专政，百姓无所凭依。公室的衰落，还能等多久！谗鼎上的铭文说：‘（先辈）凌晨即起便大力显扬其伟业，后代还会懈怠。’何况每天都不知悔改，他能够长久吗？晋国的公族到头了。我听说过这样的话，公室将要衰微，其宗族像树的枝叶一样首先衰落，那么公室就跟着衰落了。”当初，齐景公要给晏子更换住宅，说：“你的住宅靠近市场，低湿狭小，喧闹多尘，不能居住，请换一所干爽明亮的房子。”晏子辞谢说：“君王的先臣住在这里，臣不足以继承先人之德，这对臣下来说已经是奢侈了。况且小人靠近市场，早晚能得到所需要的东西，这对小人有好处。”齐景公笑着说：“你靠近市场，知道物品的贵贱吗？”晏子回答说：“既然有好处，敢不知道吗？”齐景公说：“什么贵，什么贱？”当时齐景公滥用刑罚，（市场上）有卖假足的。所以晏子回答说：“假腿贵，鞋子贱。”齐景公（有悟），从此减少了刑罚。君子说：“仁爱之人的话，好处很多啊！晏子一句话，齐侯就减轻了刑罚。”

四年，楚子使椒举如晋求诸侯，晋侯欲勿许。司马侯曰：“不可。楚王方侈，天或者欲逞其心，以厚其毒，而降之罚，未可知也。其使能终，亦未可知也。唯天所相〔相，助也〕，不可与争。君其许之，而修德以待其归。若归于德，吾犹将事之，况诸侯乎？

若适淫虐，楚将弃之〔弃，不以为君也〕，吾又谁与争？”公曰：“晋有三不殆，其何敌之有〔殆，危也〕？国险而多马，齐、楚多难〔多篡弑之难也〕。有是三者，何向而不济？”对曰：“恃险与马，虞邻国之难，是三殆也。四岳〔岱、华、衡、常〕、三涂、阳城、太室、荆山、中南，九州之险也，是不一姓〔虽是天下至险，无德则灭亡〕。冀之北土〔燕、代也〕，马之所生，无兴国焉。恃险与马，不可以为固也，从古以然。是以先王务修德音，以亨神人〔亨，通也〕，不闻其务险与马也。邻国之难，不可虞也。或多难以固其国，启其疆土；或无难以丧其国，失其守宇〔于国则四垂为宇〕。若何虞难？齐有仲孙之难而获桓公，至今赖之〔仲孙，公孙无知〕；晋有里、丕之难而获文公，是以为盟主；卫、邢无难，敌亦丧之〔闵二年，狄灭卫；僖二十五年，卫灭邢〕。故人之难，不可虞也。恃此三者，而不修政德，亡于不暇，又何能济？君其许之！纣作淫虐，文王惠和，殷是以殒，周是以兴，夫岂争诸侯？”乃许楚子。合诸侯于申。椒举言于楚子曰：“臣闻诸侯无归，礼以为归。今君始得诸侯，其慎礼矣。霸之济否，在此会也。夏启有钧台之享〔启，禹子。河南阳翟县南有钧台陂〕，商汤有景亳之命〔亳，即偃师〕，周武有孟津之誓，成有岐阳之蒐，康有酆宫之朝，穆有涂山之会，齐桓有召陵之师〔在僖四年〕，晋文有践土之盟〔在僖二十八年〕。皆所以示诸侯礼也，诸侯所由用命也。夏桀为仍之会，有缗叛之〔仍、缗，皆国名〕。商纣为黎之蒐，东夷叛之〔黎、东夷，国名〕。周幽为大室之盟，戎狄叛之〔大室，中岳也〕。皆所以示诸侯汰也，诸侯所由弃命也。今君以汰，无乃不济乎？”王弗听。子产见左师曰：“吾不患楚矣！汰而愎谏，不过十年。”左师曰：“然。不十年侈，其恶不远，远恶而后弃〔恶及远方，则人弃之〕。善亦如之，德远而后兴〔十三年，楚弑其君〕。”

【译文】

鲁昭公四年，楚灵王派椒举到晋国去，想寻求诸侯的拥护，晋平公不想答应。司马侯说："不可以。楚灵王才开始奢侈，上天也许想要满足其心意，用以加深其对国家的危害，从而降罪于他，也说不定；上天想让他善终，也说不定。只能看上天助谁了，不可以跟他争夺。君王还是答应他，而自己修养德行以等待其结局。如果他能回心修德，我们还要去事奉他，何况诸侯呢？如果到了荒淫暴虐的地步，楚国自己将抛弃他（这个君主），又有谁来和我们争雄呢？"晋平公说："晋国有三个免于危险的条件，有谁可以相匹敌？国家地势险要，且盛产马匹，而齐国、楚国多有祸难。有这三条，往哪个方向扩展不能成功？"司马侯回答说："依仗地势险要和马匹众多，而对邻国幸灾乐祸，这正是三个危险倾向。四岳、三涂、阳城、太室、荆山、中南，都是九州险要的地方，这些并不属于一姓所有。冀州的北部，是出产马的地方，却没有兴盛的国家。依仗地势险要和马匹众多，不可以作为巩固国家的条件，自古以来就是这样。因此先王致力于修积仁德以通达神和人，没有听说他们务求险要地势和马匹的。邻国有祸难，不可以高兴太早。有的多难却巩固了国家、开辟了疆土，有的没有祸难却丧失了国家、失掉了国土。怎么能幸灾乐祸呢？齐国因'仲孙之难'而得到了齐桓公，至今齐国还靠着他的余荫。晋国有里克、丕郑的事变，而得到了晋文公，因此当了盟主。卫国、邢国没有祸难，敌人也灭亡了它们。所以别人的祸难，是不可以为之高兴的。（晋国若）依仗这三条，而不去努力修积德行、修明政事，不久就可能灭亡，又怎么能谈得上成功？国君还是答应他吧！殷纣王荒淫暴虐，周文王仁慈和蔼，殷朝因此灭亡，周朝因此兴盛，那难道在于争夺诸侯吗？"于是晋平公就答应了楚国使者的请求。楚灵王在申地会合诸侯。椒举对楚灵王说："臣下听说诸侯不归服别的，只归服于'礼'。现在君王刚开始得到诸侯（的拥护），对礼仪一定要谨慎啊。霸业成功与否，就在这次会盟了。夏启有钧台的设宴礼客，商汤有景亳的伐桀命令，周武王有孟津的会师伐纣，周成王有岐山之南的冬日田猎，周康王有酆宫的即位朝会，周穆王有涂山的宽刑之会，齐桓公有召陵的伐鲁之师，晋文公有回国为君后的盟约（指倘与楚交兵，退避三舍）。他们都是以此向诸侯显示礼义，诸侯因此听从他们的命令。夏桀在有仍举行大会，有缗背叛他。商纣王在黎地举行田猎，东夷背叛他。

周幽王举行太室的会盟，戎狄背叛他。都是以此向诸侯显示骄纵，诸侯也因此而违命。现在君王以骄纵的态度对待诸侯，恐怕不会成功吧！”楚灵王不听。子产见到左师说：“我不担心楚国了！骄纵而不接受劝谏，（其强盛）不超过十年。”左师说：“是的。没有十年的骄纵，他的恶名不会远播。罪恶远播，然后就会被抛弃。善也像恶一样，德行远播，然后就会兴盛。”

五年，公如晋，自郊劳至于赠贿〔往有郊劳，去有赠贿〕，无失礼〔揖让之礼〕。晋侯谓汝叔齐曰：“鲁侯不亦善于礼乎？”对曰：“鲁侯焉知礼！”公曰：“何为？自郊劳及赠贿，礼无违者，何故不知？”对曰：“是仪也，不可谓礼。礼所以守其国家，行其政令，无失其民者也。今政令在家〔在大夫〕，不能取也；有子家羁，不能用也〔羁，庄公玄孙〕；奸大国之盟，凌虐小国〔谓伐莒取郓〕；利人之难〔谓往年莒乱而取鄫〕，不知其私〔不自知有私难〕；公室四分，民食于他〔他，谓三家〕；思莫在公，不图其终〔无为公谋终始也〕。为国君，难将及身，不恤其所。礼之本末，将于此乎在，而屑屑焉习仪以亟〔言以习仪为急〕。言善于礼，不亦远乎？”君子谓叔侯于是乎知礼〔时晋侯亦失政，叔齐以此讽谏〕。

【译文】

鲁昭公五年。鲁昭公到晋国去，从在郊外的迎接、慰劳以至离开时赠送财物，都没有失礼的地方。晋平公对汝叔齐说：“鲁君不是也很精通礼吗？”汝叔齐回答说：“鲁君哪里懂得礼！”晋平公说：“为什么这么说？从在郊外的迎接、慰劳以至离开时赠送财物，都没有违背礼节，怎么说他不懂礼呢？”汝叔齐回答说：“这是‘仪’（指礼节），不可以说是‘礼’（指礼制）。礼制是保有他的国家、推行他的政令、不失掉他的百姓的典章制度。现在（鲁国的）政令在卿大夫手里，不能收回来；有子爵羁留在家，不能重用；抵触大国结盟，欺侮残害小国；乘别人的危难谋取利益，不知道自己也有危难；公室的军队一分为四，百姓靠三家大夫养活；民心没有一个向着国君，也不考虑其最终会怎样。身为一国之君，危难将要降临到自己身上，却不忧虑自己的处境。‘礼’的根本与枝节，就在这些方面存在差别，他却以学习烦琐细小的礼节为急务。说他精通‘礼’，不也相差得太远了吗？”因此君子说汝叔齐懂得“礼”的真谛。

晋韩宣子如楚送女，叔向为介。及楚，楚子朝其大夫曰：“晋，吾仇敌也。苟得志焉，无恤其他。今其来者，上卿、上大夫也。若吾以韩起为阍〔刖足使守门也〕，以羊舌肸为司宫〔加宫刑也〕，足以辱晋，吾亦得志矣，可乎？”大夫莫对。薳启彊曰：“可。苟有其备，何故不可？耻匹夫不可以无备，况耻国乎？是以圣王务行礼，不求耻人。城濮之役〔在僖二十八年〕，晋无楚备，以败于邲〔在宣十二年〕。邲之役，楚无晋备，以败于鄢〔在成十六年〕。自鄢以来，晋不失备，而加之以礼，重之以睦〔君臣和也〕，是以楚弗能报，而求亲焉。既获姻亲，又欲耻之，以召寇仇，备之若何〔言何以为备〕？谁其重此〔言怨重也〕？若有其人，耻之可也〔谓有贤人以敌晋，则可耻之〕。若其未有，君亦图之。晋之事君，臣曰可矣。求诸侯而麇至〔麇，群也〕，求婚而荐女〔荐，进〕，君亲送之，上卿及上大夫致之。犹欲耻之，君其亦有备矣。不然，奈何？君将以亲易怨〔失婚姻之亲〕，实无礼以速寇，而未有其备，使群臣往遗之禽，以逞君心。何不可之有？”王曰：“不谷之过也。大夫无辱〔谢薳启彊〕，厚为韩子礼。”

【译文】

晋国韩宣子去楚国护送晋女，由叔向担任副使。到了楚国，楚灵王让大夫们上朝，说：“晋国，是我们的仇敌。如果能满足咱们的愿望，不必忧虑其他问题。现在他们来的人，是上卿、上大夫。如果我们让韩起做守门人，让叔向做内宫司宫，这足以羞辱晋国，我们也得逞心意了，可以吗？”大夫们没有一个人回答。薳启彊说：“可以。如果有防备，为什么不行？羞辱一个普通人，也不可以没有防备，何况羞辱一个国家呢？因此圣明的君主务求遵行礼仪，不求羞辱别人。城濮战役，晋国得胜后没有防备楚国，因此在邲吃了败仗。邲地战役，楚国得胜后没有防备晋国，因此在鄢吃了败仗。自从鄢地战役以来，晋国没有放松防备，而且对楚国礼敬有加，以和睦为重，因此楚国不能报复，而要求结亲。既然已经获得同意结成姻亲关系，又想要羞辱他们，以此召致仇敌，却拿什么来防备呢？谁还可能重视此事呢？如果有这样的人，羞辱他们是可以的。如果没有这样的人，君王还是考虑一下这件事吧！晋国事奉君王，要我说算是很可以了。您向他们要求会合诸侯，诸侯就成群而来；求婚，就进奉女子，国君亲自欢送，上卿和上大夫一直送到我国。如此还打算羞辱他们，君王大概已有所准备了吧？若不然，怎么会这样做？君王将要把亲戚变成怨仇，的确是用无礼的行为来促其迅速侵犯，而又没有防备，这是把群臣送往晋国束手就擒，用以满足君王的心意，有什么不可以呢？”楚灵王说：“这都是我的过错。大夫（您）没有辜负（我），对韩起要厚礼相待。”

六年，郑人铸刑书〔铸刑书于鼎，以为国之常法〕。叔向使诒子产书曰：“昔先王议事以制，不为刑辟，惧民之有争心也〔临事制刑，不豫设法。法豫设，则民知争端〕。犹不可禁御，是故闲之以义〔闲，防也〕，纠之以政，行之以礼，守之以信，奉之以仁〔奉，养也〕。制为禄位，以劝其从〔劝从教也〕；严断刑罚，以威其淫〔淫，放也〕。惧其未也，故诲之以忠，耸之以行〔耸，惧也〕，教之以务〔时所急也〕，使之以和〔悦以使民〕，临之以敬，莅之以强〔施之于事为莅〕，断之以刚〔义断恩也〕。犹求圣哲之上，明察之官〔上，公王也。官，卿大夫也〕，忠信之长，慈惠之师。民于是乎可任使也，而不生祸乱。民知有辟，则不忌于上〔权移于法，故民不畏上也〕，并有争心，以征于书，而侥幸以成之〔因危文以生争，缘侥幸以成其巧伪也〕，弗可为矣〔为，治也〕。夏有乱政而作《禹刑》，商有乱政而作《汤刑》〔夏、商之乱，著禹，汤之法，言不能议事以制〕，周有乱政而作《九刑》〔周之衰，亦为刑书，谓之九刑也〕。三辟之兴，皆叔世也〔言刑书不起于始盛之世〕。今吾子相郑国，制参辟，铸刑书〔制参辟，谓用三代之末法〕，将以靖民，不亦难乎？《诗》曰：'仪式刑文王之德，日靖四方〔言文王以德为仪式，故能日有安靖四方之功。刑，法也〕。'又曰：'仪刑文王，万邦作孚〔言文王作仪法，为天下所信也〕。'如是，何辟之有〔言诗唯以德与信，不以刑〕？民知争端矣，将弃礼而征于书〔以刑书为征〕，锥刀之末，将尽争之〔锥刀末，喻小事〕。乱狱滋丰，贿赂并行，终子之世，郑其败乎！肸闻之：'国将亡，必多制〔数改法也〕。'其此之谓乎！"复书曰："若吾子之言〔复，报也〕。侨不才，不能及子孙，吾以救世也。"

【译文】

鲁昭公六年，郑国人把刑法条文铸在鼎上。叔向派人送给子产一封信说："从前，先王临事，衡量事之是非轻重以裁定，不制定刑法，是怕百姓有争执之心。这样还是不能防控犯罪，因此以道义来防范，靠政令来矫正，按礼仪来行事，凭信用来保持，用仁爱来奉养，规定俸禄爵位来鼓励人们顺从（礼法），严厉地判刑以威慑行为放纵的人。担心还不能奏效，就用忠诚来教诲他们，根据品行来奖励劝勉他们，用他们急需的实用技能来教导他们，用和悦的态度来使用他们，以敬肃的态度面对他们，使用强力来监督他们，用强硬的手段来戒除其恶习。还求访贤能的卿相、明察事理的官吏、忠诚守信的乡长、仁慈和蔼的老师。百姓于是能够听凭使唤，而不滋生祸乱。百姓知道有法律，就不畏惧其上级官长，并且有了争执之心，征引刑法作为根据，而且想侥幸得到成功，便不好治理了。夏朝出现了混乱的政局，于是制定了《禹刑》；商朝出现了混乱的政局，于是制定了《汤刑》；周朝出现了混乱的政局，于是制定了《九刑》。这三种刑法的产生，都是在衰微的末世。现在您辅佐郑国，制定三种刑法，把刑法铸在鼎上，打算用这种办法安定百姓，不也是很难的吗？《诗经》说：'威仪、法式都效法文王，每日操劳平定四方。'又说：'效法文王，万邦信赖。'像这样，为什么要有刑法？百姓知道了争执的依据，将会丢弃礼仪而征引刑书，细微的小事，也会尽力争个明白。触犯法律的案件更加繁多，贿赂遍行，在您活着的时候，郑国恐怕就要衰败吧！我听说，国家将要灭亡，必然制定很多法律，恐怕说的就是这个吧！”子产回信说：“要像您说的这样，我（侨）没有才能，不能顾及子孙。我是用来挽救当代的。”

晋韩宣子之适楚，楚人弗逆，公子弃疾及晋境，晋侯将亦弗逆。叔向曰：“楚僻我衷〔僻，邪。衷，正〕，若何效僻！《书》曰：‘圣作则〔则，法也〕。’无宁以善人为则〔无宁，宁也〕，而则人之僻乎？匹夫为善，民犹则之，况国君乎？”晋侯悦，乃逆。

【译文】

晋国韩宣子到楚国去的时候，楚国人不迎接他。楚国的公子弃疾到了晋国的边境，晋平公也打算不派人迎接。叔向说：“楚国做得不正派，我们要做得恰当，为什么要效仿不正派的行为呢？《书经》说：‘以最高尚的道德为准则。’宁可以善人作为榜样，难道要去仿效他人邪僻的行为吗？普通人做好事，民众都去效法他，何况国君呢？”晋平公很高兴，就派人去迎接公子弃疾。

七年，楚子之为令尹也，为王旌以田〔王旌，游至于轸〕。芋尹无宇断之曰：“一国两君，其谁堪之？”及即位，为章华之宫，纳亡人以实之。无宇之阍入焉〔有罪亡入章华宫〕。无宇执之，有司弗与，曰：“执人于王宫，其罪大矣。”执而谒诸王〔执无宇也〕。无宇辞曰：“天子经略〔经营天下，略有四海〕，诸侯正封〔封疆有定分〕，古之制也。封略之内，何非君土？食土之毛，谁非君臣〔毛，草也〕？天有十日〔甲至癸〕，人有十等〔王至台〕。下所以事上，上所以供神也。今有司曰‘汝胡执人于王宫’，将焉执之？周文王之法曰‘有亡荒阅〔荒，大也。阅，搜也。有亡人，当大搜其众也〕’，所以得天下也。吾先君文王〔楚文王也〕，作《仆区》之法〔仆区，刑书名〕，曰‘盗所隐器〔隐盗所得器〕，与盗同罪’，所以封汝也〔行善法，故能启疆北至汝水也〕。若从有司，是无所执逃臣也。逃而舍之，王事无乃阙乎？

昔武王数纣之罪以告诸侯曰：‘纣为天下逋逃主，萃渊薮〔萃，集也。天下逋逃，悉以纣为渊薮，集而归之〕，故夫致死焉〔人欲致死讨纣也〕。’君王始求诸侯而则纣，无乃不可乎？若以二文之法取之，盗有所在矣〔言王亦为盗〕。”王曰：“取而臣以往〔往，去也〕，盗有宠，未可得也〔盗有宠，王自谓也〕。”遂舍之〔赦无宇也〕。

【译文】

鲁昭公七年。当楚灵王担任令尹时，曾经特制一面王旗用来打猎。芋尹无宇把旗斩断说：“一个国家有两位君主，人民谁也受不了。”等楚灵王即位以后，又建造章华之宫，收纳逃亡之人安置在宫里。无宇的看门人有罪逃到章华之宫，无宇要逮捕他，可管理章华之宫的官员却不准许，并且对无宇说：“胆敢在王宫里抓人，真是罪大恶极！”于是就把无宇抓起来交给楚灵王。无宇在楚灵王前申辩说：“天子策划处理天下之事，诸侯治理于封地之内，这是自古以来的制度。楚国疆界之内，哪里不是君主的土地？吃着土地上长出的粮食的人，谁不是国君的臣下？就像天有十日（“十日”指‘十天干’甲乙丙丁戊己庚辛壬癸，用以排时序），人也分成十等。在下位的要侍奉在上位的，而在上位的要供奉神灵。可是现在管理章华之宫的官员却说：‘你为什么要在王宫里抓人呢？’不在王宫又到哪里去抓他？周文王的法令说：‘有逃亡的人，就要大力查找。’所以周文王能得天下。我们的前代国君楚文王，制定了惩罚窝藏者的法令，说隐藏盗贼的赃物，与盗贼同罪，所以得到汝水之滨的封地。假如按照宫内官员的说法，就不能逮捕逃亡的家臣了。逃亡的就舍弃他算了，国君的政事恐怕有缺失吧！以前周武王列举殷纣王的罪状，然后又通告天下诸侯说：‘纣王是天下逃亡者的窝主，是逃亡者聚集的处所，所以人们拼命地攻打他。’如今君王刚刚求得诸侯的拥护就效法纣王，大概不可以吧。假如采用周文王和楚文王的办法，那‘盗’就有地方找了。”楚灵王说：“就把你的看门人带走吧！这里的‘盗’很得寡人的宠信，还不能抓走。”于是楚灵王赦免了无宇。

八年，石言于晋魏榆〔魏榆，晋地〕。晋侯问于师旷曰：“石何故言？”对曰：“石不能言，或凭焉〔谓有精神凭依石而言也〕。不然，民听滥〔滥，失也〕。抑臣又闻之〔抑，疑辞也〕，曰：‘作事不时，怨讟动于民，则有非言之物而言。’今宫室崇侈，民力雕尽〔雕，伤也〕，怨讟并作，莫保其性〔性，命也。民不敢自保其性命也〕。石言，不亦宜乎？”于是晋侯方筑虒祁之宫〔虒祁，地名〕。叔向曰：“子野之言，君子哉〔子野，师旷字也〕！君子之言，信而有征，故怨远于其身〔怨咎远其身也〕；小人之言，僭而无征，故怨咎及之。是宫也成，诸侯必叛，君必有咎，夫子知之矣。”叔弓如晋，贺虒祁也〔贺宫成〕。游吉相郑伯以如晋，亦贺虒祁也。史赵见子大叔曰：“甚哉，其相蒙〔蒙，欺也〕！可吊也，而亦贺之。”大叔曰：“若何吊也？其非唯我贺，将天下实贺〔言诸侯畏晋，非独郑〕。”

【译文】

鲁昭公八年，在晋国魏榆这个地方出现了一块会说话的石头。晋平公问师旷说：“石头为什么会说话呢？”师旷回答道：“石头根本不会说话，可能是有鬼神附在石头上面，否则就是人们传闻失真。不过臣又听人们说：‘如果做事情不合时宜，怨恨和诽谤就会在百姓中发生，这时即使本来不会说话的东西也说话。’如今宫室高大奢华，可是民力损伤已尽，怨恨和诽谤一齐产生，人民连性命也难以保全。那么石头说话，不也是合宜的吗？”当时晋平公正在兴建虒祁宫。叔向听了这话之后就说：“子野（师旷之字）所说的话，真是君子应说的。因为君子所说的话，既诚实而又有应验，所以怨恨总是远离他本身。反之，小人所说的话，既虚假而又无法证明，因而怨恨和罪过总是落在他身上。假如这座宫殿落成，那么各诸侯必然背叛晋国，国君必然灾祸临头，师旷已预感到这些了。”鲁国的叔弓到晋国去，祝贺虒祁宫的落成。郑国的游吉也陪同郑简公到晋国，又祝贺虒祁宫的落成。史赵见到游吉说：“太过分了，人们在互相欺骗！应该哀痛的事，反而又祝贺。”游吉说：“怎么说哀痛？恐怕不只是我国来祝贺，天下各诸侯都将会来祝贺。”

九年，周甘人与晋阎嘉争阎田〔甘人，甘大夫。阎嘉，阎县大夫〕。晋梁丙、张趯率阴戎伐颍〔阴戎，陆浑之戎。颍，周邑〕。王使詹桓伯辞于晋〔辞，责让之也。桓伯，周大夫〕，曰："文、武、成、康之建母弟，以藩屏周，亦其废坠是为〔为后世废坠，兄弟之国，当救济之也〕。先王居梼杌于四裔，以御螭魅〔言梼杌，略举四凶之一也〕，故允姓之奸，居于瓜州〔允姓，阴戎之祖，与三苗俱放于三危也。瓜州，今敦煌也〕。伯父惠公归自秦，而诱以来〔僖公十五年，晋惠公自秦归。二十二年，秦晋迁陆浑之戎于伊川〕，使逼我诸姬，入我郊甸。戎有中国，谁之咎也〔咎在晋〕？后稷封殖天下，今戎制之，不亦难乎〔后稷修封疆，殖五谷，今戎得之，唯畜牧也〕？伯父图之。我在伯父，犹衣服之有冠冕、木水之有本源、民人之有谋主也〔民人谋主，宗族之师长〕。伯父若裂冠毁冕，拔本塞源，专弃谋主，虽戎狄其何有余一人〔伯父犹然，则虽戎狄，无所可责〕？"叔向谓宣子曰："文之伯也，岂能改物〔言文公虽霸，未能改正朔、易服色〕？翼戴天子，而加之以恭〔翼，佐也〕。自文以来，世有衰德，而暴蔑宗周〔宗周，天子〕，以宣示其侈，诸侯之贰，不亦宜乎？且王辞直，子其图之。"宣子悦。使赵成如周，致阎田，反颍俘。

【译文】

鲁昭公九年，周朝甘邑大夫襄与晋国的阎嘉争夺阎地的土地。晋国的梁丙、张趯率领山北的戎人攻打周邑颍。周王就派大夫詹桓伯到晋国责难说："文王、武王、成王、康王分封同母弟为诸侯的目的，就是用其作为周室的屏藩，也是为了周朝衰颓时能合力相救。先王让异族梼杌等居住在四方，目的就是为了抵抗蛮族，所以允姓的戎族住在瓜州。伯父晋惠公从秦国回来后引诱他们入境，从此戎人就威逼我姬姓各国，并且进入我们的城邑郊区。戎人占据中原土地，这是谁的罪过？后稷缔造了天下，如今却被戎人控制，这不是难以容许的事吗？伯父还是仔细想一想吧！我们周王室对于伯父来说，犹如衣服有冠冕、树有根水有源、百姓有谋主。伯父如果撕裂毁坏冠冕，拔掉树木，塞断水源，专断并抛弃谋主，戎狄他们心里哪还会有我这个天子？”这时叔向对韩宣子说：“文公虽是霸主，岂能更改礼制？只能是辅佐拥戴天子而且更加恭敬。从文公以来，晋国国君每一代都是德行衰减而且损害和轻视王室，公开显示它的奢侈，使诸侯怀有二心，不也是应该的吗？况且天子的言辞理直气壮，您还是考虑一下。”韩宣子听了这话很高兴，于是就派赵成前往周室都城，同时献上阎地的土地，放还了在颍地抓到的俘虏。

筑郎囿，季平子欲其速成，叔孙昭子曰：“《诗》云：‘经始勿亟，庶人子来〔言文王始经营灵台，非急疾之。众民自以子义来，劝乐为之〕。’焉用速成？其以剿民也〔剿，劳也〕。无囿犹可，无民其可乎？”

【译文】

鲁国修筑朗园，季平子想让工程赶快完成，可是叔孙昭子却说：“《诗经》说：‘开始规划营造不要着急，百姓会像儿子一样自觉地前来建筑灵台。’哪里用得着下令速成，那样会使百姓太劳累。君王没有苑囿是可以的，没有人民怎么能行呢？”

十二年，楚子次于乾谿〔在谯国城父县南〕，仆析父从〔楚大夫〕。右尹子革夕〔子革，郑丹也。夕，暮见也〕，王见语曰：“今吾使人于周求鼎，其与我乎？”对曰：“与君王哉！今周服事君王，将唯命是从，岂其爱鼎！”王曰：“昔我皇祖伯父昆吾，旧许是宅〔陆终氏生六子，长曰昆吾，少曰季连。季连，楚之祖，故谓昆吾为伯父也。昆吾尝居许，故曰旧许是宅也〕。今郑人贪赖其田，而不我与。我若求之，其与我乎？”对曰：“与君王哉！周不爱鼎，郑何敢爱田？”王曰：“昔诸侯远我而畏晋，今我大城陈、蔡、不羹，赋皆千乘，诸侯其畏我乎？”对曰：“畏君王哉！是四国者，专足畏也〔四国，陈、蔡、二不羹也〕，又加之以楚，敢不畏君王乎？”王入，析父谓子革曰：“吾子，楚国之望也！今与王言如响，国其若之何〔讥其顺王心如响应声〕？”子革曰：“摩厉以须王出，吾刃将斩之矣〔以己喻锋刃，欲自摩厉以断王之淫慝〕。”王出，复语。左史倚相趋过〔倚相，楚史名也〕。王曰：“是良史也，能读《三坟》《五典》《八索》《九丘》〔皆古书名〕。”对曰：“臣尝问焉。昔穆王欲肆其心〔周穆王。肆，极也〕，周行天下，将皆必有车辙马迹焉。祭公谋父作《祈招》之诗，以止王心〔谋父，周卿士也。祈父，司马掌甲兵之职。招，其名〕。王是以获没于祗宫〔获没，不见篡弑〕。臣问其诗，而不知也。若问远焉，其焉能知之？”王曰：“子能乎？”对曰：“能。其《诗》曰：‘祈招之愔愔，式昭德音〔愔愔，安和貌也。式，用也。昭，明也〕。思我王度，式如玉，式如金〔金、玉，取其坚重〕。形民之力，而无醉饱之心〔言国之用民，当随其力任，如金冶之器，随器而制形。故言形民之力，去其醉饱过盈之心〕。’”王揖而入，馈不食、寝不寐数日〔深感子革之言〕。不能自克，以及于难〔克，胜也〕。仲尼曰：“古也有志，克己复礼，仁也。信善哉！楚灵王若能如此，岂其辱于乾谿？”

【译文】

鲁昭公十二年，楚灵王驻扎在乾谿，仆析父为随从。右尹子革傍晚去朝见，楚王接见他并和他谈话说：“现在我派人去周王室，请求把鼎赐给我，周天子会不会给呢？”子革回答说：“会给君王的！如今是周王室服从、侍奉君王，将会唯命是从，怎么还会爱惜鼎！”楚灵王说：“从前我们的皇祖伯父昆吾，曾居住在许地，现在郑国人贪利于这里的土地而不给我们。我们如果求取，郑国会给我们吗？”子革回答说：“会给君王的！周朝不爱惜鼎，郑国敢爱惜土地？”楚灵王说：“从前诸侯疏远我们而害怕晋国，现在我们大修陈国、蔡国、不羹城墙，分别在这三座城池屯扎兵车各一千辆，诸侯是否会畏惧我们呢？”子革回答说：“诸侯会畏惧君王的！因为单就陈国、蔡国和两个不羹四座诸侯都城，就足以使各诸侯感到畏惧了，又加上强大的楚国，各诸侯怎敢不害怕君王呢？”楚王进去了，析父对子革说：“您是楚国最有声望的重臣，可是现在和君王说话就像其回声，将来楚国可怎么办呢？”子革说：“我正在磨快刀刃等待时机，只要君王一出来，我就会一刀斩断君王的邪心。”楚王出来后接着与子革交谈。左史倚相快步走过他们面前。楚王说："他是位好史官，能读《三坟》《五典》《八索》《九丘》等古书。"子革回答说："臣下曾经请教过他。从前周穆王想放纵其心思，周游天下，打算让天下都有他的车辙马迹。祭公谋父做了《祈招》这首诗，用来阻止穆王的野心，穆王因此善终于祗宫。臣下问倚相这首诗的内容，他却不知道。如果问更远的事情，他又怎么能够知道呢？"楚王说："那您知道吗？"子革回答说："臣知道。这首诗说：'祈福招致和谐，用以显扬美好的声望。想我们君王的风度，样子好像玉、好像金。保存百姓的力量，而自己没有醉饱之心。'"楚王向子革拱手行礼后走进屋去，送上的饭也不吃，好几天睡不着觉。由于不能克制自己，所以遭到了祸难。孔子说："古代有这样的记载：克制约束自己，使每件事都回归到'礼'上，这就是仁。的确说得好啊！楚灵王若能如此，难道还会在乾谿受到羞辱吗？"

十三年，季平子立，而不礼于南蒯〔南蒯，季氏费邑宰也〕。南蒯以费叛，叔弓围费，弗克，败焉〔为费人所败〕。平子怒，令见费人，执之以为囚俘。冶区夫曰："非也〔区夫，鲁大夫〕。若见费人，寒者衣之，饥者食之，为之令主，而共其乏困，费来如归，南氏亡矣。民将叛之，谁与居邑？若惮之以威，惧之以怒，民疾而叛，为之聚也。若诸侯皆然，费人无归，不亲南氏，将焉入乎？"平子从之。费人叛南氏。

【译文】

鲁昭公十三年，季平子嗣位，对(为季氏立有大功的南遗之子)南蒯很不礼貌。南蒯就在驻地费城叛变(投降齐国)。鲁国的叔弓率军围攻费城，结果不但没攻陷，反而被费人打败。季平子大怒，下令只要见到费城地区的人就抓起来做俘虏。鲁国大夫冶区夫说："这样做不对。如果见到费城人，没有衣服穿的就给他们衣服，没有饭吃的就给他们饭吃，做他们的好主人，供给他们缺乏的东西，费地人若前来投奔，要让他们像回到家一样，南氏就会灭亡了。百姓都打算背叛南氏，谁还和他一起占据费城呢？如果用兵威使百姓畏惧，用愤怒来使百姓害怕，费地人就会由于憎恨而跟着反叛，聚集在南氏的旗下。假如各诸侯都这样，费地人在走投无路之下，他们不亲近南氏，将到哪里去呢？”季平子听从了治区夫的意见。不久，费地人就背叛了南氏。

十五年，晋荀吴帅师伐鲜虞，围鼓〔鼓，白狄之别〕。鼓人请以城叛，穆子弗许。左右曰：“师徒不勤，而可以获城，何故不为？”穆子曰：“吾闻之叔向曰：‘好恶不愆，民知所适，事无不济〔愆，过也。适，归也〕。’或以吾城叛，吾所甚恶也，人以城来，吾独何好焉？赏所甚恶，若所好何〔无以复加所好〕？若其弗赏，是吾失信也，何以庇民？力能则进，否则速退，量力而行。吾不可以欲城而迩奸，所丧滋多。”使鼓人杀叛人，而缮守备。围鼓三月，鼓人或请降，使其民见，曰：“犹有食色，姑修而城。”军吏曰：“获城而弗取，勤民而顿兵，何以事君也？”穆子曰：“吾以事君也。获一邑而教民怠，将焉用邑？邑以贾怠，不如完旧〔完，犹保守〕。贾怠无卒〔卒，终也〕，弃旧不祥。鼓人能事其君，我亦能事吾君。率义不爽，好恶不愆，城可获而民知义所〔知义所在〕，有死命而无二心，不亦可乎！”鼓人告食竭力尽，而后取之。克鼓而反，不戮一人。

【译文】

鲁昭公十五年，晋国荀吴率领军队攻打鲜虞，先包围鼓城。鼓城人请求举城背叛鲜虞投降（晋国），可是荀吴不答应。这时，左右部将就说：“不费一兵之力，就能得到一座城池，将军为何不同意呢？”荀吴说：“我听叔向这样说过：‘如果你的喜好与厌恶没有错失，民众就知道他们该向何处去，这样，事情就没有不成功的。’若有人带着我们的城邑叛变投降，这是我们极其憎恶的，别人带着城邑背主来降，我们自己却为什么喜欢呢？如果赞赏我们很憎恶的，对所喜欢的该怎么办呢？如果不加赏赐，这就是我们失信，用什么来庇护民众？力量可以就进攻，否则就撤退，总之必须量力而行。我们不可因为想得到城邑便趋近于奸诈，那样所失去的更多。”于是荀吴就派使通知鼓国人，先杀死谋反的人，然后加强守备。晋军一连包围鼓城达三月之久，鼓城人又准备开城投降，并且派投降代表拜见荀吴。荀吴说：“看鼓城人的面色，就知道城内还有食粮，你们暂且加固、守卫你们的城池！”这时一位晋国军官（很不理解地）说：“能获得城池却不接受，偏偏在这里劳民伤财而按兵不动，如此又怎样奉事君王呢？”荀吴说：“我正是以此奉事君王。假如得到一座城池，却使百姓变得怠惰，那要这座城池又有什么用呢？如果得到城邑招来怠惰，还不如保持原本的状态。招来怠惰不会有好结果，抛弃原来的状态就会不吉祥。鼓国人能事奉他们的国君，我也能事奉我们的君主。遵循正义而不违背，端正好恶而无差失，城池既可得到，又能使民众明白正义之所在，从而拼死效命于晋国而没有异心，这不是很合适吗？”后来鼓城人告知晋军说，城内粮食已吃完，百姓力气已用尽，晋军才占领该城。荀吴攻取鼓城后率军凯旋而归，没有杀死一个鼓城人。

十八年，火始昏见〔火，心星也〕。梓慎曰：“七日，其火作乎宋、卫、陈、郑也。”数日，皆来告火。裨灶曰：“不用吾言，郑又将火〔前年，裨灶欲用瓘斝禳火，子产不听〕。”郑人请用之，子产不可。子大叔曰：“宝，以保民也。若有火，国几亡。可以救亡，子何爱焉？”子产曰：“天道远，人道迩，非所及也，何以知之？灶焉知天道？是亦多言矣，岂不或信〔多言者或时有中也〕？”遂不与，亦不复火。

【译文】

鲁昭公十八年，大火星在黄昏出现（古人认为是不正常的天象）。梓慎说：“七天以后，火星将出现在宋、卫、陈、郑等国。”几天以后，四国都来告知发现了火星。裨灶说：“假如不听我的话，郑国还会发现火星。”于是郑国人就请求采纳裨灶的话，子产却不同意。子大叔说：“（禳火的）宝物，是用来保护百姓的。如果发现了火星，国家差不多会灭亡的。如今裨灶可以禳灾救亡，您为什么那样爱惜宝物呢？”子产说：“天道悠远，人道切近，人力尚不足以达到天上，凭什么知道天道呢？裨灶哪里懂得天道？只是这样的话说多了，难道不会偶尔说中？”子产还是不采纳裨灶之言，而郑国也没再发现火星（在黄昏时出现）。

十九年，楚子之在蔡也，生太子建。及即位，使伍奢为之师。费无极为少师，无宠焉，欲谮诸王，曰：“建可室矣。”王为之聘于秦，无极与逆，劝王取之。楚子为舟师以伐濮〔濮，南夷也〕，无极言于楚子曰：“晋之伯也，迩于诸夏，而楚僻陋，故弗能与争。若大城城父而寘太子〔城父，今襄城城父县〕，以通北方，王收南方，是得天下。”王说，从之，故太子建居于城父。

【译文】

鲁昭公十九年，当楚平王在蔡国时，（阳封人的女儿私奔到他那里，）生了太子建。到楚平王正式即位以后，就派伍奢为太子建的太师，另派费无极为少师。可是太子建对费无极并没有好感，于是费无极就在平王面前进谗言，说：“太子建可以结婚了。”楚平王派使到秦国给太子建迎亲，费无极也参与迎娶，不料费无极却劝平王自己纳这个秦国美女为妃。楚平王建立水军以攻打濮地，费无极向平王说：“晋国称霸诸侯的时候，与中原各国相距较近，而楚国处于偏远之地，所以不能和它争夺。如果加宽城父的城墙而把太子建安排在那里，来和北方各诸侯互相交往，而君王自己收取南方，如此就可以称霸天下了。”楚平王很高兴，听从了他的话，所以就派太子建前往镇守城父。

郑大水，龙斗于时门之外洧渊〔时门，郑城门也〕。国人请为禜焉，子产弗许，曰：“我斗，龙不我觌〔觌，见也〕。龙斗，我何觌焉？禳之，则彼其室也〔渊，龙之室〕。吾无求于龙，龙亦无求我。”乃止也〔言子产之智〕。

【译文】

郑国发生大水灾，据说在首都时门之外的洧渊中，有两条龙在打斗。国内的人们请求举行禳灾的祭祀，子产不答应，说："我们争斗，龙不看我们，龙争斗，我们为什么要去观看、祭祷它们呢？本来那里就是其居住的地方。我们对龙没有什么要求，龙对我们也没有什么要求。"国人便停止了请求。

二十年，费无极言于楚子曰："建与伍奢将以方城之外叛。齐、晋又交辅之，将以害楚。其事集矣。"王信之，问伍奢。奢对曰："君一过多矣〔一过，纳建妻〕，何信于谗？"王执伍奢〔忿奢切言〕。使城父司马奋扬杀太子，未至，而使遣之〔知太子冤，故遣令去〕。太子建走宋。王召奋扬，奋扬使城父人执己以至。王曰："言出于余口，入于尔耳，谁告建也？"对曰："臣告之。君王命臣曰：'事建如事余。'臣不佞〔佞，才也〕，不能苟贰。奉初以还〔奉初命以周旋〕，不忍后命，故遣之。既而悔之，亦无及已。"王曰："而敢来，何也？"对曰："使而失命，召而不来，是再奸也〔奸，犯也〕，逃无所入。"王曰："归。"从政如他日〔善其言，舍使还〕。无极曰："奢之子才，若在吴，必忧楚国，盍以免其父召之？彼仁，必来。不然，将为患。"王使召之，曰："来，吾免而父。"棠君尚谓其弟员〔棠君，奢之长子〕曰："尔适吴，我将归死。吾智不逮〔自以智不及员〕，我能死，尔能报。闻免父之命，不可以莫之奔也；亲戚为戮，不可以莫之报也。父不可弃〔俱去为弃父也〕，名不可废〔俱死为废名〕，尔其勉之！"伍尚归，奢闻员不来，曰："楚君、大夫其旰食乎〔将有吴患，不得早食〕！"楚人皆杀之。员如吴，言伐楚之利于州于〔州于，吴子僚也〕。

【译文】

鲁昭公二十年，费无极对楚平王说："太子建和伍奢将要率领方城以外的人叛变。齐国、晋国又共同辅助他们，将要来危害楚国。如今他们叛变的事已成定局了。"楚平王听信了费无极的话，于是就审问伍奢。伍奢回答说："君王夺太子建之妃，就这一项错误已经够严重了，为什么还要听信奸臣的谗言呢?”于是楚平王就拘押了伍奢。随后又下令城父司马奋扬去杀太子建，可是在未到达城父之前，奋扬就通知太子建逃亡。太子建逃到宋国。于是，楚平王就传讯奋扬，而奋扬却让城父人把自己绑起来押到朝廷。平王说:“话从我口里说出，进入你的耳朵，是谁告诉太子建的?”奋扬回答说:“是臣下告诉他的。君王曾命令臣下说:‘事奉太子建如同事奉我一样。’臣下不才，不能苟存二心，便遵奉当初的命令而按原来的态度对待太子，不忍心执行后来的命令，所以让他逃走了。不久，我又后悔这样做，但是也来不及了。”楚平王说:“既然是如此，你为什么还敢来见我呢?”奋扬回答说:“被派遣而没有完成使命，召见而又不回来，这是再次违犯君令，就是想逃走也没有什么地方可去。”楚王说:“回去吧。”奋扬还像从前一样做官。费无极说:“伍奢的两个儿子都很有才能，假如留在吴国，必然会成为楚国的一大忧患，君王何不以赦免他父亲之罪的名义召他们回国?假如他们爱其父亲，必然会应召回来，否则将成为楚国的一大祸害。”于是楚平王就派人召令伍奢的两个儿子回国，说:“你们回来，我就赦免你们的父亲。”大儿子伍尚对他弟弟伍员说:“你到吴国去避难，我准备回国赴死。我知道我的才能不如你，我可以为父死难，你可以为父报仇。若听到赦免父亲的命令，不可以不奔走回国;若亲人被杀戮，不可以不报仇。父亲不可以背弃，名誉不可以毁损，你还是努力吧!”伍尚遂回到了楚国。伍奢一听伍员没有回来，就说:“楚国的君主和大夫们，从此就将陷于寝食不安的恐惧了吧!”结果楚平王就把伍奢、伍尚父子二人一起杀死。这时伍员已经逃亡吴国，向吴子僚谈攻打楚国的好处。

齐侯疥，遂痁〔痁，疟疾也〕。期而不瘳，诸侯之宾问疾者多在〔多在齐〕。梁丘据与裔款〔二子，齐嬖大夫〕言于公曰:“吾事鬼神也丰，于先君有加矣。今君疾病，为诸侯忧，是祝史之罪，诸侯不知，其谓我不敬。君盍诛于祝固、史嚚以辞宾〔欲杀嚚，固以辞谢来问疾之宾〕?”公悦，告晏子，晏子对曰:“日宋之盟，屈建问范会之德于赵武。武曰:‘夫子之家事治，言于晋国，竭情无私。其祝史祭祀，陈信不愧。其家事无猜，其祝史不祈〔家无猜疑之事，故祝史无求于鬼神〕。’建以语康王〔楚王也〕。康王曰：‘神人无怨，宜夫子之光辅五君，以为诸侯主也〔五君，文、襄、灵、成、景也〕。’”公曰：“据与款谓寡人能事鬼神，故欲诛于祝史。子称是语也，何故？”对曰：“若有德之君，外内不废〔无废事也〕，上下无怨，动无违事，祝史荐信，无愧心矣〔君有功德，祝史陈说之无所愧〕。是以鬼神用飨，国受其福，祝史与焉〔与受国福也〕。其所以蕃祉老寿者，为信君使也。其适遇淫君，外内颇邪，上下怨疾，动作辟违，斩刈民力，暴虐淫纵，肆行非度，不思谤讟，不惮鬼神，神怒民痛，无悛于心，其祝史荐信，是言罪也〔以实白神，是为言君之罪〕，其盖失数美，是矫诬也〔盖，掩也〕。进退无辞，则虚以求媚〔作虚辞以求媚于神〕，是以鬼神不飨其国以祸之，祝史与焉。所以夭昏孤疾者，为暴君使也。”公曰：“然则若之何？”对曰：“不可为也〔言非诛祝史所能治〕。山林之木，衡鹿守之；泽之萑蒲，舟鲛守之；薮之薪蒸，虞候守之；海之盐蜃，祈望守之〔衡鹿、舟鲛、虞候、祈望，皆官名也。言公专守山泽之利，不与民共〕。布常无艺〔艺，法制也。言布政无法制〕，征敛无度；宫室日更，淫乐不违〔违，去也〕；内宠之妾，肆夺于市〔肆，放也〕；外宠之臣，僭令于鄙〔诈为教令于边鄙也〕。民人苦病，夫妇皆诅。祝有益也，诅亦有损。聊、摄以东〔聊、摄，齐西界也〕，姑、尤以西〔姑、尤，齐东界也〕，其为人也多矣！虽其善祝，岂能胜亿兆人之诅耶？君若欲诛于祝史，修德而后可。”公悦，使有司宽政，毁关去禁，薄敛已责。

【译文】

齐景公患了间发性疟疾，不久便发展成严重疟疾，很长时间还没有痊愈，有很多诸侯派使节前来齐国探视。齐国梁丘据和裔款两位大夫对景公说：“我们事奉鬼神祭品丰厚，比先君还有所增加呀！现在君王所患的疾病，使各诸侯都感到忧虑，这都是祝官、史官的罪过。但诸侯并不知内情，还以为我们对鬼神不敬。君王何不诛杀祝固、史嚚，以此来辞谢前来探视的宾客呢？”齐景公听了这话很高兴，就把这事告诉了晏婴。晏婴说：“日前在宋国会盟时，楚国的屈建向赵武询问范会的德行。赵武说：‘他老人家家族中的事情治理得很好，对晋国的谏言，竭尽真情而没有私心。那些祝史（祭礼时司告鬼神的人）祭祀，陈述的情况真实，内心无愧。他家族中没有可猜疑的事情，那些祝史也不向鬼神祈求。’屈建就把这些话报告给康王。康王说：‘神和人都对范会无所怨忿，合当他老人家光荣地辅佐五位君王，使晋国成为诸侯的盟主。’”齐景公说：“梁丘据和裔款都认为我是事奉鬼神的君主，所以我才想对祝史进行惩罚。现在您却说出这番称赞祝史的话，是什么缘故？”晏婴回答说：“如果是有德行的君王，国家内政外交都不荒废，朝野上下都没有怨恨，一举一动都没有违背礼仪的事，祝史向鬼神的献言真实，就没有惭愧之心了。因此鬼神享用祭品，国家受到鬼神的福佑，祝史也有一份功劳。他们之所以多福长寿，是因为诚信的国君的使者的缘故。如果恰遇荒淫无道的君主，国家内政外交很不正当，朝野上下怨声四起，行为措施邪僻背理，摧残宰割民力、民财，暴虐远道，邪恶放纵，胡作非为，没有法度，既不考虑臣民的指责报怨，也不畏惧鬼神的惩罚，结果导致神怒人恨，却毫无改悔之意，祝史假如向鬼神陈说真实情况，就等于是数说君主的罪状，假如掩饰君主的过失而虚誉美德，就等于是造假来欺骗神明，祝史左右为难，无法讲说，就只好以虚浮之言来讨好神明。因此神明不享用他们国家的祭品，而会降祸给他们，祝史也同受其祸。他们之所以夭折患病，是因为是昏暴的君王的使者的缘故。”齐景公听了之后说：“既然如此，那怎么办？”晏婴回答说：“诛杀祝史之事不可做。山林中的树木，由衡鹿官看守；水洼中的芦苇，由舟鲛官看守；沼泽地的柴禾，由虞候之官看守；大海中的盐蛤，由祈望之官看守。发布政令没有标准，征收赋税没有节制；宫室每天轮换着住，荒淫作乐不肯离去；宫内受宠幸的姬妾在市场上肆意强取，外边的宠信之臣在偏远地区越权行令。民众痛苦困乏，丈夫妻子都在诅咒。祝祷或可有益，诅咒也能有害。聊地、摄地以东，姑水、尤水以西，齐国境内的人口多得很呢！即使祝史善于祝祷，又怎能胜过千万人的诅咒呢？君王如果想要对祝史进行惩罚，只有修养德行，然后才可以进行。”齐景公听了晏婴这番话后很高兴，让官吏放宽政令，毁掉关卡，废除禁令，减轻赋税，并表示自责。

齐侯至自田，晏子侍于遄台。子犹驰而造焉〔子犹，梁丘据〕。公曰："唯据与我和夫！"晏子对曰："据亦同也，焉得为和？"公曰："和与同异乎？"对曰："异。和如羹焉，水火醯醢盐梅，以烹鱼肉，宰夫和之，齐之以味，济其不及，以泄其过〔济，益也。泄，减也〕。君子食之，以平其心。君臣亦然〔亦如羹〕。君所谓可，而有否焉，臣献其否，以成其可〔献君之否，以成君可〕。君所谓否，而有可焉，臣献其可，以去其否。是以政平而不奸，民无争心。今据不然。君所谓可，据亦曰可；君所谓否，据亦曰否。若以水济水，谁能食之？若琴瑟之专一，谁能听之？同之不可也如是。"

【译文】

齐景公从猎场回来，宰相晏婴陪他在遄台休息。这时梁丘据驱车疾行到某处去。齐景公看到后就说："只有梁丘据跟我最和谐。"晏婴回答说："梁丘据只不过是一味保持意见相同，怎么能说是和谐呢？"齐景公说："和谐与保持相同不一样吗？"晏婴回答说："当然不同。和谐就好像做羹汤，用水火醋酱盐梅来烹调鱼肉，由厨师来拌和，调剂其味，增添不足的调料，减除其过重的味道。君子食用它，以便平和其心情。君臣之间的相处也是如此。君主所认为可行但实际上有不妥之处的，臣子则进言指出其不妥之处，从而使君主的决定合宜可行；君主所认为不可行而实际上有可行性的，臣子进言陈述可行的理由，以排除君主的不妥之处。因此，政事平和而不伪诈，民众没有争斗之心。现在梁丘据却不是这样。君王所认为可以的，他也说可以；君王所认为不可以的，他也说不可以。这就如同用清水调剂清水，谁又肯吃这淡而无味的东西呢？又像用琴瑟老弹一个声音，谁又爱听这单调的音乐呢？不应该保持意见完全相同和这是一个道理。"

二十五年，会于黄父，郑子太叔见赵简子，简子问揖让周旋之礼焉。对曰："是仪也，非礼也。"简子曰："敢问，何谓礼？"对曰："吉也闻诸先大夫子产，曰：'夫礼，天之经〔经者，道之常也〕，地之义〔义者，利之宜也〕，民之行〔行者，人所履行〕。天地之经，而民实则之。则天之明〔日月星辰，天之明也〕，因地之性〔高下刚柔，地之性也〕，生其六气〔阴、阳、风、雨、晦、明〕，用其五行〔金、木、水、火、土也〕。气为五味〔酸、咸、辛、苦、甘〕，发为五色〔青、黄、赤、白、黑。发见也〕，章为五声〔宫、商、角、徵、羽〕。淫则昏乱，民失其性〔滋、味、声、色，过则伤性也〕，是故为礼以奉之〔制礼以奉其性〕。民有好、恶、喜、怒、哀、乐，生于六气〔此六者，皆禀阴、阳、风、雨、晦、明之气〕。是故审则宜类，以制六志〔为礼以制好、恶、喜、怒、哀、乐六志，使不过节〕。哀有哭泣，乐有歌舞，喜有施舍，怒有战斗。哀乐不失，乃能协于天地之性，是以长久〔协，和也〕。'"简子曰："甚哉，礼之大也！"对曰："礼，上下之纪，天地之经纬也〔经纬，错居以相成也〕，民之所以生也，是以先王尚之。故人之能自曲直以赴礼者，谓之成人。大，不亦宜乎〔曲直以弼其性〕？"简子曰："鞅也，请终身守此言也。"

【译文】

鲁昭公二十五年，晋国在晋地黄父大会诸侯，郑国大夫子太叔谒见赵简子，简子向他询问揖让进退之礼。子太叔回答说："这是仪，不是礼。"赵简子说："敢问什么叫礼？"子太叔回答说："我从先大夫子产那里听说过：'礼，是上天的规范，是大地的准则，是民众行动的依据。天地的法则，民众实际上都在效法。效法上天日月星辰的明亮，依凭大地高下刚柔的本性，划分出六种气象，运用'五行'来阐释事理。气分为五种味道，可见物分为五种颜色，乐章定为五种声调。过当则会惑乱无序，人就会因此而丧失本性，所以制定礼法来帮助其守持本性。人民会有好、恶、喜、怒、哀、乐这六种情绪，都是生自六气。因此要明白其准则，制定相应的礼仪，用以控制六种情绪。例如悲哀时会有哭泣，快乐时会有歌舞，高兴时会有施舍，愤怒时会有打斗。只要悲哀、快乐的情绪不失常规，就能与天地的本性相符合，只有这样才能够长久。”赵简子说：“好极了，礼的学问真是宏大深奥呀！”子太叔回答说：“礼，是维持尊卑上下关系的纲纪，是天地的常道，也是民众得以生存的法则，因此先王特别尊崇它。人们能够自我调整其善恶来达到‘礼’的要求，就可称做是‘成人’。说‘礼’宏大深奥，不是很适宜的吗？”赵简子说：“赵鞅（简子）我愿意一辈子遵循这些话。”

二十六年，齐有彗星〔出齐之分野〕，齐侯使禳之〔禳，除〕。晏子曰：“无益也，祗取诬焉〔诬，欺也〕。天道不谄〔谄，疑也〕，不贰其命，若之何禳之？且天之有彗，以除秽也。君无秽德，又何禳焉？若德之秽，禳之何损？《诗》曰：‘惟此文王，小心翼翼。昭事上帝，聿怀多福。厥德不回，以受方国〔翼翼，恭也。聿，惟也。回，违也。言文王德不违天人，故四方之国归往之〕。’君无违德，方国将至，何患于彗？《诗》曰：‘我无所监，夏后及商。用乱之故，民卒流亡。’若德回乱，民将流亡，祝史之为，无能补也。”公悦，乃止。

【译文】

鲁昭公二十六年，齐国有彗星出现，齐景公想要请巫师祭祷消灾。晏婴说：“这没有什么用，只能招来欺骗。天道不会接受巴结奉承，也不会背离其原有的意志，为什么要去祭祷？况且天上有彗星，是用来扫除污秽的。君主没有污秽的德行，又何必祭祷呢？如果德行有污秽，即使祭祷，又能减轻什么呢？《诗经》说：‘惟有这位周文王，小心翼翼。光明正大地事奉天帝，招来福禄无量。他的德行没有邪恶，以致四方之国都来归附。’君王只要没有违背道德，四方诸侯都会来归，又何必恐惧彗星呢？《诗经》说：‘我没有所借鉴的，要有就是夏后和商。由于政事邪恶混乱的缘故，民众终于流亡。’如果德行邪恶混乱，人民将要流亡，祝史的祷告，也是不能弥补的。”齐景公听了晏婴的话后很高兴，就中止了祭祀消灾的念头。

齐侯与晏子坐于路寝，公叹曰："美哉室，其谁有此乎〔景公自知德不能久有国，故叹也〕？"晏子曰："敢问，何谓也？"公曰："吾以为在德。"对曰："如君之言，其陈氏乎！陈氏虽无大德，而有施于民。公厚敛焉，陈氏厚施焉，民归之矣。《诗》曰：'虽无德与汝，式歌且舞〔义取虽无大德，要有喜悦之心。式，用也〕。'陈氏之施，民歌舞之矣。后世若少惰，陈氏而不亡，则国其国也已。"公曰："善哉，是可若何？"对曰："唯礼可以已之。在礼，家施不及国，大夫不收公利〔不作福也〕。"公曰："善哉，我不能矣。吾今而后知礼之可以为国也。"对曰："礼之可以为国也久矣，与天地并。君令臣恭，父慈子孝，兄爱弟敬，夫和妻柔，姑慈妇听，礼也。君令而不违，臣恭而不贰，父慈而教，子孝而箴〔箴，谏也〕，兄爱而友，弟敬而顺，夫和而义，妻柔而正，姑慈而从〔从，不自专也〕，妇听而婉〔婉，顺也〕，礼之善物也。"公曰："善哉。"

【译文】

齐景公和晏婴坐在路寝（指正殿）中，景公叹息说："多么漂亮的屋子啊，我死后谁会占有此屋呢？"晏婴回答说："请问，君王认为是谁呢？"齐景公说："我认为有德者居之。"晏婴回答说："按君王所说，大概是陈氏吧！陈氏虽然没有大的德行，而对于民众有所施惠。君王征收的赋税很多，而陈氏施惠给人民的很多，因此民众都归向他了。《诗经》说：'虽然没有美德配你，请一起唱歌跳舞。'陈氏的施惠，民众已经为之唱歌跳舞了。您的后代如果稍稍怠惰，陈氏又不灭亡，那么国家就要成为他的国家了。"齐景公说："对呀，这事可怎么办？"晏婴回答说："只有仰仗礼制才能制止这种情况发生。根据礼制的规定，大夫家族的施惠不能涉及全国，大夫不能获取公家应有之利。"齐景公说："说得对呀，可惜我不能做到了。不过我从现在开始，知道礼制可以治国。"晏婴回答说："礼制可以用来治理国家已经很久了，可以和天地并列。君王美善，臣下恭敬；父亲慈祥，儿子孝顺；兄长仁爱，弟弟恭顺；丈夫和蔼，妻子温柔；婆婆慈爱，媳妇顺从。这些都是'礼制'的内容。

君王美善而不违礼，臣下恭敬而无二心，父亲慈爱而善于教子，子女孝顺而能规劝，兄长爱护弟弟而相互亲近，弟弟尊敬兄长而能够顺从，丈夫温和而合乎义理，妻子温柔而端庄正派，婆婆慈祥而又开明，媳妇顺从而又能委婉陈辞，所有这些都是‘礼’的好的表现。”齐景公说：“说得太好了。”

二十七年，楚左尹郤宛直而和，国人悦之〔以直事君，以和接类〕。鄢将师为右领〔右领，官名〕，与费无极比而恶之。谓子常曰：“子恶欲饮子酒〔子恶，郤宛〕。”又谓子恶：“令尹欲饮酒于子氏。”子恶曰：“令尹将必来辱，为惠已甚。吾无以酬之，若何〔酬，报献〕?”无极曰：“令尹好甲兵，子出之，吾择焉。”取五甲五兵，曰：“寘诸门，令尹至，必观之，而从以酬之。”及飨日，帷诸门左〔张帷陈兵甲其中〕。无极谓令尹曰：“吾几祸子。子恶将为子不利，甲在门矣，子无往。”令尹使视郤氏，则有甲焉。不往，召鄢将师而告之。将师退，遂令攻郤氏，且爇之〔爇，烧也〕。子恶闻之，自杀。国人弗爇，令尹炮之〔炮，燔也〕，尽灭郤氏之族党，杀阳令终与晋陈，及其子弟〔皆郤氏党〕。国言未已，进胙者莫不谤令尹〔进胙，国中祭祀也。谤，诅也〕。沈尹戌言于子常曰：“夫左尹与中厩尹，莫知其罪，而子杀之，以兴谤讟，至于今不已〔左尹，郤宛也。中厩尹，阳令终〕。戌也惑之。仁者杀人以掩谤，犹弗为也，今吾子杀人以兴谤而弗图，不亦异乎？夫无极，楚之谗人也，民莫不知。去朝吴〔在十五年〕，出蔡侯朱〔在二十一年〕，丧太子建，杀连尹、奢〔在二十年〕，屏王之耳目，使不聪明。不然，平王之温惠恭俭，有过成、庄，所以不获诸侯，迩无极也〔迩，近也〕。今又杀三不辜，以兴大谤〔三不辜，郤氏、阳氏、晋陈氏〕，几及子矣。子而不图，将焉用之？夫鄢将师矫子之命，以灭三族。三族，国之良也。吴新有君〔光新立〕，疆埸日骇，楚国若有大事，子其危哉！智者除谗以自安，今子爱谗以自危，甚矣，其惑也！”子常曰：“是瓦之罪，敢不良图。”子常杀费无极与鄢将师，尽灭其族，以说于国。谤言乃止。

【译文】

鲁昭公二十七年。楚国左尹郤宛为人正直谦和，国内的人都喜欢他。鄢将师担任右领，同费无极勾结而憎恨郤宛。费无极对令尹子常说：“郤宛要请你喝酒呢！”接着又对郤宛说：“令尹想要到你家喝酒。”郤宛说：“令尹真要屈尊前来寒舍，那给我的恩惠就太大了。可惜我没有好的酒菜款待他，这可怎么办呢？”费无极就趁势说：“令尹最喜欢盔甲武器，您拿出它，我来挑选。”于是费无极就选出了五领盔甲和五件兵器，然后对郤宛说：“您可把这些盔甲兵器放在门口，令尹来了必然会看，这时就可乘机献给他。”到了宴请那天，郤宛把五领盔甲和五件兵器放在门的左侧帐幔里。费无极对令尹说：“我差点害了您。郤宛要对您下毒手，他已经把甲兵埋伏在门后，令尹不可前去赴宴。”令尹派人到郤氏家察看，果然发现门后摆列有盔甲兵器，于是就未去赴宴，并召见鄢将师，把郤宛的事告诉了他。鄢将师回去后，就下令攻打郤氏，并且要放火焚烧郤宛的邸宅。郤宛听到这个消息，就自杀了。可是国人不肯点火。令尹子常就亲自点火烧了郤家，把郤氏的族人和亲友全部杀死，并且杀了阳令终、晋陈和他的子弟。之后，国内的怨言没有停止过，凡有资格向国君进献祭祀用的牲肉的人无不指责令尹。沈尹戌就对子常说：“左尹郤宛和中厩尹阳令终等人，根本还不知道自己犯了什么罪，可是您竟然把他们都杀了，以致怨言四起，到现在还没有停止，因此使我感到万分迷惑。仁爱的人即使杀人可以止谤，都不肯去做，如今您杀人来兴起怨谤，却不考虑补救办法，这不是很奇怪的事吗？那个费无极，是楚国专说别人坏话的人，臣民没有不知道的。他除掉朝吴，放逐蔡侯朱，赶跑太子建，杀害连尹、伍奢，遮蔽君王的耳目而让他听不清、看不明。如果不是这样，以平王的温良慈惠和恭敬节俭，超过于成王、庄王，而没有获得诸侯的支持，其原因就是亲近了费无极。现在您又无故杀死郤氏、阳氏、晋陈氏，以致招来全国民众莫大的怨谤，差一点就要涉及您了，而您却不认真考虑，到底打算怎样处理这件事呢？那个鄢将师假传您的命令，灭绝郤氏、阳氏、晋陈氏三族。这三族都是楚国的优秀人才。如今吴国新立了国君，边境一天天紧张，楚国一旦发生战事，您恐怕就危险了！聪明人铲除谗人来使自己安定，现在您竟然喜欢谗人来使自己招灾，真是太不明智了！”令尹子常说：“这都是我的罪过，我怎敢不好好筹划呢？”不久，令尹子常杀了费无极和鄢将师，而且把他们的族人一律处死，以取悦于国人，怨谤的言论才停止了。

二十八年，晋魏献子为政〔魏舒也〕，以司马弥牟为邬大夫、贾辛为祁大夫、司马乌为平陵大夫、魏戊为梗阳大夫〔戊，魏舒庶子〕。谓贾辛、司马乌为有力于王室〔二十二年，辛乌帅师纳敬王〕，故举之。魏子谓成鱄〔鱄，晋大夫〕：“吾与戊也县，人其以我为党乎？”对曰：“何也？戊之为人也，远不忘君〔远，疏远也〕，近不偪同〔不偪同位〕，居利思义〔不苟得〕，在约思纯〔无滥心〕，虽与之县，不亦可乎？昔武王克商，光有天下。其兄弟之国者十有五人，姬姓之国者四十人，皆举亲也。夫举无他，唯善所在，亲疏一也。”

【译文】

鲁昭公二十八年，晋国由魏献子执政，任命司马弥牟为邬大夫、贾辛为祁大夫、司马乌为平陵大夫、魏戊为梗阳大夫。认为贾辛、司马乌对王室有功，所以举拔他们。魏献子对成鱄说；“我任命魏戊为县大夫，人家是否认为我结党营私呢？”成鱄回答说：“怎么会呢？魏戊的为人，远不忘记国君，近不逼迫同事，遇到利就想到义，身处贫困就想到质朴。虽然给他一个县管理，不也是很应该吗？从前武王战胜殷商，拥有广大的疆域，封兄弟十五人为国君，封姬姓四十人为国君，这都是拔擢宗族亲人。说到荐举人才，没有其他标准，只在于荐举贤能，无论关系亲疏，一视同仁。”

贾辛将适其县，见于魏子。魏子曰：“辛来，今汝有力于王室，吾是以举汝。行乎！敬之哉，毋堕乃力〔堕，损也〕。”仲尼闻魏子之举也，以为义，曰：“近不失亲〔谓举魏戊〕，远不失举〔以贤举〕，可谓义矣。”又闻其命贾辛也，以为忠〔先赏王室之功，故为忠也〕，曰：“魏子之举也义，其命也忠，其长有后于晋国乎！”

【译文】

贾辛将去他的封县上任，临行前拜见魏献子。魏献子对他说："贾辛你过来！现在你有功于王室，我所以才荐举你。动身吧！要慎重呀，不要毁了你的功劳。"孔子听到魏献子举拔的事，认为符合道义，所以特别赞许说："（用人唯贤，）对身边的人不失掉，对疏远的人不错过，这可说是符合道义了。"又听到他命令贾辛的话，认为是忠诚，于是又赞许说："魏献子举拔人才符合道义，他的任命又体现了忠诚，恐怕他长久有后代在晋国享受禄位吧。"

梗阳人有狱，魏戊不能断，以狱上〔上魏子〕。其大宗赂以女乐〔讼者之大宗〕，魏子将受之。魏戊谓阎没、女宽〔二人，魏子属大夫〕曰："主以不贿闻于诸侯，若受梗阳人，贿莫甚焉。吾子必谏！"皆许诺。退朝，待于庭〔魏子之庭〕。馈入，召之〔召二大夫食〕。比置，三叹。魏子曰："吾闻诸伯叔，谚曰：'唯食忘忧。'吾子置食之间三叹，何也？"同辞而对曰："或赐二小人酒，不夕食〔言饥甚〕。馈之始至，恐其不足，是以叹。中置，自咎曰：'岂将军食之而有不足？'是以再叹。及馈之毕，愿以小人腹，为君子心，属厌而已〔属，足也，言小人之腹饱，犹知厌足，君子心亦宜然〕。"献子辞梗阳人〔言魏氏所以兴〕。

【译文】

梗阳的人有诉讼，魏戊不能决断，于是就把案件上报魏献子。诉讼方的亲族用女乐（歌舞伎）来贿赂魏献子。正当魏献子打算接受时，魏戊就对魏献子属下的大夫阎没、女宽说："主公以清廉闻名于诸侯，现在假如接受梗阳人的女乐，这将是最大的受贿，您二位一定要劝谏！"阎没、女宽二人都答应了。退朝以后，他俩就站在魏献子邸宅的院子里。不久，下人送饭菜进来，魏献子叫他俩进屋吃饭。等到摆放饭菜时，两个人三次叹气。魏献子说："我从伯父叔父那里听过，谚语说：'人在吃饭时，要忘却一切烦恼！'你们俩在摆放饭菜时，一连三次叹息，这是为什么呢？"二人异口同声地回答说："大概是您赐给我们两个酒饭，可我们昨天没有吃晚饭。所以在饭菜刚端上来时，恐怕不够吃，因此叹气。饭菜上了一半，就心中自责说：‘难道将军给我们吃饭，还会不够吃吗？’因此再次叹气。等到饭菜上完，（第三次叹气）是希望把我俩的小人之心换为君子之心，凡事知足就好了。”魏献子听了这番含蓄的劝谏之后，就拒绝了梗阳人的贿赂。

## 定　公

四年，郑子大叔卒。晋赵简子为之临，甚哀，曰：“黄父之会〔在昭二十五年〕，夫子语我九言，曰：‘无始乱，无怙富，无恃宠，无违同，无敖礼，无骄能〔以能骄人〕，无复怒〔复，重也〕，无谋非德〔非所谋〕，无犯非义。’〔言简子能用善言，所以遂兴也〕”

【译文】

鲁定公四年，郑国子大叔去世了。晋国大夫赵简子亲往吊唁，十分悲伤，说：“在黄父那次会见时，老人家对我说了九句话，说：‘不可发动祸乱，不可恃富而骄，不可恃宠而傲，不可违背共同的意愿，对有礼的人不可傲慢，不可自夸其能，不可因同一事屡次对人发怒，不可图谋不合道德的事，不可做不合义理的事。’”

吴子伐楚，陈于柏举，败之，五战及郢。楚子济江，入于云中〔入云梦泽中〕。王寝，盗攻之，以戈击王。王孙由于以背受之，中肩。王奔郧，郧公辛之弟怀将弑王，曰：“平王杀吾父，我杀其子，不亦可乎〔辛，蔓成然之子斗辛也。昭十四年，楚平王杀成然也〕？”辛曰：“君讨臣，谁敢仇之？君命，天也。若死天命，将谁仇？《诗》曰：‘柔亦不茹，刚亦不吐。不侮鳏寡，不畏强御。’唯仁者能之〔言仲山甫不避强凌弱也〕。违强凌弱，非勇也；乘人之约，非仁也；灭宗废祀，非孝也〔杀君，罪应灭宗〕；动无令名，非智也。必犯是，余将杀汝！”斗辛与其弟巢，以王奔随。申包胥如秦乞师，曰：“吴为封豕长蛇，以荐食上国〔荐，数也。言吴贪害如蛇豕〕。寡君失守社稷，越在草莽，使下臣告急。”秦伯使辞焉，曰：“寡人闻命矣！子姑就馆，将图而告。”对曰：“寡君越在草莽，未获所伏〔伏，犹处也〕，下臣何敢即安？”立依庭墙而哭，日夜不绝声，勺饮不入口。七日，秦师乃出。

【译文】

吴国国君下令攻打楚国，对阵于柏举之地，吴军击败了楚军，之后又乘胜追击，经过五次激战，打到了楚国国都郢城。楚昭王渡过长江，逃到云梦泽。楚王正在睡觉，一群盗匪突然来袭击，用戈刺昭王。王孙由于用自己的背替昭王挡住戈，肩部受了伤。昭王又逃往郧地。楚国郧邑大夫是斗辛的弟弟，名叫怀，想要杀死楚昭王，说：“楚平王杀死了我的父亲，现在我杀死他的儿子，不也是应该的吗？”斗辛说：“君王诛戮臣子，谁又敢记仇呢？国君的命令就是上天的命令。假如因天命而死，我们又要记谁的仇呢？《诗经》上说：‘软的不吃，硬的不吐。不欺负孤寡之人，不畏惧豪强恶霸。’只有仁德之人才能这样。避开强暴欺侮软弱，不是勇敢；乘人穷困而下手，不是仁爱；灭人宗族、废人祭祀，不是孝道；做事没有美名，不是智者。你一定要冒犯这不能、不仁、不孝、不智的杀君恶名，我就先杀了你！”斗辛和他的弟弟巢，便保护着楚昭王逃奔随国。申包胥到秦国去讨救兵，他说：“吴国就像一只贪得无厌的大猪和长蛇一般，已经屡次蚕食我中原各国。如今我们国君丧失了国家，远奔蛮荒草莽之地，特派小臣来告急。”秦哀公派人告诉他说：“您求救的事我知道了。您暂且到馆舍休息，等我们考虑好了再答复您。”申包胥回答说：“我国国君远奔蛮荒异国，还没得到安身的地方，小臣又怎敢在此苟安呢？”他随即靠着秦国宫墙哭泣，日夜哭声不绝，连一口水都不喝。他哭到第七天，秦国终于发兵前往援救楚国。

五年，申包胥以秦师至。吴师大败，吴子乃归。楚子入于郢。初，楚王之奔随也，将涉于成臼〔江夏竟陵县西有臼水〕，蓝尹亹涉其帑〔亹，楚大夫〕，不与王舟。及宁，王欲杀之〔宁，安定也〕。子西曰："子常唯思旧怨以败，君何效焉？"王曰："善！使复其所，吾以志前恶〔恶，过〕。"王赏斗辛、王孙由于、申包胥、斗怀〔皆从王有大功〕。子西曰："请舍怀也〔以初谋杀王故〕！"王曰："大德灭小怨，道也〔终从其兄，免王大难，是大德也〕。"申包胥曰："吾为君也，非为身也。君既定矣，又何求？且吾尤子旗，其又为诸〔子旗，蔓成然也。以有德于平王，求无厌，平王杀之〕？"遂逃赏。

【译文】

鲁定公五年，申包胥带来了秦国的救兵。吴军大败，吴王阖庐于是撤兵回国。楚昭王回到了国都郢城。当初，楚昭王逃奔随国时，要渡成白河，楚国大夫蓝尹亹用船把自己的妻子渡过河去，不肯把船给昭王使用。等到外患平定以后，昭王要杀蓝尹亹。子西劝阻说："当初令尹子常就是因为不忘旧怨的缘故才遭到失败的，您为什么效法他呢？"楚昭王说："对！让蓝尹亹恢复原来的官职，我借此记住前日兵败的过错。"楚昭王要封赏斗辛、王孙由于、申包胥、斗怀等人，子西说"请您不要赏赐斗怀！（当初他要谋杀昭王）！"昭王说："他对我有大德，就不能再记他的小怨，这才合乎为人之道。"申包胥说："我向秦国求救是为君解难，不是为我自己。国君既然安定了，我还追求什么？况且我常指责子旗的做法，我岂能又这样做呢？"于是申包胥拒绝了楚王的赏赐。

九年，郑驷歂杀邓析，而用其竹刑〔邓析，郑大夫。欲改郑所铸之旧制，不受君命，而私造刑法，书之于竹简，故言竹刑也〕。君子谓："子然于是不忠。苟有可以加于国家者，弃其邪可也〔加，犹益。弃，不责其邪恶也〕。故用其道，不弃其人。《诗》云：'蔽芾甘棠，勿剪勿伐，召伯所茇〔召伯决讼于甘棠之下，诗人思之，不伐其树。茇，草舍也〕。'思其人，犹爱其树，况用其道而不恤其人乎？子然无以劝能矣。"

【译文】

鲁定公九年，郑国大夫驷歂杀死了大夫邓析，然而延续了邓析所定的竹刑。君子认为:“驷歂这种做法是不忠。如果一个人有贡献于国家,宽恕他的罪过是可以的。所以采用了一个人的主张,就不要遗弃这个人。《诗经》说:‘很茂盛的甘棠树,既不要剪掉其枝叶,也不要砍掉其树干,因为这是召伯(即召公)处理政务的地方。’由此可见,只要思念起那个人的恩惠,就连他身边的一棵树都要爱惜,何况采用了他的主张而又不怜悯这个人呢?驷歂这样做,将不能劝勉贤能者为国尽忠了。”

# 哀 公

元年,吴王夫差败越于夫椒,遂入越。越子以甲楯五千保于会稽〔上会稽山〕,使大夫种因吴太宰嚭以行成。吴子将许之。伍员曰:“不可。臣闻之,‘树德莫如滋,去疾莫如尽’。勾践能亲而务施,施不失人〔所加惠赐,皆得其人〕,亲不弃劳〔推亲爱之诚,则不遗小劳〕。与我同壤,而世为仇雠。于是乎克而弗取,将又存之,违天长寇仇,后虽悔之,不可食已〔食,消也。已,止也〕。”弗听。退而告人曰:“二十年之外,吴其为沼乎〔谓吴宫室废坏,当为污池。二十二年,越入吴〕!”越及吴平。

【译文】

鲁哀公元年,吴王夫差在夫椒战败越军,接着攻进越国。这时,越王勾践率领身穿全副盔甲、手拿木盾牌的五千精兵,退守会稽山,同时又派遣大夫文种通过吴国太宰伯嚭的门路请求讲和。吴王夫差打算同意越国的请求。伍子胥谏诤说:“君王不可以接受越王的和议。我听说,‘树立德行愈多愈好,去除疾病愈彻底愈好’。越王勾践的为人,既能爱民又致力于施惠,致力于施惠就不会失去民心,爱人则不忘记其功劳。越国与我吴国为邻,但世代都是仇敌。如今我吴国已经打败越国却不占领,又打算让越国存在,这是违背天意又蓄养仇敌,以后即使懊悔,也来不及消除祸患了。”吴王夫差不听其言,子胥回来后对人说:“二十年之后,吴国都城大概就会成为一片污沼了(变成亡国之都)。”同年三月，吴越两国达成讲和协议。

吴之入楚〔在定四年〕，使召陈怀公。怀公朝国人而问焉，曰：“欲与楚者右，欲与吴者左。”陈人从田，无田从党〔无田者从党而立〕。逢滑当公而进〔不左不右〕，曰：“臣闻国之兴也以福，其亡也以祸。今吴未有福，楚未有祸。楚未可弃，吴未可从也。”公曰：“国胜君亡，非祸而何〔楚为吴所胜也〕？”对曰：“国之有是多矣，何必不复。小国犹复，况大国乎？臣闻国之兴也，视民如伤，是其福也〔如伤，恐惊动〕；其亡也，以民为土芥，是其祸也〔芥，草也〕。楚虽无德，亦不艾杀其民。吴日敝于兵，暴骨如莽，而未见德焉，祸之适吴，其何日之有〔言今至也〕？”陈侯从之。及夫差克越，乃修旧怨〔言吴不修德而修怨，所以亡〕。吴师在陈，楚大夫皆惧，曰：“阖庐惟能用其民，以败我于柏举。今闻其嗣又甚焉，将若之何？”子西曰：“二三子恤不相睦，无患吴矣。昔阖庐食不二味，居不重席，室不崇坛〔平地作室，不起坛〕，器不彤镂〔彤，丹也。镂，刻也〕，宫室不观〔观，台榭也〕，舟车不饰，衣服财用，择不取费〔选取坚厚，不尚细靡〕。在国，天有灾疠，亲巡孤寡，而供其乏困；在军，熟食者分，而后敢食〔分，犹遍〕，其所尝者，卒乘与焉〔所尝，甘珍非常食〕。勤恤其民，而与之劳逸。是以民不疲劳，死知不旷〔知身死不见旷弃〕。吾先大夫子常易之，所以败我〔易，犹反〕。今闻夫差次有台榭陂池焉，宿有妃嫱嫔御焉〔妃嫱，贵者。嫔御，贱者。皆内官也〕；一日之行，所欲必成，玩好必从；珍异是聚，观乐是务；视民如仇，而用之日新。夫先自败也已，安能败我？”

【译文】

吴国攻进楚国的时候，派人召见陈怀公。（陈国君主）陈怀公为此召集国都之人，征询大家的意见说：“想要亲附楚国的站在右边，想要亲附吴国的站在左边。”陈国有田地的人根据自己田地所在位置而分立左右，没有田地的人则跟从乡党亲族站在一起。这时，逢滑却面对着陈怀公走过来说："臣下听说，一个国家的兴盛是由于有福运，而其灭亡是由于有灾难。现在吴国未见有福运，楚国未见有灾难。可见我们不可背弃楚国，亦不可追随吴国。"陈怀公说："现在楚国被吴国战败，而楚君亡命在外，这不是灾难是什么？"逢滑回答说："国家出现这种情况太多了，怎么能肯定不会反败为胜而复兴国家？就连一个小国也能光复失土，何况像楚国那样的大国呢？臣下听说，当一个国家要兴盛时，就会视百姓如同受伤的人，而倍加关爱，这就是国家的福运。反之，当一个国家要灭亡时，视人民的生命如同尘土草芥，这就是国家的灾难。楚国虽然没有德行，但还不曾滥杀其民。可是吴国连年用兵，将士尸骨遍野，有如丛草，也没听说有什么德政，大祸就要降临到吴国头上，他们国家还能有几天？"陈怀公接受了逢猾的意见。及至吴王夫差攻下越国后，开始清理从前的积怨。吴国的军队驻扎在陈国，楚国的大夫们都很恐惧地说："以前吴王阖庐只是善于动用吴国人民作战，就在柏举战役中大败我楚军。现在听说他的继承人夫差比阖庐更厉害，这可怎么办呢？"楚令尹子西说："你们几个大夫应该担忧的是自己不相和好，不要担忧吴国的侵袭。以前吴王阖庐吃饭时只做一个菜，睡觉时只铺一张席，寝宫也不建在高坛上，器具既不染色也不雕花，宫室并不美观，所乘的舟车不加装饰，所穿的衣服和用的财物都是选取结实耐用而花钱不多的。在国内，天有灾荒和瘟疫，吴王阖庐亲自巡视慰问孤寡，资助贫困的人；在军中，有了熟食必先分给军士，然后他自己才敢吃，有了珍稀美味，就与身边步卒和同车之人共尝。吴王阖庐经常抚恤其民，并且同他们共劳逸，所以百姓不嫌疲劳，甚至于累死战死也毫无怨言。而我国以前令尹子常的做法正相反，所以吴王阖庐打败了我国。现在听说吴王夫差住宿有楼台池沼，睡觉有妃嫔宫女，出行哪怕只有一天，有所欲求的一定要满足，玩好之物一定得随身带去；珍奇异物统统收集，游观嬉乐便是追求；视人民如仇敌，所用之物日日更新。吴王夫差已先自己打败了自己，又如何能打败我楚国呢？"

六年，楚有云如众赤鸟，夹日而飞三日。楚子使问诸周太史，周太史曰："其当王身乎〔日为人君，妖气守之，故为当王身〕！若禜之，可移于令尹、司马〔禜，禳祭〕。”王曰：“除腹心之疾，而寘诸股肱，何益？不谷不有大过，天其夭诸？有罪受罚，又焉移之？”遂不禜。孔子曰：“楚昭王知大道矣！其不失国也，宜哉！”

【译文】

鲁哀公六年，楚国上空连续三天出现像一群红鸟似的云彩，在太阳两边飘飞。楚昭王派人去询问周太史，周太史回答说：“这是一种凶兆，可能应验在大王您身上。不过，假如举行祭祀消灾，可以把灾祸转移到令尹或司马身上。”楚昭王说：“把腹心的疾病除掉，却转移至大腿胳臂，有什么益处？我如果没有大的过错，上天能让我灭亡吗？如果因有罪而受到惩罚，又怎能转移呢？”于是楚昭王取消了祭祀消灾。孔子赞美说：“楚昭王懂得大道了。他不丧失国家，是当然的！”

十一年，吴子将伐齐。越子率其众以朝焉，王及列士皆有馈赂。吴人皆喜，唯子胥惧，曰：“是豢吴也夫〔豢，养也。若人养牺牲，非爱之，将杀之〕！”谏曰：“越在我，心腹之疾也。壤地同，而有欲于我〔欲得吴也〕。得志于齐，犹获石田也，无所用之〔石田不可耕〕。越不为沼，吴其泯矣。使医除病，而曰‘必遗类焉者’，未之有也。”弗听。使于齐，属其子于鲍氏，为王孙氏〔欲以避吴祸〕。反役，王闻之，使赐之属镂以死〔属镂，剑名〕。将死，曰：“树吾墓槚，槚可材也，吴其亡乎！三年，其始弱矣。盈必毁，天之道也〔越人朝之，伐齐胜之，盈之极〕。”

【译文】

鲁哀公十一年，吴国准备发兵攻打齐国。越王勾践率领群臣来吴国朝见，对吴王夫差和吴国的大臣们都赠送了礼物。吴国君臣都很高兴，唯独伍子胥感到忧惧，说：“这是助长吴国的骄气啊！”于是就去劝告吴王夫差说：“越国对于我们，是心腹之患。吴、越两国在同一地区，越国对我们存有野心。我们就算战胜了齐国，好像得到一块不能耕种的田地，没有什么用处。假如不把越国夷为平地，吴国必然会被越国灭亡。好比让医生治病，却说‘你把病根留下吧’，这样的事是没有的。”吴王夫差不听，并派伍子胥出使齐国。子胥到了齐国以后，把儿子寄养在鲍氏家中，并且改姓为“王孙氏”(为的是将来吴国灭亡时免遭后患)。伍子胥出使齐国回来，吴王夫差知道了此事，就派人赐给子胥一把属镂宝剑，让他自杀。伍子胥在临死时说：“我死了之后，请在我的坟上种檟树，等到檟树长大成材时，吴国大概就会灭亡了吧！从现在算起，再过三年，吴国就会开始衰弱了。自满到极点必会崩毁，这是自然规律。”

季孙欲以田赋〔丘赋之法，因其田财，通出马一匹，牛三头。今欲别其田及家财各为一赋，故言田赋〕，使冉有访诸仲尼。仲尼不对〔不公答〕，而私于冉有曰：“君子之行也〔行政事〕，度于礼，施取其厚，事举其中，敛从其薄，如是，则丘亦足矣〔丘，十六井〕。若不度于礼，而贪冒无厌，则虽以田赋，将又不足。且子季孙若欲行而法，则周公之典在。若欲苟而行之，又何访焉。”

【译文】

季孙想按田亩征税，派冉有征求孔子的意见。孔子不正式回答，私下对冉有说：“君子做事，要用礼制来衡量，施舍要力求丰厚，办事要做得适当，赋敛要尽量微薄。如果这样，那么按‘丘赋法’征税也就够了。如果不用礼制来衡量，而贪婪无厌，那么即使按‘田赋法’征税，也还会不满足。而且季孙如果想使所行合于法度，那么周公的典章就在那里。如果想要苟且行事，那又何必派人来问我呢？”

十四年，小邾射以句绎来奔，曰：“使季路要我，吾无盟矣〔子路信诚，故欲得与相要誓而不须盟也〕。”使子路，子路辞。季康子使冉有谓之曰：“千乘之国，不信其盟，而信子之言，子何辱焉？”对曰：“鲁有事于小邾，不敢问故，死其城下可也。彼不臣而济其言，是义之也。由弗能〔济，成也〕。”

【译文】

鲁哀公十四年，小邾国一个名叫射的大夫，率领句绎臣民投奔鲁国。射大夫说："若派子路跟我口头约定，我就无须跟鲁国盟誓签约了。"于是鲁国就决定派子路为特使，可是子路却推辞不去。季康子派冉有对子路说："一个拥有一千辆战车的鲁国，邾大夫射竟然不相信鲁国的盟约，而只相信跟您的君子协定，您为何辜负国家的重托呢？"子路回答说："假如鲁国跟小邾国发生战争，我根本不必问战争的原因，就可以战死在小邾国城下。现在小邾国大夫射不守臣道，而我却成全其所言，那就是把他的所为视为义举，这种事我不能做。"

二十四年，公子荆之母嬖〔荆，哀公庶子〕，将以为夫人，使宗人衅夏献其礼〔宗人，礼官〕。对曰："无之。"公怒曰："汝为宗司，立夫人，国之大礼也，何故无之？"对曰："周公及武公娶于薛〔武公，敖也〕，孝、惠娶于商〔孝公称惠公弗皇也。商，宋〕，自桓以下娶于齐〔桓公始娶文姜〕，此礼也则有。若以妾为夫人，则固无其礼也。"公卒立之，而以荆为太子。国人始恶之〔恶公也〕。

【译文】

鲁哀公二十四年，公子荆的母亲很得哀公的宠信，哀公打算立她做夫人，就派宗人衅夏进献册封的礼仪。衅夏回答说："没有这种礼仪。"鲁哀公愤怒地说："你身为礼部长官，而立夫人是国家的大礼，你怎么能没有册立夫人的仪式程序呢？"衅夏回答说："周公和武公在薛国娶妻，孝公、惠公在宋国娶妻，从桓公以下都是在齐国娶妻。这些礼仪程序都有。如果立爱妾为夫人的话，那本来就没有这种礼仪程式。"可是鲁哀公最终还是立了公子荆之母为夫人，并且又正式册立公子荆为太子。从此，国人开始不喜欢哀公。

**（马守君　张须眉译）**

## 卷七

# 礼记治要

**【考评】**

魏征十分重视《礼记》这部儒家经典。《旧唐书·魏征传》记载：“贞观十二年，征以戴圣《礼记》编次不伦，遂为《类礼》二十卷，以类相从，削其重复，采先儒训注，择善从之，研精覃思，数年而毕。”唐太宗在《奖魏征编注戴氏礼诏》中表扬说：“文义粲然，遂得先圣微言，因之重阐，后之学者，多有宏益。”可惜这部书唐亡后遗失不传。但从魏征向太宗进谏的《十渐不克终疏》文中可窥出端倪来。魏征曾引用《礼记·曲礼》中的“傲不可长，欲不可纵，志不可满，乐不可极”来警戒太宗不要重蹈桀纣自取灭亡的道路。唐太宗所以能够创建贞观盛世，根本原因就在于他能虚心求谏和择官用人。而魏征谏言的核心，归纳起来也恰好是人君应该如何虚心纳谏和怎样用人两条。魏征在病危时写给太宗的谏言遗稿中说：“天下之事有善有恶，任善人则国安，用恶人则国乱。”“若爱而知其恶，憎而知其善，去邪勿疑，任贤勿贰，可以兴矣。”“爱而知其恶，憎而知其善”，语出《礼记·曲礼》。这是魏征从历史总结如何择官用人的一条极其重要的经验之谈。唐太宗基本上是按照魏征的谏言精神择官用人的，所以成就了“贞观之治”的盛世。

《礼记》亦称《小戴记》或《小戴礼记》，是儒家的经典之一。它是秦汉以前各种礼仪论著的选集，相传为戴圣编纂。今本为东汉郑玄注本，有《曲礼》《檀弓》《王制》《月令》《礼运》《学记》《乐记》《中庸》

《大学》等四十九篇，大率为孔子弟子及其再传、三传弟子等所记，是研究中国古代社会情况、儒家学说和文献制度的参考书，有东汉郑玄《礼记注》、唐孔颖达《礼记正义》、清朱彬《礼记训纂》等。

《礼记》有两个本子。一为汉戴德所辑，从孔子弟子有关礼类所记的一百三十一篇文章和《明堂阴阳记》等书的文章共二百一十四篇中选出八十五篇编成，称之为《大戴礼记》或《大戴记》；一为戴圣所辑，从八十五篇《大戴礼记》中选出四十九篇编成，称之为《小戴礼记》或《小戴记》。后来，《大戴礼记》逐渐失传，仅存北周卢辨所注三十九篇，而通行的就是《小戴礼记》亦即《礼记》了。

《礼记》四十九篇是从好多种书中选出来的，经过多人之手，编次凌杂，比较难读。因此注解"三礼"的郑玄门人孙炎，特地撰写了《礼记类抄》一书。唐朝魏征也专门著有《类礼》，唐太宗对魏征此举非常赞赏，说："以类相从，别为篇第，并要注释，文义粲然。"可惜孙、魏这两本书都没有流传下来。由此，可以看出古代对《礼记》的重视。

魏征从《礼记》中摘选了《曲礼》等二十二篇的有关章节，意在帮助统治者从中得到教益，达到修身、养性、治理好国家以维护其统治的目的。

# 曲　礼

曲礼曰：毋不敬〔礼主于敬〕，俨若思〔言人坐思，貌必俨然〕，安定辞〔审言语也〕，安民哉〔此三句可以安民也〕！傲不可长，欲不可从，志不可满，乐不可极〔此四者慢游之道，桀纣所以自祸也〕。贤者狎而敬之〔狎，习也，近也。习其所行〕，畏而爱之〔心服曰畏〕。爱而知其恶，憎而知其善〔不可以己心之爱憎，诬人以善恶〕。夫礼者，所以定亲疏、决嫌疑、别同异、明是非也。道德仁义，非礼不成；教训正俗，非礼不备；分争辨讼，非礼不决；君臣上下，父子兄弟，非礼不定；宦学事师，非礼不亲；班朝治军，莅官行法，非礼威严不行；祷祠祭祀，供给鬼神，非礼不诚不庄〔班，次也。莅，临也。庄，敬也〕。富贵而知好礼，则不骄不淫；贫贱而知好礼，则志不慑〔慑，犹怯惑〕。国君春田不围泽，大夫不掩群，士不取麛卵〔生乳之时，重伤其类〕。岁凶，年谷不登〔登，成也〕，君膳不祭肺，马不食谷，驰道不除，祭事不县，大夫不食粱，士饮酒不乐〔皆自为贬损，忧民也。礼食杀牲祭先，不祭肺则不杀。除，治也。县，乐器，钟磬之属也〕。

【译文】

《曲礼》说：不要心存不敬，要庄重地思考问题，要稳妥地确定辞令，这样才能安定民众啊！傲慢不可滋长，欲望不可放纵，心志不可自满，享乐不可至极。对贤德之人要亲近而尊重、敬服而爱护。对所爱之人要知其短处，对所憎之人要知其长处。礼是用来确定关系亲疏、决断事情嫌疑、区别认同与反对、阐明正确与错误的。弘扬道德，昌行仁义，没有礼就不能成就；教育训导，端正风俗，没有礼就难以完备；分歧争执，申辩诉讼，没有礼就不能判决；君臣上下，父子兄弟，没有礼就难定名分；宦游求学，奉事老师，没有礼就不能亲近；朝臣排列，军队治理，官吏任命，执行法令，没有礼则难表诚意，难显恭肃；向神明求福，祭祀祖先，给鬼神献祭，没有礼就不虔诚庄重。富贵之人懂得尊礼，则不会骄奢淫侈；贫贱之人懂得尊礼，则不会胆怯困惑。国君春天田猎，不以围网捕泽鱼；大夫不可猎捕兽群；士人不可猎取哺乳之兽、待孵之卵。遇到灾年收成不好，国君用膳不杀牲，马匹不吃谷米，驰道暂不修治，祭事不击编钟；大夫不吃精美的饭食，士人聚客饮酒不得奏乐。

# 檀　弓

知悼子卒，未葬〔悼子，晋大夫，荀盈也〕，平公饮酒，师旷、李调侍，鼓钟。杜蒉自外来，历阶而升堂，酌，曰："旷饮斯！"又酌，曰："调饮斯！"又酌，堂上北面坐饮之，降，趋而出〔三酌，皆罚爵〕。平公呼而进之，曰："蒉！尔饮旷何也？"曰："子卯不乐〔纣以甲子死，桀以乙卯亡，王者谓之疾日，不以举乐，所以自戒惧也〕。知悼子之丧在堂，未葬，斯其为子卯也大矣〔言大夫丧重于疾日〕。旷也大师也，不以诏，是以饮之〔诏，告也。太师，典司奏乐也〕。""尔饮调何也？"曰："调也，君之亵臣也，为一饮一食，忘君之疾，是以饮之〔言调贪酒食也。亵，嬖也。近臣亦当规君。疾，忧也〕。""尔饮何也？"曰："蒉也宰夫也，非刀匕是供，又敢与知防，是以饮也〔防，禁放溢者也〕。"平公曰："寡人亦有过焉，酌而饮寡人〔闻义则服〕！"杜蒉洗爵而扬觯〔举爵于君〕。公谓侍者曰："如我死，则必无废斯爵〔欲后世以为戒〕！"至于今，既毕献，斯扬觯，谓之杜举〔此爵遂因杜蒉为名，毕献，献宾与君也〕。

【译文】

晋国大夫知悼子死了，还未下葬，晋平公却喝起酒来。师旷、李调作陪，且敲钟奏乐。杜蒉从外面回来，经过台阶进入庭堂，倒了一杯酒说："旷，喝了这杯酒。"又倒了一杯说："调，喝了这杯酒。"再倒上一杯，于堂中面北坐着一饮而尽，然后走下台阶，快步走了出去。平公喊他进来，说："你为什么让师旷喝酒呢？"答道："甲子、乙卯是忌日，不能奏乐。知悼子的灵柩在堂，尚未出葬，这比甲子、乙卯之日还重大得多。旷是掌乐的大师，不把这些告诉你，所以罚他喝酒。”“你为什么又要调喝酒呢？”答道：“调是你的近臣，为了一点吃喝，忘却你的忧苦，所以罚他喝酒。”“你为什么自己也饮酒呢？”答道：“我是个家臣，明知这不是供给刀匕之类的分内事，却敢于提醒二位应知道禁戒，所以也该罚一杯。”平公说：“我也有过错，请倒酒，也罚我饮一杯。”杜蒉洗过酒杯，将杯高举。平公对侍者说：“即使将来我死了，也不准丢弃这个杯子。”直到现在，人们把饮完敬酒后高举酒杯的动作叫做“杜举”。

孔子过泰山侧，有妇人哭于墓者而哀，夫子式而听之〔怪其哀甚也〕。使子贡（注：通行本《礼记·檀公下》中作“子路”）问之，曰：“昔吾舅死于虎，吾夫又死焉，今吾子又死焉〔夫之父曰舅〕。”夫子曰：“何为不去？”曰：“无苛政。”夫子曰：“小子识之，苛政猛于虎也！”

【译文】

孔子从泰山旁经过，有个妇人在墓上哭得非常哀痛，夫子手按车轼，听其哭泣，又让子贡去问她。妇人回答说：“以前我公公死于虎口，我的丈夫又死于虎口，现在我的儿子还是死于虎口。”夫子说：“为什么不离开这里？”妇人说：“这里没有繁重的税赋和徭役。”夫子说：“弟子们，要记住，繁重的赋税和徭役比老虎还凶猛啊！”

阳门之介夫死〔阳门，宋国门也。介夫，甲胄卫士〕，司城子罕入而哭之哀〔子罕，乐喜也〕。晋人之觇宋者，反报于晋侯曰：“阳门之介夫死，而子罕哭之哀，而民悦，殆不可伐也〔觇，窥视也〕。”孔子闻之曰：“善哉，觇国乎！”〔善其知微〕。

【译文】

宋国都城阳门有个卫士死了，任司空之职的子罕走进灵堂，并且哭得很伤心。有个在宋国刺探情报的晋国人，返回后报告给晋侯，说：“阳门有个卫士死了，子罕哭得很伤心，百姓们很受感动，恐怕不能去讨伐他们。”孔子听到这件事说：“这个刺探情报的人真行啊！”

## 王　制

凡官民材，必先论之〔论，谓考其德行道艺也〕。论辨，然后使之〔辨，谓考问得其定也〕；任事，然后爵之〔爵，谓正其秩次〕；位定，然后禄之。

【译文】

凡从庶民中选拔官吏，必须先行考试。经考试答辨，然后让他做某件事；经试验能够胜任，然后给他定品位；品位定了，然后给予俸禄。

爵人于朝，与士共之；刑人于市，与众弃之〔必共之者，所以审慎之〕。

獭祭鱼，然后虞人入泽梁；豺祭兽，然后田猎；鸠化为鹰，然后设罻罗；草木零落，然后入山林；昆虫未蛰，不以火田〔取物必顺时候也。昆虫者，得阳而生，得阴而藏也〕。

【译文】

决定人的品级要在朝堂上进行，和官员们共同评议之；处斩犯罪之人要在公开场所进行，和民众们一起鄙弃之。

杀獭以祭鱼之后，掌管山泽的官员仆从才进入水泽，围堰捕鱼；杀豺以祭兽之后，才进入田原围猎；鸠化为鹰之后，可以张设罗网捕鸟；草木凋零飘落之后，可以进入山林；昆虫尚未冬眠之时，不可以焚草肥田。

国无九年之蓄，曰不足；无六年之蓄，曰急；无三年之蓄，曰国非其国也。三年耕，必有一年之食；九年耕，必有三年之食。

以三十年之通，虽有凶旱水溢，民无菜色。然后天子食，日举以乐〔民无食菜之饥色，天子乃日举乐以食也〕。

【译文】

国家没有九年的储备，是不富足；没有六年的储备，是危急；如果连三年的储备都没有，就是国已不成其为国了。耕种三年，确保储存一年的食用；耕种九年，确保储存三年的食用。倘若三十年一以贯之，即使遇到凶年和水旱之灾，民众也不致挨饿。然后，天子用餐时可以每天奏乐。

## 月　令

孟春之月，立春之日，天子亲率三公、九卿、诸侯、大夫，以迎春于东郊。命相布德和令，行庆施惠，下及兆民〔相，谓三公相王之事者也。德，谓善教也。令，谓时禁也。庆，谓休其善也。惠，谓恤其不足也〕。是月也，天子乃以元日，祈谷于上帝〔谓以上辛郊祭天也。郊祀后稷以祈农事也。上帝，太微之帝也〕。乃择元辰，天子亲帅三公九卿、诸侯、大夫，躬耕帝藉〔元辰，盖郊后吉辰也。帝藉，为天神借民力所治之田也〕。禁止伐木〔盛德所在〕；毋覆巢，毋杀孩虫、胎夭、飞鸟，毋麛毋卵〔为伤萌幼之类〕；毋聚大众，毋置城郭〔为妨农之始也〕；掩骼埋胔〔为死气逆生气也。骨枯曰骼，肉腐曰胔也〕；不可称兵，称兵必有天殃〔逆生气也〕。

【译文】

孟春之月立春的那天，天子亲自率领三公、九卿、诸侯、大夫往东郊举行迎春之礼。命宰相宣示道德规范，协调春日禁令，进行奖励，布施恩惠，泽及广大民众。这个月，天子选定正月初一举行祭天之礼，向上天祈祷谷物丰收。又选择吉日，天子亲自率领三公、九卿、诸侯、大夫在划给君主耕作的田地里耕种。（本月）禁止砍伐树木；不许捣毁鸟巢；不许残害有益的幼虫和怀胎的动物，以及飞鸟；不许捕杀小兽、掏取鸟蛋；不要召集大批民众服役；不要修筑城郭；要掩埋枯骨腐尸；不可以兴兵打仗，兴兵必遭到上天的惩罚。

仲春之月，养幼少，存诸孤〔助生气也〕。命有司省囹圄，去桎梏，毋肆掠〔顺阳气也。省，减也。肆，谓死刑暴尸〕；毋竭川泽，毋漉陂池，毋焚山林〔顺阳养物〕。

【译文】

仲春之月，要赡养婴幼儿童，抚恤诸多孤儿。命令主管官员减少拘押的囚徒，去掉脚镣手拷，不要肆意拷打；不可用干小河、泽沼之水，不可用渔网在池塘中捕鱼，不可焚烧山林。

季春之月，天子布德行惠。命有司发仓廪，赐贫穷，振乏绝〔振，犹救也〕；开府库，出币帛，聘名士，礼贤者〔聘，问也。名士，不仕者〕。命司空曰："时雨将降，下水上腾；修利堤坊，导达沟渎；开通道路，毋有鄣塞〔所以除水潦便民事也〕。田猎罝罘，罗罔毕翳；喂兽之药，无出九门〔为逆天时也，天子九门也〕。"命野虞毋伐桑柘〔爱蚕食也。野虞，谓主田及山林之官〕。后妃斋戒，亲帅东向躬桑，禁妇女无观，省妇使以劝蚕事〔后妃亲采桑，示帅先天下也。东向者，向时气。无观，去容饰也。妇使，缝线组紃之事〕。命工师，百工咸理，监工日号，无悖于时，毋或作为淫巧以荡上心〔咸，皆也。于百工皆治理其事之时，工师则监之。日号令戒之，以此二事。百工作器物各有时。逆之则功不善也。淫巧，谓伪饰不如法也。荡，谓动之使生奢泰〕！

【译文】

季春之月，天子广布恩德施惠于民。命令主管官员打开粮仓赈济贫民，救助那些无米为炊之人；打开府库，拿出钱币布帛，聘用名士，礼遇贤德之人。命令司空："雨季即将来临，地下之水开始上涌，修整堤防，疏通淤塞的沟渠，开通道路，不要发生堵塞；捕猎鸟兽的器具罗网和毒害野兽的药物，不要从九处城门放行。”命看守田野山林的官吏，不要砍伐桑树柘条。宫中后妇要举行斋戒，亲自帅众出东门采摘桑叶；禁令妇女，不要化妆打扮，要减少她们的杂务，以勤勉于养蚕之事。命掌管手工业的官员及下属百工都努力工作，监工每日发出号令，不要误时误工，也不可制作过度奇巧之物，使君主产生奢泰之心，动摇君主治国之志。

孟夏之月，无起土功，毋发大众〔为妨蚕农之事〕。命野虞劳农，命农勉作，毋休于都〔急趣农事〕。

【译文】

孟夏之月，不要兴办大型土石工程，不要征发大众。命主管田野山林的官吏慰劳农民，命农民努力劳作，不要停留在都市里。

仲夏之月，命有司为民祈祀山川百源，大雩帝；乃命百县，雩祀百辟卿士，有益于民者，以祈谷实〔阳气盛而恒旱，山川百原，能兴云雨者也。雩帝，谓雩五精之帝也。百辟卿士，古者上公以下，若句龙，后稷之类〕。

【译文】

仲夏之月，命主管官员为民众向山川百源祈祷，尊敬雨帝，又命令各县祭祀上古百官卿士中曾造福于民者，以祈求取得粮食丰收。

季夏之月，树木方盛，无有斩伐〔为其未坚韧也〕。毋发令而待，以妨神农之事〔发令而待，谓出徭役之令以豫惊民。民惊则心动，是害土神之气也。土神称曰神农者，以其主于稼穑也〕。水潦盛昌，举大事则有天殃。

【译文】

季夏之月，树木长得最茂盛，不许砍伐，不要发布命令让百姓等候服役，从而妨碍农事。这时雨水正盛，如果兴举大的工程会招来上天的惩罚。

孟秋之月，乃命将帅选士厉兵；命大理审断刑；命百官完堤坊，谨壅塞，以备水潦。

【译文】

孟秋之月，命令将帅挑选士卒，磨砺兵器；命法院审查案件、决定刑罚；命百官修补堤防，当心河道堵塞，以防备洪水。

仲秋之月，养衰老，授几杖。乃命有司趣民收敛，务蓄菜，多积聚〔为御冬之备也〕；乃劝民种麦，毋或失时〔麦者，接绝续乏之谷，尤重之也〕。

【译文】

仲秋之月，养护衰老之人，授给坐几与拐杖。命令主管官员，催促民众收藏谷物、存储干菜，多积蓄粮物；鼓励农民种麦，不要荒误农时。

季秋之月，命冢宰举五谷之要〔定其租税簿〕，藏帝藉之收于神仓。霜始降，百工咸休〔寒而胶漆作不坚好〕。

【译文】

季秋之月，命令冢宰汇报五谷收成主要情况，并把君主藉田的收获贮藏于神仓。（本月）开始降霜，各类工匠都停止制做。

孟冬之月，赏死事，恤孤寡〔死事，谓以国事死也〕。命百官谨盖藏〔谓府库囷仓也〕，固封疆，备边境，完要塞，谨关梁，大饮烝〔十月农功毕，天子、诸侯与其群臣饮酒于大学，以正齿位，谓之大饮〕。天子乃祈来年于天宗，祀于公社及门闾，腊先祖五祀〔此周礼所谓蜡祭也。天宗，谓日月星辰也。五祀，门户中溜灶、行〕，劳农以休息之〔党正属民饮酒。正齿位是也〕。天子乃命将帅讲武，习射御。

【译文】

孟冬之月，奖赏为国捐躯的人，抚恤他们的妻子儿女。命令百官谨慎覆盖、收藏粮物；巩固疆界、完备边境防务，完缮要塞，谨慎关卡渡桥；聚诸侯、君臣，举行盛大酒会来冬祭。天子于此时向日月星辰祈求来年，祭祀于公社及其门户里巷，腊祭先祖五祀神祇，并慰劳农民，让其休息。天子命令诸将帅讲习武功，操练射箭和驾驭车马。

仲冬之月，天子乃命有司，祈祀四海、大川、山林、薮泽。有能取蔬食、田猎禽兽者，野虞教导之〔务收敛野物也。大泽曰薮，草木之实为蔬食〕。

【译文】

仲冬之月，天子命令主管官员，祈祀四海、大川、山林、湖泽。如有能采集山菜、果实、捕猎鸟兽者，主管田野山林的官吏予以教习指导。

季冬之月，命取冰，冰已入，令告民出五种〔命田官告民出五种，明大寒气过，农事将起〕，命农计耦耕事，修耒耜，具田器。天子乃与公卿大夫共饬国典，论时令，以待来岁之宜〔饬国典者，和六典之法也。周礼以正月为之也〕。

【译文】

季冬之月，天子命人取冰试验，若冰块可沉入水中，便命农官告示民众，挑选五谷的种子，命农家计划耦耕之事，修理耒耜（农具），备办耕田用具。天子遂与公卿大夫共同修订国家法典，讨论四时的政令，以待来年适时颁布实行。

## 文王世子

文王之为世子，朝于王季日三。鸡初鸣而起，衣服至于寝门外，问内竖之御者曰："今日安否何如〔内竖，小臣之属，掌外内之通令者。御，如今小吏直日也〕?"内竖曰"安"，文王乃喜。及日中又至，亦如之。及暮又至，亦如之。其有不安节，则内竖以告文王，文王色忧，行不能正履〔节，谓居处故事也。履，蹈地也〕。王季复膳，然后亦复初。食上，必在视寒暖之节〔在，察也〕；食下，问所膳〔膳，所食也〕，然后退。武王帅而行之〔帅，循也〕。文王有疾，武王不脱冠带而养〔言常在侧〕；文王壹饭，亦壹饭；文王再饭，亦再饭〔欲知气力箴药所胜〕。

【译文】

文王做世子（周代时，天子、诸侯的嫡子称"世子"）的时候，每天三次探视他的父亲王季。每天早晨雄鸡刚叫就起来穿衣，走到他父亲的寝门外面，问内宫值班的小臣说："今天睡得怎么样？"内宫小臣说"睡得安稳"，文王便很高兴。到了中午，他又来探视一次，也像这样问一遍。到傍晚时，他又来探视，照样问一遍。如果父亲有点不舒服，那么内宫小臣就把情况报告给文王，文王就会脸色忧愁，走路都失去了正常步伐。父亲王季饮食增多之后，文王才恢复如常。饮食送上的时候，文王一定在旁边察看冷热的程度；吃完饭后，文王还要问饭菜是否可口，然后才离开。武王遵循文王的孝行，文王有病时，武王就不脱冠带，日夜侍候在旁。文王能吃一口饭，武王也吃一口饭；文王能吃两口，武王也吃两口。

凡三王教世子，必以礼乐。乐所以修内也，礼所以修外也。礼乐交错于中，发形于外。立太傅、少傅以养之〔养，犹教也。言养者，积浸成长〕，太傅审父子、君臣之道以示之〔为之行其礼也〕。少傅奉世子以观太傅之德行而审谕之〔为之说其义也〕。太傅在前，少傅在后〔谓其在学时也〕，入则有保，出则有师〔谓燕居出入时也〕，是以教谕而德成也〔以有四人维持之〕。师也者，教之以事而谕诸德者也；保也者，慎其身以辅翼之，而归诸道者也〔慎其身者，谨安护之〕。

【译文】

夏、商、周的时代，坚持用礼乐教育世子。音乐是给予内心修养教育的，礼制是给予外在行为教育的。礼乐交错作用于内心而显现于外表。设立太傅、少傅来教育世子。太傅将审明父子、君臣之道告知世子；少傅侍奉世子，并观察太傅的德行而详细阐释其中的义理。太傅在前，少傅在后，使世子回到后宫，有保育之官，出行宫外，有管教之师，因此教导分明而德行成就。所谓老师，是用具体事例开导并阐明其中道德的人；所谓太保，是谨慎自己的言行来辅佐世子，使其行为合乎正道的人。

是故知为人子，然后可以为人父；知为人臣，然后可以为人君；知事人，然后能使人。君之于世子也，亲则父也，尊则君也。有父之亲，有君之尊，然后兼天下而有之。是故养世子不可不慎也〔处君父之位，览海内之士，而近不能以教其子，则其余不足观之也〕。

【译文】

因此，知道怎样做儿子，然后可以做父亲；知道怎样做臣子，然后可以做君主。知道怎样奉事于人，然后才会使用他人。国君对于世子，从亲情讲是父亲，从尊贵讲是国君。有为人之父的亲情，有为人之君的尊贵，然后才能推行于天下而拥有它。所以，培养世子不能不谨慎啊。

行一物而三善皆得者，唯世子而已，其齿于学之谓也〔物，犹事也〕。故世子齿于学，国人观之曰："将君我而与我齿让，何也？"曰："有父在则礼然。"然而众知父子之道矣。其二曰："将君我而与我齿让，何也？"曰："有君在则礼然。"然而众知君臣之义也。其三曰："将君我而与我齿让，何也？"曰："长长也。"然而众知长幼之节。故父在斯为子，君在斯谓臣，居子与臣之节，所以尊君亲亲也。故学之为父子焉，学之为君臣焉，学之为长幼焉〔学，教也〕。父子、君臣、长幼之道得而国治。语曰："乐正司业，父师司成。一有元良，万国以贞。”世子之谓也〔司，主也。一，一人也。元，大也。良，善也。贞，正也〕。

【译文】

做一件事而三种好的结果皆可获得者，只有世子。这是就世子在从学时的位次问题而说的。当世子与同学并列于学堂时，国人看到后说：“他将要成为我们的国君，却和我们在位次上谦让，为什么呢？”回答说：“因为他还有父亲在，按社会规范，理应如此。”这样就使众人都懂得父子之道了。其二说：“他将要成为我们的国君，却和我们在位次上谦让，为什么呢？”回答说：“他的上面还有国君在，按社会规范，理应如此。”这样就使众人懂得了君臣的意义。”其三说：“他将要成为我们的国君，却和我们在位次上谦让，为什么呢？”回答说：“这是尊敬长兄、长辈。”这样就使众人懂得了长幼的秩序。所以，有父亲在，他就是儿子；有国君在，他就是臣子。他处于儿子与臣子的地位，因此要尊敬国君、亲爱父母。所以世子要学习为父为子、为君为臣、为长为幼的道理，父子、君臣、长幼的道理学会了，就可以治理国家了。古语说：“乐正掌管学业，太师负责其成才。一个人德行善良，天下因此就太平了。”这说的就是教育世子。

## 礼　运

昔者仲尼与于蜡宾〔蜡者，索也。岁十二月，合聚万物而索飨之，亦祭宗庙。时孔子仕鲁，而在助祭之中〕，事毕，出游于观之上，喟然而叹〔观，阙也〕。言偃在侧，曰：“君子何叹〔言偃，孔子弟子子游也〕？”孔子曰：“大道之行也，天下为公，选贤与能〔公，犹共也。禅位授圣，不家之也〕，故人不独亲其亲，不独子其子〔孝慈之道广也〕，使老有所终，幼有所长，鳏寡、孤独、废疾者皆有所养〔无匮乏者〕。是故谋闭而不兴，盗窃乱贼而不作，是谓大同〔同，犹和平〕。今大道既隐〔隐，犹去也〕，天下为家〔传位于子也〕，各亲其亲，各子其子，大人世及以为礼，城郭沟池以为固〔乱贼繁多，为此以服之。大人，诸侯也〕，礼义以为纪，以正君臣，以笃父子，以睦兄弟，以和夫妇，以设制度，以功为己。故谋用是作，兵由此起〔以其违大道敦朴之本，其弊则然。老子曰："法令滋章，盗贼多有也。"〕。禹、汤、文、武、成王、周公，由此其选也〔由，用也。能用礼义成治者也〕。此六君子者，未有不谨于礼者。"言偃复问曰："如此乎礼之急也？"孔子曰："夫礼者，先王以承天之道，以治人之情，故失之者死，得之者生。《诗》云：'人而无礼，胡不遄死！'故圣人以礼示之，天下国家可得而正〔民知礼，则易教也〕。"

【译文】

从前，孔子曾经参与蜡祭，担任助祭的宾客。蜡祭完毕，他出门去楼台上游览，不禁喟然长叹。当时子游在旁边，问道："老师为什么叹气呢？"孔子说："五帝时奉行世间至正之道，天下为公，选贤任能，为天下人服务。所以人们不只爱自己的亲人，不只是把自己的孩子当作孩子来养护，而使所有老人都能安享晚年，所有年幼的人都得以抚育成长，鳏寡孤独和残废、有病的人，都能得到供养。因此，各种图谋闭绝而不生，也没人去做抢掠偷窃的盗贼。这就是大同社会。现在，至正之道已经衰微，天下为一家一姓所有，各人只亲爱自己的亲人，各人也只把自己的孩子当作孩子养育，诸侯把世袭当作礼制，筑城建郭挖沟设池，以保其稳固，各自以礼义作为本国的纲纪，用来确定君臣名分、加深父子情分、和睦兄弟关系、和谐夫妻感情、设立本国制度，把功绩归于个人。因此计谋从此产生，战争也从此兴起。夏禹、商汤、文王、武王、成王和周公，也是在这种背景下脱颖而出。这六位君子，没有一人不严守礼制的。"子游又问道："礼果真像这样急需吗？"孔子说："礼是先代君王用来秉承上天之道、用来调御人们感情的，所以人们失去它就将是死路一条，得到它便可以生存发展。《诗经》曰：'人如果没有礼义规范，何不快点去死！'因此圣人用礼来昭示天道人情，使天下国家可以得其规范而守持正道。"

“是故礼者，君之大柄，所以治政安君。故圣王修义之柄、礼之序，以治人情〔治者，去瑕秽、养精华也〕。故人情者，圣王之田也，修礼以耕之〔和其刚柔〕，陈义以种之〔树以善道〕，讲学以耨之〔存是去非类也〕，本仁以聚之〔合其所盛〕，播乐以安之〔感动使之坚固〕。故治国不以礼，犹无耜而耕也〔无以入之也〕；为礼不本于义，犹耕而不种也〔嘉谷无由生也〕；为义而不讲以学，犹种而不耨也〔苗不殖，草不除〕；讲之以学而不合以仁，犹耨而不获也〔无以知收之丰荒也〕；合之以仁而不安以乐，犹获而不食也〔不知味之甘苦〕；安之以乐而不达于顺，犹食而不肥也〔功不见也〕。四体既正，肤革充盈，人之肥也；父子笃，兄弟睦，夫妇和，家之肥也；大臣法，小臣廉，官职相序，君臣相正，国之肥也；天子以德为车，以乐为御，诸侯以礼相与，大夫以法相序，士以信相考，百姓以睦相守，天下之肥也。是谓大顺。故无水旱昆虫之灾，民无凶饥妖孽之疾〔言大顺之时，阴阳和也。昆虫之灾，螟螽之属也〕，故天不爱其道，地不爱其宝，人不爱其情〔言嘉瑞出，人情至也〕，故天降膏露，地出醴泉，山出器车，河出马图，凤皇骐磷皆在郊棷，龟龙在宫沼，其余鸟兽之卵胎皆可俯而窥也〔膏，犹甘也。器，谓若银瓮丹甑也。马图，龙马负图而出也。棷，丛草也。沼，池也〕。则是无故〔非有他故使之然〕，先王能修礼以达义，体信而达顺，故此顺之实也。”

【译文】

“因此，‘礼’是国君的重要工具，用以治理政事，稳保君主之位。圣王遵循义的根本、礼的秩序，来培养人的正当情感。所以，人的情感犹如圣王的田地，用研习礼法来耕耘，用陈述义理来播种，用宣讲劝学来锄草，用仁爱为本来聚合劳作者，用播放音乐来安定劳动者。所以说，治理国家不用礼制，就像没有农具却要耕田；制定礼制不依据礼的本义，就像耕田而不播种；欲行正义却不宣讲与研习，就像播种以后不去锄草；宣讲研习却不以仁爱相配合，就像虽锄草却没有收获；以仁爱配合而不以音乐使其安定，就像收获了却不给食用；用音乐来使其安定，而不能达到使其顺服的程度，就像虽让其食用，却没有能使身体强壮起来。四体发育正常，肌肤丰满，这是健康的身体；父子情深，兄弟亲睦，夫妇和谐，这是健康的家庭；大臣守法，小臣廉洁，官吏配合有序，群臣互相匡正，这是健康的国家。天子取德行为车，以音乐来驾驭，诸侯之间以礼让互相交往，大夫之间以法规次第排列，士人以诚信相待，百姓以和睦相处，这就是健康的社会。这就叫做大顺。这样，就不会有水旱昆虫等灾害，人民就没有凶险、饥荒、妖孽等疾苦。天不吝惜其道义，地不吝惜其财宝，人不吝惜其情感。因此，天才降下滋润大地的雨露，地才涌出甘美的泉水，山才献出造车的器材，黄河中有龙马背负“河图”而出，凤凰麒麟出现在郊外草泽，龟和龙畜养在宫中池沼，其余鸟兽产卵育胎都可以俯首而见。这没有别的缘故，是先王能够研求礼制而通达义理，实践诚信而通达和顺。这是顺应天理的结果。”

## 礼　器

礼，释回，增美质，措则正，施则行〔释，犹去也。回，邪僻也。质，犹性也。措，犹置也〕。其在人也，如竹箭之有筠，如松柏之有心。二者居天下之大端，故贯四时，而不改柯易叶〔箭，篠也。端，本也。四物于天下，最得气之本也。或柔韧于外，或和泽于内，以此不变伤，人之得礼亦犹然〕。君子有礼，则外谐而内无怨。故物无不怀仁，鬼神飨德〔怀，归〕。先王之立礼也，有本有文。忠信，礼之本；义理，礼之文。无本不立，无文不行〔言必外内具也〕。礼也者，合于天时，设于地财，顺于鬼神，合于人心，理万物者。故天不生，地不养，君子不以为礼，鬼神弗飨〔天不生，谓非其时物也。地不养，谓非其地所生也〕。是故昔者先王之制礼也，因其财物，而致其义焉。故作大事必顺天时〔大事，祭祀也〕，为朝夕必放于日月〔日出东方，月生西方也〕，为高必因丘陵〔谓冬至祭天于圜丘之上〕，为下必因川泽〔谓夏至祭地于方泽之中〕。是故因天事天〔天高，因高者以事之〕，因地事地〔地下，因下者以事之〕，因名山升中于天〔名，犹大也。升，犹上也。中，犹成也。谓巡狩至于方岳，燔柴祭天，告以诸侯之成功也〕，因吉土以飨帝于郊〔吉土，王者所卜而居之土也。飨帝于郊，以四时所兆祭于四郊者也〕。升中于天，而凤皇降，龟龙格〔功成而太平，阴阳气和而致象物也〕；飨帝于郊，而风雨节，寒暑时〔五帝，主五行。五行之气和，而庶征得其序。五行：木为雨，金为旸，火为燠，水为寒，土为风〕。是故圣人南面而立，而天下大治。是故先王制礼也以节事〔动反本也〕，修乐以导志〔劝之善也〕。故观其礼乐，而治乱可知〔乱国礼慢而乐淫也〕。

【译文】

礼，可以消除邪僻，增益人性的美好，用之则归于正道，施之则可以通达。礼对于人来说，就像竹条有青皮、松柏有木心。表皮和内心是天下万物之开端，所以历经春夏秋冬而不变换其枝其叶。君子有了礼，则外表和谐而内心无怨，所以众人无不怀念他的仁慈，即使鬼神也很美慕他的美德。先王制定的礼制，有其道德基础和法令条文。忠信是礼的道德基础，义理是礼的法令条文。没有道德基础，那么礼就不能成立；没有法令条文，那么礼就不能施行。礼，符合于自然运行的时序，契合于山川土地的财力，顺应于鬼神之意，合乎百姓之心，是统理万事万物者。所以凡是天地不能生养的，君子不把它作为祭品，鬼神也不会享用。正因为如此，从前先王制定礼法，是按照器物的材质色泽而赋予其意义的。举行祭祀一类大事，必须顺应天时。划分早晚必须参照日月，祭祀高天必须借助皇陵，祭祀大地必须依傍河泽。因此，这是依据天的特征来侍奉天，依据地的特征来侍奉地。借助山的高耸，适合于祭天；借助吉祥之土，祭献天帝于京郊。燔柴的烟气升达中天，则凤凰降落，龟龙来到；祭献天地于京郊，则风调雨顺，寒暑合时。因此圣人南面向明而立，天下实现大治。先王制礼，用以节制事物；研习音乐，用来引导志趣。所以观察各国的礼制和音乐，其国是治是乱便可以知道了。

# 内　则

子事父母，鸡初鸣，咸盥漱，冠、緌、缨、端、毕、绅、搢笏〔咸，皆也。緌，缨之饰也。端，玄端，士服也，庶人深衣也。绅，大带也〕，左右佩用〔必佩者，备尊者使令也〕，以适父母、舅姑之所。及所，下气怡声，问所欲而敬进之，柔色以温之〔温，藉也。承尊者必和颜色也〕。父母有过，下气怡色，柔声以谏，谏若不入，起敬起孝，悦则复谏。父母怒，不悦，而挞之流血，不敢疾怨，起敬起孝〔挞，击也〕。父母虽没，将为善，思贻父母令名，必果。曾子曰："孝子之养老，乐其耳目，安其寝处，以其饮食忠养之。父母之所爱亦爱之，父母之所敬亦敬之，至于犬马尽然，而况于人乎？"

【译文】

儿子事奉父母，应该是鸡刚刚啼叫，就要起来洗脸漱口、梳头、戴帽、理好饰物、系好帽缨、穿上端服、套好蔽膝、系上大带、插上笏板，左右两边佩戴用具，然后去父母、公婆所居之处。到了地方，静气平声，询问父母需要什么就恭敬地送上什么，和颜悦色以问寒问暖。父母如有过错，要心平气和，低声劝说，如劝说听不进去，就要更加恭敬孝顺，待父母高兴时再次劝说。如果父母发怒、不高兴，甚至打得自己头破血流，也不能厌恶埋怨，还要更加恭敬孝顺。父母去世以后，将要做善事的时候，想到要让父母留下好的名声，就一定要实现它。曾子说："孝子养老，要使老人耳目愉悦、寝室安适，以其饮食习惯，尽心奉养。父母喜爱的，自己也要喜爱；父母崇敬的，自己也要崇敬。连犬马都会如此，更何况于人呢？"

## 玉　藻

年不顺成，则天子素服，乘素车，食无乐〔自贬损也〕。君无故不杀牛，大夫无故不杀羊，士无故不杀犬豕〔故，谓祭祀之时〕。君子远庖厨，凡有血气之类，弗身践也〔践当为剪，声之误。剪，犹杀也〕。

【译文】

如果年景不顺、收成不好，天子要穿素服、乘素车，吃饭时也不奏乐。国君没有大事不杀牛，大夫没有大事不杀羊，士人没有大事不杀狗和猪。君子应远离厨房，凡有杀牲之类事情，不要亲自去做。

## 大　传

圣人南面而听天下，所且先者有五，民不得与焉〔且先，言未遑余事〕。一曰治亲，二曰报功，三曰举贤，四曰使能，五曰存爱〔功，功臣也。存，察也。察有仁爱者〕。五者一得于天下，民无不足、无不赡。五者一物纰缪，民不得其死〔物，犹事。纰，犹错也。五事得则民足，一事失则民不得其死，明政之难也〕。圣人南面而治天下，必自人道始矣〔人道，谓此五事也〕。是故人道亲亲〔言先有恩〕，亲亲故尊祖，尊祖故敬宗，敬宗故收族，收族故宗庙严，宗庙严故重社稷，重社稷故爱百姓，爱百姓故刑罚中，刑罚中故庶民安，庶民安故财用足，财用足故百志成，百志成故礼俗刑，礼俗刑然后乐〔收族，序以昭穆也。严，犹尊也。百志，人之志意所欲也。刑，犹成也〕。《诗》云："不显不承，无斁于人斯。"此之谓也〔斁，厌也。言文王之德不显乎？不承先人之业乎？言其显且承之，乐之无厌〕。

【译文】

圣君即位处理天下事务，所应先做的有五件事，治理百姓这件事还不在其内。一是管好亲族，二是酬报有功之臣，三是选拔德行高尚之人，四是任用贤能之人，五是考察仁爱之人。这五件事一旦中意于天下，那么民众就没有不满足的、没有不安定的。这五件事如有一件错误，民众就得不到稳定。所以圣君即位而治理天下，必定从治人之道开始做起。因此，为人之道，首先得爱其父母；爱其父母，就会敬重祖先；敬重祖先，就会敬循宗法；敬循宗法，就会团结族人；族人团结，所以宗庙威严；宗庙威严，所以保重社稷；保重社稷，所以爱护百姓；爱护百姓，所以刑罚适中；刑罚适中，所以庶民安定；庶民安定，所以资财充裕；资财充裕，所以各种愿望都能实现；愿望都能实现，所以尊礼之风形成；尊礼之风形成，然后天下安乐。《诗经》云："文王若非大德显扬，承继祖业，人们能乐之不厌吗？"说的正是这个意思。

# 乐　记

凡音之起，由人心生也。人心之动，物使之然也。感于物而动，故形于声〔宫、商、角、徵、羽杂比曰音，单出曰声。形，犹见也〕。

【译文】

大凡声音之发生，都由人的内心活动产生。人的内心活动，是外界事物刺激的缘故。有感于外界事物而心动，就以声音表现之。

乐者，音之所由生也，其本在人心之感于物。是故其哀心感者，其声噍以杀；其乐心感者，其声啴以缓；其喜心感者，其声发以散；其怒心感者，其声粗以厉；其敬心感者，其声直以廉；其爱心感者，其声和以柔。六者非其性也，感于物而后动〔言人声在所见，非有常也。噍，踧也。啴，宽绰貌。发，犹扬也〕。是故先王慎所以感之者，故礼以导其志，乐以和其声，政以一其行，刑以防其奸。礼乐刑政，其极一也，所以同民心而出治道。

【译文】

音乐，是由声音生发出来的，其本源在于人心感应于外界事物。因此，内心感到悲哀的，其声音急促而低微；内心感到欣悦的，其声音宽舒而徐缓；内心感到快乐的，其声音高昂而悠扬；内心感到愤怒的，其声音粗犷而猛烈；内心感到恭敬的，其声音正直而纯净；内心感到爱慕的，其声音温和而柔顺。这六种情感，不是人们的本性，而是有感于外界事物而引发的。所以古代的圣王谨慎选择可以感人的事物，用礼法引导人们的志向，用乐曲协调人们的声音，用政令统一人们的行为，用刑罚防止人们的奸邪。礼、乐、政、刑，其最终目标是相同的，用来统一民心而把社会治理好。

凡音者，生人心者也。情动于中，故形于声。声成文，谓之音。是故治世之音安以乐，其政和；乱世之音怨以怒，其政乖；亡国之音哀以思，其民困。音声之道，与政通矣〔言八音和否随政〕。宫为君，商为臣，角为民，徵为事，羽为物。五者不乱，则无怗懘之音矣〔五者，君、臣、民、事、物也。凡声浊者尊，清者卑。怠滞，弊败不和之貌也〕。宫乱则荒，其君骄；商乱则陂，其臣坏；角乱则忧，其民怨；徵乱则哀，其事勤；羽乱则危，其财匮。五者皆乱，迭相陵，谓之慢。如此则国之灭亡无日矣〔君、臣、民、事、物，其道乱则其音应而乱也。荒，犹散也。陂，倾也〕。

【译文】

声音是从人的内心产生出来的。情动于内心，就表现为声音。声音节奏和谐，这就是音乐。太平盛世的音乐，安详而愉快，是因为政治和谐；乱世的音乐哀怨而愤怒，是因为政治不和谐；亡国的音乐凄怜而悲伤，是因为人民流离困苦。音乐声韵的道理是和政治相通的。宫、商、角、徵、羽五种音调代表君、臣、民、事、物。五音不乱，就没有不和谐的声音了。宫音乱则旋律显得放纵，其国君必骄逸；商音乱则旋律显得倾颓，其官风必败坏；角音乱则旋律显得忧伤，其人民多怨恨；徵音乱则旋律显得哀苦，其徭役必频繁；羽音乱则旋律显得忧惧，其财用必匮乏。五音混乱，交相侵凌，称做“慢音”，是亡国之音。照这样下去，国家的灭亡就没有几天了。

郑卫之音，乱世之音，比于慢矣〔比，犹同也〕。桑间濮上之音，亡国之音。其政散，其民流，诬上行私而不可止也〔濮水之上地有桑间者，亡国之音于此水出也〕。是故知声而不知音者，禽兽是也；知音而不知乐者，众庶是也。唯君子为能知乐〔禽兽知此为声耳，不知其宫商之变。八音并作克谐曰乐〕。审声以知音，审音以知乐，审乐以知政，而治道备矣。是故不知声者，不可与言音；不知音者，不可与言乐。知乐者，则几于礼矣。礼乐皆得，谓之有德〔几，近也。听乐而知政之得失，则能正君、臣、民、事、物之礼也〕。乐之隆，非极音；食飨之礼，非致味〔隆，犹盛。极，犹穷〕。是故先王之制礼乐，非以极口腹耳目之欲，将以教民平好恶而反人道之正〔教之使知好恶〕。

【译文】

郑国、卫国的音乐，就是乱世的音乐，等同于“慢音”。桑间、濮上的音乐，是亡国之音。其政令散乱，其人民流亡，官吏欺骗上司，各谋其私而无法制止。因此，只知道“声”而不懂得“音”，就像是禽兽；知道“音”而不理解乐曲的内涵，这是众人。只有君子能够理解乐曲的内涵。弄明白其音阶才可以明白乐句，弄清楚其乐句才可以知道乐章的内涵。懂得了音乐的内涵，便可以知道政治的状况。这样，治国之道便完备了。所以，不知道音阶的人，不可以和他谈论乐句；不懂得乐句的人，不可以和他谈论乐曲的内涵。真正理解音乐的，就近乎于了解礼治了。礼法、音乐都懂得了，就叫做有德。音乐之隆盛，不在于要最好听的音乐；飨祭之礼仪，不在于要最美的滋味。因此，古代圣王制定礼乐的目的，不在于满足口腹、耳目的欲望，而在于教育人们懂得爱好什么、憎恶什么，从而回到做人的正道上来。

先王之制礼乐，人为之节〔言为作法度以遏其欲也〕。衰麻哭泣，所以节丧纪也；钟鼓干戚，所以和安乐也；婚姻冠笄，所以别男女也；射乡食飨，所以正交接也〔男二十而冠，女许嫁而笄，成人之礼也。射，大射。乡，乡饮酒也。食，食礼飨。飨，礼也〕。礼节民心，乐和民声，政以行之，刑以防之。礼、乐、刑、政四达而不悖，则王道备矣。

【译文】

古代圣王制定礼乐，是为了使人以此来节制其行为和欲望。要求身穿麻布丧服来哭泣，是为了节度丧葬的规范；要求鸣钟击鼓、舞动干戚，是为了谐合安乐气氛；确定婚姻、嫁娶、弱冠、及笄之礼仪，是为了区别男女成年与否；明确州乡射礼、宴请款待礼仪，是为了使社交往来依循法度而不致背离道义。用礼来调治人的性情，用音乐来调和人的心声，用政令加以推行，用刑罚加以防止。礼、乐、刑、政四个方面，通达而无谬误，那么，王道（即以仁义治天下的办法）就完备了。

乐由中出〔和在心也〕，礼自外作〔敬在貌也〕。大乐必易，大礼必简〔易简，若于清庙大飨然也〕。乐至则无怨，礼至则不争。揖让而治天下者，礼乐之谓也〔至，犹达行〕。大乐与天地同和，大礼与天地同节〔言顺天地之气与其数也〕。和，故百物不失〔不失性也〕；节，故祀天祭地〔成万物有功报焉也〕。明则有礼乐〔教人者也〕，幽则有鬼神〔助天地成物者也〕。如此，则四海之内，合敬同爱。王者功成作乐，治定制礼〔功，主于王业。治，主于教民〕。五帝殊时，不相沿乐；三王异世，不相袭礼〔言其有损益也〕。故圣人作乐以应天，制礼以配地。礼乐明备，天地官矣〔官，犹事也，各得其事〕。地气上跻，天气下降，鼓之以雷霆，奋之以风雨，动之以四时，煖之以日月，而百化兴焉。如此则乐者天地之和也，礼者所以缀淫也〔缀，犹止也〕。是故先王有大事，必有礼以哀之；有大福，必有礼以乐之。哀乐之分，皆以礼终〔大事，谓死丧也〕。是故先王本之情性，稽之度数，制之礼义，合生气之和，道五常之行，使之阳而不散，阴而不密，刚气不怒，柔气不慑，四畅交于中而发作于外，皆安其位而不相夺也〔生气，阴阳气也。五常，五行也。密之言闭也。慑，犹恐惧也〕。土弊则草木不长，水烦则鱼鳖不大，气衰则生物不遂，世乱则礼慝而乐淫。是故其声哀而不庄，乐而不安，慢易以犯节，流湎以忘本，感条畅之气而灭平和之德，是以君子贱之也〔遂，犹成也。慝，秽也。感，动也，动人条畅之善气，使失其所也〕。凡奸声感人，而逆气应之；逆气成象，而淫乐兴焉。正声感人，而顺气应之；顺气成象，而和乐兴焉。唱和有应，回邪曲直，各归其分，而万物之理，各以类相动〔成象，谓人乐习焉〕。是故君子反情以和其志，比类以成其行，奸声乱色不留聪明，淫乐慝礼不接心术，惰慢邪僻之气不设于身体，使耳目、鼻口、心智百体皆由顺正，以行其义〔反，犹本也。术，犹道也〕，然后发以声音，而文以琴瑟，动以干戚，饰以羽旄，从以箫管，奋至德之光，动四气之和，以著万物之理〔奋，犹动。动至德之光，谓降天神、出地祇、格祖考也。著，犹成也〕。故乐行而伦清，耳目聪明，血气和平，移风易俗，天下皆宁〔言乐用则正人理、和阴阳也。伦，谓人道也〕。

【译文】

乐从内心发出，礼从外在表现。典雅庄重的音乐必定是平易的，庄严隆重的礼仪必定是简约的。音乐至美，则人们没有怨恨；礼教至盛，则人们没有争夺。相互礼让而使天下太平，说的就是礼制和音乐。典雅庄重的音乐与天地和谐，庄严隆重的礼仪与天地同步。和谐，所以百物不失其本性；同步，所以适时祭祀天地。人世间有礼乐之教，幽冥界有鬼神相助。这样，四海之内的人们就能相互尊敬相互亲爱了。做国君者功业成就，即开始创作音乐；天下平定，即开始创制礼教。五帝时势不同，各不沿袭前代的乐曲；三王朝代不同，各不袭用前代的礼制。所以圣人们创作音乐以应和上天，创制礼法以匹配大地。礼乐显明完备，天地各尽其职。地之气上升，天之气下降，用雷霆给以鼓舞，用风雨给以振作，用四季促其变化，用日月给以温暖，于是发生各种变化。就此而言，音乐是奉和天地的，礼法是为了约束行为越轨的。因此古代圣王有丧葬之事，一定有相应的礼仪来表示其哀痛；有吉庆之事，也一定有相应的礼仪来显现其欢乐。哀乐的表现方式与程度，都以礼的规定为终结。所以，古代圣王依据事物的属性和情感，考查事物的限度与气数，制定出有关礼义准则，融洽阴阳二气之和谐，疏导五行（金、木、水、火、土）的流转，使之虽然外露而能检束，虽不显露却不隐秘，有刚强之气而不暴怒，有柔顺之气而不怯懦，四者通畅交融于心中而显现行动于身外，皆安处其位而不相争夺。土质低劣则草木不能生长，池水频繁搅动则鱼鳖难以养大，气势衰弱则生物不能顺利长成，世道混乱则礼乐就会邪恶、放荡。因此，其声音悲哀却不庄重，喜悦却不安稳，轻慢简率以致冲犯礼节，沉迷于酒以致忘却根本，动摇通达旺盛之气而淹没宁静谦和之美德，所以君子鄙视它。大凡邪恶之声能感动人，则逆乱的风气就会相应而生；逆乱的风气表现出来，淫乐之风就会兴起。若是纯正无邪之声能感动人，则协和风气就会相应而生；协和的风气表现出来，和乐之风就会兴起。唱与和互有应对，邪僻、荒诞、隐曲、正直就会各归其名分，从而万物的情理都各以其类而相互感动。所以，君子要反省自己的情感，以协和自己的志向，通过类比而成就自己的善行，使奸邪之声、迷乱之色不阻滞耳聪目明，淫荡之乐、邪恶之礼不沾染自己心计，怠堕轻慢邪僻的习气不存在于自身，使自己的耳、目、鼻、口、心智各个部位，皆依从于协和纯正来感应道义，然后用声音予以表达，用琴瑟予以美饰，舞动盾牌战斧（武舞），用羽舞、旌舞（文舞）以增华，用箫管进行伴奏，发扬盛德之光辉，运用四气（阴阳刚柔）之协和，显明万物之情理。因此音乐盛行而人伦清纯，耳聪目明，心气平和，移风易俗，天下皆可安宁。

魏文侯问于子夏曰：“吾端冕而听古乐，则唯恐卧；听郑、卫之音，则不知倦。敢问古乐之如彼，何也？新乐之如此，何也〔古乐，先王之正乐也〕？”对曰：“今君之所问者乐也，所好者音也，相近而不同〔铿锵之类皆为音，应律乃为乐〕。”文公曰：“敢问何如〔欲知音乐异意〕？”对曰：“夫古者天地顺，而四时当，民有德而五谷昌，疾疫不作而无妖祥，此之谓大当。然后圣人作，为父子君臣，以为纲纪。纲纪既正，天下大定。天下大定，然后正六律，和五声，弦歌《诗》《颂》。此之谓德音，德音之谓乐〔当，谓乐不失其所也〕。今君之所好者，其溺音乎？郑音好滥淫志，宋音燕女溺志，卫音趋数烦志，齐音敖僻骄志。四者淫于色而害于德，是以祭祀弗用也〔言四国出此溺音也〕。为人君者，谨其所好恶而已矣。君好之，则臣为之；上行之，则民从之。《诗》云：'诱民孔易。'此之谓也〔诱，进也。孔，甚也。民从君之所好恶，进之于善，无难也〕。"

【译文】

魏文侯问子夏说："我穿着朝服听古乐，就担心躺下睡着了，可是听郑卫的音乐，就不知道疲倦。请问，听古乐能够那样，这是为什么？听新乐能够如此，又是为什么？"子夏回答说："现在您问的是乐，可您爱好的是音。乐和音相似，但不是一回事。"文侯说："请问这是怎么回事？"子夏回答说："古时候，天地顺遂而四季合宜，民有德行而五谷丰登，虫灾瘟疫不生而不出现吉凶之兆，这是最大的合宜。然后圣人兴起，有了父子君臣名分，并成为国家纲纪。纲纪端正之后，天下大为安定。天下大为安定，然后修正六律，调和五音，用乐器伴奏来歌唱《诗》《颂》。这就是德音，德音才称其为乐。现在您所喜好的，大概是沉湎而无节制的溺音吧！郑国的音乐滥而无制，使人心志放荡；宋国的音乐安闲柔弱，使人心志沉溺；卫国的音乐旨趣繁杂，使人心志烦乱；齐国的音乐傲慢邪僻，使人心志骄逸。这四种音乐都过于沉溺女色，而有害于人们的品德，因此祭祀不用这类音乐。做国君者，要谨慎对待自己的好恶呀！国君喜好什么，臣下就会做什么；上层干什么，百姓就跟着干什么。《诗经》说：'诱导百姓很容易。'说的就是这个意思。"

君子曰：礼乐不可斯须去身。致乐以治心〔乐由中出，故治心也〕，致礼以治躬〔礼自外作，故治身也〕。心中斯须不和不乐，而鄙诈之心入之矣〔鄙诈入之，谓利欲生也〕；外貌斯须不庄不敬，而易慢之心入之矣〔易，轻易也〕。故乐也者，动于内者也；礼也者，动于外者也。乐极则和，礼极则顺。内和而外顺，则民瞻其颜色而不与争也，望其容貌而民不生易慢焉。是故乐在宗庙之中，君臣上下同听之，则莫不和敬；在族长乡里之中，长幼同听之，则莫不和顺；在闺门之内，父子、兄弟同听之，则莫不和亲。故乐者，所以合和父子、君臣，附亲万民。是先王立乐之方也。

【译文】

君子说：人们不能片刻离开礼乐。用音乐来调理个人心态，用礼法来管束自身行为。心中有片刻不和谐、不乐意，卑劣诡诈的想法就会趁虚而入；外貌有片刻不庄重不恭敬，轻忽怠慢的念头也会趁虚而入。所以，音乐是调理内心情感的，礼法是调节外在行为的。音乐至美则平和，礼仪至善则恭顺。内心平和而外貌恭敬，那么人们看到他的脸色，就不与他争执；看见他的仪容，就不会产生轻贱怠慢。所以，音乐在宗庙中演奏，君臣上下同听之，就无不和谐恭敬；在族长乡亲中演奏，长幼同听之，就无不和谐依顺；在家门之内演奏，父子兄弟同听之，就无不和睦亲密。所以说，音乐是为了协和父子君臣、亲近万民的。这就是古代圣王创设音乐的宗旨所在。

## 祭　法

夫圣王之制祭祀也，法施于民则祀之，以死勤事则祀之，以劳定国则祀之，能御大灾则祀之，能扞大患则祀之。是故厉山氏之有天下也，其子曰农，能殖百谷；夏后氏之衰，周弃继之，故祀以为稷；共工氏之霸九州也，其子曰后土，能平九州，故祀以为社。帝喾能序星辰，尧能赏均刑法，舜能勤众事，鲧鄣洪水，禹能修鲧之功，黄帝正名百物，颛顼能修之，契为司徒而民成，冥勤其官而水死，汤以宽治民而除其虐，文王以文治，武王以武功去民之灾，此皆有功烈于民者也。及夫日月星辰，民所瞻仰也；山林、川谷、丘陵，民所取材用也。非此族也，不在祀典〔祀典，谓祭礼也〕。

【译文】

圣明君王制定祭祀的制度，曾将各种办法传授给百姓者，则祭祀之；为勤劳国事而殉职者，则祭祀之；曾以其功劳安邦定国者，则祭祀之；曾能抗御大灾大害者，则祭祀之；曾捍卫庶民，使不受祸患者，则祭祀之。因此，厉山氏统治天下时，他的儿子名叫“农”，会种植各种谷物；夏朝衰亡之时，周弃又继承了“农”的事业，所以后世将其作为“稷”（五谷之神）来祭祀。共工氏称霸九州时，他的儿子名叫“后土”，能够整治九州，使之平坦，所以后世将其作为“社”（土地之神）来祭祀。帝喾能够按次第区分星辰；尧能够公平赏赐，均衡刑法；舜能够勤劳于诸多政事；鲧治水不当，阻塞排洪，而其子大禹能修正、完成鲧的治水事业；黄帝辨正百物名称，而颛顼能加以修饰；契任司徒之职而百姓平定；冥恪尽职守而河堤固定；汤以宽容治理民众，革除夏代的暴虐；文王以礼乐法度、文章教化施政治民；武王用武力为民扫除祸患。上述这些人物都是有大功于人民者。至于日月星辰，是人民所仰望的；山林、川谷、丘陵，是人民的用度来源。不属于这一类的，不在祭祀之列。

## 祭　义

祭不欲数，数则烦，烦则不敬；祭不欲疏，疏则怠，怠则忘。是故君子合诸天道，春禘秋尝〔忘与不敬，违礼莫大焉。合于天道，因四时之变化，孝子感时而念亲，则以此祭之也〕。霜露既降，君子履之，必有凄怆之心，非其寒之谓也。春雨露既濡，君子履之，必有怵惕之心，如将见之〔非其寒之谓，谓凄怆及怵惕，皆为感时念亲也〕。乐以迎来，哀以送往；致斋于内，散斋于外。斋之日，思其居处，思其笑语，思其志意，思其所乐，思其所嗜。斋三日，乃见其所为斋者〔见其所为斋，思之熟也〕。祭之日，入室，僾然必有见乎其位；周旋出户，肃然必有闻乎其容声；出户而听，忾然必有闻乎其叹息之声。是故先王之孝也，色不忘乎目，声不绝乎耳，心志嗜欲不忘乎心，安得不敬乎？君子生则敬养，死则敬享〔享，犹祭也，飨也〕，唯圣人为能飨帝，孝子为能飨亲〔谓祭之能使之飨之也。帝，天也〕。先王之所以治天下者五：贵有德也，贵贵也，贵老也，敬长也，慈幼也。此五者，先王之所以定天下也。贵有德，为其近于道也；贵贵，为其近于君也；贵老，为其近于亲也；敬长，为其近于兄也；慈幼，为其近于子也〔言治国有家道也〕。

【译文】

祭祀不要频繁，频繁就会烦躁，烦躁就会失去恭敬的心情；祭祀也不能太少，太少就使人怠慢，怠慢就会使人淡忘。所以君子合之于天道，春天大祭，秋天以新谷祭祀。霜露降临大地之时，君子踏霜而行，必会有凄怆之感，这种感觉不是因寒冷（而是思念故去的亲人）；春天，雨露滋润大地之时，君子踏露而行，必会有怵惕不宁之心，好像将要见到故去的亲人。用快乐的心情把他们迎回来，用悲伤的心情将他们送走。祭祀之前，要送献素食于堂内，散施斋饭于户外。斋戒之日，要思念死者生前的起居、笑语、志趣、愿望和爱好。在斋戒这三天，像见到其所要祭祀的人。祭祀那天，进入放置灵位的庙室，仿佛会从灵位上看到亲人；在灵位前行礼揖拜之后走出门来，心存恭敬，必如见到亲人的音容笑貌；出门之后侧耳倾听，喟然如闻亲人叹息的声音。所以先王的孝敬之情，是亲人的面容不离其目，亲人的声音不绝于耳，亲人心志爱好不忘于心。如此，又怎么能不恭敬呢？君子于父母在世时恭敬地赡养，去世后虔敬地祭祀。只有圣人配祭献天帝，孝子配祭献父母。先王能够安定天下的原因有五：尊敬有德者，尊重有地位的人，尊敬老人，尊敬长者，爱护儿童。这五方面，就是古圣先王为什么能安定天下的原因。尊重有德的人，是因为他们合乎天道；尊重有地位的人，是因为他们靠近于国君；尊敬老人，是因为他们近同于父母；尊敬长者，因为他们近似于长兄；爱护孩童，因为他们就像是自己的子女。

曾子曰："身也者，父母之遗体也。行父母之遗体，敢不敬乎？居处不庄，非孝也；事君不忠，非孝也；莅官不敬，非孝也；朋友不信，非孝也；战阵无勇，非孝也。五者不遂，灾及于亲，敢不敬乎〔遂，犹成也〕？夫孝，置之而塞乎天地，敷之而横乎四海，施诸后世而无朝夕。《诗》云：‘自西自东，自南自北，无思不服。’此之谓也。孝有三：小孝用力，中孝用劳，大孝不匮〔劳，犹功〕。思慈爱忘劳，可谓用力矣；尊仁安义，可谓用劳矣；博施备物，可谓不匮矣〔思慈爱忘劳，思父母之慈爱己，而自忘己之劳苦〕。父母爱之，喜而弗忘；父母恶之，惧而无怨〔无怨，无怨于父母之心也〕；父母有过，谏而不逆〔顺而谏之〕；父母既没，必求仁者之粟以祀之。此之谓礼终〔喻贫困犹不取恶人之物以事己亲〕。”

【译文】

曾子说：“人的身体，可说是父母遗留下来的。既然是父母遗留下来的，怎敢不慎重呢？日常起居不庄重，不是孝道；侍奉君主不忠心，不是孝道；身居官位不敬业，不是孝道；交朋结友不诚信，不是孝道；上阵作战不勇敢，不是孝道。这五点做不到，就是殃及父母（因自身是父母身体之一部分），怎么敢不恭敬呢？孝行，立起来可以充满天地；铺开来可以横溢四海；施行后世，可以朝夕永在。《诗》云：‘自西向东，从南到北，没有人想着不服从的。’说的就是这个意思。孝行有三：小孝用力，中孝立功，大孝无处不在。想到父母的慈爱，忘记自己供养的劳累，可称做用力；尊崇仁德，习惯于坚持正义（为国立功，是父母荣耀），可称为立功；广施孝心而遍及万物，使民众应有尽有，可称为无处不在。父母若喜爱自己，心中高兴且永远不忘；父母若讨厌自己，应戒惧反省而没有怨言；父母若有过错，可以婉言相劝，但不能忤逆父母；父母去世后，也一定要用合法正当得到的粟谷来祭祀他们。这才叫孝行至终。”

乐正子春下堂，而伤其足，数月不出，犹有忧色。门弟子曰：“夫子之足瘳矣，数月不出，犹有忧色，何也？”曰：“吾闻诸曾子，父母全而生之，子全而归之，可谓孝矣；不亏其体，不辱其身，可谓全矣。故君子跬步弗敢忘孝也。今予忘孝之道，予是以有忧色也。壹举足而不敢忘父母，壹出言而不敢忘父母。壹举足而不敢忘父母，是故道而弗径，舟而不游，不敢以先父母之遗体行危殆。壹出言而不敢忘父母，是故恶言不出于口，忿言不及于身。不辱其身，不羞其亲，可谓孝矣〔径，步邪趋疾也〕！”

【译文】

担任乐正之职的子春下堂时脚部受伤，数月没有出门，还是面有忧愁之色。他门下的弟子说：“老师的脚不是好了吗？几个月不出门，还是面有忧愁之色，为什么呢？”子春说：“我听曾子说过，父母齐齐全全地生下了我们，子女也齐齐全全地归属于他们，这才是‘孝’。不缺损自己的躯体，不辱没自己的身分，这就是‘全’。所以君子每走一步都不敢忘记孝道。这次我可谓忘却孝道，因而面有忧色。（为人子者，）每走一步路、每说一句话，都不敢忘记父母。每走一步路都不敢忘记父母，所以走路不走险径，乘船不可戏玩，不敢用父母给予的身体去做危险的事。每说一句话都不敢忘记父母，所以，自己口不出恶言，于是自身不会招致指责、辱骂之言。不使自身受辱，不使父母蒙羞，可以称为孝行了。”

虞、夏、殷、周，天下之盛王也，未有遗年者。是故天子巡狩，诸侯待于境，天子先见百年者〔问其国君，以百年者所在，而往见之〕。

【译文】

虞舜、夏禹、殷汤、周文王周武王，是天下有盛德的君主，也未曾有过遗忘年长者的行为。因此，天子巡游视察，诸侯在自己国境上等待接见时，天子却先去看望年及百岁的老人。

# 祭统

凡治人之道，莫急于礼。礼有五经，莫重于祭〔礼有五经，谓吉、凶、宾、军、嘉也。莫重于祭，谓以吉礼为首也〕。夫祭者，非物自外至也，自中生出于心也，心怵而奉之以礼，是故唯贤者能尽祭之义，是故君子之教也，外则教之以尊其君长，内则教之以孝于其亲，是故君子之事君也，必身行之。所不安于上，则不以使下；所恶于下，则不以事上。非诸人，行诸己，非教之道也〔必身行之，言恕己乃行之〕。是故君子之教也，必由其本。顺之至也，祭其是与！故曰："祭者，教之本也已〔教由孝顺生〕。祭而不敬，何以为也？"

【译文】

治理国家，教化民众，没有比礼更急需的。礼有五类，没有比祭礼更重要的。祭祀，不是事情外在的需要，而是发自于内心，即产生于自己的心意，是心中悲伤而行以祭礼。因此，只有贤德的人才能透彻了解祭礼的意义。也正因为如此，君子的教化，对外则教人尊敬君长，对内则教人孝敬父母。所以君子侍奉国君，必须亲身躬行。不安于上级的做法，就不要用其法指使下级；厌恶下级的做法，也不要用它来事奉上级。反对别人的做法，自己却去做，这不合教化的道理。君子的教化，必定从治本入手。孝顺的顶点，就是祭礼啊！所以说，祭礼，是教化的根本。如果举行祭祀而心无恭敬之念，为什么还要去祭祀呢？"

# 经解

天子者，与天地参焉，故德配天地，兼利万物，与日月并明，明照四海，而不遗微小。其在朝廷，则道仁圣礼义之序；燕处，则听《雅》、《颂》之音；行步，则有环珮之声；升车，则有鸾和之响。居处有礼，进退有度，百官得其宜，万事得其序。《诗》云：

“淑人君子，其仪不忒。其仪不忒，正是四国。”此之谓也〔道，犹言也〕。发号出令而民悦，谓之和；上下相亲，谓之仁；民不求其所欲而得之，谓之信；除去天地之害，谓之义。义与信，和与仁，霸王之器也。有治民之意，而无其器，则不成〔器，谓所操以作事者。义信和仁，皆存于礼也〕。夫礼之于国也，犹衡之于轻重也，绳墨之于曲直也，规矩之于方圆也。故衡诚悬，不可欺以轻重；绳墨诚陈，不可欺以曲直；规矩诚设，不可欺以方圆；君子审礼，不可诬以奸诈〔衡，称也。悬，锤也。陈，设也〕。孔子曰：“安上治民，莫善于礼。”此之谓也。故朝觐之礼，所以明君臣之义也；聘问之礼，所以使诸侯相尊敬也；丧祭之礼，所以明臣子之恩也；乡饮酒之礼，所以明长幼之序也；婚姻之礼，所以明男女之别也。夫礼，禁乱之所由生，犹防止水之所自来也。故以旧防为无所用而坏之者，必有水败；以旧礼为无所用而去之者，必有乱患。故婚姻之礼废，则夫妇之道苦，而淫僻之罪多矣；乡饮酒之礼废，则长幼之序失，而斗争之狱繁矣；丧祭之礼废，则臣子之恩薄，而背死忘生者众矣；聘觐之礼废，则君臣之位失，而背叛侵陵之败起矣〔苦，谓不至不答之属〕。故礼之教化也微，其正邪于未形，使人日徙善远罪而不自知也，是以先王隆之也。《易》曰：“君子慎始，差若毫厘，谬以千里。”此之谓也〔隆，谓尊盛之也。始，谓其微时也〕。

【译文】

做天子的，与天地并列为三，所以他的德行匹配天地，并使万物受益，与日月同辉，光照四海，而不遗漏微小之物。他在朝廷里则讲仁、圣、礼、义之序列；退朝而处，则听《雅》《颂》一类音乐；走路的时候，有环佩碰接的声音；登车的时候，有车铃摇动的声响。起居有一定的礼仪，进退有一定的规矩；百官各得其所宜，万事都有其条理。《诗经·鹏鸠》说：“善良、德高之人，举止行为没有差误。正因举止行为没有差误，才可使四方国家端正。”说的就是这个意思。发号施令而庶民高兴叫做“和”，上下相亲相爱叫做“仁”，百姓没有祈求就得到了想要的东西叫做“信”，去除人间的祸患叫做“义”。义与信，和与仁，是成就霸业的才器。有治理庶民的意愿而缺乏必要的才器，则不能成功。礼对于国家来说，就像秤对于轻重、绳墨对于曲直、规矩对于方圆一样。所以，秤杆如果悬吊在那儿，就不能在轻重问题上欺骗人；绳墨如果摆放在那儿，就不可能在曲直问题上欺骗人；规矩如果摆设在那儿，就不可能在方圆问题上欺骗人；君子明悉礼仪，就不可能以虚伪诡诈来欺骗他。孔子说：“让在位的得到平安，社会安定，民众和睦，没有比施行礼仪更好的办法了。”说的就是这个意思。朝觐之礼是用来表明君臣之间的义理，聘问之礼是用来使诸侯互相尊敬，丧祭之礼是用来表达作为臣下或儿子的感恩之情，乡间饮酒之礼是用来明确长辈晚辈的次序，婚姻之礼是用来分辨男女地位责任的区别。礼节，能制止混乱发生的源头，就像堤防能阻止洪水泛滥的道理一样。所以，认为旧的堤防没有用处就毁坏它，一定会使治水失败；认为旧的礼仪没有用处而丢弃它，一定会有祸乱发生。婚姻之礼废弃，则夫妇之道忧苦，从而淫乱不正之罪增多；乡人饮酒之礼废弃，则长幼次序丧失，从而争斗案件频繁发生；丧祭之礼废弃，为臣为子的情义就会淡薄，从而违背死者遗愿、忘记生养之恩者众多；访问朝觐之礼废弃，则君臣的位次就会失当，从而诸侯互相背叛、侵吞的混乱局面就会出现。所以用礼实施教化是防微杜渐。它能在邪恶尚未形成时就加以纠正，让人每天在不知不觉中转向善良、远离罪恶，因此先王非常重视礼教。《易经》说：“君子在开始做事时就要特别慎重，若开始时差误一毫一厘，最后的差错则可达千里。”说的正是这个意思。

## 仲尼燕居

子曰：“礼者何也？即事之治也。治国而无礼，譬犹瞽之无相与，伥伥乎其何之？譬如终夜有求幽室之中，非烛何以见之？若无礼，则手足无所措，耳目无所加，进退揖让无所制。是故以之居处，长幼失其别，闺门三族失其和，朝廷官爵失其序，军旅武功失其制，宫室失其度量，丧纪失其哀，政事失其施，凡众之动失其宜。”

【译文】

孔子说：“‘礼’是什么呢？‘礼’就是做事的准则和规矩。治理国家而缺少‘礼’，就像盲人失去了同伴，茫茫然不知向何处走；又好像终夜在暗室中寻找东西，没有灯烛能看见什么呢？如果没有了礼，就会不知手脚怎么摆放、耳目该听什么、看什么，前进、后退、作揖、谦让都没有了尺度。所以，以这种状况居住、相处，长辈晚辈失去其分别，家室和宗族失去其和睦，朝廷的官职爵位失去其秩序，军队攻防失去其控制，宫室的高低大小失去其标准，丧制失去其悲哀，国家政事失去其施行方法，各种举动都会失当。”

# 中　庸

天命之谓性，率性之谓道，修道之谓教〔性者，生之质也。命者，人所禀受。率，循循性行之，是曰道。修，治也。治而广之，人放效之，是曰教〕。道也者，不可须臾离也，可离非道也〔道，犹道路也。出入动作由之，须臾离之，恶乎从〕。是故君子戒慎乎其所不睹，恐惧乎其所不闻。莫见乎隐，莫显乎微，故君子慎其独也〔慎其独者，慎其闲居之所为也。小人于隐者，动作言语自以为不见睹、不见闻，则必肆尽其情。若有占听之者，是为显见，甚于众人之中为之也〕。子曰：“中庸其至矣乎！民鲜能久矣〔鲜，罕也。言中庸为道至美，故人罕能久行之者〕。”子曰：“无忧者其唯文王乎！以王季为父，以武王为子，父作之，子述之〔圣人以立法度为大事，子能述成之，则何忧乎？尧舜之父子则有凶顽，禹汤之父子则寡令闻。父子相成，唯有文王也〕。武王缵大王、王季、文王之绪，一戎衣而有天下，身不失天下之显名，尊为天子，富有四海之内，宗庙飨之，子孙保之〔缵，继也。绪，业也〕。”子曰：“武王、周公，其达孝矣乎！夫孝者，善继人之志，善述人之事者也。”

【译文】

上天赋予一切事物原有的本质叫做性，事物遵循其自身本性的客观规律去运行叫道；君子能不断修正自己错误的思想、言语和行为，使其合乎自然生命的客观规律，同时令大众有效法，这就是教。道是片刻也不能离开的，如果能离开，就不是道了。因此君子在别人看不见自己的地方，也是谨慎戒惧的；在别人听不到自己谈话的时候，也是恐慌、害怕的。凡事即使在最隐蔽的地方，也没有不被发现的；即使是最微小的事情，也没有不显露的。因此君子在独处时更要谨慎啊。孔子说：“中庸之道可说是最高境界了吧！但很久以来，百姓却很少有人能掌握了。”孔子说：“无忧之人，大概只有文王一个吧！有王季做父亲，有武王做儿子，父亲开创基业，儿子继承其业。武王继承太王、王季、文王的功业，身着军服而一举取得天下，自己仍不失显赫之名扬于天下，做了尊贵的天子，拥有四海之内的财富，宗庙得以享祭，子孙得以永保。”孔子说：“武王、周公可以说是通达孝道的人吧！所谓孝道，就是善于继承先祖的志向，很好地完成先祖的事业。”

## 表　记

子曰：“仁有三，与仁同功而异情〔利仁强仁，功虽与安仁者同，本情则异也〕。与仁同功，其仁未可知也；与仁同过，然后其仁可知也。仁者安仁，智者利仁，畏罪者强仁〔功者，人所贪。过者，人所避〕。”

【译文】

孔子说：“仁爱有三种情况（指安仁、利仁、强仁），三种仁爱之举的外在功效虽可能相同，但其内在心情（动机）却各不相同。即使与仁爱者有同样的外在功效，其施行仁爱的内在心情（动机）却难以知道。等到与仁爱者出现同样的过失之后，其施行仁爱的动机便可以知道了。真正的仁爱者是安适自然地去施行仁爱；聪明的人是知道施行仁爱对自己有利而去施行仁爱；畏罪的人心存畏惧，也会勉强地去施行仁爱。”

子曰：“君子不以辞尽人〔不见人之言语则以为善，言其余行，或时恶也〕。故天下有道，则行有枝叶；天下无道，则辞有枝叶〔行有枝叶，所以益德也。言有枝叶，是众虚华也。枝叶依干而生，言行亦由礼出也〕。是故君子于有丧者之侧，不能赙焉，则不问其所费；于有病者之侧，不能馈焉，则不问其所欲；有客不能馆焉，则不问其所舍〔皆避有其言而无其实也〕。故君子之接如水，小人之接如醴；君子淡以成，小人甘以坏〔水相得，合而已，酒醴相得则败。淡，无酸酢，少味也〕。不以口誉人，则民作忠。故君子问人之寒则衣之，问人之饥则食之，称人之美则爵之〔皆为有言，不可以无实也〕。”

【译文】

孔子说：“君子不以一个人的言论判断其善恶。因此天下治理有方时，美好的行为就会像树的枝叶一样发出来；天下治理无方，浮华的言辞也会像树木的枝叶一样发出来。因此，君子站在那些有丧事的人的旁边时，如果不能助以财物，就不问人家花费了多少；在有病的人旁边时，如果不能赠送食品，就不问人家需要什么；有客人来时，如果不能留人住宿，就不问人家住在什么馆舍。所以君子之间的交往清淡如水，小人之间的交往甘如甜酒。君子交往清淡，却得以成为朋友；小人交情甜蜜，关系却容易毁坏。君子不用空话讨好人，那么人就会把他当作忠实的人。所以君子过问人的寒冷，就给其衣裳；过问人的饥饿，就给其食物；称赞人品德高尚，就给其爵位。”

## 缁　衣

子言之曰：“为上易事也，为下易知也，则刑不烦矣〔言君不苛虐，臣无奸心，则刑可以措也〕。”

子曰：“夫民，教之以德，齐之以礼，则民有格心；教之以政，齐之以刑，则民有遁心〔格，来也。遁，逃也〕。故君民者，子以爱之，则民亲之；信以结之，则民不背；恭以莅之，则民有逊心〔莅，临也。逊，犹顺也〕。”

子曰：“下之事上也，不从其所令，而从其所行〔言民化行不拘于言也〕。上好是物，下必有甚矣〔甚者，甚于君也〕。故上之所好恶，不可不慎也，是民之表也〔言民之从君如影之逐表〕。”

子曰：“禹立三年，百姓以仁遂焉，岂必尽仁〔言百姓效禹为仁，非本性能仁也〕。”子曰：“上好仁，则下之为仁争先人。”

子曰：“王言如丝，其出如纶。王言如纶，其出如綍〔言言出弥大也。纶今有秩，啬夫所佩也。綍，引棺索也〕。故大人不唱游言〔游，犹浮也。不可用之言也〕。可言也，不可行，君子弗言也；可行也，弗可言，君子弗行也。则民言不危行，而行不危言矣〔危，犹高也。言不高于行，行不高于言，言行相应〕。”

子曰：“君子道人以言，而禁人以行〔禁，犹谨也〕，故言必虑其所终，而行必稽其所弊，则民谨于言而慎于行〔稽，犹考也〕。《诗》云：‘慎尔出话，敬尔威仪〔话，善言也〕。’”

子曰：“为上可望而知也，为下可述而志也，则君不疑于其臣，而臣不惑于其君矣〔志，犹知也〕。上人疑，则百姓惑；下难知，则君长劳〔难知，有奸心也〕。故君民者，章好以示民俗，慎恶以御民之淫，则民不惑矣〔淫，贪侈也。《孝经》曰：“示之以好恶，而民知禁也。”〕。”

子曰：“大臣不可以不敬也，是民之表也；迩臣不可以不慎也，是民之道也〔民之道，言民循从也〕。”

子曰：“大人不亲其所贤，而信其所贱，民是以亲失，而教是以烦〔亲失，失其所当亲也。教烦，由信贱者也。贱者无壹德也〕。”

子曰：“民以君为心，君以民为体；心庄则体舒，心肃则容敬。心好之，身必安之；君好之，民必欲之。心以体全，亦以体伤；君以民存，亦以民亡〔庄，齐庄也〕。””

【译文】

孔子曾说过："如果在上者容易侍奉，在下者容易让人知道其意图，则触犯刑法的事就不会繁多。"

孔子说："对百姓以道德进行教育，以礼仪进行约束，那么民众就会有改正错误之心；用政令来进行训导，用刑罚来进行约束，那么民众就会有逃避惩罚之心。所以，统治者如果能像爱护子女那样爱护民众，那么民众就会亲近他；如果能用诚信来团聚民众，那么民众就不会背叛他；如果能以恭敬的态度面对民众，那么民众就会顺从他。"

孔子说："下级对待上司，不是听从他的辞令，而是跟随他的行动。上司喜好这种东西，下属必定会更甚。所以上司的好恶，不能不慎重，因为他是民众的表率。"

孔子说："禹成为首领三年，百姓以仁德之举追随他，难道他们都是仁德之人吗？"

孔子说："君长崇尚仁德，那么下属就会争先恐后地去做仁德之事。"

孔子说："君王说的话，本来只像丝那么细，传布出去，就会像丝带那么粗；君王说的话像丝带那么粗，传布出去就会像大绳那么粗了。因此做官的人不能说虚浮的话。说得出却做不到的话，君子不说；做得出却不能说出去的事，君子不做。这样，民众所说的就不会高过所做的，所做的也就不会超过所说的。"

孔子说："君子用言论引导人向善，用行动谨防人学坏，所以说话一定要考虑它的后果，行动必须考察它是否有弊病。这样，民众就会谨其言而慎其行。《诗经》说：'谨慎你自己说出的话，敬肃你自己的威严仪态。'"

孔子说："如果君主可以使臣下一望而知其用意，臣下可以通过陈述而表明其意志，则国君不怀疑他的臣下，臣下也不会蒙蔽他的国君。上层之人好恶不明，百姓就会感到困惑；下层的情况难以知晓，则君长多有烦劳。"所以，统治者彰明其所好，以示导民间的风俗，谨慎其所恶，以防止民间的邪恶，这样民众就不会迷惑了。

孔子说："国君不可以不尊敬大臣，他们是民众的表率；不可以不审慎地选择近臣，他们是民众晋见君主的通道。”

孔子说：“做官者不亲近民众认为贤德的人，却相信民众认为人格卑鄙的人，民众就会因此出现错爱，教化也会因此混乱。”

孔子说：“民众把国君当作心脏，国君把人民当作躯体。心情顺畅，则身体舒适；心肃穆，则面容敬肃；心中喜欢什么，身体就安于什么。国君有所爱好，民众必定追随。心脏赖身体而得以保全，也会因身体而受到损害。国君因有民众才能存在，也会因为民众而导致灭亡。”

## 大　学

尧舜率天下以仁，而民从之；桀纣率天下以暴，而民从之。其所令反其所好，而民不从〔言民化君行也。君好货，而禁民淫于财利，不能止也〕。是故君子有诸己，而后求诸人；无诸己，而后非诸人。所藏乎身不恕，而能喻诸人者，未之有也。故上老老而民兴孝，上长长而民兴悌，上恤孤而民不背。所恶于上，无以使下；所恶于下，毋以事上；所恶于前，毋以先后；所恶于后，毋以从前；所恶于右，毋以交左；所恶于左，毋以交于右。《诗》云：“乐只君子，民之父母。”民之所好好之，民之所恶恶之，此之谓民之父母〔言治民之道无他，取于己而已〕。好人之所恶，恶人之所好，是谓拂人之性，灾必逮夫身〔拂，犹佹。逮，及也〕。

【译文】

尧舜用仁爱统治天下，民众就随之实行仁爱；桀纣用凶暴统治天下，民众就随之逞凶施暴。统治者的政令如果同他的好恶相反（指自己凶暴而要求民众仁爱），民众就不会顺从。因此，君子应该自己先有（仁爱），然后才能要求别人有（仁爱）；自己先没有（邪恶），然后才能批评他人的（邪恶）。若自身没有存藏宽恕之道，却能教导他人实行（宽恕之道），那是从来没有过的。所以，只要君长尊敬老人，民众就会兴起孝顺之风；只要君长尊敬长者，民众就会兴起尊敬兄长之风；只要君长抚恤孤儿，民众就会爱护弱小。你厌恶上级的某些作为，就不要用那样的作为对待下级；你厌恶下属的某些作为，就不要用那样的作为去侍奉上级；你厌恶自己之前的人的某些作为，就不要用那样的作为对待自己之后的人；你厌恶自己之后的人的某些作为，就不要用那样的作为去对付自己之前的人；你厌恶在自己右边的人的某些作为，就不要用那样的作为去和左边之人交往；你厌恶自己左边的人的某些作为，就不要用那样的作为与右边的人交往。《诗经·周南》说："和乐的君子啊，他是众人的父母官。"众人喜好的，他便喜好；众人厌恶的，他便厌恶。这就是所说的众人的父母官。喜好众人所厌恶的，厌恶众人所喜好的，就是违背众人的本性，灾祸必会降临到自己身上。

## 昏　义

昏礼者，将合二姓之好，上以事宗庙，而下以继后世也，故君子重之。男女有别，而后夫妇有义；夫妇有义，而后父子有亲；父子有亲，而后君臣有正。故曰："婚礼者，礼之本也。"夫礼，始于冠，本于婚，重于丧、祭，尊于朝、聘，和于乡射，此礼之大体也。古者天子后，立六宫、三夫人、九嫔、二十七世妇、八十一御女，以听天下之内治，以明章妇顺，故天下内和而家理也。天子立六官、三公、九卿、二十七大夫、八十一元士，以听天下之外治，以明章天下之男教，故外和而国治也。故曰："天子听男教，后听女顺；天子理阳道，后治阴德；天子听外治，后听内治。"教顺成俗，外内和顺，国家理治，此之谓盛德也。

是故男教不修，阳事不得，谪见于天，日为之食；妇顺不修，阴事不得，谪见于天，月为之食。是故日食则天子素服，而修六官之职，荡天下之阳事；月食，则后素服而修六宫之职，荡天下之阴事。故天子之与后，犹日之与月，阴之与阳，相须而后成者也〔谪之言责也。荡，荡涤，去秽恶也〕。

【译文】

婚礼，是因以结成男女双方两个家族的婚姻关系，对上将以祭祀宗庙，对下则生儿育女以传续后代的，因此君子重视它。男女各有分工且各尽其责，然后夫妇有情分；夫妇有情分，而后父子有亲情；父子有亲情，而后君臣各安其位。所以说，婚礼是礼仪的根基。礼仪，起始于弱冠之礼，根源于婚姻之礼，庄重于丧礼、祭礼，尊贵于朝觐和使者访问之礼，和谐于乡射之礼（乡射：一指州长在春秋两季以礼会民，在本州的学校习射；一指乡老和乡大夫贡士后行乡射之礼，以射询众庶。）这些是礼仪的大要。古代天子的王后设六宫、三夫人、九嫔、二十七世妇、八十一御妻，来管理天下内室的事务，以彰明妇道的顺服，使天下内室和睦而家庭管理有序。天子之下设六部、三公、九卿、二十七大夫、八十一元士，用以掌管家庭以外的治理，以彰明对天下男事（指成年男子的责任与义务）的教化，使社会和谐而国家安定。所以说："天子掌管男人的教化，王后掌管妇女的服顺；天子治理阳刚之道，王后治理阴柔之德；天子处理外部治理事务，王后处理内室管理事务。"男教与女顺形成习俗，内外和谐服顺，国家从而得到有条理的治理。这就叫做盛德。

因此，对男人的教化搞不好，外部事务不合于天道，上天就会责备，其象征就是日蚀；对妇女的柔顺教育搞不好，内室事务不合于天道，上天也会责备，其象征就是月蚀。因此，如果发生日蚀，天子就穿上素服来整治六部的职事，以廓清天下的阳事；如果遇到月蚀，王后则身穿素服整治六宫的职事，以廓清天下的阴事。所以，天子与王后的关系，好比太阳与月亮、阴柔之德与阳刚之道，刚柔相济，然后才会成功。

## 射　义

古者诸侯之射也，必先行燕礼；卿、大夫、士之射也，必先行乡饮酒之礼。故燕礼者，所以明君臣之义也；乡饮酒之礼者，所以明长幼之序也〔言别尊卑老稚，乃后射以观德行也〕。故射者，进退周还必中礼。内志正，外体直，然后持弓矢审固。持弓矢审固，然后可以言中。此可以观德行也〔内正外直，习于礼乐，有德行者〕。其节，天子以《驺虞》，诸侯以《狸首》，大夫以《采苹》，士以《采蘩》。故明乎其节之志，以不失其事，则功成而德行立。德行立则无暴乱之祸，功成则国安。故曰："射者，所以观盛德也。"〔《驺虞》、《采苹》、《采蘩》，今诗篇名也，《狸首》亡也。〕是故古者，天子以射选诸侯、卿、大夫、士。射者，男子之事，因而饰之以礼乐也。故事之尽礼乐而可数为，以立德行者，莫若射，故圣王务焉〔选士者，先考德行，乃后决之射也。男子生而有射事，长学礼乐以饰之〕。是故古者天子之制，诸侯岁献贡士于天子，天子试之于射宫，观其容体比于礼，其节比于乐，而中多者，得与于祭；其容体不比于礼，其节不比于乐，而中少者，不得与于祭。数与于祭，而君有庆；数不与于祭，而君有让。数有庆而益地，数有让而削地。故曰：天子之大射，谓之"射侯"。射侯者，射为诸侯也。射中则得为诸侯，射不中则不得为诸侯〔大射，谓将祭择士之射也。得为诸侯，谓有庆也；不得为诸侯，谓有让也〕。故射者，仁之道也。求正诸己，己正而后发，发而不中，则不怨胜者，反求诸己而已矣。孔子曰："君子无所争，必也射乎？"

【译文】

古时候诸侯举行大射（相近于射箭比赛）时，一定先行宴饮之礼；卿大夫、士举行乡射时，一定先行乡人饮酒之礼。宴饮之礼是用来表明君臣之间的大义，乡人饮酒之礼是用来表明长幼之间的次序。因此，射箭的人前进、后退、转动、归位，一定要合乎礼仪，内要心志端正，外要身体挺直，然后持弓搭箭，审慎、稳定地瞄准。持弓搭箭审慎稳定瞄准，这样才能谈到射中目标。这一系列动作，可以看出一个人的品德行为。射箭的礼节是天子在《驺虞》（《诗经》中的篇目。以下《狸首》《采苹》《采蘩》均为《诗经》篇目）的乐诵声中射之，诸侯在《狸首》一诗、卿大夫在《采苹》一诗、士人在《采蘩》一诗乐诵声中射之。这是为了显明上述礼节的立意，使他们不贻误其职事。这样，就会功业成就而德行树立。德行树立则没有暴乱的祸患，功业成就则国家安宁。因此说："举行射礼，是为了让人们观看高尚的道德。"所以，古时候的天子，在所行的射礼中挑选诸侯、卿、大夫、士。射箭是男子所从事的事情，因而用礼乐来整饬之。一件事，既可以极尽礼乐的意义，又能够多次进行并用来树立德行的，没有比射礼更合适的了，所以圣明的君王勉力从事之。古时候天子的制度，是诸侯每年举荐贡士给天子，天子在射宫对他们进行面试，看到其神色姿势合于射礼、节奏合于音乐而且中靶多者，就可以随天子一起祭祀；其神色姿势不合于射礼、节奏不合于音乐且中靶少者，就不能随天子一起祭祀。所举荐的贡士多次随天子一起祭祀，该诸侯就能得到褒扬；所举荐的贡士多次未能参与祭祀，该诸侯就会受到斥责。多次得到褒扬就可以增加封地，多次受到斥责就被削减封地。所以说，天子举办的大射，称做"射侯"。所谓射侯，就是射做诸侯。其射箭合于射礼，就能做诸侯；射箭不合于射礼，就不能做诸侯。射箭合乎"仁"道，要求先端正自己，自己端正而后射出，射不中则不会埋怨胜者，而是回过头来，寻求自己的不足。孔子说："君子没有什么可竞争的，如果有，恐怕就是射箭吧！"

（吕效祖　张爱玲译）

卷八

# 周礼治要

【考评】

《周礼》是儒家经典，相传为西周时期的著名政治家、思想家、文学家、军事家周公旦所著。

《周礼》所涉及之内容极为丰富。大至天下九州、天文历象，小至沟洫道路、草木虫鱼，凡邦国建制，政法文教，礼乐兵刑，赋税度支，膳食衣饰，寝庙车马，农商医卜，工艺制作，各种名物、典章、制度，无所不包。堪称为上古文化史之宝库。

说到中国古代的礼乐文明、礼乐文化，不能不提到《周礼》《仪礼》和《礼记》，即通常所说的“三礼”。“三礼”是古代礼乐文化的理论形态，对礼法、礼义作了最权威的记载和解释，对历代礼制的影响最为深远。

《周礼》在记载周王室官制和战国时代各国制度的同时，也反映了当时政治家的政治主张、社会思想和伦理观念。在魏征《群书治要》所节录各条中，亦是处处可见的。例如《周礼》第一篇《天官冢宰》。“冢宰”即是宰相，是统率百官、辅助天子的最高官员(使率其属而掌其邦治，以佐王均邦国)。魏征除节选“大宰”的主要职责之外，还在“膳夫”(掌王之食饮膳羞，以养王及后、世子)一职中着重选录了“大丧则不举，大荒则不举……”一段，突出了王室的食饮膳馐必须和国家的灾荒祸害密切联系起来的人民性思想。又如《春官宗伯》篇，记的是有关管理王族事务和一切礼制方面的职责(使率其属而掌邦礼)。《群书治要》只节选其《大司乐》“以乐德教国子(公卿大夫之子弟)中、和、祗、庸、孝、友”一段，着重了思想品德教育，目的在于使这些贵族子弟成为王室的可靠接班人。在“凡日月食，四镇五岳崩……令去乐”一段中，则强调了必须把国家人民的灾难放在重要位置上的思想。

《周礼》并非礼书，《大戴礼记》引用过它，司马迁、匡衡也引用过它，无论如何不是王莽的伪造。其大致综合了从西周到春秋时期的王室和各诸侯国中出现的官制，也夹杂着战国时期的有关社会经济制度、政法制度、学术思想和儒家王者大一统的思想成分。《周礼》的成书年代虽晚，但其中的记载并不完全是理想，而有着现实的反映，可以与其他有关周代文献资料互通佐证，说明中国古代社会的情况。

# 天　官

惟王建国，辩方正位〔别四方，正君臣之位，君南面，臣北面之属〕，体国经野〔体，犹分，邦畿之度。经野，疆理其井庐也〕，设官分职〔置冢宰、司徒、宗伯、司马、司寇、司空，各有所职，而百官事举〕，以为民极〔极，中也。令天下之人各得其中，不失其所也〕。乃立天官冢宰，使帅其属，而掌其邦治，以佐王均邦国〔掌，主也。邦治，王所以治邦国者。佐，犹助也〕。建邦之六典，以佐王治邦国：一曰治典，以经邦国，以治官府，以纪万民；二曰教典，以安邦国，以教官府，以扰万民；三曰礼典，以和邦国，以统百官，以谐万民；四曰政典，以平邦国，以正百官，以均万民；五曰刑典，以诘邦国，以刑百官，以纠万民；六曰事典，以富邦国，以任百官，以生万民〔典，常也，法也。王谓之礼经，常所秉以理天下者也。邦国官府，谓之礼法，常所守以为法式也。扰，犹驯也。统，犹合也。诘，犹禁也。任，犹停也。生，犹养也〕。以八柄诏王驭群臣：一曰爵，以驭其贵；二曰禄，以驭其富；三曰予，以驭其幸；四曰置，以驭其行；五曰生，以驭其福；六曰夺，以驭其贫；七曰废，以驭其罪；八曰诛，以驭其过〔柄，所秉执以起事者也。诏，告也，助也。爵，谓公侯伯子男，卿大夫士也。禄，所以富臣下也。幸，谓言行偶合于善，则有以赐与之劝后也。生，犹养也，贤臣之老者，王有以养之也。夺，谓臣有大罪，没人家财者也。诛，责让也〕。以八统诏王驭万民：一曰亲亲，二曰敬故，三曰进贤，四曰使能，五曰保庸，六曰尊贵，七曰达吏，八曰礼宾〔统，所以总物者也。亲亲，若尧亲九族也。敬故，不慢旧也。贤，有善行也。能，多才艺也。保庸，安有功也。尊贵，尊天下之贵者也。达吏，察举勤劳之小吏也。礼宾，宾客诸侯，所以示民亲仁善邻也〕。岁终，则令百官府各正其治，受其会〔正，正处也。会，大计也〕。三岁，则大计群吏之治而诛赏〔三载考绩也〕。

【译文】

天子建立国都，须辨识方位并确定（宗庙和朝廷的）位置，君面南，臣面北；划分国都与都城郊区，以便管理；建置百官，分设职权，使天下百姓各有所属，各得其所。于是设立天官冢宰，让其统辖六官，执掌国家管理之事，帮助君主统一协调各诸侯国之间的关系。制定国家的六种法典，帮助君主治理国家：一是治典，用来治理诸侯，管理官府，治理百姓；二是教典，用来安定诸侯，教导官府，驯化百姓；三是礼典，用来使诸侯诸事和谐，百官同心合力，百姓关系融洽；四是政典，用来使诸侯正定有序，百官公正廉明，百姓赋税徭役均衡；五是刑典，用来建立诸侯国禁令，惩治百官罪错，矫正百姓行为过失；六是事典，用来富裕诸侯国，督促百官做事，百姓得以养育。用八种权柄帮助君主驾驭群臣：一是用高贵的爵位统御他们；二是用俸禄统御他们；三是用赏赐使其感到宠幸统御他们；四是用赦免、德行统御他们；五是供养老臣，以福来统御他们；六是没收罪臣家财，以控制财产来统御他们；七是罢黜大臣，用惩罚震慑他们；八是责问大臣，以惩罚其过错。用八种治国纲要帮助君主驾驭百姓：一是敬爱亲族，二是尊敬故旧，三是推举贤才，四是任用能人，五是保护有功之人，六是尊敬地位高的人，七是察举勤劳小吏，八是礼遇各国诸侯。到了年底，则令各级官府勘定出一年的治理成绩，太宰予以统计。每三年，对各级官员的政绩进行一次考核，并给予奖赏或处罚。

膳夫：掌王之食饮膳羞，大丧则不举，大荒则不举，大札则不举，天地有灾则不举，邦有大故则不举〔大荒，凶年也。大札，疫疠也。天灾，日月晦食也。地灾，崩动也。大故，刑杀也。《春秋传》曰：司寇行戮，君为之不举〕。

【译文】

膳夫，掌管君主饭菜、酒水、牲肉、美味。凡国家有大丧、有灾荒、有疫病流行，天地有灾异（指日蚀、月蚀、地震等），国家有重大事故（如刑杀等），均不得杀牲设宴。

# 地　官

大司徒之职：掌建邦之土地之图，与其人民之数，以佐王安扰邦国〔教所以亲百姓，训五品也。扰，亦安也，言饶衍也〕。而施十有二教焉：一曰以祀礼教敬，则民不苟；二曰以阳礼教让，则民不争；三曰以阴礼教亲，则民不怨；四曰以乐礼教和，则民不乖；五曰以仪辩等，则民不越；六曰以俗教安，则民不愉；七曰以刑教中，则民不虣；八曰以誓教恤，则民不怠；九曰以度教节，则民知足；十曰以世事教能，则民不失职；十有一曰以贤制爵，则民慎德；十有二曰以庸制禄，则民兴功〔阳礼，谓乡射饮酒也。阴礼，谓男女之礼也。婚姻以时，则男不旷、女不怨也。仪，谓君南面，臣北面，父坐子伏之属也。俗，谓土地所生习也。愉，谓朝不谋夕也。恤，谓灾厄相忧也。民有凶患，忧之则民不懈怠也。度，谓宫室车服之制也。世事，谓士农工商之事，少而习焉，其心安焉，因教以能，不易其业也。慎德，谓矜其善德，劝为善也。庸，功也。爵以显贤，禄以赏功也〕。……以保息六畜万民：一曰慈幼，二曰养老，三曰振穷，四曰恤贫，五曰宽疾，六曰安富〔保息，谓安之使蕃足也。慈幼，爱少也。养老，七十养于学，五十异粮之属也。振穷，救天民之穷者也。恤贫，贫无财业，禀食贷之也。宽疾，若今癃不可事，不算卒也。安富，平徭役，不专取之也〕。以乡三物教万民而宾兴之。一曰六德：智、仁、圣、义、忠、和；二曰六行：孝、友、睦、姻、任、恤；三曰六艺：礼、乐、射、驭、书、数〔物，犹事也。兴，犹举也。民三事之教成，乡大夫举其贤者、能者，以饮酒之礼宾客之，既则献其书于王矣。智，明于事也。仁，爱人以及物也。圣，通而先识也。义，能断时宜也。忠，言以中心也。和，不刚不柔也，善于父母为孝，善于兄弟为友。睦，亲于九族也。姻，亲于外亲也。任，信于友道也。恤，振忧贫者。礼，五礼之仪也。乐，六乐之歌舞也。射，五射之法也。御，五御之节也。书，六书之品也。数，九数之计也〕。以五礼防万民之伪而教之中〔礼，所以节止民之侈伪，使其行得中也。五礼，谓吉、凶、宾、军、嘉〕，以六乐防万民之情而教之和〔乐，所以荡正民之情思，使其心应和也。六乐，谓云门、咸池、大韶、大夏、大诏、大武也〕。

【译文】

大司徒的职责，是掌管建立国土图籍和人口数量表册，帮助君主安邦富国。为此施行十二种教化：一是以祭祀之礼教人存敬爱之心，百姓就不会轻率苟且；二是以乡射饮酒之礼教民谦让，百姓就不会争高论低；三是用婚姻之礼教人亲睦，百姓就不会有恨怨；四是以音乐之礼教人和谐，百姓就不会产生乖戾；五是以尊卑之礼教人懂得等级，百姓就不会干僭越之事；六是用传统风俗教民安定，百姓就不会苟且荒唐；七是以刑法教民遵规守矩，百姓的行为就不会暴戾；八是以盟约诺言教民心存敬慎，百姓就不会懈怠轻慢；九是以宫室车服制度教人节用，百姓就会知足；十是以祖传职业教民技能，百姓就不会失其本职；十一是以贤能确定其爵位，人就会谨慎其德行；十二是以功劳确定其俸禄，人就会勇于建功立业。用保障百姓繁衍生息的六种措施养育万民：一是爱护年幼者，二是供养年老者，三是赈济灾苦者，四是抚恤贫困者，五是宽免残疾者，六是安定富裕者。用从前已有的三种事物教化万民而使其顺服、兴旺：一是培养六德，即智、仁、圣、义、忠、和；二是端正六行，即孝父母、友兄弟、睦九族、谐亲家、信朋友、恤贫苦；三是习学六艺，即礼、乐、射、驭、书、数。用五种礼仪来防止民众诈伪，而教其存心中正；用六乐防范民众纵情，而教其心态平和。

乡师以岁时巡国及野，而赒万民之艰阨，以王命施惠〔岁时者，随其事之时，不必四时也。艰阨，饥乏者也〕。

【译文】

乡师每年适时巡视国都辖区及郊区，并救济百姓中的艰难穷困者，以天子的名义布施恩惠。

师氏掌以美诏王〔告王以善道也。《文王世子》曰：“师者，教之以事，而谕诸德者也。"〕，以三德教国子：一曰至德，以为道本；二曰敏德，以为行本；三曰孝德，以知逆恶也。教三行：一曰孝行，以亲父母；二曰友行，以尊贤良；三曰顺行，以事师长〔德行，外内之称也，在心为德，施之为行也。至德，中和之德，覆焘持载含容者也。敏德，仁义顺时者也。孝德，尊祖爱亲，守其所以生者也。孔子曰："武王、周公其达孝矣乎？夫孝，善继人之志，善述人之事也。"〕。

【译文】

师氏负责以美善之道告诫君主，以"三德"教导王族子弟：一是至德，作为思想品质的根本；二是敏德，作为行为的根本；三是孝德，使其知道何为背逆罪恶行为。还要教他们树立三行：一是孝行，即亲爱父母；二是友行，即尊敬贤良；三是顺行，即尊事师长。

保氏养国子以道，乃教之六艺：一曰五礼，二曰六乐，三曰五射，四曰五驭，五曰六书，六曰九数；乃教之六仪：一曰祭祀之容，二曰宾客之容，三曰朝廷之容，四曰丧纪之容，五曰军旅之容，六曰车马之容〔养国子以道者，以师氏之德行审谕之，而后教之以艺仪也。五射，白矢、参连、剡注、襄尺、井仪也。五驭，鸣和銮、逐水曲、过君表、舞交衢、逐禽左也。六书，象形、会意、转注、指事、假借、谐声也。九数，方田、粟米、差分、少广、商功、均输、赢不足、旁要、方程。今有重差，夕桀句股也。祭祀之容，穆穆皇皇；宾客之容，严恪矜庄；朝廷之容，跻跻跄跄；丧纪之容，累累颠颠；军旅之容，暨暨詻詻；车马之容，匪匪翼翼〕。

【译文】

保氏负责以道艺教导王族子弟，即教他们掌握六艺：一是五礼，二是六乐，三是五射，四是五驭，五是六书，六是九数。还要教他们了解六仪：一是祭祀时的仪容，二是接待宾客的仪容，；三是步入朝廷的仪容，四是办理丧事的仪容，五是军旅的仪容，六是乘车骑马的仪容。

司救：掌凡岁时有天患民病，则以节巡国中及郊野，而以王命施惠〔天患，谓灾害也。节，旌节也。施惠，赒恤〕。

【译文】

司救的责任是每年凡有天灾疫病时，则持旌节作为钦差巡视国都及城郊、乡野，以天子的名义布施恩惠。

# 春　官

大司乐：以乐德教国子，中、和、祗、庸、孝、友〔中，犹忠也。和，刚柔适也。祗，敬也。庸，有常也〕。凡日月食、四镇五岳崩，大傀异灾、诸侯薨，令去乐〔四镇，山之重大者也，谓会稽、沂山、医无闾、霍山也。五岳，岱、衡、华、嵩、恒也。傀，犹怪也。大怪异灾，谓天地奇变，若星辰奔雷及震裂为害者也。去乐，藏之也〕。大札、大凶、大灾、大荒、大臣死，凡国之大忧，令弛县〔札，疫疠。凶，凶年也。灾，水火也。弛，释下之也〕。凡建国，禁其淫声、过声、凶声、慢声〔淫声，若郑卫也。过声，失哀乐节也。凶声，亡国之声，若桑间濮上也。慢声，惰慢不恭之声〕。

【译文】

大司乐主要职责是用音乐中包含的六种道德来教化王族子弟。其"六德"指忠诚、和谐、恭敬、有常、孝顺、友爱。凡有日蚀月蚀、四大名山及五岳崩裂、天地异灾、诸侯去世，就下令停止演奏音乐；凡出现大瘟疫、大凶年、大水火灾、大饥荒、大臣死亡以及国家重大忧患，就下令把钟磬等悬挂的乐器放下来；凡新封立诸侯国时，就重申禁止其存在淫邪之音、超出悲哀或欢乐节奏之音、亡国之音和怠慢不恭之音。

# 夏　官

大司马之职：掌建邦国之九法，以佐王平邦国〔平，成也，正也〕。

制畿封国，以正邦国〔封，谓立封于疆为界〕；设仪辩位，以等邦国〔仪，谓诸侯诸臣之仪〕；进贤兴功，以作邦国〔作，起也，起其进善乐业之心〕；建牧立监，以维邦国〔维，犹连结〕；制军诘禁，以纠邦国〔诘，穷治也。纠，正也〕；施贡分职，以任邦国〔职，谓赋税也。任，犹事也〕；简稽乡民，以用邦国〔稽，计也〕；均守平则，以安邦国〔均，谓尊者守大、卑者守小也〕；比小事大，以和邦国〔比，犹亲，使大国亲小国、小国事大国〕。以九伐之法正邦国〔诸侯有违王命，则出兵征伐而正也〕：冯弱犯寡，则眚之〔眚，犹人眚瘦也，四面削其地〕；贼贤害民，则伐之〔有钟鼓曰伐，以声其罪〕；暴内陵外，则坛之〔置之空坛之中，别立君也〕；野荒民散，则削之〔田不治，民不附，则削其地也〕；负固不服，则侵之〔侵，用兵浅侵之而已〕；贼杀其亲，则正之〔正，杀也〕；放弑其君，则残之〔残灭其为恶者〕；犯令陵政，则杜之〔犯令，逆命也。陵政，轻法也。杜，塞，使不得与诸侯通〕；外内乱，鸟兽行，则灭之。仲春教振旅〔师出曰治兵，入曰振旅，皆习战也。四时猎，各教民，以其一焉〕，……遂以搜田〔搜，择也，择取禽兽不孕者〕；仲夏教拔舍〔拔舍，犹草舍。军有草止之法〕，遂以苗田〔夏田为苗，简取禽兽不孕任，若治苗去不秀实者也〕；仲秋教治兵，遂以狝田〔狝，犹杀也，中杀者多〕；仲冬教大阅〔大阅，简军实，备礼不如出军时〕，遂以狩田〔冬田为狩，言守取之无所择也〕。

【译文】

大司马的职责是掌管设立诸侯国的九项规定，以辅佐天子平治各诸侯国。九项规定是：划定京城辖区（天子直辖），封立诸国疆界，以考定各国名称、地域；设定礼仪来区别诸侯国众臣的位分，建立国家等级制度；举用贤能，鼓励建功，以振起诸侯国进善乐业之心；设立州牧、选派州监，使诸侯国秩序得以维系；控制军队，查办违禁，以纠察奸邪；按律进贡，分职纳税，使诸侯国各任其事；统计城乡人口，使国家得以合理役使民力；公正的划分诸侯国的土地疆域，使诸侯国得以稳定；大国亲近小国，小国奉事大国，使诸侯国得以和睦。以“九伐”之法来纠正各诸侯国，使其不敢偏离正道。“九伐”的规定是：以强凌弱、以大侵小者，则削减其封地；残害贤能、祸害百姓者，则讨伐其罪恶；对内暴虐，对外侵犯，则另立其新君；田园荒芜、百姓离散，则削减其属地；自恃地险域固而不服王命，则出兵予以震慑；残杀其亲族者，则以法治罪；放逐、谋杀其君者，则杀死其恶徒；违犯命令、超越政策者，则孤立之（断绝其与邻国的交往）；外交内政混乱无序，百姓像鸟兽一样流散逃离（另，《辞海》注：“鸟兽行”，也指乱伦的行为），则灭亡其封国。仲春，令其整顿军队纪律，于是令兵士有选择地捕捉猎物；仲夏，令其训练拔营移寨，于是令兵士捕捉猎物（飞禽走兽中不怀孕的）；仲秋，令其训练攻防打斗，于是令兵士勇敢地捕杀猎物；仲冬，令其检视军中车马，于是令兵士大行设围狩猎。

司勋：掌等其功〔等，犹差也。以功大小为差等〕。凡有功者，铭书于王之大常，祭于大烝〔铭之言名也。生则书于王旌，以识其人与其功也，死则于烝，先王祭之。冬祭曰烝。王旌画日月为大常也〕。凡赏无常，轻重视功〔无常者，功之大小不可豫〕。

【译文】

司勋：掌管功绩大小分等记功。凡有功者，书名于天子旌表的太常之旗，其中已故者，在天子冬月祭祖时陪同享祭。奖赏没有定例，视其功劳大小决定奖赏的轻重。

## 秋　官

大司寇之职：掌建邦之三典，以佐王刑邦国、诘四方：一曰刑新国用轻典〔新国，谓新辟地立君之国也〕，二曰刑平国用中典，三曰刑乱国用重典〔乱国，谓篡杀叛逆之国也〕。以圜土聚教疲民〔圜土，狱城也，聚疲民其中，困苦以教之为善也。民不愍作劳，有似于疲也〕，凡害人者，寘之圜土而施职事焉，以明刑耻之〔明刑，谓明书其罪于大方板，以著背也。职事，谓役使之也〕。其能改者，反于中国，不齿三年；其不能改而出圆土者，杀。以嘉石平疲民〔疲民，谓为邪恶者也〕，凡万民之有罪过，而未丽于法，而害于州里者，桎梏而坐诸嘉石，役诸司空州里任之，则宥而舍之〔有罪过，谓邪恶之人所罪过者也。丽，附也。未附于法，未著于法也。役诸司空，坐日讫，使给百工之役；役月讫，使其州里之人任之，乃赦之也〕。以肺石达穷民〔肺石，赤石也。穷民，天民之穷而无告者〕，凡远近茕独老幼之欲有复于上而其长弗达者，立于肺石三日，士听其辞，以告于上而罪其长〔复，白也。长，谓诸侯及所属吏〕。

【译文】

大司寇的职责是掌管建立邦国的三种法典，以帮助君王对各邦国施行刑法，督察四方：一是惩治新封诸侯国用轻典，二是惩治一般诸侯国用中典，三是惩治有杀君、叛逆等动乱之国用重典。用围土筑建狱城，集中管教疲沓懒惰、为非作歹之民。凡有害人之罪行者，投置于狱城役使听用（劳改），并以牌板书写其罪悬于后背予以羞辱（促其认罪改过）。其中知罪能改者，令其返回本乡，但三年内，其身分不能与常人以年龄叙排长幼之序（低人一等）；其中不思改悔而且越狱出逃者，杀之。用朝廷门外左侧设立嘉石（纹理美观之石）的办法，让路人评议不事农耕、为非作歹之民。即凡民众有罪过，但情节够不上刑法制裁、却有害于州郡乡里者，就让他戴上脚镣手铐坐在嘉石上任人评说，每日坐石完毕，还须在司空府上做杂役，服役期满，经州郡、乡里之民担保，则可以宽赦释放。用在朝廷门外右侧设立肺石（赤色之石）的办法，让申诉无门的人来投诉。即凡或远或近的孤独老幼无依无靠之人有事要告诉君主，但其地方长官不予上达者，这些贫民可立于肺石之上三日，由朝廷官员听其诉说，然后告知于君主，朝廷则对相关地方长官予以责罚。

小司寇：凡命夫命妇，不躬坐狱讼〔命夫，谓大夫也。命妇，谓大夫妻也。若有罪，不自身坐，使其属及子弟也〕；凡王同族有罪，不即市〔刑于甸师氏也〕。以五声听狱讼，求民情：一曰辞听〔辞不直则烦也〕，二曰色听〔色不直则赧也〕，三曰气听〔气不直则喘也〕，四曰耳听〔耳不直则惑也〕，五曰目听〔目不直则眊然〕。以八辟丽邦法，附于刑罚〔辟，法也。丽，附也〕：一曰议亲之辟〔若今时宗室有罪先请是也〕，二曰议故之辟〔故，谓旧知〕，三曰议贤之辟〔若今时廉吏有罪先请是也〕，四曰议能之辟〔能谓有道艺者〕，五曰议功之辟〔谓有大勋、力立功者也〕，六曰议贵之辟〔若今时吏墨绶有罪先请是也〕，七曰议勤之辟〔谓憔悴事国者〕，八曰议宾之辟〔谓所不臣者，三恪二代之后与〕。

【译文】

小司寇职责规定，凡是大夫及大夫的妻子犯了罪，不亲自出庭受审；凡君主同族之人有罪，不在市井受刑。审判案件要注意观察当事人五种反应，并探询民众意见：一是就其辩辞来判断，二是就其神色来判断，三是就其声气来判断，四是就其声音情绪来判断，五是就其眼神来判断。以八种议罪法作为国家法典的补充，以增益于刑罚：一是关于审议王室宗亲犯罪以轻议定的规定，二是关于审议故旧老臣犯罪从宽处理的规定，三是关于审议清官廉吏犯罪减刑的规定，四是关于审议有才能的人犯罪减免刑罚的规定，五是审议有功者犯罪减免刑罪的规定，六是审议贵族犯罪宽免刑责的规定，七是关于审议勤劳国事者犯罪从宽治罪的规定；八是关于外藉宾客犯罪从轻论处的规定。

司刺：掌三刺、三宥、三赦之法，以赞司寇，听狱讼〔刺，杀也。致三问之，然后杀〕。一刺曰讯群臣，再刺曰讯群吏，三刺曰讯万民〔讯，言问也〕；一宥曰不识，再宥曰过失，三宥曰遗忘〔不识，谓愚民无所识也。宥，宽也〕；一赦曰幼弱，再赦曰老耄，三赦曰蠢愚〔蠢愚，生而痴呆也。赦，谓免其罪也〕。以此三法者求民情，然后刑杀。

【译文】

司刺：掌管“三刺”、“三宥”、“三赦”之法，以辅佐司寇审理案件。“三刺”（刺即杀）：一审判处死刑，询问群臣意见；二审判处死刑，询问群吏意见；三审判处死刑，询问百姓意见。“三宥”：第一类应从宽处治的是不知法规的，第二类应从宽的是过失犯罪的，第三类应从宽的是当时精神失常的。“三赦”：一是年幼弱小者犯罪赦免之，二是年已老迈者犯罪赦免之，三是天生痴呆者犯罪赦免之。只有附合此三类法规者，通过征求民众意见，然后决定惩罚或处死。

小行人：若国札丧，则令赙补之〔赙丧家，补其不足〕；若国凶荒，则令赒委之〔委，输也〕；若国师役，则令犒禬之〔犒，劳也。合助相振为会〕；若国有福事，则令庆贺之；若国有祸灾，则令哀吊之。

【译文】

小行人职责规定，若因诸侯国发生瘟疫而死人，则令给丧家以补助；若诸侯国是年粮食欠收，则令其他诸侯国给予救济；若去诸侯国军队服役，则令给以犒劳；若诸侯国有重大福运喜事，则令各国前去祝贺；若诸侯国发生重大祸灾，则令各国前去慰问。

掌客：凡礼宾客，国新杀礼，凶荒杀礼，札丧杀礼，祸灾杀礼，在野在外杀礼〔杀，减也。国新，新建国也。凶荒，无年也。札丧，疫疠也。祸灾，新有兵寇及水火也。在野，行军在外也〕。

【译文】

掌客职责规定，凡国家招待宴请外宾来客，新封立之国减少贡礼，粮食欠收之国减少贡礼，因瘟疫而死人之国减少贡礼，出现战祸大灾之国减少贡礼，有军队在外征战者减少贡礼。

（樊建夫译）

## 卷八

# 周书治要

【考评】

《周书》即《逸周书》，因为与《竹书纪年》出土在汲县，故称之为《汲冢周书》。本书体例与《尚书》相似，传为孔子删《尚书》之余，究其实际，一般认为多数出于战国时期的拟作。书中所记载的故事，反映了战国时期我国边境各族和中原华夏族在政治和经济上密切联系的情状。作为一本先秦古籍，《周书》不失为一部研究周代历史较有价值的文献资料。

魏征从《周书》的《文传》《官人》《芮良夫》三篇中节录部分篇段编入《群书治要》。《文传》《芮良夫》篇名后均加有“解”字。文内夹注是魏征对孔晁原注进行取舍后所加。《文传解》说，“水、旱、饥、荒，其至无时”，如无储蓄粮食，遇到“天饥”，农民的“妻子非其有也”，官吏的“臣妾舆马，非其有也”；国家的“百姓非其百姓也”。《官人》篇提出官人的十一条行为标准以及十一条考核官人的方法。《芮良夫解》主要警告执政者如何做民之“父母”，如何用贤，并认为如果“偷生苟安，爵以贿成”，就会造成“贤智箝口，小人鼓舌”的恶果。

## 文传解

天有四殃：水、旱、饥、荒。其至无时，非务积聚，何以备之？《夏箴》曰："小人无兼年之食，遇天饥，妻子非其有也；大夫无兼年之食，遇天饥，臣妾舆马非其有也；国无兼年之食，遇天饥，百姓非其百姓也。戒之哉，不思祸咎无日矣〔言不远也〕！明开塞禁舍者，其取天下如化〔变化之顿，谓其疾〕；不明开塞禁舍者，其失天下如化〔不明，谓失其机〕。兵强胜人，人强胜天〔胜天，胜有天命〕。能制其有者，能制人之有；不能制其有者，人制之。令行禁止，王之始也。"

【译文】

天降的灾害有四种，即水灾、旱灾、粮食欠收、五谷不收。它们的到来没有定时，若平时不进行储备，用什么东西来防备呢？《夏箴》有规戒之文说："平民没有隔年的粮食，遇到天降灾荒，妻子儿女都会失去；大夫没有隔年的粮食，遇到天降灾荒，家丁、小妾、车马都会失去；国家没有隔年的粮食，遇到天降灾荒，天下百姓就不是自己的臣民了。"要以此为戒啊！不居安思危，离灾祸也就没有多少日子了。明白开源、塞漏、储藏、施舍的人，他取得天下就像自然变化一样顺理；不能把握开源、塞漏、储藏、施舍的人，他失去天下也如自然变化一样正常。兵强能战胜别人，人强能改变命运。能控制自己所拥有的东西，就能控制别人所据有的东西；不能控制自己所拥有的东西者，将会受别人的控制。令行禁止，是天子治国的开始。

## 官　人

富贵者，观其有礼施；贫穷者，观其有德守；嬖宠者，观其不骄奢；隐约者，观其不慑惧。其少者，观其恭敬好学而能弟；

其壮者，观其洁廉务行而胜其私；其老者，观其思慎、强其所不足而不逾。父子之间，观其慈孝；兄弟之间，观其和友；君臣之间，观其忠惠；乡党之间，观其信诚。设之以谋，以观其智；示之以难，以观其勇；烦之以事，以观其治；临之以利，以观其不贪；湛之以乐，以观其不荒。喜之，以观其轻；怒之，以观其重；醉之，以观其失；纵之，以观其常；远之，以观其不贰；昵之，以观其不狎。复征其言，以观其精；曲省其行，以观其备。此之谓观诚。

【译文】

对富贵的人，要看他是否有礼好施；对贫穷的人，要看他有无德行操守；对受宠幸的人，要看他是否骄傲奢侈；对忧愁受困的人，要看他是否胆小怕事。对年轻之人，看他有无恭敬好学的态度和友爱之心；对壮年之人，看他是否廉洁从事而克制私欲；对年老的人，看他思考是否谨慎，强迫他做力所不能及之事，而不逾越规矩。父子之间，要看他们是否慈爱、孝顺；兄弟之间，要看他们是否和睦友爱；君臣之间，要看是否仁爱、忠心；乡党之间，要看他们是否诚实守信。让其筹划某种计谋，来考察他的智慧；告知某种困难，来考察他的勇敢；烦劳他做某件事，来看他的管理能力；让其面对某种利益，来考察他是否贪婪；让其过度地听取音乐，考察他是否放纵迷乱、荒废政事。让他快乐，看他是否轻佻；激他发怒，看他是否稳重；让他喝醉，看他是否失态；放任他行事，看他是否遵从准则；疏远他，看他是否忠心不变；亲近他，来考察他是否轻薄。繁复地征求其建言，看他是否变通；隐秘地察看其行为，看他是否品行完备。这就叫考察真情实况。

## 芮良夫解

厉王失道，芮伯陈诰作芮良夫解。芮伯若曰："余小臣良夫，稽首谨诰：天子唯民父母。致厥道，无远不服；无道，左右臣妾乃违〔道，谓德政。违，叛之〕。民归于德，德则民戴，否德民仇。兹允效于前，斯不远〔信验于前世，不远也〕。商纣弗改夏桀之虐，肆我有周有家〔举桀行恶灭亡，以为戒也〕。呜呼！唯尔天子，嗣文武之业；唯尔执政小子，同先王之臣。昏行内顾，道王不若〔同，谓位同也。昏，暗也，言教王为不顺〕，专利作威，佐乱进祸，民将弗堪〔专利侵乱，进不善也〕。治乱信于其行，唯王暨尔执政小子攸闻〔行善则治，行恶则乱，皆所闻知也〕。古人求多闻以鉴戒，弗闻是惟弗知〔言古人患不闻，故有所不知也〕。尔闻尔知，弗改厥度，亦惟艰哉〔知而不改，无可如何，故曰难也〕？夫后除民害，不唯民害，害民乃非后，唯其仇〔是与民为怨仇〕。民至亿兆，后一而已，寡弗敌众，后其殆哉〔言上下无义，对共相怨，则寡者危已〕！乌乎！野禽驯服于人，家畜见人而奔，非禽畜之性，实惟人民亦如之〔人养之故扰服，虽家畜，不养则畏人，治民亦然也〕。今尔执政小子，惟以贪谀事王〔专利为贪，面从为谀〕，不对以备难，下民胥怨，财单力竭，手足靡措，弗堪戴上，不其乱而〔言民相与怨上，上加之罪，民不堪命，必作乱也〕？惟祸发于人之攸忽，咎起于人攸轻。心不存焉，变之攸伏〔言人所轻忽，则祸之所起〕。尔执政小子，弗图大艰，偷生苟安，爵以贿成〔苟安，无远虑。贿成，不任德〕。贤智拑口，小人鼓舌，逃害要利，并得其求，唯曰哀哉〔贤者隐黜以逃害，小人佞谄以要利，各得其求，故君子为之哀也〕！我闻曰：‘以言取人，人饰其言；以行取人，人竭其行。饰言无庸，竭行有成。’唯尔小子，饰言事王，实蕃有徒。尔自谓有余，余谓尔不足，敬思以明德，备乃祸难〔言其不足于道义也。以，用。乃，汝〕。难至而悔，悔将安及？”

【译文】

周厉王丧失治国之道，芮伯上书劝诫，写作了《芮良夫解》。芮伯这样说：“小臣芮良夫，叩首敬告：天子是万民的父母。得治国之道，再远的诸侯部族都没有不归服的；丧失治国之道，自己的近臣、妻妾都会背叛。百姓归附有德之人。有德则百姓拥戴，无德则百姓仇恨。这确已被前代验证，并不久远。商纣王沿袭夏桀的暴虐，于是使我们周朝拥有了天下。唉！您是天子，继承了文王和武王开辟的事业。虽然那些执政的人地位等同于先王的大臣，却行为愚昧，只顾自己，诱导大王不顺从（先王之法），独占利益，滥用权威，助长动乱，招引祸害，百姓将不予供奉。‘治乱取决于治理者的作为。’大王和您的执政者们是知道的。古代的人企求多一些谏言，以作为未知之事的借鉴，那是由于尚不知道（该怎么做）。而你已听说了，也知道了，却不改正自己的做法，也是由于艰难吗？君王为民除害，除去的不只是百姓之害，因为祸害百姓，就不是百姓的君主了，而是他们的仇人。百姓多达亿万人，君王却只有一人，寡不敌众，君王将非常危险啊！唉，野鸟能被人驯服，家畜见了生人却会逃跑。这不单是鸟兽的本性，人民实际上也同这一样。现在你那些执政的人，只用贪婪和阿谀奉承来侍奉大王你，不应对防备灾难（之策），下层臣民共同抱怨，财力枯竭，手足无措，从而不供奉拥戴君主，不是将要作乱了吗？灾祸产生于人的疏忽，错误发生于人的轻视。凡事不放在心上，就伏下了变乱的祸根。你的那些执政者，不考虑国家艰难，苟且求生，贪图眼前安逸，当官凭行贿来实现。贤智之人闭口不言，奸邪小人鼓唇弄舌。（贤者）躲避祸患，（小人）设法取利。两者均得其所求，只能说令人痛心啊！我听说：‘以言谈取人，人会巧言令色；以所作所为取人，人将竭尽其能。巧言令色没有功用，竭力办事必有所成。’那些执政者，用巧饰之言侍奉君王，其门徒确实众多。你自认为有余，我以为不足。要慎重考虑，并显明道德，防备灾难的降临。一旦灾难发生了再后悔，后悔又怎能来得及呢？”

（余炳毛译）

卷八

# 国语治要

【考评】

《国语》，传为春秋时左丘明著。二十一卷。以记西周末年和春秋时期周、鲁等国贵族的言论为主，可与《左传》相参证，故有《春秋外传》之称。其中《晋语》最详，周、鲁、楚三国语次之，齐、郑、吴、越四国语又次之。有三国时韦昭注本。魏征编撰的《群书治要》仅从《周语》《晋语》《楚语》三国语中节录了片断。

《周语》记述周景王二十一年、二十三年要铸“大钱”、“无射(钟名)”时，单穆公据理反对，认为这将会造成“民离财匮，灾至备亡”的后果。

《晋语》记述晋武公与晋大夫共叔成的对话、晋文公与郭偃的对话和韩献子与晋灵公的故事，说明共叔成不为“以私利废人道”，晋文公知治国之难而勤修身，赵宣子能知人善任。

《楚语》记述灵王为章华之台的建筑以为美，伍举反对，认为建筑章华台会造成“国民疲焉，财用尽焉，年谷败焉，百官烦也”的恶果。楚大夫王孙圉被聘于晋议论楚国的“白珩”不是“国宝”，发展生产、国民安居乐业是“楚国之宝”。

魏征所录三国语，言虽少而寓含劝戒的思想极深，以作为从政者的借鉴。

《国语》和《左传》是春秋时期的主要史料，但这两书的关系，历来约有两种说法。一说这两部书都是左丘明作的。左丘明为了给《春秋》作传，搜集了许多史料，后来，一部分用上了，这一部分成为《左传》。没有用上的一部分就单独成书，成为《国语》，所以也称《春秋外传》。另一种说法是，《左传》并非左丘明作，《春秋》原来的传是《公羊传》和《谷梁传》，本来没有《左传》，只有《国语》，它是春秋时期各国历史的一个总集。到汉末，古文经学家刘歆，为要抵抗《公羊传》，便把《国语》割裂开来，分出一部分，与《春秋》联系起来，托名于左丘明，称为《左氏传》，其余的部分还叫《国语》。司马迁说："左丘失明，厥有《国语》。"也就是说《国语》是左丘明之原来著作的名称，《左传》可能是从《国语》中分出来的。《国语》的出现，可能在战国早期。《左传》和《国语》是春秋时期的重要史料，其中有些长篇言辞，也是商周哲学史的史料。

# 周　语

景王二十一年，将铸大钱。单穆公曰："不可。古者天灾降戾〔降，下也。戾，至也。灾，谓水、旱、蝗、螟之属〕，于是乎量资币，权轻重，以振救民〔量，犹度也。资，财也。权，称也。振，拯也〕。民患轻则为之作重币以行之〔民患币轻而物贵，则作重以行其轻〕。于是乎有母权子而行，民皆得焉〔重曰母，轻曰子。贸物，物轻则子独行，物重则以母权而行之也。子母相通，民皆得其欲也〕。若不堪重，则多作轻而行之，亦不废重。于是乎有子权母而行，小大利之〔堪，任也。不任之者，币重物轻，妨其用也，故作轻币杂而用之，以重者贸其贵，以轻者贸其贱也。子权母者，母不足则以子平之而行之也。故钱小大民皆以为利也〕。今王废轻而作重，民失其资，能无匮乎〔废轻而作重，则本竭而末寡也，故民失其资〕？若匮，王用将有所乏〔民财匮无以供上，故王用将乏也〕，乏则将厚取于民〔厚取，厚敛也〕。民不给，将有远志，是离民也〔给，共也。远志，逋逃也〕。且夫备，有未至而设之〔备，国备也。未至而设之，谓豫备不虞，安不忘危〕，有至而后救之〔至而后救之，谓若救火疗疾，量资币平轻重之属〕，是不相入也〔二者前后各有宜。不相入，不相为用〕。可先而不备，谓之怠〔怠，缓也〕；可后而先之，谓之召灾〔谓民未患轻而重之，离民匮财，是为召灾〕。周固羸国也，天未厌祸焉，而又离民以佐灾，无乃不可乎〔言周故已为羸病之国，天降祸灾未厌已〕！将民之与处而离之，将灾是备御而召之，则何以经国〔君以善政为经，臣奉而成之为纬也〕？国无经，何以出令？令之不从，上之患也。故圣王树德于民以除之〔树，立也。除，除令不从之患也〕。绝民用，以实王府〔绝民用，谓废小钱，敛而铸大也〕，犹塞川原为潢污也，其竭也无日矣〔大曰潢，小曰污。竭，尽也。无日，无日数也〕。若民离财匮，灾至备亡，王其若之何〔备亡，无救灾之备也〕？"王弗听。

【译文】

周景王二十一年，欲铸造大钱。单穆公说："不能这样。古时候，遇到天灾时，于是才估量钱财，权衡轻重，用来救济灾民。钱币轻小，人民担忧不便使用，便为此铸造分量重的钱币用以流通。于是，有了重钱按值兑换轻钱共同流通的办法，人民均感到满意。如果因钱币过重，不便使用，就多铸造些分量轻的钱币以方便流通，分量重的钱币也不废弃。于是，又有了轻钱按值兑换重钱来流通的办法，小钱大钱皆便利了百姓。如今，君王废除分量轻之钱币，铸造分量重之钱币，人民损失了他们的资财，能不穷困吗？如果人民穷困，君王的财用将有所匮乏，匮乏就将从人民那里多收取。人民无力供给，就会萌生远逃的想法，这是背离民意呀！况且，管理措施有事情未发生之前就制定的，也有事情发生后进行补救的，二者是不相干扰的。应事先准备而不准备，叫做懈怠；应事后补救而事前瞎忙的，叫做招祸。我成周确实是一个贫弱之国，天降灾祸不曾停止，而陛下却又背离民心以助长灾祸，恐怕不可以吧？陛下打算与人民相处，却离开人民，打算预防灾祸，却反而招祸，如此，又怎能治理国家？治国没有纲要，国君凭什么发布政令？人民不听从政令，是君主的忧患。所以，圣王会立德于民来消除这一忧患。断绝人民的财用去充实君王的府库，好比堵塞河流的源头去建造水池水洼，其枯竭也就为时不远了。如果民众离心，财用匮乏，灾祸来临亦无赈灾措施，君王将怎么办呢？"景王没有听从劝谏。

二十三年，王将铸无射〔无射，钟名。律中无射〕。单穆公曰："不可。作重币以绝民资，又铸大钟以鲜其继〔鲜，寡也。寡其继者，用物过度，妨于财也〕。若积聚既丧，又鲜其继，生何以殖〔积聚既丧，谓废小钱也。生，财也。殖，长也〕？今王作钟也，无益于乐，而鲜民财，将焉用之？夫乐不过以听耳，而美不过以观目。若听乐而震，观美而眩，患莫甚焉！夫耳目，心之枢机也〔枢机，发动也。心有所欲，耳目发动也〕，故必听和而视正。听和则聪，视正则明〔习于和正，则不眩惑也〕。聪则言听，明则德昭。听言昭德，民歆而德之，则归心焉〔歆，犹欣歆，喜服也。言发德教〕，是以作无不济，求无不获，然则能乐。夫耳纳和声，而口出美言〔耳闻和声，则口有美言，此感于物也〕，以为宪令〔宪，法也〕，而布诸民，民以心力，行之不倦，成事不贰，乐之至也〔贰，变也〕。若视听不和，而有震眩，于是乎有狂悖之言，有眩惑之明，出令不信〔有转易也〕，刑政放纷，动不顺时，民无据依，不知所力，各有离心〔不知所为尽力〕。上失其民，作则不济，求则不获，其何以能乐？三年之中，而有离民之器二焉〔二，谓作大钱、铸大钟〕，国其危哉！"王弗听，问之伶州鸠〔伶，司乐官。州鸠，名也〕，对曰："夫匮财用、疲民力，以逞淫心〔逞，快也〕，听之不和，比之不度，无益于教，而离民怒神，非臣之所闻也。"王不听，卒铸大钟〔财匮，故民离。乐不和，故神怒也〕。二十四年钟成，伶人告和〔伶人，乐人〕。王谓伶州鸠曰："钟果和矣。"对曰："未可知也〔州鸠以为钟实不和，伶人媚王谓之和，故曰未可知〕。"王曰："何故？"对曰："上作器，民备乐之，则为和〔言声音之道，与政通也〕。今财亡民疲，莫不怨恨，臣不知其和也〔乱世之音怨以怒，故曰不知其和〕。且民所曹好，鲜其不济〔曹，群也〕；其所曹恶，鲜其不废。谚曰：'众心成城〔众心所好，莫之能败，其固如城〕，众口铄金〔铄，消也。众口所毁，虽金石犹可消〕。'今三年之中，而害金再兴焉〔害金，害民之金，谓钱、钟也〕，惧一之废也〔二金中，其一必废也〕。"王曰："尔老耄矣，何知？"二十五年王崩，钟不和〔王崩而言不和，明乐人之谀〕。

【译文】

周景王二十三年，欲铸造无射钟。单穆公说："不可以。铸造大钱已经掠尽民财，又要造大钟，百姓中很少有人能再承受。如果积蓄丧失，又难以为继，财力又凭什么来增长呢？如今，君王铸造大钟，对于音乐没有好处，却又使人民财用困乏，做它干什么呢？音乐不过是悦耳，美观不过是悦目。如果听音乐让人惊恐，赏美物让人迷乱，祸患就很严重了。耳朵和眼睛是影响人们心志的关键所在，所以必须听和谐之音而看正当之物。所听和谐才能耳聪，所看正当才能目明。耳聪则忠言能够听从，目明则美德可以显扬。能听信忠言、显扬德行，人民欣喜而感激，就会诚心归服，因此，君主做事无不成功，需求无不得到，这样就能使人快乐。耳朵听受和谐之音，口中说出美善之言，在这样的情形下，制订法令并公布于众，人民以真心为国效命行之不倦，成就事业不生二心。这是音乐的最高境界。如果视听都不和谐，反而惊恐迷乱，于是，就会出现放荡背理的言语、萌发迷惑之心，发号施令不讲信用，刑罚政务放任纷乱；征用民力不顺应时令，百姓没有依据，不知如何尽力，各存背离之心。君王失去百姓的拥护，做事不能成功，求取不能得到，那怎么能快乐呢？三年之内，出现两件背离民心的器物，国家真危险啊！”王不听，就此事问乐官州鸠，州鸠答：“不顾财用匮乏、民力疲劳，以快慰惑乱之心，听之不和谐，演奏之不合音律，无益于教化，反而使人民背离、神灵生气，这种事我没听说过。”王仍不听，终于还是铸造了大钟。景王二十四年，大钟铸成，奏乐人报告说钟声和谐。君王对乐师州鸠说：“钟声果然和谐了。”答曰：“还很难说。”君王问：“什么原因？”答曰：“君王制作乐器，人民全都喜欢，就是和谐。如今，钱财耗去，百姓疲惫，无不怨恨，臣我不知道和谐在哪里。而且，百姓多数人都喜爱的事情，很少有不成功的；百姓多数人都厌恶的，很少有不废弃的。所以，谚语说：‘众志成城，众口铄金。’而今三年之内，损毁钱财之事就做了两件，我担心其中一件会被废弃。”君王说：“你老糊涂了，知道什么？”二十五年，景王逝世，钟声果然不和谐了。

# 晋　语

武公伐翼，弑哀侯，止栾共子，曰：“苟无死〔共子，晋大夫共叔成也〕，吾以子为上卿，制晋国之政。”辞曰：“成闻之，民生于三，事之如一〔三，君、父、师也。如一，服勤至死也〕。父生之，师教之，君食之〔食，谓禄也〕。唯其所在，则致死焉〔在君父，为君父，在师，为师也〕，人之道也。臣敢以私利废人道乎〔私利，谓不死为上卿也〕？君何以训矣〔无以教为忠也〕？从君而贰，君焉用臣〔贰，二心也〕？”遂斗而死。

【译文】

晋武公攻打翼国，杀死哀侯，劝阻栾共子（不要抵抗），说道："如果你不死战，我把你封为上卿，执掌晋国政务。"栾共子辞谢说："我听说：'人为三个人而活着，侍奉他们始终如一。'父母生育他，老师教诲他，君王给予爵禄。只要是这几件事，就应以死相报，这是做人的原则。臣岂敢为了私利而抛弃做人的原则呢？您又用什么来教导人呢？如果我跟随君主却有二心，您怎么会任用我呢？"于是战斗至死。

文公问于郭偃〔郭偃，卜偃〕曰："始也吾以国为易〔易，易治也〕，今也难。"对曰："君以为易，其难也将至矣；君以为难，其易也将至矣〔以为难而勤修之，故其易将至〕。"

【译文】

文公对郭偃说："起初我以为治国容易，现在才知道很难。"答曰："君王以为'容易'，那么'难'就将来了；君王以为'难'，那么，'容易'就将来了。"

赵宣子言韩献子于灵公，为司马〔宣子，赵宣孟也。献子，韩厥也。司马，掌军大夫也〕。河曲之役，赵孟使人以其乘车干行〔干，犯也。行，军列也〕，献子执而戮之。宣子召而礼之，曰："吾闻事君者，比而不党〔比，比义也。阿私曰党〕。夫周以举义，比也〔忠信曰周〕；举以其私，党也。夫军事有死无犯，犯而不隐，义也〔在公为义〕。吾言汝于君，惧汝不能也。举而不能，党孰大焉！事君而党，吾何以从政？勉之！苟从是行也〔勉之，劝修其志。是行，今所行也〕，临长晋国者，非汝其谁〔临，监也。长，帅也〕。"皆告诸大夫曰："二三子可以贺我矣，吾举厥也而中，吾乃今知免于罪矣。"

【译文】

赵宣子推荐韩献子给灵公，遂被灵公任命为司马。河曲之战时，赵宣子派人用他所乘的车扰乱军阵行列，韩献子抓住赶车的人并将其处死。宣子召见献子并以礼相待，说："我听说侍奉君主之人，互相亲近而不结私党。用忠信而举荐义士则相亲，因为私情荐举是结党。军法即或是死也不能触犯，触犯了也不予隐瞒，这是义。我向君主推荐你，担心你不能胜任。荐举的人不胜任，还有什么比这种结党营私更甚的呢？侍奉君主却结集私党，我凭什么执掌国政呢？（因此我利用此事来考验你。）你努力吧！若能依照这种品行干下去，能治理和领导晋国的人，不是你又会是谁呢？"（宣子）遍告各位大夫说："各位可以祝贺我了，我荐举了韩厥，而且很称职，我现在知道我不会犯举荐失察之罪了。"

叔向见司马侯之子，抚而泣之，曰："自其父之死，吾莫与比而事君矣。昔者其父始之，我终之〔谓有所造为，及谏争，相为终始成其事也〕，我始之，夫子终之，无不可〔无不可，言皆从〕。"藉偃在侧，曰："君子有比乎〔君子周而不比，故偃问之〕？"叔向曰："君子比而不别。比德以赞事，比也〔赞，佐〕；引党以封己〔引，取也。封，厚也〕，利己而忘君，别也〔别，为朋党〕。"

【译文】

叔向遇见司马侯之子，边抚摸边哭泣，说："你父亲死后，我没有相互配合来侍奉国君的人了。以前，凡做事或进谏，你父前面开始，我后面完成。或我前面开始，他后面完成，事情没有办不成的。"藉偃当时在旁，说："君子也有'勾结'吗？"叔向说："君子亲近却不结朋党。相互感德而佐助政事，这是亲近；拉帮结派以加强自己实力，谋求私利而不顾国君，这是另立朋党。"

# 楚　语

灵王为章华之台〔章华，地名〕，与伍举升焉，曰："美夫？"对曰："臣闻国君服宠以为美〔服宠，谓以贤受宠服，以是为美〕，安民以为乐〔以能安民为乐〕，听德以为聪〔听用有德也〕，致远以为明〔能致远人〕，不闻其以土木之崇高彤镂为美〔彤，谓丹楹。镂，谓刻桷也〕。先君庄王为匏居之台〔匏居，台名〕，高不过望国氛〔氛，祲气也〕，大不过容宴豆〔言宴有折俎笾豆之陈〕，木不防守备〔不妨城郭守备之材〕，用不烦官府〔财用不出府藏也〕，民不废时务，官不易朝常，先君是以除乱克敌，而无恶于诸侯。今君为此台也，国民疲焉，财用尽焉，年谷败焉〔败，废其时务也〕，百官烦也〔为之征发〕，数年乃成，臣不知其美也。夫美也者，上下外内，小大远迩，皆无害焉，故曰美也。若于目观则美〔于目则美，德则不也〕，财用则匮，是聚民利，以自封而瘠民也，胡美之为〔封，厚也。胡，何。何以为美〕？夫君国者，将民之与处，民实瘠，君安得肥〔安得独肥，言将有患〕？故先王之为台榭也〔积土为台，无室曰榭〕，榭不过讲军实〔讲，习也。军实，戎士也〕，台不过望氛祥〔凶气为氛，吉气为祥〕。其所不夺穑地〔稼穑之地〕，其为不匮财用〔为，作也〕，其事不烦官业〔业，事也〕，其日不废时务〔以农隙也〕。瘠硗之地，于是乎为之〔不害谷土也。硗，确〕；城守之木，于是乎用之〔城守之余，然后用之〕；官寮之暇，于是乎临之〔暇，闲也〕；四时之隙，于是乎成之〔隙，空闲时〕。夫为台榭，将以教民利也〔台，所以望氛祥，而备灾害。榭，所以讲军实，而御寇乱，皆所以利民也〕，不知其以匮之也〔知，犹闻也〕。若君谓此美，而为之正〔以为得事之正也〕，楚其殆矣〔殆，危也〕。"

【译文】

楚灵王建造了章华台，并和伍举一起登上楼台，说："楼台美吗？"

答曰："我听说，国君以信服、敬爱贤人为美事，以安定人民为快乐，以听从善言为耳聪，以招徕远民为贤明。我没听说以建筑物高大华丽、彩绘雕刻的考究为美的。先君庄王建匏居台，高不过能观望预示国家吉凶的气象，大不过能容纳宴会上的食器，所用建材不防碍守备，所用经费不由府库支出，百姓未因此耽误适时耕作，官吏未因此改变上班秩序。庄王因此能平定动乱，战胜敌人，而不被诸侯所憎恶。如今，君主建造这座高台，国家百姓因此疲惫，钱财资费因此用尽，每年谷物因此凋残，各级官吏因此烦劳，好几年才建成，我不理解其美在何处。所谓美，应对上下内外、大小远近都无害处，这才叫美。如果是看起来美观，但将钱财用尽，剥夺百姓应有的利益来使自己富有并使百姓贫穷，算得了什么美？一国之君，带领人民与其共处，如果人民瘦了，君主怎能肥呢？所以，先王建造台、榭，榭不过是用来讲习军事，台不过是用来观望显示国家吉凶的气象。其选址不占庄稼地，其建造不耗费国库钱财，其施工不烦扰官吏业务，其时间不误农民耕作。于是，选择贫瘠坚硬的土地来建造，选择加固城防剩余的木料来使用，官员、属吏办公空闲时间到现场参与，利用四季的农闲时间来完成。建造台榭，是用以使民得利的，没有听说它是用以使百姓财用匮乏的。如果君主认为这楼台美观，建造它是正确的，那么楚国就危险了！"

斗且廷见令尹子常〔斗且，楚大夫。子常，囊瓦〕，子常与之语，问畜货聚马。归以语其弟曰："楚其亡乎！不然，令尹其不免乎！吾见令尹，问畜聚积实，如饿豺狼〔实，财也〕，殆必亡者。昔斗子文三舍令尹，无一日之积，恤民之故也〔积，储也〕。成王每出子文之禄，必逃，王止而后复。人谓子文曰：'人生求富，而子逃之，何也？'对曰：'夫从政者，以庇民也〔庇，覆也〕。民多旷者，而我取富焉〔旷，空也〕，是勤民以自封也〔勤，劳也。封，厚也〕，死无日矣。我逃死，非恶富也。'故庄王之世，灭若敖氏，唯子文之后在，至于今为楚良臣，是不先恤民而后己之富乎？今子常先大夫之后〔先大夫，子囊也〕，而相楚君，无令名于四方，四境盈垒

〔盈，满也。垒，壁也。言垒壁满四境之内〕，道殣相望〔道冢曰殣〕，是之不恤，而畜聚不厌，其速怨于民多矣〔速，召也〕。积货滋多，蓄怨滋厚，不亡何待？”期年，子常奔郑。

【译文】

斗且在朝堂见令尹子常，子常和他谈话，问到储备财物、聚集马匹之事。斗且回来后告诉他弟弟说：“楚国将要灭亡了！否则，令尹将不免于灾祸吧！我拜见令尹，令尹问起聚积物资情况，（其神色）宛如饥饿的豺狼一样，恐怕一定要灭亡了。以前，斗子文三次放弃令尹之职，却没有一天的积蓄，是因为体恤百姓。成王每次超出定例给子文俸禄，子文一定躲避拒收，等到成王不提此事时他才返回。别人对子文说：‘人生追求富有，而你却逃避，为什么呢？’答道：‘从政的人是保护百姓的。如今人民多数贫困，而我求取富有，那就是劳民以自肥，离死亡就没有几天了。我是逃避死亡，不是逃避富有。’所以庄王统治时期，若敖氏被灭族了，只有子文的后代还在，直到现在还是楚国的良臣。这难道不是首先体恤民众、然后才考虑自己的富有吗？现在，子常是先大夫的后人，辅佐楚君，在全国各地都没有好的声誉，四面边境充满壁垒，路上饿死之人比比皆是，对此不加体恤，却蓄积资财而不知满足，招致百姓的怨恨非常之多啊！聚敛的财物越多，积累的怨恨就越深，不是等待灭亡是等待什么呢？”过了一年，子常逃奔到郑国去了。

王孙圉聘于晋〔王孙圉，楚大夫也〕，定公飨之，赵简子相，问于王孙圉曰：“楚之白珩犹在乎〔珩，佩上之横者〕？”对曰：“然。”简子曰：“其为宝也几何矣〔几何世也〕？”曰：“未尝为宝。楚之所宝者观射父〔言以贤为宝也〕，能作训辞，以行事于诸侯〔言以训辞交结诸侯也〕，使无以寡君为口实〔口实，毁弄也〕。又有左史倚相，能道训典，以叙百物〔叙，次也。物，事也〕，以朝夕献善败于寡君，无忘先王之业，又能上下悦于鬼神〔悦，媚也〕，使神无有怨痛于楚国〔痛，疾也〕。又有薮曰云，金木竹箭之为生也〔楚有云梦之薮泽也〕；龟珠齿角皮革羽毛，所以备赋以戒不虞者也〔龟，所以备吉凶。珠，所以卫火灾。角，所以为弓弩。齿，所以为弭。赋，兵赋也〕，所以供币帛，以享于诸侯〔享，献也〕。寡君其可以免罪于诸侯，而国民保焉〔保，安也〕。此楚国之宝也。若夫白珩，先王之玩也，何宝焉〔玩，玩弄之物也〕？”

【译文】

王孙圉去晋国行聘问之礼，晋定公宴请他，赵简子作陪。赵简子问王孙圉说：“楚国的白珩还在吗？”答道：“在。”简子说：“作为国宝，多少年代了？”王孙圉说：“白珩从来没有被当作宝贝。楚国所宝贵的是观射父，他能写作规范的辞令来交结诸侯，使国君的言行没有在诸侯那里落下话柄。又有左史倚相，能讲解训导的法典，用以陈述各种事物的情理，并随时向国君提供成败的事例，使国君不忘记先王的事业，还能取悦于天地间的鬼神，使他们对楚国没有怨恨。又有一片大沼泽叫做云梦泽，是出产金属、木材、竹子和弓箭的地方。这里出产的龟壳、珍珠、象牙、兽角、皮革、羽毛，可用以准备兵赋，预防发生突发事件，也可作为赠送的礼品，进献给诸侯。国君因此可以免罪于诸侯，国家和人民就能得以保全了。这些才是楚国的国宝。至于白珩，那是先王的玩赏之物，有什么可宝贵的呢？”

（吕效祖　张爱玲译）

卷八

# 韩诗外传治要

【考评】

《韩诗外传》，《汉书·艺文志》《隋书·经籍志》载，其有五万余言，杂引古事古语三百余条，“考风雅之正亥，以知王政兴衰”，“可谓之引诗证事，亦可谓引事明诗”之范作。魏征从维护和巩固大唐封建统治的需要出发，从三百余条中节录了二十二段文字，收入《群书治要》，这二十二段文字自成段落，均无标题或篇目，亦未注明出处，且其先后次序时有变化。魏征选录的主要是君王如何为君，才能巩固自己统治地位的内容。他所选录的二十二段文字中，还包括了论用人之道、如何教民、帝王如何进行思想修养等内容。在如何教民方面，他认为，为使“民从命也速”，必须以礼义教之，“因其情而节之以礼，从其欲而制之以义”，主张先养后教，使“百姓内不乏食，外不患寒，乃可御以礼矣”。在帝王应具备的思想修养方面，节录了“君子之道，忠恕而已”、“福生于无为，而患生于多欲”、“贵爵而贱德者，虽为天子不尊矣，贪物而不知止者，虽有天下不富矣”等。他认为君王以身作则，才能治理天下，“君欲治，从身始”。总之，这些内容不仅在当时有很重要的“资治”意义，直到今天，仍有其重要的借鉴价值。

《韩诗外传》是西汉今文诗学“韩诗学”的开创者韩婴所著。韩婴，燕(郡治今北京市)人，治《诗经》，兼治《易》，文帝时任博士，景帝时，为常山王刘舜太傅，著有《韩诗内传》和《韩诗外传》，南宋以后，仅存《外传》五万余言，是杂引古事古语三百余条“考风雅之正亥，以知王政之兴衰”，“可谓之引诗证事，亦可谓之引事明诗”之范作。

楚庄王听朝罢晏。樊姬下堂而迎之，曰："何罢之晏乎？"庄王曰："今者听忠贤之言，不知饥倦也。"姬曰："王之所谓忠贤者，诸侯之客与？中国之士与？"庄王曰："则沈令尹也。"樊姬掩口而笑。王曰："姬之所笑者何等也？"姬曰："妾得侍于王十有一年矣，然妾未尝不遣人求美人而进于王也，与妾同列者十人，贤于妾者二人。妾岂不欲擅王之爱、专王之宠哉？不敢以私愿蔽众美也。今沈令尹相楚数年矣，未尝见进贤而退不肖也，又焉得为忠贤乎？"庄王以樊姬之言告沈令尹，令尹进孙叔敖。叔敖治楚三年，而楚国霸，樊姬之力也。

【译文】

楚庄王主持朝政结束得很晚。樊姬走下堂来迎接他，说："朝会为什么结束得这么晚呢？"庄王说："今天倾听忠贤的人议政，连饥饿疲倦都忘了，所以回来晚了。"樊姬说："君王所说的忠贤的人，是其他诸侯的门客呢？还是国内有识有德的人呢？"庄王说："就是沈令尹。"樊姬掩口而笑。庄王说："樊姬你笑什么呢？"樊姬说："我能够侍奉君王，已经十一年了，而我却时常派人到外地去寻找美人献给圣上，这些美人现在与我地位一样的有十人，超过我的有二人。我难道不想独占君王的宠爱吗？但我不敢以个人私念去遮挡众多美女啊。现在沈令尹做楚国的卿相好几年了，但一直未见他推荐过贤能的人、罢免过不贤能的人，这哪里算得上是忠贤的人呢？"庄王把樊姬的话告诉了沈令尹，沈令尹立即给庄王推荐了孙叔敖。孙叔敖治理楚国三年，使楚国成为诸侯的霸主。这可以说是樊姬的功劳。

高墙丰上激下，未必崩也；降雨兴，流潦至，则崩必先矣。草木根荄浅，未必橛也；飘风兴，暴雨坠，则橛必先矣。君子居是国也，不崇仁义，尊其贤臣，以理万物，未必亡也；一旦有非常之变，诸侯交争，人趋车驰，汩然祸至，乃始愁忧，干喉焦唇，仰天而叹，庶几乎望天之救也，不亦晚乎！

【译文】

高墙上半截宽厚，下半截不平，不一定会马上崩塌，如果大雨倾盆，积水冲来，就一定会崩塌。草木根扎得浅，不一定会自行拔脱，如果狂风吹起，暴雨降落，就一定会连根拔起。国君掌握国家，不崇尚仁义，不尊敬贤臣，不依靠贤才治理国家，国家也不一定会马上灭亡。一旦发生重大事变，诸侯互相争斗，人民逃跑，车马乱奔，灾祸忽然到来，这时才开始发愁，喉咙急干，嘴唇愁焦，仰脸对空叹息，侥幸希望上天救助，不是太晚了吗？

田饶事鲁哀公，而不见察，谓哀公曰："臣将去君，黄鹄举矣！"哀公曰："何谓也？"田饶曰："君独不见夫鸡乎？头戴冠者，文也；足傅距者，武也；敌在前敢斗者，勇也；见食相告者，仁也；守夜不失时者，信也。鸡虽有此五德，君犹烹而食之者，何也？则以其所从来者近也。夫黄鹄一举千里，止君园池，食君鱼鳖，啄君黍粱，无此五者，君犹贵之者，何也？以其所从来者远也。臣将去君，黄鹄举矣。"哀公曰："止，吾书子之言也。"田饶曰："臣闻，食其食者，不毁其器；荫其树者，不折其枝。有臣不用，何书其言为？"遂去之燕，燕以为相，三年燕政大平。哀公喟然大息，为之避寝三月，曰："不慎其前，而悔其后，何可复得？！"

【译文】

田饶侍奉鲁哀公没有受到重用，对哀公说："我将要离开国君，就像黄鹄要高飞了。"哀公说："你说的是什么意思呢？"田饶说："大王你独独没有看见鸡吗？它头上戴着鸡冠，那是它文的标志；脚上附着尖爪，那是它武的标志；敌人在前边敢于进攻，那是它勇敢的表现；看见有食物就呼唤朋友，那是它仁爱的表观；守夜不错过时间鸣叫，那是它诚信的表现。鸡虽然有这五种美德，国君却每天还要杀鸡烹煮来食用，是什么原因呢？就是因为它是从近处取来的缘故。黄鹄一飞千里，停留在国君的园子池塘里，吃您池塘里的鱼鳖，啄食您地里的粮食，虽没有鸡的五种美德，但国君仍然很尊崇它，为什么呢？因为它是从远方飞来的呀！

所以臣要离开大王，像黄鹄一样高飞了。”哀公说：“你停一下，我要写下你的这些话。”田饶说：“我听说，吃谁的东西，就不毁坏谁的碗；在谁的树下乘凉，就不折断其树枝。有臣子不用，写下他的话有什么用呢？”于是田饶离开鲁国去了燕国，燕国任用他为宰相，经过三年，燕国的政事变得十分清明。哀公感慨地发出叹息，为他过去没有重用田饶之事非常后悔，三个月不进内寝，说：“不在事前小心谨慎，而在事后悔恨，还有什么用呢？”

孔子曰：“士有五：有势尊贵者，有家富厚者，有资勇悍者；有心智慧者，有貌美好者。势尊贵，不以爱民行义理，而反以暴傲；家富厚，不以振穷救不足，而反以侈靡无度；资勇悍，不以卫上攻战，而反以侵凌私斗；心智慧，不以端计数，而反以事奸饰诈；貌美好，不以统朝莅民，而反以蛊女从欲。此五者，所谓士失其美质也！”

【译文】

孔子说：“一般的官吏有五种：有的人权大位尊，有的人家庭财产富厚，有的人天资勇敢强悍，有的人聪明智慧，有的人长得容貌端庄漂亮。权大位尊的人，不利用他的权势地位爱护老百姓，不按照义礼行事，反而利用其权势地位残暴地欺凌别人；家里钱财富厚的人，不利用他富厚的钱财救济贫穷不足的人，反而利用它来过奢侈浪费的生活；天资勇敢强悍的人，不利用他的勇敢保卫国君，攻城野战，反而利用它来欺侮别人，进行私斗；心灵聪明智慧的人，不用他的聪明智慧研究国家治乱的规律，反而利用它来为非作歹，文饰奸诈的行为；容貌端庄长得漂亮的人，不利用它来统率朝中官吏，治理人民，反而利用它来诱惑妇女，放纵情欲。这五种人，就是说的那些丧失了美好品德的士人。”

原天命，治心术，理好恶，适情性，而治道毕矣。原天命，则不惑祸福，不惑祸福，则动静修理矣；治心术，则不妄喜怒，不妄喜怒，则赏罚不阿矣；理好恶，则不贪无用，不贪无用，则不害物性；适情性，则欲不过节，欲不过节，则养性知足矣。四者不求于外，不假于人，反诸己而已！

【译文】

察究天道自然的规律，修正自己的心思，调理自己的好恶，使情感秉性保持适度，修身之道就完备了。能察究天道自然的规律，就不会受到祸福的迷惑，不受祸福迷惑，就会一动一静都讲求事理。修正自己的心思，则不会胡乱喜怒，不胡乱喜怒，则赏罚不会偏袒。调理自己的好恶，则不贪无用之物，不贪无用之物，则不会因外物而伤害本性。情感秉性保持适度，则欲望不超越法度，欲望不超越法度，则能修养心性，知道满足。这四种修身之道，不需要向身外寻求，不需要借助别人，只需自我反省而已。

天设其高，而日月成明；地设其厚，而山陵成居；上设其道，而百事得序。

【译文】

天有其高，因而太阳月亮能显现其光明；地有其厚，因而高山丘陵成就其稳定；君主制定了他的治国方针，因而各项事务才能够有序进行。

人有六情，失之则乱，从之则睦。故圣王之教其民也，因其情，而节之以礼；必从其欲，而制之以义。义简而备，礼易而法，去情不远，故民之从命也速。

【译文】

人有喜、怒、哀、乐、爱、憎六种情感，放纵则会生乱，顺理则会和睦。所以圣明之君教化其民众，必会依据人情，而以“礼”（指社会规范和道德规范）加以节制；必会顺随其愿望，而以道义加以控制。道义简单而又完备，礼法易行而有规则，不远离人的情感，所以老百姓也能及时遵从国家的法令。

智如原泉，行可以为表仪者，人师也；智可以砥砺，行可以为辅檠者，人友也；据法守职，而不敢为非者，人吏也；当前快意，一呼再诺者，人隶也。故上主以师为佐，中主以友为佐，下主以吏为佐，危亡之主以隶为佐。欲观其亡，必由其下。故同明者相见，同听者相闻，同志者相从。非贤者莫能用贤。故辅佐左右所任使，有存亡之机、得失之要也，可无慎乎！

【译文】

智慧如同有源头的泉水，行为可为人之表率，就可做他人之师；智慧可以磨励人，行为可以帮助人，这就可作为朋友。能依据法规恪守职责，不敢做非法之事者，则可任为官吏。在人面前能判断其意图，别人一呼自己再三应承者，可做人的仆役。所以英明的君主用人之师做他的辅佐，中等的君主用人之友做他的辅佐，下乘的君主用人之吏做他的辅佐，会导致国家危亡的君主用人之隶做他的辅佐。要知道君主是否会灭亡，一定先从他的下属来观察。同样明智的人能互相发现，同时听受的人能互相传告，同一志向的人能互相追随。不是贤能的君主就不能任用贤能的臣子。所以君主在任用左右辅佐大臣的时候，其中就隐藏着国家存亡的机兆、政治得失的关键，怎么可以不慎重对待呢？

昔者不出户而知天下，不窥牖而知天道者，非目能见乎千里之前，非耳能闻乎万里之外，以己之度度之也，以己之情量之也。己欲衣食焉，亦知天下之欲衣食也；己欲安逸焉，亦知天下之欲安逸也；己有好恶焉，亦知天下之有好恶也。此三者，圣王之所以不降席而匡天下者也。故君子之道，忠恕而已矣！夫饥渴苦血气，寒暑动肌肤，此四者民之大害也。大害不除，未可敢御也。四体不掩，则鲜仁人；五藏空虚，则无立士。百姓内不乏食，外不患寒，乃可御以礼矣。

【译文】

从前，圣明的君主不出门就知道天下的事情，不朝窗外看就知道天体运行的规律。不是他们眼睛能看到千里以外的地方，不是他们耳朵能听到万里以外的声音，而是以自己的尺度推测的，以自己的感情估量的。自己希望有衣穿、有饭吃，就知道天下的人都希望有衣穿有饭吃；自己希望安乐，就知道天下的人都希望安乐；自己希望平安幸福，就知道天下的人都希望平安幸福；自己有爱有恨，就知天下人有爱有恨。这三件是圣王之所以不走下座席就可以治理天下的原因所在。所以君子处世之道，就是忠于职守、推己及人罢了。饥饿干渴使人血气受害，寒冷酷热损害人的肌肤，这四样是人民的大害。大害不除，就无法管理大众。人衣不遮体，就很少有仁爱的人；人五脏空空，就没有正直的人。老百姓内不缺吃的，外不愁穿的，才可以用"礼"教化他们。

蓝有青，而丝假之青于蓝；地有黄，而丝假之黄于地。蓝青地黄，犹可假也，仁义之士，可不假乎哉！东海之鱼，名曰鲽，比目而行；北方有兽，名曰娄，更食更候；南方有鸟，名曰鹣，比翼而飞。夫鸟兽鱼犹知假，而况万乘之主乎？而独不知比假天下之英雄俊士，与之为伍，则岂不痛哉！故曰："以明扶明，则升于天；以明扶暗，则归其人；两瞽相扶，不触墙木，不陷井阱，则其幸也。"

【译文】

蓝草里含有青色的颜料，用蓝草中的青色染的丝，比蓼蓝还青；黄土里面含有黄色的颜料，凭借黄土中的黄色染丝，比黄土还黄。蓝草里的青颜料，黄土里的黄颜料，尚且可以借用，仁人志士就不可以借用吗？东海里有一种鱼，名叫大口鲽（一种比目鱼，也称鳒，两眼同在一侧，有的眼在左边，有的眼在右边），两鱼（眼在左者与眼在右者）双双比目才能游动。北方有一种野兽叫做娄，它们轮流置班，一个吃食时，一个站岗放哨。南方有一种一目一翼的鸟，名字叫做鹣，两只鸟只有比翼才能飞。鸟兽游鱼尚且知道互相借用，何况是富有万乘兵车的天子，却偏偏不知道借助天下的英雄豪杰，和他们结成团体，这岂不令人为之痛惜吗？所以说，用明眼人扶助明眼人，就可以飞升上天；用明眼人扶助瞎眼人，就可以送这个瞎眼人回家；两个瞎眼人互相扶助，不撞在墙壁、树木上，不掉进陷阱里，就是最大的幸运了。

福生于无为，而患生于多欲。故知足，然后富从之；德宜君人，然后贵从之。故贵爵而贱德者，虽为天子不贵矣；贪物而不知止者，虽有天下不富矣。夫土地之生物不益，山泽之出财有尽。怀不富之心，而求不益之物，挟百倍之欲，而求有尽之财，是桀纣之所以失其位也。

【译文】

幸福是从自然无为中产生出来的，忧患是在过多的欲望中产生出来的。知道满足，然后富裕会随着到来；德行能够教化人们，然后尊贵就会随之而来。所以，看重爵位却轻视道德的人，即便成为天子也不尊贵；贪图财利而不知休止的人，即便占有天下也不算富足。土地生长物品有限，山地水泽生财有尽。怀着永远不满足之心，去追求不能增多的物品，怀着百倍的欲望，去追求会穷尽的钱财，这是夏桀商纣丧失天子之位的原因。

古者必有命民。民有能敬长怜孤、取舍好让、居事力者，命于其君。命然后得乘饰车并马，未得命者不得乘，乘皆有罚。故其民虽有余财侈物，而无礼义功德，则无所用其余财物。故其民皆兴仁义而贱财利。贱财利则不争，不争则强不凌弱、众不暴寡。是唐虞之所以象典刑，而民莫犯法。民莫犯法，而乱斯止矣！

【译文】

古时候必定都有被君主以诏命表彰的人。民众中有能够尊敬长辈、体恤孤弱、面对利益有取有舍、喜好谦让、做事尽力者，将颁布诏命嘉奖他。得到奖赏以后，受嘉奖者可以乘坐美饰过的车子和驾车之马。没有得到诏命的人不许乘坐，乘坐了都给予惩罚。所以其百姓中有人虽然有多余的财物，而没有礼义功业德行，就没有使用其余财的机会。所以百姓都倡行仁义、轻视财利。轻视财利就不会有争夺，不争夺则不会有人以强凌弱、以众欺寡。这就是唐尧虞舜之所以只实行给犯罪的人穿特殊衣服以示羞辱的象刑，而老百姓没有人犯法。老百姓无人犯法，社会动乱就消除了。

赵王使人于楚，鼓瑟而遣之，曰："必如吾言，慎无失吾言。"使者受命，伏而不起，曰："大王鼓瑟未尝若今日之悲也。"王曰："然，瑟固方调。"使者曰："调则可记其柱。"王曰："不可。天有燥湿，弦有缓急，柱有推移，不可记也。"使者曰："臣请借此以喻。楚之去赵也，千有余里，且有凶则吊之，吉则贺之，犹柱之有推移，不可记也。故明王之使人也，必慎其所使。既使之，任之以心，不任以辞也。"

【译文】

赵王派人出使楚国，一边弹瑟一边打发使者起身，说："一定要按照我的话告诉他们，千万不要与我的话有出入。"使者接受了使命，但伏在地上不起来，说："大王弹瑟，声音从来没有像今天这样悲伤啊。"赵王说："是的，瑟的音确实是正在调理。"使者说："调音可以把瑟柱转动的情况记在瑟柱上。"赵王说："不可以。天气有时干燥，有时潮湿，瑟弦则有松有紧，这样瑟柱转动会变位，无法死记下来。"使者说："我请求借这件事打个比方。楚国距离赵国有一千多里，行程期间，楚国可能发生吉凶之事，有凶事时就要慰问，有吉祥之事时就要祝贺，这就像瑟柱时有转动移位一样，不可以死记其位置。所以圣明的君主派遣使者的时候，对于他所派遣的人，一定要慎重。已经派定了人，就只能把你的想法而不是把几句言辞交代给他。"

赵简子有臣曰周舍，立于门下三日三夜。简子使问之曰：“子欲见寡人何事？”周舍对曰：“愿为愕愕之臣，墨笔操牍，从君之过，而日有记也，月有成也，岁有效也。”简子居则与之居，出则与之出。居无几何，而周舍死。简子后与诸大夫饮于洪波之台，酒酣，简子涕泣，诸大夫皆出走曰：“臣有罪而不自知也！”简子曰：“大夫无罪。昔者吾友周舍有言，曰：‘千羊之皮，不若一狐之掖；众人之唯唯，不若直士之愕愕。’昔者纣默默而亡，武王愕愕而昌。今自周舍之死，吾未尝闻吾过也，吾亡无日矣，是以寡人泣也。”

【译文】

赵简子有个臣子叫周舍，在赵简子门下站了三天三夜。赵简子派人去问他，说：“你想见我有什么事？”周舍回答说：“希望做一个直言敢谏的臣子，手拿着笔墨竹简，跟随在君主的后面，对君主的过错，每天都有记载，每月都有集成，每年都有效验。”从此以后，简子生活在哪里，周舍就与他一起生活在哪里；简子出行，周舍与他一起出行。过了不久，周舍死了。后来赵简子与各位大夫一起在洪波台饮酒，喝到正高兴的时候，简子哭泣起来。诸位大夫都离座要走，说：“我们有罪，但是我们不知道自己有什么罪。”简子说：“各位大夫都没有罪。过去我的朋友周舍有言，说：‘一千张羊皮，不如一片狐腋；有许多人唯唯诺诺，不如一个真正士人的直言相谏。’过去商纣王的臣子都默默无言，结果商朝灭亡了；周武王的臣子都直言敢谏，结果周朝兴盛起来。自从周舍死了以后，我就没有听到过我的过失了。我的灭亡没有多久了，因此我才悲泣。”

晋平公游于河而乐，曰：“安得贤士与之乐此也。”船人盖胥跪而对曰：“主君亦不好士耳。夫珠出于江海，玉出于昆山，无足而至者，犹主之好之也。士有足而不至者，盖主君无好士之意耳，何患于无士乎？”平公曰：“吾食客，门左千人，门右千人，朝食不足，夕收市赋，暮食不足，朝收市赋，吾可谓不好士乎？”盖胥对曰：“夫鸿鹄一举千里，所恃者六翮耳。背上之毛，腹下之毳，益一把，飞不为加高，损一把，不为加下。今君之食客，将皆背上之毛、腹下之毳耳！诗曰：‘谋夫孔多，是用不就。’此之谓也。”

【译文】

晋平公在西河地方游玩，感到非常快乐，说：“从哪里能够得到贤能的人并与他一起享受这种快乐呢？”船夫盍胥跪下说：“是君主不喜好贤士而已。珠出产在长江大海，玉出产在昆仑山。珠玉无足却到了我们晋国，这是由于君主喜好的缘故啊。士人有脚而没有到我们晋国来，是君主没有喜好士人的心意，怎么能忧虑天下没有士人呢？”晋平公说：“我养的食客，门左有一千人，门右有一千人，早晨食物不足，晚上就派人征收市场的赋税，晚上食物不足，早晨就派人征收赋税，怎能说我不喜好士呢？”盍胥答复说：“鸿鹄一飞就是千里，依靠的是翅膀上长着六根强劲有力的茎羽。至于背上长的粗毛、腹下长的细毛，多长一把，飞起来不会增加高度，少长一把，飞起来也不会降低高度。现在君主的食客，恐怕都是背上长的粗毛和腹下长的细毛吧。《诗经》说：‘谋划事情的人太多，因此事情不能成功。’说的就是这种道理啊。”

宋燕相齐见逐，罢归之舍，召门尉陈饶等二十六人曰：“诸大夫有能与我赴诸侯者乎？”陈饶等皆伏而不对。燕曰：“悲乎哉！何士大夫易得而难用也。”陈饶对曰：“非士大夫易得而难用，君弗能用也。君不能用，则有不平之心，是失之己，而责诸人也。”燕曰：“其说云何？”对曰：“三斗之稷，不足于士，而君雁鹜有余粟，是君之一过也；果园梨栗，后宫妇女以相提挃，而士曾不得一尝，是君之二过也；绫纨绮縠，靡丽于堂，从风而弊，士曾不得以为缘，是君之三过也。且夫财者，君之所轻也；死者，士之所重也。君不能行君之所轻，而欲使士致其所重，譬犹铅刀畜之，干将用之，不亦难乎？”宋燕曰：“是燕之过也。”

【译文】

宋燕做齐国的卿相而被齐国驱逐，罢官回到家里，召集门尉陈饶等二十六人，对他们说：“各位大夫有愿意跟我找诸侯算账的吗？”陈饶等都伏在地上不回答。宋燕说：“令人悲伤啊！为什么士大夫容易得到却难以任用呢？”陈饶回答说：“不是士大夫容易得到难以任用，是先生不能任用他们。先生不能任用他们，他们就产生不服从的情绪。你那样说，是自己有过错却反而怪罪别人。”宋燕说：“所言指的是什么呢？”陈饶回答说：“你给每个士人三斗黍稷的薪俸，这还不够维持他们的生活，但是你家饲养的鸭鹅却有吃不完的小米，这是先生的第一个过错。你家果园的梨子栗子，后房里的妇女用来抛掷玩乐，可是士人却一颗都没有尝过，这是先生的第二个过错。你家的绫罗绸缎，华丽地悬挂在堂上，随风吹拂而变质败坏，而士人想用一点做衣服的边饰材料都得不到，这是先生的第三个过错。财物是先生所轻视的东西，死亡是士人所重视的东西。先生所轻视的东西尚且不能赐与，而希望士人献出他们所重视的东西，这好比像对待铅刀一样养护他们，而却要求像宝剑一样使用他们，这不是很困难吗？”宋燕说：“这是我宋燕的过错。”

魏文侯问狐卷子曰：“父贤足恃乎？”对曰：“不足。”“子贤足恃乎？”对曰：“不足。”“兄贤足恃乎？”对曰：“不足。”“弟贤足恃乎？”对曰：“不足。”“臣贤足恃乎？”对曰：“不足。”文侯勃然作色而怒曰：“何也？”对曰：“父贤不过尧，而丹朱放；子贤不过舜，而瞽叟顽；兄贤不过舜，而象敖；弟贤不过周公，而管叔诛；臣贤不过汤武，而桀纣伐。望人者不至，恃人者不久，君欲治，亦从身始。人何可恃乎？”诗云“自求伊佑”，此之谓也。

【译文】

魏文侯问狐卷子说：“父亲贤能可以依靠吗？”狐卷子回答说：“不可以。”魏文侯又问：“儿子贤能可以依靠吗？”回答说：“不可以。”魏文候又问："兄长贤能可以依靠吗？"回答说："不可以。"魏文候又问："弟弟贤能可以依靠吗？"回答说："不可以。"魏文候又问："臣子贤能可以依靠吗？"回答说："不可以。"魏文候变了脸色发怒说："这是为什么呢？"回答说："作为父亲，贤能没有超过尧帝的，而尧帝的儿子丹朱却因行为放荡被驱逐了。作为儿子，贤能没有人超过舜帝，而舜帝的父亲瞽瞍却愚顽凶狠。作为兄长，贤能没有人超过舜帝，而舜帝的弟弟象却傲慢不逊。为人弟者，贤能没有超过周公的，但是周公的哥哥管叔却叛周遭到诛杀。为人臣者，贤能没有超过商汤、周武的，但是商汤的君主夏桀王、周武的君主商纣王却都遭到讨伐。把希望寄托在别人身上的人，自己达不到目的；依靠别人的人，自己不能长久。君主希望治理好国家，首先应从自身开始，别人怎么可以依靠呢？"《诗经》里说："力求自己保佑自己。"就是这个意思。

昔者田子方出，见老马于道，喟然有志焉，以问于御曰："此何马？"御曰："故公家畜也，疲而不为用，故出放之。"田子方曰："少尽其力，而老弃其身，仁者不为也。"束帛而赎之。穷士闻之，知所归心矣！

【译文】

过去，田子方外出，看见路上有一匹老马。他充满心事长叹一声，问车夫说："这是什么马啊？"车夫说："这是过去公家养的一匹马，现在已经疲老不能效力，所以把它卖到民间。"田子方说："它年轻的时候用尽了力气，到衰老的时候，就把它抛弃了，仁爱的人不做这样的事啊。"于是用五匹布把它赎回来。穷困的士人听到这件事以后，就知道谁是他们可以归附的人了。

魏文侯问李克曰："人有恶乎？"对曰："有。夫贵者则贱者恶之，富者则贫者恶之，智者则愚者恶之。"文侯曰："行此三者，使人勿恶，可乎？"对曰："可。臣闻贵而下贱，则众弗恶也；富能分贫，则穷乏士弗恶也；智而教愚，则童蒙者不恶也。”文侯曰：“善！”

【译文】

魏文侯问李克说：“人总是难免要被别人厌恶吗？”李克说：“是的。地位高贵的人，地位低贱的就厌恶他；富有的人，穷人就厌恶他；聪明人，愚昧的人就厌恶他。”魏文侯说：“达到这三条，又不使人厌恶，可以吗？”李克说：“可以。我听说地位高贵的人，能够谦让、亲近地位下贱的人，那么大家就不会厌恶他；富裕的人，能够把钱分给贫穷的人，那么贫穷的人就不会厌恶他；智慧、聪明的人，能够教导愚昧的人，那么愚昧的人就不会厌恶他。”魏文侯说：“你说的很对！”

人主之疾十有二发，非有贤医，莫能治也。何谓十二发？曰：痿、蹶、逆、胀、满、支、膈、盲、烦、喘、痹、风，此之谓也。贤医治之者若何？曰：省事轻刑，则痿不作；无使小民饥寒，则蹶不作；无令财货上流，则逆不作；无使仓廪积腐，则胀不作；无使府库充实，则满不作；无使群臣纵恣，则支不作；无使下情不上通，则膈不作；上振恤下，则盲不作；法令奉用，则烦不作；无使下怨，则喘不作；无使贤人伏匿，则痹不作；无使百姓歌吟诽谤，则风不作。夫重臣群下者，人主之心腹支体也；心腹支体无害，则人主无疾矣！故非有贤医，莫能治也。人主皆有此十二疾，而不用贤医，则国非其国也。

【译文】

人主的疾病有十二种，没有优秀的医生就不能医治好。说的是哪十二种病呢？回答说：痿、蹶、逆、胀、满、支、膈、盲、烦、喘、痹、风，说的就是这十二种病。优秀的医生怎样治疗它们呢？回答说：减少国家的土木建筑，减轻刑罚，痿病就不会发作；不使老百姓挨饿受冻，蹶病就不会发作；不使财货都聚集到当官的家里，逆病就不会发作；不使国家粮库积累的粮食腐烂，胀病就不会发作；不使国家的宝库装满珍宝，满病就不会发作；不使臣子们为所欲为，支病就不会发作；不使老百姓的意见阻塞，膈病就不会发作；在上位的人救济百姓，盲病就不会发作；国家法令能够通行无阻，烦病就不会发作；不使老百姓产生怨恨，喘病就不会发作；不使贤人隐居，痹病就不会发作；不使老百姓通过歌谣来批评政府，风病就不会发作。掌握大权的要臣与全体百姓是人主的心腹和肢体，心腹、肢体没有疾病，人主就没有疾病了。所以没有优秀的医生，就无法治好这些病。人主有这十二种病而没有优秀的医生，那么国家就不会是他们的国家了。

齐景公使使于楚，楚王与之上九重之台，顾使者曰："齐亦有台若此者乎？"使者曰："吾君有治位之堂，土阶三尺，茅茨不剪，采椽不斫，犹以为为之者劳，居之者泰。吾君恶有若此者乎？"于是楚王怉如也。

【译文】

齐景公派遣使者到楚国去，楚王与齐国使者登上九层高台。楚王回头对使者说："齐国也有这样的高台吗？"使者说："我们国君有办事的朝堂，朝堂只有三尺高的土台阶，用茅草盖的屋顶没有修剪，栎木做的椽子连树皮也不削去，我们君主还认为建朝堂的人太劳苦，居住的人太安泰。我们国君哪有这样的高台呢？"于是楚王感到郁郁不乐。

（吕效祖　张爱玲译）

卷九

# 孝经治要

【考评】

孝，是中华民族的传统美德与道德规范，儒、道、墨、法各家均有论述。孔子说："今之孝者，是谓能养，至于犬马，皆能有养，不敬，何以别乎？"（《论语·为政》）。孟子说："孝子之至，莫大乎尊亲。"（《孟子·万章上》）。墨家把孝建立在"兼爱"的基础上。后期墨家提出："孝，利亲也。"（《墨子·经上》）以为孝只是如何有利于父母赡养。道家老子则认为"绝仁弃义，民复孝慈"《老子·十九章》。法家韩非认为，孝即"家贫则富之，父苦则乐之"（《韩厚子·忠孝》）。使父母改变穷苦的生活，说明尊老、养老、敬老是子女爱父母的道德。

作为儒家经典，《孝经》全面论述从国家元首到庶民百姓实践孝道，乃是立身、处世、平天下的正道，认为孝是一切道德的根本。由孝亲可以延伸到忠君，由孝还可以延伸出其他道德，如《礼记·祭义》中引曾子的话："居处不庄，非孝也。朋友不信，非孝也。战阵无勇，非孝也。"孝，成了修身、齐家、治国、平天下的"至德要道"。魏征辅佐唐太宗，主张"偃武修文"，施行"教化"，对以孝治天下更有精辟论述。他说："圣帝明王行之于四海，则与天地合其德，与日月齐其明；诸侯卿大夫行之于国家，则永葆其社稷，长守其禄位；匹夫匹妇行之于间阎，则播微烈于当年，扬休名于千载。"（《隋书·孝义列传》）革命先行者孙中山先生曾在《三民主义·民族主义》第二个讲话中说:“《孝经》所讲的‘孝’字,几乎无所不包,无所不至,现在世界中最文明的国家讲到‘孝’字,还没有像中国讲得这么完全。”因为这个缘故,历代统治阶级都非常重视并宣扬孝道。我国古代典籍,有诸多关于孝行方面的记述,许多是值得我们继承发扬的传统美德。

魏征在《隋书·经籍志》中称:“夫孝者,天之经,地之义,人之行。自天子达于庶人,虽尊卑有差,及乎行孝,其义一也。先王因之以治国家,化天下,故能不严而顺,不肃而成。斯实生灵之至德,王者之要道。孔子既叙六经,题目不同,指意差别,恐斯道离散,故作《孝经》,以总会之,明其枝流虽分,本萌于孝者也。遇秦焚书,为河间人颜芝所藏。汉初,芝子贞出之,凡十八章,而长孙氏、博士江翁、少府后苍、谏议大夫翼奉、安昌侯张禹,皆名其学。又有《古文孝经》,与《古文尚书》同出,而长孙有《闺门》一章,其余经文,大较相似,篇简缺体,又有衍出三章,并前合为二十二章,孔安国为之传。至刘向典校经籍,以颜本比古文,除其繁惑,以十八章为定。郑众、马融,并为之注。又有郑氏注,相传或云郑玄,其立义与玄所注余书不同,故疑之。梁代,安国及郑氏二家并立国学。安国之本,亡于梁乱。陈及周、齐,唯传郑氏。至隋,秘书监王劭于京师访得《孔传》,送至河间刘炫,炫因序其得丧,述其议疏,讲于人间,渐闻朝廷,后遂著令,与郑氏并立。儒者喧喧,皆云炫自作之,非孔旧本,而秘府又先无其书。又云魏氏迁洛,未害华语,孝文帝命侯可悉陵,以夷言译《孝经》之旨,教于国人,谓之《国语孝经》。今取以附此篇之末。”

《孝经》,相传是孔子为曾子传授孝道之书,成书约在周敬王三十九年至四十一年(前481—前479年)之间,全书仅一千九百余字,分为开宗明义、天子、诸侯、卿大夫、士、庶人、三才、孝治、圣治、纪孝行、五刑、广要道、广至德、广扬名、谏诤、感应、事君、丧亲等共十八章。关于《孝经》,历代争论纷纭,至清代姚际恒证其为伪书方止。最初为《吕氏春秋·审微篇》引录,大约汉以前即有古本。汉有古文(孔安国)、今文(郑玄)两派,到唐玄宗注本,定于一尊。宋朱熹则疑其舛误,擅自删改,著《孝经勘误》,为清代学者所不取。观历代纠纷,此书并非全伪，作者各书不一。据考证，亦非孔子所作，但作为孔门后学所作的结论较为合理。

仲尼居〔仲尼，孔子字〕，曾子侍〔曾子，孔子弟子也〕。子曰：“先王有至德要道〔子者，孔子〕，以顺天下，民用和睦，上下无怨〔以，用也。睦，亲也。至德以教之，要道以化之，是以民用和睦，上下无怨也〕。汝知之乎？”

【译文】

有一天，孔子在家闲坐，弟子曾参陪侍。孔子说：“古代的圣贤君王有一种崇高之德、切要之道，用以使天下顺服、人民和睦、上下无怨，你知晓是什么品德行为吗？”

曾子避席曰：“参不敏，何足以知之〔参，名也。参不达〕？”子曰：“夫孝，德之本也〔人之行，莫大于孝，故曰德之本也〕，教之所由生也〔教人亲爱，莫善于孝，故言教之所由生〕。复坐，吾语汝。身体发肤，受之父母，不敢毁伤，孝之始也；立身行道，扬名于后世，以显父母，孝之终也。夫孝，始于事亲，中于事君，终于立身。《大雅》云：‘无念尔祖，聿修厥德。’〔《大雅》者，诗之篇名。无念，无忘也。聿，述也。修，治也。为孝之道，无敢忘尔先祖，当修治其德矣〕”

【译文】

曾子离座而起，恭敬地说：“我曾参不聪敏，怎么能够知道呢？”孔子告诉他说：“那就是孝道。孝道，是德行的根本、教化的出发点。你坐下，听我给你讲。人的身体以至每一根头发和每一点皮肤，都是父母给予的，不敢稍有毁伤，这是孝道的开始；立身处世，实行道义，使名声传扬于后世并得以光耀父母，这是孝道的圆满的终极。孝道，开始于侍奉双亲，然后要为国家和人民服务，最终达到树立自身的德行功业。《诗经·大雅》说：‘不要忘记你们的先祖，要记述学习他们的德行。’”

子曰：“爱亲者，不敢恶于人〔爱其亲者，不敢恶于他人之亲〕；敬亲者，不敢慢于人〔己慢人之亲，人亦慢己之亲。故君子不为也〕。爱敬尽于事亲〔尽爱于母，尽敬于父〕，而德教加于百姓〔敬以直内，义以方外，故德教加于百姓也〕，刑（刑原作形）于四海〔形，见也。德教流行，见四海也〕。盖天子之孝也。《吕刑》云：‘一人有庆，兆民赖之。’〔《吕刑》，《尚书》篇名。一人，谓天子。天子为善，天下皆赖之。〕

【译文】

孔子说：“亲爱自己的父母者，就不敢厌恶他人的父母；恭敬自己的父母者，就不敢轻慢他人的父母。尽其亲爱恭敬来侍奉父母，将德行教化施于百姓，显露于四海，这就是天子的孝道。《书经·吕刑》说：‘只要天子孝行可嘉，那天下亿万百姓，都会仰赖他。’

“在上不骄，高而不危〔诸侯在民上，故言在上。敬上爱下，谓之不骄。故居高位而不危殆也〕；制节谨度，满而不溢〔费用约俭，谓之制节。奉行天子法度，谓之谨度，故能守法，而不骄逸也〕。高而不危，所以长守贵也〔居高位能不骄，所以长守贵也〕；满而不溢，所以长守富也〔虽有一国之财，而不奢泰，故能长守富〕。富贵不离其身〔富能不奢，贵能不骄，故云不离其身〕，然后能保其社稷〔上能长守富贵，然后乃能安其社稷〕，而和其民人〔薄赋敛，省徭役，是以民人和也〕。盖诸侯之孝也。《诗》云：‘战战兢兢，如临深渊，如履薄冰。’〔战战，恐惧。兢兢，戒慎。如临深渊，恐坠。如履薄冰，恐陷。〕

【译文】

“处在万民之上但不自高自大，身居高位也不会有倾覆的危险；励行节俭、谨守法度，资财充足也不过度花费。身处高位而没有倾覆的危险，所以能长久地保持他的尊贵；资财充足但不过度花费，所以能长久地保持他的富有。能使富有尊贵不离开自己，然后才能保有社稷，使其人民和谐相处。这就是诸侯的孝道。《诗经·小雅》说：‘（诸侯）要警戒畏惧，谨慎小心，就像面临深渊，又像踏在薄冰之上。’

“非先王之法服，不敢服；非先王之法言，不敢道〔不合诗书，不敢道〕；非先王之德行，不敢行〔不合礼乐，则不敢行〕。是故非法不言〔非诗书，则不言〕，非道不行〔非礼乐，则不敢行〕。口无择言，身无择行。言满天下无口过，行满天下无怨恶。三者备矣，然后能守其宗庙〔法先王服，言先王道，行先王德，则为备矣〕。盖卿大夫之孝也。《诗》云：‘夙夜匪懈，以事一人。’〔夙，早也。夜，暮也。一人，天子也。卿大夫当早起夜卧，以事天子，勿懈惰〕。

【译文】

“（卿大夫）非先王规定的服装不敢穿，非先王制定的礼法言论不敢讲，非先王遵奉的礼乐德行不敢行。所以，不合礼法的话不讲，不合道义的事不行。如此，口中没有不合乎礼法的言语，自身没有不合乎礼法的行为。纵使言语传遍天下，也不会有过失；即使所作所为天下皆知，也不会有埋怨、憎恶。‘服饰、言语、行动’，三者都能完备无缺，然后就能保住其宗庙。这就是卿大夫的孝道。《诗经·大雅》说：‘臣子要早晚勤奋不懈，来服务于天子。’

“资于事父以事母，而爱同〔事父与母，爱同敬不同也〕；资于事父以事君，而敬同〔事父与君敬同，爱不同〕。故母取其爱，而君取其敬，兼之者父也〔兼，并也。爱与母同，敬与君同，并此二者，事父之道也〕。故以孝事君则忠〔移事父孝，以事于君，则为忠也〕以敬事长则顺〔移事兄敬，以事于长，则为顺矣〕。忠顺不失，以事其上〔事君能忠，事长能顺，二者不失，可以事上也〕，然后能保其禄位，而守其祭祀。盖士之孝也。《诗》云：‘夙兴夜寐，无忝尔所生。’〔忝，辱也。所生，谓父母。士为孝，当早起夜卧，无辱其父母也〕

【译文】

“用侍奉父亲之心来侍奉母亲，其亲爱的心思是一样的；用侍奉父亲之心来侍奉君主，其恭敬之心是一样的。侍奉母亲偏重在亲爱，侍奉君主偏重在恭敬，侍奉父亲则要两者兼而有之。所以，以孝道侍奉君主，就是忠贞；以恭敬对待兄长，就是顺从。不丧失忠贞和顺从来侍奉其君上，就能保住其俸禄与官位，从而保全其宗庙祭祀。这就是士人的孝道。《诗经·小雅》上说：'每天早早起床做事，直到夜晚才去睡觉，不要有辱于生养自己的父母。'

"因（因之前旧有子曰二字，删之）天之道〔春生、夏长、秋收、冬藏，顺四时以奉事天道〕，分地之利〔分别五土，视其高下，此分地之利〕，谨身节用，以养父母〔行不为非为谨身，富不奢泰为节用，度财为费，父母不乏也〕。此庶人之孝也。故自天子至于庶人，孝无终始，而患不及己者，未之有也〔总说五孝，上从天子，下至庶人，皆当孝无终始，能行孝道故患难不及其身。未之有者，言未之有也〕。"

【译文】

"利用四时的气候来耕耘收获，以适应天道。分辨土地的性质，来种植庄稼，生产获益，来收获地利。谨慎地保重自己的身体，爱护自己的名誉，不要使自己的身体有一点损伤、名誉有一点败坏。节省用度，不要把有用的金钱，作无谓的消耗。如果照这样保健身体，爱护名誉，节省有用的金钱，使财物充裕，食用不缺，以孝养父母，那父母一定是很喜悦的。这便是庶人的孝道。所以说，上自国家元首，下至一般平民，孝道虽然有五种类别，但都本于每一个人的天性来孝顺父母，所以说这个孝道，是没有终始的。如果有人说恐怕尽不了孝道的话，那是绝对没有的事。"

曾子曰："甚哉，孝之大也〔上从天子，下至庶人，皆当为孝无终始，曾子乃知孝之为大〕！"子曰："夫孝，天之经也〔春秋冬夏，物有死生，天之经也〕，地之义也〔山川高下，水泉流通，地之义也〕，民之行也〔孝悌恭敬，民之行也〕。天地之经，而民是则之〔天有四时，地有高下，民居其间，当是而则之〕。则天之明〔则，视也。视天四时，无失其早晚也〕，因地之利〔因地高下，所宜何等〕，以顺天下，是以其教不肃而成〔以，用也。用天四时地利，顺治天下，下民皆乐之，是以其教不肃而成也〕，其政不严而治〔政不烦苛，故不严而治也〕。先王见教之可以化民也〔见因天地教化民之易也〕，是故先之以博爱，而民莫遗其亲〔先修人事，流化于民也〕；陈之以德义，而民兴行〔上好义，则民莫敢不服也〕；先之以敬让，而民不争〔若文王敬让于朝，虞、芮推畔于野，上行之，则下效法之〕；道之以礼乐，而民和睦〔上好礼，则民莫敢不敬〕；示之以好恶，而民知禁〔善者赏之，恶者罚之，民知禁，不敢为非也〕”。

【译文】

曾子听了孔子所讲的这五等孝道以后，不由得惊叹赞美说：“哎呀，孝道是如此的广大啊！”孔子（听见曾子赞叹，知道曾子对于他所讲的五孝已有领悟，所以又）说：“孝道，它是上天恒常的性德。天有三光照射，能运转四时，以生物覆盖为常，是为天之经。地有五土之性，能长养万物，以承顺利物为宜，是为地之义。孝还是每个人都要去落实的德行。人得天之性，则为慈为爱；得地之性，则为恭为顺。慈爱恭顺，与孝道相合，故为民之行。人在天地之间，要效法天地恒常的德性。（爱亲之心，人人都有，其中的道理，知者甚少。）惟有圣明的元首，效法天之明、地之德，顺着人们天生就有孝道这种性德而施政教，教化人民不需要用严厉的手段，人人就能够回归本性本善，而不去造恶和犯法。国家不用严厉手段，就治理得有条不紊，风调雨顺，国泰民安。先王见顺应天地进行教化，能够真正地转化人心，所以他能够率先表现出孝道、博爱，以孝心对待民众，让民众跟着学习、效法，从而使天下没有遗弃父母的人。进而宣讲道德仁义，让民众听到后都产生了仰慕的心，愿意来效法。自己做到礼敬、谦让，不跟人争，自自然然民众也能够效法他。对民众进行礼乐教化，民众自然就相亲相敬、和平相处。用自己的好恶表现，教育引导民众分辨善恶，帮助民众防非止恶，民众自然就有所禁止，不敢造次，不敢违犯。

子曰："昔者明王之以孝治天下，不敢遗小国之臣〔古者诸侯，岁遣大夫，聘问天子，天子待之以礼，此不遗小国之臣者也〕，而况于公、侯、伯、子、男乎〔古者，诸侯五年一朝天子，天子使世子郊迎，刍禾百车，以客礼待之〕？故得万国之欢心，以事其先王〔诸侯五年一朝天子，各以其职来助祭宗庙，是得万国之欢心，事其先王也〕。治国者，不敢侮于鳏寡，而况于士民乎〔治国者，诸侯也〕？故得百姓之欢心，以事其先君。治家者，不敢失于臣妾之心，而况于妻子乎？故得人之欢心，以事其亲。夫然，故生则亲安之〔养则致其乐，故亲安之也〕，祭则鬼飨之〔祭则致其严，故鬼飨之〕。是以天下和平〔上下无怨，故和平〕，灾害不生〔风雨顺时，百谷成熟〕，祸乱不作〔君惠臣忠，父慈子孝，是以祸乱无缘得起也〕。故明王之以孝治天下也如此〔故上明王所以灾害不生，祸乱不作，以其孝治天下，故致于此〕。《诗》云：'有觉德行，四国顺之。'〔觉，大也。有大德行，四方之国，顺而行之也〕"

【译文】

孔子说："古昔的明哲圣王，用孝道治理天下，对于小国派来的使臣，都不敢失礼忘敬，何况对自己分封的公、侯、伯、子、男呢？所以能得到各国诸侯的欢心，来助祭其先王之宗庙。治理封地的诸侯，连鳏夫寡妇都不敢加以侮慢，何况知礼的士民呢？因此能得到百姓的欢心，来帮助其祭祀先君。卿大夫等治家者，对臣仆婢妾都不敢失礼，何况对自己的妻子和孩子呢？因此能得到大家的欢心，大家也乐意帮助其侍奉父母。能够这样，父母活着的时候则很安乐，去世后祭祀时，他们作为鬼魂也愿意享用子孙的祭品。因此天下和平，不发生灾害，也不会出现祸乱。圣明的君王以孝道治天下，结果就是如此。《诗经·大雅》说：'只要有大德善行，四方的国家都会顺服。'"

曾子曰："敢问圣人之德，无以加于孝乎？"子曰："天地之性，人为贵〔贵其异于万物也〕。人之行，莫大于孝〔孝者，德之本，又何加焉〕。孝莫大于严父〔莫大尊严其父〕，严父莫大于配天〔尊严其父，莫大于配天，生事爱敬，死为神主也〕，则周公其人也〔尊严其父，配食天者，周公为之〕。昔者周公郊祀后稷以配天〔郊者，祭天名。后稷者，周公始祖〕，宗祀文王于明堂以配上帝〔文王，周公之父。明堂，天子布政之宫。上帝者，天之别名〕，是以四海之内，各以其职来祭〔周公行孝朝，越裳重译来贡，是得万国之欢心也〕。夫圣人之德，又何以加于孝乎〔孝悌之至，通于神明，岂圣人所能加〕？圣人因严以教敬，因亲以教爱〔因人尊严其父，教之为敬，因亲近于其父，教之为爱，顺人情也〕。圣人之教不肃而成〔圣人因人情而教民，民皆乐之，故不肃而成也〕，其政不严而治〔其身正，不令而行，故不严而治〕，其所因者本也〔本，谓孝也〕。父子之道，天性也〔性，常也〕，君臣之义也〔君臣非有天性，但义合耳〕。父母生之，续莫大焉〔父母生子，骨肉相连属，复何加焉〕；君亲临之，厚莫重焉〔君亲择贤，显之以爵，宠之以禄，厚之至也〕。故不爱其亲而爱他人者，谓之悖德〔人不能爱其亲，而爱他人亲者，谓之悖德〕；不敬其亲而敬他人者，谓之悖礼〔不能敬其亲，而敬他人之亲者，谓之悖礼也〕。以顺则逆〔以悖为顺，则逆乱之道也〕，民无则焉〔则，法〕。不在于善，而皆在于凶德〔恶人不能以礼为善，乃化为恶，若桀纣是也〕，虽得之，君子所不贵〔不以其道，故君子不贵〕。君子则不然，言思可道〔君子不为逆乱之道，言中诗书，故可传道也〕，行思可乐〔动中规矩，故可乐也〕，德义可尊〔可尊，法也〕，作事可法〔可法，则也〕，容止可观〔威仪中礼，故可观〕，进退可度〔难进而尽忠，易退而补过〕，以临其民。是以其民畏而爱之〔畏其刑罚，爱其德义〕，则而象之，故能成其德教，而行其政令。《诗》云：'淑人君子，其仪不忒。'〔淑，善也。忒，差也。善人君子，威仪不差，可法则也〕"

【译文】

曾子又说："请问，圣人的德行，就没有比孝道更大的吗？"孔子说："在天地万物中，人是最宝贵的。人的品行中，没有比孝行更重要的。孝行之中没有比尊敬父亲更重要的。尊敬父母的孝行中，没有比能使父母死后配同上天一起享受祭礼更重要的。这种做法是从周公开始的。昔日，周公在郊外祭祀其先祖后稷，使之跟天相配；在明堂宗庙祭祀文王，使之跟天相配。因此，四海之内的诸侯各以其职分前来助祭。因此说，圣人的德行，有什么比孝道更重要的呢？圣人根据人对于父母的敬畏之心来教育人们懂得礼敬，根据父母与儿女的亲爱之情来教育人们懂得仁爱。所以圣人的教化，不须用严肃的方法就能取得成功；圣人治理国家，不需要用严厉的刑罚却能使天下大治。其所凭借的，就是孝道这一根本道德。父子之间的孝道是天性，君臣之间的孝道是大义。父母生子，继承宗嗣之事，没有比这更重要的事情；父母对子女，既是严君，也是慈亲，没有比这更厚重的恩义。所以，不爱自己的父母，而去爱别人，那就叫悖逆道德；不尊敬自己的父母，而去尊敬他人，那就叫悖逆礼义；如果不是顺着自己本性，这就是逆着性德、逆着天下人的心了。所以民众就无所适从，不知道应该效法什么人。人心不在善道，就会损害德行，结果必定会招致灾难。如果是有损道德礼法，违背爱敬之道，得到权位，君子会拒绝。君子谨守六事，不会违背道德礼法。他谨言慎语，必定思量可以使人称道他才讲；他做事谨慎，必定思量可以宽慰人心他才行；他修养德行和做该做的事情，必定为人尊敬他才做；他所做的每一件事，必定可以为人取法他才做。他的容貌和举止都合乎规矩、合乎礼仪，能够看得过去，值得人效法；一言一动，都是不越礼法的，值得人赞叹。他能够如此修身对待民众，民众对他就会由衷地敬爱，在他面前不敢造次，从而能够效法、学习他，跟他做得一模一样。所以他治理国家很容易，推行德教，人人都愿意依教奉行，推行政策，大家都愿意认真奉行。《诗经·曹风》说：‘善人君子，他的德行、威仪没有任何欠缺，是人民学习效法的榜样。’”

子曰：“孝子之事亲，居则致其敬，养则致其乐〔乐，竭欢心以事其亲〕，病则致其忧，丧则致其哀，祭则致其严。五者备矣，然后能事亲。事亲者，居上不骄〔虽尊为君，而不骄也〕，为下不乱〔为人臣下，不敢为乱也〕，在丑不争〔丑，类也，以为善不忿争〕。居上而骄则亡〔富贵不以其道，是以取亡也〕，为下而乱则刑〔为人臣下好作乱，则刑罚及其身〕，在丑而争则兵〔朋友中好为忿争者，惟兵刃之道〕。三者不除，虽日用三牲之养，犹为不孝〔夫爱亲者，不敢恶于人之亲，今反骄乱分争，虽日致三牲之养，岂得为孝子〕。”

【译文】

孔子说：“大凡有孝心的子女们侍奉父母，在家则尽其恭敬之心；奉养则尽其和悦之色；父母有病时，则尽其忧虑之情；父母病故，则极尽哀戚之情；父母去世后的祭祀，则尽其肃穆庄严。上述五个方面都做得很完备，才算是能竭尽孝道侍奉父母之人。就侍奉父母而言，位居国君者不能自高自大，为人臣下者不能犯上作乱，同类同级之人互不忿争。位居国君者如果自高自大，就会灭亡；为人臣下者如果犯上作乱，就会遭受惩罚；身处同类而相互忿争，就会互相戕害。为儿子的，若不戒除以上三项逆行，就是每天用牛、羊、猪肉来奉养父母，依然还是不孝之子。”

子曰：“五刑之属三千〔五刑者，谓墨、劓、膑、宫（宫下旧有割字，删之）、大辟也〕，而罪莫大于不孝。要君者无上〔事君，先事而后食禄，今反要君，此无尊上之道〕，非圣人者无法〔非侮圣人者，不可法〕，非孝者无亲〔己不自孝，又非他人为孝，不可亲〕。此大乱之道也〔事君不忠，侮圣人言，非孝者，大乱之道也〕。”

【译文】

孔子说：“属于应当用‘五刑’予以严惩的法律条款有三千条之多，其中没有比不孝之罪更严重的。要挟、逼迫君主者是目无长上，讥笑诽谤圣人者是目无法理，不尽孝道者是目无父母。这三者，是造成天下大乱的根源。”

子曰：“教民亲爱，莫善于孝；教民礼顺，莫善于悌；移风易俗，莫善于乐〔夫乐者，感人情，乐正则心正，乐淫则心淫也〕；安上治民，莫善于礼〔上好礼，则民易使〕。礼者，敬而已矣〔敬，礼之本，有何加焉〕。故敬其父则子悦，敬其兄则弟悦，敬其君则臣悦，敬一人而千万人悦。所敬者寡，悦者众〔所敬一人，是其少。千万人悦，是其众〕，此之谓要道也〔孝悌以教之，礼乐以化之，此谓要道也〕。”

【译文】

孔子说：“教育人民相亲相爱，没有比弘扬孝道更好的了；教育人民知礼和顺，没有比宣扬悌道更好的了；移风易俗，转化社会风气，没有比用音乐更好的了；让在上位的人得到平安，社会安定，大众和睦，没有比弘扬礼义更好的了。礼义，最重要的是诚敬。尊敬别人的父亲，其子女就会喜悦；尊敬别人的兄长，其弟弟就会喜悦；尊敬别人的国君，其臣下就会喜悦。看起来是尊敬一个人，却得到了许多人的喜悦。所尊敬的人不多而博得的喜悦却很多，这就是治理天下的切要之道。”

子曰：“君子之教以孝，非家至而日见之也〔但行孝于内，流化于外也〕。教以孝，所以敬天下之为人父者也〔天子父事三老，所以敬天下老也〕；教以悌，所以敬天下之为人兄者也〔天子兄事五更，所以教天下悌也〕；教以臣，所以敬天下之为人君者也〔天子郊则君事天，庙则君事尸，所以教天下臣〕。《诗》云：‘恺悌君子，民之父母。’〔以上三者，教于天下，真民之父母〕非至德，其孰能顺民如此其大者乎〔至德之君，能行此三者，教于天下也〕？”

【译文】

孔子说：“君子教导百姓行孝道，不用天天到每家每户去劝说，而是要以自己日常的修德孝行来感化人民。君子行孝道又提倡孝道，鼓励大家一起来行孝，让儿女都尊敬父母，为的是让天下的父母都感到宽慰。君子行悌道又提倡悌道，让人们尊重自己的兄长，为的是让天下为人兄、为人姐的人受到尊重、感到喜悦。君子教以臣道，让臣子忠于自己的领导，热爱国家和人民，为的是让天下为君者身心安稳、国家安定、人民和睦。《诗经》上说：‘和乐坦荡的君子，爱民如子，如同人民的父母。’如果孝不是一切德行的根本，怎么能够如此顺应民心呢？”

子曰："君子之事亲孝，故忠可移于君〔欲求忠臣，出孝子之门，故可移于君〕；事兄悌，故顺可移于长〔以敬事兄则顺，故可移于长也〕；居家理，故治可移于官〔君子所居则化，所在则治，故可移于官也〕。是以行成于内，而名立于后世矣。"

【译文】

孔子说："君子侍奉父母能尽孝道，那么，其尽心竭力的品行就可转而用于侍奉君主；侍奉兄长能做到敬爱，其顺从的品行就可转而事奉年长的人；在家做事有条有理，其治理才能就可以转而用到社会上居官做事。因此，孝行虽然是在家庭内养成，而其声名将会树立于后世啊！"

曾子曰："若夫慈爱、恭敬、安亲、扬名，则闻命矣，敢问子从父之命，可谓孝乎？"子曰："是何言与！是何言与！昔者天子有争臣七人，虽无道，不失其天下〔七人者，谓大师、大保、大傅、左辅、右弼、前疑、后丞，维持王者，使不危殆〕；诸侯有争臣五人，虽无道，不失其国；大夫有争臣三人，虽无道，不失其家〔尊卑辅善，未闻其官〕；士有争友，则身不离于令名〔令，善也。士卑无臣，故以贤友助己〕；父有争子，则身不陷于不义。故当不义则争之。从父之命，又焉得为孝乎〔委曲从父命，善亦从善，恶亦从恶，而心有隐，岂得为孝乎〕？"

【译文】

曾子说："关于慈爱、恭敬、安亲、扬名，已经听到您的指教了，请问儿女一切都听从父母的命令，可以称作孝子吗？"孔子说："这是什么话！这是什么话！上古之时，天子有七位直言谏诤之臣，即便天子无道，尚不至于失掉其天下；诸侯有五位直言谏诤之臣，即便诸侯无道，尚不至于失去其国；大夫有三位直言谏诤之家臣，即便大夫无道，尚不至于失去其家；士人若有直言规劝的朋友，则自己不会背离美好的名声；父母有直言规劝的儿女，则自不会陷于不义。所以，面对不合礼义的事情时，就要直言相劝，一味地听从父母之命，又怎能算做孝子呢？"

子曰："昔者明王事父孝，故事天明〔尽孝于父，则事天明〕；事母孝，故事地察〔尽孝于母，能事地察，其高下，视其分察也〕；长幼顺，故上下治〔卑事于尊，幼顺于长，故上下治〕。天地明察，神明彰矣〔事天能明，事地能察，德合天地，可谓彰也〕。故虽天子，必有尊也，言有父也〔虽贵为天子，必有所尊，事之若父，三老是也〕；必有先也，言有兄也〔必有所先，事之若兄，五更是也〕。宗庙致敬，不忘亲也〔设宗庙，四时斋戒以祭之，不忘其亲〕；修身慎行，恐辱先也〔修身者，不敢毁伤；慎行者，不历危殆，常恐其辱先也〕。宗庙致敬，鬼神著矣〔事生者易，事死者难，圣人慎之，故重其文〕。孝悌之至，通于神明，光于四海，无所不通〔孝至于天，则风雨时；孝至于地，则万物成；孝至于人，则重译来贡。故无所不通也〕。《诗》云：'自西自东，自南自北，无思不服。'〔孝道流行，莫敢不服〕"

【译文】

孔子说："上古圣明之君，因其侍奉父亲很孝顺，所以就能够明察天道，顺应天时；因其侍奉母亲很孝顺，所以就能够明察地道，不失地利；因为长幼秩序都合礼义，所以上下安定。能够对父母尽孝，对兄长行悌道，就能对天地万物都清楚明白，通达宇宙人生真相，并感动天地鬼神降临护佑。所以，即使贵为天子，也必有其所尊敬者，这是说他还有父亲；也必有在他之前者，这是说他还有兄长。立宗庙以表达敬意，永不忘其先祖；修养其身，谨慎其行，唯恐有辱于先人。去宗庙祭祀以表达敬意，修身慎行，自然能够召感祖先在天之灵，来到宗庙享受子孙的祭祀。孝敬父母、尊重兄长达到最高境界，就可通达神明，使德行在四海之内发扬光大，没有不通达之处。《诗经·大雅》说：'天下东西南北各地，天下万民都深受圣王孝德的感化，没有人不想归顺服从。'"

子曰："君子之事上也，进思尽忠，退思补过，将顺其美，匡救其恶。故上（上下下旧有治字，删之）下能相亲也〔君臣同心，故能相亲〕。"

【译文】

孔子说："君子奉事于天子，进身则想着尽忠，退身则想着补过。对君王的美德，要帮助推行；对君王的过错，要加以匡正补救。这样，上上下下就能相亲相爱。"

（吕效祖　张爱玲译）

卷九

# 论语治要

【考评】

《论语》是我国儒家主要经典之一，内容丰富深刻，寓有深邃的哲理，思想范畴涉及社会政治、伦理道德、思想教育等方面，在中华民族的思想文化发展史上，影响最大，时间最久，程度最深。中国在世界上被称为“文明古国”与“礼仪之邦”，与《论语》记述孔子思想是分不开的。中华民族宽大宏阔的伟大气魄与扶颠持危、见义勇为、杀身成仁、舍生取义的崇高道德风范，可以说多源于孔子思想的精华。

孔子先世为宋国贵族，做过乘田(管理畜养)和委吏(司会计)。孔子在鲁国定公时曾任中都宰和司寇，后因对鲁执政者季桓子和鲁定公所为不满，遂去鲁。他曾周游列国，希望能实现其政治主张，但皆不为时君所用，归死鲁国。晚年长期聚徒讲学，开我国私人讲学的先河。相传弟子多达三千人，其中著名者七十余人。他曾整理删定《诗》《书》等重要古代文献，并依据鲁史官所记《春秋》加以删修，使其成为我国第一部编年体历史著作。

《论语》的编撰当开始于春秋末期，成书于战国初年。从书中内容看，当是孔子弟子及其再传弟子所记。班固在《汉书·艺文志》中说：“论语者，孔子应答弟子、时人、及弟子相与言而闻于夫子之语也。当时弟子各有所记，夫子既卒，门人相与辑而论纂，故谓之《论语》。”汉时，《论语》有三种本子，《鲁论语》和《齐论语》以及古文本的《古文论语》。《鲁论语》二十篇，《齐论语》二十二篇，《古文论语》二十一篇。东汉末年，大学者郑玄依据《鲁论语》篇，参照《齐论语》《古文论语》，作《论语注》二十篇独传后世，这就是我们今天所见到的《论语》。

《论语》对于封建统治阶级治国安邦、统治人民，对于中国封建文人甚至普通老百姓的处世为人、安身立命都有极为重要的影响。赵普是赵匡胤的宰相，就有半部《论语》治天下的说法。《论语》是中国儒家文化的重要源头之一，所以不仅是研究孔子思想的主要资料，而且是研究中国传统文化和儒学思想的重要资料。

魏征从维护封建统治角度出发，从《论语》各章中节录了有利于封建统治阶级的章句，作为他向太宗进谏引用的一个重要部分。如魏征奏疏多次引用孔子的“上好礼，则民莫敢不敬；上好义，则民莫敢不服；上好信，则民莫敢不用情。”“其身正，不令而行；其身不正，虽令不从”的论述。几千年来被中外历史证明，它是一条放诸四海而皆准的真理。

《论语》名称的使用，始于汉后。两汉时代，《论语》一书或单称为《论》，如《隶释》卷八载《衡方碑》文：“仲尼既没，诸子缀《论》，”《论》即指《论语》，或单称为《语》。如《后汉书·邳彤传》引《论语》原文，谓“《语》曰：一言可以兴邦”；或另称为《传》，如《汉书·扬雄传》赞：“《传》莫大于《论语》”；或别称为《记》，如《后汉书·赵咨传》引《论语》原文，谓“记曰：……丧与其易也宁戚”；或详称为《论语说》，如《汉书·郊祀志下》引《论语》原文，谓“《论语说》曰“子不语怪、力、乱、神。”《论语》之称为《论语》，已始于弟子撰集之时，其所以简称为《论》或《语》，乃因行文的便利。至于别称为《传》或《记》，则是因为古代《论语》简策的长度较短于“经”的缘故。

魏征《隋书·经籍志》称：“《论语》者，孔子弟子所录。孔子既叙六经，讲于洙、泗之上，门徒三千，达者七十，其与夫子应答及私相讲肄，言合于道，或书之于绅，或事之无厌。仲尼既殁，遂辑而论之，谓之《论语》。汉初，有齐鲁之说。其齐人传者，二十二篇；鲁人传者二十篇。齐则昌邑中尉王吉、少府宗畸、御史大夫贡禹、尚书令五鹿充宗、胶东庸生。鲁则常山都尉龚奋、长信少府夏侯胜、韦丞相节侯父子、鲁扶卿、前将军萧望之，安昌侯张禹，并名其学。张禹本授《鲁论》，晚讲《齐论》，后遂合而考之，删其繁惑。除去《齐论》《问王》《知道》二篇，从《鲁论》二十篇为定，号《张侯论》，当世重之。周氏、包氏为之章句，马融又为之训。又有古《论语》，与《古文尚书》同出，章句烦省，与《鲁论》不异，唯分《子张》为二篇，故有二十一篇。孔安国为之传。汉末，郑玄以《张侯论》为本，参考《齐论》、古《论》而为之注，魏司空陈群、太常王肃、博士周生烈，皆为义说。吏部尚书何晏，又为集解。是后诸儒多为之注，《齐论》遂亡。古《论》先无师说，梁、陈之时，唯郑玄、何晏立于国学，而郑氏甚微。周、齐，郑学独立。至隋，何、郑并行，郑氏盛于人间。”考其古今关于《论语》的评述，魏征在《隋书·经籍志》中的评述比较可信。

# 学　而

有子曰〔孔子弟子有若也〕：“君子务本，本立而道生。孝悌也者，其仁（通行本仁前有为字）之本与〔先能事父兄，然后仁可成〕！”

【译文】

有子说：“君子专心致力于事物的根本，根本建立了，‘道’就会产生。孝顺父母、敬爱兄长就是仁爱的根本啊！”

子曰：“巧言令色，鲜矣仁！”〔子，孔子。巧言，好其言语；令色，善其颜色。皆欲令人悦之，少能有仁也〕。

【译文】

孔子说：“花言巧语、假装和善的人，很少有仁爱之心。”

曾子曰〔孔子弟子曾参也〕：“吾日三省吾身：为人谋而不忠乎？与朋友交而不信乎？传不习乎〔言凡所传之事，得无素不讲习而传之者也〕？”

【译文】

曾子说：“我每天多次自我反省：为别人办事是否尽心尽力？和朋友交往是否诚实守信？老师教我的东西是否认真落实？”

子曰：“导千乘之国〔导，谓为之政教也〕，敬事而信〔为国者，举事必敬慎，与民必诚信也〕，节用而爱人〔节用，不奢侈也。国以民为本，故爱养之〕，使民以时〔不妨夺农务也〕。”

【译文】

孔子说：“治理拥有一千辆战车的国家，必须慎重处事，恪守信用，节约开支，爱护臣民，役使百姓要选择农事闲暇之时。”

子曰：“弟子入则孝，出则悌，谨而信，泛爱众，而亲仁，行有余力，则以学文〔文者，古之遗文〕。”

【译文】

孔子说：“为人子弟，在家要孝顺父母，出外要尊敬兄长，言行谨慎而又诚信，博爱大众而亲近仁德之人。如此笃行实践后还有余力，就用来学习经典文献。”

子夏曰〔孔子弟子卜商也〕：“事父母，能竭其力；事君，能致其身〔尽忠节，不爱其身也〕；与朋友交，言而有信。虽曰未学，吾必谓之学矣。”

【译文】

子夏说：“侍奉父母能竭尽其力；侍奉君主能忘我献身；和朋友交往，言而有信。（能做到这些）即使说他没有学问，我也肯定说他很有学问了。”

子曰：“君子不重则不威，学则不固；主忠信，无友不如己者；过则勿惮改〔主，亲也。惮，难也〕。”

【译文】

孔子说：“君子不端重就没有威严，即使学也不坚固。处世要以忠信为本，不要和（德行）不如自己的人交朋友。有了过失，不要害怕更正。”

曾子曰：“慎终追远，民德归厚〔慎终者，丧尽其哀。追远者，祭尽其敬。人君行此二者，民化其德，皆归于厚也〕。”

【译文】

曾子说："慎重地办理父母的丧事，追念远祖，民众的德行就会复归淳厚。"

有子曰："礼之用，和为贵。先王之道，斯为美。小大由之，有所不行。知和而和，不以礼节之，亦不可行也〔人知礼贵和，而每事从和，不以礼为节，亦不可行也〕。"

【译文】

有子说："礼的功用，是以和谐为贵。先代圣明君主的治国之道，以用和为最美。大事小事皆用礼而不用和，就会有行不通的地方。人们知道和为贵，便为和气而求和，不用规矩制度加以节制，也是不可行的。"

## 为　政

子曰："为政以德，譬如北辰，居其所而众星共之〔德者，无为，犹北辰之不移，而众星共之〕。"

【译文】

孔子说："治理国家若能以德为本，那就会像北极星一样，处在固定的地方，众星都环绕在它的周围。"

子曰："《诗》三百〔篇之大数〕，一言以蔽之，曰：'思无邪'〔归于正也〕。"

【译文】

孔子说："《诗经》三百篇，可以用一句话来概括它，那就是'思无邪'。"

子曰："导之以政〔政，谓法教〕，齐之以刑，民免而无耻〔苟免〕；导之以德〔德，谓道德〕，齐之以礼，有耻且格〔格，正也〕。"

【译文】

孔子说："用政令来引导百姓，用刑罚来管理百姓，他们虽然能够避免犯罪，却不知道犯罪是可耻的；用道德来引导他们，用礼法来教化他们，他们不但知廉耻，而且人心归正。"

子曰："君子周而不比〔忠信为周，阿党为比〕，小人比而不周。"

【译文】

孔子说："君子忠信正直，而不结党；小人结党徇私，而不忠信。"

哀公问曰："何为则民服〔哀公，鲁君谥也〕？"孔子对曰："举直错诸枉，则民服〔错，置也。举正直之人用之，废置邪枉之人，则民服其上〕；举枉错诸直，则民不服。"

【译文】

鲁哀公问道："怎样做才能让老百姓服从呢？"孔子回答说："把正直的人提拔到不正派者之上，老百姓就会服从；把不正派的人提拔到正直者之上，老百姓就不会服从了。"

季康子问："使民敬、忠以劝，如之何〔康子，鲁卿季孙肥也〕？"子曰："临之以庄，则敬〔庄，严也。君临民以严，则民敬上也〕；孝慈，则忠〔君能上孝于亲，下慈于民，则民忠矣〕；举善而教不能，则劝〔举用善人，而教不能者，则民劝〕。"

【译文】

季康子问道："要想使老百姓尊敬我、忠于我而又互相劝勉为善，应该怎么办才好？"孔子说："你对待他们的事严肃认真，他们就会尊敬你；你对父母孝顺，对年幼的人慈爱，他们就会忠于你；你提拔贤人，教育无能的人，他们就会互相劝勉为善。”

子曰：“人而无信，不知其可也〔无信，其余终无可也〕。大车无輗，小车无軏，其何以行之哉〔大车，牛车。輗，辕端横木以缚轭者。小车，驷马。车，軏，辕端上曲钩衡者也〕？”

【译文】

孔子说：“一个人如果不讲信用，我真不知道他能干什么。这就好比大车没有輗、小车没有軏，车怎么能行走呢？”

## 八　佾

林放问礼之本〔林放，鲁人〕，子曰：“礼，与其奢也，宁俭；丧，与其易也，宁戚〔易，和易。言礼之本意，失于奢，不如俭也；丧失于和易，不如哀戚〕。

【译文】

林放问礼的根本。孔子说：“一般的礼仪，与其铺张浪费，不如办得节俭；丧葬仪式，与其仪文周到，过分操办，不如心中悲伤。”

“祭如在〔言事死如事生〕，祭神如神在〔谓祭百神〕。”

【译文】

“祭祀祖先的时候要真诚恭敬，就好像祖先在面前；我祭祀百神时，就好像百神在我的身旁。”

定公问：“君使臣，臣事君，如之何〔定公，鲁君谥〕？”孔子对曰：“君使臣以礼，臣事君以忠。”

【译文】

定公问："君主使用臣下，臣下侍奉君主，怎么样才好？"孔子回答说："君主要按礼节来使用臣下，臣下要用忠心来侍奉君主。"

子曰："居上不宽，为礼不敬，临丧不哀，吾何以观之哉？"

【译文】

孔子说："在上位者不宽厚，执行礼仪不恭敬，举行丧礼不悲哀，这叫我怎么看得下去呢？"

## 里 仁

子曰："君子无终食之间违仁，造次必于是，颠沛必于是〔造次，急遽也。颠沛，僵仆也。虽急遽僵仆，不违仁也〕。"

【译文】

孔子说："君子在吃饭的时候都不背离仁德，在急迫匆忙时也一定与仁德同在，在颠沛流离时也一定与仁德同在。"

子曰："民（通行本作人）之过也，各于其党。观过，斯知仁矣〔此党，谓族亲也。过厚则仁，过薄则不仁也〕。"

【译文】

孔子说："大凡人所犯的过失，都跟偏护其同族的亲戚有关，观察其所犯的过失轻重，就知道这个人的仁心厚薄了。"

子曰："朝闻道，夕死可矣。"

【译文】

孔子说："（如果一个人）早晨知道真理，就是晚上死了也是可以的。"

子曰："能以礼让为国乎？何有〔何有者，言不难也〕？不能以礼让为国乎？如礼何〔如礼何者，言不能用礼也〕？"

【译文】

孔子说："能够用礼让来治理国家吗？（如果能）治理国事有什么困难？如果不能用礼让来治理国家，那要礼仪又有什么用呢？"

子曰："见贤思齐焉，见不贤而内自省也。"

【译文】

孔子说："看见贤人便思考怎样向他看齐，看见不贤的人便自我反省（看自己有无类似的缺点）。"

子曰："以约失之者鲜矣〔俱不得中，奢则骄溢招祸，俭约则无忧患也〕。"

【译文】

孔子说："由于俭约而出现过失的人是很少的。"

子曰："君子欲讷于言，而敏于行〔讷，迟钝也。言欲迟，行欲疾〕。"

【译文】

孔子说："君子说话要谨慎迟钝，而做事时要敏捷勤勉。"

## 公冶长

子贡问曰："孔文子何以谓之'文'〔孔文子，卫大夫孔圉〕？"子曰："敏而好学，不耻下问，是以谓之'文'〔敏者，识之疾也〕。"

【译文】

子贡问道："孔文子这个人凭什么谥号称作'文'呢？"孔子说：

“他聪明好学，不以向在下者请教为耻辱，所以给他‘文’的谥号。”

子谓子产：“有君子之道四焉〔子产，公孙侨也〕。其行己也恭，其事上也敬，其养民也惠，其使民也义。”

【译文】

孔子评论子产，说：“他有四种行为合于君子的道德。他自己言行谦恭庄重，他侍奉君主尽职尽责，他养育百姓广施恩惠，他役使百姓合于情理。”

子曰：“巧言、令色、足恭〔足恭，便僻貌也〕，左丘明耻之，丘亦耻之〔丘明，鲁大史也〕。”

【译文】

孔子说：“花言巧语、貌似和善、过分恭敬，这种人，左丘明认为是可耻的，我也认为是可耻的。”

子曰：“已矣乎！吾未见能见其过，而内自讼者也〔讼，犹责也。言人有过，莫能自责也〕。”

【译文】

孔子说：“就说到这儿吧！我还不曾见过发现自己的过失便能在内心自省的人。”

## 雍 也

哀公问：“弟子孰为好学？”孔子对曰：“有颜回者好学，不迁怒，不贰过。不幸短命死矣〔颜回，孔子弟子也。迁者，移也。不贰过，有不善，未尝复行也〕。”

【译文】

鲁哀公问："你的学生中谁是最好学的？"孔子回答说："有个名叫颜回的最好学，他能在起心动念的时候，发现发怒的念头生起，就能克制于第一念，不使其移于第二念，犯过的错误不会重犯。不幸的是他寿命太短，已经死了。"

## 述　而

子曰："德之不修，学之不讲，闻义不能徙也，不善不能改也，是吾忧也〔夫子常以此四者为忧也〕。"

【译文】

孔子说："自己本有的明德不修复，学问不讲究，听到义举而不能跟着去做，有了过失也不能加以改正，这些都是我所忧虑的。"

子之所慎：齐，战，疾〔慎齐，尊祖考；慎战，重民命；慎疾，爱性命也〕。

【译文】

孔子所慎重对待的三件事是：斋戒，战争，疾病。

子曰："我三人行，必得我师焉。择其善者而从之，其不善者而改之〔言我三人行，本无贤愚，择善从之，不善改之，故无常师〕。"

【译文】

孔子说："我们三个人同行，其中必定有我的老师，选择他们的长处，跟着学习，看到他们的短处就自我反省，加以改正。"

子曰："仁远乎哉？我欲仁，斯仁至矣〔仁道不远，行之则是〕。"

【译文】

孔子说："仁德难道离我们很远吗？只要自己想要做仁德，仁德就会到来。"

## 泰　伯

子曰："恭而无礼则劳，慎而无礼则葸〔葸，畏惧之貌也。言慎而不以礼节之，则常畏惧〕，勇而无礼则乱，直而无礼则绞〔绞，刺〕。君子笃于亲，则民兴于仁；故旧不遗，则民不偷〔兴，起也。能厚于亲属，不遗忘其故旧，行之美者也，则皆化之，起为仁厚之行，不偷薄〕。"

【译文】

孔子说："只保持态度恭敬而不知礼义，就会感到劳倦；只想到言语谨慎而不知礼法，就会言辞畏缩；只有敢作敢为的胆量而不知礼制，就会闹出乱子；只注重心直口快而不知礼让，就会刺伤别人。君子对自己的亲人情深意厚，百姓就会兴起仁爱之风；君子不遗忘旧友故交，百姓就不会对人刻薄无情。"

曾子曰："士不可以不弘毅，任重而道远〔弘，大也。毅，强而能断也。士弘毅，然后能负重任，致远路也〕。仁以为己任，不亦重乎？死而后已，不亦远乎〔仁以为己任，重莫重焉。死而后已，远莫远焉〕？"

【译文】

曾子说："读书的人不能不心胸宽广、心志坚毅，因为他任重道远。他把实现仁爱当作自己的责任，任务不是很重大吗？他为求仁直到死去才停止，前路不是很远吗？"

子曰："如有周公之才之美，使骄且吝，其余不足观也已。"

【译文】

孔子说："如果某人有周公那样好的才能，但倘若他骄傲而又吝啬，那其他方面也就不值一观了。"

子曰："不在其位，不谋其政〔欲各专一于其职也〕。"

【译文】

孔子说："不在某一职位，就不要考虑在这个职位上才应考虑的政事。"

子曰："学如不及，犹恐失之〔言此者，勉人学也〕。"

【译文】

孔子说："开始求学，好像（追逐别人），生怕赶不上。（勤学有得以后必须温习）好像（得了一件物品）恐怕遗失。"

子曰："巍巍乎，舜、禹有天下，而不与焉〔美其有成功，能择任贤臣〕！"

【译文】

孔子说："崇高呀！舜和禹贵为天子，拥有四海，都是不求而得的。"

子曰："大哉！尧之为君也！巍巍乎！唯天为大，唯尧则之〔则，法也。美尧能法天而行化也〕。荡荡乎，民无能名焉〔荡荡，广远之称也。言布其德广远，民无能识名焉〕。焕乎！其有文章也〔焕，明也。其立文垂制，又著明〕！"

【译文】

孔子说："尧这样的君主，真是太伟大了！太崇高了！因为天最为伟大，而只有尧能取法于天。他的德行浩大无际，百姓不知道如何赞颂他才好。他的事业典章真是崇高焕明呀！”

舜有臣五人，而天下治〔禹、稷、契、皋陶、伯益也〕。武王曰：“予有乱臣十人〔乱，治也。治官者十人：谓周公、召公、太公、毕公、荣公、大颠、闳夭、散宜生、南宫适，其一人，谓文母也〕。”孔子曰：“才难，不其然乎？唐、虞之际，于斯为盛，有妇人焉，九人而已〔斯，此也。言尧、舜交会之间，比于此周，周最盛多贤，然尚有一妇人，其余九人而已。人才难得，岂不然乎？〕。”

【译文】

舜有贤臣五人而天下才得以安定。周武王曾说过：“我有十个治理国家的贤臣。”孔子说：“人才难得呀，难道不是这样吗？从唐尧虞舜交接时算起，就数周武王时期人才最盛。可是，十人中有一位是妇女，实际上不过九人而已。”

子曰：“禹，吾无间然矣。菲饮食而致孝乎鬼神，恶衣服而致美于黻冕，卑宫室而尽力于沟洫。禹，吾无间然矣〔间，非也。菲，薄也。致孝于鬼神，谓祭祀丰洁也。黻，祭服之衣。冕，冠名也〕。”

【译文】

孔子说：“对于禹，我无可非议。他的饮食很简单，而祭祀鬼神的祭品却很丰盛（这是致孝）；他平日衣着简朴，而上朝时穿着却很精美（这是恭敬群臣）；他住的宫室很简陋，而尽其全力兴修农田水利（这是厚爱百姓）。对于禹，我确实没有什么意见可说了。”

## 子 罕

子曰：“譬如为山，未成一篑，止，吾止也〔篑，土笼也。此劝人于道德也。为山者，其功虽已多，未成一笼而中道止者，我不以其前功多而善之，见其志不遂，故不与也〕。譬如平地，虽覆一篑，进，吾往也〔平地者，将进加功，虽始覆一篑，我不以其功少而薄之，据其欲进而与之〕。”

【译文】

孔子说：“譬如用土来堆山，只差一筐便可以堆成，却停止不做了，这是自己停止不前的啊！又譬如刚开始在平地上堆山，虽然才只倒了一筐土，如果能继续进行，这也是我自己坚持的啊！”

# 颜　渊

颜渊问仁。子曰：“克己复礼为仁〔克己，约身〕。一日克己复礼，天下归仁焉〔一日犹见归，况终身乎〕。为仁由己，而由人乎哉〔行善在己，不在人〕？”曰：“请问其目〔知其必有条目，故请问之〕。”子曰：“非礼勿视，非礼勿听，非礼勿言，非礼勿动〔此四者，克己复礼之目〕。”曰：“回虽不敏，请事斯语矣〔敬事此语，必行之〕。”

【译文】

颜渊问怎样实践仁德，孔子说：“克制自己的私欲，使言行合于礼，这就是仁，一旦自己能在一天中克己复礼，整个天下就会回归到仁的境界。实践仁德完全在自己，难道还靠别人吗？”颜渊说：“请问实践仁德的具体条目？”孔子说：“不合于礼的不看，不合于礼的不听，不合于礼的不说，不合于礼的不做。”颜渊说：“我虽然不聪敏，也一定要按照您的话去做。”

仲弓问仁。子曰：“出门如见大宾，使民如承大祭〔仁之道，莫尚乎敬〕。己所不欲，勿施于人。在邦无怨，在家无怨〔在邦为诸侯，在家为卿大夫〕。”

【译文】

仲弓问怎样实践仁德，孔子说："出门（工作）如同接待贵宾一样尊重，役使百姓如同承办重大祭祀一样慎重。自己不喜欢的，不要强加于别人。在诸侯、卿大夫的位置上都不要使人抱怨。"

子张问明。子曰："浸润之谮，肤受之诉，不行焉，可谓明也已〔子张，孔子弟子颛孙师也。谮人之言，如水之浸润，以渐成之。肤受，皮肤外语，非其内实也〕。浸润之谮，肤受之诉，不行焉，可谓远也已〔无此二者，非但为明，其德行高远，人莫之及也〕。"

【译文】

子张问怎样才算智慧，孔子说："不断渗透的谗言和直接遭受的诬告，都不能干扰你的判断，那你就算遇事明白的了。不断渗透的谗言和直接遭受的诬告都不能干扰你的判断，那你就算志存高远的了。"

子贡问政。子曰："足食，足兵，民信之矣。"子贡曰："必不得已而去，于斯三者何先？"曰："去兵。"曰："必不得已而去，于斯二者何先？"曰："去食。自古皆有死，民不信不立〔死者，古今常道，人皆有之，治邦不可失信〕。"

【译文】

子贡问为政之事，孔子说："粮食充足，武备修整，取信于民。"子贡说："如果迫不得已要去掉一项，那么在这三项中先去掉哪一项呢？"孔子说："去掉武备"。子贡说："如果迫不得已还要去掉一项，那么在其余的两项中去掉哪一项呢？"孔子说："去掉粮食。自古以来人都免不了要死，如果老百姓不信任国家，国将不国。"

哀公问于有若曰："年饥，用不足，如之何？"对曰："盍彻乎〔盍，何不也。周法什一而税，谓之彻也〕？"曰："二，吾犹不足，如之何其彻也〔二，谓什二而税〕?”对曰：“百姓足，君孰与不足?百姓不足，君孰与足?”

【译文】

鲁哀公问有若说：“年景饥荒，国家无粮，怎么办？”若回答说：“为什么不实行原来的十分抽一的税法呢？”鲁哀公说：“十分抽二，我还不够，怎么能实行十分抽一的税法呢？”有若说：“如果百姓的用度够，你怎么会不够？如果百姓用度不够，你怎可以求自己的费用够呢？”

子张问崇德辨惑〔辨，别〕。子曰：“主忠信，徙义，崇德也〔徙义，见义则徙意从之〕。爱之欲其生，恶之欲其死。既欲其生，又欲其死，是惑也〔爱恶当有常。一欲生之，一欲死之，是心惑也〕。”

【译文】

子张问如何提高品德、辨别迷惑，孔子说：“以忠实诚信为本，见义即改变意念而从之，这样就能提高品德。爱这个人时，就希望他活；厌恶这个人时，就希望他死；既希望他活，又希望他死，这便是迷惑。”

子曰：“听讼，吾犹人〔与人等〕。必也，使无讼乎〔化之在前〕!”

【译文】

孔子说：“审理案件，我同别人一样。(但不同的是）我必定（先以德化人)，使人没有诉讼。”

子曰：“君子成人之美，不成人之恶。小人反是。”

【译文】

孔子说：“君子成全别人的好事，不帮助别人做坏事。小人则相反。”

季康子问政孔子。孔子对曰："政者，正也。子帅而正，孰敢不正〔康子，鲁上卿，诸臣之帅〕？"

【译文】

季康子问孔子治理国政之事，孔子回答说："政就是公正无私的意思。你自己行得正，处处以身作则，那谁还敢不正呢？"

季康子患盗，问孔子。孔子对曰："苟子之不欲，虽赏之，不窃〔言民化于上，不从其令，从其所好〕。"

【译文】

鲁国多盗贼，季康子为此而忧虑，问孔子有什么办法。孔子回答说："如果您没有贪欲，就是奖赏他们，他们也不会去偷窃。"

季康子问于孔子曰："如杀无道，以就有道，何如〔就，成也。欲多杀以止奸也〕？"对曰："子为政，焉用杀？子欲善而民善矣。君子之德风也，小人之德草也。草上之风，必偃〔亦欲康子先自正也。偃，仆也。加草以风，无不仆者，犹民之化于上也〕。"

【译文】

季康子问孔子说："如果杀掉无道的人，成就有道的人，怎么样？"孔子回答说："你治理政事，哪里用得着杀人？如果您像满足贪欲一样要求自己为善，百姓就会向善。君子的德行好比风，小民的德行好比草，风吹向哪边，草就会倒向哪边。"

樊迟曰："敢问崇德、修慝、辨惑〔孔子弟子樊须也。慝，恶也。修，治也。治恶为善〕。"子曰："先事后得，非崇德与〔先劳于事，然后得报〕？攻其恶，毋攻人之恶，非修慝与？一朝之忿，忘其身以及其亲，非惑与？"

【译文】

樊迟说："请问怎样提高品德，怎样消除心中的邪念，怎样辨别迷惑。"孔子说："先干工作，后讲收获，这不就是提高品德的方法吗？自己有恶，立即改正，不去指责别人的坏处，这不就是消除自己邪念的方法吗？因为一时的忿怒，忘记自己的安危，甚至有可能连累到自己的父母，这不是迷惑吗？"

樊迟问智。曰："知人。"樊迟未达。子曰："举直措诸枉，能使枉者直〔举正直之人用之，废邪枉之人，则皆化为直也〕。"樊迟退，见子夏曰："何谓也？"子夏曰："舜有天下，选于众，举皋陶，不仁者远矣；汤有天下，选于众，举伊尹，不仁者远矣〔言舜、汤有天下，选择于众，举皋陶、伊尹，则不仁者远，仁者至矣〕。"

【译文】

樊迟问什么叫智。孔子说："善于知人。"樊迟还不明白。孔子说："把正直的人提拔到不正派者之上，就能使不正直的人受到感化变正直。"樊迟从孔子那里退了出来，见到子夏，说："（刚才老师之言）是什么意思？"子夏说："舜得了天下，在众人中选拔人才，提拔了皋陶，不仁德者就会被疏远而离去；汤得了天下，在众人中选拔人才，提拔了伊尹，不仁德者就会被疏远而离去。"

## 子　路

子路问政。子曰："先之劳之〔孔子弟子仲由也。先导之以德，使人信之，然后劳之。《易》曰：悦以使民，民忘其劳〕。"请益。曰："毋倦〔子路嫌其少，故请益。曰：无倦者，行此上事无倦则可矣〕。"

【译文】

子路问为政之事，孔子说："做事率先垂范，然后教育下属勤劳。"子路请孔子再多讲些。孔子说："如上所做不要倦怠。"

仲弓为季子宰，问政。子曰："先有司〔孔子弟子冉雍也。言为政当先任有司，而后责其事也〕，赦小过，举贤才。"曰："焉知贤才而举之？"曰："举尔所知。尔所不知，人其舍诸〔汝所不知者，人将自举之。各举其所知，则贤才无遗矣〕？"

【译文】

仲弓做季氏的总管，问治理国政之事。孔子说："先选任各部门负责人，对人民要宽赦其小过，要选用贤才。"仲弓说："怎么知道贤才并予以选拔呢？"孔子说："选拔出你所了解的贤才，那些你所不知道的，别人难道会让他们埋没吗？"

子路曰："卫君待子而为政，子将奚先〔问往将何所先行之也〕？"子曰："必也正名乎〔正百事之名也〕！名不正，则言不顺；言不顺，则事不成；事不成，则礼乐不兴；礼乐不兴，则刑罚不中〔礼以安上，乐以移风，二者不行，则有淫刑滥罚矣〕；刑罚不中，则民无所措手足。故君子名之必可言，言之必可行也〔所名之事，必可得而明言也；所言之事，必可得而遵行〕。"

子路说："卫国的君主等待你去治理国政，你准备先干什么事情？"孔子说："必然是先正名分吧！名分不正，说起话来就不顺理；话不顺理，事情就办不成；事情办不成，礼乐制度就不能建立；礼乐制度不能建立，刑罚就不会得当；刑罚不得当，就会使老百姓无所适从。所以君子凡用一名分，一定要能讲出理由，这样说出来的话一定能行得通。"

子曰："上好礼，则民莫敢不敬；上好义，则民莫敢不服；上好信，则民莫敢不用情〔情，情实也。言民化上，各以实应也〕。夫如是，则四方之民，襁负其子而至矣。"

【译文】

孔子说："在上位的人好礼，老百姓就不敢不敬；在上位的人好义，老百姓就不敢不服从；在上位的人讲求诚信，老百姓就不敢不讲诚信。真能如此，四方的老百姓就会背着小孩来投奔。"

子曰："其身正，不令而行；其身不正，虽令不从〔令，教令也〕。"

【译文】

孔子说："在上位者本身行为端正，就是不下命令，下边也会按规矩办事；本身行为不端正，虽然强行命令，下边也不会听从。"

子适卫，冉子仆〔冉有御也〕。子曰："庶矣哉〔庶，众也。言卫民多也〕！"冉有曰："既庶矣，又何加焉？"曰："富之。"曰："既富矣，又何加焉？"曰："教之。"

【译文】

孔子到卫国去，冉有为他驾车。孔子说："卫国人口众多呀！"冉有说："人口多了，又该怎么办呢？"孔子说："让他们富裕起来。"冉有又问："富裕之后又怎么办呢？"孔子说："教育他们。"

子曰："'善人为邦百年，亦可以胜残去杀矣〔胜残，胜残暴之人，使不为恶也。去杀，不用刑杀也〕。'诚哉是言也〔古有此言，孔子信之〕！"

【译文】

孔子说："'善人治理国政连续一百年，就可以遏制残暴的人，使他们不会作恶，刑杀就可以废除了。'这句话讲得真不错啊！"

子曰："如有王者，必世而后仁〔三十年曰世。如有受命王者，必三十年仁政乃成〕。"

【译文】

孔子说："如果有王者兴起，也必须经过三十年的治理才能实现仁政。"

子曰："苟正其身，于从政乎何有？不能正其身，如正人何？"

【译文】

孔子说："假如能够端正自身的行为，那么治理国家还有什么困难呢？不能端正自身的行为，如何端正别人的行为呢？"

定公问："一言而可以兴国，有诸？"孔子对曰："言不可以若是，其几也〔以其大要，一言不能兴国也。几，近也。有近一言兴国也〕。人之言曰：'为君难，为臣不易。'如知为君之难也，不几乎一言而兴邦乎〔事不可一言而成知，如此则可近之〕？"曰："一言而丧邦，有诸？"孔子对曰："言不可以若是，其几也。人之言曰：'予无乐乎为君，唯其言而莫予违也〔言无乐于为君，所乐者，唯乐其言而不见违也〕。'如善而莫之违也，不亦善乎？如不善而莫之违也，不几乎一言而丧邦乎〔人君所言善，无违之者则善也；所言不善，而无敢违之者，则近一言而丧国矣〕？"

【译文】

鲁定公问："一句话就可以使国家兴盛，有这样的事吗？"孔子回答说："话虽不能这样讲，但也差不多。有人说过：'作君主很难，做臣子也不容易。'如果真知道做君主很难，（而慎重地处理国事）这不就近于一句话可以使国家兴盛吗？"鲁定公又问："一句话就可以使国家衰亡，有这样的事吗？"孔子回答说："话虽不能这样讲，但也差不多。有人说过：'我做君主没有别的快乐，所快乐的只是我说的话没有人敢违抗。'如果说得正确而没有人违抗，不也是很好的吗？如果说的不正确而又没有人敢违抗，不是近于一句话就可以使国家衰亡吗？"

叶公问政〔叶公名诸梁〕。子曰："近者悦，远者来。"

【译文】

叶公问为政之事，孔子说："使本国臣民高兴，使他国臣民归附。"

子夏为莒父宰，问政〔莒父，鲁下邑也〕。子曰："毋欲速，毋见小利。欲速则不达，见小利则大事不成〔事不可以速成，而欲其速则不达矣；小利妨大，则大事不成矣〕。"

【译文】

子夏做了莒父的县令，问怎样治理政事。孔子说："不要急于求成，不要贪求小利。急于求成反而达不到目的；贪求小利，就办不成大事。"

樊迟问仁。子曰："居处恭，执事敬，与人忠，虽之夷狄，不可弃也〔虽之夷狄无礼义之处，犹不可弃去而不行之〕。"

【译文】

樊迟问怎样做才是仁。孔子说："居家时谦恭有礼，办事时严肃认真，替人做事要忠诚。就是到了偏远落后的夷狄地区，这些品德也不可丢弃。"

子曰："南人有言曰：'人而无恒，不可以作巫医〔南国之人也，言巫医不能治无常之人〕。'善夫〔善南人之言也〕！"

【译文】

孔子说："南方人有句话说：'人要是没有恒心，连巫医也治不好他。'这话讲得好呀！"

子曰："君子和而不同，小人同而不和〔君子心和，然其所见各异，故曰不同；小人所嗜好者同，然各争利，故曰不和也〕。"

【译文】

孔子说："君子与人相处，和平忍让，而其见解卓越，与众不同。小人所见平庸，与众相同，但不能与人和谐办事（因为所嗜好的相同，相互争利）。"

子贡问曰："乡人皆好之，何如？"子曰："未可也。""乡人皆恶之，何如？"子曰："未可也。不如乡人之善者好之，其不善者恶之〔善人善己，恶人恶己，是善善明，恶恶著也〕。"

【译文】

子贡问道："一乡的人都喜欢他，此人如何？"孔子说："还不能说好。"子贡又说："一乡的人都厌恶他，此人如何？"孔子说："还不能说坏。不如亲自观察，一乡之中好人皆喜欢他，坏人皆厌恶他（然后相信他是好人，比较可靠）。"

子曰："君子易事而难悦也〔不责备于一人，故易事也〕。悦之不以道，不悦也；及其使人也，器之〔度才而官之〕。小人难事而易悦也。悦之虽不以道，悦也；及其使人也，求备焉。"

【译文】

孔子说："君子容易奉事，而难以取悦。用不正当的方法去博取他喜欢，他是不会喜欢的；君子用人时却能量才用人。小人容易取悦，而难以事奉。博取他喜欢，虽然用的不是正当的方法，但他还是会喜欢；但是小人使用人时，却是求全责备。"

子曰："君子泰而不骄，小人骄而不泰〔君子自纵泰，似骄而不骄；小人拘忌，而实自骄矜也〕。"

【译文】

孔子说："君子心中没有拘束，对人则不傲慢。小人与君子相反。"

子曰："以不教民战，是谓弃之〔言用不习之民，使之战，必破败，是为弃之〕。"

【译文】

孔子说："用没有受过军事训练的人去作战，就是让他们白白去送死。"

## 宪　问

子曰："有德者必有言，有言者不必有德；仁者必有勇，有勇者不必有仁。"

【译文】

孔子说："有道德的人一定会有善言，但有善言的人却不一定有道德。仁德者必定勇敢，但勇敢者不一定有仁德。"

子曰："君子而不仁者有矣夫，未有小人而仁者也〔虽曰君子，犹未能备也〕。"

【译文】

孔子说："君子中，学仁而尚未成熟的人是有的。至于小人，未尝学仁，便谈不上仁。"

子问公叔文子于公明贾，曰："信乎，夫子不言不笑不取〔公叔文子，卫大夫〕？"对曰："以告者过也。夫子时然后言，人不厌其言也；乐然后笑，人不厌其笑；义然后取，人不厌其取也。"

【译文】

孔子向公明贾问公叔文子，说："听说他老先生不说话，不会笑，不收取（钱物），这可信吗？”公明贾回答说：“这是因为传话的人传错了。他老先生该说时才说，这样，别人就不讨厌他的话；真正高兴时才笑，这样，别人就不讨厌他的笑；合情合理的财物才收取，别人就不讨厌他取。”

子谓卫灵公之无道也，季康子曰：“夫如是，奚而不丧？”孔子曰：“仲叔圉治宾客，祝鮀治宗庙，王孙贾治军旅。夫如是，奚其丧〔言虽无道，所任者各当其才，何为当亡也〕？”

【译文】

孔子说到卫灵公的无道，季康子说：“既是这样，他的国家为什么不败亡呢？”孔子说：“因为他有仲叔圉应对宾客，有祝鮀管理宗庙祭祀，有王孙贾统率军队。像这样，怎么会败亡呢？”

子路问事君。子曰：“勿欺，而犯之〔事君之道，义不可欺，当犯颜谏争〕。”

【译文】

子路问怎样事奉君主，孔子说：“不要欺骗他，（然而君主有不对的地方）但可以犯颜劝谏他。”

子曰：“不逆诈，不亿不信，抑亦先觉者，是贤乎〔有人来，不逆之以为诈；不亿疑之以为有不信。然而人有诈不信，有以先发知之，是人贤逆诈亿不信，所以恨耻之也〕！”

【译文】

孔子说：“不事先怀疑别人欺诈，不凭空臆测别人不诚信。反过来说，以预料揣测而得事先发觉他人的诈欺或不信的人，能算是贤人吗？”

子路问君子。子曰："修己以敬〔敬其身也〕。"曰："如斯而已乎？"曰："修己以安百姓。修己以安百姓，尧、舜其犹病诸〔病，犹难也〕？"

【译文】

子路问怎样才算君子。孔子说："一个人以敬来修治自身，使其身心语言统归于敬，也就是处处合礼，这就是君子了。"子路又问："这样就够了吗？"孔子说："修养自己以使百姓得到安乐。修养自己而使百姓得以安乐，就是尧、舜那样的圣君，恐怕也难以做到周到。"

## 卫灵公

子曰："无为而治者，其舜也与？夫何为哉？恭己正南面而已矣〔言任官得其人，故无为也〕。"

【译文】

孔子说："能够无为而治的人大概只有舜吧！那么他干了些什么呢？只是心存恭敬，对人对事一切恭敬，而自己庄严端正地在朝廷上面南而坐罢了。"

子张问行。子曰："言忠信，行笃敬，虽蛮貊之邦，行矣。言不忠信，行不笃敬，虽州里，行乎哉〔行乎哉，言不可行也〕？"子张书诸绅〔绅，大带也〕。

【译文】

子张问一个人怎样才能到处行的通，孔子说："说话诚实守信，行为忠厚谨慎，即使到了蛮貊那样偏远落后的国家，也可畅行；说话不诚实守信，行为不忠厚谨慎，即使在本州本村，难道能畅行吗？"子张把这些话记之于衣带上，随身记诵，依照实行。

子曰："志士仁人，无求生以害仁，有杀身以成仁〔无求生而害仁，死而后成仁，则志士仁人不爱其身也〕。"

【译文】

孔子说："志士仁人，不为保全生命而损害仁义。宁肯牺牲生命以成全仁义。"

颜渊问为邦。子曰："行夏之时〔据见万物之生，以为四时之始；取其易知也〕，乘殷之辂〔大辂越席，昭其俭也〕，服周之冕〔取其黈纩塞耳，不任视听〕，乐则韶舞〔韶，舜乐也。尽善尽美，故取之〕。放郑声，远佞人〔郑声淫，佞人危，俱能惑人心，使淫乱危殆，故当放远之也〕。"

【译文】

颜渊问怎样治理国家。孔子说："遵行夏代的历法，乘坐殷代的大车，头戴周代的朝冠，奏乐就奏舜帝的《韶》乐和武王的乐。禁绝郑国之乐，远离奸佞之人。"

子曰："人而无远虑，必有近忧。"

【译文】

孔子说："人如果没有长远的考虑，他必然随时遭遇不可预测的忧患。"

子曰："臧文仲，其窃位者与？知柳下惠之贤，而不与立也〔文仲，鲁大夫也。柳下惠，展禽也。知贤不举，为窃位也〕。"

【译文】

孔子说："臧文仲是个窃据权位的人，他明明知道柳下惠是个贤人，却不举荐他，使他和自己同朝。"

子曰："躬自厚，而薄责于人，则远怨矣〔责己厚，责人薄，所以远怨咎也〕。"

【译文】

孔子说："责己从严，责人从宽，这样做就不会招致怨恨了。"

子曰："君子求诸己，小人求诸人〔君子责己，小人责人〕。"

【译文】

孔子说："君子苛求责备自己，小人苛求责备别人。"

子曰："君子不以言举人〔有言者，不必有德，故不可以言举人也〕，不以人废言。"

【译文】

孔子说："君子不因某人善言辞就提拔他，也不因某人德行不佳便废弃他的有用之言。"

子贡问曰："有一言而可终身行者乎？"子曰："其'恕'乎！己所不欲，勿施于人。"

【译文】

子贡问孔子说："有没有一个字可以终身奉行呢？"孔子说："那就是'恕'吧！自己所不欲的事情，不要加在别人身上。"

子曰："巧言乱德；小不忍，乱大谋〔巧言利口，则乱德义；小不忍，则乱大谋〕。"

【译文】

孔子说："花言巧语会败坏道德，在小事上不能忍耐，就会败坏大事。”

子曰：“众恶之，必察焉；众好之，必察焉〔或众阿党比周；或其人特立不群，故好恶不可不察也〕。”

【译文】

孔子说：“大家都厌恶的，一定要考察一下；大家都喜欢的，也一定要考察一下。”

子曰：“人能弘道，非道弘人〔材大者，道随大；材小者，道随小，故不能弘人也〕。”

【译文】

孔子说：“人能够光大道义，不是道义能光大人。”

子曰：“过而不改，是谓过矣。”

【译文】

孔子说：“有了过错却不改正，这本身就是过错呀。”

子曰：“吾尝终日不食，终夜不寝，以思，无益，不如学也。”

【译文】

孔子说：“我曾经整日不吃饭，整夜不睡觉，冥思苦想，结果却没有什么收益，还不如去学习。”

## 季　氏

季氏将伐颛臾。冉有、季路见于孔子，孔子曰：“求！无乃尔是过与？”冉有曰：“夫子欲之，吾二臣者皆不欲也〔归咎于季氏〕。”孔子曰：“求！周任有言曰：‘陈力就列，不能者止〔周任，古之良史也。言当陈才力，度己所任，以就其位，不能则当止〕。’危而不持，颠而不扶，则将焉用彼相矣〔言辅相人者，当能持危扶颠，若不能，何用相为也〕？且尔言过矣。虎兕出于柙，龟玉毁于椟中，是谁之过与〔柙，槛也。椟，柜也。失虎毁玉，非典守者过耶〕？”冉有曰：“今夫颛臾，固而近于费〔固，城郭完坚，兵甲利也。费，季氏邑〕。今不取，后世必为子孙忧。”孔子曰：“求！君子疾夫〔疾如汝言〕舍曰欲之而必为之辞〔舍其贪利之说，而更作他辞，是所疾〕。丘也闻，有国有家者，不患寡而患不均〔不患土地人民之寡少，患政治之不均平〕，不患贫而患不安〔忧不能安民耳，民安国富〕。盖均无贫，和无寡，安无倾〔政教均平，则不患贫矣；上下和同，则不患寡矣；大小安宁，不倾危矣〕。夫如是，故远人不服，则修文德以来之。既来之，则安之。今由与求也，相夫子，远人不服而不能来也，邦分崩离析而不能守也，而谋动干戈于邦内。吾恐季孙之忧，不在颛臾，而在萧墙之内也〔萧之言肃也。墙，谓屏也。君臣相见之礼，至屏而加肃敬焉，是以谓之萧墙。后季氏家臣阳虎，果囚季恒子也〕。”

【译文】

季氏准备讨伐颛臾。冉有、子路去见孔子，孔子说：“冉求！这恐怕是你的过错吧？”冉求说：“这是季孙想讨伐，我们两人都不愿意。”孔子说：“冉求！周任曾经说过：‘能够贡献才力，方可就其职位，如果不能，就应该退让。’如果遇到危险，做助手的不去帮助；将跌倒时，做助手的不去搀扶；那么要这样的助手有什么用呢？况且你刚才的话本身就是错误的。老虎、犀牛从笼子里逃了出来，龟甲宝玉毁坏在匣子里，这是谁的过错呢？”冉有说：“颛臾的城墙坚固，而且离季氏的封邑费城很近。今天不夺取它，定会成为后代子孙的祸患。”孔子说：“冉求！君子厌恶那种抛开自己贪欲不说，却一定会另找托辞的人。我听说过，有国有家的诸侯、大夫，不担忧财富不多而担忧财富分配不均；不担忧人口太少，而担忧境内不安。这是因为分配均平，就没有忧患贫穷；团结和睦，则有远方人来而无寡；境内安宁，就没有倾覆的危险。能够像这样，远方的人还不归服，再通过加强礼乐道德教化来感召他们。他们来了，就会安心地在此生活。现在仲由和冉求辅助季孙，远方的人不服，因而不来投奔；国家分崩离析，却不能保全，反而想在国内大动干戈。我怕季孙的忧患不在颛臾，而在自己的内部呀。”

孔子曰：“益者三友，损者三友。友直，友谅，友多闻，益矣；友便辟〔便辟，巧避人所忌，以求容媚〕，友善柔〔面柔者也〕，友便佞，损矣〔便，辩也。谓佞而辩〕。”

【译文】

孔子说：“有益的朋友有三类，有害的朋友有三类。同正直的人交朋友，同诚实的人交朋友，同博闻广见的人交朋友，是有益的。同逢迎虚伪的人交朋友，同善于面柔的交朋友，同巧言取媚的人交朋友，是有害的。”

孔子曰：“益者三乐，损者三乐。乐节礼乐〔动则得礼乐之节〕，乐道人之善，乐多贤友，益矣；乐骄乐〔恃尊贵以自恣〕，乐佚游〔佚游，出入不节〕，乐宴乐，损矣〔宴乐，沉荒淫黩也。三者，自损之道〕。”

【译文】

孔子说：“有益的乐趣有三种，有害的乐趣也有三种。以礼乐节制为乐，以导人向善为乐，以多得贤友为乐。这是有益的。以骄傲为乐，以出入没有节度为乐，以聚众宴饮为乐，这是有害的。”

孔子曰：“侍于君子有三愆：言未及之而言，谓之躁〔躁，不安静〕；言及之而不言，谓之隐〔隐，匿不尽情实〕；未见颜色而言，谓之瞽〔未见君子颜色所趋向，而便逆先意语者，犹瞽者也〕。”

【译文】

孔子说："陪侍君子易犯三种过失：不到该说话的时候，自己却抢着插话，这叫做急躁；到该说话的时候，自己却不说，这叫做隐瞒；不看对方的脸色，随意开口，这叫做没有眼色。"

孔子曰："君子有三戒：少之时，血气未定，戒之在色；及其壮也，血气方刚，戒之在斗；及其老也，血气既衰，戒之在得〔得，贪得也〕。"

【译文】

孔子说："君子有三件事应当警戒：年轻的时候，血气还没有稳定，切忌贪恋女色；及至壮年，血气正旺盛，要警戒斗勇；到了年老之时，血气已衰，要警戒贪得无厌。"

孔子曰："君子有三畏：畏天命〔顺吉逆凶，天之命〕，畏大人〔大人，即圣人，与天地合德也〕，畏圣人之言。小人不知天命而不畏，狎大人，侮圣人之言。"

【译文】

孔子说："君子有三种敬畏：敬畏善恶报应，敬畏圣人，敬畏圣人之言。小人不懂得善恶之报，因而不懂得敬畏，轻侮圣人，怠慢圣人之言。"

孔子曰："生而知之者，上也；学而知之者，次也；困而学之，又其次也〔困，谓有所不通也〕；困而不学，民斯为下矣。"

【译文】

孔子说："生来就知道的是上等；通过学习而知道的是次一等；资质愚钝而能够求学的又次一等；天资既钝又不肯学习，这样的人是最下等的。"

孔子曰："君子有九思：视思明，听思聪，色思温，貌思恭，言思忠，事思敬，疑思问，忿思难，见得思义。"

【译文】

孔子说："君子有九思：观看，要考虑看得明白；听受，要考虑听得清楚；神色，要考虑显现温和；态度，要考虑谦恭有礼；说话，要考虑忠诚老实；做事，要考虑严肃认真；疑惑，要考虑虚心请教；发怒，要考虑会有后患；自己得到的财物名位，要考虑合乎道义。"

孔子曰："见善如不及，见不善如探汤。齐景公有马千驷，死之日，民无得而称焉〔千驷，四千匹也〕；伯夷、叔齐饿于首阳之下〔首阳，山名〕，民到于今称之。其斯之谓与〔此所谓以德为称〕！"

【译文】

孔子说："见到善良者，（心存敬慕）追之唯恐比不上；遇到邪恶者，（心生戒惧）避之唯恐不及。齐景公富有四马战车千辆，（但奢侈无道）到死的时候，百姓认为他没有什么德行可以称赞；伯夷、叔齐饿死在首阳山上，百姓却直到现在还称颂他们。说的不就是这个意思吗？"

## 阳　货

子曰："性相近也，习相远也〔君子慎所习〕。"

【译文】

孔子说："人的生性本来是相近的。但各人习惯不同，依照各人习惯发展，便相差甚远了。"

子张问仁于孔子。孔子曰："能行五者于天下，为仁矣。""请问之。"曰："恭、宽、信、敏、惠。恭则不侮〔不见侮也〕，宽则得众，信则人任焉，敏则有功〔应事疾，则多成功〕，惠则足以使人。”

【译文】

子张问孔子怎样做才是仁德。孔子说：“能够在全社会施行五种品德便是仁德了。”“请问是哪五种品德。”孔子说：“恭敬、宽厚、诚信、勤奋、惠爱。恭敬有礼就不会受到侮辱，待人宽厚就会得到众人的拥护，诚实守信就能得到别人的信任，做事敏捷就能获得成功，惠爱大众就能使人努力工作。”

子曰：“由！汝闻六言六蔽乎？”对曰：“未。”“居！吾语汝。好仁不好学，其蔽也愚〔仁者爱物，不知所以裁之，则愚也〕；好智不好学，其蔽也荡〔荡，无所适守〕；好信不好学，其蔽也贼〔父子不知相为隐之辈〕；好直不好学，其蔽也绞；好勇不好学，其蔽也乱；好刚不好学，其蔽也狂〔狂，妄抵触人也〕。”

【译文】

孔子说：“仲由，你听说过以六句话，来阐明六种弊病吗？”子路回答说：“没有。”孔子说：“坐下！我告诉你。喜好仁爱却不喜好学问，其弊病是行事愚昧；喜好智谋却不喜好学问，其弊病是放荡无守；喜好诚实却不喜好学问，它的弊病是易受伤害；喜好直率却不喜好学问，它的弊病是言词急切；喜好勇敢却不喜好学问，它的弊病是招惹祸乱；喜好刚强却不喜好学问，它的弊病是纵情任性。”

子曰：“礼云礼云，玉帛云乎哉〔言礼非但崇此玉帛而已，所贵者，乃贵其安上治民〕？乐云乐云，钟鼓云乎哉〔乐之所贵者，移风易俗也，非但谓钟鼓而已〕？”

【译文】

孔子说：“礼，说来说去，岂是就玉帛等礼物而言呢？乐，说来说去，岂是就钟鼓一类乐器而言呢？”

子曰："鄙夫可与事君也哉〔言不可与事君〕？其未得之也，患得之〔患得之者，患不能得之〕；既得之，患失之。苟患失之，无所不至矣〔无所不至者，言邪媚无所不为〕。"

【译文】

孔子说："俗陋之人，难道可以和他一块事奉君王吗？这样的人在没有得到官职的时候，唯恐得不到；既然得到了，又唯恐丢失掉。假若只怕丢官，他就会什么事都干得出来。"

子曰："恶紫之夺朱也〔恶其邪好而夺正色〕，恶郑声之乱雅乐也〔恶其邪音而乱雅乐〕，恶利口之覆邦家也〔利口之人，多言少实，苟能悦媚时君，倾覆国家也〕。"

【译文】

孔子说："应憎恶紫色侵夺了正红色的光彩，应憎恶郑声（淫邪的音乐）扰乱高雅的音乐，应憎恶巧言取媚者倾覆国家。"

子贡曰："君子亦有恶乎？"子曰："有恶。恶称人恶者〔好称说人恶，所以为恶也〕，恶居下流而讪上者〔讪，谤毁也〕，恶勇而无礼者，恶果敢而窒者〔窒，塞〕。"曰："赐也亦有恶乎？""恶徼以为智者〔徼，抄也。抄人之意以为已有〕，恶不逊以为勇者，恶讦以为直者〔讦，谓攻发人之阴私〕。"

【译文】

子贡说："君子也有所憎恶吗？"孔子说："有憎恶。君子憎恶爱扬人之恶者，憎恶身处下位而毁谤在上位者，憎恶勇敢却不遵礼法者，憎恶果敢而不通事理者。"孔子又说："赐（子贡之名），你也有憎恶吗？"子贡回答说："我憎恶抄袭别人成果却自认为聪明的人，憎恶不谦逊而自以为勇敢的人，憎恶攻发别人的阴私而自以为正直的人。"

## 微　子

柳下惠为士师〔士师，典狱之官也〕，三黜。人曰："子未可以去乎？"曰："直道而事人，焉往而不三黜〔苟直道以事人，所至之国，俱当复三黜〕？枉道而事人，何必去父母之邦？"

【译文】

柳下惠做典狱官，多次被罢免。有人说："你不可以离开鲁国吗？"他说："如果我以正直之道事奉君主，到哪里去不会被多次罢免呢？如果以不正直之道事奉君主，又何必一定要离开父母所居的鲁国呢？"

周公谓鲁公〔鲁公，周公之子伯禽也〕曰："君子不施其亲〔施，易也。不以他人之亲，易己之亲〕，不使大臣怨乎不以〔以，用也。怨不见听用也〕。故旧无大故，则不弃也。无求备于一人〔大故，谓恶逆之事也〕！"

【译文】

周公对鲁公说："君子不遗弃自己的亲族；不让大臣抱怨不被重用；对老臣旧吏，若没有大的过错就不抛弃他们；不对某一个人求全责备。"

## 子　张

子夏曰："小人之过也必文〔文饰其过，不言情实也〕。"

【译文】

子夏说："小人有了过错，必定以不实的言辞加以掩饰。"

子夏曰："君子信而后劳其民，未信，则以为厉己也〔厉，病〕；信而后谏，未信，则以为谤己也。"

【译文】

子夏说："君子在位时要先取信于民，然后再使唤他们，没有取得信任，那老百姓就会以为你是虐待他们；作臣子时必须先取得君主信任而后才去规劝，没有取得信任，就去规劝，那君主就会以为是诽谤自己。"

孟氏使阳肤为士师〔阳肤，曾子弟子也。士师，典狱官也〕，问于曾子。曾子曰："上失其道，民散久矣。如得其情，则哀矜而勿喜〔民之离散，为轻漂犯法，乃上之所为，非民之过也。当哀矜之，勿自喜能得其情也〕！"

【译文】

孟孙氏任命阳肤做法官，他去向曾子请教，曾子说："如今执政者不按制度办事，民心离散已经很久了。你如果能审理出百姓犯罪的真实情况，就应该哀怜、同情他们，而不要自喜！"

子贡曰："纣之不善也，不如是之甚也。是以君子恶居下流，天下之恶皆归焉〔纣为不善，以丧天下，后世憎之甚，皆以天下之恶，归之于纣也〕。"

【译文】

子贡说："殷纣王的残暴，本不像传说的那么厉害。因此君子耻于因有恶行而身处人下，（以至于）天下的一切坏事都会加到自己身上。"

子贡曰："君子之过也，如日月之食焉：过也，人皆见之；更也，人皆仰之〔更，改也〕。"

【译文】

子贡说："君子的过失，就如日食和月食一样，有过失时，人人都能看得到；改正之后，也如日月食后重现光明那样，人人都敬慕他。"

# 尧 曰

“朕躬有罪，无以万方；万方有罪，罪在朕躬〔无以万方，万方不与也；万方有罪，我身之过〕。”“虽有周亲，不如仁人〔亲而不贤不忠，则诛之，管蔡是也；仁人箕子微子，来则用之〕。百姓有过，在予一人。”谨权量，审法度，修废官，四方之政行焉〔权，秤也。量，斗斛〕。兴灭国，继绝世，举逸民，天下之民归心焉。所重：民、食、丧、祭〔重民，国之本也；重食，民之命也；重丧，所以尽哀也；重祭，所以致敬也〕。宽则得众，敏则有功，公则悦〔言政公平则民悦矣，凡此二（二原作五）帝三王所以治，故传以示后世也〕。

【译文】

汤王说：“我自身若有罪过，请天帝不要牵连万方之民；天下万方若有罪过，罪过都在我一人身上。”周武王说：“虽有至亲，但却不如有仁德之人。我若不教百姓，使他们有过错，罪责都在我一人身上。”严格计量器具，审察礼仪，事必有官，官必有人，政令就可畅行于四方；兴起被灭亡的诸侯之国，为已绝祀的贤卿大夫立后，举用遁世隐居的贤士，天下之人就会诚心地归服了。所重视的应是：人民、粮食、丧礼、祭祀。宽厚就会得到众人的拥护，办事敏捷就会取得事功，公平就会使百姓心悦诚服。

子张问政于孔子曰：“何如斯可以从政矣？”子曰：“尊五美，屏四恶，斯可以从政矣〔屏，除也〕。”子张曰：“何谓五美？”子曰：“君子惠而不费，劳而不怨，欲而不贪，泰而不骄，威而不猛。”子张曰：“何谓惠而不费？”子曰：“因人所利而利之，不亦惠而不费乎〔利民在政，无费于财〕？择可劳而劳之，又谁怨？欲仁而得仁，又焉贪？君子无众寡，无小大，无敢慢〔言君子不以寡小而慢之〕，斯不亦泰而不骄乎？君子正其衣冠，尊其瞻视，俨然人望而畏之，斯不亦威而不猛乎？”子张曰：“何谓四恶？”子曰：“不教而杀，谓之虐；不戒视成，谓之暴〔不宿戒，而责目前成，为视成也〕；慢令致期，谓之贼〔与民无信，而虚刻期〕；犹之与人也，出纳之吝，谓之有司〔谓财物俱当与人，而吝啬于出内惜难之，此有司之任耳，非人君之道〕。”

【译文】

子张问孔子说：“怎样才可以从事政事呢？”孔子说：“尊崇五种美德，摒除四种恶政，这样就可以从事政事了。”子张说：“什么是五种美德？”孔子说：“君子给百姓恩惠却不耗费财力；役使百姓，百姓却没有怨恨；自己有所求但绝非自私之贪；心中安泰而不骄纵；保持威严而不凶猛。”子张又问：“怎样才算给百姓以好处而不浪费？”孔子说：“延用百姓可以得利的事，使他们得到利益，这不就是给他们以好处却没有耗费吗？选择合适的时间役使百姓，又有谁会怨恨呢？自己想有仁德就得到了仁德，又有什么贪婪可言呢？君子处事，无论人多人少、事情大小，都不敢怠慢，这不就是威严而不骄纵吗？君子衣冠整齐端正，目光严肃尊重，使人望而敬畏，这不就是威严而不凶猛吗？”子张又说：“什么是四种恶政？”孔子说：“不事先教育，有罪就杀，叫做虐；不事先申告，马上便要看到成果，叫做暴；政令发布很慢却要求限期完成，叫做贼害人民；同样都得赏给人财物，到发放交付时却显出吝啬，这叫做库吏作风。”

（吕效祖　张爱玲译）

卷十

# 孔子家语治要

【考评】

魏征等编撰《群书治要》，从王肃注的《孔子家语》中辑录《始诛》等二十二篇，较集中地阐发了儒家的社会政治思想、礼治观、伦理观、人才观、“仁政”学说等，以及作为一个“圣主”“贤君”所应具备的谦逊、虚心纳谏、居安思危、善用人才等品德，并提出了建立封建主义理想社会的措施和蓝图。从选编的内容可以看出，魏征等向唐太宗进谏此书的目的是十分明确的。

王注《孔子家语》可视为古代政论文中的佳作。其中“君者，舟也；民者，水也。水所以载舟，亦所以覆舟”之句，已成为贞观之世的格言而广为流传。再如“良药苦于口而利于病，忠言逆于耳而利于行”、“入芝兰之室，久而不闻其香；入鲍鱼之肆，久而不闻其臭”等，都已成为脍炙人口的名言。

对《孔子家语》，历来颇多争议。宋王柏《家语考》，清姚际恒《古今伪书考》、范家相《家语证伪》、孙志祖《家语疏证》均认为是伪书。宋朱熹《朱子语录》、清陈士珂和钱馥的《孔子家语疏证》序跋、南宋黄震《黄氏日抄》等则持有异议。然而一千多年来，该书广为流传。《四库全书总目》曾精辟论述说：“其书流传已久，且遗文轶事，往往多见于其中。故自唐以来，知其伪而不能废也。”

1973年，河北定县八角廊西汉墓出土的竹简《儒家者言》，内容与今本《家语》相近。1977年，安徽阜阳双古堆西汉墓也出土了篇题与《儒家者言》相应的简牍，内容同样和《家语》有关。这些考古发现说明，今本《孔子家语》是有来历的，早在西汉即已有原型存在和流传，并非伪书，更不能直接说成是王肃所撰著。它陆续成于孔安国以及与王肃同时的孔猛等孔氏学者之手，经历了一个很长的编纂、改动、增补过程，是孔氏家学的产物。应当承认它在有关孔子和孔门弟子及古代儒家思想研究中的重要价值。

# 始 诛

孔子为鲁大司寇，朝政七日，而诛乱法大夫少正卯，戮之于两观之下〔两观，阙也〕，尸于朝三日。子贡进曰：“夫少正卯，鲁之闻人也。今夫子为政而始诛之，或者为失之乎？”孔子曰：“天下有大恶者五，而盗窃不与焉。一曰心逆而险，二曰行僻而坚，三曰言伪而辨，四曰记丑而博〔丑，谓非义〕，五曰顺非而泽。此五者，有一于人，则不免于君子之诛，而少正卯皆兼有之。其居处足以撮徒成党〔撮，聚也〕，其谈说足以饰邪荧众，其强御足以反是独立。此乃人之奸雄也，不可以不除。”

【译文】

孔子被任命为鲁国的大司寇(大法官)，升堂理政才七天，就处死了扰乱礼法制度的大夫少正卯，将他在宫殿门外的两座高台上杀掉，且暴尸于朝堂三日。弟子子贡向孔子进言说：“少正卯是鲁国的名人，现在先生一开始治理政事就杀了他，这样做是不是有些失当呢？”孔子说：“天下的大罪恶有五类，而盗窃不在其中。一是心存悖逆而且阴险，二是行为邪僻而坚持不改，三是言语虚妄而巧言善变，四是搜记不义而不厌其多；五是随顺邪恶而润饰美化。这五种罪恶，人若犯有一条，则难免受到君子的谴责，而少正卯五种兼有。他的住所足以聚集其门徒结成党派，他的言论足以掩饰邪心、迷惑众人，他积聚的力量足以叛逆礼法、谋求独立。这样的人正是人群中的奸雄，不可以不除掉啊！”

孔子为鲁大司寇，有父子讼者，夫子同狴执之〔狴，狱牢也〕，三月不别。其父请止，夫子赦焉。季孙闻之，不悦，曰：“司寇欺余。曩告余曰：‘为国家者，必先以孝’，今戮一不孝，以教民孝，不亦可乎？而又赦之，何哉？”孔子喟然叹曰：“呜呼！上失其道，而杀其下，非理也；不教以孝，而听其狱，是杀不辜也。三军大败，不可斩也；狱犴不治，不可刑也。何者？上教之不行，罪不在民故也。夫慢令谨诛，贼也；征敛无时，暴也；不诫责成，虐也。政无此三者，然后刑可即也。既陈道德以先服之，而犹不可，则尚贤以劝之，又不可，则废不能以惮之（则废不能以惮之七字作即废之又不可而后以威惮之十二字）。若是，百姓正矣。其有邪民不从化者，然后待之以刑，则民咸知罪矣。是以威厉而不试（试原作诫），刑措而不用也。今世不然，乱其教，烦其刑，使民迷惑而陷罪焉，又从而制之，故刑弥繁而盗不胜也。世俗之陵迟久矣，虽有刑法，民能勿踰乎？”

【译文】

孔子任鲁国大司寇时，有一家父子二人互相控告，他就将这两人关进同一牢房，三个月后仍没有进行判决。后来，做父亲的就请求撤诉，于是孔子就释放了这对父子。季孙听说了这件事，很不高兴，对孔子说：“司寇，你欺骗了我。你以前告诉我说：‘治理国家的人，必须把孝道放在第一位。’那么现在斩杀一个不孝之子，用以教育百姓尽孝，不是很应该吗？可你却赦免了这个不孝之人，这是为什么呢？”孔子感慨地叹息说：“身居上位而不懂得教化和引导百姓，却要滥杀百姓，这是不符合情理的。不用孝道去教育和引导百姓，却要用孝道的规范来判决官司，这是杀害无辜。全军大败，不可斩杀士卒；司法混乱，不能实施惩罚。为什么呢？因为在上位的没有进行教育，罪责不在百姓身上。法令松懈而诛杀甚严，这是残害；随意征收赋税，这是暴政；不教化百姓却苛求其守礼守法，这是虐害。政事若无此三种情况，刑罚便可以施用了。要先宣讲道德规范并以身作则，如果还不行，就敬重贤者来鼓励众人。若还是不行，就废弃、罢黜不能遵守道德规范者来使其惧怕。如果这样做了，百姓就会遵纪守法了。要是还有奸邪之徒顽固不化，就用刑罚来对待他们，于是民众就都知道此人为什么会犯罪了。这样，就不必用威严来警告他们了，刑法也可以搁置不用了。当今社会却不是这样。教化混乱，刑罚繁多，使民众感到迷惑而容易陷入犯罪，又从而受到制裁，所以刑罚越来越多而盗贼却屡除不尽。社会风气的衰败已经很久了，虽有刑法，百姓能不越轨犯法吗？”

## 王 言

孔子闲居，谓曾子曰：“参，汝可语明王之道与？居，吾语汝。夫道者，所以明德也；德者，所以尊道也。是故非德道不尊也，非道德不明也。虽有国之良马，不教服乘，不可以取道里；虽有博地众民，不以其（旧无其字，补之）道治之，不可以致霸王。是故昔者，明王内修七教，外行三至。七教修，而可以守；三至行，而可以征。明王之道，其守也，则必折冲千里之外；其征也，还师衽席之上。故曰：内修七教而上不劳，外行三至而财不费。此之谓明王之道也。”曾子曰：“不劳不费之为明王，可得而闻乎？”孔子曰：“昔者帝舜左禹，右皋陶，不下席而天下治。夫如此，何上之劳乎？若乃十一而税，用民之力岁不过三日，入山泽以其时而无征，此则生财之路也，而明王节之，何财之费乎？”

【译文】

有一天，孔子闲坐时，对曾子说：“曾参，你能说清楚贤明君主的治国之道吗？坐下来，听我给你讲讲。道，是用来显明德的；德，是用来尊奉道的。所以，没有德，道就不会得到尊崇；没有道，德就无法得到发扬光大。纵然有全国知名的好马，不训练它适应驾车，它就不能疾行于路；纵然有广大的国土、众多的百姓，不用符合伦理道德的教育来治理，也不能够在诸侯中称雄。所以从前贤明的君王，在内实行‘七教’，在外实施‘三至’。‘七教’得以整治，就可以守住自己的国家；‘三至’得以实施，就可以对外征伐不义的国家。按照贤明君王的治国方略，其进行守卫，便一定会御敌于千里之外；其进行征伐，便一定会胜利之后班师回国，安坐于床席之上。所以说，只要对内研修‘七教’，君王就不会劳累；对外实施‘三至’，国家资财就不会耗费。这就是贤明君王的治国之道。”曾子说：“不为政事劳累、不劳民伤财就称得上贤明的君王，其中的道理能够讲来让弟子听听吗？”孔子说：“从前舜帝左有大禹，右有皋陶，君王不离开坐席而天下便可得到治理。像这样，君王有什么劳累呢？如果只按收成百分之十的标准征税，派用百姓服劳役每年不超过三天，百姓在合适的季节进入山林泽沼狩猎打鱼不征赋税，这都是生财之路，只要贤明的君主节制田税和使用民力，怎么还会浪费财力呢？”

曾子曰：“敢问何谓七教？”孔子曰：“上敬老，则下益孝；上尊齿，则下益悌；上乐施，则下益宽；上亲贤，则下择友；上好德，则下无隐；上恶贪，则下耻争；上廉让，则下知节。此之谓七教也。七教者，治民之本也。政教定，则本正矣。凡上者，民之表也，表正则何物不正！”曾子曰：“道则至矣！弟子不足以明之。”孔子曰：“参，汝以为姑止此乎？昔者明王之治民也有法，必裂地而封之，分属而理之，然后贤民无所隐，暴民无所伏。使有司日省而时考之，进用贤良，退贬不肖（不肖下旧有然字，删之），则贤者悦，而不肖者惧。哀鳏寡，养孤独，恤贫穷，诱孝悌，选才能。此七者修，则四海之内无刑民矣。上之亲下也，如手足之于腹心；下之亲上也，如幼子之于慈母矣。上下相亲如此，故令则从、施则行。民怀其德，近者悦服，远者来附，政之致也。田猎罩弋〔罩，掩网也；弋，缴射也〕，非以盈宫室也；征敛百姓，非以充府库也。惨怛以补不足，礼节以损有余，多信而寡貌，其礼可守，其言可覆，其迹可履。其于信也，如四时；其博有万民也，如饥而食，如渴而饮。民之信之，如寒暑之必验也。故视远若迩，非道迩也，见明德也。是故兵革不动而威，用利不施而亲。此之谓明王之守折冲乎千里之外者也。”

【译文】

曾子说：“敢问什么是‘七教’呢？”孔子说：“居上位的孝敬老人，则在下位的百姓会更加孝顺；居上位的尊重同辈，则在下位的百姓会更加顺从兄长；居上位的乐善好施，则在下位的百姓会更加宽宏大量；居上位的亲近贤人，则在下位的百姓会选择结交良友；居上位的注重道德修养，则在下位的百姓就不会背地里胡作非为；居上位的憎恶贪婪，则在下位的百姓就耻于争名夺利；居上位的清廉辞让，则在下位的百姓就会知道节制。这就是‘七教’。这七种教化，是教化安民的根本。教化安民的原则确定了，则‘根本’就端正了。凡是居上位的，都是民众的表率，表率端正，还有什么人不端正呢？”曾子说：“这是至道啊！可学生我还没有完全明白。”孔子说：“曾参，你以为仅止于此吗？古代贤明的君王治理百姓也有具体的办法。他必会划分土地来封赐诸侯、大臣，区分族属来进行管理，这样一来，贤能之才就不会埋没，凶暴之徒就无处藏身。让有关部门经常检查、定时考核，提升贤良之士，贬黜不肖之辈，于是贤良者就会高兴，不肖者就会害怕。怜悯鳏夫、寡妇，养活无父之子女、无子之老人，救济贫穷的百姓，引导人们孝顺父母、尊敬兄长，选拔才能优秀之人。这七个方面做好了，则四海之内就没有受刑罚的人了。长上对下属的亲近，如同手足对于肚腹、心口；下属对于长上的亲近，就像幼子对于慈母。上下之间如此亲密，所以上有命令，下则听从；上有举措，下则执行。百姓感念其恩德，近处的人心悦诚服，远方的人前来投靠，这是善政带来的结果。打猎用的围网、弓箭，不是用来摆满宫室的；向百姓征收的赋税，不是用以充填府库的。是要以同情之心补助不足者，以合法的节制削减有余者，多讲信用而少看重外表，这样其制度百姓就愿意信守，其言论百姓就愿意听从，其形迹百姓就愿意追随。君王对于诚信，就要像四季一样按时交替；其博得万民之心，就像饥饿时需要吃饭、口渴了需要饮水那样自然。人民对他的信任，就像冬寒夏热一样自然。所以，他看远方就像看近处一样清晰。这并不是路途变近了，而是四海之内都充满了他圣明的教化。所以他兵马不动就会显现其威严，资财、恩惠尚未施予就会令人感到亲切。这就是所说的‘贤明君主的守卫，可以御敌于千里之外’。”

曾子曰：“敢问何谓三至？”孔子曰：“至礼不让而天下治，至赏不费而天下之士悦，至乐无声而天下之民和。明王笃行三至，故天下之君可得而知也，天下之士可得而臣也，天下之民可得而用也。”曾子曰：“敢问此义何谓也？”孔子曰：“古者明王必尽知天下良士之名。既知其名，又知其实。既知其实，然后因天下之爵以尊之，此之谓至礼不让而天下治；因天下之禄以富天下之士，此之谓至赏不费而天下之士悦。如此，则天下之明誉兴焉，此之谓至乐无声而天下之民和。故曰：所谓天下之至仁者，能合天下之至亲者也；所谓天下之至智者，能用天下之至和；所谓天下之至明者，能举天下之至贤。此三者咸通，然后可以征。是故仁者莫大于爱人，智者莫大于知贤，政者莫大于官能。有土之君，能修此三者，则四海之内供命而已矣。夫明王之所征，必道之所废者也。是故诛其君而改其政，吊其民而不夺其财。故曰：明王之征也，犹时雨之降也，至则民悦矣。是故行施弥博，得亲弥众，此之谓还师衽席之上〔言安而无忧也〕。”

【译文】

曾子说：“敢问什么是‘三至’呢？”孔子说：“至善的礼法不谦让便能使天下大治，至善的奖赏不耗费财物便能使天下的士人高兴，至善的音乐即便没有声音也能使天下的百姓心地祥和、相处无争。英明的君王忠实地实行这‘三至’，所以天下的有地位者便可得以知其圣明，相互交好，天下的贤能之士便可得以为臣，天下的百姓便可得以使用。”

曾子说：“请问这段话的具体涵义是什么？”孔子说：“古时的贤明君王必定都知道天下贤良之士的声名。既知其声名，便会进一步了解其真实德行。尽知其真实德行之后，便依照国家各种爵位的礼遇来尊重他，这就叫‘至善的礼法不辞让便能使天下大治’；凭借天下的俸给，用以使天下的贤良之士得以富裕，这就叫‘至善的奖赏不花费便能使天下贤良之士高兴’。这样，天下对美好德行的赞誉就会兴起，这就是‘至善的音乐即便没有声响，也能使天下的百姓心地祥和，相处无争’。所以说，所谓天下最有仁德的人，就是能融洽天下所有人到达亲爱的人；所谓天下最聪明的人，就是能为天下的和谐发挥作用的人；所谓天下最贤明的人，就是能举荐天下最有才德者的人。能通晓上述三点者，就可以征伐不义的诸侯。所以，天下最有仁德的人莫过于关爱众人的人，天下最有智慧的人莫过于了解贤才的人，天下最善执政的人莫过于能给贤者授官的人。据有国土的君王，如果能够做到这三点，则四海之内的人民就会供奉、尊命于他。大凡贤明君王所征伐的诸侯国，必然是天道所废弃的，所以惩罚其国君而更改其政治，怜悯其民众而不夺其资财。所以说，贤明君王的征伐，就像天降及时之雨，大兵所到之处，人民喜悦呀！仁义之师征伐越远，得到的百姓就越多，这就是所谓还师于衽席之上而无忧。”

## 大　婚

孔子侍坐于哀公，公问曰：“敢问人道谁为大？”孔子对曰：“夫人道，政为大。夫政者，正也。君为正，则百姓从而正矣。君之所为，百姓之所从也。君之不为，百姓何从？”公曰：“敢问为政如之何？”孔子对曰：“夫妇别、父子亲、君臣信，三者正，则庶物从之矣。内以治宗庙之礼，足以配天地之神也；出以治直言之礼，足以立上下之敬也〔夫妇正，则出可以治政言礼矣；身正，乃可以正人矣〕。物耻，则足以振之〔耻事不如，礼则足以振教之也〕；国耻，则足以兴之〔耻国不如，礼则足以兴起之〕。故为政先乎礼，礼其政之本与。”孔子遂言曰：“昔三代明王之必敬妻子也，盖有道焉。妻也者，亲之主也，子也者，亲之后也，敢不敬与？是故君子无不敬也。敬也者，敬身为大。身也者，亲之支也，敢不敬与？不敬其身，是伤其亲；伤其亲，是伤其本也；伤其本，则支从而亡。三者，百姓之象也〔言百姓之所法而行〕。身以及身，子以及子，妃以及妃。君修此三者，则大化忾于天下〔忾，满也〕。”公曰：“敢问何谓敬身？”孔子对曰：“君子过言则民作辞，过动则民作则。言不过辞，动不过则，百姓敬恭以从命。若是，则可谓能敬其身；能敬其身，则能成其亲矣。”公曰：“何谓成亲？”孔子对曰：“君子者，乃人之成名也。百姓与名，谓之君子，则是成其亲为君而为其子也。”孔子遂言曰：“为政而不能爱人，则不能成其身；不能成其身，则不能安其土；不能安其土，则不能乐天〔不能乐天道也〕；不能乐天，则不能成身。”公曰：“敢问何谓成身？”孔子对曰：“夫其行己不过于物，谓之成身。不过于物，合天道也。”

【译文】

孔子陪伴鲁哀公坐着说话，哀公问道：“请问世间的事情哪一个最重要？”孔子回答说：“世间之事，政治是最大的。‘政’者，‘正’也。君王行为端正，百姓就跟着端正了。君王的所作所为，就是百姓所追随的榜样。君王不去做，百姓追随什么呢？”哀公说：“请问该如何治理政事呢？”孔子回答说：“夫妇有别，父子有亲，君臣有信。这三者做到了，则万事万物都将会随之而理顺。（夫妇）在内主持祭祀宗庙的礼仪，足以和天地神灵相匹配；对外主持发布政教之礼，足以建立起上下相敬的关系。（注解大意：夫妇这一伦正了，才可以出来谈论治理政事、推行礼教。自己身正了，才能够端正他人。）认为自己做的事情不如别人而感到耻辱，就能够使自己振作起来；认为自己的国家不如别国而感到耻辱，就能够使国家振兴起来。所以治理国家要礼仪先行，礼仪是治理国家的根基啊！”孔子接着说：“从前三代时候的贤明君王都必定尊重自己的妻子和孩子，这是有道理的。妻子，是祭祀双亲的主祭人之一，孩子，是双亲的后继人，怎能不敬重呢？因此，君子对妻儿没有哪一个不敬重的。在所有的敬重之中，敬重自身是最重要的。自身就像双亲的四肢，能够不敬重吗？不敬重自身，就是伤害其亲人；伤害其亲人，就是伤害自己的根基；伤害了自己的根基，那么四肢也就随之丧失了。这三件事，是百姓效法的榜样。能敬重自身以推广到百姓之身；敬重己子推广到百姓之子；敬重自己的妻子推广到百姓的妻子。君主做好这三件事，教化就可以通行于普天之下了。”哀公说：“请问什么是‘敬重自身’？”孔子回答说：“国君发表错误的言论，则民众就会起而说不正当的话；国君如果做了错误的事情，则民众也会起而效法做错误的事情。国君的言论不可超越政令，行动不可超越规范。自己的言行不超越政令、规范，老百姓就会恭恭敬敬地听从您的命令。如果是这样，那么就可以说是能够敬重自身了。能够敬重自身，那么就能够成就双亲的名声了。”哀公说：“什么是‘成就双亲的名声’呢？”孔子回答说：“所谓君子，就是成就了名声的人。能敬重自身的人，百姓送给他一个名称，叫作‘君子的儿子’，这样就是使他的双亲成为君子了，这就叫成就双亲的名声。”孔子随后说道：“治理政事而不能够爱护民众，那么就不能成就自身；不能成就自身，就不能安稳地拥有自己的国家；不能安稳地拥有自己的国家，就不能乐行天道；不能乐行天道，就不能成就自身。”哀公说：“请问什么是‘成就自身’？”孔子回答说：“使自己无过错于天下，就称之为‘成就自身’。无过错于天下，就是思想、行为合乎天道。”

## 问　礼

哀公问于孔子曰：“大礼何如？子之言礼，何其尊也？”孔子曰：“丘闻之，民之所以生者，礼为大。非礼则无以节事天地之神焉，非礼则无以辨君臣、上下、长幼之位焉，非礼则无以别男女、父子、兄弟、婚姻、亲族疏数之交焉。是故君子此为之尊敬，然后以其所能教示百姓。卑其宫室，节其服御，车不雕玑，器不雕镂，食不二味，心不淫志，以与万民同利。古之明王之行礼也如此。”公曰：“今之君子，胡莫之行也？”孔子对曰：“今之君子，好利无厌，淫行不倦，荒怠慢游，固民是尽，以遂其心，以怨其政（政下有以忤其众字），以伐有道。求得当欲，不以其所〔言苟求得当其情欲而已〕；虐杀刑诛，不以其理。夫昔之用民也由前〔用上所言〕，今之用民也由后〔用下所言〕，是即今之君子莫能为礼也。”

【译文】

哀公问孔子说：“隆重的礼制有什么意义呢？您一说到礼法，为什么把它看得这么尊贵呢？”孔子说：“我听说过，在人民的生活当中，礼法是最重要的保障。没有礼法就不能按照一个合适的标准来事奉天地的神灵了，没有礼法就无法区别君臣、上下、长幼的位次了，没有礼法就无法区别男女、父子、兄弟、婚姻、亲族的远近亲疏关系了。因此，君子这样尊崇重视礼法，然后尽其能力来教化、昭示百姓。居住低矮的宫殿房屋，穿着节俭的服饰，乘坐的车驾不加雕饰，使用的器物不加精雕细刻，饮食不讲究美味，心里面也没有过分的欲望，使自己与百姓利益同享。古代贤明君王就是这样恭行礼法的。”

哀公说：“当今社会上的君王贵族，为什么没有人去这样做呢？”孔子回答说：“当今社会上的君主贵族们追求利益，贪得无厌，荒淫奢侈无度，懒惰怠慢，游手好闲，专门搜刮民众的钱财来顺遂自己的心愿，同时也招致百姓对这种政治的仇恨。违背众人的意志，去征讨政治清明的国家，为了满足自己的私欲，不择手段，违背法规，用虐待、诛杀、惩罚、判刑等手段残暴地对待人民，而不设法使国家得到治理。从前君主使用百姓是按前述的情况去做，现在君主使用百姓是按后面的情况去做。可见，当今社会的君主和贵族们不懂得尊崇礼法了。”

## 五　仪

哀公问于孔子曰：“寡人欲论鲁国之士，与之为治，敢问如何取之？”孔子曰：“人有五仪：有庸人，有士人，有君子，有贤，有圣。审此五者，则治道毕矣。所谓庸人者，心不存慎终之规，口不吐训格之言〔格，法也〕，不择贤以托其身，不力行以自定，见小暗大，而不知所务，从物如流，而不知所执，此则庸人也。所谓（旧脱所谓二字，补之）士人者，心有所定，计有所守。虽不能尽道术之本，必有率也〔率，犹述也〕；虽不能备百善之美，必有处也。是故智不务多，务审其所知；言不务多，务审其所谓〔所谓者，谓言之要也〕；行不务多，务审其所由。智既知之，言既得之〔得其要也〕，行既由之，则若性命形骸之不可易也。富贵不足以益，贫贱不足以损，此则士人也。所谓君子者，言必忠信，而心不怨〔忍怨害也〕；

仁义在身，而色不伐〔无伐善之色也〕；思虑通明，而辞不专；笃行信道，自强不息；油然若将可越，而终不可及者，此君子也〔油然，不进之貌；越，过〕。所谓贤者，德不逾闲〔闲，犹法也〕，行中规绳；言足法于天下，而不伤于身〔言满天下，无口过也〕，道足化于百姓，而不伤于本〔本，亦谓身〕；富则天下无宛财〔宛，积也〕，施则天下不病贫，此贤者也。所谓圣者，德合天地，变通无方，穷万事之终始，协庶品之自然，敷其大道，而遂成情性，明并日月，化行若神，下民不知其德，睹者不识其邻，此圣者也〔邻，以喻畔界也〕”。

【译文】

哀公问孔子说：“寡人想评定、识别鲁国的在职官员，好同他们一起治理国家，请问怎样来选拔使用他们呢？”

孔子说：“人分为五个等级：有庸人，有士人，有君子，有贤人，有圣人。能认清并慎用这五个等级的人，那么治国之道就都在其中了。

什么样的人是庸人呢？所谓庸人，就是心中没有谨慎行事、善始善终的原则，口中说不出符合伦理道德的言词，不选择贤良之士来作为自己立身求进的依托，不努力做事以求得自身生活的稳定，只见到小利而在大事上愚昧，不知道自己应该努力的方向，随波逐流，而不知道自己该坚持何种主张。这样的人就是‘庸人’。

什么样的人是士人呢？所谓士人，就是心内有自己确定的信念和所应坚持遵行的方略，虽不能穷尽道德学问的根本，但一定能遵循且力行；虽不能集百善于一身，但也一定有自己的操守。因此，他们的知识不一定非常的广博，但一定要审查所知道的是否正确；他们的言论虽然不多，但一定要弄清楚是否说得在理；事情不一定做得很多，但一定要明白所做的是否正确。在自己的智能范围内能明白事理，并能用言语表现出来，行事时能遵循事理，那么就像生命和身体不可能改变一样。富贵时不会骄傲自满，贫贱时也不会觉得减少了什么，这样的人就是‘士人’。

什么样的人是君子呢？所谓君子，说话肯定忠诚守信，心中不存私怨；自己仁义兼备，神态却无夸耀之色；考虑问题通达明智，言词却不专断；身体力行，坚持原则，自强不息，他们从容的样子好像很容易做到，但最终很难达到那样的境界。这样的人就是‘君子’。

什么样的人是贤人呢？所谓贤人，德性操节不超越常规，所作所为皆合乎规矩；言论足以成为天下人的准则，而又不致使自身遭受伤害，政治主张足以使百姓得到教化，亦不致使自身受到伤害；富有而不会使天下人积财伤道，施与大众而使天下没有贫病之人。这样的人就是‘贤人’。

什么样的人是圣人呢？所谓圣人，其品德与天地相合，随顺变通，能穷究万事万物的起始与终结，协调众多物类的自然成长，传布其最高的政治理想，从而形成人们的观念情性；其光明可与日月并列，其教化的流布如同有神人相助；一般民众不知道他有何德行，看到过他的人也不知道他就在邻近。这样的人就是圣人。”

公曰：“善哉，非子之贤，则寡人不得闻此言也。虽然，寡人生于深宫之中，长于妇人之手，未尝知哀，未尝知忧，未尝知劳，未尝知惧，未尝知危，恐不足以行五仪之教，若何？”孔子曰：“君入庙而右，登自阼阶，仰视榱桷，俯察机筵，其器皆存，而不睹其人，君以此思哀，则哀可知矣；昧爽夙兴，正其衣冠〔爽，明也；昧明，始明也；夙，早也；兴，起也〕，平旦视朝，虑其危难，一物失理，乱亡之端，君以此思忧，则忧可知矣；日出听政，至乎中昃〔中，日中也；昃，日昳也〕，诸侯子孙，往来为宾，行礼揖让，慎其威仪，君以此思劳，则劳可知矣；缅然长思，出乎四门，周章远望，睹亡国之墟，必将有数焉〔言亡国故墟，非但一也〕，君以此思惧，则惧可知矣。夫君者，舟也；民者，水也。水所以载舟，亦所以覆舟。君以此思危，则危可知矣。既明此五者，而又少留意于五仪之事，则于政治乎何有失哉！”

【译文】

哀公说：“太好了！要没有你这样的贤明之人，那么寡人就听不到这样的至理名言了。尽管如此，但寡人生于深宫之中，在妇人们的操持下长大，未曾感受过悲痛、忧愁、劳累、恐惧、危险，恐怕难以施行你所讲的关于选择慎用五种官员的教诲，这该怎么办呢？”

孔子说：“国君进入宗庙时沿着右侧行走，沿东边台阶登上庙堂，仰望屋顶各种木椽，俯看盛满祭品的精巧竹器，所用器物都在，可是却再也见不到享祭之人了。国君用这种心情来思念哀悼，那么悲痛的意味就可知道了。天刚刚发亮就早早起床，端正衣冠，拂晓就上朝处理政务，考虑国家的危机、困难，想到有一件事没有解决好，就可能成为暴乱、亡国的开端。国君用这样的心情来思考忧患，那么就可以知道忧愁的意味了。太阳出来时就开始处理政务，一直到正午以至太阳西斜，诸侯的子孙，来来往往的宾客，举行礼仪、相互揖让，要审慎自己举止风度。国君以这种情况来思其劳累，那么劳累的意味就可知了。缅怀思念古往今来的事情，走出国都四门，周游远望，看到灭亡了的国家的城池废墟，一定会有许多。国君通过这些状况来思考畏惧，那么畏惧的意味就可知了。国君，如同是船；老百姓，就如同是水。水可以载船，也可以使船翻掉。君主以这种情况来思考危机，那么危机的意味就可知了。既已明白了这五种情况，再稍微留意一下五等人的使用问题，那么政治上哪里还会有什么失误呢！”

哀公问于孔子曰：“请问取人之法？”孔子对曰：“事任之官〔言各当以其所能之事，任之于官也〕，无取捷捷，无取钳钳〔钳，妄对不谨诚〕，无取啍啍〔啍啍，多言也〕。捷捷，贪也〔捷捷而不良，所以为贪〕；钳钳，乱也；啍啍，诞也〔诞，欺诈也〕。故弓调而后求劲焉，马服而后求良焉，士必悫而后求智能焉。不悫而多能，譬之豺狼，不可迩也〔迩，近也。言人无智能者，虽不悫信，不能为大恶也。不悫信而有智能者，然后乃可畏也〕”。

【译文】

哀公问孔子说：“请问用什么样的方法选用人才呢？”孔子回答说：“要观其能力来委任官职，不要任用贪得无厌之人，不要任用说话不守信、做事情不严谨、不诚实的人，不要任用爱多说话、喜欢浮夸的人。捷捷，就是贪得无厌；钳钳，就是乱说话、乱行事；啍啍，就是爱多说话、虚伪、欺诈。所以，弓调整好了之后才能期求它有力量，马驯服了之后才能期求它成为好马，士人必须在考察德行的基础上再去期求他的智慧和才能。不忠诚却很有能力，就好像豺狼一样凶狠，是不能接近的。”

哀公问于孔子曰：“夫国家之存亡祸福，信有天命，非唯人耶？”孔子对曰：“存亡祸福，皆在己而已，天灾地妖，弗能加也。昔者殷王帝辛之世〔帝辛，纣也〕，有雀生大鸟于城隅焉，帝辛介雀之德〔介，助也，以雀之德为助也〕，不修国政，殷国以亡。此即以己逆天时，得福反为祸者也。又其先世殷（殷下有王字）太戊之时，道缺法邪，以致天孽，桑谷生朝，七日大拱。太戊恐骇，侧身修行，三年之后，远方慕义，重译至者，十有六国。此即以己逆天时，得祸转为福者也。故天灾地妖，所以儆人主也；寤梦征怪，所以儆人臣也〔儆，戒也〕。灾妖不胜善政，梦怪不胜善行。能知此，至治之极也，明王达此也。”

【译文】

哀公问孔子说：“一个国家的存亡祸福，确实是由上天注定，不是人力所能改变的吗？”孔子回答说：“存亡祸福，全在于人自己罢了。天时的反常现象、地上的怪异事物，是不能施加存亡祸福的。从前殷商国王帝辛（商纣王）时期，有一个雀在城墙角生下一只大鸟，帝辛以为有鸟雀的大德相助，便不整治国家政事，殷朝因此灭亡。这就是自己违背天时，得到福祉反而成为灾祸的实例。还是在他的先祖殷朝的太戊时期，政事衰败而法规不正，以致出现了灾异，桑谷共生于朝堂，七天就长得比一拱还粗大。太戊惊恐万状，忧惧不安地修养自己的品行。三年之后，远方的小国仰慕他的仁义，通过译使来谒见的，就有十六个国家。这就是自己违背天意，得到灾祸却反而转化为福祉的实例。所以天降的反常现象与地上的怪异事情，都是用以警戒君主的；睡梦中的怪异征兆，都是用以警告臣民的。反常与怪异之事不能战胜良善的政治，梦中的怪异不能战胜良善的作为。如果能够知道这个道理，天下就能达到大治了，只有世上最贤明的君王才能做到这一点啊。”

## 致　思

季羔为卫士师〔士师，狱官〕，刖人之足。俄而卫有乱，季羔逃之。刖者守门焉，谓季羔曰：“彼有缺。”季羔曰：“君子不逾。”又曰：“彼有窦。”季羔曰：“君子不隧〔隧，从窦出〕。”又曰：“于此有室。”季羔入焉。既而追者罢，季羔将去，谓刖者曰：“吾不能亏主之法，而亲刖子之足。今吾在难，此正子报怨之时，而子逃我，何故？”刖者曰：“断足故我之罪也，无可奈何。曩者君治臣以法令，先人后臣，欲臣之免也，臣知之；狱决罪定，临当论刑，君愀然不乐，见于颜色，臣又知之。君岂私臣哉？天生君子，其道故然，此臣之所以悦君也。”孔子闻之，曰：“善哉为吏！其用法一也，思仁恕则树德，加严暴则树怨。公以行，其子羔乎？”

【译文】

孔子的弟子季羔在卫国（在今河南省）做狱官的时候，有一次对一个人犯实施了断脚的刑法。不久卫国发生暴乱，季羔往城外逃跑。结果遇到那个被他砍断双脚的人正把守城门，那个人对季羔说：“城墙那里有个缺口。”季羔说：“君子不翻墙。”守门人又说：“那里有个洞。”季羔说：“君子不从洞里往外爬。”守门人又说：“这里有个屋子。”季羔就进到屋里去了。等到追兵走了之后，季羔要离去时，对受了断脚刑罚的人说：“我不能破坏君王的法律，就亲自执行刑罚砍断了您的脚。今天我在灾难中，这正是您报仇的时候，可是您却帮助我躲避，为什么呢？”那位被砍断脚的人说：“砍断脚本来就是我犯了罪应该受的惩罚，这是没有办法的事情。先前先生按法律对我治罪时，是先处治别人而后处治我，是想免除对我的处罚，这我知道；法庭判定罪名，将要判处刑罚时，先生心里很不高兴，都显示在脸色表情上了，这我也知道。先生难道是偏爱我吗？上天降生有德性的人，他们办事本来拥有这样的德行。

这就是我之所以喜爱先生并帮您逃脱的原因。”孔子听说了这件事，说道：“太好了！作为官员，执法都是一样，但心里想着仁爱、宽恕，就会树立美德；施予严酷残暴，就会招致仇恨。公正执法，心存仁爱，大概就是子羔这种人吧！”

子路为蒲宰，为水备，修沟渎，以民之烦苦也，人与一箪食、一壶浆，孔子止之。子路曰：“由也以民多匮饿者〔匮，乏也〕，是以与之箪食壶浆，而夫子使止之，是夫子止由之行仁也。”孔子曰：“尔以民为饿，何不白于君，发仓廪以给之，而私以尔食馈之？是汝明君之无惠也。速已则可，不已，则尔之见罪必矣。”

【译文】

孔子的弟子子路在莆地做地方长官的时候，兴修水利，整修沟渠，认为百姓太劳累困苦了，就给每人分发一篮饭、一壶浆。孔子阻止了他的这种做法。子路说：“我也是觉得老百姓大多都比较困乏和饥饿，所以才给他们食物和水。可是先生制止我这种做法，这是先生阻止我施行仁爱呀！”孔子说：“你认为老百姓饥饿，为什么不报告给国君，动用国库之粮来供给他们，却私下用你自己的粮食送给他们？你这么做是在显扬国君没有给老百姓恩惠呀！立即停止还可以，否则你的这种做法必定会被治罪。”

子贡问治民于孔子，孔子曰：“懔懔焉，如以腐索御扞（扞同悍）马〔懔懔焉，诚惧之貌；扞马，突马也〕。”子贡曰：“何其畏也？”孔子曰：“夫通达之属，皆人也。以道导之，则吾畜也；不以道导之，则吾仇也。若之何其无畏也！”

【译文】

孔子的弟子子贡向孔子请教治理百姓的办法。孔子说：“（治理百姓要）小心谨慎地如同用腐朽的绳索驾驭奔跑的马一样。”子贡说：“为什么要这样害怕呢？”孔子说：“人是懂得是非利害，有善恶分别的。用伦理道德来教化和引导他们，那么就会成为通情达理的良民；如果不用伦理道德来教化和引导他们，那么他们就会成为我们的仇敌。这样，怎么能不害怕呢！”

## 三 恕

孔子曰：“君子有三恕。有君不能事，有臣而求其使，非恕也；有亲弗能孝，有子而求其报，非恕也；有兄弗能敬，有弟而求其顺，非恕也。士能明于三恕之本，则可谓端身矣〔端，正也〕”。

【译文】

孔子说：“君子在三个方面应该懂得恕道。对自己的上级不懂得勤心服侍，却对自己下属随意地使唤，这不能说是懂得恕道啊。对自己的父母不能尽到孝道，而要求自己的子女回报他的恩德，这不能说是懂得恕道啊。对自己的兄长不能够尊敬，而要求自己的弟弟顺从自己，这不能说是懂得恕道啊。一个人懂得忠于领导、孝敬父母、友爱兄弟是恕道的根本，就可以使自己的德行归于正直了。”

孔子观于鲁桓公之庙，有欹器焉。孔子问于守庙者曰：‘此为何器？”对曰：“此盖为宥坐之器。”孔子曰：“吾闻宥坐之器，虚则欹，中则正，满则覆，明君以为诫，故置于坐侧也。”顾谓弟子曰：“试注水焉。”水实之，中则正，满则覆。夫子喟然叹曰：“呜呼！夫物恶有满而不覆者哉？”子路进曰：“敢问持满有道乎？”子曰：“聪明睿智，守之以愚；功被天下，守之以让；勇力振世，守之以怯；富有四海，守之以谦。此所谓损之又损之之道也。”

【译文】

孔子在瞻仰鲁桓公的庙时，看到庙中有一个倾斜易覆的器皿。孔子向守庙人问道：“这是什么器具？”守庙人回答说：“这可能就是叫做

‘宥坐’的器物了。”孔子说：“我听说过‘宥坐’这种器具，里面空时就倾斜，装东西适中时就端正，装满时就倒了。贤明的君王用此来警戒自己，所以放置在座位旁边。”他回头对学生们说：“试往里面装水。”水灌进里面，达到容器一半时就直立，装满时就倾倒。孔子非常感叹地说道：“哎呀！万物中有哪一个是装满了却不颠覆的呢？”子路上前来说道：“能不能问一下，想要保持装满却不倾倒，有办法吗？”先生说：“聪明能干又有智慧，就要用愚笨的姿态来保持；功盖天下，就要用推让的姿态来保持；勇力震撼当世，就要用胆怯的恣态来保持；拥有四海的土地财富，就要用谦逊的姿态来保持。这就是所说的‘谦退再谦退’的方法。”

## 好　生

哀公问于孔子曰：“昔者舜冠何冠乎？”孔子不对。公曰：“寡人问于子，而子无言，何也？”孔子曰：“以君之问，不先其大者，故方思所以为对焉。”公曰：“其大何乎？”孔子曰：“舜之为君也，其政好生而恶杀，其任授贤而替不肖；德若天地之虚静，化若四时之变物。是以四海承风，畅于异类〔异类，四方之夷狄也〕，凤翔麟至，鸟兽驯德〔驯，顺也〕。无他，好生故也。君舍此道而冠冕是问，是以缓对。”

【译文】

鲁哀公有一次问孔子道：“过去舜帝戴什么样的帽子呢？”孔子没有立即回答。哀公说：“寡人有问于您，可是您为什么不说话呢？”孔子说：“因为国君的问话，不是先问重大的事情，所以我正在思考怎么回答您这个问题呢。”哀公说：“那么重大的事情是什么呢？”孔子说：“舜帝作为君王，他的政治是珍爱生命而憎恶杀戮，他选贤举能而摒弃庸俗之辈；他的德性好像天地那样虚心而清静，他的教化好比春夏秋冬四时那样让万物变化生长。因此，四海之内都受到他的感化，连周围少数民族也都仰慕他的德行；凤凰飞翔，麒麟来归，禽鸟野兽也都顺从于他的威德。没有其他原因，就是因为他好生的缘故啊！您抛开这些道理，却只问戴帽子的事情，所以臣才没有及时回答。”

## 观 周

孔子观于明堂，睹四方之墉〔墉，墙〕。有尧舜桀纣之象，而各有善恶之状，兴废之诫焉。又有周公相成王，抱之而负斧扆，南面以朝诸侯之图焉。孔子徘徊而望之，谓从者曰：“此则周之所以盛也。夫明镜者，所以察形；往古者，所以知今。人主不务袭迹于其所以安存，而忽怠于（怠于下有其字）所以危亡，是犹未有以异于却步，而欲求及前人也，岂非惑哉？”

【译文】

孔子在天子宣讲政教、举行大典的明堂参观时，他观看了四周的墙壁。墙上有尧帝、舜帝、夏桀、商纣的画像，而且各有慈善或凶恶的神态，这其实就是一种国家兴亡的警戒。还有周公辅佐成王时，怀抱着成王而背靠斧纹图形屏风、面南而坐来接受诸侯朝见的画面。孔子望着这些图像来回不停地走动，对身边跟随的人说：“这就是周朝之所以繁荣兴盛的原因了。明亮的镜子是用来视察形体的，从前之事是用以启发当今之人的。如果一个君主不努力追循前朝之所以能安稳存在的足迹，并且又不重视其之所以危亡的原因，这就好像一如往常地倒退行走，却期求能赶上前人，这难道不糊涂吗？”

孔子观周，遂入大祖后稷之庙。庙堂右阶之前，有金人焉，参缄其口，而铭其背曰：“古之慎言人也。戒之哉！无多言，多言多败；无多事，多事多患。安乐必诫〔虽处安乐，必警诫也〕，无行所悔〔所悔之事，不可复行〕。勿谓何伤，其祸将长；勿谓何害，其祸将大；勿谓不闻，神将伺人。焰焰不灭，炎炎若何；涓涓不壅，终为江河。绵绵不绝，或成网罗〔绵绵微而不绝，则有成网罗者〕；豪末不扎〔如豪之末，言微也；扎，拔也〕，将寻斧柯〔寻，用〕。诚能慎之，福之根也；口是何伤，祸之门也。强梁者不得其死，好胜者必遇其敌。盗憎主人，民恶其上。君子知天下之不可上也，故下之；知众人之不可先也，故后之。温恭慎德，使人慕之；执雌持下，人莫逾之。人皆趣彼，我独守此；人皆惑惑，我独不徙〔惑惑，东西转移之貌〕。内藏我智，不示人技。我虽尊高，人弗我害，唯能于此。天道无亲，常与善人，戒之哉！戒之哉！”孔子既读斯文，顾谓弟子曰：“小子志之，此言实而中、情而信。”

【译文】

孔子去游览周朝的都城，前往瞻仰周的太祖后稷的祠宇。祠宇右边台阶级之前，有一座铜铸造的人像。人像的口上被封了三重，它的背上刻了铭文说：“这是古代说话非常谨慎的人。大家要警戒啊！不要多言，多言之人往往多败；不要多事，多事之人每每多患。即使生活在安乐的环境中，也一定要戒慎恐惧，不要再做那些会令自己后悔的事。不要认为没有什么损伤，那引起的祸患将要影响深长；不要说没有什么损害，那引起的祸患将要继续扩大；更不要认为没有人知道，神明正在观察着你呢。火刚冒烟的时候，你不去扑灭它，到了火势很大的时候，又怎么办呢？水还是细流的时候，不去堵塞它，那么最后就要扩大成为长江大河的。细微的线缕，如果不去扯断它，有的就可能被织成大的网罗；最小的幼苗，如果不去拔除它，将来就非用斧头不可啊。假如真能慎之又慎，那就是致福的根基；多嘴多舌不是没有损害，它正是致祸的门径。横暴的人往往得不到善终，好胜的人一定遇到强敌。如同盗贼不喜欢碰到物主，百姓总是埋怨高高在上的人。君子深知不可高高在上，所以要谦下一些；深知不可老是站在前头，所以退居后面。温厚恭谨，戒慎仁德，会使人仰慕；坚持安抚之道，谦虚下人，人们永远超越不了它。人人都追逐浮华，夸夸奇谈，只有我坚守此道；人人都东奔西走，唯我独自坚守不移。把我的智慧藏在内心深处，在别人面前不显露自己的技能。即使处于尊贵的地位，别人也不会伤害我的。上天不论亲疏，却只扶助那些行善之人。要警戒呀！”孔子读完这篇铭文，回头对弟子们说：“你们年轻人要记住这些教诲啊！这些话说得很具体而又很中肯，说得合乎情理而又很有说服力。”

## 贤 君

哀公问于孔子曰：“当今之君，孰为最贤？”孔子对曰：“丘未之见也。抑有卫灵公乎？”公曰：“吾闻其闺门之内无别，而子次之贤，何也？”孔子对曰：“臣语其朝廷行事，不论其私家之际也。”公曰：“其事如何？”孔子曰：“灵公之弟曰公子渠牟，其智足以治千乘，其信足以守之，灵公爱而任之。又有士曰王林国者，见贤必进之，而退与分其禄，是以卫国无游放之士，灵公知而尊之。又有士曰庆足者，国有大事，则必起而治之；国无事，则退而容贤〔言其所以退，欲以容贤于朝〕，灵公悦而敬之。又有大夫史鳝，以道去卫，而灵公郊舍三日，琴瑟不御，必待史鳝之入而后敢入。臣以此取之，虽次之贤，不亦可乎？”

【译文】

哀公问孔子说：“当代的君王，哪一个最贤明啊？”孔子回答说：“孔丘我没有看到有贤明的君主。如果一定要说有，或许卫灵公可以算是吧！”哀公说：“我听说在他的家里男女长幼之间没有分别，可是您却把他列为最贤明的君主，这是为什么呢？”孔子回答说：“臣下说的是他在朝廷上的作为，不评论他在家里的情况。”哀公说：“那他在朝廷上怎么样呢？”孔子说：“灵公的弟弟叫公子渠牟，他的智慧可以治理一个拥有千辆兵车的中等诸侯国，他的诚信又足以守卫这个国家，灵公赏识并任用了他。又有个贤士叫王林国，发现有才能的人就推荐，若朝廷不用，就和他一起分享自己的俸禄。因此，卫国不存在被埋没的贤才。灵公知道这种情况，因而尊重他。又有一个叫庆足的贤士，国家有重大的事情，他就必定出来处理，国家没有大事时，就主动让贤，以留出职位让别人得到容纳，灵公喜悦并尊敬他。还有一个大夫叫史鳝，因政见不同要离开卫国，卫灵公就在郊外居住三日，不听音乐自我反省，一定要等待史鳝回国之后才回去。臣以这些事情来选取卫灵公，即使把他放在贤明的地位，不也是可以的吗？”

子贡问孔子曰：“今之人臣，孰为贤乎？”子曰：“齐有鲍叔，郑有子皮，则贤者矣。”子贡曰：“齐无管仲、郑无子产乎？”子曰：“赐，汝徒知其一，未知其二也。汝闻用力为贤乎？进贤为贤乎？”子贡曰：“进贤，贤哉！”子曰：“然。吾闻鲍叔达管仲，子皮达子产，未闻二子之达贤己之才者也。”

【译文】

孔子的弟子子贡问孔子说：“当今的臣子，哪一个贤明呢？”孔子说：“齐国的鲍叔牙，郑国的子皮，就是贤明的人。”子贡说：“难道齐国没有管仲、郑国没有子产吗？”孔子说：“端木赐呀，你是只知其一，不知其二啊。你听说过出力者贤明呢，还是推荐贤才者贤明呢？”子贡说：“推荐贤才者才是贤明啊！”孔子说：“正是这样。我听说鲍叔牙使管仲显达，子皮使子产显达，却没有听说他们二位（管仲、子产）让比自己贤明的人显达。”

哀公问于孔子曰：“寡人闻忘之甚者，徙而忘其妻，有诸？”孔子对曰：“此犹未甚者，甚者乃忘其身。”公曰：“可得闻乎？”孔子曰：“昔夏桀贵为天子，富有四海，忘其圣祖之道，坏其典法，绝其世祀，荒乎淫乐，沉湎于酒，佞臣谄谀，窥导其心，忠士钳口，逃罪不言〔钳口，杜口〕，天下诛桀而有其国，此之谓忘其身之甚者也。”

【译文】

哀公问孔子说：“寡人我听说最健忘的人，换个地方便忘记了他的妻子，有这样的事吗？”孔子回答说：“这还不是最健忘的，最健忘的是忘记了他自身。”哀公说：“能够说来听听吗？”孔子说：“从前夏桀贵为天子，富有四海，却忘记了其圣明之祖的治国方略，败坏了先祖的典章制度，断绝了对先祖世世代代的祭祀！荒淫无度，沉缅酒色。奸邪小人阿谀奉承，察言观色以诱导其心志；忠诚的人闭口不敢说话，逃避罪责不敢建言。天下的人起来诛杀了夏桀，并占有了他的国家。这就是所谓忘记他自身的典型啊。”

子路问于孔子曰：“贤君治国，所先者何在？”孔子曰：“在于尊贤而贱不肖。”子路曰：“由闻晋中行氏尊贤而贱不肖矣，其亡何也？”子曰：“中行氏尊贤而弗能用，贱不肖而不能去。贤者知其不己用而怨之，不肖者知其必己贱而仇之。怨仇并存于国，邻敌构兵于郊，中行氏虽欲无亡，岂可得乎？”

【译文】

孔子的弟子子路问孔子说：“一个贤明的国君治理国家，最先要做的是什么？”孔子说：“是尊重贤才而轻视无能之辈。”子路说：“我听说晋国的中行氏已经尊重贤能人才而轻视无能之辈了，他为什么灭亡了呢？”孔子说：“中行氏尊重贤才却不能重用他们，轻视无能之辈却不能撤换他们。贤能之人知道他不会重用自己而埋怨他，无能之辈知道他肯定轻视自己而仇恨他。埋怨、仇恨同时在国内存在，邻国的敌人又交战于国都郊外，虽然中行氏想不灭亡，怎么可能做到呢”？

哀公问政于孔子，孔子对曰：“政之急者，莫大乎使民富且寿也。”公曰：“为之奈何？”孔子曰：“省力役，薄赋敛，则民富矣；敦礼教，远罪疾，则民寿矣。”公曰：“寡人欲行夫子之言，恐吾国贫矣。”孔子曰：“《诗》不云乎？‘恺悌君子，民之父母’。未有其子富而父母贫者也。”

【译文】

哀公向孔子问治理国家的事，孔子回答说：“治理一个国家，没有比使老百姓富裕并且长寿更重要的了。”哀公说：“这样的事该怎么去做呢？”孔子说：“减少劳役，减轻赋税，那么老百姓就富裕了；督促礼仪教化，使惩罚和疾病远离百姓，那么老百姓就长命了。”哀公说：“寡人我想施行先生的建言，却担心我的国库会贫乏呀！”孔子说：“《诗经》不是说：一个执政的君子， 他的态度常是和平快乐的， 他的德行常是平易近人的，他就像民众的父母一样。没有听说过孩子富裕了而其父母亲却贫穷的啊！”

卫灵公问孔子曰：“有语寡人：‘为国家者，计之于庙堂之上，则政治矣。’何如？”孔子曰：“其可也。爱人者则人爱之，恶人者则人恶之。知得之己者，则知得之人。所谓不出环堵之室而知天下者，知反己之谓也。”

【译文】

卫灵公问孔子说：“有人告诉我说：‘治理国家的君主，在朝廷上谋划国家大事，国家就可以得到大治了。’是这样的吗？”孔子说：“这是可以的。喜爱别人的人，别人也喜爱他；憎恶别人的人，别人也憎恶他；知道通过自我反省得到启发，也就知道如何从别人身上得到启发。所谓‘不出环堵之室而知天下者’，就是懂得反省自己并能加以推类的意思。”

## 辨　政

子贡为信阳宰，将行，孔子曰：“勤之慎之，奉天之时，无夺无伐，无暴无盗。”子贡曰：“赐也，少而事君子，岂以盗为累哉？”孔子曰：“而未之详也。夫以贤代贤，是之谓夺；以不肖代贤，是之谓伐；缓令急诛，是之谓暴；取善自与，是之谓盗。盗非窃财之谓也。吾闻之，知为吏者，奉法以利民；不知为吏者，枉法以侵民。此怨所由生也。匿人之善，斯谓蔽贤；扬人之恶，斯谓小人。内不相训而外相谤，非亲睦也。言人之善，若已有之；言人之恶，若已受之。故君子无所不慎焉。”

【译文】

孔子的弟子子贡当了信阳的地方官，将要前往赴任的时候，孔子对他说：“（你到那里后）要勤奋工作，谨慎处事，尊奉天时，不要争夺和侵害，也不要暴虐和盗窃。”子贡说：“老师，弟子从小就事奉有德的君子，难道还会因盗窃而受牵累吗？”孔子说：“你还没有完全明白这里面的深意啊。用贤才取代贤才，这就是争夺；用不贤者取代贤德者，这就是侵害；发布命令迟缓而惩罚严厉，这就是暴虐；取得佳绩就归功于自己，这就是盗窃。盗窃说的并不只是偷窃他人的财物啊。我听说：‘懂得为官之道的人，能奉行法规来为民谋利；不懂得为官之道的人，就会违法乱纪侵害百姓利益。’这就是老百姓产生怨言的原因了。隐匿别人的长处，这就是遮蔽人才；传扬别人的短处，这是小人的做法。内部不相互开导而在外面互相诽谤，就不是亲近和睦相处之道。说到别人的优点，就好像自己也有这些优点；说到别人的坏处，就好像是自己教给的。所以君子没有什么事是不谨慎的啊”。

## 六　本

孔子曰：“行己有六本焉，然后为君子。立身有义矣，而孝为本；丧纪有礼矣，而哀为本；战阵有列矣，而勇为本；治政有理矣，而农为本；居国有道矣，而嗣为本〔继嗣不立，则乱之源也〕；生财有时矣，而力为本。置本不固，无务丰末；亲戚不悦，无务外交；事不终始，无务多业。反本修迹，君子之道也。”

【译文】

孔子说：“立身行事有六个根本，然后才能成为君子。立身要讲求道义，而以孝道为根本；服丧要讲求礼仪，而以心情哀痛为根本；打仗要有一定的队列，而以勇敢为根本；治理政事要讲求条理，而以农业为根本；治理国家有大道，而以选择好继承人为根本；发家致富要讲求时机，而以勤奋努力为根本。根本如果没有巩固好，就不要着力于末节小事的完美；连有血缘关系的人都不能使其高兴，就不要追求对外的交往；一件事情不能做到有始有终，就不要贪图去做更多的事情。回到事物的根本，从近处做起，这才是君子之道啊。”

孔子曰：“药酒（通行本作良药）苦于口而利于病，忠言逆于耳而利于行。汤武以谔谔而昌，桀纣以唯唯而亡。君无争臣，父无争子，兄无争弟，士无争友，其无过者，未之有也。故曰：君失之，臣得之；父失之，子得之；兄失之，弟得之；士失之，友得之。是以国无危亡之兆，家无悖乱之恶，父子兄弟无失，而交友无绝。”

【译文】

孔子说：“良药虽苦口却有利于治疗疾病，忠言虽逆耳却有利于我们的一言一行。商汤、周武王由于群臣的直言进谏而繁荣昌盛，夏桀、商纣王因为群臣的惟命是从而导致灭亡。国君无直言规劝的大臣，父亲无直言规劝的孩子，兄长无直言规劝的弟弟，士人无直言规劝的朋友，要想不犯过错，这是不可能的事情。所以说，国君有过失了，由臣子来弥补；父亲有过失了，由儿子来弥补；兄长有过失了，由弟弟来弥补；士人有过失了，朋友会弥补。因此，国家才没有灭亡的危险，家族里才不至于出现悖逆的厄运，父子兄弟不会有过失，同时所交的朋友也不会断交。”

孔子读《易》，至于《损》《益》，喟然而叹。子夏避席问曰：“夫子何叹焉？”孔子曰：“夫自损者，必有益之；自益者，必有决之。吾是以叹也。”子夏曰：“然则学者不可以益乎？”子曰：“非道益之谓也，道弥益而身弥损。夫学者损其自多，以虚受之。天道成而必变，凡持满而能久者，未尝有也。故曰：自贤者，则天下之善言，不得闻其耳矣。”

【译文】

孔子读《周易》，读到《损》《益》两卦的时候，不禁大声感叹起来。弟子子夏离开座位去问道：“老师，您因何而叹息呢？”孔子说：“自我减损的人必定会有所增加，自我增加的人必定会有有损失。我因此而叹息啊。”子夏说：“那么学习的人就不可以去提高吗？”孔子说：“我说的不是道的增长，道愈增长自身就会越懂得减损。为学的人减损自己本来就多的东西，以谦虚的态度来接受新的东西。上天的规律是完成后就一定要发生变化。凡是持自满心态而能长久的人，从来是没有过的。所以说，认为自己是最贤明的人，天下的至理之言，他就听不到了。”

孔子曰：“以富贵而下人，何人不与？以富贵而爱人，何人不亲？发言不逆，可谓知言矣。”

【译文】

孔子说：“身处富贵还能够做到居于人后、对人谦让，何人不愿与之交往？身处富贵而爱戴他人，何人不愿与之亲近？说话不抵触他人，可以说是会说话的人了。”

孔子曰：“吾死之后，则商也日益，赐也日损。”曾子问曰：“何谓也？”子曰：“商也好与贤己者处，赐也好悦不如己者。不知其子，视其父；不知其人，视其友；不知其君，视其所使。故曰：与善人居，如入芝兰之室，久而不闻其香，即与之化矣；与不善人居，如入鲍鱼之肆，久而不闻其臭，亦与之化矣。是以君子必慎其所与者焉。”

【译文】

孔子说：“我死了之后，卜商的学问会逐渐增进，端木赐的学问会逐渐退步。”曾子问道：“您说的是什么意思呢？”先生说：“卜商喜欢同比自己聪明能干的人相处，端木赐喜欢那些不如自己的人。不了解儿子，就看儿子的父亲；不了解他本人，就看他的朋友；不了解其国君，就看国君的用人情况。所以说，同善良的人相处，好像进入生长着芝兰的屋子，时间久了就闻不到芝兰的香味了，也就是与它的气味融合了；同不好的人相处，好像进入卖鲍鱼的铺子，时间长了就闻不到鲍鱼的腥臭味了，也是与它的气味融合了。因此，君子一定要谨慎地选择自己所结交的人啊。”

## 哀公问政

哀公问政于孔子，孔子对曰：“文武之政，布在方策。其人存，则其政举；其人亡，则其政息，故为政在于得人。取人以身，修身以道，修道以仁。仁者，人也，亲亲为大；义者，宜也，尊贤为大。亲亲之杀，尊贤之等，礼所生也。是以君子不可以不修身；思修身，不可以不事亲；思事亲，不可以不知人；思知人，不可以不知天。天下之达道有五，其所以行之者三，曰君臣也、父子也、夫妇也、昆弟也、朋友之交也，五者，天下之达道也。智、仁、勇三者，天下之达德也。所以行之者一也。或生而知之，或学而知之，或困而知之，及其知之，一也。或安而行之，或利而行之，或勉强而行之，及其成功，一也。好学近于智，力行近于仁，知耻近于勇。知斯三者，则知所以修身；知所以修身，则知所以治人；知所以治人，则能成天下国家矣。”

【译文】

哀公向孔子请问如何治理政事，孔子回答说：“周文王和周武王施政的方法，都记载在竹简和木牍上面。当他们在位的时候，他们的教化就能施行，他们死了，他们的教化也就灭亡了。所以为政之道，在于得到人才，而得人才的方法，在于领导者能修养自身，以德行感召人才。修身必须依据天下共遵的法则（道），修道要依据仁慈博爱。所谓仁，就是人性，以爱自己的亲人为最重要。所谓义，就是事事合宜，以尊敬贤德的人最为重要。亲人之爱有亲疏等差之别，贤能之士也有等级，礼节就是因此而产生的。所以君子不可以不修身；想修身，不可以不事奉自己的父母亲人；想事奉父母亲人，不可以不了解人；想了解人，不可以不懂得天下的大道。天下人所共同遵守的大道有五种，当其力行实践时则分为三种。君臣、父子、夫妇、兄弟姊妹、朋友之间的关系，这五种就是天下人所共同遵守的伦常大道。而智能、仁爱、勇气这三种是人人所须具备的德行，当他实行时就是一个“诚”字。这些道理有些人天生就明白，有些人是经过教育学习才知道的，有些人则是遇到挫折和困惑后勤勉苦学才明白的，等到明白以后，其中的道理都是一样的。有些人心安理得地实行，有些人是因为有利益才去做，有些人则需要别人勉励甚至强迫才去做，一旦做成功了，结果都是一样的。喜欢研究学问的就接近智慧了，能够努力行善的就接近仁爱了，知道什么是羞耻就接近勇了。懂得了这三条道理，就知道如何修养自身了；知道如何修养自身，就知道如何管理别人了；知道如何管理人，就能够治理好天下或国家了。”

公曰：“政其尽此而已乎？”孔子曰：“凡为天下国家者有九经焉，曰：修身也，尊贤也，亲亲也，敬大臣也，体群臣也，子庶人也，来百工也，柔远人也，怀诸侯也。修身则道立，尊贤则不惑，亲亲则诸父昆弟不怨，敬大臣则不眩，体群臣则士之报礼重，子庶民则百姓劝，来百工则财用足，柔远人则四方归之，怀诸侯则天下畏之。”

【译文】

哀公说：“治理政事做到这几点就行了吗？”孔子说：“凡是治理天下、国家的人，应有遵循九条准则，即：修养自身，敬重贤才，热爱亲人，尊重大臣，体谅众官员，像爱子女一样爱护百姓，招各种客商工匠，安抚偏远地区民众，安抚各诸侯国。修身则道德规范确立，尊贤则遇事不致困惑，热爱亲人则父子兄弟不会抱怨，尊重大臣则行为不会迷乱，体恤各级官员就会得到更大的回报，爱民如子则百姓会受到鼓励，招引客商及能工巧匠则财用充足，安抚边远地区之民则四方的民众都会归顺自己，安抚各诸侯国则天下人都会敬畏自己。”

公曰：“为之奈何？”孔子曰：“齐庄盛服，非礼不动，所以修身也；去谗远色，贱货而贵德，所以尊贤也；爵其能，重其禄，同其好恶，所以笃亲亲也；官盛任使，所以敬大臣也〔盛其官，任而使之也〕；忠信重禄，所以劝士也〔忠信者，与之重禄也〕；时使薄敛，所以子百姓也；日省月考，既禀称事，所以来百工也〔既禀食之，各当其职事也〕；送往迎来，嘉善而矜不能，所以绥远人也〔绥，安也〕；继绝世，举废邦，朝聘以时，厚往而薄来，所以怀诸侯也。治天下国家有九经焉，其所以行之者一也。凡事豫则立，不豫则废。言前定则不跲〔跲，踬〕，事前定则不困，行前定则不疚〔疚，病〕，道前定则不穷。”

【译文】

哀公说：“怎么才能做到这样呢？”孔子说：“庄重恭敬，穿戴整齐，不符合礼法的事情不做，这是为了加强自身修养；远离谗言小人和女色，轻财物而重道德，这是尊重贤才；给能干的人进爵，增加他们的俸禄，与他们好恶一致，这是为了加深亲情；隆盛地对待官员的任职与出使，是为了表示对大臣的尊敬；对忠诚守信的官吏增加俸禄，这是为了鼓励官员；适时让地方官减少赋税，这是为了表示爱民如子；按日检查、按月考核，发给的食粮与其职事相称，这是为了招徕各种工匠；对远道而来者送往迎来，嘉奖其工作成绩好的，而怜惜其未能做好的，这是为了安抚边远地区之人；使诸侯的世袭已中断的得以接续，使已被废弃的邦国得以振兴，让他们按时朝见天子，返回封国时给以厚礼，入朝进见时只需送上微薄礼品，这是为了安抚诸侯。治理天下、国家虽有这九项原则，但实施这些原则有一条总纲是一成不变的。任何事情，事前有准备就可以成功，没有准备就要失败。说话先有准备，就不会词穷理屈站不住脚；做事先有准备，就不会遇到困难挫折；行事前先有准备，就不会发生错误后悔的事；道路能够预先选定，就不会走投无路。”

公曰：“子之教寡人备矣，敢问行之所始？”孔子曰：“立爱自亲始，教民睦也；立敬自长始，教民顺也；教以慈睦，而民贵有亲；教以敬长，而民贵用命。民既孝于亲，又顺以听命，措诸天下，无所不行。”

【译文】

哀公说：“您教诲寡人够完备了。请问一下要实行得从哪里着手？”孔子说：“树立仁爱从孝亲开始，是为了教育百姓和睦相处；树立尊敬从长辈开始，是为了教育百姓恭顺。用仁慈、和睦教育，百姓就会崇尚孝悌；用尊敬长辈、上级来教育百姓，百姓就会崇尚听命效力。百姓既对亲人孝顺，又恭顺地听从命令，政策规定施行于天下，没有行不通的。”

## 颜　回

鲁定公问于颜回曰：“子亦闻东冶毕之善御乎？”对曰：“善则善矣！虽然，其马将必逸。”公不悦。其后三日，东冶毕之马逸，公闻之，促驾召颜回。颜回至，公曰：“前日寡人问吾子以东冶毕之善御，而子曰‘其马将逸’，不识吾子奚以知之？”颜回对曰：“以政知之而已矣。昔者帝舜巧于使民，而造父巧于使马。舜不穷其民力，造父不穷其马力。是以舜无逸民，造父无逸马。今东冶毕之御也，历险致远，马力尽矣。然而其心犹求马不已，臣以此知之。”公曰：“善哉！吾子之言，其义大矣，愿少进乎？”颜回曰：“臣闻之，‘鸟穷则噣，兽穷则攫，人穷则诈，马穷则逸。’自古及今，未有穷其下而能无危者也。”公悦。

【译文】

鲁定公问孔子的弟子颜回说："您也听说过东冶毕善于驾车的事吗？"颜回答道："东冶毕确实是擅长驾车，虽然如此，我看他的马肯定会跑掉。"鲁定公听了很不高兴。过了三天，东冶毕的马果然逃跑了。定公听到这件事，催促车驾召见颜回。颜回到了，鲁定公说："前日寡人我问先生您关于东冶毕善于驾车的事，您却说他的马将跑掉。我不明白先生您是怎么预见到这件事的呢？"颜回答道："臣下我从政事中明白这件事罢了。从前舜帝使用民众很有技巧，而造父驾使马车也很有技巧。舜不穷尽民众的力气，而造父不穷尽马的力气。因此，舜时没有逃亡的百姓，造父驾车没有跑掉的马。现在东冶毕驾驭马车，历经险道又走远路，马的力气用尽了，但他心里还想着要求马奔跑不停。臣下根据这种情况知道马肯定会跑掉。"鲁定公说："对啊！先生话中的道理太重要了，愿意稍作解释吗？"颜回说："臣下我听说，鸟处境困窘时就会有互相啄斗的行为，兽处境困窘时就会互相争食，人处境困窘时就会有欺诈的匿行，马处境困窘时就会逃跑。从古到今，从来没有使其臣民走投无路而他自己却能没有危险的人啊。"定公听了心悦诚服。

## 困　誓

卫蘧伯玉贤，而灵公不用；弥子瑕不肖，而反任之。史鱼骤谏，公不从。史鱼病将卒，命其子曰："吾在公朝，不能进蘧伯玉退弥子瑕，是吾为臣不能正君也。生而不能正君，死不可以成礼矣。吾死，汝置尸牖下，于我毕矣〔毕，犹足也；礼，殡于客位〕。"其子从之。灵公吊焉，怪而问之，其子以其父言告公，公愕然失容，曰："是寡人之过也。"于是命之殡于客位，进蘧伯玉而用之，退弥子瑕而远之。孔子闻之曰："古之烈谏者，死则已矣，未有若史鱼死而尸谏，忠感其君者也，可不谓直乎！"

【译文】

卫国的蘧伯玉德才兼备，可灵公却不任用他；弥子瑕无德无才，却反而任用了他。史鱼极力进谏，灵公也不采纳。史鱼生病将要去世时，嘱托他的儿子说："我在朝廷，未能使蘧伯玉入朝为官，也未能罢免掉弥子瑕，这是我作为大臣却没有匡正国君。活着不能匡正国君，死后就不能用正常的礼仪了。我死后，你把尸体放置在窗户下，对我就足够了。"他的儿子按照他的意见办了。灵公前来吊唁史鱼时，奇怪地问这件事，他的儿子就把父亲的话告诉了灵公。灵公愕然失色，说："这是寡人的过错啊。"于是命令按宾客的礼仪安葬了史鱼，选拔任用了蘧伯玉，免去弥子瑕的职务并疏远了他。孔子听说了这件事后说："古代声名显赫的进谏者，死后也就结束了，没有像史鱼这样死后还要借尸体来进谏，以忠诚感动其国君的人啊，能不说他为官正直吗！"

## 执　辔

闵子骞为费宰，问政于孔子。孔子曰："以德以法。夫德法者，御民之具，犹御马之有衔勒也。君者，人也；吏者，辔也；刑者，策也。人君之政，执其辔策而已矣。"子骞曰："敢问古之为政。"孔子曰："古者天子以内史为左右手，以德法为衔勒，以百官为辔，以刑罚为策，以万民为马，故御天下数百年而不失。善御马者，正衔勒，齐辔策，均马力，和马心，故口无声而马应辔，策不举而极千里〔极，至也〕。善御民者，一其德法，正其百官，均齐民力，和安民心，故令不再而民顺从，刑不用而天下化治，是以天地德之〔天地以为有德〕，而兆民怀之〔怀，归〕。不能御民者，弃其德法，专用刑辟，譬犹御马，弃其衔勒，而专用箠策，其不可制也必矣。夫无衔勒而专用箠策，马必伤，车必败；无德法而用刑辟，民必流，国必亡。凡治国而无德法，则民无所法修；民无所法修，则迷惑失道。古之御天下者，以六官总治焉，六官在手以为辔，故曰：御四马者执六辔，御天下者正六官。是故善御马者，正身以总辔，均马力，齐马心，回旋曲折，唯其所之，故可以取长道，可以趣急疾。此圣人所以御天地与人事之法则也。天子以内史为左右手，以六官为辔，已（已下旧有而字，删之）与三公执六官、均五教、齐五法〔仁义礼智信之法也〕，故亦唯其所引，无不如志。”

【译文】

闵子骞任费地长官时，向孔子问如何治理政事。孔子说：“用德用法。道德和法律，是驾驭百姓的用具，好像驾驭马有了嚼子和笼头一样。国君，就像驾驭马的人；官员，就像驾驭马的缰绳；刑罚，就像打马的鞭子。国君的政事，只是掌握着缰绳、鞭子即可。”闵子骞说：“请问古代是如何执政的？”孔子说：“古代的天子以内史作为自己的左右手，以道德法律作为嚼子和笼头，以百官作为缰绳，用刑罚作为鞭子，把万民当作马匹，所以统治天下，数百年也不会失去江山。善于驾驭马匹的人，为马戴好嚼子和笼头，备齐马鞭和缰绳，协调地使用马力，平和马的心态。所以，口不发声，马却应缰绳而动；马鞭不举，却能到达千里。善于治理百姓的人，要统一其道德规范和法律规定，端正其百官，协调一致地使用民力，使民心和顺安定。所以，政令不必发布第二次，老百姓就会顺从；刑罚不使用，天下就得到了治理。因此，天地都会认为他有德，亿万人民就会归顺他。不善于治理百姓的人，抛弃道德规范和法律规定，专门使用刑罚，就好比是驾驭马时丢弃了嚼子和笼头，而专门使用棍棒鞭打，马车失控就是必然的了。没有衔勒而专门使用棍棒鞭打，马必定受伤，车必定毁坏；没有道德法律，而专门使用刑罚，百姓必然流失，国家必然灭亡。凡是治理国家却没有道德、法律的，那么老百姓就没有效法和学习的东西；老百姓没有可效法、学习的东西，那么就会迷惑而失去准则。古代统治天下的人，以六个部门的长官总领治理国家之事，六部长官作为天子手中的缰绳。所以说，驾驭一辆车的人要手握六条缰绳；驾驭天下的人要使六部长官行为端正。因此，善于驾驭马的人，用端正自身来总揽缰绳，协调马力，使众马齐心，盘旋转弯，只按其所要去的方向前进，所以可以走完很远的路程，也可以疾行奔驰。这也就是君主之所以能够驾驭天地和人事的法则。天子以内史为左右手，以六部长官为缰绳，自己与三公控制六部长官，协调五种教化，整肃仁、义、礼、智、信五种法度。所以只要按他的引导去做，就没有什么不如意的。”

## 五 刑

冉有问于孔子曰：“先王制法，使刑不上于大夫，礼不下于庶人。然则大夫之犯罪不可以加刑，庶人之行事不可以治礼乎？”孔子曰：“不然。凡治君子，以礼义御其心，所以厉之以廉耻之节也。故古之大夫，其有坐不廉污秽而退放之者，则曰簠簋不饰〔饰，整齐〕；有坐淫乱男女无别者，则曰帷薄不修；有坐罔上不忠者，则曰臣节未著；有坐疲软不胜任者，则曰下官不职〔言其下官不称（称原作务）其职，不斥其身也〕；有坐干国之纪者，则曰行事不请〔言不请而擅行也〕。此五者，大夫既自定有罪名矣，而犹不忍斥然正以呼之也，既而为之讳，所以愧耻之。是故大夫之罪，其在五刑之域者，谴发，则白冠牦缨盘水，加剑，造于阙而自请罪，君不使有司执缚牵掣而加之也。其有大罪者，闻命则北面再拜，跪而自裁，君不使人捽引而刑杀之也，曰：‘子大夫自取之耳，吾遇子有礼矣。’是以刑不上大夫，而大夫亦不失其罪者，教使然也。凡所谓礼不下庶人者，以庶人遽其事而不能充礼，故不责之以备礼也。”

【译文】

冉有去问孔子，说：“从前的君王制定法律，规定刑罚不施加于处在上层的大夫，礼仪不涉及处在下层的平民。如果这样，那么大夫犯了罪就不能施用刑罚，普通人办事就可以不讲究礼仪吗？”孔子说：“不是这样。大凡整治君子，用礼义控制其心志，是为了用廉洁知耻的节操来勉励他们。所以古代的大夫，如果有犯贪污受贿罪而被罢免流放的，就叫‘簠簋不饰’；有犯淫乱、男女不别罪的，就叫‘帷薄不修’；有犯欺骗君主、不忠诚的，就叫‘臣节未著’；有犯软弱无能、不胜任工作罪的，就叫‘下官不职’；有冒犯国家纲纪罪的，就叫‘行事不请’。这五个方面，对大夫已经单独确定有罪名了，却还不忍心以斥责的语气直呼其罪名，而且为他避讳，是为了使他对此感到羞愧和耻辱。所以大夫的罪行，如果在五刑的范围内，发出罚责通知后，就戴白色的帽子并系上牦牛毛绳，以盘盛盥洗之水，并架上一把剑，前往宫廷自行请罪，国君不派执法人员前去捆绑捉拿他。如果有重大罪行，听到命令就面向北方拜两次，然后跪地自杀，国君不派人押送、斩杀他，并对他说：‘您大夫是自取其罪，我对您已经有礼了。’因此刑罚不施加于处在上层的大夫，但是大夫也不会逃避其应有的惩罚，这是教育使他们这样啊。凡是说不要求下层的平民遵行礼仪，是因为普通人经常急促地做事，忙于生计而不能完满地实施礼仪，所以不责求他们完全按礼仪行事。”

## 刑　政

仲弓问于孔子曰：“雍闻至刑无所用政，至政无所用刑。至刑无所用政，桀纣之世是也；至政无所用刑，成康之世是也。信乎？”孔子曰：“圣人之治化也，必刑政相参焉。太上以德教民而以礼齐之，其次以政导民，以刑禁之。化之弗变，导之弗从，伤义败俗，于是乎用刑矣。”仲弓曰：“古之听讼，可得闻乎？”孔子曰：“凡听五刑之讼，必原父子之亲、立君臣之义以权之，意论轻重之序、慎测浅深之量以别之，悉其聪明、致其忠爱以尽之。大司寇正刑明辟以察狱，狱必三讯焉〔一曰讯群臣，二曰讯群吏，三曰讯万民也〕。有指无简，则不听〔简，诚也。有其意无其诚者，不论以为罪〕。附从轻，赦从重〔附人之罪，以轻为比；赦人之罪，以重为比〕。疑狱则泛，与众共之，众疑赦之。故爵人必于朝，与众共之也；刑人必于市，与众弃之也。古者公家不畜刑人，大夫不养也；士遇之涂，弗与之言也；屏诸四方，唯其所之，弗及以政，弗欲生之故也。”仲弓曰："听狱，狱之成，成何官？"孔子曰："狱成于吏，吏以狱之成告于正〔吏，狱官吏也；正，狱官长〕；正既听之，乃告于大司寇；大司寇听之，乃奏于王。王命三公卿士参听棘木之下〔外朝之法。左九棘，孤卿大夫位焉；右九棘，公侯伯子男位焉；面三槐，三公位焉〕，然后乃以狱之成报于王。王以三宥之法听之〔君王尚宽，罪虽已定，犹三宥之，不可得轻，然后刑之也〕，而后制刑焉。所以重之也。"仲弓曰："古之禁何禁？"孔子曰："析言破律〔巧卖法令者也〕、乱名改作〔变易官与物名〕，执左道以乱政者，杀〔左道，邪道〕；作淫声〔淫逸惑乱之声〕，造异服〔非人所常见〕，设奇伎奇器，以荡上心者，杀〔怪异之伎，可以眩曜人心之器；荡，动也〕；行伪而坚〔行诈伪而坚守〕，言伪而辨，学非而博，顺非而泽〔顺其非而滑泽之〕，以惑众者，杀；假于鬼神时日，卜筮以疑民者，杀。此四诛者，不待时，不以听〔不听于棘木之下也〕。"

【译文】

仲弓问孔子说："雍我听说有完善的刑罚，政治便无处可用；有完善的政治，刑罚便无处可用。'有完善的刑罚，政治便无处可用'，夏桀、商纣时代就是这样；'有完善的政治，刑罚便无处可用'，成王、康王时代就是这样。这话可信吗？"孔子说："圣贤的人治理社会，必定使刑罚和政治相互配合。最好的是用道德教育民众，并用礼法加以约束；其次的是用政策引导民众，并用刑罚加以禁止。教育了还不改变，引导了还不听从，以至有人伤风败俗，在这种情况下，才使用刑罚。"仲弓说："古代审判案子的情况，可以让我听听吗？"孔子说："凡是判决墨、劓、剕、宫、大辟五刑的大案，一定要察究父子之间的亲情、根据君臣之间的道义来权衡；预料、探讨处罚轻重的排序，谨慎地估量处罚带来的影响深浅的程度，来对罪行情况加以区别；尽自己的聪明才智，尽最大限度地做到忠诚与仁爱。大司寇为使处罚公正，明确法律条款来详审案件，定案必须讯问三方面人群（指大臣、一般官吏、群众）。有犯罪意图却无犯罪事实，就不判罪。处罚时与罪行轻者类比，能轻尽轻；赦免时，同罪行重者相比，能赦尽赦。有疑点的案子，就广泛地与众人共议，众人都认为有疑点的就赦免。所以，给人加官进爵一定要在朝堂进行，与众人共知；处决人犯一定要在街市上执行，与众人共弃。从前诸侯国不畜养判过刑的人，连大夫也不予供养。士人在路上遇到判处徒刑的人，不同他们说话，弃逐他们到四方边远地区。他们所到之处，不涉及于国家政事，是不打算让他们生存下去的缘故。”仲弓说：“审理案件，案子审结，由哪一级官员完成？”孔子说：“案子由狱吏审理完毕，狱吏移交监狱长；监狱长审察之后，就报告大司寇；大司寇判处后，就上报国君。国君命令三公、卿士在设有棘木的公堂共同会审。这之后，才把官司的结果报告给国君。国君按照三种减轻、赦免的法规进行判决，然后下令实施处罚。这样是为了慎重对待案件。”仲弓说：“古代的禁令都禁止什么？”孔子说：“千方百计钻法律空子、篡改规定巧立名目，实行歪门邪道、扰乱政事的人，杀；创作淫乱的音乐歌谣、制作奇装异服、设置出色的歌女和罕见的器物，来动摇君主心志的人，杀；行为诡诈且顽固不化，言辞虚伪且善于巧辩，所学习的并非正道却很渊博，顺从邪道并加以润色，用以迷惑民众的人，杀；假借鬼怪神灵、天时变化，用占卜算卦来惑乱民心的人，杀。这四类罪犯的处决，不等待规定的处决时间，可以不按照上述的审判程序。”

## 问　玉

子张问圣人之所以教，孔子曰：“师乎，吾语汝。圣人明于礼乐，举而措之而已。”子张又问，孔子曰：“师，尔以为必布几筵，揖让升降，酌献酬酢，然后谓之礼乎？尔以为必行缀兆，执羽籥，作钟鼓，然后谓之乐乎？言而可履，礼也；行而可乐，乐也。圣人力此二者，以恭己南面，是故天下太平，万国顺服，百官承事，上下有礼也。夫礼之所兴，众之所以治也；礼之所废，众之所以乱也。昔者明王圣主之辨贵贱长幼，正男女外内，序亲疏远迩，而莫敢相逾越者，皆由此涂出也。”

【译文】

子张问君主用什么来教导人民，孔子说："师啊，我告诉你。圣人懂得'礼'和'乐'的道理，推崇并且施行它们罢了。"子张进一步问时，孔子说："师，你认为一定要大摆宴席、宾主拱手相让上座下座、相互斟酒敬献，这样才叫做'礼'吗？你认为一定要布置好舞蹈的行列和区域，然后歌舞奏乐，这样才可以叫做'乐'吗？说出的话可让天下百姓践行，这就是'礼'；所作所为可使人民高兴，这就是'乐'。君主力行这两件事，使自己能够恭敬庄严地坐北向南临朝，因此才天下太平、万国顺从，百官尽职尽责，上下之间才讲究'礼'。'礼'兴盛时，民众就可因此而安定；'礼'废弃时，民众就会因此而动乱。从前圣明的君王区分贵贱长幼、端正男女内外、排列亲疏远近，而没有出现有人敢超越界限的，都是由于走礼制之路的原因。"

## 屈 节

宓子贱为单父宰，恐鲁君听谗人，使己不得行其政，于是辞行也，故请君之近史二人与之俱至官。宓子戒其邑吏，令二史书，方书，掣其肘，书不善，则从而怒之。二史患焉，辞请归。鲁君以问孔子，孔子曰："宓不齐君子也，意者其以此谏乎？"公寤，大息而叹曰："此寡人之不肖也。寡人乱宓子之政，而责其善者数矣。微二史，则寡人无以知过；微夫子，则寡人无由寤。"遽使告宓子曰："自今日以往，单父非吾有也，从子之制，有便于民者，子决为之，五年一言其要。"宓子遂得行政于单父焉。躬敦厚，明亲亲，尚笃敬，施至仁，加恳诚，致忠信，百姓化之。

【译文】

宓子贱担任单父的地方官时，担心鲁国的国君听信谗臣之言，使自己不能按照自己的方法行使政令，于是在辞行时，故意请国君身边的两位史官一同前往单父就任。宓子告诫他手下官员时，命令两位史官记录下来，史官正记录时又不时拉扯史官的臂肘；史官写得不好时，就随时怒斥他们。两位史官心生厌烦，就请求离开单父，返回鲁国都城。鲁国国君以这件事询问孔子。孔子说："宓不齐是个君子啊，想来大概是他用此事来进谏吧？"鲁公幡然醒悟，大声长叹说："这是寡人的不对了。寡人扰乱宓先生的政事，多次责怪其正确的做法。若无二位史官此行，那么寡人就没有办法明白自己的过错；若没有夫子提醒，那么寡人就没有办法醒悟过来。"他立即派人告诉宓子说："从今以后，单父不再是我之所有，一切遵照你的规定，只要有利于百姓的事，按你自己的决定去办，五年向我汇报一次主要情况就行了。"宓子贱于是能够在单父行使其政令。他躬行宽厚之道，弘扬亲爱亲人，崇尚笃厚敬肃，实施至仁之政，倡导勤恳诚实，做到忠诚守信，因此百姓得到了良好的教化。

## 正　论

哀（哀原作定）公问于孔子曰："大夫皆劝寡人，使隆敬于高年，可乎？"孔子对曰："君之及此言也，将天下实赖之，岂唯鲁而已哉？"公曰："何也？"孔子曰："昔者有虞氏贵德而上齿，夏后氏贵爵而上齿，殷人贵富而上齿〔富，谓世禄之家〕，周人贵亲而上齿。虞、夏、殷周，天下之盛王也，未有遗年者焉。年之贵于天下久矣，次于事亲。是故朝廷同爵则上齿。七十杖于朝，君问则席〔君欲问之，则为之设席〕；八十不仕朝，君问则就之，而悌达于朝廷矣。其行也，肩而不并〔不敢与长者并肩也〕，不错则随〔错，雁行也，父党随行，兄党雁行〕；见老者，则车从避〔见老者在道，车与步皆避之也〕；斑白者不以其任行于路〔任，担也，少者代之也〕，而悌达于道路矣。居乡以齿，而老穷不匮，强不犯弱，众不暴寡，而悌达于州巷矣。古之道，五十不为甸役〔五十始老，不从力役之事，不及山猎之徒也〕，颁禽隆诸长者，而悌达于搜狩矣。军旅什伍，同爵则上齿，而悌达于军旅矣。夫圣王之教孝悌，发诸朝廷，行于道路，至于州巷，放于搜狩，修于军旅，则众同以义，死之而弗敢犯也。"公曰："善！"

【译文】

鲁哀公问孔子说："大夫都劝寡人，让我大力提倡尊重年长之人，可以吗？"孔子回答说："您刚才说到的这句话，恐怕天下都要仰赖而行，哪里只是鲁国呢？"定公说："为什么呢？"孔子说；"从前有虞氏看重有德之人而且尊重年长者，夏后氏看重有爵位之人而且尊重年长者，殷商的人看重世禄之家而且尊重年长者，周朝的人看重亲人而且尊重年长者。虞、夏、殷、周，是天下的盛世王朝，那时侯没有遗弃年长之人的。年长者受到天下人的敬重已经很久了，仅次于侍奉自己的父母。因此，在朝廷上爵位相同的人要尊重年长者。七十岁的人拄着拐杖到朝廷，国君询问事情就要给他设置座位；八十岁不在朝廷做官，国君询问事情就要亲自前往其住处。因而敬重长上之风就扩展到朝廷了。走路时不敢与年长者并肩而行，不是错后行走就是跟随在身后，遇见老年人，则不论乘车者还是随从者都要避让，头发斑白的老年人不自己挑担子上路行走，于是敬重长上之风就延伸到道路上了。在乡里，按年龄大小居住，老年人就不会穷困匮乏，强壮者不侵害弱小者，人多者不欺负人少者，于是敬重长上之风就扩展到州郡街巷了。古代规定，五十岁就不承担打猎的劳役了，分发猎获的禽兽时，给各位年长者多分一些，于是敬重长上之意就扩展到捕猎活动了。军旅部队中，爵位相同的则以年长者为尊，于是敬重长上之意就扩展到军旅了。圣贤君王以孝悌之道教化百姓，从朝廷开始，推行到道路上及至州县街巷，打猎者仿效，军队中学习，就使百姓共同以此作为合宜的道德行为，宁死也没有人敢违犯。"哀公说："很好！"

哀公问于孔子曰："寡人闻之，东益不祥〔东益，东益宅也〕，信有之乎？"孔子曰："不祥有五，而东益不与焉。夫损人而自益，身之不祥也；弃老而取幼，家之不祥也；释贤而任不肖，国之不祥也；老者不教，幼者不学，俗之不祥也；圣人伏匿，愚者擅权，天下不祥也。故不祥有五，而东益不与焉。"

【译文】

哀公问孔子说："寡人听说，向东面扩充旧居不吉祥，这个说法可信吗？"孔子说："不吉祥的事有五种，而向东面扩充旧居不在其中。损人利己，是自身的不祥；舍弃父母而只关爱孩子，是家庭的不祥；舍弃贤明之人而任用不肖之徒，是一国的不祥；年老智慧者不愿教导，而年轻的又不肯学习，是社会风俗的不祥；圣人隐伏，愚蠢者专权，是天下的不祥。不祥之事有上述五种，而向东面扩充旧居不在其中。"

# 子 夏 问

子夏问于孔子曰："记云：周公相成王，教之以世子之礼，有诸？"孔子曰："昔者成王嗣立，幼，未能莅祚，周公摄政而治，抗世子之法于伯禽，欲成王之知父子君臣之道，所以善成王也。夫知为人子者，然后可以为人父；知为人臣者，然后可以为人君；知事人者，然后可以使人。是故抗世子法于伯禽，使之与成王居，使成王知父子君臣长幼之义焉。"

【译文】

子夏问孔子："古代历史记载中说：'周公辅佐周成王，用世子的礼节教导他。'有这事吗？"孔子回答说："从前周成王继承王位时，年龄幼小，不能临朝处理国事，周公代理国政，让自己的长子伯禽做成王的伴读，成王犯了错误，周公不指责成王，而是批评自己的儿子，让成王看到后知道自己反省过错，是想让成王明白父子、君臣之间的礼仪规矩，是为了成王好。明白了如何为人子，然后才知道如何为人父；明白了怎样做臣子，然后才知道如何做君王；明白了怎样侍奉人，然后才知道如何用人。所以举世子法于伯禽，让他与成王居住生活在一起，从而让成王明白父子、君臣、长幼之间的礼仪。"

（余炳毛译）

卷十一

# 史记治要（上）

【考评】

《史记》是著名思想家、史学家、文学家司马迁的不朽巨著。

司马迁字子长，左冯翊夏阳县龙门(今陕西韩城县南)人，大约出生于公元前145年，公元前90年前后去世。他出身史官世家。10岁开始学习古代典籍，早年遍游祖国南北，考察民间风俗，采集传说，具有渊博的知识和精湛的文学修养。后来，继承父职，作了太史令，开始写作《史记》。司马迁48岁的时候，因为替投降匈奴的李陵辩解，触怒了汉武帝，被处宫刑。这事在司马迁的生命史上是一个重要的转折点，这给他在肉体上和精神上造成了不可弥补的巨大创伤，也更加激发了他奋发写作，出色完成《史记》的决心和毅力。经过十多年的辛勤劳动，他毕生心血的结晶《史记》完成了。

魏征从巩固李唐王朝统治的需要出发，以史为鉴，从《史记》本纪中节选了五帝本纪、夏本纪、殷本纪、周本纪、秦本纪、秦始皇帝、秦二世等片段。从《史记》世家中节选有齐太公世家、鲁周公世家、燕召公世家、宋微子世家、晋世家、赵世家、魏世家、田敬仲完世家中的片段。从《史记》列传中节选有管仲、晏平仲、韩非、司马穰苴、孙武、吴起、甘茂、白起、乐毅、廉颇与蔺相如、赵奢、李牧、屈原、豫让、李斯、田叔及循吏传中的公仪休和酷吏传、滑稽传中的优孟、优旃、西门豹等篇段。这些都对唐太宗在治理国家、选官用人方面提供了正反两方面的历史的借鉴，也是魏征向唐太宗进谏的理论依据之一。

《史记》原名《太史公书》，是我国第一部纪传体通史，约于汉武帝太初元年至征和二年间(前104—前91年)撰成。作者职居史官，根据《左氏春秋》《国语》《世本》《战国策》《楚汉春秋》及诸子百家之书，利用国家收藏的文献，补充了自己实地采访的资料，取材极其丰富。后其书有缺，元帝、成帝间褚少孙补撰《武帝纪》《三王世家》《龟策列传》《日者列传》等篇，又附缀武帝天汉以后史事。

《史记》记事起于传说的黄帝，至于汉武帝，首尾共3000年左右，尤详于战国、秦、汉。体裁分传记、本纪、世家、列传，以八书记制度沿革，立十表通史事的脉络，为后世史家所沿用。全书共一百三十篇，分十二“本纪”、十“表”、八“书”、三十“世家”、七十“列传”。其中，《陈涉世家》肯定陈涉起义的作用，《河渠书》《平准书》和《货殖列传》反映了社会经济生活，《匈奴列传》《西南夷列传》等记述了少数民族活动，这些都是本书的优点。对部分历史人物的叙述，语言生动，形象鲜明，在文学史上亦有很高的地位。魏征在《群书治要》里辑录的《史记》是唐以前南朝宋裴骃注释的《史记集解》。

# 本　纪

黄帝者，少典之子，姓公孙〔有熊国君，少典之子也〕，名曰轩辕。生而神灵，弱而能言，幼而徇齐〔徇，疾也。齐，速也。言圣德幼而疾速也〕，长而敦敏，成而聪明。神农氏世衰，诸侯相侵伐，而神农氏弗能征。于是轩辕乃习用干戈，修德振兵，以与炎帝战于阪泉之野〔阪泉，地名〕，三战然后得其志。蚩尤作乱，乃杀蚩尤而代神农氏，是为黄帝。东至于海，西至于空桐〔山名也，在陇右〕，南至于江，北逐荤粥〔猃狁也〕，邑于涿鹿之阿。迁徙往来无常处，以师兵为营卫。置左右大监，监于万国；举风后、力牧、常先、大鸿以治民；顺天地之纪，时播百谷；劳勤心力耳目，节用水火材物。有土德之瑞，故号黄帝。

【译文】

黄帝是少典之子，姓公孙，名轩辕。他生来特别神异，几个月便会说话，年幼时很有灵气，长大了便敦厚机敏，成年后非常聪明达礼。那时候，神农氏的统治逐渐衰弱，诸侯间互相混战，而神农氏没有能力征讨。于是轩辕便习学武艺兵法，推行德政，整顿兵马，跟炎帝在阪泉的原野上战斗，经过三次战役，取得最后胜利。蚩尤又发动叛乱，轩辕杀了蚩尤，并取代了神农氏，这就是黄帝。他的足迹东到大海，西到空桐，南到长江。又将荤粥驱逐到北漠，在涿鹿山下的平原上建立了都城。黄帝带领部下经常迁移，不在一处定居，让军兵筑起营垒来守卫。他设置左大监和右大监，监督各地诸侯；选拔风后、力牧、常先、大鸿来治理民众；顺应天地的运行法则，按季节种植百谷草木；劳心尽力，扩大见闻，节制使用水火材物。他即位时有象征土德的瑞兆，所以称帝号为黄帝。

〔《帝王世纪》曰：“神农氏衰，蚩尤氏叛，不用帝命，黄帝于是修德抚民。始垂衣裳，以班上下。刳木为舟，剡木为楫，舟楫之利，以济不通。服牛乘马，以引重致远。重门击柝，以待暴客。断木为杵，掘地为臼，杵臼之用，以利万人。弦木为弧，剡木为矢，弧矢之利，以威天下。诸侯咸叛神农而归之。讨蚩尤氏，禽之于涿鹿之野。诸侯有不服者，从而征之。凡五十二战，而天下大服。俯仰天地，置众官，故以风后配上台、天老配中台、五圣配下台，谓之三公。其余地典、力牧、常先、大鸿等，或以为师，或以为将，分掌四方，各如己视，故号曰黄帝四目。又使岐伯尝味草木，典医疾，今经方本草之书咸出焉。其史仓颉，又象鸟迹，始作文字。自黄帝以上，穴居而野处，死则厚衣以薪，葬之中野，结绳以治。及至黄帝，为筑宫室，上栋下宇，以待风雨，而易以棺椁，制以书契。百官以序，万民以察，神而化之，使民不倦。后作《云门》《咸池》之乐，《周礼》所谓大咸者也，于是人事毕具。黄帝在位百年而崩，年百一十岁矣。或传以为仙，或言寿三百年，故宰我疑以问孔子，孔子曰：'民赖其利，百年而崩；民畏其神，百年而亡；民用其教，百年而移。故曰三百年。'〕"

【译文】

《帝王世纪》说：神农氏衰微，蚩尤叛变，不听命令。黄帝就内修仁德，外安百姓。开始垂拱无为，使上下获得治理。刳木为舟，削木为楫，借舟楫之便，到达陆路不通的地方。用牛马驾车，运输货物。门户重重，更夫巡夜，防备盗匪。砍木做杵，掘地做臼，用来舂米，利益万民。用木条作弓弧，削木为箭，用强弓威慑天下。诸侯纷纷叛离神农，归附黄帝。讨伐蚩尤，在涿鹿野外活捉了他。诸侯有不服从黄帝的，黄帝就着手征讨。经过五十二战，天下都归顺了。观察天地，根据天地之道设置百官，所以以风后任上台之官、天老任中台之官、五圣任下台之官，称为三公。其余的人如地典、力牧、常先、大鸿等，或任为军师，或封为将军，掌管东西南北四方军事，各各如同黄帝亲巡亲见，所以号称黄帝四目。又派岐伯尝辨百草，掌管医药，今天药方和中药的书籍都是出自这里。黄帝的史官仓颉，模拟鸟的行迹，开始创造文字。黄帝以前，人们都是在洞穴居住，在野外活动，死后就用桑叶包裹尸体，葬在土里，结绳以作纪念。到了黄帝时，则修筑宫室为墓，上面木梁为栋，下面屋檐为宇，来遮挡风雨；人死后用棺椁殓尸，以代替桑叶；用文字书写死者事迹，作为纪念。百官都有分工次序，民情都可以巡察。在不知不觉中教化百姓，使人民不至于厌倦。后来作《云门》《咸池》等乐曲，也就是《周礼》所说的《大咸》。这样，人伦事理就都具备了。黄帝在位百年而死，寿命一百一十岁。有人传说他羽化为仙，有人说他寿命三百年。所以宰我有疑惑，来问孔子（为什么说黄帝寿命三百年），孔子说："百姓获得好处，是他在位的百年；百姓对他的敬畏，又过一百年才消失；百姓秉承他的教化，再延续了一百年。所以说黄帝寿命三百年。"

帝颛顼高阳者，黄帝之孙、昌意之子也。养材以任地，载时以象天，依鬼神以制义，治气以教化，絜诚以祭祀。北至于幽陵，南至于交趾，西济于流沙，东至于蟠木〔东海中有山焉，名度索。上有大桃树，屈蟠三千里也〕。动静之物，大小之神，日月所照，莫不砥属〔砥，平也，四远皆平而来服属也。《帝王世纪》曰："帝颛顼平九黎之乱，使南正重司天以属神，火正黎司地以属民。于是民神不杂，万物有序。"〕。

【译文】

帝颛顼高阳，是黄帝的孙子、昌意的儿子。他能因地制宜，以种植五谷；按照季节办事，来顺应自然；敬仰鬼神，并制定礼仪；调和阴阳五行之气，以教化民众；斋戒沐浴，诚心诚意地祭祀神灵。他的足迹向北达幽陵，南到交趾，向西渡过流沙河，向东达到海岛蟠木。各种动物植物，各处大小神明，凡是日月能照到的地方，没有谁不归属他(《帝王世纪》上说："黄帝平定九黎之乱，任命重为南正，掌管天文，负责祭祀天神；任命黎为北正，掌管地理，负责民事生产。于是民事生产和祭祀天神不相互交杂，万事井然有序。")。

帝喾高辛者〔高阳、高辛，皆所兴地名也。颛顼与喾，以字为号，上古质故也〕，黄帝之曾孙也。生而神灵，聪以知远，明以察微。仁而威，惠而信，修身而天下服。取地之财而节用之，抚教万民而利诲之，历日月而迎送之，明鬼神而敬事之。其色郁郁，其德嶷嶷。其动也时，其服也士。日月所照，风雨所至，莫弗从服〔《帝王世纪》曰："帝喾以人事纪官，故以句芒为木正、祝融为火正、蓐收为金正、玄冥为水正、后土为土正，是五行之官，分职而治。"〕。

【译文】

帝喾高辛，是黄帝的曾孙。他生下来便异常的聪明，其聪明能知道远方的事情，其明达能察觉精微的道理。他仁爱而有威严，宽厚而有信义，努力提高道德修养，使天下信服。他获取土地的物产而节约使用，安抚教育民众而因势利导，制定历法推算日月运行，并按季节举行迎送礼仪，明白鬼神之事而恭敬地祭祀它们。他神色肃穆，德行高尚。他的行动合乎时宜，凡所作为都是一个品德高尚者所应为。因此，凡日月照耀、风雨所制的地方，没有不顺从归服于他的（《帝王世纪》说："帝喾以和百姓生活相关的事物来命名官职，因此以句芒为'木正'，以祝融为'火正'，以蓐收为'金正'，以玄冥为'水正'，以后土为'土正'，这就是所谓的'五行之官'，他们各自在自己的职责范围内进行治理。"）。

帝尧放勋，其仁如天，其智如神。就之如日，望之如云。富而不骄，贵而不舒〔《帝王世纪》曰："帝尧置欲谏之鼓，命羲和四子羲仲、羲叔、和仲、和叔，分掌四时方岳之职，故名征。天下大和，百姓无事。有五老人，击壤于道，观者叹曰：'大哉尧之德也！'老人曰：'日出而作，日入而息，凿井而饮，耕田而食，帝力何有于我哉！'墨子以为尧堂高三尺，土阶三等；茅茨不剪，采椽不斫；夏服葛衣，冬服鹿裘。"〕。

【译文】

帝尧名叫放勋，他像天一样仁爱，像神一样聪明。接近他，像太阳般温暖；仰望他，像云一样高洁。他富有而不骄奢，尊贵而不傲慢（《帝王世纪》说："帝尧设置方便百姓提意见的'欲谏之鼓'，命令羲和的四个儿子羲仲、羲叔、和仲、和叔，分别掌管四时和四方的职务，名为'征'。于是天下非常和谐，百姓相安无事。有五位老人，击壤而歌，观看的人赞叹说：'多伟大啊，尧帝的德政！'老人说：'日出起床，日落休息，挖井喝水，耕田吃饭，帝王的权力跟我有什么关系呢？'墨子认为尧的堂口只有三尺高，堂下土阶只有三层；用茅草搭盖屋顶而不加修剪，用栎木做椽子而不经刮削。夏天穿葛布衣，冬天穿鹿皮裘。"）。

虞舜，名曰重华。父瞽叟顽，母嚚，弟象傲，皆欲杀舜。舜顺适不失子道，以孝闻。于是尧乃以二女妻舜，以观其内；使九男与处，以观其外。二女不敢以贵骄，九男皆益笃。舜耕历山，历山之人皆让畔；渔雷泽，雷泽上人皆让居；陶河滨，河滨器皆不苦窳〔窳，病也〕。一年而所居成聚，二年成邑，三年成都。于是尧乃试舜五典、百官，皆治；以揆百事，莫不时序。流四凶族，以御螭魅。尧乃使舜摄行天子政，尧崩，天下归舜〔《帝王世纪》曰："舜立诽谤之木。论曰：孔子称古者三皇五帝，设防而不犯，故无陷刑之民。是以或结绳而治，或象画而化，自庖牺至于尧舜，神道设教，可谓至政，无所用刑矣。夫三载考绩，黜陟幽明，善无微不著，恶无隐不章，任自然以诛赏，委群心以就制，故能造御乎无为，运道于至和，百姓日用而不知，含德若自有者也。《诗》云：'上天之载，无声无臭。'其斯之谓乎？"〕。

【译文】

虞舜名叫重华。他的父亲瞽叟凶暴，继母愚蠢顽固，弟弟象骄纵傲慢，他们都想杀舜。舜总是很恭顺，不放弃做儿子的道义，因为孝顺而闻名。于是，尧便把两个女儿嫁给舜，来观察他在家庭里的表现；派了他的九个儿子跟舜相处，来观察他在家庭外的表现。结果尧的两个女儿不敢凭身份的显贵而自高自大，派去的九个男子都更加诚实厚道。舜在历山耕种，历山的人都互让田地边界；在雷泽捕鱼，雷泽四周的人都互让居住的地方；在黄河边制作陶器，生产的陶器没有粗糙破损的。一年时间，舜住的地方便成了村庄，两年便成了集镇，三年便成了都市。于是尧便试用舜，让他推行五教，到各个部门去工作，舜都做得很好。让他总管百事，没有不顺利治理的。舜流放了四个凶恶的家族，强迫他们迁到四方遥远的边境，让他们去抵御远方的妖魔鬼怪。于是尧便叫舜代替他行使天子的政务，尧逝世后，天下都归顺于舜(《帝王世纪》中记载说："舜（在交通便利处）树立了木牌，以便大家谏言。评论说：孔子说，古时的三皇五帝，虽然设立刑罚，但无人违反，所以没有因犯法而被判刑关押的百姓。他们有的是用结绳记事的方法来治理国家，有的造图腾文字来教化百姓。从庖牺

（伏羲）到尧和舜，都以天地运行的神妙之理来教化管理人民，可以说是起到了很好的教化效果，以致不需要用刑律来管理国家了。舜三年考核一次绩效，黜退昏愚的官员，晋升贤明的官员，使善行不论大小都得到彰显，使恶行无论大小都无处隐藏，处处彰明，以其本来的样子来进行赏罚，凭借人民大众的意愿来管理，所以能够无为而治，运用天道达到非常和谐的境地，使老百姓身处其中却不自知，怀藏道德好像是自己本身具有的一样。《诗经》中说：上天承载的道义，没有声音没有味道。就是讲的这个意思啊。”）。

夏禹，名曰文命。当尧之时，洪水滔天。舜登用，乃命禹平水土。劳身焦思，居外十三年，过家门不敢入。薄衣食，致孝于鬼神；卑宫室，致费于沟洫。以开九州，通九道，陂九泽，度九山，行相地宜所有以贡。东渐于海，西被于流沙，朔南暨〔朔，北方也〕，声教讫于四海。于是帝锡禹玄圭，以告成功于天下。于是大平治，帝舜荐禹于天。舜崩，遂即天子位，国号曰夏后。十七世，帝履癸立，是为桀，不务德而武伤百姓，百姓弗堪。汤修德，诸侯皆归汤。汤遂伐桀，桀走鸣条〔南夷地名〕，遂放而死。

【译文】

夏禹名叫文命。尧在位时，洪水滔天。舜被提拔主事后，命禹平治水土。禹勤劳奔走，苦苦思索，在外治水十三年，经过自家门口都不曾进去看看。他节衣缩食，尽力孝敬鬼神；住在矮房子里，省出财力，用于挖沟排洪。终于开辟了九州的土地，疏通了九条河道，筑堤修治了九个大湖，测量了九大山系。禹仔细观察各地情况，按每个地方土地所宜生产之物来向中央交纳贡赋。东方临近大海，西方伸展到流沙河，向北向南都到达极远的地方，声誉教化播及四海。于是帝舜赐给他黑色的玉圭，向天下宣告治水成功。天下当时治理得非常好，帝舜向上天推荐禹做继承人。舜帝逝世后，禹遂登天子位，国号为夏后。传到十七世，履癸帝登位，就是夏桀。桀即位后不修德行，却以武力伤害百姓，百姓难以忍受。商汤推行德政，诸侯都归附汤。汤于是率兵攻打桀，桀逃到鸣条，终于被流放而死。

汤始居亳，征诸侯〔为夏方伯，得专征伐〕。葛伯不祀，汤始伐之。汤曰：“予有言：人视水视形，视民知治不。”伊尹曰：“明哉言！能听，道乃进。君国子民，为善者在王官。勉哉，勉哉！”汤出见野张网四面，祝曰：“自天下四方，皆入吾网。”汤曰：“嘻，尽之矣！”乃去其三面，祝曰：“欲左，左；欲右，右；不用命，乃入吾网。”诸侯闻之，曰：“汤德至矣，及禽兽。”当是时，夏桀为虐政淫荒，汤乃伐桀，践天子位。

【译文】

成汤当初居住在亳城，征伐各诸侯国。葛伯不祭祀天地祖先，汤于是讨伐他。汤说：“我曾经说过：‘人们看水便可见到自己的形象，看民众的情况便可知道国家是否安定。’”伊尹说：“英明啊！能听从此言，道德便能长进。要治好国家，管好百姓，就得让有才能的人各在其位。努力吧！努力吧！”汤出外，看见野外有人四面张着罗网，并祈祷说：“从天下四方来的禽兽，都进入我的罗网。”汤说：“嘿，一网打尽了啊！”于是让人撤去三面之网，并命他祈祷说：“想往左的，就往左；想往右的，就往右；不听命令的，才进入我的罗网。”诸侯听到这件事，说：“汤的恩德达到顶点了，竟能延及禽兽。”当时，夏桀推行暴政，荒淫无道，汤于是讨伐夏桀，登上天子的尊位。

帝太戊立，伊陟为相〔伊陟，伊尹子也〕。亳有祥，桑谷共生于朝，一暮大拱〔祥，妖怪也。二木合生，不恭之罚〕。太戊惧，问伊陟，曰：“臣闻妖不胜德。帝之政，其有阙与？帝其修德。”太戊从之，而祥桑枯死。殷复兴，故称中宗。

【译文】

帝太戊即位，任命伊陟为相。当时亳都出现了怪异之兆，一颗桑树和一颗楮树合抱而生长于朝堂，一夜之间长得一个人不能合抱。太戊感到恐惧，问伊陟，伊说：“我听说，妖怪不能战胜有德的人。君王的政令大概有什么失误吧?请您注意推行德政!”太戊听从了他的话，随之怪树便枯萎死去。殷朝又得以中兴，所以太戊被称为“中宗”。

帝辛立，天下谓之纣。帝纣资辨捷疾，闻见甚敏；材力过人，手格猛兽。智足以拒谏，饰是非之端；矜人臣以声，以为皆出己之下。好酒淫乐，嬖于妇人。爱妲己〔有苏氏美女也〕，妲己之言是从。于是使师涓作新淫声，北里之舞，靡靡之乐。厚赋税，以实鹿台之钱〔鹿台，在朝歌城中也〕，而盈巨桥之粟〔巨桥，鹿水之大桥也，有漕粟〕。益收狗马奇物，充仞宫室。益广沙丘苑台〔沙丘，在巨鹿东北〕，多取野兽飞鸟置其中。慢于鬼神。以酒为池，悬肉为林，使男女裸，相逐其间，为长夜之饮。百姓怨望，而诸侯有叛者，于是纣乃重辟刑，有炮烙之法〔膏铜柱，加之炭上，令有罪者行焉，辄堕炭中，妲己笑，名曰炮烙之刑也〕。以西伯昌、九侯〔邺县有九侯城〕、鄂侯为三公。九侯有好女，入之纣。九侯女不憙淫，纣怒，杀之，而醢九侯。鄂侯争之强，并脯鄂侯。西伯昌闻之窃叹，纣囚西伯羑里〔河内汤阴有羑里城〕。西伯之臣闳夭之徒，求美女、奇物、善马以献纣，纣乃赦西伯，用费中为政。费中善谀、好利，殷人弗亲。又用恶来，善毁谗，诸侯以此益疏，多叛纣。微子数谏不听，乃遂去。比干强谏，纣怒，剖比干，观其心。箕子惧，乃佯（佯原作详）狂为奴，纣又囚之。周武王于是遂率诸侯伐纣，纣走，衣其宝玉衣，赴火而死。武王遂斩纣头，悬之白旗，杀妲己，殷民大悦。

【译文】

帝辛立，天下称他为纣。纣天资聪明，口才好，办事敏捷，力气超过平常人，能空手与猛兽格斗。他的智慧足够用来拒绝臣下的劝告，他的言辞足够用来掩饰自己的错误。他向群臣夸耀才能，在天下抬高声威，认为别人都不如自己。他嗜好喝酒，沉迷于音乐，宠爱女人。他特别宠爱妲己，只听从妲己的话。他命令乐师涓创作新奇淫荡的音乐，他所好的无非是鄙俗的舞蹈、颓废的乐曲。他加重赋税，充实鹿台储存的钱币和钜桥储存的粮食。他多方搜集狗马和奇特的玩物，充塞宫室。他扩建沙丘的园林楼台，大量捕捉野兽飞鸟，放养其中。他对鬼神不尊敬。他叫人用酒灌满池子，将肉悬挂成林，命令男女赤身裸体在其中追赶戏耍，通夜狂欢。百官埋怨责备纣，有的诸侯甚至背叛了他。因此，纣王便加重刑罚，设置了一种名叫炮烙的酷刑。他命西伯昌、九侯、鄂侯担任三公。九侯有一个美丽的女儿，献给了纣。其女厌恶淫荡，纣王发怒，于是将其处死，并将九侯剁成肉酱。鄂侯来劝阻，态度强硬，争辩激烈，纣将其一并杀死，做成肉干。西伯侯姬昌听到此事，私下叹气，纣便将其关押于羑里。西伯侯的臣子闳夭等人，找到一些美丽的女子、奇异的物品、善跑的良马，拿去献给纣，纣王才赦免了西伯侯。于是，纣王任用费仲管理国家政事。费仲善于奉承，贪图财利，殷人不喜欢他。纣又重用恶来。恶来善于毁谤人，善于进谗言，诸侯因此更加疏远了。微子屡次劝戒纣，纣都不听从，微子便离开了他。比干尽力劝谏纣王，纣王发怒，剖开比干的胸膛，取出他的心脏来观看。箕子害怕，假装颠狂，扮成奴隶，纣王又将其关押起来。因此，周武王就率领诸侯讨伐纣王。纣王败走，穿上他的宝玉衣服，投火自焚而死。周武王便砍下纣的头，悬挂在太白旗上，并杀了妲己。殷国的百姓很高兴。

周后稷，名弃，好耕农，天下得其利，有功，封于邰。曾孙公刘修后稷之业，民赖其庆。古公复修后稷、公刘之业，积德行义，国人皆戴之。古公卒，季历立。季历卒，子昌立，是为西伯。西伯遵后稷、公刘之业，则古公之法，敬老慈少，礼下贤者，日中不暇食以待士，士以此多归之，诸侯皆来决平。于是虞、芮之人有狱不能决，乃如周，入界，耕者皆让畔，民俗皆让长。虞、芮皆惭，俱让而去。诸侯闻之，曰："西伯盖受命之君也。"

【译文】

周的始祖后稷名弃。他爱好农业生产，天下都蒙受他的好处。他因为有功劳，被封于邰地。后稷的曾孙公刘，继承后稷的事业，民众依靠他过上好日子，怀念他的恩惠。古公继承并振兴后稷和公刘的事业，积累道德，施行仁义，全国人民都拥护他。古公去世，季历登位。季历去世，他的儿子姬昌登位，就是西伯。西伯遵循后稷、公刘的事业，仿效古公的作法，敬重老人，慈爱晚辈，谦恭对下，尊重贤才。他白天为了接待士人，忙得连吃饭时间都没有，因而士人大多都归附于他，诸侯都来请他对争端作公平的裁决。当时，虞、芮两国的人，因发生诉讼不能解决，便来到周国。他们进入周国国界后，只见耕田的人都互让田界，民众都习惯于尊重年长的人。虞、芮两国的人，还没见到西伯，都感到惭愧，于是互相谦让着离开了。诸侯听到这件事，说："西伯该是一位承受天命的君主吧！"

武王即位，太公望为师，周公旦为辅，召公、毕公之徒左右王师，修文王绪业。闻纣昏乱暴虐滋甚，于是伐纣。纣师皆倒兵以战，武王遂入斩纣。散鹿台之钱，发巨桥之粟，以振贫弱；封诸侯，班赐殷之器物；纵马于华山之阳，放牛于桃林之墟；偃干戈，振兵释旅〔入曰振旅也〕，示天下不复用。

【译文】

武王即位，太公望任太师，周公旦任宰辅，召公、毕公等人在武王身边辅佐，学习、光大文王的事业。听说纣昏乱暴虐得更厉害了，于是讨伐纣。纣的军队都倒戈相向，给武王开路。武王于是进入商都，砍下纣的头。散发鹿台的钱财和巨桥的粮食，来救济贫苦的老百姓；分封诸侯，分别赐给殷朝的宗庙祭器；把战马放养到华山南面，把牛放养到桃林的荒野；收起武器，收兵并解散队伍，向天下表示再也不用兵打仗了。

成、康之际，天下安宁，刑措四十余年不用〔措者，置也。民不犯法，无所置刑也〕。穆王即位，将征犬戎。祭公谋父谏〔祭，畿内之国，为王卿士；谋父，字也〕曰："不可。先王耀德不观兵。戢而时动，动则威；观则玩，玩则无震〔震，惧也〕。先王之于民也，茂正其德，而厚其性，阜其财求，而利其器用，明利害之乡〔乡，方也〕，以文修之，使务利而避害，怀德而畏威，故能保世以滋大。昔我先王世后稷，以服事虞、夏。奕世载德，不忝前人。至于文王、武王，昭前之光明，而加之以慈和，事神保民，无不欣喜。商王帝辛，大恶于民，庶民不忍，欣戴武王，以致戎于商牧。非务武也，勤恤民隐，而除其害也。夫先王之制，邦内甸服，邦外侯服，侯卫宾服〔此总言之也。侯，侯圻。卫，卫圻〕，夷蛮要服，戎狄荒服。甸服者祭〔供日祭也〕，侯服者祀〔供月祀也〕，宾服者享〔供时享也〕，要服者贡〔供岁贡也〕，荒服者王〔《诗》云："莫敢不来王也。"〕。日祭，月祀，时享，岁贡，终王。先王之顺祀〔《外传》云："先王之训也。"〕，有不祭则修意〔先修志意，以自责也〕，有不祀则修言〔言，号令也〕，有不享则修文〔文，典法也〕，有不贡则修名〔名，谓尊卑职贡之名号也〕，有不王则修德〔远人不服，则修文德以来之也〕，序成而有不至则修刑〔序成，谓上五者次序已成，不至，则有刑罚也〕。于是有刑不祭、伐不祀、征不享、让不贡、告不王。于是有刑罚之辟，有攻伐之兵，有征讨之备，有威让之命，有文告之辞。布令陈辞，而有不至，则增修于德，无勤民于远。是以近无不听，远无不服。今犬戎氏以其职来王，天子曰：'予必以不享征之，且观之兵。'无乃废先王之训而几顿乎！"王遂征之，得四白狼、四白鹿以归。自是荒服者不至，诸侯有不睦者。

【译文】

成王、康王的时代，天下安宁，刑具搁置四十多年没有使用。穆王即位后，将要攻打犬戎。祭公谋父劝阻说："不能攻打。先王只显示德行，不炫耀武力。兵力平时蓄积着，待时机行动，一行动才有威势；炫耀就会随便使用，随便使用就没有震慑的效果了。先王对于民众，勉励他们端正品德，使他们性情纯厚，扩大他们的财富，改良他们的器物；让他们懂得利和害的所在，用礼法教育他们，使他们专心求利而避害，感戴君王的恩德而敬畏其威严。所以先王能世代保有天下，并日益强大。从前我们的祖先，世代担任农官，服务于虞、夏两朝。后来累世继承这种美德，没有辱没祖先。到了文王、武王时，发扬前代的光辉，再加上慈爱和善，敬重神明，爱护民众，神明和百姓莫不欣喜。商纣王辛对民众犯下很大的罪恶，民众忍受不了，都高兴地拥戴武王，因此武王才在商的近郊牧野打败商王。可见先王并非崇尚武力，而是殷切地体恤民生疾苦，用武力为民众除害。先王的制度是（按距国都的远近，划为五等）：国都近郊，称为‘甸服’；甸服之外，称做‘侯服’；侯服之外，称做‘宾服’；再向外，夷蛮之族居住的地区，称做‘要服’；戎狄之族居住的地区，称做‘荒服’。甸服区域的王族子孙每天要参与祭祀天子的祖父、父亲，侯服区域的诸侯每月要参与祭祀天子的高祖、曾祖，宾服区域的诸侯每个季度要献上祭祀天子始祖的祭品，要服区域的君长每年要按时纳贡，荒服区域的君长要归服朝拜周王朝。甸服区域的王族子孙按日祭祀天子的祖父、父亲，侯服区域的诸侯按月参与祭祀天子高祖、曾祖，按四季献上祭天子始祖的祭品，要服区域的蛮夷之族按年纳贡，荒服区域的戎狄之族终身归服朝拜周王朝。先王推行以上祭祀制度时，有不按规定参加日祭的，便修正自己的思想；有不来参加月祭的，便修正自己的号令；有不进献祭品的，便修正自己的典章制度；有不纳贡的，便修正尊卑职责的称名；有不来朝见周王的，便完善自己的德行。上面这些都做到了，还是有人违反规定，才动用刑罚。于是有时对不祭者依法惩治，对不祀者派兵攻打，对不献祭礼者进行征伐，对不纳贡者予以谴责，对不朝见者予以警告；于是有惩处的法律，有攻打的军队，有征讨的军备，有严厉责备的命令，有劝告的文辞。发布了命令和晓谕的文辞后，仍有做不到者，天子就要进一步修养自己的道德，不要过多地动员民众劳苦远征。能这样，近处就没有人不听从，远方也没有人不归服。现在犬戎族一直按他们的职分尊奉朝见周王，天子您却说‘一定要按不进献祭品的罪名征讨他们，且要向他们显示武力’，这不是要废弃先王的教导、破坏先王的制度吗？”穆王不听，还是去攻打犬戎，却只获得四头白狼、四头白鹿回来。从此，属于“荒服”的部族再也不来朝见了，诸侯中也开始有了不亲近者。

厉王即位，好利，近荣夷公。芮良夫谏曰："王室其将卑乎？夫荣公好专利，而不知大难。夫利，百物之所生也，天地之所载也，而有专之，其害多矣。天地百物皆将取焉，何可专也？所怒甚多，而不备大难，以是教王，王其能久乎？夫王人者，将导利而布之上下者也。使神人百物无不得极〔极，中也〕，犹日怵惕，惧怨之来。今王学专利，其可乎？匹夫专利，犹谓之盗，王而行之，其归鲜矣。荣公若（若原作有）用，周必败。"王不听，卒以荣公为卿士，用事。王行暴虐侈傲，国人谤王。召公谏〔召穆公也〕曰："民不堪命矣！"王怒，得卫巫〔卫国之巫〕，使监谤者，以告则杀之。其谤鲜矣，诸侯不朝。王益严，国人莫敢言，道路以目〔以目相眄而已〕。王喜，告召公曰："吾能弭谤矣，乃不敢言。"召公曰："是障之也。防民之口，甚于防水。水壅而溃，伤人必多，民亦如之。是故为水者，决之使导；为民者，宣之使言。故民之有口，犹土之有山川也，财用于是乎出；犹其有原隰衍沃也，衣食于是乎生。口之宣言也，善败于是乎兴。夫民虑之心，而宣之口，成而行之。若壅其口，其与能几何？"王不听，于是国莫敢出言。三年，乃相与叛，袭王，王出奔于彘。

宣王即位，修政，法文、武、成、康遗风，诸侯复宗周。

【译文】

厉王登位，贪图财利，亲近荣夷公。大夫芮良夫劝谏厉王说："王室大概要衰微了吧！荣夷公喜欢独占财利而不知道会有大祸。财利，是由众多物类产生的，是大自然所赐予的，如果有人独占了它，其祸患必然会很多。天地众人都打算取得一份，怎么能独占呢？独占财利，就必然要招来很多怨怒，而又不知防备大祸，用这样的思想行为来引导君王，君王怎么能够长久安宁呢？作为一个君王，应奖励生产、开发地力，公平地分配给上上下下的人，使天神、人民和万事万物无不各得其分，即便如此，还要每天警惕，怕招来怨恨。现在您却要独占财利，这能行吗？普通人独占财利，还被称为强盗。您如果干这样的事，归附您的人就会很少了。荣夷公若被重用，周朝必定会衰败。”厉王不听，还是用荣夷公为卿士，让他主管国事。厉王施行暴虐的统治，奢侈骄傲，国都的民众都议论他的过失。召公劝戒说：“民众忍受不了您的政令了！”厉王很恼怒，就找到一个卫国来的巫师，叫他去监视那些指责自己的人，只要巫师来报告，便杀掉其人。于是，议论朝政的人少了，诸侯也不来朝见了。厉王更加严厉，国都的民众没人敢说话，路上相遇时，也只能互相用眼色示意。这下，厉王高兴了，告诉召公说：“我能消除非议了，民众都不敢乱说了。”召公说：“这不过是堵塞民口罢了。堵塞人民的嘴巴，比堵塞河流的后果还要严重。河水堵塞蓄积，一旦决口，受到伤害的人一定很多。堵住民众的口也是如此。所以，治水的人要疏通河道，使水流通畅；治理民众的人，要让他们发泄，让他们讲话。民众有嘴巴，正像大地有山河，人类的财富用度都从这里产出；又好像大地有高低干湿等各种类型的田土，人类的衣服食物都从这里产出。放手让民众讲话，政事的好坏得失都可以从这里反映出来。民众想在心里，说在嘴上，成熟的意见便予以推行。若是堵塞他们的嘴巴，那么支持您的能有几个人呢？”厉王不听，于是国内都没有人敢说话。三年之后，大家都串连起来反叛，袭击厉王。厉王逃跑到彘地。

宣王即位，整顿政事，效法文王、武王、成王、康王的遗风，诸侯重新归附周朝。

幽王嬖爱褒姒，欲废后，并去太子，用褒姒为后，以其子伯服为太子。褒姒不好笑，幽王欲其笑，万方，故不笑。幽王为举烽火，诸侯悉至，至而无寇，褒姒乃大笑。幽王欲悦之，为数举烽火，其后不信，益不至。王之废后去太子也，申侯怒，乃与缯、西夷犬戎共攻王，王举烽火征兵，兵莫至，遂杀幽王骊山下。

【译文】

幽王宠爱褒姒，想废掉申后，并废掉太子，立褒姒为王后，立其子伯服为太子。褒姒不爱笑，幽王采用各种方法想让她笑，她还是不笑。幽王点燃烽火，诸侯都赶来了，却没有敌人，褒姒这才大笑起来。幽王想取悦褒姒，便多次为褒姒点燃烽火。越往后诸侯们越不相信（有敌人），更加不愿率兵前来。幽王废黜申后，废掉太子，申侯发怒，与缯国和西夷犬戎一起攻打幽王。幽王点燃烽火召集救兵，诸侯的援兵却没有前来，于是，幽王被杀死于骊山之下。

秦缪公与晋惠公合战，为晋军所围，于是岐下食善马者三百人，驰冒晋军解围，遂脱缪公，而反生得晋君。初，缪公亡善马，岐下野人共得而食之者三百余人。吏逐得，欲法之，缪公曰："君子不以畜产害人。吾闻食善马肉不饮酒，伤人。"乃皆赐酒而赦之。三百人者，闻秦击晋，皆求从。从而见缪公窘，亦皆推锋争死，以报食马之德。于是缪公虏晋君以归。

【译文】

秦缪公与晋惠公会战，被晋军包围。这时，当初曾在岐山下偷吃良马的三百个乡下人驱马冲向晋军，解除了围困，于是使缪公得以脱险，反而活捉了晋惠公。当初，缪公走失了一匹良马，岐山下三百多个乡下人共同抓住它并将其吃掉。官吏捕获了他们，打算将他们依法惩治。缪公说："有道德的人不因为牲畜而伤害人。我听说，吃了良马肉不喝酒，会使人生病。"于是，赐酒给他们，并将他们赦免。这三百多人听说秦军要攻击晋军，都请求跟随参战。战场上，他们发现缪公被围，都举起兵器，争相冒死冲锋，以报答其恩德。于是，缪公俘虏了晋君，凯旋而归。

戎王使由余于秦，缪公示以宫室、积聚。由余曰："使鬼为之，则劳神矣；使人为之，则苦民矣。"缪公怪之，问曰："中国以诗书礼乐法度为政，然尚时乱，今戎夷无此，何以为治，不亦难乎！"由余笑曰："此乃中国所以乱也。夫自上圣黄帝，作为礼乐法度，身以先之，仅以小治。及其后世，日以骄淫，阻法度之威，以责督于下。下疲极，则以仁义怨望于上。上下交争怨，而相篡弑，至于灭宗，皆以此类也。夫戎夷不然，上含淳德以遇其下，下怀忠信以事其上。一国之政，犹一身之治。不知所以治，此真圣人之治也。”于是缪公退而问内史廖曰：“孤闻邻国有圣人，敌国之忧也。今由余贤，寡人之害，将奈何？”廖曰：“戎王处僻匿，未闻中国之声。君试遗其女乐，以夺其志；为由余请，以疏其间。君臣有间，乃可虏也。”缪公曰：“善。”因以女乐二八遗戎王，戎王受而悦之。于是秦乃归由余。由余数谏不听，遂去降秦，缪公以客礼礼之。用由余谋伐戎王，益国十二，开地千里，遂霸西戎。

【译文】

戎王派由余出使秦国，秦缪公向他炫示秦国的宫殿和积蓄的财物。由余说：“这些东西，如果让鬼神造出来，便会劳累鬼神；如果让人造出来，就会苦了民众啊。”缪公对他的回答感到惊异，问道：“中原各国用礼乐诗书、法律制度来治理国家，还是经常有变乱，现在戎族没有这些东西，靠什么来治理国家呢？不是很困难吗？”由余笑着说：“这正是中原各国发生祸乱的原因。自从上古圣人黄帝创立礼乐法度以后，黄帝亲自带头执行，也仅仅使天下小治而已。到了后世，国君一天天骄奢淫逸，他们倚仗法度的威力来责罚督察下面的臣民，下面的人劳苦极了，便怨恨责怪居上位者不实行仁义。上下互相怨恨，而致竞相篡位弑君，以至于灭族，都是由于这类原因啊。戎族却不这样，居上位者保持淳朴的德行以对待臣民，臣民怀着忠诚来侍奉长上。一国的政事就好像一个人的身体一样，虽然不知道怎么治理却治理得很好，这正是圣人治理国家的方法。”缪公退朝返回宫中，问内史王廖说：“我听说，邻国有圣人，是敌对国的忧患。现在由余贤能，是我的忧患，应该怎么对付他呢？”内史王廖说：“戎王处在偏僻之地，没有听过中原各国的音乐。您试着赠送给他一批歌舞伎女，使其丧失志气，再替由余请功，使他们君臣关系疏远。他们君臣间产生距离，便可以俘虏戎王了。”缪公说：“好。”于是送给戎王十六位歌舞伎女，戎王欣然接受并非常喜爱。这时，秦国才送回由余。由余回去后屡次劝谏，戎王都不听从。于是由余离开戎王，投奔秦国，缪公用接待贵宾的礼节接待他。秦国采用由余的计谋攻打戎王，从而增加了十二个附属国，开拓了方圆千里的疆土，于是成为西戎地区的霸主。

秦始皇帝，庄襄王子也，名政。二十六年，初并天下，自号曰“皇帝”。事皆决于法，刻削无仁恩。收天下兵，聚之咸阳，销以为钟鐻，金人十二，置廷宫中。每破诸侯，写放其宫室，作之咸阳北坂上〔在长安西北，别名渭城〕，南临渭，自雍门〔在高陵县〕以东至泾、渭，殿屋、复道、周阁相属。所得诸侯美人、钟鼓，以充入之。三十二年，燕人卢生奏录图书，曰：“亡秦者胡也。”〔胡，胡亥，秦二世名也。秦见图书，不知此为人名，反备北胡〕。始皇乃使将军蒙恬发兵三十万人，北击胡。三十四年，始皇置酒咸阳宫，仆射周青臣曰：“他时秦地不过千里，赖陛下神灵明圣，平定海内，日月所照，莫不宾服。以诸侯为郡县，人人自安乐，无战争之患，传之万世。自上古不及陛下威德。”始皇悦。博士齐人淳于越进曰：“臣闻殷周王千余岁，封子弟功臣，自为枝辅。今陛下有海内，而子弟为匹夫，卒有田常、六卿之臣，无辅弼，何以相救哉？事不师古，而能长久者，非所闻也。今青臣又面谀，以重陛下之过，非忠臣也。”始皇下其议。丞相斯曰：“五帝不相复，三代不相袭，各以治，非其相反，时变异也。今陛下创大业，建万世之功，固非愚儒所知也。且越言，乃三代之事，何足法也？今诸生不师今而学古，以非当世，惑乱黔首。闻令下，则各以其学议之。入则心非，出则巷议，率群下以造谤。如此弗禁，则主势降于上，党与成乎下。禁之便。臣请史官非秦记皆烧之。天下敢有藏《诗》《书》、百家语者，悉诣守、尉杂烧之；有敢偶语《诗》《书》，弃市〔禁民聚语，畏其谤也〕；以古非今者，族；吏见知不举，与同罪；令下三十日不烧，黥为城旦。若欲有学法令，以吏为师。”

【译文】

秦始皇是秦庄襄王之子，名政。秦王二十六年，统一天下，自称为

“皇帝”。凡事都以法律来决断，执法严酷，无仁爱恩德。收集天下兵器，集中于咸阳，销毁后用来铸造大钟、钟架和十二个铜人，放置在宫廷中。每消灭一个诸侯，便摹仿建造该国宫室于咸阳北面的山坡上，南临渭水，从雍门以东直到泾、渭二水，宫殿之间天桥和回廊相连。从诸侯手中得到的美人、钟鼓乐器，都安置在这些宫殿里。三十二年，燕国人卢生向始皇献上一本有关谶语的书籍，上面写着：“使秦朝灭亡的是胡。”于是，秦始皇派将军蒙恬率军三十万北上攻击胡人。三十四年，秦始皇在咸阳宫设宴，仆射周青臣说：“以前，秦国疆域不过千里，全靠陛下神异圣明，平定天下，日月照耀之地，无不臣服。改诸侯国为郡县，人人安居乐业，没有战争的祸患，江山可传至万代。上古以来的君主，都赶不上陛下的威德。”秦始皇很高兴。博士齐国人淳于越上前说：“臣听说商朝、周朝统治天下一千多年，大封子弟功臣，作为辅翼。今天，陛下拥有天下，但子弟却是普通之人，一旦出现齐国田常、晋国六卿之类的臣子，却没有辅翼，怎么挽救危局呢？处事不以古人为师而能长治久安的，我从来没有听说过。刚才，周青臣又当面奉承，想让您错上加错，不是一个忠臣。”秦始皇将这些意见交给臣子们讨论研究。丞相李斯说：“五帝不相重复，三代不相因袭，各凭自己的方法治理天下，并非他们的举措相反，而是时势变化了。当今陛下开创大业，建立了万世之功，本不是愚蠢的儒生所能理解的。况且淳于越所说的是三代的旧事，怎么值得效法呢？现在，儒生们不研究现实而学习古代，以此否定当世制度，惑乱民众。一有新的命令下来，他们就各以其所学来评议。进入朝堂就心存异议，走出朝堂就街谈巷议，率领臣民制造谤言。如此而不禁止，皇帝的威信就要减弱，朋党就会在下边形成，须禁止这些才好。我请求让史官将非秦国记载的史书一律烧毁。天下敢有收藏《诗经》《尚书》和诸子百家著作的，统统送交地方官府一并烧毁。有敢于相互谈论《诗经》《尚书》者处死，借古讽今者灭族。官吏知情而不检举者同罪。命令下达三十天不烧书者，处以黥刑，发配边境，修筑长城。若有人想要学习法令，须以官吏为师。”

三十五年，作前殿阿房，东西五百步，南北五十丈，上可以坐万人，下可以建五丈旗。周驰为阁道，自殿下直抵南山。表南山之颠以为阙。为复道，自阿房渡渭，属之咸阳，以象天极阁道绝汉抵营室也。隐宫徒刑者七十余万人，分作阿房宫，或作骊山。发北山石椁，乃写蜀、荆地材，皆至关中。计宫三百，关外四百余。于是立石东海上，以为秦东门。因徙三万家骊邑，五万家云阳，皆复不事十岁。卢生说始皇曰："臣等求芝、奇药、仙者，常弗遇，类物有害之者。人主所居，而人臣知之，则害于神。愿上所居宫，无令人知，然后不死之药，殆可得也。"于是始皇乃令咸阳之旁二百里内宫观二百七十，复道、甬道相连，帷帐钟鼓美人充之，案署不移徙。行所幸，有言其处者罪死。自是后，莫知行所在。侯生、卢生相与谋曰："始皇为人，天性刚戾，以为自古莫及己。专任狱吏，狱吏得亲幸。博士虽七十人，特备员弗用。乐以刑杀为威，天下畏罪持禄，莫敢尽忠。上不闻过而日骄，下慑伏谩欺以取容。天下之事，无小大，皆决于上，贪于权势至如此，未可为求仙药。"于是乃亡去。始皇闻亡，乃大怒曰："卢生等，吾尊赐之甚厚，今乃诽谤我也。诸生在咸阳者，或为訞言，以乱黔首。"于是使御史悉案问诸生，诸生传相告引，犯禁者四百六十余人，皆坑之咸阳，使天下知之，以惩后。长子扶苏谏，始皇怒，使扶苏北监蒙恬于上郡。三十六年，荧惑守心。有坠星下东郡，至地为石，黔首或刻其石曰："始皇帝死而地分。"始皇闻之，遣御史逐问，莫服，尽取石旁居人诛之。三十七年，始皇出游，丞相斯、少子胡亥从，至平原津而病。病益甚，乃为玺书，赐公子扶苏，曰："与丧会咸阳而葬。"始皇崩，赵高乃与胡亥、李斯阴谋，更诈为始皇遗诏，立子胡亥为太子，赐扶苏、蒙恬死。

【译文】

秦始皇三十五年，建前殿于阿房，东西长五百步，南北宽五十丈，上面可坐一万人，下面可竖立五丈高的旗帜。环殿建有空中通道，出前殿直达终南山，在终南山顶峰建造牌楼作为标志。又修建天桥，从阿房渡过渭水，直到咸阳，用以象征天上的“北极”星、阁道星跨过银河抵达“营室”星。征调受过宫刑、徒刑的七十多万人，分别安排去修建阿房宫，或营建骊山的始皇陵。开发北山的石料，并画出图形来选用蜀、荆等地的木料，都运至关中，共建造宫殿五百座，潼关以外四百多座。于是，在东海之滨的朐山上竖立大石，作为秦王朝的东大门。同时迁徙三万户至骊邑，五万户至云阳，均免除十年赋税和徭役。卢生劝秦始皇说：“我们寻找灵芝、奇药和仙人，却经常碰不到，似乎有什么东西妨害着它们。皇帝居住之地，如果让臣子们知道，就会妨害神灵的到来。因此，希望您居住的宫室，别让人们知道。这样，不死之药大概就可以获得了。”于是，秦始皇便下令在咸阳附近二百里内建造二百七十所宫观，用天桥、甬道互相连接，帷帐、乐器、美人充满其中，各自登记，不得迁移。皇帝巡行所居之处，有敢说出者，处以死刑。从此以后，秦始皇行踪所在，再也没人知道了。侯生、卢生共同商议说：“秦始皇为人，天性刚愎、暴戾，认为自古以来无人能与其相媲美。他只信任狱吏，使其得到亲近、宠幸。博士虽有七十人，只是凑数而已，并不重用。乐于施重刑和杀戮以示威权，全国官员畏罪怕事，但求保全俸禄，无人敢尽忠直谏。皇上由于听不到自己的过错，就日益自高自大；臣子们担心害怕而敷衍欺骗，以讨取始皇欢心。天下的事情，无论大小都由皇上裁决，贪恋权势到如此地步，我们不可为他去寻求仙药。”于是，他们便逃跑了。秦始皇听说他们逃走后，大发雷霆，说：“我尊重卢生等人，赏赐十分优厚，如今竟敢诽谤我。他们的同伙在咸阳，有的竟制造妖言，蛊惑民心。”于是，派御史对他们全部立案审讯。他们彼此招认牵连，以至违犯禁令者达四百六十余人，全部被活埋于咸阳，并公告全国，以儆效尤。长子扶苏规劝始皇，始皇大怒，便派扶苏离京北上，到上郡蒙恬那里作监军。始皇三十六年，火星运行到心宿六区。有流星从东郡上空落下，到地上变成石头。于是，百姓中有人便在陨石上刻字道：“始皇帝死而土地分。”秦始皇听到后，派御史挨家审问，无人认罪，于是将居住于陨石附近的居民全部杀掉。三十七年，秦始皇外出巡游，丞相李斯、少子胡亥随从。到达平原津，始皇生病，而且病势一天天加重，于是写了一封盖有御印的诏书给公子扶苏说：“回来参加丧事，到咸阳安葬。”始皇逝世，赵高便与公子胡亥、丞相李斯密谋，假造始皇遗诏，立公子胡亥为太子，让扶苏和蒙恬自杀。

二世皇帝元年，赵高为郎中令〔掌宫殿门户〕，任用事。二世与高谋曰：“先帝巡行郡县以示强，威服海内。今晏然不巡行，即见弱，无以臣畜天下。”二世东行郡县，遵用赵高，乃阴与高谋曰：“大臣不服，官吏尚强，及诸公子必与我争，为之奈何？”高曰：“臣固愿言，而未敢也。先帝之大臣，皆天下累世名贵人也，积功劳，世以相传久矣。今高素小贱，陛下幸称举，令在上位，管中事。大臣鞅鞅，特以貌从臣，其心实不服也。今上出，不因此时案郡县守尉有罪者诛之，上以振威天下，下以除上生平所不可者。今时不师文，而决于武力，愿陛下遂从时无疑，即群臣不及谋矣。明主收举余民，贱者贵之，贫者富之，远者近之，则上下集而国安矣。”二世曰：“善。”乃行诛大臣，及诸公子，以罪过连逮，无得立者，而六公子戮死于杜。群臣谏者，以为诽谤。大吏持禄取容，黔首振恐。

【译文】

秦二世元年，赵高担任郎中令，执掌朝中大权。二世与赵高商量道：“先帝常到各郡县巡视，以显示他的强大，使天下慑服。如今若平平静静，不去巡视，就会显得软弱，无法统治天下。”二世东行巡视各郡县，采纳赵高的意见，并暗中与赵高商议道：“大臣不服，官吏势力强大，再加上皇子们必与我争权，这该怎么办？”赵高说：“我本想说却没敢开口。先帝的大臣，都是接连几代名高位尊之人，长期以来，积累功劳，世代相传。我素来名小位卑，幸得陛下赞赏抬举，让我居上位，管理宫廷事务。大臣们郁郁不乐，只是表面上服从我，心里实际上并不服呀。如今皇上出巡，何不趁此机会查究郡县守尉中有罪之人，将其杀掉，对上可以扬威于天下，对下可以除去皇上生平所不满意的人。当今时势不崇尚文治而取决于武力，希望陛下立即顺从时势，不要迟疑，则大臣们就来不及谋算了。您要大力培植党羽，让卑贱者显贵，让贫穷者富裕，让疏远者亲近，这样，上下同心，国家就安定了。”二世说：“好。”便立即开始诛杀大臣和皇子们，冠以种种罪名，接连逮捕他们，无一幸存。其中有六位皇子被杀于杜县。众大臣进谏，被认为是对皇上的诽谤。于是朝廷官员们为保持禄位而讨好皇上，百姓们震惊恐惧不已。

戍卒陈胜等反，山东郡县，皆杀其守尉令丞，反以应陈涉，不可胜数也。谒者使东方来，以反者闻。二世怒，下吏。后使者至，上问，对曰：“群盗，郡守尉方逐捕，今尽得，不足忧。”上悦。

【译文】

派往守边的士卒陈胜等造反，崤山以东各郡县都杀死当地的郡守、郡尉、县令、县丞，起来造反，响应陈胜，反叛者众多，不可胜数。秦朝掌管传达的官员从东方回来，将造反者的情况报告给秦二世。二世很恼怒，将报告者移交法吏治罪。此后的使者回京，二世询问，便回答说：“是有一些盗贼，各郡守尉正在追捕，现已全部捉到，不值得担忧。”二世很高兴。

三年，章邯等围钜鹿，邯等数却，二世使人让邯，邯使长史欣请事。赵高弗见，又弗信。欣恐，亡去。欣见邯曰：“赵高用事于中，将军有功亦诛，无功亦诛。”邯等遂以兵降诸侯。

【译文】

秦二世三年，章邯等率兵围攻巨鹿，在战斗中多次败退，二世派人责备章邯，章邯恐惧，派长史司马欣回朝汇报情况并请求指示。赵高不予接见，也不给批示。司马欣恐惧，逃走了。司马欣去见章邯说：“赵高在朝中当权，将军有功会被杀，无功也会被杀。”章邯等便带兵投降了诸侯。

赵高欲为乱，恐群臣不听，乃先设验，持鹿献于二世曰：“马也。”二世笑曰：“丞相误耶？谓鹿为马。”问左右，左右或言马，以阿顺赵高；或言鹿，高因阴中以法。后群臣畏高。

【译文】

赵高想作乱，担心群臣不听从，便先设法试验了一下。他牵了一只鹿献给二世，说：“这是马。”二世笑着说：“丞相错了吧？称鹿为马。”赵高便问二世身边的大臣，有些人附和赵高说是马，有些人说是鹿。后来，赵高暗中陷害了那些说是鹿的人。此后，群臣都害怕赵高。

高前数言“关东盗无能为”，及项羽虏将王离等，自关以东，大氐尽叛。高恐二世怒，诛及其身，乃谢病不朝见。二世梦白虎啮其骖马杀之，心不乐，怪问占梦，卜泾水为祟。二世乃斋望夷宫，欲祠泾，沉四白马，使使责让高以盗贼事。高惧，乃阴与其婿咸阳令阎乐、其弟赵成谋，使郎中令为内应，诈为有大贼，令乐召发吏卒追。乐将吏卒千余人至望夷宫，前即二世，数曰：“足下骄恣，诛杀无道，天下叛足下，足下其自为计。”二世曰：“丞相可得见否？”乐曰：“不可。”二世曰：“吾愿得一郡为王。”弗许。又曰：“愿为万户侯。”弗许。曰：“愿与妻子为黔首，比诸公子。”阎乐曰：“臣受命于丞相，为天下诛足下，足下虽多言，臣不敢报。”二世自杀。

【译文】

赵高以前多次说“关东盗贼不能成事”，等到项羽在巨鹿俘虏了大将王离等人，自函谷关以东，大体上全部背叛了秦朝。赵高害怕二世发怒怪罪自己，招来杀身之祸，便称病不上朝。二世梦见白虎咬死了他的左侧驾车之马，心中不乐，感到奇怪，就问占梦者。占梦者占卜后，说是泾河水神作怪。二世便在望夷宫斋戒，打算祭祀泾河水神，沉下四匹白马，并派人以盗贼之事谴责赵高。赵高恐惧，便暗中与其女婿咸阳县令阎乐、弟弟赵成商量，让郎中令作内应，谎称有大盗，命令阎乐调兵遣将，带领官兵千余人到望夷宫殿门。阎乐走上前，数落二世说：“你骄横放纵，暴虐诛杀，全国都背叛了你，你自己说怎么办吧！”二世说：“能够见一见丞相吗？”阎乐说：“不能。”二世说：“我愿得到一郡之地，做个郡王。”阎乐不许。二世又说：“我愿意做个万户侯。”阎乐还是不准许。二世说：“我愿意与妻子儿女一起当老百姓，与我的其他兄弟们同等待遇。”阎乐说：“我接受丞相命令，为天下诛杀你，你即使说得再多，我也不敢上报。”二世便自杀了。

赵高乃立二世之兄子公子婴为秦王。令子婴斋，当庙见，受玉玺。斋五日，子婴称病不行，高自往曰：“宗庙重事，王奈何不行？”子婴遂刺杀高于斋宫，三族高家，以徇咸阳。

【译文】

赵高立二世哥哥之子公子婴为秦王。先让子婴斋戒，而后准备到宗庙参拜祖先，接受国王印信。斋戒五天后，子婴装病不去，赵高亲自前往，说：“国家大事，大王为何不去？”于是，子婴便在斋戒宫杀了赵高，并诛灭赵高的三族，在咸阳示众。

子婴为秦王四十六日，沛公就破秦军至霸上，子婴奉天子玺符，降轵道旁。诸侯兵至，项籍杀子婴及秦诸公子宗族，遂屠咸阳，烧其宫室，虏其子女，收其珍宝货财，诸侯共分之。

【译文】

子婴仅做了四十六天秦王，沛公打败秦军，进驻霸上。子婴捧着天子的玉玺符节，在轵道旁投降。诸侯军队到达，项羽杀死子婴和秦朝众皇子及其宗族，接着在咸阳城大肆屠杀，烧毁秦朝宫室，虏掠京城子女，收缴珍宝财物，和诸侯共同瓜分了。

太史公曰：秦自穆公以来，稍蚕食诸侯，竟成始皇。始皇自以为功过五帝，地广三王，而羞与之侔。足己不问，遂过而不变。

二世受之，因而不改，暴虐以重祸。子婴孤立无亲，危弱无辅。三主惑，而终身不悟，亡不亦宜乎？当此时也，世非无深虑知化之士也，然所以不敢尽忠拂过者，秦俗多忌讳之禁，忠言未卒于口，而身为戮没矣。故使天下之士，倾耳而听，重足而立，钳口而不言。是以三主失道，忠臣不敢谏，智士不敢谋，天下已乱，奸不上闻，岂不哀哉！先王知雍蔽之伤国也，故置公、卿、大夫、士，以饬法设刑，而天下治。其强也，禁暴诛乱，而天下服。其弱也，五伯征而诸侯从。其削也，内守外附，而社稷存。故秦之盛也，繁法严刑而天下振；及其衰也，百姓怨而海内叛矣。故周得其道，千余岁不绝。秦本末并失，故不长久。由此观之，安危之统，相去远矣。野谚曰："前事之不忘，后事之师。"是以君子为国，观之上古，验之当世，参以人事，察盛衰之理，审权势之宜，去就有序，变化应时，故旷日长久，而社稷安矣。

【译文】

太史公说：秦朝自穆公以来，渐渐蚕食诸侯，最终成就了始皇。始皇自以为功业胜过五帝，疆土之辽阔超过三王，因此耻于与其并列。始皇自满，不肯向别人请教，一错到底，不曾改变。二世秉承其作风，因循不改，暴虐无道，加重了政治危机。子婴孤立无亲，忧惧软弱，无人辅佐。三代君主迷误终身而不觉悟，导致灭亡，不是很应该吗？此时，国内并非没有深谋远虑、懂得随时而变的人士，然而他们不敢恪尽忠心、抵制错误的原因，就在于秦朝有许多忌讳的禁令，忠言常常还未说完自己却已遭杀戮。所以使得各界人士只能侧耳倾听，叠脚危立，闭口不言。因此三位君主迷失正道，忠臣不敢规劝，智士不敢谋划，全国已经大乱，叛乱行动不敢上报，这难道不可悲吗？古代先王懂得被蒙蔽会损害国家，所以设置公、卿、大夫、士各种官阶，用以修订法制，完备刑律，因而天下太平。强盛时，天子亲自禁暴诛乱，使天下服从；衰弱时，有五霸为天子去征讨，使诸侯顺从；被削地时，由于内有守备，外有依靠，使政权得以保存。秦朝强盛时，法律繁杂，刑罚严厉，天下震恐；及至其衰败时，百姓怨恨，天下背叛。周朝有合宜的政纲和策略，所以千余年不亡；秦朝根本方略和一般政事都有失误，所以不能长久。由此看来，导致国家安危的两种基本方略相差太远了！俗话说："前事不忘，后事之师。"因此，君子治国要考察上古，验之当代，参照人情事理，从而了解兴盛衰亡的道理，明白权位势力的相称，取舍有序，法规变化顺应时代，所以才能历时长久，国家安定。

秦孝公据殽、函之固，拥雍州之地，君臣固守，而窥周室，有席卷天下、包举宇内、囊括四海之意，并吞八荒之心。当是时，商君佐之，内立法度，务耕织，修守战之备，外连衡而斗诸侯，于是秦人拱手而取西河之外，惠王、武王蒙故业，因遗册，南兼汉中，西举巴、蜀，东割膏腴之地，收要害之郡。诸侯恐惧，会盟而谋弱秦，不爱珍器重宝肥美之地，以致天下之士，合从缔交〔缔，结也〕，相与为一。当是时，齐有孟尝，赵有平原，楚有春申，魏有信陵。此四君者，皆明智而忠信，宽厚而爱人，尊贤而重士，约从离衡，并韩、魏、燕、赵、宋、卫、中山之众。于是六国之士，有宁越、徐尚、苏秦、杜赫之属为之谋，陈轸、楼缓、苏厉、乐毅之徒通其意，吴起、孙膑、田忌、廉颇之朋制其兵。常以十倍之地，百万之众，叩关而攻秦。秦人开关延敌，九国之师逡巡而不敢进。秦无亡矢遗镞之费，而天下诸侯已困矣。于是从散约解，争割地而奉秦。秦有余力，而制其弊，因利乘便，宰割天下，分裂河山，强国请服，弱国入朝。

【译文】

秦孝公凭借崤山和函谷关的坚固要塞，拥有雍州的土地，君臣牢固防守，而觊觎周朝政权，有席卷天下、统一宇内、囊括四海的意图，有吞并八方的雄心。那时候，商鞅辅佐他，对内订立法令制度，致力于耕种、织绩，整治作战守备，对外实行连横，使诸侯互相斗争，于是秦国便举手取得了黄河以西的大片土地。惠文王、武王继承旧业，遵循既定政策，向南兼并汉中，向西攻取巴、蜀，向东割取肥沃的土地，占据重要的郡县。诸侯感到害怕，就联合起来，商议削弱秦国，不吝惜珍奇的器物、贵重的财宝和肥美的土地，用来招揽天下人才，采用合纵策略缔结联盟，相互结成一体。那时候，齐国有孟尝君，赵国有平原君，楚国有春申君，魏国有信陵君。这四君都贤明聪慧而又忠实可靠，宽仁厚道而又爱惜人才，尊重贤才，重用士人。他们相约合纵，拆散连横，集合韩国、魏国、燕国、楚国、齐国、赵国、宋国、卫国、中山国等国的军队。于是六国有宁越、徐尚、苏秦、杜赫一类人为联盟谋划，有陈轸、楼缓、苏厉、乐毅一类人沟通各国的意见，有吴起、孙膑、田忌、廉颇一类人统率各国的军队。他们曾经用十倍于秦国的土地，上百万军队，闯过函谷关攻打秦国。秦军开关迎击敌人，九国的军队却徘徊观望，四散奔逃，不敢前进。秦国没有耗费一枝箭、一个箭头，而各国诸侯已困窘不堪。因此合纵拆散，盟约解除，各国争着割地侍奉秦国。秦国因此而有余力乘各国窘困的时机，抓住有利形势，宰割各国，分裂诸侯土地，使得强国请求降服，弱国朝拜称臣。

及至秦王，续六世之余烈〔孝公、惠文王、武王、昭王、孝文王、庄襄王〕，振长策而御宇内，吞二周而亡诸侯，履至尊而制六合，执棰拊〔拊，拍也。一作槁朴〕以鞭笞天下，威振四海。南取百越之地，北筑长城。胡人不敢南下而牧马，士不敢弯弓而报怨。于是废先王之道，焚百家之言，以愚百姓。隳名城，杀豪俊，收天下之兵，聚之咸阳，销锋铸鐻，以为金人十二，以弱黔首之民。然后斩华为城〔断华山为城也〕，因河为津，据亿丈之城，临不测之谿，以为固。良将劲弩守要害之处，信臣精卒陈利兵而谁何〔何，犹问也〕。秦王之心，自以为关中之固，金城千里，子孙帝王万世之业也。秦王既没，余威振殊俗。

【译文】

到了秦始皇，继承六代先祖遗留的功业，如同挥动长鞭赶马一样驾驭各国，吞并东、西二周，灭亡诸侯，登上皇帝宝座而控制天下，利用刑罚奴役天下百姓，声威震动四海。又向南夺取了百越的土地，在北边修筑了长城，使匈奴不敢南下牧马，六国的士人不敢开弓报仇。于是秦始皇废除先王的法度，烧毁诸子百家的著作，以愚弄百姓。铲平名城，杀戮豪杰，收缴天下兵器，集中到咸阳，销毁兵刃熔化乐器，并铸造成十二尊铜人，以削弱天下百姓反抗力量。然后据守华山当作城墙，凭借黄河作为护城河，据守亿丈的高城，下临深不可测的沟溪，作为坚固的防御；有良将用劲弩把守要害，有忠实的臣子、精锐的士卒，陈列锐利的武器，谁能奈何于他？在秦始皇心里，自以为关中坚固，就像千里的铜铸城墙，子孙可以借此使帝王大业传之万世。直到秦始皇死后，他的余威还震慑着远方的百姓。

陈涉，瓮牖绳枢之子〔以绳系户枢，瓦瓮为窗也〕，甿隶之人〔甿，民〕，才能不及中人，非有仲尼、墨翟之贤，陶朱、猗顿之富，蹑足行伍之间，而崛起什佰之中〔首出十长、佰长中也〕，率疲散之卒，将数百之众，斩木为兵，揭竿为旗，天下云集响应，赢粮而景从，山东豪俊遂并起，而亡秦族矣。

【译文】

陈涉是一个穷人家的儿子，是一个耕田卖力的雇农。他的才能赶不上中等人，并无仲尼、墨翟的贤能，无陶朱公、猗顿的豪富。他出身于行伍之间，起事于田间山野，率领疲劳涣散的士卒，统辖几百人的队伍，砍断树枝做武器，举起竹竿当旗帜。天下人却像云一样聚集，像回声一样响应，人们都自带粮食，像影子一样跟随。于是，崤山以东地区的豪杰遂共同起事，一举消灭了秦朝。

且夫天下非小弱也，雍州之地、殽函之固自若。陈涉之位，非尊于齐、楚、韩、魏之君；鉏櫌棘矜〔以鉏柄及棘作矛矜也。櫌，椎块椎也〕，非铦于长铩矛戟〔长刃矛也〕；适戍之众，非抗于九国之师；深谋远虑，行军用兵之道，非及向时之士也。然而成败异变，功业相反。试使山东之国与陈涉度长絜大〔絜束之絜〕，比权量力，则不可同年而语矣。然秦以区区之地，千乘之权，招八州而朝同列，百有余年矣。然后以六合为家，殽函为宫，一夫作难，而七庙堕，身死人手，为天下笑者，仁义不施，而攻守之势异也。

【译文】

当时秦朝的天下并没有缩小削弱，雍州的土地、崤山和函谷关的坚固，依然如故。陈涉的地位，不比齐、楚、韩、魏各国的国君尊贵；锄把和木棍，不如钩戟、长矛锋利；流放守边的人众，不如九国的军队强大；深谋远虑、行军用兵的策略，比不上先前六国的谋士高明。然而，成败却大不相同，取得的功业完全相反。如果山东各国当年的条件与陈涉比量长短大小，较量权势和威力，那就不能相提并论了。然而秦国凭借狭小的地盘、一方诸侯的权力，控制了八州，并使地位相等的诸侯来朝贡，经历了一百多年。然后又以天下为一家，以崤山和函谷关成为秦王朝的宫墙，却因一个普通人举兵发难，就使秦朝的宗庙被毁掉，国君被人杀死，让天下人讥笑。这是什么原因呢？是由于秦朝统治者不懂得施行仁义，导致攻守的形势发生根本变化的缘故啊！

秦兼诸侯，南面称帝，天下之士，斐然向风。元元之民，冀得安其性命，莫不虚心而仰上。当此之时，守威定功，安危之本，在于此矣。秦王怀贪鄙之心，行自奋之智，不信功臣，不亲士民，废王道，立私权，禁文书而酷刑法，先诈力而后仁义，以暴虐为天下始。孤独而有之，故其亡可立而待。借使秦王计上世之事，并殷周之迹，以制御其政，后虽有淫骄之主，而未有倾危之患也。故三王之建天下，名号显美，功业长久。

【译文】

秦始皇统一天下，兼并诸侯，正式称帝，天下的士人闻风向往。善良的老百姓指望能够安身立命，无人不诚心仰赖皇上。这时，正是保持权威、稳定功业、安定危亡的关键时刻。秦始皇怀着贪婪卑鄙的心理，实行个人专断，不信任功臣，不亲近士民，废弃行仁政的王道，树立个人权威，禁止诗书古籍，执行残酷的刑法，将诈术权力放于首位，将仁义道德置于脑后，以暴虐作为治理天下的开始。秦王孤立无援，却拥有天下，所以他的灭亡是指日可待的。假使秦始皇能够参考上古的治国经验，沿着商朝、周朝的道路来制定他的政策，后代即使有骄奢淫逸的君主，也不会出现倾覆危亡的祸患。所以过去夏、商、周三代先王所创建的国家，名号显扬而美好，功业长久不衰。

今秦二世立，天下莫不引领而观其政。夫寒者利短褐〔小襦也〕，而饥者甘糟糠，天下之嗷嗷，斯新主之资也。此言劳民之易为仁也。向使二世有庸主之行，而任忠贤，臣主一心，而忧海内之患，缟素而正先帝之过，裂地分民以封功臣之后，建国立君以礼天下，虚囹圄而免刑戮，除去收帑污秽之罪，使各反其乡里，发仓廪，散财币，以振孤独穷困之士，轻赋少事，以佐百姓之急，约法省刑，以持其后，使天下之人，皆得自新，更节修行，各慎其身，塞万民之望，而以威德与天下，天下集矣。即四海之内，皆欢然各自安乐其处，唯恐有变，虽有狡猾之民，无离上之心，则不轨之臣，无以饰其智，而暴乱之奸止矣。二世不行此术，而重之以无道，更始作阿房之宫，繁刑严诛，赋敛无度，天下多事，百姓困穷，然后奸伪并起，而上下相遁，蒙罪者众，而天下苦之。自君卿以下，至于众庶，人怀自危之心，咸不安其位，故易动也。是以陈涉不用汤武之贤，不藉公侯之尊，奋臂于大泽，而天下响应者，其民危也。故先王见始终之变，知存亡之机，是以牧民之道，务在安之而已。天下虽有逆行之臣，必无响应之助矣。故曰："安民可与行义，而危民易与为非。"此之谓也。贵为天子，富有天下，身不免于戮杀者，正倾非也。是二世之过也。

【译文】

秦二世继位后，天下人无不伸长脖子观望他的政策。挨冻的人只要穿上粗布小袄就会感到温暖，挨饿的人只要吃上糟糠就会感到香甜。天下人民嗷嗷待哺，其实正是新国君施政的良机。这句话是说，对疲劳之民很容易做到仁爱。如果二世有平庸君主的德行，能任用忠臣和贤人，君臣一心共同承担天下的忧患，穿上丧服改正先帝的过失，划分土地、分配人口来赐封功臣的后代，封立诸侯国并扶立新国君，以礼节对待天下之人，打开牢狱，赦免罪犯，除去连坐等杂乱罪名，使无辜者各自回到家乡，打开仓库，散发钱财，以赈济孤独穷困的士人，减轻赋税劳役，以解救百姓的急难，简化法律，减少刑罚，以之作为最后的防线，使天下人都能改过自新，更新操守，检点言行，各自谨慎修身，像这样满足广大人民的愿望，以威信德政对待天下人，天下也就安定了。如果全国范围内都各自欢欢喜喜，安居乐业，只怕发生变乱，那么，即使还有狡猾之人，也不会有背叛君主之心，越轨作乱的臣子也就无法掩饰其狡诈，暴乱的奸诈计谋也就止息了。二世不采用这种办法，反而变本加厉地推行暴虐统治，续建阿房宫，刑罚繁多，杀戮严酷，征税敛财无有限度，天下多事，百姓穷困，接踵而至的是奸伪纷起，上下推诿，遭受罪罚的人很多，天下人民都因此陷入苦难。从公卿以下直到老百姓，人人都怀着自危的心理，都不能安于其位，所以容易动乱。因此，陈涉没有像商汤、周武王那样的贤德，不需凭公侯那样的尊贵身份，在大泽乡振臂一呼而天下响应，其原因就在于人民处于危险之境。所以古代圣君通过观察事物演变的规律，懂得国家存亡的关键，因此所采用的管理人民的方法，不过是致力于使他们过上安定的生活罢了。只要人民安定，尽管天下有叛逆的臣子，必然没有人响应为其助力。所谓“生活安定之民能够参与做好事，处境危险之民容易参与干坏事”，说的就是这种情况。地位高贵到天子，富足到拥有天下，而自身不免于被杀的原因，就在于正邪颠倒，善恶错位。这就是秦二世的过错。

## 世　家

齐釐公同母弟夷仲年死。其子曰公孙无知，釐公爱之，令其秩服奉养比太子。襄公立，绌无知秩服，无知怨。数欺大臣群弟。

子纠奔鲁，管仲、召忽傅之；小白奔莒，鲍叔傅之。及雍林人杀无知，高、国先阴召小白于莒。鲁亦发兵送子纠，而使管仲将兵遮莒道，射中小白带钩。小白已立，欲杀管仲。鲍叔曰："君将治齐，则高傒与叔牙足矣。君且欲霸王，非管夷吾不可。"于是桓公厚礼以为大夫，任政，齐人皆悦。于是始霸焉。

【译文】

齐釐公的同母弟弟夷仲年死了。夷仲年的儿子叫公孙无知，釐公很喜爱他，规定其俸禄、服饰和太子一样。襄公即位后，废除了无知的俸禄、服饰待遇，无知因而怀恨在心。襄公屡次欺负大臣和他的弟弟。所以其弟公子纠逃到鲁国，管仲、召忽辅佐他；小白逃到莒国，鲍叔辅佐他。及至雍林人杀死了公孙无知，高、国两家提前暗中到莒国召请小白。鲁国也派兵送公子纠回来，并派遣管仲另外率领士兵在莒国通往齐国的大路上拦截，射中了小白腰带上的钩子。小白即位后，打算杀死管仲。鲍叔牙说："您要治理齐国，那么有高傒和我就够了。您如果想称霸天下，非得管夷吾（管仲）不可。"于是，桓公以厚礼相待管仲并让他担任大夫，处理政事。齐国人都很高兴。桓公由此开始成为诸侯中的霸主。

管仲病，桓公问曰："群臣谁可相者？"管仲曰："知臣莫如君。"公曰："易牙何如？"对曰："杀其子以适君，非人情也，不可。"公曰："开方何如？"对曰："背亲以适君，非人情也，难近〔卫公子开方也〕。"公曰："竖刁何如？"对曰："自宫以适君，非人情也，难亲。"管仲死，而桓公不用管仲言，卒近用三子，三子专权。桓公卒，易牙与竖刁，因内宠杀群吏〔群吏，诸大夫也。内宠，内官之有权宠者〕，而立公子无诡为君。太子昭奔宋。桓公病，五公子各树党争立。及桓公卒，宫中空，莫敢棺。桓公尸在床上六十七日，尸虫出于户。

【译文】

管仲病重，桓公问道："众臣中谁可以当相国？"管仲说："了解臣下的莫过于君主。"桓公说："易牙怎么样？"管仲回答说："他杀了自己的儿子（煮成肉进献）来投合君主，非人之常情，不可任用。"桓公说："开方怎么样？"管仲回答说："他背弃自己的父母来投合君主，不合人之常情，不可亲近。"桓公说："竖刁怎么样？"管仲回答说："他阉割了自己来投合君主，非人之常情，不可宠信。"管仲死后，桓公不采纳管仲的意见，终于亲近、任用三人，于是三人包揽了大权。齐桓公去世后，易牙与竖刁一起借助宫中有权势的内臣杀死了许多大夫，拥立公子无诡作国君。于是，太子昭逃奔宋国。此前，齐桓公生病的时候，五位公子各自拉帮结党，争夺君位。等到桓公去世，宫中无人主事，没人敢装殓。桓公的尸体在床上放了六十七天，尸体腐烂，蛆虫爬出了门外。

周公旦者，周武王弟也，封于鲁。成王使其子伯禽代就封于鲁，周公戒伯禽曰："我文王之子、武王之弟、成王之叔父，我于天下，亦不贱也。然我一沐三捉发，一饭三吐哺，起以待士，犹恐失天下之贤人。子之鲁，慎无以国骄人。"

【译文】

周公姬旦是周武王的弟弟，封地在鲁。成王让周公的儿子伯禽代替周公到鲁国去做鲁公，周公告诫伯禽说："我是文王的儿子、武王的弟弟、成王的叔父，我在天下地位也不低了。然而我曾洗一次头就三次暂停握住头发，吃一顿饭就三次吐出口中的食物，起身去接待士人，（即使如此）还担心失去天下的贤人。你到了鲁国，千万不要因国君的身份慢待别人。"

武公与长子括、少子戏朝宣王。宣王爱戏，欲立为鲁太子。仲山父谏曰："废长立少，不顺；不顺，必犯王命；犯王命，必诛之。故出令不可不顺也。令之不行，政之不立〔令不行，则政不立也〕。今天子建诸侯，立其少，是教民逆也。若鲁从之，诸侯效之，王命将有所壅〔言先王立长之命，将壅塞不行也〕。若弗从而诛之，是自诛王命也〔先王之命立长，今鲁亦立长，若诛之，是自诛王命也〕。诛之亦失，不诛亦失〔诛之诛王命，不诛则王命废也〕，王其图之。”弗听，卒立戏为太子，是为懿公。括之子伯御，攻弑懿公，宣王伐鲁，杀伯御。自是后，诸侯多叛王命。

【译文】

鲁武公与大儿子姬括、小儿子姬戏前往西周朝见周宣王。宣王喜爱姬戏，想立姬戏做鲁国的太子。周大夫仲山父劝谏宣王道：“废掉长子，另立少子，不合乎礼法；不合乎礼法，必然违犯王命；违犯王命，一定会受到惩处。因此发布命令不可不合于礼法。命令不能执行，政权的威信就不能建立。现在天子建置诸侯，却立他的小儿子，这是教百姓去做背逆之事。如果鲁君服从立少子的命令，各国诸侯都仿效鲁国，先王的命令将会阻滞而难以执行。如果鲁君不服从天子之命而受到惩罚，这就是您自己违背先王的训令。到那时，惩罚他是错的，不惩罚也是错的。君王应该仔细考虑这件事。”宣王不听，终于立姬戏做鲁国的太子，（武公去世后，姬戏即位）就是鲁懿公。懿公的哥哥姬括的儿子姬伯御，攻打并杀了懿公。周宣王于是下令征讨鲁国，杀死姬伯御。从此以后，诸侯经常违抗天子的命令。

燕昭王于破燕之后即位，卑身厚币，以招贤者。谓郭隗曰：“齐因孤之国乱，而袭破燕。孤极知燕小力少，不足报。然得贤士与共国，以雪先王之耻，孤之愿也。先生视可者，得身事之。”郭隗曰：“王必欲致士，先从隗始。况贤于隗者，岂远千里哉！”于是昭王为隗改筑宫而师事之。乐毅自魏往，邹衍自齐往，剧辛自赵往，士争趋燕。燕王遂以乐毅为上将军，与秦、楚、三晋合谋以伐齐。齐兵败，湣王出亡于外。燕兵独追北，入至临淄，尽取齐宝，烧其宫室宗庙。齐城之不下者，唯独聊、莒、即墨，其余皆属燕。昭王卒。惠王为太子时，与乐毅有隙，及即位，疑毅，使骑劫代将。乐毅亡走赵。齐田单以即墨击败燕军，骑劫死，燕兵引归，齐悉复得其故城。

【译文】

燕昭王在燕国被齐国攻破之后即位，他用谦恭的态度和丰厚的待遇招徕贤士。他对郭隗说："齐国趁我的国家动乱，偷袭和攻破了燕国。我深知燕国小、力量弱，不足以报仇。然而如果能得到贤士来一道治理国家，以洗刷先王的耻辱，这就是我的愿望啊！先生见到有可以共同治国的贤士，我就会（将他当做老师）来侍奉。"郭隗说："君王一定要招引贤士，就先从我开始吧。比我更贤能的人难道会嫌远在千里（而不来）吗？"于是，昭王给郭隗修建住宅，并且把他当做老师来侍奉。(这样一来，)乐毅从魏国前来，邹衍从齐国前来，剧辛从赵国前来，贤士争着奔赴燕国。燕昭王便任用乐毅为上将军，与秦、楚、三晋（韩、魏、赵)合谋讨伐齐国。齐国兵败，齐湣王逃亡到外地。燕军独自追击败走的齐军，进入临淄，掠走齐国的所有宝物，焚烧齐国的宫殿宗庙。齐国的城市没被攻克的，只剩聊城、莒城和即墨，其余均归属燕国。(五年后,）燕昭王去世（其子惠王即位）。燕惠王做太子时，与乐毅有嫌隙，登位后，不信任乐毅，让骑劫代替乐毅统兵。乐毅出走赵国。齐国将领田单从即墨出兵，打败燕军，骑劫战死，燕军撤退回国，齐国又全部夺得它原有的城池。

微子开者，纣之庶兄也。纣既立，不明，淫乱于政，微子数谏。箕子者，纣亲戚也。纣为象箸，箕子叹曰："彼为象箸，必为玉杯；为玉杯，则必思远方珍怪之物而御之矣。舆马宫室之渐自此始，不可振也。"纣为淫泆，箕子谏，不听，乃被发佯狂。王子比干见箕子谏不听，乃直言谏纣，纣怒曰："吾闻圣人之心有七窍，信有诸乎？"乃遂杀王子比干，刳视其心。微子曰："人臣三谏不听，则其义可以去矣。"于是遂行。周公诛武庚，乃命微子代殷后，奉其先祀曰宋。

【译文】

微子，是纣王的庶兄。纣登位后，昏暗无道，政事荒唐纷乱，微子多次劝谏。箕子是纣的亲戚。纣王开始使用象牙筷子时，箕子叹息说："他既然使用象牙筷子，接下来必会使用玉杯；使用了玉杯，就一定想得到远方珍贵奇异的器物来使用了。从此开始，车马宫室将逐渐奢侈华丽，国家将无法挽救了。"纣荒淫放纵，箕子进谏，他不听。于是箕子便披头散发，假装疯癫。王子比干看见箕子进谏而纣王不听，于是直率地劝谏纣王。纣发怒说："我听说圣人的心脏有七个孔，果真有这样的事吗？"于是杀死王子比干，剖开胸腔验看其心脏。微子说："臣子屡次进谏君王不听，那么，就义而言，可以离开了。"于是，微子就走了。周公诛杀武庚后，就命令微子代替武庚作为殷朝的后嗣，奉行对殷朝祖先的祭祀，其封国叫做宋。

唐叔虞者，周成王弟也。成王与叔虞戏，削桐叶为珪以与叔虞，曰："以此封若。"史佚因请择日立叔虞。成王曰："吾与之戏耳。"史佚曰："天子无戏言，言则史书之、礼成之、乐歌之。"于是遂封叔虞于唐。

【译文】

唐叔虞是周成王的弟弟。成王跟叔虞开玩笑，把桐叶削成圭形给叔虞，说道："用这个来封赐你。"史佚因而请成王选个好日子封叔虞为诸侯。成王说："我是同他开玩笑罢了。"史佚说："天子没有玩笑的话，一旦说话，史官就会记录下来，就要用礼仪来完成，就要用乐章来歌唱。"于是，成王就封叔虞为唐国之侯。

赵烈侯好音，谓相国公仲连曰："寡人有爱，可以贵之乎？"公仲曰："富之可，贵之则否。"烈侯曰："然。夫郑歌者枪、石二人，吾赐之田，人万亩。"公仲曰："诺。"不与。居一月，烈侯从代来，问歌者田，公仲曰："求，未有可者。"有顷，烈侯复问，公仲终不与，乃称疾不朝。番吾君〔常山有番吾县〕自代来，谓公仲曰："君实好善，未知所持。今公仲相赵，于今四年，亦有进士乎？"公仲曰："未也。"番吾君曰："牛畜、荀欣、徐越皆可。"公仲乃进三人。及朝，烈侯复问："歌者田何如？"公仲曰："方使择其善者。"牛畜侍烈侯以仁义，约以王道。明日，荀欣侍以选练举贤、任官使能。明日，徐越侍以节财俭用、察度功德。所与无不充，君悦。烈侯使使谓相国曰："歌者之田且止。"官牛畜为师，荀欣为中尉，徐越为内史，赐相国衣二袭〔单复具为一袭也〕。

【译文】

赵烈侯爱好音乐，他对相国公仲连说："我喜爱的人，能给他显贵的地位吗？"公仲连说："让他富可以，让他显贵不行。"烈侯说："对。郑地来的歌手枪、石二人，我赐给他们田地，每人一万亩。"公仲说："好。"实际上并没有给。过了一个月，烈侯从代地回来，询问赐给歌手田地的事。公仲连说："正在寻求，没有合适的。"时过不久，烈侯又问，公仲连始终不愿给，就声称有病不再上朝。番吾君从代地来，对公仲连说："您确实喜欢推行善政，却不知道怎样保持（善政）。您当赵国的相国，至今四年，有没有荐举过人才呢？"公仲连说："没有。"番吾君说："牛畜、荀欣、徐越都很不错。"公仲连就荐举了这三个人。到上朝的时候，烈侯又问："给那些善唱歌者赏田地的事，办得怎么样了？"公仲连说："正在派人去寻找好的地方。"牛畜以仁义侍奉赵烈侯，劝他用王道约束自己。次日，荀欣向赵烈侯建言，要选拔精干的人，起用贤才，任命官吏，使用能人。过了一天，徐越向烈侯进言，要节财俭用，考察衡量臣下的功绩品德。他们进劝的话，道理很充分，国君很高兴。烈侯派使者对相国说："歌手的田地暂且停止不给。"命牛畜为太师，荀欣为中尉，徐越为内史，赏赐相国两套衣服。

魏文侯受子夏经艺，客段干木，过其闾，未尝不轼也。秦尝欲伐魏，或曰："魏君贤人是礼，国人称仁，上下和合，未可图也。"文侯由此得誉于诸侯。文侯谓李克曰："先王尝教寡人曰：

‘家贫则思良妻，国乱则思良相。’今所置非成则璜〔文侯弟名成也〕，二子何如？”对曰：“君不察故也。居视其所亲，富视其所与，达视其所举，穷视其所不为，贫视其所不取，五者足以定之矣，何待克哉？”文侯曰：“寡人相定矣。”李克曰：“魏成子为相矣。”翟璜忿然作色曰：“以耳目之所睹记，臣何负于魏成子？西河之守，臣之所进也。君内以邺为忧，臣进西门豹。君谋欲伐中山，臣进乐羊。中山已拔，无使守之，臣进先生。君之子无傅，臣进屈侯鲋。臣何以负于魏成子！”李克曰：“且子之言克于子之君者，岂将比周以求大官哉？且子安得与魏成子比乎？魏成子以食禄千钟，什九在外，什一在内，是以东得卜子夏、田子方、段干木。此三人者，君皆师之。子所进五人者，君皆臣之。子恶得与魏成子比也？”翟璜逡巡再拜曰：“璜，鄙人也，失对，愿卒为弟子矣。”

【译文】

魏文侯向子夏学习儒家经典和才艺，以客礼对待段干木，每次经过段干木居住的邑里，总是下车凭轼表示敬意。秦国曾想进攻魏国，有人说：“魏国国君礼贤下士，上下和睦团结，不可图取。”魏文侯因此在诸侯中享有很高声誉。魏文侯对李克说：“先生曾教诲我说，家贫就需娶贤妻，国乱就需选贤相。现在宰相的人选，不是魏成子就是翟璜，两个人谁更合适？”李克回答说：“是君王没有考察的缘故。平时考察他亲近的人，富贵时考察他交往的人，做官时考察他举荐的人，穷困时考察他不做的事，贫贱时考察他不要的东西。从这五个方面就能够确定宰相人选了，哪里还用得着我说呢？”魏文侯说：“谁做宰相我已决定了。”李克说：“魏成子作宰相啦。”翟璜气愤得脸都变了颜色，说：“凭耳闻目睹的事实，我哪点比不上魏成子？西河郡守是我举荐的。君王内心为邺郡忧虑，我举荐西门豹做邺守；君王图谋攻灭中山国，我举荐乐羊为将；中山攻克后，找不到可镇守的人，我举荐先生你；君王的儿子没有师傅，我举荐屈侯鲋。我哪点比不上魏成子？”李克说：“您把我举荐给君王的原因，难道是打算结党营私来谋求大官吗？再说，您怎么能和魏成子相比呢？魏成子俸禄千钟，十分之九用在外面，十分之一用在家里。

因此，他从东方招来了卜子夏、田子方、段干木。这三位，君王都尊为老师。您所举荐的五位，君王都任为臣子。您怎么能和魏成子相比呢？”翟璜恍然若失，毕恭毕敬地向李克拜了两拜，说：“我是鄙陋的人，刚才的话说得不对，愿意终身做您的学生。”

齐威王初即位，九年之间，诸侯并伐，国人不治。于是威王召即墨大夫，语之曰：“自子之居即墨也，毁言日至。然吾使人视即墨，田野开，民人给，官无留事，东方以宁。是子不事吾左右以求誉也。”封之万家。召阿大夫，语之曰：“自子之守阿，誉言日闻，然使使视阿，田野不开，民贫苦。昔日赵攻甄，子弗能救；卫取薛陵，而子弗知。是子以币厚吾左右以求誉也。”是日，烹阿大夫，及左右尝誉者，皆并烹之。遂起兵西击赵、卫，败魏于浊泽。于是齐国震惧，人人不敢饰非，务尽其诚，齐国大治。诸侯闻之，莫敢致兵于齐。

【译文】

齐威王即位之初，九年之间，诸侯同时进攻，百姓不得安宁。于是，威王召来即墨大夫，对他说：“自从先生治理即墨以来，诽谤的话每天都会传来。然而，我派人视察即墨，田地都已开垦，百姓生活丰足，公务没有积压，东部地区因此得到安宁。这是因为先生不会讨好我的左右来求取赞誉的缘故。”于是封给即墨大夫食邑一万户。又召来阿地大夫，并对他说：“自从先生治理阿地以来，夸奖你的好话天天响在耳边。可是，我派人察看了阿地，田野没有开垦，百姓生活贫苦。过去赵国进攻甄城，你不能救援；卫国攻占了薛陵，你又不知道。你一定是拿钱贿赂了我的左右，以便求取赞誉。”当天就烹杀了阿大夫，并且连自己身边曾经吹捧阿大夫的人也一同烹杀。于是，起兵向西攻击赵、卫，在浊泽打败魏国军队。于是齐国举国为之震惊，人人不敢文过饰非，一心一意，竭尽忠诚。齐国因此大治。诸侯听说以后，不敢再出兵进犯齐国。

二十四年，与魏王会田于郊。魏王问曰："王亦有宝乎？"威王曰："无有。"梁王曰："若寡人国小也，尚有径寸之珠照车前后各十二乘者十枚，奈何以万乘之国而无宝乎？"威王曰："寡人之所以为宝与王异。吾臣有檀子者，使守南城，则楚人不敢为寇东取，泗上十二诸侯皆来朝。吾臣有盼子者，使守高唐，则赵人不敢东渔于河。吾吏有黔夫者，使守徐州，则燕人祭北门，赵人祭西门〔齐之北门，西门也，言燕、赵之人，畏见侵伐，故祭以求福也〕，徙而从者七千余家。吾臣有种首者，使备盗贼，则道不拾遗。将以照千里，岂特十二乘哉！"梁惠王惭，不怿而去。

【译文】

齐威王二十四年，与魏惠王会猎于郊外。魏王问："大王也有宝物吗？"威王说："没有。"魏王说："像寡人这样的小国，还有十颗直径各一寸，能照亮前后十二辆车子的宝珠，怎么以贵国这样拥有万辆兵车的大国，反而没有宝物呢？"威王说："在寡人眼里，被看做宝物的东西与大王不同。我有个叫檀子的大臣，我派他守南城，楚国人就不敢向东进犯，泗水一带的十二诸侯都来向齐国朝拜；我有个叫盼子的大臣，我派他守高唐，赵国人就不敢再到他们东部边境的河里来打鱼；我有个叫黔夫的官吏，我派他守徐州，燕国人深感畏惧就会祭徐州的北门求福，赵国人深感畏惧就会祭徐州的西门求福，迁徙追从他的有七千多家；我有个叫种首的大臣，我派他防备盗贼，结果齐国被治理得路不拾遗。这些人才华出众，光耀千里，岂仅止于十二辆车。"魏惠王羞惭满面，扫兴而去。

（吕效祖　张爱玲译）

卷十二

# 史记治要（下）

## 列 传

管仲夷吾者，颍上人也。少时常与鲍叔牙游，鲍叔知其贤。管仲贫困，常欺鲍叔，鲍叔终善遇之。已而鲍叔事齐公子小白，管仲事公子纠。及小白立，公子纠死，管仲囚焉，鲍叔遂进管仲。管仲既用，任政于齐，桓公以霸。九合诸侯，壹匡天下，管仲之谋也。鲍叔既进管仲，以身下之，子孙世禄于齐，常为名大夫。世不多管仲之贤，而多鲍叔能知人也。

【译文】

管仲，名夷吾，是颍上县人。年轻时经常和鲍叔牙在一起，鲍叔牙知道他有才德。管仲贫困，常占鲍叔牙便宜，鲍叔牙始终友好地对待他。不久，鲍叔牙服侍齐公子小白，管仲服侍齐公子纠。等到小白登位，公子纠死了，管仲被囚禁，这时鲍叔牙向齐桓公推荐了管仲。管仲被任用，在齐国当政，齐桓公因此称霸天下。九次会盟诸侯，扶持王室，稳定局面，这都是管仲的谋略。鲍叔牙推荐管仲之后，自己位于管仲之下，他的子孙世世代代都在齐国享受俸禄，多人成为齐国著名的大夫。天下人不称赞管仲的才德，而称赞鲍叔牙能够辨识人才。

晏平仲婴者，莱人也〔莱者，今东莱地也〕，事齐灵公、庄公、景公，以节俭力行重于齐。其在朝，君语及之则危言，语不及则危行；国有道则顺命，无道则衡命。以此三世显名于诸侯。太史公曰："吾读《晏子春秋》，详哉其言之也。至其谏说，犯君之颜，此所谓'进思尽忠，退思补过'者哉！"

【译文】

晏平仲，名婴，东莱人。曾在齐灵公、齐庄公、齐景公三朝为臣，因为节约俭朴又能尽力办事而受到齐国人的尊重。晏婴在朝廷处理政务时，国君对他说到的事，他就直言己见；没有说到的事，他就正直地去办。国君的命令有道理，他就服从命令；没有道理，他就反复斟酌其令而后行。因此连续三朝，他的名声传扬于各诸侯国。太史公说："我读《晏子春秋》，关于晏婴的事迹书中记载得多么详尽哪！至于晏婴的直言进谏，敢于冒犯君王的威严，这就是所谓'在朝想着尽忠，在家想着补过'的人吧！"

韩非者，韩之诸公子也。作《孤愤》《五蠹》《内外储》《说林》《说难》十余万言。人或传其书至秦，秦王见之曰："嗟乎，寡人得见此人与之游，死不恨矣！"秦因急攻韩，韩王乃遣非使秦。秦王悦之，未信用。李斯、姚贾害之，毁之曰："韩非，韩之诸公子也。今王欲并诸侯，非终为韩不为秦，此人情也。今王不用，久留而归之，此自遗患也，不如以过法诛之。"秦王以为然，下吏治非。李斯使人遗非药，使早自杀。韩非欲自陈，不得见。王后悔，使人赦之，非已死矣。

【译文】

韩非是韩国众公子之一，撰写了《孤愤》《五蠹》《内外储》《说林》《说难》等著作，有十多万字。有人把韩非的书传到秦国，秦王见到这些书后说："写得真好啊！我如果能见到此人并且和他交往，就死而无憾了！”秦国因此马上进攻韩国。韩王便派遣韩非出使秦国。秦王喜欢韩非，但尚未信任起用。李斯、姚贾陷害韩非，在秦王面前毁谤他说：“韩非是韩国的公子。现在大王想吞并各国，韩非终会帮助韩国而不帮助秦国，这是人之常情。如今大王不任用他，又让他久留秦国然后才放回，这是自留祸患。不如找出他的过错，按法律处死他。”秦王认为说得对，便下令司法官吏治韩非的罪。李斯派人送毒药给韩非，让他早点自杀。韩非想当面向秦王陈述自己的意见，但未能见到秦王。秦王后来悔悟了，派人去赦免他，但韩非已经死了。

司马穰苴者，田完之苗裔也。齐景公时，晋伐阿、甄，而燕侵河上，齐师败绩，景公患之。晏婴乃荐田穰苴，景公以为将军，将兵扞燕晋之师。穰苴曰：“臣素卑贱，君擢之闾伍之中，加之大夫之上，士卒未附，百姓不信。愿得君之宠臣、国之所尊以监军，乃可。”于是景公使庄贾往。穰苴既辞，与庄贾约曰：“旦日日中会于军门。”穰苴先驰至军，立表下漏待贾。贾素骄贵，亲戚左右送之，留饮，夕时乃至。穰苴曰：“何后期为？”贾谢曰：“大夫亲戚送之，故留。”穰苴曰：“将受命之日，则忘其家；临军约束，则忘其亲；援枹鼓之急，则忘其身。今敌深侵，邦内骚动，士卒暴露于境，君寝不安席，食不甘味，百姓之命皆悬于君，何谓相送乎？”于是遂斩庄贾以徇。三军之士皆振栗，然后行。士卒次舍、井灶、饮食、问疾、医药，身自拊循之。悉取将军之资粮享士卒，平分粮食，最比其羸弱者。三日而后勒兵，病者求行，争奋赴战。晋师闻之，为罢去；燕师闻之，渡易水而解。于是追击之，遂取所亡故境而归，尊（尊原作立）为大司马。

【译文】

司马穰苴是田完的后裔。齐景公时，晋国攻打齐国的东阿和甄城，燕国侵犯齐国黄河南岸的领土，齐国的军队被打得大败，齐景公为此忧愁。晏婴于是向齐景公推荐司马穰苴，景公就任命他做将军，领兵抵抗燕国和晋国的军队。穰苴说："我向来地位低下，大王将我从平民中提拔起来，放在大夫之上，士兵不会服从，百姓不会信任。希望得到大王宠爱、国人尊重的一位大臣来做监军，事情才好办。"于是，景公派庄贾前往。穰苴辞别了齐景公，跟庄贾约定说："明天正午，我们在营门会齐。"第二天，穰苴先赶到军营，设置了计时的木表和漏壶，等待庄贾。庄贾向来骄横自贵，亲戚朋友给他送行，留他饮酒，傍晚时才到达。穰苴说："为什么超过约定的时刻？"庄贾表示歉意说："大臣和亲戚们给我送行，所以耽搁了。"穰苴说："作为将帅，接受命令的那一天，就应该忘掉自己的家庭；来到军队有纪律约束，就应该忘掉自己的父母；擂鼓进军的紧急时刻，就应该忘掉自己的生命。如今敌人侵入内地，国内人心不安，士兵们在边境上日晒风吹，国君睡觉不安稳、吃饭不香甜，百姓的生命都系在你手里，还谈什么送行呢？"于是将庄贾斩首，并向全军示众。全军的将士们都吓得发抖，然后出发。行军时，对于士兵安营、掘井、立灶、饮水、伙食、探问疾病、安排医药，穰苴都亲自过问和照顾他们，并拿出自己将军名下全部的给养来款待士兵，自己同士兵吃一样的口粮，而且是和那些吃得最少的人一样。三天之后率部队准备战斗，生病的士兵都请求跟随队伍行动，争先奋勇地奔赴战场。晋国的军队听到这个消息，就撤回去了；燕国军队听到这个消息，撤兵渡过黄河，向北退去。于是齐军趁势追击，收复了所有沦陷的土地，得胜而归。穰苴被任命为大司马。

孙武者，齐人也，以兵法见于吴王阖庐。阖庐曰："子之十三篇，吾尽观之矣，可小试勒兵乎？"对曰："可。"阖庐曰："可试以妇人乎？"曰："可。"于是许之，出宫中美人，得百八十人。孙子分为二队，以王之宠姬二人，各为队长。令之曰："汝知而心与左右手背乎？"妇人曰："知之。"孙子曰："前，则视心；左，则视左手；右，则视右手；后，则视背。"妇人曰："诺。"乃设斧钺，三令而五申之。于是鼓之右，妇人大笑。孙子曰："约束不明，申令不熟，将之罪也。"复三令而五申之。鼓之左，妇人复大笑。孙子曰："约束不明，申令不熟，将之罪也。既已明而不如法者，吏士之罪也。"乃欲斩左、右队长。吴王从台上观，见且斩爱姬，大骇，趣使下令曰："寡人已知将军能用兵矣。寡人非此二姬，食不甘味，愿勿斩也！"孙子曰："臣已受命将，将在军，君命有所不受。"遂斩队长二人以徇。用其次为队长，于是复鼓之。妇人左右、前后、跪起，皆中规矩绳墨，无敢出声者。于是孙子使使报曰："兵已整，唯王所欲用之，虽赴水火犹可也。"吴王曰："将军罢休就舍，寡人不愿下观。"孙子曰："王徒好其言，不能用其实。"于是阖庐知孙子能用兵也，卒以为将。西破楚入郢，北威齐、晋，显名诸侯。

【译文】

孙武是齐国人，因为擅长兵法，被吴王阖庐接见。阖庐说："你的十三篇兵书，我全读过了，能够演试一下排兵布阵吗？"孙武回答说："可以。"阖庐说："可以用妇女试试吗？"孙武说："可以。"阖庐就答应了他，叫出宫里的美女，总计一百八十人。孙武将她们分成两队，让吴王宠爱的两个侍妾分别担任各队的队长，命令她们说："你们知道你们的心、左右手和背吗？"妇人们说："知道。"孙武说："当我发令时，向前，就看你们心口所对的方向；向左，就看左手所在的方向；向右，就看右手所在的方向；向后，就看背所对的方向。"妇人们说："是。"号令已经交待清楚，就陈设了斧钺等刑具，当即又把已经宣布的口令反复交待了好几遍。于是击鼓传令，让她们向右，妇人们大笑起来。孙武说："纪律不清楚，号令不熟悉，这是将领的过错。"又反复交待了好几遍。然后击鼓传令，让她们向左，妇人们又大笑。孙武说："纪律不清楚，号令不熟悉，这是将领的过错。既已明白，却不依照号令去做，这是军官和士兵的过错。"欲杀左、右两队的队长。吴王在台上观看，看到要杀自己心爱的侍妾，大吃一惊，急忙派使者传下命令说："我已经知道将军善于用兵了。我如果没有这两个妃子，就连饭都吃不下去，希望不要杀她们！"孙武说："我既然奉命做了将领，将领在军队里，可以不接受君王的命令。”于是杀了两个队长以示众。又派两个人担任队长，于是再次击鼓操练。这次妇人们向左向右、上前退后、下跪起立，都符合命令和纪律的要求，没有人敢吭声。这时，孙武派人向吴王报告说：“队伍已经操练整齐，听凭大王使用她们，即使叫她们赴汤蹈火也做得到。”吴王说：“将军回去休息吧，我不愿下来观看。”孙武说：“大王只是喜欢我的兵书，却不能付诸实践。”于是阖庐知道孙武善于用兵，后来终于用他做了将军。吴国军队向西打败强大的楚国，攻占郢都，向北威震齐国和晋国，在诸侯中威名显扬。

吴起者，卫人也。魏文侯以为将，与士卒最下者同衣食。卧不设席，行不骑乘，亲裹粮，与士卒分劳。卒有病疽者，吴起为吮之。卒母哭之，人曰：“子卒也，而将军自吮其疽，何哭为？”母曰：“不然也。往年吴公吮其父，其父战不旋踵，而遂死于敌。今又吮此子，妾不知其死处矣，是以哭之。”

【译文】

吴起是卫国人。魏文侯用他做主将。他与最下等的士兵穿同样的衣服、吃同样的饭；睡觉不铺设柔软的垫褥，行军不骑马乘车；亲自包裹军粮，替士兵分担劳役。有个生了恶性毒疮的士兵，吴起替他吮吸脓汁。士兵的母亲听到消息后哭了起来。有人说：“你儿子只是个兵，将军却亲自吮吸他的毒疮，你哭什么呢？”母亲说：“你不知道啊！往年吴将军替孩子的父亲吮吸毒疮，孩子的父亲在战斗中有进无退，战死在沙场上。如今吴将军又给我儿子吮吸毒疮，我不知道他会死在哪里，因此而哭。”

文侯既卒，事武侯。武侯浮西河而下，中流顾而谓起曰：“美哉山河之固，此魏国之宝也！”起对曰：“在德不在险。昔三苗氏，左洞庭而右彭蠡，德义不修，而禹灭之。夏桀之居，左河济，右太华，伊阙在其南，羊肠在其北〔羊肠坂，在大原〕，修政不仁，而汤放之。殷纣之国，左孟门，右太行，常山在其北，大河经其南，修政不德，武王杀之。由此观之，在德不在险。若君不修德，船中之人，尽敌国也。”武侯曰：“善。”

【译文】

魏文侯死后，吴起侍奉他的儿子武侯。武侯乘船在黄河里顺流而下。船到半途，武侯回过头来对吴起说：“多么壮丽险要的山川形势啊，这可是魏国的宝地！”吴起回答说：“国家的强盛，在于给人民以恩德，而不在于地形险要。以前，三苗氏立国，左有洞庭湖，右有潘阳湖，但是他不修德行，夏禹消灭了他。夏桀的都城，左有黄河、济水，右有华山，伊阙山在它南面，羊肠坡在它北面，但他不施仁政，商汤放逐了他。殷纣王的国都，左有孟门山，右有太行山，常山在它的北面，黄河流经它的南面，但他不实行德政，周武王杀死了他。依此看来，治国在于给人民以恩德，而不在于地形的险要。如果您不施恩德，这条船上的人全都会成为您的仇敌。”武侯说：“说得对。”

甘茂者，下蔡人也。秦武王以为左丞相，谓茂曰：“寡人欲容车通三川（川原作河）以窥周室，而寡人死不朽矣。”茂曰：“请之魏，约以伐韩，而令向寿辅行。”茂谓向寿：“子归言之于王曰：‘魏听臣矣，然愿王勿伐也。’”寿归以告王，王迎茂于息壤。茂至，王问其故。对曰：“宜阳，大县也，虽名曰县，其实郡也。今王倍数险、行千里，攻之难。昔曾参之处费，鲁人有与曾参同姓名，杀人，人告其母曰：‘曾参杀人。’其母织自若也。顷之（之原作然），一人又告，其母尚织自若也。顷之（之原作然），一人又告之，其母投杼下机，逾墙而走。夫以曾参之贤，与其母信之也，三人疑之，其母惧焉。今臣之贤，不若曾参，王之信臣，又不如曾参之母信曾参也，疑臣者非特三人，臣恐大王之投杼也。始张仪西并巴蜀之地，北开西河之外，南取上庸，天下不以多张子，而贤先王。魏文侯令乐羊将而攻中山，三年而拔之。乐羊返而论功，文侯示之谤书一箧。乐羊再拜稽首曰：'此非臣功，主君之力也。'今臣羁旅之臣，樗里子、公孙奭二人者，挟韩而议，王必听之。王欺魏，而臣受公仲侈之怨也。"王曰："寡人不听也，请与子盟。"卒使茂将兵伐宜阳。五月而不拔，樗里子、公孙奭果争之。武王召茂，欲罢兵。茂曰："息壤在彼。"王曰："有之。"因大悉起兵，使茂击之，遂拔宜阳。韩襄王使公仲侈入谢。

【译文】

甘茂是下蔡人。秦武王任命他做左丞相，对他说："我想乘坐装有屏风的轿车通过三川郡地区（今河南灵宝以东）去观看周朝都城，这样即使我死了，也算是不朽了。"甘茂说："请让我到魏国去，约它攻打韩国，并请派向寿协助我前去。"甘茂到达魏国后，对向寿说："你回去告诉大王，魏国已经听从了我的意见，但是我希望大王不要进攻韩国。"向寿回去，将甘茂的话转告秦武王。武王到息壤迎接甘茂。甘茂到达以后，秦王问他不进攻韩国的原因，他回答说："宜阳是一个大县，名义上叫做县，实际上是郡。现在大王想跨过许多险要的地段，行军千里去攻克它，是很难的。以前曾参住在费邑，鲁国有个与曾参同姓名的人杀了人。别人告诉他的母亲说：'曾参杀了人。'他的母亲正在织布，神色镇定自如。过了一会儿，另一个人又来告诉她说：'曾参杀了人。'他的母亲仍然织着布，神色也还镇定。过了一会儿，又有一个人告诉她说：'曾参杀了人。'他母亲丢下梭子，走下织布机，越墙逃走了。凭着曾参的贤德和他母亲对他的信任，有三个人怀疑他，他母亲就当真害怕他杀人了。现在我的贤德不如曾参，大王相信我不如曾参的母亲相信曾参，且怀疑我的不止三个人，我恐怕大王会在中途像曾母投杼那样改变对我的信任。当初，张仪在西边兼并了巴国、蜀国的土地，在北边开拓了西河以外的地方，在南边夺取了上庸，天下人不因此而称赞张仪，却因此而赞美先王。魏文侯让乐羊带兵攻打中山，经过三年，把中山攻克了。乐羊回国以后论述战功，魏文侯把一小箱子毁谤乐羊的文书给他看。乐羊连连叩头说：'这不是我的功劳，而是主上的功劳。'现在我是一个寄居在秦国的客臣，樗里子、公孙奭两人倚仗韩国有一定实力，必有异议，大王一定会听从他们的话。这样一来，是大王欺骗了魏王，而我却要遭到公仲侈的怨恨。”武王说：“我不会听信他们的话，我可以和你订誓约。”就这样，秦王终于让甘茂带兵进攻宜阳。过了五个月，宜阳没有攻克，樗里子、公孙奭果然反对这件事。秦武王叫甘茂回秦国，想退兵。甘茂说：“息壤还在那儿。”秦武王说：“是这样。”于是便大规模地出动秦国军队，让甘茂带领进攻宜阳，终于攻下了宜阳。韩襄王让韩国宰相公仲侈到秦国谢罪。

白起者，郿人也，善用兵，事秦昭王。昭王使白起为上将军，前后斩首虏四十五万人。赵人大震，使苏代厚币说秦相应侯曰：“武安君所为秦战胜攻取者七十余城，南定鄢、郢、汉中，北禽赵括之军，虽周、召、吕望之功，不益于此矣。今赵亡，秦王王，则武安君必为三公，君能为之下乎？虽无欲为之下，固不得已矣。秦尝攻韩，围邢丘，困上党，上党之人，皆反为赵，天下不乐为秦民之日久矣。今亡赵，北地入燕，东地入齐，南地入韩、魏，则君之所得民，亡几何人。故不如因而割之，无以为武安君功也。”于是应侯言秦王曰：“秦兵劳，请许韩、赵之割地以和，且休士卒。”王听之，皆罢兵。武安君由是与应侯有隙。秦复发兵，使王陵攻赵。陵战少利。秦王欲使武安君代陵将，武安君言曰：“秦虽破长平军，而秦卒死者亦过半，国内空。遂远绝河山，而争人国都，赵应其内，诸侯攻其外，破秦军必矣。不可。”秦王强起武安君，武安君遂称病笃。应侯请之，不起。于是免为士伍，迁之阴密〔属安定〕。武安君病，未能行。秦王乃使人遣白起，不得留咸阳中。武安君既行，出咸阳西门十里，至杜邮。秦昭王与应侯群臣议，曰：“白起之迁，其意尚怏怏不服，有余言。”秦王乃使使者赐之剑自裁，武安君遂自杀。秦人怜之，乡邑皆祭祀焉。

【译文】

白起是郿邑人，善于用兵，服事秦昭王。昭王派白起做上将军进攻赵国，前后斩杀和俘虏共计四十五万人。赵国人十分震惊，派苏代带了重礼去游说秦国的丞相应侯道："武安君替秦国攻下和占领的有七十多个城邑，向南平定了鄢邑、郢都和汉中，向北消灭了赵括的军队，即使是古代的周公、召公和吕望的功勋也不能超过这些了。如果赵国灭亡，秦王统治天下，那么武安君一定位列三公，您甘愿处于他的下位么？即使不愿处于他的下位，也是不可能的了。秦国曾经进攻韩国，包围邢丘，围困上党，上党的百姓都转而归附赵国，天下人不愿做秦国的百姓为时已经很久了。现在灭亡赵国，它北部的土地会落入燕国之手，东部的土地将会落入齐国之手，南部的土地将会落入韩国和魏国之手，那么秦国能得到的百姓和土地就没有多少了。所以不如趁此机会割得韩、赵两国的土地，不要再让武安君建立更大的功勋了。"于是应侯向秦王说道："秦国的军队疲劳了，请您允许韩、赵两国割让一部分土地来讲和，权且让士兵们休息一下。"秦王听从了应侯的话，双方都停止了军事行动。白起从此与应侯有了嫌隙。秦国再次出兵，派王陵进攻赵国。王陵作战收获不大。秦王想派白起代替王陵统兵，白起说道："现在秦国虽然歼灭了长平的赵军，但秦国士兵死亡也超过半数，国内空虚，远涉山河去夺取别人的国都，赵军在里边接应，各国军队从外面进攻，打败秦军是必然的。还是不要打了吧！"秦王强令白起就职，白起就声称病情严重。应侯去请他，他不肯上任。于是秦王免去白起的官爵，将他降为士兵，让他迁往阴密居住。白起病了，没有立即动身。秦王便派人去驱逐白起，命令他不得留在咸阳城中。白起动身，走出咸阳城西门十里，到达了杜邮。秦昭王跟应侯和大臣们商议道："白起被驱逐，他的心情还是郁郁不乐，不服气，有怨言。"秦王便派使者赐给白起一把剑，让他自杀，白起就自杀了。秦国人怜悯他，许多乡村和城镇都祭祀他。

乐毅闻燕昭王屈身下士，先礼郭隗，以招贤者。毅为魏使燕，遂委质为臣，昭王以为亚卿。时齐湣王强自矜，百姓弗堪。于是昭王使毅约赵、楚、魏以伐齐。昭王悉起兵，使毅为上将军，并护赵、楚、韩、魏、燕之兵以伐齐，破之济西。诸侯兵罢归，而毅独追入临淄，尽取齐宝财物输之燕。昭王大悦，封乐毅于昌国。齐七十余城皆为郡县以属燕，唯独莒、即墨未服。会燕昭王卒。惠王自为太子时，尝不快于毅，及即位，齐之田单闻之，乃纵反间于燕曰："齐城不下者两城耳。然所以不早下者，闻乐毅与燕新王有隙，欲连兵且留齐，南面而王齐。齐之所患，唯恐他将之来。"惠王固已疑毅，得齐间，乃使骑劫代将而召毅。毅知惠王之弗善代之，遂西降赵。齐田单遂破骑劫，尽复得齐城。

【译文】

乐毅听说燕昭王委屈自身，尊重士人，首先尊敬郭隗，借此招徕天下的贤士。乐毅在这时正好为魏昭王出使燕国，于是委身归顺做了燕国臣子，燕昭王任他为亚卿。正当此时，齐湣王强悍自负，百姓不能忍受。于是燕昭王派乐毅联合赵国、楚国和魏国共同伐齐。燕昭王出动全部军队，派乐毅担任上将军。乐毅于是总领赵、楚、韩、魏、燕五国的军队去进攻齐国，在济西打败了齐军。各国军队撤兵回国，乐毅统率燕军单独追击，一直到达临淄，尽数掠取齐国的财宝运送到燕国。燕昭王十分高兴，将乐毅封于昌国。乐毅攻占的齐国七十多个城邑，都设置了郡县，隶属于燕国，只有莒邑和即墨没有降服。不久，燕昭王去世。燕惠王在还是太子时曾经对乐毅不满意，及至即位后，齐国的田单听到这个消息，就派人到燕国施行反间计，说道："齐国城邑没有降服的只有两个了。之所以不早攻占的原因，听说是乐毅与燕国新国王有嫌隙，想把战争拖下去，自己留在齐国，做齐国的君主。齐国害怕的是燕国派另外的将军来。"当时燕惠王本来已经在怀疑乐毅，听到齐国挑拨离间的话，就派骑劫代替统兵，召回乐毅。乐毅知道燕惠王是因为与自己关系不好而派人代替自己，他害怕被杀，于是西去投奔了赵国。齐将田单后来与骑劫交战，打败了骑劫，全部收复了齐国的城邑。

廉颇者，赵之良将也。蔺相如者，赵人也。赵王与秦王会渑池。秦王饮酒酣，曰："寡人窃闻赵王好音，请奏瑟。"赵王鼓瑟。

秦御史前书曰："某年某月，秦王与赵王会饮，令赵王鼓瑟。"相如前曰："赵王窃闻秦王善为秦声，请奉盆缻以相乐。"秦王怒，不许。于是相如前进缻，因跪请。秦王不肯击缻。相如曰："五步之内，相如请得以颈血溅大王矣！"左右欲刃相如，相如张目叱之，左右皆靡。于是秦王不怿，为一击缻。相如顾召赵御史书曰："某月，秦王为赵王击缻。"秦之群臣曰："请以赵十五城为秦王寿。"相如亦曰："请以秦之咸阳为赵王寿。"秦王竟酒，终不能加胜于赵。既罢归国，以相如功大，拜为上卿，位在廉颇之右。颇曰："我为赵将，有攻城野战之功，而蔺相如徒以口舌为劳，而位居我上，且相如素贱人，吾羞，不忍为之下。"宣言曰："我见相如，必辱之。"相如闻，每朝常称病。已而相如出，望见廉颇，引车避匿。于是舍人相与谏曰："臣所以去亲戚而事君者，徒慕君之高义也。今君与廉君同列，廉君宣恶言，而君畏匿之，恐惧殊甚，且庸人尚羞之，况于将相乎！臣等不肖，请辞去。"相如固止之，曰："公之视廉将军，孰与秦王？"曰："不若也。"相如曰："夫以秦王之威，而相如廷叱之，辱其群臣，相如虽驽，独何畏廉将军哉？顾吾念之，强秦之所以不敢加兵于赵者，徒以吾两人在也。今两虎斗，其势不俱生。吾所以为此，先公家之急，而后私仇也。"颇闻之，肉袒负荆，因宾客至相如门，谢罪曰："鄙贱之人，不知将军宽之至此也。"卒相与欢，为刎颈之交。

【译文】

廉颇是赵国杰出的将领，蔺相如也是赵国人。赵王同秦王在渑池会见，秦王饮酒酣畅之时，说道："我听说赵王爱好音乐，请弹一曲瑟吧！"赵王便弹起瑟来。秦国御史走上前来写道："某年某月，秦王与赵王一起喝酒，秦王让赵王弹瑟。"蔺相如走上前说："赵王听说秦王擅长秦地的音乐，请允许我献上盆缶，请秦王敲一敲，也好互相娱乐。"秦王生气了，不答应。这时蔺相如捧着瓦缶走上前，跪在秦王面前，请他击缶。秦王不肯。蔺相如说："您如果不击，我就在这五步之内，让我脖子里的血溅在大王身上！”秦王的侍从人员要杀蔺相如，蔺相如瞪着双眼喝斥他们，侍从们应声退下。当时秦王很不高兴，勉强敲了一下盆缶。蔺相如回头招呼赵国史官写道：“某年某月，秦王为赵王敲瓦缶。”秦国的大臣们说：“请拿出赵国的十五个城邑为秦王贺寿。”蔺相如也说：“请拿出秦国的咸阳城为赵王祝寿。”秦王一直到宴会完毕，始终不能压倒赵王。会谈结束，赵工回国后，因为蔺相如功劳大，任命他为上卿，地位在廉颇之上。廉颇说：“我做赵国的将军，有攻城野战的大功，蔺相如只凭三寸之舌，可是职位却在我之上，况且蔺相如本是卑贱的人，我感到羞耻，不甘心自己的职位在他下面。”并扬言说：“我碰见蔺相如，一定要羞辱他。”蔺相如听到了（不肯与廉颇会面），每次该上朝的时候，常常托病不去。过了一些时候，蔺相如外出，远远望见廉颇，连忙掉转车子躲避。这时蔺相如的家臣一齐劝他说：“我们离开亲人来投靠您，只因仰慕您崇高的品格。现在您与廉颇职位相等，廉颇口出恶言，可您却怕他、躲他，也害怕得太过分了。就是普通人尚且感到羞耻，何况您是将相呢？我们这些人没有本事，请允许我们离开吧。”蔺相如坚决劝阻他们，说道：“你们看，廉将军与秦王相比，哪一个厉害？”家臣们回答说：“廉将军不如秦王。”蔺相如说：“以秦王那样的威严，我敢于当堂喝斥他，羞辱他的大臣，我即使愚笨无能，难道会害怕廉将军吗？但我考虑到，强大的秦国之所以不敢进兵侵犯赵国，只因为有我们两人在朝。现在两只老虎若互相争斗，势必不能同时生存。我这样做的原因，是以国家的危难为先，而以私人的仇怨为后。”廉颇听到这些话，脱去上衣，露出肩膊，背上荆条，由宾客带路，到蔺相如家里请罪，说道：“我是个浅陋卑薄的人，想不到将军胸怀宽大到如此程度。”两个人终于和好，结成了生死之交。

赵奢者，赵之田部吏也。收税，而平原君家不肯出，奢以法治之，杀平原君用事者九人。平原君怒，将杀奢，因说曰：“君于赵为贵公子，今纵君家而不奉公，则法削，法削则国弱，国弱则诸侯加兵，诸侯加兵，是无赵也，君安得有此富乎？以君之贵，奉公如法，则上下平，上下平则国强，国强则赵固，而君为贵戚，岂轻于天下邪？”平原君以为贤，言之王。王用之治国赋，国赋大治，民富而府库实。

【译文】

赵奢是赵国的一个征收田赋的官吏。征收租税时，平原君家不肯缴纳，赵奢依法办理，杀了平原君家九个管事的人。平原君发怒，准备杀赵奢。赵奢趁机劝说道：“您在赵国是贵公子，现在纵容您家而不奉公办事，那么国法就会削弱；国法削弱，国家就会衰弱；国家衰弱，各国就会进兵侵犯；各国进兵侵犯，赵国就不能存在。那么，您怎么能保持这样的富贵呢？像您这样地位高贵的人，能够奉公守法，那么全国上下就会安定；上下安定，国家就会强盛；国家强盛，赵国就会巩固。而您是尊贵的皇亲，难道会被天下轻视吗？”平原君认为赵奢贤能，就把他推荐给了赵王。赵王任用他管理全国赋税，结果国家赋税工作搞得很好，百姓富裕，国库充实。

秦伐韩，军阏与。王乃令奢将，救之，大破秦军。惠文王赐奢爵号为马服君。

孝成王立。秦与赵兵相距长平，使廉颇将，固壁不战。秦之间言曰：“秦之所恶，独畏赵奢之子赵括为将耳。”赵王因以括为将，代廉颇。括自少时学兵法，言兵事，以天下莫能当。尝与其父奢言兵事，奢不能难，然不谓之善。括母问其故，奢曰：“兵，死地也，而括易言之。使赵不将括则已，若必将之，破赵军者必括也。”及括将行，其母上书曰：“括不可使将。”王曰：“何以？”对曰：“始妾事其父，时为将，身所奉饭而进食者以十数，所友者以百数，大王及宗室所赏赐者，尽以与军吏士大夫，受命之日，不问家事。今括一旦为将，东向而朝，军吏无仰视之者，王所赐金帛，归藏家，而日视便利田宅可买者。王以为何如其父？父子异心，愿王勿遣。”王曰：“母置之，吾已决矣。”终遣之。括既代廉颇，悉更约束，易置军吏。秦将白起闻之，纵奇兵，射杀括。

数十万之众遂降秦，秦悉坑之。

【译文】

秦国进攻韩国，军队驻扎在阏与。赵王便派赵奢为将去援救韩国，结果打败了秦军。赵惠文王赐赵奢封号为马服君。

赵孝成王即位。秦国和赵国的军队在长平对峙。赵王派遣廉颇带兵抗秦，赵军坚守营垒不应战。秦国的间谍传布流言说："秦国最担心的就是赵奢的儿子赵括担任将军。"赵王因此用赵括为将，替代廉颇。赵括年轻时学习兵法，谈论军事，认为天下没有谁能比得上自己。他曾经和他父亲赵奢谈论用兵，赵奢难不住他，但并不认为他能力强。赵括的母亲问赵奢为什么这样认为，赵奢说："战争是要死人的，可他却说得那么轻易。赵国不用他当将领倒也罢了，如果一定用他为将领，使赵国吃败仗的一定是他。"等到赵括将要出发，他母亲上书给赵王，说道："不能派赵括当将军。"赵王说："为什么？"回答说："当初我侍奉他父亲的时候他父亲正当大将，他每天亲自端饭端汤招待吃喝的有几十个人，结交为朋友的有几百个人；大王和王族所赏赐的东西，全部分给军官及僚属；从接受命令的那天起，就不过问家里的事。现在赵括刚做将军，就面向东方接受部下的朝见，军官没有敢抬头看他的；大王赏赐的金银绸缎，他都拿回来收藏在家，而且天天打听便宜合适、可以买下的田地房屋。大王觉得这哪一点像他父亲？父亲与儿子的想法不同，希望大王不要委派他。"赵王说："老人家别管这件事了，我已经决定了。"赵王终于派遣赵括为将。赵括代替廉颇以后，全部更改了纪律和号令，撤换了军官。秦将白起听到这些以后，派出奇兵，射死了赵括。于是赵国几十万大军投降秦军，秦军将其全部活埋。

李牧者，赵之北边良将也，常居代、雁门，备匈奴。日飨士，习骑射，谨烽火，多间谍，厚遇战士。为约曰："匈奴即入盗，急入收保，有敢捕虏者斩。"如是数岁，亦不亡失。然匈奴以李牧为怯，虽赵边兵，亦以为吾将怯。赵王让牧，牧如故。赵王怒，召之，使他人代将。岁余，匈奴每来，出战，战数不利，失亡多，边不得田畜。复请牧，牧固称疾。赵王乃复强起，使将兵。牧曰：“王必用臣，如前乃敢奉令。”王许之。牧至如故约，匈奴数岁无所得，终以为怯。边士日得赐而不用，皆愿得一战。于是悉勒习战。大纵畜牧，人民满野，匈奴小入，佯北不胜，以数千人委之。单于闻之，大率众来入。牧多为奇阵，张左右翼击之，大破杀匈奴十余万骑。破东胡。单于奔走，匈奴不敢近赵边。

【译文】

李牧是赵国镇守北方边境的优秀将领，经常驻扎在代郡、雁门郡，防备匈奴。他每天杀几头牛给战士食用，教战士射箭和骑马，小心地派人把守烽火台，增加侦察人员，优待战士。他做出规定：“匈奴如果侵入边境来抢掠，应立即退入营垒坚守，有擅自捕捉俘虏的杀头。”这样一连好几年，也没有什么伤亡和损失。然而匈奴人认为李牧胆怯，即使是赵国边境上的士兵也认为自己的将军胆怯。赵王责备李牧，李牧还是这样。赵王发怒，将其召回，派另外的人代他为将。此后的一年多，匈奴每次来侵犯，新任将军便领兵出战。每次出战，多是失利，人员伤亡和财产损失严重，边境也不能耕种、放牧了。于是赵王又去请李牧。李牧坚持说自己有病，赵王就强迫他出来率军守边。李牧说：“大王一定要任用我，要让我像以前那样做，我才敢接受命令。”赵王答应了他。李牧到了边境，仍然按照原来的规定办事。匈奴好几年没有得逞，但人们始终认为李牧胆怯。守边的士兵经常得到奖赏却不被使用，他们都希望与匈奴一战。于是，李牧将战士组织起来进行军事演习，又大力组织放牧，让人民布满原野。匈奴先派小股兵力入侵，李牧假装败走，丢下几千人迷惑匈奴。单于听到此事，率领大批军队入侵。李牧布置许多奇阵，张开两翼伏击包抄匈奴，大破其军，斩杀匈奴骑兵十余万。接着又打败东胡，单于远逃。从此匈奴不敢接近赵国边境。

屈原者，名平，楚之同姓也，为楚怀王左徒。博闻强志，明于治乱，娴于辞令。入则与王图议国事，以出号令；出则接遇宾客，应对诸侯。王甚任之。上官大夫与之同列，而心害其能。怀王使平造为宪令，平属草藁未定，上官大夫见而欲夺之，平不与，因谗之曰："王使屈平为令，众莫弗知，每一令出，屈平伐其功，以为'非我莫能为'也。"王怒而疏平。平疾王听之不聪也，谗谄之蔽明也，邪曲之害公也，方正之不容也，故忧愁幽思，而作《离骚》。平既绌，其后秦大破楚师，怀王入秦而不反。平虽放流，眷顾楚国，冀幸君之一悟、俗之一改也。令尹子兰卒使上官大夫短原于顷襄王，顷襄王怒而迁之〔迁于江南〕，遂自投汨罗以死〔汨水在罗，故曰汨罗〕。原既死之后，楚日以削，竟为秦所灭。

【译文】

屈原名平，是楚王的同族人，担任楚怀王的左徒。他见闻广博，记忆力强，通晓国家盛衰兴亡的道理，擅长应酬外交的辞令。入朝就和国王讨论国家大事，制定政令；出朝就接待宾客，办理对诸侯国的事务。楚怀王对他十分信任。上官大夫和屈原职位相等，他妒嫉屈原的才能。有一次，怀王让屈原制订法令，屈原写好草稿，还未最后定稿，上官大夫看到后想要有所修改，屈原不答应。他就向楚怀王进谗言说："大王让屈原制订法令，无人不知，每颁布一项法令，屈平就夸耀自己的功劳，说除了他自己，别人都做不出来！"楚怀王听后很生气，就疏远了屈原。屈原痛心楚怀王偏听偏信，被谗谄者蒙蔽而不明事理，邪恶小人这样妨害国事，正直的人因此不能容身，所以忧愁沉思，写成了《离骚》。屈原遭贬黜之后，秦国大败楚军，怀王被骗到秦国而不得生还。屈原虽然身遭放逐，还是眷恋楚国，期望怀王能悔悟过来，习俗能得到改正。令尹子兰让上官大夫向顷襄王说屈原的坏话，顷襄王发怒，将屈原放逐到更远的江南。于是，屈原就自投汨罗江而死。屈原死后，楚国一天天削弱，最终被秦国灭亡。

豫让者，晋人也。故尝事范氏及中行氏，而无所知名。去而事智伯，智伯甚尊宠之。及智伯伐赵，赵襄子与韩、魏合谋灭智伯，三分其地，襄子漆智伯头以为饮器。豫让遁逃山中，变名易姓，为刑人，入宫涂厕，欲以刺襄子。襄子如厕，心动，执问涂厕之刑人，豫让内持刀兵，曰：“欲为智伯报仇！”左右欲诛之。襄子曰：“彼义人也，吾谨避之耳。”释去之。居顷之，豫让又漆身为厉，吞炭为哑，行乞于市，其妻不识。行见其友，其友识之，曰：“以子之材，委质而臣事襄子，襄子必近幸子。近幸子，乃为所欲，顾不易邪？何乃残身苦形，欲以求报襄子，不亦难乎！”豫让曰：“既已委质臣事人而杀之，是怀二心以事君也。且吾所为者，极难耳！然所以为此者，将以愧天下后世之为人臣怀二心以事其君也。”顷之，襄子当出，豫让伏于所当过之桥下。襄子至桥马惊，曰：“此必是豫让也。”使人问之，果豫让也。于是赵襄子数豫让曰：“子不尝事范、中行氏乎？智伯尽灭之，而子不为报仇，反委质臣于智伯。智伯亦已死矣，而子独何以为之报仇之深也？”豫让曰：“臣事范、中行氏，范、中行氏皆众人遇我，我故众人报之。至于智伯，国士遇我，我故国士报之。”

【译文】

豫让是晋国人。他原先曾经服侍过范氏和中行氏，没有什么名声。离开范氏、中行氏后，又去服侍智伯，智伯很尊重他、宠信他。等到智伯攻伐赵襄子，赵襄子便与韩、魏合谋消灭了智伯，瓜分了他的土地。赵襄子把智伯的头骨涂上油漆，作为饮酒的大酒盅。豫让逃到山中，便改变姓名，装成被判罪罚做苦役的人，潜入赵襄子的宫中粉刷厕所，准备刺杀赵襄子。赵襄子上厕所，心中一惊，便拘问粉刷厕所墙壁的人，才知道是豫让。豫让衣内夹着凶器，说：“要给智伯报仇！”跟随的人要杀掉他，襄子说：“他是个义士，我注意回避就是了。”于是把他释放了。过了不多时间，豫让又全身涂漆，使皮肤长满癞疮，吞炭使嗓子变得沙哑，在街上讨饭，连他的妻子都不认识他。朋友遇见了，还认得出，问道：“以你的才能，委身去侍奉赵襄子，赵襄子一定接近、宠信你。那时，你要干你想干的事，不是更容易吗？何苦摧残自己的身体、丑化自己的形貌？用这样的办法来达到报复赵襄子的目的，不是很困难吗？”豫让说：“既然委身服侍别人，又想杀他，这是怀着二心服事他的君主啊。我知道自己这样做是最艰难的，之所以这样做，是为了使天下后世怀着二心去服侍君主的人感到羞愧。”过不多久，赵襄子要外出了，豫让潜伏在他将要经过的桥下。赵襄子来到桥上，马忽然受惊。赵襄子说：“一定是豫让在这里。”使人查问，果然是豫让。这时赵襄子责问豫让道：“你过去不也服事过范氏、中行氏吗？智伯都把他们消灭了，而你却不为他们报仇，反而委身作智伯的臣子。现在智伯死了，你为什么单单要这样深切地为他报仇呢？”豫让说：“我服事过范氏、中行氏，他们只把我当一般人看待，所以我也只像一般人那样报答他们。至于智伯，他把我当国家杰出的人才对待，所以我也要像一个杰出人物那样来报答他。”

李斯者，楚上蔡人也。为丞相。始皇出游会稽，斯及中车府令赵高皆从。始皇有二十余子，长子扶苏以数直谏，使监兵上郡，蒙恬为将，少子胡亥从。始皇帝至沙丘，疾甚，令赵高为书赐公子扶苏曰：“以兵属蒙恬，与丧会咸阳而葬。”书已封，未授使者，始皇崩。于是斯、高相与谋，诈为受始皇诏，立子胡亥为太子，更为书赐扶苏剑以自裁，将军蒙恬赐死。至咸阳发丧，太子立为二世皇帝，以赵高为郎中令，常侍中用事。

【译文】

李斯是楚国上蔡人。任秦国丞相。始皇出游到会稽山，李斯及中车府令赵高都跟随在身边。始皇有二十多个儿子，大儿子扶苏因为几次直言劝谏皇上，被派遣到上郡监督军队，那儿是蒙恬担任将军。小儿子胡亥跟随出游。始皇到达沙丘，病得很厉害，命令赵高写诏书给公子扶苏说：“把军队交给蒙恬，与灵柩到咸阳会合，举行丧礼，然后安葬。”诏书已封好，还没有交给使者，始皇就逝世了。于是李斯、赵高在一块儿商量策划，伪造始皇诏书，立胡亥做太子，更改赐给长子扶苏的诏书，赐给扶苏宝剑让他自杀，并赐将军蒙恬死。回到咸阳发丧后，太子继位作了二世皇帝，用赵高担任郎中令，经常在宫中侍奉二世，掌握了实权。

二世燕居，乃召高与谋，谓高曰："夫人生世间也，譬犹骋六骥过决隙也。吾既已临天下矣，欲悉耳目之所好，穷心志之所乐，以安宗庙而乐万姓，长有天下，终吾年寿，其道可乎？"高曰："此贤主之所能行，而昏乱主之所禁也。臣请言之，愿陛下少留意焉。夫沙丘谋，诸公子至大臣皆疑焉，而诸公子尽帝兄，大臣又先帝之所置也。今陛下初立，此其属意怏怏，皆不服，恐为变。且蒙恬已死，蒙毅将兵居外，臣战战栗栗，唯恐不终。且陛下安得为此乐乎？"二世曰："为之奈何？"赵高曰："严法而刻刑，令有罪者相坐，诛至收族；灭大臣而远骨肉，贫者富之，贱者贵之；尽除去先帝之故臣，更置陛下之所亲信者近之。此则阴德归陛下，害除而奸谋塞，群臣莫不被润泽、蒙厚德，陛下则高枕肆志宠乐矣。计莫出于此。"二世然高之言，乃更为法律。群臣、诸公子有罪，辄下高，令治之。诛杀大臣蒙毅等。公子十二人，戮死咸阳市，十公主矺死于杜。相连坐者，不可胜数。

【译文】

二世闲居无事，就把赵高叫来商议，对他说："人生在世，就像驾着六匹骏马飞奔跃过缝隙一样短促，我既然已经统治天下，想尽量满足耳目的欲望，享受心中所想要的一切乐趣，使国家安定，百姓快乐，长有天下，直到我的寿命终结，这一要求可以实现吗？"赵高说："这是贤明的君主所能做到的，又是昏乱的君王所禁忌的。我请求仔细说说，请陛下稍加留意。关于沙丘的密谋，公子们和大臣们都有怀疑，而公子们都是您的兄长，大臣们又是先帝所安置的。现在陛下刚刚登位，这一班人心里都怨恨不服，恐怕会出乱子。况且蒙恬虽死，而蒙毅还在外面带兵，我心惊胆战，唯恐不得善终。陛下怎么能行这样的乐事呢？"二世说："这可怎么办呢？"赵高说："用严峻的法律和残酷的刑罚，让有罪的人连坐受罚，直到全部诛杀犯罪者的家族；诛灭大臣，疏远兄弟姊妹，让原来贫穷的人富有，把原来下贱的人提拔起来让他们高贵；全部除掉先帝任用的旧臣，另外任命陛下所亲信的人在身边任职。这样他们就会从内心感激您的恩德，从而消除祸害，杜绝奸计，群臣中没有谁不得到您的恩泽，蒙受您的厚德，这样陛下就可以放心地享乐受用了。没有比这更好的计策。”二世同意了赵高的意见，于是便修改了法律。这样一来，群臣和公子们有罪，二世总是把他们交给赵高，命他审讯治罪。杀了大臣蒙毅等人。十二个公子在咸阳市被杀头示众，十个公主在杜县被分裂肢体而死。连坐被杀的不可尽数。

公子高欲奔，恐收族，乃上书曰：“先帝无恙时，臣入则赐食，出则乘舆。御府之衣，臣得赐之；中厩之宝马，臣得赐之。臣请从死，愿葬骊山之足。”书上，胡亥大悦，召赵高而示之，曰：“此可谓急乎？”高曰：“人臣当忧死不暇，何变之得谋？”胡亥可其书，赐钱十万以葬。法令诛罚，日益刻深，群臣人人自危，欲叛者众。又作阿房之宫，治直道、驰道，赋敛愈重，戍徭无已。于是楚戍卒陈胜、吴广等乃作乱。斯数欲请间谏，二世不许。而二世责问斯曰：“吾有私议，而有所闻于韩子也，曰：‘尧之有天下，堂高三尺，茅茨不剪，虽逆旅之宿，不勤于此矣；粢粝之食，藜藿之羹，饭土匦，啜土铏，虽监门之养，不觳于此矣。禹凿龙门，疏九河，手足胼胝，面目黎黑，臣虏之劳，不烈于此矣。’然则夫所贵于有天下者，岂欲苦形劳神，身处逆旅之宿，口食监门之养，手持臣虏之作哉？此不肖人之所勉也，非贤者之所务也。夫所谓贤人者，必将能安下而治万民也。今身且弗能利，将恶能治天下哉！故吾愿肆志广欲，长享天下而无害，为之奈何？”斯子由为三川守，群盗吴广等西略地，过去弗能禁。

【译文】

公子高想逃亡，又怕家族被诛，就呈上报告说：“先帝健在时，我进宫就赐我食物，外出就赐我马车。皇帝内府的衣服、宫中马房里的宝马，我都得到过赏赐。我请求跟随先帝去死，希望把我葬在骊山脚下。”报告呈上去后，胡亥非常高兴，召来赵高把报告给他看，说道：“这大概就叫做走投无路了吧？”赵高说：“臣子担心死亡还来不及，哪里还能变着法儿图谋造反？”胡亥批准了公子高的报告，赐给十万钱料理他的丧事。此后，法令刑罚一天比一天严厉苛刻，群臣个个感到自身难保，想反叛的人很多。二世又续修阿房宫，修筑直道、驰道，税收越来越重，兵役、劳役没完没了。于是从楚地征来守边的士兵陈胜、吴广等人就起来造反。李斯几次想找机会劝谏二世，二世都不答应见他。二世还责问李斯说：“我有个想法是从韩非先生那儿听来的，他说：‘唐尧有天下，殿堂不过三尺高，做椽子的木料连刮都不刮，茅草盖的屋顶不加修剪，即使是旅店的住宿条件也不会比这更苦；粗米做饭，野菜作汤，用土罐吃饭，用土钵喝水，即使是看门人的生活也不会比这更坏。夏禹凿开龙门，疏通很多河流，手脚上长满了老茧，面孔黝黑，即使是奴隶的劳动也不会比这更过分呀。’天子享有天下之尊贵，难道就是要劳苦自己的身心，栖身于像旅店一样的住所，口里吃看门人那样的食物，手里干奴隶所干的活计么？这些事是没有才德的人所用以自勉的，不是贤明的人所当做的。所谓贤能之人，一定能安定天下并且管好万民。现在连自身都没有得到好处，怎么能治理天下呢？所以我希望能放纵心意，扩充所欲，永远享有天下而又不致发生祸害，应该怎么办？”李斯的儿子李由担任三川郡守，造反的吴广等人向西进攻攻占土地，曾经路过三川郡，而李由不能阻挡。

李斯恐惧，不知所出，乃阿二世意，欲求容，以书对曰：“夫贤主者，必且能全道，而行督责之术者。督责之，则臣不敢不竭能以徇其主矣。臣主之分定，上下之义明，则天下贤不肖，莫敢不尽力竭任，以徇其君矣。是故主独制于天下，而无所制也，能穷乐之极矣。贤明之主也，可不察耶！故申子曰‘有天下而不恣睢，命之曰以天下为桎梏’者，无他焉，不能督责，而顾以其身劳于天下之民，若尧、禹然，故谓之‘桎梏’也。夫不能修申、韩之明术，行督责之道，专以天下自适也，而徒务苦形劳神，以身徇百姓，则是黔首之役，非畜天下者也，何足贵哉！夫以人徇己，则己贵而人贱；以己徇人，则己贱而人贵。故徇人者贱，而所徇者贵，自古及今，未有不然者也。凡古之所为尊贤者，为其贵也，而所为恶不肖者，为其贱也。夫尧、禹以身徇天下者也，可谓大缪也。谓之为'桎梏'，不亦宜乎？不知督责之过也。故韩子曰'慈母有败子，而严家无格虏'者，何也？则能罚之加焉必也。故商君之法，刑弃灰于道者。夫弃灰，薄罪也，而被刑，重罚也。彼唯明主为能深督轻罪。夫轻罪且督深，而况有重罪乎？故民弗敢犯也。明主圣王之所以能久处尊位，长执重势，而独擅天下之利者，非有异道也，能独断而审督责，必深罚，故天下弗敢犯也。今不务所以不犯，而事慈母之所以败子也，则亦不察于圣人之论矣。凡贤主者，必将能拂世摩俗，而废其所恶，立其所欲，故生则有尊重之势，死则有贤明之谥也。是以明君独断，故权不在臣也。然后能灭仁义之涂，掩驰说之口，困烈士之行，塞聪掩明，内独视听。故外不可倾以仁义烈士之行，而内不可夺以谏说忿争之辨。故能荦然独行恣睢之心，而莫敢逆。若此，然后可谓能明申、韩之术，而修商君之法。法修术明，而天下乱者，未之有也。故督责之术设，则所欲无不得矣。群臣百姓，救过不给，何变之敢图？若此则帝道备，而可谓能明君臣之术矣。虽申、韩复生，弗能加也。"书奏，二世悦。

【译文】

李斯恐惧，不知该怎么办才好，就曲意迎合二世的心意，以求保全自己，便写出报告回答说："贤明的君主，一定是能够全面地掌握为君之道，而且能对下行使督责统治术的人。对下严加督责，臣子就不敢不竭尽所能来效命于君主。这样，君臣的尊卑名分就可以确定，上下的职责界限就可以分明，那么天下贤者和不贤者就都不敢不尽力去完成任务来效命于君主了。因此君主就能专制天下而不受别人的约束，从而得到无穷的乐趣。贤明的君主怎能不注意这一点呢？所以申不害先生说：‘有了天下而不能为所欲为，这就叫做把天下当做自己的镣铐。’这句话没有别的意思，就是说不能监督责罚臣下，却想着以自身替天下百姓操劳，就像唐尧、夏禹那样，所以称之为‘镣铐’。他们不能学会申不害、韩非的高明法术，实行监督责罚的手段，让普天下来满足自己，却白白劳苦身心去顺从百姓的愿望，那就成了百姓的奴仆，不能算是统治天下的帝王，又有什么可贵呢？让别人效命于自己，那就自己尊贵而别人卑贱；让自己效命于别人，那就自己卑贱而别人尊贵。所以效命于别人者卑贱，能使别人效命于自己者尊贵。从古代到现在，没有不是这样的。古时之所以尊敬贤人，是因为他高贵，而之所以蔑视小人，是因为他卑贱。唐尧、夏禹以自身效命百姓，可说是荒谬到极点了。说他们把天下当做自己的‘镣铐’，不也很恰当吗？这就是不能推行监督责罚办法的过错。所以韩非子说：‘慈祥的母亲会养出败家的儿子，而严厉的主人没有不顺从的奴隶。’这是什么道理呢？是能够严加惩罚的必然结果。所以商鞅的法律规定，把灰倒在路上的人要判刑。倒灰本来是轻罪，而判刑却是重罚。但他认为只有贤明的君主才能深究轻的犯罪行为。轻罪尚且要深究严办，何况犯有重罪者呢？所以百姓就不敢犯罪了。贤明的君主和英明的帝王之所以能久居高位，长期掌握大权而独自拥有天下的利益，不是有特殊的办法，只是能够独断专行，精于监督责罚，且一定严厉惩罚犯罪行为，所以天下人不敢触犯法律。如今不大力采取杜绝犯罪的措施，却去仿效慈母养成败家子的做法，这种人就没有理解圣人的理论。凡是贤明的君主，都一定能扭转世俗偏见，废弃他所厌恶的，扶持他所喜欢的，所以生前拥有至高无上的权威，死后能得到贤明的谥号。因此，贤明的君主能够独断专行，大权才不会旁落到臣下的手里。然后才能断绝大讲仁义道德的途径，堵住奔走劝谏者的嘴巴，节制有志建功者的行为，闭塞两耳，蒙上双眼，只看自己，不看别人，只听自己，不听别人，所以外面不会被仁义节烈的举动所动摇，内心不会被劝谏争论的言语所迷误。所以能够称心如意地为所欲为，而谁也不敢反抗。像这样，才可以说懂得了申不害、韩非的权术，学会了商鞅的法制。法制权术精通了，天下还治不好，那是没有的事。所以只要实施监督责罚的办法，那么一切想办的事就没有办不到的。群臣百姓一天到晚补救自己的过错还来不及，哪里还敢想着谋反？像这样，就是帝王的统治之术完备了，也可以说是懂得了驾御臣下的权术了。即使申、韩复生，也不能超过您的水平。”报告呈上去，二世很高兴。

于是行督责益严，税民深者为明吏。二世曰：“若此则可谓能责矣。”刑者相半于道，而死人日成积于市，杀人众者为忠臣。二世曰：“若此则可谓能督矣。”初，赵高为郎中令，所杀及报私怨众多，恐大臣入朝奏事毁恶之，乃说二世曰：“天子所以贵者，但以闻声，群臣莫得见其面，故号曰‘朕’。且陛下富于春秋，未必尽通诸事，今坐朝廷，谴举有不当者，则见短于大臣，非所以示神明于天下。且陛下深拱禁中，与臣及侍中习法者待事，事来有以揆之。如此则大臣不敢奏疑事，天下称圣主矣。”二世用其计，乃不坐廷见大臣，居禁中。赵高常侍中用事，事皆决于高。高闻斯以为言，乃见丞相曰：“关东群盗多，今上急益发繇治阿房，聚狗马无用之物。臣欲谏，为位贱。此真君侯之事，君何不谏？”斯曰：“固也，吾欲言之久矣。今时上不坐朝廷，上居深宫，吾所欲言者，不可传也，欲见无间。”高谓曰：“君诚能谏，请为君侯上间语君。”于是赵高待二世方宴乐，妇女居前，使人告丞相：“上方间，可奏事。”丞相至宫门上谒，如此者三。二世怒曰：“吾常多间日，丞相不来，吾方宴私，丞相辄来请事。丞相岂少我？且固我哉？”赵高因曰：“此殆矣！夫沙丘之谋，丞相与焉。今陛下已立为帝，而丞相贵不益，此其意亦望裂地而王矣。且陛下不问臣，臣不敢言。丞相长男由为三川守，楚盗陈胜等，皆丞相傍县之子，以故楚盗公行，过三川，城守不肯击。高闻其文书相往来，未得其审，故未敢以闻。且丞相居外，权重于陛下。”二世以为然。欲案丞相，恐其不审，乃使人案验三川守与盗通状。

【译文】

于是愈加严厉地实行监督责罚，认为对百姓征收重税者就是好官。按二世的说法："像这样才可以说是能实行责罚。"路上的行人有一半是受刑的犯人，死人的尸体每天堆积于街市，杀人多的就是忠臣。按二世的说法："像这样才可以说是能实行督责了。"起初，赵高为郎中令，被他杀害和为报私怨而被陷害的人很多，他怕大臣到朝廷报告政务的时候揭发他，就劝二世说："天子之所以尊贵，只是因为群臣仅能听到他的声音，而不能见面，所以称为'朕'。而且陛下年纪尚轻，未必对一切事情都熟悉，如果坐在朝堂上听群臣奏事，有赏罚不当之处，就会把短处暴露给大臣，这样就不能向天下人显示您的圣明了。再说，陛下深居宫中，跟我和内侍中熟悉法令者一起等待大臣们奏事，有了事情可以共同研究处理的办法，这样大臣就不敢把是非难辨的事情报告上来，天下就会称您为圣主了。"二世采纳了他的建议，不再坐朝接见大臣，经常住在宫里。赵高常侍奉左右，掌握着大权，一切事情都由他决定。赵高听说李斯对此有不同意见，就去会见丞相说："关东地区盗贼纷纷起来闹事，如今皇上却加紧征发劳役去修建阿旁宫，搜集狗马之类无用的玩物。我想劝谏，但因为地位卑贱而不敢说。这实际上是您的责任，您为什么不劝谏呢?"李斯说："是啊，我早就想说了，但现在皇上不临朝听事，住在深宫之中，我有话要说，不能传达进去，想要觐见又没有机会。"赵高说："您真想进谏，请允许我趁皇上有空的时候通知您。"于是赵高等二世正在欢宴取乐、妇女站满面前的时候，派人告诉丞相："皇上正有空，可以进来奏事。"丞相就到宫门求见，如此一连三次。二世发怒说："我平常有空闲的日子，丞相不来，却逢我私宴寻欢时，丞相总是三番五次请求奏事。丞相是轻视我呢?还是认为我鄙陋呢?"赵高就趁机说道："如果是这样，可就危险了！沙丘的密谋，丞相也参与了。现在陛下已立为皇帝，而丞相的地位并没有提高，他的意思是希望能割地称王呀！而且陛下不问我，我也不敢说。丞相的长子李由当三川郡守，楚地的盗贼陈胜等都是丞相邻县的人，因此他们敢于公开横行，经过三川的时候，守城者不肯出击。我听说他们互相有文书来往，因为还没有了解清楚，所以没敢报告陛下。而且丞相在宫外，权力比陛下还大。”二世认为他的话是对的，想查办丞相，又恐怕事实不确，于是派人去调查三川郡守与盗贼勾结的情况。

斯闻之，因上书言高短曰：“臣闻之，臣疑其君，无不危国；妾疑其夫，无不危家。今高有邪佚之志，危反之行，陛下不图，臣恐其为变也。”二世曰：“何哉？夫高故宦人也，然不为安肆志，不以危易心，洁行循善，自使至此。以忠得进，以信守位，朕实贤之，而君疑之，何也？且朕少失先人，无识不习治，而君又老，恐与天下绝矣。朕非属赵君，当谁任哉？且赵君为人，精廉强力，下知民情，上能适朕，君其勿疑。”李斯曰：“不然！夫高故贱人也，无识于理，贪欲无厌，求利不止，烈势次主，求欲无穷，臣故曰殆。”二世乃私告赵高，高曰：“丞相所患者独高，高已死，丞相欲为田常所为。”于是二世责斯与子由谋反状，皆收捕宗族宾客。高治斯，榜掠千余，不胜痛，自诬服。斯所以不死者，自负有功，实无反心，上书自陈，幸二世之寤。高使吏弃去弗奏，曰：“囚安得上书！”使其客十余辈，诈为御史、谒者、侍中，更往覆讯斯。斯更以其实对，辄使人复榜之。后二世使人验斯，斯以为如前，终不敢更言。辞服，奏当上，二世喜曰：“微赵君，几为丞相所卖。”具斯五刑，论腰斩咸阳市，遂夷三族。李斯已死，二世拜高为中丞相，事无大小，辄决于高。高自知权重，乃献鹿谓之马。二世问左右：“此乃鹿也？”左右曰：“马也。”二世惊，自以为惑，乃召太卜令卦之。太卜曰：“陛下春秋郊祀，奉宗庙鬼神，斋戒不明，故至于此，可依盛德而明斋戒。”于是乃入上林斋戒。日游弋猎，有行人，二世自射杀之。高乃谏二世，天子无故贼杀不辜人，此上帝之禁，天且降殃，当远避宫以禳之。二世乃出居望夷之宫。留三日，高劫令自杀也。

【译文】

李斯知道了这件事后，便上了一封奏书揭发赵高的短处，说道：“我听说，臣子惑乱其君主，没有不危害国家的；小妾惑乱其丈夫，没有不危害家庭的。如今赵高有奸邪之心，有狡诈叛逆之行，陛下不提早谋划，我怕他会作乱的。”二世说：“怎么会呢？赵高本来是个宦官，但他不因为处境安稳而肆意妄为，也不因为处境危难而改变忠心，他廉洁向善，所以得到今天的地位。他因为忠心而得到提拔，因讲信义而保持职位，我确实认为他很贤良，您却要怀疑他，这是为什么？而且我年纪轻轻时就死了父亲，没有什么知识，也不熟悉怎样治理百姓，而您又年纪大了，我怕国家没人管呀！我不委任赵高，又该用谁呢？而且赵高为人精明廉洁，办事得力，对下能了解百姓的情况，对上能适合我的心意，请您不要怀疑了。”李斯说：“不是这样。赵高本来是个卑贱的人，不懂得道理，贪心难以满足，求利从未停止，显赫之势仅次于主上，追求地位和权势的欲望却没有穷尽，所以我说危险。”二世暗中把这些话告诉了赵高。赵高说：“丞相所担心的只有我，我一死，丞相就可以干田常所干的悖逆之事了。”于是二世责问李斯和他的儿子李由谋反的事实，全部拘捕了他的宗族和宾客。赵高审问李斯，打了他一千多板子，李斯受不了痛苦，便假意表示服罪。李斯之所以不自杀，是因为自以为有功，且实无反叛之心，于是上书为自己辩解，希望二世能够醒悟。赵高却让狱吏把李斯的上书丢弃而不上报，说道：“囚犯怎么能上书！”随即派他的门客十多人伪装成御史、谒者、侍中，轮番拷问李斯。李斯改变态度，以实情回答，赵高立即让人再拷打他。以后二世派人去验证李斯的口供，李斯以为像以前一样（招来拷打），终于没有敢改口，承认了罪行。判决书呈报上去，二世高兴地说：“没有赵高，我几乎被丞相出卖了。”于是定李斯五刑之罪，判决腰斩于咸阳市，三族的人都被处死。李斯死后，二世任命赵高为中丞相，不论事情大小都由赵高决定。赵高自知权势太重，就向二世献上一只鹿，说它是马。二世问身边的人道：“这是鹿呀！”身边的人都说：“是马。”二世惊骇，怀疑自己神经错乱，就把太卜召来，叫他占卦。太卜说：“陛下每年春秋祭祀祖宗鬼神，斋戒不虔诚，所以至于如此，可以按照圣明君主的做法虔诚地进行一次斋戒。”于是二世就到上林苑进行斋戒，每天在苑中游玩打猎。有个过路人走进了上林苑，二世亲自射死了他。赵高劝说二世道：“天子无故杀害无罪的人，这是上天所不容的，上天会降下灾祸，应当远远地离开皇宫去祈祷消灾。”二世就离开皇宫住进望夷宫。二世在望夷宫住了三天，赵高乘机胁迫二世自杀了。

田叔者，赵人也，赵王张敖以为郎中。高祖过赵，贯高等谋弑上，发觉，诏捕赵王，赵有敢随王者罪三族。唯孟舒、田叔等，自髡钳，随王至长安。敖得出，叔为汉中守。文帝召叔问曰：“公知天下长者乎？”叔曰：“故云中守孟舒长者。”上曰：“先帝置舒云中十余年矣，虏曾一入，舒不能坚守，无故士卒战死者数百人。长者固杀人乎？”叔曰：“是乃孟舒所以为长者也。汉与楚相距，士卒疲弊。匈奴冒顿新服北夷，来为边害，孟舒知士卒疲弊，不忍出言，士争临城死敌，如子为父、弟为兄，以故死者数百人。孟舒岂故驱战之哉！是乃孟舒所以为长者也。”于是上曰：“贤哉孟舒！”复以为云中守。景帝以田叔为鲁相。鲁王好猎，相常从入苑中，王辄休相就馆舍，相出常暴坐，待王苑外。王数使人请相曰：“休。”终不休，曰：“我王暴露苑中，我独何为就舍！”鲁王以故不大出游。

【译文】

田叔是赵国人，赵王张敖任命他为郎中。高祖经过赵国时，贯高等谋杀皇上，事情被发觉，高祖下诏逮捕赵王。诏书说，如果有人胆敢跟随赵王的，那就罪及三族。结果，唯有孟舒、田叔等人自动剃光头发，跟随赵王来到长安。(贯高谋反与赵王无关的案情弄清楚了，)赵王张敖被释放出狱。田叔担任汉中郡守。孝文帝召见田叔，问他说：“你知道天下谁是长者吗？”田叔回答说：“前任云中郡守孟舒是长者。”皇上说：“先帝任命孟舒为云中郡守十多年了，匈奴曾经侵入长城一次，孟舒未能坚守云中，无故使士兵战死的有几百人，长者难道会致人死亡吗？”田叔回答说：“这正是孟舒之所以被称为长者的缘故。汉朝与楚国相对抗，士兵疲劳困苦极了。匈奴冒顿单于刚刚征服北方的夷族，就到我国边境来为害，孟舒知道士兵疲劳困苦，不忍心讲出作战的话，可士兵争着登城死战，好像儿子帮助父亲、弟弟帮助哥哥。由于这个原因，所以战死的有几百人。孟舒哪里是有意驱使他们出战呢？这正是孟舒号称长者的缘故。”于是皇上说：“孟舒真不愧是贤人呀！”于是重新任命他为云中郡守。（后来）景帝又任命田叔为鲁国丞相。鲁王喜欢打猎，田丞相经常跟随进入狩猎场中。鲁王总是劝他到馆舍休息。而田丞相走出猎场，经常坐在外面太阳之下等待鲁王。鲁王屡次派人请他去休息，他始终不肯，说：“我们国王在猎场的太阳下暴晒着，我怎能独自到馆舍去休息呢？”鲁王由于这个缘故就不经常出外游猎。

## 循吏传

太史公曰：法令所以导民也，刑罚所以禁奸也。文武不备，良民惧，然身修者，官未尝乱也。奉职循理，亦可以为治，何必威严哉！

公仪休为鲁相，奉法循理，无所变更，百官自正。使食禄者不得与下民争利，受大者不得取小。客有遗相鱼者，不受也。客曰：“闻君嗜鱼，遗君鱼，何故不受也？”相曰：“以嗜鱼，故不受也。今为相，能自给鱼；今受鱼而免，谁复给我鱼者？吾故不受也。”食茹而美，拔其园葵而弃之；见其家织布好，而疾出其家妇，燔其机。云：“欲令农士、工女安所仇其货乎？”

【译文】

太史公说：法令是用来引导人民的，刑罚是用来禁止奸邪的。法令刑罚不完备，好人恐惧，然而依旧保持良好品德，是由于各级官吏不胡作非为。只要官吏奉行职责，依理行事，也可以治理好国家，何必依靠严刑峻法呢？

公仪休是鲁国的宰相。他奉公守法，依理行事，丝毫不改变规则，因而百官行为自然端正。他规定领取俸禄的官吏不得与老百姓争利，做大官者不得年取小利。有一个客人送给公仪休一些鱼，他不肯接受。客人说："听说您爱吃鱼，特送给您这些鱼，为什么不肯接受呢？"公仪休说："正因为爱吃鱼，所以不能接受。我现在作宰相，自己能够买得起鱼，如果因为接受了你送给我的鱼而被免去了宰相职务，以后谁还会送给我鱼呢？所以我不能接受。"有一次，他吃了自家园里种的蔬菜，觉得味道很美，就把园子里种的葵菜拔出来抛掉；看到自己家织出来的布质量很好，马上把他家里的织妇打发走，并烧掉那些织布机。他说："（咱们种菜织布）叫那些菜农、织女到哪里去卖他们的货物呢？"

## 酷吏传

孔子曰："导之以政，齐之以刑，民免而无耻。导之以德，齐之以礼，有耻且格〔格，正〕。"老氏称："法令滋章，盗贼多有。"太史公曰："信哉是言也！法令者，治之具，而非制治清浊之源也。昔天下之网尝密矣，然奸伪萌起，其极也，上下相遁，至于不振。当是之时，吏治若救火扬沸，非武健严酷，恶能胜其任而愉快乎！言道德者，溺于职矣。故曰：'听讼，吾犹人也，必也使无讼乎？''下士闻道大笑之。'非虚言也。汉兴，破觚而为圆〔觚，方〕，斫雕而为朴，网漏于吞舟之鱼，而吏治烝烝，不至于奸，黎民艾安。由是观之，在彼不在此〔在道德，不在严酷也〕。"

【译文】

孔子说："用政令来引导，用刑罚来约束，百姓将会避免犯罪却没有羞耻之心；用道德来引导，用礼义来约束，百姓不但有羞耻之心，而且能自我纠正。"老子说："法令条款增加，盗贼将会更多。"太史公说："这话很对啊！法令是治理天下的工具，但它并不是决定政治好坏的根源。从前天下的法网很严密，可是邪恶欺诈的事不断发生，到了最严重的时候，上下互相欺骗，以至于无法整顿。当这个时候，官吏治民就像抱薪救火、扬汤止沸一样，不采用凶猛有力而严酷的手段，怎么能胜任其职而苟且舒适呢？这时候只讲道德的人，就会失于职守。所以孔子说：‘处理诉讼，我同别人一样，关键是要使人们之间不发生争讼呀。’老子说：‘下愚的人听见讲道德就会哈哈大笑。’这不是假话。汉朝兴起，去掉棱角而力求宛转，免去繁文缛节而提倡质朴，法网宽疏得可以漏掉能吞噬船只的大鱼，可是吏治却蒸蒸日上，谁也不敢为非作歹，百姓和美安定。由此看来，治理国家在于道德的引导，而不在于刑罚的严酷。”

## 滑稽传

优孟者，楚优人也。庄王之时，有爱马，衣以文绣，置之华屋之下，席以露床，啖以枣脯。马病肥死，使以大夫礼葬之。下令，有谏者死。优孟入门大哭曰：“马者，王之所爱也，以楚国堂堂之大，何求不得，而以大夫礼葬之薄，请以人君礼葬之。以雕玉为棺，文梓为椁，发卒穿圹，老弱负土，庙食太牢，奉以万户。诸侯闻之，皆知大王贱人而贵马。”王曰：“寡人过一至此乎！为之奈何？”孟曰：“请为大王六畜葬之人腹肠。”于是王乃使以马属大官，无令天下久闻也。楚相孙叔敖死，其子穷困负薪。孟即为敖衣冠，抵掌谈语〔抵掌，谈说之容则也〕。岁余，像孙叔敖。王大惊，以为叔敖复生也，欲以为相。孟曰：“楚相不足为也。如孙叔敖之为楚相，尽忠为廉以治楚，楚得以霸。今死，其子无立锥之地，贫困负薪，以自饮食。楚相不足为也。”于是庄王谢优孟，乃召叔敖子，封之寝丘。

【译文】

优孟是楚国的艺人。楚庄王在位的时候，有一匹心爱的马，给它穿上带花纹的锦绣衣服，安置在华丽的房子里，用没有帷帐的床给它做卧席，用蜜渍的枣干喂养它。结果这匹马得了肥胖病死掉了，又要求按照安葬大夫的礼仪安葬它。庄王还下令说：“有谁敢因葬马的事谏诤，就处死刑。”优孟听到这件事，走进宫门，大哭说：“马是大王所心爱的，凭堂堂的楚国，有什么办不到的，请按照国君的葬礼来安葬它！我请求用雕花的美玉做棺材，用细致的梓木做外椁，发动士兵给它挖掘墓穴，让年老体弱的人背土筑坟，盖一所庙宇，用牛、羊、猪祭祀，拨个万户的大县来供奉。诸侯听到这件事，就知道大王轻视人而重视马呀！”庄王说：“我的过错竟然严重到了这个地步，这该怎么办呢？”优孟说：“让我替大王用对待六畜的办法把它安葬在人们的肠胃里。”于是，庄王就派人把死马交给太官，并叫大家以后不要再提这件事了。楚国宰相孙叔敖死了，他的儿子贫困到靠背柴出卖度日。优孟就缝制了孙叔敖生前穿的那种衣服和帽子穿戴着，模仿孙叔敖生前的举止言谈。一年多后，活像孙叔敖。楚庄王见了大吃一惊，以为孙叔敖复活了，打算任他做宰相。优孟说：“楚国的宰相做不得！像孙叔敖那样做楚国的宰相，尽忠廉洁地治理楚国，使楚王得以称霸诸侯，如今死了，他的儿子连立锥之地都没有，贫困到靠背柴出卖维持生活。楚国的宰相做不得！”于是，庄王对优孟的良苦用心表示感谢，便召见孙叔敖的儿子，把寝丘之地封赐给他。

优旃者，秦倡侏儒也。善为笑言，然合大道。秦始皇帝议欲大苑囿，东至函谷关，西至雍、陈仓。优旃曰：“善。多纵禽兽于其中，寇从东方来，令麋鹿触之足矣。”始皇以故辍止。二世立，又欲漆其城。优旃曰：“善。漆城虽于百姓愁费，然佳哉！漆城荡荡，寇来不能上。即欲就之，易为漆耳，顾难为荫室。”于是二世笑之，以其故止。

【译文】

优旃是秦朝的歌舞演员，而且身材短小。他善于讲笑话，然而都合乎大道理。秦始皇曾经计议要扩大猎场，东边划到函谷关，西边划到雍县和陈仓。优旃说：“好极了！多放些禽兽在园里，盗寇如果从东方来侵犯，就让麋鹿用角去顶他们就足够啦。”始皇因此便停止了扩大猎场的计划。

秦二世登基，又想用漆涂饰城墙。优旃说："好极了！漆城墙虽然给百姓造成愁苦耗费，可是很美呀！涂了漆的城墙十分平滑，盗寇来了爬不上来。如果要完成它，涂漆倒不难，而难的是要造一所遮盖涂漆城墙的大房子。"于是二世笑了起来，因这个缘故而终止了漆城的打算。

魏文侯时，西门豹为邺令。邺三老、廷掾，常岁赋敛百姓，收取其钱，得数百万，用其二三十万为河伯娶妇，与祝巫共分其余钱。人家有好女者，持女逃亡。以故城中益空无人，又困贫。俗曰："不为河伯娶妇，水来漂没。"至为河伯娶妇，送女河上。豹往会之，曰："是女不好，烦大巫妪，入报，更求好女，后日送之。"即使吏卒共抱大巫妪，投之河中。有顷曰："巫妪何久也？弟子趣之！"复以弟子一人投河中。有顷曰："弟子何久也？"复使投之。凡投三弟子也。豹曰："巫妪弟子，女子也，不能白事，烦三老为入白之。"复投三老。豹曰："巫妪、三老不来奈何？"欲复使掾趣之。皆叩头，破额血流。豹曰："若皆罢归去。"吏民大惊恐，从是已后，不敢言为河伯娶妇。豹发民凿十二渠，引河水灌田。民烦苦不欲，豹曰："民可与乐成，不可与虑始。今虽患苦，然期令子孙思我。"至今皆得水利，民人以给足。故豹为邺令，泽流后世，无绝已时。子产治郑，民不能欺；子贱治单父，人不忍欺；西门豹治邺，人不敢欺。三子之才能，谁最贤哉？辨治者当能别之〔魏文帝问群臣："三不欺于君德孰优？"大尉钟繇、司徒华歆、司空王朗对曰："臣以为君任德，则臣感义而不忍欺；君任察，则臣畏觉而不能欺；君任刑，则臣畏罪而不敢欺。任德感义，与夫导德齐礼，有耻且格，等同归者也。孔子曰：'为政以德，譬如北辰，居其所而众星拱之。'考以斯言，论以斯义，臣等以为不忍欺、不能欺。优劣之县在权衡，非徒低昂之差，乃钧铢之觉也。且前志称：仁者安仁，智者利仁，畏罪者强仁。校其仁者功，则无以殊。核其为仁者，则不得不异。安仁者，性善者也；利仁者，力行者也；强仁者，不得已者也。三仁相比，则安者优矣。《易》称：神而化，使民宜之。若君化然也，然则安仁之化，与夫强仁之化，优劣亦不得不相悬绝也。然则三臣之不欺虽同，所以不欺异，则纯以恩义崇不欺，与以威察成不欺，既不得同概而比量，又不得错综而易处〕。

【译文】

魏文侯的时候，西门豹做邺县县令。邺县掌管教化的乡官、县府的群僚常年向老百姓征收税赋，搜刮老百姓的钱有几百万，用其中二三十万给河神娶媳妇，与主持祭河神的祭师及女巫共同瓜分剩余的钱。本县人家中有漂亮女子的，都带着女儿逃亡了。因此城里逐渐空虚，剩下的居民也更加穷困了。民间相传：“如果不给河神娶媳妇，河水冲来就会淹没所有田庄和百姓。”到了为河神娶媳妇的日子，选定的女子被送到了河边。西门豹前去与大家会合。西门豹（看了新娘后）说：“这个女子不漂亮，烦劳大巫婆入水报告河神，就说要另找一个漂亮女子，后天把她送来。”当即让官府的兵卒抬起大巫婆扔进河里。过了一会儿，西门豹说道：“巫婆怎么一去这么久呢？徒弟去催促一下！”再把一个徒弟扔进河里。过了一会儿，他又说道：“徒弟怎么一去这么久呢？”又把一个徒弟扔进河里。一共扔进三个徒弟。西门豹说：“巫婆及其徒弟是女人，不会报告事情，相烦三老替我进去报告一下。”又把三老扔进河里。西门豹说：“巫婆、三老不回来，怎么办呢？”要再派县吏去催促。他们都叩头求饶，直至磕破额头，鲜血直流。西门豹说：“你们都回去休息吧。”邺县的官吏和百姓都非常惊慌害怕，从此以后，不敢再说给河神娶媳妇了。西门豹立即征发老百姓开凿了十二条渠道，引河水灌溉农田。(刚开始开渠的时候)百姓怨烦劳苦，不愿意干。西门豹说：“对百姓，只可以事后与他们共享成功，不可与他们事前商量如何开创。现在他们虽担忧劳苦，但期望使他们的子孙们想起我。”到现在，那里都还蒙受着修渠的好处，老百姓因而富足。所以西门豹做邺县的县令，恩泽流传后代，没有终了的时候。子产治理郑国，百姓不能欺骗他；宓子贱治理单父，百姓不忍心欺骗他；西门豹治理邺县，百姓不敢欺骗他。他们三个人的才能谁最高呢？明察的人自然能够分辨出来（魏文帝问群臣，三种不被欺骗的情况，对君主来说哪种德行更优？太尉钟繇、司徒华歆、司空王朗回答说：“臣认为君主推行德政，臣下就会感于道义而不忍欺；君主能够明察，臣下就会敬畏而不能欺；君主滥用刑罚，臣下就会畏惧有罪而不敢欺。推行德政，臣下感于道义，与以德引导、以礼教化，则臣下克己知耻，功效相同，同归仁政。孔子说：‘用德行治理国家的人，就像北极星一样，位于中天不动，而为众星环拱。’考察这句话，分析它的意思，臣以为是不忍欺、不能欺为优。衡量优劣的标准，不仅仅在于功效的差别，而且要考察其内在用心的不同。且前人著作称：有仁德的人安心于守仁，有智慧的人利用仁，害怕获罪的人勉强兴仁。考察其中仁的功效，是没有差别的。若从本质上讲，就不能不有所区别了。安于仁，是本性之善；利于仁，是指力行；强行仁者，是不得已而为之。三种仁相比，则是‘安仁’为优啊。《易》说：神而化之，使民宜之。就像君王的教化，安仁的教化与强仁的教化，优劣也不能不有天壤之别。子产、子贱、西门豹三人不被欺虽然相同，但是之所以不被欺是不一样的。纯粹以恩义所感而不忍欺，与以威慑而导致的不敢欺，既不能同等看待，粗略地等量齐观，又不能分割开来，不加以比较。)。”

（吕效祖　张爱玲译）

# 群書治要考譯

（唐）魏　征　虞世南　褚遂良　等撰

吕效祖　赵保玉　张耀武　主编

第二册

吴越春秋　汉书　后汉书　魏志　蜀志

團結出版社

# 目录

卷十二

# 吴越春秋治要

【考评】

《吴越春秋》，东汉赵晔著。原书十二卷，今存十卷。书中叙述吴自太伯至夫差、越自无馀至勾践的史事。于旧史所记外，增入不少民间传说，颇富文学趣味，有补充正史缺漏的史料价值。案：此十卷本，源出宋前，系经晋杨方削繁六卷本、皇甫遵合二书考定而注的本子。元大德十年，徐天祐的十卷，乃因袭皇甫十卷本翻刻宋本流传至今的通行本。事实上，这十卷本显系一部卷帙缺佚两卷的残籍。如《文选注》、《吴地注》、《水经注》等所引吴越春秋事，皆不见于今十卷本，疑当在所佚的两卷内。何况，除了赵晔著《吴越春秋》外，还有后汉张遐的《吴越春秋外记》等，是否与今十卷本有关，已无法详悉。

魏征所摘引的两则，从其内容看，属于正谏类。其“螳螂捕蝉，黄雀在后”，大体与今通行本一致，但行文略有出入。另，“白龙鱼服”则不见于通行的十卷本。

吴王夫差闻孔子与子贡游于吴，出求观其形，变服而行，为或人所戏而伤其指。夫差还，发兵索于国中，欲诛或人。子胥谏曰："臣闻昔上帝之少子，下游青泠之渊，化为鲤鱼，随流而戏，渔者豫沮射而中之。上诉天帝。天帝曰：'汝方游之时，何衣而行？'少子曰：'我为鲤鱼。'上帝曰：'汝乃白龙也，而变为鱼，渔者射汝，是其宜也，又何怨焉！'今夫大王弃万乘之服，而从匹夫之礼，而为或人所刑，亦其宜也。"于是，吴王默然不言。

【译文】

吴王夫差听说孔子和子贡来吴国游览，想看看他俩的模样，就穿着便服出宫，却被街市上一个人戏弄，而且伤了手指。夫差回宫后，发动兵士，在都城搜查，要杀掉这个人。伍子胥劝他说："我听说昔日天帝的小儿子下界，变成一条鲤鱼，在一个清冷的深泉中游玩，被一个叫豫沮的打鱼人射中。他回到天宫，告诉天帝。天帝说：'你去游览之时穿什么衣服？'少子说：'我变作鲤鱼。'天帝说：'你本来是条白龙，却变成鲤鱼，打鱼人射你是符合情理的，又有什么埋怨的呢？'现在大王不穿帝王的服装，却按照百姓的规矩行事，从而被人所伤，这也是符合情理的。"于是吴王沉默无言。

吴王夫差兴兵伐齐，掘为渔沟，通于商、鲁之间，北属之沂，西属之济，欲以会晋。恐群臣之谏也，乃令于邦中曰："寡人伐齐，敢有谏者死。"太子友乃风谏，以发激吴王之心。以清朝时，怀丸挟弹，从后园而来，衣洽履濡。吴王怪而问之曰："何为如此也？"友曰："游于后园，闻秋蝉之鸣，往而观之。夫秋蝉，登高树，饮清露，其鸣悲吟，自以为安，不知螳螂超枝缘条，申要举刃，搏（搏原作缨）其形也。夫螳螂，愈心而进（愈心而进原作愈心财进），志在利蝉，不知黄雀徘徊枝叶，欲啄之也。夫黄雀但知伺螳螂，不知臣飞丸之集其背也。但臣知虚心，念在黄雀，不知阱埳在于前，掩忽陷坠于深井也。"王曰："天下之愚莫过于斯。

知贪前之利，不睹其后之患也。”对曰：“天下之愚非但直于是也，复有甚者。”王曰：“岂复有甚于是者乎？”友曰：“夫鲁守文抱德，无欲于邻国，而齐伐之。齐徒知举兵伐鲁，不知吴悉境内之士、尽府库之财，暴师千里而攻之也。吴徒知逾境贪敌往伐齐，不知越王将选其死士，出三江之口，入五湖之中，屠灭吴国（旧无吴国之吴字，补之，下吴国同）也。臣窃观祸之端，天下之危，莫过于斯也。”王喟然而叹，默无所言，遂往伐齐，不用太子之谏。越王勾践闻吴王北伐，乃帅军溯江以袭吴，遂入吴国，焚其姑苏之台。

【译文】

吴王夫差兴兵伐齐，在宋、鲁两国之间暗暗地挖掘壕沟，北接沂水，西接济水，欲同晋国在黄池附近会合。他怕大臣们来劝阻，就命令国内说：“我要攻打齐国，谁若敢来劝阻，就处死。”太子友于是采用委婉含蓄的方式去劝谏，以求打动吴王之心。清晨，他带上弹丸，手握弹弓从后花园来到宫中，衣服鞋子都湿了。吴王觉得奇怪，问他说：“你干什么了，把衣服鞋子搞得湿淋淋的？”太子友说：“刚才在后花园游玩，听见秋蝉的鸣叫声，就去观看。那秋蝉登上高高的树梢，喝着清澈的露水，其鸣叫的声音凄切如吟，自以为很安全，却不知螳螂越过树枝，沿着枝条，伸直细腰，高举前爪，形成捕捉秋蝉的态势。螳螂小心翼翼地向前爬，一心只在顺利地捕蝉，却不知道黄雀徘徊于枝叶之中，欲啄螳螂。那黄雀只知道伺机捕啄螳螂，不知道我将要射出的弹丸正瞄准其背脊。而我，只是一门心思都放在黄雀身上，却不知道坑穴就在身旁，稍不留神，忽然掉进深坑。”吴王说：“天下没有比这更愚蠢的了，只贪图眼前的利益，看不到身后的祸患。”太子友说：“天下愚蠢之事不是只有这些，还有比这更甚的。”吴王说：“还有比这更愚蠢的吗？”太子友说：“鲁国遵守先王法度，持守德行，对邻国没有什么邪念，但齐国却起兵攻打它。齐国只顾起兵攻打鲁国，不知道吴国尽数动用国内之兵，竭尽府库中的资财，军队不顾风吹日晒，奔行千里去攻打它。吴国只知道越过国境去攻打不属于自己的国土，不知道越国即将挑选敢死的勇士从三江口出发，进入太湖及附近四湖，来屠杀吴国民众，进而想灭掉吴国。我自己认为祸乱的开端、天下的危机，没有什么能超过这个了。”吴王长叹一声，沉默无语，但还是北上伐齐，不接受太子友的劝告。越王勾践听说吴王北伐齐国，就率领军队，沿江而上，袭击吴国，并进入吴国境内，烧掉吴国的姑苏台。

（吕效祖　张爱玲译）

卷十三

# 汉书治要（一）

【考评】

《汉书》为东汉班固著，一百篇，分一百二十卷，是我国第一部纪传体断代史，创始于班彪断《史记》而作的《后传》。彪死，子固整理补充，撰成本书。其中八表和《天文志》未成稿，由班固妹班昭和马续续成。班固自叙编《汉书》的目的是："固以为唐、虞、三代，《诗》《书》所及，世有典籍，故虽尧舜之盛，必有典谟之篇，然后扬名于后世，冠德于百王，故曰'巍巍乎其有成功，焕焕乎其有文章也'。汉绍尧运，以建帝业，至于六世，史臣乃追述功德，私作本纪，编于百王之末，厕于秦、项之列。太初以后，阙而不录，故探撰前记，缀辑所闻，以述《汉书》，起元高祖，终于孝平、王莽之诛，十有二世，二百三十年，综其行事。旁贯五经，上下洽通，为《春秋》考纪、表、志、传，凡百篇。"《汉书·叙传》所述篇目是：帝纪有《高祖纪》《惠帝纪》《高后纪》《文帝纪》《成帝纪》《景帝纪》《武帝纪》《昭帝纪》《宣帝纪》《元帝纪》《成帝纪》《哀帝纪》《平帝纪》等十二篇，表有《异姓诸侯王表》《诸侯王表》《王子侯表》《高、惠、高后、文功臣表》《景、武、昭、宣、元、成功臣表》《外戚恩泽侯表》《百官公卿表》《古今人表》等八篇，志有《律历志》《礼乐志》《刑法志》《食货志》《郊祀志》《天文志》《五行志》《地理志》《沟恤志》《艺文志》等十篇，列传有陈胜至吴芮等列传四篇、荆王至中山孝王等列传八篇、季布至扬雄等列传四十五篇、《儒林列传》一篇、《循吏列传》一篇、《酷吏列传》一篇、《货殖列传》一篇、《游侠列传》一篇、《佞幸列传》一篇、《外戚列传》一篇、《元后列传》一篇,《匈奴》《西域》等列传三篇、《王莽列传》一篇、《叙传》一篇等,共七十篇。本书体例大体与《史记》相同,唯改书为志,废世家入列传,并创《食货》《刑法》《五行》《地理》《艺文》五志,成为后世纪传体史书的准绳。自《食货志》创立,到《清史稿》为止,历代史家一直沿用,成为研究历代经济发展和封建剥削的珍贵史料。《艺文志》的创立对指导人们怎样分门类地翻阅古书、对于后世研究中国古代学术文化有极大的帮助。《百官公卿表》叙述秦汉官制沿革,并排比汉代公卿大臣的升降迁免,简明扼要。

魏征编撰《群书治要》收录《汉书》最多,从本纪、志到列传共八卷,可惜《群书治要》流传日本后一千余年,《汉书》已佚其首尾两卷,首卷估计是《本纪》,末卷估计仍为《列传》,均不知所录为谁。十志中魏征仅录《礼乐》《刑法》《食货》《艺文》四志的精华。七十篇传中,末卷不知所录外,有韩信、黥布、楚元王交、季布、萧何、曹参、张良、周勃、樊哙、郦食其、陆贾、娄敬、叔孙通、蒯通、贾谊、爰盎、晁错、张释子、冯唐、汲黯、贾山、邹阳、枚乘、路温舒、苏建、韩安国、董仲舒、司马相如、公孙弘、卜式、主父偃、徐乐、严安、贾捐之、东方朔、朱云、隽不疑、疏广、于定国、薛广德、王吉、贡禹、魏相、丙吉、京房、盖宽饶、诸葛丰、刘辅、郑崇、萧望之等五十人。魏征辑录《汉书》时,在夹注中多次引用东汉末史学家荀悦所著《汉纪》的史料,来作为班固《汉书》的注脚。范晔在《后汉书》评论荀悦《汉纪》时说:“辞约事详,论辩多美。”

卷十四

# 汉书治要（二）

## 志

六经之道同归，而礼乐之用为急。治身者斯须忘礼，则暴嫚入之矣；为国者一朝失礼，则荒乱及之矣。人函天地阴阳之气，有喜怒哀乐之情。天禀其性，而不能节也。圣人能为之节而不能绝也。故象天地而制礼乐，所以通神明、立人伦、正情性、节万事者也。哀有哭踊之节，乐有歌舞之容，正人足以副其诚，邪人足以防其失。故婚姻之礼废，则夫妇之道乖，而淫僻之罪多；乡饮之礼废，则长幼之序乱，而争斗之狱繁；丧祭（丧祭原作祭祀）之礼废，则骨肉之恩薄，而背死忘先者众；朝聘之礼废，则君臣之位失，而侵陵之渐起。故孔子曰："安上治民，莫善于礼；移风易俗，莫善于乐。"礼节民心，乐和民声，政以行（行原作刑）之，刑以防之。礼乐政刑，四达而不悖，则王道备矣。

【译文】

六经《易》《诗》《书》《春秋》《礼》《乐》的宗旨是相同的，而其中《礼》《乐》的功用最为紧要。修养身心如果片刻遗忘礼义，则暴躁、倨傲情绪就会乘虚而入；治理国家的人一旦失掉礼制，则迷惑混乱之事就会发生。人包含天地阴阳之气，有喜怒哀乐之情。上天赋予人本性而人却不能节制，圣人可以做到节制但也不能断绝，所以就按天地的形象而制礼作乐，这都是为了通达神明、建立人伦、端正性情、节制万事万物的。哀伤时有痛哭跳跃的礼节，快乐时有歌唱舞蹈的仪容，这对行为端正之人足以助益其诚心，对行为不正之人足以防范其失礼。所以婚姻的礼节废弃，那么夫妇之道就会不协调，淫乱邪僻的过错就会增多；乡饮的礼仪废弃，那么长幼的次序就要混乱，争夺打斗的官司就会繁多；丧祭的礼节废弃，那么骨肉亲情就会淡薄，违背死者忘记祖先的人就会众多；朝聘的礼仪废弃，那么君臣的位次就会错失，侵夺欺凌的事也就渐次发生。所以孔子说："安稳君上、治理百姓，没有比礼制更好的；移风易俗，没有比音乐更好的。"礼能节制民心，乐能调和民声，用行政的办法推行，用刑罚的措施防范。礼乐刑政四种方式互通而不相违背，那么王道就算是完备了。

乐以治内而为同〔同于和乐也〕，礼以修外而为异〔尊卑为异〕。同则和亲，异则畏敬。和亲则无怨，畏敬则不争。揖让而天下治者，礼乐之谓也。王者必因前王之礼，顺时宜，有所损益，即民心稍稍制作，至太平而大备。周监二代，礼文尤具，事为之制，曲为之防，故称礼经三百、威仪三千。于是教化浃洽，民用和睦，灾害不生，祸乱不作，囹圄空虚，四十余年。及其衰也，诸侯逾越法度，恶礼制之害己，去其篇籍。遭秦灭学，遂以乱亡。汉兴，拨乱反正，日不暇给，犹命叔孙通制礼仪，以正君臣之位。高祖悦而叹曰："吾乃今日知为天子之贵也。"遂定仪法，未尽备而通终。至文帝时，贾谊以为："汉承秦之败俗，弃礼义，捐廉耻，而大臣特以簿书不报，期会为故，至于风俗流溢，恬而不怪。夫移风易俗，使天下回心而向道，类非俗吏之所能为也。立君臣，等上下，使纲纪有序，六亲和睦，此非天之所为，人之所设也。人之所设，不为不立，不修则坏。"乃草具其仪，天子悦焉。而大臣绛、灌之属害之，故其议遂寝。至武帝即位，议立明堂，制礼服。会窦太后不悦儒术，其事又废。后董仲舒言：“王者承天意以从事，故务德教而省刑罚。今废先王之德教，独用执法之吏治民，而欲德化被四海，故难成也。是故古之王者，莫不以教化为大务，立大学以教于国，设庠序以化于邑。教化已明，习俗已成，天下尝无一人之狱矣。至周末世，大为无道。秦继其后，又益甚之。今汉继秦之后，虽欲治之，无可奈何。法出而奸生，令下而诈起，如以汤止沸，沸（旧无此沸字，补之）愈甚而无益。譬之琴瑟不调，甚者必解而更张之，乃可鼓也。为政而不行，甚者必变而更化之，乃可理也。故汉得天下以来，常欲以善治，而至今不能胜残去杀者，失之当更化而不能更化也。”是时上方征讨四夷，锐志武功，不暇留意礼文之事。

【译文】

用音乐来调理内心而使情志相同，用礼制来整治外事而使尊卑有别。情志相同就会和谐亲睦，尊卑有别就会敬服恭肃。和谐亲睦就没有怨恨，敬服恭肃就不会争斗。通过互相礼让而使天下太平，这就是礼乐的宗旨。做君王者必定是沿用前代君王的制度礼仪，再顺应时代之所宜而有所增减，顺乎人民的意愿而逐渐制定，直到天下太平而才算完备。周朝借鉴于夏、殷二代，礼制的条文尤其完备，大事上定有制度，小事上也都有防范，故而号称典礼制度三百条、礼仪细节三千款。于是政治教化透彻普遍，人民行事谦和亲睦，灾害不生，祸乱不起，监狱空虚达四十多年。及至周室衰败后，诸侯超越法度，憎恨礼仪制度妨害自己，丢弃礼制的篇章典籍。后来遭逢秦代毁灭学问（指秦始皇“焚书坑儒”），记载礼乐制度的典籍遂因混乱而亡失了。汉朝建立，拨乱反正，尽管事务繁多而且时间急迫，但还是命令孙叔通制定礼仪，来端正君臣的名分。高祖高兴地感叹说：“我现在才知道做天子的尊贵了。”遂定礼仪之法度，此事还未完全结束而孙叔通去世。到了文帝时，贾谊认为：“汉朝承续秦代的不良风俗，丢弃礼仪，抛弃廉耻，而大臣只是以文案簿书报答为事务，以至于对败坏的风气流传、充斥现象，恬然不以为怪。说到移风易俗，让天下人回心而趋向正道，这些事就不是一般官吏所能办到的啊。确定君臣的职责，区分上下的位次，使国家纲纪有序，六亲和睦相处，这不是应由上天做的事，而是由人所设定的。人之所设，不去做就不能建立，不整治就会败坏。”贾谊便草拟了有关法则，皇上很是高兴，但是受到大臣绛侯周勃和灌婴等人的妒忌，所以贾谊的主张便因此而中止了。到了武帝即位，商议设立明堂，制定礼服。适逢窦太后不喜欢儒术，这件事又被搁置下来。后来董仲舒陈言说：“君王是顺承上天的意旨而办事的，所以致力于德教而减少刑罚。而今废弃先王的德教，单用执法的官吏来治理人民，却想让道德教化覆盖四海，故而难以成功。所以古时候的君王，没有人不以教化为要事，设立大学在国都施行教化，设立庠序在郡邑普及教化。(道德)教化得以昭明，(良好的)习俗得以形成，天下曾经出现没有一个犯人的监狱。到了周代末年，大行无道之事。秦朝步周末后尘，这种情形更加严重。当今汉朝继秦之后，即使想整治教化，也是无可奈何。法律一出而奸邪顿生，命令一下而欺诈兴起，好像扬汤止沸，水沸腾更甚而无济于事；犹如琴和瑟的音调不协调，严重时必须解弦更张，方可以演奏。治理国家政务却贯彻不下去，严重时必须变更改换它，才可以治理。从汉王朝建立以来，常常想以善政治理好国家，然而至今还不能实行仁政，从而使残暴的人化而为善，并废除刑杀，其失误就在应当变化却未能变化啊。”当时，天子正在征讨四夷，专心致志于武功，没有工夫留意礼仪教化之事。

至宣帝时，琅琊王吉为谏大夫，又上疏言：“欲治之主不世出，公卿幸得遭遇其时，未有建万世之长策，举明主于三代之隆者也。其务在于簿书断狱听讼而已，此非太平之基也。”上不纳其言。至成帝时，刘向说上：“宜兴辟雍，设庠序，陈礼乐，隆雅颂之声，盛揖让之容，以风化天下。如此而不治，未之有也。或曰，不能具礼。礼以养人为本，如有过差，是过而养人也。刑罚之过，或至死伤。今之刑，非皋陶之法也，而有司请定法，削则削，笔则笔，救时务也。至于礼乐，则曰不敢，是敢于杀人，不敢于养人也。夫教化之比于刑法，刑法轻，是舍所重而急所轻也。且教化所恃以为治，刑法所以助治也。今废所恃而独立其所助，非所以致太平也。”成帝以向言下公卿议，丞相大司空奏请立辟雍。营表未作，遭成帝崩。世祖受命中兴，即位三十年，四夷宾服，政教清明，乃营立明堂、辟雍。明帝即位，躬行其礼，威仪既盛美矣。然德化未流洽者，以其礼乐未具，群下无所诵说，而庠序尚未设之故也。

【译文】

到了宣帝时，琅琊郡的王吉做谏议大夫，又上疏说：“一心想把国家治理好的君王，并非代代皆有，公卿有幸遇到治世，却没有具备建立万世基业的长远策略，从而将明主推举到夏商周三代君王那样高度的人。他们所重者只在于公文簿书和断狱听讼这些事务上罢了。这不是实现太平盛世的根本所在啊。”皇上没有采纳他的意见。到了成帝时，刘向向皇上陈奏：“应该兴办天子直管的大学，设立地方学校，宣扬礼仪音乐，使雅颂之声兴盛，倡导揖让的风气，用来感召教化天下。像这样做天下还不能太平，这种事情还从未有过。有人说，不可能使礼仪完备。礼仪是以培养教育人为根本的，如果有过失差错，其过失差错也是用来培养教育人的。而刑罚若有过失差错，便可能致人死伤。今天的刑罚，不是古代皋陶时的法律，是主管官员请求制定法律，想删除就删除，想记载就记载，为的是补救时务。至于礼乐，却认为不敢修订，这种论调就如同敢于杀人而不敢培养教育人啊。教化和刑法相比，刑罚为轻，这是舍弃重要的而急于从事次要的。况且教化是实现太平的依靠，刑法只是用来辅助治理的，如果废弃所依靠的而仅保存所辅助的，这绝非实现国家太平的办法。”成帝把刘向的意见交付下边公卿来讨论。丞相大司空上奏请设立天子直管的大学，建造大学的图表还未完成，恰逢成帝驾崩。光武帝受命中兴，即位三十年，四夷宾服，政教清明，于是设立了明堂、大学。明帝即位，亲自实行礼教，礼节、仪文都很美善。然而道德教化还未能广泛流传，是因为礼乐还未完备，群臣还无所诵说，并且地方学校还没有设立起来的缘故啊。

夫人宵天地之貌〔宵，化也，言禀天地气化而生也〕，怀五常之性〔仁义礼智信也〕，聪明精粹〔精，细也；粹，淳也〕，有生之最灵者也。爪牙不足以供嗜欲，趋走不足以避利害，无毛羽以御寒暑，必将役物以为养，任（任原作用）智而不恃力，此所以为贵也。故不仁爱则不能群，不能群则不胜物，不胜物则养不足。群而不足，争心将作，上圣卓然，先行敬让博爱之德者，众心悦而从之。从之成群，是为君矣；归而往之，是为王矣。《洪范》曰："天子作民父母，为天下王。"圣人取类以正名，而谓君为父母。明仁爱德让，王道之本也。爱待敬而不败，德须威而久立，故制礼以崇敬，作刑以明威也。圣人既躬明哲之性，必通天地之心，制礼作教，立法设刑，动缘民情而则天象地，故圣人因天秩而制五礼，因天讨而作五刑。上刑用甲兵，其次用斧钺；中刑用刀锯，其次用钻凿；薄刑用鞭扑。大者陈诸原野，小者致诸市朝，其所繇来者上矣。自黄帝有涿鹿之战，颛顼有共工之陈〔共工主水官，秉政作虐，故颛顼伐之也〕。唐虞之际（际原作隆），至治之极，犹流共工，放驩兜，杀三苗，殛鲧，然后天下服。夏有甘扈之誓，殷、周以兵定天下。古人有言："天生五材，民并用之，废一不可，谁能去兵？"鞭扑不可弛于家，刑罚不可废于国，征伐不可偃于天下。用之有本末，行之有逆顺耳。

【译文】

人禀承天地之气而化生，包藏"五常"（指仁义礼智信）的本性，聪明灵敏，精细淳美，是所有物类中最具有智慧的群体。人的手脚、牙齿不足以供给自己的嗜欲，奔走的能力不足以躲避祸害，没有羽毛来抵御寒暑，就必须役使其他物类来养活自己，使用智慧而不是依靠体力，这就是人类之所以尊贵的原因。所以，人不讲仁爱就不能聚合，不能聚合就不能战胜其他物类，不能战胜其他物类就不足以养活自己。群聚而供给不够，争夺的思想必将形成。上古的圣人，卓然首先行施恭敬礼让博爱之恩德，众人便心悦诚服地追随他。追随者成群，他就会成为至尊之人；众人归顺投靠他，他就成为君王了。《洪范》上说："天子能充当民之父母，方可成为天下之王。"圣人选取可以类比者为之正名，便称君为父母。明白仁、爱、德、让，是君王治理天下的根本。仁爱依靠谦敬才不会衰败，德行须有威严才能长久树立，所以制定礼仪来推崇谦敬，制定刑法来显示威严。圣人已经具有洞察事理的本性，必能通达天地的存心，制定礼仪兴起教化，建立法律设置刑罚，一举一动皆顺民情而效法天地。所以圣人根据上天规定的品秩等级来制定"五礼"，按照上天的惩伐意向而确定"五刑"。最高的刑罚是动用军队来剿灭，其次是使用斧钺来诛杀；中等的刑罚是使用刀锯来断肢，其次是使用钻凿来刻刺面额；最轻的刑罚是用皮鞭来抽打。规模大的陈尸于原野，范围小的示众于街市。这种情况其由来已很久了。即使黄帝，也有涿鹿之战；即使颛顼，也有对共工的讨伐。唐尧虞舜时期，天下治理得最好，犹且流放共工、驱逐灌兜、流放三苗、放逐鲧，然后使天下归服。夏启曾有在甘征伐有扈氏的誓词，殷、周用武力平定天下。古人曾说："上天生有金、木、水、火、土五材，百姓一并使用它们，废弃一样都不行，谁又能丢弃武力呢？"鞭打的责罚不可以在家庭去除，刑罚不可以在国家废弃，征伐不可以在天下停止。只不过使用刑罚有主次本末之别，施行刑罚有顺时背理之分罢了。

孔子曰："工欲善其事，必先利其器。"文德者，帝王之利器；威武者，文德之辅助也。夫文之所加者深，则武之所服者大；德之所施者博，则威之所制者广。三代之盛，至于刑措兵寝者，以其本末有序，帝王之极功也。春秋之时，王道寝坏，礼乐不兴，刑罚不中，陵夷至于战国。韩任申子，秦用商鞅，连相坐之法，造参夷之诛；增加肉刑，大辟有凿颠、抽（抽原作押）胁、镬亨之刑。至于始皇，兼吞战国，遂毁先王之法，灭礼义之官，专任刑罚，躬操文墨，而奸邪并生，赭衣塞路，囹圄成市，天下愁怨，溃而叛之。高祖初入关，约法三章，蠲削烦苛，兆民大悦。其后四夷未附，兵革未息，三章之法，不足以御奸。于是相国萧何，捃摭秦法，取其宜于时者，作律九章。当孝惠、高后时，萧、曹为相，填以无为，是以衣食滋殖，刑罚用希。及孝文即位，躬修玄默，劝趣农桑，减省租赋。将相皆旧功臣，少文多质，惩恶亡秦之政。论议务在宽厚，耻言人之过失。化行天下，告讦之俗易。吏安其官，民乐其业，蓄积岁增，户口浸息，风流笃厚，禁罔疏阔。选张释之为廷尉，罪疑者予民。是以刑罚大省，至于断狱四百，有刑措之风。即位十三年，齐大仓令淳于公，有罪当刑。其少女缇萦上书曰："妾父为吏，齐中皆称其廉平，今坐法当刑。妾伤夫死者不可复生，刑者不可复属，虽后欲改过自新，其道无由也。妾愿没入为官婢，以赎父刑罪，使得自新。"书奏天子，天子怜悲其意，遂下令曰："盖闻有虞氏之时，画衣冠异章服以为戮，民不犯，何治之至？今法有肉刑三〔黥劓二刖，左右趾合一，凡三也〕，而奸不止。其咎安在？非乃朕德之薄，而教不明与？吾甚自愧！故夫训道不纯，而愚民陷焉。《诗》曰：'凯悌君子，民之父母。'今人有过，教未施而刑已加焉，或欲改行为善，而道无由至，朕甚怜之。夫刑至断支体，刻肌肤，终身不息，何其刑之痛而不德也！岂称为民父母之意哉？其除肉刑，有以易之。"

【译文】

孔子说："做工的人想把活做好，必须先把工具备好。"礼乐制度和德行便是帝王的利器；刑法和武力，是礼乐和德行的辅助手段。如果礼乐教化的程度深，那么，武力所征服的地域就大；恩德所施及的群体众多，那么威严所能控制的范围就广。夏商周三代鼎盛，到了止刑息兵的程度，是因为本末（指文德和威武）使用有序，这是帝王最伟大的功绩啊。春秋时期，王道败坏，礼乐废弃，刑罚不适当，衰败没落一直到战国。韩国任用申不害，秦国任用商鞅，使用连坐之法，创制灭三族的惩罚；增加肉刑的种类，死刑中有开凿头顶、抽掉肋骨、汤锅煮死等刑法。到了秦始皇，并吞战国，遂毁弃了先王之法，取消主管礼义的官职，专一地凭借刑罚，亲自掌握判决文书，然而狡诈邪恶并生，穿着囚衣的犯人充塞道路，监狱的囚犯之多如同集市。天下人都忧愁、怨恨，如河水冲破堤岸一样起来反叛他。高祖刚进入关中，约法三章，免除苛捐杂税，广大百姓极为喜悦。其后因边境的少数民族尚未归附，战争没有停息，三章约法尚不足以抵御奸邪，于是相国萧何参考秦法，取其中适应于时势的，制定法律九章。当孝惠皇帝、高祖吕后时，萧何、曹参任相国，以无为而治的方法来安宁百姓，因而衣食更加丰足，刑罚很少使用。到了孝文皇帝即位，亲自研修深奥清静的道家学说，勉励督促农桑业，减少田租税赋，将相都是往日的有功之臣，不重文采而讲求朴实，戒止、憎恶亡秦的政策，讨论、争议务求宽厚，以谈人的过失为耻。于是教化大行于国内，密告揭短的习气得到改变，做官者安守其职位，老百姓乐从其职业，积蓄年年有增加，人口渐渐得到繁衍，社会风俗朴实淳厚，法禁宽大。选用张释之做廷尉，罪行有疑点时由民众议决，因此刑罚大大地减省，以至出现一年之中全国判决的案件只有四百起，大有刑罚被搁置不用的世风。文帝即位的第十三年，齐地太仓令淳于公有罪被判刑，他的女儿缇萦上书说："我的父亲做官吏，齐地都称赞他廉洁公平，今天犯法被判刑。我悲伤那些判处死刑的人不可能复生，受过肉刑的人不能恢复原形，即使他们以后想改过自新，也是无路可走的了。我愿意被罚入宫做奴婢，来赎父亲的刑罪，让他得到自新的机会。"上书奏闻皇上，皇上怜悯她的用意，遂下令说："曾闻虞舜时，在罪犯的衣冠上画上图形，让他们穿上异于常人且有识别符号的衣服，人民也不触犯法律，治理竟达到这样好的程度！当今有肉刑三种（黥、劓、刖左右趾），但邪恶仍不能禁止。其问题在哪里呢？莫非是朕的德行不厚、教化不明么？我甚感自愧，是教诲开导的不好而使得无知之民陷于法网。《诗经》说：'善于教诲、平易近人的君子，人民把他视为父母。'现在人有了过失，教化未施而刑罚已加之于身，有的人想改过为善，而却没有办法做到了，朕对此很感怜惜。刑罚达到截断肢体、刻削肌肤的程度，会终生不能生长恢复。这样的刑罚是多么的令人痛苦而又缺乏道德啊！这难道合乎为民父母的意思吗？应当废除肉刑，用别的办法来代替。”

善乎！孙卿之论刑也，曰：“世俗之为说者，以为治古无肉刑，有象刑，是不然矣。以为治古则人莫触罪邪，岂独无肉刑哉，亦不待象刑矣。以为人或触罪矣，而直轻其刑，是杀人者不死，而伤人者不刑也。罪至重而刑至轻，民无所畏，乱莫大焉。凡制刑之本，将以禁暴恶，且惩其末也。杀人者不死，伤人者不刑，是惠暴而宽恶也。故象刑非生于治古，方起于乱今也〔所以有象刑之言者，近起今人恶刑之重，故遂推言古之圣君，但以象刑天下自治也〕。凡爵列官职，赏庆刑罚，皆以类相从者也。一物失称，乱之端也。德不称位，能不称官，赏不当功，刑不当罪，不祥莫大焉。夫征暴诛悖，治之威（威原作盛）也。杀人者死，伤人者刑，是百王之所同，未有知其所由来者也。故治则刑重，乱则刑轻，犯治之罪固重，犯乱之罪固轻也。《书》云‘刑罚世重世轻’，此之谓也。”《书》所谓“象刑惟明”者，言象天道而作刑，安有菲屦赭衣者哉？

【译文】

孙卿子对刑罚的论述太好了，他说：“社会上一般人谈论刑法，认为社会安定的古代没有肉刑，只有象征性的刑罚，这样的说法是不对的。如果认为按上古的办法管理，就没有人犯罪了，那么难道只是没有肉刑了吗？就连象征性的刑罚也不需要了。如果认为人或者有犯罪的，而直接将刑罚减轻，这就等于是杀人者不判死刑、伤害人者不加处罚。罪行很重而惩罚很轻，以致百姓无所畏惧，那么祸乱就没有比它更大的了。大凡制定刑法的根本目的，是用来禁止残暴和罪恶并戒止其次要的不良行为。如果杀人者不判处死刑，伤人者不加惩罚，这是赐惠于强暴而宽恕罪恶。所以象征性的刑罚不是发生在安定的上古时代，而是起始于刑罚混乱的当今时代。（之所以出现说有象征性刑罚这样言论的人，这是由于现代的人厌恶刑罚太过残酷，因此就说上古圣明君王只凭借象征性的刑罚就自然地达到了天下大治。）凡是爵位、官职、赏赐和刑罚，都要按功过的等级来相应地施予。一件事做得不恰当，就是混乱的开端。德行和爵位不相称、才能和官职不相合、赏赐与功劳不相当、处罚与罪行不相当，没有比这更不吉祥的了。征伐强暴诛杀叛逆，是治理权威的表现。杀人者处死，伤人者受刑，是所有帝王相同的刑律，尚没有谁知道这些常规的由来。所以治世刑罚必定被实施所以重，乱世刑罚不会被认真实施所以轻，是由于犯法于治世其罪责本来就重，犯法于乱世其罪责本来就轻。《尚书》上说‘刑罚有世重世轻之别’，说的就是这种情况啊。”《尚书》所谓“象刑唯明”的说法，是说仿效天道而判定刑法，哪里有给罪犯穿草鞋麻鞋或赤色囚衣的说法呢？

孙卿之言既然，又因俗说而论之曰：禹承尧、舜之后，自以德衰，而制肉刑。汤、武顺而行之者，以俗薄于唐、虞故也。今汉承衰周暴秦极弊之流俗，已薄于三代，而行尧、舜之刑，是犹以鞿羁而御捍突〔以绳系马领曰鞿。捍突，恶马也〕，违救时之宜矣。且除肉刑者，本欲以全民也，今去髡钳一等，转而入于大辟。以死罔民，失本惠矣。故死者岁以万数，刑重之所致也。至乎穿窬之盗，忿怒伤人，男女淫佚，吏为奸臧，若此之恶，髡钳之罚，又不足以惩也。故刑者岁十万数，民既不畏，又曾不耻，刑轻之所生也。故俗之能吏，公以杀盗为威，专杀者胜任，奉法者不治，乱名伤制，不可胜条。是以网密而奸不塞，刑繁而民愈嫚。必世而未仁，百年而不胜残，诚以礼乐阙而刑不正也。岂宜惟思所以清原正本之论，删定律令，撰二百章，以应大辟。其余罪次，于古当生，今触死者，皆可募行肉刑。及伤人与盗，吏受赇枉法，男女淫乱，皆复古刑，为三千章。诋欺文致，微细之法，悉蠲除。如此，则刑可畏，而禁易避，吏不专杀，法无二门，轻重当罪，民命得全，合刑罚之中，殷天人之和，顺稽古之制，成时雍之化。成康刑措，虽未可致，孝文断狱，庶几可及也。

【译文】

孙卿的言论已经如此，再参考社会上流行的说法而论述说：夏禹承继尧舜之后，自认为德行衰微，因而制定肉刑。商汤、周武王因袭而施行它的原因，是鉴于社会风气又比唐虞时期淡薄的缘故。当今汉朝承继衰周暴秦极度败坏的社会风气，风俗已经比夏商周三代衰微了，但却要施行尧舜时的刑法，这好比把缰绳系于马脖子上来驾驶凶悍不驯服的马，是违犯了拯救时弊的正当做法啊！况且，废除肉刑，本来是想保全人民的，现在只废掉剃去头发和用铁圈束颈一类刑罚，转而进入到以杀头治罪的阶段，以处死来害民，是失去了本想施惠于人民的用意啊。所以被处死的人每年以万数，这是由于刑罚过重导致。至于穿壁越墙的盗贼、因忿怒而伤人、男女淫乱放荡、官吏贪赃枉法，像这类罪恶，用剃去头发、铁圈束颈的刑罚却又不足以戒止，所以受刑罚者每年多达十万人，人民既不畏惧，也不觉得是耻辱，这是由于刑罚偏轻所造成的。所以一般所谓有能力的官吏，共性是以杀戮盗贼为威风，专擅杀人者被看做胜任工作，遵守法规者反而没有治绩。搞乱名誉、损害法制的现象，不胜枚举。因此法网严密而奸邪却不能遏止，刑法繁多而百姓愈加轻慢。经过三十年还没有达到仁政，百年也不会遏制残暴之人使其不作恶，的确是由于礼乐缺少而刑法不正，对此应该认真想一想之所以要清源正本的议论，经过修改而确定刑律法令，撰写二百条规章，来对应死刑。其余犯罪的等次，凡按古时法律应当不处死刑、按现今法律却触犯死刑的，都可收集入执行肉刑的条款。涉及伤人和偷盗、官吏受贿枉法、男女淫乱等，都应该恢复古代刑法的规定，制定三千条规章。诋毁欺凌、玩弄法令条文陷人以罪等行文细密的刑法，都应废止。这样，刑罚就会让人畏惧，而人们就会避免犯禁，从而官吏不再以杀戮为能事，法令就会统一，量刑的轻重就会和罪行相符，人民的生命就会得以保全。这样做合乎制定刑法的目的，可以进一步实现天人的协调，顺乎古代的法制，有助于形成社会和谐的风气。比之周代成王、康王刑法搁置不用的景象，虽然还不能达到，但如文帝时期“断狱四百”的情况，差不多是可以做到的。

《洪范》八政，一曰食，二曰货。二者，生民之本，兴自神农之世。“斫木为耜，煣木为耒，耒耨之利，以教天下”，“日中为市，致天下之民”，“聚天下之货，交易而退，各得其所”，而货通食足。然后国实民富，而教化成。黄帝以下“通其变，使民不倦”。殷周之盛，《诗》《书》所述，要在安民，富而教之也。故《易》称：“天地之大德曰生，圣人之大宝曰位，何以守位，曰仁，何以聚人，曰财。”财者，帝王所以聚人守位、养成群生、治国安人之本也。是以圣王域民，筑城郭以居之，制井庐以均之，开市肆以通之，设庠序以教之。士农工商，四民有业。圣王量能授事，四民陈力受职，故朝无废官，邑无傲民，地无旷土。孔子曰：“导千乘之国，敬事而信，节用而爱人，使民以时。”故民皆劝功乐业，先公而后私。民三年耕，则余一年之畜，衣食足而知荣辱，廉让生而争讼息。余三年食，进业曰登，再登曰平，三登曰泰平，然后王德流洽，礼乐成焉。又曰：“粜甚贵伤民，甚贱伤农。民伤则离散，农伤则国贫。故甚贵与甚贱，其伤一也。”善为国者，使民毋伤，而农益劝。

【译文】

《尚书·洪范》所列举的八样政事，首先是粮食，其次是钱财。这两件事是民生的根本，从神农氏之世起就受到重视。“削木制作犁头，煣木制作犁柄，用犁锄等农具带来的利益(增产粮食)，来教化天下”，“在太阳正中时开市，招集天下之民，集中天下之货，交易之后离开集市，大家都能得到自己所需要的东西”，于是财货流通、食物充足。然后国家殷实，人民富足，从而教化就会成功。从黄帝以来，“能达其变化，使百姓乐此不疲”。殷周的兴盛，如《诗经》《尚书》所说，主要在于使民安居，生活富足，然后广行教化。所以《易经》上说：“天地最大的恩德就是生养万物，圣人最宝贵的东西就是地位。凭什么来保持其地位?就靠仁。凭什么汇聚人心？就是财。”所谓财，就是帝王用以会聚人心、保持地位、养育众生、治国安民的根本。因此圣明的君王划分百姓居住区域，修筑城郭让他们安居，建造“井”形的村舍让他们均等生活，开辟集市让他们交易物品，设立学校让他们受到教化。士农工商，四类人各有其业。圣明的君王通过衡量人们的能力来授予职事，（士农工商）四民根据自己的才能来接受任务。所以朝堂上没有无用之官，城邑里没有轻慢之民，土地没有荒芜的现象。孔子说："治理拥有千辆兵车的诸侯国，要敬肃国事，讲求信用，节约资财，爱护臣民，役使百姓不要耽误农时。"那么人民都能勉力做事，乐从其业，做到先公而后私。老百姓三年耕作，就会有可供一年的余粮积蓄。衣食富足就会知荣辱，廉洁谦让的风气形成则争夺诉讼的事也就会停息。积余三年的食用，农业有所发展就叫做"登"，有两次"登"就叫做"平"，三次"登"就叫做"泰平"。这样一来，君主的圣德流布广泛，礼乐教化就会大有成效。又说："粮食收购价过高则损害大众利益，收购价过低则伤害农民利益。大众利益受到伤害就会离散，农民利益受到伤害国家就要贫穷。所以粮价太高或太低，两者都一样有害。"善于治理国家的人，既能让民众不受到伤害，也能让农民得到勉励。

文帝即位，躬修俭节，思安百姓。时民近战国，背本趋末，贾谊说上曰："管子曰：'仓廪实知礼节。'民不足而可治者，自古及今，未之尝闻。古之人曰：'一夫不耕，或受之饥，一女不织，或受之寒。'生之有时，而用之无度，则物力必屈。古之治天下，至纤至悉也，故其蓄积足恃。今背本而趋末，食者甚众，是天下之大残也；淫侈之俗，日日以长，是天下之大贼也。残贼公行，莫之或止，生之者甚少，而靡之者甚多，天下财产，何得不蹶哉！世之有饥穰，天之行也〔天之行气，不能常孰〕，禹、汤被之矣。即不幸有方二三千里之旱，国胡以相恤？卒然边境有急，数十万之众，国胡以馈之？兵旱相乘，天下屈，有勇者聚徒而横击，并举而争起矣，乃骇而图之，岂将有及乎？夫积贮者，天下之大命也，苟粟多而财有余，何为而不成？以攻则取，以守则固，以战则胜，怀敌附远，何招而不至？今殴民而归之农，皆著于本，使天下各食其力，末技游食之民，转而缘南晦，则畜积足，而人乐其所矣。可以为富安天下，而直为此廪廪也〔廪廪，危也〕，窃为陛下惜之！"

于是上感谊言，始开藉田，躬耕以劝百姓。

【译文】

文帝即位后，亲自讲求节俭，一心安抚百姓。其时上距战国时期不远，社会背离“以农为本”的方针，趋向工商技巧等末业。贾谊向文帝上书说：“管仲说：‘库藏充足人民就知晓礼节。’人民生活不宽裕而能把国家治理好的事，从古到今，还不曾听说过。古人曾说：‘一个农夫不种庄稼，就有人会受到饥饿；一个妇女不纺织，就有人会遭受寒冷。’生产粮食布帛有时限，而使用却无限度，那么物力必会竭尽。古人治理国家是极为细臻而周密的。所以那时候有很可靠的积蓄。现今背离‘以农为本’而趋向工商技巧之业，而吃饭的人口众多，这是天下的大灾难；奢侈浪费的风气一天比一天厉害，这是国家的大祸患。灾难祸患公然风行，却未能使其有所遏止，生产物品的人很少，而耗费的人很多，国家的财产怎能不缺乏呢！世上有荒年和丰年，这是自然变化的规律，夏禹、商汤都会遭逢。如果不幸有方圆二三千里大面积的荒旱，国家将拿什么来救济呢？如果突然在边境上发生紧急军情，几十万兵众，国家将拿什么来供给军饷？战争荒旱交加，国家财力穷尽，有勇力者就蛮横打劫杀人，进而发动徒众争相起事，这时才惊慌地设法应对，难道能来得及吗？贮藏粮食，是天下的大事。如果粮食多而财资充裕，做什么事不成功呢？攻城能拿下，守城就坚固，作战会胜利，安抚敌方百姓使远方之人归附，还有什么招之不来的呢？如今假如让老百姓都归附农业，着力于国之根本，让天下的人各食其力，使从事于工商业和四处谋生的人转而走向农田，那样就会积蓄充足而人民也就能安居乐业了。本可以使天下富有安定，但却出现如此危惧之事，我私下替陛下您痛惜啊！”于是，文帝为贾谊的谏言所感动，开始设天子的责任田，并亲自耕作以勉励百姓。

晁错复说上曰：“圣王在上而民不冻饥者，非能耕而食之、织而衣之也，为开其资财之道也。故尧、禹有九年之水，汤有七年之旱，而国无捐瘠者〔捐，谓民饥也。或谓贫乞者为捐也〕，以畜积多而备先具也。今海内为一，土地民人之众，不避汤、禹，加以无天灾，而畜积之未及者，何也？地有遗利，民有余力，生谷之土未尽垦，山泽之利未尽出，游食之人未尽归农也。民贫，则奸邪生。贫生于不足，不足生于不农，不农则不地著，不地著则离乡轻家。民如鸟兽，虽有高城深池，严法重刑，犹不能禁也。夫寒之于衣，不待轻暖；饥之于食，不待甘旨；饥寒至身，不顾廉耻。人情一日不再食则饥，终岁不制衣则寒。夫腹饥不得食，肤寒不得衣，虽慈母不能保其子，君安能以有民哉！明主知其然也，故务民于农桑，薄赋敛，广蓄积，以实仓廪，备水旱，故民可得而有也。

【译文】

后来晁错又上书劝谏说："圣明的君王在位而老百姓就不会冻饿的原因，并不是圣明的君王耕田而供老百姓吃、纺织而供老百姓穿，是因为他能开通老百姓获取资财的途径。所以唐尧、大禹时都曾有九年水灾，商汤时曾有七年旱灾，但国内却没有因灾讨饭、饿死的人，是积蓄的粮食多而预先有防备的缘故。现在海内统一，土地、人口之多不比汤、禹时少，加上没有天灾，但是积蓄的粮食却赶不上，其原因是什么呢？是土地还有未开发的利益，百姓尚有未发挥的潜力，能生长粮食的土地没有完全开垦，山林川泽的物产没有全部开发，流动谋生的人还没有尽归农业。百姓贫穷，就容易出现奸邪之事。贫困产生于衣食不足，衣食不足产生于不从事农耕，不从事农耕就不寄附于土地，不寄附于土地就会离开家乡看轻家庭。百姓像鸟兽一样，即使有高城深池、严法重刑，也是禁止不了其流动的。寒冷之时对于衣服，就不追求轻暖；饥饿之时对于食物，就不希图美味。饥寒临身，就会不顾及廉耻。人的常情是，一天吃不到两顿饭就感到饥饿，全年不缝制衣服就要受寒冷。肚子饿了吃不到食物，身体冷了穿不上衣服，即使是慈母也不能保护她的儿子，做君王的怎能会拥有百姓呢！圣明的君主懂得这个道理，所以要求人民搞好农桑，并减轻其赋税，让其更多地积蓄，来充实粮食布帛之仓库，防备水旱灾情，因此才能拥有众多百姓啊！"

“民者，在上所以牧之，趋利如水走下，四方无择也。夫珠玉金银，饥不可食，寒不可衣，然而众贵之者，以上用之故也。其为物轻微易臧，在于把握，可以周海内而无饥寒之患。此令民易去其乡，盗贼有所劝，亡逃者得轻资也。粟米布帛生于地，长于时，聚于力，非可一日成也；数石之重，中人不胜，不为奸邪所利，一日弗得而饥寒至。是故明君贵五谷而贱金玉。今农夫，春耕夏耘，秋获冬藏，伐薪樵，给徭役，春不得避风尘，夏不得避暑热，秋不得避阴雨，冬不得避寒冻，四时之间无日休息，又私自送往迎来，吊死问疾，养孤长幼在其中，勤苦如此，尚复被水旱之灾，急政暴虐，赋敛不时，朝令而暮改，当其有者，半贾而卖，无者取倍称之息〔取一偿二为倍称〕，于是有卖田宅、鬻子孙以偿责者矣。而商贾大者，积贮倍息，小者坐列贩卖，操其奇赢，日游都市，乘上之急，所卖必倍。故其男不耕耘，女不蚕织，衣必文采，食必粱肉，无农夫之苦，而有阡陌之得。因其富厚，交通王侯，力过吏势，以利相倾，千里游遨，冠盖相望，此商人所以兼并农人，农人所以流亡者也。今法律贱商人，商人已富贵矣；尊农夫，农夫已贫贱矣。故俗之所贵，主之所贱也；吏之所卑，法之所尊也。上下相反，好恶乖迕，而欲国富法立，不可得也。方今之务，莫若使民务农而已矣。欲民务农，在于贵粟，贵粟之道，在于使民以粟为赏罚。今募天下，入粟县官，得以拜爵，得以除罪。如此，富人有爵，农民有钱，粟有所渫矣。夫能入粟以受爵，皆有余者也，取于有余，以供上用，则贫民之赋可损，所谓损有余补不足，令出而民利者也。”

【译文】

“百姓，在于君主用什么方法来驾驭，他们趋从利益，就像水往低处流，至于流向何方，并不选择。珠玉金银饿了不能吃，冷了不能穿，然而大家都认为它贵重，那是因为君上需用的原故。那些东西份量轻便、容易保藏，拿在手头，可以走遍海内而没有饥寒的担忧。这样使老百姓容易离开他们的乡土，对盗贼则有所‘鼓励’，逃亡的人有了轻便易带的资财。粟米布帛出产于土地，成长有一定的时限，要聚含许多人力，不是一日之间就有成效；几石粮食的重量，一般体力的人拿不动，也不被奸邪图利之人所看中，但是一天得不到那些东西饥寒就会来临。所以圣明的君主重视五谷、轻视金玉。当今的老百姓，春耕夏耘，秋收冬藏，采伐柴草，支应徭役，春天不能避风尘，夏天不能避暑热，秋天不能避阴雨，冬天不能避寒冻，一年四季没有一天能够休息安闲，再加上他们生活中还要迎来送往，祭吊死者，探问病人，赡养老人、抚育儿孙都包括在内。勤劳艰苦到如此地步，还会遭受洪涝干旱的灾害、严急政令的暴虐，且赋税的征收又不以时，朝令而夕改，有东西的半价卖出，没有东西的以加倍的利息借取，于是(老百姓)有卖掉田宅、卖掉儿孙来偿还债务的人。而那些大商人囤积待时，获取成倍的利润，小的坐摊贩卖，掌握奇异货物，待高价而出售，每天游转在集市上，趁上级征敛急迫时，所卖之物必加倍获利。这些人男的不耕不种，女的不养蚕、纺织，穿衣必求多彩华丽，吃饭必求精美膳食。他们没有农夫的艰难困苦，但却有土地出产的享受。他们凭着资财的丰厚，交往勾结王侯人物，活动能量超过了官吏的势力，进行权钱交易，不远千里游逛，冠盖相望不绝于道。这是商人兼并了农民，农民所以流浪逃亡的原因。当今的法律，说是轻视商人，但商人实际上却富贵了；说是尊重农民，但农民实际上却贫贱了。所以世俗所看重的，是君主所轻视的；官吏所贬低的，是法律所尊重的。上下相反，好恶相悖，却想使国家富强、法律生效，是难以办到的事。当今的要务，没有比让老百姓从事农耕生产更重要的事了。想让老百姓致力于农业，关键的问题在于重视粮食；重视粮食的办法，在于让民众用粮食作为确定赏罚的条件。现在可广泛征求于天下：向官府交纳粮食，可以授予爵位，可以用来赎罪。这样做，富人有爵位，农民可有钱，使粮食得以分散。因为能交纳粮食而受封爵的，都是钱粮有富余的人。从有余者手里获取，供给君上支配，那么贫苦之人的赋税就可以减少，这就是所谓‘损有余而补不足’，政令一出就会对农民有利啊。”

“顺于民心，所补者三：一曰主用足，二曰民赋少，三曰劝农功。爵者，上之所擅，出于口而无穷；粟者，民之所种，生于地而不乏。夫得高爵与免罪，人之所甚欲也。使天下人入粟于边，以受爵免罪，不过三岁，塞下粟必多矣。”于是文帝从错之言，令民入粟边，各以多少级数为差。至武帝之初，七十年间，国家无事，都鄙廪庾尽满，而府库余财。京师之钱累百巨万，贯朽而不可校〔校，数也〕。太仓之粟，陈陈相因，充溢露积于外，腐败不可食。众庶街巷有马，阡陌之间成群，守闾阎者食粱肉，为吏者长子孙，居官者以为姓号〔仓氏庾氏是也〕，人人自爱而重犯法，先行谊而黜愧辱焉。于是罔疏而民富。是后，外事四夷，内兴功利，役费并兴，而民去本。天下虚耗，人民相食。武帝末年，悔征伐之事，乃封丞相为富民侯，以赵过为搜粟都尉，教民代田，用力少而得谷多。至昭帝时，流民稍还，田野益辟，颇有蓄积。

【译文】

“此事顺应民心，有所补益者有三条：一是君主费用充足，二是百姓赋税减少，三是对勉励农业生产有效。爵位，是君王所独有的，出于皇帝之口而没有穷尽；粮食，是农民所种植的，出产于土地而不会缺乏。能得到高的爵位与可以免于惩处，这是人们很希望的事。让天下人交送粮食到边境，来受封爵、免惩罚，过不了三年，边塞的粮饷必然就多了。”于是文帝听从晁错的谏言，命令人民交送粮食到边境，按各自所交粮食的多少排列出等级差别。直到武帝初即位的七十年间，国家没有大的事故，京城和边邑的粮仓暴满，国家的府库有余财，京都的钱资累百巨万，穿钱的绳子已腐烂，钱数都无法数清。国家中心粮仓的粮食，陈粮不断增加，库房已充满，只好在仓外露天堆积，有些已腐烂得不能食用。众多百姓街巷中拴有马匹，田间小路上更是成群结队。乡里的小头目吃的都是精美膳食；为官者长期任职，以致子孙都长大了而本人仍在官位；做官的人将官职作为姓氏名号(如仓氏、庾氏等)。人人都知自爱而遵纪守法，首重品行、仁义而贬斥令人耻辱的行为。于是法网宽疏而百姓富足。但此后一个时期，同周边少数民族战争不断，对内大兴急功近利的事业，劳役和耗费一齐兴起，使老百姓离开农业生产，以致国库空虚、资财耗尽，人民中又出现人吃人的现象。到了武帝晚年，他追悔征伐之事，遂晋封丞相为富民侯，任用赵过为搜粟都尉，教老百姓实行叫做“代田”的耕种办法，用的劳力少而收获的谷物多。到了昭帝时，流亡的百姓逐渐还乡，土地的开垦增加，有了一些积蓄。

宣帝即位，用吏多选贤良，百姓安土，岁数丰穰，谷至石五钱，农人少利。时大司农中丞耿寿昌奏言：“籴三辅、弘农、河东、上党、太原、郡谷，足供京师，可以省关东漕卒过半。”天子从其计。寿昌遂白，令边郡皆以谷贱时增价而籴，谷贵时减价而粜，名曰常平仓。民便之。上乃赐寿昌爵关内侯。至元帝时，乃罢常平仓。哀帝即位，百姓訾富，虽不及文景，然天下户口最盛。平帝崩，莽遂篡位。因汉承平之业，匈奴称藩，百蛮宾服，舟车所通，尽为臣妾，府库百官之富，天下晏然。莽一朝有之，而其意未满，狭小汉家制度，以为疏阔。宣帝始赐单于印玺，与天子同。而西南夷钩町称王，莽乃遣使易单于印绶，贬钩町为侯。二方始怨，侵犯边境。莽遂兴师，发三十万众，欲同时十道并出，一举灭匈奴，海内扰矣。又动欲慕古，不度时宜，分裂州郡，改职作官。下令更名，天下田曰王田，奴婢曰私属，皆不得卖买；其男口不满八，而田过一井者，分余田与九族乡党。犯令、法至死。制又不定，吏缘为奸，天下謷謷然，陷刑者众。

【译文】

宣帝即位，在任用官吏上多选贤能之人，百姓安守其土地，连年丰收，谷价低到五个钱一石，农民获利微薄。当时大司农中丞耿寿昌上奏说：“收购三辅、弘农、河东、上党、太原等郡的粮食，足够供应京师，可以减少关东漕运兵卒半数以上。”天子听从了他的意见。寿昌遂即又陈述说，让边远之郡都在市场粮贱时加价购进粮食，到市场粮价高时减价出售，称其名为“常平仓”。这种办法对百姓有利。皇上于是赐寿昌关内侯爵位。到元帝时，却取缔了“常平仓”。哀帝即位，百姓的财富虽然比不上文帝、景帝时期，然而人口达到了最鼎盛的时期。平帝驾崩，王莽就篡夺了帝位。凭借汉王朝几代相继安定的基业，匈奴甘称属国，众多少数民族归服。水路、旱路所到之处，全都称臣称妾；府库充盈，百官富有，天下安宁。王莽一时间便有了这些（大好形势），但其心意仍未满足，小视汉家制度，认为还有疏漏不周之处。当年，宣帝最初赐予匈奴单于的印玺，与天子相同，而且让西南方的部族钩町称王。王莽这时派使臣更换了单于的印绶，贬钩町为侯。西南部族和匈奴开始怨恨，并侵犯边境。王莽遂即兴兵，动员三十万大军，计划同时由十条路线一起出击，想一举灭掉匈奴，由此国内产生混乱。王莽又常常仰慕古制，不考虑时代之所宜，重新分割州郡，改变职位名称，创制官衔。他下令把天下土地改名为“王田”，奴婢改称为私属，一律不得买卖；一家男性不满八口，而占有田地一井以上的，要分出多余的田地给乡党九族。触犯了命令的，就按法处以死刑。然而制度又不固定，官吏乘机作奸，弄得天下怨声载道，陷于刑罚者很多。

凡货，金钱布帛之用，夏、殷以前，其详靡记云。太公为周立九府圜法〔圜即钱也〕，退又行之于齐。至管仲相桓公，通轻重之权，曰：“岁有凶穰，故谷有贵贱；令有缓急，故物有轻重〔所缓则贱，所急则贵〕。人君不理，则蓄贾游于市，乘民之不给，百倍其本矣。计本量委则足矣，然而民有饥饿者，谷有所藏也。民有余则轻之，故人君敛之以轻；民不足则重之，故人君散之以重〔民轻之之时，为敛籴之；重之之时，官为散之〕。凡轻重敛散之以时，即准平。故大贾蓄家，不得豪夺吾民矣。”

【译文】

钱币，是金钱布帛的功用，夏商以前没有详细记载。姜太公为周朝制定了管理钱币的九府铸钱的法令。姜太公离职后又在齐国施行。到了管仲辅佐齐桓公时，通晓调控物价高低的权变之策，他说：“年景有好坏，所以粮食就有贵贱；政令有缓急，所以物品有轻重(所缓则贱，所急则贵)。人君如果不加整治，那么囤积居奇的商人活动于市场，乘人民一时供给不足，价格就抬高到本钱的一百倍。计算来源、估量所积累的，粮食是足够人们食用的，可是百姓仍然有饥饿之人，其原因是有人把粮食储藏起来了。老百姓食用有余时则看轻粮物，所以人君征收粮物价格不高；老百姓食用不足时则看重粮物，所以人君抛售粮物时价格就高。大凡物价高低、收购抛售适应当时的情况，就是‘平准’。因此那些搞囤积居奇的大商人就不能够强夺我们百姓的利益了。”

秦兼天下，币为二等：黄金以溢为名〔二十两为溢，秦以溢为一金。汉以一斤为一金也〕，钱质如周，钱文曰半两。汉兴，以为秦钱重难用，更令民铸荚钱〔如榆荚也〕。孝文为钱益多而轻，更铸四铢，文为半两。除盗铸钱令。贾谊谏曰：“夫事有召祸，而法有起奸。今令细民人操造币之势，各隐屏而铸作，因欲禁其厚利微奸，虽黥罪日报，其势不止〔报，论〕。为法若此，上何赖焉？又民用钱，郡县不同。法钱不立，吏急而壹之乎，则大为烦苛，而力不能胜；纵而弗呵乎，则市肆异用，钱文大乱。苟非其术，何乡而可哉！今农事弃捐，而采铜者繁，奸钱日多，五谷不为多〔民采铜铸钱，废其农业，故五谷不为多〕。善人怵而为奸邪〔怵诱动心于奸邪也〕，愿民陷而之刑戮。刑戮甚不祥，奈何而忽！”上不听。是时，吴以诸侯即山铸钱，富埒天子，后卒叛逆。邓通，大夫也，以铸钱财过王者。故吴王、邓钱布天下。

【译文】

秦朝统一天下后，将货币分为二等：黄金以“镒”为单位(二十两为镒，秦以“镒”为一金，汉以一斤为一金)，钱的形式像周钱一样，钱面铸文为“半两”。汉朝建立后，认为秦钱偏重而难以使用，改令民间铸荚钱(小如榆荚)。孝文帝认为荚钱越来越多且分量较轻，改铸四铢钱，钱面铸文为“半两”(二十四铢为一两，一枚四铢钱实重六分之一两，但面额标明“半两”，名实不相符），废除不准民间私自铸钱的法令。贾谊上书规谏说：“此事会招致祸患，此法会引起奸邪。现在让小民个人拥有造钱的权利，大家秘密地搞铸钱的活动，照此下去，想禁止他们奸巧作弊以牟取暴利，即使天天判处黥刑，这种势头也难以遏止。如此立法，皇上还能依赖什么来维持统治地位呢？再者，若百姓使用的钱币，各郡县有所不同，而规范的钱币不确立，官吏们若是急着统一钱币吧，就大为烦琐、苛刻而无力做到；如果放纵而不加管制，那么市场流通的钱币又各不一样，钱币的规则就要大乱。如果不实施一个办法，又如何面对这些问题呢？现在农业生产多被放弃，而采铜的人很多；私铸之钱一天天多了，粮食却不增多。好人被诱惑而干坏事，诚实的人陷入邪路而受刑法处治，针对这种情况的惩罚又很不明确，怎么能不重视这些问题呢？”皇上没有听取贾谊的意见。这时候，吴王濞作为诸侯，就山采铜铸钱，富庶程度跟天子相等，后来终于反叛。邓通是一位大夫，因铸钱财富超过王侯。所以吴王、邓通的钱流通天下。

武帝因文景之蓄，忿胡、越之害，即位数年，严助、朱买臣等，招来东瓯，事两粤，江淮之间萧然烦费矣。唐蒙、司马相如始开西南夷，凿山通道千余里，以广巴蜀，巴蜀之民罢焉。彭吴穿秽貊（貊原作柏）、朝鲜，置沧海郡，则燕、齐之间，靡然发动。及王恢设谋马邑，匈奴绝和亲，侵扰北边，兵连而不解，天下共其劳。干戈日滋，行者赍，居者送，中外骚扰相奉，财赂衰耗而不澹。入物者补官，出货者除罪，选举陵夷，廉耻相冒，武力进用，法严令具，兴利之臣，自此而始。其后，卫青岁以数万骑，出击匈奴，遂取河南，筑朔方郡。时又通西南夷道，作者数万人，千里负担馈饷，率十余钟致一石〔钟，六石四斗〕。置沧海郡，筑卫朔方，转漕甚远，自山东咸被其劳，费数十百巨万，府库并虚。乃募民，能入奴婢，以终身复为郎增秩，及入羊为郎，始于此。此后，卫青比岁将十余万众击胡，斩捕首虏之士，受赐黄金二十余万斤，而汉军士马死者十余万，兵甲转漕之费不与焉。于是经用赋税既竭，不足以奉战士。有司请令民得买爵及赎禁锢，免赃罪，大者封侯、卿大夫，小者郎。吏道杂而多端，官职耗废。票骑仍再出击胡，大克获。浑邪王率数万众来降，皆得厚赏。衣食仰给县官，县官不给。天子乃损膳，解乘舆驷，出御府禁藏以澹之。费以亿计，县官大空，富商贾财，或累万金，而不佐公家之急。于是天子与公卿议，更造钱币以澹用，而摧浮淫并兼之徒。于是以东郭咸阳、孔仅为大司农丞，领盐铁事，而桑弘羊贵幸侍中，故三人言利，事析秋毫矣。法既益严，吏多废免，皆谪令伐棘上林，作昆明池。其明年，大将军票骑大出击胡，赏赐五十万金，军马死者十余万匹，转漕车甲之费不与焉。是时财匮，战士颇不得禄矣。诸贾人末作贳贷，及商以取利者，虽无市籍，各以其物自占，率缗钱二千而算一。轺车一算，商贾人轺车二算〔商贾人有轺车，使出二算，重其赋也〕。船五丈以上一算。匿不自占，占不悉，戍边一岁，没入缗钱。有能告者，以其半畀之。是时，豪富皆争匿财，唯卜式数求入财以助县官。天子乃超（超旧作越，改之）拜式为中郎，赐爵左庶长、田十顷，布告天下，以风百姓。

【译文】

武帝凭借文、景二帝的积蓄，怨恨匈奴、南粤的侵害，即位不几年，严助、朱买臣等招徕东瓯，与南越、闽越发生战事，江淮地区战事骚扰，耗资繁多。唐蒙、司马相如开始开发西南地区，开凿山岭，疏通道路一千多里，来扩展巴蜀，使巴蜀百姓深感疲劳。彭吴打通秽貊、朝鲜地区，设置沧海郡，于是燕齐一带接连发生动乱。及至王恢在马邑设计诱骗单于，匈奴和汉断绝和亲关系，侵扰北方边境，战争连年不停，天下都为此而感到疲劳。战事一天比一天增加，出征的士卒自举衣食用具，后方的人输送军需，内外骚扰而相与筹献给养，财物衰减、消耗而不够使用。于是交纳财物的可以增补为官，出钱的可以免罪，选举官吏的制度衰败，廉耻之风不再，以武力为进身之阶，法令严酷苛细，能够谋得财利的官员从此受到重用。此后，卫青每年率领数万骑兵出击匈奴，于是夺取了河套以南之地，设立朔方郡。这时候又打通西南地区道路，筑路工数万人，不远千里背负着吃的用的，大致运送十余钟粮食到目的地只余一石(一钟合六石四斗)。设置沧海郡，筑城守卫朔方，转输漕运非常遥远，从崤山以东广大地区都要担负劳役，耗资数十万乃至百万，府库空虚。于是号召民间(富人)能向官府交纳奴婢者可以终身免除徭役，做郎官则可以升官，以至交纳羊群者可做郎官。(以上这些)都是从这时开始的。此后，卫青连年统率十余万兵众进击匈奴，对斩杀或俘虏敌兵者赏赐的黄金二十多万斤，而汉军中死的将士、马匹达十多万，武器转运的费用还不在其中计算。因此常年赋税收入已用完，不够供给战士。有关部门请求朝廷允许人民用钱买爵位和以钱赎免不准做官等禁锢以及免除贪赃之罪。用钱多的人可封侯、卿大夫，小者可封为郎。做官的途径杂乱而头绪诸多，官员的职责混乱而荒废。骠骑将军霍去病仍两次出击匈奴，获得了大胜。浑邪王率领数万人来投降，都得到了丰厚的赏赐。衣食费用都由朝廷供给。朝廷资金不足，天子就减少膳食开支，拿出乘舆之马，由少府所藏的财物来补充。费用以亿计，朝廷大空，大商大贾有的资产积累可达万金，但不拿出支助公家的急需。于是天子和公卿们商议，通过改铸钱币来供给使用，用以压制那些浮奢吞并财富之徒。此时任用东郭咸阳、孔仅为大司农丞，兼管盐铁官营等事，而桑弘羊被天子宠信为侍中，所以他们三个人奏议经济问题精明细致得如察秋毫一般。法令越加严酷，官吏多被罢免，尽数罚去上林苑采伐林木，兴修昆明池。第二年(元狩四年)，大将军卫青和骠骑将军霍去病大规模地出击匈奴，赏赐五十万黄金，军中战马死了十余万匹，运输车甲的费用还不包括在内。这时候财政匮乏，战士大多没有薪饷了。遂让商人、巧匠、放高利贷者以及经商营利的人，即使没有商人户籍，也要各自按其所拥有的财产向官府申报，一般按价值二千钱上交一算(一百二十钱)的财产税。车子每辆上交一算，商人的车子每辆交二算。船长五丈以上交一算。凡隐匿不向官府自报，或报得不完全的，戍边一年，没收其未报的缗钱。有能检举揭发的，将所没收缗钱的一半付给他。这时候，豪富们都争相隐瞒财产，只有卜式多次请求将自己的财产拿出资助朝廷。天子于是破格地任命卜式为中郎，赏赐左庶长爵位，赐田十顷，并传告天下，用以教化百姓。

自造白金五铢钱，后五岁而赦，吏民之坐盗铸金钱死者数十万人。其不发觉相杀者，不可胜计。赦自出者百余万人，然不能半自出矣。犯法者众，吏不能尽诛。于是遣博士褚大、徐偃等，分行郡国，举并兼之徒。而御史大夫张汤方贵用事，减宣、杜周等为中丞，义纵、尹齐、王温舒等用惨急苛刻为九卿，直指夏兰之属始出，而大农颜异诛矣。自是后有腹非之法比，而公卿大夫多谄谀取容。

【译文】

(自元狩四年冬)铸造白金五铢钱以后五年，赦免了吏民中因私铸金钱判处死刑的数十万人，那些情况不明而被杀死的不知有多少。因其自首而获赦的有一百多万人，然而自首的人还不到半数。犯法的人多，官吏不能尽数惩处。于是派博士褚大、徐偃等人分别到郡国巡行视察，检举揭发那些官商暗中勾结、合伙铸钱的人。可是，御史大夫张汤这时正被重用而当权，减宣、杜周等为中丞，义纵、尹齐、王温舒等人因执行严刑峻法而被任命为九卿，直指(特命钦差)夏兰这类人开始登上政治舞台，而大农颜异被诛杀了。从此之后有了“腹非罪”的条款(颜异因腹非罪被处死)，于是公卿大夫大多以谄谀奉承博取天子的欢心。

天子既下缗钱令，而尊卜式，百姓终莫分财佐县官，于是告缗钱纵矣。杨可告缗遍天下，中家以上大氐皆遇告，得民财物以亿计，奴婢以千万数，田大县数百顷、小县百余顷，宅亦如之。于是商贾中家以上大氐破，民偷甘食好衣，不事蓄藏之业，而县官以盐铁缗钱之故，用少饶矣。是时越欲与汉用船战逐〔水战相逐〕，乃大修昆明池，列馆环之；治楼船，高十余丈；作柏梁台，高数十丈。宫室之修，由此日丽。

【译文】

天子已经下达了“缗钱令”(即对个人田宅、货物、车船、畜产等征税的法令)而重用卜式，老百姓到底还是没有人分出自己的财产来资助朝廷，于是检举告发别人隐匿财产，逃漏税款之风大盛。杨可主持的告缗之事遍及天下，中等富户以上大抵都被告发。此举获得民间财物数以亿计，收为官奴者以千、万计。大县没收的田地有数百顷，小县有百余顷，宅院也依照此法被没收。于是经商者中等富户以上大都破败，民众只图眼前吃好、穿好，不做积蓄储藏之事，而朝廷由于实行盐铁官营和征收财产税的办法，财用稍微富裕了些。这时候南越将要与汉室用舟船进行水战，于是就大规模地修筑昆明池，在周围筑建楼台馆所，打造的楼船，高十多丈，又修建柏梁台，高数十丈。宫室的修建，从此一天天华丽起来。

明年，天子始巡郡国。公卿白议封禅事，而郡国皆预治道，修缮故宫，储设共具而望幸。明年，南越反，西羌侵边。天子因南方楼船士二十余万人击越，发三河以西骑击羌，又度河筑令居。初置张掖、酒泉郡，而上郡、朔方、西河、河西开田官，斥塞卒〔塞上候斥卒也〕六十万人戍田之。中国缮道馈粮，远者三千余里。边兵不足，乃发武库工官兵器以澹之。齐相卜式上书，愿父子死南越。天子下诏褒扬，赐爵关内侯，黄金四十斤，田十顷。布告天下，天下莫应。列侯以百数，皆莫求从军。至饮酎，少府省金，〔省视诸侯金有轻重〕而列侯坐酎金失侯者百余人，乃拜卜式为御史大夫。式既在位，见郡国多不便县官作盐铁器，或强令民买之，而船有算，因孔仅言船算事。上不说。然兵所过县，县以为訾给，毋乏而已，不敢言轻赋法矣。

【译文】

第二年(元鼎四年)，天子巡视各郡国。公卿们上奏商议封禅之事，而各郡国都预先修治驰道，修缮原有的宫室，准备行宫的陈设，以等待天子驾临。次年(元鼎五年)，南越王反叛，西部羌族侵犯边境。天子凭借南方楼船水兵二十多万人进攻南越，征发黄河、赐(析)支河、湟河以西地区的骑兵进攻羌人，又过黄河修筑令居城。开始设置张掖、酒泉郡，而在上郡、朔方、西河、河西开始设屯田官，开拓边塞的兵卒六十万人戍守在那里。国内修缮道路，为戍边者送粮，距离远的有三千里。戍边的兵士装备不够，就征发武库工官兵器来补充。当时齐王国丞相卜式上书，请求父子两代人都到南粤效命。天子颁诏表扬，赐封他关内侯的爵位，赏黄金四十斤、田地十顷，并将此事布告天下，然而天下却没有人响应。列侯数百名，都没有人愿意从军。到皇家祭祖庙时，少府检查列侯所献的祭金的质量和数量，因祭金不合规定而失去侯爵的就有一百多人。于是拜卜式为御史大夫。卜式到职后，发现郡国多数反映盐铁官营的不利处，那些劣质的器具，有时会强行让人民来买，而造船有赋税可图，于是通过孔仅上奏船税之事。皇上不高兴。然而军队所经过的郡县，但求物资供应不缺而已，不敢谈及朝廷轻赋的法令。

元封元年，卜式贬为太子太傅。而桑弘羊为治粟都尉，领大农。乃请置大农部丞数十人，分部主郡国，各往往置均输盐铁官，尽笼天下之货，名曰“平准”，不复告缗。民不益赋，天下用饶。于是弘羊赐爵左庶长，黄金者再百焉。是岁小旱，上令百官求雨。卜式言曰：“县官当食租衣税而已，今弘羊令吏坐市列，贩物求利，烹弘羊，天乃雨。”久之，拜弘羊为御史大夫。

【译文】

元封元年，卜式被贬职为太子太傅，而任命桑弘羊为治粟都尉，兼任大司农。桑弘羊请设置大司农府属官数十人，分管各个郡国，各自大都在所分管的郡国设置协调、运输盐铁的官员，尽量垄断天下的货物，名称叫“平准”，不再让人告发偷漏财产税之事。人民不增加赋税而天下费用充足。于是赐桑弘羊爵位为左庶长，黄金二百斤。这一年稍有旱情，皇上命百官求雨。卜式上奏说：“官府应当靠租税吃穿就行了，现在桑弘羊命令官府吏员进入市场，贩卖货物以谋求利润，如果煮死桑弘羊，上天就会下雨。”过了很长时间，封桑弘羊为御史大夫。

昭帝即位，诏郡国，举贤良文学士，问以民所疾苦、教化之要，皆对愿罢盐铁酒榷均输官，毋与天下争利，示以节俭，然后教化可兴。乃罢酒酤。宣、元、成、哀、平五世，亡所变改。王莽居摄，变汉制，更作金、银、龟、贝、钱、布之品，名曰“宝货”。凡宝货五物、六名、二十八品。百姓愦乱，其货不行，民私以五铢钱市买。莽患之，下诏：“敢非井田、挟五铢钱者为惑众，投诸四裔，以御魑魅。”于是商农失业，食货俱废，民涕泣于市道。坐卖买田宅奴婢铸钱抵罪者，自公卿大夫至庶人，不可胜数。莽知民愁，乃但行小钱直一，与大钱五十二品并行，龟贝布属且寝。莽性躁扰，不能毋为，每有所兴造，必欲依古得经文。羲和置命士，督五均六斡，郡有数人，皆用富贾，乘传求利交错天下，因与郡县通奸，多张空簿，府藏不实，百姓愈病。莽每一斡，为设科条防禁，犯者罪至死。奸吏猾民并侵，众庶各不安生。每壹易钱，民用破业，而大陷刑。莽以私铸钱死，及非沮宝货投四裔。犯法者多，不可胜计。乃更轻其法，私铸作泉布者，与妻子没入为官奴婢；吏及比伍，知而不举告与同罪；非沮宝货民，罚作一岁，吏免官。犯者俞众，及五人相坐皆没入郡国，槛车铁锁，传送长安钟官，愁苦死者十六七。匈奴侵寇甚，莽大募天下囚徒人奴，名曰猪突狶勇〔猪性触突人，故取以喻〕。一切税吏民，訾三十而取一。又令公卿已下，至郡县黄绶吏，皆保养军马，吏尽，复以与民。民摇手触禁，不得耕桑，徭役烦剧，而枯旱蝗虫相因。又用制作未定，上自公侯，下至小吏，皆不得奉禄，而私赋敛，货赂上流，狱讼不决。吏用苛暴立威，旁缘莽禁，侵刻小民。富者不得自保，贫者无以自存，起为盗贼，依阻山泽。吏不能禽，而覆蔽之，浸淫日广。于是青、徐、荆楚之地往往万数。战斗死亡，缘边四夷，所系虏陷罪，饥疫人相食。及莽未诛，而天下户口减半矣。自发猪突狶勇，后四年，而汉兵诛莽。

【译文】

昭帝即位，下诏命令郡国推举贤良文学士，向他们询问人民认为疾苦的事，以及施行教化的要务。大家都回答：希望取消盐铁酒类专卖和协调运输之官，不要和天下人民争利，以示节俭，这样做了以后教化之风可兴起。于是停止了酒类专卖。宣帝、元帝、成帝、哀帝和平帝五代，都没有改变。王莽位居摄政，改变了汉王朝的制度，另造作金、银、龟、贝、钱、布等货币名目，叫做“宝货”。宝货共分五种材料、六种名称、二十八个等次。老百姓感到混乱难用，这些货币未能流通，民间私下用五铢钱进行交易。王莽为此忧虑，颁诏说：“有敢非难井田制、携带五铢钱者以惑乱民众论罪，要流放到四方边远之地去抵御蛮夷、鬼怪。”于是商人、农夫失业，粮食货物交易都停滞，老百姓哭泣于街市道路。因为卖买田宅奴婢、铸钱而犯罪的人，上自公卿大夫，下到庶民百姓，不可胜数。王莽了解到人民为此愁苦，于是只通行面值为“一”的小钱和面值“五十”的大钱。这两种钱币并用，龟、贝、布之类的货币暂且停止使用。王莽的脾性急躁纷乱，不能清静无为，每有所作为，一定要托古改制、附会经文。羲和(相当大司农官)之下，设置命士监督“五均六斡”(指盐、铁、铸钱、布帛、名山大泽出产等五种产业的协调发展和设立的加上酿酒业六个方面的主管人员)，每郡设置数人，都任用富商大贾。他们乘坐驿站的车马来谋取财利，行迹交叉错杂遍及国内。这些人借机跟郡县勾结，大多都设立假帐，府库存量不如实统计，老百姓越来越受到损害。王莽每一次调整政策都订立条例法规防止犯禁，对犯禁者可以判处死罪。奸吏、刁民一起侵害，老百姓都不得安生。每一次更换币制，老百姓因而破产，很多人因此犯罪。王莽对私铸钱币者处以死刑，并对非议阻碍宝货(即王莽规定的流通货币)的人，流放到边远地区去，以致犯法的人多得不可胜计。于是就改行较轻的法令：私自铸造泉布钱币者，与其妻子儿女一起入官府做奴婢；官吏及其相邻的五户，知道有人私铸钱币而不检举告发者，和私铸钱币的人同罪；诽议、阻难宝货的，老百姓罚服一年的劳役，官吏则撤职。犯法者更多。至于有五家比邻共同犯罪均没入官府为奴婢者，郡国用囚车铁锁，押解到长安掌管铸钱的钟官令衙门，因愁苦而死的占十分之六七。匈奴侵犯边境很厉害，王莽大规格地募集天下囚徒、奴隶，称他们为“猪突豨勇”，统一向官吏、百姓征税，税额为个人财产的三十分之一。又命令公卿以下直到郡县有铜印、黄绶的官吏，都要承担饲养军马的任务，官吏完不成任务的又转嫁给百姓承担。老百姓动辄犯禁，不能进行农耕生产，徭役繁重，而且大旱、蝗虫交相为害。又因制度修订尚未确定，上自公侯，下到小吏，都拿不到薪俸，于是私下征收赋税，贿赂有权势者，案件得不到处理。官吏们用苛刻暴虐的办法树立威严，依仗王莽的禁令，侵害普通百姓。富有的人不能自保，贫苦的人没法生存，便起而做盗贼，占据山泽。官吏不能擒捕，就隐瞒情况，事态渐渐逐日扩大。于是青州、徐州、荆楚等地的盗贼经常数以万计。因战斗中死亡、周边四夷拘囚、俘虏、犯罪被处死、饥饿、瘟疫而死及人吃人等多种原因，到王莽尚未被杀时，天下的人口已经减少了一半。从征发所谓“猪突豨勇”作战之后四年，汉兵杀死了王莽。

昔仲尼没而微言绝〔隐微不显之言〕，七十子丧而大义乖。战国从横，真伪分争，诸子之言，纷然殽乱。至秦患之，乃焚灭文章，以愚黔首。汉兴，改秦之败，大收篇籍，广开献书之路，建藏书之策，置写书之官，书必同文，不知则阙，问诸故老。至于衰世，是非亡正，人用其私。古之学者，耕且养，三年而通一艺，存其大体，玩经文而已。是故用日约少，而蓄德多，三十而五经立也。后世经传，既已乖离，博学者，又不思多闻阙疑之义，而务碎义逃难，便辞巧说，破坏形体，说五字之文，至于二三万言。后进弥以驰逐，故幼童而守一艺，白首而后能言，以安其所习，毁所不见，终以自蔽。此学者之大患也。

【译文】

昔日孔子死后而精微要妙的言论断绝，七十余位贤人死后而正道乖违。战国时期，诸论纵横错杂，真假分争，诸子的言论纷然杂乱。到秦始皇时，对这种现象担忧，于是就焚烧经书，以求使百姓愚昧不明。汉王朝创立，改变秦朝弊政，大量收集经书、文章，广开进献书籍之路，拟定藏书的策略，设置写书的部门，书写一定要用规格统一的文字，不懂得的就让它空缺着，去向老人们求教。到了衰败时期，是非不能分辨，人们便凭着自己的意思任意用字了。古时的学者一边务农一边学习，三年能通晓一门学问，掌握其要义，反复体会经文而已。因此用的时间少而修积的德行多，三十岁就能对五经有所建树。后世的经传，既已背离常道，一些博学者又不思考(孔子所说的)“多闻阙疑”(指多听他人见解、对学习中有疑义之处暂且搁置不论，不作主观臆测)的意义，只致力于支离破碎的解说而逃避问难，花言巧语，破坏了经文的根本大义，演绎五个字的文辞烦琐到二三万言。后来的人更加以此发挥议论，所以幼童时就守持一门学问，而到头发白后才能讲话。安于他所学习的，诋毁他所没有见过的，最终自己欺骗自己。这真是学者的大祸患啊。

儒家者流，盖出于司徒之官，助人君顺阴阳、明教化者也。游文于六经之中，留意于仁义之际，祖述尧舜，宪章文武，宗师仲尼，以重其言，于道最为高。然惑者既失精微，而辟者又随时抑扬，违离道本，苟以哗众取宠，后进循之。是以五经乖析，儒学寖衰。此辟儒之患也。

道家者流，盖出于史官，历纪成败存亡祸福古今之道，秉要执本，清虚以自守，卑弱以自持。此君人南面者之术也。合于尧之克让，《易》之嗛嗛，一谦而四益，此其所长也。及放者为之，则欲绝去礼学，兼弃仁义，曰独任清虚，可以为治。

阴阳家者流，盖出于羲和之官。敬顺昊天，历象日月星辰，敬授民时，此其所长也。及拘者为之，则牵于禁忌，泥于小数，舍人事而任鬼神。

法家者流，盖出于理官。信赏必罚，以辅礼制，此其所长也。及刻者为之，则无（无旧作云，改之）教化，去仁爱，专任刑法，而欲以致治，至于残害至亲，伤恩薄厚。

名家者流，盖出于礼官。古者名位不同，礼亦异数。孔子曰："必也正名乎！"此其所长也。及謷者为之，则苟钩鈲析乱而已。

墨家者流，盖出于清庙之守。茅屋采椽，是以贵俭；养三老五更，是以兼爱；选士大射，是以上贤；宗祀严父，是以右鬼〔右鬼，谓信鬼神，亲鬼而右之〕；顺四时而行，是以非命〔言无吉凶之命，但有贤不肖善恶也〕；以孝视天下，是以上同〔言皆同可以治〕。此其所长也。及蔽者为之，见俭之利，因以非礼乐，推兼爱之意，而不知别亲疏。

纵横家者流，盖出于行人之官。孔子曰："使乎！使乎！"言当权事制宜，受命而不受辞，此其所长也。及邪人为之，则上诈谖而弃其信。

杂家者流，盖出于议官，兼儒墨，合名法，知国体之有此，见王治之无不贯，此其所长也。及荡者为之，则漫羡而无所归心。

农家者流，盖出于农稷之官，播百谷，劝耕桑，以足衣食。故孔子曰："所重民食。"此其所长也。及鄙者为之，以为无所事圣王，欲使君臣并耕，悖上下之序。

【译文】

儒家这个流派，大概出于掌管教育的司徒之官，是辅佐君主理顺阴阳、阐明教化的。他们涉猎文辞于六经之中，存其心意于仁义之间，遵循唐尧虞舜，效法文王武王，以孔子为宗师，尊崇孔子，显明其言论的重要，在各种学问中最为崇尚。可是迷惑的人完全失掉其精辟微妙的道理，而偏执的人又随着时世需要而加以褒贬，违背了儒家道义的本质，苟且地以此哗众取宠。后来的学人又沿袭他们的做法，因此，五经支离破碎，儒家逐渐衰落。这是陋儒之大患。

道家这一流派，大概出于史官，依次记载古今成败存亡祸福的规律，掌握要领与根本，以清静无为自守，自身保持卑弱的姿态。这是统治人民、面南而称王者的策略。符合于唐尧的克己谦让和《易经》上说的谦逊之态，一谦可以得到四种益处，这是道家学派的长处。及至放任之人修习道学，则想断绝、去除礼学，并丢掉仁义，说只凭清静虚怀便可以治理好天下。

阴阳家这一流派，大概是出之于掌管天文历法之官。敬顺皇天，推算观测天体的运行，慎重地指导人民适时耕种，这是阴阳家门派的长处。及至墨守成规的人使用阴阳之法，则被诸多禁忌所牵制，拘泥于小事，舍弃人事而听凭鬼神的所谓警示。

法家这一流派，大都出自于查审案件之官。有功劳的给予奖赏，有罪过的一定惩罚，以此来辅助礼制，这是法家学派的长处。及至苛刻之人掌管法律，就不进行教化，抛开仁爱，专一听凭刑法，想要靠刑法来实现国家安定，以至于残害至亲，伤害恩义，对应该亲厚的人反而刻薄了。

名家这一流派，大概出自于礼官。古时名分、地位等级不同，享受的礼节仪式也就有差异。孔子说："必须端正名分。"这是名家流派的所长。及至喜欢挑剔的人去做，则随意引用、割裂、剖析得混乱无序。

墨家这一流派，大概出于守卫宗庙之官。以茅草覆屋，以柞木为椽，因此重视节俭；奉养"三老五更"(指汉举行养老典礼时推选出的资深老人)，因此主张兼爱；（参与）选士举行大射礼仪，因此尊重贤者；(参加)祖庙祭祀严父，因此相信鬼神；遵循四时而行事，因此，反对"命运"之说；以孝行审视天下，因此，崇尚同等待人。这些都是墨家的长处。及至壅蔽的人去实行，看到节俭的好处，因此便责难礼乐制度；推崇兼爱思想，于是不懂得区别亲疏。

纵横家这一流派，大概出之于负责接待诸侯宾客及出使的官员。孔子说："好使者呀！好使者呀！"说的是应当权衡事态，采取合宜的措施，接受外交使命而不能接受先拟定的外交言词。这是纵横家的所长。及至奸邪的人去做，则崇尚欺诈手段而抛弃其讲信用的长处。

杂家这一流派，大概出之于朝廷议事之官。他们兼有儒家、墨家的主张，又含有名家、法家的思想，知道国家的根本应该有这些学说，看出王者对国家的治理无不贯穿这些。这是他们的长处。及至放纵者运用杂家之说，则散漫而无所归附其心思（即缺乏主旨）。

农家这一流派，大概出之于管理农业耕种之官，重视播种五谷、鼓励农桑，以达到丰衣足食。所以孔子说：“(为君之道)所应重视的是民众的吃饭问题。”这是农家学派的长处。及至鄙陋之人实行农家的主张，则认为无须事奉圣明的君王，想让君王与百姓一起耕种，违背了上下有别的秩序。

（王井南译）

卷十五

# 汉书治要（三）

## 传

韩信，淮阴人也。家贫无行，不得推择为吏，常从人寄食。从项羽为郎中，数以策干项羽，弗用。亡楚归汉，上未奇之也。数与萧何语，何奇之。至南郑，诸将亡者十数人。信度何已数言，上不我用，即亡。何闻信亡，不及以闻，自追之。人有言上，曰："丞相何亡。"上怒，如失左右手。居一二日，何来谒。上且怒且喜，骂何曰："若亡，何也？"曰："臣非敢亡，追亡者耳。"上曰："所追谁？"曰："韩信。"上复骂曰："诸将亡者以十数，公无所追，追信，诈也。"何曰："诸将易得，至如信，国士无双。王必欲长王汉中，无所事信；必欲争天下，非信无可与计事者。"王曰："吾亦欲东耳。"何曰："王必东，能用信，信即留；不能用信，信终亡耳。"王曰："吾以为将。"何曰："虽为将，信不留。"王曰："以为大将。"何曰："幸甚。必欲拜之，择日斋戒，设坛场，具礼乃可。"王许之。诸将皆喜，人人各以为得大将。至拜，乃韩信也，一军皆惊。

【译文】

韩信，淮阴人。他家庭贫穷，没有好的品行，不能被推选做官，经常投靠人家吃闲饭。跟从项羽后做了郎中，曾多次向项羽进献计策，不被重用。后来他从楚营逃出归顺了汉王，汉王并不赏识他。韩信多次跟萧何谈话，萧何认为他是个奇才。到达南郑后，汉王手下将官逃跑的有十多个人。韩信猜想萧何已经多次向汉王谈及他，汉王却不重用自己，就逃跑了。萧何听说韩信逃走，来不及将此情向汉王禀报，就亲自去追赶韩信。有人向汉王报告说："丞相萧何逃跑了。"汉王大怒，好像失去了左右臂。过了一两天，萧何来拜见汉王。汉王又生气又高兴，责骂萧何道："你逃跑，是什么原因呢？"萧何说："我不敢逃跑，是去追赶逃跑的人哪。"汉王问："你追赶的人是谁？"萧何说："是韩信。"汉王又责骂道："将领们逃跑的有十几个，你都没有去追赶，说去追赶韩信，那是撒谎。"萧何说："那些将领容易得到，至于像韩信这样的，那是国内找不出第二个的杰出人物。大王倘若想长久的在汉中称王，那就无须重用韩信；倘若想争夺天下，除了韩信就再没有可以和你商议大事的人。"汉王说："我也想向东方发展呀。"萧何说："大王决计向东方发展，能够任用韩信，韩信就会留下来；假如不能任用韩信，韩信最终是会逃跑的。"汉王说："我让韩信做将官。"萧何说："即使让韩信做将官，韩信也不会留下。"汉王说："那就拜他做大将。"萧何说："这就很好。倘若拜他做大将，还须选择吉日亲自斋戒，设置坛场，举行任命大将的隆重仪式才行。"汉王答应了萧何的要求。将领们听到要拜大将的事都很高兴，人人各自以为自己将要被拜做大将。等到拜将时，才知道是韩信，全军都为之惊讶。

信已拜，上坐。王曰："丞相数言将军，将军何以教寡人计策？"信因问王曰："今东向争天下，岂非项王耶？"曰："然。""大王自料勇悍仁强，孰与项王？"汉王曰："弗如也。"信曰："唯。信亦以为大王弗如也。然臣尝事项王，请言项王为人也。项王意乌猝嗟，千人皆废〔言羽一嗟，千人皆废不收也〕，然不能任属贤将，此特匹夫之勇也。项王见人恭谨，言语姁姁，人有疾病，涕泣分食饮，至使人有功当封爵，刻印刓，忍不能与，此所谓妇人之仁也。又背义帝约，而以亲爱王，诸侯不平。所过无不残灭，多怨百姓，百姓不附，特劫于威强服耳。名虽为霸，实失天下心，故曰其强易弱。今大王诚能反其道，任天下武勇，何不诛？以天下城邑封功臣，何不服？以义兵从思东归之士，何不散？且大王之入武关，秋豪无所害，除秦苛法，秦民无不欲得大王。今失职之蜀，民无不恨者。今王举而东，三秦可传檄而定也。”于是汉王大喜，自以为得信晚。

【译文】

行过对韩信的拜将之礼后，汉王就座。汉王说：“丞相多次谈到将军，将军有什么计策来教我？”韩信遂即向汉王说：“如今向东方进军争夺天下，难道对手不是项王吗？”汉王说：“是的。”韩信说：“大王自己估计，在勇猛、对人亲善、兵力强盛方面，跟项王相比谁强呢？”汉王说：“我不如人家。”韩信说：“对，我也认为大王比不过。不过我曾经在项王手下做事，请让我谈谈项王的为人吧。项王厉声怒吼，千人之众都失惊而不敢动弹，可是他不能任用有才能的将领，这只不过是匹夫的血气之勇罢了；项王在待人方面恭谨有礼，言语温和，有人生病，会同情安慰，把自己的饮食分送给他，等到任用的人立了功应当封赐爵位时，他却把刻好的印玺握在手里，直到磨得失去了棱角，还舍不得给人家，这些行为就是一般人所说的妇人的仁慈。他又违背义帝的盟约，把自己亲信的人分封在关中为王，诸侯对此愤愤不平。项羽所到之处无不进行杀害、毁灭，结怨于百姓，百姓不愿归附，只不过是为其威猛强悍所迫，勉强服从罢了。他名义上虽然是霸王，而实际上却失去天下人心。所以说他的优势很容易转化为劣势。如今大王果真能够采取和他相反的做法，任用天下勇武果敢的人才，还有什么敌人不能被诛灭！把天下的城邑封给有功的臣子，还有什么人不心服！用仁义之师，顺从将士们东归故乡的意愿，还有什么敌军不能瓦解！况且大王进入武关后，对百姓秋毫无犯，废除秦朝的苛刻法令，秦地老百姓没有不想请大王做关中王的。如今大王失去应得的封爵而来到蜀汉，老百姓没有不怨恨项王的。如今大王起兵东进，对三秦之地来说，只要发一道檄文就可以平定了。”于是汉王大喜，自己认为得到韩信太迟了。

汉王以信为左丞相，击魏。信问郦生：“魏得无用周叔为大将乎？”曰：“柏直也。”信曰：“竖子耳。”遂进击魏，虏豹。定河东，使人请汉王：“愿益兵三万人，臣请以北举燕、赵，东击齐，南绝楚之粮道，西与大王会于荥阳。”汉王与兵三万人，进破代，禽夏说，以兵数万，欲东下井陉击赵。赵王、成安君陈余聚兵井陉口，广武君李左车说成安君曰：“闻汉将韩信，涉西河，虏魏王，禽夏说，议欲以下赵，此乘胜而去国远斗，其锋不可当。臣闻千里馈粮，士有饥色；樵苏后爨〔樵，取薪也。苏，取草也〕，师不宿饱。今井陉之道，车不得方轨，骑不得成列，行数百里，其势粮食必在后。愿足下假臣奇兵三万人，从间路绝其辎重，足下深沟高垒勿与战。彼前不得斗，退不得还，不至十日，两将之头，可致麾下。”成安君不听。信知其不用，大喜，乃引兵遂下井陉口，斩成安君泜水，禽赵王歇。乃令军毋斩广武君。顷之，有缚而至麾下者。于是问广武君：“仆欲北攻燕，东伐齐，何若有功？”广武君辞曰：“臣闻之，‘亡国之大夫，不可以图存；败军之将，不可以语勇’。若臣者，何足以权大事乎！”信曰：“仆闻之，百里奚居虞而虞亡，之秦而秦伯，非愚于虞而智于秦也，用与不用、听与不听耳。使成安君听子计，仆亦禽矣！仆委心归计，愿子勿辞。”广武君曰：“臣闻‘智者千虑，必有一失；愚者千虑，亦有一得’，故曰‘狂夫之言，圣人择焉’。顾恐臣计未足用，愿效愚忠。故成安君有百战百胜之计，一日而失之，军败鄗下〔今高邑是也〕，身死泜水上。今足下虏魏王、禽夏说，不旬朝，破赵二十万众，诛成安君，名闻海内，威震诸侯，众庶莫不倾耳以待命者。然而众劳卒疲，其实难用也。今足下举倦弊之兵，顿之燕坚城之下，情见力屈，欲战不拔，旷日持久，粮食单竭。若燕不破，齐必拒境而自强。二国相持，则刘项之权，未有所分也。当今之计，不如按甲休兵，飨士大夫，北首燕路，然后发一乘之使，奉咫尺之书以使燕，燕必不敢不听。从燕而东临齐，虽有智者，亦不知为齐计矣。如是，则天下事可图也。兵固有先声后实者，此之谓也。”信曰：“善。”于是发使燕，燕从风而靡。遂度河，袭历下军，破龙且。楚已亡龙且，项王恐，使武涉往信，信谢曰：“臣得事项王数年，官不过郎中，位不过执戟，言不听，画策不用，故背楚归汉。汉王授我上将军印、数万之众，解衣衣我，推食食我，言听计用，吾得至于此。人深亲信我，背之不祥。”武涉已去，蒯通知天下权在于信，深说以三分天下之计。信不忍背汉，又自以功大，汉不夺我（旧无我字，补之）齐，遂不听。

【译文】

汉王任命韩信为左丞相，进攻魏国。韩信询问郦食其说：“魏国该不是任用周叔为大将吧？”郦说：“是一个名叫柏直的为大将。”韩信说：“这人不过是一个匹夫罢了。”于是进兵攻魏，俘虏了魏王豹。平定了河东后，韩信派人请求汉王：“希望能增兵三万人，请让我向北攻打燕、赵，向东进击齐国，在南方截断楚国的粮道，再向西和大王会师于荥阳。”汉王给韩信增兵三万人，进军打败代国，活捉了夏说。韩信用数万兵，打算东下井陉攻打赵国。此时赵王和成安君陈余集中兵力于井陉口。广武君李左车劝成安君说：“听说汉将韩信渡过黄河，俘虏了魏王，擒捉了夏说，计划要攻下赵国，这是乘着胜利而走出本国作战，其锋芒是不可抵挡的。我听说（汉军）驱兵千里，军粮缺少，士兵有饥饿的面色，临时打柴割草然后做饭，军队经常吃不饱饭。如今井陉这条路，两辆车不能并列行进，骑马也不能排列成行，行军几百里地，像这样的阵势，运粮食的车辆一定在后面。希望您让我出奇兵三万人，抄小路去拦截他们的辎重粮草，您可以深沟高垒不要出兵和他们交战。这样会让他们前不能战斗，后不得撤退，不到十天，敌方两位主将的首级就可送到军帐中去。”成安君没有听从其意见。韩信打探到广武君的计谋未被采纳，非常高兴，于是进军一举攻下了井陉口，杀成安君于泜水边上，活捉了赵王歇，又传令军士不要杀广武君。过了一会儿；有人捆绑着广武君到军帐中来。于是韩信问广武君：“我准备向北攻打燕国，向东征伐齐国，请问怎样才能成功？”广武君推辞说：“我听到这样的话，‘亡国的大夫，没有资格来谋求国家的存在；打了败仗的将领，是不配谈勇武的’。像我这样的人哪里还配得上权衡军国大事呢！”韩信说：“我听说百里奚(这样的贤人)在虞国而虞国灭亡，到了秦国而使秦国称霸，这不是他在虞国愚蠢而到秦国就聪明了，关键在于用不用他、采纳不采纳他的意见罢了。假使成安君采用了您的计策，我也就被他擒捉了。我诚心听从您的计策，希望您不要推辞。”广武君说：“我听说‘智者千虑，必有一失；愚者千虑，必有一得’，所以说‘即使是狂夫的话，圣人也会加以选择’。我只恐自己的计策不值得采用，但我还是愿意献出愚忠。成安君本来有百战百胜的良策，然而一旦失策，使军队战败于鄗城之下，自己也死在泜水边上。如今将军俘虏魏王，活捉夏说，不到十天时间打垮赵军二十万，杀了成安君，名扬海内，威震诸侯，众人无不侧耳倾听，来等待您下令进军。可是士卒们疲劳已极，实际上是难以战斗的了。现在您若动用疲弊的军队，滞留在燕国坚城之下，其情势必显得力不从心。想作战而不能攻下城池，旷日持久，粮食就会耗尽。如果燕国不能攻破，齐国必拒守边境而自强。两国相持不下，那么刘、项两方的轻重胜败就难分清了。当今之计，不如按兵不动，抚恤慰劳将士，摆出北进燕国的架势，然后派一名使者，拿上小小的一封劝降书去到燕国，燕国必然不敢不听从。燕国顺从了再东临齐国，即使有很聪明的人，也不知道这是意在齐国。这样的话，争夺天下之事就可谋求了。用兵本来有先虚张声势然后采取实际行动的，指的就是这种情况。”韩信说：“好！”于是就派使者出使燕国，燕国听到风声当即顺从。汉军遂即渡过黄河，袭击齐国历下军队，击破了龙且之军。楚国丧失了龙且，项王大为惊慌，派武涉去游说韩信。韩信辞谢说：“我事奉项王好几年，官不过是个郎中，职位不过是个持戟的卫士，进言不听，献策不用，所以背楚归汉。汉王授予我上将军印玺，交给我几万人马，脱下他的衣服让我穿，分出他的饭食让我吃，对我言听计从，我才得以达到今天这个地步。汉王这样亲近、相信我，如果背叛他就不吉祥。”武涉走后，蒯通知道天下的权力已掌握在韩信手中，便用(韩信、项羽、刘邦)三分天下的策略来恳切地劝说韩信。韩信还是不忍背叛汉王，又自认为自己功劳大，汉王不会夺自己的齐王之权，遂没有听从蒯通的谋划。

项羽死，徙信为楚王。信初之国，陈兵出入。有变告信欲反，上伪游于云梦，信谒于陈。高祖令武士缚信，载后车。信曰：“果若人言，狡兔死，良狗烹。”上曰：“人告公反。”遂械信。至雒阳，赦以为淮阴侯。信知汉王畏恶其能，称疾不朝。

【译文】

项羽死后，(刘邦)升任韩信为楚王。韩信初到楚国，进出都派军队戒严。有人就向汉王报告，说韩信打算谋反。高祖假称去游云梦泽，韩信谒见刘邦于陈县。高祖下令武士捆缚了韩信，让他乘坐在自己后面的车上。韩信说：“果真像人们所说的，狡猾的兔子死了，出色的猎狗就会被烹杀。”高祖说：“有人上告你谋反。”于是就给韩信带上刑具。到了洛阳，高祖赦免了韩信，改封为淮阴侯。韩信知道汉王害怕、嫉妒自己的才能，常称病不上朝。

黥布，六人也。汉封为淮南王。十一年，高后诛韩信，布心恐忧。复诛彭越，盛其醢，以遍赐诸侯王。布见醢大恐，遂聚兵反。书闻，上召诸将问：“布反，为之奈何？”皆曰：“发兵坑竖子耳，何能为！”汝阴侯滕公，以问其客薛公，薛公曰：“是固当反。”滕公曰：“上裂地而封之，疏爵而贵之〔疏，分也〕，南面而立，万乘之主，其反何也？”薛公曰：“前年杀彭越，往年杀韩信，三人皆同功一体之人也。自疑祸及身，故反耳。”

【译文】

黥布，是六县人。汉王封他为淮南王。汉高祖十一年，吕后诛杀了淮阳侯韩信，黥布因而内心恐惧、忧虑。后来吕后又诛杀了梁王彭越，把彭剁成肉酱，分装在盒子内，遍赐给诸侯王。黥布看到所赐肉酱，大为惊恐，于是就聚兵反叛。奏报传来，高祖召集诸将们问道："黥布反叛，对此事该如何处理？"大家都说："发兵攻打他，活埋了这小子就行了，除此还能有什么办法！"汝阴侯滕公以此事询问其门客薛公，薛公说："他本来就应当反叛。"滕公说："皇上划分土地封他，分出爵位而使他尊贵，面南而立，是拥有万辆战车的诸侯国之主，他为什么要反叛呢？"薛公说："前年杀了彭越，过去杀了韩信。这三个人都是同样有功、身份相同的人啊。黥布猜疑祸患会降临到自己身上，所以就反叛了。"

楚元王交，高祖少弟也。玄孙向，字子政，本名更生，为谏大夫。向见光禄勋周堪、光禄大夫张猛二人给事中，大见信，弘恭、石显惮之，数谮毁焉。向上封事曰："臣前幸得以骨肉备九卿，奉法不谨，乃复蒙恩。窃见灾异并起，天地失常，征表为国。欲终不言，念忠臣虽在甽亩，犹不忘君，况重以骨肉之亲，又加以旧恩乎！臣闻舜命九官〔禹作司空、弃后稷、契司徒、咎繇作士、垂共工、益朕虞、伯夷秩宗、夔典乐、龙纳言，凡九官也〕，济济相让，和之至也。众贤和于朝，则万物和于野。故四海之内，靡不和宁。及至周文开基西郊，杂遝众贤，罔不肃和，崇推让之风，以销分争之讼。武王、周公继政，朝臣和于内，万国欢于外，故尽得其欢心，以事其先祖。下至幽、厉之际，朝廷不和，转相非怨。君子独守正勉强，以从王事，则反见憎毒谗诉，故其诗曰：'密勿从事，不敢告劳。无罪无辜，谗口嗸嗸。'当是之时，天变见于上，地变动于下，水泉沸腾，山谷易处。由此观之，和气致祥，乖气致异，祥多者其国安，异众者其国危，天地之常经、古今之通义也。今陛下开三代之业，招文学之士，优游宽容，使得并进。今贤不肖浑淆，白黑不分，邪正杂糅，忠谗并进，朝臣更相谗诉，转相是非，文书纷纠，毁誉浑乱。所以荧惑耳目、感移心意者，不可胜载。分曹为党，将同心以陷正臣（旧无正臣二字，补之）进者，治之表也；正臣陷者，乱之机也。乘治乱之机，未知孰任，而灾异数见，此臣所以寒心者也。夫乘权席势之人，子弟鳞集于朝，羽翼阴附者众，毁誉将必用，以终乖离之咎。是以日月无光，雪霜夏陨，陵谷易处，列星失行，皆怨气之所致也。夫遵衰周之轨迹，循诗人之所刺，而欲以成太平、致雅颂，犹却行而求及前人也。初元以来六年矣，按《春秋》六年之中，灾异未有稠如今。用贤人而行善政，如或谮之，则贤人退而善政还。夫执狐疑之心者，来谗贼之口；持不断之意者，开群枉之门。谗邪进者，众贤退；群枉盛者，正士销。

【译文】

楚元王刘交，是汉高祖的小兄弟。其玄孙刘向，字子政，原名叫更生，在朝做进谏的大夫。刘向看到光禄勋周堪、光禄大夫张猛二人为给事中，很受皇帝的信任，宦官弘恭、石显却害怕他俩，多次暗地进谗言诋毁。刘向呈上一件密封的奏章说："我以前因系皇家骨肉之亲而充任九卿，守法不够谨慎，却又蒙受圣上恩惠。我私下看到国家灾害和奇异之事接连发生，天地失去常规，征兆显现于朝。我本不打算讲话，但想到忠臣即使身在民间，尚且不忘记君主，何况我以皇室骨肉至亲受到重视，还有往日得到的恩惠呢！我听说虞舜任命九位官员（大禹负责治理水土的工作，弃负责掌管农业，契担任教育主管来推行伦理道德的教化，咎繇执掌刑法，垂掌管营建制造手工业，益负责林业工作，伯夷负责主持礼仪工作，夔掌管移风易俗的音乐教育工作，龙负责发布命令、收集意见的工作，总共九位官员负责九类工作），大家互相谦让，非常祥和。众位贤臣和谐相处于朝堂，那么万众也就和谐于民间。所以四海之内，无不和谐安宁。及至周文王开创基业于西岐，聚集众多的贤才，没有不敬肃和睦的，大家都崇尚推让之风，以此化解分配、争夺造成的诉讼。武王、周公继承周文王的政事，朝臣们和谐于内，各诸侯国喜悦于外，所以大家都得以欢心，来事奉他们的先祖。后来到了幽王、厉王时期，朝廷不和，进而互相责难、报怨。唯有君子独自遵守正道，努力从事王事，但却反而受到憎恶和谗害。所以有首诗说："只求平静不做事，不敢称说费苦辛。即便无罪又无辜，进谗之口能毁人。'正当这个时候，天的灾异显现于上，地的灾异发生于下，水泉沸腾，高山和深谷改变了位置。由此来看，和谐的气氛可以招致吉祥，不协调的气氛可以招致变异；吉祥多者其国家就安定，变异多者其国家就危急，这是天地的恒久规律，是古今的共同道理。当今陛下开创夏、商、周三代的功业，招揽文学之士，悠闲宽容，使大家得以一起为官。可现在的情况是贤德与不贤德混淆，黑白不分，邪正混杂，忠谗并进。朝臣们更是相互诋毁告状，转而竞相褒贬。各种公文纷乱纠缠，诽谤与赞誉搀杂紊乱。用这些办法来迷惑天子耳目，转移天子心意的，多得不能尽述。有的分帮结派，扭结在一起来陷害正派的人。正派的臣子能够被任用，是安定的标志；正派的臣子遭到陷害，是混乱的先兆。面对治乱交杂的形势，不知谁可以胜任，于是灾异的现象不断发生，这就是令我寒心的原因。那些凭借权势的人，他们的子弟群集于朝堂，党羽们暗中附和的很多，谗毁和妄誉的手段必会使用，以致终将形成背离正道的灾祸。因此日月无光，夏降雪霜，山谷易位，星斗失去运行常规。这些都是怨气所导致的。遵循周代衰败时的轨迹，沿袭诗人们所讥讽的东西，而想以此成就太平之世，招致美好的颂扬，那犹如倒着走路却期求赶上前边的人。从初元(公元前48年)以来已经六年了，查考《春秋》，六年之内所发生的灾异也没有当今这样多。任用贤人来施行善政，如果还有人诬陷，那么即使贤人引退但善政犹在。持有狐疑之心的人，会招来爱进谗言以害人的人；保持不决断意向的人，会开启众多行为不正者的进身之门。谗邪的人被提拔重用，众多贤士就会退避；众多行为不正者势力强盛，正直的贤士就会消失。

故《易》有'否、泰'。小人道长，则君子道消。君子道消，则政日乱，故为否。否者，闭而乱也。君子道长，则小人道消。小人道消，则政日治，故为泰。泰者，通而治也。昔者鲧、共工、驩兜与舜、禹（旧无禹字，补之）杂处尧朝，周公与管、蔡并居周位，当是时，迭进相毁，流言相谤，岂可胜道哉！帝尧、成王，能贤舜、禹、周公而销共工、管、蔡，故以大治。孔子与季、孟偕仕于鲁，李斯与叔孙俱宦于秦，定公、始皇贤季、孟、李斯而销孔子、叔孙，故以大乱。故治乱荣辱之端，在所信任。所信任既贤，在于坚固而不移。《诗》云：'我心匪石，不可转也。'言守善笃也。《易》曰：'涣汗其大号。'言号令如汗，汗出而不反者也。今出号令，未能逾时而反，是反汗也；用贤未能三旬而退，是转石也。《论语》曰：'见不善如探汤。'今二府奏，佞谄不当在位，历年而不去也。出令则如反汗，用贤则如转石，去佞则如拔山，而望阴阳之调，不亦难乎！是以群小窥见间隙，巧言丑诋，流言飞文，哗于民间。故《诗》云：'忧心悄悄，愠于群小。'小人成群，诚足愠也。昔孔子与颜渊、子贡，更相称誉，不为朋党；禹、稷与皋陶，传相汲引，不为比周。何则？忠于为国，无邪心也。故贤人在上位，则引其类而聚之朝；在下位，则思与其类俱进。故汤用伊尹，不仁者远，而众贤至，类相致也。今佞邪与贤臣，并在交戟之内，合党共谋，违善依恶，数设危险之言，欲以倾移主上。如忽然用之，此天地之所以先戒，灾异之所以重至者也。自古明圣，未有无诛而法者也，故舜有四放之罚，而孔子有两观之诛，然后圣化可得而行也。今以陛下明智，诚深思天地之心迹，察两观之诛；览否泰之卦，历周、唐之所进以为法（法原作治），原秦，鲁之所销以为戒；考祥应之福，省灾异之祸，以揆当世之变；放远佞邪之党，坏散险诐之聚，杜闭群枉之门，广开众正之路；决断狐疑，分别犹豫，使是非炳然可知，则百异销灭，而众祥并至，太平之基、万世之利也。"

【译文】

故《易经》上有《否》《泰》两卦。小人之道增长，君子之道就消亡。君子之道消亡，那政事就一天天混乱，所以称为"否"。"否"，就是闭塞不通之意。君子之道增长，那么小人之道就会消亡。小人之道消亡，那么政事就会一天天走向稳定，所以称为“泰”。“泰”，就是通顺而安定的意思。昔日鲧、共工、讙兜与舜、禹杂处于尧的朝廷，周公和管叔、蔡叔同在周朝有爵位。那时候，奸佞者交替进谗诋毁，散布流言诽谤，这哪里说得完呢！帝尧和成王却能赏识舜、禹、周公，而消除了共工、管、蔡之流为患，所以国家很安定。孔子与季孙氏、孟孙氏都在鲁国做官，李斯和叔孙通也都做过秦朝的官吏，而鲁定公和秦始皇赏识季孙氏、孟孙氏和李斯，却疏远孔子、叔孙通，所以国家就大乱。所以说治和乱、荣和辱的关键，在于所信任的人。所信任的人如果全是贤臣，那就应牢固地信任他们而不要动摇。《诗经》上说：‘我心虽不是磐石，更比磐石难移。’说的就是保持美好的东西要坚定不变。《易经》说：‘涣汗其大号。’意思是说号令如人出汗，汗既流出就不会再返回人体了。现今发出号令，还没有超过一个时辰就改变，这和汗返回身体是一样的；任用贤臣还未满三十天就辞退，这就如(前边说的)把磐石转移了。《论语》说：‘看见不好的行为，就好像把手伸进开水里一样(得赶快把手缩回)。’当今丞相和御史上奏，说谄佞之人不应该在朝为官，可是，一过几年，都不能罢免他们。发出的命令就像让汗水返回身体，任用贤能就像很快被转移的磐石，罢免奸佞就像移动大山一样难，却期望阴阳协调，不是难以办到的事吗？所以那些行为不正的小人侦察发现了有空子可钻，就使用巧言丑化、诋毁，用流言蜚语喧哗于民间。所以《诗经》说：‘忧心满腹唯寂寥，提起小人怒火烧。’意思是说小人成群，的确非常使人愤怒。昔日孔子和颜渊、子贡，相互赞誉，却不被看作是朋党；禹、稷和皋陶相与引荐，却不被看作结帮营私。为什么呢？因为他们是为国尽忠，没有邪恶之心。所以贤人处在上位，就能引荐与其类似的人聚集于朝廷；处在下位，就想着与其类似的人能一起做官。所以商汤任用伊尹，那些不仁德者就远远避开，而许多贤人就来到，这是由于其品行类似所致。当今邪佞小人和贤臣一起宿卫在朝廷之内，他们结成朋党，共同谋划，反对善政而依从邪恶，经常捏造些危言耸听的话，想用以偏移主上的路线。如果一旦被任用，天地就会因此预先给予警戒，灾异就会因此而重新降临。自古以来的明哲圣君，没有不诛灭坏人而能把国家治理好的。所以，舜帝时曾有流放共工等四个坏人的处罚，孔子有诛杀少正卯于两观楼下的举动。这样做了之后圣人的教化才能够推行啊。现在凭陛下的明智，果真能深刻体会天地的用心，参考孔子两观楼下的诛杀，观看《否》《泰》的卦文，效法周王室、唐尧任人封官的办法，推究秦国、鲁国所以败亡的原因并作为戒鉴，研求与吉兆对应的福祉，察看灾异现象带来的祸患，来推度当世的变故，流放疏远佞邪的朋党人物，催毁谄邪不正的同伙，堵塞那些小人求官的门路，广开众多正直之士进身的途径，戒除狐疑之心，明晰犹豫之事，使是非显而易见，那么各种灾异现象就会消失，而许多祥瑞就会一齐到来。这是天下太平的根本，是有利于万代的举措呀！”

向又见成帝营起昌陵，数年不成，制度泰奢，上疏谏曰：“臣闻《易》曰：‘安不忘危，存不忘亡，是以身安而国家可保也。’故贤圣之君，博观终始，必通三统〔一曰天统，二曰地统，三曰人统〕，天命所授者博，非独一姓也。孔子论《诗》，至于‘殷士肤敏，灌将于京’，喟然叹曰：‘大哉天命！善不可不传于子孙，是以富贵无常。不如是，则王公其何以戒慎，民萌其何以劝勉？’盖伤微子之事周，而痛殷之亡也。虽有尧舜之圣，不能化丹朱之子；虽有禹汤之德，不能训（训原作移）末孙之桀纣。自古及今，未有不亡之国也。故常战栗，不敢讳亡。孔子所谓‘富贵无常’，盖谓此也。孝文皇帝居霸陵，顾曰：‘以北山石为椁，岂可动哉！’张释之进曰：‘使其中有可欲，虽锢南山，犹有隙；使其中无可欲，虽无石椁，又何戚乎？’孝文寤焉，遂为薄葬。

【译文】

后来，刘向又看到成帝营建昌陵，数年尚未建成，其建筑规划非常奢侈，便上疏谏诤说：“我听《易经》上说：‘安定时不忘记危难，存在时不忘记灭亡。因此自身才能安宁，国家才可保有。’所以贤圣的君主，能广泛地看到终始，必然通达天统、地统、人统三者循环往复的道理。

明了天命所能授予的很多，不是只将天下授予某一个姓氏。孔子评论《诗经》，谈到殷商的后人降服王室、随周王祭祀时，叹息道：‘伟大啊，天的意旨！积德行善的作风不能不传给子孙，是因为富贵不是固定不变的。如果不是这样，那么王公们用什么来警戒自己、老百姓用什么来自我勉励呢？’这是孔子哀伤殷商的后人微子事奉周朝，并痛惜殷商的灭亡。虽有尧舜那样的圣明，都不能感化丹朱那样的儿子；尽管有像夏禹、商汤那样的德行，也不能教训好他们的后人夏桀和商纣。从古到今，还没有过不灭亡的国家。所以要经常怀有恐惧的心理，不敢避讳‘灭亡’二字。孔子所说的‘富贵不会固定不变’就是这个道理。孝文皇帝在霸陵停驾，观望后对随从的群臣说：‘用北山之石做棺材的外椁，难道还能被打开吗！’张释之进谏说：‘假使墓棺中放有引人贪求的东西，即使以金属溶液灌封南山的石缝，还是会有漏洞；假使陵墓中不放置令人贪求的东西，即使没有石头做成的外棺，又有什么可忧虑的呢！’孝文帝有所醒悟，于是改为薄葬。

《易》曰：‘古之葬者，厚衣之以薪（旧无此五字，补之），藏之中野，不封不树。后世圣人，易之以棺椁。’黄帝葬于桥山，尧葬济阴，丘垅皆小，葬具甚微。舜葬苍梧，二妃不从。禹葬会稽，不改其列〔不改官里树木百物之行列也〕。殷汤无葬处。文武、周公葬于毕，秦穆公葬于雍，樗里子葬于武库，皆无丘垅之处。此圣帝明王，贤君智士，远览独虑，无穷之计也。其贤臣孝子，亦承命顺意而薄葬之，此诚奉安君父，忠孝之至也。故仲尼孝子，而延陵慈父；舜禹忠臣，周公悌弟，其葬君亲骨肉，皆微薄矣！非苟为俭，诚便于体也。宋桓司马为石椁，仲尼曰：‘不如速朽。’逮至吴王阖闾，违礼厚葬，十有余年，越人发之。及秦惠、文、武、昭、严襄五王，皆大作丘垅，多其瘗藏，咸尽发掘暴露，甚足悲也。秦始皇帝葬于骊山之阿，下锢三泉，上崇山坟，棺椁之丽，宫馆之盛，不可胜原。又多杀宫人，生埋工匠，计以万数。天下苦其役而叛之，骊山之作未成，而周章百万之师，至其下矣。数年之间，外被项籍之灾，内离牧竖之祸，岂不哀哉！是故德弥厚者葬弥薄，智愈深者葬愈微，无德寡智者葬愈厚，丘垅弥高，宫庙甚丽，发掘必速。由是观之，明暗之效，葬之吉凶，昭然可见矣。陛下即位，躬亲节俭，始营初陵，其制约小，天下莫不称明。及徙昌陵，增埤为高，积土为山，发民坟墓，积以万数，营起邑居，期日迫卒，功费大万百余〔大万，一亿也〕。死者恨于下，生者愁于上，怨气感动阴阳，因之以饥馑，物故流离，以十万数，臣甚惛焉。以死者为有知，发人之墓，其害多矣！若其无知，又安用大？谋之贤智则不悦，以示众庶则苦之。若苟以悦愚夫淫侈之人，又何为哉！陛下慈仁笃美甚厚，聪明疏达盖世，而顾与暴秦乱君，竞为奢侈，比方丘垅，悦愚夫之目，隆一时之观，违贤智之心，忘万世之安，臣窃为陛下羞之。唯陛下上览明圣黄帝、尧、舜、禹、汤、文、武、周公、仲尼之制，下观贤智穆公、延陵、樗里、张释之之意。孝文皇帝去坟薄葬，以俭安神，可以为则；秦昭、始皇增山厚葬，以侈生害，足以为戒。初陵之䓕，宜从公卿大臣之议，以息众庶。”书奏，上甚感向言，而不能从其计。

【译文】

《易经》说：‘古代埋葬死者，以很厚一层柴草覆盖尸体，葬于郊野，不起土为坟，不种树作记。’后世的圣人改为棺椁安葬。轩辕黄帝葬在桥山，唐尧葬于济阴，墓堆都很小，随葬器物也很微薄。虞舜葬于苍梧，他的两个妃子没有陪葬。夏禹葬于会稽，不改变坟墓周围的各种原有建筑和树木等物。商汤的安葬地方未见记载。文王、武王、周公葬于毕原，秦穆公葬于雍邑，樗里子葬于武库，都没有坟垅封土。这都是圣王明君和贤德有智之士深谋远虑的长久之计。他们的贤臣孝子也能遵其命令，顺其意愿而薄葬之，这才真是安葬君父、尽忠尽孝的最好表现。所以孔子(虽未修其母的坟墓而仍)不失为孝子，而(春秋时吴国延陵人)季札(虽简略地葬埋了儿子却仍)不失为慈父。虞舜、夏禹(做臣子时)皆是忠臣，周公是一个敬爱兄长的弟弟，他们安葬君主、父母和骨肉至亲，都是非常微薄的；他们都不是以草率为节俭，的确是合乎于礼体。春秋宋人桓司马死后用坚石作外棺，孔子说：‘还不如早早让尸体腐朽为好。’及至吴王阖闾，违背礼制而厚葬，过了十余年，越国人发掘了他的墓葬。到秦代、惠、文、武、昭、庄襄等五位君王，都大规模地筑陵封土，墓内埋藏的东西也很多，后来都被发掘暴露，实在是很可悲的事。秦始皇帝葬在骊山脚下，地下禁锢三泉，地上修筑高大的封土，棺木外观的豪丽、地宫的盛大，使人难以探究。又诛杀了很多宫人陪葬，活埋了不少的筑陵工匠，计数当在一万余人。天下对这次劳役深以为苦，起而反叛，骊山的陵墓还未修成，而周章的百万义军已打到陵墓之下了。此后几年之中，墓区外遭受项籍焚烧之灾，墓区内遭遇牧童失火焚烧墓葬的祸殃，岂不是很悲哀的事吗？因此，品德修养越深的人，死后越是薄葬；智慧愈是高深的人，陪葬品越是微少。越是缺德少智的人，越是讲究厚葬，墓堆也越是高大，陵园的宫殿越加豪华，也必然会很快被人挖掘。由此看来，高明还是暗昧的效验、安葬后的吉凶，都是昭然可见的。陛下即位后，亲自实行节俭，开始营建初陵，其规模较小，天下之人没有不称颂圣明的。到后来改建昌陵，把陵园的矮墙加高，陵园内积土为山，修建坟墓征用的民夫累计万人以上，建造陵园区城邑、住处，要求的工期十分紧迫，工程费用一亿多。因修陵而死的人在地下怨恨，活着的人在地上愁苦，怨怒之气撼动阴阳，因而发生饥荒之灾，民众流离失所，数以十万计，我很为之悲悯。如果死者有知，那么发掘人的坟墓，其为害就大了。假若死者无知，那又何必大建陵墓呢？以此同贤者商议，他们会不高兴；以此向老百姓展示，他们会为之痛苦。如果只图目前使愚夫淫侈的人喜悦，又何必这样去做呢？陛下仁慈向善的声望很高，聪明通达的品性盖世，却反而与暴秦乱君竞为奢侈之事，比较陵墓的豪华，愉悦愚夫的眼目，增加一时的美观，违背贤智之人的心愿，忘却万世的安宁，臣私下为陛下感到羞辱。只期望陛下向上看看前代英明圣哲的黄帝、尧、舜、禹、汤、文、武、周公、仲尼的法式，向下看看贤德聪慧的穆公、季札、樗里子、张释之的意愿。孝文皇帝不建坟丘，实行薄葬，用节俭来安定神魂，可以作为典范；秦昭王、秦始皇增高墓丘，实行厚葬，以奢侈酿成祸害，足可引以为戒。初陵的规模，应当听从公卿大臣的建议，使老百姓得以休养生息。”刘向的奏书上达后，皇帝很为刘向所说的话感动，但却没有听从他的计议。

向见上无继嗣，政由王氏，遂上封事极谏曰：“臣闻人君莫不欲安，然而危，莫不欲存，然而亡，失御臣之术也。夫大臣操权柄，持国政，未有不为害者也。昔晋有六卿〔智伯、范、中行、韩、赵、魏也〕，齐有田、崔，卫有孙、宁，鲁有季、孟，常掌国事，世执朝柄。后田氏取齐，六卿分晋，崔杼杀其君光，孙林父、宁殖出其君衎，弑其君剽，季氏卒逐昭公。皆阴盛而阳微，下失臣道之所致也。

【译文】

刘向看到成帝没有继承人，政权掌握在王氏外戚手中，于是呈上密封的奏章极力劝谏说：“我听说，君主没有不期望国家安定的，然而却往往出现危机；没有不期望政权存在的，然而却往往会失掉。这是缺少驾御臣下的办法啊。大臣掌握权柄，把持国政，没有不危害国家的。昔日晋国有六卿，齐国有田、崔，卫国有孙、宁，鲁国有季、孟，他们长久掌握国事，世代执掌朝廷大权。后来田氏取代了齐国，六卿瓜分了晋国，崔抒杀了他的国君光，孙林父、宁殖赶走他们的国君衎，又杀了他们的国君剽，季孙氏终于驱逐了昭公。所有这些都是阴盛而阳衰，是在下者失去做人臣的准则所导致的结果。

故《书》曰：‘臣之有作威作福，害于而家，凶于而国。’孔子曰：‘禄去公室，政逮大夫，危亡之兆也。’秦昭王舅穰侯及泾阳、叶阳君〔皆昭王母之弟〕，专国擅势，假大后之威，三人者，权重于昭王，家富于秦国，国甚危殆，赖寤范雎之言，而秦复存。二世委任赵高，赵高专权自恣，壅蔽大臣，终有阎乐望夷之祸，秦遂以亡。近事不远，即汉所代也。汉兴，诸吕无道，擅相尊王。吕产、吕禄席大后之宠，据将相之位，欲危刘氏。赖忠正大臣绛侯、朱虚等，竭诚尽节，以诛灭之，然后刘氏复安。今王氏一姓，乘朱轮华毂者二十三人，青紫貂蝉，充盈幄内，鱼鳞左右。大将军秉事用权，五侯骄奢僭盛，并作威福，击断自恣，行汙而寄治，身私而托公。依东宫之尊，假甥舅之亲，以为威重。尚书九卿，州牧郡守，皆出其门。管执枢机，朋党比周，称誉者登进，忤恨者诛伤。游谈者助之说，执政者为之言。排摈宗室，孤弱公族，其有智能者，尤非毁而不进；远绝宗室之任，不令得给事朝省，恐其与己分权。数称燕王盖主以疑上心，避讳吕、霍而弗肯称；内有管、蔡之萌，外假周公之论。兄弟据重，宗族磐牙。历上古至秦汉，外戚贵未有如王氏者也。虽周皇甫、秦穰侯，汉武安、吕、霍、上官之属，皆不及也。物盛必有非常之变先见，为其人征象。孝昭帝时，冠石立于泰山〔有石自立，三石为足，一石在上，故曰冠石也〕，仆柳起于上林，而孝宣帝即位。今王氏先祖坟墓在济南者，其梓柱生枝叶，扶疏上出屋，根垂地中，虽立石起柳，无以过此明也。事势不两大，王氏与刘氏，亦且不并立，如下有泰山之安，则上有累卵之危。陛下为人子孙，守持宗庙，而令国祚移于外亲，降为皂隶，纵不为身，奈宗庙何！妇人内夫家，而外父母家，此亦非皇太后之福也。孝宣皇帝不与舅平昌、乐昌侯权，所以全安之也。夫明者，起福于无形，销患于未然。宜发明诏，吐德音，援近宗室，亲而纳信，黜远外戚，无授以政，以则效先帝之所行，厚安外戚，全其宗族，诚东宫之意、外家之福也。王氏永存，保其爵禄，刘氏长安，不失社稷，所以褒睦外内之姓，子子孙孙，无疆之计也。如不行此策，田氏复见于今，六卿必起于汉，为后嗣忧，昭昭甚明，不可不深图，不可不早虑也。唯陛下深留圣思，览往事之戒，居万安之实，用保宗庙，久承皇太后，天下幸甚。”书奏，天子召见向，叹息，悲伤其意，谓曰：“君且休矣，吾将思之。”

【译文】

所以《尚书》上说：‘为人臣的若作威作福，对其家族有危害，对其国家有凶险。’孔子说：‘爵禄赏罚君主不能做主，政权落在大夫手中，这是国家危亡的先兆。’秦昭王舅父穰侯和泾阳的叶阳君独揽国政，拥有权势，上边则凭借着太后的威力。这三个人权势比昭王还大，家室比秦国朝廷还富，国家非常危殆。幸亏昭王醒悟于范雎的进言，才使秦国得以存在。秦二世委任赵高掌权，赵高独揽大权，恣意妄为，堵塞大臣的进谏，终于招致二世在望夷宫被阎乐杀死之祸，秦王朝也随即灭亡。这些事并不遥远，秦就是被汉王朝取代的呀！汉建国后，外戚吕氏一族的重臣无道，擅自相继封为王侯。吕产、吕禄依仗太后的宠爱，占据将相之位，交相危害刘氏政权。后来依赖忠诚正直的大臣绛侯周勃、朱虚侯刘章等人竭诚尽节，诛灭了诸吕，然后刘氏又转危为安。现在王氏一族乘坐朱轮彩车的有二十三人，身穿青紫公卿之服、帽上有饰物貂蝉的站满篷帐之内，像鱼鳞般地排列皇帝左右。大将军(王凤)主持国事，执掌权柄，王商等五侯骄奢，僭越势盛，作威作福。判人斩杀任凭自己，贪污黩职却托言管理需要，自行其私却假借公家之名。依靠太后的尊贵，凭借甥舅的亲情，来树立自己更大的威势。朝中尚书九卿、各地州牧郡守等官员都出自于王氏门派。他们执掌着国家要害部门，结帮组派，称扬、赞誉他们的人升官入朝，抵触、怨恨他们的人遭到诛杀或伤害，游说的人为他们帮腔，掌权的人替他们进言。排挤皇家宗室，孤立削弱皇室亲族，皇族中有智谋才能的人，更被非难毁谤而不能入朝为官，使皇家宗室中做官的人远远隔绝，不让他们得到奏事和入朝省察的机会，害怕他们与自己瓜分权力。屡次称述燕王刘旦欺蒙君主的例子来迷惑圣上之心，对吕后、霍后(阴谋转移刘氏天下的事)避而不谈；内心萌发着管叔、蔡叔谋反的念头，表面上却假借周公的言论。兄弟皆把持重要职位，宗族之内交相勾结。从上古到秦汉，外戚的尊贵，还没有像王氏这样的情况啊！即使是周代的皇甫，秦朝的穰侯，汉室的武安侯、诸吕、霍光、上官杰等外戚，都是赶不上的。事物达于鼎盛之后，(天地)必定有异乎寻常的变化先出现，为有关的人显现预兆。孝昭帝时，有冠石自立于泰山之上(有巨石自立，三石为足，一石在上，故曰冠石)，倒伏的柳树又竖起于上林苑，随即孝宣帝即位。当今在济南的王氏先祖的墓地，屋舍中木柱上长出枝叶，繁茂的枝叶冒出屋顶，树根扎到地下。即使是冠石的竖立、倒伏柳树的挺起，也超不过这种怪异现象的显明预兆。事物之势不会两方面都最大，王氏和刘氏也同样不能并立，正好像下边有泰山一样的安稳，那么上边就会有累卵一样的危险。陛下作为刘氏的子孙，应守卫、保持宗庙，却让国家福运转移到外戚手中，自己降低到差役的地位，纵然不为自身打算，但置宗庙于何地？妇人应心向丈夫之家，疏远生身父母之家。目前这种现象并不是皇太后的福祉呀！孝宣帝不给舅舅平昌、乐昌侯大权，是为了使他们安全保身的。凡明智的人，都是造福于无形之中，消除祸患于未发生之时。（君主）应当颁发英明的诏书，发表至善之言，引进、接近宗室之人，亲近并给予信任，贬退、疏远外戚，不授给他们以政事，并效法先帝的作为，以优厚的待遇安置外戚，保全他们的宗族，这的确是太后的愿望、外戚家的福祉啊。王氏永存，保持了爵禄；刘氏能长治久安，不失去国家。这就是所用来褒扬、和睦王室和外戚两姓，使子子孙孙永世和睦相处的计策啊。如果不执行这样的策略，田氏取代齐国的故事将会重演于今日，六卿分晋的故事必将再起于汉室。为后世子孙考虑，这是再明白不过的道理，不可不从长远计议、不可不提早考虑啊。只有陛下长存圣哲的思考，汲取往事的警戒，身处万分安稳的坚实之地，用以保住宗庙，永久地承奉皇太后，这便是天下之大幸。”此书上奏后，天子召见刘向，对他的用心叹息、悲伤不已，并说：“您且回家休息吧，我将对您的上奏认真思考。”

向每召见，数言公族者，国之枝叶，枝叶落，则本根无所庇荫，方今同姓疏远，母党专政，禄去公室，权在外家，非所以强汉宗、卑私门、保守社稷、安固后嗣也。向自见得信于上，故常显讼宗室，讥刺王氏及在位大臣，其言多痛切，发于至诚。终不能用。向卒后十三岁而王氏代汉。

【译文】

刘向每被召见，屡次都说，皇族乃是国家的枝叶，枝叶如果凋落，那树木之根就无法得到庇荫，当今刘氏同姓被疏远，而母党王氏专政，爵禄赏罚君主不能做主，政权在外戚手中，这不是强盛刘汉宗族、压低权臣门第、保全汉室天下、安稳刘氏后世子孙的做法。刘向自认为被皇上信任，所以常常颂扬宗室，讥刺外戚王氏及该族在位的大臣。他的话大多痛切，发于至诚，但最终都未能被实行。刘向死后十三年，王氏篡夺了刘汉江山。

季布，楚人也。项籍使将兵，数窘汉王。项籍灭，高祖购求布千金，敢舍匿，罪三族。布匿濮阳周氏，周氏乃髡钳布，衣褐，置广柳车中〔载以丧车，欲人不知也〕，之鲁朱家卖之。朱家心知其季布也，买置田舍（旧舍字下有上字，删之）。乃之雒阳，见汝阴侯滕公，说曰：“季布何罪？臣各为其主用，职耳。项氏臣岂可尽诛耶？今上始得天下，而以私怨求一人，何示不广也！且以季布之贤，汉求之急如此，此不北走胡、南走越耳。夫忌壮士以资敌国，此伍子胥所以鞭荆平王之墓也。君何不从容为上言之？”滕公心知朱家大侠，意布匿其所，乃许诺。侍间，果言如朱家旨。上乃赦布。布为河东守。孝文时，人有言其贤，召欲以为御史大夫；人又言其勇，使酒难近。至留邸一月，见罢。布进曰：“臣待罪河东，陛下无故召臣，此人必有以臣欺陛下者。今臣至，无所受事罢去，此人必有毁臣者。夫以一人誉召臣、一人毁去臣，恐天下有识闻之，有以窥陛下〔窥见陛下深浅也〕。”上默然惭曰：“河东吾股肱郡，故特召君耳。”

【译文】

季布，楚地人。项羽让他举兵打仗，曾多次围困汉王。等到项羽灭亡后，汉高祖悬赏千金捉拿季布，并下令敢有收留藏匿季布的，就要罪灭三族。季布当时躲藏在濮阳一个姓周的家中，周氏就剃去季布的头发并用铁箍套住季布的脖子，穿上粗布衣服，装在载运货物的柳车中，送到鲁地朱家并将他卖了。朱家心里知道这个人是季布，就买下季布，安置在田舍中，遂前往雒阳拜见汝阳侯滕公，说道："季布犯了什么罪？只是做臣子的各为其主尽其职责罢了。在项羽手下做臣子的难道都该杀吗？如今皇上刚取得天下，却因为一己私怨要追拿一个人，怎么表现出如此的心胸狭窄呢？况且凭着季布的贤能，汉朝悬赏捉拿这样的火急，他不是向北投奔匈奴，就是向南投奔南越而已。由于心中忌恨壮士而帮助了敌国，这是昔日伍子胥所以揭楚平王之墓、鞭其尸体的原因。您何不趁机慢慢地向皇上说明这个道理呢？"滕公知道朱家是著名的大侠，猜想季布一定藏匿在他家中，就答应下来。趁机会，他果真按朱家的意见陈奏于皇上。皇上于是赦免了季布，让季布出任河东郡太守。孝文帝时，有人说到季布的贤能，文帝召见并打算让他做御史大夫；又有人说季布有勇力，酗酒任性难以亲近。来到京城，在馆驿住了一月，又让他回去。季布进言说："臣是待罪做河东郡守，陛下无故召臣，这是必定有人妄称臣贤能而欺哄陛下。现在我来了，没有接受什么任用，就让我回去，这一定是有人毁谤我。因为某一个人赞誉就召我来，又因某一个人毁谤我就让我回去，恐怕天下有识之士听到这事后，会因此而探知陛下为政的情况。"文帝沉默了好久，感到惭愧，说道："河东郡是卫护我京师的要地，所以特地召见您。"

栾布，梁人也。为梁大夫。使于齐未还，汉召彭越，责以谋反，夷三族，枭首雒阳下，诏有收视者辄捕之。布还，奏事彭越头下，祠而哭之。吏捕以闻。上召骂曰："若与彭越反耶？吾禁人勿收，若独祠哭之，与反明矣，趣烹之。"方提趋汤，顾曰："愿壹言而死。"上曰："何言？"布曰："方上之困彭城，败荥阳、成皋，项王所以不能遂西，徒以彭王居梁地，与汉合从苦楚也。当是之时，彭王壹顾与楚，则汉破。且垓下之会，微彭王，项氏不亡。天下已定，彭王割符受封，亦欲传之万世。今汉壹征兵于梁，彭王病不行，而疑以为反。反形未见，以苛细诛之，臣恐功臣人人自危也。今彭王已死，臣生不如死，请就烹。”上乃释布，拜为都尉。

【译文】

栾布，梁国人，担任梁国的大夫。在他出使齐国尚未返回时，汉朝廷召彭越回京，以谋反之罪责罚，诛杀了他的三族，并在洛阳斩首示众，并下诏说，有人敢收敛或探视的话，就立即逮捕。栾布从齐国回来，在彭越的头颅之下写出奏章上呈，并祭奠而且痛哭。官吏逮捕了栾布并将此事报告皇上。皇上召见栾布骂道：“你与彭越一起谋反吗？我已下禁令让人不要收尸，你偏要祭他哭他，参与谋反之事是明摆着的。马上把你烹杀。”左右的人正要举起栾布走向汤镬时，栾布拧回头说：“希望我能说一句话再死。”皇上说：“说什么？”栾布说：“当您在彭城受围困，兵败于荥阳、成皋一带的时候，项王所以不能顺利西进，那只是因为彭越据守梁地，和汉军联合给楚军造成忧患。在那个时候，彭越一旦回头亲附楚国，汉军就会被打败。再说，垓下会战，如果没有彭王参与，项羽是不会灭亡的。天下安定后，彭王放弃兵符，接受封赐，他也想要把爵位世世代代传下去。现在陛下专向梁地征兵，彭王因病不能前来，就怀疑他谋反。尚没有谋反的迹象，却以苛刻的小节诛灭他的家族，我担心功臣们会人人自危。现在彭王已死，臣活着还不如死去，请求入汤镬受死。”皇上于是释放了栾布，任命他做都尉。

萧何，沛人也。汉杀项羽，即皇帝位，论功行封，群臣争功，岁余不决。上以何功最盛，先封为酂侯，食邑八千户。功臣皆曰：“臣等身被坚执兵，多者百余战，少者数十合，攻城略地，大小各有差。今萧何未有汗马之劳，徒持文墨议论不战，居臣等上，何也？”上曰：“诸君知猎乎？”曰：“知之。”“知猎狗乎？”曰：“知之。”上曰：“夫猎，追杀兽者，狗也，而发纵指示兽处者，人也。诸君徒能走得兽耳，功狗也。至如萧何，发纵指示，功人也。且诸君独以身从我，多者两三人，萧何举宗数十人皆随我，功不可忘也！”群臣后皆莫敢言。列侯毕已受封，奏位次，皆曰：“平阳侯曹参，身被七十创，攻城略地，功最多，宜第一。”关内侯鄂千秋，时为谒者，进曰：“群臣议皆误。夫曹参虽有野战略地之功，此特一时之事。夫上与楚相拒五岁，失军亡众，跳身遁者数矣，然萧何常从关中遣军补其处。非上所诏令召，而数万众会上乏绝者数矣。夫汉与楚相守荥阳数年，军无见粮，萧何转漕关中，给食不乏。陛下虽数亡山东，萧何常全关中待陛下，此万世功也。今虽无曹参等百数，何缺于汉？汉得之，不必待以全。奈何欲以一旦之功，而加万世之功哉！萧何当第一，曹参次之。”上曰：“善。”于是乃令何第一，赐剑履上殿，入朝不趋。是日悉封何父母兄弟十余人，皆食邑。

【译文】

萧何，沛县人。汉王灭了项羽，即皇帝位，论功进行封赏，由于群臣争功，经过一年多时间决定不下来。高祖以为萧何的功劳最大，首先封萧何为酂侯，食邑八千户。功臣们都说：“我们身披铠甲手持兵器，多的身经百战，少的也打了数十仗，攻城掠地，功劳大小各不相等。而萧何没有汗马功劳，只不过操持文墨、议论，没有参加战斗，封赏反而在我们之上，这是为的什么？”高祖问道：“大家知道打猎吗？”大家说：“知道。”又问：“知道猎狗吗？”回答：“知道。”高祖说：“打猎，追逐捕杀野兽的是猎狗，而放开拴狗绳、指示野兽猎取目标的却是人。诸位只能奔跑而捕捉到野兽，相当于有功劳的猎狗。至于像萧何这样的，是放开拴狗绳、指示猎取目标的有功劳的猎人。况且大家仅只是个人跟随我，多的也不过一家两三人，而萧何全家族有数十人都跟随我作战，这个功劳是不可忘记的！”群臣听后都不敢再说什么了。列侯全部受封完毕，议奏排列位次，群臣都说：“平阳侯曹参，身受七十多处创伤，攻城掠地，功劳最多，应该排在第一位。”关内侯鄂千秋，当时官任传达君命的谒者，进言说：“群臣的建议都错了，像曹参这样虽然有野战掠地的功劳，这只是一时间的事。高帝与楚军相持五年，常常整军(古时一军约一万人)溃散、士卒死亡，跃身逃亡好几次，然而萧何常从关中派遣兵员补充缺额。这些都不是皇上下命令让他征召兵员的，而关中数万兵士正值皇上兵员极缺时开赴前线的有多次。汉与楚相持于荥阳数年，军队没有现存的口粮，萧何从关中水陆运送粮食供应从不缺乏。陛下虽然多次丢失殽山以东土地，萧何总是保全关中根据地以待陛下，这是千秋万世的功劳啊。今天即使没有一百个像曹参那样的人，对汉室也没有什么亏缺，汉得到他们也未必能够保全。怎么能让一日之功凌驾于万世功劳之上呢？萧何应当排在第一，曹参次之。”高祖说：“说得好！”于是便确定萧何第一，恩准他佩剑着鞋进入宫殿，朝见皇帝时不必小步快走。这一天尽数赐封萧何父母兄弟十余人，都享有食邑。

何为民请曰：“长安地狭，上林中多空地，弃，愿令民得入田，毋收稿为兽食。”上大怒曰：“相国多受贾人财物，为请吾苑！”乃下何廷尉，械系之。数日，王卫尉侍，前问曰：“相国胡大罪，陛下系之暴也？”上曰：“吾闻李斯相秦，有善归主，有恶自予。今相国多受贾竖金，为请吾苑，以自媚于民，故系治之。”王卫尉曰：“夫职事苟有便于民而请之，真宰相事也。陛下奈何乃疑相国受贾人钱乎？且陛下距楚数岁，陈豨、黥布反时，陛下自将往，当是时，相国守关中，摇足即关西非陛下有。相国不以此时为利，乃利贾人之金乎？且秦以不闻其过亡天下，夫李斯之分过，又何足法哉！陛下何疑宰相之浅也！”是日，使使持节赦出何。何年老，素恭谨，徒跣入谢。上曰：“相国休矣！相国为民请吾苑不许，我不过为桀纣主，而相国为贤相。吾故系相国，欲令百姓闻吾过也。”

【译文】

一次，萧何向高祖为民请命说：“长安土地狭窄，上林苑中空地较多，大都荒废着，希望下命允许民众入苑耕种，不要只种稿草给禽兽吃。”高祖大怒说：“相国是接受了商人的许多财物，来替他们请求开垦我的上林苑吧！”于是就将萧何交付给廷尉，带上镣铐拘囚起来。过了几天，一个姓王的卫尉(主管宫门警卫，九卿之一)侍奉高祖时趁机问道：

“萧相国犯了什么大罪，陛下突然拘禁了他？”高祖说：“我听说李斯做秦始皇的丞相时，凡有好事，功归主上；凡有差错，过失自己承担。如今萧相国收受了奸商的钱财而为其请求开垦我的上林苑，利用这件事，自己讨好民众，所以打击惩处他。”王卫尉说：“他职分内的事如果是有利于民的便请命，这才真是宰相应做的事啊！陛下为什么就怀疑是相国接受了商人的金钱呢？再说，陛下过去抗击楚军好几年，陈豨、黥布谋反时，陛下亲自率军去征讨。在那个时候，相国留守关中，只要他立场稍有动摇，函谷关以西就不属陛下所有了。相国不借这时候贪财谋利，现在却贪利于商人的钱财吗？况且秦始皇就是由于听不到自己的过失而失去了天下，李斯能为秦始皇分担过错，又有什么值得效法的呢？陛下怎能怀疑相国会如此浅见呢！”当日，高祖派使者持节符赦免、释放了萧何。萧何已年老，平素为人谦恭谨慎，出狱后赤着脚入朝谢罪。高祖说：“相国算了吧，相国为民众请求开发我的上林苑而没有得到允许，我就会落个桀、纣之君的名声，而相国则会被称为贤相。我之所以拘禁相国，是想让百姓听到我的过错。”

曹参，沛人也。为齐丞相。参闻胶西有盖公，善治黄老言，使人厚币请之。既见，盖公为言治道，贵清静而民自定，推此类具言。参于是避正堂舍盖公焉。其治要用黄老术，齐国安集，大称贤相。萧何薨，使者召参。参去，属其后相曰：“以齐狱市为寄，慎勿扰也。”后相曰：“治无大于此者乎？”参曰：“不然。夫狱市者，所以并容也，今君扰之，奸人安所容乎？吾是以先之〔夫狱市，兼受善恶，若穷极奸人，奸人无所容窜，久且为乱。秦人极刑而天下叛，孝武峻法而狱繁，此其效也。老子曰：“我无为，民自化；我好静，民自正。”参欲以道化为本，不欲扰其末也〕。”

【译文】

曹参，沛县人。任齐国丞相。他听说胶西有位盖公，精研黄老学说，便派人带着厚礼把他请来。见到盖公后，盖公向他讲治国之道，说注重清静无为，老百姓自会安定，以此类推，把这方面的道理全说到了。曹参于是让出正堂，请盖公居住。他治理齐国的纲领采用黄老学说，齐国安定团结，人们都称赞他是一位贤明的丞相。萧何死后，朝廷派使者召曹参。曹参离开齐国时，叮咛后任的丞相说：“我把齐国的狱讼和市集贸易托付给您，千万不要去干扰它。”后任的丞相说：“治理国家的事就没有比这更重要的吗？”曹参说；“不能这样看。设立狱市，是善恶并容的场所，如果您去侵扰它，坏人去哪里容身呢？我因此把这件事放在首要地位。”（狱市这种地方，善恶混融，如果采用逼迫的手段使得这些奸邪之人的处境困窘到了极处，这就会使他们无处容身和逃亡，久而久之他们会起来造反的。秦国采用极其严酷的刑法使得天下之人背叛自己，孝武皇帝的法令严苛导致犯罪的人越来越多，这就是采用逼迫手段产生的效果。老子说：“我用伦理道德去教育人民，人民自然善良朴实；我内心清静行为严谨，人民自然思想言行端正。”曹参认为以伦理道德作为教化人民的根本，就不会干扰和影响人民其他方面的事情）。

始参微时，与萧何善，及为宰相，有隙。至何且死，所推贤唯参。参代何为相国，举事无所变更，壹遵何之约束。择郡国吏长大〔取年长大者〕、讷于文辞、谨厚长者，即召除为丞相史。吏言文刻深欲务声名，辄斥去之。日夜饮酒。卿大夫以下吏及宾客，见参不事事〔不事丞相之事〕，来者皆欲有言。至者参辄饮以醇酒，度之欲有言，复饮酒，醉而后去，终莫得开（开旧作关，改之）说〔开，谓有所启白〕。相舍后园近吏舍，日饮歌呼。从吏患之，无如何，乃请参游后园。闻吏醉歌呼，从吏幸相国召按之。乃反取酒张坐饮，大歌呼与相和。

【译文】

曹参当年微贱的时候，跟萧何关系很好，等到萧何做了宰相，两人有了隔阂。到萧何临终时，向皇上所推荐的贤臣只有曹参。曹参代萧何做了相国，办事无所变更，完全遵循着萧何的一套法令。他选择在郡国为官的资历深、年龄大、不善于文辞、谨慎忠厚的长者，便召来任命为丞相史(即佐助丞相的官员)。如果丞相史谈及法令条文时严苛深究，一心追求声名，常常会被斥责辞退。曹参日夜饮酒。卿大夫以下的官吏乃至宾客，看到曹参不理政事，前来拜访他的都想进言劝告。等那些人一到，曹参总是让他们饮美酒，猜想他们有话将说时，就又急忙劝酒，直到喝醉后离去，来人始终没有开口说话的机会。相国住宅的后园靠近官吏的寓舍。官吏们日夜饮酒歌唱，大呼大叫，曹参的随从官吏对此很厌恶，但又没有什么办法，于是就请曹参到后园中游览。听到官吏们醉酒歌呼之声，随从者希望曹参能把他们召来加以惩处。曹参却反而叫人取来美酒设坐痛饮起来，也又唱又喊，与那些人相应和。

参见人之有细过，专掩匿覆盖之，府中无事。参子窋，为中大夫。惠帝怪相国不治事，以为“岂少朕与”，乃谓窋曰：“汝归，试私从容问乃父曰：‘高帝新弃群臣，帝富于春秋，君为相国，日饮无所请事，何以忧天下？然无言吾告汝也。’”窋既洗沐，归谏参，参怒而笞之二百，曰：“趣入侍，天下事，非乃所当言也。”至朝时，帝让参，参免冠谢曰：“陛下自察圣武，孰与高皇帝？”上曰：“朕乃安敢望先帝！”参曰：“陛下观参，孰与萧何贤？”上曰：“君似不及也。”参曰：“陛下之言是也。且高皇帝与萧何定天下，法令既明具，陛下垂拱，参等守职，遵而勿失，不亦可乎？”惠帝曰：“善，君休矣！”百姓歌之曰：“萧何为法，讲若画一〔讲或作较〕；曹参代之，守而勿失。载其清静，民以宁一。”

【译文】

曹参每见他人有细小的过失，一味予以隐匿遮盖，因而相国府中平安无事。曹参的儿子曹窋任中大夫。惠帝嗔怪相国不理政事，认为“难道是看我年少而轻视我吧”，于是就对曹窋说：“你回家后，试着私下随便问问你父亲，就说高祖刚刚驾崩离弃群臣，当今皇帝又很年轻，您身为相国，每天饮酒不止，不向皇上请示朝事，这样怎么能稳定和睦天下呢？不过你不要说这些话是我告诉你的。”曹窋到休假日回到家里规劝父亲。曹参大怒且鞭打曹窋二百多下，说道：“你快进宫侍奉皇上去，天下的事不是你应该谈论的。”到了朝会时，惠帝责备曹参。曹参去掉帽子谢罪说：“请陛下自己想想，您的圣明英武与高祖皇帝相比谁强？”惠帝说：“我又怎敢期望比上先帝呢！”曹参说：“陛下看我和萧何相比，哪个更贤明？”皇上说：“您似乎不及他。”曹参说：“陛下的话很对。高祖皇帝与萧何一起平定了天下，法令已修订得明确、完备。陛下垂衣拱手继承皇位，我们一班朝臣谨守职位，遵循原有法令而不丢弃，不也就可以了吗？”惠帝说：“好，您不必再说了！”老百姓歌颂曹参说：“萧何制定的法度，其谋划如同写‘一’字那样简明。曹参接替他，遵守而不失掉。执行其清静无为的政策，老百姓就会安定统一。”

张良，字子房，韩人也。沛公欲以二万人击秦峣关下军，良曰：“秦兵尚强，未可轻。臣闻，其将屠者子贾竖，易动以利，愿沛公令郦食其持重宝啖秦将。”秦将果欲连和俱西，良曰：“此独其将欲叛，士卒恐不从，不如因其解击之。”沛公乃引兵击秦军，大破之，遂至咸阳。秦王子婴降沛公。沛公入，秦宫室帷帐狗马重宝妇女以千数，意欲留居之。樊哙谏，沛公不听。良曰：“夫秦为无道，故沛公得至此。为天下除残去贼，宜缟素为资。今始入秦，即安其乐，此所谓助桀为虐〔资，质也。欲令沛公反秦奢，俭素以为质也〕。且忠言逆于耳利于行，毒（毒应为良）药苦于口利于病，愿沛公听樊哙言。”沛公乃还军霸上。

【译文】

张良，字子房，韩国人。沛公刘邦打算用两万兵力攻打秦朝在峣关的守军，张良说：“秦军势力还很强大，不可轻视。我听说那里的守将是屠户的儿子，这样的市侩容易用钱财使他动摇，希望沛公派郦食其携带贵重宝物收买秦将。”峣关的守将果然(背叛了秦朝)愿跟沛公联合一道西进。张良说：“这仅是那些秦将想要反叛，士兵们恐怕不会依从，倒不如趁敌人麻痹松懈时袭击他们。”沛公于是领兵进攻秦军，大败敌人。沛公军队遂进逼咸阳，秦王子婴投降了沛公。沛公见秦宫的帷帐、狗马、重宝、妇女数以千计，心想留下住在那里。樊哙规劝他不要这样，沛公不听。张良进谏说：“秦朝因为不施仁政，所以沛公才能打到这里。替天下人铲除残暴，除去强贼，应穿素服，以朴素来提高资望。现在才进入秦都，就立即要享受安乐，这就是人们常说的‘助纣为虐’。再说‘忠言逆耳利于行，良药苦口利于病’，希望沛公能听从樊哙的劝告。”于是沛公便率军队返回灞上。

陈平，户牖人也。背楚，因魏无知见汉王，汉王拜为都尉典护军。绛灌等或谗平曰：“闻平居家时，盗其嫂；事魏王不容，亡而归楚；不中，又亡归汉。今大王尊官之，令护军。臣闻，平使诸将金多者得善处，金少者得恶处。平反覆乱臣也，愿王察之。”汉王疑之，以让无知，问曰：“有之乎？”无知曰：“有。”汉王曰：“公言其贤人，何也？”对曰：“臣之所言者能也，陛下所问者行也。今有尾生、孝已之行〔孝已，高宗之子，有孝行也〕，而无益于胜败之数，陛下何暇用之乎？今楚汉相拒，臣进奇谋之士。”王召平而问曰：“吾闻先生事魏不遂，事楚而去，今又从吾游，信者固多心乎？”平曰：“臣事魏王，魏王不能用臣说，故去事项王。项王不信人，其所任爱，非诸项，即妻之昆弟，虽有奇士，不能用。臣居楚，闻汉王之能用人，故归大王。臣裸身来，不受金，无以为资。诚臣计画有可采者，愿大王用之；使无可用者，大王所赐金具在，请封输官，得请骸骨。”汉王乃谢，厚赐，拜以为护军中尉，尽护诸将。诸将乃不敢复言。

【译文】

陈平，阳武县户牖乡人。他离开楚军，通过魏无知求见汉王，汉王任命他为都尉，主管监督联络各部将领的事务。周勃、灌婴等人都诋毁陈平，说：“听说陈平平日在家中时，曾和他的嫂子通奸；后来事奉魏王无法容身，逃出来归顺楚王；归楚后不称心，又逃奔来归汉。如今大王器重他，让他监督、联络各部将领。我们听说，陈平接受将领们的金钱，给钱多者就能得到优越的地位，给钱少的待遇就不好。陈平，是个反复无常的乱臣，希望大王明察。”汉王对陈平产生了怀疑，便责问魏无知，问道：“陈平有这些事吗？”魏无知回答说：“有。”汉王说：“您为什么说他是个贤能之人呢？”魏无知对曰：“我所说的是指他的才能，陛下所问的是关于他的品行啊。假如有像尾生、孝己那样的品行，而无益于关乎战争胜败的筹算，陛下哪有闲情去使用那样的人呢？当今正值楚汉相持不下，我推荐的是有奇异谋略的人才。”汉王召来陈平问他说：“我听说先生事奉魏王不称心，便离开魏王去事奉楚王，如今又来跟从我，讲信用的人难道也会有二心吗？”陈平说：“我事奉魏王，魏王不能采纳我的意见，因而离开他去事奉项王。项王不信任人，他所信任和宠爱的不是项姓就是他妻子家族的子弟，即使有罕见的人才也不能重用。我在楚军中听说汉王能够用人，所以才归顺大王。我空身而来，不接受一些金钱，便没有什么用来花费。如果我的计谋有值得采纳的，希望大王采用，假如没有值得采用的，大王所赐给的金钱都在，我可以封存起来送交官署，并请辞职。”汉王于是向陈平致歉，给他丰厚的赏赐，任命他为护军中尉，所有的将领都归他监督。将领们才不敢再说什么了。

周勃，沛人也。为人木强敦厚，高帝以为可属大事。惠帝以勃为太尉。高后崩，吕禄以赵王为汉上将军，吕产以吕王为相国，秉权，欲危刘氏。勃与丞相平、朱虚侯章，共诛诸吕。遂共迎立代王，是为孝文皇帝。初即位，以勃为右丞相，后乃免丞相就国。人有上书告勃欲反，下廷尉，廷尉逮捕勃治之。勃恐，不知置辞，吏稍侵辱之。勃以千金与狱吏，乃书牍背示之，以公主为证。公主者，文帝女也，勃太子胜之尚之，故狱吏教引为证。薄太后亦以为无反事。文帝朝，太后曰：“绛侯绾皇帝玺，将兵于北军，不以此时反，今居一小县，顾欲反耶？”文帝乃谢曰：“吏方验而出之。”于是使使持节赦勃，复爵邑。勃既出，曰：“吾尝（旧无尝字补之）将百万军，然安知狱吏之贵也！”

【译文】

周勃，沛县人。他为人质朴、刚强、敦诚、宽厚，高祖认为可以托付国家大事。惠帝任命周勃做太尉。高祖的皇后去世后，吕禄以赵王的身份担任上将军，吕产以吕王的身份担任相国，他们把持朝廷大权，想颠覆刘氏的天下。周勃和丞相陈平、朱虚侯刘章，一起诛杀了诸吕。于是共同迎立代王，这就是孝文皇帝。文帝初即位，以周勃为右丞相，不久后被免去丞相职务，回到封地绛县。有人向朝廷上书告发周勃谋反，朝廷交由廷尉办理，廷尉逮捕了周勃，欲治其罪。周勃很恐惧，不知怎么措辞辩解。狱吏渐渐对他进行欺辱。他把千斤黄金送给狱吏，狱吏便在公文板背面，写字向他示意：“以公主作为证人。”(这里所说的)公主，就是文帝的女儿。周勃的长子周胜之娶公主为妻，所以狱吏教周勃引举其为自己作证。薄太后也认为周勃没有反叛的事。文帝朝见太后，太后说：“绛侯周勃当年身上系着皇帝的玉玺，统率着北军部队，他不在这时候谋反，如今住在一个小小的绛县，难道要谋反吗？”文帝向太后抱歉地说：“有关官员刚刚才证实，就要释放他了。”于是派遣使者拿着符节去赦免了周勃，并恢复了他的爵位和食邑。周勃出狱以后，感慨地说：“我曾经统率百万大军，然而怎能知道狱吏的尊贵威风呀！”

勃子亚夫，文帝封为条侯。后六年，匈奴大入边。以宗正刘礼为将军，军霸上；祝兹侯徐厉为将军，军棘门；以亚夫为将军，军细柳，以备胡。上自劳军，至霸上及棘门军，直驰入，将以下骑送迎。已而之细柳军，军士吏被甲，锐兵刃，彀弓弩，持满。天子先驱至，不得入。先驱曰：“天子且至军门！”都尉曰：“将军令曰：‘军中闻将军之令，不闻天子之诏。’”有顷上至，又不得入。于是上使使持节诏将军曰：“吾欲劳军。”亚夫乃传言开壁门，壁门士请车骑曰：“将军约军中不得驱驰。”于是乃按辔徐行至中营。将军亚夫持兵揖曰：“介胄之士不拜，请以军礼见〔礼，介者不拜]。”天子为动，改容式车，使人称谢，成礼而去。既出军门，群臣皆惊。文帝曰：“嗟乎，此真将军矣！向者霸上棘门军，如儿戏耳，其将固可袭而虏也。亚夫可得而犯耶？”称善者久之。

【译文】

周勃的儿子周亚夫，被文帝封为条侯。此后第六年，匈奴大举入侵边境，文帝任命宗正、刘礼为将军，驻军霸上；任命祝兹侯徐励为将军，驻军棘门；任命周亚夫为将军，驻军细柳，用以防备匈奴(南侵)。文帝亲自去慰劳军队，到霸上和棘门军营时，车驾直入军营，将军和他手下的官兵都骑马迎接欢送。接着来到细柳军营，军中的将士都身披铠甲，手持锐利的兵器，张满弓弩。天子的前导先来到，却不能进入军营。前导说：“天子就要到军营门口了！”把守的军门都尉说：“将军有命令：‘军中只听将军的命令，不听天子的诏命。’”不一会儿，文帝到了，还是不能进入军营。于是，文帝就派使者拿上符节向将军诏告：“我要进入军营慰劳军队。”周亚夫这才传令打开营门。守卫营门的军官向皇帝的随从人员交代说：“将军规定：军营中不准车马奔跑。”于是文帝一行便控制着马的缰绳缓慢前行。到了中军营帐，将军周亚夫拿着兵器向天子拱手行礼说：“穿着铠甲、戴着头盔的武士不行跪拜礼，请让我以军中礼节拜见。”天子深受感动，改变了神色，依扶车前横木，令随行官员传致谢意，慰劳仪式结束后便告别而去。出了细柳营门后，群臣都很惊讶。文帝说：“啊，这才是真正的将军呀！此前在灞上和棘门之所见，如同儿戏而已。那里的将军确实可能被袭击而成为俘虏，但周亚夫(的军队)，敌人能够触犯吗？”对此，文帝称赞了很长时间。

樊哙，沛人也。与高祖俱起。高帝尝病，恶见人卧禁中。诏户者，毋得入群臣。绛灌等莫敢入。十余日，哙乃排闼直入，大臣随之。上独枕一宦者卧。哙等见上流涕曰：“始陛下与臣等起丰沛，定天下，何其壮也！今天下已定，又何惫也！且陛下病甚，大臣震恐，不见臣等计事，顾独与一宦者绝乎？且陛下独不见赵高之事乎？”高帝笑而起。

【译文】

樊哙，沛县人，与高祖一块儿起义。高祖曾经患病，躺在内宫，不愿意见人，命令门卫不得让大臣们进去。绛侯周勃、将军灌婴等人都不敢进入。过了十多天，樊哙竟推门直入，大臣们跟随着他。高祖独自一人枕着一个宦官躺着。樊哙拜见皇上，流泪说：“当初陛下跟我们在沛县丰邑起兵，平定天下，那时是何等壮举啊！现在天下已定，又是何等疲惫啊！再说，陛下病势沉重，大臣们感到震惊、恐惧，陛下不召见臣等商议国事，想独自跟一个宦官相处而与众臣隔绝吗？陛下难道不知道赵高（隔绝秦二世与群臣联系）的事情吗？”高帝笑着起身了。

周昌，沛人也，为御史大夫。为人强力，敢直言，自萧、曹等，皆卑下之。昌尝燕入奏事〔以上宴时入奏事也〕，高帝方拥戚姬，昌还走。高帝逐得，骑昌项，问曰：“我何如主？”昌仰曰：“陛下即桀、纣之主也。”于是上笑之，然尤惮昌。及高帝欲废太子，大臣固争，莫能得，而昌庭争之强。上问其说，昌为人吃，又盛怒，曰：“臣口不能言，然臣心知其不可。陛下欲废太子，臣期期不奉诏。”上欣然而笑，太子遂定。

【译文】

周昌，沛县人，任御史大夫。为人坚忍而有毅力，敢于直言，即使萧何、曹参这些人都比不上他。周昌曾经在高帝休息的时候进宫禀报事情，高帝正搂抱着戚夫人，周昌转身就跑，高帝追上去抓住，骑在周昌的脖子上问道：“我是怎样的君主？”周昌仰着头说：“陛下是桀纣一样的君主。”于是高帝笑了，然而却更加怕周昌。及至高祖想要废掉太子刘盈时，大臣们坚决劝止，但没有谁能办到，而周昌在朝堂上争辩得最厉害。皇上问他(不能废太子刘盈)的理由，周昌本有口吃的毛病，又非常恼怒，说：“我嘴上说不上来，可是我心里知道这不行。陛下要废掉太子，臣肯定、肯定不听从诏命！”皇上欣然而笑，太子的地位遂得以稳定。

申屠嘉，梁人也，为丞相。是时太中大夫邓通方爱幸，赏赐累巨万。文帝常燕饮通家，其宠如是。是时嘉入朝，而通居上旁，有怠慢之礼。嘉奏事毕，因言曰：“陛下幸爱群臣，则富贵之。至于朝廷之礼，不可以不肃！”上曰：“君勿言，吾私之。”罢朝坐府中，为檄召通，通恐入言上。上曰：“汝第往，吾今使人召若。”通至丞相府，免冠、徒跣，顿首谢。嘉责曰：“夫朝廷者，高皇帝之朝廷也，通小臣，戏殿上，不大敬，当斩。”通顿首，首尽出血，不解。上使使持节召通，而谢丞相曰：“此吾弄臣，君释之。”通既至，为上泣曰：“丞相几杀臣。”

【译文】

申屠嘉，梁地人，任丞相。当时太中大夫邓通正受(皇上)宠爱，赏赐的财物累计可达万万。文帝经常到邓通家中赴宴，他受宠爱竟到这种程度。一天申屠嘉上朝，邓通站在皇帝身边，显得怠慢无礼。丞相把事情禀报完毕，趁机说道：“陛下宠爱臣下，可以让他富贵。至于朝廷的礼节，不可以不整肃！”皇上说：“您别说了，我会在私下里告诫他的。”散朝后，申屠嘉坐在丞相府中，写了道手令叫邓通到丞相府来。邓通害怕，便进宫告诉皇帝。文帝说：“你只管去，我会派人来叫你。”邓通到了丞相府，脱帽赤脚上前，叩头请罪。申屠嘉斥责说：“朝廷，是高皇帝的朝廷，你邓通不过是个小臣，在宫殿上戏笑，这是大不敬的罪，按法当判斩刑。”邓通磕头，头上都碰出了血，仍然不得解脱。文帝派使臣持符节传唤邓通，并且(让来人)对丞相转达歉意说：“邓通是我亲近、逗趣的臣子，你放了他吧。”邓通到了皇上那里，对皇上哭着说：“丞相险些杀了我。”

（王井南译）

卷十六

# 汉书治要（四）

## 传

郦食其，陈留人也。好读书，身长八尺，人皆谓之狂生，自谓我非狂。沛公至高阳传舍，使人召食其。至，入谒，沛公方踞床，令两女子洗，而见食其。食其入，即长揖不拜，曰："足下欲助秦攻诸侯乎？欲率诸侯破秦乎？"沛公骂曰："竖儒！夫天下同苦秦久矣，故诸侯相率攻秦，何谓助秦？"食其曰："必欲聚徒合义兵，诛无道秦，不宜踞见长者。"于是沛公辍洗，起衣，延食其上坐，谢之。

【译文】

郦食其，陈留人。他喜爱读书，身高八尺，人们都称他为"狂生"，而他自己认为自己并不狂。沛公到了高阳，住进一家旅馆，派人召见郦食其。食其来拜见时，沛公正叉开双腿坐在床上，让两个女子洗脚，便叫食其来见。食其进到屋里，只行了一个打拱礼，没有跪拜，说道："您是打算帮助秦朝攻伐诸侯呢？还是要统率诸侯打败秦朝呢？"沛公骂道："混蛋儒生！普天下的人民被秦朝害得很久了，所以诸侯一个接着一个起而攻伐秦朝，怎么说我要帮助秦朝呢？"郦生说："您真的要联合各地义军去讨伐无道的秦朝，那就不应该这样倨傲地接见长者。”于是沛公停止洗脚，起身整理好衣服，请郦食其上座，向他道歉。

汉王据守敖仓，而使食其说齐王曰：“王知天下之所归乎？”曰：“不知也。天下何归？”曰：“归汉。”齐王曰：“先生何以言之？”曰：“汉王与项王约，先入咸阳者王之，项王背约不与，而迁杀义帝。汉王起蜀汉之兵，击三秦出关，而责义帝之负处，收天下之兵，立诸侯之后，降城即以侯其将，得赂则以分其士，与天下同其利，豪英贤才，皆乐为之用。诸侯之兵，四面而至，蜀汉之粟，方船而下。项王有背约之名，杀义帝之负，于人之功无所记，于人之罪无所忘，战胜而不得其赏，拔城而不得其封，非项氏莫得用事。为人刻印，刓而不能授〔刓断，无复廉锷也〕；攻城得赂，积财而不能赏。天下叛之，贤材怨之，而莫为之用。故天下之士，归于汉王，可坐而策也。夫汉王发蜀汉，定三秦，涉西河之水，援上党之兵，下井陉，破北魏，此黄帝之兵，非人之力，天之福也。今已据敖仓之粟，塞成皋之险，守白马之津，杜太行之厄，拒飞狐之口，天下后服者先亡矣。王疾下汉王，齐国社稷，可得而保也；不下汉王，危亡可立而待也。”田广乃听食其，罢历下兵守战备。

【译文】

当时汉王据守敖仓，派郦食其到齐国游说，他向齐王说：“您知道天下人心的归向吗？”齐王说：“不知道啊，天下人心归向何处？”郦食其说：“归向汉王。”齐王说：“先生凭什么这样讲呢？”食其说：“汉王与项王约定，谁先进入咸阳就在那里称王，(汉王先进入咸阳)项王却背约不给咸阳，还流放并杀死了义帝。汉王于是动员蜀汉的军队攻打三秦，兵出函谷关，责问项王杀害义帝的错处。遂收集天下的军队，并把自己摆在诸侯之后。哪位将军攻占了城邑，汉王就封其在该地为侯，取得了财物，他就用来分赏给士兵，与天下人同享其利，英豪、贤才都乐意听他驱使。(于是)诸侯的军队从四面而来，蜀汉的粮食并船而东下。而项王有违背盟约的恶名，有杀死义帝的亏理之举；对于别人的功劳他没有能记住的，对于别人的过失却没有忘掉的；打了胜仗得不到他的赏赐，攻下城邑得不到他的分封；不是项氏宗族的人，谁也休想被他重用；给人刻好的官印也迟迟不愿给，攻城所得的财物堆集起来也不愿赏赐给人。于是天下人反叛他，贤明之人怨恨他，没有人愿意为他所用。所以天下的人士归向汉王，汉王可以安然地驱使他们。汉王起兵蜀汉，平定三秦，渡过黄河，引领上党之兵，攻下井陉，打败北魏，这真如战胜蚩尤的黄帝的军队，不是人的力量，而是上天赐予的洪福啊。现在汉王已占有了敖仓的粮食，阻断了成皋的要道，把守着白马渡口，堵住了太行的狭路，扼守住蜚狐隘口，天下诸侯归服晚的就会先被消灭掉。大王如果能趁早归顺汉王，齐国的江山就可以保住；如不归顺汉王，危亡立刻就在眼前啊。”田广于是听从了郦食其的话，撤除了历城的守防兵力。

陆贾，楚人也，有口辩，常居左右，时时前说称诗书。高帝骂之曰：“乃公居马上得之，安事诗书！”贾曰：“马上得之，宁可以马上治乎？且文武并用，长久之术也。昔者吴王夫差、智伯，极武而亡；秦任刑法不变，卒灭赵氏〔秦之先造父，封于赵城，其后曰赵氏〕。向使秦已并天下，行仁义，法先圣，陛下安得而有之？”高帝不怿，有惭色，谓贾曰：“试为我著秦所以失天下，吾所以得之者，及古成败之国事。”贾凡著十二篇，每奏一篇，高帝未尝不称善，称其书曰《新语》。

【译文】

陆贾，楚国人，有辩才，常在高皇帝左右，每进言时引用《诗经》和《尚书》的话。高帝骂他说：“老子是在马上取得天下的，哪里用得着《诗经》《尚书》上的那些话！”陆贾说：“在马上取得天下，难道可以在马上治理天下吗？况且能够文武并用，才是长治久安的办法啊。昔日吴王夫差和智伯一味使用武力，结果都亡了国；秦朝使用严刑峻法不加改变，终于使自己灭亡(秦的先祖造父，封于赵城，后人称其为赵氏)。当时如果秦统一天下后，奉行仁义，效法古代的圣王，陛下何以能够取得天下？”高帝听了不太高兴，面有惭色，向陆贾说：“你试为我论述秦朝之所以失天下、我之所以得天下的原因，以及古代成败的各国史事。”陆贾共著述了十二篇奏议，每奏一篇，高帝没有不称赞的，就命名陆贾的书叫《新语》(见《群书治要》第四十卷)。

吕大后时，王诸吕，诸吕擅权，欲劫少主，危刘氏。右丞相陈平患之，贾曰：“天下安，注意相；天下危，注意将。将相和，则士豫附。士豫附，天下虽有变，则权不分。权不分，为社稷计，在两君掌握耳。”平因结谋于大尉勃，卒诛诸吕。安刘氏，立文帝，贾之谋也。

【译文】

吕太后当政时，封诸吕为王。诸吕专擅朝廷大权，想威逼少主，篡夺刘氏江山。右丞相陈平对此感到忧虑，陆贾向他说：“天下安定时，人们关注的是丞相；天下危急时，人们关注的是大将。将相和，则官员、将士就会亲附。官员、将士亲附，即使天下有变乱，大权也不会分散。要想大权不分散，为国家前途着想，全在于您和太尉周勃的掌握中了。”陈平因听了陆贾的一番言论，便去和太尉共同商议，终于诛灭了诸吕。使刘氏天下安稳，迎立文帝即位，这都是陆贾的计谋啊。

娄敬，齐人也。汉五年，戍陇西，过雒阳，高帝在焉。敬脱挽辂〔辂，以木当胸，挽重辇车也〕，见齐人虞将军曰：“臣愿见上言便宜。”虞将军入言上，上召见问，敬说曰：“陛下都雒阳，岂欲与周室比隆哉？”上曰：“然。”敬曰：“陛下取天下与周异。周之先自后稷，积德累善十余世，及武王伐纣，不期会孟津上八百诸侯，遂灭殷。成王即位，周公之属傅相焉，乃营成周都雒，以为此天下中，诸侯四方纳贡职，道里钧矣。有德则易以王，无德则易以亡。凡居此者，欲令务以德致人，不欲阻险，令后世骄奢以虐民也。及周之衰，分而为二，天下莫朝，周不能制。非德薄，形势弱也。今陛下起丰沛，收卒三千人，卷蜀汉，定三秦，与项籍大战七十，小战四十，使天下之民，肝脑涂地，父子暴骸中野，不可胜数，哭泣之声不绝，伤痍者未起，而欲比隆成康之时，臣窃以为不侔矣。且夫秦地被山带河，四塞以为固，卒然有急，百万之众可具，因秦之故资甚美膏腴之地，此所谓天府。陛下入关而都之，山东虽乱，秦故地可全而有也。夫与人斗，不搤其亢〔亢，喉咙也〕、拊其背，未能全胜。今陛下入关而都，按秦之故，此亦搤天下之亢，而拊其背也。"高帝即日驾，西都关中。于是赐姓刘氏，拜为郎中，号曰奉春君。

【译文】

娄敬，齐国人。汉高帝五年，他戍守陇西，路过雒阳时，高帝恰在那里。娄敬解去马拉车时用的横木，面见齐国同乡虞将军说："我希望面见皇上陈说有利国家之事。"虞将军进去向皇帝禀报了，皇上召见了他。娄敬说："陛下建都雒阳，难道是想要跟周朝比兴盛吗？"皇上说："是的。"娄敬说："陛下取得天下的政权和周朝的情形不一样。周朝的祖先从后稷起，积德行善十几代，到周武王伐纣时，不约而同到孟津会合的有八百诸侯，于是灭亡了殷商。周成王即位，周公和属下辅佐他，就营建了成周的京都雒邑，认为这里是天下的中心，四方的诸侯交纳贡奉和赋税，道路的里程大体均等。有德行的君主就很容易在这里做王，没有德行的就容易在这里亡国。凡是在这里定都的，要使君主务必以德政来取得民心，而不打算依靠险要地势，使后代子孙骄纵奢侈来虐待人民。到周朝衰弱时，分裂成了西周、东周，天下没有谁来朝见，周王室也不能控制。这不是由于德行浅薄，而是由于形势衰弱了。当今陛下从沛县丰邑起兵，召收士兵三千人，席卷蜀汉，平定三秦，与项籍大战七十场，小战四十次，使得天下的人民惨遭牺牲，父子一起暴尸中原的不计其数，哭泣之声不绝，人民所受的创伤还没有恢复过来，而想要和成康时代比兴盛，我私下认为是不相称的。再说秦地，山岭遮蔽，河流环绕，四面都有关隘作为屏障。如果突然发生紧急变故，在那里，百万军兵可以备齐；按秦地原有的积蓄和富饶肥沃的土地而论，这可说是天然的府库。陛下进入函谷关而在那里建都，崤山以东地区即使发生变乱，秦的原有地盘还是可以完整保全而占有的。与人争斗，不卡住他的喉咙，并捶击他的脊背，是不能完全取胜的。现在陛下如能入关建都，据有秦的旧地，这也正是卡住天下的喉咙而又捶击它的脊背呀！”于是，高帝即日起驾，西入建都关中。于是，高祖赐娄敬刘姓，拜为郎中，号曰“奉春君”。

汉七年，韩王信反，高帝自往击。至晋阳，闻信与匈奴欲击汉，上使人使匈奴。匈奴匿其壮士肥牛马，徒见其老弱及羸畜。使者十辈来，皆言匈奴易击。上使敬复往，还报曰：“两国相击，此宜夸矜见所长。今臣往，徒见羸瘠老弱，此必欲见短，伏奇兵以争利。愚以为匈奴不可击也。”是时汉兵三十余万众，兵已业行。上怒骂敬曰：“齐虏！以舌得官，乃今妄言沮吾军。”械系敬广武。遂往，至平城，匈奴果出奇兵，围高帝白登七日，然后得解。高帝至广武，赦敬，曰：“吾不用公言，以困平城。”乃封敬二千户，号建信侯。

【译文】

汉高祖七年，韩王信反叛，高祖亲自带兵去攻打。到达晋阳后，听说韩王信和匈奴要一起攻打汉军。高祖派使者出使匈奴，匈奴把它们的精锐兵士和肥壮的牛马隐蔽起来，只能看到一些老弱兵士和瘦弱的牲畜。使者有十人回来，都说匈奴容易击败。高祖派娄敬再次前往，他回来禀报说：“两国相争，按理应该夸耀其所长。现在我去匈奴，只见到老弱残疾的兵士和牲畜，这一定是想故意显现其短，却埋伏奇兵来争取对自己有利，以我愚见，不可进击匈奴。”此时汉兵有三十多万，已经出动了。高祖发怒骂娄敬说：“你这个齐国的贱奴，靠耍嘴皮子取得了官职，现在竟敢胡说八道，阻拦我军。”下令将娄敬囚禁在广武。于是，汉军继续进军，到达平城。匈奴果然出动奇兵，将高祖包围在白登山，时间长达七天，之后才得以解围。高祖回到广武，赦免了娄敬，说：“我没有采纳你的意见，因而被围困于平城。”于是封赐娄敬两千户为食邑，封号为“建信侯”。

叔孙通，薛人也，为太子太傅。高帝欲以赵王如意易太子，通谏曰：“昔者，晋献公以骊姬故废太子，立奚齐，晋国乱者数十年，为天下笑。秦以不早定扶苏，胡亥诈立，自使灭祀，此陛下所亲见。今太子仁孝，天下皆闻之。吕后与陛下攻苦食啖〔食无菜茹为啖〕，其可背哉！陛下必欲废嫡而立少，臣愿先伏诛，以颈血污地。”高帝曰：“公罢矣，吾特戏耳。”通曰：“太子天下本，本一摇，天下震动，奈何以天下戏！”高帝曰：“吾听公。”

【译文】

叔孙通，薛邑人，任太子太傅。高祖想以赵王如意取代太子刘盈，叔孙通规劝说：“从前晋献公因为宠爱骊姬的缘故，废掉太子，改立奚齐，晋国因而混乱了数十年，被天下人耻笑。秦始皇因不早早确定扶苏为太子，所以让胡亥以欺诈的手段当上了太子，自己导致断绝后祀，这是陛下所亲眼看见的。现在太子仁爱、孝顺，天下人都知道。吕后和陛下历经苦难、吃过粗茶淡饭，难道可以背弃吗？如果陛下一定要废掉嫡子而立小儿子，臣愿意先受死刑，用我的颈血来玷污地面。”高祖说：“你算了吧，我只是开开玩笑罢了！”叔孙通说：“太子是天下的根本，根本一摇动，就会使天下震动，怎么能拿天下大事来开玩笑呢？”高祖说：“我听你的。”

蒯通，范阳人也。韩信定齐地，自立为齐假王。通知天下权在于信，说信曰：“今刘、项分争，使人肝脑涂地，流离中野，不可胜数。非天下贤圣，其势固不能息天下之祸。当今之时，两主悬命于足下。足下为汉则汉胜，与楚则楚胜。方今为足下计，莫若两利而俱存之，参分天下，鼎足而立，其势莫敢先动。盖闻，天与弗取，反受其咎；时至弗行，反受其殃。愿足下孰图之。”信曰：“汉王遇我厚，吾岂可见利而背恩乎！”遂谢通。通说不听，惶恐，乃阳狂为巫。

【译文】

蒯通，范阳人。韩信平定了齐国地域，自立为临时齐王。蒯通知道天下大权掌握在韩信手里，遂劝说韩信道：“当今楚、汉分争，使天下老百姓肝脑涂地，流离中原，难以计数。这种形势，不是天下的圣贤是不能平息天下祸乱的。当今之时，楚汉两主的命运皆系于您手。您替汉王出力汉就能取得胜利，您站在楚王一边楚就能取得胜利。当今为您着想，不如对两家都有利而使其俱存，和他们三分天下，鼎足而立，这种形势将使谁也不敢先动兵。我听过这样一句话：‘上天赐予而不接受，反会受到惩罚；时机到了而不行动，反会遭受灾殃。’希望您好好地考虑这件事。”韩信说：“汉王待我很是优厚，我岂能见利而背弃恩义呢！”于是谢绝了蒯通。蒯通的劝说没有被韩信采纳，感到非常惶恐，于是就装疯当了个巫师。

天下既定，后信以罪废为淮阴侯，谋反诛，临死叹曰：“悔不用蒯通之言。”高帝闻之召通。通至，上欲亨之，曰：“若教韩信反，何也？”通曰：“狗各吠非其主。当彼时，臣独知齐王韩信，非知陛下也。且秦失其鹿〔以鹿喻帝位也〕，天下共逐之，高材者先得。天下匈匈，争欲为陛下所为，顾力不能，可殚诛邪！”上乃赦之。至齐悼惠王时，曹参为相，礼下贤人，请通为客。

【译文】

天下既已平定，后来韩信因罪降为淮阴侯，以谋反罪被斩杀，临死时感叹说：“我悔不听蒯通的话。”高帝听到这话就召蒯通。蒯通到了，皇上要煮死他，说：“你教韩信谋反，这是为什么呢？”蒯通说：“狗都咬不是其主人的人。在那个时候，我只知道有韩信，并不知道有陛下啊。再说秦朝失去了它的帝位(取义于逐鹿争霸)，天下人一起来追求它，本领高强的人先得到。那时，很多人都争着想像陛下您一样夺取天下，只不过是力所不及，可以全部把他们诛死吗？”高祖于是赦免了蒯通。到了齐悼惠王时，曹参做了齐国丞相，礼贤下士，请蒯通做他的门客。

初，齐处士东郭先生梁石君，入深山隐居。通乃见相国曰：“妇人有夫死三日而嫁者，有幽居守寡不出门者，足下即欲求妇何取？”曰：“取不嫁者。”通曰：“然则求臣亦犹是也。彼东郭先生梁石君，齐之俊士也，隐居不嫁，未尝卑节下意以求仕也。愿足下使人礼之。”曹相国曰：“敬受命。”皆以为上宾。

【译文】

当年，齐国处士东郭先生梁石君，到深山隐居。蒯通遂去谒见曹相国说：“妇人有丈夫死了三天就改嫁的，有独自守寡而不出门的，您如果打算求取妇人做媳妇，是选取哪一个呢？”曹参说：“选那个不肯嫁人的寡妇。”蒯通说：“如此说来访求贤臣也是这样的啊。那东郭先生梁石君，是齐国俊杰之士啊，他隐居正像寡妇不肯嫁人，不曾卑躬屈节、低声下气的去谋取官位。希望您派人以礼相待他。”曹相国说：“我敬受你的命令。”把蒯通和东郭先生梁石君都请来做了上宾。

贾谊，洛阳人也。孝文时，为梁怀王太傅。是时，匈奴强，侵边；天下初定，制度疏阔；诸侯王僭拟，地过古制，淮南、济北王皆为逆诛。谊数上疏陈政事，多所欲匡建，其大略曰：“臣窃惟事势，可为痛哭者一，可为流涕者二，可为长太息者六，若其他背理而伤道者，难遍以疏举。进言者皆曰‘天下已安已治矣’臣独以为未也。曰安且治者，非愚则谀，皆非事实，知治乱之体者也。夫抱火厝之积薪之下，而寝其上，火未及然，因谓之安。

方今之势，何以异此！陛下何不壹令臣得孰数之于前，因陈治安之策，试详择焉！夫使为治，劳智虑，苦身体，乏钟鼓之乐，勿为可也。乐与今同，而加之以诸侯轨道，兵革不动，民保首领，匈奴宾服，四荒向风，百姓素朴，狱讼衰息，天下顺治，生为明帝，没为明神，名誉之美，垂于无穷。建久安之势，成长治之业，以承祖庙，以奉六亲，至孝也；以幸天下，以育群生，至仁也；立经陈纪，轻重同得，后可以为万世法程，虽有愚幼不肖之嗣，犹得蒙业而安，至明也。以陛下之明达，因使少知治体者得佐下风，致此非难也。臣谨稽之天地，验之往古，案之当今之务，日夜念之至孰也，虽使禹舜复生，为陛下计，无以易此。夫树国固，必相疑之势也〔树国于险固，诸侯强大，则必与天子有相疑之势也〕。下数被其殃，上数爽其忧，甚非所以安上而全下。今或亲弟谋为东帝〔淮南厉王长也〕，亲兄之子西向而击〔谓齐悼惠王子兴居为济北王反，欲击取荥阳〕，天子春秋鼎盛〔鼎，方〕，行义未过，德泽有加焉，犹尚如是，况莫大诸侯权力且十此者乎！然而天下少安，何也？大国之王，幼弱未壮；汉之所置傅相，方握其事。数年之后，诸侯之王，大抵皆冠，血气方刚，汉之傅相，称病而赐罢，彼自丞尉以上，遍置私人，如此有异淮南、济北之为邪？此时而欲为治安，虽尧、舜不治也。今令此道顺而全安甚易，不肯早为，已乃堕骨肉之属而抗刭之〔抗其头而刭之也〕，岂有异秦之季世乎？夫以天子之位，乘今之时，因天下之助，尚惮以危为安、以乱为治。假设天下如曩时，淮阴侯尚王楚，黥布王淮南，彭越王梁，韩信王韩，张敖王赵，卢绾王燕，陈豨在代，令此六七公者皆亡恙，当是时，而陛下即天子位，能自安乎？臣有以知陛下之不能也。

【译文】

贾谊，洛阳人，孝文帝时，为梁怀王的太傅。这时候，匈奴强大，侵犯边境。（汉朝）天下刚刚安定，制度还不够健全，诸侯王超越本分去比拟天子，封地超过了古制的规定，淮南、济北王都因叛逆被诛灭。

贾谊多次上书议论政事，大都是想纠正其过失并有所建树。其意思大略是："臣私下想到当前的政治形势，认为值得令人痛哭的事有一件，值得流泪的事有两件，值得为之叹息的有六件，像其他违背事理、有伤道义的，多得难以逐条列举。一些向皇上进言的人都说天下已安定、已太平了，但臣独自认为还不是这样。凡说天下已安宁太平的，不是愚昧便是阿谀奉承，都不是切合实际去理解关乎社会治乱之本的人。抱来已着火的柴放到堆积的干柴之下而睡在柴堆上面，火还未燃烧起来，因而说睡在这里很安稳。当前的形势，和这种情况有什么不同呢？陛下为什么不一概让我当面详尽地列举各种情况，据此陈述治国安邦之策，也好请您审慎选用呢？从前让大家去治理政事，只讲劳其心志、苦其身体，缺乏钟鼓之乐。（君主您）不要以为这样就可以了。钟鼓之乐和当今一样，但要加之以诸侯循规蹈矩、不发动战争，百姓保护其元首，匈奴归服，边远之民顺从教化，百姓淳朴，狱论案件不断减少，天下人都顺服其管理，从而活着是英明的皇帝，死后为明智之神，名誉美好，永垂不朽。建立久安的形势，树立长治的功业，以此来继承宗庙，以此来尊奉六亲，这就是大孝；以此来造福于天下，以此来养育众生，这就是大仁；建立纲纪，赏罚轻重都很得当，然后可以作为千秋万代的法则，即使有愚昧、幼小或才德不佳的后代，仍然能够承蒙祖业而平安无事，这就是英明。凭陛下的明智通达，据此而让稍知治体的人能在下边辅佐，要实现这样的目标是不困难的。我认真考察了天地变化的现象，又对古代的情况作了考证，和当今的形势作了对比，日夜思考，考虑得非常周详，即使让夏禹虞舜复生，为陛下谋划，也不能改变这一方略。若封立的诸侯国很巩固，必会与天子形成比拟、相疑之势。下边的民众会屡屡受其祸害，上边的天子也屡屡会为其违背朝廷而担忧。这绝对不是安上而全下之策。而今甚或有亲兄弟筹划在东方作皇帝，亲兄长的儿子向西进攻。天子正当壮年，行为仁义而无过失，且恩惠施于天下，还会这样，何况那更强大且权力超过上述小国十倍的诸侯呢？虽然如此，但天下还暂时比较安定，这是为什么呢？这是因为较大的诸侯国的国君，年龄较小未到壮年，朝廷所派任的太傅和丞相正掌握国事。等过几年之后，诸侯王大都成年，血气方刚，朝廷派去的太傅和丞相因年老多病而受赐免官，他们自丞尉以上都普遍任用自己人，像这样，和淮南王、济北王的行为有什么不同呢！到这时候想进行整治使其安定，即使是尧、舜，也难以治理好。现在让这些诸侯国思路顺理而都上下安心比较容易，如果不及早采取措施，不久他们就会跟随骨肉亲属来和朝廷誓死抗争。这难道和秦朝末代的情况有什么不同吗？以天子的权位，凭借当今的时势，依靠天下人的扶助，尚且害怕以危为安，以乱为治，假设天下像以前那样，淮阴侯韩信尚任楚王，黥布为淮南王，彭越为梁王，韩信称韩王，张敖做越王，卢绾做燕王，陈豨在代地称王，假使这六七个人都平安无事，在这时候如果陛下即天子位，能够自安吗？臣我可以知道陛下是不能自安的。

天下殽乱，高皇帝与诸公并起，诸公幸者乃为中涓，其次仅得舍人，材之不逮至远也。高皇帝以明圣威武，即天子位，割膏腴之地，以王诸公，多者百余城，少者三四十县，德至渥也。然其后十年之间，反者九起。陛下之与诸公，非亲角材而臣之也，又非身封王之也，自高皇帝不能以是一岁为安，故臣知陛下之不能也。臣请试言其亲者。假令悼惠王王齐，元王王楚，中子王赵，幽王王淮阳，恭王王梁，灵王王燕，厉王王淮南，六七贵人皆无恙，当是时，陛下即位，能为治乎？臣又知陛下之不能也。若此诸王，虽名为臣，实皆有布衣昆弟之心，虑无不帝制而天子自为者。擅爵人，赦死罪，甚者或戴黄屋。令之不肯听，召之安可致乎？幸而来至，法安可得加？动一亲戚，天下圜视而起，陛下之臣，虽有悍如冯敬者〔为御史大夫，奏淮南厉王诛也〕，适启其口，匕首已陷其匈矣。陛下虽贤，谁与领此？故疏者必危，亲者必乱，已然之效也。其异姓负强而动者，汉已幸而胜之矣，又不易其所以然。同姓袭是迹而动，既有征矣，殃祸之变，未知所移，明帝处之，尚不能以安，后世将如之何？屠牛坦一朝解十二牛，而芒刃不顿者，所排击剥割，皆众理解也，至于髋髀之所，非斤则斧。夫仁义恩厚，人主之芒刃也；权势法制，人主之斤斧也。今诸侯王，皆众髋髀也，释斤斧之用，而欲婴以芒刃，臣以为不缺则折。胡不用之淮南济北？势不可也〔二国皆反诛。何不施之仁恩？势不可故也〕。

【译文】

那时天下混乱，高皇帝和诸大臣竞相起义时，他们中幸运的只做了中涓（亲近小臣），其次的，仅做了舍人，是其才能比高皇帝差得太远了。高皇帝以他的圣明威武，即天子位，划割肥美的土地做为食邑，封他们为诸侯王，他们中封地广的有百余城邑，少的也有三四十个县，恩德可谓很优厚了。然而在此后十年之间，反叛的多达九起。陛下对于诸位旧臣，不是亲自考核其才能而任用其为臣的，也不是按其出身而封他们为王的。由于高皇帝因为此事而未能有一年的安宁，所以臣我知道陛下是不能够自安的。臣请试讲一讲和陛下关系较亲近的。假使让悼惠王刘肥去做齐王，元王刘交去做楚王，中子刘如意去做赵王，幽王刘友到淮阳做王，恭王刘恢去做梁王，灵王刘建去做燕王，厉王刘长去做淮南王，这六七个显贵之人都平安无事，在这时候陛下即位，能够得到安定吗？臣我又知道陛下是不能够的。像这些诸侯王，虽然名义上称臣，实际上都自认为和天子像民间的兄弟一样，没有不想同皇帝一样自己行天子之事的。他们擅自封人官爵、赦免死罪囚犯，甚至有人用起天子专用的黄色车盖。他们连朝廷的命令都不肯听从，要召唤他们怎么会来呢？即便会来，法令能够加于其身吗？变动一个宗亲诸侯王，天下的宗亲诸王便会惊愕地互相顾看，就都会起来反对。陛下之臣即使有像冯敬这样勇猛的人，也将是刚一开口宣旨，匕首已捅进其胸膛了。陛下尽管贤明，可是谁能接受这一任务呢？所以和陛下关系较远的必有危难，关系亲近的必然起而作乱，这是已经证明了的事实啊。那些异姓诸侯王凭借势力强大而反叛的，汉室已幸而战胜了他们，但又未改变导致反叛的根本原因。同姓的诸侯王沿着异姓的足迹而反叛，已经有了例证，像这样造成灾祸的事变，还不知道下一步会转移到何处发生。贤明的君主处理它尚不能安定，那后世又会怎么样呢？春秋时有个善于杀牛的名叫坦的人，一天宰杀十二头牛，但他使用的刀刃还很锋利的原因，是由于他宰牛的各个环节，都能按牛的肌理解剖。到了髋、髀等大骨头部位，不是用大斧就是用砍刀。仁义和恩德，就是君主锋利的刀刃；权势法制，就是君主的大斧、砍刀。当今的诸侯王都是髋、髀等大的骨头部位，如果不用大斧、砍刀，而想用锋利的刀刃去碰它，我认为不是缺口就是折断。为什么不用“锋利的刀刃”(此指施以仁义恩德)去对付淮南王和济北王呢？就是因为形势不允许。

臣窃迹前事，大抵强者先反。淮阴王楚最强，则最先反；韩王信倚胡，则又反；贯高因赵资，则又反；陈豨兵精，则又反；彭越用梁，则又反；黥布用淮南，则又反；卢绾最弱，最后反。长沙乃在二万五千户耳，功少而最完，势疏而最忠，非独性异人，亦形势然也。曩令樊、郦、绛、灌，据数十城而王，今虽已残亡可也；令信、越之伦，列为彻侯而居，虽至今存可。然则天下之大计可知也。欲诸王之皆忠附，则莫若令如长沙王；欲臣子之勿菹醢，则莫若令如樊、郦等；欲天下之治安，莫若众建诸侯而少其力。力少则易使以义，国小则无邪心。令海内之势，如身之使臂，臂之使指，莫不制从，诸侯之君，不敢有异心，虽在细民，且知其安，故天下咸知陛下之明。割地定制，令齐、赵、楚各为若干国，使其子孙各受祖之分地，地尽而止，及燕、梁他国皆然。其分地众而子孙少者，建以为国，空而置之，须其子孙生者，举使君之。天子无所利焉，诚以定治而已，故天下咸知陛下之廉。地制壹定，宗室子孙，莫虑不王，下无背叛之心，上无诛伐之志，天下咸知陛下之仁。法立而不犯，令行而不逆，细民向善，大臣致顺，故天下咸知陛下之义。当时大治，后世诵圣。陛下谁惮而久不为此？

【译文】

“臣私下考察往事，大抵是势力强大的先反叛。淮阴侯韩信做楚王时最强，所以最先谋反；韩王信仰仗匈奴力量，所以接着反叛；贯高凭借赵国资助，接着谋反；陈豨兵力精锐，随之反叛；彭越因梁国富强，也反叛；黥布因淮南强大，又谋反；卢绾势力最弱，故而最后反叛。长沙王吴芮只有二万五千户的地盘，功劳少可是最得以保全，情势上比较疏远却最忠诚，这不是其个性与别人不同，也是形势使其如此。昔日假如让樊哙、郦商、绛侯周勃和灌婴据有数十个城邑而为王，到今天即使已衰亡，也是可以的；让韩信、彭越之辈只居于彻侯爵位，即使到今天仍然存在，也是可以的。如果这样，那么如今治理天下的大计便可知道了。要想诸侯王都忠附于朝廷，则不如让诸侯王都像长沙王那样；要想使臣子不像彭越那样被剁成肉酱，就不如让诸侯王像樊哙、郦商等人那样；要想让天下都太平安宁，不如多分封诸侯但削弱他们的势力。势力小就容易使他们按章办事，分封的国土小就不会产生邪恶之心。让海内的情势像身体支使臂膀、臂膀支使手指，没有不被控制的。诸侯王不敢存有异心，即使是平民百姓，也知道这样便会安定，因此天下人也将都知道陛下的贤明。分割王地、确定制度，让齐、赵、燕各分成若干诸侯王国，使他们的子孙各接受祖上受封之土地，直到土地分完为止，对燕、梁其他诸侯也是这样。那些封地多而子孙少的，仍可以建立为诸侯国，使其空着，等到他们的子孙生得多了，推选合适的人，使其主宰。(这么做)对天子并没有什么利益，的确是用以维护安定而已，所以天下人都能知道陛下不贪婪。分封土地的制度一经决定，宗室的子孙没有人发愁不能成为诸侯王，在下就没有背叛的想法，在上也就没有讨伐诛杀的心意，于是天下人都知道陛下的广施仁德。法度建立而不触犯，命令通行而不违背，老百姓趋向善良，大臣们做到顺服，因此天下人都知道陛下坚持正义。当代国家大治，后世诵扬圣上德政。陛下还怕什么而久久不这样去做呢？

天下之势，方病大瘇〔肿足曰瘇〕。一胫之大几如要，一指之大几如股。平居不可屈伸，失今不治，必为锢疾，后虽有扁鹊，不能为已。可痛哭者，此病是也。天下之势方倒悬。凡天子者，天下之首也；蛮夷者，天下之足也。今匈奴嫚侮侵掠，至不敬也，为天下患，至无已也，而汉岁致金絮采缯以奉之。足反居上，首顾居下，倒悬如此，莫之能解，犹为国有人乎？可为流涕者此也。今民卖僮者〔僮，谓隶妾〕，为之绣衣丝履偏诸缘，内之闲中〔闲，卖奴婢闲也〕，是古天子后服，所以庙而不宴者也，而庶人得以衣婢妾。白縠之表，薄纨之里，缉以偏诸，是古天子之服也，今富人大贾，嘉会召客者以被墙。古者以奉一帝一后而节适，今庶人屋壁，得为帝服，倡优下贱，得为后饰，然而天下不屈者，殆未有也。夫俗至大不敬也，至无等也，至冒上也，进计者犹曰'无为'，可为长太息者此也。商君遗礼义，弃仁恩，并心于进取，秦俗日败。故秦人家富子壮，则出分；家贫子壮，则出赘〔出作赘婿〕。借父耰鉏，虑有德色〔假其父鉏而德之〕；母取箕帚，立而谇语〔谇，犹责也〕。抱哺其子，与公并倨。其慈子嗜利，不同禽兽者，无几耳。然并心而赴时者，犹曰'蹷六国，兼天下'。

【译文】

"天下的形势，像正在患脚肿病一样，一只小腿肿得几乎像腰那么粗，一只足指肿得几乎和大腿一样粗，平日起居不能屈伸。错过今天的机会不去治疗，将来必会成为不治之病，到了后来，即使有扁鹊那样高明的医生，也是没有办法治好的。可令人痛哭的，就是这种病症啊。天下的形势正处于倒挂状态。做天子的，就像天下的头颅，蛮夷之人，则是天下的脚趾。现在匈奴侮辱侵掠汉室，这是最大的不敬啊。这是天下的祸患，其患最大且没有休止。可是汉朝每年还要用黄金丝絮彩缎来奉送他。脚趾反而居上，头颅反而居下，倒挂到如此地步，没有人能够解救，这还能说有治国的人才吗？可为之流泪涕泣的就是这种现象啊！现在老百姓贩卖奴婢，给她们穿上丝鞋和绣着花边的衣服，特地加上边饰，把她们放进卖奴婢的围栏之内，这是古代天子皇后的服饰，用以入宗庙时穿而平时不穿，而一般人能够用来给婢妾穿。白色绉纱作面子，薄绸作里子，缝上花边，这是古代天子的衣服，而今天富商大贾召集、宴请宾客时用这种物料覆盖墙面。古代用这些贵重衣料供奉一个皇帝一个皇后还讲求节约、适度，而今天平民房子的墙壁使用帝王用的衣料，倡优一类下等人使用皇后用的衣服饰品，如此作派而让天下的财力不竭尽，大概是从未有过的。社会风气到了这样大不敬、这样没有等级、这样触犯皇上的程度，而献策进计的人还讲什么‘无为(而治)’，可令人大为叹息的就是这样的事啊。商鞅抛弃礼义，抛弃仁德，(君臣)同心变法进取，秦朝风气却一天天衰败，所以秦朝富人家儿子长大了就分家单过，家庭贫穷的，儿子成人则离家入赘为婿。儿子借农具给父亲，脸上就显出对父亲有恩德的表情；母亲取用其簸箕、扫帚，则立即口出责骂之言。抱着自己的儿子喂奶，跟公公并坐且伸开两脚。他们爱儿子、贪小利，不同于禽兽行为的没有几个。然而与其心意相同而趋时者，还说什么‘挫败六国、兼并天下’。

功成求得矣，终不知反廉愧之节、仁义之厚。众掩寡，知欺愚，勇威怯，壮陵衰，其乱至矣。是以大贤起之，威震海内，德从天下。曩之为秦者，今转而为汉矣。然其遗风余俗，犹尚未改。今世以侈靡相竞，而上无制度、弃礼谊、捐廉耻日甚，杀父兄。盗者剟寝户之帘〔剟，取也〕、搴两庙之器〔搴，取也。两庙，高祖、惠帝庙也〕，白昼大都之中，剽吏而夺之金。矫伪者出几十万石粟〔吏矫伪征发，盈出十万石粟〕，赋六百余万钱，乘传而行郡国。此其无行义之尤至者也。而大臣特以簿书不报期会之间以为大故，至于俗流失，世坏败，因恬而不知怪。夫移风易俗，使天下回心而向道，类非俗吏之所能为也。俗吏之所务，在于刀笔筐箧，而不知大体。陛下又不自忧，窃为陛下惜之。夫立君臣，等上下，使父子有礼，六亲有纪〔父、母、兄、弟、妻、子〕，此非天之所为，人之所设也。人之所设，不为不立，不植则僵，不修则坏。

【译文】

“等到功业成就、期求实现了，但终不知道回归于知廉耻的节操和仁义的厚德。人多的进袭人少的，聪明的欺骗愚笨的，勇悍的威胁怯懦的，强壮的凌辱弱小的，其秩序混乱达到了顶点。因此大贤之人（指刘邦）乘时而起，威严使海内震撼，德行使天下顺从。以前为秦朝办事的，现在转而为汉朝做事了。然而以前遗留的风气习俗，还没有改变过来。当今人们竞相奢侈，对上无视朝廷法度，抛弃礼义道德，不顾廉耻，恶风日甚，以至有杀害父兄之事。盗贼割取陵寝门上挂帘，窃取(高祖、惠帝)两庙的祭器，大白天在京都中抢劫官员，夺走金钱；假托公文行诈的官吏多征出几十万石粮食，税银六百多万钱，乘坐驿站的车马走遍郡国。这是缺乏品行、道德的行为中特别过分的。而大臣只把不上报公文和期会的中断当作大事，至于习俗腐化，世风败坏，却满不在乎且不觉得奇怪。移风易俗，让天下回心转意，趋向正道，大抵不是一般俗吏所能办到的事啊！一般俗吏所追求的，多在于例行公文之类，而不懂得治国的根本。陛下又不在这方面考虑，我私下为陛下感到痛惜。朝廷树立君臣，划分上下等级，使父子之间有规范，六亲之间有法度，这不是上天所规定的，而是人所设置的。人所设置的，如果不去做就不能确立，不去扶持就会倒伏，不去修习就要败坏。

管子曰：‘礼义廉耻，是谓四维，四维不张，国乃灭亡。’使管子愚人也则可，管子而少知治体，则是岂可不为寒心哉！秦灭四维而不张，故君臣乖乱，六亲殃戮，奸人并起，万民离叛，凡十三岁，而社稷为墟。今四维犹未备也，故奸人几幸，而众心疑惑。岂如今定经制，令君臣上下有差，父子六亲，各得其宜，奸人无所几幸。此业壹定，世世常安。若夫经制不定，是犹渡江河无维楫，中流而遇风波，船必覆矣。可为长大息者此也。

【译文】

“《管子》上说：礼义廉耻，是治理国家的‘四维’，‘四维’如果不能伸张，国家就会灭亡。假定管仲是愚蠢的人，就不必说了，管仲如果稍稍知道治理国家的根本，那又怎么能不为之感到寒心呢？秦始皇灭绝‘四纲’而不伸张，所以君臣背戾、无序，六亲遭殃被杀，奸邪之人并起，万民离散、反叛，只经过十三年，国家就成为废墟。当今‘四维’还没有完备，所以奸邪之人多有幸运，而使民众心存迟疑迷惑。何不现在就确定常规制度，让君臣上下等级有别，父子、六亲各得其宜，使奸邪之人不能心存侥幸。这一制度一旦确立，就会世代长久安宁。如果常规、制度不定，这好比是渡江河而没有系船的绳索和划船的桨一样，中流若遇风浪，必然是要翻船的。可令人长久叹息的就是这种现象啊。

夏为天子，十有余世；殷为天子，二十余世；周为天子，三十余世；秦为天子，二世而亡。人性不甚相远也，何三代之君，有道之长，而秦无道之暴也？其故可知也。古之王者，太子乃生，固举以礼：使士负之，有司齐肃端冕，见于天也；过阙则下，过庙则趋，孝子之道也。故自为赤子，而教固已行矣。昔者成王，幼在襁褓之中，召公为大保，周公为太傅，太公为太师。保，保其身体；傅，傅之德义；师，导之教训。此三公职也。于是为置三少，少保、少傅、少师，是与太子宴者也。故乃孩提有识，三公、三少，明孝仁礼义，以导习之，逐去邪人，不使见恶行。于是皆选天下之端士，孝悌博闻有道术者，以卫翼之，使与太子居处出入。故太子乃生而见正事、闻正言、行正道，左右前后皆正人。夫习与正人居之，不能无正，犹生长楚之乡，不能不楚言也。孔子曰：'少成若天性，习惯如自然。'太子既冠成人，免于保傅之严，则有记过之史、彻膳之宰、进善之旌、诽谤之木、敢谏之鼓。瞽史诵诗，工诵箴谏，大夫进谋，士传民语。习与智长，故切而不愧；化与心成，故中道若性。春秋入学，坐国老，执酱而亲馈之，所以明有孝也；行以鸾和〔鸾在衡，和在轼〕，步中采齐，趋中肆夏〔乐诗也，步则歌之以中节〕，所以明有度也；其于禽兽，见其生不食其死，闻其声不食其肉，故远庖厨，所以长恩，且明有仁也。

【译文】

“夏朝天子传承有十几世，殷朝天子传承二十多世，周朝天子传承三十多世，秦朝天子传承到第二世就灭亡了。人性本来都相差不大，为什么夏商周三代的君主有道而又长久，而秦朝之君无道且突然灭亡呢？这其中的缘故可想而知。古代的君王，太子才生下来，就用礼来教养：让成年男子背着太子，官员们则整齐恭敬、端正礼帽，先是拜见上天；过宫门时将太子从背上放下，过宗庙时恭敬地小步快行，这是做孝子的行为规范呀！所以从婴孩时教导就坚持进行了。昔日周成王年幼尚在襁褓之中，召公做他的太保，周公旦做他的太傅，太公吕尚做他的太师。保，就是保护其身体；傅，就是教导其德义；师，就是给他以教育训诲。这是三公的职责。于是又为成王设置三少——少保、少傅、少师，他们是平时跟太子生活在一起的人。所以从孩提懂事起，三公、三少就为其讲明孝、仁、礼、义，用以引导其学习，赶走思想行为不正之人，不让太子看到丑恶的行为。因此都是挑选天下品行端正的人——孝敬父母、顺从兄长、博闻多识而且传道有方的人来辅佐保护他，让这些人和太子生活出入在一起。所以太子从生下来，看到的就是正事，听到的就是正言，所走的就是正道，左右前后都是正派的人，这样平日和正派的人共处就不会不正派，犹如生长于楚地，不能不会说楚地方言。孔子说："少年时养成的品德，就如同天性；养成了习惯，就如同本来具有一样自然。"太子到举行冠礼成人之后，离开太保、太傅的严教，就设有记载其过失的史官、通达膳食之理的家臣、进献善言用的旌旗、让人评论得失的木牌、为敢于直言劝谏者设置的供敲打的大鼓。让瞽史为其诵读诗经，让乐工陈述规劝的箴言，让士大夫奉献计策，让士人传授民间谚语。太子良好的习惯和智慧一同增长，所以做事契合准则而无惭愧之行；教化和思想一起形成，所以所作所为符合道义，如同天生的本性一般。春秋时入学，请长老坐于上座，拿上酱料来亲自馈敬老师，为的是表示有孝道；出行时用鸾玲、和铃挂在车上，步伐合于《采齐》乐曲，小步快走时合于《肆夏》的节奏，为的是表明有法度。他们对于禽兽，见到它们活着就不忍心为食用而杀死它们，听到它们的叫声就不愿意去吃它们的肉，所以远离厨房，为的是增长自己的爱心，进而表明自己有仁德。

夫三代之所以长久者，以其辅翼太子有此具也。至秦而不然。

其俗固非贵辞让也，所上者告讦也；固非贵礼义也，所上者刑罚也。使赵高傅胡亥，而教之狱，所习者，非斩劓人，则夷人之三族也。故（旧无故字，补之）胡亥今日即位，而明日射人，忠谏者谓之诽谤，深计者谓之妖言，其视杀人，若刈草菅。然岂唯胡亥之性恶哉？彼其所以导之者，非其理故也。鄙谚曰：'不习为吏，视已成事。'又曰：'前车覆，后车诫。'夫三代之所以长久者，其已事可知也。夫存亡之变，治乱之机，其要在是矣。夫天下之命，悬于太子。太子之善，在于早谕教，与选左右。夫心未滥而先谕教，则化易成也；开于道术智谊之指，则教之力也。若其服习积贯〔贯，习也〕，则左右而已。臣故曰选左右、早谕教最急。夫教得而左右正，则太子正矣。太子正，而天下定矣。若夫庆赏以劝善，刑罚以惩恶，先王执此之政，坚如金石，行此之令，信如四时，据此之公，无私如天地，岂顾不用哉？孔子曰："听讼，吾犹人也，必也使无讼乎！"为人主计者，莫如先审取舍。取舍之极定于内，而安危之萌应于外矣。安者非一日而安也，危者非一日而危也，皆以积渐然，不可不察也。人主之所积，在其取舍。以礼义治之者，积礼义；以刑罚治之者，积刑罚。刑罚积而民怨背，礼义积而民和亲。故世主欲民之善同，而所以使民善者或异。或导之以德教，或驱之以法令。导之以德教，德教洽而民气乐；驱之以法令者，法令极而民风哀。哀乐之感，祸福之应也。秦王之欲尊宗庙而安子孙，与汤武同，然而汤武广大其德行，六七百岁而弗失，秦王持天下十余岁则大败。此无他故矣，汤武之定取舍审，而秦王之定取舍不审也。夫天下大器，今人之置器，置诸安处则安，置诸危处则危。天下之情与器无以异，在天子之所置之。汤武置天下于仁义礼乐，而德泽洽，禽兽草木广裕，德被子孙数十世，此天下所共闻也。秦王置天下于法令刑罚，德泽无一有，而怨毒盈于世，人憎恶之如仇雠，祸几及身，子孙诛绝，此天下之所共见也。是非其明效大验邪！

【译文】

“夏、商、周三代传国之所以长久，就是因为他们扶助、辅佐太子是如此的完备啊！到了秦代却不是这样的。那时的社会风气，本来就不崇尚辞谢谦让的品德，所崇尚的是揭发别人的隐私；本来就不崇尚礼义，所崇尚的是刑罚。让赵高做胡亥的太傅而教导他诉讼之事，所习练的不是杀人割鼻，就是诛灭人的三族。所以胡亥今天即位为天子而明天就去射杀人，把忠言进谏之词说成是诽谤，把深谋远虑的话称之为妖言。他把杀人，看得就像割草菅一样。难道胡亥的本性就是恶劣的吗？是由于用以引导他的那些东西就不合道理的缘故啊。俗话说：‘不熟悉做官之道，看看以往官吏所做的事情就明白了。’又说：‘前边车的颠覆，就是后边车要吸取的教训。’那么夏、商、周三代之所以长久的原因，从他们以往做过的事就可以了解了。国家存亡的变化、治乱的机运，其关键就在这里呀！国家的命运，系于太子。太子的贤善，在于及早开导、教育和选择他左右的人。心志尚未放荡时便先开导教育，则教化容易见功效；开导其领悟道理、策略、才智、德行的要点，这是教化的功劳。但那些反复练习、养成习惯的事，就在于其左右之人了。所以臣我认为挑选太子左右的人、早早开导教育是最要紧的事。如果教导得法而左右的人正派，那么太子的品行就端正了。太子品行端正，天下也就安定了。至于用奖赏来劝导向善，用刑罚来惩办罪恶，先王用这样的办法治政，坚定如同金石，颁行这样的政令，守信如同四时，按此秉公办事，无私如同天地，哪里会不用呢？孔子曰：‘审理案件，我同别人一样，但不同的是一定要进行教化使诉讼案件不发生啊！’替人主谋划的人，没有比先弄明白取舍更重要的。取舍的准则决定于内心，而安危的发生就会应合于外了。安定不是一天就能安定，危急也不是一天就会危急，它们都是逐渐积累而成的，不能不明察呀！君主所需要的积累，在于其政策的取舍。用礼义治国者，积累的就是礼义；用刑罚治理国家者，积累的就是刑罚。刑罚用多了人民就怨恨背叛，礼义积多了人民就和睦亲爱。本来世代君主想让人民德行美好的意愿是相同的，但用以使人民德行美好的办法却不同。有的是用道德教化来引导，有的是用法令来驱使。用道德教化引导，德教和谐时人民的精神状态就表现出欢乐；用法令来驱使的，法令严酷而民风就呈现出哀怨。有哀怨或欢乐之感，国家的祸福就会相应而至。秦始皇想尊奉宗庙而让子孙安乐，其意愿与商汤、周武是相同的。可是汤、武是发扬光大了他们的德行，传承六七百年而未失江山，秦皇掌管天下，十多年就败亡。这没有别的原因呀！汤、武能审慎地决定政令的取舍，而秦皇在决定政令取舍方面不审慎啊。天下犹如一个珍贵的器物，现在让人来安放它，放在安稳处就安稳，放在危险的地方就危险。天下的情形和器物没有什么差异，就看天子如何安放它。汤、武把天下放置在仁义礼乐上，于是恩德遍及，禽兽、草木繁荣茂盛，子孙受到恩泽几十世，这是天下人都听说过的。秦始皇把天下放置于法令刑罚上，德行恩泽一点都没有，怨恨充满人间，人们憎恶他如仇敌一般，灾祸几乎降临他自身，子孙被诛杀灭绝，这是天下之人都看到的。谁是谁非大概已明明白白地验证了吧！

人之言曰：‘听言之道，必以其事观之，则言者莫敢妄言。’今或言‘礼谊之不如法令，教化之不如刑罚’，人主胡不引殷、周、秦事以观之也？人主之尊譬如堂，群臣如陛，众庶如地。古者圣王制为等列，内有公卿、大、夫、士，外有公、侯、伯、子、男，等级分明，而天子加焉，故其尊不可及也。鄙谚曰：‘欲投鼠，忌器。’尚惮不投，恐伤其器，况贵臣之近主乎！廉耻礼节，以治君子，故有赐死，而无戮辱。是以黥劓之罪，不及大夫，顾其离主上不远也。君之宠臣，虽或有过，刑戮之罪，不加其身者，尊君故也。所以体貌大臣，而厉其节也。

【译文】

人们常说：‘听人说话，一定要从他做的事情来看它，那么说话的人就不敢虚说胡吹了。’当今有人说，讲礼义德行不如用法令，讲教化不如用刑罚。做人主的为什么不引用殷商和周、秦的史实来给他看呢？人主的尊贵譬如是庭堂，群臣就像是台阶，老百姓就像是平地。古代圣王的制度是划分等级，内有公卿、大夫、士，外有公、侯、伯、子、男。等级分明，而天子位在其上，所以他的尊贵是人所不及的。俗谚说：‘想抛掷物件打老鼠又顾忌旁边的器物受损。’(因为老鼠靠近器物，)尚且心存顾忌而不投掷，怕伤损其器物，何况显贵之臣与君主那样亲近呢?廉耻礼节是用来管理君子的，所以有因罪赐死的做法而不用杀戮羞辱的办法。故而脸上刺字、割去鼻子这样的刑罚不用于大夫，是顾及他离君主不远。君主宠爱的臣子，即使有人犯了错误，而杀戮的惩处办法，不施加于其身体，就是因为尊重君主的缘故。用这种办法惩处，也是为了敬重大臣，而激励他们的节操。

今自王侯三公之贵，皆天子之所改容而礼之，古天子之所谓伯父、伯舅也，而今与众庶同黥劓髡刖笞傌弃市之法，然则堂不无陛乎?被戮辱者，不泰迫乎?廉耻不行，大臣无乃握重权、大官，而有徒隶无耻之心乎?今而有过，帝令废之可也，退之可也，赐之死可也，灭之可也。若夫束缚之，系绁之，输之司寇，编之徒官，司寇小吏，詈骂而榜笞之，殆非所以令众庶见也。夫天子之所尝敬，众庶之所尝宠，死而（旧无死而二字，补之）死耳，贱人安得如此而顿辱之哉!故主上遇其大臣，如遇犬马，彼将犬马自为也；如遇官徒，彼将官徒自为也。故古者礼不及庶人，刑不至大夫，所以厉宠臣之节也。其有大罪者，闻命则北面再拜，跪而自裁，上不使人捽抑而刑之也，曰：‘子大夫自有过耳，吾遇子有礼矣。’遇之有礼，故群臣自喜；婴以廉耻，故人矜以节行。上设廉耻礼义，以遇其臣，而臣不以节行报其上者，则非人类也。故为人臣者，利不苟就，害不苟去，唯义所在。上之化也，故父兄之臣，诚死宗庙；法度之臣，诚死社稷；辅翼之臣，诚死君上；守圄扞敌之臣，诚死城郭封疆。故曰‘圣人有金城’者，比物此志也〔比，谓比方。使忠臣以死社稷之志，比于金城〕。彼且为我死，故吾得与之俱生；彼且为我亡，故吾得与之俱存；为我危，故吾得与之皆安。顾行而忘利，守节而仗义，故可以托不御之权，可以寄六尺之孤。此厉廉耻、行礼谊之所致也，主上何丧焉!此之不为，而顾彼之久行〔彼，亡国也〕，故曰可为长太息者此也。”

【译文】

“今天，自王侯三公等贵人起，都是天子要和颜悦色地以礼相待的人，是古代天子所称为伯父、伯舅的人，而让他们和一般庶民百姓同样遭受刺面、割鼻、剃头、砍脚、鞭挞、辱骂、斩首示众等刑法，那么‘厅堂’不是等于没有台阶了吗？对被杀戮侮辱的人，不是逼迫太甚了吗？廉洁知耻不畅行，大臣恐怕是手握重权、身为高官，却会怀有狱中囚犯那样的不知廉耻的心理了吧！现在如果他们有了过错，皇帝下令罢免他们可以，降低他们职位也可以，赐他们死也可以，夷灭其族也可以。至于捆绑他们、拘囚他们，并送交执掌刑狱的官员，编入囚犯行列，执掌刑狱的小官吏辱骂并捶打他们，恐怕是不应该让庶民百姓看到的吧！天子所曾敬重、众民所曾尊崇的人，死就死吧，卑贱的人怎么就能践踏、侮辱他们呢？所以君主对待他的大臣，如果像对待犬马，那他也会将他自己当作犬马；如果像对待官员，那他也将会把自己当作官员。所以古时候礼仪不涉及庶人，刑罚不使用于大夫，是用以磨砺所曾爱宠之臣的节操啊。他们中犯了大罪的，听到命令就面朝北方连连叩拜，然后跪下而自杀。皇上不派人揪紧并强制地杀死他，并说：‘这是大夫您自己有罪过呀，我对待您是讲礼节的。’对待这样的人尚且有礼，所以群臣就会自重；用廉耻来约束，所以人们就注重节操品行。君上设置‘廉耻礼义’来对待他的臣子，而臣子不能用节操品行回报君上的，那就不是人了。所以作臣子的，对自己有利的事不随便谋求，对自己有害的事不随便躲开，只着眼于道义。君主教化有效，所以父兄辈的旧臣，忠诚效死于宗庙；遵守法度的臣子，忠诚效死于国家；辅佐皇上的臣子，忠诚效死于君主；守疆抗敌的臣子，忠诚效死于城邑边疆。人常说‘圣人有固如金汤的城池’，所比拟的就是这样的壮志。这些人如果为我效死，那么我得和他们一起活着；这些人如果为我而流亡，那么我得和他们一起存在；这些人如果为我而忧惧，那么我得与他们同享安乐。(大臣们)顾惜品行而忘却私利，保持节操而依仗正义，所以可以委托给权柄而无须控制，可以临终前将未成年的皇子托付给他们。这都是激励廉洁知耻、传布礼义道德所致，而君主失去了什么呢？这样的好事不去做，却反而长期地实行戮辱大臣的做法。因此我说，可为之长叹的，就是这件事啊！”

爰盎，字丝，楚人也。孝文时，为中郎将。从霸陵，上欲西驰下峻阪，盎揽辔。上曰：“将军怯邪？”盎曰：“臣闻千金子不垂堂，百金子不骑衡〔骑，倚也〕，圣主不乘危、不侥幸。今陛下骋六飞〔六马之疾若飞也〕，驰不测山，有如马惊车败，陛下纵自轻，奈高庙太后何？”上乃止。

上幸上林，皇后、慎夫人从。其在禁中，常同坐。及坐郎署，盎却慎夫人坐。慎夫人怒，不肯坐。上亦怒，起。盎因前说曰：“臣闻尊卑有序，则上下和。今陛下既已立后，慎夫人乃妾，妾主岂可以同坐哉！且陛下幸之，则厚赐之。陛下所以为慎夫人，适所以祸之。独不见‘人豕’乎〔戚夫人也〕？”于是上乃悦，入语慎夫人。夫人赐盎金五十斤。然盎亦以数直谏，不得久居中，调为陇西都尉〔调，选也〕。仁爱士卒，皆争为死。

【译文】

爰盎，字丝，楚国人。孝文帝时，做中郎将。一次跟从文帝到霸陵去，皇上想要驾车下西边的高坡，爰盎挽住马缰绳。皇上说：“将军胆怯吗？”爰盎说：“我听说家有千金的人就坐时不能挨近屋檐边，家有百金的人不跨在楼台的栏杆上，明智的君主不冒险、不存侥幸心理。现在陛下要放纵驾车的六匹飞奔的马，奔驰于情况难以预测的山坡，如果马受惊而车被毁坏，即使陛下不重视自己，那怎么对得起高祖和太后呢？”皇上于是停止了这一行动。

又有一次皇上驾临上林苑，皇后和慎夫人随从。她们在宫中，经常坐在同一席上。可这次在中郎府就座时，爰盎却不让慎夫人同坐。慎夫人大怒，不肯在旁边另设的坐席上就坐。皇上也生了气，站了起来。爰盎借这机会上前说：“我听说尊卑要有次序，上下才能和睦。如今陛下已立了皇后，慎夫人只是妾，妾和主人怎么可以同坐在一个席上呢？如果陛下宠爱慎夫人，就重重地赏赐她。陛下用同坐来表示宠爱慎夫人，恰好是因此而害了她。难道说（陛下）没有看到‘人彘’吗(此指前朝皇妃戚美人受害)？”于是皇上这才高兴，进宫将爰盎的意思告诉了慎夫人。慎夫人赏赐爰盎黄金五十斤。不过由于爰盎多次直言谏诤，因而不得长期留在朝廷，被选调为陇西都尉。他爱护兵士，兵士们争相为他效死。

晁错，颍川人也，以文学为太子家令。是时匈奴强，数寇边，上发兵以御之。错上言兵事，曰：“臣闻兵法有必胜之将，由此观之，安边境，立功名，在于良将，不可不择也。臣又闻用兵，临战合刃之急者三：一曰得地形，二曰卒服习，三曰器用利。兵法曰：‘丈五之沟，渐车之水，山林积石，经川丘阜，草木所在，此步兵之地也，车骑二不当一。土山丘陵，曼衍相属，平原广野，此车骑之地也，步兵十不当一。平陵相远，川谷居间，仰高临下，此弓弩之地也，短兵百不当一。两阵相近，平地浅草，可前可后，此长戟之地也，剑盾三不当一。萑苇竹萧，草木蒙茏，支叶茂接，此矛铤之地也，长戟二不当一。曲道相伏，险厄相薄，此剑盾之地也，弓弩三不当一。士不选练，卒不服习，起居不精，动静不集，趋利弗及，避难不毕，前击后解，与金鼓之音相失，此不习勒卒之过也，百不当十。兵不完利，与空手同；甲不坚密，与袒裼同〔袒裼，肉袒〕；弩不可以及远，与短兵同；射不能中，与无矢同；中不能入，与无镞同。此将不省兵之祸也，五不当一。’故兵法曰：‘器械不利，以其卒予敌也；卒不可用，以其将与敌也；君不择将，以其国与敌也。四者，兵之至要也。’

【译文】

晁错，颍川人，因为通晓文献典籍，做了太子府的主管。这时候匈奴势力强大，多次进犯边境，皇上发兵去抵抗。晁错上书谈战争之事说：“臣闻兵法上说‘作战要有必胜的将领’，由这一点来看，安定边境，取得功名，关键在于良将，不能不认真选择。臣又听说，在战场上交锋的要点有三：一是占据有利地形，二是士兵训练有素，三是武器精良。兵法上说：‘丈五宽的沟渠，能浸过车轮的河流，山林积石，夹有川道的土堆高丘，草木丛生之地，这都是适宜步兵作战的地方，驾车作战两个人还顶不住一个人。小山丘陵，绵延相接，平原广野，这是适宜车骑部队作战的地方，步兵十个顶不住一个。平地山岭相隔较远，其间又有河流山谷，居高临下，这是宜于使用弓弩的地方，持短兵器者一百人也顶不过一个。敌我双方阵地相近，平地上长有不高的草，军队可向前进也可以后退，这是宜用长矛之地，使用剑和盾牌三个也顶不住一个。芦苇蒿草竹林，互相掩蔽，枝叶茂密，这是铁柄短矛发挥威力的地方，使用长矛两个人顶不过一个人。道路曲折隐伏，地形险阻，两军迫近，这是宜用剑、盾作战的地方，弓弩三个也顶不过一个。士兵不经过挑选训练，兵卒不习熟武艺；操练动作不熟练，出动停进不整齐有序；取胜的战机不能及时把握，躲离危难却不迅捷；前锋奋力进击，后续部队却松懈，和鸣鼓进军鸣金收兵的号令配合不上。这都是不能严格训练和要求军士的错误。像这样的军队，一百人也顶不过十个人。兵器不完备、锐利，和人空着手是一样的；甲胄不坚实密致，和袒胸露体是一样的；弓弩射程不远，和短兵器是一样的；射箭不能中的，和没有弓箭是一样的；射中却不能伤敌，和没有箭头是一样的。凡此种种，都是将领不检查和了解兵器的过失，五件兵器也顶不过一件。’所以兵法上讲，兵器不精良，那无异是把兵卒送给敌方；士卒不可使用，那无异是把将领送给敌方；将领不懂兵法，那是把君主送给敌方；君主不选择将领，那是把国家送给敌方。这四种情况，是军事上最关键的问题啊！

臣又闻‘小大异形，强弱异势，险易异备’。夫卑身以事强，小国之形也；合小以攻大，敌国之形也；以蛮夷攻蛮夷，中国之形也。今匈奴地形伎艺，与中国异。上下山阪，出入溪涧，中国之马弗与也；险道倾侧，且驰且射，中国之骑弗与也；风雨罢劳，饥渴不困，中国之人弗与也。此匈奴之长技也。若夫平原易地，轻车突骑，则匈奴之众易挠乱也；劲弩长戟，射疏及远，则匈奴之弓弗能格也；坚甲利刃，长短相杂，游弩往来，什伍俱前，则匈奴之兵弗能当也；材官驺发，矢道同的〔材官，骑射之官也。射者驺发，其用矢者，同中一的，言其工妙〕，则匈奴之革笥木荐〔革笥，以皮作，如铠也。木荐，以木板作，如盾〕弗能支也；下马地斗，剑戟相接，去就相薄，则匈奴之足弗能给也。此中国之长技也。以此观之，匈奴之长技三，中国之长技五。陛下又兴数十万之众，以诛数万之匈奴，众寡之计，以一击十之术也。虽然，兵，凶器；战，危事也。以大为小，以强为弱，在俛仰之间耳。夫以人死争胜，跌而不振〔蹉跌不可复起〕，则悔之无及也。帝王之道，出于万全。今降胡义渠蛮夷之属，来归谊者，其众数千，饮食长技，与匈奴同，可赐之坚甲絮衣，劲弓利矢，益以边郡之良骑，令明将能知其习俗、和辑其心者将之。即有险阻，以此当之；平地通道，则以轻车材官制之。两军相表里，各用其长技，衡加之以众，此万全之术也。"

【译文】

"臣又听说，小国大国的情况不同，强国弱国的势态不同，险阻和易攻之地的防守不同。降低身份去事奉强国，这是弱小之国的势态；会合小国来攻打大国，这是地位、力量相当之国的情势；用周边的少数民族部落去攻打其他部落，这是中原大国的战略走势。当今匈奴的地形、作战技艺，与中原国家不同。上下山坡，出入溪涧，中原地区的马匹不如对方；险路倾斜，边奔跑边射箭，中原的骑兵不如对方；顶风冒雨不疲劳，挨饿忍渴不困乏，中原的人不如对方。这些都是匈奴的长处。至于在平原和易攻之地，使用战车和可以突袭的骑兵，那匈奴的兵众就容易被打乱；强劲有力的弓弩和长戟，射程很远、杀伤面广，那匈奴的弓箭手就不能与之打斗；坚实的甲胄、锐利的刀锋，长短兵器交替使用，游移的弓弩来去莫测，军队就势一拥上前，那么匈奴的兵士难以抵挡；负责骑射的武官，骤然猛射，许多箭准确射中同一目标，那匈奴的皮制铠甲和木板盾牌是支撑不住的；下了马在地上打斗，剑戟相接，兵器来去相迫近，那匈奴的脚步是不能灵便应对的。这些都是我们的长处。由此看来，匈奴的长处有三点，我们的长处有五条。陛下又发动了几十万人的军队，来讨伐几万兵马的匈奴，按兵力多少来计算，是'以一击十'的办法啊。尽管如此，但兵器终归是凶器，战争终归是危险的事。(战场)把庞大的变为势小的，把强盛的变为衰弱的，只在于俯仰之间啊！以人的死亡去争取胜利，一旦跌倒(指失败)而不能奋起，就追悔莫及了。帝王的用兵之道，要有万全之策。现今投降的匈奴义渠等前来归顺的人，其人数有数千，饮食习惯和擅长的作战技术与匈奴相同，可赐给他们坚实铠甲和装着丝絮的军装，以及强弓利箭，增补边郡的好骑士，派明智的将领中能熟知他们的习俗、安定他们的思想情绪的人统帅他们。即使地形险阻，可用这支兵力去抵御；在平原地区通畅的道路上，就可用轻便的战车、长于射箭的士卒来控制战局。胡汉两支军队互为表里，各使用其擅长的作战技术，再加上兵力众多，这才是万无一失的办法啊。"

文帝嘉之，乃赐错玺书宠答焉。错复言守边备塞、劝农力本，当世急务二事，曰："臣窃闻秦时，北攻胡貉，筑塞河上，南攻扬粤〔扬州之南越也〕，置戍卒焉。其起兵而攻胡粤者，非以卫边地而救民死也，贪戾而欲广大也，故功未立而天下乱。且夫起兵而不知其势，战则为人禽，屯则卒积死。夫胡貉之地，积阴之处也，其性能寒；扬粤之地，少阴多阳，其性能暑。秦之戍卒，不能其水土，戍者死于边，输者偾于道〔偾，仆也〕，秦民见行，如往弃市，因以谪发之，名曰'谪戍'。发之不顺，行者深怨，有背叛之心。凡民守战至死，而不降北者，以计为之也。故战胜守固，则有拜爵之赏；攻城屠邑，则得其财卤，以富家室。故能使其众，蒙矢石，赴汤火，视死如生。今秦之发卒也，有万死之害，而无铢两之报，死事之后，不得一算之复，天下明知其祸烈及己也。陈胜行戍，至于大泽，为天下先唱，天下从之如流水者，秦以威劫而行之敝也。胡人衣食之业，不著于地，其势易扰乱边境，如飞鸟走兽放于广野，美草甘水则止，草尽水竭则移。以是观之，往来转徙，时至时去，此胡人生业，而中国之所以离南亩也。今使胡人数处转牧，行猎于塞下，或当燕代，或当上郡、北地、陇西，以候备塞之卒，卒少则入。陛下不救，则边民绝望，而有降敌之心，少发则不足，多发远县才至，胡又已去。聚不罢，为费甚大；罢之，则胡复入。如此连年，则中国贫苦，而民不安矣。陛下幸忧边境，遣将吏发卒以治塞，甚大惠也。然令远方之卒守塞，一岁而更，不知胡人之能。不如选常居者，家室田作，且以备之。以便为之，高城深堑，先为室屋，具田器，乃募罪人令居之；不足，募以丁奴婢赎罪，及输奴婢欲以拜爵者；不足，乃募民之欲往者，皆赐高爵，复其家。与冬夏衣、禀食，能自给而止。其无夫若妻者，县官买与之。人情非有匹敌，不能久安其处。塞下之民，禄利不厚，不可使久居危难之地。胡人入驱，而能止其所驱者，以其半与之〔谓胡人驱收，中国能夺得之者，以半与之也〕，县官为赎〔得汉人，官为赎也〕其民。如是，则邑里相救助，赴胡不避死，非以德上也，欲全亲戚而利其财也。此与东方之戍卒〔东方诸郡，次当戍边〕，不习地势而心畏胡者，功相万也。以陛下之时，徙民实边，使远方无屯戍之事，塞下之民，父子相保，无系虏之患，利施后世，名称圣明，其与秦之行怨民，相去远矣。”

【译文】

文帝很赞赏晁错的意见，便赐给晁错诏书，以尊崇的口气作了答复。晁错再次陈说“防守边塞”、“鼓励农耕、尽力务本”这两件当务之急的事。他说：“臣听说秦始皇时，向北攻打匈奴，筑边塞城邑于黄河边上，向南攻打南越，给那里安置戍兵把守。他发动攻打匈奴、南越，并不是为了保卫边地而拯救民众于水火之中，是贪占残暴而想扩大领地，结果是功未成而天下大乱。发动战争而不明白天下形势，作战就会被人所擒，驻军则兵士日久便会死亡。匈奴的地方，是长年阴冷的地方，那里气候寒冷；南越的地方，少阴多阳，气候暑热。秦朝驻防的兵士不服当地的水土，驻防的兵士会死在边陲，运输给养的人会病倒在路途。秦人被征发远行，就像去刑场被杀一样，因而让犯罪受罚之人前去，称作‘谪戍’(即流放)。征调很不顺当，远征之人非常怨恨，遂产生背叛之心。大凡百姓守边以至战死而不投降、不败逃的原因，都是经过盘算才这么做的。如果作战取胜、防守坚固，就会有拜受官爵的奖赏；攻占城镇、大规模残杀其城镇人口，就能获得财货来使家室富裕。故而能让其士卒甘冒矢石，赴汤蹈火，视死如生。而秦朝征调士卒，有极大的生死危险，而没有一点回报，战死之后，连一百二十文钱的税赋减免都得不到，天下的老百姓明知被征出战就是大祸临头。陈胜被征去防守边疆途中，行至大泽乡，首先向天下高呼(造反)，天下跟着起义的人就像流水一样，这就是秦朝用威逼的手段做事的坏处。匈奴人谋取衣食的事业，不是固定在一个地方，其趋势是容易扰乱边境。(他们）像是飞鸟走兽放之于广阔的原野上一样，哪里有肥美的水草就停留在那里，等水、草用完了就转移他处。从这点来看，往来迁徙，时来时去，这是匈奴人的生存状态，也是临近边界的汉朝百姓离开农田的原因。现在让匈奴在许多地方迁转放牧，在边塞地区打猎，有的在燕代，有的在上郡、北地和陇西，来窥探守备边塞的兵士，发现兵士少就侵入我境。陛下不救援，边民就感到绝望而产生投敌之心，往边境派的军队少则力量不够，多征调则远处士卒刚到，匈奴人却已经撤离。士卒聚集在那里不撤，则花费甚大；撤去，则匈奴人却又侵入。像这样连年累月，就会使中原贫困而老百姓总是不得安宁啊。幸而陛下替边境着想，派遣将官率领军队来治理边塞，这是很大的恩惠啊！然而让远方的士卒防守边塞一年一轮换，他们会不了解匈奴的特点，倒不如选派那些能长久居住的在那里安家种地，且能防备匈奴侵入。又趁便在那里加高城墙加深战壕，先造房屋，置办农具，然后募集一批因罪服刑之人，让他们居住在那里。人数如果不够，再招募丁役奴婢赎罪之人和输送奴婢想求得官爵的人。如果还不够，就从老百姓中招募愿意前去的人，都赐给较高爵位，免除家中的赋税，配发给冬夏的衣物，供应口粮，直到他们生活能自给为止。他们中没有丈夫或妻子的人，由地方官买来给他们。人如果没有配偶，是不可长久安心地住在那里的。边塞的老百姓，所得利禄不丰厚，是不可以让他们久居困危之地的。匈奴入侵，而能收回其所侵夺的土地、财产者，将其半数赏给他们。地方官吏负责赎回被匈奴掠走的边民。如果能这样做，那么村镇里就能互相救助，出击匈奴而不怕死伤，不是以此来表示感德圣上，而是要保全其亲属和财产。这和东方去的守边士卒因不熟悉匈奴的情况而思想上害怕匈奴人相比，功效相差千万倍。从陛下在位时开始，移民充实边防，让远方的老百姓不再有驻扎守边的事，边塞的百姓们父子相保，不再被匈奴入侵的祸患所困扰，好处延及后代，名望上被称颂为圣明，这和秦朝时让心存怨恨的百姓出征，相去太远了。”

上从其言，募民徙塞下。错复言：“陛下幸募民相徙，以实塞下，使屯戍之事益省，甚大惠也。使先至者安乐而不思故乡，则贫民相募而劝往矣。臣闻古之徙远方，以实广虚也。相其阴阳之和，尝其水泉之味，审其土地之宜，观其草木之饶，然后营邑立城，制里割宅，通田作之道，正阡陌之界，先为筑室家，置器物焉。民至有所居，作有所用，此民所以轻去故乡，而劝之新邑也。为置医巫，以救疾病，生死相恤，坟墓相从，此所以使民乐其处，而有长居之心也。择其邑之贤材，习地形、知民心者，居则习民于射法，出则教民于应敌。故卒伍成于内，则军正定于外。服习以成，勿令迁徙，幼则同游，长则共事。夜战声相知，则足以相救；昼战目相见，则足以相识；欢爱之心，足以相死。如此而劝以厚赏，威以重罚，则前死不还踵矣。”

【译文】

文帝听从了晁错的谏言，招募百姓迁往边塞。晁错又上书说：“我幸运地看到陛下招募民众相与迁徙，充实边防，使屯守边塞之事更加节省人力财力，这实在是大恩大惠啊！若能让先去边塞的人安乐而不思念故乡，那么贫苦的人民就相互集结、勉励前往边塞了。我听说古时候移民到远方来充实广袤空旷之地，要察看那里气候寒暖情况，品尝那里泉水的味道，试验那里土地适宜种植的物类，调查草地林木资源，然后在那里营建城镇，建立村民组织、划分宅院，修通耕田种地的道路，修正田间小路以确定地界，先营建住宅房舍，置办日用器物。百姓来到后有其居住的地方，劳动有所收获，这样人民就能把离开故乡看得很轻而互相鼓励到新的地方去了。要给他们安排医生巫师，来救治疾病，使人们生死互相周济，一家人死后坟墓相连，这是为了能让人民喜欢那里而有长久安居那里的思想。挑选那个地区的贤能人才中熟习地形、能知民心的人，平时居家时就训练人民射箭之法，对外则训导人民如何应敌。所以边民内部是士兵以小组为编制（各负其职），对外就是军政制度。习惯风气养成之后，不让再迁徙，使人们年幼时一同游玩，长大后一起做事。夜间发生了战事，自己人的声音相互熟悉，使足以互相救助；白天发生战斗，双目相对，就能够互相认识；互相欢爱的思想情感，足以使其同生共死。在这种情况下，再用重赏表示鼓励，用重罚来使其敬畏，即使前进就会死亡也没有人会转身后退。”

文帝诏举贤良文学之士，错在选中。上亲策诏之，曰：“昔者大禹，勤求贤士，施及方外，近者献其明，远者通厥聪，比善戮力，以翼天子，是以大禹能无失德。故诏有司，选贤良明于国家之大体，通于人事之终始，及能直言极谏者，将以匡朕之不逮。永惟朕之不德，吏之不平，政之不宣，民之不宁，四者之阙，悉陈其志，无有所隐。”错对诏策曰：“‘通于人事终始’，愚臣窃以古之三王，臣主俱贤，故合谋相辅，计安天下，莫不本于人情。人情莫不欲寿，三王生而不伤也；人情莫不欲富，三王厚而不困也；人情莫不欲安，三王扶而不危也；人情莫不欲逸，三王节其力不尽也。其为法令也，合于人情而后行之；其动众使民也，本于人事然后为之。取人以己，内恕及人。情之所恶，不以强人；情之所欲，不以禁民。是以天下乐其政而归其德，望之若父母，从之若流水，百姓和亲，国家安宁，名位不失，施及后世。此明于人情终始之功也。诏策曰‘吏之不平，政之不宣，民之不宁’，愚臣窃以秦事明之。臣闻秦始并天下之时，其主不及三王，而臣不及其佐，然功力不迟者，何也？地形便，财用足，民利战。其所与并者六国。六国者，臣主皆不肖，谋不辑，民不用，故当此之时，秦最富强。夫国富强而邻国乱者，帝王之资也，故秦能兼六国，立为天子。当此之时，三王之功，不能进焉。及其末涂之衰也，任不肖而信谗贼，宫室过度，耆欲无极，民力疲尽，赋敛不节，矜奋自贤，群臣恐谀〔恐机发陷祸，而谀以求自全〕，骄溢纵恣，不顾患祸，妄赏以随喜意，妄诛以快怒心，法令烦憯，刑罚暴酷，轻绝人命，天下寒心，莫安其处。奸邪之吏，乘其乱法，以成其威，狱官主断，生杀自恣，上下瓦解，各自为制。秦始乱之时，吏之所先侵者，贫人贱民也；至其中节，所侵者（旧无贫人至侵者十二字，补之），富人吏家也；及其末涂，所侵者，宗室大臣也。是故亲疏皆危，外内咸怨，离散逋逃，人有走心。陈胜先倡，天下大溃，绝祀亡世，为异姓福。此吏不平、政不宣、民不宁之祸也。”对奏，天子善之，迁大中大夫。

【译文】

文帝颁诏推举贤良文学之士，晁错名在所选之列。文帝亲自起草诏书说：“昔日大禹努力求贤，施惠远及周边部族，近处的人奉献其才智，远方的人上达其聪慧，大家相互比美同心戮力，来辅佐天子，因此大禹能不失其仁德。所以我诏告有关的官员，推选能明白国家大体、通达人情事理的原委和能够直言进谏贤良之士，将依靠他们匡正朕考虑不到的地方，要经常思考、发现朕的不够仁德之处、官吏不公平的地方、政令不通畅的情况、人民不安宁的原因。对这四方面出现的过错，全都要陈述己见，不要有所隐讳。”晁错针对文帝诏书答对说：“关于‘通达人情事理的原委’，愚臣个人认为，古代夏商周三代君王时，臣与君主都很贤明，所以共同策划、互相帮助，制订安定天下的策略，没有不以人的情性为根本的。人的情性没有不想长寿的，三王便设法使人生存而不去伤害；人的情性没有不想富裕的，三王便厚待人而不使其贫困；人的情性没有不想安宁的，三王就扶助人而不使其遭受危害；人的情性没有不想安逸的，三王就减少劳役而不使其精疲力尽。他们制定法令，合乎人情然后再实行；他们动用民力，本乎人情事理，然后去做。像要求别人那样要求自己，以原谅自己之心去原谅别人。自己心中厌恶的事，不强迫别人去做；自己心中想做的事，不去禁止众人做。因此天下就喜欢其政治而归附其仁德，看到他们像看到父母一样，顺从他们像流水一样，老百姓和睦亲近，国家安定团结，声名地位就不会丧失，以至延续到后世。这就是通达人性原委的功效啊。对诏策上说的‘官吏不公平、政令不通畅、人民不安宁’，愚臣我个人想用秦朝的史实来说明它。我听说秦朝开始并吞天下的时候，他们的君主赶不上夏商周三王之贤德，他们的臣子也赶不上三王的辅佐之臣，然而其功业很快地成就了，这是为什么呢?那是由于秦的地域形势宜于战争，国家财用充足，民情利于战争，且他们所要并吞的是六个国家。这六国，君臣都不贤能，谋略不一致，民众不为其所用，所以在那个时候，秦国最富强。本国富强而邻国却混乱，这是称帝的有利条件，所以秦始皇能兼并六国，做了皇帝。在这个时候，就是三王的功绩，也不能超过啊！及至秦朝步入末路而走向衰败时，君主任用不贤德的人且听信谗言，伤害贤臣；所建宫室奢华过度，贪欲没有穷尽；民力极度疲惫，赋敛没有节制；骄傲、亢奋、自夸贤能，群臣心存恐惧，阿谀奉承；自满自大，恣意妄为，不顾及会招来祸患；胡乱赏赐，以顺自己高兴之意，妄杀无辜，以发泄自己怨气；法令繁多狠毒，刑罚暴虐残酷，草菅人命。天下百姓寒心，不知怎样安身。奸邪的官吏，乘其法律混乱之机，来实现自己的威风；管牢狱者自主决断，随意生杀。全国上下分裂瓦解，各自为政。秦开始混乱的时候，官吏首先所伤害的，是那些贫贱的老百姓；到了中期，所侵害是富人和小官吏之家；及末期，所侵害的则是宗室大臣了。因此无论关系亲近疏远，都感到危机，无论在朝在野者，都在怨恨、离散、躲避，人人都有逃走之心。陈胜首先带头(起义)，秦朝土崩瓦解，宗庙断绝祭祀，国家随即败亡，被异姓所占有。这就是‘官吏不公平、政令不畅通、人民不安宁’的祸患啊。”晁错的答对奏疏，天子认为很好，遂升迁他为太中大夫。

错以诸侯强大，请削之。后吴楚反，会窦婴言爰盎，诏召入见，上问曰："计安出？"盎对曰："吴楚相遗书，言高皇帝王子弟，各有分地，今贼臣晁错，擅谪诸侯，削夺之地，以故反，名为西共诛错，复故地而罢。方今计，独有斩错，发使赦吴楚七国，复其故地，则兵可无血刃而俱罢。"于是上默然良久，曰："顾诚何如，吾不爱一人谢天下也。"后十余日，乃使中尉召错，绐载行市。错衣朝衣斩东市。错已死，谒者仆射邓公为校尉，击吴楚，还，上书言军事。上问曰："闻晁错死，吴楚罢不也？"邓公曰："吴为反数十岁矣，发怒削地，以诛错为名，其意不在错也。且臣恐天下之士，拑口不敢复言矣。"上曰："何哉？"邓公曰："夫晁错患诸侯强大不可制，故请削之以尊京师，万世之利也。计画始行，卒被大戮，内杜忠臣之口，外为诸侯报仇，臣窃为陛下不取也。"于是景帝喟然长息，曰："公言善，吾亦恨之。"

【译文】

晁错认为汉室诸侯王国强大，请求削藩。后来导致吴、楚等诸侯王反叛，适逢窦婴谈及爰盎，景帝下令召见。景帝问道："该用什么计策平叛呢？"爰盎答道："吴、楚等都送达文书说，高祖皇帝的子弟各有分封之地，现在贼臣晁错擅自谴责诸侯，削夺他们的封地，因此反叛。其名义是向西进兵要求诛杀晁错，收回原有封地即可罢兵。当今之计，只有杀了晁错，派使臣赦免吴楚等七国，恢复其原来的封地，这样就可以不用动兵而使七国都终止反叛。"于是，景帝沉默了好久，说："看来的确没有什么办法，我只好舍弃晁错一人以谢天下了。"此后十余天，就派中尉召见晁错，哄骗他坐车行游街市。晁错还穿着朝服而被斩于东市。晁错死后，谒者仆射邓公做校尉，去攻打吴、楚，回朝后，上书谈论军事。景帝问他说："听到晁错已死，吴楚罢兵没有？"邓公说："吴王刘濞想反叛已有数十年了，发怒于削地，只是以诛杀晁错为借口，他的真正意图不在于晁错。我恐怕天下的士人从此闭口不言，不敢再就此进言了。”皇帝问：“那是为什么呢？”邓公说：“晁错担忧诸侯强大，此后不可制服，所以请求削弱其势使其尊奉朝廷，这对千秋万代都有利。计划刚一执行，就遭到杀身之祸。对内来说，这是杜绝忠臣之口；对外来说，这是为诸侯报仇。臣私下认为陛下杀掉晁错是不明智的。”于是景帝长长地叹了一口气，说：“您的话很对，我也感到悔恨。”

（王井南译）

卷十七

# 汉书治要（五）

## 传

张释之，字季，南阳人也。以赀为郎，事文帝，十年不得调，欲免归。中郎将爰盎知其贤，惜其去，乃请徙释之补谒者。释之既朝毕，因前言便宜事。文帝称善，拜释之为谒者仆射。从行，上登虎圈，问上林尉禽兽簿，十余问，尉左右视，尽不能对。虎圈啬夫从旁代尉对，上所问禽兽簿甚悉，欲以观其能，口对响应无穷者。文帝曰："吏不当如此邪？"诏拜啬夫为上林令。释之前曰："陛下以绛侯周勃何人也？"上曰："长者。"又复问："东阳侯张相如何人也？"上复曰："长者。"释之曰："夫绛侯、东阳侯，称为长者，此两人言事，曾不能出口，岂效啬夫喋喋利口捷给哉！且秦以任刀笔之吏，争以亟疾苛察相高，其弊徒文具，无恻隐之实。以故不闻其过，陵夷至于二世，天下土崩。今陛下以啬夫口辩而超迁之，臣恐天下随风靡，争口辩无其实。且下之化上，疾于景响，举措不可不察也。"文帝曰："善。"乃止。从行至霸陵，上顾谓群臣曰："嗟乎！以北山石为椁，用苎絮斫陈漆其间，岂可动哉！"左右皆曰："善。"释之前曰："使其中有可欲，虽锢南山犹有隙。使其中无可欲，虽无石椁，又何戚焉？”文帝称善。其后拜释之为廷尉。

【译文】

张释之，字季，南阳郡人。他因家财富有得以选为郎官，事奉文帝，十年来未能升迁，想请求免职回家。中郎将爰盎知道他贤能，舍不得他离去，于是奏请朝廷调迁张释之补谒者缺额。释之朝见文帝以后，趁此上前陈述利国便民的事。（听后）文帝称好，便提升释之做了谒者仆射。一次张释之跟随文帝出行，皇上登临虎圈，询问上林苑负责人所养禽兽的记录，提了十几个问题，这位负责人左瞧右看，都回答不上来。掌管虎圈的啬夫从旁代替负责人回答了皇上所问，且很全面，想以此来让皇上看到自己的能力，有问必答，滔滔不绝。文帝说：“官吏不是应该像这样吗？”遂下诏命啬夫做上林令。释之上前说：“陛下认为绛侯周勃是怎样的人物呢？”皇上回答说：“是个忠厚长者。”释之又问：“东阳侯张相是怎样的人物呢？”皇上仍答：“是忠厚长者。”张释之说：“像绛侯、东阳侯都被称为忠厚长者，可是这两人谈论事情时曾经连话都说不出口，难道让人们去学啬夫喋喋不休的伶牙利口么！秦朝因为任用了那些舞文弄墨的刀笔之吏，他们争着拿办事快和督察苛刻来相比高低，那样做的弊病只能是徒具形式，没有怜悯他人的真情。因此使皇上听不到自己的过错，政事衰败，传至二世，国家就土崩瓦解了。现在陛下因为啬夫口齿伶俐就越级提拔他，我担心天下人会随之效仿成风，争相重视口舌巧辩而不讲求实际。再说，下面仿效上面，会像影子随形、回响随声一样快，这一举措不能不仔细想想啊！”文帝说：“好！”于是收回了提拔啬夫的诏命。有一次，张释之随从文帝到霸陵。皇上回头对群臣说道：“啊！用北山的石料做棺材的外椁(外棺)，把苎麻、绵絮剁细并合漆充塞在棺椁之间，再用漆粘涂在上面，难道还能打开么！”近侍们都说：“好！”张释之上前说：“假使棺椁里放有能引起贪欲的东西，即使封铸南山做棺椁，可以说还是有缝隙。如果里面没有能够引起贪欲的东西，尽管没有石椁，又有什么可忧虑的呢？”文帝称赞这话说得对。此后，便拜张释之做了廷尉。

顷之，上行出中渭桥〔桥在两岸之中也〕，有一人从桥下走，乘舆马惊，于是使骑捕属廷尉。释之奏："当此人犯跸〔跸，止行人〕，当罚金。"上怒曰："此人亲惊吾马，马赖和柔，令他马，固不败伤我乎？而廷尉乃当之罚金！"释之曰："法者，天子所与天下公共也。今法如是，更重之，是法不信于民也。且方其时，上使使诛之则已。今已下廷尉，廷尉，天下之平也，一倾，天下用法，皆为之轻重，民安所措其手足？唯陛下察之。"良久曰："廷尉当是也。"其后人有盗高庙坐前玉环，得，文帝怒，下廷尉治，奏当弃市。上大怒曰："人无道，乃盗先帝器，吾属廷尉者，欲致之族，而君以法奏之，非吾所以共承宗庙意也。"释之曰："法如是足矣。且罪等〔俱死罪也，盗玉环，不若盗长陵土之逆也〕，然以逆顺为基。今盗宗庙器而族之，假令愚民取长陵一抔土〔不欲指言，故以取土喻也〕，陛下且何以加其法乎？"乃许廷尉当。

【译文】

不久，皇上行经中渭桥，有一个人从桥下跑出来，使皇上驾车的马受了惊，于是令骑士把那个人逮捕交廷尉惩办。释之上奏说："这人犯了'禁止通行'之令，按罪应处以罚款。"文帝发怒说："这个人自己跑出来惊了我的马，幸亏马的脾性温和，如果是别的马，不早就摔伤了我吗？可廷尉却仅仅处以罚款！"释之说："法律，是天子与天下人所共同遵守的。现在法律就是这样规定的，如果加重治罪，就是法律不能取信于民了。况且发现此人的时候，皇上直接派人把他杀死也就罢了。如今既然交廷尉治办，而廷尉是天下公平的象征啊。廷尉一有偏差，天下使用法律者，都会在处理时可轻可重，那老百姓将如何按照法律办事？请陛下明察。"皇上考虑了一会儿说："廷尉的处罚是对的啊。"此事过后，有人偷了高祖庙内神位前的玉环，被抓到了。文帝对此非常生气，将犯人交廷尉治罪。张释之上奏说罪当杀头，文帝大怒说："那人无视法律，竟敢偷盗先帝庙中的供奉物！我所以交付廷尉审理，想给他处以灭族之罪，而你却按照一般法律奏请判处杀头，这不是我以此表示敬奉先人宗庙的本意。”释之说：“按照法律，这样的惩处已经足够了，何况斩首与灭族同是死罪。这样判，是以逆顺程度为根据的。今天偷盗了宗庙的器物便诛灭全族，假使愚民盗取了高祖长陵上的一抔土，陛下将又施加给他怎样的刑罚呢？”于是文帝认为廷尉的判处是恰当的。

冯唐，赵人也，以孝著，为郎中署长，事文帝。帝辇过，问唐曰：“父老何自为郎？家安在？”具以实言。曰：“吾居代时，吾尚食监高袪，数为我言赵将李齐之贤，战于巨鹿下。吾每饮食，意未尝不在巨鹿也〔每食念监所说李齐在巨鹿也〕。父老知之乎？”唐对曰：“齐尚不如廉颇、李牧。”上曰：“嗟乎！吾独不得廉颇、李牧时为将，岂忧匈奴哉！”唐曰：“陛下虽有颇、牧，不能用也。”上怒，起入禁中。良久，召唐复问曰：“公何以言吾不能用颇、牧也？”对曰：“臣闻上古王者遣将也，跪而推毂，曰：‘阃以内寡人制之，阃以外将军制之〔门中橛为阃也〕。军功爵赏，皆决于外，归而奏之。’此非空言也。李牧之为赵将居边，军市之租，皆自用飨士，赏赐决于外，不从中覆也。委任而责成功，故李牧乃得尽其知能，是以北逐单于，破东胡，灭澹林〔胡名也〕，西抑强秦，南支韩魏。今臣窃闻，魏尚为云中守，军市租尽以给士卒，出私养钱，五日一杀牛，以飨宾客军吏舍人，是以匈奴远避，不近云中之塞。虏尝一入，尚帅车骑击之，所杀甚众。上功莫府，一言不相应，文吏以法绳之，其赏不行。愚以为陛下法太明，赏太轻，罚太重。且魏尚坐上功首虏差六级，陛下下之吏，削其爵，罚作之。由此言之，陛下虽得颇、牧，不能用也。臣诚愚，触忌讳，死罪！”文帝悦。是日，令唐持节赦魏尚，复以为云中守，而拜唐为车骑都尉〔荀悦《纪》论曰：“以孝文之明，本朝之治，百寮之贤，而贾谊见排逐，张释之十年不见省，冯唐皓首屈于郎署，岂不惜哉！夫绛侯之忠，功存社稷而由见疑，不亦痛乎！夫知贤之难，用人之不易，忠臣自固之难，在明世且由若兹，而况乱君暗主者乎！然则屈原赴于汨罗，子胥鸱夷于江，安足恨哉！周勃质朴忠诚，高祖知之，以为安刘氏者勃也。既定汉室，建立明主，眷眷之心，岂有已哉！

狼狈失据，块然囚执，俛首胁襟，屈于狱吏，可不悯哉！夫忠臣之于其主，由孝子之于其亲也，尽心焉，尽力焉。进而喜，非贪位也；退而忧，非怀宠也。忠结于心，恋慕不止，进得及时，乐行其道也。故仲尼去鲁，迟迟吾行也；孟轲去齐，三宿而后出。盖彼诚仁圣之心也。夫贾谊过湘吊屈原，恻怆恸怀，岂徒忿怨而已哉！与夫苟患失之者，异类殊意矣。及其傅梁王，哭泣而从之死，岂可谓非至忠乎！然而人主不察，岂不哀哉！及释之屈而思归，冯唐困而后达，又可悼也。此忠臣所以泣血、贤哲所以伤心也。"〕。

【译文】

冯唐，赵国人，以孝行著名，任郎中署长，奉事文帝。一次文帝乘车经过郎中官署，问冯唐说："老人家为什么还在做郎官？你家住在哪里？"冯唐都如实作了回答。文帝说："我住在代地时，管理我饮食的官员高祛多次对我谈到赵将李齐的贤能，讲述他在巨鹿城下作战的事。我每逢进食时，心中总在想巨鹿之战的情景。你老人家知道李齐这个人吗？"冯唐回答说："李齐还不如廉颇、李牧。"文帝说："唉！我偏偏得不到像廉颇、李牧这样的人为将领，不然，我怎会担忧匈奴的侵扰呢？"冯唐说："陛下即使有廉颇、李牧，也是不能重用他们的。"文帝听了大怒，起身回到宫中。过了许久，他又召见冯唐询问说："你凭什么说我不能重用廉颇、李牧呢？"冯唐答道："我听说上古时候君王遣将出征，临行时跪下推着车轮，说：'京城门内的事由我来决定，京城门外的事请将军决定。授予军功、赐予爵位，都由京城之外的将军决定，归来后再上奏朝廷。'这绝非空话啊。李牧作赵国将领驻守边界时，把从军队驻地市场征收的租税，都自行用来犒赏将士，赏赐在京城之外便可决定，不经中央(朝廷)审察。委以重任而责令其成功，因此李牧才能够完全发挥他的智慧和才能，故而北逐匈奴单于，打败东胡，剿灭澹林，西边抑止强秦，南面抵挡韩、魏。如今我听说魏尚任云中太守，把军队驻地市场的租税全部拿来供给将士，还拿出私人的薪俸，每五天宰杀一头牛，宴请宾客、军吏和手下的属官，因而匈奴远远躲避，不敢接近云中的边塞。匈奴曾经入侵过一次，魏尚率领车骑抗击，所杀伤的敌人很多。向有关的衙门上报军功时，只要有一句话不符合事实，司法官们就援引法律条文来制裁他，其应有的赏赐不予执行。愚臣认为陛下的法令有些过于详明，赏赐太轻，惩罚过重。就因为魏尚犯了上报军功时杀敌数目差了六颗首级，陛下就把他交付给司法官审查，削减了他的爵位级别，罚他做一年的苦役。由此说来，陛下即使得到了廉颇、李牧，也是不会重用的。我的确愚钝，触犯了忌讳，真是死罪！”文帝听罢很高兴，当天，就令冯唐拿着符节，传令赦免魏尚，重新让他担任云中郡太守，并拜冯唐为车骑都尉。（荀悦在《汉纪》中评论说：“凭借孝文帝的德行和智慧，当时朝廷的治理又有贤明的百官，但是贾谊被排挤驱逐，张释之十年中也没有升官，冯唐头发都白了还是处在官位不高的郎中署长的位置上，这难道不可惜吗？以绛侯周勃的忠诚，其功劳保全了国家社稷，反而因此被他人怀疑，这难道不可痛惜吗？想要认识贤德之人很难，为国家选用合适的人才也是不容易的。忠臣保全自身的艰难，在开明的时代尚且如此，更何况（遇到）昏庸无道的君主呢！既然是这样，那么屈原投身于汨罗江而自杀，伍子胥被分尸后装入皮袋子沉入了江中，又怎值得怨恨呢？周勃质朴忠诚，这汉高祖是了解的，所以认为安定刘家天下的人就是周勃。汉朝已经安定，并且也拥立了贤明的国君，这种对国君的忠心会有尽头吗？处境困窘无所依靠，独自一人被俘虏，低头抚襟而感叹，服服帖帖地屈从于监狱的官吏，怎能不令人悲悯呢！忠臣对于他的君主，就像孝顺的儿子对于他的父母亲人一样，竭尽心力。能够晋升就很高兴，而这并不是贪图权位；被罢黜就忧虑，这并不是怀念国君从前的恩宠。都是源于一颗忠诚的心，久久不能忘却君王，一旦碰到为国家服务的机会，就很乐意去恪尽职守。由于这样的忠心，所以孔子当年离开鲁国时说，我要慢慢地走啊；孟子离开齐国的时候，也是推迟了三昼夜才出行。这都是出于他们那颗真诚仁爱的心啊！当年贾谊经过湘水时去凭吊屈原，内心悲痛怀念，这难道只是怨恨不平而已吗？与那些患得患失的人，用意肯定不同啊。等到他辅佐梁怀王时，（梁怀王坠马而死，）他哭泣以至于跟随丧命，这难道不是忠诚到了极点吗？可惜君主不能够体察，怎么不让人感到悲哀啊！到张释之长时间不能被任用而打算辞官回家，冯唐深处困境而后发达，这也是很令人悲伤的。这就是忠臣之所以内心哭泣流血、贤明的圣哲人之所以伤心的地方啊！）

汲黯，字长孺，濮阳人也。为人正直，以严见惮。武帝召为中大夫。以数切谏，不得久留内，迁为东海太守。黯学黄老言，治民好清静，责大指而不细苛。黯多病，卧阁内不出。岁余，东海大治。召为主爵都尉，治务在无为而已，引大体不拘文法。上曰：“汲黯何如人也？”严助曰：“使黯任职居官，亡以愈人，然至其辅少主，虽自谓贲育，弗能夺也。”上曰：“然。古有社稷之臣，至如汲黯，近之矣。”大将军青侍中，上踞厕视之〔厕，谓床边，踞床视之〕。丞相弘宴见，上或时不冠。至如见黯，不冠不见也。尝坐武帐，黯前奏事，上不冠，望见黯，避帐中，使人可其奏。其见敬礼如此。张汤以更定律令为廷尉，黯质责汤于上前曰：“公为正卿，上不能褒先帝之功业，下不能化天下之邪心，安国富民，使囹圄空虚，何空取高皇帝约束纷更之为〔纷，乱也〕？而公以此无种矣！”黯时与汤论议，汤辩常在文深小苛，黯愤发骂曰：“天下谓刀笔吏不可以为公卿，果然！必汤也，令天下重足而立、侧目而视矣！”

【译文】

汲黯，字长儒，濮阳人，为人正直，因办事严肃而被人敬畏。汉武帝征召他为中大夫。因为多次直言进谏，不能长久地留在朝中做事，外调为东海郡的太守。汲黯曾学习黄帝、老子的学说，治理民众好用清静无为的办法，只过问大的意向，而不苛求细节。汲黯经常有病，躺在寝室里不出门。过了一年多，东海郡得到大治，朝廷召他回朝任主爵都尉。他的管理仍是重在无为而已，处事援引治国大纲而不拘泥于法令条文。一次皇上问：“汲黯是怎样的一位人物呢？”严助回答说：“让汲黯做官办事，没有什么超过别人的地方，然而说到他辅助少年的君主，即使自认为有孟贲、夏育那样勇力的人也不能使他动摇啊！”武帝说：“对，古代有所谓的社稷之臣，像汲黯这样的人，也近似他们了。”大将军卫青入宫侍从皇帝左右，武帝靠在床边向他示意。丞相公孙弘平常进见，皇上有时不戴帽子。至于召见汲黯，皇上不戴帽子就不接见。武帝曾经坐在武帐中，汲黯前来奏事，武帝未戴帽子，远远望见了汲黯，就赶紧躲进帐中，派人传话说他所奏的事可行。他受皇上的尊敬竟到了如此程度。张汤因修改、制定刑律法令做了廷尉，汲黯在皇上面前质问、指责张汤说："您身为正卿，上不能褒扬先帝们的功业，下不能转化天下人的邪心，从而使国家安定、人民富足，使监狱里空无犯法之人，为什么徒然拿出高皇帝所定的律令乱改一通？您将要因此断子绝孙了！"汲黯经常与张汤进行争辩，张汤的论辩常在法律条文上加以深化，在细节上苛求。汲黯气愤发怒，责骂他说："天下的人常说不可让刀笔吏做公卿，果真如此。如果让张汤做辅政的公卿，那将会使天下人并足而立、侧目而视了！"

贾山，颍川人也。孝文时，言治乱之道，借秦为谕，名曰至言，其辞曰："夫布衣韦带之士，修身于内，成名于外，而使后世不绝息。至秦则不然。贵为天子，富有天下，赋敛重数，赭衣半道，群盗满山，使天下之人，戴目而视，倾耳而听。一夫大呼，天下响应。秦非徒如此也，又起咸阳而西至雍，离宫三百，钟鼓帷帐，不移而具。又为阿房之殿，殿高数十仞，东西五里，南北千步，从车罗骑，四马骛驰，旌旗不挠。为宫室之丽至于此，使其后世曾不得聚庐而托处焉。为驰道于天下，东穷燕齐，南极吴楚，道广五十步，厚筑其外，隐以金椎〔作壁如甬道。隐，筑也，以铁椎筑之也〕，树以青松。为驰道之丽至于此，使其后世曾不得邪径而托足焉。死葬乎骊山，吏徒数十万人，旷日十年，下彻三泉，冶铜锢其内，漆涂其外，被以珠玉，饰以翡翠，中成观游，上成山林。为葬埋之侈至于此，使其后世曾不得蓬颗蔽冢而托葬焉〔蓬颗，犹裸颗小冢〕。秦以熊罴之力，虎狼之心，蚕食诸侯，并吞海内，而不笃礼义，故天殃已加矣。臣昧死以闻，愿陛下少留意，而详择其中。臣闻忠臣之事君也，言切直则不用，其身危，不切直则不可以明道。故切直之言，明主所欲急闻，忠臣之所以蒙死而竭智也。地之硗者，虽有善种，不能生焉；江皋河濒，虽有恶种，无不猥大。故地之美者善养禾，君之仁者善养士。雷霆之所击，无不摧折者；万钧之所压，无不糜灭者。

【译文】

贾山，颍川郡人。孝文帝时，他谈论国家治乱的道理，借秦国史例来使人们知道治国的道理，名曰《至言》。其文曰：“那些身穿布衣腰束皮带的人(指尚未做官或隐居而衣着粗陋之人)，大都修身于内，成名于外，才使其声名不会绝灭于后世。至于秦国却不是这样的。秦皇贵为天子，占有天下的财富，赋税却既重且繁，服役的罪犯占到行人的半数，满山都是盗贼，使天下人仰目而望(期求上天拯救)、侧耳而听(希望听到推翻暴秦的消息)。只要有一人起来大声疾呼(造反)，天下人随即响应。秦皇不仅仅是如此，又从咸阳向西到雍城，建起皇帝外出时停居的宫殿三百多座，宫殿内的钟鼓帷帐，不用届时搬移而全部齐备。又建造阿房宫，宫殿高达数十仞(汉制每仞七尺)，东西长达五里，南北宽有千步，随从皇帝的车辆、巡行的骑卫，四马之车在宫内纵横奔驰，旌旗高举也不会有障碍。(秦皇）建造宫殿的壮丽达到如此地步，却使其后代连村落中的简陋房舍都住不上啊!(秦皇)在国内修筑驰道，东到燕齐，南至吴楚，驰道宽五十步，厚筑路外隔离墙，用铁椎夯实，驰道两旁栽植青松。修筑驰道的壮观达到如此地步，却使后代连小路都走不上。秦始皇死后安葬在骊山，建墓派用的官吏和囚徒多达数十万人，耗费了十年工夫。墓深下至三泉，冶炼铜铁填塞墓室内的空隙，外边再涂上油漆，用珠玉覆盖棺椁，再以翡翠装饰，墓中修成可供观览的景物，墓上堆土栽树形成山林。把葬埋的奢侈搞到如此地步，却使他的后代连长满野草的葬身土坟也得不到。秦用熊罴一样的武力、虎狼一样的贪心，蚕食诸侯，并吞天下，而不增厚礼义，所以上天才给他降临了祸殃啊！臣冒着死罪给您讲这些，希望陛下稍加留意并审慎地悟取其中的道理。臣听说忠臣事奉君主，说话切直，则不被采纳，且自己会有危险，如果不切直，却又不能够把道理说明白。所以切直的话，是英明的君主所愿意听的，这就是忠臣之所以冒着死罪来竭尽才智的原因。土地坚硬而瘠薄，即使有好的种子，也是不能生长的；江河边的湿地，即使种子不好，也没有生长得不茂盛的。所以肥美的土地能长出好庄稼，行仁政的君主能善待有才德的人。雷霆所击中的，没有不被摧折的；万钧重量所压的，没有不被压碎的。

今人主之威非特雷霆，势重非特万钧也。开道而求谏，和颜色而受之，用其言而显其身，士犹恐惧，而不敢自尽，又乃况于纵欲恣行暴虐，恶闻其过乎？震之以威，压之以重，则虽有尧、舜之智，孟贲之勇，岂有不摧折者哉？如此，则人主不得闻其过失矣，弗闻则社稷危矣。古者圣王之制，史在前书过失，工诵箴谏，庶人谤于道，商旅议于市，然后君得闻其过失也。闻其过失而改之，见义而从之，所以永有天下也。天子之尊，四海之内，其义莫不为臣，然而养三老于大学，举贤以自辅弼，求修正之士使直谏。故尊养三老，示孝也；立辅弼之臣者，恐骄也；置直谏之士者，恐不得闻其过也；学问至于刍荛者，求善无厌也；商人庶人诽谤己而改之，从善无不听也。昔者，秦力并万国，富有天下，破六国以为郡县，筑长城以为关塞。秦地之固，大小之势，轻重之权，其与一家之富、一夫之强，胡可胜计也！然而兵破于陈涉，地夺于刘氏者，何也？秦王贪狼暴虐，残贼天下，穷困万民，以适其欲也。昔者，周盖千八百国，以九州之民，养千八百之君，用民之力，不过岁三日，什一而藉，君有余财，民有余力，而颂声作。秦皇帝以千八百国之民自养，力疲不胜其役，财尽不胜其求。一君之身，所以自养者，驰骋弋猎之娱，天下弗能供也。劳疲者不得休息，饥寒者不得衣食，无辜死刑者无所告诉，人与之为怨，家与之为仇，故天下坏也。身死才数月，天下四面而攻之，宗庙灭绝矣。秦皇帝居灭绝之中，而不自知者，何也？天下莫敢告也。其所以莫告者，何也？无养老之义，无辅弼之臣，无进谏之士，纵恣行诛，退诽谤之人，杀直谏之士，是以偷合苟容，比其德则贤于尧、舜，课其功则贤于汤、武，天下已溃，而莫之告也。

【译文】

“今天君王的威严，不仅仅是雷霆；权势之重，不仅仅是万钧。(即使)能大开言路而求取规谏，并和颜悦色地接受，采纳臣下的谏言而使其身份显贵，士大夫们尚且恐惧而不敢尽言，又何况放纵私欲、恣意行施暴虐、讨厌听到自己的过错呢?以威力来震慑，以重权来压制，即使有唐尧、虞舜那样的智慧，有孟贲那样的勇力，怎么会有不被摧折的呢?如果这样，那君主就不能够听到自己的过失了。听不到过失，那社稷就危险了。古代圣王的制度是：史官在面前记载他的过失，乐工朗诵规劝的诗篇，老百姓可以随时随地指责君主过失，商旅之人可在街市上议论朝政。这样一来，君主便能听到自己的过失。听到自己的过失遂即改正它，看到正义的事遂即跟着去做，所以能够永远地享有天下。天子的尊贵，为全国所仰。从这个意义上说，没有人不是他的臣子。然而(天子)还是养三老于大学，选拔贤能之人来作为自己的辅佐之臣，访求有修养的刚正之士来直言规谏。尊养三老，是显示孝道；立辅助之臣，是恐怕自己骄纵；设直言劝谏的官员，是恐怕听不到自己的过失。(天子)学习和询问直到割草打柴的人，是因为征求有益的意见从不满足；商贾庶民批评议论自己从而改正，是对善言没有不听取的。以前，秦竭力并吞众多国家，占有天下的财富，打败六国而实行郡县制，修筑长城以为关隘要塞。秦国地形的险固情况、势力的大小情况、权威的轻重情况，跟一家之富、一人之强怎么能够相比较呢？可是其军队被陈涉打败，其国土被刘氏夺取，原因何在呢?是因为秦王贪心狠毒而暴虐，残害天下，使万民穷困，来满足他的私欲。昔日，周朝大约有一千八百个诸侯，用九州的人民来养活一千八百个国君，役使民力每年不超过三天，借用人力只占到十分之一，便使君有余财、民有余力，歌颂之声不断传来。可是秦始皇以一千八百国的人民来供养自己，却使民力疲惫，承受不了其徭役，财力用尽也还是满足不了他的需求。一个君主之身，之所以需要全天下来养活，是因为他涉猎的各种娱乐，天下难以供给呀。劳碌疲惫者得不到休息，饥寒的人没有衣穿没有饭吃，无辜而被判处死刑者没有地方上告，人人和他结怨，家家与他结仇，所以天下衰败。他身死才几个月，天下四面八方都起兵攻打秦王室，宗庙就被灭绝了。秦始皇处于行将灭绝之中而不自知，其原因何在呢？是由于天下的人没有敢告知他的过错。其所以没有人告知，原因何在呢？是因为他没有养老的恩谊，没有辅佐的贤臣，没有进谏的士人，骄纵恣意地行施诛杀，贬退敢于批评的人，杀戮直言进谏的人。因此臣子苟且投合，以求容身，比喻其德行时就说胜过尧、舜，论其功劳时就说胜过汤、武，天下明明已经溃败，也没有人去告知他。

《诗》曰：'非言不能，胡此畏忌。'此之谓也。又曰：'济济多士，文王以宁。'天下未尝无士也，然而文王独言'以宁'者，何也？文王好仁，故仁兴；得士而敬之，则士用，用之有礼义。故不致其爱敬，则不能尽其心，则不能尽其力，则不能成其功。故古之贤君于其臣也，尊其爵禄而亲之，疾则临视之无数，死则吊哭之，为之服锡衰，而三临其丧，未敛不饮酒食肉，未葬不举乐，当宗庙之祭而死，为之废乐。故古之君人者于其臣也，可谓尽礼矣。故臣下莫敢不竭力尽死，以报其上，功德立于后世，而令问不忘也。"

【译文】

"《诗经》上说的'并非不会说话，为何这样害怕、顾忌'，说的就是这种情况。又说：'天下贤士济济，文王因之而得到安宁。'天下未尝没有人才，然而只说文王靠他们得以安宁，是什么原故呢？是因文王好仁，所以仁爱之风就兴盛起来；得到贤士便尊敬他们，那些贤士就能为其所用，任用他们有礼有义。(如果)不表达对贤士们的仁爱与尊敬，就不能使其尽心，就不能使其尽力，就不能使其成就功业。因此古代的贤君对于他的臣子，给以爵位尊显他而且亲近他，有病就多次亲身看望，死后就吊唁哭泣，并为他穿戴细布丧服、三次亲临其灵堂，没有装敛前不饮酒吃肉，没有安葬前不演奏音乐，有为宗庙大事而死的，还要为此而停止乐舞。所以古代做人君的对于他的臣下，可说是极尽礼仪了。因此臣下就没有人敢不竭力尽死来报答他的君主，功德立于后世，而好的名声是不会令人忘记的啊。"

邹阳，齐人也。事吴王濞，濞以太子事怨望，称疾不朝，阴有邪谋。阳奏书谏，吴王不纳其言。去之梁，从孝王游。阳为人有智略，慷慨不苟合，介于羊胜、公孙诡之间。胜等疾阳，恶之于孝王。孝王怒，下阳吏，将杀之。阳乃从狱中上书曰：“臣闻‘忠无不报，信不见疑’，臣常以为然，徒虚语耳。昔者荆轲慕燕丹之义，白虹贯日，太子畏之〔燕太子丹厚养荆轲，令西刺秦王。其精诚感天，白虹为之贯日也。白虹，兵象也。日，君象也〕。卫先生为秦画长平之事，太白食昴，昭王疑之〔白起为秦伐赵，破长平军，欲遂灭赵，遣卫先生说昭王益兵粮，为应侯所害，事不成。其精诚上达于天，故太白为之食昴。昴，赵分也〕。夫精变天地，而信不谕两主，岂不哀哉！今臣尽忠竭诚，毕议愿知〔尽其计议，愿王知之也〕，左右不明，卒从吏讯，为世所疑。是使荆轲、卫先生复起，而燕、秦不寤也。愿大王孰察之。昔玉人献宝，楚王诛之；李斯竭忠，胡亥极刑。是以箕子阳狂，接舆避世，恐遭此患也。愿大王察玉人、李斯之意，而后楚王、胡亥之听，无使臣为箕子、接舆所笑。臣闻比干剖心，子胥鸱夷，臣始不信，乃今知之。愿大王孰察，少加怜焉！语曰：‘有白头如新，倾盖如故。’何则？知与不知也。故樊於期逃秦之燕，借荆轲首，以奉丹事〔於期为秦将，被谗走之燕。始皇灭其家，又重购之。燕遣轲刺始皇，於期自刎首，令轲赍往也〕；王奢去齐之魏，临城自刭，以却齐而存魏〔王奢，齐臣也，亡至魏。其后齐伐魏，奢登城谓齐将曰：“今君之来，不过以奢故也，义不苟生，以为魏累也。”遂自刭〕。夫王奢、樊於期，非新于齐秦，而故于燕魏也，所以去二国死两君者，行合于志，慕义无穷也。苏秦相燕，人恶于燕王，燕王按剑而怒，食以駃騠〔駃騠，骏马也。敬重苏秦，虽有谗谤，而更食以珍奇之味也〕；白圭显于中山，人恶之魏文侯，文侯赐以夜光之璧。何则两主二臣，剖心析肝相信，岂移于浮辞哉？女无美恶，入宫见妒；士无贤不肖，入朝见疾。昔司马喜膑脚于宋，卒相中山；范雎拉胁折齿于魏，卒为应侯。此二人者，皆信必然之画，捐朋党之私，故不能自免于疾妒之人也。百里奚乞食于道路，缪公委之以政；宁戚饭牛车下，桓公任之以国。此二人者，岂素宦于朝，借誉左右，然后二主用之哉？感于心，合于行，坚如胶漆，昆弟不能离，岂惑于众口哉？故偏听生奸，独任成乱。昔鲁听季孙之说逐孔子，宋任子冉之计囚墨翟。夫以孔墨之辩，不能自免于谗谀，而二国以危。何则？众口铄金，积毁销骨也。秦用戎人由余，而伯中国；齐用越人子臧，而强威宣。此二国岂系于俗、牵于世，系奇偏之辞哉？公听并观，垂明当世。故意合则胡越为兄弟，由余、子臧是矣；不合则骨肉为仇敌，朱、象、管、蔡是矣。今人主诚能用齐、秦之明，后宋、鲁之听，则五伯不足侔，而三王易为也。夫晋文亲其仇，强伯诸侯；齐桓用其仇，而匡天下。何则？慈仁殷勤，诚加于心，不可以虚辞借也。至夫秦用商鞅之法，东弱韩、魏，立强天下，卒车裂之；越用大夫种之谋，禽劲吴而伯中国，遂诛其身。是以孙叔敖三去相而不悔，於陵子仲辞三公，为人灌园也。今人主诚能去骄傲之心，怀可报之意，披心腹，见情素，堕肝胆，施德厚，无爱于士，则桀之狗可使吠尧，跖之客可使刺由，何况因万乘之权，假圣王之资乎！然则荆轲沉七族，要离燔妻子，岂足为大王道哉！臣闻明月之珠、夜光之璧，以暗投人于道，众莫不按剑相眄者。何则？无因而至前也。蟠木根柢，轮囷离奇〔根柢，下本也，轮囷离奇，委曲盘戾也〕，而为万乘器者，以左右先为之容也。故无因至前，虽出随珠和璧，祇结怨而不见德；有人先游，则枯木朽株，树功而不忘。今夫天下布衣穷居之士，身在贫羸，虽蒙尧、舜之术，挟伊、管之辩，怀龙逢、比干之意，而素无根柢之容，虽竭精神，欲开忠于当世之君（旧无之君二字，补之），则人主必袭案剑相眄之迹矣。是使布衣之士，不得为枯木朽株之资也。今人主沉谄谀之辞，牵帷墙之制，使不羁之士与牛骥同皂，此鲍焦所以愤于世也。臣闻盛饰入朝者，不以私污义；砥砺名号者，不以利伤行。故里名胜母，曾子不入；邑号朝歌，墨子回车。今欲使天下寥廓之士，笼于威重之权，胁于位势之贵，回面污行，以事谄谀之人，而求亲近于左右，则士有伏死堀穴岩薮之中耳，安有尽忠信而趋阙下者哉！”书奏，孝王立出之，卒为上客。

【译文】

邹阳，齐国人，侍奉吴王刘濞。濞因为其子被皇太子打死之事而怨恨，遂称说有病不去朝见天子，暗地里有谋反的计划。邹阳上书劝谏，吴王却不采纳他的意见。他离开吴国到梁国去，与梁孝王刘武相交往。邹阳为人有智谋胆略，慷慨好义，从不苟且迎合，处于羊胜、公孙诡之间。羊胜等人嫉妒邹阳，在梁孝王前说他的坏话。梁孝王发怒，将邹阳交付法官，准备杀他。邹阳就在监狱中写信给梁孝王，信中写道：“我听说忠实的人不会不受到奖赏，诚信的人不会遭到猜疑。我过去总认为这种说法是对的，而现在看来，那不过是空话罢了。从前荆轲思念燕太子丹厚待的恩谊(而愿去行刺秦王)，上天出现了白虹贯日景象，燕太子丹却因此而心存恐惧；卫先生为秦国策划了长平大捷一举灭赵之事，上天出现太白星遮掩昴星的现象，秦昭王便心生疑虑。他们的精诚感动了天地，但其诚信却不能使燕丹、秦昭王了解，岂不是很可悲吗！现在我尽忠竭诚，说出了我的全部意见，期望能被采纳，您左右的人不明白我的意思，仓猝地把我交给司法官审讯，使我被世人怀疑。这如同让荆轲、卫先生复生，燕丹、秦昭王还是不醒悟呀！希望大王仔细地考察一下。从前善于识玉的人卞和进献宝玉，楚王却砍掉了他的脚；李斯竭尽忠诚，胡亥竟对他处以极刑。因此历史上有箕子假装疯颠、接舆隐居避世的事，他们是怕遭受这样的灾祸啊。希望大王先考察卞和、李斯的心意，之后再考虑楚王、胡亥的判决，不要让臣为箕子、接舆所讥笑。我听说比干被剖了心，伍子胥的尸体被装入皮囊投进江里，我起初不相信，现在才知道会有这样的事情。希望大王详加审察，对我稍加同情吧！俗话说：‘有的人相处到老如同新交，有的人偶然相遇却像老友。’这是什么原故？是知心和不知心啊！所以樊於期从秦国逃往燕国，把自己的头借给荆轲，用以表示尊奉燕太子丹的事业（於期是秦国的将领，由于遭受了谗言而去了燕国。秦始皇诛灭了於期的家族，而且还悬赏捉拿於期。燕国派遣荆轲刺杀秦始皇，於期于是就割脖自杀，希望荆轲下定决心去做这件事)。王奢离开齐国逃到魏国，在城头上自杀以退去齐军而保存了魏国(王奢，齐国臣子，却逃往了魏国。后来齐国讨伐魏国，王奢登上城楼向齐国的大将说道："今天你们到魏国来，不过是因为我王奢的原因罢了，依照道义我不会苟且地活着，而成为魏国的麻烦。"于是就割颈自杀了)。王奢、樊于期不是与齐、秦的君主是'新交'而与燕、魏的君主是故交。他们之所以离开齐国和秦国，又为燕、魏两国君主效死，是因为这样做合于自己的志向，是对于正义无限向往的缘故。苏秦做燕国的宰相时，有人在燕王面前说他的坏话，燕王却按住宝剑发怒，杀了一匹骏马给苏秦吃；白圭在中山国(当时已被魏国攻占)名高位显，有人向魏文侯说白圭的坏话，魏文侯却用夜光璧赏赐白圭。这是为什么呢？这两个君主和两个臣子，剖心披肝，互相深信不疑，岂能被虚妄之言所改变呢！女人不论美丑，一入皇宫就会被人忌妒；士人无论贤与不贤，一入朝就会招致忌恨。昔日司马喜在宋国受到割去膝盖骨的刑罚，结果后来做了中山国的宰相；范雎在魏国被打断了肋骨和牙齿，后来在秦国被封为应侯。这两个人，都充分相信自己的谋划，舍弃朋党对自己的帮助，因而就不能免受嫉妒之人的陷害。百里奚曾在路上讨饭，秦穆公却委任他处理朝政；宁戚为人赶车，曾在车下喂牛，齐恒公却任用他来治国。这两个人，难道是久已在朝廷做官、借助左右的赞誉，然后君主才重用的吗？是因为君臣心灵相互感召，品行互相投合，团结得坚如胶漆，亲密得如同兄弟，岂能被他人的言辞所蛊惑呢？所以偏听一面之辞就会产生奸邪，只信任某一个人就会酿成祸乱。从前鲁君听信季孙氏的话就赶走了孔子，宋君相信子冉的计谋就把墨翟关押起来。像孔丘、墨翟那样的辩才，尚且不能免于进谗言、好奉承者的伤害，致使宋、鲁两国出现了危机。这是为什么呢？是因为众口的诋毁能熔化金子，长久的诽谤能使人毁灭。秦穆公任用了戎人由余而称霸天下，齐国任用了越人子臧遂使威王、宣王两代强盛。这两个国家难道是受俗见的束缚、世俗的牵制，被片面的说辞所左右吗？公正的听闻和全面的观察，就会使英明流传于当世。所以心意相投合，就是相隔如胡、越也能亲如兄弟，由余和子臧就是明显的例子；心意不投契，就是骨肉至亲也能成为仇敌，像丹朱、象、管叔、蔡叔就都是例子。如今，君主如果真能用齐、秦两国那样明智的做法，不做出宋、鲁两国那样错误的决断，那么五霸也将比不上您的功业啊，三王的功业也将容易做到了。晋文公亲近他过去的仇人，故而称霸诸侯；齐桓公任用原来的仇人(管仲)，而一匡天下。为什么会这样呢？是由于仁慈殷勤，能以诚感人，不凭借虚假言辞应付别人啊。至于秦国推行商鞅的法治，削弱了东方的韩、魏，在天下树立起强大的形象，结果商鞅遭到了车裂之祸；越国用文仲大夫的谋略，攻灭了吴国而称霸天下，结果文种被越王杀害。所以孙叔敖三次被楚国罢相而不悔，於陵的陈仲子辞去三公的爵位而为人灌园种菜啊。现今，人主如果能去掉骄傲的思想，怀有给人以报效机会的心意，推心置腹，以诚相见，披肝沥胆，广施厚德，和士人休戚与共，无所吝惜，那么即使是夏桀所养的狗也可使它吠尧，盗跖的门客也能让他行刺许由，更何况依仗万乘之国的权势，凭借圣王的天资呢！若是这样，那么荆轲甘冒灭七族、要离忍心让妻子儿女被烧死的事，难道还值得在大王面前称道吗？我听说把明月珠、夜光璧那样的珍宝，从昏暗中抛投给路人，人们没有不按剑而怒视的。为什么呢？是因为这些宝物无来由地出现在路人面前。蟠结的树根长得造型弯曲奇特，但却可以作为供君主玩赏的宝器，那是因为左右之人事先予以雕饰。所以，毫无原由地出现在人的面前，即使出现的是随侯珠、和氏璧，那也只能是招怨而不会使人感恩。如果有人介绍引荐，就是枯木朽株，也会确立其为精美之物而难以忘怀。现在天下平民、穷居陋巷的士人，身处贫弱之境，即使抱有尧舜那样的治世之术，具有伊尹、管仲那样的辩才，怀有龙逄、比干那样的忠心，但是平素没有人像上述根雕那样去雕饰，尽管他竭尽心思，想奉献忠诚来辅佐当世的君主，君主也必然会像上述对抛投珠璧者按剑怒视的人一样。这是使布衣之士连上述枯木朽株的待遇都得不到啊！现在人主陷身于谄谀奉承之辞的氛围之中，被帷帐之内(近旁)的亲近者所牵制，对待不受拘束的人才，就像老牛与骏马同槽而处一样，这就是鲍焦(周代的耿直之士)对世道愤懑不平的原因啊。我听说堂堂正正入朝做官的人，不以私心玷污其正义；志在磨砺其名望的人，不因私利而损害自己的品行。所以听到前边村名叫做‘胜母’，曾子就不进入；听到前边城邑名叫‘朝歌’，墨翟就掉转车头离去。现在要想让天下襟怀远大的士人被威重的权势所笼络，被高贵的权势所胁迫，改变本色、玷污品节来事奉那些阿谀逢迎的小人，而求得亲近于大王左右，那么士人就宁肯老死于洞穴山林之中，哪里会有竭尽忠信而奔向朝廷的人呢！”这封信上达后，梁孝王立即将邹阳从监狱中放出，终于成了梁孝王的座上宾。

枚乘，字叔，淮阴人也，为吴王濞郎中。吴王之初怨望谋为逆也，乘奏书谏曰：“臣闻得全者全昌，失全者全亡。忠臣不避重诛以直谏，则事无遗策，功流万世。臣乘愿披心腹，而效愚忠，唯大王少加意念于臣乘言。夫以一缕之任，系千钧之重，上悬之无极之高，下垂之不测之深，虽甚愚之人，犹知哀其将绝也。马方骇，鼓而惊之；系方绝，又重镇之。系绝于天，不可复结；坠入深泉，难以复出。其出不出，间不容发〔言其激切甚急也〕。能听忠臣之言，百举必脱。必若所欲为，危于累卵，难于上天；变所欲为，易于反掌，安于泰山。今欲极天命之寿，敝无穷之乐，究万乘之势，不出反掌之易，以居泰山之安，而欲乘累卵之危，走上天之难，此愚臣之所大惑也。人性有畏其影而恶其迹者，却背而走，迹逾多，影逾疾，不知就阴而止，影灭迹绝。欲人勿闻，莫若勿言；欲人勿知，莫若勿为。欲汤之沧〔沧，寒也〕，一人炊之，百人扬之，无益也，不如绝薪止火而已。不绝之于彼，而救之于此，譬由抱薪而救火也。夫铢铢而称之，至石必差；寸寸而度之，至丈必过。石称丈量，径而寡失。夫十围之木，始生而如蘖，足可搔而绝，手可擢而拔，据其未生，先其未形也。磨砻砥砺，不见其损，有时而尽；种树畜养，不见其益，有时而大；积德累行，不知其善，有时而用；弃义背理，不知其恶，有时而亡。臣愿大王孰计而行之，此百世不易之道也。”吴王不纳，乘去而之梁。

【译文】

枚乘，字叔，淮阴人，为吴王刘濞的郎中。吴王开始怨恨朝廷、准备反叛时，枚乘奏书劝谏说："臣听说能保全封国者，一切都会好起来；不能保全封国的，一切都会失去。忠臣不逃避杀头之罪来直言谏诤，则国事不会有遗漏的策谋，从而功业流传万世。臣枚乘愿意披肝沥胆而报效愚忠，只期盼大王对臣的言论稍加留意。用一条丝线的负荷力，去悬挂千钧的重物，上面悬在无限的高空，下边垂临不可测量的深渊，即使是最愚蠢的人，也知道哀怜丝线将会断绝。马将要惊了，还击鼓来惊吓它；绳子快要断了，又给它加上重物。这将导致丝绳从高空中断绝，无法再结上；千钧重物坠入深渊，难以再打捞出来。做不做出(反叛的)决定，真可谓间不容发，情势危急呀！能听忠臣的话，各种举措都定会轻松自如。如果定要为所欲为，将会比累卵还危急、比登天还困难。如果改变其所欲为，事情就会比反转手掌还容易，形势就会比泰山屹立还要安稳。现在，想极尽天命赐予的长寿，享尽无穷的快乐，穷尽万乘之主的权势，这些就像翻手掌一样容易，已经居于像泰山一样安稳的境地了，却想登上危如累卵之途，走上难于上天之路，这是愚臣所大惑不解的事啊。曾经有个人，他的习性是害怕影子而厌恶其足迹，便倒退着行走，结果看到的足迹更多，影子也移动得更快。他不知道在背阴处停步，影子便会消失，足迹也会断绝。想叫人听不到，不如不说话；想叫人不知道，不如不要去做。想使热水变凉，却让一个人继续烧火，而让百人去扬汤，那是无益的，不如去掉锅下柴薪而熄火。不断绝那里的火源，却派人在这里扬汤止沸，这恰如抱着干柴去救火一样。一铢一铢地用秤去称，称完一石(粮物)，就必会有差数；一寸一寸地用尺子去量，量完一丈长，就必会有误差。一石一石地称，一丈一丈地量，既直接了当，而误差也少。十围粗的树，开始生长时也不过是个枝芽，用脚一踩就可踩断，用手一拔就可拔掉，那是在它还未长大时去踩、在它尚未成形时去拔的啊。用磨刀石磨东西，看不见磨刀石损减，到一定时候磨刀石就会被磨完；种了树并养护它，看不见树在长高，到时候树就能长大；积累德行，不知道会有什么好处，到一定时候就会有用；弃义背理，不知道有什么害处，到一定时候就会导致灭亡。希望大王做事要仔细盘算后再施行，这是百世不变的道理啊。”吴王刘濞没有采纳这个奏议，枚乘离开他而到梁国去了。

路温舒，字长君，巨鹿人也。宣帝初即位，温舒上书言宜尚德缓刑。其辞曰：“臣闻齐有无知之祸，而桓公以兴；晋有骊姬之难，而文公用伯。近世诸吕作乱，而孝文为大宗。由是观之，祸乱之作，将以开圣人也。帝永思至德，以承天心，崇仁义，省刑罚，通关梁，壹远近，敬贤如大宾，爱民如赤子，内恕情之所安，而施之海内，是以囹圄空虚，天下太平。夫继变化之后，必有异旧之德，此贤圣所以昭天命也。陛下初登至尊，宜改前世之失，涤烦文，除民疾，存亡继绝，以应天意。臣闻秦有十失，其一尚存，治狱之吏是也。秦之时，羞文学，好武勇，贱仁义之士，贵治狱之吏，正言者谓之诽谤，遏过者谓之妖言。故盛服先生不用于世，忠良切言皆郁于胸，誉谀之声日满于耳，虚美熏心，实祸蔽塞，此乃秦之所以亡天下也。方今天下，赖陛下厚恩，无金革之危、饥寒之患，然太平未洽者，狱乱之也。夫狱者，天下之大命，死者不可生，断者不可属。《书》曰：‘与杀不辜，宁失不经。’今治狱吏则不然。上下相殴，以刻为明。深者获公名，平者多后患。故治狱之吏，皆欲人死，非憎人也，自安之道，在人之死。是以死人之血，流离于市；被刑之徒，比肩而立；大辟之计，岁以万数。此仁圣之所伤也。太平之未洽，凡以此也。夫人情安则乐生，痛则思死。捶楚之下，何求而不得？故囚人不胜痛，则饰辞以示之；吏治者利其然，则指道以明之；上奏畏却，则锻炼而周内之〔精孰周悉，致之法中也〕。盖奏当之成，虽咎由听之，犹以为死有余罪。何则？成练者众，文致之罪明也。是以狱吏专为深刻残贼，不顾国患，此世之大贼也。故俗语曰：‘画地为狱，议不入；刻木为吏，期不对。’此皆疾吏之风，悲痛之辞也。故天下之患，莫深于狱；败法乱正，离亲塞道，莫甚乎治狱之吏。此所谓一尚存者也。臣闻乌鸢之卵不毁，而后凤皇集，诽谤之罪不诛，而后良言进。故古人有言曰：‘山薮藏疾，川泽纳污，瑾瑜匿恶，国君含诟。’唯陛下除诽谤以招切言，开天下之口，广箴谏之路，扫亡秦之失，尊文、武之德，省法制，宽刑罚，则太平之风，可兴于世，永履和乐，与天无极，天下幸甚。”上善其言。

【译文】

路温舒，字长居，巨鹿人。宣帝刚即位时，温舒上书，认为应该崇尚德治，使用刑罚应当宽缓。奏书中说：“臣听说春秋时齐国发生公孙无知杀其国君齐襄公的祸乱，而齐桓公却因此兴盛；晋国发生骊姬的灾难，而晋文公因此得以称霸。近世吕姓诸人作乱，而文帝却得以继承汉室大统。由以上史实来看，凡国家发生祸乱，必将有圣人出现。文帝长期以来，想达到至高的道德境界，以秉承上天的心意，崇尚仁义，减少刑罚，畅通关口、渡桥，远近一视同仁，尊敬贤者如贵宾，爱护百姓如自己的孩子，对于政令，要以宽厚之心周密思考，觉得合乎情理了，才在国内实施，所以监牢空虚，天下太平无事。大凡经过一番时势变化之后，社会必然会出现不同于旧日的道德面貌，这是圣贤用之以显明上天的使命啊。陛下初登皇帝的至尊之位，应当改变前代的过失，废止繁多的法令条文，消除人民的疾苦，保存亡国者的宗祠，不使其断绝后代，以顺应天意。我听说秦朝有十大失误，其中有一个还存在，那就是主管狱讼的官吏。秦朝的时候，轻视文学，讲究勇武，看不起仁义之士，看重治狱的官吏，把说正直的话看作诽谤，把制止过失的话当作妖言。所以衣冠整齐的有德才者不为世用，忠良恳切的话都只能郁积在内心，奉承阿谀的声音整天充满在耳边，浮夸虚美之辞熏侵人心，实际存在的祸患蔽塞不闻。这些就是秦所以灭亡的原因啊！当今社会，赖陛下厚恩，没有战争危急和饥寒的忧患，可是国家还不够太平，那就是因为狱讼还很混乱。狱讼，是天下的大事，被处死的人不可能复活，割断的头不能连接。《尚书》中记载：‘与其妄杀无辜，宁可放过有罪之人。’当今审理案件的官吏却不是这样。他们上下竞相殴打、用刑，以苛刻为精明。十分苛刻者获得‘公正’之名，不太苛刻者多有后患。所以治狱的官吏，都想叫人死，这不是憎恨人，是求得自身官位安稳的办法，在于处死嫌犯。所以被杀死者的鲜血流于街市，被惩处的犯人一个挨着一个并肩而立，判处死刑的人每年以万计。这些都是仁人圣贤感到悲伤的事啊。天下之所以未能太平，都是由此而来的。人的常情是安定就乐于活着，痛苦就想到不如死去。在刑杖严加拷打之下，有什么想要的供辞得不到呢？因为犯人受不了身体上的痛苦，就编造一些口供作为对审判者的交代；追求‘政绩’的官吏觉得这样做对自己有利，就指点、诱导犯人招供来证明犯罪事实；上奏案情时又怕被驳回重审，于是就罗列罪名，使供词周密没有破绽，足以陷人于罪。审案完毕，奏疏上所定的罪名已成，即使是善于判案的咎由（即皋陶）听了，也会认为是死有余辜。为什么会这样？因为熟悉这种办法的人很多，通过玩弄法令条文强加给人的罪名也很清楚呀！因此，审理案件的官员们专门做这些十分苛刻害人的事，不顾及给国家带来的祸患，这是当今社会的大害呀！所以俗话说：‘就是在地上画一个圆圈当作牢狱，人们也议论说不能进去；就是用木头刻一个狱吏，人们也希望不要面对他。’这都是痛恨狱吏的歌谣，是悲痛的言词呀！所以当今天下的忧患，没有比刑狱更深重的；败坏法律、挠乱公正，使亲人分离、正道堵塞，没有比审理讼案的官吏危害更大的。这就是我上边所说的秦朝十大过失仍然存在的一个。我听说乌鸦、老鹰的卵不被毁坏，而后凤凰才来停栖；因议论是非而出现的过错不予惩罚，而后良言才能进献。所以古人有言说：‘山林可以隐藏毒物、害虫，河川容纳污泥浊水，美玉中也隐藏着瑕疵，国君能容忍污辱。’唯愿陛下去除议论是非之罪以招来诚直的言论，让天下人敢于开口讲话，广开谏言之路，清除亡秦的过失，尊崇文王武王的道德，减少法律制裁，宽缓对犯人的惩处，那么太平的风气就可在社会上兴盛起来，从而永远地踏上和平安乐之路，和苍天一样没有尽头，天下就很幸运了。”皇上认为这个奏议很好。

苏建，杜陵人也。子武，字子卿。武帝遣武以中郎将，持节送匈奴，使与副中郎将张胜及假吏常惠等俱（旧无与副至等俱十四字，补之）。会虞常等谋反匈奴中。虞常在汉时，素与副张胜相知，私候胜曰："闻汉天子甚怨卫律，常能为汉杀之。吾母与弟在汉，幸蒙其赏。"人夜亡告之。单于怒，召诸贵人议，欲杀汉使者。左伊秩訾曰〔胡官号也〕："即谋单于，何以复加？宜皆降之。"单于使卫律召武受辞，武曰："屈节辱命，虽生，何面目以归汉！"引佩刀自刺。卫律惊，自抱持武，气绝，半日复息。单于壮其节，使使晓武。会论虞常，欲因此时降武。剑斩虞常已，律曰："单于募降者赦罪。"举剑欲击之，胜请降。律谓武曰："副有罪，当相坐。"复举剑拟之，武不动。律曰："苏君，律前负汉归匈奴，幸蒙大恩，赐号称王，拥众数万，马畜弥山，富贵如此。苏君今日降，明日复然。空以身膏草野，谁复知之！"武不应。律曰："君因我降，与君为兄弟，今不听吾计，后虽欲复见我，尚可得乎？"武骂律曰："汝为人臣子，不顾恩义，畔主背亲，为降虏于蛮夷，何以汝为见？且单于信汝，使决人死生，不平心持正，反欲斗两主，观祸败。南越杀汉使者，屠为九郡；宛王杀汉使者，头悬北阙；朝鲜杀汉使者，即时诛灭。独匈奴未耳。若知我不降，明欲令两国相攻，匈奴之祸，从我始矣。"律知武终不可胁，白单于。单于愈益欲降之，乃幽武置大窖中，绝不饮食。天雨雪，武卧啮雪与旃毛，并咽之，数日不死，匈奴以为神，乃徙武北海上无人处，使牧羝羊，曰："羊乳乃得归。"

【译文】

苏建，杜陵人。儿子苏武，字子卿。武帝派遣苏武以中郎将身份，拿上符节护送匈奴的使者返回，和副中郎将张胜及临时派往的官吏常惠等同行。其间，适逢虞常等人在匈奴中谋反。虞常在汉朝时，素来和副中郎将张胜相好，他私下去见张胜说："听说汉天子非常愤恨卫律，我能为汉朝杀掉他。我的母亲和弟弟都在汉，希望能给他们一些赏赐。"有一个人夜间逃了出去，把这件事报告给单于。单于发怒，召集众位贵族商议，准备杀掉汉朝的使者。左伊秩訾说："假如是谋杀单于，又用什么更严的刑罚呢？应该让他们全部投降。"单于使卫律召见苏武收取供辞，苏武说：“让我屈节辱命，纵然活着，有什么面目再回到汉朝！”他拔出身上佩带的刀自杀。卫律大惊，赶紧亲自抱住苏武。苏武昏死过去，半天才又苏醒过来。单于敬佩苏武的节操，派使者劝说苏武。此时正开庭审判虞常，单于想趁此机会迫使苏武投降。剑斩虞常以后，卫律说：“单于招降的人可赦免其罪。”他举剑准备杀人，张胜请求投降。卫律又对苏武说：“副使有罪，正使按律也应连坐。”又举起剑来对着苏武比划，苏武不动不避。卫律说：“苏君，我卫律当年背汉归顺匈奴，幸蒙大恩，封我为王，拥有数万牧民，牛马满山，享受着这样的富贵。苏君今日归降，明天也会和我一样。如果白白地葬身在草莽荒野，谁又能知道呢？”苏武沉默不语。卫律又说道：“你能因我而归降，我可以和你结为兄弟。如果不听从我的劝告，以后就是想再见我，恐怕也不可能了。”苏武责骂卫律说：“你身为汉朝臣子，忘恩负义，背叛君主和双亲，做了蛮夷的俘虏，我为什么还要见你？况且单于信任你，让你决定人的生死，你却不能秉持公正之心，反而想让汉、匈两家君主相斗，坐观其带来的灾祸与衰败。过去南越杀死汉使，结果被汉屠灭并将其地划分为九郡；大宛国王杀死汉使，结果他的首级被挂上了皇宫北面楼台；朝鲜杀死汉使，立刻便被诛灭。惟有匈奴还没有杀过汉使。你明明知道我不会投降，打算让两国相攻伐，匈奴的大祸，就从我这里开始吧！”卫律知道苏武终究不可胁迫，就禀报单于，单于更想让苏武投降，于是就把苏武囚禁到一个大地窖中，断绝饮食。那时天下了雪，苏武躺在地窖中，吞着积雪和毡毛，一并咽下，居然几天没有死。匈奴以为苏武是神，就把苏武迁转到北海边没有人烟的地方去，让他放牧公羊，并说，只要公羊生了小羊，就可放苏武回国。

武至海上，廪食不至，掘野鼠去草实而食之，杖汉节而牧羊，卧起操持，节旄尽落。单于使李陵至海上，为武置酒设乐，因谓武曰：“单于闻陵与子卿素厚，故使陵来说足下，虚心欲相待。终不得归，空自苦无人之地，信义安攸见乎？来时太夫人已不幸，子卿妇年少，闻已更嫁矣。独有女弟二人，两女一男，今复十余年，存亡不可知。人生如朝露，何久自苦如此！陵始降时，忽忽如狂，自痛负汉，加以老母系保宫，子卿不欲降，何以过陵？且陛下春秋高，法令无常，大臣无罪，夷灭者数十家，安危不可知，尚复谁为乎？愿听陵计。”武曰：“武父子无功德，皆陛下所成就，位列将，爵通侯，兄弟亲近，常愿肝脑涂地。今得杀身自效，虽蒙斧钺汤镬，诚甘乐之。臣事君，犹子事父，子为父死无所恨，愿勿复再言。”陵与武饮数日，复曰：“子卿壹听陵言。”武曰：“自分已死久矣！王必欲降武，请毕今日之欢，效死于前！”陵见其至诚，喟然叹曰：“嗟乎！义士！陵与卫律之罪，上通天。”因泣下沾襟，与武决去。武留匈奴十九年，始以强壮出，及还，须发尽白。在匈奴闻上崩，南向号哭呕血，旦夕临。数月，卒得全归。宣帝甘露三年，单于始入朝。上思股肱之美，乃图画其人于麒麟阁，法其形貌，署其官爵姓名。唯霍光不名，曰大司马大将军博陆侯姓霍氏。次曰卫将军富平侯张安世，次曰车骑将军龙额侯韩增，次曰后将军营平侯赵充国，次曰丞相高平侯魏相，次曰丞相博阳侯丙吉，次曰御史大夫建平侯杜延年，次曰宗正阳成侯刘德，次曰少府梁丘贺，次曰太子太傅萧望之，次曰典属国苏武。皆有功德，知名当世，是以表而扬之，明著中兴辅佐，列于方叔、召虎、仲山甫焉。凡十一人。

【译文】

苏武来到北海边上，（匈奴）不给供应粮食，他就挖掘野鼠贮藏的草籽来充饥。他手持汉朝的符节牧羊，白天黑夜起卧都不肯放下节杖，以至节杖上的旄牛尾毛都脱落光了。单于派李陵到北海边，为苏武安排酒宴和乐舞，借机向苏武说：“单于听说我和您交情深厚，所以派我来劝说您。他一心向往着等待您归顺，看来您终生是不能回汉朝去了。在这荒无人烟的地方白白受苦，您的信义哪里会有人看到呢？我来匈奴的时候，令堂老夫人已不幸谢世，嫂夫人还年轻，听说已经改嫁了。只有两个妹妹，生有两女一男，屈指算来至今已十多年了，她们的生死存亡还不清楚。人生在世恰如朝露，转瞬即逝，您何必长久地这样苦自己呢？我刚归降匈奴时，精神恍惚若狂，自己痛恨背叛了汉朝，加上老母亲被关押在保宫做人质，您不想投降的心理，难道比我更厉害吗？况且武帝陛下年事已高，法令反复无常，大臣无罪而被灭族的就有好几十家，就是在朝的人，安危尚不可知，子卿您还为谁效忠呢？希望您能听从我的计议。”苏武说：“我苏武父子没有什么功德，都是陛下成就了我们的功业，位居列将，爵至通侯，兄弟亲密无间，经常表示愿意肝脑涂地。今天我能杀身报国，即就是被斧钺杀头、汤镬煮死，也心甘情愿，乐于接受。人臣事奉君主，就如同儿子事奉父亲，儿子为父亲而死是没有什么遗憾的，希望你不要再劝说了。”李陵和苏武宴饮数日，又对苏武说：“子卿，希望你听我一句话吧！”苏武说道：“我自料早该死了，王爷一定要我投降，请结束今日的欢宴，让我效死于你面前。”李陵看到苏武极其忠诚，不禁长叹一声说：“唉！真是忠烈之士呀！我李陵和卫律的罪过像天一样高啊。”说着泪下沾襟，和苏武告别而离开北海。

苏武羁留在匈奴十九年，当年是强壮汉子出使，到回国时，胡须头发都白了。他在匈奴听到武帝驾崩，面向南方号啕大哭，直哭得口吐鲜血，且每天早晚都面南而哭。过了几个月，终于活着回到汉朝。宣帝甘露三年，匈奴呼韩邪单于开始朝见汉朝廷。宣帝思念辅佐大臣们的美德，在麒麟阁绘制了他们的图像，按其形貌，署上他们的官爵、姓名，只有霍光不直署其名，而写着大司马大将军博望侯姓霍氏。其次为卫将军富平侯张安世，再次为车骑将军龙额侯韩增，其后依次为后将军营平侯赵充国、丞相高平侯魏相、丞相博阳侯丙吉、御史大夫建平侯杜延年、宗正阳成侯刘德、少府梁丘贺、太子太傅萧望之、典属国苏武。这些人都是功高德重、知名当世的人，因此加以表彰，申明他们都是中兴汉室的辅佐大臣，和辅助周宣王的方叔、召虎、仲山甫并列。共为十一人。

韩安国，字长孺，梁人也，为御史大夫。是时匈奴请和亲，上下其议。大行王恢议曰：“汉与匈奴和亲，率不过数岁即背约，不如勿许，举兵击之。”安国曰：“千里而战，即兵不获利。今匈奴负戎马足，怀鸟兽心，迁徙鸟集，难得而制。得其地，不足为广；有其众，不足为强。自古弗属汉。数千里争利，则人马疲；虏以全制其弊，势必危殆。臣故以为不如和亲。”群臣议多附安国，于是上许和亲。明年，雁门马邑豪聂壹因大行王恢言：“匈奴初和亲亲信，边可诱以利致之，伏兵袭击，必破之道也。”上乃召问公卿曰：“朕饰子女，以配单于，币帛文锦，赂之甚厚。单于待命加嫚，侵盗无已，边境数惊，朕甚闵之。今欲举兵攻之，何如?”大行王恢对曰：“陛下虽未言，臣固愿效之。臣闻全代之时，北有强胡之敌，内连中国之兵，然尚得养老长幼，仓廪常实，匈奴不轻侵也。今以陛下威，海内为一，又遣子弟乘边守塞，转粟挽输，以为之备，然匈奴侵盗不已者，无他，以不恐之故耳。臣窃以为击之便。”安国曰：“不然。臣闻高皇帝尝围于平城，七日不食，天下歌之，解围反位，而无忿怒之心。夫圣人以天下为度者也，不以己私怒伤天下之功。故乃遣刘敬奉金千斤，以结和亲，至今为五世利。孝文皇帝又尝壹拥天下之精兵，聚之广武常溪，然无尺寸之功，而天下黔首，无不忧者。孝文寤于兵之不可宿，故复合和亲之约。此二圣之迹，足以为效矣。臣窃以为勿击便。”恢曰：“不然。臣闻五帝不相袭礼，三王不相复乐，非故相反也，各因世宜。且高帝所以不报平城之怨者，非力不能，所以休天下之心也。今边境数惊，士卒伤死，中国槥车相望，此仁人之所隐也〔隐，痛也〕。臣故曰击之便。”安国曰：“不然。臣闻利不十者不易业，功不百者不变常。且自三代之盛，夷狄不与正朔服色，非威不能制、强弗能服也，以为远方绝地不牧之臣，不足烦中国也。且匈奴轻疾悍亟之兵也，至如飙风，去如收电，逐兽随草，居处无常，难得而制。今使边郡久废耕织，以支胡之常事，其势不相权也。臣故曰勿击便。”恢曰：“不然。臣闻凤鸟乘于风，圣人因于时。昔秦穆公都雍，地方三百里，知时宜之变，攻取西戎，辟地千里。及后蒙恬为秦侵胡，辟数千里，以河为境，匈奴不敢饮马于河。夫匈奴独可以威服，不可以仁畜也。今以中国之威，万倍之资，遣百分之一以攻匈奴，譬犹以强弩射且溃之痈也，必不留行矣。若是则北发月氏，可得而臣也。故曰击之便。”安国曰：“不然。臣闻用兵者，以饱待饥，正治以待其乱，定舍以待其劳。故接兵覆众，伐国堕城，常坐而役敌国，此圣人之兵也。且臣闻之，冲风之衰，不能起毛羽；强弩之末，力不能入鲁缟。夫盛之有衰，犹朝之有暮也。今卷甲轻举，深入长驱，难以为功，从行则迫胁，横行则中绝，疾则粮乏，徐则后利，不至千里，人马乏食。兵法曰：‘遗人获也。’意者有他缪巧以禽之，则臣不知也。不然，则未见深入之利也。臣故曰勿击便。”恢曰：“不然。夫草木遭霜者，不可以风过；清水明镜，不可以形逃；通方之士，不可以文乱。今臣言击之者，固非发而深入也，将顺因单于之欲，诱而致之边。吾选骁骑壮士，审遮险阻，吾势已定，或营其左，或营其右，或当其前，或绝其后，单于可禽，百全必取。”上曰：“善。”乃从恢议。阴使聂壹为间，亡入匈奴，谓单于曰：“吾能斩马邑令丞以城降，财物可尽得。”单于信以为然而许之。聂壹乃诈斩死罪囚，悬其头马邑城下，示单于使者，于是单于穿塞，将十万骑，入武州塞。是时汉兵三十余万，匿马邑旁谷中，约单于入马邑，纵兵击之。单于入塞，未至马邑百余里，觉之还去，诸将竟无功，恢坐自杀。

【译文】

韩安国，字长儒，梁国人，做汉武帝的御史大夫。这时候，匈奴请求与汉朝和亲，皇上把此事下交群臣讨论。大行(掌接待宾客的官员)王恢议论说：“汉朝和匈奴和亲，大抵不过几年就背弃盟约。不如不答应，发兵去攻打它。”韩安国说：“远行千里去作战，即使出兵也得不到什么利益。现在匈奴依仗兵马充足，怀着鸟兽之心，迁徙如群鸟飞集，难以制胜。得到他们的土地也并不能算是扩展了我们的国土，拥有他们的民众并不能强壮我们的国力。那里自古就不隶属于我们统治。汉军到几千里外去争利，就会人马疲惫，敌人却会以全力来对付我们的疲惫之师，形势必会很危险。臣因此认为不如和亲。”群臣的议论多数同意韩安国的意见，于是武帝允许与匈奴和亲。第二年，雁门郡马邑城豪绅聂壹通过大行王恢向皇帝进言说：“匈奴刚刚和亲，比较亲近、相信边境居民，可以用利益引诱他们前来，并设伏兵袭击。这是一定可以击破匈奴的办法啊。”天子于是召集群臣询问道：“朕选派子女梳妆打扮许配给单于，用钱币布帛彩色锦缎赠送他们，很是丰厚。而单于对待我朝的命令却更加轻慢，侵犯盗抢不停，边境数次被惊扰。朕很担忧。现在打算举兵进攻匈奴，大家看怎样？”大行王恢对曰：“陛下即使不说，臣本来就希望实行这种办法。臣听说汉室取代、统一天下的时候，北方有强大的胡人为敌，对内联合中原地区的兵力，然而(汉王)还能扶养老幼，仓廪经常充实，匈奴不敢轻易侵犯。今天以陛下的威望，国内一统，又派遣子弟兵防边守塞，用车转运军粮，作好充分的战备，可是匈奴却侵犯抢掠不停，没有别的原因，是因为他不害怕汉朝啊！臣私下以为还是进击匈奴为好。”韩安国发言说：“不是这样。臣听说高皇帝因进军匈奴曾经被围困于平城，七天吃不上饭，天下人作歌传颂，在解围返回原地以后，却没有愤怒之心。圣人是以天下为其胸襟的人，不因自己个人的愤怨损害天下的事业，所以高皇帝派遣刘敬奉送黄金千斤，与匈奴结亲和好，到现在已经历经五代都从中得到了好处。孝文皇帝也曾经拥集天下的精兵，聚合到广武常溪一带，然而却没有一点成效，而国内老百姓，没有人不为之忧虑。孝文帝觉察到军队不可以宿营于外，所以又恢复了和亲的盟约。这两位圣皇的事迹，是足以作为榜样效法的。臣私下以为还是不进击匈奴为好。”王恢说：“不是这样，臣听说五帝不互相沿袭其礼仪，三王不相互重复其音乐，不是有意相违反，而是各依照当世实际情况制定适宜的法令礼仪。再说，高皇帝所以不报平城之仇的原因，不是力量达不到，而为的是让天下人心得以休整。现在边境多次遭受惊扰，士卒伤亡，国人出丧的灵车多得相望于道，这是有仁德的人所为之痛心的。臣因而说还是进击为好。”韩安国说：“不是这样。臣听说没有十倍的利益不更换行业，没有极大的成效不改变常规。况且自从夏商周三代之时，夷狄就不参与（中原地区国家的）改正朔、易服色。论威势，不是不能制约；论强大，不是不能制服。是认为远方阻隔不通之地的难于统治的臣民，不值得烦劳我朝啊。况且匈奴都是些轻便迅疾强悍至极的骑兵，来像暴风，去如闪电，过着追随兽群、水草而居的生活，居处没有固定的地方，难以控制。现在使边地郡县长期支应平定胡人的战事，这种情势是轻重倒置，很不适宜呀！臣因而认为不进击为好。”王恢曰：“不是这样。臣听说凤鸟乘风而飞，圣人因时而变。过去秦穆公建都雍城，地方只有三百里，因为知道时宜的变化，攻取了西戎，扩展国土千里，到后来蒙恬为秦国抗击匈奴，开辟国土数千里，以黄河为边界，匈奴不敢到黄河饮马。匈奴只可以以威力制服，不能用仁义来养育。现在凭我朝的威力，万倍的资财，只使用百分之一的力量来进击匈奴，便会像拿强弩来射将要溃烂的痈疮一样，必定是无可阻挡的了。如果像这样，就可向北进发到月氏国，便可得其国而使其臣服。所以说还是进击为好。”韩安国说：“不是这样。臣听说用兵之道，是以饱待饥，以得当的治理来等待敌国的动乱，以安定的休息来等待敌军的疲劳。所以一与敌人交战就可使其全军覆没，征伐其国摧毁其城，常常是安坐不动就可役使敌国，这是圣人用兵之道啊。况且臣听说，狂风到了风力衰微时，连羽毛也吹不起来；强弩到了射程很远处，射不透极轻薄的鲁缟。盛强也有衰败的时候，就好像有早晨就有日暮一样。现在整顿兵力轻易进击，深入匈奴腹地，长途驰驱，难以取胜，大军纵向前进就会受到迎击的威胁，横向并出就会被其从中间截断，疾行军就会粮饷供给不上，缓进就不能先占据有利形势，行军未到千里，就会人困马乏。这就是兵法上说的‘把军队送去让敌方俘获’。想来大概是(持异议者)还有其他计谋可以擒拿敌人，那我就不知道了。不然的话，就看不见深入敌区有什么好处了。所以我说不要进击为宜。”王恢说：“不是这样。草木被霜打后，经不住风吹；对着清水、明镜，美丑容颜都逃避不了；通晓方略的士人，不会被文词迷惑。现今我所说的攻击匈奴，本来就不是说发兵而深入敌境，而是顺着单于的欲望，诱使他来到边界，我军挑选骁勇的骑兵、善战的将士，审慎地隐蔽于险阻之处，使我方阵势摆定，有的扎营在敌进军之路的左方，有的扎营在右方，有的正对其前方，有的准备切断敌人后路。这样，单于可擒，必获全胜。”皇帝说：“好！”于是就听从了王恢的建议，暗中派出聂壹做间谍，逃入匈奴境内，并向单于说："我可以杀死马邑的县令和县丞，使全城投降，城中财物可以全部得到。"单于信以为真，便答应按此计行事。聂壹于是使用欺诈手段，杀死判了死罪的囚犯，把他们的头挂在马邑城楼下，让单于的使者看。于是单于穿过边塞，率领十万兵马侵入武州边城。这时候，汉兵有三十余万，隐蔽在马邑旁边的山谷中，按事先聂壹同单于的约定，等单于进入马邑时，放出兵马攻击。单于进兵边塞，离马邑还有百余里时，发觉中计，回师而去。诸将终于未能成功，王恢因此畏罪自杀。

董仲舒，广川人也。下帷读书，三年不窥园。举贤良，武帝制问焉，曰："盖闻五帝三王之道，改制作乐，而天下洽和，百王同之。圣王已没，钟鼓管弦之声未衰，而大道微缺陵夷，至乎桀、纣之行作，王道大坏矣。夫五百年之间，守文之君，当涂之士，欲则先王之法，以戴翼其世者甚众，然犹不能反，日以仆灭（旧无日以仆灭四字，补之），至后王而后止，岂其所持操或悖缪而失统与？固天降命不可复反与？夙兴夜寐，法上古者，又将无补与？三代受命，其符安在？灾异之变，何缘而起？性命之情，或夭或寿，或仁或鄙，习闻其号，未烛厥理。伊欲风流而令行，刑轻而奸改，百姓和乐，政事宣昭，何修何饰，而膏露降，百谷登，德润四海，泽臻草木，三光全，寒暑平，受天之祜（祜旧作祐，改之），享鬼神之灵，德泽洋溢，施乎方外，延及群生？士大夫其明以谕朕，靡有所隐。"

【译文】

董仲舒，广川（今河北省景县人）人。他放下帷幕读书，有三年时间不到后园观赏游玩。他被推举为贤良文学之士时，武帝所出的问题是："听说五帝三王的治国之道，是改革制度、制作音乐，使天下人融洽和睦，以后的帝王都这样去做。圣王已经过世，而钟鼓管弦的声音从未衰绝，可是大道稍稍有了缺失，逐渐衰落，直到夏桀、商纣的所作所为出现，王道就大大地败坏了。此后五百年间，遵守礼乐制度的君主、当权的人士，想效法先王的法度，以此来匡济当时之世的人很多，然而还是不能返还到正道，且一天天地消亡，直到后来的君王才停止了，他们所掌握、从事的，是否是违背和失却道统了呢？或者本来就是上天下达命令不能再返还吧！那些早起晚睡，效法上古者，又难道无补于事吗？三代帝王接受天命，其凭证又在哪儿呢？灾异的变化，是因为什么而出现的呢？人性天命的情况，有的夭折有的长寿，有的仁德有的庸俗，经常听到其名称，却未明白其中道理。我想要通过风俗教化而使政令畅行，减轻刑罚而使邪恶者改正，使百姓们和睦安乐，政事畅达彰明，该怎样整治，才能使雨露降临、百谷丰登、德行滋润四海，恩泽及于草木、日月星辰完好、四季寒暑平稳、承受上天的福祉，所供之物能被鬼神享用、德行恩惠洋溢、施教可达边远地区、延伸到人民群众呢？请士大夫们明白地告诉给朕，不要有所隐讳。”

仲舒对曰：“陛下发德音，下明诏，求天命与情性，皆非愚臣之所能及也。臣谨按《春秋》之中，视前世已行之事，以观天人相与之际，甚可畏也。国家将（旧无将字，补之）有失道之败，而天乃先出灾害，以谴告之；不知自省，又出怪异，以警惧之；尚不知变，而伤败乃至。以此见天心之仁爱人君，而欲止其乱也。自非大无道之世者，天尽欲扶持而全安之。事在强勉而已矣。强勉学问，则闻见博而智益明；强勉行道，则德日起而大有功。此皆可使还至而立有效者也。夫人君莫不欲安存而恶危亡，然而政乱国危者甚众，所任者非其人，而所由者非其道也。夫周道衰于幽厉，非道亡也，幽厉不由也。至于宣王，思昔先王之德，周道粲然复兴，此夙夜不懈，行善之所致也。孔子曰：‘人能弘道，非道弘人也。’故治乱废兴在于己，非天降命不可得反也。及至后世，淫泆衰微，诸侯背叛，废德教而任刑罚。刑罚不中，则生邪气。邪气积于下，怨恶蓄于上。上下不和，阴阳缪戾，而妖孽生矣。此灾异所缘而起也。故尧、舜行德，则民仁寿；桀、纣行暴，则民鄙夭。夫上之化下，下之从上，犹泥之在钧，唯甄者之所为〔陶人作瓦器谓之甄〕；犹金之在镕，唯冶者之所铸。‘绥之斯俫，动之斯和’，此之谓也。天道之大者在阴阳。阳为德，阴为刑。刑主杀，而德主生。是故阳常居大夏，而以生育养长为事；阴常居大冬，而积于空虚不用之处。以此见天之任德不任刑也。天使阳出布施于上而主岁功，使阴入伏于下而时出佐阳。阳不得阴之助，亦不能独成岁也。王者承天意以从事，故任德教而不任刑。刑者不可任以治世，犹阴之不可任以成岁也。为政而刑，不顺于天，故先王莫之肯为也。今废先王任德教之官，而独用执法之吏治民，无乃任刑之意与！孔子曰：‘不教而诛，谓之虐。’虐政用于下，而欲德教之被四海，故难成也。故为人君者，正心以正朝廷，正朝廷以正百官，正百官以正万民，正万民以正四方。四方正，远近莫敢不壹于正，而无有邪气奸其间者。是以阴阳调而风雨时，群生和而万民殖。天地之间被润泽而大丰美，四海之内闻盛德而皆俫臣，诸福之物，可致之祥，莫不毕至，而王道终矣。

【译文】

董仲舒对答说：“陛下阐发善言，下达明诏，探索天命与情性，这都不是愚臣所能比得上的。臣谨根据《春秋》之中的记载，比照前代人已经做过的事情，来观察天与人互相感应的情况，是非常令人敬畏的。国家即将失道和衰败时，那么上天就先出现灾害来责备、告知其国；如果还不能自己反省，又会出现怪异现象来对他加以警告而使其害怕；如果还不知改变，那么伤害和摧残就会到来。由此可见上天之心是爱人君的，而且想阻止其胡作非为。假如不是太无道的朝代，上天都想扶持并使其国家保全安定。事情都在于自强自勉罢了。奋发努力钻研学问，那么见闻就会广博而才智会更加高明；努力行道，那么德政就会一天天兴起而大有功绩，这些都是可以迅速做到而且立刻会见效的呀！人君没有不想使其国家安稳存在而厌恶危亡的，可是政治混乱、国家危急的为数很多，这是因为所任用的不是合适的人，且所遵从的不是正确的治国之道。周代的道义衰落于幽王、厉王，不是因为没有了道义，是幽王、厉王不遵从啊。到了周宣王时，追思昔日先王的德行，周朝正确的治国之道又粲然得以复兴，这是由于其昼夜不懈地实行善政所取得的必然结果啊。孔子说：'人能光大道义，不是道义去光大人。'所以治乱兴废在于自己，并非上天降命而不可以挽回。及至后世，淫逸衰微，诸侯背叛，废弃道德教化而凭借刑罚。刑罚不适当，就会生成邪气。邪气聚集于下，怨恨蓄积于上。上下不和，阴阳错乱而妖孽就产生了。这就是灾异所形成的原因啊。所以唐尧、虞舜施行德政，人民就仁爱、长寿；夏桀、商纣施行暴政，人民就鄙俗、短命。上边教化下边，下边顺从上边，犹如制陶器的泥放在制陶器的转轮上，就看制作陶器的人怎样去加工；犹如金属在熔炉里，只看冶金的人怎么去浇铸。'安抚它，就会归顺而来；感化它，就会和谐同心。'说的就是这个道理。天道的大端在阴阳。阳是德，阴是刑。刑主宰衰残，而德主宰着生养。因此阳常常处于盛夏，而以生育长养为职事；阴常常处于严冬，而聚集在空虚不用之处。从这里就可看出上天所凭借的是德而不是刑。上天使阳气上升，施惠于人，来掌管一年的农业收成；让阴气下伏，而适时地出来辅助阳气。阳如果得不到阴的辅助，也是不能单独成就年景的。做君王的人顺承上天意旨来办事，所以凭借德教而不凭借刑罚。刑罚不可以作为治世的依赖，犹如凭借阴不可以成就年景一样。为国理政而听凭刑律，是不顺从天意，因此先王是不愿意这样做的！现在废黜先王任用的德教之官，而只任用执法的官吏来治理人民，恐怕就是凭借刑律来治国的意思吧！孔子说：'不先教化人而惩罚人，叫做残害。'使用残暴的政令对待下民，又想使德教普及于四海，那是难以成功的。所以做人君的，端正自己的思想才能端正朝廷，端正朝廷才能端正百官，端正百官才能端正万民，端正万民才能匡正天下。天下人行为正派，无论地域远近，没有人敢不一致趋向正派，从而也就没有邪恶之气干扰于上下之间了。因此阴阳协调而风雨及时，生灵和谐而万民繁育。天地之间广受润泽而十分丰美，四海之内闻知圣德而都来臣服，一切能带来福运的东西，可以招致的祥瑞，没有不全部来到的，于是王道就最终实现了。

孔子称：‘凤鸟不至，河不出图，吾已矣夫！’自悲能致此物，而身卑贱不得致也。今陛下居得致之位，操可致之势，又有能致之资，然而天地未应，而美祥莫至者，何也？凡民之从利，如水之走下，不以教化堤防之，不能止也。是故教化立，而奸邪皆止者，其堤防完也；教化废，而奸邪皆出，刑罚不能胜者，其堤防坏也。古之王者，莫不以教化为大务。立大学以教于国，设庠序以化于邑，渐民以仁，摩民以义，节民以礼，故其刑罚甚轻，而禁不犯者，教化行而习俗美也。圣王之继乱世也，扫除其迹而悉去之，复修教化而崇起之。教化已明，习俗已成，子孙循之，行五六百岁，尚未败也。至周之末世，大为无道，以失天下。秦继其后，犹不能改，又益甚之，重禁文学，弃捐礼谊，其心欲尽灭先圣之道，而专为自恣苟简之治，故立为天子，十四岁而国破亡矣。自古以来，未尝有以乱济乱，大败天下之民，如秦者也。其遗毒余烈，至今未灭。今汉继秦之后，如朽木粪墙矣，虽欲善治之，无可奈何。法出而奸生，令下而诈起，如以汤止沸、以薪救火，愈甚无益也。窃譬之琴瑟，琴瑟不调，甚者，必解而更张之，乃可鼓也；为政而不行，甚者，必变而更化之，乃可理也。当更张而不更张，虽有良工，不能善调也；当更化而不更化，虽有大贤，不能善治也。故汉得天下以来，常欲善治，而至今不可善治者，失之于当更化而不更化也。古人有言：‘临川而羡鱼，不如退而结网。’今临政而愿治，七十余岁矣，不如退而更化。更化则可善治，善治则灾害日去，福禄日来。夫仁谊（谊应作义）礼智信，五常之道，王者所当修饰也。五者修饰，故受天之祐（祐旧作祐，改之），而享鬼之灵，德施乎方外，延及群生也。”

【译文】

“孔子声言：‘凤鸟不来，黄河中没有龙马献图，我的政治主张就此终止了。’他自悲本来可以招来这些祥瑞，却因为自己地位卑下而不能够招来呀！现在，陛下处于可以招致上述祥瑞的地位，掌握着可以招致的权势，且又有能够招致的资望，可是天地却没有应和，而且美好与祥瑞没有来到，这是什么原因呢？大凡老百姓追逐利益，就像水向低处流一样，不以教化作为堤防，是不能阻止的。因此，教化有成，则邪恶行为就会停止，其原因就在于堤防完备啊！教化荒废，邪恶行为就会产生，而靠刑罚却不能达到目的，其原因就在于堤防毁坏了。古代的君王，没有不把教化看作是大事的。他们设立大学以教化于国都，设立庠序（地方学校）以教化于城镇乡村，用仁爱来感染人民，用道义来勉励人民，用礼仪来节制人民。所以，其刑罚很轻，但能使人们不违犯禁令，其原因就是教化昌行而风气很好。圣明的君主继承乱世之业，清除其恶迹并全部抛弃，重新整治教化并推崇、兴起教化。政治教化既已昭明，良好风气既已形成，子孙照着去做，五六百年尚不至衰败。到了周代末期，大行无道才失去天下。秦继周后，仍然未能改变，且政治上更加无道，大规模地查禁文章经籍，抛弃礼义道德，其用心是完全毁灭先王之道，而专一实施自己恣意制定的苟且、简单的统治办法，所以登上天子之位仅十四年，国家就灭亡了。自古以来，未曾有过像秦朝那样以乱止乱、极大地摧残天下百姓的。它遗留的狼毒与酷烈，直到今天还未绝灭。现在汉继秦之后，就像接过了朽木建造的房和脏土筑起的墙，即使想好好地治理它，也是无可奈何的事。法令一出而奸滑之人随之产生，命令一下而诡诈之风立即兴起，正如扬汤止沸、抱薪救火，再严厉也无益于事。我私下把这种情况比做琴瑟，琴瑟之音严重失调的话，就必须改弦更张，才能够弹奏；下达政令而不能贯彻，严重的话，就必须改革、变化它，才能够治理好。应当改弦更张而不改弦更张，即使有好的乐工，也不能够把琴瑟调理好；应当改革变化而不改革变化，即使有非常贤能的人，也不能够把政务治理好。所以汉朝取得天下以来，常常想求得好的治理而至今仍不能得到好的治理的原因，是失之于应当改变的施政方略却没有改变。古人有句话：‘站在河边想得到鱼，不如先回去织鱼网。’至今汉政权建立且希望实现天下安定，已有七十多年了，不如退一步去进行改革。施政方针改革了，就可以好好治理。国家治理好了，灾害就会一天天消失，福禄就会一天天来临。仁、义、礼、智、信五常之道，是欲行王道的君主所应当研修整治的。这五个方面能得到整治，就可以受到上天的赐福，使鬼神来享受其祭祀，使仁德遍施于方域之外，延及生灵万物。”

天子览其对而异焉，制曰：“盖闻虞舜之时，垂拱无为而天下太平；周文王至于日昃不暇食，而宇内亦治。夫帝王之道，岂不同条共贯与？何逸劳之殊也？殷人执五刑以督奸，伤肌肤以惩恶。成康不式，四十余年，天下不犯，囹圄空虚。秦国用之，死者甚众，刑者相望。朕夙寤晨兴，惟前帝王之宪，功烈休德，未始云获。今阴阳错谬，群生寡遂，廉耻贸乱，贤不肖浑殽，未得其真。明其指略，称朕意焉。”仲舒对曰：“臣闻尧受命以天下为忧，而未闻以位为乐也，故诛逐乱臣，务求贤圣，是以教化大行，天下和洽。虞舜因尧之辅佐，继其统业，是以垂拱无为而天下治。孔子曰‘韶尽善矣’，此之谓也。至殷纣，逆天暴物，杀戮贤智，天下耗乱，万民不安。文王顺天理物，悼痛而欲安之，是以日昃不暇食也。由此观之，帝王之条贯同，然而劳逸异，所遇之时异也。陛下悯世俗之靡薄，悼王道之不昭，故举贤良方正之士，论议考问，将欲兴仁谊（谊应作义）之休德，明帝王之法制，建太平之道也。此大臣辅佐之职，三公九卿之任，非臣仲舒所及也。然而臣窃有所怪。夫古之天下，亦今之天下，共是天下，古以大治，上下和睦，不令而行，不禁而止，吏无奸邪，囹圄空虚，德润草木，泽被四海，以古准今，壹何不相逮之远也！安所缪戾，而陵夷若是？意者有所失于古之道与？有所诡于天之理与？夫天亦有所分与，与上齿者去其角，傅其翼者两其足，是所受大者，不得取小也。古之所与禄者，不食于力，不动于末，是亦受大者，不得取小也。夫已受大，又取小，天不能足，而况人乎！此民之所以嚣嚣苦不足也。身宠而载高位，家温而食厚禄，因乘富贵之资力，以与民争利于下，民安能如之哉？是故博其产业，蓄其积委，务此而无已，以迫蹴民，民浸以大穷。富者奢侈羡溢，贫者穷急愁苦而上不救，则民不乐生。民不乐生，尚不避死，安能避罪？此刑罚之所以繁而奸邪不可胜者也。故受禄之家，食禄而已，不与民争业，然后利可均布，而民可家足也。此上天之理而太古之道，天子之所宜法以为制，大夫之所当循以为行也。故公仪子怒而出其妇，愠而拔其葵，曰：‘吾已食禄矣，又夺园夫工女利乎！’古之贤人君子在列位者皆如是，故下高其行而从其教，民化其廉而不贪鄙。故《诗》曰：‘赫赫师尹，民具尔瞻。’由是观之，天子大夫者，下民之所视效，岂可以居贤人之位，而为庶人行哉！皇皇求财利，常恐匮乏者，庶人之意也；皇皇求仁义，常恐不能化民者，大夫之意也。《易》曰：‘负且乘，致寇至。’乘车者，君子之位也；负担者，小人之事也。此言居君子之位，而为庶人之行者，其患祸必至也。”

【译文】

天子看了董仲舒的对策，感到很奇特，于是举行策问说：“听说唐尧虞舜的时候，垂衣拱手，不做什么事而天下太平。周文王到了太阳偏西还没有工夫进餐，而也把国家治理得很好。帝王应遵循的治国之道，难道没有共同的条理常规吗？为什么劳逸的差别是这样的悬殊啊？殷商的人操持‘五刑’来监督坏人，伤其皮肉来惩罚坏人。成王、康王不使用这一法式，四十多年国内没有人犯法，监狱是空的。秦朝使用‘五刑’之法，处死的人很多，受刑的人相望于道。朕早晨睡醒即起，便思考前代帝王之法令，但功业美德，还是没有多大收获。现在阴阳错乱，众生很少顺遂，廉耻观念变易、杂乱，有才德者与无才德者搀合、杂乱，难以得知实况。望能阐明其要旨，而让朕称心。”董仲舒对答说：“臣听说唐尧受天之命，以天下为忧，没有听说他是以帝位为乐的，所以能够诛杀、赶走乱国之臣，努力访求贤达圣哲之臣，因此政治教化非常兴盛，天下人和睦融洽。虞舜依靠尧的辅佐之臣，继承尧的帝王之业，因而垂衣拱手无为而天下太平。孔子说‘韶乐十分美好呀’，说的就是这种教化。到殷纣王时，违背天理，暴殄天物，杀戮贤德有才之臣，天下尽乱，万民不安。周文王顺应天命治理万物，怜惜人民疾苦而想使他们安宁，因此忙得太阳偏西还没有工夫进食。由此看来，帝王遵行的条理常规相同，然而劳逸不同，那是所逢的时势不相同啊！陛下怜惜世俗的浮华轻薄，哀伤王道未能昭明，所以举贤良方正之士，论说义理，考察策问，准备兴起仁义的美德，阐明帝王的法规制度，创建谋求太平的治国之道。这是大臣辅佐的职责，是三公九卿的任务，不是臣董仲舒所能做到的。然而臣私下也感到诧异。古代的国土，也是今日的国土。同样是一片国土，而古代能使国家大治，上下和睦，不令而行，不禁而止，官吏没有奸诈邪恶，监牢空虚无囚，恩德润及草木，福泽广被四海，以古观今，为什么相差得这么远呢？是什么地方出现错乱，以致道德风气衰败成这样呢？想来大概是比之古时的治国之道有所差失，或是与天的常理有所违背呢！上天对待万物也是有所分别的，给予很锋利的牙齿的就去掉其抵角，让其长着翅膀的就使它只长两只脚，这就是接受了大的好处就不能再获取小的好处。古代凡给予俸禄的人，不以体力劳动谋生，不得从事商贸事业，这也是接受了大的好处就不得再谋求小利。已经接受了大的好处，又要谋取小利，连上天都不使其满足，而何况人呢！这就是人民所以怨恨忧愁、苦其不足的原因。自身受宠而居于高位，家人温饱而享受厚禄，于是凭着富有的财力，来和人民争利于天下，人民怎么能比得上他们呢？因此富有的人扩大他们的产业，贮藏他们的积累，致力于此而没完没了，并且压迫践踏百姓，百姓渐渐因此而十分穷困。富有的人奢侈美满，贫穷的人艰难愁苦，而居其上者不予救助，那么人民就不乐意活着。人民不乐意活着，连死都不躲避，怎能去避免犯罪呢！这就是刑罚之所以繁多但奸邪仍然制服不了的原由啊！所以享受俸禄之家，以俸禄为生就行了，不与人民争占产业，然后利益可以普遍分布，而人民也可家给人足。这是上天的公理，也是上古的治国之道。天子应该取法此道来作为制度，大夫也应该遵循它并成为自己的行为。所以春秋时鲁相公仪子发怒而休了他的妻子，并恼怒地拔掉妻子所种的葵菜，而且说：‘我已经吃俸禄了，又要争抢种菜的农夫和织布女工的利益吗？’古代的贤人君子身居爵位的人都是这样，所以下面崇敬他们的品行而听从他们的教导，人民被他们的廉洁所感化而不贪婪鄙陋。所以

《诗经》说：‘显赫伟大的尹太师，人民都举目瞻望他。’由此来看，天子、大夫，是百姓所效仿的榜样，怎能已居贤人之位却像平民的所作所为呢！惶惶不安地谋取财利并经常担心财用匮乏的，那是平民的意识；惶惶不安地求取仁义并经常担心不能教化百姓的，那是大夫的意识。《易经》上说：‘背着东西坐在车上，那会招致贼寇来到。’乘车，是君子的位分；背负肩挑，是平民百姓的事情。这话说的是身处君子之位而又去干平民之事的人，他们的祸患必然会临头。”

（王井南译）

卷十八

# 汉书治要（六）

## 传

司马相如，字长卿，蜀郡人也。为郎。尝从上至长杨猎。是时天子方好自击熊豕，驰逐野兽，相如因上疏谏。其辞曰：“臣闻物有同类而殊能者，故力称乌获，捷言庆忌，勇期贲育。臣之愚，窃以为人诚有之，兽亦宜然。今陛下好陵阻险，射猛兽，猝然遇逸材之兽，骇不存之地，犯属车之清尘，舆不及还辕，人不暇施巧，虽有乌获、逢蒙之伎，力不得施用，枯木朽株，尽为难矣。是胡越起于毂下，而羌夷接轸也，岂不殆哉！虽万全而无患，然本非天子之所宜近也。且夫清道而后行，中路而驰，犹时有御橛之变。况乎涉丰草，骋丘墟，前有利兽之乐，而内无存变之意，其为害也不难矣！夫轻万乘之重，不以为安乐，出万有一危之涂以为娱，臣窃为陛下不取。盖明者远见于未萌，知者避危于无形，祸固多藏于隐微，而发于人之所忽者也。故鄙谚曰：‘家累千金，坐不垂堂。’此言虽小，可以谕大。臣愿陛下留意幸察。”上善之。

【译文】

司马相如，字长卿，蜀郡人。任郎官时，曾跟随武帝到长杨宫去打猎。这时天子正喜欢亲自击杀熊、野猪，骑着马追逐野兽，相如因此上疏劝谏，奏疏中写道："我听说万物中有同属一类而能力却不一样的，所以论力气人们称说乌获，讲敏捷人们总说庆忌，谈到勇猛应数孟贲、夏育。我很愚笨，私下认为人确实有这样的情形，兽类也应该是如此。如今陛下喜欢登上险要的地方，射击猛兽，若突然遇上特别厉害的野兽，在料想不到的地方使马受惊，冲扰了皇上所乘车辆的后尘，而车来不及掉转车辕，人来不及施展本领，即使有乌获、逢蒙那样的射技、力气也不能施展，(旁边的)枯木朽株也都会成为祸患呀！这如同匈奴、南越之兵在京城起事，而羌人、夷族接近邻近地区，岂不是很危险吗？即使绝对安全而没有祸患，这本来也不是天子所宜靠近的地方。况且，即使清道戒严之后才出行，在路中心奔驰，还时有驾驭马的橛子脱出的变故，更何况从茂密的草丛中经过，在大大小小的山坡上驰骋，眼前有获得野兽的乐趣而内心没有应对意外变化的思想准备，在这种情况下很容易造成危害呀！轻忽帝王之重，不以平安为乐事，而以行进于万一有危险的道路上为欢乐，臣自认为陛下不应该这样做。因为英明的人能在事故尚未萌发之前就看到，睿智的人能在危害尚未显露之时就避开。灾祸本来就多藏于隐蔽、细微之处，而发生于人所忽视的时候。所以俗谚说：'家中积蓄千金者，不敢坐在屋檐底下(以防屋瓦落下砸伤)。'这话说的虽是小事，却可以用来比喻大事。我希望陛下能够留意并审察这些俗语。"武帝认为讲得很好。

公孙弘，菑川人也。家贫，牧豕海上。年四十，乃学《春秋》。武帝初即位，弘年六十，以贤良对策焉。武帝制曰："盖闻上古至治，画衣冠，异章服，而民不犯，阴阳和，五谷登，六畜蕃，甘露降，风雨时，嘉禾兴，朱草生，山不童〔童，无草木也〕，泽不涸，麟凤在郊薮，龟龙游于沼，河洛出图书，父不丧子，兄不哭弟；舟车所至，人迹所及，跂行喙息，咸得其宜。朕甚嘉之，今何道而臻乎？此天人之道，何所本始？吉凶之效，安所期焉？仁义礼智，四者之宜，当安设施？属统垂业，天文、地理、人事之纪，子大夫习焉，其悉意正议。”弘对曰：“臣闻上古尧舜之时，不贵爵赏而民劝善，不重刑罚而民不犯，躬率以正，遇民信也；末世贵爵厚赏而民不信也，夫厚赏重刑，未足以劝善而禁非，必信而已矣。是故因能任官，则分职治；去无用之言，则事情得；不作无用之器，即赋敛省；不夺民时，即百姓富；有德者进，无德者退，则朝廷尊；有功者上，无功者下，则群臣逡；罚当罪，则奸邪止；赏当贤，则臣下劝。凡此八者，治之本也。故民者，业之即不争，理得则不怨，有礼则不暴，爱之则亲上。此有天下之急者也。故法不远义，则民服而不离；和不远礼，则民亲而不暴。故法之所罚，义之所去也；和之所赏，礼之所取也。礼义者，民之所服也，而赏罚顺之，则民不犯禁矣。故画衣冠，异章服，而民不犯者，此道素行也。臣闻之，气同则从，声比则应。今人主和德于上，百姓和合于下，故心和则气和，气和则形和，形和则声和，声和则天地之和应矣。故阴阳和，风雨时，甘露降，五谷登，山不童，泽不涸，此和之至也。故形和则无疾，无疾则不夭，故父不丧子、兄不哭弟。德配天地，明并日月，则麟凤至，龟龙在郊，河出图，洛出书，远方之君，莫不悦义，奉币而来朝，此和之至也。臣闻之，仁者爱也，义者宜也，礼者所履也，智者术之原也。致利除害，兼爱无私，谓之仁；明是非，立可否，谓之义；进退有度，尊卑有分，谓之礼；擅杀生之柄，通壅塞之途，权轻重之数，论得失之道，使远近情伪必见于上，谓之术。凡此四者，治之本、道之用也，皆当设施，不可废也。得其要术，则天下安乐，法设而不用；不得其术，则主蔽于上，官乱于下。此事之情，属统垂业之本也。桀纣行恶，受天之罚；禹汤积德，以王天下。因此观之，天德无私亲，顺之和起，逆之害生。此天文、地理、人事之纪也。”太常奏弘第居下，策奏，天子擢为第一，拜为博士，待诏金马门。后为丞相。

【译文】

公孙弘，菑川人，家庭贫寒，在海边牧猪，年龄四十岁时，才学习《春秋》。武帝即位之初，公孙弘已六十岁了，以“贤良”身份入朝对策。武帝命题说：“听说上古时代治理最好的时期，对罪犯只在衣帽上画上标记，穿上图饰异于常人的衣服，人民就不敢犯法；阴阳调和，五谷丰登，六畜繁衍，甘露降临，风雨及时，田禾长得旺盛，草木生长，山不光秃，池沼不干涸；麟凤活动在郊野，龟蛇游浮在池沼，黄河中龙马献图，洛水中神龟献书；父亲没有丧子之痛，兄长没有丧弟之哀；凡是船和车辆能去的地方、人们足迹能到的处所，一切用脚行走、用嘴呼吸的物类，都能各得其适宜的生存环境。朕对于这种情况非常赞赏，今天有什么办法能达到这种地步？天道和人道，其本原在于何处？吉凶的应验，从哪里期求？‘仁、义、礼、智’四方面，应当怎样来设置安排才合适？接续大统、流传功业，及天文、地理、人事的准则，大夫也通晓，请你尽自己的想法秉正发表议论。”公孙弘应答说：“臣听说上古尧舜的时候，不看重封爵、赏赐而人民都能努力向善，不看重刑罚而人民却不触犯法律，这是因为（尧舜）自身行正，对待人民很讲信用。到了近世很看重官爵、赏赐，可是人民却并不信任。丰厚的赏赐、严厉的刑罚，未必能够勉励人们向善、禁止人们为非，凡事讲诚信就可以了。所以，按照能力任用官员，则所分配的职事就能管好；去除无用的言词，那么事情就能办成；不制作无用的器物，就能减少税赋；不耽误农时，百姓就能富足；有道德的人进用，无道德的人斥退，朝廷才会尊贵；有功劳的升官，无功劳的降职，则群臣就会明白退让的道理；处罚的轻重适合其罪行，则奸邪之人就会止步；奖赏的多少适合其贤能程度，臣下就会得到勉励。凡以上八点，是治国的根本。就百姓而言，只要各有其业就不会争夺，凡事符合道理就不会报怨，讲求礼义就不会蛮横，给予同情就会爱戴君主，这是拥有天下者的当务之急啊！所以法规只要不离开道义，人民就顺从而不背离；和谐而不偏离礼义，人民就能互相亲爱而不凶暴。所以法律所要处罚的，就是义理所要抛弃的；为社会和谐而赏赐的，就是礼义所求取的。礼义，是人民所信服的，如果赏罚再能跟上，那么人民也就不会犯禁令了。所以给犯罪之人衣冠上画上图形，穿上图饰异于常人的衣服，百姓就不去犯罪，就是因为那时一贯遵行礼仪。臣听说，气味相同就会追随，声调相近就会应和。当今君主以美应和于上，百姓以融洽应和于下，所以心意相和则气味相和，气味相和则容色相和，容色相和则声调相合，声调相和则天地的和谐就相应而生了。因而阴阳和谐，风雨及时，甘露普降，五谷丰登，山不光秃，河不干涸，这是最好的和谐。所以身体协调则没有疾病，没有疾病就不会夭折，因此父亲不会失去儿子，兄长不会有丧弟之痛。德行能与天地相匹配，圣明能与日月相并列，那么麟凤就会来到，龟龙就会出现在郊野，黄河中龙马就会献河图，洛水中神龟就会献洛书，远方的君主无不喜悦其恩义，捧上财礼而来朝贺，这就是最好的和谐。臣听说，仁，就是爱；义，就是合乎事理；礼，是行为的准则；智，是策略的本原。求利除害，兼爱无私，就叫仁；明辨是非，确定可否，就叫做义；进退有法度，尊卑有区别，就叫做礼；拥有生杀的大权，疏通壅塞的任贤进言之路，权衡轻重缓急，探讨事情得失的道理，使远近的情况真伪必能使君主看到，就叫策略。凡此四个方面，是治国的基础，是道义的功用，都应当布置安排，不可以荒废。懂得了这些要领和策略，天下就会安乐，虽设置刑律，也没有用场；不懂得这些治国策略，那么君主就会被蒙蔽于上，官吏就会扰乱于下。这些事的情势，是承继大统、使功业流传的根本。桀纣作恶，受到上天的惩罚；禹汤积德，因而称王天下。由此来看，上天的品德是没有私爱，顺应它，和谐就会兴起，违背它，祸害就会发生，这就是天文地理人事的准则啊！”太常官上奏对策成绩时，公孙弘位居下等。此对策上奏后，天子提升他为第一，封为博士，在金马门待诏。后来当了丞相。

卜式，河南人也。以田畜为事。时汉方事匈奴，式上书，愿输家财半助边。上使使问式：“欲为官乎？”式曰：“自少牧羊，不习仕宦，不愿也。”使者以闻。上乃召拜式为中郎，赐爵左庶长，田十顷，布告天下，尊显以风百姓。初式不愿为郎，上曰：“吾有羊在上林中，欲令子牧之。”式既为郎，布衣草蹻而牧羊。岁余，羊肥息。上过其羊所，善之。式曰："非独羊也，治民亦犹是矣。以时起居，恶者辄去，无令败群。"上奇其言，欲试使治民。拜式缑氏令，缑氏（旧无此缑氏二字，补之）便之。迁齐王大傅，转御史大夫。

【译文】

卜式，河南郡人，以种田畜牧为业。当时汉朝正和匈奴发生战事，卜式上书，愿意拿出家中财产的一半来捐助边防军备。皇上派遣使者询问卜式："想做官吗？"卜式回答说："我自小牧羊，不习惯做官，这不是我的期望。"使者把这个情况禀报给皇上，皇上于是召卜式做了中郎，赐其左庶长爵位，田地十顷，并将此事布告天下，以示尊贵，来鼓励百姓向他学习。当初，卜式不愿意做郎官，皇帝说："我有羊群在上林苑中，想命你去放牧。"卜式做了郎官之后，身穿布衣足登草鞋而牧羊。一年多后，羊长得肥壮也繁殖得很多。皇帝从他牧羊的地方经过，称赞他。卜式说："不仅牧羊是这样，治理百姓也和牧羊的道理一样。对羊要使其按时起居，不好的羊要当即除去，不要让它祸害羊群。"皇帝认为这话很奇特，打算试着让他做官治理百姓，便拜卜式为缑氏县令，缑氏县因而得利。后来，他调任齐王的太傅，再后来又转任御史大夫。

赞曰：公孙弘、卜式、儿宽，皆以鸿渐之翼，困于燕爵〔渐，进也。鸿一举而进千里者，羽翼之材也。弘等皆以大材，初为俗所薄，若燕爵不知鸿志也〕，远迹羊豕之间，非遇其时，焉能致此位乎？是时，汉兴六十余载，海内艾安，府库充实，而四夷未宾，制度多阙。上方欲用文武，求之如弗及，始以蒲轮迎枚生，见主父而叹息。群士慕向，异人并出。卜式拔于刍牧，弘羊擢于贾竖，卫青奋于奴仆，日磾出于降虏，斯亦曩时板筑饭牛之朋已。汉之得人，于兹为盛。儒雅则公孙弘、董仲舒、儿宽，笃行则石建（旧无石建二字，补之）、石庆，质直则汲黯、卜式，推贤则韩安国、郑当时，定令则赵禹、张汤，文章则司马迁、相如，滑稽则东方朔、枚皋，应对则严助、朱买臣，历数则唐都、洛下闳，协律则李延年，运筹则桑弘羊，奉使则张骞、苏武，将率则卫青、霍去病，受遗则霍光、金日磾。其余不可胜纪。是以兴造功业，制度遗文，后世莫及。孝宣承统，纂修洪业，亦讲论六艺，招选茂异，而萧望之、梁丘贺、夏侯胜、韦玄成、严彭祖、尹更始以儒术进，刘向、王褒以文章显，将相则张安世、赵充国、魏相、丙吉、于定国、杜延年，治民则黄霸、王成、龚遂、郑弘、召信臣、韩延寿、尹翁归、赵广汉、严延年、张敞之属，皆有功迹，见述于后世。参其名臣，亦其次也。

【译文】

（班固）评论说："公孙弘，卜式、儿宽都如鸿雁，有一飞千里的羽翼而受困于燕雀之中，远离尘世，踪迹混在猪羊之间，倘若不遇其时，怎么能取得公卿的爵位呢？这时候，汉朝建国已经六十多年了，海内安定，府库充实，但是四方的蛮夷尚未归服，国家制度还不够健全。武帝正想选文武人才，求索唯恐得不到。开始曾以安车蒲轮迎接枚乘，遇到主父偃而赞叹不已。于是群臣羡慕向往，有奇异才能之士一齐出现。卜式选拔于割草牧羊之人，桑弘羊选拔于商贩之辈，卫青发迹于奴仆，金日磾来自于投降的俘虏。他们也都像昔日傅说、宁戚那样，出身于筑墙养牛之辈呀！汉朝得到贤人之多，在这一时期达到了顶点。论儒雅，则有公孙弘、董仲舒、儿宽；论忠厚，则有石建、石庆；论朴实正直，则有汲黯、卜式；论推举贤才，则有韩安国、郑当时；论制定政令，则有赵禹、张汤；论文章辞采，则有司马迁、司马相如；论能言善辩，则有东方朔、枚皋；论交际酬答，则有严助、朱买臣；论历法计算，则有唐都、洛下闳；论协和音律，则有李延年；论国事策划，则有桑弘羊；论奉命出使，则有张骞、苏武；论领兵率军，则有卫青、霍去病；论接受遗诏（辅佐幼帝），则有霍光、金日磾。其余人才多得不能一一列举。因此这一时期兴建的功业、制定的法度、留传的文章，后世没有能赶上的。宣帝继承大统后，继承、整治前朝大业，亦讲论礼、乐、射、御、书、数六艺，招纳选用才德出众之士。于是，萧望之、梁丘贺、夏侯胜、韦玄成、严彭祖、尹更始等人，以儒家的学术思想而被任用；刘向、王褒，以其文章显扬于世；将相人才，则有张安世、赵充国、魏相、丙吉、于定国、杜延年；善于治理民事的，则有黄霸、王成、龚遂、郑弘、召信臣、韩延寿、尹翁归、赵广汉、严延年、张敞一类人物。他们都有功勋业绩为后世所称述。考察宣帝的这些名臣，比武帝时期的又要稍差一些。

严助，会稽人也。建元三年，闽越举兵围东瓯，东瓯告急。太尉田蚡以为越人相攻击，其常事，又数反覆，不足烦中国往救也，自秦时弃不属。于是助诘蚡曰："特患力不能救，德不能覆，诚能，何故弃之？且秦举咸阳弃之，何但越也！"上乃遣助以节发兵，浮海救东瓯，遣两将军将兵诛闽越。淮南王安上书谏曰："今闻有司举兵，将以诛越，臣安窃为陛下重之。越，方外之地，劗发文身之民也，不可以冠带之国法度治也。三代之盛，胡越不与受正朔，非强弗能服、威弗能制也，以为不居之地、不牧之民，不足以烦中国也。自汉初定以来七十二年，吴越人相攻击者，不可胜数，然天子未尝举兵而入其地也。臣闻越非有城郭邑里也，处溪谷之间，篁竹之中，习于水斗，便于用舟，地深昧而多水险，中国之人，不知其势阻，虽百不当一。得其地，不可郡县也；攻之，不可暴取也。以地图察其山川要塞，相去不过寸数，而间独数百千里，阻险林丛，弗能尽著，视之若易，行之甚难。越人名为藩臣，贡酎之奉，不输大内〔越国僻远，珍奇之贡，宗庙之祭，皆不与也。大内，都内也〕；一卒之用，不给上事。自相攻击，而陛下以兵救之，是反以中国而劳蛮夷也。越人愚戆轻薄，负约反覆，其不用天子之法度，非一日之积也。壹不奉诏，举兵诛之，臣恐后兵革无时得息也。间者数年，岁比不登，赖陛下德泽振救之，得毋转死沟壑。今发兵行数千里，资衣粮，入越地，舆轿而逾领〔轿，竹舆（旧无竹舆二字，补之）车也。领，山岭也。不通车，运转皆担舆也〕，拖舟而入，水行数百千里，夹以深林丛竹，水道上下击石，林中多蝮蛇猛兽，夏月暑时，欧泄霍乱之病相随属也，曾未施兵接刃，死伤者必众矣。前时南海王反，陛下先臣使将军间忌将兵击之〔先臣，淮南厉王长也〕，会天暑多雨，楼船卒水居击棹，未战而病死者过半。亲老哭泣，孤子啼号，破家散业，迎尸千里之外，裹骸骨而归。悲哀之气，数年不息，长老至今以为记。曾未入其地，而祸已至此矣。臣闻军旅之后，必有凶年。陛下德配天地，明象日月，恩至禽兽，泽及草木，一人有饥寒，不终其天年而死者，为之凄怆于心。今方内无狗吠之警，而使陛下甲卒死亡，暴露中原，沾渍山谷，边境之民，为之早闭晏开，朝不及夕，臣安窃为陛下重之。不习南方地形者，多以越为人众兵强，能难边城〔为边城作难也〕。臣窃闻之，与中国异。限以高山，人迹绝，车道不通，天地所以隔外内也。且越人绵力薄材，不能陆战，又无车骑弓弩之用，然而不可入者，以保险。而中国之人，不能服其水土也。兵未血刃，而病死者什二三，虽举越国而虏之，不足以偿所亡。臣闻道路言，闽越王弟甲弑而杀之，甲以诛死，其民未有所属。陛下使重臣临存，施德垂赏，以招致之，此必委质为藩臣，世供贡职。陛下以方寸之印，丈二之组，镇抚方外，不劳一卒，不顿一戟，而威德并行。今以兵入其地，此必震恐，以有司为欲屠灭之也，必雉兔逃入山林险阻。背而去之，则复相群聚；留而守之，历岁经年，则士卒疲倦，食粮乏绝。男子不得耕稼树种，妇人不得纺绩织纴；丁壮从军，老弱转饷，居者无食，行者无粮。民苦兵事，亡逃者必众，随而诛之，不可胜尽，盗贼必起。兵者凶事，一方有急，四面皆从。臣恐变故之生、奸邪之作，由此始也。《周易》曰：‘高宗伐鬼方，三年而克之。’鬼方，小蛮夷；高宗，殷之盛天子也。以盛天子伐小蛮夷，三年而后克，言用兵之不可不重也。臣闻天子之兵，有征而无战，言莫敢校也。如使越人蒙死侥幸，以逆执事之颜行〔在前行，故曰颜也〕，厮舆之卒，有一不备而归者，虽得越王之首，臣犹窃为大汉羞之。陛下四海为境，九州为家，八薮为囿，江汉为池，生民之属，皆为臣妾。陛下垂德惠，以覆露之，使元元之民，安生乐业，则泽被万世，施之无穷，天下之安，犹泰山而四维之也。夷狄之地，何足以为一日之间，而烦汗马之劳乎？”是时，汉兵遂出逾岭，适会闽越王弟余善杀王以降，汉兵罢。上嘉淮南之意。

【译文】

严助，会稽郡人。建元三年，闽越两国起兵包围了东瓯，东瓯向汉朝告急求援。太尉田蚡认为越人之间的互相征伐是经常发生的事，多次动乱，不须动用汉朝的力量去救援，且其从秦朝时已被舍弃而不隶属于中原。于是严助质问田蚡说：“那时只是忧虑兵力不足以相救，恩德不足以覆盖，如果能的话，为什么会放弃它？况且秦朝连整个咸阳都放弃了，何止是越地呢！”武帝于是派严助持符节发兵，渡海去救援东瓯，派两位将军领兵讨伐闽越。淮南王刘安上书说：“现在听到有关官员起兵，将要讨伐闽越。臣刘安私下认为陛下应慎重。越，是方域以外的地方，是剪发文身（未开化）的人，不可以用文明之国的法度去治理。在夏商周三代的强盛时期，胡越就不接受中原的历法，按当时的强大，不是不能降服它们，按当时的威力，不是不能控制它们，而是认为对那样不能居住的地方、难以统治的人民，不值得烦劳中原之国去占据。从汉朝建国以来七十二年，吴越人之间互相攻击的事多得无法计算，可是皇帝并未曾起兵而进入该地。臣听说越没有城郭邑里，人民居住在河流山谷之间、竹林之中，习惯于在水里打斗，很会驾驶舟船，其地区山深谷暗且多水险，中原之人不熟悉其地形险阻，即使有一百人也抵不过其一人。占了他们的地方，不能够设置郡县；攻伐他们，不能使用强力去夺取。从地图上察看那里的山川要塞，距离不过一寸多，但实际岂止数百里、上千里呢，且险阻丛林未能全部画出。看起来进攻很容易，实际攻打起来却很困难。越人名义上是藩臣，但进贡之物和宗庙祭品却不送至国都，连一个兵卒的费用也不供奉给朝廷。他们自相攻击而陛下却发兵救援，这反而是以中国之财去慰劳蛮夷。越人愚笨轻薄，反复违背和约，他们不用天子的法度，是长期形成的积习。如果一次不听从诏命，就发兵讨伐，我恐怕以后的战争是不会停止的了。再者，国内连年收成不好，都仰仗陛下施加恩泽来赈济，百姓才得以不背井离乡而死于沟壑。现在发兵行数千里，携带军需进入越地，抬着竹车翻山过岭，拖着舟船渡河下水，行军千百里，穿越于深林丛竹之中，水路上下在石头上碰碰撞撞，林中多有毒蛇猛兽，夏季暑天，呕吐腹泻霍乱等疾病随时都会发生，还没有与敌人相遇，死伤便肯定会很多。以前南海王反叛，陛下已故的臣子淮南王刘长派将军简忌领兵征讨，恰逢暑天多雨，楼船的士卒在水中推船，还没有打仗，病死者已过半数。父老哭泣，孤子哀号，破家散业，去到千里之外搬尸，收殓骨骸回来。那种悲哀的气氛，几年都未曾消去，年长的人至今都还记得。还没有进入敌人领地，灾祸已到这种程度。我听说战争之后必有灾荒之年。陛下恩德可配天地，明察有如日月，恩至禽兽，惠及草木，若一个人因有饥寒不能终其天年而死去，都为之心中伤悲。现在国内安静得连一点小惊忧都没有，却让陛下的甲胄士卒死亡，暴尸中原大地，血染山谷，边城的老百姓也因此早早关门、迟迟开门，朝不保夕，臣刘安私下替陛下担心。不熟悉南方地理与形势的人，大多认为越国是个人多兵强的地方，有能力在边城发难。臣私下听说，它和中原情况不同。高山阻隔，人迹罕到，车道不通，天地以此来隔绝边外和边内。而且越人力气小，才能低，不能进行陆战，又没有车骑弓弩可用，然而他人不便侵入的原因，是因地形险要。而中原的人是不习惯其水土，战士还没有作战，因病死亡的人数就可达十分之二三，即使把整个越国人都俘虏了，也不够补偿所死亡的士卒。臣听到过路之人传言，闽越王的弟弟甲杀死国君，甲又因此被杀，闽越国的老百姓也没有了归属。陛下若派重臣前往抚慰，施予恩德给以赏赐来招安他们，越国必然会委派人质，做汉朝的藩臣，世代来向朝廷进贡。陛下只用方寸大的印玺、丈二长的佩印的丝带，就可安抚方外之地，不劳一兵一卒，不费一刀一枪，而使威德并行。现在如起兵进入闽越之地，这样必然使其震动、恐惧，认为汉室有关官长要屠杀、消灭他们，必然像野鸡狐兔一样逃进山林险阻之处。汉军离此而去，他们又会群聚而出。若留兵驻守，年复一年，就会使士卒疲倦、食粮乏绝，致使男子不能耕地播种，妇女不得纺绩织布，年轻力壮者参军，老弱之人转运军饷，留在地方的无食，当兵远征的无粮。老百姓苦于战事，逃亡的人必然很多，就是随意处死他们，也是杀不完的，故盗贼必然会兴起。打仗是凶事，一个地方军情紧急，四方都会跟从。我恐怕变故的出现、奸邪的产生，就从此开始了。《周易》说：‘商朝高宗讨伐鬼方，历时三年才将它攻克。’鬼方，是个很小的蛮夷之国；高宗，是殷商的英明天子。以英明天子讨伐小小蛮夷，三年才攻克，说明用兵不可不慎重考虑啊。臣听说天子的用兵是有征讨但往往没有实际交战，意思是说没有人敢与之对抗。如果越人冒死出战、企图偶然获胜，来迎击主帅的先头部队，使我军哪怕是驾车的小卒有一个因无防备而归降了敌人，即使取得了越王的脑袋，臣私下也会为大汉王朝感到羞辱。陛下以四海为边境，以九州为家室，以八大湖沼为畜苑，以长江汉水为池塘，所有的生民都是臣妾。陛下施予恩惠来养育他们，使众多百姓安于生计，乐其职业，就会使万世蒙受恩泽，延续无穷，从而使天下的安定像泰山那样稳固而又四面连接一样。对夷狄之地，怎能因为一时的隔阂，而烦扰于征战的劳苦呢？”这时候，汉朝军队已经开出，越过山岭，适逢闽越王兄弟余善杀死了闽越王而投降，汉军罢兵。武帝嘉许淮南王的这一番意见。

吾丘寿王，字子赣，赵人也。丞相公孙弘奏言：“民不得挟弓弩（旧无民不得挟弓弩六字，补之）。十贼彍弩，百吏不敢前，害寡而利多，此盗贼所以繁也。禁民不得挟弓弩，则盗贼执短兵，短兵接则众者胜。以众吏捕寡贼，其势必得盗贼。有害无利，则莫犯法。臣愚以为，禁民无得挟弓弩便。”上下其议，寿王对曰：“臣闻古者作五兵，非以相害，以禁暴讨邪。安居则以制猛兽，而备非常；有事则以设守卫，而施行陈。及至周室衰微，诸侯力政，强侵弱，众暴寡，海内抗弊，巧诈并生，是以智者陷愚，勇者威怯，苟以得胜为务，不顾义理。故机变械饰，所以相贼害之具，不可胜数。秦兼天下，废王道，立私议，去仁恩，而任刑戮，堕名城，杀豪杰，销甲兵，折锋刃。其后民以耰鉏箠挺相挞击，犯法滋众，盗贼不胜，至于赭衣塞路，群盗满山，卒以乱亡。故圣王务教化，而省禁防，知其不足恃也。今陛下昭明德，建太平，举俊材，兴学官，宇内日化，方外乡风，然而盗贼犹有者，郡国二千石之罪，非挟弓弩之过也。《礼》曰：‘男子生，桑弧蓬矢以举之。’明示有事也。大射之礼，自天子降及乎庶人，三代之道也。愚闻圣王合射以明教，未闻弓矢之为禁也。且所为禁者，为盗贼之以攻夺也。攻夺之罪死，然而不止者，大奸之于重诛固不避也。臣恐邪人挟之，而吏不能止，良民以自备，而抵法禁，是擅贼威而夺民救也。窃以为无益于禁奸，而废先王之典，使学者不得习行其礼，不便。”书奏，上以难丞相弘，弘诎服焉。

【译文】

吾丘寿王，字子赣，赵国人。丞相公孙弘上书说：“现应当不准百姓持有弓弩。有十个盗贼张满弓弩，一百个官役也不敢向前，这样对他们伤害少而好处多，这是盗贼所以发展得多的原因啊。禁令老百姓不得持有弓弩，那么盗贼就只能手持短武器，短武器相对接，人多者就可获胜。以众多的官役捕捉比较少的盗贼，结果一定会将盗贼擒获。盗贼有害无利，就没有人敢犯法。臣的愚见，认为禁止老百姓持有弓弩为好。”皇上把这个奏议交下边讨论。寿王对答说：“臣听说，古时候制造矛、戟、弓、剑、戈等五种兵器，不是用来互相伤害，而是用来禁止暴乱、讨伐叛逆。平时就用来捕杀猛兽以防不测，有战事就用来武装守卫、布设行列军阵。到了周王朝衰落，诸侯竭力征讨，兵强者欺侮兵弱者，兵多者伤害兵少者，海内争相为害，奸巧欺诈并生。因此，聪明的陷害愚昧的，勇悍的威胁怯懦的，不择手段，以取得胜利为要务，不顾道义公理。弓弩机关改进，武器修饰，用来互相伤害的器械不可胜数。秦朝兼并天下后，废除王道，兴立自己的政治主张，抛开仁爱恩义而滥用刑戮，毁名城，杀豪杰，销毁武器，损折锋刃。从那以后，老百姓用锄头、马鞭、棍棒互相打斗，犯法的人越来越多，盗贼不可胜数，以至到了穿罪服的犯人站满道路，群寇满山遍野，终于因此而亡国。所以圣明的君主致力于教化而减少禁防举措，是知道凭借禁止、防范是靠不住的。当今陛下昭示明德，建立太平，选拔贤材，兴办学府，国内一天天受到教化，方域之外也趋向其风气，可是仍然还有盗贼，其原因在于郡国食邑二千石官吏的罪责，不是因持有弓弩的过错啊。《礼记》说：‘生下男孩，让他用桑木作弓、蓬草作箭来玩耍。’明确表示国家会有战事。实行习射弓箭的仪礼，从天子到平民百姓，是夏、商、周三代的做法啊。臣听说圣明的君主把习射弓箭也算在宣扬教化之内，却没有听说把弓箭列为禁止之事。况且所以要禁止的，是因为盗贼用它来抢劫掠夺啊。凡抢劫掠夺按罪要判处死刑，然而却禁止不了，那是因为非常邪恶之人对于重刑本来就不打算躲避。臣担心奸邪之人持有弓弩而官吏不能禁止，良民用它来自己防备却触犯法禁，这是助长了贼盗的威势而剥夺了良民自救的权利啊。我私下认为这无益于禁止奸邪，而且废止了先王的制度，使学习者不能学习、行使先王的仪礼。这样的做法不好。”这封奏书上达后，武帝用以责难公孙弘，公孙弘为之折服。

主父偃，齐国人也。上书阙下。所言九事，其八事为律令，一事谏伐匈奴。曰：“臣闻国虽大，好战必亡；天下虽平，忘战必危。天下既平，春搜秋狝，所以不忘战也。且怒者逆德也，兵者凶器也，争者末节也，故圣王重之。夫务战胜，穷武事，未有不悔者也。昔秦皇帝任战胜之威，并吞战国，海内为一，功齐三代，务胜不休，欲攻匈奴。李斯谏曰：‘夫匈奴，无城郭之居、委积之守，迁徙鸟举，难得而制。轻兵深入，粮食必绝；运粮以行，重不及事。得其地，不足以为利；得其民，不可调而守也〔不可和调〕。胜必弃之，非民父母，靡弊中国，甘心匈奴，非完计也。’秦皇帝不听，遂使蒙恬将兵而攻胡，却地千里，以河为境，发天下丁男，以守北河。暴兵露师十有余年，死者不可胜数，终不逾河而北。是岂人众之不足、兵革之不备哉？其势不可也。又使天下飞刍挽粟，转输北河，率三十钟而致一石，男子疾耕，不足于粮饷，女子纺绩，不足于帷幕。百姓靡弊，孤寡老弱，不能相养，道死者相望，盖天下始叛也。及至高皇帝定天下，略地于边，闻匈奴聚代谷之外，而欲击之。御史成谏曰：‘夫匈奴，兽聚而鸟散，从之如搏景，今陛下盛德攻匈奴，臣窃危之。’高帝不听，遂至代谷，果有平城之围。高帝悔之，乃使刘敬往结和亲，然后天下无干戈之事。故兵法曰：‘兴师十万，日费千金。’秦常积众数十万人，虽有覆军杀将，系虏单于，适足以结怨深仇，不足以偿天下之费也。夫匈奴行盗侵驱，所以为业，天性固然。上自虞夏殷周，禽兽畜之，不比为人。夫不上观虞夏殷周之统，而下循近世之失，此臣之所以大恐，百姓所疾苦也。且夫兵久则变生，事苦则虑易。使边境之民，靡敝愁苦，将吏相疑而外市〔与外国交市，若章邯之比也〕，故尉他、章邯得成其私，此得失之效也。”书奏，召见，乃拜为郎中。偃数上疏言事，岁中四迁。偃说上曰：“古者诸侯地不过百里，强弱之形易制。今诸侯或连城数十，地方千里，缓则骄奢，易为淫乱，急则阻其强而合从，以逆京师。今以法割削，则逆节萌起，前日晁错是也。今诸侯子弟或十数，而嫡嗣代立，余虽骨肉，毋尺地封，则仁孝之道不宣。愿陛下令诸侯得推恩分子弟，以地侯之。彼人人喜得所愿，上以德施，实分其国，必稍自销弱矣。”于是上从其计。

【译文】

主父偃，齐国人。曾向皇上上书，所说的九件事，其中有八件都是有关律令的，有一件是劝止征伐匈奴的。他说：“臣听说国家虽大，好战必亡；天下即使太平，忘战必然危殆。天下已经平安，还春天整休军队，秋天操练士卒，就是为了不忘记战争。再说恼怒是违背道德的，兵器是杀人伤人的器具，争夺是治国中的小事，所以圣明的君主对此非常慎重。致力于战胜他人，穷兵黩武，没有不招致追悔的。从前秦始皇凭借战胜的威力，并吞了六国，使海内统一，其功业和夏、商、周三代等同。他无休止地追求战争胜利，想攻伐匈奴，李斯曾进谏说：‘匈奴没有城邑用来居住，没有蓄积的粮物可守，随处迁徙，如鸟一样飞来飞去，是难以俘获和制服的。轻兵深入，粮食必然接济不上；携运粮食前进，会因负重而贻误战事。夺得了他们的土地，不会有什么利益；俘获了他们的人民，也不能调合并保住他们。战胜了又必定会抛弃，这也不是民之父母的所为。使中原民生凋敝，却使匈奴快意，这不是完好的谋略。’秦始皇不听李斯的劝阻，遂派蒙恬领兵攻打匈奴，使其退却千里，遂以黄河为边界，调派天下丁男戍守北河。军队在外蒙受风日霜露十余年，死的人难以计数，但始终未能越过黄河向北挺进。这难道是因为人力不足、军备不完善吗?是客观形势不合宜啊!此外，让天下老百姓飞速拉运粮草，转送到黄河北段，大概是发运三十钟粮而运到的仅有一石。男子拼命耕种满足不了粮饷的需要，妇女日夜纺织满足不了军队的需求，老百姓贫困凋蔽，孤寡老弱的人得不到赡养，道路上病饿而死者相望不绝，天下人开始反叛。等到高皇帝平定天下，夺取边界之地，听说匈奴聚集在代谷之外，便想去攻打。御史成进谏说：‘匈奴的习性，好像鸟兽的聚散一样，追赶他们就像捕捉影子。现在陛下以旺盛的气势去攻打匈奴，臣私下认为这是很危险的。’高皇帝不听劝告，于是率军到达代谷，结果发生了被围困于平城的事件。高皇帝很觉后悔，于是派遣刘敬前往匈奴缔结和亲，然后天下才没有了动用干戈之事。所以兵法上说：‘兴师十万，日费千金。’秦朝当年经常在边地驻兵民数十万人，虽然也有过歼灭敌军、斩杀敌将、俘虏单于之功，但恰恰会因此造成并加深仇恨，而不能够抵偿国家用于战争的耗费。匈奴行盗，侵扰边境，追夺人畜，以此作为谋生手段，其天性本来如此，上到虞、夏、殷商时代，从来就把他们当禽兽畜养，不与人同等看待。如果不上观虞夏、殷、周的传统纲纪，而沿袭近世以来的失误，这是臣之所以大为担忧的事，也是老百姓所埋怨苦恼的事啊。况且出兵在外时间一长就会发生变乱，所做的事情太苦人们就会变心。结果弄得边境之民贫困凋敝而愁苦，将吏相互猜疑而对外暗做交易以牟利，所以尉佗、章邯就能实现他们的私欲，这些都是得失的证明啊!”这个奏书呈上后，主父偃被皇上召见，且封他为郎中。他多次上疏言事，一年之中四次升官。主父偃进言说：“古代的诸侯国土地不过百余里，强弱的形势容易控制。而今的诸侯有的连城数十座，地方千里。对他们宽松，他们就骄奢，并容易导致风气不正，道德败坏；一旦其形势危急，就会倚仗其强大而联合起来反叛朝廷。假如要以法分割、削弱其势力，他们就会萌生反叛的思想，不久前晁错(主张削藩引起七国之乱)事件就是这样的例子啊。现在诸侯王的子弟有的多达十多个，而只有嫡长子世代嗣位，其余的人虽说也是骨肉之亲，却没有尺寸之地的封国，就使得仁孝之道不能宣扬。希望陛下让诸侯拓展其皇族恩德，分恩于所有子弟，给予封地，作为侯爵，让他们人人欢喜地得到其所希望的。就皇帝而言，既施予了恩德，实际上也是分割了诸侯王的封国，这就必然会使其逐渐、自然地削弱势力了。”武帝听从了主父偃的这一谋略。

徐乐，燕人也。上书曰：“臣闻天下之患，在于土崩，不在瓦解，古今一也。何谓土崩？秦之末世是也。陈涉无千乘之尊，身非王公大人名族之后，非有孔曾墨子之贤、陶朱猗顿之富。然起穷巷，奋棘矜，偏袒大呼，天下从风，此其故何也？由民困而主不恤，下怨而上不知，俗以乱而政不修。此三者，陈涉之所以为资也。此之谓土崩。故曰：‘天下之患，在乎土崩。’何谓瓦解？吴、楚、齐、赵之兵是也。七国谋为大逆，号皆称万乘之君，带甲数十万，威足以严其境内，财足以劝其士民，然不能西攘尺寸之地，而身为禽于中原者，此其故何也？非权轻于匹夫，而兵弱于陈涉也。当是之时，先帝之德未衰，而安土乐俗之民众，诸侯无境外之助。此之谓瓦解。故曰：‘天下之患，不在瓦解。’由此观之，天下诚有土崩之势，虽布衣穷处之士，或首难而危海内，况三晋之君或存乎？天下虽未治也，诚能无土崩之势，虽有强国劲兵，不得还踵，而身为禽也，况群臣百姓，能为乱乎？此二体者，安危之明要，贤主之所留意而深察也。间者，关东五谷数不登，年岁未复，民多穷困，重之以边境之事，推数循理而观之，民宜有不安其处者矣。不安故易动，易动者，土崩之势也。故贤主独观万化之原，明安危之机，修之庙堂之上，而销未形之患也。其要，期使天下无土崩之势而已矣。臣闻图王不成，其弊足以安。

安则陛下何求而不得、何威而不成、奚征而不服哉？”

【译文】

徐乐，燕国人。他上书说：“臣听说天下的祸患在于土崩，不在于瓦解，古今的道理是一样的。什么是‘土崩’？秦末的情况就是。陈涉没有诸侯那样的尊贵，本人也不是王公大臣、名门望族的后代，没有孔子、曾子、墨子那样的贤能和陶朱、猗顿那样的富有。然而他起义于穷巷，奋举戟柄，袒露右臂，大呼一声而天下闻风响应，这其中的缘故是什么呢？是由于人民穷困而君主却不加体恤，下面怨声载道而上边却不知情，社会风气已混乱而政事仍不加整治。这三条是陈涉所凭借的客观条件。这就叫‘土崩’。所以说天下的祸患在于‘土崩’。什么叫‘瓦解’？吴、楚、齐、赵等诸侯国起兵作乱就是。吴楚七国图谋进行反叛，都号称为万乘之君，拥有军队数十万人，威力足以整饬其国内，财力足以奖励其士民，可是他们不能西进而夺得尺寸之地，且自身被擒于中原地区。这其中的缘故是什么呢？不是他们的权势比不上常人，也不是他们的兵力比陈涉弱，而是因为在那个时候，先帝的恩泽还未衰减，安守故土、乐其习俗的百姓很多，诸侯没有封国境外的援助。这就叫‘瓦解’。所以说天下的祸患不在于瓦解。由此来看，天下如果真的有土崩之势，即使是身穿布衣、身处陋巷之人，只要有人带头发难，就可危及海内，何况韩、赵、魏三晋之君还有在世的呢？天下虽然尚未太平，但如果没有土崩之势，即使有强国劲兵起来造反，还来不及转身撤退，他们就会被擒，何况群臣百姓？他们能造成动乱吗？这两个根本问题，是关系国家安危的明显的关键，贤明的君主对此应该有所留意而深察呀！近来关东五谷连年欠收，年景没有好转，百姓大多穷困，再加上边境的战事，推究规律，按常理来看，老百姓应该有不安于其处境的了。不安便容易骚动，容易骚动，就是土崩之势呀！所以贤明的君主特别要看到万物变化的本源，明察安危的关键，整治于朝廷之上，而消除尚未显露的祸患。其大要，就是要想办法使天下无土崩之势而已。臣听说谋求王道即使不成，但最差的结果也还可以保持天下安定。只要天下安定，那么陛下还有什么期求不能得到、什么威严不能实现、征伐哪个而不能制服他呢？”

严安，临菑人也。以故丞相史上书曰：“臣闻邹子曰：‘政教文质者，所以云救也。当时则用，过则舍之，有易则易之。故守一而不变者，未睹治之至也。’秦王并吞战国，称号皇帝，壹海内之政，坏诸侯之城。民得免战国，人人自以为更生。乡使秦缓其刑罚，薄赋敛，省徭役，贵仁义，贱权利，上笃厚，下佞巧，变风易俗，化于海内，则世世必安矣。秦不行是风，循其故俗，为智巧权利者进，笃厚忠正者退，法严令苛，谄谀者众，日闻其美，意广心逸，欲威海外。当是时，秦祸北构于胡，南挂于越，宿兵无用之地，进而不得退。行十余年，丁男被甲，丁女转输，苦不聊生，自经于道树，死者相望。及秦皇帝崩，天下大叛，豪士并起，不可胜载也。然本皆非公侯之后，无尺寸之势，起闾巷，杖棘矜，应时而动，不谋而俱起，不约而同会，至乎伯王，时教使然也。秦贵为天子，富有天下，灭世绝祀，穷兵之祸也。故周失之弱，秦失之强，不变之患也。今徇南夷，朝夜郎，降羌僰，略秽州〔东夷也〕，建城邑，深入匈奴，燔其龙城，议者美之。此人臣之利，非天下之长策也。今中国无狗吠之警，而外累于远方之备，靡弊国家，非所以子民也；行无穷之欲，甘心快意，结怨于匈奴，非所以安边也；祸挐而不解，兵休而复起，近者愁苦，远者惊骇，非所以持久也。今天下锻甲磨剑，矫箭控弦，转输军粮，未见休时，此天下所共忧也。夫兵久而变起，事烦而虑生。今外郡之地，或几千里，列城数十，带胁诸侯，非宗室之利也。上观齐晋所以亡，公室卑削，六卿大盛也；下览秦之所以灭，刑严文刻，欲大无穷也。今郡守之权，非特六卿之重也；地几千里，非特闾巷之资也；甲兵器械，非特棘矜之用也。以逢万世之变，则不可胜讳也。”天子纳之。

【译文】

严安，临菑人，通过原丞相史的身份上书说："臣闻知《邹子》上说：'政治与教化、文华与质朴，因为说的是救世的问题，合乎时势就采用，过时就应舍弃，有应改的地方就改动。所以坚持一种观念而不加改变的，从没有看到其治理得极好的局面。'秦王并吞列国，号称皇帝，统揽四海的政权，毁坏诸侯国的都城，民众才得免于战国纷争，人人自以为重获新生。假使秦朝宽松其刑罚，减轻赋敛，减少徭役，尊崇仁义，看轻权利，崇尚笃厚，鄙弃佞巧，移风易俗，教化施于海内，那么世世代代就必然安定了。但是秦朝不实行这样的教化，仍然沿袭旧日的习俗，使玩弄智巧权力的人入朝，将笃厚忠正的人贬退，法令严厉苛刻，谄媚奉承者众多，皇帝每天听到的尽是赞美之辞，志得意满，想入非非，还想使威风显扬于海外。那时，秦朝的祸患是北方结怨于匈奴，南方结仇于越人，驻兵于无用之地，只能进军而不能撤退。这样经历了十多年，丁男披甲打仗，丁女转运军需，人民感到苦不聊生，上吊于路边树上而死的人接连不断。等到秦始皇死去，天下到处反叛，豪杰并起，不可胜记。然而，他们本来都不是公侯的后代，也没有丝毫的权势，起自闾巷，手持棍棒，应时而动，不加商议而共同造反，没有约定而同时会合，以至于称王称霸，这都是当时的政教导致的。秦朝皇帝贵为天子，富有天下，然而终于亡国绝祀，都是由于穷兵黩武造成的祸害啊。所以说周代失之于软弱，秦朝失之于强盛，都是不能因时变通而造成的祸患。现在朝廷带兵巡行南夷，让夜郎国来朝贺，使羌、僰火降服，夺取秽州(东夷之地)并在那里建设城邑，深入匈奴之境并烧掉他们的龙城，评论者都予以赞美。这些只对臣子们有利，而不是国家的长远之策。现在汉朝没有一点小惊忧，对外却被远方的军备所累，使国家凋敝衰败，这不是用来养育人民的做法。为满足无穷无尽的欲望而行事，只图称心快意，和匈奴结怨，这不是用来安定边境的办法。战祸纷乱而不能消除，军队撤回而又出动，近者愁苦，远者惊骇，这绝非长治久安的良策。现在天下的老百姓要锻造铠甲，磨砺刀剑，矫正、练习弓箭，转运军粮，从没有看到休止的时候，这些都是天下人所共同忧虑的事啊。用兵时间长了就会引起变乱，事情繁杂了就会产生疑虑。现在边地属郡之地，有的将近千里，排列着数十座城邑，围绕并威胁着附近的诸侯王国，这对皇室是不利的。上观齐、晋灭亡的原因，在于公室衰微，而六卿过于强盛；下看秦朝灭亡的原因，在于刑罚严酷，法令苛刻，欲望大而无穷。现在郡守手中的权力，不只是像六卿那么大；所占土地几千里，不是仅有闾巷中的资产；武器装备，不只是棍棒那样的效用。如碰到后世天下变乱的机会，那就不便尽数避忌之言了。”天子采纳了这个奏言。

贾捐之，字君房，贾谊之曾孙也。元帝初，珠崖又反，发兵击之，诸县更叛，连年不定。上与有司议大发军，捐之建议，以为不当击。上使侍中王商诘问捐之曰：“珠崖内属为郡久矣，今背叛逆节，而云不当击，长蛮夷之乱，亏先帝功德，经义何以处之？”捐之对曰：“孔子称尧曰‘大哉’、韶曰‘尽善’、禹曰‘无间’。以三圣之德，地方不过数千里，欲与声教则治之，不欲与者不强治也。故君臣歌德，含气之物，各得其宜。武丁、成王，殷周之大仁也，然地东不过江、黄，西不过氐、羌，南不过蛮荆，北不过朔方。是以颂声并作，视听之类，咸乐其生，越裳氏重九译而献，此非兵革之所能致。及其衰也，南征不还，秦兴兵远攻，贪外虚内，务欲广地，不虑其害，而天下溃叛。赖圣汉初兴，平定天下。至孝文皇帝，闵中国未安，偃武行文，则断狱数百，民赋四十，丁男三年而一事。时有献千里马者，诏曰：‘鸾旗在前，属车在后，吉行日五十里，师行三十里，朕乘千里之马，独先安之？’于是还马，与道里费，而下诏曰：‘朕不受献也，其令四方无求来献。’当此之时，逸游之乐绝，奇丽之赂塞，故谥为孝文，庙称太宗。至孝武皇帝，太仓之粟，红腐而不可食；都内之钱，贯朽而不可校。乃探平城之事，录冒顿以来数为边害，籍兵厉马，因富民以攘服之。西连诸国，至于安息；东过碣石，以玄菟乐浪为郡；北却匈奴万里，制南海以为八郡。则天下断狱万数，民赋数百，造盐铁酒榷之利，以佐用度，犹不能足。当此之时，寇贼并起，军旅数发，父战于前，子斗于后，女子乘亭鄣，孤儿号于道，老母寡妇，饮泣巷哭，遥设虚祭，想魂乎万里之外。淮南王盗写虎符，公孙勇等诈为使者，是皆廓地泰大、征伐不休之故也。今天下独有关东，关东大者独有齐楚，民众久困，连年流离，离其城郭，相枕席于道路。人情莫亲父母，莫乐夫妇，至嫁妻卖子，法不能禁，义不能止，此社稷之忧也。今陛下不忍悁悁之忿，欲驱士众挤之大海之中，快心幽冥之地，非所以救助饥馑，保全元元也。骆越之人，父子同川而浴，与禽兽无异，本不足郡县置也。独居一海之中，多毒草虫蛇水土之害，人未见虏，战士自死。又非独珠崖有珠犀瑇瑁也。弃之不足惜，不击不损威。其民譬犹鱼鳖，何足贪也！臣窃以往者羌军言之，暴师曾未一年，兵出不逾千里，费四十余万万，大司农钱尽，乃以少府禁钱续之。夫一隅为不善，费尚如此，况于劳师远攻，亡士无功乎！求之往古则不合，施之当今又不便。臣愚以为非冠带之国、《禹贡》所及、《春秋》所治，皆可且无以为。愿遂弃珠崖，专用恤关东为忧。”对奏，丞相于定国以为捐之议是。上乃从之。遂下诏曰：“珠崖虏杀吏民，背叛为逆，今议者或言可击，或言可守，或欲弃之，其指各殊。朕日夜惟思议者之言，羞威不行，则欲诛之；狐疑避难，则守屯田；通于时变，则忧万民。夫万民之饥饿，与远蛮之不讨，危孰大焉？且宗庙之祭，凶年不备，况避不嫌之辱哉！今关东大困，仓库空虚，无以相赡，又以动兵，非特劳民，凶年随之。其罢珠崖郡。”捐之数召见，言多纳用。时中书令石显用事，捐之数短显，以故不得官，后稀复见。

【译文】

贾捐之，字君房，是贾谊的曾孙。元帝初年，珠崖郡又反叛了，朝廷发兵去征讨。其他一些郡县也跟着反叛，连年不能平定。元帝和有关官员商议准备大规模地出动军队。贾捐之建议，认为不应当去攻打。皇帝派遣侍中王商质问捐之说：“珠崖归附汉室，作为边郡已很久了，现在背叛朝廷，不服节制，而你却说不应当发兵攻打，这是助长蛮夷的叛乱，有损先帝的功德，按经书的意旨，应当如何处置呢？”贾捐之回答说：“孔子曾经称赞唐尧说：‘伟大呀！’称赞虞舜时的韶乐说：‘尽善尽美呀！’称赞大禹说：‘没有可非议之处。’凭尧舜禹三位圣人的品德，当时辖治的地域也不过数千里，对于想接受其教化者就管理他们，不想接受其教化者就不勉强地去管理。所以君臣共同歌唱美德，使有生命的物类，各得其宜。武丁、成王，是殷周很有仁德的人，但他们统治的地域东面不超过长江、黄河下游，西边没有越过氐族、羌族，南方没有越过蛮荆之地，北边没有越过朔方之邦。因此歌颂之声四起，可以用眼睛看、可以用耳朵听的族类，都感觉活得很有意义，越裳氏的使者通过译使前来朝贺，这些都不是使用武力征讨所能办到的。等到殷周衰败了，周昭王南征未能回京，秦始皇兴兵远攻，只贪图境外而使国内空虚，一心想扩大领土，却没有考虑到这样做的危害，以至天下人像大水破堤而出一样起来反叛。幸亏大汉王朝开始兴起，平定了天下。到汉文帝时，怜惜中原百姓还没有安乐，便停止武备，施行文教，审判的案件仅有数百起，每人每年缴纳的赋税只有四十枚钱，成年男子每三年才服劳役一次。当时有人向皇帝贡献千里马，文帝颁诏说：‘鸾旗车在前先行，随班的车在后紧跟，吉日出行一天五十里，军队行军一天三十里，朕骑千里马，独自先到哪儿去呢？’于是将千里马归还，并付给献马人行程费用，又下诏书说：‘朕不接受贡献，可下令四方之人不要再请求进献了。’就在这时期，闲游的娱乐禁绝了，珍奇美丽之物的赠送杜绝了，所以后来谥号为‘孝文’，庙号称为太宗。到了武帝时，太仓的存粮，发红变色而不能吃，京都蓄存的钱币，穿钱的绳子腐朽而无法点数。于是追究高祖被围平城之事，摘抄从冒顿单于以来匈奴屡次造成的边害，征集兵士训练人马，凭借富民的资财去进攻征服匈奴。西面联合诸国，直到安息，东边越过碣石，将玄菟、乐浪划为郡国，北边使匈奴退却万余里，征服南海划分为八郡。然而却使全国判决的狱案达一万多起，人头税增加到数百钱，谋取盐、铁、酒专卖之利来资助费用开支，还是不能满足军费。这时候，贼寇遍地而起，军队频繁征发，父亲前边战死，儿子随后参战，妇女防守边疆险地的堡垒，孤儿号哭于路途，老母、寡妇在街巷里痛苦流泣，在遥远的故乡虚设灵堂祭祀，追悼千里之外的亡灵。淮南王偷盗虎符，公孙勇等人假扮使者，这些都是因为大肆开疆拓土、征伐不休的原故啊。而今天下只有关东，关东的大国只有齐、楚，那里的老百姓长时间生活困苦，连年流离失所，离开他们的城郭，在路上纵横相卧。人之常情，亲近莫过于父母，相悦莫过于夫妇，至于出卖妻子儿女，法令无法禁止，理义不能阻挡，这是国家应当忧虑的。现在陛下抑制不住忿怒之情，打算驱赶士卒坠入大海之中，使其‘快意’于幽冥之地，这绝非用以救助饥荒、保全老百姓的办法呀。骆越地方的人，父子在一条河水里洗浴，跟禽兽没有什么差别，本来就不值得在那里设置郡县。那里的人单独生活在海域之中，岛上多有毒草虫蛇和水患、土崩等灾害，人还未被俘虏，战士就已自己死亡。再者，不是仅仅珠崖有珍珠、犀角、玳瑁这些东西。放弃这类地方，不值得惋惜，不讨伐他们也不降低咱们的威望。该地的民众譬如鱼鳖，有什么值得贪求的呢？臣且从昔日对羌军作战说起吧。出师在外还不到一年，军队远征没有超过千里，耗费四十多万万，使大司农府库的钱已花完，又用少府皇宫专用的钱来接续支出。对这样僻处一隅的地方，一时决策不当，费用尚且如此，何况现在劳师远征、伤亡军士而并没有什么功效呢！探寻于往古的做法则不相符合，用在今天又很不利。以臣愚见，若不是讲究礼义的国家所为，也不是《禹贡》上所提及和《春秋》上所记述的做法，都可以暂且不要去实行。我希望当即放弃讨伐珠崖，以专心致力于体恤关东为虑。”对策奏闻后，丞相于定国认为贾捐之的建议是对的。元帝采纳了这个建议，于是颁诏说：“珠崖酋虏杀害我吏民，反叛作乱，现在参与讨论的人，有的说可以攻打，有的说可以屯守，有的建议把它放弃，大家的意向不一。朕日夜考虑建议者的话，想到汉室威严不能传布，是个羞耻，就打算讨伐它；犹豫于避免战争造成的灾难，就想保持屯田之法；想到与时变通，则忧虑万民的疾苦。那么万民的饥饿，与不讨伐远方蛮夷相比，哪个危害大呢？再说宗庙的祭祀，遭逢凶年便不能备办，何况避免使人不满的屈辱呢！现今关东十分困危，仓库空虚，没有可以供给的东西，如果再要动兵出战，不但劳民，凶荒之年也会随之而来。还是取消珠崖郡吧！”贾捐之多次被召见，他的谏言多被采纳。当时中书令石显专权，捐之多次揭露石显的短处，因此不能再做官，后来也很少再被皇上召见。

东方朔，字曼倩，平原人也。武帝即位，待诏金马门。建元二年，上始微行，北猎池阳，西至黄山，南至长杨，东游宜春，夜出夕还。后上以为道远劳苦，又为百姓所患，乃使吾丘寿王举籍阿城以南，周至以东，宜春以西，提封顷亩，及其价值，欲除以为上林苑，属之南山。寿王奏事，上大悦。朔进谏曰：“臣闻谦逊静悫，天表之应，应之以福；骄溢靡丽，天表之应，应之以异。今陛下累郎台，恐其不高；弋猎之处，恐其不广。如天不为变，则三辅之地，尽可以为苑，何必周至、鄠、杜乎！奢侈越制，天为之变，上林虽小，臣尚以为大也。夫南山，天下之大阻也，南有江淮，北有河渭，其地从汧陇以东，商雒以西，厥壤肥饶。汉兴，去三河之地，止霸产以西，都泾渭之南。此所谓天下陆海之地，秦之所以虏西戎、兼山东者也。其山出玉石，金、银、铜、铁、豫章、檀、柘，异类之物，不可胜原，此百工所取给，万民所（旧无取给万民所五字，补之）仰足也。又有粳、稻、梨、栗、桑麻、竹箭之饶，贫者得以人给家足，无饥寒之忧。故沣镐之间，号为土膏，其价亩一金。今规以为苑，绝陂池水泽之利，而取民膏腴之地，上乏国家之用，下夺农桑之业，弃成功，就败事，损耗五谷，是其不可一也。且盛荆棘之林，而长养麋鹿，广狐菟之苑，大虎狼之墟，又坏人冢墓，发人室庐，令幼弱怀土而思，耆老泣涕而悲，是其不可二也。骑驰东西，车骛南北，又有深沟大渠，夫一日之乐，不足以危无堤之舆〔不敢斥天子，故言舆〕，是其不可三也。故务苑囿之大，不恤农时，非所以强国富人也。夫殷作九市之宫〔纣于宫中设九市也〕，而诸侯叛；灵王起章华之台，而楚人散；秦兴阿房之殿，而天下乱。粪土愚臣，忘生触死，逆盛意，犯隆指，罪当万死。”上乃拜朔为大中大夫给事中，赐黄金百斤，然遂起上林苑（旧无苑字，补之）。武帝时，公主贵人多逾礼制，天下侈靡趋末，百姓多离农亩。

【译文】

东方朔，字曼倩，平原郡人。武帝即位后，做金马门待诏。建元三年，皇帝开始微服出行，北到池阳，西到黄山，南面打猎到长杨宫，东去游览宜春苑，往往是天不明就外出，晚上才能回来。此后，武帝认为路远劳苦，又为沿途所见百姓的事增添忧虑，于是就让吾丘寿王动问并登记阿城以南、周至以东、宜春以西区域内的土地面积数和地亩价值，准备把这一地盘建修为“上林苑”，使它和终南山连接起来。寿王上奏办理的情况，皇上大为高兴。东方朔却进谏说：“臣听说做人谦逊、沉静谨慎，上天就会报应，应之以福；骄横自满奢侈，上天也会报应，应之以灾异现象。现在陛下修建回廊边的高台，惟恐其不高；打猎的地方，惟恐其不广阔。如果上天不因此而示以怪异现象，那么京畿三辅所管辖的地方，都可以视为上林苑，何必圈定周至、鄠、杜之地呢！若奢侈超过规定的制度，上天就会因此而发生怪异，上林苑虽然小，臣还认为它大呢。终南山，是天下最险要的地方，南边有长江，淮河，北边有黄河、渭水，这地方从汧陇以东、商雒以西，其土壤肥沃。汉建国以后，抛弃洛阳三河之地，而在灞浐二水之西、泾渭二水之南建都，这里可说是天下物产丰富的‘陆海’之地，也是秦王朝所以能够占有西戎、兼并崤山以东地区的原因。终南山出玉石，金、银、铜、铁、樟木、檀木、柘树等珍奇之物，多得不可胜计，这些都是百工所采来供给官府、万民所仰赖其富足的东西。这里还出产粳稻、稻谷、梨、栗、桑麻、竹箭等富饶的农产品，贫穷的人以此得以人给家足，没有饥寒的愁苦。所以沣镐之间号称‘土膏’(肥得流油的土地)，其土地每亩价值一斤金子。现在将这里规划为上林苑，断绝了陂池水泽带来的利益，夺走了百姓肥沃的土地，对上使国家的财用、物资匮乏，对下使百姓丧失了农桑的产业。放弃成功之业，而趋就败坏之事，损耗减低粮食产量，这是不可规划为上林苑的第一条理由。而且扩大荆棘之丛林，来繁养麋鹿，扩展狐兔的场地，加大虎狼活动的土山，还要毁掉人家祖先的坟墓，拆毁人家居住的庐舍，使得幼弱的人产生怀念故土的思绪，年老长者泣涕悲恸，这是不可规划为上林苑的第二条理由。马队驰奔于东西，车驾纵横于南北，苑中又有深沟大渠，为了一时的快乐，不值得加高没有防护能力的车箱，这是不可规划为上林苑的第三条理由。只致力于苑囿的扩大，而不体恤农时，这不是强国富民的措施啊。殷纣王建造设有九处市场的宫室而引起诸侯背叛，楚灵王建起章华之台而楚人离散，秦始皇修建阿房宫而天下大乱。像粪土一样无用的愚臣我，忘记生命而甘冒死罪，违逆皇上盛意，冒犯最高指示，罪当万死。”武帝于是让东方朔做太中大夫给事中，赐黄金一百斤。不过还是兴建了上林苑。武帝时，皇室的公主贵人大多超越礼制，天下奢侈，追求享受，老百姓也多离开农田。

上从容问朔：“朕欲化民，岂有道乎？”朔对曰：“尧舜禹汤，文武成康，上古之事，经数千载，尚难言也，臣不敢陈。愿近述孝文皇帝之时，当世耆老，皆闻见之。贵为天子，富有四海，身衣弋绨，足履革舄，以韦带剑，莞蒲为席，衣緼无文，集上书囊，以为殿帷，以道德为丽，以仁义为准，于是天下望风成俗，昭然化之。今陛下以城中为小，图起建章，左凤阙，右神明，号称千门万户，木土衣绮绣，狗马被缋罽，宫人簪瑇瑁、垂珠玑，设戏车，教驰逐，饰文采，丛珍怪，撞万石之钟，击雷霆之鼓，作俳优，舞郑女。上为淫侈如此，而欲使民独不奢侈失农，事之难者也。陛下诚能用臣之计，推甲乙之帐〔甲乙，帐名〕，燔之于四通之衢，却走马，示不复用，则尧舜之隆，宜可与比治矣。《易》曰：‘正其本，万事理。失之毫厘，差以千里。’愿陛下留意察之。”

【译文】

皇帝闲谈时问东方朔：“朕想教化人民，有什么办法吗？”东方朔答道："尧、舜、禹、汤、文、武、成、康上古的事情，经过了几千年，是难以说清的，臣不敢胡乱陈述。愿意就近陈述孝文皇帝时的事情，这是当今年老的人都听到看到的事。文帝贵为天子，富有四海，但身着黑色粗厚丝织衣服，脚上穿生皮做的鞋子，用熟牛皮做剑带，用莞草、蒲草编成坐席，穿赤黄色衣服，且没有花纹，收集群臣上书的封袋作为殿中的帷帐，以有道德为美好，以行仁义为准则，因此天下人受其影响而形成节俭风俗，起到了明显的教化作用。现在陛下认为京都城廓小，规划修筑建章宫，左边是凤凰台，右边是神明台，号称'千门万户'；在木料和土墙上包裹着有花纹的丝织物，给狗马身上穿戴着有彩色图案的毛织品；宫人们插着瑇瑁簪子，戴着珠玑耳坠；设计出供游戏的车子，教她们追逐游戏，装饰文采，丛集珍奇；撞击万石重的大钟，敲击声如雷霆的大鼓，排练表演杂戏，训练歌舞女乐。做君王的在上边淫侈如此，却想让民间不要奢侈、不失农时，这是难以办到的事情啊！陛下若真的采用臣的策划，推倒供天子娱乐的甲帐、乙帐，在交通要道处烧掉，撤去驰逐的马匹，表示不再用它游戏，那么尧舜之世的隆盛，是应该可与它比社会太平了。《易经》上说：'端正其根本，万事都可治理好。若失之毫厘，结果就会差之千里。'希望陛下留心详察这两句话。"

朔直言切谏，上常用之。设"非有先生"之论，其辞曰："非有先生仕吴，进不称往古以厉主意，退不扬君美以显其功，默然无言者三年矣。吴王怪而问之，曰：'谈何容易！夫谈有悖于目、咈于耳、谬于心，而便于身者，或有悦于目、顺于耳、快于心，而毁于行者，非有明王圣主，孰能听之？'吴王曰：'何为其然也？中人以上，可以语上。先生试言，寡人将听焉。'先生对曰：'昔者，关龙逢深谏于桀，而王子比干直言于纣。此二臣皆极虑尽忠，闵主泽不下流，而万民骚动，故直言其失，切谏其邪者，将以为君之荣、除主之祸也。今则不然（旧无今则不然四字，补之），反以为诽谤君之行，无人臣之礼，戮及先人，为天下笑，故曰谈何容易。

是以辅弼之臣瓦解，而邪谄之人并进，遂及飞廉、恶来革等〔二人皆纣时佞臣也〕。二人皆诈伪，巧言利口，以进其身；阴奉雕琢刻镂之好，以纳其心；务快耳目之欲，以苟容为度。遂往不戒，身没被戮，宗庙崩阤，国家为墟。故卑身贱体，悦色微辞，愉愉呴呴，终无益于主上之治，则志士仁人不忍为也。将俨然作矜严之色，深言直谏，上以拂主之邪，下以损百姓之害，则忤于邪主之心。历于衰世之法，如果邪主之行，固足畏也。故曰谈何容易。于是吴王惧然易容，捐荐去几，危坐而听。先生曰：'接舆避世，箕子阳狂。此二子者，皆避浊世以全其身者也。使遇明王圣主，得赐清燕之闲，宽和之色，发愤毕诚，图画安危，揆度得失，上以安主体，下以便万民，则五帝三王之道，可几而见也。故伊尹蒙耻辱、负鼎俎以干汤，太公钓于渭之阳以见文王，心合意同，谋无不成，计无不从。深念远虑，引义以正其身，推恩以广其下，本仁祖义，裒有德，禄贤能，诛恶乱，总远方，壹统类，美风俗。此帝王所由昌也。上不变天性，下不夺人伦，则天地和洽，远方怀之，故号圣王。于是裂地定封，爵为公侯，传国子孙，名显后世，民到于今称之，以遇汤与文王也。太公、伊尹以如此，龙逢比干独如彼，岂不哀哉！故曰谈何容易。"

【译文】

东方朔直言切谏，武帝往往采纳。又作《非有先生论》，其文章中说："非有先生在吴国做官，他进见时不称颂往古之事来激励君主的意旨，退朝后不传扬君主的善行来显扬其功绩，沉默无言已有三年了。吴王觉得奇怪就询问他，非有先生说：'向君主进言很不容易呀！进言有违背君主之所见、背逆君主之所闻、不符合君主心意却对君主自身有利的，也有使君主看得喜悦、听着顺耳、心中高兴却会毁坏君主品行的。如果没有圣明的君王，谁能判断这些话呢？'吴王说：'你为什么认为是这样呢？具有中等以上才智的人，就可以与之谈论高深的道理。先生试着说说，寡人一定会认真听的。’先生对曰：‘昔日，关龙逢很深刻地劝谏夏桀，王子比干率直地向商纣进言。这两位大臣，都是竭尽思虑与忠诚，怜惜君主的恩泽不能传播到下层，以致万民骚动，所以直言君主的过失，恳切谏诤其邪恶行为的人，那是为了增加君主的荣耀、消除君主的祸患。可是今天就不是这样的，反而认为这是诽谤君主的行为，缺乏做人臣的礼节，先人也跟着受辱，为天下人所耻笑，所以说向君主进言很不容易！正是因此，辅佐君王的重臣被分裂，而那些奸邪谄媚的人一齐入朝为官，甚至连飞廉、恶来都得到了重用。这两个人都是诡诈之人，以其花言巧语、能说善辩，来求得自身的晋升；以暗里进献雕刻精细的玉器，使君主接纳自己的心意。他们努力使君主的耳目之欲称心如意，以苟且容身为做事的尺度。君主则往往不加戒备，以至于身被杀戮，宗庙崩毁，国家成为废墟。所以，自身故作卑贱，面带喜色，言辞婉转巧妙，语言温和动听，终究无益于主上的治国，确实是志士仁人不屑于干的事啊。他们将俨然显现出端庄严肃的容色，恳言直谏，上能纠正君主的邪念，下能减少百姓的祸害，那么就会与心术不正之君的心意抵触，言辞将超越于乱世的法律。如果是这样，邪主的所作所为，必会令人畏惧啊！所以说，向君主进言很不容易。’此时，吴王惧然改变神色，撤去草席，离开靠身的桌几，端正地坐着来听。非有先生说：‘接舆远避社会，箕子佯装疯癫。这两位贤人，都是逃避污浊的世道来保全其身者。假使他们遇到圣明的君主，能赐予其清静安适的空闲、宽容温和的脸色，使其发愤竭尽忠诚，策划国家安危大事，考察国家政事得失，对上使君主身心安泰，对下使人民生活安逸，那么五帝三王的治世之道，差不多就可以看到了。所以伊尹蒙受着曾为奴隶的耻辱，负鼎持俎而干谒商汤的政事；姜太公垂钓于渭水北岸，以便进见周文王。君臣之间心合意同，谋无不成，计无不从。他们深思远虑，援引正义来端正其身，推究自己之所爱，扩展到天下之人，根据仁义的原则，使有德之人聚集，给贤能之才以厚禄，诛罚奸恶乱党，汇集远方之民，统一法令条例，使风俗美好。这些都是帝王得以昌盛的原由。在上不改变天性，对下不使人伦丧失，那么天地就会和洽，远方之民归向君王，所以叫做圣王。于是，君王进行裂土分封，给他们以公侯爵位，传国于子孙，声名著称于后世，人民到现在还在称颂他们，这是因为他们遇到了商汤和文王啊。太公、伊尹以至于如此显荣，而关龙逢、比干偏偏是那样的遭遇，难道不令人伤悲吗？所以说，向君主进言不容易呀！’”

（王井南译）

卷十九

# 汉书治要（七）

## 传

朱云，字游，鲁人也。成帝时，故丞相安昌侯张禹，以帝师位特进，甚尊。云上书求见，公卿在前。云曰："今朝廷大臣，上不能匡主，下无以益民，皆尸位素餐，孔子所谓'鄙夫不可与事君'、'苟患失之，亡所不至'者也。臣愿赐尚方斩马剑，断佞臣一人，以厉其余。"上问："谁也？"对曰："丞相安昌侯张禹。"上大怒，曰："小臣居下讪上，廷辱师傅，罪死不赦。"御史将云下，云攀殿槛，槛折。云呼曰："臣得下从龙逢、比干游于地下，足矣！未知圣朝何如耳？"御史遂将云去。于是左（旧无左字，补之）将军辛庆忌免冠解印绶，叩头殿下曰："此臣素著狂直于世。使其言是，不可诛；其言非，固当容之。臣以死争。"庆忌叩头流血。上意解，然后得已。及后当治殿槛，上曰："勿易！因而辑之，以旌直臣。"云自是之后不复仕。

【译文】

朱云，字游，鲁地人。成帝时，原丞相安昌侯张禹，曾做过成帝的老师，赐封特进之位，很是尊贵。朱云上书求见成帝，公卿们就在他面前。朱云说："当今朝廷的大臣，对上不能匡正皇上过失，对下没有利民之策，都是白吃俸禄的人，正如孔子所说的'庸人是不可以与之事奉皇帝的'、'如果担心失掉官位，就会什么事都干得出来'。我希望皇上赐予我尚方署所造的斩马宝剑，斩杀一个巧言谄媚之臣，来警告激励其他的人。"成帝问："你要斩杀的人是谁？"朱云回答说："就是丞相安昌侯张禹。"皇上大怒，说："你一个小臣，身处低下之位而敢毁谤上级重臣，当廷侮辱帝师，其罪当死，不可赦免。"御史拖朱云下殿，朱云手抓住殿旁的栏杆，栏杆被折断。朱云大声喊道："我能去跟随龙逢、比干游于九泉，也就够了！但不知道国家前途将会如何呀？"御史便将朱云抓走。这时候左将军辛庆忌卸下官帽、解下官印，在殿下叩头说："朱云这人平日以狂直著称于当世。假使他说的话有道理，就不可以杀；他的话没有道理，本来就该宽容他。我愿以一死来谏争。"辛忌庆叩头流血。皇上的怒气逐渐缓解下来，终于赦免了朱云。到后来该修复殿上的栏杆时，皇上说："不要换掉折断的栏杆，照原样补好它就行了，用此来表彰直言之臣。"朱云从此以后，不再做官。

梅福，字子真，九江人也。成帝委任大将军王凤，而京兆尹王章素忠直，讥凤，为凤所诛。群下莫敢正言，故福上书曰："臣闻箕子阳狂于殷，而为周陈《洪范》；叔孙通遁秦归汉，制作仪品。夫叔孙先非不忠也，箕子非疏其家而叛亲也，不可为言也。昔高祖纳善若不及，从谏若转圜，听言不求其能，举功不考其素。陈平起于亡命，而为谋主；韩信拔于行阵，而建上将。故天下之士，云合归汉，争进奇异，智者竭其策，愚者尽其虑，勇士极其节，怯夫勉其死。合天下之智，并天下之威，是以举秦如鸿毛，取楚若拾遗。此高祖所以无敌于天下也。士者，国之重器。得士则重，失士则轻。《诗》云：'济济多士，文王以宁。'庙堂之议，非草茅所当言也。臣诚恐身涂野草，尸并卒伍，故数上书求见，辄报罢。臣闻齐桓之时，有以九九见者，桓公不逆，欲以致大也。今臣所言，非特九九也，陛下拒臣者三矣，此天下士所以不至也。今陛下既不纳天下之言，又加戮焉。夫鷇鹊遭害，则仁鸟增逝；愚者蒙戮，则智士深退。间者愚民上疏，多触不急之法，或下廷尉而死者众。自阳朔以来，天下以言为讳，朝廷尤甚，群臣承顺上指，莫有执正。何以明其然也？取民所上书，陛下之所善者，试下之廷尉，廷尉必曰：'非所宜言，大不敬。'以此卜之一矣。故京兆尹王章，资质忠直，敢面引廷争，孝元皇帝擢之，以厉具臣，而矫曲朝。及至陛下，戮及妻子。恶恶止其身。王章非有反叛之辜，而殃及家，折直士之节，结谏臣之舌，群臣皆知其非，然不敢争。天下以言为戒，最国家之大患也。"

【译文】

梅福，字子真，九江郡人。成帝把政事委任给大将军王凤，而京兆尹王章素来忠心正直，讥讽王凤，被王凤杀了。群臣没有人敢公正地说话。因此梅福上书说："臣听说箕子在殷朝假装颠狂而向周武王陈述《洪范》，叔孙通逃离秦地，归顺汉朝，制定了礼制品级。叔孙通从前不是不忠于秦，箕子不是疏远他的宗族而背叛亲属(箕子为纣王的族叔)，那是他们无法进谏忠言。当年汉高祖采纳善言唯恐不够，从谏好似转圆圈那么顺当，听其建言时不责求其才能，列举功劳时不计较其往日行为与修养。陈平起用于逃亡者之中，而成为主谋之臣，韩信选拔于行伍之列，而立为上将。所以天下之士像云彩会集一样归顺汉朝，争着奉献奇才异能。智者竭尽其计谋，愚者竭尽其思考，勇敢之士作战尽其全力，怯懦之人勉励自己不要怕死。集中天下人的智慧，合并天下人的威力，因此推翻秦朝像持鸿毛一样轻而易举，攻取楚国像捡回丢弃之物一样容易。这就是高祖所以能无敌于天下的原因。贤士，是国家的重要人才。得到士则国家强盛，失掉士则国家变弱。《诗经》说：'忠勇之臣多又多，文王因此得安宁。'应在朝堂上发表的议论，不是在乡间草野之地所当讲的。我确实怕自己曝尸荒野或被发配充军而尸体与卒伍同葬，所以多次上书求见皇上，却常被通知不予采纳。臣听说齐桓公时，有以‘九九算法’求见的人，桓公也不违背其意愿，是想以此招来有重大建言的人。而今臣所进言不只是像‘九九乘法’那样的小事，陛下拒绝召见我已多次了。这就是天下贤才所以不来的原因啊！现在陛下既不采纳天下人的建言，又加以杀戮。(需知)鹞鹰遭受伤害，鸾凤就会远远飞去；愚笨的人遭到杀戮，有识之士就会远远地退避。近来愚民向朝廷上书，大多抵触于不紧要的法规，有的被送到廷尉处治罪，处死的很多。从改年号为‘阳朔’以来，天下以谈论国事为忌讳，朝廷之上尤其严重，群臣顺着皇帝的意思，没有人主持正义。用什么来证明这种情况呢？可以把人民所呈上的奏书拿来，挑出陛下认为好的，试送达廷尉处置，廷尉一定会说：‘这不是你等应该说的话，是对皇上莫大的不敬。’以此推测便一概可知了。本来，京兆尹王章秉性忠直，敢于当面引证，当廷争辩，孝元皇帝提拔了他，用以激励那些备位充数之臣，以矫正朝廷的不正之风。到了陛下手里，却诛杀了他，并连累到他的妻子儿女。就算憎恶坏人，也应该止于其本人。王章并没有反叛之罪，而殃及全家，这是挫伤正直之士的气节，扎住敢谏之臣的舌头。群臣都知道这样做是不对的，但却无人敢争辩。天下人以进言为禁戒，这是国家最大的忧患。”

隽不疑，字曼倩，勃海人也。为京兆尹，吏民敬其威信。始元五年，有一男子，乘黄犊车，建黄旐，衣黄襜褕，著黄冒，诣北阙，自谓为卫太子。诏使公卿将军杂识视。长安中吏民聚观者数万人。右将军勒兵阙下，以备非常。丞相御史中二千石至者，立莫敢发言。不疑后到，叱从吏使收缚。或曰：“是非未可知，且安之。”不疑曰：“昔蒯聩违命出奔，辄拒而不内，《春秋》是之。卫太子得罪先帝，亡不即死，今来自诣，此罪人也。”遂送诏狱。天子与大将军霍光，闻而嘉之，曰：“公卿大臣，当用经术明于大谊（谊应作义）。”由是名声重于朝廷，在位者皆自以不及也。廷尉验治，竟得奸诈。

【译文】

隽不疑，字曼倩，勃海郡人。任京兆尹之职，官民都敬佩他的威严与诚信。汉昭帝始元五年，有一个男子坐着一辆黄牛车，打着一面画有龟蛇图像的黄旗，穿着黄色较长的单衣，戴着黄色帽子，来到未央宫北阙门，自称是卫太子刘据。昭帝诏令公卿、将军等人一同前往看个究竟。长安城中官吏和老百姓围观者数万人。右将军率领兵士到北阙，以防备意外的事故发生。当时丞相、御史和俸禄在二千石的官员来到现场的，呆立着没有人敢发言。隽不疑最后来到，他当即责令跟从他的官员将这个男子捆绑起来。有的人说："是不是卫太子还没有弄清楚，暂且先稳住他。"隽不疑说："昔日蒯聩违背王命而出奔，蒯聩的儿子蒯辄嗣位，拒不接纳蒯聩返卫，《春秋》认为这样做是对的。卫太子得罪先帝，逃亡后即使不死，今天自来京师，他也是个罪人呀。"于是就把这个男子送交诏狱审问。天子和大将军霍光听到这件事，都赞许隽不疑说："公卿大臣就应当（像这样）用经术来阐明大义。"隽不疑因此在朝廷颇有声名，在位的官员都自认为赶不上他。经过廷尉验证审理，终于弄清这一男子是个骗子。

疏广，字仲翁，东海人也。为太子太傅，兄子受为少傅。太子外祖父平恩侯许伯以为太子幼，白使其弟中郎将舜监护太子家。上以问广，广对曰："太子国储副君，师友必于天下英俊，不宜独亲外家。且太子自有太傅、少傅（旧无少傅二字，补之），官属已备，今复使舜护太子家，示陋，非所以广太子德于天下也。"上善其言，以语丞相魏相，相免冠谢曰："此非臣等所能及。"广由是见器重。

【译文】

疏广，字仲翁，东海郡人。任太子太傅，他哥哥的儿子疏受为少傅。太子刘奭的外祖父平恩侯许伯认为太子年幼，报告宣帝让他的弟弟中郎将许舜监护太子家。皇上以此事问疏广，疏广回答说："太子是国储副君，他的师友必须是天下的杰出人才，不应该只亲近外戚。并且太子自有太傅和少傅监护，跟从的官员已齐备了，现在又让许舜监护太子家，这会显现出（太子的）浅陋，不是用以向天下人展现太子德行的办法啊！”皇上称赞疏广的建言，并把这些话转告给丞相魏相，魏相卸下帽子抱歉地说：“这种见识不是臣等所能比得上的。”疏广因这件事很被器重。

于定国，字曼倩，东海人也。其父于公为郡决曹，决狱平。罗文法者，于公所决皆不恨。郡中为之生立祠，名曰“于公祠”。定国少学法于父，为廷尉。其决疑平法，务在哀鳏寡，罪疑从轻，加审慎之心。朝廷称之曰：“张释之为廷尉，天下无冤民；于定国为廷尉，民自以为不冤。”迁御史大夫。为丞相。始定国父于公，其闾门坏，父老方共治之。于公谓曰：“少高大闾门，令容驷马高盖车。我治狱，未尝有所冤，子孙必有兴者。”至定国为丞相，子永为御史大夫，封侯传世云。

【译文】

于定国，字曼倩，东海郡人。他父亲于公为东海郡判决案件的官员，判决案件很公平。凡遭受到法律制裁的人，对于公所判决的案子都无怨言。郡里为还活在世上的于公建立祠堂，名曰“于公祠”。定国少年时跟从父亲学习法律，后来做了廷尉。他判处疑案公平用法，务求做到哀怜鳏寡之人，罪证有疑点时从轻处治，格外保持详察谨慎之心。朝廷上下都称赞他说：“张释之做廷尉，天下没有受冤枉的人；于定国做廷尉，百姓自认为不受冤枉。”于定国被迁升为御史大夫，后官至丞相。当年，定国父亲于公所住的巷子门坏了，同乡的父老们正要一起整修，于公对大家说：“稍微把巷子的门修得高大一些，使其能让四匹马拉的高盖车通过。我办理狱案，从来没有冤枉的，后世子孙必定会有兴旺发达的人。”到于定国做丞相时，儿子于永为御史大夫，几代人都封侯传世。

薛广德，字长卿，沛郡人也，为人温雅。及为三公，直言谏争。成帝幸甘泉，郊泰畤，礼毕，因留射猎。广德上书曰："窃见关东困极，民人流离。陛下日撞亡秦之钟，听郑卫之乐，臣诚悼之。今士卒暴露，从官劳倦，愿陛下亟反宫，思与百姓同忧乐，天下幸甚。"上即日还。其秋，上酎祭宗庙，出便门，欲御楼船，广德当乘舆车，免冠顿首曰："宜从桥。"诏曰："大夫冠。"广德曰："陛下不听臣，臣自刎以血污车轮，陛下不得入庙矣！"上不悦。先驱光禄大夫张猛进曰："臣闻主圣臣直。乘船危，就桥安，圣主不乘危。御史大夫言可听。"乃从桥。

【译文】

薛广德，字长卿，沛郡人。他为人温和文雅，到位列三公之时，却能直言谏争。成帝驾幸甘泉宫，祭祀上天于泰畤，礼仪结束后，趁便留在那里射猎。薛广德上书说："我私下看到函谷关以东困难到极点，人民流离失散，而陛下每日敲撞着亡秦的钟鼓，聆听着郑卫的淫乐，臣的确为此感到伤心。现在士卒在露天日晒雨淋，随从官员疲劳困倦，希望陛下赶快回宫，想着和老百姓同忧同乐，则天下大幸。"成帝当天就回到京都。同年秋天，成帝祭奠宗庙，出便门，打算乘楼船过河。广德挡住皇帝所乘的车驾，脱帽叩头说："应该从桥上走。"皇上说："大夫戴上帽子。"广德说："陛下如果不听臣的奉劝，臣将自刎，用鲜血来污溅车轮，陛下就不能入宗庙了。"皇上很不高兴。在前面开道的光禄大夫张猛进谏说："臣听说君主圣明，臣下就正直。乘船危险，过桥平安，圣明的君主不选择危险之路，御史大夫的话可以听取。"皇上于是从桥上走过。

王吉，字子阳，琅玡人也。为谏大夫。是时宣帝颇修武帝故事，宫室车服，盛于昭帝时。外戚许、史、王氏贵宠，而上躬亲政事，任用能吏。吉上疏言得失曰："陛下总万方，帝王图籍，日陈于前，惟思世务，将兴大平，诏书每下，民欣然若更生。臣伏而思之，可谓至恩，未可谓本务也。欲治之主不世出，公卿幸得遭遇其时，言听谏从，然未有建万世之长策，举明主于三代之隆者也，其务在于期会簿书、断狱听讼而已。此非太平之基也。臣闻圣王宣德流化，必自近始。朝廷不备，难以言治；左右不正，难以化远。民者弱而不可胜，愚而不可欺也。圣主独行于深宫，得则天下称诵之，失则天下咸言之。行发于近，必见于远，谨选左右，审择所使。左右所以正身也，所使所以宣德也。今俗吏所以牧民者，非有礼义科指，可世世通行者也，独设刑法以守之。其欲治者，不知所由，以意穿凿，各取一切。是以百里不同风，千里不同俗，诈伪萌生，刑罚无极，质朴日销，恩爱寖薄。孔子曰：'安上治民，莫善于礼。'非空言也。臣愿陛下承天心，发大业，与公卿大臣，延及儒生，述旧礼，明王制，敺一世之人，跻之仁寿之域，则俗何以不若成康、寿何以不若高宗？窃见当世趋务，不合于道者，谨条奏，唯陛下裁择焉。"吉意以为，"汉家列侯尚公主，诸侯则国人承翁主〔娶天子女，则曰尚公主。国人娶诸侯女，曰承翁主也〕，使男事女，夫诎于妇，逆阴阳之位，故多女乱。古者衣服车马，贵贱有章，以褒有德，而别尊卑。今上下僭差，人人自制，是故贪财趋利，不畏死亡。周之所以能致治，刑措而不用者，以其禁邪于冥冥，绝恶于未萌也"。又言："舜汤不用三公九卿之世，而举咎繇、伊尹，不仁者远。今使俗（旧无俗字，补之）吏得任子弟〔汉旧仪（旧无仪字，补之），子弟以父兄任为郎〕，率多骄傲，不通古今，至于积功治人，无益于民，此《伐檀》所为作也。宜明选求贤，除任子之令。外家及故人，可厚以财，不宜居位。去角抵，减乐府，省尚方，明视天下以俭。民见俭则归本，本立而末成。"其指如此，上以其言迂阔，不甚宠异也。吉遂谢病归。

【译文】

王吉，字子阳，琅玡郡人，任谏议大夫。这时候宣帝很注重学习武帝时的政事，宫室车辆服饰比昭帝时还盛美。当时外戚许、史、王氏三姓受到贵宠，而宣帝自己亲理政务，任用贤能的官吏。王吉上书议论朝廷得失说："陛下总揽万方，将帝王用的国家地图和户籍册簿每天陈放在前，只想着国家政务，希望能创建太平盛世。诏书每次颁发下去，人民都高兴得像重新获得了生命。臣思考此事，认为君主的作为称得上是大恩，但还不可以说是皇上最根本的工作。一心想使天下大治的君主，不是世代皆有的，公卿幸而遇到一心想图治的时代，君主对臣下言听谏从，然而臣下中却没有能建立使万世安定的长远国策，辅助英明的君王建立像夏、商、周三代那样的太平盛世的人。其原因是他们只致力于文书簿册、定期例会、审判案件而已，这些都不是建立太平之世的根本。臣听说圣王宣扬仁德推行教化，必然要从近处开始。朝廷没有与之适应的大臣，难以谈治；君主身边的人不够端正，难以使教化远播。人民虽然力量薄弱，但却是不可战胜的；虽然显得愚昧，但却是不可欺侮的。圣明的君主自己行事于深宫之中，事情做对了，天下人就称颂他；事情做错了，天下人都议论他。行动起始于身边，效果显现于远方，要谨慎地选择左右之臣、详细地挑拣所派出的使者。慎选左右近臣是为了匡正君主的言行，慎择派出的使者是为了宣扬君主的德政。当今一般俗吏用以管理老百姓的办法，并不是依靠世世代代可以通行的礼义条文和政治意向，只是靠设置刑法来掌管其事。其中想治理好的，也不知该从哪里着手，只是以自己的想法穿凿附会，各自选取一种切合自己意图的办法。所以百里以内风气不同，千里以内习俗各异。欺骗、诡诈之事萌生，刑罚的使用没有尽头，质朴的风气日见消失，仁爱逐渐淡薄。孔子说：'让君主安宁、治理好人民，没有比礼义更好的。'这不是一句空话啊。臣希望陛下顺承天意，兴举大业，团结公卿大臣，延请儒家学者，讲述昔日礼义，阐明王者制度，使全国人民步入仁爱长寿的境界，那样社会风气怎会不如周朝成王、康王时代，国运怎会比不上殷高宗(其享国百年)?我私下看到当今社会的发展趋向与追求中有不符合治国之道的现象，谨此分条目上奏，希望陛下能裁夺选用。"王吉认为："汉朝列侯娶公主为妻，诸侯国都的贵族娶诸侯之女为妻，使男子事奉女子、丈夫屈从妻子，颠倒了阴阳位置，所以常出现女人干扰政事的情况。古人所使用的衣服与车马，使地位的尊卑都有所标记，用来褒扬有德之人而使尊卑有所区别。而今天上下之间有僭越的错失，人们都自行其是，所以贪财谋利，不怕死亡。周朝之所以能达到大治，刑罚搁置不用，其原因就是由于那时把邪念制止于未显露之时，把罪恶杜绝于未萌生之时。”王吉还说：“虞舜、商汤不搞三公九卿的爵位继承制，选拔皋陶、伊尹，而使不仁义的人远远离去。而现今让一般官吏可以任用子弟为自己属从之官，这些人大多骄傲自满，不通古今之事，都是凭借父亲、兄长积累功德而来管理国家，结果会无益于民，这就是《伐檀》一诗中所写的情况。应该公开选拔、访求贤人，废止任用子弟的法令。外戚家和亲朋故友，可多给他们些财物，不宜让他们做官。朝廷应停止角抵的游戏，减少乐府官员，减少尚方署制造的御用器玩，以节俭方针明示天下。百姓看到朝廷节俭，就会回归农业，农业发展了，工商之类的末业也会兴旺发达。”王吉的意向大致如此，宣帝认为他的言论迂阔，因此不太喜欢，也不怎么看重他。王吉于是推说自己有病，就回家乡了。

贡禹，字少翁，琅玡人也。元帝初即位，征为谏大夫，数虚己问以政事。是时年岁不登，郡国多困，禹奏言：“古者宫室有制，宫女不过九人，秣马不过八匹；墙涂而不雕，木摩而不刻，车舆器物，皆不文画；苑不过数十里，与民共之；任贤使能，什一而税，无他赋敛繇戍之役；使民岁不过三日。故天下家给人足，颂声作。至高祖、孝文、孝景，循古节俭，宫女不过十余人，厩马百余匹。孝文皇帝衣绨履革，器无雕文金银之饰。后世争为奢，转转益甚，臣下亦相放效，衣服乱于主上，甚非宜，然非自知奢僭也。今大夫僭诸侯，诸侯僭天子，天子过天道，其日久矣。承衰救乱，矫复古化，在于陛下。臣愚以为尽如大古难，宜少放古以自节焉。方今宫室已定，无可奈何矣，其余尽可减损。故时齐三服官，输物不过十笥，方今齐三服官，一岁费数巨万。蜀广汉主金银器，岁各用五百万。三工官，官费五千万〔河内怀，蜀郡成都、广汉，皆有工官。工官，主漆器物〕，东西织室亦然。厩马食粟，将万匹。臣禹尝从之东宫，见赐杯案，尽文画，金银饰，非当所以赐食臣下也。东宫之费，亦不可胜计。天下之民，所为大饥饿死者是也。今民大饥而死，人至相食，而厩马食粟，苦其大肥，气盛怒至，乃日步作之。王者受命于天，为民父母，固当若此乎？天不见邪？武帝时，又多取好女，至数千人，以填后宫。及弃天下，昭帝幼弱，霍光专事，不知礼正，妄多藏金钱财物，鸟兽鱼鳖，凡百九十物，尽瘗藏之，又皆取后宫女，置于园陵，大失礼，逆天心。昭帝晏驾，先复行之。至孝宣皇帝时，群臣亦随故事，甚可痛也！故使天下承化，及众庶葬埋，皆虚地上，以实地下。其过自上生，皆在大臣循故事之罪也。唯陛下深察古道，从其俭者，大减损乘舆服御器物，三分去二；审察后宫，择其贤者，留二十人，余悉归之。诸陵园女无子者，宜皆遣。厩马可无过数十匹。独舍长安城南苑地，以为田猎之囿，自城西南至鄠，皆复其田，以与贫民。方今天下饥馑，可无大自损减以救之，称天意乎？天生圣人，盖为万民，非独使自娱乐而已也。当仁不让，独可以圣心参诸天地，揆之往古，不可与臣下议也。臣禹不胜拳拳，不敢不尽愚心。”天子纳善其忠，乃下诏，令太仆减食谷马，水衡减食肉兽，省宜春下苑，以与贫民。又罢角抵诸戏及齐三服官。迁禹为光禄大夫。

【译文】

贡禹，字少翁，琅玡郡人。元帝初即皇帝位，贡禹被征召为谏大夫，元帝多次谦虚地向他询问治国之事。这时候，农业收成不好，诸侯郡国大多困难，贡禹上书奏说：“古代宫室有规定，宫女不超过九人，养马不超过八匹；宫墙只粉刷一下而不施以彩绘，栋梁之木只求光洁而不雕刻，车辆轿子和器物都不加装饰、描画；苑囿不过数十里，且和老百姓一同享有；任用贤能之人，按收入的十分之一征税，再没有别的赋敛徭戍的差使；使用百姓服劳役一年不超过三天。所以，天下家家富足，人人饱暖，赢来了一片颂扬之声。到了汉高祖、文帝、景帝，遵照古制，实行节俭，宫女不过十余人，厩中养马百余匹。孝文皇帝穿着粗丝衣服，脚登皮制鞋子，器物上没有雕刻的花纹和金银装饰。后世却争为奢侈，几经转变，越来越厉害，臣子们也互相仿效，穿衣混乱到跟君主差不多，这是非常不应该的，然而他们自己还不知道这已超越了本分。现在大夫超越了诸侯，诸侯超越了天子，天子超越了天道，这种现象由来久矣。承接衰世、拯救乱世，矫正衰乱之风以恢复古代的风气，全在陛下。臣愚昧，认为完全像上古那样是很困难的，但应该稍稍仿效古制来自我节制呀！当前宫室已经修好了，这已是无可奈何的事了，其他的都可以减少或降低标准。过去齐郡主制御用服装的官员，每年献纳的衣物不超过十竹箱，而当今齐郡为天子制作衣服的三服官，一年的花费高达数万万；蜀郡、广汉郡主管制金银器皿，一年各用五百万；三工官的官费达五千万。掌握皇室织造的两个织室也是如此。厩中之马将近万匹。臣贡禹曾经随圣驾到太子宫，看到赏赐的杯子、桌案等物，全都是彩色刻画、金银装饰的，这是不应用来赐给臣下的啊！太子宫中的费用也是难以计数的。天下老百姓在大灾之年饿死的原因，就在这里。现在老百姓因严重的饥荒而死亡，到了人吃人的地步，可皇宫马房的马仍以粮食饲养，还因其长得过肥而苦恼，这些马力气大而性暴烈，以至于要天天拉出去闲走(溜马)。做帝王的受命于上天，是人民的父母，就本该这样吗？难道上天会看不见吗？武帝时候，还大量征取漂亮姑娘，达到数千人，用以充实后宫。到他死后，昭帝幼弱，霍光专权，他不知依照制度来纠正，却妄自多收集金钱财物、鸟兽鱼鳖，大概有一百九十多种，全部埋藏到陵墓中，又全部选用后宫的宫女安置在陵园里，这样做很不合规定，违背了上天的意旨。昭帝驾崩，霍光又是这样办。到了孝宣皇帝时，群臣还是按照过去的旧例去做，真是很令人痛惜的事啊！这样做，使天下传承其习俗，及至一般庶民葬埋，都空耗地上之物，而来充实地下。这个错误是从君主开始的，其罪责却在于臣下因循旧例的行为。希望陛下能深刻体察古代的做法，依从其中节俭的办法，大大减少乘舆和御用器物，应砍掉三分之二；详尽审察后宫，挑出贤慧的宫女留二十人，其余的都放她们回家。各守陵园的妇女没有生孩子的，也都应该予以遣返。厩中之马不要超过几十匹。只以长安城南苑的农田作为田猎的园囿，从长安城西南到鄠县的上林苑都恢复为农田，用以分给贫民。当今天下出现灾荒，能不大减自己的耗费来救灾，以使上天满意吗？天生圣人(此指皇帝)，都是为了人民，不是只让他自己欢娱享乐就行了。当仁不让，只可以用圣心来参验于天地，比照往古的做法，不宜和臣下商议。臣贡禹有无尽的恳切之意，不敢不竭尽我的愚心。”皇帝接纳贡禹的建言，并认为他很忠诚，于是就下诏让太仆减少以谷物喂养的马匹，让水衡官减少用来观赏的食肉的禽兽，缩小宜春下苑，把苑中土地让给贫民，还停止角抵等多种游戏及统一制作三季服装的官署。升迁贡禹为光禄大夫。

禹又言：“孝文皇帝时，贵廉洁，贱贪污，赏善罚恶，不阿亲戚，罪白者伏其诛，疑者以与民，无赎罪之法。故令行禁止，海内大化，与刑措无异。武帝始临天下，尊贤用士，辟地广境数千里。自见功大威行，遂纵嗜欲。用度不足，乃行一切之变，使犯法者赎罪，入谷者补吏。是以天下奢侈，官乱民贫，盗贼并起，亡命者众。郡国恐伏诛，则择便巧史书、习于计簿、能欺上府者，以为右职；奸轨不胜，则取勇猛能操切百姓、以苛暴威服下者，使居大位。故无义而有财者显于世，欺谩而善书者尊于朝，悖逆而勇猛者贵于官。故俗皆曰：‘何以孝悌为？财多而光荣。何以礼义为？史书而仕宦。何以谨慎为？勇猛而临官。’故黥劓而髡钳者，犹复攘臂，为政于世，而行虽犬彘，家富势足，目指气使，是为贤耳。谓居官而致富者为雄桀，处奸而得利者为壮士。兄劝其弟，父勉其子，俗之坏败，乃至于是！察其所以然者，皆以犯法得赎罪、求士不得真贤、相守崇财利、诛不行之所致也。今欲兴至治致太平，宜除赎罪之法。相守选举不以实及有臧者，辄行其诛，无但免官，则争尽力为善，贵孝悌，贱贾人，进真贤，举实廉，而天下治矣。

【译文】

贡禹再一次上书说：“孝文皇帝时，崇尚廉洁，卑视贪污，奖善罚恶，不偏袒亲戚，罪行明了无误者接受应有的惩罚，罪证有疑点的听从民意处理，取消以钱财赎罪之法，所以令行禁止，国内风俗大变，和刑罚废弃不用没有什么差别。武帝开始君临天下时，尊重贤能，重用人才，扩展地域数千里。自己以为功绩很大、威望很高，于是就放纵嗜欲。费用不够了，就实行一时权变之法，让犯法的人用钱财赎罪，缴纳谷物可等候补充官位的空缺。因此天下奢侈，官乱民贫，盗贼并起，亡命之徒一天天多起来。郡国害怕受到惩罚，就挑选一些玩弄文书、熟习计算、能够欺骗上级官府的人，担任部门正职；作奸犯科者多得无法计算，就选用勇猛能操纵恐吓百姓，用苛刻残暴手段使下级害怕、服从的人，让他们担任重要官职。所以不讲道义却有钱的人显贵于社会，善于欺骗和编造文书的人尊贵于朝廷，违法悖理但勇猛凶狠的人在官场中被器重。所以民间都说：‘何必去讲求孝悌？财产多了就光荣。何必去讲求礼义？能编造史书就可步入仕途。何必去讲求谨慎？勇猛就能当官。’所以，即使受过黥劓、髡钳之刑的人，还能再次挽起胳膊，从政于当世，而那些品行虽然如猪狗一样，却因家富势强、以目光示意便可指使他人的人，都被当作贤者。做官而能致富者被称作雄杰，干坏事而能获利的人被称为壮士。兄长这样劝导弟弟，父亲这样鼓励儿子，社会风气的败坏，竟到了这种地步！考察其成为这个样子的原因，都是因为犯了法可以赎罪、访求人才得到的不是真正的贤者、郡相太守都崇尚财利、该惩处的不惩处所造成的。今日要使良好风气兴起，实现无为而治，迎来天下太平，就应该废除赎罪之法。郡相和郡守选拔如果有不凭真才实学以及有不通过正当途径获取官职者，就立即对他们进行惩处，而不仅仅是免官。那么，他们就会争相尽力做好事，重视孝悌，鄙贱商人，推荐真正的贤才，推举真实的廉吏，这样天下就可治理好了。

孔子，匹夫之人耳，以乐道正身不懈之故，四海之内，天下之君，微孔子之言，无所折中。况乎以汉地之广，陛下之德，处南面之尊，因天地之助，其于以变世易俗，调和阴阳，陶冶万物，化正天下，易于决流抑坠〔坠，物欲坠落也〕。自成、康以来，几且千岁，欲为治者甚众，然而太平不复兴者，何也？以其舍法度而任私意，奢侈行而仁义废也。陛下诚深念高祖之苦，醇法太宗之治；正己以先下，选贤以自辅；开进忠正，致诛奸臣，远放谄佞；放出园陵之女，罢倡乐，绝郑声；去甲乙之帐，退伪薄之物，修节俭之化；驱天下之民，皆归于农。如此不懈，则三王可侔，五帝可及。唯陛下留意省察，天下幸甚。”上虽未尽从，嘉其质直之意，而省其半。

【译文】

孔子，也不过是个寻常之人，因为乐于研求道义、端正自身而从不松懈的缘故，所以四海之内，天下的君主，如果没有孔子的言论，就没有标准来判断事情的正误。何况以汉朝地域之广、陛下高尚之德，又居天子之尊位，凭借上天的帮助，要改变社会风气、调和阴阳、陶冶万物、教化匡正天下，容易得像决堤放水、遏止物体坠落一样。从周代成王、康王以来，几乎将近一千年了，想治理好天下的君主非常之多，可是太平盛世却不能复兴的原因是什么呢？是因为他们抛开法规制度而听凭自己的心意去做，使奢侈畅行而仁义荒废的缘故啊。陛下如果能深刻领悟高祖建国的困苦艰难，认真效法太宗文帝（即汉文帝）的治国方针，端正自身且率先垂范于下民，选任德才兼备者来辅佐自己，大开忠正者入朝之门，辞退、惩处奸臣，远离、放逐谄佞小人，放出陵园中的妇女，停止歌舞艺伎的乐舞，断绝郑卫淫荡之音，撤除以宝器装饰、供天子闲居的诸多宫帐，退回进献的非礼轻薄之物，修行节俭的风气，驱使天下的百姓都回归于农业，像这样坚持不懈，就可以等同于夏商周三代的君王，就可以比得上古时的五帝。敬请陛下留意省察，则天下幸甚。”皇帝虽然没有全部听从贡禹的意见，但赞许他朴实正直的心意，对他所批评的奢侈之物减去了一半。

鲍宣，字子都，渤海人也。为谏大夫。以丁傅子弟并进，董贤贵幸，上书谏曰：“窃见孝成皇帝时，外亲持权，人人牵引所私，以充塞朝廷，妨贤人路，浊乱天下，奢泰无度，穷困百姓。

是以日蚀且十，彗星四起。危亡之征，陛下所亲见也，今奈何反覆剧于前乎？朝臣无有大儒骨鲠、白首耆艾、魁垒之士〔魁垒，壮貌〕。论议通古今、喟然动众心、忧国如饥渴者，臣未见也。敦外亲小童，及幸臣董贤等，在公门省户下。陛下欲与此共承天地、安海内，甚难。今俗谓不智者为能，谓智者为不能。昔尧放四罪而天下服，今除一吏而众皆惑；古刑人尚服，今赏人反惑。请寄为奸，群小日进；国家空虚，用度不足；民流亡，去城郭；盗贼并起，吏为残贼，岁增于前。凡民有七亡：阴阳不和，水旱为灾，一亡也；县官重责，更赋租税，二亡也；贪吏并公，受取不已，三亡也；豪强大姓（姓下旧有家字，删之），蚕食无厌，四亡也；苛吏繇役，失农桑时，五亡也；部落鼓鸣，男女遮列，六亡也；盗贼劫略，取民财物，七亡也。七亡尚可，又有七死：酷吏殴杀，一死也；治狱深刻，二死也；冤陷无辜，三死也；盗贼横发，四死也；怨仇相残，五死也；岁恶饥饿，六死也；时气疾疫，七死也。民有七亡，而无一得，欲望国安诚难；民有七死，而无一生，欲望刑措诚难。此非公卿守相贪残成化之所致邪？群臣幸得居尊官，食重禄，岂有肯加恻隐于细民，助陛下流教化者邪？志但在营私家，称宾客，为奸利而已。以苟容曲从为贤，以拱默尸禄为智，谓如臣宣等为愚。陛下擢臣岩穴，诚冀有益豪毛，岂徒欲使臣美食大官，重高门之地哉〔高门，殿名〕！天下，乃皇天之天下也。陛下上为皇天子，下为黎庶父母，为天牧养元元，视之当如一，合《尸鸠》之诗。今贫民菜食不厌，衣又穿空，父子夫妇不能相保，诚可为酸鼻。陛下不救，将安所归命乎？奈何独私养外亲与幸臣董贤，多赏赐以大万数，使奴从宾客，浆酒霍肉〔视酒如浆，视肉如霍也〕，苍头庐儿，皆用致富，非天意也〔汉名奴为苍头，诸给殿中者，所居为庐，苍头侍从，因呼庐儿〕。及汝昌侯傅商，无功而封。夫官爵，非陛下之官爵，乃天下之官爵也。陛下取非其官，官非其人，而望天悦民服，不亦难乎！治天下者，当用天下之心为心，不得自专快意而已也。上之，皇天见谴；下之，黎庶恨怨。”上以宣名儒，优而纳之。宣复上书言：“陛下父事天，母事地，子养黎民；即位以来，父亏明，母震动，子讹言相惊恐。今日蚀于三始〔正月一日为岁之朝，月之朝，日之朝。始，犹朝也〕，诚可畏惧。小民正月朔日，尚恐毁败器物，何况于日亏乎！”

【译文】

鲍宣，字子都，渤海郡人。为汉哀帝谏议大夫。因皇太后丁姓和太皇太后傅姓两族子弟都入朝为官，董贤为贵幸宠信，鲍宣上书进谏说：“我私下看到孝成皇帝的时候，外戚把持大权，人人都引荐其沾亲带故之人来充塞到朝廷，妨害了贤人进取之路，使得天下混乱。因奢侈无度，使百姓穷困。因此日蚀发生了将近十次，彗星出现四次。这些危亡的征兆，都是陛下所亲眼看到的，现在却为什么会返回到以前的状况且比以前更严重呢？是因为朝廷中没有大儒刚直之臣和白头年老、正直磊落之士。言谈通晓古今、叹息能感动众人之心、忧心国事如饥似渴的人，臣也没有见到。受到厚爱的外戚中，不懂事的孩童和佞幸之臣董贤等人，都处在朝廷官署编制之内。陛下想和这些人一起秉承天地之道来安定国家，这很难呀！当今一般人都说，不聪慧的人是‘贤能’、聪慧的人是‘不贤能’。昔日尧流放了共工、欢兜、三苗、鲧等四个罪人而天下钦服，今天任命一个官吏而大家都大惑莫解；古代惩罚一个人大家尚且佩服，而今天奖赏一个人大家反而疑惑。私下请托来做坏事，众多小人一天天被进用；国家空虚，用度不足；老百姓流散逃亡，离开城郭；盗贼四起，官吏残害百姓，一年比一年增加。老百姓有七种逃亡的原因：阴阳不和，水旱成灾，是逃亡原因之一；官府从重责求，收取更赋，积聚税收，是逃亡原因之二；贪官污吏假公济私，榨取人民不止，是逃亡原因之三；豪强大姓，蚕食人民没完没了，是逃亡原因之四；苛刻的官吏滥派徭役，耽误农桑季节，是逃亡原因之五；乡间村落时时响起警戒盗贼的桴鼓之声，百姓不分男女都不得不出动围击追捕，是逃亡原因之六；盗贼抢劫，掠夺百姓财物，是逃亡原因之七。这七种逃亡的情况还不算厉害，更有七种致死的情况：酷吏殴打、诛杀，是致死的情况之一；审理狱案极为苛刻，是致死的情况之二；冤枉诬陷无罪之人，是致死的情况之三；盗贼横行于世，是致死的情况之四；因怨仇而互相残杀，是致死的情况之五；连年受灾欠收、百姓饥饿，是致死的情况之六；季节性疾病、瘟疫，是致死的情况之七。百姓有这七种导致死亡的情况，而享受不到朝廷一点恩德，想指望国家安定，的确很难；百姓有七种情况可能导致死亡，而没有一条生路，想指望刑罚搁置不用，的确很难。这些难道不是朝廷三公九卿和郡守、诸侯宰相贪婪残暴已成风气而导致的吗？群臣庆幸得做高官，享受丰厚的禄俸，哪里还有肯对小民百姓加以恻隐怜惜、辅助陛下传布教化的呢？他们的思想只在营求自己家族之利，使依附自己的人称心如意，以非法手段谋取私利而已。他们以苟且容忍、违心屈从者为贤能之才，以拱手沉默无所作为者为明智之人，说像我鲍宣这样的人是愚蠢之辈。陛下选拔臣子于乡野岩穴之中，是真心希望他们对朝廷之事有所补益，难道只是想让臣子们吃美食、做大官、增加宫殿地面的承重吗？天下，是皇天上苍的天下，陛下对上而言，是上天之子，对下而言，是黎民百姓的父母，替上天来统治、养育老百姓，应当像《尸鸠》一诗所说的，应当对所有的子民一样关爱。当今贫民百姓连野菜都吃不饱，衣服又破烂透孔，父子夫妇，彼此不能相互保全，的确让人鼻子发酸(伤心流泪)。陛下不来救济，那他们将怎样活下去呢？为什么只偏袒、供养外戚和幸臣董贤，多次给他们的赏赐数以巨万计，使他们的仆从、门客视酒如淡浆、视肉如豆叶，使官署里的奴仆皆因此而致富。这不是上天的旨意啊！再说汝昌侯傅商，没有功劳而受封。官爵，不是陛下的官爵，而是天下人的官爵。陛下选赐的不是合适的官位，所封之官不是合适的人选，而希望上天喜悦、百姓敬服，不是很难吗！治理天下的人，应当以天下人的心愿为心愿，不能自己一个人感到快意就行了啊！如果那样，上边皇天会给以谴责，下边老百姓会怨恨。”皇上因为鲍宣是名儒，便优待于他而采纳了他的谏言。鲍宣又上书说：“陛下应把上天当作父亲那样事奉，把大地当作母亲那样事奉，把黎民当作子女那样养育。但即位以来，苍天欠缺明亮，大地发生震动，百姓因一些谣传而惊恐不安。现在日蚀发生在正月初一，这的确是很可怕的。老百姓在正月初一这天，尚且害怕损坏日用器物(损之不祥)，何况日蚀发生在这天呢！"

魏相，字弱翁，济阴人也，为丞相。宣（旧无宣字，补之）帝与后将军赵充国等议，欲因匈奴衰弱，出兵击其右地，使不敢复扰西域。相上书谏曰："臣闻救乱诛暴，谓之义兵，兵义者王；敌加于己，不得已而起者，谓之应兵，兵应者胜；争恨小故，不胜愤怒者，谓之忿兵，兵忿者败；利人土地货宝者，谓之贪兵，兵贪者破；恃国家之大，矜民人之众，欲见威于敌者，谓之骄兵，兵骄者灭。此五者，非但人事，乃天道也。间者匈奴常有善意，所得汉民，辄奉归之，未有犯于边境，虽争屯田车师，不足致意中。今闻诸将军欲兴兵入其地，臣愚不知此兵何名者也。今边郡困乏，父子共犬羊之裘，食草莱之实，常恐不能自存，难以动兵。'军旅之后，必有凶年'，言民以其愁苦之气，伤阴阳之和也。出兵虽胜，犹有后忧，恐灾害之变，因此以生。今郡国守相，多不实选；风俗尤薄，水旱不时。案今年计，子弟杀父兄、妻杀夫者，凡二百二十二人。臣愚以为此非小变也。今左右不忧此，乃欲发兵报纤介之忿于远夷，殆孔子所谓'吾恐季孙之忧不在颛臾，而在萧墙之内'者也。愿陛下与有识者，详议乃可。"上从相言而止。

【译文】

魏相，字弱翁，济阴郡人，任丞相。宣帝和后将军赵充国等商议，打算乘匈奴衰弱，出兵袭击其右方领地，使匈奴不敢再侵扰西域。魏相上书劝谏说："臣听说制止叛乱、讨伐暴君，叫做'义兵'，用兵坚持正义者可称王；敌人来攻打自己，出于不得已而发兵应敌，叫做'应兵'，为应敌而出兵者必会胜利；为小事争夺、怨恨而不胜愤怒的，叫做'忿兵'，因一时愤怒而出兵者，必会失败；贪图别人土地财宝的，叫做'贪兵'，因贪婪而出兵者必然破败；倚仗国家强大，自恃人口众多，想以此使敌国害怕的，叫做'骄兵'，因骄傲自大而出兵者必然灭亡。这五种情况，不仅符合人情事理，也是上天的法则。近来匈奴常有与朝廷讲和的意思，他们俘虏的汉民，总是送回来，没有侵犯边境的事。虽然在车师地方与汉争夺屯田，但这不值得使陛下挂怀。现在听说诸位将军打算兴兵攻入匈奴之境，臣我愚鲁，不知道这样的兵该叫什么兵。当今边境郡县人民生活困难，父亲和儿子共穿一件羊皮袄，吃的是蓬草的果实，常害怕活不下去，难以参与军事行动。‘军队打仗之后，必会带来荒年’，说的就是百姓的愁苦之气，会伤害天地阴阳的和谐。出兵即使取胜，仍然会有战后的忧患，恐怕灾害与天时异变会因此而发生。现在诸侯国相和郡守多不是经由实际考察而选任的，社会风气尤为浇薄，水旱灾不时发生。据今年的统计，子弟杀死父兄、妻子杀死丈夫的，共有二百二十二人，我认为这不是小事故啊。现在在皇帝身边的臣子不忧虑这样的情况，却打算发兵报复边远地方微小的怨恨，这大概就是孔子所说的‘我恐怕季孙氏的忧患不在颛臾，而在自己内部’吧。希望陛下和有识之士详细地讨论一番才好。”皇上听从了魏相的话而停止向匈奴进兵。

丙吉，字少卿，鲁国人也。代魏相为丞相。吉本起狱法小吏，及居相位，尚宽大，好礼让。尝出，逢清道群斗者，死伤横道，吉过之不问，掾史独怪之。吉前行，逢人逐牛，牛喘。吉止驻，使骑吏问：“逐牛行几里矣？”掾史谓丞相前后失问。或以讥吉，吉曰：“民斗相杀伤，长安令京兆尹，职所当禁备逐捕，岁竟丞相课其殿最，奏行赏罚而已。宰相不亲小事，非所当于道路问也。方春少阳用事，未可以热，恐牛近行用暑故喘，此时气失节，恐有所伤害也。三公典调和阴阳，职所当忧，是以问之。”掾史乃服，以吉知大体。

【译文】

丙吉，字少卿，鲁国人。接替魏相做丞相。丙吉出身于掌管监狱法规的小官吏，及至身居相位后，主张宽大，喜好礼让。一次他外出时，碰到清扫道路的人发生群斗的事，死者和伤者横躺在路上，丙吉从那里经过而没有过问，其属下的官员感到奇怪。丙吉继续向前走，碰到有人驾车赶牛，牛喘气。丙吉停下车来，让骑马的官吏去问那人赶牛走了多少里路了。下属官员说丞相前后失问(意谓该问的事不问，不该问的事却问)。有人用此事讥笑丙吉，丙吉说："民众斗殴，相互杀伤，长安县令、京兆尹应按其职责去防止或追捕，丞相只在年终考核他们的政绩，谁在最后谁在最前，然后奏明皇上进行赏罚而已。宰相不亲自管理小事，那些斗殴之事是不应在道路上过问的。现在正是春天，时令当属'少阳'，还不到大热之时，我担心牛行程不远却如暑天一样热得喘气，这样的话，就是时令节气失调，恐怕有伤害农事的可能。朝廷三公掌管调和阴阳的事，是职责所应当予以考虑的，因此要过问这件事。"属下官员们于是很佩服他，认为丙吉是识大局之才。

京房，字君明，东郡人也，以孝廉为郎。是时中书令石显专权，显友人五鹿充宗，为尚书令，与房同经，论议相非。二人用事，房尝宴见，问上曰："幽厉之君何以危？所任者何人也？"上曰："君不明，而所任巧佞。"房曰："知其巧佞而用之耶？将以为贤也？"上曰："贤之。"房曰："然则今何以知其不贤也？"上曰："以其时乱而君危知之。"房曰："若是，任贤必治，任不肖必乱，必然之道也。幽厉何不觉寤而更求贤，曷为卒任不肖，以至于是？"上曰："临乱之君，各贤其臣。令皆觉寤，天下安得危亡之君？"房曰："齐桓公、秦二世，亦尝闻此君而非笑之，然则任竖刁、赵高，政治日乱，盗贼满山，何不以幽厉卜之而觉寤乎？"上曰："唯有道者，能以往知来耳。"房因免冠顿首，曰："《春秋》纪二百四十二年灾异，以示万世之君。今陛下即位以来，日月失明，星辰逆行；山崩泉涌，地震石陨；夏霜冬雷，春凋秋荣；水旱螟虫，民人饥疫；盗贼不禁，刑人满市。《春秋》所记，灾异尽备。陛下视今，为治耶，乱耶？"上曰："亦极乱耳，尚何道（旧无上曰至何道九字，补之）！"房曰："今所任用者谁与？"上曰："然幸其愈于彼，又以为不在此人也。”房曰：“夫前世之君，亦皆然矣。臣恐后之视今，犹今之视前也。”上良久乃曰：“今为乱者谁哉？”房曰：“明主宜自知之。”上曰：“不知也。如知之，何故用之？”房曰：“上最所信任，与图事帷幄之中，进退天下之士者是矣。”房指谓石显。上亦知之，谓房曰：“已谕。”房罢出。后石显、五鹿充宗皆疾房，欲远之，建言宜试以房为郡守。元帝于是以房为魏郡太守。显告房与张博通谋，非谤政治，归恶天子，诖误诸侯王。房博皆弃市。

【译文】

京房，字君明，东郡人，因举孝廉而做郎官。当时中书令石显在朝专权。石显的友人五鹿充宗做尚书令，和京房同治一经，他们所持的主张、意见不相同，但两人都当权。京房闲暇时入宫去见皇帝，他问皇帝说：“周代的幽王、厉王为什么处境危困？他们所任用的都是些什么人？”元帝说：“君主不英明，所任用的都是些巧言谄媚的佞臣。”京房说：“明知那些人是佞臣而任用他们呢？还是认为他们是贤人？”皇上说：“是认为他们贤能。”京房说：“既然这样，现在为什么知道他们不是贤者呢？”皇上说：“从当时国家混乱、君主危困的事实而知道的。”京房说：“如此说来，任用贤者国家必治，任用不贤者国家必乱，这是必然的道理啊。幽王、厉王为什么不觉悟而另外求贤者，又为什么终于任用不贤者，以至到了这样的地步？”皇上说：“面临国家混乱的君主各自都认为他们的臣子是贤者，假使都能醒悟，天下哪还会有危亡的君主呢？”京房说：“齐桓公、秦二世也曾听到幽、厉两君的事迹而责怪讥笑他们，既如此，却还是任用竖刁、赵高，使政治一天天混乱，盗贼满山。为什么不以幽、厉的情况来进行预测，从而醒悟过来呢？”皇帝说：“只有有道德的人才能以往事推知未来呀！”京房趁势脱下帽子叩头说：“《春秋》一书记载了二百四十二年的灾异现象，用来昭示万世的君主。而今陛下即位以来，日月亏失其明亮，星辰逆时而运行，山体崩裂而泉水涌现，地震发生而星辰陨落，夏天降霜而冬天响雷，春天草木凋谢而秋天却茂盛，水灾、旱灾、虫灾多生，人民遭受饥饿、瘟疫，盗贼不能禁止，受惩罚者遍于街市。凡《春秋》所记载的灾异现象全都发生了。陛下看当今是治世还是乱世呢？”皇上说：“已经乱到极点了，还用说嘛！”京房说：“当今所重用的都是些什么人呢？”皇上说：“我所任用的人，幸而还比竖刁、赵高之辈强。再说，发生上述灾异的责任，我认为还不在这些人身上。”京房说：“那些前世的君主也都是这么说的。臣恐怕后世人看今天，犹如今天的人看前世人一样啊！”皇上停了很久才说：“那么今天造成混乱的人到底是谁呢？”京房说：“明主应该自己知道的。”皇上说：“不知道呀！如果知道，为什么还要任用他们？”京房说：“皇上所最信任并与他谋划大事于帷帐之中，从而左右天下之士进退的人就是呀！”京房所指的人就是石显。皇上心里也明白，就对京房说：“已晓得了。”京房说完便出宫了。此后，石显、五鹿充宗都恨京房，打算让他远离朝廷，遂建议说，应任用京房为郡守。元帝于是任命京房为魏郡太守。石显又上告京房和张博通谋，诽谤朝廷政治，把坏事都归罪于天子，并牵累到诸侯王。京房和张博都被处斩而死。

盖宽饶，字次公，魏郡人也。为司隶校尉，刺举无所回避。公卿贵戚，及郡国吏，繇使至长安，莫敢犯禁，京师为清。为人刚直高节，志在奉公。以言事不当意，而为文法吏所诋挫。大夫郑昌上书颂宽饶曰：“臣闻山有猛兽，藜藿为之不采；国有忠臣，奸邪为之不起。司隶校尉宽饶，居不求安，食不求饱，进有忧国之心，退有死节之义，上无许、史之属〔许伯，宣帝后父也。史高，宣帝外家也〕，下无金，张之托〔金日磾、张安世也〕，职在司察，直道而行，多仇少与。上书陈国事，有司劾以大辟。臣幸得从大夫之后，官以谏为名，不敢不言。”上不听，遂下宽饶吏。宽饶引佩刀，自刭北阙下，众莫不怜之。

【译文】

盖宽饶，字次公，魏郡人。任司隶校尉，弹劾检举从不回避当事人。

凡公卿贵戚和郡国官吏派使者来长安的，没有人敢犯禁令，京都因此清平。他为人刚直不阿，高风亮节，志在奉公。后因言事不合上意而被执掌法令条文的官吏诋毁折挠。谏大夫郑昌上书称颂宽饶说："臣听说山中有猛兽，藜和藿就没有人去采撷；国家有忠臣，奸邪之人因之就不敢活动。司隶校尉宽饶居不求安，食不求饱，入朝有忧国之心，退身有死节之义，上边没有像许伯、史高那样的外戚作靠山，下边没有像金日磾、张安世那样重臣的托举，他的职责就在于掌管监察，以正直之道行事，仇人多而亲附者少。现因上书陈述国事，被相关部门弹劾并判处死刑。臣幸蒙身列大夫之末位，官职名称是谏议大夫，所以不敢不提出谏议。"宣帝没有采纳郑昌的意见，遂将宽饶送交司法官处理。宽饶用佩刀自杀于北阙下，众人没有不怜惜、同情他的。

诸葛丰，字少季，琅邪人也。为司隶校尉，刺举无所避。侍中许章奢淫不奉法度，宾客犯事，与章相连。丰按劾章，欲收之。章迫窘，驰车去，得入宫门自归。于是收丰节。丰（旧无此丰字，补之）上书谢曰："臣丰驽怯，文不足以劝善，武不足以执邪。陛下拜为司隶校尉，未有以自效，故常愿捐一旦之命，而断奸臣之首，悬于都市，编书其罪，使四方明知为恶之罚，然后却就斧钺之诛，诚臣所甘心也。夫以布衣，尚犹有刎颈之交。今以四海之大，曾无伏节死义之臣，率尽苟合取容，阿党相为，念私门之利，忘国家之政。邪秽溷浊之气，上感于天，是以灾变数见，百姓困乏。此臣下不忠之效也，臣诚耻之无已。凡人情莫不欲安存而恶危亡，然忠臣直士，不避患害者，诚为君也。臣窃不胜愤懑，愿赐清宴，唯陛下裁幸。"上不许。是后所言益不用。丰复上书言："臣闻伯奇孝而弃于亲，子胥忠而诛于君，隐公慈而杀于弟，叔武弟而杀于兄。夫以四子之行，屈平之材，然犹不能自显，而被刑戮，岂不足以观哉！使臣杀身以安国，蒙诛以显君，臣诚愿之。独恐未有云补，而为众邪所排。今谗夫得遂，正直之路壅塞，忠臣沮心，智士杜口，此愚臣之所惧也。"

【译文】

诸葛丰，字少季，琅玡郡人。任司隶校尉，弹劾检举无所回避。侍中许章奢侈淫乱，不遵守法度，他的门客犯了事，与许章有牵连。诸葛丰调查弹劾许章，准备拘捕他。许章处境紧迫，便驾车离府，得进宫门去向皇上投案自首。皇上于是收回诸葛丰的拘捕令。诸葛丰上书谢罪说：“臣诸葛丰才能低下、性格怯弱，论文才不能够勉励人积极向善，论武力不能够擒拿奸邪之人。陛下封臣为司隶校尉，臣没有一技之长来报效君主，所以经常希望能舍出个人性命，来砍断奸臣的头颅，挂悬于都城中的集市，列举出奸臣的罪行，让天下的人明确地了解作恶应受到的处罚，然后退身去接受杀头的惩处，臣也是甘心情愿的。作为平民，还有同生死共患难的朋友。现在以四海之大，却没有为节义而赴死的臣子，大都是苟合上意而求得容身，阿谀结党以相互照应，只顾念私人的利益，忘却国家政事。邪恶污浊之气撼动上天，因此灾变多次出现，老百姓生活穷困。这是臣下不忠的后果啊，臣确实为此觉得羞愧不已。按人的本性，没有人不想安宁过日子而厌恶危亡的，然而忠臣直士，不逃避危害，的确是为了君主呀！臣私下不胜愤懑，希望能赐臣以清静安闲(指退休)，请陛下裁决是幸。”皇上不允许。从此以后对诸葛丰的进言越加不予采用。诸葛丰又上书说：“臣听说伯奇是个孝子，却被他父亲遗弃；伍子胥是个忠臣，却被君主杀害；鲁隐公是个仁慈的人，却被他的弟弟杀死；叔武对兄长很恭顺，但被他的哥哥追杀。凭上述四个人的品行、屈原的才学，然而还不能使自己显贵且遭受杀戮，难道还不足以警示人吗！让臣献出生命来安定国家，受诛来显扬君主，臣的确是愿意这样做的。只是恐怕还没有什么补益，就被一些奸邪之人所排挤。当前，进谗之人正在得志，正直的言路被堵塞，忠臣心意颓丧，智士闭口不言，这是愚臣所担心的事啊！”

刘辅，河间人也，为谏大夫。会成帝欲立赵婕妤为皇后，辅上封事曰：“今乃触情纵欲，倾于卑贱之女，欲以母天下，不畏乎天，不愧于人，惑莫大焉。里语曰：‘腐木不可以为柱，卑人不可以为主。’天人之所不与，必有祸而无福，市道皆共知之，朝臣莫肯一言，臣窃伤心。自念得以同姓拔擢，尸禄不忠，污辱谏争之官，不敢不尽死，唯陛下察焉。”书奏，上使侍御史收缚辅，系掖庭秘狱，群臣莫知其故。于是左将军辛庆忌、右将军廉褒、光禄勋师丹、太中大夫谷永，俱上书曰：“臣闻明主垂宽容之听，崇谏争之官，广开忠直之路，不罪狂狷之言。然后百僚在位，竭忠尽谋，不惧后患；朝廷无谄谀之士，元首无失道之愆。窃见谏大夫刘辅，前以县令求见，擢为谏大夫，此其言必有卓诡切至当圣心者，故得拔至于此。旬日之间，收下秘狱。臣等愚以为，辅幸得托公族之亲，在谏臣之列，新从下土来，未知朝廷体，独触忌讳，不足深过。小罪宜隐忍而已。如有大恶，宜暴治理官，与众共之。今天心未豫〔豫，悦豫也〕，灾异屡降，水旱迭臻，方当隆宽广问、褒直尽下之时也。而行惨急之诛于谏争之臣，震惊群下，失忠直心。假令辅不坐直言，所坐不著，天下不可户晓。同姓近臣，本以言显，其于治亲养忠之义，诚不宜幽囚于掖庭狱。公卿以下，见陛下进用辅亟，而折伤之暴，人有惧心，莫敢尽节正言，非所以昭有虞之听、广德美之风也。臣等窃深伤之，唯陛下留神省察。”上乃减死罪。

【译文】

刘辅是河间人，任谏大夫。时逢成帝打算立赵婕妤(赵飞燕)为皇后，刘辅呈上密封的奏书说：“陛下现在竟动情纵欲，倾心于卑贱出身的女子，想让她来母仪天下，不畏惧上天，不惭愧于人民，再没有比这更糊涂的事了。俗话说：‘腐朽的木头不可用来做柱子，卑贱的人不可以做人主。’上天和人民都不赞许，必然会有祸而无福，这是市井人和路人都明白的道理，朝臣们却没有人肯说一句话，臣私下感到伤心。我想，自己因为是汉室同宗而被提拔，若白受俸禄而不尽忠，就会辱没职在劝谏的官位，所以不敢不尽死来劝谏，希望陛下明察。”密封之书上奏后，皇上派侍御史将刘辅捆绑收捕，投入掖庭秘密监狱，群臣没有人知道这是怎么一回事。于是左将军辛庆忌、右将军廉褒、光禄勋师丹、太中大夫谷永，共同上书说："臣听说圣明的君主能宽容地听取下边的谏言，尊崇谏官的地位，广开忠直之路，不怪罪颠狂耿介之人的话。只有这样才能使朝中百官安居其位，竭尽忠诚与智谋，不害怕有后患，如此，朝廷就会没有谄媚阿谀的人，皇帝就会没有不合道义的过失。我们私下看到谏大夫刘辅，以前以县令身份求见，被提升为谏议大夫，这足见他的话必然有卓识、奇特、深合于圣上心意之处，所以才能被提拔到这一职位。在十天之间，却将他投入秘密监狱。臣等愚鲁，认为刘辅有幸能作为皇族的亲属，位居谏臣的行列。他刚从下边提升上来，还不晓得朝廷的体制规矩，偶尔触犯忌讳，不值得深责他的过失。对其小罪应该隐忍一下。如果犯有大恶，那就应该由法官公开治罪，与所有人一样处治。现在上天之心尚不愉悦，灾异现象不断降临，水旱灾害连连发生，正该是大开言路、广行聘问、褒扬正直、使臣下尽言的时候啊，却怎能对谏诤之臣施行残酷、急切的诛杀，让群臣感到震惊，从而失去忠直之心呢？假使刘辅不因直言而犯法，犯罪的原因不明，就不能让天下家喻户晓。同姓近臣，本应以敢言而显扬，这从管理宗亲、培育忠臣的意义上说，也的确不应当秘密地投进掖庭狱中。公卿以下看到陛下进用刘辅这么快，而挫伤他却这样突然，使人产生恐惧的心理，从而不敢尽忠节而直言，这不是发扬虞舜善于听取进言、光大其美好德行的风气。臣等私下对此深感伤悲，请陛下留神省察。"皇上于是减轻了刘辅之罪，不处以死刑。

郑崇，字子游，本高密人也。哀帝擢为尚书仆射。数求见谏争，上初纳用之。每见曳革履，上笑曰："我识郑尚书履声。"久之，上欲封祖母傅大后从弟商，崇谏曰："孝成皇帝封亲舅五侯，天为赤黄昼昏，日中有黑气。今祖母从昆弟二人已侯。孔乡侯，皇后父；高武侯以三公封，尚有因缘。今无故欲复封商，坏乱制度，逆天人心，非傅氏之福也。臣愿以身命当咎。"崇因持诏书案起〔持当受诏书案起去〕。傅太后大怒曰："何有为天子，乃反为一臣所专制邪！"上遂下诏，封商为汝昌侯。崇又以董贤贵宠过度，数谏，由是重得罪，数以职事见责，发疾颈痈，欲乞骸骨，不敢。尚书令赵昌佞谄，素害崇，知其见疏，因奏崇与宗族通，疑有奸，请治。上责崇曰："君门如市，何以欲禁切主上？"崇对曰："臣门如市，臣心如水。愿得考覆。"上怒，下崇狱，穷治，死狱中〔荀悦纪论曰："夫臣下之所以难言者何也？言出乎口，则咎悔及之矣。故举过扬非，则刺上之讥。言而当，则耻其胜己也；言而不当，则贱其愚也。先己而同，则恶其夺己之明也；后己而同，则以为顺从也。违下从上，则以为谄谀也；违上从下，则以为雷同也。与众共言，则以为顺负也；违众独言，则以为专美也。言而浅露，则简而薄之；深妙弘远，则不知而非之。特见独知，则众共盖之，虽是而不见称；与众同智，则以为附随也，虽得之，不以为功。据事尽理，则以为专必；谦让不争，则以为易穷。言而不尽，则以为怀隐进说；竭情，则谓之不知量。言而不效，则受其怨责；言而事效，则以为固当也。或利于上，不利于下；或便于右，不便于左；或合于前，而忤于后。夫能应事当理，决疑定功，发情起意，值所欲闻，不害上下，无妨于时，言立而策成，始无咎悔，若此之比，百不一遇，又智之所见，万不一及也。且犯颜冒死，下之所难言也；拂旨忤情，上之所难闻也。以难言之臣，忤难闻之主，以万不一及之智，求百不一遇之时，此下情所以常不通也。非唯君臣而已，凡言亦皆如之，是乃仲尼所以发愤嗟叹，称'予（予原作吾）欲无言'者也。"〕。

【译文】

郑崇，字子游，本来是高密人。哀帝提升他为尚书仆射，他多次请求谒见而进谏诤之言，皇上最初大都接纳采用。每每看到他拖着皮鞋小步行走，皇上笑着说："我能听出郑尚书的脚步声。"过了很长时间，皇上打算进封祖母傅太后的堂弟傅商，郑崇进谏说："孝成帝封五个亲舅为侯爵，天空出现赤黄颜色，白天昏暗，太阳中有一股黑气。现在，祖母堂兄弟中已有两人封了侯。孔乡侯是皇后的父亲，高武侯是因三公之位封侯，这还有原因。现在无缘无故地又要封傅商，这是毁坏、搞乱了制度，背逆天心、人心，不会给傅氏带来福祉啊！臣情愿拿身家性命阻止这一错误决定。"郑崇遂拿着准备起草诏书的文书走开。傅太后大怒说："哪里有做天子的，反而被一个臣子的独断专行而制约的事呢？"皇上于是下诏，封傅商为汝昌侯。郑崇又因董贤受器重宠幸过度，多次进谏，因此大为得罪皇帝，数次因职务所关的事情被谴责，致使郑崇颈项长了毒疮，想请求辞官还乡，却有所顾虑。尚书令赵昌为人奸佞谄谀，平日常想陷害郑崇，现在得知郑崇被皇上疏远了，因此奏说郑崇与其宗族来往频繁，有叛逆嫌疑，请求皇上治罪。皇上斥责郑崇说："你自己门庭若市，为什么想限制别人接近君主呢？"郑崇对曰："臣门庭若市，但臣内心清静如水。希望得以查核。"皇上发怒，将郑崇下狱，穷追不饶。郑崇终于死在狱中。（荀悦《汉纪》上评论说："大凡臣下之所以难以进献忠言的原因是什么？是由于话一说出口，过错和后悔就会跟着来到。因此检举国君的过失希望他能听进去，但这会使国君的过失受到尖锐的指责。言语妥当，则会使别人感到不如他而羞耻；言语不妥当，别人就会觉得愚蠢而看轻他。先提出和自己相同意见的，那么就会讨厌别人夺走了自己的聪明；后提出和自己相同意见的，就会认为别人顺从自己。违背民意而顺从国君，就会被认为是谄媚巴结；违背国君而顺从民意，就会被认为是雷同的意见。和很多人言论相同，就会被认为违背道义；和众人意见不一样，就会被认为独树一帜。言论浅薄，则会认为简单而被轻视；言论深邃远大，就会由于不能深入理解而被否定。独有见地，就会被众人的言论给覆盖住，虽然是很好但不会被认同；和众人意见相同，就会被认为随言附和，即使被采纳，也不会被认为是功劳。按照事情本身的道理去说，则会被认为是一己之见；谦让不争，就会被认为此人没有智慧。言论有所保留，就会被认为有什么隐瞒；说出肺腑之言，就会被说成是自不量力。进言而不能产生效果，就会被怨恨责备；言论产生效果，就会被认为事情本来就应该这样。有的时候对上有利益而对下没利益，有的时候对这些人有利益而对那些人没有利益，有的时候对年长者有利益而对年幼者没利益。按照事物本身的道理去做事，摒除疑惑立志成就事业，抱着真心实意的心境去面对自己所遇到的事情，把它处理的上对国君下对人民都无损害，而且也不违背当时的实际状况，建议被采纳之后谋划就会取得成功，从一开始就不要出现过失和后悔，像这样的情况，是很难遇到的，而且又是智慧的见地，这是众人所比不上的。而且不怕被处死地去尽力极谏，这是做臣子的很难去谏言的；对上违背君王的心意，这就使在上位的人为什么很难听到真实的情况。作为进谏很难的臣子，去欺骗很难听到实情的国君，凭借万人不及的智慧，想获得很难遇到的好机会，这就是社会的真实情况为什么很难被掌握和了解清楚的原因。这种情形不仅仅只存在于君臣之间，大凡事情都是如此，这也就是孔子为什么感慨万千，说‘我想闭口不言’的原因。”)

萧望之，字长倩，东海人也，为谏大夫。出为平原太守，上疏曰：“陛下哀悯百姓，恐德化之不究，悉出谏官，以补郡吏，所谓忧其末而忘其本者也。朝无争臣，则不知过；国无达士，则不闻善。愿陛下选明经术、温故知新、通于几微谋虑之士，以为内臣，与参政事。诸侯闻之，则知国家纳谏忧政，无有阙遗。若此不怠，成康之道，其庶几矣！外郡不治，岂足忧哉？”书闻，征入守少府，为御史大夫。

【译文】

萧望之，字长倩，东海郡人，在朝为谏大夫。后出任为平原郡太守时，上疏说：“陛下怜悯同情老百姓，唯恐道德教化不能贯彻到底，把在朝的谏官，全下放到地方，以补充郡县的官吏，这是担忧小事而忘却了大事的做法啊。假使朝廷没有谏诤之臣，那么君王就不了解自己的过失；国家没有通达世理之士，君王就听不到善言。希望陛下选用明白经邦治世之术、能温故而知新、通晓事物隐微之理、多谋善思之士来做朝官，跟他们商议政事。诸侯王听到任用这样的人，就能知道皇上听纳谏言、忧虑国政、事无缺漏。能如此做且不松懈，那么和周成王、周康王的治国之道相比，也就差不多了。至于地方郡县还没有治理好，难道值得担忧吗？”皇上看到奏书后，征召萧望之入朝掌管少府，任御史大夫。

五凤中，匈奴大乱，议者多曰，匈奴为害日久，可因其坏乱，举兵灭之。诏问望之，对曰：“春秋晋士匄帅师侵齐，闻齐侯卒而还，君子大其不伐丧，以为恩足以服孝子，谊足以动诸侯。前单于慕化乡善，遣使请求和亲，海内欣然，夷狄莫不闻。不幸为贼臣所杀，今而伐之，是乘乱而幸灾也，彼必奔走远遁。不以义动兵，恐劳而无功。宜遣使者吊问，辅其微弱，救其灾患。四夷闻之，咸贵中国之仁义，必称臣服从，此德之盛也。”上从其议。宣帝寝疾，选大臣可属者，引外属侍中史高、太子太傅望之、少傅周堪，至禁中，拜高为车骑将军、望之为前将军、堪为光禄大夫，皆受遗诏辅政。孝元皇帝即位，望之堪本以师傅见尊重，数宴见，言治乱，陈王事。望之选白宗室明经达学刘更生与金敞，并拾遗左右。四人同心谋议，多所匡正。

【译文】

宣帝五凤年间，匈奴大乱，朝议多认为匈奴为害时间很久，现在可趁其内乱举兵讨伐。皇帝征求萧望之意见，萧望之说：“春秋时晋国士匄率师进攻齐国，听说齐侯死了，便率师返回，君子称赞他不讨伐有国丧的国家，认为这样做恩惠足以使孝子钦服，德行足以使诸侯感动。此前匈奴单于仰慕汉朝教化而与汉亲善，派使者前来请求和亲，海内欢欣，夷狄之国没有不知道的。不幸单于被贼臣所杀，若此时讨伐匈奴，那是乘人危乱而幸灾乐祸，他们必然会逃奔到远方去。不因正义而兴兵，恐怕劳而无功。应该派出使者前往吊唁慰问，协助其微弱的王室，救助其发生的灾难。四周边境的少数民族统治者听到汉朝这样做，都会赞赏中国的仁义行为，必然会称臣而服从。这是最大的德行啊！”皇上听从了萧望之的意见。后来宣帝卧病不起，选择可以托付后事的大臣，招引外属侍中乐陵侯史高、太子太傅萧望之、少傅周堪到宫中，拜史高为车骑将军、望之为前将军、周堪为光禄大夫，都接受遗诏辅佐朝政。孝元皇帝即位，萧望之、周堪都因本来做过太子的老师而被尊重，皇帝多次于闲暇时召见他们，谈论国家治乱，陈述治国之道。萧望之选荐宗室中通晓经学的刘更生和金敞在皇帝左右任拾遗之职。这四个人同心共议，对皇上的过错多有纠正。

中书令弘恭、石显久典枢机，与车骑将军高为表里，论议常（旧无常字，补之）持故事，不从望之等。望之以为中书政本，宜以贤明之选，自武帝游宴后庭，故用宦者，非国旧制，又违古不近刑人之义，白欲更置士人，由是大与高、恭、显忤。恭、显令郑朋、华龙二人告望之等谋欲罢车骑将军，疏退许、史状，候望之出休日，令朋、龙上之。事下弘恭。恭、显奏：“望之、堪、更生朋党相称举，数谮大臣，毁离亲戚，欲以专擅权执。为臣不忠，诬上不道，请召致廷尉。”时上初即位，不省召致廷尉为下狱也，可其奏。后上召堪、更生，曰：“系狱。”上大惊，责恭、显，皆叩头谢。上曰：“令出视事。”恭、显因使高言：“上新即位，而先验师傅，既下狱，宜因决免。”于是望之、堪、更生皆免为庶人。后数月，赐望之爵关内侯，给事中。恭、显等知望之素高节，不诎辱，曰：“望之前辅政，欲专权擅朝；幸得不坐，复赐爵邑，与闻政事，不悔过服罪，深怀怨望，自以托师傅，怀终不坐。非颇诎望之于牢狱，塞其怏怏心，则圣朝无以施恩厚。”上曰：“萧太傅素刚，安肯就吏？”显等曰：“人命至重，望之所坐，语言薄罪，必无所忧。”上乃可其奏。显等封以付谒者，因急发车骑，驰围其第。使者至，召望之。望之（旧无此望之二字，补之）仰天叹曰：“吾尝备位将相，年逾六十矣！老入牢狱，苟求生活，不亦鄙乎！”竟自杀。天子闻之惊，拊手曰：“果杀吾贤傅！”是时太官方上昼食，上乃却食，为之涕泣，哀恸左右。显等免冠谢，良久然后已。

【译文】

中书令弘恭、石显长期掌管朝廷重要部门，与车骑将军史高内外勾结，议论朝事经常坚持旧日的典章制度，不顺从萧望之等人。萧望之认为中书令乃为政之本，应该让贤明的人担任，从武帝游宴于后宫起才任用宦官，这不是国家的旧制，而且又违背了古代不接近受过宫刑人的经义，于是禀明皇上，打算更换为士人来担任，由此与史高、弘恭、石显大相抵触。弘恭、石显令郑朋、华龙二人上告萧望之等图谋要罢免车骑将军，疏远贬退外戚许氏、史氏的情状，等候萧望之离朝休假之日，让郑朋、华龙呈给皇上。此事下交弘恭处理。弘恭、石显奏报说：“萧望之、周堪、刘更生结为朋党，互相称颂推举，多次说坏话诬陷大臣，毁谤离间皇室亲戚，想专擅权势。其做臣子不忠心，欺骗圣上不合法则，请求召回交给廷尉。”当时，元帝初即位，不懂“召致廷尉”就是下狱，便批准了他们的奏疏。后来皇上要召见周堪、刘更生，说已打入监牢。皇上大惊，责问弘恭、石显，他们都叩头谢罪。皇上说：“传令放他们出来做事。”恭、显借机让史高说：“皇上新即位，而先查验师傅，既然已经下狱，应该借此判处免职。”于是萧望之、周堪、刘更生都被免为庶人。此后过了几个月，赐萧望之爵位为关内侯，任给事中一职。弘恭、石显等知道望之平日高风亮节，不受人屈辱，建议皇上说：“萧望之以前辅政，想独揽朝廷大权，有幸没有因此被判刑，又赏赐给爵位封地，让他参与政事，他不悔过服罪，还深怀怨恨，自以为是受先帝之托的师傅，怀有终究不会判自己罪行的想法，不稍让望之受点牢狱之屈，来遏止他怏怏不平的心态，那圣朝就没有办法表现出给他所施的恩德厚重。”皇上说：“萧太傅平素刚直，怎肯听从官吏的处置？”石显等说：“人命案是最重的罪，萧望之所犯的罪，是言谈之类的轻罪，他一定没有什么可忧虑的。”皇上允准了他们的奏言。石显等人将奏书密封交付传达通报之人，趁势急速出动车骑，跑去包围了萧望之的府第。使者来到后，召见萧望之。萧望之仰天长叹说：“我曾经位至将相，年纪已过了六十岁了，到了老了却进入牢狱，苟且活着，这不是太轻看人了吗?”竟然自杀。天子听到这件事很震惊，拍着手说：“果然害死了我的贤德的师傅！”当时太官正给皇上端来午饭，皇上不吃，让撤去饭食，为萧望之死去之事哭泣，身边的人也悲痛大哭。石显等脱下帽子谢罪，过了好久之后，此事才算作罢。

**（王井南译）**

卷二十

# 汉书治要（八）

（缺）

卷二十一

# 后汉书治要（一）

【考评】

魏征编纂《群书治要》，在《后汉书》的《本纪》十二帝中，仅录光武、孝明、孝章、孝和四帝的事略；二十个皇后传中，仅录明德马皇后、和熹邓皇后两传事略；其他五百四十六名人物传中，仅录冯异、岑彭、臧宫、祭遵、马武、马援、马廖、卓茂、鲁恭、宋弘、韦彪、杜林、桓谭、冯衍、申屠刚、鲍永、郅恽、郭伋、樊宏、阴识、阴兴、朱浮、陈元、桓荣、第五伦、钟离意、宋均、寒朗、东平王苍、朱晖、袁安、郭躬、陈宠、杨终、庞参、崔骃、杨震、张皓、种暠、刘陶、李云、刘瑜、虞诩、傅燮、盖勋、蔡邕、左雄、周举、李固、杜乔、延笃、史弼、陈蕃、窦武、任延、董宣、单超、侯览、曹节、吕强、张让、周党、严光等六十三人。除对侯览等五名宦者的专横史实予以节录外，其余多属褒扬。正如清人邵晋涵说："东汉尚气节，此书创为《独行》《党锢》《逸民》三传，表彰幽隐，搜罗迨尽。"所谓东汉尚气节，自然是指传统士大夫所讲的气节，但《党锢》《独行》《逸民》三传所述的人物，他们对统治阶层滥用权威，多少都表示过愤怒、抗议和藐视。这种气节，在一定的历史阶段上，具有它的积极性一面。魏征辑录冯异、杨震、李固、蔡邕等数十人的"嘉言懿行"，也是从巩固李唐王朝统治需要出发，要唐太宗像刘秀那样爱惜功臣，重视人才。

《后汉书》，南朝宋范晔著。今本一百二十篇，分一百三十卷。纪传体东汉史，原只有纪传，北宋时把晋司马彪《续汉书》八志与之相配，成为今本。范晔以前，《后汉书》作者很多，除《东观汉纪》外，有三国吴谢承《后汉书》、晋司马彪《续汉书》，华峤、谢沈、袁山松也各有《后汉书》之作。范晔以《东观汉纪》为主要依据，综合各家之长，成为一编，对华峤《后汉书》采摘尤多。晔本拟作“十志”，未成而死。书出以后，众家都废。晔本叙事喜以类相从，新立的类传有《党锢传》《宦者传》《文苑传》《独行传》《方术传》《逸民传》《列女传》等，大部都以类相从，往往不论年代先后。本书汇集一代史事，是研究东汉历史的重要资料。《后汉书》吸收了司马迁《史记》、班固《汉书》的长处，而又能发展创造，补救司马、班二家的不足。故唐人刘知几评为“范晔之删《后汉》也，简而且周，疏而不漏(《史通·补注》)”。宋人陈振孙评曰：“范氏删取《东观汉纪》以下诸家之书，以为一家之言。”(《直斋书录解题》)清人王鸣盛评曰：“范书贵义德，抑势力，进处士，黜奸雄，论儒学则深美康成(郑玄)，褒党锢则推崇李(膺)、杜(密)，宰相无多述，而特别逸民、公卿不见采，而特尊独行。”(《十七史商榷》)这都是对范晔《后汉书》恰当的评价。通行的注释，纪传部分有唐章怀太子李贤(高宗子)注，各志有梁代刘昭注。清惠栋撰《后汉书补注》，王先谦加以增补，为《后汉书集解》，所搜资料较为完备。

## 本纪

世祖光武皇帝，讳秀，字文叔，南阳人，高祖九世孙也。更始元年，遣世祖行大司马事，北渡河，镇慰州郡。进至邯郸，故赵缪王子林，以卜者王郎为天子，都邯郸。二年，进围邯郸，拔其城，诛王郎，收文书，得吏民与郎交关谤毁者数千章。世祖为不省，会诸将烧之，曰："令反侧子自安。"

【译文】

世祖光武皇帝，名秀，字文叔，南阳人，是汉高祖第九代孙。更始元年，更始帝刘云派遣刘秀负责大司马军务，北渡黄河，安抚各州郡。进军邯郸，原赵缪王之子刘林，立（假冒汉成帝之子的）从事占卜职业的王郎为天子，建都于邯郸。更始二年，刘秀进军包围邯郸，攻克该城，杀死王郎，收缴文书，得到吏民与王郎联络或诽谤自己的信件数千封。他没有查看，就集合众将把这些信件当众烧掉，说："让那些怀有二心的人自安其心吧。"

更始立世祖为萧王。世祖击铜马、高湖、重连，悉破降之，封其渠帅为列侯。降者犹不自安，世祖敕令各归营勒兵，乃自乘轻骑，案行部陈。降者更相语曰："萧王推赤心置人腹中，安得不投死乎？"由是皆服。

【译文】

更始帝封刘秀为萧王。他攻打铜马、高湖、重连，全部击败并使他们投降，封他们的首领为列侯。降服的人仍然心不自安，光武命令他们各自回营整顿队伍，于是自己轻装骑马，巡视各部队列。降服的人互相说道："萧王推心置腹地对待我们，我们怎能不以死来报答他呢！"从此大家全部归顺世祖。

即皇帝位，封功臣皆为列侯，大国四县，余各有差。博士丁恭等议曰："古帝王封诸侯，不过百里，强干弱枝，所以为治也，今封诸将四县，不合法制。"帝曰："古之亡国者，皆以无道，未尝闻封功臣地多而灭亡者也。"乃遣谒者，即授印绶。

【译文】

光武即位，将功臣封为列侯，其中封邑大的有四个县，其余各有等差。博士丁恭等人提议说："古时帝王分封诸侯地不超过百里，实行强干弱枝(即削减地方势力，加强中央集权)政策，用以使国家得到安定。现在封给诸侯四县，是不合法度的。"光武帝说："古代被灭亡的国家，都是因为无道，从未听说给功臣封地多而导致灭亡的。"于是委派主管传达的官员，立即给分封的诸将颁发了印绶。

建武十三年，诏曰："往年已敕郡国，异味不得有所献御，今犹未止，非徒有豫养导择之劳，至乃烦扰道上，疲费过所，其令大官勿复受。明敕宣下，若远方口实，可以荐宗庙，自如旧制。"时兵革既息，天下少事，文书调役，务从简寡，至乃十存一焉。

【译文】

建武十三年，光武帝颁发诏书说："往年已敕命各郡国，不准向皇帝献地方特产，而到现在还不能停止。此事不但有预先饲养选择的辛劳，还会导致往返道路上的麻烦和浪费，因此命令太官不得再接受贡品。明确告诫地方，如果远方的食物用来献给宗庙，自应按照旧规定办理。"当时战争停息，天下安定，通过文书征发劳役，务求从简，以至于仅是过去的十分之一。

十七年，幸章陵，修园庙，祠旧宅，观田庐，置酒作乐，赏赐焉。时宗室诸母，因酣悦，相与语曰："文叔少时谨信，与人不款曲，唯直柔耳，今乃能如此！"帝闻之大笑曰："吾治天下，亦欲以柔道行之。"

【译文】

建武十七年，光武帝亲临家乡章陵，修缮园庙，祭祀旧居，视察田地房舍，摆酒作乐，颁发赏赐。当时宗室中的女性长辈，由于酒喝得高兴，互相说道："文叔小时候恭谨诚实，待人不会殷勤应酬，只是正直温和罢了。今天当了皇帝竟还能像过去一样！"光武帝听了大笑说："我治理天下，也想用柔和安抚的办法来施行政教。"

二十一年，鄯善王、车师王等十六国，遣子入侍，愿请都护。帝以中国初定，未遑外事，乃还其侍子，厚加赏赐。

【译文】

建武二十一年，鄯善王、车师王等十六国，派遣儿子入朝侍奉进贡，并请求朝廷设置都护。光武帝因中原刚刚安定，无暇顾及境外的事，于是就送还他们的儿子，并给予优厚赏赐。

中元二年，帝崩。遗诏曰："朕无益百姓，皆如孝文皇帝制度，务从约省。"

初，帝在兵间久，厌武事，且知天下疲耗，思乐息肩，自陇蜀平后，非儆急，未尝复言军旅。皇太子尝问攻战之事，帝曰："昔卫灵公问陈，孔子不对，此非尔所及也。"每旦视朝，日昃乃罢。数引公卿郎将，讲经论治，夜分乃寐。皇太子见帝勤劳不怠，承间谏曰："陛下有禹、汤之明，而失黄老养生之福，愿颐养精神，优游自宁。"帝曰："我自乐此，不为疲也。"虽身济大业，兢兢如不及。故能明慎政体，总揽权纲，量时度力，举无过事。退功臣而进文吏，戢弓矢而散马牛。虽道未方古，斯亦止戈之武焉。

【译文】

中元二年，光武帝驾崩，遗诏说："我没有做什么有益于百姓的事，死后丧事一切按照孝文皇帝的制度，安葬务求简约、节省。"

起初，光武帝在军中时间长了，厌恶战争，而且知道天下人疲惫不堪，盼望过上安定的生活。自从陇、蜀平定之后，如不是紧急情况，就不再谈论军事。皇太子曾经问他攻战的事情，光武帝说："昔日卫灵公问列阵用兵之事，孔子不予回答，这不是你该问及的事。"他每天清早上朝，日头偏西才退朝。多次召见公卿、郎、将，讲论经书，探索治国的道理，夜半时分才睡觉。皇太子看到光武帝勤劳不息，趁暇时进谏说："陛下具有夏禹、商汤的贤明，而却没有黄帝、老子养生的福气，希望能颐养精神，闲适自安。"光武帝说："我自己以此为乐，并不感到疲倦啊。"虽然他成就了帝业，仍旧兢兢业业唯恐有失，所以能贤明慎重地对待国事，总揽政纲，审时度势，凡事均无过失。减少功臣权力而任用文吏，收藏起弓箭而放牛马回归民间。虽然治国之道还未能和古代圣贤相比，但也称得上是止息干戈的"武德"了。

孝明皇帝讳庄，世祖第四子也。永平二年，春，宗祀光武皇帝于明堂，礼毕登灵台，诏曰："朕以暗陋，奉承大业，亲执珪璧，恭祀天地。仰惟先帝受命中兴，拨乱反正，以宁天下，封泰山，建明堂，立辟雍，起灵台，恢弘大道，被之八极。而胤子无成康之质，群臣无吕旦之谋，盥洗进爵，踧踖惟惭。其令天下自殊死以下，谋反大逆，皆赦除之。"冬，幸辟雍，初行养老礼，诏曰："三老李躬，年耆学明；五更桓荣，授朕《尚书》。《诗》曰：'无德不报。'其赐荣爵关内侯，食邑五千户。三老五更，皆以二千石禄，养终厥身。其赐天下三老，酒人一石，肉四十斤。有司其存耄耋、恤幼孤、惠鳏寡，称朕意焉。"

【译文】

显宗孝明皇帝名庄，是光武帝第四个儿子。永平二年春，在宗庙明堂祭祀光武皇帝，仪礼结束后，他登上灵台，颁诏说："朕以才智浅陋之身，继承皇帝大业，亲自掌执圭璧，恭祀天地。追想先帝禀受天命中兴汉室，拨乱反正，以求天下安宁，封泰山，建明堂，立官学，起灵台，发扬大道，泽被八方。可是我没有周成王、周康王的品质，群臣没有吕尚、周公的谋略，举行盥洗进爵的礼仪，恭敬之余只觉惭愧。诏令天下从死罪以下，包括谋反及大逆不道之人，都予以赦免。”冬天，驾幸辟雍，初次举行养老礼。颁诏说：“三老中的李躬，虽年岁很老，但学问精明。任五更中的桓荣，教授朕学习《尚书》。《诗经》说：‘没有施德不报恩的。’赏赐桓荣为关内侯，食邑五千户。三老和五更都享受二千石俸禄，怡养终身。赐给天下的三老每人酒一石、肉四十斤。官吏们要慰问高寿的老人，体恤幼童孤儿，施惠鳏寡之人，以符合朕的心意。”

六年，诏曰：“先帝诏书，禁民上事言圣，而闲者章奏颇多浮辞，自今若有过称虚誉，尚书皆宜抑而勿省，示不为谄子嗤也。”

【译文】

永平六年，孝明皇帝颁布诏书说：“先帝曾有诏书，禁止民间上书称道圣德，可是近来所上的奏章仍有不少的浮夸言辞。从今后如果还有虚夸溢美的奏章，主管书奏的尚书都应该加以制止，而不要呈上，表示不被谄谀者所欺骗啊。”

八年，日有蚀之，诏曰：“朕以无德奉承大业，而下贻民怨，上动三光。日蚀之变，其灾尤大。永思厥咎，在予一人。群司勉修职事，极言无讳。”于是在位者，皆上封事，各陈得失。帝览章，深自引咎，乃以所上班示百官。诏曰：“群寮所言，皆朕之过。人冤不能理，吏黠不能禁，而轻用民力，缮治室宇，出入无节，喜怒过差。永览前戒，竦然兢惧。徒恐薄德，久而致怠耳。”

【译文】

永平八年，发生日蚀，皇上颁布诏书说：“朕因没有德行，继承帝位，致使老百姓抱怨，对上也扰动了日月星三光。发生日蚀，灾祸尤为严重。反思这样的罪过，在朕一人。群臣们应勉力职守，畅开言路，不要有所隐讳。”于是凡在职的官吏都上书奏事，各自陈述政务的得失。明帝看过奏章，甚为引咎自责，就用所上奏章让百官传看。诏书说：“群臣所奏之事，都是朕的失误。老百姓蒙冤而不能申理，官吏狡黠而不能禁止，随便动用民力，缮治宫宇，出入没有节制，喜怒过度。永远记取以前的教训，使我悚然感到惊惧。只恐怕修德不够，时间久了将造成惰怠的后果。”

十二年，诏曰：“昔曾闵奉亲，竭欢致养；仲尼葬子，有棺无椁。丧贵致哀，礼存宁俭。今百姓送终之制，竞为奢靡。生者无担石，而财力尽于坟土；伏腊无糟糠，而牲牢兼于一奠。糜破积世之业，以供终朝之费。子孙饥寒，终命于此，岂祖考之意哉！又车服过制，恣极耳目；田荒不耕，浮食者众。有司其申明科禁宜于今者，宣下郡国。”

【译文】

永平十二年，颁诏说：“昔日曾参和闵子骞，竭力奉养父母，使其欢心；仲尼葬埋儿子，有棺而没有外椁。举办丧事贵在致哀，礼仪应该省俭。现在老百姓送终的做法，争相奢侈比阔。人们没有什么储蓄，死后却把财力全用在立墓丧葬上。致使在夏伏日和冬腊日的祭日里家中连糟糠都没有，而死后却把用于两祭的牲牢全用于一次祭奠。浪费掉一辈子积攒的产业，来作为一个早晨的费用。子孙们受饥受寒，因此自绝生命，这难道是祖先们的本意吗？再说乘车、服饰等制度，恣意地图耳目外观的体面，而田地荒芜不去耕种，吃闲饭的人口日益增多。主管官吏应申明禁令条款，宣布适合今天的制度，并把它贯彻于郡国。”

十八年，帝崩。遗诏：“无起寝庙，藏主于光烈皇后更衣别室。”帝遵奉建武制度，事无违者。后宫之家，不得封侯与政。馆陶公主为子求郎，不许而赐钱千万，谓群臣曰：“郎官上应列宿，出宰百里，苟非其人，则民受其殃，是以难之。”故吏称其官，民安其业，远近肃服，户口滋殖焉。

【译文】

永平十八年，明帝驾崩，遗诏：“不要修建寝宫庙宇，藏神主(供奉祖先或者死者用的小木牌)于光烈皇后更衣别室。”明帝遵照建武间的制度，没有人敢违背的。后宫的家属，不得封侯参与政治。他姐姐馆陶公主曾经为儿子请封为郎，没有允许，只是赐钱千万。并告知群臣说：“郎官与上天列宿相应，管辖百里地方，如果任用不得其人，那老百姓就要受其灾殃，因此难以满足此事。”所以官吏都各称其职，老百姓各安其业，远近肃然敬服，人口增加得很多。

论曰：明帝善刑理，法令分明，日晏坐朝，幽枉必达。外内无幸曲之私，在上无矜大之色。断狱得情，号居前世十二。故后之言事者，莫不先建武、永平之政。

【译文】

论赞说：明帝很会用刑律治理政务，法令严明，夜以继日坐朝理政，有隐情和枉屈的事一定能够通晓。对内对外没有好恶的私情，身居上位却没有妄自尊大的表现。决断讼狱能够做到合情合理，号称在受刑方面只占前代的十分之二。所以后来凡谈起历史事实的，没有人不首先称道建武、永平的政绩。

孝章皇帝讳炟，明帝第五子也。少宽容，好儒术，显宗器重之。建初元年，诏曰：“朕以无德，奉承大业，夙夜栗栗，不敢荒宁，而灾异仍见，与政相应。朕既不明，涉道日寡，又选举乖实，俗吏伤民，官职耗乱，刑罚不中，可不忧与！昔仲弓季氏之家臣，子游武城之小宰，孔子犹诲以贤才，问以得人。明政之小大，以得人为本；乡举里选，必累功劳。今刺史、守相，不明真伪，茂才、孝廉，岁以百数，既非能显，而当授之政事，甚无谓也。每寻前世举人贡士，或起圳亩，不系阀阅。敷奏以言，则文章可采；明试以功，则治有异迹。文质斌斌，朕甚嘉之。其令太傅、三公、中二千石、二千石、郡国守相，举贤良方正能直言极谏之士各一人。”四年，诏，于是下太常、将、大夫、博士、议郎、郎官及诸生、诸儒会白虎观，讲议五经同异，帝亲称制临决焉。

【译文】

肃宗孝章皇帝，名炟，是明帝的第五个儿子，年轻时性情宽容，喜好儒术，明帝很器重他。建初元年，颁诏说："朕以一个缺少德行的人，继承皇室大业，日夜谨慎，不敢荒怠而贪图安逸。但是灾异现象仍然出现，和政事相应。我既不精明，涉及政道日子很浅，加上选人有悖于实际情形，无能的官吏伤害老百姓，官场职务紊乱不整，刑罚不太合乎情理，怎能不忧虑呢！昔日仲弓是季氏的家臣，子游是武城的小官，孔子还教诲他们要任用贤才，询问是否得到可任用的人。可知为政无论大小，都应以得到人才作为根本。乡里间的选拔推举，一定是积累有功劳的人。而今天的刺史、守相不了解真假，茂才、孝廉每年计有一百多名，他们既然没有才能表现，却要授给他们政事，是很失策的。每考究前代推举人才贡士，有的出身于陇亩，不拘于门第，如果各陈奏其言，则文章一定被采纳；以成绩试用，则政事常有特异的表现。文采质朴配合得当，朕非常嘉许他们。命令太傅、三公、中二千石、二千石、郡国守相，推举贤良方正中能够直言极谏之士各一人。"建初四年又颁诏，命令太常、将、大夫、博士、议郎、郎官和各位儒生、各位儒学导师在白虎观集中，讲说研讨五经的异同，章帝亲自到场主持裁决。

七年，诏曰："车驾行秋稼，观收获，因涉郡界，皆精骑轻行，无他辎重。不得辄修道桥，远离城郭，遣吏逢迎，刺探起居，出入前后，以为烦扰也。动务省约，但患不能脱粟瓢饮耳。所过欲令贫弱有利，无违诏书。"

【译文】

建初七年，诏书说："皇帝巡行秋田，考察收获情况，凡涉及到郡与郡的接界地方，都应该减少骑士，轻装前行，不得装载过多物资。不得动辄整修道路桥梁，不得在远离城郭之处，派遣官吏迎来送往，打探车驾起居情况，出入于前后，来做这一套烦琐的仪式，给百姓带来干扰和麻烦。行动务必省约，只要不愁吃不到粗食、用瓢饮水就行了。所过之处都要有利于贫弱之民，不得违背诏书旨意。”

元和二年，诏曰：“令云：‘民有产子者，复勿算三岁。’今诸怀妊者，赐胎养谷人三斛，复其夫勿算一岁，著以为令。”又诏曰：“方春生养，万物莩甲，宜助萌阳以育时物。其令有司，罪非殊死，且勿案验，及吏民条书相告，不得听受，冀以息事宁民，敬奉天气。立秋如故。夫俗吏矫饰外貌，似是而非，揆之人事则悦耳，论之阴阳则伤化，朕甚厌之、甚苦之。安静之吏，悃愊无华，日计不足，月计有余。如襄城令刘方，吏民同声，谓之不烦，虽未有他异，斯亦殆近之矣。间敕二千石，各尚宽明。而今富奸行赂于下，贪吏枉法于上，使有罪不论，而无过被刑，甚大逆也。夫以苛为察，以刻为明，以轻为德，以重为威，四者或兴，则下有怨心。吾诏书数下，冠盖接道，而吏不加治，民或失职，其咎安在？勉思旧令，称朕意焉。”又诏曰：“律，十二月立春，不以报囚。《月令》，冬至之后，有顺阳助生之文，而无鞫狱断刑之政。朕咨访儒雅，稽之典籍，以为王者生杀，宜顺时气。其定律，无以十一月、十二月报囚。”

【译文】

元和二年，诏书说：“前代法令说：‘老百姓有生孩子的，免于计征三年人丁税。’当今那些怀孕的妇女，赐给胎养谷每人三斛，免除其丈夫赋税一年，把此项规定订为法令。”又颁诏说：“当前正是春季生养时期，万物正在生长，应该扶助新生的阳气，以育作物。命有关官吏，判罪如非重大殊死者，暂不要案验审理，且吏民上书相告不得受理，希望以此息事宁民，敬奉天时节气。立秋恢复常例。那些才能低下的官吏外表假装正经，言行不一，以人事来考察似乎悦耳可听，以天道来论就伤风败俗了，朕是非常厌恶这种现象，也以这种现象为苦恼。安静无争的官吏，至诚无华，他们的功绩按日计算则不够，要按月计算则有余。像襄城令刘方，官吏和老百姓都同声说他无烦苛之政，虽然没有其他特异之处，这也差不多接近要求了。近来敕命的太守，都应重视宽大明察，可是现在富有的奸人在下边行贿，贪赃的官吏在上边枉法，使得有罪之人不予论处，而无罪者却受刑，这是莫大的违逆啊。以苛刻为察，以刻薄为明，以对有罪者从轻发落为德，以重刑为威，这四种情况如得盛行，那下边必有怨恨。我多次颁发诏书，颁行诏书的使者车驾在路上前后相接，而地方官不加治理，有的人失职，其过错在哪儿？大家认真回想一下旧日诏令，以符合朕的心意啊。”又颁诏说：“按律令，在十二月立春，不要来论处囚犯。《礼记·月令》记载，冬至以后，有顺着阳气上升之文，而没有审案判刑之政。朕向学识渊博的儒生咨询，考查典籍，认为王者的生杀大权，应当遵顺时令气节。因而律条应规定，不要在十一月、十二月论处囚犯之罪。”

三年春，北巡狩，敕侍御史、司空曰：“方春，所过无得有所伐杀。车可引避，引避之；騑马可辍解，辍解之。《诗》云：‘敦彼行苇，牛羊勿践履。’《礼》，人君伐一草木不时，谓之不孝。俗知顺人，莫知顺天。其明称朕意。”

【译文】

元和三年春，皇帝到北方巡视打猎，命令侍御史、司空说：“当前正值春天，所过之处不得有砍伐树木的行为。车驾可以引避的，就引避；偏套的马可以停止不用的，就停止不用。《诗经》说：‘行苇聚生在道旁，别放牛羊来踩伤。’《礼记》一书载明，人君砍伐一草一木不适时，就称他为不孝。俗人只知道顺应人办事，却没有人知道应顺应天时办事。应该明白这些道理，才能称朕的心意。”

论曰：魏文帝称：“明帝察察，章帝长者。”章帝素知民厌明帝苛切，事从宽厚。感陈宠之议，除惨之狱科；深元元之爱，著胎养之令。割裂名都，以崇建周亲；平徭简赋，而民赖其庆。又体之以忠恕，文之以礼乐。故乃蕃辅克谐，群后德让。谓之长者，不亦宜乎！在位十三年，郡国所上符瑞，合于图书者，数百千所。呜呼懋哉！

【译文】

论赞说：魏文帝认为："明帝是个明察之人，章帝有长者的仁心。"章帝平日了解老百姓厌恶明帝苛刻，因之凡事讲求宽厚。被陈宠的谏议所感动，废除残酷的法令；热切地爱护老百姓，制订出养护胎孕的命令。割裂出名都，来尝建至亲；轻徭薄赋，老百姓蒙受到福庆。又能亲自实行忠恕之道，用礼乐来加以修饰。所以郡国之间能够和谐，诸侯公卿能以德义相让。称他为长者，不是应该的吗？在位十三年，郡国所上祥符瑞兆，与河图洛书相合者数千百件。呜呼美哉！

孝和皇帝讳肇，章帝第四子也，在位十七年而崩。齐民岁增，辟土日广。每有灾异，辄延问公卿，极言得失。前后符瑞八十一所，自称德薄，皆抑而不宣。旧南海献龙眼、荔枝，十里一置，五里一候，奔腾阻险，死者继路。时临武长汝南唐羌县接（就无时临武长汝南唐羌县接十字，补之）南海，乃上书陈状。帝下诏曰："远国珍羞，本以奉宗庙。苟有伤害，岂爱民之本耶？其敕太官，勿复受献。"由是遂省。

【译文】

孝和皇帝，名肇，是章帝的第四子，在位十七年而死。人口年年增加，开拓疆土一天天广阔。每有灾异，就马上询问公卿，请他们大胆直言朝政得失。前后出现符瑞八十一件，却还说自己德薄，都压下来而不宣扬。旧日南海郡进献龙眼、荔枝，十里设一驿站，五里设一迎侯官员，沿途奔腾险阻，死者不绝于道。当时临汝县长官汝南人唐羌，县境接近南海，于是上书陈述这一情况。和帝下诏说："远地珍馐，本来是荐奉宗庙的，如果有伤害，哪能算作爱民的本意？敕令太官，再不要受献了。"从此南海取消了这一进献。

## 皇后纪序

夏、殷以上，后妃之制，其文略矣。《周礼》，王者立后，三夫人，九嫔，二十七世妇，八十一女御，以备内职焉。后正位宫闱，同体天王。夫人坐论妇礼，九嫔掌教四德，世妇主知丧祭宾客，女御序于王之燕寝。颁官分务，各有典司。女史彤管，记功书过。居有保阿之训，动有环珮之响。进贤才以辅佐君子，哀窈窕而不淫其色。所以能述宣阴化，修成内则，闺房肃雍，险谒不行者也。

【译文】

夏、商以前，有关后妃的制度，这方面的文献很少。《周礼》载，王者立后，有三夫人、九嫔、二十七世妇、八十一女御，以配备内宫职务。王后是宫闱正位，地位和君王一样。夫人负责讲论妇人应守的礼仪，九嫔掌管教导妇德、妇言、妇容、妇功四德，世妇主管祭祀、丧纪和宾客之事，女御掌管王的食宿。颁布内官名目分配职务，各有管辖范围。女史手执彤管，记功书过。居住有傅母保阿（古代抚养教育贵族子女的妇女）的教训，走动有环珮叮当的响声。进贤能之才来辅佐君子，重窈窕淑女而不夸饰其美色。为的是能够宣述妇女的教化，修成内宫规则，达到闺房肃穆雍和，从而使不正当的请托流行不起来。

故康王晚朝，《关雎》作讽；宣后晏起，姜氏请愆。及周室东迁，礼序凋缺，诸侯僭纵，轨制无章。齐桓有如夫人者六人。晋献升戎女为元妃，终于五子作乱，冢嗣遘屯。爰逮战国，风宪愈薄，适情任欲，颠倒衣裳，以至破国亡身，不可胜数。斯固轻礼弛防、先色后德者也。秦并天下，多自骄大，宫备七国，爵列八品。汉兴，因循其号，而妇制莫厘。高祖帷薄不修，孝文衽席无辨，然而选纳尚简，饰玩少华。自武、元之后，世增淫费，至乃掖庭三千，增级十四，妖倖毁政之符，外姻乱邦之迹，前史载之详矣。

【译文】

所以周康王晚朝，诗人便作《关雎》劝诫后妃们谨守后妃之道；周宣王贪睡晚起，王后姜氏认为是自己的责任，请求治罪。到周室东迁，礼序凋败缺损，诸侯越权骄纵，没有规范章程。齐桓公宠幸如夫人六名。晋献公晋升骊戎女子为元妃，终于造成齐国的公子无亏等五人作乱，晋国大公子申生遇难。于是到了战国，风气越发浇薄，君王任情纵欲，颠倒礼仪制度，以致弄到破国亡身之事层出迭见。这都是由于轻视礼仪放松提防、重色而轻德的缘故啊。秦始皇统一天下，更加妄自尊大，后宫具有七国之妇，爵位列有八品。汉王朝创立，因袭秦的称号，在妇女制度方面没有整理。高祖内宫薄德不修，孝文帝让慎夫人与皇后同席而坐，不分尊次。但这时选美纳妃还能算得上简约，饰玩无华。从武帝、元帝以后，每代皇帝都增加过多的费用，乃至达到掖庭(即永巷)三千人，级别十四种，以姿色得幸于君的嫔妃美人毁坏政务的现象，外戚乱邦的事件，前汉的史书记载已很详尽了。

及光武中兴，斫雕为朴，六宫称号，唯皇后、贵人。贵人（旧无此贵人，补之）金印紫绶，俸不过粟数十斛。又置美人、宫人、采女三等，并无爵秩，岁时赏赐充给而已。明帝聿遵先旨，宫教颇修，登建嫔后，必先令德，内无出阃之言，权无私溺之授，可谓矫其弊矣。虽御己有度，而防闲未笃，故孝章以下，渐用色授，恩隆好合，遂忘淄蠹。自古虽主幼时艰，王家多衅，必委成冢宰，简求忠贤，未有专任妇人，断割重器。唯秦芈(芈原作芊)太后始摄政事，故穰侯权重于昭王，家富于嬴国。汉仍其谬，知患莫改。东京皇统屡绝，权归女主，外立者四帝，临朝者六后，莫不定策帷帟，委事父兄，贪孩童以久其政，抑明贤以专其威。任重道悠，利深祸速。身犯雾露于云台之上，家婴缧绁于圄犴之下。湮灭连踵，倾辀继路。而赴蹈不息，燋烂为期，终于陵夷大运，沦亡神宝。诗书所叹，略同一揆。故考列行迹，以为皇后本纪云。

【译文】

到光武中兴，去除雕饰，改向质朴，六宫的称号只有皇后、贵人。贵人是金印紫绶，俸禄不超过粟米十斛。另外安置美人、宫人和采女三个等级，但她们并没有爵位和俸禄，一年之中只是按时赏赐补给罢了。明帝遵照先人旨意，对宫中教化很是修整，建置嫔后，首先要求要有德行，宫中没有超越闺门内室的言论，权力不凭私相爱溺来授予，可以称得上是矫正了一些弊端。虽然皇帝对约束自己严格有度，但是对后宫外戚的防备还做得不够扎实，所以从章帝以后，逐渐地按美色授权，只顾隆恩好合，却忘记了倾败的教训。自古君主年幼，时势严峻，皇家多发生祸乱事故，就必然要委托责成冢宰大臣，挑选访求忠臣贤能之人，从未专听妇人之言，以防败坏国家政权。只有从秦昭王之母芈太后开始摄政，故而使穰侯魏冉的权力比昭王还重大，家中财产比皇室还要富庶。到汉朝仍然沿袭这种错误，明知这是个祸患却没有改变。东汉皇室帝位多次被隔断，政权落入女主，由外戚扶立者有安、质、桓、灵四帝，临朝听政者有六位皇后，国家政策没有不是出自后宫的，把国家大事委托给皇后的父兄，希图让年幼的孩子当上皇帝以延长他们专权的时间，压制明贤大臣来巩固他们的权威。岂不知执掌朝政是一件任重而道远的事，以此牟利，利越多祸越快，这些临朝的皇后，大多身患疾病幽禁于云台之上，外戚被关押处死于监狱之中。覆灭之事接连发生，翻车之事不绝于路。尽管如此，甘冒赴汤蹈火之险的事还是不停，总以焦头烂额为结局，最后终使大运衰替，国家沦亡。《诗经》《书经》所咏叹的，与此大致一样。故而考察、列举历史行迹，而作《皇后本纪》。

明德马皇后，伏波将军援之小女也。永平三年，立为皇后。既正位宫闱，愈自谦肃。能诵《易经》，好读《春秋》《楚辞》，尤善《周官》。常衣大练，裙不加缘。诸姬主朝请，望见后袍衣疏粗，反以为绮縠，就视，乃笑。后辞曰："此缯特宜染色，故用之耳。”六宫莫不叹息。

【译文】

明德马皇后，是伏波将军马援的小女儿，永平三年，立为明帝的皇后。她正位于宫闱之后，越加谦和肃敬。能诵《易经》，爱读《春秋》、《楚辞》，尤其喜欢《周官》。常穿着厚缯做的衣服，裙子不饰花边。宫中诸位姬妃请安，远远看到她衣袍粗疏，反而认为是绫绸绉纱之类，到了跟前一看，于是笑了。皇后说：“这种厚缯特别适合染色，所以用它做衣服。”六宫没有人不赞叹的。

时楚狱连年不断，囚相证引，坐系者甚众。后虑其多滥，乘间言及，恻然。帝感之，多有所（旧无所字，补之）降宥。每于侍执之际，辄言及政事（旧无每于侍执之际辄言及政事十一字，补之），多所毗补，而未尝以家私干欲。宠敬日隆，始终无衰。自撰《显宗起居注》，削去兄防参医药事。帝请曰：“黄门舅旦夕供养且一年，既无褒异，又不录勤劳，无乃过乎？”太后曰：“吾不欲令后世闻先帝数亲后宫之家，故不著也。”帝欲封爵诸舅，太后不听。

【译文】

当时刑狱连年不断，囚犯互相作证牵连，因而犯法的罪犯很多，皇后恐其中有滥用刑法的，便趁着合适的机会谈到此事，深怀恻隐之心。明帝受到感动，多有所赦免。每当陪侍皇帝时，常常谈到朝政之事，多有所补益，但是从未以家族私事干预。明帝对她宠爱日益加深，自始至终不衰。皇后自撰《显宗起居注》，在其中删减了她的哥哥马防参与医药的事。章帝问她说：“黄门舅日夕供养任事将近一年，既不给他褒奖，又不记载他的勤劳，这不是太过分了吗？”马皇后说：“我不想让后世人知道先帝多次亲近后宫的家人，所以不录。”章帝打算给诸舅进封爵位，太后不准。

明年，夏，大旱，言事者以为不封外戚之故，有司因此上奏，宜依旧典。太后诏曰："凡言事者，皆欲媚朕以要福耳。昔王氏五侯，同日俱封，其时黄雾四塞，不闻澍雨之应。又，田蚡、窦婴，宠贵横恣，倾覆之祸，为世所传。故先帝防慎舅氏，不令在枢机之位。诸子之封，裁令半楚、淮阳诸国。常谓：'我子不当与先帝子等。'今有司奈何欲以马氏比阴氏乎！吾为天下母，而身服大练，食不求甘，左右但著皂布，无香薰之饰者，欲身率下也。以为外亲见之，当伤心自敕，但笑言太后素好俭。前过濯龙门上，见外家问起居者，车如流水，马如游龙，苍头衣绿褠，领袖正白，顾视御者，不及远矣。故不加谴怒，但绝岁用而已，冀以默愧其心，而犹懈怠，无忧国忘家之虑。知臣莫若君，况亲属乎？吾岂可上负先帝之旨，下亏先人之德，重袭西京败亡之祸哉！"固不许。

【译文】

次年（建元二年）夏天，大旱，谈论朝事的人认为这是没有封外戚的缘故，有司因此上奏说是应该依照过去的章程。太后颁诏说："凡是言事的人，都是想巴结我来求得好处罢了。昔日成帝朝王谭、王商等五位侯爵，在一天都受封了，当时黄雾笼罩四野，却不见有及时雨的瑞应。再者田蚡、窦婴，宠贵骄横，倾亡之祸，为后世所传闻。所以先帝谨慎地防止舅氏，不让他们在朝廷中枢占有爵位。对几个儿子的封赏，只让其享有楚、淮等诸侯国的一半。先帝常说：'我的儿子不应当跟先帝的儿子同样对待。'现在有司为什么要拿马氏和阴氏相比呢？我是天下之母，但是身穿厚缯衣服，饮食不求甘美，左右只穿黑布衣服，没有熏香、修饰的原因，是想以身作则给下边做个表率，认为外戚看到这些情况，应当反躬自问，但他们只笑着说太后平日喜爱节俭。从前从濯龙门上经过，看到外家问候起居的人，车如流水，马如游龙，奴仆们都穿着绿色臂衣，领和袖子都是纯白色的，反回头看一看我的御者，不及他们多了。之所以不加以谴责，只是停止他们每年的开支费用，希望能用这种办法使其私下觉得惭愧，但他们仍然懈怠，没有忧国忘家的观念。了解臣子的没有谁能比得上君主，何况是亲属呢？我怎能上违先帝意旨，下亏先人德行，重蹈西京长安外戚败亡的灾祸呢！”太后坚决不准给诸舅进封。

帝省诏悲叹，复重请曰：“汉兴，舅氏之封侯，犹皇子之为王也。太后诚存谦虚，奈何令臣独不得加恩三舅乎？且卫尉年尊，两校尉有大病，如令不讳，使臣长抱刻骨之恨。宜及吉时，不可稽留。”太后报曰：“吾反复念之，思令两善。岂徒欲获谦让之名，而使帝受不外施之嫌哉！昔窦太后欲封王皇后之兄，丞相条侯言，受高祖约，无军功，非刘氏不侯。今马氏无功于国，岂得与阴、郭中兴之后等耶？常观富贵之家，禄位重叠，犹再实之木，其根必伤。且人所以愿封侯者，欲上奉祭祀，下求温饱耳。今祭祀则受四方之珍，衣食则蒙御府之余资，斯岂不足，而必当得一县乎？吾计之熟矣，勿有疑也。夫至孝之行，安亲为上。今数遭变异，谷价数倍，忧惶昼夜，不安坐卧，而欲先营外封，违慈母之拳拳乎！吾素刚急，有胸中气，不可不顺也。若阴阳调和，边境清静，然后行子之志。吾但当含饴弄孙，不能复关政矣。”

【译文】

章帝看了太后的诏书而悲叹，又请示说：“汉王朝创立，舅氏的封侯，犹如皇帝的儿子做王一样。太后确实态度谦虚，但为什么能让儿臣单单不得加恩于三位舅舅呢？再说卫尉廖舅年岁很高，两校尉防舅和光舅都重病在身，如果有个三长两短，会让儿臣长期抱有刻骨的遗憾。应该在他们在世时加封，不能再耽延了。”太后回报说：“我曾经反复考虑过此事，总想做到两全其美。岂能只图获得谦让之名，而让皇帝受到不加恩于外戚的嫌疑呢！昔日文帝之母窦太后打算加封景帝王皇后之兄，丞相条侯周亚夫说，承受高祖时的约定，没有军功，非刘氏者不得封侯。当今马氏无功于国，怎能和阴氏、郭氏等中兴汉室的皇后相比呢？我常看到富贵之家，禄位重叠，比如一年两次结果的树，它的根部必然会受到损伤。再说人之所以想望封侯的目的，是想上奉祭祀、下求温饱罢了。当今祭祀则受到四方的珍馐，衣食则蒙受皇家府库的余资，这难道还不够，而一定要得到一县之封吗？我已经考虑得很周到了，不可再有疑惑了。那最称得起孝顺的行为，以使亲安心为上。当今国家多次遭到灾异，谷价数倍增涨，我日夜发愁，坐卧不宁，可是你却想着先加封外戚，这不是违背了慈母的拳拳之心吗？我平日为人刚直急切，胸中有了纳闷之气，不可不理顺啊。如果阴阳调和，边境清静，然后可以按你的想法去办。那时我当含饴弄孙，不能再关顾朝廷的政事了。”

其外亲有谦素义行者，辄假借温言，赏以财位。如有纤介，则先见严恪之色，然后加谴。其美车服、不轨法度者，便绝属籍，遣归田里。广平、巨鹿、乐成王，车骑朴素，无金银之饰，太后即赐钱各五百万。于是内外从化，被服如一，诸家惶恐，倍于永平世。乃置织室，蚕于濯龙中，数往观视，以为娱乐。常与帝旦夕言道政事，及教授诸小王，论议经书，述叙平生，雍和终日。天下丰稔，方垂无事，帝遂封三舅廖、防、光为列侯。并辞让，愿就关内侯。太后闻之曰：“圣人设教，各有其方，知人情性莫能齐也。吾日夜惕厉，思自降损，居不求安，食不念饱，冀乘此道，不负先帝，所以化导兄弟，共同斯志，欲令瞑目之日，无所复恨，何意老志复不从哉！”廖等不得已，受封爵而退位归第焉。

【译文】

凡外亲有谦和本分义行的人，太后往往多对其温言劝勉，赏赐些财物。如果有人犯有细小的过错，就先给以严厉的颜色，然后再进行批评教育。对于那些车服华美不遵守法度的人，便取消他们的资格，遣送回归田里。广平、巨鹿、乐成王的车骑朴素，没有金银的装饰，太后即赐钱各五百万。于是朝廷内外从而受到感化，衣被车服规划如一，诸外家惶恐，比明帝永平之世加倍谨慎。她设置织室，蚕织于濯龙宫中，经常前往观视，当做一种娱乐活动。她平日常跟章帝谈论国家政事，教授几个幼年王子，议论经书，叙述平生，终日团结和睦。当时天下农业丰收，太平无事，章帝于是加封三位舅父马廖、马防、马光为列侯，他们都予以辞让，希望只做关内侯领受爵号而不受封地。太后听到这样的事，说："圣人设教化，方式各不相同，是因为懂得人的情性是不同的。我日夜警惕勉励，思自降损，居不求安，食不思饱，希望能做到这样，不负先帝。所以教育开导兄弟，共同有志于此，以求瞑目之日，不再有什么遗憾。哪能想到人老了还是事不从心啊！"马廖等不得已，接受封爵后既而退职回家去了。

和熹邓皇后讳绥，太傅禹之孙也。选入宫为贵人，恭肃小心，动有法度。帝深嘉爱焉。及后有疾，特令后母兄弟入亲医药，不限以日数。后言于帝曰："宫禁至重，而使外舍久在内省，上令陛下有幸私之讥，下使贱妾获不知足之谤，上下交损，诚不愿也。"帝曰："人皆以数入为荣，贵人反以为忧，深自抑损，诚难及也。"

每有宴会，诸姬贵人，竞自修整，簪珥光彩，袿裳鲜明，而后独著素，装服无饰。阴后以巫蛊事废，立为皇后。是时方国贡献，竞求珍丽之物，自后即位，悉令禁绝，岁时但供纸墨而已。

【译文】

和熹邓皇后名绥，是太傅邓禹的孙女。选入宫中为贵人，恭敬肃穆谨慎小心，一举一动都合乎法度。和帝很是嘉许并且钟爱她。到了邓皇后有病，特令皇后之母及兄弟入宫亲理医药，不限日数。皇后对和帝说："宫禁重地，而让外戚久在宫中，上使陛下蒙受宠幸私家的嘲讽，下会使贱妾落个不知足的毁谤。这样上下都受到损伤，实在是我不希望有的事啊。"帝曰："人都以多次进入宫内为荣，贵人你反以为忧，深刻地作自我检查，实在是难能可贵的啊。"

每有宴会，诸姬贵人竞相修整打扮，簪珥光彩，衣着鲜明，而唯独皇后朴素无华，衣服并不加装饰。阴皇后因巫蛊事发被废，立邓为皇后。这时候四方诸侯国进贡，竞相求寻珍贵美丽的东西。自从邓皇后即位，命令全部加以禁绝，每年只供奉纸墨而已。

# 列　传

冯异，字公孙，颍川人也。建武三年，为征西大将军，大破赤眉，屯兵上林苑，威行关中。六年，朝京师，帝谓公卿曰："是我起兵时主簿也，为吾披荆棘、定关中。"既罢，使中黄门赐以珍宝、衣服、钱帛。诏曰："仓卒芜蒌亭豆粥，呼沱河麦饭，厚意久不报。"异稽首谢曰："臣闻管仲谓桓公曰：'愿君无忘射钩、臣无忘槛车。'齐国赖之。臣今亦愿国家无忘河北之难，小臣不敢忘巾车之恩。"

【译文】

冯异，字公孙，颍川郡人。建武三年，为征西大将军，大破赤眉军，屯兵于上林苑，威令行于关中地区。建武六年，朝拜京师洛阳，光武帝向公卿说："冯异是我起兵时的主薄，为我披荆斩棘，平定关中。"朝罢，使中黄门以珍宝、衣服、钱帛赏赐给冯异。颁诏说："过去兵荒马乱很是仓促，芜蒌亭的豆粥、呼沱河的麦饭，这种深情厚意永远无法报答。"冯异稽首称谢说："臣闻管仲向齐桓公说：'希望君王不要忘记我曾射中您的衣带之钩，臣也不忘记您曾以槛车囚我。'齐国终于依赖他而称霸。臣今天也希望国家不要忘记河北的灾难，小臣不敢忘记陛下获我于巾车（即巾车乡，光武曾屯兵于此，获冯异）的恩德。"

岑彭，字君然，南阳人也。拜廷尉（旧无拜廷尉三字，补之），行大将军事。与大司马吴汉等，围洛阳数月，朱鲔等坚守不肯下。帝以彭尝为鲔校尉，令往说之。鲔曰："大司徒被害时，鲔与其谋。又谏更始，无遣萧王北伐。诚自知罪深。"彭还具言于帝。帝曰："夫建大事者，不忌小怨，鲔今若降，官爵可保，况诛罚乎？河水在此，吾不食言。"彭复往告鲔，鲔乃面缚，与彭俱诣河阳，帝即解其缚，拜鲔为平狄将军，封扶沟侯。建武八年，彭与吴汉围隗嚣于西城。公孙述将李育守上邽，盖延、耿弇围之。敕彭曰：“两城若下，便可将兵南击蜀虏。人苦不知足，既平陇，复望蜀，每一发兵，头发为白。”。

【译文】

岑彭，字君然，南阳郡人。拜廷尉，兼大将军一职。与大司马吴汉等，围攻洛阳数月，朱鲔等坚守不肯投降。光武帝因岑彭曾经给朱鲔当过校尉，命令他前往劝降。朱鲔(对岑彭)说：“大司徒刘伯升遇难时，我曾经参与过谋划，还谏诤过更始帝不要派遣萧王刘秀北伐，我确实知道自己的罪很大。”岑彭回来，把这些情况全给光武帝讲了。光武帝说：“建立大事业的人不计较小怨，朱鲔今天如果投降，可保证他的官爵，又何谈诛罚他呢？黄河水在此(作证)，我绝不食言。”岑彭又前往劝告朱鲔，朱鲔于是自己反绑双手，和岑彭一同到河阳，光武帝当即解去他的捆缚，拜朱鲔为平狄将军，封为扶沟侯。建武八年，岑彭与吴汉围隗嚣于西城。当时公孙述的大将李育驻守在上邽，被盖延、耿弇围攻。光武帝敕命岑彭说：“西城、上邽两城如果能攻下，便可带兵向南攻打蜀地的贼人。为人苦于不知足，既平陇，又望蜀，每一发兵，头发都变白了。”

臧宫，字君翁，颍川人也。匈奴饥疫，自相分争，帝以问宫，宫曰：“愿得五千骑以立功。”帝笑曰：“常胜之家，难与虑敌，吾方自思之。”建武二十七年，宫与杨虚侯马武上书曰：“匈奴人畜疫死，旱蝗赤地，疫困之力，不当中国一郡。万里死命，悬在陛下，福不再来，时或易失，岂宜固守文德，而堕武事乎？”诏报曰：“《黄石公记》曰：‘柔能制刚，弱能制强。’柔者德也，刚者贼也。弱者仁之助也，强者怨之归也。舍近谋远者，劳而无功；舍远谋近者，逸而有终。逸政多忠臣，劳政多乱民。故曰：务广地者荒，务广德者强；有其有者安，贪人有者残。残灭之政，虽成必败。今国无善政，灾变不息，百姓惊惶，人不自保，而复欲远事边外乎？孔子曰：‘吾恐季孙之忧，不在颛臾。’且传闻之事，恒多失实。苟非（非旧作无，改之）其时，不如息民。”自是诸将，莫敢复言兵事者。

【译文】

臧宫，字君翁，颍川郡人。匈奴闹饥荒瘟疫，各部落自相纷争，光武帝问臧宫该怎么办，臧宫说：“我愿带五千骑兵来征伐匈奴，建立功业。”帝笑着说：“常胜的将军，是很难和他讨论敌情的，我还是自己想这件事情吧。”建武二十七年，臧宫和杨虚侯马武上书说：“匈奴人和牲口因疫病死亡，旱灾蝗灾弄得赤地千里，疲困之力顶不住中国的一个郡国。万里效死一战，机遇握在陛下手中。福运不会二次再来，时机容易错过，怎能只图固守文德而废弃武事呢？”诏书回报说：“《黄石公记》中说：‘柔能克刚，弱能制强’。柔是德行，刚是祸患。弱者能得到仁义的辅助，强者会遭受人们的怨恨。舍近求远，会劳而无功；舍远谋近，安逸而会取得好的结果。安逸的政务多出忠臣，劳役的政务会多生乱民。所以说，只求扩大土地的会出现荒芜现象，力求扩大德政才会强胜；保住自己所有的则安然无事，贪图别人所有的则残败灭亡。残败灭亡的政治，虽成于一时但最终必败。现在国家还没有治理好，灾变事故不断发生。百姓惊惶，人人不能自保，反而还想用兵于边境以外吗？孔子说：‘我担心季孙氏的忧患，不在颛臾。’况且关于匈奴的传闻，经常有不真实的地方。如果不得其时，还不如让百姓得到休养生息为好。”从此以后，诸将没有再敢主张发兵作战的人了。

祭遵，字弟孙，颍川人也。从征河北，为军市令。世祖舍中儿犯法，遵格杀之。世祖怒，命收遵。时主簿陈副谏曰：“明公常欲众军整齐，今遵奉法不避，是教令行也。”世祖乃贳之，以为刺奸将军，谓诸将曰：“当备祭遵！吾舍中儿犯令尚杀之，必不私诸卿也。”河北平，拜征虏将军。

遵为人廉约小心，克己奉公，赏赐辄尽与士卒，家无私财，身衣韦袴布被，夫人裳不加缘。帝以是重焉。及卒，愍悼之尤甚。遵丧至河南县，诏遣百官，先会丧所，车驾素服临之，望哭哀恸。

还幸城门，过其车骑，涕泣不能已。丧礼成，复亲祠以太牢，如宣帝临霍光故事。至葬，车驾复临，赠以将军、侯印绶，朱轮容车，介士军陈送葬，谥曰成侯。既葬，车驾复临其坟，存见夫人室家。其后朝会，帝每叹曰："安得忧国奉公之臣，如祭征虏者乎？"遵之见思若此。

【译文】

祭遵，字弟孙，颍川郡人。他随从光武帝征讨黄河以北，为军市令。光武帝家族中有一个年纪小的亲属犯法，被祭遵杀死。世祖发怒，下令将祭遵收监。当时主簿陈副谏诤说："明公常想令众军整齐，现在祭遵执法不避亲，这是为了政令得以施行啊。"光武帝遂赦免了祭遵并将他封为刺奸将军，并向诸将说："应当小心祭遵！我家族中的亲属犯法还被他杀了，那必然不会徇私于诸位了。"河北平定后，拜祭遵为征虏将军。

祭遵为人廉洁简约，谨慎小心，能克己奉公，凡受到赏赐，常常全部给了士卒，他家没有私财，自己身穿皮套裤，卧盖布被，他的夫人衣裳不加花边，因此受到皇帝的器重。到他逝世，光武帝感到非常哀痛。祭遵的灵柩到河南县，诏命百官先行会集于安葬的地方，皇帝车驾素服亲临，望灵痛哭，很是哀恸。回归途中还亲临城门，经过祭遵当日曾乘坐的车骑，涕泣不能自已。丧礼完毕，又亲自行以太牢祭礼，如当年宣帝亲临霍光的旧例。到安葬时，皇帝的车驾又亲临墓地，赠将军、侯的印绶，用朱轮车载运其衣冠、画像，甲士列阵送葬，谥曰"成侯"。已经埋葬毕，车驾又到祭遵的坟墓上，慰问接见其夫人及其家人。其后逢有朝会，帝每每感叹地说："怎能得到如祭遵这样忧国奉公之臣啊！"祭遵被皇帝思念竟至如此地步。

马武，字子张，南阳人也，封为杨虚侯。为人嗜酒，阔达敢言，时醉在御前，面折同列，言其短长，无所避忌。帝故纵之，以为笑乐。帝虽制御功臣，而每能回容，宥其小失。远方贡珍甘，必先遍列侯，而大官无余。有功辄增邑赏，不任以吏职，故皆保其福禄，终无诛谴者。

【译文】

马武，字子张，南阳郡人。封为杨虚侯。马武为人嗜酒，宽容大度，敢于直言，有时醉酒后，在皇帝面前当面批评同僚，说出他们的优点缺点，没有什么顾忌。光武帝有意放纵他这样做，当作开玩笑。光武帝虽然制约驾驭功臣，但往往能够包容、原谅他们的小过。远方贡献的珍贵东西，必先遍赐列侯，而掌管皇帝膳食等事的太官处则无剩余的了。对有功者经常增加食邑赏赐，而不任以吏职，所以都能保受其福禄，没有遭诛杀、谴谪的人。

论曰：光武中兴二十八将，前世以为上应二十八宿，未之详。然咸能感会风云，奋其智勇，称为佐命，亦各志能之士也。议者多非光武不以功臣任职，至使英姿茂绩，委而勿用。然原夫深图远算，固将有以焉尔。若乃王道既衰，降及霸德，犹能授受惟庸，勋贤兼序，如管隰之迭升桓世、先赵之同列文朝，可谓兼通矣。降自秦、汉，世资战力，至于翼扶王运，皆武人屈起。亦有鬻缯屠狗轻猾之徒，或崇以连城之赏，或任以阿衡之地，故势疑则隙生，力侔则乱起。萧、樊且犹缧绁，信、越终见菹戮，不其然乎！自兹以降，迄于孝武，宰辅五世，莫非公侯。遂使搢绅道塞，贤能蔽壅，朝有世及之私，下多抱关之怨。其怀道无闻、委身草莽者，亦何可胜言哉！故光武鉴前事之违，存矫枉之志，虽寇、邓之高勋，耿、贾之洪烈，分土不过大县数四，所加特进朝请而已。观其治平临政，课职责咎，将所谓“导之以法，齐之以刑”者乎？若格之功臣，其伤已甚。何者？直绳则亏丧恩旧，挠情则违废禁典，选德则功不必厚，举劳则人或未贤，参任则群心难塞，并列则其蔽未远。不得不校其胜否，即以（旧无以字，补之）事相权。故高秩厚礼，允答元功；峻文深宪，责成吏职。建武之世，侯者百余，若夫数公者，则与参国议，分均休咎，其余并优以宽科，完其封禄，莫不终以功名延庆于后。昔留侯以为高祖悉用萧、曹故人，而郭伋亦讥南阳多显，郑兴又戒功臣专任。夫崇恩偏授，易启私溺之失；至公均被，必广招贤之路。意者不其然乎！

【译文】

赞论说："光武中兴二十八将，前世认为是应了天上的二十八宿，对此未能详知。然而这二十八人都能感应会和风云，奋其智勇，被称为佐命之臣，也都是志勇智能之士。议论家大多认为光武帝不给功臣任职，以至使得英资茂绩之臣，被委弃而不能任用。可是考察光武帝的深图远算，一定有它的道理在其中。至于'王道'衰败，下降到'霸德'，还能授官用人坚持中庸原则，有功勋者和贤德者都能序列而出，像管仲、隰朋之接连升迁于齐桓之世，先轸、赵衰同列于晋文之朝，这便可以称得上是一齐显达了。及至秦、汉，每代皇帝都凭借战力得位，以至于扶助王室命运，都要靠武人崛起。这些人中也有像贩缯的灌婴、屠狗的樊哙这样轻佻狡猾的人，有的人受到价值连城的赏赐，有的人被任用到重要的地方，所以势位过高，君臣之间就相互猜疑而产生隔阂，势力相当就会发生祸乱。像萧何、樊哙尚且受到囚禁，韩信、彭越最终被杀戮或剁为肉酱，难道不是这样吗？从此以后，直到孝武皇帝，宰辅大臣有五世，没有人不是由公侯勋贵充任。这样就使得晋升的道路被堵塞，贤能之人受到排挤，朝堂有世袭为官的私情，下边怨声载道。至于那些有抱负而默默无闻、委身于草莽的人，那怎能说得清数得完呢？所以光武帝借鉴前事的不合理，怀有矫正的志向，即使像寇恂、邓禹等人的大功，耿弇、贾复的宏伟节烈，所分给的土地不过几个大县，只是给予特进、朝请的优待罢了。看他治国理政，考核任职情况，处罚其过失，那不是'用政令引导他们，用刑罚整治他们'的办法吗？如果制裁功臣，那损失就大了。为什么呢？法绳直了就会使旧恩受到伤害，碍于情分就会使禁令废弛。选用贤德之人，就不必要求曾有大功；选举有大功之人，可能未必都很贤德。兼备才可任用，则众心难以满意；并列朝班，则问题很快会发生。因此不能不比较其胜任与否，就是要通过让其任职来权衡选用。所以，用高的爵位、优厚待遇，酬答元老们的功劳；以严峻而富有深意的文书律令，责成官吏尽忠职守。建武年间，封侯者一百多人，只有数位公卿参议国家大事，分担吉凶，其余都给以优厚宽容的待遇，终其封禄，没有人不是终以功名延庆于后世的。昔日留侯张良以为高祖所任用的都是萧何、曹参等故人，而郭伋也劝谏光武帝不宜专用南阳的乡亲使他们太显贵，郑兴又警戒功臣不宜专任。崇威偏授，容易造成私溺的偏差；平等均享皇恩，必然可以拓宽招贤之路。想来难道不是这样吗？”

永平中，显宗追感前世功臣，乃图画二十八将于南宫云台，其外又有王常、李通、窦融、卓茂，合三十二人。故依其本第，系之篇末，以志功臣之次云尔：

太傅高密侯邓禹
中山太守全椒侯马成
大司马广平侯吴汉
河南尹阜成侯王梁
左将军胶东侯贾复
琅邪太守祝阿侯陈俊
建威大将军好畤侯耿弇
骠骑大将军参蘧（蘧原作遽）侯杜茂
执金吾雍奴侯寇恂
积弩将军昆阳侯傅俊
征南大将军舞阳侯岑彭
左曹合肥侯坚镡
征西大将军阳夏侯冯异
上谷太守淮阳侯王霸
建义大将军鬲侯朱祐
信都太守阿陵侯任光
征虏将军颍阳侯祭遵

豫章太守中水侯李忠
骠骑大将军栎阳侯景丹
右将军槐里侯万修
虎牙大将军安平侯盖延
大常灵寿侯邳彤
卫尉安成侯姚期
骁骑将军昌成侯刘植
东郡太守东光侯耿纯
横野大将军山桑侯王常
城门校尉朗陵侯臧宫
大司空固始侯李通
捕虏将军杨虚侯马武
大司空安丰侯窦融
骠骑将军慎侯刘隆
大傅宣德侯卓茂

【译文】

永平年间，显宗孝明帝追思前世功臣，于是就画出二十八将图像于南宫云台，另外加上王常、李通、窦融、卓茂，合计三十二人。现按他们的职位附录于篇末，以记载功臣们的次第。

太傅高密侯邓禹
中山太守全椒侯马成
大司马广平侯吴汉
河南尹阜成侯王梁
左将军胶东侯贾复
琅邪太守祝阿侯陈俊
建威大将军好畤侯耿弇
骠骑大将军参蘧侯杜茂
执金吾雍奴侯寇恂

积弩将军昆阳侯傅俊
征南大将军舞阳侯岑彭
左曹合肥侯坚镡
征西大将军阳夏侯冯异
上谷太守淮阳侯王霸
建义大将军鬲侯朱祐
信都太守阿陵侯任光
征虏将军颍阳侯祭遵
豫章太守中水侯李忠
骠骑大将军栎阳侯景丹
右将军槐里侯万修
虎牙大将军安平侯盖延
大常灵寿侯邳肜
卫尉安成侯姚期
骁骑将军昌成侯刘植
东郡太守东光侯耿纯
横野大将军山桑侯王常
城门校尉朗陵侯臧宫
大司空固始侯李通
捕虏将军杨虚侯马武
大司空安丰侯窦融
骠骑将军慎侯刘隆
太傅宣德侯卓茂

马援，字文渊，扶风人也。建武九年，拜为太中大夫。十七年，交阯女子征侧及女弟征贰反，攻没其郡，九真、日南、合浦蛮夷皆应之，寇略岭外六十余城，侧自立为王。于是拜援伏波将军，督楼船将军段志等，南击交阯，斩征侧、征贰，传首洛阳。封援为新息侯。

援尝有疾，梁松来候之，独拜床下，援不答。松去后，诸子问曰："梁伯孙帝婿，贵重朝廷，公卿已下，莫不惮之，大人奈何独不为礼？"援曰："我松父友也。虽贵，何得失其序乎？"松由是恨之。

【译文】

马援，字文渊，扶风郡人。建武九年，官拜太中大夫。十七年，交阯女子征侧和她的妹妹征贰造反，攻陷了所在的州郡，九真、日南、合浦的蛮夷全都响应她们，侵略岭南六十余座城池，征侧自立为王。于是朝廷拜授马援为伏波将军，督率楼船将军段志等南击交阯，斩杀了征侧、征贰，传首级到洛阳。马援被封为新息侯。

马援曾经生病，梁松来问候他，拜倒在病榻前，马援没有还礼。梁松走后，儿子们问他说："梁伯孙(梁松的字)是皇帝的女婿，在朝廷中地位显贵，公卿以下的官员没有人不怕他的，大人为什么单单不对他礼遇呢？"马援说："我是梁松父亲的朋友，他虽然尊贵，但怎么能不顾长幼之序呢？"梁松从此憎恨马援。

二十四年，武威将军刘尚（尚旧作向，改之）击武陵五溪蛮夷，军没，援因复请行。遂遣援率中郎将马武、耿舒等征五溪。援夜与送者诀，谓友人谒者杜愔曰："吾受厚恩，年迫余日索，常恐不得死国事，今获所愿，甘心瞑目。但畏长者家儿，或在左右，或与从事，殊难得调，独恶是耳。"初，军次下隽，有两道可入，从壶头则路近而水险，从充道则途夷而运远，帝初以为疑。及军至，耿舒欲从充道，援以为弃日费粮，不如进壶头，扼其喉咽，充贼自破。以事上之，帝从援策。进营壶头，贼乘高守隘，水疾，船不得上。会暑甚，士卒多疫死，援亦中病，遂困。乃穿岸为室，以避炎气。贼每升险鼓噪，援辄曳足以观之，左右哀其壮意，莫不为之流涕。耿舒与兄好畤侯弇书曰："前舒上言，当先击充，粮虽难运，而兵马得用，军人数万，争欲先奋。今壶头竟不得进，大众怫郁行死，诚可痛惜。"弇得书奏之。帝乃使虎贲中郎将梁松，乘驿责问援，因代监军。会援病卒，松宿怀不平，遂因事陷之。帝大怒，追收援新息侯印绶。

【译文】

建武二十四年，武威将军刘尚进攻武陵五溪的蛮夷，全军覆没，马援因而再次要求出征。朝廷就派遣马援率领中郎将马武、耿舒等征讨五溪。马援晚上和送他的人告别，对友人谒者杜愔说："我受国家厚恩，年纪老了，在世的日子不多，常常恐怕自己不能为国事而死，今天达到了我的愿望，死而无憾了。但是担心权贵子弟有的留在我的左右，有的要与他们共事，很难把关系处理好，只是担心这一桩事啊。"起初，军队开到下隽地方，有两条路可走。从壶头走路近，但系水路，有险阻；从充道走，路虽平坦，而军队的运输却较远。光武帝开始时对此也犹豫不决。等到军队开拔时，耿舒主张从充道走，马援认为这样会拖延时间、耗费军粮，不如进入壶头，据有咽喉要地，充县的敌人会不攻自破。把这件事上报朝廷后，光武帝批准了马援的进军方案。进据壶头，敌人登高据隘，河水湍急，船只难以前进。恰逢天气很热，不少士兵多中暑病死，马援也病倒，于是被围困住，就挖山洞为住所，来躲避暑热。敌人每次登上险峻地段呐喊鼓噪，马援就拖着病体出来观察形势，身边的人哀叹他这一壮烈气概，没有人不流泪的。耿舒给其兄好畤候耿弇写信说："以前舒上书建议应当先攻打充县，粮食虽然难运而兵马可以发挥战斗力，数万军人奋勇争先。现在陷于壶头竟不能前进，大家都快要郁闷死了，实在叫人感到痛惜。"耿弇接到信，将此事上奏，光武皇帝就派虎贲中郎将梁松乘驿车去责问马援，并代为监军。适逢马援病逝，梁松旧日怨恨未平，利用这个机会陷害马援。光武帝大怒，追缴了马援新息侯的印绶。

初，援在交阯，常饵薏苡实，用能轻身省欲，以胜瘴气。南方薏苡实大，援欲以为种，军还，载之一车。时人以为南土珍怪，权贵皆望之。援时方有宠，故莫以闻。及卒，后有上书谮之者，以为前所载还，皆明珠文犀。马武、于陵侯侯昱等，皆以章言其状，帝益怒。援妻孥惶惧，不敢以丧还旧茔，裁买城西数亩地，槁葬而已。宾客故人，莫敢吊会。援兄子严，与援妻子草索相连，诣阙请罪。帝乃出松书以示之，方知所坐，上书诉冤，前后六上，辞甚哀切，然后得葬。

【译文】

当初，马援在交阯，常吃薏米，因它对身心有保健作用，还能缓解瘴气的毒害。南方的薏苡籽较大，马援心想留作种子，军队还朝时，装载了一车薏苡籽。当时被人认为是南方的珍奇宝物，权贵们皆有怨责之意。马援当日正受宠信，所以没有人上告。等到马援死了以后，就有人上书告发他，说以前运回的东西，都是明珠和有文理的犀牛角。马武和于陵侯侯昱等，都上书告发这件事，光武帝越发愤怒。马援的妻子儿女十分恐惧，不敢把马援的尸体发回家乡旧坟去安葬，只在洛阳城西买地数亩，草草地掩埋起来完事。宾客和故友也没有人敢去吊丧会聚。马援的侄子马严和马援的妻子、儿子用草绳相缚连，到宫阙请罪。光武帝于是命拿出梁松的奏书给他们看，他们才知道了被处罚的原由，于是上书诉说冤情，前后共六次，言辞十分哀伤悲切，然后才得以正式安葬。

又前云阳令同郡朱勃诣阙上书曰："臣闻王德圣政不忘人之功，采其一美，不求备于众。故高祖赦蒯通，而以王礼葬田横，大臣旷然，咸不自疑。夫大将在外，谗言在内，微过辄记，大功不计，诚为国之所慎也。故章邯畏口而奔楚，燕将据聊而不下，岂其甘心未规哉？悼巧言之伤类也。窃见故伏波将军马援，拔自西州，钦慕圣义，间关险难，触冒万死，孤立群贵之间，傍无一言之佐，驰深渊，入虎口，岂顾计哉！宁自知当要七郡之使，徼封侯之福耶？八年，车驾西讨隗嚣，国计狐疑，众营未集，援建宜进之策，卒破西州。及吴汉下陇，冀路断隔，唯独狄道为国坚守，士民饥困，寄命漏刻。援奉诏西使，镇慰边众，乃招集豪杰，晓诱羌戎，谋如涌泉，势如转规，遂救倒悬之急，存几亡之城，兵全师进，因粮敌人，陇冀略平，而独守空郡。兵动有功，师进辄克。诛锄先零，缘入山谷，猛怒力战，飞矢贯胫。又出征交阯，土多瘴气，援与妻子生诀，无悔吝之心，遂斩灭征侧，克平一州。间复南讨，立陷临乡，师已有业，未竟而死。吏士虽疫，援不独存。夫战或以久而立功，或以速而致败，深入未必为得，不进未必为非。人情岂乐久屯绝地，不生归哉！惟援得事朝廷二十二年，北出塞漠，南渡江海，触冒害气，僵死军事，名灭爵绝，国土不传。海内不知其过，众庶未闻其毁，卒遇三夫之言，横被诬罔之谗，家属杜门，葬不归墓，怨隙并兴，宗亲怖栗。死者不能自列，生者莫为之讼，臣窃伤之。夫明主酬于用赏，约于用刑。高祖尝与陈平金四万斤，以间楚军，不问出入所为，岂复疑以钱谷间哉？夫操孔父之忠，不能自免于谗，此邹阳之所悲也。惟陛下留思竖儒之言，无使功臣怀恨黄泉。臣闻《春秋》之义，罪以功除；圣王之祀，臣有五义。若援所谓以死勤事者也。愿下公卿，平援功罪，宜绝宜续，以厌海内之望。臣年已六十，常伏田里，窃感栾布哭彭越之义，冒陈悲愤，战栗阙庭。”书奏，报归田里。

【译文】

又有前云阳令马援同郡的朱勃到宫阙上书说：“臣闻圣德的君王理政，不忘记人臣的功劳，采取他某一方面的美德，不要求他具备所有的优点。所以汉高祖赦免了蒯通并用王礼殡葬了田横，大臣的心情得以舒畅，都不为自己担惊受怕。大将在外，谗言在内，小过动辄计恨，大功不计，实在是国家应该慎重处理的。所以秦大将章邯因为害怕谗言而投降了项羽，燕国的将军攻不下聊城而不敢回国，难道是他们甘心出此下策吗？他们是害怕谗言伤害善良的人啊！我看到伏波将军马援，起家于西州，钦慕皇帝的圣德仁义，历经艰险，触冒万死，独立于诸位大臣的行列之中，身旁却无一人帮他说话，奔深渊，入虎口，岂是为自己打算呢？难道他自知会担任七郡的使官，求取封侯的福分吗？建武八年，车驾西讨隗嚣，国家决策犹疑未定，各路兵力还未集中，马援提出了应当及时进军的策略，终于击败了西州。等到吴汉从陇地撤回，进入冀县的道路隔绝，只有狄道为国坚守，士民饥饿疲劳，命在旦夕。马援奉诏出使西方，安抚边地民众，于是招集豪杰，劝诱羌戎，计谋像泉水一样涌出，战争形势如转动下山的圆石，遂拯救了倒悬的危急，保存住了几乎失守的城池，得以挥师前进，取敌人的粮食而食，陇冀才得以平定，而他自己独守空郡。他只要动兵便有功劳，只要出师便能取胜。他诛灭先零，追入山谷，奋勇力战，飞箭穿透了他的小腿。又出征交阯，当地多瘴气，马援与妻子儿女生死诀别，毫无悔恨、惜命之心，于是斩灭了征侧，平定了交州。之后他再度南征，立即攻陷了临乡，军事上已取得功绩，事业未成而身先死。将士虽患疫病，马援也不望独自生存。战争或者因持久而建立功勋，或者因速决而招致失败；深入敌军中未必就能取胜，迟疑不进未必就不对。人之常情难道是乐意长期地驻守在绝境，不想生还吗？只是马援为朝廷做事有二十二年，北出塞外沙漠，南渡江海水域，不顾瘴气，死在战场，名灭爵绝，封国不能被传给后人。天下人不知道他究竟犯了什么过失，老百姓也未听说他有什么不对，可是突然遇到经多人传播的流言、横遭诬陷不实的谗言，家属闭门不敢与外面交往，尸体不能葬入祖坟，怨言嫌隙一齐而来，宗族亲属惊惶恐惧。死者不能自白冤屈，活着的人也不能为他辨白，臣我暗自为他伤悲。英明的君主，重于用赏赐，轻于用刑罚。汉高祖曾给陈平四万斤金以离间楚军，不过问他的日常出入行为，难道能再怀疑他把钱粮私吞了吗？人具有孔夫子的忠诚而还不能避免谗言的伤害，这是邹阳之所以悲哀的事情。希望陛下能留意我这个无知儒生的话，不要让功臣怀恨于黄泉。臣听说《春秋》的经义，人的罪过可用功劳来抵消。按圣王的祭祀礼义，做臣子的能做到五义就可以享受祭祀。像马援，就是以死勤于王事的人啊。希望把他的事迹对下传达到公卿，（让他们）评论其功过，再决定应停止还是接续其祭祀，好抑止天下人的埋怨。臣年已六十，经常伏居在民间，深感当年栾布不顾禁令哭祭无辜受戮的彭越的正义，冒死陈述内心的悲愤，战战兢兢于宫阙之前。”谏书奏上后，有了答复，他便归田了。

子廖，字敬平，少以父任为郎，肃宗甚尊重之。时皇太后躬履节俭，事众简约。廖虑美业难终，上疏长乐宫，以劝成德政，曰：“臣案前世诏令，以百姓不足，起于世尚奢靡。故元帝罢服官，成帝御浣衣，哀帝去乐府。然而侈费不息，至于衰乱者，百姓从行不从言也。夫改政移风，必有其本。传曰：‘吴王好剑客，百姓多瘢疮；楚王好细腰，宫中多饿死。’长安语曰：‘城中好高髻，四方高一尺；城中好广眉，四方且半额；城中好大袖，四方用匹帛。’斯言如戏，有切事实。前下制度未几，后稍不行，虽或吏不奉法，良由慢起京师。今陛下躬服厚缯，斥去华饰，素简所安，发自圣情，此诚上合天心，下顺民望，浩大之福，莫尚于此。陛下既已得之自然，犹宜加以勉勖，法大宗之隆德，戒成哀之不终。《易》曰：‘不恒其德，或承之羞。’诚令斯事一竟，则四海诵德，声熏天地，神明可通，金石可勒，而况于人心乎？况于行令乎？愿置章坐侧，以当瞽人夜诵之音。”大后深纳之。

【译文】

马廖，字敬平，年轻时以父亲马援的荫庇任命为郎，深受肃宗章帝的尊重。当时皇太后厉行节俭，办事务从简省。马廖担心这种美德难以贯彻始终，上疏长乐宫劝谏太后成就德政，说：“臣根据前代的诏命，以为百姓用度不足，是原于社会风气奢侈腐化。故而汉元帝撤销服官，汉成帝常穿旧的衣服，汉哀帝裁掉女乐。然而奢侈浪费仍未停止，以至造成衰败动乱，原因是由于百姓从上所好而不是从上所教啊。改革政治移风易俗，必须抓住根本。书上说：‘吴王喜好剑客，老百姓多有伤疤；楚王喜欢细腰女子，宫女们大多饿死了。’长安城中的谚语说：‘城里的人喜欢束高发髻，四方的人民发髻高达一尺；城里的人喜欢画长眉，四方的百姓画得眉长半额；城里人喜欢长衣袖，四方的百姓做衣袖就用整匹布。’这些话虽然类似笑话，但还是切中实际事实的。以前下达的制度没过多久，后来就逐渐不通了。虽然是有的官吏不依法办事，而根源还是因京城轻视法令。当今陛下亲自穿着厚缯做的衣服，去掉华丽的装饰，心安住于朴素节俭，都是发自陛下的本性，这种做法实在是上合天心，下顺民意，造福宏大，莫过于此。陛下既已自然而然地做到了这一点，但还须加以勉励，效法太宗的盛大德行，借鉴成帝、哀帝不能善始善终的教训。《易经》说：'不能长久修持自己的德行，恐怕将来会招来耻辱。'如果真正能将这种事情坚持到底，那么四海之内歌颂圣德，芳声熏著于大地，神明可以相通，金石可以刻记，更何况于人心呢？何况是推行法令呢？希望把我的这份奏章放在御座旁边，权当作盲师夜诵的声音。"太后深信其言，并采纳了他的意见。

卓茂，字子康，南阳人也。以儒术举，迁密令。视民如子，举善而教，口无恶言，吏民亲爱，而不忍欺之。民常有言部亭长受其米肉遗者，茂避左右问之曰："亭长为从汝求乎？为汝有事属之而受乎？将平居自以恩意遗之乎？"民曰："往遗之耳。"茂曰："遗之而受，何故言邪？"民曰："窃闻贤明之君，使民不畏吏、吏不取民。今我畏吏，是以遗之，吏既卒受，故来言耳。"茂曰："汝为弊民矣。凡人所以贵于禽兽者，以有仁爱，知相敬事也。今邻里长老尚致馈遗，此乃人道所以相亲，况吏与民乎？吏顾不当乘威力强请求耳。凡人之生，群居杂处，故有经纪礼义，以相交接。汝独不欲修之，宁能高飞远走，不在人间邪？亭长素善吏，岁时遗之，礼也。"民曰："苟如此，律何故禁之？"茂笑曰："律设大法，礼顺人情。今我以礼教汝，必无怨恶；以律治汝，何所厝其手足乎？一门之内，小者可论，大者可杀也，且归念之。"于是人纳其训，吏怀其恩。

治密数年，教化大行，道不拾遗。平帝时，天下大蝗，河南二十余县，皆被其灾，独不入密界。王莽居摄，以病免归。世祖即位，乃下诏曰："前密令卓茂，束身自修，执节淳固，诚能为人所不能为，夫名冠天下，当受天下重赏。今以茂为太傅，封宣（宣原作褒）德侯，食邑二千户。"

【译文】

卓茂，字子康，南阳郡人。以儒学被举为仕郎，提升为密县县令。他爱民如子，举善而教化，说话和善从不伤人，吏民爱戴不忍欺瞒他。有个人曾说卓茂部下的亭长接受过他送去的米和肉，卓茂让身边的人回避后，问这个人说："是亭长向你提出这个要求吗？还是你因托他办事，他接受了你的肉米？还是他平日与你交往很深而送给他的呢？"这人说："是我自己前去送给他的。"卓茂说："你送他东西他接受了，为什么还这样说他呢？"这个人说："我私下里听说，贤明的君王，使人不害怕官吏，使官吏不敢向人求取东西。现在我害怕官吏，所以送东西给他，官吏既然最终接受了我送的东西，所以我来把这件事情说出来。"卓茂说："你这就错了。人之所以比禽兽可贵的地方，就是因为人知道仁爱，知道互相尊敬往来啊。当今邻里长老尚且馈赠，这就是为人之道所以表示相亲，何况官吏与老百姓呢？官吏只是不应当凭借势力强行索要。人们群居杂处生活在一起，所以要用纲常礼义来相互交往你能一个人不崇尚礼义，远走高飞，不在人间生活吗？亭长平日是个好人，一年中有时送点东西给他，这是礼义的表现啊。"那个人说："如果是这样，法律为什么还要禁止呢？"卓茂笑着说："法律是为了立定大法，礼是为了顺乎人情。现在我用礼义教化你，你必然没有怨恨；用法律处治你，那你不就手足无措了吗？一个部门之内，小事情可以这样论处，大的事可以诛杀。你且回去想想这个道理吧。"从此人们都接受他的教导，官吏们也怀想他的恩德。

卓茂治理密县几年，教化大行，道不拾遗。西汉平帝时，天下遭受严重的蝗灾，黄河以南有二十多个县，都受到蝗灾，只有密县没有受灾。王莽居摄时期，卓茂因病免职回家。世祖光武即位，乃颁诏曰："前密县县令卓茂，很能注意自己束身修养，办事淳厚，真正能做到别人所不能做到的事。他名扬天下，应当受到重赏。现在朝廷任用卓茂为太傅，封宣德侯，食邑二千户。"

鲁恭，字仲康，扶风人也。太傅赵熹（旧无太傅赵熹四字，补之）

举恭直言，拜中牟令。恭以德化为治，不任刑罚。民许伯等，争田累年，守令不能决，恭为平理曲直，皆退而自责，辍耕相让。亭长从民借牛，而不肯还之，牛主讼于恭。恭召亭长，敕令归牛者再三，犹不从。恭叹曰："是教化不行也。"欲解印绶去。掾史泣涕共留之，亭长乃惭悔，还牛，诣狱受罪，恭贳不问。于是吏民信服。建初七年，郡国螟伤稼，犬牙缘界，不入中牟。河南尹袁安闻之，疑其不实，使仁恕掾肥亲往廉之。恭随行阡陌，俱坐桑下。有雉过，止其傍，傍有童儿。亲曰："儿何不捕之？"儿言雉方将雏。亲瞿然而起，与恭诀曰："所以来者，欲察君之治迹耳。今虫不犯境，此一异也；化及鸟兽，此二异也；竖子有仁心，此三异也。久留徒扰贤者耳。"还府，具以状白安。是岁嘉禾生中牟，安上书言状，帝异之。

【译文】

鲁恭，字仲康，扶风郡人。太傅赵熹举荐鲁恭为人直言，做了中牟县令。鲁恭以德化治理，不用刑罚。有老百姓许伯等人争论田产已好几年了，郡守县令都不能判决这一案件，鲁恭为他们评论曲直，双方全都退堂自责，暂停耕作，互相让界。有位亭长从老百姓手里借牛而不肯归还人家，牛主人打官司到鲁恭跟前。鲁恭把亭长召来，多次命令他归还，可是亭长仍不听从。鲁恭叹息说："这是教化不行的结果啊。"准备自己辞官不做了。县内吏员们哭着一起挽留他，亭长于是觉得惭悔，把牛归还给了主人，并到狱中请求服罪，鲁恭予以赦免，不再过问此事。于是吏民都诚心敬服。建初七年，相邻的郡国螟虫危害庄稼，中牟县和林郡犬牙接界，但螟害没有进入中牟。河南尹袁安听到这件事，怀疑这种情况不是事实，让仁恕掾名叫肥亲的去察看这件事。鲁恭陪同这位吏员一同到田间，他们都坐在桑树下边。有野鸡飞过，停在旁边，旁边有儿童。肥亲说："你为什么不捕捉野鸡呢？"儿童说："野鸡还要喂养它的小鸡。"肥亲忽地起立，和鲁恭告别说："我这次来的原因，是想察看您的政绩啊。现在蝗虫不犯中牟县境，这是第一件奇异的事；教化施及于鸟兽，这是第二件奇异的事；小孩子有仁爱之心，这是第三件奇异的事啊。我久留此间，只能白白地打扰贤者。”回到府中，肥亲将看到的情况向袁安禀报。这一年，嘉禾生于中牟县，袁安上书报告了这些情况，光武帝对此感到惊异。

（王井南译）

卷二十二

# 后汉书治要(二)

## 传

宋弘，字仲子，长安人也。世祖尝问弘通博之士，弘荐沛国桓谭，才学洽闻，几能及扬雄、刘向父子。于是召谭，拜议郎给事中。帝每宴，辄令鼓琴，好其繁声。弘闻之不悦，悔于荐举。伺谭内出，正朝服，坐府上，遣吏召之。谭至，不与席而让之曰："吾所以荐子者，欲令辅国家以道德也。而今数进郑声，以乱雅颂，非忠正者也。能自改耶？将令相举以法乎？"谭顿首辞谢，良久乃遣之。后大会群臣，帝使谭鼓琴，谭见弘，失其常度。帝怪而问之，弘乃免冠谢曰："臣所以荐桓谭者，望能以忠正导主，而令朝廷耽悦郑声，臣之罪也。"帝改容谢之，使反服。其后遂不复令谭给事中。弘推进贤士三十余人，或相及为公卿者。

【译文】

宋弘，字仲子，长安人。世祖光武皇帝曾问他哪里有通才博学之士，宋弘推荐沛国桓谭才学闻名于世，几乎可以赶得上扬雄和刘向、刘歆父子。于是光武帝就征召桓谭，拜为议郎、给事中。光武帝每次举行宴会，总是让他弹琴，爱听他浮靡的乐声。宋弘听说以后很不高兴，后悔荐举了桓谭。等候桓谭由宫内出来，他穿上朝服坐在府上，派人召来桓谭。桓谭到了，宋弘没有让他坐下而责备他说："我所以推荐你的原因，是想让你用道德辅佐国家。而今你多次进献淫乱的郑声，扰乱了《雅》《颂》乐章，这不是忠诚正直的行为。不知你能不能改正？还是要我按照法度来检举你呢？"桓谭叩头辞谢，过了很久，宋弘才打发他回去。以后大会群臣，光武帝让桓谭弹琴，桓谭看到宋弘，有失往日的神态。光武帝感到奇怪，问他何以这样，宋弘就脱下帽子抱歉地说："臣所以举荐桓谭的原因，是希望他能以忠诚正直的学识来开导君主。但是他却让朝廷沉溺在郑声之中，这是臣的罪过啊。"光武帝改容谢过宋弘，让他戴上帽子，从此以后就再不让桓谭做给事中了。宋弘推荐贤士三十多人，有的相继成为公卿。

弘当宴见，御坐新施屏风，图画列女，帝数顾视之。弘正容言曰："未见好德如好色者。"帝即为彻之，笑谓弘曰："闻义则服，可乎？"对曰："陛下进德，臣不胜其喜。"时帝姊湖阳公主新寡，帝与共论朝臣，微观其意。主曰："宋公威容德器，群臣莫及。"帝曰："方且图之。"后弘被引见，帝令主坐屏风后，因谓弘曰："谚言'贵易交，富易妻'，人情乎？"弘曰："臣闻'贫贱之知不可忘，糟糠之妻不下堂'。"帝顾谓主曰："事不谐矣。"

【译文】

宋弘有次在内廷朝见皇帝，御坐新设置了屏风，上面画了几个古代贤德的女子，光武帝不时回头看列女画。宋弘面色严肃地说："还未曾见过好德像好色一样的人。"光武帝立即把屏风取掉，笑着向宋弘说："听到合乎义理的事就去实行，这样该可以了吧？"宋弘回答说："陛下在德行方面进了一步，臣不禁觉得高兴。"这时候光武帝的姐姐湖阳公主新近守寡，帝和她一起议论朝臣，探测她的主意。公主说："宋公威严、容貌、德行、器量，是群臣没有人能赶上的。"帝说："将来想办法吧。"后来宋弘被引见，帝让公主坐在屏风后边，就对宋弘说："谚语说，人官做大了就变换朋友，有钱了就另娶妻子，这是人之常情吧？”宋弘说：“臣听说，贫贱时的知交不可忘记，共患难的妻子不该遗弃。”光武帝回头向公主说：“事情不成啊！”

韦彪，字孟达，扶风人也。拜大鸿胪。是时陈事者，多言郡国贡举，率非功次，故守职益懈，而吏事寖疏，咎在州郡。彪上议曰：“孔子曰：‘事亲孝，故忠可移于君。’是以求忠臣，必于孝子之门。夫人才行，少能相兼，是以孟公绰优于赵魏老，不可以为滕薛大夫。忠孝之人，持心近厚；锻炼之吏，持心近薄。三代之所以直道而行者，在其所以磨之故也。士宜以才行为先，不可纯以阀阅。然其要归，在于选二千石。二千石贤，则贡举皆得其人矣。”帝深纳之。

【译文】

韦彪，字孟达，扶风郡人。官居大鸿胪。这一时期，凡向皇帝陈说朝事的，大多谈到郡国举荐人才贡举大都不按政绩功勋次序，所以守职的人越来越懈怠，而官员们也慢慢疏懒，其错误在州郡一级。韦彪上书说道：“孔子曾说过：‘事奉双亲孝顺，故可将忠心移于事君。’所以访求忠臣，一定得在孝子之门。凡人的才学和德行很少能够兼备，所以孟公绰比赵、魏两国的家臣好，但却不能做滕和薛两个小国的大夫。忠孝的人，存心近于厚道，而经过磨练的官吏，存心近于刻薄。夏商周三代之所以能直道而行，是由于以忠厚相砥砺的原故。士人应该把才行放在首位，不能单纯地只考虑他们的世家门第。然而它的要点，在于选二千石（郡守）。二千石贤能，那么贡举就能求得合适的人选了。”光武皇帝非常同意他的谏议。

彪以世承二帝吏治之后，多以苛刻为能，又置官选职，不必以才，上疏谏曰：“农民急于务，而苛吏夺其时；赋发充常调，而贪吏割其财。此其巨患也。夫欲急民所务，当先除其所患。天下枢要，在于尚书。尚书之选，岂可不重？而间者多从郎官超升此位，虽晓习文法，长于应对，然察察小惠，类无大能。宜简尝历州宰素有名者，虽进退舒迟，时有不逮，然端心向公，奉职周密。宜鉴啬夫捷急之对，深思绛侯木讷之功也。往时楚狱大起，故置令史以助郎职，而类多小人，好为奸利。今者务简，可皆停省。又谏议之职，应用公直之士，通才謇正，有补益于朝者。今或从征试，辈为大夫。又御史外迁，动据州郡，并宜清选其任，责以言绩。其二千石视事虽久，而为吏民所便安者，宜增秩重赏，勿妄迁徙，惟留圣心。”书奏，帝纳之。

【译文】

韦彪认为当时承接光武、明帝两代皇帝吏治之后，人们大多把官员苛刻视为本事，加上置官选职，不重才能，他上疏谏言说：“农民急于农耕作务，而苛吏却夺其农时；征收赋税是为充实常规用度，而贪官却侵割其财货。这是最大的祸患。要想急农民所务，应首先消除他们的祸患。天下的枢要在于尚书，尚书的人选，岂可不重视？可是近来多是从郎官中越级提升尚书，即使他们能熟习文法，长于应对，然而只有辨析的小聪明，大多没有较强的能力。应该从历任过州宰、素有声名的人中选拔尚书。他们虽然进退舒缓迟延，有时反应不及，不过，他们能一心公正，奉职周密。应以上林苑虎圈啬夫对答汉文帝捷敏急应的故事为借鉴，好好想一想绛侯周勃性情愚钝、但德才兼备的功绩呀！过去刑狱大起，所以设置令史来协助郎官的职务，但这些人大多是小人，贪图奸利。当今政务应当从简，可都撤销不用。另外谏议的职位，应当任用公道正直之人，任用有通才、言行正直、对于朝事有所补益的人。当今有的从征试一类人中选拔。再者御史外调，动辄任州郡太守，应当精选任职之人，拿建议与政绩要求他们。对郡守中主事虽然长久，而被吏民所称、安心于其职守的人，应提高品级，予以重赏，不要随意迁徙。请圣心留意。”奏书呈上，章帝采纳了这一谏议。

杜林，字伯山，扶风人也。为光禄勋。建武十四年，群臣上言："古者肉刑严重，则民畏法令。今宪章轻薄，故奸轨不胜。宜增科禁，以防其源。"诏下公卿。林奏曰："夫人情挫辱，则义节之风损；法防繁多，则苛免之行兴。孔子曰：'导之以政，齐之以刑，民免而无耻；导之以德，齐之以礼，有耻且格。'古之明王，深识远虑，动居其厚，不务多辟。周之五刑，不过三千。大汉初兴，详览失得，故破矩为圆，斫雕为朴，蠲除苛政，更立疏网，海内欢欣，人怀宽德。及至其后，渐以滋章，吹毛索疵，诋欺无限。果桃菜茹之馈，集以成赃；小事无妨于义，以为大戮。故国无廉士，家无完行。至于法不能禁，令不能止，上下相遁，为弊弥深。臣愚以为宜如旧制。"帝从之。

【译文】

杜林，字伯山，扶风郡人。为光禄勋。建武十四年，群臣上书说："古时肉刑严重，故而人民害怕法令。如今宪章制度轻忽宽松，所以作奸违法的人多不胜举。应该增加科禁条款，从源头上加以防范。"诏书下发公卿。杜林上奏说："人情受到挫伤，那么义节的风气就会受到损伤；法令防禁繁多，那么只图苟且免罪的行为就会发生。孔子说：'用行政命令来治理百姓，用刑法来约束他们，百姓虽暂时能避免犯罪，但还不知道犯罪是可耻的；用德教来治理百姓，用礼法来约束他们，百姓就会有羞耻之心，而且也就守规矩了。'古代的圣明君王，深谋远虑，举动本着仁厚之心，不实行苛繁刑法。周代使用的五刑之法，不过有三千条。汉朝建国，详细地考察了历代得失，所以废除严刑峻法，弃浮华而尚实质，废除苛政，改立宽大刑法，受到全国的欢迎，人民拥护宽厚的政德。及至其后，又逐渐增添了法律条款，吹毛求疵，毁谤、欺侮到了无以复加的程度。把果桃蔬菜的馈赠，都当成贪赃行为；把对大义没有妨碍的小事，也看成应当杀戮的大罪。所以国家没有廉士，家中缺少完美品行。以至于有法不能制约，有令不能禁止，上下相互回避，造成的弊端就更深了。愚臣认为应当沿袭过去所规定的法制。"光武帝采纳了这个谏议。

桓谭，字君山，沛国人也。拜议郎给事中。因上疏陈时政所宜，曰："臣闻国家之兴废在于政事，政事得失由乎辅佐。辅佐贤明，则俊士充朝，而治合世务；辅佐不明，则论失时宜，而举多过事。夫有国之君，俱欲兴化建善，然而治道未理者，其（旧无其字，补之）所谓贤者异也。盖善治者，视俗而施教，察失而立防，威德更兴，文武迭用，然后政调于时，而躁人可定。昔董仲舒言：'治国譬若琴瑟，其不调者，则解而更张。'夫更张难行，而咈众者亡。是故贾谊以才逐，而晁错以智死。世虽有殊能，而终莫敢谈者，惧于前事也。且设法禁者，非能尽塞天下之奸、皆合众人之所欲也。大抵取便国利事多者，则可矣。又见法令决事，轻重不齐，或一事殊法，同罪异论，奸吏得因缘为市。所欲活，则出生议；所欲陷，则与死比。是为刑开二门也。今可令通义理、明习法律者，校定科比，一其法度，班下郡国，蠲除故条。如此，天下知方，而狱无怨（旧无怨字，补之）滥矣。"书奏，不省。

【译文】

桓谭，字君山，沛国人。官拜议郎、给事中。于是上疏陈述时政应该做的事，说："臣闻国家的兴废取决于政事，政事的得失来源于辅佐。辅佐之臣贤明，那贤能之士就满朝都是，治国方略也会适合世务；辅佐之臣不贤明，那么政论就不合时宜，而且举措大多过当。凡在位的君主，都想复兴教化、推行仁政，然而治国的办法还不够合理的原因，是所谓的贤者有差异啊。善于处理政务的人，观察风俗而施行教化，考察过失而设置防范制度，权威和德政并举，文武参合并用，然后才能做到政治和时势相适应，而不安于本分的人才可以安定。昔日董仲舒曾说过：'治理国家，譬如琴瑟，它的乐音不调和时，就需要改换新弦。'如果更张难以进行，而违背众人的要求，就会失败。因此贾谊是以才高被驱逐，而晁错则是因为智谋多而被诛死。世间虽然有特殊才能的人，但最终没有人敢谈论的原因，是惧怕前事重演啊。再者，设置法禁，不一定能够完全杜绝天下的奸邪，也不能完全合乎众人的欲望。一般采取较多地便利国事的措施，就算可以了。又看到用法令断决事情，轻重也不一样，或者同一事情却有不同的法律，或者同样的犯罪行为而论处也不统一，奸猾官吏借此机会进行交易。想让人活，就做出生的议决；想陷害人，就比附令其必死的案例。这样就为刑法开辟了两种途径啊。现在可命令通义理、明白法律的人，校定律条，统一法度，颁发到郡国，废除原有的条文。这样，天下知法，而讼狱也就没有冤案和滥用的情况了。”奏书呈上，帝不自省。

是时帝方信谶，多以决定嫌疑。谭复上疏曰：“今诸巧慧小才伎数之人，增益图书，矫称谶记，以欺惑贪邪，诖误人主，焉可不抑远之哉！其事虽有时合，譬犹卜数只偶之类。陛下宜垂明听，发圣意，屏群小之曲说，述五经之正义，略雷同之俗语，详通人之雅谋。”帝省奏，愈不悦。其后有诏，会议灵台所处。帝谓谭曰：“吾欲以谶决之，何如？”谭默然良久曰：“臣不读谶。”帝问其故，谭复极言谶之非经。帝大怒曰：“桓谭非圣无法，将下斩之。”谭叩头流血，良久得解。出为六安郡丞，意忽忽不乐，道病卒。

【译文】

这时候光武皇帝正迷信谶纬之学，大多用此来决定难决的事。桓谭又上书说：“当今那些耍小聪明、卖弄小才伎数的人，增益图谶的书籍，假称说这是预兆，来欺骗迷惑贪婪奸邪的人，误导国主，那怎能不抑制而远离它呢？有些事情即使有时相合，譬如卜卦偶合之类一样。陛下应该听从正确的意见，阐发圣王的思想，屏除小人的异端之说。遵循‘五经’的正义，省略那些庸俗的言论，详察通达人士的好策略计谋。”光武帝看了奏书，越发不高兴。以后有诏书，令群臣商议兴建灵台的处所。光武帝向桓谭说：“我打算用图谶的办法决定它，你看怎样？”桓谭沉默了好一会儿说道：“臣没有读过谶书。”帝问这是什么缘故，桓谭又极力陈说图谶是不经之谈。帝大怒说：“桓谭指责圣人，无视国法，将他拉下去问斩。”桓谭叩头流血，很长时间皇帝才得以消解怒气，贬放他为六安郡丞。桓谭整日闷闷不乐，在赴任路上病死。

冯衍，字敬通，京兆人也。更始二年，遣尚书仆射鲍永行大将军事，安集北方。乃以衍为立汉将军，与上党太守田邑等缮甲养（旧有良字，删之）士，捍卫并土。及世祖即位，遣宗正刘延攻天井关，与田邑连战十余合（旧无遣宗正刘延攻天井关与田邑连战十余合十七字，补之）。后邑闻更始败，乃遣使诣洛阳献璧马，即拜为上党太守。因遣使者招永、衍，永、衍等疑，不肯降，而忿邑背前约。衍乃遗邑书曰："衍闻之，委质为臣，无有二心；挈瓶之智，守不假器。是以晏婴临盟，拟以曲戟，不易其辞；谢息守郕，胁以晋鲁，不丧其邑。由是言之，内无钩颈之祸，外无桃莱之利，而被畔人之声，蒙降城之耻，窃为左右羞之。"

【译文】

冯衍，字敬通，京兆人。更始二年，刘玄派遣尚书仆射鲍永代行大将军事，安定北方，遂任命冯衍为立汉将军，和上党太守田邑等整修甲兵，捍卫并州疆土。到世祖光武皇帝即位，派宗正刘延攻打天井关，刘延与田邑连战十余回合。后来田邑听到更始帝刘玄失败，就派使者到洛阳献宝玉、马匹，当时就被任命为上党太守。又派使者招抚鲍永、冯衍，鲍冯两人持观望态度不肯投降，而且怨恨田邑违背以前的约定。冯衍给田邑写信说："我听说，屈膝为臣，没有二心；虽然只有提瓶汲水的小智，但仍能守住汲器不外借。所以晏婴参加盟誓，要被杀头，也不改变主意；谢息为孟孙守郕，遇到季孙以晋鲁两国武力相威胁，也不丢弃郕邑。由这些历史事实来看，内有杀头之祸，外无得到桃莱之利，而忍受背叛的名声，蒙受降城的耻辱，我私下为你害羞。"

时讹言更始随赤眉在北地，永、衍信之，故屯兵界休，方移书上党，云："皇帝在雍，以惑百姓。"审知更始已殁，乃共罢兵，幅巾降于河内。帝怨衍等不时至，永以立功得赎罪，遂任用之，而衍独见黜。永谓衍曰："昔高祖赏季布之罪，诛丁固之功。今遭明主，亦何忧哉！"衍曰："记有之：人有挑其邻之妻者，挑其长者，长者詈之，挑其少者，少者报之，后其夫死，而取其长者。或谓之曰：'夫非骂尔者耶？'曰：'在人欲其报我，在我欲其骂人也。'夫天命难知，人道易守，守道之臣，何患死亡？"顷之，帝以衍为曲阳令，诛斩剧贼郭胜等，降五千余人，论功当封，以谗毁故，赏不行。

【译文】

当时讹传更始帝随赤眉军在北地，鲍永、冯衍信以为真，所以屯兵在界休县，捎书给上党，说："皇帝在雍州，以愚惑老百姓。"等到弄清楚更始已死，于是才一同罢兵，头顶一幅布巾在河内向光武投降了。光武帝怨恨冯衍等不早早投降，而鲍永因立功得以赎罪，于是把鲍永任用了，独对冯衍罢去不用。鲍永向冯衍说："当年汉高祖赦免了季布对抗自己的罪，而诛杀了对自己有救命之恩的丁固。现在得遇明主，又何必担忧呢！"冯衍说："书上记载说：有个人挑逗他邻人的妻子。挑逗年长的，年长的痛骂他；挑逗年轻的，年轻的顺从了他。后来她两人的丈夫死了，那个曾挑逗的人就娶了年长的做老婆。有人问他说：'你娶的那个女人不是曾经痛骂过你吗？'那人回答说：'在她属于别人时，希望她顺从我；在她属于我时，就希望她骂别人。'天命是难以知道的，人道却容易守，守道的臣子，还怕什么死亡？"不久，光武帝任命冯衍为曲阳令，他杀了闹得很凶的大贼郭胜等，有五千多人投降，论功当封，因为谗言毁谤，所以没有行赏。

建武六年，日食，衍上书陈八事：其一曰显文德，二曰褒武烈，三曰修旧功，四曰招俊杰，五曰明好恶，六曰简法令，七曰差秩禄，八曰抚边境。书奏，帝将召见。初衍为狼孟长，以罪摧陷大姓令狐略，是时略为司空长史，谗之于尚书令王护、尚书周生丰曰："衍所以求见者，欲毁君也。"护等惧之，即共排间，衍遂不得入。后卫尉阴兴、新阳侯阴就，以外戚贵显，深敬重衍，衍遂与之交结，由是为诸王所聘请，寻为司隶从事。帝惩西京外戚宾客，故以法绳之，大者抵死徙，其余至贬黜。衍由此得罪，尝自诣狱，有诏赦不问，归故郡，闭门自保，不敢复与亲故通。

【译文】

建武六年，发生日蚀，冯衍上书陈述了八件事：一、显扬文德；二、褒奖武烈；三、修习旧功；四、招纳俊杰；五、阐明好恶；六、简省法令；七、俸禄应有等差；八、安抚边境。奏书呈上，光武帝准备召见。当初，冯衍做过浪孟的长官，因罪惩治当地大姓令狐略，这时候令狐略做司空长史，于是向尚书令王护、尚书周生丰进谗言说："冯衍所以求见，是想诋毁你们啊。"王护等害怕了，就一起排挤他，冯衍不得进宫去。后来卫尉阴兴、新阳侯阴就因为是外戚而贵显起来，他们对冯衍很是敬重，冯衍就和他们俩交结为朋友，因此被诸王所聘请，不久就做了司隶从事。光武帝有鉴于西汉外戚和宾客相互勾结危及政权，所以就把外戚和宾客绳之以法，严重的大多处以死罪或流放，其他的给以贬官罢免的处分。冯衍因此获罪，曾自首到牢狱，朝廷有诏赦免不予追究。冯衍回到故乡，闭门自保，不敢再和亲友旧交接触。

建武末，上疏自陈曰："臣伏念高祖之略，而陈平之谋，毁之则疏，誉之则亲。以文帝之明，而魏尚之忠，绳之以法则为罪，施之以德则为功。逮至晚世，董仲舒言道德，见妒于公孙弘；李广奋节于匈奴，见排于卫青。此臣之常所为流涕也。臣衍自惟微贱之臣，上无无知之荐，下无冯唐之说，乏董生之才，寡李广之势，而欲免谗口、济怨嫌，岂不难哉！臣衍之先祖，以忠贞之故，成私门之祸。而臣衍复遭扰攘之时，值兵革之际，不敢回行求世之利，事君无倾邪之谋，将帅无虏掠之心。卫尉阴兴，敬慎周密，内自修敕，外远嫌疑，故与交通。兴知臣之贫，数欲本业之，臣自惟无三益之才，不敢处三损之地，固让而不受之。昔在更始，大原执货财之柄，居仓卒之间，据位食禄二十余年，而财产岁狭，居处日贫，家无布帛之积，出无舆马之饰。于今遭清明之世，敕躬力行之秋，而怨仇丛兴，讥议横世。盖富贵易为善，贫贱难为工也。疏远垅亩之臣，无望高阙之下，惶恐自陈，以救罪尤。”书奏，犹以前过不用。

【译文】

到建武末年，上疏自陈说：“臣想到以高祖那样的雄才大略，以陈平那样的智谋，尚且被人诋毁就疏远，被人称赞就亲近。以汉文帝那样的圣明，以魏尚那样的忠诚，还绳之以法就成为罪人，施之以德就成为功臣。到了后来，董仲舒谈论道德，却被公孙弘嫉妒；李广奋力抵御匈奴，却被卫青排挤。这些都是我替他们悲伤流泪的事啊。臣衍只不过是一个微贱的人，上边没有像魏无知那样的人的推荐，下边也没有像冯唐那样的人陈冤，缺少董仲舒的才能，没有李广的能力，而想避免谗言，调解怨嫌，岂不是难事吗？衍的祖先，因为忠诚的原故，终于酿成家庭的惨祸。臣衍又遭逢国家扰攘时期，正当进行战争之时，不敢以邪行求取当时的好处，事奉君王没有恶邪不正的谋略，做将帅也没有掳掠的想法。卫尉阴兴，为人谨慎周密，内自修养，外避嫌疑，所以我和他交往。阴兴深知我的贫困，多次想帮我立基本生计之业，但我想到自己没有益于朋友的三种才能，也不敢处于对朋友有三害的地位，就坚决推让而没有接受他的帮助。过去在更始执政时期，臣在大原（今山西省中部和西南部）执掌财货集散的权柄，处于乱世之时，做官食禄二十多年，但财产一年少于一年，生活一天天贫困起来，家里没有布帛的积蓄，出外没有车马的排场。今天逢到清明的时代，正是尽力行善的时候，可是怨仇迭起，讥议随处可以碰到。这大概就是富贵的人容易行善、贫贱的人难获成功的缘故吧。我以一个被疏远于田亩之间的人，不希望在皇宫高门之下，惶恐自陈，以补救过去的罪过。”书奏上，仍然因为以前的过错而不被任用。

论曰：“冯衍之引挑妻之譬得矣。夫纳妻，皆知取詈己者，而取士则不能，何也？岂非反妒情易，而恕义情难。光武虽得之于鲍永，犹失之于冯衍。夫然，义直所以见屈于既往，守节故亦弥阻于来情。呜呼！”

【译文】

论赞说：“冯衍引用挑逗（他人）妻子的比方是很恰当的。丈夫娶妻子，都知道应娶骂过自己的那位，但是选用贤能却不能（坚持这个原则），为什么呢？难道不是改变忌妒之情容易，而有宽恕正义的情怀困难吗？光武虽然得到了鲍永，却还是失去了冯衍。这样，以往不被任用是因为仗义守正，后来经历坎坷也是因为坚守节操。可叹啊！”

申屠刚，字巨卿，扶风人也。迁尚书令。世祖尝欲出游，刚以陇蜀未平，不宜晏安逸豫。谏不见听，遂以头轫乘舆轮，帝遂为止。时内外群官，多帝自选举，加以法理严察，职事过苦，尚书近臣，至乃捶扑牵曳于前，群臣莫敢正言。刚每辄极谏，又数言皇太子，宜时就东宫，简任贤保，以成其德。

【译文】

申屠刚，字臣卿，扶风郡人。升任为尚书令。世祖光武皇帝打算出游，申屠刚认为陇蜀尚未平定，不适合游历安闲。谏议不听，就以头阻止所乘车轮，光武才打消出游的念头。当时内外群臣，大多是皇帝自己选拔的，加上因为法理严密苛察，做官职务过于劳苦，像尚书近臣，在皇帝面前还有被杖责捆绑之事，群臣没有敢于直言劝阻的。而申屠刚平日总是极力谏言，又屡次说到皇太子应按时入住东宫，挑选任用有贤德的人辅佐，来成就他的美德。

鲍永，字君长，上党人也。父宣，为王莽所杀。事后母至孝，妻尝于母前叱狗，而永即去之。莽以宣不附己，欲灭其子孙，太守苟谏拥护，召以为吏。更始二年，征再迁尚书仆射，行大将军事，持节将兵，安集河东、并州、朔部。世祖即位，遣谏议大夫储大伯持节征永，永乃收系大伯，遣使驰至长安。既知更始已亡，乃发丧，出大伯等，封上将军列侯印绶，悉罢兵，但幅巾与诸将及同心客百余人，诣河内。帝见永问曰："卿众所在？"永离席叩头曰："臣事更始，不能令全，诚惭以其众幸富贵，故悉罢之。"帝曰："卿言大。"而意不悦。

【译文】

鲍永，字君长，上党人。父亲鲍宣，被王莽杀害。鲍永事奉后母非常孝顺，他的妻子曾经在后母面前斥骂狗，就被鲍永休了。王莽因为鲍永不归附自己，打算灭绝他的子孙，太守苟谏保护鲍永，就召任为官吏。更始二年被征召，再升任为尚书仆射，代行大将军事，持节符领兵，平定河东、并州、朔部。世祖光武皇帝即位，派遣谏议大夫储大伯持节征召鲍永，鲍永将储大伯关押起来，派人骑马到长安。既经探明更始已经死去，于是发丧，并放出了储大伯等人，把上将军列侯的印绶封存起来，全部罢兵。他只头带幅巾，和诸将及相好的宾客一百多人到河内。光武帝召见鲍永，问道："你的士兵都在何处？"鲍永叩头离席说："臣效忠更始帝，却不能让他保全，我确实很惭愧再用他给我的部众来希求得到富贵，所以全都把他们罢归了。"光武帝说："你说得太严重了！"但心中不快。

为司隶校尉，行县到霸陵，路经更始墓，引车入陌。从事谏止之。永曰："亲北面事人，宁有过墓不拜？虽以获罪，司隶所不避也。"遂下拜哭，尽哀而去。西至扶风，椎牛上谏冢。帝闻之，意不平，问公卿曰："奉使如此何如？"太中大夫张湛对曰："仁者行之宗，忠者义之主也。仁不遗旧，忠不忘君，行之高者也。"帝意乃释。

【译文】

鲍永做司隶校尉，巡行到霸陵，路过更始帝坟墓，便驱车到墓地去。

跟从的人谏止他这样做。鲍永说："我自己北面事人，哪有过墓不拜的道理！即使因此而获罪，我也是不怕的。"于是下拜，哭泣尽哀而去。向西到扶风郡，杀牛祭祀了苟谏的陵墓。光武帝听了这些事后，心中有点不平，问公卿说："奉皇命出外巡视，却干这些事，怎么理解呢？"太中大夫张湛对曰："仁义是行为的宗旨，忠诚是仁义的关键。仁义的人不会遗旧，忠诚的人不会忘君，这才是品行的最高表现。"光武帝这才想开了。

论曰：鲍永守义于故主，斯可以事新主矣。耻以其众受宠，斯可以受大宠矣。若乃言之者虽诚，而闻之者未譬，岂苟进之悦易以情纳，持正之忤难以理求乎？诚能释利以循道，居方以从义，君子之概也。

【译文】

论赞说：鲍永守仁义于故主，这样才可以辅弼新主；以带领故主的军队投降邀功为耻，这才能得到新主最大的恩宠。至于说这话的人虽真诚而听这话者却未必明白，难道不是一时取悦的言论感情上容易接受，刚率忤意的直言道理上难以讲明白吗？果然能够放弃利益来遵循做人之道，立身正直以遵从道义，这才是君子的气度啊。

郅恽，字君章，汝南人也。举孝廉，为上东城门候。帝常出猎，车驾夜还，恽拒关不开。帝令从者见面于门间，恽曰："火明辽远。"遂不受诏。帝乃回，从东中门入。明日，恽上书谏曰："陛下远猎山林，夜以继昼，其如社稷宗庙何？暴虎冯河，未至之诫，诚小臣所窃忧也。"书奏，赐布百匹，贬东中门候为参封（旧无封字，补之）尉。

【译文】

郅恽，字郡章，汝南郡人。举孝廉，做洛阳上东门候。光武帝经常出城打猎，有一次车驾夜间才回城，郅恽拒不开门放进。皇帝命跟从的人到门缝见面，郅恽说："火光太遥远（看不清是谁）。"还是不接受诏令。光武帝于是返回，改从东中门入城。第二天，郅恽上书谏曰："陛下远猎山林，夜以继日，这对社稷宗庙有何益处？空手搏虎，徒步渡河，冒险出猎，尽管没有发生值得警诫的意外，但实在是小臣所私下担忧的啊。"书奏，赐布百匹，贬东中门候为参封尉。

郭伋，字细侯，扶风人也。王莽时，为并州牧。建武九年，拜颍川太守。十一年，调为并州刺吏。引见宴语，伋因言选补众职，当简天下贤俊，不宜专用南阳人。帝纳之。伋前在并州，素结恩德，及后入界，所到县邑，老幼相携，逢迎道路。所过问民疾苦，聘求耆德雄俊，设几杖之礼，朝夕与参政事。始至行部，到西河美稷，有童儿数百，各骑竹马，于道次迎拜。伋问曰："儿曹何自远来？"对曰："闻使君到，喜，故来奉迎。"伋辞谢之。及事讫，诸儿复送至郭外，问使君何日当还，伋计日告之。既还，先期一日，伋为违信于诸儿，遂止于野亭，须期乃入。

【译文】

郭伋，字细侯，扶风郡人。王莽时，做并州牧。建武九年，拜颍川太守。十一年，调任并州刺史。被引见与皇帝闲谈，郭伋谈到选任众官，应当挑选天下贤俊人才，不应专用南阳人。皇帝采纳了这一意见。郭伋以前在并州，平日所为有恩义于百姓，后来再至并州境内，所到的县邑，老幼相扶持，在道路上迎接。凡所过的地方，他都询问民间疾苦，聘求德高望众的老人，设几杖之礼，从早到晚与他们商议政务之事。开始巡行，到西河美稷，有幼童数百，各骑竹马，在道路边上迎拜。郭伋问道："孩子们为何这么远跑来？"孩子们说："听说您要来，我们都很高兴，所以来欢迎。"郭伋向孩子们道谢。等郭伋把事情办完，孩子们又送到城外，还问他什么时候回来。郭伋计算了一下，把归期告诉给他们。等回来时，却早一天到了，郭伋怕失信于孩子们，于是在野外的亭站住下来，等到说定的时间才进入美稷。

樊宏，字靡卿，南阳人，世祖之舅也。宏为人谦柔畏慎，不求苟进。常戒其子曰：“富贵盈溢，未有能终者。吾非不喜荣势也。天道恶满而好谦。前代贵戚，皆明戒也。保身全己，岂不乐哉？”宗族染其化，未尝犯法。帝甚重之。

【译文】

樊宏，字靡卿，南阳郡人，是光武帝的舅父。他为人谦和小心谨慎，不要求苟且升迁。经常告诫他的儿子说：“富贵到顶点，没有能善终的。我不是不喜欢荣华富贵啊。天道厌恶盈满而喜好谦虚。前代无善终的贵戚都是深刻的教训。保身全命，难道不是很快乐吗？”宗族受他的感化，从来没有人犯法。光武帝非常敬重他。

阴识，字次伯，南阳人，光烈皇后之兄也。以征伐军功增封，识叩头让曰：“天下初定，将帅有功者众，臣托属掖庭，仍加爵邑，不可以示天下。”帝甚美之。

【译文】

阴识，字次伯，南阳郡人，是光烈皇后的哥哥。因征伐军功增加封爵，阴识叩头辞让说：“天下初定，将帅有功的人很多，臣已经和皇室有姻亲关系，再加爵邑，不可以示范于天下。”光武帝对他的话非常赞赏。

兴，字君陵，识弟也。帝（旧有后字，删之）召兴，欲封之，置印绶于前。兴固让曰：“臣未有先登陷陈之功，而一家数人，并蒙爵土，令天下觖望，诚为盈溢。臣蒙陛下、贵人恩泽至厚，富贵已极，不可复加。至诚不愿。”帝嘉兴之让，不夺其志。贵人问其故，兴曰：“贵人不读书记耶？‘亢龙有悔’。外戚家苦不知谦退，嫁女欲配侯王，取妇眄睨公主，愚心实不安也。富贵有极，人当知足。夸奢，益为观听所讥。”贵人感其言，深自降挹，卒不为宗族求位。

帝后复欲以兴代吴汉为大司马，兴叩头流涕，固让曰：“臣不敢惜身，诚亏损圣德，不可苟冒。”至诚发中，感动左右，帝遂听之。

【译文】

阴兴，字君陵，是阴识的弟弟。光武帝召阴兴，准备封他，把印绶放在面前。阴兴坚决辞让说：“臣没有冲锋陷阵的功劳，而全家几个人都蒙受爵位和食邑，让天下人因此不满而怨恨，的确是过分了。臣蒙陛下、贵人恩泽非常多，富贵已到极点，不可以再增加官爵。我真心不愿再受封。”光武帝赞赏阴兴的谦让，不再强迫他改变自己的意志。阴贵人问他这样推辞的原因，阴兴说：“贵人不曾读过书上的记载吗？‘亢龙有悔’。外戚家苦于不知道谦退，嫁女打算嫁给侯王，娶媳妇瞅着公主，我心实在不安。富贵应有限度，做人应当知足。太奢侈了，就会被舆论非议。”贵人被阴兴的话感动，严格地约束自己，始终没有替宗族谋求爵位。

光武帝后来又打算让阴兴接替吴汉为大司马，阴兴叩头流泪，坚决推让说：“臣不敢爱惜自己的身体，的确怕有亏圣德，不可以贪求高位。”这种发自内心的真诚，感动了身边的人，光武帝于是就接受他的辞让。

朱浮，字叔元，沛国人也。为幽州牧。渔阳太守彭宠败，后世祖以二千石长吏多不胜任，时有纤微之过者，必见斥罢，交易纷扰，百姓不宁。

【译文】

朱浮，字叔元，沛国人，做幽州牧。渔阳太守彭宠反叛失败，后来光武帝认为二千石吏大多不能胜任，逢到有些微小过错的，一定被斥责罢免，如此频繁更换官吏，百姓不得安宁。

建武六年，有日蚀之异，浮因上疏曰：“臣闻日者众阳之宗、君上之位也。凡居官治民，据郡典县，皆为阳为上、为尊为长。

若阳上不明，尊长不足，则干动三光，垂示王者。陛下哀愍海内新离祸毒，保宥生民，使得苏息。而今牧民之吏，多未称职，小违治实，辄见斥罢，岂不粲然黑白分明哉！然以尧舜之盛，犹加三考。大汉之兴，亦累功效，吏皆积久，养老于官，至名子孙因为氏姓。当时吏职何能悉治？论议之徒岂不喧哗？盖以为天地之功不可仓卒，艰难之业当累日也。间者，守宰数见换易，迎新相代，疲劳道路。寻其视事日浅，未足昭见其职，既加严切，人不自保，各相顾望，无自安之心。有司或因睚眦，以骋私怨，苟求长短，求媚上意。二千石及长吏，迫于举劾，惧于刺讥，故争饰诈伪，以希虚誉。斯皆群阳骚动、日月失行之应。夫物暴长者必夭折，功卒成者必亟坏。如摧长久之业，而造速成之功，非陛下之福也。天下非一时之用也，海内非一旦之功也。愿陛下游意于经年之外，望化于一世之后，天下幸甚。”帝下其议，群臣多同于浮。自是牧守易代颇简。

【译文】

建武六年，发生日蚀，朱浮上书说：“臣闻日为众阳之祖，是君上的位置啊。凡是做官治民，无论郡太守或县令，都是阳刚、是上位、是尊贵、是尊长，如果阳刚上位显示不明，为尊长不足，就会冲犯到日、月、星三光，这是上天对君王的告诫和警示。陛下哀怜海内新遭祸害，保护、宽待百姓，使他们得以休养生息。而今天做州官的，大多不称职，有一点过失动辄就被斥责罢免，难道不是把事理分辨得太清楚了吗？然而就是在尧舜的盛世，还要对官吏每三年考核一次。汉朝的兴盛，（这一制度）也累见功效。当时官吏在职时间都很长，以至在职位上老死，到了子孙后代，以官职为姓氏。当时官吏的职责怎么能都完成得好呢？喜欢议论的人们怎能不乱说一通？不过认为成天地之功不能仓促行事，艰难的大业应当日积月累才能成就。最近，州郡的守宰多次被改换，送旧迎新，奔波疲劳在道路上。他们做事日子不多，不能明白地显示出他们的政绩，又加上朝廷的严格责令，弄得人人不能自保，互相观望，缺少自安的思想。主管官员或者因为小怨小忿来报私仇，或者任意找些过错，巴结谄媚圣上的意旨。二千石（郡守）和长吏为检举弹劾所逼迫，害怕被指责、讥讽，所以就争着掩过饰非，来贪图虚名，这都是众阳骚动、日月失常的符应啊。凡物迅速猛长的必然会夭折，功业仓促而成者必然会很快泯灭。如果损毁长久的功业，而制造速成的功效，这不能看作是陛下的福气啊！天下不是一时就能治好的，海内不是一个早晨就能安定下来的。愿陛下借鉴前朝的经验教训，使国家繁荣昌盛世代相传，这才是百姓的福气啊。”光武帝把这个谏议交到下边议论，群臣大多同意朱浮的意见。从此牧守变动的事就很少了。

旧制，州牧奏二千石长吏不任位者，事皆先下三公，三公遣掾史案验，然后黜退。帝时用明察，不复委任三府，而权归刺举之吏。浮复上疏曰：“陛下清明履约，率礼无违，自宗室诸王，外家后亲，皆奉绳墨，无党势之名。斯固法令整齐，下无作威者也。求之于事，宜以和平，而灾异犹见者，而岂徒然哉？天道信诚，不可不察。窃见陛下疾往者上威不行，下专国命，即位以来，不用旧典，信刺举之官，黜鼎辅之任，至于有所劾奏，便加退免，覆案不关三府，罪谴不蒙澄察。陛下以使者为腹心，而使者以从事为耳目，是为尚书之平，决于百石之吏。故群下苛刻，各自为能，兼以私情容长，憎爱在职，皆竞张空虚，以要时利。故有罪者心不厌服，无咎者坐被空文，不可经盛衰、贻后王也。夫事积久则吏自重，吏安则民自静。传曰：‘五年再闰，天道乃备。’夫以天地之灵，犹五载以成其化，况人道哉！”

【译文】

旧的制度，凡州牧禀报二千石长吏不胜其任的，事情都是先交给太尉、司徒、司空三公，三公派员复查，然后才罢免。光武帝当时因运用自己的明察，不再交由三公去办，这样实权就落到了检举的官吏手上。朱浮又上书说：“陛下神思清明，遵守规约，奉行礼制没有违失，从宗室诸王侯、外戚皇亲，都能遵奉法度，没有党派势力的说法。这的确是法令整齐，下边没有作威作福的情况啊。按情理来说，应当是和谐安宁了，但是灾异仍然不断发生，这难道是无缘无故的吗？天道的确是真实不欺的，不可不明察。我看到陛下痛恨过去皇帝的权威行不通，下边诸侯国掌握着国家的命运。自即帝位以来，不采用旧日法典，信任检举的官吏，降低鼎辅重臣的职责，只要有所弹劾上奏，便加以退免不用，复查核对也不通过三府，罪过谴责也不加以查清。陛下以专使为心腹，而官吏以吏员做耳目，这就形成本应由尚书做出的评议，最后却由百石小官决断，故而底下官吏办事苛刻，各自为政。加上讲求私人情面以求宽容，处事出于爱憎，官吏都竞相虚张声势，来求得一时利惠，所以使有罪的人心中不服，使无过错者因空文而受到牵连，（这种做法的确）不能形成有效治理而遗留给后来的君王啊。大凡事情经过的时间久了，官吏也就能够自重自爱。官吏安分职守，那老百姓也就安静无扰。书上说：‘五年两闰，天道才完备无缺。’即使天地之道，还要历经五年来完成其变化，何况人道呢？”

陈元，字长孙，苍梧人也。以父任为郎。时大司农江冯上言，宜令司隶校尉督察三府。元上疏曰：“臣闻师臣者帝，宾臣者霸。故武王以太公为师，齐桓以夷吾为仲父。孔子曰：‘百官总己，听于冢宰。’近则高帝优相国之礼，大宗假宰辅之权。及亡新王莽，遭汉中衰，专操国柄，以偷天下，况己自喻，不信群臣，夺公辅之任，损宰相之威，以刺举为明、徼讦为直。至乃陪仆告其君长，子弟变其父兄，网密法峻，大臣无所措手足。然不能禁董忠之谋，身为世戮。故人君患在自骄，不患骄臣；失在自任，不在任人。是以文王有日昃之劳，周公执吐握之恭，不闻其崇刺举、务督察也。方今四方尚扰，天下未一，百姓观听，咸张耳目。陛下宜循文武之圣典，袭祖宗之遗德，劳心下士，屈节待贤，诚不宜使有伺察公辅之名。”帝从之。

【译文】

陈元，字长孙，苍梧郡人，因父亲的原因出任郎官。当时大司农江冯上书言事，认为应该让司隶校尉督察三府。陈元上书说："臣听说以臣下为师的是帝王，以臣下为宾的是霸主。所以周武王以姜太公为师傅，齐桓公以管夷吾为仲父。孔子说：'百官总摄己职，而听命于冢宰大臣。'近世就有汉高祖优待萧相国的礼节，汉文帝给宰辅申屠嘉赦免邓通之权。到了已经灭亡的新朝的王莽，遇到汉室衰落，专擅国柄，以篡夺天下，只迷信自己，不信任群臣，夺取公辅大臣的职权，降低宰相的威信，把侦探举报看作高明，把揭发隐私、攻击别人视为正直，以至下级告发君长，子弟叛变父兄，法网严苛，大臣无所措手足。就这样，也不能禁止董忠与人共谋，王莽终于被世人杀死。所以做人君的祸患在于自骄自大，而不在于人臣的骄傲自满；错误在于自仁而不在于任人。因此周文王有工作到日色过午还顾不得进食的操劳，周公旦有一饭三吐哺、一沐三握发的殷勤待客的谦恭，没有听说过他们重视揭发、大搞督察别人的事啊。当前四方还在扰攘不安，天下尚未统一，老百姓都还在观听形势的发展变化。陛下应当遵循文王、武王的圣明典章，继承祖宗的遗德，关心下士，屈节待贤，的确不应该让您无端背上伺察公卿大臣的恶名。"光武帝听从了这一谏议。

桓荣，字春卿，沛郡人也。以明经入授太子。每朝会，辄令荣于公卿前敷奏经书。帝称善曰："得卿几晚。"建武二十八年，大会百官，诏问谁善可傅太子者，群臣承望上意，皆言太子舅执金吾阴识可。博士张佚正色曰："今陛下立太子，为阴氏乎？为天下乎？即为阴氏，则阴侯可；为天下，则固宜用天下之贤才。"帝称善，曰："欲置傅者，以辅太子也。今博士不难正朕，况太子乎？"即拜佚为太子太傅，而以荣为少傅，赐以辎车乘马。

【译文】

桓荣，字春卿，沛郡人，因通晓经书入东宫教授太子。每逢朝会，常让桓荣在公卿面前讲授经书。光武帝称赞说："得到你太晚了！"建武二十八年，朝廷大会百官，诏问谁有资格做太子的老师，群臣承奉上意，都说太子的舅父执金吾阴识可以担任。博士张佚严肃地说："现在陛下立太子，是为阴氏打算呢？还是为天下打算呢？如果是为阴氏，那么阴侯就可以；如果是为天下，就当然应该任用天下的贤才。"皇帝称赞说："打算设置太子的老师，为的是辅佐太子啊！现在博士不害怕纠正朕的过错，何况是太子呢？"当即拜张佚为太子太傅，而让桓荣为少傅，并赐给他辎车和乘马的优待。

第五伦，字伯鱼，京兆人也。举孝廉。帝问以政事，大悦，与语至夕。帝谓伦曰："闻卿为吏，篣妇公，不过从兄饭，宁有之耶？"伦对曰："臣三娶妻，皆无父母。少遭饥乱，实不敢妄过人餐。"帝大笑，拜会稽太守。会稽俗多淫祀，好卜筮，人常以牛祭神，百姓财产，以之困匮。其有自食牛肉，而不以荐祠者，发病且死，先为牛鸣，前后郡将莫敢禁。伦到官，移书属县，晓告百姓。其巫祝有依托鬼神，诈怖愚民，皆案验之；有妄屠牛者，吏辄行罚。民初恐惧，或祝诅妄言，伦案之愈急，后遂断绝，百姓以安。

【译文】

第五伦，字伯鱼，京兆人，建武二十七年举孝廉。光武皇帝以政事询问他，非常高兴，与他谈论到晚上。帝对伦说："听说你做吏掾时曾用竹板打过你岳父，且不到你堂兄处吃饭，难道真有这些事吗？"伦回答说："臣娶过三房妻子，都没有父母。臣年轻时遭遇饥荒，确实不敢随便吃别人的饭。"皇帝大笑，任伦为会稽郡太守。会稽风俗时兴淫祀（淫祀指越分之祀和未列入祀典之祭），喜爱卜筮，经常杀牛祭神，百姓的财产因此困乏。其中有人自己吃了牛肉却没有用来祭神，生了病，快要死时，先作牛叫声，先后到任职的太守没有人敢出面禁止这些陋俗。第五伦到会稽，即发公文给所属各县，并告知老百姓。巫婆神汉有用鬼神欺骗恐吓、愚弄百姓的，都对其进行审判。有随意杀牛祭神的，官吏都对其加以处罚。老百姓开始有些害怕，有的巫婆神汉背后诅咒，大放厥辞，第五伦的追查越发紧急，以后这种风俗被断绝，老百姓因而过上安宁的日子了。

肃宗初，为司空。及马防为车骑将军，当出征西羌，伦上疏曰：“臣愚以为，贵戚可封侯以富之，不当职事以任之。何者？绳以法则伤恩，私以亲则违宪。伏闻马防今当西征，臣以太后恩仁，陛下至孝，恐卒有纤介，难为意爱也。”伦虽峭直，然常疾俗吏苛刻。及为三公，值帝长者，屡有善政，乃上疏褒称盛美，因以劝成风德，曰：“陛下即位，躬天然之德，体晏晏之姿，以宽弘临下，出入四年，前岁诛刺史、二千石贪残者六人。斯皆明圣所鉴，非群下所及。然诏书每下宽和而政急不解、务存节俭而奢侈不止者，咎在俗弊，群下不称故也。世祖承王莽之余，颇以严猛为治，后世因之，遂成风化。郡国所举，类多辩职俗吏，殊未有宽博之选，以应上求者也。陈留令刘豫、冠军令驷协，并以刻薄之姿，临民宰邑，专念掠杀，务为严苦，吏民愁怨，莫不疾之，而今之议者，反以为能。违天心，失经义，诚不可不慎也。非徒应坐豫协，亦当宜谴举者。务进仁贤，以任时政，不过数人，则风俗自化矣。臣尝读书记，知秦以酷急亡国，又目见王莽亦以苛法自灭，故勤勤恳恳，实在于此。又闻诸王主贵戚，骄奢逾制，京师尚然，何以示远？故曰：‘其身不正，虽令不行。’以身教者从，以言教者讼。夫阴阳和，岁乃丰；君臣同心，化乃成也。其刺史、太守以下拜除京师，及道出洛阳者，宜皆召见，可因博问四方，兼以观察其人。诸上书言事有不合者，可但报归田里，不宜过加喜怒，以明在宽也。”

【译文】

肃宗章帝初年，第五伦为司空。到了马防为车骑将军，在出征西羌的时候，第五伦上疏说：“臣愚意认为贵戚可以通过封侯让他富起来，不应当委任以实际职务。为什么要这样呢？对贵戚绳之以法就有伤恩义，讲面情而宽恕却违背法律。我听说马防现在要出征，臣认为太后恩仁，陛下至孝，恐一旦有一些差错，难以保全心中关爱之情。”伦为人非常正直，然而时常嫉恨俗吏苛刻。等到他担任三公之职时，恰逢皇帝有长者作风，多有善政，伦乃上疏褒美圣德，借以倡导好的社会风气。他说："陛下即位，秉承自然的德行，表现出安乐的神态，用宽弘的气量对待臣下，前后四年，前年诛杀了刺史、二千石中的贪婪残暴者六人。这都是圣上明鉴，不是群臣所能做到的。然而诏书每次都要求宽和但施政仍然不见宽松、要求节俭而奢侈之风仍然不能停止的原因，就在于社会风气不好，群下不能配合啊。光武皇帝在王莽动乱之后，多以严厉的法令施政，后代又承袭光武皇帝的做法，于是形成风气。郡国所推举的人，大多是仅能办事的俗吏，很少有博大宽厚以适应圣上所要选用的人。陈留令刘豫、冠军令驷协，都是以刻薄的姿态，来管理百姓、主宰邑务，一心想的是掠杀，务求严酷，官民愁怨，官吏百姓没有人不嫉恨他，但是现在议论的人却认为他们能干。这是违背上天的意愿的，不符合经典的义理，的确是不可不慎重的事啊。不只是应当给刘豫、驷协定罪，还应当遣责推选他们的人。一定要选用仁爱贤能之人来处理时政，用不了几个人，风俗就会自然改变过来。臣曾经读过史书上的记载，晓得秦朝是因法制过于严厉招致亡国的，且又目睹王莽因实行苛法而自取灭亡，所以才诚诚恳恳地陈述于上，道理就在此啊！又听说诸王侯贵戚们，骄奢超越国家制度，京都尚且是这样，又怎么能给远方的人做榜样呢？所以说：'其身不正，虽令不行。'以身化人者，人会听从；以言化人者，人就争讼。阴阳调和，年成就丰收；君臣一心，教化才能有收效啊。对刺史、太守以下到京师为官的官员和路经洛阳的官员，都应该召见，可以广泛地询问四方情况，并且能观察到他们的为人。凡有上书言事不合事实的，只可以让他们回归乡里，不应该过分表示喜怒，以表示宽大。"

伦奉公尽节，言事无所依违。或问伦曰："公有私乎？"对曰："昔人有与吾千里马者，吾虽不受，每三公有所选举，心不能忘，而亦终不用也。吾兄子常病，一夜十往，退而安寝；吾子有疾，虽不省视，而竟夕不眠。若是者，岂谓无私乎？"

【译文】

第五伦奉公尽节，说话做事从不受私情左右。有人问伦说："你也有私心杂念吗？”答说：“过去有人送我一个千里马，我虽然没有接受，每到三公选拔举荐官员的时候，我思想上总对这人念念不忘，可是到底没有任用他啊。我哥哥的孩子曾经生病，我一夜之间十次去看望，回来后才能安稳地睡觉；我的儿子有病，虽然没有去看望，可是成夜却睡不着觉。像这样，难道说我没有私心吗？”

钟离意，字子阿，会稽人也。显宗即位，征为尚书。时交阯太守坐藏千金，征还伏法，以（旧无以字，补之）资物簿入大司农，诏班赐群臣。意得珠玑，悉以委地，而不拜赐。帝怪而问其故，对曰：“臣闻孔子忍渴于盗泉之水，曾参回车于胜母之闾，恶其名也。此臧秽之宝，诚不敢拜。”帝嗟叹曰：“清乎尚书之言！”乃更以库钱三十万赐意，转为尚书仆射。

【译文】

钟离意，字子阿，会稽郡人。显宗明帝即位，征召为尚书。当时交趾太守犯贪污千金罪，发回处决，将其物资造册没入大司农，颁诏赐给群臣。钟离意分得的是珍珠，他丢在地上而不受赐，明帝感到奇怪而问他为什么这样。对曰：“臣闻孔子曾忍渴而不喝‘盗泉’的水，曾参曾在‘胜母’的闾门前把坐车掉头回去，是讨厌它们的名称啊。这种贪赃的宝物，我的确是不敢拜领的。”皇帝叹息说：“尚书的话，真是清正啊！”于是改成从国库中拿出三十万钱赏赐给钟离意，并升迁他为尚书仆射。

车驾数幸广成苑，意常当车，陈谏般乐游田之事，天子即时还宫。永平三年，夏旱，而大起北宫。意诣阙免冠上疏曰：“伏见陛下，以天时小旱，忧念元元，降避正殿，躬自克责，而比日密云，遂无大润，岂政有未得应天心者耶？昔成汤遭旱，以六事自责曰：‘政不节耶？使民疾耶？宫室荣耶？女谒盛耶？苞苴行耶？谗夫昌耶？’窃见北宫大作，民失农时，此所谓宫室荣也。自古非苦宫室小狭，但患民不安宁。宜且罢止，以应天心。”帝策诏报曰："汤引六事，咎在一人。其冠履勿谢。今又敕大匠，止作诸宫，减省不急，庶消灾谴。"诏因谢公卿百僚，遂应时澍雨焉。时诏赐降胡子缣，尚书案事，误以十为百。帝见簿，大怒，召郎将笞之。意因入叩头曰："过误之失，常人所容。若以懈慢为愆，则臣位大，罪重；郎位小，罪轻。咎皆在臣，臣当先坐。"乃解衣就格。帝意解，使复冠而贳郎。

【译文】

天子的车驾多次游幸广成苑，钟离意经常挡住车驾陈谏乐游之事，天子即时还宫。永平三年夏季天旱，却大规模地修建北宫。钟离意到宫门脱帽上疏说："我看到陛下因为天时小旱，忧念老百姓，离开正殿，反省自己，在第二天阴云密集，还未下雨，岂不是政务方面还有与天意不相应的事吗？昔日成汤遭遇旱灾，以六件事自责说：'政治不节制吗？使用民力紧急吗？宫室太豪华了吗？女谒多了吗？行贿盛行吗？谗人猖獗吗？'我看见北宫大兴土木，老百姓耽误农时，这大概就是所谓的宫室繁荣了。自古以来的贤明君王不害怕宫室狭小，只是发愁老百姓不能安宁。应该停止北宫的修建，来应天心。"明帝颁诏书答复说："成汤所行六事，过错在一个人身上。钟离意戴冠着履，不要谢罪了。现在已经命令大臣停止建造诸宫，减省不急之需，差不多可以使灾谴消失了吧。"又下诏向公卿百官认错道歉，于是天降及时雨。当时皇帝下诏以粗绸赐赏降汉的胡人，尚书记载此事，误将"十"当成"百"。明帝看了司农所呈上来的簿书，大怒，召见郎官，正待笞打他。钟离意于是入见皇帝，叩头说："过失之事，常被人所宽容。如果认为懈慢是罪过，那么臣的官位大，罪重；郎官位小，罪轻。其罪过都在臣的身上，臣先该受处罚。"于是解开衣服准备受打。皇帝怒意缓解，让钟离意穿上衣服而赦免了郎官。

帝性褊察，好以耳目隐发为明，故公卿大臣，数被诋毁，近臣尚书以下，至见提拽。常以事怒郎药崧，以杖撞之。崧走入床下，帝怒甚，疾言曰："郎出！郎出！"崧曰："天子穆穆，诸侯煌煌。未闻人君自起撞郎。"帝乃赦之。朝廷莫不悚栗，争为严切，以避诛责，唯意独敢谏争，数封还诏书。臣下过失，辄救解之。帝虽不能用，然知其至诚。亦以此故，不得久留，出为鲁相。后德阳殿成，百官大会。帝思意言，谓公卿曰："钟离尚书若在，此殿不立。"意卒，遗言上书，陈升平之世，难以急治，宜少宽假。帝感伤其意，下诏嗟叹，赐钱二十万。

【译文】

明帝生性偏狭，喜爱使用耳目暗中查访，因此公卿大臣多次被诋毁，身边的臣子尚书以下甚至被召来审问。曾经因事对郎官药崧发怒，用手杖来打他。药崧躲到床下，明帝更加生气，大声叫道："你出来！你出来！"药崧说道："天子庄严穆穆，诸侯光明大度。从来没听说过人君亲自以杖击郎官的。"明帝这才赦免他。朝廷百官没有不惊恐害怕的，争相表现出严厉急切的姿态，以此避免惩罚责备，只有钟离意一人敢于谏诤，数次将诏书封好奉还给天子，臣下有过失就去解救他们。明帝尽管不按他的话做，然而也知道他是出于至诚。也是因了这个缘故，他不能在朝久留，出任为鲁相。后来德阳殿修建成了，百官大会。明帝想起钟离意的话，对公卿说："钟离尚书如果在朝的话，此殿一定修不起来。"钟离意临死前遗书上言，陈述升平之世，难以急治，应少加宽缓。皇帝对于他的用意感伤不已，下诏叹息，赐钱二十万。

宋均，字叔庠，南阳人也。迁九江太守。郡多虎暴，数为民患，常募设槛阱，而犹多伤害。均到，下记属县曰："夫虎豹在山，鼋鼍在水，各有所托。且江淮之有猛兽，犹北土之有鸡豚也。今为人患，咎在残吏，而劳勤张捕，非忧恤之本也。其务退奸贪，思进忠善，可一去槛阱，除削课制。"其后传言，虎相与东游渡江。

【译文】

宋均，字叔庠，南阳郡人。升任九江郡太守。郡内多猛虎，常为害百姓。平日招募人设置机关陷阱，但仍然有很多人被虎伤害。宋均到任，下达公文给属县说："虎豹在山林，鼋鼍在水中，各有托居之处。再说江淮之有猛兽，正如北方之有鸡猪。现在成为人的灾患，过错在残酷的官吏。而劳累捕捉，这不是忧恤百姓的根本办法。一定要清除奸贪，考虑选拔忠善之人，应该一律去掉机关陷阱，减免赋税。"从此以后，传说老虎相继东游渡过长江而去。

中元元年，公阳、楚、沛多蝗，其飞至九江界者，辄东西散去，由是名称远近。浚遒县有唐、后二山，民共祠之，众巫遂取百姓男女，以为公（公原作山）妪，岁岁改易，既而不敢嫁娶。前后守令，莫敢禁断。均乃下书曰："自今以后，为山娶者，皆娶巫家，勿扰良人。"于是遂绝。征拜尚书令，尝删剪疑事，帝以为有奸，大怒，收郎，即缚格之。诸尚书惶恐，皆叩头谢罪。均顾厉色曰："盖忠臣执义，无有二心。若畏威失正，均虽死，不易志也。"小黄门在傍，入具以闻。帝善其不挠，即令贯郎，迁均司隶校尉。

【译文】

中元元年，山阳、楚国、沛郡一带闹蝗灾，蝗虫飞到九江边界，就向东向西飞去，因此宋均的声名远扬。浚遒县有唐、后二山，老百姓都来祭祀，许多装神弄鬼的巫师就取来百姓人家的男女，以男的为山公，以女的为山婆，还年年改换。被确定的男女不敢出嫁婚娶。之前的守令，从没有人敢禁绝。宋均于是下令说："从今以后，为山公娶妇的人都要从巫师家选，不可扰害良民。"于是这种陋习才被禁绝了。明帝时征拜宋均为尚书令，曾删掉过一些令人疑惑的奏事，明帝认为这其中必有奸诈，大怒，将郎官捆绑起来捶打，各尚书惶恐，都叩头谢罪。宋均回头厉声说："忠臣按正义办事，没有二心，如果害怕威权有失正义，我宋均即使被处死也不改变正义做法。"小黄门在旁，入宫把此事一一禀报皇帝。明帝赞许他不屈不挠的行为，当即赦免了郎官，迁升宋均为司隶校尉。

寒朗，字伯奇，鲁国人也。守侍御史，与三府掾属，共考案楚狱颜忠、王平等，辞连及随乡侯耿建、朗陵侯臧信、护泽侯邓鲤、曲成侯刘建。建等辞未尝与忠平相见。是时显宗怒甚，吏皆惶恐，诸所连及，率一切陷入，无敢以情恕者。朗心伤其冤，试以建等物色，独问忠、平，而二人错忤不能对。朗知其诈，乃上言建等无奸，专为忠、平所诬，疑天下无辜，类多如此。帝乃召朗入，问曰："建等即如是，忠、平何故引之？"朗对曰："忠、平自知所犯不道，故多有虚引，冀以自明。"帝曰："即如是，四侯无事，何不早奏，而久系至今耶？"朗对曰："臣虽考之无事，然恐海内别有发其奸者，故未敢时上。"帝怒骂曰："吏持两端，促提下。"左右方引去，朗曰："愿一言而死。小臣不敢欺，欲助国耳，诚冀陛下一觉悟而已。臣见考囚在事者，咸共言妖恶大故，臣子所宜同疾，今出之，不如入之，可无后责。是以考一连十，考十连百。又，公卿朝会，陛下问以得失，皆长跪言旧制，大罪祸及九族。陛下大恩，裁止于身，天下幸甚。及其归舍，口虽不言，而仰屋窃叹，莫不知其多冤，无敢忤陛下者。臣今所陈，诚死无悔。"帝意解，诏遣朗出。后二日，车驾自幸洛阳狱，录囚徒，理出千余人。论曰："左丘明有言：仁人之言，其利博哉！晏子一言，齐侯省刑。若钟离意之就格请过，寒朗之廷争冤狱，笃矣乎？仁者之情也！"

【译文】

寒朗，字伯奇，鲁国人。官守侍御史，和三府属官一起审理楚王刘英谋反一案中颜忠、王平等人，供词中牵连到随乡侯耿健、朗陵侯臧信、护泽侯邓鲤和曲成侯刘建等人。刘建等人说从来和颜忠、王平等没有见过面。这时候显宗明帝非常恼怒，官吏们都很惶恐，凡有牵连的人，都被关押起来，没有人敢为他们说情。寒朗为他们蒙冤而伤心，试着以刘建的形貌单独审问颜忠、王平，但他们两人仓促之间回答不上来。寒朗知道其中必然有诈，于是向皇帝说明刘建等人没有奸邪行为，乃是颜忠、王平所诬陷的，怀疑天下无辜的案子大多和这种情况一样。明帝就召寒朗入宫，问道："就算刘建等人如此，但忠、平二人为什么要攀扯他们？"寒朗回答说："忠、平二人自知他们所犯的事是大逆不道的，所以就多捏造牵连一些党人，企图为自己洗刷。"明帝说："就算是这样，四位列侯无事，但为什么不早奏明，而久系狱中直到今天呢？"寒朗回答说："臣虽然考察他们没有犯什么罪，可是恐怕国内另外有揭发他们作奸犯科的人，所以没有敢及时奏明圣上。"明帝发怒骂道："做官耍两面派手法，马上拿下。"左右的人正要把寒朗拉下去，寒朗说："希望能让我说句话再去死。小臣不敢欺瞒，是想辅助国家罢了，确实期望陛下能够觉悟啊。臣看到拷问囚犯的当事人，都一起说罪恶多么重大，做臣子的都应共同嫉恨，开脱他们不如收拾他们，这样不会引起后患。所以拷问一个人就牵连出十个人，拷问十个人就会牵连出一百个人。再者，公卿朝会，陛下询问得失，大家都长跪说，旧的法典大罪要祸灭九族，陛下的大恩德，才只到自身，天下值得庆幸。等到他们回家，口里虽然不说，却在仰望屋顶私下叹息，没有人不知道他们大多是蒙冤的，只是没有人敢违忤陛下的金口玉言。臣今天所说的话，是真实情况，死而无悔。"明帝怒气平息，诏命将寒朗放出。过了两天以后，皇帝亲自去洛阳监狱查看审理囚徒的罪状，清理出一千多人的冤案。论赞说："左丘明说：仁者的话，有很大的益处啊！因为晏婴的一句话，齐景公就减轻了刑法。像钟离意解衣受刑，寒朗廷争冤狱，实在是忠诚呀，那是仁者的真情啊！"

东平王苍，显宗同母弟也。少好经书，雅有智思，显宗甚爱重之。及即位，拜骠骑将军，位在三公上。在朝数载，多所隆益，而自以至亲辅政，声望日重，意不自安。数上疏，乞上印绶，退就藩国，诏不听。其后数陈乞，辞甚恳切，乃许远国，而不听上将军印绶，加赐钱五千万、布十万匹。永平十一年，苍与诸王朝京师。月余还国，帝临送，归宫，凄然怀思，乃遣使手诏，告诸国中傅曰："辞别之后，独坐不乐，因就车归，伏轼而吟：瞻望永怀，实劳我心。诵及《采菽》，以增叹息。日者问东平王，处家何等最乐，王言为善最乐。其言甚大，副是腰腹矣。”

【译文】

东平王刘苍，是汉明帝的同胞兄弟。他年轻时好读经书，很有智慧和才识，明帝非常关爱器重他。到明帝即位，任刘苍为骠骑将军，位在三公之上。他在朝廷的几年中，有很多善政，但他认为至亲辅政，声望日高，心里感到不安。多次上疏，请求交还印绶，退而回到藩国，皇帝没有允许。以后又屡经陈情，言辞非常恳切，才让他回到藩国，却没有允许他交回上将军印绶，加赏赐钱五千万、布十万匹。永平十一年，刘苍和诸侯王到京师朝见天子。月余，还国，明帝亲自送别。回宫后，明帝凄然怀念兄弟情谊，就派遣使者持手诏告各诸侯国中傅说：“辞别之后，独坐不乐，因而在回归的车驾上，伏在车轼上吟诗，‘瞻望永怀，实劳我心’，当吟诵到《采菽》一诗，更增加了感叹。以前我问东平王，什么是人世间最大的快乐，东平王说做好事最快乐。这种说法太伟大了，符合他的胸怀。”

肃宗即位，尊重恩礼，逾于前世，诸王莫与为比。建初元年，地震，苍上便宜。后帝欲为原陵、显节陵、起县邑，苍闻之，遽上疏谏（旧无后帝欲为原陵显节陵起县邑苍闻之遽上疏谏十九字，补之），帝从而止。自是朝廷每有疑政，辄驿使咨问，苍悉心以对，皆见纳用。帝飨卫士于南宫，因从皇太后周行掖庭池阁，乃阅阴太后旧时器服，怆然动容。乃命留五时衣各一袭及常所御衣，余悉分布诸王主及子孙在京师者。特赐苍及琅邪王京书曰：“岁月骛过，山陵浸远，孤心凄怆，如何如何！间飨卫士于南宫，因阅视旧时衣物。闻于师曰：‘其物存，其人亡，不言哀而哀自至。’信矣！惟王孝友之德，亦岂不然？今送光烈皇后假髻帛巾各一及衣一箧，可时奉瞻，以慰《凯风》寒泉之思，又欲令后生子孙，得见先后衣服之制。愿王宝精神，加供养。苦言至戒，望之如渴。”

【译文】

肃宗章帝即位，刘苍受到的尊重和恩礼更超过明帝之时，诸王没有人比得上东平王的。建初元年，发生地震，刘苍上书言说对国家有利、合乎时宜之事。后来章帝准备建修原陵、彰显节陵并设置县邑，刘苍听到此事，立即上疏谏诤，章帝从而停止。从此以后朝廷每有疑难政务，经常驿传使者前往咨询，刘苍都能尽心地予以答对，都被采纳施行。章帝在南宫犒赏卫士，因而跟着皇太后在掖庭池阁之间游转，看到阴太后旧日使用的器皿衣物，不禁怆然伤感动容，遂命留存春青、夏朱、季夏黄、秋白、冬黑五时衣服各一件，以及平日所穿的衣服，其余都分送给诸侯及子孙在京师的人。特别赐刘苍及琅邪王刘京书曰："岁月忽忽过去，山陵逐渐日久，我心感到伤悲，怎么办！怎么办！最近，在南宫犒赏卫士，因此看到旧时帝后衣物。听师傅说：'他们的衣物存在，而人都亡故，不说悲哀而悲哀自然就来了。'这话是真的啊！那诸王孝友的仁德，也何尝不是这样！现送去光烈皇后使用的发髻帛巾各一件，及衣物一箱，可供随时奉瞻，以慰《凯风》一诗中所述的对母亲的思念之情，还要让后世子孙得见先后衣服之规制。期望诸王重视身心，加意供养。苦言至诚，盼望如渴。"

建初六年冬，请朝。明年正月（旧无明年正月四字，补之），帝许之。后有司奏遣诸王归国，帝特留苍。八月，饮酎毕，有司复奏遣，乃许之，手诏赐苍曰："骨肉天性，诚不以远近为亲疏，然数见颜色，情重昔时。念王久劳，思得还休，欲署大鸿胪奏，不忍下笔。顾授小黄门，中心恋恋，恻然不能言。"于是车驾祖送，流涕而诀。苍薨后，帝东巡守，幸东平宫，追感念苍，谓其诸子曰："思其人，至其乡。其处在，其人亡。"因泣下沾襟，遂幸苍陵，祠以大牢，亲拜祠坐，哭泣尽哀，赐御剑于陵前而去。

【译文】

建初六年冬，诸王请求朝拜。第二年正月，章帝答应了他们的请求。朝会后，主管官员奏请送诸王回国，章帝特地留下刘苍。八月，饮宴毕，主管官员又奏请送王回国，才允许了。章帝手诏赠刘苍说：“骨肉亲情是人的天性，的确不会因为相隔远近来确定亲疏，然而多次见面，感情比昔日更深重。顾念您长时辛劳，希望回国休养，准备签发大鸿胪奏书，却不忍心下笔。回头交给小黄门办理，心中仍感恋恋不舍，恻然伤悲，痛不能言。”于是章帝车驾饯行送别，洒泪分手。刘苍逝世，后来章帝到东方视察，驾临东平宫，追思悼念刘苍，并向他的几个儿子说：“想到他的为人，来到他的封地。这个地方还在，而其人已不在世了。”因而泪下沾襟，于是到刘苍的陵墓上，用太牢之礼祭祀他，亲自拜祭神位，哀伤痛哭之后，赐御剑于陵前而离开。

朱晖，字文季，南阳人也。为尚书仆射。是时谷贵，县官经用不足，朝廷忧之。尚书张林上言：“谷所以贵，由钱贱故也。可尽封钱，一取布帛为租，以通天下之用。又盐，食之急者，虽贵，民不得不须，官可自鬻。又宜因交趾、益州上计吏往来市珍宝，收采其利，武帝时所谓均输者也。”帝然之，有诏施行。晖独奏曰：“《王制》，天子不言有无，诸侯不言多少，食禄之家不与百姓争利。今均输之法，与贾贩无异。盐利归官，则下人穷怨；布帛为租，则吏多奸盗。诚非明主所宜行也。”帝卒以林等言为然，得晖重议，因发怒，切责诸尚书。晖因称病笃，不肯复署议。尚书令以下惶怖，谓晖曰：“今临得谴让，奈何称疾，其祸不细！”晖曰：“行年八十，蒙恩得在机密，当以死报。若心知不可，而顺旨雷同，负臣子之义。今耳目无所闻见，伏待死命。”遂闭口不言。诸尚书不知所为，乃共劾奏晖。帝意解，寝其事。

【译文】

朱晖，字文季，南阳郡人。为汉章帝朝尚书仆射。当时粮食很贵，官府经常供应不足，为这件事很发愁。尚书张林上书说：“粮食所以贵，是因钱贱的原故。可以全部把钱封存起来，全部用布帛交纳租税，来融通天下的需用。还有盐，是日常食用最需用的东西，即使昂贵，人不得不买来食用，可以实行官营。还应该趁交趾、益州来京计事的官吏往来，买卖珍宝，收取税利，这就是西汉武帝时所说的‘均输’制度啊。”皇帝认为这个意见对，颁诏施行。只有朱晖却持异议，上奏说：“根据《礼记·王制》，皇帝不谈有无，诸侯不言多少，吃朝廷俸禄的官家不和老百姓争利。现今实行的均输之法跟商贩没有差别，盐利归官，那么下边的老百姓就要因穷困而怨恨，用布帛交缴租税，那么官吏大多会从中作奸偷盗，这绝对不是明主所应该施行的办法啊。”章帝最后还是认为张林等人说的办法对，现在听到朱晖的另一种谏议，因而发怒，狠狠切责诸尚书。朱晖因而声称自己重病，不肯再到署衙议事。尚书令以下的人害怕了，向朱晖说：“现在受到谴责，你为什么称病？灾祸不小啊！”朱晖说：“我行年已八十了，蒙受圣恩得以在机要部门工作，当以死来报答，如果明知不可行的事而顺旨附和，就违背了做人臣的道义。现在我已耳目不灵，只是等死罢了。”于是闭口不说话了。诸尚书不知道该如何是好，于是共同劾奏朱晖。皇帝的怒气消解，停止了上述与民争利之事。

袁安，字邵公，汝南人也。为司徒时，和帝幼弱，太后临朝。安以天子幼弱，外戚擅权，每朝会进见，及与公卿言国家事，未尝不噫呜流涕。自天子及大臣，皆倚赖之。章和四年薨，朝廷痛惜焉。后数月，窦氏败，帝始亲万机，追思前议者邪正之节，乃除安子赏为郎。

【译文】

袁安，字邵公，汝南郡人。做司徒官的时候，和帝幼弱，窦太后临朝听政。袁安以天子幼弱，外戚擅权，每次朝会进见，和公卿们谈到国家政事，未尝不叹息流泪。从天子到大臣，都依赖袁安。永元四年逝世，朝廷非常痛惜。死后几个月，窦氏败北，和帝开始亲理朝政，回想亲政以前群臣谏议邪正的情节，遂授袁安子袁赏为郎。

郭躬，字仲孙，颍川人也。明法律。有兄弟共杀人者，而罪未有所归。帝以兄不训弟，故报兄重，而减弟死。中常侍孙章宣诏，误言两报重。尚书奏章矫制，罪当腰斩。帝复召躬问之，躬对："章应罚金。"帝曰："章矫诏杀人，何谓罚金？"躬曰："法令有故误，章传命之谬，于事为误，误者其文则轻。"帝曰："章与囚同县，疑其故也。"躬曰："'周道如砥，其直如矢。''君子不逆诈。'君王法天，刑不可以委曲生意。"帝曰："善！"迁躬廷尉正。

【译文】

郭躬，字仲孙，颍川郡人。通晓律法。有兄弟两个一起杀了人，但是判谁死罪还没有确定。章帝因为做兄长的不教诲弟弟，所以判兄重罪而减弟弟的死罪。中常侍孙章宣读诏书，错误地说成兄弟俩都应受死罪。尚书上奏指孙章假传诏令杀人，罪应判腰斩。章帝又召郭躬问此事，郭躬回奏："孙章应处以罚金。"帝曰："孙章假传诏令杀人，怎能就只判罚金？"郭躬说："法令规定有故意杀人和失误杀人，孙章是把诏命传达错了，属于失误，误杀依法律条文应从轻处治。"章帝说："孙章和囚犯是同县人，怀疑他是故意杀人的。"郭躬说："《诗经》上说：'大道好象磨刀石一样平，又像箭头一样直。'《论语》说：'君子不违法欺诈。'君王应该效法上天，刑律不可以任意解释，使上天好生之意隐晦不明。"皇帝说："说得好！"升迁郭躬为廷尉正。

陈宠，字昭公，沛国人也。章帝初为尚书，是时承永平故事，吏治尚严切，尚书决事，率近于重。宠乃上疏曰："臣闻先王之政，赏不僭，刑不滥，与其不得已，宁僭不滥。陛下即位，数诏群僚，弘崇晏晏。而有司执事，犹尚深刻。治狱者，急于旁格酷烈之痛；执宪者，烦于诋欺放滥之文。或因公行私，逞纵威福。夫为政犹张琴瑟，大弦急者小弦绝。故子贡非臧孙之猛法，而美郑乔之仁政。《诗》云：'不刚不柔，布政优优。'方今圣德充塞，假于上下，宜隆先王之道，荡涤烦苛之法，轻薄箠楚，以济群生。"帝敬纳宠言，每事务于宽厚。其后遂诏有司，绝诸惨酷之科，解妖恶之禁，除文致之，请谳五十余事，定著于令。是后民俗和平，屡有嘉瑞。

【译文】

陈宠，字昭公，沛国人。章帝初年，陈宠为尚书。此时继承明帝永平时期的规定，吏治崇尚严厉，尚书裁决事情一般都接近于重刑。陈宠就上书说："臣听闻先王时的政治，赏赐不超越本分，刑罚不滥于施行，在事到不得已时，宁过赏而不滥罚。陛下即位，多次诏告群臣，主张崇尚温和，而主管官员办起事来，却仍然偏向苛刻。治狱的人急于给囚犯施加拷打酷烈的痛苦，执法的人乱搞诋毁欺诈不切实际的文案，或者假公济私，作威作福。为政之事好像琴瑟，大弦上紧音高，小弦就会崩断。所以子贡批评鲁国大夫臧孙之猛法，而赞美郑国子产的仁政。《诗经》说：'不刚不柔，施政温和。'当今圣德充实，至于天地，应该发扬先王的仁道，荡涤烦苛的刑法，少施加拷打，来造福众生。"章帝采纳陈宠的谏议，凡事都务求宽厚，以后就颁诏给主管官员，停止施加惨酷的科条，解除烦苛的禁令，删除那些呈请上级复核的律条五十多款，并定为法令。此后民风和平，多次出现祥瑞现象。

宠子忠，字伯始，擢拜尚书。安帝始亲朝事，连有灾异，诏举有道。公卿百僚，各上封事。忠以诏书既开谏争，虑言事者必多激切，或致不能容，乃上疏豫通广帝意，曰："臣闻仁君广山薮之大，纳切直之谋，忠臣尽謇谔之节，不畏逆耳之害。是以高祖舍周昌桀纣之譬，孝文嘉爰盎人豕之讥，世宗纳东方朔宣室之正，元帝容薛广德自刎之切。昔者晋平公问于叔向曰：'国家之患，孰为大？'对曰：'大臣重禄不极谏，小臣畏罪不敢言，下情不上通，此患之大者。'今明诏崇高宗之德，推宋景之诚，引咎克躬，咨访群吏。言事者见杜根、成翊世等，新蒙表录，显列二台，必承风响应，争为切直。若嘉谋异策，宜辄纳用。如其管穴，妄有讥刺，虽苦口逆耳，不得事实，且优游宽容，以示圣朝无讳之美。若有道之士，对问高者，宜垂省览，特迁一等，以广直言之路。”

【译文】

陈宠的儿子陈忠，字伯始，被选拔为尚书。汉安帝开始亲理朝事，接连发生灾异，安帝下诏命令推举有道德的人。公卿百官各自呈上密封的奏章。陈忠因为诏书既然开谏诤之路，担心言事者必然会言辞激切，或者出现不可容忍的情事，于是上疏预先打通皇帝的思想，说：“臣闻仁君有比山林、湖泽还要广大的胸怀，可以采纳切直的策略，忠臣尽正直的节操，不害怕逆耳忠谏的后患。所以汉高祖不计较周昌将他比作桀纣之君的比方，汉文帝嘉奖爰盎要记取人家的讥讽，汉武帝采纳东方朔宣室不可为董偃置酒的正当谏言，汉元帝宽容薛广德所说不听他的从桥而过的谏言就要自刎的切实谏诤。当日晋平公问叔向说：‘国家之患，什么为大？’叔向答称：‘大臣看重俸禄不能极谏，小臣畏罪不敢直言，下情不能上达，这就是国家最大的祸患。’当今圣明的诏令推崇殷高宗的德行和宋景公的真诚，能亲自引咎罪己，咨访群吏。向朝廷言事的人看到杜根、成翊世新近被表彰显列于二台（指御史台和尚书台），必然会闻风响应，争相为切直之谏。如果有善计良谋，应当随即采纳施行。如果有小小过失，妄有刺讥，虽然苦口逆耳，但没有事实，不妨优游宽容，以表示圣朝公开行政、没有忌讳的美德。如果逢有道之士，对答有高见卓识的言论，应该亲自省阅，特予提升一等，以便广开直言之路。”

杨终，字子山，蜀郡人。征诣兰台，拜校书郎。建初元年，大旱谷贵，终以为广陵、楚、淮阳、济南之狱，徙者万数，又远屯绝域，吏民怨旷，乃上疏曰：“臣闻（旧有修字，删之）‘善善及子孙，（旧有行字，删之）恶恶止其身’，百王常典，不易之道也。秦政酷烈，违忤天心，一人有罪，延及三族。高祖平乱，约法三章；太宗至仁，除去收孥。万姓廓然，蒙被更生，泽及昆虫，功垂万世。陛下圣明，德被四表。今以比年久旱，灾疫未息，躬自菲薄，广访得失。三代之隆，无以加焉。臣窃案《春秋》，水旱之变，皆应暴急，惠不下流。自永平以来，仍连大狱，有司穷考，转相牵引，掠治冤滥，家属徙边。加以北征匈奴，西开三十六国，又远屯伊吾、楼兰、车师、戊己，人怀土思，怨结边域。昔殷民近迁洛邑，且犹怨望，何况去中土之肥饶，寄不毛之荒极乎？且南方暑湿，障毒互生（旧无南方暑湿障毒互生八字，补之），愁困之民，足以感动天地、移变阴阳矣。惟陛下留念省察，以济元元。孝元弃珠崖之郡，光武（旧无孝元弃珠崖之郡光武九字，补之）绝西域之国，不以介鳞易我衣裳。今伊吾之役、楼兰之屯，久而不还，非天意也。”帝从之。听还徙者，悉罢边屯。

【译文】

杨终，字子山，蜀郡人。被朝廷征召到兰台，任校书郎。建初元年，由于大旱灾，谷物价钱昂贵，杨终认为广陵、楚、淮阳、济南的监狱，被迁徙的囚徒多达万人，加上又要到远方屯田，官民都怨恨失望，于是他上疏说：“臣闻褒扬善行应当延及子孙，憎恶邪恶应当止于本人，这是千百个帝王的常规，是不可变更的道理。秦朝的政治严酷剧烈，违背了天心，一个人犯罪，牵连三族。汉高祖平乱以后，约法三章。汉文帝非常仁慈，废止收孥相坐的法律。老百姓心情舒畅，像获得了新生，恩泽惠及昆虫，功绩永垂万世。陛下圣明，仁德广被四方。而今连年闹荒旱，灾疫不止，自责德行菲薄，广泛访问朝政的得失，就是夏商周三代的盛世，也不会超过现代。臣私下考察《春秋》中水旱的情况，都应验着暴政严刑，恩惠不及于百姓。从永平以来，连年兴起大狱，主管官员穷追不放，互相牵连，严刑拷打，冤案甚多，把囚犯家属迁往边地。加上北征匈奴，西部开发三十六国，又远到伊吾、楼兰、车师、戊己屯兵，人民怀念故土，怨结边疆。昔日殷商迁徙人民近到洛阳，尚且怨恨，何况要离开中原肥饶的土地，寄身于不毛之地的荒远地方呢！再者南方暑热潮湿，瘴毒相互感染。身处愁困的人民，是足以能够感动天地、改变阴阳的啊。期望陛下留意省察这些事情，来救济老百姓。汉元帝舍弃珠崖郡(在海南岛南部)，光武帝放弃西域国土，不以蛮夷之人劳累我国百姓。当今伊吾的劳役、楼兰的屯兵，时间已久而人不能回来，这不是上天之意啊。”明帝采纳了杨终的谏议，让迁徙的人返回，全部停止边疆屯田之事。

庞参，字仲达，河南人也。顺帝以为太尉。是时三公之中，参名忠直，数为左右所陷，以所举用忤帝旨，司隶承风案之。时会茂才孝廉，参以被奏，称疾不得会（旧无参以被奏称疾不得会九字，补之）。上计掾广汉段恭，因会上疏曰："伏见道路行人，农夫织妇，皆曰：'太尉庞参，竭忠尽节，徒以直道，不能曲心，孤立群邪之间，自处中伤之地。'臣犹冀在陛下之世，当蒙安全，而复以谗佞伤毁忠正，此天地之大禁、人主之至诫。昔白起赐死，诸侯酌酒相贺；季子来归，鲁人喜其纾难。夫国以贤治，君以忠安。今天下咸欣陛下有此忠贤，愿卒宠任，以安社稷。"书奏，诏即遣小黄门视参疾，太医致羊酒。复为太尉。

【译文】

庞参，字仲达，河南郡人。汉顺帝任命他为太尉。这时候三公之中，庞参名声忠直，多次被皇帝左右的人所诬陷，后因庞参所举用的人违忤皇帝的意旨，司隶迎合旨意审办庞参。当时公卿会见被推举的茂才、孝廉，庞参因为被劾奏，称病没有参加。上计掾广汉段恭趁着集会上疏说："臣私下看到道路上的行人和农夫织妇，都说：'太尉庞参，竭忠尽节，只因为行直道而不做违心的事，孤立在许多奸邪中间，自己处于受中伤的地位。'臣本盼望他在陛下的盛世，应当能受到安全保护，但是反因谗佞的言辞而毁伤忠正的臣子，这是天地之间的大禁，是帝王最应警戒的。昔日白起被赐死，诸侯们酌酒互相祝贺；季友回到鲁国，鲁人欢迎他能解救国家的困难。国家因有贤才而能得到治理，君王因有忠臣而能安稳天下。现今天下都喜欢陛下有这样的忠贤之人，希望庞参最终能得到陛下的宠任，来安定社稷。"书奏皇帝，颁诏立即派遣小黄门看望庞参的疾病，太医送去羊酒。庞参又恢复了太尉之职。

崔骃，字亭伯，涿郡人也。窦太后临朝，窦宪以重戚出内诏命。骃献书戒之曰："生而富者骄，生而贵者傲。生富贵而能不骄傲者，未之有也。今宠禄初隆，百僚观行，当尧舜之盛世，处光华之显时，岂可不‘庶几夙夜，以永终誉’，弘申伯之美，致周召之事乎？语曰：‘不患无位，患所以立。’昔冯野王以外戚居位，称为贤臣；近阴卫尉克己复礼，终受多福。郯氏之宗，非不尊也；阳侯之族，非不盛也。重侯累将，建天枢，执斗柄。其所以获讥于时，垂愆于后者，何也？盖在满而不挹，位有余而仁不足也。汉兴以后，迄于哀、平，外家二十，保族全身，四人而已。《书》曰：‘鉴于有殷。’可不慎哉！夫谦德之光，《周易》所美；满溢之位，道家所戒。故君子福大而愈惧，爵隆而益恭，远察近览，俯仰有则，铭诸机杖，刻诸槃杅，矜矜业业，无殆无荒。如此，则百福是荷，庆流无穷矣。”及宪为车骑将军，辟骃为掾。宪擅权骄恣，骃数谏之。及出击匈奴，道路愈多不法，骃为主簿，前后奏记数十，指切长短。宪不能容，稍疏之。因察骃高第，出为长岑长。骃自以远去，不得意，遂不之官而归。卒于家。

【译文】

崔骃，字亭伯，涿郡人。(和帝年幼)窦太后临朝听政，窦宪以重要外戚身份颁发诏命。崔骃献书告诫他说：“生来就富的人骄慢，生来就贵的人倨傲。生来富贵而能够不骄不傲的人，是不曾有过的。当今您的得宠和官位刚刚隆盛，百官都在看您的行动。处在尧舜的盛世，正值光华显耀时期，怎么能不夙兴夜寐来使美名流传身后，发扬申伯的美德，做到周公、邵公的功业呢？《论语》中说：‘不要担心没有职位，而要担心立身不处于仁义。’昔日冯野王因外戚而居于御史大夫高位，被称为贤臣；近世阴尉能克己复礼，终生享受多福。郯氏的宗族，不是不尊贵，阳平的宗族，不是不繁盛，封侯的人很多，做将军的人不少，身居高位，执着权柄。他们所以被时人讥讽，又留罪名于后世的原因是什么呢？那是在于骄傲自满而不知谦退，爵位高而仁义不足啊。汉建国以后，到哀帝、平帝为止，外戚掌权者有二十家，能保族全身者，只有四个人罢了。《书经》说：‘以殷商的灭亡为借鉴。’可不慎哉！谦虚这一美德的光辉，是《周易》所称美的；溢满的地步，是道家所警戒的。所以君子福大了就更为惊惧，爵位高了就更加谦恭。远察近看，一举一动都有常规，铭刻在几杖上，刻写在盘盂上，兢兢业业，不懈殆，不荒唐。这样，就可以福禄齐全，吉庆无穷了。”到窦宪做了车骑将军，聘用崔骃为掾吏。窦宪擅权骄横，崔骃屡次劝谏他。等他出击匈奴，行为更加不守法纪，崔骃为主簿，前后奏记数十次，指出他的不足之处，窦宪不能接受，渐渐地疏远了崔骃。借机考察崔骃考绩优等，就让他外任为长岑令。崔骃认为到远地去，不满意，于是未到职就回到家乡。后来死于家中。

（王井南译）

卷二十三

# 后汉书治要（三）

## 传

杨震，字伯起，弘农人也。迁东莱太守，道经昌邑，故所举茂才王密为昌邑令，谒见，至夜，怀金十斤以遗震。震曰：“故人知君，君不知故人，何也？”密曰：“暮夜无知者。”震曰：“天知、神知、我知、子知，何谓无知？”密愧而出。后转涿郡太守。性公廉，子孙常蔬食步行。故旧长者，或欲令为开产业，震曰：“使后世称为清白吏子孙，以此遗之，不亦厚乎？”

【译文】

杨震，字伯起，弘农郡人。升迁东莱郡太守时，路过昌邑，从前他所举荐的茂才王密做了昌邑县令，来谒见杨震，到了夜间，怀中拿出金十斤来送给杨震。杨震说：“我这个故友了解你，你不了解故友，是为什么呢？”王密说：“夜间没有人知道。”杨震说：“天知、神知、我知、你知，怎能说无人知道呢？”王密感到羞愧而离去。后来杨震转任涿郡太守。他为人公正廉洁，子孙们经常吃粗食淡饭，外出时步行，不乘车。老朋友中年纪长的，有人让他为子孙置产业，杨震说：“让后世人称他们是‘清白官吏的子孙’，以此作为给他们的遗产，不也是很丰厚的吗？”

为司徒。安帝乳母王圣，因保养之勤，缘恩放恣。圣子女伯荣，出入宫掖，传通奸赂。震上疏曰：“臣闻政以得贤为本，理以去秽为务。是以唐虞俊乂在官，四凶流放，天下咸服，以致雍熙。方今九德未事，嬖幸充庭。阿母王圣，出自至微，得遭千载，奉养圣躬，虽有推燥居湿之勤，前后赏惠，过报劳苦，而无厌之心，不知纪极，外交属托，扰乱天下，损辱清朝，尘点日月。《书》诫牝鸡牡鸣，《诗》刺哲妇丧国。夫女子小人，实为难养。宜速出阿母，令居外舍，断绝伯荣，莫使往来，令恩德两隆，上下俱美。惟陛下绝婉娈之私，割不忍之心，留神万机，诫慎拜爵，减省献御，损节征发，令野无《鹤鸣》之叹，朝无《小明》之悔，《大东》不兴于今，‘劳止’不怨于下，拟踪往古，比德哲王，岂不休哉！”

奏御，帝以示阿母等，内幸皆怀忿恚。而伯荣骄淫尤甚，与故朝阳侯刘护再从兄瑰交通，瑰遂以为妻，得袭护爵，位至侍中。震深疾之，复诣阙上疏曰：“臣闻高祖与群臣约，非功臣不得封。故经制，父死子继，兄亡弟及，以防篡也。伏见诏书，封故朝阳侯刘护再从兄瑰，袭护爵为侯。护同产弟威，今犹见在。臣闻天子专封封有功，诸侯专爵爵有德。今瑰无他功行，但以配阿母女，一时之间，既忝侍中，又至封侯，不稽旧制，不合经义，行人喧哗，百姓不安。陛下宜览镜既往，顺帝之则。”书奏，不省。

【译文】

杨震在朝做司徒时。安帝的乳母王圣，因为有养育过皇帝的功劳，凭着皇帝的恩宠而很放肆。王圣有个女儿名叫伯荣，出入宫廷，传通信息，作奸行贿。杨震上疏说：“臣闻为政要以能得到贤者为本，执法要以去掉污秽为务。所以唐虞时有俊贤者在官，四凶被流放，天下人都敬服，从而使天下达到了平安和乐的局面。当今之世，九德未能施行，嬖幸之人充满后宫。阿母王圣出身微贱，得逢千载难得之机，奉养过圣躬，虽然她有过推干居湿、抚养圣上的功劳，然而先后对她的恩惠、赏赐，已超过了她的劳苦所应得的回报，但是她仍然有贪得无厌的思想，不知纲纪规则，私下见诸侯、受人嘱托，扰乱天下，损辱圣朝，使日月蒙尘。《尚书》警诫牝鸡司晨，《诗经》讽刺哲妇丧国。女子与小人，确实是最难教养之人。应当立刻令阿母出宫，让她住在外边，禁绝伯荣，不要让她来往宫禁。这样会使恩德两顾，对上对下都是好事。希望陛下断绝婉娈之私（指眷恋乳母），割弃不忍之心，关注朝廷大事，谨慎封官拜爵，省减进贡奉献，节制征发财力，让民间没有对君王不满的《鹤鸣》之悲叹，朝廷没有刺讽政乱的《小明》之咎责，讽喻赋敛过多的《大东》之诗不兴于今天，下边没有'劳止'的怨言，打算达到往古之治，使德行比配于贤明的君王，岂不是很好的吗？"

奏书呈上，安帝拿给阿母等人看，宫内亲幸之人都很气忿。特别是伯荣，更加骄淫，和已故朝阳侯刘护的再从兄（即同曾祖而年长于己者）刘瑰勾结在一起，刘瑰就娶她为妻。刘瑰袭刘护的封爵，官位达到侍中。杨震对此越发恼恨，又到宫阙上疏说："臣闻高祖和群臣相约，不是功臣的不得封侯。所以制度规定，父死由儿子继承，兄亡由弟弟袭封，为的是防止篡夺。我在下边看到诏书封已故朝阳侯刘护的再从兄刘瑰袭护爵为侯，而刘护的亲弟弟刘威现今还在世。臣闻天子封爵应封有功之臣，诸侯授爵应授有德之人。而今刘瑰没有其他功劳，只因与阿母之女婚配，一时之间，既已位至侍中，又至于封侯，这是不查看旧制，不合乎经义，路人议论纷纷，百姓感到不安。陛下应该借鉴既往，按照国家的制度办事。"奏书呈上，安帝没有理睬。

时诏遣使者大为阿母治第，中常侍樊丰，及侍中周广、谢恽等，更相扇动，倾摇朝廷。震复上疏曰："臣伏念方今灾害发起，百姓空虚，不能自赡，重以螟蝗，羌虏抄掠，三边震扰，兵甲军粮，不能复给。大司农帑藏匮乏，殆非社稷安宁之时。伏见诏书，为阿母兴起津城门内第舍，合两为一，连里竟街，雕治缮饰，穷极巧技，转相迫促，为费巨亿。周广、谢恽兄弟，与国无肺腑枝叶之属，依倚近幸，分威共权，属托州郡，倾动大臣。宰司辟召，承望旨意，招来海内贪污之人，受其货赂，至有赃锢弃世之徒，复得显用。白黑混淆，清浊同源，天下喧哗，为朝结讥。臣闻师言：'上之所取，财尽则怨，力尽则叛。'怨叛之民，不可复使。惟陛下度之。"

丰、恽等，见震连切谏不从，无所顾忌，遂诈作诏书，调发司农钱谷、大匠见徒材木，各起家舍、园、池、庐观（观下旧有阁字，删之），役费无数。震因地震，复上疏，前后所上，转有切至。帝既不平之，而樊丰等，皆侧目愤怨，俱以其大儒，未敢加害。

【译文】

当时诏令派使者大规模地为阿母修府第，中常侍樊丰及侍中周广、谢恽等更相煽动，倾动朝廷。杨震又上疏说："臣想到当今灾害接连发生，老百姓空虚，无法生活，加上螟蝗虫灾，羌虏抢掠，三边震动侵扰，兵甲军粮供应不足。大司农库藏匮乏，确系国家不安宁的时候。我见到诏书为阿母修盖津城门内的府第，合并两坊为一宅，连通整个街巷，雕饰装修，奢华至极，运转迫促，花费巨亿。周广和谢恽兄弟，与朝廷并非宗室近亲或远族旁支，依靠近幸奸佞之人，各耍威风，共弄权柄，托属州郡，倾动大臣。宰司辟召，承望旨意，招来海内贪污之人，接受他们的财货贿赂，以至有因贪赃而被禁锢不用之徒又得以显用。黑白混淆，清浊同源，天下喧哗，为朝结讥。臣听老师说：'君上所取，财物竭尽则民怨恨，力役用尽则人叛乱。'怨恨、叛乱之民，便难以再驱使了。希望陛下考虑考虑这种情况。"

樊丰、谢恽等看到杨震接连几次切谏都不被皇上采纳，就无所顾忌了，遂假颁诏书，调发司农掌管的钱粮和将作大匠掌管的现成木材，各自用来起修家舍、园池、庐观，役用的人力和费用难以计数。杨震因见发生地震，又上疏。先后所上的书，情意更为恳切。安帝看了心中已不快，而樊丰等都侧目愤怨，但都因他是大儒，未敢加害。

寻有河间男子赵腾，诣阙上书，指陈得失。帝发怒，遂收考诏狱，结以罔上不道。震复上疏救之，曰："臣闻尧舜之世，谏鼓谤木，立之于朝；殷周哲王，小人怨詈，则洗目改听。所以达聪明，开不讳，博采负薪，尽极下情也。今赵腾所坐，激讦谤语为罪，宜与手刃犯法有差。乞为亏除，全腾之命，以诱刍荛舆人之言。"帝不省，腾竟伏尸都市。会东巡岱宗，樊丰等因乘舆在外，竞治第宅。震部掾高舒召大匠，令史考校之，得丰等所诈下诏书，具奏须行还上之。丰等闻，惶怖，遂共谮震云："自赵腾死后，深用怨怼，且邓氏故吏，有恚恨心。"及车驾行还，遣使者策收震太尉印绶，震于是柴门绝宾客。丰等复恶之，乃请大将军耿宝，奏震大臣不服罪，怀恚望，有诏遣归本郡。震行至城西夕阳亭，乃慷慨谓其诸子门人曰："死者士之常分。吾蒙恩居上司，疾奸臣狡猾而不能诛，恶嬖女倾乱而不能禁，何面目复见日月！身死之日，以杂木为棺，布单被，裁足盖形，勿归冢次，勿设祭祠。"因饮鸩而卒。

【译文】

不久有河间县男子赵腾，到宫门上书，指陈朝廷的得失。安帝发怒，遂收捕送进诏狱，严刑拷问，定以诬上不道之罪。杨震又上书解救说："臣闻尧舜之世，设进谏之鼓与诽谤之木，立之于朝门；殷、周贤明的君主，听到下民的怨言，就洗耳恭听。这样做为的是达到耳聪目明，开放言论，广泛采纳下民的意见，以全面了解下情啊。今天赵腾以激烈讦谤之语而犯罪，和杀人犯法有所不同。乞请为他减轻刑罚，保全他的性命，来招引下民的谏言。"皇帝不理，赵腾终于被弃尸于都市。这时适逢皇帝巡行岱岳，樊丰等人趁皇上外出，竞相修治宅第。杨震的部掾高舒召来大匠，让府吏盘问此事，得到樊丰等人用欺骗手段所下的假诏书，奏章将等皇上巡行回来后奏上。樊丰等人闻知后，极为恐惧，于是就在一起诬陷杨震说："自从赵腾死后，杨震深为怨怒。再说，他是邓骘原来举荐的旧人，有愤恨的思想。”等车驾巡行回来，皇上派遣使者收缴了杨震的太尉印绶，杨震从此深闭柴门，谢绝宾客。樊丰等还是痛恶他，就请大将军耿宝上奏说，杨震身为大臣不服罪，怀有怨恨报复心理。之后皇帝有诏，遣他回归本郡。杨震行至城西夕阳亭，就慷慨悲愤地向他的儿子们和弟子们说：“死亡是士人平常的事。我蒙圣上之恩做大官，痛恨奸臣狡猾但不能诛杀他们，讨厌嬖女倾乱朝廷而不能禁止，有何面目再活于人世！身死之日，用杂木做棺材，穿上单衣足以盖住形体就行了，不要归葬于先人坟地，不要设祠祭祀。”随之服毒而死。

震中子秉，字叔节。延熹五年，为太尉。是时宦官方炽。中常侍侯览弟参，为益州刺史，累有臧罪，暴虐一州。秉劾奏参，槛车征诣廷尉。参自杀。秉因奏览及中常侍具瑗，免览官，而削瑗国。每朝廷有得失，辄尽忠规谏，多见纳用。秉性不饮酒，尝从容言曰：“我有三不惑，酒、色、财也。”

【译文】

杨震的二儿子杨秉，字叔节，汉桓帝延熹五年，任太尉。这时侯官官正得势。中常侍侯览的弟弟侯参，任益州刺史，多有贪污罪行，为害一州。杨秉向皇上检举侯参的罪行，用槛车把参送往廷尉府，侯参自杀。杨秉因而参奏侯览和中常侍具瑗，导致侯览被免官，具瑗被削夺封国。每逢朝廷有过失，他常尽忠规谏，多被采纳。杨秉不饮酒，曾经很从容地说：“我有三不惑，就是不被酒、色、财所迷惑。”

秉子赐，字伯献。为司徒。坐辟党人免。复拜光禄大夫。光和元年，有虹霓昼降于嘉德殿前。帝恶之，引赐入金商门，使中常侍曹节、王甫，问以祥异祸福所在。赐仰天而叹，谓节等曰：“吾每读《张禹传》，未尝不愤恚叹息，既不能竭忠尽情，极言其要，而反留意少子、乞还女婿，至令朱游欲得尚方斩马剑以治之，固其宜也。吾以微薄之学，充师傅之末，累世见宠，无以报国，猥当大问，死而后已。”

乃手书对曰：“臣闻之经传，或得神以昌，或得神以亡。国家休明，则鉴其德；邪辟昏乱，则视其祸。今殿前之气，应为虹霓，皆妖邪所生，不正之象，诗人所谓‘蝃蝀’者也。今内多嬖幸，外任小臣，上下并怨，喧哗盈路，是以灾异屡见，前后丁宁。今复投霓，可谓孰矣。《易》曰：‘天垂象，见吉凶，圣人则之。’今妾媵、嬖人、阉尹之徒，共专国朝，欺罔日月。又鸿都门下，招会群小，造作赋说，以虫篆小技，见宠于时，如讙兜、共工，更相荐说，旬月之间，并各拔擢。乐松处常伯，任芝居纳言，郄俭、梁鹄以便辟之性、佞辩之心，各受丰爵不次之宠。而令搢绅之徒，委伏畎亩，口诵尧舜之言，身蹈绝俗之行，弃捐沟壑，不见逮及。冠履倒易，陵谷代处，从小人之邪意，顺无知之私欲，不念《板》《荡》之作、‘虺蜴’之诫。殆哉之危，莫过于今。幸赖皇天垂象谴告。《周书》曰：‘天子见怪则修德，诸侯见怪则修政。’惟陛下慎经典之诫，图变复之道，斥远佞巧之臣，速征鹤鸣之士，内亲张仲，外任山甫，断绝尺一，抑止盘游，留思庶政，无敢怠遑。冀上天还威，众变可弭。老臣过受师傅之任，数蒙宠异之恩，岂敢爱惜垂没之年，而不尽其慺慺之心哉！”

【译文】

杨秉的儿子杨赐，字伯献，任司徒官，曾因犯征召党人之罪过被免职，后又拜为光禄大夫。灵帝光和元年，发生虹霓现象，白天降到嘉德殿前。灵帝对这种现象很讨厌，招杨赐进金商门，让中常侍曹节、王甫问祥异祸福的来由。杨赐仰天而叹，向曹节等说：“我每次读《张禹传》，未尝不愤恨叹息。张禹既不能竭尽忠诚，极力陈说治乱之要，反而只关心他的小儿子的前途，并乞求成帝调回他在远地的女婿，以至使朱游想得到尚方宝剑来治他的罪，这的确是适宜的。我以微薄的才学，充当皇帝老师，累世被宠爱，没有能报效国家。承蒙皇上垂问，只有死而后已。”

于是写奏书回答说：“臣从经传上晓得，有人因见到异象而昌盛，有人因见到异象而败亡。国家政治清明，则可从此看出其仁德；国家混乱，则可从中看出其祸患。现在殿前的气象，表现为虹霓，这都是妖邪所形成的，是一种不正常的现象，是诗人所说的讥讽人君淫佚的征象啊。当今朝内多是皇上宠爱狎昵之人，朝外则信任宫中执役的宦官，上下都在怨恨，路人纷纷议论，所以灾异多次发生，前后告诫。现在又出现虹霓，可以说已是惯常之事了。《易经》云：‘上天以各种征兆垂示，使人们看出吉凶来，圣人便遵照天意来行事。’现在妾媵、嬖人、阉尹一类人，共专朝政，欺骗蒙蔽帝后。又在鸿都门下，招集一些小人，造谣说谎，用虫篆小技受宠于当时，像古代的驩兜、共工等坏人一样，又互相推荐，经过十天半月就一并得到提拔。乐松做了常伯，任芝官居纳言，郗俭、梁鹄都以便辟不正之性、佞幸强辩之心，各自受到超出常规的丰爵之宠，而让儒者、士大夫委屈田间，口里念着尧舜的言辞，身有超出世俗的行为，遗弃于沟壑之中，不被朝廷任用。鞋帽倒置，陵谷变位，听从小人的邪意，顺从无知者的私欲，不思虑《诗经》中《板》《荡》之作的意义和《诗经·小雅·正月》中以“虺蜴”（毒虫）比喻恶人的告诫。形势危险，再没有像今天这么严重的。幸亏皇天降下谴责警告的征象。《周书》上说：‘天子看到怪异现象就修养德行，诸侯看到怪异现象就整顿政务。’希望陛下慎重对待经典上的告诫，想想挽救过失、恢复国力的办法，退斥佞巧的臣子，赶快征召有声望的鹤鸣之士（指未出仕而德才兼备、极有名声的人），朝内亲近像张仲那样的孝友之人，朝外任用像仲山甫那样的贤臣，断绝不当的诏书，抑制游乐，留心政务，不敢懈怠，以希上天收回其威怒，各种怪异现象就可以消弭。老臣惭愧承担师傅的重任，多次受到宠异之恩，岂敢爱惜垂暮之年，而不尽我勤恳的心意呢！”

张皓，字叔明，犍为人也。子纲，字文纪，为侍御史。时顺帝委纵宦官，有识危心。纲常感激，慨然叹曰：“秽恶满朝，不能奋身出命，扫国家之难，虽生吾不愿也。”退而上书曰：“《诗》云：‘不愆不忘，率由旧章。’寻大汉初隆，及中兴之世，文、明二帝，德化尤盛。观其治为，易循易见，但恭俭守节、约身尚德而已。中官常侍，不过两人，近幸赏赐，裁满数金，惜费重民，故家给人足。而顷者以来，不遵旧典，无功小人，皆有官爵，富之骄之，而复害之，非爱民重器、承天顺道者也。伏愿陛下割损左右，以奉天心。”书奏，不省。

【译文】

张皓，字叔明，犍为郡人。其子张纲，字文纪，为侍御史。当时汉顺帝信任纵恿宦官，有卓识远见的人感到忧心。张纲时常激忿，慨然叹息地说：“秽恶满朝，不能奋身拼命，扫除国家的危难，虽能苟且而活，我也是不愿意的。”退而上书说：“《诗经》上说：‘不失误、不忘祖，一切都遵循旧的规章。’重温大汉开始兴隆和中兴的时代，文帝和明帝时德教尤为兴盛。看那时的政治，容易遵循、容易理解，不过是恭俭守节、约身尚德罢了。中官常侍（指宦官）不超过两人，对近幸的赏赐顶多不过数金，珍惜费用、重视百姓，因而老百姓家给人足。可是近年以来，不遵循旧日法典，没有功劳的小人都有官爵，使之富贵，使之骄纵，更是害了他们，这不是爱民重国、承天顺道的做法啊。乞望陛下削减左右之人，以报答天心。”奏书呈上，皇上不予理睬。

汉安元年，选遣八使，巡行风俗，皆耆儒知名，多历显位，唯纲年少，官次最微。余人受命之部，而纲独埋其车轮于洛阳都亭，曰：“豺狼当路，安问狐狸！”遂奏曰：“大将军冀、河南尹不疑，蒙外戚之援，荷国厚恩，以刍荛之资，居阿衡之任，不能敬敷扬五教，翼赞日月，而专为封豕长蛇，肆其贪叨，甘心好货，纵恣无底，多树谄谀，以害忠良。诚天威所不赦，大辟所宜加也。谨条其无君之心十五事，斯皆臣子所以切齿者也。”书奏御，京师震竦。时冀妹为皇后，内宠方盛，诸梁姻族满朝，帝虽知纲言直，终不忍用。

【译文】

顺帝汉安元年，朝廷选派八位使者巡行考查风俗，这些人都是宿儒知名之士，大多历任显要职位，只有张纲年轻，官阶最低。其他的人接受使命后都到部视事，只有张纲独自把他的车轮埋在了洛阳都亭，说："豺狼当道，还用问狐狸？"遂即上奏说："大将军梁冀、河南尹梁不疑，蒙外戚的关系，蒙受朝廷厚恩，以砍柴割草一般的资历，居主持国政的要职，不能够发扬五教，辅赞帝后，却专门搞封豕长蛇的贪暴坏事，肆恣贪欲，甘心好货，横行无底，多安插谄媚他们的人，来陷害忠良。这的确是天恩所不赦，应该处以杀头的人啊。谨列出他们目无君王的十五件事，这些都是为人臣的感到切齿痛恨的事啊。"

这封上疏奏给皇帝，京师为之震动。当时梁冀的妹妹是皇后，内宠正盛，诸梁姻族满朝，皇上虽然知道张纲言论正直，但终不忍心依其言而行。

时广陵贼张婴等众数万人，杀刺史、二千石，寇乱扬、徐间，积十余年，朝廷不能讨。冀乃讽尚书，以纲为广陵太守，因欲以事中之。前遣郡守，率多求兵马，纲独请单车之职。

既到，乃将吏卒十余人，径造婴垒，申示国恩。婴初大惊，既见纲诚信，乃出拜谒。纲延置上坐，问所疾苦。乃譬之曰："前后二千石，多肆贪暴，故致公等怀愤相聚。二千石信有罪矣，然为之者又非义也。今主上仁圣，欲以文德服叛，故遣太守，思以爵禄相荣，不愿以刑罚相加，今诚转祸为福之时也。若闻义不服，天子赫然震怒，荆、扬、兖、豫大兵云合，岂不危乎？若不料强弱，非明也；弃善取恶，非智也；去顺效逆，非忠也；身绝血嗣，非孝也；背正从邪，非直也；见义不为，非勇也。六者成败之几，利害所从，公其深计之。"

【译文】

当时广陵贼张婴等，聚众有数万人，杀死刺史和二千石（郡守），扰乱扬州、徐州一带，时间长达十多年，朝廷也不能平定他们。梁冀于是暗示尚书，让张纲做广陵太守，想借此来收拾他。以前派去的郡守，大多要求朝廷拔给兵马，只有张纲请单车到职。

张纲既到任，仅仅带了吏卒十多个人，直接到张婴的军营中去，说明国家的恩典。张婴开始大为吃惊，但看到张纲心怀诚信，于是出来拜见。张纲请张婴上坐，问他有什么疾苦，并劝导他说："前后的二千石大多骄纵贪暴，所以导致你们怀着愤怒之情聚众闹事。二千石确是有罪的，然而因此而闹事又不是义举。当今圣上仁德，想用文德使叛者归服，所以派遣太守，打算用封赏爵禄来让你荣耀，不希望以刑罚相加，当今确实是转祸为福的时候了。如果你们听到了道义之言而不服从，天子赫然震怒，调集荆、扬、兖、豫的大兵前来，岂不危险了吗？你不权衡一下强弱，是不聪明的；弃善取恶，是不明智的；去顺效逆，是不忠诚的；断绝后嗣，是不孝顺的；背正从邪，是不正直的；见义不为，是没勇气的。这六者是成败的关键，从利还是从害，你应该好好考虑一下。"

婴闻之泣下，曰："荒裔愚民，不能自通朝廷，不堪侵枉，遂复相聚偷生，若鱼游釜中，喘息须臾间耳。今闻明府之言，乃婴等更生之晨也。既自陷不义，实恐投兵之日，不免孥戮。"纲约之以天地，誓之以日月，婴深感悟，乃辞还营。明日将所部万余人，与妻子面缚归降。纲乃单车入婴垒，大会，置酒为乐，散遣部众，任从所之，亲为卜居宅、相田畴，子弟欲为吏者，皆引召之。民情悦服，南州晏然。朝廷论功当封，梁冀遏绝，乃止。天子嘉美，欲擢用纲，而婴等上书乞留，乃许之。纲在郡一年卒。百姓老幼相携诣府，赴哀者不可胜数。纲自被疾，吏民咸为祠祀求福，皆言：千秋万岁，何时复见此君。张婴等五百余人，制服行丧，送到犍为，负土成坟。诏拜纲子续为郎中，赐钱百万。

【译文】

张婴听了这一席话，流了泪，说："荒远的愚民，不能自通朝廷，受不了侵害枉屈，于是就聚众偷生，这正好像是鱼游在锅中，不过喘息一时罢了。今天听了您的话，这才是我张婴等重新做人的机会啊。自己既已陷于不义，实在恐怕投降之后，免不了要连家小都被杀戮。”张纲指着天地结盟，对着日月发誓。张婴深为感动，乃拜辞回营。第二天带领所部一万多人，和妻儿一起绑缚归降。张纲遂单车进入张婴的军营，和大家相会，置酒为乐，散遣部众，任他们去留，还亲自为张婴划定庄宅、勘定田地，其子弟愿意为官吏的，都引荐他们。广陵人民为此心悦诚服，南方得以平定。朝廷论功当封张纲，而梁冀从中阻绝，遂没有封赏。天子嘉奖，打算提升张纲，而张婴等上书请求留任在广陵，朝廷同意了这个请求。张纲在广陵郡任职一年就逝世了。百姓们老幼相携到府衙，悼念的人不可计数。张纲从生病时，吏民都为他祭神求福，都说：千秋万岁，什么时候才能再见像这位太守一样的人。张婴等五百多人，穿丧服送到犍为，背土筑坟。诏拜张纲的儿子张续为郎中，赐钱百万。

种皓，字景伯，河南人也。举孝廉。顺帝（旧无顺帝二字，补之）擢皓，监太子于承光宫。中常侍高梵从中单驾出迎太子，时太傅杜乔等疑不欲从，惶惑不知所为。皓乃手剑当车，曰：“太子国之储副，民命所系。今常侍来无诏信，何以知非奸邪？今日有死而已。”梵辞屈，驰命奏之。诏报，太子乃得去。乔退而叹息，愧皓临事不惑。帝亦嘉其持重，称善者良久。出为益州刺史，宣恩远夷，开晓殊俗，岷山杂落，皆怀服汉德焉。

【译文】

种皓，字景伯，河南郡人。被举荐为孝廉。顺帝提拔他，让他在承光宫监护太子。中常侍高梵从宫中以单套车来接太子，当时太傅杜乔等迟疑不想跟从，惶惶然不知该怎么办。种皓于是手执宝剑把车挡住，说：“太子是国家未来的君主，关系百姓的命运。今天常侍来宫，没有皇上的诏书作为凭证，怎能知道这不是假冒作伪呢？今日我只有一死罢了。”高梵无话答对，速去奏知皇上。诏命回报，太子才得以出宫而去。杜乔退出后叹息不已，惭愧不如种皓临事不马虎的认真精神。顺帝也嘉奖种皓持重，称赞不已。后任命他为益州刺史。种皓到边远的部落宣扬皇恩，开导教育不相同的民俗风情，岷山一带的异族部落，从此都感怀和敬服汉朝的仁德。

刘陶，字子奇，一名伟，颍川人也。时大将军梁冀专朝，而桓帝无子，连岁荒饥，灾异数见，陶时游大学，乃上疏陈事曰："臣闻人非天地无以为生，天地非人无以为灵。是故帝非民不立，民非帝不宁。夫天之与帝，帝之与民，犹头之与足，相须而行也。伏惟陛下袭常存之庆，循不易之制，目不视鸣条之事，耳不闻檀车之声，天灾不有痛于肌肤，震食不即损于圣体，故蔑三光之谬，轻上天之怒。伏念高祖之起，始自布衣，合散扶伤，克成帝业，功既显矣，勤亦至矣。流福遗祚，至于陛下。陛下既不能增明烈考之轨，而忽高祖之勤，妄假利器，委授国柄，使群丑刑隶，芟刈小民，雕敝诸夏，虐流远近，故天降众异，以戒陛下。陛下不悟，而竞令虎豹窟于麑场，豺狼乳于春囿，斯岂唐咨禹稷、益典朕虞之意哉！又今牧守长吏，上下交竞，封豕长蛇，蚕食天下，货殖者为穷冤之魂，贫馁者作饥寒之鬼，高门获东观之辜，丰室罗妖叛之罪，死者悲于窀穸，生者戚于朝野。是愚臣所为咨嗟长怀叹息者也。且秦之将亡，正谏者诛，谀进者赏，嘉言结于忠舌，国命出于谗口，擅阎乐于咸阳，授赵高以车府，权去己而不知，威离身而弗顾。古今一揆，成败同势。愿陛下远览强秦之倾，近察哀、平之变，得失昭然，祸福可见。臣敢吐不时之议于讳言之朝，犹冰霜见日，必至消灭。臣始悲天下之可悲，今天下亦悲臣之愚惑也。"书奏，不省。

【译文】

刘陶，字子奇，又名伟，颍川郡人。当时大将军梁冀在朝专权，而桓帝没有儿子，连年饥荒，灾异现象多次发生。刘陶这时正在太学读书，于是上疏叙事说："臣闻人离开天地就没法生存，天地如果没有人也就不能显示它的神灵。所以帝王没有人民就无法存在，人民没有皇帝就不能安宁。这样天和帝、帝和民，犹如头和足一样，是相互依靠而行动的。我想到陛下享受常存的福泽，遵循不变的制度，眼不见交战之事，耳不听兵车之声，天灾不能使肌肤疼痛，地震日蚀不损害到圣体，所以就蔑视日月星三光的错乱现象，轻看上天的恼怒。想到汉高祖的兴起，也是从一介平民开始，召集那些已散去的六国之众，扶助被暴政伤害过的人，终于成就帝王之业。这功劳是显著的，勤劳也到极致了。流传下来的福泽和基业，延及陛下。陛下既不能弘扬祖上的遗轨，又忽视了高祖的勤恳，执掌皇权，委授国柄，让群臣刑吏危害小民，使国家凋敝，远近受到暴虐流毒，所以上天降下许多灾异来警戒陛下。陛下不觉悟，而竟相让虎豹在鹿场打洞穴居，任豺狼春日在花园养子，这难道是唐尧征询禹、稷，伯益办理君主政务的传统吗？再者，当今州牧郡守这些大官，上下交征，如同野猪巨蟒一样蚕食天下，拥有财货的人成为穷鬼冤魂，贫困饥饿的人成饥寒而死的鬼魂，高门大第人家遭受无辜之诛，丰室富家蒙受妖叛之罪，死了的在坟墓悲痛，活着的在朝野哀戚。这些都是愚臣所以咨嗟长悼叹息的事啊！秦朝将要灭亡，正言谏诤者被杀，阿谀奉承的受赏，好话凝结于忠臣的舌头不敢说出，国家的命运系于谗者的口中，让阎乐在咸阳专权，授赵高为车府令，权柄已失而还浑然不知，威已离身而还没有看到。古今都是同样的道理，成败也是一样的形势。希望陛下远看强大的秦朝的倾覆，近察哀帝、平帝的政变，得与失就昭然若揭，祸或福就能看得清楚。臣敢于在不敢妄言的朝廷说出不合时宜的言论，如同冰霜见到日光，必然会立即消失。臣开始时悲天下可悲之事，现在天下人也该为臣的愚昧无知而悲哀了。”奏书呈上，不予理睬。

是时天下日危，寇贼方炽，陶复上疏曰：“臣闻事之急者不能安言，心之痛者不能缓声。窃见天下前遇张角之乱，后遭边章之寇，每闻羽书告急之声，心灼内热，四体惊竦。今西羌逆类，晓习战阵，变诈万端，军吏士民，悲愁相守，人有百走退死之心，而无一前斗生之计。西羌侵前，去营咫尺，胡骑分布，已至诸陵。将军张温，天性精勇，而主者旦夕迫促，军无后殿，假令失利，其败不救。臣自知言数见厌，而言不自裁者，以为国安则臣蒙其庆，国危则臣亦先亡也。谨复陈当今要急八事，乞须臾之间，深垂纳省。”

其八事，大较言大乱皆由宦官。宦官事急，共谗陶曰：“前张角事发，诏书示以威恩，自此以来，各各改悔。今者四方安静，而陶疾害圣政，专言妖孽。州郡不上，陶何缘知？疑陶与贼通情。”于是收陶下狱，掠治日急。陶自知必死，对使者曰：“朝廷前封臣云何？今反受邪谮。恨不与伊、吕同畴，而以三仁为辈。”遂闭气而死，天下莫不痛之。

【译文】

这时候天下一天天危困，贼寇一天天厉害，刘陶又上疏说：“臣闻事情紧急了就不能从容地说话，身心感到痛苦就不能和缓地出声。我看到天下以前遭遇张角的叛乱，后来又遭遇边章这样的贼寇，每次听到羽书告急之声，内心灼热，四体惊悚。现在西羌的反叛者，通晓熟习战阵之法，变化欺诈的花样很多，军吏士民在一起悲愁相守，人人都怀着后退怕死的思想，而没有奋勇向前求生的计虑。西羌在前边侵扰，离营寨近在咫尺，匈奴的骑兵分布，已到达诸帝的陵墓。将军张温，秉性精勇，而主帅早晚催促他，但军无后盾，假使失利，他将败阵而得不到救援。臣自己知道多次上书言事被讨厌，可是我仍然要谏言而不能缄口的原因，是认为国家安定了，臣就能蒙受福泽，国家危亡了，臣也就先灭亡了。谨再陈当今紧要的八件事，乞请在不长的时间，深蒙纳省。”

刘陶所说的八件事，大多指国家的大乱都来自宦官。宦官感到事情危急，一起谗害刘陶说：“以前张角的事情发生，诏书示以恩威，从此以后，各已悔改。而今四方安静，而刘陶嫉害圣上的政务，专门说妖孽一类的坏话。州郡没有上报，刘陶从何处得知这些事情？刘陶有和贼人勾结的嫌疑。”于是收捕刘陶，投入监狱，拷问一天比一天厉害。刘陶自知必死，就对使者说：“朝廷以前封臣有什么用处，今日反蒙受奸邪的诬陷。只恨我不能与伊尹、吕尚同列，而却和微子、箕子和比干三仁做伙伴了。”遂闭气而死，天下没有人不痛惜他的。

李云，字行祖，甘陵人也。举孝廉，迁白马令。桓帝诛大将军梁冀，而中常侍单超等五人，皆以诛冀功，并封列侯，专权选举。又立掖庭人女亳氏为皇后，数月间，后家封者四人，赏赐巨万。是时地数震裂，众灾频降。云素刚，忧国将危，心不能忍，乃露布上书，移副三府，曰："臣闻皇后天下之母，德配坤灵。得其人，则五氏来备；不得其人，则地动摇宫。比年灾异，可谓多矣；皇天下之戒，可谓至矣。举厝至重，不可不慎；班功行赏，宜应其实。梁冀虽持权专擅，虐流天下，今以罪行诛，犹召家臣扼杀之耳。而猥封谋臣万户以上，高祖闻之得无见非？西北列将，得无解体耶？孔子曰：'帝者，谛也。'今官位错乱，小人谄进，财货公行，政治日损，尺一拜用，不经御省。是帝欲不谛乎？"

【译文】

李云，字行祖，甘陵人。被举荐为孝廉，升迁白马县令。桓帝诛杀了大将军梁冀，而中常侍单超等五人，都因诛冀有功，一起被封为列侯，在选举官员方面专权。又立掖庭人女儿亳氏为皇后，几个月之间，皇后家族封侯的有四人，赏赐巨万。这时候多次发生地震，灾害频繁出现。李云平素秉性刚直，忧心国家将要危亡，心不能忍，于是公开上书，并将副本移交三府，书中说："臣闻皇后乃是天下之母，德行配于坤灵，得嘉后，则风、雨、阳、寒、燠五种自然现象都很调和；不能得到好人，就会地动震撼宫廷。近年来的灾异可以说是很多了，皇天的告诫可以说很厉害了，应予采取的措施至为重要，不能不慎重。论功行赏，应该根据实际情况。梁冀尽管掌权专擅，流毒天下，而今已按罪处死，还把他的家臣召来全部斩杀。但滥封谋臣达万户以上，要是让当年汉高祖听了，能不被指责吗？西北的皇甫规、段颎等将领能不人心涣散吗？孔子说：'帝，就是仔细的意思。'当今官位错乱，小人谄进，贿赂公行，政治一天天败坏，诏书拜用人臣不经皇帝省览。难道这是皇上不想明察吗？"

帝得奏震怒，下有司逮云送狱，使中常侍管霸与御史廷尉杂考之。时弘农五官掾杜众，伤云以忠谏获罪，上书愿与云同日死。帝愈怒，遂并下廷尉。大鸿胪陈蕃上疏救云曰：“李云所言，虽不识禁忌，干上逆旨，其意归于忠国而已。昔高祖忍周昌不讳之谏，成帝赦朱云腰领之诛。今杀云，臣恐剖心之讥，复议于世矣。故敢触龙鳞，冒昧以请。”太常杨秉、洛阳市长沐茂、郎中上官资，并上疏请云。帝恚甚，有司皆奏以为大不敬。诏切责蕃、秉，免归田里，茂、资贬秩二等。云、众皆死狱中。

【译文】

桓帝见到奏书震怒，下诏让有司逮捕了李云并投送狱中，派中常侍管霸和御史廷尉一起拷问他。当时弘农五官掾杜众，痛惜李云因忠谏获罪，上书请求和李云同一天死去。桓帝越发恼怒，遂一起送杜众下廷尉治问。大鸿胪陈蕃上疏搭救李云说：“李云所谏诤的话，虽然不知道禁忌，犯上违逆了圣意，但他的用心可算是忠于国家。昔日高祖容忍周昌不知忌讳的谏诤，成帝赦免朱云腰斩的重罪。如今要杀李云，臣恐怕剖忠臣比干之心的讥讽，又会成为今世论者的话题了。所以敢犯触龙鳞之罪，冒死来乞请。”太常杨秉、洛阳市长沐茂、郎中上官资一同上疏请赦李云之罪。桓帝更加愤恨，有司都上奏认为这些人是大不敬。下诏严责陈蕃、杨秉，将二人免官送回乡里，沐茂、上资降俸禄两级。李云和杜众都死在监狱中。

刘瑜，字季节，广陵人也。举贤良方正。及到京师，上书陈事曰：“臣在下土，听闻歌谣，骄臣虐政之事，远近呼嗟之音，窃为辛楚，泣血连如。诚愿陛下且以须臾之虑，览今往之事。民何为咨嗟？天曷为动变邪？盖诸侯之位，上法四七，关之盛衰者也。今中官邪孽，比肩裂土，皆竞立胤嗣，继体传爵，或乞子疏属，或买儿市道，殆乖开国承家之义。古者天子，一娶九女，娣侄有序。今女嬖令色，充积闺帷，皆当盛其玩饰，穴食空宫，劳散精神，生长六疾。此国之费也、性之伤也。且天地之性，阴阳正纪，隔绝其道，则水旱为灾。又常侍、黄门，亦广妻娶，怨毒之气，结成妖眚。行路之人言，官发略人女，取而复置，转相惊惧。孰不悉然，无缘空生此谤也？邹衍匹夫，杞氏匹妇，尚有城崩霜陨之异，况乃群辈咨嗟，能无感乎！昔秦作阿房，国多刑人。今第舍增多，穷极奇巧，堀山攻石，不避时令。促以严刑，威以峻法，民无罪而覆入之，民有田而覆夺之。民愁郁结，起入贼党，官辄兴兵，诛讨其罪。贫困之民，或有卖其首级，以要酬赏。父兄相伐残身，妻孥相视分裂。穷之如彼，伐之如此，岂不痛哉！又陛下以北辰之尊、神器之宝，而微行近习之家，私幸宦官之舍。宾客市买，熏灼道路，因此暴纵，无所不容。今三公在位，皆博达道艺，而莫或匡益者，非不智也，畏死罚也。惟陛下设置七臣，以广谏道，远佞邪之人，放郑卫之声，则治致和平，德感祥风矣。”于是特诏召瑜，拜为议郎。

【译文】

刘瑜，字季节，广陵郡人。被举为贤良方正。等他到了京师，上书陈事说：“臣在民间，听到歌谣，言骄臣虐政之事，远近嗟叹之音，私下感到痛苦难过，血泪如雨。诚恳希望陛下能抽暇少劳神思，考察今昔的政事。老百姓为什么嗟叹？上天因何事会有灾变？那是诸侯的官位，上应二十八宿，关系着国家的盛衰啊。现在宦官邪孽，与分封土地的诸侯地位等同，都在竞相立继承人，以继承他们的爵位，有的把远房亲属作为儿子，有的在市上买儿，实在背离了开国立家的道义。古代的天子，一人娶九个女人，姊妹子侄辈数有序。当今被宠幸的女色，充满闺帷，都享受优厚的玩饰，在内宫吃闲饭，劳散帝王精神，生出各种疾病。这是国家的浪费、生理的伤害啊。再者天地的本性，阴阳配合，如果违反了正道，就会发生水患的灾异。还有常侍、黄门等宦官，也大量娶妻，怨毒的氛围，形成灾祸。行路之人说，官家强掠民间女子，娶了一个再娶一个，相互惊惧。有谁不知道这一情况而去无缘无故地生出这种毁谤呢？当日邹衍是个平民，杞梁是个匹妇，他们含冤，还有长城崩竭、五月降霜的灾异，何况这么多人怨恨叹息，能不感动天地吗？昔日秦修阿房宫，国内很多人受到刑罚。现在官家府第增多，穷极奇巧，劈山取石，不避时令。用严刑逼迫，用峻法威逼，老百姓无罪而蒙冤，有田地被强夺去。民愁郁结，起而为盗，官府动辄兴兵，讨伐其罪。贫困的人，有人出卖自己的首级，来请求满足酬赏，父兄相伐残害身子，妻子儿女眼睁睁地分离。穷迫到如此地步，攻伐到这样境地，难道说还不值得悲痛吗？又陛下以北辰之尊、国家神器之宝，而微服出行于亲近狎昵者之家，私幸于宦官之舍。宾客出入于市廛，气焰嚣张于道路，因此横行霸道，无所不为。当今三公在位，都是博通道艺的人，但是没有人敢于纠正这些不正之风，不是他们没有智能，而是惧怕死刑临头。只有陛下设置诤臣七人，以广开谏诤言路，远离佞邪之人，撤销郑卫淫乱之声，那样就可政治和平，使人们感到祥和的风气了。”于是特诏刘瑜，官拜议郎。

虞诩，字升卿，陈国人也。永建元年，为司隶校尉。时中常侍张防，特用权势，每请托受取，诩辄案之，而屡侵不报。诩不胜其愤，乃自系廷尉，奏言曰：“昔孝安皇帝，任用樊丰，遂交乱嫡统，几亡社稷。今者张防复弄威柄，国家之祸，将重至矣。臣不忍与防同朝，谨自系以闻，无令臣袭杨震之迹。”书奏，防流涕诉帝，诩坐论输左校。防必欲害之，二日之中，传考四狱。宦者孙程等，知诩以忠获罪，乃相率奏曰：“陛下始与臣等造事之时，常疾奸臣，知其倾国。今者即位，而复自为，何以非先帝乎？司隶校尉虞诩，为陛下尽忠，而更被拘系；常侍张防，臧罪明正，反构忠良。今客星守羽林，其占宫中有（旧无有字，补之）奸臣。宜急收防送狱，以塞天变。”防坐徙边，即日赦出诩。拜议郎，迁尚书仆射。

先是宁阳主簿诣阙，诉其县令之枉，积六七岁不省。主簿乃上书曰：“臣为陛下子，陛下为臣父。臣章百上，终不见省，臣岂可北诣单于以告怨乎？”帝大怒，持章示尚书，尚书遂劾以大逆。诩驳曰：“主簿所讼，乃君父之怨；百上不达，是有司之过。愚蠢之民，不足多诛。”帝纳诩言，笞之而已。诩好刺举，无所回容，数忤权戚，遂九见谴考，三遭刑罚，而刚正之性，终老不屈。迁尚书令。

【译文】

虞诩，字升卿，陈国人。顺帝永建元年为司隶校尉。当时中常侍张防，特别有权势，每向人请托和收受贿赂，虞诩常予以查办上奏，可是多被搁置不上报。虞诩不胜其愤怒，于是就自行捆缚到廷尉跟前，奏言说：“往日孝安皇帝任用樊丰，遂祸乱了嫡亲统系，几乎使社稷败亡。现在张防又在耍弄权柄，国家的祸患将又重复而来了。臣不愿和张防同立朝廷，谨捆缚自己上奏，不要让臣重蹈杨震的旧辙。”书奏，张防流泪向顺帝哭诉，虞诩因此受罚任左校。张防决意要害死他，两天之内，传审了四次。宦官孙程等，知道虞诩因忠言获罪，于是相继上奏说：“陛下开始和臣等论事的时候，经常嫉恨奸臣，知道他们能倾覆国家。现在即位，而却自己做倾覆国家之事，凭什么说先帝的不是呢？司隶校尉虞诩，为陛下尽忠，却多次被拘系；常侍张防的贪赃罪很明显，反而构陷忠良。现在客星守在羽林星旁，这种星象正表明宫中有奸臣。应该赶紧捕张防投入监狱，以改变天象的变异。”张防因此被判罪流放边地，当日即赦出虞诩。任虞为议郎，升迁为尚书仆射。

在此以前，有个宁阳县主簿到宫门，陈诉他们县令的冤枉，被搁置了六七年而得不到理睬。主簿于是上书说：“臣是陛下的子民，陛下是臣的君父。臣的奏章百次上奏，结果到底不见理睬，臣难道要到北方去朝见匈奴的单于来告诉怨恨吗？”顺帝大怒，拿主簿的这一奏章让尚书看，尚书遂即劾主簿以大逆不道罪。虞诩驳回说：“主簿所讼的，是君父的怨恨，百上而不达，是主管官员之过。愚蠢之民，是不能够杀尽的。”皇帝采纳了虞诩的话，对主簿打了顿板子就算完事了。虞诩爱刺劾检举，无所回避和包容，屡次忤逆了权威，遂九次受到责谴考问，三次遭受刑罚，但是他刚正的秉性，到老还是不屈服。被升迁为尚书令。

傅燮，字南容，北地人也。为护军司马，与左中郎皇甫嵩，俱讨贼张角。燮素疾中官，既行，因上疏曰："臣闻天下之祸，不由于外，皆兴于内。是故虞舜升朝，先除四凶，然后用十六相，明恶人不去，则善人无由进者。今张角起于赵、魏，黄巾乱于六州。此皆衅发萧墙，而祸延四海也（也旧作者，改之）。臣受戎任，奉辞伐罪，始到颍川，战无不克。黄巾虽盛，不足为庙堂忧也。臣之所惧，在于治水不自（自原作息）其源，末流弥增其广耳。陛下仁德宽容，多所不忍，故阉竖擅权，忠臣不进。诚使张角枭夷，黄巾变服，臣之所忧，愈益深耳。何者？夫邪正之人，不宜共国，亦犹冰炭不可同器。彼知正人之功显，而危亡之兆见，皆将巧辞饰说，共长虚伪。夫孝子疑于屡至，市虎成于三夫。若不详察真伪，忠臣将复有杜邮之戮矣。陛下宜思虞舜四罪之举，速行谗佞放殛之诛，则善人思进，奸凶自去矣。臣闻忠臣之事君，犹孝子之事父也。子之事父，焉得不尽其情？使臣身备铁钺之戮，陛下少用其言，国之福也。"书奏，宦者赵忠见而忿恶。及破张角，燮功多当封，忠诉谮之，竟亦不封，以为安定都尉。

【译文】

傅燮，字南容，北地郡人。为护军司马，与左中郎皇甫嵩，一起讨伐贼人张角。傅燮平日痛恨宦官，将出征时，趁机上疏说："臣闻天下的祸乱不是从朝廷之外发生，都是兴起在朝内。所以虞舜升朝，先除掉四凶，然后任用十六相，表明坏人不离开，那好人就无路可进。现在张角起于赵、魏、黄巾作乱于六州。这都是由于萧墙之内挑起的事端，而使得祸乱延伸到四海的。臣受军职，奉命伐罪，开始到颍川，战无不克。黄巾尽管势力强盛，是不值得为朝廷忧虑的。臣所担心的，在于治水不从源头着手，那下游就会增加更大的麻烦了。陛下仁德宽容，许多事情不忍心去做，所以使得宦官擅权，忠臣不进。就是真的把张角杀了，让黄巾归服，而臣的担忧，越是加深了。为什么这样说呢？那是邪恶和正义的人不宜在朝共事，这也好比冰炭不能同炉一样。那些邪恶的人晓得正直的人的功劳显著，而危亡征兆已开始露头，于是都以巧饰之言来捏造一些不实之辞。曾子这样的孝子，也会因别人的多次诽谤而被母亲怀疑；街市上本无老虎，如果有三个人谎称有老虎，人们就会相信街市上真的有老虎。如果不能详细察看其真伪，忠臣将又有像白起自杀于杜邮的事啊。陛下应该想到虞舜有放逐四凶的做法，赶快把谗佞之辈放逐诛杀，那么好人思进，奸凶自息。臣闻忠臣事君，犹如孝子事父一样。儿子孝顺父亲，哪有不尽其情的？让臣身受鈇钺的杀戮，陛下稍稍用我的这番话，这就是国家的福气啊。”表章奏上，宦官赵忠看后非常忿怒。等破了张角，傅燮的功劳大，应当受封，赵忠却进谗言说他的坏话，最终未能封赏，让傅燮做了安定都尉。

顷之，赵忠为车骑将军，诏忠论讨黄巾之功，执金吾甄举等谓忠曰：“傅南容前在东军，有功不侯，故天下失望。今将军当重任，宜进贤理屈，以副众心。”忠遣弟延致殷勤，延谓燮曰：“南容少答我常侍，万户侯不足得也。”燮正色拒之曰：“遇与不遇，命也；有功不论，时也。傅燮岂求私赏哉！”忠愈怀恨，权贵亦多疾之，是以不得留，出为汉阳太守。

贼围汉阳，城中兵少粮尽，燮犹固守。时北地胡骑数千，随贼攻郡，皆夙怀燮恩，共于城外叩头，求送燮归乡里。子干进曰：“国家昏乱，遂令大人不容于朝。今天下已叛，而兵不足自守，乡里羌胡先被恩德，欲令弃郡而归，愿必许之。”言未终，燮慨然而叹曰：“盖圣达节，次守节。且殷纣之暴，伯夷不食周粟而死。今朝廷不甚殷纣，吾德亦岂绝伯夷？世乱不能养浩然之志，食禄人间，欲避其难乎？吾行何之？”遂麾左右进兵，临阵战殁。谥曰“壮节侯”。

【译文】

过了不久，赵忠做了车骑将军，诏书令赵忠主持论定讨伐黄巾军的功劳，执金吾甄举等人对赵忠说：“傅南容以前在东军中，有功而没有被封侯，故而天下人感到失望。现在将军担当重任，应该进贤下士，以副众望。”赵忠采纳了这一意见，派遣他的兄弟城门校尉赵延向傅燮致意。赵延对傅燮说：“南容如能稍微答谢一下赵常侍，万户侯尚且不值得去当。”傅燮正色拒绝说：“遇得上或遇不上时机，是命运注定的；有功不论赏，那是时势使然啊。我傅燮岂是求私赏的人呢？”赵忠愈加怀恨，权贵们也大多嫉恨傅燮，因此不得留在朝廷，出任为汉阳太守。

后来汉阳被贼围困，城中兵少粮绝，傅燮仍然坚守。当时北方胡骑数千，随贼攻汉阳郡。大家早对傅燮怀恩，共同在城外叩头，要求把傅燮送回到他的家乡去。傅燮的儿子傅干向父亲进言说：“国家昏暗混乱，遂让大人您不容于朝廷。当今天下已反叛，而且兵力不足以自守，乡里羌胡先前受过您的恩德，打算让您弃郡城而回乡里去，希望能答应他们。”话还没有说完，傅燮慨然而叹息说：“古人说，‘圣达节，次守节’。像商纣的暴虐，伯夷不食周粟而死，孔子称他是贤者。现在朝廷还没有比商纣坏，我的德行也岂能比过伯夷？世乱不能养浩然之志，食禄人间，想逃避世乱吗？我怎能到那种地步！”于是指挥左右进兵，临阵而死，谥号“壮节侯”。

盖勋，字元固，敦煌人也。为汉阳长史。时武威太守，倚恃权势，恣行贪横，从事武都苏正和案致其罪。凉州刺史梁鹄，畏惧贵戚，欲杀正和以免其负，乃访之于勋。勋素与正和有仇，乃谏鹄曰：“夫绁食鹰鸢，欲其鸷，鸷而亨之，将何用哉？”鹄从其言。正和喜于得免，而诣勋求谢。勋不见，曰：“吾为梁使君谋，不为苏正和。”怨之如初。

征拜讨虏校尉，灵帝召见，问：“天下何苦，而反乱如此？”勋曰：“幸臣子弟扰之。”时宦者上军校尉蹇硕在坐，帝顾问硕，硕惧，不知所对，而以此恨勋。司隶校尉张温，举勋为京兆尹。帝方欲延接勋，而蹇硕等心惮之，并劝从温奏，遂拜京兆尹。时长安令杨党父为中常侍，恃势贪放，勋案得其臧千余万。贵戚咸为之请，勋不听，具以事闻，并连党父，有诏穷治，威震京师。时小黄门京兆高望，为尚药监，幸于皇太子。太子因蹇硕，属望子进为孝廉，勋不肯用。或曰："皇太子副主，望其所爱，硕帝之宠臣，而子违之，所谓三怨成府者也。"勋曰："选贤所以报国也。非贤不举，死亦何悔！"

董卓废少帝，杀何太后，勋与书曰："昔伊尹、霍光，权以立功，犹可寒心。足下小丑，何以终此？贺者在门，吊者在庐，可不慎哉！"卓得书，意甚惮之。征为议郎。自公卿以下，莫不卑下于卓，唯勋长揖争礼，见者皆为失色。勋虽强直不屈，而内厌于卓，不得意，疽发背卒，遗令勿受卓赙赠。

【译文】

盖勋，字元固，敦煌郡人。为汉阳长史。当时武威太守倚靠权势，恣行贪横，从事武都苏正和审理其罪。梁州刺史梁鹄害怕权贵，想杀死苏正和以免被他连累，于是就询问盖勋。盖勋平日与苏正和有仇，遂向梁鹄建议说："拴住喂养鹰鸢，是想让它凶猛，鹰鸢凶猛了而却煮杀它，那是为了什么呢？"梁鹄听从了盖勋的话。苏正和庆幸自己得免于死，去求见盖勋道谢。盖勋不见他，还说："我是为梁使君筹谋，不是为苏正和打算。"仍和当初一样对苏正和充满仇恨。

盖勋拜官讨虏校尉，灵帝召见，问道："天下有什么苦难，为何这样作乱反叛？"盖勋回答说："这是宠臣的子弟扰乱的结果。"当时宦官上军校尉蹇硕在坐，灵帝问蹇硕，蹇硕害怕了，不知如何对答，而从此恼恨盖勋。司隶校尉张温推举盖勋做京兆尹。灵帝正打算延用盖勋，而蹇硕等心中怕盖勋，都劝帝听从张温奏议，遂拜盖勋为京兆尹。当时长安县令杨党的父亲为中常侍，借势贪婪横行，盖勋查出他所贪赃款千余万。贵戚们都替杨氏求情，盖勋没有听，把杨党的案情如实上报，并牵连到杨党的父亲。皇帝下诏追究此案，因而震动了京师。当时小黄门京兆高望做尚药监，和皇太子要好。皇太子通过蹇硕托嘱，要让高望的儿子高进为孝廉，盖勋不肯用。有人说："皇太子是副主，高望是皇太子所宠爱的人，蹇硕是皇帝的宠臣，而您不讲情面都违背了他们，这真是三怨相聚结啊。"盖勋说："推举贤者为的是报国，不是贤者就不推举，即使因此而死，又有什么后悔的呢？”

董卓废汉少帝，杀了何太后，盖勋给董卓写了一封书信说：“昔日伊尹、霍光，受权立国，犹有令人寒心的地方。足下只不过是个小丑，凭什么能干出这样的事？祝贺的人在门口，而吊丧的人却在屋里，能不谨慎吗？”董卓得到此书，内心非常忌惮盖勋。征他做议郎。自公卿以下，没有人不在董卓跟前卑躬屈膝，唯独盖勋长揖不跪，凡是看到这一情况的人都大惊失色。盖勋虽刚正不阿，然而由于被董卓仇恨，很不得志，因此发背疽而死，遗令家人不要收受董卓的丧葬赠礼。

蔡邕，字伯喈，陈留人也。灵帝时，信任阉竖，灾变数见，天子引咎，诏群臣各陈政要。邕上封事曰：“臣闻古者取士，诸侯岁贡。孝武之世，郡举孝廉，又有贤良文学之选，于是名臣辈出，文武并兴。汉之得人，数路而已。夫书画辞赋，才之小者，匡国理政，未有其能。陛下即位之初，先涉经术，听政余日，观省篇章，聊以游意，当代博奕，非以为教化取士之本也。而诸生竞利，作者鼎沸。其高者，颇引经训风喻之言，下则连偶俗语，有类俳优，或窃成文，虚冒名氏。臣每受诏于盛化门，差次录第，其未及者，亦复随辈，皆见拜擢。既加之恩，难复收改，但守奉禄，于义已弘，不可复使治民及仕州郡。昔孝宣会诸儒于石渠，章帝集学士于白虎。通经释义，其事优大；文武之道，所宜从之。若乃小能小善，虽有可观，孔子以为‘致远则泥’，君子故当志其大者也。”

【译文】

蔡邕，字伯喈，陈留郡人。灵帝时，信任宦官，灾变多次发生，天子引以为过，诏告群臣，让大家各陈政治方面的意见。蔡邕上封事说：“臣闻古代取士，由诸侯每年推举。孝武帝时，郡国推举孝廉，另有贤良、文学的推选，于是名臣辈出，文武并兴。汉王朝能得到人才，仅此几种途径而已。那些善书画辞赋的，是人才中的下等，要匡国理政，就不是他们的所长。陛下即位之初，先涉猎经术，听政闲暇，观览文学篇章，聊以消遣，以取代博弈等无益之事，这不是施行教化取士的根本办法。可是读书人相互争利，辞赋作者被视为热门。其中上等之人还很能引用经书中有关教育和讽喻的文辞，等而下之者则引用俗语，和滑稽之人相类似，或者剽窃现成文章，冒名作假。臣每次受诏在盛化门，按等次录选，有人不及格，也跟随别人被任用提拔做了官。既已受国恩，又难改正取消，只是享受俸禄，这在道义上也算是宽大的了，但是不可以再让他们治理老百姓和在州郡中任职。昔日宣帝召集儒学之士于石渠阁，章帝集中文学之士于白虎观。讲经释义，这些事的意义是很重大的，对于周文王、周武王的治国之道，确应有所遵循。如果是小能小善，即使有可取的地方，孔子认为‘对致远而言，则显局限’，所以君子应当立志从事于其大者啊。”

又特诏问曰：“比灾变互生，未知厥咎，朝廷焦心，载怀恐惧。每访群公，庶闻忠言，而各存括囊，莫肯尽心。以邕经学深奥，故密特稽问。宜披露失得，指陈政要，勿有依违，自生疑讳。”邕对曰：“臣伏思诸异，皆亡国之怪也。天于大汉，殷勤不已，故屡出妖变，以当谴责，欲令人君感悟，改危即安。今灾眚之发，不于他所，远则门垣，近在寺署，其为监戒，可谓至切。蜺随鸡化，皆妇人干政之所致也。前者乳母赵娆，贵重天下，生则赀藏侔于天府，死则丘墓逾于园陵，两子受封，兄弟典郡，续以永乐；门史霍玉，依阻城社，又为奸邪。今者道路纷纷，复云有程大人者，察其风声，将为国患。宜高为堤防，明设禁令，深惟赵、霍，以为至戒。今圣意勤勤，思明邪正。而闻太尉张颢，为玉所进，光禄勋伟璋，有名贪浊。又长水校尉赵玹、屯骑校尉盖升，并叨时幸，荣富优足。宜念小人在位之咎，退思引身避贤之福。伏见廷尉郭禧纯厚老成，光禄大夫桥玄聪达方直，故太尉刘宠忠实守正，并宜为谋主，数见访问。夫宰相大臣，君之四体，委任责成，优劣已分，不宜听纳小吏，雕琢大臣也。又尚方工技之作，鸿都篇赋之文，可且消息，以示惟忧。《诗》云：‘畏天之怒，不敢戏豫。’天戒诚不可戏也。夫君臣不密，上有漏言之戒，下有失身之祸。愿寝臣表，无使尽忠之吏，受怨奸仇。”章奏，帝览而叹息，因起更衣，曹节于后视之，悉宣语左右，事遂漏露。其为邕所裁黜者，皆侧目思报。

初，邕与司徒刘郃，素不相平，而叔父卫尉质，又与将作大匠阳球有隙，球即中常侍程璜女夫也。璜遂使人飞章言，邕质数以私事请托于郃，郃不听，邕含隐切，志欲相中伤。于是下邕，质于洛阳狱，劾以仇怨奉公，议害大臣，大不敬，弃市。事奏，中常侍吕强愍邕无罪，请之。帝亦更思其章，有诏减死一等，与家属钳徙朔方，不得以赦令除。

【译文】

灵帝又特诏问蔡邕道：“最近灾变接连发生，不知道其罪过何在？朝廷焦急，很是恐惧。每问到群臣，希望能听到忠言，可是各自闭口不言，不肯尽心。因你经学深奥，所以私下特来相问。应该讲明得失，指出施政关键，不要有所忌讳，自生疑虑。”蔡邕对曰：“臣私下想到各种灾异现象，都是亡国的怪异征兆啊。上天对于大汉王朝，关切备至，所以多次出现反常的妖异现象，用来代替谴责，是想让人君感悟，转危为安。而今灾害的发生，不在其他地方，远的就在门墙，近的就在宫廷内宦官居住之署，上天发出的警告，可算是极为恳切。霓虹落地，雌鸡变雄，都是妇人干政所造成的啊。以前皇上的乳母赵娆，贵重显赫于天下，她在世的时候财货和皇室相等，死了以后陵墓超过皇家园陵，两个儿子受封，兄弟掌管郡国政事。接着又有永乐门史霍玉，依仗国家权势，作出奸邪之事。如今路人议论纷纷，又说有一个叫程大人的，看他的作为恐怕又将要危害国家。应该提高堤防，公开设立禁令，想想赵娆、霍玉的教训，并以此为最严重的警戒。当今圣意勤恳，思辨邪正。但是听说太尉张颢，是霍玉所推荐的人；光禄勋伟璋，是有名的贪浊之人；又长水校尉赵玹、屯骑校尉盖升，都受到皇上的宠幸，荣华富贵享用不尽。应该想一想小人在位掌权的危害，退而想到引身让贤的好处。臣私下看到廷尉郭禧，忠厚老成；光禄大夫桥玄，聪达方直；原太尉刘宠，忠实守正。这些人都应该作为谋臣，经常向他们访问。宰相大臣，是君主的股肱，委任职位责成办事，优劣就能分清，不应该听信小吏的话，给大臣们罗织罪名。还有皇室工技兴作，鸿都篇赋的文章，可以暂且停止，以表示现在忧虑国事。《诗经》说：‘畏惧上天发怒，我不敢嬉戏乐游。’看来上天的告诫是不能当作儿戏的。君臣之间不严守机密，那么在上有漏言之戒，在下就有亡身之祸。希望保存好臣的奏表，不要使得尽忠的官吏受怨恨于奸佞之人。”蔡邕的文章上奏，灵帝看后而叹息，接着起身换衣服，曹节偷着看了，全部把表章中的话告诉给灵帝左右的人，事情于是被泄露了。那些被蔡邕所批评指责的人，都斜目而视，图谋报复。

当初蔡邕和司徒刘郃平素不相睦，叔父卫尉蔡质又和将作大匠阳球有隔阂。阳球就是中常侍程璜的女婿。程璜就使人写匿名信上奏说蔡邕、蔡质多次以私事向刘郃请托，刘郃没有答应，蔡邕隐忍不发，总想借机中伤。于是就派人捉拿蔡邕、蔡质，将其关押在洛阳监狱，弹劾他是公报私仇，谋害大臣，犯大不敬罪，应杀。事情上奏以后，中常侍吕强同情蔡邕无罪，为他求情，灵帝也想到他的奏章，下诏将死罪降低一等，蔡邕与家属被带上刑具流放到朔方，且不得因赦令而免罪。

左雄，字伯豪，南郡人也。举孝廉，拜议郎。时顺帝新立，朝多阙政，雄数言事，其辞深切。尚书仆射虞诩，以雄有忠公节，上疏荐之曰：“臣见方今公卿以下，类多拱默，以树恩为贤，尽节为愚，至相戒曰：‘白璧不可为，容容多后福。’伏见议郎左雄，数上封事，至引陛下身遭难厄以为敬戒，实有‘王臣蹇蹇’之节、周公谟成王之风，宜擢在喉舌之官，必有匡弼之益。”由是拜尚书令。

【译文】

左雄，字伯豪，南郡人。被推举为孝廉，官拜议郎。这时，顺帝刚即位，朝廷多弊政，左雄屡次上书言事，辞意深切。尚书仆射虞诩因左雄有忠诚公平作风，上疏推荐说：“臣看到当今公卿以下，大多数人都沉默听话，以得到皇恩为贤能，以忠尽节为愚蠢，甚至互相告诫说：‘不可独为白玉显亮，随声附和则多后福。’我看到议郎左雄，多次上封事，以至称引皇上您亲身遭受的艰难，用来警醒人，实在有大臣忠直之节、周公辅成王之风，宜提拔在掌握机要、出纳王命的重臣的行列里，必然有匡扶社稷的益处。”由此左雄官拜尚书令。

上疏陈事曰：“臣闻柔远和迩，莫大宁民。宁民之务，莫重用贤。用贤之道，必存考黜。大汉受命，虽未复古，然至于文景，天下康乂，诚由玄靖宽柔、克慎官人故也。降及宣帝，兴于仄陋，综核名实，知世所病，以为吏数变易，则下不安业；久于其事，则民服教化。其有政（政原作治）理者，辄以玺书勉励，增秩赐金。是以吏称其职，民安其业。汉世良吏，于兹为盛。故能降来仪之瑞，建中兴之功。汉初至今，三百余载，俗浸凋敝，巧伪滋萌，下饰其诈，上肆其残。典城百里，转动无常，各怀一切，莫虑长久。谓杀害不辜为威风、聚敛整辩为贤能，以修己安民为劣弱、奉法循理为不治。髡钳之戮，生于睚眦；覆尸之祸，成于喜怒。视民如寇仇，税之如豺虎。监司见非不举，闻恶不察，观政于亭传，责成于期月，言善不称德，论功不据实，虚诞者获誉，拘检者离毁。州宰不覆，竞共辟召。或考奏捕治，而亡不受罪，会赦行赂，复见洗涤。朱紫同色，清浊不分。故使奸猾枉滥，轻忽去就，拜除如流，缺动百数。特选横调，纷纷不绝，送迎烦费，损政伤民。和气未洽，灾眚不消，咎皆在此。臣愚以为乡部亲民之吏，皆用儒生清白，任从政者，宽其负算，增其秩禄，吏职满岁，宰府州郡，乃得辟举。如此，威福之路塞，虚伪之端绝，送迎之役损，赋敛之源息，循理之吏得成其化，率土之民各宁其所。”

帝感其言，申下有司，考其真伪。雄之所言，皆明达治体，而宦竖擅权，终不能用。雄复谏曰：“臣闻人君莫不好忠正而恶谗谀，然而历世之患，莫不以忠正得罪、谗谀蒙幸者，盖听忠难，从谀易也。夫刑罪，人情之所甚恶；贵宠，人情之所甚欲。是以世俗为忠者少，而习谀者多。故令人主数闻其美，稀知其过，迷而不悟，至于危亡也。”

【译文】

左雄上书陈事说：“臣闻对远怀柔、对近和睦，再没有什么事大过使人生活过得安宁。让人过上安宁日子，没有什么事比任用贤者更为重要。用贤者的办法，一定要留心考核罢免等事。大汉受天命建立王朝，虽说没有恢复古代大治局面，然而到了文帝、景帝时期，天下康乐，的确是由于实行宽柔政策、能慎重任用官吏的结果啊。后来到了宣帝，他出身微贱，综合考察名声与实绩，知道时世的弊病所在，认为官吏经常变动，那么下边就不安其业；长时间忠于职事，则人民就会服从其教化。对其中卓有政绩的官员，就下诏勉励，增加俸禄和官位，赏赐钱财。因此官吏都很称职，百姓各安其业。汉朝的良吏，以那时为最多，所以出现能使凤凰来朝的祥瑞，建立了中兴的功业。从汉初到如今，三百多年，社会风俗逐渐凋敝，奸巧伪诈慢慢萌生，下边掩饰其诈，上边放任其残暴行为，掌管的地方百里，变动无常，各自有一套治理的办法，谁也不考虑长治久安。以杀害无罪之人为威风，以搜刮民财为贤能，认为约束自己、安抚百姓是拙劣和懦弱的表现，把奉守国法依循常理当作不知变通。剃头围领的刑罚，产生于瞪目而视的小怨；尸首横陈的灾祸，在喜怒之间酿成。把老百姓当寇仇一样看待，征求赋税像豺虎一般凶猛。监司官吏看到为非作歹的不加检举，听到丑恶的事情也不详察，只是凭借驿站的消息了解政绩，责成办事的时间以年月为限，说人善又不举出他的善德，论人功劳又不拿出实据，弄虚作假的获得了称赞，谨守规矩的遭到毁谤。州郡长官也不调查，相互争着征召他们。虽有人上奏追捕查办，却又因逃跑了而没有受到惩罚，以后遇上赦令再加上行贿，又被洗涤干净。朱紫同色，清浊不分。所以使得奸猾之人泛滥成灾，轻视离任和就职，封任官职如同流水一样，缺额往往达到百数，任意选调，纷繁不息，迎送烦费，损政伤民。和气未接，灾祸不息，过失全都在此。臣愚以为乡部直接和百姓接触的官吏，都应该任用清白的儒生中能从政的人，放宽他们的品秩，增加他们的俸禄。官职够一年，宰府州郡才能征辟推举。像这样，作威作福的路就能阻塞，弄虚作假的事就能根绝，送来迎往的差使就可减少，聚敛赋税的源头也就止住了，从而使依法徇理的官吏得以成就他的政治教化，使普天下的百姓在自己的土地上各得其所。”

顺帝感到左雄的话说得好，将它下发给有司，考核是真是假。左雄上奏的话，都是明达政体，但宦官擅权，最终没有得到实行。左雄又谏议说：“臣闻人君无不喜好忠正而厌恶谗谀，然而历代的祸患，没有人不是因忠正而获罪、因谗谀而受宠，是因为听忠言困难，从谄谀容易啊！刑罚是人情之所厌恶的，贵宠是人情之所向往的。所以世俗情况是忠正者少，而习惯谄谀的多。所以会让人主听赞美之言多，知自身过失少，执迷不悟，直至危亡。”

周举，字宣光，汝南人也。为尚书。时三辅大旱，五谷灾伤，天子亲自策问，举对曰：“夫阴阳闭隔，则二气否塞。二气否塞，则人物不昌。人物不昌，则风雨不时。风雨不时，则水旱成灾。陛下处唐虞之位，未行尧舜之政，变文帝世祖之法，而循亡秦奢侈之欲，内积怨女，外有旷夫。今皇嗣不兴，东宫未立，伤和逆理，断绝人伦之所致也。非但陛下行此而已，竖宦之人，亦复虚以形势，威侮良家，取女闭之，至有白首殁无配偶，逆于天心。昔武王入殷，出倾宫之女；成汤遭灾，以六事克己。自枯旱以来，弥历年岁，未闻陛下改过之效，徒劳至尊，暴露风尘，诚无益也。又下州郡，祈神致请。昔齐有大旱，景公欲祀河伯，晏子谏曰：‘夫河伯，以水为城国，鱼鳖为人民。水尽鱼枯，岂不欲雨？自是不能致也。’陛下所行，但务其华，不寻其实，犹缘木求（求原作希）鱼，却行求前也。诚宜推信革政，崇道变惑，出后宫不御之女，理天下冤枉之狱，除大官重膳之费。臣才薄智浅，不足以对，惟陛下留神裁察。”以举为司徒。

【译文】

周举，字宣光，汝南郡人。官尚书。（阳嘉三年）关中地区大旱，五谷遭灾，顺帝亲自主持策问，周举说："阴阳闭隔，二气就不通。阴阳二气不通，人事就不昌盛。人事不昌盛，风雨就不及时。风雨不及时，就闹水旱灾荒。陛下居于唐尧虞舜一样的君位，却不能施行尧舜的政治，改变了文帝、光武帝的法制，而效仿亡秦的奢侈多欲之风，宫内积聚了许多不能婚嫁的怨女，宫外却有许多不能娶妻的旷夫。当今皇室缺少后嗣，东宫未立太子，伤和背理，是断绝人伦所造成的结果。不仅仅是陛下这样做，就是宦官们，也都是虚有其表，侮辱危害良家妇女，把她们娶来禁闭在家中，以至白头到死，实际上都无配偶，违背了上天爱人之心。古时周武王取得殷商的天下，放出了充满内宫的怨女；成汤遭受自然灾害时，列举了六件事来反思自己。自从闹荒旱以来，已经过了好几年，没有听到陛下有改过自责的举措，徒劳君上暴露风尘，的确是无益的。还下令各州郡祈神求雨。春秋时齐国遭到旱灾，齐景公准备祭祀河伯，晏子谏诤说：'河伯是以水为城国，以龟鳖为庶民。水尽了鱼鳖枯涸，难道不希望下雨？由此看来祭祀河伯也是徒劳的。'陛下的作为，只是华而不实，就像缘木求鱼，是自己不肯迈步却希望能赶上前边的人啊。现今确实应推崇诚信，改革政事，崇信道义，改变迷惑，放出后宫没有配人的宫女，整顿天下冤枉的刑狱，取消大官海吃浪喝的费用。臣才薄智浅，不足以应对策问，只希望陛下能留神裁决考察。"任周举为司徒。

李固，字子坚，汉中人也。阳嘉二年，有地动山崩，火灾之异，公卿举固对策，诏又特问当世之敝、为政所宜。固对曰："臣闻王者，父天母地，宝有山川。王道得，则阴阳和理；政化乖，则崩震为灾。斯皆关之天心、效于成事者也。夫治以职成，官由能理。古之进者，有德有命；今之进者，唯财与力。伏闻诏书，务求宽博，疾恶严暴。而今长吏，多杀伐致声名者，必加迁赏；其存宽和，无党援者，辄见斥逐。是以淳厚之风不宣，雕薄之俗未革。虽繁刑重禁，何能有益？前孝安皇帝，变乱旧典，封爵阿母，因造妖孽，使樊丰之徒，乘权放恣，侵夺主威，改乱嫡嗣，至令圣躬狼狈，亲遇其难。既拔自困殆，龙兴即位，天下喁喁，属望风政。积弊之后，易致中兴，诚当沛然思惟善道。而论者犹云，方今之事，复同于前。臣伏从山草，痛心伤臆。今宋阿母，虽有大功勤谨之德，但加赏赐，足以酬其劳苦，至于裂土开国，实乖旧典。夫妃后之家，所以少完全者，岂天性当然？但以爵位尊显，专总权柄，天道恶盈，不知自损，故至颠仆。先帝宠遇阎氏，位号太疾，故其受祸，曾不旋时。今梁氏戚为椒房，礼所不臣，尊以高爵，尚可然也。而子弟群从，荣显兼加。永平建初故事，殆不如此。宜令步兵校尉冀及诸侍中，还居黄门之官，使权去外戚，政归国家，岂不休乎？又宜罢退宦官，去其权重，裁置常侍二人，省事左右；小黄门五人，给事殿中。如此，则论者厌塞，升平可致也。”顺帝览其对，多所纳用，即时出阿母还第舍，诸常侍悉叩头谢罪，朝廷肃然。以固为议郎。

【译文】

李固，字子坚，汉中郡人。顺帝阳嘉二年，发生地震、山崩和火灾等异常现象，公卿推举李固在朝廷对答策问，皇上特地下诏询问时政的弊端和为政所应办理的事务。李固对答道：“臣闻王者把天当作父，把地看作母，享有山川的宝物。王道实行了阴阳就和顺，政化乖乱了就发生地震山崩的灾害。这都是有关乎上天之心、显征于时事的现象啊。教化是由职位决定的，官职要由贤能的人来担任。古时加官进爵的，都是有德行有政绩的人；而今加官进爵，只凭着有钱财和势力。听说陛下下诏，为政要求一定要讲究博爱，严禁罪恶和强暴。可是当今官吏，凡是以杀伐而取得声名的，就一定会迁升和赏赐；那些存心宽和而没有党派支持的人，却常被斥逐不用。所以淳厚的社会风气就得不到发扬，刻薄的陋习就不能变革。即使是繁刑重禁，那有什么用处？以前孝安皇帝搞乱了旧的法制，给其阿母封赏爵位，因而造成妖孽，让樊丰一伙人依靠权势横行霸道，侵夺了君主的权威，改乱了太子嫡嗣之位，一直到今天让皇上狼狈不堪，亲自遭遇那种灾难。既然陛下是从穷困之中简拔上来即位天子的，因此天下人都景仰向往，希望能出现好的政治形势。多年的积弊之后，容易形成中兴局面，确实应当宽广地实施善政。可是议论者却说当今世道，还是和以前一样。臣伏居于民间，听了这样的说法，实在伤心透了。今天宋娥阿母，尽管有大功勤谨的恩德，只加给赏赐，就够报答她的劳苦的，至于分封土地，实在和旧典相违。妃后之家，所以没有好的下场，岂能看作是天性的必然结果？只不过是爵高位显，专擅权柄，天道恶盈，却不知自行收敛，所以终致颠仆败落。先帝宠幸阎皇后，给予的位号太多，故而终受其祸，这是前不久才发生过的事情。当今梁氏外戚因系皇后至亲，按礼不应为大臣，要加高其爵位，还是可以的。但是梁氏子弟众多的人，荣显倍加，像永平、建初的旧例，也不过如此。应该让步兵校尉梁冀和诸侍中，退居于黄门之官，让外戚的权力削减，朝政还给国家，难道不是好事吗？还应该罢退宦官，收回他们掌握的重要权柄，只设置常侍二人，事奉左右；小黄门五人，服务殿中。这样，议论者就可平息，升平之世即可到来。”顺帝看了李固的对策，大多被采纳施行，立时让阿母搬出宫，归还所占房舍，各个常侍都叩头谢罪，朝廷气象肃然。任命李固为议郎。

冲帝即位，为太尉，与梁冀参录尚书事。帝崩，固以清河王蒜，年长有德，欲立之。梁冀不从，乃立乐安王子缵，是为质帝。冀忌帝聪惠，恐为后患，遂令左右进鸩。帝崩，固伏尸号哭，推举侍医，冀虑其事泄，大恶之。因议立嗣，固与司徒胡广、司空赵戒、大鸿胪杜乔，皆以为清河王蒜，明德著闻，又属最尊亲，宜立为嗣。

先是蠡吾侯志取冀妹，冀欲立之。众论既异，愤愤不得意，而未有以相夺。中常侍曹腾等闻，而夜往说冀曰：“将军累世有椒房之亲，秉摄万机，宾客纵横，多有过差。清河王严明，若果立，则将军受祸不久矣，不如立蠡吾侯，富贵可长保也。”冀然其言。明日重会公卿，冀意气凶凶，而言辞激切，自胡广、赵戒以下，莫不慑惮之，皆曰："惟大将军令。"而固独与杜乔，坚守本议，冀厉声罢会。固复以书劝，冀愈激怒，乃说太后先策免固，竟立蠡吾侯，是为桓帝。

【译文】

冲帝刘炳即位，李固为太尉，和梁冀一起参录尚书事。冲帝即位两年即死去。李固认为清河王刘蒜年长有德行，打算立他为皇帝，梁冀不听从，于是立安乐王的儿子刘缵，这就是质帝。梁冀忌恨质帝聪明，恐怕成为后患，于是让左右进毒酒。质帝死去，李固伏尸号哭，推举侍医呈验，梁冀害怕事情泄露，对李固非常恼恨。商议立嗣，李固与司徒胡广、司空赵戒、大鸿胪杜乔，都认为清河王刘蒜明德著闻，又是最尊亲的皇族，应该立帝继位。

在此以前，蠡吾侯刘志娶梁冀的妹妹，梁冀想立刘志。而大家的意见和他的想法不一样，因而愤愤不得意，但还没有办法来争夺。中常侍曹腾等人听到这个消息，而在夜里前往劝说梁冀道："将军几世有椒房之亲，掌握着国家大事，宾客又很多，大多是曾有过错的人。清河王严明，如果立为皇帝，那将军立刻会受祸。不如立蠡吾侯，富贵可以长保。"梁冀认为这个说法很对。第二天又召集公卿，梁冀气势凶凶，而且言辞激切，自胡广、越戒以下，没有人不害怕梁冀，都说："唯大将军之令是从。"而只有李固和杜乔坚持原来的意见，梁冀厉声喝令休会。李固又写书劝说，梁冀越发激怒，就劝说太后先罢免了李固，最后终于立蠡吾侯，这就是桓帝。

后岁余，甘陵刘文、魏郡刘鲔，各谋立蒜为天子，梁冀因此诬固与文、鲔共为妖言，下狱。门生勃海王调贯械上书，证固之枉；河内赵承等数十人，亦腰鈇锧，诣阙通诉。太后明之，乃赦焉。及出狱，京师市里，皆称万岁。冀闻之大惊，畏固名德终为己患，乃更据奏前事，遂诛之。临终（终原作命），与胡广、赵戒书曰："固受国厚恩，是以竭其股肱，不顾死亡，志欲扶持王室，比隆文、宣。何图一朝，梁氏迷谬，公等曲从，以吉为凶，成事为败乎？汉家衰微从此始矣。公等受主厚禄，颠而不扶，倾覆大事，后之良史，岂有所私？固身已矣，于义得矣，夫复何言！”广、戒得书悲惭，长叹流涕。州郡收固二子基、慈，皆死狱中。

【译文】

过了一年多时间，甘陵刘文、魏郡刘鲔都打算立刘蒜为天子，梁冀因此诬陷李固与刘文、刘鲔在一起造谣生事，收李固于监狱。门生勃海人王调自带刑具上书，证明李固是冤枉的，河南郡赵承等数十人也都腰束铁质到宫门上诉。太后明白了实情，于是赦免了李固。等李固出狱，京师市上，皆呼万岁。梁冀听到后大为惊慌，害怕李固声名德行最后给自己造成祸患，于是在刘文、刘鲔的事上大做文章，终于将李固杀害了。李固临死时，给胡广、赵戒写了一封信说：“我李固受国厚恩，因此竭尽为臣之责，不顾及死亡，志在扶持王室，想做到像迎立文帝和宣帝一样的功业。未料到朝堂之上梁氏执迷荒谬，公等也跟着曲从，把好事当作凶事，好事变成坏事了啊！汉家衰微从此开始了。你们受主厚禄，颠倒了的不予扶正，使国家大事倾覆，以后的良史，岂能有所偏私？我李固要死了，但却能站在正义一边，还有什么可说的！”胡广、赵戒接到信后感到伤心惭愧，长叹流泪。州郡把李固的两个儿子李基、李慈收监，都死在狱中。

杜乔，字叔荣，河内人也。汉安元年，以乔守光禄大夫。梁冀子弟五人，及中常侍等，以无功并封。乔上书谏曰：“陛下越从藩臣，龙飞即位，天人属心，万邦攸赖。不急忠贤之礼，而先左右之封，伤善害德，兴长佞谀。臣闻古之明君，褒罚必以功过；末代暗主，诛赏各缘其私。今梁氏一门，宦者微孽，并带无功之绂，裂劳臣之土，其为乖滥，胡可胜言！夫有功不赏，为善失其望；奸回不诘，为恶肆其凶。故陈质斧，而民靡畏；班爵位，而物无劝。苟遂斯道，岂伊伤政为乱而已，丧身亡国，可不慎哉！”书奏，不省。先是李固见废，内外丧气，群臣侧足而立，唯乔正色，无所回桡，由是朝野瞻望焉。冀愈怒，遂白执系之，死狱中，与李固俱暴尸于城北。

【译文】

杜乔，字叔荣，河内郡人。顺帝汉安元年，以杜乔试用为光禄大夫。梁冀子弟五人和中常侍等无功却都受封。杜乔上书谏诤道："陛下原是藩臣，龙飞一跃即皇帝位，天意民心所注视，万邦仰赖。不急于施行忠贤的礼仪，而先给左右近臣封赏，伤善害德，助长佞谀。臣闻古代的明君，必定是按照功过奖罚；到了末世的昏庸君主，诛赏各因他们的私情来决定。当前梁氏一门，宦官微孽，都佩带着无功的印绶，分得有功者一样的封地，这种乖违泛滥现象，怎能说完！有功而不受赏，为善者就感到失望；奸邪之人不受处罚，作恶者就敢于胡作非为。所以摆出刑具而百姓没有害怕的，颁赏爵位而人臣却得不到劝勉。如果按照现行办法去做，岂是伤政为乱而已，还要丧身亡国，可得慎重啊！"谏书上奏，不予理睬。在此以前，李固被废，朝廷内外都感丧气，群臣侧足而立，只有杜乔凛然正色，无所回避，从此朝野都很崇拜他。梁冀越发恼怒，于是诬陷杜乔，逮捕了他，死在狱中，和李固一同被暴尸于城北。

论曰：顺、桓之间，国统三绝，太后称制，贼臣虎视。李固据位持重，以争大义，确乎而不可夺。岂不知守节之触祸？耻夫覆折之伤任也。观其发正辞，及所遗梁冀书，虽机失谋乖，犹恋恋而不能已。至矣哉，社稷之心乎！其顾视胡广、赵戒，犹粪土也。

【译文】

论赞说："顺帝、桓帝时，国家大统三次中断，太后代行皇帝之权，贼臣虎视眈眈。李固居高位而承担大任，以此争取大义，意志坚定而不可改变。岂不知守节会触祸？是耻于在其位而不胜其任啊！看他阐发的正义言辞和给梁冀之书，虽是错失时机，谋事违误，但仍恋恋不已。真是做到了极致！一片为国之心啊！反观胡广、赵戒之辈，只不过是粪土罢了。

（王井南译）

卷二十四

# 后汉书治要（四）

## 传

延笃，字叔坚，南阳人也。为京兆尹。时皇子有疾，下郡县，出珍药，而大将军梁冀遣客赍书诣京兆，并货牛黄。笃发书收客，曰："大将军椒房外家，而皇子有疾，必应陈进医方，岂当使客千里求利乎？"遂杀之。冀惭而不得言。有司承旨，欲求其事。笃以疾免归也。

【译文】

延笃，字叔坚，南阳郡人。任京兆尹。当时桓帝的皇子有病，通知郡县贡献珍贵的药物，而大将军梁冀派遣宾客持文到京兆，并买牛黄。延笃看了文书，将宾客关押起来，说："大将军是皇家外戚，而皇子有病，必然会陈进医方，难道会使宾客到各地来求利吗？"于是将他杀了。梁冀感到羞惭而话说不出口。主管官员承梁冀的意旨想办理此案，延笃遂以病免官回家了。

史弼，字公谦，陈留人也。为北军中侯。是时桓帝弟渤海王悝，素行险辟，僭傲多不法。弼惧其骄悖为乱，乃上封事曰："臣闻帝王之于亲戚，爱虽隆，必示之以威；体虽贵，必禁之以度。如是和睦之道兴，骨肉之恩遂。昔周襄王恣甘昭公，孝景皇帝骄梁孝王，二弟阶宠，终用勃慢。卒周有播荡之祸，汉有爰盎之变。窃闻渤海王悝，凭至亲之属，恃偏私之爱，失奉上之节，有僭慢之心，外聚剽轻不逞之徒，内荒酒乐，出入无常，所与群居，皆有口无行，或家之弃子，或朝之斥臣，必有羊胜、伍被之变。州司不敢弹纠，傅相不能匡辅。陛下隆于友于，不忍遏绝，恐遂滋蔓，为害弥大。乞露臣奏，宣示百僚，诏公卿，平处其法。法决罪定，乃下不忍之诏。如是，则圣朝无伤亲之讥，渤海有享国之庆。不然，惧大狱将兴，使者相望于路矣。不胜愤懑，谨冒死以闻。”帝以至亲，不忍下其事。后悝竟坐逆谋，贬为瘿陶王。

弼迁河东太守，当举孝廉。弼知多权贵请托，乃豫敕断绝书。属中常侍侯览，果遣诸生赍书请之，并求假盐税，积日不得通。生乃说以他事谒弼，而因达览书。弼大怒曰：“太守忝荷重任，当选士报国，尔何人，而诈伪无状。”命左右引出，楚捶数百，即日考杀之。侯览大怨，遂诈作飞章，下司隶，诬弼诽谤。槛车征，下廷尉诏狱，得减死罪一等。

【译文】

史弼，字公谦，陈留郡人。任北军中侯。这时候桓帝的弟弟渤海王刘悝平素行为阴险，常搞越礼犯法的事。史弼怕他骄悖作乱，于是就上书说：“臣闻帝王对于亲属，虽然很爱，然而一定要示之以威；他们身价尽管高贵，一定要禁之以法度。像这样，和睦之道得以发扬，骨肉之恩必可遂愿。昔日周襄王时放松了对甘昭公的管教，孝景皇帝娇惯了梁孝王，两位皇帝的弟弟由于受宠爱，最后因此傲慢悖逆，致使周室有动荡的祸乱、汉有爰盎被刺杀的事变。我私下听到勃海王刘悝，借着和皇帝是至亲的关系，凭着偏私的宠爱，失去奉敬皇上的礼节，有超越本分的动向，外边结集一些违法乱纪的人，在内吃酒作乐，出入无常，跟这些人群居一起，都干些荒唐不可告人的事。这些人中有的是逃离家庭之子，有的是朝廷斥逐之臣，将来很可能会出现像羊胜劝梁孝王继承王位和伍被劝淮南王谋反的事变。州司不敢弹劾，傅相不能匡辅。陛下发于兄弟之情很深，不忍心加以制止劝阻。恐怕这样发展下去，危害会进一步加大。乞请公开臣的奏书，让百官看看，颁诏公卿公平处以刑法。待法决罪定之后，再下达不忍的诏书。这样做，则圣朝就没有伤害至亲的议论，渤海王有受国恩的庆幸。不然，恐怕大狱将兴，使者也只有忙乱相望于道路了。臣因为气愤不过，才冒死上奏此事。”桓帝以至亲关系，不忍心拿这件事给群臣讨论。后来刘悝终于犯谋逆之罪，被贬为瘿陶王。

史弼迁升河东郡太守，按职责要推举孝廉。但史弼知道多有权贵请托他来办事，就事先下令断绝书信往来。中常侍侯览果然派遣门生拿着书信请托史弼，并要求免抽其盐税，等了好几天不能与史弼见面。门生就另拐个弯子说因另外的事要见史弼，见面后拿出了侯览的来书。史弼大怒道：“太守身受国家重任，应当选士报答国家。你是什么人？竟敢搞诈骗行为！”命左右将侯览门生拉出打了几百板子，并在当日拷杀。侯览由此和史弼结下大仇，于是伪造了一封匿名信给司隶校尉，诬陷史弼有诽谤朝廷之罪。（史弼被）用囚车装载至京，投进诏狱中，最后被处以比死罪低一等的刑罚。

陈蕃，字仲举，汝南人也。为太尉（旧无为太尉三字，补之）时，小黄门赵津、南阳大猾张汜等奉事中官，乘势犯法。二郡太守刘瓆、成瑨，考案其罪，虽经赦令，而并竟考杀之。宦官怨恚，有司承旨，遂奏瓆、瑨，罪当弃市。又山阳太守翟超没入中常侍侯览财产，东海相黄浮诛杀下邳令徐宣，超、浮并坐髡钳，输作左校。蕃与司徒刘矩、司空刘茂，共谏请瓆等，帝不悦。

有司劾奏之，矩、茂不敢复言。蕃乃独上疏曰：“臣闻齐桓修霸，务为内政。今寇贼在外，四支之疾；内政不理，心腹之患。臣寝不能寐，食不能饱，实忧左右日亲，忠言以疏，内患渐积，外难方深。陛下超从列侯，继承天位。小家畜产百万之资，子孙尚耻失其先业，况乃产兼天下，受之先帝，而欲懈怠以自轻忽乎？诚不爱己，不当念先帝得之勤苦邪？前梁氏五侯，毒遍海内，天启圣意，收而戮之，天下之议，冀当小平。明鉴未远，覆车如昨，而近习之权，复相扇结。小黄门赵津、大猾张汜等，肆行贪虐，奸媚左右，前太原太守刘瓆、南阳太守成瑨，纠而戮之。虽言赦后不当诛杀，原其诚心，在乎去恶。而小人道长，荧惑圣听，遂使天威为之发怒。如加刑谪，已为过甚，况乃重罚，令伏欧刃乎！又前山阳太守翟超、东海相黄浮，奉公不挠，疾恶如仇，超没侯览财物，浮诛徐宣之罪，并蒙刑坐，不逢赦恕。览之纵横，没财已幸；宣犯衅过，死有余辜。昔丞相申屠嘉召责邓通，洛阳令董宣折辱公主，而文帝从而请之，世祖加以重赏，未闻二臣有专命之诛。而今左右群竖，恶伤党类，妄相交构，致此刑谴。闻臣是言，当复啼诉陛下，深宜割塞近习豫政之源，引纳尚书朝省之事，简练清高，斥黜佞邪。如是天和于上，地洽于下，休祯符瑞，岂远乎哉！陛下虽厌毒臣言，人主有自勉强，以死陈。”

【译文】

陈蕃，字仲举，汝南郡人。为太尉的时候，小黄门赵津、南阳大奸猾张汜等，巴结宦官，乘势犯法，南阳、太原两郡太守刘瓆、成瑨审理他们的罪状，尽管已经有朝廷的赦令，但仍将二人杀了。宦官怨恨，主管官员奉旨，遂上奏说刘瓆、成瑨罪应处死。另外山阳太守翟超收没了中常侍侯览的财产，东海相黄浮诛杀了下邳令徐宣，翟超和黄浮都受到髡钳刑罚，轮番送到左校官衙服劳役。陈蕃和司徒刘矩、司空刘茂一同谏请开释刘瓆等人，桓帝很不高兴。

主管官员劾奏他们，刘矩、刘茂不敢再说话，独有陈蕃上疏说：“臣闻齐桓公修霸业，一定要搞好内政。当今寇贼在外，是四肢的病；内政不理，为心腹之患。臣睡不能寐，食不能饱，实在为的是发愁陛下左右的小人一天天和您亲近，忠言因此就少了，内患逐渐地积累多了，外患又在加深。陛下是从列侯中来的，继承了天子之位。小家庭畜产百万的家当，子孙还以失其先祖之业为耻，何况陛下产业兼有天下，受之于先帝，而自己只想懈慢怠惰地轻视它呢？如果真的不爱惜自己，难道不应当念先帝得到它的勤苦吗？以前梁冀家五位列侯，毒害海内，上天起动圣意，把他们逮捕法办了，天下人议论，希望应该稍稍好起来。明明白白的借鉴还不太远，覆车之事好像才发生在昨天，但是近来旧日的权柄，又活动绕连起来。小黄门赵津、大奸猾张汜等人，肆行贪虐，奸媚左右近臣，前太原太守刘瓆、南阳太守成瑨，拷问并杀了他们，虽然皇上说过赦免之后不应当再诛杀，他们是出于忠诚之心，目的在于去掉恶势力。可是小人道长，迷惑圣听，于是就让圣上为之发怒。如果给刘瓆等人施加刑罚，已经是过甚了，何况是重刑，让他们死于刀下呢？又前山阳太守翟超、东海相黄浮，奉公不挠，疾恶如仇，翟超收没了侯览的财物，黄浮诛杀了徐宣，如今一起被问罪，让他们逢到赦令也得不到宽恕。侯览的放诞纵横，没收其财物已算是幸运的；徐宣所犯的罪过，是死有余辜。昔日丞相申屠嘉召责邓通，洛阳令董宣折辱了公主，而文帝从而请申屠嘉开脱了邓通的罪责，光武帝对董宣加以重赏，从未听说对申、董二臣有专门加诛的命令。而今陛下左右很多宦官，恶意伤害别人，妄加罪名，因此使忠臣受到刑罚。臣听到这些话，再次哭诉陛下，应深切地割断、堵塞近臣干预政事的源头，引用采纳尚书管理朝政之事，简练清高，罢斥佞邪。这样才能够与上天应和，跟世事谐和，吉祥符瑞，难道还远吗！陛下虽然厌恨臣说的这些话，人主也应自己勉励，敢冒死以闻。”

帝得奏愈怒，竟无所纳；朝廷众庶，莫不怨之。宦官由此疾蕃弥甚。李膺等以党事下狱考实，蕃因上疏谏曰：“臣闻贤明之君，委心辅佐；亡国之主，讳闻直辞。故汤武虽圣，而兴于伊、吕；桀纣迷惑，亡在失人。由此言之，君为元首，臣为股肱，同体相须，共成美恶者也。伏见前司隶校尉李膺、大仆杜密、大尉掾范滂等，正身无玷，死心社稷，以忠忤旨，横加考案，或禁锢闭隔，或死徙非所。杜塞天下之口，聋盲一代之人，与秦焚书坑儒，何以为异？昔武王克殷，表闾封墓；今陛下临政，先诛忠贤。遇善何薄？待恶何优？夫谗人似实，巧言如簧，使听之者惑、视之者昏。夫吉凶之效，在乎识善；成败之机，在于察言。人君者，摄天地之政，秉四海之维，举动不可以违圣法，进退不可以离道规。谬言出口，则乱及八方，何况髠无罪于狱、杀无辜于市乎！又青、徐炎旱，五谷损伤，人物流迁，茹菽不足，而宫女积于房掖，国用尽于罗纨，外戚私门，贪财受赂。所谓禄去公室，政在大夫。昔春秋之末，周德衰微，数十年间，无复灾眚者，天所弃也。天之于汉，悢悢无已，故殷勤示变，以悟陛下，除妖去孽，实在修德。臣位列台司，忧责深重，不敢尸禄惜生，坐观成败。如蒙采录，使身首分裂，异门而出，所不恨也。”帝讳其言切，托以蕃辟召非其人，遂策免之。

【译文】

桓帝得到这一奏书愈加震怒，竟不采纳。朝廷众臣，没有人不抱怨陈蕃。宦官由此嫉恨陈蕃也越发厉害了。李膺等人因党锢之事被投狱拷问事实，陈蕃因此上疏谏诤说：“臣闻贤明的君主，倾心于辅佐之臣；亡国的君王，忌讳听忠直的言辞。所以商汤、周武虽然是圣明的君主，但仍然是由于伊尹、周公的辅佐而兴盛起来；夏桀、商纣是昏惑之君，失败在用人不当。从这一点来说，君主是元首，臣子为股肱，同为一体，相互依赖，荣辱与共。臣私下看到前司隶校尉李膺、太仆周密、太尉掾范滂等人，身正而没有污点，死心踏地保卫社稷，因为忠言忤旨，被横加拷问，有的被禁锢隔离审查，有的死亡或被流放他地。堵塞天下人的嘴巴，弄瞎弄聋一代人的耳目，这和秦始皇焚书坑儒，有什么不同？昔日周武王推翻殷商政权，还派人表扬殷商时的忠臣商容之闾、封比干之墓，而今陛下做了皇帝，先诛杀忠臣贤士。对善良之人为何这样刻薄？对待罪恶者为何这么优厚？谗奸之人看起来似乎老实，巧言好比笙簧，让听的人迷惑，让看的人昏愦。吉和凶的效应，就在于能认清善事；成或败的关键，就在于察纳言辞。人君，掌握天地的政事，把持四海的纲维，举动不可以违圣法，进退不可以离道规。错话出口，祸乱就会延及八方，何况是髡无罪之人于监狱、杀无辜之人于市街呢？又青州、徐州干旱，五谷不收，人民流离失所，食用不足糊口。可是皇家的宫女聚满后宫，国家费用尽花在罗纨上面，外戚私门，贪财受贿。这就是所谓的‘禄去公室，政在大夫’。过去春秋末期，周代的德治衰微，数十年间没有以灾异警示，那是上天已抛弃不理的原故啊。上天对于汉室，眷恋不已，所以殷勤地示以变异，来让陛下省悟。要除妖去孽，确实在于修德。臣位列台司，担心责任重大，不敢贪图俸禄爱惜生命，来坐观成败。如蒙采纳我的谏言，即使身首分裂，异门而出，是在所不恨的。”桓帝不喜欢陈蕃讲话的耿直，就借口陈蕃推选的人不合适，因此下令罢免了他。

灵帝即位，窦太后临朝，以蕃为太傅录尚书事（旧无以蕃为太傅录尚书事九字，补之）。蕃与后父大将军窦武，同心尽力，征用名贤，共参政事，天下之士，莫不延颈想望太平。而帝乳母赵娆，旦夕在太后侧，中常侍曹节、王甫等，与共交构，谄事太后。太后信之，数出诏命，有所封拜，及其支类，多行贪虐。蕃常疾之，志诛中官。会窦武亦有谋，蕃乃先上疏曰：“臣闻言不直而行不正，则为欺乎天而负乎人；危言极意，则群凶侧目，祸不旋踵。钧此二者，臣宁得祸，不敢欺天也。今京师嚣嚣，道路喧哗，言侯览、曹节等，与赵夫人诸女尚书，并乱天下，附从者升进，忤逆者中伤。方今一朝群臣，如河中木耳，泛泛东西，耽禄畏害。陛下前始摄位，顺天行诛，苏康、管霸，并伏其辜。是时天地清明，人鬼欢喜。奈何数月，复纵左右。元恶大奸，莫此之甚。今不急诛，必生变乱，倾危社稷，其祸难量。”太后不纳。蕃因与窦武谋之，及事泄，曹节等矫诏诛武等。遂令收蕃，即日害之。

【译文】

灵帝刘宏即位，窦太后临朝听政，任用陈蕃为太傅兼任尚书事。陈蕃与太后之父大将军窦武，同心尽力，征用名贤之人，共同参与政事，天下的读书人没有人不伸长脖子企望天下太平。而灵帝的乳母赵娆，日夜在窦太后身边；中常侍曹节、王甫等人勾结在一起，巴结太后。太后信任他们，多次颁发诏命，对他们有所封拜，并及于他们的旁系亲属，这些人多行贪污虐民之事。陈蕃常常痛恨他们，想要诛杀宦官。恰好窦武也有这个想法，陈蕃于是就先上疏说："臣闻如果言不直而行不正，就会做出欺于天、负于人的事来；如果危言极意，群臣就侧目视之，祸患要不了多少时间即会到来。衡量这两者，臣宁愿得祸，不敢欺天啊。现在京师和各地的路人议论纷纷，都传说侯览和曹节等人，与赵娆夫人诸女尚书，一起扰乱天下。附和他们的人就可升进，忤逆他们的人就会被中伤。当今满朝群臣，好像河中漂浮的木头一样，随风向东向西，担心禄位，畏惧受害。陛下以前初即位时，顺应上天之意行诛，苏康、管霸一起伏法。那时候天地清明，人鬼都喜悦。却怎么过了几个月，又开始放纵左右？元恶大奸，没有比这再厉害了。今天如果不赶快处死他们，必然会发生变乱，以至于倾危社稷，那种祸患就难估量了。"窦太后没有采纳这一谏议。陈蕃和窦武共谋对策，结果事情泄露了，曹节等假传圣旨诛杀了窦武等人。遂命令将陈蕃收监，当日就杀了他。

论曰：桓灵之代，若陈蕃之徒，咸能树立风声，抗论惛俗，而驱驰崄阸（阸原作阮）之中，与刑人腐夫同朝争衡。终取灭亡之祸者，彼非不能絜情志、违埃雾也，悯夫世士以离俗为高，而人伦莫能相恤也。以遁世为非义，故屡退而不去；以仁心为己任，虽道远而弥厉。及遭值际会，协策窦武，自谓万世一遇也，懔懔乎伊、望之业矣！功虽不终，然其信义足以携持世心。汉代乱而不亡，百余年间，数公之力也。

【译文】

论赞说：桓、灵之世，像陈蕃等人，都能树立好的名声，抗论败坏的风俗，而驱驰于险恶环境之中，跟宦官同朝争衡。但终于受到灭亡之祸的原因，不是他们不能洁身自好、避世退隐啊，而是悲叹世间士人以脱俗为高，而对人伦道德没有人表示同情。他们以逃避世俗为不义，所以屡退而不离开；把仁心视为己任，虽道远而弥坚。等碰到机会，协助窦武，自认为是万世一遇的机遇，他们的风采大有伊尹、太公辅佐君主的气势！虽然最终没有成功，然而他们的信义足以维持世人之心。汉代乱而不亡，有百余年之久，就是有赖于这样的臣子鼎力支撑啊。

窦武，字游平，扶风人。拜城门校尉。清身疾恶。时国政多失，内官专宠，李膺、杜密等为党事考逮。上疏谏曰："臣闻明主不讳讥刺之言，以探幽暗之实；忠臣不恤谏争之患，以畅万端之事。是以君臣并熙，名奋百世。臣岂敢怀禄逃罪，不竭其诚！陛下初从藩国，爰登帝祚，天下逸豫，谓当中兴。自即位以来，未闻善政。梁、孙、寇、邓，虽或诛灭，而常侍黄门，续为祸虐，欺罔陛下，竞行谲诈，自造制度，妄爵非人，朝政日衰，奸臣日强。臣恐二世之难，必将复及，赵高之变，不朝则夕。近者奸臣牢修，造设党议，遂收前司隶校尉李膺、太仆杜密、御史中丞陈翔、太尉掾范滂等，逮考连及数百人，旷年拘录，事无效验。臣惟膺等，建忠抗节，志经王室，此诚陛下稷、契、伊、吕之佐，而虚为奸臣贼子之所诬枉，天下寒心，海内失望。惟陛下留神澄省，时见理出，以厌人鬼喁喁之心。臣闻近臣尚书令陈蕃，仆射胡广，尚书朱宇、荀绲、刘祐、魏朗、刘矩、尹勋等，皆国之贞士、朝之良佐。尚书郎张陵、妫皓、苑（苑原作范）康、杨乔、边韶、戴恢等，文质彬彬，明达国典。内外之职，群才并列。而陛下委任近习，专树饕餮，外典州郡，内干心膂。宜以次贬黜，抑夺宦官欺国之封，案其无状诬罔之罪，信任忠良，平决臧否。使邪正毁誉，各得其所；宝爱天官，唯善是授。如此，咎征可消，天应可待。间者有嘉禾、芝草、黄龙之见，夫瑞生必于嘉士，福至实由善人，在德为瑞，无德为灾。陛下所行，不合天意，不宜称庆。"书奏，因以疾上还城门校尉、槐里侯印绶。帝不许，有诏原李膺、杜密等。

【译文】

窦武，字游平，扶风郡人。任城门校尉。洁身嫉恶。当时国政多有失误，宦官专权得宠，李膺、杜密等人受党锢之嫌被审捕。窦武上疏谏曰："臣闻明主不忌讳讥刺的谏议，来探明事情的真实情况；忠臣不顾及谏争的祸患，来疏通各种事端。因此君臣和熙相处，名传百代。臣岂敢只想到俸禄，而逃避罪过，不竭尽忠诚！陛下开始在藩国，由此登上皇帝宝座，天下团结安定，被称为是中兴之世。自即位以来，却未闻到有什么好的政治措施。梁冀、孙寿、寇荣、邓万代虽说已经被诛灭，但是常侍黄门却继续作恶，欺罔陛下，竞行伪诈，自定法制，封赏不应封赏的人，朝政一天天衰败，奸臣势力一天天强大起来。臣恐怕秦二世胡亥之难必将又要来到，赵高的事变早晚就要发生。近来奸臣牢修，造设朋党的舆论，遂逮捕了前司隶校尉李膺、太仆杜密、御史中丞陈翔、太尉掾范滂等人，并捕审被牵连的数百人，旷废年月，事无效验。臣想李膺等人建忠抚节，目的在经营王室，这些人的确称得起是陛下的稷、契、伊尹、吕望之类的辅佐之臣，但是却被奸臣贼子所枉屈诬陷，使天下人感到寒心，海内失望。希望陛下留神澄省，即时纠正，来安慰人鬼仰望之心。臣闻台阁近臣尚书令陈蕃，仆射胡广，以及尚书朱寓、荀绲、刘祐、魏朗、刘矩、尹勋等人，都是国家之贞士、朝廷之良佐。尚书郎张陵、妫皓、苑康、杨乔、边韶、戴恢等人，文质彬彬，明达国典。朝廷内外官职，群才并列。而陛下却委任宦官，专门树立像恶兽一样的贪残之人，外到州郡做官，内视为心腹骨干。应该按次第把他们贬职或驱逐，制止剥夺宦官欺国的封赏，审判他们胡作非为欺君罔上之罪。您应该信任忠良，公平地处理政事，使事情的邪正分明，各得其所，慎重使用您手中的权力，只任用正直善良的人。这样，灾祸的征兆就可以消失，相应的祥瑞天象就会指日可待。近来有嘉禾、芝草、黄龙出现，一般这些祥瑞天象的出现、福庆的到来，必然是由于有品德高尚的人士带来了福音。有德就是祥瑞，无德就象征着灾祸。陛下所为不合天意，不应该加以庆贺。"此疏奏上以后，窦武因病交回城门校尉、槐里侯的印绶。桓帝不许，下诏令赦免李膺、杜密等人。

其冬，帝崩，灵帝立，拜武为大将军，常居禁中。武既辅朝政，常有诛翦宦官之计，太傅陈蕃亦素有谋。武乃白太后曰：“故事，黄门、常侍但当给事省内，典门户，主近署财物耳。今乃使与政事而任权重，子弟布列，专为贪暴。天下匈匈，正以此故。宜悉诛废，以清朝廷。”长乐五官史朱瑀，盗发武奏，骂曰：“中官放纵者，自可诛耳。我曹何罪，而当尽见族灭？”因大呼曰：“陈蕃、窦武，奏白太后废帝，为大逆。”曹节闻之，惊起白帝，请出御德阳前殿。拜王甫为黄门令，甫将虎贲、羽林追围武，武自杀，枭首洛阳都亭。收捕宗亲、宾客、姻属，悉诛之。迁太后于云台也。

【译文】

这年冬天，桓帝驾崩，灵帝即位，拜窦武为大将军，经常居住宫中。窦武既已辅佐朝政，常有诛灭宦官的打算，太傅陈蕃平素也有这一想法。窦武就向窦太后谏议说：“旧日制度规定，黄门、常侍的任务只是给事省内，主管门户，管理宫内衙署的财物。现在却让他们参与政事而任以重要权力，子弟布满于宫内，专门做贪暴的事。天下汹汹不安，正因为这个缘故，应当全部诛灭废弃，以整顿朝廷。”长乐宫五官史朱王瑀，偷看了窦武奏太后疏，骂道：“中官放肆的人，自然可以诛杀。我辈有何罪，而要全部被族灭？”因而大声疾呼说：“陈蕃、窦武，奏明太后要废立皇帝，犯大逆不道之罪。”曹节等人听了这话，十分震惊，于是上奏灵帝，请灵帝出宫到德阳前殿。拜王甫为黄门令，王甫带领虎贲、羽林军追捕包围窦武，窦武自杀，在洛阳郡亭悬首示众。他的宗亲、宾客、姻属，全部被杀掉。窦太后被迁到云台宫居住。

## 循吏传

初，光武长于民间，颇达情伪，见稼穑艰难，百姓病害，至天下已定，务用安静，解王莽之繁密，还汉世之轻法。身衣大练，色无重彩，耳不听郑卫之音，手不持珠玉之玩，宫房无私爱，左右无偏恩。建武十三年，异国有献名马者，日行千里，又进宝剑，价兼百金，诏以马驾鼓车、剑赐骑士。损上林池御之官，废骋望弋猎之事。数引公卿郎将，列于禁坐，广求民瘼，观纳风谣。故能内外匪懈，百姓宽息。自临宰邦邑者，竞能其官。若杜诗守南阳，号为杜母，任延、锡光移变边俗，斯其绩用之最章章者也。又第五伦、宋均之徒，亦足有可称谈。然建武、永平之间，吏事刻深，亟以谣言单辞，转易守长，故朱浮数上谏书，箴切峻政，钟离意等亦规讽殷勤，以长者为言，而不能得也。所以中兴之美，盖未尽焉。

【译文】

当年，光武皇帝生长于民间，很了解人情世故，亲眼看到农作艰难、老百姓所经受的苦难，到天下安定以后，采取与民休息的政策，废除了王莽的严刑峻法，恢复西汉的轻法。穿的是布帛衣服，衣服没有第二种颜色，耳不听郑卫淫声，手不拿珠玉玩物，宫房没有私爱，左右的人没有偏恩。建武十三年，外国有贡献来的名马，日行千里，又进宝剑，价倍百金，颁诏将名马驾驶鼓车、宝剑赐给骑士。减少管理上林池御之官，停止出外游猎之事。多次召引公卿郎将，排坐御前，广泛征求民间疾苦，审纳民间风土歌谣。所以能够内外紧密团结，老百姓生活宽裕安宁。凡担任邦邑官职者，尽力为官。如杜诗做南阳太守，被称誉为“杜母”，任廷、锡光两人改变了边民风俗，这些都是政绩最为显著的例子啊。再如第五伦、宋均等人，也是值得称颂的。可是到了建武和明帝永平年间，吏事过于严峻苛细，专门以谣言片语转换郡邑守长，所以朱浮多次上谏书，恳切地指出施政过于严峻，钟离意等人也规讽殷勤，但汉明帝的态度坚定，没有什么效果。所以东汉中兴之美未能完全。

任延，字长孙，南阳人也。拜会稽都尉。时年十九，迎官惊其壮。及到，静泊无为，唯先遣馈祠延陵季子。聘请高行如董子仪、严子陵等，敬待以师友之礼。掾吏贫者，辄分奉禄，以赈给之。是以郡中贤士大夫，争往官焉。

建武初，延上书乞骸骨，归拜王庭。诏征为九真太守。九真俗以射猎为业，不知牛耕，民常告籴交阯，每致困乏。延乃铸作田器，教之垦辟，百姓充给。又骆越之民，无嫁娶礼法，各因淫好，不识父子之性、夫妇之道。延乃使男女皆以年齿相配。其贫无礼聘，令长吏以下，各省奉禄，以赈助之，同时相娶者二千余人。是岁风雨顺节，谷稼丰衍。其产子者，始知种姓。咸曰："使我有是子者，任君也。"多名子为任。于是徼外、蛮夷、夜郎等，慕义保塞，延遂止罢侦候戍卒。

初，平帝时，汉中锡光为交阯太守，教导民夷，渐以礼义化，声侔于延。王莽末，闭境拒守。建武初，遣使贡献，封盐水侯。岭南革风，始于二守焉。

延视事四年，征诣洛阳，九真吏民，生为立祠。拜武威太守，帝亲见，戒之曰："善事上官，无失名誉。"延对曰："臣闻忠臣不私，私臣不忠。履正奉公，臣子之节。上下雷同，非陛下之福也。善事上官，臣不敢奉诏。"帝叹息曰："卿言是也。"

【译文】

任延，字长孙，南阳郡人。做会稽郡都尉。当时年仅十九岁，迎接之官惊异他年少。等到任后，他清静淡泊无为，只是先派人带上祭品祭祀延陵季子；聘请品德高尚的人像董子仪、严子陵等，恭敬地待以师友之礼；属员中有贫困的人，经常分出自己的俸禄，来赈济他们。因此郡中的贤士大夫，争着到会稽郡为官。

建武初年，任延上书乞请致仕退休，向朝廷回拜，颁诏征用他为九真太守。九真郡人民的习俗以射猎为业，不知道用牛耕田，老百姓经常从交阯买粮，生活往往陷于困乏。任延于是铸造农具，教民垦田种植，老百姓的生活才得富裕起来。另外，骆越地方的人民没有嫁娶礼法，男女随意结合，不懂得父子的天性和夫妇之道。任延就让男女都以年龄相当来匹配。对于一些贫穷拿不出礼聘的人，让长吏以下各自节省俸禄来资助他们。在同一时期相嫁娶的就有两千多人。这一年风调雨顺，庄稼丰收。那些生了孩子的，才开始知道孩子的种姓。大家都说："让我有这个孩子的，是任君啊。"大多数人给儿子起名为"任"。因此边外蛮夷、夜郎等地的人民，仰慕其德仪，愿意守保边关。任延于是撤销了那里的侦探、戍守的兵卒。

以前，汉平帝时，汉中人锡光为交阯太守，教导夷狄人民，慢慢受到礼义教化，声誉和任延差不多一样。到了王莽末年，闭关拒守。建武初年，遣使贡献，被封为盐水侯。岭南得以改革习俗，前后开始于锡光、任延两位太守。

任延在九真做太守四年，被征调京都洛阳，九真吏民为他立生祠。后拜武威郡太守。光武皇帝亲自接见，告诫他说："好好侍奉上级，不要丢掉名誉。"任延对答说："臣闻忠臣不私，私臣不忠。行正奉公，是臣子的节操。上下雷同，不是陛下的福气。好好侍奉上级，臣不敢奉诏从命。"光武帝感叹地说："卿说的话是对的。"

## 酷吏传

董宣，字少平，陈留人也。为洛阳令。时湖阳公主苍头白日杀人，因匿主家，吏不能得。及主出行，而以奴骖乘，宣于夏门亭候之，乃驻车叩马，数主之失，叱奴下车，因格杀之。主即还宫诉帝，帝大怒，召宣，欲箠杀之。宣曰："陛下圣德中兴，而纵奴杀良民，将何以治天下乎？臣不须箠，请得自杀。"即以头击楹，流血被面。帝令小黄门持之，使宣叩头谢主，宣不从。帝强使顿之，宣两手据地，终不肯俯。主曰："文叔为白衣时，臧亡匿死，吏不敢至门。今为天子，威不能行一令乎？"帝笑曰："天子不与白衣同。"因敕强项令出，赐钱三十万。搏击豪强，莫不震栗。京师号为"卧虎"，歌之曰："枹鼓不鸣，董少平也！"

【译文】

董宣，字少平，陈留郡人。为洛阳令。当时湖阳公主的仆人白日杀人，因为藏匿于公主家，官吏捉不到。等公主出行，而让这个仆人做陪乘，董宣在夏门亭等候他，就挡车勒马，大声指斥公主的错误，喝令这个仆人下车，随即格杀了他。公主还宫把此事告诉了光武皇帝，帝大怒，召唤董宣，准备处死她。董宣说："陛下有中兴汉室的圣德，而放纵奴仆杀老百姓，那将怎样治理天下呢？臣我不要被处死，请让我自杀吧。"即用头击柱，血流了一脸。光武帝让小黄门抓住他，叫董宣叩头向公主谢罪，董宣没有听从。帝让人强压他叩头，董宣两手撑住地，到底不肯叩头。公主说："文叔为平民时，也藏匿过犯死罪的人，官吏不敢上门来，现在做了天子，威力难道不能施行到一个县令吗？"光武皇帝笑着说道："天子和老百姓不一样。"于是敕称董宣为强项令，赐钱三十万。董宣打击豪强，权贵们没有不害怕的。京师称董宣为"卧虎"，并且有歌谣传唱说："枹鼓不鸣，董少平也。"

论曰：古者敦庞，善恶易分，至画衣冠、异服色，而莫之犯。叔世偷薄，上下相蒙，德义不足以相洽，化导不能惩违，乃严刑痛杀，以暴治奸，倚疾邪之公直，济忍苛之虐情。与夫断断守道之吏，何工否之殊乎？故严君蚩黄霸之术，密民笑卓茂之政，猛既穷矣，而犹或未胜。然朱邑不以笞辱加物，袁安未尝鞫人臧罪，而猾恶自禁，民不欺犯。何者？以为威辟既用，而苟免之行兴；仁信道孚，故感被之情著。苟免者，威隙则奸起；感被者，人亡而思存。由一邦以言天下，则刑讼繁措，可得而求矣！

【译文】

论赞说："古时候的人崇尚敦厚，善恶容易分清，以至给罪犯画上不同图形衣冠、穿上不同颜色的衣服，便没有人轻易犯罪。末世风气苟且浅薄，上下互相欺蒙，德义也不能够使之谐和，教化也不能惩办违逆之事，于是就靠严刑痛杀的办法，用暴力治奸邪，依仗憎恶邪行的公道正直，来补救残忍苛刻的暴虐情状。这些人与那些因循守道的官员，怎么好坏相差得这么悬殊啊？所以严延年指斥黄霸的教化方式，密县的人耻笑卓茂的政令，严刑用到了头，但还是起不到应起的效果。然而朱邑从来不以笞打羞辱对待众人，袁安未曾查问人的贪赃之罪，但是猾恶之人自知收敛，人不欺诈犯法。这是为什么呢？那是由于威吓之法既经施用，则苟免的行为反而兴起；仁信之道使人信服，故而感化之情就能起到作用。只求苟免的人，威力有隙漏时，奸邪就会发生；受到感化者，即使施政者离去，其思想观念依然存在。从一个地方来推论天下事，刑罚诉讼苛刻繁琐，怎么能让天下太平呢？

## 宦者传

周礼，阍者守中门之禁，寺人掌女宫之戒。然宦人之在王朝，其来旧矣。汉兴，仍袭秦制，置中常侍官，然亦引用士人，以参其选。及高后称制，乃以张卿为大谒者，出入卧内，受宣诏命。至于孝武，数宴后庭，潜游离宫，故请奏机事，多以宦人主之。元帝之世，史游为黄门令，勤心纳忠，有所补益。其后弘恭、石显以佞险自进，卒有萧、周之祸，损秽帝德焉。

【译文】

《周礼》规定，阍者掌管王宫中门的侍卫，寺人执掌女宫的警戒。宦官之在王朝，由来已久了。汉朝兴起，仍袭秦制，设置中常侍官，然而也引用士人，让他们参加中常侍官的人选。到吕后临朝称制，乃用张卿为大谒者，出入卧室之内，受宣诏命。至于孝武，屡次在后宫设宴，微服游于离宫，所以请奏机要之事，大多是由宦官主持。元帝时期，史游任黄门令，勤恳纳忠，有所补益。其后弘恭、石显以谄佞阴险自进，终于酿成萧望之、周堪自杀或废锢之祸，使皇帝的德行受到污损。

中兴之初，宦官悉用阉人。自明帝以后，委用渐大，非复掖庭永巷之职、闺牖房闼之任也。其后孙程定立顺之功，曹腾参建桓之策，迹因公正，恩固主心。故中外服从，上下屏气，举动回山海，呼吸变霜露。阿旨曲求，则光宠三族；直情忤意，则参夷五宗。汉之纲纪大乱矣。若夫高冠长剑、纡朱怀金者，布满宫闱；苴茅分虎、南面臣民者，盖以十数。府署第馆，棋列于都鄙；子弟支附，过半于州国。南金和宝、冰纨雾縠之积，盈仞珍藏；嫱媛侍儿、歌童舞女之玩，充备绮室。狗马饰雕文，土木被缇绣。皆剥割萌黎，竞恣奢欲。构害明贤，专树党类。败国蠹政之事，不可单书。所以海内嗟毒，志士穷栖，寇剧缘间，摇乱区夏。虽忠良怀愤，时或奋发，而言出祸从，旋见孥戮。凡称善士，莫不离被灾毒。斯亦运之极乎！

【译文】

光武中兴之初，宦官全部任用阉人。从明帝以后，委用逐渐扩大，宦官不光是担任掖庭永巷的职责，连闺牖房闼的任务也承担起来。其后，孙程有拥立顺帝的功劳，曹腾参与了拥立桓帝的谋划，他们的事迹顺乎民心，皇帝牢记他们的恩情，所以朝廷内外顺从，上下没有非议。这些宦官的举动可以回应山海，言语谈吐可以改变世间冷暖。阿附他们的旨意曲求，就可使三族受到光宠；直情违背他们的心意，就可祸灭五族。这样一来汉朝的纲纪大乱了。至于那些高冠长剑，系朱绂、怀金印的人，布满宫闱；分封诸侯执掌虎符，面南而坐、役使百姓的宦官数以十计。他们的府第遍及京城和外地，子弟及亲属、仆从的数目超出郡国一半。南金、和宝、冰纨、雾縠堆积之多，充盈地珍藏起来；嫱媛、侍儿、歌童、舞女相伴游玩，充斥他们的温柔乡。狗马装扮雕文，土木蒙被缇绣。这些都是剥削老百姓，相互竞争恣意挥霍。构害明贤之人，专门树立派系。败国害政之事，真是写也写不完。所以海内抱怨，志士穷居，贼寇乘隙而起，扰乱中原。即使忠良怀愤，有时奋发起而斗争，但是言出祸从，跟着遭到株连杀害。凡是被称为善士者，没有人不受到毒害。汉朝的气数已尽了啊！

单超，河南人；徐璜，下邳人；具瑗，魏郡人；左悺，河南人；唐衡，颍川人也。桓帝初，超、璜、瑗为中常侍，悺、衡为小黄门史。

初，梁冀两妹为顺、桓二帝皇后，冀代父商为大将军，再世权戚，威振天下。冀自诛李固、杜乔等，骄横益甚。皇后乘势忌恣，多所鸩毒。上下钳口，莫有言者。帝逼畏久，恒怀不平。延熹二年，皇后崩，帝因如厕，独呼衡，问："左右与外舍不相得者皆谁乎？"衡对："单超、左悺、徐璜、具瑗，常私忿疾外舍放横，口不敢道。"于是帝呼超、悺、璜、瑗等五人，遂定其议。诏收冀及宗亲党与诛之；悺、衡迁中常侍；封超新丰侯，二万户；璜武原侯，瑗东武阳侯，各万五千户，赐钱各千五百万；悺上蔡侯，衡汝阳侯，各万三千户，赐钱各千（旧无五百万悺上蔡侯衡汝阳侯各万三千户赐钱各千二十字，补之）三百万。五人同日封，故世谓之"五侯"。又封小黄门刘普、赵忠等八人为乡侯。自是权归宦官，朝廷日乱矣。

【译文】

单超，河南郡人；徐璜，下邳国人；具瑗，魏郡人；左悺，河南郡人；唐衡，颍川郡人。桓帝初即位时，单超、徐璜、具瑗为中常侍，左悺、唐衡为小黄门史。

当初，梁冀的两个妹妹，分别是顺帝、桓帝的皇后，梁冀继其父商为大将军，两代人都是有实权的外戚，威振天下。梁冀自从诛杀李固、杜乔等人以后，更加骄横。皇后乘势对异己者忌恨肆虐，多有被她鸩毒而死的。朝廷上下人人自危，没有人敢说话。皇帝长期受到逼迫，经常心怀不平。桓帝延熹二年，皇后死去，皇帝借着入厕，单独唤唐衡问："左右的人跟皇后不和的都有谁？"唐衡回答说："单超、左悺、徐璜和具瑗等人经常暗恨外家的人放肆蛮横，但嘴上却不敢说。"于是桓帝叫来单超、左悺、徐璜和具瑗等人，遂即作出了决议。颁诏收捕并诛杀了梁冀及其宗亲党羽。迁升左悺、唐衡为中常侍；封单超为新丰侯，食邑二万户；徐璜为武原侯，具瑗为武阳侯，各食邑一万五千户，赐钱各一千五百万；左悺为上蔡侯，唐衡为汝阳侯，各食邑一万三千户，赐钱各一千三百万。五人在同一天受封，所以世人称他们为“五侯”。又封小黄门刘普、赵忠等八人为乡侯。从此政权归于宦官，朝廷一天天混乱了。

超疾病，帝遣使者就拜车骑将军。薨，赐东园秘器，棺中玉具，赠侯将军印绶，使者治丧。及葬，发五营骑士，侍御史护丧，将作大匠起冢茔。其后四侯转横，天下为之语曰：“左回天，具独坐，徐卧虎，唐两堕。”皆竞起第宅，楼观壮丽，穷极伎巧；金银罽毦，施于犬马；多取良人美女，以为姬妾，皆珍饰华侈，拟则宫人。其仆从皆乘牛车，而从列骑。又养其疏属，或乞嗣异姓，或买苍头为子，并以传国袭封。兄弟姻戚，皆宰州临郡，辜较百姓，与盗贼无异。五侯宗族宾客，虐遍天下，民不堪命，起为寇贼。衡卒，亦赠车骑将军，如超故事。司隶校尉韩演，奏悺罪恶，及其兄大仆南乡侯称，请托州郡，聚敛为奸，宾客放纵，侵犯吏民，悺、称皆自杀。演又奏瑗兄沛相恭赃罪，征诣廷尉。瑗诣狱谢，贬为都乡侯，卒于家。超及璜、衡袭封者，并降为乡侯，子弟分封者，悉夺爵土。刘普等贬为关内侯。

【译文】

单超生了病，桓帝派使者去其府宅拜为车骑将军。他死后，赐予东园秘器、棺中玉具，赠予侯将军印绶，派使者治理丧事。到安葬时，动用五营骑士，由侍御史护丧、将作大匠修筑坟墓。从此以后四侯越发横行，天下人给他们编了个顺口溜说：“左回天，具独坐，徐卧虎，唐两堕。”他们都竞相修盖起宅院，楼观壮丽，穷极伎巧；金银毛羽，装饰到犬马；娶来不少的良人美女，做他们的姬妾，都打扮得雍容华贵，可以和宫人相媲美。他们的仆从都乘坐牛车，而有列骑跟从。又赡养他们的远房亲属，有的要来外姓孩子为嗣，有的买仆人为儿子，并让他们传国袭封。他们的兄弟姻戚，都到州郡做长官，坑害百姓，和盗贼没有什么差异。五侯宗族宾客，暴虐遍及天下，百姓不堪忍受，就起来为盗贼。徐璜死了，也追赠为车骑将军，和单超的规制一样。司隶校尉韩演，上奏左悺的罪恶，以及他的哥哥太仆南阳侯左称请托州郡、聚敛作奸、宾客放纵、侵犯吏民的罪行，左悺、左称二人都自杀了。韩演又上奏具瑗哥哥沛相具恭的贪污罪，召其前往廷尉衙门验证。具瑗去狱中谢罪，被贬为都乡侯，死于家中。单超和徐璜、唐衡袭封的人，一起降为乡侯，子弟有分封的，全部夺回爵土。刘普等人被贬为关内侯。

侯览，山阳人也。桓帝初，为中常侍，以佞猾进，倚势贪放，受纳货遗，以巨万计。爵关内侯。又托以与议诛梁冀功，进封高乡侯。览兄参，为益州刺史，民有丰富者，辄诬以大逆，皆诛灭之，没入财物，前后累亿计。太尉杨秉奏参，槛车征，于道自杀。参车重三百余两，皆金银锦帛珍玩，不可胜数。览坐免，旋复复官。

建宁二年，丧母还家，大起茔冢。督邮张俭，因举奏览贪侈奢纵，前后请夺人宅三百八十一所、田百一十八顷，起立第宅十有六区，皆有高楼池苑，堂阁相望，饰以绮画丹漆之属，制度深广，僭类宫省，又豫作寿冢，石椁双阙，高庑百尺，破人居室，发掘坟墓，虏夺良民，妻略妇子，及诸罪衅，请诛之。而览伺候遮截，章竟不上。俭遂破览冢宅，籍没资财，具言罪状，又奏览母生时，交通宾客，干乱郡国。复不得御。览遂诬俭为钩党，及故长乐少府李膺、太仆杜密等，皆夷灭之。遂领长乐太仆。熹平元年，有司举奏览专权骄奢，策收印绶，自杀。阿党者皆免。

【译文】

侯览，山阳郡人。桓帝初即位时，为中常侍，因谄佞狡猾得以上进，仗势贪暴，受贿收礼，总计在巨万之数。封爵关内侯。又借着因参与诛灭梁冀有功，进封为高乡侯，侯览的哥哥侯参为益州刺史，凡老百姓日子过得富裕的，常常被诬陷为谋反，都予以诛灭，没收的财物，先后累计以亿计。太尉杨秉参奏，用槛车向京都押送侯参，侯参在半路上自杀了。侯参所坐的车有三百多辆，都装的是金银锦缎珍玩，多得无法计算。侯览因此被免官，不久又官复原职。

灵帝建宁二年，侯览丧母回家，大修陵墓。督邮张俭因此举奏侯览贪污、奢侈、放纵，先后索取、夺取别人宅院三百八十一所、田地一百一十八顷，自己修盖的第宅十六处，都有高楼池苑，堂阁相望，装修有绮画丹漆之类，设计幽深、宽广，超越本分，类似宫廷，又预先修寿冢，石椁双门，廊高百尺，破人居室，发掘坟墓，虏夺良民，霸占人老婆孩子，以及其他诸多罪行，奏请诛杀他。但是侯览却打通关节，阻止张俭奏章上传，奏章竟不得上达。张俭就抄了侯览的冢宅，没收其资财，具言罪状。又上奏侯览母亲活着的时候，和宾客勾结，干扰郡国。奏章又不能送达皇帝手中。侯览就诬陷张俭为钩党，以及原长乐少府李膺、太仆杜密等，都全部灭族。自己遂兼任长乐太仆。灵帝熹平元年，主管官员检举上奏侯览专权骄奢，命收印绶。侯览自杀，阿附的党人都被罢免。

曹节，字汉丰，南阳人也。建宁元年，持节将中黄门虎贲羽林千人，北迎灵帝，陪乘入宫。及即位，以定策封长安乡侯。时窦太后临朝，后父大将军武与太傅陈蕃，谋诛中官，节与长乐五官史朱瑀、从官史张亮、中黄门王尊等十七人，共矫诏以长乐食监王甫为黄门令，将兵诛武、蕃等。节迁长乐卫尉，封育阳侯；甫迁中常侍，黄门令如故；瑀封都乡侯；亮等五人各三百户；余十一人皆为关内侯，岁食租二千斛。赐瑀钱五千万，余各有差，后更封华容侯。二年，节病困，诏拜为车骑将军，有顷疾瘳，复为中常侍，位特进，秩中二千石，寻转大长秋。

熹平元年，窦太后崩，有何人书朱雀阙，言天下大乱，曹节（旧无有何人书朱雀阙言天下大乱曹节十四字，补之）、王甫幽杀太后，常侍侯览多杀党人，公卿皆尸禄，无有忠言者。于是诏司隶校尉刘猛逐捕，猛以诽书言直，不肯急捕，月余，主名不立。猛坐左转谏议大夫，以御史中丞段颎代猛，乃四出逐捕，及太学游生，系者千余人。节等怨猛不已，使颎以他事奏猛抵罪，输左校。节遂与王甫等，诬奏桓帝弟渤海王悝谋反，诛之，以功封者十二人。甫封冠军侯，节亦增邑四千六百（旧无六百二字，补之）户，父兄子弟，皆为公卿、列校、牧守、令长，布满天下也。

【译文】

曹节，字汉丰，南阳郡人。建宁元年，持节符带领中黄门、虎、贲、羽林军一千人，去北方迎接灵帝，陪同灵帝乘车入宫。等到灵帝即位，因定策之功封为长安乡侯。当时窦太后临朝，太后之父大将军窦武和太傅陈蕃谋杀宦官，曹节和长乐五官史朱瑀、从官史张亮、中黄门王尊等十七人，共同做伪诏以长乐食监王甫为黄门令，领兵诛杀了窦武、陈蕃等。曹节迁升为长乐卫尉，封为育阳侯；王甫迁升为中常侍，仍担任黄门令；朱瑀封为都乡侯；张亮等五人各食邑三百户；其余十一人皆封为关内侯，每年食租二千斛。赏赐朱瑀五千万钱，其余的人各有所差别，后来朱瑀改封为华容侯。建宁二年，曹节得了急病，诏拜为车骑将军。不久病愈，又做了中常侍，位列特进，官阶中二千石，接着转为大长秋。

灵帝熹平元年，窦太后死，不知是谁在朱雀阙写了一条标语，说天下大乱，曹节、王甫幽杀太后，常侍侯览多杀党人，公卿皆尸禄，无有忠言者。于是下诏命令司隶校尉刘猛追捕书写者。刘猛鉴于诽谤的话说得率直，不肯急捕，过了一月多，还不知书写者是谁。刘猛因办案不力降为谏议大夫，另以御史中丞段颖代刘猛之职，同时四出追捕，直到太学生，被捉拿的有一千多人。曹节等人对刘猛怀恨在心，让段颖以别的事由上奏刘猛，刘猛被处到左校服役。曹节又和王甫等人上奏，诬奏桓帝之弟渤海王刘悝谋反，杀了刘悝，因功受封的有十二个人。王甫封为冠军侯，曹节也增加食邑四千六百户，他的父兄子弟，都做了公卿、列校、牧守、令长，布满于天下。

吕强，字汉盛，河南人也。少以宦者小黄门，迁中常侍。清忠奉公。灵帝时，例封宦者，以强为都乡侯。强辞让恳恻，帝乃听之。因上疏陈事曰：“臣闻诸侯上象四七，下裂王土。高祖重约，非功臣不侯，所以重天爵、明劝戒也。伏闻中常侍曹节、王甫等，并为列侯。节等谗谄媚主，佞邪侥宠，放毒人物，嫉妒忠良，有赵高之祸，未被轘裂之诛，掩朝廷之明，成私树之党。而陛下不悟，妄授茅土，世为藩辅。受国重恩，不念尔祖，述修厥德，而交结邪党，下比群佞。陛下惑其琐才，特蒙恩泽。又授位乖越，阴阳乖剌，罔不由兹。臣诚知封事已行，言之无逮，所以冒死干触，陈愚忠者，实愿陛下损改既谬，从此一止。又今外戚四姓贵幸之家，及中官公族无功德者，造起馆舍，凡有万数，雕刻之饰，不可单言；丧葬逾制，奢丽过礼，竞相放效，莫肯矫拂。上之化下，犹风之靡草。今上无去奢之俭，下有纵欲之弊，至使禽兽食民之甘、木土衣民之帛。昔师旷谏晋平公曰：‘梁柱衣绣，民无褐衣；池有弃酒，士有渴死；厩马秣粟，民有饥色。近臣不敢谏，远臣不得畅。’此之谓也。又闻前召议郎蔡邕，对问于金商门，而令中常侍曹节、王甫，诏书喻旨，邕不敢怀道迷国，而切言极对，毁刺贵臣，讥呵竖宦。陛下不密其言，至令宣露，群邪竞欲咀嚼，造作飞条。陛下回受诽谤，致邕刑罪，室家徙放，老幼流离，岂不负忠臣哉！今群臣皆以邕为戒，上畏不测之难，下惧剑客之害，臣知朝廷不复得闻忠言矣。夫立言无显过之咎，明镜无见疵之尤。如恶立言以记过，则不当学也；不欲明镜之见疵，则不当照也。愿陛下详思臣言，不以记过见疵为责。”

【译文】

吕强，字汉盛，河南郡人。年轻时由宦者小黄门，迁升为中常侍。为人清忠奉公。灵帝时，按照惯例进封宦者，吕强被封为都乡侯。吕强推辞恳切，灵帝就听从了他的意见。因而上书陈事说：“臣闻诸侯象征着天上二十八宿，下分封王土。高祖再三约定，非功臣者不得封侯，为的是重视天爵、表明劝戒啊。在下听说中常侍曹节、王甫等人，都封为列侯。曹节等人谗谄媚主，奸邪受宠，毒害人才，嫉妒忠良，有赵高之祸，没有受到车裂之诛，从而掩去天子的贤明，结成自己的私党。而陛下却没有觉察，随便授给爵位、土地。世代作为藩辅之臣，受国家重恩，却不念其祖先，修养德行，却在交结邪党，下边与群佞朋比作奸。陛下可能只看到他们的小才，特使他们蒙受恩泽。授给的官职又不相称，阴阳错乱，没有不是从这里发生滋长的。臣确知封侯之事已举行，说也迟了，之所以还冒死触犯，表明愚忠，实在是希望陛下改正过去的错误，从此停止。再者外戚四姓贵幸之家，和宦官公族无功德的人，起造馆舍，约有万数，楼阁连接，雕刻装饰，不可说尽。丧葬超越规制，奢丽有失礼节，竞相效仿，没有人肯矫正。在上者对下边的影响，正像风能把草吹倒一样。现今在上者不去奢从俭，在下者必然有纵欲之弊，以至让禽兽吃老百姓之甘食、土木穿老百姓的衣帛。古时师旷曾谏诤晋平公说：'房屋的梁和柱一旦裹上华美的布帛，百姓就连粗麻衣服也穿不上；池子里有被倒掉的酒，就会有渴死的士人；马厩里的马喂的是粗粮，百姓就面有饥色。身边的臣子不敢规劝皇上，远方的臣子就不会畅所欲言。'说的就是这种现象啊。又听说以前召唤议郎蔡邕在金商门对问，而让中常侍曹节、王甫等以诏书宣喻圣旨。蔡邕不敢怀道误国，而切言极对，毁刺了贵臣，讥讽了宦官。陛下不保密，致让泄漏，群邪竞相诅咒，造作匿名信诬陷。陛下反而听受其诽谤，致蔡邕受到刑罚，室家流放，老幼流离，这难道不是辜负了忠臣吗？今天群臣都以蔡邕的下场为戒，在上怕受到不测的灾难，在下恐惧有剑客来行刺，臣知道朝廷不会再听到忠言了。立言没有针砭过失之过，明镜无显露瑕疵之忧。如果讨厌直言而记其过，那就不值得学了；不想看到明镜里照出的瑕疵，就不应当去照了。希望陛下详思臣言，不要用记过、见疵来责备臣下。"

张让，颍川人；赵忠，安平人也。少皆（皆原作时）给事省中。灵帝时，让、忠并迁中常侍，封列侯，与曹节、王甫等，相为表里。节死后，忠领大长秋。让有监奴典任家事，交通货赂，威形喧赫。扶风人孟他，资产饶赡，与奴朋结，倾竭馈问，无所遗爱。

奴咸德之，问他曰："君何所欲？力能办也。"他曰："吾望汝曹为我一拜耳。"时宾客求谒让者，车恒数百千两，他时诣让，后至，不得进，监奴乃率诸苍头迎拜于路，遂共舆车入门。宾客威惊，谓他善于让，皆争以珍玩赂之。他分以遗让，让大喜，遂以他为凉州刺史（史原作吏）。

【译文】

张让，颍川郡人；赵忠，安平郡人。年轻时都做给事中。灵帝时，他们两人一起迁升为中常侍，封列侯，与曹节、王甫等互相呼应。曹节死后，赵忠执掌大长秋。张让有监奴典任家事，接受贿赂，威风显赫。扶风郡人孟他，资产丰厚，和张让的家奴结党，倾其家产，毫不怜惜。张让的家奴都感激他，问他说："您想干什么？我们都可以办到。"他说："我希望你们给我行一次拜礼。"当时宾客请求谒见张让的人很多，车子经常多达百千辆。孟他这时候也去拜谒张让，因为挡在后面，不能进门，张让的监奴就率领诸仆人在路边迎接拜见孟他，于是一起并车进门。众宾客都很惊奇，认为孟他与张让交好，都争着用珍玩向他行贿。孟他分送给张让，张让大喜，于是就让孟他做了凉州刺史。

是时让、忠及夏恽、郭胜、孙璋、毕岚、栗嵩、段珪、高望、张恭、韩悝、宋典十二人，皆为中常侍，封侯贵宠，父兄子弟，布列州郡，所在贪残，为人蠹害。黄巾既作，盗贼糜沸，郎中中山张钧上书曰："窃惟张角所以能兴兵作乱，万民所以乐附之者，其源皆由十常侍多放父兄、子弟、婚亲、宾客典据州郡，辜榷财利，侵掠百姓。百姓之冤，无所告诉，故谋议不轨，聚为盗贼。宜斩十常侍，悬头南郊，以谢百姓，又遣使者布告天下，可不须师旅，而大寇自消。"天子以钧章示让等，皆免冠徒跣顿首，乞自致洛阳诏狱，并出家财，以助军费。有诏皆冠履，视事如故。帝怒钧曰："此真狂子也。"钧复重上，犹如前章，辄寝不报。诏使廷尉、侍御史，考为张角道者，御史承让等旨，遂诬奏钧学黄巾道，收掠死狱中（旧无收掠死狱中五字，删之）。后中常侍封谞、徐奏事独发觉坐诛，帝因怒诘让等曰：“汝曹常言党人欲为不轨，皆令禁锢，或有伏诛。今党人更为国用，汝曹反与张角通，为可斩未？”皆叩头云：“故中常侍王甫、侯览所为。”帝乃止。

【译文】

这时候，张让、赵忠和夏恽、郭胜、孙璋、毕岚、栗嵩、段珪、高望、张恭、韩悝、宋典等十二人，都是中常侍。他们被封侯贵宠，父子兄弟分布在州郡，贪污残酷，是人民的蛀虫祸害。黄巾起义爆发后，盗贼纷扰动乱，郎中中山人张钧上书说：“我想张角所以能兴兵作乱，万民所以乐于跟着他们，其根源都是由十常侍大多放纵他们的父兄、子弟、婚亲、宾客霸占州郡，垄断财利，侵掠百姓。百姓有冤无处诉，故谋议作乱，集合为盗贼。应该将十常侍斩首，将头挂在南郊，来向百姓谢罪，还可派遣使者向天下人宣布，如此不需要动用兵力，而贼寇自然会消解。”灵帝将张钧的上奏拿来，叫张让等看。他们都免冠赤脚叩头，乞求自己到洛阳诏狱中去，并拿出家中财产来资助军费。灵帝却诏命他们都戴冠着履，和过去一样任职。灵帝恼怒张钧说：“这真是一个狂徒！”但张钧又上奏，还和上次奏章一样，都被压下不向上呈报。颁诏让廷尉、侍御史考察信奉张角邪道的人，御史接受张让等人的意旨，于是就诬陷张钧是学张角邪道的人，遂被逮捕拷打死在狱中。后来中常侍封谞、徐奉的事被发觉，犯罪受诛，灵帝因此怒斥张让等说：“你们常说朋党之人图谋不轨，都命收禁，有的也伏诛了。现今党人反为国效用，而你们反跟张角勾结，该不该杀？”张让等人都叩头说：“这是原中常侍王甫、侯览所干的事。”灵帝才不追究了。

明年，南宫灾。让、忠等说帝，令敛天下田，亩税十钱，以修宫室。发太原、河东、狄道诸郡材木及文石，每州郡部送至京师。黄门、常侍辄令谴呵不中者，因强折贱买，十分雇一，因复货之于宦官，复不为，既受，材木遂至腐积，宫室连年不成。刺史、太守，复增私调，百姓呼嗟。凡诏所征求，皆令西园驺密约敕，号曰“中使”，恐动州郡，多受赇赂。刺史二千石，及茂才、孝廉迁除，皆责助军修宫钱，大郡至二三千万，余各有差。当之官者，皆先至西园谐价，然后得去。有钱不毕者，或至自杀。其守清者，乞不之官，皆迫遣之。时巨鹿太守河内司马直新除，以有清名，减责三百万。直被诏，怅然曰：“为民父母，而反割剥百姓，以称时求，吾不忍也。”辞疾不听，行至孟津，上书极陈当世之失、古今祸败之戒，即吞药自杀。

【译文】

第二年，南宫遭火灾。张让、赵忠等劝说皇上，让加收天下田亩税，每亩加收十个钱，用来修宫室。征发太原、河东、狄道诸郡的材木和石料，由各州郡运送到京师。黄门、常侍经常让人指责送不合格材料的人，借以强横折价收买，十成按一成计算，又借机卖给宦官，倒卖不成交，就搁置下来，材木竟至堆积腐朽，宫室几年都未修成。刺史、太守再增加私调，老百姓只有呼天叹气。凡是有所征发，都令西园养马人密约敕命，号称“中使”，造成州郡恐慌动乱，而这些使者很多都接受贿赂。刺史、二千石和茂才、孝廉升迁，都向他们要助军、修宫钱，大郡多至二三千万，其余州郡不等。凡要去赴官任者，都要先到西园协商钱数，然后才能去上任。钱数交不齐的，有人竟自杀了。凡清白守法的钱送不来，都强行把他们遣送回家。当时巨鹿太守河内郡司马直新到任，因有清廉声名，减去应交的三百万。司马直接到诏命后，怅然叹息说：“为民父母官，反而要剥割百姓，来满足现时的征求，我不忍这样做。”称病辞官，没有准许。他行至孟津，上书极力陈述当时的腐败现象，以及古今祸乱败亡的戒鉴，随即服毒自杀。

书奏，帝为暂绝修宫钱。又造万金堂于西园，引司农金钱缯帛，仞积其中。又还河间，买田宅，起第观。帝本侯家，宿贫，每叹桓帝不能作家居，故聚为私藏，复寄小黄门常侍钱各数千万。常云：“张常侍是我父，赵常侍是我母。”宦官得志，无所惮畏，并起第宅，拟则宫室。帝常登永安侯台，宦官恐其望见居处，乃使中大夫尚但谏曰："天子不当登高，登高则百姓虚散。"自是不敢复升台榭。复以忠为车骑将军。

帝崩。中军校尉袁绍，说大将军何进，令诛中官。谋泄，让、忠等因进入省，遂共杀进。而绍勒兵斩忠，捕宦官无少长悉斩之。让等数十人，劫质天子，走之河上。追急，皆投河而死也。

【译文】

司马直死前的上书呈奏后，灵帝命暂行停止征收修宫钱。又在西园修造万金堂，把司农的金钱缯帛拿来，堆满万金堂中。还回河间郡买田宅、修第观。灵帝原来出身于诸侯家，早年贫困，每叹息桓帝不能给自己修造家居，所以他就聚敛私钱，又寄存在小黄门、常侍处钱各数千万。灵帝常说："张常侍像我的父亲，赵常侍像我的母亲。"宦官得志，无所顾忌，都来修第宅，和宫室的规制相等。灵帝经常登上永安侯台榭瞭望，宦官们害怕皇帝望见他们的居处，遂令中大夫尚但谏议说："天子不当登高，登高则百姓会耗费虚散。"从此灵帝就不敢再登上台榭了。还任赵忠为车骑将军。

灵帝驾崩。中军校尉袁绍劝说大将军何进，让他诛杀中官。计谋泄漏了，张让、赵忠等借口何进入朝之机，杀了何进。接着袁绍领兵杀了赵忠，逮捕宦官，不论少长全部杀死。张让等数十人，劫持天子作人质，跑到黄河边。袁绍领兵急追，张让等人都投河自杀。

## 儒林传序

昔王莽、更始之际，天下散乱，礼乐分崩，典文残落。及光武中兴，爱好经术，未及下车，而先访儒雅，采求阙文，补缀漏逸。先是，四方学士，多怀挟图书，遁逃林薮。自是莫不抱负坟策，云会京师。于是立五经博士，各以家法教授，太常差次总领焉。建武五年，乃修起太学，稽式古典，笾豆干戚之容备之于其列，服方领、习矩步者委它（它原作他）乎其中。中元元年，初建三雍。明帝即位，亲行其礼。天子始冠通天，衣日月，备法物之驾，盛清道之仪，坐明堂而朝群后，登灵台以望云物，袒割辟雍之上，尊养三老五更。后复为功臣子孙、四姓末属，别立校舍，搜选高能，以授其业，自期门羽林之士，悉令通《孝经》章句，匈奴亦遣子入学。济济乎！洋洋乎！盛于永平矣！

【译文】

昔日王莽改朝、更始称帝之际，天下散乱，礼乐分崩离析，典章文学残缺衰败。到光武中兴，他爱好经术，尚未即位时，便先行访求儒雅，采求散缺的典文，增补漏失散佚的典籍。在此以前，四方的学士大多携带典籍，逃遁山林。此时无不拿出书籍典策，云集于京师。于是确立五经博士，各人以所习之学教授学生，由太常按等次总领其事。建武五年，修起太学，取法古代典章制度，礼器兵器陈列完备，穿着直领衣服、步履合乎法度的儒生置身于太学之中。中元元年，开始建立三雍——辟雍、明堂、灵台。明帝即位，亲自举行祭祀之礼。天子开始戴着通天冠，穿着绘有日月的衣服，备齐法物的车驾，陈列清道的仪式，坐于明堂而朝拜列祖列宗，登上灵台来观察天象云气，袒衣切割三牲于辟雍之上，尊奉三老五更之人。其后又为功臣子孙、四姓宗属另立校舍，遴选高明贤能之士来教授他们的学业，自期门羽林官员开始，都让通晓《孝经》章句，匈奴也派遣子弟到校舍来学习。人才济济，洋洋大观，永平年间一片人才兴盛的景象。

建初中，大会诸儒于白虎观，考详同异，连月乃罢。肃宗亲临称制，如石渠故事。孝和亦数幸东观，览阅书林。及邓后称制，学者颇懈。安帝览政，薄于艺文，博士倚席不讲，朋徒相视怠散，学舍颓敝，鞠为园蔬，牧儿荛竖，至薪刈其下。顺帝感翟酺之言，乃更修黉宇，试明经下第补弟子，除郡国耆儒，皆补郎、舍人。本初元年，诏曰："大将军下至六百石，悉遣子就学，每岁辄于乡射月一飨会之。"自是游学增盛，至三万余生，然章句渐疏，而多以浮华相尚，儒者之风盖衰矣。熹平四年，灵帝乃诏诸儒，正定五经，刊于石碑，为古文、篆、隶三体书法，以相参检，树之学门，使天下咸取则焉。

【译文】

建初年间，天子召集诸儒于白虎观，讨论学术异同，接连数月才毕，肃宗亲自前往参加，如石渠阁的旧例一样。和帝也多次驾临东观，阅览书林。到邓绥太后临朝称制，学者很是懈怠。安帝亲政，轻视艺文，博学之士废止讲学，门人弟子相视懈怠，学舍颓敝，荒废成菜园，牧童樵夫在里面割草打柴。顺帝听了翟酺的谏言，于是重新修整学舍，试用明经下第者补为弟子，拜郡国年老博学的儒者都委任为郎、舍人。质帝本初元年，颁诏曰："大将军以下至六百石，都要派遣子弟就学，每年都要在春三月、秋九月习乡射礼的时间聚会饮宴。"从此游学风气转盛，学生大量增加，多到三万余人。不过，由于章句渐渐空洞，大多是崇尚浮华，儒者的风气衰落了。熹平四年，灵帝诏命诸儒校订"五经"并刻于石碑，作古文、篆、隶三体书法来互相参证，将石碑树立在学宫之门，使天下都来作为样本学习。

## 逸民传

周党，字伯况，太原人也。世祖引见，党伏而不谒，自陈愿守所志，帝乃许焉。博士范升奏毁党曰："臣闻尧不须许由、巢父，而建号天下；周不待伯夷、叔齐，而王道以成。伏见太原周党，陛见帝庭，不以礼屈，伏而不谒，偃蹇骄悍，夸上求高，皆大不敬。"书奏，天子以示公卿。诏曰："自古明王圣主，必有不宾之士。伯夷、叔齐不食周粟，太原周党不受朕禄，亦各有志焉。"其赐帛四十匹。党遂隐居。

【译文】

周党，字伯况，太原郡人。光武皇帝引见，周党隐居而不谒见，自称希望能安守素志，光武答应了他的请求。博士范升上书批评周党说：“臣听说唐尧不需要许由、巢父，而建立帝号于天下；周朝不等待伯夷、叔齐，而王者之道仍然成功。臣私下看到太原周党，上朝参见天子，不屈于礼，伏在地上却不拜，高傲骄悍，谋求高位，都是大不敬的表现。”奏书呈上，光武帝拿来让公卿们看。诏曰：“自古明王圣主，必然会遇到不愿宾服的人士。伯夷、叔齐不食周粟，太原周党不受朕的俸禄，这也是人各有志的表现。”赏赐周党帛四十匹。周党最终隐居不仕。

严光，字子陵，会稽人也。少有高名，与世祖同游学。及世祖即位，光乃变名姓，隐身不见。帝乃令以物色访之，至舍于北军，给床褥，大官朝夕进膳。车驾幸其馆，光卧不起，帝即其卧所，抚光腹曰：“咄咄子陵，不可相助为治耶？”光眠不应，良久，乃张目熟视曰：“昔唐尧著德，巢父洗耳。士故有志，何至相迫乎？”帝曰：“子陵，我竟不能下汝耶？”于是升舆，叹息而去。

复引光入，论道旧故，相对累日，除为谏议大夫，不屈，乃耕于富春山。年八十，终于家。帝伤惜之，赐钱百万、谷千斛。

【译文】

严光，字子陵，会稽郡人。他在年轻时就有很高的名声，和光武帝一同游历求学。到光武帝即位，严光改换姓名，隐居不见，光武帝就下令凭当年形貌访到了他，把他安置在北军，赐给床褥，由太官早晚进膳。光武车驾到馆舍看望，严光睡着没有起身，光武帝就到他睡的地方，抚摸着严光的肚子说：“啊呀子陵，难道不能帮助我治理国家吗？”严光只是睡着不应声，过了好久，才睁开眼睛看了好一会儿说：“昔日唐尧很有德行，但巢父却在洗耳。人各有志，何必来强迫呢？”光武帝说：“子陵，我竟不能说服你吗？”于是上了车驾，叹息着离开了。

后来又召严光入宫，谈论往事，谈了很多天，拜为谏议大夫。严光不就，于是在富春山种田。年八十，终老于家。光武帝很痛惜，赐钱百万、谷一千斛。

汉滨老父者，不知何许人也。桓帝延熹中，幸竟陵，过云梦，临沔水，百姓莫不观者，有老父独耕不辍。尚书郎南阳张温异之，使问曰："人皆来观，老父独不辍，何也？"父笑而不对。温自与言，老父曰："我野人耳，不达斯语。请问天下乱而立天子耶？理而立天子耶？立天子以父天下耶？役天下以奉天子耶？昔圣王宰世，茅茨采椽，而万民以宁。今子之君，劳民自纵，逸游无忌。吾为子羞之，子何忍欲人观之乎？"温大惭。问其名姓，不告而去。

【译文】

汉阴有位老者，不知是什么人。延熹年间，桓帝到竟陵，经过云梦，亲临沔水，老百姓无人不来观看，有一位老者仍然耕作不止。尚书郎南阳张温感到这人很奇异，让人问他说："人都来观看，您老却不停止耕作，这是为什么呢？"老父笑而不答。张温亲自和老者谈话，老者说："我是个草野之人，不了解你的问话。请问，是为天下乱才立天子呢？还是为天下治而立天子呢？立天子为的是给天下人父亲一样的关爱呢？还是役使天下人来侍奉天子呢？以前圣王主宰天下，以茅草做屋顶，以树木做椽，老百姓因而过着安宁的日子。现在你的君王，劳民自纵，安逸无所顾忌，我真替你羞耻，你何忍心想让人朝见他呢？"张温感到非常羞愧。问老父的名姓，老者未告知而走开了。

## 西 羌

建武九年，司徒掾班彪上言："今凉州部郡，皆有降羌。羌胡被发左衽，而与汉人杂处，习俗既异，言语不通，数为小吏黠民所侵夺，穷恚无聊，故悉（原注无悉字）致反叛。夫蛮夷寇乱，皆为此也，宜明威防。"世祖从之。十一年，夏，先零种复寇临洮，陇西太守马援破降之，徙置天水、陇西、扶风三郡。明年，武都参狼羌反，援又破降之。永平元年，复遣捕虏将军马武等击滇吾，滇吾远去，余悉散降，徙七千口置三辅。章和十二年，金城太守侯霸与迷唐战，羌众折伤，种人瓦解。降者六千余口，分徙汉阳、安定、陇西。永初中，诸降羌布在郡县，皆为吏民豪右所徭役，积以愁怨，同时奔溃，大为寇掠，断陇道。

【译文】

光武建武九年，司徒掾班彪上书说："当今凉州各部郡地方，都住有投降的羌人。羌族人披着长发，开着左襟衣服，而和汉人杂居，习俗不一样，言语又不通，多次被汉族小官和狡猾之民所侵夺，穷困没法生活，所以导致反叛。凡蛮夷反叛作乱，都是由此而引起的，应该由朝廷宣明威德加以防止。"光武帝采纳了这一谏议。建武十一年夏天，先零种族又来侵犯临洮，陇西太守马援击败并使其投降，并设置天水、陇西、扶风三郡。第二年，武都参郎羌反叛，马援又破降了他们。明帝永平元年，朝廷又派遣捕虏将军马武等攻打滇吾，滇吾远远地逃离走开，其余的都散在各地投降，迁其七千口人安置到三辅地区。汉章帝章和十二年，金城太守侯霸与迷唐交战，羌兵死伤甚众，族人瓦解，投降者六千余人，分散迁往汉阳、安定、陇西各郡。安帝永初年间，投降的羌人分散在各郡县，都被吏民豪右所徭役，愁怨日积，同时逃奔，大为抢掠，切断了通往陇地的通道。

时羌归附既久，无复器甲，或持竹竿木枝以代戈矛，或负板案以为楯，或执铜镜以象兵。郡县不能制，遣车骑将军邓骘、征西校尉任尚、副将五营及三辅兵合五万人屯汉阳。骘使尚率诸郡兵与滇零等战于平襄，尚军大败，于是滇零自称天子于北地，招集武都参狼、上郡西河诸杂种，众遂大盛，东犯赵、魏，南入益州，寇抄三辅，断陇道，湟中诸县粟石万钱，百姓死亡，不可胜数。朝廷不能制，而转运难剧，遂诏骘还师，留任尚屯汉阳。复遣骑都尉任仁，督诸郡屯兵。仁战每不利，众羌乘胜，汉兵数挫，羌遂入寇河东，至河内。百姓相惊，多奔南渡河。使北军中侯朱宠，将五营士屯孟津，诏魏郡、赵国常山、中山，缮作坞候六百一（原注一作二）十六所。

羌既转盛，而二千石令长并无守战意，皆争上徙郡县以避寇难。朝廷从之，遂移陇西徙襄武、安定徙美阳、北地徙池阳、上郡徙衙。百姓恋土，不乐去旧，遂乃刈其禾稼，发彻室屋，夷营壁，破积聚。时连旱蝗饥荒，而驱蹙劫略，流离分散，随道死亡，或弃捐老弱，或为人仆妾，丧其大半。自羌叛，十余年间，兵连师老，不暂宁息，军旅之费，转运委输，用二百四十余亿。府帑空竭，延及内郡。边民死者，不可胜数。并、凉二州，遂至虚耗。

【译文】

当时羌人归附的时间已经很久了，不再有武器兵甲，有的拿竹竿木棒来代替戈矛，有的背起板案作为盾牌，有的手执铜镜来当作护心兵器，郡县却不能制服他们。朝廷派遣车骑将军邓骘、征西校尉任尚、副将五营及三辅兵卒共有五万人屯驻在汉阳。邓骘命任尚率领诸郡兵和滇零等战于平襄，任尚军大败。于是滇零在北地自称为“天子”，招集武都、参狼、上郡、西河一些少数民族，兵马大为强盛，东犯赵、魏，南入益州，抢掠三辅，切断陇道。湟中诸县粟米一石价值万钱，百姓死亡，不可胜数。朝廷不能制止，而转运又很困难，于是命邓骘还师，留任尚屯兵汉阳。又派遣骑都尉任仁督领诸郡屯兵，任仁作战往往不利，众羌乘机而强盛，汉兵多次被挫败。羌兵于是入侵河东郡，一直打到河内，百姓相惊，大多向南逃奔渡过黄河。朝廷使北军中侯朱宠带领五营兵士屯驻孟津，诏魏郡、赵国、常山、中山修缮侦察所六百一十六所。

羌人既经转战而强盛起来，但是二千石（郡守）、令长，都没有驻守待战思想，都争相迁移郡县以避寇难。朝廷任其这样做，遂将陇西郡迁往襄武，将安定郡迁至美阳，将北地郡迁到池阳，将上郡迁于冯翊县。老百姓留恋乡土，不愿意离开故乡，于是就割掉他们的禾苗，拆除房屋，夷平营垒，破坏积聚。当时连年闹旱蝗饥荒，而驱使劫略，弄得老百姓流离分散，道路随时可见有人死亡，有的丢弃了老弱，有的做别人奴仆妻妾，伤亡过半。自从羌人反叛十多年来，兵连师老，没有片刻停息，军旅之费，转运消耗，总计费用达二百四十多亿。国库空虚，影响到内郡，边民死亡人数无法计算，并、凉二州，虚耗殆尽，形同空设。

论曰：中兴以后，边难渐大。朝规失绥御之和，戎帅骞然诺之信。其内属者，或倥偬于豪右之手，或屈折于奴仆之勤。塞候时清，则愤怒而思祸；桴革暂动，则属鞬而鸟惊。故永初之间，群种蜂起，自西戎作逆，未有凌斥上国若斯其炽者也。呜呼！昔先王疆理九土，判别畿荒，知夷貊殊性，难以道御，故斥远诸华，薄其贡职，唯与辞要而已。若二汉御戎之方，失其本矣。何则？先零侵境，赵充国迁之内地；当煎作寇，马援徙之三辅。贪其暂安之势，信其驯服之情，计日用之权宜，忘经世之远略，岂夫识微者之为乎？故微子垂泣于象箸，辛有浩叹于伊川也。

【译文】

论赞说：从汉室中兴以后，边患逐渐加大。朝廷缺少安定统御的办法，将帅违背许诺和信义。归附朝廷的羌人，有的落在豪强手中穷困窘迫，有的被迫屈身给人当奴仆干体力活。边境刚得到一时的太平，他们就愤怒地企图作乱；战争一经打起，他们身挂箭袋像鸟一样惊慌。所以在安帝永初年间，各个少数民族如蜂一般纷纷起来，自从西戎反叛，从未见过侵犯上国像这么厉害的。呜呼！往昔先王治理九州，分别出远近，知晓夷狄习俗特殊，难以用道义统治，所以远远地将其排斥在华夏之外，减少他们的进贡，只同他们约盟而已。像两汉统治戎狄的办法，可谓失掉这一根本的方针了。为什么这样说？先零族侵犯边境，赵充国把他们迁移到内地；煎党族作乱，马文渊（马援字）迁徙他们到三辅。贪图他们一时的安定，轻信他们的驯服，只图目前权宜之计，而忘却了经世的长久策略，这怎能是识微知渐的行为呢？中国之地不宜徙戎狄居之，所以才有微子垂泣于象箸、辛有浩叹于伊川的历史教训啊。

# 鲜　卑

熹平三年，夏育为护乌桓校尉。六年，夏，鲜卑寇三边。秋，育上言，请征幽州诸郡兵出塞击之。帝乃拜田晏为破鲜卑中郎将，大臣多有不同。乃召百官议，议郎蔡邕议曰："《书》戒猾夏，《易》伐鬼方，周有猃狁、蛮荆之师，汉有阗颜、瀚海之事，征讨殊类，所由尚矣。然而时有同异，势有可否，故谋有得失，事有成败，不可齐也。武帝情存远略，志辟四方，南诛百越，北讨强胡，西征大宛，东并朝鲜。因文、景之蓄积，藉天下之余饶，数十年间，官民俱匮。既而觉悟，乃息兵罢役，封丞相为富民侯。故主父偃曰：'夫务战胜、穷武事，未有不悔者也。'夫以武帝神武，将帅良猛，财富充实，所拓广远，犹有悔焉，况今人财并乏，事劣昔时乎？昔段颎良将，习兵善战，有事西羌，犹十余年。今育、晏才策，未必过颎，鲜卑种众，不弱于前，而虚计二载，自许有成，若祸结兵连，岂得中休？当复征发众人，转运无已，是为耗竭诸夏，并力蛮夷。夫边垂之患，手足之蚧搔；中国之困，胸背之瘭疽也。昔高祖忍平城之耻，吕后弃慢书之诟。方之于今，何者为甚？天设山河，秦筑长城，汉起塞垣，所以别内外、异殊俗也。苟无蹙国内侮之患，则可矣，岂与虫蚁狡寇计争往来哉！虽或破之，岂可殄尽？而方令本朝为之旰食乎？昔淮南王安谏伐越曰：'如使越人蒙死，以逆执事，厮舆之卒，有一不备而归者，虽得越王之首，犹为大汉羞之。'而欲以齐民易丑虏，皇威辱外夷，就如其言，犹已危矣，况乎得失不可量耶？昔珠崖郡反，孝元皇帝纳贾捐之言，而下诏罢珠崖郡，此元帝所以发德音也。夫恤人救急，虽成郡列县，尚犹弃之，况障塞之外，未曾为民居者乎？守边之术，李牧善其略；保塞之论，严尤申其要。遗业犹在，文章具存。循二子之策，守先帝之规，臣曰可矣。”帝不从，遂遣夏育出高柳、田晏出云中、匈奴中郎将臧旻率南单于出雁门，檀石槐命三部大人各帅众逆战。育等大败，丧其节传辎重，各将数千骑奔还，死者十七八，缘边莫不被毒也。

【译文】

灵帝熹平三年，夏育被任为护乌桓校尉。六年夏，鲜卑族入侵三边。同年秋，夏育上书，请求朝廷征调幽州诸郡国的兵力远出塞外还击来犯之敌。灵帝就任命田晏为破鲜卑中郎将。大臣中很多人不同意，皇帝于是召集大臣们商讨这件事。议郎蔡邕谏议说：“《书经》上有戒‘蛮夷猾夏’之语，《易经》上有伐鬼方的记载；周代有对猃狁、蛮荆的战争，汉朝有阗颜、瀚海的军事。征讨异族，由来久矣。然而时代有同有异，形势有可为或不可为，所以策略有得失，事情有成败，是不能一概而论的。武帝高瞻远瞩，志在开辟四方疆域，南诛百越，北讨匈奴，西征大宛，东并朝鲜。凭借着文帝、景帝的积蓄，依靠着天下的富饶，结果在征讨的几十年之间，弄得官民都匮乏不堪，后来他觉悟了，就息兵罢役，进封丞相为富民侯。所以主父偃说：‘搞军事战斗，穷兵黩武，没有不后悔的。’武帝英明神武，将帅精良勇猛，财富充实富庶，所开拓的疆土又是那样广远，仍然感到后悔，何况而今人力、财物困乏，形势较之过去更为恶劣呢？昔日段颎是位良将，熟知军事、善于打仗，但西羌的战争，还延续了十多年。今天夏育、田晏的才能和策略，未必超过段颎，鲜卑种族并不比过去势弱。而估计再等两年，自认为（与鲜卑作战）有成功的把握，若兵连祸结，又怎能中途停止？肯定要征发众多的人民，转运不停，这样做是耗尽了中国的财物，增大了蛮夷的力量。边陲之患，如手足的疥疮之痛痒，而中原的穷困，乃是胸背的恶疮。昔日高祖忍受平城的失败羞辱，吕后抛弃傲慢不敬之书。和今天比较，哪个更甚？自然界形成山河，秦筑长城，汉起塞桓，为的是区别内外、分别其习俗的。如果还没有促使国家受侮的祸患，就可以（不出兵）了，岂能和那些虫蚁一样的狡寇争往来呢？即使打败了他们，难道可以杀完吗？而要让本朝为此事旰衣宵食，弄得应接不暇吗？过去淮南王刘安劝阻武帝伐越说：‘如果越人冒死来抗逆，那些出身微贱的士卒们，万一没有防备战败而归，即使得到越王的首级，仍然算是大汉的羞辱。’而想用齐民换丑虏，使皇威辱于外夷，就像刘安说的话，就已经有些危害了，更何况得失还不能估量呢！昔日珠崖郡反叛，汉元帝采纳了贾捐之的谏议，因而下诏撤去珠崖郡，这是元帝发出的德音啊。体恤人民、救济时艰，即使是完整的郡和许多县尚且都可放弃，何况边塞以外，还未有汉族人居住过的地方呢？守卫边境的办法，战国时李牧有一套好的策略；保卫边塞的言论，王莽时严尤申述得很精要。他们的遗业犹在、论述之章尚存，遵循这两人的策略，守先帝的规章，我说这就可以了。”

灵帝没有听从蔡邕的谏议，于是就派夏育出征高柳、田晏出征云中、匈奴中郎将臧旻率领南单于兵出征雁门，檀石槐命令三部大人各率众迎战。夏育等人大败，丢失其符节、辎重，各领数千骑兵逃奔回国，死亡的人数占十分之七八，边境地区无不遭到鲜卑的侵害。

（王井南译）

卷二十五

# 魏志治要（上）

**【考评】**

《三国志》，西晋陈寿著，六十五卷，分魏、蜀、吴三志。纪传体三国史，无表志。三国并立，对于帝后的称呼各异，《魏志》称帝，《蜀志》、《吴志》称主，《魏志》、《蜀志》称后，《吴志》称夫人，以致引起后来存有正统观念的史学家，发生许多不必要的争执。原著六十五篇，今称六十五卷，《魏志》材料最多，《吴志》次之，《蜀志》仅及《魏志》三分之一。总括全书的情况，以陈寿的卓越史才，又获得当时著名史家的推崇，《三国志》也可以说是一部编著较完竣的史书。其篇目如下：(一)《魏志》三十卷：《帝纪》四卷，《后妃纪》一卷，《王子传》二卷，《列传》二十一卷，《方伎传》一卷，《外国传》一卷；(二)《蜀志》十五卷：《二牧传》一卷，《先主后主传》二卷，《后妃王子传》一卷，《列传》十一卷；(三)《吴志》二十卷：《吴王传》二卷，《夫人纪嫔传》一卷，《宗室传》一卷，《吴主五子传》一卷，《列传》十五卷(《叙录》亡)。

《三国志》的材料来源，大致有二：一为魏、蜀、吴三国史官所记录，一为当代学者所编著的三国史书。三国史官，各国称谓各异，魏称著作郎兼起居注，蜀称东观令、东观郎、秘书令，吴称左国史、右国史、东观令，实际上都是担负史官的任务。他们所记录的史实，后来都一总归入晋朝都城洛阳，陈寿做著作郎时，当然获得参考采取的机会。

其次编著魏史的，原有魏鱼豢的《魏略》五十卷、王沈的《魏书》四十八卷(参加编写的有卫凯、缪袭、韦诞、应璩、阮籍、傅玄等)。编著吴史的有吴韦昭的《吴书》五十五卷(参加编写的有丁孛、项峻、韦曜、周昭、薛莹、梁广、华核等)。编著蜀史的，有蜀王崇的《蜀书》、谯周的《蜀本纪》和陈寿自编的《诸葛亮集》二十四篇、《益都耆旧传》十篇。这些史书，都是陈寿编著《三国志》所依据的基本资料，同时说明《三国志》材料来源的丰富。

魏征编纂《群书治要》时，辑录《三国志·魏志》，《纪》有太祖、文帝、明帝、齐王芳、袁绍等五人，《后妃传》有武宣卞皇后、文德郭皇后，《传》有夏侯尚、荀彧、贾诩、袁涣、王修、邴原、崔琰、毛玠、鲍勋、王朗、徐奕、程昱、刘晔、蒋济、苏则、杜畿、庞德、阎温、曹植、王粲、卫觊、刘廙、陈群、陈矫、卢毓、和洽、杜袭、高柔、辛毗、韦昆、杨阜、高堂隆、田豫、徐邈、王昶、钟会等三十六人。《蜀志》，《传》有刘璋、刘备、诸葛亮、关羽、张飞、庞统、简雍、董和、张裔、黄权、蒋琬、杨戏等十二人。《吴志》，《传》有孙权、孙休、孙皓、张昭、顾谭、步骘、张紘、吕范、吕蒙、虞翻、张温、骆统、朱剧、陆逊、孙登、孙和、孙霸、潘濬、陆凯、楼玄、贺邵、韦曜、华核等二十三人。三国君臣事迹共录六十四名君臣事迹，侧重各国选贤任能、进谏纳谏以及治国策略等。

陈寿是巴西安汉(今四川南充)人，生于公元233年(刘后主建兴十一年)。据《晋书》所记："少好学，师事同郡谯周，仕蜀，为观阁令史。宦人黄皓专弄威权，大臣皆曲意附之，寿独不为之屈，由是屡被谴黜。"到了晋朝以后(265年)，张华很佩服他有学问，荐为佐著作郎。公元274年(武帝泰始十年)，他著《蜀相诸葛亮集》成书，因此升为著作郎。是年正值他四十一岁，又开始编著《三国志》。书成后，张华想推荐他为中书郎，被荀勖所忌，出为长广太守，辞而未就。后来得杜预推荐，做了治书御史，不久又被人攻击免职。死于公元297年，时年六十四岁。

裴松之(372—451)，南朝宋时史学家，闻喜(今属山西)人。元嘉六年，(429年)宋文帝命注《三国志》。他博采群书一百四十余种，以补缺、备异、惩妄、论辩为宗旨，开创了作注新例。注文丰富，字数几乎等同正文，保存了已佚史书的节录史料。《四库全书总目提要》说他注《三国志》的方法是："引诸家之记，以辨是非；参诸家之说，以核有论讹异。传所有之事，详其委曲；传所无之事，补其阙佚。传所有之人，详其生平；传所无之人，附以同类。"他的这种方法，也被后来司马贞的《史记索隐》所仿效。这一百四十余种古籍，今难知其名，幸而经裴注《三国志》引用，才得以保存一部分。正如《四库全书总目》所评述："凡六朝旧籍今所不传者，尚一一见其厓略。"钱大昕评说"裴氏注遮罗缺佚，尤为陈氏功臣"，并非虚论。

# 纪

太祖武皇帝，沛国人，姓曹，讳操，字孟德。建安四年，袁绍将攻许。公进军黎阳，绍众大溃。公收绍书中，得许下及军中人书，皆焚之〔《魏氏春秋》曰：“公云：‘当绍之强，孤犹不能自保，而况众（旧无众字，补之）人乎！’”〕。七年，令曰：“吾起义兵，为天下除暴乱。旧土人民，死丧略尽，国中终日行，不见所识，使吾凄怆伤怀。其举义兵已来，将士绝无后者，求其亲戚以后之，授土田，官给耕牛，置学师教之。为存者立庙，使祀其先人，魂而有灵，吾百年之后何恨哉！”

十二年，令曰：“吾起义兵诛暴乱，于今十九年，所征必克，岂吾功哉？乃贤士大夫之力也。天下虽未悉定，吾当要与贤士大夫共定之。而专飨其劳，吾何以安焉！其促定功行封。”于是大封功臣二十余人，皆为列侯，其余各以次受封，及复死事之孤，轻重各有差。十九年，安定大（大应为太）守毋丘兴将之官，公戒之曰：“羌、胡欲与中国通，自当遣人来，慎勿遣人往也。善人难得，必将教羌、胡妄有所请求，因欲以自利，不从便为失异俗意，从之则无益事。”兴至，遣校尉范陵至羌中，陵果教羌，使自请为属国都尉。公曰：“吾预知当尔，非圣人也，但更事多耳。”二十五年卒。〔《魏书》曰：“大祖自统御海内，芟夷群丑。御军三十余年，手不舍书，昼则讲军策，夜则思经传。雅性节俭，不好华丽（丽原作容）。后宫衣不锦绣，侍御履不二采，帷帐屏风，坏则补缀，茵蓐取温，无有缘饰。攻城拔邑，得靡丽之物，则悉以赐有功。勋劳宜赏，不吝千金；无功望施，分毫不与。四方献御，与群下共之也。”〕

【译文】

太祖武皇帝，沛国人，姓曹名操，字孟德。建安四年，袁绍欲进军攻击许都。曹公进军黎阳县，袁绍之军大败。在曹公缴获袁绍的文书中，发现有许都官员和自己军队的人写给袁绍的信件。下令将其全部烧毁(而不予追查)(《魏氏春秋》上说:"曹操说,当袁绍强大的时候,我尚且不能自保,何况这些人呢!")。建安七年,曹公下达命令说:"我发动义军,是为天下铲除暴乱。可是故乡的人民,而今却快死光了,在县境内走一整天,也未遇到一个曾经认识的人,令我心中凄怆十分伤心。自从我发动义军以来,将士中死绝后代的,要寻找他们的亲戚充当继承人,分给田地,公家提供耕牛,设立学校,聘请老师教育他们。修建祠庙,让活着的人祭祀其祖先。如果亡者有灵,我死后见到这些灵魂还会有何遗憾呢?"

建安十二年,曹公下达命令说:"我发动义军诛除暴乱,至今已经十九年,只要出兵征讨就必定取胜,这难道是我个人的功劳吗?这是贤能的士大夫们尽力的结果。天下仍未完全平定,我应当与其共同来平定它,而我现在却独自享有功劳,我怎么能够心安理得呢?要尽快给大家评定功劳,进行封赏。"于是封二十多位功臣为列侯,其余的人按照功劳大小,依次受封,还宣布对阵亡人员的子女免予征收租税和摊派徭役,优待的轻重各有差别。建安十九年,安定郡太守毋丘兴将去上任,魏公告诫他说:"羌族人如果想与中原交往,自己会派人前来,我们切勿派人前去。好的出使者难找,(若派不适当的人去)必然会指点羌人乱提过分要求,趁此机会想为自己带来好处。如果我们不答应就是不符合异族的风俗、意愿,答应了则无益于国事。"毋丘兴到任后,(不遵循指示)派遣校尉范陵深入羌族人中间。范陵果然教导羌人,让其请求朝廷任命自己为属国都尉。魏公说:"我之所以早知如此,并非因为我是先知先觉的圣人,只不过经历的事情多而已。"建安二十五年,曹操病逝。(《魏书》上说:太祖曹操自从起兵统一天下之后,便消灭群雄,统率军队三十余年,手不释卷,白天讲演军事策略,晚上研究儒家学术。性情高雅,不喜爱华丽的装饰。他的妻妾衣服上不做锦绣装饰,穿的鞋子不用两种颜色,帷帐屏风坏了就加以修补,坐的垫子只用来取暖,没有加以修饰。攻城掠地,获得奢靡华丽的物品,都赏赐给有功的人。按战功应该封赏的,不吝惜千金之赏;没有功劳却希望得到赏赐的,分毫也不赐给。各地的贡品都和群臣们共同享有。)

文皇帝讳丕,字子桓,武帝太子也。黄初二年,诏以议郎孔羡为宗圣侯，奉孔子祀，令鲁郡修起旧庙，置百户吏卒以守卫之。日有蚀之，有司奏免太尉，诏曰："灾异之作，以谴元首，而归过股肱，岂禹、汤罪己之义乎？其令百官各虔厥职，后有天地之眚，勿复劾三公。"

【译文】

文皇帝，名丕，字子恒，武帝曹操在位时，其为太子。黄初二年，文帝下诏封议郎孔羡为宗圣侯，负责祭祀孔子之事。又命令鲁郡修复原有的孔庙，安置一百户官吏士卒守卫。(那年)发生日蚀，有关官员按惯例奏请罢免太尉，文帝下诏说："灾异现象的发生，是上天用来谴责君主的，今归罪于辅政大臣，这难道合乎夏禹、商汤罪己的意思吗？我命令，百官各自尽忠职守，今后若有天地灾变，不要再弹劾三公。"

三年，表首阳山东为寿陵，作终制曰："礼，国君即位为椑，存不忘（忘原作忌）亡也。封树之制，非上古也，吾无取焉。寿陵因山为体，无为封树，无立寝殿，造园邑，通神道。夫葬者，藏也，欲人之不得见也。骨无痛痒之知，冢非栖神之宅，礼不墓祭，欲存亡之不黩也，为棺椁足以朽骨，衣衾足以朽（旧有骨字，删之）肉而已。故吾营此丘墟不食之地，欲使易代之后不知其处。无施苇炭，无藏金银铜铁，一以瓦器，合古涂车、刍灵之义。饭含无以珠玉，无施珠襦玉柙，诸愚俗所为也。季孙以玙璠敛，孔子譬之暴骸中原。宋公厚葬，君子谓华元、乐莒不臣。汉文帝之不发霸陵，无求也；光武之掘原陵，封树也。霸陵之完，功在释之；原陵之掘，罪在明帝。是释之忠以利君，明帝爱以害亲也。忠臣孝子，宜思仲尼、丘明、释之之言，鉴华元、乐莒、明帝之戒，存于所以安君定亲，使魂灵万载无危，斯则贤圣之忠孝矣。自古及今，未有不亡之国，是无不掘之墓。丧乱以来，汉氏诸陵无不发掘，至乃烧取玉柙金缕，骸骨并尽，岂不重痛哉！其皇后及贵人以下，不随王之国者，有终没皆葬涧西。魂而有灵，无不之也，一涧之间，不足为远。若违诏，妄有所变改造施，吾为戮死地下，死而重死。臣子为蔑死君父，不忠不孝。其以此诏藏之宗庙，副在尚书、秘书、三府。”

【译文】

黄初三年,(文帝)表明首阳山东地域作为自己的陵园，并先留下丧葬规定说:“按照礼制，国君即位后就要制作自己的棺材，以示活着时不忘记死亡。垒土堆于墓穴之上，又种植树木于土堆之上，这种制度不是上古就有的，我不会采用。我的陵墓利用自然山林构成，不要垒土植树，不要在陵园修建祭祀的殿堂和园林，也不要在前方修筑（两旁立着石人石兽的）神道。葬，即藏，是想别人看不见。枯骨没有痛痒的知觉，墓穴不是‘神’居住的房舍。礼制规定不到墓前祭奠，就是希望生前死后都不要有贪求。制作棺椁时，厚度只要能保持到骨头腐朽就够了；穿衣盖被时，件数只要能保持到肌肉腐朽也就够了。我之所以要选这块不能耕种的荒山营建陵墓，就是要在改朝换代之后人们不知道埋葬我的地点。墓穴里面不要放置防潮的芦苇、炭灰，也不要藏入金、银、铜、铁器物，一律用陶器殉葬，以符合前代只用泥车、草人、草马之类殉葬的礼仪。遗体口含之物不要用珍珠玉器，也不要给遗体穿金缕玉衣，这些都是无知的俗人才干的事。季平子死后，用美玉作殉葬品，孔子将这比喻为在原野上暴露尸体。宋文公去世后厚葬，君子说(主持丧事的)华元、乐莒不守为臣之道。汉文帝的霸陵一直未被发掘，是因为汉文帝(死后薄葬)无所贪求的缘故；汉光武帝的原陵被人发掘，是因为其墓穴之上既垒土堆又种树木的缘故。霸陵保存完好，功劳归于(奉劝汉文帝实行薄葬的)张释之；原陵被盗掘，罪过归于(违背光武帝遗嘱)实行厚葬的汉明帝。这是张释之忠于君主，从而有利于君主；汉明帝关爱父亲，却使父亲受害。凡是忠臣孝子，应当认真思考孔子、左丘明、张释之的话语，以华元、东莒、汉明帝为鉴戒，关心如何让君主、父亲死后安宁，使其灵魂经过一万年也没有危险，这才是圣贤所倡导的忠孝呀！从古至今，没有不灭亡的国家，也没有不被发掘的陵墓啊。自从汉末天下动乱以来，汉朝皇帝的各个陵墓都遭到发掘，盗墓者为获取金缕玉衣，甚至放火焚烧尸骨，(这简直是在受火刑，)岂不是死后又受一次痛苦吗?(我死后)皇后和贵人以下的妃子等，凡是不跟随封王的儿子到所封之国去的，死后都埋在这片陵园的溪涧西边。魂魄真的有灵，没有不能去的地方，(与我)一涧之隔，(要去)也不能算远。以后，如果违背今天这道诏书，妄加更改内容，建造陵墓实施厚葬，那我就将被戮尸于地下，死亡之后再死一次。这样的臣僚、儿子就是背弃了死去的君主、父亲，更是不忠不孝。要将这道诏书藏在宗庙，副本分别存放在尚书台、秘书署和太尉、司徒、司空三公的官府。”

五年，诏曰：“先王制礼，所以昭孝事祖，大则郊社，其次宗庙。三辰五行，名山大川，非此族也，不在祀典。叔世衰乱，崇信巫史，至乃宫殿之内、户牖之间，无不沃酹，甚矣其惑也。自今其敢设非祀之祭、巫祝之言，皆以执左道论。”

【译文】

黄初五年，文帝下诏说：“早先的君主制定出祭祀的礼仪，是用来显示孝心、尊奉祖先的，首先是祭天地、祭土神谷神。其次是祭祖宗。(至于)祭日、月、星，祭五方天帝，祭名山大川，不属于此类，祭祀的礼仪制度不予列入。末世时，社会衰败混乱，人们崇拜相信巫师，以至于宫殿之内、门窗之间，无不洒酒祭祀鬼神，其迷惑真是太深了！从今以后，胆敢再进行不属于礼仪制度规定的祭祀活动和让巫师祈祷的，都以施行邪道论处。”

明皇帝讳睿，字元仲，文帝太子也。青龙元年，祀故大将军夏侯惇等于太祖庙庭〔《魏书》载诏曰：“昔先王之礼，于功臣存则显其爵禄，没则祭于大蒸，故汉氏功臣，祠于庙庭。大魏元功之臣，功勋优著、终始休明者，其皆依礼祀之。”于是以惇等配飨之（飨之原作厚也）〕。

【译文】

明皇帝，名睿，字元仲。文帝在位时，其为太子。青龙元年，他在太祖武皇帝的神庙中祭祀已故大将军夏侯惇等。(《魏书》记载明帝诏书说:“以前君王的礼仪制度，对活着的功臣就给他们加官加爵，让他们地位显赫，对死去的便给予隆重的祭礼，所以汉代功臣都在庙堂之中设有祠堂。对大魏有功的大臣，其中凡功勋卓著、始终如一恪尽职守的，都应按照礼法来祭祀他们。”于是以夏侯惇等人配祭。)

三年〔《魏略》曰：是年起大极诸殿，筑总章观。又于芳林园中起陂池，楫棹越歌。又于列殿之北立八坊，诸才人以（旧有下字，删之）次序处其中，秩名拟百官之数。使博士马均作水转百戏，鱼龙蔓延，备如汉西京之制。筑阊阖诸门阙外罘罳。太子舍人张茂以吴、蜀数动，诸将出征，而帝盛兴宫室，留意于玩饰，赐与无度，帑藏空竭，又录夺士女前已嫁为吏民妻者，还以配士，既听以生口自赎，又简选其有姿色者（旧无其有姿色者五字，补之），内之掖庭，乃上书谏曰：“臣伏见诏书，诸士女嫁非士者，一切录夺，以配战士，斯诚权时之宜，然非大化之善者也。臣请论之。陛下，天之子；百姓吏民，亦陛下之子也。今夺彼以与此，亦无以异于夺兄之妻妻弟也，于父母之恩偏矣。又诏书听得以生口代，故富者则倾家尽产，贫者举假贷贳，贵买生口以赎其妻。县官以配士为名，而实内之掖庭，其丑恶者乃出与士。得妇者未必有欢心，而失妻者必有忧色，或穷或愁，皆不得志。夫君有天下而不得万姓之欢心者，鲜不危殆。且军师在外数十万人，一日之费非徒千金，举天下之赋以奉此役，犹将不给，况复有宫庭非员无录之女、椒房母后之家，赏赐横兴，其费半军。昔汉武帝好神仙，信方士，掘地为海，封土为山，赖此时天下为一，莫敢与争者耳。自衰乱以来，四五十载，马不舍鞍，士不释甲，每一交战，血流丹野，疮痍号痛之声，于今未已。犹强寇在疆，图危魏室。陛下当兢兢业业，念崇节约，思所以安天下者，而乃奢靡是务，中尚方纯作玩弄之物，炫耀后园，建承露之盘。斯诚快耳目之观，然亦足以骋寇仇之心矣。惜乎！舍尧、舜之节俭，而为汉武之侈事，臣窃为陛下不取也。愿陛下霈然下诏，事无益而有损者，悉除去之，以所除无益之费，厚赐将士父母妻子之饥寒者，问民所疾而除其所恶，实仓廪，缮甲兵，恪恭以临天下。如是，吴贼面缚，蜀虏舆榇，不待诛而自服，太平之路可计日而待也。臣年五十，常恐至死无以报国，是以投躯没命，冒昧以闻，唯陛下裁察。”书通，上顾左右曰：“张茂恃乡里故也。”以事付散骑而已〕。

【译文】

太和三年。(《魏略》说：这一年修建太极等宫殿，筑总章观，又在芳林园里修建水池，放置许多船只在上面划舟游乐，唱《越人歌》一类的歌谣。又在宫殿北边修八坊，把有“才人”封号的嫔妃依照顺序安置在里面，俸禄和朝中大臣相仿。让博士马均排练水转百戏、鱼龙蔓延，都和西汉时长安相同。修建阊阖等门阙上的装饰窗棂。太子舍人张茂考虑到东吴、西蜀多次侵扰，将领们在外带兵征战，而皇帝却大修宫殿，沉溺于享乐装饰，赏赐无节制，以致国库衰竭，另外，还让那些已嫁给普通吏民的士家女子重新嫁给士家子，既听任她们自己以奴隶出卖自赎，又从中挑选有姿色的收入宫中后庭，于是上书劝谏说：“臣看到诏书上说，士家女子不是嫁给士家子的，都被剥夺、拆散，重新分配给士家子。这只是权宜之计，并不是完善的措施。请听臣说说其中的道理。陛下是上天之子，百姓臣民是陛下之子。现在这样做，无异于把兄长的妻子强嫁给弟弟，对父母来说就是偏心了。诏书还准许出卖奴隶自赎，所以富有者倾家荡产，贫困者举借高利贷，出高价买奴隶以赎回妻子。官府假借选配给士家子的名义，把有姿色的女子送入后宫，丑陋的才嫁给士家子。这样，得到妻子的未必都高兴，失去妻子的必然都忧郁，有的人穷困，有的人愁苦，都不能十分满意。君主拥有天下却不能使百姓欢心、高兴，这样没有不出现危机的。并且，在外征战的士兵有数十万，每一天的花销都不下千金，把天下的赋税都用于供给它仍不能满足，何况宫廷里没有正式编制的女子！皇后外戚的家人，可以随意得到赏赐，其费用相当于一半的军费。以前汉武帝喜好神仙，信任方士，挖地造湖，用土堆山。仗着当时天下一统，没有人敢和他争锋。自从汉末大乱以来，四五十年间，马不离鞍，兵不卸甲，每次作战，鲜血在原野上流淌，因伤口疼痛发出的呼号之声到现在还没有停止。现在强大的敌人还在边境，企图危及魏朝。陛下应当兢兢业业，想着崇高的目标，厉行节约。想一想本应安定天下，却以奢侈为事，让尚方专门制作玩物，炫耀于后宫，修建承露盘，这些确实能满足耳目的快乐，但也足以使敌人的野心愈来愈大。可惜啊！抛弃尧、舜的节俭作风，却做汉武帝一样奢侈的事，臣私下觉得陛下这种作法实在不值得称道。希望陛下您能发恩下诏，把对国家无益而有损的事情全都废除，用省下来的经费，厚赏将士们饥饿贫寒的父母妻子，慰问百姓的痛苦，去除他们厌恶的事，充实国库，修缮军械，以谨慎恭敬的态度治理天下。如果能够这样做，东吴、西蜀自会前来投降，不必等到前去征讨就会自动臣服了，天下太平的日子也就指日可待了。臣今年五十岁，常怕到死也没有什么可以报效国家的，所以情愿舍弃性命，冒昧地上奏，希望陛下您裁决处置。”张茂的奏折送上以后，明帝对身边的人说：“张茂是仗着与我同乡的缘故才这么说的。”于是，随手便把这件事交给散骑常侍处理了。)

景初元年〔《魏略》曰：是岁，徙长安诸钟簴、骆驼、铜人、承露盘。盘折，铜人重不可致，留于霸城。大发铜铸作铜人二，号曰翁仲，列坐于司马门外。又铸黄龙、凤凰各一，置内殿前。起土山于芳林园，使公卿群僚负土成山，树松竹杂木善草于其上，捕山禽杂兽置其中。《魏略》载董寻上书曰（魏略载董寻上书曰旧作魏书谏曰，改之)：“臣闻古之直士，尽言于国，不避死亡。故周昌比高祖于桀、纣，刘辅譬赵后于人婢。天生忠直，虽白刃沸汤，往而不顾者，诚为时主爱惜天下也。若今之宫室狭小，当广大之，犹宜随时，不妨农务，况乃作无益之物，黄龙、凤凰、九龙、承露盘，土山、渊池，其功三倍于殿舍。三公九卿、侍中尚书，天下至德，皆知非道而不敢言者，以陛下春秋方刚，心畏雷霆。今陛下既尊群臣，显以冠冕，被以文绣，载以华舆，所以异于小人，而使穿方举土，面目垢黑，沾体涂足，衣冠了鸟，毁国之光，以崇无益，甚非谓也。孔子曰：‘君使臣以礼，臣事君以忠。’无礼无忠，国何以立！故有君不君，臣不臣，上下不通，心怀郁结，使阴阳不和，灾害屡降，凶恶之徒，因间而起，谁当为陛下尽言事者乎？又谁当千万乘以死为戏乎？臣知言出必死，而臣自比于牛之一毛，生既无益，死亦何损？秉笔流涕，心与世辞。”既通，帝曰：“董寻不畏死耶！”主者奏收寻，有诏勿问之也〕。

【译文】

景初元年。(《魏略》说：这一年，把长安的各种磬、骆驼、铜人、承露迁移到洛阳。盘子坏了，铜人太重运不了，就留在霸城。于是大量征集铜，铸成两个铜人，称为翁仲，摆放在司马门外。又铸黄龙、凤凰各一个，放在内殿前面。在芳林园里建起土山，让公卿大臣们背土筑山，在山上种植松树、竹、杂木和各种奇花异草，同时捕捉各种飞禽走兽放在山中。《魏略》记载董寻上书说：“臣听说古代的正直之士，都是对国家大事知无不言，不怕杀头。所以，周昌把汉高祖比作桀、纣，刘辅把赵皇后飞燕比作奴婢。天生忠良、正直之人，虽有锋利的刀刃、沸腾的大锅放在面前，仍会勇往直前，实在是想为他的君主爱惜天下江山。如果现在宫殿狭小，要加以扩大，也应顺应天时，不得妨碍农业，何况是制造无用的器物，黄龙、凤凰、九龙、承露盘、土山、深池，它们所费的功相当于修造宫殿的三倍。三公、九卿、侍中、尚书这些大臣，都是天下大德之人，他们都知道这样做不合道理，却又不敢说话，因为陛下年轻气盛，怕您大发雷霆迁怒于己。现在陛下既然尊重大臣，给他们显赫的地位，让他们穿有文彩的衣服，坐华丽的车子，以区别于平民百姓，但又让他们背土干活，形象肮脏狼狈，全身是汗，两脚是泥，衣冠不整，损害国家的光彩形象，来崇尚无用的东西，是非常不合适的。孔子说：'君主对臣下待以礼仪，臣下以忠贞来对待君主。'无礼无忠，国家秩序怎么能确立呢！所以，有君不像君、臣不像臣，上下不通气，心里怀着郁闷，使得阴阳不相调和，灾祸屡次降临，凶恶的人乘机捣乱，有谁肯为陛下进忠正的直言呢？又有谁肯为了国家而视死如归呢？臣知道说了这些话之后必然会死，但臣把自己比作是牛身上的一根毛，活着既然没有用，死了又有什么损失呢？臣拿着笔，流着泪，心里想着要与世长辞了。"奏折送达皇上，明帝说："董寻不怕死吗？"主管官员上奏要求逮捕董寻，皇帝下诏书不让追问这件事。）

齐王芳，字兰卿。正始八年，尚书何晏奏曰："善为国者必先治其身，治其身者慎其所习。所习正，则其身正，其身正，则不令而行。所习不正，则虽令不从。是故为人君者，所与游必择正人，所观览必察正象，放郑声而弗听，远佞人而弗近，然后邪心不生，而正道可弘也。季末暗主，不知损益，斥远君子，引近小人，忠良疏远，便辟亵狎，乱生近昵，譬之社鼠。考其昏明，所积以然，故圣贤谆谆，以为至虑。舜戒禹曰：'邻哉，邻哉！'言慎所近也。周公戒成王曰：'其朋，其朋！'言慎所与也。《诗》云：'一人有庆，兆民赖之。'自今以后，可御幸式乾殿，及游豫后园，皆大臣侍从，因从容戏晏，兼省文书，询谋政事，讲论经籍，为万世法。"

【译文】

齐王，名芳，字兰卿。正始八年，尚书何晏上奏说："善于治国者必须先加强自身修养。要提高自身修养，则应当慎重选择所应学习的东西。所学习的是正道，那么自身就会正派，自身正派，不下达强制性命令，下属也会(按你的心意)去做；所学习的东西本身就不是正道，即使发号施令，下属也不会听从。所以说，做君主者对所交往的一定要挑选正派的人，所观看的一定要选择纯正的景象，抛开庸俗的音乐不要去听，疏远谄媚的人不要接近，这样才能不生邪心而弘扬正道。末代暗昧的君主不懂得什么有害什么有利，排斥、远离君子，招引、亲近小人，忠良被疏远冷落，逢迎谄媚者行为放荡，结果祸乱就从亲近者中发生，这些人可比喻为土地庙中的老鼠。考察他们昏庸不悟的原因，是恶习长期积累的结果，所以古代圣贤对此教诲不倦，并将其看作是最大的忧患。虞舜告诫夏禹：'邻哉，邻哉！'就是说要慎选所接近的人。周公告诫成王：'其朋，其朋！'就是说要慎选共事的人。《诗经》上说：'君主一个人可赞可贺，天下亿万百姓都有了指望。'从今以后，可在驾临式乾殿和游览后花园时，都由大臣陪从，借空闲、游乐、饮宴的机会，和陛下一起批阅文件，商议政事，讲论儒经典籍，为千秋万代树立一个好榜样。"

袁绍，字本初，汝南人也。领冀州牧，转为大将军。出长子谭为青州，沮授谏绍："必为祸始。"绍不听。〔《九州春秋》载授谏辞曰："世称一兔走，万人逐之，一人获之，贪者悉止，分定故也。且年均以贤，德均则卜，古之制也。愿上惟先代成败之戒，下思逐兔分定之义。"绍曰："孤欲令四儿各据一州，以观其能。"授出曰："祸其始此乎！"〕

【译文】

袁绍，字本初，汝南人。任冀州牧，后转任大将军。袁绍安排长子袁谭出任青州刺史，沮授劝谏说："你这样做必然引起祸乱。"袁绍不听劝告。(《九州春秋》记载了沮授劝袁绍的话："世间讲一只兔子逃跑了，一万个人在追。其中有一个人捕获了兔子，其他人就都停下了，因为归属已经确定了。而且，选择用人时，年龄相仿者要挑选其中的贤士，德行相仿者要通过占卜来决定，这是古代的规矩。希望您能以前代成败的教训为戒，深思追逐兔子以定名分的涵义。”袁绍说：“我想让四个儿子各自统领一州，以此来考察他们的能力。”沮授从帐中出来后说：“灾祸就要从这里开始了。”）

绍进军黎阳，太祖击破之。初，绍之南也，田丰说绍曰：“曹公善用兵，变化无方，众虽少，未可轻也，不如以久持之。将军据山河之固，拥四州之众，外结英雄，内修农战，然后简其精锐，分为奇兵，乘虚迭出，以扰河南，救右则击其左，救左则击其右，使敌疲于奔命，民不得安业。我未劳而彼已困，不及二年，可坐克也。今释庙胜之策，而决成败于一战，若不如志，悔无及也。”绍不从，丰恳谏，绍怒以为沮众，械系之。绍军既败，或谓丰曰：“君必见重。”丰曰：“若军有利，吾必全，今军败，吾其死矣。”绍还曰：“吾不用田丰言，果为所笑。”遂杀之。

【译文】

后来，袁绍率大军南进黎阳，被太祖打败。起初，袁绍率大军南下，谋士田丰曾劝阻他说：“曹操善于用兵，变化多端，他的军队虽然不多，但切不可轻视，不如和他打持久战。将军您占据西山和黄河的险固地势，拥有冀、青、幽、并四个州的民众，如果对外结交天下英雄，对内发展农业生产和训练军队，然后挑选精锐部队，组成多支奇兵，瞄准对方的薄弱地带轮流出击，骚扰黄河以南地区，对方救援右边则击其左边，救援左边则攻其右边，使其疲于奔命，百姓不能安居乐业，我们不费大力而对方已经疲惫不堪，用不了两年，可以稳坐不动而战胜(曹操)。而今，将军您放弃在朝堂上议定的制胜策略，却要以冒险一战来决定成败，如果此战不如人意，后悔也来不及了。”袁绍不听。田丰再恳切劝说，袁绍勃然大怒，认为田丰是有意动摇军心，下令给田丰戴上镣铐囚禁起来。袁绍军队溃败后，有人对田丰说：“这下你必然会受到重用了！”田丰却说：“如果大军打了胜仗，我倒一定能够活命。如今大军被击溃，我恐怕是活不成了。”袁绍回到邺城后，对左右的人说：“我没有采纳田丰的建议，果然要被他取笑了。”之后，便将田丰杀死。

# 后妃传

《易》称:“男正位于外,女正位于内。男女正,天地之大义也。”古先哲王,莫不明后妃之制,顺天地之德,故二妃嫔妫,虞道克隆,任、姒配姬,周室用熙,废兴存亡,恒此之由。《春秋说》云:“天子十二女,诸侯九女。”考之情理,不易之典也。而末世奢纵,肆其侈欲,至使男女怨旷,感动和气,惟色是崇,不本淑懿。故风教陵迟,而大纲毁泯,岂不惜哉!呜乎!有国有家者,其可以永鉴矣!

【译文】

《周易》上说:“男子在社会上摆正位置(主外),女子在家中摆正位置(主内)。男女都各正其位,这是天地间的大道理啊。”前代贤明的帝王,无不明确拟订有关后妃的制度,以顺应天地间的道德伦理。唐尧将他的两个女儿嫁给住在妫水边的虞舜,虞舜治国之道方得以兴盛;太任、太姒分别嫁给季历(周文王之父)和周文王,周王朝才因此而兴盛。可见一个王朝的兴废存亡,总是和后妃制度有关。关于《春秋》的纬书曾说:“天子可以娶十二个女子,诸侯可以娶九个女子。”考究其情理,这应是不能改变的制度。而末世的君主生活奢侈腐化,放纵情欲,以至于造成许多男女年龄已长而不能婚配,挠动了阴阳调和之气,而且在选择后妃时只看重容貌,不管是否贤淑善良、道德美好,所以造成整个社会风尚和文明的堕落,使维系社会的基本准则毁坏、泯灭,岂不令人痛惜!啊,拥有国家的人,应该永远以这种情况作为鉴戒啊!

武宣卞皇后,琅邪人,文帝母也。黄初中,文帝欲追封太后父母,尚书陈群奏曰:“陛下应运受命,创业革制,当永为后式。案典籍之文,无妇人裂土,因夫爵。秦违古制,汉氏因之,非先王之令典也。”帝曰：“此议是也，其勿施行。以作著，诏下，藏之台阁，永为后式。”

【译文】

武宣卞皇后，琅邪人，魏文帝曹丕的生身母亲。黄初年间，魏文帝曾打算追封太后的父母，尚书陈群上奏说：“陛下顺应时运、承受天命，开创大业，革新制度，应永远被后代效仿。考察历代典章文献，从没有对妇女分封土地爵位的做法，只能根据丈夫爵位的高低来确定其的地位。秦朝曾违背前代制度，汉朝又效仿秦朝的做法，但这并不是古代帝王好的典章制度。”文帝答道：“你的意见很对，我此前的意见就不要执行了。同时将你的建议写成诏书，收藏在尚书台和秘书内阁，作为后世永久的规范。”

文德郭皇后，广宗人也。黄初三年，将登后位，中郎栈潜上疏曰：“在昔帝王之有天下，不唯外辅，亦有内助，治乱所由，盛衰从之。故西陵配黄，英娥降妫，并以贤明，流芳上世。桀奔南巢，祸阶末喜；纣以炮烙，怡悦妲己。是以圣哲慎立元妃，必取先代世族之家，择其令淑，以统六宫，虔奉宗庙，阴教聿修。《易》曰：‘家道正，而天下定。’由内及外，先王之令典也。《春秋》书宗人衅夏云：‘无以妾为夫人之礼。’齐桓誓命于葵丘，亦曰：‘无以妾为妻。’今后宫嬖宠，常亚乘舆，若因爱登后，使贱人暴贵，臣恐后世下陵上替，开张非度，乱自上起也。”文帝不从。

【译文】

文德郭皇后，广宗县人。黄初三年，文帝欲立她为皇后，中郎栈潜上奏反对说：“过去的帝王治理天下，不仅需要外面公卿大臣的辅佐，也离不开内宫后妃帮助。后妃是否贤德，关系到政治的稳定与动乱，直接影响国家的盛衰。西陵氏的女儿许配给轩辕皇帝，唐尧的两个女儿娥皇和女英下嫁给妫水的虞舜，她们都因贤明有德，所以美名流传于远古时期。夏桀亡国时狼狈逃往南巢，祸根就在于宠幸妹喜；商纣采用炮烙的酷刑处死忠臣，目的也只是取得妲己的欢心。所以圣明智慧的君主在选择正妻时都格外慎重，必定在世代为官的名门望族中，选择善良贤淑的女子为正妻，以统领六宫妃嫔，恭敬地奉祀宗庙，加强宫廷女性的教育培养。《周易》中写道：'家道正而天下定。'表明了由内及外的道理，这是古代明君垂范后世的美好典则啊！据《春秋》记载，鲁国官员衅夏说：'没有以小妾为夫人的礼仪制度。'齐桓公在葵丘会合诸侯立誓时，也提出了'不能让妾成为嫡妻'这一点。可如今后宫中有些受到宠爱的妃嫔，享受的礼仪规格仅次于天子，如果因为宠爱而提升为皇后，使卑贱者骤然尊贵，那么为臣担心后世会出现下层欺侮上层而上层衰弱不振的现象，从而开启不守制度之门，祸乱就会从您而起呀！"文帝不听劝谏(还是立郭氏为皇后)。

# 传

夏侯尚，字伯仁。子玄，字太初，少知名，累迁散骑常侍中护军。司马宣王问以时事，玄议以为："夫官才用人，国之柄也。故铨衡专于台阁，上之分也；孝行存乎闾巷，优劣任之乡人，下之叙也。夫欲清教审选，在明其分叙，不使相涉而已。何者？上过其分，则恐所由之不本，而干势驰骛之路开；下逾其叙，则恐天爵之外通，而机权之门多矣。夫天爵下通，是庶人议柄也；机权多门，是纷乱之源也。自州郡中正，品度官才之来，有年载矣，缅缅纷纷，未闻整齐，岂非分叙参错，各失其要之所由哉！若令中正但考行伦辈，辈当行均，斯可官矣。何者？夫孝行著于家门，岂不忠恪于在官乎？仁恕称于九族，岂不达于为政乎？义断行于乡党，岂不堪于事任乎？三者之类，取于中正，虽不处其官名，斯任官可知矣。行有大小，比有高下，则所任之流，亦焕然必明(旧无明字，补之)矣。奚必使中正干铨衡之机于下，而执机柄者有所委仗于上，上下交侵，以生纷错哉？且台阁临下，考功校否，众职之属，各有官长，旦夕相考，莫究于此。闾阎之议，以意裁处，而使匠宰失位，众人驱骇，欲风俗清静，其可得乎？天台县远，众所绝意，所得至者，更在侧近，孰不修饰以要所求？所求有路，则修己家门者，不如自达于乡党矣；自达于乡党者，不如自求于州邦矣。苟开之有路，而患其饰真离本，虽复严责中正，督以刑罚，犹无益也。岂若使各帅其分，官长则各以其属能否，献之台阁，台阁则据官长能否之第，参以乡闾德行之次，拟其伦比，勿使偏颇。中正则唯考其行迹，别其高下，审定辈类，勿使升降。台阁总之官长所第，中正辈拟比，随次率而用之，如其不称，责负在外。然则内外相参，得失有所，互相形检，孰能相饰？斯则人心定而事理得，庶可以静风俗而审官才矣。”

【译文】

夏侯尚，字伯仁。其子夏侯玄，字太初，年少时就已出名。玄不断升迁，先后出任散骑常侍、中护军。太傅司马懿向夏侯玄咨询当时政事，他论述说：“使用人才授给官职，这是国家的权柄。因此，诠释用人制度，权衡授官事宜应由尚书台专管，这是中央政府的职分；孝道品行表现于居住的街巷，其优劣应由所在地官府负责考评排序。要想净化政教、审慎选拔，就在于详明中央的职分和地方的考察排序，不使其相互干扰而已。为何呢？中央如果超越其职分(而直接选任)，则恐怕选任工作没有基础，从而使巴结权势、奔走钻营的门路大开；地方如果逾越其考察排序的职权，则恐怕会使在朝的官员与下面串通，从而机巧伪诈之门就多了。在朝官员与下面串通，是以平民在议论国家的权柄；机巧伪诈的门路多，这是(用人)纷乱的根源。自从我朝设立州郡中正这一职位来品评测度官吏才能以来，已经有不少年头了，但依然久久纷乱，未能在选任人才上标准统一、衡量公平。这难道不是中央的职分与地方的考核排序交混错杂，以致各自丧失其纲要所造成的吗？如果让中正只负责人才品行的考察和等级评定，若等级、品行都适合要求，这才可授予官职。为什么呢？如果一个人孝行显现于家族，一旦为官，怎么会不忠诚谨慎呢？如果一个人的仁厚宽容在九族中广受赞扬，一旦为官，怎么能不善于施政呢？如果一个人的正义、果敢在乡民中广为流传，一旦为官，怎么会不胜任其工作、职守呢？上述三种人才的考评分类，采用中正的考察意见，虽然还不在官位上，但名义上就算任用了，授予官职是可想而知的事。事迹有大小，比较的结果有高低，那么应当授予何类官职，也就情况鲜明、一清二楚了，又何必让地方政府的中正干预中央阐释用人制度、量才授官的事务，而让中央掌握关键权柄的尚书台完全依托地方中正的评判来确定官员的选拔与升降，使上下相互侵权，生出无穷的纷乱来呢？再说尚书台面对下层，考核政绩、计点过错，按众多职位的归属，都各有长官负责，早晚不断考核，也难以彻底查验清楚，何况地主乡民的评议，只是以个人的看法来做结论，却使得有能力的邑宰等官员失去职位、大家奔走惊慌。在这种情况下，要想风气清明洁净，能办到吗？中央的尚书台相距遥远，众人多有失望，能上报到中央的，多数都有关系在中央政府或就近之地，那么谁又不虚报政绩，大加美化，设法取信来谋求其所希望的呢？既然有这样一条门路，那么在家庭中认真修身为善，就不如自己买通四邻、乡亲(博得好评)；自己买通四邻、乡亲，又比不上自己径直去请托州郡中正。如果开后门有机会，而担忧他们弄虚作假背离实际，即使是严格要求中正奉公守法，甚至用刑罚来监督，亦无用处。还不如让官吏们各自遵循其职责，各地各级官署的长官各自考核下属才能的高低，上报尚书台，尚书台根据各官长考核的高低等级，再参考本人家乡乡民对其品行优劣的评定，拟定出相应的类别，做到不能偏颇。至于中正，则只负责考察人才的行为事迹，然后区别高低，审定等级和职任类别，不提交官吏升降意见。尚书台汇总各级官长所列的等级和中正所考察划分的类别，再比较参照，选择任用。如果尚书台的选择任用不符合要求，那么责任过失都在明处。这样做，则朝内朝外互相参验，得失之处有地方追究，互相对比检查，谁还敢弄虚作假呢？如此则会人心安定而事理分明，大概可以净化风气，且确实授官予有才之人了。”

荀彧，字文若，颍川人也。为侍中尚书令。〔《彧别传》曰：“彧德行周备，非正道不用心，名重天下，莫不以为仪表，海内英俊咸宗焉。然前后所举，佐命大才，则荀攸、钟繇、陈群、司马宣王，及引致当世知名，郗虑、华歆、王朗、荀悦、杜袭、辛毗、赵俨之俦，终为卿相，以十数人。取士不以一揆，戏志才、郭嘉等有负俗之讥，杜畿、简傲少文，皆以智策举之，终各显名。荀攸后为魏尚书令，推贤进士。太祖曰：'二荀令之论人也，久而益信，吾没世不忘也。'"〕

【译文】

荀彧，字文若，颍川郡人。任侍中尚书令。(《荀彧别传》记载：荀彧德才兼备，把心思集中用在国家大事上，在天下有很高的名望，没有人不把他当作表率的，天下的英雄、豪杰都把他当做学习的榜样。他所举荐的人，辅佐天下的大才有荀攸、钟繇、陈群、司马懿，招引的当世名士有郗虑、华歆、王朗、荀悦、杜袭、辛毗、赵俨等等，后来位至公卿宰相的，有十几个人。他选用人才不拘一格，戏志才、郭嘉等受到舆论的嘲讽，杜畿为人傲慢缺少文采，都因为有智谋而被举荐，最终都获得了显赫的名声。荀攸后来在曹操当魏王时任尚书令，也大力推举贤士。曹操说："二位荀公对人物的评价、判断，时间越久，越让人信服，我死也不会忘记。")

荀攸，字公达，彧从子也。太祖以为军师（原注师作帅）。每称曰："公达外愚内智、外怯内勇、外弱内强，不伐善，不施劳，智可及，愚不可及，虽颜子、宁武不能过也。"文帝在东宫，太祖谓曰："荀公达，人之师表也，汝当尽礼敬之。"〔《傅子》曰："太祖称'荀令君之进善，不进不休；荀军师之去恶，不去不止'也。"〕

【译文】

荀攸，字公达，是荀彧的侄子。太祖让他做自己的军师，每每称赞他说："公达外愚内智、外怯内勇、外弱内强，不夸耀自己的长处，不表白自己的功劳，他内心的聪明别人或许可以达到，但他外表的愚笨(大智若愚)别人却达不到，即使是颜回、宁武子也不能超过他。"文帝曹丕在东宫做太子时，太祖对他说："荀公达，是人之师表，你应当以十分周到的礼节来尊敬他。"(《傅子》记载：太祖曹操称赞说："荀令君对于推动善举是不达目的绝不罢休，荀军师对于恶行去除不尽绝不停止。")

贾诩，字文和，武威人也。为大中大夫。是时，文帝为五官将，而临菑侯植才名方盛，各有党与，有夺宗之议。太祖尝问诩，诩嘿然不对。太祖曰："与卿言而不答，何也？"诩曰："属适有所思，故不即对耳。"太祖曰："何思？"诩曰："思袁本初、刘景升父子。"太祖大笑，于是太子（旧无大笑于是太子六字，补之）遂定。文帝即位，以诩为太尉。〔《魏略》曰："文帝得诩之对太祖，故即位首登上司。"《荀勖别传》曰："晋司徒阙，武帝问其人于勖。勖答曰：'三公具瞻所归，不可用非其人。昔文帝用贾诩为三公，孙权笑之。"〕

【译文】

贾诩，字文和，武威郡人，任太中大夫。时文帝曹丕担任五官中郎将，而其弟临淄侯曹植才华横溢，才高之名正盛，两人各有自己的支持者，当时出现了两人争夺继承人的舆论。太祖曹操曾经(支开左右的人)专就此事询问贾诩，贾诩默然不答。太祖说："和你说话却不回答，为何呢?"贾诩说："下属我刚才心有所思，所以没有马上回答。"太祖问："你在想什么？"贾诩说："思考袁本初父子、刘景升父子啊。"太祖大笑，于是将谁做太子之事定了下来。文帝曹丕即位后，任命贾诩为太尉。(《魏略》说：文帝明白贾诩对太祖曹操说的话，所以即位后首先让贾诩升任至三公的高位。《荀勖别传》记载说：晋朝司徒一职空缺，晋武帝问荀勖谁能担任。荀勖答道："三公职位万众瞩目，不可以用不适合之人。以前魏文帝用贾诩任三公之职，也曾遭到孙权的嘲笑。")

袁涣，字曜卿，陈郡人也。刘备之为豫州，举涣茂才，后为吕布所拘留。布初与刘备和亲，后离隙。布欲使涣作书骂辱备，涣不可，再三强之，不许。布大怒，以兵胁涣曰："为之则生，不为则死。"涣颜色不变，笑而应之曰："涣闻唯德可以辱人，不闻以骂。使彼固君子耶，且不耻将军之言，彼诚小人耶，将复将军之意，则辱在此，不在于彼。且涣他日之事刘将军，犹今日之事将军也，如一旦去此，复骂将军，可乎？"布惭而止。

【译文】

袁涣，字曜卿，陈郡人。刘备任豫州牧时，举荐袁涣为茂才。后来他又被吕布强迫留下。吕布当初与刘备和好亲善，后来产生矛盾。吕布想让袁涣写信辱骂刘备，袁涣没有答应，吕布再三强迫他，其仍然不同意。吕布大怒，持兵器威胁袁涣说："你若写才能活命，不写就得被处死！"袁涣脸色不变，笑着答道："我听说只有在道德上优于别人才会使别人感到耻辱，从来没听说过用辱骂可以使别人感到耻辱的。假使他本来就是个君子，他将不以将军的话为耻辱；假使他的确是个小人，那他将用将军骂人的主意来对付你，那样耻辱将在你这一方而不在他那一方。且袁涣我他日如果改而侍奉刘将军，像现在侍奉将军你一样，如果我一旦离开这里，又回过头来骂你，可以吗？"吕布感到羞惭，就不再逼迫他。

王修，字叔治，北海人也。年七岁丧母。母以社日亡，来岁邻里社，修感念母，哀甚。邻里闻之，为之罢社。袁谭在青州，辟修为治中从事，谭欲攻弟尚，修谏曰："夫兄弟者，左右手也。譬人将斗，而断其右手，而曰'我必胜'，若是者可乎？夫弃兄弟而不亲，天下其孰亲之？属有谗人，固将交斗其间，以求一朝之利，愿明使君塞耳勿听也。若斩佞臣数人，复相亲睦，以御四方，可以横行天下。"谭不听。

太祖遂引军，攻谭于南皮。修闻谭已死，号哭曰："无君焉归？"遂诣太祖，乞收谭尸。太祖不应。修复曰："受袁氏厚恩，若得收敛谭尸，然后就戮，无所恨。"太祖嘉其义，听之。太祖破南皮，阅修家谷不满十斛，有书数百卷。太祖叹曰："士不妄有名。"乃辟为司空掾〔《魏略》曰：郭宪，字幼简，西平人也。韩约失众依宪。众人多欲取约以徼功，而宪皆责怒之，言："人穷来归我，云何欲危之？"后约病死，而阳逵等就斩约头，欲条疏宪名，宪言："我尚不忍生图之，岂忍取死人以要功乎？"逵等乃止。约首到。太祖宿闻宪名，及视疏，怪不在中，以问逵等，逵具以情对。太祖叹其志义，乃并表列，赐爵关内侯〕。

【译文】

王修，字叔治，北海人。七岁时，他的母亲在祭祀土地神那天去世。第二年，乡亲们在社日祭祀土地神，王修思念母亲，极为哀痛。乡亲们知道后，为此停止了祭祀活动。袁谭在青州时，任命王修为治中从事史。袁谭想进攻其弟袁尚，王修劝阻他说："兄弟如同一个人的左右手。比如一个人将要与别人角斗，却砍断自己的右手，反而说我一定能胜，像这样行吗？抛弃亲兄弟不亲近，天下人还有谁可以亲近呢？您部下有专说别人坏话的人，本来就想让你们兄弟之间互相争斗，以追求一时之利，我希望你堵上耳朵不要听他们的话。若能斩杀几个奸邪谄媚的下属，兄弟重新亲近和睦，以抵御四方的敌人，完全可以横行天下。"袁谭没有听从。

太祖曹操带领军队从南皮县进攻袁谭。王修听到袁谭被杀的消息，放声大哭说："没有君主了，我回到哪里去呢？"于是去见太祖，请求让他收葬袁谭的尸体。太祖不答应。王修又说："我曾受到袁氏的厚恩，如果能允许我收敛袁谭尸体，然后任您斩杀，我便不会有憾恨。"太祖嘉许他的义气，听从了他。太祖攻破南皮县，察看王修家，粮谷不满十斛，仅有书籍几百卷而已。太祖感叹说："贤士不是虚有其名啊！"于是，礼聘王修为自己司空府属官。(《魏略》说：郭宪，字幼简，西平郡人。韩约与部众离散来投奔郭宪。他手下很多人想用韩约到曹操那里请功，而郭宪则责备、怒斥了他们，他说："人家走投无路才来投奔我，为什么要乘人之危呢？"后来韩约病死，阳逵等人砍下韩约的头向曹操请功，打算在上疏中写上郭宪的名字，郭宪说："他活着的时候我尚且不忍心杀他，又怎么能忍心用死人去请功呢？"阳逵等人才不再这样做。韩约的头送到了曹操那里，曹操平素里听说过郭宪，等到看完上疏，奇怪名单中没有郭宪，就问阳逵等人，阳逵把事情的经过告诉了他。曹操赞叹他的志向和义气，就把他的名字写上，赐郭宪为关内侯。)

邴原，字根矩，北海朱虚人也。太祖辟为司空掾。原女早亡，时太祖爱子仓舒亦没，太祖欲求合葬，原辞曰："合葬，非礼也。

原之所以自容于明公，公之所以待原者，以能守训典而不易也。若听明公之命，则是凡庸也，明公焉以为哉？”太祖乃止。〔《原别传》曰：“魏太子为五官中郎将，天下向慕，宾客如云，而原独守道持顺，自非公事，不妄举动。太祖微使人从容问之，原曰：‘吾闻国危不事冢宰，君老不奉世子，此典制也。’”〕

【译文】

邴原，字根矩，北海国朱虚县人。太祖曹操任命他为司空府属官。邴原的女儿去世早，当时太祖心爱的儿子仓舒也死了，太祖想将这两个孩子合葬，邴原推辞说：“合葬是不符合礼仪的。我之所以能容身于明公您府中，您所以能接纳我邴原，是因为我们都能遵守古训和典章制度而不改变的缘故。如果我这次听从您的命令，那就是一个凡夫俗子，明公您哪里还能用得着我呢？”于是，太祖打消了这个念头。（《邴原别传》上说：“魏太子曹丕做五官中郎将时，天下人都很羡慕敬仰他，其门下宾客如云，而唯有邴原保持原来的样子，除非是公事，绝不随便前去拜访。曹操悄悄派人前去向他问及此事，邴原说：‘我听说国家危难时，不要侍从宰相一级的大官；君主上年纪时，不要去侍奉世子。这是古代的典章制度啊。’”）

崔琰，字季珪，清河人也。太祖领冀州牧，辟琰为别驾从事。太祖征并州，留琰傅文帝于邺。世子仍出田猎，变易服乘，志在驱逐。琰书谏曰：“盖闻盘于游田，《书》之所戒；鲁隐观鱼，《春秋》讥之。此周、孔之格言，二经之明义也。今邦国殄瘁，惠康未洽，士女企踵，所思者德。况公亲御戎马，上下劳惨，世子宜遵大路，慎以行正，思经国之高略，深惟储副，以身为宝。而猥袭虞旅之贱服，忽驰骛而陵险，志雉兔之小娱，忘社稷之为重，斯诚有识所以恻心也。唯世子燔翳捐褶，以塞众望，不令老臣获罪于天。”世子报曰：“昨奉嘉命，惠示雅教，欲使燔翳捐褶，翳已坏矣，褶亦去焉。后有此比，蒙复诲诸。”

【译文】

崔琰，字季珪，清河郡人。太祖任冀州牧时，任命崔琰为别驾从事史。太祖征讨并州时，留崔琰在邺城辅助文帝曹丕。文帝一再出外打猎，穿猎装骑快马，兴趣全在追逐猎物。崔琰上书规劝说：“我曾听说，乐于游览、打猎，《尚书》中曾警示过；鲁隐公外出观看捕鱼，《春秋》中曾予以讥讽。这是周公、孔子留下的格言，是两部经典所阐明的大义。现今国民困苦，恩惠安乐尚未普施，男女百姓都踮起脚跟盼望实施德政。况且你父亲亲自带领人马在外征战，上上下下之事都要他操劳忧心，世子你应当遵行正道，谨慎地端正行为，思虑治国妙策，深思你作为继承人的责任，爱惜你的身体。而你却苟且地套上山林管理人员穿的下贱服装，骑马穿越险路，志在猎获野鸡兔子这类小小的娱乐，忘记国家社稷的重要，这实在让有识之士为此痛心啊！希望世子你烧毁射猎用具，抛弃打猎服装，以遏止众人的埋怨，不要让老臣承受天降的罪过。”世子答复说：“昨天敬受你美好的书谏，给予我正确的教导。你希望我烧毁射猎用具，抛弃打猎服装。现在用具都已焚毁，猎装也已脱去。以后我再犯类似错误，还望你再次教诲于我。”

魏国初建，拜尚书。时未立太子，临菑侯植有才而爱。太祖狐疑，以函令密访于外。唯琰露板答曰：“盖闻《春秋》之义，立子以长。加五官将，仁孝聪明，宜承正统，琰以死守之。”植，琰之兄女婿也。太祖贵其公亮，喟然叹息，迁中尉。琰，甚有威重，朝士瞻望，而太祖亦敬惮焉。〔《先贤行状》曰：“琰清忠高亮，雅识经远，推方直道，正色于朝。魏初载，委铨衡，总齐清义，十有余年。文武群才，多所明拔。朝廷归高，天下称平矣。”〕琰荐扬训。太祖为魏王，训发表褒述盛德。时人谓琰为失所举，琰与训书曰：“省表，事佳耳！时乎时乎，会当有变。”时（旧无琰荐扬训至会当有变时四十三字，补之）有白琰此书傲世怨谤者，太祖怒，罚琰为徒隶，使人视之，辞色无挠。太祖令曰：“琰虽见刑，而通宾客，门若市人，对宾客，虬须直视，若有所瞋。”遂赐琰死。为世所痛惜，至今冤之。

【译文】

魏国刚刚建立，任命崔琰为尚书。这时尚未确立谁是太子，临淄侯曹植才华横溢，受到太祖宠爱。太祖犹豫不决，于是以函件形式派人隐密地征求大臣意见。只有崔琰以不加遮掩的笏板书写意见，公开答复说："按《春秋》中的义理，继承人应选立长子。加之五官中郎将(曹丕)仁孝闻明，应当继承正统为世子。崔琰将誓死坚守这个原则。"曹植本是崔琰哥哥的女婿，太祖十分赞赏崔琰的公正坦荡，喟然感叹，晋升他为中尉。崔琰平日表现很是威严持重，朝廷官员都敬仰他，太祖对他也有几分敬畏。(《先贤行状》上说："崔琰清正，具有高风亮节，学识渊博且有远见，举荐士人注重修养，在朝中能尽职尽责，不卑不亢。魏国刚建立时，委派他以选拔官吏的重任，他汇集、比较对人物的品评，做了有十几年。文武大臣中的人才，很多都是他提拔的。朝廷认为他为人高尚，天下人都称赞他公平。")崔琰曾经推荐钜鹿人杨训。后来太祖被封为魏王，杨训上表褒扬太祖的盛德。当时有人(认为杨训迎合权势)说崔琰举荐人才不当。崔琰写信对杨训说："读了你的表文。此事好啊！时势啊时势，该当有变化了。"当时有人却报告说崔琰这封书信傲视当世，有怨恨毁谤之意，于是太祖大怒，处罚崔琰，让他做苦工的杂役。太祖派人去看他，崔琰言谈表情一点也无屈服之意。太祖下令说："崔琰虽然在服刑，却与宾客来往，门庭若市；接待宾客时手抚蜷曲胡须，双目直视，似乎有所愤恨。"于是命令崔琰自杀。此事令世人痛惜，至今为他感到冤屈。

毛玠，字孝先，陈留人也。为东曹掾，与崔琰并典选举。其所用皆清正之士，虽于时有盛名，而行不由本者，终莫得进。务以俭率人，由是天下之士莫不以廉节自厉，虽贵宠之臣，舆服不敢过度。太祖叹曰："用人如此，使天下人自治，吾复何为哉！"文帝为五官将，亲自诣玠，属所亲眷。玠答曰："老臣以能守职，幸得免戾。今所说人非迁次，是以不敢奉命。"魏国初建，为尚书仆射，复典选举〔《先贤行状》曰："玠雅亮公正，在官清恪。其典选举，拔贞实，斥华伪，进逊行，抑党与。四海翕然，莫不厉行。贵者无秽欲之累，贱者绝奸货之求，吏洁于上，俗移于下，民到于今称之。”〕。崔琰既死，玠内不悦。后有白玠者：“出见黥面反者，妻子没为官奴婢，玠言曰：‘使天不雨者，盖由此也。’”太祖大怒，收玠付狱。

【译文】

毛玠，字孝先，陈留郡人。毛玠曾任东曹掾，与崔琰一起主持选拔官员。他所推荐任用的都是清廉正直的人士。一些虽在当时享有盛名，但行为虚浮不务根本者，始终得不到引荐任用。他力求以俭朴为人表率，因此全国士人无不以廉洁的操守自我勉励，即使是地位尊贵、受到宠信的大臣，车马服饰也不敢超越规定。太祖感叹说：“用人能做到这样，使天下人自己治理自己，我又有什么事情可干呢?”魏文帝曹丕任五官中郎将时，亲自去见毛玠，托他关照自己的亲属。毛玠答复说：“老臣我因为能够恪守职责，才幸免于罪过。如今您所提到的人不够升迁的资格，因此我不敢遵奉您的命令。”魏国刚刚建立，毛玠任尚书仆射，又主持选拔官员。(《先贤行状》上说：毛玠贤德公正，为官清廉。他主持选举事宜时，提拔忠贞有实才之人，不选用虚夸作假之徒，选用踏实肯干的，抑制结党营私的。天下听命，没有不遵行的。富贵的人没有被丑事恶行所累，贫贱的人也断绝了偷奸行贿的念头，在上官吏廉洁，这种风气传播到下面，直至现在百姓还称赞他。)崔琰被杀之后，毛玠心中不痛快。后来有人揭发毛玠说：“他出门看见脸上刺刻涂墨的造反犯人，他们的妻子儿女成了官府的奴婢，竟然还说：‘老天爷不下雨的原因就在于此。’”太祖大怒，逮捕毛玠入狱。

大理钟繇诘玠，玠辞曰：“臣闻萧生缢死，因于石显；贾子放外，谗在绛、灌。白起赐剑于杜邮，晁错致诛于东市，伍员绝命于吴都。斯数子者，或妒其前，或害其后。臣垂龆执简，累勤取官，职在机近，人事所窜。属臣以私，无势不绝；语臣以冤，无细不理。青蝇横生，为臣作谤，谤臣之人，势不在他。昔王叔、陈生争正王廷，宣子平理，命举其契，是非有宜，曲直有所，《春秋》嘉焉，是以书之。臣不言此，无有时人。说臣此言，必有征要。乞蒙宣子之辨，而求王叔之对。若臣以曲闻，即刑之日，方之安驷之赠；赐剑之来，比之重赏之惠。谨以状对。”时桓楷、和洽进言救玠，玠遂免黜，卒于家。〔孙盛曰：“魏武于是失制刑矣。《易》称‘明折庶狱’，传有‘举直错枉’。庶狱明则国无冤民，枉直当则民无不服。未有征青蝇之浮声，信浸润之谮诉，可以允厘四海、惟清缉熙者也。昔汉高狱萧何，出复相之，玠之一责，永见摈放，二主度量，岂不殊哉！”〕

【译文】

大理钟繇审问毛玠，毛玠回答说：“我听说，萧望之自杀，是因为石显的陷害；贾谊被贬至外地，是因为周勃、灌婴的谗言中伤。白起被迫自刎于杜邮，晁错被斩首于东市，伍员命断于吴都。这几位人士的遭遇，或是公开受人妒忌，或是背后受人暗害。我年少时就做县政府的办事官员，长期勤勉工作而取得官职。我的职务位于中枢机要部门，牵涉到复杂的人事关系。有人以私情请托，他再有权势我也加以拒绝；有人将冤屈告诉我，再细微的事情我也会办理。进谗言的小人就如同苍蝇一样无端生事，对我进行诽谤，诽谤我的人，肯定不是其他人。过去王叔、陈生在朝廷上争辩曲直，范宣子进行评断，他叫双方列出证据，这样使是非曲直便有相应的事例和行为的出处。此事因得到称赞，所以记载于《春秋》。我不说这些，当今的人没有谁会说这些。我的这些话，肯定有证据事实。我请求得到范宣子那样的明察，要求像王叔那样当堂对质。如果我的禀告歪曲事实，那么我接受死刑时，会将其比作安车、驷马一样的馈赠；让我自杀的宝剑送来时，我会将它视为重赏一样的恩惠。谨以真实情况答对如上。”当时恒楷、和洽都进言营救毛玠，毛玠才被免死罢官，后来死于家中。（孙盛说：“魏武帝在这件事情上有失刑罚的公正。《易经》上讲：‘明智地判决各类诉讼案件。’《论语》上讲：‘选拔正直的人置于邪曲的人之上。’判决案子公正清明，国家就没有被冤枉的人；使邪曲之人变得正直，民众就没有不服从的。没有听苍蝇一样的谗言、信悄悄而来的诽谤之声，而可以安定四海，使天下治理的。以前汉高祖刘邦把萧何放进牢狱，放出后又让他担任丞相，而毛玠只有一次受责备，就永远被摈弃不用。这两个人主的心胸度量相差实在太悬殊了！”）

徐奕，字季才，东莞人也。太祖辟东曹属。丁仪等见宠于时，并害之，而奕终不为动〔《傅子》曰：武皇帝，至明也。崔琰、徐奕，一时清贤，皆以忠信显于魏朝。丁仪间之，徐奕失位，而崔琰被诛〕。

【译文】

徐奕，字季才，东莞县人。曹操任司空时，任其为司空府属官。当时丁仪等人受宠，一起陷害他，但是徐奕始终没有为之动摇。(《傅子》说："魏武帝曹操是非常英明的。崔琰、徐奕都是一时清正、贤良之人，以忠贞可信享誉于魏国。丁仪从中挑拨离间，以至于徐奕丢了官职，而崔琰也被诛杀。)

鲍勋，字叔业，泰山人也。为中庶子。出为魏郡西部都尉。太子郭夫人弟，断盗官布，法应弃市。太子数手书为之请，勋不敢擅纵，具列上。勋前在东宫，守正不挠，太子固不能悦，及重此事，恚望滋甚。延康元年，勋兼侍中。文帝受禅，勋每陈："今之所急，唯在军农，宽惠百姓。台榭苑囿，宜以为后。"帝将出游猎，勋停车上疏曰："臣闻五帝三王，靡不明本立教，以孝治天下。陛下仁圣恻隐，有同古烈。臣冀当继踪前代，令万世可则也。如何在谅暗中，修驰骋之事乎？臣冒死以闻，唯陛下察焉。"帝手毁其表而竟行猎，中道顿息，问侍臣曰："猎之为乐，何如八音也？"侍中刘晔对曰："猎胜于乐。"勋抗辞曰："夫乐，上通神明，下和人理，隆治致化，万邦咸乂。故移风易俗，莫善于乐。况猎，暴华盖于原野，伤生育之至理，栉风沐雨，不以时隙哉？昔鲁隐观鱼于棠，《春秋》讥之。虽陛下以为务，愚臣所不愿也。"因奏："刘晔佞谀不忠，阿顺陛下过戏之言，昔梁丘据取媚于遄台，晔之谓也。请有司议罪，以清皇朝。"帝怒作色，还，即出勋为右中郎将。

【译文】

鲍勋，字叔业，泰山郡人。太祖时期，鲍勋任太子的中庶子，出任魏郡西部都尉。太子郭夫人的弟弟(任曲周县史)，被查实认定偷盗官府布匹，按法律规定应处死于闹市。太子几次亲自写信给处理此事的鲍勋，为妻弟求情。鲍勋不敢擅自释放，如实上报。鲍勋先前在东宫任太子下属时，刚正不阿，太子本来就不喜欢他，加上现在这件事，对他的恼怒怨恨就更加厉害。延康元年，鲍勋兼任侍中。文帝承受禅让登上帝位之后，鲍勋常常陈述说："如今当务之急在于搞好军事、农业，优待百姓。修建皇家的亭台楼榭、园林苑囿，应该以后再议。"文帝将要出门打猎，鲍勋拦住车子，上奏说："为臣听说五帝三皇，无不明达根本、树立教化，以孝道治理天下。陛下仁慈圣明，具有恻隐之心，如同古代的明君。为臣希望您效法前代的圣王，使万世可引为楷模。怎么能在居丧期间，迷恋于打猎的快乐呢？臣冒着死罪向您进言，希望陛下明察。"文帝亲手撕毁鲍勋的奏章，竟自照样出猎。中途歇息时，(文帝)问身边侍臣说："打猎的快乐比起听音乐怎么样？"侍中刘晔马上回答道："打猎比听音乐快乐。"鲍勋驳斥说："音乐，上能通达神明，下可调和人际关系，促使政治兴隆，达到天下太平、万邦安定。所以移风易俗，没有比音乐更好的了。然而打猎之事，要在原野中暴露帝王尊贵的身体，会损害生命繁衍的天理，迎风冒雨，不管时间是否空闲。过去，鲁隐公到棠地去观看捕鱼，《春秋》记载以示讽刺。即使陛下将打猎当作要事，愚臣却不希望您这样做啊。"接着又上奏说："刘晔谄媚不忠，阿谀顺从陛下开玩笑的话。过去梁丘据曾在遄台向齐侯献媚，刘晔就是这样的人。请主管官员议定他的罪名，以使皇朝清净。"文帝恼怒，脸色突变，停止打猎返回，随即让鲍勋改做右中郎将。

黄初四年，尚书令陈群、仆射司马宣王，并举勋为宫正。帝不得已而用之，百寮严惮，罔不肃然。六年，帝欲征吴，群臣大议，勋面谏以为不可。帝益忿之，左迁勋为治书执法。帝从寿春还，屯陈留郡界。太守孙邕见，出过勋。时营垒未成，但立标埒，邕邪行不从正道，军营令史刘曜欲推之，勋以堑垒未成，解止不举。大军还洛阳，曜有罪，勋奏绌遣，而曜密表勋私解邕事。诏曰："勋指鹿作马，收付廷尉。"廷尉法议："正刑五岁。"三官驳："依律罚金二斤。"帝大怒曰："勋无活分，而汝等敢纵之！收三官以下付刺奸，当令十鼠同穴。"大尉钟繇、司徒华歆等并表"勋父信有功于太祖"，求请勋罪。帝不许，遂诛勋。勋内行既修，廉而能施，死之日，家无余财。莫不为勋叹恨。

【译文】

黄初四年，尚书令陈群、仆射司马宣王一同举荐鲍勋为宫正(即御史中丞)，文帝不得已而任用了他。(从此)百官敬畏，无不规规矩矩。黄初六年，文帝想征讨孙吴，群臣参与讨论，鲍勋当面规劝，认为不可。文帝更加恼怒鲍勋，将他降职为治书执法。文帝从寿春归来，驻军在陈留郡境内。郡太守孙邕前去进见，出来时走到了鲍勋前边。当时营垒尚未建成，只竖立了营寨外墙标识，孙邕斜着穿行营地而没有走正路，军营令史刘曜想要追究他的罪责，鲍勋以营驿还未建成为由，劝解他不要举报。大军返回洛阳后，刘曜犯了罪，鲍勋上奏要求将他贬黜放逐，刘曜(心中愤恨)，秘密上表揭发鲍勋私下为孙邕开脱一事。文帝下诏："鲍勋指鹿为马，予以逮捕，交给廷尉查办！"廷尉依法议决："判处服劳役五年。"负责复议的"三官"驳回说："依照律令只应判罚金子二斤。"文帝大怒说："鲍勋没有活命的可能，你们竟敢宽纵他！逮捕'三官'以下人员交付刺奸处治，要将你们一起处死！"太尉钟繇、司徒华歆等人都上表说："鲍勋的父亲鲍信对太祖有功劳，请求赦免鲍勋的死罪。"文帝不许可，终于杀了鲍勋。鲍勋内在品德良好，廉洁而且能够慷慨施舍，死时家无余财。(鲍勋被处死之后，)人们无不为他叹息遗憾。

王朗，字景兴，东海人也。文帝即王位，迁御史大夫。上疏劝育民省刑曰："《易》称敕法，《书》著祥刑，慎法狱之谓也。昔曹相国以狱市为寄，路温舒疾治狱之吏。夫治狱者得其情，则无冤死之囚；丁壮者得尽地力，则无饥馑之民；穷老者得仰食仓廪，则无馁饿之殍；嫁娶以时，则男女无怨旷之恨；胎养必全，则孕者无自伤之哀；新生必复，则孩者无不育之累；壮而后役，则幼者无离家之思；二毛不戎，则老者无顿伏之患。医药以疗其疾，宽繇以乐其业，威罚以抑其强，恩仁以济其弱，赈贷以赡其乏。十年之后，既笄者必盈巷；二十年之后，胜兵者必满野矣。”文帝践祚，改为司空，时帝颇出游猎，或昏夜还宫，朗上疏曰：“夫帝王之居，外则饰周卫，内则重禁门，将行则设兵而后登舆，清道而后奉引，遮列而后转毂，静室而后息驾，皆所以显至尊、务戒慎、垂法教也。近日车驾出临捕虎，日昃而行，及昏而反，违警跸之常法，非万乘之至慎也。”帝报曰：“览表，虽魏降称虞箴以讽晋悼，相如陈猛兽以戒汉武，未足以喻。方今二寇未殄，将帅远征，故时入原野以习戒备，至于夜还之戒，辄诏有司施行。”

【译文】

王朗，字景兴，东海郡人。文帝即位，王朗升任御史大夫。他上书劝谏文帝抚养民众，减免刑罚，说：“《周易》上说要整饬法律，《尚书》写道要慎用刑罚，都是说要谨慎使用法律、慎断犯罪案件。过去，相国曹参将监狱看作暂居之地，路温舒憎恶严酷的狱吏。审理案件的人知道真实的情况，那么就没有冤死的囚犯；壮年男子能充分利用土地潜力，那么就没有遭受饥饿的百姓；贫穷年老的人能得到国家救济，那么就不会出现饿死的尸体；到了合适年龄的人都能及时出嫁或迎娶，那么男女就不会产生无妻无夫的怨恨；胎儿的营养都能保障，那么怀孕的妇女就没有丧失后代的哀痛；对刚生孩子的夫妇一定免除赋税，那么幼儿就没有无人养育的忧患；人到壮年后才服徭役，那么幼小的人就无远离家庭的思念；头发花白的人不再当兵，那么老年人就不会有跌倒在行军路上的担心。使用医药治疗人民的疾病，宽减徭役使之安居乐业，利用威力刑罚抑制豪强，施予恩惠、仁爱以帮助弱者，发放救济来赡养穷人。(能够这样)十年之后，已然成年的女子必定充满街巷；二十年之后，能够当兵的人必定到处都是了。”到文帝继位后，王朗改任司空。这时文帝常常外出打猎，有时到黑夜才回宫。王朗上书说：“帝王的住处，外面设有周全的警卫，里面有重重禁门，若要出行，则布置了卫队以后才上车，清除道路驱逐行人以后才引路起行，遮掩帝王车驾位次后才转动车轮，清洁休息室后才在门前停车。这都是用来显示至高无上的地位、力求戒备谨慎、留下礼法教喻的。近日，陛下车驾出外捕虎，午后出发，到了黄昏才返回，违背了帝王出行警戒清道的常规，也不是君王极端谨慎的做法啊。”文帝答复说：“看了你的上表，即使是魏绛引用虞人的箴言以劝谏晋悼公，司马相如描绘射猎猛兽的情形以告诫汉武帝，也不足以如此开导人。现在吴、蜀二敌还未消灭，将帅都在远方征战，所以我要不时到原野驰骋以练习军事防备。至于不应该夜里返回的告诫，已经下诏主管官员执行了。”

子肃，字子雍，拜散骑常侍。上疏陈政本曰：“夫除无事之位，损不急之禄，止浮食之费，并从容之官，使官必有职，职任其事，事必受禄，禄代其耕，乃往古之常式，当今之所宜也。官寡而禄厚，则公家之费鲜、进士之志劝。各展才力，莫相倚杖，敷奏以言，明试以功，能之与否，简在帝心矣。”

【译文】

王朗的儿子王肃，字子雍，任散骑常侍。他上疏陈述理政的根本原则说：“废除无事可做的职位，减少并不急需的俸禄，停发供养冗员的经费，裁减无所事事的官员，使当官者必有职责，有职责必须做事，做事必定发给俸禄，以俸禄替代其耕作禄田，这是自古以来的常规，也是当今所适宜的原则。官员少而每人的俸禄丰厚，则公家的花费少，入仕升官的志向可得以鼓励。每个人各自施展其才识能力，不要依靠人情关系往上爬。发表见解，就向皇帝呈递奏章；检查成绩，要通过公开考核。官员是否有能力，全在您心里呀！”

景初间，宫室盛兴，民失农业，期信不敦，刑杀仓卒。肃上疏曰：“大魏承百王之极，生民无几，干戈未戢，诚宜息民而惠之，以安静遐迩之时也。夫务蓄积而息疲民，在于省徭役而勤稼穑。今宫室未就，功业未讫，运漕调发，转相供奉，是以丁夫疲于力作，农者离于南亩。今见作者三四万人。九龙可以安圣体，其内足以列六宫，显阳之殿，又向将毕，惟太极已前，功夫尚大，方向盛寒，疾疢或作。诚愿陛下发德音，下明诏，深愍役夫之疲劳，厚矜兆民之不赡，取常食廪之士，非急要者之用，选其丁壮，择留万人，使一期而更之，咸知息代有日，则莫不悦以即事，劳而不怨矣。夫信之于民，国家大宝也。仲尼曰：'自古皆有死，民无（无原作非）信不立。'夫区区之晋国，微微之重耳，欲用其民，先示以信，用能一战而霸，于今见称。前车驾当幸洛阳，发民为营，有司命以营成而罢。既成，又利其功力，不以时遣。有司徒营其目前之利，而不顾经国之体。臣以为自今以后，傥复使民，宜明其令，使必如期。若有事以次，宁复更发，无或失信。凡陛下临时之所行刑，皆有罪之吏、宜死之人也。然众庶不知，谓为仓卒。故愿陛下下之于吏而暴其罪。钧其死也，无使污于宫掖而为远近所疑。且人命至重，难生易杀，气绝而不续者也，是以圣王重之。孟轲称，'杀一无辜以取天下，仁者不为也'。汉时有犯跸惊乘舆马者，廷尉张释之奏使罚金，文帝怪其轻，而释之曰：'方其时，上使诛之则已，今下廷尉。廷尉，天下之平也，一倾之，天下用法皆为轻重，民安所措手足哉？'臣以为大失其义，非忠臣所宜陈也。廷尉者，天子之吏也，犹不可以失平，而天子之身，反可以惑谬乎？斯重于为己，而轻于为君，不忠之甚也。周公曰：'天子无戏言。'言犹不戏，而况行之乎？故释之之言，不可不察；周公之戒，不可不法也。"

【译文】

景初年间，大规模修建皇宫，民众无法从事农业生产，官方征调人民服劳役时，许定的期限到了却不兑现，死刑判决仓促草率。王肃上疏说："大魏承继百王纷争的困惫，人民所剩无几，战火蔓延未熄，实在应使人民休息，并施以恩惠，以稳定远近的时势。要想蓄积财物而使疲倦的百姓得以休息，在于省减徭役而努力耕种。现今宫殿没有修好，工程没有完成，由水路调运粮物需要层层辗转运输供应。因此服劳役的壮丁辛苦劳作，疲惫不堪，农民离开了他们的田地，修建皇宫的劳工现有三四万人。已完工的九龙殿可使陛下圣体安居，里面足以排列六宫后妃，显阳殿也将要完工，只有太极殿的工程还很浩大。现今天气即将转入酷寒，疾病时有发生，我诚望陛下发布仁德之言，颁布英明之诏，深深怜悯劳工们的疲惫辛劳，多多同情广大民众的困乏不足，最好在那些一直吃皇粮而又没有紧急任务的士兵中选择壮年男丁，留下一万人，且他们服劳役满一年就得以替换。这样，都知道休息、替换有固定时日，就没有人不高高兴兴地做工，虽劳累而不怨恨了。取信于民，是一个国家最宝贵的财富。孔子说：'自古皆有死，民无信不立。'小小的晋国公子重耳，想要使用他的人民，就先让大家看到他的信用，所以能只打一仗就开始称霸，至今还被人赞许。前次陛下驾车要到洛阳，征调民工建立大营，官府许诺说大营建成就放他们回家，但是大营建成以后，又贪图使用这些民工，没有按时遣返。有的官员只知道谋取眼前利益，而不顾治理国家的大体。为臣认为从今以后，如果再使用民间劳工，应该明确宣布命令，一定遵守规定期限。如果接着还有别的事情需要劳力，则宁可再次征调，而不要丧失信用。凡属陛下临时下令处以死刑的，都是些有罪的官员，是应该处死的人。但是众百姓不知道其中情况，认为是仓促草率。所以希望陛下干脆把这些有罪之人交给司法官员，公开披露他们的罪行，就算是他该处以死刑，也不要让他们沾污宫廷而让远近的人们产生疑惑。而且人命最重要，生养人困难而杀死人容易，断了气就无法接续了，因此圣明的君王很重视死刑的判决。孟轲说，'即使杀一个无辜的人便能够获得天下，仁者也不愿做这样的事情'。汉朝时有人冒犯皇帝车驾，使御马受惊，廷尉张释之上奏请求判处这人交纳罚金。汉文帝责怪他处罚过轻，而张释之却说：'要是在事情发生的当时圣上一怒之下将他杀了也就罢了。现在交给廷尉处理，廷尉是国家的天平啊，一旦倾斜，天下施用法律的人都可以随心所欲地轻判重判，民众不是就手足无措了？'为臣认为他的话大失道义，不是忠臣所应该说的。廷尉是天子的吏役，尚且不能丧失公平，而以天子的身份，反而可以迷惑、谬误吗？这种话是为自己着想，却很少为君主着想，是最不忠诚的行为。周公说：‘天子没有开玩笑的话。’出言尚且不开玩笑，何况行动呢？所以对张释之的话不可不明察，对周公的告诫不可不遵循。”

帝尝问曰：“汉桓帝时，白马令李云上书言：‘帝者，谛也。是帝欲不谛。’当何得不死？”肃对曰：“但为言失逆顺之节，原其本意，皆欲尽心，念存补国。且帝者之威，过于雷霆，杀一匹夫，无异蝼蚁，宽而宥之，可以示容受切言，广德宇于天下。故臣以为杀之，未必为是也。”

【译文】

明帝曾询问说：“汉桓帝的时候，白马县令李云上书说：‘帝的意思就是谛(留意政事)，现在的情况却是皇帝想要不谛(不留意政事)。’李云说了这样的话怎么没有被处死？”王肃回答说：“李云只不过是说话有失君臣之礼，推究其本意，都是想尽自己的忠心，念念不忘弥补国事的缺失。并且帝王威势，比雷霆还要厉害，杀死一个普通人，跟杀死一只蚂蚁没有什么两样。宽容并且赦免李云这样的人，可以表明自己能够容纳接受恳切的言论，向天下显示大德与风度。所以臣下认为处死李云未必正确。”

程昱，字仲德，东郡人也。孙晓，字季明，嘉平中，为黄门侍郎。时校事放横，晓上疏曰：“《周礼》云：‘设官分职，以为民极。’《春秋传》曰：‘天有十日，人有十等。’愚不得临贤，贱不得临贵。于是并建圣哲，明试以功，各修厥业，思不出位。故栾书欲拯晋侯，其子不听；死人横于街路，邴吉不问。上不责非职之功，下不务分外之赏；吏无兼统之势，民无二事之役。斯诚为国要道，治乱所由也。远览典志，近观秦汉，虽官名改易，职司不同，至于崇上抑下，显明分例，其致一也，初无校事之官干与庶政者也。昔武皇帝大业草创，众官未备，而军旅勤苦，民心不安，乃有小罪，不可不察，故置校事，取其一切耳，然检御有方，不至纵恣也。此霸世之权宜，非帝王之正典。其后渐蒙见任，转相因仍，莫正其本。遂令上察宫庙，下摄众司，官无局业，职无分限，随意任情，唯心所适。法造于笔端，不依科条；诏狱成于门下，不顾覆讯。其选官属，以谨慎为粗疏，以謥詗为贤能。其治事，以刻暴为公严，以修理为怯弱。外托天威以为声势，内聚群奸以为腹心。大臣耻与分势，含忍而不言；小人畏其锋芒，郁结而无告。至使尹模公于目下，肆其奸慝，罪恶之著，行路皆知，纤恶之过，积年不闻。既非《周礼》设官之意，又非《春秋》十等之义也。今外有公卿将校总统诸署，内有侍中尚书综理万机，司隶校尉督察京辇、御史中丞董摄宫殿，皆高选贤才以充其职，申明科诏以督其违。若此诸贤犹不足任，校事小吏，益不可信。若此诸贤各思尽忠，校事区区，亦复无益。若更高选国士以为校事，则是中丞司隶重增一官；若如旧选，尹模之奸今复发矣。进退推算，无所用之。昔桑弘羊为汉求利，卜式以为独烹弘羊，天乃可雨。若使政治得失必感天地，臣恐水旱之灾，未必非校事之由也。曹恭公远君子，近小人，《国风》托以为刺；卫献公舍大臣，与小臣谋，定姜谓之有罪。纵令校事有益于国，以礼义言之，尚伤大臣之心，况奸回暴露，而复不罢，是衮阙不补，迷而不反也。”于是遂罢校事。

【译文】

程昱，字仲德，东郡人。其孙子程晓，字季明，嘉平年间，任黄门侍郎。当时校事官放肆横蛮，程晓上疏说：“《周礼》上说：‘设置官位分派职责，以此作为民众遵循的原则。’《春秋传》上说：‘天有十个太阳(《山海经》载：太阳神羲和生了十个太阳儿子，每天有一个升空，轮流照耀世界)，人有十个等级。’由于愚昧者不能统治贤能者，卑贱者不能统治高贵者，于是一并树立圣人哲人，对官员按功绩明白地任用。这样，官员各自专心研求自己的业务，思考问题不超出自己的职分。所以栾书想要拯救晋厉公，其子栾针却不听从；死尸横摆在街道上，邴吉却不闻不问。上司不要求得到不属于自己职责的功绩，下属不希望得到本分以外的奖赏；官吏没有兼管并统的权势，百姓没有两种以上的劳役。这的确是治理国家的重要原则，是国家治乱的原由啊！综览历史典章，近观秦汉政事，虽然官位名称有所改变，职责有所不同，但说到尊崇君主、抑制臣子，标明本分、划清等级，其目的完全一样，从来就没有校事官干预各种政务的情况。过去太祖武皇帝考虑到宏大的事业处在草创时期，各种官职还不完备，且军队辛勤劳苦，民心尚未安定，以至于对小罪行也不能不查办，所以才设置了校事一职，这只不过是一时应急措施，然而因为约束控制有方，使校事官不至于放肆恣意。这是争霸时期的权宜之计，而不是帝王统治天下的正当制度。后来校事官渐受信任，(数十年来)辗转因袭，没有人能正本清源，以至于校事官向上可监察宫廷宗庙，对下可兼理各个官署。他们的职事没有一定的范围，权力没有一定的限制，随意任情，全凭其主观意志行事。法令编造于他们笔下，根本不依据法规条例办事；奉诏审讯的案件就在他们门下结案，从来不考虑核实复审。他们选用下属官员，视谨慎为粗疏，视浮夸为贤能。他们处理事情，将刻毒暴戾视为公正严明，将遵循法理视为怯懦软弱。对外，他们盗用天子的威望为自己壮大声势；对内，他们又聚集一批奸诈小人作为心腹。大臣们耻于和他们争夺权势，含愤忍怒而一言不发；小民们畏惧他们的锋芒，愤怒冤屈郁结心中而无从申诉。以至于尹模公然敢在天子眼皮底下肆无忌惮地行奸作恶，其显著的罪恶，路人皆知；其小的恶行之过分，年久难以陈报。这种状况，既不是《周礼》设置官职的本意，也不符合《春秋》中人有十等的含义。现今外有公卿将校总管各个部门，内有侍中、尚书综合处理各项机要事务，有司隶校尉督察京城，御史中丞统管宫殿。都有经过严格选举的贤能人才充任这些职务，又有申明法令条文的诏书用以监督官吏的违法行为。如果说这些贤才还不能信任，那么校事小吏，就更加不能信任。如果这些贤才各自尽忠竭力，那么区区校事，也就再没有任何用处了。如果重新严格选举一国的杰出人士来充当校事，那又不过是在御史中丞、司隶校尉以外重复增设一个监察官职而已。如果仍然依照旧例选任校事，那么像尹模那样的奸人今天又将重新出现。为臣反复考虑，觉得设置校事，实在是没有什么用处。过去桑弘羊为汉室谋求利益，而卜式认为只要杀了桑弘羊一个，干旱的天就可以下雨。假如政治上的得失真的能感应天地，在我看来，恐怕近年的水旱灾害，未必不是校事引起的。过去曹恭公疏远君子，亲近小人，《诗经·侯鸟》一诗借物讽刺。卫献公舍弃大臣，而与小臣商议政事，定姜认为他有罪。即便是校事对国家有益，但从礼义的角度说，还是伤害了大臣们的感情，何况校事的奸邪行径早已暴露于世！若仍然不取消这一官职，这就是君主有过失而不愿弥补，陷于迷途而不知回返啊。”于是朝廷废除了校事官职。

刘晔，字子扬，淮南人也。为侍中〔《傅子》曰：晔事明帝，大见亲重。帝将伐蜀，朝臣内外皆曰“不可”。晔入与帝议，因曰“可伐”；出与朝臣言，因曰“不可伐”。晔有胆智，言之皆有形。中领军杨暨，帝之亲臣，又重晔，持不可伐蜀之议最坚，每从内出，辄过晔，晔讲不可伐之意。后暨从驾行天渊池，帝论伐蜀事，暨切谏。帝曰：“卿书生，焉知兵事！”暨曰：“臣诚不足采，侍中刘晔，先帝谋臣，常曰蜀不可伐。”帝曰：“晔与吾言蜀可伐。”暨曰：“晔可召质也。”诏召晔，晔至，帝问之，晔终不言。后独见，晔责帝曰：“伐国，大谋也，臣得与闻大谋，常恐眯梦漏泄以益臣罪，焉敢向人言之?夫兵，诡道也，军事未发，不厌其密。陛下显然露之，臣恐敌国已闻之矣。”于是帝谢之。晔出责暨曰：“夫钓者中大鱼，则纵而随之，须可制而后牵，则无不得也。人主之威，岂徒大鱼而已!子诚直臣，然计不精思也。”暨亦谢之。晔能应变持两端如此。或恶晔于帝曰：“晔不尽忠，善伺上意所趣而合之。陛下试言皆反意而问之，若皆与所问反者，是晔常与圣意合也。复每问皆同者，晔之情必无所复逃矣。”帝如言验之，果得其情，从此疏焉。晔遂狂，出为大鸿胪，以忧死。谚曰：“巧诈不如拙诚。”信矣〕。

【译文】

刘晔，字子扬，淮南人。文帝任命他为侍中。(《傅子》上说：刘晔侍奉明帝，特别受到亲近敬重。明帝将要讨伐蜀国，朝廷内外大臣都说：“不可。”刘晔入朝与明帝商议，却说：“可以讨伐。”刘晔出来和群臣们讨论时却又说：“不可讨伐。”刘晔有胆略、智谋，说起话来总是绘声绘色，能自圆其说。中领军杨暨也是明帝亲近的大臣，他也很尊重刘晔，是坚持不可伐蜀意见的大臣中最坚决的，每次从宫中出来，都与刘晔交谈，刘晔也总是说不可征讨。后来，杨暨侍从明帝车驾到天渊池，明帝又谈论伐蜀之事，杨暨恳切地进行劝谏。明帝说：“你是书生，根本不懂军事！”杨暨说：“臣的话确实不足以采纳，侍中刘晔是先帝的谋臣，也常说蜀不可伐。”明帝说：“刘晔对我说蜀可伐。”杨暨说：“您可以召刘晔前来对质。”于是下诏召刘晔，刘晔来了以后，明帝问他，刘晔始终不说话。后来，明帝单独召见他，刘晔埋怨明帝说：“征伐敌国是重大的秘密，臣听说了这个秘密之后，常怕在睡梦中走漏消息，加重自己的罪责，怎么敢向别人说呢？打仗是诡密的，行动之前怎样保密都不为过。您却把它明白地透露出来，恐怕敌国已经听到这件事了。”明帝向他致歉。刘晔出来后，又责怪杨暨说：“钓鱼时钓到了大鱼，应当先放线让它游，然后紧紧跟着它，等到能制住它时再收竿，这样没有钓不上来的。君主的权威难道仅仅是大鱼吗？你确实是正直之臣，但是考虑得太不精密了。”杨暨也向他致歉。刘晔就是这样善于应变，能把握住两端。有人在明帝面前讲刘晔的坏话说：“刘晔没有尽忠，他善于捉摸圣上的意思而随声附和。陛下可以试着用反话问他。如果他的意见与反话相反，那就证明刘晔常常和您的意见一致。如果每次问都与您的反话相同，刘晔内心的真实想法就必定跑不掉了。”明帝用这个办法试验，果真弄清了真相，从此便疏远刘晔。刘晔于是变得狂放，出任大鸿胪，因忧郁而死。谚语说：“巧诈不如拙诚。”确实如此。）

蒋济，字子通，楚国人也。文帝践祚，为散骑常侍。有诏，诏征南将军夏侯尚曰：“卿腹心重将，特当任使。恩施足死，惠爱可怀。作威作福，杀人活人。”尚以示济。济既至，帝问曰（旧无活人至问曰十二字，补之）：“卿所闻见，天下风教何如？”济对曰：“未有他善，但见亡国之语耳。”帝忿然作色，而问其故。济具以答，因曰：“夫‘作威作福’，《书》之明诫。‘天子无戏言’，古人所慎。唯陛下察之！”于是帝意解，遣追取前诏。

【译文】

蒋济，字子通，楚国人，文帝即位后，任命为散骑常侍。当时，文帝有诏书，对征南将军夏侯尚说："你是我的心腹大将，特让你担当重任。施恩时要足以使人愿为你去死，示爱时要能够使人怀念。你可以作威作福，可以杀人也可以让人活命。"夏侯尚将此诏书拿给蒋济看。蒋济见到文帝时，文帝问他："据你所闻所见，天下的风俗教化怎样？"蒋济回答说："没什么好的见闻，只听见亡国的话而已。"文帝听后脸色大变，问他为什么这样说。蒋济一五一十地作了回答，并趁机说："'作威作福'是《尚书》中明明白白警告过的，'天子无戏言'是古人慎重提出的准则。希望陛下好好想一想。"这时，文帝心里猛然醒悟，立刻派人去追回此前(给夏侯尚)的诏书。

苏则，字文师，扶风人也。为金城太守。文帝问则曰："前破酒泉、张掖，西域通使，敦煌献径寸之珠，可复求市益得不？"对曰："若陛下化洽中国，德流沙漠，即不求自至。求而得之，不足贵也。"帝嘿然。后从行猎，槎桎拔，失鹿，帝大怒，踞胡床拔刀，悉收督（旧无督字，补之）吏，将斩之。则稽首曰："臣闻古之圣王不以禽兽害人。今陛下方隆唐尧之化，而以猎戏多杀群吏，愚臣以为不可。敢以死请！"帝曰："卿，直臣也。"遂皆赦之。然以此见惮，左迁河东相。

【译文】

苏则，字文师，扶风人，时任金城郡太守。文帝问苏则说："前些时攻破酒泉郡、张掖郡，和西域互通使节，敦煌郡所献直径一寸的大宝珠，能否再买到呢？"苏则回答说："如果陛下的教化能滋润中原，恩德能流布到西北边境，宝珠就会不求自来。如果通过自己寻求而得，宝珠就不足珍贵了。"文帝听后，默然无语。后来苏则陪同文帝打猎。围猎的篱笆拔脱，鹿逃走了。文帝大怒，脚踩胡床拔出佩刀，下令将监督猎场的官吏全抓起来，打算处死他们。苏则跪地叩拜，说："为臣听说前代的圣明君王不为禽兽而杀人，现在陛下正推崇唐尧的教化，却因打猎的游戏要杀死很多官吏，愚臣认为绝对不能这样，所以斗胆用我的生命来求情！"文帝说："你真是正直的大臣啊！"便将那些官吏全部赦免。然而苏则也因此让文帝感到畏惧，便将他降职调任东平国相。

杜畿，字伯侯，京兆人也。子恕，字务伯，为散骑黄门侍郎，每政有得失，常引纲维以正言。时又大议考课之制，以考内外众官。恕上疏曰：“《书》称‘明试以功，三考黜陟’，诚帝王之盛制。然历六代而考绩之法不著，关七圣而课试之文不垂，臣诚以为其法可粗依，其详难备举故也。语曰：‘世有乱人，而无乱法。’若使法可专任，则唐、虞可不须稷、契之佐，殷、周无贵伊、吕之辅矣。今奏考功者，陈周、汉之法为缀，京房之本旨，可谓明考课之要矣。于以崇揖让之风，兴济济之治，臣以为未尽善也。其欲使州郡考士，必由四科者，皆有事效，然后察举，试辟公府，为亲民长吏，转以功次补郡守者，或就增秩赐爵，是最考课之急务也。至于公、卿及内职大臣，亦当俱以其职考课之也。古之三公，坐而论道，及内职大臣，纳言补阙，无善不纪，无过不举。且天下至大，万机至众，诚非一明所能遍照。故君为元首，臣为股肱，明其一体相须而成也。焉有大臣守职辨课，可以致雍熙者哉！且布衣之交，犹有务信誓而蹈水火，感知己而披肝胆，徇声名而立节义者。所务者非特匹夫之信，所感者非徒知己之惠，所徇者岂声名而已乎！诸蒙宠禄受重任者，不徒欲举明主于唐、虞之上而已，身亦欲厕稷、契之列。是以古人不患于念治之心不尽，患于自任之意不足，此诚人主使之然也。唐、虞之君，委任稷、契、夔、龙而责成功，及其罪也，殛鲧而放四凶。今大臣亲奉明诏，给事目下，其有夙夜在公，恪勤特立，当官不挠，不阿所私，危言行以处朝廷者，自明主所察也。若尸禄以为高，拱嘿以为智，当官苟在于免负，立朝不忘于容身者，亦明主所察也。诚使容身保位，无放退之辜，而尽节在公，抱见疑之势，公议不修，而私议成俗，虽仲尼为谋，犹不能尽一才，又况于世俗之人乎！今之学者，师商、韩而上法术，竞以儒家为迂阔不周，此最风俗之流弊，创业者之所致慎也。”后考课竟不行。

【译文】

杜畿，字伯侯，京兆人。儿子杜恕，字务伯，任散骑侍郎、黄门侍郎。每当政事有得失，他总是引用统治国家的基本原则发表正直言论。当时对官吏考核制度又进行大讨论，说朝廷内外之官都要考核。杜恕上疏说：“《尚书》中说，‘认真考察官吏的成绩’，‘通过三次考察后，黜退成绩差的，提拔成绩好的’。这实在是帝王创立的伟大制度。但是经历了唐、虞、夏、商、周、汉六代而考核制度仍然不明确，通过唐尧、虞舜、夏禹、商汤、周文王、周武王、周公七位圣人的施行，但考核的规章条文却没有流传下来。我认为是由于这种考核办法只能粗略地依据，而详细条款难以完全列举的缘故。俗话说：‘世上有善于治理的人，而没有善于治理的法。’如果治理国家可以只依靠法规的话，那么尧、舜也就用不着稷、契的辅佐，商、周的君主也就不看重伊尹、吕望的帮助了。现在上奏请求实施考核制度的官员，陈述周、汉两朝的规则和做法，并结合京房(西汉人)创制新乐律的本意，可说是懂得考核制度之要了。但对于推崇礼让之风，建立严肃的管理秩序，我认为还未达到完善的地步。不过，这些官员上奏中提到州郡考察人才时，必须从道德品行、言辞谈吐、办理政事、文学修养四方面衡量，如果这四科都很优秀，然后再进行考察举荐，由三公试用，再担任基层长官，转而按政绩排序升任郡太守，有的可随即增加品级、赐与爵位等等，可谓是当前考核官吏中最为紧要的工作。至于公卿和皇帝身边的侍臣，也都应根据他们履行职务的情况进行考核。古代的三公，陪同帝王讨论治国的方略；宫内的侍从大臣进献建议、弥补缺失，君主之善没有一条不记录，君主之过没有一条不指出。再说，国家太大，事务繁多，确非一个火把能照亮所有地方。所以说，皇帝被称为头脑，臣僚被称为四肢，说明他们是一体，具有相辅相成的关系。依此而言，哪有大臣只是安守职责、弄清考核条文，就能实现天下太平的道理呢？平民百姓之间的交往，还有因看重信义誓言而去赴汤蹈火、感戴知己而披肝沥胆、追求声名而树立节操正义的人，何况那些所追求的不只是平民之间的信义、所感戴的不只是知己间的恩惠、所追求的也不只是个人声名的大臣呢？那些得到宠幸和俸禄并且担当重任的大臣，不只是想把英明的君主推到比唐尧、虞舜功业、声名还高的位置就罢了，他们自己也想跻身于稷、契的行列。所以古人不担心关注国家安定的心志没有全部用出，而担心本人的职责意识不足，这的确是君主造成的。唐尧、虞舜那样的君主，委任稷、契、夔、龙来督策百官完成工作任务，及至有官员作恶，便予以惩处，如处死鲧并放逐四凶。现在的大臣亲领明诏，服务于君主的眼皮底下，这些人中有的是从早到晚忙于处理公务，恭敬勤恳超过常人，面对权贵不屈从，办事公正不徇私，以端正的言行处身朝堂之上，自然是明君您都清楚的。还有一些人只是拿俸禄不干事却自认为高贵，遇事拱手沉默不发表意见却自认为明智，为官一心只想着逃避责任，身处朝廷总不忘为自己谋求安稳之位，这自然也是明君您都清楚的。如果只求立身朝廷、保全地位者没有被放逐贬退的罪责，而那些为公家竭尽忠诚之臣却大有被怀疑之势，正义得不到扶植，而出于私心的议论反占上风，那么即使请孔子来谋划，也不能让一个人充分贡献自己的才能，更何况普通人呢？当今的学者，以商鞅、韩非为师而崇尚法律和手段，争着指责儒家学说迂腐疏阔、不适合现世使用，这是不良风气中最坏的弊病，是创业的君主应当谨慎对待的。”后来，按前述细则考核官吏的办法终究没有施行。

乐安廉昭以才能拔擢，颇好言事。恕上疏极谏曰：“伏见尚书郎廉昭奏，左丞曹璠以罚当关，不依诏坐判问。又云诸当坐者别奏。尚书令陈矫自奏，不敢辞罚，亦不敢以处重为恭，意至恳恻。臣窃为朝廷惜之。夫圣人不择世而兴，不易人而治，然而生必有贤智之佐者，盖进之以道、帅之以礼故也。古之帝王，所以能辅世长民者，莫不远得百姓之欢心，近尽群臣之智力。诚使今朝任职之臣，皆天下之选，而不能尽其力，不可谓能使人也。若非天下之选，亦不可谓能官人也。陛下忧劳万机，或亲灯火，而庶事不康，刑禁日弛，岂非股肱不称之明效与？原其所由，非独臣有不尽忠，亦主有不能使也。百里奚愚于虞，而智于秦，豫让苟容中行，而著节智伯，斯则古人之明验矣。若陛下以为今世无良才，朝廷乏贤佐，岂可追望稷、契之遐踪，坐待来世之俊乂乎！今之所谓贤者，尽有大官而享厚禄矣。然而奉上之节未立，向公之心不壹者，委任之责不专，而俗多忌讳故也。陛下当阐广朝臣之心，笃厉有道之节，使之自同古人，望与竹帛耳。反使如廉昭者扰乱其间，臣惧大臣遂将容身保位，坐观得失，为来世戒也！昔周公戒鲁侯曰：‘无使大臣怨乎不以。’言贤、愚、明皆当世用也。尧数舜之功，称去四凶，不言大小，有罪则去也。陛下何不遵周公之所以用、大舜之所以去？使侍中、尚书坐则侍帷幄，行则从舆辇，亲对诏问，所陈必达，则群臣之行，能否皆可得而知。忠能者进，暗劣者退，谁敢依违而不自尽？以陛下之圣明，亲与群臣论议政事，使群臣人得自尽，人自以为亲，人思所以报，贤愚能否，在陛下之所用也。明主之用人也，使能者不敢遗其力，而不能者不得处非其任。选举非其人，未必为有罪也；举朝共容非其人，乃为怪耳。陛下又患台阁禁令之不密、人事请属之不绝，听伊尹作迎客出入之制，选司徒更恶吏以守寺门，威禁由之，实未得为禁之本也。陛下自不督必行之罚以绝阿党之原耳。伊尹之制，与恶吏守门，非治世之具也。使臣之言少蒙察纳，何患于奸不削灭，而养若廉昭等乎！夫纠擿奸宄，忠事也，然而世憎小人行之者，以其不顾道理而苟求容进也。若陛下不复考其终始，必以违众忤世为奉公、密行白人为尽节，焉有通人大才而更不能为此邪？诚顾道理而弗为耳。使天下皆背道而趋利，则人主之所最病者，陛下将何乐焉？胡不绝其萌乎？夫先意承旨以求容美，率皆天下浅薄无行义者，其意务在于适人主之心而已，非欲治天下、安百姓也。陛下何不试变业而示之，彼岂执其所守以违圣意哉？夫人臣得人主之心，安业也；处尊显之官，荣事也；食千钟之禄，厚实也。人臣虽愚，未有不乐此而喜于忤者也，迫于道，自强耳。诚以为陛下当怜而佑之，少委任焉，如何反录昭等倾侧之意，而忽若人者乎？”恕论议抗直，皆此类也。

【译文】

乐安国的廉昭因为有才能被提拔，非常喜欢发表意见。杜恕上疏朝廷竭力规劝说："我看到尚书郎廉昭的奏章，说尚书左丞曹璠以罚代刑，不符合诏令，按罪应接受审判。又说，对其他应判罪者另行奏报。尚书令陈矫自己上奏说不敢不接受处罚，也不敢以自处重要职位便让人恭敬，其情辞十分恳切伤心。为臣私下很为朝廷惋惜。圣人出现时自己不能挑选时代，治理天下也不能挑选人民，但圣人出现之后必然有贤能智慧的人作辅佐，原因就在于他用道义作为标准选择人，又用礼仪作为规范来统领人。古代能够治理国家、抚育人民的帝王，没有谁不是远能得百姓欢心，近使群臣尽心竭力的。就算是当代任职的官员都是从全国推选出来的优秀人才，但若不能让他们竭尽其力的话，那就算不上会用人。如果他们不是全国推选出来的优秀人才的话，那就算不上会选拔人。陛下忧虑辛苦、日理万机，有时甚至夜以继日，然而诸事不顺、刑法禁令日见松弛，这难道不是辅佐大臣不称职的明证吗？深究其原因，不仅仅是做臣子者有不尽忠的表现，君主也有不善用人的缺点。百里奚在虞国显得愚钝，在秦国表现出很高的智慧；豫让在中行氏手下苟且容身，而在智伯手下展示出非凡的节操。这是古人中很明显的例证。倘若陛下认为当今没有良才，朝廷缺乏贤明的辅佐，难道可以空自追想稷、契遥远的踪迹，坐等来世的优秀人才吗？现今所谓的贤者，都当了大官且享受丰厚的俸禄，然而辅佐君主的大节没有树立，为公家办事的心意不专，原因就在于委任他们的职责不确定，而社会风气又有很多忌讳的缘故。陛下应开阔朝臣们的胸襟，大大激励有才德者的节操，让他们自觉地向古人看齐，希望名留青史。如今却让廉昭这样的人扰乱于君臣之间，我恐怕大臣们终将会只考虑设法保住自己的职位，袖手观望政事得失，成为后世的鉴戒了。过去周公告诫儿子伯禽说：'不要让大臣埋怨不受重用。'就是说无论是贤能的、愚笨的还是明智的都应当为社会所用。唐尧列举虞舜功绩，称赞他能去除四个恶人，官无论大小，只要有罪就该贬去。陛下何不遵循周公用人的思路和虞舜贬退人的原则呢？假若侍中、尚书一类官员坐则侍奉在您的旁边，行就紧跟在您的车驾之后，当面回答皇上的询问，他们的陈奏定能当即上达，那么群臣的品行、能力的高低您就均可知道。忠诚而有才能的人就进用，昏庸无能的人就斥退，那么，谁还敢办事敷衍而不尽力呢？凭着陛下的圣明，亲自与群臣讨论政事，使群臣人人都能尽心竭力，人人都自认为是亲信，人人都想着怎样报答陛下。贤明的和愚钝的，能干的和不能干的，全在于陛下您量才任用。英明的君主用人，使能干的不敢留有余力，不能干的不要分给他不该担任的职务。推选上来的人不合适，不一定就有罪错，而满朝都容纳了不适合其位的人，这才是怪事啊。陛下又担心尚书台的禁令不够严密，人情请托的现象制止不住。其实，就是听任伊尹那样的辅政大臣来制定尚书台的会客制度，选择司徒(丞相)一类的大臣替换不好的门吏来守卫尚书台大门，威严的禁令由他们实施，实际上还是没有找到禁绝不正之风的根本。陛下是自己不督责必行之罚来杜绝结党营私的根本呀！辅政大臣制定会客制度、替不称职的门吏守门，并不是治理天下的措施。假如我的话您能稍加详察采纳，还担心什么奸党不能铲除，而要供养像廉昭这样的人呢？检举揭发奸恶的人，本是忠君之事。然而世人都憎恶小人来做这些事，因为他们不顾及什么准则理义而只是以不正当手段谋求容身与升官。倘若陛下又不去查考事情的整个过程，就一定会把违背人心、违逆时代的行为当作奉公，把悄悄告发别人的做法当作尽忠。哪个博览古今、才能出众的人会干不了这种事呢？只不过是顾及做人准则与人间理义而不肯那样干罢了。假使天下的人都违背道义去争逐利益，那可是君主最担忧的事，陛下怎能高兴得起来呢？为什么不灭绝其萌芽呢？那种预先揣摸君主心意然后加以迎合以求取悦君主的人，全都是世上浅薄无聊、不讲品行信义之辈，他们的心意只是尽力得到君主欢心而已，并非想治理天下、安定百姓。陛下何不故意改变自己惯常的想法、做法去试一试他们，看他们是否会坚持自己原来的立场而违背您的意见呢？臣僚得到君主的欢心，这是安稳的事情；担任尊贵显要的官职，这是荣耀的事情；享受丰厚的俸禄，这是实惠的事情。做臣子的即使再愚蠢，也没有不喜欢这些而乐意去触犯君主的，（触犯君主者）只是迫于道义，强制自己走正路而已。我认为陛下实在应当怜惜他们、保护他们，对他们稍加信任。怎么反而听信廉昭等人偏颇不正的意见，而忽视那些忠良之臣呢？”杜恕平日的议论刚正直率，都像上面所记述的那样。

庞德，字令明，南安人也。拜立义将军。屯樊，讨关羽。樊下诸将以德兄在汉中，颇疑之。德常曰：“我受国恩，义在效死。”会汉水暴溢，羽乘船攻之，矢尽，短兵接。德谓督将成何曰：“吾闻良将不怯死以苟免，烈士不毁节以求生，今日，我死日也。”战益怒，气愈壮，而水浸盛，为羽所得，立而不跪。谓曰：“卿兄在汉中，我以卿为将，不早降何为？”骂羽曰：“竖子，何为降也！魏王带甲百万，威振天下，汝刘备庸才耳，岂能敌邪！我宁为国家鬼，不为贼将也。”遂为羽所杀。太祖闻而悲之，为流涕，封其二子为列侯。文帝即王位，乃遣使就德墓赐谥，策曰：“昔先轸丧元，王蠋绝脰，殒身殉节，前代美之。惟侯式昭果毅，蹈难成名，声益当时，义高在昔，寡人愍焉，谥曰壮侯。”又赐子会等四人爵关内侯，邑各百户。

【译文】

庞德，字令明，南安郡人，被拜为立义将军。他驻扎在樊城，讨伐关羽。樊城地区的将领们因为庞德的哥哥正在汉中刘备的手下效力，便对他产生怀疑。庞德常常说：“我受国家恩惠，理应以死报效。”这时，恰逢汉水暴涨、泛滥，关羽乘船进攻，庞德的箭已耗尽，开始短兵相接。庞德对督军的将领成何说：“我听说良将在死亡面前决不会苟且偷生，志士也不会毁掉节操以求活命。今天就是我死的日子了！”于是，越战越愤怒，越战气势越壮，然而水势也越来越汹涌，最终被俘获，但却站立不跪。关羽对他说：“你哥哥就在汉中，我想任你为将军，何不趁早投降呢？”庞德骂道：“你这家伙，说什么投降！魏王率领甲兵百万，威震天下。你们的刘备不过是平庸之辈，岂能与魏王匹敌！我宁肯做魏王的鬼，也不当贼人的将！”结果他被关羽杀死。太祖听说后很悲痛，为他的死而流泪。于是，封他两个儿子为列侯。文帝曹丕即位，派使者到庞德墓前赐予谥号。诏书写道：“以前，先轸在战场上为国断头，王蠋宁肯自刎也不为敌人服务，不惜捐躯以追求节操完美，前代人都赞美他们。庞德效法和发扬古人的果敢刚毅精神，赴难立名，在当时人们就一致称赞他。他的大义比过去古人还崇高，寡人十分痛惜，追谥他为壮侯。”又赐给他儿子庞会等四人关内侯的爵位，封邑各一百户。

阎温，字伯俭，天水人也。以凉州别驾守上邽令（旧无以凉至邽令九字，补之）。马超围州所治冀城甚急，州乃遣温密出，告急。贼见，执还诣超。超解其缚，谓曰：“今成败可见，足下为孤城求救而执于人手，义何所施？若从吾言，反谓城中，东方无救，此转祸为福之计也。不然，今为戮矣。”温伪许之，超乃载温诣城下。温向城大呼曰：“大军不过三日至，勉之！”超怒数之，温不应。复谓温曰：“城中故人，有欲与吾同者不？”温又不应。遂切责之，温曰：“夫事君有死无贰，而卿乃欲令长者出不义之言，吾岂苟生者乎？”超遂杀之。

【译文】

阎温，字伯俭，天水郡人。以凉州别驾的职衔代理上邽县的县令。马超包围了凉州所管辖的冀县，形势紧迫。州刺史派阎温秘密出城,(向夏侯渊)告急。敌人发现了他，抓来见马超。马超解开捆他的绳索，对他说：“如今胜败形势已经分明，你为这座孤城请救兵却被人捉住，还怎么表现大义呢？如果听我的话，回去告诉城里，东方不会有救兵赶来，这是你转祸为福的策略。否则，今天就处死你。”阎温假装同意。于是，马超乘车载着阎温来到城下。他朝着城内大声喊道：“大军不出三天就会到达，要努力呀！”马超非常恼怒地责备他，阎温拒不回答。马超又对他说：“你城里的朋友，有愿同我合作的吗？”阎温仍不理睬。于是，马超严厉责备他。阎温说：“事君之道誓死不生二心，你却要让有德行的人说出不义的话，我难道是苟且偷生之辈吗？”于是，马超立即杀死了他。

（吕效祖　张爱玲译）

卷二十六

# 魏志治要（下）

## 传

陈思王植，字子建。每进见难问，应声而对，特见宠爱。既以才见异，而丁仪、丁廙、杨修等为之羽翼。太祖狐疑，几为太子者数矣。黄初三年，立为鄄城王。太和元年，徙为雍丘王。三年，徙封东阿王。五年，上疏求存问亲戚（旧无亲戚二字，补之），因致其意曰："臣闻天称其高，以无不覆；地称其广，以无不载；日月称其明，以无不照；江海称其大，以无不容。故孔子曰：'大哉尧之为君！唯天为大，唯尧则之。'夫天德之于万物，可谓弘广矣。盖尧之为教，先亲后疏，自近及远。周之文王亦崇厥化。昔周公吊管、蔡之不咸，广封懿亲以藩屏王室。传曰：'周之同盟，异姓为后。'诚骨肉之恩，爽而不离；亲亲之义，实在敦固。未有义而后其君、仁而遗其亲者也。臣伏惟陛下资帝唐钦明之德，体文王翼翼之仁，惠洽椒房，恩昭九亲，群后百寮，番休递上，执政不废于公朝，下情得展于私室，亲理之路通，庆吊之情展，诚可谓恕己治人、推惠施恩者矣。至于臣等，婚媾不通，兄弟乖绝，吉凶之问塞，庆吊之礼废，恩纪之违，甚于路人，隔阂之异，殊于胡越。以一切之制，无朝覲之望，至于注心皇极，结情紫闼，神明知之矣。愿陛下沛然垂诏，使诸国庆问得展，以叙骨肉之欢恩，全怡怡之笃义；妃妾之家，膏沐之遗，岁得再通。齐义于贵宗，等惠于百司，如此则《风》、《雅》所咏，复存于圣世矣。臣伏自思惟，无锥刀之用。及观陛下之所拔（拔原作戒）授，若以臣为异姓，窃自料度，不后于朝士矣。若得辞远游，戴武弁，解朱组，佩青绂，驸马奉车，趣得一号，安宅京室，执鞭珥笔，出从华盖，入侍辇毂，承答圣问，拾遗左右，乃臣丹诚之至愿也。远慕《鹿鸣》君臣之宴，中咏《常棣》匪他之戒，下思《伐木》友生之义，终怀《蓼莪》罔极之哀。每四节之会，块然独处，左右唯仆隶，所对唯妻子，高谈无所与陈，发义无所与展，示尝不闻乐而拊心、临觞而叹息也。臣伏以为，犬马之诚不能动人，譬人之诚不能动天。崩城陨霜，臣初信之，以臣心况，徒虚语耳。若葵藿之倾叶，大阳不为之回光，亦终向者诚也。窃自比葵藿，若降天地之施，垂三光之明者，实在陛下。今之否隔，友于同忧，而臣独倡言者，窃不愿于圣世使有不蒙施之物，必有惨毒之怀。故《柏舟》有‘天只’之怨，《谷风》有‘弃予’之叹。故伊尹耻其君不如尧舜。臣之愚蔽，欲使陛下崇光日月、被时雍之美者，是臣慺慺之诚也。”

【译文】

陈思王曹植，字子建，每次拜见，太祖都以疑难问题考问，他能应声对答，所以特别受太祖的宠爱。曹植既以才能受到宠爱，而丁仪、丁廙、杨修等人又充当了他的支持者，太祖因此而犹豫不决，有好几次都要下决心立他为太子。黄初三年立为鄄城王。太和元年，徙为雍丘王。太和三年，改封东阿王。太和五年，上疏请求看望问候亲属。他表达自己的意思说：“为臣听说上天之所以称得上高，是因为没有什么东西不受其覆盖；大地之所以称得上广，是因为没有什么东西不受其承载；日月之所以称得上明，是因为没有什么东西不受其照耀；江海之所以称得上大，是因为没有什么东西不受其容纳。所以孔子说：‘唐尧这位君主伟大啊！只有天最伟大，而能效法上天的君主只有唐尧。’上天施予万物的恩德，可说是深广得很了。大概唐尧施加教化，就是先亲后疏、由近到远。周朝的先王也是用这一原则来推行教化。从前，周公为管叔、蔡叔两兄弟的不睦而伤感不已，所以大封家庭成员来为王室充当保护的屏障。古书上说：‘周朝凡诸侯缔盟，在排列顺序上，把异姓诸侯放在后面。’可见骨肉亲情之间，即使心思相违也不会离弃，亲属之间的情义，确实应当深厚坚固。从来不会有忠义的臣子怠慢君主，也不会有仁慈的君主遗弃自己的亲属啊。为臣想，陛下凭借唐尧那样圣明的品德，依靠周文王那样细心的仁爱，惠爱润泽于后妃，恩德显示于宗亲，众多诸侯、朝中百官轮番休假，依次入宫侍奉陛下，既不荒废朝廷政务，又使臣下能在起居室中向皇上通达下情，亲戚的关系通畅无碍，婚丧的庆贺和吊唁都能正常进行，确实称得上是用宽恕的心来管理并将恩惠移加于他们的人了。但是像臣等人，姻亲不能来往，同胞兄弟彼此隔绝，吉凶的消息一无所知，庆贺和吊唁的礼仪完全荒废，对人情常理的违背有过于一般陌路之人，隔阂之深就连北方胡人与南方越人之间的不相往来也比不上。按现今(不加区别)一律照办的制度，使我永无进京朝见的希望，至于我倾心于朝廷，感情凝结于皇上，这一点神灵可作证。希望陛下断然下诏，让拥有封地的各王侯彼此庆贺、探问之礼得以进行，以倾诉骨肉同胞之间的欢乐感情，成全他们友好和睦的深厚情谊。至于王妃和小妾之家，润发脂膏之类物品的赠送，一年当中应有两次，使宗亲之间的情义与关爱与朝廷异姓百官相同。这样，则《诗经》中所歌颂的家庭和睦团结景象，就会在这圣明时代出现了。为臣常暗自思量，我本人(对国家)没有多大用处，及至观察陛下所提拔任用的人才后心里明白，如果把我作为异姓看待，我暗自估量，不会落后于朝中的一般官员。如果能告别远方优游的生涯，戴上武将的官帽，解下身上朱红的玉珮授带，系上佩带武将官印的青色丝绳，在附马都尉、奉车都尉之类的官职中，有幸得到一个名号，然后安家在京城，手中提着鞭，帽侧插着笔，出外时跟随陛下的车盖，回京时陪伴陛下车驾，回答皇上的询问，在您左右拾遗补缺，这才是为臣内心的最大愿望啊！在《诗经》

的诗歌中，我最向往《鹿鸣》一诗中所描述的君臣欢宴情景，其次忘不掉《棠棣》一诗所说‘好酒好菜只能招待亲兄弟而不是其他人’的告诫，再次对《伐木》一诗中表现的亲情难以忘怀，最后是《蓼莪》一诗引起我对已故父母的无穷哀思。(现在)我每逢一年四季的节日聚会，一人独自呆坐，左右只有奴婢，相对的只有妻子儿女，高谈没有人倾听，阐发理义没有人理解，所以此时一闻奏乐反而内心悲伤，一举起酒杯反而叹息不已啊。为臣现在才认识到犬马的忠诚并不能打动人，就像人的忠诚不能打动上天一样。听说杞梁的妻子能哭崩城墙，邹衍的冤死会使夏天降霜，为臣开初还相信，现在以我的心境来比拟，这才觉得都是假话。不过，像葵藿把叶子一直向着太阳，即使太阳并不会为它而回光照耀，但它的叶子依然向着太阳，这就是它的忠诚。为臣暗自把自己比作葵藿，而能够像天地那样施予恩惠，像日、月、星那样以光辉垂照的，就在于陛下您啊。现今亲戚阻隔，兄弟同忧，为什么唯独我向陛下进言呢？因为我不希望在圣明之世还有一些得不到陛下恩惠的人啊。有这样的人，就有悲痛的心情，所以《诗经》当中《柏舟》一诗发出‘天啊’那样的悲呼，《谷风》一诗留下‘抛弃了我呀’那样的哀叹。因而伊尹曾经为他的君主不如唐尧、虞舜而深感羞耻。为臣愚昧，但想让陛下的光芒照耀八方、德泽传播四海，这是为臣的真实心愿。”

诏报曰：“夫忠厚仁及草木，则《行苇》之诗作；恩泽衰薄，不亲九属，则《角弓》之章刺。今令诸国兄弟，情理简怠，妃妾之家，膏沐疏略，纵不能敦而睦之，王援古喻义，备矣悉矣，何言精诚不足以感通哉？夫明贵贱，崇亲亲，礼贤良，顺少长，国之纲纪，本无禁诸国通问之诏也。矫枉过正，下吏惧谴，以至于此耳。已敕有司，如王所诉。”植复上疏陈审举之义，曰：“臣闻天地协气而万物生，君臣合德而庶政成。五帝之世非皆智，三季之末非皆愚，用与不用、知与不知也。书曰：‘有不世之君，必能用不世之臣。用不世之臣，必能立不世之功。’昔乐毅奔赵，心不忘燕，廉颇在楚，思为赵将。臣生乎乱，长乎军，又数承教于武皇帝，伏见行师用兵之要，不必取孙吴而暗与之合。窃揆之于心，常愿得一奉朝觐，排金门，蹈玉陛，列有职之臣，赐须臾之间，使臣得一散所怀，摅尽蕴积，死不恨矣。然天高听远，情不上通，徒独望青云而拊心、仰高天而叹息耳。屈平曰：'国有骥而不知乘焉，遑遑而更索！'昔管、蔡放诛，周、邵作弼；叔鱼陷刑，叔向匡国。三监之衅，臣自当之；二南之辅，求必不远。华宗贵族，藩王之中，必有应斯举者。故传曰：'无周公之亲，不得行周公之事。'唯陛下少留意焉。近者汉氏广建藩王，丰则连城数十，约则飨食祖祭而已，未若姬周之树国五等之品制也。若扶苏之谏始皇，淳于越之难周青臣，可谓知时变矣。能使天下倾耳注目者，当权者是矣，故谋能移主，威能慑下。豪右执政，不在亲戚。权之所在，虽疏必重；势之所去，虽亲必轻。盖取齐者田族，非吕宗也；分晋者赵、魏，非姬姓也。唯陛下察之。苟吉专其位、凶离其患者，异姓之臣也；欲国之安，祈家之贵，存共其荣，没同其祸者，公族之臣也。今反公族疏而异姓亲，臣窃惑焉。今臣与陛下践冰履炭，高下共之，岂得离陛下哉？不胜愤懑，拜表陈情，若有不合，乞且藏之书府，不便灭弃，臣死之后，事可思。"

【译文】

明帝下诏回答说："做君主者为人忠厚，连草木都给予爱护，就会有《诗经》中《行苇》那样(赞美兄弟情谊)的诗篇产生。而君主的恩泽淡薄，不亲近家庭成员的时候，又会有《诗经》中《角弓》那样的讽刺诗出现。现今造成宗室亲王兄弟之间人情礼义怠慢淡薄，亲王对自己的王妃和小妾家庭，也缺乏礼节性关怀。朕即使不能使大家的感情和睦深厚，但是王爷你援引古代的事例讲明道理，已经说得很充分了，怎么能说精诚难以打动人呢？分清贵贱，尊敬亲戚，优待贤才，区别长幼，这些都是治国的要点，朝廷从来没有发布过禁止宗室亲王之间互通问候的诏书，大概是矫枉过正，下面的有关官员害怕受到谴责，才造成目前的情形。朕已经指示有关部门按照你陈述的意见办理。”曹植又向明帝上疏，陈述审慎举用人才的问题，说：“为臣听说，天地阴阳之气协合而万物生长，君臣同心同德而政事成功。(天下安定的)五帝时代的人，并不都是智者；(天下大乱的)夏、商、周三代末期的人，并不都是愚人。这都在于对贤才用与不用、了解与不了解。古书上说：‘有非凡的君主，必定能使用非凡的臣僚。使用非凡的臣僚，必定建立非凡的功业。’从前乐毅逃奔到赵国，心里依然忘不掉故里燕国；廉颇移居到楚国，仍然盼望为老家赵国带兵打仗。为臣生于乱世，长在军营，又多次受到太祖武皇帝指教军事，所以熟习行军用兵的要点，未必学于孙武、吴起但却暗暗能与其符合。我多次在心里考虑，只要能得到一个机会朝见陛下，进宫门，上殿阶，排在有实际职责的朝臣之列，蒙受陛下片刻的召见，使我能畅叙胸怀，说出郁积多年的话语，也就死而无憾了！然而天太高距离太远，我的真情无法通达于圣上，只有空自望着浮云而手抚胸口，仰望青天长叹而已！屈原曾说：‘国内有千里马不知道去乘坐，却匆匆忙忙到别处去寻找！’从前管叔、蔡叔被流放处死，周公、召公却充当辅政大臣；叔鱼被陈尸示众，叔向却扶助国家。管叔、蔡叔那样的灾祸，就由为臣来承受好了。那么像周公、召公那样的辅政大臣，若要访求，一定就在您身边。显贵的王室宗族中、分封的藩王中，定然会有能担此重任之人。不过，书上说：‘没有周公那样的亲属关系，不能担当周公那样的重任。’希望陛下稍微留心这一点。近代的汉朝大封同姓亲王，封地大的有接连几十座城池，小的则只能维持祖宗祭祀而已，不像周朝的分封，依次有公、侯、伯、子、男五等。像扶苏劝谏秦始皇，淳于越驳斥周青臣，都可以说是看清了时势的变化。能够使普天下的人倾听和注视的，就是当权者了，他们的主意能够左右君主，威势能够震慑下级。现今是异姓的名门大族执政，而不是同姓的宗亲。若是大权在手，虽是异姓，也定会举足轻重；一旦失去权势，即使是皇族近亲，也变得毫无分量。(何以见得?)请看夺取齐国君主位置的，乃是异姓田氏家族，而非同姓的吕氏宗亲。而瓜分晋国土地的，乃是异姓的赵氏、魏氏家族，而非同姓的姬姓宗亲啊。希望陛下明察这一点。如果有在王朝顺利时把持官位、在形势险恶时马上逃离祸患者，必是异姓大臣。而一心想使国家安定，希望家族保持尊贵，存在时共同享受光荣，灭亡时共同承受祸难的人，定是王室宗族的大臣。而今的情况却反而是王族被疏远，异姓被亲近，为臣心中为之困惑啊！现今为臣与陛下一起走冰层、踩炭火，荣辱贵贱都将共同承受，我怎么能远离陛下呢？因为忍不住心中的愤懑，所以跪拜呈上这封表章陈述内心的感情，如果有不合适的地方，请求陛下把我的表章收藏到文书档案馆里，不要立即销毁丢掉，在为臣死了之后，所言之事或许还值得反思。”

〔《魏略》曰：植以近前诸国士息已见发，其遗孤稚弱，在者无几，而复被取，乃上书曰：“臣闻古之圣君，与日月齐其明，四时等其信，恩不中绝，教无二可，以此临朝，则臣不知所死矣。受任在万里之外，审主之所以授官，必己之可以投命，虽有构会之徒，泊然不以为惧者，盖君臣相信之明效也。臣初受封，策书曰：‘植受兹青社，为魏藩辅。’而所得兵百五十人，皆年在耳顺，或不逾矩，虎贲官骑及亲事凡二百余人。皆使年壮，备有不虞，检校乘城，顾不足以自救，况皆复耄耋罢曳乎？而名为魏东藩，使屏翰王室，臣窃自羞矣。就之诸国，国有士子，合不过五百人，伏以为三军益损，不复赖此。方外定否，必当须办者，臣愿将部曲，倍道奔赴，夫妻负襁，子弟怀粮，蹈锋履刃，以殉国难，何但习业小儿哉？愚诚以挥涕增河，鼷鼠饮海，于朝万无损益，于臣家计甚有废损。又，臣士息前后三送，兼人已竭。唯尚有小儿，七八岁已上、十六七已还，三十余人。今部曲皆年耆，卧在床席，非糜不食，眼不能视，气息裁属者，凡三十七人；疲瘵风靡，疣盲聋聩者，二十三人。唯正须此小儿大者，可备宿卫，虽不足以御寇，粗可以警小盗。小者未堪大使，为可使耘锄秽草，驱护鸟雀。休候人则一事废，一日猎则众业散，不亲自经营则功不摄。常自躬亲，不委下吏而已。陛下圣仁，恩诏三至，士子给国，长不复发。明诏之下，有若皦日，保金石之恩，必明神之信，定习业者并复见送，暗若昼晦，怅然失图。伏以为陛下既爵臣百僚之右，居藩国之任，为置卿士，屋名为宫，冢名为陵，不使其危居独立，无异于凡庶。若陛下听臣，悉还部曲，罢官属，省监官，使解玺释绂，追柏成、子仲之业，营颜渊、原宪之事，居子臧之庐，宅延陵之室，如此，虽进无成功，退有可守节，身死之日，犹松、乔也。然伏度国朝，终未肯听臣之若是，固当羁绊于世绳，维系于禄位，怀屑屑之小忧，执无已之百念，安得荡然

肆志，逍遥于宇宙之外哉?此愿未从，陛下必欲崇亲亲，笃骨肉，润白骨而荣枯木者，唯遂仁德，以副前恩，有诏皆遂还之也。"〕

【译文】

(《魏略》说：曹植发现跟前的诸侯国的青年男子已被派遣出去，所留下的子孙又太小、太弱，且寥寥无几，并且还在不断被遣发出去，于是上书说："臣听说古时的圣明君主，和日月光辉一样明亮，不管什么时候都很有信用，恩惠从不中断，教化也没有双重标准，用这些来处理朝政，臣即使去死也甘心。远在万里接受任命，认真思考陛下授予官职的原因，必定是自己愿以死来报效陛下，即便有玩弄阴谋的奸邪小人，也能淡然处之，绝不会忧虑。这大概就是君臣之间相互信任带来的明显效果吧。臣刚受封时，策封的诏书上说：'植在东方受命，做魏国的屏障。'然而，臣所拥有的军队只有一百五十人，年龄都在六十岁以上，有些人甚至已经七十岁，勇士、骑兵以及侍从加在一起也只有二百多人。即使都是壮年的士兵，巡查守城、防备意外，恐怕都不能自救，更何况都是些年老疲病的士卒呢？名义上臣是魏国东面的藩王，负责保卫魏王室的安全，但臣常常暗自为此感到羞惭。就任于诸侯国内，但是国内的青年男子加起来不过五百人，臣以为朝廷军队的增减，不会依赖这里了。边境不安定，必须选派他们时，臣愿率领这些部下，日夜兼程，奔赴前线，即使夫妻背着小孩、儿女携带着干粮，也要赴汤蹈火，不辞危险，为国殉难，怎么能只做小儿所做之事啊？臣愿用近于愚昧的忠诚，用眼泪使河水上涨、像鼷鼠喝海水一样于事无补，也要报效陛下。这对朝廷也许没有多大用处，但对臣自己的家庭却影响极大啊。另外，臣已先后三次送年轻人上前线，勇武过人的人已经没有了。现在身边只有小孩子，七八岁以上、十六七岁以下的还有三十多人。现在部下都是年老的士卒，其中卧病在床，只能喝点稀粥，眼睛都看不清楚，随时都有可能断气的，总共有三十七人；疲病交加、耳聋目盲的，有二十三人。只有等到这些孩子长大，才可以担当保卫的职务，虽然不能防御贼寇，吓吓小贼却还是可以的。年龄小的，不能派大用处，但可以让他们去锄耘杂草、驱赶鸟雀。罢免一个候人，一件事情就做不成；打一天猎，许多事情就会被耽误；不亲自动手，事情就做不成。经常亲自动手，就不必让下属官吏去做了。陛下圣明仁爱，赐予恩典的诏书已颁发三次，诸侯亲王的孩子报国，以后长时期也不再派遣出去了。颁发圣明的诏书，就像青天白日，永保金石的恩惠，必能表明上苍的信用。但有固定职业的人还是被派送出去，就像是白昼中的阴影，使人怅惘而无计可施。臣以为，陛下既然封臣在群臣百官之上，居于藩国的职任，专为设置了卿士，住的房屋称为宫殿，死后的坟墓称为陵寝，好像不使臣危居独立，实际上与老百姓没什么差别。倘若陛下接受臣的建议，把那些老弱残兵都打发回去，罢除那些官属，省却监官，让臣交出官印，脱去官服，臣就可以继续柏成、子仲之业，经营颜渊、原宪之事，身居子臧的房子，把延陵当作住宅。这样，臣虽然做官无所成功，退隐还能保守节操，去世的时候，也会像松树、乔木那样有节气了。然而臣思量朝廷终未肯让臣这样，所以臣还是要被世俗的绳索牵引，脱离不开禄位，心怀隐隐的忧愁，做些无关自己的事情，而不能按照自己的志愿毫无牵挂逍遥于宇宙之外。臣的这个愿望没有实现，陛下一定推崇亲亲之义，笃爱骨肉，让白骨受滋润，让枯木重新发芽，臣只有行仁德以不辱皇上恩诏。”）

六年，封植为陈王。时法制，待藩国既自峻迫，寮属皆贾竖下才，兵人给其残老，大数不过二百人。十一年而三徙都，常汲汲无欢，遂发疾薨。〔孙盛曰：异哉，魏氏之封建也！不度先王之典，不思藩屏之术，违敦穆之风，背维城之义。汉初之封，或权侔人主，虽云不度，时势然也。魏氏诸侯，陋同匹夫，虽惩七国，矫枉过也。且魏之代汉，非积德之由，风泽既微，六合未一，而雕翦枝干，委权异族，势同瘣木，危若巢幕，不嗣忽诸，非天丧也。五等之制，万世不易之典。六代兴亡，曹冏论之详矣。〕

【译文】

太和六年，曹植被封为陈王。当时的法制，对待宗室亲王极为严厉无情，而亲王们的下属，都是像市场摊贩一样的庸俗之辈，封地的士兵不是残疾人就是老年人，大多数量不到二百名。曹植在封王之后的十一年里三次迁徙封地，经常为了急于改变自己的处境而郁郁寡欢，于是发病去世。（孙盛说：魏国分封亲王的做法真是够奇怪的。不考虑先王的典制，不思索保卫国家安定的方法，违背敦厚和睦的风气，放弃以毗邻诸城保卫国家的本义。汉朝初期的分封，有的诸侯王权力与君主相等，虽然说缺少考虑，但也是时势造成的。魏国的诸侯，简陋得和百姓一样，虽然是吸取七国之乱的教训，但却矫枉过正。况且魏国取代汉朝，不是积德的结果，风化恩泽又微弱，全国又不统一，权力交给异姓，国势就像快要病死的枯木，危险得就像筑在帷幕上的鸟巢，继承乏人，突然灭亡，不是上天要灭掉它啊。五等官制，是万代不能改变的法则。六代的兴亡，曹冏已经论述得很详细了。）

中山恭王衮，每兄弟游娱，衮独谭思经典。文学防辅遂共表称陈衮美。衮闻之，大惊惧，责让文学曰："修身自守，常人之行耳，而诸君乃以上闻，是适所以增其负累也。且如有善，何患不闻，而遽共如是，是非益我。"其诫慎如此。衮尚约俭，教敕妃妾纺绩织纴，习为家人之事。衮病困，令世子曰："汝幼少，未闻义方，早为人君，但知乐，不知苦，必将以骄奢为失也。接大臣，务以礼。虽非大臣，老者犹宜答拜。事兄以敬，恤弟以慈。兄弟有不良之行，当造膝谏之。谏之不从，流涕喻之。喻之不改，乃白其母。若犹不改，当以奏闻，并辞国土。与其守宠罹祸，不若贫贱全身也。此亦谓大罪恶耳，其微过细愆，故当奄覆之。嗟乎小子，慎修乃身，奉圣朝以忠贞，事太妃以孝敬。闺闱之内，奉令于太妃；阃阈之外，受教于沛王。无怠乃心，以慰余灵。"诏使大鸿胪持节典护丧事，赠赗甚厚。

【译文】

中山恭王曹衮，每次兄弟们游玩娱乐时，曹衮总是独自深思经典。文学侍从和监督官员们一同上表称赞曹衮的美德。曹衮知道后，极为惊恐，召见责备这些官员说："提高自身修养和谨守本分，不过是一般人的行为罢了，诸位却报告给皇上，这恰恰会为我增加负担和忧患。再说，如果有优点，何必担心别人不知道，却急急忙忙一起这样做，这可不是对我有益的事啊！"他是如此的警惕慎重啊！曹衮崇尚节约俭朴，要求妻妾纺线织布，学做普通主妇所做的事。曹衮病重之时，命令继承自己王位的儿子说："你还太小，不懂得为人应遵守的原则和规矩，这么早就将成为王爷，只知道乐，不知道苦，必将会因为骄傲奢侈造成过失。接待大臣，务必遵照礼仪。即使不是大臣，对老人也应该行跪拜礼来答谢。对待哥哥要恭敬，照顾弟弟要慈爱。兄弟当中若有不好的行为，应当促膝谈心劝谏他们。若劝谏不听从，就流着泪给他们讲道理，讲道理还不改，那就秉告他们的生母。要是仍然不改，就应当上奏天子，并辞掉封地。与其因保全恩宠而遭到灾祸，不如过贫贱生活以保全生命。当然这指的是大罪。至于微细的过错，就应当为他们掩盖。唉，你这小子啊！要谨慎地修养自身，对朝廷要忠诚坚贞，对太妃要孝顺恭敬。家里的事应听奉太妃的指示，外面的事应接受伯父沛王的教导。你的心不要懈怠，以此来安慰我的灵魂。”曹衮去世后，明帝下诏派大鸿胪持节杖前去主持办理丧事，赠送的丧葬礼品十分丰厚。

评曰：魏氏王公，徒有国士之名，而无社稷之实，又禁防壅隔，同于囹圄。位号靡定，大小岁易。骨肉之恩乖，《棠棣》之义废。为法之弊，一至于此乎？〔《魏氏春秋》载宗室曹冏上书曰：“臣闻古之王者，必建同姓以明亲亲，必树异姓以明贤贤。故传曰：‘庸勋亲亲，昵近尊贤。’《书》曰：‘克明俊德，以亲九族。’《诗》云：‘怀德惟宁，宗子维城。’由斯观之，非贤无与兴功，非亲无与辅治也。夫亲亲之道，专用则其渐也微弱；贤贤之道，偏任则其弊也劫夺。先圣知其然也，故博兼亲疏而并用之，近则有宗盟藩卫之固，远则有仁贤辅佐之助，兴则有与共其治，衰则有与守其土，安则有与享其福，危则有与同其祸。夫然，故能有其国家、本枝百世也。今魏尊尊之法虽明，亲亲之道未备。《诗》不云乎？‘鹡鸰在原，兄弟急难。’以斯言之，明兄弟相救于丧乱之际，同心于忧祸之间，虽有阋墙之忿，不忘御侮之事。何则?忧患同也。今则不然，或任而不重（旧无或任而不重五字，补之），或释而不任，一旦疆场称警，关门反拒，股肱不扶，胸心无卫。臣窃惟此，寝不安席。谨撰合所闻，叙论成败。论曰：昔夏、殷、周历世数十，而秦二世而亡。何则?三代之君，与天下共其民，故天下同其忧也。秦王独制其民，故倾危莫救也。夫与人共其乐者，人必忧其忧。与人同其安者，人必拯其危。先王知独治之不能久也，故与人共治之；知独守之不能固也，故与人共守之。兼亲疏而两用，参同异而并建，是以轻重足以相镇，亲疏足以相卫，并兼路塞，逆节不生。及其衰也，桓、文帅礼，王纲弛而复张，诸侯傲而复肃。二霸之后，浸以陵迟。吴、楚凭江汉，负固方城，虽心希九鼎，而畏迫宗姬，奸情散于匈怀，逆谋消于唇吻。斯岂非信重亲戚，任用贤能，枝叶硕茂，本根赖之与？自此之后，转相攻伐，暨于战国，诸姬微矣。至于王赧，降为庶人，犹枝叶相持，得居虚位，海内无主，四十余年。秦据形胜之地，骋谲诈之术，至于始皇，乃定天位。旷日若彼，用力若此，岂非深固根蒂不拔之道乎？秦观周之弊，以为小弱见夺，于是废五等之爵，立郡县之官。子弟无尺寸之封，功臣无立锥之土。内无宗子以自毗辅，外无诸侯以为藩卫。仁心不加于亲戚，惠泽不流于枝叶。譬犹芟刈股肱，独任胸腹；浮舟江海，弃捐楫櫂。观者为之寒心，而始皇晏然，自以为关中之固，金（旧无捐楫至固金二十二字，补之）城千里，子孙帝王万世之业也，岂不悖哉！至于身死之日，无所寄付，委天下之重于凡人之手，托废立之命于奸臣之口，至令赵高之徒，诛锄宗室。胡亥少习刻薄之教，长遭凶父之业，不能改制易法，宠任兄弟，而乃师谭申、商，咨谋赵高。自幽深宫，委政谗贼，身残望夷，求为黔首，岂可得哉？遂乃郡国离心，众庶溃叛，胜、广倡之于前，刘、项弊之于后。向使始皇纳淳于之策，抑李斯之论，割裂州国，分王子弟，封三代之后，报功臣之劳，士有常君，人有定主，枝叶相扶，首尾为用，虽使子孙有失道之行，时人无汤、武之贤，奸谋未发，而身已屠戮，何区区之陈、项而得措其手足哉？故汉祖奋三尺之剑，驱乌集之众，五年之中，而成帝业。自开辟已来，其兴立功勋，未有若汉祖之易者也。夫伐深根者难为功，摧枯朽者易为力，理势然也。汉监秦之失，封殖子弟，及诸吕擅权，图危刘氏，而天下所以不倾动者、百姓所以不易心者，徒以诸侯强大，盘石胶固，东牟、朱虚受命于内，齐、代、吴、楚作卫于外也。向使高祖踵亡秦之法，忽先王之制，则天下已传，非刘氏有也。然高祖封建，地过古制，大者跨州兼郡，小者连城数十，上下无别，权侔京室，故有吴、楚七国之患。贾谊曰：'诸侯强盛，长乱起奸。莫若众建诸侯而少其力，则下无背叛之心，上无诛伐之事。'文帝不从。至于孝景，猥用晁错之计，削黜诸侯，亲者怨恨，疏者震恐，吴、越倡谋，五国从风。兆发高帝，衅钟文、景，由宽之过制、急之不渐故也。所谓末大必折，尾大难掉。尾同于体，犹或不从，况乎非体之尾，岂可掉哉？武帝从主父之策，下推恩之令，自是之后，齐分为七，赵分为六，淮南三割，梁、代五分，遂以陵迟，子孙微弱，衣食租税，不预政事，或以酎金免削，或以无后国除。至于成帝，王氏擅朝。刘向谏曰：'臣闻公族者，国之枝叶。枝叶落则本根无所庇荫。’其言深切，多所称引，成帝虽悲伤叹息而不能用。至于哀、平，异姓秉权，假周公之事，而为田常之乱，高拱而窃天位，一朝而臣四海。汉宗室王侯，解印释绶，贡奉社稷，犹惧不得为臣妾，或乃为之符命，颂莽恩德，岂不哀哉!由斯言之，非宗子独忠孝于惠、文之间，而叛逆于哀、平之际也，徒权轻势弱，不能有定耳。赖光武皇帝挺不世之姿，禽王莽于已成，绍汉嗣于既绝，斯岂非宗子之力也?而曾不监秦之失策，袭周之旧制，踵亡国之法，而侥幸无疆之期。至于桓、灵，阉竖执衡，朝无死难之臣，外无同忧之国，君孤立于上，臣弄权于下，本末不能相御，身首不能相使。由是天下鼎沸，奸凶并争，宗庙焚为灰烬，宫室变为榛薮，居九州之地，而身无所安处，悲夫!汉氏奉天，禅位于大魏。大魏之兴，于今二十四年矣，观五代之存亡而不用其长策，睹前车之倾覆而不改其辙迹，子弟王空虚之地，君不使之民，宗室窜于闾阎，不闻邦国之政，权均匹夫，势齐凡庶，内无深根不拔之固，外无盘石宗盟之助，非所以保安社稷，为万世之策。且今之州牧、郡守，古之方伯、诸侯，皆跨有千里之土，兼军武之任，或比国数人，或兄弟并据。而宗室子弟曾无一人间厕其间，非所以强干弱枝、备万一之虑也。今之用贤，或超为名都之主，或为偏师之帅，而宗室有文者必限小县之宰，有武者必置于百人之上，使夫廉高之士毕志于衡轭之内，才能之人耻于非类为伍，非所以劝进贤能、褒异宗室之礼。夫泉涸则流竭，根朽则叶枯。枝繁者荫根，条落者本孤。故语曰：‘百足之虫，至死不僵。’扶之者众也。此言虽小，可以譬大。且墉基不可仓卒而成，威名不可一朝而立，皆为之有渐，建之有素。譬之种树，久则深固其根本，茂盛其枝叶，若造次徙于山林之中，植于宫阙之下，虽壅之以黑坟，暖之以春日，犹不救于枯槁，何暇蕃育哉?夫树犹亲戚，土犹士民，建置不久，则轻下慢上，平居犹惧其离叛，危急将如之何?是以圣王安而不逸，以虑危也；存而设备，以惧亡也。故疾风卒至而无摧拔之忧，天下有变而无倾危之患矣。”〕

【译文】

有评论说：魏朝皇族的各个王公，空自享有国土之名，并没有参与国政之实，又受到禁令的防备阻隔，如同关在监狱中的囚犯一般。爵位封号不固定，封地大小年年改动。骨肉感情不相协调，《棠棣》一诗中歌颂的兄弟友爱的义理遭到废弃。制定法规的弊病，竟然到了这样的地步啊！(《魏氏春秋》记载魏宗室曹冏的奏书说：“臣听说古代的皇帝必定分封同姓的亲王，以彰显爱护宗亲；必定选用异姓的官员，以表明重视贤才。所以古书上说：‘任用有功之人，爱护宗族亲戚；亲近身边的大臣，尊敬贤明的人才。’《尚书》说：‘阐明美德，才能爱护宗亲。’《诗经》说：‘只有美德最稳定，只有宗亲最可靠。’由此可见，不尊敬贤才就不可以兴立功业，不爱护宗亲就没有可靠的辅臣。爱护宗亲，如果只是一味使用，那么作用也会逐渐减弱；尊敬贤才，如果有所偏颇，它的弊端就会超过它的作用。先圣知道这个道理，所以亲近和疏远两种方法交替轮流运用。近有宗族亲王的稳固保护，远有仁义贤明大臣的辅助。国家兴旺，有亲王、大臣和皇上共同治理；国家衰落，有亲王、大臣和皇上共同守卫国土。国家安定就共享幸福，国家危亡就共赴国难。这样的话，就能有稳固的国家，皇帝和亲王都能百代长存了。现在魏国尊敬宗亲的法制虽很明确，但爱护宗亲的方法还不完备。《诗经》说：‘鹡鸰鸟在平原上，兄弟们急急赴难。’所以，兄弟在患难的时候要相互救助，在忧患的时候要同心协力，即使有内部争斗的忿懑，也不应忘记对外抵御外侮的原则。为什么呢？因为忧患对大家是一样的。现在却不是这样，有的受到任用而不受重视，有的则被弃之一旁而不加任命，一旦战场有事，反而关起门来，兄弟之间不能互相扶持，皇帝也得不到亲王宗族的保护。臣一个人为此事，经常忧虑得睡不好觉，所以慎重地写出自己的所想，分析成败得失的原因。臣的看法是：过去夏、商、周每个朝代都经历了十几世，而秦国二世就灭亡了。为什么呢？因为夏、商、周三代的君主，能与天下百姓共享幸福，与天下百姓共同承担忧患。而秦始皇独裁专制、压迫人民，所以一旦国家危险，就无法拯救了。与百姓共享幸福的，百姓必定和他共同承担忧患；与百姓共享太平的，百姓必定会尽力拯救国家的危难。先王知道独裁的统治是不能维持长久的，所以和百姓一起共同治理国家。先王知道独自一人守卫江山，江山是不能稳固的，所以和百姓一起守卫江山。对宗亲和异族都能予以任用，参考异同，共同建设，所以轻重足以相互平衡，亲疏足以相互保卫，兼并、动乱的路被堵塞，叛逆不会发生。等到周王室衰微时，齐桓公、晋文公倡导礼义教化，松弛的周王朝纲纪又重新固定下来，诸侯的傲慢又重新被整肃。齐桓公、晋文公之后，周朝就渐渐衰落了。吴国、楚国凭借长江、汉水，背靠稳固的方城，虽然心里希望得到九鼎，却又害怕周姬姓宗族，于是奸邪的心志在心中散去，谋反的言语在口中消失。这难道不是重视信任亲戚、任用贤能的人才，以致枝叶茂盛繁荣的结果吗？所以本根可以依赖它们。而从这以后，开始转入到相互攻打讨伐。等到战国的时候，周姬姓宗族势力日益衰微，到王赧的时候，就降到普通人的地位了，此时犹枝叶相扶，保持着王室虚位，实际上四海之内没有统一的君主达四十多年。秦国占据有利的地形，运用欺骗狡诈的手段，到秦始皇的时候统一中国，确定了皇位。用了这么长的时间，花了这么大的力气，难道不正是因为根深蒂固、不可轻易动摇的原因吗？秦朝看到周朝的弊政，认为弱小就会受欺负，于是废除五等爵位制度，建立郡县的官职。同宗子弟没有尺寸土地的封赏，功臣没有立足的土地，内部没有宗族子弟来辅助，外部没有诸侯来保卫，仁爱之心不施加给近亲，恩惠德泽也不施加给远戚。就好像砍去胳膊和大腿，只留下胸腹一样；又像是船只漂浮在江海，却抛弃了船桨一样。看到这种情况的人无不为之寒心，而秦始皇却很平静，自认为关中很稳固，金城千里，子孙万世可以继承其王位大业，这岂不是大错特错吗？等到秦始皇去世的时候，皇权无可寄托，只好把统治天下的重任委以平凡之人，把废立皇子的大权托付给奸臣，致使赵高之辈能诛杀除掉秦之宗室。胡亥从小就接受刻薄无恩的教育，长大后继承其暴君父亲的帝业，却不能改变制度和法律，不知宠爱信任宗室兄弟，竟以申不害、商鞅为师，向赵高询问、谋划治国之道。自己把自己关在幽深的宫中，却把政权委托给国贼赵高，等到自己身处险境时，还盼望成为百姓、永保平安，又怎么可能呢？此后同姓郡国离心离德，广大人民背叛溃散，于是先是有陈胜、吴广反叛，后有刘邦、项羽攻伐。假使过去秦始皇采纳了淳于越的计策，抑制李斯的谬论，分割州郡，分封给同姓子弟，使他们成为亲王，而且三代以后仍继承封号，报答功臣的功劳，士大夫们有了长久的皇帝，百姓也有了稳定的国君，皇帝和同宗兄弟枝叶相持，首尾相顾，即使后世子孙有失道的行为，当时也没有像商汤、周武王这样的贤明君主，也不会在奸人造反之前，自己就被屠杀，何至于使区区陈胜、项羽便能谋反得逞呢？所以汉高祖举起三尺宝剑，领导着乌合之众，五年之内就建立了帝业。自从开天辟地以来，建立功勋帝业，没有像汉高祖这样容易的例子。攻打根深蒂固的政权难以成功，而摧毁腐朽的政权却很容易，这是很简单的道理。汉朝借鉴秦朝失败的经验教训，分封子弟，等到吕太后的宗族独揽大权，图谋推翻刘姓宗族时，天下人不为其所动，百姓民心不变，正是因为分封的诸侯力量强大，像磐石一样稳固，有东牟、朱虚两侯在内部接受命令，齐、代、吴、楚等诸侯国在外部进行保卫。假如原来汉高祖效法亡秦的法制，忽略先王的制度，那么所传的天下就不会归刘姓所有了。然而，汉高祖封诸侯王时，封地的范围超过古代的制度，大的封地横跨州郡，小的封地也有十几个城池相连，上下没有分别，权力等同于皇室，所以才有后来的吴国、楚国等七国之乱。贾谊说：‘诸侯国强盛，导致长期混乱，滋生起奸邪。不如多建诸侯国而削弱它们各自的权力，下面的诸侯国没有背叛的野心，皇上也不必诛伐叛乱的诸侯。’汉文帝不听这些话。到汉景帝时，错误地使用了晁错的建议，削弱并罢黜诸侯国的势力，同宗族的诸侯产生怨恨，异姓诸侯也感到震惊、恐慌，于是吴、越两国带头谋反，其他五国也随之叛乱。这在汉高祖时就已出现苗头，事发于汉文帝、汉景帝之时，是因为分封制度过于宽松，急于封王而又不循序渐进造成的。这就是人们所说的：末端太大了，必然折断；尾巴太大了，难以甩掉。尾巴和身体相连，有时二者还不一致，更何况不是自己身体上的尾巴，怎么可以掉呢？汉武帝听从主父偃的计谋，实行了推恩令。从此以后，齐国一分为七，赵国一分为六，淮南国一分为三，梁、代等诸侯国一分为五，诸侯国势力逐渐被削弱，子孙势微，只能顾及自身的生活，收取租税，不再干预政事。有的因为不断送上醇酒和贡金而免于被削职，而有的则因为没有后代而被削去藩位。到汉成帝时，王氏家族专擅朝政。刘向劝谏说：‘我听说亲王是国家的枝叶。枝叶落光，树木的根就不能得到庇护了。’他的话深刻贴切，许多地方都引经据典，汉成帝虽然为之悲伤叹息，最后却没有采用。到汉哀帝、汉平帝时，异姓诸侯执掌朝中大权，借口完成周公的事业，实际是行田常篡夺的叛乱，高高在上而窃取皇位，一旦控制朝政，便使四海称臣。汉朝刘氏的宗室王侯，将会解下绶带，放下官印，把社稷江山拱手奉献于他人，却还担心自己不能成为王莽的臣下。有的人还为王莽制造祥瑞的凭证，歌颂王莽的恩德，实在令人悲哀啊！从这个例子可看出，不是刘氏宗族只在汉惠帝、汉文帝时才忠诚，而在汉哀帝、汉平帝时就叛乱，只是因为后来权力微小，势力单薄，不能稳定江山社稷罢了。多亏汉光武帝以超群脱俗的姿态，擒拿已获成功的王莽，使即将灭亡的汉朝又得以延续下去。这难道不是靠同姓宗族的力量吗？然而，如果不吸取秦朝灭亡的经验教训，不去沿袭周朝原来的制度，追随西汉的陈规旧法，东汉即使能侥幸生存，被灭亡的日子也不会久远。到了汉桓帝、汉灵帝时，宦官执掌政权，朝廷里没有肯为之赴难的大臣，外部没有共当忧患的诸侯国，皇上在上被孤立，奸臣在下滥用权力，本末不能相互保护，身体和头脑不能相互照应。这样，天下大乱。奸凶并起争斗，汉室宗庙被烧成灰烬，宫室变成长满荆棘的荒地，虽有九州的地盘，却没有安身的处所，这实在太可悲了！汉朝交出天下，禅让给魏国。魏国兴起，至今已有二十四年。看到五代兴亡的历史，而不采纳它们成功的政策，目睹前面的车已翻倒而不改变自己行走的轨道。同姓子弟徒有虚设的封地，统治不肯俯首贴耳的百姓，宗室亲族流窜于民间，听不到治理国家的方略，权力和匹夫相等，势力和普通百姓一样。内部没有根深不拔的稳定，外部没有同姓宗室磐石般的扶持，没有什么可以保护社稷的安定、可以流传万代的谋略。况且现在的州牧、郡守，就是古代的方伯、诸侯，都拥有千里的封土，兼任军队的武职，有的诸侯国之间相互勾结，有的兄弟共同统治诸侯国，而同姓的宗族子弟却没有一个人参与进去，这不是使树干粗壮、使枝叶细弱，有备于万一的做法。现在皇帝使用贤才，有的超越了制度，使之成为有名大城市的主宰，有的封为偏师的主帅，而同姓宗室中有文采的子弟则限定只能作为小小的县令，有武功的人也被限于统辖一百人的职位，使廉洁高尚的人在种种限制中丧失信心，有才能的人耻于同不三不四的人为伍。这不是劝勉任用贤能之人、褒奖宗室亲戚的礼义。泉水干涸了，支流就会枯竭；树根腐烂了，枝叶就会枯萎。枝叶繁茂，树根就能受到保护；枝条枯落了，树干就会孤立无援。古代有谚语说：'有一百只脚的虫，到死去时身体都不僵硬。'这是因为扶持身体的脚多。这句话虽然说的事很小，但可以用来说明大道理。况且，墙基不能在仓猝之间垒好，威名不能在一个早晨便树立起来，都是循序渐进、日积月累才能成就的。比方说种树，时间长了，树根就长得深而牢固，树叶就长得茂盛，倘若随随便便把它移栽到山林当中，或种植在宫殿的屋檐之下，即使用黑土填埋它的根部，在温暖的春日照耀下，仍然不免于枯萎，怎么来得及培养它呢？树好比是同姓的亲戚，土好比是士大夫和民众，建置不长久，就会轻视下级、怠慢皇上。平常安定时还害怕发生叛乱，如果国家遭遇危难又将会如何呢？因此，圣明的帝王安定而不逸豫，因为要考虑如何应付危难；生存而不忘做各种准备，因为惧怕在旦夕间灭亡。所以即使狂风突然袭来，大树也不怕被连根刮倒；即使天下有变乱，国家也不会倾覆灭亡。")

王粲，字仲宣，山阳人也，拜侍中。始文帝为五官将，及平原侯植皆好文学。粲与徐干、陈琳、阮瑀、应瑒（旧无应瑒二字，补之）、刘桢并见友善。琳，字孔璋，避难冀州，袁绍使典文章〔《魏氏春秋》载："绍使琳作檄文曰：'司空曹操祖父腾，故中常侍，与左悺、徐璜并作妖孽，饕餮放横，伤化虐民。父嵩，乞丐携养，因赃假位，舆金辇璧，输货权门，窃盗鼎司，倾覆重器。操赘阉遗丑，本无令德，僄狡锋侠，好乱乐祸。幕府昔遇董卓侵官暴国，方罗英雄，弃瑕录用，谓其鹰犬之才，爪牙可任。遂乘资跋扈，肆行酷裂，割剥元元，残贤害善，放志专行，威劫省禁，卑侮王宫，败法乱纪，坐召三台，专制朝政，爵赏由心，刑罚由口，所爱光五宗，所恶灭三族，群谈者蒙显诛，腹议者蒙隐戮，道路以目，百寮钳口。梁孝王，先帝母弟，坟陵尊显。操率将士，亲临发掘，破棺裸尸，略取金宝。又署发丘中郎将模金校尉，所过隳突，无骸不露。身处三公之官，而行桀虏之态，殄国虐民，毒流人鬼。加其细政苛惨，科防互设，缯缴充蹊，坑阱塞路。历观古今书籍所载，贪残虐烈，无道之臣，于操为甚。'"〕。袁氏败，琳归太祖。太祖谓曰："卿昔为本初移书，但可罪状孤而已，恶恶止其身，何乃上及父祖耶？"琳谢罪。〔《文士传》称："琳谢曰：'楚汉未分，蒯通进策于韩信；乾时之战，管仲肆力于子纠。唯欲效计其主，取祸一时。故跖之客可使刺由、桀之犬可使吠尧也。今明公必能进贤于忿后，弃愚于爱前，四方革命，而英豪托心矣，唯明公裁之。'"太祖爱才而不咎也〕。太祖以琳为军谋祭酒，管记室。

【译文】

王粲，字仲宣，山阳郡（高平县）人。魏国建立以后，他被任命为魏国的侍中。当初魏文帝曹丕还在当五官中郎将的时候，与弟弟平原侯曹植都很喜好文学。王粲与北海人徐干、广陵人陈琳、陈留人阮瑀、汝南人应玚、东平人刘桢都被曹丕、曹植视为好友。陈琳，字孔璋。陈琳到冀州避难，袁绍让他负责草拟公文（《魏氏春秋》记载：袁绍吩咐陈琳作讨伐曹操的檄文说："司空曹操的祖父曹腾，是原来的中常侍，与左悺、徐璜共同作乱，像猛兽饕餮一样横行霸道，伤害教化，虐待百姓。他的父亲曹嵩，被乞丐收养，靠着行贿做了官，用车子拉着黄金璧玉，向执掌大权的人行贿，取得了三公的职位，开始滥用大权。曹操上辈本有被阉割的丑闻，没什么美德，只是轻疾勇猛，锐气逼人，喜欢叛乱，乐于制造事端而已。过去幕府正好被董卓控制，侵吞官位，损害国家，收罗天下英雄，择优录用，认为曹操有鹰犬一样的才干，可以当作爪牙使用。于是曹操开始凭借自己的才干骄横跋扈，横行放肆，残忍狠毒，剥削、涂炭百姓，残害贤明而有美德的人才，放纵自己，独断专行，淫威施及官府，使王宫蒙受轻贱和侮辱，败坏法治，祸乱纲纪。自己控制三台，独揽朝廷大权，封爵赏赐，凭自己的爱好，用刑施罚，全凭自己一张嘴。被宠爱的人祖宗沾光，所讨厌的人被诛连三族。聚在一起讨论，就会公开被杀害；内心里有不满，也会遭到暗杀。人们在路上相遇，只好用眼神代替讲话，朝廷百官也都缄口不语。梁孝王是先帝母亲的胞弟，坟墓陵寝很显赫尊贵，曹操亲自率领部下挖掘他的坟墓，打碎棺材，裸呈其尸，掠取金银财宝等殉葬品。又下达命令，挖掘从中郎将到模金校尉的坟墓，所过之处坟掘棺破，把所有的尸体都暴露在野外。曹操身居三公这样显赫的高位，却做出只有夏桀才能干出的野蛮行为，危害国家，虐待百姓，民众惨遭毒害，连地下的鬼魂也不能幸免。再加上他实行苛政，横征暴敛，法律条文细密烦杂，到处是持着弓箭的吏卒，陷阱布满道路两侧。纵观古今书籍中的记载，贪婪残忍，暴虐惨烈，昏庸无道的大臣，没有比得上曹操的。")。袁氏被打败后，陈琳归附了太祖。太祖对他说："你当初为袁绍起草讨伐我的檄文，只列举我一个人的罪状也就可以了，憎恶邪恶只限于本人嘛，为什么还要加上我的祖父和父亲呢？"陈琳赶忙认了错。(《文士传》记载：陈琳谢罪说："楚汉没分裂时，蒯通向韩信献计谋；乾时之战时，管仲还在为公子纠效力。这都是为各自主子效力，而一时惹下了祸。所以盗跖所派的人可以刺杀许由，夏桀的狗还能朝着尧帝狂吠。今日明公您如果能在生过气之后接纳贤才，在宠爱之前抛弃愚者，那么虽然全国都在战乱之中，然而天下的英雄豪杰都会一心向您，希望您好自为之。"太祖曹操爱惜陈琳的才干，对其既往不咎。)太祖任命其为军谋祭酒，主管记室。

卫觊，字伯儒，河东人也，为尚书。明帝即位，百姓凋匮，而役务方殷，觊上疏曰："夫变情厉性，强所不能，人臣言之既不易，人主受之又艰难。且人之所乐者，富贵荣显也；所恶者，贫贱死亡也。然此四者，君上之所制，君爱之则富贵显荣，君恶之则贫贱死亡。顺指者，爱所由来也；逆意者，恶所从至也。故人臣皆争顺指而避逆意，非破家为国、杀身成君者，谁能犯颜色、触忌讳，建一言、开一说哉？陛下留意察之，则臣下之情可见矣。

今议者多好悦耳。其言政治，则比陛下于尧舜；其言征伐，则比二虏于狸鼠。臣以为不然。汉文之时，诸侯强大，贾谊累息以为至危。况今四海之内，分而为三，群士陈力，各为其主。是与六国分治，无以为异也。当今千里无烟，遗民困苦，陛下不善留意，将遂凋弊难可复振。礼，天子之器必有金玉之饰，饮食之肴必有八珍之味，至于凶荒，则彻膳降服。然则奢俭之节，必视世之丰约也。武帝之时，后宫食不过一肉，衣不用锦绣，茵蓐不缘饰，器物无丹漆，用能平定天下，遗福子孙。此皆陛下之所亲览也。当今之务，宜君臣上下，量入为出。深思勾践滋民之术，由恐不及，而尚方所造金银之物，渐更增广，侈靡日崇，帑藏日竭。昔汉武信神仙之道，谓当得云表之露以餐玉屑，故立仙掌以承高露。陛下通明（通明原作至通），每所非笑。汉武有求于露，而由尚见非，陛下无求于露而空设之，不益于好而糜费功夫，诚皆圣虑所宜裁制也。”

【译文】

卫觊，字伯儒，河东郡安邑县人。曹丕称帝，任命卫觊为尚书。明帝即位时，百姓生活十分贫困，但要服劳役的工程却很多。卫觊上书进谏说：“要让人改变和磨炼性情，是强人所难的事，做臣子的敢说这些很不容易，做君主的接受这些意见就更难了。况且，人们所喜欢的是富贵和荣华，所厌恶的是贫贱和死亡，但这四种情况，都是由君主来控制的。君主喜欢谁，谁就会富贵和显荣；君主厌恶谁，谁就会贫贱和死亡。顺从君主的旨意，喜欢就会由此而来；违背君主的心愿，厌恶就会从此而至。因此，做臣子的都争着顺从君主旨意而避免违背君主心愿，除了那些破家为国、甘冒杀身危险以促成君主声名事业者，谁愿意顶撞君主、触犯忌讳而进一句忠言、提一条意见呢？若陛下您留心观察，那么臣下的这种情况就可以看清楚了。如今议论政事的大都爱说好听话，他们一谈起政治，就把陛下比作尧舜；一谈起军事，就把吴、蜀比作不堪一击的狸鼠。为臣以为情况并非如此。汉文帝时，诸侯强大了一点，贾谊就每每叹息，认为形势非常危急。何况现在天下分裂为三，众多人才各显其能、各为其主呢？这种状况，和战国时六国分治实在是没什么区别啊。当今，千里不见人烟，百姓困苦不堪，陛下要是再不关注，国家就会凋敝衰落、一蹶不振。礼仪规定，天子所用的器具要有金玉的装饰，饮食的菜肴要有八珍之类的美味，但是，一遇到荒年或战乱，就应该撤除珍美的食物，减少华丽的衣服。可见奢侈与节俭的调控，一定要审视当时社会财富的丰歉。武皇帝在世的时候，后宫里吃饭时只能有一种肉菜，衣服不用锦绣，褥垫不加花边，器物不涂红漆，采用此法才能平定天下，造福子孙。这些都是陛下亲眼见到的啊！而今当务之急，应使君臣上下，量入为出。认真考虑勾践滋养民众、增加人口之法，犹恐不及，然尚方署为宫廷制造的金银器物，数量和品种却不断增加，奢靡之风一天比一天厉害，国库的储备一天比一天枯竭。从前汉武帝相信并寻求神仙，说是应当取云端的甘露再调和玉石的碎末一起喝下（就能长生不老），因此高竖盛露盘，来接高空的甘露。陛下通达圣明，对此举每每非议、讥笑。汉武帝取甘露是想长生，尚且被人指责，而陛下不求取甘露，却（下令把盛露盘从长安搬到洛阳来）空设承露玉盘，既不能增益陛下所好，又要花费很大的功夫，这些确实都是陛下所应考虑并加以遏制的。”

刘廙，字恭嗣，南阳人也，为五官将文学。魏讽反，廙弟伟为讽所引，当相坐诛。太祖令曰：“叔向不坐弟虎，古之制也。”特原不问〔《廙别传》载廙表论治道，曰：“昔周有乱臣十人，有妇人焉，孔子称：‘才难，不其然乎！’明贤者难得也。况乱弊之后，百姓雕尽，士之存者，盖亦无几。其股肱大职，及至州郡督司，边方重任，虽备其官，亦未得其人也。此非选者之不用意，盖才匮使之然耳。况长吏已下，群职小任，能皆简练，备得其人乎？其计莫如督之以法也。不尔而数转易，往来不已，送迎之烦，不可胜计。转易之间，辄有奸巧，既于事不省，而为政者亦以其不得久安之故，知惠益不得成于己，而苟且之可免于患，皆将不念尽心于恤民，而梦想于声誉，此非所以为政之本意也。今之所以为黜陟者，近颇以州郡之毁誉，听往来之浮言耳，非皆得其事实而课其能否也。长吏之所以为佳者，奉法也、忧公也、恤民也。此三事者，或州郡有所不便，往来者有所不安，而长吏执之不已，于治虽得计，其声誉未为美。屈而从人，于治虽失计，其声誉必集也。长吏皆知黜陟之在于此也，亦何能不去本而就末哉?以为长吏皆宜使少久，足使自展岁课之能，三年总计，乃加黜陟。课之皆当以事，不得依名也。事者皆以其户口，率其垦田之多少，及盗贼发兴、民之亡叛者，为得负之计。如此行之，则无能之吏，修名无益；有能之人，无名无损。法之一行，虽无部司之监，奸誉妄毁，可得而尽也。”事上，太祖甚善之〕。

【译文】

刘廙，字恭嗣，南阳郡（安众县）人。任五官中郎将曹丕的文学侍从。魏讽谋反，刘廙之弟刘伟被魏讽供了出来，按法律刘廙应当受牵连而判死刑。太祖下令说：“从前叔向不因其弟弟羊舌虎犯罪而受牵连，这是古时候就有的制度啊。”特别宽恕了刘廙不受惩罚。(《刘廙别传》记载刘廙上表议论治国之道说：“过去周朝有十位辅臣，其中一位还是妇人(乱臣十人,乱臣指治国之臣,十人包括周公、召公、姜尚等,其中还包括武王的妻子邑姜,所以称有妇人)，孔子说：‘得到人才难，确实如此啊！’就是说贤人是很难得到的。更何况动乱造成凋弊之后，百姓死伤无数，生活艰难，存留下来的人才大概也非常稀少。辅佐于皇上左右，担任重要职位，直到州郡大臣和边疆的重任，虽然官员都已配齐，却没有真正得到称职的人才。这不是选拔人才的人不用心，而是人才匮乏所造成的。何况长吏官职以下的各种小官职，难道都能选到精明干练的称职人才来担任吗？面对这种局面，不如用法律进行监管。否则，官员随随便便频繁调换，来来往往不断，迎来送往不胜其烦。调换官员的时候，难免会出现弄奸取巧的情形，不仅使所做的事情本身没有什么减少，治理政事的人也会因为不能长久安定的缘故，知道自己捞不到什么好处，而苟且反而会免于祸患，所以不会全心全意体恤百姓，只是想着自己能有个好的声誉。这不是为政的本来目的。现在罢免或者提升官员的理由，大体只是根据州郡长官的褒贬，或者市井上的流言而已，都不是根据官员为政的实际情形来考察他们有无能力。优秀的长吏的标准是：奉公守法，以国家之忧为忧，爱惜百姓。这三个方面，有的州郡的长官不便上奏，道听途说的又不可靠。然而长吏都努力朝这三个方面努力，对当地的治理也很见成效，但他们的声誉却不一定就好。委屈自己而听从别人，对于当地的治理没有好处，但声誉肯定好。长吏都清楚任免官员的奥妙全在于此，怎么会不舍本而逐末呢？所以臣以为，应该使长吏任职的期限稍微长一些，足以使他们在选拔官员的考试中一展自己的才华，三年以后，再分别加以罢免或提拔。考核的标准，都应根据事实本身，而不是依据虚名。事实本身包括所管辖的人口数量、率领他们开垦了多少良田，以及抢劫盗窃的事发生了多少、百姓中流亡叛逆的情况，以此作为衡量其政绩得失的标准。如果按照这种办法考核官吏，那些没有能力的官吏，即使有好的名声也没有用；有能力的人才，即使没有好的名声也没有什么损害。这项法律若能执行，即使没有各职司的监督，虚假的声誉和诬妄的诋毁，就可以完全消灭了。”表章送上后，太祖曹操很称赞他。)

陈群，字长文，颍川人也。为司空，录尚书事。青龙中，营治宫室，百姓失农时。群上疏曰：“禹承唐、虞之盛，犹卑宫室而恶衣服，况今丧乱之后，人民至少，吴、蜀未灭，社稷不安！今舍此急而先宫室，臣惧百姓遂困，将何以应敌？此安危之机也，唯陛下虑之。”帝答曰：“王者宫室，亦宜并立。灭贼之后，但当罢守耳，岂可复兴役耶？是故君之职，萧何之大略也。”群又曰：“昔汉祖唯与项羽争天下，羽已灭，宫室烧焚，是以萧何起武库、太仓，皆是要急，然犹非其壮丽。今二虏未平，诚不宜与古同也。夫人之所欲，莫不有辞，况乃天下莫之敢违。前欲坏武库，谓不可不坏也；后欲置之，谓不可不置也。若必作之，固非臣下辞言所屈。若少留神，卓然回意，亦非臣下之所及也。汉明帝欲起德阳殿，钟离意谏，即用其言。后乃复作之，殿成，谓群臣曰：‘钟离尚书在，不得成此殿也。’夫王者岂惮一臣？盖为百姓也。今臣曾不能少凝圣听，不及意远矣。”帝于是有所减省。

【译文】

陈群，字长文，颍川郡（许昌县）人。任司空之职，总管尚书台事务。青龙年间，明帝大兴土木，修建宫殿，使农民耽误了耕种时日。陈群上书说：“大禹继承了唐尧、虞舜的兴盛基业，却仍然住在低矮的房屋中，穿着朴素粗糙的衣服。何况当今是天下大乱之后，人口数量很少，吴、蜀二国尚未消灭，国家还不安定。现在陛下舍弃当务之急而先建宫殿，为臣担心老百姓会因此而陷入困境，将来又怎么能抵抗敌人的入侵呢？这关系到国家安危的关键问题，希望陛下能好好考虑考虑。”明帝却回答说：“天子的宫殿，应该在统一天下的同时就建造。消灭吴、蜀之后，就应当停止动用民力、坐享太平，怎么可以再征集徭役呢？你的职责和西汉初年的萧何差不多。（萧何为汉高祖大修未央宫，你为什么不向他看齐呢？）”陈群又说：“当初汉高祖刘邦最后只和项羽争夺天下，项羽被消灭后，宫殿都被大火烧毁了，因此萧何才在京城长安修建了武器库和谷仓，这些都是不得不建造的设施，可汉高祖仍然责备其所建过于壮丽。如今吴、蜀两国尚未平定，确实不应该与过去（萧何大兴土木）相齐并论。大凡人想要做的事，不会没有托词，何况是天下之人不敢违抗的天子呢？此前您打算拆毁军备仓库，说那不能不拆掉，后来又打算设置军备仓库，又说不能不建造。如果您一定要修宫殿，确实不是臣下的言辞能使您感到理亏。如果您稍加分析、思索，又断然回心转意，这也不是臣下所能预料的。当初汉明帝想修筑德阳殿，钟离意极力劝阻，汉明帝便听从了他的意见，但后来还是动工修建了。宫殿建成后，明帝对大臣们说：“要是钟离尚书还在，这座德阳殿也就盖不成了。”当帝王的怎么会惧怕一个臣子呢？这都是因为顾及老百姓啊。现在为臣不能让陛下稍稍集中注意力来听听我的建议，我比钟离意差得太远了！”明帝终于减少了一些宫殿修建项目。

陈矫，字季弼，广陵人也。迁尚书令。明帝尝卒至尚书门，矫跪问帝曰：“陛下欲何之？”曰：“欲案行文书耳。”矫曰：“此自臣职分，非陛下所宜临也。若臣不称其职，则请就黜退。陛下宜还。”帝惭，回车而反。其亮直如此。

【译文】

陈矫，字季弼，广陵郡（东阳县）人。出任尚书令。一次，明帝的车驾突然来到尚书台的大门，陈矫跪在地上问道：“陛下准备到哪里去？”明帝说：“我想到尚书台检查文书案卷。”陈矫说：“这是为臣的职责，不适合陛下您亲自办理。要是陛下认为我不称职，请您罢免我的官职。陛下最好还是回去吧。”明帝感到很惭愧，掉转车头回皇宫去了。陈矫为人就是这样坦荡正直。

卢毓，字子家，涿郡人也。青龙中，入为侍中。侍中高堂隆，数以宫室事切谏，帝不悦，毓进曰：“臣闻君明则臣直。古之圣王，恐不闻其过，故有敢谏之鼓。近臣尽规，此乃臣等所以不及隆。隆诸生，名为狂直，陛下宜容之。”为吏部尚书。前此诸葛诞等驰名誉，有四窗八达之诮，帝深疾之。时举中书郎，诏曰：“得其人与否，在卢生耳。选举莫取有名，名如画地作饼，不可啖。”毓对曰：“名不足以致异人，而可以得常士。常士畏教慕善，然后有名，非所当疾也。愚臣既不足以识异人，又主者正以循名案常为职，但当有以验其后。故古者敷奏以言，明试以功。”帝纳其言。

【译文】

卢毓，字子家，涿郡（涿县）人。青龙年间，卢毓入朝担任侍中。侍中高堂隆因修建宫殿的事情多次恳切劝谏明帝，明帝很不高兴。卢毓进言说：“为臣听说君主圣明臣下就正直。古代圣明的帝王唯恐听不到臣下指出自己的过错，因此专为欲进谏者设立了敲击的大鼓。作为近臣应该尽力规劝君王，这正是为臣等不如高堂隆的地方。高堂隆是一个儒生，人们称他为狂放直率之士，陛下应该宽容他。”明帝任命卢毓为吏部尚书。在此之前，诸葛诞等人追逐名誉，有人讥笑地称他们为“四窗”“八达”。明帝非常厌恶他们。当时朝廷正在选拔中书郎，明帝下诏说：“中书郎能不能得到合适人选，全在卢毓了。选拔不要选取有名望的人，名望就如同在地上画饼，是不能吃的啊。”卢毓回答说：“重名望不足以罗致奇才，但可以得到一般的人才。一般的人才敬服教化，仰慕善美，然后便会有名望，因此不应该厌恶他们。为臣既不能识别奇才异人，又加之我的职责就是按照名声考察日常行为来选择人才，但应用他们以后应有检查验证的。所以古时，官吏撰文向天子报告自己的政绩，天子根据其政绩进行评定，论功行赏。（如今考核成绩的办法已经荒废，决定一个人进退升降依据别人对他的诋毁或赞扬，因此真伪混杂，虚实难辨。）”明帝接受了他的意见。

和洽，字阳士，汝南人也。为丞相掾属。时毛玠、崔琰并以忠清干事，其选用先尚俭节。洽言曰：“天下大器，在位与人，不可以一节俭也。俭素过中，自以处身则可，以此格物，所失或多。今朝廷之仪，吏著新衣、乘好车者，谓之不清；形容不饰，衣裘弊坏者，谓之廉洁。至令士大夫故污辱其衣，藏其舆服；朝府大吏，或自挈壶餐以入官寺。夫立教观俗，贵处中庸，为可继也。今崇一概难堪之行以检殊途，勉而为之，必有疲瘁。古之大教，务在通人情。而凡激诡之行，则容隐伪矣。”〔孙盛曰：“夫矫枉过正则巧伪滋生，以克训下则民志险隘，非圣王所以陶化万物、闲邪存诚之道。和洽之言，于是允矣。”〕魏国既建（旧无魏国既建四字，补之），为侍中。后有白毛玠谤毁太祖，太祖见近臣怒甚。洽陈玠素行有本，求案实其事。罢朝，太祖令曰：“今言事者白玠，不但谤吾也，乃复为崔琰觖望。此损君臣恩义，妄为死友怨叹，殆不可忍也。和侍中比求实之，所以不听，欲重参之耳。”洽对曰：“如言玠罪过深重，非天地所覆载，臣非敢曲理玠以枉大伦也。以玠出群吏之中，特见拔擢，显在首职，历年荷宠，刚直忠公，为众所惮，不宜有此。然人情难保，要宜考核，两验其实。今圣恩垂含垢之仁，不忍致之于理，更使曲直之分不明，疑自近始。”太祖曰：“所以不考，欲两全玠及言事者耳。”治对曰：“玠信有谤上之言，当肆之市朝。若玠无此，言事者加诬大臣以误主听。二者不加检核，臣窃不安。”太祖曰：“方有军事，安可受人言便考之耶？”转为太常，清贫守约，至卖田宅以自给。明帝闻之，加赐谷帛。

【译文】

和洽，字阳士，汝南郡（西平县）人。太祖曹操征聘和洽为丞相府下属。当时毛玠、崔琰都因忠诚清廉而担任重要职务，他们选任官员时都着重看是否生活俭朴。和洽说："天下最可贵的，是职位与人才，不能只以生活俭朴这一项作为考察人才的标准。俭朴过度，对于自己修养身心还可以，但以此来衡量所有的人，就可能出现大失误。按如今朝廷的准则，凡官员穿新衣、坐好车者，就会说他不清廉；凡仪容不修饰、衣衫破旧者，就说他很清廉。以致使士大夫们故意弄脏衣服，把好车、服饰都藏起来；朝廷各官署的重要官员，有的甚至自己带着水壶、食物来到府衙。推行教化，改变风俗，都贵在适度，为的是能长期坚持下去。如今推崇单一而又难以长期承受的标准，来考察各种不同的人才，勉强坚持下去，必会感到疲惫忧困。古代大的教化，都注意顺应人情，凡是过激反常的行为，就容易隐藏虚伪啊。"（孙盛说：矫枉过正，便会导致取巧、虚伪的产生，以此来克制、训导百姓，百姓的情感就会变得危险、狭隘，这不是圣明的帝王用来陶冶、教化万物、消除奸邪、保存诚实的方法。和洽的话，说得很公允。）魏国建立后，和洽任侍中。后来有人举报毛玠诽谤诋毁太祖，太祖召见近臣时十分震怒。和洽却陈述毛玠行为素来很守本分，请求查实事情真况。下朝后，太祖下达指示说："现今报告此事的人说毛玠不但诽谤我，还为被贬黜的崔琰抱怨。这种有损君臣恩谊、妄自为好朋友怨叹的行为，恐怕是不能容忍的。和侍中现今要求查毛玠一案，我之所以不听从，是我打算重新检验此事而已。"和洽回答说："如果说毛玠确实罪过深重，天地不容，为臣并不敢亏理地偏袒毛玠而不合君臣伦理关系。只是因为毛玠在群臣之中出类拔萃，受到您特殊的提拔，显赫地处在首要职位，多年受宠，为人刚直忠正，受到众人敬畏，论理不应该做出这等事情。然而人情难以保证，必须加以核实，让毛玠与告发者双方对质验证。如今您为有罪的毛玠着想，不忍心把他交给法官审问，反而使曲直不分，怀疑将会从您的近臣开始。"太祖说："我之所以不同意核查，是想使毛玠和举报者双方都得到保全。"和洽说："如果毛玠真有诽谤主上的言论，就应当在街市上公开处死示众。如果毛玠没有此事，举报者就犯了诬陷大臣、欺骗君上之罪。二者若不加以核查，为臣心中不安。”太祖说：“眼下正有军事行动，怎么可以听了告发就随便审问举报人？”和洽此后转任太常卿，清贫节俭，以至于要卖掉田地住宅才能维持生活。明帝听到这种情况，加赐他谷物布帛。

杜袭，字子绪，颍川人也。为侍中。将军许攸拥部曲，不附太祖而有谩言。太祖大怒，先欲讨之。群臣多谏：“可招怀攸，共讨强敌。”太祖横刀于膝，作色不听。袭入欲谏，太祖逆谓之曰：“吾计已定，卿勿复言之。”袭曰：“若殿下计是耶，臣方助殿下成之。若殿下之计非耶，虽成宜改之。殿下逆臣令勿言，何待下之不阐乎？”太祖曰：“许攸慢吾，如何可置乎？”袭曰：“殿下谓许攸何如人耶？”太祖曰：“凡人也。”袭曰：“夫唯贤知贤，唯圣知圣，凡人安能知非凡人邪？方今豺狼当路而狐狸是先，人将谓殿下避强攻弱，进不为勇，退不为仁。臣闻千石之弩不为鼷鼠发机，万钧之钟不以莛撞起音。今区区之许攸，何足以劳神武哉？”太祖曰：“善。”遂厚抚攸，攸即归服。

【译文】

杜袭，字子绪，颍川郡（定陵县）人。魏国建立，杜袭担任侍中。当时将军许攸拥有大量私兵，不肯归附太祖，而且说了许多对太祖不恭敬的话。太祖大怒，准备先去讨伐许攸。大臣们多数劝阻说：“可以招抚许攸，共同进攻强大的敌人。”太祖把刀横放在膝盖上，脸色严峻，不肯听从。杜袭走进来要劝阻，太祖迎面先说道：“我的主意已定，你不必再说了！”杜袭说：“假如殿下的主意正确，为臣就要帮您实现；假如殿下的主意不正确，即使定了也应该改正。殿下既接见我，又不许我说话，为何对下属这么不开明呢？”太祖说：“许攸对我不敬，怎么可以放下不管？”杜袭说：“殿下认为许攸是个什么样的人？”太祖说：“是个凡人。”杜袭说：“只有贤人才能了解贤人，圣人才能了解圣人。许攸是个凡人，他怎么能了解您这样非凡的人呢？如今豺狼挡路却要先消灭狐狸，别人将会说您避强攻弱，落得个进兵算不上英勇、退兵算不上仁慈（的名声）。为臣听说有千钧力量的强弩不会为一只小小的家鼠扣动机关，有万钧重量的大钟不会因一根小竹枝的撞击而发出声音。如今区区一个许攸，哪里用得着惊动神武的殿下呢？”太祖说：“很对。”于是对许攸加以优厚的安抚，许攸也就归附了太祖。

高柔，字文慧，陈留人。拜丞相理曹掾。时置校事卢洪、赵达等，使察群下，柔谏曰：“设官分职，各有所司。今置校事，既非居上信下之旨。又达等数以憎爱擅作威福，宜检治之。”太祖曰：“卿知达等，恐不如吾也。要能刺举而辨众事，使贤人君子为之，则不能也。昔叔孙通用群盗，良有以也。”达等后奸利发，太祖杀之，以谢于柔。文帝践祚，转治书执法。时民间数有诽谤妖言，帝疾之，有妖言，辄杀而赏告者。柔上疏曰：“今妖言者必戮，告之者辄赏。即使过误无反善之路，又将开凶狡之群，相诬罔之渐，诚非所以息奸省讼、缉熙治道也。昔周公作诰，称殷之祖宗，咸不顾小人之怨。在汉太宗，亦除妖言诽谤之令。臣愚以为宜除妖谤赏告之法，以隆天父养物之仁。”帝不即从，而相诬告者滋甚。帝乃下诏：“敢以诽谤相告，以所告罪罪之。”于是遂绝。迁为廷尉。明帝即位（旧无明帝即位四字，补之）。时猎法甚峻，而典农刘龟窃于禁内射兔，其功曹张京诣校事言之。帝匿京名，收龟付狱。柔表请告者名，大怒曰：“刘龟当死，乃敢猎吾禁地。送龟廷尉，廷尉便当考掠，何复请告者主名，吾岂妄收龟邪？”柔曰：“廷尉，天下之平也，安得以至尊喜怒而毁法乎？”重复为奏，辞指深切。帝意寤，乃下京名。即还讯，各当其罪。

【译文】

高柔，字文慧，陈留郡（圉县）人。任丞相府理曹掾。此时设置了校事官，担任这一职务的卢洪、赵达等人，受命窥察群臣的微小过失。高柔规劝太祖说：“设立官员、划分职责，各有其主管之事。如今设置校事，既没有上司信任下属的意思，又加之赵达等人多次以个人憎爱作威作福，应予约束整治。”太祖说：“你对赵达等人的了解，恐怕不如我吧。他们能够打探举报官员情况来辨别许多事态，这些事情让贤人君子去干是不行的。过去叔孙通敢于任用许多盗贼，确实很有用处。”后来赵达等人非法谋取私利之事被发觉，太祖杀了他们以向高柔表示歉意。魏文帝曹丕登基后，高柔转任治书执法官。当时，民间常有诽谤朝廷的坏话，文帝非常憎恨，一旦发现有人散布坏话就处死，同时奖赏告发人。高柔上疏说：“如今散布坏话的必杀，告发的人必赏，这样做，既使有过失错误的人没有改正自新的机会，又将使凶残狡诈之徒诬陷他人的恶劣风气逐渐形成，实在不是清除奸伪、减少诉讼、正大光明的治国之道。过去周公撰写告戒之文《无逸》，称颂殷代的祖先能够不计较平民百姓的怨言。汉文帝刘盈也废除了追查诽谤妖言的法令。我认为应该废除奖赏告发诽谤者的法令，以兴盛上天养育百姓的仁德。”文帝没有马上听从，而相互诬告的人越来越多，只好下诏说：“胆敢借告发诽谤别人，就以所告发的罪名来惩治他。”这才消除了诬告的现象。黄初四年，高柔升为廷尉。明帝即位。当时关于（在皇族划定区域中）狩猎的法令非常严厉。（宜阳县的）典农都尉刘龟私自在禁区内射兔，他的下属功曹张京到校事官那里去告发。魏明帝隐匿了张京的名字，把刘龟抓进监狱。高柔上表请求明帝说出告发者的名字，明帝大怒说：“刘龟应该处死，竟敢在我的禁地打猎！将刘龟送到廷尉官府，廷尉就应该立即拷问他，为什么还要我说出告发者的名字？难道我是胡乱逮捕他的吗？”高柔说：“廷尉是天下公平的司法官，怎么能够以皇上的喜怒来破坏法律的程序呢？”于是再一次上奏，言辞深刻恳切。明帝有所醒悟，便告诉了告发者张京的名字。高柔立即回去审讯，刘龟、张京都受到应有的惩处。

辛毗，字佐治，颍川人也。文帝践祚，迁侍中。帝欲徙冀州士家十万户实河南。时连蝗民饥，群司以为不可，而帝意甚盛。毗与朝臣俱求见，帝知其欲谏，作色以见，皆莫敢言。毗曰：“陛下欲徙士家，其计安出？”帝曰：“卿谓我徙之非邪？”毗曰：“诚以为非。”帝曰：“吾不与卿共议。”毗曰：“陛下不以臣不肖，置之左右，厕之谋议之官，安得不与臣议也？臣所云非私也，乃社稷之虑，安得怒臣！”帝不答，起入内。毗随而引其裾，帝遂奋衣不还，良久乃出，曰：“佐治，卿持我何太急耶？”毗曰：“今徙，既失人心，又无以食也。”帝遂徙其半。尝从帝射雉，帝曰：“射雉乐哉！”毗曰：“于陛下甚乐，于群下甚苦。”帝默然，后遂为之希出。

【译文】

辛毗，字佐治，颍川郡（阳翟县）人。文帝曹丕登上帝位，辛毗升任侍中。文帝准备从冀州迁徙十万户世代当兵的家庭充实河南（京都地区）。这时接连发生蝗灾，民间出现饥荒，各部门大臣都觉得不妥当，而文帝的移民兴头很高。辛毗与朝廷大臣进宫求见，文帝知道他们要劝阻此事，所以见面时做出严厉的脸色，众臣都不敢开口。辛毗问文帝说：“陛下想迁徙世代当兵的家庭，这一计划是怎么考虑的呢？”文帝反问道：“你认为我的迁徙计划不对吗？”辛毗回答说：“确实认为不对。”文帝说：“那我就不和你谈论这件事了！”辛毗说：“陛下不觉得为臣不贤，把我安排在身边，充当议论政事的官员，怎么能不与为臣谈论呢？何况为臣所说的不是私事，而是为国家考虑，陛下怎么能对我发怒呢？”文帝也不答话，起身就朝内室走去。辛毗跟上去拉着文帝的衣服后襟，文帝遂拽起衣襟，头也不回地走进内室，过了很久才出来，说道：“辛佐治，你是不是把朕逼得太急了点？”辛毗说：“现今迁徙这么多人，既丧失民心，又没有粮食给他们吃啊。”文帝这才答应只迁徙一半的人口。辛毗曾经跟随文帝到野外射野鸡，文帝说：“射野鸡真是快乐！”辛毗却说：“对陛下很快乐，而对下面的臣民却很劳苦。”文帝顿时默不作声。为此，后来他就很少出外射猎了。

明帝即位，时中书监刘放，令孙资见信于主，制断时政，大臣莫不交好，而毗不与往来。毗子敞谏曰：“今刘、孙用事，众皆影附，大人宜小降意，和光同尘，不然，必有谤言。”毗正色曰："主上虽未称聪明，不为暗劣。吾之立身，自有本末。就刘、孙不平，不过令吾不作三公而已，何危害之有？焉有大丈夫欲为公，而毁其高节者耶？"冗从仆射毕轨表言："尚书仆射王思，精勤旧吏，忠亮计略，不如辛毗，毗宜代思。"帝以访放、资，放、资对曰："陛下用思者，诚欲取其效力，不贵虚名也。毗实亮直，然性刚而专，圣虑所当深察也。"遂不用，出为卫尉。

【译文】

魏明帝即位之后，当时中书监刘放、中书令孙资受到明帝的信任，控制和专断朝廷政事，大臣们莫不争着与其搞好关系，唯独辛毗不和他们来往。他的儿子辛敞劝他说："现今刘、孙掌权，众人都像影子一样附从他们，大人应当稍微表示和同的意思，与众人相融洽，与尘俗相混合，不然必定要受到他们的中伤。"辛毗脸色严肃，说："现今的皇上虽然没有表现出绝顶聪明，但也不是昏庸低劣的君主。我立身处事自有素来奉行的原则，就算与刘、孙二人不和，也不过使我当不上三公而已，还能有什么危害？大丈夫怎能因为想当三公就毁弃自己高尚的节操呢？"不久，冗从仆射毕轨上奏明帝说："尚书仆射王思是认真勤恳的老臣，但是在忠诚开朗、足智多谋上不如辛毗，辛毗应当取代王思。"明帝咨询刘放、孙资的意见，两人都说："陛下之所以使用王思，是想发挥他的实干才能，而不是重视虚名。辛毗确实开朗正直，但是性情刚烈而倔强，圣上应当好生考虑。"结果明帝不用辛毗。接着辛毗又被调出去当卫尉。

杨阜，字义山，天水人也。为将作大匠。时初治宫室，发美女充后庭，数出入弋猎。阜上疏曰："陛下奉武皇帝开拓之大业，守文皇帝克终之元绪，诚宜思齐往古圣贤之善治，总观季世放荡之恶政。所谓善治者，务俭约、重民力也；所谓恶政者，从心恣欲、触情而发也。惟陛下稽古，世代之初所以明赫，及季世所以衰弱，至于泯灭，近览汉末之变，足以动心诫惧矣。曩使桓、灵不废高祖之法、文景之恭俭，太祖虽有神武，于何所施其能耶？而陛下何由处斯尊哉？今吴、蜀未定，军旅在外，愿陛下动则三思，虑而后行，重慎出入，以往鉴来，言之若轻，成败甚重。”诏报曰：“间得密表，先陈往古明王圣主，以讽暗政，切至之辞，款诚笃实，将顺匡救，备悉矣。览思苦言，吾甚嘉之。”迁少府。

【译文】

杨阜，字义山，天水郡（冀县）人。任将作大匠。这时明帝开始大修宫殿，强行征选民间美女来充实后宫，多次派人外出物色寻取。杨阜上疏给明帝说：“陛下继承太祖武皇帝开创的大业，守卫着高祖文皇帝成就的帝业，实在应当好好考虑如何才能向古代圣贤君主的完美政治学习和看齐，总揽各个朝代末期放荡的恶劣政治（来作为鉴戒）。所谓好的政治，主要是提倡节约、珍视民力；所谓恶劣的政治，就是随心所欲，想干什么就干什么。希望陛下认真考察一下古代的政治，开国之初为什么会清明兴盛，到末期为什么会衰弱以至于灭亡，同时再看一看近代汉朝局势的变化，就足以触动内心而产生戒惧了。此前，假如汉桓帝、汉灵帝不废弃高祖创立的法则制度和汉文帝、汉景帝提倡的节俭，我朝的太祖虽然具有非凡的军事才能，又怎么能得到施展呢？那么陛下又怎么能坐上尊贵的位置呢？如今吴、蜀二敌还未平定，大军常年在外，希望陛下一举一动都要三思，认真思考后再实行，重视、谨慎政策出入，以过去的情况鉴诫将来。这些话说起来好像很轻巧，但是对于事业成败影响很重大。”明帝下诏回答他说：“最近看到了你呈上的密封奏疏，先列举古代的圣明君主，以此来批评昏暗的政治，恳切精到的言辞，忠诚而实在，‘将顺其美，匡救其恶’，我全都知道了。观看、思考了你的恳切规劝之言，朕非常赞许。”杨阜因而升任少府。

后诏大议政治之不便于民者，阜议以为：“致治在于任贤，兴国在于务农。若舍贤而任所私，此忘治之甚者也；广开宫馆，高为台榭，以妨民务，此害农之甚者也；百工不敦其器，而竞作奇巧，以合上欲，此伤本之甚者也。孔子曰：‘苛政甚于猛虎。’今守功文俗之吏，为政不通治体，苟好烦苛，此乱民之甚者也。当今之急，宜去四甚。”

【译文】

后来明帝下诏，要朝臣广泛议论政治当中对人民不利的地方，杨阜的奏议认为：“要实现天下太平在于任用贤才，振兴国家在于加强农业。如果舍弃贤才而任用自己所爱的人，这是败坏政治最严重的一条；修造广阔的宫殿，建筑高峻的楼台，从而妨碍人民从事生产，这是伤害农业最严重的一条；各种工匠不制作朴实耐用的器具，而争着制造新奇、巧妙的玩赏之物，以满足上面的欲望，这是危及根本之业的最严重的一条。孔子说过：‘暴政比猛虎还要可怕。’而今墨守成规、文饰陋俗的官员，为政不懂得治国的根本，无原则地喜欢烦琐苛刻，这是扰乱百姓最严重的一条。当前极为紧急的事，就是要去除上面的四个‘最’。”

帝既新作许昌宫，又营洛阳宫殿观阁。阜上疏曰：“古之圣帝明王，未有极宫室之高丽，以凋弊百姓之财力者也。桀作璇室、象廊，纣为倾宫、鹿台，以丧其社稷；楚灵以筑章华而身受其祸；秦始皇作阿房而殃及其子，二世而灭。夫不度万人之力，以从耳目之欲，未有不亡者。陛下当以尧、舜、禹、汤、文、武为法则，夏桀、殷纣、楚灵、秦皇为深诫。巍巍大业，犹恐失之。不夙夜敬止、允恭恤民而自逸，唯宫室是侈是饰，必有颠覆危亡之祸。方今二虏合从，谋危宗庙，十万之军，东西奔赴，边境无一日之娱。农夫废业，民有饥色。陛下不是为忧，而营作宫室，无有已时。君作元首，臣为股肱，存亡一体，得失同之。臣虽驽怯，敢忘争臣之义？言不切至，不足以感寤陛下。陛下不察臣言，恐皇祖烈考之祚，将坠于地。使臣身死有补万一，则死之日，犹生之年也。”奏御，天子感其忠言，手笔诏答。

【译文】

明帝已经新修了许昌的行宫，又下令大修洛阳的宫殿楼阁。杨阜上奏进谏说:“古代的圣明帝王，没有为把宫殿修得极为高大豪华，而使百姓财力耗尽的。夏桀建筑璇室、象廊，商纣修造倾宫、鹿台，以致都丢掉了天下；楚灵王因为修章华台而身受其祸；秦始皇建阿房宫而使其儿子遭殃，传到二世就告灭亡。如果不估量众人之力，只放纵自己的欲望，没有不垮台的。陛下应当以唐尧、虞舜、夏禹、商汤、周文王、周武王为榜样，把夏桀、商纣、楚灵王、秦始皇作为自己最深刻的鉴戒，祖宗创立的巍巍大业，才不会失掉。如果不日夜慎重，诚恳谦虚地体谅百姓，而自图安乐，只想把宫殿楼台搞得尽量奢侈华丽，定会有国家颠覆灭亡的大祸。如今吴、蜀二贼联合，企图危及大魏江山，我朝的十万大军，东征西讨，边境上没有一天的安乐日子，农民荒废了生产，老百姓饿得面黄肌瘦。陛下不以此为忧，却修建宫殿，没有停止的时候。要知道君主是头颅，臣僚是四肢，存亡都在一起，得失共同承当。为臣虽然才能低劣、性格怯懦，怎么敢忘掉直言进谏的责任呢?话说得不激切、直率，不能够打动陛下。陛下若不听为臣之言，恐怕先祖、先父的基业将会垮落于地。假使为臣死了能够对事业有万分之一的补救，那么为臣在被处死之时，就好像活着一样。”上奏得到皇帝阅看之后，明帝被他的忠言感动，亲自写诏作答复。

高堂隆，字升平，泰山人也。为散骑常侍。青龙中，大治殿舍，西取长安大钟。隆上疏曰：“昔周景王不仪刑文、武之明德，忽公旦之圣制，既铸大钱，又作大钟，单穆公谏而不听，泠州鸠对而不从，遂迷不反，周德以衰，良史记焉，以为永鉴。然今之小人，好说秦、汉之奢靡，以荡圣心，求取亡国不度之器，劳役费损，以伤德政，非所以兴礼乐之和、保神明之休也。”是日，帝幸上方，隆与卞兰从。帝以隆表授兰，使难隆曰：“兴衰在政，乐何为也?化之不明，岂钟之罪?”隆对曰：“夫礼乐者，为治之大本也。故箫韶九成，凤皇来仪；雷鼓六变，天神以降。政事以平，刑是以错，和之至也。新声发响，商辛以陨；大钟既铸，周景以弊。存亡之机，恒由此作，安在废兴之不阶也？君举必书，古之道也。作而不法，何以示后？”帝称善。迁侍中，犹领太史令。

【译文】

高堂隆，字升平，泰山郡（东平阳县）人，任散骑常侍。青龙年间，明帝大修宫殿，还派人到长安去运回大钟，高堂隆上奏说：“从前周景王不效法文王、武王的美德，不遵守周公定下的神圣制度，既铸造大钱，又制作大钟。单穆公劝告他也不听，伶州鸠阻止，他也不从，终于迷而不返，周朝政治因此衰落。优秀的史官把这记载下来，作为永久的鉴戒。然而现今的小人，喜欢鼓吹秦、汉二朝的奢侈靡费以打动圣上之心，下令去运取那导致亡国、不合法度的大钟，劳民伤财，以至败坏仁德之政。这不是为了兴盛礼乐的和谐、保持神明的美善呀！”这一天，明帝驾临尚方署，高堂隆与卞兰陪从。明帝把高堂隆的表章交给卞兰，让他反驳高堂隆，卞兰说：“国家的兴衰取决于政令，音乐能起什么作用？教化不昌明，难道是钟的罪过吗？”高堂隆回答道：“礼义和音乐，是为政的根本。所以虞舜制定的音乐《箫韶》，在演奏了九遍后，凤凰就来应和而舞；祭祀天神的雷鼓，在节奏变化六次后，神灵就降临人间。政事因此而平和安定，刑罚因此而放置不用，这是和谐的最高境界。新的靡靡之音一演奏，商纣因此就走向灭亡；大钟铸成之后，周景王的统治就走向衰败。存亡变化的关键，总是由此发生。谁说国家的兴衰与此无关呢？君主的一举一动，史官都要记载下来，这是古来就有的规矩。做事情不遵守法度，怎样来昭示后人呢？”明帝认为他说得对，升任他为侍中，仍旧兼任太史令。

崇华殿灾，诏问隆：“此何咎？于礼宁有祈禳之义乎？”对曰：“夫灾变之发，皆所以明教戒也，惟率礼修德，可以胜之。《易传》曰：‘上不俭，下不节，孽火烧其室。’又曰：‘君高其台，天火为灾。’此人君苟饰宫室，不知百姓空竭，故天应之以旱，火从高殿起也。上天降鉴，故谴告陛下。陛下宜增崇人道，以答天意。”

陵霄阙始构，有鹊巢其上，帝以问隆，对曰：“《诗》云：‘惟鹊有巢，惟鸠居之。’今兴宫室，而鹊巢之，此宫室未成、身不得居之象也。夫天道无亲，唯与善人，不可不深虑。夏、商之季，皆继体也，不钦承上天之明命，惟谗谄是从，废德适欲，故其亡也忽焉。臣备腹心，苟可以繁祉圣躬，安存社稷，虽灭身破族，犹生之年也，岂惮忤逆之灾，而令陛下不闻至言乎？”于是帝改容动色。

【译文】

洛阳皇宫中崇华殿发生火灾，明帝问高堂隆：“这是什么性质的灾祸呢？从礼义上讲，应举行祭祀祈祷的仪式吗？”高堂隆回答说：“凡是灾害和反常现象的发生，都是上天用来表明教导和告诫的，只要遵循礼制、培养道德，就能够防止它。《易传》上说：‘在上的君主不俭朴，下面的臣民不节约，就会有灾祸之火烧毁房屋。’又说：‘君主高筑楼台，天火就会造成灾害。’这就是说君主如果只知道修饰宫殿，不知道老百姓已经贫穷至极，那么上天就会降下旱灾，并让高大的殿堂起火。上天现在降赐警诫，来谴责警告陛下，陛下应该加强对人民的爱护关怀，以回复上天的旨意啊。”明帝下令修陵霄阙，才开始建造，就有喜鹊在搭建的屋架上筑巢，明帝以此询问高堂隆，高堂隆回答说：“《诗经》里《鹊巢》一诗中说：‘喜鹊筑好了窝，那斑鸠却来侵占居住。’现今刚兴造宫室，就有喜鹊来筑窝，这是宫殿修不成和修成自己也住不上的征兆。（上天好像是说：宫殿在没有修成时，就会有异姓来控制一切。这是上天深刻的告诫啊。）上天对人没有亲疏之分，只是与善良的人同在，陛下不能不深思啊！夏朝、商朝的末代君主，都是继承先祖而登上君主之位，他们不敬承上天的明确旨意，只知道听从谄媚的谗言，败坏道德以适从私欲，所以他们的灭亡迅速得很。为臣作为陛下的心腹，只要能使皇上多福，使国家安然存在，哪怕是自己粉身碎骨、家族遭到破灭，也会像活着的时候一样，怎能害怕忤逆君主带来的灾祸，而使陛下听不到恳切的劝告呢？”明帝听后不禁改变了神色。

帝愈增崇宫殿，雕饰观阁，凿太行之石英，采谷城之文石，起景阳山于芳林之园，建昭阳殿于太极之北，铸作黄龙凤鸟奇伟之兽，饰陵云台、陵霄阙。百役繁兴，作者万数，公卿以下至于学生，莫不展力，帝乃躬自掘土以率之。而辽东不朝，悼皇后崩，天作淫雨，冀州水出，漂没民物。

【译文】

此后明帝却更加起劲地增建扩大宫殿，装饰楼台亭阁。从太行山开采好石料，从毂城运来具有美丽花纹的石头；在后宫芳林园中垒造景阳山，在太阳殿的北面新修昭阳殿；铸造金属的黄龙、凤凰等奇特雄伟的鸟兽，用来装饰陵云台、陵霄阙等。各种工程一齐上马，从事修建的民工数以万计，公卿百官以及太学的学生，全部要参加劳动，明帝甚至亲自带头去挖土。（与此同时）辽东的公孙渊对抗朝廷，毛皇后（被迫自杀）身亡，天降霪雨，冀州洪水泛滥，淹死冲走百姓及财物。

隆上疏切谏曰："昔在伊唐，洪水滔天。灾眚之甚，莫过于彼；力役之兴，莫久于此。尧、舜君臣，南面而已。禹敷九州，庶士庸勋，各有等差；君子小人，物有服章。今无若时之急，而使公卿大夫并与厮徒，共供事役，闻之四夷，非嘉声也；垂之竹帛，非令名也。是以古先哲王，畏上天之明命，矜矜业业，惟恐有违。灾异既发，惧而修政，未有不延期流祚者也。爰及末叶，暗君荒主，不崇先王之令轨，不纳正士之直言，以遂其情志，恬忽变戒，未有不至于颠覆者也。秦始皇不筑道德之基，而筑阿房之宫；不忧萧墙之变，而修长城之役。当其君臣为此计也，亦欲立万世之业，使子孙长有天下，岂意一朝匹夫大呼，而天下倾覆哉？故臣以为，使先代之君，知其所行必将至于败，则弗为之矣。是以亡国之主自谓不亡，然后至于亡；贤圣之君自谓将亡，然后至于不亡。昔汉文帝称为贤主，躬行约俭，惠下养民，而贾谊方之，以为天下倒县，可为痛哭者一，可为流涕者二，可为长叹息者三。

况今天下凋弊，民无儋石之储，国无终年之蓄，外有强敌，六军暴边，内兴土功，州郡骚动，若有寇警，则臣惧板筑之士，不能投命虏庭矣。又，将吏奉禄，稍见折减，方之于昔，五分居一。夫禄赐谷帛，人主之所以惠养吏民，而为之司命者也。若今有废，是夺其命。既得之，而又失之，此生怨之府也。今陛下所与共坐廊庙治天下者，非三司九列，则台阁近臣，皆腹心造膝，宜在无讳。若见丰省而不敢以告，从命奔走，唯恐不胜，是则具臣，非鲠辅也。昔李斯教秦二世曰：'为人主而不恣睢，命之曰天下桎梏。'二世用之，秦国以覆，斯亦灭族。是以史迁议其不正谏，而为世诫。"

【译文】

高堂隆上了一道奏疏恳切进谏说："从前在唐尧时候，曾经洪水滔天。灾害疾苦的严重，没有超过那一次的，而调动人力治水时间，也没有比这更久的。当时的唐尧、虞舜和朝中大臣，只是安坐朝堂而已。夏禹向全天下传布治水的有关政令，众多士民参加治水，其功劳各有大小，官员和百姓，众人都各有做事的规章。现今并没有那时的紧迫情况，却让公卿、大夫一起做服杂役者，共同听从役使。要是四方的少数民族听到了，那可不是什么好消息；要是记载在史书上流传后世，那更不是什么好名声。所以古代明智的帝王，畏惧上天明确的命令，兢兢业业，唯恐有所违背。一旦有灾害和反常的现象出现，立即产生恐惧而注意改进政事，这样做则没有不使国家寿命长久传续的。及至王朝的末期，昏庸荒淫的君主不重视先辈留下的好规矩，不接受正直大臣的忠言，由着自己的性子胡来，对异常变化和上天的告诫毫不在意，这样做则没有不走向国家覆亡的。从前秦始皇不构筑道德的基础，而去修造阿房宫；不担忧内部有变乱，而加强长城的修筑。当他们君臣研究此计划时，也是想建立万代永存的基业，使子孙长久享有天下呀，哪里会想到有一天一个平民男子（陈胜）一声高呼，天下就随之倾覆了呢？所以为臣认为，假如从前的君主知道他们的所作所为必将导致失败，就不会那样干了。因此，亡国的君主自以为不会灭亡，然后才导致灭亡；圣贤的君主自以为将会灭亡，然后才不会导致灭亡。从前汉文帝被称为贤明的君主，亲自实行节俭，施惠于下，养育百姓，而贾谊议论当时的形势，还认为天下处在危急之中，说是应当为之痛哭的问题有一个，应当为之流泪的问题有两个，应当为之长叹的问题有三个。何况现今天下穷困，老百姓连很少的粮食储备也没有，国家仓库的谷物还不够对付到年底。外有强敌，军队暴晒于边境，国内大兴土木，州郡人心骚动，一旦有强敌入侵的警报，为臣恐怕这些从事宫殿修筑的劳工是不会去从军效命的啊！另外，目前将领官员的俸禄逐渐被减少、折扣，与从前相比，实际上只领到五分之一。俸禄所发给的谷物布帛，是君主用来养活官员、维持他们生命的。如果像现在这样折扣减发，不是要夺走他们的生命吗？他们曾经得到的现在又失去了，这就是产生怨恨的根源。现今与陛下一起坐在朝廷治理天下的，不是三公九卿，就是尚书台官员和侍从官员，都是关系亲密的心腹，应属直言不讳之人。如果看到官员俸禄大减而不敢直言相告，只知道盲目听命、东奔西走，唯恐不称陛下心意，这只能叫做占位充数不起作用的臣僚，而不是耿直忠诚的辅政之臣。从前李斯教育秦二世说：'当了君主若不能放任自己、无拘无束，这等于是把天下变成自己的脚镣手铐。'秦二世听信了他的话，秦国因此灭亡，李斯的家族也被灭绝。因此司马迁评论李斯不能正言进谏，把这作为对世人的告诫。"

书奏，帝览焉，谓中书监、令曰："观隆此奏，使朕惧哉！"隆疾笃，口占上疏曰："臣常疾世主，莫不思绍尧、舜、汤、武之治，而蹈踵桀、纣、幽、厉之迹；莫不蚩笑季世惑乱亡国之主，而不登践虞、夏、殷、周之轨。悲夫！寻观三代之有天下，圣贤相承，历载数百，尺土莫非其有，一民莫非其臣。癸、辛之徒，恃其旅力，知足以拒谏，才足以饰非，谄谀是尚，台观是崇，淫乐是好，倡优是悦，上天不蠲，眷然回顾，宗国为墟。天子之尊，汤、武有之，岂伊异人，皆明王之胄也。且当六国之时，天下殷炽，秦既兼之，不修圣道，乃构阿房之宫，筑长城之守，矜夸中国，威服百蛮，天下震竦，道路以目。自谓本枝百世，永垂洪晖，岂悟二世而灭，社稷崩圮哉？臣观黄初之际，异类之鸟，育长燕巢，口爪胸赤，此魏室之大异也。宜防鹰扬之臣于萧墙之内，可选诸王，使君国典兵，往往棋跱，镇抚皇畿，翼亮帝室。昔周之东迁，晋郑是依，汉吕之乱，实赖朱虚，盖前代之明鉴也。夫皇天无亲，唯德是辅。民咏德政，则延期过历；下有怨叹，则掇录授能。由此观之，则天下之天下也，非独陛下之天下也（旧无非独至下也八字，补之）。臣百疾所钟，气力稍微，辄自舆出还舍，若遂沉沦，魂而有知，结草以报。”

【译文】

高堂隆的奏疏呈了上去，明帝看了之后，对中书监、中书令两位官员说：“看了高堂隆这封奏疏，使朕感到恐惧啊！”之后，高堂隆病情严重，便在病床上口述（由别人记录），上了一道奏疏：“为臣经常痛恨世间的一些君主，心里都想有唐尧、虞舜、商汤、周武王的清明政治，但实际上却重蹈夏桀、商纣、周幽王、周厉王的道路；口头上都耻笑末代迷乱亡国之君，但却不遵循唐尧、虞舜、商汤、周武王的路线。真是可悲呀！回过头来看夏、商、周三代统治天下，圣贤相继承袭，每个王朝都历时数百年，每一寸土地都归他们所有，每一个百姓都是他们的臣民。夏桀、商纣之流，仗恃自己的力量，其智慧足以拒绝别人的规劝，才能足以掩饰自己的过错，他们喜欢阿谀奉承，崇尚楼台亭观，喜好淫荡取乐，宠爱乐舞艺人。上天没有免除其罪过，等他们眷恋地回眸一看，宗庙国家已变成废墟。天子的尊贵，商汤、周武王皆拥有，难道说夏桀、商纣不是王族之人吗？他们可都是圣明君主的后代啊！再看战国时期，天下富足强盛，秦朝兼并天下之后，不研求圣人之道，却修阿房宫、兴建长城来守边，以中原王朝自夸，企图威慑周边的少数民族。天下人民内心震恐，在路上碰见了也只能以目光示意。秦始皇自以为会像树干上不断生枝一样百代相传，永远留下光辉，哪里会想到第二代就灭亡、秦朝从此崩溃啊！为臣看到（先皇帝在世时的）黄初年间，（上天就开始显示告诫），有一只与燕子不同类的鸟，生长在燕子的巢里，喙和爪都是红色。这可是魏朝的大灾异啊！应防备位高权重、逞威于朝的大臣内部生变，可以选择一些宗室亲王，让他们有统治封国的实权并掌管本地军队，像棋子一样处处发布，以镇慑、安抚京城地区，辅佐皇室。从前周朝东迁，依赖的是晋、郑二国；汉朝平定吕氏之乱，也凭借了朱虚侯刘章。这都是前朝明白的鉴戒。上天不会总是亲近谁，只帮助那些有德的君主。老百姓对德政加以歌咏，上天就让王朝的寿命超过预定期限；如果下面怨声载道，上天就会中止王朝的历史记录而把天下改授给其他贤能的人。由此看来，天下是全天下人的天下，不是陛下您一个人的天下啊！为臣百病缠身，气息和力量都逐渐衰微，便自行乘轿离开府衔，回到住宅，假如就此死亡且魂灵有知，也要在冥冥中报答陛下的大恩大德。”

田豫，字国让，渔阳人也。为护乌丸校尉。〔《魏略》曰：“鲜卑、素利等，数来客见，多以牛马遗豫，豫转送官。胡乃密怀金三十斤，谓豫曰：‘我见公贫，故前后遗公牛马，公辄送官，今密以此上公，可以为家资。’豫张袖受之，答其厚意。胡去之后，皆悉付外。于是诏褒之曰：‘昔魏绛开怀以纳戎，今卿举袖以受狄金，朕甚嘉焉。’乃赐青缣五百匹也。”〕

【译文】

田豫，字国让，渔阳郡雍奴县人。任护乌丸校尉。(《魏略》说：鲜卑、素利等少数民族，多次派人来拜见田豫，多次赠送给田豫牛马，田豫事后将这些又转送到官府。胡人的使者秘密携带了黄金三十斤，对田豫说：“我看你贫穷，所以前后多次送牛马给您，您却都缴公了。今天秘密地送给您这些金子，您可以把它当作家资。”田豫张开袍袖收下了这些金子，并答谢使者的厚意。胡人的客使走后，田豫又把这些金子都缴公了。于是皇帝下诏表彰他说：“从前魏绛敞开胸怀与戎人和睦相处，现在你张开袍袖接受胡人送上的金子，我特别嘉奖你。”并赐给田豫青丝五百匹。)

徐邈，字景山，燕国人也。为凉州刺史。西域流通，荒戎入贡，皆邈勋也。赏赐皆散与将士，无入家者，妻子衣食不充。天子闻而嘉之，随时供给其家。弹邪绳枉，州界肃清。嘉平六年，朝廷追思清节之士，诏曰：“夫显贤表德，圣王所重；举善而教，仲尼所美。故司空徐邈、征东将军胡质、卫尉田豫，皆服职前朝，历事四世，出统戎马，入赞庶政，忠清在公，忧国忘私，不营产业，身没之后，家无余财，朕甚嘉之。其赐邈等家，谷二千斛，钱三十万，布告天下。”

【译文】

徐邈，字景山，燕国（蓟县）人。任凉州刺史。与西域增加交往，远方少数民族前来进贡，这些都是徐邈的功绩。凡是朝廷给他的赏赐，他都分给将士，从不拿回家，而自己的妻子儿女却常常衣食不足。皇帝听说后很是赞许，便随时供给他家衣食物资。他惩治邪恶，纠正冤枉，州内秩序井然。嘉平六年，朝廷追怀清高有节操的官员，下诏说：“表扬贤德的人，是圣明帝王重视的事情；推举善人以教育大家，也是孔子所赞美的。已故的司空徐邈、征东将军胡质、卫尉田豫，都曾在前朝任职，侍奉我曹魏四代君主，出外则统领军队，入朝则辅佐政事，忠清为公，忧国忘私，不置家产，身死之后，家里没有多余的财物，朕特别赞赏他们，现赐给徐邈等人的家属粮食二千斛、钱三十万，特此公告天下。”

王昶，字文舒，太原人也。迁兖州刺史。为兄子及子作名字，皆依谦实，以见其意。故兄子默字处静，沈字处道；其子浑字玄冲，深字道冲。遂书戒之曰：“夫人为子之道，莫大于宝身全行，以显父母。此三者，人知其善，而或危身破家、陷于灭亡之祸者，何也？由所祖习非其道也。夫孝敬仁义，百行之首，而立身之本也。孝敬则宗族安之，仁义则乡党重之，此行成于内、名著于外者矣。若不笃于至行，而背本逐末，以陷浮华焉，以成朋党焉。浮华则有虚伪之累，朋党则有彼此之患。此二者之戒，昭然著明，而循覆车滋众，逐末弥甚，皆由惑当时之誉，昧目前之利故也。

夫富贵声名，人情所乐，而君子或得而不处，何也？恶不由其道耳。患人知进而不知退，知欲而不知足，故有困辱之累、悔吝之咎。语曰：‘不知足则失所欲。’故知足之足，常足矣。览往事之成败，察将来之吉凶，未有干名要利，欲而不厌，而能保世持家、永全福禄者也。欲使汝曹立身行己，遵儒者之教，履道家之言，故以玄默冲虚为名，欲使汝曹顾名思义，不敢违越也。古者盘杅有铭，几杖有诫，俯仰察焉，用无过行，况在己名，可不戒之哉！夫物速成则疾亡，晚就则善终。朝华之草，夕而零落。松柏之茂，隆寒不衰。是以大雅君子，恶速成、戒阙党也。若范匄对秦客，至武子击之，折其委笄，恶其掩人也。夫人有善鲜不自伐，有能者寡不自矜。伐则掩人，矜则陵人。掩人者人亦掩之，陵人者人亦陵之。故三郤为戮于晋，王叔负罪于周，不唯矜善自伐好争之咎乎？故君子不自称，非以让人，恶其盖人也。夫能屈以为伸，让以为得，弱以为强．鲜不遂矣。夫毁誉，爱恶之原，而祸福之机也，是以圣人慎之。孔子曰：‘吾之于人，谁毁谁誉？如有所誉，必有所试。’以圣人之德，犹尚如此，况庸庸之徒而轻毁誉哉？昔伏波将军马援戒其兄子，言：‘闻人之恶，当如闻父母之名。耳可得闻，口不可得道也。’斯戒至矣。人或毁己，当退而求之于身。若己有可毁之行，则彼言当矣。若己无可毁之行，则彼言妄矣。当则无怨于彼，妄则无害于身，又何反报焉？且闻人毁己而忿者，恶丑声之加人也，人报者滋甚，不如默而自修也。谚曰：‘救寒莫如重裘，止谤莫如自修。’斯言信矣。若与是非之士、凶险之人，近犹不可，况与对校乎？其害深矣。可不慎与！吾与时人从事，虽出处不同，然各有所取。颍川郭伯益，好尚通达，敏而有知。其为人弘旷不足，轻贵有余。得其人，重之如山；不得其人，急之如草。吾以所知，亲之昵之，不愿儿子为之。北海徐伟长，不治名高，不求苟得，澹然自守，唯道是务。其有所是非，则托古人以见其意，当时无所褒贬。吾敬之重之，愿儿子师之。

乐安任昭先，淳粹履道，内敏外恕，处不避洿，怯而义勇。吾友之善之，愿儿子遵之。若引而申之，触类而长之，汝其庶几举一隅耳。及其用财先九族，其施舍务周急，其出入存故老，其议论贵无贬，其进仕尚忠节，其取人务道实，其处世戒骄淫，其贫贱慎无戚，其进退念合宜，其行事加九思，如此而已，吾复何忧哉?”

【译文】

王昶，字文舒，太原郡（晋阳县）人。后升任兖州刺史。他为哥哥的儿子和自己的儿子取名时，都依照谦虚和诚实的意愿来体现自己的志趣。所以他哥哥的儿子，一个叫王默，字处静；一个叫王沈，字处道。他自己的儿子，一个叫王浑，字玄冲；一个叫王深，字道冲。他又告诫他们说：“为子之道，最重要的事情是珍爱自己的身体，保全良好的品行，并以此来显扬父母。这三件事，人人都知道很好，可还是有人身危家破，陷入灭亡的灾祸之中，这是为什么呢?这是因为他们开始所学习的就不是正道。孝敬、仁义，是各种品行当中最重要的，也是立身的根本。讲孝敬，则家族内部才会安定；讲仁义，则会受到乡亲们的尊重。这就是说好品行形成于自身，名声就会显扬于社会了。人如果不坚定地培养好品德，而舍本逐末，就会陷入华而不实，就有可能结成帮派。华而不实就会有虚伪的毛病，结成帮派则会有彼此牵累的祸患。这两方面的鉴戒，可以说是非常显明，但是仍然有很多人重蹈覆辙，舍本逐末的现象更为严重。这都是迷惑于一时的虚名、贪图于眼前小利的缘故。富贵和声名，从感情上说是人人都喜欢的，但是君子有时候能得到却不愿要，这是为什么呢?是因为他们厌恶不由正道而得来的名利。人生值得担忧的事是只知进而不知退，只知想要而不知满足，所以才会有遭受困辱的忧患，才会有令人悔恨的过错。常言道：‘如果不知足，就会丧失其所需要的。’所以知足的富足是长久的富足。观察往事的成败，看清将来的吉凶，（就会明白）追名逐利、贪得无厌的人，没有能保持家族不衰而长久享有福禄的。我是希望你们立身处世，要遵从儒家教诲，奉行道家所言，所以用深沉静默、谦和淡泊之意来给你们起名字，想使你们顾名思义，不敢违背逾越圣人之教。在古代，盘盂上铸有铭文，几杖上刻有告诫，为的是低头抬头都能看见，使自己不会有越轨行为，更何况这些警言就在自己的名字中，能不随时戒备吗？大凡事物成长得快则衰亡也快，成就得慢则会善终。早晨开花的草，到晚上就会凋谢，而松柏的茂盛，在严冬也不会枯萎。所以道德很高尚的君子（孔子）不喜欢速成，戒忌阙党童子般的轻狂。从前晋国的范匄在秦国客人面前显示才能，以至于被他的祖父武子打了一顿，还把他的发簪折断，就是因为范武子不喜欢他盖过别人。人有优点很少有不自夸的，有点能耐很少有不自傲的。自夸就会遮盖别人，自傲就会盛气凌人。遮盖别人的人，别人也会遮盖他；盛气凌人的人，别人也会欺侮他。所以晋国的郤锜、郤佳、郤至三人，被自己欺侮的人所杀；王叔（与人争权夺利）最后成为周朝的罪人。这不正是自夸自傲、喜欢争名夺利带来的灾祸吗？所以，君子不自夸其能，不是为了表示谦让，而是不喜欢遮盖别人。人如果能够以屈为伸、以让为得、以弱为强，就很少会不顺遂。诋毁和赞誉，是产生爱和恨的根源，也是决定祸与福的关键，所以圣人对此特别谨慎。孔子曾说：‘我对他人，诽谤过谁呢？赞誉过谁呢？如对某人有所赞誉，必经试验。验知其人有所赞誉的事实，这才称赞他。’像孔子这样有德的圣人，还如此谨慎，平庸之辈又怎么能随意诋毁或赞誉别人呢？从前伏波将军马援告诫他的侄儿说：‘听到别人的坏处应当像听到自己父母的名声一样，耳朵可以听，嘴巴却不能说出去’。这个告诫真是至理名言。别人如果诋毁自己，应当退一步反省自己。如果自己确有可被别人诋毁的行为，那么，别人的诋毁就是恰当的了；如果自己没有什么可被诋毁的行为，那么别人的话就是荒谬的。如果所言恰当，就不能埋怨别人。如果所言荒谬，对自己也没有什么危害，何必反转去报复呢？再说，听见别人诋毁自己便发怒，是憎恶别人败坏自己的名声，与其让人家更起劲地诋毁你，还不如默默地去修养自身。谚语说：‘要驱除严寒，没有比套上皮衣更好的办法；要制止别人的诽谤，没有比加强自身修养更好的办法。’这话确实很对。如果碰上喜欢搬弄是非的人，特别是那些凶狠险毒的人，距离他们近点都不可以，更何况与他们面对面地争论是非曲直呢？这样做的祸害大得很啊，能不慎重吗？我和世人交往共事，虽然有的出仕、有的隐退，情况各有不同，但各有其长处可取。如颖川郡的郭伯益，处人喜好通达，聪敏而有智慧。可是他的为人，宽弘开朗不足，鄙薄与敬重有些过分。碰到中意之人，他敬重如山；碰到不中意的人，他轻视如同草芥。我因为和他相知，所以关系密切，但不希望儿子们仿效他。北海的徐伟长，不追求显赫的名声，不谋求不正当的获取，坚持淡泊处世，一心研习道义。他要是有所赞扬与批评，就凭借古人（言行）来表达自己的意见，从不直接对人进行褒贬。我很敬重他，希望你们向他学习。乐安国的任昭先，为人纯朴敦厚，做事遵循道义，内心聪敏而对人宽和，处世不避艰苦的环境，看似胆小却能见义勇为。我和他友好亲善，希望儿子们以他为榜样。如果你们对我讲的道理能加以引申，触类旁通，你们大概就能举一反三了。（具体说来）就是在使用钱财时首先应考虑家族其他成员，施舍时要注意周济那些急需的人，出门回乡要思念看望老年长辈，议论时注意不要贬低别人，做官要崇尚尽忠尽节，衡量人定要看其政治主张和实际表现，处世要戒骄戒淫，贫贱时切勿忧愁，进与退要想到是否合宜，做事之前要反复思考，如此而已。（你们如果这样做了，）我还有什么忧虑的呢？”

钟会，字士季，颍川人也。司马文王欲图蜀，以会为镇西将军，从骆谷入。姜维等悉降会。诏以会为司徒。会内有异志，因邓艾承制专事，密白艾有反状〔《世语》曰：“会善效人书，于剑阁要艾章表白事，皆易其言，令辞指悖傲，多自矜伐也。”〕，于是槛车征艾。艾既禽，而会独统大众，威震西土。自谓功名盖世，不可复为人下，遂谋反，诸军兵杀会。〔《汉晋春秋》曰：“文王闻钟会功曹向雄之收葬会也，召而责之曰：‘往王经之死，卿哭于东市而我不问也，今钟会躬为叛逆而又辄收葬，若复相容，其如王法何！’雄曰：‘昔先王掩骸埋胔，仁流朽骨，当时岂先卜其功罪而后收葬哉？今王诛既加，于法已备，雄感义收葬，教亦无阙。法立于上，教弘于下，以此训物，雄曰可矣！何必使雄背死违生，以立于时。殿下雠对枯骨，捐之中野，百岁之后，为臧获所笑，岂仁贤所掩哉？’王悦之，与宴谈而遣之。习凿齿曰：‘向伯茂可谓勇于蹈义也。哭王经而哀感市人，葬钟会而义动明主，彼皆忠烈奋劲，知死而往，非存生也。’寻其奉死之心，可以见事生之情，览其忠贞之节，足以愧背义

之士矣。王加礼而遣，可谓明达矣。”〕

【译文】

钟会，字士季，颍川郡（长社县）人。司马昭想大举出兵伐蜀，任命钟会为镇西将军，从骆谷入蜀国辖境。姜维等人向钟会投降。朝廷下诏提升钟会为司徒。钟会怀有（割据反叛的）野心，他借邓艾以皇帝名义擅自行事之机，秘密告发邓艾有造反迹象。（《世说新语》说：钟会善于模仿别人的笔迹，在剑阁时，钟会索要了邓艾表奏军事的奏章，把邓艾的话都改了，使表奏的言辞十分傲慢，多处吹嘘自己。）于是朝廷下令用囚车押送邓艾回京城。邓艾被擒，钟会独自统率全军，威震蜀国故地。他自以为功名盖世，不能再屈居人下，所以密谋反叛。后诸军兵杀死了钟会。（《汉晋春秋》说：司马文王听说钟会的部下向雄收葬了钟会的尸体，召见他并责备他说：“以前王经死了，你在东市为他哭泣，我没有治问你的罪。钟会是个逆贼，如今你又收葬了他的尸体，倘若我还容忍你的话，我怎么向王法交待呢？”向雄说：“从前先王埋葬遗骸死尸，仁爱施及阴间的死人，当时先王难道先考虑他们的功过，然后再收葬吗？如今根据法律已杀了钟会，对于法律来说已经完备，向雄感念义气，收葬他的尸体，对于教化也没有什么损害。法律在上建立，教化向下弘扬，用这个来训导万物，向雄认为可以。何必让向雄违背死生的道义，而立身在世上呢？陛下对死人的骸骨也有仇恨，把它扔到郊野中，百年之后，就会被奴婢所取笑，这是陛下的仁爱贤明所无法掩盖的。”司马文王听后很高兴，设宴和向雄边吃边谈，然后送他回家。习凿齿说：“向雄可以说敢于践义气。哭悼王经，哀痛感动市人，埋葬钟会尸体，而义气打动圣明的君主，向雄真是忠诚壮烈、奋勇遒劲，即使知道去死也要前往，不顾自己生命的存亡。由向雄为朋友而勇于赴死的精神，可以想见在生之年待友的情感，看出其忠贞的节操，足以使背信弃义之人惭愧无比。而司马文王以礼相待，然后送他回去，可以说十分明智通达！”）

（吕效祖　张爱玲译）

## 卷二十七

# 蜀志治要

刘璋，字季玉，江夏人也。为益州刺史。闻曹公征荆州，遣别驾张松诣曹公。曹公时已定荆州，走先主，不复存录松，松劝璋自绝。〔《汉晋春秋》曰："张松见曹公，曹公方自矜伐，不存录松。松归，乃劝璋自绝。习凿齿曰：'昔齐桓一矜其功而叛者九国，曹操暂自骄伐而天下三分，皆勤之于数十年之内而弃之于俯仰之顷，岂不惜乎！是以君子劳谦日昃，虑以下人，功高而居之以让，势尊而守之以卑。情近于物，故虽贵而人不厌其重；德洽群生，故业广而天下愈欣其庆。夫然，故能有其富贵，保其功业，隆显当时，传福百世，何骄矜之有哉！君子是以知曹操之不能遂兼天下者也。'"〕

【译文】

刘璋，字季玉，江夏人，任益州刺史。他听说曹操出兵征讨荆州，派别驾从事张松前去拜见曹操。曹操当时已经平定荆州，赶走先主刘备，所以对张松既未慰劳也不任用。（张松回到益州之后）劝刘璋与曹操断绝关系。（《汉晋春秋》说：张松拜见曹操，曹操正自夸赞自己的才能和功绩，不慰劳和看重张松。张松回到刘璋那里，就劝说刘璋同曹操断绝交往。习凿齿评论说："从前齐桓公刚一自夸功绩，九个诸侯国就背叛他；曹操刚自夸耀才能，天下便分成三份。这两个人都是在几十年之内勤苦劳累，却在转眼之间放弃了努力，难道不是非常可惜的吗？因此，君子每天操劳到日落，还想着屈己尊人，功绩高远而自己却非常逊让，位势尊贵而自己却非常谦卑。情义接近万物，所以君子虽然尊贵而人们不厌烦他的势重；仁德滋润众生，所以业绩广博而天下更为他庆幸欢欣。只有这样，才能保持他的富贵、维持他的功业。权重一时，福传百世，有什么值得自夸、自傲的呢？君子从这里就可以察知曹操不能统一天下的原因了。”）

先主姓刘，讳备，字玄德，涿郡人也。少语言，善下人，喜怒不形于色。为豫州牧。叛曹公，刘表郊迎，以上宾礼待之，益其兵，使屯新野。曹公南征表，会表卒，子琮请降。先主遂将其众去，与曹公战于赤壁，大破之。益州牧刘璋降。先主领益州牧，诸葛亮为股肱，法正为谋主，关羽、张飞、马超为爪牙，许靖、糜竺、简雍为宾友。及董和、黄权、李严等，本璋之所授用也；吴壹、费观等，又璋之婚亲也；刘巴者，宿昔之所忌恨也。皆处之显任，尽其器能。有志之士，无不竞劝。魏文帝称尊号，传闻汉帝见害，先主乃发丧制服，即皇帝位于成都。章武三年，病笃，托孤于丞相亮，殂于永安宫〔《诸葛亮集》载先主遗诏敕后主曰：“朕疾殆不自济。人年五十不称夭，年已六十有余，何所复恨，不复自伤也。更以卿兄弟为念，勉之！勿以恶小而为之，勿以善小而不为。唯贤唯德，能服于人。汝父薄德，勿效之。吾终亡之后，汝兄弟父事丞相也。”〕。评曰：先主之弘毅宽厚，知人待士，盖有高祖之风，英雄之器焉。及其举国托孤于诸葛亮，而心神无二，诚君臣之至公、古今之盛轨也。

【译文】

先主姓刘，名备，字玄德，涿郡（涿县）人。他平常少言寡语，善于礼贤下士，喜怒不显现于容色。他任豫州牧时，背叛了曹操，和刘表取得联络。刘表亲自出城去迎接他，以上宾的礼节相待，又给他补充兵力，让他驻扎在新野。曹操南下荆州征伐刘表，恰逢刘表病死，儿子刘琮请求投降曹操。先主于是带领自己的人马离去。（后与东吴联合）在赤壁迎战曹操，大破曹军。再后来，益州牧刘璋投降，先主刘备任益州牧，以诸葛亮为辅佐，法正为首席谋士，关羽、张飞、马超为武将，许靖、麋竺、简雍为宾客朋友。另外，董和、黄权、李严等人，本是刘璋任用的部属，吴壹、费观则是刘璋的姻亲，刘巴更是先主过去一直忌恨的人。刘备全都把他们安置在显要的职位上，让他们充分发挥自己的才能。于是，有志之士无不竞相勉励。魏文帝曹丕称帝时，传闻汉朝皇帝已被杀害，先主刘备于是发布讣告，制作丧服，在成都即位称帝。章武三年，刘备病重，把儿子托付给丞相诸葛亮，在永安县的行宫去世。(《诸葛亮集》记载先主遗诏告诫后主说："朕的病恐怕已经无法治愈了。人过了五十岁死去，就不能算是夭折，朕已经有六十多了，还有什么可遗憾的？没有什么可感到悲伤的，只是挂念你们兄弟几个放心不下，你们要好好努力！不要因为恶事很小就去做，不要因为善事很小就不去做。只有贤能和仁德，才能使别人服从你。你的父亲德行少，你不要学我的样子。我死以后，你们兄弟要像侍奉父亲一样侍奉丞相。")有评论说：先主刘备刚强坚毅，为人宽厚，能辨识人才，善待官兵，有汉高祖的风范和英雄的气度。及至他把整个国家和儿子托付给诸葛亮，内心没有丝毫怀疑，确实是君臣关系中最坦诚公正者，是古往今来的美好典范啊！

诸葛亮，字孔明，琅邪人也。每自比于管仲、乐毅，时人莫之许也。唯博陵崔州平、颍川徐庶元直与亮友善，谓为信然。时先主屯新野。徐庶见先主，先主器之，谓先主曰："诸葛孔明者，卧龙也，将军岂愿见之乎？"先主遂诣亮，凡三，于是与亮情好日密。关羽、张飞等不悦，先主解之曰："孤之有孔明，犹鱼之有水也，愿诸君勿复言。"羽、飞乃止。成都平，以亮为军师将军。先主外出，亮常镇守成都，足食足兵。先主即帝位，策亮为丞相，录尚书事。先主病笃，召亮，属以后事，谓亮曰："君才十倍曹丕，必能安国，终定大事。若嗣子可辅，辅之。如其不才，君可自取。"亮涕泣曰："臣敢竭股肱之力，效忠贞之节，继之以死！"先主又为诏敕后主曰："汝与丞相从事，事之如父。"

【译文】

诸葛亮，字孔明，琅邪郡（阳都县）人。他常常把自己比作管仲、乐毅，当时的人并不赞许，只有博望郡人崔州平、颍川人徐庶（字元直）与他友好亲近，认为确实是这样。当先主刘备驻扎在新野县时，徐庶来见先主，先主很器重他。徐庶对先主说："诸葛孔明，好比是一条伏卧未飞的龙，将军难道不想见他吗？"于是先主便去拜访诸葛亮，一连去了三次（才得以见面），于是与诸葛亮的友好情谊日益加深。关羽、张飞等人为此不太高兴，先主开解他们说："我有了孔明，就像鱼有了水一样，希望诸位不要再说什么了。"关羽、张飞这才不再说什么了。成都平定后，先主委任诸葛亮为军师将军，先主外出时，经常由诸葛亮镇守成都，充分保证了前方的军粮供应和兵力补充。先主即帝位后，策封诸葛亮为丞相，并主管尚书台的公务。先主病重，从成都召来诸葛亮，把后事托付给他，对他说："你的才能比曹丕强十倍，必定能安定国家，最终完成大业。如果我的儿子刘禅可以辅佐，你就辅佐他。如果他不成器，你可以自己取而代之。"诸葛亮流着眼泪回答说："我将竭尽辅佐大臣之力，用忠贞的节操来报效（新帝），直到献出我的生命！"先主又下达诏书训示后主说："你与丞相今后相处，要把他当作父亲对待。"

建兴十二年，亮悉大众由斜谷出，以流马运，据武功五丈原，与司马宣王对于渭南。分兵屯田，耕者杂于渭滨居民之间，而百姓安堵，军无私焉。相持百余日，亮病，卒于军。初，亮自表后主曰："成都有桑八百株、薄田十五顷，子弟衣食，自有余饶。至于臣，在外任，无别调度随身，衣食悉仰于官。若死之日，不使内有余帛，外有嬴财，以负陛下。"及卒，如其所言。〔《汉晋春秋》曰："樊建为给事中，晋武帝问诸葛亮之治国（旧无国字，补之），建对曰：'闻恶必改，而不矜过；赏罚之信，足感神明。'帝曰：'善哉！使我得此人以自补，岂有今日之劳乎！'建稽首曰：'臣窃闻天下之论，皆谓邓艾见枉，陛下知而不理，此岂冯唐所谓"虽得颇、牧而不能用"者乎！'帝笑曰：'吾乃欲明之，卿言起我意。'于是发诏理艾焉。"〕

【译文】

建兴十二年，诸葛亮出动全军从斜口出汉中（伐魏），以流马做运输工具，占据武功西边的五丈原，与魏的主帅司马懿在渭水南岸对峙。诸葛亮分出兵力在当地实行屯田，从事耕种的将士夹杂在渭水岸边居住的农民中间，老百姓安居无扰，军队没有私下抢掠现象。双方相持一百多天，诸葛亮患病，死在军中。当初，诸葛亮自己曾向后主刘禅上表说："为臣在成都有桑树八百株、瘠薄的田地十五顷，家中子弟的衣食，已经有富余。至于我，常在外面任职，随身没有其他征调的财物，衣食都依靠公家供给。如果为臣有一天死去，将不让家中有多余的布帛、家外有多余的财产，以致辜负陛下（的厚望）。"到诸葛亮死时，一切都像他所说的那样。（《汉晋春秋》说：樊建为给事中，晋武帝向他询问诸葛亮治理国家的方法，樊建回答说："听到不好的必定改正，而不纵容过错；奖赏惩罚严而有信，足以使神明感动。"晋武帝说："真好啊！让我得到这个人辅佐，哪里会有今天的辛劳呢？"樊建叩头行礼说："臣私下听到天下人议论，都说邓艾受冤枉，陛下您知道了却不理会，这难道不是冯唐所说的'即使得到了像廉颇、李牧那样的将领，也不能任用他'吗？"晋武帝笑着说："我正想为他辨明，你的话触动了我的心事。"于是下诏处理邓艾的事。）

评曰：诸葛亮之为相国也，抚百姓，示义轨，约官职，从权制，开诚心，布公道。尽忠益时者虽仇必赏，犯法怠慢者虽亲必罚。服罪输情者虽重必释，游辞巧饰者虽轻必戮。善无微而不赏，恶无纤而不贬。庶事精练，物理其本，循名责实，虚伪不齿。终于邦域之内，咸畏而爱之，刑政虽峻而无怨者，以其用心平而劝戒明也。可谓识治之良才，管、萧之亚匹矣。

【译文】

评论说：诸葛亮担任蜀国丞相，安抚百姓，明示应遵守的法规制度，精简官职，采取应时而变的制度，启发人们的诚心，实施公道。竭尽忠心对社会做出贡献者，即使是仇人也必定奖赏；触犯法律做事懈怠者，即使是亲近的人也必定惩罚。承认罪过并交待出真实情况者，即使罪过严重也必定释放；对用花言巧语掩饰罪过的，即使罪过较轻也必定处死。好人好事哪怕再小也要表彰，坏人坏事哪怕再小也要斥责。精通熟习各项政事，对事物从根本上加以治理，要求实际与名分相符合，不允许弄虚作假。最终，在蜀国的辖境之内，人们都敬畏他而又热爱他，刑律和政令虽然严厉而人无怨言，其根本原因就在于他用心公平，且勉励告诫十分明确。他真可以说是懂得治理国家的优秀人才，能与管仲、萧何相媲美。

关羽，字云长，河东人也。先主合徒众，羽与张飞为之御侮。先主与二人寝则同床，恩若兄弟。而稠人广坐，侍立终日，随先主周旋，不避艰险。先主使羽守下邳，曹公东征，擒羽以归，拜为偏将军，礼之甚厚。袁绍遣大将军颜良攻东郡太守刘延于白马，曹公使张辽及羽为先锋击之。羽望见良麾盖，策马刺良于万众之中，斩其首还，绍诸将莫能当者，遂解白马围。曹公表封羽为汉寿亭侯。初，曹公壮羽为人，而察其心神无久留之意，谓张辽曰："卿试以情问之。"既而辽以问羽，羽叹曰："吾极知曹公待我厚，然吾受刘将军恩，誓以共死，不可背之。吾终不留，吾要当立效以报曹公，而后乃归。"辽以羽言报曹公，曹公义之。及羽杀颜良，曹公知其必去也，重加赏赐。羽尽封所赐，而奔先主。左右欲追之，曹公曰："彼各为其主，勿追之。"

【译文】

关羽，字云长，本字长生，河东郡（角羊县）人。先主刘备在家乡招聚人马，关羽和张飞（一同赶去）帮先主免受欺侮。先主与二人同床睡眠，情谊如同亲兄弟。在大庭广众面前，二人在先主身旁整天侍从站立，追随先主应对各种危机，不畏艰难险阻。先主（袭杀徐州刺史车胄后）派关羽镇守下邳县城。曹操东征徐州，生擒关羽后返回，任命关羽为偏将军，给以优厚礼遇。袁绍派大将颜良到白马去进攻东郡太守刘延时，曹操让张辽和关羽为先锋迎击。关羽远远望见颜良的旗帜和伞盖，扬鞭催马冲进万军之中，刺死颜良，并砍其头颅后拨马返回，袁绍手下众将没有人能抵挡他，从而解了白马城之围。曹操上表朝廷封关羽为汉寿亭侯。开始时，曹操赞许关羽的为人，而仔细观察他的心思却没有长久留下来的意思，就对张辽说："你试用你们之间的交情去探问。"于是张辽来问关羽，关羽长叹一声说："我非常清楚曹公对我很看重，但我已受了刘玄德将军的大恩，发誓与他共死，我不能违背誓言。我终久不会在这里久留，但是我一定要立功报效曹公之后才离去。"张辽把他的话转告曹操，曹操很赞赏他的义气。到了关羽杀了颜良后，曹操知道他必定会离去，重重给予赏赐。关羽把这些赏赐品全部封存留下，然后去追寻先主刘备。曹操的左右想去追击，曹操却说："他也是各为其主，就不要去追了。"

张飞，字益（益应为翼）德，涿郡人也。先主攻刘璋，飞分定郡县。至江州，破璋将严颜，生获颜。飞呵颜曰："大军至，何以不降而敢拒战？"颜答曰："卿等无状，侵夺我州，我州但有断头将军，无有降将军也。"飞怒，令左右牵去斫头，颜颜色不变，曰："斫头便斫头，何为怒耶！"飞壮而释之，引为宾客。章武元年，迁车骑将军。飞雄壮威猛，亚于关羽。魏谋臣程昱等咸称羽、飞万人之敌也。羽善待卒伍而骄于士大夫，飞爱敬君子而不恤小人。先主常戒之曰："卿刑杀既过差，又日鞭挝健儿，而令在左右，此取祸之道也。"飞犹不悛。先主伐吴，飞当率兵万人，自阆中会江州。临发，其帐下将张达、范强杀飞。

【译文】

张飞，字翼德，涿郡人。先主进攻刘璋，张飞分工平定沿途郡县，到达江州后，打败刘璋的巴郡太守严颜，将其生擒活捉。张飞呵斥严颜说："大军到达城下，怎敢不投降而反抗？"严颜回答说："你无理侵我益州，我们益州只有断头的将军，没有投降的将军！"张飞大怒，命左右把严颜拉出去砍头。严颜神色不变，喊道："砍头就砍头，发那么大的火干什么！"张飞觉得严颜是位壮士，下令释放他，征引他为门客。章武元年，张飞升任车骑将军。张飞的雄壮威猛，仅次于关羽。曹魏的谋臣程昱等人都说关羽、张飞有万夫不当之勇。关羽对待士兵很好而傲视官员，张飞则爱护尊敬有德之人而不怜悯下层士卒。先主常常告诫他说："你的惩罚杀戮既过度，又经常鞭打勇健的随从，却让他们在左右服侍你，这可是招来灾祸的做法啊。"张飞还是不改。先主出兵伐吴，张飞受命统领一万人马，从阆中出发去江州与先主会合，临出发前，被其帐下随从部将张达、范强所杀。

庞统，字士元，襄阳人也。郡命为功曹，性好人伦，勤于长养。每所称述，多过其才。时人怪问之，统答曰："当今天下大乱，雅道陵迟，善人少而恶人多。方欲兴风俗、长道业，不美其谈，即声名不足慕企，不足慕企而为善者少矣。今拔十失五，犹得其半，而可以崇迈世教，使有志者自厉，不亦可乎？"守耒阳令，在县不治，免官。吴将鲁肃遗先主书曰："庞士元非百里才也，使处治中、别驾之任，始当展其骥足耳。"诸葛亮亦言之于先主，先主见，与善谈，大器之，以为治中从事，亲待亚诸葛亮。为流矢所中，卒。先主痛惜，言则流涕。

【译文】

庞统，字士元，襄阳人。他被家乡所在的南郡郡守任命为郡政府的功曹。他生性喜欢各类人物，勤于扶持培养人才。每当他称说某人时，评语往往好过其人实际才能。当时的人感到奇怪而询问原因，他回答说："当今天下大乱，正道衰颓，好人少而坏人多。而要想振兴风俗，增长善行、美德，不美化他们的谈吐，其名声就不足以引起人们的仰慕。不足以仰慕，那么一心向善的人就少了。而今我推选十个人，即使其中有五个人出现偏差，还能得到一半的人才，而且又能推进社会教化，使有志之士自勉自励，不也是可以的吗？"先主刘备曾让庞统代理耒阳县令职务，在县上不理政事，被免职。吴将鲁肃写信给先主说："庞士元不是当县官的人才，让他居治中、别驾之职，才能放开其千里马的脚步啊。"诸葛亮也就此事劝说先主，先主便与庞统见面，与他畅谈一番，对他大为器重，立即任命他为治中从事史，对他的亲近、优待仅次于诸葛亮。在进军雒县时被流箭射中，阵亡。先主十分痛惜，一说到庞统就泪流满面。

简雍，字宪和，涿郡人也。为昭德将军。时天旱禁酒，酿者有刑。吏于人家索得酿具，论者欲令与作酒者同罚。雍从先主游观，见一男子行道，谓先主曰：“彼人欲行淫，何以不缚？”先主曰：“卿何以知之？”雍对曰：“彼有淫具，与欲酿者同。”先主大笑，而原欲酿者。

【译文】

简雍，字宪和，涿郡人。为昭德将军。当时天旱缺粮，下令禁酒，酿酒者要判刑。官吏在一家住宅内搜查出一套酿酒器具，定罪的人想把此户主与酿酒者一样处罚。简雍随先主出外游览，看到有一对男女在走路，就对先主说：“那个人想奸淫妇女，为什么不抓起来？”先主说：“你怎么知道？”他回答说：“他有那样的器官，与家中藏有酿酒器具的罪犯一样。”先主不禁大笑，立即下令赦免藏有酿酒器具的人。

董和，字幼宰，南郡人也。先主定蜀，与诸葛亮并署大司马府事，献可替否，共为欢交。死之日，家无担石之贮。亮后为丞相，教与群下曰：“夫参署者，集众思、广忠益也。若远小嫌，难相违覆，旷阙损矣。违覆而得中，犹弃弊蹻而获珠玉也。然人心苦不能尽，唯徐元直处兹不惑，又董幼宰参署七年，事有不至，至于十反，来相启告。苟能慕元直之十一、幼宰之殷勤，有忠于国，则亮可少过矣。”又曰：“昔初交州平，屡闻得失，后交元直，勤见启诲，前参事于幼宰，每言则尽，后从事于伟度，数有谏止。虽姿性鄙暗，不能悉纳，然与此四子终始好合，亦足以明其不疑于直言也。”其追思和如此。〔伟度者，姓胡，名济，义阳人也。为亮主簿，有忠荩之效，故见褒述。〕

【译文】

董和，字幼宰，南郡枝江县人。先主刘备平定益州后，他与军师将军诸葛亮一起管理大司马府的公务，进献善言良策，谏阻不当事宜，两人结下友好情谊。他去世时家中却连少量的积蓄也没有。诸葛亮后来出任丞相，向各位僚属下达指示说："之所以要设置机要事务的参事官员，就是想集思广益。如果为了避开小的嫌隙，相互间不愿意发表相反的意见，就会造成长久的损害！通过相反意见的争论而得到正确的决策，就好比丢弃破鞋而得到了珍珠美玉一般。但遗憾的是，人们的想法不能全部说出来。唯有徐元直处在这种情况时能够不迷惑。还有董幼宰，参与处理政务七年，事情如有不妥之处，竟至于返回十次，来陈述自己的看法。如果我们能仰慕徐元直精神的十分之一以及董幼宰的恳切深厚之情，为国尽忠，那我就可以少出现过错了。"又说："我过去与崔州平交往，屡次听到他指出我做事的得失。后来又与徐元直交朋友，承蒙他多加启发和指教。此前董幼宰随我处理政务，每次进言时都毫无保留。此后又与胡伟度共事，他也多次对我进行规劝阻止。虽然我资质浅陋愚昧，不能全部采纳他们的意见，但是与这四位始终保持了友好关系，这也就足以表明他们的直言规劝没有任何犹豫。"他就是如此怀念董和。（伟度，姓胡，名济，义阳人，是诸葛亮的主簿。胡伟度有进献忠言的功劳，所以受到诸葛亮的夸奖。）

允，字休昭，和子也。迁为侍中，甚尽匡救之理，后主严惮之。后主渐长大，爱宦人黄皓，皓便辟佞谄，欲自容人。允常上则正色匡主，下则数责于皓。皓畏允，不敢为非。终允之世，皓位不过黄门丞。陈祗代允为侍中，与皓互相表里，皓始预政事。祗死后，皓从黄门令为中常侍、奉车都尉，操弄威柄，终至覆国。蜀人无不追思允。

【译文】

董允，字休昭，是董和的儿子。董允升任侍中，能极尽匡正挽救的道理，后主很敬畏他。后主逐渐长大之后，宠爱宦官黄皓，黄皓善于逢迎谄媚，轻佻奉承，一心想取悦刘禅，使之容纳自己。董允常常对上严肃匡正后主，对下斥责黄皓。黄皓害怕董允，不敢为非作歹。董允在世时，黄皓的官位最高也不过是黄门丞。陈祗代替董允为侍中后，与黄皓内外勾结，黄皓才开始参与政事。陈祇死后，黄皓从黄门令升任中常侍、奉车都尉，把持玩弄威权，终于导致国家灭亡。因此蜀人无不怀念董允。

张裔，字君嗣，蜀郡人也。丞相亮以为府长史。常称曰：“公赏不遗远，罚不阿近，爵不可以无功取，刑不可以势贵免，此贤愚之所以佥忘其身者也。”

【译文】

张裔，字君嗣，蜀郡（成都）人。丞相诸葛亮任他为留府长史。他常称赞诸葛亮说：“诸葛公奖赏不漏掉关系不密切的人，惩罚不袒护身边亲近的人，没有功劳不可能得到爵位，虽有权势免不掉应得的惩罚。这就是不论贤愚都愿意忘我工作的原因啊！”

黄权，字公衡，巴西人也。州牧刘璋召为主簿。时别驾张松建议，宜迎先主，使伐张鲁。权谏曰：“左将军有骁名，今请到，欲以部曲遇之，则不满其心；欲以宾客礼待之，则一国不容二君。若客有泰山之安，则主有累卵之危矣。”璋不听，出权为广汉长。先主遂袭取益州，诸县望风影附，权闭城门坚守，须刘璋稽服，乃诣先主。先主假权偏将军。先主将东伐吴，权谏曰：“吴人捍战，又水军顺流，进易退难，臣请为先驱以尝寇，陛下宜为后镇。”先主不从，以权为镇北将军，督江北军。南军败绩，先主引退，而道隔绝，权不得还，故率将所领降于魏。有司执法，白收权妻子。先主曰：“孤负黄权，权不负孤也。”待之如初〔臣松之以为汉武用虚罔之言，灭李陵之家，刘主拒宪司所执，宥黄权之室，二主得失县邈远矣〕。魏文帝谓权曰：“君舍逆效顺，欲追踪陈、韩邪？”权对曰：“臣过受刘主殊遇，降吴不可，还蜀无路，是以归命。且败军之将，免死为幸，何古人之可慕也！”文帝善之，拜为镇南将军，封育阳侯，加侍中，使之陪乘。蜀降人或云诛权妻子，权知其虚言，未便发丧，后得审问，果如所言。及（旧无或云诛权妻子权知其虚言未便发丧后得审问果如所言及二十四字，补之）先主薨，问至魏，群臣咸贺，而权独否。

【译文】

黄权，字公衡，巴西郡（阆中县）人。益州牧刘璋征召他为主簿。当时别驾从事张松建议，应当迎接先主刘备来益州，让他领兵讨伐张鲁。黄权劝阻刘璋说："左将军刘备有骁勇的名声，现今把他们请来，当作部下对待，那么他心中不会满意，打算以宾客之礼相待吧，但一国之内怎能容下两个君主呢？如果客人的处境安如泰山，主人就一定危如累卵。"刘璋不听从，把黄权调出去当广汉县长。先主终于出兵进攻刘璋，夺取了益州，（派众将分别攻占各郡县，）各郡县纷纷望风归附，而黄权却闭城坚守，一直等到刘璋叩头降附之后，黄权才出城拜见先主。先主授给他偏将军官职。先主将要讨伐东吴，黄权劝谏说："吴军勇敢善战，加上我们军队乘船顺长江而下，前进容易后退困难，为臣请求充当先锋试探敌人，陛下最好在后面坐镇指挥。"先主听不进去，任命黄权为镇北将军，指挥长江北岸的蜀军。南岸的蜀军大败，先主只好引军撤退。由于后路被敌军隔断，黄权无法回去，只好带领部下将士投降曹魏。有关部门执行军法，报告先主请求逮捕黄权的妻室儿女，先主却说："是我有负于黄权，黄权没有辜负我啊。"对待黄权的家属依然如初。魏文帝曹丕对黄权说："你舍弃叛逆者，前来效命于顺应天命的人，是想以陈平、韩信为榜样吗？"黄权回答说："为臣受到刘主公极多的特殊礼遇，投降吴国不行，回归蜀国无路，所以只好归顺陛下。再说，败军之将，免遭处死就算幸运，哪里还敢去仰慕什么古人啊！"魏文帝认为他的回答很好，委任他为镇南将军，并封为育阳侯，后又加任侍中，让他陪同自己的车驾。从蜀国来投降的人中有人说先主已经诛杀了黄权的妻室儿女，他知道这是假话，并没有立即发布丧讯，后来得知详细情况，果然像他预料的那样。及至先主去世的消息传到魏国，魏国群臣都向魏文帝祝贺，唯独黄权没有这样做。

蒋琬，字公琰，零陵人也。随先主入蜀，除广都长。先主尝因游观奄至广都，众事不理，时又沉醉，先主大怒，将加罪戮。诸葛亮请曰：“蒋琬，社稷之器，非百里之才。其为政以安民为本，不以修饰为先。愿公重加察之。”先主雅敬亮，但免官而已。亮每言：“公琰托志忠雅，当与吾共赞王业者也。”密表后主：“臣若不幸，后事宜以付琬。”亮卒，琬为尚书令，迁大将军，录尚书事。时新丧元帅，远近危竦。琬出类拔萃，处群僚之右，既无戚容，又无喜色，神守举止，有如平日，由是众望渐服。加大司马。东曹掾杨戏素性简略，琬与言论，时不应答。或欲构戏于琬曰：“公与戏语而不见应，戏之慢上，不亦甚乎！”琬曰：“人心不同，各如其面。面从后言，古人之所诫也。戏欲赞吾是邪，则非其本心；欲反吾言，则显吾之非。是以默然，是戏之快也。”又督农杨敏曾毁琬曰：“作事愦愦，诚非及前人。”或以白琬，主者请推治敏，琬曰：“吾实不如前人，无可推也。”主者重据（原注据疑请）听不推，则乞问其愦愦之状。琬曰：“苟其不如，则事不当理。事不当理，则愦愦矣。复何问邪？”后敏坐事系狱，众人犹惧其必死，琬心无适莫，得免重罪。

【译文】

蒋琬，字公琰，零陵郡（湘乡）人。蒋琬随先主刘备进入蜀郡，担任广都县长。先主有一次借出外游览的机会突然来到广都县视察，看到该县许多事务都未予处理，蒋琬当时又酒醉醺醺，不禁勃然大怒，要把他治罪处死。军师诸葛亮说：“蒋琬，是可以辅佐朝廷的大才，不是当县官的材料啊。他为政以安民为本，不以整饰表面为急务，希望主公再加以考察。”先主素来敬重诸葛亮，所以没有治蒋琬的罪，只罢免其官职而已。（此后）诸葛亮常说：“公琰心存忠正，是和我共同辅佐王朝大业的人。”又秘密上表给后主说：“为臣若有不幸，以后的国事应该交付蒋琬。”诸葛亮去世，蒋琬任尚书令，接着升任大将军，总管尚书台公务。当时蜀国刚刚丧失统帅，远近之人都由于面临危局而恐惧。蒋琬德才超群，处于百官之上，既无忧伤之容，也无喜悦之色，神态举止和平时完全一样，因此众人都佩服他。他被提升为大司马。大司马府的东曹掾杨戏，向来性情坦率，不拘小节，蒋琬平时和他谈论事情，他有时会不回答。有人想在蒋琬那儿设计陷害杨戏，说："大司马您同杨戏谈话而得不到他的回答，杨戏对上司的怠慢不是太过分了吗？"蒋琬却说："人的想法互不相同，就像人的面貌不会相同一样。当面赞同背后又有不同意见，这是古人所警诫的事。杨戏要称赞我说得对吧，那不是他的本心；要想反驳我说的话，又会显现出我的不对。所以他才默然无语，这正是杨戏为人直爽之处啊。"担任督农的杨敏曾诋毁蒋琬说："做事糊涂，的确比不上其前任。"有人把这话报告蒋琬，有关主管官员请求对杨敏追究治罪，蒋琬说："我确实不如前任，没有什么可追究的。"主办官员再次坚持要求，即使不追究治罪，也要查问杨敏有什么证据说蒋琬做事糊涂。蒋琬说："如果说不如前任，就是办事不合乎道理。办事不合乎理，就是糊涂嘛，还查问什么呢？"后来杨敏因事被关进监狱，众人都担心他必死无疑，然而蒋琬处理这件事时却毫无偏见，杨敏得以免判重罪。

杨戏，字文然，犍为人也。为射声校尉。著季汉辅臣赞〔其注载：诸葛亮与张裔、蒋琬书曰："掾属丧杨颙，为朝中多损益。"《襄阳记》曰："杨颙，字子昭，为丞相诸葛亮主簿。亮尝自校簿书，颙直入谏曰：'为治有体，上下不可相侵，请为明公以作家譬之。今有人于此，使奴执耕稼，婢典炊爨，鸡主司晨，犬主吠盗，牛负重载，马涉远路，私业无旷，所求皆足，雍容高枕，饮食而已。忽一旦尽欲以身亲其役，不复付任，劳其体力，为此碎务，形疲神困，终无一成。岂其智之不如奴婢鸡狗哉?失为家主之法也。是故古人称坐而论道谓之王公，作而行之谓之士大夫。邴吉不问横道死人而忧牛喘，陈平不肯知钱谷之数，云自有主者，彼诚达于位分之体也。今明公为治，乃躬自校簿书，流汗竟日，不亦劳乎！'亮谢之。又有"义阳傅肜，先主退军，断后拒战，兵人死尽。吴将语肜令降，肜骂曰：'吴狗!何有汉将军降者。'遂战死。子佥为关中督都，景耀六年，又临危授命"。《蜀纪》载，晋武帝诏曰："蜀将傅佥，前在关城，身拒官军，致死不顾。佥父肜为刘蒋琬，字公琰，零陵人也。随先主入蜀，除广都长。先主尝因游观奄至广都，众事不理，时又沉醉，先主大怒，将加罪戮。诸葛亮请曰：“蒋琬，社稷之器，非百里之才。其为政以安民为本，不以修饰为先。愿公重加察之。”先主雅敬亮，但免官而已。亮每言：“公琰托志忠雅，当与吾共赞王业者也。”密表后主：“臣若不幸，后事宜以付琬。”亮卒，琬为尚书令，迁大将军，录尚书事。时新丧元帅，远近危竦。琬出类拔萃，处群僚之右，既无戚容，又无喜色，神守举止，有如平日，由是众望渐服。加大司马。东曹掾杨戏素性简略，琬与言论，时不应答。或欲构戏于琬曰：“公与戏语而不见应，戏之慢上，不亦甚乎！”琬曰：“人心不同，各如其面。面从后言，古人之所诫也。戏欲赞吾是邪，则非其本心；欲反吾言，则显吾之非。是以默然，是戏之快也。”又督农杨敏曾毁琬曰：“作事愦愦，诚非及前人。”或以白琬，主者请推治敏，琬曰：“吾实不如前人，无可推也。”主者重据（原注据疑请）听不推，则乞问其愦愦之状。琬曰：“苟其不如，则事不当理。事不当理，则愦愦矣。复何问邪？”后敏坐事系狱，众人犹惧其必死，琬心无适莫，得免重罪。

【译文】

蒋琬，字公琰，零陵郡（湘乡）人。蒋琬随先主刘备进入蜀郡，担任广都县长。先主有一次借出外游览的机会突然来到广都县视察，看到该县许多事务都未予处理，蒋琬当时又酒醉醺醺，不禁勃然大怒，要把他治罪处死。军师诸葛亮说：“蒋琬，是可以辅佐朝廷的大才，不是当县官的材料啊。他为政以安民为本，不以整饰表面为急务，希望主公再加以考察。”先主素来敬重诸葛亮，所以没有治蒋琬的罪，只罢免其官职而已。（此后）诸葛亮常说：“公琰心存忠正，是和我共同辅佐王朝大业的人。”又秘密上表给后主说：“为臣若有不幸，以后的国事应该交付蒋琬。”诸葛亮去世，蒋琬任尚书令，接着升任大将军，总管尚书台公务。当时蜀国刚刚丧失统帅，远近之人都由于面临危局而恐惧。蒋琬德才超群，处于百官之上，既无忧伤之容，也无喜悦之色，神态举止和平时完全一样，因此众人都佩服他。他被提升为大司马。大司马府的东曹掾杨戏，向来性情坦率，不拘小节，蒋琬平时和他谈论事情，他有时会不回答。有人想在蒋琬那儿设计陷害杨戏，说："大司马您同杨戏谈话而得不到他的回答，杨戏对上司的怠慢不是太过分了吗？"蒋琬却说："人的想法互不相同，就像人的面貌不会相同一样。当面赞同背后又有不同意见，这是古人所警诫的事。杨戏要称赞我说得对吧，那不是他的本心；要想反驳我说的话，又会显现出我的不对。所以他才默然无语，这正是杨戏为人直爽之处啊。"担任督农的杨敏曾诋毁蒋琬说："做事糊涂，的确比不上其前任。"有人把这话报告蒋琬，有关主管官员请求对杨敏追究治罪，蒋琬说："我确实不如前任，没有什么可追究的。"主办官员再次坚持要求，即使不追究治罪，也要查问杨敏有什么证据说蒋琬做事糊涂。蒋琬说："如果说不如前任，就是办事不合乎道理。办事不合乎理，就是糊涂嘛，还查问什么呢？"后来杨敏因事被关进监狱，众人都担心他必死无疑，然而蒋琬处理这件事时却毫无偏见，杨敏得以免判重罪。

杨戏，字文然，犍为人也。为射声校尉。著季汉辅臣赞〔其注载：诸葛亮与张裔、蒋琬书曰："掾属丧杨颙，为朝中多损益。"《襄阳记》曰："杨颙，字子昭，为丞相诸葛亮主簿。亮尝自校簿书，颙直入谏曰：'为治有体，上下不可相侵，请为明公以作家譬之。今有人于此，使奴执耕稼，婢典炊爨，鸡主司晨，犬主吠盗，牛负重载，马涉远路，私业无旷，所求皆足，雍容高枕，饮食而已。忽一旦尽欲以身亲其役，不复付任，劳其体力，为此碎务，形疲神困，终无一成。岂其智之不如奴婢鸡狗哉?失为家主之法也。是故古人称坐而论道谓之王公，作而行之谓之士大夫。邴吉不问横道死人而忧牛喘，陈平不肯知钱谷之数，云自有主者，彼诚达于位分之体也。今明公为治，乃躬自校簿书，流汗竟日，不亦劳乎！'亮谢之。又有"义阳傅肜，先主退军，断后拒战，兵人死尽。吴将语肜令降，肜骂曰：'吴狗!何有汉将军降者。'遂战死。子佥为关中督都，景耀六年，又临危授命"。《蜀纪》载，晋武帝诏曰："蜀将傅佥，前在关城，身拒官军，致死不顾。佥父肜为刘备战亡。天下之善一也，岂有彼此以为异?”佥息著、募，后没入奚官，免为庶人〕。

【译文】

杨戏，字文然，犍为郡（武阳县）人。任射声校尉，著有《季汉辅臣赞》。（其注释记载诸葛亮给张裔、蒋琬的书信说：“掾属当中死了杨颙，对朝廷来说损失巨大。”《襄阳记》中说：杨颙，字子昭，是丞相诸葛亮的主簿。诸葛亮曾经亲自校正文书，杨颙谏阻说：“治理政务有一定的规章制度，上司与下属都不可以相互干扰，请允许我给您用家庭来打个比方吧。假如现在在这里有一个人，派农奴去耕田栽种，派奴婢烧火做饭，让鸡来司晨，让狗守盗，让牛荷载重物，让马跑远路，家业没有什么空缺的东西，所追求的都满足了，从从容容、高枕无忧，每日只张口吃饭就行了。忽然有一天他想亲自去做所有这些杂役事务，不再把任务交给别人，自劳体力，为这些琐碎的事务而身形疲倦、心神困乏，最终一事无成。难道是他的智力不如奴婢鸡狗之类的人和物吗？不，这是失去了家主的法度造成的。因此，古代的人把坐在那里谈论治理国家道理的人叫做‘王公’，把具体操作施行治理国家措施的人叫做‘士大夫’。邴吉不过问横道上争斗杀死人的事而担忧负重的牛喘气劳累，陈平不肯去了解钱物谷粮的数量。他们都说那些事自会有主管的官员负责。他们确实通晓官员职责分工的法度。现在您治理政务，竟亲自校对文册档案，一天到晚汗流浃背，不是太操劳了吗？”诸葛亮感谢他的忠告。书中又记载有：“义阳郡的傅肜，在先主撤退军队的时候，在部队后面掩护，阻击敌军，手下的兵士全部战死。吴将喊话命令傅肜投降，傅肜大骂：‘吴狗！汉将军怎么会有投降的！’终于战死在阵前。傅肜的儿子傅佥做了关中督都。景耀六年时，又在危急关头接受了使命。”《蜀纪》载晋武帝的诏令说：“蜀国将领傅佥，前不久在关城舍身抗拒我们的军队，连性命也不顾。傅佥的父亲傅肜也是为刘备而战死的。天下忠心事主的道理都是一样的，哪里有为此为彼的分别呢？”傅佥的子息傅著、傅募，后来被没入奚官署，被免为平民百姓。）

（吕效祖　张爱玲译）

# 群書治要考譯

（唐）魏征 虞世南 褚遂良 等撰
吕效祖 赵保玉 张耀武 主编

第三册

吴志 晋书 六韬 阴谋 鬻子 管子 晏子
司马法 孙子兵法 老子 鹖冠子 列子
墨子 文子 曾子 吴子 商君子 尸子 申子
孟子 慎子 尹文子 庄子 尉缭子 孙卿子

團结出版社

# 目录

卷二十七

# 吴志治要（上）

孙权，字仲谋，吴郡人。策弟也。策薨，以事授权。权待张昭以师傅之礼，而周瑜、程普、吕范等为将率。招延俊秀，聘求名士，鲁肃、诸葛瑾等始为宾客。分部诸将，镇抚山越，讨不从命。赤乌元年，初，权信任校事吕壹，壹性苛惨，用法深刻。太子登数谏，权不纳，大臣由是莫敢言。后壹奸罪发露伏诛，权引咎责躬，乃使中书郎袁礼告谢诸将，因问时事所当损益。

【译文】

孙权，字仲谋，吴郡人，孙策的弟弟。孙策去世，把军国大事交待给孙权。孙权以对待太师、太傅的礼节对待张昭，而任用周瑜、程普、吕范等人为将领。他又招纳优秀人才，聘求知名士人，鲁肃、诸葛瑾等人开始成为他的上宾。他还分派众将，前往险峻的深山去镇压安抚山越，讨伐其中不服从命令的武装势力。赤乌元年，开始的时候，孙权信任校事官吕壹，而吕壹生性狠毒残酷，使用法律十分苛刻。太子孙登为此多次进谏，孙权都不采纳，大臣从此不敢进言。后来吕壹奸恶的罪行败露而被诛杀，孙权引咎责备自己，于是派中书郎袁礼去向各位将领表示歉意，同时询问他们对政事的改进意见。

孙休，字子烈，权第六子也。弟亮废，孙綝使迎休。改元永安。以丞相濮阳兴及左将军张布有旧恩，委之以事，布典宫省，兴关军国。休锐意于典籍，欲与韦曜、盛冲讲论道艺。曜、冲素皆切直，布恐入侍，发其阴失，令己不得专，因妄饰说以拒遏之。休答曰：“孤之涉学，所见不少，其明君暗主、奸臣贼子，成败之事，无不览也。今曜等入，但欲与讲论书耳，不为从曜等始更受学也。纵复如此，亦何所损？君特当以曜等恐道臣下奸变之事，以此不欲令入耳。”布得诏陈谢，重自序述，又言惧妨政事。休答曰：“书籍之事，患人不好，好之无伤也。此无所为非，而君以为不宜，是以孤有所及耳。政务学业，其流各异，不相妨也。不图君今日在事，更行此于孤也，良所不取。”布拜表叩头，休答曰：“聊相开悟耳，何至叩头乎！如君之忠诚，远近所知。《诗》云：‘靡不有初，鲜克有终。’终之实难，君其终之。”初，休为王时，布为左右将督，素见信爱。及至践祚，厚加宠待，专擅国势，多行无礼。自嫌瑕短，惧曜、冲言之，故尤患忌。休虽解此旨，心不能悦，更恐其疑惧，竟如布意，废其讲业，不复使冲等入。

【译文】

孙休，字子烈，是孙权的第六个儿子。他弟弟孙亮被废黜，孙綝派使臣迎立孙休，改年号为永安。孙休因为与丞相濮阳兴、左将军张布有旧情，所以把政事委托给他们，由张布负责宫廷护卫，濮阳兴管理军国公务。孙休本人则一心研读典籍，想和博士祭酒韦曜、博士盛冲研讨儒家的道艺。而韦、盛二人素来说话恳切正直，张布害怕他们入宫侍从孙休时，揭发自己不为人知的过失，使自己不能再专权，就乱编造理由来阻止。孙休答复他说：“朕涉猎学问，所读到的东西不少，关于明君昏君、奸臣贼子，古今成败之事，无不阅览。而今让韦曜等人入宫，只是想和他们谈论典籍要义，并不是要跟随他们重新开始学习。就算是跟随他们重新开始学习，又有什么害处呢？你只是认为韦曜等人恐怕会说出臣下诈伪变乱之事，因此不想让他们入宫吧！”张布得到这封诏书立即表示歉意，他再一次陈述理由，又说是怕妨碍孙休处理政事。孙休又答复说：“研读典籍的事，就怕人不喜好，喜好研读没有什么害处。这并不是什么坏事，而你却认为不适宜，所以朕才说了这些话。政务和学业，其品类不同，彼此不会有妨害。没有想到你如今在职处理政事，却对朕研习典籍有如此看法，这很不可取。”张布手捧表章叩头谢罪。孙休说：“聊且开导，使你明白罢了，何至于叩头谢罪啊！像你所表现出来的忠诚，远近的人都知道。《诗经》中说：‘事情无不有开头，但却很少能有始有终。’有始有终确实难，你请保持有始有终吧！”当初孙休还在当王时，张布是左右将督，素来受到信任宠爱。到了孙休登上帝位，对张布更给以宠信厚待，于是张布独揽国家权力，做事多不遵从礼仪。他顾忌到自己的毛病和短处，害怕韦曜、盛冲说出来，所以特别担忧、忌讳他们入宫。孙休虽然明白他的意思，心中不高兴，但是更怕张布产生疑惧，竟依从张布的意思，停止讲论典籍的事，不再让盛冲等人进宫。

孙晧，字元宗，权孙也。休薨，迎立晧〔《江表传》曰：“晧初立，发忧诏，恤士民，开仓廪，振贫乏，料出宫女以配无妻，禽兽扰于苑者放之。当时翕然称为明主矣。”〕。晧既得志，粗暴骄盈，多忌讳，好酒色，大小失望。凤皇二年，晧爱妾或使人至市，劫夺百姓财物。司市中郎将陈声，素晧幸臣也，绳之以法。妾诉晧，晧大怒，假他事，烧锯断声头，投其身于四望之下。天玺元年，会稽太守车浚、湘东太守张泳不出算缗，就在所斩之，徇首诸郡〔《江表传》曰：浚在公清忠，值郡荒旱，民无资粮，表求振贷。晧谓浚欲树私恩，遣人枭首。又尚书熊睦，见晧酷虐，微有所谏，晧使人以刀环撞杀之，身无完肌〕。天纪三年，晋命杜预向江陵，王濬、唐彬浮江东下。初，晧每宴会群臣，无不咸令沉醉。置黄门郎十人，特不与酒，侍立终日，为司过之吏，宴罢之后，各奏其阙失，逆视之咎，谬言之愆，罔有不举。大者即加威刑，小者辄以为罪。后宫数千，而采择无已。又激水入宫，宫人有不合意者，辄杀流之。或剥人之面，或凿人之眼。岑昬险谀贵幸，致位九列。好兴功役，众所患苦。是以上下离心，莫为尽力，盖积恶已极，不复堪命故也。四年，濬、彬所至，则土崩瓦解。晧奉书于濬。濬受皓之降（旧无濬受皓之降五字，补之）。

【译文】

孙皓，字元宗，是孙权的孙子。孙休去世后，孙皓被迎立为皇帝。（《江表传》说：孙皓即位时，发布忧国忧民的诏书，体恤士民，打开仓库赈济贫困的人，把宫中的宫女许配给无妻的男子，把关在皇苑里的禽兽也都放掉了。当时大家一致称他为明主。）孙皓得志之后，变得粗鲁凶暴，骄傲自满，多忌讳，好酒色，大小官员都深感失望。凤皇二年，孙皓的爱妾有时派人到集市里抢夺百姓的财物。司市中郎将陈声素来是孙皓的宠臣，（他仗恃孙皓的宠待）把孙皓爱妾派到集市去的人绳之以法。爱妾向孙皓哭诉，孙皓勃然大怒，借其他事情用烧红的锯齿切断陈声的头颅，把尸体抛到四望山下。天纪元年，会稽郡太守车浚、湘东郡太守张咏都交不出对成年人征收的人头税，孙皓派人就地将二人处决，把人头送到各郡示众（《江表传》说：车浚在任上清廉中正，郡里正值旱灾时，百姓缺乏物资和粮食，就上表请求赈灾。孙皓认为车浚要树立自己的威信，于是派人将他斩首。又有尚书熊睦，看不惯孙皓的残酷暴虐，稍微有所劝谏，孙皓就派人用刀环将他击杀，乃至死后体无完肤）。天纪三年，晋国命令镇南大将军杜预出兵江陵，王濬、唐彬沿长江乘船东下。当初，孙皓每次举行宴会招待群臣，都要让大家喝得大醉。他布置黄门郎十人，特地不让他们饮酒，整日侍立在宴会厅，专门充当观察在坐官员过失的举报官。宴会结束之后，各自报告官员们的过错，就连目光直视君主的过失、说错话的问题，都无不举报。认为过错大的立即处死，过错小的也总是要治罪。孙皓的后宫有妻妾几千人，仍然还在民间不断挑选美女进宫。他又下令把河水引进皇宫，宫女有不合他意的，就杀死丢到河里冲走。有时他下令剥下人脸上的皮，有时又下令挖出人的眼睛。岑昏为人阴险阿谀而得到重用和宠幸，位列九卿。喜欢兴修各种工程，民众为此忧伤、痛苦。因此吴国上下离心离德，没有人愿意为孙皓尽力，都是因为罪恶积累到了极点，臣民们不再能忍受的缘故。天纪四年，晋国大将王濬、唐彬所到之处，吴军土崩瓦解。孙皓只好向王濬献上投降书，王濬接受孙皓的投降。

张昭，字子布，彭城人也。孙策创业，命昭为长史，升堂拜母，如比肩之旧，文武之事，一以委昭。每得北方士大夫书疏，专归美于昭。昭欲嘿而不宣，则惧有私，宣之则恐非宜也，进退不安。策闻之，欢笑曰："昔管子相齐，一则仲父，二则仲父，而桓公为霸者宗。今子布贤，我能用之，其功名独不在我乎！"策临亡，以弟权托昭，昭率群僚立而辅之。权每田猎，常乘马射虎，虎常突前攀持马鞍。昭变色而前曰："将军何有当尔？夫为人君者，谓能驾御英雄，驱使群贤，岂谓驰逐于原野，校勇猛兽者乎？如有一旦之患，奈天下笑何？"权谢昭曰："年少虑事不远。"权于武昌，临钓台，饮酒大醉。权使人以水洒群臣曰："今日酣饮，惟醉堕台中，乃当止耳。"昭正色不言，出外车中坐。权遣人呼昭还，谓曰："为共作乐耳，公何为怒乎？"昭曰："昔纣为糟丘酒池长夜之饮，当时亦以为乐，不以为恶也。"权嘿然有惭色，遂罢酒。每朝见言论，辞气壮厉，义形于色。曾以直言逆旨，中不进见。后遣中使劳问，因请见昭，昭曰："昔太后、桓王不以老臣属陛下，而以陛下属老臣，是以思尽臣节，以报厚恩，使泯没之后，有可称述，而意虑浅短，违逆盛旨，自分幽沦，长弃沟壑，不图复蒙引见，得奉帷幄。然臣愚所以事国，志在忠益毕命而已。若乃变心易虑，以偷荣取容，此臣所不能也。"权辞谢焉。权以公孙渊称藩，遣张弥、许晏至辽东，拜渊为燕王，昭谏曰："渊背魏惧讨，远来求援，非本志也。若渊改图，欲自明于魏，两使不反，不亦取笑于天下乎？"权与相反覆，昭意弥切。权不能堪，案刀而怒曰："吴国士人，入宫则拜孤，出宫则拜君，孤之敬君，亦为至矣，而数于众中折孤，孤尝恐失计。"昭孰视权曰："臣虽知言不用，而每竭愚忠者，诚以太后临崩，呼老臣于床下，遗诏顾命之言故耳。"因涕泣横流。权掷刀致地，与昭对泣。昭容貌矜严，有威风。权常曰："孤与张公言，不敢妄也。"举邦惮之。

【译文】

张昭，字子布，彭城人。孙策平定江东开创基业，任命张昭为长史，和他一起到内堂拜见自己的母亲，关系就像自小一起长大的朋友一样亲密，民政和军事两方面的公务，一概委托张昭处理。张昭每收到北方士大夫来信，都把治理江东的成绩归功于张昭。张昭想保持沉默不把书信内容报告孙策，则害怕别人以为自己和北方有暗中来往的隐私，向孙策报告吧，又怕不合适，因而进退两难，惴惴不安。孙策得知情况后，高兴地笑着说："从前管仲辅佐齐桓公，官员们请示事情时齐桓公总是说去问仲父，然而齐桓公却得到霸主之荣。而今子布贤能，我能使用，其所建立的功名岂不是归我了吗！"孙策临死，把弟弟孙权托付给张昭，张昭带领百官立孙权为领袖并辅佐他。孙权每次出外打猎，常常爱骑马射虎，而老虎常会冲上来用前爪抓住马鞍。张昭看到后神色变得严肃，上前说："将军你这样做有什么合适之处？作为君主，讲的是能够驾驭英雄、驱使群贤，难道讲的是在原野上驰马追逐，与猛兽比试勇敢吗？若一旦发生意外，怎么应对天下人的嘲笑呢？"孙权立即向张昭表示歉意，说："我年轻，考虑事情不深远。"孙权在武昌，有一次与群臣登临长江边的钓台，饮酒大醉。他派人用冷水喷洒在座的群臣，并说："今天的酣饮，只有大家都醉倒在台上，才可停止。"张昭神色严肃，一言不发，径自出外到车中坐着。孙权让人去叫他回来，然后对他说："这是为了一起取乐罢了，张公为什么要发怒呀？"张昭回答说："从前商纣王在池子里蓄满酒浆，酒糟堆成山丘，彻夜痛饮，当时他也认为只是作乐，而不认为是作恶。"孙权默默不语，脸上显出羞惭的神色，于是宣布散席。张昭每次朝见时的进言、论述辞风雄壮严厉，忠义的内心从神色上充分表露出来。他曾经因为直言进谏违逆孙权心意，中间有一段时间不再进见。孙权派皇宫中的使者前去慰问张昭，并请他和自己见面。张昭说："从前太后、桓王不是把老臣我托付给陛下，而是把陛下托付给老臣我，所以我才一心想尽节效忠，以报厚恩，使得离开人世之后，也有可以称述的事迹留下来。而我思虑短浅，违逆陛下美意，自以为从此埋没，永远被抛弃于荒沟之中，没想到又得到陛下的召见，得以侍奉左右。但老臣我的愚心将用来报效国家，立志进献忠直有益的言论，直到死亡为止。至于改变初衷、另作考虑，以求窃取荣华富贵而获得陛下的欢心，这是老臣我不能做的事啊。”孙权也向他表示歉意。孙权因为公孙渊愿作东吴的属国，决定派张弥、许晏为特使前往辽东，封公孙渊为燕王。张昭劝谏说：“公孙渊背离魏国，害怕遭到讨伐，才远远来求援，愿作属国并不是他的本意。如果他突然改了主意，想向魏国表明自己的忠心，我们的两名使者回不来，不是要招致天下人的耻笑吗？”孙权和他相互争辩，张昭的言辞更加直率恳切。孙权忍受不住，抽出佩刀大怒说：“吴国的士大夫进皇宫向朕跪拜，出皇宫则向你跪拜，朕对你的尊敬，也算到极点了！然而你却多次当着众人的面驳斥我，我常常担心自己会忍不住而杀了你。”张昭把孙权看了又看才说：“老臣我尽管知道说的话不会被采纳，却每次都要竭尽愚忠（直言进谏），确实是因为太后驾崩之前，把老臣我叫到病床边，在遗诏中托付我的那些话（一直铭记心间）的缘故啊！”说完他不禁老泪纵横。孙权也把佩刀丢在地上，与他对面哭泣。张昭的容貌矜持严厉，很有威风。孙权常常说：“朕与张公谈话，从来不敢乱说。”对张昭，全国的人都敬畏他。

顾谭，字子默，吴郡人也。祖父雍卒，代雍平尚书事。是时鲁王霸有盛宠，与太子和齐衡。谭上疏曰：“臣闻有国有家者，必明嫡庶之端，异尊卑之礼，高下有差，阶级逾邈。如此则骨肉之恩生，觊觎之望绝。昔贾谊陈治安之计，论诸侯之势，以为势重，虽亲必有逆节之累；势轻，虽疏必有保全之祚。故淮南亲弟，不终飨国，失之于势重也；吴芮疏臣，传祚长沙，得之于势轻也。今臣所陈，非有偏，诚欲以安太子而便鲁王也。”由是霸与谭有隙。

【译文】

顾谭，字子默，吴郡人。顾谭的祖父顾雍去世后，他接替顾雍参议尚书台公务。当时鲁王孙霸很受孙权的宠爱，与太子孙和可以相比。顾谭为此上了一道表章说：“为臣听说统治天下的帝王，都一定要明白嫡庶的道理，区分尊卑的不同，使高下有所差别，等级不得逾越，这样才能使骨肉之情产生，使觊觎继承人位置的非分之望断绝。从前贾谊向孝文帝陈述使国家长治久安的计策，论及诸侯的势力，认为如果其势力太强大，即使关系亲近也必会有悖逆节操谋取皇位的忧患；如果势力不强，即使关系较远也必有保全其封国的福分。淮南王刘长是汉文帝的亲弟弟，却未能长久享有封国，过错就在于势力太强大。吴芮是关系较远的异姓大臣，却能在长沙传承其国祚，就是得益于势力不强。而今为臣陈述的一切，并不是有所偏袒，确实是想让太子安定，同时也使鲁王受益啊。”从此孙霸与顾谭有了矛盾。

步骘，字子山，临淮人也。拜骠骑将军，都督西陵。中书吕壹典校文书，多所纠举。骘上疏曰：“伏闻诸典校，擿抉细微，吹毛求瑕（瑕疑为疵），重案深诬，趣陷人以成威福。无罪无辜，横受大刑，是以吏民跼天蹐地，谁不战栗？昔之狱官，唯贤是任，故民无冤枉，升泰之祚，实由此兴。今之小臣，动与古异，狱以贿成，轻忽人命，归咎于上，为国速怨，甚可仇疾。明德慎罚，哲人惟刑，书传所美。自今蔽狱，都下则宜咨顾雍，武昌则陆逊、潘濬，平心专意，务在得情。骘党神明（旧无骘党神明四字，补之），受罪何恨？此三臣者，愚虑不至则已，岂敢专擅威福，欺其所天乎？”权亦觉寤，遂诛吕壹。

【译文】

步骘，字子山，临淮郡（淮阴县）人，被封为骠骑将军，任西陵地区军事统帅。中书典校郎吕壹负责审查官府公文，纠察举报了很多官员。步骘为此上疏说：“为臣听说各中书典校郎挑剔细小毛病，吹毛求疵，严加追究，大肆诬陷，旨在陷害他人以作威作福，没有任何罪过的无辜者，被蛮横地施以大刑，所以使人们觉得天地之大，无处藏身，有谁不战战兢兢？从前审问案件的法官，只让贤人担任，所以老百姓就没有冤枉。太平安宁的福祉，实在是由此产生。而现今的小臣，一举一动都和古人相反，官司的判决凭贿赂来定案，草菅人命，却把过失归给上面，为国家招致怨恨，这是很令人愤恨的事。圣明的君主会慎用刑罚，有智慧的人也主张不过多地用刑，这都是古代典籍所赞美的事。从现今起审判案件，京都地区应当咨询顾雍，武昌应当咨询陆逊、潘濬，要他们用心公平，意志专注，务必了解案件的全部情况。为臣我袒护的是冥冥中的神灵，为此而被治罪有什么可遗憾？这三位大臣，思虑不到的地方可能有，但怎敢专擅权力、作威作福，欺骗他们视为上天的陛下您呢？”孙权也有所醒悟，于是诛杀了吕壹。

张纮，字子纲，广陵人也。权以为长史。病卒，临困留笺曰：“自古有国有家者，咸欲修德政以比隆盛世，至于其治，多不馨香。非无忠臣贤佐、暗于治体也，由主不胜其情，弗能用耳。夫人情惮难而趣易，好同而恶异，与治道相反。传曰：‘从善如登，从恶如崩。’言善之难也。人君承奕世之基，据自然之势，操八柄之威，甘易同之欢，无假取于人。而忠臣挟难进之术，吐逆耳之言，其不合也，不亦宜乎！虽则有衅，巧辩缘间，眩于小忠，恋于恩爱，贤愚杂错，长幼失叙，其所由来，情乱之也。故明君悟之，求贤如饥渴，受谏而不厌，抑情损欲，以义割恩，上无偏谬之授，下无希冀之望。宜加三思，含垢藏疾，以成仁覆之大。”权省书流涕。

【译文】

张纮，字子纲，广陵郡人。孙权任命他为（自己将军府的）长史。他生病去世，病危时留给孙权的信说：“自古以来的帝王，都想实施德政以赶上古代兴隆的太平盛世，但是他们实际的治理政绩，却大多都不美好。这并不是因为他们没有忠臣和贤德的辅佐、不明白治理国家的根本，而是由于君主不能克制自己的私情，不能任用忠臣良辅和正确的治国之道。人的性情总是害怕困难而趋向容易，喜欢别人赞同自己而不喜欢不同意见，这和治理国家的规律刚好相反。《国语》中说：‘顺随善良像登山一样，顺随恶行像山崩一样。’这是说顺随善良的意见不易。君主继承一代接一代传下来的基业，占据天然的优势，掌握着各种权柄的威力，悦意于易受他人赞同的欢乐，而不愿听取他人意见。可是忠臣使用的却是别人难以接受的方法，吐露的更是别人不爱听的话语，那么他们不合君主之意，不是很自然的么！纵然是（君臣间）有点裂痕，也是因为能言善辩的人趁机挑拨离间，致使君主迷惑于他们在小事上的忠君表现，留恋于平日的感情和亲爱，弄得贤愚混杂不分，长幼失去次序，这一切的由来，都是性情不能自抑造成的。英明的君主能够认清这一点，所以求取贤才就像人饥渴时想吃想喝那样急迫，接受臣下劝谏从不厌倦，克制性情、减少欲望，用大义来割舍私恩，使君主没有偏私、错误的授职封官现象，使臣下没有企望升官进爵的非分念头。恳请您对我的这些意见三思，以宽宏的度量容忍臣下的缺点，最终成为仁德教化遍于天下的圣主。”孙权看了这封书信，不禁流下了眼泪。

吕蒙，字子明，汝南人也。拜虎威将军。关羽讨樊，权遣蒙到南郡，麋芳降。蒙入据城，尽得羽及将士家属，蒙皆抚慰过于平时，故羽吏士无斗心，皆委羽降，荆州遂定，以蒙为南郡守。蒙疾发，权时在公安，迎置内殿，所以治护者万方，募封内，有能愈蒙疾者，赐千金。时有减加，权为之惨戚，欲数见其颜色，又恐其劳动，常穿壁瞻之，见其小能下食则喜，顾左右言笑，不然则咄唶，夜不能寐。病中瘳，为下赦令，令群臣毕贺。后更增笃，权自临视。卒，权哀痛（旧痛下有心字，删之）甚。

【译文】

吕蒙，字子明，汝南郡（富陂县）人。拜虎威将军。关羽率军进攻（曹魏的）樊城时，孙权派吕蒙领兵前往袭取南郡。南郡太守麋芳投降，吕蒙进入南郡占领城池，俘虏了关羽及其将士的全部家属，并给他们以比平日更优厚的抚慰，所以关羽的将士都没有斗志，部下都离开关羽投降（吴军），荆州遂得以平定，孙权任命吕蒙为南郡太守。这时吕蒙疾病发作，而孙权当时尚在公安，把吕蒙迎到自己宫内殿堂住下，采用一切方法为他治疗救护，招募国内良医，下令说，有能治好吕蒙疾病者，赏赐千金。吕蒙的疾病时轻时重，孙权为之悲凄忧伤。他想常常看一看吕蒙的容颜气色，又怕吕蒙会施礼而劳累身体，只好在隔壁墙上打个小洞，偷偷观看。看到吕蒙稍稍能吃东西就喜欢，还会回头与左右侍从谈笑，如果不是这样他就长吁短叹，夜不能眠。吕蒙的病情曾一度好转，孙权专门为此下达大赦令，又让群臣都来道贺。后来病情又加重，孙权亲自到病床旁探视。吕蒙去世，孙权极度哀痛。

吕范，字子衡，汝南人也。迁前将军。初，策使范典主财计，权时年少，私从有求，范必关白，不敢专许，当时以此见望。权守阳羡长，有所私用，策或料覆，功曹周谷辄为传著簿书，使无谴问，权临时悦之。及后统事，以范忠诚，厚见信任；以谷能欺更簿书，不用也。

【译文】

吕范，字子衡，汝南郡（细阳县）人。孙权提升他为前将军。当初，孙策让吕范主管自己的财务，孙权当时还年轻，私下向他要财物时，吕范总要向孙策报告，不敢擅自许可，为此也曾受到孙权的怨恨。孙权代理阳羡县长职务时，曾私用财物，孙策有时会核查，县政府的功曹周谷，总是（替孙权掩盖而）虚报帐目，使孙权不致遭到责备。孙权那时也喜欢周谷。到孙权后来统管大事，因吕范的忠诚而倍加信任，因周谷能对帐目作欺骗性更改，所以不用他。

虞翻，字仲翔，会稽人也。孙策命为功曹，待以交友之礼。孙权以为骑都尉。数犯颜谏争，权不能悦，又性不协俗，多见谤毁。权既为吴王，欢宴之末，自起行酒，翻伏地阳醉，不持。权去，翻起坐。权于是大怒，手剑欲击之，侍坐者莫不遑遽，惟大司农刘基起抱权谏曰："大王以三爵之后，手杀善士，虽翻有罪，天下孰知之？且大王以能容贤畜众，故海内望风，今一朝弃之，可乎？"权曰："曹孟德杀孔文举，孤于虞翻何有哉？"基曰："孟德轻害士人，天下非之。今大王躬行德义，欲与尧舜比隆，何得自喻于彼乎？”翻由是得免。权因敕左右，自今酒后言杀，皆不得杀。翻性疏直，数有酒失，权积怒非一，遂徙翻交州。

【译文】

虞翻，字仲翔，会稽郡（余姚县）人。孙策任命他为功曹，用朋友的礼节对待他。孙权继位后任命虞翻为骑都尉。虞翻多次冒犯威严进行劝谏，孙权很不喜欢，加上其性格不协和于世俗，多次遭受他人的诽谤诋毁。孙权当了吴王，在庆贺酒宴结束前，亲自起身为在座群臣依次斟酒，虞翻伏在地上假装醉了，不举杯接酒。孙权离开后，他又起身坐好。孙权顿时勃然大怒，亲手拔剑要刺杀他，在座者无不惊慌失措，只有大司农刘基赶紧上前抱住孙权，劝阻说：“大王在酒过三巡之后杀死有德之人，即便虞翻有罪，天下的人谁又知道啊？而且大王因为能容纳贤才、厚待大众，所以海内人士仰望，而今若一下子丢弃这些美誉，这可以吗？”孙权说：“曹操尚且杀了孔融，我对虞翻有什么杀不得！”刘基说：“曹操轻易就杀害士大夫，天下的人都在非议他。大王亲自推行仁德道义，想与唐尧、虞舜的兴隆时代相比，怎么能把自己与曹操相比呢？”虞翻因此才得以免死。孙权也借此指示左右，从今以后喝了酒说要杀谁，都不准真正去杀。虞翻性情粗疏耿直，多次在饮酒后犯下过失。孙权对他积久而成的怨怒不是一件两件，于是下令流放他到交州。

张温，字慧恕，吴人也。容貌奇伟。权延见，文辞占对，观者倾竦，权改容加礼。拜议郎、选曹尚书，以辅义中郎将使蜀。还，权既阴衔温称美蜀政，又嫌其声名太盛，众庶炫惑，恐终不为己用，思有（旧无有字，补之）以中伤之，会暨艳事起，遂因此发举。艳，字子休，亦吴郡人也，温引致之，以为选曹郎，至尚书。艳性狷厉，好为清议，见时郎署杂浊，多非其人，欲令臧否区别，贤愚异贯；弹射百僚，核选三署，率皆贬高就下，其居位贪鄙、志节污卑者，皆以为军吏，置营府以处之。而怨愤之声积，浸润之谮行矣，竟言艳及选曹郎徐彪，专用私情憎爱，不由公理。艳、彪皆坐自杀。温宿与艳、彪同意，数交书疏，闻问往还，即罪温。

权幽之有司，斥还本郡。骆统表理温曰："伏惟陛下，天生明德，神启圣心，招髦秀于四海，置俊乂于宫朝。多士既受普笃之恩，张温又蒙最隆之施。而温自招罪谴，孤负荣遇，念其如此，诚可悲疚。然臣周旋之间，为国观听，深知其状，故密陈其理。温实心无他情，事无逆迹，但年纪尚少，镇重尚浅，而戴赫烈之宠，体卓伟之才，亢臧否之谈，效褒贬之议。于是务势者妒其宠，争名者嫉其才，玄默（默原作嘿）者非其谈，瑕衅者讳其议。此臣下所当详辩，明朝所当究察也。在昔，贾谊至忠之臣也；汉文，大明之君也。然而绛、灌一言，贾谊远退。何者？疾之者深，谮之者巧也。然而误闻于天下，失彰于后世。故孔子曰：'为君难，为臣不易。'温虽智非从横，武非虓虎，然其弘雅之素，英秀之德，文章之采，论议之辩，卓跞冠群，炜晔曜世，世人未有及之者也。故论温才即可惜，言罪则可恕。若忍威烈以赦盛德，宥贤才以敦大业，固明朝之休光，四方之丽观也。君臣之义，义之最重；朋友之交，交之最轻者。国家不嫌与艳为最重之义，是以温亦不嫌与艳为最轻之交也。时世宠之于上，温窃亲之于下也。臣窃念人君虽有圣哲之姿，非常之智，然以一人之身，御兆民之众，从增宫之内，瞰四国之外，照群下之情，求万机之理，犹未易周也，固当听察群下之言，以广聪明之烈。今者人非温既殷勤，臣是温又契阔，辞则俱巧，意则俱至，各自言欲为国，谁其言欲为私？仓卒之间，犹难即别。然以殿下之聪睿，察讲论之曲直，若潜神留思，纤粗研核，情何嫌而不宣，事何昧而不昭哉？温非亲臣也，臣非爱温者也。昔之君子，皆抑私忿，以增君明。彼独行之于前，臣耻废之于后，故遂发宿怀于今日，纳愚言于圣听，实尽心于明朝，非有念于温身也。"权终不纳。

【译文】

张温，字慧恕，吴郡（吴县）人，容貌出众。孙权邀请张温相见，张以很有文采的言辞随口答对，旁观者尽皆敬佩。孙权遂改变神色，更加尊敬。任命他为议郎、选曹尚书，以辅义中郎将的身份出使蜀国。回来后，孙权心中暗自怨恨张温称赞蜀国的政治，又嫌他声名太盛，众人夸耀、迷惑，怕他终究不会为自己效忠尽力，总想用什么办法打击他。恰好这时，暨艳获罪之事出现，就借此引发惩治（张温）之举。暨艳，字子休，也是吴郡人。张温引荐他，当上了选曹尚书郎，后来升到选曹尚书。暨艳性格急躁严厉，喜欢发表公正的评论，他看到当时的郎官府混杂有污浊之人，不称职的官员很多，就想使好坏区别，将贤才和愚人按类分开。于是他抨击各类官员，核查筛选五官中郎将署、左中郎将署、右中郎将署的所有郎官，大都从较高位置上贬下，其中做官贪婪卑鄙、志向节操污浊低下的，都贬为军中的办事员，设置了营府来安置他们。这样一来，怨恨之声不断积累，以谗言进行诬陷者渐增。这些人争相传告说暨艳和选曹书郎徐彪，只以私情来决定憎恶与喜爱，不依照公正之理。暨艳、徐彪都因此被治罪而自杀。张温素来与暨艳、徐彪二人意见相同，多次书信来往，互通消息，所以他也被治罪。

孙权把张温幽禁于有关机构，后决定贬斥他回到原来所在之郡。将军骆统呈上表章为张温申诉说："为臣敬仰陛下，有天生的英明美德，有得到神灵启示的圣心，招纳优秀人才于四方，安置俊杰之士于朝廷。许多人士都受到您普遍而深厚的恩典，其中又以张温所受恩典为最多。然而张温却自招罪过和谴责，辜负了陛下荣耀的待遇，想到他会这样，确实可悲可叹。然而，臣周旋于其间，为国家观察打听，深知他的情况，所以才秘密为他作以下申诉。张温心中确实没有其他的想法，做的事情也没有叛逆的迹象，只是因为年纪还轻，还不够稳重，却承受了显赫的荣宠，表现出卓越的才能，高扬批评的言论，呈验褒贬的评议。于是追求权势者忌妒他的荣宠，争求名声者忌妒他的才能，明哲保身者非议他的高谈，有缺点罪过者忌讳他的评论。这些都是臣下应当详细分辨、圣明的君主应当深入了解的。从前，贾谊是非常忠诚的臣子，而汉文帝则是非常英明的君主，可是周勃、灌婴只消说一句话，就使贾谊贬退到遥远之地（长沙）。为什么呢？因为有人对他的忌恨很深，对他的诋毁也很巧妙。不过这样一来，（汉文帝的）错误就流传天下，过失就显露于后世了。孔子说：‘当君主难，做臣子也不容易。’张温虽然论智谋不像纵横家那样，论勇敢不是猛虎一般的战将，然而他那弘大文雅的气质、出色优秀的品德、文章的辞采、论辩的清晰，可说其卓越居群臣之上，光彩照耀当代，今世没有人比得上他的。因此，论张温的才能则感到可惜，论其罪过则可以饶恕。如果（您）能抑制威怒以赦免他，宽恕贤才以促进大业，这确实是圣明之朝美好的光辉，也是显现于天下的光彩景象。君臣的恩谊，是一切恩谊中最重大的，而朋友之间的交往，是一切交往中最轻易的。国家没有疑忌和暨艳之间形成最重的君臣恩谊，所以张温也不疑忌和暨艳结成最轻的朋友之交。这可说是当今朝廷宠爱暨艳于上，张温私下亲近他于下呀！为臣暗自在想，民众的君主虽然具有圣明睿智的品质、非同寻常的智慧，然而以一人之身，统治千千万万百姓，从高楼重重的深宫之内，眺望国土的四方八面，要想弄清楚群臣的真实情况，考求千万件机要事务的道理，还恐不容易做到完全周密啊。确应倾听、考察群臣的进言，来扩展自己聪明的显赫程度。现今人们非议张温太激切，为臣肯定张温更辛劳，言辞都很巧妙，心意都很极端，各自都说自己是想为国家考虑，谁会说自己想为私呢？仓猝之间，尚难以即刻分清。然而以殿下您的聪明睿智，来考虑双方议论的曲直是非，如果私下聚精会神加以深思，大小方面都作研究核实，那么有什么疑惑的内情不能公开、有什么隐蔽的事实不能显现呢？张温平素并不亲近为臣，为臣也不是偏爱张温的人。从前的正人君子，都抑制私人的成见，来增加君主的英明。他们尚且能遵行正道于前，为臣则耻于废弃正道于后，所以才在今天说出久藏在心里的话，向大王进献愚昧的意见，确实是想为开明的朝廷尽心，而不是对张温个人有什么惦念啊！”孙权最终还是不采纳骆统的请求。

骆统，字公绪，会稽人也。权召为功曹。统志在补察，苟所闻见，夕不待旦。常劝权以尊贤接士，勤求损益，飨赐之日，可人人别进，问其燥湿，加以密意，诱谕使言，察其志趣，令皆感恩戴义，怀欲报之心。权纳用焉，出为建忠郎将。

是时征役繁数，重以疫疠，民户损耗，统上疏曰："臣闻君国者，以据疆土为强富，制威福为尊贵，曜德义为荣显，永世胤为丰祚。然财须民生，强赖民力，威恃民势，福由民殖，德俟民茂，义以民行。六者既备，然后应天受祚，保族宜邦。《书》曰：'众非后无能胥以宁，后非众无以辟四方。'推是言之，则民以君安，君以民济，不易之道也。今强敌未殄，海内未乂，三军有无已之役，江境有不释之备，征赋调数，由来积纪；加以殃疫死丧之灾（旧无殃疫死丧之灾，补之），郡县荒虚，田畴芜旷，听闻属城，民户浸寡，又多残老，少有丁夫。思寻所由，小民无知，既有安土重迁之性，且又前后出为兵者，生则困苦，无有温饱，死则委弃，骸骨不反。是以尤用恋本畏远，同之于死。每有征发，羸谨居家重累者，先见输送；小有财货，倾居行赂，不顾穷尽；轻剽者则进入险阻，党就群恶。百姓虚竭，嗷然愁扰，愁扰则不营业，不营业则致穷困，致穷困则不乐生。故口腹急，则奸心动而携叛多也。夫国之有民，犹水之有舟，停则以安，扰则以危，愚而不可欺，弱而不可胜也。是以圣王重焉，祸福由之。故与人消息，观时制政。方今长吏亲民之职，惟以辨具为能，取过目前之急，少复以恩惠为治，副称陛下天覆之仁、勤恤之德者也。官民政俗，日以凋弊，渐以陵迟，势不可久。夫治疾及其未笃，除患贵其未深。愿陛下少以万机余闲，留神思省，补复荒虚，深图远计。臣统之大愿（旧无复荒至大愿十二字，补之），足以死而不朽矣。"权感统言，深加意焉。迁偏将军。数陈便宜，前后书数十上，所言皆善。

【译文】

骆统，字公绪，会稽郡（乌伤县）人。孙权召他担任功曹。骆统志在补救、考察政治得失，如果听到或看到应上奏的问题，总是连夜起草报告，决不等到明天。他常劝孙权要尊敬贤才、接纳士人，努力征求大家对政事的改革意见，设宴款待和颁发赏赐时，能做到逐人分别接见，依次询问生活状况，表示密切的关心，开导他们说话，以观察各自的志趣，使他们都感恩戴德，产生想努力报答的心愿。孙权采用了他的建议。后来他出任建忠中郎将。

当时向老百姓摊派的赋税和徭役很多，加上传染病流行，所以人口不断减少，骆统呈上一封奏疏说："为臣听说，统治国家的君主，以占据疆土来达到富强，以控制威福来达到尊贵，以显示道德仁义来达到荣耀，以后嗣永久不绝为厚福。然而财富要靠民众来创造，强盛要靠民众的力量来实现，威风要凭借民众的气势来烘托，福祉要由民众来增进，道德要由民众来兴盛，仁义要凭民众来推行。这六方面的条件具备了，然后才能顺应天意，接受帝王的基业，保护家族，造福国家。《礼记》中说：'民众没有君主，就不能相互安宁；君主没有民众，就不能开创天下。'由此推论，民众凭借君主得以安定，君主凭借民众才能成功，这是永恒的真理。如今北方的强敌还没有消灭，海内还没有安定，军队有打不完的战争，长江边境有不能撤除的防备，征收赋税次数频繁，从始至今多年未有缓解，加之又有瘟疫死亡的灾祸，郡县的城镇萧条，田野荒芜。听说下属各县邑，人口逐渐减少，现有人口中又有很多残废人和老年人，强壮的人很少。我思考探寻其中原因，觉得小民愚昧无知，既有安于故土不愿轻易迁居异地的本性，又因前后被征用去当兵者，活着的生活困苦，死了的被抛弃荒野，尸骨不能送回家乡，所以他们才极度眷恋本土，害怕从军远行就像害怕死亡一般。每次征兵，身体衰弱、为人老实而家庭负担重的男子，倒先被输送进军队。那些稍有钱财的，不惜倾家荡产去行贿，也不顾日后生活的穷困。那些轻捷剽悍者则逃入险峻的深山，去投靠那些作恶的匪徒。老百姓衣食困竭，哀叹愁苦困扰。愁苦困扰就无心从事生产，不从事生产则更招致穷困，招致穷困则不爱惜生命。所以在饥饿的逼迫下，人们就会萌动作恶的念头，相携背叛者就多了起来。国家拥有民众，就像水面托着舟船。水面静止，舟船就安定；水面动荡，舟船就危险。老百姓虽然愚昧却不可欺骗他们，虽然软弱却不可压迫他们。因此古代圣明帝王都重视这一点，认为祸福皆得之于他们。所以让百姓休养生息，根据时势制定适当的政策。如今治理民众的县级行政长官，只以征敛为能事，只想把眼前的急事应付过去，很少再有用施予恩惠来治理，与大王深广的仁慈、爱民的德泽相称的官员。官员的政治和民众的风俗，都在一天天衰败，像这样垮下去，势必不能持久。治病要趁病势不重时下药，除患要在祸患不深时动手。但愿陛下在日理万机之余，稍加留神考虑这些问题，从而补救、恢复衰虚的国力，制定长远的打算和计划。（若能这样，）为臣我的最大心愿就已满足，足以死而不朽了。”孙权有感于他的话，在这些问题上很是注意。后来骆统升任偏将军，又多次向孙权提出有益和适当的建议，前后上几十封奏疏，所说的都很对。

朱据，字子范，吴郡人也。拜左将军。嘉禾中，始铸大钱，一当五百。后据部曲应受三万缗，工王遂诈而受之。典校吕壹疑据实取，考问主者，死于杖下。据哀其无辜，以厚棺敛之。壹又表据吏为据隐，故厚其殡。权数责问据，据无以自明，籍草待罪数月。典军吏刘助觉，言王遂所取，权大感寤曰：“朱据见枉，况吏民乎？”乃穷治壹罪，赏助百万。

【译文】

朱据，字子范，吴郡（吴县）人，任左将军。嘉禾年间，开始铸造大钱，一枚当普通铜钱五百枚。后来，朱据的部下应领取三万串军饷，而铸造工匠王遂用欺骗手段把这笔钱据为己有。（负责监督官员的）中书典校郎吕壹，怀疑朱据确实得到全数军饷，就拷打审问朱据军中主管财务之官，结果该官员死在刑棍之下。朱据可怜他无辜被打死，用一副好棺木收敛安葬。吕壹又上表说朱据的部下为朱据隐瞒真情，所以朱据才为其厚葬。孙权为此多次责问朱据，朱据无法表明自己的清白，只得自行囚禁，坐在乱草上等待治罪，长达数月。（后来）负责军务的官员刘助发觉了真相，报告说是王遂拿了这笔钱，孙权恍然大悟，感叹道：“朱据尚且受到冤枉，何况是其他的官员百姓呢？”于是深入追查吕壹的罪行，赏赐刘助一百万钱。

**（吕效祖　张爱玲译）**

卷二十八

# 吴志治要（下）

陆逊，字伯言，吴郡人也。为镇西将军。刘备大率众来，权命逊为大都督拒之。备众奔溃。拜上大将军、右都护。逊虽身在外，乃心于国，上疏陈时事曰："臣以为科法严峻，下犯者多。顷年以来，将吏罹罪，虽不慎可责，然天下未一，当图进取，小宜恩贷，以安下情。且世务日兴，良能为先，自不奸秽人身，难忍之过，乞复显用，展其力效，此乃圣王忘过记功，以成王业也。昔汉高舍陈平之愆，用其奇略，终建勋祚，功垂千载。夫峻法严刑，非帝王之隆业；有罚无恕，非怀远之弘规也。"

赤乌七年，为丞相。先是，二宫并阙，中外职司，多遣子弟给侍。全琮报逊，逊以为子弟苟有才，不忧不用，不宜私出以要荣利，若其不佳，终为取祸，且闻二宫势敌，必有彼此，此古人之厚忌也。琮子寄，果阿附鲁王，轻为交构。逊书于琮曰："卿不师日磾，而宿留阿寄，终为足下门户致祸矣。"琮既不纳，更以致隙。及太子有不安之议，逊上疏陈："太子正统，宜有磐石之固；鲁王藩臣，当使宠秩有差。彼此得所，上下获安。谨叩头流血以闻。"书三四上，及求诣都，欲口论嫡庶之分，以匡得失。既不听许，而逊外甥顾谭、顾承、姚信，并以亲附太子，枉见流徙。太子太傅吾粲坐数与逊交书，下狱死。权累遣中使责让逊，逊愤恚致卒也。

子抗，字幼节，迁立节中郎将。权谓曰："吾前听用谗言，与汝父大义不笃，以此负汝。前后所问，一焚灭之，莫令人见也。"孙晧即位，加镇军大将军（旧无大将军，补之），督信陵等军事。抗闻都下政令多阙，时何定弄权，阉官与政。抗上疏曰："臣闻开国承家，小人勿用；靖谮庸回，唐书攸戒。是雅人所以怨刺，仲尼所为叹息也。春秋已来，爰及秦、汉，倾覆之衅，未有不由斯者也。小人所见既浅，虽使竭情尽节，犹不足任，况其奸心素笃，而憎爱移易哉？苟患失之，无所不至。今委以聪明之任，假以专制之威，而冀雍熙之声作，肃清之化立，不可得也。方今见吏，殊才虽少，然或冠冕之胄，少渐道教，或清苦自立，资能足用，自可随才授职，抑黜群小，然后俗化可清，庶政无秽。"

闻薛莹征下狱，抗上疏曰："夫俊乂者，国家之良宝，社稷之贵资，庶政所以伦叙，四门所以穆清也。故大司农楼玄、散骑中常侍王蕃、少府李勖，皆当世秀颖，一时显器。既蒙初宠，从容列位，而并旋受诛殛，或圮族替祀，或投弃荒裔。盖《周礼》有赦贤之辟，《春秋》有宥善之义。《书》曰：'与其杀不辜，宁失不经。'而蕃等罪名未定，大辟以加，心经忠义，身被极刑，岂不痛哉！且已死之刑，固无所识，至乃焚烁流漂，弃之水滨，惧非先王之正典，或甫侯之所戒也。是以百姓哀耸，士民同戚。蕃、勖永已，悔亦靡及，诚望陛下赦召玄出，而顷闻薛莹卒见逮录。莹父综，纳言先帝，傅弼文皇，及莹承基，内厉名行，今之所坐，罪在可宥。臣惧有司未详其事，如复诛戮，益失民望，乞垂天恩，原赦莹罪，哀矜庶狱，清澄刑网，则天下幸甚！"

【译文】

陆逊，字伯言，吴郡（吴县）人，任镇西将军。刘备率领大军杀来，孙权任命陆逊为总指挥官前去抗击。刘备大军溃败奔逃。孙权提升陆逊为上大将军、右都护。陆逊虽身在京城之外，却一心忧虑国事，上奏孙权陈述当时的政事说："为臣认为法令条款过于严厉，下面违犯的就会增多。近年以来，将领官员有不少人被治罪。虽然他们自己不谨慎应当受到责罚，但是现今天下尚未统一，应当考虑进取的大事，所以最好稍施恩惠，给予宽恕，以安定下面的情绪。再说，当今事务日益增多，使用优秀能干的人才是当务之急，只要不是狡诈邪恶集于一身罪过难以容忍的人，请陛下能再度显扬、使用，让他们有机会施展其能力和效用。这是圣明帝王忘记臣僚过错而记住他们功劳以求完成大业的方法。从前汉高祖不计较陈平的缺点，采用他奇特的谋略，终于建立了功勋和基业，功垂千载。严刑峻法，不是帝王的崇高事业；有罚无恕，也不是招引远方民众归顺的宏大规划啊！"

赤乌七年，陆逊为丞相。在此之前，太子孙和与鲁王孙霸两处宫府的官员都有不少空缺，朝廷内外在职官员，很多人都把自己的子弟派去做太子和鲁王的侍从。全琮向陆逊报告（说自己也想这么做），陆逊认为，子弟如果有才能，用不着担忧没有官做，不应当私下派去谋取名利；如果子弟不成才，那终究要招致灾祸。而且，他听说太子与鲁王势力相当，必定会有彼此间的争斗，这是古人的大忌。全琮的儿子全寄果然支持亲附鲁王孙霸，轻率地进行勾结和陷害的活动。陆逊写信给全琮说："你不效法金日磾（杀掉儿子），而把阿寄留在鲁王宫中，终归要给你的家族招惹祸事的。"全琮不但不听他的话，反而和他产生情谊上的裂痕。到了太子孙和有可能被废黜的议论出现后，陆逊上奏疏陈述说："太子代表正统，地位应当像巨石那样稳固，鲁王只是藩王和臣僚，应当使他们的恩宠等级有所差别。这样，则可使彼此各得其所，上下都得到安定，为臣谨叩头流血向陛下报告。"他一连呈上了三四封奏疏，又请求到京都，想亲口向孙权说明嫡庶的分别，以匡正孙权的过失。他的请求既没有得到允许，而且他的外甥顾谭、顾承、姚信，都因为亲附太子，徒然被撤职流放。太子太傅吾粲因多次与陆逊互通书信而被治罪，关进监狱后死去。孙权又不断派出宫廷使者去责备陆逊，陆逊因极度气愤而导致死亡。

陆逊之子陆抗，字幼节，升任立节中郎将。孙权对他说："朕此前听信谗言，与你父亲的君臣之义没能善始善终，因此对不住你。朕前后追问你们父子的文书，一概焚毁吧，不要让别人看到。”孙晧即位为帝后，加封陆抗任镇军大将军，并担任信陵等地的总指挥官。陆抗听说京都的政令多有失误，且当时孙晧的宠臣何定操纵权力，宦官也来干预政治，便呈上奏疏说：“为臣听说，开创国家，继承政权，都不能使用小人；安于谗言、任用奸邪，是唐尧时典籍中所警戒的。这些都是正直之人所斥责的，也是孔子所为之叹息的。自春秋时期以来，直到秦、汉二朝，凡是国家遭到覆灭的灾祸，没有不是因听信小人而造成的。小人见识非常短浅，即使竭尽其忠情与节操，依然不能胜任，何况他们素来深藏奸心、憎爱极易变化呢？他们如果担心自己会失去利益，那就什么事也干得出来。而今陛下让他们充当耳目，授给他们专断的威权，而希望国家有和谐兴旺的景象产生、政治上整肃清明的教化出现，这是不可能实现的。如今现有的官员，特别出色的人才虽然少，然而他们当中有的是大臣贵族的后代，从小就在道义教育方面受到熏陶，有的在清寒艰苦的家境中成长自立，其品质才能足以为国家所任用，因此可以根据他们的才能授给职务，（从而）抑制和贬黜那些小人，然后风俗教化才能清静，各项政事才不会出现丑恶现象。”

陆抗听说薛莹被征召进京后关进监狱，就呈上奏疏说：“优秀的人才是国家的上等宝物，是皇朝的珍贵财富，他们使各种政事有条有理，使京城的四门和睦安静。已故的大司农楼玄、散骑中常侍王蕃、少府李勖，都是当今英才、一代突出人物，当初很受朝廷的恩宠，从容地排列朝班，然而又都很快被陛下诛杀，有的整个家族毁灭因而断绝祭祀，有的则被流放到很边远的地方。《周礼》上有赦免贤才的法规，《春秋》中有宽宥君子的义理。《尚书》说：‘与其杀了无辜的人，宁可放过有罪之人。’王蕃等人的罪名都还没有确定，却已被处死刑。他们心怀忠义，身遭极刑，岂不令人悲痛啊！再说已经处死的犯人，本来毫无知觉，又要加以焚烧并把残骸丢入水中漂走，或者把尸体抛弃到江河之滨，恐怕这不是前代君主的典章制度，或许就是从前甫侯告诫过的事啊。因此才造成百姓悲哀恐惧，官员和民众共同担忧。王蕃、李勖是永远消失了，后悔也来不及了，实在盼望陛下赦免楼玄出狱。最近又听说薛莹突然被捕受审。薛莹的先父薛综，曾在大皇帝身边担任尚书台的官职，文皇帝做太子时，他又是辅导老师。及至薛莹继承先人的事业后，严格修养品行名节，现今他所犯的罪，完全可以宽宥。为臣害怕有关部门的官员没有详细了解情况，如果又加以诛杀，会更加使民众失望。请求陛下施以圣恩，赦免薛莹的罪过，怜悯众多的罪犯，清理繁密的刑法条文，那天下人民就会感到很幸运啊！”

孙登，字子高，权长子也。权为吴王，立登为太子，选置师傅，铨简秀士，以为宾友。登或射猎，远避良田，不践苗稼，至所顿息，又择空闲之地，其不欲烦民如此。尝乘马出，有弹丸过，左右求之。有一人操弹佩丸，咸以为是，辞对不服，从者欲捶之。登不听，使求过丸，比之非类，乃见释。又失盛水金马盂，觉得其主，左右所为，不忍致罚，呼责数之，长遣归家，敕亲近勿言。

【译文】

孙登，字子高，是孙权的长子。孙权为吴王后，立孙登为太子，为他选设辅导老师，又挑选一批优秀人才，作为他的宾客朋友。孙登有时出外射猎，常常远避农田，从不践踏庄稼。到了暂时停猎休息时，又总是挑选没有耕种的空地。他就是这样不想打扰民众。他曾经乘马出游，忽然有一颗弹丸从眼前飞过，侍卫马上去搜寻发射弹丸之人，结果发现附近确实有一个人手拿弹弓，身带弹丸。侍卫都认为就是他干的，但是那人却不承认。侍卫想动手打他，孙登不准，派人去找到那颗从眼前飞过的弹丸，与那人所带弹丸一比，并不一样，那人即被释放。又有一次孙登丢了一只用金马作装饰的水盂，发觉了偷窃者，原来是自己身边的一名侍从所为，他不忍心给予重罚，只是把那人叫来责备了一番，然后遣送回家（不再使用），并且指示亲近随从不要把这件事情说出去。

孙和，字子孝。立为太子。常言，当世士人宜讲修术学，校习射御，以周世务，而但交游博奕，以妨事业，非进取之谓。后群寮侍宴，言及博奕，以为妨事费日，而无益于用，劳精损思，而终无所成，非所以进德修业、积累功绪也。且志士爱日惜力，君子慕其大者。凡所患者，在于人情所不能绝，诚能绝无益之欲，以奉德义之途，弃不急之务，以修功业之基，其于名行，岂不善哉？夫人情犹不能无嬉娱，嬉娱之好，亦在于饮宴琴书射御之间，何必博奕以为欢。乃命侍坐者八人，各著论以矫之。于是中庶子韦曜，退而论奏，和以示宾客。时蔡颖好奕，直事在署者颇效焉，故以此讽之。是后王夫人与全公主有隙。权尝寝疾，和祠祭于庙，和妃叔父张休居近庙，邀和过所居。全公主使人觇，因言太子不在庙中，专就妃家计议。又言王夫人见上寝疾，有喜色。权由是发怒，夫人忧死，和宠稍损，惧于废黜。鲁王霸觊觎滋甚，陆逊、吾粲、顾谭等，数陈嫡庶之义，理不可夺，全寄、杨竺等为霸支党，谮诉日兴。粲遂下狱诛，谭徙交州。权沉吟者历年〔殷基《通语》曰："初权既立和为太子，而封霸为鲁王，初拜犹同宫室，礼秩未分，群公之议，以为太子、国王，礼秩有异，于是分宫别僚，而隙端开矣。自侍御宾客，造为二端，仇党疑贰。中外官僚将相大臣，举国中分。权患之，于是有改嗣之规矣。"〕，后遂幽闭和。于是骠骑将军朱据、尚书仆射屈晃，率诸将吏泥头自缚，连日诣阙请和。权甚恶之，无难督陈正、五营督陈象上书，称引晋献公杀申生，立奚齐，晋国扰乱，又据、晃固谏不止。权大怒，族诛正、象，牵晃入殿，杖一百〔《吴历》曰："晃入，口谏曰：'太子仁明，显闻四海。今三方鼎峙，实不宜摇动太子，以生众心。愿陛下少垂圣虑，老臣虽死，犹生之年。'叩头流血，辞气不挠。讳晃言，斥还田里。"〕，竟徙和于故鄣，群司坐谏诛放者十数。众咸冤之〔吴书》曰："权寝疾，意颇感寤，欲征和还立之，全公主及孙峻、孙弘固争之，乃止。"〕。封和为南阳王，遣之长沙。诸葛恪被诛，孙峻遣使者赐死。举邦伤焉。

【译文】

孙和，字子孝，被立为太子。孙和常说："现代的读书人应当研修学术，还应练习射箭骑马，以适应政事之需，然而有的人却只乐于结交朋友、局戏围棋，妨害了正业，这不是勤于进取的做法。"后来他和侍从官员饮宴，谈到了局戏围棋，也认为这项娱乐妨害正事、耗费时间，而没有实际的用处，劳累精神，损害心绪，而终究无所成就，不能用来培养品德、增进学业，更不能用来建立功业。有志之士爱惜时间和精力，君子仰慕伟大的事业，令人担忧的就在于，人之性情常常不能断绝那些欲念。如果真能断绝无益之欲，以遵行道德仁义之途，抛开不紧要之务，来研修搏取功业的基础能力，这对自己的名声品行，岂不更好吗？就人的感情而言，也不能没有娱乐，但娱乐的喜好，也可以在饮宴、抚琴、书法、射箭、骑马当中选择，何必只在下棋中寻求欢乐？于是，孙和请在座的八位侍臣，各自写一篇议论来矫正人们沉溺于交游、下棋的毛病。当时，太子中庶子韦曜退席后写了一篇议论上奏，孙和把它拿给宾客们传看。当时孙和的侍臣蔡颖酷爱下围棋，在官署中值班的人大都受他影响跟着学，所以孙和用这种办法进行劝戒。此后，孙和的生母王夫人与孙权的大女儿全公主有矛盾。孙权有一次生病卧床，孙和前往神庙祭礼祈求保佑，而孙和妃子张氏的叔父张休，就住在神庙附近，邀请孙和到他家去坐坐。全公主派人偷偷侦察（这个异母弟的行踪）并趁机向孙权报告，说太子不在神庙中祈祷，一直在张妃的娘家秘密商量事情，又说王夫人看到皇上生病卧床，面带喜色。孙权因此勃然大怒，王夫人受斥责后心中忧恐而去世，孙和所受到的宠爱也逐渐衰减，担心自己会被废黜。这时鲁王孙霸对太子位置的觊觎更加强烈，陆逊、吾粲、顾谭等人多次（向孙权）陈述嫡庶的区别，认为太子的地位依礼不能动摇。而全寄、杨竺等是孙霸的支持者，他们对太子一方的谗言诽谤日益加剧。结果，吾粲被抓进监狱处死，顾谭被流放到交州。孙权犹豫不决好几年（殷基《通语》上说：当初孙权立孙和为太子，而封孙霸为鲁王，开始时和宫中一样，礼节次序品级都没有差别，大臣们议论纷纷，认为太子和诸侯在礼节等级上应当有所不同，于是让他们分两宫而居，各自分配官吏，而分歧也由此出现了。侍从的宾客形成两派，互相仇视猜忌。宫中宫外的官僚、将相大臣，全国官员都分成两派。孙权感到不安，于是有了改换继承人的计划。），后来终于下令把孙和软禁起来。这时，骠骑将军朱据、尚书仆射屈晃带领一些将领官员，叩头至地并自缚其身，连日在皇宫大门口为太子孙和求情。孙权非常厌烦。（京城驻军中）无难分部的指挥官陈正、五营分部的指挥官陈象共同上书，引用晋献公杀死太子申生别立奚齐为太子而致晋国发生动乱的事例，加上朱据、屈晃又坚持劝谏不止，孙权大怒，下令诛灭了陈正、陈象的家族，又把屈晃拉进殿堂，打了一百刑棍（《吴历》上说：屈晃走了进来，连日固谏道：太子懂得仁爱、明白事理，名声遍及四海。如今三足鼎立，实在不宜动摇太子之位，以让大家安心，希望陛下好好考虑一下，老臣我即便因此而死，也如同活着一样。于是叩头到血流不止，辞气不挠。孙权没有听取屈晃的意见，将其斥归田里），最终还是将孙和流放到故鄣县，朝廷官员中因进谏而被诛杀、流放者有十多人。众人都为这一事件中的受害者感到冤枉（《吴书》说：孙权患病，心中颇有感触和醒悟，想召回孙和再立他为太子。因全公主和孙峻、孙弘坚持反对，只好作罢）。后孙权重新封孙和为南阳王，遣送他到长沙郡居住。诸葛恪被诛杀后，执政的孙峻派使者赐孙和死。国人都为此悲伤不已。

孙霸，字子威，和弟也。和为太子，霸为鲁王，宠爱崇特，与和无殊。顷之，和、霸不穆之声闻于权耳，权禁断往来。时全寄、吴安、孙奇、杨竺等阴共附霸，图危太子。谮毁既行，太子以败，霸亦赐死。流竺尸于江，又诛寄、安、奇等，咸以党霸构和故也。

【译文】

孙霸，字子威，是孙和的弟弟。孙和当了太子，孙霸封为鲁王。孙权对鲁王特别宠爱和优待，与太子孙和没有区别。（没有多久）孙和、孙霸不相和睦的消息传到孙权耳朵里，孙权就禁止两兄弟与外界往来。当时全寄、吴安、孙奇、杨竺等人暗中依附孙霸，图谋危害太子。他们的谗言诋毁产生作用之后，太子因此而倒败，孙霸也被孙权下诏赐死。杨竺被处死后尸体丢进长江。（孙权）又诛杀了全寄、吴安、孙奇等人，都由于他们偏护孙霸而陷害孙和之故。

潘濬，字承明，武陵人也。权称尊号，拜为少府〔《江表传》曰："权数射雉，濬谏权，权曰：'相与别后，时时暂出耳，不复如往日之时。'濬曰：'天下未定，万机务多，射雉非急，弦绝括破，皆能为害，乞特为臣故息置之。'濬出，见雉翳故在，乃手自撤坏之。权由是不复射雉。”〕迁太常。时校事吕壹，操弄威柄，奏按丞相顾雍、左将军朱据等，皆见禁止。濬求朝，欲尽辞极谏。至，闻太子登已数言之而不见从，濬乃大请百寮，欲因会手刃杀壹，以一身当之，为国除患。壹密闻知，称疾不行。濬每进见，无不陈壹之奸险也。由此壹宠渐衰，后遂诛戮。权引咎责躬也。

【译文】

潘濬，字承明，武陵郡（汉寿县）人。孙权称帝，委任他为少府（《江表传》上说：“孙权多次射雉鸡，潘濬劝孙权，孙权说：“和你分开后，只是有时出去打猎，不再和以前一样了。”潘濬说：“天下还没有平定，各种政务繁忙，射雉不是急事，弓弦折断、弓括破损，都能带来祸害，请您看在臣的面子上，停止这种做法！”潘濬出宫时，看见用雉鸡毛做的华盖还在，就动手把它扯碎了。孙权从此不再射雉鸡），后又升任太常。当时中书典校郎吕壹操纵威权，上奏请求查办丞相顾雍、左将军朱据等人，这些大臣的行动都受到限制。潘濬请求朝见孙权，想把心中的话都说出来对孙权竭力劝谏。他到达建业之后，听说太子孙登已经多次向孙权进言（要求斥退吕壹等人）而孙权却不听从，潘濬就大摆宴席邀请朝廷百官，打算借此聚会亲手用刀杀死吕壹，然后自己承担全部罪责，为国家铲除祸患。吕壹暗中得知消息，称病未去（参加宴会）。潘濬每次进宫见孙权，没有哪一次不陈述吕壹的奸险。从此吕壹受到的宠任逐渐衰减，后来终被诛杀。孙权为之引咎自责。

陆凯，字敬风，吴郡人也。孙晧立为左丞相。时徙都武昌，杨土百姓溯流供给，以为患苦，又政事多谬，黎元穷匮。凯上疏曰：“臣闻有道之君，以乐乐民；无道之君，以乐乐身。乐民者，其乐弥长；乐身者，不久而亡。夫民者，国之根也，诚宜重其食，爱其命。民安则君安，民乐则君乐。自顷年以来，君威伤于桀纣，君明暗于奸雄，君惠闭于群孽。无灾而民命尽，无为而国财空，辜无罪，赏无功，使君有谬误之愆，天为作妖。而诸公卿媚上以求爱，困民以求饶，导君于不义，败政于淫俗，臣窃为痛心。今邻国交好，四边无事，当务息役养士，实其府库，以待天时。而更倾动天心，搔扰万姓，使民不安，大小呼嗟，此实非保国养民之术也。

昔秦所以亡天下者，但坐赏轻而罚重，刑政错乱，民力尽于奢侈，目眩于美色，志浊于财宝，邪臣在位，贤哲隐藏，百姓业业，天下苦之，是以遂有覆巢破卵之忧。汉所以强者，躬行诚信，听谏纳贤，惠及负薪，躬请岩穴，广采博察，以成其谋。此往事之明证也。近者汉衰，三家鼎立，曹失纲纪，晋有其政。又益州危险，兵多精强，闭门固守，可保万世，而刘氏与夺乖错，赏罚失所，君恣意于奢侈，民力竭于不急，是以为晋所伐，君臣见虏。此目前之明验也。

臣暗于大理，文不及义，智慧浅劣，无复冀望，窃为陛下惜天下耳。臣谨奏耳目所闻见，百姓所为烦苛，刑政所为错乱，愿陛下息大功，损百役，务宽荡，忽苛政。

又武昌土地，实危险而塉埆，非王都安国养民之处。且童谣言：‘宁饮建业水，不食武昌鱼；宁还建业死，不止武昌居。’臣闻童谣之言，生于天心，乃以安居而比死，足明天意，知民所苦也。臣闻：‘国无三年之储，谓之非国。’而今无一年之畜，此臣下之责也。而诸公卿位处人上，禄延子孙，曾无致命之节、匡救之术，苟进小利于君，以求容媚，荼毒百姓，不为君计也。自从孙弘造义兵以来，耕种既空废，所在无复输入，而分一家，父子异役，廪食日张，畜积日耗，民力困穷，鬻卖儿子，调赋相仍，日以疲极。加有临官，务行威势，所在搔扰，更为烦苛。民苦二端，财力再耗，此为无益而有损也。愿陛下一息此辈，以镇抚百姓之心。此犹鱼鳖得免毒蜇之渊，鸟兽得离罗网之纲，四方之民襁负而至矣。如此，民可得保，先王之国存焉。

臣闻：'明王圣主取士以贤，非求颜色而取好服、捷口、容悦者也。'臣伏见当今内宠之臣，位非其人，任非其(旧无人任非其四字，补之）量，不能辅国匡时，群党相扶，害忠隐贤。愿陛下简文武之臣，各尽其忠，拾遗万一，则康哉之歌作，刑错之理清。愿陛下留神，思臣愚言。"

【译文】

陆凯，字敬风，吴郡（吴县）人。孙晧当皇帝后，陆凯升任左丞相。时逢孙晧下令迁都武昌，扬州地区的百姓须溯长江而上，运去大量供给朝廷使用的物品，深感痛苦，再加上朝廷政事多有谬误，弄得黎民百姓穷困不堪。陆凯为此呈上奏疏说："臣听说有道之君，用乐事来使民众快乐；无道之君，用乐事来使自己快乐。使民众快乐者，其快乐将更长久；使自己快乐者，不久便将会失去。民众是国家之本，确应重视他们的吃饭问题，爱护他们的生命。民众安定，君主才会安定；民众快乐，君主才会快乐。自近年以来，君主的威望被类似夏桀、商纣的举动所损伤，君主的英明被奸雄们弄得黯然失色，君主的恩惠被一批邪恶小人所阻塞。未有灾荒而民众却丧失生命，没有兴办大事而国家却财政空虚，受罚的人毫无罪过，受赏的人毫无功劳，从而使得君主有施政谬误的过失，上天也为之显现异常的现象。但是，朝廷的公卿大臣都讨好君主以谋求宠爱，压榨百姓以求得富贵，引导君主走上邪路，使淫乱的风俗败坏政治，为臣私下深感痛心。而今邻近的晋国与我们友好，四方边境没有战事，应务求停止劳役、教育士兵，充实仓库储备，以等待天时一统天下。但陛下却改变上天的意旨，骚扰百姓，使人民不得安定，不论年龄大小都悲呼哀叹，这确实不是保国养民的办法啊。

从前，秦朝之所以丢了天下，就是因为赏赐轻而处罚重，刑罚政令混乱，民力被君主的奢侈耗费净尽，君主的眼睛被美色弄得眼花缭乱，心志被财宝腐蚀污染，奸臣身处要职，贤哲隐居退避，百姓畏惧不安，天下人深感痛苦，因此就有国家覆灭的忧患。汉朝之所以强盛，就是因为君主躬行诚信，听取劝告，招纳贤才，恩惠下及背柴卖草之人，亲自聘请山中隐士出来做官，广泛听取臣民意见，从而成就其宏大规划。这些都是以往历史的明证。近代汉朝衰落时期，三国鼎立，曹魏丧失纲常法纪，晋国才取代它的政治地位。还有，益州地形陡峻险要，士兵大多精强力壮，如果闭门固守，可以永保万世基业，然而刘禅取舍有误，赏罚失当，君主纵情于奢侈，民力尽耗于不紧急之事，所以被晋军讨伐，君臣皆为俘虏。这是眼前发生的明证啊。

为臣愚昧，不识大体，文辞难以表达义理，智慧浅薄低劣，没有什么更大的希图，只有暗暗为陛下的天下可惜。为臣谨慎地呈奏自己的所见所闻。这些事对百姓而言，繁杂苛刻；对国家刑政而言，错杂混乱。希望陛下停止修建大型工程，去除各种劳役，致力于施行宽大的政策，减轻民众苛重的负担。

武昌地区存在危险且土地瘠薄，不是作为都城来安定国家养育民众的地方。而且童谣唱道：‘宁饮建业水，不食武昌鱼；宁回建业死，不在武昌居。’臣听说人间的童谣，实际上出自上天之意，把定居武昌同死亡相比，足以明白上天的旨意、知晓民众对迁都的苦恼。为臣听说：‘一个国家如果没有够用三年的粮食物资储备，就不能成其为国家了。’可是我国现今连一年的储备也没有，这个责任要由朝廷的臣僚承担。然而各位公卿位处众人之上，俸禄传及子孙，从来没有献身为国的节操、补救政治的建议，而是苟且向君主呈送一些小的好处，以求君主宠爱自己。这实际上是摧残百姓，完全不为君主的前途着想。自从孙弘创建义务兵以来，农田耕种荒废，到处都无法向国家上交赋税，而且还把一家人分开，父子在不同地区服役，使得官府供给的口粮一天天增加，仓库中的积蓄一天天减少。老百姓困窘贫穷，只得出卖儿女。各种人头税、土地税的征收连续不断，百姓日益精疲力竭。再加上层层有监督的官员，都尽力行使其威风和权力，所到之处，无不扰民，使政策更加烦琐苛刻。人民受到这两类官员造成的痛苦，钱财人力再度耗费，这不仅没有益处，反倒造成损害。但愿陛下一律停止派用这类官员，以安定抚慰百姓之心。这样做就像使鱼鳖脱离充满毒刺的深渊、鸟兽脱离罗网的束缚，四方之民就会背负婴儿前来归顺了。果能如此，那么民众还可以保有，先帝传下来的国家还可以存在。

为臣听说圣明的君主选取人才以是否贤能为标准，不是看容貌是否俊美，也不看衣服是否华丽、嘴巴是否会说、是否会迎合讨好自己。为臣暗自观察当今陛下内心宠爱的那些朝臣，人品和官位不相称，气量和职权不相称，不但不能辅助国家、匡正时弊，反而结成帮派，相互扶持，陷害忠良，压制贤才。希望陛下慎选文武大臣，让他们各尽其忠诚，对政治上万一出现的遗漏加以弥补。这样，政治清明的赞歌就会唱起，刑罚搁置的道理就会明晰。但愿陛下能留神想一想为臣这些话。”

时殿上列将何定，佞巧便僻，贵幸任事，凯面责定曰：“卿见前后事主不忠，倾乱国政，宁有得以寿终者？何以专心奸邪，秽尘天听？宜自改厉。不然，方见卿有不测之祸矣。”定大恨凯，思中伤之，凯终不以为意，乃心公家，义形于色。疾病，皓遣中书令董朝，问所欲言，凯陈：“何定不可任用，宜授外任，不宜干与事（干与事今本作委以国事）。姚信、楼玄、贺邵、张悌、郭逴、薛莹，或清白忠勤，或姿才卓茂，皆社稷之桢干，国家之良辅，愿陛下重留神思，访以时务。”皓遣亲近赵钦，口诏报凯曰：“孤动遵先帝，有何不平？君所谏非也。又建业宫不利，故避之，而宫室衰耗，何以不可徙乎？”

【译文】

当时负责殿堂警卫的将领何定，为人奸滑，善于逢迎谄媚，受到孙皓的宠信而担任要职，陆凯当面责备他说：“你看古往今来侍奉君主不忠心、扰乱朝政的奸臣，难道有得以善终的吗？你为什么只做奸邪之事，使圣上的耳朵蒙上污秽和尘土？你要好生改悔，不然的话，就要看到你遭受不测之祸了。”何定因此对陆凯恨之入骨，总想找机会中伤他。陆凯始终不在意，一心为公，忠义显现于神色。陆凯患病，孙皓派中书令董朝去问他想留下什么话，陆凯说：“何定不可任用，应当授给他宫廷以外的闲职，不能让他参与政事。姚信、楼玄、贺邵、张悌、郭逴、薛莹六人，有的清廉纯洁，忠诚勤恳，有的品质才能卓越美好，都是国家的支柱，朝廷的优秀辅佐，但愿陛下多多留心，向他们咨询政事。”孙皓派遣亲近侍从赵钦，口头传达自己对陆凯此前上表的答复说：“朕一举一动都遵从先帝的遗训，有什么不合适的呢？你所作的劝谏是不对的。因为建业的皇宫住着不吉利，所以要迁出躲避，而且宫室已衰旧零落，为什么不能迁移呢？”

凯上疏曰：“臣窃见陛下执政事以来，阴阳不调，五星失晷，职司不忠，奸党相扶，是陛下不遵先帝之所致也。夫王者之兴，受之于天，修之由德，岂在宫乎？而陛下不咨之公辅，便盛意驱驰，六军流离，就令陛下身得安，百姓愁劳，何以用治？此不遵先帝一也。臣闻有国以贤为本，夏杀龙逄，殷获伊挚，斯前世之明效，今日之师表也。中常侍王蕃，黄中通理，处朝忠謇，斯社稷之重镇、大吴之龙逄也。而陛下忿其苦辞，恶其直对，枭之殿堂，尸骸暴弃。邦内伤心，有识悲悼，咸以吴国夫差复存。先帝亲贤，陛下反之，是不遵先帝二也。臣闻宰相，国之柱也，不可不强，是故汉有萧、曹之佐，先帝有顾、步之相。而万彧琐才凡庸之质，昔从家隶，超步紫闼，于彧已丰，于器已溢，而陛下爱其细介，不访大趣，荣以尊辅，越尚旧臣，贤良愤惋，智士赫咤，是不遵先帝三也。先帝爱民过于婴孩，民无妻者以妾妻之，见单衣者以帛给之，枯骨不收而取埋之。而陛下反之，是不遵先帝四也。昔桀纣灭由妖妇，幽厉乱在嬖妾。先帝鉴之，以为身戒，故左右不置淫邪之色，后房无旷积之女。今中宫万数，不备嫔嫱，外多鳏夫，女吟于中，是不遵先帝五也。先帝忧劳万机，犹惧有失。陛下临祚以来，游戏后宫，眩惑妇女，乃令庶事多旷，下吏容奸欺，是不遵先帝六也。先帝笃尚朴素，服不纯丽，宫无高台，物无雕饰。而陛下征调州郡，竭民财力，土被玄黄，宫有朱紫，是不遵先帝七也。先帝外杖顾、陆、朱、张，内近胡综、薛莹，是以庶绩雍熙，邦内清肃。今者外非其任，内非其人，陈声、曹辅，斗筲小吏，先帝之所弃，而陛下幸之，是不遵先帝八也。先帝每宴见群臣，抑损醇醲，臣下终日无失慢之尤。而陛下拘以视瞻之敬，惧以不尽之酒，无异商辛长夜之饮，是不遵先帝九也。昔汉之桓、灵，亲近宦竖，大失民心。今高通、羊度，黄门小人，而陛下赏以重爵，权以战兵。若江渚有难，则度等之武不能御侮明矣，是不遵先帝十也。今宫女旷积，而黄门复走州郡，条牒民女，有钱则舍，无钱则取，怨呼道路，母子死诀，是不遵先帝十一也。先帝在时，亦养诸王太子，若取乳母，其夫复役，赐与钱财，时遣归来，视其弱息。今则不然，夫妇生离，夫故作役，儿从后死，家为空户，是不遵先帝十二也。先帝叹曰：'国以民为（旧无空户至民为十八字，补之）本，民以食为天，衣其次也，三者，孤存之于心。'今则不然，农桑并废，是不遵先帝十三也。先帝简士，不拘贵贱，任之乡闾，效之于事，举者不虚，受者不妄。今则不然，浮华者登，朋党者进，是不遵先帝十四也。先帝战士，不给他役，江渚有事，责其死效。今之战士，供给众役，廪赐不赡，是不遵先帝十五也。夫赏以劝功，罚以禁邪，赏罚不中，则士民散失。今江边将士，死不见哀，劳不见赏，是不遵先帝十六也。今在所监司，已为烦猥，兼有内使，扰乱其中，一民十吏，何以堪命？是不遵先帝十七也。夫校事，吏民之仇。先帝末年，虽有吕壹、钱钦等，皆诛夷以谢百姓。今复张立校曹，纵吏言事，是不遵先帝十八也。先帝时，居官者咸久于其位，然后考绩黜陟。今州郡职司，或莅政无几，便征召迁转，纷纭道路，伤财害民，于是为甚，是不遵先帝十九也。先帝每察竟解之奏，常留心推接，是以狱无冤囚，死者吞声。今则违之，是不遵先帝二十也。若臣言可录，藏之盟府。如其虚妄，治臣之罪。愿陛下留意。"

【译文】

于是陆凯又上疏说："为臣私下看到陛下当政以来，阴阳之气不调，木、火、土、金、水五星的运行反常，任职官员不尽忠心，结成奸党相互扶持，这是陛下不遵先帝之法所致。帝王的兴起，受命于上天，修成这样的福分靠自身的德行，何在于宫室呢？陛下不向三公等辅政大臣咨询，就决意要长途驰驱而迁都，使六军转徙离散，就算迁都能使陛下自身得以安稳，但百姓愁苦劳碌，怎么能治理好国家呢？这是陛下不遵先帝遗范的第一条。为臣听说拥有国家的君主把贤才视为根本，夏桀杀龙逢（而灭亡），商汤用伊尹（而兴起），这是前代已证明的，也是今时应借鉴的。中常侍王蕃，是个通达事理之人，在朝廷中为人忠诚正直，是国家的重臣、大吴国的龙逢啊！然而陛下愤恨其逆耳的忠言，厌恶其直率的对答，在殿堂上砍其头颅，尸身被残忍抛弃。国内的人都为之伤心，有识之士更是悲悼不已，都认为从前吴国的昏君夫差又活在世间了。先帝亲近贤才，陛下却完全相反。这是陛下不遵先帝遗范的第二条。为臣听说宰相是国家的支柱，不能不强干有力。所以汉朝有萧何、曹参作为辅佐，先帝有顾雍、步骘充任丞相。而万彧才能微小，品质凡庸，以前只是家庭奴仆，跃升为宫廷侍从官员。这对他自身来说，已是厚待；就其才能而言，已是用之过度。然而陛下喜爱他的细小之处，不考察他的大节志趣，使他荣任尊贵的辅政大臣，越居有功的老臣之上，致使贤臣愤怒叹息，使有才智者感慨万端。这是陛下不遵先帝遗范的第三条。先帝爱护民众胜过自己的婴儿，下民没有妻子的宁肯把自己的小妾转嫁其为妻，衣服单薄的送给他们布帛，枯骨没有人收敛的派人去拾取埋葬，而陛下则完全相反。这是陛下不遵先帝遗范的第四条。从前夏桀、商纣的灭亡由于迷恋妖冶的妇女，周幽王、周厉王时发生动乱起因于喜爱男宠和小妾。先帝看到这些记载，便以此作为自身的鉴戒，所以身边不安置淫邪的美色，后宫没有闲置多余的女子。而今宫中有上万女子，不可能都有机会当上妃嫔，宫外有许多鳏夫，而宫内又有大量不能正常婚配的怨女。这是陛下不遵先帝遗范的第五条。先帝日夜为诸多国家大事而忧劳，依然害怕有失误。而陛下登基以来，在后宫纵情游乐，迷恋女色，使得各种政事荒废很多，而容忍下面的官员作恶、欺诈，这是陛下不遵先帝遗范的第六条。先帝崇尚朴素，衣服不要求精美，宫中没有修建高高的楼台，器物不加雕刻装饰，然而陛下向各州郡横征暴敛，耗尽民众的钱财人力，地面铺的是各种颜色的席、毯，殿堂到处都用红紫彩色涂饰。这是陛下不遵先帝遗范的第七条。先帝在外务上依仗的是顾雍、陆逊、朱据、张昭等人，在宫内亲近的是胡综、薛莹，所以各项事业显得和谐兴盛，国内秩序清静整肃。如今宫外的官员不称职，宫内的官员不合格，陈声、曹辅都是才识短浅的小官吏，先帝抛弃他们不用，而陛下却宠爱他们。这是陛下不遵行先帝遗范的第八条。先帝每次设宴会见群臣能够限制大家饮酒，所以臣下终日也没有失礼和轻慢的过错。而陛下使用不准直视自己的规矩来管束群臣，又强迫他们没完没了地喝下烈酒，这和商纣的彻夜狂饮没有什么两样。这是陛下不遵从先帝遗范的第九条。从前汉朝的桓帝、灵帝，亲近宦官，大失民心。现今的高通、羊度，都是出身宦官的小人，而陛下赏他们很高的爵位，让他们代理指挥作战部队。如果长江防线上有紧急情况，很明显，羊度等人的军事才干是不足以抵御外来侵略的。这是陛下不遵从先帝遗范的第十条。如今皇宫内的女子闲置积聚，而宦官还在分赴各地州郡，按照逐项登记的名册挑选民间美女，有钱的就放过，没有钱的就带回宫中，怨叹悲呼的声音不绝于道路，造成母女生离死别的惨状。这是陛下不遵从先帝遗范的第十一条。先帝在的时候，照样也要哺养皇子和太子，如果要选取奶娘，那么奶娘的丈夫就免服劳役，并赐给钱财，还时常让乳母回家，去探视自己幼小的子女。如今则不然，乳母与丈夫分离之后，丈夫依旧要服役，丈夫一走幼儿随后就饿死，家庭空无一人。这是陛下不遵从先帝遗范的第十二条。先帝曾经叹息说：'国以民为本，民以食为天，其次就数衣服重要了，民、食、衣三者，朕牢记在心上。'而今则不然，耕地种粮和栽桑养蚕之业同时荒废。这是陛下不遵从先帝遗范的第十三条。先帝挑选人才，不拘泥地位的贵贱，把举荐的事交给本乡本土的官员去办，然后先在实际工作中来验证其才能，举荐者不敢务虚，被举荐者不敢妄为。现在则不然，华而不实者登上官位，拉帮结派者进入朝廷。这是陛下不遵从先帝遗范的第十四条。先帝时的战士，不从事其他的劳役，一旦长江防线有战事，就要求他们拼死效力。可是今天的战士，要服各种各样的劳役，而公家供给他们的口粮和用品又不充足。这是陛下不遵从先帝遗范的第十五条。奖赏是用来勉励人们立功的，刑罚是用来禁止人们作恶的，赏罚不恰当，那么士兵民众就会逃散。而今长江防线上的战士，战死了得不到哀怜，有功劳得不到奖赏。这是陛下不遵从先帝遗范的第十六条。而今在各地的监察官员，已经数量繁多，再加上还有宫廷的特派使者，在其中扰乱公务，一个百姓十个官，百姓怎么能承受其驱使呢？这是陛下不遵从先帝遗范的第十七条。审查官府文书的校事官，简直可以说是官员、百姓的仇人。先帝末年，虽然派吕壹、钱钦等人为校事官，但不久就把他们处死，以向百姓表示歉意。而今又公开设立校曹，并放纵官员举报告发。这是陛下不遵从先帝遗范的第十八条。先帝时，当官的任职期限都很长久，然后对他们的政绩进行考核以决定贬黜与提升。而今的州县在职官员，有的到任没多久，就又下令升官或者转任他职，频繁（迎新送旧）于路途，害民又伤财，数这种情况最为严重。这是陛下不遵从先帝遗范的第十九条。先帝每次审查判决罪犯的上奏公文，总要留心推究案情，判决前认真考虑，所以监狱里没有受冤枉的囚犯，被判死刑的无言可辩。如今则完全背离这种作风。这是陛下不遵从先帝遗范的第二十条。如果为臣的话可以记载下来，请陛下把它收藏在盟府中；如果其中有虚妄，则请惩治为臣的罪过。但愿陛下留心看一看。”

〔《江表传》曰：“晧所行弥暴，凯知其将亡，上表曰：‘臣闻恶不可积，过不可长。是以古人惧不闻非，立敢谏之鼓。武公九十，思闻警诫。臣察陛下，无思警诫之义，而有积恶之渐，臣深忧之，故略陈其要。陛下宜克己复礼，述履前德，不可捐弃臣言，而放奢意。意日奢，情日至；吏日欺，民日离。则上不信下，下当疑上，骨肉相刻，公子将奔。臣虽愚暗于天命，以心审之，败不过二十稔也。臣常忿亡国之人夏桀、殷纣，亦不可使后人复忿陛下也。臣受国恩，奉朝三世，复以余年，值遇陛下，不能循俗，与众沉浮。若比干、伍员，以忠见戮，以正见疑，自谓毕足，无所余恨，灰身泉壤，无负先帝，愿陛下九思，社稷存焉。’初，晧始起宫，凯上表谏，不听。凯重表曰：‘臣闻宫功当起，夙夜反侧，是以频烦上事，往往留中，不见省报，于邑叹息。昨食时，被诏曰：君所陈，诚是大趣，然未合鄙意，如何?此宫殿不利，宜当避之，乃可以妨劳役，长坐不利宫乎?父之不安，子亦何倚?臣伏读一周，不觉气结于胸，而涕泣雨集。臣年已六十九，荣禄已重，于臣过望，复何所冀?所以勤勤数进苦言者，臣伏念大皇帝创基立业，劳苦勤至。今强敌当涂，西州倾覆，孤疲之民，宜当畜养，广力肆业，以备有（有原作其）虞。且始徙都，属有军征，战士流离，州郡搔扰，而大功复起，征召四方，斯非保国致治之渐也。臣闻为人主者，禳灾以德，除咎以义。今宫室之不利，但当克己复礼，笃祖宗之至道，愍黎庶之困苦，何忧宫之不安、灾之不销乎?陛下不务修德而筑宫，若德之不修，行之不贵，虽殷辛之瑶台，秦始之阿房，何止而不丧身覆国，宗庙作墟乎?夫兴土功，高台榭，既致水旱，民又多疾，其不疑也。为父长安，使子无倚，此乃子离于父、臣离于陛下之象也。臣子一离，虽念刻（刻原作剋）骨肉，茅茨不翦，复何益焉?太皇帝之时，寇钞慑威，南州无事，尚犹冲让，未肯筑宫，况陛下危侧之世，乏太皇帝之德，可不思哉?可不虑哉?愿陛下留意，臣不虚言也。’”〕

【译文】

（《江表传》说：孙晧的行为荒唐残暴，陆凯知道孙晧即将灭亡，上表说：“臣听说恶行不能积累，罪过不能增长。所以古人害怕听不到非议，设立堂鼓让大家敢于进谏。武公九十岁时，还想听到警告劝诫的话。据臣观察，陛下没有认真思考警戒之词的意思，却有越来越厌烦劝谏的趋向，臣深深地为此感到忧虑，所以想扼要地向陛下禀明臣的想法。陛下应当自我约束，使言行符合礼节，遵从履行先人之德，不可以对臣的话置若罔闻，放纵奢侈的生活。心意日渐奢侈，欲望就日渐增长；官吏越来越欺辱百姓，百姓就越来越背离朝廷。上不信下，下怀疑上，亲人间互相仇视，宗室王子中就会有人出逃。臣虽愚钝，不明天命，但心中计算，这样下去，败亡的时间不会超过二十年。臣常愤恨亡国的夏桀、商纣，当然也不愿意让后人再愤恨陛下。臣受国恩浩荡，前后侍奉三个皇帝，又以余年值遇陛下，臣不能追随流俗，与那些谄媚之辈为伍。如果臣和比干、伍子胥一样因忠被杀，因正直被猜忌，自己也就满足了，就没有什么可遗憾的了，身在九泉之下也没有辜负先帝。希望陛下再三慎思，一定要把社稷保住啊！”当初，孙晧开始兴建宫殿时，陆凯曾上表劝谏，孙晧不听。陆凯又上表说：“臣听说宫殿正在兴建，彻夜难以入睡，所以频频上表。可惜奏表往往被留在宫中不见批复，只能在家中叹息。昨天吃饭时得到诏书说：‘你所讲得确实是大道理，但不合寡人之意。为什么？这个宫殿不吉利应该避开。难道可以为了不影响劳役，长期住在不吉利的宫殿里吗？当父亲的不平安，儿子还有什么可以依靠的？’臣恭敬地把诏书仔细读了一遍，不禁感到胸口发闷，泪如雨下。臣已经六十九岁了，荣誉和俸禄已经很高，早已超过了臣自己的希望，还有什么可奢求的呢？臣之所以不辞辛苦地数次苦苦劝谏，是因为臣想到大皇帝创立基业时，辛劳备至，十分不容易。现在强敌在前，西边益州的疆土已经被晋国占领。对孤弱疲惫的百姓，应当让他们休养生息，大力发展生产，以防备可能发生的危难。而且一迁都，就有军队征调、将士流离等诸多问题，地方上受到骚扰，又大兴土木，向各地征发劳役，这不是使国家安全、政治清明的方法。臣听说，做君主的应当用德行消除灾难，用道义消除过失。现在宫殿不吉利，只要能自我约束，使言行符合礼节，笃行祖宗高尚的道德，怜悯人民的困苦，何愁宫殿不吉利、灾难不能消除？陛下不重视修习德行，却大肆修筑宫殿。如果德行不修，行为不高尚，即使是商纣王的瑶台、秦始皇的阿房宫，又怎么能保证不身死国败、祖宗神庙变为废墟呢？大兴土木，建造高大的亭台楼阁，既导致水旱灾害，又使百姓更加困苦，这是毋庸置疑的。做父亲的长远快乐，却使得儿子没有依靠，这是儿子离心父亲、臣子离心陛下的征兆啊。臣、子一离心，即使再想关心他们，像尧那样住茅草搭成的房屋，又有什么用呢？大皇帝时，敌人慑于他的威望，国家没有战事。但纵使如此，他仍然犹豫不决，不肯修筑宫殿。何况陛下现在处于危险潜伏的关键时期，又缺乏大皇帝的德行，为什么不慎思呢？为什么不熟虑呢？希望陛下留意，臣说的都是实话啊。”）

楼玄，字承先，沛郡人也。孙晧即位，为大司农，主殿中事，应对切直，渐见责怒。后人诬白玄与贺邵相逢，驻共耳语大笑，谤讪政事，遂被诏诘责，送付广州。徙交趾，别敕令杀之。

【译文】

楼玄，字承先，沛郡（蕲县）人。孙晧即位为帝后，他任大司农，主管宫殿中各项事务。他对答问题恳切直率，（多次违逆了孙晧的心意，）逐渐受到孙晧的怒斥。后来有人诬告楼玄与贺邵相遇时，在路上停下来贴着耳朵说悄悄话，又哈哈大笑，讥评政事，遂受到孙晧诏书的严厉追问和斥责，被流放到广州，后又流放到更远的交阯郡。孙晧暗中又另下一道指令杀死楼玄。

贺邵，字兴伯，会稽人也。孙晧时，迁中书令。晧凶暴骄矜，政事日弊，邵上疏谏曰：“古之圣王，所以潜处重闱之内而知万里之情，垂拱衽席之上而明照八极之际者，任贤之功也。陛下宜旌贤表善，以康庶政。自顷年以来，朝列纷错，真伪相贸，上下空任，文武旷位，外无山岳之镇，内无拾遗之臣。佞谀之徒抚翼天飞，干弄朝威，盗窃荣利，而忠良排坠，信臣被害。是以正士摧方，而庸臣苟媚，遂使清流变浊，忠臣结舌。陛下处九天之上，隐百重之室，言出风靡，令行景从，亲洽（亲洽原作媾近）宠媚之臣，日闻顺意之辞，将谓此辈实贤，而天下已平也。臣心所不安，敢不以闻？

臣闻兴国之君乐闻其过，荒乱之主乐闻其誉。闻其过者，过日消而福臻；闻其誉者，誉日损而祸至。是以古之人君，揖让以进贤，虚己以求过，譬天位于乘奔，以虎尾为警戒。至于陛下，严刑法以禁直辞，黜善士以逆谏臣，眩耀毁誉之实，沉沦近习之言。故常侍王蕃忠恪在公，才任辅弼，以醉（醉原作醒）酒之间，加之大戮。近鸿胪葛奚，先帝旧臣，偶有逆迕昏醉之言耳，三爵之后，礼所不讳，陛下猥发雷霆，谓之轻慢，饮之醇酒，中毒殒命。自是之后，海内悼心，朝臣失图，仕者以退为幸，居者以出为福，诚非所以保光洪绪，熙隆道化也。

又何定本趋走小人，仆隶之下，身无锱铢之行，能无鹰犬之用，而陛下爱其佞媚，假其威柄，使定恃宠放恣，自擅威福，口正国议，手弄天机，上亏日月之明，下塞君子之路。臣窃观天变，自比年已来，阴阳错谬，四时逆节，日蚀地震，中夏殒雹，参之典籍，皆阴气陵阳，小人弄势之所致也。臣尝览书传，验诸行事，灾祥之应，可为寒栗。昔高宗修己，以消鼎雉之异；宋景崇德，以退荧惑之变。愿陛下上惧皇天谴告之诮，下追二君禳灾之道，远览前代任贤之功，近寤今日谬授之失，清澄朝位，旌叙俊乂，放退佞邪，抑夺奸势，广延淹滞，容受直辞，祗承乾指，敬奉先业，则大化光敷，天人望塞矣。

传曰：'国之兴也，视民如赤子（赤子原作伤）；其亡也，以民为草芥。’陛下昔韬神光，潜德东夏，以圣哲茂姿，龙飞应天，四海延颈，八方拭目，以成康之化，必隆于旦夕也。自登位（登位原作文兴）已来，法禁转苛，赋调益繁。在所长吏，迫畏罪负，严法峻刑，苦（苦原作夔）民求办。是以人力不堪，家户离散，呼嗟之声，感伤和气。又，江边戍兵，宜时优育，以待有事，而征发赋调，烟至云集，衣不全短褐，食不赡朝夕，出当锋镝之难，入抱无聊之戚，是以父子相弃，叛者成行。愿陛下宽赋除烦，省诸不急。夫民者国之本也，食者民之命也。今国无一年之储，家无经月之畜，而后宫坐食万有余人，内有离旷之怨，外有损耗之费，使库廪空于无用，士民饥于糟糠。

又，北敌注目，伺国盛衰，陛下不恃己之威德，而怙敌之不来，忽四海之困穷，而轻虏之不（旧无不字，补之）为难，诚非长策庙胜之要也。昔大皇帝创基南夏，割据江山，虽承天赞，实由人力，余庆遗祚，至于陛下。陛下宜勉崇德器，以光前烈，何可忽显祖之功勤，轻难得之大业哉？臣闻‘否泰无常，吉凶由人’。长江之限不可久恃，苟我不守，一苇可航也。昔秦建皇帝之号，据殽函之阻，德化不修，法政苛酷，毒流生民，忠臣杜口，是以一夫大呼，社稷倾覆。近刘氏据三关之险，守重山之固，可谓金城石室，万世之业。任授失贤，一朝丧没，君臣系颈，共为羁仆。此当世之明鉴，目前之炯戒也。愿陛下远考前事，近鉴世变，丰基强本，割情从道，则成康之治兴，而圣祖之祚隆矣。”书奏，皓深恨之。邵奉公贞正，亲近所惮。乃共谮邵与楼玄谤毁国事，俱被诘责。玄见送南州，邵原复职。后邵中恶风，口不能言，去职数月。皓疑其托疾，掠考千所，卒无一言，竟杀之，家属徙临海，并下诏，诛玄子孙。

【译文】

贺邵，字兴伯，会稽郡（山阴县）人。孙晧为帝时，贺邵入朝升为中书令。孙晧凶恶残暴，骄傲自大，政事日益荒废，贺邵呈上奏疏劝谏说：“古代的圣明帝王，之所以居住在深宫之内而知道万里之外的事情，安闲地坐在衽席之上，却能看清楚八方的最远处，原因就在于任用了贤才。陛下应当表彰贤德善良的人，以兴举诸多政事。自近年以来，朝廷官员队伍纷乱交错，贤臣与劣吏混杂，上下职位空缺，文武官员配备不齐，外面没有强有力的地方官员镇守，朝内没有弥补政事缺失的臣僚，阿谀谄媚的人飞黄腾达，干预、玩弄朝廷的威权，抢夺、窃据荣誉和利益，而忠良人士遭受排挤，诚实的臣僚反被伤害。所以正直的人被磨掉棱角，而平庸的官员则随意花言巧语，遂使清高的士大夫队伍变得污浊，忠诚的臣僚闭口不言。陛下处在九天之上，深居在百重门墙围绕的宫殿之中，诏令一发布，人们如同影子一般紧紧相随。陛下身边是亲近融洽受宠献媚的侍臣，每天听的是顺心的话语，陛下将会认为这批侍臣真的是贤才，天下也真的是太平无事了。为臣心里实在不安，怎敢不向您报告实情呢？

为臣听说振兴国家的君主喜欢听到自己的过错，荒淫昏乱的君主喜欢听到自己的美誉。听到自己过错的，过错一天天消除而福分来到；听到自己美誉的，美誉一天天损减而灾祸降临。所以古代的君主，拱手行礼请进贤才，虚心请人指出过错，把天子之位，喻为乘坐（充满危险的）飞奔的车辆，以担任君主好比踩着老虎尾巴来警戒自己。至于陛下，您却采取严刑酷法来禁绝正直的言辞，用贬黜贤士的手段来阻止进谏之臣，弄不清赞誉是否真实，沉溺于宠臣所说的颂扬之辞。过去的散骑中常侍王蕃，忠诚恭敬一心为公，才能足以胜任辅政大臣，而陛下在酒醉的时候把他斩首。最近的大鸿胪葛奚，是先皇帝的老部下，偶尔对陛下有冒犯，那是昏醉时说的话。饮酒三杯之后，礼仪上都不再忌讳，但是陛下却大发雷霆，说他轻视自己，猛灌他浓酒，使之中毒身亡。从这以后，海内人士寒心，朝廷大臣失掉信念，出仕的以隐退为幸运，居官者以出朝任职为福分。这确实不是保存和光大前人留下的宏伟基业、振兴道德教化的办法啊！

再者，何定本是一个只能供人驱使的小人，在奴仆当中也属于下等，自身没有丝毫的品行，能力还不及鹰犬的用途，而陛下喜欢他的阿谀谄媚，授予他威权，使得何定仗恃受宠而放纵任性，擅自作威作福，动口就敢修改国家的决议，伸手就能操纵朝廷的权柄，对上减损了陛下日月般的光明，对下堵塞了君子晋升的道路。为臣暗自观察天文的变化，自近年以来，阴阳错乱，气候与季节相违，上有日蚀、下有地震，仲夏五月竟然天降寒霜。参考古代典籍的论述，这都是阴气凌驾于阳气之上、小人玩弄权势造成的。为臣曾认真阅读书籍记载，并用当今的所作所为来验证，发现那些灾异天象与君主行为一一对应，真可令人忧惧战栗。从前，殷高宗加强修正自己的政德，以此消除了鼎雉预示的灾异；宋景公重视道德修养，以此使天上的荧惑灾星返回了原位。但愿陛下对上能畏惧皇天所显示的谴责，对下能学习前面两位君主消灾去祸的办法，远察前代任用贤才所取得的成绩，近悟现今乱授官职的失误，清理、纯洁朝廷中的官位，表彰并分等任用优秀人才，放逐斥退阿谀奸邪的小人，抑制剥夺奸恶者的权势，广泛招纳在仕途上受到阻滞的英才，虚心接受正直的劝谏，恭敬地接受上天的旨意，恭敬地奉守先辈的基业，那么圣明教化的光辉就会遍布天下，上天和人民的不满就会消除了。

古书上说：'国家的兴旺是因为把人民当作初生婴儿来爱护，国家的衰亡是因为把人民当作草芥一样轻视。'陛下从前未登基时，掩藏着奇特的才华，在东边潜修德行，后来以圣哲的非凡资质，像神龙腾飞一般顺应天意即位为帝，当时四海百姓都伸长脖子观望，八方民众都擦亮眼睛等待，以为周成王、周康王时那种政治清明的风气必定会在旦夕之间又兴盛于世。但是自陛下登位以来，法律禁令变得更加苛刻，赋税、征调反而更加繁重。各地的行政长官，生怕自己落下罪过，于是动用严刑峻法，不惜陷民众于痛苦，也要责求其照办。因此，民力难以承受，家家户户都出现了妻离子散的惨状，悲呼哀叹的声音，撼动、损害了阴阳调和之气。还有，长江边上的卫戍军队，应该时时受到优待和抚育，以等待有战争时使用，可是现今却对他们家也征收赋税，而且频多繁重，使他们连短小的粗布衣服都难以保障，吃了上顿没下顿，出兵时面对敌人锋刃和箭头的危难，回营后却怀着无所依赖的忧伤。因此父子之间相互离弃，叛逃的人成群结队。但愿陛下减轻赋税，去除繁杂的征调项目，省掉各种不急需的事务。民众是国家的根本，而食物是民众的生命。现今国家没有维持一年的食用谷物储备，家庭没有维持一月生活的口粮积蓄，而后宫中不劳而食者却有一万多人。对内而言，有亲人长久分离的愁怨；对外而言，会耗损大量的费用；使得仓库被无用的人吃空，而士民则连酒糟、糠皮之类的粗劣食物都吃不饱。

现在北方的强敌正注目以待，窥视我们国家的盛衰而伺机入侵。陛下不依仗自己的威力和德泽，却寄托希望于敌人不来进犯；不重视天下人民的困穷，且又小看敌人，认为不难打败他们。这确实不是谋求长期居身朝廷稳操胜券的良策啊！从前大皇帝在南方开创基业，割据半壁江山，虽说有上天的帮助，其实根本上还是由于人的努力。他把幸福与国统留给后代，现在传到了陛下，陛下应当勉力提高自己的道德气度，为先人的事业增光添彩，怎能忽视自己显赫祖父的功勋和辛勤，轻慢这难得的帝王大业呢？为臣听说亨通与失利的状况不会长期不变，是吉是凶完全在于各人的作为。长江的天堑难以长久仗恃，如果我们不注意防守，乘一片芦苇叶都可以渡过江来。从前秦朝创建皇帝的尊贵称号，占据崤山、函谷关的险阻地带，但不施行仁德教化，法律政策苛刻严酷，百姓大量受害，忠诚的臣僚闭口不敢进言，因此陈胜一人高声大呼，秦王朝就很快覆灭。最近，蜀国的刘氏凭借阳平、白水、剑阁三处关隘的险要，又有重重高山的坚固防线，真可以说是金铸的城墙、石砌的宫室，足以保全万世基业。然而选用官员不用贤才，结果，国家一下子就灭亡，君臣的脖子上全都套上了绳索，一起成为寄居他乡的奴仆。这正是当代的一面明镜，眼前清清楚楚的警诫啊！但愿陛下着眼远古考察前代的史事，观察当代，借鉴世事的变化，充实基础，加强根本，割舍情欲，顺从正道，那么像周成王、康王那时候的清明政治就会兴起，而大皇帝传下来的国统就将更加兴隆了。”贺邵这封奏疏呈上之后，孙晧深为愤恨。而贺邵为人奉公守法，忠贞正直，是孙晧亲信们所畏惧的大臣。于是，这些人共进谗言，说贺邵与楼玄诽谤国政，两人都因此受到追问斥责。楼玄被流放到南方的广州，贺邵得到赦免恢复原职。后来贺邵突然中风，口不能言，离开岗位几个月，孙晧怀疑他是装病，逮捕并拷打了千余次，贺邵始终没有说一句话，最后竟被杀害，家属也被流放到临海郡。与此同时，孙晧又下诏诛杀楼玄的子孙。

韦曜，字弘嗣，吴郡人也。迁太子中庶子。时蔡颖亦在东宫，性好博弈，太子和以为无益，命曜论之。其辞曰：“盖闻君子耻当年而功不立，疾没世而名不称，故曰‘学如不及，犹恐失之’。是以古之志士，悼年齿之流迈，而惧名称之不建也，故勉精厉操，不遑宁息。且以西伯之圣、姬公之才，犹有日昃待旦之劳，故能隆王道，垂名亿载，况在臣庶，而可以已乎？历观古今功名之士，皆有积累殊异之迹，劳身苦体，契阔勤思，平居不惰其业，穷困不易其素。是以卜式立志于耕牧，而黄霸受道于囹圄，终有崇显之福，以成不朽之名。故山甫勤于夙夜，而吴汉不离公门，岂有游惰哉？

而今之人，多不务经术，好玩博奕，废事弃业，忘寝与食，穷日尽明，继以脂烛。当其临局交争，雌雄未决，专精锐意，心劳体倦，人事旷而不修，宾旅阙而不接，虽有太牢之馔、韶夏之乐，不暇存也。或至赌及衣物，徙棋易行，廉耻之意弛，而忿戾之色发。其所志不出一枰之上，所务不过方罫之间，胜敌无封爵之赏，获地无兼土之实。技非六艺，用非经国，立身者不阶其术，征选者不由其道。求之于战陈，则非孙、吴之伦也；考之于道艺，则非孔氏之门也。以变诈为务，则非忠信之事也；以劫杀为名，则非仁者之意也。而空妨日废业，终无补益，是何异设木而击之、置石而投之哉！且君子之居室也，勤身以致养，其在朝也，竭命以纳忠，临事且犹旰食，而何博弈之足耽乎？夫然，故孝友之行立，贞纯之名彰也。

方今大吴受命，海内未平，圣朝乾乾，务在得人。勇略之士则受熊虎之任，儒雅之徒则处龙凤之署。百行兼苞，文武并骛，博选良才，旌简髦俊，设程试之科，垂金爵之赏，诚千载之嘉会，百世之良遇也。当世之士，宜勉思至道，爱功惜力，以佐明时，使名书史籍，勋在盟府，乃君子之上务，当今之先急也。夫一木之枰，孰与方国之封？枯棋三百，孰与万人之将？衮龙之服，金石之乐，足以兼棋局而贸博弈矣。设令世士移博弈之力，而用之于诗书，是有颜、闵之志也；用之于智计，是有良、平之思也；用之于资货，是有猗顿之富也；用之于射御，是有将帅之备也。如此则功名立而鄙贱远矣。”

【译文】

韦曜，字弘嗣，吴郡（云阳县）人，任太子中庶子。当时蔡颖也在太子宫中任职，生性喜欢下围棋。太子孙和认为下棋无甚益处，命韦曜加以论述。韦曜的文章说：“听说君子以正处于大有作为的年龄却未能建功立业为耻辱，且痛恨人活一世却毫无名声。所以孔子说：‘做学问如同追赶什么似的生怕追不上，追上之后还生怕丢掉了。’古代的有志之士，痛感时光的流逝而害怕声名不能建立，所以鼓舞精神磨练操守，早起晚睡，顾不上休息。即便是周文王那样的圣人、周公那样的贤者，也有从早晨到下午顾不上吃饭、整夜思考等待天亮的辛劳，所以才能使王道兴隆，名垂千秋，何况是普通臣民，能够停止努力吗？历观古今功成名就之人，都有勤于积累知识、不同常人的事迹，纵然身体劳苦，但在艰辛中依然勤奋思考，平常生活时不中断学业，遭遇穷困时不改变素志。因此卜式在从事农耕与畜牧中立志报国，黄霸在监狱中还学习《尚书》、领会道义，最终赢得高贵的福分，成就了不朽的声名。还有仲山甫日夜勤奋，吴汉尽心于职守时刻不离府署大门，他们哪里有游手好闲的懒惰表现呢？

现今的人，很多都不致力于经典学术，而喜欢下棋，以至于废弃了自己的事业，忘掉了睡觉与吃饭，白天从天亮玩到太阳落山，傍晚又点燃油灯继续对战。在他们面对棋盘相互争夺、胜负未决之时，真是专心专意，不怕劳心，不怕身体疲倦，人情事理废弃不讲，宾客来了无人接待，此时此刻，即便有帝王祭祀用的美食、《韶》《夏》之类的音乐舞蹈，他们也顾不得留心享用、欣赏。甚至有人用衣物做赌注，或偷偷移动棋子，或落子后又另改走法，廉耻的心理淡薄，而愤怒的神色出现。然而说来说去，他们的志向不超出一块棋盘，所追求的目标不过在棋盘上的小方格之间；战胜对手没有封给爵位的赏赐，围到地盘也并没有兼并土地之实。说技能不属于儒家的六艺，论实用又不能治国。立身社会者并不是凭借其棋艺，应征入选为官者并不经由下棋这个途径。从阵式上来考求，它不能与孙武、吴起的兵法相比；从理论和六艺上来考察，它不是孔子所传授的内容。它追求的是变化诡诈，显然不是体现忠诚信义的事；它的术语取名为‘劫杀’，这决不符合仁者的心意。它空自耗费了时间，荒废了事业，最终却毫无补益。这一游戏，与立一根木桩去击打，弄一些石子去投掷，又有什么不同呢？况且，君子在家时辛劳其身以奉养父母，在朝时竭尽生命以进献忠诚，面临繁杂的事务还会忙到天黑才能顾上吃饭，哪里有足够的时间沉溺在下棋当中呢？正因为这样，所以他们孝顺父母、友爱兄弟的品行才得以树立，坚贞纯洁的名声才得以彰显。

如今大吴王朝承受天命，海内还没有统一，皇上自强不息，一心招纳可用的人才。有勇有谋者则授予统兵作战的职务，儒雅的文士则安置在中央的文职机构。具有各种优良品行的人一律容纳，文臣和武将一起施展才干。广泛征求良才，表彰和选拔其中的佼佼者；设立按规程考试的科目，给以金钱与爵位的奖赏。这确是千载难逢的贤才聚会，百代不遇的大好机会啊！当代的人士，应当努力思考至善至美的道德，爱惜工夫和精力，以辅佐圣明的朝廷，使自己名垂青史，功勋记载于盟府，这才是君子最重要的任务、当今最急迫的大事。一块木板做的棋盘怎能与诸侯国相比？三百余颗干枯木头做的棋子怎能与统率上万将士相比？绣有龙形图案的高级官员礼服，使用金属、石料等制成的乐器，足以兼棋局之乐而取代下棋了。假如世间的人士把花在下棋上的精力移用到阅读诗文、书籍上，就会有颜回、闵损那样的志向；移用到智谋策划上，就会有张良、陈平那样的思维；移用到经营商业上，就会有猗顿那样的财富；移用到练习射箭骑马上，就会有将帅应具备的本领。能够这样，则可建立功名，并远离粗俗与低贱了。”

孙晧即位，为侍中，常领左国史。时在所承指，数言瑞应。晧以问曜，曜答曰：“此人家筐箧中物耳。”又，晧欲为父和作纪，曜执以和不登帝位，宜名为传。如是者非一，渐见责怒。曜益忧惧，自陈衰老求去，晧终不听。晧每飨宴，无不竟日，坐席无能否，率以七升为限，虽不悉入口，皆浇灌取尽。曜素饮酒不过二升，初见礼时，常为裁减，或密赐荼荈（荼荈原作茶茗）以当酒。至于宠衰，更见逼强，辄以为罪。又于酒后使侍臣难折公卿，以嘲弄侵刻、发摘私短以为欢，时有愆过，或误犯晧讳，辄见收缚，至于诛戮。曜以为外相毁伤，内长尤恨，使不济济，非佳事也，故但示难问，经义言论而已。晧以为不承用诏命，意不忠尽，遂积前后嫌忿，收曜付狱。华覈连上疏救曜，晧不许，遂诛曜也。

【译文】

孙晧即位为帝后，韦曜任侍中，并长期兼任左国史。当时各地都迎合孙晧心意，多次报告有祥瑞的征兆出现。孙晧就此事询问韦曜，韦曜回答说："这就像普通人家筐子箱子里装的东西罢了，是很平常的事情。"另外，孙晧想在《吴书》中为自己的生父孙和作一篇本纪，韦曜坚持认为，孙和没有正式登上帝位，最好篇名为列传。像这样的不同意见不止一次，韦曜便逐渐受到孙晧的怒斥。韦曜因此更加忧惧，于是上表陈述自己年纪衰老，请求辞去官职，孙晧始终不同意。孙晧每次设宴款待群臣，都要持续一整天，在座者不管能不能喝酒，一律限定要喝七升酒，若不能全部喝下去，也要往脸上浇灌，把七升酒用尽。韦曜从来饮酒超不过二升的量，当初受到孙晧的礼遇优待时，常常为他裁减限量，有时悄悄赐他茶水当作醇酒。到了他失宠之后，孙晧不仅要强迫他喝下七升酒，而且总是因此加罪于他。孙晧还喜欢在酒酣之际，让侍从近臣向公卿大员提问并反驳，借此进行嘲弄和伤害，或者揭发其隐私和短处来取乐。在这当中时常有人会出现过错，或误犯了孙晧的名讳，他们都会当场被逮捕捆绑，甚至被诛杀。韦曜认为人们在言辞上相互诋毁伤害，内心中会产生怨恨，使得官员们关系不和美，这不是好事情，所以每逢他向公卿大员提问或反驳时都只说儒经的文义而已。孙晧认为他不遵从自己的诏命，没有尽忠的意思，遂累积前前后后的愤怒和不满，下令逮捕韦曜，投入监狱。这时，华覈接连呈上奏疏拯救韦曜，孙晧不同意其请求，下令诛杀了韦曜。

华覈，字永先，吴郡人也。为中书丞。孙晧更营新宫，制度弘广，饰以珠玉，所费甚多。时盛夏兴功，农守并废，覈上谏疏曰："臣闻汉文之世，九州晏然，当此之时，皆以为泰山之安，无穷之基也。至于贾谊，独以为可痛哭及流涕者三，长大息者六，乃曰方今之势，何异抱火措之积薪之下而寝其上。窃以曩时之事，揆今之势。谊云：'复数年间，诸王方刚，欲以此为治，虽尧舜不能安。'而今大敌据九州之地，有大半之众，习攻战之余术，乘戎马之旧势，非徒汉之诸王淮南、济北而已。谊之所谓痛哭，比今为缓；抱火卧薪之喻，于今为急。诚宜住建立之役，先备豫之计，勉垦植之业，为饥乏之救。若舍此急，尽力功作，卒有风尘不虞之变，当委版筑之役，应烽燧之急，驱怨苦之众，赴白刃之难，此乃大敌所因为资也。如但固守，旷日持久，则军粮必乏，不待接刃，而战士已困矣。王者以九域为宅，天下为家，不与编户之民转徙同也。今之宫室，先帝所营，卜土立基，非为不祥。又杨市土地与宫连接，若大功毕竟，舆驾迁住，门行之神，皆当转移，犹恐长久未必胜旧。屡迁不可，留则有嫌，此乃愚臣所以夙夜为忧灼也。臣省《月令》：'季夏之月，不可以兴土功，不可以会诸侯，不可以起兵动众，举大事必有大凶。'六月戊己，土行正王，既不可犯，加又农月，时不可失。昔鲁隐夏城中丘，《春秋》书之，垂为后戒。今筑宫为长世之洪基，而犯天地之大禁，袭《春秋》之所书，废敬授之上务，臣以愚管，窃所不安。又恐所召离民，或有不至，讨之则废役兴事，不讨则日月滋蔓。若悉并到，大众聚会，希无疾病。且人心安则思善，苦则怨叛。今当角力中原，以定强弱，正于际会，彼益我损，此乃雄夫智士所以深忧也。臣闻先王治国，无三年之储，曰国非其国。安宁之世，戒备如此，况敌强大而忽农忘畜。若上下空乏，运漕不供，北敌犯疆，使周、邵更生，良、平复出，不能为陛下计明矣。"书奏，晧不纳。

【译文】

华覈，字永先，吴郡武进县人，任中书丞。孙晧（以旧宫殿住着不吉利为名）更址营建新皇宫，规模宏伟，并使用珍珠、宝玉做装饰，花费很大。时值盛夏，宫殿施工，农业生产和边境防守都受到严重影响。华覈呈上奏疏劝谏说："为臣听说在汉文帝时，九州安定，在这个时候，大家都认为汉朝已经安如泰山，基业将会传之无穷了。然而贾谊却偏偏认为当时之时势，可为之痛哭流涕的有三个问题，令人长叹不已的有六个问题，并说当时的政治形势，无异于把一捧点燃的干柴放在堆积的柴草之下而人却躺在其上。我私下用当时的史事，来估量现今的政治形势。贾谊说：'再过几年，各位亲王将正值刚强时期，要想就此进行治理，即使是唐尧、虞舜也不能安定局面。'现今的大敌晋国，占据了（汉朝全国十三个州中）九个州的地盘，拥有天下一大半的人口，熟悉魏军留下的攻战方法，凭借北方兵马旧有的优势，这就不只是像汉朝诸王中的淮南王、济北王之类小王国了！贾谊认为足以令人痛苦的问题，比现今政治上的危机要缓和多了，他所作的点燃火后躺在干柴堆上的比喻，正好像现今的政治危机。确应停止建造宫殿的劳役，首先考虑战备的大计，勉励垦荒种植的农业生产，对饥饿困穷的人民进行救助。假使现在不抓这一紧迫之事，把全部力量花在宫殿的修造上，万一突发难以预料的变故，就只能丢下工程的建设，去应付战场之急，驱使怀着怨恨悲苦的战士，奔赴前线刀剑相搏的灾难，这正是强大敌人求之不得的事。如果只是就地固守，旷日持久，则军粮必定缺乏，等不到短兵相接，我们的战士就已经陷入困境了。天子以全国为住所，以天下为家园，不同于普通百姓的流动、搬迁呀！另外，现在的旧宫，是先帝所营造的，是经过占卜选择地点、确定基础，并没有什么不吉祥。再说新宫所在杨市，地势上与旧宫连接，一旦工程完成，陛下大驾迁去居住，那么在原宫门内外巡游的神灵，都将随之转移，只恐怕日久之后，未必能比旧宫吉利。不断兴修、迁居新宫是不合适的，留住则心中会有忌讳，这就是愚臣日夜为之担忧、焦灼的原因。为臣查看《礼记》中的《月令》，上面说盛夏六月不能动土兴建工程，不能聚会诸侯，不能出动军队，此时兴办大事必定有大灾殃。凡六月天干在戊、己时，土气正旺，既不能动土去冲犯，加之又是农忙的月份，不能错过农时。从前鲁隐公在夏天修筑中丘的城池，《春秋》予以记载，留为后世的警诫。现今修筑新宫本来是为了永世的宏伟基业，反而去冲犯天地的大禁，沿袭《春秋》所载的鲁隐公的错误做法，荒废了上天所授予的重要任务，依为臣愚陋的管见，暗中为之不安。为臣还怕征调来修建新宫的京都地区以外的民工，或许有人不会前来。整治他们将会耽误工程，另兴事端；若不整治，这种现象又会一天天蔓延。若民工全都到了，大量的人聚集在一起，难免没有疾病发生。再说人心安定才想向善，感到痛苦自然会怨恨背叛。而今我们要进入中原与敌人较量，以决雌雄，正在这关键时刻，对方力量增加而我方力量受损，这样的局面是英雄和谋士为之非常担忧的。为臣听说前代的帝王治国，如果没有三年粮食储备，会认为这个国家就不是国家了。他们在安宁的时候都有如此的戒备，何况在敌人强大的今天，却忽视农业生产、忘掉积蓄粮食呢？一旦朝廷上下粮食空乏，水路运输又接济不上，此时北方敌人又大举进犯边境，即使周公、召公再生，张良、陈平重现，也不能给陛下出什么高明的主意啊。”华覈这封奏疏呈上之后，孙晧拒不采纳。

后迁东观令，领右国史。时仓廪无储，世俗滋侈，覈上疏曰：“今寇虏充斥，征伐未已，居无积年之储，出无应敌之畜，此乃有国者所宜深忧也。夫财谷所生，当出于民，趋时务农，国之上务。而都下诸官，所掌别异，各自下调，不计民力，辄与近期。长吏畏罪，昼夜催民，委舍田事，遑赴会日，定送到都，或蕴积不用，而徒使百姓消力失时。到秋收月，督其限入，夺其播殖之时，而责其今年之税，如有逋悬，则籍没财物，故家户贫困，衣食不足。宜暂息众役，一心农桑。古人称：‘一夫不耕，或受其饥；一女不织，或受其寒。’是以先王治国，唯农是务。军兴已来，已向百载，农人废南亩之务，女工失机杼之业。推此揆之，则蔬食而长饥、薄衣而履冰者，固不少矣。臣闻主之所求于民者二，民之所望于主者三。二谓求其为己劳也，求其为己死也；三谓饥者能食之，劳者能息之，有功者能赏之。民已致其二事，而主失其三望者，则怨心生而功不建。今帑藏不实，民劳役猥，主之二求已备，民之三望未报。且饥者不待美馔（美馔原作备羞）而后饱，寒者不俟狐貉而后温，为味者口之奇、文绣者身之饰也。今事多而役繁，民穷而俗奢，百工作无用之器，妇人为绮靡之饰，不勤麻枲，并绣文黼黻，转相仿效，耻独无有。兵民之家，犹复逐俗，内无担石之储，而出有绫绮之服。至于富贾商贩之家，奢恣尤甚。天下未平，百姓不赡，宜壹生民之原，丰谷帛之业。而弃功于浮华之巧，妨日于侈靡之事，上无尊卑等级之差，下有耗财费力之损。且美貌者，不待华采以崇好；艳姿者，不待文绮以致爱。五色之饰，足以丽矣。若极粉黛，穷盛服，未必无丑妇；废华采，去文绣，未必无美人也。若实如所论，有之无益，废之无损者，何爱而不暂禁，以充府藏之急乎？此救乏之上务，富国之本业也，使管、晏复生，无以易此。汉之文、景，承平继统，天下已定，四方无虞，犹以雕文之伤农事，锦绣之害女工，开国家之利，杜饥寒之本。况今六合分乖，豺狼充路，兵不离疆，甲不解带，而可以不广生财之原，充府藏之积哉？”

【译文】

后来华覈升任东观令，兼右国史。当时仓库中没有粮食物资储备，社会风气却更加奢侈。华覈呈上奏疏说：“如今敌人众多，征伐不断，驻守没有多年的储备，出战没有应敌的积蓄，这是拥有国家者应当深感忧虑的事。财富和粮食的产生，都出之于民，紧跟季节抓好农业生产，是国家最重要的任务。然而京城中各个机构的官员，所负责的事务有所不同，都各自向地方下达征调任务，从不考虑民众的承受能力，下达任务时总是限定很近的期限。县级行政长官害怕上级加罪，昼夜催促百姓，百姓只好丢下农事，急急忙忙按限定日期交纳。这些物资定期送到京都，有时又堆在一边不用，白白让老百姓耗尽力气还错过了农时。到了秋收的月份，又督促百姓在限定的日期交纳赋税，耽误其播种的季节。官吏责求百姓完成当年的税赋，如有拖欠，立即登记家中财产加以没收充公，致使家家户户贫困不堪，衣食不足。现在应当暂时停止各项劳役，专心加强农桑生产。古人说：‘一个农夫不耕种，就会有人因此受饥饿；一个妇女不纺织，就会有人因此受寒冷。’所以先王治国，一心想搞好的就是农业。自从（汉灵帝中平元年）州郡起兵（进攻黄巾军）以来，已将近一百年了，这期间，（不断的战争使）农民荒废了耕作，妇女中断了纺织。按此情况来推测，现今民间长期靠瓜菜类食物充饥、穿着薄薄的衣衫抵御冰雪严寒的人，真的不在少数啊！为臣听说君主对民众的要求有两条，民众对君主的期望有三项。君主的两条要求是：要百姓为自己效劳，要百姓为自己献身。百姓的三项期望是：饥饿时能供给自己食物，疲劳时能让自己休息，有功劳时能得到奖赏。民众已经达到了君主的两条要求而君主却不能满足其三项期望的话，就会生成怨恨之心而使君主的大业不能成功。现在国家的库存不充实，民众劳苦而徭役繁多，君主的两条要求已获满足，民众的三项期望却未能实现。另外，饥饿的人并不期待有美味的佳肴来填饱肚子，寒冷的人并不等候有狐皮貛皮外衣来温暖身体，认为美味只不过使口中的感觉奇妙，绣花的衣服只是作为身上的装饰而已。如今国家事务很多而徭役繁重，民众贫困而社会风气奢侈，各种工匠制作的是没有实用价值的器具，妇女们做的是华贵精细的装饰品，她们不努力纺麻织布，都忙着绣刺有花纹图案的礼服，且互相传看仿效，以唯独自己没有某种绣品为耻辱。普通的士兵、平民家庭，也在追赶时俗，家内没有多少口粮储备，出门却穿着带花纹的绫罗衣衫。至于富裕的商人家庭，则奢侈放纵更为严重。天下还没有平定，人民的衣食供应还不充足，应当专注于人民得以生存的物资来源，加强谷物布匹的生产。如今却把功力花在华而不实的技巧上，让奢靡的事情耗费了时间，这首先是打乱了衣服和装饰上应当有的尊卑差别，其次还造成财力与人力的损失。再说，美貌的人，不需要华丽色彩来增添美貌；资质艳丽的人，用不着精美的绣品来招引爱慕。用五种颜色来点缀衣服，足以使人美丽了。就算是极尽涂脂画眉的本领，穿尽贵重盛艳的衣服，丑妇依然是丑妇；不用华丽色彩，除去花纹刺绣，美人照常是美人。如果确实像为臣所说的这样，这些都是有之无益而废之无害的东西，陛下又何必爱惜它而不暂时禁止，以便着力于充实仓库中的紧要物品呢？这可是挽救储备缺乏的首要措施，是富国的根本工作啊！就是善于治国的管仲、晏婴又活了，他们也不会改变这一方针。汉朝的文帝、景帝，在比较持久的安宁局面中继承帝位，那时天下全部平定，四方没有战事，仍然认为雕刻、装饰伤害农业生产，织锦刺绣妨害妇女纺织缝纫，从而广开对国家有利之事，杜绝奢侈这一造成饥寒的根本问题。何况当今天下分裂，贪婪残暴之人充斥路途，士兵不能离开边疆，休息也不敢脱下铠甲，难道还能不广开生财的源泉、充实国库的积蓄吗？”

**（吕效祖　张爱玲译）**

卷二十九

# 晋书治要（上）

【考评】

魏征主编的《群书治要》，据《唐会要》记载，成书于贞观五年。贞观十七年魏征病逝。《隋书·经籍志》记载：唐以前编撰的晋史有王隐《晋书》、虞预《晋书》、朱凤《晋书》、何法盛《晋中兴书》、谢灵运《晋书》、臧荣绪《晋书》、萧子云《晋书》、萧子显《晋史草》、郑忠《晋书》、沈约《晋书》、庾铣《东晋新书》、陆机《晋纪》、干宝《晋纪》、曹嘉之《晋书》、习凿齿《汉晋春秋》、邓粲《晋纪》、孙盛《晋阳秋》、刘谦之《晋纪》、王韶《晋纪》、徐广《晋纪》、檀道鸾《续晋阳秋》、郭季产《续晋纪》等二十二家。《群书治要》中的《晋书》就是从臧荣绪、干宝、孙盛、习凿齿等诸家的著作中辑录的。建国后，中华书局出版唐房玄龄等撰写的《晋书》，修于贞观十八年至二十年，故魏征肯定不可能从房玄龄主编的《晋书》中去辑录。唐以前流传二十二家晋朝史书至宋代已佚没，幸有《群书治要》保存了部分资料，亦极珍贵。《晋书治要》分为《纪》《后妃传》《王侯传》《刑法志》《百官志》《传》五部分。《纪》中仅录武帝、惠帝、成帝、简文帝等四位皇帝，《后妃传》仅录武元杨皇后、惠贾二皇后，《王侯传》仅录琅耶王伷、扶风王骏、齐王攸、愍怀太子遹、安平王孚、高密王泰、相国刘寔、汉中太守阎缵、议郎段灼、襄太守虞悝等十人，《刑法志》主要辑录刘颂关于刑法的表疏，《百官志》主要辑录中书郎李重关于精简机构、选用贤臣的论述,《传》内主要辑录刘毅、裴顾、任恺、裴楷、郄诜、荀诜、荀勖、冯紞、江统、胡威、周顾、陶侃、高崧、何充、吴隐之等十三位名臣传略与奏疏。在夹注中大段辑录孙盛、干宝、习凿齿等家关于晋史的论述。

臧荣绪(415 年—488 年),南朝齐史学家。莒(今山东莒县)人。曾删取王隐、何法盛著的两晋书,著《晋书》一百一十卷,在唐初流行的十八家《晋书》中号为较完善的一部。唐房玄龄修《晋书》,即以此为主要依据。今佚,有辑本。魏征主编的《群书治要》保存了该书的一部分重要内容,成为珍贵的史料。

# 纪

武皇帝讳炎，字安世，文帝太子也。泰始五年，廷尉上西平民麹路，伐登闻鼓，言多妖妄毁谤。帝诏曰："狂狷怨诽，亦朕之愆，勿罪也。"〔孙盛《阳秋》云："泰始八年，帝问右将军皇甫陶论事，陶固执所论，与帝争言，散骑常侍郑徽表求治罪。诏曰：'谠言謇谔，直意尽辞，所望于左右也。人主常以阿媚为患，岂以争臣为损乎?陶所执不愆此义，而徽越职奏之，岂朕意乎?'乃免徽官也。"〕

【译文】

武帝司马炎，字安世，是文帝司马昭的太子。泰始五年，廷尉呈上西平人麹路敲击登闻鼓（指悬于朝堂之外，允许官员、百姓敲击然后上书进言的大鼓）上书，书中多有妖言毁谤之辞。武帝诏曰："书中所言虽然偏激埋怨诽谤，但也说明朕存在过失，不要惩处上书人。"（孙盛所著的《晋阳秋》说：泰始八年，晋武帝咨询右将军皇甫陶，讨论时事，皇甫陶固执自己的意见，和武帝争执起来。散骑常侍郑徽上表，请求治皇甫陶言语顶撞之罪。武帝下诏说："正直敢言，直话直说，是我对左右谏臣的期望。作为君主，常常患臣下阿谀奉承，怎么能以诤臣为损失呢？皇甫陶虽固执己见，但并不妨害作为诤臣之义，而郑徽却越职上奏皇甫陶之不是，怎么能合乎朕的心意呢？"于是武帝免去了郑徽的官职。）

咸宁四年，大医司马程据，献雉头裘。诏曰："异服奇技，典制所禁也。"其于殿前烧裘。甲申，敕内外敢有犯者，依礼治罪。

【译文】

咸宁四年，太医司马程据进献了一领"雉头裘"。（炎帝）诏曰："凡异服奇技，是国家典章制度所禁用的。"武帝就在殿前将裘衣烧毁。并在当月甲申日下令说，今后内外官员有敢违犯的，将依律治罪。

太康元年，吴主孙晧降。有司奏："晋德隆茂，光被四表。吴会既平，六合为一。宜勒封东岳，以彰圣德。"帝曰："此盛德之事，所未议也。"群臣固请，弗听〔《干宝纪》云："太康五年，侍御史郭钦上书曰：'戎狄强横，自古为患。魏初民寡，西北诸边郡，皆为戎居。今虽伏从，若百年之后，有风尘之警，胡骑自平阳、上党，不三日而至孟津。北地、西河失土，冯翊、太原、安定，裁居数县。其余及上郡，尽为狄庭，连接畿甸。宜及平吴之威，出北地、西河、安定，复上郡，实冯翊、平阳北统河（今书北统河作已北二字）诸县，募取死罪，徙三河三魏见士四万家以充之，使裔不乱华。渐徙平阳、弘农、魏郡、京兆、上党、太原杂胡，出于其表。峻四夷出入之防，明先王荒服之制，万世之长策也。'弗纳。"荀绰《略记》云："世祖自平吴之后，天下无事，不能复孜孜于事物，始宠用后党。由此祖祢采择嫔媛，不拘拘华门。父兄以之罪衅，非正形之谓；扃禁以之攒聚，实耽秽之甚。昔武王伐纣，归倾宫之女，助纣为虐。而世祖平晧，纳吴姬五千，是同晧之弊也。"〕。

【译文】

太康元年，吴主孙晧投降。主管官员上奏："晋王朝德政隆盛，光辉照耀天下。南方吴国既已平定，国内一统，应该颁诏到东岳泰山举行'封禅'庆典，以显扬圣德。"武帝说："封禅这样的盛德之事，现在还不宜讨论。"满朝文武坚决请求，终未获准。(《干宝纪》记载："太康五年（公元284年），侍御史郭钦上书说：'在我国西方和北方活动的少数民族势力很强横，自古就是威胁国家安全的大患。曹魏初年的时候，人口寡少，西北部的边境地区，都被少数民族占为定居地。现在虽然这些地区臣服我国，但是过一段时间后，这些地区恐怕就会响起兵乱的警报。胡人的兵马自平阳、上党二郡出发，用不了三天就能够到达都城洛阳的门户孟津县。我们失去了北地、西河二郡之后，冯翊、太原、安定三郡数县的汉族居民都（向南）迁徙，（离开了这些沦落在胡人手中的县份。）其余的北方边境包括上郡（今陕北榆林地区），都被胡人政权所控制。（这样，胡人控制的地方）都能够与京畿地区相连了。现在应该借助平定吴国的余威，出兵北地、西河、安定三郡，收复上郡，迁徙晋朝的国民去冯翊、平阳以北数县去定居（即上文所说汉族居民纷纷离开的几个县份）。可招募一些犯死罪的人，以及迁徙三河、三魏地区已经在政府登记的成年男性国民，共四万家去那里定居。这样可以保证边远地区的少数民族势力不会影响到我中华的安定。我们还要有步骤地迁徙那些住在平阳、弘农、魏郡、京兆、上党、太原的诸多胡人，让他们去到边境之外。在边境地区的人民的出入，也要加以防范限制，明确先王所订立的荒服制度，这才是万事太平的长治久安之国策啊。’但是武帝不采纳这个建议。”荀绰《略记》说：“世祖晋武帝自从平定吴国之后，天下得到太平，就不能再继续勤奋于政务，而开始宠幸任用皇后嫔妃的政治势力集团。从此，祖孙选择嫔妃的时候，不限制女方的家庭背景。父兄因此多犯淫乱的罪行，这不是正人君子应有的举止；后宫因此而嫔妃人数增多，实在是过分耽于淫乐。当年武王伐纣，归因于纣王的后宫，助纣为虐而导致商汤的灭亡。而现在晋世祖武帝打败了孙皓，就接收了吴国后宫的姬妾五千人，这和孙皓亡国的弊病是同样的啊！’”）

惠皇帝讳衷，字正度，武帝太子也。永平元年，迁皇太后于永宁宫。贾后讽群臣奏废皇太后为庶人，居于金墉城。九年，贾后诬奏皇太子有悖书，帝幸式乾殿，召公卿百官皆入，诏赐太子死，以所谤悖书及诏文，遍示诸王公。司空张华曰：“此国之大祸，自汉武（武原作氏）以来，每废黜正嫡，恒至丧乱，且晋有天下日浅，愿陛下详之。”尚书仆射裴頠曰：“臣不识太子书，不审谁为通表、谁发此者。为是太子手书不？宜先捡校。”而王公百官竟无言。免太子为庶人，幽于金墉城。永康元年，前西夷校尉司马阎缵，舆棺诣阙上书曰：“伏见赦文及榜下前太子遹手疏，以为惊愕。自古已来，臣子悖逆，未有如此之甚者也。幸赖天慈，全其首领。臣伏念遹生于圣父，而至此者，由于长养深宫，沉沦富贵，受饶先帝，父母骄之。每见选师傅，下至群吏，率取膏粱击钟鼎食之家，稀有寒门儒素，如卫绾、周文、石奋、疏广者也，洗马、舍人，亦无汲黯、郑庄之比，遂使不见事父事君之道。臣案古典，太子居以士礼，与国人齿，以此明先王欲令知先贱然后乃贵。自顷东宫亦微太盛，所以致败也。非但东宫，历观诸王，师友文学，亦取豪族。为能得者，率非龚遂、王阳，能以道训。友无直亮三益之节，官以文学为名，实不读书。但共鲜衣怒马，纵酒高会，嬉游博弈，岂有切磋能相长益？臣常恐公族凌迟，以此叹息。今遹可以为戒，恐其被斥，弃逐远郊，始当悔过，无所复及。昔戾太子无状，称兵拒命，而壶关三老上书，犹曰子弄父兵，罪应笞。汉武感悟，筑思子之台。今遹无状，言语逆悖，受罪之日，不敢失道，犹为轻于戾太子。尚可禁持检著，目下重选师傅，为置文学，皆选以学行自立者，及取服勤更事、名行素闻者，使共与处；使严御史监护其家，绝贵戚子弟、轻薄宾客。如此左右前后，莫非正人，使共论议于前，但道古今孝子慈亲、忠臣事君，及思愆改过之比，日闻善道，庶几可全。昔太甲有罪，放之三年，思庸克复，为殷明王。又魏明帝因母得罪，废为平原侯，为置家臣庶子文学，皆取正人，共相匡矫，事父以孝，事母以谨，闻于天下，于今称之。李斯云：'慈母多败子，严家无格虏。'由陛下骄遹，使至于此。庶其受罪以来，足自思改。方今天下多虞，四夷未宁，将伺国隙，储副大事，不宜空虚，宜为大计，少复停留，先加严诲，若不悛改，弃之未晚也。臣素寒门，不经东宫，情不私遹也。臣尝备近职，情同阉寺，悾悾之诚，皆为国事。臣以死献忠，辄具棺絮，伏须刑诛。"书御，不从。遣前将军司马送太子，幽于许昌宫，贾后使黄门孙虑贼太子于许昌。

【译文】

惠帝司马衷，字正度，是武帝的太子。永平元年，将皇太后杨芷，贬迁到永宁宫。贾皇后暗示群臣，让他们上奏，将太后废为庶人，囚居金墉城。元康九年，贾皇后诬奏皇太子（司马遹）写有反书。惠帝驾临式乾殿，命文武百官都前来，要下诏赐太子死，并拿出所谓的反书和诏文，让诸王公大臣来看。司空张华上前奏称："废黜太子，是国家的大祸。自汉代以来，每因废黜嫡子，带来丧乱。再说，晋朝立国时间不长，愿陛下慎重考虑这个问题。”尚书仆射裴頠说：“臣不认得太子的字迹，也不知是谁报告、是谁发现了这一反书。这是不是太子手书呢？应先检验考证一下。”然而其他的王公百官竟不发一言，就这样废太子为庶人，囚禁于金墉城。永康元年，前任西域校尉司马阎缵，抬上棺材向惠帝上书说：“我见到赦文、废掉太子的告示和太子遹手书等，感到很吃惊。自古以来，臣子反叛朝廷，还没有过如此严重的事件。幸亏仰赖圣上仁慈，保全了太子的性命。臣私下想，太子遹生在圣朝而落得如此下场，是由于他长期生长在深宫，沉浸在富贵生活环境之中，受到先帝的溺爱，作父母的又骄惯他。每见到给太子选择师傅及下属随员，大都是来自大富大贵之家，很少有出身寒门、有知识有修养，像汉代的卫绾、周文、石奋、疏广那样的人，太子洗马、太子舍人也没有比得上汲黯、郑庄那样的人物，遂使他不知晓事父事君的道理。臣我考查古代典籍，凡是身为太子的，平素按士人的礼节来要求，把自己和国人一般看待，用这种办法使其懂得先王要使其明白先贱而后贵的用心。自近时以来，太子东宫的生活过于丰足，所以导致其倒败。非但东宫如此，臣历观诸侯王身边的师友文士，也都是选取豪族之士。被认为合适的，大都不像汉代的龚遂、王阳之类能以道义训导诸王。诸王所交的朋友，都没有正直、坦诚、多闻因而有益于己的节操。官员也是以文学为名，实际上并不认真读书。他们只是和诸王一起讲求穿锦衣、骑好马、纵情饮酒、崇尚聚会、嬉游下棋，哪里还顾得上互相切磋、相互受益以求上进！臣常担忧王室贵族衰败下去，为此叹息。现在司马遹可以引为鉴戒，恐他被斥责废黜，遗弃于远郊，那时开始悔过，就来不及了。昔日汉武帝戾太子刘据不像个太子的样儿，兴兵拒命，壶关三老上书，还只是说子弄父兵，论罪应加以鞭笞。汉武帝感悟到戾太子是冤死，还筑起思子台来表示追念。当今太子遹不像个太子的样儿，言语悖逆，但他在受到囚禁处罚时，还不敢违背为子之道，其罪过比戾太子还轻。目下尚可将他管教起来，给他重选师傅，安排文学之士，应选择那些有学识品行而有独立人格的人，以及那些勤奋懂事、经常被人称道品行端正的人，让他们和太子共处；派严厉的御史监护东宫，让太子与那些贵戚子弟和轻薄宾客断绝来往。这样太子的左右前后，莫不是正人君子。让这些人共同在太子眼前谈事论理，只讲论古今孝子如何事亲、忠臣如何事君以及知过必改的道理。这样，天天听的是正确道理，差不多就能使太子之位得以保全。昔日商汤之孙太甲有罪，被流放了三年，始能悔过重新做人，结果后来成为殷商的一位明君。再如魏明帝曹叡因母获罪，被废为平原侯，朝廷给他安排家臣、庶子、文学之士等，都选择有道德修养的人，一起帮助他改正错误，结果后来他能够孝顺、恭谨地侍奉父母，因而名闻天下，至今还被人们称道。李斯曾说：‘慈母跟前多出败家子，严父膝下少有桀骜不驯的儿子。’看来由于陛下骄惯了司马遹，才让他弄到今天的地步。但自他接受处罚以来，能十分认真地反思自己，改正错误。当今天下多事，四夷还不安宁，有人想钻国家的空子来谋私。王朝立储君是一件大事，应为大局着想，不宜使太子之位空缺。太子之事可稍缓一下，先采取严加教诲的办法，若他坚持不改，再废去也不迟啊。臣我本来就出自寒门，未在东宫任事，从感情上并不偏袒太子遹。臣曾做过皇帝身边的近臣，职位和一般掌管宫门的侍者差不多。今诚恳上奏，都是为了国家大事。臣以死表示忠心，并带上棺板老衣，等待刑戮。”其奏章进献之后，惠帝不听从，又派遣前将军司马押送太子到许昌宫囚禁。不久，贾后派黄门太监孙虑杀害太子于许昌。

〔《干宝纪》云：“史臣曰：世祖正位居体，重言慎法，仁以原下，宽而能断。故民咏惟新，四海欢悦矣。聿修祖宗之志，独纳羊祜之策，役不二时，江湖来同。夷吴蜀之垒垣，通二方之险塞，掩唐虞之旧域，班正朔于八荒。余量委亩，外关不闭，民相遇者如亲，其匮乏者，取资于道路，故于时有天下无穷人之言。虽太平未洽，亦足以明，吏奉其法，民乐其生，百代之一时矣。武皇既崩，陵土未干，而杨骏被诛，母后废黜，朝士旧臣，夷灭者数十族。宗子无维城之助，而阏伯实沈之隙岁构。师尹无具瞻之贵，而颠坠戮辱之祸日有。民不见德，唯乱是闻，内外混淆，名实反错。国政迭移于乱人，禁兵外散于四方。方岳无钧石之镇，门关无结草之固。李辰、石冰，倾之于荆扬；刘渊、王弥，挠之于青冀。二十余年，而河洛为墟，戎羯称制，二帝失尊，山陵无所。何哉?树立失权，托付非才，四维不张，而苟且之政多也。夫作法于治，其弊犹乱，作法于乱，谁能救之？于时天下非暂弱也，军旅非无素也。彼刘渊者，离石之将兵都尉；王弥者，青州之散吏也。盖皆弓马之士、驱走之人、凡庸之才，非有吴先主、诸葛孔明之能也；新起之寇，乌合之众，非吴蜀之敌也；脱耒为兵，裂衣为旗，非战国之器也；自下逆上，非邻国之势也。然而成败异效，扰天下如驱群羊，举二都如拾遗芥，将相侯王，连颈受戮，乞为奴仆，而犹不获，后嫔妃主，虏辱于戎卒，岂不哀哉！夫天下，大器也；群生，重畜也。爱恶相攻，利害相夺，其势若积水于防、燎火于原，未尝暂静也。器大者，不可以小道治；势重者，不可以争竞扰。古先哲王知利百姓，是以感而应之，悦而归之，如晨风之郁北林、龙鱼之趣渊泽也。然后设礼文以理之，断刑罚以威之，谨好恶以示之，审祸福以喻之，求明察以官之，笃慈爱以固之。故皆乐其生而哀其死，悦其教而安其俗。君子勤礼，小人尽力。廉耻笃于家闾，邪僻消于胸怀。故其民有见危以授命，而不求生以害义。又况奋臂大呼聚之，以干纪作乱之事乎？基广则难倾，根深则难拔，理节则不乱，胶结则不迁。是以昔有天下者之所以长久也，夫岂无僻主？赖道德典刑，以维持之也。故延陵季子听乐，以知诸侯存亡之数、短长之期者，盖民情风教，国家安危之本也。晋之兴也，其创基立本，异于先代，又加之以朝寡纯德之士，乡乏不二之老，风俗淫僻，耻尚失所。学者以庄老为宗，而黜六经；谈者以虚荡为辩，而贱名检；行身者以放荡为通，而狭节操；进仕者以苟得为贵，而鄙居正；当官者以望空为高，而笑勤恪。刘颂屡言治道，傅咸每纠邪正，皆谓之俗吏。其倚仗虚旷，依阿无心者，皆名重海内。由是毁誉乱于善恶之实，情慝奔于货欲之涂，选者为人择官，宦者为身择利。而秉钧当轴之士，身兼官以十数，大极其尊，小统其要，机事之失，十恒八九。而世族贵戚之子弟，凌迈超越，不拘资次。悠悠风尘，皆奔竞之士；列官千百，无让贤之举。子真著《崇让》，而莫之省；子雅制‘九班’，而不得用；长虞直笔，而不能纠。其妇女庄饰织纴，皆取成于婢仆，未尝知女功丝枲之业、中馈酒食之事也。先时而婚，任情而动，故不耻淫逸之过，不拘妒忌之恶。有逆于舅姑，有反易刚柔，有杀戮妾媵，有渎乱上下，父兄弗之罪也，天下莫之非也，又况责之闻四教于古，修贞顺佐于今，以辅佐君子者哉！礼法刑政，于是大坏。如水斯积，而决其堤防；如火斯蓄，而离其薪燎也。国之将亡，本必先颠，其此之谓乎？故观阮籍之行，而觉礼教崩驰之所由；察庾纯、贾充之争，而见师尹之多僻；考平吴之功，而知将帅之不让；思郭钦之谋，而寤戎狄之有衅；

览傅玄、刘毅之言，而得百官之邪；核傅咸之奏、钱神之论，而睹宠赂之彰。民风国势如此，虽以中庸之才、守文之主治之，辛有必见之于祭祀，季札必得之于声乐，范燮必为之请死，贾谊必为之痛哭。又况我惠帝，以放荡之德，而临之哉！故贾后肆虐于六宫，韩午助乱于内外，其所由来渐矣，岂特系一妇人之恶乎？”〕

【译文】

《干宝纪》记载：“史官说：世祖正式登基获得帝位，恪守根本，慎重言论，严守法律，宅心仁厚，宽容臣下，政令宽松而实施果断。所以百姓拥护新政，四海都很欢喜。他继承祖宗的志向，单独采纳羊祜的计策，征伐不超过两季，四方国家就来朝贺，扫平了吴蜀两国的阻塞，打通了两方的要塞，覆盖了唐尧、虞舜旧国疆域，颁布了新的历法。是时粮食多得堆在田埂上，对外的关口不用关闭，相遇如亲人，有贫困的人，可以向路人得到资用。所以那时有天下无穷人之说。虽然还没到太平盛世的程度，也足使政治清明，官吏奉公守法，百姓乐于生计，百代以来盛极一时啊。等到武帝驾崩，皇陵的墓土还没干，杨骏就被诛杀了，身为杨骏之女的皇后也被废黜了，武帝的朝廷大臣被灭九族的有数十人。皇族子弟不但没有辅助统治的作用，反而彼此不和睦，结怨日深；百官没有令百姓瞻仰的尊贵，而被杀戮侮辱的事情日日发生。百姓不见德政，只听闻变乱。内外不分，名实错乱，国家大权屡屡被恶人掌握，皇帝亲兵被外派到四方。边境没有足够的士兵镇守，关隘就像草扎的一样不牢。李辰和石冰，攻破了荆州和扬州；刘渊和王弥，在青州和冀州袭扰。仅仅二十多年，黄河洛河交汇的中原之地成为废墟，戎族和羯族占领洛阳，相继称帝，怀帝和愍帝先后被俘，死无葬身之地。何以至此呢？所立的继承人失去权力，所托付朝政的人并非贤才，礼、义、廉、耻四种道德教化不能施行，敷衍和短视的政策却非常多。创立法治以趋于治理，它的弊端都会产生变乱，何况是趋于变乱，谁又能挽救呢？当时国家并非因为刚建立而不强，军队并非没有常备。那刘渊，是离石县小小的将兵都尉；王弥，不过是青州有官无职的闲散官吏。他们大致上都是军队里的习武之人、被征来随军征战的人、一般的平庸的人，没有吴国先主、诸葛孔明那样的才能。新近造反的贼寇，纯粹是乌合之众，并非是吴国和蜀国那样的强敌；他们摘掉犁上的木柄作武器，撕了身上的衣服做旗帜，这些并非是正规的作战兵器；自下而上地造反，并不具备像邻国那样的势力。但是，成败的结果却相反，袭扰天下像赶羊群一样，攻占两个都城如同拔草一样。王侯将相，排成排被砍掉头颅，乞求为奴仆都不能，照样被杀，后宫的嫔妃们被士兵掳掠而遭受羞辱，这难道不悲哀吗？天下，是最重大的器物；众生之中，最重要的是百姓。喜爱的和憎恶的相互攻伐，因利益不同而相互争夺，其势头就像大水冲撞堤防、野火烧遍原野，没有一刻平息啊。帝王大位，不能用礼教以外的小道治理；百姓人多势重，不能用压迫代替蓄养。古代圣王懂得利益百姓，所以百姓感激而应和他，喜悦而归附他，如同晨风吹拂北边的树林，如同龙鱼跃入深渊湖泽。然后制定礼教仪制来和谐他们，判定刑罚来威慑他们，慎重爱好的和厌恶的来明示他们，辨明福祸的道理来晓喻他们，务求以明察来管理他们，多施仁爱来安顿他们。所以都是乐于百姓的生而哀于百姓的死，使他们乐于受教而安于风俗。君子勤勉于礼仪，百姓乐于尽力。邻里族群知道廉耻，邪念消弭在襟怀。所以他的百姓有危难时就接受使命，不会为求生伤害道义。又何况那些匪首振臂高呼，召集他们造反，他们怎么会跟从呢？基础广大就难以倾倒，根扎得深就难以拔掉。按照道理来节度就不会乱，胶凝结了就不会流动。所以往昔有天下的天子，之所以能够长久称帝，并非后代中没有邪僻的君主，而是国家是靠道德教化和典制、刑罚来维持的。春秋吴公子季札之所以听一个国家的音乐，就知道这个诸侯国兴亡变数、生存长短，就是因为对百姓的道德教化，是国家安危的根本。晋朝初期建立，其创造的基础、建立的根本，是异于前代的。又加之朝廷缺乏有操守的官吏，乡野缺乏忠心的百姓，风俗放荡淫乱，人民不知廉耻。治学的人以老庄为本，废黜六经；清谈者言辞浮夸虚伪，而轻视名分和实际；立身处世者以放荡为通行证，而不修节操；求官者以非法获得为尊贵，而看不起正当获取的人；当官的以仰望天空为高尚，而耻笑勤勉尽职的人。刘颂屡次进言治世之道，傅咸屡次纠正教化之风，都被说成是庸俗的官吏。那些依仗空谈、闭目塞听的人都名传天下。由此一来，批评和赞誉不能按照善恶的实际，邪恶的心只管追逐声色货利。负责选拔的官员只任命亲信，当官的只为自己搜刮钱财。掌握朝政的官员，一身兼任的职位有数十种，大的职位必是尽力显示尊贵，小的职位必是尽力抓住要害部门，这样国家大事的失策，常常十个占八九个。那些皇亲国戚的子弟，姿态超然，全然不为辈分位次所拘。悠悠俗世，都是奔走逐利之人。官员千百个，没有一个人有让贤的举动。子真著《崇让》，但没有人反省；子雅制定‘九班’的考核制度，但没有被使用；长虞直言进谏，而不能纠正歪风。达官贵人家的妇女，她们的装饰和织品，直接取成于奴婢，都不曾沾过女工缫丝的职业、酒食饭菜等本分的事。先前结婚时，不过是任性而行动，所以不鄙视淫荡放逸行为，不约束嫉妒忌恨的恶念，有的忤逆姑舅，有的颠倒阴阳，有的杀戮小妾，有的混乱上下尊卑，然而连父兄都不问她们的罪，天下的人也不说她们的是非，何况责备她们懂得古代的文、行、忠、信四种教化，修习操守忠顺服务于今天，来辅佐君子呢？礼法仪制和刑罚政令，因此而被毁坏。就像大水积攒，最后冲破的堤坝；如同野火积蓄，最后烧遍原野。国家将亡，根本必定先被颠覆，不就是这样的吗？所以考察阮籍的行为，就知道了礼教崩坏的原因；观察庾纯、贾充之间的争夺，就见到了地方官长的邪僻；考评消灭吴国的功劳，就知道了将帅之间不谦让；思虑郭钦的计谋，就醒悟了戎狄有挑衅行为；浏览傅玄、刘毅的言论，就看出了百官的邪曲；核查傅咸的奏折、鲁褒所写的《钱神论》，就看清了争宠和贿赂的盛行。民俗国情是这样，即使以懂中庸之道的大才辅佐、以遵守文王法度的君主治理，其危亡的前兆，必被辛有从祭祀之礼上看见，必被季札从音乐中听见，必会使范燮请死以进谏，必会使贾谊痛哭失声。又何况我主惠帝，以放荡的德行，而治理国家呢？所以贾后在六宫为非作歹，韩午助乱于皇宫内外，这结果是一点点慢慢造成的，岂能是因为一个妇人的恶呢？”

成皇帝讳衍，字世根，明帝太子也。咸和七年，诏除诸养禽之属无益者。集书令史夏侯盛表曰：“伏闻明诏悉除养熊虎之费，举朝增庆，咸称圣主。伏惟陛下，未观古今成败之戒，而卓尔玄览，明发自然，遣除无益，务在啬民，诚可谓性与天道，生而知之。孔子十五志学，四十不惑。陛下年在志学之后，而思洞不惑之前。三代之兴，无不抑损情欲；三季之衰，无不肆其侈靡。陛下不学其兴，而与兴者同功；不览其衰，已去衰者之弊。道侔上哲，德迈中古，吐丝发之言，著如纶之美。臣闻“将顺其美，匡救其恶”，故人主之言，则右史书之。陛下此诏，既当著（著原作等）之史籍，又宜宣布天下。自丧乱已来，四十余载，涂炭之余，思治久矣。陛下智成当年，而运值百六，德音之诏，发自圣德。愿复触类而长之，广求其比，无使朝有游食费禄之臣，野有逋窜不徭之民。使居官者，必有供时之赋，则何患仓廪之不实，下士之不均？凡修此术，易于反掌耳。臣诚总猥，官自朝末，不足对扬盛化，裨广大猷，然自睹圣美，心悦至教，自忘丛细，谨拜表以贺。”

【译文】

成帝司马衍，字世根，是明帝司马绍的太子。咸和七年，下诏去除为皇宫蓄养禽兽之类的无益人员。集书令史夏侯盛上表说：“我听到明主颁诏去除蓄养熊虎的费用开支，满朝官员无不为之庆贺，都称道陛下是一位英明君主。我想到陛下未看到古今因此而成败的经验教训，却能超凡地洞察事物，出乎自然，废除无益之事，务求教民俭约，这真是本性合于天意，可谓生而知之了。孔子十五有志于学，四十而不惑。陛下年龄才在志学（十五岁）之后，而思想洞察能力却在不惑（四十岁）之前。从历史上看，夏、商、周三代之所以兴盛，没有不是抑制自己情感上的欲望而成就的；三代的衰败，也没有不是由于恣意讲究奢侈浪费而导致的。陛下虽未学习三代的兴国之道，而却能做到与三代同样的事情；没有考察三代衰亡的情况，而能摒除三代的弊病。这种政治主张真可比上古代的圣哲，这种德行也超过中古帝王的所为；所讲出的看似蚕丝一样的微言，却显现出丝织彩带那样秀美。臣听说：‘打算随顺其美善，匡正消除其恶习。’所以人主之言，由右史记载（右为上）。陛下这一诏书，既当载入史册，又应该传布天下。自从王朝发生宗室八王之乱以来，迄今四十余载，人民在遭受困苦灾难之余，很早就希望国家和平安定。陛下的智慧成熟于丁壮之年，而运数恰逢阴阳转换中阴数的极点（指厄运），这一言辞至善的诏书，来自于陛下高尚的品德。臣希望更能涉及其他方面，一并发扬光大，广泛研求可与之媲美的政令，不让朝廷有不勤于事而空耗俸禄之臣，不使民间有逃亡躲藏不服徭役之民，使做官者必须定时向国家缴纳赋税，这样一来，何愁国家仓禀储备不足、下民负担不均？一切都按这个原则去做，治理好国家，真是易如反掌啊！臣的确所见琐碎，官职低微，不足以应对、显扬盛美的教化，也不足以补益扩展国家大计，然由于目睹圣上的美善，心喜极好的教令，因而也就忘记自己低微的身份，谨上表来祝贺。”

简文皇帝讳昱，字道万，元帝少子也。咸安二年，诏曰：“夫敦本息末，抑绝华竞，开忠信公坦之门，塞浮伪阿私之路，询名检实，致之以道，使清浊异流，能否殊贯，官无秕政，士无谤讟，不有惩劝，则德礼焉施。且强寇未殄，劳役未息，每念民疲力单，则中夜忘寝。若不弘政以求民瘼，简除游烦以存俭约，将何以纾之耶？今自非军国戎祀之要，其华饰烦费之用，可除者皆除之，宜省者皆省之。其鳏、寡、穷、独、癃、残六疾，不能自存，皆生民之至艰，先王之所愍，宜加隐恤，各赈赐之。若或孝子贞妇，殊行异操之人，皆以状条列，当有以甄明其节。夫肥遁穷谷之贤、汨泥扬波之士，虽抗志于玄霄之表，潜默于幽岫之里，贪屈高尚之道，以隆协赞之美，使惠风流于天下，膏泽被于万物，孰与独足山水，栖迟丘壑，殉匹夫之洁，而忘兼济之大？古人不借贤于曩代，朕所以虚想于今日。内外百官，剖符亲民，各勤所司，使善无不达，恶无不闻。退食自公，平情以道，令诗人无素餐之刺，而吾获虚心之求，岂不善哉！其各宣摄，知朕意焉。”

【译文】

简文帝司马昱，字道万，是元帝司马睿的小儿子。咸安二年，颁发诏书说：“要重视农业根本，限制工商末枝，抑制、根除浮华攀比风气，大开忠诚、信义、公正、坦直之门，堵塞浮夸、诈伪、阿谀、循私之路，考查其职分，责求其实效，督导人们步入正道，使清浊分流，贤能与无能区别对待，当官者无不好的政令，读书人不互相指责诽谤。如果没有奖惩，那样社会道德礼义怎能实施呢？况且，当今强敌未灭，征发劳役的差使不停，朕每每念及老百姓穷困和负担过重，就会深夜难眠。如不弘扬德政，考察人民疾苦，减少、杜绝浪费，保存俭约之风，将何以解除人民的疾苦呢？从现在起，凡不是军需、祭祀重要开支，其他浮华装饰的费用可以免去的就免除，该节省的就节省。至于鳏、寡、穷、独、病、残这六种人，他们不能独立生活，都是人民当中的艰难困苦者，为先朝帝王所顾念怜悯，应对他们加以同情抚恤，给以赈济。如果还有孝子、贞妇及特别有品行操守的人，都应该以其实况分条目列出事迹，予以褒奖表扬。那些隐居于深山穷谷的贤者、沉沦于穷山恶水之间的志士，虽然守持其高尚志节于云天之外，潜藏、沉默于幽深的山穴之内，贪求竭尽其高尚之道，来提高众口同赞的美誉，使其美惠之风流布于天下，恩泽施加于万物，还不如说是自己独享山水风光，游赏休闲于丘壑之间，为追求常人所讲求的高洁而牺牲自己，忘记了兼济天下的大义。古人说无法从过去的时代借来贤人治国，朕因此浮想于当今天下。期望朝廷内外百官，按委任时的约证亲民爱民，各自努力做好本职工作，使善政无不畅达，坏事无不得到披露。廉洁从政处事公平，从而使诗人们再不会去写白吃官饭的讽刺诗，也使我得以开辟一直向往的治世，这不是很好的事吗？请各位宣讲朕的诏谕并加以辅助，使天下人了解朕的心意啊！”

# 后妃传

武元杨皇后，弘农华阴人也。初，贾充妻郭氏，使言于后，求以女为太子妃，兼有遗赂。及议太子婚，世祖欲娶卫瓘女，后苦誉贾后有淑德，又密使太子太傅荀顗进言，上乃听之。遂成婚。

【译文】

晋武帝司马炎的杨皇后，是弘农华阴人。当初，贾充的妻子郭氏，使人向皇后进言，请求让自己的女儿做太子的妃子，并为此事赠送过财物。等到后来商议太子婚事时，武帝司马炎打算娶卫瓘的女儿做太子妃。皇后竭力夸赞贾充之女有贤淑的品德，还暗地里让太子太傅荀顗向武帝进言，于是武帝就采纳了他们的意见，让太子和贾充女儿成婚。

惠贾庶人，名南风，平阳人也。拜太子妃，性妒虐，尝手杀数人，或以戟掷孕妾，子乃坠地。惠帝即位，为皇后，虐诛三杨，逆弑太后，矫害二公。荒淫放恣，与太医程据等乱，彰于内外。诈有身为产，养妹夫韩寿儿，遂谋废太子，以所养代立。专为奸，诬害太子，众恶彰著。永康元年，为赵王伦所废，赐死。

【译文】

惠帝的前皇后贾庶人，名贾南风，是平阳人。她自从做了太子司马衷的妃子后，性情嫉妒残虐，曾经亲自杀过好几个人，曾用戈矛投掷已怀孕的侍妾，使得胎儿坠地。惠帝即位后，她成为皇后，曾残害诛杀"三杨"（杨骏、杨珧、杨济），行叛逆之事，杀害了皇太后（武帝司马炎的皇后杨芷），矫诏杀害"二公"（司马亮、卫瓘）。她荒淫放荡，和太医程据等人淫乱，丑闻传扬于内外。她假装怀孕临产，实则抱养了妹夫韩寿的儿子，于是阴谋废掉太子司马遹，将她所抱养的这个儿子立为太子。并专施奸计，终于诬陷虐杀了太子司马遹，众多奸恶之事昭著于世。永康元年，被赵王司马伦废为庶人，并将她赐死。

# 传

琅耶王伷，字子将，宣帝第五子。受诏征吴，孙皓请降，进拜大将军。伷既戚属尊重，加有平吴之功，而克己恭俭，无矜满之色，统御文武，各得其用。百姓悦仰，咸怀惠化。

【译文】

琅耶王司马伷，字子将，宣帝司马懿第五子。武帝朝，他受诏征伐东吴，吴主孙皓请降后，伷进封为大将军。他既处晋王朝宗室的尊贵地位，又有平吴的功劳，但却克己恭谨俭约，无矜持骄傲自满的神色。他所统率的文武百官，能各尽其用。老百姓喜欢并崇敬他，都受到他高尚人格的感化。

扶风王骏，字子臧，宣帝第七子也。年五六岁，能书画，诵咏诗赋，秉德清贞，宗室之中，最为俊望（望原作茂）。封汝阴王（旧本无封汝阴王四字，补之），迁镇西大将军，都督雍凉诸军事，大兴佃农。入朝，徙封扶风王。薨，西土氓黎，思慕悲哭，涕泣岐路，更树碑赞述德范。长老见碑者，无不拜之。其遗爱如此。

【译文】

扶风王司马骏，字子臧，是宣帝司马懿的第七子。他五六岁时，就能书善画，背诵吟咏诗赋，保持其廉洁坚贞的品性，在宗室中声望最好。武帝即位后封为汝阴王，官拜镇西大将军，统管雍州、凉州诸军事，并大力发动农民租种土地，回朝后，得以提升并封为扶风王。他死后，西部黎民百姓追思他的德政，悲伤痛哭，涕泣于大小路径，还立碑赞述他的风范。地方长老凡见碑者，无不磕头跪拜。他留下的恩德竟达到这样的程度。

齐王攸，字大猷，文帝第二子也。力行敦善，甚有名誉。为侍中数年，授太子太傅，献箴于皇太子。每朝政大议，悉心陈之。且孝敬忠肃，至性过人。太康三年，为大司马，都督青州诸军事，薨。

【译文】

齐王司马攸，字大猷，是文帝司马昭的第二子。他竭力行施敦厚、善美之政，因而享有盛誉。武帝即位后，官拜侍中，数年后又授为太子太傅，常献箴言给皇太子司马衷。每次遇到朝廷讨论大政方针时，他都尽力陈述己见，且为人孝敬、忠诚而恭肃，秉性有过人之处。太康三年封为大司马，统管青州各项军政大事，死于任内。

子冏嗣，字景治，与赵王伦共废贾后。伦篡，迁冏镇东大将军、开府仪同三司。冏因民心怨望，移檄天下。破伦，帝反正，就拜大司马，加九锡辅政。大筑第馆，使大匠营，制与西宫等。

后房施钟悬，前庭舞八佾，沉于酒色，不入朝见，坐拜百官，符敕三台，选举不均，唯宠亲昵。殿中御史桓豹奏事，不先经冏府，即考竟之。于是朝廷侧目，海内失望。冏骄乱日甚，终无悛志。长沙王发兵攻冏府，生禽冏，斩于阊阖门外，诸党属皆夷三族。

【译文】

其子司马冏继承父职。他字景治，和赵王司马伦一起废掉惠帝的贾皇后。赵王伦篡夺司马衷帝位，授冏为镇东大将军、开府仪同三司。冏趁着民众对司马伦的怨恨之心，传讨逆檄文于天下，击败了司马伦。惠帝又返回朝廷即位后，拜冏为大司马，赐予他九锡（车马等九种物品），辅佐朝政。司马冏大兴土木给自己修建府第，使用给皇宫营造宫室的工匠，王府规格和西宫相同。后房悬挂钟磬，前庭设置八佾舞厅，沉溺于酒色，不入朝见君。他坐在高位上，百官拜见也不起身。用天子的节符敕命，尚书、御史、谒者三大部门，选用官吏不公，只宠信亲昵之人。殿中御史桓豹向皇帝奏事，事先未向冏府请示，就对其查核穷究。于是朝臣不敢正目相看，天下百姓感到失望。司马冏骄傲、横霸无道日甚一日，一直没有悔改之意。长沙王司马乂发兵攻入冏府，将司马冏擒拿，斩于洛阳阊阖门外。其党羽亲戚皆被夷灭三族。

愍怀太子遹，字熙祖，惠帝长子也。谢才人所生，少而聪慧。惠帝即位，立为皇太子。年转长大，而不好学，喜与左右嬉戏，不能尊敬保傅，敬狎（敬狎可疑）宾友。贾后素忌太子有佳誉，因此密敕诸黄门阉宦，媚谀于太子曰："殿下诚可及壮时极意所欲（所欲原作狡猾），何为恒自拘束？"每见喜怒之际，辄叹曰："殿下不知用威刑，天下那得畏服也。"太子于是慢弛益彰，或废朝侍，有过差之声。洗马江统等谏，太子不能用。贾后诈称上不和，呼太子入朝，后不见，置别屋中，遣婢赐酒枣，逼使饮尽，仍赍谤书，多未成字，称诏令太子写之，累续催促，醉不暇看，粗得迹，便足成悖辞。后以呈帝，帝即幸式乾殿，召公卿入，使黄门令董猛以太子书及青纸诏曰："遹书如此，今赐死。"遍示诸公王，而莫敢有言者。唯张华、裴頠证明太子，议至日西不决。后惧事变，乃表免太子为庶人。于是送幽于许昌宫，贾后矫诏害太子。赵王伦等废后于金墉城，赐死，册复太子，谥为愍怀。

【译文】

愍怀太子司马遹，字熙祖，是惠帝司马衷的长子，是惠帝后宫的谢才人所生，少年时很聪慧。惠帝即位后，立为皇太子。他年龄逐渐长大，却变得不好学了，喜欢和身边的人嬉戏玩乐，不尊重太保太傅，轻慢宾友。贾后南风平日顾忌太子有好的声誉，因此暗地里唆使黄门阉宦，奉承巴结太子说："殿下，您正当壮年，实在应该随心所欲享乐，为什么反而自己约束自己？"这些人每见太子或喜或怒之时，总是感叹说："殿下不懂得使用严厉的刑罚，天下人怎能畏服您呢？"太子从此更加轻慢松懈，有时不去朝见父皇，遂出现了批评他过错的议论声。太子洗马江统等人好言规劝，而太子却听不进去。贾后诈称惠帝身体不好，召太子入朝探望。贾后避开不见，将太子安置于别的屋子内，差遣婢女赐其酒枣，逼使他喝完，另外拿来一张谤书，很多字尚没有写，假称是惠帝让太子照抄写成，并不时地从旁催促。太子醉眼朦胧，顾不得细看，潦草写成，就这样成为一篇悖逆之辞章。贾后拿它呈给惠帝。惠帝司马衷当即来到式乾殿，召公卿大臣进殿，让黄门令董猛拿出太子抄写的悖逆辞章以及青纸诏书说："司马遹的书文如此悖逆，今当赐死。"遍示诸位王公大臣，竟无敢于进言者。唯独张华、裴頠引证为太子辩白，议论到日已偏西还不能决定。贾后害怕事情有变化，就上表请求免去司马遹太子之位，贬为庶人，于是送往许昌宫囚禁，此后又假传圣旨，害死了太子。后来赵王司马伦等人废掉贾皇后，并于金墉城赐死，册封恢复已故的太子，谥号"愍怀"。

安平王（旧无安平王三字，补之）孚，字叔达，宣帝弟也。魏甘露元年，转太傅。高贵乡公卒，当时百官，莫敢奔赴。孚往，枕尸于股，号恸尽哀。奏治主者，会太后有令，使以庶人礼葬。孚与群公上表，乞以王礼葬之。世祖受禅，陈留王就金墉城。孚拜辞，执王手涕泣歔欷，不能自胜，曰："臣死之日，固大魏之纯臣也。"临终曰："有魏贞士河内司马孚，不伊不周，不夷不惠，立身行道，始终若一。"遗令素棺单椁，敛以时服，所给器物，一不施用。

【译文】

安平王司马孚，字叔达，是宣帝司马懿的弟弟。三国魏高贵乡公曹髦甘露元年，转任太傅。高贵乡公死去时，当时魏的文武百官，没有人敢去奔丧，唯有司马孚一人前去枕着死者大腿而号啕大哭，极尽其哀。臣下奏请治丧主管人时，正好太后有令，让以庶人之礼安葬。司马孚与魏国诸王公上表，请求以王礼安葬高贵乡公。司马炎受禅称晋武帝，废魏末代元帝曹奂为陈留王并押往洛阳金墉城时，司马孚前往拜辞，拉着陈留王的手涕泣叹息，悲伤不已地说："臣到临死之日，仍旧坚持作大魏的堂堂纯正之臣。"他临终还说道："今有大魏贞士司马孚，他虽不是伊尹，不是周公，不是伯夷，不是柳下惠，但他的立身处世，却是和这些人始终如一的。"他留有遗嘱，让人将自己用普通的单层棺材埋葬，穿着当时普通的衣服，晋王朝所给予的器物，一律不用。

高密王（旧无高密王三字，补之）泰，字子舒，宣帝弟馗之子也。封为陇西王，迁太尉。为人廉静，不近声色。身为宰辅，食大国之租，服饰粗素，肴膳疏俭，如布衣寒士。事亲恭谨，居丧哀戚，谦虚下物，为宗室仪表。

【译文】

高密王司马泰，字子舒，是宣帝司马懿之弟司马馗的儿子。被封为陇西王，又迁升为太尉。他为人廉洁，不近歌舞和女色。身为宰辅重臣，享用大封国的租赋，却衣饰粗淡素雅，饮食粗疏俭约，像普通的寒士一样。他事亲恭敬孝顺，父母去世时居丧尽哀，对待下属人员也都谦虚谨慎，堪为皇家宗室的表率。

刘寔，字子真，平原人也。太祖引参相国军事。寔以世俗进趣，廉谦道缺，乃著《崇让论》。其辞曰："古之圣王之治天下，所以贵让者，欲以出贤才、息争竞也。夫人情莫不皆欲己之贤也，故劝令让贤以自明也。贤岂假让不贤哉！故让道兴，贤能之人不求自出矣，至公之举自立矣，百官之副亦豫具矣。一官缺，择众官所让最多者而用之，审之道也。在朝之士，相让于上，草庐之人，咸皆化之。推能让贤之风，从此生矣。为一国所让，则一国士也；天下所共推，则天下士也。推让之风行，则贤与不肖，灼然殊矣。此道之行，在上者无所用其心，因成清议，随之而已。故曰：'荡荡乎尧之为君，莫之能名。'又曰：'舜禹之有天下，而不与焉。'贤人相让于朝，大才之人恒在大官，小人不争于野，天下无事矣。以贤才治无事，至道兴矣。已仰其成，复何与焉，故可以歌南风之诗、弹五弦之琴也。成此功者，非有他，崇让之所致耳。在朝之人，不务相让久矣，天下化之。自魏代已来，登进辟命之士，及在职之吏，临见受叙，虽自辞不能终，莫肯让有胜己者。夫推让之风息，争竞之心生矣。孔子曰：'上兴让，则下不争。'明让不兴，下必争也。推让之道兴，贤能之人日见推举；争竞之心生，贤能之人日见谤毁。夫争者之欲自先，甚恶能者之先，不能无毁也。孔墨不能免世之谤己，况不及孔墨者乎？议者佥言，世少高名之才，朝廷不有大才之人'可以为大官者。山泽人小。官吏亦复云：'朝廷之士，虽有大官名德，皆不及往时人也。'余以为此二言皆失之矣。非时独乏贤也，时不贵让，一人有先众之誉，毁必随之，名不得成，使之然也。虽令稷契复存，亦不复能全其名矣。能否浑杂，优劣不分，士无素定之价，官职有缺，主选之吏不知所用，但案官次而举之。同才之人先用者，非势家之子，则必为有势者之所念也。因先用之资，而复迁之无已；迁之无已，不胜其任之病发矣。所以见用不息者，由让道废也。因资用人之有失久矣。故自汉魏以来，时开大举，令众官各举所知，唯才所任，不限阶次，如此者甚数矣。其所举必有当者，不闻时有擢用，不知何谁最贤故也；所举必有不当，而罪不加，不知何谁最不肖故也。所以不可得知，由当时之人莫肯相推，贤愚之名不别，令其如此。举者知在上者察不能审，故敢漫举而进之，或举所贤，因及所念，一顿而至，人数猥多。各言所举者贤，加之高状，相似如一，难得而分矣。虽举者不能尽忠之罪，亦由上开听察之路滥，令其尔也。昔齐王好听竽声，必令三百人合吹而后听之，廪以数人之俸。南郭先生不知吹竽者也，以三百人合吹，可以容其不知，因请为王吹竽，虚食数人之俸。嗣王觉而改之，难彰先王之过，乃下令曰：'吾之好闻竽声，有甚于先王，欲一一列而听之。'先生于此逃矣。推贤之风不立，滥举之法不改，则南郭先生之徒盈于朝矣。才高守道之士日退，驰走有势之门日多矣。虽国有典刑，弗能禁矣。让道不兴之弊，非徒贤人在下位，不得时进也，国之良臣，荷重任者，亦将以渐受罪退矣。何以知其然也？孔子以为颜氏之子不贰过耳，明非圣人皆有过矣。宠贵之地，欲之者多，恶贤能者塞其路，其过而毁之者亦多矣。夫谤毁之生，非徒空设，必因人之微过而甚之者也。毁谤之言数闻，在上者虽欲弗纳，不能不杖所闻，因事之来，而微察之也。无以其验至矣，得其验安得不治其罪？若知而纵之，主之威日衰，令之不行，自此始矣。知而皆治之，受罪退者稍多，大臣有不自固之心矣。夫贤才不进，贵臣日疏，此有国者之深忧也。窃以为改此俗甚易矣。何以知之？夫一时在官之人，虽杂有凡猥之才，其中贤明者亦多矣，岂可谓皆不知让贤为贵耶？直以其时皆不让，习以成俗，故遂不为耳。人臣初除，皆通表上闻，名之谢章，所由来尚矣。原谢章之本意，欲进贤能以谢国恩也。昔舜以禹为司空，禹拜稽首，让于稷契及咎繇。唐虞之时，众官初除，莫不皆让也。谢章之义，盖取于此也。《书》记之者，欲以示永世之则。

季世所用，不贤不能让贤，虚谢见用之恩而已。相承不变，习俗之失也。夫叙用之官，通章表者，其让贤推能乃通；其不能有所让，徒费简纸者，皆绝不通。人臣初除，各思推贤能而让之矣。让之文，付主者掌之。三司有缺，择三司所让最多者而用之。此为一公缺，三公已豫选之矣，且主选之吏，不必任公而选三公，不如令三公自共选一公为详也。四征缺，择四征所让最多者而用之。此为一征缺，四征已豫选之矣，必详于停缺而令主者选四征也。尚书缺，择尚书所让最多者而用之。此为令八尚书共选一尚书，详于临缺，而令主者选八尚书也。郡守缺，择众郡所让最多者而用之。详于任主者，令选百郡守也。夫以众官百郡之让，与主者共相比，不可同岁而论也。贤愚皆让，百姓耳目尽为国耳目。夫人情，争则欲毁己所不如，让则竞推于胜己。故世争则毁誉交错，优劣不分，难得而让也；时让则贤智显出，能否之美，历历相次，不可得而乱也。当此时也，能退身修己者，让之者多矣，虽欲守贫贱，不可得也。驰骛进趣，而欲人见让，犹却行而求前也。夫如是，愚智咸知进身求通，非修之于己，则无由矣。游外求者，于此相随而归矣。浮声虚论，不禁而自息矣。人人无所用其心，任众人之议，而天下自治矣。”元康中，迁司空。

【译文】

刘寔，字子真，平原郡人。当年太祖司马懿荐举他参与相国的军事。刘寔因看到当时社会风气崇尚进趋为官，廉洁谦让之风缺失，就撰写了《崇让论》，其文曰：“古代圣王治理天下，所以看重谦让的原因，是想让贤才出用于世，以遏止互相竞争之风。人之常情无不想让自己成为有用的贤才，所以劝善让贤可使贤者自然显露于世。贤者哪会一经让贤就成为不贤了呢！所以说让贤的风气一经形成，贤能的人不求而会自出，最公正的选拔人才之风便自然形成，百官的后备人选事先就具备了。一官空缺，就选拔众官中推让次数最多的人来任用，这是很周详的办法。朝廷的官员相互谦让于上，乡野的百姓也都会受到教育，推能让贤的风气从而也就形成了。被某一郡国的士人所推让的人，就是某一郡国的贤士；被全天下的人共同推让的人，就是全天下的贤士。推让之风畅行，贤者和不肖者也就明显地区分出来了。推贤让能的风气一旦形成，为君上的就不用苦费心思选拔人才了，社会自有舆论出现，只要顺着舆论任用贤士就好了。所以古语说：‘尧帝以广大无际的圣德治理天下，他的功绩无法用语言来形容。’又说：‘大舜和大禹虽有天下，却好像和自己不相关。’贤人在朝廷相互谦让，有大德大才的人总会在高官之位，一般人就不会在下边争夺，天下也就平安无事了。用贤能的人治理平安无事的社会，好的世道就会出现。自己仰赖贤能之人获得成功，又何必参与呢？因而就可以舒心地去歌咏《南风》一样的颂诗，悠闲地弹拨起五弦瑶琴。出现这样的治理功绩没有别的原因，那是由崇尚谦让之风所导致的结果呀。可是，在朝做官的人，不施行相互谦让已有很长时间了，天下也已改变了风气。从魏朝以来，得以进身、接到征召命令以及在职的官吏，面对召见和接受所授官职时，尽管自己的推让之辞没完没了，但到底却没有谁肯让出机会或职位给胜过自己的人。这是推让之风消失、竞争之心形成所致呀！孔子曾说：‘在上位的能谦让，居下位的就不争夺。’表明谦让之风不兴，下边就必然要竞争。如果谦让之道兴起，贤能的人就会一天天被推荐选用；竞争之心生成，贤能的人就一天天要受到毁谤。这是由于竞争者想自己居先，就很嫉恨比自己有才能的人居先，所以不能不毁谤他人。像孔子、墨子那样的人都不能免于世人的毁谤，更何况不如孔、墨的人呢！议论的人都说，当今社会上少有声望很高的人才，可以作为大官的人选，居住在乡野山泽的人不多。一些官吏也跟着说：‘朝廷的卿士，虽然有些了不起的官员和有贤德之名的人，但他们都比不上古时的贤人。’我认为这两种论调都是错误的。不是偏偏当今缺少贤才，而是在于当今不重视推让之风，一个人有比众人高一些的声誉，谤毁就跟着来临，使其名望不能够形成，以致造成这样的结果。即使让稷、契那样贤德的人重现于当世，也不再能保全他们的名望啊。现在，有才能的人和无才能的人鱼龙混杂，优劣不分，对士人没有一贯确定的评价，官职有空缺，主选的官吏不知该任用谁，只按照官吏的等次来选拔任用。具有同样才能的人先被任用的，不是世家之子，就必然是有权势者所熟知的人。凭着先被任用的资历，以后就又能得到不停的升迁。不停地升迁，而不能胜任其事的弊病也就发生了。其所以会被不停地升迁任用，就是由于谦让之道荒废了。凭资历用人而出现失误的情况由来已久了。所以从汉魏以来，时常开展广泛的举荐选拔活动，让众官员各自举荐所了解的贤人，然后唯才任用，不受品级、资历限制，像这样的情况已有好多次了。其所推举的人一定有合适的人选，却没有听说经常有被选拔任用的，是因为大家事先还不晓得谁是最贤能者的原故啊。所举之人必有不合适的，也不给他加罪，也是因为不知道谁是最不肖者的原故啊。其所以不得而知，那是由于当时人谁也不肯互相推让，贤愚之名没有分别，因而导致了这样的结果。举荐的人知道在上位者不可能考察得那么仔细，所以才敢随便地举荐人并授以官爵。或者有人举荐其认为贤能者，并延及其心中所惦念的人，以至于一次举荐的人数众多。各说各人所举的是贤才，抬高对所举荐者的评价，几乎每个人都一样，这样一来就很难分出谁优谁劣。虽说举荐者有未能尽忠的过错，但也是由于上边大开听察之路过滥，而使其这样去做呀！昔日齐宣王爱听吹竽的乐声，且一定会让三百人一起吹竽来听，官方发放这么多人的薪酬。有个南郭先生是个根本就不会吹竽的人，因为是三百人一起吹竽，可以包容其不会，因而他就请求为齐王吹竽，白拿众人的薪俸。后来继位的齐湣王发觉了这一情况想予以改正，又怕显现出先王的过失，就下令说：‘我喜欢听竽声，比先王更甚，但我想听一个人一个人依次吹竽。’南郭先生因此就溜走了。推选贤才之风不立，过滥地举荐士人之法不改，那么南郭先生这样的人就满朝都是了。才智高超、守持道义之士日见贬退，奔走于有权势者之门的人就会一天天增多。尽管国家有法典刑罚，也不能遏止这种情况。推贤让能之道不能实行的弊端，不仅仅是贤人处于下位，得不到及时进用，就是担负国家重任的忠良之臣，也将会逐渐受到惩处而被贬退了。凭什么知道会这样呢？孔子以为颜回不重犯曾出现的过错，这就说明只要不是圣人，都是会有过错的。对于受宠、显贵的地位，想得到的人很多，忌恨贤能的人就要起而阻塞进贤之路，对其过失进行诽谤的人也自然会增多呀！诽谤的发生，不只是凭空设陷，一定会是因他人轻微的过错而加以夸大。诽谤的话多次听到，在上者即使不想听信，却不能不倚凭所听到的，便按着诽谤的由来，去暗中考察它。没有所闻之事的证据最好了，如果获得什么证据，又怎能不对其治罪呢？如果知道其曾有罪错而又放过他，君主的威严就会一天天降低，政令难以行施也就从此开始了。凡知道的罪错如果都给予治罪，那受到惩处而贬退的人就会慢慢地多起来，做大臣的就会产生自身难保的想法了。贤才不被任用，重臣一天天疏远，这是国君深为忧虑的呀！我个人认为，要改变这种风气也是很容易的。凭什么知道容易呢？那些在同等官位上的人，其中虽混杂有凡庸猥琐之人，但其中贤明的人也不少，难道可以说他们都不晓得推贤让能为美德吗？那是因为当时大家都不谦让，习以成俗，所以都不这么做罢了。人们初做官时，都要上报表章使君主知道，称之为‘谢章’（推辞的奏章），长时期来都是这样的。原本‘谢章’的用意就是要进贤能而谢国恩的。古时舜任命禹为司空，禹稽首跪拜，辞让给稷、契与咎繇。唐虞之时，百官初封时，皆无不谦让。‘谢章’的意义，大概就是由此而来的吧。《尚书》把这些情况记载下来，是想用它来作世世代代的范例。到了末世上奏‘谢章’，自己不贤也不去让贤，只是假意感谢被朝廷任用之恩而已，而且前后传承不变，这是相沿成俗所致的过错。今后，那些被朝廷按规定的等次授职的官员上报表彰者，其中能让贤推能的奏章可予通报，如果不能有所推让的，只是白白地浪费纸张，都应予以拒绝而不通报。这样，人臣初封官时，就会各自想到推举贤能而谦让了。对推让的表文，应呈交给主管者掌握存查，逢三司（太尉、司徒、司空）官位有空缺，就选拔三司官员中所推让次数最多的人来任用，这就是三司中有一空缺，而三位都已预先有备用人选了。而且主持选官的官吏，不一定要靠大家来推举一人补缺，不如让三公自己共同推选一人较为公平。若是四征（征东、征西、征南、征北四将军的合成）有空缺，就从四人中选推让次数最多者来任用。这是四征中有一空缺，而四位都已预先有备用人选了，必定比留下空缺官位而让主管人事的官员选任为完备。尚书出缺，就选推让尚书之位次数最多者来任用。这就等于由八名尚书共选一位尚书，比临时出缺而让主管者在八名尚书中选任要公平得多。郡守出缺，选择众多州郡中所推让郡守之位次数最多的人来任用，比听任主管者在一百名郡守中选任要公平得多。拿众官百郡的谦让，和主管者提供人选相比，真是不可以同日而语。如果贤者愚者都能互相谦让，那么老百姓的视听都会成为国家的视听。凡人之常情，如果竞争，就想诋毁自己才能所比不上的人；如果谦让，就会争着推举才能胜过自己的人。所以社会上争夺成风，就会出现毁誉交错，优劣不分，难以出现互相推让之风；社会上谦让成风，就会使贤德智慧之士显现，能与不能的状况就会清楚地显现出等次，那就不可能混乱无序了。当此之时，能退而加强自身修养者、互相谦让者就会增多了。（贤德之人）即使愿意自守贫贱，也是不可能的；那些到处奔走、急于进身为官者，想被他人所推让，就会像自己向后退行却希望能走到别人前头一样。如果是这样，无论是愚笨还是聪明的人都会明白，要想进身以求显达，不提高自身修养，就没有别的路可走。交游于外、想求得进身显达者，此时便会相随而归、加强自身修养了。那引起虚浮的声誉和言论，也就不用禁止便自行停息了。每个人都不必动用其心计，听凭众人的意见，那么天下就自然会治理好了。”惠帝元康年间，刘寔迁升为司空。

阎缵，字续伯，巴西人也。杨骏为太傅，以缵补舍人，出为安复令。骏既被诛，莫敢收者。缵闻之，弃官免归，独以家财人力修墓，终成葬事。迁殿中将军，以疾不拜。愍怀太子之废，缵舆棺诣阙上书，理太子之冤。朝廷立太孙，缵复上疏陈：“今相国虽已保傅东宫，至于旦夕训诲，辅导出入，动静劬劳，宜选寒苦之士，忠贞清正，老而不衰，以为师傅。其侍臣以下，文武将吏，且勿复取盛戚豪门子弟。魏文帝之在东宫，徐干、刘桢为友，文学相接之道，并如气类。吴太子登，顾谭为友，诸葛恪为宾，卧同床帐，行则参乘，交如布衣，此则近代之明比也。天子之子，不患不富贵，不患人不敬畏，患于骄盈不闻其过，不知稼穑之艰难耳。至于甚者，乃不知名六畜，可不勉哉！今不忍小相维持，令至阙失，顿相罪责，不亦误哉！太孙幼冲，选置兵卫，宜得柱石之士如周昌者。”朝廷善其忠烈，擢为汉中太守。

【译文】

阎缵，字续伯，巴西郡人。惠帝司马衷朝，杨骏为太傅，以阎缵补任舍人，后出任为安复县令。杨骏后被诛杀，没有人敢去收尸入敛。阎缵听到这一消息，主动弃官回京，独自以个人家财和自己家庭人力为杨骏修墓，办理完了葬埋丧事。后来朝廷升任阎缵为殿中将军，他声称说有病未去拜谢。到愍怀太子司马遹被废，阎缵抬上棺材到宫门上书，为太子申冤。朝廷立司马臧为皇太孙，阎缵又上疏陈述说："当今相国虽已兼任东宫太保、太傅，至于朝夕训导教诲、辅助引导出入，行止动静都很劳累，应选择出身寒苦，且品德清正，虽年老而不衰弱的读书人做太子师傅。皇太子侍臣以下的文武将吏，也不可选用那些贵戚豪门的子弟。昔日魏文帝曹丕在东宫时，徐干、刘桢做他的朋友，文学氛围和待人接物的道德风尚和这几个人很相类似。后来的吴太子孙登，有顾谭做他的朋友，诸葛恪作为宾客。他们几个人同睡一床，共用一帐，出行共乘一辆车子，交往如同普通百姓，这些就是近代的好榜样啊。作为天子的子孙，不愁不富贵，不怕人不敬畏，所担心的在于骄傲自满，听不到自己的过失，不知道种植耕作的艰难啊。更有甚者，竟连六畜的名字都不知道，能不予以劝勉吗？现在的情况是年幼时不忍管教维护，致使道德缺失，忽然间竟相惩处、指责，这不是误了太子吗？皇太孙年纪幼小，选拔、安排兵将护卫，应该有像周昌那样得力的担负国家重任的人。"朝廷夸赞阎缵的忠烈，提拔他做了汉中太守。

段灼，字休然，敦煌人也。为邓艾镇西司马，征拜议郎。世祖即位，灼上疏追理艾曰："故征西将军邓艾诛，以性刚急，矜功伐善，而不能协同朋类，轻犯雅俗，失君子之心，故莫肯理之者。臣敢昧死，言艾不反之状。艾本屯田掌犊人，宣皇帝拔之于农吏之中，显之于宰府之职。先帝委艾以庙胜成图，指授长策。艾受命忘身，前无坚敌，军不逾时，而巴蜀荡定。艾功名已成，亦当书之竹帛，传祚万世，七十老公，复何所求哉！艾以刘禅初降，远郡未附，矫令承制，权安社稷。虽违常科，有合古义，原心定罪，事可详论。钟会有吞天下之心，恐艾威名，知必不同，因其疑似，构成其事。夫反非小事，若怀恶心，即当谋及豪桀，然后乃能兴动大众。不闻艾有腹心一人，临死口无恶言，而独受腹背之诛，岂不哀哉！故见之者垂涕，闻之者叹息。此贾谊所以慷忾于汉文。天下之事可为痛哭者，良有以也。昔秦民怜白起之无罪，吴人伤子胥之冤酷，皆为之立祠。天下之人，为艾悼心痛恨，亦由是也。谓可听艾门生故吏，收艾尸柩，归葬旧墓，以平蜀之功，继封其后，使艾阖棺定谥，死无所恨。赦冤魂于黄泉，收信义于后世，则天下殉名之士，立功之臣，必投汤火，乐为陛下死矣。”世祖得表省览，甚嘉其意。

【译文】

段灼，字休然，敦煌郡人。三国时为魏将邓艾军中的镇西司马，后被征召入朝，拜为议郎。武帝司马炎即位，段灼上疏追请核查邓艾冤案，疏中说：“原征西将军邓艾被诛，是因其性格刚直急躁，夸耀自己的功劳和才能，而不能和同事们和睦相处，对风雅之士、流俗之人都有轻率的触犯，失去了君子们的心，所以没有人肯为他核查冤情。臣我冒昧，甘犯死罪，陈说邓艾未反叛朝廷的实情。邓艾本是一个屯田管牛的人，宣皇帝从农官中把他提拔上来，他也在服务宰相府时，显示出从政带兵的才能。先皇帝将克敌制胜的谋略授给邓艾，并指导他作战的良策，他因而得以征战成功，扩大了晋国的版图。邓艾受命以后不顾及自己的性命，他率军作战，前边没有打不败的强敌，用兵不延误时间，所以能将巴蜀扫荡平定。邓艾可以说功名已经成就，也应该载入史册，名垂千古。（灭蜀之时）已是七十高龄的老翁，还有什么所需求的呢！邓艾因看到蜀后主刘禅初降，一些边远郡县还没有归附，故而假托遵照魏帝的旨意而行事，是为了权且使局势得到暂时安定。这虽说违犯了常规，但也有合乎古义之处，应推究其动机来定罪，此事可详加讨论。镇西将军钟会有并吞天下之心，惧怕邓艾的威名，知道邓艾肯定不会与自己合作，就趁此疑似难决之际，构陷而形成这一冤案。反叛绝非小事，如果邓艾真怀有罪恶想法，就一定会同一些才能出众者商议，然后才兴师动众。但却没有听说邓艾有一个同谋的心腹之人，就是到了临刑时，他也没有口吐恶言，而只是默然甘受极刑，这岂不令人痛心！所以在刑场上看到他受死的人不禁流泪，听到这一消息的人不禁叹息。这正像西汉贾谊面对汉文帝时的遭遇一样令人感叹。天下的事情可以令人伤心痛哭的，都是有很多因由的。昔日秦国人民痛惜白起无罪而被杀，吴国人民哀伤伍子胥蒙冤而致死，为他们建祠来纪念。而今全国的人为邓艾的死而痛心哀悼，也是同样的道理啊！我建议，可听凭邓艾的门生故吏，收敛其尸骨装以棺木，送回他的祖茔安葬，按他的平蜀功劳，继封他的后代做官，又给他本人盖棺论定，加封谥号，使他死而无恨。这样做，既可安慰死者的灵魂于九泉之下，又可让朝廷的信义流传于千秋万代，那么天下殉名之士、立功之臣，必能赴汤蹈火，乐为陛下效命的了。”武帝司马炎看了段灼的表文，很赞成他的意见。

虞悝，长沙人也。弟望，字子都。并有士操。闺门有孝悌之称，乡党有廉信之誉。谯王承临州，王敦作逆，遣使招承，承不应，与甘卓相结，起义赴都。承于是命悝为长史、望为司马。敦遣魏乂等，攻战转急，望临陈授首，悝为魏乂所害。临刑，乡人送以百数，与相酬酢，意气周洽，有如平日。子弟号泣，悝谓曰：“人生有死，阖门为忠义鬼，亦何恨哉！”及敦被诛，诏书追述悝、望忠勋，赠悝襄阳太守、望荥阳太守，遣谒者至墓吊祭。

【译文】

虞悝，长沙州人。他的弟弟虞望，字子都。两人都有读书人的节操，在家庭里有孝敬父母、友爱兄弟的名声，在乡党中有品行端正、讲求信用的美誉。谯王司马承到长沙作州官，当时王敦反叛朝廷，派遣使者招请司马承共同起事，司马承没有答应，而和甘卓相联结，发动义兵共赴京都。司马承此时命虞悝为长史、虞望为司马。王敦派遣魏乂等叛军攻战激烈，虞望临阵牺牲，虞悝也被魏乂杀害。虞悝临刑时，有一百多老百姓相互拿着酒食等物为悝送行，悝与他们相互敬酒，其神情意态亲和融洽，有如平日。子弟们痛哭流涕，而虞悝对他们说："人生总有一死，我全家都作了忠义之鬼，这还有什么可遗憾的！"等到王敦失败被杀后，朝廷颁诏追述虞悝、虞望的忠烈功勋，追封虞悝为襄阳太守、虞望为荥阳太守，并派遣谒者（特使）到墓地祭奠。

## 刑法志

侍中臣頠言：夫杀生赏罚，治乱所由兴也。人主所谓宜生，或不可生，则人臣当陈所以宜杀，人主所谓宜赏，或不应赏，则人臣当陈所以宜罚，然后治道耳。古之圣贤欲上尽理务，下收损益，莫不深闭慎密，以延良谟。兆庶内外咸知主如此，然后乃展布腹心，竭其忠诚耳。

【译文】

侍中臣頠说：对人的生、杀、赏、罚，和国家的治乱有着密切的关系。做君主的以为某人应该生，而按照国家法度不该生，那么做人臣的就应陈述其所以该死的原因；做君主的以为某人该赏，而按照国家法度不该赏，那么做人臣的就应陈述其所以不该赏的道理。然后才谈得上治国有道。古代圣贤希望对上尽力整治政务，对下收集损益情况，无不深缄其口，谨守秘密，以引进好的谋略。天下百姓和朝野内外，都知道君主能如此治国求贤，然后就会展露自己的心思，竭力表达其忠诚了。

廷尉刘颂表曰："臣昔上行肉刑，从来积年，遂寝不论。臣窃以为议者拘孝文之小仁，而轻违圣王之典刑，未详之甚，莫过于此。今死刑重，故非命者众；生刑轻，故罪不禁奸。所以然者，肉刑不用之所致也。今为徒者，类性元恶不轨之族也。去家悬远，无衣食之资，饥寒切身，志不聊生，廉士介节者，则皆为盗贼，岂况本性奸凶无赖之徒乎？是以徒亡日属，贼盗日繁，得辄加刑，日益一岁，此为终身之徒也。自顾反善无期，而灾困逼身，其志亡思盗，势不得息，事使之然也。古者用刑以止刑，今反于此，以刑生刑，以徒生徒。诸重犯亡者，发过三寸，辄重髡之，此以刑生刑；加作一岁，此以徒生徒也。徒亡者积多，系狱猥蓄。议者曰：'囚不可不赦。'复从而赦之，此为刑不胜罪、法不胜奸。民知法之不胜，相聚而谋为不轨，月异而岁不同。故自顷年以来，奸恶凌暴，所在充斥，渐以滋漫，议者不深思此，故曰：'肉刑于名忤听。'忤听孰与盗贼不禁？圣王之制肉刑，远有深理，其事可得而言，非徒心（原注无心字）惩其畏剥割之痛而不为也，去其为恶之具，使夫奸民无用复肆其志，止奸绝本，理之尽也。亡者刖其足，无所用复亡；盗者截其手，无所用复盗；淫者割其势，理亦如之。除恶塞源，莫善于此。今宜取死刑之限重，生刑之限轻，及三犯逃亡淫盗，悉以肉刑代之，其应四五岁刑者，皆髡笞，使各有差，悉不复居作，然后刑不复生刑，徒不复生徒，而残体为戮，终身作诫，民见其痛，畏而不犯，必数倍于今，岂与全其为奸之手足，而蹴居必死之穷地同哉！而犹曰肉刑不可用，窃以为不识务之甚也。"

【译文】

廷尉刘颂向武帝司马炎上表说："臣过去曾上奏请陛下执行肉刑，但从那以后已过多年，一直放在一边不予讨论。臣个人以为，评论是非的人多拘泥于汉文帝（废除肉刑的）小仁慈，而轻视、违背了圣王用刑的常规，最不明悉刑罚意义的莫过于此。当今加重了死刑的判决，所以死于非命的人就多，而对罪不当死者惩处过轻，所以惩罚起不到禁除邪恶的作用。其所以出现这样的情况，就是由于不用肉刑（指损伤、残害身体之刑）而导致的结果。现在被判处服劳役的犯人，其性情类似于元凶不法之辈。他们远离家乡去服役，衣食得不到供应，切身感受饥寒之苦，其心意就不依恋生存，即使是平日品行正直守节之人，也都做盗贼以求活命，何况是本性奸诈凶恶的无赖之徒呢！因此今天判服劳役者逃走之事连日发生，强盗抢掠之事日益增多，抓到的就予以加刑，逃亡一日，加刑一年，这些人就成了终身囚徒。因为他们自感返作良民遥遥无期，而自身灾难困苦威逼，要使其不想做盗贼，情势不能使其停息此念，事实迫使他们这样想啊！古时用刑罚来遏止人们犯罪，从而避免使用刑罚，而现在却与此相反，是‘以刑生刑，以徒生徒’。诸多重犯逃亡者，头发长过三寸，就重新剃光，这就是所谓‘以刑生刑’；给被罚服劳役者加服劳役一年，这就是所谓‘以徒生徒’。囚徒逃亡者积渐增多，关进监狱的就越积越多。研究刑律的人就说：‘囚犯不能不赦免。’从而，犯了罪的加以赦免，这就是刑罚制服不了犯罪、法律制服不了邪恶。老百姓晓得刑法无力治服犯罪，就相聚为谋去做不法之事，（犯罪方式与严重程度）月异而岁不同。从近年以来，奸诈邪恶欺凌残害之事到处都在发生，而且日渐滋长泛滥，一些评议者不深思这些情况，仍说‘实施肉刑在名声上不好听’。名声上不好听与盗贼不能禁止相比，哪个危害更大呢？古代圣王之所以创设肉刑，是有其深刻道理的。就这种办法的收效而言，不仅仅是使犯罪者内心有所警戒，且使其害怕体肤剥割的痛苦而不再去作恶。去除他们作恶的器具，使奸恶之徒无法再放纵作恶的意向，从而遏止其邪恶、断绝其根源，这是最正确的道理。对逃亡的罪犯，砍去其脚，使他们无法再逃跑；对行窃偷盗的罪犯剁掉其手，使他们无法再偷盗；对奸淫的罪犯，割除其生殖器，道理也同上述的办法一样。除恶塞源，再没有什么办法比这好了。当今应该采取对死刑的限制从严，对死罪以外其他罪犯惩处方式的限制放宽。对多次犯逃亡、奸淫、偷盗之罪者，都以肉刑代之；应判处四至五年徒刑的罪犯，都加以剃发、鞭笞等肉刑，使各有差别，都不再留下劳改。这样做了，就会使刑罚不再生成更多的刑罚，判服劳役不再生成更多的服役囚徒，而肉刑后身体残缺是一种耻辱，会成为终身的警戒。人们看到他们的痛苦，因畏惧而不再犯法者，一定会是现今的数倍。这和保留其用以作恶的手足而使他们踏上必死的穷途，岂可同日而语！如果还有人说肉刑不可使用的话，我个人认为这就太不识时务了。”

卫展，字道野，河东人也。迁大理，上书曰：“今施行诏书，有考子正父死刑，或鞭父母问子所在。近主者所称庚寅诏书，举家逃亡，家长斩。若长是逃亡之主斩之，斩之虽重犹可也。设子孙犯事，将考父祖逃亡，逃亡是子孙，而父祖婴其酷，伤顺破教。如此者众，相隐之道离，则君臣之义废；君臣之义废，则犯上之奸生矣。秦网密文峻，汉兴，扫除烦苛，风移俗易，几于刑厝。大人革命，不得不荡其秽匿，通其圮滞。今诏书宜除者多，有便于当今，著为正条，则法差简易。”元帝令曰：“自元康已来，事故荐臻，法禁滋漫，大理所上，宜朝堂会议，蠲除诏书不可用者，此孤所虚心者也。”转廷尉，又上言：“古者肉刑，事经前圣，愚谓宜复古施行。”中宗诏曰：“可内外通共议之。”于是骠骑将军王导等，议以“肉刑之典，由来尚矣。肇自古先，以及三代，圣哲明王，所未曾改。班固深论其事，以为外有轻刑之名，内实杀人，轻重失当，故刑政不中也。且原先王之造刑名也，非以过怒也，非以残民也，所以救奸、所以当罪也。今盗者窃人之财，淫者好人之色，亡者避叛之役，皆无杀害也。刖之以刑，刑之则止，而加之斩戮，戮过其罪，死不可生。纵虐于此，岁以巨计，此乃仁人君子所不忍闻，而况行之于政乎？若乃惑其名而不练其实，恶其生而趣其死，此畏水投舟、避坎陷井，愚夫之不若，何取于政哉”。

【译文】

卫展，字道野，河东郡人。升迁为大法官时他上书说：“今天施行的诏书，其中有通过查核儿子来取得判处其父死刑的证据，或鞭挞父母查问儿子罪证所在的事情。近来主管刑律的人所举的《庚寅诏书》中也规定，全家逃亡则家长被问斩。如果家长确是逃亡的主谋者，斩杀他虽说量刑重了，这还说得过去。假若子孙们犯罪逃亡，而却查核其父辈逃亡之罪，（结果）逃亡的是子孙，而父辈却被处以酷刑，这样既不顺情理，也有损教化。如果这样的情况很多，相互恻隐的人道丧失，就会使得君臣之义废弃。君臣之义废弃，那么犯上作乱的邪恶之事也就会发生了。秦朝法网严密律条苛细，汉朝建立后废除了烦苛的刑法，风俗得以改变，刑罚几乎停止不用。而今圣上革命成功，不能不荡除其污浊邪恶的法规，理顺疏通那些毁坏滞留的东西。现沿用的诏书中应予删除的条文很多，对于有利于当今的，可写成正式条文，那么法律就比较简便易行了。”元帝司马睿诏命曰：“自从元康时期以来，意外的变故接连而至，法规禁令增加无度。大法官卫展所上奏议，应在朝廷会商讨论，去除诏书中不宜再使用的，这是我所不能自以为是的事啊。”不久卫展转任廷尉，又上书说：“古代的肉刑，是前代贤人所用过的，愚意认为应该恢复古制并施行。”元帝司马睿诏令：“可交内外大臣共同议之。”于是骠骑将军王导等人，经过议论认为：有关肉刑的法典，其由来久矣。它开始于上古，以至到夏、商、周三代，圣哲明王都未曾更改。东汉班固曾对此作过深入的研究，认为虽从表面上看有减轻刑罚之名，而实质上等于杀人，刑罚轻重失当，所以刑罚与政治失去中和之度。再说，本来先王制定刑律，不是因为过于愤怒，也不是用来残害人民的，是用以遏止奸恶，用以使惩罚和罪过相等。而今窃贼偷盗他人财物，奸淫的人犯贪图美色，逃亡者逃避判罚的徭役，他们都未犯杀人之罪。对这些人处以砍足之刑，既已惩处就应终止，如果再加以杀戮，则超过了他应得之罪，使其死不可复生。任意残害这类人，每年都有很大的数目，这是仁人君子所不忍听闻的事，更何况把这种刑罚正式列入政令呢？如果只被其名义所迷惑，而不顾及实情，憎恶人活着而促使其死掉，这等于是害怕被水淹便抛弃舟船、让人避开坑穴却陷入深井一样，连愚昧无知的人都不这样去做，又有什么理由（将这样的刑罚）选列于政令之中呢？

## 百官志

中书郎李重以为等级繁多，在职不得久，又外选轻而内官重，以使风俗大弊，宜厘改，重外选，简阶级，使官人。议曰：“古之圣王，建官垂制，所以体国经治，而功在简易。自帝王而下，世有增损。舜命九官，周分六职，秦采古制。汉仍秦旧，倚丞相，任九卿，虽置五曹尚书令仆射之职，始于掌封奏，以宣外内，事任尚轻，而郡守牧民之官重。故汉宣称所与为治，唯良二千石。其有殊政者，或赐爵进秩，谅为治大体，所以远（艺文类聚远作追）踪三代也。及至东京，尚书虽渐优显，然令仆出为郡守，便入为三公，虞延、第五伦、桓虞、鲍昱是也。近自魏朝名守杜畿、满宠、田豫、胡质等，居郡十余二十年，或秩中二千石假节，犹不去郡。此亦古人'苟善其事，虽没世，不徙官'之义也。汉魏以来，内官之贵，于今最隆，而百官等级遂多，迁补转徙如流，能不以著，黜陟不得彰，此为治之大弊也。夫阶级繁多而望官久，官不久而望治功成，不可得也。《虞书》云：'三考，黜陟幽明。'周官，三年大计群吏之治，而行其诛赏。汉法官人，或不直秩。魏初用轻资，亦先试守，不称，继以左迁。然则隽才登进，无能降退，此则所谓'有知必试，而使人以器'者也。臣以为今宜大并群官等级，使同班者不得复稍迁，又简法外议罪之制，明试守左迁之例，则官人理事（事原作书），士必量能而受爵矣。居职者自久，则政绩可考，人心自定，务求诸己矣。"

裴頠以万机庶政，宜委宰辅，诏命不应数改，乃上疏曰："臣闻古之圣哲，深原治道，以为经理群务，非一才之任；照练万机，非一智所达。故设官建职，制其分局。分局既制，则轨体有断。事务不积，则其任易处，选贤举善，以守其位，委任责成。立相干之禁，侵官为曹，离局陷奸。犹惧此法未足制情，以义明防，曰：'君子思不出位。'夫然，故人知厥务，各守其所，下无越分之臣，然后治道可隆，颂声能举。故称尧舜劳于求贤，逸于使能。分业既辨，居任得人，无为而治，岂不宜哉！及其失也，官非其才，人不守分，越位干曹，竞达所怀，众言纷错。莅职者不得自治其事，非任者横干他分。主听眩，莫知所信，遂亲细事，躬自听断，所综遂密，所告弥众。功无所归，非无所责，群下弃职，得辞宜罚，以此望治，固其难也。昔杜蒉既数师旷，退而自酌，以罚干职之非，记称其善；陈平不知簿书之目，汉史美其守职。政不可多门，多门则民扰。于今之宜，选士既得其人，但当委责，若有不称，便加显戮，谁敢不尽心竭力？不当便有干职之臣，适不守局，则所豫必广；所豫适广，则人心赴之；人心通赴，则得作威福。臣作威福，朝之蠹也。帷幄张子房之谋者，不宜使多，外委群司，卑力所职，尊崇宰辅，动静咨度，保任其负。如此，诏书必不复数改。听闻风言，颇以诏命数移易，为不安静。臣不胜狂瞽，敢陈愚怀，乞陛下上垂省察。”

【译文】

中书郎李重认为朝廷官吏的等级繁多，且在一个职位上时间不长，又看轻选派地方官吏而重视朝内官员，因而导致风气很坏，应改更为重视地方官员的选派，减化官员的品级划分，以使按人的能力授官。为此他上书说：“上古圣王，设官建制，其目的是为了治理好国家，功效在于简单易行。从五帝三王以来，其设官建制，世代各有增减。虞舜只任命九牧官长，周代分设六卿（六位执政大臣）之职，秦朝采用古制。汉仍实行秦的制度，倚仗丞相，任用九卿，虽也增设了五曹、尚书令、仆射等官职，开始也只是掌管封呈奏报之事，将君主旨意向朝野内外宣告，其职任尚不算重要，而郡守、管理民众之官处于重要地位。所以西汉时宣帝称，所能佐助国家实施安定的，只有好的郡守。他们中政绩优异者，或赐给爵位或增加俸禄，实为治国之大道，以此来远追夏商周三代的古制。到了东汉，尚书之位尽管逐渐优越显要，然而他们仍要出任郡守，这样才有利于入朝后位列三公，虞延、第五伦、桓虞、鲍昱就是如此。近世的三国魏朝，著名的郡守杜畿、满宠、田豫、胡质等人，做郡守官十多年到二十年，有的郡守职位任期届满，并受命持节临时出巡，还是不离开州郡，这也体现出古人‘如果善于从事某项工作，即使干一辈子，也不求升迁’的大义。汉末、魏朝以来，在朝廷做官地位尊贵，于今最为显著。于是百官的等级也就增多，官员的变更、补缺、调转、提升如同流水，使有才能者不能得以展现，进退升降不能表明原因，这是治理国家的极大弊端。官阶如此繁多却希望在一个职位上能工作较长时间，在一个职位上时间短暂却希望其治理很有成绩，这是不可能办到的事。《虞书》上说：‘对官吏三次考察，政绩好者升迁，政绩差者降免。’周代官员，三年全面考记一次百官的治理情况，以决定对他们的赏罚。汉代的办法是授予官职时，有的不直接确定其品级。魏朝在初任用时不看重资历，也采取在职试用的办法，对其不称职者随之降职。这样，则使才能出众者得到升迁，无才能的予以降职或辞退。这就是所谓对有知识者一定经过试用，而按其才能高低来用人的办法。我以为当前应大行合并官员的品级，让同一位次者不得在短时间内调迁。另外，应简化在规定以外评议官员罪错的制度，明确在职试用、不称职者降免的惯例。那么，做官者就会温习文书典籍，士人也一定会量其才能而得到爵位封赐了。且在某一职位任期持久，则政绩可得到正确考查，做官的人心志安定，就必然会要求于自己，努力进取。”

裴頠认为国家众多政务，都应托付给宰辅，已有的诏命不应频频更改，于是上疏说：“臣闻古代的圣哲，深入地探究治国之道，认为管理众多事务，不是凭一人之才就能胜任的；通晓熟练各种事务，也不是靠一人之智所能达到的。因而才设官建职，把它划分成许多部门。部门一经划定，就能遵循根本体制来进行决断。政务不积压，则在其职位上易于久留，选贤任能，以守持其职位，托以职任，责求成功。订立相互侵害的禁令，侵害公务的降为属官，违背限令的按奸究论处。若还担心这种办法不足以控制私情，便以道义来明确防范。有句话说：‘君子思考问题不超越自己的职责。’如果人人都知道其应做的事，各守其职位，居下位没有超越职分之臣，然后国家的政治就会兴隆，歌颂之声就可播扬。所以人们说尧舜勤劳于访求贤才，却安闲于派用贤能。这是由于事务已经划分清楚，任职的又是合适的人才，自己无须多做事而能实现天下安定，岂不是很合适吗？等到违背这一做法的时候，所任之官不是合适的人才，在位之人不守职分，他们超越职位干预下属专门机构的事务，竞相实现各自的心意，众言纷乱错杂。在职者不能自主地管理其事，不任该职者却蛮横地来干预他人的职分。君主的听闻也变得迷乱不知该信谁的话，于是就亲自处理琐细之事，亲自处理、决断。这样一来，自己所管理的事情就很多，所奏告的人也更多，结果是有成绩不知应该归谁，有过失也不知该责罚谁，群臣即使放弃职守，也能推卸应受的惩罚。凭这样的情况还指望国家安定，确实是很难办到的事呀！过去晋国主管宴饮的杜蒉列举了师旷（主管音乐）的过错，退朝后再三斟酌，以至自罚其干预他人职责的过错，史书上说他做得很对。汉朝陈平不能回答出主管决狱、治粟者一年支出钱谷的详尽数字，汉代史书称赞他能恪守本职。政务不应出自多门，多门就会扰民。当今最好的做法是选拔官员既然有了能胜任岗位的人，就应该把相应的责任委托给他；若有不称职者，便给以公开的羞辱。这样，谁还敢不尽心竭力。不应当对有干涉他人职责之臣给与方便。如果有人不遵守限制，那么参与干涉的事必然就广泛。参与的事如果广泛，那么人人心里都想去干。人人心里都想去干，那就会导致作威作福。臣子作威作福，就会成为朝廷的蛀虫。像运筹帷幄如汉代张良那样的谋士，不宜使其过多，外部事物应该委托给各个衙门，让他们能安于做好分内之事。君主应尊崇在朝的宰辅之臣，凡事都应和其咨询商量，保证他们能做好工作。如能这样去做，圣上所颁诏书定然不再会频加改动。听到一些风言风语，偏颇地以诏书形式多次改动，势必造成人心的不安静。臣虽又狂又瞎，还是冒昧陈奏自己愚见，乞请陛下稍加垂目省察。”

何曾，字颖孝，陈国人也。为司隶校尉，言于太祖曰：“公方以孝治天下，而听阮籍以重哀饮酒食肉于公坐。宜摈四裔，无令污染华夏。”太祖曰：“此子羸病若此，君不能为吾忍耶？”曾重引据，辞理甚切，朝廷惮焉。泰始九年为司徒，以疲疾求退。孙绥位至侍中，潘滔谮之于太傅越，遂被杀。初曾告老，时被召见，侍坐终日，世祖不论经国大事，但说平生常语。曾出每曰：“将恐身不免乱，能及嗣乎？”告其二子曰：“汝等犹可得没。”指诸孙曰：“此辈必遇乱死也。”及绥死，兄嵩曰：“我祖其神乎？”

【译文】

何曾，字颖考，陈国人。他在任魏朝司隶校尉时，曾对太祖司马昭说：“您现在正实行以孝道治理天下，却听任阮籍在大哀之时在您的座席上饮酒吃肉。(像他这种蔑视礼教的人)应该摈弃于四方边远之地，不要使他污染华夏的传统美德。”太祖说：“这位先生现在瘦弱疲病到如此地步，您不能为我的面子而忍一忍吗！”何曾再次引用事例作根据来进言，言辞道理更为恳切，连皇帝都有些怕他。到晋武帝司马炎泰始九年，何曾官任司徒，因老迈多病请求退休。后来他的孙子何绥官至侍中，有个叫潘滔的人在太傅司马越跟前说何绥的坏话，何绥遂被处死。当初何曾告老在家时，还经常被武帝司马炎召见，陪侍终日，而武帝与之交谈时不涉及经国治世大事，只说些日常生活的话。何曾从宫中出来常说：“恐怕我此生难免会经受国家混乱，不知会否延及子孙！”他告诉自己的两个儿子说：“你们还可能会寿终正寝。”又指着几个孙子说：“你们必遭遇祸乱而死！”等到何绥被杀后，何绥的大哥何嵩说；“我们祖父真是个神人呀！”

羊祜，字叔子，泰山人也。都督荆州诸军事，征南大将军。上疏平吴，世祖深纳之，吴军人前后至者，不可胜数。祜将入朝而有疾，至洛阳遂薨。南州市会闻丧，举市悲号而罢，于是传哭接音，邑里相达。百姓乃树碑岘峰，立庙祭祀。行人望碑，皆涕泗垂泣。杜预代镇，名为“堕泪碑”。吴灭，诏曰：“祜建平吴之规，其封祜夫人夏侯氏为万岁乡君，邑五千户，绢万匹。”吴平庆会，群臣上寿，世祖流涕曰：“此羊太傅之功，岂朕所能为也。”

【译文】

羊祜，字叔子，泰山郡人。他负责管理荆州的军事，拜为征南大将军。羊祜向武帝司马炎上疏说应该平灭东吴，武帝很赞同地采纳了。当时吴军中先后逃奔而来的人，无法计算。羊祜将要入朝任事而生了病，到京都洛阳就身亡了。当时荆州人上市集贸易，听到羊祜病逝的噩耗，整个集市上的人都悲哭号啕，停止了集市交易，哭声递相传播，直到乡里城邑。老百姓又在岘峰立碑，修庙祭祀。行路的人看到石碑后，没有不垂首涕泣的(因羊祜治荆州时，内外政策得当，百姓安宁)。杜预接替羊祜镇守荆州，把百姓为羊祜所立的石碑称名为“堕泪碑”。晋灭吴以后，武帝颁诏曰："羊祜建言，拟定了平吴的规划，有大功劳，可封羊祜的夫人夏侯氏为'万岁乡君'，食邑五千户，赐绢万匹。"在东吴平定后召开的庆功会上，群臣祝贺。武帝流着泪说："这是羊祜太傅的功劳，岂能是朕的能力所能做到的啊！"

秦秀，字玄良，新兴人也。少以学行忠直知名，迁补博士。群率伐吴，诏以贾充为大都督。秀性忌谗佞（谗佞原作恶憎），疾之如仇，轻鄙贾充，闻其为大统，心所不平，遂欲哭师。及充卒议谥，秀请谥为荒公。初，何曾卒，秀议曰："曾事亲有色养之名，在官奏科尹之模。此二者，实得臣子事上之概。然资性骄奢，不循轨则，朝野之论，不可具言。俭，德之恭也；侈，恶之大也。曾受宠二代，显赫累世，荷保傅之贵，秉司徒之均，而乃骄奢之名，被于九域，有生之民，咸怪其行，秽皇代之美，弃羔羊之节，示后生之傲，莫大于此。若生极其情，死又无贬，是则无正刑也（旧无无正刑也四字，补之）。王公贵人，复何畏哉？谨案谥法，名与实爽曰缪，怙乱肆行曰丑。曾宜为缪丑公。古人阖棺之日，然后诔行，不以前善没后恶也。"秀性悻直，与物多忤，为博士前后垂二十年，卒于官。

【译文】

秦秀，字玄良，新兴郡人，年轻时以才学品行忠直知名，后官升至博士。诸军伐吴时，武帝诏命以贾充为大都督。秦秀秉性憎恶谄媚巴结之人，恨之如仇。他鄙视贾充的为人，听到他被任为统军首领，内心很感不平，曾想到以"哭师"的行动阻拦。到后来贾充死了，朝中商议给贾充定谥号，秦秀建议可谥他为"荒公"。

当年何曾病逝，秦秀曾建议说："何曾侍奉父母有'以和颜悦色尽奉养之责'的美名，居官可称以法令条规治政的楷模，这两点确实深得臣子事奉君主、孝子侍奉父母的要领。然而他生性骄傲，生活奢侈，不遵循规则，朝内朝外议论较多，不堪言表。节俭是美德中最可敬仰的，奢侈是罪过中最严重的。何曾父子两代受朝廷宠爱，显赫几世。他身居太傅太保的尊贵，执掌司徒之职的大权，而其骄奢之名遍及国内，凡活着的人，都为他的行为感到惊异。他玷污了我煌煌晋朝的美誉，抛弃了节俭正直的品节，显现给后辈人以傲慢失德，没有比这更严重的了。若在世时极尽其骄奢之性情，死后又不给以应有的贬低，这样就没有公正的法式了。那么王公贵人，还有什么顾忌的呢！我仔细查考关于谥号的法规，其中说，名与实相背叫做‘缪’，凭借秩序混乱而胡作非为叫做‘丑’。何曾的谥号应该叫‘缪丑公’才是。古人盖棺之日，然后论定其品行，不因他前半生好而掩盖后半世的罪过。”

秦秀性情较为率直，言行与众人多有抵触。任博士前后将近二十年，死时仍是原来的博士官位。

李憙，字季和，上党人也。累辟三府不就，宣帝复辟为太傅属，固辞。世宗辅政，命憙为大将军从事中郎。憙到引见，谓憙曰："昔先公辟君而不应，今孤命君而至，何也？"对曰："先君以礼见待，憙得以礼进退；明公以法见绳，憙畏法而至。"帝甚敬重焉，迁太常司隶校尉。

【译文】

李憙，字季和，上党郡人。魏朝多次征召他到三公府做官，他都不就职。司马懿又征召他做太傅的属官，他仍坚决辞让。司马师辅佐朝政时，命李憙作大将军从事中郎。李憙来到后引见入朝，司马师向李憙说："当年我父亲征召您而您没有答应，现在我命您做官，为什么却来了呢？"李憙回答说："您父亲是以礼节对待我，我就以礼节考虑退进；您是以法令硬性相邀，我是畏惧法令而来的。"司马师对李憙的为人非常敬重。晋朝建立后，李憙升任太常卿、司隶校尉。

**（王井男译）**

卷三十

# 晋书治要（下）

## 传

刘毅，字仲雄，东莱人也。治身清高，厉志方直，为司隶校尉。皇太子鼓吹入东掖门，毅奏劾保傅以下。诏赦之，然后得入。世祖问毅曰：“卿以吾可方汉何帝？”对曰：“可方桓灵。”世祖曰：“吾虽德不及古人，犹克己为治，又平吴会，混一天下，方之桓灵，其已甚乎？”对曰：“桓灵卖官钱入官库，陛下卖官钱入私门，以此言之，乃殆不如桓灵也〔习凿齿《阳秋》曰：毅答已，帝大笑曰：“桓灵之朝，不闻此言，今有直臣，故不同乎？”散骑常侍邹湛进曰：“世说以陛下比汉文帝，人心犹多不同。昔冯唐答文帝曰：‘不能用颇牧。’而文帝怒。今刘毅言犯顺，而陛下乐，以此相校，圣德乃过之也。”帝曰：“我平天下，而不封禅，焚雉头裘，行布衣礼。今于小事，何见褒之甚耶？”湛曰：“圣诏所及，皆可豫先算计，以长短相推，慕名者能力行为之。至如向诏，非明恕内充，苞之德度，不可为也。臣闻猛兽在田，荷戈而出，凡人能之，蜂虿起于怀袖，勇夫为之惊骇。非虎弱蜂虿强也，仓卒出于意外故也。夫君臣有自然之尊卑，辞语有自然之逆顺，向刘毅始言，臣等莫不变色易容，而仰视陛下者。陛下发不世之诏，出思虑之外，臣之喜庆，不亦宜乎？”〕。迁尚书左仆射。龙见武库井中，车驾亲观，有喜色，于是外内议当贺，毅独表曰：“昔龙降郑时门之外，子产不贺。龙降夏廷，卜藏其漦，至周幽王，祸衅乃发。证据旧典，无贺龙之礼。”

诏报曰："政德未修，诚未有以膺受嘉祥，省来示，以为瞿然。贺庆之事，宜详依典义，动静数示。"上疏陈九品之弊，曰："臣闻立政者，以官才为本。官才有三难，而兴替之所由也。人物难知，一也；爱憎难防，二也；情伪难明，三也。三者虽圣哲在上，严刑督之，犹不可治。故尧求俊乂，而得四凶；三载考绩，而饕餮得成。使世主虽有上圣之明，而无考察之法，授凡庸之才，而去赏罚之劝，则为开奸，岂徒四族，侧陋何望于时哉！今立中正，定九品，高下任意，荣辱在手，操人主之威福，夺天朝之权势，爱憎决于心，情伪由于己，公无考校之负，私无告訐（訐原作诉）之忌，荣党横越，威福擅行，用心百态，求者万端，廉让之风灭，苟且之俗成。天下汹汹，但争品位，不闻推让。流俗之过，一至于此，窃为圣世耻之。愚心之所非者，不可以一概论，辄条列其事。

夫名状以当才为清，品辈以得实为平。治乱之要，不可不允。清平者，治化之美；枉滥者，乱败之恶也。不可不察。然人才异能，备体者寡，器有大小，达有早晚，是以三仁殊途而同归，四子异行而钧义。陈平、韩信笑侮于邑里，而收功于帝王，屈原、伍胥不容于人主，而显名于竹帛，是笃论之所明也。

今之中正，不精才实，务依党利，不钧称尺，务随爱憎。所欲举者，获虚以成誉；所欲下者，吹毛以求疵。前鄙后修者，则引古以病今；古贤今病者，则考虚以覆过。质直者，罪以违时；阿容者，善其得和；度远者，责以小捡；才近者，美其合俗；齐量者，以己为限。高下逐强弱，是非随爱憎，凭权附党，毁平从亲，随世兴衰，不顾才实，衰则削下，兴则扶上，一人之身，旬日异状。或以货赂自通，或以计协登进，附托必达，守道困悴。无报于身，必见割夺；有私于己，必得其欲。凌弱党强，以植后利。是以上品无寒门，下品无势族。暨时有之，皆曲有故；慢主罔时，实为乱源。昔在前圣之世，欲敦风俗，镇静百姓，隆乡党之义，崇六亲之行，人道贤否，于是见矣。然乡老书其善，以献天子；司马论其能，以官于职；有司考绩，以明黜陟。故天下之人，退而修本，州党有德义，朝廷有公正，天下大治，浮华邪佞，无所容厝。今（旧无今字，补之）一国之士，多者千数，或流徙异邦，或给役殊方，面犹不识，况尽其才力？而中正知与不知，其当品状，采誉于台府，纳毁于流言。任己则有不识之蔽，听受则有彼此之偏。所知者，以爱憎夺其平；所不知者，以人事乱其度。既无乡老纪行之誉，又非朝廷考绩之课。遂使进官之人，弃近求远，背本逐末，位以求成，不由行立。故状无实事，谐文浮饰；品不校功，党誉虚妄。上夺天朝考绩之分，下长浮华朋党之事。凡官不同事，人不同能；得其能则成，失其能则败。今品不状才能之所宜，而以九等为例。以品取人，则非才能之所长；以状取人，则为本品之所限。若状得其实，犹品状相妨，所疏则削其长，所亲则饰其短，徒结白论，以为虚誉。以治风俗，则状无实行；以宰官职，则品不料能。百揆何以得理？万机何以得修？职名中正，实为奸府；事名九品，而有八损。自魏立以来，未见其得人之功，而生仇薄之累。愚臣以为宜罢中正，除九品，弃魏氏之弊法，更立一代之美制，愚臣以为便也。”

【译文】

刘毅，字仲雄，东莱郡人。他修身追求清高，砺志坚持正直。在他任司隶校尉时，看到皇太子司马衷一行击鼓奏乐要进皇宫东掖门，便立即上奏，弹劾太子宫的太保、太傅及有关下属官员。经武帝司马炎宽赦其过，然后太子才得以入朝。有一天，武帝问刘毅说：“你看我与汉代哪位皇帝可以比拟呢？”刘毅回答说：“可比东汉的桓帝、灵帝。”武帝说：“我的德行虽说不如古人，但我还能克制私欲去治理朝政，又平定了东吴，统一了天下，你将我比作桓帝、灵帝，这岂不是太过分了吗？”刘毅回答说：“桓、灵二帝能将卖官的钱收入国库，陛下将卖官的钱存入私门，就此而言，大概还比不上桓、灵二帝呢！”（习凿齿《汉晋阳秋》

纪录道：刘毅说完，晋武帝大笑说："汉桓帝、汉灵帝两个朝代，朝中听不到这样的话。现在我朝有了刘毅这样的耿直的臣子，可见我朝还是和桓灵两个朝代不同吧？"散骑常侍邹湛向晋武帝说："当今世人多将陛下比作汉文帝，可是人心还是有许多不同之处。当年，冯唐向汉文帝回话说：'就算廉颇、李牧这样的名将在世，陛下您也不知道用他们。'汉文帝因而发怒。今天刘毅说话不恭顺，然陛下很开心。两相比较，陛下您的圣德超过了汉文帝呢。"晋武帝说："我为了不劳民伤财，平定天下而不封禅，焚烧了（珍贵华丽）的鸟毛大衣，平日为了节俭只穿布衣，今天怎么为了这样的小事如此褒奖我呢？"邹湛说："皇上诏书的内容都可以预先安排好，根据具体的情况来反复推敲。向往圣名的国君可以刻意去颁布好的诏书。至于说刚才您的口头诏书，如果您内心不能充满了明察的智慧和宽广的胸襟，并且能用您的道德气度包容臣子，陛下您就说不出那样的话了。我听说看到猛兽在田野里，普通人也能背着戈矛去应对。但是看到毒蜂从怀中和袖子里飞出来，就算勇夫也要吓一跳。这不是因为老虎弱而毒蜂强，是由于毒蜂的出现出乎意料造成的。君尊臣卑是自然之道，臣下的言语也自然要顺而不逆。刚才刘毅说话时，我们臣子的脸色都变了，惶恐地仰望着陛下。陛下刚才说的口头诏书真是非凡出众，出乎我们的意料。臣子心中欢喜庆幸，我这样称赞您不是应该的吗？"）

后来刘毅迁升为尚书左仆射（宰相）。当时，有龙出现于军需物资仓库的水井中，武帝亲自去观看，面有喜色。于是朝廷内外的官员建议应当庆贺，唯独刘毅上表说："春秋时，有龙降于郑国时门之外，子产并不称贺。夏朝时，有龙降于其宫廷，占卜者奏请收藏龙吐的涎沫，后至周幽王时，终因此而酿成祸患。臣查证从前的典籍，没有庆贺飞龙降临的礼仪。"世祖颁诏说："我的政事、德行尚未尽善，的确还没有资格接受此美好的吉兆，我省察了刘毅的上表，感到又惊又怕。庆贺之事，应审慎地依照典籍上的意旨，一举一动都要及时告知。"

刘毅上疏陈述以"九品"之法选拔官员的弊端说："我听说，想成就国家政事者，要以让德才兼备者做官为本。让德才兼备者做官有三个难点，也是国家兴衰的原由所在。人才难知，这是一难；以自己爱憎选人的情况难以防范，这是二难；备选之人事迹的真伪难以明辨，这是三难。对此'三难'，即使有圣明之君在上，以严厉的惩处办法来监督，还是很难办好的。所以，上古时代的唐尧重视访求俊杰之才，却还是让‘四凶’（此指浑敦、穷奇、梼杌、饕餮四个恶人）得以做官；采用三年考核一次官吏政绩的办法，还是让贪得无厌的人得以蒙混过关。即使当代君主有如前代圣王那样的英明，而没有考察官员的正确方法，授官给凡庸之才，并放弃用以劝勉的赏罚制度，那就是为奸恶之人打开方便之门。这样，不只是会出现‘四凶’一类恶人，且身处僻野、地位低微的贤人还会有什么进身的希望呢！如今（沿袭曹魏的用人制度），在地方政府设立中正（官职名称），由他们将拟任士人划为九个等级（上上、上中、上下；中上、中中、中下；下上、下中、下下），致使等级高低任凭他们之意，士人的荣辱进退操在他们手中，使他们操持君主应有的威严与福佑，侵夺了朝廷的权势。对拟任士人的爱憎取决于他们的心意，所划等级的真假由他们自己决定。于公，没有负起考察是否真实的责任；于私，没有怕人控告的顾忌。这样，就使显赫之辈结成朋党，彼此僭越提拔，擅自作威作福。他们各怀目的，营求官职的方法多种多样，从而使廉直谦让的风气消失，苟且求进的风气形成，天下昏乱，人们只为品级权位而竞争，听不到推贤让能的事。其流俗过分的程度竟到了如此地步，我实在为当今圣明之世而感到耻辱。我心中的反对意见，难以用这段概括的语言来说清，便对这件事分条列举陈述。

“每个人的声誉情况要与其才能相当才叫做清正，其品级划分以合乎其实际为公平，这是国家治乱的关键，不能不使人信服。公正廉洁、公平，是天下安定、教化有成的美好状况；违法、失实，是天下混乱、社会衰败的丑恶现象。对此不能不详察。然而，人各有其不同的才能，各方面才能都具备的人是很少的。人的才器有大小，得志有早晚，所以微子、箕子、比干三位仁人境遇、作为不同，但其贤名相同。义仲、羲叔、和仲、和叔行为相异，而都能坚持正义。陈平、韩信都曾在其家乡被人耻笑侮辱，但后来都为帝王建立了功业。屈原、伍子胥虽不为君主所容，而其名声显扬于青史。这些都是有历史定论的。

“现在的地方中正官，研究人的实际才能，务求依靠朋党来获利；不衡量是否合乎标准，务求随自己的主观爱憎办事。对想抬高的人，猎取不真实的材料来成就其美誉；对想贬低的人，则吹毛求疵以压制。对以前受轻视而后来得美名的人，就援引其过去的事例来妨害其今天的形象；对过去贤德而现在有瑕疵者，就在考查中弄虚作假来掩盖其过错。对质朴正直的人，以违背时势加以谴责；对迎合取容的人，则称赞其能谦和待人；对襟怀远大者，便责备其小节；对才识浅近者，则赞美其符合世俗；对气量、抱负相当的，以自己为限度。评价的高低随被考察者的势力强弱而定，是非对错随自己的爱憎来决定。依靠权势，增益其朋辈，毁弃公平，听从其亲戚，追随时势兴衰，不看真才实学，势衰的则贬低，势盛的就抬高。同样是一个人，仅十天功夫就会有不同的情况。有的以行贿而自身显达，有的以心计、投合而升级做官。依附、求托他们的必然走运高升，守持做人之道者只能穷困潦倒。没有酬报他们自己的，必然会被削除品级；有利于他们自己的，一定能满足其心愿。欺凌弱者，偏向强者，为的是谋取今后的利益。因此列入上等品级的没有寒门之士，列入下等品级的没有势族子弟，即使有，那也是另有别的原因。这些人轻慢君主、欺骗社会，确实是祸乱的根源。以前在圣王之世，想使社会风气敦厚，让百姓安定，提高乡里的道德水平，增进六亲的品行修养，其为人处世有无才德，在此地便可看到。这样，官员便记录其好的品德行为呈献给皇帝，由司马评议其才能，让其在相应的职位为官，然后由主管的官吏考核他们的政绩来明确其贬退还是提升。所以天下之人，都回到修身立德的本分中，从而使州郡乡里讲求德行道义，朝廷用人得以公正，天下为之大治，浮华邪佞的人无处容留安置。现在一个郡国的读书人多达千余，有的漂泊迁徙于异国，有的供职服役于他乡，连他们的长相都不知道，更何况要尽知其才能呢！而地方中正官不管了解不了解，在划定他们应有的品级时，或者依据中央政府机构的赞誉，或者听从流言舆论的诋毁。如果依据自己的意见，决定人选等级的高低，则有不了解情况的弊病；如果听从接受他人的意见，则不免有偏颇之嫌。对所认识的人，因自己的爱憎而品评，有失公平；对不认识的人，因为人事关系而破坏了国家选拔人才的制度和标准。这样既没有地方乡官纪录善行的称誉，又不是朝廷考核业绩的科目，于是使进爵加官的人，舍近求远，舍本逐末，官职以钻营而到手，不因自己的所作所为而登上官位。所以其陈述文辞没有事实根据，不过只是浮夸粉饰之辞；其划定品位不比照功绩，偏私的称誉多为虚假捏造。这样一来，对上侵夺了朝廷考核官吏功绩的职分，对下助长了华而不实、结党营私的事情。一般说，官吏的职事各不相同，人的能力各不相同，才能胜任职位就能成功，才能不胜任职位就失败。当今中正所划的等级，不陈述其才能宜于从事的职业，而只凭划定九个等级为成例。如果以等级取人，则非其人才能的长项；如果按才能情况取人，则受到本人品级的限制。如果称名的情况符合实际，还会使品级和行状互有妨碍。对与自己关系疏远的人就削减他的长处，对与自己关系亲密的人就掩饰他的短处，虚构空谈一番，作为其人虚假的声誉。以此来整治社会风气，则会有善状而无实际行为；以此来主宰封官、定职，则不能以品级来估量才能。如此，怎能管理百官，众多国家事务怎能处理好？这些人官职名称叫做‘中正’，实际上是奸诈之官。其所做之事名为‘九品’，而实际有八种害处。自魏代设立‘中正’官和‘九品’法以来，没有看到它在选用人才方面有什么成效，却反而造成仇恨、浮薄之风的牵累。愚臣以为朝廷应该停设‘中正’官，废除‘九品’法，抛弃曹魏的有害法度，另创建一套堪为当代所用的好制度，愚臣我认为这对国家有利。”

张华，字茂先，范阳人也。领中书令，名重一世。朝野拟为台辅，而荀勖、冯紞等，深忌疾之。会世祖问华：“谁可付以后事者？”对曰：“明德至亲，莫如齐王攸。”既非上意所在，微为忤旨，间言得行，以华为都督幽州诸军事，领护乌桓校尉。于是远夷宾服，四境无虞。朝议欲征华入相。冯紞乾没苦陷，以华有震主之名，不可保必，遂征为太常，以小事免官。

世祖崩，迁中书监，加侍中。遂尽忠救匡，弥缝补阙，虽当暗主虐后之朝，犹使海内晏然。迁司空，卓尔独立，无所阿比。赵王伦及孙秀等，疾华如仇。伦、秀衅起，遂与裴頠俱被害，朝野之士，莫不悲酸。

【译文】

张华，字茂先，范阳郡人。武帝在位时官居中书令，名声显赫当世，朝廷官员和民间人士都猜想他会出任宰相，但荀勖、冯紞等人对张华非常忌恨。适逢武帝询问张华：“(我死后）谁是可以托付后事的人？”他答称：“论德行美好和关系最亲，没有人能胜过齐王司马攸（武帝胞弟)。”此言既然不是武帝意向所在，便有点违背圣意，加之离间之言得逞，武帝便派张华出任外官，都督幽州诸军事，兼任护乌桓校尉。这一时期，边远异族宾服，四方边境平安无事。朝廷经过商议打算征召张华入朝为相。而冯紞盘算自己的利害得失，竭力构陷，说张华有声名震主之嫌，不能保证其一定会忠诚于君主。于是张华被征召为太常，后来又以小事而被罢官。

武帝去世后，惠帝又起用张华，做了中书监，兼任侍中。他于是尽忠王朝，匡救社稷，弥补政事缺失，尽管处于昏庸的惠帝和残暴的贾后当政之时，仍能使国家平稳安定，因而又迁升为司空。他卓然独立于朝堂，不迎合结党，不偏袒勾结。赵王伦和孙秀等人，疾恨张华如同仇人。他们同谋作乱，张华遂与裴頠一起被害，朝野有识之士，没有人不悲痛伤心。

裴頠，字逸民，河东人也。迁尚书左仆射侍中。元康七年，以陈准子匡、韩蔚子嵩，并侍东宫。頠谏曰：“东宫之建，以储皇极，其所与游接，必简英俊，宜用成德贤邵之才，匡嵩幼弱，未识人理立身之节，东宫实体夙成之表，而今有童子侍从之声，未是光阐遐风之弘理也。”頠深患时俗放荡，不尊儒术。魏末以来，转更增甚。何晏阮籍，素有高名于世，口谈浮虚，不遵礼法，尸禄耽宠，仕不事事。至王衍之徒，声誉太盛，位高势重，不以物务自婴，遂相放效，风教陵迟。頠著《崇有》之论，以释其蔽。世虽知其言之益治，而莫能革也。朝廷之士，皆以遗事为高。四海尚宁，而有识者知其将乱矣。而夷狄遂沦中州者，其礼久亡故也。伦、秀之兴衅，頠、张华俱见害，朝纲倾弛，远近悼之。

【译文】

裴頠，字逸民，河东郡人。官升左仆射、侍中。在武帝元康七年，陈准之子陈匡、韩蔚之子韩嵩一起在东宫侍候太子。頠上书谏言："东宫的设置，是为王朝辅佐皇储的。与太子交往的人，一定要选拔杰出的人物，应该选用德才兼备的人材。而陈匡和韩嵩年幼识浅，还不懂得作人之理、处世之节。东宫太子应该具有聪慧成熟的仪表和气度，如今却有未成年孩子做东宫侍从的名声，这不合乎教化的大道，不能弘扬仁义道德啊！"裴頠深虑社会风气放荡、不尊重儒术。这种状况从曹魏末年以来，随着时代转换，更加严重。当年的何晏、阮籍等人，一向在社会上有盛名，他们清谈玄虚，不守礼法，食俸禄而不尽职，贪求宠爱，为官却不做事。至于王衍之类的人，声誉太盛，位高势重，却不把公务放在心上。结果天下的人都竞相仿效，风俗教化颓废败坏。裴頠撰写了《崇有论》一文，用以消除其对人们的蒙蔽。世人虽知裴頠的言论有利于国家治理，但却没有人能按此去变革。朝廷官员都把能够不理会本职事务作为清高的表现。当时国内还算平静，但有识之士却料知其将要出现动乱。后来夷狄（五胡）乱华，中原沦陷，就是因为礼仪道德久已丧失的缘故。到了赵王伦和孙秀起而作乱，裴頠和张华同时被害，使朝纲倾侧毁坏，国内人民莫不悲伤。

傅玄，字休奕，北地人也。性刚直果劲，不能容人之非。世祖受禅，加驸马都尉，与皇甫陶俱掌谏职。玄志在拾遗，多所献替，上疏曰："前皇甫陶上事，为政之要，计民而置官，分民而授事。陶之所上，义合古制。前春，乐平太守胄志上欲为博士置史卒，此尊儒之一隅也，主者奏寝之，今志典千里。臣等并受殊宠，虽言辞不足以自申，意在有益，主者请寝，多不施用。臣恐草莱之士，虽怀一善，莫敢献之矣。"诏曰："凡关言于人主，人臣之所至难。而人主苦不能虚心听纳，自古忠臣直士所慷慨也。其甚者，至使杜口结舌，每念于此，未尝不叹息也。故前诏，敢有直言，勿有所拒，庶几得以发蒙补过，获保高位。喉舌纳言诸贤，当深解此心，务使下情必尽。苟言有偏善，情在忠益，不可责备于一人。虽文辞有谬误，言语有失得，皆当旷然恕之。古人犹不拒诽谤，况皆善意，在可采录乎？近者孔晁綦母和，皆案以轻慢之罪，所以皆原，欲使四海知区区之朝，无讳言之忌也。又每有陈事，辄出付主者。主者众事之本，故身而所处，当多从深刻，至乃云恩贷当由上出，出村外者，宁纵刻峻是信耶？故复因此喻意。”玄迁侍中。

【译文】

傅玄，字休奕，是北地郡人。他性格刚直强硬，不能容人之过。司马炎受魏禅即武帝位，任傅玄为驸马都尉，与皇甫陶共同执掌谏诤职权。傅玄主张为朝廷拾遗补缺，多次诤言进谏。曾上疏曰：“以前皇甫陶上书言事，认为为政之要，在于计算人口多少来设置官吏，划分百姓类别来交给应做之事。皇甫陶的上疏，其义理合乎古制。前年春天，乐平县太守胄志上奏要为博士官职设置‘吏卒’（即助手，编者注），这是尊崇儒士的一种表现。主管官员上奏，对此提议予以搁置不理，而今胄志仍在千里之外做地方官。我们同受恩宠，尽管言辞不足以表达自己的意见，但用意在于有益（于国家），主管官员请求搁置提议，大多不采用施行。这样一来，臣恐怕民间的有识之士，即便心怀某一好的建议，也不会进献给朝廷了。”武帝下诏书说；“凡进言关乎君主，这是作臣子者很难的事，而遗憾的是君主不能虚心听取、采纳，这是从古至今忠臣直士深为感慨伤叹的事。这样做，更为严重的是，使进言者从此闭口不敢言政事。每想到这种情况，我未尝不为之叹息。故以前曾诏告说，有敢于直言进谏者，不能拒绝听受，这样也许能够得以开启蒙蔽，补救过错，以保住一国之君的高位。作为国家重臣的言官，应当深刻体会朕的这一用心，务求使下情无保留地上达，即使进言有不够完善之处，其本意都在于忠诚补益，对每个人都不可求全责备，即使文辞有谬误，议论有缺失，都应当以开明的态度予以宽容。古人尚能做到不拒绝诽谤，何况其都是善意，又属于可供采纳的谏议呢！最近，孔晁、綦毋和二人，经查究，皆定为轻慢之罪，之所以都给予原谅，就是想让天下臣民知道，对朝廷无需有讳言的顾忌。又每次有人陈述政事，就直接交付主管官员。主管官员负责处理具体事务，因此身处这一职位，应当多多深入而透彻地了解（朝野的建议）。至于说施恩、宽恕之事，应由皇帝作出决定，这是非常粗俗的（意见），岂能放任（主管官员）苛刻严酷地对待（提出建议的人士）？所以再次就这件事来表明朕的心意。”傅玄（后来）升迁为侍中。

任恺，字元裒，乐安人也。为侍中。恺性忠直，以社稷为己任。帝器而昵之，政事多咨焉。恺恶贾充之为人，不欲令久执政，每裁抑之。充病之，后承间，称恺忠公局正，宜在东宫，使保护太子。外假称扬，内斥远之。帝以为太子少傅，而侍中如故，充计画不行。会吏部尚书缺，好事者为充谋曰：“恺今总门下枢要，得与上亲接，宜启令典选，便得渐疏。此一都令史事耳，且九流难精，间隙易乘。”充即启，称恺才能宜在官人之职。世祖不疑充挟邪，而以选官势望，唯贤是任，即日用恺。恺既在尚书，侍观转希。充与荀勖、冯紞，承间谮润，免官。恺受黜在家，充毁间得行，世祖情遂渐薄。然众论明恺为人，群共举恺为河南尹，甚得朝野称誉。而贾充朋党，日夜求恺小过，又讽有司，奏恺免官。后起为太常。不得志，遂以忧卒。

【译文】

任恺，字元裒，乐安郡人，官居侍中。任恺性忠直，能以社稷为己任。武帝司马炎器重而亲近他，朝廷大事多向他咨询。任恺讨厌贾充的为人，不打算让贾充久执朝政，每对其作为加以限制。贾充忌恨任恺，后来趁机在皇帝面前称赞任恺忠诚公正，适合派往东宫，让他保护辅导太子。从表面看这是称扬，内心实想排斥疏远任恺。武帝遂任命任恺为太子太傅，仍担任侍中，使贾充的计谋未能得逞。适逢吏部尚书出缺，有好事者为贾充出谋说：“任恺如今总揽门下省大权，可以和皇帝亲近来往，可启奏让其主管选拔官吏之事，这样便和皇帝逐渐疏远。（选拔官吏）只是一个统领掌管文书之官的差使而已。再说，官吏的人选来源复杂，容易找到攻击他的机会。”于是贾充当即启奏，说以任恺的才能，应该担任选任官吏的职务。武帝没有怀疑这是贾充的奸诈计谋，而是认为选任官吏者的权势，人所敬仰，应唯贤是任，便当即任用了任恺。任恺既在吏部尚书岗位，侍奉和陪同武帝游览的机会渐渐稀少。贾充与荀勖、冯紞得到机会便在武帝处说任恺的坏话，渗透其不满情绪，终于使任恺被免官。任恺免官在家，贾充的毁谤、离间更便于行施。武帝与任恺的情谊逐渐淡薄，可是群臣的议论，辨明了任恺的为人，大家一致推举任恺为河南尹。他在职期间很得朝廷和民间称誉。而贾充及其朋党，却日夜在搜求任恺的小过，又以含蓄之语暗示有关主管部门，奏请罢免了任恺的官职。后来任恺虽又被起用为太常，但终不得志，遂因忧愤而病死。

裴楷，字叔则，河东人也。为侍中。世祖尝问曰："朕应天顺民，海内更始。天下风声，何得何失？"对曰："陛下受命，四海承风，所以未比德于尧舜者，贾充之徒犹在朝也。夫逆取而顺守，汤武是也。今宜引天下贤人，与弘政道，不宜示之以私也。"

【译文】

裴楷，字叔则，河东郡人。任侍中。武帝曾经问他说："朕应天时、顺民意，在国内除旧布新，按现在天下的传闻，得失情况如何？"裴楷对曰："陛下承受天命，天下人都受到教化，但德政却比不上古代唐尧虞舜的原因，就是有贾充之徒在朝廷当权。说到以诸侯身份夺取天下（为臣犯上，不是臣道所在，因此说"逆取"，编者注）而依据道义以治理天下（夺得政权之后，便立即以合乎道义的方式来执政，这是顺守，编者注），就要数商汤和周武王了。现在应该网罗天下的贤人，和他们一起弘扬治国的政治方略，而不应将权力作为私利以笼络人心。"

和峤，字长舆，汝南人也。迁侍中。峤见东宫不令，因侍坐曰："皇太子有淳古之风，而季世多伪，恐不了陛下家事。"世祖默然。后与荀顗、荀勖同侍，世祖曰："太子近入朝，差长进，卿可俱诣，粗及世事。"既奉诏而还，顗、勖并称皇太子明识弘雅，诚如明诏。峤曰："圣质如初耳。"帝不悦而起。峤以为国虽休明，终必丧乱。言及社稷，未尝不以储君为忧。或以告贾妃，妃衔之。愍怀建宫官，峤为太子少傅，太子朝西宫，峤从入。贾后使惠帝问峤曰："卿昔谓我不了家事，今日定云何？"峤曰："臣昔事先帝，有斯言。言之不效，国之福也。臣敢逃其罪乎？"

【译文】

和峤，字长舆，汝南郡人，官至侍中。他看到东宫太子司马衷表现不太好，借陪侍圣驾时说道："皇太子有敦厚古朴的风度，但衰微的时代风气多狡诈，恐怕太子不能办理好您的家事（即委婉地说出太子恐怕将来不能胜任君主的大任，编者注）。"武帝听了此话沉默不语。后来和峤与荀顗、荀勖一同侍奉圣驾时，武帝说："太子近来入朝，稍有长进。卿等可一同去见太子，可大概地问及世事。"当他们奉诏见过太子回来，荀顗、荀勖两人都称太子有见识有风度，确如圣上所说的。而和峤却说："我看太子的气质还是当初那个样子。"武帝听了很不高兴地起身走开。和峤认为国家当前虽然清明，但终归必会丧国而使天下混乱，每谈及国家命运，未尝不以太子不聪慧为忧虑。有人将此情况告知贾妃，贾妃由此对和峤忌恨在心。太子司马衷继帝位后，为愍怀太子司马遹设置东宫官员，任和峤为太子少傅。太子去朝见西宫（司马遹的生母），和峤跟随入宫。贾后让惠帝质问和峤说："你以前说我不懂家事，今日到底该怎么说呢？"和峤对曰："臣当年事奉先帝，曾说过这话。我所说的话没有效验，是国家的福气。臣怎敢逃避言而无验的罪责呢！"

郄诜，字广基，济阴人也。举贤良对策，曰："臣窃观乎古今，而考其美恶。古人相与求贤，今人相与求爵，此风俗所以异流也。古之官人，君责之于上，臣举之于下，得其人有赏，失其人有罚，安得不求贤乎？今之官者，父兄营之，亲戚助之，有人事则通，无人事则塞，安得不求爵乎？贤苟求达，达在修道，穷在失义，故静以待之也。爵苟可求，得在进取，失在后时，故动以要之也。天地不能顿为寒暑，人主亦不能顿为治乱，故寒暑渐于春秋，治乱起于得失。当今之世，官者无关梁，邪门启矣；朝廷不责贤，正路塞矣。所谓责贤，使之相举也；所谓关梁，使之相保也。贤不举则有咎，保不信亦有罚。有罚则有司莫不悚也，以求其才焉。今则不然。贪鄙窃位，不知谁升之者；虎兕出槛，不知谁可咎者。网漏吞舟，何以过此？虽圣思劳于夙夜，所使为政，恒得此属，欲化美俗平，亦俟河之清耳。”为左丞，劾奏吏部尚书崔洪，洪曰：“我举郄丞而还奏我，此为挽弩自射。”诜闻曰：“昔赵宣子任韩厥为司马，厥以军法戮宣子之仆，宣子谓诸大夫：可贺我矣，吾选厥也，任其事。崔侯为国举才，我以才见举，唯官是视，各明至公，何故私言乃至于此。”洪闻之惭服。

【译文】

郄诜，字广基，济阴郡人。武帝泰始间，被推举为贤良正直之士，他在应诏对策中说：“臣曾观察古今政事，考察其好与不好，发现古人相交往是为了求贤，今人相交往是为了求官，这是古今风气的不同之处啊。古时候封人为官，是君主责求于上，臣子举荐于下，得到的是能胜任的贤才就奖赏推荐者，所举荐的人失当就处罚举荐者。这样臣子们能不去访求贤良之人吗？而今天任命官员，是父兄们为他多方营求，亲戚们多方帮助，有了人事关系就能官运亨通，没有人事关系仕途就会受阻。这样怎能不力求有爵位呢？贤良的人如果期求显达，显达之途全在于修养自身道德，而困窘不通是在于自己有失于合宜的道德，所以能平静地等待时机的到来。官位如果可以谋取，那么能得到全在于自己进取，得不到就在于时机滞后，所以常常设法求得上级的信任和重视。天地不能要寒冬马上就有寒冬，要暑夏马上就有暑夏，君主也不能说太平马上就会太平，说动乱马上就会动乱。因此，寒冬暑夏都是由春秋变迁逐渐形成的，治世乱世都是由政事的得失而导致的。当今之世，选任官员者不严格把关，不正之门就会开启；朝廷不责求贤人，入仕的正道就会阻塞。所谓责求贤人，就是让他们互相推举；所谓从严把关，就是让他们互相担保啊。贤良之人得不到推举就有罪过，担保者不能诚信也要受罚。有处罚规定则有关部门官员没有人不感到恐惧，因而就能够尽力求贤。今天则不能，那些贪鄙之人窃居官位，尚不知道是谁使他们升迁的。这真好比虎兕跳出栅栏，不知道该追究谁的过错。法令疏漏，让大奸得以脱身，实在是无以复加了。虽然当今圣上日夜忧思操劳，如果所使用的执政者常常都是这类人，要想教化淳美、世风公平，就像是等待黄河变清一样呀！”

郄诜后来做了左丞，曾上奏弹劾吏部尚书崔洪。崔洪说：“是我推举郄诜做左丞，而他回过头来弹劾我，这正是自己挽弓射向自己啊。”郄诜听到这话后说；“春秋时晋国的赵宣子曾任用韩厥为司马，而韩厥按军法处死了宣子的仆人。宣子却向诸大夫说：‘你们可祝贺我，是我推荐韩厥，让他做了司马，且能胜任其职事。’崔侯（崔洪）为国家举荐人才，我以自己的才能被推荐，唯官务是从，各自都明白这是为公，何故私下说出这样的话来呢？”崔洪听到郄诜这番话，感到惭愧而敬服。

荀勖，字公曾，颍阴人也。为中书监，加侍中。勖才学博览，有可观采，而性邪佞，与贾充、冯紞共相朋党。朝廷贤臣，心不能悦。任恺因机举充镇关中，世祖即诏遣之。勖谓紞曰：“贾公远放，吾等失势，太子婚尚未定，若使充女为妃，则不营留而自停矣。”勖与紞伺世祖间，并称充女淑令，风姿绝世，若纳东宫，必能辅佐君子，有《关雎》后妃之德。遂成婚焉。

【译文】

荀勖，字公曾，颍阴人。任中书监，兼任侍中。他才学渊博，文采可观，但心性邪佞，与贾充、冯紞结为朋党，朝廷贤臣，心中很觉讨厌。任恺趁机荐举贾充（离开朝廷）镇守关中，武帝即诏命派遣他赴任。此时荀勖向冯紞说：“贾公如果再远放外任，我等就会失势。现趁太子司马衷还未订婚，如果能让贾充之女作太子妃，那就不用图谋而自会留在朝中了。”于是荀勖和冯紞借武帝空闲之机，齐声称赞贾充之女贤惠美好、姿色绝世，若能纳入东宫，一定可以辅佐太子，她有《关雎》中所称的后妃的贤德。就这样贾充之女与太子终成婚配。（讽刺的是，贾充的女儿最终成为历史上有名的亡家败国的丑陋皇后。荀勖能将这样的人说成有着辅佐天子的贤妃，足见他巧舌如簧，编者。）

冯紞，字少胄，安平人也。稍迁左卫将军，承颜悦色，宠爱日隆。贾充、荀勖，并与之亲善。世祖诏治金墉，废贾妃，已定，紞与勖乾没救请，故得不废。转侍中，世祖笃病得愈，紞与勖乃言于世祖曰："陛下前者病若不差，太子其废矣。齐王为百姓所归，公卿所仰，虽欲高让，其得免乎？宜遣还藩，以安社稷。"世祖纳之。初谋伐吴，紞与充、勖共苦谏，世祖不纳，断从张华。吴平，紞内怀惭惧，疾华如仇。及华外镇，威德太著，朝论当征为尚书令。紞从容侍帝，论魏晋故事，因曰："臣常谓钟会之反，颇由太祖。"帝勃然曰："何言邪？"紞曰："臣以为，夫善御者，必识六辔盈缩之势；善治者，必审官方控带之宜。是故汉高八王，以宠过夷灭；光武诸将，以抑损克终。非上之人有仁暴之异，在下者有愚智之殊。盖抑扬与夺，使之然耳。钟会才具有限，而太祖奖诱太过，喜其谋猷，盛其名位，授以重势。故会自谓算（算原作策）无遗策，功在不赏，輈张跋扈（輈张跋扈原作张利害），遂构凶逆耳。向令太祖录其小能，节以大礼，抑之权势，纳之以轨度，则逆心无由而生，乱事无阶而成。"世祖曰："然。"紞稽首曰："愚臣之言，宜思（思原作镇）坚冰之道，无令如会之徒，复致覆丧。"世祖曰："当今岂有会乎？"紞曰："陛下谋谟之臣，著大功于天下，四海莫不闻知。据方镇、总戎马之任者，皆在陛下圣虑矣。"世祖默然。征张华为太常，寻免华官。

【译文】

冯紞，字少胄，安平郡人。渐次升官至左卫将军。他凭着顺从讨好皇帝的手段，使武帝对他的宠爱一天比一天加深。贾充、荀勖都和他亲善。武帝诏命整修皇家监狱金墉城，并要废掉太子的贾妃，此事已决定下来，冯紞和荀勖考虑日后利害得失，竭力挽救、请求，因而没有废掉。冯紞后转任侍中。武帝大病痊愈，冯紞和荀勖遂向武帝进言说：“陛下前一向疾病如果不能好转，那么太子就可能要被废掉了。齐王司马攸一向为百姓所拥护，为公卿大臣所崇敬，虽说他高尚、谦让，又怎能不被臣民推举继位呢！现在应该送齐王回藩国，以使国家安定。”武帝采纳了他们的意见。

当初，武帝准备伐吴，冯紞和贾充、荀勖共同苦苦劝阻。武帝不听其劝阻，并断然听从张华力主伐吴的意见。吴国被平灭后，冯紞心怀羞惭与恐惧，疾恨张华如同仇人。及至张华外任，镇守一方，其威势、美德大为显著，朝议认为，应征召他回朝任尚书令。冯紞一次陪侍武帝，从容不迫地议论起魏晋的往事，便趁此道：“臣常说，钟会的反叛，多半是由太祖造成的。”武帝听了大怒，“你说的是什么话！”冯紞回答说：“臣认为善于驾御的车夫，一定要懂得拉车之马那六条缰绳松紧的时机；善于治理国家的帝王，必须清楚居官者应守的礼法和控制官员权位等事宜。所以汉高帝所封的八王，却因过于荣耀而导致诛灭；光武皇帝的几位将领，由于给以限制而能够善终。这不是做君主者有仁爱、残暴的区别，也非做臣子的有愚钝、聪敏的不同，是因为妥善运用限制、显扬、赐予、剥夺的手段，使他们有这样的结局而已。钟会其人，才能有限，而太祖夸奖教导过多，喜爱他的谋略，提高他的名位，授以重大权力，故而导致钟会自以为他的策略无与伦比，他的功劳至高无上，张扬跋扈，终于造成了他反叛朝廷的罪恶。如果往昔太祖采纳他的小小的才能，又以制度加以节制，限制他的权力，使他进入正轨，那么他的叛逆之心就无由产生，叛乱之事也就没有生成的凭借。”武帝说：“你说得对！”冯紞又向武帝跪拜行礼说：“对愚臣的这番话，圣上应该想一想坚冰生成非一日之寒的道理，不要让像钟会那样的人，再次导致覆亡。”武帝问：“当今还能有像钟会那样的人吗？”冯紞说：“陛下驾前有出谋献策之臣，他的大功显露于天下，国内无人不知。作为军事长官占据镇守一方、有统领兵马重任者，都在陛下考虑的范围之内呀！”武帝沉默不语。后征召张华任主管宗庙祭礼的太常官，不久，又免去了张华的官职。

刘颂，字子雅，广陵人也。除淮南相，上疏曰："臣窃惟万载之事，理在二端。天下大器，一安难倾，一倾难正。故虑经后世者，必精目下之治，治安遗业，使数世赖之。若乃兼建诸侯而树藩屏，深根固蒂，则祚延无穷，可以比迹三代。如或当身之治，遗风余烈，不及后嗣，虽树亲戚，而成国之制不建。使夫后世独任智力，以安大业，若未尽其理，虽经异时，忧责犹追在陛下，将如之何？愿陛下善当今之治，树不拔势，则天下无遗忧矣。夫圣明不世及，后嗣不必贤，此天理之常也。故善为天下者，任势而不任人。任势者诸侯是也，任人者郡县是也。郡县之治，小政（政原作察）理而大势危；诸侯牧民，近多违而远虑固。圣王推（推原作唯）终始之弊，权轻重之理，苞彼小违，以据大安，然后足以藩固内外，维镇九服。夫武王，圣主也；成王，贤嗣也。然武王不恃成王之贤，而广封建者，虑经无穷也。且善言今者，必有以验之于古。唐虞以前，书文残缺，其事难详。至于三代，则并建明德，及兴（兴原作举）王之显亲，开国承家，以藩屏帝室，延祚久长，近者五六百岁，远者延将千载。逮至秦氏，罢侯置守，子弟不分尺土，孤立无辅，二世而亡。汉承周秦之后，杂而用之，前后二代，各二百余年。揆其封建，虽制度舛错，不尽事中，然迹其衰亡，恒在同姓失职，诸侯微时，不在强盛也。昔吕氏作乱，幸赖齐代之援，以宁社稷；七国叛逆，梁王捍之，卒弭其难。自是之后，威权削夺，诸侯止食租俸，甚者至乘牛车，是以王莽得擅本朝，遂其奸谋，倾荡天下，毒流生灵。光武绍起，虽封树子弟，而不建成国之制，祚亦不延。魏氏承之，圈闭亲戚，幽囚子弟，是以神器速倾。天命移在陛下，长短之应，祸福之征，可见于此矣。然则建邦苟尽其理，则无向不可。故曰：'为社稷计，莫若建国。'夫邪正逆顺者，人心之所系服也。今之建置，审量事势，使君乐其国，臣荣其朝，各流福祚，传之无穷。上下一心，爱国如家，视人如子，然后能保荷天禄，兼翼王室。今诸王裂土，皆兼于古之诸侯，而君贱其爵，臣耻其位，莫有安志，其故何也？法同郡县，无成国之制故也。今之建置，宜使率由旧章，一如古典。然人心系常，不累十年，好恶未改，情愿未移。臣之愚虑，以为宜早创大制，迟回众望，犹在十年之外，然后能令君臣各安其位，荣其所蒙，上下相持，用成藩辅。如今之为，适足以亏天府之藏，徒弃谷帛之资，无补镇国卫土之势也。

【译文】

刘颂，字子雅，广陵郡人，被任命为淮南王司马允的宰相。他向武帝上疏说："臣私下考虑国运长久的问题，其关键在两个方面。天下大事，一开始就安定便难以倾斜，一旦倾斜也便难以端正。所以为后世长治久安考虑的君主。必精于眼前的治理，让前人的政治修明，使后世可以代代依赖。若能同时建立诸侯之国而为朝廷树立藩屏，并使其根深蒂固，就可使国统延续无穷，可以和夏、商、周三代的事迹相比拟。如果只考虑本代君主自身安定，延续前代遗留下来的风尚和功业，不考虑后代子孙，虽然树立了宗室声威，但因为诸侯国的制度没有建立。使那些后世继位君主只凭其智慧力量来安定大业，如果他们没能如理如法地统治国家，即使经过了好几代，但责任还会追溯到陛下身上，那时又将怎么办呢？希望陛下完善当今的治国方略，树立起坚不可移的情势，那就不会给后世留下忧患了。圣明不是世代君主都能做到的，其继承的后嗣不一定都是贤明的人，这是客观规律啊。所以善于治理天下的君主，都是借势而不是借人。所谓借势，指的是建立诸侯国；所谓借人，指的是治理郡县。像郡县那样治理，是小事得以明察、整治而大势会危急；以诸侯治民，就近而言会多有不遵从君主的现象，但从长远考虑会使政权巩固。圣明的君主会思考、比较起始与最后害处的大小，懂得衡量是非轻重的道理，包容诸侯小的过失，求得大局安定，然后就足以捍卫巩固朝廷内外，使远近各地区都拥护中央了。周武王是一位圣明的君主，周成王是一位贤明的继承者，可是武王不倚仗有个贤明的继承者——成王，仍是大量封立诸侯国，其原因就是他考虑到长远的治理。再说，善于说明今天的事理的，必然能从古人的做法中求得验证。唐尧虞舜以前，文献残缺，那时候的事难以详知。至于夏、商、周，这三代确立了圣德（以治国），又任用王室显贵，分去不同的地方建立诸侯国，以继承国家基业，捍卫朝廷安定，从而国运长久，短则五六百年，长则将近千年。到了秦朝，废封建，立郡县，王室子弟没有分封尺寸土地，王朝孤立而没有藩辅卫护，传位二世就亡国。汉承周秦之后，兼行封建郡县制度，西汉和东汉两代，各传国二百余年。（臣）考虑封建制度，（发现）尽管这个制度也存在错乱的地方，不能做到处处恰当，但是考查一下（施行封建制度国家的）衰亡，问题都出在同姓诸侯不能保卫国家，诸侯（本身也）势单力微，没有处于强盛的时候。当初诸吕作乱，幸亏依靠齐、代诸侯王的助力，才得使刘氏江山安定下来。文景时吴楚等七国之乱，由梁王刘武率军抗拒，终于平定了七国之乱。从此以后，诸侯王的权威被削夺，只坐食俸邑，有的甚至穷困到乘坐牛车地步。所以王莽得以擅权，且达到他篡逆的奸谋，社稷倾覆，祸害天下生灵。光武帝刘秀继起，虽然名义上也分封子弟，但是没有建立起分封诸侯王国的制度，国运也没有延长多久。三国曹魏继承汉室而有天下，限制宗室，囚禁子弟，因而皇位很快垮台，天命传移于陛下。国运长短祸福表现，由以上这些历史事实也就能看得清楚的。可是建邦立国如果能做到尽善尽美，形势向好的方面发展也是可以办到的。所以说，为国家着想，再没有什么比建立诸侯国重要的了。走向邪正顺逆的不同道路，是与人心所向有关系的。今天政权的建立，应审时度势，让诸侯以封国为荣，让诸侯的臣子以辅佐诸侯为荣，各种幸福权利，传授永久。上下同心协力，爱国如家，视民如子，这样才能够使上天赐的福禄得以保持，并卫护了王室。但是今天诸侯王分土而治，都和古代诸侯相似，君主却对其爵位不够重视，臣下觉得他们的地位不够光彩，没有人感到心安理得，这是什么原故呢？那是由于法制同郡县一样，没有建立诸侯国的一套成规的原故啊。今天建立诸侯王国，应该使他们遵循旧有的章程，完全像古代的做法那样。人们的心理不容易改变，不经历十年之久，人们的喜好厌恶的态度不会改变。微臣以为应该及早创建好诸侯立国的大制度，而众人心理则对这个大制度的接受，还需要十多年的时间。然后才能够使君臣各安其位，使他们为自己的所得而感到荣耀，上下相助，这样才能收到辅助（王室的）效果。今天所做的，只能够亏损国库的贮藏，白白浪费掉粮食和布帛等物质，是无补于藩镇诸侯卫护王室的作用的。

古者封建既定，各有其国。后虽王之子孙，无复尺土，此今事之必不行者也。若推亲疏，转有所废，以有所树，则是郡县之职，非建国之制也。今宜豫开此地，使亲疏远近，不错其制，然后可以永安。然于古典所应有者，悉立其制，然非急所须，渐而备之，不得顿设也。须车甲器械既具，其（应无其字）群臣乃服采章；仓廪已实，乃营宫室；百姓已足，乃备官司；境内充实，乃作礼乐。唯宗庙社稷则先建之。至境内之政，官人用才，自非内史国相，命于天子，其余众职及死生之断、谷帛资实、庆赏刑威，非封爵者，悉得专之。周之建侯，长享其国，与王者并，远者延将千载，近者犹数百年。汉之诸王，传祚暨至曾玄。人性不甚相远，古今一揆，而短长甚违，其故何邪？立意本殊，而制不同故也。周之封建，使国重于君，公侯之身，轻于社稷。故无道之君，不免诛放。敦兴灭继绝之义，故国祚不泯。不免诛放，则群后思惧，胤嗣必继，是无亡国也。诸侯思惧，然后轨道。下无亡国，天子乘之，理势自安，此周室所以长存也。汉之树置，君国轻重不殊，故诸王失度，陷于罪戮，国遂以亡；不崇兴灭继绝之序，故下无固国。天子居上，势孤无辅，故奸臣擅朝，易倾大业。今宜反汉之弊，修周旧迹，国君虽或失道，陷于诛绝，又无子应除，苟有始封支胤，不问远近，必绍其祚。若无遗类，则虚建之，须皇子生，以继其统，然后建国无灭。又班固称，诸侯失国，亦由网密。今又宜都宽其捡。且建侯之理，本经盛衰。虑关强弱，则天下同忿，并力诛之。大制都邑，班之群后，著誓丹青，书之玉板，藏之金匮，置诸宗庙，副在有司。寡弱小国，犹不可危，岂况万乘之主？承难倾之邦，而加其上，则自然永久。故臣愿陛下置天下于自安之地，寄大业于固成之势，则可以无遗忧矣。

【译文】

古时候，封建诸侯既经确定，各有其封国。到了后世，即使是帝王的子孙，却不再有尺寸封土，这是今天施行诸侯封建制度一定不能做的事情。如果各代都论起亲疏关系，一旦亲疏关系变迁，就有所废止，按其亲疏又有所封立，那是郡县的职位，绝非诸侯封国的制度。当今应先开列出封地，让宗室亲疏远近不会错过这种分封的制度，然后可以永久安定。对于古代的典章礼别，应有的，全都按其制度行事，如不是急需的，应该逐步地建立起来，不能马上就设定。诸侯国必须车甲器械配备齐全，其国内群臣才穿戴綵服；仓廪存粮充实后，才可营建宫室；百姓生活富足，才可设置有关官吏；国内经济基础充实巩固，才可着手文化建设。只有宗庙社稷首先要建设好。至于国境内的政务，封官用人，除内史、国相由天子任命外，其余众官职位以及他们的生杀决断、谷帛财物、庆赏刑罚，如果不是与封爵有关的事，都应该让诸侯自行决定。周代的封建诸侯，长久享有他们的封国，和天子相同，时间长的延至将近千年，短的也有数百年。汉代的诸侯王传位可到曾孙、玄孙等辈人。人的习性都不甚相远，古今制度也大都一样，可是享国却长短相差很大，这究竟是什么原因呢？那是由于所定的制度有所不同啊。周代实行的封建制度，把封国看得比国君还重，把公侯的地位看得比社稷为轻，所以无道的君王还免不了被诛杀或流放。并且敦行道义，使灭绝了的诸侯国重新振兴起来，延续下去，所以国脉就不会泯灭。诸侯也可能要被诛杀或逐放，那样诸侯就会知所恐惧，子孙后代可以继承，就不会走到亡国地步。诸侯想到畏惧，然后才可步入正轨。下边没有丧亡的侯国，天子驾御它们，形势自然也就安定，这就是周王室所以能够长期存在的原因啊。到了汉代所封诸侯王国，诸侯和封国的轻重没有区别，所以当诸侯不守法度，以致犯罪而遭到杀戮时，封国也随之灭亡。不崇尚兴灭继绝的统序，所以下边就不会有强固的诸侯国。如此天子浮在上面，孤立无援，因而使奸臣专权，容易把朝廷皇权搞垮。现在应该吸取历史教训纠正汉代的这一弊端，恢复周时的旧制。诸侯王虽然有的不遵守正道，陷落到被诛杀而灭绝，又没有子嗣可以袭封，假使还有开始受封的旁系血亲，不论其关系的远近，还是可以让其继承封国的。如果连这些人也没有，就先立一个诸侯名位，等到皇子出生，再来继承其位，这样所设置的侯国还不算灭绝。而且，班固曾说过，‘诸侯所以失国，是由于管束太严密’。那今天就应该放宽统御的办法。再说，建立诸侯王的道理，本来是会有盛有衰的。想到有以强凌弱者，那会使天下共忿，合力讨伐。同时加强各诸侯国都的设防，（要把这个公约）昭告给诸侯后代子孙，把誓词写在史籍里，刻在玉版上，藏在金匮中，放在宗庙里，副本交给主管的职官。这样的话，即使是寡弱的小国，也是不可动摇的，何况是万乘之君的天子？秉承难以摧垮的邦国，而君临于诸侯王国之上，那自然是能以永久平安的。所以臣希望陛下把天下国家建立在安全的基础上，把皇家权力寄托在必成的形势下，那就可以不会有隐忧遗患的了。

今阎闾少名士，官司无高能，其故何也?清议不肃，人不立德，行在取容，故无名士；下不专局，又无考课，吏不竭节，故无高能。无高能，则有疾世事；少名士，则后进无准。故臣思立吏课而肃清议也。天下至大，万事至众，人君至少，同于天日，故非垂听所得周览。是以圣王之治，执要而已，委务于下，而不以事自婴也。分职既定，无所与焉。非惮日侧之勤，而牵于逸豫之虞，诚以治体宜然，事势致之也。何则？夫造创谋始，逆暗是非，以别能否，甚难察也；既以施行，因其成败，以分功罪，甚易识也。易识在考终，难察在造始。故人君恒居其易则治，人臣不处其难则乱。今人主恒能居易执要，以御其下，然后人臣功罪，形于成败之征，无所逃其诛赏，故罪不可蔽，功不可诬。功不可诬，则能者劝；罪不可蔽，则违慢日肃。此为治之大略也。天下至大，非垂听所周，又精始难校，考终易明。今人主不委事仰成，而与诸下共造事始，则功罪难分，能否不别。陛下纵未得尽仰成之理，都委务于下，至如令事应奏御者，蠲除不急，使要事得精，可三分之二。今亲掌者，受成于上，上之所失，不得复以罪下，岁终事功不建（旧无不建二字，补之），不知所责也。夫监司以法举罪，狱官案劾尽实，法吏据辞守文，大较虽同，然至于施用，监司与夫法狱，体宜小异：狱官唯实，法吏唯文，监司则欲举大而略小。何则？夫细过微阙、谬妄之失，此人情之所必有（旧有字下有固所不犯之地六字，删之），而悉纠以法，则朝野无全人。此所谓欲治而反乱者也。是以善为治者，纲举而网疏。纲举则所罗者广，网疏则小罪必漏。所罗者广，则大罪不纵，则甚泰必刑；微过必漏，则为政不苛。甚泰必刑，然后犯治必塞。此为治之要也。而自近世以来，为监司者，类大纲不振，而网甚密。网甚密，则微过必举。微过人情所必有，而不足以害治，举之则微而益乱。大纲不振，则豪强横肆，豪强横肆，则平民失职。此错所急，而倒所务之由也，非徒无益于治体，清议乃由此益伤。古人有言曰（旧无曰字，补之）：‘君子之过，如日之蚀焉。’又曰：‘过而能改。’又曰：‘不贰过。’凡此数者，是贤人君子不能无过之言也。苟不至于害治，则皆天网之所漏也。所犯在甚泰，然后王诛所必加，此举罪浅深之大例也。故君子得全美以善事，不善者必夷戮警众，此为治诛赦之准式也。凡举过弹违，将以肃风论而整世教。今举小过，清议益颓。是以圣王深识人情而达治体，故其称曰：‘不以一眚掩大德。’又曰：‘赦小过，举贤才。’又曰：‘无求备于一人。’故冕而前旒，充纩塞耳，意在去苛察、举甚泰。善恶之报，必取其尤，然后简而不漏。大罪必诛，法禁易全也。今则当小罪甚察，而时不加治者，明小罪非乱治之奸也。害治在犯尤，而谨搜微过，何异放兕豹于公路，而禁鼠盗于隅隙。时政所失，少有此类。陛下宜反而求之，乃得所务也。”

【译文】

当今民间缺少名士，官场没有能人，其原因何在呢？那是由于社会舆论不够严肃（公正），人们不能树立自身的德业，一举一动都靠讨好别人以求安身，所以就缺少名士；下边官吏不能专司其责，加之又无考核制度，具体办事的小吏不能尽心竭力，所以就不会有能力杰出的官员出现。没有很能办事的官吏，就会有愤世嫉俗的情况出现；缺少名士，则后进的官员、士人没有可以效法的标准。因此，我想当务之急就在于设立完备的官吏考核管理制度，引导好社会舆论。天下至大，人多事多，人君却少，如同天空只有一个太阳，所以不能靠亲自处理各种事物来总揽全局。因此圣明君王治理国家，不过是抓住根本罢了，具体事务则委托给下边的人臣去办理，而不必事事必得自己动手的。百官分职已定，皇帝不亲自参与其事。这不是怕整日劳神，也不是担心安逸享乐可能带来的忧患，确实是按政体应这样做，也是事势造成的必然结果。那是为什么呢？因为事情开头时，是非还很不明朗，要辨别可否，这是很难看准的；凡事既已施行，按其成败来定其功过，这是很容易看清是非的啊。容易看清是在考察结局之后，难以明察则在开头。所以做人主的常立于容易看清的位置则天下安定，人臣不处于难以分清是非的境地就会出现动乱。当前假如人主经常地站在容易的一边执掌好主要的政务，来统治臣下，然后人臣的功罪显现于其成败的情况，是不会逃脱受诛或受奖的两种可能性的，因此有了罪过难以遮掩，有了功劳也不可能被冤屈。有功不被冤屈，于是有才能的人就会得到鼓励劝勉；有罪难以遮掩，那违抗或办事不力的也会慢慢肃清。这些就是治理国家的主要方针啊。天下这么大，不是在堂上垂听就能总揽全局的，再加上开始时要精准地考察是很难的，而考核结局则容易明白清楚。当今人君如果不能把具体事务委托给臣下，自己仰赖他们以获成功，而是要和臣下一起谋事于开始时的时候，就会导致功过难以区分，能者和不能者就分别不清了。陛下纵然没有做到完全仰赖他人以获成功，把各种事务都委托到下边去，到如今有事应该呈奏圣上的，免除不急欲办的，使紧要之事办得更好，这样的政事大约只有三分之二。而今亲自办理政务的人接受上边的成命，上边有过失，不能再罪责下边，这样，到了年终事务功业完不成，还不知道由谁来负责啊。监司之官凭法治罪，狱官查询实情，法吏根据的是办案文书，这些大致都是一样的。然而到了执行时，监司和法吏狱官等在具体做法上还应稍有区别。狱官责任注重在事实，法吏注重在文案，监司却只注意办大事而放过小事。这是为什么呢？那是由于细小的事和错误过失，是一般人都会犯的，如果都要绳之以法，这样朝野就不会有完人，这就是所谓想把事情办好结果反而把事情办糟了啊。因此那些善于办事的人，纲举而网疏，也就是抓大而不抓小。纲举抓大，所包罗的面必广；网疏不抓，小错误必然会放行。所包罗的面广，大罪之人就不得逃脱，罪行过大的必定以法处治；犯有微小过失的应该放行，这样为政不苛。大罪受刑，然后犯法的途径得以堵塞。这就是为政的原则啊。可是近世以来，为监司的，却好似大纲不振，而网却甚密。网甚密，那错误小的当然要被检举出来。犯有一些小的过错是人情不可避免的事，但它却威胁不到政权，如果检举小事，就会扩大化而扰乱治国总纲。大纲不振，那豪强之徒就会肆意横行，豪强肆意横行，平民就要遭殃。这是搞错了急务而把事情弄颠倒了的原故。这样做的结果，不仅对治国的纲领和法度没有帮助，社会舆论也因此日益受到误导。古人曾经说过：'君子所犯的过失，就好像太阳发生了日蚀。'又说：'过失能够改正（就是大善）。'又说：'不犯同样的过错。'凡以上这些说法，都是说明即使有道德修养的贤人君子也是避免不了犯有过错的。假若过失不至于危害到政权，那都是为天网所应该放过的。所犯罪孽很大，那么王法必定加以诛杀，这是检举罪行的通则。这样，君子就因他的善行而得以保全，为恶不善的人必定要遭到杀身夷族之祸，用以警戒众人，这是为政者诛杀或是赦免的准则啊。凡是检举罪过、弹劾叛逆，其目的就在于严肃风纪、舆论并整饬教化。可是如今却追究小小的过失，而造成社会舆论的风气日益败坏。因此圣王要深刻地懂得人情，且要通晓为政之道，所以有这样的说法：'不要因小的过错来掩蔽大的德行。'又说：'原谅小的过错，举荐有贤德的人才。'又说：'对于一个人不能求全责备。'所以帝王戴的冕帽前边加上下旒，用丝绵塞住耳孔，用意就是为了丢弃过于苛刻的考察、抓住极大的罪过。对于善恶的处治，必须抓住它们中最大的来办理，然后才能做到简明而无遗漏。犯有大罪的人必须诛杀，法禁就容易保全了。现今对小罪非常明察，然而社会并没有治理得更好，那是明白显示有小罪者不是足以扰乱天下安定的奸恶之人。危害天下安定，主要在于罪恶极大者，如今却细心搜求小过，这何异于放脱兕豹一类的凶猛之兽到大路上，却防禁老鼠在角落缝隙中偷食东西！时政的失误，差不多有和这样的做法相类似的。陛下应该反躬求之，然后就会知道治理天下的要务。"

江统，字应元，陈留人也。除山（山原作华）阴令。时关陇屡为氐羌所扰，牧守沦没，黎庶涂炭，孟观西讨，生禽齐万年，群氐死散。统深惟四夷乱华，宜杜其萌，乃作《徙戎论》，其辞曰：“夫蛮夷戎狄，谓之四海（海应为夷）。九服之制，地在要荒。春秋之义，内诸夏而外夷狄。以其言语不通，法俗诡异，或居绝域之外、山河之表，与中国壤断土隔，不相侵涉，赋役不及，正朔不加，其性气贪婪，凶悍不仁。四夷之中，戎狄为甚，弱则畏服，强则侵叛。虽有贤圣之世、大德之君，咸未能以道化率导，而以恩德柔怀也。当其强也，以殷之高宗，而惫于鬼方；有周文王，而患昆夷猃狁；高祖困于白登，孝文军于霸上。及其弱也，周公来九译之贡；中宗纳单于之朝。以元成之微，而犹四夷宾服，此其已然之效也。故匈奴求守边塞，而侯应陈其不可；单于屈膝未央，望之议以不臣。是以有道之君牧夷狄也，唯以待之有备，御之有常，虽稽颡执贽，而边城不弛固守。为寇贼强暴，而兵甲不加远征，期令境内获安、疆埸不侵而已。及至周室失统，诸侯专征，以大兼小，转相残灭，封疆不固，而利害异心，戎狄乘间，得入中国。或招诱安抚，以为己用。故申缯之祸，颠覆宗周；襄公要秦，遽兴姜戎；义渠大荔，居秦晋之域；陆浑阴戎，据伊洛之间；搜瞒之属，侵入齐宋，陵虐邢卫。南夷与北夷，交侵中国，不绝若线。始皇之并天下也，南兼百越，北走匈奴，当时中国，无复四夷矣。

【译文】

江统，字应元，陈留郡人，官拜山阴县令。惠帝司马衷时，关陇地区多次遭到氐族、羌族贵族统治者的侵扰，地方官吏被害，老百姓遭殃。孟观率军西讨，生擒了氐帅齐万年，氐族众军旅溃败逃散。江统深感四夷乱华，应从根子上予以防治，于是作了一篇《徙戎论》，其文曰：“蛮、夷、戎、狄，称作四夷，其地盘皆在边远地区。在京城以外的九等地区里，这些外族所占据的地方处于最边缘处。春秋时代通行的义法，是将诸侯封国视为内部地区，夷狄外族视为外围地区。因为他们和内地人民言语不通，制度习俗大不一样。有的远居边境之外、高山大河之地，和中原之地阻隔，互不侵犯，不交纳支派赋役，使用不同的历法。这些民族习性贪婪凶悍，不仁不义。其中以戎狄二族最为厉害。他们势力衰弱了就表示归服，强盛了就侵略反叛。即使是盛世、明君，都未能用教化感化统率他们，而只能施予恩惠笼络、安抚。当他们强盛的时候，即如殷商时高宗也曾因鬼方而疲乏困顿，周代时文王认为昆夷和猃狁部族是国家的祸患，汉高祖刘邦被匈奴围困在平城的白登山，汉文帝因防守匈奴入侵而屯军于霸上。当他们衰败的时候（就归附朝廷），周公曾接纳远方少数民族的朝贡，中宗受匈奴单于的朝贺。就是汉元帝和汉成帝国运衰微了，四夷还仍然归顺。这些都是已经被证实的历史例证啊。所以西汉时匈奴要求守卫边塞，侯应陈说事不可行；匈奴单于到未央宫拜跪和亲，萧望之议论说匈奴不会臣服。因此有道的君主统御夷狄，只会对他们常加戒备，保持防御。即使他们稽首称臣、进献贡奉，但固守边塞的军事力量不能放松，都是因为寇贼强暴，不宜劳师远征，只期望做到国内安定、边境不受侵犯就行了。到周王朝法度纲纪松弛时，各诸侯国专权，大国兼并小国，进而互相攻伐残灭，致使边疆不能固守，利害关系各有打算，结果使戎狄统治者钻了空子，得以入侵中原。有的诸侯国对他们招降安抚，以为己用。故而造成了申侯的请缯与犬戎来攻伐周幽王的祸乱，从而颠覆了周王室。晋襄公联合姜戎截击秦军，导致姜戎从此兴起。当春秋时，义渠、大荔西戎两个部族杂居在秦、晋诸侯国境以内，陆浑、阴戎两个戎族政权夹处于伊水、洛水之间，鄋瞒为害济东，并侵入到齐、宋两国，凌辱邢、卫等诸侯国。南夷北夷交相侵犯中原，接连不断。秦始皇统一天下的时候，南方兼并了百越，北边赶走了匈奴，当时的中国，再没有四夷的祸患了。

汉兴而都长安，宗周丰镐之旧也。及至莽之败，西都荒毁，百姓流亡。建武中，以马援领陇西太守，讨叛羌，徙其余种于关中，居冯翊、河东空地，而与齐民杂处。数岁之后，族类繁息，既恃其肥强，且苦汉民侵之。永初之元，骑都尉王弘使西域，发调羌氐，以为行卫。于是群羌奔骇，互相扇动，二州之戎，一时俱发，覆没将守，屠破城邑。诸戎遂炽，至于南入蜀汉，东掠赵魏，唐突轵关，侵及河内。十年之中，夷夏俱弊。此所以为害深重，累年不定者，虽由御者之无方，将非其才，亦岂不以寇发心腹，害起肘腋，疾笃难疗，疮大迟愈之故哉？自此之后，余烬不尽，小有际会，辄复侵叛。雍州之戎，常为国患，中世之寇，唯此为大。汉末之乱，关中残灭。魏兴之初，与蜀分隔，疆埸之戎，一彼一此。魏武皇帝遂徙武都之种于秦川，欲以弱寇强国，扞御蜀虏，此盖权宜之计，一时之势，非所以保境安民，为万世之利也。今者当之，已受其弊矣。

【译文】

西汉王朝建都长安，这是西周的丰、镐故都。等到王莽篡汉失败，西京荒芜衰落，百姓流离失所。东汉光武年间，任马援为陇西太守，讨伐叛乱的羌族，迁徙其余部到关中，使其居于冯翊、河东空荒之地，而与华人杂处。几年以后，族类繁衍，既凭着他们的富庶强大，又苦于受汉人的侵扰。安帝刘祜永平元年，骑尉王弘出使西域，调派羌、氐兵力来作护卫。于是羌族各部震惊奔走，互相煽动，冯翊、河东二州西羌部族一时都起而暴动，杀伤将士守兵，屠破城邑。其他种族于是普遍燃起凶焰，以至南入蜀汉，东掠赵、魏，进攻轵关，侵犯到黄河以南。十年之中，夷狄和汉人双方都疲惫不堪。之所以造成严重的祸害，历年战乱不已，虽然应归咎于抗御者的失策，将非其才，难道不也是由于寇从腹地发生，害由身边而起，病重难以治疗，疮大迟迟不能愈合的缘故吗？从此以后，余烬不尽，稍微一有机会，就会起来侵犯叛乱。雍州的戎狄，常为国家大患，汉代中期的敌寇祸乱，雍州的戎狄是最厉害的。汉代末年，关中残破被灭。曹魏建国之初，与蜀地分隔，在战场上的戎族士兵，处处都有。魏武帝遂迁徙武都的夷狄部属到秦中，原想用这种办法来削弱敌寇力量以加强魏国兵力，抗拒蜀汉的侵犯之军。这不过只是权宜之计，一时的形势所逼，并不是保境安民，为千秋万代来谋求福利的举措啊。今天面临这种情况，就已受到它的祸害了。

夫关中土沃物丰，厥田上上，帝王之都，未闻戎狄宜在此土也。非我族类，其心必异。戎狄志体，不与华同。而因其衰弊，迁之畿服，吏民玩习，侮其轻弱，使其怨恨之气，毒于骨髓。至于蕃育众盛，则坐生其心，以贪悍（悍原作捍）之性，挟愤怒之情，候隙乘便，辄为横逆。而居封域之内，无障塞之隔，掩不备之民，收散野之积，故能为祸滋蔓，暴害不测，此必然之势、已验之事也。当今之宜，宜及兵威方盛，众事未罢，徙冯翊、北地、新平、安定界内诸羌，著先零、罕幵、析支之地；徙扶风始平京兆之氐，出还陇右，著阴平、武都之界。各附本种，反其旧土，使属国抚夷，就安集之。戎晋不杂，并得其所，上合往古即叙之义，下为盛世永久之规。纵有猾夏之心，风尘之惊，则绝远中国，隔阂山河，虽为寇暴，所害不广。是以充国、子明，能以数万之众，制群羌之命，有征无战，全军独克。虽有谋谟深计，庙胜远图，亦岂不以华夷异处，戎夏区别，要塞易守之故，得成其功哉！”

【译文】

关中土地肥沃，物产丰饶，其地堪称上等，自古为帝王之都，还未听说过戎狄应该居留在这里的。戎狄不是我们的同一种族，他们的存心必然和我们不一致。戎狄风俗习惯与中原也不相同。如果趁着他们衰败，迁徙到京畿地区，吏民和他们在一起生活玩习，欺侮他们轻弱，使他们怨恨的情绪如病毒深入骨髓之中。等到他们繁育发展壮大起来时，不愿归顺的思想也因之产生。以其贪得强悍的习性，再加上愤怒的思想情绪，等到一有可趁的机会，往往就要起来暴乱。夷狄居处疆域之内，没有障碍险塞拦挡，突袭没有防备的吏民，收存民间的积贮财物谷粮，所以叛乱的祸患滋生蔓延，暴动祸害难以预料测知。这是必然的形势，也是已经验证了的事实啊。当前应该做的事，是应该趁国家军事力量正在强盛，政事方兴未艾，可迁移冯翊、北地、新平、安定诸郡境内各部羌族，安排到先零、罕幵、析支等地；迁移扶风、始平、京兆的氐族，迁回到陇右，安置到阴平、武都境内。让他们归附于各自民族，返回故土，让所属国及各族头目就地安抚。这样戎狄与晋人不再杂处，且各得其所，上合乎古代所说的道义，下也为今日盛世立了永久的规程。纵然他们有背叛中原的想法，出现了兵乱的惊扰，但远离中原，阻隔山河，即使暴乱，造成的祸害不会太大。所以像西汉的赵充国、冯子明，能以数万的兵力，制服了各羌族部属，做到有征而无战，全军独能获胜。固然有深谋远计、战略方针，难道不也是因为华夷异地而居，敌我各在一方，要塞容易保守等原因，取得成功的吗？

难者曰："方今关中之祸，暴兵二载，征戍之劳，老师十万，水旱之害，荐饥累荒。凶逆既戮，悔恶初附，且疑且畏，咸怀危惧。百姓愁苦，异人同虑，望宁息之有期，若枯旱之思雨露。诚宜镇之以静默，而绥之以安豫。而子方欲作役起徒，兴功造事，使疲悴之众，徙自猜之寇，以无谷之民，迁乏食之虏，恐势尽力屈，绪业不卒，羌戎离散，心不可一，前害未及弭，而后变复横出矣。"答曰："羌戎狡猾，伤害牧守，连兵聚众，载离寒暑。而今异类瓦解，同种土崩，老幼系虏，丁壮降散。子以此等，为尚挟余资，悔恶反善，怀我德惠，而来柔附乎？将势穷道尽，智力俱困，惧我兵诛，以至于此乎？"曰："无有余力，势穷道尽故也。""然则我能制其短长之命，而令其进退由己矣。夫乐其业者，不易事；安其居者，无迁志。方其自疑危惧，畏怖促遽，可制以兵威，使之左右无违也。迨其死亡散流，故可遐迁远处，令其心不怀土也。夫圣贤之谋事，为之于未有，治之于未乱，道不著而平，德不显而成。其次则能转祸为福，因败为功，值困必济，遇否能通。今子遭弊事之终，而不图更制之始，爱易辙之勤，而得覆车之轨，何哉？且关中之民，百余万口，率其少多，戎狄居半，处之与迁，必须口实，若有穷乏，故当倾关中之谷，以全其生生之计，必无挤于沟壑，而不为侵掠之害也。今我迁之，传食而至，附其种族，自使相赡，而秦地之民得其半谷，此为济行者以廪粮，遗居者以积仓。宽关中之逼，去盗贼之原；除旦夕之损，建终年之益。若惮暂举之小劳，而遗累世之寇敌，非所谓能开物成务，创业垂统，崇基拓迹，谋及子孙者也。

【译文】

有人可能会提出不同意见来质问我说："当前关中的祸患，用兵已经有两年，征战劳苦，疲惫之师有十万之众，加上水旱的自然灾害，连年闹饥荒。凶暴的叛逆者既已受戮诛灭，有悔悟表现的开始归附，又怀疑又畏惧，都感到前途危险可怕。老百姓愁苦，异族人也一样，希望安宁和平日子早日到来，真像大旱盼望雨露一般。现在应该赶快安抚大家过上安宁幸福的生活，而你在这时候却打算兴师动众，没事惹事，役使疲惫憔悴的人民，迁徙本自猜疑的敌寇，以无粮可吃的人民，迁徙无食挨饿的敌寇，恐怕力量达不到，事情没结果，羌戎在离散，思想不统一，以前的灾害还未停止，而后患又会来的呀。"我可以这样回答："羌戎狡猾，伤害我地方官员，联合兵力聚众闹事，历经几年都是如此。而今异族瓦解，同种土崩，老幼被俘虏，丁壮已降散，你以为他们这些人会凭着自己那一点仅剩的财产，就会后悔作恶转而迁善，感恩朝廷的恩德和惠利，回过头来归服于朝廷吗？还是他们眼看自己要走上穷途末路，心智和体力都疲惫到了极点，害怕我方用兵诛灭他们，所以才来归顺朝廷的呢？"回答是："这些外族是因为没有余力，自己到了穷途末路的地步，才归顺朝廷的。""正是因为我们能决定他们的生死，才能够依照我们意愿让他们或进或退。如果人们能够喜欢他所做的事业，他们就不会改变自己所从事的事业；如果人们能够安住在自己的居所，他们就不会想着要搬家。当他们自己感到危险恐惧，害怕大难临头时，就可以用武力迫其屈从，使他们归顺而不敢违抗。等到他们死亡流散，就可以迁徙到远处，让他们不再怀念当初的故土。说到圣贤之人的谋事，最高明的在于防患于未然、治理于未乱。治理的大道是不显眼的，但是却能够平定天下；真正的圣德是不张扬的，但是却能够成就万物。其次在于要转祸为福，转败为胜，转化困难为助力，转化阻塞为通途。而今您处于最坏的境界，却不想将这个作为契机以改变制度，另开一个好开端，您喜欢改弦更张，得到的却是一条走向翻车的道路，这是为什么呢？且关中的老百姓有一百多万人，大概估计一下戎狄要占到半数，让他们留下来住或者迁走，必须解决他们的吃饭问题。假如外族生计穷乏，那就应该拿出关中全部粮食，来保证他们能够生活下去，这样他们就不会因困境而积聚在山沟，做些侵犯掠夺的祸事。现在我们把他们迁走，一路上都保证他们饮食供应，最终能够回到他们本民族的聚居地，依附本族的首领，使他们得到本族的照应。反之秦地（即上文所说的关中地区）的汉人则只取一半的粮食，剩下的一半充公，作为外族在迁徙路途上的资粮，这样，留在关中地区的汉人就能够因为人口少了一半而粮仓中有了存粮。（合理地迁走外族）既缓解了关中紧张局势，也杜绝了盗贼产生的源头。虽然暂时付出一些代价，但是却获得了长远的利益。如果害怕一时的劳烦，而给后世遗留下生生世世的敌寇，这绝对不是依照大道行事，而求得大功告成；也不是开创长远的基业，以传给子孙后代；更没有奠定坚实的立国基础，为子孙后代着想而深谋远虑啊。

并州之胡，本实匈奴桀恶之寇也。汉宣之世，冻馁残破，国内五裂，后合为二。呼韩邪遂衰弱孤危，不能自存，依阻塞下，委质柔服。建武中，南单于复求降附。于弥扶罗值世丧乱，遂乘衅而作，虏掠赵魏，寇至河南。建安中，又使右贤王去卑，诱质呼厨泉，听其部落散居六郡。咸熙之际，分为三率。泰始之初，又增为四。今五部之众，户至数万；人口之盛，过于西戎。然其天性骁勇，弓马便利，倍于氐羌，若有不虞风尘之虑，则并州之域，可为寒心。今晋民失职，犹或亡叛，犬马肥充，则有噬啮，况于夷狄，能不为变？但顾其微弱，势力不陈耳。夫为邦者，患不在贫，而在不均；忧不在寡，而在不安。以四海之广，士民之富，岂须夷虏在内，然后取足哉！此等皆可申喻发遣，还其本域，慰彼羁旅怀土之思，释我华夏纤介之忧，惠此中国，以绥四方，德施永世，于计为长。”

【译文】

并州地方的胡人，本来是匈奴族中最为凶悍的敌寇。西汉宣帝刘询时，他们过着冻馁残破的生活，国内四分五裂，后来合并成两个集团。呼韩邪单于遂衰弱孤危，不能自存，依附在边塞，向汉王朝归顺投降。到东汉光武帝刘秀建武年间，南匈奴单于再次投降归附。于弥扶罗趁汉王朝丧乱，遂寻衅反叛，抢掠赵、魏等地，侵犯到黄河以南。到汉献帝刘协建安年间，（曹操）又使右贤王去卑，诱骗扣押了呼厨泉，听任他的部落散居六个州郡。到三国魏高贵乡公曹髦咸熙之际，这个部落分成三个统领。到本朝泰始初，又增加到四个统领。今天拥有五部之众，户口达到数万，人口兴旺超过了西戎。匈奴族天性骁勇，弓马娴熟，战斗力是氐、羌族的两倍，若果遇到世事变幻风云不测之忧，那么并州之地真令人寒心。当今晋王朝百姓失去正当职业，有的还要逃亡反叛，犬马肥壮就咬啃起来，何况夷狄能不作乱？只是鉴于他们力量微弱，还不到陈兵作乱的地步。治理一个国家，忧虑的不在普遍贫穷而在贫富不均，犯愁的不在人少而在不安。国内幅员广阔，庶民百姓生活富足，难道一定要把夷敌统辖在内，然后才算臣服夷狄吗？凡夷狄之人都可以发布命令遣送，回到他们的本土，以安慰他们在外怀念故土的思虑，释解我华夏民族细微的忧虑，惠及中原，安定四方，恩德施于永世，为国家计，此为上上的国策。”

陆机，字士衡，吴郡人也。为著作郎〔孙盛《阳秋》载机《五等论》曰：“夫体国经野，先王所慎，创制垂基，思隆后业，然而经略不同，长短异术。五等之制，始于黄唐；郡县之治，创于秦汉。得失成败，备在典谟，是以其详可得而言。夫王者知帝业至重、天下至广。广不可以偏制，重不可以独任。任重必于借力，制广终乎因人。故设官分职，所以轻其任也；并建伍长，所以弘其制也。于是乎立其封疆之典，裁其亲疏之宜，使万国相维，以成盘石之固，宗庶杂居，以定维城之业，又有以见绥世之长御，识人情之大方，知其为人不如厚己，利物不如图身，安上在于悦下，为己在乎利人，是以分天下以厚乐，而己得与之同忧，飨天下以丰利，而己得与之共害。利博则恩笃，乐远则忧深，故诸侯享食土之实，万国受传世之祚。夫然，则南面之君，各务其治；九服之民，知有定主。上之子爱，于是乎生；下之礼信，于是乎结。世治足以敦风，道衰足以御暴。故强毅之国，不能擅一时之势；雄俊之民，无所寄霸王之志。然后国安由万邦之思治，主尊赖群后之图身。盖三代所以直道，四王所以垂业也。故世及之制，弊祸终乎七雄。昔者成汤亲照夏后之鉴，公旦目涉商人之式，文质相济，损益有物。然五等之礼，不革于时，封畛之制，有隆焉尔者，岂玩二王之祸，而暗经世之算乎？固知百世非可悬御，善制不能无弊，而侵弱之辱，愈于殄祀，土崩之困，痛于陵夷也。是以经始获其多福，虑终取其少（少原作小）祸，非谓侯伯无可乱之符，郡县非致治之具（具原作基）也。故国忧赖其释位，主弱凭于其翼戴。及其承微积弊，王室遂卑，犹保名位，祚遗后嗣，皇统幽而不辍，神器否而必存者，岂非事势使之然与？降及亡秦，弃道任术，惩周之失，自矜其得，寻斧始于所庇，制国昧于弱下。国庆独享其利，主忧莫与共害，虽速亡趋乱，不必一道，颠沛之衅，实由孤立，是盖思五等之小怨，忘万国之大德，知陵夷之可患，暗土崩之为痛也。周之不竞，有自来矣。国乏令主，十有余世，然片言（片言原作行宫）勤王，诸侯必应，一朝震矜，远国先叛，故强晋收其请隧之图，暴楚顿其观鼎之志，岂刘项之能窥关、胜广之敢号泽（泽原作乎）哉！借使秦人因循周制，虽则无道，有共与（与原作兴）亡，其覆灭之祸，岂在曩日。汉矫秦枉，大启王侯，境土逾溢，不遵旧典，故贾生忧其危，晁错痛其乱。是以诸侯阻其国家之富，凭其土民之力，势足者反疾，土狭者逆迟，六臣犯其弱纲，七子冲其漏网，皇祖夷于黥徒，西京病于东帝，是盖过正之灾，而非建侯之累也。逮至中叶，忌其失节，割削宗子，有名无实，天下旷然，复袭亡秦之轨矣。是以五侯作威，不忌万邦，新都袭汉，易于拾遗也。光武中兴，纂隆皇统，而犹遵覆车之遗辙，养丧家之宿疾，仅及数世，奸宄充斥，卒有强臣专朝，则天下风靡，一夫纵横，而城地自夷，岂不危哉！在周之衰，难兴王室，放命者七臣，干位者三子，嗣王委其九鼎，凶族据其天邑，钲鼙震于阃宇，锋镝流乎绛阙，然祸止畿甸，害不覃及，天下晏然，以治待乱，是以宣王兴于共和，襄惠振于晋郑，岂若二汉陛闼暂扰，而四海已沸，孽臣朝入，而九服夕乱哉！远惟王莽篡逆之事，近览董卓擅权之际，亿兆悼心，愚智同痛，然周以之存，汉以之亡，夫何故哉！岂世乏曩时之臣，士无匡合之志欤！盖远绩屈于时异，雄心挫于卑势耳。故烈士扼腕，终委寇仇之手，忠臣变节，以助虐国之桀，虽复时有鸠合同志，以谋王室，然上非奥主，下皆市人，师旅无先定之班，君臣无相保之志，是以义兵云合，无救劫杀之祸，众望未改，而已见大汉之灭矣。或以诸侯世位，不必常全，昏主暴君，有时比迹，故五等所以多乱；今之牧守，皆官方庸能，虽或失之，其得固多，故郡县易以为政治。夫德之休明，黜陟日用，长率连属，咸述其职，而淫昏之君，无所容过，何则不治哉！故先代有以之兴矣。苟或衰陵，百度自悖，鬻官之吏，以货准才，则贪残之萌，皆群后也，安在其不乱哉！故后王有以之废矣。且要而言之，五等之君，为己思治；郡县之长，为利图物。何以征之？盖企及进取，仕子之常志；修己安民，良士之所希及。夫进取之情锐，安民之誉迟，是故侵百姓以利己者，在位所不惮，损实事以养名者，官长所夙夜也。君无卒岁之图，臣挟一时之志。五等则不然，知国为己土，众皆我民，民安己受其利，国伤家婴其病，故前人欲以垂后，后嗣思其堂构，为上无苟且之心，群下知胶固之义。使其并贤居政，则功有厚薄，而两愚处乱，则过有深浅。然则八代之制，几可以一理贯，秦汉之典，殆可以一言蔽也。"〕。

【译文】

陆机，字士衡，吴郡人。武帝司马炎朝官居著作郎。（孙盛《阳秋》一书中载有陆机所著的《五等论》中说道：建立国家政体，统治百姓，对此古代圣王都非常慎重。创建政治体制，巩固后世基础，以期世代昌隆。然而由于治国经略不同，统治国家的方法不尽相同。分封五等爵位，自黄帝、唐虞时代开始；将天下划分为郡县治理，创立于秦汉。这两种治理国家的方法，其得失成败，在典籍中有着详细的记载，因此可以依据这些详加谈论。

古代圣王知道治理国家的任务非常重大、疆土非常广阔。因为疆土广阔，所以不能够独自治理；因为任务重大，所以不能由一人之力承担。任务重大必须助借助其他的力量，治理广阔的疆土最终要由人来完成。所以设置官吏，分封职务，以此来分担减轻治国的重任。同时在诸侯国中建立伍长，来发扬光大分封制。于是建立起封疆而治的制度，根据亲疏远近，使大小邦国相连，成就坚固统治基础；长子和庶子杂居，城市相连，形成稳定的统治局面。

另外，又认识到治理国家的常法、人情的常理，知道想要为众生着想，不如首先敦厚自己的品德；想要利益万物，不如首先能够考虑好修身。在上者要地位巩固，关键在于使在下者悦服；要使自己受益，其根本在于使别人受益。所以与人分享快乐，才能使别人愿意与我分担忧愁；与人分享利益，才能使别人愿意和我分担损失。利益分享的越多，则给予的恩惠越深厚，别人越愿意报答；给予的欢乐越长远则忧患失去之心越深。所以诸侯享受封土内租税的收入，王位世代相传。这样的话，诸侯们各自致力于自己国土的管理。各诸侯国的百姓们追随自己的君主。君主爱民如子，于是百姓安居乐业；百姓恭行信义，于是君主统治稳固。在天下太平的时候，能够使民风淳厚；王道衰败的时候，也能够抵御暴乱。所以威猛强大的诸侯国，不能仰仗一时的势力而擅权；雄武豪俊的人，也无法成就自己的霸王之志。因为各个诸侯国期望治世，所以整个国家得以安定；因为诸侯王想要保其地位，天子从而得到尊崇。这大概就是上古的三个圣明的时代（即三代）之所以能够依据正道而治理天下、四位圣王能够将功业留传于后世的原因吧。

世袭制度，由于七雄相争而衰败。从前成汤以夏朝为借鉴，周公旦以商汤为榜样，尚忠、尚贤与尚文相辅相成，具体事情方面则随着时代的演变而有所改变。但五等爵位分封诸侯的制度，没有因时代的改变而废弃。难道是他们轻视夏桀、商纣的祸乱，不明了治理政事之谋略吗？因为知道基业世代相传难以凭空实现，再好的制度也有不足之处。王室遭受侵弱之辱，要好过宗祀灭绝，而王权消亡要比王权削弱的灾祸更加惨痛。所以要经过反复权衡其得失轻重，仍实行分封制度。

不是说分封制就不会引起动乱，郡县的制度就不能使社会安定。国家处于忧患则需要诸侯分担，君王软弱的时候需要诸侯拥护。当分封制下产生小的问题和弊端越积越多，王室会逐渐衰微。然而王室虽然衰微但是没有消失，国家出现灾患但仍然存在，难道不正说明分封制符合维护国家统治稳定的必然要求吗？

到秦国的时候，不行王道而行霸术，认为周朝因分封而导致国家灭亡，并自以为从中找到了统治国家的正确方法。所以废掉五等爵位制度，使国家统治基础失去保护。通过削弱诸侯的力量来治理国家，在国家安定的时期独享其利，当国家忧患之时，就没有人与朝廷共同承担灾难了。虽然招致灭亡动乱的原因不止一种，但是从失败的原因看，确实是由于过分孤立。

所以只考虑五等制的小问题，却忽视了建立邦国的根本利益；只考虑王权削弱令人忧患，但没有想到政权消亡更加惨痛。周朝没有延续，是有其自身原因的。历经十余世，国家都没有贤明的君主。但是如果一旦王室需要扶助，诸侯必然响应；一旦诸侯对王室不恭，即便是偏远的诸侯国都会起来讨伐它。所以强大的晋国收敛其凌驾王室的图谋，楚国停止其取代王室的想法。哪会发生像刘邦、项羽攻入关中，陈胜、吴广在大泽乡起义那样的事情啊。如果秦国沿袭周朝的分封制度，虽然秦王不行王道，但是有诸侯与其共同承担，国家灭亡的灾祸也不会这样快吧。

汉代纠正秦代的错误，大批设置诸侯王，但是诸侯王所划分的疆土，却过分广大，超过了上古先王的常例。贾谊为（这样不符合先王成例而分封诸侯）而感到（有叛乱的）危险，晁错则担心（诸侯封地过大）会带来祸乱。诸侯凭借国家的富强、百姓的力量，势力强大的率先谋反，国土狭小的最后谋反。高祖时六臣趁王权不巩固而侵犯，景帝时七王发生叛乱。汉高祖在平叛淮南王刘黥的谋反中受伤，吴王刘濞自称东帝侵占西京长安。这些是矫枉过正的原故，不是诸侯制度本身的过错。

等到汉朝中期，朝廷恐怕诸侯谋反，分割削弱宗族势力，使诸侯制度有名无实，国家统治空虚，重新沿袭秦朝的旧制。所以王氏五侯作威作福，不再惧怕有诸侯，王莽篡权，轻而易举。

光武中兴时代，恢复刘氏国统，然而仍然没有吸取西汉灭亡的教训，埋下国家败亡的祸根。仅过了几代，就奸佞充斥，腐败不堪。最后有梁冀专权，趋炎附势之人就纷纷投靠；董卓专权，城池不攻自破。东汉的天下还能不危险吗？

周朝衰微的时候，王室灾乱频起，七臣违命，子颓、叔带、子朝僭位，王室的继承人失去王位，叛乱的人占据京都，战鼓敲得连内宫都听得见，乱箭落到皇家宫殿，但祸乱也仅仅局限在京师附近，不会波及天下，天下依旧安宁。国家正是仰仗这种安定的局面来抵御祸乱的，所以周宣王能在“国人暴动”之后再兴周室，中兴在“共和”时期，襄王、惠王才能够借助晋国和郑国的力量重振王业。不像两汉，王莽刚刚篡权，天下随之大乱；董卓早晨进入朝廷，全国晚上就陷入混乱。

远有王莽篡位，近有董卓专权，天下人不论愚智，都感到痛心疾首。然而周朝因分封制而延续，汉因分封制而灭亡，到底是什么原因呢？难道国家缺乏过去治世之能臣，士大夫们没有匡正天下之志吗？大概因为时代不同，先王之制没相应调整；义军虽有匡扶汉室的雄心，但因力量薄弱而受挫。所以忠烈之士虽奋力拯救，但最后也只能失败。朝臣投降，助桀为虐。即使不断有匡扶王室的忠义之士，然后在上没有贤明的君主，在下参加的人都是普通百姓，军队没有事先确定好等级秩序，君臣之间没有相互保全的心意，所以勤王之师名义上聚集，却无法拯救王室面临的灾祸。百姓拥立汉室的心没有改变，但却已经预见汉室的灭亡了。

有人认为，诸侯的爵位不应该世代相袭，昏主暴君，比比皆是，所以五等封爵制容易发生变乱；现在的郡县制，任用的都是方正刚直的人才，虽然有任用不当之时，但是称职的人还是居多，所以郡县更容易治理。当政德休明时，各级官员的升降成为常例，地方诸侯都进京向天子述职，淫乱昏昧的国君无法隐瞒其过失，如此，则怎能不治呢？所以前代君王有靠实行分封制兴盛的时候。一旦统治衰微，国家政治生活就要产生问题，卖官鬻爵的官吏，会量财而用人，那么上行下效，贪污受贿就会成风，国家怎么能不乱呢？所以出现了后代君王因为实施郡县制而衰亡的情况。

而且举其大要而言之，五等制的诸侯，是为了自己才尽心治理领地，而郡县的长官，是为财为物以满足自己才去治理的。为什么这么说呢？官员们大都急功近利，真正修身安民的人才很少。官员们希望短期有所得的心意非常急切，而安民济世的名誉要来得慢，所以侵占百姓利益以满足一己之利，官员们无所顾忌；以损害社会长治久安为代价博取虚名，是官员们一直的用心。

采用郡县制，做国君的没有长远打算，辅佐之人也只考虑短期利益。而五等封建制却不会这样，诸侯知道国土是自己的国土，人民都是我的人民，人民安定自己受益，国兴则我兴，国衰则我亡。所以前人希望政权世代相传，后代也希望继续祖业。君王图谋长远，公卿尽心辅佐。同是贤明的人，同治盛世，而成就有大有小；同是昏庸之人，同治乱世，而过失有轻有重。上古及秦汉典制的得失，大概可以用这个道理来说明。

胡威，字伯武，淮南人也。父质，字文德，清廉洁白。质之为荆州刺史也，威自京都定省。家贫，每至客舍，自放驴取樵。既至见父，停厩中十余日，告归。临辞，赐绢一匹，为道中资。威跪曰："大人清高，不审于何得此绢。"质曰："是吾奉禄之余，故以为汝粮耳。"威受之辞归。荆州帐下都督，闻威将去，请假还家，持资粮于路要威，因与为伴，每事佐助，又进饭食。威疑而诱问之，既知，乃取所赐绢与都督，谢而遣之。后因他信以白质，质杖都督一百，除吏名。父子清慎如此，于是名誉著闻。为安丰太守、徐州刺史，政化大行。后入朝，世祖因言次谓威曰："卿清孰如父清？"对曰："臣不如也。"世祖曰："以何为胜邪？"对曰："臣父清恐人知，臣清恐人不知，是臣不及远也。"世祖以威言直而婉、谦而顺，累迁豫州刺史。入为尚书。

【译文】

胡威，字伯武，淮南郡人。威父名质，字文德，清廉正直。在胡质做荆州刺史的时候，胡威从京都洛阳前去探望，因为家贫，每到客舍，都是亲自放驴、打柴做饭。到荆州拜见过父亲，住在马厩中十多天。告别父亲，临走时，父亲赐绢一匹作为路上的盘资。威跪拜向父亲说："您清廉高洁，不知从何而得此绢？"质曰："这是我积攒的官俸之余，现用来作为你的口粮钱。"胡威收下绢，辞别父亲回乡。荆州官府有位都督听说胡威要回去，就请假回到自己家里，取来资粮在路上请与威作伴。在路上，这位都督凡事都予以资助，并买来饭菜供威进食。胡威感到大惑不解，询问他为什么要这样做。当弄清原因后，就取出父亲所送的绢给都督，并向其道谢，请他回去。后来因胡威在信上将此事奉告父亲，胡质为此事打了都督一百板子，并除了都督职务。胡氏父子就是这样的清白慎行，从此名誉大大地传扬开来。

胡威后来做了安丰太守，又升迁为徐州刺史，政风大行。后入朝，武帝司马炎在言谈间向胡威说："你和你父亲比较，谁清廉？"对曰："臣不如父。"武帝问道："凭什么说他胜过你呢？"对曰："臣父的清白唯恐人知，而臣的清白却惟恐人不知，这是臣远远不如父亲的地方。"武帝认为胡威的说法正直而委婉、谦虚而合理，累迁为豫州刺史，后又征召他入朝为尚书。

周顗，字伯仁，汝南人也。为尚书左仆射。王敦作逆石头，既王师败绩。顗奉诏往诣敦，敦曰："伯仁卿负我。"顗曰："公戎车犯顺，下官亲率六军，不能其事，使王旅奔败，以此负公。”敦惮其辞正（旧无正字，补之），不知所答。左右文武，劝顗避敦，曰：“吾备位大臣，朝廷丧破，宁可复草间求活，外投胡越者邪？”俄而被收，于石头害之。

【译文】

周顗，字伯仁，汝南郡人。元帝司马睿时，官居尚书左仆射（宰相）。王敦在石头城反叛朝廷，王朝军队讨伐吃了败仗。周顗奉诏前往见王敦，王敦说：“伯仁，你背叛了我。”周顗回答说：“您率军队背叛了朝廷，下官亲率六军，不能完成使命，使王师败北，在这一点上我对不起您。”王敦感到他义正辞严，不知如何回答。周顗的左右文武官，劝顗避开王敦，周顗说：“我位列大臣，今朝廷败军辱师，我怎能逃奔于草莽之间而苟安求活，作外投胡越的人呢！”不久，周顗被王敦收捕，在石头城遇害。

陶侃，字士行，庐江人也。为荆州刺史。政刑清明，惠施均洽，故楚郢士女，莫不相庆。引接疏远，门无停客，常语人曰：“大禹圣者，乃惜寸阴；至于众人，当惜分阴，岂可逸游荒醉？生无益于时，死无闻于后，是自弃也。”诸参佐或以谈戏废事者，乃命取蒱博之具，悉投之于江。吏将则加鞭朴，曰：“樗蒱者，牧奴戏耳。老庄浮华，非先王之法言，不可行也。君子当正其衣冠，摄其威仪，何有乱头养望，自谓宏达邪？”于是朝野用命，移风易俗。

【译文】

陶侃，字士行，庐江郡人。他作荆州刺史，政清法明，恩惠遍及辖境以内，所以楚地郢城的男女百姓，人人莫不相庆。陶侃招待远近的来者，几乎门无停客。他经常向人说：“大禹是位圣人，还爱惜寸阴，至于一般人更应当爱惜分阴，怎能够只图安逸游戏而醉生梦死？一个人活着时不能利益社会，死后默默无闻，这完全是自暴自弃啊。”他手下的参佐吏员们，有的人因谈笑而误事，侃命收取他们的游戏、赌博用具，全都投入长江之中。其下官员若有此类行径，还要加以鞭打，并告诫说：“玩赌博一类的人，是那些牧猪奴仆干的事。老子、庄子的哲学浮华不实（当时的士大夫盛行藉助老子、庄子的哲学思想而谈玄说妙，陶侃此话是针砭时弊，编者），这不是合乎先王礼法的言论，不可以奉为行为的指导。作为有道德的君子则应当正其衣冠，拿出威仪，怎能散发不理、矫饰招名，却自认为广博通达呢？”从此朝廷内外都服从他的命令，社会风气得到大大改善。

高崧，字茂琰，广陵人也，累转侍中。哀帝雅好服食，崧谏，以为非万乘所宜，陛下此事，实是日月之一蚀也。帝欲修鸿宝礼，崧反覆表谏，事遂不行。

【译文】

高崧，字茂琰，广陵郡人。多次升迁为侍中。哀帝司马丕非常喜爱道家那套炼丹服食之法。高崧谏诤认为“这不是身为万乘之尊的帝王所干的。陛下干这样的事，那恰好像是日蚀月蚀一般自毁荣光”。哀帝打算修行道教炼丹的鸿宝术，高崧反复上表谏诤，事遂没有实行。

何充，字次道，庐江人也。为护军中书令。显宗初崩，充建议曰：“父子相传，先王旧典，忽妄改易，惧非长计。”庾冰等不从，故康帝遂立。帝临轩，冰、充侍坐。帝曰：“朕嗣洪业，二君之力也。”对曰：“陛下龙飞，臣冰之力也，若如臣议，不睹升平之世。”康帝崩，充奉遗旨，便立孝宗，加录尚书事侍中，临朝正色，以社稷为己任。凡所选用，皆以功臣为先，不以私恩树用亲戚。谈者以此重之。

【译文】

何充，字次道，庐江郡人。官护军中书令。成帝司马衍刚刚驾崩，

（庾冰建议，因国有强敌，立皇子中年长者为君）何充建议曰："父传位于子，这是先王旧典的定规，忽而随随便便地加以改变，恐怕不是长治久安的国策。"庾冰等人不同意，所以司马衍的弟弟司马岳遂即位为康帝。一天，康帝凭坐窗前，庾冰和何充陪坐。康帝说："朕得以继承皇位，都是你们二位的功劳啊。"何充对曰："陛下能登上皇帝的宝座，是庾冰的支持。假若当日按我的意见，那就不会看到今日的升平景象。"康帝后来驾崩，何充奉遗旨，便拥立（年仅两岁的太子）司马聃为穆帝。何充升任总领尚书事侍中。他在朝一身正气，以国家社稷为己任，凡所选用的官吏，都优先任用有功之臣，从不以个人恩惠任用亲戚。议论者因此对他很是敬重。

吴隐之，字处默，濮阳人也。早孤，事母孝谨，爱敬著于色养，几灭性（性原作郭）于执丧。居近韩康伯家。康伯母，贤明妇人，每闻隐之哭，临馔辍餐，当织投杼，为之悲泣。如此终其丧。谓伯曰："汝若得在官人之任，当举如此之徒。"及伯为吏部，超选隐之，遂阶清级，为龙骧将军、广州刺史。州之北界有水，名曰"贪泉"，父老云："饮此水者，使廉士变节。"隐之始践境，先至水所，酌而饮之，因赋诗曰："古人云此水，一歃怀千金。试使夷齐饮，终当不易心。"在州清操愈厉，化被幽荒。诏曰："广州刺史吴隐之，孝友过人，禄均九族，处可欲之地，而能不改其操，飨惟错之富，而家人不易其服，革奢务啬，南域改观，朕有嘉焉，可进号前将军，赐钱五十万、谷千斛。"

【译文】

吴隐之，字处默，濮阳郡人。他早年丧父，事奉母亲孝顺谨慎，特别是注重以和颜悦色来奉养母亲。母死，他过度伤悲，差点丧失了性命。他和韩康伯家是邻居。康伯的母亲是一位贤明老妇，她每听到吴隐之的哭声，吃饭时就停下不食，织布时就丢下梭子，同声哭泣，就这样到吴母丧满除服。她对韩康伯说："你以后如果做了官，应当推举任用像吴隐之这样的人。”后来韩康伯进入吏部任职，越级提拔吴隐之，遂列入清廉官吏位置，做了龙骧将军、广州刺史。广州的北界有水名叫“贪泉”。当地父老传说：“饮了这个泉里的水，会使清廉的官员改变节操而贪污。”吴隐之踏入广州地界，先到贪泉去，舀水来喝，并赋了下面一首诗：“古人云此水，一歃怀千金。试使夷齐饮，终当不易心。”他在广州刺史任内，清廉操守较前更为严格，这种良好的风气，一直影响到边远的地区。晋安帝司马德宗颁诏褒扬、嘉奖说：“广州刺史吴隐之，孝行过人，把他所得的俸禄，均分给他的九族。他立身于有机会可以贪得的地位却不改变他的清操。自己不讲求生活享受，家人仍穿着布衣不加改换。他坚持革奢务俭，致使南方各地的不良社会风气得到了改变。朕对他的这种作风是很嘉许的，可奖给他‘前将军’的称号，赐钱五十万、谷千斛。”

（王井男译）

# 卷三十一

# 六韬治要

【考评】

魏征在《群书治要》中，辑录《六韬》共计二十六篇，主要内容是讨论如何治理国政，国君如何以身作则，如何选将择吏等方面的论述。《六韬》中有关军事战略战术的细节，魏征未录，所录篇章的思想内容根据是："天下者非一人之天下，天下人之天下也；与天下同利者，则得天下。擅天下之利者，失天下。"因此，《六韬·序》中就对"仁、义、道、德"的定义也贯穿着这一主导思想。说："天有时，地有财，能与人共之者，仁也；免人之死，解人之难，救人之患，济人之急者，德也；与人同忧同乐，同好同恶者，义也；凡人恶死而乐生，好得而归利，能生利者，道也。"作者断定，谁能按照这四个标准去做，就一定会得到人民的信任，"天下归之"。实际上，魏征辅佐太宗取得"贞观之治"的一些谏言理论，就从《六韬》中吸收了不少营养。魏征在《隋书·经籍志》评论兵家书称："兵者，所以禁暴靖乱者也。《易》曰：'古者弦木为弧，剡木为矢，弧矢之利，以威天。孔子曰：'不教人战是谓弃之'。《周官》大司马"掌九法九伐，以正邦国"是也。然皆动之以仁，行之以义，故能诛暴静乱，以济百姓。下至三季，恣情逞欲，争伐寻常，不抚其人，设变诈而无仁义。至乃百姓离叛，以致于乱。"这个观点与论述，可谓放之四海皆准的普遍真理。

《六韬》，中国古代兵书。旧题周吕望(姜太公)著。经后人研究，大多认为是战国晚期至秦汉之间作品。现存六卷，即文韬、武韬、龙韬、虎韬、豹韬、犬韬、共六十篇。《汉书·艺文志·兵家》不著录。惟《儒家》有《周史·六》六篇。班固自注曰："惠、襄之间，或曰显王时，或曰孔子问焉。则《六》别为一书。颜师古注：以今之《六韬》当之，毋亦因陆德明之说而牵合附会欤。《三国志·先主传注》始称"闲暇历观诸子及《六韬》、《商君书》、益人志意(意智)"。《隋志》始载太公《六韬》五卷。注曰："梁六卷，周文王师姜望撰。"唐宋诸志皆因之。晁公武《读书志》称：元丰中，以《六韬》《孙子》《吴子》《司马法》《黄石公三略》《尉缭子》《李卫公问对》颁武学，号曰七书。则其来已久，谈兵之家恒相述称。"魏征在《群书治要》辑录的《六韬》保存了该书的佚文。1972年山东临沂银雀山西汉初期墓葬出土的竹简文与《群书治要》基本相同，有些简篇完全相同。如《银雀山汉墓竹简·六韬》："称贤使能而官有才，则贤者归之。故赏于民生，而罚于毋(无)罪。"今人骈宇骞在《中国历史文献精华大典》经史卷·金石考古词条注称："本篇简本无标题，传本中也无此内容，但与《群书治要》所录《虎韬》相合。本篇所收各简形制、字体也与简本《六韬》它篇相似，当为传本《六韬》佚篇无疑。《群书治要》本所录此段文字作"任贤使能而官有材，而贤者归之矣。故赏在于成民之生，罚在于使人无罪。"与简本略异。"……今本《六韬》共分《文韬》《武韬》《龙韬》《虎韬》《豹韬》《犬韬》六篇六十章，约两万余字。银雀山竹简本《六韬》共有十四章，竹简整理的编辑说明云：目前收入简本《六韬》的文字包括以下三类：……第二类(简本第八至第十三组)是《群书治要》《通典》《太平御览》等书曾加称引而为今本所无的佚文。

# 序

文王田乎渭之阳，见太公坐茅而钓，问之曰：“子乐得鱼耶？”太公曰：“夫钓以求得也。其情深，可以观大矣。”文王曰：“愿闻其情。”太公曰：“夫鱼食其饵，乃牵于缗；人食其禄，乃服于君。故以饵取鱼，鱼可杀；以禄取人，人可竭；以家取国，国可拔；以国取天下，天下可毕也。天下者非一人之天下，天下之天下也，与天下同利者，则得天下。擅天下之利者，失天下。天有时，地有财，能与人共之者，仁也。仁之所在，天下归之。免人之死，解人之难，救人之患，济人之急者，德也。德之所在，天下归之。与人同忧同乐，同好同恶者，义也。义之所在，天下归之。凡人恶死而乐生，好得而归利。能生利者，道也。道之所在，天下归之。”

【译文】

文王到渭水北岸打猎，见到姜太公正坐在长满茅草的河边钓鱼，便问道：“你喜欢能钓上鱼吗？”太公说：“凡是垂钓都是为了得鱼，钓鱼的道理也很深奥，从中可以看出大的道理。”文王说：“我想听听这深奥的道理！”太公说：“鱼要贪吃香饵，就会被钓丝牵着；人要食君俸禄，就会服从君主使用。所以用香饵钓鱼，鱼可供烹食；以爵禄取人，人可竭尽其力；以家为基础而取国，国可为你所有；以国为基础而取天下，天下可全部征服。天下不是一个人的天下，而是天下人的天下。能和天下人同享天下利益的，就可以取得天下；独占天下利益的，就会失掉天下。天有四时，地有财富，能和人民共同享受的，就是仁爱，实施仁爱者，天下就归附他。使人民免遭死亡，解除人民的困难，救助人民的灾患，接济人民的急需，这些就是恩德。布施德政者，天下就归顺他。和人民同忧同乐，同好同恶的，就是道义。谁讲道义，天下就归依谁。人们都害怕死亡而更想生存，喜欢得到好处和利益，能使天下人都获得利益的，就是王道。谁实行王道谁就拥有天下。”

# 文　韬

文王问太公曰：“天下一乱一治，其所以然者何？天时变化自有之乎？”太公曰：“君不肖，则国危而民乱；君贤圣，则国家安而天下治。祸福在君，不在天时。”文王曰：“古之贤君可得闻乎？”太公曰：“昔帝尧上世之所谓贤君也。尧王天下之时，金银珠玉弗服，锦绣文绮弗衣，奇怪异物弗视，玩好之器弗宝，淫佚之乐弗听，宫垣室屋弗崇，茅茨之盖不剪，衣履不敝尽不更为，滋味重累不食，不以役作之故，留耕种之时，削心约志，从事乎无为，其自奉也甚薄，役赋也甚寡。故万民富乐，而无饥寒之色。百姓戴其君如日月，视其君如父母。”文王曰：“大哉贤君之德矣。”

【译文】

文王问太公：“天下纷杂，有时安定，有时混乱，之所以这样，是什么原因？是天运变化的自然规律吗？”太公答：“君主不贤明则国家危亡而民心离乱；君主贤明则国家太平而人民安定。所以国家祸福在于君主贤与不贤，而不在于天命的变化。”文王问：“可以把古时圣贤君主的事情讲给我听听吗？”太公答：“从前尧帝统治天下，上古的人都称他是贤君。尧统治天下时，不用金银珠玉装饰，不穿锦绣华丽的衣服，不欣赏珍贵稀奇的物品，不珍藏古玩宝器，不听淫佚的音乐，不大搞宫垣建筑，庭院茅草长高了也不修剪，衣服鞋子不破旧不去更换，不食美味佳肴，不遣劳役之差而误农时，约束欲望而保持俭朴本色。他自己的俸禄很微薄，征用赋税劳役也很少，所以天下万民富足安乐而没有饥寒之忧。百姓爱戴他像景仰日月一样，看待君主就像对父母一样。”文王感叹道：“伟大啊！这就是贤君的德行！”

文王问太公曰：“愿闻为国之道。”太公曰：“爱民。”文王曰：

“爱民奈何？”太公曰：“利而勿害，成而勿败，生而勿杀，与而勿夺，乐而勿苦，喜而勿怒。”文王曰：“奈何？”太公曰：“民不失其所务，则利之也；农不失其时业，则成之也；省刑罚，则生之也；薄赋敛，则与之也；无多宫室台池，则乐之也；吏清不苛，则喜之也。民失其务，则害之也；农失其时，则败之也；无罪而罚，则杀之也；重赋敛，则夺之也；多营宫室游观以疲民，则苦之也；吏为苛扰，则怒之也。故善为国者，御民如父母之爱子，如兄之慈弟也。见之饥寒，则为之哀；见之劳苦，则为之悲。”文王曰：“善哉！”

【译文】

文王问太公：“我想知道治国的根本道理。”太公答：“爱民。”文王问：“如何爱民呢？”太公答：“要保护人民利益而不要去损害；要促进人民生产而不要破坏；要珍惜人民的生命而不要滥用刑罚杀害；要给予人民实惠而不要掠夺；要使人民安乐而不使他们受苦；要使人民喜悦而不使他们怨怒。”

文王问：“请你再解释一下其中的道理！”太公答：“不使人民失去从事的职业，就是给了人民利益；不耽误农时，就是促进了人民的生产；不惩罚无罪的人，就是保护了人民的生命；少征赋税，就是给了人民实惠；少建宫室台榭，就能使人民安乐；官吏清廉不残酷剥削，就能使人民喜悦。反之，如果使人民失去本来的营生，就对社会产生了危害。农业失去收成，国家就要衰败；无罪而妄加惩罚，就是杀害人民；横征暴敛，就是掠夺人民；大兴土木修建别宫雅院以供游览，使人民疲累，就是苦了天下百姓；官吏贪污苛扰，就会使人民愤怒。所以，善于治国的君主，统驭人民要像父母庇护子女，兄长爱护弟弟那样，见其饥寒就为他忧虑；见其劳苦就为他悲痛。”文王赞叹道：“善哉！”

文王问于太公曰：“贤君治国何如？”对曰：“贤君之治国，其政平，吏不苛；其赋敛节，其自奉薄；不以私善害公法，赏赐不加于无功，刑罚不施于无罪；不因喜以赏，不因怒以诛；害民者有罪，进贤者有赏；后宫不荒，女谒不听；上无淫慝，下无阴害；不供宫室以费财，不多游观台池以罢民，不雕文刻镂以逞耳目；官无腐蠹之藏，国无流饿之民也。”文王曰：“善哉！”

【译文】

文王请教于太公：“贤德的君主如何治国呢？”答道：“贤德的君主治理国家，其政令要宽和公平，吏治不施苛政；节制赋税，减轻人民负担，个人生活俭朴不奢华；不以个人利益而违犯国家法律，赏罚分明，不以个人好恶代之；危害人民者加罪；荐贤利民者有赏；后宫不乱政，不听妇人之言，上面没有见不得人的事，下面没有阴谋加害之人；不供应宫室额外开支，不过多游玩而影响民众安乐，不追求珍玩佚乐；做官者无腐败蛀虫之类的人隐藏，国家没有流离饥饿的人民。”文王道：“善哉！”

文王问师尚父曰：“王人者，何上何下？何取何去？何禁何止？”尚父曰：“上贤下不肖，取诚信，去诈伪，禁暴乱，止奢侈。故王人者，有六贼七害。六贼者，一曰，大作宫殿台池游观，淫乐歌舞，伤王之德；二曰，不事农桑，任气作业（任气作业原作作业作势），游侠犯历法禁，不从吏教，伤王之化；三曰，结连朋党，比周为权，以蔽贤智，伤王之权；四曰，抗智高节，以为气势，伤王之威（王之威原作吏威）；五曰，轻爵位，贱有司，羞为上犯难，伤功臣之劳；六曰，强宗侵夺，凌侮贫弱，伤庶民矣。七害者，一曰，无智略大谋，而以重赏尊爵之故，强勇轻战，侥幸于外，王者慎勿使将；二曰，有名而无用，出入异言，掩善扬恶（掩善扬恶原作扬美掩恶），进退为巧，王者慎勿与谋；三曰，朴其身躬，恶其衣服，语无为以求名，言无欲以求得，此伪人也。王者慎勿近；四曰，博文辨辞，高行论议，而非时俗，此奸人也，王者慎勿宠；五曰，果敢轻死，苟以贪得尊爵重禄，不图大事，待利而动，王者慎勿使；六曰，为雕文刻镂，技巧华饰，以伤农事，王者必禁之；七曰为方伎咒诅，作蛊道鬼神不验之物，不详之（之原作讹）言，欺诈良民，王者必禁止之。故民不尽其力，非吾民；士不诚信而巧伪，非吾士；臣不忠谏，非吾臣；吏不平洁爱人，非吾吏；相（相原作宰相）不能富国强兵，调和阴阳，以安万乘之主，简练群臣，定名实，明赏罚，令百姓富乐，非吾相（相原作宰相）也。故王人之道，如龙之首，高居而远望，徐视而审听，神其形，隐其情（隐其情原作散其精），若天之高不可极，若川之深不可测也。”

【译文】

文王问老师尚父（即太公）：“为人君者，应让什么人尊贵，应让什么人卑微？应选用什么人，应排弃什么人？应禁止什么行为，应防备什么？”尚父说：“应让德才兼备者尊贵，应让缺德少才者卑微；应选用诚信之人，应排弃诈伪之人；应禁止暴乱之事，应防止奢侈之风。所以作为统治者应该知道有六类有害的事，有七种危害国家的人。“所谓六种有害之事：第一，大修宫殿台池，以供游玩观赏，沉迷于歌舞行乐，这会损害君主德行；第二，不从事农桑，纵任意气来做事，自以为仗义救难，违反法律禁令，不服从国家制度，这会有损君王教化；第三，营私结党，滥用权力，混淆视听，蒙蔽贤智之臣，这会损害君主权威；第四，自高自大，盛气凌人，这会降低君主的威严；第五，轻视爵位，看不起朝廷官员，羞于为君主去冒险，这会打击功臣的积极性；第六，豪门家族争相侵夺，欺压贫弱，这会损害人民利益。所谓七种危害国家之人就是：第一，没有大的智慧谋略，而为了获得重赏高官的缘故，恃勇强横，轻率赴战，企求侥幸立功，君主切勿让他领兵；第二，有名无实，当面一套，背后一套，掩人之善，扬人之恶，到处钻营取巧的人，君主必须慎重，不能与他共谋大事；第三，外表朴素，衣着普通，自称“无为”，实是沽名钓誉，自称无欲，实是图利，这是虚伪的人，君主切不可亲近他；第四，博闻善辩，空谈高论，专门诽谤时俗，这是奸妄之人，君主切不可宠信他；第五，鲁莽拼命，不计后果，做事不择手段，以求高爵，贪取俸禄；不顾大局，见利而动，对于这种人君主切不要任用他；第六，喜好雕文刻镂、技巧华饰而妨害农业生产，对此君主应当禁止。第七，用神仙之术耍花招，符咒作法，假借鬼神危言耸听，欺骗迷惑善良人民，君主必须禁止。如果百姓做事不尽其力，就不算是吾王之民；士人若不诚实守信而弄虚作假，就不算是君王的良士；臣不能忠正直谏，就不是君王的忠臣；官吏不公平廉洁爱护人民，就不是君王的贤官良吏；宰相不能富国强兵，妥善处理各项问题，确保君主安稳，以纲纪整饬群臣，核查名实，严明赏罚，使万民富足乐业，这就不是君王的好宰相。所以做为君王要像龙头一样，要高瞻远瞩，洞察一切，深刻地观察问题，审慎地听取意见，喜怒不形于色，隐藏其内心情感使人觉得他像天空那样高而不可穷极，像深渊那样深而不可测量。”

文王问太公曰：“君务举贤，而不获其功，世乱愈甚，以致危亡者，何也？”太公曰：“举贤而不用，是有举贤之名也，无得贤之实也。”文王曰：“其失安在？”太公曰：“其失在好用世俗之所誉，不得其真贤。”文王曰：“好用世俗之所誉者何也？”太公曰：“好听世俗之所誉者，或以非贤为贤，或以非智为智，或以非忠为忠，或以非信为信。君以世俗之所誉者为贤智，以世俗之所毁者为不肖，则多党者进，少党者退，是以群邪比周而蔽贤，忠臣死于无罪，邪臣以虚誉取爵位，是以世乱愈甚，故其国不免于危亡。”文王曰：“举贤奈何？”太公曰：“将相分职，而各以官举人，案名察实，选才考能；令能当其名，名得其实，则得贤人之道。”文王曰：“善哉。”

【译文】

文王问太公：“君主致力于选用贤能，却没有收到功效，社会混乱越来越厉害，以致国家陷于危亡边缘，这是什么道理呢？”太公答：“选拔出贤能但不加以任用，这是有举贤的虚名而无用贤的实际！”文王问：“产生这种过失的原因何在？”太公答：“其过失在于君主喜欢用世俗之人所赞誉的人，而得不到真正的贤人。”文王问：“喜欢用世俗所誉之人有什么不可以呢？”太公答：“相信世俗赞誉的人，可能会把并非贤能的人当作贤能的人；可能把没有才智的人当作有才智的人；可能把不忠的人当作忠臣；可能把不诚信者当作诚信者。君主把世俗所称道的人当作有才能智慧的人，把世俗所诋毁的人当作不肖之人，那么党羽多的人就会被提拔，不拉帮结派的人就会被排挤。这样奸邪势力就会结党营私而埋没贤人，忠臣无罪而被置于死地，奸臣用虚名骗取爵位，所以社会更加混乱，国家也就不能避免危亡了。”文王问：“举贤用什么办法呢？”太公答：“将相各司其职，各自按官位职能推举选拔贤能，再依照各种官职名分考核其业绩，甄别其德才，考查其能力，使能力与名分相称，名副其实，就能得到用贤之道。”文王道：“善哉！”

文王问太公曰：“愿闻治国之所贵。”太公曰：“贵法令之必行，必行则治道通；通则民大（大原作太，下同）利，大利则君德彰矣。君不法天地，而随世俗之所善以为法，故令出必乱，乱则复更为法。是以法令数变，则群邪成俗，而君沉于世，是以国不免危亡矣。”

【译文】

文王请教太公：“我想知道治理国家要重视哪些方面。”太公答：“要重视国家的法令必须能贯彻施行，能实施，则治理渠道通畅，通畅则人民会得到最大利益，只有人民得到大的利益，才能彰显君主的德政。如果君主不能用法令治理天下，而是用国家大众所喜欢的制度来治理国家，那么所行法令必定引起混乱，形成混乱后又再更正法令，这样导致法令多次改变，就使得许多不好的风气流行起来，而君主就会沉埋于世俗之中，因此国家就免不了危亡啊。”

文王问太公曰：“愿闻为国之大失。”太公曰：“为国之大失，作而不法法，国君不悟，是为大失。”文王曰：“愿闻不法法，国君不悟。”太公曰：“不法法，则令不行；令不行，则主威伤。不法法，则邪不止；邪不止，则祸乱起矣。不法法，则刑妄行；刑妄行，则赏无功。不法法，则国昏乱；国昏乱，则臣为变。不法法，则水旱发；水旱发，则万民病。君不悟，则兵革起；兵革起，则失天下也。”

【译文】

文王问太公：“我想知道治国最大的失误是什么？”太公答：“当政者最大的失误是制定了法律而不按法律办事，君主却意识不到错误。这就是最大的失误。”文王问：“请你解释一下不按法律办事而国君却意识不到。”太公答：“不按法律办事则政令难以施行；政令不行，那么君主的威信就会损伤。不按法律办事则奸邪之事就不能禁止；奸邪之事不能禁止，必会引发祸乱。不按法律办事，则刑罚就会滥用；刑罚滥用，则奖赏也起不到作用。不按法律办事，国政就会惑乱；国政惑乱，则臣子就会生变。不按法律办事，水旱灾害就会发生；水旱灾害发生，则万民就会受害。君主若仍不醒悟，就会导致战乱兴起；战乱兴起，就会失去天下。”

文王问太公曰：“人主动作举事，善恶有福殃之应。鬼神之福无？”太公曰：“有之。主动作举事，恶则天应之以刑，善则地应之以德；逆则人备之以力，顺则神授之以职。故人主好重赋敛，大宫室，多游台，则民多病温，霜露杀五谷，丝麻不成。人主好田猎毕弋，不避时禁，则岁多大风，禾谷不实。人主好破坏名山，壅塞大川，决通名水，则岁多大水，伤民五谷不滋。人主好武事，兵革不息，则日月薄蚀，太白失行。故人主动作举事，善则天应之以德，恶则人备之以力。神夺之以职，如响之应声，如影之随形。”文王曰：“诚哉。”

【译文】

文王问太公说：“君主行动、办事，为善为恶有祸福的报应。那么有鬼神的保佑没有？”太公说：“有。君主行动、办事，若是做坏事，则上天会报之以惩罚；要是做好事，大地会报之以恩德；逆天行事，人民就会以力对抗；要是顺从天意，神灵就会给予相助。所以，君主如果喜好加重赋税征收来大造宫室，多建游赏的楼台，则民众就会更多地担忧温饱，霜露伤害五谷、丝麻欠收。君主若喜好布网围猎，又不避开时令节气的禁忌，则该年会多刮大风，庄稼难以结实。君主随意破坏名山，阻断大河，破堤导流名水，则该年会多发大水，伤害百姓所种的五谷，使其不能增产。君主好战，战事不停，则日食月食接连发生，太白（金星）运行反常。所以君主行动、做事，有善行则上天降之以恩惠；有恶行则民众会以力抗拒。神灵剥夺其职位，就像回音应和声响、影子追随形体。”文王说：“的确如此呀！”

文王问太公曰：“君国主民者，其所以失之者，何也？”太公曰：“不慎所与也。人君有六守三宝。六守者，一曰仁，二曰义，三曰忠，四曰信，五曰勇，六曰谋。是谓六守。”文王曰：“慎择此六者，奈何？”太公曰：“富之而观其无犯，贵之而观其无骄，付之而观其无专（专原作转，下同），使之而观其无隐，危之而观其无恐，事之而观其无穷。富之而不犯者，仁也；贵之而不骄者，义也；付之而不专者，忠也；使之而不隐者，信也；危之而不恐者，勇也；事之而不穷者，谋也。人君慎此六者以为君用。君无以三宝借人。以三宝借人，则君将失其威。大农大工大商，谓之三宝。六守长则国昌，三宝完则国安。”

【译文】

文王问太公：“统治国家和人民的君主为什么会失掉他的国家和人民呢？”太公答：“那是因为没有谨慎选择参政的人。人君应坚守六条用人原则，应拥有三样珍宝。六条原则一是仁，二是义，三是忠，四是信，五是勇，六是谋。这些就是要坚守的六条原则。文王问：如何慎重选择符合这六条的人才呢？太公答：使其富足来观察他能否不触犯礼法；使其高贵来观察他能否不自高自大；授予他职权，来观察他是否独断专行；命他作为使者外出，看他是否隐瞒有关情况；使其处危难境地，观察他能否临危不惧；让他处理突发事件，看他是否不会困窘计穷。富裕而不触犯礼法就是有仁；尊贵而不自高自大者就是有义；授予职权而不独断专行者就是忠；出使而不隐瞒情况者就是信；身处危境而不害怕的就是勇；处理突发事件而不困窘计穷就是有谋。人君宜慎重选拔具有此六方面的人加以重用。君主不要把‘三宝’借给他人，把‘三宝’借给人，君主就将丧失其威势。极有经验的农民、技艺极高的工匠、极善经营的商人就是‘三宝’。长久坚持六项应坚守的原则，国家就会繁荣昌盛；三宝得以保全，国家就能长治之安。”

文王问太公曰：“先圣之道可得闻乎？”太公曰：“义胜欲则昌，欲胜义则亡。敬胜怠则吉，怠胜敬则灭。故义胜怠者王，怠胜敬者亡。”

【译文】

文王问太公：“古圣先王治国的法则，可以讲给我听吗？”太公答：“道义胜过私欲，国家就昌盛；私欲胜过道义，国家就衰亡；戒慎胜过懈怠，则万事吉祥；懈怠胜过戒慎，则功业丧失。所以，道义胜过私欲的可以称王，懈怠胜过戒慎的必至于流亡。”

武王问太公曰：“桀纣之时，独无忠臣良士乎？”太公曰：“忠臣良士，天地之所生，何为无有？”武王曰：“为人臣而令其主残虐，为后世笑。可谓忠臣良士乎？”太公曰：“是谏者不必听，贤者不必用。”武王曰：“谏不听，是不忠；贤而不用，是不贤也。”太公曰：“不然。谏有六不听；强谏有四必亡；贤者有七不用。”武王曰：“愿闻六不听，四必亡，七不用。”太公曰：“主好作宫室台池，谏者不听；主好忿怒，妄诛杀人，谏者不听；主好所爱无功德而富贵者，谏者不听；主好财利，巧夺万民，谏者不听；主好珠玉奇怪异物，谏者不听。是谓六不听。四必亡：一曰，强谏不可止必亡；二曰，强谏知而不肯用必亡；三曰，以寡正强正众邪必亡；四曰，以寡直强正众曲必亡。七不用：一曰，主弱亲强，贤者不用；二曰，主不明，正者少，邪者众，贤者不用；三曰，贼臣在外，奸臣在内，贤者不用；四曰，法政阿宗族，贤者不用；五曰，以欺为忠，贤者不用；六曰，忠谏者死，贤者不用；七曰，货财上流，贤者不用。”

【译文】

武王问太公：“桀纣之时，难道没有忠臣良士吗？”太公答：“忠臣良士，随天地所产生，怎么会没有！”武王说：“作为臣子，而使其君主残暴肆虐，为后世耻笑，能算得上忠臣良士吗？”太公答：“那是因为君主不能听谏言，不能用贤者。”武王说：“不能让君主纳谏，是谓不忠；不能让君主纳贤，是谓不贤呀！”太公答：“不是这样！敢谏者有‘六不听’。强谏者有‘四必亡’，贤者有‘七不用’。”武王说：“你就讲讲这“六不听、四必亡、七不用”吧！”太公道：“君主喜好兴建宫室台池，臣谏不听；君主易愤怒，随意杀人，臣谏不听；君主喜欢所爱之人无功德而使其富贵，臣谏不听；君主贪好财利，巧取豪夺于万民，臣谏不听；君主爱好珠玉奇珍异物，臣谏不听。这就是‘六不听’。四必亡：一是强谏而不能阻止君主为非者必亡，二是强谏后君主已知道但不肯采纳者必亡，三是以人少力单去纠正势力强大者和众多奸邪之人者必亡，四是以人少力单去对付势力强大者、去纠正众多偏邪之事者必亡。七不用：一是君主懦弱而亲族势强，贤者不能被用；二是君主不能明辨是非，正义之臣少，奸佞之人多，贤者不能被用；三是叛臣在外，奸党在内，贤者不能被用；四是法律政令都偏袒宗族，贤者不能被用；五是君主把欺骗他的人当作忠臣，贤者不能被用；六是忠诚之臣因直谏而被诛，贤者不能被用；七是财富流向上层权贵，贤者不能被用。”

武王伐殷，得二丈夫而问之曰：“殷之将亡，亦有妖乎？”其一人对曰：“有。殷国尝雨血雨灰雨石，小者如椎，大者如箕，六月雨雪深尺余。”其一人曰：“是非国之大妖也。殷君喜以人喂虎，喜割人心，喜杀孕妇，喜杀人之父，孤人之子，喜夺喜诬，以信为期。欺者为真，以忠为不忠；忠谏者死，阿谀者赏；以君子为下，急令暴取，好田猎，出入不时，喜治宫室修台池，日夜无已；喜为酒池肉林糟丘，而牛饮者三千；饮人无长幼之序、贵贱之礼；喜听谗用举，无功者赏，无德者富；所爱专制而擅令，无礼义，无忠信，无圣人，无贤士，无法度，无升斛，无尺丈，无称衡。此殷国之大妖也。”

【译文】

武王讨伐商朝，遇到两个成年男子便问道：“殷国之所以将要灭亡，也有反常怪异之事吗？”其中一人答道：“有。殷国曾下血雨、灰雨、石雨，小的像锥尖，大的如箕斗，六月下雪深达尺余。”另一人说：“这还不是亡国的大怪异现象。纣王喜欢用人来喂虎；喜欢挖人的心；喜欢剖开孕妇肚子；喜欢杀人之父，让人当孤儿；喜欢豪夺和诬陷，把诚信说成欺骗，把欺骗当作真实，把忠君者视为不忠；忠臣劝谏者被处死，阿谀奉承者受到奖赏，以君子为卑下之人；政令多变，暴取豪夺；喜好打猎，出入没有一定的时节；喜欢修造宫室台池，日夜不停；喜欢建造酒池肉林和酒糟堆成的小山招集三千人狂饮；且饮酒者不分长幼的序次不讲贵贱的礼节；喜欢听信谗信，任用他们举荐的人，无功者受赏，无德者居富；所喜爱的人是专制而独揽政令之人，不讲礼仪、不讲忠信，朝中无圣人、无贤士，国家没有合理法度，没有升斗等大小的标准、没有量长短、称轻重的标准器具。这些都是殷国大反常、怪异之事。”

## 武　韬

文王在酆，召太公曰：“商王罪杀不辜，汝尚助余忧民，今我何如？”太公曰：“王其修身下贤，惠民以观天道。天道无殃，不可以先唱；人道无灾，不可以先谋；必见天殃，又见人灾，乃可以谋。与民同利，同病相救，同情相成，同恶相助，同好相趣，无甲兵而胜，无动机而攻，无渠堑而守。利人者天下启之，害人者天下闭之。天下非一人之天下也，取天下若逐野兽，得之而天下皆有分肉；若同舟而济，济则皆同其利，舟败皆同其害。然则皆有启之，无有闭之矣。无取于民者，取民者也；无取于国者，取国者也；无取于天下者，取天下者也。取民者民利之，取国者国利之，取天下者天下利之。故道在不可见，事在不可闻，胜在不可知，微哉微哉！鸷鸟将击，卑飞翕翼；猛兽将击，俛（俛原作弭）耳俯伏；圣人将动，必有愚（愚原作过）色；唯文唯德，谁为之惑；弗观弗视，安知其极。今彼殷商，众口相惑。吾观其野，草茅胜谷；吾观其群，众曲胜直；吾观其吏，暴虐残贼。败法乱刑而上下不觉，此亡国之时也。夫上好货，群臣好得，而贤者逃伏，其乱至矣。”太公曰：“天下之人如流水，鄣之则止，启之则行，动之则浊，静之则清。呜呼神哉！圣人见其所始，则知其所终矣。”文王曰：“静之奈何？”太公曰：“夫天有常形，民有常生。与天下共其生，而天下静矣。”

【译文】

文王在酆台召见太公，问道：“商纣王惩罚、杀害无辜之人，你一直帮助我忧虑民事，现在你看我该怎么办呢？”太公答：“君主先要修德修身，礼贤下士，施惠于民，以观察天象变化，如果天道尚无加祸于殷的征兆，不可先倡导征讨；如果人事尚没有出现灾乱，不可先策划起事。必须看到上天降灾，又看到人间出现祸乱，才可以策划征伐。能与人民利益同享，互相同情，互相救援，同心同德，互相成就，同仇敌忾，互相帮助，爱好相同，互相促进。这样，就是不动军队也能取胜，没有冲车、机弩也能进攻，没有掩体壕沟，也能防守。为人民谋利者，天下人开门迎接；残害人民者，天下人闭门不纳。天下不是哪一个人的天下，想取得天下，就像猎取野兽一样，得到了，天下人便会有分享猎物之肉的心；也就像同船渡河一样，渡过了，大家就达到了共同的目的；舟坏了，则大家同受其害。这种情况下，到哪里都只会受到拥护，而没有理由去反对的。不掠夺人民利益的，可以取得人民的拥护；不侵犯国家利益的，可以取得国家的权力；不违背天下趋势的，可以取得天下的赞同。取得民心者，人民归从，这是人民给你的利益；取得国家政权者，这是国家给你的权利；夺取天下者，天下人的利益，都会维系于你。因而这其中之道事先却不能使人看见，事物发展规律事先并不能使人听说，胜利之妙事先不能使人预知。真是微妙呀！真是微妙呀！猛禽将要袭击目标，必先敛翼低飞；猛兽将要捕捉猎物，必先贴耳俯伏；圣人将要采取行动，必先有唯恐过失的神情。只为文或只以德，谁会为之解惑呢？不观察不研究，怎么知道它的深远极致呢？现在的殷商王朝，众多谣传，假象互相迷惑。我观察他的田野里，茅草盖过了禾苗；我观察他的群臣，荒诞奸邪压倒了公平正直；我观察他的官吏，都是暴虐残酷之徒，败坏法纪，乱施刑罚，他们上下还执迷不悟，这是该亡国的时候了。他们上面贪图享受，群臣贪图个人得利，而贤者纷纷逃避隐藏，国乱已经到了。”太公道：“天下人心的向背象流水一样，阻塞它就停止，敞开它就通行，动荡它就混浊，不搅动它就保持清澈。哦！其中变数真是神妙莫测！只有圣人看到它的萌芽，就能推断它的结果。文王问：如何使天下安静呢？太公答：天有一定的变化规律，人民有平常所从事的生计，能与天下人民共安生业，天下就会安静。”

文王在岐周，召太公曰：“争权于天下者，何先？”太公曰：“先人。人与地称，则万物备矣。今君之位尊矣，待天下之贤士，勿臣而友之，则君以得天下矣。”文王曰：“吾地小而民寡，将何以得之？”太公曰：“可。天下有地，贤者得之；天下有粟，贤者食之；天下有民，贤者收之。天下者非一人之天下也，莫常有之，唯贤者取之。夫以贤而为人下，何人不与？以贵从人曲直，何人不得？屈一人之下，则申万人之上者，唯圣人而后能为之。”文王曰：“善。请著之金板。”于是文王所就而见者六人，所求而见者七十人，所呼而友者千人。

【译文】

文王在岐周，召见太公问："争夺天下者何者为先呢？"太公答："人为先。人与土地是相对称的，有了人和地，就万物齐备了。今天君主地位很尊崇啊，但对待天下的贤士，不要把他们当做臣下，而要当做朋友待之，那么君主就可以争天下了。"文王问："我的地域小而且民众少，将如何能得到天下呢？"太公答："可以。天下的地方，有贤德的人可能得到；天下的粮食，有贤德的人可以去收获；天下的人民，有贤德的人才能够统治。天下不是一个人的天下，也不是哪一个人可以长久拥有的，唯有贤德的人可以得到它。贤者若能谦虚敬人，谁会不跟随你！纡尊降贵，严己宽人，亲近人民，有什么人不可得到呢？屈个人于下，而被万人推崇至上者，这样的作为唯有圣人才能做到。"文王说："好。就把这作为我的座右铭。"于是文王登门拜访贤德长者六人，而求访贤哲七十人，以朋友相称的才俊之士上千人。

文王曰："何如而可以为天下？"太公对曰："大盖天下，然后能容天下；信盖天下，然后可约天下；仁盖天下，然后可以求天下；恩盖天下，然后王天下；权盖天下，然后可以不失天下；事而不疑，然后天下恃。此六者备，然后可以为天下政。故利天下者，天下启之；害天下者，天下闭之；生天下者，天下德之；杀天下者，天下贼之；彻天下者，天下通之；穷天下者，天下仇之；安天下者，天下恃之；危天下者，天下灾之。天下者非一人之天下，唯有道者得天下也。"

【译文】

文王问太公："具备什么条件才可以治理天下呢？"太公答："器量盖过天下，然后才能包容天下；诚信盖过天下，然后才能约束天下；仁厚盖过天下，然后才能怀柔天下；恩德盖过天下，然后才能统治天下；权力盖过天下，然后才能不失天下；遇事决断不疑，然后才能被天下依恃。就象天体运行不能改变，就象四时变化不能更易一样。这六个条件具备了，然后就可以治理天下政事了。所以为天下谋利益的，人民就拥护他；使天下人受祸害的，人民就反对他；关心并为天下人谋生存的，人民就感戴他的恩德；杀戮天下人的，人民就要抛弃他；顺应天下人意愿的，人民就归向他；造成天下人穷困的，天下人民就仇视他；使天下人安居乐业的，人民就依靠他；使天下人遭受危难的，人民就逃离他。天下不是一个人的天下，只有有道的人，才能得到它。”

武王问太公曰：“论将之道奈何？”太公曰：“将有五才十过。所谓五才者，勇、智、仁、信、忠也。勇则不可犯，智则不可乱，仁则爱人，信则不欺人，忠则无二心。所谓十过者，将有勇而轻死者，有急而心速者，有贪而喜利者，有仁而不忍于人者，有智而心怯者，有信而喜信于人者，有廉洁而不爱民者，有智而心缓者，有刚毅而自用者，有懦心而喜用人者。勇而轻死者，可暴也；急而心速者，可久也；贪而喜利者，可遗也；仁而不忍于人者，可劳也；智而心怯者，可窘也；信而喜信于人者，可诳也；廉洁而不爱人者，可侮也；智而心缓者，可袭也；刚毅而自任（原作用）者，可事也；懦心而喜用人者，可欺也。故兵者国之大器，存亡之事，命在于将也。先王之所重，故置将不可不审察也。”

【译文】

武王问太公：“如何评价为将之道呢？”太公答：“将领有五项才德和十种缺陷。所谓五种才德是：勇敢、明智、仁厚、诚信和忠实。勇敢就不可被侵犯，明智就不可被扰乱，仁厚就能爱士卒，诚信就不会欺骗别人，忠实就能一心为国。所谓十种缺陷是：将虽有勇而轻于牺牲的，有暴躁而急于求成的，有贪婪而好利的，有仁慈而流于姑息的，有聪明但心怯怕事的，有诚信却轻信于别人的，有廉洁却近于刻薄的，有智谋却犹豫不决的，有刚愎却自以为是的，内心软弱而喜依赖别人的。勇敢而轻于牺牲的，可以被人激怒而战胜他；心躁而急于求成的，可以用持久作战拖垮他；贪婪而好利的，人可以贿赂他；仁慈而流于姑息的，可以被人袭扰疲惫他；聪明而心怯怕事的，人可以胁迫他；诚信而轻信别人的，人可以欺骗他；廉洁却近于刻薄的，人可轻侮他；谋而犹豫不决的，人可以突然袭击他；刚愎而自以为是的，人可以促使他轻举妄动、疏忽大意，然后打败他；内心软弱喜欢依赖别人的，人可以愚弄他。因为军队是国家最重要的支柱，它关系着国家的存亡大事，而军队的命运就掌握在为将的手里。为历代君王所重视，因此设置将领不可不慎重审察。”

武王问太公曰：“王者举兵，欲简练英雄，知士之高下，为之奈何？”太公曰：“知之有八征：一曰，问之以言，以观其辞；二曰，穷之以辞，以观其变；三曰，与之间谍，以观其诚；四曰，明白显问，以观其德；五曰，使之以财，以观其廉（廉原作贪）；六曰，试之以色，以观其贞；七曰，告之以难，观其勇；八曰，醉之以酒，以观其态。八征皆备，则贤不肖别矣。”

【译文】

武王问太公：“君王起兵时想选拔英雄，对将士的才能高下，有什么办法可以知道呢？”太公答：“有八种考验方法：一是提出问题，看他怎么说，说辞是否有理有据；二是详尽追问，观察他应变的能力；三是用间谍考察，看他是否忠诚；四是明知故问，看他有无隐瞒，借以考查他的品德；五是让他有得财机会，以观察他的贪廉；六是用女色试他，看他的操守如何；七是把危难情况告诉他，看他是否勇敢；八是观察他醉酒后的神情，看他能否保持常态。这八种考验方法都用了，一个人的贤与不肖就能区别清楚了。”

## 龙　韬

武王曰：“士高下岂有差乎？”太公曰：“有九差。”武王曰：“愿闻之。”太公曰：“人才参差大小，犹斗不以盛石，满则弃矣，非其人而使之，安得不殆？多言多语，恶口恶舌，终日言恶，寝卧不绝，为众所憎，为人所疾，此可使要问闾里。察奸伺猾，权数好事，夜卧早起，虽遽不悔，此妻子将也。先语察事，实长希言，赋物平均，此十人之将也。切切截截，不用谏言，数行刑戮，不避亲戚，此百人之将也。讼辩好胜，疾贼侵陵，斥人以刑，欲正一众，此千人之将也。外貌咋咋，言语切切，知人饥饱，习人剧易，此万人之将也。战战栗栗，日慎一日，近贤进谋，使人以节，言语不慢，忠心诚必，此十万之将也。温良实长，用心无两，见贤进之，行法不枉，此百万之将也。动动纷纷，邻国皆闻，出入居处，百姓所亲，诚信缓大，明于领世，能教成事，又能救败，上知天文，下知地理，四海之内，皆如妻子，此英雄之率，乃天下之主也。”

【译文】

武王问：“一般人的才能高下有哪些差别？”太公答：“有九种差别。”武王道：“说给我听吧。”太公答：“人的才能大小参差不齐，犹如不以斗来盛装一石之物，装满后，其余便只能被抛弃。不是合适的人却使用之，怎能不危殆？第一种人多言恶语，口不积德，整天说坏话，传是非，连睡在床上都不安生，为众人憎恨，遭人嫌弃。这种人只能是说长道短的市井小人。第二种人察人奸情，伺人狡猾，多有心计，好揽事务，夜卧早起，虽窘急而不懊悔，这种人只能是一家之长。第三种人明哲保身，多干事少说话，待人接物平和，这种人可以做十人之主。第四种人理事无论长短，不听别人说法，该打该罚，自己裁决，处事不避亲戚，这种人可以领导上百人。第五种人爱与人辩论，好胜心强，疾恶如仇，把训斥人当作管理之法来矫正众人，这可作千人之将。第六种人外貌温雅，言语平易近人，了解人，关心人的饥饱，才能为别人所不及，这是万人之将。第七种人兢兢业业，不骄不躁，做事一天比一天谨慎小心，亲近贤者，善于采纳别人意见，待人礼貌，言语和蔼，不轻视别人，忠诚信实，这是十万人之将。第八种人品行高尚，多才多谋，实际长处很多，用心专注不二，纳贤从善如流，不枉法，不徇私情，这是百万人之将啊。第九种人举动使人纷纷评论和拥护，连邻国也无不知悉，所行之处，受百姓爱戴；他的诚信大而持久，能正确领导人民，能指导事情成功，又能拯救危难，反败为胜；上知天文，下知地理，四海之内，待人民就如同自己家里人一样，这是济世英雄的风范，是天下之君主啊！”

武王问太公曰：“立将之道奈何？”太公曰：“凡国有难，君避正殿，召将而诏之曰：‘社稷安危，一在将军。’将军受命，乃斋于太庙，择日授斧钺。君入庙西面而立，将军入北面立。君亲操钺，持其首授将（原无将字，补之）其柄，曰：‘从此以往，上至于天，将军制之。’乃复操斧，持柄授将其刃，曰：‘从此以下至于泉，将军制之。’既受命曰：‘臣闻国不可从外治，军不可从中御；二心不可以事君，疑志不可以应敌。臣既受命，专斧钺之威，不敢还请，愿君亦垂一言之命于臣。君不许臣，臣不敢将；君许之，乃辞而行。军中之事，不可闻君命，皆由将出，临敌决战，无有二心。若此无天于上，无地于下，无敌于前，无主于后。是故智者为之虑，勇者为之斗；气厉青云，疾若驰骛，兵不接刃，而敌降服。”

【译文】

武王问太公：“任命主将的仪式如何？”太公答：“凡国家遇有危难，国君就避开正殿，在偏殿召见主将任命于他说‘国家安危全靠将军。’主将接受了任命，国君斋戒于太庙，择吉日授给斧钺。(到了吉日)国君进入太庙门，面向西站着，主将进太庙门，面向北站着。国君亲自拿着钺的头部，把钺柄交给主将，说：从此以后，军中上至于天的一切事情全由将军管理。’又亲自拿起斧柄，把斧的刃部交给主将，说：‘从此军中下至于泉的一切事情全由将军管理。’主将接收任命后说：‘臣闻治国不可从外治理，国事不应受外部的干预，军队不能由君主在朝廷内遥控指挥。臣怀二心就不能忠心耿耿地侍奉君主，将帅受君主的牵制，疑虑重重就不能专心致志的去对付敌人。臣既已奉命掌握军事大权，专斧钺之威，(不获胜利)不敢生还。请陛下允许我照上面的话去做！你不允许，我就不敢担任主将。’国君答应了他，主将就辞别君主率军出征。从此军中一切事务，不听命于国君而听命于主将，临敌决战，意志统一。这样主将就能上不受天时节制，下不受地形限制，前无敌人敢于抵抗，后无君主从中牵制。就能使有智谋的人都为他策划，有勇力的人都为他战斗，士气昂扬直冲霄汉，行动迅速如快马奔腾，兵未交锋而敌已降服。”

武王问太公曰：“将何以为威？何以为明？何以为禁止而令行？”太公曰：“以诛大为威，以赏小为明（为明下旧有何以为审四字，删之），以罚审为禁止而令行。故杀一人而三军振者杀之，赏一人而万人说者赏之。故杀贵大，赏贵小。杀及贵重当路之臣，是刑上极也；赏及牛马厮养，是赏下通也。刑上极，赏下通，是将威之所行也。夫杀一人而三军不闻，杀一人而万民不知，杀一人而千万人不恐，虽多杀之，其将不重；封一人而三军不悦，爵一人而万人不劝，赏一人而万人不欣，是为赏无功、贵无能也。若此则三军不为使，是失众之纪也。”

【译文】

武王问太公：“将军用什么来树立威信，用什么来体现明察，用什么来做到令行禁止？”太公答：“将以诛杀地位高的人来树立威信，以奖赏地位低的人来体现明察，以严明惩罚来做到禁止而令行。因此杀一人能使全军震惧的，就应将他杀掉；奖赏一人能使三军满意，就应予以奖赏。所以杀贵在大、赏贵在小。惩罚贵在施行于上层，奖赏贵在施行于下层。诛杀妨碍令行禁止的当道贵臣，是刑法施行于上层；奖赏牧牛养马的士卒，则是赏赐施行于下层。刑罚能施行于上贵，奖赏能通达于下层，这是将军的威严之所在。若杀一人而三军无动于衷，杀一人而万民不知晓，杀一人千万人不惧怕，即便多杀，这将军也不能使人敬畏重视。提拔一人而三军都不满意，给一人封爵而万人都不赞贺，奖赏一人而万人都不欣喜，这是因为受奖赏的人没有什么功劳让人信服，因封爵而位置尊贵的人并没有什么才能让人崇拜。如果这样，三军不会乐于听从他的号令，是丧失众人之心的举措啊！”

武王问太公曰："吾欲令三军之众，亲其将如父母，攻城争先登，野战争先赴，闻金声而怒，闻鼓音而喜，为之奈何？"太公曰："将有三礼。冬日不服裘，夏日不操扇，天雨不张盖幕，名曰三礼也。将身不服礼，无以知士卒之寒暑。出隘塞犯泥涂，将必下步，名曰力将。将身不服力，无以知士卒之劳苦。士卒军皆定次，将乃就舍。炊者皆熟，将乃敢食。军不举火，将亦不火食，名曰止欲。将不身服止欲，无以知士卒之饥饱，故上将与士卒共寒暑，共饥饱勤苦。故三军之众，闻鼓音而喜，闻金声而怒矣。高城深池，矢石繁下，士争先登；白刃始合，士争先赴；非好死而乐伤，为其将念其寒苦之极，知其饥饱之审，而见其劳苦之明也。"

【译文】

武王问太公："我想使三军将士一心，攻城时争相先登，野战时争先前赴，听到撤军的金声就恼怒，听到进军的鼓声就欢喜，如何才能做到这些呢？"太公答："为将者有三礼：冬天不穿皮衣，夏天不用扇子，雨天不打盖幕，这就是三礼。为将者不能率先垂范，就无从体会士卒的冷暖。越过险阻关隘，通过泥泞道路，为将者必须首先下马步行，这是勇健而能吃苦的力将。为将者不身体力行，就无从体会士卒的劳苦。部队安营扎寨就绪，为将者才进入自己的帐舍。士兵的饭菜都已做好，为将者才能就餐。部队没有照明，为将者也不照明而食，这叫做止欲。为将者不律身克制私欲，就无以体会士卒的饥饱。因此，上将能与士卒同甘共苦，所以全军官兵听到前进号令就欢喜，听到停止号令便会恼怒。即使面临高城深池，冒着敌人的如雨箭石，而三军却无不奋勇先登。野战时白刃交锋，士卒无不踊跃向前。三军之所以如此，并不是因为他们好死而乐伤，而是因为他们的将军深深地关怀他们的冷暖、饥饱，体贴到他们辛苦的缘故，因而他们甘愿尽力报效啊！"

武王问太公曰："攻伐之道，奈何？"太公曰："势因敌家之动，变生于两阵之间，奇正登于无穷之源。故至事不语，用兵不言。其事之成者，其言不足听。兵之用者，其状不足见。倏然而往，忽然而来，能独专（专原作转）而不制者也。善战者，不待张军；善除患者，理其未生；善胜敌者，胜于无形；上战无与战矣，故争于白刃之前者，非良将也。备于已失之后者，非上圣也。智与众同，非国(国原作人)师也。伎与众同，非国工也。事莫大于必成，用莫贵于玄眇，动莫神于不意，胜莫大于不识。夫必胜者，先见弱于敌而后战者也，故事半而功自倍。兵之害，犹豫最大；兵之灾，莫大于狐疑。善者见利不失，遇时不疑。失利后时，反受其灾。智（智原作善）者从而不失（失原作择），巧者一决而不犹豫，故疾雷不及掩耳，卒电不及瞬目，赴（赴原作起）之若惊，用之若狂，当之者破，近之者亡，孰能待之。"武王曰："善。"

【译文】

武王问太公："攻伐之道是什么？"太公答："进攻的方略，在于因势利导，依据敌人的行动而灵活应变；两军对阵之时，奇正战法的恰当运用，来源于将帅无穷的智谋。所以，机要的大事不能泄露，用兵的策略不可外传。重大决策不容纷纷议论，作战意图不可暴露于敌。军队的调遣，忽往忽来，能够独立行动而不受制于人，这是用兵的重要原则。善于用兵的人，在展开军队之前，就要对计划不周密的地方补充和完善，消灭隐患于萌芽之前。善于战胜敌人的人，取胜于无形之中，最好的作战是不战而屈人之兵。所以用死拼硬斗来争胜的将领，不算是好的将领；在失败之后再来设防戒备的，不是能驾驭大局的人。智慧与一般人相同的，不能为人之师；技能与一般人相同的，不能算是能工巧匠。用兵最重要的是所攻必克，实战最重要的是神机妙算，行动最重要的是出其不意，最大的胜利莫过于计谋事先不被识破。凡是必胜之军，都是先用诱兵之计，示弱于敌，待敌人行动暴露而后乘隙进攻，这样可以事半而功倍。用兵之所忌，犹豫最大，军队的灾祸，莫过于狐疑。善于打仗的人，看到有利的情况决不放过，遇到有利的战机决不迟疑。因为失去有利条件和错过有利时机而动，反而会使自己受害。因此，明智的将帅抓住战机就不会放过，机智的指挥者，巧妙的掌握先机，一经决定就不再因选择而贻误战机。所以才能有迅雷不及掩耳，闪电不及瞬目之势，前进如惊马奔驰，战斗如狂风骤雨，阻挡它的就被击破，靠近它的都被消灭，谁能抵抗得了这种军队呢？”武王赞叹道：“你讲的太好了！”

武王问太公曰：“凡用兵之极，天道地利人事，三者孰先？”太公曰：“天道难见，地利人事易得。天道在上，地道在下，人事以饥饱劳逸文武也。故顺天道不必有吉，违之不必有害。失地之利，则士卒迷惑；人事不和，则不可以战矣。故战不必任天道，饥饱劳逸文武最急，地利为宝。”王曰：“天道鬼神，顺之者存，逆之者亡，何以独不贵天道？”太公曰：“此圣人之所生也。欲以止后世，故作为谲书，而寄胜于天道，无益于兵胜，而众将所拘者九。”王曰：“敢问九者奈何？”太公曰：“法令不行而任侵诛；无德厚而用日月之数；不顺敌之强弱，幸于天道；无智虑而候氛气；少勇力而望天福；不知地形而归过；敌人怯弗敢击而待龟筮；士卒不募而法鬼神；设伏不巧，而任背向之道。凡天道鬼神，视之不见，听之不闻，索之不得，不可以治胜败，不能制死生，故明将不法也。”

【译文】

武王问太公：“凡是用兵的最高战略中，天道、地利、人事，三者那个为先？”太公答：“天道机遇难得遇见，地利人事容易取得。天道时势在上，地道地利在下，人事注意社会生活饥饱、劳逸、文治武备等方面情况。若顺应了天道不一定都有吉祥，错过了也不一定就有祸害。但失去了地利，士卒就会感到迷惑。人事方面不能协调，则不可以进行战争。因此战争不必取决于天道，人民的饥饱、劳逸、教育、国防是最急迫的问题，地利也是很宝贵的条件。”武王问：“天道就像鬼神，顺应它的就能生存，违逆它的就会灭亡，却为什么不独贵天道？”太公答：“这是圣人所提出来的，用意在于警示后世莫违背天意，所以被当作奇诡玄秘的书。如果只把胜利寄托在天道上，无益于军事上的克敌致胜之道，而且众将领因此会受到九种思想上的拘泥和束缚。”武王问：“请问这九者究竟是哪些？”太公答：“不能行使法令而放任法令受到侵犯和流于形式；平时对群众不广恩厚德，而用日月之数以待天时；不因敌之强弱变化而调整对敌之策，却存在凭借天道的侥幸心理；不明智的考虑现实而去等候天道的氛围和气势；不去勇敢地力争胜利而指望天道降福；把不熟悉地形而造成的过失归罪于天道；敌人怯战退却而不敢追击，求助于占卜决定；不去招募训练士卒而相信依靠鬼神之助，不以谋略巧妙伏击敌人，以为天道运气能相助胜利。凡是天道鬼神，是看不到、听不见、求不得的，不可以决定胜败，不能制定死生，所以明智的将军因而不去效法这些啊。”

太公曰：“天下有粟，圣人食之；天下有民，圣人收之；天下有物，圣人裁之。利天下者取天下，安天下者有天下，爱天下者久天下，仁天下者化天下。”

【译文】

太公说：“天下有粮，由圣人养育百姓；天下有民，由圣人治理百姓；天下的事物，由圣人裁处。为天下谋利益者取得天下，使天下人生活安宁者拥有天下，爱护天下人者可以长久地统治天下，仁德遍布天下者可以化育天下。”

## 虎　韬

武王胜殷，召太公问曰：“今殷民不安其处，奈何使天下安乎？”太公曰：“夫民之所利，譬之如冬日之阳，夏日之阴。冬日之从阳，夏日之从阴，不召自来。故生民之道，先定其所利，而民自至。民有三幾，不可数动，动之有凶。明赏则不足，不足则民怨生；明罚则民慑畏，民慑畏则变。故出明察则民扰，民扰则不安其处，易以成变。故明王之民，不知所好，不知所恶，不知所从，不知所去。使民各安其所生，而天下静矣。乐哉，圣人与天下之人，皆安乐也。”武王曰：“为之奈何？”太公曰：“圣人守无穷之府，用无穷之财，而天下仰之。天下仰之，而天下治矣。神农之禁，春夏之所生。不伤不害，谨修地利，以成万物，无夺民之所利，而农顺其时矣。任贤使能，而官有材，而贤者归之矣。故赏在于成民之生，罚在于使人无罪。是以赏罚施民，而天下化矣。”

【译文】

武王伐殷胜利，召见太公问道：“现在殷国的人民不能各安其处，如何使天下安宁呀？”太公答：“那些有利于人民生存的措施，就像冬天的阳光、夏天的阴凉。冬天晒太阳，夏天乘阴凉，不用召唤人就自己来了。因此利于人民生养之道，先制定利民的措施，然后人民自己就会趋向有利的地方。民乱有三种苗头不可有连续的动荡，连续动荡则孕育危险和凶兆；明令赏赐但是实际赏的不足，不足就会引起民怨；明令惩罚就会使人民感到被管制的畏惧，民心畏惧就会生变。所以大张旗鼓的巡察就会扰民，民众受到烦扰就不会安居其处，容易激起变故。所以明智的君主对管辖下的人民，要让他们对好恶去从都不担心和计较，使人民安居乐业，就会天下安宁了。乐哉，圣人与天下人民都能安乐了。”武王问：“那怎样去做？”太公答：“圣贤的人守护着无穷的府库，用天下无穷的财富去造福人民，而受到天下人民敬仰；受到天下人的敬仰，就能达到天下大治了。有神农之禁令，才能使春夏之际万物呈现生机。对自然不去破坏，专心去修地利，以利于万物成长，没有侵害人民利益的现象，那么农业生产就能顺应它们的时节。任用贤者，使用能人，选为官吏者有德有才，所以贤者都归附于他。因此奖赏在于成就人民的生产，刑罚在于使人不犯罪。所以赏罚用来治理化育人民，而天下就稳定了。”

# 犬　韬

武王至殷将战，纣之卒握炭流汤者十八人，以牛为礼以朝者三千人，举百石重沙者二十四人，趋行五百里，而矫矛杀百步之外者五千人，介士亿有八万。武王惧曰：“夫天下以纣为大，以周为细；以纣为众，以周为寡；以周为弱，以纣为强；以周为危，以纣为安；以周为诸侯，以纣为天子。今日之事，以诸侯击天子，以细击大，以少击多，以弱击强，以危击安，以此五短，击此五长，其可以济功成事乎？”太公曰：“审天子不可击，审大不可击，审众不可击，审强不可击，审安不可击。”王大恐以惧。太公曰：“王无恐且惧。所谓大者，尽得天下之民；所谓众者，尽得天下之众；所谓强者，尽用天下之力；所谓安者，能得天下之所欲。所谓天子者，天下相爱如父子，此之谓天子。今日之事，为天下除残去贼也。周虽细，曾残贼一人之不当乎？”王大喜曰：“何谓残贼？”太公曰：“所谓残者，收天下珠玉美女金钱彩帛狗马谷粟，藏之不休，此谓残也。所谓贼者，收暴虐之吏，杀天下之民，无贵无贱，非以法度，此谓贼也。”

【译文】

武王到达殷国将要战斗，见到殷纣王的士卒握着炽炭，蹈着沸汤的勇士有十八人，以牛为礼晋献朝廷者三千人，举百石重沙者二十四人，趋行五百里，而以长矛射杀百步之外者有五千人，武士十八万。武王恐惧道：“天下疆土以殷商为大，我们周小；殷商的人多，而周的人少；我们国力弱小，而商纣的国力强；我们周的形势危急，商纣的形势较安全；我们是诸侯，商纣是天下之王主。今天我们攻打商纣，是以诸侯攻打天子，以小国攻打大国，以少数人攻打多数人，以弱小攻击强大，以不利形势攻打有利形势，以此五短，击彼五长，这可以取得成功吗？”太公答：“看来，天子不可击，大不可击，众不可击，强不可击，安不可击。”武王大恐以至害怕起来。太公说：“你不要害怕，所谓大者，指尽得天下民心。所谓众者，指尽得天下之众。所谓强者，指尽用天下之力，所谓安者，指能顺应天下人的意愿。所谓天子者，天下人相爱如父子。这才称得上天子。今日主要之事，就是为天下除残去贼啊。周国虽小，何曾有过残贼一人所行的不当之事吗？”武王大喜道：“什么叫残贼？”太公答：“所谓残者，收天下珠玉美女金钱彩帛狗马谷粟，无休止的索要，这叫残者。所谓贼者，网罗暴虐之吏，杀天下之民，无贵无贱，没有法度，这叫贼啊。”

武王问太公曰：“欲与兵深谋，进必斩敌，退必克全，其略云何？”太公曰：“主以礼使将，将以忠受命。国有难，君召将而诏曰：‘见其虚则进，见其实则避；勿以三军为贵而轻敌，勿以授命为重而苟进；勿以贵而贱人，勿以独见而违众，勿以辩士为必然；勿以谋简于人，勿以谋后于人；士未坐勿坐，士未食勿食；寒暑必同，敌可胜也。”

【译文】

武王问太公：“我想在军事上有更深的谋划，进必杀敌，退可保全，这谋略该如何定呢？”太公答：“君主以礼用将，将以忠心受命。国家有难，君主召将指示道：‘见敌人空虚就进攻，见敌人强大时就避开。不要以掌握三军而轻视敌人，不要以接授君命为重而盲目进攻，不要以自己尊贵而轻视人，不要以个人意志而去做违背众人意愿的事，不要以为能言善辩之人说的都是正确的，不要把自己的谋略写成文字交给别人，不要使自己的计谋落后于别人；士卒未休息你不要休息，士卒未吃饭你不要先吃。寒暑和士卒同甘苦，可以破敌取胜啊！’”

（蔡庄伟译）

## 卷三十一

# 阴谋治要

【考评】

魏征编纂《群书治要》，仅辑录《阴谋》中有关太公答武王的贤君治国教民之法，是对《六韬》进一步的阐述。“贤君治国，不以私官公，赏不加于无功，罚不加于无罪，法废于仇雠，不避于所爱，不因怒以诛，不因喜以赏，不高台深池以役下，不雕文刻画以害农，不极耳目之欲以乱政，”是贤君治国的根本方法。魏征辑录《阴谋》不足千字，保存了唐代尚存的部分珍贵资料，其中涉及治国教民之法，赏罚奖惩之道，是魏征向唐太宗进谏数十万言中的重要内容，就是今天世界各国有政绩的领导人物也无不如斯“治国教民”。

《阴谋》一书，《汉书》兵家不见著录，然《汉书》道家类有《太公》二百三十七篇，其中有《谋》八十一篇，《言》七十一篇，《兵》八十五篇。《四库全书总目·兵家类存目》录《太公兵法》一卷，案此书“俚其伪托，不待辨也”。余嘉锡《四库提要辩证》卷十一认为，《阴谋》与《六韬》、《金匮》等“皆《兵》八十五篇中之子目”。河北定县40号汉墓出土有《太公》竹简，其简文有的标明出自《阴谋》，证明余说极是。亦见《阴谋》是《太公》之一篇，乃为汉初流传的先秦典籍。关于该书的作者，《隋书·经籍志》标明《太公》为“周文王师吕望撰”，此说不实，《太公》既非太公自著，亦非伪托，而是战国时期“通其学者述旧闻而著于竹帛矣”(章学诚《文史通义·诗教上》)。

武王问太公曰："贤君治国教民，其法何如？"太公对曰："贤君治国，不以私害公；赏不加于无功，罚不加于无罪，法不废于仇雠，不避于所爱；不因怒以诛，不因喜以赏；不高台深池以役下，不雕文刻画以害农，不极耳目之欲以乱政；是贤君之治国也。不好生而好杀，不好成而好败，不好利而好害，不好与而好夺，不好赏而好罚，妾孕为政，使内外相疑，君臣不和；拓人田宅以为台观，发人丘墓以为苑囿，仆媵衣文绣，禽兽犬马与人同食，而万民糟糠不厌，裘褐不完；其上不知而重敛，夺民财物藏之府库；贤人逃隐于山林，小人任大职，无功而爵，无德而贵；专恣倡乐，男女昏乱，不恤万民，违阴阳之气；忠谏不听，信用邪佞；此亡国之君治国也。"

【译文】

周武王问太公说："圣明的君主治理国家、教化民众，该用什么办法呢？"太公回答说："圣明君主治理国家，不因个人利益而妨害人民利益；对无功的人不予奖赏，对无罪的人不可处罚；对仇人依法行事，对所爱者也依法行事，不因一时恼怒而滥杀人，也不因一时喜爱便奖赏人；不筑高台、挖深池以役使百姓；不因雕刻图饰绘画而妨害农事；不极力追求听觉视觉的享受扰乱政务。这就是圣明君主治理国家之法。不爱护生灵而喜好杀戮；不喜欢和解而喜好打败对方；不喜好利益他人而喜好损害人；不喜好施与而喜好削夺；不喜好奖赏而喜好处罚；妾媵干预政事，让朝廷内外彼此猜疑，君臣不和睦；侵占百姓田园庄基建造台阁宫观，挖掉人家的坟墓建造游乐打猎的花园；仆人婢女衣着华丽秀美，豢养的禽兽狗马与人吃同样的食物，可是百姓连糟糠也吃不饱，且衣服破烂，而君主不知下情且一味加重赋敛，掠夺百姓财物收藏于官家府库；贤明的人逃避隐居于山林，奸邪小人担任要职，无功者得以封爵，无德者得以尊贵；专一地放纵沉溺于舞女音乐之中，男女关系混乱，不体恤百姓，违背阴阳之气；不纳忠谏之言，偏信任用奸佞邪恶之人。这就是亡国之君的治国之道。"

武王问太公曰："吾欲轻罚而重威，少其赏而劝善多，简其令而众皆化，为之何如？"太公曰："杀一人千人惧者杀之，杀二人而万人惧者杀之，杀三人三军振者杀之；赏一人而千人喜者赏之，赏二人而万人喜者赏之，赏三人三军喜者赏之；令一人千人得者令之，禁二人而万人止者禁之，教三人而三军正者教之。杀一以惩万，赏一而劝众，此明君之威福也。"

【译文】

武王问太公说："我想减轻处罚而增加威严，减少赏赐而多行勉励，简化政令而使众人都得以教化，这样做如何？"太公回答说："杀一人能使一千人畏惧就杀了他；杀两人能使一万人畏惧就杀了他们；杀三人能使三军得到整顿就杀了他们；奖赏一人能让千人喜悦就奖赏他；奖赏两人能让万人喜悦就奖赏他们；奖赏三个人能让三军喜悦就奖赏他们。命令一个人使千人奋进就发布命令，禁止两人干坏事而万人得以制止就发布禁令，教育三个人能使全军得以纠正就进行教育。杀一人来警戒万人，赏一人来鼓励众人，这就是圣明君主的赏罚之道啊。"

武王问太公曰："吾欲以一言与身相终，再言与天地相永，三言为诸侯雄，四言为海内宗，五言传之天下无穷，可得闻乎？"太公曰："一言与身相终者，内宽而外仁也；再言与天地相永者，是言行相副，若天地无私也；三言为诸侯雄者，是敬贤用谏，谦下于士也；四言为海内宗者，敬接不肖，无贫富，无贵贱，无善恶，无憎爱也；五言传之天下无穷者，通于否泰，顺时容养也。"

【译文】

武王问太公："我想把一句话铭记终生；以第二句话与天地长存；凭第三句话成为诸侯中的杰出者；凭第四句话被天下人尊奉；以第五句话流传于全国而影响于后世。你能讲给我听吗？"太公说："应铭记终生的话是内心宽厚、对外仁爱；能与天地长存的话是言谈与行动相符，像天地那样公正无私；能成为诸侯中杰出者的话是尊敬贤者，虚心听取规劝，谦诚待士；能被天下人尊奉的话是慎重对待有缺点的人，不分贫富、贵贱、善恶、憎爱；能流传于天下而没有穷尽的话是通晓命运的好坏顺逆，顺应时势，宽容他人，加强自身修养。

武王问尚父曰："五帝之戒可闻乎？"尚父曰："黄帝之时戒曰：吾之居民上也，摇摇恐夕不至朝；尧之居民上，振振如临深川；舜之居民上，兢兢如履薄冰；禹之居民上，栗栗恐不满日；汤之居民上，战战恐不见旦。"王曰："寡人今新并殷，居民上，翼翼惧不敢怠。"

【译文】

武王问尚父说："五帝的戒规可说给我听吗？"尚父说："黄帝常告戒自己，我处在民众之上，常心神不安，只恐夕不至朝；尧处在百姓之上，常如临深川；舜处在百姓之上，小心谨慎如踩薄冰；禹处在百姓之上，常战战栗栗惟恐治理过不了今天；汤处在民众之上，颤颤抖抖只恐挨不到天明。"武王说："现在我刚吞并了殷，处民众之上，要小心翼翼，戒惧而不敢怠慢。"

（樊建夫译）

卷三十一

# 鬻子治要

【考评】

魏征在《群书治要》中辑录《鬻子》虽不足千字，但辞多治国之道，通篇贯穿了仁政、王道精神和以民为本思想，以及弘道济世之术。唐朝人逢行珪在为《鬻子》作序中称“王者览之，可以理国；吏者遵之，可以从政。足使贤者励志，不肖者涤心”。魏征所辑，其旨在告诫太宗要内而修法治身，外而励志治国，尤要以仁为本，知善而行，才能达到“理国”的目的。

《鬻子》旧题(周)鬻熊撰。《汉书·艺文志》称道家鬻子二十二篇，又小说家鬻子十九篇。《四库全书》录鬻子一卷，列“子部·杂家类”，《守山阁丛书·子部》录鬻子一卷，并有唐逢行珪注及清人钱熙祚校勘记等。今本《正统道藏》有《鬻子》二卷，凡十四篇，亦有逢行珪注及序。

关于该书作者、时代及真伪，因史料缺乏，不可详考。《左传》杜预称，鬻熊为祝融十二世孙，《史记·楚世家》谓“周文王之时，季连之苗裔曰鬻熊。鬻熊子事文王，蚤卒。”《汉书》载，魏相奏记霍光称文王见鬻子，年九十余，唐逢行珪为《鬻子》作《序》，称其“楚人”，周文王之师也，年九十见文王”，盖年此合。贾谊《新书》曾引该书六条，文格略同。看来鬻熊约周文、武时人。然《鬻子》一书似非自著，系托名伪作，亦为隋唐以前的流传版本。

君子不与人之谋则已矣，若与人谋之，则非道无由也。故君子之谋，能必用道，而不能必见受也；能必忠，而不能必入也；能必信，而不能必见信也。君子非仁者，不出之于辞，而施之于行，故非非者行是，而恶恶者行善，而道谕矣。

【译文】

君子不参与他人的谋划则已，如果帮人谋划，除却道义便别无所凭了。所以君子之谋，能做到一定遵从道义，但不一定会被他人接受；能做到一定尽心竭力，但不一定会合于人意；能做到一定诚实无欺，但不一定会被他人相信。君子若不是体现仁德者，则不表露于言词，而是体现于行为，故反对错误事物者行为反而正确，憎恶丑恶事物者行为反而美好，从而使人明白道义。

文王问于鬻子曰："敢问人有大忌乎？"对曰："有。"文王曰："敢问大忌奈何？"鬻子对曰："大忌知身之恶而不改也，以贼其身，乃丧其躯，有行如此之谓大忌也。昔之帝王其所以为明者，以其吏也；昔之君子其所以为功者，以其民也。力生于民，而功最于吏，福归于君。民者至庳也，而使之取吏焉，必取所爱。故十人爱之，则十人之吏也；百人爱之，则百人之吏也；千人爱之，则千人之吏也；万人爱之，则万人之吏也。周公曰：吾闻之于政也，知善不行者，则谓之狂，知恶不改者，则谓之惑。夫狂与惑者，圣人之戒也。不肖者不自谓不肖，而不肖见于行，不肖者虽自谓贤，人犹皆谓之不肖也；愚者不自谓愚，而愚见于言，愚者虽自谓智，人犹皆谓之愚也。禹之治天下也，以五声听，门悬钟鼓铎磬，而置鞀以待四海之士，为铭于筍簴曰：'教寡人以道者击鼓，教寡人以义者击钟，教寡人以事者振铎，告寡人以忧者击磬，语寡人以讼狱者挥鞀。'此之谓五声。是以禹尝据一馈而七起，日中而不暇饱食，曰：吾不恐四海之士留于道路，吾恐其留吾门廷也。是以四海之士皆至，是以禹朝廷间可以罗雀。"

【译文】

文王问鬻子说："请问人有大忌讳吗？"回答说："有。"文王说："最大的忌讳是什么？"鬻子回答说："最大的忌讳是知道自己的不良行为却不改正，以致伤害自己，甚至牺牲躯体。如此行事是人的大忌。从前的帝王英明的原因是凭借他的官吏，从前的君子有功绩的原因是凭借他的百姓。力量源自于民众，而功劳聚集于官吏；富贵归于君主，百姓处在社会的最低层。如果让他们选取对自己有利的，一定选取自己喜爱的。因此，十个人喜爱他，就是十个人的官吏；一百个人喜爱他，就是这一百个人的官吏；一千个人喜爱他，就是这一千个人的官吏；一万人喜爱他，就是一万人的官吏。周公说："我听说关于政务方面的事，明知是好事却不施行的，就叫做失常；明知有不良行为却不改正的，就叫做迷惑。失常与迷惑，这是圣明君主应当谨慎的。不贤的人不认为自己不贤，但他的不贤却表现在行动上；不贤的人虽然自认为贤，人们还是都说他不贤；愚昧的人不认为自己愚昧，可是愚昧显现于他的言谈；愚昧的人虽自认为聪慧，人们还是都认为他愚昧。大禹治理天下，凭'五声'听政，朝堂门上悬挂钟、鼓、铎、磬，同时安放鼗鼓接待来自四方的人才，并在悬挂钟磬的架子上刻着铭文：'用道指教我的请击鼓，用义指教我的请击钟，用事实指教我的请击铎，向我告知忧虑的请击磬，把告状诉讼的事告诉我的请敲鼗鼓'。这就叫做'五声'。因此，大禹曾经吃一顿饭起身七次去料理事务，日过中午还没时间吃饭。他常说：'我不担心全国的士子停留于路途，我担心他们停留在我的门庭'。因此天下士子都来投奔，也因此，（士子各得其所）禹的朝廷很清静。"

夫卿相无世，贤者有之；国无因治，智者理之。智者非一日之志也，治者非一日之谋也，治志治谋，在于帝王，然后民知所保，而知所避。发政施令，为天下福者谓之道，上下相亲谓之和，民不求而得所欲谓之信，除天下之害谓之仁。仁与信，和与道，帝王之器也。凡万物皆有器，故欲有为而不行其器者（旧无不行其器者五字，补之），不成也，欲王者亦然，不用帝王之器者，亦不成也。

【译文】

公卿宰相无世代相承的，贤德者却可以保有；国家没有沿袭不变的太平，靠聪慧者来治理。有智慧者不是凭一时的志向，治理国家者不是凭一时的谋略，锤炼意志、研究谋略，皆在于帝王。这以后百姓就知道哪些应当保持、哪些应当避免。发布政令，替天下人谋福称作道；在上位者与民相亲叫做和；百姓未乞求，便得到所想要的叫做信；清除天下的祸害叫做仁。仁与信、和与道是王者治国的具体法则。大凡万事皆有其器量，所以想有作为却不扩展其器量的，就不能成功。想成就王业者也是这样，没有帝王的器量，也是不能成功的。

昔者鲁周公，使卫康叔往守于殷，戒之曰："与杀不辜，宁失有罪；无有无罪而见诛，无有有功而不赏；戒之，封，诛、赏之慎焉。"

【译文】

从前周公派卫康叔去掌管殷，告诫他说："与其冤杀无罪的人，不如放过有罪的人；不能发生无罪者被杀的事，不能出现有功却得不到奖赏的事。要警戒啊，封！诛杀、奖赏要谨慎啊。"

（樊建夫译）

卷三十二

# 管子治要

【考评】

管仲是我国春秋初期一位有见识、有作为的政治家。《管子》一书保存了管仲的遗说，是我国古代诸子书中对后世影响十分深远的重要著作。无独有偶，齐恒公重用管仲，使齐国成为春秋时期第一霸主；唐太宗能听魏征的反对意见，使唐朝兴盛起来，魏征给唐太宗的奏疏中常常引用管仲的话。如在《论君子与小人疏》中说“管仲在回答齐桓公如何而害霸”的问题时，明确指出“不能知人”、“知而不能任”、“任而不能信”、“既信而又使小人参之”的精辟论述，对于今天的组织部门发现人才、使用人才仍有现实意义。《战国策》记载了这样一个故事：齐桓公朝服是紫色，他最讨厌大臣们穿紫色衣服，问管仲该怎么办？管仲说这很简单，从明天开始你见到穿紫色衣服的人走到前面，你就说臭得很，教他走远一点，这就行了。齐桓公照样做了，一个月以后，全国都没有穿紫色衣服的人了，这使齐桓公明白“上行下效”对转变社会风气会起到不可估量的作用。

魏征编纂的《群书治要》从《管子》中节录其《牧民》《治国》等二十二篇，约一万余字，作为他进谏的理论依据。如《牧民》篇的核心内容是强调国君治国应遵循的基本原则，以及这些原则在实施过程中已取得的正反两方面的经验。文中提出的“仓廪实则知礼节，衣食足则知荣辱”以及“上有所行，下必效之”等观点具有鲜明的唯物主义色彩，至今仍有借鉴意义。

《管子》传说为春秋初期政治家管仲所作，据后人考证，实为我国战国时期稷下学者托名管仲所作，其中也有汉代附益部分，共二十四卷。原本八十六篇，今存七十六篇，分为八类。内容庞杂，包含有道、名、法等家的思想，以及天文、历数、舆地、经济和农业等知识。其中《牧民》《形势》《权修》《乘马》等篇存有管仲遗说。《轻重》等篇是中国古代典籍中阐述经济问题篇幅较多的著作，在生产、分配、交易、消费和财政等方面均有所论述。《心述》《白心》《内业》等篇，保存一部分道家关于“气”的学说。《水地》篇提出了以“水”为万物根源的思想。《度地》篇专论水利，《地员》篇专论土壤。注释有唐房玄龄注(今皆认为尹知章注)、清戴望《管子校正》和今人郭沫若等《管子集校》等。

管仲(?－前645)即管敬仲。春秋初期政治家。名夷吾，字仲，颍上(颍水之滨)人。由鲍叔牙推荐，被齐桓公任命为卿，尊称“仲父”。他在齐进行改革，分国都为十五士乡和六工工商乡，分鄙野为五属，设各级官吏管理，并以士乡的乡里组织为军事编制。确立选拔人才制度。士经三次审选，可选为“上卿之赞(辅助)”。主张按土地好坏分等征税，适当征发力役，禁止掠夺家畜。并用官府力量发展盐铁业，铸造和管理货币，调剂物价，从此国力大振。帮助齐桓公以“尊王攘夷”相号召，使其成为春秋时期第一个霸主。

魏征编纂《群书治要》，从《管子》中的《牧民》《形势》《权修》《立政》《七法》《五辅》《法法》《中匡》《小匡》《霸形》《霸言》《戒》《君臣》《小称》《治国》《桓公问》《形势解》《板法解》《明法解》《轻重》等二十篇节录了部分内容，成为魏征等向唐太宗进谏的理论依据。魏征在《群书治要·序》里就说得非常中肯：“用之当今，足本以鉴览前古；传之来叶，可以贻厥孙谋。”

# 牧 民

凡有地牧民者，务在四时，守在仓廪。仓廪实则知礼节，衣食足则知荣辱；上服度则六亲固，四维张则君令行。四维不张，国乃灭亡。国有四维。一维绝则倾，二维绝则危，三维绝则覆，四维绝则灭。倾可正也，危可安也，覆可起也，灭不可复错也。

【译文】

凡拥有国土、治理民众者，要紧的在于遵从四时保证生产，最关键在于国库充实。国库充实，人们就知道礼节，衣食丰足，人们就知道荣辱。君主遵从礼度，则六亲关系牢固；“四维”得以伸张，则君主之令可顺利推行。“四维”不能伸张，则国家就会灭亡。国家有“四维”。一维断则国事不正；二维断则国家危急，三维断则国家倾覆；四维断则国家灭亡。国事不正尚可纠正；国家危急，尚可转危为安；国家倾覆尚可再度兴起；国家灭亡则无法挽救了。

四维：一曰礼，二曰义，三曰廉，四曰耻。政之所行，在顺民心；政之所废，在逆民心。民恶忧劳，我逸乐之；民恶贫贱，我富贵之；民恶危坠，我存安之；民恶灭绝，我生育之。能逸乐之，则民为之忧劳；能富贵之，则民为之贫贱；能存安之，则民为之危坠；能生育之，则民为之灭绝。故刑罚不足以恐其意，杀戮不足以服其心。故刑罚繁而意不恐，则令不行矣；杀戮众而心不服，则上位危矣。故从其四欲，则远者自亲；行其四恶，则近者叛之。故知与之为取者，政之宝也。措国于不倾之地，积于不涸之仓，藏于不竭之府，下令于流水之原，使民于不争之官，明必死之路；开必得之门，不为不可成，不求不可得，不处不可久，不行不可复。

【译文】

何谓“四维”？一是礼，二是义，三是廉，四是耻。政事所以兴旺，在于顺应民心；政事所以衰败，在于违逆民心。民众厌恶忧劳，我就使他们安乐；民众厌恶贫贱，我就使他们富贵；民众厌恶危难，我就使他们安乐；民众厌恶断绝后嗣，我就使他们生育、抚养。能使民众安乐，民众就能为我承受忧劳；能使民众富贵，民众就能为我承受贫贱；能使民众安定，民众就能为我承受危难；能使民众生育、抚养，民众就能为我承受绝嗣的牺牲。所以刑罚不足以使民意畏惧，杀戮不足以使民心屈服。所以，刑罚繁苛而民心不惧，政令就不能推行；杀戮众多而民心不服，君王的地位就会危险。因此，顺从民众的上述四种愿望，远方的人自会前来亲附；实施民众厌恶的四种政策，近处的人也会叛离。由此可知，给予民众即是取于民众，这是为政的法宝。把国家建立在稳定的基础上；把粮食积存在取之不尽的仓囤中；把物资贮藏在用之不竭的府库里；把政令下达在流水的源头上。驱使民众在互不相争的岗位上工作；明告百姓犯罪必死的道理；向百姓开启立功必赏的大门；不去做干不成的事情；不去求得不到的利益；不处在难以持久的地位；不去做不可重复的事情。

措国于不倾之地，授有德也；积于不凋之仓，务五谷也；藏于不竭之府，养桑麻育六畜也；下令于流水之原，令顺民心也；使民于不争之官，使民各为其所长也；明必死之路，严刑罚也；开必得之门，信庆赏也；不为不可成，量民力也；不求不可得，不强民以其所恶也；不处不可久，不偷取壹世也；不行不可复，不欺其民也。如地如天，何私何亲？如月如日，维君之节。御人之辔，在上之所贵；导民之门，在上之所先；召民之路，在上之所好恶。故君求之，则臣得之；君嗜之，则臣食之；君好之，则臣服之。无蔽汝恶，无异汝度，贤者将不汝助。言室满室，言堂满堂，是谓圣王。城郭沟渠，不足以固守；兵甲勇力，不足以应敌；博地多财，不足以有众；唯有道者，能备患于未形也。天下不患无臣，患无君以使人；天下不患无财，患无人以分之。故知时者，可立以为长；无私者，可置以为政。审于时而察于用，而能备官者，可奉以为君也。缓者后于事，吝于财者失所亲，信小人者失士。

【译文】

要把国家建立在不倾斜的基础上，就得把权力交给有道德的人；要把粮食积存在取之不尽的仓囤中，就得致力于五谷生产；要把物资贮藏在用之不竭的府库里，就得种植桑麻，饲养六畜；把政令下达在流水的源头上，就得政令顺乎民心；驱使民众在互不相争的岗位上工作，就得让民众各自发挥所长；明告百姓犯罪必死的路径，就得使刑罚严明；向百姓开启立功必得赏赐的大门，就得奖赏有信；不做办不成的事，就得量民力而行；不求得不到的利益，就得不强迫民众去干他们厌恶的事；不处在难以持久的地位，就得不求一时苟安；不去做不可重复的事情，就得不欺骗民众。要像大地苍天一样，没有私情没有偏爱；要像月亮太阳一样普照万物，那才是国君的准则。统御万民的纲要，在于君王重视什么；引导万民的法门，在于君王提倡什么；招引万民的途径，在于君王爱好什么、厌恶什么。所以，君王追求之物，臣下也想得到；君王喜欢美味，臣下也想品尝；君王喜好的事情，臣下便想实行。不要掩饰你的过错，不要擅改你的法度，否则，贤者将不会辅助你。在室内讲话，要让满室人都听到；在堂上讲话，要让满堂人都听到。这才叫圣明的君王。只靠城郭与护城河，不足以固守国土；只靠坚甲利兵，不足以应对敌人；只靠地大物博，不足以拥有民众；只有有道的君王才能防患于未然。天下不愁没有良臣，只担心没有君王去任用他们；天下不愁没有财货，只担心没有贤德的人去分配它们。因此，知晓天时的人可以任用为长官；没有私心的人可以安排他处理政务；明白天下时势、明察国家财用，又能选备各级官员者，可以奉为国君。行动迟缓的人，往往落后于形势；吝啬财物的人，往往失去亲近者；轻信小人的人，往往失去贤士。

# 形　势

言而不可复者，君不言也；行而不可再者，君不行也。凡言而不可复，行而不可再者，有国者之大禁也。

【译文】

只说一次而不可再说的话，君王就不说；只做一次而不可再做的事，君王就不做。凡是讲那些不可重复的言论，做那些不可再做的事，都是君王最应禁忌的。

# 权　修

万乘之国，兵不可以无主；土地博大，野不可以无吏；百姓殷众，官不可以无长；操民命，朝不可以无政。地博而国贫者，野不辟也；民众而兵弱者，民无取也。故末产不禁，则野不辟；赏罚不信，则民无取。野不辟，民无取，外不可以应敌，内不可以固守。地辟而国贫者，舟与饰、台榭广也；赏罚信而兵弱者，轻用众、使民劳也。民劳则力竭，赋敛厚则下怨上，民力竭则令不行。下怨上，令不行，而求敌勿谋己，不可得也。欲为天下者，必重用其国；欲为其国者，必重用其民；欲为其民者，必重尽其力。无以畜之，则往而不可止也；无以牧之，则处而不可使也。远人至而不去，则有以畜之也；民众而可一，则有以牧之也。见其可也，喜之有征；见其不可也，恶之有刑。赏罚信于其所见，虽其所不见，其敢为之乎？见其可也，喜之无征；见其不可也，恶之无刑。赏罚不信于其所见，而求其所不见之为之化，不可得也。地之生财有时，民之用力有倦，而人君之欲无穷。以有时与有倦，养无穷之君，而度量不生于其间，则上下相疾矣。故取于民有度，用之有止（止原作正），国虽小必安；取于民无度，用之无正，国虽大必危。身者，治之本也。故上不好本事，则末产不禁；末产不禁，则民缓于时事而轻地利；轻地利，而求田野之辟，仓廪之实，不可得也。商贾在朝，则货财上流；妇言人事，则赏罚不信；男女无别，则民无廉耻；而求百姓之安难（难原作兵）、士之死节，不可得也。朝廷不肃，贵贱不明，长幼不分，度量不审，衣服无等，上下凌节（上下凌节原作下贱侵节），而求百姓之尊主政令，不可得也。上好诈谋间欺，臣下赋敛竞得，使民偷壹，则百姓疾怨，而求下之亲上，不可得也。有地不务本事，君国不能壹民，而求宗庙社稷之无危，不可得也。一年之计，莫如树谷；十年之计，莫如树木；终身之计，莫如树人。

【译文】

拥有万辆兵车的大国，其军队不可没有主帅；国土辽阔广大，其乡野不可没有官吏；百姓众多，百官不可没有首长；掌握着民众的命运，朝廷不可没有政策。土地辽阔但国家贫困，是荒野没有开辟的缘故；百姓众多但兵力不强，是百姓没有督促的缘故。所以，工商业不做限制，荒野就得不到开辟；赏罚不讲信用，则百姓不能督促。荒野得不到开辟、百姓不能督促，对外就不能抵御敌人，对内就不能固守疆土。土地已开辟而国家依旧贫困，是君王的车船过于雕饰，楼阁台榭过于繁多的缘故；赏罚守信而兵力不强，是因为随便役使民众而使百姓疲劳。民众疲劳则民力衰竭，赋税繁重，则民众抱怨君主；民力衰竭，政令就不能推行。民众抱怨君王，政令不能推行，而企求敌国不图谋侵犯自己，是不可能的。想要治理天下，一定得珍视国力；想要治理国家，一定得珍视国民；想要治理民众，一定得珍惜民力。没有能力养活民众，民众就会逃逸而不可阻止；没有办法治理民众，留住了民众也不能役使。远方的人归来而不离去，是因为有养活他们的办法；百姓众多而使之同心同德，是因为有管理他们的措施。见到民众行为正当，感到高兴并给予赏赐；见到民众行为不正当，感到厌恶并予以惩罚；赏功罚过，对自己所见到的善恶行为必赏必罚，则那些未曾亲见的人，难道还敢为非作歹吗？见到民众行为正当，感到高兴却不予赏赐；见到民众行为不正当，感到厌恶却不予惩罚；赏功罚过，对其所见到的善恶行为的赏罚不讲信用，却要指望那些未曾亲见的人受到感化是不可能的。土地生财是有时节的，民众出力也有倦怠的时候，而人君的欲望是没有止境的。用生财有时的土地和出力有倦的民众，来供养欲望无穷的君王，这其间如果没有一个限度，上下之间就会相互怨恨。所以，对民众征收要有限度，使用要有节制，国家虽小也一定安定；对民众征收没有限度，使用没有节制，国家虽大也一定危殆。君王自身修养，是治国的根本。君王不重视农业，工商业就不能得到限制；工商业不能限制，民众就迟慢于农时而轻视土地之利；轻视土地之利，还指望田野的开辟、仓廪的充实是办不到的。商人入朝掌权，财货就会流向上层；妇女参与政事，赏功罚过就不能诚信；男女没有界限，民众就没有廉耻；那么，指望百姓与国同患难、兵士为国牺牲，是办不到的。朝廷不整肃，贵贱不分明，长幼无区别，制度不详明，服制无等差，君臣都超越应守的规范，还指望百姓去遵守君王的政令，是办不到的。君王好诈谋欺骗，臣下竞相搜刮聚敛，役使百姓贪图一时之快，百姓就会怨恨，还指望民众亲近君王，是办不到的。拥有土地而不重视农业，君临国家而不能使民众步调一致，还指望国家没有危机，是办不到的。作一年的打算，没有比种谷更有利的了；作十年的打算，没有比栽树更有利的了；作一生的打算，没有比育人更有利的了。

## 立　政

君之所审者三：一曰德不当其位，二曰功不当其禄，三曰能不当其官。此三本者，治乱之原也。故国有德义未明于朝者，则不可加于尊位；功力未见于国者，则不可与重禄；临事不信于民者，则不可使任大官。故德厚而位卑者，谓之过；德薄而位尊者，谓之失。宁过于君子，而无失于小人。过于君子，其为怨浅矣；失于小人，其为祸深矣。君之所慎者四：一曰大德（德原作位）不至仁，不可授国柄；二曰见贤不能让，不可与尊位；三曰罚避亲贵，不可使主兵；四曰不好本事，不务地利，而轻赋敛，不可与都邑。此四务者，安危之本也。故曰：“卿相不得众，国之危也；大臣不和同，国之危也；兵主不足畏，国之危也；民不怀其产，国之危也。故大德至仁，则操国得众；见贤能让，则大臣和同；罚不避亲贵，则威行于邻敌；好本事务地利，则民怀其产矣。

【译文】

君王要弄明白的问题有三：一是大臣的德望与他的爵位不相称；二是大臣的功绩与他的俸禄不相称；三是大臣的能力与他的官职不相称。这三个根本问题，是国家治乱的根源。所以，国内那些有德义但尚未显明于朝廷的人，就不可加封尊贵的爵位；功绩没有表现于全国的人，就不可以授以丰厚的俸禄；处理国事没有取信于民者，就不可让他做大官。所以，给德行深厚者授予低微的爵位，叫做“过”；给德行卑薄者授予高贵的爵位，叫做“失”。宁可在君子任用上有“过”，也不可在小人任用上有“失”。对君子有“过”，造成的怨恨浅；对小人有“失”，造成的祸患深。君王应谨慎对待的问题有四：一是对于虽有大德但还不是很有仁爱之心的人，不可以授予国家大权；二是对于见到贤能者而自己不能退让的人，不可以给予高尊的爵位；三是应当执行处罚时却使亲近与尊贵之人免受处罚者，不可以让他统领军队；四是对于不重视农业、不注重地利，而随意征收赋税的人，不可让他在都邑为官。这四条是国家安危的本源。所以说，卿相得不到民众的拥戴，是国家的危险；大臣不齐心协力，是国家的危险；军中主帅不足以让人敬畏，是国家的危险；民众不关心自己的生产，是国家的危险。因此，有大德而又有仁厚之心，他操持国事就能得到民众拥戴；见到贤能者自己能退让，那么臣子之间就齐心协力；执行刑罚而不避亲贵，那么，其威严就可以传布到邻近的敌国；重视农业，注重地利，不轻易聚敛赋税，民众就会关心自己的生产。

## 七　法

言是而不能立，言非而不能废，有功而不能赏，有罪而不能诛，若是而能理民者，未之有也。是必立，非必废，有功必赏，有罪必诛。若是，治安矣。

【译文】

言论正确而不能被采用，言论错误而不能被废止；有功劳而不能奖赏，有犯罪而不能体罚；像这样而能治理民众的，向来没有过。正确的一定要采用，错误的一定要抛弃；有功一定要赏，有罪一定要罚；像这样，国家就能得到治理了。

## 五　辅

古之圣王，所以取明名广誉、厚功大业、显于天下、不忘于后世，非得人者，未之尝闻也。暴主之所以失国家、危社稷、覆宗庙、灭于天下，非失人者，未之尝闻也。今有土之君，皆处欲安，动欲威，战欲胜，守欲固；大者欲王天下，小者欲霸诸侯，而不务得人，是以小者兵挫而地削，大者身死而国亡。故曰：人不可不务也，此天下之极也。曰：然则得人之道，莫如利之；利之道，莫如教之（教之下旧有以政二字）。故善为政者，田畴垦而国邑实，朝廷闲而官府治，公法行而私曲止，仓廪实而囹圄空，贤人进而奸民退。其君子上忠正而下谄谀，其士民贵武勇而贱得利，其庶人好耕农而恶饮食，于是财用足而食饮薪菜饶。是故上必宽裕而有解舍，下必听从而不疾怨，上下和同而有礼义，故处安而动威，战胜而守固。不能为政者，田畴荒而国邑虚，朝廷凶而官府乱，公法废而私曲行，仓廪虚而囹圄实，贤人退而奸民进，其君子上谄谀而下忠正，其士民贵得利而贱武勇，其庶人好饮食而恶耕农，于是财用匮，而食饮薪菜乏。上弥残苟而无解舍，下愈覆鸷而不听从（旧无其庶人至听从三十七字补之），上下交引而不和同，故处不安而动不威，战不胜而守不固，是以小者兵挫而地削，大者身死而国亡。以此观之，则政不可不慎也。

【译文】

古时的圣明君王，能博得英名广誉、建立丰功伟绩、显扬于天下、为后代所不忘，其原因却不是因为得民心，这是从未听说过的。暴君之所以失去国家，危害社稷，颠覆宗庙，被天下人推翻，其原因却不是因为失民心，这也是从未听说过的。现在拥有国土的君王，平常时都希望安乐，行动时却希望威严；作战时希望获胜，防守时都希望坚固；欲望高者想称王天下，欲望小者想称霸于诸侯；但却不重视得到民心。因此，小则兵败地削，大则身死国亡。所以说，民心，是不可不注重的，这是天下最重要的问题。既然如此，那么得民心的方法，莫如给人民以利益；给人以利益的方法，莫如给予教化。所以，善于执政的人，其国家田地得到开垦而城邑变得殷实；朝廷安闲无事而官府治理有方；公法推行而偏私不正之风废止；仓库充实而监狱空虚；贤人做官而奸臣被免职。那里的官吏，崇尚诚实正直而鄙视巴结奉承；那里的士民，看重勇武而鄙视财利；那里的民众，爱好农耕而厌恶饮食奢靡；于是财用充足而饮食、薪柴、菜肴丰富。因此，国君一定会对百姓宽宏大度而有减免徭役；臣民一定会服从而不怨恨，上下协调一致而有礼义。这样君主就会平时安乐而行动威严；作战可以胜利而防守可以坚固。不善于执政的人，其国家田地荒芜而城邑空虚；朝廷险象环生而官府混乱不堪；公法废弛而谋私不正之风盛行；仓库空虚而监狱暴满；贤人隐退而奸臣做官。那里的官吏，崇尚阿谀奉承而鄙视忠诚正直；那里的士民，看重财利而贱视勇武；那里的民众，喜好饮食奢靡而厌恶农耕。于是财用匮乏而饮食、薪柴、菜肴不足；国君更加残暴而不会减免徭役；臣民更加刁蛮固执而不服从；上下之间互相争利而不协调一致。这样，君主生活不安定，举事无威严，战而不胜，防而不固。所以，小则战争失败，土地被剥削，大则牺牲生命，国家灭亡。由此看来，政事是不可不谨慎啊！

# 法　法

闻贤而不举，殆也；闻善而不索，殆也；见能而不使，殆也；亲仁而不固，殆也；同谋而离，殆也。人主不周密，则正言直行之士危。正言直行之士危，则人主孤而无内；人主孤而无内，则人臣党而成群。使人主孤而无内、人臣党而成群者，此非人臣之罪也，人主之过也。号令已出又易之，礼义已行又止之，度量已制又迁之，刑法已措又移之，如是则赏庆虽重，民不劝也；杀戮虽繁，民不畏也。使贤者食于能，斗士食于功。贤者食于能，则上尊而民从；斗士食于功，则卒轻患而傲敌。二者设于国，则天下治而主安矣。

【译文】

闻知有才德的人却不推举，国家会危险；听说有特长的人却不求取，国家会危险；见到有能力的人而不任用，国家会危险；亲近贤能而意志不坚定，国家会危险；共同谋事而又相背离，国家会危险。国君行事不周密，正言直行的人就会危险；正言直行的人危险，国君就会孤立无亲信；国君孤立而无亲信，臣下就会结党而成帮派，致使国君孤立无亲、臣下结党组派，这不是臣下的罪过，而是国君自己的过错。如果号令发出又更换，礼义已实行又废止，度量已制定又变动，刑法已实施又改变，这样则封赏虽重，民众也不会勉力；杀人虽多，民众也不会畏惧。要让贤德之人靠能力享受俸禄；让参战人员靠功劳享受俸禄，贤德之人靠能力享受俸禄，则国君尊贵而臣民顺从；参战人员靠功劳享受俸禄，则士兵蔑视祸难而傲视敌人。这二者实施于国家，就会天下太平而君主安乐了。

凡赦者，小利而大害者也，故久而不胜其祸；无赦者，小害而大利者也，故久而不胜其福。故赦者，奔马之委辔也；无赦者，痤疽之砭石也。先王制轩冕，足以著贵贱，不求其观也。使君子食于道，小人食于力。君子食于道，则上尊而民顺；小人食于力，则财厚而养足。

【译文】

大凡赦免罪过，都是利益而危害大，从长远看，会有不尽的灾祸；不予赦免往往是害处小而好处多，从长远看，会有不尽的福报。予以赦免罪过，就像对狂奔的马丢弃了缰绳；不予减免罪过，就像患痈疽者得到了用以治病的石针。先王制作不同的车服，是用以显示身份地位的高低，不是为了追求美观；是要让为官者凭自己的治国方略生活，让劳动者靠自己的力气生活。为官者靠自己的治国方略生活，则君主尊贵而百姓顺从；劳动者靠自己的力气生活，则财物丰厚而给养充足。

凡人君之所以为君者，势也。势在下，则君制于臣；势在上，则臣制于君。故君臣之易位，势在下也。故曰：堂上远于百里，堂下远于千里，门廷远于万里。今步者一日，百里之情通矣。堂上有事，十日而君不闻，此所谓远于百里也。步者十日，千里之情通矣。堂下有事，一月而君不闻，此所谓远于千里也。步者百日，万里之情通矣。门廷有事，期年而君不闻，此所谓远于万里也。故请入而不出，谓之灭；出而不入，谓之绝；入而不至，谓之侵；出而道止，谓之壅。灭绝侵壅之君者，非杜其门而守其户也，为政之有所不行也。政者，正也。圣人明正以治国。故正者，所以止过而逮不及也。过与不及，皆非正也。非正则伤国一也。勇而不义伤兵，仁而不法伤正。故军之败也，生于不义；法之侵也，生于不正。故言有辩而非务者，行有难而非善者。故言必中务，不苟为辩；行必思善，不苟为难。

【译文】

大凡国君之所以能作国君，是因为拥有权势。如果权势在臣下手里，君主就会受制于臣下；如果权势在君主手里，臣下就会受制于国君。所以君臣如果换了位置，那是因为权势在臣下手里。所以说堂上有时比百里还远，堂下有时比千里还远，门庭有时比万里还远。现在，步行者只需一天，百里地的情况就会得到传报，如果朝堂上有变故，十天后国君还听不到，这就是所说的比一百里还远；步行者走十天，千里地的情况就会传报上来，如果朝堂下有变故，一个月后国君还听不到，这就是所说的比一千里还远；步行者走一百天，万里地的情况就会传报上来了，如果朝堂之外有变故，整整一年国君还听不到，这就是所说的比万里还远。所以说，政情传入朝廷却不能通报出去称为“灭”（消失）；通报发出儿执行情况却不能报入朝廷称作“绝”（断绝）；政情上报朝廷却不能上达国君称作“侵”（侵，扣而不发）；政令发出却中途停止称作“壅”（阻塞）。遭逢了灭、绝、寝、壅这四种情况的国君，并不是因为被堵塞、把守住他的门户，而是政令有所不能推行造成的。政就是“正”的意思。圣人彰明“正”的涵义以治理国家。正，是用来制止过分又补救不足的。过分和不足，都不是“正”。不正则对国家的损害是一样的。勇武却不合乎道义会损害军队；仁爱却不合乎法律会损害公正。所以，军队的失败，产生于不合乎道义；法度的侵蚀，产生于不公正。所以言辞功辩浮华即非正务，行为怪诞难为即非善行。所以，言语一定要适合时务，不苟且地追求雄辩；行为一定要追求良善，不苟且于怪诞难为。

规矩者，方圆之正也。虽有巧目利手，不如拙规矩之正方圆也。故巧者能生规矩，不能废规矩而正方圆；圣人能生法，不能废法而治国。故虽有明智高行，背法而治，是废规矩而正方圆也。贤人不用（用原作至，下同），谓之蔽；忠臣不用，谓之塞；令之不行，谓之障；禁而不止，谓之逆。蔽塞障逆之君者，不杜其门而守其户也；为贤者之不至，令之不行也。凡民从上也，不从口之所言，从情之所好也。上好勇则民轻死，上好仁则人轻财。故上之所好，民必甚焉。是故明君知民之必以上为心也，故置法以自治，立仪（仪原作义）以自正也。故上不行则民不从。是以有道之君，行法修制，公国壹民，以听于世；忠臣直进，以论其能。明君不以禄爵私所爱，忠臣不诬能以干爵禄，君不私国，臣不诬能。行此道者，虽未大治，正民之经也。

【译文】

圆规矩尺，是矫正方圆的。虽然有锐利的眼睛和灵巧的双手，也不如用笨拙的圆规矩尺来矫正方圆。所以，巧匠能制造圆规矩尺，但不能弃掉圆规矩尺而矫正方圆。圣人能制定法律，却不能废止法律而治理国家。所以，虽然头脑明智，行为高尚，但违背法律而治国，犹如废弃圆规矩尺而矫正方圆一样。有贤人却不任用称为“蔽”；有忠臣而不重用称为“塞”；有令而不行，称为“障”；有禁而不止称为“逆”。遭逢蔽、塞、障、逆这四种情况的国君，并非有人堵塞、把守他的门户，是因为贤人不来，政令难以推行。凡是人民服从国君，不是服从他口头所说的话，而是服从他的性情所好。国君好勇人民就轻死；国君好仁人民就轻财，所以凡国君之喜好，臣民一定会更甚。所以，英明的国君知道人民一定会以国君的心意为心意，所以设立规范以自我管理，确立准则以自我规正。国君不躬行，人民就不听从。所以，有道的国君，推行法令，修善制度，公正治国，统一民心，来处理天下政务；让忠臣正直为官，并评议他们的能力。明君不把爵禄私授给所宠爱的人，忠臣不虚夸其才来求取爵禄；国君不以私心治国，大臣不虚夸其才能。能实行这个办法，即使尚不能达到大治，也是端正民众行为的原则。

# 中　匡

管仲朝，公曰：“寡人愿闻国君之信。”对曰：“民爱之，邻国亲之，天下信之，此国君之信。”公曰：“善。请问信安始而可？”对曰：“始于为身，中于为国，成于为天下。”公曰：“请问为身？”对曰：“道血气以求长年、长心、长德，此为身也；远举贤人，慈爱百姓，此为国也；法行而不苛，刑廉而不赦，此为天下也。”

【译文】

管仲上朝，桓公说："我希望听听关于国君威信的话题。"回答说："人民爱戴他，邻国亲附他，天下信任他，这就是国君的威信。"桓公说："好。请问建立威信从哪里开始才行？"回答说："开始于自我修养，中间经过治理国家，从而取得天下大治。"桓公说："请问修身是怎么回事？"回答说："调理血气，以求延长寿命、增长智慧、提高品德，这就是修身；选拔贤人，慈爱百姓，这就是治国。法律能够推行而不严苛、刑罚精简而不妄赦罪人，这就是治天下了。"

## 小　匡

桓公自莒反于齐，使鲍叔牙为宰，辞曰："君有加惠于其臣，使臣不冻馁，则是君之赐也；若必治国家，则非臣之所能也。其唯管夷吾乎？臣之所不如管夷吾者五：宽惠爱民，臣不如也；治国不失柄，臣不如也；忠信可结于诸侯，臣不如也；制礼义可法于四方，臣不如也；介胄执枹，立于军门，使百姓皆加勇，臣不如也。夫管子，民之父母也。将欲治其子，不可以弃其父母。"公曰："管夷吾亲射寡人，中钩殆于死，今乃用之，可乎？"鲍叔曰："彼为其君也。君若宥而反之，其为君亦犹是也。"公使人请之。鲁囚管仲以与齐，桓公亲迎之郊，遂与归，礼之于庙，而问为政焉。管仲相三月，请论百官。公曰："诺。"管仲曰："升降揖让，进退闲习，臣不如隰朋，请立以为大行；辟土聚粟，尽地之利，臣不如宁戚，请立以为司田；平原广牧，车不结辙，士不旋踵，鼓之而三军之士视死如归，臣不如王子城父，请立以为大司马；决狱折中，不杀不辜，不诬无罪，臣不如宾胥无，请立以为大司理；犯君颜色，进谏必忠，不避死亡，不挠贵富，臣不如东郭牙，请立以为大谏之官。此五子者，夷吾一不如。然君若欲治国强兵，则五子者存。若欲霸王，夷吾在此。"桓公曰："善。"

【译文】

桓公从莒国返回齐国成为国君，任命鲍叔牙为宰相。鲍叔牙推辞说：“国君如果要施恩惠给臣下我，使我不受冻、不挨饿，就是您的赏赐了。如果一定要治理国家，就不是我之所能了，大概只有管夷吾能行。我不如管夷吾的地方有五：宽惠爱民，我不如；治国不失大权，我不如；为人诚信可以同诸侯结好，我不如；制定礼仪可以使四方效法，我不如；身披甲胄，手执鼓槌，立于军门，鼓舞百姓增强勇气，我不如。管仲，好比人民的父母。想要管好其子女，不能不用他们的父母。”桓公说：“管夷吾亲自放箭射我，射中了带钩，我险些丧命，现在我却任用他，怎么可以呢？”鲍叔说：“他那是为他的君主呀。您如果宽免其罪而使他返回齐国，他为您效忠也会是这样的。”桓公派人去请他。鲁国囚禁管仲送回齐国，桓公亲自到郊外去迎接。桓公遂与管仲同回，以礼仪在朝堂上相见，并向管仲请教为政之道。管仲为相三个月时，请求向桓公评议百官。桓公说：“可以。”管仲说：“懂得礼仪的升、降、揖、让各种程式，进退娴熟，我不如隰朋，请封他为‘大行’；开垦荒地、开辟疆土、增产积储粮食，尽量地开发地利，我不如宁戚，请封他为‘大司田’；在平坦的原野、广袤的牧地（此指战场）上，战车不停息、士卒不后退，击鼓而使三军将士（勇往直前），视死如归，我不如王子城父，请封他为‘大司马’；决断讼狱，使判刑适中，不错杀无辜者，不冤屈无罪者，我不如宾胥无，请封他为‘大司理’；敢冒犯国君脸色，进谏必忠，不避死亡，不屈从于富贵，我不如东郭牙，请封他为最高的进谏之官。这五位，我一个也比不上。您如果想治国强兵，有这五个人就够了；如果想图谋霸主之业，那有我夷吾在此。”桓公说：“好！”

# 霸　形

桓公在位，管仲、隰朋见。立有间，有贰鸿飞而过之。桓公叹曰：“今彼鸿鹄有时而南，有时而北，四方无远，所欲至焉。寡人之有仲父，犹飞鸿之有羽翼也，若济大水有舟楫也。仲父不壹言教寡人乎？”管子对曰：“君若将欲霸王举大事乎？则必从其本事矣。”桓公曰：“敢问何谓其本？”管子对曰：“齐国百姓，公之本也。民甚忧饥，而税敛重；民甚惧死，而刑政险；民甚伤劳，而上举事不时。轻其税敛，则民不忧饥；缓其刑政，则民不惧死；举事以时，则民不伤劳。”桓公曰：“寡人闻命矣。”

【译文】

桓公坐在席位上，管仲、隰朋进见，站了一会儿，有两只鸿雁飞过，桓公叹息说：“你看那些鸿鹄有时飞向南，有时飞向北，四方不论多远，想到哪里就到哪里。我有仲父，就像飞鸿有羽翼，就像过大河有船有桨一样。仲父不想就此一议，教导于我吗？”管子回答说：“国君好像将要成就霸王之业、干一番大事吧？那就一定得从根本大事做起。”桓公问道：“敢问什么是其根本？”管子回答说：“齐国的老百姓，是您的根本。人们很担忧挨饿，而赋税沉重；人们很惧怕死亡，而刑罚险苛；人们很忧伤疲劳，而国君征役没有定时。如果您减轻赋税，人们就不担忧挨饿；宽缓一下刑政，人们就不怕动辄死罪；征役有时，人们就不忧伤疲劳。”桓公说：“我听到您的教导了。”

## 霸　言

夫明王之所轻者马与玉，其所重者政与军。然轻与人政，而重与人马；轻与人军，而重与人玉；重宫门（门原作阙）之营（营原作劳），而轻四境之守，其所以削也。圣人能辅时，不能违时；智者善谋，不如当时。精时者，日少而功多。夫谋无主则困，事无备则废。是以圣王务具其备，而慎守其时，以备待时，以时兴事；德利百姓，威振天下，令行而不咈，近无不服，远无不听。

【译文】

英明的君王所看轻的是宝马与美玉，所看重的是政事与军队。然而，轻于把政事交给人，却重视赐人宝马，轻于把军队交给人，却重视增人美玉；重视宫门的看管，而轻视边境的防守，这就是其国家削弱的原因。圣人能顺应时势，而不能违背时势；智者善于谋划，也不如合乎时机。善于把握时机的人，费时少而功绩多。谋划没有主见就会困惑，办事没有准备就会荒废。所以圣王举事务必做好准备，而慎守时机；用充分的准备去等待时机，以有利的时机来兴办事业。恩德惠及百姓，声威震撼天下，命令执行后，无人敢违逆，近处的无不服从，远方的无不听命。

## 戒

管仲复于桓公曰：“任之重者莫如身，涂之畏者莫如口，期之远者莫如年。以重任行畏涂至远期，唯君子为能及矣。”

【译文】

管仲又对桓公说：“责任的重大没有比得上身体的；路途的险恶没有比得上人言的；时间的长远没有比得上岁月的。担负着重大的责任，行进于险恶的路途，去实现遥远的期求，只有君子才能够做到。”

## 君　臣

国之所以乱者四：内有疑妻之妾，此宫乱也；庶有疑嫡之子，此家乱也；朝有疑相之臣，此国乱也；任官无能，此众乱也。四者无别，主失其体，群官朋党，以怀其私，则失族（族原作疆）矣。故妻必定，子必正，相必直立以听，官必忠信以敬。

【译文】

国家之所以动乱的原因有四：内室有与正妻地位相当的宠妾，这是宫内动乱的原因；妾生的儿子中有与正妻所生的儿子地位相当的，这是家中动乱的原因；朝廷中有权力与宰相相当的宠臣，这是国家动乱的原因；所任用的官吏没有才能，这是百官动乱的原因。对这四种情况不能识别，国君就会有失体统，以至群官结党，各怀私心，那么国君就会失去宗族的支持。所以，正妻一定要确定，嫡子一定要正名，宰相一定要正直地来处理政务，百官一定要忠实诚信而敬业不怠。

## 小　称

管子曰："身不善之患，无患人莫己知。民之观也察矣，不可遁逃。故我有善则立誉我，我有过则立毁我。当人之毁誉也，则莫归问于家矣。故明王有过则反之于身，有善则归之于民。有过而反之身则身惧，有善而归之民则民喜。往喜民，来惧身，此明王之所以治民也。今夫桀纣则不然，有善则反之于身，有过则归之于民。有过而归之于民则民怒，有善而反之于身则身骄。往怒民，来骄身，此其所以失身也。可无慎乎？"

【译文】

管子说："应该忧虑的是自身不好，而不该忧虑别人不了解自己。人民的观察是清楚的，凡事逃不过人民的眼睛。因此，我有好处，人民就马上赞扬我；我有过错，人民就马上指责我。面对人民的赞扬和指责，就用不着再去问家人了。所以英明的君王有过错时，就归之于自身，有了美誉就归功于人民。有过错的归之于自身，自身就戒惧；有美誉就归功于人民，人民就高兴。把功劳给于人民，使人民高兴；把过错归于自己，自己得以戒惧，这是明君能治理人民的原因。至于桀、纣就不是这样，有了美誉就归功于自己，有了过错就归之于人民。把过错归之于人民，人民就怨怒；把美誉归功于自己，自己就会骄傲。把过错归之于民，人民怨怒；把善誉归于自己，自己骄傲，这就是身败的原因。怎么能不慎重对待呢？”

管仲有病，桓公往问之曰：“仲父之病病矣！若不可讳，将何以诏寡人？”管仲对曰：“臣愿君之远易牙、竖刁、堂巫、公子开方。夫易牙以调味事公，公曰：‘唯烝婴儿之未尝也。’于是烝其首子而献之公。人情非不爱其子也，于子之不爱，将何有于公？公喜宫而妒，竖刁自刑而为公治内。人情非不爱其身也。于身之不爱，将何有于公？公子开方事公十五年，不归视其亲。于亲之不爱，焉能有于公？”桓公曰：“善。”管仲死，已葬，公召四子者废之。逐堂巫而苛病起，逐易牙而味不至，逐竖刁而宫中乱，逐公子开方而朝不治。桓公曰：“嗟！圣人固有悖乎？”乃复四子者。处期年，四人作难，围公一室，十日不通。公曰：“嗟！死者无知则已，若有知，吾何面目以见仲父于地下？”乃援素幭以裹首而绝。死十一日，虫出于户，葬以扬门之扇，以不终用贤也。

【译文】

管仲有病，桓公前去探问，说：“仲父的病变重了，如果发生不可避忌的事，你有什么话提前告知我吗？”管仲回答说：“我希望您疏远易牙、竖刁、堂巫、公子开方。易牙用烹饪侍侯您，您说唯有蒸婴儿的味道不曾尝过，于是易牙就蒸了他的第一个儿子献给您。就人之常情来说，没有不爱自己儿子的，易牙对自己的儿子都不爱，怎么会爱您呢？您爱女色而（后宫内多）妒忌，竖刁就自阉而替您管理内宫。就人之常情来说，没有不爱自己身体的，竖刁对自己的身体都不爱，怎么会爱您呢？公子开方侍奉您，十五年没有回家探视亲人，连亲人都不爱，怎么会爱您呢？”桓公说：“说得对。”管仲去世，殡葬之后，桓公召见这四个人，并罢免了他们的官职。驱逐了堂巫后，各种杂症不断发生；驱逐了易牙后，许多美味吃不到；驱逐了竖刁后，宫室内秩序混乱；驱逐了公子开方后，朝堂管理无序。桓公说：“啊！圣人原来也有谬误之处呀！”于是恢复了四人的官职。过了一年，四人作乱，把桓公拘禁在一间屋子里，十天不与外界沟通。桓公说：“唉！死了没有知觉就罢了，如果有知，我有什么面目见仲父于地下呢？”于是就拿自己白色的头巾裹头而死。死了十一天，尸体腐烂，蛆虫都爬出门户，人们才知道桓公死了，遂用废弃的门板收葬了尸体。这都是因为他没有始终如一地任用贤能。

桓公、管仲、鲍叔牙、宁戚四人饮。饮酣，桓公谓叔牙曰：“盍不起为寡人寿乎？”叔牙奉杯而起曰：“使公无忘出而在于莒也，使管仲无忘束缚在于鲁也，使宁戚无忘饭牛车下也。”桓公避席再拜曰：“寡人与二大夫，能无忘夫子之言，则国之社稷必不危矣。”

【译文】

当初，桓公、管仲、鲍叔牙、宁戚四人一起饮酒。酒酣时，桓公对鲍叔牙说：“为什么不起来为我祝福呢？”鲍叔牙捧杯而起身说：“请您别忘了出逃莒国的时候；请管仲别忘了被捆绑在鲁国的时候；请宁戚别忘了在车下喂牛的时候。”桓公离席再拜说：“我和两位大夫若能不忘先生的话，国家政权就一定不会有危险了。”

## 治　国

凡治国之道，必先富民。民富则易治也，民贫则（则原作必）难治。奚以知其然也？民富则安乡重家；安乡重家则敬上畏罪；敬上畏罪则易治也。民贫则危乡轻家；危乡轻家则敢凌上犯禁；凌上犯禁则难治也。故曰：治国常富，而乱国常（常原作必）贫。是以善为国者，必先富民，然后治之。昔者七十九代之君，法制不壹，号令不同，然俱王天下者何也？必国富而粟多也。夫富国多粟生于农，故先王贵之。凡为国之急者，必先禁末作文巧。末作文巧禁，则民无所游食；民无所游食，则必农，民事农则富。先王者，善为民除害兴利，故天下之民归之。所谓兴利者，利农事也；所谓除害者，禁害农事也。国富则安乡重家，安乡重家则虽变俗易习，驱众移民，至于杀之，而不怨也。民贫则轻家易去，轻家易去，则上令不能必行；上令不能必行，则禁不能必止（旧无上令至必止十二字，补之）；禁不能必止，则战不必胜、守不必固矣。夫令不必行，禁不必止；战不必胜，守不必固；命之曰："寄生之君。"此由不利农、少粟之害也。粟者，王者之本事也，人主之大务，治国之道也。

【译文】

凡治国之道，一定要先让人民富裕。人民富裕就容易管理。人民穷困就难以管理。怎知是这样呢？人民富裕了就安于乡土而重视家庭；安于乡土而重视家庭，就会尊敬上级而惧怕犯罪；尊敬上级惧怕犯罪，就容易管理了。人民穷困，就不安于乡土而不重视家庭；不安于乡土、不重视家庭，就敢于抗上违法；抗上违法，就难以治理了。所以太平之邦常常富裕，混乱之邦常常贫穷。因此，善于治国的人，一定要首先让人民富裕，然后才能使国家安定。从前，七十九代的君主，法度不一，号令不同，然而都能统治天下，为什么？一定是国富而粮多的缘故。国富、粮多来源于农业，所以先王都重视农业。治国的当务之急，一定要首先禁止生产奢侈品的雕饰奇巧之业。奇巧之业被禁止，人们就无法游荡求食；人们无法游荡求食就必然安心务农；人民从事农业国家就富裕了。先王善于为民除害兴利，所以天下人民归附他。所谓兴利，就是有利于农事；所谓除害，就是禁止危害农业生产的事。国富，人民就安于乡土、重视家庭；安于乡土重视家庭，即使改变其风俗习惯，对他们驱使、调遣甚至处死，人民也不会怨恨。人民贫困，就轻视家庭，动辄离乡而去；动辄离家而去，国君政令就不一定能执行；国君政令不一定能执行，国家禁止的事就不一定能停止；禁止的事不能定然停止，那出战就不一定能胜，防守就不一定能坚固了。政令不一定执行，禁止之事不一定停止，出战不能必胜，防守不能必固，这种国家的君主称之为“寄生之君”（意谓暂且存在之君）。这是不实行利农政策、缺少粮食的害处。生产粮食，是成就王业的根本事务，是国君的大事，是治国的重要方法。

## 桓公问

齐桓公问管子曰：“吾念有而勿失、得而勿忘，为之有道乎？”对曰：“勿创勿作，时至而随，无以私好恶害公正，察民所恶，以自为戒。黄帝立明台之议，尧有衢室之问，舜有告善之旌，禹立谏鼓于朝，汤有总街之庭，以观民诽也。此古圣帝明王所以有而勿失、得而勿忘者也。”

【译文】

齐桓公问管仲说：“我想拥有天下而不失去，得到权力而不消亡，有办法做到吗？”回答说：“不要急于首创，不要急于作新，时机来临就随之行事；不要以个人好恶侵害公正原则，了解人民所讨厌的问题，以便自己引以为戒。黄帝建立明台来商议政事；尧帝专设衢室来征询民意；舜帝有公告好人好事的旌旗；夏禹在朝门之处设立进谏之鼓；商汤有汇总街谈巷议的大厅，用以了解人们的批评意见。这是古代圣帝明王拥有天下而不失去、得到权力而不消亡的原因。”

## 形势解

人主之所以令则行，禁则止者，必令于民之所好，而禁于民之所恶也。民之情莫不欲生而恶死，莫不欲利而恶害也。故上令于生利人，则令行；禁于杀害人，则禁止矣。令之所以行者，必民乐其政也，而令乃行。故曰：“贵有以行令也。”

【译文】

国君之所以能够做到令行禁止，其所命令的一定是百姓所喜欢的事，而所禁止的则是人民所厌恶的事。人之常情都是想生存而不想死亡，都是想有利而不想受害。所以，国君所发之令能使人生存、使人有利，有令就能推行；所发之令能禁止杀人、害人，有禁就能止住。命令所能够推行，一定是百姓喜欢其政治的缘故，因而政令能够推行。所以说：“贵在有使命令能够推行的前提（此指百姓喜欢的政治）。”

人主之所以使下尽力而亲上者，必为天下致利除害也。故德泽加于天下，惠施厚于万物，父子得以安，群生得以育。故万民欢尽其力，而乐为上用；入则务本疾作，以实仓廪；出则尽节死敌，以安社稷；虽劳苦卑辱，而不敢告也。民利之则来，害之则去。民之从利也，如水之走下，于四旁无择也。故欲来民者，先起其利，虽不召而民自至；设其所恶，虽召之而民不可来也。莅民如父母，则民亲爱之。导民纯厚，遇之有实，虽不言曰‘吾亲民’，而民亲矣；莅民如仇雠，则民疏之。导之不厚，遇之无实，虽言曰‘吾亲民’，民不亲也。

【译文】

国君之所以能使下民尽力而亲附君上，一定是能为天下兴利除害的缘故。所以，大德恩泽施加于天下，惠爱施舍厚及于万物，使人们父子得以安乐，众生得以繁育，这样，万民就乐于尽力而愿为君主所用了。百姓在家时就专务农耕抓紧劳作，以充实粮仓；在外时就尽节杀敌以安定国家；即使劳苦卑辱，也不会叫苦的。人民，有利于他们就会来，有害于他们就离去。人民逐利，像水往低处流一样，对方向没有选择。所以，要招民众前来，先兴办对其有利之事，即使不呼唤，民众也会自到。假使做他们所讨厌的事，即使召请，民众也不来。对待人民像他们的父母一样，人民就会亲附爱戴；用纯厚之德来引导他们，用实际利益来对待他们，即使口中不说“我爱人民”，而人民也会亲近他；对待人民像敌人一样，人民就会疏远他。不以纯厚之德引导人民，不以实际利益给予人民，虽然口中连喊“我爱人民”，人民也不会亲近他。

圣人择可言而后言，择可行而后行。偷得利而后有害，偷得乐而后有忧者，圣人不为也。故圣人择言必顾其累，择行必顾其忧。

【译文】

圣人选择出可说的话，然后再说；选择出可做的事，然后再做。眼前会有利而以后会有害、眼前会高兴而此后会有忧的事，圣人是不做的。所以，圣人选择话语一定会顾及可能带来的麻烦，选择要做的事一定会顾及可能带来的忧患。

圣人之求事也，先论其理义，计其可否。故义则求之，不义则止；可则求之，不可则止。故其所得事者，常为身宝。小人求事也，不论其理义，不计其可否；不义亦求之，不可亦求之。故其所得事者，未尝为赖也。故曰：“必得之事，不足赖也。”

【译文】

圣人寻求做事，先考究是否符合理义，考虑自己是否能做。合于义的就去做，不合于义的就不做；自己能做好就去做，自己不能做好的就不做。所以他所做的事情，常常是宝贵的。小人寻求做事，不管是否合于理义，不考虑自己是否能做好；不合于义的也去做，自己不能做好的也去做。所以，他所做的事情未必能信赖。所以说：“（声称）一定能做到的事，是不足信赖的。”

人主者，温良宽厚，则民爱之；整齐严庄，则民畏之。故民爱之则亲，畏之则用。夫民亲而为用，主之所急也。故曰：“且怀且威，则君道备矣。”

【译文】

国君如果温良宽厚，那么人民就爱戴他；如果严整有序、威严庄重，那么人民就敬畏他。人民爱戴他就亲附他；人民敬畏他就为他所用。人民亲附他并为他所用，正是国君所需要的。所以说：（如果人民）又怀念又敬畏，那么为君之道就完备了。

人主能安其民，则民事其主，如事其父母。故主有忧则忧之，有难则死之。人主视民如土，则民不为用，主有忧则不忧，有难则不死。故曰："莫乐之，则莫哀之；莫生之，则莫死之。"

【译文】

国君能使他的人民安定，那么人民事奉他们的君主，就像事奉父母一样。因此，国君有忧，人民就为他分忧；有难，人民就为之效死。国君视民如土芥，那么人民就不愿为其所用。国君有忧，人民就不肯为其分忧；有难，也不肯为其效死。所以说："君王不能使臣民安乐，臣民就不会为君王分忧；君王不考虑臣民的生存，臣民就不会为君王效死。"

民之所以守战至死而不衰者，上之所以加施于民者厚也。故上施厚，则民之报上亦厚；上施薄，则民之报上亦薄。故薄施而厚责，君不能得于臣，父不能得于子。

【译文】

人民之所以防守、攻战至死而斗志不衰，是因为国君施于人民的恩惠丰厚的缘故。所以，国君施恩丰厚，人民对国君的回报也丰厚；国君施恩微薄，人民对国君的回报也微薄。就是说，如果施惠少而索取多，国君就不能从臣下那里得到什么，父亲也不能从儿子那里得到什么。

民之从有道也，如饥之先食也，如寒之先衣也，如暑之先阴也。故有道则民归之，无道则民去之。故道在身，则言自顺，行自正，事君自忠，事父自孝，遇人自理。天之道，满而不溢，盛而不衰。明主法象天道，故贵而不骄，富而不奢；故能长守富贵，久有天下而不失也。故曰："持满者与天。"

【译文】

人民追随有道的国君，就像饥饿时重视食品，寒冷时重视衣服，暑热时重视荫凉。所以，君王有道，人民就归附他；无道，人民就离开他。所以，人只要自身有道，那么言语自会顺理，行为自会端正，事奉君主自会忠诚，事奉父亲自会孝顺，待人接物自然合乎情理。天的法则，是满而不溢，盛而不衰。英明君主效法天的法则行事，所以贵而不骄，富而不奢。因此能常守富贵，长久拥有天下而不失去。所以说："能保持满而不溢者，则与天道相合，故得天助。"

明主救天下之祸，安天下之危者，必待万民之为用也，而后能为之。故曰："安危者与人。"地大国富，民众兵强，此盛满之国也。虽已盛满，无德厚以安之，无度数以治之，则国非其国，而民非其民也。故曰："失天之度，虽满必涸。"臣不亲其主，百姓不信其吏，上下离而不和，故虽自安，必且危之。故曰："上下不和，虽安必危。"

【译文】

英明的君主要解救天下之祸，安定天下免除危局，必须等待万民响应，而后才能办到。所以说："安定危亡局面者，必须亲附人民。"地域大、国家富，人口多、兵力强，这是全盛的国家。虽然已经全盛，可是没有大德厚施来安定它、没有法度策略来治理它，国家就不是他的国家，人民也就不是他的人民了。所以说："违忤自然的法则，虽一时强盛，后必衰弱灭亡。"臣下不亲附他们的国君，百姓不相信他们的官吏，上下离心不相和睦，虽然自认为安定，国家必将走向危亡。所以说："上下不和，虽一时安定但必有危机。"

古者三王五伯，皆人主之利天下者也。故身贵显，而子孙被其泽。桀纣幽厉，皆人主之害天下者也。故身困伤，而子孙蒙其祸。故曰："疑今者察之古，不知来者视之往。"

【译文】

古代的三王五伯，都是君主中能利于天下者，所以自身显贵而子孙蒙受其恩泽。夏桀、商纣、周幽王、周厉王都是君主中危害于天下的人，所以自身困窘受损，而子孙蒙受灾祸。所以说："怀疑当今的可以鉴察古代，不了解未来的可以查看历史。"

古者，武王地方不过百里，战卒之众不过万人，然能战胜、攻取，立为天子，而世谓之圣王者，知为之术也。桀纣贵为天子，富有海内，地方甚大，战卒甚众，然而身死国亡，为天下戮者，不知为之术也。故能为之，则小可以为大，贱可以为贵；不能为之，则虽为天子，人犹夺之。

【译文】

古时候，周武王的领土不过方圆百里，能战斗的士卒至多不过万人，然而战则能胜、攻则能取，以至即位为天子，而后世称之为圣王，这是因为他懂得为政的方法。夏桀、商纣贵为天子，富有海内，地方很大，战卒很多，然而身死国亡，被天下之人羞辱，这是因为他们不懂得治国的办法。所以，能治国的，小的可以变大，贱的可以变贵；不能治国的，即使成了天子，别人也会夺取他的君位。

明主度量人力之所能为，而后使焉。故令于人之所能为，则令行；使于人之所能为，则事成。乱主不量人力，令于人之所不能为，故其令废；使于人之所不能为，故其事败。夫令出而废，举事而败，此强不能之罪也。

【译文】

英明的国君能估量自己拥有的人力能做到的事，然后才驱使他们去做。命令他们去做所能做的事，命令就能执行；役使人们去干所能干的事，事情就能成功。昏乱的国君不衡量自己的人力，命令人们去做所不能做的事，所以命令就被废弃；役使人们去做力所不及的事，所以事情就会失败。令出而废弃，举事而失败，这是强为不可为之事的过错。

明主不用其智，而任圣人之智；不用其力，而任众人之力。故以圣人之智思虑者，无不知也；以众人之力起事者，无不成也。能自去而因天下之智力起，则身逸而福多。乱主独用其智，而不任圣人之智；独用其力，而不任众人之力。故其身劳而祸多。故曰："独任之国，劳而多祸。"

【译文】

英明君主不靠自己的智慧，而使用圣人的智慧；不靠自己的力量，而使用众人的力量。凭借圣人的智慧来思考问题，就没有不明白的；用众人的力量来做事，就没有不成功的。能够解脱自己而依靠天下的智慧和力量来推动国事，就会自身安逸而多福。昏乱君主只靠自己的智慧，而不使用圣人的智慧；只靠自身的力量，而不使用众人的力量，所以他自身烦劳而多祸。所以说："君主独断专行的国度，劳顿而多祸端。"

明主者，人未之见，而皆有亲心焉者，有使民亲之之道也。故其位安而民往之。故曰："未之见而亲焉，可以往矣。"

【译文】

英明的君主，在人们还没有见到他时就有爱戴之心，是因为他有能使人爱戴他的办法。所以，他的地位安定而人民都来归附。所以说："对那还未见面就已爱慕的君王，可以去投奔。"

人主出言不逆于民心，不悖于理义，其所言足以安天下者也。

人唯恐其不复言也。出言而离父子之亲，疏君臣之道，害天下之众，此言之不可复者也。故明君不言也。

【译文】

国君讲话不违背民心，不违背理义，他所讲的话就足以安定天下。人们唯恐他不再多讲。如果所讲之话会离间父子的亲情，疏远君臣的关系，伤害天下的民众，这种话就是不应该再讲的。所以英明的君主就不讲这样的话。

人主身行方正，使人有理，遇人有礼，行发于身而为天下法式，人唯恐其不复行也。身行不正，使人暴虐，遇人不信，行发于身而为天下笑者，此不可复之行也。故曰："行而不可再者，君不行也。"

【译文】

国君如果自身行为端正，用人有其道理，待人有其礼节，自身的行为可以成为天下榜样，人们就会唯恐他不再这样去做。如果自身行为不端正，役使臣下暴虐，待人不讲诚信，自身的行为被天下人耻笑，这是不可继续再做的。所以说："所做之事如果不可以再做，君王就不要去做。"

言之不可复者，其言不信也；行之不可再者，其行暴贼也。故言而不信，则民不附；行而暴贼，则天下怨，民不附。天下怨，此灭亡之所从生也。故明主禁之。故曰："凡言行之不可复者，有国者之大禁也。"

【译文】

说过的话如果是不可以再说的，这种话就是不诚信的；做过的事如果是不可以再做的，这种事就是残暴害人的事。所以，出言而不诚信，人民就不归附；行事而残暴害人，天下就怨恨。民不归附，天下怨恨，这就是灭亡之所以发生的原因。因此英明君主禁忌这种言行。所以说："凡是那种不可重复的言行，都是拥有国家的君王最应禁忌的。"

## 板法解

治国有三器，乱国有六攻。明君能胜六攻而立三器，故国治；不肖君不能胜六攻而立三器，故国不治。三器者何也？曰：号令也，斧钺也，禄赏也。六攻者何也？曰：亲也，贵也，货也，色也，巧佞也，玩好也。三器之用何也？曰：非号令无以使下，非斧钺无以威众，非禄赏无以劝民。六攻之败何也？曰：虽不听而可以得存，虽犯禁而可以得免，虽无功而可以得富。夫国有不听而可以得存者，则号令不足以使下；有犯禁而可以得免者，则斧钺不足以威众；有无功而可以得富者，则禄赏不足以劝民。号令不足以使下，斧钺不足以威众，禄赏不足以劝民，则人君无以自守也。

【译文】

安定的国家有"三器"，混乱的国家有"六攻"。英明君主能制服"六攻"而确立"三器"，所以国家太平；不肖的君主不能制服"六攻"而确立"三器"，所以国家不太平。"三器"是什么呢？就是号令、斧钺、禄赏。"六攻"是什么呢？就是亲近者、显贵者、财贷、女色、巧佞之臣、玩好之物。"三器"有什么用处？回答说："没有号令就没有办法役使臣下；没有斧钺刑罚就没办法威慑民众；没有俸禄奖赏就没有办法鼓励民众。"六攻的坏处是什么？回答说："即使不听政令也可得以存在；即使违犯禁律也可得以免刑；即使没有功劳也可得到财富。"国家有不听政令而可得以存在的现象，号令就不能驱使臣下；有违犯禁律而可得以免刑的现象，斧钺刑罚就不能威服民众；有没有功劳而可以得到财富的现象，俸禄奖赏就不能鼓励民众。如果号令不能驱使臣下、斧钺刑罚不能威服民众、俸禄奖赏不能鼓励民众，那么君主就没有办法保全自己的地位了。

## 明法解

明主者，审于法禁而不可犯也，察于分职而不可乱也。故群臣不敢行其私，贵臣不得蔽贱，近者不得塞远，孤寡老弱不失其职。此之谓治国。故曰："所谓治国者，主道明也。"

【译文】

英明的君主，明悉于法律禁令，于是人们不可能违犯；详察于划分百官职责，于是百官不可能无序。因此，群臣不敢行私舞弊；贵臣不能埋没地位低下者；近臣不能阻隔远离朝廷者；孤寡老弱不会失去日常的供奉。这就是太平的国家。因此说："所谓太平的国家，其实就是国君治国之道英明。"

法度者，主之所以制天下而禁奸邪也；私意者，所以生乱长奸而害公正也。故法度行则国治，私意行则国乱。明主虽心之所爱，而无功者弗赏也；虽心之所憎，而无罪者弗罚也。案法式而验得失，非法度不留意焉。故曰："先王之治国也，不淫意于法之外。"

【译文】

法度，是国君用来控制天下禁绝奸邪的，私心是滋生祸乱、助长奸邪而危害公正的原因。所以，法度畅行则国家太平，私心得行则国家混乱。英明君主即使对心中所爱之人，无功也不予奖赏；对心中所憎之人，无罪也不加惩罚。按照法规来检验得失，与法度无关的事不去留意。所以说："先王治国，不放纵其心于法度之外。"

明主之治国也，案其当宜（其当宜原作赏罚），行其正理。其当赏者，群臣不得辞也；其当罚者，群臣弗敢避也。夫赏功诛罪者，所以为天下致利除害也。草茅弗去，则害禾谷；盗贼弗诛，则伤良民。夫舍公法而行私惠，则是利奸邪而长暴乱也；行私惠而赏无功，则是使民偷幸而望于上也。行私惠而赦有罪，则是使民轻上而易为非也。夫舍公法用私惠，明主弗为也。故曰："不为惠于法之内。"

【译文】

英明君主治理国家，考察事物的恰当适宜，依照正确道理行事。应当受赏的，群臣不得推辞；应当受罚的群臣不敢逃避。赏功罚罪，是为天下兴利除害的手段。杂草不锄掉，就会危害谷苗；盗贼不惩治，就危害良民。如果弃掉公法而施行私惠，就会利于奸邪而助长暴乱；施行私惠而奖赏无功者，就会使人民心存侥幸而讨好上级；施行私惠而赦免有罪的人，就会使人民轻慢国君而轻易去干坏事。舍弃公法而施用私惠，明君是不会去做的。所以说："不在法度之内枉行个人恩惠。"

权衡者，所以起轻重之数也。然而人弗事者，非心恶利也，权不能为之多少其数，而衡不能为之轻重其量也。人知事权衡之无益，故弗事也。故明主在上位，则官不得枉法，吏不得为私。民知事吏之无益，故货财不行于吏；权衡平正而待物，故奸诈之人不得行其私。故曰："有权衡之称者，不可欺以轻重也。"

【译文】

秤，是用来显现轻重之数值的。然而，人们不去侍奉它，并不是因为心里不喜欢其有利于世，而是因为，秤锤不能为他们增多或减少称量的数值，秤杆不能为他们减轻或加重物体的份量。人们懂得侍奉秤是没有什么利益的，所以不侍奉它。因此，英明的君主居于上位，官就不能枉法，吏就不能行私。人们知道侍奉官吏是没有什么利益的，所以不用财贷去贿赂官吏。官吏如果像秤一样公平公正地对待众人，那么奸诈的人就不能够营私舞弊。所以说："有秤来称东西，就无法在轻重上欺骗人。"

尺寸寻丈者，所以得短长之情也。故以尺寸量短长，则万举而万不失矣。是故尺寸之度，虽富贵众强，不为益长；虽卑辱贫贱，弗为损短。公平而无所偏，故奸诈之人弗能误也。故曰："有寻丈之数者，不可差以长短。"

【译文】

尺、寸、寻、丈这些长度单位，是用来量出长短的实际情况的。所以，用尺寸去量长短，就是量一万次也不会有一次相差。所以，尺寸的计量，即使对富贵者、对人多势强者，也不会为他而加长；即使对贫贱卑辱者，也不会为他而减轻。如果官吏像尺寸一样公平而无所偏私，那么奸诈之人就不能够误国害人。所以说："有了寻、丈之类的尺度，就不会在长短上出差错。"

凡所谓忠臣者，务明法术，日夜佐主，明于度数之理，以治天下者也。奸邪之臣，知法术明之必治也，治则奸臣困，而法术之士显。是故奸邪之所务事者，使法无明、主无寤，而己得所欲也。故方正之臣得用，则奸邪之臣困伤矣。是方正之与奸邪，不两进之势也。奸邪之在主之侧者，不能勿恶之；惟恶之，则必候主间而日夜危之。人主弗察而用其言，则忠臣无罪而困死，奸臣无功而富贵。故曰："忠臣死于非罪，而邪臣起于非功。"

【译文】

凡被称做忠臣的，必是明确法律和策略、日夜辅佐国君而使其明白掌握尺度与规律的道理、以便治理天下的人。奸邪之臣知道法律、策略明确则国家一定会安定；国家安定则奸臣就陷入困境而明于法律策略的人就会显耀。所以，奸邪之人所从事的，是使法度不明确、国君不醒悟，于是自己得以为所欲为。因此，正直的臣子得以被任用，奸邪之臣就会困窘、受损。这就是正直之臣与奸邪之臣不能同时进入朝廷的必然趋势。奸邪之臣在国君身边，就不能不憎恶正直之臣；既然憎恶，就必然窥伺君主与正直之臣有间隔的时候日夜进言危害。如果国君不明察而用其言，忠臣就会无罪而困窘至死，奸臣就会无功而得到富贵。所以说："忠臣往往死于无罪，邪臣往往兴起于无功。"

富贵尊显，久有天下，人主莫弗欲也；令行禁止，海内无敌，人主莫弗欲也；蔽欺侵陵，人主莫不恶也；失天下，灭宗庙，人主莫不恶也。忠臣之欲明法术，以致主之所欲，而除主之所恶者也。奸臣之擅主也，有以私危之，则忠臣无从进其公正之数矣。故曰："所死者非罪，所起者非功，然则为人臣者，重私而轻公矣。"

【译文】

富贵尊显、长久拥有天下，人君没有不期求的；令行禁止、海内无敌，人君没有不期求的；蒙蔽、期骗、侵犯、凌侮，人君没有不憎恶的；丧失天下、灭绝宗庙，人君没有不憎恶的。忠臣希望明确法度策略以使国君实现其所求，并消除国君之所憎恶的。奸臣独揽君权，就有办法用私心来危害他们，那么忠臣就无从进献其公正的策略了。所以说："无罪的而被处死，无功的而被起用，那么为人臣的就自然会重私轻公了。"

明主之择贤人也，言勇者试之以军，言智者试之以官。试于军而有功者则举之，试于官而事治者则用之。故以战攻之事定勇怯，以官职之治定愚智。故勇怯愚智之见也，如白黑之分。乱主则不然。听言而不试，故妄言者得用；任人而不课，故不肖者不困。故明主以法案其言而求其实，以官任其身而课其功，专任法不自举焉。故曰："先王之治国也，使法择人，弗自举也。"

【译文】

英明国君选拔贤人，对号称有勇敢的人，让他从军来进行检验；对号称有智慧的人，让他做官来进行检验。用从军进行检验而有功劳的，就提拔他；用当官进行检验而事情处理得好的，就任他为官。所以，用战斗进攻之事来确定其勇武还是怯懦；用为官的政绩来确定其愚钝还是聪慧。所以，勇武还是怯懦、愚钝还是聪慧的显现，就像黑白一样分明。昏乱国君就不这样。听其言论而不检验，所以言谈荒诞者也得以任用；任用人而不考核，所以不肖者也不会困窘。因此，英明国君用法度考量其言论而探求其实况；把官职授于他而考察其政绩；只靠法度而不私自举荐某人。所以说："先王的治国，用法规选择人才，不自行举拔。"

凡所谓功者，安主上、利万民者也。夫破军杀将，战胜攻取，使主无危亡之忧，而百姓无死虏之患，此军士之所以为功者也。奉主法治境内，使强不凌弱，众不暴寡，万民欢尽其力，而奉养其主，此吏之所以为功也。匡主之过，救主之失，明理义以导其主；主无邪僻之行，蔽欺之患，此臣之所以为功也。故明主之治也，明分职而课功劳，有功者赏，乱治者诛；诛赏之所加，各得其宜，而主不自与焉。故曰："使法量功，不自度也。"

【译文】

凡所谓有功劳者，就是使国君安乐、使万民得利的人。破敌军，杀敌将，战则胜，攻则取，使国君没有危亡的忧虑，使百姓没有死亡、被俘的灾祸，这是军士可用来作为功劳的事。奉行国君法度来治理国内政务，使强者不能欺凌弱者，人多势众者不残害人少势单者，使万民高兴地竭尽其力来奉养国君，这是官吏可用来作为功劳的事。匡正国君的错误，补救国君的过失，阐明理义来开导国君，使国君没有邪僻行为，没有被蒙蔽欺骗的忧患，这是大臣可用来作为功劳的事。因此，英明国君的治国，明确划分职责以考核功绩，有功者赏，扰乱安定者罚。赏罚的措施施加于人，各得其宜，而国君不必亲自参与。所以说："用法度考量功劳，不自己去推断。"

明主之治也，审是非，察事情，以度量案之；合于法则行，不合于法则止；功充其言则赏，不充则诛。故言智能者，必有见功而后举之；言恶败者，必有见过而后废之。如此则士上通而莫之能妒，不肖者困废而莫之能举。故曰：“能不可蔽，而败不可饰也。”

【译文】

英明的国君治国，审明是非，考察事实，用法度去衡量；符合法度就实行，不符合法度就废止。功绩能证实其所言的就奖赏，否则就予以惩罚。所以，所谓有智能的人，一定在看到其有功后再举拔任用他；所谓丑陋败德的人，一定在看到其罪过后才废黜他。这样，贤士仕途上通而没有人能嫉妒他；不肖者困窘、被废弃而没有人能举用他。所以说：“有才能者不可能埋没，败德之辈不能够伪装。”

## 轻　重

管子入复桓公曰：“终岁之租金，四万二千金，请以一朝素赏军士。”桓公曰（曰原作即）：“诺。”期于泰舟之野，朝军士，桓公即坛而立。管子执枹而揖军士曰：“谁能陷阵破众者，赐之百金。”三问不对。有一人秉剑而前，问曰：“几何人之众也？”管子曰：“千人之众。”曰：“千人之众，臣能陷之。”赐之百金。管子又曰：“兵接弩张，谁能得卒长者，赐之百金。”问曰：“几何人卒之长也?”管子曰：“千人之长。”“千人之长（旧无此千人之长四字，补之），臣能得之。”赐之百金。管子又曰：“谁能听旌旗之所指，而得执将首者，赐之千金。”言能得者累千人，赐之人千金。其余言能外斩首者，赐之人十金。一朝素赏四万二千金，廓然虚。桓公惕然大息曰：“吾曷以识此？”管子曰：“君勿患，且使外为名于其内，乡为功于其亲，家为德于其妻子。若此则士必争名报德，无北之意矣。吾举兵而攻，破其军，并其地，则非特四万二千金之利也。”公曰：“诺。”乃戒大将曰：“百人之长，必为之朝礼；千人之长，必拜而送之，降两级；其有亲戚者，必遗之酒四石，肉四鼎；其无亲戚者，必遗其妻子酒三石，肉三鼎。”行教半岁，父教其子，兄教其弟，妻谏其夫，曰：“见礼若此，不死列阵，可以反于乡乎？”桓公终举兵攻莱，战于莒，鼓旗未相望，而莱人大遁。故遂破其军，兼其地，而虏其将。故未列地而封，未出金而赏，破莱军，并其地，禽其君。此素赏之计也。

【译文】

管子入朝回复桓公说：“全年的租税金额有四万二千两黄金，请用一天时间先悬赏给军士。”桓公说：“可以”。于是约定在泰州郊野会见将士。桓公登坛站立，管子拿着鼓槌向战士们拱手行礼说：“谁能冲锋陷阵，打败众多敌兵，赏给黄金百两。”问了三遍还没有人回答。有一名战士执剑向前，问道：“有多少敌兵呢？”管子说：“有千人之多。”这位战士说：“千人之多，我能攻破。”于是赏给他黄金一百两。管子又说：“在短兵相接、弓弩大张的激战中，谁能擒获敌军卒长，赏给黄金百两。”一个士兵问：“是多少人的卒长？”管子说“千人的卒长。”“千人的卒长，我能擒获他。”于是赏给他黄金一百两。管子又说：“谁能按旌旗所指的方向，取回敌军将领的首级，赏给黄金一千两。”说自己能做到的共有十人，于是赏赐每人黄金一千两。其余表示此外还能斩敌首级的，赏给每人十两黄金。一天的悬赏，四万二千两黄金廓然成空。桓公忧心地叹息说：“我怎能理解这种赏赐呢？”管子回答说：“君主不要担心，让外界在国内为他们扬名；让乡里（乡政府）为他们的双亲记功，让家族为他们的妻子树德。这样，战士们必然会争取好名声来报答君主的恩德，就没有临阵败逃的想法了。我们举兵进攻，打败敌人军队，占领敌国土地，那就不仅仅是四万二千两黄金的利益了。”桓公说：“可以。”于是告诫大将们说：“对统领百人的军官，一定要用朝廷的礼仪对待；对统领千人的军官，一定要拱手拜别，送下两级台阶；对那些有父母的，一定要送给他们酒四石，肉三鼎；对那些没有父母的，一定要送给妻子酒三石，肉三鼎。”推行这种办法半年，父亲教导儿子，兄长教导弟弟，妻子劝告丈夫，都说："国家对我们有如此礼遇，如果不死战于阵前，还有面目返回家乡来吗？"桓公终于发兵攻伐莱国，交战于莒地。在双方还没有互相看到对方军中的旗鼓时，莱国人就全军遁逃。于是，打败了莱国的军队，兼并了莱国的土地，俘虏了莱国的将领。因此，国家实际上没有划出土地封官，没有拿出黄金行赏（因为攻占莱国后所得不止四万二千两黄金），就攻破了莱国的军队，并吞了莱国的土地，擒获了莱国的国君。这就是"素赏"之计（国家实际上不付出赏金的计策）。

**（吕效祖　张爱玲译）**

# 卷三十三

# 晏子治要

【考评】

《晏子》，旧题春秋齐晏婴著，实系后人依托并采缀晏婴言行而作，有内外篇共八卷，二百一十五章。《汉书·艺文志》儒家列《晏子》八篇。1972年山东临沂银雀山西汉墓中出土的《晏子》残简与今本有关章节相对照，内容大体一致。关于《晏子》称为《晏子春秋》问题，《四库全书总目》记载："其书自《史记·管晏列传》已称为《晏子春秋》，故刘知几《史通》称晏子、虞卿、吕氏、陆贾，其书篇第本无年月，而亦谓之春秋。然汉志惟作《晏子》，隋志乃名春秋，盖二名兼行也。"注释有清孙星衍《晏子春秋音义》，及今人吴刚虞撰《晏子春秋集释》等。而《群书治要》仍作《晏子》。

晏婴是齐大夫，历事齐灵公、庄公、景公三世，他以节俭力行、尽忠极谏而称道于齐国。晏子所处时代正是中国奴隶制向封建制转化的春秋末期，从晏子尚"礼"，并通过"礼"来保障"君强臣弱"，以防止"臣富主亡"的倾向来看，他的政治立场是较为保守的。然而他又反对齐君对人民的掠夺和榨取，反对齐统治者穷奢极侈的生活方式，主张省刑薄赋，提倡节俭廉政、仁爱惠人，这些也有补偏救弊以警觉统治者的某些作用。《四库简明目录》云："书中皆述婴遗事，与著书立说者迥别，列之儒家，于宗旨固非，列进墨家，于体裁亦未允，改列《传记》，庶得其真。"

魏征从维持李唐王朝长治久安的目的出发，编纂《群书治要》，于《晏子》一书辑录四十段文字，约一万余字。魏征所辑文字附有篇名，但章无标题，亦无夹注。由于《治要》是在原著基础上剪裁辑录而成，故其文句有诸多遗漏，这显系编撰者根据政治需要而摘取所致，当然也有因所据刻本之不同所造成的文句差异。这里除对个别有明显讹误的文句加以校勘之外，一般则保持原书旧貌，未予校注补正。

# 谏　上

景公饮酒数日，释衣冠（释衣冠原作去冠披裳），自鼓盆瓮，问于左右曰："仁人亦乐此乐乎？"梁丘据对曰："仁人之耳目犹人也，夫何为独不乐此乐也！"公令趋驾迎晏子，晏子朝服以至。公曰："寡人甚乐，欲与夫子同此乐，请去礼。"对曰："群臣皆欲去礼以事君，婴恐君之不欲也。今齐国小童，自中以上，力皆过婴，又能胜君，然而不敢者，畏礼义也。上（上原作君）若无礼，无以使下；下若无礼，无以事上。夫人之所以贵于禽兽者，以有礼也。婴闻之，人君无礼，无以临其邦；大夫无礼，官吏不恭；父子无礼，其家必凶。《诗》曰：'人而无礼，胡不遄死。'故礼不可去也。"公曰："寡人不敏无良，左右淫蛊寡人，以至于此，请杀之。"晏子曰："左右无罪。君若无礼，则好礼者去，无礼者至；君若好礼，则有礼者至，无礼者去矣。"公曰："善。"请易衣冠，粪洒改席。召晏子。晏子入门，三让升阶，用三献礼焉；再拜，而出。公下拜，送之，彻酒去乐，曰："吾以章宴子之教也。"

【译文】

景公嗜好饮酒，有一次竟连饮数日，酒酣之时，他竟脱衣摘帽，亲自敲击瓦盆奏乐，问身边各位近臣："仁德之人也喜好以此为乐吗？"梁丘据回答说："仁德之人的耳朵眼睛，同别人一样，他们为何偏偏不喜好以此为乐呢？"于是景公派人驾车去请晏子，晏子身穿朝服而来。景公说："我今天很高兴，愿与先生共同饮酒作乐，请你免去君臣之礼。"晏子答道："假如群臣都想免去礼节来侍奉您，我怕君主您就不愿意了。现在齐国的孩童，凡身高中等以上者，力气都超过我，也能胜过您，然而却不敢作乱，是因为惧怕礼义啊！君主假如不讲礼义，就无法役使下属；下属如果不讲礼义，就无法侍奉君主。人之所以比禽兽尊贵，就是因为有礼义啊！我听说，君主如果不是因为礼义，就无法正常地治理国家；大夫如果不是因为礼义，底下官吏就会不恭不敬；父子之间如果没有礼义，家庭就必有灾殃。《诗经》中说：‘人如果不遵守礼义，为什么不赶快去死？’可见礼义不可免除啊！”景公说：“我自己不聪敏，也没有好的近臣，加之他们迷惑、引诱我，以至于如此，请处死他们！”晏子说：“身边的近臣没有罪。如果君主不讲礼义，那么讲究礼义之人便会悄然离去，不讲礼义之人就会纷至沓来；君主如果讲究礼义，那么讲究礼义之人就会纷至沓来，不讲礼义之人便会悄然离去。”景公听后说道：“先生说得好啊！”于是景公让人换了衣冠，令下人洒扫庭院，更换坐席，然后重新请晏子。晏子进入宫门，经过三次谦让，才登上台阶，采用的是“三献之礼”。随即，晏子再行拜别之礼，准备离去，景公以礼拜别，然后命令下人撤掉酒宴，停止音乐，并对身边臣子说：“我这么做是为了显扬晏子的教诲。”

景公之时，雨雪三日而不霁。公被狐白之裘，坐于堂侧阶。晏子入见，立有间，公曰：“怪哉，雨雪三日而天不寒。”晏子对曰：“天不寒乎？”公笑。晏子曰：“婴闻古之贤君，饱而知人之饥，温而知人之寒，逸而知人之劳，今君不知也。”公曰：“善！寡人闻命矣。”乃命出裘发粟，以与饥寒。孔子闻之曰：“晏子能明其所欲；景公能（旧无能字，补之）行其所善。”

【译文】

景公在位期间，有一年接连下了三天大雪而不见晴。景公身披白色毛裘衣，坐在殿堂侧边的台阶上。晏子进见景公，站立片刻后，景公说：“真奇怪呀！大雪纷飞下了三日，但天气却不寒冷。”晏子问道：“天气真的不寒冷吗？”景公笑了。晏子接着说：“据我所知，历代的贤明君主，自己吃饱时，能想到挨饿的百姓；自己穿暖时，能想到受冻的百姓；自己生活安逸时，能想到劳苦的百姓。而您现在却不懂得这些啊。”景公听了后说：“说得有理，我听到你的‘教诲’了。”于是，景公下令取出库中皮衣，开放粮仓，救济那些挨饿受冻的百姓。孔子听说此事后称赞道：“晏子是能表明自己意愿的臣子；景公是能实施晏子认证思想的君主。”

淳于人纳女于景公，生孺子荼，景公爱之。诸臣谋欲废公子阳生而立荼，公以告晏子。晏子曰："不可。夫以贱匹贵，国之害也；置大（大原作子）立少，乱之本也。夫阳生长而国人戴之，君其勿易！夫服位有等，故贱不陵贵；立子有礼，故孽不乱宗。废长立少，不可以教下；尊孽卑宗，不可以利所爱。长少无等，宗孽无别，是设贼树奸之本也。君其图之！古之明君，非不知繁乐也，以为乐淫则哀；非不知立爱也，以为义失而忧。是故制乐以节，立子以道。若夫恃（恃原作持）谗谀以事君者，不足以责信。今君用谗人之谋，乱夫之言，废长立少，臣恐后人之有因君之过以资其邪，废少而立长以成其利者。君其图之！"公不听。景公没，田氏杀荼立阳生；杀阳生立简公；杀简公而取齐国。

【译文】

淳于国的人献美女给景公，不久生下一个儿子取名叫荼。景公很喜欢他。许多大臣便谋划废掉长子阳生，立荼为太子。景公将此事告知晏子，晏子说："不可！(荼地位低贱，阳生地位尊贵)以贱庶当嫡贵，是国家的祸患；放弃长子而立幼子，是混乱的根源。阳生年长且全国人民拥戴他，您还是不要改换太子吧！人们职务地位有等级，所以地位低贱者不可超越地位尊贵者；立太子也有礼法，所以庶子不可干扰宗子(嫡长子)。若废长立幼，便不能教育下属，尊奉庶子而贬低宗子，亦不利于兄弟的亲爱。年龄长幼没有等次之分，宗子同庶子没有区别，这是留下灾害、种下祸礼的根源。希望您能认真考虑！历代的英明君主，并非不懂得尽情享乐，而是认为享乐无节制就会乐极生悲；并非不知道成就其所爱，而是认为丧失了道义就会出现忧患。所以制作音乐时有所节制，立太子时依从礼法。至于那些用谗言、阿谀来侍奉君主的人，是不能指望他们讲信用的。如今您若采纳进谗者的计谋，听信奸邪者的言论，从而废长子、立幼子，我恐怕以后有人会利用你的过错来助长自己的邪恶，通过废幼子而立长子来实现他们的利益。希望您认真考虑！"景公不听劝谏(坚持立幼子荼。其死后不久，田氏杀死国君荼，立阳生为国君；后来又杀死阳生，立简公为国君；再后来杀死简公，最终夺取了齐国政权。

景公燕赏于国内，万钟者三，千钟者五，命三出而职计莫之从（莫之从原作策之）。公怒，令之免职计，命三出，而士师莫之从。公不悦。晏子见，公谓晏子曰："寡人闻君国者，爱人则能利之，恶人则能疏之。今寡人爱人不能利，恶人不能疏，失君道矣。"晏子曰："婴闻之，君正臣从谓之顺，君僻臣从谓之逆。今君赏谗谀之臣，而令吏必从，则是使君失其道，臣失其守也。先王之立爱以劝（劝原作亲）善也，其去恶以禁暴也。昔者三代之兴也，利于国者爱之，害于国者恶之。故明所爱而贤良众，明所恶而邪僻灭，是以天下平治，百姓和集。及其衰也，行安简易，身安逸乐，顺于己者爱之，逆于己者恶之。故明所爱而邪僻繁，明所恶而贤良灭，离散百姓，危覆社稷。君上不度圣王之兴，而下不观惰君之衰，逆政之行，有司不敢争，以覆社稷，危宗庙矣。"公曰："寡人不知也，请从士师之策。"

【译文】

景公设宴对臣子进行赏赐。其中，受到万钟赏赐者三人，受到千钟赏赐有五人。尽管赏赐命令下达多次，可是掌管财物的职计官却不从。景公大怒，命令罢免职计的官职，但命令下达多次，掌管刑狱的士师也不听从。景公很不高兴。晏子拜见景公，景公对晏子说："据我所知，主宰国家者，爱谁就能给谁利益，厌恶谁就能疏远谁。而今我喜爱谁却不能给谁利益，厌恶谁却不能疏远谁，这是失去当君主的准则了。"晏子说："有人讲过，君主公正而臣子服从称为顺从；君主不正而臣子服从称为背叛。如今赏赐谗佞谄谀之人，却让有关官吏一定服从，那就是让君主失去其执政之原则、让臣子有失其职守了。先王确立其所爱，是用以劝勉为善；除掉其厌恶者，是以此制止凶暴。夏、商、周三代兴盛之时，对有利于国家之人，君主就喜爱他；对有害于国家之人，君主就厌恶他。所以，明确其所爱，天下贤良的人就增多；明确其所恶，邪僻的人就消失。因此，天下清明太平，百姓和谐安定。然而，到夏、商、周三代衰落之时，君主的行为安于荒废轻慢，自身安于闲散享乐。顺从自己意愿的人，君主就喜爱他；违背自己意愿的人，君主就厌恶他。所以，明确了所喜爱的，天下邪僻的人就多了；明确了所厌恶的，天下贤良的人就消失了。百姓流离失散，国家有倾覆的危险。君主既不思考圣贤君主的兴盛，又不观察怠惰君主的衰亡以吸取教训；对违逆时政的行为，主管官吏们不敢诤谏，以至国家倾覆，宗庙危险。”景公听后说：“我不知道这些情况啊，请按士师的策略办理。”

景公观于淄上，喟然而曰：“呜呼！使国可长保而传子孙，岂不乐哉？”晏子对曰：“婴闻之，明王不徒立，百姓不虚至。今君以政乱国，以行弃民久矣，而欲保之，不亦难乎！婴闻之，能长保国者，能终善者也。诸侯并立，能终善者为长；列士并立，能终善者为师。昔先君桓公，方任贤而赞德之时，亡国恃以存，危国仰以安，是以民乐其政而世高其德，行远征暴，劳者不疾，驱海内使朝天子，诸侯不怨。当是时，盛君之行不能进焉。及其卒而衰，怠于德而并于乐，身溺于妇侍而谋因于竖刁。是以民苦其政，而世非其行，故身死胡宫而不举，虫出而不收。当是时也，桀纣之卒不能恶焉。《诗》曰：‘靡不有初，鲜克有终。’不能终善者，不遂其君（君原作国）。今君临民若寇仇，见善若避热，乱政而危贤，必逆于众，肆欲于民，而虐诛其下，恐及于身矣。婴之年老，不能待君使矣，行不能革，则持节以没世矣。”

【译文】

景公到淄河边观赏，叹息着说：“哎！假如国家可以长期存在，并传给子孙后代，这不是令人高兴的事吗？”晏子答道：“我听说过，英明的君主不是随随便便就能当的，百姓也不是凭白无故就来归附的。当今，您因为施政有误使国家混乱；因为行为失当使百姓背离已有很长时间了，却想保有国家，不是很难吗！我听说，能够保持国家长久者，是能自始至终行善政的人。诸侯并立于世，自始至终能行善政者可为首领；众多士人并立于朝，自始至终能行善事者，可以为师。我们的先君桓公，当初任用贤才、崇尚道德之时，被灭亡的国家依靠他得以恢复，处境危险的国家依仗他得以安定；因此百姓喜欢他的政策，世人推崇他的道德。他出兵远征残暴之人，劳苦的人民不痛恨他；驱使天下诸侯去朝拜周天子，诸侯也都不怨恨他。在那个时期，盛德之君的行为也不能超过他。到他最终衰败时，懒于修德而纵情享乐，自身沉溺于女色侍从之中，谋划、决策依靠竖刁。因此，百姓被其政令所苦，世人也都责备他的行为，所以最后他死在胡宫都无人为之发丧，尸体上的蛆虫爬出门外，仍没有人收殓。按当时这种情况，即使夏桀和商纣的死亡，也没有这么糟糕啊！《诗经》中记载：'人行善政都有开始，但很少有人能坚持到底。'不能从始至终行善政的人，就不能成就其君国。如今您面对百姓就如同面对仇敌一样；看到善行就如同躲避炎热一般，既搞乱政治，又危害贤人，这样必然违背民心。极尽私欲搜刮民财，并残暴地诛戮下属，恐怕要祸及自身了。我已经年迈，不堪供您使唤了。君上若不能革除弊政，也应当有所节制以保善终啊。"

景公出游，北面望睹齐国，曰："呜呼！使古而无死，如何？"晏子曰："昔上帝以人之死（死原作没）为善，仁者息焉，不仁者伏焉。若使古而无死，丁公、太公将有齐国，桓、襄、文、武将皆相之，吾君将戴笠衣褐，执铫耨，以蹲行畎亩之中，孰暇患死！"公不悦。无几何，梁丘据御（御原作乘）六马而来，公曰："据与我和者夫！"晏子曰："此所谓同也。所谓和者，君甘则臣酸，君淡则臣咸。今据也，君甘亦甘，所谓同也，安得为和！"公不悦。无几何，公西面（面原作北）望睹彗星，召伯常骞，使禳而去之。晏子曰："不可！此天教也，以诫不敬。今君若设文而受谏，虽不去，彗星将自亡。今君嗜酒而并于乐，政不饰而宽于小人，近谗好优，何暇在彗！弗又将见矣。"公不悦。无几何，晏子卒，公出屏而立，曰："呜呼！昔者从夫子而游，夫子一日而三责我，今孰责寡人哉！”

【译文】

景公外出游览，向北仰望，看到齐国都城，感叹道：“啊！假如自古以来没有死亡，该如何呢？”晏子说：“以前，天帝将人的死亡看成好事，仁德之人可得以休息了，不仁德者也终于藏伏了。假如自古以来没有死亡，那么丁公、太公将永远享有齐国，桓公、襄公、文公、武公都将辅助他，君主您也就只能戴着斗笠，穿着布衣，手持大锄小锄蹲行、劳作于田野之中，哪里还有功夫忧虑死亡呢？”景公很不高兴。没有多久，梁丘据乘驾着六马大车从远处赶来。景公说道：“梁丘据是与我很和谐的人啊！”晏子说：“这只是气味相投。所谓和谐，用口味做比方，君主如果尝出甜味，臣子就应尝出其中的酸呀；君主觉得味淡，臣子就应尝出其中的咸味。就梁丘据而言，君主说是甜味儿，他就说是甜味儿，此称为气味相投，怎能称为和谐呢？”景公又不高兴。过了一会儿，景公向西望去，看见了彗星，便召见伯常骞，要他进行祈祷让彗星隐去。晏子说：“不可，这是上苍在教诲人们，用以警诫不恭敬的行为。现在您如果修文德、纳谏言，即使不祈祷彗星隐去，它也会自行消失。而您现在好酒贪杯且连日作乐，不整改朝政，却纵容小人、亲近谗佞、喜欢倡优，何止只有彗星，孛星也将出现了！”景公更不高兴。此后没有多久，晏子就死了。景公走出门外，背靠照壁而立，叹息说：“以前先生伴我出游，一天之内三次责备我，如今有谁来责备我呢？”

景公射鸟，野人骇之，公令吏诛之。晏子曰：“野人不知也。臣闻之，赏无功谓之乱，罪不知谓之虐，两者，先王之禁也。以飞鸟犯先王之禁，不可！今君不明先王之制，而无仁义之心，是以从欲而轻诛也。夫鸟兽固人之养也，野人骇之，不亦宜乎！”公曰：“善！自今以来，弛鸟兽之禁，无以苛（苛原作拘）民。”

【译文】

景公打猎，正准备射一只鸟，却被一个农民惊飞了。景公便命令官吏将其处死。晏子急忙说道："这个农民不知道您在射鸟啊。我听说过，赏赐无功劳的人，是混乱；惩处不知情的人，是暴虐。这两样，均为先王所禁忌。因为一只飞鸟便违犯先王禁忌，是不可以的。如今您未牢记先王的制度，而缺乏仁爱之心，所以才随心所欲，轻易杀人。鸟兽，原本就是所有人的给养，百姓惊飞了它，不是也很正常吗？"景公听后说道："您说得好！从今以后，解除有关捕捉鸟兽的禁令，不要以此来限制百姓。"

## 谏　下

景公筑路寝之台，三年未息；而又为长庲之役，二年未息；又为邹之长途。晏子谏曰："百姓之力勤矣，君不息乎！"公曰："途将成矣，请成而息之。"对曰："君屈民财者，不得其利；穷民力者，不得其乐。昔者楚灵王作为顷（顷原作顿）宫，三年未息也；又为章华之台，五年未息也；而又为乾溪之役八年，百姓之力不足而自息也。灵王死乾溪，而民不与归。今君不遵（遵原作道）明君之义，而循（循原作修）灵王之迹，婴惧君之有暴民之行，而不睹长庲之乐也，不若息之。"公曰："善！非夫子，寡人不知得罪于百姓深也。"于是令勿收斩板而去之。

【译文】

景公下令修建路寝台，三年没有停止；又因为长庲之事，两年不曾停息；后又修筑通往邹国的长途道路。晏子劝谏说："民力已经用尽了，您不考虑停下来吗？"景公说："这条路将要修成了，等修成后再停息吧！"晏子说："君主如果竭尽民财，最终会得不到利益；如果竭尽民力，最终亦得不到快乐。以前楚灵王修建寝宫，三年没有停止；后修建章华台，又是五年不曾歇息；后来又因为乾溪战役打了八年，老百姓因力不从心，自行停止，以至楚灵王死于乾溪，百姓不将其尸体运回。现在，您不遵循英明君主之道义，而重蹈楚灵王之覆辙，我担心您有残害人民之行为，而见不到长庲宫室的乐趣了，不如停止徭役”。景公听后很喜悦，说：“如果不是先生，我还真不知道自己已深深地得罪了天下百姓。”于是，命令不要收拾筑路夹板，让服役之人都回家去。

景公成路寝之台，逢于何遭晏子于涂，再拜于马前曰：“于何之母死，兆在路寝之台牖下，愿请合骨。”晏子曰：“嘻！难矣！虽然，婴将为子复之。”遂入见公曰：“有逢于何者，母死，兆在路寝，当牖下，愿请合骨。”公作色不悦，曰：“自古及今，子亦尝闻请葬人主宫者乎？”晏子对曰：“古之君治其宫室节，不侵生人之居；其台榭俭，不残死人之墓，未尝闻请葬人主宫者也。今君侈为宫室，夺人之居，广为台榭，残人之墓，是生者愁忧，不得安（安原作欢）处，死者离析，不得合骨。丰乐侈游，兼傲死生，非仁君（君原作人）之行也；遂欲满求，不顾细民，非存之道也。且婴闻之，生者不得安，命之曰蓄忧；死者不得葬，命之曰蓄哀。蓄忧者怨，蓄哀者危，君不如许之。”公曰：“诺。”晏子出，梁丘据曰：“自古及今，未尝闻求葬公宫者也，若何许之？”公曰：“削人之居，残人之墓，凌人之丧，而禁其葬，是于生者无施，于死者无礼也。且《诗》曰：‘谷则异室，死则同穴。’吾敢不许乎？”逢于何遂葬路寝台之牖下，解衰去绖，布衣玄冠，踊而不哭，躃（躃疑为擗）而不拜，已乃涕洟而去之。

【译文】

景公建成路寝台后，逢于何遇上丧事，行路中碰到晏子，在晏子马前反复施礼。逢于何说：“我母亲去世了，可我家祖坟的边界就在路寝台的台基下，望您恳求君主允许将我母亲与父亲合葬。”晏子说：“唉！这事难啊！但即使很难，我也会为您去禀报此事。”晏子朝见景公，说：“有个名叫逢于何的，他母亲刚去逝，可他家坟地的界域却恰在路寝台的台基下，他希望您允许他让其母与其父合葬。”景公脸色突变，很不高兴地说：“自古及今，您听说过请求将人埋葬在君主宫室旁的事吗？”晏子反驳道："历代君主，建造其宫室时都加以节制，不侵占活人的住处；建造其台榭时都加以约束，不伤损死人的坟墓；所以不曾听过请求将死人埋葬在宫室旁的事。如今，您肆意修建宫室，侵占人家的住处；您广修台榭，损坏人家的坟墓。这是让活着的人忧愁，不能安居；让死了的人尸骨离散，不能合葬。您现在尽情地游玩作乐，对活人死人全都轻视，这不是仁德之君应该做的；您用权力满足私欲，不顾百姓苦乐，这也不是使国家长存的做法。况且我听说，活人不能安居，称之为聚积忧虑；死人不能完好安葬，称之聚积悲痛。聚积忧愁的人怨恨您，聚积悲痛的人危害您。您不如答应他吧。"景公说："那就这么办吧！"晏子离开后，梁丘据对景公说："从古至今，不曾听过请求将死人埋葬于君主宫中的事情，您为何答应呢？"景公解释道："侵占人家的住处，损毁人家的坟地，傲视人家的丧事，又禁止人家合葬，这对活着的人是不施恩惠，对死去的人是不讲礼义。《诗经》中讲：'活着不能住一屋，死后也要葬一墓。'我怎敢不答应呢？"于是，逢于何便将他母亲埋葬于路寝台的台基旁，脱去孝服，穿上布衣，戴上黑帽，只行踊礼(跳动状)，但不啼哭，使劲捶胸，却不跪拜。埋葬完毕后，才流着鼻涕眼泪离去。

梁丘据死，景公召晏子而告之曰："据忠且爱我，我欲丰厚其葬，高大其垅。"晏子曰："敢问据之所以忠爱君者，可得闻乎？"公曰："吾有喜于玩好，有司未能我供也，则据以其财供我，吾是以知其忠也；每有风雨，暮夜求之必存，吾是以知其爱也。"晏子曰："婴对则为罪，不对则无以事君，敢不对乎！婴闻之，臣专其君，谓之不忠；子专其父，谓之不孝；妻专其夫，谓之嫉妒。事君之道（事君之道原作为臣）道君，亲于父兄，有礼于群臣，有惠于百姓，有义于诸侯，谓之忠也；为子之道（为子之道原作为子）道父，以钟爱其兄弟，施行于诸父，以慈惠于众子，诚信于朋友，谓之孝也；为妻之道，使众妾皆得欢欣于夫，谓之不妒也。今四封之民，皆君之臣也，而唯据尽力以爱君，何爱者之少耶？四封之货，皆君之有也，而唯据也以其私财忠于君，何忠者之寡也？

据之防塞群臣，壅蔽君，无乃甚乎？”公曰：“善哉！微子，寡人不知据之至于是也。”遂罢为垅之役，废厚葬之令，令有司据法而责，群臣陈过而谏。故官无废法，臣无隐忠，而百姓大悦。

【译文】

梁丘据去世后，景公召见晏子说：“梁丘据忠诚热爱于我，我想将其丧事办得隆重些，将其坟墓建得高大些。”晏子反问道：“请问为什么说梁丘据忠于您、热爱您，能让我听听吗？”景公对答：“我喜爱的玩物，主管官吏们不能供奉给我，而梁丘据就将他自己的物品奉献给我，因此，我说他忠诚于我；每当刮风下雨之日，即便夜里找他来，他也一定会来问安，因此，我说他热爱我。”晏子听完景公的陈述后说：“如果我回答您，便会有罪，如果不回答您，就没有办法侍奉您。我怎敢不回答呢？我听说，臣子独受君主偏宠，是不忠；儿子独受父亲喜欢，是不孝；妻子独受丈夫偏爱，是嫉妒。为臣子者，引导君主对父兄亲近，对群臣有礼，对百姓施惠，对诸侯有信义，称为忠；为人子者，引导父亲对他的弟兄钟爱，并让他们同样对待长辈，慈爱、施惠于所有子女，对他的朋友诚信，称为孝；为人妻者，让所有的妾全都获得丈夫的喜爱，称为不嫉妒。如今齐国境内所有百姓，均为您的臣民，只有梁丘据竭尽其力来热爱君主，为何热爱您的人这么少呢？齐国四境之内的财货，都是君主所有，却只有梁丘据以私人财物来表示对君主的忠诚，为何忠诚于您的人这么少呢？梁丘据阻断众臣的忠诚与热爱，堵塞、遮蔽君主的视听，恐怕再没有比这厉害的了吧？”景公醒悟，说道：“讲得真好啊！如果不是你的分析，我还真想不到梁丘据的用心竟到了如此地步。”于是，景公下令停止为梁丘据修墓之事，废除厚葬的命令，并命令有关官吏依据法律进行批评，命令群臣陈述君主的过失以示劝谏。所以，此后官吏没有不执行法律的，臣子们没有隐藏忠心不表露的，于是百姓非常喜悦。

## 问　上

景公问晏子曰：“君子常行曷若？”对曰：“衣冠不中，不敢以入朝；所言不义，不敢以要君；身行不顺，治事不公，不敢以莅众。衣冠中，故朝无奇僻之服；所言义，故下无伪上之报；身行顺，治事公，故国无阿党之义。三者，君子常行也。

【译文】

景公问晏子说："君子素常的行为应该如何？"晏子曰："假如衣冠不符合礼义规定，不敢就这么入朝；假如言谈不符合道义，就不敢以此谋求君主信任；假如自己行为不顺理、处事不公正，就不敢面对众人。衣冠符合礼义规定，因此朝堂上就不会有奇装异服；言谈符合道义，因此下属便不会有欺骗上级的报告；自己的行为顺理，处理政事公正，因此国内就不会有偏袒同党的举动。这三个方面，是君子素常应有的行为。"

景公问晏子曰："请问臣道？"对曰："见善必通，不私其利，荐善而不有其名。称身居位，不为苟进；称事受禄，不为苟得。君用其言，人得其利，不伐其功，此臣道也。"

【译文】

景公问晏子说："请问为臣之道当如何？"晏子答道："有贤善之人，必予奏报，不图个人私利；举荐贤人而不求自己出名；衡量自己才德而居官位，不求苟且升官；衡量自己功业而接受俸禄，不求苟且获取。君主采纳其建言，可使大家得到利益，而不夸耀自己的功劳。这就是为臣之道。"

景公问晏子曰："明王之教民何若？"对曰："明其教令，而先之以行；养民不苛，而防之以刑；所求于下者，不务于上；所禁于民者，不行于身，故下从其教也。称事以任民，中听以禁邪，不穷之以劳，不害之以罚，上以爱民为法，下以相亲为义，是以天下不相违也。此明王之教民也。

【译文】

景公问晏子："英明的君主是怎样教化人的？"晏子答道："阐明教义和政令，且自己率先履行；教育百姓不用苛政，用刑罚来惩治作恶之人。要求臣下不做的，君王也不去做；禁止百姓做的事情，自己绝不能去做。因此，下属就会听从其教导。估量事情的轻重来使用民力，不偏不倚地处理诉讼来禁止邪恶；不使百姓因过度劳累而筋疲力尽，不用惩罚来伤害百姓；在上者以爱护百姓为准则，在下者以相亲相爱为道义。这样，天下之人就不会互相背离。这就是英明君主教育人民的方法。"

景公问晏子曰："忠臣之事君何若？"对曰："有难不死，出亡不送。"公不悦，曰："君裂地而封（封原作富）之，疏爵而贵之，有难不死，出亡不送，其说何也？"对曰："言而见用，终身无难，臣何死焉？谋而见从，终身不出，臣何送焉？若言不用，有难而死，是妄死也；谋而不从，出亡而送，是诈伪也。忠臣也者，能纳善于君，而不与君陷于难者也。"

【译文】

景公问晏子："忠臣是如何侍奉君主的？"回答道："君主有灾难不为他殉难，君主出逃不为他送行。"景公不悦，说："君主分割土地使臣子富裕，分封爵位使臣子显贵，君主有灾难却不殉难，出逃却不送行，这种说法是何道理？"晏子答道："臣子的劝谏如果被采纳，君主终身都不会有难，臣子怎么会死呢？计谋如果被听从，君主终身都不会出逃，臣子怎么会为君主送行呢？如果劝谏不被采纳，君主有灾难，臣子便为君主殉难，那是白白送死；计谋如果不被听从，君主出逃，臣子却为他送行，这是虚伪。所谓忠臣，是能给君主出谋划策，使君主接纳善言，而不是和君主一起陷于死难的境地。"

景公问晏子曰："忠臣之行何如？"对曰："选贤进能，不私乎内；称身就位，计能受禄；睹贤不居其上，受禄不过其量；不权君以为行，不称位以为忠；不掩贤以隐长，不刻下以谀上；顺即进，否即退，不与君行邪。”

【译文】

景公问晏子说：“忠臣的所作所为应是怎样的？”晏子答道：“选拔贤德之人，推举有才之人，对自己亲近之人不偏袒；衡量自己的品德来担任适当的官职，衡量自己的才能来接受合适的俸禄；遇到贤人，自己的职位不超越他，接受的俸禄不超过自己应得的数额；不权衡君主的好恶去做事，不计量自己的地位去尽忠；不遮蔽贤才而埋没其长处，不苛刻地对待下属而奉承、讨好上级；能顺遂自己的志向就入朝为官，否则就隐退，不与君主一起做邪恶之事。”

景公问晏子曰：“临国莅民，所患何也？”对曰：“所患者三：忠臣不信，一患也；信臣不忠，二患也；君臣异心，三患也。是以明君居上，无忠而不信，无信而不忠者，是故君臣同欲（同欲原作无狱），而百姓无怨（怨原作恐）也。”

【译文】

景公问晏子说：“统治国家管理人民，应该忧虑的是什么呢？”晏子答道：“应忧虑之事有三点：忠臣得不到信任，这是忧虑之一；受信任的臣子不忠这是忧虑之二；君臣不同心同德，这是忧虑之三。英明的君主处在高位，没有忠臣不受信任的，没有受信任却不忠君的，所以君臣之间没有嫌疑，百姓也就没有什么埋怨了。”

庄公问晏子曰：“威当世而服天下，时耶？”对曰：“行也。”公曰：“何行？”对曰：“能爱邦内之民者，能服境外之不善；重士民之死力者，能禁暴国之邪；中听任圣者，能威诸侯；安仁义而乐利世者，能服天下。不能爱邦内之民者，不能服境外之不善；轻士民之死力者，不能禁暴国之邪；逆谏傲贤者，不能威诸侯；背仁义而贪名实者，不能威当世而服天下者。此其道也（也原作已）。”公不用，任勇力之士，而轻臣仆之死，用兵无休，国疲民害。期年，百姓大乱，而身及崔氏祸（旧无祸字，补之）。

【译文】

（景公之前的）庄公曾问晏子，说：“震惊当代而使天下敬服，这是靠时势吗？”晏子答道：“要靠自己的作为。”庄公问道：“要怎么去做呢？”晏子接着说：“能爱国内之民的人，就能让国外的心存不善者敬服；敬重士民中的拼死效力者，就能制止损害国家的邪恶行为；衷心听取意见、信任圣贤之人，就能震慑诸侯；安于实行仁义又乐于造福社会者，能够天下敬服。反之，不能爱抚本国之民者，就不能使国外心存不善者敬服；轻慢士民中的拚死效力者，就不能制止那些损害国家的邪恶行为；抵触规劝，轻慢贤德之人者，就不能使诸侯畏服；违背仁义、贪图名利者，不能成为震惊当代而使天下敬服的人，这就是震惊当代而使天下敬服的办法啊。”庄公没有听信晏子的话，任用勇武好斗之人，又轻视臣下、奴仆的生死，用兵作战没有休止，导致国家疲困，人民受害。仅过了一年，齐国百姓大乱，庄公自己也遭到崔杼的杀害。

景公问晏子曰：“圣人之不得意也何如？”晏子对曰：“上作事反天时，从政逆鬼神，藉敛单百姓；四时易序，神祇并怨；道忠者不听，荐善者不行；谀过者有赏，救失者有罪。故圣人伏匿隐处，不干长上，洁（洁原作静）身守道，不与世陷于邪，是以卑而不失义，瘁（瘁原作蔽）而不失廉。此圣人之不得意也。”公曰：“圣人之得意何如？”晏子对曰：“世治政平，举事调乎天，藉敛和乎民，百姓乐其政，远者怀其德；四时不失序，风雨不降虐；天明象而致赞，地育长而具物；神降福而不靡，民服教而不伪；治无怨业，居无废民。此圣人之得意也。”

【译文】

景公问晏子：“圣人不得志之时将会怎样？”晏子答道：“君主做事情违反天时，执政违背鬼神的意志；征敛赋税将百姓钱财搜刮殆尽；四季交替混乱，天地神灵全都怨恨；讲忠言君主不听受，献良策君主不实行；奉承君主过错的人被奖赏，补救君主过失的人被治罪。因此，圣人藏于隐蔽之处，不干预国君的事情，廉洁自身，坚守道义，不与世道一起陷入邪恶。这样他们地位低下，但不丧失道义；隐藏于民间，而不失其正直。这就是圣人不得志时的情况。”景公又问：“圣人得志之时将会怎样呢？”晏子答道：“社会安定，政治清平，做事情符合天意，征收赋税符合民力；人民赞许君主的政令，远方之人怀念君主的道德；四季交替有序，风调雨顺；苍天显示吉祥之兆来表达赞许，大地孕育生长而万物齐备；神灵降福，永不停止；人民服从教化，不弄虚作假。管理上没有受埋怨的政事，村落中没有怠惰的百姓。这就是圣人得志之时的情况。”

景公问求贤，晏子对曰：“通则视其所举，穷则视其所不为，富则视其所分，贫则视其所不取。夫上，难进而易退也；其次，易进而易退也；其下，易进而难退也。以此数物者取人，其可乎？”

【译文】

景公问晏子访求贤能的事。晏子回答说：“得志时就观察其所推举的人；不得志时就观察其所不做的事；富裕时就观察其是否与人分享；贫穷时就观察其是否不苟且取财。最贤者难于受聘入朝，但却容易辞去；次一等者容易受聘入朝，但也容易辞去；下等者容易受聘入朝，但却难于辞去。凭借这几个方面选择人，也就足够了！”

景公问晏子曰：“古之莅国治民者，其任人何如？”对曰：“地不同生（生原作宜），而任之以一种，责其俱生不可得也；人不同能，而任之以一事，不可责遍成焉。责焉无已，知者有不能给（给原作洽）矣；求焉无厌，天地有不能赡矣。故明王之任人，谄谀不迩乎左右，阿党不治乎本朝；任人之长，不强其短；任人之工，不强其拙。此任人之大略也。”

【译文】

景公问晏子："古代统治国家、管理人民的君主，他们如何任用人才。"晏子曰："土地适宜种的作物各不相同，却不加选择种植同一种作物，要求它都能生长，这是做不到的；人们的才能各不相同，却委任同样的职事，不可能要求其都能干好。如果对人的要求无穷无尽，智慧者也有不能满足要求的时候；如果要求永无满足，天地也有不能供给的时候。因此，英明的君主任用人才，不让阿谀谄媚之人近在身边，不让结党营私之人在朝为官；用人之长，不勉强其所短；发挥人擅长的方面，不勉强其做不擅长之事。这就是任用人才的大致方略。"

景公问晏子曰："富民安众难乎？"对曰："易。节欲则民富，中听则民安。行此两者而已矣。"

【译文】

景公问晏子道："让百姓富裕、万民安定，难吗？"晏子答道："容易。君主节制私欲，人民就会富裕；处理诉讼公正，人民就会安定。做好这两件事就可以了。"

景公问晏子曰："古者离散其民，而陨失其国者，其常行何如？"对曰："国贫而好大，智薄而好专；尚谗谀而贱贤人，乐简慢而轻百姓；国无常法，民无经纪；好辨以为智，刻民以为忠；流湎而忘国，好兵而忘民；肃于罪诛，而慢于庆赏；乐人之哀，利人之害；德不足以怀人，政不足以匡民；赏不足以劝善，刑不足以防非。此亡国之行也。今民闻公令如寇仇，此古之离其民、陨其国常行也。"

【译文】

景公又问："历代造成百姓流离失散，以致丧失其国家的人，他们素常的所作所为是什么样的？"晏子曰："国家贫困却好大喜功，才智匮乏却独断专行；尊重谗佞谄谀之人而轻视贤德之人，喜欢傲慢轻浮之人，却不重视百姓；国家没有固定的法律，人民没有可遵循的纲纪；以能言善辩者为聪明人，将苛待百姓者看作忠臣；沉湎于饮酒作乐而忘记国家大事，喜好用兵而忘记人民的疾苦；严急于惩罚诛杀而轻忽于奖励赏赐；将自己的快乐和利益建立在别人的哀痛和危难之上；恩德不足以让人怀念，政令不足以匡正百姓；赏赐不足以鼓励人做好事，刑罚不足以防止人作奸犯科；这些是导致国家灭亡的行为。假如人民听到君主的命令，就如同遇见盗匪仇敌一样，这就是历代造成百姓流离失散、丧失其国家之人的一贯行为。”

景公问晏子曰：“谋必得，事必成，有术乎？”对曰：“有。”公曰：“其术何如？”晏子曰：“谋度于义者必得，事因于民者必成。反义而谋，背民而动，未闻存者也。昔三代之兴也，谋必度于义，事必因于民；及其衰也，谋者反义，兴事伤民。故度义因民，谋事之术也。”

【译文】

景公问晏子说：“谋划肯定能实现，做事肯定会成功，有什么方法吗？”晏子曰：“有。”景公问：“有哪些方法？”晏子答道：“谋划以道义为尺度的话，就必定能实现；做事以民意为根据的话，就必定能成功；违反道义来谋划，违背民意来行动，还没听说国家能存在的。以前，夏、商、周三代兴盛之时，谋划必定考虑是否符合道义，做事必会依照人民意愿。及其衰败之时，所谋划之策违背道义，所兴办之事伤害百姓。所以说，把握道义、依照民意，是谋划、做事的正确方法。

景公问晏子曰：“治国之患，亦有常乎？”对曰：“谗夫佞人之在君侧者，好恶良臣，而行与小人，此治国之常患也。”公曰：“谗佞之人，则亦诚不善矣；虽然，则奚曾为国常患乎？”晏子曰：“君以为耳目而好谋事，则是君之耳目缪也。夫上乱君之耳目，而下使群臣皆失其职，岂不诚足患哉！”公曰：“如是乎！寡人将去之。”晏子曰：“公不能去也。”公不悦，曰：“夫子何少寡人之甚也！”

对曰："臣非敢矫也！夫能自用于君者，材能皆非常也。夫藏大不诚于中者，必谨小诚于外，以成其大不诚。入则求君之嗜欲能顺之，君怨良臣，则具其往失而益之，出则行威以取富。夫可密近，不为大利变，而务与君至义者，此难得而其难知也。"公曰："然则先圣奈何？"对曰："先圣之治也，审见宾客，听治不留，患日不足，群臣皆得毕其诚，谗谀安得容其私？"公曰："然则夫子助寡人止之，寡人亦事勿用矣。"对曰："谗夫佞人之在君侧者，若社之有鼠也，不可熏去。谗佞之人，隐君之威以自守也，是故难去也。"

【译文】

景公问晏子："治理国家的忧患会有常存的吗？"晏子答道："爱说人坏话、巧言献媚之人常在君主身边者，喜欢丑化忠臣，同时也帮助小人。这是治理国家常存的忧患。"景公继续问："谗佞之人，也的确不好。然而，他们何尝是国家常存的忧患呢？"晏子说："君主把他们当作耳目，友善地商议国事，这便是君主的耳目出现了错乱。他们对上使君主的耳目错乱，对下让群臣都失去其职守，难道不值得忧虑吗？"景公恍然大悟，说："原来如此啊！我将让他们离去。"晏子说："君主不可能让其离去。"景公很不高兴地说："先生为何如此看不起我呢？"晏子答道："我怎敢小看您呢？凡是能仅凭自己的力量就被君主任用的人，才能均不一般。那些内心包藏着极大虚伪的人，外表必定谨慎于小事上的诚实，以便实现他们的奸伪。入宫则力求君主的嗜好、欲望能够顺遂，如果君主埋怨忠臣，他们就将忠臣以往之错一一列举出来，以增加其罪状；出朝在外，他们就假借君主之威敛取财富。那些能和君主密切接近、又不为巨大利益改变，并且致力于同君主一起达于道义的人，这种人难得而且难于识别。"景公说："既然这样，那先前圣人是如何做的呢？"晏子答道："先前的圣人治理国家，审慎地待宾客，听受意见、处理政事不停止，惟恐时间不够用。所以群臣都能够将自己的忠诚完全献出来，哪里还能容纳谗谀之人的偏私意见呢？"景公说："既然如此，那您帮我杜绝这些人，我有事也不任用他们了。"晏子回答说："邪恶谗佞之人和善进谗言之人在君主身边，就如同土地庙里有了老鼠，却不能用烟熏走它。谗佞之人，隐身君主的权威之下来保护自己，因此难以除去。”

景公问晏子曰：“古之盛君，其行何如？”对曰：“薄于身而厚于民，约于身而广于世；其处上也，足以明政行教，而不以威下；其取财也，权有无，均贫富，不以养嗜欲；诛不避贵，赏不遗贱；不淫于乐，不遁于哀；尽智道民而不伐焉，劳力岁事（岁事原作事民）而不责焉；政尚相利，故下不以相害为行；教尚相爱，故民不以相恶为名；刑罚中于法，废罪顺于民。是以贤者处上而不华，不肖者处下而不怨；四海之内，一意同欲；生有厚利，死有遗教。此盛君之行也。”

【译文】

景公问晏子说：“历代仁德之君主，他们的所作所为怎样？”晏子曰：“他们看轻自身却看重百姓，约束自己却宽慰世人；他们居高位，足以政治清明，推行教化而不是以权位使天下人害怕；他们取得钱财，权衡有无，均衡贫富，不用所得的钱财满足自己的嗜好和私欲；惩处不避显贵之人，赏赐不漏微贱之人；不过分享乐，不回避哀痛，竭尽才智引导人民向善，而不夸耀自己的功劳；为民事日理万机，但不向人民索取；政治方面崇尚互惠互利，所以下层不以互相伤害来做事；教化方面崇尚互相爱护，所以人民不以互相丑化来争名；施行刑罚符合法律，罢官判罪顺应民心。因此，贤德之人居高位而不浮华，不贤德之人位居人下而不怨恨；普天之下，君臣同心同德。他们在世时有厚利赋予人民，死去后有遗教传于后世，这就是仁德君主的所作所为。”

## 问　下

景公出游，问于晏子曰：“吾欲循海而南至于琅琊，寡人何修以则夫先王之游也？”晏子曰：“婴闻之，天子之诸侯为巡狩，诸侯之天子为述职。故春省耕而补不足者，谓之游；秋省实而助不给者，谓之豫。夏谚（谚原作语）曰：‘吾君不游，我曷以休；吾君不豫，我曷以助。壹游壹豫，为诸侯度。’今君之游不然。师行而粮食，贫苦不补，劳者不息。夫从高历时而不反谓之流，从下历时而不反谓之连，从兽而不归谓之荒，从乐而忘归谓之亡。古者圣王无流连之游，无荒亡之行。”公曰：“善。”令吏出粟以与贫者三千钟，公所身见老者七十人，然后归。

【译文】

景公外出游玩，问晏子道：“我想沿着海岸往南走，一直到达琅琊山。我该如何才能效法先王的出游呢？”晏子说：“天子到诸侯那里去，称为巡狩，诸侯到天子那里去，称为述职。所以，春天视察耕种情况，对无力耕种的百姓给予帮助，叫做游；秋天视察收割情况，对收成不好的农户给予补助，叫做豫。夏朝有句谚语：‘我们君主春天不出游，我们怎么能得以休整？我们君主秋天不出游，我们怎么能得到帮助？君主春秋各出游一次，应成为诸侯的法度。’现在您出游却不是这样。人马所到之处（消耗大量粮食），贫困的百姓得不到补助，劳苦的百姓得不到休息。纵情游山经久不回叫做流；纵情玩水经久不回叫做连；追逐猎物不愿返回叫做荒；从容作乐忘记返回叫做亡。历代的圣贤君主游山玩水不流连忘返；狩猎赏乐不荒废政事。”景公感叹道：“您说得好啊！”于是，命令官吏从粮库取出三千钟粮食分给贫民。景公亲自拜见了七十余名老人，然后才返回。

景公问晏子曰：“寡人意气衰，身甚病。今吾欲具圭璧牺牲，令祝宗荐之乎上帝宗庙，意者礼可以干福乎？”晏子对曰：“婴闻之，古者先君之干福也，政必合乎民，行必顺乎神；节宫室，不敢大斩伐，以无逼山林；节饮食，无多田渔，以母逼川泽（泽原作浦，下同）；祝宗用事，辞罪而不敢有祈求也。是以神民俱顺，而山川纳禄。今君政反于民，而行悖乎神，大宫室，多斩伐，以逼山林；羡饭食，多田渔，以逼川泽。是以神民俱怨，而山川收禄。司过，荐罪（荐罪原作荐至）而祝宗祈福，意者逆乎！”公曰：“寡人非夫子，无所闻此，请革心易行。”于是废公阜之游，止海食之献，斩伐者以时，田渔者有数；居处饮食，节之勿羡，祝宗用事，辞罪而不敢有祈求焉。

【译文】

景公对晏子说：“我精神渐衰，身体多病。现在，我打算备好圭璧和牛羊、猎物等祭品，让祝、宗官献给天帝和祖宗神灵，我想用祭礼来求福，有用吗？”晏子答道：“据我所知，历代君主求福的作法是：政治一定要符合民心，行为一定要顺应神意；修建宫室加以节制，不敢大量砍伐树木，以便不掠夺性地开发山林；饮食必有节制，不敢频繁打猎捕鱼，以便不掠夺性地开发川泽湖沼。他们让祝官、宗官祭祀，只是悔过谢罪，不敢祈求福寿。因此神灵、百姓都顺从君主的意愿，高山河流献出自己的财富。目前，您的政治违背民心，行为违背神意；扩大宫室大量砍伐，以至掠夺性地开发山林；贪慕美食佳肴，频繁地打猎捕鱼，以至掠夺性地开发川泽湖沼。因此神灵、百姓都有怨声，高山河湖将收回应赐之福。司过官举出您的大错，祝官宗官却为您祈福，我想这不是互相抵触吗？”景公说：“假如没有先生，我就听不到这些道理，请允许我转换思想、改变行为吧。”于是，景公下令取消去公阜游览的计划，停止进献海味；要求砍伐树木者遵循时节规律，打猎捕鱼限制数量；居住饮食须有节制，不要过于豪华、奢侈；祝官、宗官祭祀之时，向神灵悔过谢罪，不敢祈求福寿。

景公问晏子曰：“寡人欲从夫子而善齐国之政，可乎？”对曰：“婴闻之，国有具官，然后其政可善。”公作色不悦，曰：“齐国虽小，则可谓官不具乎？”对曰：“昔吾先君桓公，身体惰解，辞令不给，则隰朋昵侍；左右多过（过原作訾），狱谳不中，则弦宁昵侍；田野不修，民萌不安，则宁戚昵侍；军士惰，戎士肆，则王子城甫昵侍；居处逸怠，左右慑畏，则东郭牙昵侍；德义不中，意行衰怠，则管子昵侍；先君能以人之长续其短，以人之厚补其薄，是故诸侯朝其德，而天子致胙焉。今君之过失多矣，未有一士以闻者也。故曰：官不具。”公曰：“善。”

【译文】

景公问晏子：“我想听从先生意见，将齐国的政治治理好，可以吗？”晏子答道：“据我所知，国家有齐备的官吏，然后才可以治理好政治。”景公变了脸色，生气地说：“齐国虽然小，但为何说官吏不齐备呢？”晏子曰：“以前，我们的先君桓公在其身体懈怠、言辞迟钝时，则有隰朋亲近、侍奉他；当近臣多半赞扬、实则案件判决不当时，则有弦宁亲近、侍奉他；当田地不能整治、百姓心存不安时，则有宁戚亲近地侍奉；当军吏怠惰、士兵肆意妄为时，则有王子成甫亲近侍奉他；当他平日放荡不恭、近臣畏惧时，则有东郭牙亲近侍奉他。当他德行义理有所不当、意志行为衰退懈怠时，则有管仲亲近侍奉他。先王能用别人的长处弥补自己的短处，用别人的厚道弥补自己的刻薄。因此，诸侯们因其善德来拜见他；周天子也把祭祀用过的肉送给他。而今，您的过失太多，可是没有一个人把您的过失告诉您，所以我说官吏尚未齐备。”景公说：“您说得在理啊！”

景公问晏子曰：“昔吾先君桓公，从车三百乘，九合诸侯，一匡天下。今吾从车千乘，可以逮先君桓公之后乎？”对曰：“桓公从车三百乘，九合诸侯，一匡天下者，左有鲍叔，右有仲父。今君左为倡，右为优，谗人在前，谀人在后，又焉可逮先君桓公之后乎？”

【译文】

景公向晏子问道：“以前，我们的先君桓公，率领兵车三百辆，多次盟会诸侯，使天下得到匡正。如今我率领兵车一千辆，可以在先君桓公之后成就霸业吗？”晏子答道：“桓公之所以能率领兵车三百辆，多次盟会诸侯，使天下得到匡正，是因为左有鲍叔，右有管仲。如今您左右都是倡优，前后都是谗佞阿谀之人，又怎能在桓公之后成就霸业呢？”

高子问晏子曰："子事灵公、庄公、景公，皆敬子。三君一心耶？夫子之心三耶？"对曰："婴闻一心可以事百君，三心不可以事一君。故三君之心非一心也，而婴之心非三心也。"

【译文】

高子问晏子说："您相继侍奉灵公、庄公及景公，他们都尊敬您。这是三位君主的心志一样呢，还是先生您的心志有三样呢？"晏子曰："我闻知，一心一意可以侍奉百位君主，三心二意不可侍奉一位君主。所以说，三位君主的心意并不一样，我的心意也不是三样。"

## 杂　上

景公使晏子为阿宰，三年而毁闻于国。公不悦，召而免之。晏子谢曰："婴知婴之过矣，请复治阿，三年而誉必闻于国。"公复使治阿，三年而誉闻于国。公悦，召而赏之，辞而不受。公问其故，对曰："昔者婴之治阿也，筑蹊径，急门闾之政，而淫民恶之；举俭力孝悌，罚偷窳，而惰民恶之；决狱不避贵强，贵强恶之；左右之所求，法则与，非法则否，而左右恶之；事贵人，体不过礼，而贵人恶之。是以三邪毁乎外，二谗毁乎内，三年而毁闻乎君也。今臣更之，不筑蹊径，而缓门闾之政，而淫民悦；不举俭力孝悌，不罚偷窳，而惰民悦；决狱阿贵强，而贵强悦；左右所求言诺，而左右悦；事贵人体过礼，而贵人悦。是以三邪誉于外，二谗誉乎内，三年而誉闻于君也。昔者婴之所以当诛者宜赏，而今之所以当赏者宜诛，是故不敢受。"景公乃任以国政焉。

【译文】

景公委派晏子任阿城的最高长官。过了三年，诋毁晏子的话就传遍全国。景公很不悦，便召回晏子欲将其罢免。晏子谢罪说："君主，我已知道我的过错，请允许我再去治理阿城，三年之后，好名声必会传遍全国。”景公便又委派他去治理阿邑。三年之后，好名声果然传遍全国。景公喜悦，召回晏子欲赏赐他。晏子推辞不受。景公问为什么不愿受赏，晏子答道：“以前，我治理阿城的时候，修筑小路，加强住宅、里巷门户防务，以致邪恶之人憎恨我；提倡生活节俭、力行孝顺父母、热爱兄长，惩罚苟且、懒惰的人，以致懒惰之人怨恨我；判决诉讼不包庇显贵、豪强，以致显贵豪强厌恶我；身边同事有所求，合法的给予，不合法的不给，以致左右之人讨厌我；接待地位显贵之人，亲近程度不超过礼义规定，地位显贵之人不喜欢我。于是，三种邪恶之人在外边毁谤，两种谗佞之人在内部毁谤，因此，三年内这些毁谤都传到您的耳边了。如今，我改变了原来的做法，停止修筑小路，放松住宅、里巷门户防务，邪恶之人便高兴；不推崇生活节俭、尽力孝顺父母、亲爱兄长，不惩罚苟且懒惰之人，懒惰之人便高兴；判决诉讼时偏袒显贵豪强，显贵豪强便高兴；身边之人有所求，全都答应，我左右之人都高兴；接待地位显赫之人，亲近程度超过礼义规定，地位尊贵之人高兴。因此，三种邪恶之人在外部称赞，两种谗佞之人在内部称赞，于是三年内，我的好名声就传到您的耳边了。以前，我受到责备的那些事情，实际上应该受到奖赏；如今，我受到奖赏的这些事情，实际上应该受到责罚，所以我不敢接受赏赐。”景公听罢，深有所悟，便将国家政事委托给他。

景公正昼被发，乘六马御妇人以出正门，刖跪击马而反之，曰：“尔非吾君也。”公惭而不朝。晏子入见，景公曰：“昔者寡人有罪，被发乘六马以出正门，刖跪击马而反之，曰：‘尔非吾君也。’寡人以子大夫之赐，得率百姓以守宗庙，今见戮于刖跪，以羞社稷，吾犹可以齐于诸侯乎？”晏子对曰：“君勿恶焉！臣闻之，下无直辞，上有惰君；民多讳言，君有骄行。古者明君在上，下多直辞；君上好善，民无讳言。今君有失行，而刖跪禁之，是君之福也，故臣来庆。请赏之，以明君之好善；礼之，以明君之受谏。”公笑曰：“可乎？”晏子曰：“可”。于是令刖跪倍资无征，时朝无事。

【译文】

一天正午，景公披散着头发，乘着六马大车，载着一位妇人要出宫门，被断足的守门人袭击马匹，让其返回宫内，并说："您这个样子可不是我们的君主啊！"景公感到很惭愧，因而第二天没有上朝。晏子进宫拜见，景公说："昨天，我有过错，我披散着头发，乘着六马大车要出宫门，被断足的守门人袭击马匹，让我返回宫内，并说：'您这个样子可不是我们的君主啊！'大夫，我因您的赐教，得以率领百姓守住了祖庙，如今受到被砍脚的守门人的羞辱，使国家蒙受耻辱，我还能跟诸侯们平等吗？"晏子曰："君主不要厌恶守门人。我听说，如果属下没有正直的言辞，上边就会有懈怠的君主；如果百姓多有忌讳之言，君主就会有放纵的行为。古时英明的君主在位，下边就多有正直的言词；君主好善，百姓就没有忌讳的话。如今您有失礼行为，而被砍了脚的守门人制止了，这是您的福气啊！因此，我来恭贺您，请您赏赐他，以表明君主喜欢良言；请您尊敬他，表明君主接受劝谏。"景公笑着说："可以这样做吗？"晏子说："当然可以。"于是，景公下令加倍赏赐被砍了脚的守门人，并免除了他家的赋税。此后一段时间，朝廷平安无事。

景公饮酒，夜移于晏子，前驱款门曰："君至。"晏子被玄端，立于门曰："诸侯得微有故乎？国家得微有事乎？君何为非时而夜辱？"公曰："酒醴之味，金石之声，愿与夫子乐之。"晏子曰："夫布荐席，陈簠簋者有人，臣不敢与焉。"公移于司马穰苴之家，前驱款门曰："君至。"穰苴介胄操戟立于门，曰："诸侯得微有兵乎？大臣得微有叛者（叛者原作兵）乎？大臣得微有不服乎（旧无此句）？君何为非时而来？"公曰："酒醴之味，金石之声，愿与将军（将军原作夫子）乐之。"穰苴对曰："夫布荐席，陈簠簋者有人，臣不敢与焉。"公移于梁丘据之家，前驱款门曰："君至。"梁丘据左拥琴，右挈竽，行歌而出。公曰："乐哉！今夕吾饮也。微彼二子者，何以治吾国；微此一臣者，何以乐吾身。"

【译文】

景公饮酒，入夜后转移到晏子家来饮宴，前边带路的随从敲门说："君主到了！"于是，晏子身披黑色朝服来到门口，一见景公便问："诸侯们该不会有什么变故吧？国家该不会有什么事故吧？君主为何这个时候屈驾前来？"景公说："现有香醇的美酒和优雅的音乐，我愿与先生共同享受。"晏子答道："铺席设宴，安排簠簋等器具，有专人做，我不敢参与。"于是景公便转移到司马穰苴家去饮宴，前边带路的随从敲门说："君主来了！"司马穰苴穿起甲胄、手持铁戟立于门口，一见景公便问："诸侯是不是有军队来进攻？大臣是不是发动兵变？大臣是不是有不服从命令的？君主为何这时候前来？"景公说："我带有香醇的美酒，动听的音乐，愿与您共享乐趣。"司马穰苴回答说："铺设坐席，摆放簠簋等器具，有专人负责，我不敢参与。"景公只好又转移到梁丘据家去。带路的随从敲门说："君主到了！"梁丘据左面有人抱着琴，右面有人持着竽，边走边唱出门迎接。景公说："今夜饮酒赏乐，我真快乐啊！假如没有晏子与穰苴两个人，怎么能治理好我的国家？假如没有梁丘据，怎么让我快乐？"

景公探雀鷇，鷇弱而反之。晏子闻之，不时而入见，北面再拜贺曰："吾君有圣王之道矣！"公曰："寡人探雀鷇，鷇弱故反之，其当圣王之道者何也？"晏子曰："君探雀鷇，鷇弱故反之，是长幼也。君曾禽兽之加焉，而况于人乎！此圣王之道也。"

【译文】

景公掏到一只幼雀，因幼雀太弱小，就又把它放回鸟窝。晏子听到此事，没等朝见之时便进宫拜见景公。晏子面北一再拜贺，对景公说："我们君主具有圣贤君王之道了。"景公诧异地问道："我掏了一只幼雀，幼雀太弱小，所以又放回窝里。您把这事当做圣贤君王之道，这是为什么呢？"晏子答道："您掏到一只幼雀，见这只幼雀很弱小，便又将它放回窝里。这是让幼雀好好成长啊！君主连禽兽都能施以恩惠，更何况对人呢？这就是圣贤君主之道啊。"

景公使养所爱马暴病死，公令（令原作命）人操刀解养马者。是时晏子侍前，左右执刀而进，晏子止之而问于公曰："敢问古时尧舜支解人，从何躯始？"公惧焉，遂止，曰："以属狱。"晏子曰："请数之，使自知其罪，然后致之狱。"公曰："可。"晏子数之曰："尔有三罪：公使汝养马杀之，当死罪一也。又杀公之所（旧无所字，补之）最善马，当死罪二也。使公以一马之故杀人，百姓闻之，必怨吾君；诸侯闻之，必轻吾国；汝杀公马，使怨积于百姓，兵弱于邻国，汝当死罪三也。今（今原作令）以属狱。"公喟然曰："赦之。"

【译文】

景公让马夫喂养自己喜爱的马，但马得急病死了。景公大怒，命令侍卫拿刀肢解马夫。此时，晏子正好陪伴景公，看见侍卫手握钢刀往前走去，晏子制止侍卫并问景公；"请问古时侯尧、舜肢解活人，先从身体的哪一部分开始呢？"景公猛然恐惧起来，遂下令停止，并说："将他交给狱吏治罪。"晏子说："请允许我数说他的罪状，让其知道自己的罪过，然后再交给狱吏治罪。"景公说："可以。"晏子对马夫说道："你的罪状有三条：君主让你养马，你却将马给养死了，应当判死罪，这是一条；你养死了君主最喜爱之马，当判死罪，此其二也；因为你，使君主因一匹马病死的缘故而杀人，百姓听后一定怨恨我们君主，诸侯听后一定轻蔑我们的国家，因为你养死了君主之马，致使百姓对君主积下怨恨，使军队(因丧失一匹良马)弱于邻国，你当判死罪，此其三也。应将你交给狱吏治罪。"景公有悟，叹息说："放了他吧！"

鲁昭公失国走齐，齐景公问焉，曰："子之迁位新，奚道至于此乎？"昭公对曰："吾少之时，人多爱我者，吾体不能亲；人多谏我者，吾志不能用。是以内无弼，外无辅，辅弼无一人，谄谀我者甚众。譬之犹秋蓬也，孤其根荄，密其枝叶，春气至偾以揭也。"景公以其言语晏子，曰："使是人反其国，岂不为古之贤君乎？”晏子曰：“不然。夫愚者多悔，不肖者自贤；溺者不问隧，迷者不问路。譬之犹临难而遽铸兵，噎而遽掘井，虽速亦无及。”

【译文】

鲁昭公丢失政权逃至齐国，景公问他说：“您登位还不久，为什么会弄到这种地步呢？”昭公说：“我年轻时，很多人都爱我，而我自己却不能亲近他们；很多人劝谏我，而我却没能采纳他们的建议。因此，朝庭内外都无人辅佐我。辅佐我的没有一个人，然而阿谀奉承我的人却很多。这就好比秋天的蓬草草根孤单，枝叶尚密，春风来到，就被吹倒了。”景公把鲁召公的话告诉晏子，说：“假如让鲁召公返回自己的国家，难道他不会成为像古代那样的贤明国君吗？”晏子答道：“不会是这样。愚蠢之人总爱后悔；不贤德者总认为自己贤德；被水淹死者多是不问水的深浅，迷失方向者多是因为不问路。这就好比面临外敌入侵的灾祸时才急急忙忙铸造兵器；吃饭噎着以后才急急忙忙去挖井，即使很快，也来不及了。”

景公游于麦丘，问其封人曰：“年几何？”对曰：“鄙人之年八十五矣。”公曰：“寿哉！子其祝我。”封人曰：“使君之年长于国家。”公曰：“善哉！子其复之。”封人曰：“使君之嗣寿，皆若鄙人之年。”公曰：“善哉！子其复之。”封人曰：“使君无得罪于民。”公曰：“诚有鄙民得罪于君则可，安有君得罪于民者乎？”晏子对曰：“君过矣！敢问：桀纣，君诛乎？民诛乎？”公曰：“寡人过矣。”于是赐封人麦丘以为邑。

【译文】

景公出游到了麦丘，问镇守此地边界的官员说：“你高龄多少？”那人答道：“鄙人八十五岁了。”景公说：“您真长寿啊！请为我祝福吧！”那守边官员说：“但愿您寿命比国家寿命还长。”景公听后说：“好啊！您再说一遍！”这守边官员说：“愿您的子孙后代都长寿，都像我这年龄。”景公说：“太好了！您再说一遍吧！”这守边官员说：“愿您切勿得罪百姓。”景公反问道：“的确有百姓获罪于君主，这是可能的，怎会有君主获罪于百姓的呢？”晏子回答说：“您错了。恕我冒昧地问一句，夏桀和商纣是被君主杀死的，还是被百姓杀死的呢”景公听后说：“是我错了。”于是，将麦丘赏赐给这位当地人作为食邑。

晏子侍于景公，朝寒，曰：“请进暖食。”对曰：“婴非君奉馈之臣也，敢辞。”公曰：“请进服裘。”对曰：“婴非君茵席之臣也，敢辞。”公曰：“然夫子之于寡人，何为者也？”对曰：“社稷之臣。”公问：“社稷之臣若何？”对曰：“能立社稷，别上下之义，使当其理；制百官之序，使得其所；作为辞令，可布于四方也。”自是之后，君不以礼，不见晏子。

【译文】

晏子陪伴着景公。早晨的天气非常寒冷，景公便说：“请给我盛碗热饭！”晏子曰：“我不是为您端饭的臣子，因此，不能接受您的命令。”景公又说：“请给我拿衣服皮褥！”晏子接着说：“我不是负责您穿衣铺席的臣子，因此，仍不能接受您的命令。”景公反问道：“既然如此，那您为我做什么呢？”晏子答道：“我是社稷之臣。”景公继续问道：“何谓社稷之臣？”晏子说：“能够稳定国家，区别上下之所宜，使做事合乎其原则；规定百官的等级，让他们各得其所；所言辞令，可传布四方。”从此以后，景公凡有按礼义不应由晏子去做的事，就不找晏子。

## 杂　下

晏子朝，乘弊车驽马。景公见之曰：“嘻！夫子之禄寡耶？何乘不任（任原作佼）之甚也？”晏子出，公使梁丘据遗之辂车（辂车原作路舆，下同）乘马，三反不受。公不悦，趋召晏子。晏子至，公曰：“夫子不受，寡人亦不乘。”对曰：“君使臣监百官之吏，臣节其衣服食饮之养，以先齐国之民，然犹恐侈靡而不顾行也。今辂车乘马，君乘之上，而臣亦乘之下，民之无义，侈其衣食，而多不顾其行者，臣无以禁之。”遂不受。

【译文】

晏子上朝时，坐着破车，驾着劣马。景公见到这路情景，说：“嘿！先生的俸禄少吗？为何乘坐如此不好的车呢？”退朝后，景公派梁丘据给晏子送去一辆大车和四匹马，去了多次，晏子均不接受。景公很不悦，让人立即召晏子入宫。晏子来到后，景公对他说：“您如果不接受所赠车马，我以后也不乘坐马车了。”晏子答道：“您让我监督群臣百官，因此我节制衣服饮食的供养，为齐国人民做出表率。尽管如此，我仍然担心人民会奢侈浪费而不顾自己的行为是否得当。您作为君主乘坐四马大车，我作为臣子，也乘四马大车，那么对百姓中不讲道义、衣食奢侈而多不考虑自己行为是否得当的人，我就无法禁止了。”于是，晏子还是没有接受。

晏子相景公，其论人也，见贤即进之，不同君所欲；见不善则废之，不避君所爱；行己而无私，直言而无讳。

【译文】

晏子作为景公的宰相，他待人的原则是，看到贤德之人就推荐他，不求与君主的想法相同；看到不贤德的人就罢免他，不避开君主所宠爱的人。自己的所作所为不存私心，规劝君主直言不讳。

景公游淄，闻晏子卒，公乘而驱。自以为迟，下车而趋；知不若车之速，则又乘；比至于国者，四下而趋，行哭而往，至伏尸而号曰：“子大夫日夜责寡人，不遗尺寸，寡人犹且淫逸而不收，怨罪重积于百姓。今天降祸于齐国，不加寡人，而加之夫子。齐国之社稷危矣，百姓将谁告乎！”

【译文】

景公出游淄川，听说晏子逝世，急忙乘车赶回。景公自以为车走得慢，便下车奔跑；发现奔跑不如坐车快时，又上车急驰；及至到达都城后，他先后四次下车奔跑，边走边哭，赶到晏子家，趴在晏子的尸体上痛哭，说："大夫，您经常批评我的过错，大小事都不遗漏。尽管如此，我仍然奢侈放纵而不知收敛，因此，百姓对我有许多积怨。如今，上天降灾于齐国，不降到我身上，却先降到您身上。齐国的江山危险了，百官中还有谁能指出我的过失呢？"

晏子没十有七年，景公饮诸大夫酒。公射，出质，堂上唱善，若出一口。公作色大息，播弓矢。弦章入，公曰："章！自吾失晏子，于今十有七年矣，未尝闻吾不善。今射出质，唱善者如出一口。"弦章对曰："此诸臣之不肖也。智不足以知君不善，勇不足以犯君之颜，然而有一焉。臣闻君好之则臣服之，君嗜之则臣食之。尺蠖食黄其身黄，食苍其身苍，君其犹有食谄人之言乎。"公曰："善。"

【译文】

晏子死后十七年，景公请诸位大夫饮酒。景公酒后射箭脱靶，大厅中饮酒的诸位大夫高喊"射得好"，喊声整齐，若出一人之口。景公一脸怒气，大声叹息，抛掉了弓箭。这时弦章进入大厅，景公说："弦章啊！自从我失去晏子，至今十七年了，未曾听到谁说我有不对之处。今天我射箭脱了靶，大喊射得好者如出一人之口。"弦章答道："这是诸臣没有才德呀！以他们的才智，不足以知道君主的过错；以他们的勇气，不敢触犯君主的怒颜；这样便出现了众口一词的情况。我听说，君主喜欢穿的，臣子们便乐意穿；君主喜欢吃的，臣子们便乐意吃。尺蠖吃了黄叶，身体就发黄；吃了青叶，身体就发青。君主大概还喜食（喜欢听）谄媚者之言吧！"景公说："你的话很有道理！"

（吕效祖　张爱玲译）

卷三十三

# 司马法治要

**【考评】**

《司马法》作为一部军事法典，记载了大量的军法内容，也包含了一些关于战争观、军事思想、军法制度方面的内容，还杂有少量的有关具体行军打仗的战术思想，说明《司马法》与古代其他兵法内容旨趣不尽相同。《群书治要》所录的是《仁本》《天子之义》两篇的部分内容，其中主要阐述以仁治军和以仁义为宗旨的战争观，也有一些关于克敌制胜的战略战术原则等，而对其中关于军法军规的内容则较少涉及，足见魏征等人选录时有鲜明的倾向性。

《司马法》是一部古代流传下来的关于军法制度的书。《汉书·艺文志》礼类称《军礼·司马法》，隋唐后诸志常列兵家类。《司马法》有古远的渊源，《周礼》已提到司马之“法”。由于《史记·司马穰苴传》说“齐威王使大夫追论古者《司马兵法》”，又把穰苴兵法也附于其中，号曰《司马穰苴兵法》，故隋唐诸志皆误以《司马法》为司马穰苴作。由此可推知，《司马法》古已有之，战国初已散佚，后为齐国诸臣追论古司马之法而作，它实际是商周两代以礼治军的总结，其中也包含了穰苴兵法的某些内容。它约成于战国时代。

汉志著录《司马法》一百五十五篇，隋唐诸志皆著录三卷。该书亡佚情况严重，今残存《仁本》《天子之义》《定爵》《严位》《用众》五篇。此外，清代学者从古书中辑出部分逸文。

古者以仁为本，以义治之，治之谓正〔治民用兵，平乱讨暴，必以义〕。是故杀人安人，杀之可也〔以杀止杀，杀可以生也〕；攻其国，爱其民，攻之可也〔除民害，去乱君也〕；以战去战，虽战可也。故仁见亲，义见悦，智见恃，勇见方，信见信〔将有五材，则民亲、悦、恃、方，而信之也〕。故内得爱焉，所以守也；外得威焉，所以战也〔利加于民，则守固；威加敌民，则战胜〕。故战道：不违时，不历民病，所以爱吾民也〔春秋兴师为违时，饥疲不行，所以爱民也〕；不加丧，不因凶，所以爱其民也〔敌有丧、饥疲，不加兵，爱彼民也〕。冬夏不兴师，所以兼爱民也〔大寒、甚暑，吏士懈倦，难以警戒。大寒以露，则生外疾；甚暑以暴，则生内疾.故不出师，爱己彼之民也〕。故国虽大，好战必亡；天下虽平，忘战必危。天下既平，春蒐秋狝，振旅治兵，所以不忘战也。

【译文】

古人以仁爱为根本，以正义来治理，这种治理叫常法。因而，杀掉坏人是为了安抚大众，杀人是可以的；攻打别的国家是为了爱护其民众，攻打是可以的；用战争消除战争，即使进行战争，也是可以的。因此，施行仁道会让民众亲近，坚持正义会使民众高兴，聪明多智会使民众依靠，临阵勇敢会使民众向他看齐，为人诚实会被民众信任。这样，对内得到民众的爱戴，藉以守土卫国；对外具有威慑力量，藉以战胜敌人。作战的原则是：不违背农时，不选择民众精疲力尽时兴兵，为的是爱护自己的民众；不乘敌人国丧时去进攻它，也不趁敌国灾荒时去进攻它，为的是爱护敌国的民众；不在冬夏两季进军，为的是爱护双方的民众。所以国家虽然强大，好战必定灭亡；天下虽然安定，忘记战争必定危险。天下已经太平时，每年春秋两季还是要用打猎来进行军事演习，整顿和训练军队，这都是为了不忘记战争。

古者逐奔不远，从绥不过三舍，不穷不能，而哀怜伤病，是以明其仁也；成列而鼓，是以明其信也（旧无此六字，补之）；争义不争利，是以明其义也；又能舍服，是以明其勇也；知始知终，是以明其知也。五德以时合散，以为民纪，古之道也〔仁义勇智信，民之本，随时而施舍，为民纲纪，古之所传政道也〕。

【译文】

古时候（西周以前），不远追溃逃的敌人，追赶临阵退却之敌不超过九十里，不穷追丧失战斗力的敌人，并哀怜它的伤病人员，这是为了表明其仁爱；等敌人布阵完毕再发起进攻，这是为了表明其诚信；争义理而不争利益，这是为了表明其正义；还能赦免已降服的敌人，这是用以显示其勇猛；能知道战争开始时的形势并预知其结局，这是显示统帅的智慧。五德（此指仁、信、义、勇、智）按相应的时机实施，来作为人们的法度，这是自古以来的法则。

先王之治，顺天之道，设地之宜，官人之德，而正名治物〔正者，正官名也，名正则可法〕。立国辨职〔立国治民，分守境界，各治其职〕，诸侯悦怀，海外来服〔服从己也〕，狱弭而兵寝，圣德之至（至原作治）也。其次，贤王制礼乐法度，乃作五刑；兴甲兵，以讨不义；巡狩省方，会诸侯，考不同。其有失命，乱常圮德，逆天之时，遍告于诸侯，章明有罪，天子正刑〔刑者，正天子之法也。刑以征不义，伐不从王者之法也〕。冢宰与百官（百官原作伯）布命于军曰：“入罪国之地，无暴神祇，无行田猎，无有暴虐，无毁（毁原作弃）土功，无燔墙屋，无伐树木，无取六畜，无取禾粟，无取器械。见其老幼，奉归勿伤。虽遇壮者，不校勿敌，敌若伤之，医药归之。既诛有罪，王及诸侯，修正其国，举贤更立，明正复职〔王者与四方诸侯，伐无道之国，整顿其民人，举贤良，更立为君，奉尊王法，复五官之职事也〕。”

【译文】

从前的君王治理天下，顺应上天的意志，筹划地理之所宜，任用贤德的人，并辨正其名分，各司其事，分封诸侯，区分职责，从而使诸侯心悦诚服，海外之国前来归附，于是诉讼消除、战争停息。这是具有最高智慧与道德者的治国方略与成效。其次，贤王制定礼乐制度，又制定五刑之法；动用军队，来讨伐不义者；亲自去各诸侯国视察其封地，会见诸侯，考察其是否遵守礼乐制度。他们若有政令失误、扰乱纲常、泯灭道德、违逆天意的现象时，就遍告各国诸侯，公布其罪行，由天子进行惩治。每当这时，冢宰和诸侯国盟主便发布军令："进入有罪之国的封地，不准损毁其供奉天神地神之处，不准打猎，不准有暴虐行为，不准毁弃治河工程，不准烧毁房屋建筑，不准砍伐树木，不准擅取家畜、粮食和用具。见到老人和儿童，要护送他们回家，不准伤害。即使遇到壮年人，只要他们不抵抗就不以敌人对待，若其抵抗而受伤，包扎敷药后让他们回去。惩办了首恶后，天子和诸侯们还要帮助整顿好那个国家，选用贤人，另立国君，阐明政令，恢复其各级官职。"

古者逐奔不远，从绥不及，所以示君子且有礼。不远则难诱，不及则难陷。以礼为固，以仁为胜，既胜之后，其教可复，是以君子贵之也。故礼与法，表里也；文与武，左右也。古者贤王明民之德，尽民之善，故无废德、无简民，赏无所生，罚无所诫也〔民有一善，处一事，故能尽民之善，无损德弃民也；能堪其事，故赏罚无所施也〕。有虞氏不赏不罚，而民可用，至德也；夏赏而不罚，至教也；殷罚而不赏，至威也；周以赏罚，德衰也。赏不逾时，欲民速得为善之利也；罚不迁列，欲民速睹为不善之害也〔赏功不移时，罚恶不转列，所以劝善惩恶，欲速疾也〕。大捷不赏，上下皆不伐善也〔一军皆胜，上下俱不取功也〕。上苟不伐善，则不骄矣；下苟不伐善，必亡等（亡等原作不登）矣。上下不伐善若此，让之至也。大败不诛，上下皆不善在己也〔一军奔北，人皆有罪，故不诛，上下俱有过失也〕。上苟以不善在己，必悔其过；下苟以不善在己，必远其罪。上下分恶若此，让之至也〔上下不取其善，君不骄下，下不求进也〕。

【译文】

古人用兵，不远追败逃的敌人，追踪临阵退却的敌人不迫近，这是为了表明君子的礼让。（实际上）不远追就不易被敌人诱骗，不靠近就不易陷入埋伏。凭借礼让来巩固自己，凭借仁爱来战胜敌人，这样取胜以后，礼让、仁爱教育还可以再进行，因而君子很重视这些。礼和法互为表里，文和武如左膀右臂。古代贤明的君王，彰显人的美德，尽力发扬人的长处，所以没有败坏道德的事，没有行动怠慢的人，想予以赏赐没有办法产生，想予以惩罚没有对象去警告。虞舜不用赏也不用罚，而人们都能听他任用，这是由于高尚的道德；夏代只有奖赏而不用惩罚，这是由于良好的教化；商代只用惩罚而不用奖赏，这是由于强大的威力；周代赏罚并用，这是由于道德已经衰败了。奖赏不要错过时机，为的是使人们迅速得到做善事的好处；惩罚要就地执行，为的是使民众迅速看到做坏事的恶果。战争大捷之后不进行奖赏，上下就不会自夸其能。上层如果不自夸其能，就不会骄傲了；下层如果不自夸其能，就不会互相攀比了。上下都能这样不夸其能，就会形成互相谦让的好风气。全军大败之后不进行惩罚，上下都会认为错误是在自己。上级如果认为错误在自己，必定会悔改其错误；下级如果认为错误在自己，必定会避免出现违法行为。上下都像这样争着分担错误，也会形成互相谦让的好风气。

（蔡庄伟译）

# 卷三十三

# 孙子兵法治要

【考评】

魏征以曹操注《孙子兵法》为底本，于《群书治要》中选录了《孙子兵法》中七个篇段，可谓《孙子兵法》的精华。他向唐太宗进谏不仅限于治军方面，更重要的是要唐太宗知道“偃武修文”、治国安民的重大意义。如在节选《孙子兵法》时，他没有直接节录在具体战役中如何用兵的战略、战术，而是在宏观上反复论述战争的性质、目的及意义。如首条节录孙子曰：“凡用兵之法，全国为上，破国次之；全军为上，破军次之；全卒为上，破卒次之。”主张“不战而屈人之兵”是为作战最佳方案。他认为具体指挥作战的将领，应该是“进不求名，退不避罪，唯民是保……视卒如婴儿，故可与之赴深溪；视卒如爱子，故可与之俱死”。魏征的这种战争观，在他所著《隋书·经籍志》论述兵家典籍时说：“兵者，所以禁暴静乱者也。《易》曰：‘古者弦木为弧，剡木为矢，弧矢之利，以威天下。’孔子曰‘不教人战，是谓弃之。’《周官》大司马‘掌九法九伐，以正邦国’是也。然皆动之以仁，行之以义，故能诛暴静乱，以济百姓，下至三季，姿情逞欲，争伐寻常，不抚其人，设变诈而灭仁义，至乃百姓离叛，以致于乱。”阐明只有兴仁义之师，方能达到“诛暴静乱，以济百姓”之目的。

《孙子兵法》，亦称《孙子》《吴孙子兵法》《孙武兵法》，是中国古代最著名、现存最早最杰出的兵法，春秋末孙武作。《史记·孙子吴起列传》载，孙武以兵法十三篇见吴王阖闾。《汉书·艺文志》著录《吴孙子兵法》为八十二篇，图九卷。其后历代著录虽数不一，但皆为十三篇。1972 年山东临沂银雀山西汉初期墓葬中发现的《孙子兵法》残简亦称“十三扁(篇)”，并有《吴问》等佚文。今本十三篇，有计、作战、谋攻、形、势、虚实、军事、九变、行军、地形、九地、火攻、用间等。该书总结了春秋末期及其以前战争经验，提示了一些重要战争规律，如“知己知彼，百战不殆”、“攻其无备，出其不意”、“致人而不致于人”等，包含着朴素的唯物论和辩证法，历来被称为“兵经”，受到广泛的推崇。注家甚众，以曹操、杜佑、李筌、杜牧、陈白高、贾林、孟氏、梅尧臣、王皙、何延锡、张预等十一家注最有名，现存宋本较详备。另有今人郭化若《孙子今译》。日、法、英、俄、德、捷等国均有译本。

孙子曰：凡用兵之法，全国为上，破国次之〔兴兵深入长驱，据其都邑，绝其外内，敌举国来服为上；以兵击破，服得之，为次也〕；全军为上，破军次之；全卒为上，破卒次之。是故百战百胜，非善之善者也；不战而屈人之兵，善之善者也〔未战而敌自屈服也〕。故上兵伐谋〔敌始有谋，伐之易也〕，其次伐交〔交，将合也〕，其次伐兵〔兵形已成〕，下攻攻城〔敌国已收其外粮城守，攻之为下〕。故善用兵者，屈人之兵而非战也，拔人之城而非攻也，毁人之国而不久也，必以全争于天下，故兵不钝而利可全也。

【译文】

孙子说：大凡用兵的方法，使敌方举国不战而降是上策，打败敌国使之投降次之；使敌方全军不战而降是上策，打败敌军次之；使全旅投降是上策，击破敌旅使之降服次之。因此，百战百胜，并非好的用兵策略中最好的，不交战而使敌兵屈服，才是用兵策略中最好的。因而最好的用兵策略是以谋略来讨伐，其次是以外交手段来讨伐，再其次是以军队来讨伐，最下等的进攻是攻城。因此善于用兵者，使敌军屈服却不用战争的办法，夺取敌城而不用强攻的办法，毁灭敌国而不采用持久用兵的办法。一定遵照保全自己的原则争夺于天下，那么军队不受挫而锐利之势可以保全。

兵形象水。水行避高而就下，兵之形避实而击虚。故水因地而制行，兵因敌而制胜。故兵无定势，水无常形，能与敌变化而取胜者，谓之神。

【译文】

用兵的势态有如流水。水的流动是避开高处而趋向低处，用兵的势态是避实而击虚。流水根据地形而控制流向，用兵根据敌情而采取制胜方略。战争无不变的形势，流水无固定的形态。能随着敌情变化而改变策略从而取胜的人，称作神奇高超的军事家。

孙子曰：凡用兵之法，君命有所不受〔苟便于事，不拘于君命也〕。

无恃其不来，恃吾有以能待之也；无恃其不攻，恃吾之不可攻也。

【译文】

孙子说：用兵之法，（将在外可根据实际情况自己决定、处理，）不一定都要听从君主的命令。

不要寄希望于敌人不来，而要依靠自己有充分的准备来应战；不要寄希望于敌人不会进攻，而要依靠自己有敌人不可攻破的条件。

夫唯无虑而易于敌者，必禽于人。

故卒未附亲而罚之，即不服，不服即难用也。卒已附亲而罚不行者，即不可用矣。故令之以文，齐之以武，是谓必取。令素行则民服。令素行者，与众相得也。

【译文】

只有那些没有谋算而又轻敌的人，才一定会被敌人所擒获。

如果士卒还未亲近依附自己就施行处罚，那么士卒就会不服，不服就难以使用。士卒已经依附而当罚不罚的话，就不可使用。因而要按法令条文来命令军兵，用勇敢顽强来整治军兵。这才称得上必胜的军队。命令往常都是这样执行，人便会信服。命令之所以能一直如此执行，是因为主帅与众将士相处融洽。

战道必胜，主曰无战，必战；战道不胜，主曰必战，无战。故进不求名，退不避罪，唯民是保，而利全（无全字）于主，国之宝也。视卒如婴儿，故可与之赴深溪；视卒如爱子，故可与之俱死。厚而不能使，爱而不能令（令原作全），乱而不能治，譬若骄子，不可用也〔恩不可专用，罚不可专任〕。

【译文】

按战争的常理，此战必胜，即使君主下令不战，主将一定要坚持开战；按战争的规律，此战不能取胜，即使君主下令要战，主将也要坚持不战。总之，进不求名，退不避罪，只求保护民众，而且保全国君的根本利益，这样的将帅，才是国家的珍宝啊！关怀士卒像关照婴儿一样，那么士卒就可与将帅共赴深谷（而不畏艰险）；对待士卒像对待心爱的儿子一样，那么士卒就可与将帅同生死共患难。如果厚待而不善于驱使；爱护而不能保全，挠乱（军纪）而不加惩治，士卒就会像骄纵的儿子一样，不可使用。

知吾卒之可以击，而不知敌之不可击，胜之半也；知敌之可击，而不知吾卒之不可以击，胜之半也；知敌之可击，知吾卒之可以击，而不知地形之不可以战，胜之半也〔胜之半者，未可知也〕。故曰：知彼知己，胜乃不殆；知天知地，胜乃可全。

【译文】

知道自己的部队可以发起进攻，而不知此时的敌军尚不可攻打，胜利的可能性只有一半；知道按此时的敌军情况，可以去攻打，而不知道自己的部队此时不宜出击，胜利的可能性也只有一半；知道此时的敌军可被攻击，知道自己的部队也可以出击，而不知地形不利于我军作战，胜利的可能性同样只有一半。因此说，了解对方也了解自己，就能胜利而不败；了解天时，又了解地形，取胜的条件就更完备了。

明主虑之，良将修之。非利不赴，非得不用，非危不战〔不得已而用兵〕。主不可以怒而兴军，将不可以愠而致战。合于利而用，不合于利而止。怒可复喜，愠可复悦，亡国不可复存，死者不可复生也。故曰：明王慎之，良将敬之，此安国之道也。

【译文】

英明的君主定会慎重的考虑战争攻伐之事，优秀的将帅定会认真研究作战致胜的策略。（战争）于国无利就不要前往，（战争）不能有所获得就不要用兵，不是因为形势危急就不要打仗。君主不可因为一时之怒而征发军队，将领不能因为一时生气而发动战争。合于国家利益就用兵，不符合国家利益就停止用兵。愤怒可以重新化为高兴，生气可以重新化为喜悦，但灭亡了的国家却不可能重新存在，死了的人也不可能再活过来。所以说，明智的君主应慎重对待，优秀的将帅应严肃考虑。这是安定国家的根本大计啊！

兴师十万，出征千里，百姓之费，公家之奉，日千金；内外骚动，不得操事者，七十万家〔古者八家为邻，一家从军，七家奉之。言十万之师举，不事耕稼者凡七十万家也〕。相守数年，以争一日之胜，而爱爵禄百金，不知敌之情者，不仁之至也，非民之将也，非主之佐也，非胜之主也。故明王圣主、贤君胜将，所以动而胜人，成功出于众者，先知也。先知者，不可取于鬼神〔不可祷祀以求也〕，不可象于事也〔不可以事类求也〕，不可验于度〔不可以度数推〕。必取于人，知敌之情者也。

【译文】

大凡发兵十万，出征千里，百姓的耗费、公家的开支，每日耗资千金；国家内外扰动，人们疲惫地奔波于路途，不能安心从事耕作的，约有七十万家。双方相互防守，数年来只为争夺一朝的胜利。如果将领只贪爱爵禄金银，尚不了解敌方真实情况的话，那就是最大的不仁了！这种人，不配为人之将领，不配为君主之辅臣，也不是胜利的把握者。而英明的君主、贤能的将帅，之所以常常能战胜敌人，成绩出众，就在于他们事先知道（敌情）。要想事先知道，不可求之于鬼神，不可以往日事例（战例）为模式，也不能用一般常规去推断。如果一定要征求他人意见，（那这个人）必须是知道敌人情况的人。

（蔡庄伟译）

卷三十四

# 老子治要

【考评】

老子，春秋时思想家，道家的创始人。一说老子即老聃，姓李名耳，字伯阳，楚国苦县(今河南鹿邑东)厉乡曲仁里人，做过周朝“守藏室之吏”(管理藏书的史官)，孔子曾向他问礼，后退隐，著《老子》。一说老子即太史儋，或老莱子。

《老子》一书是否为老子所作，历来有争论，一般认为书中所述，基本反映了他的思想。《老子》一书中用“道”来说明宇宙万物的演变，提出了“道生一，一生二，二生三，三生万物”和“天下万物生于有，有生于无”的观点。但它认为“道”是“夫莫之命(命令)而常自然”的，所以说：“人法地，地法天，天法道，道法自然。”“道”可以解释为客观自然规律，同时又有着“独立不改，周行而不殆”的永恒绝对的本体的意义。它又提出“反者道之动”的命题，猜测到一切事物都有正反两面的对立，认为一切事物的变化都是有和无的统一(“有无相生”)，并注意到对立面的转化。它还主张贵柔守雌，反对刚强和进取。《老子》在认识论上，认为“道”不可道，不可名，不可“视”、“闻”、“搏”，主张“塞其说，闭其门”，通过虚静冥想来直觉万物，甚至提出“绝圣弃智”的观点。《老子》在物质生活上强调“知足”与“寡欲”，憎恶工艺技巧和知识，提倡“无为而治”，甚至幻想人类社会回复到“小国寡民”

的原始状态去。在美学上，它则以“道”的自然无为来观察美学问题，认为符合于道就是真、善、美，违背了道就是假、恶、丑，提出“大音希声”、“大象无形”等观点。

老子学说对中国哲学的发展有很大影响，后世很多学者都从不同角度吸取了他的思想。魏征辅佐唐太宗主张教化的思想，就是从《老子》中吸取的营养。《群书治要》节录了河上公注本《老子》的五十段，成为魏征进谏要求唐太宗“偃武修文”、“居安思危”的理论依据。

注本有西汉河上公注、魏王弼注及明清之际王夫之《老子衍》、清魏源《老子本义》、今人马叙伦《老子校诂》、高亨《老子正诂》等。1973年长沙马王堆三号汉墓出土的帛书中有最古的《老子》抄本。日本尾张藩刻本《群书治要》节录的《老子》与帛书基本相合。

# 道　经

圣人处无为之事〔以道治也〕，行不言之教〔以身帅道之也〕，万物作焉〔各自动作〕而不辞〔不辞谢而逆止之也〕，生而不有〔元气生万物而不有〕，为而不恃〔道所施为，不恃望其报也〕。

【译文】

圣人居于顺应自然的境地（以道治理天下），施行不用言词的教化（以自身行为诠道，作为表率）。万物兴起（各自生长发育）而不推辞（不拒绝和阻止它），虽生成万物而不据为己有（元气生成万物，但不占为己有），虽生万物而又不自居其功（道虽有成物之功，但不期求有任何回报）。

不尚贤〔贤，谓世俗之贤者，不贵之也〕，使民不争〔不争功名，反自然也〕；不贵难得之货，使民不为盗〔上化清静，下无贪人〕；不见可欲〔放郑声，远美人〕，使心不乱〔不邪淫也〕。是以圣人之治〔谓圣人治国，犹治身也〕，常使民无知无欲〔反朴守淳〕，使夫知者不敢为也〔思虑深，不轻言〕。为无为〔不造作，动因循〕，则无不治〔德化厚，百姓安也〕。

【译文】

不尊尚奇才异能（“贤”是指世间所认为的有德行、有才能的人，不给予特别的尊贵），使人民不争夺（不追求功业和名望，返回到自然本真的状态）。不看重珍品奇货，使人民不做盗贼（在上位的以清净无欲为教化，下面就没有贪得无厌的人）。不显露足以引起人们欲望的东西（禁绝过分宣泄情感的音乐，远离美色诱惑），使人们的思想不被扰乱（不邪恶放纵）。因此，圣人治理天下（这是说，圣人治理天下，犹如修正自己一身一样），永远使百姓没有奸诈的心智，没有贪婪的欲望（返回到本来的样子，保有淳朴的内心），使那些聪明人不敢有所主张（心机深密，不敢轻易说话）。按照“无为”之道行事（不造作或强加干涉，行为遵循自然之道），天下就没有不能治理的

(道德教化深厚，百姓安居乐业)。

天地不仁〔天施地化，不以仁恩，任自然也〕，以万物为刍狗〔天地生万物，视之如刍草狗畜，不责望其报〕。圣人不仁〔圣人爱养万民，不以仁恩，法天地，行自然〕，以百姓为刍狗。

【译文】

天地无所谓仁慈（天有施与之恩，地有化藏之德，不凭借仁慈的恩惠，而是顺应自然），对待万物像对待“刍狗”一样（天地生养万物，看它们就像刍草扎的狗畜一般，不要求和希望它们有所回报）；圣人也无所谓仁慈（圣人爱护、养育万民，也不凭借仁慈的恩惠，而是效法天地，所行合乎自然之道），对待百姓也像对待“刍狗”一样。

金玉满堂，莫之能守〔嗜欲伤神，财多累身〕。富贵而骄，还自遗咎〔夫富当振贫，贵当怜贱，而反骄恣，必被祸患也〕。功成、名遂、身退(今文老子作自遗其咎功遂身退)，天之道也〔言人所为，功成事立，名迹称遂，不退身避位，则遇于害，此乃天之常道。譬如日中则移、月满则亏、物盛则衰、乐极则哀也〕。

【译文】

金玉满堂，谁能守得住（欲望太盛会伤害人的精神，财富太多会使身体受累）？富贵而骄傲，必给自己留下祸根（富人本应救济贫穷的人，贵人本应怜惜低贱的人，富贵却骄纵恣肆，必定会遭受祸患）。功成、名就、身退，才符合自然之理（这是说，一个人有所作为，事业有成、功绩卓著、声名日盛，此时如果不全身而退，离开高位，则将遭到祸害，这是上天不变的法则。这就像太阳到了正午就西移了、月亮到了满月就开始亏了、事物全盛后就会开始衰败、欢乐到了极点就会生哀）。

五色令人目盲〔贪淫好色，则伤精失明〕，五音令人耳聋〔好听五音，则和气去心也〕，五味令人口爽〔爽，妄也。人嗜于五味，则口妄，失于道〕。

驰骋田猎，令人心发狂〔人精神好安静。驰骋呼吸，精神散亡，故发狂也〕。难得之货，令人行妨〔妨，伤也。难得之货，谓金、银、珠、玉。心贪意欲，则行伤身辱也〕。

【译文】

缤纷的色彩，使人眼花缭乱（贪求淫乐，喜好美色，则有伤精神，失去正见）；繁复的音乐，使人耳聋（喜欢听繁复的音乐，则元气就会离开人心）；鲜美的食物，使人口伤（“爽”是妄的意思。人嗜欲鲜美的味道，则口中多虚妄，于道有失）；骑射打猎，使人心发狂（人的精神喜欢安静。骑射打猎，一呼一吸的急促间，精神散乱失控，所以会发狂）；稀有难得的财物，使人行为失常（“妨”是“伤”的意思。“难得之货”，指金、银、珠、玉。心中贪婪，念念想要得到，就会有伤品行，使自身受辱）。

太上，下知有之〔太上，谓太古无名之君也。下知有之者，下知上有君，而不臣事，质朴淳也〕；其次，亲之誉之〔其德可见，恩惠可称，故亲爱而誉之〕；其次，畏之〔设刑法以治之〕；其次，侮之〔禁多令烦，不可归诚，故欺侮之也〕。信不足焉，有不信焉〔君信不足于下，下则应之以不信，而欺其君也〕。

【译文】

上古的圣王，人们仅仅知道他的存在而已（“太上”，是指上古时期没有姓名的君王。“下知有之”，是说百姓虽然知道上面有君王的存在，但不以臣道侍奉，内心质朴淳厚）；次一等的统治者，人们爱戴他、称誉他（他的德行可以看见，他的恩惠值得称道，所以百姓亲近他、爱戴他、赞誉他）；更次一等的统治者，人们害怕他（设立法律和刑罚来治理）；最下等的统治者，人们欺骗他（禁令繁多，不能使人诚心归向，所以才会欺骗侮辱他）。所以，在上位者诚信不足，就不能取信于下（君王对下面的人诚信不足，下面的人就会以不信任来回应，并且欺骗君王）。

绝巧〔绝巧诈也〕弃利〔塞贪路也〕，盗贼无有〔上化公正，无邪私也〕。

以为文，不足〔文不足以教民也〕。见素抱朴〔见素守真，抱其质朴〕，少私寡欲。

【译文】

弃绝巧诈（摒除奸巧和欺诈），堵塞贪路（堵塞贪欲之路），盗贼才能绝迹（在上位者以公正无私化导百姓，百姓自然没有邪恶自私的念头）。（智巧）作为文教则不足以垂教（作为文教不足以教化百姓）。（能垂教的是）显其本真，守其淳朴（不加修饰、保持本色，怀有朴实淳厚的内心），减少私心，降低欲望。

曲则全〔曲己从众，不自专，则全也〕，枉则直，洼则盈〔地洼下，水流之；人谦下，德归之〕，弊则新〔自受弊薄，后己先人，天下敬之，久久自新〕，少则得〔自受少，则得多〕，多则惑〔财多者惑于守身，学多者惑于所闻也〕。是以圣人抱一为天下式〔抱，守也；式，法也。圣人守一，乃知万事，故能为天下法式也〕。不自见，故明〔圣人因天下之目以视，故能明达〕；不自是，故彰〔圣人不自为是而非人，故能彰显于世〕；不自伐，故有功〔圣人德化流行，不自取其美，故有功于天下也〕；不自矜，故长〔圣人不自贵大，故能长久不危也〕。夫唯不争，故天下莫能与之争〔此言天下贤与不肖，无能与不争者争〕。

【译文】

委曲自己，顺应世务，事情才能保全（委屈自己，顺从别人，不独自专断，则能保全）；冤屈自己，伸张别人，事理才能得到伸直。自处低洼才能盈满（地面低洼，水才能流进去；人谦虚下人，功德才归向于他），自凋敝才能新生（自己承受破败，凡事首先考虑别人，然后才想到自己，这样，天下人就会敬重他，时间长了，自然获得新生），占有少反而能多获（自己占有得少，则得到的多），贪多反而困惑（财富太多则会不知道如何保持自己的节操，学的知识多了就会被各种见解所迷惑）。因此，圣人抱淳守一，作为天下人效法的榜样（“抱”是守的意思，“式”是法的意思。圣人守住道，就能知道所有事情的本质，所以可以为天下的法式）。不固执己见，所以对事物看得分明（圣人通过天下人的眼睛来看，所以能明白通达）；不自以为是，所以对是非判得清楚（圣人不认为自己就是对的，别人就是错的，所以能够显出他的与众不同）；不自我夸耀功劳，所以说有功（圣人的道德教化普遍传播，没有阻碍，却不认为是自己的功劳，所以对天下有大功）；不自高自大，才能长久不危（圣人不自以为高贵、了不起，所以能够长久保持地位而不陷于危机）。正因为不与人争，所以天下没有谁能争得过他（这是说，天下不论是有德行、有才能的人，还是品行不端、没有出息的人，都不能与不和人争斗的人相争）。

飘风不终朝，骤雨不终日〔飘风，疾风也；骤雨，暴雨也。言疾不能长，暴不能久也〕。孰为此者？天地也〔孰，谁也〕。天地尚不能久，而况于人乎〔天地至神，合为飘风暴雨，尚不能使终朝至暮，况人欲为暴卒者乎〕？故从事于道〔人为事，当如道安静，不当如飘风骤雨也〕。

【译文】

狂风刮不了一整天，暴雨也下不了一整天（“飘风”是指迅疾的风，“骤雨”是指暴雨。这句话是说，迅疾的不能持续，狂暴的不能长久）。是谁造成这一切的呢？是天地（“孰”是谁的意思）。天地的狂暴行为尚且不能持久，更何况是人呢（天地最为神圣高明，它们相合形成的狂风暴雨，尚且不能从早到晚不停，何况是那些想要侵犯别人的人呢）！所以应依归于道（人们做事，应该像道一样安静，不要像狂风骤雨一样）。

自见者不明〔人自见其形容，以为好，自见所行，以为应道，不自知其形丑、操行之鄙也〕，自是者不彰〔自以为是而非人，众人共蔽之，使不得彰明也〕，自伐者无功〔所为辄自伐，即失有功也〕，自矜者不长〔好自矜者，不以久长〕。故有道者不处。

【译文】

偏执己见的人，对事物总是看不明白（人自见自己的容貌，以为好，自见自己行为，以为应道，却不自知容貌丑、操行恶）；自以为是的人，对是非总是辨不清楚（自以为自己正确，而反对别人，大家就会一起来欺骗他，使他不能够明白是非)；自我夸功的人，就是无功（但凡有所作，动不动就自我夸功，就会失去有功之谓)；自高自大的人，不能好景长在（好自大的人，不能够长久)。所以有“道”的人，决不会这样做。

道大〔道大者，无不容也〕，天大，地大，王亦大〔天大者，无不盖；地大者，无不载；王大者，无不制〕。域中有四大，而王居其一焉〔八极之内有四大，王居其一也〕。人法地〔人当法地，安静和柔也，劳而不怨，有功而不宣〕，地法天〔施而不求报，生长万物，无所收取〕，天法道〔清静不言，万物自成〕，道法自然〔道性自然，无所法也〕。

【译文】

道大（“道大”，就是无不包容），天大，地大，君王也大（“天大”，就是无不覆盖；“地大”，就是无不承载；“王大”，就是无不制御）。宇宙间有四种东西可称“伟大”，君王就是其中一种（寰宇内有四种东西可称为“大”，君王仅为其中一种)。人以地为法则（人应该效法地，安稳宽厚，辛劳但不抱怨，有功但不宣扬)，地以天为法则（施与而不求回报，虽使万物生长，却无所收取)，天以道为法则（清静无为，不言而教，万物各自成就)，道以它自身的本性为法则（道的本性就是自然，没有效法的对象)。

重为轻根〔人君不重则不尊，治身不重则失神〕，静为躁君〔人君不静则失威，治身不静则身危〕。奈何万乘之主〔奈何者，疾时主，伤痛之也〕，而以身轻天下〔疾时王奢恣轻淫也〕。轻则失臣〔王者轻淫则失其臣，治身轻淫则失其精〕，躁则失君〔王者行躁疾，则失其君位；治身躁疾，则失其精神也〕。

【译文】

身才是功名富贵的根本（人君不庄重就失去尊贵，对待自身不慎重就会丧失精神)，性命才是欲望的主人（人君不贞静就会失去威严，修身如果不专一就会有危险)。为什么一个万乘大国的君主（“奈何”，是在感慨当时的君主，为他们感到伤痛)，反而为了自身而轻视天下呢（痛心当时的君主骄奢恣肆、轻慢淫佚）？重视功名利禄就会失去臣民（君王轻慢淫佚，就会失去臣下；对自己贪淫放逸，就会丧失精神），追求欲望就会失去主宰的地位（君主急切追逐淫乐，就会失去君位；身体如果沉迷于欲望，就会丧失精神）。

（根据憨山注，重指身，轻指外在之物；静指性命，躁指欲望。）

圣人常善救人〔圣人所以常教人忠孝者，欲以救人性命也〕，故无弃人〔使贵贱各得其所也〕；常善救物〔圣人所以常教民顺四时者，以救万物之残伤也〕，故无弃物〔不贱石而贵玉〕。

【译文】

圣人经常善于挽救众人（圣人之所以经常教人以忠孝之道，是为了挽救人的性命），所以没有废弃的人（让贵贱不同的人各得其所）；经常善于挽救万物（圣人之所以经常教人顺应四时节气的变化，是为了使万物不被伤害），所以没有废弃的物（不以石头为廉价、以美玉为贵重）。

善人者，不善人之师也〔人之行善者，圣人即以为人师也〕；不善人者，善人之资也〔资，用也。人行不善，圣人教道使为善，得以为给用〕。不贵其师（旧无贵其师三字，补之），不爱其资〔无所使也〕，虽智大迷〔虽自以为智，言此人乃大迷惑〕。是谓要妙〔能通此意，是谓知微妙要道〕。

【译文】

善人，是不善人的老师（行善的人，圣人让他做众人的老师）；不善的人，是善人的资用（“资”是用的意思。人如果行为不善，圣人就教给他道，使他行善，从而得以成为可用之才）。不看重老师，不爱（不善人作为善人的）资用（认为没有可用的地方），虽然自以为聪明，其实非常迷昧啊。这称之为要妙（能够明白这个意思，才叫懂得了精深微妙的道理）。

知其雄，守其雌，为天下溪〔雄以喻尊，雌以喻卑。人虽自知尊显，当复守之以卑微，去雄之强梁，就雌之柔和，如是，则天下归之，如水之流入深溪〕；为天下溪，常德不离〔人能谦下如深溪，则德常在，不复离己〕。知其白，守其黑，为天下式〔白以喻昭昭，黑以喻默默。人虽自知昭昭明达，当复守之以默默，如暗昧无所见，如是，则可为天下法式也〕。为天下式，常德不忒〔人能为天下法式，则德常在于己，不复差忒也〕。知其荣，守其辱，为天下谷〔知己之有荣贵，当守之以污浊，如是，则天下归之，如水流入深谷也〕。

【译文】

知道什么是刚强，却安守于柔弱，甘愿处于卑下之处（“雄”是比喻尊贵，“雌”是比喻卑微。一个人虽然知道自己尊贵显要，却应当再保持卑微的姿态，摒除“雄”的刚强，效法“雌”的柔和，这样，天下就会归附他，就像水流汇入深溪一样）。处于卑下之处，永恒的德性就不会离失（人能像深溪一样谦下，则德行将长在，不会和自己分开）。知道什么是明达，却安守于暗昧，便可以做天下的榜样（“白”比喻清楚明白，“黑”比喻无知的样子。一个人虽然知道自己明白通达，却应当保持无知的样子，好像愚昧没有见识，这样，就可以作为天下的榜样）。做天下的榜样，永恒的德性就不会偏离（一个人能成为天下的榜样，则德行常在自己身上，不会再有差失）。知道什么是荣耀，却安守于屈辱，如此，则可做天下的川谷（一个人知道自己拥有荣贵的地位，却用屈辱去安守，这样，天下就会归向他，就像水流汇入深谷一样）。

将欲取天下〔欲为天下主也〕而为之〔欲以有为治民也〕，吾见其不得已〔我见其不得天道人心已明矣。天道恶烦浊，人心恶多欲〕。天下神器，不可为也〔器，物也。人乃天下之神物也。神物好安静，不可以有为治也〕。为者败之〔以有为治之，则败其质性也〕，执者失之（之原作也）〔强执教之，则失其情实，生于诈伪也〕。是以圣人去甚、去奢、去泰〔“甚”谓贪淫、声色也，“奢”谓服饰、饮食也，“泰”谓宫室、台榭也。去此三者，处中和，行无为，则天下自化也〕。

【译文】

谁要想拥有天下（想要成为天下的君主）并且有心去治理它（想要用有为之法治理百姓），我看他是不得法的（我看他不能顺应天道人心，已经很明显了。天道厌恶繁杂污浊，人心厌恶欲望太多）。天下是个自有主宰的东西，是不能存心有为的（“器”是物的意思。人是天下神圣的东西。神圣的东西喜欢安静，不可以通过有所作为来治理）。用有为之法治理百姓，就会破坏百姓的本性（通过有所作为来治理，就会败坏其本性）；谁想把持下去，谁就会丧失天下（硬性地抓来教导，就会使其失去真心，生出奸诈虚伪之心）。因此圣人必须去“甚”、去“奢”、去“泰”（“甚”是指贪淫、声色，“奢”是指服饰、饮食，“泰”是指楼台、亭榭。摒除这三者，处于中正平和之中，行为顺应自然，则天下就会自然化育）。

以道佐人主〔谓人主能以道自辅佐〕，不以兵强于天下〔顺天任德，敌人自服也〕。师之所处，荆棘生焉〔农事废，田不修〕。大军之后，必有凶年〔天应之以恶气，即害五谷也〕。善者果而已〔行善者，当果敢而已，不休也〕，不敢以取强焉〔不敢以果敢取强大之名〕。果而勿矜〔当果敢、谦卑，勿自矜大〕，果而勿伐〔当果敢、推让，勿自伐也〕，果而勿骄〔骄，欺。勿以骄欺也〕，果而勿强〔果敢，勿以为强，以侵凌人也〕。

【译文】

用“道”作君主的辅佐（这是说人君能够用“道”来辅佐自己），不靠武力逞强于天下（顺应天道，发扬德行，使敌人自己服从）。军队驻扎的地方，荆棘丛生（农事荒废，田地得不到修饬）。大战之后，必有荒年（上天用恶薄的天气来回应，农作物就会受害）。所以会打仗的人，获得胜利就适可而止（行善的人，应当果敢，但不以之为美），不要用武力逞强（不敢因为果敢而求取强大之名）。胜利了不要自大（应该果敢、谦卑，不要自大），胜利了不要自夸（应该果敢、推让，不要邀功），胜利了不要骄傲（“骄”是欺的意思，不要骄傲欺人），胜利了不要逞强（虽然果敢，但不要自以为强大，而去侵凌别人）。

兵者，不祥之器〔兵革者，不善之器也〕，非君子之器，不得已而用之〔谓遭衰逢乱，乃用之以自守也〕，恬惔为上〔不贪土地，利人财宝〕，胜而不美〔虽得胜，不以为利美〕，而美之者，是乐杀人也〔美得胜者，是为乐杀人也〕。夫乐杀人者，则不可以得志于天下矣。吉事尚左〔左，生位〕，凶事尚右〔阴道，杀也〕。偏将军处左〔偏将军卑而居左者，以其不专杀也〕，上将军处右〔上将军尊而居右者，以其主杀也〕，言以丧礼处之〔丧礼尚右〕。杀人众多，以悲哀泣之〔伤己德薄，不能以道化人，而害无辜之民〕。战胜，则以丧礼处之〔古者，战胜，将军居丧主之位，素服而哭之，明君子贵德而贱兵，不得已，诛不祥，心不乐之，比于丧也〕。

【译文】

凡兵戈甲胄，都是不吉祥的器物（兵革甲胄，都不是与人为善的器物），不是君子的器物，迫不得已才使用它（这是说，只有遭遇衰败或者变乱时，才用它来自卫），以恬淡为上（不贪求土地，不求取别人的财宝）。虽战胜敌人，不以其为美（虽然取胜，但不觉得欢喜）。如果认为兵器是好东西，那就是以杀人为乐了（以得胜为美，这就是以杀人为乐了）。要是以杀人为乐，就不能实现统治天下的心愿了。吉庆事以左边为贵（左边是主生的方位）。凶丧事以右边为贵（右边表示忧凶之事，是主杀的方位）。因此，不专杀的偏将军，站在兵车的左边（偏将军地位低，居于左边，这是因为他不能擅自杀戮）；主杀的上将军，站在兵车的右边（上将军地位尊贵，居于右边，这是因为他主掌生杀大权）。这就是说，它是按丧礼的位置排列的（丧礼是以右为尊的）。战争中杀人众多，要以悲痛的心情来对待（痛恨于自己的德行浅薄，不能用“道”来教化人民，以至于让无辜者受害）。打了胜仗，也要用丧礼的仪式来迎接凯旋的军队（古时候，战争取得胜利，将军居于主丧者的位置，穿着白色的衣服痛哭，以表明君子以德行为贵，以武力为轻，万不得已才兴兵诛杀恶人，心中实际上对此是不高兴的，就好比是在办理丧事）。

知人者智〔能知人好恶是智〕，自知者明〔人能自知贤不肖，是为反听无声，内视无形，故为明也〕。胜人者有力〔能胜人者，不过以威力也〕，自胜者强〔人能自胜己情欲，则天下无有能与己争者，故为强也〕。知足者富〔人能知足，则保福禄，故为富也〕，强行者则有志〔人能强力行善，则为有意于道〕。不失其所者久〔人能自节养，不失其所（所下应有天之精气四字），则可以久也〕，死而不妄者寿〔目不妄视，耳不妄听，口不妄语，则无怨恶于天下，故长寿也〕。道常无为，而无不为〔道以无为为常也〕。侯王若能（若能原作而能）守之，万物将自化〔言侯王而能守道，万物将自化，效于己也〕。

【译文】

知人的叫做智慧（能够知道别人的好坏是“智”），自知的叫做明达（一个人能够知道自己是否贤能，这是能够返回来，在无声无形之中反观自己，所以为“明”）。能够战胜别人的是有武力的人（能够战胜别人，不过是用武力而已），能够克服自己弱点的是强者（人能够克制自己的私情和欲望，则天下就没有人能够与自己争夺什么，所以说是“强”）。知道满足的就是富有（一个人能够知足，就能保有福禄，所以说是“富”），坚持力行的叫做有志（一个人能够坚持用力行善，则是有志于道的人）。不迷失其本性的就能持久（一个人能够自己节制，修身养性，不背离自己的本性，就可以长久），至死而德行不乱者能够长寿（眼睛不胡乱看，耳朵不胡乱听，嘴巴不胡乱说，就不会被天下人怨恨、厌恶，所以能够长寿）。“道”经常是好像没有什么作为，却没有什么不是它的作为（“道”是以“无为”作为它的常态的）。侯王如能遵守它，万物都将会自然化育（这是说，侯王能够遵守“道”，万物将自然化育，效法于自己）。

## 德　经

上德不德〔上德谓太古无名号之君，德大无名，故言上德也。因循自然，养人性命，其德不见，故言不德也〕，是以有德〔言其德合于天地，和气流行，民得以全也〕；下德不失德〔下德谓号谥之君。德不及上德，故言下德也。不失德者，其德可见，其功可称也〕，是以无德〔以有名号及其身故也〕。上德无为〔言法道安静，无所改为也〕，而无以为〔言无以名号为也〕；下德为之〔言为教令、施政事也〕，而有以为〔言以为己取名号〕。

【译文】

至高的德，往往不显现其德（上德是指远古没有名号的君王，德能很大，不露名迹，所以说是“上德”。尊重自然的规律，长养人民的性命，而其恩惠并不显现，所以说是“不德”），因此说有德（是说其德合乎天地的大道，阴阳之气中和、运行，人民得以保全）。低一等的德，常表现出不失德（下德是指那些有谥号的君王，德能不如“上德”，故称为“下德”。不失德，是说其德能为人所见，其功被人称道），所以说是无德（因为其德有名有号和其自身有心作为的原因）。上德出自无为（是说其行事安静不造作，不改变自然的运行。），而无恃为之心（是说不以名号有所施为）。下德出自有心（是说制定教化、颁布法令、实施政事），其实是矜功恃为（是说为自己取名号）。

前识者，道之华〔不知而言知，为前识也。此人失道之实，得道之华〕，而愚之始也〔言前识之人，愚暗之唱始也〕。是以大丈夫处其厚〔大丈夫，谓道德之君也。处其厚者，处身于敦朴〕，不处其薄〔不处身违道，为世烦乱也〕；处其实〔处忠信也〕，不处其华〔不尚言也〕。

【译文】

先见之明这回事，乃是大道的虚华（不知道说知道，就是“前识”。这样的人失去道的实质，而仅模仿了道的表面），也是愚昧的倡始（说有“前识”的人，是愚蠢开始啊）。因此，大丈夫立身敦厚(大丈夫，是说有道德的君王。处其厚，是说处世敦厚淳朴)，不居于浅薄（是说处世不违背自然之道，不成为世人的烦扰）；存心朴实（处世保持忠厚信实），不居于虚华（不浮于言谈）。

昔之得一者〔昔，往也；一，无为〕：天得一以清，地得一以宁〔言天得一，故能垂象清明；地得一，故能安静不动摇〕，神得一以灵〔言神得一，故能变化无形〕，谷得一以盈〔言谷得一，故能盈满而不绝〕，万物得一以生〔言万物皆须道生成也〕，侯王得一以为天下贞〔言侯王得一，故能为天下平正也〕。天无以清，将恐裂〔言天当有阴阳、昼夜，不可但欲清明无已时，恐将分裂不为天也〕；地无以宁，将恐发〔言地当有高下、刚柔，不可但欲安静无已时，将恐发泄不为地〕；神无以灵，将恐歇〔言神当有王相休废，不可但欲盈满无已时，将恐虚歇不为神〕；谷无以盈，将恐竭〔言谷当有盈缩虚实，不可但欲盈满无已时，将恐枯竭不为谷〕；万物无以生，将恐灭〔言万物当随时死生，不可但欲常生无已时，将恐灭亡不为物也〕；侯王无以贵高，将恐蹶〔言侯王当屈己下人，汲汲求贤，不可但欲贵高于人，将恐颠蹶，失其位也〕。故贵必以贱为本〔言必欲尊贵，当以薄贱为本，若禹稷躬稼、舜陶河滨、周公下白屋也〕，高必以下为基〔言必欲尊贵，当以下为本〕。是以侯王自称孤、寡、不毂〔孤、寡，喻孤独；不毂，喻不能如车毂，为众辐所凑也〕，此非（非原作其）以贱为本邪（原无邪字）〔侯王至尊贵，能以孤寡自称，此非以贱为本乎〕。

【译文】

自古以来得到“一”的（昔，往昔；一，清净无为）：天得到“一”，因而清明；地得到“一”，因而稳定（说的是天得到“一”，所以能显现清明的气象；大地得“一”，所以能够安宁稳固、毫不动摇）；神得到“一”，因而灵验（说的是神得“一”，因而能变化无碍、无形无相）；溪谷得到“一”，因而充盈（说的是溪谷得“一”，所以能水流充满，绵绵不绝）；万物得到“一”，因而滋长（说的是万物需要合道才能得以生长）；侯王得到“一”，因而能公正地对待天下（说的是侯王得“一”，所以能作为天下公平正直的表率）。假如天没有这样清明，恐怕就要破裂（说的是天应当有阴阳和昼夜交替，不能只想要清明无止境，那样恐怕将会分裂，不成其为天了）；假如地没有这样稳定，恐怕就要崩圮（说的是大地应当高下、刚柔相济，不能只想安宁稳固没有止境，那样大地恐将崩坏泄露，不成为地了）；假如神没有这样灵验，恐怕就要消失（说的是神应当有兴衰的更迭，不能只想充盈饱满无止境，那样恐怕将虚耗停息，不成为神了）；假如溪谷没有这样充盈，恐怕就要枯竭（说的是溪谷应当有盈与缩、虚与实的调剂，不能只想盈满无止境，那样恐怕将枯竭，不成为溪谷了）；假如万物没有这样枯荣滋生，恐怕就要灭绝（说是万物应当随着时节死生，不能只想常生无止境，那样恐怕将会灭绝，不成为物了）；假如侯王不能以虚己保持高贵，恐怕就会灭亡（说的是侯王应当委屈自己、谦虚待人，急切地求取人才，不能只想以富贵凌驾于人，那样恐怕将要颠覆挫败，失去自己的地位）。所以贵必定以贱为根本（说的是如果想要尊贵，应当坚守卑微为本，就如同夏禹与后稷亲身耕种、舜在河边制陶、周公礼下寒士），高必定以下为基础（说的是如果想尊贵，应当坚守卑下为根基）。因此，侯王自称“孤”、“寡”、“不穀”（孤、寡，是比喻孤独；不穀，比喻不能像车轮那样，成为众多福气的汇聚）。这大概就是“贵以贱为根本”（侯王尊贵到极点了，能以孤寡自称，这不是以贱为本吗）。

人之所恶，唯孤、寡、不穀，而王公以为称〔孤、寡、不穀，不祥之名。而王公以为称者，处谦，法空虚和柔〕。故物或损之而益〔引之不得，推让必还〕，或益之而损〔夫增高者崩，贪富者得患〕。人之所教〔谓众人所以教，去弱为强、去柔为刚也〕，我亦教人〔言我教众人，使去强为弱、去刚为柔也〕。强梁者不致其死〔强梁者，尚势、任力，为天所绝，兵刃所伐，不得以命死也〕，吾将以为教父〔父，始也。老子以强梁之人为教戒（戒原作式）之始〕。

【译文】

人们所厌恶的就是“孤”、“寡”、“不穀”，而王侯们却拿来自我称呼（孤、寡、不穀，是不祥的称呼。而王公拿来称呼自己，是处谦虚之位，效法空虚和柔顺）。所以，一切事物，当减损它时，反而会增加（要求不得时，推让反而能够回来）；当增加它时，反而受到减损（如果贪求增高，反而会崩塌；如果只贪求富有，反而会有祸患）。别人用来教导我们的（是说众人所用来教导的，是摒弃弱小，任用强势；摒弃柔弱，任用刚强），我也以此去教导别人（是说我教给众人的，是抛弃强势，身处弱小；抛弃刚强，任用柔弱）。强横霸道的人不得善终（强横的人，崇尚势力、任用强力，就被天地所诛灭、军队所讨伐，不得不命丧身死），我要把这个道理作为教化人的起始（父，开始的意思。老子是把强横的人作为教戒的开始。）。

天下之至柔，驰骋天下之至坚〔至柔者，水也；至坚者，金石也。水能贯坚入刚，无所不通也〕。无有入于无间〔无有，谓道也。道无形质，故能出入无间，通神群生〕。不言之教〔法道不言，帅之以身也〕，无为之益〔法道无为，治身则有益精神，治国则有益万民，不劳烦〕，天下希及之〔天下，谓人主也。希能有及，道无为之治。无为之治，治身、治国也〕。

【译文】

天下最柔弱的东西，能够战胜天下最强硬的东西（最柔的东西是水，最硬的东西是金石。水能够贯穿坚硬，入于刚强，无所不通）。“无有”能通达“无间”（无有，是说道。道无形无相，所以能出入没有缝隙之地，通达神明，率领人民）。不用言辞的教导（效法道的不言说，以身率道），清静无为的益处（效法道的清净无为，修身则有益于精神，治国则有益于万民，而不加以叨扰），天下很少有赶得上它的（天下，是说人主。很少能比得上，是说无为而治。修身、治国都是如此）。

甚爱必大费〔甚爱色者费精神，甚爱财者遇祸患。所爱者少，所亡者多，故言大费〕，多藏必厚亡〔生多藏于府库，死多藏于丘墓。生有攻劫之忧，死有发掘之患也〕。知足不辱〔知足之人，绝利去欲，不辱于身也〕，知止不殆〔知可止则止，财利不累于身，声色不乱于耳目，则终身不危殆〕，可以长久〔人能知止、足，则福禄在己，治身者神不劳，治国者人不扰，故可长久也〕。

【译文】

过分珍爱，必会造成更大的耗费（过分爱色的人，耗费精神；过分爱财的人，遭遇灾难。所能爱的很少，所失去的却很多，所以说是大费）；过多贮藏，必会遭受更重的损失（活着时财富多封藏在府库中，死后的殉葬品多藏在坟墓中。活着时又被攻打劫掠的忧患，死后坟墓有被发掘的忧虑）。因此，知道满足，便不会身遭侮辱（知道满足的人，断绝名利、节制欲望，不会使自身受辱）；知道适可而止，便不会身遇危险（知道该停止就停止，财利不会变成累赘，声色不会扰乱耳目，则终身都不会陷于险境）。这样才能长久平安（人能知道适可而止、知道满足，那么福禄就能自己把握了，这样修身则心神不用劳碌，治理国家则不会干扰人民，所以可以长久）。

大成若缺〔谓道德大成之君也，如缺者。灭名藏誉，如毁缺不备〕，其用不弊〔其用心如是，则无弊尽时也〕。大盈若冲〔谓道德大盈满之君也。如冲者，贵不敢骄，富不敢奢也〕，其用不穷〔其用心如是，则无穷尽〕。大直若屈〔大直，谓修道法度正直如一也。如屈者，不与俗人争，如可屈折也〕，大巧若拙〔大巧，谓多才术也。如拙者，亦不敢见其能也〕，大辩若讷〔大辩，知无疑也。如讷者，无口辞也〕。清静以为天下正〔能清能静，则为天下长持正，则无终已时也〕。

【译文】

最圆满的好似残缺（是说道德有大成的君王，好像品行还有缺憾。消灭名声、隐藏荣誉，所以好像缺损不完备），它的作用永远不会衰败（他的用心是这样，那么就没有衰败穷尽的时候啊）；最充实的好似空虚（是说道德品行完备的君王。如“冲”，是说尊贵不敢骄傲，富有不敢奢侈啊），它的作用永远不会枯竭（他这样用心，其作用就会无穷）。最正直的好似委曲（大直，是说实践道的方式正直如一。如屈，是说不与普通人争夺，好像可以屈身贬抑），最灵巧的好似笨拙（大巧，是说多才能和技巧。如拙，是说也不敢向人展现自己的才能），最雄辩的好似口拙（大辩，是说智慧而无疑惑。如讷，是指没有言辞）。清静无为可以使天下持正而长久（能清能静，则能为天下长久保持端正，那么就没有终止的时候）。

天下有道〔谓人主有道也〕，却走马以粪〔粪者，治田也。兵甲不用，却走马以治农田也〕。天下无道〔谓人主无道也〕，戎马生于郊〔战伐不止，戎马生于郊境之上，久不还也〕。罪莫大于可欲〔好淫色也〕，祸莫大于不知足〔富贵不能自禁止也〕，咎莫大于欲得〔欲得人物，利且贪〕。故知足之足，常足矣〔无欲心也〕。

【译文】

天下治理有道（是说君有道），良马都被赶去种田（粪，是指耕种田地。兵甲不用的时候，良马都用于耕种农田）。天下治理无道（是说君主治理国家无道），战马要从郊野征调（战乱不止，战马养在国境郊野，久久不能归来）。罪恶没有比任情纵欲更大的（荒淫好色），祸患没有比不知足更大的（富贵但自己不能约束自己的欲望），灾难没有比贪得无厌更惨的（想得到人民和财富，牟利并贪求）。所以知足之足，是永远满足（没有贪欲之心了）。

不出户，以知天下〔圣人不出户以知天下者，以己身知人身，以己家知人家，所以见天下矣〕；不窥牖，以见天道〔天道与人道同。人君清静，天气自正；人君多欲，天气烦浊。吉凶利害，皆由于己也〕。其出弥远，其知弥少〔谓去其家，观人家；去其身，观人身。所观益远，所知益少也〕。是以圣人不行而知，不见而名〔上好道，下好德；上好武，下好力。圣人原小知大，察内知外也〕，不为而成〔上无所为，则下无事。家给人足，物自化也〕。

【译文】

不出门口，就能知道天下的事物（圣人足不出户就知道天下，是因为以知道自己推知别人，以知道自己家推知别人家，所以能知天下事）；不望窗外，就能认识天道（天道与人道同一。君主清净无为，天气自然和顺；君主多欲烦恼，天气就会烦乱恶浊。吉凶好坏，都是由于自己啊）。谁走得越远，谁就知道得越少（是说放弃了解自己家，去观察别人家；不去了解自身，而去观察别人。所观察的越远，所知道的就越少）。因此圣人不必远行就能知情，不必眼见就能心明（君主崇尚道，人民就崇尚德；君主崇尚武力，百姓就会崇尚暴力。圣人推究小事就知道大事，考察自己内心就知道外部），不必作为就能成就（君主无所作为，那么百姓就没有事。家庭丰足人民满足，自然得到教化）。

损之又损之〔损情欲，又损之，所以渐去之〕，以至于无为，无为而无不为〔情欲断绝，德与道合，则无所不施，无所不为〕。取天下常以无事〔取，治也。治天下常当以无事，不当劳烦民也〕，及其有事，不足以取天下〔及其好有事，则政教烦，民不安，故不足以治天下也〕。

【译文】

减少再减少（减少情欲，减少再减少，这样来渐渐去除欲望），以至于清净无为。任用无为之道，看似无所作为，实际上能无所不为（情欲断绝，德与道合，则无所不施行，无所不作为）。要想治理好天下，就得经常减少人为之事（取，是指治理。治天下常应无事，不应当劳烦人民）。如果经常有劳民之事，就不可能治理好天下（治理国家好行多事，必定政教烦扰，人民不安，所以不足以治理天下）。

圣人无常心〔圣人重改更，贵因循，若自无心也〕，以百姓心为心〔百姓心之所便，因而从之〕。善者，吾善之〔百姓为善，圣人因而善之〕；不善者，吾亦善之〔百姓为不善，圣人化之使善〕。信者，吾信之〔百姓为信，圣人因而信之〕；不信者，吾亦信之〔百姓为不信，圣人化之使信也〕。

【译文】

圣人无一定之心（圣人注重改变，贵在遵循自然之道，好像自己没有心一样），以百姓的心为自己的心（百姓心中认为便利的事情，遵循并且顺势教化）。百姓有善行，我与之一起为善（百姓从善，圣人因之与之为善）；百姓有不善者，我也以善行教化其为善（百姓不为善，圣人教化使之为善）。百姓讲诚信，我同样讲诚信（百姓讲信，圣人因之与之为信）；百姓有不讲诚信之心，我也以诚信教化其讲诚信（百姓不讲信，圣人教化他们使他们讲信）。

生而不有〔道生万物，不有取以为利〕，为而不恃〔道所施为，不恃望其报也〕，长而不宰〔道长养万物，不宰割以为利用也〕，是谓玄德〔道之所行，恩德玄暗，不可得见也〕。

【译文】

滋生万物而不据为己有（道生养万物，不占有而取以为利），有所施为而不自恃己能（道所作为，并不期望得到回报），育成万物而不以为主宰（道长久养育万物，不加以支配而为自己所用），这就叫做玄德（道所起用的地方，恩德在暗处，不能看见）。

大道甚夷〔夷，平易也〕，而民好径〔径，邪不平也。大道甚平易，而人好从邪，不平正〕。朝甚除〔高台榭，宫室修〕，田甚芜〔农事废，不耕治〕，仓甚虚〔五谷伤害，国无储也〕；服文采〔好饰伪，贵外华〕，带利剑〔尚刚强，武且奢〕，厌饮食，财货有余〔多嗜欲，无足时〕。是谓盗夸〔百姓不足，而君有余者，是犹劫盗以为服饰，持行夸人，不知身死家破，亲戚并随之也〕，非道也哉〔人君所行如是，此非道也〕！

【译文】

大道很平易（夷，平常而易于理解），有些人却爱走险僻之径（径，是邪曲不平坦的小路。大道非常平易近人，而人爱好邪路，不爱平等正直）。宫殿很整洁（高台房舍，宫室整饬），农田很荒芜（农事荒废，不耕种修缮），仓库很空虚（五谷的生长被伤害，国库没有储备）；王侯们穿着华丽的衣服（喜爱装饰，看重外在的浮华），佩带着锋利的宝剑（崇尚刚猛强势，炫耀武力并且奢侈），饮食非常满意，财物富裕有余（嗜欲旺盛，没有满足时）。这就是“劫盗”的夸耀（百姓不足，而君主多有剩余，这就如同强盗以之为服饰，拿在手上游行夸耀，不知道将身死家破，亲戚也不能幸免），是不合乎“道”的呀（君主的行为如果是这样，这是不合道的啊）！

善建者不拔〔建，立也。善以道立身立国者，不可得引而拔也〕。修之于身，其德乃真〔修道于身，爱气养神。其德如是，乃为真人〕；修之于家，其德乃余〔修道于家，父慈子孝，兄友弟顺，夫信妻贞。其德如是，乃有余庆〕；修之于乡，其德乃长〔修道于乡，尊敬长老，爱养幼少。其德如是，乃无不覆及〕；修之于国，其德乃丰〔修道于国，则君信臣忠，政平无私。其德如是，乃为丰厚〕；修之于天下，其德乃普〔人主修道于天下，不言而化，不教而治，下之应上，信如影响。其德如是，乃为普博〕。

【译文】

善于以道立身立国者，就会坚不可摧（建，是建立。善于以道修身立国，不能挟持和攻破它）。用“道”来修身，他的“德”就会回归本真（于自身修道，喜爱正气，涵养精神。他的德行如果是这样，就可以称为真人）；用“道”来治家，他的“德”就会充裕（于家修道，父亲慈爱，儿女孝顺，兄长友爱，弟弟顺从，丈夫有信，妻子忠贞。他的德行如果是这样，就有无尽的福气）；用“道”来治乡，他的“德”就会长久（于乡里修道，尊敬长者老人，爱护养育幼儿儿童。他的德行如果这样，则恩惠就能无所不及）；用“道”来治国，他的“德”就会昌盛（于国修道，那么君主就会诚信，臣子就会尽忠，政治清平没有偏私。他的德行如果是这样，就可称得上丰富厚重了）；用“道”来治天下，他的“德”就会普遍弘扬（君主用道治理天下，不言天下就得到教化，不教天下就得到了治理，百姓臣子能够应和君主，如影随形、如音随声。他的德行如果是这样，就可以称得上普遍博大）。

天下多忌讳，而民弥贫〔天下，谓人主也。忌讳者，防禁也。令烦则奸生，禁多则下诈。相殆，故贫也〕。民多利器，国家滋昏〔利器者，权也。民多权则视者眩于目，听者惑于耳，上下不亲，故国家昏乱也〕。人多伎巧，奇物滋起〔人，谓人君也。多伎巧，刻画宫观、雕琢章服，下则化上，日以滋起也〕。法物滋彰，盗贼多有〔法，好也。珍好之物滋生彰著，则农事废，饥寒并至，故盗贼多有〕。我无为，而民自化〔无所改作，而民自化成〕；我好静，而民自正〔我不言不教，民皆自忠正也〕；我无事，而民自富〔我无徭役，故皆自富〕；我无欲，而民自朴〔我去华文，民则随我为质朴〕。

【译文】

天下的禁令、忌讳越多，人民就越贫穷（天下，是指君主。忌讳，是指防备禁戒。政令烦扰奸邪就会滋生，禁令繁多臣子就会欺诈。相互危害，所以会贫穷）。民间利器越多，国家越混乱（利器，指权谋。百姓多权谋则看的人目眩，听的人迷惑，上下不和睦，所以国家昏暗混乱）。人主看重工艺珍品，奇丽奢华之物就会兴起（人主，是指君主。偏好珍美物品，雕刻绘画宫殿楼台，罗织装点礼服衣饰，百姓就效仿君主，奢华的风气就一天天地滋长起来了）。珍器异物越被看重，盗贼就越多（法，是指好。珍贵的器物越多越精致，那么农事就会荒废，饥饿寒冷一起到来，所以盗贼就多了起来）。圣人无为而治，而民众自然被教化（无所改变造作，而百姓的教化自然而成）；圣人喜好清静，而民众自会忠正（我行不言之教，百姓自然就会忠诚坚贞）；圣人不滥施徭役，而民众自会富足（圣人不征徭役，所以百姓自然富有）；圣人寡欲，而民众自会质朴（我摒弃浮华修饰，百姓就会随我追求淳朴）。

其政闷闷〔其政教宽大，闷闷昧昧，似若不明也〕，其民醇醇〔政教宽大，故民醇醇，富厚，相亲睦也〕；其政察察〔其政教急疾，言决于口，听决于耳〕，其民缺缺〔民不聊生，故缺缺，日以疏薄〕。祸兮，福之所倚〔倚，因。夫福因祸而生，人遭祸而能悔过责己，修善行道，则祸去福来〕；福兮，祸之所伏〔祸伏匿于福中，人得福而为骄恣，则福去祸来〕。孰知其极〔祸福更相生，无知其穷极时也〕？

【译文】

政治宽厚（其政治教化宽厚大度，浑噩昏暗，好像不明察），人民就淳朴（政教宽厚大度，所以百姓淳朴，物用丰足，互相亲爱和睦）；政令苛细（其政令急切，口中说出就不改变，耳朵听到就要执行），人民就亏缺（百姓没有生活的依靠，所以说“缺缺”，一天天地疏远淡薄）。祸啊，是福的倚仗（倚就是因。福因祸而生，人遭遇祸害而能反省过错、改正自己、多行善事、按道行事、则祸将离去，而福会到来）；福啊，是祸的藏身之所（祸潜伏藏匿在福中，人们得到福如果骄傲放纵，那么就会福去祸来）。谁能知道其转化的界限呢（祸和福更替相互衍生，不能知道什么时候才是转化的极点）？

治大国若烹小鲜〔鲜，鱼也。烹小鱼，不敢挠，恐其糜也。治国烦则下乱，治身烦则精去也〕。以道莅天下者，其鬼不神〔以道德居位治天下，则鬼不敢见其精神以犯人也〕。非其鬼不神，其神不伤人〔其鬼非无精神，邪不入正，不能伤自然之民也〕。非其神不伤人，圣人亦不伤人〔非鬼神不能伤害人，以圣人在位，不伤害人，故鬼不敢干也〕。

【译文】

治理大国，好像煎小鱼那样，不要常常去搅动它（鲜，是指鱼。烹饪小鱼，不敢扰动，恐怕翻烂了。治国烦扰百姓就会混乱，修身烦扰则精气就不存了）。用“道”这个原则来统治天下，鬼魅就不灵验（以道德来治天下，则鬼魅不敢显现它的神通来冒犯人类）。不是鬼魅不灵验，而是他也不伤害人了（并不是鬼没有神通，而是人有正念，邪气就不能侵犯正气）。不是鬼神不能伤害人，是因为圣人清静无为，鬼神协和而致福，所以不伤害于人（并非是鬼神不能伤害到人，因为圣人在位，不伤害人民，所以鬼神不敢侵犯）。

道者，万物之奥〔奥，藏也。道为万物之藏，无所不容〕，善人之宝也〔善人以道为身宝，不敢违〕，不善人之所保〔道者，不善人之所保倚也，遭患逢急，犹知自悔卑下〕，故为天下贵〔无不覆济，恬然无为，故可为天下贵〕。

【译文】

“道”是万物的归宿（奥，是指封藏。道是万物的归宿，无所不能容），既是善人的宝贝（善人把道作为身命之宝，不敢违背），也是不善人的护身符（道，是不善人可以用来保护自身的，遭受祸患和急难时，还知道自己忏悔，认为自己卑微）。所以，“道”为天下人所尊贵（无不周济，泰然无为，所以为天下贵）。

为无为〔无所造作〕，事无事〔除烦省事〕，味无味〔深思远虑，味道意也〕。报怨以德〔修道行善，绝祸于未生也〕。图难于其易〔欲图难事，当于易时，未及成也〕，为大于其细〔欲为大事，必作于小，祸乱从小来也〕。天下难事，必作于易；天下大事，必作于细。是以圣人终不为大〔处谦虚也〕，故能成其大〔天下共归之也〕。夫轻诺必寡信〔不重言也〕，多易必多难〔不慎患也〕，是以圣人犹难之〔圣人动作举事，犹进退，重难之，欲塞其源也〕，故终无难〔圣人终身无患难之事，由避害深也〕。

【译文】

按无为的方针去作为（无所做作），以不扰民的原则去做事（去除烦恼，减省杂事），以恬淡的心态去体味世道（深深思察，远远考虑，体味道的真义）。以德报怨（修道行善，在祸患未生时杜绝之）。欲做成难事，要从易做的时候就开始（想要解决难事，应当从易事开始，不要等到完成的时候）；欲办成大事，要从相关的小事做起（想做大事，必须从小事做起，祸乱是从小事来的）。天下的难事，都是由易事演进而成的；天下的大事，都是由小事发展而成的。因此，圣人始终不自大（以谦虚处世），所以才能成就大事（天下臣子百姓都归顺他啊）。随便允诺别人的要求，势必很少兑现（不重视言语）；经常把事情看得太容易，势必常常遭受困难（对于隐患不重视）。因此，圣人一直重视困难（圣人言行做事，知道进退，重视难事，目的是堵塞困难产生的源头），所以他终归没有困难（圣人终其一生没有灾难之事，是因为知道从深处避免灾难）。

其安易持〔治身、治国，安静者易守持也〕，其未兆易谋〔情欲祸患，未有形兆，时易谋正〕，其脆易破〔祸乱未动于朝，情欲未见于色，如脆弱易破除也〕，其微易散〔其未彰著，微小，易散去也〕。为之于未有〔欲有所为，当以未有萌芽之时，塞其端也〕，治之于未乱〔治身、治国于未乱之时，当豫闭其门也〕。合抱之木，生于毫末〔从小成大也〕；九层之台，起于累土〔从卑至高〕；千里之行，始于足下〔从近至远〕。为者败之〔有为于事，废于自然〕，执者失之〔执利遇患，坚持不得，推让反还〕。圣人无为故无败〔圣人不为华文，不为利色，故无败坏也〕。民之从事，常于几成而败之〔从，为也。民人为事，常于其功德几成，而贪位好名，奢泰盈满，而败之也〕。慎终如始，则无败事〔终当如始，不当懈怠〕。是以圣人欲不欲〔圣人欲人所不欲。人欲文饰，圣人欲质朴；人欲于色，圣人欲于德〕，不贵难得之货〔圣人不贱石而贵玉也〕；学不学〔圣人学人所不能学。人学智诈，圣人学自然；人学治世，圣人学治身〕，复众人之所过〔众人学问反，过本为末，过实为华。复之者，使反本〕。以辅万物之自然〔教人反本实者，欲以辅万物自然之性也〕，而不敢为焉〔圣人动作因循，不敢有所造为，恐远本〕。

【译文】

事情在稳定的时候容易维持（修身、治国，安宁无为容易维持），在没有萌芽的时候容易谋取（情欲和祸患，还没有征兆，这时容易矫正），在脆弱的时候容易破除（祸乱没扰动朝廷，情欲未因美色而起，脆弱的时候容易破除），在微小的时候容易消除（问题还没有很明显，微弱细小，容易化解）。防止事故，要在事故还没有发生的时候（想有所作为，应当在问题没有萌芽的时候，堵塞它的端倪）；治理动乱，要在动乱还没有开始的时候（修身、治国要在没有动乱的时候，应当提前关闭祸乱之门）。合抱的大树，由幼芽长成（从小长成大）；九层的高台，由筐土垒起（从低到高）；千里的行程，从脚下开始（从近到远）。不顺从自然规律去行事，就会失败（对于事情采取干涉的态度，就废了自然之理）；想刻意把持，反而会失去（执着于利益，就会遭遇祸患。勉强要求得不到，退让反而会有回报）。圣人清净无为，所以没有败坏（圣人不做虚荣浮夸的事情，不为利益美色而做事，所以没有败坏）。人们做事，常常功败垂成（从，是做。人们做事，常常功业德行接近成功，但因贪图权位、喜爱名声，奢侈过度，骄傲盈满，而败坏了它）。若能慎终如始，就不会失败（终结的时候如同开始，不应当懈怠）。因此，圣人需要常人所不要的东西（圣人要别人所不想要的。别人想要文过饰非，圣人想要真实质朴；人想要色，圣人想要德），不看重难得的财宝（圣人不会轻视石头而看重美玉）；圣人学习他人不愿学的东西（圣人学别人所不能学的东西。别人学智术伪诈，圣人学习自然之道；别人学治世，圣人学治身），使众人学问中的谬误复归于正（众人的学问相反，超过根本叫末，超过朴实叫做华。恢复这些，使之返回根本）。圣人以此辅助万物的自然发展（教导人们返璞归真，是想帮助人们回归万物的自然本性），而不敢违背规律勉强去做（圣人举止因循于道，不敢有所做作，恐怕远离根本）。

古之善为道者〔说古之善以道治身及治国者〕，非以明民〔非以道教民明知奸巧〕，将以愚之〔将以道德教民，使质朴，不诈伪也〕。民之难治，以其智多〔以其智太多而为巧伪也〕。以智治国，国之贼〔使智惠之人治国，必远道德，妄作威福，为国之贼〕。不以智治国，国之福〔不使智惠之人，知国之政事，则民守正直，上下相亲，故为国之福也〕。

【译文】

古时候善于行“道”的人（说古代善于用道修身和治国的人），不是用“道”来使人民聪明（并非以道教化人民学会巧饰奸诈），而是用“道”来使人民质朴（将用道德教化人民，使人们淳朴，不奸邪欺诈）。人民之所以难于统治，是因为他们太奸伪（因为太聪明而做欺诈之事）。用机巧智慧治理国家，是国家的祸患（使用智巧图利之人治国，必会远离道德，虚妄地作威作福，是国家之贼）；不以机巧智慧治国，是国家的福祉（不用智巧图利之人执掌国家政事，那么百姓遵守公平正直，上下亲和，所以是国家的福祉）。

江海所以能为百谷王，以其善下之〔江海以卑下故，众流归之，若民归就王者〕。是以圣人欲上人〔欲在民之上也〕，必以言下之〔法江海，处谦虚〕；欲先民〔欲在民之前也〕，必以身后之〔先人而后己也〕。是以圣人处上而民不重〔圣人在民上为主，不以尊贵虐下，故民戴仰，不以为重也〕，处前而民不害〔圣人在民前，不以光明蔽后，亲之若父母，无有欲害之者〕。

【译文】

江海所以能成为百川所归的总汇，是因为它善处低下（江海因为卑微低下的缘故，众多河流都归向它，就像百姓归附君主那样）。因此圣人要想统治人民（想要在百姓之上），言辞上必须谦下（效法江海，处世谦虚）；要想领导人民（想在百姓之前），必须把自己摆在人民的后面（先考虑别人而后考虑自己）。所以圣人统治人民，人民不感到有负担（圣人在百姓之上作主宰，不以自己的尊贵虐待臣民，所以百姓拥戴敬仰，不会感到沉重）；领导人民，人民不认为有妨碍（圣人在百姓之前，不以自己的光环遮蔽臣民，像父母一般亲爱他们，所以没有想加害他的人）。

我有三宝，持而保之〔老子言：我有三宝，抱持而保倚之〕：一曰慈〔爱百姓若赤子〕，二曰俭〔赋敛若取之于己〕，三曰不敢为天下先〔执谦退，不为唱也〕。慈，故能勇〔以慈仁，故能勇于忠孝〕；俭，故能广〔身能节俭，故民日用宽广也〕；不敢为天下先，故能成器长〔成器长，谓得道人也。我能为道人之长也〕。今舍慈且勇〔今世人舍慈仁，但为勇武〕，舍俭且广〔舍其俭约，但为奢泰〕，舍后且先〔舍其后己，但为人先〕，死矣〔所行如此，动入死道〕！夫慈，以战则胜，以守则固〔夫慈仁者，百姓亲附，故战则胜敌，以守卫则坚固也〕。用兵有言〔陈用兵之道。老子疾时用兵，故托己设其义也〕："吾不敢为主〔主，先也。不敢先举兵也〕而为客〔客者，和而不唱。用兵当承天而后动也〕，不敢进寸而退尺〔侵人境界、利人财宝为进，闭门守城为退也〕。"祸莫大于轻敌〔夫祸乱之害，莫大于欺轻敌家、侵取不休、轻战贪财也〕，轻敌几丧吾宝〔几，近也。宝，身也。欺轻敌家，近丧身也〕。故抗兵相加，哀者胜矣〔哀者慈仁士卒，不远于死也〕。

【译文】

我有三件法宝，掌握并倚仗它们（老子说：我有三件法宝，怀抱它们而作为依仗）：一是“仁慈”（爱百姓如爱自己刚出生的孩子），二是“俭约”（向百姓征税如同向自己征税），三是“不敢先天下人而行”（坚持谦让，而不作为倡导者）。秉心“仁慈”，故能勇敢（用心慈仁，所以能勇于忠孝之行）；厉行“俭约”，故能宽绰（自身能节俭，所以百姓日常用度宽裕）；做到“不敢先天下人而行”，故能为道长（成器长，是指得大道的人。我能为道人之长）。现在之人舍去“仁慈”，只讲勇敢（如今世人舍弃慈仁，只讲勇武），舍去“俭约”，只讲豪华（舍弃俭约，只讲奢侈），舍去退让，只讲抢先（舍弃谦让，只为人先），那就必定要灭亡了（如此作为，动辄就会进入死道）。“仁慈”这件法宝，用之于战争，就能胜利；用之于守卫，就能稳固（慈仁，百姓就亲近归附，所以战则胜敌，守则固国）。兵家常说（陈述用兵之道。老子憎恨当时各国用兵，所以假托自己来陈述用兵的要义）：我不敢先行举兵（主，先的意思。不敢先举兵），而宁愿采取守势（客，应和而不首倡。用兵应当顺承天道，后于人而动）；我不敢先前进一寸，而宁愿退守一尺（侵犯别国边境、谋取别国的财宝为进，闭门守城则为退）。祸害之大，莫过于轻视敌人（祸乱的害处，都比不上欺辱轻视敌人、侵犯掠夺没有休止、轻易发动战争并且贪财），轻视敌人就近乎丧身（几，近的意思。宝，指身体。侵犯轻视敌人，离丧命就不远了）。所以在两军对阵、兵力相当的情况下，那心怀仁慈而悲愤的一方，一定获得胜利（悲愤的一方爱护士兵，士兵就离拼死效命不远了）。

吾言甚易知、甚易行〔老子言：吾所言，省而易知，约而易行〕，天下莫能知、莫能行〔人恶柔弱，好刚强也〕。夫唯无知，是以不我知〔夫唯，世人也。是我德之暗，不见于外，穷微极妙，故无知也〕。知我者稀，则我贵矣〔稀，少也。唯达道乃能知我，故为贵也〕。是以圣人被褐怀玉〔被褐者，薄外；怀玉者，厚内也。匿宝藏德为贵也〕。

【译文】

我的话很容易懂，很容易实行（老子说：我所说的话，俭省而容易明白，简明而容易实行）。但是天下没有谁能真懂，没有谁能实行（人们厌恶柔弱，偏爱刚强)。由于人们看不出我的德行，因此，他们不了解我(夫唯，指世人。是因为我的品德幽暗，不显现在外面，穷尽精微，极尽玄妙，所以没有知道的)。了解我者越少，效法我者就更可贵(稀，指少。唯有通达大道才能理解我，所以称为贵)。因此，圣人好比外穿粗布衣服，而怀里却揣着宝玉(披着粗布衣，是说淡薄于外；怀抱美玉，是说敦厚于内。隐藏宝藏，是说以德为贵)。

天道不争而善胜〔天不与人争贵贱，而人畏之也〕，不言而善应〔天不言，万物自动以应时〕，不召而自来〔天不呼召，万物皆负阴而向阳也〕，繟然而善谋〔繟，宽也。天道虽宽博，善谋虑人事。修善行恶，各蒙其报〕。天网恢恢，疏而不失〔天所罗网，恢恢甚大。虽疏远，司察人善恶，无有所失〕。

【译文】

天之道，不争而善于取胜(天不与人争贵贱，而人害怕它)，不讲话而善于应时(天不说话，万物自然顺应时节)，不召唤而自动来到(天不召唤，万物都背阴而向阳)，胸怀坦白而善于谋划(繟，是宽的意思。天道虽然宽广宏大，但善于谋划人事。修善和行恶，各受其报)。天网无边，网眼虽疏，可是无所漏失(天所张罗的大网，宽阔广大。虽然疏宽遥远，督查人的善恶，没有疏漏的地方)。

民不畏死〔治国者刑罚酷深，民不聊生，故不畏死也。治身者嗜欲伤神，贪财杀身，不知畏之〕，奈何以死惧之〔人君不宽其刑罚，教人去情欲，奈何设刑罚法，以死惧之〕?若使民常畏死〔当除己之所残刻，教民去利欲〕，而为奇者，吾得执而杀之，孰敢矣〔以道教化，而民不从，反为奇巧，乃应王法，执而杀之，谁敢有犯者?老子伤时主不先道德化之，而先刑罚也〕!

【译文】

人民不怕死(治国者刑罚严酷残忍，百姓没有生存的依靠，困顿痛苦，所以不怕死。修身者嗜好贪欲而伤害精神，贪求财报而遭杀身之祸，却不知道畏惧)，怎能用死吓住他们呢(君主不施行宽大的刑罚，教导人去除情欲，怎么能制定刑罚，以死刑来威慑百姓)?假如人民常常怕死（应当废除自己的残暴，教化百姓去除对利益的贪欲），对做欺诈之事者，我们可以抓起来杀掉，谁还敢作恶（以道作为教化，但民不顺从，反而做奇诡狡诈之事，就对应王法条文，逮捕并且诛杀，谁还敢再犯法呢？老子哀伤当时君主不先用道德教化百姓，而先用刑令惩罚百姓）！

民之饥，以其上食税之多〔人民所以饥寒者，以其君上税食下太多〕，是以饥。民之难治，以其上之有为〔人民不可治者，以其君上多欲，好有为〕，是以难治〔其民化上有为，情伪难治也〕。人之轻死，以其求生之厚〔人民所以轻犯死者，以其求生活之道太厚，贪利以自危也〕，是以轻死〔以求生太厚之故，轻入死地〕。夫唯无以生为者，是贤于贵生也〔夫唯独无以生为务者，爵禄不干于意，财利不入于身，天子不得臣，诸侯不得使，则贤于贵生者也〕。

【译文】

人民之所以挨饿，是因为他们的统治者收税太多（人民饥寒的原因，是君主享受的赋税太多），因此才饥饿；人民之所以难于统治，是因为他们的统治者多欲而好作为（百姓不可以被治理，因为他们的君主多欲，喜好矜持施为），因而难治（人民效仿君主的有为，好欺诈而难以治理）；人民之所以铤而走险，是因为其过分贪求生活上的享受（百姓之所以轻易触犯死罪，因为他们要求生活的享受太多，所以贪图利益而让自己陷于危难），因此冒死求利（因为要求生活太丰厚的缘故，而轻易触犯死刑）。把自己的生命置之度外的人，比过分重视个人生命的人高明得多（唯独不以生存为要事的，爵禄就不能侵犯他的意志，财利不能干扰他的操守，天子不能以威权使他臣服，诸侯不能以利益使他服务，那么就会比看重生命的更贤明）。

圣人执左契〔古者，圣人无文书法律，刻契合符，以为信也〕，而不责于人〔但执刻契信，不责人以他事也〕。有德司契〔有德之君，司察契信而已〕，无德司彻〔无德之君，背其契信，司人所失也〕。天道无亲，常与善人〔天道无有亲疏，唯与善人，则与司契者也〕。

【译文】

“圣人”虽握有符契（古代，圣人没有文书法律，刻画文契和符信作为信物），但不以此责求他人（只是握有文契符信，并不用别的事责求别人）。有德的人，依照契约行事（有德行的君主，只是督查文契符信罢了）；无德的人，背弃契约行事（没有德行的君主，违背文契符信，专门督查人们的过失）。天道对谁都没有偏爱，永远帮助有德的善人（天道对人没有亲疏，只是帮助善人，就会帮助督查文契符信的人）。

小国寡民〔圣人虽治大国，犹以为小。俭约不奢泰，民虽众，犹若寡之，不敢劳也〕，使民重死〔君能为人兴利除害，各得其所，则民重死而贪生也〕，而不远徙〔政令不烦，则民安其业，故不远迁，离其常处也〕。虽有舟舆，无所乘之〔清静无为，不好出入〕；虽有甲兵，无所陈之〔无怨恶于天下〕。甘其食〔甘其蔬食，不渔食百姓也〕，美其衣〔美其恶衣，不贵五色〕，安其居〔安其茅茨，不好文饰之屋〕，乐其俗〔乐其质朴之俗〕。邻国相望，鸡狗之声相闻〔相去近也〕，民至老死，不相往来〔无情欲也〕。

【译文】

圣人视大国为小，视民众多为少（圣人虽然治理大国，还是认为小。勤俭节约而不奢侈，人民虽然众多，还是如同很少一样，不敢劳烦）。使人民爱惜生命（君主能为人民兴起利益、免除祸害，各得其所，使人民重视死亡而贪求生存），不肯向远处迁流（政令不烦扰，那么百姓就安心于本业，所以不向远处迁徙，而离开他们的常住地）。虽有船和车，没有必要乘坐它（清净无为，不喜好出入往来）；虽有武备，没有必要陈列它（没有招致天下百姓的怨恨厌恶）。人们觉得食物很香甜（美美地享受蔬菜粮食，是由于不侵夺百姓的缘故），觉得衣服很华美（觉得粗布衣服很美，不看重各种彩色），觉得自己的住所很安适（安住在自己的茅屋里，不喜好装修的美屋），觉得本地的风气很称心（乐于享受淳朴的风俗）。邻国相互可望见，鸡狗啼叫声相互听得见（离得很近），而人民直到老死，也不相互迁徙、争执（因为没有情欲）。

圣人不积〔圣人积德不积财，有德以教愚，有财以与贫〕，既以为人己愈有〔既以财贿布施于人，财益多如日月之光，无有尽时〕。天之道，利而不害〔天生万物，爱育之，令长大，无所害也〕。圣人之道，为而不争〔圣人法天所施为，化成事就，不与下争功名，故能全其圣功也〕。

【译文】

“圣人”什么都不积蓄（圣人积德而不积财，有德则教化使民淳朴，有财物就施与穷人）。他尽力帮助别人，自己反而越富有（已经把财物广泛地施与别人，财富反而如同日月的光芒，没有穷尽的时候）。天之道，利于万物而不妨害它们（天地万物，用爱来养育，用善来滋长，无所相害）。圣人之“道”，成就万物而不与之争功（圣人效法天道的无为，教化完成、事业成就，不与在下者争功名，所以能够成全他圣人的功德）。

（吕效祖　张爱玲　慧祥译）

## 卷三十四

# 鹖冠子治要

【考评】

鹖冠子，春秋时楚国人，姓氏不详，隐居深山，以鹖羽为冠，故有此号。曾著书十九篇，名曰《鹖冠子》。全书以阐述道家思想为本旨，兼杂刑名阴阳之说。《汉书·艺文志》道家著作仅录《鹖冠子》一篇。今本系宋代陆佃作注。清代姚际恒《古今伪书考》认为是“后人所窜伪者”。

《鹖冠子》虽“初本黄老”，但它没有停留在客观唯心主义的纯哲学思辨上，而是把天地看作衡量规范人事的准则。其通过取法天理、参酌自然的类比手法，阐述了许多治国的“奇言奥旨”，加之“末流迪于刑名”，尤为后来的政治家所欣赏。韩愈称：“《鹖冠子》十有六篇，其词杂黄老刑名。其《博选》篇四‘稽五至之’说当矣。使其人遇时，援其道而施于国，功德岂少哉。”韩愈重视该书中务实治世、兴邦济时的言论。魏征出于同样目的，编纂《群书治要》时从中精选了《博选》《著希》《世贤》数节，以资治国者借鉴。

# 博　选

博选者，序德程俊也。道凡四稽：一曰天，二曰地，三曰人，四曰命。权人有五至：一曰百己，二曰十己，三曰若己，四曰厮役，五曰徒隶。所谓天者，理物情者也；所谓地者，常弗去者也；所谓人者，恶死乐生者也；所谓命者，靡不在君者也。君者，端神明者也。神明者，以人为本；人者，以贤圣为本；贤圣者，以博选为本；博选者，以五至为本。故北面事之，则百己者至；先趋而后息，先问而后默，则十己者至；人趋己趋，则若己者至；冯几据杖，指麾而使，则厮役者至；乐嗟苦咄（乐嗟苦咄原作噫喈叱），则徒隶人至矣。故帝者与师处，王者与友处，亡主与役处。

【译文】

博选，就是对人的道德水平依次考核排序来选用优秀人才。选拔的途径从四个方面来考核：一是“天”（能知天道），二是“地”（能尽地义），三是“人”（能通人情），四是“命”（能守臣职）。根据衡量，把人分为五个等级：一是百倍于己，二是十倍于己，三是与己相当，四是适宜于供驱使、服杂役，五是只能做苦力、当奴隶。所谓“天”，就是能综理万物之情者；所谓“地”，就是做事从不背离纲常者；所谓“人”，就是不愿死而乐于生者；所谓“命”，就是一切都取决于君主。君主是端正万民精神的人。人的精神，以人的品行为根本；人的品行，以贤圣为根据；是否贤圣，以博选为根据；博选，以人的德行才智所能达到的五个层次为根据。屈身面北，以尊师之礼待人，那么，才德百倍于已者会前来（效力）；开始恭敬而随后又停止，此前已探访而后又默无声息，那么，才德十倍于已者会前来（效力）；他人敬慕，自已也跟着表示敬慕，那么，才德与已相当者会前来（效力）；靠着矮桌、扶着拐杖来指挥、差遣，那么，适宜供驱使、服杂役者会前来（效力）；随意呼唤喝斥，那么，只有服劳役、当奴隶者会前来（效力）。所以，能成为天下之帝者，常与自己的老师相处；能成为封国之君者，常与自己的朋友相处；导致国家灭亡的君主，常与自己的仆役相处。

## 著　希

夫君子者，易亲而难狎，畏祸而难劫，嗜利而不为非，时动静而不苟作。体虽安之，而弗敢处，然后礼生焉；心虽欲之而弗敢信，然后义生焉。夫义节欲而治，礼反情而辨者也。

【译文】

大凡君子，总是容易亲近，但不易过分亲密；害怕灾难，但不易被威胁；喜爱利益，但不做不合理之事；时势动荡或平静，都不苟且作为。根本虽然稳固但不敢自居停步，然后礼仪规范产生；心中虽有私欲但不敢放任，然后道义产生。用正义来节制私欲，就可使社会安定；用道德礼仪节制自己的情感欲望，就可以明辨事理。

## 世　贤

悼襄王问庞暖曰："夫君人者，亦有为其国乎？"庞暖曰："王独不闻俞拊之为医乎？已识必治，神避之。昔尧之任人也，不用亲戚，而必使能。其治病也，不任所爱，必使旧医。"襄王曰："善。"庞暖曰："王其忘之乎？昔伊尹医殷，太公医周，百里医秦，申麃医郢，原季医晋，范蠡医越，管仲医齐，而立五国霸。其善一也，然道不同数。"襄王曰："愿闻其数。"暖曰："王独不闻魏文侯之问扁鹊耶？曰：'子昆弟三人，其孰最善为医？'扁鹊曰：'长兄最善，中兄次之，扁鹊最为下也。'文侯曰：'可得闻耶？'扁鹊曰：'长兄于病视神，未有形而除之，故名不出于家。中兄治病，其在毫毛，故名不出于闾。若扁鹊者，镵血脉，投毒药，割肌肤，而名出闻于诸侯。’文侯曰：‘善。’使管子行政以扁鹊之道，则桓公几能成其霸乎！”

【译文】

悼襄王问庞暖：“统治人民的人，也有治理国家的方法吗？”庞暖说：“君主难道没有听说过俞拊行医的事吗？既知道病因，便一定要治好，连神鬼也避让于他。昔日尧帝用人，不任用其亲戚，而必定使用有才能者。他若治疗疾病，不用所喜爱之人，定会使用曾为之治病的医生。”悼襄王说：“很对！”庞暖说：“君主难道忘了吗？从前伊尹医治殷朝之弊病，太公医治周朝之弊病，百里奚医治秦国之弊病，申麃救治楚国郢都之患，原季医治晋国之弊病，范蠡医治越国之弊病，管仲医治齐国之弊病，才成就这五国之霸业。这几人同样都是贤才，但其治理之道却有着不同的时机。”悼襄王说：“希望听你讲一讲‘时机’。”庞暖说：“君主难道没有听说过魏文侯询问扁鹊的事吗？魏文侯问道：‘你兄弟三人，其中谁最善于治病？’扁鹊说：‘大哥医术最高，二哥次之，我的医术在他俩之下。’文侯说：‘可以请你说得仔细些吗？’扁鹊说：‘大哥对于疾病，在其隐伏未发之时便能看到，并在未出现症状时便除去病源，所以他的名声传不出病人之家，二哥医治疾病，是在病情十分轻微时便予以治愈，所以名声传不出病人所在村巷，像我扁鹊这样，（在病人病势沉重时）刺穿病人血脉，使用有毒性的药物，割开病人体肤，却能使名声传闻于诸侯。’文侯说：‘你讲得有道理。’试想，如果让管仲主持政务，却使用扁鹊治病的方法，那么齐桓公岂能成就他的霸业？”

（张泓译）

卷三十四

# 列子治要

【考评】

《列子》一书，旧题战国列御寇撰，共八卷，分别为《天瑞》《黄帝》《周穆王》《仲尼》《汤问》《力命》《杨朱》《说符》。列御寇，战国时郑国人，《庄子》称其“无为”，《尸子》《吕氏春秋》说“列子贵虚”。《汉书·艺文志》著录《列子》八篇，是经过刘向、刘歆父子整理的，后来散佚。今本《列子》八篇已不是班固著录的原书。晋朝张湛为之作序，自称是西晋末永嘉之乱后，根据各种版本辑录而成，以“其书大归同于老庄，属辞引类，特与《庄子》相似”，因而定为先秦道家著作。后代学者研究认为，该书多取先秦诸子及汉代人的言论，杂以西晋的佛教思想和佛教神话而成。实为魏晋人托名伪作。马叙伦先生《列子伪书考》说：“列子书出晚而亡早，故不甚称于作者。魏晋以来，好事之徒，聚敛《管子》《晏子》《论语》《山海经》《墨子》《庄子》《尸佼》《韩非》《吕氏春秋》《韩诗外传》《淮南子》《说苑》《新序》《新论》之言，附益晚说，成此八篇，假为向序以见重。”这是肯切的评估。

《列子》一书广涉群籍，博选众家，形成了其思想内容繁富、驳杂、瑰奇的特点，在政治、经济、军事、哲学、风俗以及自然科学等方面都留下了宝贵的思想和可资借鉴的材料。例如，《天瑞》篇阐发了认识自然、利用自然、开发资源、富利民生的进步经济思想；《仲尼》《力命》

等篇发挥了可贵的人才观念;《汤问》篇讲到宇宙与万物的始原及宇宙的无限性，在一定程度上反映了那个时代人们对宇宙认识所能达到的科学水平。唐王朝统治者自称是老子的后代，宣扬道教，天宝元年尊《列子》为《冲虚真经》。宋景德年间又加称为《冲虚至德真经》，成为道教的经典之一。

魏征编辑《群书治要》时，从《列子》的《天瑞》《汤问》《力命》《说符》诸篇中精选了六段文字，并保留原标题。其中或论刚柔相济之理，或辨治国用人之道，都着眼于兴邦治国。其选文精致，独具慧眼，今天读来仍不无启迪。

## 天　瑞

子列子曰："天地无全功，圣人无全能，万物无全用〔全，犹备也〕。故天职生覆，地职形载，圣职教化，物职所宜〔职，主也。生各有性，性各有宜〕。然则天有所短，地有所长，圣有所否，物有所通〔夫职适于一方者，余涂则阂(阂原作閡)矣。形必有所分，声必有所属。若温也，则不能凉；若宫也，则不能商〕。何则？生覆者，不能形载；形载者，不能教化；教化者，不能违所宜；宜定者，不出所位〔皆有素分，不可逆也〕。故天地之道，非阴则阳；圣人之教，非仁则义；万物之宜，非刚则柔。此皆随所宜而不能出所位者也〔方圆靖躁，理不得兼〕。"

【译文】

列子说："天地没有完备的功能，圣人没有齐备的才能，万物没有齐全的功用。天的职责是覆育众生，地的职责是承载万物，圣人的职责是教育和感化，万物的职责是各从其属性。既如此，那么，天必有其所短，地必有其所长，圣人必有其困窘之处，万物各有其亨通之时。为什么呢？天覆育众生但不能承载万物，地承载万物但不能够教育、感化，能教育、感化者不能违背万物各自的属性，属性确定的不会超出其定位。所以，天地的法则，不是阴便是阳；圣人的教化，不是仁便是义；万物的属性，不是刚便是柔。这都是随顺各自的属性，而不能超出其所应有的定位。"

## 殷汤问

大禹曰："六合之间，四海之内，照之以日月，经之以星辰，纪之以四时，要之以太岁。神灵所生，其物异形，或夭或寿，唯圣人能通其道〔圣人顺天地之道，因万物之性，任其所适，通其所逆，使群异各得其方、寿夭尽其分〕。”

【译文】

大禹说：“天地之间，全国各处，凭日月来照耀（四方），用星辰来测度（形势），用四季来综理（事务），用太岁（木星）方位显现的天象来警示（国人）。凡神灵所化生的物类，其形态各异，有的生命短暂，有的年岁长久，只有圣人能通晓其规律（圣人遵循天地间的自然规律，顺着万事万物的本性，让其回归本性，疏通其不顺之处，使形形色色的事务各归其美，无论是长寿的还是早夭的，都能各尽其分）。”

## 力　命

管夷吾有病，小白问之曰：“仲父之病病矣，至于大病，则寡人恶乎属国而可？”夷吾曰：“公谁欲欤？”小白曰：“鲍叔牙可。”曰：“不可。其为人，洁廉善士〔清己而已〕。其于不己若者，不比之人〔欲以己善齐物也〕；一闻人之过，终身不忘〔不能弃瑕录善〕。使之治国，上且钩乎君，下且逆乎民〔必引君令其道不弘。道苟不弘，则逆民而不能纳矣〕。其得罪于君，将弗久矣。”小白曰：“然则孰可？”对曰：“勿已，则隰朋可。其为人也，愧不若黄帝，而哀不己若者〔惭其道之不及圣，矜其民不以逮己，故能无弃人也〕。以德分人，谓之圣人〔化之使合道，而不宰割〕；以财分人，谓之贤人〔既以与人，己愈有也〕。以贤临人者，未有得人者也〔求备于人，则物所不与也〕；以贤下人者，未有不得人者也〔与物升降者，物必归之也〕。其于国有不闻也，其于家有不见也〔道行则不烦（烦原作赖）闻见。故曰：不瞽不聋，不能成功〕。勿已，则隰朋可〔若有闻见，则事钟于己，而群生无所措手足，故遗之可。未能尽道，故仅可耳〕。”然则管夷吾非薄鲍叔也，不得不薄；非厚隰朋也，不得不厚。厚薄之去来，弗由我也〔皆天理也〕。

【译文】

（齐相）管夷吾有病，齐桓公小白问他说："仲父之病令人忧虑啊！真到了病重之时，我向谁托付国政才可以呢？"夷吾说："您打算托付给谁呢？"小白说："（我认为）鲍叔牙可以。"夷吾说："不可以。他做人廉洁，善待士人。但他对于不如自己者，便不接近其人；一旦听说他人的过失，会终身不忘。如果让他管理国政，对上将牵累君主，对下又不顺人意。这样，获罪于君主的日子，大概就为时不远了。"小白说："那么谁可以呢？"管仲答道："若不得已，则隰朋可以。他为人处世，自愧不如黄帝（一样的圣人），但却怜惜不如自己的人。化人以道德者称作圣人，把财力分给大家者称作贤人。因为自己有才能而居高临下者，没有得人心的；自己有才能，但却礼贤下士者，没有不得人心的。隰朋对于国事，不需要自己知道的不听；对于家事，不需要自己看到的不看。（所以说）若不得已，隰朋可以（托付国政）。"如此说来，管夷吾并非轻视鲍叔牙，是不得不轻视；并非看重隰朋，是不得不看重。看重与轻视的取舍，不是因为自己（而是国政的需要）。

# 说　符

晋国苦盗。有郤雍者，能视盗之貌，察其眉睫之间，而得其情。晋侯使视盗，千百无遗一焉。晋侯大喜，告赵文子曰："吾得一人，而一国盗为尽，奚用多为？"文子曰："吾君恃伺察而得盗，盗不尽矣，且郤雍必不得其死焉。"俄而群盗谋曰："吾所穷者郤雍也。"遂共盗而戕〔杀之也〕。晋侯闻而大骇，召文子而告之曰："果如子言，郤雍死！然取盗何方？"文子曰："周谚有言：察见渊鱼者不祥，智料隐匿者有殃。且君欲无盗，莫若举贤而任之，使教明于上，化行于下。人有耻心，则何盗之为？"于是用随会知政，而群盗奔秦焉〔用聪明以察是非者，群诈之所逃；用先（先原作少）识以擿奸伏者，众恶之所疾。智之为患，岂虚言（言原作也）哉〕。

【译文】

晋国为盗贼众多而苦恼。有个叫郤雍的人，会看盗贼的相貌，观察其眉睫之间的神色，便可得知其真实情况。晋侯让他指认盗贼，结果千百名盗贼无一遗漏。晋侯大喜，告诉赵文子说："我得到这一个人，便使全国的盗贼因之而除尽，哪里还用得着许多人去侦破盗案呢？"文子说："君主只依靠辨察神色来捕获盗贼，盗贼是除不尽的，而且郤雍也必定不得好死。"不久，一群盗贼共同商议说："我等之所以走投无路，都因为那个郤雍。"于是合伙盗窃了郤雍（的财物）并杀死了他。晋侯听到后为之大惊，便召见文子，告诉他说："果然像你说的那样，郤雍被杀死了，但又能用什么办法来捕获盗贼呢？"文子说："周代的谚语有这么一句话：'能看清楚深潭中游鱼的人不吉利，能料知隐藏之物者有灾难。'如果君主想使晋国没有盗贼，不如举拔贤良并予以任用，使政教明确于上，使感化行之于下。人们若有羞愧之心，那么谁还去做盗贼呢？"于是，（晋侯）任用随会主持有关政务，众多盗贼便跑到秦国去了。

孔子自卫反鲁，息驾乎河梁而观焉。有（有原作其）悬水三十仞，圜流九十里，鱼鳖弗能游，鼋鼍弗能居。有丈夫方将厉之，孔子使人止之曰："此悬水三十仞，圜流九十里，鱼鳖鼋鼍弗能居也，意者难可以济乎？"丈夫不以措意，遂度而出。孔子问之曰："巧乎？有道术乎？所以能入而出者，何也？"丈夫对曰："始吾之入也，先以忠信；吾之出也，又从以忠信。措吾躯于波流，而吾不敢用私。所以能入而复出者，以此也。"孔子谓弟子曰："二三子识之！水且犹可以忠信亲之，而况人乎？"

【译文】

孔子从卫国返回鲁国，途中停车于河堰之上观赏风光。这里瀑布高达三十余仞（古时八尺为一仞），急流漩涌九十余里，鱼鳖不能浮游，鼋鼍不能停留。有一成年男子正准备涉水过河，孔子让人劝止他说："这里瀑布三十仞，急流九十里，鱼鳖鼋鼍都不能停留，我怀疑这么艰难，你能够游过河吗？”这位男子没有因此而放弃其意图，于是游过河流并出水上岸。孔子问他说：“你是有高超的技巧呢，还是有什么道术？能够入于急流而出水上岸，奥妙何在呢？”那名男子回答说：“我开始入水时，先是凭着忠信（策励自己）；我能浮出水面，也是凭着忠信。我置身于急流波浪之中，不敢有私心杂念。之所以能（勇敢）入水而又（顺利）出水，凭的就是忠信。”孔子对他的学生们说：“你们几个记住，水尚且可以凭忠信来亲近，更何况人呢？”

楚庄王问詹何曰：“治国奈何？”〔詹何，盖隐者也〕詹何对曰：“何明于治身，而不明治国也。”楚王曰：“寡人得奉宗庙社稷，愿学所以守之。”詹何对曰：“臣未尝闻身治而国乱者也，又未尝闻身乱而国治者也。故本在身，不敢对以末。”楚王曰：“善。”

【译文】

楚庄王问詹何说：“怎么治国？”詹何回答说：“您为什么明白修身却还不明白治国呢？”楚王说：“我得以尊奉宗庙、拥有国家，希望学会怎样来守护它。”詹何回答说：“我不曾听说过君主自身修养很好而其国家却没有秩序的，也不曾听说过君主自身修养不好而其国家却安定的。所以，根本就在于自身修养，（像治理国家这种次于修身之后的事情）我就不敢对您讲了。”楚王说：“你讲得很好。”

（张泓译）

卷三十四

# 墨子治要

**【考评】**

《墨子》是墨家学派的著作总汇。《汉书·艺文志》著录《墨子》七十一篇，现存五十三篇。其中《兼爱》《非攻》《天下》《节用》等篇，代表了《墨子》主要思想。《耕柱》以下至《公输》各篇，记述了墨子和他的弟子的言行。《经》上、下，《经说》上、下，《大取》《小取》等六篇，是后期墨家的哲学和科学著作。《备城门》以下十一篇，讲战争防御和制造器械的方法，一般认为较晚出。通行注本有清代孙诒让《墨子间诂》等。

墨子，名翟，鲁国人，生卒年不详，大约生活在春秋之末、战国之初，墨家学派的创始人，是当时著名的思想家、政治家。相传原为宋国人，后长期住在鲁国。他曾学习儒术，因不满其烦琐的"礼"，遂另立学派，聚徒讲学，成为儒家的主要反对派。

墨子学说的主要内容为"兼爱、非攻、尚贤、尚同、节葬、天志、明鬼、非乐、非命"，反对儒家的"天命"和"爱有差等"说，认为"执有命"是"天下之大害"，力主"兼相爱，交相利"，不应有亲疏贵贱之别。其本人更有"摩顶放踵，利天下而为之"的实践精神。他的"非攻"思想，体现了当时人民反战的意向；他的"非乐"、"节用"、"节葬"等主张，是对当权贵族"繁饰礼乐"和奢侈享乐生活的抗议。他重视生产，强调"赖其力者生，不赖其力者不生"(《墨子·非乐上》)，初步认识到劳动是人类生活的基础。又提出“尚贤”、“尚同”的政治主张，认为“官无常贵，民无终贱”，反对贵族的世袭制和儒家的亲亲尊尊，试图用上说下教的方法，使“饥者得食，寒者得衣，劳者得息，礼者得治”。他探究了知识和逻辑等问题，制定了作为认识真理准则的“三表”，并提出了“非以其名也，以其取也”的唯物主义的认识命题。在动机与效果问题上，他强调善与用、志与功的统一。其弟子很多。在教育思想上，他以“兴天下之利，除天下之害”为教育目的，尤重艰苦实践、服从纪律。墨子学说对当时思想界影响很大，与儒学并称“显学”。

魏征《群书治要》辑录了《墨子》的《所染》《法仪》《七患》《尚贤》《贵义》《非命》诸篇，成为他后来向唐太宗进谏的重要理论根据。这些片段内容，分别从事业成败、国家兴亡、崇尚贤能、节省财用、自立自强等方面来着眼，以期启发唐王朝统治者治国安邦，以图强盛为目的。

# 所　染

子墨子见染丝者而叹曰："染于苍则苍，染于黄则黄。所入者变，其色亦变，故染可不慎耶！非独染丝然也，国亦有染。舜染于许由、伯阳，禹染于皋陶、伯益，汤染于伊尹、仲虺，武王染于太公、周公。此四王者所染当，故王天下，立为天子，功名蔽天地。举天下之仁义显人，必称此四王者。夏桀染于干辛、推哆，殷纣染于崇侯、恶来，厉王染于厉公长文（文一说做父）、荣夷终，幽王染于傅公夷（夷原作几）、蔡公谷。此四王者所染不当，故国残身死，为天下戮。举天下不义辱人，必称此四王者。齐桓公染于管仲；晋文公染于咎犯，楚庄染于孙叔，吴阖庐染于伍员，越勾践染于范蠡。此五君者所染当，故霸诸侯，名传于后世。范吉射染于张柳朔，中行寅染于籍秦，吴夫差染于宰嚭；知伯瑶染于智国，中山尚染于魏义，宋康染于唐鞅。此六君者所染不当，故国家残亡，身为刑戮，宗庙破灭，绝无后类，君臣离散，民人流亡。举天下之贪暴苛扰者，必称此六君也。凡君之所以安者何也？其行理生于染当。故善为君者，劳于论人而逸于治官；不能为君者，伤形费神，愁心劳意，然国愈危，身愈辱。此六君者，非不重其国、爱其身也，以不知要故也。不知要者，所染不当也。"

【译文】

墨子看到染丝的人就感叹说："染丝采用青色的染料就成青色，采用黄色的染料就成黄色。投入的染料不同，丝的颜色也就不同，所以染丝不可不慎重啊！不只是染丝如此，国君也有受(臣子)感染的情形。舜受到许由、伯阳的熏陶，禹受到皋陶、伯益的熏陶，汤受到伊尹、仲虺的熏陶；武王受到太公、周公的熏陶。这四位君王受到的熏陶得当，因此称王天下，被立为天子，功盖四方，扬名天下。若要列举天下仁义、显赫之人，一定会推举这四个帝王。夏桀受到干辛、推哆的熏染，殷纣受到崇侯、恶来的熏染，周厉王受到厉公长文、荣夷终的熏染，周幽王受到傅公几、蔡公谷的熏染。这四位帝王所受到的熏染不得当，因此国破身亡，被天下人羞辱。若要列举天下无仁义、可耻之人，一定会举出这四位帝王。齐桓公受到管仲的熏陶，晋文公受到咎犯的熏陶，楚庄王受到孙叔敖的熏陶；吴王阖闾受到伍员的熏陶；越王勾践受到范蠡的熏陶。这五位君主受到的熏陶得当，因此称霸诸侯，声名流传于后世。范吉射受到张柳朔的熏染，中行寅受到籍秦的熏染；吴王夫差受到伯嚭的熏染，知伯瑶受到智国的熏染，中山尚受到魏义的熏染，宋康王受到唐鞅的熏染。这六位君主所受到的熏染不得当，因此国家衰亡，身遭杀戮，宗庙毁灭，子孙断绝，君臣离散，人民流亡。若要列举天下贪婪残暴、苛刻扰民的人，一定会举出这六位君主。大凡国君能够安稳，其原因是什么呢？是因为受到得当的熏染，能循道而行。所以说，善于做国君的人，在挑选人才时尽心尽力，因而在管理官吏方面就省事多了；不会做国君的人，伤身费神，忧心劳意，然而国家更加危险，自身亦更受屈辱。上述范吉射等六位国君并非不看重其国家、不爱惜自身，而是因为不懂治国要领的缘故。不懂治国要领，是因为所受的熏染不得当啊！”

## 法　仪

子墨子曰：“天下从事者，不可以无法仪。无法仪而其事能成者，无有也。故百工从事，皆有法度。今大者治天下，其次治大国，而无法度，此不若百工也。然则奚以为治法而可？莫若法天。天之行广而无私，其施厚而不德（德原作息），其明久而不衰，故圣王法之。既以天为法，动作有为，必度于天，天之所欲则为之，天所不欲则止。然而天何欲何恶也？天必欲人之相爱相利，而不欲人之相恶相贼也，以其兼而爱之、兼而利之也。奚以知天之兼而爱之、兼而利之也？今天下无小大国，皆天之邑也；人无幼长贵贱，皆天之臣也。故曰：爱人利人者，天必福之；恶人贼人者，天必祸之。是以天欲人相爱相利，而不欲人相恶相贼也。昔之圣王禹、汤、文、武，兼爱天下之百姓，率以尊天事鬼。其利人多，故天福之，使立为天子，天下诸侯，皆宾事之。暴王桀、纣、幽、厉，兼恶天下之百姓，率以诟天侮鬼。其贼人多，故天祸之，使遂失其国家，身死为戮于天下后世，子孙毁之，至今不息。故为不善以得祸者，桀、纣、幽、厉是也；爱人利人以得福者，禹、汤、文、武是也。”

【译文】

墨子说道：“天下从事各种职业的人，都不能没有准则。没有准则而他所做的事情能够成功，那是不可能的。所以从事各种行业的工匠，也都有一定的法则。然而如今大到治理天下，其次到治理大国，却没有法则，这还不如各行业的工匠。那么，用什么作为治理的法则才可以呢？不如效法上天。天的品行博大无私，它施予恩惠厚重而不自居，它给予光明持久且永不衰减，所以圣明的君王都效法它。既然以天作为规范，那么所作所为就一定要以天意来衡量，上天希望做的事就做，上天不希望做的事就不做。那么上天希望做什么、厌恶做什么呢？天意肯定希望人们相互友爱、相互帮助，而不希望人们相互憎恨、相互残害，因为苍天对所有人都很爱护、都给予好处。怎么知道苍天对所有人都如此呢？如今，天下无论大国小国，都是天的属国；人无论老幼贵贱，都是天的臣民。人们常说：‘爱护人、利于人者，天必定赐福给他；憎恨人、残害人者，天必定降祸于他。’以此可见天希望人们相互友爱、相互帮助，而不希望人们相互憎恨、相互残害。以前的圣君禹、汤、文王及武王，爱天下所有的百姓，率先来尊崇上天、敬重鬼神，他们给予世人的好处很多，所以天佑护他们，使他们被立为天子，天下的诸侯都归顺侍奉他们。暴君桀、纣、幽王及厉王，厌恶天下所有的百姓，率先咒骂上天，侮慢鬼神，他们残害百姓极多，所以上天降祸给他们，使他们丧失自己的国家，身遭杀戮，并受到天下人的羞辱，后代子孙咒骂他们，直到现在仍不停止。因此说，做邪恶之事而遭受灾祸者，桀、纣、幽王及厉王这些人就是；爱人利人而得到佑护者，禹、汤、文王及武王这些人就是。”

## 七 患

子墨子曰："国有七患。七患者何？城郭沟池不可守而治宫室，一患也；边国至境，四邻莫救，二患也；先尽民力无用之功，赏赐无能之人，三患也；仕者持禄，游者忧佼，君修法讨臣，臣慑而不敢咈，四患也；君自以为圣智而不问事，自以为安强而无守备，五患也；所信者不忠，所忠者不信，六患也；蓄种菽粟不足以食之，大臣不足以事之，赏赐不能喜，诛罚不能威，七患也。以七患居国，必无社稷；以七患守城，敌至国倾。七患之所当，国必有殃。"

【译文】

墨子说："国家有七种忧患。何为'七患'？内城、外城及城河均不能有效防御，却修建宫殿，这是第一种忧患；敌国军队压境，四周邻国不救援，这是第二种忧患；先尽民力于没有实际用途的事情，赏赐没有才能的人，这是第三种忧患；当官者只求保持俸禄，游学者只忧愁结交（不到朋友），国君制订法律来诛戮臣子，臣子畏惧而不敢直言上谏，这是第四种忧患；国君自以为圣明聪慧而不询问政事，自认为国家安定强盛而不加强守备，这是第五种忧患；国君信任的人并不忠诚，忠于国君的人却不被信任，这是第六种忧患；种植和贮藏的粮食不足以供养国人，大臣不足以为国家做事，赏赐不能使人高兴，诛罚不能使人畏惧，这是第七种忧患。治理国家出现这七种忧患，必定灭亡；守护城池出现这七种祸患，敌军一到，国家就会倾覆。这七种忧患存在于哪个国家，哪个国家必定会遭殃。"

## 辞 过

墨子曰："古之民未知为宫室时，就陵阜而居，穴而处下，润湿伤民，故圣王作为宫室。为宫室之法曰：室高足以避润湿，边足以圉风寒，上足以待雪霜雨露，宫墙之高足以别男女之礼，谨此则止。凡费财劳力，不加利者不为也。是故圣王作为宫室，便于生（便于生原作使上）不以为观乐也；作为衣服带履，便于身（便于身原作使身）不以为辟怪也。故节于身，诲于民，是以天下之民可得而治，财用可得而足。当今之主，其为宫室，则与此异矣。必厚敛于百姓，暴夺民衣食之财，以为宫室台榭曲直之望、青黄刻镂之饰。为宫室若此，故左右皆法象之。是以其财不足以待凶饥振孤寡，故国贫而民难治也。君诚欲天下之治，而恶其乱也，当为宫室不可不节。

【译文】

墨子说："在以前人们不懂得建造房屋的时候，他们依傍山丘居住，或挖掘洞穴而住在里面。由于地下潮湿损害人的身体，所以，圣明的君王便创建了房屋。创建房屋的原则是：地基的高度足以避免潮湿，四周墙壁足以抵御风寒，屋顶足以防备雪霜雨露，屋内墙壁的高度足以区分男女的礼法，仅此而已。但凡耗尽财力、劳力又无更多益处的工程，是不会去做的。因此，圣君建造房屋，(是为了方便生活，)不是用来观赏和享乐的；制作衣服、腰带、鞋子，是为了有益于身体，不是用来显示奇异的。所以，圣君自身节俭并使人民得到教育，因此天下的百姓可以得到治理，财物用度可以得到满足。如今的君主建造房屋则与此不同了。他们一定会向百姓大量征收钱物，凶残地掠夺百姓用于衣食的资财，来建造宫室楼台、亭榭曲直交错的景观和彩绘雕刻的装饰。国君建造这样的房屋，那么左右的亲近臣子也都会效仿。因此国家的财物不够用来应付饥荒、救济孤寡，所以国家贫穷，百姓难以治理。国君确实想要天下太平，憎恶天下混乱，那么建造房屋就不能不节俭。"

古之民未知为衣服时，衣皮带茭，冬则不轻而温，夏则不轻而清。圣王以为不中人之温清，故作诲妇人，以为民衣。为衣服之法：冬则练帛之中足以为轻且暖，夏则絺綌之中足以为轻且清，谨此则止。故圣人之为衣服，适身体、和肌肤而足矣，非荣耳目而观愚民也。当是之时，坚车良马，不知贵也；刻镂文采，不知喜也。得其所以自养之情，而不感于外，是以其民俭而易治，其君用财节而易赡也。府库实满，足以待不然（然原作极）；兵革不顿，士民不劳，足以征不服。故霸王之业，可行于天下矣。当今之主，其为衣服，则与此异矣。冬则轻暖，夏则轻清。皆已具矣，必厚作敛于百姓，暴夺民衣食之财，以为锦绣文采靡曼之衣，铸金以为钩，珠玉以为佩，女工作文采，男工作刻镂，以身服之，此非云益暖之情也。单财劳力，毕归之于无用也。以此观之，其为衣服，非为身体，皆为观好。是以其民淫僻而难治，其君奢侈而难谏也。夫以奢侈之君，御淫僻之民，欲用无乱，不可得也。君诚欲天下之治，而恶其乱，当为衣服不可不节。

【译文】

以前人们不懂得制作衣服，披着兽皮，扎着草绳，冬天即使不轻便但却温暖，夏天即使不轻便但却凉爽。圣君认为这不适合人的温暖与凉爽，于是就教妇女制作人穿的衣服。制作衣服的原则是：冬天则将柔弱的丝麻夹于衣中，足以变得轻便而且温暖；夏天则用葛麻布夹于衣中，足以变得轻便而且凉爽。仅此而已。所以圣人制作衣服，适合身体、暖和肌肤就足够了，不是为了荣耀尊贵而让百姓观赏。在那时候，坚固的车子、优良的马匹，并不被认为是高贵，雕刻刺绣并不让人觉得喜欢，满意于他们已能自养的情形，而不为外来的影响所动心。因此，百姓节俭而容易治理，君王花费节省而容易供奉；府库充足，足以应对非常之变；战士军马不困顿，臣民百姓不疲劳，足以征讨不肯臣服的诸侯。所以称霸天下的大业就可以实现了。当今的君主，他们制作衣服就与此不同了。冬天的衣着轻便暖和，夏天衣着轻便凉爽，全都具备了，他们却仍然向百姓大量征收税赋，凶暴地掠夺百姓用于衣食的钱财，用来制作锦绣光彩的华丽衣裳，并用金子熔铸成带钩，用珍珠宝玉制作佩带的饰品；女工刺绣，男工雕刻，用来制作身上的穿戴。这就不是为增加温暖的情形了，耗尽财力劳力，完全归之于无用。由此看来，他们制作衣服，不是为了身体舒适，而都是为了显耀华丽。因此，他们的百姓邪僻而难以管理，国君奢侈而难以劝谏。让奢侈的国君去统治邪僻的百姓，想要财政不混乱是不可能的。国君要是真想让天下太平，真憎恶天下混乱，那么从节俭衣服的用度开始就不得不审慎了。

古之民未知为饮食，故圣人作诲男耕稼树艺，以为民食也，足以增气充虚、强体适腹而已矣。其用财节，其自养俭，故民富国治。今则不然，厚敛于百姓，以为美食刍豢蒸炙。大国累百器，小国累十器。前方丈，目不能遍视，手不能遍摻，口不能遍味。冬则冻冰，夏则饺饐。人君为饮食如此，故左右象之。是以富贵者奢侈，孤寡者冻馁，欲无乱不可得。君诚欲天下治，而恶其乱，当为食饮不可不节。

【译文】

以前人们不懂得饮食，所以圣人开始教给男人们耕种、栽培技艺来供给百姓饮食，这样足够使他们增元气、补虚弱、解决温饱、强身健体了。他们使用财物节约，供养自己省俭，所以百姓富裕，国家太平。而今却不是这样，国君对百姓厚征重敛，用来制作美食、蒸烤畜肉。大国使用的餐具器皿上百件，小国使用的餐具器皿数十件。摆在面前一丈见方的地方，眼睛都不能全看到，手都不能全抓到，口都不能全尝到。剩余的食物冬天凝冻，夏天腐烂。君主享用饮食如此，那么左右近臣也都效仿。因此，富贵的人铺张浪费，贫困的人受冻挨饿，想保持天下不乱，是不可能的。国君真想让天下太平，真憎恶天下混乱，那么从生活饮食的节俭上就不得不审慎了。

古之民未知为舟车时，重任不移，远道不至。故圣王作为舟车，以便民之事。其为舟车也，完固轻利，可以任重致远，用财少而为利多，是以民乐而利之。法禁不急而行，民不劳而上足以用，故民归之。当今之主，其为舟车与此异矣。完固轻利皆已具矣，必厚敛于百姓，以为舟车饰，饰车以文采，饰舟以刻镂。女子废其纺织而修文采，故民寒；男子离其耕稼而修刻镂，故民饥。人君为舟车若此，故左右象之。是以其民饥寒并至，故为奸邪。奸邪多则刑罚深，刑罚深则国乱。君诚欲天下之治，而恶其乱，当为舟车不可不节。”

【译文】

以前人们不懂得制造车船，沉重的东西难以搬运，路途遥远的地方很难达到，因此，圣君开始制造车船，用来方便百姓办事。他们制造车船，强调完整、坚固、轻巧、便利，可以载负重物到达遥远的地方。因为花钱少又获利多，因此百姓喜悦并用它赚取利益。于是，法律、禁令无须急迫便可以贯彻，百姓不劳苦而国君财用充足，所以百姓归附。而今的君主制造车船就与此不同了。完备、坚固、轻巧、便利都具备了，却仍向百姓横征暴敛，用来装饰车船，用彩色刺绣装饰车辆，用精雕细刻装饰舟船。于是，女子放弃纺织而去学习刺绣施彩，所以百姓挨冻；男子放弃耕种而去学习雕刻，所以百姓挨饿。君主制造车船如此华美，左右的亲近臣子亦都效仿。这样，百姓饥寒交迫，所以去做作奸犯科之事。违法乱纪的事多了，那么刑罚就越苛刻，刑罚苛刻那么国家就会动乱。国君真想使天下太平，真憎恶天下混乱，那么从制造车船的节俭上就不能不审慎了。”

## 尚　贤

子墨子曰：“今者王公大人为政于国家者，皆欲国家之富、人民之众、刑政之治。然而不得，是其故何也？是在王公大人为政于国家者，不能以尚贤事能为政也。是故国有贤良之士众，则国家之治厚。故大人之务，将在于众贤而已。然则众贤之术将奈何哉？譬若欲众其国之善射御之士者，必将富之、贵之、敬之、誉之，然后国之善射御之士将可得而众也。况又有贤良之士，厚乎德行、辨乎言谈、博乎道术者乎？此固国家之珍，而社稷之佐也，亦必且富之、贵之、敬之、誉之，然后国之良士亦将可得而众也。是故古者圣王之为政也，言曰：不富不义，不贵不义，不亲不义，不近不义。是以国之富贵人闻之，皆退而谋曰：'始我所恃者富贵也。今上举义不避贫贱，然则我不可不为义。'亲者闻之，亦退而谋曰：'始我所恃者亲也。今上举义不避亲疏，然则我不可不为义。'近者闻之，亦退而谋曰：'始我所恃者近也。今上举义不避远近，然则我不可不为义。'远者闻之，亦退而谋曰：'我始以远无恃。今上举义不避远，然则我不可不为义。'人闻之皆竞为义，是其故何也？曰：上之所以使下者，一物也；下之所以事上者，一术也。故古者圣王之为政，列德而尚贤，虽在农与工肆之人，有能则举之，高与之爵，重与之禄，任之以事。非为贤赐也，欲其事之成。故当以德就列，以官服事，以劳受赏，量功而分禄。故官无常贵而民无恒贱，有能则举之，无能则下之，举公义，避私怨，故得士。得士则谋不困，体不劳，名立而功成，美章而恶不生。故尚贤者，政之本也。"

【译文】

墨子说："如今王公大人中执掌国家政权者，都希望国家富强、人口众多、刑律政教得到实施。然而却不能如此，是何缘故呢？究其原因，在于王公大人中执掌国政者，不能用尊重贤才、使用能人作为执政方略。国家拥有的贤良之士越多，那么国家治理的根基就越坚实。所以大人们的要务，就在于使贤才越来越多而已。然而，使贤才越来越多的方法是什么呢？譬如想使国家善于射箭驾车的人多起来，就一定要使这类人富裕、高贵，受到尊敬和赞誉，于是国内善于射箭驾车的人将会得以增多，更何况德行敦厚、言谈雄辨、道术广博的贤士呢？这些人本来就是国家的珍宝、社稷的辅臣，也一定要使其富裕、贵高，受到尊敬和赞誉，然后，国家的贤良之士也将会得以增多。所以前代的圣君执政时讲道：'对不义之人不使其富足，不使其尊贵，不予亲爱，不予接近。'因此，国内富贵之人听到后，都退而计议说：'以前我们所依仗的是富贵，如今君王选拔义士不避贫贱者。既然如此，我们不能不行仁义'。君王亲爱之人听到后，退而计议道：'以前我所凭借的是我是君王的亲属呀，如今君王选拔义士不避分亲疏。既然如此，我们不能不行仁义啊。'君王亲近之人听到后，退而计议道：'以前我们所依赖的是君王的宠爱，如今君王选拔义士不避远迈。既然如此，我们不能不行仁义啊。'君王疏远之人听到后，退而计议说：'以前我们认为自己被疏远而无所依靠，如今君王选拔义士不避疏远者。既然如此，我们不能不行仁义啊。'人们听到这些，都竞相行施仁义。这其中缘故是什么呢？答案是：君王使用臣子只用“尚贤”这个标准；臣子侍奉君王只有“仁义”这一条途径。所以，以前圣明之君施政，使有德者列于其位，使贤能者得到尊重；即使是农民和工匠、商人，有才能者则被选拔举荐，给以高位，给以厚禄，委任以政事。这并不是因为其贤能便赏赐，而是想要通过他们成就事业。所以，应当凭德行归其位次，以官职为国家服务，论业绩进行奖赏，按功劳而颁给俸禄。所以官吏不会始终富贵，而百姓也不会终生贫贱，有才能就会得到选拔荐举，无才能就会被免职，崇尚公义，消除私怨，所以能获得贤士。（君王）得到贤才则计谋不会穷尽，身体不会疲劳，名声树立且功业成就，善美更加彰显而邪恶不会产生。因此说，尊重贤才，是为政的根本。”

子墨子言曰：“天下之王公大人，皆欲其国家之富也，人民之众也，刑法之治也，然而莫知尚贤而使能。我以此知天下之士君子，明于小而不明于大也。何以知其然也？今王公大人，有一牛羊不能杀，必索良宰；有一衣裳不能制，必索良工；有一疲马不能治，必索良医；有一危弓不能张，必索良工。虽有骨肉之亲、无故富贵、面目美好者，诚知其不能也，必不使。是何故？恐其败财也。当王公大人之于此也，则不失尚贤而使能，逮至（逮至原作至建）其国家则不然。王公大人骨肉之亲、无故富贵、面目美好者，则举之。则王公大人之亲其国家也，不若其亲一危弓、疲马、衣裳、牛羊之财欤？我以此知天下之士君子，皆明于小而不明于大也。古之圣王之治天下也，其所贵未必王公大人骨肉之亲、无故富贵、面目美好者也。是故昔者尧之举舜也，汤之举伊尹也，武丁之举傅说也，岂以为骨肉之亲、无故富贵、面目美好者哉？唯法其言，用其谋，行其道，上可而利天，中可而利鬼，下可而利人。是故尚贤之为说，不可不察也。尚贤者，天、鬼、百姓之利，而政事之本也。”

【译文】

墨子说：“天下的王公大人们都希望自己的国家富裕，人口众多，刑罚律令有序，然而却不知道（实现这一期望）必须尊重贤人，使用有才能的人。因此，我认为天下的士大夫君子们小事上明白选贤任能的道理，而大事上不明白。怎么知道他们是这样呢？如今，王公大人有一只牛羊不会屠杀，必然去寻求好屠夫；有一条衣料不会缝制，必然去寻求好裁缝；有一匹生病之马不能医治，必然去寻求好兽医；有一张有毛病的弓不能拉开，必然去寻求好工匠。纵然（他们身边）有骨肉至亲，有非因巧伪而富贵的人和面貌美好的人，如果知道他们没有能力做这些事，必定不会让他们来做。这是什么缘故呢？恐怕他们毁坏财物呀。此时，王公大人在这一点上，则不丧失其尊贤使能的‘原则’。但是等到他们治国时就不是这样了。王公大人对于骨肉至亲，对非因巧伪而富贵的人和外貌美好的人，就予以推举。原来，王公大人对其国家的热爱，还不如喜爱他的一张有毛病的弓、一匹生病的马、一套衣服、一只牛羊啊！因此，我认为天下的士大夫君子们小事上明白选贤任能之道，而大事上不明白。从前的圣君治理天下，其所看重的未必是王公大人的骨肉至亲、不因巧伪而富贵者和外貌美好的人。因此，昔日尧推举舜、汤选拔伊尹、武丁推举傅说，哪里是因为他们是骨肉之亲、不因巧伪而富贵的人和外貌美好的人呢？仅仅是因为要依照他们的言论，运用他们的谋略，实行他们的治国之道，上可以利于天帝，中可以利于鬼神，下可以利于人民。所以‘尚贤’这一学问，不可不详察呀！‘尚贤’，关乎上天、鬼神、百姓的利益，是政事的根本。”

## 非　命

古之圣王，举孝子而劝之事亲，尊贤良而劝之为善，发宪布令以教诲，赏罚以劝沮，若此则乱者可使治，而危者可使安矣。若以为不然，昔者桀之所乱，汤治之；纣之所乱，武王治之。此世不渝而民不改，上变政（政原作正）而民易教。其在汤武则治，其在桀纣则乱。安危治乱，在上之发政也，则岂可谓有命哉？昔者三代之暴王，不缪其耳目之淫，不慎其心志之僻，外之驱骋田猎毕弋，内沉于酒乐，不肯曰“我为刑政不善”，必曰“我命故且亡”。虽昔也三代之伪民，亦犹此也，繁饰有命，以教众愚。昔者禹、汤、文、武方为政乎天下之时，曰：“必使饥者得食，寒者得衣，劳者得息，乱者得治。”遂得光誉令闻于天下，夫岂可以为命哉？故以为其力也。今贤良之人，尊贤而好蓄道术，故上得其王公大人之赏，下得其万民之誉，遂得光誉令闻于天下，岂以为其命哉？

【译文】

过去的圣明君王，推崇孝子，劝导人们侍奉双亲；尊重贤良，劝导人们做好事；颁布有关法令，来教育人民；明确奖罚，来对人们进行勉励和劝阻。照这样做，则混乱的局面可使其安定，危险的局面可使其安稳。若认为不是这样，（请看）以前夏桀所造成的混乱局面，商汤王却将其治理得很好；商纣王所造成的混乱局面，周武王却使其得到很好治理。时代没有改变，百姓没有改换，但君主的统治方法变端正了，百姓就容易教育。天下在商汤王、周武王统治下就安定，在夏桀、商纣统治下就混乱。国家的安危治乱，关键在于君主的施政，这难道可以说是命运吗？此前三代的暴君，对其耳目声色的过分追求不以为错，对其心思、志向的邪僻不加谨慎，外出则驰马射箭、围网打猎，在内则沉湎于饮酒作乐，但不肯说自己施政用刑不善，却说“我的命运本来就将灭亡了”。即使以前三代的诡诈之民，也是如此，其繁复地粉饰“人各有命”的言辞，用以教育众多愚昧之人。过去禹、汤、文王、武王在治理天下政务时，就说道：“必须使饥饿者获得食物，使寒冷者得到衣服，使劳累者得到休息，使扰乱者得到惩治。”于是，他们赢得了天下人的美誉和称赞，这难道可以说是命运吗？这本来就是他们凭借自己的力量（实现的）啊！现今贤良之人，尊重贤才，喜欢积累治国的道理、方法，所以对上得到王公大人的奖赏，对下获得万民的赞誉，于是赢得了天下人的称赞，这又怎能说是他们的命运呢？

## 贵　义

子墨子曰：“世之君子，使之一犬一彘之宰，不能则辞之；使为一国之相，不能而为之。岂不悖哉！世之君子，欲其义之成，而助之修其身则愠。是犹欲其墙之成，而人助之筑则愠也，岂不悖哉！”

【译文】

墨子说：“世上的君子，让他去做宰猪杀狗的屠夫，如果干不了就推辞；让他任一国的宰相，做不了也要去做。这难道不是很荒谬吗？世上的君子想实现自己仁义的愿望，可是别人帮助他修身他却生气。这就和想把墙筑成，但别人帮助他筑墙他却生气一样，这难道不是很荒谬吗？”

（吕效祖　张爱玲译）

卷三十五

# 文子治要

【考评】

魏征辑《群书治要》，从《文子》各篇选录约万余字，其篇目有《道原》《精诚》《九守》《符言》《道德》《上德》《微明》《道自然》《下德》《上仁》《上义》《上礼》等，所辑内容也主要涉及治国之道、修身养性之法等方面，尤突出了“仁义”、“礼法本末相兼”、“贵柔”、“守雌”、“不为天下先”的治身治世的策略思想，以及反对片面“法古”、“循俗”的历史发展思想等。显然魏征所辑，主要是从维护唐王朝统治和争取长治久安的政治需要出发而加以取舍的，有着鲜明的倾向性和针对性。

《文子》一向被看作是后人依托古人伪造的，故视为伪书(或谓其抄袭《淮南子》；或谓其与《列子》“同出一手”，系晋人张湛所伪造)。1973年，河北定县40号汉墓出土了大量古代竹简，其中整理出的部分内容与今本《文子》相同，证明《文子》乃为汉初已有的先秦典籍。此外，先秦的一些典籍中也已提到文子。如《韩非子·内储说上》就有“赏誉薄而漫者下不用，赏誉厚而信者下轻死。其说在文子，称若兽鹿”的说法。汉代王充则明确说：“老子、文子，似天地者也。”(《论衡·自然》)唐代人认为文子是老子四弟子之一，故《文子》被尊为《通玄真经》。《文选》李善注也曾引《文子》。魏征等辑《群书治要》把《文子》作为重要文献摘引颇多，可见《文子》在唐以前是颇为流行的。清人洪亮吉说，唐以前人们“尊老子、文子也，与孔颜并”，说明《文子》是先秦已有且影响深广的一部书。

《文子》，旧题(周)辛妍(亦作金开、研)著。历史上有人认为辛妍即范蠡之师计然，姓辛，字文子。这种说法可能因《史记·货殖列传》有范蠡师计然之说。裴马因《史记集解》又说："计然者，葵丘濮上人，姓辛氏，字文子，其先晋国亡公子也。"《四库全书提要》遂将计然、文子合为一人。此说不大可信。从现有材料推测，文子其人在先秦是存在的，姓文，人们尊称文子，其名字与国别已难以考证。刘向《别录》说："墨子书有文子。文子，子夏之弟子，问于墨子。"文子可能学无常师，但最终归向老子。

《文子》一书，刘向《七略》著为九篇，《汉书·艺文志》亦称"《文子》九篇，老子弟子，与孔子并时。"梁阮孝绪《七录》，作十卷；《隋书·经籍志》、《新唐书·艺文志》均作十二卷；北魏李暹作《文子注》亦为十二篇，盖与今本相符合。今本《文子》十二篇即：《道原》《精诚》《九守》《符言》《道德》《上德》《微明》《自然》《下德》《上仁》《上义》《上礼》等。

《文子》十二篇主要阐发老子道家学说，尤其对道德、无为、自然、微明等思想发挥颇详，不过其侧重点在治国、修身等方面。从思想倾向上说，《文子》与《老子》不尽相同，如《文子》在继承和发挥老子的"道"为万物之始的同时，又更多地把"道"释为"气"和"理"，强调实体与规律的合一；《老子》讲道德而排斥仁义，《文子》则主张"持以道德，辅以仁义"，把道德与仁义统一；《老子》诽毁礼法，《文子》则肯定礼法的作用，主张"法者，天下之准绳"，认为"治之本，仁义也，其末，法度也"。二者只有本末，主次之分。显然，《文子》立足于道家，同时又吸收了儒、法等各家思想，贯穿着强烈的黄老精神，与稷下道家、《黄老帛书》以及《吕氏春秋》的思想相通。由此推测，《文子》可能成书于战国中后期，是黄老学派的一个重要分支。故孙星衍说："黄老之学，存于文子，西汉用以治世，当时诸臣皆能称道其说，故其书最显。"(《文子序》)

# 道　原

夫至人之治也，弃其聪明，灭其文章，依道废智，与民同出乎公；约其所守，寡其所求，去其诱慕，除其嗜欲，损其思虑。约其所守即察矣，寡其所求即得矣。

【译文】

修养达到最高境界的人治理天下，总是扬弃个人的聪明，隐灭个人的文采，依照天道而行，弃置个人聪辩，与百姓一同依照公道而行。他们简约其所守持的，减少其所求取的；去掉其诱惑与羡慕，消除其嗜好与贪欲，减少其思考与担忧。简约其所守持的，其实就是明察；减少其所求取的，其实就是获得。

水之性欲清，沙石秽之；人之性欲平，嗜欲害之；唯圣人能遗物反己。不以身（身原作智）役物，不以欲滑和，是以高而不危，安而不倾也。故听善言便计，虽愚者知悦之；称圣德高行，虽不肖者知慕之。悦之者众，而用之者寡，慕之者多，而行之者少。

【译文】

水的本性是要清净的，但沙石却使其混浊；人的本性是要安静的，但欲望却来祸害它；只有圣贤的人才能抛弃物欲而回归自己的本性。圣人不被物欲所控制，中正平和的心态不被欲望扰乱，这样才能身处高位而不危险，保持安稳而不倾覆。所以人们听到其美好言谈和合宜之计，即使是愚笨之人也知道喜欢他；人们称颂其高尚的品德和行为，即使是德才不佳之辈也知道羡慕他。可是，喜欢听嘉言的人多，而能实际采用者很少；羡慕高尚品行者多，而能身体力行的却很少。

# 精　诚

夫水浊者鱼噞，政苛者（者原作即）民乱。上多欲即下多诈；上烦扰即下不定；上多求即下交争。不治其本，而救之于末，无以异于凿渠而止水，抱薪而救火也。圣人事省而治，求寡而赡，不施而仁，不言而信，不求而得，不为而成；怀自然，保至真，抱道推诚，天下从之，如响之应声，影之象形，所修者本也。

冬日之阳，夏日之阴，万物归之，而莫之使也。至精之感，弗召自来，不去自往，不知所为者，而功自成；待目而照见，待言而使令，其于以治难矣。皋陶喑而为大理，天下无虐刑；师旷瞽而为大宰，晋国无乱政；不言之令，不视之见，圣人所以为师也。民之化上，不从其言，从其所行也。故人君好勇，而国家多难；人君好色，而国多昏乱。故圣人精诚形于内，好憎明于外，出言以副情，发号以明旨。是故刑罚不足以移风，杀戮不足以禁奸，唯神化为贵也。夫至精为神，精之所动，若春气之生，秋气之杀也。故治人者，慎所以感也。

【译文】

水混浊了，鱼就会露出水面；政策苛刻了，老百姓就会动乱。上级欲望过强，百姓欺诈就多；君主制定的法令政策烦杂没道理，百姓就不能安定；君主贪求太多，百姓就会纷争。如果不从根本上治理，而只从细枝末节上去挽救，那就无异于挖渠而阻止洪水，抱薪而扑救大火。圣人做事简约而天下安定；需求不多而财用充裕；不施恩就能显现其仁爱；不多言就表现出诚信；不求取就会有所得；不刻意做事就会自然成功。心存自然本性，保持至真，心存天道，推崇诚信，天下之人就会追随他，就像回音应和声响、影子追随形体。这才是治国的根本。

冬天的太阳，夏天的阴凉，万物都趋附于它，却没有什么人去指使他们。非常精诚的感化，不用征召而人们自己就会归附，不驱使而人们自会前往；不知道究竟干了什么，其功效却自然实现了。君主若依靠眼目才能看到，依靠言语才能施令，这样要治理好国家是很难的。虞舜时，皋陶失声不能说话却担任大法官，天下再没有暴虐的刑罚；春秋时，晋国乐师旷，眼睛失明却担任太宰，而晋国的政事没有因此而混乱。用不言的方式传达政令，以不视的方式观察天下，这是圣人所效法的。百姓受君主的感化，不是听从其言辞，而是追随其所作所为。所以，君主喜欢斗勇，国家就会多灾多难；国君喜好美色，国家就会多昏愦混乱。因此，圣人的精诚体现于内心，爱憎显现于外表，说出话来符合情理，发布政令来明确其旨意。所以刑罚不足以改变风气，杀戮不能够禁止奸邪，只有精诚的感化才最为可贵。至精至诚，可谓神奇。用精诚来感化人，就像春日的天气使万物生长而秋日的天气使万物凋零一样。所以治理百姓的人，要慎重（选择）其用以感人的方法。

圣人之从事也，所由异路而同归，其存亡定倾若一，志不忘乎欲利人也。故秦楚燕魏之歌，异转而皆乐，九夷八狄之哭，异声而皆哀。夫歌者，乐之征也；哭者，哀之效也。愔愔于中，而应于外，故在所以感之矣。圣人之心，日夜不忘乎欲利人，其泽之所及亦远也。

【译文】

圣人所从事的工作，都是殊途同归，无论是国家生存、消亡、安定和倾覆哪种情况，都会心志专一，其志向都是不忘记有利于人民。所以，秦、楚、燕、魏四地的歌曲声调有所不同，皆可使人快乐；九夷八狄各少数民族的哭声腔调各异，却都使人悲哀。歌唱是快乐的象征，哭泣是哀伤的结果。悲欢之情，静默于心中而反映于外表，这都在于因为什么而使其感动。圣贤者的心思，日夜都不忘记有利于他人，他的恩德所及是很广远的。

夫至人精诚内形，德流四方，见天下有利，喜而不忘，见天下有害，忧若有丧。夫忧民之忧者，民亦忧其忧；乐人之乐者，人亦乐其乐。故乐以天下，忧以天下，然而不王者，未之有也。

大人行可悦之政，而人（而人原作人而）莫不顺其令；令顺即从，小而致大，令逆即以善为害，以成为败。

【译文】

那些至德之人内心精诚，恩德流布天下。看到有利于天下的事，他们高兴而不会忘形；见到有害于天下的事，他们忧心忡忡，好像有丧事一样。那些以老百姓的忧愁为忧愁的人，老百姓也以他们的忧愁为忧愁；以他人的快乐为快乐的人，他人也会以他的快乐为快乐。所以，以天下的快乐为快乐，以天下的忧愁为忧愁，这样的人不成就王霸大业者，是从来没有过的事。统治者施行可使百姓高兴的政令，就无人不顺从其政令。政令顺乎民意，百姓就会听从，国家就会由小而发展壮大；政令背逆民心，就会把好事变成坏事，把成功变为失败。

## 九　守

神者智之渊也，神清则智明；智者心之符（二十子全书符作府，水作潦）也，智公即心平。人莫鉴于流水，而鉴于澄水者，以其清且静也，故神清意平，乃能形物之情也。

天道极即反，盈则损；物盛则衰，日中而移；月满则亏，乐终而悲。是故聪明广智，守以愚；多闻博辨，守以俭；武力勇毅，守以畏；富贵广大，守以狭；德施天下，守以让。此五者，先王所以守天下也。

【译文】

心神，是智谋的渊源；心神清爽，则智谋高明。智谋，是心灵的符命；智谋公正，则心气平静。没有人在流动的水中照影，而是在澄澈的水里照影，是由于澄澈的水既清澈又平静的缘故。所以，心神清净、心气和平，才能看到事物的真实情况。

道的规律是物极必反，盈满则亏，事盛则衰，日中则将偏，月圆则将缺，乐极生悲。所以聪明多智者，应保持愚钝的势态；博闻善辨者应保持收敛的势态；勇武刚毅者应保持畏怯的势态；富贵而地广者应保持狭小的势态；恩德施及天下者应保持谦让的势态。这五个方面，是以前的君主能够守住其天下的良方。

## 符　言

人之情，服于德不服于力。故古之圣王，以其言下人，以其身后人，即天下推而不厌，戴而不重，此德有余而气顺也。故知与之为取（取原作得），知后之为先，即几道矣。

【译文】

人的心理是顺服于道德而不顺服于威力。所以古代的圣明君王，以其言辞显现屈己尊人，将其自身摆放于众人之后，即使全天下之人赞许，他也不自满；即使全天下人拥戴，他也不自大。这就是德高有余而心气和顺。因此懂得“给予”就是“得到”，把自身摆放在人后其实就是站在了人前的道理，这样就近乎懂得“道”了。

## 道　德

文子问道，老子曰：“夫道者，小行之小得福，大行之大得福，尽行之天下服。”

文子问德仁义礼，老子曰：“德者民之所贵也，仁者人之所怀也，义者民之所畏也，礼者民之所敬也。此四者，圣人之所以御万物也。君子无德即下怨，无仁即下争，无义即下暴（暴原作异），无礼即下乱。四经不立，谓之无道。无道而不亡者，未之有也。”

“心之精者，可以神化，而不可以说道。故同言而信，信在言前；同令而行，行在令外。圣人在上，民化如神，情以先之也，动于上不应于下者，情令殊也。三月婴儿，未知利害，而慈母爱之（爱之原作之忧）逾笃（逾笃原作喻焉）者，情也。故言之用者小，不言之用者大矣。夫信，君子之言也，忠，君子之意也，忠信形于内，感动应乎外，贤圣之化也。”

“能成霸王者，必得胜者也；能胜敌者，必强者也；能强者，必用人力者也；能用人力者，必得人心者也；能得人心者，必自得者也；能自得者，必柔弱者也。”

【译文】

文子请教“道”。老子回答说：“关于‘道’，施行范围小的便会得到较小的福祉；实施范围广的就会得到较大的福祉；完全按‘道’的要求来实施，天下就会顺服自己。”

文子请教“德、仁、义、礼”。老子回答说：“德行，是百姓所崇尚的；仁爱，是人们所向往的；正义，是百姓所敬服的；礼制，是百姓所戒慎的。这四者，是圣人用来驾驭万物的。君子没有德行，下层就会怨恨；没有仁爱，下层就会争夺；没有正义，下层就会叛乱；没有礼制，下层就会动乱无序。这四项原则不确立，就是‘无道’。无道而国家不灭亡，是从未有过的。”“对心意至诚的人，可以潜移默化，而不可以用言语义来劝说。所以，同样的一句话，而能使人相信，是因为说话人的诚信之意已表现在言语之前；同样的一个命令，而能使人立即执行，是因为发令人的所作所为已表现在命令之前。圣哲之人处于高位，对人心的教化就像有神灵相助一样有效，这是圣人的真情先于教化而存在。教化者感动于上而下边不应和，是其情感与政令不一致的缘故。三个月大的婴儿不知道利害，但慈母的担忧、爱抚却能感知，这就是情感的作用。所以言语的功用是比较小的，无言的情感与行为的功用是很大的。诚信就是君子的言语，忠诚就是君子的胸怀。诚信与忠诚发自于内心，形成感动反应于外在的行为。这便是圣贤教化民众的方式。”

老子说：“能够成就王霸大业的人，一定是能取得胜利的人；能战胜敌人的人，一定是强者；能成为强者的人，一定是能使用别人力量的人；能使用别人力量的人，一定是赢得人心的人；能够赢得人心的人，一定是已经得道（有德有能）的人；已经得道的人，一定是心地柔和谦顺的人。

# 上　德

日月欲明，浮云盖之；河水欲清，沙土秽之；丛兰欲修，秋风败之；人性欲平，嗜欲害之。蒙尘而欲无眯，不可得也。

山致其高，而云雨起焉；水致其深，而蛟龙生焉；君子致其道，而德泽流焉。夫有阴德者，必有阳报；有隐行者，必有昭名。

【译文】

太阳月亮想放出光芒，浮云却遮盖它；河水欲清，沙土却使其混浊；丛兰欲美好，秋风却使其凋残；人的本性欲平静，欲望却伤害它。蒙受沙尘却想不眯眼睛，是不可能的。

山达到了一定的高度，就会兴起云雾；水达到了一定的深度，就会有蛟龙出没。君子得到了“道”，其仁德恩泽就会传布四方。积阴德的人，一定会得到明显的回报；有他人所不知的高尚品行的人，一定会有显著的名声。

# 微　明

相坐之法立，即百姓怨；减爵之令张，即功臣叛。故察于刀笔之迹者，即不知治乱之本；习于行陈之事者，即不知庙战之权。圣人先见福于重关之内，虑患于冥冥之外；愚者惑于小利而忘大害。故事有利于小而害于大，得于此而亡于彼。故仁莫大于爱人也，智莫大于知人也；爱人即无怨（怨原作冤）刑，知人即无乱政。

【译文】

连坐的法规建立之后，就会引起百姓的怨恨；减少爵位俸禄的法令出台，就会引起功臣们的反抗。所以说，精通法律条文拟制的人，不知道治乱的根本是什么；善于用兵打仗的人，不知道朝廷拟定作战方案的权谋。圣人能在重重障碍之内预见大福，能考虑到遥远将来的祸患。愚者却被小利迷惑而忘记了大害。所以，事情有对小有利而对大有害，仅于此有所得，而于彼有所失的。因此，仁义没有比爱别人更大的了，智慧没有比了解别人更大的了。爱别人，就不会有冤枉人的刑事；知人善任，就不会出现腐败的政事。

见本而知末，执一而应万，谓之术；居知所为，行知所之，事知所乘，动知所止，谓之道。言出于口，不可止于人；行发于近，不可禁于远。事者难成易败，名者难立易废。凡人皆以（原注无以字）轻小害，易微事，以至于大患也。

【译文】

见本知末，掌握根本之道而应对千变万化，这叫术。安居者知道要干的事，行路者知道要去的地方，办事情的知道自己依靠的条件，行动者知道什么时候该停止，这就是道。话从口里说出来，却没有人能够禁止别人称誉或诽谤；行动发于身边，却不可禁止其（影响）流散到远方。事情成功困难，却容易失败；名声建立困难却容易毁弃。人们都是由于轻视小害，忽视小事，最后酿成了大的灾祸。

夫积爱成福，积憎成祸，人皆知救患，莫知使患无生；夫使患无生，易于救患。今人不务使患无生，而务于救之，虽神圣（原注无圣字）人不能为谋也。患祸之所由来，万万无方。故圣人深居以避害，静默以待时；小人不知祸福之门，动作（原注无作字）而陷于刑，虽曲为之备，不足以全身。故上士先避患，而后就利；先远辱，而后求名。故圣人常从事于无形之外，而不留心尽虑（原注无尽虑二字）于已成之内，是以患祸无由至，非誉不能尘垢也。

【译文】

积累仁爱就带来幸福，积累憎恨就招致灾祸。人都知道解救祸患，却没有人知道使祸患避免产生。让祸患不产生比解救祸患容易。现在的人不去致力于使祸患不产生，只是去追求消除祸患，圣贤也不能为他们出谋划策。祸患的产生，是很不固定的。所以，圣人深居简出以躲避灾害，虚静沉默以等待时机。小人不知道灾难和幸福产生的途径，动辄得咎，经常受到处罚；尽管千方百计，费尽心机，却不足以保全自己的生命。所以高明之士先设法躲避祸患，然后才去谋求利益；先远离耻辱，然后才去追求荣誉地位。因此，圣人在灾祸尚未显露之时已经着手，而不会等到事情已经发生再竭尽智虑。因此祸患就没有到来的根由，非议和称誉就不能玷污自己的清白。

凡人之道，心欲小，志欲大；智欲圆，行欲方；能欲多，事欲少。所谓心小者，虑患未生，戒祸慎微，不敢纵其欲者也；志大者，兼包万国，一齐殊俗，是非辐凑，中为之毂也；智圆者，终始无端，方流四远，渊（渊原作深）泉而不竭也；行方者，直立而不挠，素白而不污，穷不易操，达不肆志也；能多者，文武备具，动静中仪也；事少者，执约以治广，处静以持躁也。故心小者，禁于微也；志大者，无不怀也；智圆者，无不知也；行方者，有不为也；能多者，无不治也；事少者，约所持也。故圣人之于善也，无小而不行；其于过也，无微而不改。行不用巫祝，而鬼神不敢先，可谓至贵矣。然而战战栗栗，日慎一日，是以无为而有成。

【译文】

人的处世之道，心要谨小慎微，志向要大；智慧要圆通，行为要方正；技能要多，事务要少。所谓心要谨小慎微，就是在祸患出现前谨慎戒备，以防祸患的产生，不敢放纵自己的欲望；志向大，就是要兼容天下，各种风俗都一视同仁，是非曲直都像车的辐条那样聚集在一处；智慧圆，思考问题就会始终相连，周流无碍，像深满的渊泉一样永不枯竭；行方，即行为正直，不屈不挠，洁白不污，不得志也不改变志向操守，发达了也不会忘乎所以；能力强，即本领多，文武兼备，举止都非常得体；事务少，就是要以简约驾驭繁多，用安静来控御外界的躁动。所以，心思谨小慎微，是要防止祸患于微小的时候；志大，是要胸怀宽广，无所不包；智圆，是说要无所不知；行方，是要有所不为，才能保证有所为；能多，是要样样事情都能治理；事少，就是要减少自己所固守的东西。因此，圣人对于善，没有什么小善而不施行的；对于过错，没有什么小错而不改正的。行动不用去求问巫师占卜，鬼神也不敢作祟，可以说是非常尊贵了。但是，依然战战兢兢，时刻小心翼翼，因此虽没有刻意作为，却成就了功业。

有功离仁义者，即见疑；有罪有仁义（有仁义原作不失仁心）者，必见信。故仁义者，事之常顺也，天下之尊爵也。虽谋得计当，虑患而患解，图国而国存，其事有离仁义者，其功必不遂矣；言虽无中于策，其计无益于国，而心周于君，合于仁义者，身必存矣。故曰：百言百当，不若舍趣而审仁义也。

【译文】

有功但却丧失了仁义的人，就会被怀疑；有罪却不丧失仁义之心的人，一定被人信任。所以仁义，是事物的自然之性，是天下最为尊贵的品德。即使计谋得当，事先考虑如何预防祸患而祸患也得以消除，想使国家得到发展时就能实现发展，但如果所从事的事有违背仁义的地方，其功业是一定不会圆满实现的；出言虽不能提出好的策略，计谋也对国家没有什么帮助，但是一心为君主着想，而且符合仁义，他就一定能有安身之处。所以说，与其要求每次言语都得当，不如根据仁义来选择自己的做法。

教本乎君子，小人被其泽；利本乎小人，君子享其功；使君子小人各得其宜，即通功易食而道达矣。人多欲即伤义，多忧即害智，故治国乐其所以存，虐（虐原作亡）国乐其所以亡。水下流而广大，君下臣而聪明，君不与臣争功，而治道通。故君，根本也；臣，枝叶也。根本不美，而枝叶茂者，未之有也。

【译文】

教化由君主施行，百姓享受君主教化的好处；利益由百姓创造，君主享受百姓的劳动果实。让君主和百姓都从事自己适宜的工作，就能互通有无而使“道”得以畅通。人如果多了贪欲之心，就会伤害到正义；多了忧愁，就会伤害到智慧。所以，欲使国家大治，必是喜欢能使它存而不亡的东西；而欲使国家灭亡，必是喜欢致使它灭亡的东西。水往下流就会越来越广大，君王礼贤下士就会耳聪目明；君王不与臣下争抢功劳，政事治理的途径就畅顺了。因此，君是根本，臣是枝叶。根本如果不美好，却要想枝叶茂盛，是从来没有的事情。

慈父之爱子也，非求报也，不可内解于心；圣人之养民，非求为己用也，性不能已也；及恃其力、赖其功勋而必穷矣，有以为即恩不接矣。故用众人之所爱，即得众人之力；举众人之所善，即得众人之心；见所始，即知所终矣。

【译文】

慈父爱子，并不是为了得到回报，是内心所固有的本性；圣主养育百姓，并不是为了供自己使用，是他的本性不能使其息止。至于那些依恃其力量，有赖其功勋的则必然陷于穷途中；互相有所希求就会使父子、君臣之恩情丧失掉。所以用众人的爱心来顺势利导，就得到众人的力量；推崇众人所拥戴的东西，就能够得到众人之心。看到它开始的情况，就能知道它最后的结果了。

人之将疾也，必先不甘鱼肉之味；国之将亡也，必先恶忠臣之语。故疾之将死者，不可为良医；国之将亡者，不可为忠谋。古者亲近不以言，来远不以言，使近者悦，远者来。与民同欲即和，与民同守即固，与民同念即智；得民力者富，得民誉者显；行有召寇，言有致祸。

【译文】

人要得病的时候，一定先厌恶鱼肉之味；国家将要灭亡的时候，必定是先厌恶忠臣的谏言。所以，人大病将死之时，良医也不能救治；国家将灭亡时，忠臣的计谋也是没有用处的。古时候，使近邻亲爱不是用言语；使远客来归附也不是用言语；但却能使近人高兴，使远方的人归附。与百姓同欲就会和谐；与百姓同守就会巩固；与百姓同思就有智慧；得到百姓支持的就会富足；得到百姓称誉的就会显达。行动不慎会招致盗寇的抢劫，言语不当能招来灾祸。

## 自 然

昔者尧之治天下，其导民也。水处者渔，林处者采（林处者采原作山处者木），谷处者牧，陆处者田，地宜其事，事宜其械，械便其人，如是则民得以所有易所无，以所巧易所拙也。是以离叛者寡，听从者众，若风之过萧（萧原作箭），忽然感之，各以清浊应矣，物莫不就其所利，避其所害。是以邻国相望，鸡狗之音相闻，而足迹不接于诸侯之境，车轨不结于千里之外，皆安其居也。夫乱国若盛，治国若虚，亡国若不足，存国若有余。虚者非无人，各守其职也；盛者非多人，皆徼于末也。有余者非多财，欲节事寡也；不足者非无货，民鲜（鲜原作躁）而费多也。故先王之法，非所作也，所因也；其禁诛，非所为也，所守也，上德之道也。

【译文】

从前帝尧治理天下的时候，他引导人民的原则是：居住在江河湖海边的人从事渔业，居住在山林地区的人从事林业，居住在山涧谷地的人从事牧业，居住在平川地区的人从事农业。各类地区有其适宜的事业，做事各有其适宜的工具，工具要便利于使用它的人。这样，百姓就能够用自己所拥有的东西去交换自己需要却没有的东西；用其善于制作的产品交换其所不善于制作的产品。因此，离乡叛逃的人少；跟随、服从的人多。好像风吹箫管一样，忽然之间感受到风的吹拂，各孔能以不同的清浊之音来作出回应。万物没有哪一种不是趋利而避害的。所以邻国相望，鸡鸣狗叫的声音都能听到，但人们互不往来，车马也不去千里之外，都是因为安于自己的生活。那些混乱的国家貌似强大，安定的国家貌似虚弱；将灭亡的国家好像总是财不足用，安定的国家好像总是东西富余。所谓虚并不是没有人，而是各司其职的缘故；所谓的盛并不是人口太多，而是人都舍本逐末；所谓的余不是财富很多，而是节制欲望，不铺张浪费；所谓的缺乏并不是没有物产，而是民心浮躁，铺张浪费。因此，古代帝王的做法并不是想创造什么，而是因势利导；他们的禁止和责罚，也不是想有什么作为，而是要保持好的风气，遵守客观规律。这就是至德之君的治国之道。

以道治天下，非易民性也，因其有而条畅之。故渎水者，因水之流；产稼者，因地之宜；征伐者，因民之欲，能因即无敌于天下矣。故先王之制法，因民之性而为之节文；无其性，无其资（资原作养），不可使遵道也。人之性有仁义之资，非圣王为之法度，不可使向方也。因其所恶以禁奸，故刑罚不用，威行如神矣。因其性，即天下听从，咈其性，即法度张而不用。

帝者贵其德也，王者尚其义也，霸者通（通原作迫）于理也。道狭然后任智，德薄然后任刑，明浅然后任察。

【译文】

用道来治理天下，并不是要改变百姓内在的性情，而是要根据其本性加以正确引导。所以，开渠引水的人是根据水的流势方向来进行的；种庄稼的人是根据土质等情况来安排种植的东西；征伐者，要对百姓的欲望因势利导，能顺民心就可以无敌于天下了。所以古代帝王制定法律，就根据百姓的意愿和本性来拟定条文；不随顺他们的性情，不顾及他们的生活保障，就不能使他们遵从道的规律。人性虽具有仁义的本质，但无圣贤帝王给他们制定相适应的规章制度加以约束、引导，就不可能使其合乎规范。凡是百姓厌恶的行为都予以禁止，以防止邪恶发生，所以，刑罚没有使用，其威慑力却如神明一样强大，顺应人的本性，就能够使天下人顺服；符合人的本性，法度虽设却不必去使用。

帝者珍视其美德，王者崇尚其正义，霸者通晓事物的规律。“道”行不通才凭借智谋，恩德不厚才凭借刑罚，英明不足才凭借考察。

王道者，处无为之事，行不言之教，因循任下，责成不劳，谋无失策，举无过事，进退应时，动静循理，美丑弗好憎，赏罚不喜怒。其听治也，虚心弱志，是故群臣辐凑并进，无愚智不肖，莫不尽其能。君得所以制臣，臣得所以事君，即治国之道明矣。

【译文】

用仁义来治理天下的君王，崇尚无为而治，推行无言的教化，因循事物的规律来引导百姓，责求其成功而不会使其劳累，谋划政事不会失策，行动不会有过错，进退都会合乎时宜，动静都合乎理义，赞美与憎恶都不因个人的好恶，奖赏与惩罚也不因自己的喜怒。治理政事时，能够虚心听取各种意见，所以群臣百姓都会共同努力，不管是贤与不贤之人，没有人不全心全意效力。因此，君主能驾驭大臣，臣下知道怎样事奉君主，那就算明白治国之道了。

智而好问者圣，勇而好同者胜。乘众人之知，即无不任也；用众人之力，即无不胜也。用众人之力，乌获不足恃也；乘众人之势，天下不足用也。故圣人举事，未尝不因其资而用之也。有一功者处一位，有一能者服一事；力胜其任，即举者不重也，能胜其事，即为者弗难也。圣人兼而用之，故人无弃人，物无弃财矣。

【译文】

聪明而又善于听取别人意见的人，就会成为大智大慧的圣人；勇敢而又善于团结人者就能胜利。利用众人的智慧，就无所不胜任；利用众人的力量，就会无往而不胜。能利用众人之力，古代大力士乌获也就没有什么值得称道的了；借助众人的势力，天下就没有什么事是办不成的了。所以圣人要从事的事业，没有不是根据他所具有的条件来进行的。有某一项功绩的人就居某一级官位；有某一种本领的人就从事某一种事情。能力堪任其职，就会举重若轻；才能胜任其事，干工作就不会有困难。圣人能够善于使用人之长处，所以人没有无用之人，物没有可弃之材。

所谓无为者，非谓其引之不来，推之不往，迫而不应，感而不动，坚滞而不流，卷握而不散也，谓其私志不入公道，嗜欲不枉正术，循理而举事，因资而立功，推自然之势也。圣人不耻身之贱，恶道之不行；不忧命之短，忧百姓之穷也。故常虚而无为，抱素见朴，不与物杂。

【译文】

所谓无为，不是说招之不来，推之不去，强制却不予响应，感化却不被打动，拘泥不化，固执不动；而是说他个人的意志不强加于公众的意愿，不以自己的嗜欲去弯曲正道，根据事物的道理行事，依从条件来建功立业，顺着自然规律罢了。圣人是不会以自身的低贱为耻辱的，忧虑的是道义不能实行；不担心自己生命的短暂，忧心的是百姓的穷困。所以圣人常虚怀无为，抱着质朴的真心，不受外物污染。

古之立帝王者，非以奉养其欲也。圣人之践位者，非以逸乐其身也，为天下之民，强陵（陵原作掩）弱，众暴寡，诈者欺愚，勇者侵怯；又为其怀智诈不以相教，积财货不以相分，故立天子以齐一之。为一人明，不能遍照海内，故立三公九卿以辅翼之；为绝国殊俗，不得被泽，故立诸侯以教诲之。是以地无不任，时无不应，官无隐事，国无遗利，所以衣寒食饥，养老弱，息劳倦，无不以也。神农形悴，尧瘦癯，舜梨黑，禹胼胝，伊尹负鼎而干汤，吕望鼓刀而入周，百里奚传卖，管仲束缚，孔子无黔突，墨子无暖席，非以贪禄慕位，将欲起天下之利，除万民之害也。自天子至于庶人，四体不勤，思虑不用，于事赡者，未之闻也。

【译文】

古代设立帝王，并不是为了满足他个人的欲望。圣人担任帝王之位，并不是为了使自身安逸快乐，是因为天下的老百姓中存在着强压弱、众欺寡、奸诈者欺骗愚笨者、勇猛者侵害怯懦者的现象；又因为他们各怀智谋机巧却不能教导百姓，积聚财富却不能将财富恩惠他人。所以，设立天子来对这些矛盾进行整治管理。由于一个人的聪明才智不能照顾到海内各地，所以又设立三公九卿的爵位来辅佐天子；又由于边远邦国风俗习惯各不相同，天子的恩惠无法泽被各地，所以设立诸侯王来进行教诲。因此，土地没有不被合理利用的，耕种没有不合乎时令的；官吏无不可告人之事，国家能够物尽其用，人尽其才。以此来使寒者有衣、饥者有食，养育老人、幼童，使疲倦、劳累的人得以休息，人人都有所保障。神农帝形容憔悴，尧帝身体清瘦，舜帝面色发黑，夏禹手掌、脚底都生出了老茧；伊尹背鼎去求见商汤，吕望曾鼓刀为屠进入周朝，百里奚以五张羊皮被转卖，管仲曾被捆缚于囚车，孔子终生忙忙碌碌地奔走天下，墨子游说各国而坐不暖席。他们都不是贪求俸禄地位，而是想要为天下人谋求利益，解除万民的灾祸。自天子到老百姓，四肢不勤劳、头脑不思考，而能把事情处理圆满的人，没有听说过。

## 下　德

治身，太上养神，其次养形，神清意平，百节皆宁，养生之本也；肥肌肤，充腹肠，供（供原作开）嗜欲，养生之末也。治国，太上养化，其次正法，民交让争处卑，财利争受少，事力争就劳，日化上而迁善，不知其所以然，治之本也；利赏而劝善，畏刑而不敢为非，法令正于上，百姓服于下，治之末也。上世养本，而下世事末。

欲治之主不世出，可与治之臣不万一，以不世出求不万一，此至治所以千岁不一至，霸王之功不世立也。顺其善意，防其邪心，与民同出一道，即民性可善，风俗可美矣。所贵圣人者，非贵其随罪而作刑也，贵其知乱之所生也。若纵之放僻淫逸，而禁之以法，随之以刑，虽残天下不能禁其奸矣。

目悦五色，口欲滋味，耳淫五声，七窍交争，以害一性，日引邪欲，竭其天和，身且不能治，奈天下何！所谓得天下者，非谓其履势位（原作无位字）称尊号也，言其运天下心，得天下力也。有南面之名，无一人之誉，此失天下者也。故桀纣不为王，汤武不为放也。天下得道，守在四夷；天下失道，守在左右。故曰："无恃其不吾夺，恃吾不可夺也；行可夺之道，而非篡杀之行，无益于持天下矣。"

【译文】

修身养性，最主要的是调养心神，其次是保养形体。心神清静平和，肢体安宁，是养生的根本大事；使身体肥胖，吃的既饱又好，满足嗜欲，这些是养生的枝叶小事。治理国家，最主要的是以道德进行教化，其次是制定法律，使民众互相谦让而争处卑下，争财夺利的人少而争先恐后干实事的多。百姓受到君王的感化，不知不觉逐渐变好，这些是实现国家安定的根本；用利益奖赏来劝人为善，让百姓畏惧刑罚而不敢干坏事，从而君王的法令公正严明、百姓服从，这是治理国家的次要之事。上世重视治国的根本，下世则专事治国的细枝末节。

圣明之主不是每个时代都有，能与之共同治国的贤臣，万人中难觅一个。以并非代代都会有的圣君要遇合万人中难以挑一的贤臣，这就是为什么盛世千载难逢、王霸大业不是世代可成的原因。只有顺其善意，防止奸邪的欲望，同民众一起循善道而不改变，才可以使百姓弃恶扬善，风俗清纯敦厚。人们崇敬圣人，不是崇敬他给不同的罪恶制定出相应的刑罚，而是崇敬他知道动乱产生的原因。如果放纵邪恶淫佚，然后用法律去禁止，接着用刑罚去惩治，即使残害了天下之人也禁止不了奸邪小人的恶行。

眼睛喜欢五彩颜色，口爱美味，耳乐喜听优美的音乐，耳鼻目口七窍互争，便会妨害一个人的品性。天天被邪恶欲望所吸引，自己身体的元气消磨渐尽，自身都无法保养，又怎么能治理天下百姓！所谓得天下，不是说他当了天下的君王而自显威严，称道的是他能够调动天下民众的心，获得天下百姓支持的力量。有君王的称号，却得不到人心，这就会丧失天下。所以，夏桀、商纣就不算是君王；商汤、周武王推翻他们的也不算是放逐国君。天下有道时，防卫边地的是周边的敌人；天下无道时，防卫边地的是君主身边的官员。所以，不要寄希望于别人不会侵略我，要依赖我自己具有不可被侵犯的条件。自己实施的就是可以使人侵夺的治国之道，却非议篡位弑君的行为，这是无益于保持其政权的。

治世之职易守也，其事易为也，其礼易行也，其责易偿也。是以人不兼官，官不兼事，士农（士农原作农士）商工，乡别州异。故农与农言藏，士与士言行，工与工言巧，商与商言数。是以士无遗行，工无苦事，农无废功，商无折货，各安其性也。夫先知远见，人材之盛也，而治世不以责于民；博闻强志，口辨辞给，人智之溢也，而明主不以求于下；傲世贱物，不污于俗，士之伉行也，而治世不以为民化。故高不可及者，不以为人量；行不可逮者，不以为国俗。故人材不可专用，而度量道术可世传也。故国治可与愚守，而军旅可以法（以法原作与性）同，不待古之英俊，而人自足者，所有而并用之也。末世之法，高为量而罪不及；重为任而罚不胜；危为难而诛不敢。民困于三责，即饰智而诈上，犯邪而行危，虽峻法严刑，不能禁其奸。兽穷即触，鸟穷即啄，人穷即诈，此之谓也。

【译文】

社会安定时，职务容易执掌，工作容易做，礼仪容易推行，职责容易完成。所以一个人不兼有别的官职，一个官员不兼有别的事情；士人、农民、工匠、商人都各有所居，不相杂乱。因此，农民谈论庄稼的种收与贮藏；士人谈论的是道德品行；工匠谈论做工的技巧方法；商人谈论财物数目获利之事。这样读书的士人没有失掉道德行为，工匠不生产粗制滥造的产品，农民不会无收成，商人不会亏本，大家就会各司其业，不见异思迁。有先知远见的人，是才智超群者，而治世却不以此来要求百姓；博闻强记，能言善辩，是其充满智慧的表现，开明的君王不以此访求于下；高傲轻世、鄙视物质，不受流俗污染，是士人的高傲品行，治世不以此来教化人民。因此，人们大都不能达到的高度，不能奉为衡量人的标准；大都不可企及的行为，不可做为国家的通行标准。所以人才不可按一种尺度使用，而用人的道理却可世代传承。国家安定时可以与相对憨直的人共守，军旅之事可与人性相和，不必等待像古代那样才智杰出的人物，只要因人所长，使所拥有的人才都得以使用就可以了。末世的法规，是以高标准为尺度来怪罪达不到者，压给过重的担子，却怪罪不胜任者；因为艰难而不敢做的就诛杀。百姓为这三种责求而困扰，就伪装聪明来欺骗上司，犯奸邪之罪，铤而走险，虽有严刑峻法却不能禁止奸邪发生。野兽走投无路时就会反抗；鸟走投无路时也会啄人；人走投无路时就进行欺诈。说的就是这样的道理。

国有亡主，世无亡道，人有穷，而理无不通也。故不因道理之数，而专己之能，其穷不远矣。夫君人者不出户以知天下者，因物以识物，因人以知人也。故积力之所举，即（即原作既）无不胜也；众智之所为，即无不成也。工无二技，士不兼官，人得所宜，物得所安，是以器械不恶，而职事不慢也。夫责小易偿也，职寡易守也，任轻易劝也。上操约少之分，下效易为之功，是以君臣久而不相厌也。

【译文】

国家有亡国的君主，而世上没有不起作用的规律；人有困窘之时，规律却没有不通的时候。所以不因循道理之规律，而专靠自己的才能，他离穷途末路就不远了。统治众人的人，之所以能足不出户就尽知天下事，是由于他根据一事去推知它事，凭借人去认识人的缘故。因此，用天下人共同的力量来行事，就无往而不胜；用众人的智慧而工作，就没有什么办不成。工匠不求有其它的技能，从政者不兼任别的官职，人人都有适合的工作，众人都各安其事，这样器械、物品就不会损坏，工作职事也就不会怠慢。职责小就容易应对，职事少就容易干好，任务轻就容易努力去完成；上级主管事情简约，下属做着容易成功的事情，因此君臣长久相处而不互相厌烦。

地广民众，不足以为强也；甲坚兵利，不足以恃胜也；高城深池，不足以为固也；严刑峻罚（峻罚原作利杀），不足以为威也。为存政者，无小必存；为亡政者，无大必亡。故善守者无与御，善战者无与斗，乘时势因民欲，而取天下也。故善为政者，积其德，善用兵者，蓄其怒。德积而民可用也，怒蓄而威可立也。故文（文原作材）之所加者深（深原作浅），即权之所服者大；德之所施者博，即威之所制者广；广即我强而敌弱矣。善用兵者，先弱敌而后战，费不半而功十倍。故千乘之国，行文德者王；万乘之国，好用兵者亡。王兵先胜而后战，败兵先战而后求胜，此不明于兵道也。

【译文】

地域广、人口多，不一定能够成为强国；盔甲坚固，兵器锋利，不一定能靠它取得胜利；很高的城墙、很深的城河，不一定就坚不可摧；严厉的刑罚和大批的诛杀不一定能树立起权威。施行能使国家保全的政策，国家无论多小也能够存在；推行会导致亡国的政策，国家无论多大也必定灭亡。所以善于防守无须防御；善于打仗无须战斗；要凭借时势顺应民心取得天下。因此，善于治理国家的人，要终身修性，积累其恩德；善于用兵的人，要蓄养其强盛的气势。积累恩德，百姓就愿意为自己效力；蓄养强盛的气势，就可以树立起自己的威严。为政者积累的德越深厚，其权力使人敬服的程度就越深；恩德所施予的人多，则威权所控制的范围就广。控制的人多面广，就形成了我强敌弱的形势了。善于用兵的人，首先削弱敌人气势，然后才进行战斗，花费不到一半的力量却可以取得十倍的功绩。所以有兵车千辆的国家，如果施行文治、德治，就可以成就王业；有兵车万乘的国家，如果好战，就必然会导致灭亡。可以成王业者的军队，是在形势上已经占优势的情况下才开战的；失败的军队是先开始作战之后，才谋求战争的胜利，这是不懂得用兵之道。

## 上　仁

非淡漠（淡漠原作漠真）无以明德，非宁静无以致远，非宽大无以并覆，非平正无以制断。以天下之目视，以天下之耳听，以天下之智虑，以天下之力争，故号令能下究，而臣情得上闻，百官修通，群臣辐凑。喜不以赏赐，怒不以罪诛，法令察而不苛，耳目聪（聪原作通）而不暗，善否之情，日陈于前而不逆，贤者尽其智，不肖者竭其力，近者安其性，远者怀其德，用人之道也。夫乘舆马者，不劳而致千里；乘舟楫者，不能游而济江海。使言之而是，虽在匹夫刍荛，犹不可弃也；言之而非，虽在人君卿相，不可用也；是非之处，不可以贵贱尊卑论也。其计可用，不羞其位矣，其言可行，不贵其辨矣。

文子问曰："何行而民亲其上？"老子曰："使之以时而敬慎之，如临深渊，如履薄冰。天地之间，善即吾畜也，不善即吾仇也。昔日夏商之臣，反仇桀纣而臣汤武，宿沙氏之民，自攻其君而归神农氏。故曰：'人之所畏，亦不可以不畏。'"

【译文】

没有淡泊的心境，就无法显明其美德；没有宁静的心态，就无法到达高远的境界；没有宽大的胸怀，就无法包容天下万物；没有公平正直的作风，就无法做出正确的裁决。用天下所有人的眼睛看，用天下所有人的眼睛听，用天下人的头脑来思考，用天下人的力量来争求，所以号令能贯彻到底，民情可以上达，百事通顺，各司其职，群臣拥护君王像车辐条集中于车轮轴心一样。不因为自己高兴就给人以赏赐；不因为自己愤怒就给人以惩处；法令明确却不苛刻；视听畅通而不暗昧；情况无论好坏，每天都禀报上来，从而无所隐瞒，使贤能者能尽其智，才智不佳者能尽其力；身边的人能习惯他的禀性，远方的人能怀念他的恩德，这就是正确的用人之道。乘车骑马者，不觉劳累就可以到达千里之外；乘舟船者，不会游泳也可以渡过江河湖海。如果话说的正确，虽然是割草打柴的老百姓，也不可嫌弃；话说的不对，虽然身为君王的大臣，也是不可采纳的。对正确或错误言论的裁处，不能够以人的贵贱尊卑来论定。如果其策略可以使用，不羞耻于其职位的低下；如果其言论可以实施，并不因其能言善辩而看重。

文子问道："什么品行才能使百姓亲近君王呢？"老子回答说："役使百姓要选择适当的季节、时令，并且要恭敬谨慎地对待他们，就好像面临深渊一样，就好像走在薄冰上一样。在天地之间，善良美好的东西是我应该保有的；邪恶不良的东西是应该仇视抛弃的。从前夏朝和商朝的臣民，却反而仇视（自己的君主）夏桀、商纣，而服从商汤、周武王的统治；宿沙氏的百姓却自动攻打他们的首领而归服于神农氏。所以说：'凡他人所畏惧的东西，不能不畏惧'。"

治大者，道不可以小；地广者，制不可以狭；位高者，事不可以烦；民众者，教不可以苛。事烦难治，法苛难行，求多难赡。寸而度之，至丈必差；铢而称之，至石必过；石称丈量，径而寡失；大较易为智，曲辨难为慧（慧原作惠）。故无益于治，有益于乱者，圣人不为也；无益于用，有益于费者，智者不行也。故功不厌约，事不厌寡，功约易成，事省易治，求寡易赡。夫调音者，小弦急，大弦缓；立事者，贱者劳，贵者逸。道之言曰："芒芒昧昧，与天同气；同气者帝，同义者王，同功者霸，无一焉者亡。"故不言而信，不施而仁，不怒而威，是以天心动化者也。施而仁，言而信，怒而威，是以精诚为之者也。施而不仁，言而不信，怒而不威，是以外貌为之者也。故有道以理之，法虽少，足以治矣；无道以临之，命虽众，足以乱矣。

【译文】

治理大国，不能够用小道；国家土地广阔者，规章要因地制宜，不能呆板；地位高者，事情不能繁多；百姓众多的国家，政教不能太严厉刻苛。事情繁多则难以治理，刑法苛刻则难以实行，要求太多就难以满足。一寸一寸地来丈量长短，丈量到一丈，必有误差；一铢一铢的来称重量，称完一石东西，必有差错；若一石一石的称，一丈一丈的量，则直接了当，且少有差错。大的度量标准容易发挥作用，周详的治理难以说是智慧。所以说，对治国无益，而会滋长动乱的事，圣人不会去做；对增加国家用度无益，却会滋长浪费的事，智者是不会干的。因此，事业成功离不开专一，事务管理离不开简约；事业简约容易成功，事情少容易治理，要求少容易满足。调理乐器者，知道大弦缓和，小弦急切；建立事业者，懂得地位低贱者的劳累、地位高贵者的安闲。根据道家的理论来说，世界是深远暗昧的，人的德性与上天的德性气息相称。如果与上天德行相称，就能成为天下的帝王；与上天道义相称，就可以作为诸侯国的君王；同上天功用相称，就能成为霸主。这三者都不具备就会亡国。所以不说话，也会令人信服；不推行，就可以具有仁德；不发怒，就具有威严。这是与天同心而万物自然感化的结果。实行会有仁德，说了会讲信用，发怒就有威严，这是精诚感化的结果。推行了也没有仁德，说了却不讲信用，发怒了却无威严，这是只表面上下功夫的结果。因此遵道来治理天下，法规虽少，却足以使天下得到治理；无道来统治天下，命令虽然众多，却只能引起混乱。

鲸鱼失水，而制于蝼蚁；人君舍其所守，而与民争事，则制于有司；以无为持位，守职者以听从取容，臣下藏智而弗用，反以事专其上。君人者，不任能而好自为，则智日困；而数穷于下，智不足以为治，威不足以行刑，即无以与下交矣。喜怒形于心，嗜欲见于外，即守职者，离正而阿上，有司枉法而从风矣；赏不当功，诛不应罪，即上下乖心，群臣相怨矣。百官烦乱，而智不能解；非誉萌生，而明弗能照；非己之失，而反自责；即人主愈劳，人臣愈逸矣，是“代大匠斫者，希不伤其手也”。与马逐远，筋绝不能及也；上车摄舆，马服衡（衡原作衔）下，伯乐相之，王良御之，明主乘之，无御相之劳而致千里，善乘人之资也。

【译文】

鲸鱼失去水，就会被弱小的蝼蚁所控制。人君舍弃自己的职守，与他人争做事情，就会受到有关官吏的控制；以不作为来守持其位，官员们凭察言观色行事，臣下就会隐藏智慧不用，反而用君王喜好的事情来左右君主。统治者，不能任用贤能，而喜欢自以为是，就会使才智日见贫乏，而统治臣下之术日见穷尽。才智不足以治理政事，权威不足以进行惩诫，就没有办法与下级相处。内心的喜怒哀乐都显露在心绪上，贪欲表现在外，自己的爱好别人都知道，就会使官员们偏离公正去迎合君王，有关人员都会背离法规迅速跟着效仿。奖赏与其功劳不相称，惩罚与其罪过不相称，于是上下心意相背，群臣互相抱怨。百官烦乱困惑，而君主的才智不足以去化解；各种批评、称赞的意见出现，而君主的明智不足以辨析；不是自己的过失却自己承担责任，就使人主越来越劳累，群臣们却越来越安闲了，这就像"代替工匠砍木头的人，很少有不砍伤自己手指的"。与马比赛长跑，跑断了筋骨也赶不上。上车握紧缰绳，马就会驯服在车辕前端的横木之下。伯乐为他挑选了良马，王良为他驾驭车马，贤明的君主乘坐车中，自己没有相马和赶车的劳累却可以达到千里之途，这是善于借助别人的才资啊。

国之所以存者，得道也；所以亡者，理塞也。故得生（生存疑）道者，虽小必大；有亡征者，虽成必败。国之亡也，大不足恃；道之行也，小不可轻。故存在得道，不在于小；亡在失道，不在于大。故乱国之主，务于广地，而不务于仁义；务于高位，而不务于道德；是舍其所以存，而造其所以亡也。

主与之以时，民报之以财；主遇之以礼，民报之以死。生而贵者骄，生而富者奢，故富贵不以明道自鉴，而能无为非者寡矣。

【译文】

国家能够延续下来的原因，是由于得到了治国之道；之所以灭亡，是由于治理之道阻隔不通。因此，"得到生存之道，虽然是小国也可以发展壮大；有灭亡迹象的，虽然是强盛的大国也必定会失败。国家要灭亡，虽大也不足依靠；道义得以实行，小国也不可轻视。所以国家长存不衰在于得道，而不在于国家弱小；灭亡在于失道，而不在于国家强大。败乱国家的君主，精力集中在扩大地盘面积，而不重视实行仁义；重视高贵的地位，而不重视道德教化。这是舍弃了他能够存在的根本，而自己创造灭亡的条件。

君王役使百姓有时令季节，百姓就能够用财富作为报答；君王用礼仪来对待百姓，百姓就能以效死来相报。出生高贵的人骄傲，出生富有的人奢侈，所以富贵的人若不用道来自鉴，而能够不做错事的人太少见了。

## 上　义

凡学者，能明于天人之分，通于治乱之本，见其终始，可谓达矣。治之本，仁义也；其末，法度也。先本后末，谓之君子；先末后本，谓之小人。法之生也，以辅义；重法弃义，是贵其冠履而忘其头足也。仁义者广崇也，不益其厚而张其广者毁，不广其基而增其高者覆。故不大其栋，不能任重；重莫若国，栋莫若德。人主之有民，犹城之有基，木之有根。根深即本固，基厚即上安。故事不本于道德者，不可以为经；言不合于先王者，不可以为道。

【译文】

有学问的人，能够明白天和人的职分，知道治和乱的根本，能预见事物的发展和结果，这就可以说是通达了。治国的根本是仁义，其次才是法律制度。先根本后其次的人，称为君子；先其次后根本的人，称为小人。法律的产生，是为了辅助道义推行的；如果重视法律而抛弃仁义，这是重视帽子和鞋，却忘记了自己的头和脚。仁义宽广高大，不增加仁义的厚重，却只扩张其广度的做法，会毁坏仁义；不扩张仁义的基础却仅增加其高度的做法，会使仁义倾覆，所以没有大的栋梁，就不能承担重负。重要没有超过国家的，栋梁没有比德行更大的。人主拥有老百姓，就如城墙拥有墙基，树木有根；根深就可以使树干稳固，基础厚实就可以使上面的墙安稳。因此事情不以道德为根本，就不能作为人们遵守的规范；话语不合乎圣王的教诲，就不能成为基本原则。

治人之道，其犹造父之御马也。内得于中心，外合乎马志，故能取道致远，气力有余，进退还曲，莫不如意，诚得其术也。今夫权势者，人主之车舆也；大臣者，人主之驷马也。身不可以离车舆之安，手不可以失驷马之心，故驷马（驷马原作舆马）不调，造父不能以取道；君臣不和，圣人不能以为治。执道以御之，中材可尽；明分以示之，奸邪可止。物至而观其变，事来而应其化，近者不乱则远者治矣；不用适然之教，而行自然之道，万举而无失矣。

【译文】

治理人的方法，就如造父驾御马车一样，内合自己心意，外合马的性情，所以能赶路到远方，力气有余，前进后退和转弯盘旋，没有不如意的。这确实是懂得了驾御马的方法。现在权柄和势力，就好比君王的坐车，大臣就是驾车的马匹，君王的身体不能离开车座的安稳，手上不能失去对马匹的控制。所以车马不协调，连造父也不能取道上路疾驰；君臣不和睦一致，圣人也不能治理好国家。用仁义来驾御群臣，可以人尽其才；明确职责，奸邪就可以禁止。一种事物出现，要考察其变化，事情发生了，就要适应其变化。亲近者不惑乱，远方的人就可以得到治理了；不用应急的教化，而实行普遍的自然之道，万事都不会有过失了。

治国有常，而利民为本；政教有道，而令行为右；苟利于民，不必法古苟周于事，不必循俗。故圣人法与时变，礼与俗化；衣服器械，各便其用；法度制令，各因其宜，故变古未可非，循俗未足多。诵先王之书，不若闻其言；闻其言，不若得其所以言；得其所以言者，言弗能言也。故“道可道者，非常道也；名可名者，非常名也。”故圣人所由曰道，所为曰事。道由金石，壹调不可更；事犹琴瑟，曲（曲原作每）终改调。故法制礼乐者，治之具也，非所以为治也。

【译文】

治国有常理，利民为根本；政治教化有规律，以令行禁止为上；如果有利于百姓，就不必效法古人；如果措施合于事宜，就不必顺从旧俗。所以圣人的法度与时代一起变化，礼仪同风俗共同演化；衣服和用具，以使用方便为准则；法律、制度、政策和命令，各适其所宜。所以改变古人的做法未必招来非议；顺从旧俗不足以称誉。读古代圣王的书，不如听他说的话；听他的话，不如得到他说这些话的根据；知道了他所以说这话的根据，就可讲那说不出的道了。因此《老子》说“可指明之道，不是常道，因为道不言自明；可以确定的名称，不是常名，因为常名不可界定”。所以圣人依据的叫做道，所做的叫做事。道如金石乐器一样，音律调定后就不能再更改了；事情好像琵琶一样，每曲终了就要重新调整。法律、制度、礼仪和音乐，都是政治的工具，并不是治理国家的根本。

法非从天下，非从地出，发于人间，反己自正也。诚达其本，不乱于末；知其要，不惑于疑；有诸己，不非诸人：无诸己，不责于下；所禁于民者，不行于身。故人主之制法也，先以自为检式（式原作戒），故禁胜于身，即令行于民矣。夫法者，天下之准绳也，人主之度量也。悬法者，法不法也。法定之后，中绳者赏，缺绳者诛；虽尊贵者，不轻其赏；卑贱者，不重其刑。犯法者，虽贤必诛；中度者，虽不肖者（原作无者字）无罪。是故公道行而私欲塞也。古之置有司也，所以禁民使不得恣也；其立君也，所以制有司使不得专行也；法度道术，所以禁君使无得横断也。人莫得恣，即道胜而理得矣，故反于无为。无为者，非谓其不动也，言其莫从己出也。

【译文】

法律不是天上落下来的，不是地上长出来的，而是制定出来，用来自我反省并纠正自身过失的。确实明白了根本，就不会在细枝末节上犯错误；知道治国的要点，就不会被疑难所迷惑；自己有的，不非难别人；自己没有的，不责求别人；禁止百姓的事，自己就不会去干。所以君王制定法规，自己首先要做出榜样；自己模范遵守禁令，就能够在百姓中推行了。法律是天下人民行动的准则，是君王裁决事情的尺度。宣布法令，就是要惩罚不守法的人。法律确定之后，符合法规的要奖赏；违背法规的要处罚。即使是尊贵的人，也不减轻他应受的赏赐，卑贱的人，也不加重他的处罚。违反法律者，虽是贤才也要处罚；守法者，尽管是无能之辈也不被处罚。于是公道就能流行，自私的欲望就能受到遏制。古代设置司法机构，就是用来禁止百姓，使他们不得放肆胡为；设立君主，就是用来控制百官，使他们不得独断专行；法规、制度、道德、礼仪，是用来约束君主，使他不得无理专断。没有人放肆胡行，于是道德获胜，公理得到伸张了，因此而返归于无为之治。无作为，并不是说他什么都不做，是说做各种事情都不只是自己做出来的。

善赏者，费少而劝多；善罚者，刑省而奸禁；善与者，用约而为德；善取者，入多而无怨。故圣人因民之所善以劝善，因民之所憎以禁奸；赏一人而天下趣之，罚一人而天下畏之；至赏不费，至刑不滥；圣人守约而治广，此之谓也。

君臣异道即治，同道即乱，各得其宜，处有（原作无有字）其当，即上下有以相使也。故枝不得大于干，末不得强于本，言轻重大小有以相制也。夫得威势者，所持甚小，所任甚大，所守甚约，所制甚广。十围之木，持千钧之屋，得势也；五寸之关，能制开阖，所居要也。下必行之令，从之者利，逆之者害，天下莫不听从者，顺也。义者，非能尽利天下之民也，利一人而天下从；暴者，非能尽害海内也，害一人而天下叛，故举措废置，不可不审也。

【译文】

善于奖赏的人，花费的东西少却使受劝勉人多多行善；善于惩罚的人，使用刑罚不多就能禁止奸邪；善于给予的人，自己做的并不多却能为众人带来恩德；善于获取的人，受益虽多却不会让人抱怨。所以圣人顺着百姓的善行来劝勉百姓行善，根据百姓的憎恶来禁止奸邪；赏一人，天下都会争着去学习；处罚一人，天下都会畏惧干坏事。因此说，奖赏得当，就没有不必要的花费，犯罪的能得到惩罚，但刑罚却不会过度，圣人执法简要但治理功效却很大，说的就是这种道理。

君王与群臣的主张有不同，国家就得到治理；其意见相同，国家就会混乱。只有各自站在适当的角度，发表适当的意见，那么上下级之间就可互相有所借助。所以树枝不得比树干粗大，末梢不得比根本强硬，说的就是轻重大小有互相制约的作用。有权威者所管理的事务较少，其责任却很大；所执行的很简约，制约的面却很广。有十围那样粗的木头，可以顶起千钧重的房屋，是由于其情势的作用；五寸大的门栓，能够控制门的开关，是所处的地位很关键。发布的是必能实行的命令，遵守的就有好处，违抗的就有祸害，天下就没有人不听从，其原因就是发布的命令合理。推行符合道义之事，并不是对天下所有人都可以带来好处，但它即使对一个人有利就可以使天下人都跟随而来；所谓残害，并不是对天下人都会带来残害，而是即使对一个人有残害，就可以使天下人都反叛。因此对举措的废弃与保留，不能不认真对待啊。

屈寸而伸尺，小枉而大直，圣人为之。今人君之论臣也，不计其大功，总其略（略原作细）行，而求其小（小原作不）善，即失贤之道也。故人有厚德，无问其小节；人有大誉，无疵其小故。夫人情莫不有所短，诚其大略是也，虽有小过，不足以为累；诚其大略非也，闾里之行，未足多也。

【译文】

委屈寸而伸张尺，局部弯而大体直，圣人就会去实行。当今君王评定臣下，不考虑他的大贡献，却抓住他细小的行为，而寻找其错误，这是丧失贤才的做法。所以有很高的德行，不过问小的品行；有很高的声望，不挑剔小的毛病。人没有谁是没有短处的，只要总的方面是正确的，即使是有小过错，也不会因此受到牵累；总的方面确实是不好的，即便在乡里留下了好的作为，也不能受到赞美。

自古及今，未有能全其行者也，故君子不责备于一人。夫夏后氏之璜，不能无瑕；明月之珠，不能无秽；然天下宝之者，不以小恶妨大美也。今志人之所短，而忘人之所长，而欲求贤于天下，即难矣。夫众人见位卑贱，事之洿辱，而不知其大略也。故论人之道，贵即观其所举，富即观其所施，穷则观其所不受，贱即观其所不为。视其所患难，以知其勇；动以喜乐，以观其守；委以货财，以观其仁；振以恐惧，以观其节。如此，即人情得矣。

圣人以仁义为准绳，中绳者谓之君子，弗中者谓之小人。君子虽死亡，其名不灭；小人虽得势，其罪不除。左手据天下之图，而右手刎其喉，愚者不为，身贵乎天下也。死君亲之难者，视死若归，义重于身故也。天下大利，比之仁（原作无之仁二字）身即小；身所重也，比义即轻。此以仁义为准绳者也。

地广民众，主贤将良，国富兵强，约束信，号令明，两敌相当，未接刃而敌人奔亡，此其次也。知土地之宜，习险隘之利，明奇正之变，察行阵之事，白刃合，流矢接，舆死扶伤，流血千里，暴骸盈野，战（战原作义）之下也。

【译文】

从古至今，没有人是德行完备的，所以君子不对任何一个人求全责备。夏禹的佩玉不可能无瑕疵，夜明珠不可能无污点，然而天下人都认为它们是贵重的，就是不用小的疵点来妨害其大的美观。现在，记住别人的短处，却忘记了别人的优点，而想在天下找到贤明的人，那就太困难了。普通人看到他地位低贱，干着受侮辱的事情，却不知道他的长处。因此评定人的原则是，高贵的人要看他所举荐的人如何，富有的人要看他是否接济别人，贫穷的人要看他不接受的是什么，地位低下的人要看他不干的是什么。观察他处在困难面前的举动，来了解他勇敢的程度；用欢乐之事感动他，来了解他的操守；给他以财物，来考察他的仁德；用恐惧惊吓他，来了解他的气节。这样就可以知道他的总体情况了。

圣人以仁义为准绳，符合仁义标准的人就是君子，不符合的就是小人。君子即使死了，他的名声不会消失；小人虽然得势，他的罪恶不会消除。左手握着天下的图册（大权），而右手自刎其喉，即使愚昧的人也不会干，因为身体（生命）是天下最宝贵的东西。为君王和亲人而赴死难的人，视死如归，是把“义”看得比身体还重要的缘故。天下最大的利益，同身体相比也是小的；身体虽然贵重，但同“义”相比却是微不足道的。这是用仁义作为评价标准的做法。

土地广阔，百姓众多，君主贤明，将帅本领高强，国家富有，军队强大，纪律严明，号令清楚，两军势力相当，未动刀枪敌人就逃跑溃散了，这是次一等的“义”。知道土地的利弊，熟悉险要地势的作用，清楚奇谋和正常兵法的变化，明白行军对阵的情况，不惜锋利的刀枪交战，乱箭互相射杀，车载死人和伤员，血流千里，尸横遍野，这（战争）是最下等的“义”。

国之所以强者，必死也；所以必死者，义也。义之所以行者，威也；威义并行，是谓必强。白刃交接，矢石若雨，而士争先者，赏信而罚明也。上视下如子，下事上如父；上视下如弟，下视上如兄。上视下如子，必王四海；下视上如父，必正天下；上视下如弟，即不难为之死；下视上如兄，即不难为之亡。故子父兄弟之寇，不可与斗。是故义君内修其政，以积其德，外塞其邪，以明其势，察其劳逸以知饥饱，战期有日，视死如归，恩之加也。

【译文】

国家之所以能够强盛，是由于人民为国家的利益视死如归；人民之所以能视死如归，是为了正义；正义之所以能够实行，是因为君王的威严。威严和正义并用，这样就一定能够强大。刀枪交战，飞矢如雨，但士卒却能够争先恐后地杀敌，是由于奖罚严明可信的缘故。上级看待下级如儿子，下级看待上级如父亲；上级对下级看待如兄弟，下级对上级就会看待如兄长。上级对待下级如同子女，就能够称王于天下；下级服务上级如像对待父亲，必定使天下大治；上级看待下级如兄弟，下级就必定会为上级不惜牺牲生命；下级服务上级如对待兄长，就必定为上级竭尽全力。所以父子兄弟组成的军队，他们视死如归，不能同他们交战。因此仁义的君王对内完善各种建设，积累好的德行；对外堵塞邪恶，显明威势；了解百姓的劳累和安逸，知道他们的饥饿和温饱；战争的时间不长，百姓视死如归，君王的恩德起到了莫大的作用。

## 上　礼

昔之圣王，仰取象于天，俯取度于地，中取法于人，调阴阳之气，和四时之节，察高下之宜，除饥寒之患，行仁义之道，以治人伦。列地而州之，分职而治之，立大学而教之，此其治之纲纪也。得道即举，失道即废。夫物未尝有张而不弛、盛而不败者也，唯圣人可盛而不衰。圣人初作乐也，以归神杜淫，反其天心；至其衰也，流而不反，淫而好色，至以亡国。其作书也，以领理百事，愚者以不忘，智者以记事；及其衰也，为奸伪，以解有罪而杀不辜。其作囿也，以奉宗庙之具，简士卒，戒不虞；及其衰也，驰骋弋猎，以夺民时。其上贤也，以平教化，正狱讼，贤者在位，能者在职，泽施于下，万民怀德；至其衰也，朋党比周，各推其与，废公趋私，外内相举，奸人在位，贤者隐处。天地之道，极即反，益即损，故圣人治弊而改制，事终而更为矣。圣人之道，非修礼义，廉耻不立；民无廉耻，不可治也；不知礼义，不可以行法。法能教不孝，不能使人孝；能刑盗者，不能使人廉耻（原作无耻字）。圣王在上，明好恶以示人，经非誉以导之，亲贤而进之，贱不肖而退之，刑措而不用，礼义修而任贤德也。

【译文】

从前的圣明君王，（在制定礼的时候）上取法于天，下取法于地，中间取法于人；调和了阴阳气息，协调了春夏秋冬的变化规律，弄清了高下相宜之理，解除了饥饿与寒冷的忧患，实行仁义之道来处理人际关系；划分地域来设置州郡，区分职务来进行管理，建立太学教育民众。这是他们用来治理社会和国家的纲纪。符合道义就行动，失去道义就废弃。万物从来就没有只紧张不松弛、只强盛而不衰败的，只有圣人才会永远强盛而不衰败。圣人当初制作音乐，是为了使神志平和，杜塞淫乱，回归到自然的心态；等到衰败的时候，君主沉溺于靡靡之音无法返归本性，淫乱好色，导致亡国。圣人著写典册，来统领百事，使愚笨者不会忘记，聪明者因此能记录大事；等到衰败时，弄虚作假，为有罪者开脱却诛杀无辜百姓。圣人修建园囿，作为祭祀祖先的场地，检阅士兵以防不测；等到他衰败时骑马打猎，侵夺百姓耕种的时间。圣人尊重人才，推动公平、严正的教化，正确判决案件，使贤明者在领导岗位上，使有才能者在其职业上，恩德遍施于天下，千百万人都会感激他的大恩；等到衰败时，群臣结党营私，各自推荐自己的党羽，废弃公事而干尽私事，朝廷内外互相勾结，使奸邪者占据高位，有才德者隐居不出。天地的规律是物极必反，有增益则有减损，所以圣人整顿弊病而改革制度，事情完成就更改做法。圣人之道是，不修礼义，廉耻就无法建立；百姓没有廉耻之心，就无法治理。不知道礼义，就不能执行法律。法律能够教育不孝者，却不能使人有孝心；能够惩治盗贼，却不能使人知道廉耻。圣明君王在皇位上，明确地将好恶颁布于天下，通过谴责和褒扬来引导舆论，亲近贤才并使用他们，贬低小人并罢免他们，刑罚放置而不去使用，这样就会使礼仪道德得到完善、推行，有才能和品行的人得到重用。

夫使天下畏刑，而不敢盗窃，岂若使无有盗心哉！故知其无所用，虽贪者皆辞之；不知其无所用，廉者不能让。夫人之所以亡社稷，身死人手，为天下笑者，未尝非欲也。知冬日之扇，夏日之裘，无用于己，则万物之变为尘垢！故以汤止沸，沸乃益甚；知其本者，去火而已。

夫有余则让，不足则争；让则礼义生，争则暴乱起，故物多则欲省，求赡则争止。故世治则小人守正，而利不能动也；世乱则君子为奸，而法不能禁也。

酆水之深十仞，而不受尘垢，金石（石原作铁）在中，形见于外，非不深且清也，鱼鳖莫之归。石上不生五谷，秃山不游麋鹿，无所荫蔽也。故为政以苛为察，以切为明，以刻下为忠，以计多为功，如此者，譬犹广革者也，大即大矣，裂之道也。

【译文】

让天下人畏惧刑罚，从而不敢进行盗窃，不如使天下人不产生盗窃的邪念啊，所以知道是无用处的东西，即使是贪婪的人也不会接受；不知道它无用，廉洁的人也不会推让。那些亡国之君臣，被别人杀害，受到天下人的嗤笑，没有人不是由于贪欲所造成的。比如知道冬天的扇子，夏天的裘衣，对自己没有用处，那么天下万物就都变成了多余无用的尘土污垢了！所以，搅动开水暂时停止沸腾，接着开水会沸腾的更加剧烈，知道从根本去止住沸腾的人，就会撤掉锅底的大火。

东西多余了人们就会推让，缺少了就会争抢。推让就产生了礼义道德，争抢就产生了暴力和混乱。所以，物资多了人的欲望就会减少，要求满足了就会停止争斗。所以社会安定有序，小人也会保持正道，利益也不能使其动摇；社会混乱，君子也会采取伪诈手段，法规也不能禁止。

酆水深十丈，若没有尘垢污染，水中的金银石块，人都看得清清楚楚。水并非不深不清，但鱼鳖没有一个前往栖居的；石头上不生长五谷，光秃的山石上不会有麋鹿走动，这是由于没有东西可以荫蔽它们。所以治理国家，如果把苛刻烦琐之法当成精明，把严厉当成英明，把对下属的严酷当成对君王的忠诚，把征敛税赋多作为功绩，这样的做法，就好比把皮革强行扩大一样，大是变大了，却是使皮革破裂的做法。

（余炳毛译）

# 卷三十五

# 曾子治要

【考评】

曾子(前505年—前436年)，鲁国南武城(今山东费县)人。名参，字子舆，孔子的学生，以孝著称，著有《曾子》，提出“吾日三省吾身”(《论语·学而》)的修养方法。他认为“忠恕”是孔子“一以贯之”的思想，提出“慎终(慎重地料理父母的丧事)、追远(虔诚地追念祖先)，民德归厚”；“犯而不校(计较)”等主张。大戴《礼记》中记载有他的言行，相传《大学》是他著的。后被尊为“宗圣”。先秦古籍对曾子的言行多有记述。如《论语》《孟子》《庄子》《荀子》《战国策》《韩非子》《吕氏春秋》《晏子春秋》《尸子》《礼记》等。

魏征在《群书治要》中辑录《曾子》四篇段。计有：《修身》《立孝》《制言》《疾病》等。

《曾子》，春秋末年曾参著。《汉书·艺文志》载《曾子》十八篇。《隋书·经籍志》有《曾子》二卷目，一卷。《唐书·艺文志》亦载《曾子》二卷。晁公武《郡斋读书志》著录二卷十篇，称即唐志所载。据纪昀考证：宋时原有《曾子》行世。宋朝人汪日卓未见此本，又从散见各书辑录为《曾子全书》，计有《仲尼闲居》《明明德》《养老》《周礼》《有子问》《丧服》《晋楚》《守业》《三省》《忠恕》等十篇。

# 修　身

曾子曰："君子攻其恶，求其过，强其所不能；去私欲，从事于义，可谓学矣。君子爱日以学，及时以行，难者弗避，易者弗从，唯义所在，日旦就业，夕而自省，思以没其身，亦可谓守业矣。君子学必由其业，问必以其序，问而不决，承间观色而复之。君子既学之，患其不博也；既博之，患其不习也；既习之，患其不知也；既知之，患其不能行也；既能行之，患其不能以让也。君子之学，致此五者而已矣。君子博学而孱（孱原作浅）守之，微言而笃行之，行欲先人，言欲后人，见利思辱，见难思诟，嗜欲思耻，忿怒思患。君子终身守此战战也。君子已善，亦乐人之善也；已能，亦乐人之能也。君子好人之为善而弗趣（趣原作趋，音促）也，恶人之为不善而弗疾也。不先人以恶，不疑人以不信，不说人之过，而成人之美。朝有过，夕改则与之；夕有过，朝改则与之。君子终日言，不在尤之中。小人一言，终身为罪矣。君子之于不善也，身勿为，可能也；色勿为，不可能也；心勿为，不可能也。太上乐善，其次安之，其下亦能自强也。太上不生恶，其次生而能夙绝之，其下复而能改，复而不改，陨身覆家，大者倾社稷。是故君子出言愕愕，行身战战，亦殆免于罪矣。昔者，天子日旦思其四海之内，战战唯恐不能乂也。诸侯日旦思其四封之内，战战唯恐失损之也。大夫日旦思其官，战战唯恐不能胜也。庶人日旦思其事，战战唯恐刑罚之至也。是故临事而栗者，鲜不济矣。"

【译文】

曾子说："君子能自责其不良行为，检查自己的过错，加强自己未能做到的（方面），去除私欲，以道义来处理事务，才可以称得上'学习'。君子要爱惜每天的时间来学习，适时付诸行动；难做到的不回避，易做到的不盲从，只考虑道义之所在；每天早晨就开始攻治学业，晚上就自我检查，直到老死，一辈子都这样，真可谓坚守学业呀！君子学习一定要从先王的典籍开始；循问请教一定要按照所学的序列；请教后仍不能决定（对错），就趁着空闲观察（老师）脸色后再问。君子虽然学过了，还担忧自己学得不多；虽然学得很多了，还担忧自己不能坚持温习；虽然温习了，还担忧自己不能够理解；虽然理解了，又担忧自己不能付诸于行动；虽然付诸于行动了，又担忧自己在行动上做不到谦让。君子求学，能做到这五个方面就行了。君子学识广博但谨慎地守持之；言辞隐微但笃诚地施行之；行动想在人之前，议论想在人之后；看到利益时想到玷污，受到责备时想到耻辱；有了嗜欲时想到羞愧，怨恨愤怒时想到后患。君子应终身保持这种谨慎戒惧的（心态）。君子自己德行良善，也欢喜别人有良善之处；自己有才能，也欢喜别人有才能。君子喜爱别人做好事但不催促；讨厌别人做不好之事但不憎恨；不以品行不好来预料人，不以不讲信用来怀疑人；不喜欢别人有过失而勉励、帮助别人做好事；早晨出现错误、傍晚就能改正便称赞他；傍晚出现错误、翌日早晨就能改正便称赞他。君子终日谈论，却无过失出现；小人的一句话，就可能成为终身的罪恶。君子对于不好的事，自己不去做，是能够做到的；神色上表现出不去做，不大可能；心里根本没有想过去做，是不可能的。（人）最高的境界是喜欢做善事；其次是习惯做善事；其下是自己也能勉强做善事。（另一方面）人最高的境界是不发生不良行为；其次是发生后能早早去除；其下是不良行为复发后能及时改过；复发后仍不知悔改，则会亡身败家，更甚者，会使国家倾覆。因此君子言语正直，行动戒惧，也仅能免于谴责呀！昔日，天子日日考虑其天下之事，恐惧、谨慎，唯恐不能安定。诸侯日日考虑其国内之事，恐惧、谨慎，唯恐天下不能得到有效治理。大夫日日考虑其职责，恐惧、谨慎，唯恐不能胜任。平民日日考虑其事务，恐惧、谨慎，唯恐受到刑法的惩处。因此说，面对各种事情而恐惧、谨慎，便很少有不成功的。

# 立　孝

曾子曰："君子立孝，其忠之用也，礼之贵也。故为人子而不能孝其父者，不敢言人父不能畜其子者；为人弟而不能承其兄者，不敢言人兄不能顺其弟者；为人臣而不能事其君者，不敢言人君不能使其臣者。故与父言，言畜子；与子言，言孝父；与兄言，言顺弟；与弟言，言承兄；与君言，言使臣；与臣言，言事君，君子之孝也。忠爱以敬，反是乱也；尽力而有礼，庄（原作无庄字）敬而安之；微谏不倦，听从不怠，欢欣忠信，咎故不生，可谓孝矣。尽力而无礼，则小人也；致敬而不忠，则不入也。是故礼以将其力，敬以入其忠。诗言：夙兴夜寐，毋忝尔所生，不耻其亲，君子之孝也。是故未有君，而忠臣可知者，孝子之谓也；未有长，而顺下可知者，悌弟之谓也；未有治，而能仕可知者，先修之谓也。故孝子善事君，悌弟善事长，君子壹孝壹悌，可谓知终矣。"

【译文】

曾子说："君子立志行孝，是其尽忠的表现，是对礼法的崇尚。所以做为儿子而不能够孝顺其父亲的人，不敢说别人的父亲不能畜养其子；作为弟弟而不能够听从兄长吩咐的人，不敢谈论别人的兄长不能够顺遂弟弟心意的事；作为臣子而不能够侍奉其君主的人，不敢谈论君主不能够使用其臣子的事。那么，与做父亲者谈论，就谈养育子女的事；与做儿子者谈论，就谈孝顺父亲的事；与做兄长者谈论，就谈教诲弟弟心意的事；与做弟弟者谈论，就谈听从兄长吩咐的事；与君主谈论，就谈使用臣子的事；与臣僚谈论，就谈侍奉君主的事。君子的孝道，就是忠诚、仁爱和恭敬，反之则会秩序混乱。（对父母）尽量服侍且遵从礼仪，庄重恭敬且使其安适；（父母有错时，）委婉规劝不厌其烦，（父母指使时，）听从其言而不怠慢；（在父母面前表现出）快乐喜悦、诚实守信，（自己也）不发生灾祸、事故。这样便可以称为孝顺。（对父母）尽力服侍却不依照礼仪，这是小人之孝；表示尊敬而心无诚意，这不能算作孝顺。所以，要用礼仪来引领其（尽孝的）劳作，要把尊敬融入其（尽孝的）真诚。《诗经》说：‘起早睡晚，（勤奋不懈）无愧于生养你的父母。’不使父母蒙受耻辱，这是君子的孝道。因此，尚未被君主任用时，便知道其将来会是忠臣，说的就是孝子；尚没有侍奉长上，便知道其将来会顺遂下级心意，说的就是能敬爱兄长的弟弟；尚没有从事管理工作，便知道其将来能够做官，说的就是早已开始学习的人。所以，孝顺父母的儿子善于事奉君主；敬爱兄长的弟弟善于事奉长官。君子若能始终如一的孝顺父母、尊敬兄长，便可说知道其美好的结局了。

## 制　言

曾子曰：“夫行也者，行礼之谓也。夫礼，贵者敬焉，老者孝焉，幼者慈焉，小者友焉，贱者惠焉，此礼也。弟子毋曰不我知也。鄙夫鄙妇，相会于墙阴，可谓密矣，明日则或扬其言者。故士执仁与义而不闻，行之未笃也；故蓬生麻中，不扶乃直，白沙在泥，与之皆黑。是故人之相与也，譬如舟车然，相济达也，己先则援之，彼先则推之。是故人非人不济，马非马不走，土非土不高，水非水不流。”弟子问于曾子曰：“夫士何如则可为达矣？”曾子曰：“不能则学，疑则问，欲行则比贤；虽有险道，循（循原作修）行达矣。今之弟子病下人，不知事贤，耻不知而又不问，是以惑暗终其世而已矣。是谓穷民。”

【译文】

曾子说：“品行，说的就是遵循礼义（道德行为规范）。礼义要求：对地位高尚者要尊重；对老人要孝敬；对年幼者要慈爱；对地位低者要友好；对低贱者要给以恩惠。这就是礼义（道德行为规范）。弟子们不要说别人不了解自己。郊野之地的男女，约会于高墙阴影之下，算得上隐蔽之处了，第二天就可能有人传说他们的对话。士人施行仁爱与正义而未有名声，是因为施行得还不够笃诚。飞蓬若生长在大麻之间，不扶植也会长得直挺；白沙若混在污泥之中，与污泥同样发黑。因此，人们的相互交往，就像乘船坐车一样，相互帮助而到达目的地，自己先上车上船就拉别人一把，别人先上车上船就推他一把。因此说，人没有他人帮助，就不能成功；马没有其它马的协力，就不能奔跑；土不与土堆积，就不能垒高；水不与后面的水激荡，就不能流动。”弟子们问曾子说：“士人怎样做才能得志呢？”曾子说：“没有本领就学习，有疑难就请教，想做事就比照贤人，路途虽有险恶，顺着（贤人的）路去走就能得志。现在的一些学生忧虑居人之下，却不知道应去侍奉贤人；羞愧自己不懂却又不去请教；因此（只能）疑惑愚昧终生罢了。这样的人就是难以得志的人。”

## 疾　病

曾子曰：“君子之务盖有矣。夫华繁而实寡者天也，言多而行寡者人也。鹰隼以山为庳，而巢其上；鱼鳖黿鼍以川为浅，而窟穴其中，卒其所以得者饵也。是故君子苟毋以利害义，则辱何由至哉？亲戚不悦，不敢外交；近者不亲，不敢求（求原作来）远；小者不审，不敢言大。故人之生也，百岁之中，有疾病焉。故君子思其不可复者，而先施焉。亲戚既没，虽欲孝，谁为孝乎？年既耆艾，虽欲悌，谁为悌乎？故孝有不及，悌有不时，其此之谓与！言不远身，言之主也；行不远身，行之本也。言有主，行有本，谓之有闻也。君子尊其所闻，则高明矣；行其所闻，则广大矣。高明广大，不在于他，在（原作无在字）加之志而已矣。与君子游，苾乎如入兰芷之室，久而不闻，则与之化矣。与小人游，贷（贷原作腻字）乎如入鲍鱼之次（鲍鱼之次原作鱼次之室），久而不闻，则与之化矣。是故君子慎其所去就。与君子游，如长日，加益而不自知也；与小人游，如履薄冰，每履而下，几何而不陷乎哉！”

【译文】

曾子说："君子的追求是都已有了的。花开得繁盛而果实结得少，是由于大自然的缘故；谈论多而行动少，是由于个人的原因。鹰隼认为山矮，便筑巢于山上；鱼鳖龟鼍认为河浅，便扒洞穴于水中。最终，还是被人捕获，这是贪图诱饵的缘故。所以，君子如果不因为利益而损害正义，那么耻辱因何而来呢？亲属若不悦意，不敢同外人交往；身边的人若不亲密，不敢求助疏远之人；小事尚弄不清楚，不敢谈论大事。人生在世，百年之中，难免会有疾病呀！君子考虑生命不可再来，而提早尽孝。若亲属已经逝世，纵然想尽孝道，又将孝顺谁呢？（自己）年纪已老，纵然想敬爱兄长，又将敬爱谁呢？孝顺父母有未来得及的，敬爱兄长有失掉时机的，这都是就此而言啊！所言符合伦理道德，这是言语的宗旨；所为不违背伦理道德，这是行为的根本。言论有宗旨，行为有根本，叫做有知识见闻。君子尊重其所知所闻，则见事高明、品行高尚；实践其所知所闻，则目光远大，功业就会宽广、宏伟。见事高明、目光远大，不在于别的，在于有超过他人的志向而已。与君子交往，如同进入兰芷花房，浓香扑鼻，时间长了，便闻不到（香味），那是与兰芷的香味融而为一了。与小人交往，如同进入屯放鲍鱼之地，腥臭难闻，时间长了，便闻不到（腥味），那是与鲍鱼的腥味融而为一了。所以君子对（朋友）的取合（远离还是亲近）非常谨慎。与君子交往，就像白昼变长的季节，德行不断加长而自己却未能感知；与小人交往，就像踏在薄冰之上，每踏一下，便更加危险，有几个人能不陷落（水中）呢？"

**（樊建夫译）**

# 卷三十六

# 吴子治要

**【考评】**

《吴子》，战国初期魏国大将吴起与魏文侯、魏武侯论兵的辑录。《汉书·艺文志》称《吴子》四十八篇。今存影印宋本分上下卷，有《图国》《料敌》《治兵》《论将》《应变》《励士》六篇，系后人所托。该书总结了战国初期以及以前的战争经验，提出一些重要思想，如"内修文德，外治武备"、"以治为胜"、"审敌虚实而趋其危"等。继承和发展了《孙子》的有关思想，为历代兵家所重视。

吴起(?——前381年)，卫国左氏(今山东定陶西)人，善用兵。初任鲁将，继任魏将，屡建战功，被魏文侯任为西河守。文侯死，其遭陷害，逃奔楚国，初为宛(今河南南阳)守，不久任令尹，佐楚悼王实行变法。提出"明法审令"，"要在强兵"；"废公族疏远者"，强迫旧贵族到边远地区开荒；"捐不急之官"，裁减冗员，整顿统治机构。他的变法促进了楚国的富强。曾北胜魏国，南收扬越，取得苍梧(今广西东部)。楚悼王死，被旧贵族杀害，变法失败。

魏征编纂《群书治要》，辑录《吴子》中的《图国》《论将》《治兵》《励士》四篇的内容，要言不烦地显示了吴起与魏文侯、魏武侯讨论图国治军的一些精辟见解，为我们了解和研究吴起军事思提供了画龙点睛的原始资料。

《韩非·五蠹篇》："境内皆言兵，藏孙、吴之书者家有之。"《史记·

孙子吴起列传》:“世俗所称师旅,皆道《孙子十三篇》,《吴起兵法》世多有。”《汉书·艺文志》著录有《吴起》四十八篇。可见,《吴起兵法》在战国末年和汉初还在流传。但1972年,山东临沂银雀山汉墓出土竹简中,兵书很多,却未见该书。(参见《临沂银雀山汉墓发掘简报》)据郭沫若同志参证:“但可惜这书(指《吴起兵法》)是亡了。”“故今存《吴子》实可断言为伪,以笔调觇之,大率西汉中叶时人之所依托。”(见郭著《青铜时代·述吴起》第三节)。书中提到的“笳”(见《应变第五》)、“鞍”(见《治兵第三》)等都是吴起时代还没有的东西,特别是“骑三千匹”(见《励士第六》)这样大规模地使用骑兵部队更是那时所没有的。

《隋书·经籍志》著录:《吴起兵法》一卷。《隋书》为唐初魏征所撰,而魏征在其《群书治要》中所摘录的《吴子》的《图国》、《论将》、《治兵》、《励士》四篇内容,大体与今本《吴子》相同。这样,原书亡佚的时间至少在唐初以前了。

今本《吴子》分《图国》《料敌》《治兵》《论将》《应变》《励士》六篇。虽非吴起原著,但就其内容来看,仍不失为一部较有价值的兵书,不管是谁所著,都是前人留下的宝贵遗产。宋神宗年间(公元1078—1085),将其列入《武经七书》,为将校所必读,颇受重视。现有英、日、法、俄等文字译本。

# 图　国

吴子曰："古之图国家者，必先教百姓而亲万民。民有四（四原作三）不和：不和于国，不可以出军；不和于军，不可以出阵；不和于阵，不可以进战；不和于战，不可以决胜（原无不和于战不可以决胜二句）。"

"凡兵所起者五：一曰争名，二曰争利，三曰积恶，四曰内乱，五曰困饥。其名又五：一曰义兵，二曰强兵，三曰刚兵，四曰暴兵，五曰逆兵。禁暴救乱曰义；恃众以伐曰强；因怒兴师曰刚；弃礼贪利曰暴；国危民疲，举事动众曰逆。五者之服（服原作数），各有其道：义必以礼服，强必以谦服，刚必以辞服，暴必以诈服，逆必以权服。此其势也。"

【译文】

吴起说："古来图谋国家强盛的君主，必先教化百姓、抚爱万民。（军事行动）若有四种不合谐的情况，不可冒然行动：国家上下不和谐，不可以出兵讨伐；军队内部不和谐，不可以进行战役布局；战役布局不协调，不可以进入战斗；作战步伐不协调，不可以开始决定胜负的主力大战。"

吴起又说："兴起战争大致有五个原因：一是争名；二是争利；三是积怨深重；四是国家内乱；五是困窘饥荒。起兵的名义也有五种：一是正义之师；二是恃强之师；三是愤怒之师；四是残暴之师；五是违背时势之师。禁除残暴、制止动乱叫做正义；依仗兵多将广而讨伐他人叫做恃强；因为愤怒而兴师问罪叫做强硬；抛弃礼义贪图利益叫做残暴；不顾国家危难、百姓劳苦而兴师动众叫做违背时势。对付这五类不同性质的战争，各有不同的方略。正义之师必用礼义规范来使对方顺服；强大之师必用谦让姿态使对方顺服；强硬之师必用辞令使对方屈服；残暴之师必用诡诈之术来使对方屈服；违背时势之师必用灵活权变之法来使对方屈服。这是其情势所决定的。"

# 论 将

夫总文武者，军之将也；兼刚柔者，兵之事也。凡人之论将，恒观之于勇；勇之于将，乃数分之一耳。夫勇者轻合（合原作命），而不知利，未可也。故将之所慎者五：一曰理，二曰备，三曰果，四曰戒，五曰约。理者，治众如治寡；备者，出门如见敌；果者，迎敌不怀生；戒者，虽克如始战；约者，法令省而不烦。受命而不辞家，敌破而后（不辞至而后旧作辞不补六字）言反，将之礼也。故师出之日，有死而（此而与下一个而共作之古字通用）荣，无生而辱也。

凡制国治军，必教（教原作设）之以礼，厉之以义，在大足以战，在小足以守矣。然战胜易，守胜难。是故，以胜得天下者稀，以亡者众。

武侯曰："愿闻阵必定，战必胜，守必固之道。"对曰："君使贤者居上，不肖处下，则阵已定矣；民安其田宅，亲其有司，则守已固矣；百姓皆是君（君原作吾居），而非邻国，则战已胜矣。"

【译文】

吴起说："文武兼备的人，才可做军队的将领；刚柔并用的人，才可以指挥作战。一般人对于将领的评价，往往是只看他的勇敢，其实勇敢对于将领来说，只是应该具备的若干条件之一。单凭勇敢，必定会轻率下令不知权衡利害，这是不可取的。所以，将领应当慎重的有五件事：一是理，二是备，三是果，四是戒，五是约。理，是说治理众多的军队如同治理少数军队一样地有条理；备，是说部队一出动就像面对敌人一样地有戒备；果，是说临阵果断，不考虑个人的死生；戒，是说虽然打了胜仗还是如同初战时那样慎重；约，是说法令简约而不烦琐。接受命令后不与家人告别就出发，打败敌人后才考虑回师，这是将领应守的规范。所以自出征那一天起，将领便应下定决心，宁可光荣战死，绝不耻辱的活着。

凡治理国家和军队，必须有章法可循，用礼义来教育勉励人们，力量强大时就能出战，力量弱小时也能坚守。取得胜利比较容易，巩固胜利却很困难。因此仅靠战争的胜利而得到天下的少，因不能守胜而亡国的却很多。”

武侯问：“我想知道阵地必会稳定、战斗必会胜利、守御必会坚固的方法。”吴起答道：“您能将有才德的贤者加以重用，才能不足者安排在下位，那么阵地就可以说已稳定了。使民众安居乐业，敬爱其官长，那么守卫就可以说已经巩固了。如果百姓都认为自己的国君决策正确而错在敌方，那么战争就可以说已经胜利了。”

## 治　兵

武侯问曰：“兵以何为胜？”吴子曰：“兵以治为胜。”又问：“不在众乎？”对曰：“若法令不明，赏罚不信，金之不止，鼓之不进，虽有百万之师，何益于用？所谓治者，居则有礼，动则有威，进不可当，退不可追，前却如节，左右应麾。投之所往，天下莫当，名曰父子之兵也。”

【译文】

武侯问：“军队靠什么打胜仗？”吴起答：“治理好军队就能打胜仗。”武侯又问：“不在于兵将多吗？”吴起答：“如果法令不严明，赏罚失去信用，鸣金不停步，击鼓不前进，即使有百万之众，又有什么用处？所谓治军，就是驻扎时守礼法；行军时有威势；前进时锐不可挡；撤退时速不可追；前进退却按照节制，左右移动听从指挥。无论兵锋指向哪里，谁也不能阻挡。这叫做‘父子之兵’。”

## 励　士

武侯曰：“严刑明赏，足以胜敌乎？”吴子曰：“严明之事，非所恃也。发号布令而民乐闻，兴师动众而民乐战，交兵接刃而民安死。此三者，人之所恃也。”武侯曰：“致之奈何？”对曰：“君举有功而进之飨，无功而厉之。”于是武侯设坐庙庭，为三行，飨士大夫。上功坐前行，肴席有重器、上牢。次功坐中行，肴席器差减。无功坐后行，肴席无重。飨毕而出，乃又班赐有功者之父母妻子于庙门之外，亦以功为差数。唯无功者不得耳。死事之家，岁使使者劳赐其父母。行之三（三原作五）年，秦人兴师，临于西河，魏士闻之，介胄不待吏令，奋击之者以万数。吴子曰：“臣闻之，人有短长，气有盛衰。君试发无功者五万人，臣请率以当之。其可乎？今使一死贼伏于旷野，千人追之，莫不枭视狼顾。何者？恐其暴起而害己也。是以（以原作则）一人投命，足惧千夫。今臣以五万之众，而为一（旧无一字补之）死贼，以率讨之，固难当矣。”武侯从之，兼车五百乘，骑三千匹，而以破秦五十万众，此励士之功也。

魏武侯尝谋事，群臣莫能及，罢朝而有喜色。吴起进曰：“昔楚庄王谋事，群臣莫能及，罢朝而有忧色。曰：‘寡人闻之，世不绝圣，国不乏贤，能得其师者王，能得其友者霸。今寡人不才，而群臣莫之过，国其殆矣！’庄王所忧，而君悦之，臣窃惧矣。”于是武侯乃惭。

【译文】

武侯问：“赏罚严明就足以打胜仗了吗？”吴起答：“赏罚严明这件事，不能完全依靠它。发号施令，人们乐于听从；兴师动众，人们乐于参战；冲锋陷阵，人们乐于效死。这三点，才是君主所应该依仗的。”武侯问：“怎样才能做到呢？”吴起答：“您选拔有功人员，举行盛大宴会款待赏赐他们，这对无功的人也是一种勉励。”于是武侯设席于朝廷，分三排坐位，宴请士大夫。功劳最大的坐前排，酒席上有珍贵餐具、猪牛羊肉齐备；功劳次一等的坐中排，酒菜餐具稍有差别和减少；无功者坐后排，只有简单菜肴，没有贵重餐具。饮宴结束出来后，又在朝门外赏赐有功人员及其父母妻子，也按功劳大小而有所差别；只有无功者的家人什么也得不到。对于死难将士的家属，每年派人慰问，并赏赐他们的父母。这个办法实行了三年之后，秦国出兵到达魏国的西河边境，魏国的士民听到这一消息，不待官吏的命令，自动穿戴盔甲、奋勇抗敌的数以万计。吴起说："我听说人有短处，有长处，士气也有盛有衰。您不妨试派五万名没有立过功的人，让我率领去抵挡秦军可以吗？假如现在一个不怕死的强盗，隐伏在荒郊旷野，派一千人去追捕他，没有一个不瞻前顾后的。这是为什么呢？是怕他突然跳出来伤害了自己。所以一个人拼命，足使千人畏惧。现在我这五万人都像那个拼死一搏的强盗一样，带领他们去征讨敌人，敌人肯定很难抵挡。"于是武侯采纳了吴起的意见，并加派战车五百辆，战马三千匹，于是以此大破秦军五十万之多，这就是激励士气的效果。

魏武侯曾经和群臣商议国事，群臣的见解都不如他，他退朝以后面有喜色。吴起进谏道："从前楚庄王曾经和群臣商议国事，群臣都不及他，他退朝后面有忧色。说：'我听说世上不会没有圣人，国家不会缺少贤人。能得到他们做老师的，可以称王；得到他们做朋友的，可以称霸。现在我没有才能，而群臣还不如我，楚国危险了。'楚庄王所忧虑的事，你却反而喜悦，我私下深感忧惧。"于是武侯表示很惭愧。

（蔡庄伟译）

## 卷三十六

# 商君子治要

【考评】

《商君子》，即《商君书》，亦称《商君》或《商子》，是战国时商鞅及其后学的著作的合编。《汉书·艺文志》著录二十九篇，现存二十四篇。魏征《群书治要》选录了该书三篇的部分章节，其中所引《六法》篇今已佚。商鞅是历史上一位杰出的政治家，反对复古，主张革新，在秦国实行变法，使秦很快国富民强，压倒六国，为秦始皇统一当时的中国奠定了基础。《群书治要》所引部分，提出君主要“不法古，不循今”，“当时而立法，度务而制事”；要树立信赏必罚的法治制度，“立法明分，而不以私害法”；强调要把统治权集中于君主一人，“权制独断于君”，君主以法掌权，以建立中央集权的君主专制国家。

《汉书·艺文志》著录：“商君二十九篇”，班固自注云：“名鞅，姬姓，卫后也。相秦孝公。”《隋书·经籍志》称此书为《商君书》；《新唐书·艺文志》称为《商子》。严万里得元刻本，凡二十六篇，而中亡其二(第十六、第二十两篇亡)，实二十四篇。《群书治要》所引《商君书》还有《六法》一篇，今本无。

《商君书》系卫鞅即商鞅后学编著，当是战国晚期的著作。所以，《韩非子·五蠹篇》说：“今境内之民皆言治，藏商、管之法者家有之。”《更法篇》记载商鞅初入秦时与旧贵族之间的斗争；《境内篇》记载商鞅变法后奖励军功的二十等爵制度；《垦令篇》记载如何采取措施奖励垦荒问题；《徕民篇》主张三晋人民来秦垦荒，并述及秦、赵之间的长平之战，说明此书的成书年代当在公元前260年以后。《商君书》大体上是总结商鞅变法以后的统治经验，具有一定的史料价值。

## 六 法

先王当时而立法，度务而制事。法宜其时则治，事适其务故有功。然则，法有时而治，事有当而功。今时移而法不变，务易而事以古，是法与时诡，而事与务易也。故法立而乱益，务为而事废。故圣人之治国也，不法古，不循今，当时而立功，在难而能免。今民能变俗矣，而法不易；国形更势矣，而务以古。夫法者，民之治也；务者，事之用也。国失法则危，事失用则不成。故法不当时，而务不适用，而不危者，未之有也。

【译文】

先代君王适应时势来制定法规，估量国家要务然后安排工作。法规适宜时势则国家安定，工作符合国家要务就会有功绩。那么（也就是说），法规有与之适应的时势才有治理作用；事情符合当务之急才会有良好成效。现今时势转变了而法规却不随之改变，国家的要务改变了而做事仍沿袭旧例，这是法规与时势相违背、事情与急务相错位。所以，法规制定了，但动乱却更甚；国家要务确立了，但事业却衰败。所以圣人治理国家，不效法从前的成规，不谨守当代的经验；适应时势去建立功业，处于困境而能避免灾难。如今百姓已经改变习俗了，但法规却不改变；国家情状改变了，而其主要工作却沿用旧例。法规，是用以保障人民安定的；国家要务，是用以保障做事的效用的，国家失去法规则危险，做事失去效用则不会成功。所以，法规不符合时势，且国家要务不合乎社会需要，要想不会有危险，是从未有过的。

## 修 权

国之所以治者三：一曰法，二曰信，三曰权。法者，君臣之所共操也；信者，君臣之所共立也；权者，君之所独制也。人主失守则危，君臣释法任私则乱。故立法明分，而不以私害法，则治；权制独断于君，则威。民信其赏，则事功；不信其刑，则奸无端矣。唯明主爱权、重信，而不以私害法也。故上多惠言，而不克其赏，则下不用；数加严命，而不致其刑，则民傲罪。凡赏者，文也；刑者，武也；文武者，法之约也。故明主慎法。不蔽之谓明，不欺之谓察。故赏厚而信，刑重而必，不失疏远，不私亲近，故臣不蔽主，而下不欺上。

【译文】

国家之所以治理得好，是因为有三样东西：一是法律，二是诚信，三是权力。法律，是君主和臣民应共同掌控的东西；诚信，是君主和臣子应共同建立的东西；权力，是君主独自掌握的东西。君主不能保住权力就危险了；君臣放弃法律，放任私欲，国家一定会混乱。所以建立法治、明确职分，而不以私欲损害法规，国家就会安定。大权独揽，君主就有威严。民众认为官方的奖赏讲信用，那么做事就有成绩；民众认为官方的刑罚不讲信用，那么邪恶就会无法控制。只有英明的君主才珍惜权力，注重诚信，而不因私损害法律。如果上级说了许多给下层好处的话而不能兑现其奖赏，那么下级就不再会听从其言；如果上级屡次下达严惩之令而结果却不给予惩治，那么民众就会轻视犯罪。一般地说，奖赏是一种文德；刑罚是一种强力。奖罚是法律的纲要。所以英明的君主会慎重地使用法律。不被蒙蔽为英明，不被欺骗为详察。因此，赏赐优厚而且讲信用，刑罚严厉而且必须实施，奖赏不漏掉疏远的人，惩罚不偏私亲近的人，那么臣子就不会蒙蔽君主，而下级就不会欺骗上级。

世之为治者，多释法而任私议，此国之所以乱也。先王悬权衡，立尺寸，而至今法之，其分明也。夫释权衡而断轻重，废尺寸而意长短，虽察，商贾不用，为其不必也。故法者，国之权衡也。夫背法度而任私议，皆不知类者也。故立法明分，中程者赏，毁公者诛。赏诛之法，不失其议，故民不争；不以爵禄便近亲，则劳臣不怨。不以刑罚隐疏远，则下亲上。故官贤选能，不以其劳，则忠臣不进；行赏赋禄，不称其功，则战士不用。

【译文】

当代的统治者，多半舍弃法律而听信个人的意见，这就是国家混乱的原因。先代的帝王设置衡器（来称轻重），确立尺寸（来量长短），到现在人们还效法这种办法，是因为这种办法能区分得很清楚。舍弃衡器来判断轻重，废弃尺寸来臆测长短，即使能做到明察，商人也不会采用这种方法，因为它不一定准确，法制就是国家的衡器。背弃了法度而听任个人的意见，都是不懂得法令条例的人。所以制定法规来明确分限，合乎规章的就奖赏，损害国家利益的就惩罚。制定奖赏和惩罚的办法，都要经过会议，所以民众没有争议；不用爵禄给所亲近者以好处，那么有功之臣就不会抱怨；不用刑罚给被疏远者以威慑，那么下层就会亲近上级。如果想使贤者居官、能者入选却不凭藉其功绩，那么忠臣就不愿意出来做官。进行赏赐、给予俸禄，不和各人的功劳相称，那么战士就不愿为其所用。

凡人臣之事君也，多以主所好事君。君好法，则臣以法事君；君好言，则臣以言事君。君好法，则端直之士在前；君好言，则毁誉之臣在侧。公私之分明，则小人不嫉贤，而不肖者不妒功。故三王以义亲，五伯以法正诸侯，皆非私天下之利也。今乱世之君臣，区区然皆欲擅一国之利，而当（当原作搜）一官之重，以便其私，此国之所以危也。

夫废法度而好私议，则奸臣鬻权以约禄；秩（秩原作秩）官之吏，隐下而渔民。谚曰：“蠹众而木折，隙大而墙坏。”故大臣争于私而不顾其民，则下离上。下离上者，国之隙也。秩（秩原作秩）官之吏隐下以渔百姓，此民之蠹也。故国有隙蠹而不亡者，天下鲜矣。故明主任法去私，而国无隙蠹矣。

【译文】

一般说来，臣子侍奉君主，多半按照君主之所好去侍奉。君主喜欢法制，那么臣子就按法律要求来侍奉君主；君主喜欢言论，那么臣子就会常以言论来侍奉君主。国君喜欢法制，那么正直之臣就会得以重用；

君主喜欢言论，那么长于谤毁、奉承的人就会常在身侧。处事公私分明，那么小人就不会嫉妒有德才者，而德才不佳者也不会嫉妒有功绩者。三王用仁义来亲和天下，五霸用法度来匡正诸侯，都不是把天下的利益据为己有。现今乱世的君主、臣子，都得意洋洋地欲独占一国一方的利益，探求哪个官位更重要，好便利自己谋私，这就是国家危亡的原因。

君主废弃法度而喜欢听个人意见，那么奸臣就会通过玩弄权术来索求利禄；一般的官员就会私自隐瞒下情，非法侵夺百姓利益。谚语说："蛀虫多则木头折；裂缝大则墙壁坏"。大臣们争夺私利而不顾其百姓，那么百姓就会背离君主。百姓和君主离心离德，这是国家的"裂缝"。一般的官员私自隐瞒下情去渔肉百姓，这是民众的"蛀虫"。国家有"裂缝"和"蛀虫"而不灭亡的，天下少有啊！所以，英明的君主治国是凭借法律而消除私利，这样，国家就没有"裂缝"和"蛀虫"了。

## 定　分

法令者，民之命也，为治之本也，所以备民也。智者不得过，愚者不得不及。名分不定，而欲天下之治，是犹欲无饥而去食，欲（旧无欲字补之）无寒而去衣也，其不几亦明矣。一兔走，而百人追之，非以兔为可分以为百，由名之未定也。夫卖兔者满市，盗不敢取，由名分之定也。故名分未定，尧、舜、禹、汤且皆加务而逐之；名分已定，贪盗不取。今法令不明，其名不定，天下之人得议之。此所谓名分不定也。夫名分不定，尧、舜犹将皆折而奸之，而况众人乎？故圣人必为法令，置官也，置吏也，为天下师，所以定明分也。名分定，则大诈贞（贞原作真）信，民皆（民皆原作巨盗）愿悫，而各自治也。故夫名分定，势治之道也；名分不定，势乱之道也。故势治者不可乱也，势乱者不可治也。夫势乱而欲治之，愈乱矣；势治而治之，则治矣。故圣人治治，不治乱也。

圣人为民法，必使之明白易知，愚智遍能知之，万民无陷于险危也。故圣人立天下，而天下无刑死者，非可刑杀而不刑杀也，万民皆知所以避祸就福，而皆自治也。明主因治而治之，故天下大治也。

【译文】

法令，是天下百姓的命脉，是治理国家的根本，是用以防备百姓（违法犯罪）的。聪明者不能超越，愚昧者也必须做到。名位及其相应的职责如果不确定，却想使天下太平，就好比不想挨饿却抛弃了食物，不想受冻却丢掉了衣服，这不是很明白的事吗？一只兔子在奔跑，却有一百个人去追它，并不是因为这只兔子可以分成一百份，而是由于它到底该属于谁这个名分还没有确定。出售兔子的人挤满了市场，而盗贼不敢夺取，是由于兔子属于卖兔者这个名分已经确定。所以当名分还没有确定的时候，就是尧、舜、禹、汤那样的贤君尚且都更加努力地去追逐它；一旦名分已经确定，就是贪婪的盗贼也不敢夺取。现在法令不明确，其名分不确定，天下的人就有理由去议论它。这就是所说的名分不确定。名分不能确定，就是尧、舜那样的圣人也都会违法，从而使自己得到，更何况其他人呢？所以圣人如果要实施法令，就设立官府，设置官吏，让天下人效法，这就是为了确定名分。名分确定了，那么大骗子也会变得诚实守信，百姓也都会变得老实谨慎，从而各自约束自己。所以名分能够确定，国家就会踏上形势安定之路；名分不确定，国家就会步入形势混乱之途。形势安定时不容易变得混乱，形势混乱时不容易治理好。形势混乱才想去治理它，往往会更加混乱；形势安定的再加以治理，则会天下太平。所以圣人在天下安定时就加强管理，而不是在天下混乱时才去治理。

圣人为百姓制定法律，一定使它明白易懂，使愚昧的人和聪明的人都能理解它，从而使万民不陷于危险的境地。圣人继位做天下君主，天下就没有因犯罪被处死的人，这并不是说论罪本应处死却不处死，而是万民都知道怎样才能避免灾祸，靠近幸福，从而都能（对照法律）自己管好自己。英明的君主趁着天下安定之时就加强治理，所以才能实现天下大治。

**（蔡庄伟译）**

# 卷三十六

# 尸子治要

【考评】

《尸子》，战国尸佼著。尸佼(约前390年—前330年)，战国时法家，晋国人，一说鲁国人，相传为商鞅之师，曾参与商鞅变法的策划，商鞅被杀后，逃亡入蜀。主张“令名自正，令事自定。赏罚随名，民莫不敬。”要求统治者确立并根据法律制度进行统治。《汉书·艺文志·杂家》列《尸子》二十篇。隋唐志并同。至宋其书已佚。

魏征《群书治要》幸而辑录了《尸子》的《劝学》《贵言》《四仪》《明堂》《分》《发蒙》《恕》《治天下》《仁意》《广》《绰子》《处道》《神明》等十三篇，尚能窥其大概。因《尸子》在宋时已失佚，目前上海古籍出版社出版的《尸子》，是清朝萧山人汪继碚所辑，不足为凭，故仅按日本原刻本的眉批注校勘。

# 劝　学

学不倦，所以治己也；教不厌，所以治人也。是故子路卞之野人，子贡卫之贾人，颜涿聚盗也，颛孙师驵也，孔子教之，皆为显士。夫学，譬之犹砺也。夫昆吾之金，而铢父之锡，使于越之工，铸之以为剑，而勿加砥砺，则以刺不入，以击不断。磨之砻砺，加之以黄砥，则其刺也无前，其击也无下。自是观之，砺之与弗砺，其相去远矣。今人皆知砺其剑，而弗知砺其身。夫学，身之砺砥也。

【译文】

学而不倦，是为了提高自己的修养；教而不厌，是为了提高他人的修养。所以，子路原是卞国农民，子贡是卫国商人，颜涿是一个盗匪，颛孙师当过市侩，经孔子教育，都成为知名士人。学习就像磨砺。昆吾的铁、铢父的锡，交给越国工匠加工，冶铸成剑，但不进行磨砺，就无法刺穿砍断任何东西。先用砺石粗磨，加以黄砥细炼，就没有什么东西击刺不穿、砍不断了。由此可见，磨砺和不磨砺是大不相同的。如今的人们都懂得宝剑要磨砺，但不知道自身也要磨砺。学习，就是对自身的磨砺。

夫子曰："车唯恐地之不坚也，舟唯恐水之不深也。"有其器，则以人之难为易。夫道以人之难为易也。是故曾子曰："父母爱之，喜而不忘；父母恶之，惧而无咎。"然则爱与恶，其于成孝无择也。史鰌曰："君亲而近之，至敬以逊；貌而疏之，敬无怨。"然则亲与疏，其于成忠无择也。孔子曰："自娱于檃括之中，直己而不直人，以善废而不邑邑，蘧伯玉之行也。"然则兴与废，其于成善无择也。屈侯附曰："贤者易知也，观其富之所分，达之所进，穷之所不取。"然则穷与达，其于成贤无择也。是故爱恶亲疏，废兴穷达，皆可以成义，有其器也。

【译文】

孔子曾说："坐车，都担心地面不够坚硬；坐船，都担心水不够深。"有了器械，就能将别人看来困难的事情，化为容易处理的事情，这也就是说只要掌握了规律，那么别人看来困难的事也会变得容易。所以曾子说："父母喜欢时，就很高兴且不易忘却；父母厌恶时，就因恐惧而不敢出错。"可见父母喜爱还是厌恶，对追求孝顺的子女来说是不能选择的。史鰌说："君主爱人且平易近人，众人就又敬爱又恭顺；外表上显得疏远，众人也尊敬而无怨。"可见与君主亲近还是疏远，对追求忠诚的臣下来说是没有什么区别的。孔子说："在矫正竹木的过程中自取愉悦，只矫正自己而不矫正别人，因自己善良而被放黜也不为之忧郁，这是蘧伯玉的操行。"可见个人兴废，对成就其好的德行是没有区别的。屈侯附说："要判断人们是否贤良并不困难，只要看他富裕时如何分置财产，发达时举荐什么人，困顿了怎么拒绝诱惑。"可见事业困窘和发达，对于成就其贤良来说是没有区别。所以喜爱也罢，厌恶也罢，亲近也罢，疏远也罢，废弃也罢，兴起也罢，困窘也罢，显达也罢，都可以成就其正义，关键在于器质本身。

桓公之举管仲，穆公之举百里，比其德也。此所以国甚僻小，身至秽污，而为政于天下也。今非比志意也，比容貌，非比德行也。而论爵列，亦可以却敌服远矣。农夫比粟，商贾比财，烈士比义，是故监门逆旅，农夫陶人，皆得与焉。爵列私贵也，德行公贵也，奚以知其然也？司城子罕遇乘封人而下，其仆曰："乘封人也，奚为下之？"子罕曰："古之所谓良人者，良其行也；贵人者，贵其心也。今天爵而人，良其行而贵其心，吾敢弗敬乎？"以是观之，古之所谓贵，非爵列也；所谓良，非先故也。人君贵于一国，而不达于天下；天子贵于一世，而不达于后世，唯德行与天地相弊也。爵列者，德行之舍也，其所息也。《诗》曰："蔽芾甘棠，勿剪勿败，召伯所憩。"仁者之所息，人不敢败也。天子、诸侯，人之所以贵也，桀、纣处之则贱矣。是故曰："爵列非贵也。”今天下贵爵列而贱德行，是贵甘棠而贱召伯也，亦反矣。夫德义也者，视之弗见，听之弗闻，天地以正，万物以遍，无爵而（而旧作与，改之）贵，不禄而尊也。

【译文】

齐桓公选用管仲，秦穆公选用百里奚，都是通过品德对比选用的。这就是国家虽然偏僻弱小，自己本身陷于污浊，但却能从政于天下的原因。如今的人不是比志气，而是比容貌；不是比道德操行，而是议论爵位高低，认为有爵位便可以战胜敌人、征服远方。农民比粮食收成，商人比财富大小，英雄比贞节忠义，所以看门的人、远游的人、农民和工匠，都不例外。爵位是个人比较看重的，德行却是公共所尊崇的。我们怎么知道其中的道理呢？司城子罕路上遇到乘地封人，便站在了下位。他的仆人问：“他是乘地封人，你为什么要站在下位呢？”子罕回答：“古代所谓良人，是指行为良好；所谓贵人，是指心地高贵。今天给此人封爵，说明此人行为良好，心地高贵，我岂敢不尊敬他呢？”由此可见，古代所说的尊贵，不是专指爵位；古代所说的良人，不是因其祖先的缘故。君主在一个国家受人尊敬，但在整个天下却未必都如此显达；天子在一个时代受人敬重，但在后世却未必都是如此。只有品德和操守可与天地并存。爵位是品德和操守的归宿，也是它的标志。《诗经》上说：“对甘棠树的小枝嫩叶，千万不要翦伐攀折，这是召伯曾休息的地方。”仁义的人藉以休息之木，众人不敢攀折。天子、诸侯是人们尊重的，但桀纣处天子之位却卑贱了。所以说爵位并不等于高贵。如今天下看重爵位却鄙视德行，就好像看重甘棠却鄙视召伯一样，这是本末颠倒了。道德与仁义，眼看无形，耳听无声，但天地间因之而有正义，万物因之而遍布；没有爵位也使其尊贵，没有俸禄也受人敬重。

## 贵　言

范献子游于河，大夫皆存，君曰：“孰知栾氏之子？”大夫莫答。舟人清涓舍楫而答曰："君奚问栾氏之子为？"君曰："自吾亡栾氏也，其老者未死，而少者壮矣。吾是以问之。"清涓曰："君善修晋国之政，内得大夫，而外不失百姓，虽栾氏之子，其若君何？君若不修晋国之政，内不得大夫，而外失百姓，则舟中之人，皆栾氏之子也。"君曰："善哉言。"明日朝，令赐舟人清涓田万亩，清涓辞。君曰："以此田也，易彼言也。子尚丧，寡人犹得也。"古之贵言也若此。

【译文】

范献子在黄河上荡舟，大夫们都在身边。范献子问："有谁知道栾氏的后人？"大夫们没有人对答。有个叫清涓的摇船人放下船桨，答道："您为何要问栾氏的后人呢？"献子说："自从我消灭了栾氏，栾氏的老一代没有死亡，新一代已经长大。所以我要询问。"清涓说："您好好管理晋国的内政，对内团结大夫，对外不丧失百姓，即使栾氏子孙长大了，对您又能够怎样呢？您如果不很好地管理晋国内政，对内得不到大夫支持，对外丧失了老百姓拥护，那么船上的人都会成为栾氏的后裔，成为您的敌人。"献子说："这话说得好哇！"第二天早朝，范献子下令赏赐那个叫清涓的摇船人良田一万亩，而清涓却婉言谢绝。范献子说："以这些田地交换你的劝告，你还有所失，我还有所多得呢！"古代圣王看重善言，竟达到如此程度。

臣天下，一天下也。一天下者，令于天下则行，禁焉则止。桀、纣令天下而不行，禁焉而不止，故不得臣也。目之所美，心以为不义，弗敢视也；口之所甘，心以为非义，弗敢食也；耳之所乐，心以为不义，不敢听也；身之所安，心以为不义，弗敢服也。然则令于天下而行，禁焉而止者，心也。故曰："心者，身之君也。"天子以天下受令于心，心不当，则天下祸；诸侯以国受令于心，心不当，则国亡；匹夫以身受令于心，心不当，则身为戮矣。祸之始也易除，其除之不可者避之；及其成也，欲除之不可，欲避之不可。治于神者，其事少而功多。干霄之木，始若蘖足易去也；及其成达也，百人用斧斤，弗能偾也。熛火始起易息也，及其焚云梦孟诸，虽以天下之役，抒江汉之水，弗能救也。夫祸之始也，犹熛火蘖足也，易止也；及其措于大事，虽孔子、墨翟之贤，弗能救也。屋焚而人救之，则知德之。年老者，使涂隙戒突，故终身无失火之患，而不知德也；入于囹圄，解于患难者，则三族德之，教之以仁义慈悌，则终身无患而莫之德。夫祸亦有突，贤者行天下，而务塞之，则天下无兵患矣，而莫之知德也。故曰："圣人治于神，愚人争于神也。"

【译文】

让天下臣服，就是统一天下。统一天下，就是在整个天下能够有令则行，有禁则止。桀、纣在位时，却有令不行，有禁不止，所以不能让天下人臣服啊。眼睛看来美丽的东西，内心认为不义，就不敢去看；嘴巴尝来美味的东西，内心认为不义，就不敢去吃；耳朵听来愉悦的东西，内心认为不义，就不敢去听；身体感觉安舒的东西，内心认为不义，就不敢穿戴。可见能使整个天下令行禁止的是心。所以说："心是自身的主宰。"天子凭其心向天下发号施令，用心不当，就成为天下的祸患；诸侯凭其心向国家发号施令，用心不当，国家就会灭亡；匹夫凭其心向身体发号施令，用心不当，自身就会遭到屠戮。

祸患在初期时容易除，如果除不掉还可以避开；等到祸患形成之后，要想轻易除掉就不行了，要想避开也是不行的。用精神来治理，事情少而功绩多。通天的乔木，最初萌芽时容易挖掉，等到成长壮大后，众多的人用斧头砍伐，都不能砍倒；火刚燃时容易熄灭，等到能够焚烧云梦、孟诸时，即使发动天下百姓，舀尽汉江大水，都不能扑救。祸端的开始，犹如烟火的萌生，容易制止；等到酿成大祸，即使有孔子、墨翟之类贤良，都不能救治。房屋焚烧了，有人前去救治，人们都懂得感戴他。而年长者让他们弥补缝隙，不用烟突，终生没有火患，人们却不懂感戴。进入监牢，将患难的人解放出来，三族的人们都感戴他；但是用仁义孝悌教人，让人终身没有祸患，却没有人感戴。祸患也有它的烟突，贤良的人在天下活动，尽力去堵塞，让天下没有兵患，却也无人感戴。所以说："圣人是从心着手使天下得到治理，而愚痴的人同样也是因为存心的缘故才使天下陷入纷争。"

天地之道，莫见其所以长物而物长；莫见其所以亡物而物亡。圣人之道亦然。其兴福也，人莫之见而福兴矣；其除祸也，人莫之知而祸除矣。故曰："神人益天下以财为仁，劳天下以力为义，分天下以生为神。"修先王之术，除祸难之本，使天下丈夫耕而食、妇人织而衣，皆得戴其首。父子相保，此其分万物以生，盈天下以财，不可胜计也。神也者，万物之始，万事之纪也。

【译文】

天地之道，是没有看到它怎样使万物生长而万物都在生长；没有人看到其怎样使万物死亡而万物却在死亡。圣人之道也是这样。其兴福灭祸的过程，没有什么人能见到，但幸福降临而灾祸清除了。所以说："得道之人给天下人增加财富叫做仁；为天下操心劳力叫做义；使天下万物各得其所、生养不息，叫做神妙。"修习古之圣王的统治办法，清除一切祸患的根本，使天下的男子通过耕作提供食物，让天下的妇女通过纺织提供衣裳，所有的人都能尽享天年。父子彼此保护，让万物各自生存，让天下增加财富，功劳是不可估量的。所谓神，就是万物的根本，就是万事的纲纪。

## 四　仪

行有四仪：一曰志动不忘仁；二曰智用不忘义；三曰力事不忘忠；四曰口言不忘信。慎守四仪，以终其身，名功之从之也，犹形之有影，声之有响也。是故志不忘仁，则中能宽裕；智不忘义，则行有文理；力不忘忠，则动无废功；口不忘信，则言若符节。若中宽裕而行文理，动有功而言可信也，虽古之有厚功大名，见于四海之外，知万世之后者，其行身也，无以加于此矣。

【译文】

人的行为有四个方面的准则：一是立志有所作为不忘仁道；二是用智慧成事不忘道义；三是尽力作事不忘忠诚；四是有承诺不忘信用。一个人终身谨慎地坚持这四个准则而一生都身体力行，名声和功绩的到来，就如影子追随身子、回声追随声音一样自然。正因如此，所以有志向不忘仁道，内心就能宽广、充实；用智不忘道义，行为就有了规矩；尽力不忘忠诚，行动就不会无用；有承诺不忘信，说话就像符节一样有信用。如果内心宽广、充实且行为有了规矩；工作有实际成效且说话守信用；即使古代有大功大名的人，四海之外可见其功泽，万世之后可知其英明的人，他们的立身处世之道都不过如此。

## 明　堂

夫高显尊贵，利天下之径也，非仁者之所以轻也。何以知其然耶？日之能烛远，势高也，使日在井中，则不能烛十步矣。舜之方陶也，不能利其巷下；南面而君天下，蛮夷、戎狄，皆被其福。目在足下，则不可以视矣。天高明，然后能烛临万物；地广大，然后能载任群体。其本不美，则其枝叶、茎心，不得美矣，此古今之大径也。是故圣王谨修其身，以君天下，则天道至焉，地道稽焉，万物度焉。古者明王之求贤也，不避远近，不论贵贱；卑爵以下贤，轻身以先士。故尧从舜于畎亩之中，北面而见之，不争礼貌，此先王之所以能正天地、利万物之故也。今诸侯之君，广其土地之富，而夺其兵革之强以骄士；士亦务其德行，美其道术以轻上，此仁者之所非也。曾子曰："取人者必畏，与人者必骄。"今说者怀畏，而听者怀骄，以此行义，不亦难乎？非求贤务士，而能致大名于天下者，未之尝闻也。

【译文】

高显尊贵的权势是为天下谋利益的途径，不是仁义的人可以轻视的。怎么知道这个道理呢？太阳能够照耀遥远的地方，是因为太阳所在位置非常高。假如将太阳放在井中，就不可能照到十步以外的地方。舜在作陶工的时候，不能给他的邻里以好处，但是他统治天下时，就连蛮夷和戎狄都能够享受他的福泽。眼睛如果长在脚底下，就看不见任何东西。上天又高又亮，然后才能够照耀万物；大地又广又大，然后才能承载万物。其本性不美，那么枝叶和茎杆就不会美。这是古往今来的大道理。所以圣王谨慎修养自己，才会上合天道，下应地道，让万物顺应法度。古代明智的君王寻求贤良人才，不管关系亲疏，不论地位贵贱，都会降低自己的爵位来迎接贤良人才，轻贱自己的身份来优待贤良人才。所以尧在田地中发现了舜，面朝北见了他，并不拘旧礼，这就是先王能够端正天地之道、有利万物滋育的道理所在。如今诸侯王扩展其土地与财富，通过争夺使军队强大并且傲慢士人；士人也追求自己的品德和操行，美化自己的道理和计谋从而轻视君主，这是坚持仁义的人们向来反对的。曾子说："凡是向别人求取的人，必然有敬畏别人的情绪；凡是给予他人的人，必然有傲慢别人的情绪。"如今说话的人怀有敬畏情绪，而听话的人怀有傲慢情绪。用这种办法推行仁义，不是太困难了吗？不求取贤才、招徕士人，却能够在天下取得大名的人，从来没有听说过。

夫士不可妄致也。覆巢破卵，则凤皇不至焉；刳胎焚夭，则骐麟不往焉；竭泽漉鱼，则神龙不下焉。夫禽兽之愚，而不可妄致也，而况于火食之民乎？是故曰："待士不敬，举士不信，则善士不往焉；听言，耳目不瞿，视听不深，则善言不往焉。"孔子曰："大哉河海乎！下之也。"夫河下天下之川，故广；人下天下之士，故大。故曰："下士者得贤，下敌者得友，下众者得誉。"故度于往古，观于先王，非求贤务士，而能立功于天下，成名于后世者，未之尝有也；夫求士不遵其道，而能致士者，未之尝见也。然则先王之道可知已，务行之而已矣。

【译文】

人才不是可以随意招致的。巢穴翻覆了、蛋卵打破了，凤凰就不会飞来；胚胎剖开了、幼崽焚烧了，麒麟就不会光顾；沼泽干涸了、鱼儿捞尽了，神龙就不会驾临了。禽兽虽然愚蠢，都不能随便招致，何况食烟火的人类呢？所以说："对待士人不尊敬，举荐士人不信任，真正的士人是不会前往的；听取士人的建议时，耳目不够聪明，理解不够深刻，正确的言论是不会出现的。"孔子说："河流和海洋之所以大，是因为它地势低下。"黄河地势比天下的众多河流都低下，所以宽广；圣人比天下的众多人才都谦虚，所以伟大。所以说："对士人谦虚的人，能够得到贤良的人才；对对手谦虚的人，能够化敌为友；对众人谦虚的人，能够得到崇高的荣誉。"所以自古到今，从先前的君王来看，不求取贤才、招徕士人，却能够在天下建立功勋的人，从来就没有过；求取士人，不遵循一定的规律，却能够招徕人才，从来没有见到过。虽如此，古代圣王之道却是可以知道，关键是要切实行动起来罢了。

## 分

天地生万物，圣人裁之；裁物以制分，便事以立官。君臣父子，上下长幼，贵贱亲疏，皆得其分曰治。爱得分曰仁，施得分曰义，虑得分曰智，动得分曰适，言得分曰信。皆得其分而后为成人。明王之治民也，事少而功立，身逸而国治，言寡而令行。事少而功多，守要也；身逸而国治，用贤也；言寡而令行，正名也。君人者，苟能正名，愚智尽情，执一以静，令名自正，令事自定。赏罚随名，民莫不敬，周公之治天下也。酒肉不彻于前，钟鼓不解于悬。听乐而国治，劳无事焉；饮酒而贤举，智无事焉；自为而民富，仁无事焉。知此道也者，众贤为役，愚智尽情矣。

明王之道易行也，劳不进一步，听狱不后皋陶，食不损一味，富民不后虞舜，乐不损一日，用兵不后汤武，书之不盈尺简，南面而立，一言而国治，尧舜复生，弗能更也；身无变而治，国无变而王，汤武复生，弗能更也。执一之道，去智与巧。有虞之君天下也，使天下贡善；殷周之君天下也，使天下贡才。夫至众贤而能用之，此有虞之盛德也。

【译文】

天地生育了万物，圣人加以调整；圣人裁定事物制定名位、职分，以便因事设立官职。君臣、父子、上下、长幼、贵贱、亲疏，都各得其名分职责，这就叫做治。爱心得称其名分叫做仁；施舍得称其名分叫做义；思谋得称其名分叫做智；行动得称其名分叫做适；言论得称其名分叫做信；各方面都得到自己的名分，然后才会成为德才兼备的人。

贤明的君主治理人民，事务虽少而功绩却建立；自身虽安逸而国家却得到治理；说话虽很少而命令却能贯彻。事务虽少而功绩却建立，是因为抓住了要害环节；自身安逸而国家却得到治理，是因为起用了贤才；说话虽然很少，命令却能贯彻，是因为端正了各自名分。君主如果能端正名位职分，让愚钝的人和聪明的人都竭尽其力，守道无为，做好本职，名分就会因此端正，事情就会成功。赏功罚过都按照名分去定，就会无人不尊敬。周公治理天下，酒肉不彻于桌前，不解悬挂的钟鼓，乐声不断。听着音乐就能够治理国家，不须过多劳累；饮着醇酒就能够荐举贤良，不须过多思虑；自己做自己的事，人民就能富裕，无须过多讲谈仁爱。懂得这个道理，众多的贤良就愿意为他服务，聪明人还是愚钝的人，都愿意竭尽自己之情。

贤明君主的治国办法是容易实行的。不增加一点劳累，判决案件却比皋陶都迅速；不减少一味食品，使人民致富却不比虞舜差；不放弃一天音乐，运用兵力却不比汤武差；记事所用竹简不到一尺厚，却能够面南执政，一句话就能够保障国家治理，即使尧舜再世也无所更改。自身守常道不变，国家却能够治理；国家守常法不变，自己就能够称王；汤武再世，也无所改变；坚持一以贯之的方略，就可弃绝智慧和技巧。虞舜统治天下时，能够让天下贡献善言；殷周统治天下，能够让天下贡献真正的人才。能够拥有众多的贤良人才，并且都能够起用，这是虞舜的最大功德。

三人之所废，天下弗能兴也；三人之所兴，天下弗能废也。亲曰不孝，君曰不忠，友曰不信，天下弗能兴也。亲言其孝，君言其忠，友言其信，天下弗能废也。夫符节合之，则是非自见，行亦有符，三者合，则行自见矣，此所以观行也。诸治官临众者，上比度以观其贤，案法以观其罪，吏虽有邪僻，无所逃之，所以观胜任也。群臣之愚智，日劾于前，择其知事者而令之谋；群臣之所举，日劾于前，择其知人者而令之举；群臣之治乱，日劾于前，择其胜任者而令之治；群臣之所行，可得而察也。择其贤者而举之，则民竞于行；胜任者治，则百官不乱；知人者举，则贤者不隐；知事者谋，则大举不失；圣王正言于朝，而四方治矣。是故曰："正名去伪，事成若化；以实覆名，百事皆成。"夫用贤使能，不劳而治；正名覆实，不罚而威。达情见素，则是非不蔽；复本原始，则言若符节。良工之马易御也，圣王之民易治也，其此之谓乎？

【译文】

一个人如果三种人都不认同他，那么天下人都不能使他振兴；若是三种人都认可推荐的人，天下都不能使他败亡。亲人认为是不孝顺的，君主认为是不忠诚的，朋友认为是不守信的，天下人都不能使他振兴。亲人认为是孝顺的，君主认为是忠诚的，朋友认为是守信的，天下人都不能使他败亡。用符节度量一下，就能够判断是非曲直。人的行为也要符合一定的规程。符合上述三个方面标准的，他的行为（美丑、善恶）自然就可以断定了。这就是用来观察人们行为的方法。

各位管理官长和众多吏员者，要通过贡献来判断一个人是否贤良，依据法律来观察一个人是否有罪过。这样，官吏中即使有邪僻的人，也无法逃脱，这是为了判断一个人是否胜任工作。群臣中不管是聪明的还是愚钝的，每天都当面查核，选择其中懂得事理的人，让他们参与谋划；各位大臣推荐的人，每天都当面查劾，选择其中知人善任之人参与推荐活动；各位大臣的政绩好坏，每天都去考核，就能选用胜任职务的人让他们治理国家；各位大臣的一言一行，都可以得到观察了解。选择贤良的人出面举荐，人民就会竞相行动起来；选择胜任的人参加治理，百官就不会乱套；选择理解人才的人参与推荐，贤良的人就不会隐退；选择懂得事理的人参与谋划，大的举措就不会失误。圣人敢于在朝廷直言，四面八方就可以治理了。所以说，端正名分、铲除虚伪，事业的成功就非常顺当；根据实际检验名分，众多事情就都能成功。重用贤良，尊重人才，不须费神就能够取得成功；端正名分，考核实际，不用处罚就能够树立威信；能够沟通感情，见识本来面目，是非就掩盖不了；恢复本真，回到初始，言论就容易符合实际。优秀马师所培养的马儿，容易驾御；神圣君主所教化的人民，容易治理，难道不是就此来说的吗？

# 发　蒙

若夫名分，圣之所审也。造父之所以与交者少，操辔，马之百节皆舆；明王之所以与臣下交者少，审名分，群臣莫敢不尽力竭智矣。天下之可治，分成也；是非之可辨，名定也。无（无疑然）过其实罪也，弗及愚也。是故情尽而不伪，质素而无巧。故有道之君，其无易听，此名分之所审也。若夫临官治事者，案其法，则民敬事；任士进贤者，保其后，则民慎举；议国亲事者，尽其实，则民敬言。孔子曰："临事而惧，希不济。"《易》曰："若履虎尾，终之吉。"若群臣之众，皆戒慎恐惧，若履虎尾，则何不济之有乎？君明则臣少罪。夫使众者诏作则迟，分地则速，是何也？无所逃其罪也。言亦有地，不可不分也。

【译文】

名位、职分，向来是圣人所审慎的。造父之所以与驾车之马交流很少，是一抓住辔头，马的所有骨节都处于驾车状态；明王和臣下的交往也很少，但是只要审定了名位、职分，众多的大臣都竭尽力气和智慧。可见天下能够治理，那是职分促成的；是非可以判断，那是名分确定的。名分超过了实情，是一种过错；名分达不到实情，则是愚笨。因此实情尽悉便不会有虚假，禀性质朴就没有伪诈。所以有道的君主，都不会随便听取别人的看法，这是确定名分的慎重态度。

当官办事的人能够依据法律，人民就会认真做事；选贤用人者若能确保将来可胜任，人民就会谨慎举荐；谈论国事的人能够讲究实际，人民就会尊敬其言论。孔子说："处理事情时有警惧心理，就很少有办不到的。"《易经》说："办事就好像踩在老虎尾巴上那么谨慎，最后必然是吉祥的。"如果众多的大臣都能办事谨慎小心，好比踩着老虎的尾巴，又有什么办不到的呢？君主如果贤明了，大臣就会减少罪过。为什么驱使众人按诏书去办就迟缓，划分职责范围就迅速呢？原因就在于无法逃脱自己的罪责。言论也各有职责范围，不可不进行划分。

君臣同地，则臣有所逃其罪矣。故陈绳则木之枉者有罪；措准则地之险者有罪；审名分，则群臣之不审者有罪。夫爱民且利之也，爱而不利，则非慈母之德也；好士且知之也，好而弗知，则众而无用也；力于朝且治之也，力而弗治，则劳而无功矣。三者虽异，道一也。是故曰：审一之经，百事乃成；审一之纪，百事乃理；名实判为两，合为一。是非随名实，赏罚随是非，是则有赏，非则有罚，人君之所独断也。明君之立也正，其貌壮，其心虚，其视不躁，其听不淫，审分应辞，以立于廷，则隐匿疏远，虽有非焉，必不多矣。明君不用长耳目，不行间谍，不强闻见，形至而观，声至而听，事至而应。近者不过，则远者治矣；明者不失，则微者敬矣。家人子侄和臣妾力，则家富，丈人虽厚衣食无伤也；子侄不和，臣妾不力，家贫，丈人虽薄衣食无益也，而况于万乘之君乎？国之所以不治者三：不知用贤，此其一也；虽知用贤，求不能得，此其二也；虽得贤不能尽，此其三也。正名以御之，则尧舜之智必尽矣；明分以示之，则桀纣之暴必止矣。贤者尽，暴者止，则治民之道不可以加矣。听朝之道，使人有分。有大善者，必问孰进之；有大过者，必云孰任之，而行赏罚焉，且以观贤不肖也。今有大善者，不问孰进之；有大过者，不问孰任之，则有分无益已。问孰任之，而不行赏罚，则问之无益已。是非不得尽见，谓之蔽；见而弗能知，谓之虚；知而弗能赏，谓之纵，三者乱之本也。明分则不蔽，正名则不虚，赏贤罚暴则不纵，三者治之道也。于群臣之中，贤则贵之，不肖则贱之；治则使之，不治则爱之，不忠则罪之。贤不肖，治不治，忠不忠，由是观之，犹白黑也。陈绳而斫之，则巧拙易知也。夫观群臣亦有绳，以名引之，则虽尧舜不服矣。虑事而当，不若进贤；进贤而当，不若知贤；知贤又能用之，备矣。治天下之要，在于正名，正名去伪，事成若化。苟能正名，天成地平，为人臣者，以进贤为功；为人君者，以用贤为功。为人臣者进贤，是自为置上也；自为置上而无赏，是故不为也。进不肖者，是自为置下也；自为置下而无罪，是故为之也。使进贤者必有赏；进不肖者必有罪；无敢进也者，为无能之人（无敢进也者为无能之人恐当作无敢为进无能之人者也）。若此，则必多进贤矣。

【译文】

君主和大臣的职责范围一样，大臣就能够逃脱自己的罪责，所以用绳子为尺度，弯曲木头就有了差错；设置了水平准尺，地形险要处就有了差错；详察名分，那些不慎重的大臣就有了罪过。爱护人民就要为人民谋福利，只是爱护但没有给他们带来利益，就不是慈母那样的恩德；喜欢士人就要懂得士人的心理，只是喜欢但不懂他们的心理，士人再多也没有用处；对朝廷效力并要有治绩，出了力气却没有治理好，劳动就没有实际功绩可谈。这三个问题虽然不同，但基本道理是完全一致的。因此说，明悉统一的规范，所有的事情就可办成；明悉统一的纲纪，所有的事情就都有条理。名分和实际看起来是两个问题，其实是可以合并为一个的。是与非要根据名与实来判断，赏与罚要根据是与非来判断；凡是正确的就要奖赏，凡是错误的就要处罚。这是要由君主亲自判断的。明智的君主站立要端正，其形貌魁伟，虚怀若谷，看问题不急躁，听音乐不过分，审定名分、应答对话而正身于朝廷，那么隐藏疏远的人，即使有非议，必然不会太多。明智的君主不用增加打探消息的人，不用采取间谍手段，不用勉强见闻；情状出现了再观察，声音来临了再听取，事情逼近了再应对。亲近的人不犯错误，远处的人就可以治理了；明智的人没有过失，隐微的人就会非常敬事。家中的子侄和臣妾们都尽力了，家里就富裕了，男人们即使吃穿丰厚一些也没有伤害；子侄关系不和睦，臣妾们不尽力，家里贫困，男人即使减少衣食也没有益处。家庭是这样，何况一个拥有万乘车辆的大国君主呢？

国家得不到治理的原因有三个方面：一是不懂得使用贤良人才；二是即使懂得使用贤良人才，但是求之不得；三是虽然得到了贤良人才，但不能使他们尽其才能。端正名分来驾御贤良人才，那么尧舜一样的才智就一定能够竭尽；明确职责并且公示于人，那么桀纣一样的暴行就一定能够制止。贤良人才尽心尽力了，暴君暴行完全制止了，统治人民之道就无以复加。

君主临朝听政，就是使所有的人都有职责。有了特别贤良的人，必然要询问是谁推荐的；有了错误严重的人，必然要询问是谁任命的。由此来推行奖励和惩罚政策，这样就可以观察出贤良的人和不肖的人。如今有了特别贤良的人，却不询问是谁推荐的；有了错误严重的人，却不询问是谁任命的，即使有职分也没有益处。询问是谁任命的，但却不进行奖赏和处罚，那么询问也没有益处。是非不能都看到，就叫做蒙蔽；看到了却不能知人善任，就叫做徒劳；弄明白了却不能奖赏，就叫做放纵。这三个方面是造成动乱的根子。职责明确了就不会蒙蔽；名分端正了就不会徒劳；奖赏贤良、处罚强暴就不至放纵，这三个方面是走向治理的途径。

在众多的大臣当中，有贤良者，就让他尊贵；有不肖者，就让他低贱；有治绩就使用他，不善治理也要怜惜他；不忠诚的，就责罚他。贤良和不肖、治理和不善治理、忠诚和不忠诚，从这些方面来察看，就好象白色和黑色一样明晰。拉上准绳，让大家都来照着砍削，那么灵巧的人和笨拙的人就容易知道。观察群臣也有准绳，即用名分来作标准，即使尧舜这样的圣王也会这样去做。考虑事情恰当，不如推荐贤良；推荐贤良，不如懂得贤良；懂得贤良，又能够使用，这就齐备了。

治理天下的关键就在于端正名分，名分端正了，假伪去掉了，事情要成功就自然而然了。如果能够端正名分，就会风调雨顺、五谷丰登。做大臣的人，要把推荐贤良人才作为功劳，做君主的人，要把使用贤良人才作为功劳；做大臣的人推荐贤良人才，是自己推置才能在自己之上的人；自己推置才能在自己之上的人却没有奖赏，所以就不会去做了。推荐不肖的人，是自己推置才能在自己之下的人；自己推置才能在自己之下的人却不予怪罪，所以就会去做。让推荐贤良的人必定有奖赏，推荐不肖的人必定有罪过，不敢推荐人才的人被视为无能之辈；如此一来，就必然会推荐更多的贤良人才。

## 恕

恕者，以身为度者也。己所不欲，毋加诸人。恶诸人，则去诸己；欲诸人，则求诸己，此恕也。农夫之耨，去害苗者也；贤者之治，去害义者也。虑之无益于义而虑之，此心之秽也；道之无益于义而道之，此言之秽也；为之无益于义而为之，此行之秽也。虑中义，则智为上；言中义，则言为师；事中义，则行为法。射不善而欲教人，人不学也；行不修而欲谈人，人不听也。夫骥唯伯乐独知之，不害其为良马也。行亦然，唯贤者独知之，不害其为善士也。

【译文】

宽恕要以自身为尺度。凡是自己不愿意的事情，就不要强加给别人。对别人的做法厌恶的，要先去掉自身的毛病。要求别人做到的事情，要自己首先做到。这就是宽恕。农民耨地的目的，是铲除危害青苗的杂草；贤良人物治理的目的，是清除妨害仁义的劣行。明知问题对仁义没有益处，还要进行考虑，这是心理上的污秽；明知说话对仁义没有益处，还要向人诉说，这是言语上的污秽；明知事情对仁义没有益处，还要有意去做，这是行为上的污秽。考虑问题符合仁义，则其智慧堪称上等；言语符合仁义，则其语言堪为人师；办事符合仁义，则其行为足以效法。射击水平不好，却去教导别人，人家是不会学你的；行为不够检点，却去谈论别人，别人是不会听你的。千里马只有伯乐独自知道，并不妨碍一匹马成为精良的马。有德行的人也是如此，只有贤良的人独自知道，也不妨碍一个人成为贤良之士。

## 治天下

治天下有四术：一曰忠爱；二曰无私；三曰用贤；四曰度量。度量通则财足矣，用贤则多功矣；无私百智之宗也，忠爱父母之行也。奚以知其然？父母之所畜子者，非贤强也，非聪明也，非俊智也。爱之忧之，欲其贤己也，人利之与我利之，无择也，此父母所以畜子也。然则爱天下，欲其贤己也，人利之与我利之，无择也，则天下之畜亦然矣，此尧之所以畜天下也。有虞氏盛德，见人有善，如己有善；见人有过，如己有过。天无私于物，地无私于物，袭此行者，谓之天子。诚爱天下者得贤。奚以知其然也？弱子有疾，慈母之见秦医也，不争礼貌，在囹圄，其走大吏也，不爱资财；视天下若子，是故其见医者，不争礼貌，其奉养也，不爱资财。故文王之见太公望也。一日五反，桓公之奉管仲也。列城有数，此所以其僻小，身至秽污，而为正于天下也。郑简公谓子产曰："饮酒之不乐，钟鼓之不鸣，寡人之任也；国家之不入（入疑人），朝廷之不治，与诸侯交之不得志，子之任也。"子产治郑，国无盗贼，道无饿人。孔子曰："若郑简公之好乐，虽抱钟而朝可也。"夫用贤，身乐而名附，事少而功多，国治而能逸。

凡治之道，莫如因智；智之道，莫如因贤。譬之犹相马而借伯乐也，相玉而借猗顿也，亦必不过矣。今有人于此，尽力以为舟，济大水而不用也；尽力以为车，行远而不乘也，则人必以为无慧。今人尽力以学，谋事则不借智，处行则不因贤，舍其学不用也。此其无慧也，有甚于舍舟而涉，舍车而走者矣。

【译文】

治理天下有四种谋略：一是忠爱；二是无私；三是用贤；四是度量。懂得度量事物则财用充足；启用贤良人才，则有更多功劳；无私是一切智慧的根本；忠爱如民是所有父母的行为。怎么知道是这样的呢？父母养活儿女，不是因为他贤良强干，不是因为他聪明伶俐，不是因为他英俊智慧。父母爱护儿女，忧心儿女，想要让孩子超过自己；至于对别人有利还是对自己有利，不会去考虑，这就是父母养育子女的原因。同样，爱护天下，希望人们都超过自己，至于对别人有利还是对自己有利，不会去考虑，那么养活天下人也是一样的。这就是帝尧养活天下的办法。

有虞氏的最大功德在于，见到别人有善良的地方，就好像自己有了善良一样；见到别人有了过错，就好像自己有了过错一样。天对物体没有自私的要求，地对物体也没有自私的要求，承袭这种品行的人，就是天子。热诚地爱护天下的人，能够得到贤良的人才，怎么知道会是这样？弱小的儿子有了疾病，慈爱的母亲叩见秦国的医生，是根本不会缺少礼貌的；自己的亲人陷入监牢，家属寻找有关官吏奔走说情，也是根本不吝惜钱财的。如果一个人把天下的人看做自己的儿子，那么接见医生时就不会缺少礼貌，养活他们时就不会爱惜金钱。所以周文王会见太公望，一天之内五次往返；齐桓公奉养管仲，将几座城池分封给他，这就是为什么他们的国家虽然偏僻弱小，身份地位卑贱，但却能够统治天下的原因。

郑简公对子产说："如果饮酒时没有音乐，钟鼓停止作声，那是我的责任；如果国家财政没有收入，朝廷得不到治理，与诸侯国交往不能达到目的，那是你的责任。"子产治理郑国，结果国家没有盗贼，路上没有挨饿的人。孔子说："如果郑简公爱好音乐，即使自己抱着大钟登上朝堂，那也是完全可以的。"可见起用了贤良人才，自身快乐且名声相伴，事情很少而功绩很多，国家既得到了治理，自己又能够安逸生活。

所有治理国家的道理，都不如秉承智慧；所有秉承智慧的道理，都不如起用贤良。譬如借用伯乐来相马，依靠猗顿来相玉，肯定也不过如此。今天有人在这里尽力制造船只，但要渡过大河时却不使用；尽力制造车辆，要行走远路时却不去乘坐；那么人们必然认为这个人没有头脑。如今的人们尽力学习，但办事想问题却不用头脑，处理各种事务却不靠贤良，这就等于舍弃学问不用。这种没有头脑的情况，要比放弃船只涉渡大河、舍弃车辆长途奔走更加严重。

## 仁　意

治水潦者，禹也；播五种者，后稷也；听狱折衷者，皋陶也。舜无为也，而天下以为父母，爱天下莫甚焉。天下之善者，唯仁也。夫丧其子者，苟可以得之，无择人也。仁者之于善也亦然。是故尧举舜于畎亩，汤举伊尹于雍人。内举不避亲，外举不避仇，仁者之于善也，无择也，无恶也，唯善之所在。尧问于舜曰："何事？"舜曰："事天，平地而注水，水流湿；均薪而施火，火从燥，召之类也。"是故尧为善而众美至焉，桀为非而众恶至焉。

【译文】

治理洪水灾害的人是大禹；播种五谷的人是后稷；审判案件的人是皋陶。舜没有做什么事情，但天下的人们都把他当作父母一样看待，是因为再也没有谁比他更加爱护天下的人们。天下的善良举动，只有仁义。丢失了自己的孩子，如果能够通过谁重新得到孩子，是不会选择这个人是谁的。仁义的人对待美善也是如此。所以帝尧从田野中发现了舜，商汤从奴隶中举荐了伊尹。对内举荐不回避自己的亲戚，对外举荐不回避自己的仇人。仁义的人对于美好的事物，没有自私选择，没有个人好恶，只看善美之所在。帝尧询问舜说："为什么要这样做？"舜回答说："奉从天道。往平地上倒水，水会向低湿的地方流动；将柴草平铺在地，火会顺干柴燃烧。征召人才，与此是同样的道理。"所以帝尧行善政，众多的贤善者就来了；夏桀为非作歹，众多的邪恶者就追随来了。

# 广

因井中视星，所视不过数星；自丘上以视，则见其始出，又见其人。非明益也，势使然也。夫私心，井中也；公心，丘上也。故智载于私，则所知少；载于公，则所知多矣。何以知其然？夫吴、越之国，以臣妾为殉，中国闻而非之；恕（恕疑私心之误）则以亲戚殉一言（言疑若）。夫智在公，则爱吴、越之臣妾；在私，则忘其亲戚，非智损也，恕（同上，疑为私心）弇之也。好亦然。语曰："莫知其子之恶也"，非智损也，爱弇之也。是故夫论贵贱，辨是非者，必且自公心言之，自公心听之，而后可知也。匹夫爱其宅，不爱其邻；诸侯爱其国，不爱其敌；天子兼天下而爱之，大也。

【译文】

坐在井中观看星斗，能够看到的不过几颗星星；从丘陵上观察，不但能够见到星星从哪里出现，而且能够看到星斗的隐没。这不是星星明亮的缘故，而是地势使他这样的。私心就好比在井中，公心就好比在丘陵。人们的聪明智慧用在自私的方面，那么他所知道的就要少得多；用在公事方面，他所知道的就要多得多。怎么知道这里的道理呢？吴、越一带的国家，用臣妾作为人殉，中原地区的国家听说了，就要非议他们；如果宽恕这种做法，则会使亲戚因一言而殉死。如果聪明用在公，就会怜惜吴越国家的臣妾；如果聪明在私，就会忘却自己的亲戚。这不是智力的残缺，而是宽恕掩盖了一切。如果高兴了，也是如此。《大学》上说："没有人知道自己孩子的恶迹。"这不是智力的残缺，而是爱惜掩盖了一切。所以讨论贵贱问题，辩论是非问题，一定要从公心出发去说，从公心出发去判断，然后才能明白。一个人爱惜自己的住宅，却不爱惜自己的邻居；诸侯爱惜自己的国家，却不爱惜自己的对手。天子只有兼爱天下，才能够强大起来。

## 绰　子

尧养无告，禹爱辜人，汤、武及禽兽，此先王之所以安危而怀远也。圣人于大私之中也，为无私；其于大好恶之中也，为无好恶。舜曰："南风之薰兮，可以解吾民之愠兮。"舜不歌禽兽而歌民。汤曰："朕身有罪，无及万方，万方有罪，朕身受之。"汤不私其身而私万方。文王曰："苟有仁人，何必周亲？"不私其亲而私万国，先王非无私也，所私者与人不同也。

【译文】

帝尧养活无依无靠的人；大禹怜惜有罪当死的人；商汤和周武王连禽兽都很爱惜。这就是先代的国王能够使国家安定，使边民归顺的原因。圣人身处在拥有天下资财的大私之中，却去做无私的事；其处于有最大的好恶之权的地位，却不以自己的好恶行事。舜说："南风吹来的香气，可以化解我的百姓之怨恨。"舜不歌咏禽兽，却歌颂人民。商汤说："我自己如果有罪，不要累及万方，但万方如果有罪，都由我自己来承当。"商汤不偏爱自身而偏爱万方之人。周文王说："如果有仁义之人，又何必一定用周室的亲戚？"先王对亲戚不偏爱，但对万方都偏爱，这不是他们没有私心，而是因为他们的私心和别人根本不同。

## 处　道

孔子曰："欲知则问，欲能则学，欲给则豫，欲善则肄。"国乱，则择其邪人去之，则国治矣。胸中乱，则择其邪欲而去之，则德正矣。天下非无盲者也，美人之贵，明目者众也；天下非无聋者也，辨士之贵，聪耳者众也；天下非无乱人也，尧、舜之贵，可教者众也。孔子曰："君子者盂也，民者水也。盂方则水方，盂圆则水圆。"上何好而民不从？昔者勾践好勇，而民轻死；灵王好细腰，而民多饿夫。死与饿，民之所恶也，君诚好之，百姓自然，而况仁义乎？桀纣之有天下也，四海之内皆乱，而关龙逢、王子比干不与焉。而谓之皆乱，其乱者众也。尧、舜之有天下也，四海之内皆治，而丹朱、商均不与焉。而谓之皆治，其治者众也。故曰：君诚服之，百姓自然；卿大夫服之，百姓若逸；官长服之，百姓若流。夫民之可教者众。故曰犹水也。

【译文】

孔子说过："要想懂得道理就去询问，要想具有能力就去学习，要想给人就要自己具备，要想贤善就要先修习。国家一旦发生了动乱，就要抓住那些奸邪的人铲除掉，这样国家才能得到治理。自己的思想中发生混乱，就要选择淫邪的欲望清除掉，这样人品才能端正。天下不是没有瞎了眼的人，美人的可贵之处，是因为眼明的人是多数；天下不是没有聋了耳的人，辩士的可贵之处，是因为听力健全者是多数；天下不是没有想捣乱的人，尧舜的可贵之处，是因为可以教化的人是多数。

孔子说："君主就好比盆子，人民好比是水。盆子方，里面的水就方；盆子圆，里面的水就圆。"上层的什么喜好，人民会不跟从呢？从前勾践喜欢斗勇，越国的人民就轻死好战；楚灵王喜欢细腰，于是民间就有好多忍饿的人。死亡和饥饿是人民所讨厌的，君主若喜好它，老百姓自然喜好了，更何况仁义呢？桀纣拥有天下的时候，四海之内都发生了叛乱，但是关龙逢和王子比干不肯参与；人们说天下人都叛乱，那是因为参加叛乱的人太多了。尧舜据有天下的时候，四海之内都得以安定，但是丹朱和商均不包括在内。人们说天下都得以安定、都得到治理，那是因为天下安定太平的地域很多。国君如果敬服的事情，百姓自然敬服；卿大夫如果敬服的事情，百姓也会自然敬服；百吏如果敬服的事情，百姓就从之若流。由于人民中可以教化的人众多，所以说老百姓就象水流一样。

德者，天地万物得也；义者，天地万物宜也；礼者，天地万物体也。使天地万物，皆得其宜，当其体者，谓之大仁。食所以为肥也，一饭而问人曰："奚若？"则皆笑之。夫治天下大事也，今人皆一饭而问"奚若"者也。善人以治天地则可矣，我奚为而人善。仲尼曰："得之身者得之民，失之身者失之民，不出于户而知天下，不下其堂而治四方。"知反之于己者也。以是观之，治己则人治矣。

【译文】

德，能使天地万物中意；义，能使天地万物适宜；礼，能使天地万物有所依据。能够让天地万物各得其宜，并有所依据，就叫做大仁。吃饭是为了让人长胖，吃一顿饭就问人胖了没有，大家都会取笑他。治理天下是一件大事，而现在之人都是"吃一顿饭就问人是否胖了"的人。用善良治理天下，则可以成功，但是我怎么做才能使人从善呢？仲尼说："保持自身贤善就能得到人民的支持，丧失自身之善就要失去人民的支持。脚不出户却能够知道天下大事，身不离开庭堂就能够治理四方。"这是因为知道反思自己。由此看来，管理好自己，就可使他人得到治理了。

## 神　明

仁义圣智参于地，天若不覆，民将何恃何望？地若不载，民将安居安行？圣人若弗治，民将安率安将？是故天覆之，地载之，圣人治之。圣人之身犹日也，夫日圆尺，光盈天地。圣人之身小，其所烛远。圣人正己，而四方治矣。上纲苟直，百目皆开；德行苟直，群物皆正。正也者，正人者也。身不正，则人不从。是故不言而信，不怒而威，不施而仁。有诸心而彼正，谓之至政。今人曰："天乱矣，难以为善。"此不然也。夫饥者易食，寒者易衣，此乱而后易为德也。

【译文】

仁义圣智可以与大地之厚德媲美。苍天如果不覆盖，人民将要依靠什么、希望什么？大地如果不承载，人民怎能安居、出行？圣人如果不治理，人民将由谁来率领呢？因此，天覆盖人民，地承载人民，圣人治理人民。圣人的身体就好比太阳一样，太阳方圆只有一尺，光明却能普照天地；圣人的身体虽然很小，但他所照耀的地方很远。圣人端正自己的行为，四方百姓就会得到治理。一张网如果纲绳端直，众多的网孔就都可以打开；一个人如果品行端正，众多的事物就都可以端正。所谓端正，就是端正人的品行。自身不够端正，人们就不会服从。所以圣人不用说话，便能使人信服；不用发怒，就会很有威严；不用施舍，就会表现仁爱。有了这种思想且能够端正自己，就叫做最好的政治。如今的人说“天下大乱了，就无法从善”，这种说法是不对的。饥饿的人对食品容易满意，寒冷的人对衣裳容易满意，这就是说，社会动乱之后容易进行道德教化。

（张世民译）

# 卷三十六

# 申子治要

【考评】

《申子》，相传是战国时申不害所著。《史记 · 老子韩非列传》称“申子之学本于黄老而主刑名。著书二篇，号曰《申子》。”《汉书 · 艺文志》著录《申子》六篇。但上述均已失佚，内容不可见。今可见者，仅唐魏征在《群书治要》第36卷中辑录的《申子 · 大体》一篇。主张“术治”，主要讲究驾驭臣下的手段和策略，以便加强君主的领导地位。

魏征给唐太宗的奏疏说：“威怒所至，则取法于申、韩。”又在《隋书 · 经籍志》评论法家书籍时，对申不害、韩非的学说进行了中肯的评价：“法者，人君所以禁淫慝，齐不轨，而辅于治者也。《易》著‘先王明罚饬法’；《书》美‘明于五刑，以弼五教’。《周官》司寇‘掌建国之三典，以佐王刑邦国，诘四方’；司刑以五刑之法，丽万民之罪；是也。刻者为之，则杜哀矜，绝仁爱，欲以威劫为化，残忍为治，用至伤恩害亲。”

申不害(约公元前385—前337年)，战国初政治家。主张法治，尤重谈“术”，有法家始祖之称。后人尊称‘申子’。他与法家代表人物商鞅，并称为“申商”，后“申商”成为对先秦法家的一种称呼。他与韩非还被并称为“申韩”，后世亦称法家学说为“申韩之学”。申子是郑国京(今河南省荥阳东南)人，本为郑之贱臣（即低级官吏)，后韩昭侯用为相，对内修明政教，对外应对诸侯，前后十五年，国家安定，军队强大，一时诸侯都不去侵犯韩国。

此次校勘，无他书可资参照，除标点外，仅按文意改正了个别明显的错讹字。

# 大　体

夫一妇擅夫，众妇皆乱。一臣专君，群臣皆蔽。故妒妻不难破家也，乱臣不难破国也。是以明君使其臣，并进辐凑，莫得专君。

今人君之所以高为城郭，而谨门闾之闭者，为寇戎盗贼之至也。今夫弑君而取国者，非必逾城郭之险，而犯门闾之闭也。蔽君之明，塞君之听，夺之政而专其令，有其民而取其国矣。

【译文】

妻妾中有一位独自受宠于丈夫，那么其他妇人就会生乱；一个臣子独占君主的信任，众多臣子就会受蒙蔽。所以，心存嫉妒的妻妾容易使家庭残破；不守为臣之道的臣子容易使国家破败。因此，英明的君主使唤其臣下，让他们合力并进，不能够独占君主的信任。

当今的君主之所以加高城墙，并谨慎地关闭大小门户，是因为怕敌寇、盗贼的到来。（其不知）如今的杀害君主而夺取国家（政权）者，不一定要越过险要的城墙、侵犯关闭着的大小门户，（只需）遮蔽君主的视线，阻塞君主的听闻，就能够占有他的百姓，夺取他的国家。

今使乌获、彭祖负千钧之重，而怀琬琰之美；令孟贲、成荆带干将之剑卫之，行乎幽道，则盗犹偷之矣。今人君之力，非贤乎乌获、彭祖；而勇非贤乎孟贲、成荆也。其所守者，非恃琬琰之美，千金之重也，而欲勿失，其可得耶？

明君如身，臣如手；君若号，臣如响；君设其本，臣操其末；君治其要，臣行其详；君操其柄，臣事其常。为人臣者，操契以责其名。名者，天地之纲，圣人之符。张天地之纲，用圣人之符，则万物之情，无所逃之矣。

【译文】

如今，假使让乌获、彭祖背着千钧重的宝物，怀揣琬圭琰圭那样的美玉，又让孟贲、成荆带着干将宝剑来保卫他们，行走于隐秘的道路，盗贼还是能够偷走（宝物）呀！现在，君主的力气并不比乌获、彭祖大，其勇猛也不比孟贲、成荆强，（更何况）君主所保卫的（东西），又非琬圭琰圭的美好、千金的贵重所能比，却想要不失去（不被窃取），怎么能做得到呢？

把英明的君主比做身体，臣子就如同手臂；君主若是军号，臣子就如同号声。君主筹划根本大计，臣子操持一般事务；君主确定治国纲领，臣子做出详细安排；君主掌握国家权柄，臣子从事日常工作。作为君主的臣下，手握符契（任职凭证），就要以此要求自己名实相符。名，是天地的纲纪，是圣人（做事）的符节。张开天地的大纲，凭借圣人受命于天的凭证，那么万事万物的情况，就没有能逃避（而不为人知）的。

故善为主者，倚于愚，立于不盈，设于不敢，藏于无事，窜端匿疏（疏疑跡），示天下无为。是以近者亲之，远者怀之。示人有余者，人夺之；示人不足者，人与之。刚者折，危者覆，动者摇，静者安，名自正也，事自定也。是以有道者，自名而正之，随事而定之也。鼓不与于五音，而为五音主；有道者，不为五官之事，而为治主；君知其道也，官人知其事也。十言十当，百为百当者，人臣之事，非君人之道也。

昔者尧之治天下也以名，其名正，则天下治；桀之治天下也亦以名，其名倚而天下乱。是以圣人贵名之正也。主处其大，臣处其细，以其名听之，以其名视之，以其名命之。镜设精无为，而美恶自备；衡设平无为，而轻重自得。凡因之道，身与公无事，无事而天下自极也。

【译文】

善于当君主的人，（往往表现出）偏于愚钝，立足于不自满，置其身于胆小怕事，藏其志于无所事事，躲开诸多事端，向天下人展示其顺应自然、无为而治的姿态。因此，近处的人亲近他，远方的人归向他。向他人显示其富有者，人们就会索取；向他人显示不足者，人们就会给与。坚硬者容易折断，高危者容易倾覆，移动者容易摇摆，平静者得以安稳。这样，名分自然会端正，事态自然会平定。因此，有道的君主，从名分入手来纠正（过失）；顺随事态来决定（对策）。鼓声不在五音之列，却是五音的主导者。有道的君主，不做五个重要官职所做的事，而是治理的掌管者。君主掌握大政方针，官员各人主持各人的工作。说十句话十句都得当、做百件事百件都妥当，这是为人臣子者的事情，不是做君主的方法。

从前，尧管理天下，就是用“名分”。其名分正，才使天下安定；夏桀管理天下，也是用“名分”，其名分不正，于是天下大乱。因此，圣人看重名分的端正。君主居于高位，臣子处于下位，各自以其名分听受，以其名分办事，以其名分下令。镜子置其明亮而别无所为，但美丑自会显现；衡器置其公平而别无所为，但轻重自可得知。大凡遵循这一法则，自身和公家都会平安无事，平安无事，则天下始可进入最高境界。

（高世民译）

卷三十七

# 孟子治要

【考评】

《孟子》七篇，儒家经典之一。战国时孟轲及其弟子万章等著。《汉书·艺文志》著录为十一篇，现存只有七篇，计有《梁惠王》《公孙丑》《滕文公》《离娄》《万章》《告子》《尽心》，五万余言。相传另有《外书》四篇，已失传。书中记载了孟子的政治活动、政治主张、伦理学说及教育思想等。

孟子(约前372年—前89年)名轲，字子舆，邹(今山东邹县)人。战国时思想家、政治家、教育家，受业于子思门人。曾任齐宣王客卿，因其政治主张不被采用，便退而著书立说。他提出“民贵君轻”的思想，劝告当政者要重视人民；认为残暴之君是“独夫”，人民可以推翻他。他反对武力兼并，认为只有“不嗜杀人者”才能统一天下。他积极主张“法先王”、“行仁政”，省刑薄赋，使“黎民不饥不寒”，以缓和阶级矛盾。他肯定人性生来就是善的，都具有仁、义、礼、智的道德意识。认为有“不虑而知”和“不学而能”的“良知”、“良能”。教人注重存心养性，深造自得，达到“富贵不能淫，贫贱不能移，威武不能屈”。又提出“劳心者治人，劳力者治于人，治于人者食人，治人者食于人”的论点。由于他过分强调人的主观精神作用，在儒家哲学中形成了一个唯心主义的理论体系，对后来宋儒影响很大，被认为是孔子学说的继承者，并称其为“亚圣”。南宋朱熹把《孟子》和《论语》《大学》《中庸》

合为《四书》，广为流传。历代学者注释《孟子》 有名的有东汉赵岐《孟子章句》、南宋朱熹《孟子集注》、清焦循《孟子正义》等。魏征从五万余言的《孟子》中选录包括《梁惠王》《公孙丑》《滕文公》《离娄》《告子》《尽心》等六篇约三千言，以供唐太宗统治集团者借鉴。

《孟子》一书，《汉书·艺文志》和《隋书·经籍志》都列于子部儒家。其升为经部，大概始于唐宋时代。宋大中祥符七年(1014年)，孙新印《孟子音义》；嘉佑6年(1061年)，刻石备九经，已经尊崇《孟子》；王应麟《玉海》也说宋代以《孟子》升经，并论《论语》《孟子》和《孝经》为三小经。但从唐朝代宗宝应二年(763年)，礼部侍郎杨绾疏请《论语》《孝经》《孟子》兼为一经(参见《唐书·选举志》)，唐朝懿宗咸通四年(863年)进士皮日休请立《孟子》为学科(参见《皮子文薮》和《文献通考》)观之，可知《孟子》的升列经部，实始于唐而完成于宋。宋代淳熙间朱熹以《论语》与《孟子》以及《礼记》中的《大学》《中庸》并列，《四书》之名始立。元朝延佑间，复行科举，《四书》之名更见于功令。于是《孟子》遂与《论语》并称，而由子部儒家而上跻于经部矣。

关于《孟子》的作者问题，历来学者有种种不同的看法。《史记·孟荀列传》说："(孟子)退而与万章之徒，序诗书，述仲尼之意，作《孟子》七篇。"清周广业在其《孟子四考》《四论七篇非尽自著》中又说："此书叙次数十年之行事，综述数十人之问答，断非辑自一时，出自一手。其始章丑之徒追随左右，无役不从，于孟子之言动，无不熟察而详记之。……其后编次遗文，又疑乐正子及公都子、屋卢子、孟仲子之门人与为之。"由此可以断定《孟子》一书是孟子的学生万章等，追述孟子的言行著作，并非孟子的自著。

现行的《孟子》计七篇，《汉书·艺文志》却著录为"《孟子》十一篇"。东汉赵岐作的《孟子注》也只七篇。赵岐的《孟子题辞》说"又有外书四篇：《性善辨》《文说》《孝经》《为政》。其文不能弘深，不与内篇相似，似非《孟子》本真，后世依效而托之得也。"《汉志》所著录的十一篇，大概包括内书七篇，外书四篇。赵岐所注的是内书七篇。外书四篇，早已亡佚。现在所传的《孟子外书》(自署为宋朝熙时子注，《函海》本、《经苑》本)，系明人伪造，不足信。

# 梁惠王

孟子见于（原注无于字）梁惠王。王曰："叟不远千里而来，亦将有以利吾国乎？"孟子对曰："王何必曰利？亦曰仁义而已矣〔王何必以利为名乎？亦惟有仁义之道可以为名耳。以利为名，则有不利之患矣！〕。王曰'何以利吾国'？大夫曰'何以利吾家'？士庶人曰'何以利吾身'？上下交征利，而国危矣〔征，取也。从王至庶人，各欲取利，必至于篡弑〕。未有仁而遗其亲者也，未有义而后其君者也"。梁惠王曰："寡人愿安承教"〔愿安，意承受孟子之教命〕。孟子对曰："杀人也（原注无也字），以梃与刃，有以异乎"？〔梃，杖也〕曰："无以异也"。"以刃与政，有以异乎"？曰："无以异也"〔以刃与政杀人无异也〕。"庖有肥肉，厩有肥马，民有饥色，野有饿殍，此率兽而食人也。兽相食，且人恶之，为民父母行政，不免率兽而食人，恶在其为民父母也"〔为政乃若率禽兽食人，安在其为民父母之道〕。

【译文】

孟子拜见梁惠王。惠王说："您不远千里而来，一定会给我国带来利益吧？"孟子答道："大王！为何一定要谈利益呢？只要讲求仁义就足够了。假如大王说'怎样才能对我的国家有利呢'？大夫说'怎样才能对我的家族有利呢'？士子和平民说'怎样才能对我自己有利呢'？如此全国上下互相争利，国家就会处于危险境地了。没有讲求'仁'却遗弃其父母者，也没有讲求'义'却怠慢其国君者。"梁惠王说："我愿听您指教！"孟子说："只要是杀死人，用棍棒还是用刀子，有什么区别吗？"惠王说："无区别"。孟子又问："用刀子杀死人和用政治害死人，有什么区别吗？"惠王说："亦无区别。"孟子接着说："厨房里储藏着肥嫩的肉，圈栏里养着健壮的马，然而百姓却面带饥色，郊野有饿死的尸体，这就等于率领野兽来吃人啊！野兽互相捕斗而食，人们尚且厌恶它，那么作为百姓的父母官去管理政事，却不能避免率领兽类来吃人，怎配做百姓的父母官呢？"

齐宣王问曰："文王之囿，方七十里，有诸?"孟子曰："有之。"曰："若是其大乎？"〔王怪其大〕曰："民犹以为小也。"曰："寡人之囿，方四十里（原有耳字），民犹以为大，何也？"曰："文王之囿，方七十里，刍荛者往焉，雉菟者往焉。与民同之，民以为小，不亦宜乎？臣闻郊关之内，有囿方四十里，杀其麋鹿者如杀人之罪〔郊关，齐四境之郊皆有关也〕，则是方四十里为阱于国中也。民以为大，不亦宜乎?"〔设陷阱者，丈尺之间耳，今陷阱乃方四十里，民患其大，不亦宜乎。〕

【译文】

齐宣王问孟子："听说周文王拥有一处七十里见方的捕猎场，真有此事吗？"孟子答道："史书上确有记载。"宣王说："这是否太大了呀？"孟子说："百姓还认为它太小呢！"宣王反问道："我的捕猎场才四十里见方，可百姓还觉得太大，这是为何呢？"孟子说："周文王的捕猎场七十里见方，人们割草砍柴随便出入，捕禽猎兽亦随便出入，这是与民共享的猎场。百姓认为它小，难道不合乎情理吗？据我所知，在贵国国都的郊外，有一个方四十里的猎场，在那里如果有谁杀死猎场里的麋鹿，就照杀人之罪来判处。那么这方四十里的捕猎场，简直成了国家设置的坑害老百姓的陷阱。百姓认为它太大，难道不是合乎情理吗？"

## 公孙丑

孟子曰："人皆有不忍人之心〔言人人皆有不忍加恶于人之心也〕。先王有不忍人之心，斯有不忍人之政矣。以不忍人之心，行不忍人之政，治天下可运之于掌上〔先王推不忍害人之心，以行不忍伤民之政，以是治天下，亦易于转丸于掌上也〕。所以谓'人皆有不忍人之心'者，今人（人原作有）乍见孺子将入于井，则皆有怵惕、恻隐之心。由此观之，无恻隐之心，非人也；无羞恶之心，非人也；无辞让之心，非人也；无是非之心，非人也〔言无此四者，当若禽兽，非人之心也〕。恻隐之心，仁之端也；羞恶之心，义之端也；辞让之心，礼之端也；是非之心，智之端也〔端者，首也〕。人之有是四端也，犹其有四体也。有是四端而自谓不能者，自贼者也〔自贼害其性，使为不善〕；谓其君不能者，贼其君者也〔谓其君不能为善而不匡正者，贼其君使陷恶者也〕。孟子曰：“矢人岂不仁于函人哉？矢人唯恐不伤人，函人唯恐伤人，巫、匠亦然。故术（原作术后有技字）不可不慎也〔矢，箭也。函，铠也。作箭之人其性非独不仁于作铠之人也，术使之然。巫欲祝活人，匠作棺欲其早售，利在人死也。故治术不可不慎修其善者也〕。孟子曰：“子路，人告之以有（有原作其）过则喜；禹闻善言则拜；大舜有大（有大原作又甚）焉。善与人同，舍己从人，乐取于人以为善。自耕稼、陶渔以至为帝，无非取于人者。取诸人以为善，是与人为善也，故君子莫大乎与人为善〔舜从耕于历山及陶渔，皆取人之善谋而从之，故曰‘莫大乎与人为善也’〕。

【译文】

孟子说：“人都具有不忍害人之心。先王由于具有不忍害人之心，这才有不忍害人的国政。凭借不忍害人之心去施行不忍害民之政，治理天下就会容易得如同在手掌上转动小器物。我之所以认为人都有不忍害人之心，依据是，现在如果突然发现一个幼儿将掉入井里，那么人们都会有惊恐同情的心理。由此看来，一个人如果没有同情之心，就不配做人；没有羞耻之心，就不配做人；缺乏谦让之心，就不配做人；没有是非之心，就不配做人。具有同情之心，是仁爱的开端；具有羞耻之心，是正义的开端；具有谦让之心，是礼节的开端；具有是非之心，是智慧的开端。人，只要具有这四个开端，就好比有四肢一样。具有这四个开端而自认为不能为善的，是自己害自己的人；认为其君主不能为善的，是害其君主的人。”

孟子说：“制造弓箭的人难道比制造铠甲的人要残忍不仁吗？造箭者唯恐箭不能伤人，制铠甲者唯恐箭伤害人。用祈法治病的巫医和制作棺椁的木匠，其心理也是如此。所以说，不管从事何种技艺，都不可不慎思呀！”

孟子说："子路（这个人），别人把他的过错告诉他，他便高兴；禹（这个人），听到有教益的话，他就拜谢大家。伟大的舜就更为突出了。他善于与人共事，能放弃自己的想法而采纳别人的意见，乐于吸取别人的优点来做好事。他从种庄稼、制陶器、当渔夫直到成为天子，没有一项长处不是从别人那儿吸取的。吸取他人之长来做好事，这就是与人为善。所以，对君子来说，最重要的莫过于与人为善。"

# 滕文公

陈相见孟子，道许行之言曰："贤者与民并耕而食。"孟子曰："治天下，有大人之事，有小人之事；或劳心，或劳力。劳心者治人，劳力者治于人。故治于人者食人，不能治人者食于人，天下之通义也。"〔劳心者，君也；劳力者，民也。君施教以治之，民竭力治公田以奉养（养原作食）其上，天下通义所常行也〕。当尧之时，洪水横流，泛滥于天下，尧独忧之，举舜而治焉。舜使禹疏九河，决汝、汉。八年于外，三过其门而不入，虽欲耕，得乎？尧以不得舜为己忧，舜以不得禹、皋陶为己忧。分人以财谓之惠；教人以善谓之忠；为天下得人谓之仁。是故以天下与人易，为天下得人难。

【译文】

陈相见到孟子，转述许行的话说："贤明的君主应该同百姓一同耕种来谋求饮食。"孟子说："治理天下，有官吏应做的事，有百姓应做的事。有的人做脑力劳动，有的人做体力劳动；从事脑力劳动者管理人，从事体力劳动者被人管理；被管理者供养人，管理者受人供养。这是普天之下通行的道理。在尧帝时代，滔滔河水横溢猛流，造成天下泛滥成灾，尧为此感到担忧，便选派舜负责治理。于是，舜派禹疏通了九条河道，开凿出汝水和汉水。禹在外治水八年，三次经过自家门口都不进去。试想，即使他想去务农，办得到吗？尧因为得不到舜这样的人而自己忧虑；舜因为得不到禹和皋陶这样的人而自己忧虑。把钱财分给别人叫恩惠；把为善之道教给别人叫忠诚；为国家求得贤才叫仁德。所以说，把天下让给别人容易，使国家得到贤才却很难。”

## 离　娄

孟子曰：“离娄（原作有子字）之明，公输子之巧，不以规矩，不能成方圆；师旷之聪，不以六律，不能正五音；尧、舜之道，不以仁政，不能平治天下〔言当行仁恩之政，天下乃可平〕。今有仁心仁闻，而民不被泽，不可法于后世者，不行先王之道也〔仁心，性仁也；仁闻，仁声远闻也。虽然，犹须行先王之道，使百姓被泽，乃可为后世法也〕。故曰：徒善不足以为政，徒法不能以自行〔但有善心而不行之，不足以为政；但有善法度而不施之，法度以不能独自行〕。圣人既竭目力焉，继之以规矩准绳，以为方圆；既竭耳力焉，继之以六律，正五音；既竭心思焉，继之以不忍人之政，而仁覆天下也。故为高必因丘陵，为下必因川泽，为政不因先王之法，可谓智乎〔言因自然，则用力少而成功多〕？是以惟仁者宜在高位。不仁而在高位，是播恶于众也〔仁者，能由先王之道；不仁者逆道，则播扬其恶于众人也〕。”

【译文】

孟子说：“即便有离娄那样好的视力，有公输班那样高超的技巧，如果不使用圆规、曲尺，也不能精确地画出方形、圆形；即便有师旷那样聪敏的听力，如果不借助六律，亦不能校正五音；即使有尧和舜那样的治国之道，如果不施行仁政，也不能管好天下。现在，诸侯虽然有仁爱的心愿和声望，但百姓却没有感受到他们的恩泽，其施政方略不值得后代效法，其原因就在于他们没有遵循先王之道。因此说，仅有善心还不足以治理政务，仅有好的法度也不能自行实施。圣人不但竭尽目力，又利用圆规、曲尺、水准、绳墨，才制造出或方或圆之器物；不但竭尽听力，又凭借六律，才使五音得以校正；不但竭尽心思，又施行不忍伤害百姓的政治，从而使仁德遍及天下。所以筑高台一定会凭借丘陵之势，造深池一定会凭借河泽之水，而治理政事却不依据先王之道，能算得上明智吗？所以，只有仁德者应该处于统治地位，没有仁德者若处于统治地位，就会将其不良行为传播给民众。”

孟子曰：“三代之得天下也以仁，其失天下也以不仁；国家（原注无家字）之所以废兴存亡者亦然。天子不仁，不保四海之内（原注无之内二字）；诸侯不仁，不保社稷；卿大夫不仁，不保宗庙；士庶人不仁，不保四体。今恶死亡而乐不仁，犹恶醉而强酒。”

孟子告齐宣王曰：“君之视臣如手足，则臣之视君如腹心。君之视臣如犬马，则臣之视君如国人。君之视臣如土芥，则臣之视君如寇仇〔芥，草芥也。臣缘君恩（旧无恩字补之）以为差等〕。”

【译文】

孟子说：“夏、商、周三代能够得到天下，是因为施行仁政；他们丧失天下，是因为不行仁政。诸侯各国的衰落与兴盛、生存与覆灭亦是同样道理。天子如果不仁，就保不住天下；诸侯如果不仁，就保不住国家；卿大夫如果不仁，就保不住宗庙；士人和百姓如果不仁，就保不住自己身体。现在有人不想死亡却喜欢不仁，这就好比饮酒之人不想喝醉却又要多喝一样。”

孟子告诉齐宣王说：“君主若能将臣子当作手足对待，臣子就会将君主当作腹心看待；君主若将臣子当作犬马来对待，臣子就会将君主当作普通人来对待；君主若将臣子当尘土草芥看待，臣子就会将君主当作仇敌来看待。”

## 告　子

孟子曰：“今有无名之指，屈而不申，非疾痛害事。如有能申之者，则不远秦、楚之路，为指之不若人也〔无名之指，手第四指也。余指皆有名，无名指，非手之用指也〕。指不若人，则知恶之；心不若人，则不知恶。此之谓不知类〔心不若人，可恶之大者也。而反恶指，故曰不知类。类，事也〕。”

孟子曰：“仁之胜不仁也，犹水之胜火也。今之为仁者，犹以一杯水救一车薪之火也，不息，则谓水不胜火者。此与于不仁之甚者也。”

孟子曰：“五谷，种之美者也。苟为不熟，不如荑稗。夫仁，亦在熟之而已矣〔熟，成也〕。”

【译文】

孟子说：“现在有人无名指弯曲而伸不直，但既不疼痛，亦不妨碍工作。假使有人能让它伸直，即使去秦国和楚国医治，也不怕路途遥远，只因其指头不如他人之缘故。小小指头不如别人，尚觉得惭愧；而心灵不如别人，却不觉得惭愧，这就叫轻重倒置，不知事理。”

孟子说：“仁能战胜不仁，就好比水能灭火。如今一些行仁政之人，就好比用一杯水去救一车柴燃烧之火，火扑不灭，便说‘水不能灭火’。这种人与不行仁德者相比（问题）更为严重。”

孟子说：“五谷，是谷类中的好品种，但如果不成熟，还不如稊米、稗子之类。仁德，也在于使其成熟而已啊！”

## 尽　心

孟子曰：“以佚道使民，虽劳不怨〔谓教民趣农，役有常时，不使失业，当时虽劳，后获其利则逸矣〕；以生道杀民，虽死不怨杀者〔杀此罪人者，其意欲生人也，故虽伏罪而死，不怨杀者也〕。”

【译文】

孟子说：“在谋求百姓幸福的原则下役使人，人纵然劳累也不怨恨；在谋求百姓活命的原则下处死人，人即使被处死也不怨恨处死他的人。”

（吕效祖　张爱玲译）

## 卷三十七

# 慎子治要

**【考评】**

慎到(约前395年—前315年)，战国时法家，曾在齐国的稷下学府(当时各学派学术争论之地)讲学，负有盛名，主张法治，认为“民一于君，断于法，是国之大道也。”“治国无其法则乱”，并认为尚法必须重势，强调势治，说“贤智未足以服众，而势位足以诎贤”，把君主的权势看做行法的力量，有了权有了法，一个平凡的君主也可“抱法处势”，“无为而治天下。”

魏征在《群书治要》中仅收录《慎子》两千四百余字，除第一段未冠题目，其余按段标有《因循》《民杂》《知忠》《德立》《君子》《君臣》等篇目。

慎到提出：“古者立天子而赏之者，非以利一人也。”又曰：“立天子以为天下也，非立天下以为天子也。立国君以为国也，非立国以为君也，法虽不善，犹愈于无法。”这种民主观点，早在两千年前提出，而到今天这种思想仍有继承、弘扬及借鉴价值。

《汉书·艺文志》著录《慎子》。现在《慎子》七篇，是否原作，历代学者说法不一。明朝人慎懋赏校勘的《慎子》分内、外两篇，有段落无标题，但在附录《补遗》中，依据《群书治要》，按节加上《威德》《因循》《民杂》《德立》《君子》等篇。隋唐志皆编录其十卷，《崇文总目》二卷三十七篇，是其文代有散佚。《书录解题》称麻沙本五篇，即宋末通行本。

## 威　德

天有明，不忧人之暗也。地有财，不忧人之贫也。圣人有德，而不忧人之危也。天虽不忧人之暗也，辟户牖必取己明焉，则天无事也。地虽不忧人之贫也，伐木刈草，必取己富焉，则地无事矣。圣人虽不忧人之危也，百姓准上，而比于其下，必取己安焉，则圣人无事矣。故圣人处上，能无害人，不能使人无己害也，则百姓除其害矣。圣人之有天下也，受之也，非取之也〔有光明之德，故百姓推而与之耳，岂其心哉〕。百姓之于圣人也，养之也，非使圣人养己也，则圣人无事矣。毛嫱西施，天下之至姣也，衣之以皮倛，则见之者皆走〔荀卿曰："仲尼之状，面若蒙倛。"〕。易之以玄緆，则行者皆止〔緆易，谓细布〕。由是观之，则玄緆色之助也，姣者辞之则色厌矣。走背跋逾穷谷，野走千里，药也，走背辞药则足废〔理有相须而作，事有待具而成。故虽资倾城之观，必俟衣裳之饰；虽挺越常之足，必假药物而疾。故有才无势，将颠坠于沟壑，有势无才，亦腾乎风云，万动云云，咸皆然耳〕。故腾蛇游雾，飞龙乘云，云罢雾霁，与蚯蚓同，则失其所乘也。故贤而屈于不肖者，权轻也；不肖而服于贤者，位尊也。尧为匹夫，不能使其邻家，至南面而王，则令行禁止。由此观之，贤不足以服不肖，而势位足以服不肖，而势位足以屈贤矣。故无名而断者，权重也。弩弱而矰高者，乘于风也；身不肖而令行者，得助于众也。故举重越高者，不慢于药；爱赤子者，不慢于保；绝险历远者，不慢于御。此得助则成，释助则废矣。夫三王五伯之德，参于天地，通于鬼神，周于生物者，其得助博也。古者工不兼事，士不兼官。工不兼事则事省，事省则易胜。士不兼官则职寡，职寡则易守。故士位可世，工事可常〔古之宰物，皆用其一能，以成其一事。是以用无弃人，使无弃才，若乃任使于过分之中，役物于异便之地，则上下颠倒，事能淆乱矣〕。百工之子，不学而能者，非生巧也，言有其常事也。今也国无常道，官无常法，是以国家日缪，教虽成，官不足；官不足，则道理匮；道理匮，则慕贤智；慕贤智，则国家之政要，在一人之心矣〔人之情也，莫不自贤，则不相推，政要在一人，从一人之所欲，不必善，则政教陵迟矣〕。古者立天子而贵之者，非以利一人也。曰：天下无一贵，理无由通，通理以为天下也。故立天子以为天下也，非立天下以为天子也；立国君以为国也，非立国以为君也；立官长以为官也，非立官以为长也。法虽不善，犹愈于无法〔所以一人心也〕。夫投钩分财，投策分马，非钩策为均也，使得美者不知所以赐，得恶者不知所以怨，此所以塞怨望，使不上也。明君动事必由惠，定罪分财必由法，行德制中必由礼〔法者所以爱民，礼者所以便事〕。故欲不得干时〔必于农隙也〕，爱不得犯法〔当官而行〕，贵不得逾规，禄不得逾位，士不得兼官，工不得兼事；以能受事，以事受利。若是者，上无羡赏，民无羡财〔羡犹益也〕。

【译文】

天有日月光明，不必担忧人间的黑暗；地有财富，不必担忧人们的贫穷；圣人有美德，就不必担忧人们的危难。天虽然不担忧人间的黑暗，但人们只要开辟门窗，一定会使自己取得光明，而天并没有做什么呀！地虽然不担忧人们的贫穷，但人们只要伐木割草（来垦地），一定会使自己取得财富，而地并没有做什么呀！圣人虽然不担忧人们的危急，但只要百姓以圣人的德行为标准而比照于下，就一定能使自己得到安宁，而圣人并没有做什么呀！因此，圣人处在上位，能够做到不害人，却不能使人们不危害自己，而百姓就会消除其危害。圣人能够拥有天下，是百姓给的，不是自己窃取的。百姓对于圣人，是奉养他，而不是靠圣人来养活自己，而圣人并没有做什么呀！毛嫱、西施，是天下最美丽的女子，要是让她们穿上兽皮和粗麻布衣，那么看见的人都会马上跑开；要是让她们换上黑中透红的细麻布衣，那么过路的人都会停下来观看。由此看来，则是好看的细麻布衣助长了其美色。美女不穿好看的衣服，其姿色就会受到抑制。背负重物步行，翻山越谷，继而奔跑于千里之野，这是缠上裹腿的功效；背负重物奔跑，如果不缠裹腿，那么脚力就会衰微。所以，腾蛇趁雾飘游，飞龙乘云往来，如果云消雾散，腾蛇、飞龙与蚯蚓就没有什么两样，这是因为它们失掉其依托的缘故。所以，贤人之所以屈就于不肖者之下，是因为贤人的权力太轻；而不肖者能顺服于贤人，是因为贤人的地位尊贵。唐尧还是普通老百姓时，不能指使他的邻家；等到他坐北朝南称王的时候，却能使众人有令必行，有禁必止。由此看来，贤德并不能使不肖者顺服，但权势地位就能够使不肖者服从，而权势地位也足以使贤人屈就。所以（有的人）没有名望却能决断事务，是由于权重的缘故；弓弩不强而短箭却射得高，是凭借风势的缘故；自身德才不佳而命令却能得到推行，是得到了众人的扶助。所以，负重跨越高地的人，一定不会忽视绑腿的作用；喜爱婴儿的人，一定不会怠慢保姆；穿越险境、长途奔波的人，一定不会轻视驾御车马。这是因为有借助就会成功，失去借助就会失败。古代三王、五霸的德行，可与天地相参互、可与鬼神相交往、可与万物相亲和的原因，是因为他们得到了广泛的扶助。古时候，工匠不兼做其它事情，士人不兼任其他官职。工匠不兼做其它事情，事情就减少，事情减少就容易做好。士人不兼任其他官职，职责就少，职责少就容易守成。所以士人的职位能够世代相继，工匠的职业可以长期不变。各种工匠的子弟不用专门学习就能做工，这不是他们天性灵巧，而是说他们常常要做这件事的缘故。现在国家没有长期稳定的政策，官吏没有常久实行的法令，因此国家政治日趋谬误。实行教化虽然很有成效，但是称职的官吏却很缺乏；缺乏称职的官吏，治理国家的方法就匮乏；治理国家的方法匮乏，就会仰慕渴求贤能智慧的人；仰慕贤能智慧的人才，那么国家的政要就会完全在于一个人的心意。古时候，拥立天子而使他尊贵，并不是让天子一个人得到利益。这是说：天下没有一位尊贵的君主，那么国家的法令就无法行通，让法令得以行通是为了天下人。所以拥立天子是为了治理好天下，并不是设立天下来为天子一个人服务；拥立国君是为了治理好国家，并不是建立国家来为国君一个人服务；设置官长是为了办好公事，并不是设置官职来为长官个人谋私利。国家的法规即使不完善，但还是胜过没有法规。用拈阄来分配财物，用抽签来分配马匹，不是说拈阄、抽签是最公平的，（而是借用这种方法）让那些分得好东西的人不知道是谁的恩赐，让那些分得不好之物的人不知道该抱怨谁。这样做是为了阻止人们的怨恨责备，使其怨恨责备情绪不会增加。圣明的君主做事，一定要凭借恩惠；确定罪行和分配财物，一定要遵从法规；布施恩德把握适度，一定要符合礼义。所以，想做某事但不能冲犯农时；爱怜某人但不能违犯法律；使某人显贵但不能超越规程；给予俸禄不能超越其职位。士人不得兼任其它官职，工匠不得兼做其它事务，根据才能的大小安排工作，根据工作情况给予相应的报酬。如果能做到这样，君主就不会滥用赏赐，臣下和百姓就不会贪羡财物。

## 因　循

天道因则大〔因百姓之情，遂自然之性，则其功至高，其道至大也〕，化则细〔化使从我，物所乐，其理祸（祸恐犹误）狭，其德细小也〕。因也者，因人之情也。人莫不自为也，化而使之为我，则莫可得而用矣〔违性矫情，引彼就我，则忿戾乖违，莫有从之者矣〕。是故先王不受禄者不臣；禄不厚者，不与入难。人不得其所以自为也，则上不取用焉〔夫君上取用，必须天机之动，性分之通，然后上下交泰，经世可久耳。故放使自为，则无不得；仕而使之，则无不失矣〕。故用人之自为，不用人之为我，则莫不可得而用矣，此之谓因。

【译文】

对于天理人性，（君主）顺应它，就会功高德厚；不顺应它，就会功小德微。这里所说的“顺应”，是指顺应人的性情。人没有不为自己的，要改变其性情让他们为我做事，那是不可能真正使之为己所用的。所以前代君王对于未给俸禄的人，不按臣下的职分要求他；对所赐俸禄不丰厚的人，不与其共赴国难；人如果不明白自己为什么要这样去做，君主就不会选用他。因此，如果使人自觉地去做事，而不使人为我而做事，那么就没有人不能为己所用了。这就是所说的“顺应”。

## 民　杂

民杂处而各有所能，所能者不同，此民之情也〔故圣人，不求备于一人也〕。大君者大上也，兼畜下者也；下之所能不同，而皆上之用也。是以大君因民之能为资，尽苞而畜之，无能去取焉〔夫人君之御世也，皆曲尽百姓之能，兼罗万物之分，因其长短，就而用之，使能文者为文，能武者为武，聋者使其视，盲者使其听（聋者使其视盲者使其听原作聋者使其听，盲者使其视），故理有尽用，物无弃财〕。是故不设一方以求于人，故所求者无不足也。大君不择其下，故足也；不择其下，则易为下矣；易为下，则下莫不容；莫不容，故多下，多下之谓大上〔其下既多，故在上者大〕。君臣之道，臣事事〔言事其所事〕，而君无事〔百官之属，各有所司〕；君逸乐而臣任劳；臣尽智力以善其事，而君无与焉；仰成而已，故事无不治。人君自任而务为善以先下，则是代下负任蒙劳也，臣反逸矣。故曰：君人者，好为善以先下，则下不敢与君争为善以先君矣〔君好见其善，则群下皆淫善于君矣。上以一方之善，而施于众方之中，求其为赡，偏已多矣。君偏既多，而臣韬其善，则天下乱矣〕。皆私其所知，以自覆掩，有过则臣反责君，逆乱之道〔夫所以置三公，而列百官者，将使群臣各进所知，以康庶绩耳，若乃君显其善，而臣藏其能，百事从君而出，众端自上而下，则臣善不用，而归恶有在矣〕。君之智，未必最贤于众也，以未最贤，而欲以善尽被下，则不赡矣〔假使其贤，犹不可推一己之智，以察群下，而况不最贤〕。若使君之智最贤，以一君而尽赡下则劳，劳则有倦，倦则衰，衰则复反于不赡之道也。是以人君自任而躬事，则臣不事事矣〔言君之专荷其事，则臣下不复以事为事矣〕，是君臣易位也，谓之倒逆，倒逆则乱矣。人君任臣而勿自躬，则臣事事矣。是君臣之顺，治乱之分，不可不察〔所谓任人者逸，自任者劳也〕。

【译文】

人民混杂居住，每个人各有所长，且每个人的专长各不相同，这是民众的实际情况。人君高高在上，对下面各有专长的人才都能兼容并蓄；民众的专长各不相同，但都能为君主所利用。所以，通达的君主把民众的各种专长作为自己治理国家的财富，尽力包容他们，精心培养他们，不能取此舍彼呀！因此，君主不是设置一个标准来寻求人才，所以君主的要求没有得不到满足的；君主对臣下不厚此薄彼，所以各种人才就会充足；不厚此薄彼，臣下就比较容易做事；容易做事，各种人才就没有不被包容的；能包容各种各样的人才，处在下面的人才就自然增多；下面的人才越多，君主的威望就越高。君臣相处的原则是：百官各司其职，君主用不着做具体的事；君主安逸享乐臣子勤奋工作，臣子要尽智尽力把事情做好，而君主不要参与具体事务，仰仗臣下成功就可以了。这样，国家政事没有治理不好的。君主如果什么事情都亲自去做，而且务求比臣下还做得好，这是代替臣下担待责任而承受劳苦，臣下反而安逸了。所以说，君主喜欢抢在臣下之先把事情做好，臣下就不敢抢在君主之前去做好事。如果臣子都把自己的聪明才智隐藏起来，而国事一旦有了失误，臣子就会反责君主。这是臣子背叛君主、国家出现祸乱的作法。君主的才智，不见得比群臣高明很多，将不很高明的主张自视为高明，从而遮蔽臣子之谋，这些才智则是不足的。假使君主的才智是最高明的，但仅凭君主一人之智而盖臣下之智，就会导致其劳累，劳累过度就会使身体产生疲倦，身体疲倦就会使才智衰竭，才智衰竭就会又走回智谋不足的道路上去。所以，君主如果事事都亲自去做，那么臣下就不必去做事了。这等于君主和臣子交换了位置，这就叫做事颠倒。做事颠倒则会导致混乱。君主如果放手将具体实事都交给臣下去做，而不事必躬亲，那么，臣下就会尽职尽责去做事了。这是君臣和顺、治乱区分的大事，君主不能不明察。

# 知　忠

乱世之中，亡国之臣，非独无忠臣也。治国之中，显君之臣，非独能尽忠也。治国之人，忠不偏于其君；乱世之人，道不偏于其臣。然而治乱之世，同世（同世之世疑衍）有忠道之人。臣之欲忠者不绝世，而君未得宁其上〔夫灭亡之国，皆有忠臣耳，然贤君千载一会，忠臣世世有之，值其一隆之时，则相与而交兴矣；遇其昏乱之主，则相与而俱已（已疑凶字）矣〕。无遇比干、子胥之忠，而毁瘁主君于暗墨之中，遂染溺灭名而死。由是观之，忠未足以救乱世，而适足以重非。何以识其然也？曰："父有良子，而舜放瞽叟；桀有忠臣，而过盈天下。然则孝子不生慈父之义〔六亲不和，有孝慈也〕，而忠臣不生圣君之下〔国家昏乱，有贞臣也〕。故明主之使其臣也，忠不得过职，而职不得过官，是以过修于身，而下不敢以善骄矜。守职之吏，人务其治，而莫敢淫偷其事。官正以敬，其业和，吏人务其治，而莫敢淫偷其事。官正以顺，以事其上，如此则至治已〔此五帝三王之业也〕。亡国之君，非一人之罪也〔恶不众，则不足以亡其国也〕；治国之君，非一人之力也〔善不多，则不足以兴治也〕。将治乱在乎贤使任职，而不在于忠也。故智盈天下，泽及其君；忠盈天下，害及其国。故桀之所以亡，尧不能以为存。然而尧有不胜之善〔言其善道不可胜言也〕，而桀有运非之名〔天下之恶皆归之也〕，则得人与失人也。故廊庙之材，盖非一木之枝也；狐白之裘，盖非一狐之皮也。治乱安危、存亡荣辱之施，非一人之力也。

【译文】

在社会混乱之时，在灭亡之国的大臣中，并不是没有忠臣。当国家安宁之时，在名声显赫的君主手下，并非都是忠臣。国家太平时的臣民，并非对其君主就特别忠诚；国家衰乱时的臣民并非其臣子的立身之道就特别不正。然而，不管是社会安定还是衰乱，同期都有忠于君主和立身有道的人。臣子想尽忠者世代不绝，但君主身居其上却未得到安宁。是没有遇到像比干、子胥那样的忠臣，从而直谏处于愚昧昏暗中的君主，以致其沾染、沉溺于恶习而身死名灭吗？由此看来，忠臣并不足以挽救乱世，而恰恰能够增加人们对君主的指责。何以见得？比如说：父亲有个孝顺的好儿子，但虞舜却放逐了其父瞽叟；夏桀朝中有忠臣，但其罪过却传遍天下。这样看来，孝子不是产生于慈父的恩谊，而'忠臣'也不是在圣明君主的统治下产生的。所以圣明的君主使用臣子，使臣下尽忠而不超越自己的职责，职责不能超越自己的官位。因此，他有了过错便自己主动修正。这样，下面的臣子就不敢因自己意见正确而骄傲，恪守其职的官员就会人人致力于其管理，从而无人敢对公务有丝毫苟且怠慢。做官的清正敬业且谦和，下属小吏就会尽心管理，无人敢对公务有丝毫苟且怠慢；清正并且恭顺地侍奉君主，就会使国家的治理达到最理想的程度。亡国的君主，并不是他一个人的罪过；能治理好国家的君主，也不是靠他一个人的力量。想要治理动乱的国家，关键在于合理选才任职，而不在于臣子是否尽忠。因此，有智之士遍布国内，君主会得到好处；忠君之人遍布天下，往往会使国家受害。所以，夏桀使国家灭亡的所作所为，即使让唐尧也不能使国家不亡。虽然如此，但唐尧会受到不可胜数的赞许；而夏桀会有运作错误的罪名。这就是得到人材或是失掉人材的缘故。所以，修建朝堂所用的木材，都不是一棵树的材料；纯白的狐皮裘衣，都不是一只狐狸皮所能做成的；国家的治乱安危、存亡荣辱的形成，也决不是一个人的力量就能做到的。

## 德　立

立天子者，不使诸侯疑焉；立诸侯者，不使大夫疑焉；立正妻者，不使嬖妾疑焉；立嫡子者，不使庶孽疑焉。疑则动，两则争，杂则相伤。害在有与，不在独也。故臣有两位者，国必乱；臣两位而国不乱者，君犹在也。恃君而不乱，失君必乱。子有两位者，家必乱；子有两位，而家不乱者，亲犹在也。恃亲而不乱，失亲必乱。臣疑其君，无不危之国；孽疑其宗，无不危之家。

【译文】

确立天子的地位，是为了不使诸侯可与其相比拟；确立诸侯的地位，是为了不使大夫可与其相比拟；确立正妻的地位，是为了使宠妾不可与其相比拟；确立嫡子的低位，是为了使偏房的儿子不可与之相比拟。若使其能与之相比拟，则会心生躁动；双方势位相当，则会互相争夺；关系混杂则会互相伤害。危害就在于各有其党羽，不在其一个人。所以，如果设立两个职务相同的大臣，国家必定会发生混乱。有两个官位相同的大臣而国家不发生混乱的，是因为当朝的君主还在位的缘故。依仗君主在位才未出现混乱；如果君主失位，国家就必然会出现混乱。家中如果有两个地位相同的儿子，其家必乱；家有两个地位相同的儿子而家未乱的，是因为父亲还健在的缘故。依仗于父亲健在才未发生混乱，如果父亲去世，家庭必然会出现混乱。因此，臣子的权势如果可与君主相比拟，国家就没有不出现危急的；家族的旁支如果势位足以同正宗嫡子相比拟，家族就没有不发生危机的。

## 君　人

君人者，舍法而以身治，则诛赏夺与，从君心出矣。然则受赏者虽当，望多无穷；受罚者虽当，望轻无已〔民之所信者法也，今在赏者欲多，在罚者欲少，无法以限之，则不知所论矣。虽极聪明以穷轻重，尽心以班夺与，夫何解于怨望哉〕。君舍法而以心裁轻重，则是同功而殊罚也，怨之所由生也。是以分马者之用策，分田者之用钩也，非以钩策为过人智也，所以去私塞怨也。故曰："大君任法而弗躬为，则事断于法矣。法之所加，各以其分；蒙其赏罚，而无望于君也。是以怨不生，而上下和矣。"

【译文】

统治者，如果舍弃法规而只凭其个人来治理国家，那么生杀、赏罚、给予和剥夺，都会出自君主的个人心愿。这样以来，给予的奖赏即使得当，但受赏之人的欲望却没有穷尽；给予的处罚即使也得当，但受惩罚的人都会期望无休止地减轻罪行。君主如果舍弃法制而以个人的意愿来裁定赏罚的轻重，那么就会造成同样的事而受到不同的惩处，于是怨恨就从这里产生。所以，分配马匹时用抽签来决定、分配田地时用抓阄来决定，不是认为抽签和抓阄是什么过人的智能，而是用这种方法去除偏私、堵塞埋怨情绪。所以说："君主治理国家凭借法制而不凭个人的意志行事，那么一切事情都能依着法制来决断了。依法判定赏罚各有其轻重，无论受赏受罚，都不寄望于君主。这样，怨恨就不再发生，于是上下就会和睦了。"

## 君　臣

为人君者，不多听〔物有本，事有原〕，据法倚数，以观得失。无法之言，不听于耳；无法之劳，不图于功；无劳之亲，不任于官。官不私亲，法不遗爱；上下无事，唯法所在〔法令者，生民之命，至治之令，天下之程式，万事之仪表。智者不得过，愚者不得不及焉〕。

【译文】

做为君主，不一定要听得多，要根据法律，依仗事物的规律来观察得失。对不符合法律的话，不用耳朵去听；不符合法律的劳作，不考虑其功绩；没有功劳的亲属，不委任他们官职。封官不偏向亲近者，执法不遗漏自己所喜欢的人。上上下下相安无事，都是因为有法律在。

（马守君　张须眉译）

卷三十七

# 尹文子治要

【考评】

《尹文子》，《汉书·艺文志》著录为一篇；魏黄初末山阳仲长氏析定为上下两篇；《隋书·经籍志》著录为二卷，为战国时尹文撰，说为魏晋间人伪托。全书分为《大道》上，《大道》下两篇，主要陈述治政之道。尹文认为，“道不足以治，则用法；法不足以治，则用术；术不足以治，则用权；权不足以治，则用势。”强调因名得实，名正则法顺，这样就可以“全治而无阙”；提倡“为善与众行之，为巧与众能之”，“贤愚不相弃，贤愚等虑”，“圣人之治，能与众共治”，为“至治之术”；主张统治者自处于虚静，并对万事万物要一一综核其实。其观点与黄老刑名之学相近。

尹文，战国时人，与宋金开、田骈同学于公孙龙。其学本于黄老，而崇尚刑名法术权势，善名辨，在认识论上主张“接万物以别宥为始”，即认识事物首先要破除成见。庄周曾说尹文“不累于物，不苟于人，不忮于众，愿天下之安宁，以活于民命”，这是对尹文最恰当的评价。

魏征在《群书治要》中辑录《尹文子》两篇，上篇冠《大道》篇名，下篇冠《圣人》篇名，今保留原篇名，未加改动。

# 大　道

古人以度审长短，以量受少多，以衡平轻重，以律均清浊，以名稽虚实，以法定治乱，以简制烦惑，以易御险难。万事皆归于一，百度皆准于法。归一者简之至，准法者易之极。如此，则顽、嚚、聋、瞽可与察、慧、聪、明同治矣。天下万事不可备能，责其备能于一人，则贤圣其犹病诸。设一人能备天下之事，则左右前后之宜，远近迟疾之间，必有不兼者焉。苟有不兼，于治阙矣。全治而无阙者，大小多少，各当其分。农商工仕，不易其业，则处上有何事哉？故有理而无益于治者，君子不言；有能而无益于事者，君子弗为。君子非乐有言，有益于治，不得不言；君子非乐有为，有益于事，不得不为。故所言者，不出于名、法、权、术；所为者，不出于农稼、军阵、周务而已，故明主任之。治外之理，小人之所必言；事外之能，小人之所必为。小人亦知言有损于治，而不能不言；小人亦知能有损于治，而不能不为。故所言者，极于儒、墨是非之辨；所为者，极于坚伪偏抗之行，求名而已。故明主诛之。故古语曰："不知无害为君子，知之无损为小人。工匠不能，无害于巧；君子不知，无害于治。"此言信矣。为善使人不能得从，为巧使人不能得为，此独善独巧者也。未尽巧、善之理，为善与众行之，为巧与众能之，此善之善者，巧之巧者也。故所贵圣人之治，不贵其独治，贵其能与众共治也；所贵工倕之巧，不贵其独巧，贵其与众共巧也。今世之人，行欲独贤，事欲独能，辨欲出群，勇欲绝众。独行之贤，不足以成化；独能之事，不足以周务；出群之辨，不可为户说；绝众之勇，不可与征阵。凡此四者，乱之所由生。是以圣人任道以通其险，立法以理其差，使贤愚不相弃，能鄙不相遗。能鄙不相遗，则能鄙齐功；贤愚不相弃，则贤愚等虑。此至治之术也。名定，则物不竞；分明，则私不行。物不竞，非无心，由名定，故无所厝其心；私不行，非无欲，由分明，故无所厝其欲。然则心、欲人人有之，而得同于无心无欲者，制之有道也。彭蒙曰："雉、菟在野，众人逐之，分未定也。鸡、豕满市，莫有志者，分定故也。"圆者之转，非能转而转，不得不转也；方者之止，非能止而止，不得不止也。因圆者之自转，使不得止；因方者之自止，使不得转，何苦物之失分？故因贤者之有用，使不得不用；因愚者之无用，使不得用；用与不用，皆非我也。因彼可用与不可用，而自得其用也；自得其用，奚患物之乱也？道行于世，则贫贱者不怨，富贵者不骄，愚弱者不慑，智勇者不矜，足于分也。法行于世，则贫贱者不敢怨富贵，富贵者不敢凌贫贱，愚弱者不敢冀智勇，智勇者不敢鄙愚弱，此法之不及道也。世之所贵，同而贵之谓之俗；世之所用，同而用之谓之物。苟违于人，俗所不与；苟忮于众，俗所共去。故人心皆殊，而为行若一；所好各异，而资用必同。此俗之所齐，物之所饰。故所齐不可不慎，所饰不可不择。昔齐桓好衣紫，合境不鬻异彩；楚庄爱细腰，一国皆有饥色。上之所以率下，乃治乱之所由也。国乱有三事，年饥民散，无食以聚之，则乱；治国无法，则乱；有法而不能用，则乱。有食以聚民，有法而能行，国不治，未之有也。

【译文】

古人用尺具来测量物体的长短，用量器来计量东西的多少，用衡具来称量物体的轻重，用音律来协调声音的清浊，用名分来考查其虚实，用法律来认定太平或动乱，用简略来治理烦琐、疑惑，用平和来遏止危难。使万事都归结为"道"，各种评价尺度都以法律为标准。万物归于道则简单之至，依法行事则容易之极。如果能做到这样，那么愚顽之人、奸诈之人、聋子、瞎子就可以和明辨之人、聪慧之人、耳聪目明之人，同样易于管理。天下的万事尚且不可无所不能，而要求一个人无所不能，那么圣明、贤达的人就会为之而筋疲力尽。假设一个人能做天下所有的事，要做到前后左右适宜、远近缓急得当，必定有不能兼顾到的。如果有不能兼顾到的，对于治理国家就会有所欠缺。如果要使国家得到全面的治理而没有欠缺，就应使事情的大小多少都恰如其分，农民、商人、工匠、官吏，都各守其业，那么处在上层的统治者还有什么事情需要亲自去做呢？所以，虽有道理，但对治理国家没有好处的，贤明的人是不说的；虽有能力，但对成就事业没有好处的，贤明的人也是不会做的。贤明之士不是乐于言语，而是因为对治理国家有好处，不得不说；贤明之士不是乐于做事，而是因为对成就事业有好处，不得不做。所以，贤明之士所说的话，不外乎名、法、权、术方面的内容；贤明之士所做的事，不外乎农业生产、军旅战阵和国家事务方面的事情。所以，圣明的君主信任他。对治国无益的话，小人是一定会说的；对做事无用的能力，小人是一定会去表现的，小人也知道所言对治国有损害，但不能不说，小人也知道自己所能做的有损于治国，却不能不做。他们所说的，尽是儒家、墨家的是非争辩；所做的，都是固执、虚伪、偏袒、违抗的行动，不过是求名罢了。所以，贤明的君主谴责他们。古语说："不知道并不妨碍一个人成为君子，知道也不妨碍一个人成为小人。工匠不能做到其它事情，并不妨碍他是能工巧匠；君子不知道其他事物，也不妨碍他能治理好国家。"这话的确是可信的。自己做善事使人不能跟从；自己做事精巧，让人不能跟着去学，这是独善独巧之人。这两者都没有完全明白尽善尽巧的道理。自己行善也能使众人跟着行善；自己做事情精巧也能让众人做到精巧，这才是善中之善、巧中之巧。所以圣人治理国家的可贵之处，不在圣人能独立治理国家，而贵在圣人能与众人共同治理国家。能工巧匠的可贵之处，不在他个人做事精巧，而在他能与众人共做精巧之物。现在的人们，总想表现得自己特别贤惠，做事总想表现自己很有能力；论辩总想表现自己才能超群，勇敢总想表现自己无人相比。行为独贤，不足以教化万民；做事独能，不足以完成各项工作；论辩超群，不可能做到家喻户晓；勇敢无比，不可能上阵与众敌应战。大凡这四种情况，确是国家产生混乱的原因。所以圣人用道来克服各种艰难险阻，制定法律来处理各种差异；使贤人和愚人不互相抛弃，使能人与庸人不互相舍弃。能人与庸人不互相舍弃，那么能人与庸人就会共建奇功；贤人与愚人不互相抛弃，那么贤人与愚人就会共同考虑国家大事。这是最佳的治国之术。名分确定后，事物就不会冲突；职分明确后，人们的私欲就不会盛行。事物不冲突，并不是没有冲突之心，而是因为名分确定之后，冲突之心就无处可容；人们的私欲不能盛行，并不是人们没有私欲，而是因为职分已经明确，人们的私欲就无处可容。虽然心思、欲望人人都有，却能使人们做到没有私心、没有私欲，是因为制止私心、私欲的方法得当。彭蒙说："野鸡和兔子在野地时，众人都会追逐他们，这是因为分属还没有确定的缘故。鸡和猪充满集市，没有人抢夺占为己有，这是因为分属已经确定的缘故。"圆的东西之所以会转动，并不是因为它本身会转动便转动，而是因为它具备转动的条件便不得不转动；方的东西之所以会静止，并不是因为它本身会静止而静止，而是因为它具备静止的条件便不得不静止。顺应圆的东西能自己转动的特性，使它不得静止；顺应方的东西能自己静止的特性，使它不得转动，何必担心事物失去本性呢？所以顺应贤能之人对治理国家有用的特征，使他们不得不为国家所用；顺应愚昧之人对治理国家无用的特征，使他们不得为国家所用。用与不用，都不是由自己个人的主观愿望所确定，而是顺应他们可用与不可用的特征，使他们各得其所。若能使他们各得其所，又何必担心事物会发生混乱呢？如果大道能在世间施行，那么贫穷与社会地位低下的人就不会有怨言；富裕与尊贵的人就不会高傲自大；愚笨与软弱的人就不会恐惧害怕；聪明与勇敢的人就不会盛气凌人。这是因为确定了名分的缘故。如果法制能在世间施行，那么贫穷与社会地位低下的人就不敢怨恨富裕与尊贵的人，富裕与尊贵的人也不敢欺凌贫穷与地位低下的人；愚笨与软弱的人就不敢企盼超过聪明与勇敢的人；聪明与勇敢的人也不敢鄙视愚笨与软弱的人。这就是施行法律不如大道的地方。被世人看重的东西，人人都看重就叫做顺应风俗；被世人所使用的东西，人人都使用就叫做物尽其用。如果违背众人的意愿，就会遭到习惯势力的反对；如果伤害了众人的感情，就会被习惯势力所摒弃。因此，人们的心思尽管不同，但行为却能互相一致；人们的爱好尽管各异，但所使用的东西却能够相同。这就是风俗习惯对人们所起的统一作用，也是物质对人们所起的修治作用。所以，对风俗习惯的作用不可不慎重对待，对物质的影响作用不可不认真加以选择。从前齐桓公喜欢穿紫色的衣服，结果齐国境内就没有卖其他颜色绸布的。楚庄王喜欢腰细的人，结果楚国境内的人都面带饥色。处在上位的人怎样来做群下的表率，是国家治乱的根本。造成国家混乱的原因有三种情况：遭受饥荒，人民流离失所，君主没有粮食来聚拢人民，国家就会出现混乱；治理国家没有法律可依，国家会出现混乱；有了法律而不能得到贯彻实施，国家也会出现混乱。有能够聚集百姓的食物，有法律且能贯彻实施，而国家还不能治理好的从未有过。

## 圣 人

仁、义、礼、乐，名、法、刑、赏，凡此八者，五帝、三王治世之术也。故仁以导之，义以宜之，礼以行之，乐以和之，名以正之，法以齐之，刑以威之，赏以劝之。故仁者所以博施于物，亦所以生偏私；义者所以立节行，亦所以成华伪；礼者所以行谨敬，亦所以生惰慢；乐者所以和情志，亦所以生淫放；名者所以正尊卑，亦所以生矜篡；法者所以齐众异，亦所以生乖分；刑者所以威不服，亦所以生陵暴；赏者所以劝忠能，亦所以生鄙争。凡此八术，无隐于人而常存于世，非自显于尧、汤之时，非故逃于桀、纣之朝。用得其道，则天下治；用失其道，则天下乱。过此而往，虽弥纶天地，缠络万品，治道之外，非群生所餐挹，圣人措而不言也。凡国之将存亡有六征：有衰国，有乱国，有亡国，有昌国，有强国，有治国。所谓乱、亡之国者，凶虐残暴不与焉；所谓强、治之国者，威力仁义不与焉。君年长，多妾媵，少子孙，疏宗强，衰国也；君宠臣，臣爱君，公法废，私欲行，乱国也；国贫小，家富大，君权轻，臣势重，亡国也。凡此三征，不待凶虐残暴而后弱也，虽曰见存，吾必谓之亡者也。内无专宠，外无近习，支庶繁息，长幼不乱，昌国也；农桑以时，仓廪充实，兵甲劲利，封疆修理，强国也；上不能胜其下，下不能犯其上，上下不相胜犯，故禁令行，人人无私，虽经险易，而国不可侵，治国也。凡此三征，不待威力仁义而后强，虽曰见弱，吾必谓之存者也。语曰："佞辨可以荧惑鬼神。"探人之心，度人之欲，顺人于嗜好而弗敢逆，纳人于邪恶而求利人。喜闻己之美也，善能扬之；恶闻己之过也，而善能饰之。得之于眉睫之间，承之于言行之先。世俗之人，闻誉则悦，闻毁则戚，此众人之大情。有同己则喜，异己则怒，此人之大情。故佞人善为誉者也，善顺从者也。人言是，亦是之；人言非，亦非之。从人之所爱，随人之所憎，故明君虽能纳正直，未必亲正直；虽能远佞人，未必能疏佞人。故舜、禹者，以能不用佞人，亦未必憎佞人。语曰："佞辨惑物，舜、禹不能得憎。"不可不察乎！

《老子》曰："民不畏死，如之何其以死惧之！"凡人之不畏死，由刑罚过。刑罚过，则民不赖其生；生无所赖，视君之威末如也。刑罚中，则民畏死；畏死，由生之可乐，故可以死惧矣。此人君之所宜执，臣下之所宜惧之。

田子曰："人皆自为，而不能为人。故君人者之使人，使其自为用，而不使为我用。"魏下先生曰："善哉，田子之言！古者君之使臣，求不私爱于己，求显忠于己；而居官者必能，临阵者必勇；禄赏之所劝，名法之所齐，不出于己心，不利于己身。语曰：'禄薄者，不可与经乱；赏轻者，不可与入难。'此处上者所宜慎者也。"父之于子也，令有必行者，有不必行者。去贵妻，卖爱妾，此令必行者也；因曰："汝无敢恨！汝无敢思！"令必不行者也。故为人上者，必慎所令焉。人贫则怨人，富则骄人。怨人者，苦人之不禄施于己也，起于情所难安而不能安，犹可恕也；骄人者无所苦，而无故骄人，此情所易制弗能制，不可恕矣。贫贱之望富贵甚微，而富贵不能酬其甚微之望。夫富者之所恶，贫者之所美；贵者之所轻，贱者之所荣。然而弗酬，不与同苦乐故也。虽不酬之，于我弗伤。今万民之望人君，亦如贫贱者之望富贵。其所望者，盖欲料长幼，平赋敛，时其饥寒，省其疾痛，赏罚不滥，使役以时，如此而已，则于人君弗损也。然而弗酬，弗与同劳逸故也。故为人君，不可不与人同劳逸焉。故富贵者不可不酬贫贱，而人君不可不酬万民，则万民之所不愿戴。所不愿戴，君位替矣，危莫甚焉！祸莫大焉！

【译文】

仁、义、礼、乐、名、法、刑、赏，这八项，是五帝、三王治理社会的手段。他们用“仁”来教导人心；用“义”使人事合宜；用“礼”来规范行为；用“乐”来调和百姓性情；用“名”来端正位分；用“法”来规范百姓行为；用“刑”来威慑百姓，用“赏”来劝勉百姓。

仁，本是用以广泛地施惠于万物的，但也会因之而产生偏私、不公；义，本是用以确立节操品行的，但也因之会形成浮华、虚伪；礼，本是用以使人做事严谨的，但也会因之而产生怠惰、轻慢；乐，本是用以协和情绪、心志的，但也会因之而产生纵欲、放荡；名，本是用以端正尊卑位分的，但也会因之而产生骄傲、篡夺之心；法，本是用以整肃各种变异的，但也会因之而产生违逆的名分；刑，本是用以威吓不顺服的，但也会因之而产生欺凌、暴虐；赏，本是用以勉励忠诚与贤能的，但也会因之而产生互相鄙视、争誉。这八项方略，对谁都毫无隐瞒，常存于人世之间，这不仅在尧舜时期才显现，也不是在桀、纣时期就隐而不现。这八项治术用得好，天下就会太平；这八项治术用得不好，天下就会混乱。除去这八项治国之术，即使有统括天地、驾驭万物的本领，也是治国措施之外的方法，都不是百姓生活所需要的东西，圣人都会把它置之一边而不予理睬。大凡国家的存亡，有六种征象：有衰弱之国，有混乱之国，有灭亡之国，有昌盛之国，有强大之国，有安定太平之国。被称为混乱和行将灭亡之国，其凶残、暴虐的因素尚未包括在内；被称为强盛、太平的国家，其强力和仁义的因素还未包括在内。君王年纪大，妻妾成群，嫡亲子孙少，远房宗亲势力强，这是衰弱之国的征象。君王宠信大臣，大臣奉承君王，国家法律废弃，个人私欲盛行，这是混乱之国的征象。国家贫弱，而家族富裕，君王的权利太轻，大臣的权利太重，这是行将灭亡之国的征象。凡具备这三种征象的国家，不必等待其凶恶残暴就会衰弱，尽管暂时还存在着，我敢断言它必定会灭亡。宫内没有专享宠爱的妃嫔，朝中没有过分亲近的大臣，子孙繁茂，长幼有序，这是昌盛国家的征象；农桑不违时令，国库粮食充足，军队强盛，边防巩固，这是强大国家的征象；上级不压制下级，下级不冒犯上级，上下级互不相犯，因此令行禁止，人人无私，即使历经各种险恶、变易，国家都不可侵犯，这是安定太平之国的征象。所有这三种情况，都不必等到用强力手段或劝以仁义之道然后才强大，即使现在还显得弱小，我敢断言它必定会长久存在下去。古书上说："巧辩可以迷惑鬼神。"其探究人的心理，揣度人的欲望，顺着人的嗜好而不相违背，最终把人引向邪恶，以求取个人私利。人都喜欢听别人赞美自己好，便以贤善多能予以宣扬；人都讨厌听别人说自己的过错，便以贤善多能予以掩饰；从人们眼神的细微变化中探知人的心意，能在人们的言行之前对人进行献媚奉承。世上的一般人，听到别人赞誉自己就高兴，听到别人批评自己就忧愁，这是人之常情。别人的意见与自己相同就高兴，别人的意见与自己相异就恼怒，这也是人之常情。所以奸邪之人都善于说别人的好话，都善于顺从别人。别人说"正确"，他也说"正确"；别人说"不正确"，他也说"不正确"。顺应人之爱好，随和人的憎恶。所以贤明的君主虽然能接纳正直无私的人，但不一定内心亲近正直无私的人；虽然疏远奸邪之人，但不一定内心疏远奸邪之人。因此，即使像虞舜、夏禹这样贤明的君主，也只能做到不用奸邪之人，却不一定做到憎恶奸邪之人。古书上说："巧辩之人能够迷惑众人，虞舜、夏禹也做不到憎恶他们。"对此不能不明察呀！

老子说："老百姓不害怕死亡，怎么能用死来吓唬他们呢？"大凡老百姓不害怕死，是因为刑罚过多过重。刑罚过多过重，那么老百姓就不会依赖刑罚而生存；百姓不依赖刑罚生存，就会把君主的权威看得不重要了。如果刑罚宽严适当，老百姓就会害怕死。老百姓怕死是因为活着可以得到快乐，因此才可以用刑罚处死来恐吓他们。这是君主所应适当掌握、臣下所宜戒惧的。

田子说："人们做事情是为了自己，而不会为了别人。所以统治者使用人，要使他们懂得是为自己做事情，而不使他们认为是为我（君主）所用。”魏下先生说：“田子说的话太好了。古代君主使用大臣，不要求他们偏爱于自己，只要求他们显忠于自己，这样，做官的人一定会尽职尽能，临阵打仗的人一定会勇敢作战。这是因为俸禄和奖赏对他们的勉励、名分和法规对他们的整肃，不是出于君主自己之心，也不是为了利于君主自己。”古书上说：“给的俸禄微薄，君主则不可能与之共同治理混乱；给的奖赏太少，君主就不可能与之共赴危难。”这是处在上位的人所应当慎重对待的。父亲对儿子下的命令，有些一定要施行，有些不一定施行。“休去贵妻，卖掉爱妾”，这样的命令一定要施行；若趁机又说：“你心里不能有怨恨之情，不能有思念之情！”这样的命令肯定是行不通的。所以，作为上层的统治者，一定要慎重对待自己所颁布的命令。人贫穷了就会怨恨别人，富裕了就会自高自大于人。抱怨别人的人，总是苦恼他人不把其俸禄分给自己一点，这是因怨恨之情难于平静而不安于心，还是可以宽恕的。因富有而自高自大，没有任何苦恼，却无故在人前表现出自高自大，这是情绪很容易控制却不去控制，是不能宽恕的。贫贱之人渴望富贵之愿望是极其微少的，但富贵之人却不能酬报其微薄之望。富有的人所不喜欢的，却是贫穷的人所赞美的；有地位的人所轻视的，却是微贱的人所欣赏的。然而，他们不去酬报穷人的愿望，是由于他们不与贫贱人同甘共苦的缘故。虽然富贵者不去满足贫贱者的愿望，但对自己没有什么损害。现在天下众民百姓期望于君主的，也如同贫贱的人期望于富贵之人的一样。其所期望的，只是想照料他们的老少家人，公平赋税的征收；随季节变化关心他们的冻饿，省视他们的疾病痛苦；不要滥施奖赏、处罚，征用劳役要不误农时，仅此而已。这对君王也不会损失什么。但是，这些微小的期望得不到酬报，是君王不与平民百姓同辛劳、同安乐的缘故。而作为君王，不可不与百姓同劳共逸呀。所以，富贵之人可以不满足贫贱之人的期望，但君王则不能不满足百姓的期望。不满足百姓的期望，那么百姓就不会拥戴君王；万民不愿拥戴君王，那君王就要被替换了！危险没有比这更厉害的了，灾祸也没有比这再大的了！

（马守君　张须眉译）

卷三十七

# 庄子治要

【考评】

《庄子》，亦称《南华经》，是庄周及其弟子等著。《汉书·艺文志》著录《庄子》五十二篇，但现存的只有三十三篇。

《庄子》文章汪洋恣肆，语言生动形象，想象极为丰富，大都采用寓言形式。全书约有两百多则寓言，主要宣扬道家“道法自然”、“无为而治”的观念。

庄子(约前369年—前286年)，名周，宋国蒙(今河南商丘)人，战国时哲学家，作过宋国蒙地的漆园吏，与梁惠王、齐宣王同代。他自幼聪颖好学，对各家学说无不涉览，继承和发展老子“道法自然”的观点。其思想包含有朴素辩证法的因素。但他认为“道”是“先天地生”的，从“道始未有封”达到“万物皆一也”，即“道”是无界限差别的，万物也该是齐一而无差别的。他看到一切都处在“无动而不变，无时而不移”，却忽视了事物的稳定性和差别性。主张“齐物我、齐是非、齐大小、齐生死、齐贵贱”，对当权者一些虚伪丑恶的本性，抱以轻蔑嘲笑的态度。据史料记载：庄周虽曾向监河侯借过粟，但对楚威王以厚礼聘他为相却断然拒绝，并告诉来使：“千金，重利；卿相，尊位也。子独不见郊祭之牺牛乎？养食之数岁，及以文绣，以入太庙，当是之时，虽欲为孤豚，岂可得乎？子急去，勿污我。我宁游戏污渎之中自快，无为有国者所羁，终身不仕，以快吾志焉”。表现出他安时处顺、逍遥自得、逃避现实的消极思想。

魏征从洋洋数十万言的《庄子》中节选了《胠箧》《天地》《天道》《知北游》《徐无鬼》等五篇，编入《群书治要》，作为向唐太宗进谏的理论依据。

《庄子》一书，包括道家许多派别的作品，在战国末年有较大影响。全书现存三十三篇，分内篇七，外篇十五，杂篇十一。传统看法认为：内篇是庄周所著，外、杂则兼有其后学之作，还羼入了其他学派的个别篇章。因此，其观点与内篇多有出入。哲学上不仅仅是唯心主义的虚无之道，且有时还赋予“道”一些物质性，使之带点唯物主义色彩；政治上不仅主张绝对的无为，有时还主张上无为而下有为；处世态度上，有宣扬混世的，也有赞成避世的；人生观上，有提倡寡欲的，也有鼓吹纵欲的；在对待不同学派的态度上，有坚持混合齐同的，也有针锋相对的。这些分歧，与孔子之后儒分为八、墨翟之后墨离为三一样，表明了庄子之后，庄周学派也在发展变化，反映了战国以后的社会变革以及各种学派间的相互渗透。只要不违背《天下篇》所述的庄子观点，都应归属于同一体系。因此，可以说，《庄子》是以庄周思想为主体的从战国至秦汉间庄周学派的总集。它上承《老子》，下启《淮南子》，是道家的一部主要著作。从其基本倾向看，完全体现了没落奴隶主贵族意识形态，抒发了对当时社会的仇恨，尤其在哲学领域，广泛而深入地阐发了作者的见解，构成一个博大精深的唯心主义体系。

# 胠　箧

昔者容成氏、大庭氏、伯皇氏、中央氏、栗陆氏、骊畜氏、轩辕氏、赫胥氏、尊卢氏、祝融氏、伏羲氏、神农氏，当是之时，民结绳而用之〔足以纪要而已〕；甘其食，美其服〔适故常甘，当故常美，若思夫侈靡则无时慊意矣〕，乐其俗，安其居；邻国相望，鸡犬之音相闻，人至老死而不相往来〔无求之至〕。若此之时，则至治已。今遂至使民延颈举踵，曰“某所有贤者”，赢粮而趣之，则内弃（本书弃做去）其亲，而外弃其主之事，足迹接乎诸侯之境，车轨结乎千里之外〔至治之迹，犹致斯弊〕，则是上好智之过也〔上谓好知（好知原作至治）之君，智而好之，则有斯过矣〕。上诚好智而无道，天下大乱矣！何以知其然耶？夫弓弩毕弋机变之智多，则鸟乱于上矣；钩饵罟罛罾笱之智多，则鱼乱于水矣；削格罗落置罘之智多，则兽乱于泽矣〔攻之逾密，避之逾巧，则虽禽兽，犹不可图之以智，而况人哉？故治天下者，唯不任知，任知则无妙也〕；智诈同异之变多，则俗惑于辨矣〔上之所多者，下不能安其少也，性少而以逐多则迷矣〕。

【译文】

以前，在容成氏、大庭氏、伯皇氏、中央氏、栗陆氏、骊畜氏、轩辕氏、赫胥氏、尊卢氏、祝融氏、伏羲氏及神农氏那个时代，人们依靠结绳的办法记事，并且认为当时的饭菜味美，衣衫美丽，风俗令人欢乐，居所使人安适；毗邻之国相互观望，鸡犬之声相互听闻，百姓至死也互不往来。像这样的时代，就是最好的太平盛世了。可是，当今竟至于使百姓伸长脖颈、踮起脚跟企盼，听说“某个地方出了贤德之人”，于是带着干粮急奔而去，以致抛弃家里父母亲人，放弃所在地君主的事业，足迹踏遍诸侯之国境，车轮印迹往来交错于千里之外。这是统治者喜用智谋的过错。统治者一心追求智谋而不讲道德，那么天下就必定大乱了！怎么知道会是这样的呢？制造弓弩、鸟网、弋箭机巧多变的智谋多了，那么空中的飞鸟就会乱飞；制造钩饵、鱼网、鱼笼之类的智谋多了，那么水中的游鱼就会乱游；制造木栅、兽栏、兽网之类的智谋多了，那么草泽中的野兽就会乱窜；欺骗伪诈、奸邪狡猾、言辞诡曲、坚白之辩、同异之谈等权变多了，那么社会就会被诡辩之风所迷惑。

## 天　地

尧观乎华，华封人曰："嘻！圣人。请祝圣人，使圣人寿"。尧曰："辞"。"使圣人富"。尧曰："辞"。"使圣人多男子"。尧曰："辞"。封人曰："寿、富、多男子，人之所欲也。汝独不用何？"尧曰："多男子则多惧；富则多事；寿则多辱。是三者，皆非所以养德（德原作意），故辞"。封人曰："始也以汝为圣人也，今然君子也。天生烝民，必授之职。多男子而授之职，则何惧之有〔物皆得所而志定〕？富而使分之，则何事之有〔寄之天下，故无事也〕？圣人鹑居〔无事而斯安也〕而鷇食〔仰物而足〕，鸟行而无章〔率性而动，无常迹也〕。天下有道，则与物皆昌；天下无道，则修德就间〔虽汤武之事，苟顺天应人，未为不间。故无为而无不为者，非不间也〕。千岁厌世，去而上仙〔夫至人极寿命之长，任穷通之变，其生也天行，其死也物化。故云'厌世而上仙'〕；乘彼白云，至于帝乡〔气之散，无不至之〕。三患莫至，身常无殃，则何辱之有？"

【译文】

尧去华地巡察。华地守封疆之官说："啊，圣人来了！请让我为圣人祝福吧！愿圣人长寿。"尧说："不用。""愿圣人富有。"尧说："不用。""愿圣人多子！"尧说："不用。"此人接着说："长寿、富有和多子，这是人们所希望的。你偏偏不需要，为什么呢？"尧说："多子就会多忧，富有就会多事，寿长就会多受屈辱。这三个方面都不能用以修养自己的德行，因此我谢绝您对我的祝福。"此人说："起初，我把你看做圣人，现在看来，您只能算是个君子。苍天让万民降生人间，必定会赋予他一定的职责。孩子多而都赋予他们职责，那么有什么可忧惧的呢？富有了就把财物分给众人，那么会生出什么事端呢？圣人像鹌鹑一样随处而居，像待哺雏鸟一样有什么吃什么；就像鸟儿在空中飞行不留下一点踪迹。天下政治清明，就跟万物一同昌盛；天下纷乱，就修身养性、趋就闲暇。高寿之后产生厌世之念，便离开人间而升天成仙；驾驭那朵朵白云，去到天帝的家乡。长寿、富有、多子所导致的忧虑都不会降临，自身长久地没有灾殃，那么还会有什么屈辱呢！”

尧治天下，伯成子高立为诸侯。尧授舜，舜授禹，伯成子高辞为诸侯而耕。禹往见之，则耕在野。禹趋就下风，立而问焉，曰：“昔尧治天下，吾子立为诸侯。尧授舜，舜授予，而吾子辞为诸侯而耕。敢问其故何也？”子高曰：“昔尧治天下，不赏而民劝，不罚而民畏。今子赏罚而民且不仁，德自此衰，刑自此立，后世之乱，自此始矣！”

【译文】

尧统治天下，伯成子高被立为诸侯。尧将帝位传于舜，舜又将帝位传于禹，伯成子高便辞去诸侯之职去从事耕作。夏禹前去拜见他，伯成子高正在田间耕作。夏禹从下风口快步走近，恭敬地站着问伯成子高道：“当年尧统治天下，先生被立为诸侯。尧将帝位传于舜，舜又将帝位传于我，可是先生却辞去诸侯的职位而从事耕作。敢问这是为什么呢？”伯成子高说：“当年帝尧统治天下，不须奖励而百姓自勉，不须惩罚而人民敬畏。如今你施行赏罚之法但百姓并不仁爱，德行从此衰败，刑罚从此建立，后世之乱也就从此开始了。”

## 天　道

夫帝王之德，以天地为宗，以道德为主，以无为为常。无为也，则用天下而有余〔有余者，闲暇之谓也〕；有为也，则为天下用而不足〔不足者，汲汲然欲为物用者也，欲为物用，故可得而臣（臣原作以字）也〕；

故古之人贵夫无为也。上无为也，下亦无为也，是下与上同德也；下与上同德，则不臣。下有为也，上亦有为也，是上与下同道也；上与下同道，则不主〔夫工人无为于刻木，而有为于用斧。主上无为于亲事，而有为于用臣。臣能亲事，主能用臣。斧能刻木，而工能用斧，各当其能，则天理自然，非有为也。若乃主代臣事，则非主矣；臣秉主用，则非臣也。故各司其任，则上下咸得，而无为之理至矣〕。上必无为而用天下，下必有为，为天下用。此不易之道也。故古之王天下者，智虽落天地，不自虑也；辨虽雕万物，而不自说也；能虽穷海内，不自为也〔夫在上者，患于不能无为也。而代人臣之所司，使咎繇不得行其明断，后稷不得施其播殖，则群才失其任，而主上困于役矣。冕旒垂目而付之天下，天下皆得其自为。斯乃无为而无不为者也。故上下皆无为矣。但上之无为则用下，下之无为则自用矣〕。天不产而万物化，地不长而万物育〔所谓自尔〕，帝王无为而天下功成〔功自彼成〕。故曰：莫神于天，莫富于地，莫大于帝王。故曰：帝王之德配天地〔同乎天地之无为也〕。此乘天地、驰万物，而用人群之道也。本在于上，末在于下；要在于主，详在于臣。三军五兵之运，德之末也；赏罚利害，五刑之辟，教之末也；礼法数度，刑名比详，治之末也；钟鼓之音，羽旄之容，乐之末也；哭泣衰絰，降杀之服，哀之末也。此五末者，须精神之运，心术之动，然后从者也〔夫精神心术者，五末之本也，任自然而运动，则五事之末，不振而自举也〕。末学者，古之人有之，而非所以先也〔所先者本也〕。君先而臣从，长先而少从，男先而女从。夫尊卑先后，天地之行也，故圣人取象焉〔言此先后，虽是人事，然皆在至理中来，非圣人之所作也〕。天尊地卑，神明之位也；春夏秋冬，四时之序也；万物化作，盛衰之杀，变化之流也。夫天地至神也，而有尊、卑、先、后之序，而况人道乎〔明夫尊卑先后之序，固有物之所不能无也〕？宗庙尚亲，朝廷尚尊，乡党尚齿，行事尚贤，大道之序也〔言非但人伦之所尚也〕。愚智处宜，贵贱履位〔官各当其才也〕，必分其能〔无相易业〕，必由其名〔名当其实，故由名而实不滥也〕。以此事上，以此畜下，以此治物，以此修身，智谋不用，必归其天。此之谓太平，治之至也。礼法数度，刑名比详，古之人有之。此下之所以事上，非上之所以畜下也〔寄此事于群下，斯乃畜下者也〕。昔者舜问于尧曰："天王之用心何如？"尧曰："吾不傲无告〔无告者，所谓顽民也〕，不废穷民〔恒加恩也〕，苦死者，嘉孺子而哀妇人，此吾所以用心已。"舜曰："美则美矣，而未大也。"尧曰："然则何如？"舜曰："天德而出宁〔与天合德，则虽出而静也〕，日月照而四时行，若昼夜之有经，云行雨施矣！"〔此皆不为而自然者也〕。尧曰："子，天之合也；我，人之合也。"夫天地者，古之所大也，而黄帝、尧、舜之所共美也。故古之王天下者，奚为哉？天地而已矣！

【译文】

帝王的品行，以天地为宗师，以道德为根本，以顺应自然变化为准则。帝王顺应自然变化，那么管好天下事务后尚有闲暇；如果一心想有所作为，那就会被天下之事驱使而心力不足。因此，前代之人都崇尚无为而治。处在上位者顺其自然，处于下位者也随之顺其自然，这是臣下与帝王的德行相同。如果臣下与帝王德行相同，那就不成其为臣子了。处于下位者有所作为，处于上位者也有所作为，这是帝王与臣下的作法相同。如果帝王与臣下作法相同，那就不成其为帝王了。帝王必须顺应自然变化来管理天下，臣下必须有所作为而被国家所用，这是不变的法则。所以，以前统治天下的人，智慧即使能笼罩天地，也从不亲自去考虑事务；口才即使能修饰万物，也不亲自去谈说；才能即使能穷究海内，也从不亲自去做。上天并不生育而万物化生，大地并不抚养而万物繁衍，帝王没有作为而天下得到治理。所以说没有什么比上天更为神妙，没有什么比大地更为富饶，没有什么比帝王更为伟大。因此说，帝王的德行能与天地相匹配。这就是驾驭天地、驱遣万物而任用众人的办法。根本在于帝王，枝叶在于臣下；关键在于人主，细节在于臣下。军队和各种兵器的运用，这是德政的次要方面；赏、罚、利、害，五刑之法，这是教化的次要方面；礼仪制度的条目、长度计算，实际和名称的审定考核，这是治理的次要方面；用钟鼓奏出乐曲、用鸟羽兽毛装饰舞者，这是音乐的次要方面；哭祭丧服，各有等次，这是居丧的次要方面。这五个次要方面，是必须有精神和心计的运用，然后方能随之而行。学习这些次要的东西，古人中也有，但并不将其作为首要的事情。国君为先导而臣子跟随，年长者为先导而年少者跟随，男子为先导而妇女跟随，尊卑、先后，这是天地的品行，所以圣人取而效法之。上天尊贵，大地卑下，这是神明的位次；春夏秋冬，这是四季的序列；万物化生，盛衰轮回，这是事物变化的规律。天地是最为神圣而又玄妙的，尚且存在尊、卑、先、后的序列，何况人间之事呢！宗庙尊重亲族，朝廷尊重尊长，乡里尊重老人，办事尊重贤能，这是人间常理所体现的秩序。愚钝之人与聪敏之人各就其宜，尊贵之人与低贱之人各践其位，必须按其能力加以区分，适从其名分。用这样的道理侍奉帝王、养育百姓、治理万物，修身养性，无须使用智谋，必合天道。这就叫做天下太平，是治理天下的最高境界。礼仪制度的条目、长度计算，实际和名称的审定考核，古人便如此做。这是臣下用以侍奉帝王的，而不是帝王用以取悦臣民的。过去舜曾问尧："作为天子应有怎样的用心？"尧说："我从不轻慢有苦而无处诉告者，不遗弃走投无路的穷苦百姓，为死者感到痛苦，善待其幼子并怜悯那些妇人，这些就是我的用心。"舜说："这样做当然很好，不过还算不上博大。"尧说："那么该怎么办泥？"舜说："合乎天的德性，就会呈现安宁，像日月照耀而四季交替，像昼夜那样有其常规，像云的流动、雨的散布那样自然。"尧说："你，与天道相合；我，与人事相合。"天和地，自古以来都是被认为是宏大的，黄帝、尧、舜都共同赞美它。所以，古时治天下者，做些什么呢？仿效天地罢了。

## 知北游

圣人行不言之教〔任其自行，斯不言之教也〕。道不可致也〔道在自然，非可言致也〕。失道而后德，失德而后仁，失仁而后义，失义而后礼。礼者，道之华，乱之首也〔礼有常则，故矫效之所由生也〕。故曰：为道者日损〔损华伪也〕，损之又损之，以至于无为，无为而无不为也〔华去而朴全，则虽为而非为也〕。天地有大美而不言，四时有明法而不议，万物有成理而不说〔此孔子之所云予欲无言〕。至人无为〔任其自为而已〕，大圣不作〔唯因在也〕，　观于天地之谓也〔观其形容，象其物宜，与天地无异者〕。

【译文】

圣人施行不需言传之教化。“道”不可能靠言传来得到。（由于）失“道”，后来才以“德”治天下；（由于）失“德”，后来才以“仁”治天下；（由于）失“仁”，后来才以“义”治天下；（由于）失“义”，后来才以“礼”治天下。礼，只是“道”所开的一朵花，也是社会不太平的开始。所以说，以“道”治天下者事务日渐减少，减少再减少，以至于达到“无为”的境界。“无为”实际上是“无不为”（什么事情都做好了）。天地有最大的美善而不必谈论；四季有显明的法则而无须评议；万物有既定的规律而不用陈述。“至善之人顺应自然变化，大圣人不会妄加创制。”这是就其善于观察天地运行规律而言的。

## 徐无鬼

黄帝将见太隗乎具茨之山，方明为御，昌寓（遇疑有误）骖乘，张苦、謵朋（朋原作庮）前马，昆阍、滑稽后车。至襄城之野，七圣皆迷，无所问涂。适遇牧马童子，问涂焉，曰：“若知具茨之山乎？”曰：“然”。曰：“知大隗之存乎？”曰：“然。”黄帝曰：“异哉小童！非徒知具茨之山，又知太隗所存。请问为天下。”小童曰：“夫为天下者，亦何以异乎牧马者哉？亦去其害马者而已矣。”〔马既过分为害〕黄帝再拜稽首，称天师而退。

【译文】

黄帝到具茨山去拜见太隗，方明赶车，昌寓陪伴，张苦、謵朋在马前引路，昆阍、滑稽跟随于车后。来到襄城的郊野，七位圣人均迷失方向，而且无处问路。正巧遇到一位牧马少年，便去问路，说："你知道具茨山吗？"少年说："知道。"又问："你知道太隗居住在什么地方吗？"少年说："知道。"黄帝说："真奇怪啊！孩子，你不仅知道具茨山，而且知道太隗居住的地方。那请问你知道怎样治理天下吗？"少年说："治理天下者，跟牧马者又有什么不同呢？只不过去掉害群之马罢了！"黄帝听后，叩头至地行大拜之礼，口称"天师"而退去。

（吕效祖　张爱玲译）

# 卷三十七

# 尉缭子治要

【考评】

《尉缭子》，战国时人尉缭作。《汉书·艺文志》兵形势家类著录有《尉缭》三十一篇。今本为五卷二十四篇。1972年山东临沂银雀山西汉初期墓出土残简六篇与今本相应之篇内容大同小异。《群书治要》辑录其中《天官》《兵谈》《战威》《兵令》等四篇，与今本(即北宋元丰间将《尉缭子》列为《武经七书》之一)和汉墓出土竹简本相较，除个别字参差外，内容基本一致。主要论述用兵之道，主张富国强兵，依靠人事，重视“廊庙”决策，“先料敌而后动”，强调“号令明，法制审。”魏徵辑录此四篇，可以充分反映战国时期军事家治军和作战的基本经验。

《四库全书总书目·兵家类》亦指出：《尉缭子》“其书大指主于分本末，别宾主，明赏罚，所言往往合于正。如云：‘兵不攻无过之城，不杀无罪之人。’又云‘兵者所以诛暴乱、禁不义也。兵之所加者，农不离其田业，贾不离其肆宅，士大夫不离其官府。故兵不血刃而天下亲，皆战国谈兵者所不道。’晁公武《读书志》有张载注《尉缭子》一卷，则讲学家亦取其说。”这是对该书的极高评价。

# 天　官

梁惠王问尉缭子曰："吾闻黄帝有刑德，可以百战百胜，其有之乎？"尉缭曰："不然，黄帝所谓刑德者，以刑伐之，以德守之，非世之所谓刑德也。世之所谓刑德者，天官时日、阴阳向背者也。黄帝者，人事而已矣。何以言之？今有城于此，从其东西攻之不能取，从其南北攻之不能取，此四者岂不得顺时乘利者哉？然不能取者何？城高池深，兵器（器原作战）备具，谋而守之也。若乃城下、池浅、守弱，可取也。由是观之，天官时日，不若人事也。故按刑德天官之陈曰：'背水陈者为绝地，向坂陈者为废军。'武王之伐纣也，背济水，向山之阪，以万二千人击纣之亿有八万人，断纣头悬之白旗，纣岂不得天官之陈哉？然不得胜者何？人事不得也。黄帝曰：'先稽己智者，谓之天官'。以是观之，人事而已矣。"

【译文】

梁惠王问尉缭子："我听说黄帝有刑德，可以百战百胜，有这回事吗？"尉缭子回答道："不是这样。黄帝所谓刑德，是说用武力来征伐敌人，用仁德来安定天下，不是世人传说的所谓'刑德'。世人传说的所谓'刑德'，是说天官（神）赐福的时日、阴阳变化的向背。黄帝的'刑德'，不过是为人做事正确罢了。为什么这样说呢？譬如现在有一座城，从东西两方进攻，不能夺取，从南北两方进攻，也不能夺取。这四个方面的进攻难道是未能遵从天官赐福的时日、未趁阴阳变化的有利形势吗？其所以攻不下来，是因为防守者的城垣高，城壕深，武器和战斗布防都很完善，以谋坚守城池的原故。如果它的城垣低，城壕浅，守备弱，就能攻下来了。由此看来，相信天官赐福的时辰，不如充分发挥人的作用。如按'刑德'、'天官'的说法，背水列阵是置军队于绝境，面向山坡列阵是把军队置于无用之地。那么武王伐纣的时候，就是背着济水、向着山坡列阵，却以一万二千五百人，击败十八万人的纣军，把纣王之头悬挂在白旗之上。难道是纣王所布的阵势不能够得到天官之利吗？那么纣王不能得胜的原因何在呢？就是因其行事违逆天道，不得人心的缘故啊。黄帝曾说：战前先考证自己的智谋者就是‘天官’。这样看来，战争的胜利不过是为人做事正确罢了。”

## 兵　谈

王者，民望之如日月，归之如父母，归之如流水。故曰：“明乎禁舍开塞，其取天下若化。”故曰：“国贫者能富之，地不任者任之，四时不应者能应之。故夫土广而任，则其国不得无富。民众而制，则其国不得无治。且富治之国，兵不发刃，甲不出暴，而威服天下矣。故曰：兵胜于朝廷，胜于丧绝（绝疑纪），胜于土功，胜于市井。暴甲而胜，将胜也；战而胜，臣胜也。战再胜，当一败。十万之师出，费日千金，故百战百胜，非善之善者也；不战而胜，善之善者也。

【译文】

善于治国的王者，民众仰望他就如仰望日月，趋向他如同趋向父母，归附他如同流水归附大海。常言道：“明白了禁罚、赦免、开放、闭锁的时机和道理，那么取得天下就像万物化生一样自然。”所以说：国家贫穷者能使之富足，土地没有开发者使其开发，四季农时不适应者可使之应时。那么，土地广阔并被开发的话，则其国家不可能不富；人口多而能掌控的话，则其国家不可能不安定。而且，富裕安定的国家，兵器不显露其锋刃，身穿铠甲的士兵不出现，便能使天下敬畏顺服。所以说：“军队的胜利，在于朝庭大政方针的正确；在于百姓同仇敌忾；在于土地的丰收；在于市场的繁荣有序”。靠身穿铠甲的士兵取得胜利，那是将领的胜利；通过战争来取得胜利，那是决策大臣们的胜利。战争频繁胜利，其实相当于失败。动用数十万人的军队，其军费每天高达千金。所以说，百战百胜，不是最好的胜利；不用打仗而取得胜利，那才是最好的胜利。

## 战 威

令所以一众心也，不审所出则数变，数变则令虽出，众不信也。出令之法，虽有小过毋更，小疑毋申。事所以待众力也。不审所动则数变，数变则事虽起，众不安也。动事之法，虽有小过毋更，小难毋戚。故上无疑令，则众不二听；动无疑事，则众不二志。古率民者，未有不能得其心而能得力者也；未有不能得其力而能致其死者也。故国必有礼信亲爱之义，而后民以饥易饱；国必有孝慈廉耻之俗，而后民以死易生。故古率民者，必先礼信而后爵禄，先廉耻而后刑罚，先亲爱而后托其身焉。民死其上如其亲，而后申之以制。古为战者，必本气以厉志，厉志以使四枝，四枝以使五兵。故志不厉，则士不死节；士不死节，虽众不武。厉士之道，民之所以生，不可不厚也；爵列之等，死丧之礼，民之所以营也，不可不显也。必因民之所生以制之，因其所营以显之，因其所归以固之。田禄之实，饮食之粮，亲戚同乡，乡里相劝，死丧相救，兵役（兵役原作丘墓）相从，民之所以归，不可不速也。如此，故什伍如亲戚，阡陌如朋友，故止如堵墙，动如风雨。车不结轨，士不旋踵，此本战之道也。地所以养民也，城所以守地也，战所以守城也。故务耕者其民不饥，务守者其地不危，务战者其城不围。三者先王之本务也，而兵最急矣，故先王务尊于兵。尊于兵其本有五：委积不多，则事不行；赏禄不厚，则民不劝；武士不选，则士不强；备用不便，则士横；刑诛不必，则士不畏。先王务此五者，故静能守其所有，动能成其所欲。王国富民，霸国富士，仅存之国富大夫，亡国富仓府。是谓上溢而下漏，故患无所救。故曰："举贤任（任原作用）能，不时日而事利；明法审令，不卜筮而获（获原作事）吉；贵功（功原作政）养劳，不祷祠而得福。”故曰：“天时不如地利，地利不如人和（和原作事）。”圣人所贵，人事而已矣。勤劳之事，将必从己先。故暑不张（张原作立）盖，寒不重裘；有登降之险，将必下步；军井成（成原作通）而后饮，军食熟而后食，垒成而后舍；军不毕食，亦不火食；饥饱、劳逸、寒暑必身度之。如此，则师虽久不老，虽老不弊。故军无损卒，将无惰志。

【译文】

号令是用来统一军队意志的。如果发布军令不够慎重，就可能要经常变更；如果经常变更，那么号令虽然发布，但大家会不予相信。因此下达号令后，即使有小的缺陷也不要变更，有小的疑点也不要说明。战争的胜利是要依靠众人合力的。不谨慎考虑其行动就会多次变动号令；如果多次变动，即使战事已开始，众人也会心中不安。军事行动的法则是部署虽有小的不当，也不要变更；有小的挫折也不要忧虑。如果上级没有犹豫不决的号令，则众人没有别的命令可以听从；如果行动没有令人怀疑的变故，则众人不会有三心二意。古来统率民众者，没有过不能获得其心而能使其尽力的；也没有不能使众人竭力，而能使他们拼死效命的。一个国家必定是在有了崇礼守信、互相亲爱的道义后，民众才会感到虽饥犹饱；国家必定是在有了孝顺慈爱、正直知耻的风气之后，民众才会认为虽死犹生。所以古来的领导民众者，必须先讲礼义诚信，然后用爵禄鼓励众人；先讲正直知耻，然后用刑罚约束众人；先能够亲近民众、关爱民众，然后才能托付重任。等民众把为君主而死看作如同为亲人而死，然后再用规章制度来告诫他。过去的指挥作战者，必会以精神为根本来激励将士意志，以强烈的意志来驱使四肢，以有力的四肢来使用五种兵器。战斗意志不加激励，士兵就不会为气节而拚死作战；士兵不为气节而死战，军队再多也称不上勇武。激励士气的方法，就是将士赖以生存的东西，不能不丰厚；爵位的等级，丧葬的礼仪，是士兵所追求的，不能不显明；必须按照士兵生活的需要来裁定，按照其所营求的来显扬；按照其归属的等级坚持执行。应得的土地、薪俸等物资，饮食所需的粮米，使其亲戚同享，使邻里都受到鼓励，丧事的家属给予援助，坟墓跟随祖宗之墓。这些都是士兵其所以归附的原因，不能不从速办理。若能如此，那么，部队内就会亲如一家，来自各方的士卒就会像朋友那样亲密无间。那么，军队驻守就像铜墙铁壁一样坚固；行动起来就像疾风暴雨一样迅猛；战车勇往直前，士兵绝不后退。这就是战胜敌人的根本原则。土地是用来养活民众的，城池是用来保卫土地的，战斗是用来防守城池的。所以，注重农业生产的，其民众就不会饥荒；注重守备的，其防御阵地就不会有危险；注重战略战术的，其城就不会被围困。这三件事是先王立国的根本事务，而其中军事问题又最为紧要，所以先王特别重视军事。重视军事最根本的有五个问题：粮草储备不充分，军队就难以行动；奖赏待遇不优厚，民众就得不到鼓励；勇武之士未能选拔参战，兵力就不会强壮；装备物资调用不便利，战士则不勇敢；做不到有过必罚，士兵就不会畏服。先王能够注重这五个方面，所以驻守时就能保住其阵地，行动时就能实现其愿望。

实行“王道”的国家，力求使百姓富裕；实行“霸道”的国家，力求让士人富足；勉强能存在的国家，只重视大夫的富足；濒于灭亡的国家，往往是只图国库积储充实。这就是只满足上层而遗忘了下层，那么一旦国家有难则无法挽救。常言道：“选任贤能，要不了多长时间，国事就会顺利；明确法律、谨慎政令，则不必占卜，事情也会吉利；重视政令得当，犒劳功臣，不祈祷祭祀也会得福。”又说：“天时不如地利，地利不如人和。”圣人所看重的，只是人的作为罢了。对于辛勤劳苦之事，将领一定要率先垂范。所以天热不撑遮阳之伞；寒冷不穿两重皮衣；上坡下坡、地势不平时，将领一定要下车步行；军队凿井成功后，同战士一起喝，军队饭食煮熟后再同战士一起吃；军队营垒筑成后再同战士一起住；军兵若尚未吃饭，自己也绝不会生火做饭。总之，饥饱、劳逸、寒暑定然亲身经历。这样，部队即使长期作战，军力也不致衰减；即使有所衰减，军队也不至于失败。原因就是军队人数没有减少，将领的斗志没有懈怠。

# 兵　令

兵者凶器也，战者逆德也，争者事之末也。王者所以伐暴乱而定仁义也，战国所以立威侵敌也，弱国所以不能废。兵者，以武为植，以文为种；以武为表，以文为里；以武为外，以文为内。能审此二者，知所以胜败矣。武者所以凌敌分死生也，文者所以视利害观安危；武者所以犯敌也，文者所以守之也。兵用文武也，如响之应声也，如影之随身也。将有威则生，无威则死；有威则胜，无威则败。卒有将则斗，无将则北；有将则死，无将则辱。威者，赏罚之谓也。卒畏将甚（旧无甚字补之）于敌者战胜，卒畏敌甚于将者战北。夫战而知所以胜败者，固称将于敌也。敌之与将也，犹权衡也。将之于卒也，非有父母之恻，血肤之属，六亲之私，然而见敌走之如归；前虽有千刃之谿，不测之渊，见入汤火如蹈者，前见全明之赏，后见必死之刑也。将之能制士卒，其在军营之内，行阵之间，明庆赏，严刑罚，陈斧钺，饰章旗，有功必赏，犯令必死。及至两敌相至，行阵薄近，将提枹而鼓之，存亡生死，存枹之端矣。虽有天下善兵者，不能图大鼓之后矣。

【译文】

武器，是伤人的器具；战争，是违背道德仁爱的行为；争夺是最末等的问题。行王道者用它们来讨伐暴乱、确立仁义；好战之国用它来树立威风、侵犯敌国；弱小之国用它来不使自己败亡。军事是以武力来“耕植”，以教化作为“种子”；以武力为“形式”，以教化为“内容”；以武力来“对外”，以教化来“安内”。能明白这两点的，就能明白战争胜败的原因了。武力是用以对抗敌人、一决生死的，教化是用以观察事情利害安危的；武力是用以攻击敌人的，教化是为了守卫本土的。治军兼用文武之道，如同回音应和声响、影子随同身躯。将领有威严则生，无威严则死；有威严则胜，无威严则败。兵士有善用兵的将领则勇斗，没有善用兵的将领则败逃；有善用兵的将领则能拼死一战，没有善用兵的将领则会蒙受羞辱。所谓威严，主要是赏罚分明。如果士兵敬畏将领甚于害怕敌人，战斗就会胜利；如果士兵害怕敌人甚于敬畏将领，战斗就会失败。凡作战能预料胜败的原因，就在于衡量将帅与敌人。敌情与选用的将领，就如同秤锤和秤杆的关系。将领对于士兵，没有父母那样的诚挚之心，没有血肉相连的关系，也没有对待六亲那样的私情，然而士兵见到敌人就奋力追赶，如同急于回家，前边即使有千仞之深的沟溪、深浅莫测的水潭，却见他赴汤蹈火，其原因就是前进则有周全、明确的奖赏，后退则会看到必然被处死的惩罚。将领之所以能控制士卒，是他在军营之内、在行军列阵之时，明确奖赏，严明处罚，陈设诛杀用的斧钺，装饰表彰用的旗帜，有功必赏，违令必杀。及至两军相遇，行列、阵势逼近，将领则拿着鼓槌来击鼓。这时，军队的存亡生死，可说就系在将帅手中！即使有天下最善于指挥作战的人，也不能图谋善于指挥的军队！

（蔡庄伟译）

# 卷三十八

# 孙卿子治要

【考评】

《孙卿子》即《荀子》，系战国时期著名思想家、教育家荀况的代表作。荀况，战国末期赵国人，生卒年不详，活动年代约为公元前298至前238年间。他先后到过齐、秦、赵、楚，曾在齐稷下学宫讲学，并三为“祭酒”(学宫之长)，以后又做过楚国的兰陵令，晚年在兰陵著书，死于兰陵。《荀子》一书、《汉书·艺文志》称孙卿子，著录有三十三篇；刘向《叙录》则题为“荀卿新书三十二篇”。《隋书·经籍志》及《旧唐书·经籍志》均沿用汉志的旧称，仍称为《孙卿子》。《新唐书·艺文志》则又称为《荀卿子》，另著录“杨惊注荀子二十卷”，始改用今名。《荀子》包含的内容十分丰富，涉及了自然观、认识论、逻辑思想、伦理政治思想以及为君治国之道等方面。他在政治理论上，反复强调的一个中心思想就是必须建立起一个“令行禁止”“天下为一”的统一的中央集权的封建秩序。《荀子》批判和总结了先秦诸子的学术思想，继承和发展了古代唯物主义，在中国思想史上占有重要的地位。

魏征编撰《群书治要》，其卷三十八的内容均节录自《荀子》一书，未标篇名。从魏征节选的内容来看，主要偏重于《荀子》中的伦理政治思想，以及关于为君治国之道方面的论述。《荀子》中关于“法后王”的进化理论、“强本节用”、开源节流的经济学说，关于君主应当“兼听”纳谏、使贤任能的政治主张，以及君舟民水，“水则载舟，水则覆舟”的英明论断与魏征本人的政治主张相一致。就魏征上给唐太宗的谏言来看，显然从荀况思想中吸收了不少营养。

儒家孟、荀并称。荀子的思想在战国末期影响较大，汉朝有许多传经的人都是荀子的后学。荀子对于古代经典的传授，有很大贡献。但是，由于他的唯物论思想不为封建统治者所欢迎，《荀子》一书自唐杨倞作注后，直到清朝才又有人开始研究。

《汉书·艺文志》云："《孙卿子》三十三篇"；班固自注说："名况，赵人，为齐稷下祭酒。""荀""孙"音同，孙卿就是荀卿。现存刘向的叙录，题"《荀卿新书》三十二篇"。《汉志》中的三十三篇，就是三十二篇，现存的《荀子》仍是三十二篇。杨倞把三十二篇分为二十卷，并把先后次序做了一些变动，现有的《荀子》就是经他重新编排的。

在三十二篇中，《天论篇》展示了荀子的唯物主义的自然观；《非相篇》展示了荀子的破除迷信思想；《正名篇》展示了荀子的认识论和逻辑思想；《性恶论》展示了荀子的人性论；《解蔽篇》展示了荀子的方法论；《王制篇》《富国篇》等展示了荀子的政治、社会思想；《礼论篇》展示了荀子关于春秋以来所谓礼的起源以"物"的"度量分界"的根据，为引法入礼开了大门；《乐论篇》阐发了荀子关于音乐的理论；《劝学篇》《修身篇》阐发了荀子关于教育的理论；《议兵篇》阐发了荀子关于军事的理论；《非十二子》和《解蔽篇》的一部分攻击了儒、墨、法与权谋诸家的学说；《成相篇》用当时民歌体裁，叙述了荀子的政治思想；《赋篇》是荀子的文学作品。《汉书·艺文志》另外著录的"荀卿赋十篇"，今虽不存，《赋篇》当是其中的一部分。

三十二篇都不是荀子自己的作品，杨倞编入十九卷、二十卷的各篇，大部分可能是荀子后学关于荀子言行的杂记。大小戴《礼纪》中也有些篇章与《荀子》中的内容相同。可见荀子思想虽具新的礼治观点，但《荀子》一书仍然具有儒家著作总集的性质，保存了先秦时期许多贵重资料，不但是研究荀子思想的重要依据，也有助于了解先秦社会历史的状况。

# 劝　学

君子曰："学不可以已。青，出（出原作取）之蓝，而青于蓝；冰，水为之，而寒于水。"故木受绳则直，金就砺则利。君子博学，而日三省乎己，则知明而行无过矣。故不登高山，不知天之高也；不临深谿，不知地之厚也；不闻先王之遗言，不知学问之大也。于越、夷貊之子，生而同声，长而异俗，教使之然也。吾尝终日而思矣，不如须臾之所学；吾尝跂而望矣，不如登高之博见也。登高而招，臂非加长也，而见者远；顺风而呼，声非加疾也，而闻者彰；假舆马者，非利足也，而致千里；假舟楫者，非能水也，而绝江河。君子生非异也，善假于物也。故君子居必择乡，游必就士，所以防邪僻而近中正也。积土成山，风雨兴焉；积水成渊，蛟龙生焉；积善成德，圣心备（备疑作循）焉。故不积跬步，无以至千里；不积小流，无以成河海。故声无小而不闻，行无隐而不形。玉在山而木草润，渊生珠而崖不枯。为善积也，安有不闻者乎。

【译文】

君子说："学无止境。靛青色染料是从蓝草叶中提炼出来的，但比蓝叶还青；冰是由水凝固成的，但比水还冷。"木材经过绳墨划线后再加工，则会挺直；金属刀剑经过磨刀石磨过之后则会锋利。君子广博地学习，每天多次反省自己，就会明白道理、行为不出错误。所以，不登高山，不会知道天是那么的高；不临深谷，不会知道地是那么的厚；没听过先代帝王的遗训，不会知道学问的广博。邗国、越国、夷族和貉族的婴儿，初生时哭声相同，长大后则习俗各异，这是由于后天教育所致。我曾经整天思考，但不如片刻学习的收获大；我曾经踮起脚跟远望，但不如登上高山看得广。登高招手，手臂并没有加长，却能被远处的人看见；顺风呼喊，声音并没有加快，但听者却听得很清楚。借助车马出行的人，并不是脚走的快，却能到达千里之外；借助舟楫出游的人，并不是很善于泅水，却能横渡江河。君子生来并非与别人有所不同，是善于借助客观事物罢了。所以君子居住一定选择适宜之地，交游一定要接近有德才者，这是为了防范邪僻的影响而靠近正道。土堆积起来成为山陵，风雨便在此兴起；水汇合起来积成深渊，蛟龙便在此生长。多做好事，养成高尚的品德，圣哲的精神境界就会具备。所以，若不半步半步地积加，就无法到达遥远的地方；不汇集众多的小溪流，就无法形成江河大海。声音不论怎样微弱，没有不被听到的；行为不论怎样隐蔽，没有不表露出来的。山中埋藏宝玉，那么草木都会润泽；深渊中生有珍珠，那么深渊旁的山崖都不会干枯。如果多做好事不断积善，哪有不闻名于世的呢？

## 修　身

见善，必以自存也；见不善，必以自省也。故非我而当者，吾师也；是我而当者，吾友也；谄谀我者，吾贼也。故君子隆师而亲友，以致恶其贼。好善无厌，受谏而能诫，虽欲无进，得乎哉？小人反是。致乱，而恶人之非己；致不肖，而欲人之贤己；心如虎狼，行如禽兽，而又怨人之贼己。谄谀者亲，谏争者疏；修（修原作循）正为笑，至忠为贼；虽欲无灭亡，得乎哉？

【译文】

看到美好品行，一定要使自己也据有这样的品行；发现不良行为，一定要反躬自省。所以，敢于批评我且言辞中肯的人，就是我的老师；认可我且评说恰当的人，就是我的朋友；阿谀奉承我的人，是残害我的人。所以，君子尊重老师，亲近朋友，憎恨残害自己的人。如果好行善事而无厌倦，接受规劝而能自我警戒，即使自己不想进步又怎能不进步呢？小人与此相反，极为悖乱，却厌恶别人批评；行为十分恶劣，却希望别人说自己贤德；自己心似虎狼，行为似禽兽，却又怨恨别人说自己坏。如果阿谀奉承者被亲近、批评直谏者被疏远、正直之士被其讥笑、最忠诚者被其残害，即使不想灭亡，能做到吗？

夫骥一日而千里，驽马十驾则亦及之矣。或迟、或速、或先、或后（原作有耳字），胡为乎其不可相及也？跬步而不休，跛鳖千里；累土而不辍，丘山崇成。彼人之才性之相悬也，岂若跛鳖之与六骥足哉？然而跛鳖致之，六骥不致，是无他故焉，或为之或不为耳！

【译文】

骏马奔驰一日可达千里，劣马奔跑十天亦可到达，只是跑得快慢、到达的早晚不同而已，怎能说它不能到达目的地呢？只要半步半步不停地前进，跛脚的甲鱼，也能走完千里；只要不停地堆土，山丘也终能堆成。人的才能、性格的差异，难道会像跛脚甲鱼和六匹骏马那样相差悬殊吗？然而跛脚甲鱼能够到达目的地，六匹骏马却不能到达，这其中没有别的原因，只是前者向目标迈进而后者不迈进罢了。

## 不　苟

君子易知而难狎，易惧而难胁，畏患而不避义死，欲利而不为所非，交亲而不比，言辨而不辞。荡荡乎！其有以殊于世也。君子能亦好，不能亦好；小人能亦丑，不能亦丑。君子能则宽容直易以开导人，不能则恭敬撙绌以畏事人；小人能则倨傲僻违以骄溢人，不能则妒嫉怨诽以倾覆人。故曰：君子能则人荣学焉，不能则人乐告之；小人能则人贱学焉，不能则人羞告之。是君子，小人之分也。

【译文】

君子易于交好但难于亲热；容易出现恐惧但难于为威胁所屈；虽然

惧怕祸患，但不逃避为正义而死；想得到利益，但不做自认为错误的事情；与人交往亲近但不结党营私；言谈雄辩但不追求华丽的文辞；胸襟开阔，不同于一般世俗之人。君子有无能力，表现都是美好的；小人有无能力，表现都是丑恶的。君子有能力就心怀宽容、正直、平易的去开导人；没有能力就态度恭敬、谦逊、屈身、以敬畏的心态侍奉人。小人有能力就骄傲自大、邪恶不正，盛气凌人；没有能力，就嫉妒、怨恨和诽谤，以整垮别人。所以说，君子有能力，人们以向他学习为荣；没有能力，人们也乐意告诉他怎样做。小人有能力，人们以向他学习为卑贱；没有能力，人们耻于告诉他怎么做。这就是君子与小人的不同之处。

君子养心，莫善于诚；致诚无他，唯仁之守，唯义之行。诚心守仁则能化；诚心行义则能变。变化代兴，谓之天德。天不言而人推高焉，地不言而人推厚焉，四时不言而百姓期焉。夫此有常，以至其诚者也。君子至德，默然而喻，未施而亲，不怒而威。天地为大矣，不诚则不能化万物；圣人为智矣，不诚则不能化万民；父子为亲矣，不诚则疏；君上为尊矣，不诚则卑。夫诚者，君子之守，而政事之本也。君子位尊而志恭，心小而道大；所听视者近，而所闻见者远。是何耶？则操术然也。君子审后王之道，而论于百王之前；推礼义之统，分是非之分；总天下之要，治海内之众，若使一人。故操弥约，而事弥大。五寸之矩，尽天下之方。故君子不下室堂而海内之情举，积此者，则操术然也。

【译文】

君子修养身心，没有比真诚更好的了。要想做到真诚，没有别的方法，只有保持仁爱，力行正义。一个人诚心保持仁爱则能感化万民，诚心行施正义则能改变风俗。这种改变与教化世代兴盛，就是天的品性。上天不讲话，人们认为它至高；大地不讲话，人们认为它至厚；春、夏、秋、冬四季不讲话，而百姓知道他们的更替。这些事物均有常规，是因为他们有诚信的缘故。君子若有大德，即使不出声，人们也明白他的意思；即使未曾施惠，人们也亲近他；即使不发怒，也显得很威严。天地可谓大呀，不诚信就不能孕育万物；圣人可谓睿智呀，但不诚信就不能感化万民；父子之间可谓亲近呀，但不诚实将彼此疏远；国君可谓尊贵呀，但不诚信就会显得卑微。所以，“诚”是君子的操守，也是治理政事的根本。君子的地位尊贵，但态度谦恭；方寸之心虽小，但思想却宏大；所能听到看到的东西虽近，但其所闻和见识却很远。这是何故呢？是其操守、思想使然也。君子考察君主的治国之道，并在百官面前加以评论。他们推究礼义的传承系统，分清是非的界限；总揽天下枢要，治理海内民众，就如同驱使一个人一样。所以操控愈简要，事业就愈远大，就像五寸大小的矩尺，可以画尽天下的各类方形。所以，君子足不出户，但天下的情况能一一列举。君子能掌握这么多东西，是其品德与策略使然也。

好荣恶辱，好利恶害，是君子、小人所同也，若其所以求之道则异。小人疾为诞而欲人之信己，疾为诈而欲人之亲己，禽兽行而欲人之善己；虑之难知也，行之难安也，持之难立也，成则必不得其所好，必遇其所恶焉。故君子者，信矣，而亦欲人之信己；忠矣，而亦欲人之亲己；修正治辨矣，而亦欲人之善己；虑之易知也，行之易安也，持之易立也，成则必得其所好，必不遇其所恶焉，是故穷则不隐，通则大明，身死而名弥白。

【译文】

爱好荣誉而厌恶耻辱，爱好利益而厌恶祸害，是君子与小人的共性。但他们求得荣誉与利益、避免耻辱与祸害的方法就不同了。小人急切地做荒诞不经的事，还想要别人相信自己；急切地干欺诈的事，还想要别人亲近自己；行如禽兽，还想要别人友善于自己。他们所想的，别人难以知晓；所做的，别人难以放心；所持之见，难以立足；最终必然得不到荣誉和利益，只会遭受耻辱和祸害。然而，君子对别人诚信，也希望别人对自己诚信；自己忠厚待人，也希望别人亲近自己；自己正直地办事，也希望别人友善于自己。他们所想的，别人易于了解；所做的，别人易于安心；所持的论见易于成立；最终必然得到荣誉和利益，也不会遭受耻辱和祸害。因此说，君子处于困境，名誉仍然不被隐没；通达之时，名声大为显赫；身死之后，声名更加纯洁。

## 非十二子

兼服天下之心：高上尊贵，不以骄人；聪明圣智，不以穷人；齐给速通，不争先人；刚毅勇敢，不以伤人；不知则问，不能则学，虽能必让。君子能为可贵，不能使人必贵己；能为可信，不能使人必信己；能为可用，不能使人必用己。故君子耻不修，不耻见污；耻不信，不耻不见信；耻不能，不耻不见用。是以不诱于誉，不恐于诽，率道而行，端然正己，不为物倾侧，夫是之谓诚君子。

【译文】

使天下人心服的方法是：职位很高，身份尊贵，但不因此傲视别人；聪明睿智，通达事理，但不因此穷究于人；口才敏捷流利，反应迅速灵活，但不因此争为人先；刚毅勇敢，但不以此伤害他人；不懂得便询问，不会做就学习，即使有能力也必定谦让。君子能做到值得受人尊重，但不能要求别人一定尊重自己；能做到值得别人信任，但不能要求别人一定信任自己；能做到值得为人所用，但不能要求别人一定任用自己。所以，君子会为自己的不美好而羞愧，不因他人的玷污而感到耻辱；为自己不讲信用而羞愧，不因他人不信任自己而耻辱；为自己没有能力而羞愧，不因他人不任用自己而耻辱。因此君子不被虚荣所引诱，不被诽谤所吓倒，遵循正道而行，严以律己，不被外物所动摇。这就是所说的名副其实的君子。

# 仲 尼

仲尼之门人，五尺之竖子，言羞称乎五伯。是何也？曰：“然，彼非本政教也，非致隆高也，非綦文理也，非服人心也；向方略，审劳逸，畜积修斗，而能颠倒其敌者也；诈心已胜矣，彼以让饰争，依乎仁而蹈利者也，小人之杰也。彼固曷足称乎大君子之门哉！彼王者不然，致贤而能以救不肖，致强而能以宽弱，战必能殆之，而羞与之斗，委然成文以示之，天下自化矣；有灾缪者然后诛之，故圣王之诛，甚省矣。”

【译文】

孔子的门徒，即使是身高五尺的少年学生，言谈都耻于称赞五霸（齐桓公、晋文公、楚庄王、吴王阖闾、越王勾践），这是为何呢？回答是这样的：他们不以政治教育为本，不是求得高尚，不是极尽礼仪，不能使人们心服。他们只是趋向于方术策略，审慎于劳逸适度，积蓄战备物资，研究争斗方法，以便能颠覆自己的敌国。以诡诈的心术攫取胜利后，他们用表面的谦让来掩饰其争夺，貌似仁德，实际上把谋求利益作为目的。这些人只是小人中的杰出者，他们又怎能被大圣人孔子的门下所称道呢！王者就不是这样。他们招来贤才而能靠他们帮助无才德者；求得国家强大而能以此宽容弱者；发生战争必能危及敌国，却羞于同别国争斗，只需要写成文告昭示于天下，天下自会得到教化了；如果还有导致灾祸、政事荒谬的国家，然后予以讨伐。所以说，圣王对于诛杀是极少使用的。

# 儒 效

秦昭王问孙卿曰：“儒无益于人之国？”孙卿曰：“儒者法先王，隆礼义，谨乎臣子而致贵其上者也。虽穷困冻馁，必不以邪道为贪；无置锥之地，而明于持社稷之大义。势在人上，则王公之材也；在人下，则社稷之臣，国君之宝也。虽隐于穷阎陋屋，人莫不贵之（之原作贵），道诚存也。在本朝则美政，在下位则美俗。儒之为人下如是矣。其为人上也，广大矣！志意定乎内，礼节修乎朝，法则、度量正乎官，忠、信、爱、利形乎下。故近者歌讴而乐之，远者竭蹶而趋之。四海之内若一家，通达之属，莫不从服。夫其为人下也如彼，其为人上也如此，何为其无益于人之国乎？”昭王曰：“善！”君子之所谓贤者，非能遍能人之所能（能旧皆做贤改之）之谓也；君子之所谓知者（知旧皆作智改之），非能遍知人之所知之谓也；君子之所谓辨者，非能遍辨人之所辨之谓也；君子之所谓察者，非能遍察人之所察之谓也；有所止（止旧作上改之）矣。相高下，序五种，君子不如农人；通财货，辨贵贱，君子不如贾人；设规矩，便备用，君子不如工人。若夫论德而定次，量能而授官，使贤不肖皆得其位，能不能皆得其官；万物得宜，事变得应，言必当理，事必当务，然后君子之所长也。君子无爵而贵，无禄而富，不言而信，不怒而威，穷处而荣，独居而乐，岂不至尊、至富，至重、至严哉！

【译文】

秦昭王问孙卿子道：“儒家对国家没有什么益处吗？”孙卿子答道：“儒家效法前代圣君，推崇礼仪，谨慎地做臣子，使君主受人尊重。他们即使穷困冻饿，也一定不会用歪门邪道去贪求财利；即使贫穷得无立锥之地，也会明确地维护国家大义。他们若地位在人之上，就能成为辅佐天子、诸侯之才；地位若在人之下，也会是国家的重臣、国君的珍宝；即使隐居在偏僻的里巷和陋室里，人们亦无不尊敬他们，因为高尚的道德确实存在于他们身上。他们在朝中做官，就能使朝政完善；处在低下的官位，亦能促使风俗淳美。儒者处于人下尚能如此，如果处在人之上，作用会很大呀！儒者内心有坚定的志向，能用礼节来管理朝政；用法则、度量来端正官风，使忠君、诚信、仁爱、利人的品德在百姓中蔚然成风。所以，身边的人歌颂他、喜欢他；远方的人全都匆忙地去投奔他。这样，四海之内如同一家，凡有路可以到达的属地，人们无不听从、敬佩他。儒者位于人下是那样，位于人上是这样，怎能说儒者对国家无益呢？”昭王说：“对啊！”君子所称的贤才，并不是说其人能够做到所有人所能做到的一切事情；君子所称的有智慧者，并不是说其人能够懂得所有人所懂得的知识；君子所称的明辨事物者，并不是说其人能够分辨所有人所能分辨的事物；君子所称的善于观察者，并不是说能够看清楚所有人所能看清楚的问题。君子所具备的知识和才能也是有一定限度的。审视土地的贫瘠与肥沃，安排黍、稷、豆、麦、麻五种农作物的耕种，君子不如农民；保障财货的流通，分辨货物的好坏贵贱，君子不如商人；设计圆规和矩尺，以便工匠备用，君子不如工人。然而，评论人的品德并确定其等级次序，衡量人的才能而授予相应的官职，使品德好和品德不佳者都得到其适宜的地位，使能力强和能力不强的人均能获得相应的职务，使万物都得其所宜，事情突发变故能得到妥善地应对，言谈必合于道理，做事必合于要求，然后才能知道君子的特长。君子即便没有爵位也很高贵，没有俸禄也很富有；不用多言也能取信于人，不必发怒也会很有威严；处境穷困然而荣耀，处境孤独但却快乐。君子岂不是最尊贵、最富有、最自重、最威严吗？

## 王　制

请问为政？曰：“听政之大分：以善至者待之以礼，以不善至者待之以刑。两者分别，则贤不肖不杂，是非不乱。贤不肖不杂则英杰至，是非不乱则国家治。若是，令行禁止，王者之事毕矣。公平者，职之衡也，中和者，听之绳也。其有法者以法行，其无法者以类举，听之尽也；偏党而无经，听之辟也。故有良法而乱者，有之矣；有君子而乱者，自古及今，未尝闻也。传曰：‘治生乎君子，而乱生乎小人。’此之谓也。

【译文】

有人问荀子怎样治理政事？荀子回答说：处理政事的大分限，是对怀着善意而来的人以礼节相待；对怀着恶意而来的人用刑罚对待。这两者区分无误，那么贤人与不肖之人便不会混淆；“是”与“非”便不会紊乱。贤人与不肖的人不相互混杂，英雄豪杰就会前来；是非分明，国家就会安定。如果是这样，则号令必行，有禁必止，王者应做的事就可以说做到了。公平是处理政事的标尺，宽严适当是处理政事的准绳。有法令规定的，依照法令规定办事；无法令规定的，按照法令以类相推来办理，这是处理政事的最佳方法。偏私而无原则，处理政事就会邪僻不正。所以，有好的法律，而政事还出现混乱的情况是有的；有了德才兼备的君子而政治出现混乱的，从古到今，还不曾听说过。古书记载：“国家安定源于君子，国家混乱源于小人。”就是说的这个道理。

马骇舆，则君子不安舆；庶人骇政，则君子不安位。马骇舆，则莫若静之；庶人骇政，则莫若惠之。选贤良，举笃敬，兴孝悌，收孤寡，如是，则庶人安政，然后君子安位矣。传曰：“君者，舟也；庶人者，水也。水则载舟，水则覆舟。”此之谓也。故君人者欲安，则莫若平政爱民矣；欲荣，则莫若隆礼敬士矣；欲立功名，则莫若尚贤使能矣；是君人者之大节也。三节者当，则其余莫不当矣；三节者不当，则其余虽曲当，由将无益也。成侯、嗣公，聚敛计数之君也，未及取民也；郑子产取民者也，未及为政也；管仲为政者也，未及修礼也。故修理者王，为政者强，取民者安，聚敛者亡。故王者富民，霸者富士，仅存之国富大夫，亡国富筐箧，实府库。筐箧已富，府库已实，而百姓贫，夫是之谓上溢而下漏；入不可以守，出不可以战，则倾覆灭亡可立而待也。故我聚之以亡，敌得之以强。聚敛者，召寇、肥敌、亡国、危身之道也，故明君不蹈也。

【译文】

马拉车时受惊，坐于车内的君子就不会安稳；百姓因政令惊惧，君子在职位上就不安稳。如果马拉车时受惊，最好是让它先静止不动；百姓因政令惊惧，最好能施予他们恩惠。选拔德才兼备之士，推举忠厚戒慎之人；提倡孝父敬兄之风，收养孤寡之民。这样，百姓就会安守政令，然后君子才能安于其位。史书上说："君主如同舟，百姓如同水；水可以载舟，水亦能覆舟。"讲的就是这个道理。所以，统治人民的君主，若想国家安定，就没有比政治清平、爱护人民更好的了；若想国家繁荣，就没有比崇尚礼仪、敬重士人更好的了；若想建立功名，就没有比尊重贤人、使用能人更好的了。这是当君主的关键。这三个关键运用得当，那么其他的事就没有不得当的了；这三个关键运用不当，其他的事即便做得周到得当，仍将无益于事。卫国的成侯和嗣公是善于聚敛资财、工于算计的君主，但未能得民心；郑国的宰相子产是深得民心者，但未能处理好政事；齐国的宰相管仲是善于处理政事者，但未能推行礼义。能够推行礼义者可以统一天下；善于处理政事者能使国家强盛；深得民心者能使国家安定；只关心聚敛财富者必使国家灭亡。所以，能统一天下的王者注重人民的富足；能成为一代霸主者关注士人的富足；只勉强存在的国家只关心大夫的富足；亡国之君只关心钱箱饱满、府库充实。钱柜饱满、府库充实，而百姓贫困，这就是说上边多得财富外溢，而下边漏得一无所有（百姓一贫如洗）。这样的国家，对内不能守土，对外不能应战，那么国家倾覆灭亡就会立刻到来。自己聚敛资财而招致灭亡，敌人得到这些资财反而更加强大。（可见，只关注）聚敛财富，是招引侵略、养肥敌人、灭亡国家、危及自身的道路。所以，英明的君主是决不走这条道路的。

## 富　国

足国之道，节用裕民，而善藏其余也。节用以礼，裕民以政。彼裕民则民富，出实百倍。上以法取焉，而下以礼节用之，余若丘山，夫君子奚患乎无余也！故知节用裕民，则必有仁义圣良之名，而且有富厚丘山之积矣。不知节用裕民则民贫，出实不半，上虽好取侵夺，犹将寡获也；而或以无礼节用之，则必有贪利之名，而且有空虚穷乏之实矣。礼者，贵贱有等，长幼有差，贫富轻重皆有称者也。德必称位，位必称禄，禄必称用。由士以上，则必以礼乐节之，众庶百姓，则必以法数制之。轻田野之税，平关市之征，省商贾之数，罕兴力役，无夺农时，如是则国富矣。夫是谓以政裕民也。人之生不能无群，群而无分则争，争则乱，乱则穷矣。故无分者，人之大害也；有分者，天下之本利也。古者，先王分割而等异之也，故使或美、或恶，或厚、或薄，或逸乐，或劬劳，非特以为淫夸之声，将以明仁之文，通仁之顺也。故为雕琢刻镂，黼黻文章，使之以辨贵贱而已，不求其观；为钟鼓管磬、琴瑟竽笙，使之以辨吉凶，合欢定和而已，不求其余；为宫室台榭，使以避燥湿、辨轻重而已，不求其外。若夫重色而衣之，重味而食之，重财物而制之，合天下而君之，非特以为淫泰也。以为王天下，理万变，裁万物，养万民，兼制天下者，为莫若仁人之善也夫！故其知虑足以治之，其仁厚足以安之，其德音足以化之，得之则治，失之则乱。百姓诚赖其智也，故相率而为之劳苦，以务逸之，以养其智也；诚美其厚也，故为之出死断亡，以覆救之，以养其厚也；诚美其德（德原作意）也，故为雕琢刻镂，黼黻文章，以藩饰之，以养其德也。故仁人在上，百姓贵之如帝，亲之如父母，为之出死断亡者，无他故焉，其所是焉诚美，其所得焉诚大，其所利焉诚多也。故曰："君子以德，小人以力也。百姓之力，待之而后功；百姓之群，待之而后和；百姓之财，待之而后聚；百姓之势，待之而后安；百姓之寿，待之而后长。父子不得不亲，兄弟不得不顺，男女不得不欢，少者以长，老者以养。故曰："天地生之，圣人成之。"此之谓也。今之世不然：厚刀布之敛以夺之财，重田野之税以夺之食，苛关市之征以难其事。权谋倾覆，以靡弊之，百姓晓然，皆知其将大危亡也。是以臣背其节，而不死其事者，无他故焉，人主自取之也。不教而诛，则刑繁而邪不胜；教而不诛，则奸民不惩；诛而不赏，则勤励之民不劝；诛赏而不类，则下疑，俗险而百姓不一。故先王明礼义以一之；致忠信以爱之；尚贤使能以次之；爵服赏庆以申重之；时其事，轻其任，以调齐之；兼覆之，养长之，如保赤子。若是，故奸邪不作，盗贼不起，而化善者劝勉矣。是何？则其道易，其塞固，其政令一，其防表明也。故曰："上一则下一矣，上二则下二矣。"

【译文】

促使国家富裕的原则，就是节省费用，使人民富裕，好好地储藏盈余的物资财富。按礼制规定来节省费用，用政策上的得当使百姓富裕。采取富民政策，人民就会富足，劳动果实就会成倍的增长。国家按照法律规定收税，人民按照礼制规定节约费用，余粮就会堆积如山，君子何必担心没有盈余呢？所以，懂得节省用费，促使人民富裕，就一定能获得仁义善良的美名，而且还会拥有像山丘一样丰厚的积累。如果不懂得节约用度，人民就贫穷，产量就达不到平时收成的一半，政府即使想方设法来征收、剥夺，所获还是会很少；而如果不按礼制规定节约费用，就必定会有贪求财利的名声，实际上将会空虚穷困。按礼制规定，贵贱有等级，长幼有差别，使"贫""富""尊""卑"均应与等级相称。品德一定与地位相符，地位一定与俸禄相符，俸禄一定与能力相符。从士大夫以上，必须用礼乐来节制；广大的庶民老百姓，必须以法律策略来调控。减轻田地赋税，公平地征收关卡、集市的税收，减少商人的数量，少征用劳役，不耽误农时。这样，国家就会富足了。这就是用政策来使人民富裕。在人类生活中，不能没有群体；群体中若无等级区别，就会引起争斗；相争就会引起混乱；混乱了就会陷入穷困。所以说，无等级之别，是人的一大祸害；有等级之别，是天下的根本利益所在。在古代，先王划分出不同的等级，而使有的被赞美，有的被厌恶，有的待遇优厚，有的待遇菲薄，有的安逸快乐，有的终日劳碌。但不只是把这些看做好或不好的名声，而是用此彰明仁政的条文，使仁政顺达。所以特地对玉器、木器进行雕琢，在礼服上刺绣花纹，是让人以此辨别贵贱而已，不是追求美观；制作钟鼓管磬、琴瑟竽笙等乐器，是让人从音乐中辨识吉凶、共同欢乐、安定和谐而已，不是追求其他什么；建造宫室台榭，是为了能够避免潮湿与燥热，区别身份贵贱而已，不是为了别的什么。至于穿色彩浓重的衣裳、吃味道醇厚的饭菜、掌握贵重的财物、整个天下归其统治，不是特意以此作为过分的享受，而只是为了统一天下。治理众多变化、裁决众多事物、养育万民、同时又要控制天下形势者，没有比品德高尚的仁人更好的了！仁者的见解、谋划足以治理天下；他的仁义厚道足以安定天下；他的道德声望足以感化天下。得到仁人则天下太平；失去仁人则天下动乱。百姓的确依赖他们的智慧，因此争先恐后地为他们劳苦，致力使其安逸，以调养其智慧；百姓的确赞美其仁厚，因此为他们出生入死来掩护、援助之，以保养他们的仁厚；百姓的确赞美他的高尚品德，因此，为他雕刻器物，制作五彩华美的服装以文饰之，以调养其品德。所以，仁者处在上位，百姓尊重他如同天帝，亲爱他如同父母，乐意为他出生入死，没有其他原故，因为他所认为对的的确很好，他所取得的成绩的确很大，他给予人民的利益的确很多。所以说："君子以德抚下，百姓以力办事。"百姓的力气，依靠君子才能有成效；百姓的群体依靠君子才能和睦相处；百姓的财产依靠君子才能积累；百姓的处境，依靠君子才能安稳；百姓的寿命，依靠君子才能长久。父与子得不到君子的教化，就不可能相亲相爱；兄与弟得不到君子的教化，就不可能和睦共处；男与女得不到君子的教化，就不可能欢乐相处。年小者因有君子而长大成人，老年人因有君子而得以奉养。人常说："天地生长万物，圣人成就万物。"说的就是这个道理。现在的时代却不是这样，他们增加钱币的征敛，来掠夺人民的资财；提高田亩的赋税，来掠夺人民的粮食；对关卡、集市征收苛捐杂税使其经营困难；以权势、谋略倾轧颠覆，已经不能蒙蔽百姓了。百姓明白这些情况，都知道国家将因此步入危亡的绝境。因此，臣子背离其节操，而不为君主效命，这没有别的缘故，都是君主咎由自取。不进行教育就惩处，即使刑罚繁多仍然不能战胜邪恶势力；只进行教育而不进行责罚，奸诈的人就受不到应有的惩处；只采用惩罚而没有奖赏，勤奋的人就会得不到鼓励；惩罚奖赏不恰当，那么人民就疑惑。从而习俗险恶，百姓没有统一的意志。所以，先王通过明确礼义来统一人民；致力于忠信来爱护人民；尊重贤人、能人使百姓生活有次序；以爵位、服饰、奖赏来表明对贤能的敬重；按时节安排其事务，减轻其负担，使百姓协调一致；普遍荫佑、抚养百姓，犹如保护初生的婴儿。如能这样，奸诈邪恶的人就不敢活动，盗贼就不会兴起，而改过自新的人也得到了勉励。这是什么原因呢？是其治国之道简易，其防范措施牢靠，其政令统一，其防禁与表彰明确。所以说："上层同心合力则下层就同心合力了；上层离心离德，下层亦就离心离德了。"

国者，天下之制利用也；人主者，天下之利势也。得道以持之，则大安也，大荣也；不得道以持之，则大危矣，大累矣。故用国者，义立而王，信立而霸，权谋立而亡。三者明主之所谨择也，仁人之所务白也。汤以亳，武王以镐，皆百里之地也，天下为一，诸侯为臣，通达之属，莫不从服，无他故焉，以济义矣。是所谓义立而王也。齐桓、晋文、楚庄、吴阖庐、越勾践，是皆僻陋之国也，威动天下，强殆中国，无他故焉，信也。是所谓信立而霸也。不务张其义，济其信，唯利之求，内则不惮诈其民而求小利焉，外则不惮诈其与而求大利焉，内不修正其所以有，然常欲人之有。如是，则臣下百姓莫不以诈心得其上矣。上诈其下，下诈其上，则是上下析也。如是，则敌国轻之，与（与疑为盟）国疑之，权谋日行，而国不免危亡。齐闵、薛公是也。是无他故焉，唯其不由礼义而由权谋也。三者明主之所谨择也，而仁人之所务白也。善择者制人，不善择者人（人原作为人）制之。

【译文】

国家，是治理天下的利器；君主，是天下最有权势的人。用正确的治国之道来掌握国家政权，国家就会很安定，自己就会很荣耀；反之，国家就会很危险，自己就会很劳累。治理国家的人，以道义立国可以称王天下，以信用立国就可以称霸诸侯，以阴谋权术立国就会灭亡。以上三种情况，是英明的君主所谨慎选择的，也是仁德之人必须明白的道理。商汤王建国都于亳地，周武王建国都于镐地，均只有方圆百里之大，但后来一统天下，诸侯称臣，凡人迹所到之处，无不顺服。这没有什么别的原因，都是因为扶助了正义。这就是所谓树立正义便可称王天下。齐桓公、晋文公、楚庄王、吴王阖闾和越王勾践，都是生活于偏僻狭小之地的国君，却能威名震撼天下，强大足以危及中原诸国，这没有什么别的原因，都是因为讲信用。这就是所说的建立信用便可称霸于诸侯。国君不致力于宣扬其正义、实现其信用，唯利是图；对内不顾一切地欺诈人民，追求小利；对外不顾一切地欺诈盟国，追求大利；对内不好好地治理自己已经拥有的，却常常想侵占别人所有的。如果是这样的话，他的臣子和百姓就没有不以欺骗之心对待君主的。君主欺骗臣民，臣民欺骗君主，这是上下分崩离析。这样一来，敌国轻视它，盟国也怀疑它，权术阴谋日见猖獗，以致国家不可避免地出现危机、甚至灭亡。齐闵王和薛公就是这样。出现这种情况没有什么别的原因，就是因不遵循礼义，而只知玩弄权术阴谋。以上三者，同样是英明君主所谨慎选择的，也是仁德之人所务求明白的道理。善于选择治国之道者控制他人，不善于选择治国之道者被他人所控制。

国君者，天下之大器也，重任也，不可不善为择所而后措之，措险则危；不可不善为择道然后道之，涂秽则塞，危塞则亡。故道王者之法，与王者之人为之，则亦王矣；道霸者之法，与霸者之人为之，则亦霸矣；道亡国之法，与亡国之人为之，则亦亡矣。故国者，世以新者也，改玉改行也。一朝之日也，一日之人也，然而有千岁之国，何也？曰：援夫千岁之信法以持之也，安与夫千岁之信士为之也。人无百岁之寿，而有千岁之信士，何也？曰：“以夫千岁之法自持者，是乃千岁之信士矣。故与积礼义之君子为之，则王；与端诚信全之士为之，则霸；与权谋倾覆之人为之，则亡。三者，明主之所谨择也。国危则无乐君，国安则无忧民。乱则国危，治则国安。今君人者，急逐乐而缓（缓原作忘）治国，岂不过甚哉！譬之是由好声色而恬无耳目也，岂不哀哉！故百乐者，生于治国者也；忧患者，生于乱国者也。急逐乐而缓治国，非知乐者也。故明君者，必将先治其国，然后百乐得其中；暗君者，必将荒逐乐，而缓治国，故忧患不可胜校也，必至于身死国亡，然后止也，岂不哀哉！将以为乐，乃得忧焉；将以为安，乃得危焉；将以为福，乃得死亡焉；岂不哀哉。呜呼！君人者，亦可以察若言矣！故治国有道，人主有职。若夫论一相以兼率之，使臣下百吏莫不宿道向方而务，是夫人主之职也。若是，则名配尧、禹。人主者，守至约而详，事至逸而功，垂衣裳不下簟席之上，而海内之人，莫不愿得以为帝王。夫是之谓至约，乐莫大焉。人主者，以官人为能者也；匹夫者，以自能为能者也。人主得使人为之，匹夫则无所移之。今以一人兼听天下，必自为之然后可，则劳苦耗萃莫甚焉。如是，则虽臧获不肯与天子易势业。以是悬天下，一四海，役夫之道也。

【译文】

国君，是肩负天下重任的人，不能不妥善地选择处所而后安身。如果置身于险恶之地，就会有危险；不能不妥善地选择正确的国家发展道路，然后去治理。如果选择的道路荒芜，就会阻塞不通；如果选择的地方既危险、又阻塞，那就会灭亡。所以，用行王道的方法治国，与主张行王道的人共同实施，就能称王于天下；用行霸道者的方法治理，与主张行霸道的人共同实施，就能称霸于诸侯；用亡国之君的办法治理，与可导致亡国的人共同实施，国家就会灭亡。所以，国家是世代更新的，改换传国玉玺则改变所作所为。每个朝代的太阳都是同一个，每个人都生活在同一个太阳之下，然而会有延续千年的国家，是什么原因呢？答案是：由于引用了那些千年不渝的可信之法来治理国家，由于安稳地与那些能使国家传承千载的诚信之士一起治国。人无百岁的寿命，但有千岁的诚信之士。这是什么意思呢？答道：用那些千年不渝的规范来要求自己的人，就是所说的千岁的诚信之士。所以说，与长久遵行礼义的君子一道治理国家，就可以称王于天下；与品德端正、忠诚、始终守信的人一道治理国家，就可以称霸于诸侯；与靠阴谋权术整倒他人的人一道治理国家，就会亡国。以上三者，是英明的君王所谨慎选择的。国家危急，就不会有欢乐的君主；国家稳定，就不会有忧愁的百姓；混乱则国家危险；太平则国家稳定。当今的君主，急于追求享乐而不急于治理国家，岂不是非常错误的吗？这就好比是喜欢音乐、美色，却不在乎没有耳朵和眼睛，岂不是很可悲吗？所有的快乐都产生在和平的国家，各种忧患都发生在混乱的国家。急于追求快乐而不急于治理国家的人，是不懂得快乐的人。所以，英明的君主必定先治理好他的国家，然后一切快乐便蕴藏其中了；昏庸的君主必然放纵地追求享乐而惰于治理国家，所以忧患不可胜数，一定等到身亡国灭时才会终止，难道不可悲吗？想要获得快乐，却得到忧愁；想要得到安定，却出现危险；想要得到幸福，却面临死亡，这难道不可悲吗？啊！身为国君，就应该明察上述言论呀！所以，治国应有正确的方法，君主须履行自己的职责。至于选择哪位宰相来统率百官，从而使臣下、百官无不安于治国之道，朝着正确的方向去努力，这就是君主的职责了。如果这样，名声就可同尧、禹媲美。好的君主，所主管的事很简要却又周祥；工作很轻松却功效显著；垂衣安然而坐，不离坐榻，但海内人士无不希望由他来作帝王。这就是所说的极其简要，没有比这更快乐的了。君主，以善于封官用人为有能力；普通人，以自己善于做事为有能力。君主能够让他人去做工作，普通人却不将事情移交给别人。如今，假使凭借君主一个人处理天下所有的政事，而且任何事情都必须亲自处理才行，那么就没有比这更劳苦憔悴的了。如果这样，那么即使奴婢也不愿与天子更换地位与职业。以这样的态度牵挂天下、统一四海，只是服劳役者的办法。

传曰："士大夫分职而听，诸侯之君分土而守，三公总方而议，则天子拱已止矣！"故人主欲得善射，射远中微，则莫若使羿、逢门矣；欲得善驭，及速致远，则莫若使王良、造父矣；欲调一天下，制秦、楚，则莫若聪明君子矣。其用智甚简，其为事不劳，而功名致大，甚易处，而甚可乐矣。夫贵为天子，富有天下，名为圣王，兼制人，人莫得而制也，是人情之所同欲也。欲是之主并肩而存，能建是之士不世绝，千岁而不合，何也？曰：“人主不公，人臣不忠也。”人主则外贤而偏举，人臣则争职而妒贤，是其所以不合之故也。人主胡不广焉，无恤亲疏，无偏贵贱，唯诚能之求？人臣轻职业让贤，而安随其后矣。如是，则功一天下，名配禹、舜，物由有可乐，如是其美者乎！呜呼！君人者亦可以察若言矣！治国者分已定，则主相臣下百吏，各谨其所闻，不务听其所不闻；各谨其所见，不务视其所不见。则虽幽闲隐僻，百姓莫不敬分安制，以化其上，是治国之征也。主道，治近不治远，治明不治幽，治一不治二。主能治近，则远者理；主能治明，则幽者化；主能当一，则百事正。夫兼听天下，日有余而治不足者，如此也，是治之极也。既能治近，又务治远；既能治明，又务治幽；既能当一，又务正百，是过者也，过犹不及也。不能治近，又务治远；不能察明，又务见幽；不能当一，又务正百，是悖者也，故明主好要，而暗主好详。主好要则百事详，主好详则百事荒矣。

【译文】

经书上说：“士大夫分别职守、管理政事；各个诸侯国的君主分割土地来守护；三公总管全国的大政方针；那么天子只要拱手端坐就够了。”所以，君主想要得到善于射箭的人，且要求从很远的地方射中很小的靶心，那么没有比羿和逢门更好的了；要想得到善于驾车的人，速度快又跑得远，那么没有比王良和造父更好的了；想要协调、统一天下，制约秦、楚两个大国，那么没有比任用聪明的君子更好的了。他们运用才智十分简约，做事不觉劳累，但却能取得伟大的功名，很容易相处，又极其轻松愉快。贵为天子，富有天下，被称为圣王，又制约他人，而不被他人制约，这是人们所共同企求的。希望能如此的君主非常之多，能辅佐君主建立这种局面的贤士世代都有，但是千年也见不到一对明君与贤士的最佳遇合，这是什么原因呢？答道：“不是君主不公正，便是臣子不忠心。”君主如果疏远贤士、选拔自己偏爱的人，臣子就会争夺职位，而妒嫉贤人，这就是他们不能遇合的缘由。君主何不胸怀宽广些，不顾亲疏，对贵贱均不偏私，只访求真正贤能的人呢？如果这样，臣子就会轻视既得的职位，愿意让贤，而安于追随贤能之后了。这样，君主的功劳就会天下数一；名声就会同舜、禹媲美；万众也会因此而得到快乐。这样不是很美好吗？啊！作君主的，可以体察上述意见啊！治理国家者职分一经确定，那么君主、宰相和上下官吏，就要各自谨慎地听取其所应听到的事，不要追求听到其不该听到的事；各自谨慎地观察其所应看到的事情，不要追求看到其不该看到的事。如果是这样，即使幽远隐僻之地的百姓，也无不敬肃职分、安守制度，以致顺从君主，这是国家安定的象征。君主治理国家的方法，是管理近处之事，不管理远处之事；管理已显现之事，不管理隐晦未明之事；管理最重要之事，不管理其次之事。君主若能够管理好近处，那么远方亦会得到治理；君主若能管理好已显现的事，那么隐晦未明的事将随之转化；君主若能将最重要的事处理恰当，那么百事都会得当。君主在处理好国家政务的同时，每天还有空闲时间，而已没有要处理的政务了。如果是这样，那就是管理的最高水平。君主如果已经处理完了近处的事，又务求管理远方的事；既已管好了已显现的事，又务求去管隐晦未明之事；既已处理好了重要的事，又务求去纠正其他一切事务；这就是过分，过犹不及。君主若不能管理好近处的事，又务求管理远方的事；不能看清楚已显现的事，又务求看到隐晦未明之事；不能把最重要的事管好，却又务求使其他一切事务都处理得正确；这是违背事理的。所以圣君善于抓住要领，而暗昧的君主喜欢样样详尽。君主善抓要领，则百事自会周详；君主喜欢详尽，则百事反而荒废。

国得百姓之力者富；得百姓之死者强；得百姓之誉者荣。三得者具，而天下归之；三得者亡，而天下去之。汤、武兴天下同利，除天下同害；政令制度，所以接百姓者，有非理如豪末，必不加焉。故百姓亲之如父母，为之死亡而不（原注无不字）愉（愉原作偷字）也。乱世不然。使愚诏智，不肖临贤；生民则致贫隘，使民则綦（綦原作甚）劳苦；又望百姓为之死，不可得也。孔子曰：“审吾所以适人，人之所以来我也。”大国之主，好见小利，又好以权谋倾覆之人断事，社稷必危，是伤国者也。大国之主好诈，群臣亦从而成俗；群臣若是，则众庶亦不隆礼义，而好贪利矣。君臣上下之俗，莫不若是，则地虽广，权必轻；人虽众，兵必弱；刑虽繁，令不下通。是之谓伤国。

【译文】

国家若能得到百姓效力就会富有；若能得到百姓为其效死就会强盛；若能得到百姓称颂就荣耀。上述“三个得到”皆具备，那么天下的人民都将归附他；反之，天下的百姓将会离他而去。商汤王、周武王兴办与天下人都有益的事，去除对天下人都有害的事，所制定的政令制度，之所以切合百姓愿望，是因为哪怕有丝毫不合情理，也一定不施加于人民。因此，人民亲近君主如同亲近父母一样，愿为他们出生入死而不苟且偷生。乱世则不是这样，让愚蠢的人去教导聪慧的人，让不肖的人凌驾于贤人之上；养活百姓却招致贫困窘迫，役使百姓使其非常劳苦，还指望百姓为其卖命，这是不可能的。孔子说：“明白我们如何对待别人，就知道别人会怎样来对待我们。”如果大国之君，喜欢看重小利，又喜欢靠弄权术、搞阴谋、互相倾轧的人来决断政事，国家就必定危险，这是危害国家的现象呀！大国的君主若喜好欺诈，群臣也随之如此，并成为一种风气。群臣如此，那么百姓也就不推崇礼义而贪求财利了。如果君臣上下的习气无不如此，那么，土地虽然广阔，权力却必定减弱；人口虽然众多，兵力却必定不强；刑罚即使繁多，政令却不能下达，这便是受到损害的国家。

## 君　道

有乱君，无乱国；有治人，无治法。羿之法非亡也，而羿不世中；禹之法犹存，而夏不世王。故法不能独立，得其人则存，失其人则亡。法者，治之端也；君子者，法之源也。故有君子，则法虽省，足以遍矣；无君子，则法虽具，足以乱矣。故明主急得其人，而暗主急得其势。急得其人，则身逸而国治，功大而名美；急得其势，则身劳而国乱，功废而名辱。故君人者，劳于索之，而休于使之。械数者，治之流也，非治之源也；君子者，治之源也。官人守数，君子养源。故上好礼义，尚贤使能，而无贪利之心，则下亦将綦辞让，致忠信，而谨于臣子矣。故赏不治，政令不烦而俗美；百姓莫敢不顺上之法，象上之志，而劝上之事，而安乐之矣。

【译文】

（天下）有造成国家混乱的君主，而没有必然混乱的国家；有能使国家安定的人，而没有使国家自然安定的固定方法。后羿的箭法并未失传，但掌握了后羿箭法者并非一生都能百发百中；禹所推行的法令还存在着，但夏朝并不是世代都能称王于天下。所以，法令不能独自存在，有了善于治国的人，法令的作用就存在；没有这样的人，法令的作用就会丧失。法令是治国的开端，而君子是法令产生的源头。有了君子，法制即使简略，也足以治理好一切；没有君子，即使法律齐备，也足以使社会混乱。因此圣君急于求得治国的人才，而昏君却急于得到权势。急于求得人才，那么君主自身安逸，而国家太平，功绩伟大、名声美好；急于得到权势，那么君主自身劳累，而国家却混乱，事业衰败而声名被辱没。所以君主费力于寻求人才却安闲于使用人才。兵器数量之类问题，是治国的支流问题，不是治国的首要问题，君子，才是国家安定的源头。一般官吏坚守常规，君子养护其源头。所以说，君主喜好礼仪、尊重贤才、使用能人，无贪求财利的私心，臣子和百姓就也都会极其谦让，竭尽忠信，而谨守臣子之职了。因此奖赏即使未实施，政令即使不多，风俗也会淳美；百姓不敢不顺从君主的法令，依顺君主的意志而勉力于君主之事业，从而上下都得以安乐了。

君者，民之源也；源清则流清，源浊则流浊。故有社稷而不能爱民，不能利民，而求民之亲爱己，不可得也；民不亲不爱，而求其为己用，为己死，不可得也；民不为己用，不为己死，而求兵之劲、城之固，不可得也；兵不劲、城不固，而求敌之不至，不可得也；敌至而求无危削，不灭亡，不可得也。故人主欲强固安乐，则莫若反之民；欲附下一民，则莫若反之政；欲修政美国，则莫若求其人。故君人者，爱民而安，好士而荣，两者无一焉而亡也。明分职，序事业，拔材官能，莫不治理，则公道达而私门塞矣，公义明而私事息矣。如是，则德厚者进，而佞悦者止；贪利者退，而廉节者起；兼听齐明，而百事不留。故天子不视而见，不听而聪，不虑而知，不动而功，块然独坐，而天下从之，如四支之从心也。

【译文】

君主是人民（思想行为）的本源。源头清澈，水流就清澈；源头浑浊，水流就浑浊。所以，拥有国家若不能爱护人民、不能有利于人民，却期求人民亲近、爱戴自己，是不可能的；人民不亲近、不爱戴，却期求人民为自己所使用、为自己去牺牲性命，是不可能的；人民不为自己所使用、不为自己去牺牲性命，却期求兵力强劲、城防坚固，是不可能的；兵力不强劲，城防不坚固，却期求敌人不来侵犯，是不可能的；敌兵已至，却期求国家不危险、不被削弱，不被灭亡，也是不可能的。君主要想国家强大、巩固和安乐，莫若反省对人民的态度；要想使臣子亲附，人民团结一致，莫若反思政令的得失；要想政治清明，国家美好，莫若访求德才兼备的人。所以，作为一个君主，爱护人民，自己才能安泰；喜好德才兼备的人，自己才会荣耀。如果这两者都不具备，国家就会灭亡。若能明确每个人的名分、职权，分清事情的轻重缓急，选拔贤才，任用能人，一切都治理得井井有条，那就会公正之路通达而行私请托之风杜绝，公理正义彰明而图谋私利之事停息。这样，就能使道德修养深厚者被提拔，花言巧语取悦君主者止步；贪图私利的人被罢免，廉洁守节的人被起用；听到各方意见，明察各类问题，各种事情就不会久拖不决。因此，天子不用看就如同见到，不用听就很明白；不用考虑就会知道，不用动手事情就会成功。他安然独坐，但天下人都顺从他，如同四肢听从心的支配一样。

人主有六患：使贤者为之，则与不肖者规之；使智者虑之，则与愚者论之；使修士行之，则与奸邪之人疑之；虽欲成功，得乎哉？譬之是犹立直木，而恐其影之枉也，惑莫大焉！语曰："公正之士，众人之痤也；循道之人，奸邪之贼也。"今使奸邪之人，论其怨贼，而求其无偏，得乎哉！譬之是犹立枉木，而求其影之直也，乱莫大焉！故古之人为之不然。其取人有道，其用人有法。取人之（之原作以字）道，参之以礼；用人之法，禁之以等；行义动静，度之以礼；智虑取舍，稽之以成；日月积久，校之以功。故卑不得临尊，轻不得悬重，愚不得谋智，是以万举不过也。

【译文】

国君有六大忧患：让贤德者去做事，却与无德无能之人一起限制他；让有智谋者去考虑政事，却与愚蠢之人一起评论是否得当；让善良正直之人去执行公务，却与邪恶狡诈之人一起怀疑他……虽然也想成就事业，怎么能成就呢？这就好比竖立一根挺直的木杆，却又怕它的影子弯曲一样，没有比这更糊涂的了。俗话说："公正无私的人被众人视为痤疮；遵循正道的人被邪恶之人称作强盗。"假如让邪恶的人来评论所怨恨的人，却要求其没有偏见，可能吗？这就好比竖立一根弯曲的木杆，却要求它的影子笔直一样，没有比这更悖乱的了。因此，古人不会这样去做，他们选人根据一定的原则，用人依据一定的法度。选人按照道义，并用礼法来反复检验；用人按照规定，且用等级去限制。对其作风举动，以礼仪来衡量；对其智谋的取舍，用实际成效来查考；日积月累，最终以其功绩来考量。所以，卑贱者不能监视尊贵者；轻佻者地位不能高于端重者；愚蠢者不能议论智慧者。这样，任何举动都不会超出界限。

人主欲得善射，射远中微者，欲得善驭，及速致远者，悬贵爵重赏，以招致之。内不可阿子弟，外不可隐远人，能致是者取之，是岂不必得之之道哉！虽圣人不能易也。欲治国驭民，调一上下，将内以固城，外以拒难；治则制人，人不能制也；乱则危辱灭亡，可立而待也。而求卿相辅佐，则独不若是其公也。唯便辟亲比己者之用也，岂不过甚哉？故有社稷者，莫不欲强，俄则弱矣；莫不欲安，俄则危矣；莫不欲存，俄则亡矣。故明主有私人以金石珠玉，无私人以官职事业，是何也？曰：本不利于所私也。彼不能而主使之，则是主暗也；臣不能而诬能，则是臣诈也。主暗于上，臣诈于下，灭亡无日，俱害之道也。夫文王非无贵戚也，非无子弟也，非无便僻也，乃举太公而用之，兼制天下，立七十一国，姬姓独居五十三人，周之子孙，莫不为显诸侯，如是者能爱人也。故举天下之大道，立天下之大功，然后隐其所怜所爱。故曰："唯明主为能爱其所爱，暗主则必危其所爱。"此之谓也。

【译文】

君主若想获得擅长射箭且射得远而又能射中小目标的人，若想获得善于驾车且跑得快而又能到达远处的人，就应宣布给以高官重赏来招引他们。对内不能偏袒自己的子弟，对外不能埋没与自己疏远的人，能达到这个标准的人就选用，这难道不是定能求得人才的有效方法吗？即使是圣人也不能改变这个方法。君主若想治理好国家，统领好人民，就要协调上下，使之一致，对内巩固城防，对外抵御入侵。（他明白）国家安定，就能够制约别人，而不会被别人所制约；如果国家动乱，危险、屈辱、灭亡便可以很快看到。但在寻求卿相来辅助国家时，君主却独独不像这样公道，只是任用左右亲信和迎合自己的人，这难道不是大错特错吗？拥有国家的君主没有不想国家强大的，但不久就衰弱了；没有不想国家安定的，但不久就危急了；没有不想国家万世长存的，但不久就灭亡了。所以英明的君主有因偏爱而给人以金石珠玉的，却没有因偏爱而给人以官职事业的，这是什么原因呢？答案是：从根本上说这不利于他所偏爱的人。如果一个人没有才能，君主却要任用他，这就是君主的昏庸；如果臣子无能却谎称有才能，这就是臣子在欺骗。上边君主昏庸，下边臣子欺骗，国家离灭亡之日就不远了，这都是使国家衰亡的原因啊！周文王不是没有贵戚、子弟及左右亲信，然而他却选拔了姜太公并重用之，进而全面统治天下，建立了七十一个诸侯国，而姬姓亲族只占了五十三个，周王室的子孙无不成为显赫的诸侯。这样做才能真正爱护人，所以要高举天下的大道义，建立统一天下的大功勋，这样才能安定自己所怜爱的人。因此说，只有英明的君主才是能爱护其所怜爱者的人，昏暗的君主则必然会危害其所怜爱的人，说的就是这个道理。

## 臣　道

从命而利君谓之顺，从命而不利君谓之谄；逆命而利君谓之忠，逆命而不利君谓之篡；不恤君之荣辱，不恤国之臧否，偷合苟容，以持禄养交而已，谓之国贼。君有过谋过事，将危国家、陨社稷之具也，大臣、父兄，有能进言于君，用则可，不用则去，谓之谏；有能进言于君，用则可，不用则死，谓之争；有能比智同力，率群臣百吏，而相与强君矫君，以解国之大患，除国之大害，成于尊君安国，谓之辅；有能抗君之命，窃君之重，反君之事，以安国之危，除君之辱，谓之弼。故谏、争、辅、弼之人，社稷之臣也，国君之宝也，明君之所尊所厚也，而暗主惑君为己贼也。故明君之所赏，暗君之所罚也；暗君之所赏，明君之所杀也。传曰："从道不从君。"正义之臣设，则朝廷不颇；谏争辅弼之人信，则君过不远；爪牙之士施，则仇雠不作；边境之臣处，则界垂不丧。故明主好同，暗主好独；明主尚贤使能而飨其盛，暗主妒贤畏能而灭其功。罚其忠，赏其贼，夫是之谓至暗。有大忠者，有次忠者，有下忠者，有国贼者。以德覆君而化之，大忠也；以德调君而补之，次忠也；以是谏非而怒之，下忠也；不恤君之荣辱，不恤国之臧否，偷合苟容，以持禄养交而已，国贼也。

【译文】

听从君命而又利于君主，就是顺从；听从君命却不利于君主，就是谄媚；违背君命却利于君主，就是忠诚；违背君命又不利于君主就是篡逆；不顾君主荣辱和国家得失，随意迎合君主、苟且容身，只求保全自己俸禄，豢养宾客，这称为国贼；君主有错误的谋略、错误的行为，且将会有危害国家、毁灭社稷的情形时，大臣或父兄中若有人能够向君主进言，被采纳就留下，反之就离去，这叫做“谏”；有人能向君主进言，如果被采纳就留下，反之则宁可一死，这叫做“争”；有人能亲近智士，同心协力，率领群臣百吏一起说服君主，纠正君主的错误，以化解国家大患，消除国家大害，完成尊重君主、安定国家的大业，这就叫“辅”；有人能抗拒君命，窃据君主重权，回转君主之事，以使国家转危为安，消除君主的耻辱，这叫做“弼”。所以说，能够“谏”、“争”、“辅”、“弼”之人，是社稷之重臣，君主之珍宝。英明的君主尊敬并重用他们，而昏愦糊涂的君主却认为是自己的叛贼。因此，明君赏识的人，昏君却惩罚他；昏君赏识的人，明君却降免他。经书上说：“应顺从治国之正道，而不应顺从于君主。”正义的臣子得到任用，朝廷的政事就不会出偏差；“谏”“争”“辅”“弼”之人受到信任，则君主所犯错误就不会长久；勇武之士得到任用，仇敌就不敢兴风作浪；有封疆大臣驻守边境，疆土就不会丧失。所以，明君喜欢和各种人才共事，昏君却喜欢独断专行。明君崇尚贤人，使用能人，设宴慰劳他们的丰功，昏君却嫉妒贤人，害怕能人，埋没他们的功绩；惩罚忠良，奖赏奸贼，这就是最昏庸了。臣子中有头等忠臣、二等忠臣、三等忠臣，还有国家的奸贼。用道德标准审视君主并予以劝导，这是头等忠臣；用道德来调和君主并弥补其缺失，这是二等忠臣；以正确的道理规劝君主之错并谴责他，这是三等忠臣；不担忧君主的荣辱，不担忧国家的安危，随意迎合，苟且容身，只求保全俸禄豢养宾客，这是国家的奸贼。

## 致　士

人主之患，不在乎不言，而在乎不诚。夫言用贤者，口也；却贤者，行也；口行相反，而欲贤者之至、不肖者之退，不亦难乎！夫曜蝉者，务在明其火，振其树而已，火不明，虽振其树，无益也。今人主有能明其德，则天下归之，若蝉之归明火也。

【译文】

君主的缺点，不在于说不任用贤能，而在于不能真心任用贤能。说任用贤能，只是口头之言；排斥贤人，却是实际行动。言语与行动相反，而希望贤士到来，不贤者离开，不是很难吗？夜晚用灯火照明捕蝉，务必要火光明亮，摇动树身。如果灯火不明，即使摇动树身，也是徒劳无益的。如果有君主能够彰明自己的美德，那么天下的人民将归附他，犹如蝉扑向明亮的火光一样。

## 议　兵

临武君与荀卿，议兵于赵孝成王前，王曰："请问兵要。"临武君曰："上得天时，下得地利，观敌之变动，后之发，先之至，此用兵之要术也。"荀卿曰："不然。所闻古之道，凡用兵战攻之本，在乎一民也。弓矢不调，则羿不能以中微；六马不和，则造父不能以致远；士民不亲附，则汤、武不能以必胜也。故善附民者，是乃善用兵者也。故兵要在乎善附（旧无善字）民而已。"临武君曰："不然。兵之所贵者势利也，所行者变诈也。善用之者，莫知其所从出，孙、吴用之无敌于天下，岂必待附民乎？"荀卿曰："不然。臣之所道，仁人之兵，王者之志也。君之所贵，权谋势利，攻夺变诈也。仁人之兵，不可诈也；彼可诈者，怠慢者也。故以桀诈桀，犹有幸焉；以桀诈尧，譬之若以卵投石，若以指挠沸；若赴水火，入焉焦没耳！故仁人上下一心，三军同力；臣之于君，下之于上，若子之事父，弟之事兄；若手臂之扞头目，而覆胸腹也。诈而袭之，与先惊而后击之一也。”临武君曰：“善！”陈嚣问荀卿曰：“先生议兵，常以仁义为本。仁者爱人，义者循（循原作修）理，然则又何以兵为？凡所为有兵者，为争夺也。”荀卿曰：“非汝所知也。彼仁者爱人，爱人故恶人之害之也；义者循理，循理故恶人之乱之也。彼兵者，所以禁暴除害也，非争夺也。故仁人之兵，所存者神，所过者化，若时雨之降，莫不悦喜。故近者亲其善，远方慕其德；兵不血刃，远迩来服，德盛于此，施及四极。”

【译文】

楚将临武君与荀卿，在赵孝成王跟前讨论用兵之法。赵孝成王说：“请问，什么是用兵的要领？”临武君答道：“上得天时，下得地利，观察好敌人的动向，然后伺机出动，在敌人还没有到达之前，先占据有利地势，这就是用兵的要领。”荀卿说：“不是这样。据我所知，古人用兵之法，凡用兵攻占的根本，在于使民心一致。若‘弓’和‘箭’不配套，即使是非常善于射箭的后羿也不能射中小目标；驾车的六匹马不协调，即使善驾车的造父也不能到达遥远的地方；士卒和人民要是不亲近、依附，那么商汤王和周武王亦不能有必胜的把握。所以，善于使人民归附的人，就是善于用兵之人。所以说，用兵最重要的是在于使人民归附自己罢了。”临武君反驳道：“并非如此。兵家所重视的是有利的形势，所实行的是机变诡诈。善于用兵的人，（变化迅速，神秘莫测）使敌人无法了解他从哪里出动。孙武和吴起采取这种战术而无敌于天下，难道一定要等待人民归附吗？”荀卿反驳说：“不是这样，我所讲的是仁德之君的军队，能称王天下者的志向。你看重的只是权术谋略和作战形势有利以及攻城掠地、变化多诈。仁德之人的军队，不能靠诡诈来取胜。那些能够被欺骗的，只是一些懈怠、轻敌的军队。所以，只有夏桀这样的昏君欺诈像夏桀那样的君主，还有侥幸成功的可能。如果靠夏桀这样的昏君去欺诈像尧帝一样的君主，就好比用鸡蛋去碰石头、用手指搅动开水；又好比投身水火，深入其中就会被烧焦、淹没。因此说，仁人的军队上下一心，全军协力；臣子对待君主，下级对待上级，如同儿子侍奉父亲、弟弟侍奉兄长；如同手臂保护头脑、眼睛，掩护胸腹一样自然；对这样的军队用欺诈之术突袭对方，同先惊动对方然后攻击是一样的结果。”临武君说：“对！”陈嚣问荀卿说：“先生谈论战争，总是将仁义作为根本，‘仁’的意思是爱人，‘义’的意思是顺理。既然这样，那么为何还要打仗呢？凡所建立军队的人，都是为了争城夺地啊！”荀卿说：“并非像你所理解的那样。仁德的人爱护人民，正由于爱护人民，所以憎恨那些害人的人；坚持正义的人讲求道理，正由于讲究道理，所以憎恨人民中作乱、扰乱义理的人。军队，是用以禁止暴虐、消除祸害的，并不是为争城夺地的。因此仁者的军队所驻守之地，百姓视其为神明；所经过之地的百姓受到教化，像及时雨从天而降，没有不欢喜的。因此，近处的人喜爱他们的善良，远处的人仰慕他们的德行，军队不用流血战斗，远近的人都来归附。具有如此大德，影响就会遍布四海。”

## 天　论

天行有常，不为尧存，不为桀亡。应之以治则吉，应之以乱则凶。强本而节用，则天不能贫；养备而动时，则天不能病；修（修原作循）道而不贰（贰原作忒），则天不能祸。故水旱不能使之饥，寒暑不能使之疾，妖不能使之凶。背道而妄行，则天不能吉。故水旱未至而饥，寒暑未薄而疾，怪未生而凶。受时与治世同，而殃祸与治世异，不可以怨天，其道然也。故明于天人之分，则可谓至人矣。

【译文】

上天（自然界）的运行变化具有固定规律，不因为尧帝是圣人而存在，也不因为夏桀是暴君而消亡。用合理的措施来适应它就会得到吉祥，以混乱来承接它就会有凶险。加强农业生产，节约财用，那么上天便不能使人贫穷；衣食充足而让百姓按季节劳作，那么上天便不能使他困苦；遵循天道而无偏差，那么上天便不能降予灾祸。所以，水灾旱灾不能使其饥荒；寒冷暑热不能使其人患病；各种怪异现象不能使其凶险。违背天道而胡作非为，上天便不能使之吉祥。因此，水旱灾害未至便出现饥荒；寒冷暑热还未迫近便会生病；怪异现象尚未发生便会凶险。所处天时条件和太平盛世是相同的，然而所遭受的灾难、祸患却同太平盛世不同，这不能埋怨上天，是其治国之道的必然结果。所以说，明白天与人的区别，就可以称作思想道德达到最高境界的人了。

天不为人之恶寒辍冬；地不为人之恶辽远辍广；君子不为小人之匈匈辍行。天有常道，地有常数，君子有常体，君子道其常，小人计其功。星坠木鸣，国人皆恐。是天地之变，阴阳之化，物之罕至者也。怪之可也，而畏之非也。夫日月之有食，风雨之不时，怪异之傥见，是无世而不尝有之。上明而政平，则是虽并世起，无伤也；上暗而政险，则是虽无一至者，无益也。若夫天地之变，畏之非也，人妖则可畏也。政险失民，田芜稼恶，籴贵民饥，道路有死人，夫是之谓人妖也；政令不明，举措不时，本事不理，夫是之谓人妖也；礼义不修，外内无别，男女淫乱，父子相疑，上下乖离，寇难日至，夫是之谓人妖也。三者错，无安国矣。其说甚迩，其灾甚惨。传曰："万物之怪，书不说，无用之辨，不急之察，弃而不治也。"若夫君臣之义，父子之亲，夫妇之别，则日切磋而不舍也。在天者莫明于日月，在人者莫明于礼义。故人之命在天，国之命在礼。君人者，隆礼、尊贤而王，重法、爱民而霸，好利、多诈而危，权谋、倾覆而亡矣。

【译文】

上天不因为人们不喜欢寒冷就废止冬天，大地不因为人们不喜欢遥远，就中止其广阔，君子不因为小人挠攘不安，就停止自己的善行。上天有固定的规律，大地有固定的法则，君子有永恒不变的立身之本。君子遵循其准则，小人计较其功利得失。流星坠落，祭神的社树因被风吹发出声音，众人都为之惊恐。这是自然界的变化，阴阳二气的交互作用，是事物中很少出现的现象。对此感到奇怪，可以理解，但是害怕它，就不对了。日蚀和月蚀、风雨不合时节、奇怪之事偶然出现，这些现象，没有哪个时代不曾发生过。君主英明，政治清平，那么这些异常现象即使一并发生，也不会有什么害处；君主昏庸，政治险恶，那么这样一些异常现象即使一个也不发生，也不会有什么好处。对这些天地的变化感到害怕是不对的，人事上的反常现象才是最可怕的。政治险恶，会失掉民心；田地荒芜，庄稼便不好；粮食昂贵，人民就会饥饿，路上就会有饿死之人，这些都是人为的灾祸。政治法令不清明，举措失当，不抓农业生产，这些都是人为的灾祸。礼仪不知整顿，内外没有分别；男女荒淫乱伦，父子相互猜疑；上下彼此背离，内忧外患一起到来，这些都是人为的灾祸。上述三类现象交错发生，国家就无法安宁了。这些道理很浅近，但这些灾难却很惨重呀！经传上说："这诸多的怪现象，史书上是不说的。因为是毫无用处的争辩、不急需的考察，所以放弃而不研究。"至于君臣之义、父子之亲、夫妇有别，则要经常琢磨而不放弃。在天上，没有比太阳、月亮更明亮的；在人间，没有比礼义更光明的。所以，人的命运在于如何对待天，国家的命运在于如何对待礼义。统治者，尊崇礼法、敬重贤人，便可以称王于天下；重视法律、关爱百姓，便可以称霸于诸侯；贪图私利，诡诈多端，便会导致危险；玩弄权术计谋、互相倾轧，便会导致灭亡。

## 正　道

主道明则下安，主道幽则下危。故下安则贵上，下危则贱上。故上易知，则下亲上矣，上难知，则下畏上矣；下亲上则上安，下畏上则上危。故主道莫恶乎难知，莫危乎使下畏己。传曰："恶之者众则危矣。"

【译文】

君主的治国之道英明，臣民就安定；君主治国之道暗昧，臣民就危险。臣民安定就会尊重君主；臣民危险，就会轻视君主。君主的政令容易被人理解，臣民就会亲近君主；君主的政令难于被人理解，臣民就会畏惧君主。臣民亲近君主，君主就会安稳；臣民畏惧君主，君主就会危险。所以，君主的治国之道没有比臣民难于理解更不好的；没有比使臣民畏惧自己更危险的。古书上说："憎恨你的人多，就危险了。"

## 子　道

入孝出悌，人之小行也；上顺下笃，人之中行也；从道不从君，从义不从父，人之大行也。孝子所以不从命有三：从命则亲危，不从命则亲安，孝子不从命，乃衷也；从命则亲辱，不从命则亲荣，孝子不从命乃义也；从命则禽兽，不从命则修饰，孝子不从命乃敬也。故可以从而不从，是不子也；未可以从而从，是不衷也；明于从不从之义，而能致恭敬、忠信、端悫，以慎行之，则可谓大孝矣。《传》曰："从道不从君，从义不从父。"此之谓也。

【译文】

在家孝敬父母，出外尊敬年长的人，这是做人起码的德行；对长上顺从，对下属厚道，这是做人的中等德行；服从治国原则，不服从君主的错误命令，服从正义，不服从父亲的不合理要求，这是做人最高尚的德行。孝子之所以不服从父命，有三种情况：服从命令父母就会危险，不服从命令父母就会安全，此时孝子不服从命令是出于忠；服从命令父母就会受辱，不服从命令父母就会荣耀，此时孝子不服从命令是出于义；服从命令就会使自己行同禽兽，不服从命令就会行为臻于完美，此时孝子不服从命令是出于敬。所以，可以服从却不服从，是不成其为儿子；不可以服从却服从，是不恰当的行为；懂得应从命与不应从命的义理，又能努力做到恭敬、忠信及端正诚实，而且谨慎地行动，这就可以称为大孝之人了。史书上说："从道不从君，从义不从父。"讲的就是这个道理。

# 性　恶

繁弱、钜黍，古之良弓也，然而不得排檠，则不能自正。干将、莫耶，古之良剑也，然而不加砥砺则不能利；不得人力，则不能断。骅骝、騄駬，古之良马也，然而必前有衔辔之制，后有鞭策之威，加之以造父之驭，然后一日致千里也。夫人虽有性质美，而心辨智，必求贤师而事之，择贤友而友之。得贤师而事之，则所闻者尧、舜、禹、汤之道也；得良友而友之，则所见者忠信敬让之行也。身日进于仁义而不自知者，靡使然也。今与不善人处，则所闻者欺诬、诈伪也，所见者污漫、淫邪、贪利之行也，身且加于刑戮而不自知者，靡使然也。传曰："不知其子，视其友，不知其君，视其左右。"靡而已矣！

【译文】

繁弱和巨黍，都是古代的好弓，但是若没有矫正弓弩的工具（排檠），就不能自行矫正。干将和莫邪，都是古代的好剑，可是若不经过磨励，就不能锋利；若不依靠人力，就不能斩断东西。骅骝和騄駬，都是古代的好马，然而前面必须有马嚼子和缰绳的制约，后面有鞭策的威力，再加上造父的驾驭技术，然后才能日行千里。一个人即使有良好的素质和较好的辨别能力，但一定要跟着良师学习，选择益友相交往。跟着良师学习，所听到的就是尧、舜、禹及汤之正道；能与益友相交往，所看到的就是忠诚、信用、恭敬、谦让的行为。自己一天天步入仁义者的行列，但自己不觉得，这是受环境的熏染使他这样的（原文中"靡"疑误，应为"摩"）。假如与不好之人相处，那么所听到的就是欺骗、诬陷、狡诈、虚伪的言论，所看到的就是玷污、淫邪及贪婪的行为，自己遭受刑罚杀戮还不知道为什么会这样，这也是受到环境的熏染才这样的。古书上说："不了解某人，看看他的朋友就清楚了；不了解他的君主，看看君主的左右近臣就清楚了。"这就是环境的影响而已呀！

## 哀　公

桓公用其贼，文公用其盗，故明主任计不信怒，暗主信怒不任计。计胜怒则强，怒胜计者亡。

【译文】

齐桓公能任用过去伤害过自己的人（管仲），晋文公能任用过去抢过自己东西的人（履鞮）。原因是英明的君主注重其谋略而不注重个人感情，昏庸的君主，却只注重个人感情，而不听信其谋略。如果对谋略的重视超过个人感情，国家就会强盛；如果对个人感情的重视胜过对谋略的重视，国家就会灭亡。

## 大　略

天子即位，上卿进曰："如之何忧长也？能除患则为福，不能则为贼。"授天子一策。中卿进曰："配天而有下土者，先事虑事，先患虑患；先事虑事谓之接，接则事优成。先患虑患谓之豫，豫则祸不生；事至而后虑者谓之后，后则事不举。患至而后虑者谓之困，困则祸不可御。"授天子二策。下卿进曰："敬戒无怠，庆者在堂，吊者在闾。祸与福邻，莫知其门。务哉！务哉！万民望之。"授天子三策。口能言之，身能行之，国宝也；口不能言，身能行之，国器也；口能言之，身不能行，国用也；口言善，身行恶，国妖也；治国者敬其宝，爱其器，任其用，除其妖。义与利者，人之所两有也。虽尧、舜不能去民之欲利，然而能使其欲利，不克其好义也；虽桀、纣亦不能去民之好义，然而能使其好义，不胜其欲利也。故义胜利者为治世，利克义者为乱世。上重义则义克利，上重利则利克义。故天子不言多少，诸侯不言利害，大夫不言得丧，士不通货财；从士以上，皆羞利而不与民争业，乐分施而耻积藏，然故（故原作后）民不困财（财原作则），贫窭者有所窜其中矣。仁义礼善之于人也，譬之若货财粟米之于家也，多有之者富，少有之者贫，至无有者穷。

【译文】

天子即位时，上卿进言说："为什么忧虑这么深远呢？能消除祸患就是福，反之就是害。"这是献给天子的第一道计策。中卿进言说："德与上天齐名且拥有下方土地的君主，应该在事发之前就考虑其事，在祸患出现之前就考虑其患。事先考虑到其事的发生，叫做敏捷，敏捷则事情就完成得好；在祸患发生前就考虑到祸患，叫做有预见，如果有预见，祸患就不会发生；事情发生了，然后才去考虑就迟了，迟了则事情就办不成。祸患来到之后才去考虑，叫做陷入困境，陷入困境，对祸患就无法抵挡。"这是献给天子的第二道计策。下卿进言说："慎重戒备而不懈怠。（也许）庆贺者还在堂上欢乐，悼丧者已经到了门口。'祸'和'福'相邻，没有人知其自何而出。要注意啊，要注意啊！万民在期望你。"这是献给天子的第三道计策。口能说到，自己也能做到，这是国家的珍宝；口不能说到，自己却能做到，这是国家的才器；口能说到，但自己做不到，这是国家有用者；口里说得好，自己却做坏事，这是国家的祸患。国君必须敬重珍宝、爱护才器、任用贤能者，除掉邪恶者。"义"与"利"，人们都具有这两种欲求。即使是尧和舜，也不能去除民众的利欲，然而却能使民众的利欲不妨害其喜好正义。即使是桀和纣，也不能去除人民对正义的喜好，但却能使人民对正义的喜好抵不过利欲。所以，"义"胜过"利"的社会是太平之世；"利"胜过"义"的社会是乱世。统治者重视"义"，那么"义"就会胜过"利"；统治者重视"利"，"利"就会胜过"义"。因此，天子不能计较财产的多少，诸侯不能计较自己的利害，大夫不能计较自己的得失，士人不拿利与义做买卖。只有从士子以上都羞于谋利，乐于散财施惠而羞于积储钱财，然后人民就会不为钱财所困，贫寒的人也会有事情做。"仁""义""礼""善"对于一个人来说，就好比货物、钱财及粮食对于一个家庭一样，拥有多的就富足，拥有少的就贫穷，一点也没有的人就会走投无路。

# 君　子

圣王在上，分义行乎下，则士大夫无沉淫之行，百吏官人无怠慢之事，众庶百姓无奸怪之俗，无盗贼之罪，莫敢犯上之禁。天下晓然，皆知夫盗窃之不可以为富也，皆知夫贼害之不可以为寿也，皆知夫犯上之禁不可以为安也。由其道，则人得其所好焉，不由其道，则必遇其所恶焉。是故刑罚甚省，而威行如流也。故刑当罪则威，不当罪则侮；爵当贤则贵，不当贤则贱。古者刑不过罪，爵不逾德。故杀其父而臣其子，杀其兄而臣其弟。刑罚不怒罪，爵赏不逾德。是以为善者劝，为不善者沮；威行如流，化易如神。乱世不然。刑罚怒罪，爵赏逾德，以族论罪，以世举贤。故一人有罪，而三族皆夷，德虽如舜，不免刑均，是以族论罪也。先祖贤，子孙必显，行虽如桀，列从必尊，此以世举贤也。以族论罪，以世举贤，欲无乱，得乎？尊圣者王，贵贤者霸，敬贤者存，嫚贤者亡，古今一也。故尚贤使能，等贵贱，分亲疏，序长幼，此先王之道也。故尚贤使能，则主尊下安；贵贱有等，则令行而不留；亲疏有分，则施行而不悖；长幼有序，则事业捷成，而有所休。故仁者，仁此者也；义者，分此者也；节者，死生此者也；忠者，惇慎于此者也。兼此而能之，备矣。

【译文】

圣帝明君处于上位，按职分、道义治理社会，那么士大夫就不会出现沉迷、过分的行为，一般大小官吏也就不会怠慢于工作，广大老百姓亦无狡诈、怪异的恶习，无偷盗、残害之罪行，无人敢触犯君主的禁令。天下人都明白，从事盗窃活动不可能致富，残害别人不可能长寿，违反君主的禁令不可能得到安宁。遵循圣帝明君的法令规定，人们就能获得他所喜好的；否则，必定遭遇所不愿遇到的。因此，刑罚虽很简略，但其威严的传布却如同流水，无处不到。所以说，惩罚与罪行相符合就有威信，反之人就会怠慢；爵位与贤德相称，人就会崇尚，反之就会轻贱。以前，惩罚不超过所犯罪行，爵位不超过所具德行。所以，虽杀死有罪的父亲却可以任用他的儿子，杀死有罪的哥哥却可以任用他的弟弟；量刑处罚不因怒而加罪，赏赐爵位不超过相应的德行。因此行善事者得到勉励，做坏事者就会沮丧；威信传布如同流水，风气改变似有神助。乱世就不是这样。其刑罚超过所犯罪行，封爵赏赐超过相应德行；按宗族来判定罪行，凭门第来选拔贤能。所以，一人有罪，父、母、妻子三族都会被诛灭，即使其族有德行如舜那样的人，也不免受到同样的刑罚，这就是按宗族来判罪。先祖曾经贤良，后代子孙必然显贵，即使其后代有行为如桀那样残暴的，等级地位也一定会尊贵，这就是凭门第选拔贤能。以宗族来判定罪行，凭门第来选拔贤能，还希望社会不乱，可能吗？尊重圣人的君主会称王于天下；重视贤人的君主会称霸于诸侯；不怠慢贤人的君主，国家会存在；怠慢贤人的君主，国家就会灭亡，从古到今都是一样。所以，尊重贤人，使用能人，贵贱有等，亲疏有别，长幼有序，这些都是历代圣君治国的原则。因此，尊重贤人，使用能人，君主就尊贵，人民就安乐；贵贱有等，法令就将畅行无阻；亲疏有别，施予恩惠就不混乱；长幼有序，事业就能很快成功，君主亦能有所休息。所以，有仁德者，就是保持“尚贤使能、贵贱有等、亲疏有别、长幼有序”四项原则的人；行道义者，就是能辨别这四项原则的人；守节操者，就是生生死死都遵从这四项原则的人；尽忠诚者，就是勤勉谨慎于这四项原则的人。这四项原则全能做到，德行就算完备了。

（吕效祖　张爱玲译）

# 群書治要考譯

第四册

吕氏春秋　韩子　三略　新语　贾子　淮南子
盐铁论　新序　说苑　桓子新论　潜夫论　崔寔政论
昌言　申鉴　中论　典论　刘廙政论　蒋子万机论
政要论　体论　时务论　典语　傅子　袁子正书　抱朴子

（唐）魏　征　虞世南　褚遂良　等撰
吕效祖　赵保玉　张耀武　主编

團結出版社

# 目录

卷三十九

# 吕氏春秋治要

**【考评】**

《吕氏春秋》亦称《吕览》，是战国末年秦相吕不韦组织门客编写的著作。全书二十六卷，二十余万言，内分十二纪、八览、六论，共一百六十篇。书成于秦王政八年(公元前239年)，正是我国政治上群雄争霸，学术上诸子蜂起、百家争鸣的时代。春秋战国历经五百余年，中国建立封建大一统帝国的机运，已逐渐酝酿成熟。《吕氏春秋》荟萃了先秦诸子百家学说的精华，分析了古今帝王成败升降的原因，实质是为当时秦国统一天下、治理国家所提供的思想理论武器。

《吕氏春秋》是杂家的代表著作。从知识材料的储存来看它是一个宝库，为我们积累、保存了非常丰富的古代历史文化资料。其中有大量的神话传说、旧史轶闻、前人遗语和古代的科学知识，以及不少早被淹没的门派学说等。议论中除引证了许多旧史轶闻、前人遗语外，它还引证了许多有关天文、历数、音律等古代的科学知识。《上农》《任地》《辨土》《审时》等四篇就保存了先秦农学的片段。清代学者徐时栋曾对《吕氏春秋》的广征博采作过一段精彩的述评："考其征引神农之教、黄帝之诲、尧之戒、舜之诗、后稷之书、伊尹之说、夏之鼎、商周之箴、三代以来礼乐刑政，以至春秋战国法令，《易》《书》《诗》《礼》《孝经》周公、孔子、曾子、子贡、子思之言，以及夫关、列、老、庄、文子、子华子、季子、李子、魏公子牟、惠施、慎到、宁越、陈骈、孙膑、墨翟、公孙龙之书，上志故记，歌诵谣谚。其捃摭也博，故其言也杂，然而其说多醇而少疵。”清代学者毕沅评论说：“不韦书在秦灭以前，故其采缀，原书类亡，不能悉寻其所本。”这是说《吕氏春秋》所收的这些内容，并非都能见之其他古书，也说明《吕氏春秋》所收录的有那么多，都是始见于此、仅见于此的独家资料。无怪历代学者无不为之倾倒。唐史学家刘知几就曾以“牢笼天地，博极古今”这一极高的赞语来评述《吕氏春秋》。

魏征等编撰《群书治要》，于《吕氏春秋》全书一百六十篇中，经过剪截取舍，前后辑录四十六段，包括原注，不足万字。魏征的辑录，“惟主治要，不事修辞”，惩恶劝善，言简意赅，堪称精华中的精华。每段虽无标题又未注明出处，但每段浑然一体。有鉴于此，我们在整理校勘时，根据魏征原辑文段落校勘，均仍未冠原书篇名，以保持原貌。

原文中的夹注，是魏征等依据汉高诱《吕氏春秋训解》本原注剪裁。在校勘中，我们还参阅了近人陈奇猷的《吕氏春秋校释》。陈书刊于1984年，引用前人校说凡一百二十六家，是最新出版校勘《吕氏春秋》的权威专著，我们校勘时亦皆加以参考，改正了日刻本中的错讹字。

《吕氏春秋》中的《劝学》《尊师》《诬徒》和《善书》各篇是讲教育的，《大乐》《侈乐》《适音》《古乐》《音律》《初音》和《制乐》各篇是讲音乐的，都是儒家思想；十二月的月令是阴阳家的思想；《贵生》《重己》《情欲》《尽数》和《审分》各篇都是道家特别是杨朱一派的思想；《振乱》《禁塞》《怀宠》《试威》《简选》《决胜》和《爱士》诸篇，是兵家思想；《上农》《任地》《辨土》各篇，是农家思想。诸家的思想，虽然不能凑成一个体系，但借《吕氏春秋》这部书却保存了各家的一些思想。本书作为一部哲学著作看，价值不大，但由于书中涉及的问题非常广泛，保存有不少古代遗闻轶事，对于研究先秦时期的历史，有着重要的参考价值。司马迁在《史记·吕不韦列传》中说：“吕不韦自以为这部书备天地万物古今之事，号曰《吕氏春秋》。”《春秋》是史书的名字，吕不韦可能认为《吕氏春秋》是一部历史书。

## 贵 公

先圣王之治天下也，必先公，公则天下平〔平，和〕。尝观于上志〔上志，古记〕，有得天下者众矣，其得之必以公，其失之必以偏〔偏私不正〕。凡主之立也，生于公。故《洪范》曰："无偏无党，王道荡荡〔荡荡，平易〕。"阴阳之和，不长一类；甘露时雨，不私一物；万民之主，不阿一人。桓公行公去私恶，用管子而为五伯长；行私阿所爱，用竖刁而虫出于户〔五子争立，无主丧，六十日乃殡，至使虫流出户也〕。人之少也愚，其长也智，故智而用私，不若愚而用公〔用私以败，用公则齐〕。

【译文】

从前圣王治理天下，必定先讲求公正无私，（处事）公正则天下安定。（我）曾经观看古时的记载，发现里面取得天下的人很多。那些得到天下的必定是因为公正，那些失去天下的必定是因为偏私。大凡国君能登上王位，都产生于公正。所以《洪范》中说："不偏私、不结党，行仁义，恩德广。"阴阳二气化生万物时，不会只滋益生长一种物类；甘露时雨滋润万物时，不会偏私只滋润一类物种。那么（作为）万民之主的国君，就更不该偏爱结私某一个人了。齐桓公曾坚持公正、消除私怨，重用管仲而成为五霸之长；后来做事偏私，偏袒所爱之人，重用竖刁，以致（死后无人安葬，尸体腐烂）蛆虫爬出屋门。人年少时愚昧，年长后聪明。如果聪明却做事偏私，还不如愚昧但做事公正。

## 去 私

天无私覆也，地无私载也，日月无私烛也，四时无私为也，行其德而万物得遂长焉〔遂，成〕。庖人调和而不敢食，故可以为庖。若使庖人调和而食之，则不可以为庖矣。王伯（王伯原作伯王，下同）

之君亦然，诛暴而不私，以封天下之贤者，故可以为王伯。若使王伯之君，诛暴而私之，则亦不可以为王伯矣〔诛暴有所私枉，则不可以为王伯〕。

水泉深，则鱼鳖归之；树木盛，则飞鸟归之；庶草茂，则禽兽归之；人主贤，则豪杰归之。故圣王不务归之者，而务其所归〔务人使归之，末也；务其所行可归，本也〕。强令之笑不乐，强令之哭不悲〔皆无其中心也〕。强令之为道也，可以成小，而不可以成大。大寒既至，民暖是利；大热在上，民清是走。故民无常处，见利之聚，无利之去。欲为天子，民之所走，不可不察。

【译文】

上天覆盖万物不偏私，大地承载万物不偏私，日月照耀万物不偏私，四季的交替不偏私。它们都按其属性运行，而使万物得以成长。厨师烹调食物而不敢私自偷吃，就可以让他当厨师。如果厨师烹调食物而偷吃，那就不可以让他当厨师了。称王称霸之君也是这样，诛除残暴但不谋私，分封土地给天下的贤者，所以才可以称王称霸。如果作为霸主的君主诛除残暴只是为了利己，那也就不可以称王称霸了。

如果水泉深，那么鱼鳖就趋附它；如果树木盛多，飞鸟就趋附它；如果丛草丰茂，禽兽就趋附它；如果人主贤明，天下才能出众之士就归附他。所以圣王不务求使人归附他，而致力于那些使人愿意归附的根本东西。强令人笑，那种笑不会快乐；强令人哭，那种哭不是悲哀。强令人遵行道义，只可办成小事，不能成就大业。大寒已到，百姓要的是温暖；炎热降临，百姓就奔向清凉之处。所以百姓没有固定不变的处所，看到利益就集聚，没有利益就离开。想做天子的人，对百姓的趋向，不可不详察。

## 论　人

凡论人，通则观其所礼〔通，达〕，贵则观其所进，富则观其所养，听则观其所行〔养则养贤也，行则行仁也〕，近则观其所好，习则观其所言〔好则好义也，言则言道也〕，穷则观其所不受，贱则观其所不为。喜之以验其守〔守，情守也〕，乐之以验其僻〔僻，邪〕，怒之以验其节〔节，性〕，惧之以验其特〔特，独也，虽独不恐也〕，哀之以验其仁〔仁人见可哀者，则不忍之也〕，苦之以验其志。八观六验，此贤主之所以论人也。论人，必以六戚四隐〔六戚，六亲也；四隐，相匿扬长蔽短也〕。何谓六戚？父、母、兄、弟、妻、子。何谓四隐？交友、故旧、邑里、门廊。内则用六戚四隐，外则以八观六验，人之情伪，贪鄙美恶（美恶原作羡美），无所失矣〔言尽知之〕，此先圣王之所以知人也。

【译文】

大凡评判一个人，对得志的就看他所尊敬的人，对显贵的就看他所举荐的人，对富有的就看他所养的门客，听其所言就要观察他的行为，受到宠爱时就看他的喜好，研习学问时就看他的言论，生活困难时就看他所不接受的东西，地位低贱时看他所不愿做的事情。让他高兴来检验他是否有操守，让他欢乐来检验他是否邪僻，让他愤怒来检验他的秉性，让他害怕来检验他内心是否坦荡，让他哀伤来检验他的仁爱之心，让他劳苦来检验他的意志。“八观六验”，这就是贤主用来评判人的方法。评判人，还必须凭借于“六戚四隐”。什么是“六戚”？就是父、母、兄、弟、妻子和儿女。什么是“四隐”？就是亲朋、故交、同乡、邻里。评定人时，内部调查了解则用“六戚四隐”的要求，外部（公开考验）就用“八观六验”的办法，这样来检验人的真伪、贪鄙、美恶，就没有疏漏的地方。这就是过去圣人了解人的方法。

## 劝　学

先王之教，莫荣于孝，莫显于忠。忠孝，人君、人亲之所甚欲也；显荣，人臣、人子之所甚愿也。然而，人君、人亲不得所欲，人臣、人子不得所愿，此生于不知理义〔不知理义，在君父则不仁不慈，在臣子则不忠不孝〕。不知理义，生于不学〔生，犹出也〕。是故古之圣王，未有不尊师也。尊师，则不论贵贱贫富矣。

【译文】

先王的教化中，没有比尽孝更光荣的，没有比尽忠更显扬的。忠和孝，是君主和父母最想要的；显扬和荣耀，是人臣和人子最希望得到的。但人君和父母往往得不到所想要的，人臣和人子也往往得不到所希望的，其问题都出于不知理义。不知理义又是由于不学习的缘故。所以，古代的圣王，没有不尊敬老师的。尊敬老师，就不会议论老师的贵贱贫富了。

## 尊　师

神农师悉诸，黄帝师大桡〔悉，姓。诸，名也。大桡，作甲子者也〕；帝颛顼师伯夷父，帝喾师伯招，帝尧师子州支父，帝舜师许由，禹师大成挚，汤师小臣〔小臣，谓伊尹〕，文王、武王师吕望、周公旦，齐桓公师管夷吾，晋文公师咎犯、随会，秦穆公师百里奚、公孙枝，楚庄王师孙叔敖、沈尹巫（巫原作筮）〔沈，县大夫〕，吴王阖闾师伍子胥、文之仪〔文，氏；仪，名〕，越王勾践师范蠡、大夫种。此十圣六贤者，未有不尊师者也。今尊不至于帝，智不至于圣，而欲无尊师，奚由至哉〔至于道也〕？此五帝之所以绝，三代之所以灭〔言五帝三代之后，不复重道尊师，故以绝灭也〕。

【译文】

神农以悉诸为师，黄帝以大桡为师，颛顼帝以伯夷父为师，喾帝以伯招为师，尧帝以子州支父为师，舜帝以许由为师，禹以大成挚为师，商汤以小臣伊尹为师，周文王、周武王以吕望、周公旦为师，齐桓公以管夷吾为师，晋文公以咎犯、随会为师，秦穆公以百里奚、公孙枝为师，楚庄王以孙叔敖、沈尹巫为师，吴王阖闾以伍子胥、文之仪为师，越王勾践以范蠡、大夫种为师。这十位圣人、六位贤人，没有一位不尊敬老师的。现在的人，位尊不如帝王，智慧不如圣人，却不想尊师，靠什么实现道呢？这就是五帝、三代之后尊师重道风气之所以消失的原因。

## 大　乐

音乐之所由来远矣！天下太平，万民安宁，皆化其上〔化，犹随也〕，乐乃可成。故唯得道之人，其可与言乐乎〔言，说〕！亡国戮民，非无乐也，其乐不乐〔不和于雅，故不乐也〕。溺者非不笑也〔溺人必笑，虽笑不欢〕，罪人非不歌也〔当死者，虽歌不乐也〕，狂者非不舞也〔虽舞不能中节〕，乱世之乐，有似于此。君臣失位，父子失处，夫妇失宜，民人呻吟，其以为乐，若之何哉〔以民人呻吟叹戚，不可为乐也，故曰若之何也〕？

【译文】

音乐的由来很久远了！如果天下太平、万民安宁、（大家）都随顺国家的教化，音乐的教化功能才可以实现。所以，只有得道的人才可以与之谈音乐吧！灭亡的国家、蒙受耻辱的百姓，不是没有音乐，但其音乐不会让人快乐。其实陷入困境之人并非不嘻笑，将死的囚徒并非不唱歌，放荡不羁之人并非不跳舞。乱世的音乐，就像这些人的嘻笑、歌唱与舞蹈。君臣地位颠倒，父子序位错乱，夫妇关系失当，百姓痛苦呻吟，在这种情况下从事音乐活动，将会怎样呢？

## 侈　乐

乱世之乐，为木革之声，则若雷；为金石之声，则若霆；为丝竹歌舞之声，则若噪〔噪，叫〕。以此骇心气，动耳目，摇荡生则可矣〔生，性〕，以此为乐则不乐〔不乐，不和〕。故乐愈侈，而民愈郁〔侈，淫也；郁，怨也〕、国愈乱、主愈卑，则亦失乐之情矣。凡古圣王之所为贵乐者，为其乐也。夏桀、殷纣作为侈乐大鼓，钟磬管箫之音，以巨为美〔巨，大〕，叔诡殊瑰，耳所未尝闻，目所未尝见〔俶，始也。始作诡异瑰奇之乐，故耳未尝闻，目未尝见〕，务以相过，不用度量〔不用乐之法制〕。侈则侈矣，失乐之情。失乐之情，其乐不乐〔非正乐也，故曰不乐〕。乐不乐者，其民必怨，其主必伤〔怨，悲也；伤，病也〕。此生（生原作主）乎不知乐之情，而以侈为务故也。

【译文】

乱世的音乐，若奏响木制、革制的乐器（如柷、鼓），声音就像闷雷；奏响金属、石料制成的乐器（如钟、磬），声音就像炸雷；奏响丝弦、竹制类乐器（如琴、瑟、管龠），其声音和相伴的歌舞之声就像群起喧嚷。凭这些惊心动气、震耳发聩摇荡人的心性还可以，但以此为乐却不会和谐快乐。所以音乐愈骄纵，则百姓愈怨愤、国家愈混乱、君主愈卑微，那么就失去音乐的本性了。大凡古代圣王之所以重视音乐，是因为它给人快乐。夏桀、殷纣制作奢侈骄纵的音乐，增大鼓、钟、磬、管、箫等乐器的声响，以声音宏大为美；追求诡异奇丽，以求人们耳不曾闻、眼不曾见，追求超过规矩，不守乐法。骄纵是骄纵了，但失去音乐的真实意义。这样的音乐不会使人快乐。音乐不使人快乐，百姓必定怨愤，君主必定受到怨恨。这是由于不懂得音乐的意义而务求骄纵造成的。

## 和　乐

耳之情欲声，心不乐，五音在前弗听。目之情欲色，心弗乐，五色在前弗视；鼻之情欲香，心弗乐，芬香在前弗臭；口之情欲味，心弗乐，五味在前弗味。欲之者，耳目鼻口也；乐之者不乐者，心也。心必和平然后乐，心乐然后耳目鼻口有以欲之。故乐之务在于和心，和心在于行适〔适，中适也〕。夫乐有适，心亦有适。人之情欲寿而恶夭，欲安而恶危，欲荣而恶辱，欲逸而恶劳。四欲得，四恶除，则心适矣。四欲之得也，在于胜理。胜理以治身，则生全矣，生全则寿长矣。胜理以治国，则法立矣，法立则天下服〔服于理也〕。故适心之务，在胜理。凡音乐，通乎政，而风乎俗者也〔风，犹化也〕，俗定而乐化之矣。故有道之世，观其音而知其俗，观其俗而知其政矣，观其政而知其主矣。故先王必托于音乐，以论其教〔论，明〕。故先王之制乐也，非特以欢耳目、极口腹之欲也〔特，止也〕，将以教民平好恶、行理义也〔平，正也；行，犹通〕。

【译文】

耳朵的本性是想听到声音，但心里不高兴时，音乐在耳边也不听；眼睛的本性是想看到颜色，但心里不高兴时，五彩的颜色在眼前也不看；鼻子的本性是想闻香气，但心里不高兴时，香气在鼻下也不闻；口的情性是想尝好味道，但心里不高兴时，美味在嘴边也不尝。欲望是耳目鼻口产生的，能使其高兴的却未能使之高兴，是心情的缘故。心必须和谐宁静，然后才会感到快乐，心情快乐后耳目鼻口才有欲望。所以音乐的要务在于和谐心绪，和谐心绪又在于所作所为适度。音乐有适宜的情感，心也便会有相应的快乐。人之常情，希望长寿而不喜欢夭折，希望安全而不喜欢危险，希望荣耀而不喜欢屈辱，希望安逸而不喜欢劳累。四种希望实现、四种厌恶消除，心情就会舒适了。四种希望的实现，在于依循事物的自然规律。依循事物的自然规律来修身养性，则一生都会得以保全了，一生都会得以保全，则命就会长了。能够依循事物的规律来治国，那么法度就能建立，法度建立则天下之人就会顺服。所以，使心情舒畅的要务，在于依循事物的自然规律。大凡音乐，都是为使政令通畅和转化民俗的。民俗的稳定，是音乐教化的结果。所以有道之世，观听其音乐就知道其社会风气的情况，看它的风俗就知道它的政治情况，看它的政治情况就知道君主的情况。所以先王必定借助音乐来表明自己的教化。先王制定礼乐，不只是用来欢娱耳目、极尽口腹之欲望，而是要用来教育百姓端正好恶、按理义来做事。

# 音　律

黄钟之月，土事毋作，慎毋发盖，以固天闭地〔十一月也〕。大吕之月，数将几终〔十二月也，几，近也。终，尽也〕，岁且更起，而农民，毋有所使〔使，役〕。大蔟之月，阳气始至〔正月〕，草木繁动〔动，生〕，令农发土，毋或失时〔发土而耕〕。夹钟之月，宽裕和平，行德去刑〔夹钟，二月〕，毋或作事，以害群生〔事兵戍事〕。姑洗之月，达通道路，沟渎修利〔三月也，时雨将降，故修利沟渎〕。中吕之月，毋聚大众，巡劝农事〔四月也，大众，谓军旅兴功筑宜（筑宜恐有误字）〕，草木方长，毋携民心〔民当务农，长育谷木；徭役聚，则心携离逆上命也〕。蕤宾之月，阳气在上，安壮养孩〔五月也，壮，盛也；孩，少〕，本朝不静，草木早槁〔静，安也；朝政不宁，故草木变动堕落，早枯槁也〕。林钟之月，草木盛满，阴将始刑（阴将始刑原作阴气将刑）〔六月也。立秋则行戮，故曰阴气将始杀也〕，毋发大事，以将阳气〔发，起也；将，犹养〕。夷则之月，修法饬（饬原作饰）刑，选士厉兵〔七月也。饬（饬原作饰），正也〕，诘诛不义，以怀远方〔怀柔〕。南吕之月〔八月〕，趣农收聚，毋敢懈怠。无射之月，疾断有罪，当法勿赦〔九月也。有罪，当断杀勿赦〕。应钟之月，阴阳不通，闭而为冬〔十月也。阳伏在下，阴闭于上，故不通〕，修辨丧纪，审民所终〔审，慎也；终，卒也。修别丧服，亲疏轻重，服制之纪也〕。

【译文】

十一月，动土的事不要做，千万不要掘土、盖房，以便封闭天地。十二月，一年将要终结，年岁将更新，给农民不要再派劳役。正月，阳气开始产生，草木萌动，叫农民动土耕种，不要耽误时机。二月，要宽宏大量、温和公平，行施恩德，除去刑罚，不要进行征兵或发动战争，以免伤害众多生灵。三月，疏通道路，整修沟渠水利。四月，不要聚集军民来搞军事建设，要到各处劝勉农事；在此草木正长之际，不要分散农民心思。五月，阳气在上，应该安抚强壮、养育年少；如果朝政不平静，草木也会过早枯槁。六月，草木盛期已满，阴气即将开始萧杀，不要兴办大事，以保养阳气。七月，修正刑法，选征士卒，准备兵器，责罚不义之人，从而使边远臣民顺服朝廷。八月，催促农民收割庄稼，不敢懈怠。九月，尽快审判罚犯，应受法律惩处者不要赦免。十月，阴阳不相交通，阴气闭塞而成为冬天，要研习、区分各类丧事的规则，慎重处理百姓去世后的事宜。

## 制　乐

周文王立国八年，寝疾五日，而地动东西南北，不出周郊。百吏皆请曰："臣闻地之动也，为人主也。今王寝疾，请移之。"文王曰："若何其移之也？"对曰："兴事动众，以增国城，其可以移之乎！"文王曰："天之见妖，以罚有罪也。我必有罪，故天以此罚我也。今兴事动众，以增国城，是重吾罪也。不可〔重，犹益也。移咎征于他人，是益吾咎〕。昌也请改行重善以移之，其可以免乎！"于是谨其礼秩、皮革，以交诸侯；饬（饬原作饰）其辞令、币帛，以礼豪士。无几何，疾乃止〔止，除〕。立国五十一年而终。

【译文】

周文王建国第八年，卧病五日时，发生地震，震动范围未超出国都四郊。百官都请求说："我们听说，地震的发生都是因为人主的缘故。现在大王已卧病在床，请设法将灾祸转移至别处。"文王说："怎样使其转移呢？"回答说："动用民众，大兴土木工程，来加高国都的城墙，大概可以转移灾病吧！"文王说："上天显现不正常状况，是用以处罚有罪的人。我肯定是有罪过，所以上天用地震来罚我。现在如果兴师动众来加高国都的城墙，这可是加重我的罪过啊！不可以这样办。请允许我改用多做善事来转移它，这样可以免除我的灾病了吧！”于是，文王严格控制礼仪、官俸开支和皮革制品的使用，以其节余开支来结交诸侯；谨慎其辞令，备好币帛，用以礼遇卓越人才。不久，文王的病就好了。他在建国五十一年时才去世。

宋景公之时，荧惑在心，公惧，召子韦而问之，曰：“荧惑在心，何也？〔子韦，宋之太史〕”子韦曰：“荧惑者，天罚也；心者，宋分野也。祸当君。虽然，可移于宰相。”公曰：“宰相所与治国家也，而移死焉，不祥。”曰：“可移于民。”公曰：“民死，寡人将谁为君乎？”曰：“可移于岁。”公曰：“岁饥，民必饿死。为人君而杀其民以自活，其谁以我为君乎？是寡人之命固尽已（已下旧有乎字，删之），子无复言矣。”子韦再拜曰：“臣敢贺君。天之处高而听卑，君有至德之言三，天必三赏君命，今昔荧惑必徙三舍，君延年二十一岁。”是昔也，荧惑果徙三舍。

【译文】

宋景公在位时，荧惑星（火星）出现在心星的位置，景公害怕，叫来太史子韦询问，说：“荧惑星在心星的位置，是怎么回事？”子韦说：“荧惑星，是天上主管处罚的；心星的位置，正是宋国的天空领域。此祸要降到国君身上。即使这样，可（通过祈祷）把灾祸转移给宰相。”景公说：“宰相是帮助我治理国家的人，却把死转移给他，不吉祥。”子韦说：“可转移给百姓。”景公说：“百姓死了，寡人将作谁的国君呢？”子韦说：“可转移给（庄稼的）收成。”景公说：“收成不好，百姓必定饿死，作为国君而杀死他的百姓来使自己活命，谁还会拿我当作国君呢？这是寡人的命本来要完结了，你不要再说了。”子韦拜了两拜说：“我冒昧地祝贺您！上天在高处会听到地上的一切。国君您说了三句具有最高品德的话，上天必定三次赏您性命。今晚荧惑星一定会迁移到三舍之外，您将延年二十一岁。”这一夜，荧惑星果然迁移到三舍之外。

# 义 兵

兵之所自来者上矣〔自，从也；上，久也〕。家无怒笞，则竖子婴儿之有过也立见；国无刑罚，则百姓之相侵也立见；天下无诛伐，则诸侯之相暴也立见。故怒笞不可偃于家，刑罚不可偃于国，诛伐不可偃于天下，有巧有拙而已矣〔巧者以治，拙者以乱〕。故古之圣王，有义兵而无偃兵。夫有以噎（噎原作食）死者，欲禁天下之食，悖矣；有以乘舟死者，欲禁天下之船，悖矣；有以用兵丧其国者，欲偃天下之兵，悖矣。兵之不可偃也，譬之若水火然〔水以疗渴，火以熟食，不可乏也；兵以除乱，亦不可偃〕，善用之则为福，不善用之则为祸〔能者养之取福，不能者败以取祸也〕。善用药者亦然，得良药则活人，得恶药则杀人。义兵之为天下良药也，亦大矣〔义兵除天下之凶残，解百姓之倒悬，故方之于良药〕。故兵诚义，以诛暴君，而振苦民，民之悦之也，若孝子之见慈亲也，若饥者之见美食也；民之号呼而走之〔走，归〕，若强弩之射于深谿也。义兵至，邻国之民归之若流水，诛国之民望之若父母，行地滋远，得民滋众，兵不接刃，而民服若化〔若，顺〕。

【译文】

战争的产生已经很久了。家庭没有责打、鞭笞的威力，那僮仆及小孩的过错就立刻出现；国家没有刑罚，那百姓相互侵夺的事也会立刻出现；天下没有诛伐，那诸侯相互动武的现象也会立刻出现。所以怒笞在家中不能废止，刑罚在国中不能废止，诛伐在天下不能废止，只不过有巧有拙罢了。所以，古代圣王只发动正义战争，却从不废止战争。如果有因吃饭而噎死的人，就打算禁止天下人吃饭，这是错误的；有因乘船而淹死了人，就禁用天下的船只，也是错误的。有因动用战争而丧失国家的，就想废止天下的战争，同样是错误的。战争不可废止，譬如水和火一样，善于利用就能造福于人，不善于利用就成为灾祸。善于用药治病者也是这样，得到好药就会救活人，得到毒药就会致人死。正义的战争作为治理天下的一剂良药，其作用很大呀！所以，如果战争的确是正义的，用来讨伐暴君，拯救受苦的百姓，百姓就喜欢它，像孝子见到慈爱的父母、饥饿的人见到美食一样；百姓呼喊着归向它，好像强弩之箭射向深谷一样。正义之师一到，邻国的百姓归附它像流水一样，被讨伐国的百姓盼望它如同父母。正义之军走得越远，得到的百姓越多。两军还未经交锋便取得胜利，而百姓已敬服归顺了。

## 论　威

义也者，万事之纪也，君臣上下亲疏之所由起也，治乱安危之所在也。勿求于他，必反于己（于己原作人情）。人情欲生而恶死，欲荣而恶辱。死生荣辱之道一，则三军之士，可使一心矣。

【译文】

正义，是万事的准则。君臣、上下、亲疏都是因它而起，它是治乱、安危的关键所在。（要想合乎正义，）不要寻求于其他，必须反思自己。人之常情，都是希望生存而不喜欢死亡，希望荣耀而不喜欢受辱。关于死生荣辱问题的观念都统一到道义上，那么三军之士便可以齐心了。

## 慎　穷

衣，人以其寒；食，人以其饥。饥寒，人之大害也；救之，大义也。人之困穷，甚（甚原作多）如饥寒，故贤主必怜人之困也，必哀人之穷也。如此则名号显矣、国士得矣〔得国土也〕。人主其胡可以无务行德爱人乎？行德爱人，则民亲其上。民亲其上，则皆乐为其君死矣。赵简子有两白骡而甚爱之。阳城胥渠〔阳城，姓；胥渠，名〕，广门之宦，夜款门而谒曰：“主君之臣胥渠有疾〔广门，邑名也；宦，小臣也；款，叩也〕，医教之曰：‘得白骡之肝病则止，不得则死。'"谒者通。简子曰："夫杀畜以活人，不亦仁乎？"于是召庖人杀白骡，取肝以与之。无几何，赵兴兵而攻翟，广门之宦，左七百人，右七百人，皆先登而获甲首〔获衣甲者之首也〕。人主其胡可以不好士也？

【译文】

衣服，人用它御寒；食物，人用它充饥。饥寒，是人最大的祸害。拯救饥寒，是大义的行为。人困窘而不得志，很像饥寒，所以贤明的君主必定怜悯人的困窘、同情人的不得志。这样做了，自己的名节就会显扬，本国杰出的人才就能得到。君主怎么可以不努力推行德政爱护百姓呢？推行德政爱护百姓，百姓就亲近他们的君主。百姓亲近他们的君主，就都乐意为他们的君主拼死效力。赵简子有两头白骡子，非常喜爱。在广门当小官的阳城胥渠，夜间去叩赵简子的门，请求拜见，并说："大夫您的属下小臣胥渠有病，医生教我说：'吃了白骡子的肝，病就会好，得不到就要死。'"负责传达的人进去禀报后，赵简子说："杀生畜来救活人命，不也是仁义吗？"于是叫厨房的人杀了白骡，取出肝脏给阳城胥渠。不久，赵国发兵攻打狄族，广门县的官吏、奴仆左部七百人，右部七百人，都争先登城斩下披甲武士的首级。人君又怎么可以不喜好士人呢？

## 节 丧

孝子之重其亲，慈亲之爱其子也，痛于肌骨，性也。所重所爱，死而弃之沟壑，人之情不忍为，故有葬死（旧无死字，补之）之义。葬者，藏也，慈亲孝子之所慎也〔慎，重〕。慎之者，以生人之心虑也〔虑，计〕。以生人之心为死者虑，莫如无动，莫如无发；无发无动，莫如无有可利。无有可利，此之谓重闭〔人不发掘，不见动摇，谓之重闭〕。葬，不可不藏也，葬浅则狐狸掘之，深则及于水泉。故凡葬必于高陵之上，以避狐狸之患、水泉之湿。此则善矣，而忘奸邪盗贼寇乱之难，岂不惑哉〔厚葬人利之，必有此难，故谓之惑也〕？慈亲孝子备之者，得葬之情矣。今世俗大乱，人主愈侈，非葬之心也，非为死者虑也，生者以相矜也。侈靡者以为荣，俭节者以为辱，不以便死为故〔故，事〕，而徒以生者之诽誉为务，此非慈亲孝子之心也。父虽死，孝子之重之不怠〔重，尊也。怠，懈也〕；子虽死，慈亲之爱之不懈。夫葬所爱重，而以生者之所甚欲，其以安之，若之何哉〔厚葬必发掘，故曰其以安之也；若之何，言不安〕？

【译文】

孝子尊重自己的父母，父母疼爱自己的子女，其情甚于肌骨之痛，这是本性。所敬重、所疼爱的亲人死后若抛弃于沟壑，按人的感情，都不忍心那么做，所以有了安葬死者的礼仪。葬，就是藏起来，这是慈亲孝子所慎重的事。慎重，是以生者的心去考虑的。用生者的心去为死者考虑，莫过于死者不被惊动、坟墓不被挖掘。而要不被惊动、不被挖掘，莫过于使想挖掘者无利可获。没有可获之利，这就叫“重闭”。埋葬死者不可不使其隐藏。然而藏浅了狐狸会挖掘，藏深了会碰到暗流、泉水。所以，大凡埋葬，必葬在高丘之上，以避免狐狸的刨掘之害和地下水的湿气浸渍。这样是很好了，但如果忘了坏人、盗贼、匪寇带来的灾难，岂不还是糊涂吗？慈亲孝子同时也防备这些人的危害，就懂得丧葬的真正含义了。现在世俗大乱，君主安葬愈来愈奢侈，这不是安葬的本意，不是替死者考虑，而是生者以此相互夸耀。奢侈者以此为光荣，节俭者却认为是耻辱。不以有利于死者为事，而只把他人对生者的非议和赞誉作为要事，这不是慈亲孝子的心意啊。父亲虽然死了，但孝子的尊重不懈怠；儿子虽然死了，但慈亲的疼爱不懈怠。安葬所疼爱、所尊重的人，而以生者所最想要的东西来让死者安息，结果会怎样呢？

## 安　死

世之为丘垄也，其高大若山，其树之若林，其设阙庭为宫室若都邑。以此观世示富则可矣，以此为死者则不可。夫死者其视万岁，犹一瞚也。人之寿，久不过百，中寿不过六十。以百与六十为无穷者虑，其情必不相当矣；以无穷为死者虑，则得之矣。今有人于此，为石铭，置之垄上曰："此其中珠玉玩好、财物宝器甚多，不可不掘，掘之必大富。"人必相与笑之，以为大惑〔惑，悖〕。世之厚葬也，有似于此。自古及今，未有不亡之国也。无不亡之国者，是无不掘之墓也。以耳目所闻见，齐、荆、燕尝亡矣，宋、中山已亡矣，赵、魏、韩皆失其故国矣。自此以上者，亡国不可胜数〔上，犹前也〕。是故古大墓无不掘者也，而世皆争为之，岂不悲哉？尧葬于谷，林通树之〔通林以为树也〕；舜葬于纪，市不变其肆〔市肆如故，言不烦民〕；禹葬于会稽，不变人徒〔变，动也；言无所兴造，不扰民也〕。是故先王以俭节葬死也，非爱其费，非恶其劳，以为死者虑也〔为，犹便也〕。先王之所恶，惟死者之辱也。发则必辱，俭则不发，故先王之葬必俭也。谓爱人者众，知爱人者寡〔谓凡爱死人者众，多厚葬之也，知所以爱之者寡，能俭葬者少也〕。故宋未亡而东冢掘〔文公冢也〕，齐未亡而庄公冢掘〔以葬厚，冢见发〕。国安宁而犹若此，又况百世之后，而国已亡乎？故孝子忠臣，亲父佼友，不可不察也。夫爱之而反害之，安之而反危之，其此之谓乎？

【译文】

当世营造坟墓，坟墓高大得像山，墓边的树木茂密地像森林，两边设牌坊、庭院，建造宫室，像城市那样。用这些来显示家世、显示富有是可以的，而用来安葬死者就不好了。死者看一万年犹如一瞬间。人的寿命，最长也不过一百岁，中寿不过六十。用一百岁与六十岁人的想法去替无限久远的死者考虑，这不很合情理呀！根据永久的需要为死者考虑，才得当啊。现在，如果有人在这里刻石碑安放在墓前，写上"这墓中珠玉玩物、财物宝器很多，不可不挖，挖了必定大富"，人们必定一起笑他，认为此人太糊涂。世人的厚葬，就像这一样。自古到今，没有不亡的国家；没有不亡的国家，因此就没有不被挖掘的坟墓。据耳闻目见而言，齐、荆、燕三国曾经灭亡，宋、中山二国已经灭亡，赵、魏、韩都失去了它们旧日的强盛。在此以前，灭亡的国家不可胜数，所以古代大墓没有不被挖掘的。但世人还都争相营造大墓，岂不可悲？尧安葬在谷林，遍地林木当作墓地；舜安葬在纪市，连街市中的人都不被打扰；禹安葬在会稽，同样也没有打扰民众。所以，先王用节俭的方式安葬死者，不是吝啬费用，不是厌烦辛劳，而是替死者考虑啊。先王所憎恶的是死者受辱，而有人挖墓就必定受辱，而俭葬就不会被挖，所以先王安葬一定会从俭。口说敬爱、怜惜死者的多，真懂得敬爱、怜惜死者的少。所以宋国未灭亡而宋文公的东冢已被挖掘，齐国未亡而庄公冢已被挖掘。国家安宁时尚且如此，又何况百世之后，国家已灭亡了呢？所以孝子、忠臣、爱儿子的父亲、交往深的朋友不可不明察此理。爱之反而害之，欲使其安稳反而使其危急，不就是说的这种厚葬行为吗？

## 至　忠

至忠逆于（旧无于字补之）耳，倒于心〔倒，亦逆也〕，非贤主，其孰能听之〔听，受〕？故贤主之所悦，不肖主之所诛也〔贤主悦忠言，不肖主反之〕。今有树于此，而欲其美也，人时灌之，则恶之〔恶其灌之者也〕，而日伐其根，则必无活树矣。夫恶闻忠言，自伐之精者也〔精，犹甚，甚于自伐其根也〕。

【译文】

极忠的话不中听、不顺心，若不是贤主，谁能听受呢？所以贤主所喜欢的，是不肖的君主所要惩罚的。就好比现在这里有一棵树，想要它长得好一点，有人时时浇灌它，他可能会厌烦浇灌的人，而每天去伤损其根，那么必定不会有活树了。讨厌听忠言，是更严重的自我伤损啊！

# 不 侵

贤主必自知士，故士尽力竭智，直言交争，而不辞其患〔士为知己者死，故尽力竭智，何患之辞也〕，豫让、公孙弘是矣。当是时也，智伯、孟尝君知之矣〔智伯知豫让，故为之报仇；孟尝君知公孙弘，故为之不受折于秦也〕。世之人主，得地百里则喜，四境皆贺，得士则不喜，不知相贺，不通乎轻重也。汤、武，千乘也，而士皆归之；桀、纣，天子也，而士皆去之。孔、墨，布衣之士也，万乘之主，千乘之君，不能与之争士也〔士不归之，而归孔、墨，故曰不能与之争士〕。自此观之，尊贵富大，不足以来士矣〔来，犹致也〕，必自知之，然后可〔可者，可至〕。豫让之友谓豫让曰："子尝事范氏、中行氏，诸侯尽灭之，而子不为报，至于智氏，而子必为之报，何故？"豫让曰："范氏、中行氏，我寒而不我衣，我饥而不我食，而时使我与千人共其养，是众人畜我也。夫众人畜我者，我亦众人事之。至于智氏则不然，出则乘我以车，入则足我以养，众人广朝，而必加礼于吾，所谓（所谓原作所是）国士畜我也。夫国士畜我者，我亦国士事之。"豫让，国士也，而犹以人于己也〔于，犹厚也〕，又况于中人乎？孟尝君为从〔关东曰从〕，公孙弘谓孟尝君曰："不若使人西观秦，意者秦王帝王之主也，君恐不得为臣，何暇从以难之〔言不能成从以难秦〕？意者秦王不肖主也，君从以难之，未晚也。"孟尝君曰："善，愿因请公往矣。"公孙弘见昭王，昭王曰："薛之地小大几何？"公孙弘对曰："百里。"昭王笑而曰："寡人之国，地数千里，犹未敢以有难也，今孟尝君之地方百里，而欲以难寡人，犹可乎？"公孙弘对曰："孟尝君好士，大王不好士也。"昭王曰："孟尝君之好人何如？"对曰："义不臣乎天子、不友乎诸侯，得意慙（慙原作暂）为人君，不得意不肯为人臣，如此者三人；能治可为管、商之师〔管，管仲；商，商鞅〕，能致其主霸王，如此者五人；万乘之严主，辱其使者，退而自刎，必以其血污其衣，有

（有原作与）如臣者七人。”昭王笑而谢焉。

【译文】

贤主一定会亲自交好士人，所以士人能竭尽能力智慧，直言争辩，而不怕招来祸患，豫让、公孙弘就是这样的人。当年智伯、孟尝君就是他们的知己。世上的人主往往得到百里之地就高兴，四邻都来祝贺，得到士人却不见得高兴，不知道祝贺，这是不明白轻重啊！商汤、周武起初只是千乘诸侯，但士人都归顺他们；夏桀、商纣是天子，但士人都离开他们。孔子、墨子只是布衣之士，而万乘之主、千乘之君却不能同他们争夺士人。从此看来，尊贵、富有、强大的人，不一定能招来士人，君主一定要亲自交好他们，然后才可以招来。豫让的朋友对豫让说：“你曾侍奉过范氏、中行氏，诸侯把他们全消灭了，而你不替他们报仇，到了智氏，你却一定要替他报仇，为什么？”豫让说：“范氏、中行氏，在我寒冷时不给我衣穿，我饥饿时不给我饭吃，而时常让我同许多人一起受其供养，这是按普通人来养活我。既然按普通人养活我，我也就用普通人的身份来侍奉他。至于智氏就不这样了，出门就让我乘车，进门就供我充足的给养；众人一起去朝见他，却一定会特别礼遇我。这是按国士的标准供养我啊。对于按国士的待遇来供养我的人，我也以国士的身份侍奉他。”豫让是国家杰出人物，尚且因别人厚待自己而惦念，又何况一般人呢？孟尝君要合纵抗秦，公孙弘对他说：“不如派人西行去观察秦国，如果觉得秦王是有帝王之气的君主，您恐怕做他的臣子都不可能，哪有闲暇去合纵对抗他？如果觉得秦王是德才不佳的君主，您再合纵来对抗他也不晚呀。”孟尝君说：“好，我想为此请你去一趟。”公孙弘见到秦昭王，昭王问：“薛那个地方有多大？”公孙弘回答说：“方圆百里。”昭王笑着说：“寡人的国家，方圆数千里，尚不敢以此责难他人。如今，孟尝君的封地方圆不过百里，却想用以责难我，可以吗？”公孙弘回答说：“孟尝君善待贤士，大王您却不善待贤士。”昭王说：“孟尝君喜欢人才的情况如何呢？”公孙弘回答说：“为了正义而不向天子称臣、不与诸侯交友，得意时羞于做人君，不得意时不肯做人臣，像这样的人才，孟尝君有三人。善于治国，可作管仲、商鞅的老师，使他的君主称霸，像这样的人才孟尝君有五人。在万乘大国威严的君主侮辱使者时，使者会后退自刎，但一定用自己的血溅污对方之衣，就像我这样的，孟尝君有七人。”昭王笑着向他道歉。

## 有始览

世之听者，多有所尤，多有所尤，则听必悖矣〔尤，过〕。人有亡鈇者，意其邻之子，视其色、言语、动作、态度，无为而不窃鈇〔窃，盗〕。掘其谷得其鈇〔谷，坑〕，他日复见其邻之子，动作态度，无似窃鈇者。其邻之子非变也，己则变之。变之者无他，有所尤也。邾之故法，为甲裳以帛〔以帛缀甲〕。公息忌谓邾君曰：“不若以组。”邾君曰：“将何所得组？”公息忌对曰：“上用之，则民为之矣。”邾君曰：“善。”下令，令官为甲必以组。公息忌因令其家皆为组。人有伤之者曰：“公息忌之所以欲用组者，其家多为组也。”〔伤，败〕邾君不悦，于是乎止无以组〔以，用〕。邾君有所尤也。为甲以组而便，公息忌虽多为组，何伤？以组不便，公息忌虽无为组，亦何益！为组与不为组，不足以累公息忌之说〔累，犹辱也〕。凡听言不可不察〔察者，详也〕，不察则善不善不分。善不善不分，乱莫大焉！

【译文】

世人在判断问题时，经常会有失误，多有失误，则处理问题必然会出现谬误。有个人丢失了斧子，怀疑是其邻居的儿子所偷，看他的神色、言语、动作、态度等，没有不像偷斧子者。后来在挖坑的时候发现了那把斧子，等到再见到他邻居的儿子，动作、态度都不像偷斧子的人。（其实）他邻居的儿子没有变，是他自己变了。这种变化没有别的原因，是自己有所失误。邾国的老规矩，是用帛来连缀战衣的甲片。公息忌对邾国国君说：“不如用丝带来做。”国君说：“将从哪里得到丝带呢？”公息忌回答说：“国君如果使用丝带，那么百姓就会制作丝带。”

国君说：“好。”就下令让官府做铠甲时一定要用丝带。公息忌因之而叫他家的人都制作丝带。有个自身利益受到损害的人说：“公息忌想用丝带制衣的原因，是他家制作的丝带多。”国君不高兴，于是让官府制止，说不要用丝带。邾国国君有失误啊！用丝带作铠甲时如果便利，公息忌家虽然制作丝带多，有什么坏处呢？用丝带如果不便利，公息忌家即使不作丝带，又有什么好处呢？制作不制作丝带，不足以累及公息忌的主张。大凡听到别人的言论，不可不详察，不详察就会对错不分。对错不分，则没有比这更大的迷惑了。

## 谨　听

昔禹一沐而三捉发，一食而三起，以礼有道之士，通乎己之不足〔欲以闻所不闻、知所不知故也〕。通乎己之不足，则不与物争矣〔情欲之物不争〕。愉易平静以待之，使夫自以之〔以，用〕；因然而然之，使夫自言之。亡国之主反此，自贤而少人。少人，则说者持容而不极〔极，至〕，听者自多而不得〔自多，自贤〕。

【译文】

过去，大禹洗一次头多次握起头发停洗，吃一顿饭多次（放下碗筷）站起身来，以礼恭迎有道之士，弄懂自己尚不明白的道理。弄懂自己尚不明白的道理，就不会与众人争辩了。他和悦平静地对待有才德的人，使他们按个人的想法办事；根据他们说得对的予以肯定，使他们无拘无束地发表议论。亡国之主与此相反，自认为贤明而轻视他人。轻视他人，那么进谏之人就会因保持官位以求安身而讨好君主，听的人自认为比人贤明，也就得不到收益。

## 务　本

三王之佐，皆能以公及其私矣。俗主之佐，其欲名实也，与三王之佐同，其名无不辱者，其实无不危者，无功故也。皆患其身之不贵于国也，而不患其主之不贵于天下也；皆患其家之不富也，而不患其国之不大也。此所以欲荣而愈辱，欲安而愈危。故荣富非自至，缘功伐也。今功伐甚薄，而所望厚，诬也〔以薄获厚为诬〕；无功伐而求荣富，诈也〔以虚取之为诈〕。诈诬之道，君子不由〔由，用〕。

【译文】

三王的辅佐大臣，都能凭借一心为公而获得个人利益。庸俗君主的辅佐大臣，想要名望与实绩的愿望与三王的辅佐大臣相同，但其名声没有不被辱没的，其实绩没有不令人忧惧的，其原因就是他们心中没有公共利益。他们都担心自身在国内不尊贵，而不担忧国君在天下不尊贵；都担心自家不富有，而不担忧国家不强大。这就是他们希望荣耀反而更加屈辱、希望安稳反而更加危险的原因。本来，荣耀富有不是自己降临的，而是借助功劳得来的。现在功劳微小而所期求者厚重，这是欺骗；无功劳而求荣耀富有，这也是欺骗。欺骗的方法，君子不用。

## 孝行览

凡为天下、治国家，必务其本也。务本莫贵于孝。人主孝，则名章荣，天下誉〔誉，乐〕；人臣孝，则事君忠，处官廉，临难死；士民孝，则耕芸疾，守战固，不疲北。夫执一术而百喜至、百邪去，天下从者，其唯孝乎！故论人必以所亲，而后及所疏；必以所重，而后及所轻。曾子曰："先王之所以治天下者五：贵贵，贵德，贵老，敬长，慈幼。此五者，先王之所以定天下也〔定，安〕。所为贵贵，为其近于君也；所为贵德，为其近于圣也；所为贵老，为其近于亲也；所为敬长，为其近于兄也；所为慈幼，为其近于弟也。"

【译文】

大凡统治天下、治理国家，一定要致力于根本。致力于根本，没有比孝更应当重视的。君主孝敬父母，名声就显扬荣耀，臣下钦服听从，天下安乐。臣子孝敬父母，侍奉国君就很忠诚，居官清正廉洁，临难拼死效命。士民孝敬父母，就会很努力地耕耘，守卫作战就会很稳固，将士将不会感到疲惫，也不会逃败。掌握一个原则而能使百善皆至、百邪皆去，能让天下听从的，大概只有“孝”了！所以，评论一个人必须先看他对亲人的态度，然后再看他对疏远者的态度；必须先看他对所重视者的态度，然后再看他对所轻视者的态度。曾子说：“先王用以治理天下的有五个方略：尊重显贵、崇尚道德、敬爱老人、尊敬年长者、慈爱年幼者。这五条就是先王之所以能使天下安定的原因。尊重显贵的原因，是因为他们近似于君主；崇尚道德的原因，是因为它接近圣人；敬爱老人的原因，是因为他们相当于父母；尊敬年长者的原因，是因为他们相当于兄长；慈爱年幼者的原因，是因为他们相当于子弟。”

昔晋文公将与楚人战于城濮，召咎犯而问曰：“楚众我寡，奈何而可？”咎犯对曰：“臣闻繁礼之君，不足于文；繁战之君，不足于诈〔足，犹厌也〕。君亦诈之而已。”文公以咎犯言告雍季，雍季曰：“竭泽而渔，岂不获得？而明年无鱼。焚薮而田，岂不获得？而明年无兽〔言尽其类〕。诈伪之为道，虽今偷可，后将无复〔不可复行〕，非长术也。”文公用咎犯之言，而败楚人于城濮。反而为赏，雍季在上。左右谏曰：“城濮之功，咎犯之谋也。君用其言，而后其身，或者不可乎？”公曰：“雍季之言，百世之利也；咎犯之言，一时之务也〔务，犹事也〕。焉有以一时之务，先百世之利者乎？”孔子闻之曰：“临难用诈，足以却敌；返而尊贤，足以报德。文公虽不终始焉，足以霸矣。”

【译文】

从前，晋文公将与楚人在城濮作战，召见咎犯，并问道：“楚国兵多我国兵少，怎样对敌才行？”咎犯回答说：“我听说礼仪繁复的君主，不满足于礼制条文；征战频繁的君主，不满足于欺诈手段。您也对他们采用欺诈手段好了。”文公把咎犯的话告诉雍季，雍季说：“竭泽而渔，难道不能获得鱼吗？但第二年就没有鱼了。焚烧沼泽的草木来打猎，难道不能获取野兽吗？但第二年就没有野兽了。把欺诈虚伪作为一种方法，即使现在苟且一用还可以，但以后就不能再用，这不是长久的策略。”文公用咎犯的建议，在城濮打败了楚人。回师后进行奖赏时，雍季却居前。文公的近臣进谏说：“城濮之战的成功，是凭借咎犯的计谋。您用了他的建议，而奖赏时却把他排在后面，或许不可以吧？”文公说：“雍季的话，是对百世都有利的；咎犯的计谋，是有利于一时的事。哪里有把有利于一时的事放在百世之利前边的呢？”孔子听到这些话后说：“临难使用诈术，足以击退敌人；回师后尊崇贤人，足以报答其恩德。文公虽然没有坚持始终，也足以称霸了。”

## 慎大览

贤主，愈大愈惧，愈强愈恐〔愈，益〕。凡大者，小邻国也；强者，胜其敌也〔大者，侵削邻国使小〕。胜其敌则多怨，小邻国则多患。多怨，国虽大，恶得不惧？恶得不恐〔恶，安〕？故贤主于安思危〔安不忘危〕，于达思穷〔显不忘约〕，于得思丧〔丧，亡也。有得必有失，故思之也〕。

【译文】

贤明君主，是国家越大越担心、越强越害怕。大凡国家地域扩大，往往都是因侵吞蚕食而使邻国变小；大凡国家强盛，都因战胜其敌国。战胜敌国就会多受怨恨，侵吞而使邻国变小就会多生祸患。面临那么多祸患与怨恨，国家虽然强大，又怎能不担心、怎能不害怕呢？所以，贤主在平安时就考虑到危急，在顺达时就考虑到困窘，在得到时就考虑到丧失。

# 顺　说

惠盎见宋康王，康王曰："寡人之所悦者，勇有力也，不悦为仁义者，客将何以教寡人？"惠盎对曰："臣有道于此〔有道于此，勇有力也〕，使人虽勇，刺之不入；虽有力，击之弗中。夫刺之不入，击之不中，此犹辱也。臣有道于此，使人虽有勇弗敢刺，虽有力弗敢击。夫弗敢，非无其志也。臣有道于此，使人本无其志〔本无有击刺之志也〕。夫无其志，未有爱利之心也。臣有道于此，使天下丈夫女子，莫不欢然皆欲爱利之，此其贤于勇有力也〔言以仁义之德，使民皆欲爱利之，故贤于勇有力也〕。大王独无意耶？"宋王曰："此寡人之所欲得也。"曰："孔、墨是也〔言当为孔丘、墨翟之德，则得所欲也〕。孔丘、墨翟，无地为君〔以德见尊也〕，无官为长〔以道见敬〕，天下丈夫女子，莫不延颈举踵，而愿安利之〔愿其尊高而利己也〕。今大王万乘之主也，诚有其志〔孔、墨之志〕，则四境之内，皆得其利矣，其贤于孔、墨也远矣〔得贤名过于孔、墨〕。"

【译文】

惠盎拜见宋康王，康王说："寡人喜欢的是勇敢有力的人，不喜欢施行仁义的人，客人您将用什么教导我呢？"惠盎回答说："我有这样的方法，使这个人虽然勇敢，但刺杀却刺不进对手身体；虽然有力，但击不中对手。如果刺不进、击不中，这仍然是一种耻辱。对此，我又有一个方法，使所派去的人虽然勇敢，却不敢去刺；虽然有力，却不敢去击。他不敢，却并非没有刺和击的意愿。对此，我还有一个方法，使这个人本来就没有去刺去打的愿望。他没有那个意愿，是因为没有热爱君主、利于君主之心。对此我还有一种方法，可以使天下男女没有人不高兴地热爱君主、利于君主，这可就胜过勇敢有力了。大王难道不愿意吗？"宋王说："这正是寡人所想要的。"惠盎说："孔、墨就是这样的人。孔丘、墨翟，没有封地，却像是君主一样被人尊敬；没有官位，却像是官长那样被人敬重。天下男女没有不伸长脖子、抬起脚跟，盼望能为他们带来安稳、顺利的。现在大王是万乘之主，若确实有孔、墨之志，那么全国上下都会得到好处。这样，君主的贤名就比孔、墨高多了。”

## 贵 国

武王使人候殷，反报曰：“殷乱矣。”武王曰：“其乱焉至？”对曰：“谗慝胜忠良。”武王曰：“尚未也。”又往，反报曰：“贤者出走矣。”武王曰：“尚未也。”又往，反报曰：“其乱甚矣，百姓不敢诽怨矣。”武王遽告太公，太公曰：“其乱至矣，不可以驾矣。”〔驾，加也〕。

【译文】

周武王派人侦察殷商的情况，那人返回后报告说：“殷商政治混乱了。”武王说：“乱到什么程度？”回答说：“邪恶者势力超过忠良了。”武王说：“还没有到极点。”那人又去侦察，返回后说：“贤明的人已经出逃了。”武王说：“还没有到极点。”那人再去侦察，返回后说：“殷商混乱得厉害了，百姓不敢批评、指责、抱怨了。”武王立刻告诉太公，太公说：“殷商已混乱到极点，无以复加了。”

## 先识览

凡国之亡也，有道者必先去，古今一也〔君子见机而作，不待终日，故必先去〕。天下虽有有道之士，固犹少。千里而有一士，比肩也；累世而有一圣人，继踵也。士与圣人之所自来，若此其难也，而治必待之，治奚由至乎？虽幸而有，未必知也，不知则与无同〔不知其贤而用之，故不治；不治，则与无贤同〕。此治世之所以短，而乱世之所以长也〔短，少也；长，多也〕。故亡国相望〔言不绝也〕。贤主知其若此也，故日慎一日，以终其世。譬之若登山者，处已高矣，左右视，尚巍巍焉，山在其上矣。贤者之所与处，有似于此。身已贤矣，行已高矣，左右视，尚尽贤于己也。故周公曰："与我齐者，吾不与处，无益我者也〔齐，等也。等则不能胜己，故曰无益我者也〕。"以为贤者必与贤于己者处。贤（贤原作圣）者之得可与处也，礼之。诸众齐民，不待知而使，不待礼而令〔令，亦使也〕。若夫有道之士，必礼必知，然后其智能可尽也〔可尽得而用也〕。

【译文】

大凡国家将亡，有治国之才者必先离去，古今皆同。天下虽有善于治国的杰出人才，但在一个诸侯国之内还是很少的。千里方圆内若有一位贤才，就算是多的了；几代人中若有一位圣人，也算是多的了。尽管贤才与圣人的出现，如此之困难，但治理国家必须依靠他们，那么盛世怎么会到来呢？即使有幸出现了这样的贤才和圣人，人们未必能知道他们是贤才、圣人，不知道则与没有贤才一样。这就是太平之世少而混乱之世多的原因，也正是因此而亡国相继不绝。贤主知道会是这样，所以一天比一天谨慎，直到他一生的结束。像登山者，所站之处已很高了，左右看看，还有更高大的山在自己头上呢。圣人与人相处，与这种情况有所相似，自己已德才兼备了，行为已很高尚了，左右看看，他们还都胜过自己。所以周公说："与我德才相当的人，我不与他相处，因为对我无益。"他认为贤者一定要与胜过自己的人相处。贤者得到可与相处之人，就尊敬他。对平民百姓，不等了解就可使用，不等礼遇就可驱使。至于有道之士，必须礼遇，必须了解，然后他们的智慧、能力才可以全部发挥出来。

## 审分览

凡人主必审分，然后治可以至〔分，谓仁义、礼律、杀生、与夺之分；至，至于治也〕。凡为善难，任善易。奚以知之？今与骥俱走，则人不胜骥矣；居于车上而任骥，则骥不胜人矣。人主好人官〔好为臣之官事〕，则是与骥俱走也，必多所不及矣〔言力不赡也〕。夫人主，亦有车，无去其车，则众善皆尽力竭能矣。人主之车，所以乘物也。不知乘物，而自怙恃，奋其智能，多其教诏，而好自以〔诏，亦教也；以，用〕，则百官恫扰〔恫，动；扰，乱〕，少长相越，万邪并起，权威分移〔政在家门〕，此亡国之风〔风，化〕。王良之所以使马者约，审握其辔，而四马莫敢不尽力。有道之主，其所以使群臣者，亦有辔。正名审分，是治之辔也。故案其实，审其名，以求其情；听其言，察其类，毋使放悖〔放，纷也；悖，乱也〕。尧舜之民不独义，禹汤之臣不独忠，得其数也〔御之得其术也〕；桀纣之民不独鄙，幽厉之臣不独僻，失其理也。今有人于此，求牛则名马，求马则名牛，所求必不得矣〔失其名，故不得〕。而因用威怒，有司必诽怨矣，牛马必扰乱矣。百官，众有司也；万物，群牛马也。不正其名，不分其职，而数用刑罚，乱莫大焉。

【译文】

大凡人主，一定要审定明察君臣职分，然后太平的局面才可以到来。一般地说，（君主）亲自做好某件事不容易，指令他人去做好事则比较容易。怎么知道是这样呢？假如人同骏马一起跑，那么人不能胜过马；坐在车上驾驭马去跑，那骏马就不能胜过人了。君主喜欢办理属于人臣的公事，那就像是与骏马一起跑了，一定在许多方面赶不上。人主有车可坐，不离开自己的车子，那众多有长处者就会尽力竭能了。人主之“车”，是用以借助于众人的。不知借助于众人，而只依靠自己，发扬自己的才智，称扬自己的教令，喜欢自行其事，那样百官就会恐惧、混乱，主官与副职各相越位，各种邪恶并起，权威分散转移，这是亡国的风气啊。王良驾驭马的办法很简单，是慎重地控制马的缰绳，于是四匹马没有敢不尽力的。有才能的君主之所以能够驾驭群臣，是因为也有缰绳。端正名分、明晰职分，就是管理群臣的缰绳。所以应考察君臣的实绩，审清群臣的名分，来了解他们的真实情况；听其言论，核查其有关条件，不使他们放任、违背。不是尧、舜的臣民偏偏就懂得义理，不是禹、汤的臣民偏偏就忠于君主，是因为（尧、舜、禹、汤）管理得法；不是桀、纣的臣民偏偏就鄙陋，不是幽王、厉王的臣民偏偏就邪僻，是因为（桀、纣、幽、厉）治理失当。现在这儿有一个人，本欲寻找牛却说成是“马”，本欲寻找马却说成是“牛”，那他所寻找的一定是得不到的。若因此而大为震怒，那么管理人员必定背后诽议抱怨，牛马也一定被侵扰不安。百官，就是众多的管理人员；万物，就如同牛群、马群。如果不端正它们的名分，不区分他们的职责，就屡屡使用刑罚，那混乱就没有比这更大的了。

昊天无形，而万物以成〔天无所制作物形，而物自成也〕；大圣无事，而千官尽能〔官得其人，其人任其职，故尽能也〕。此之谓不教之教、无言之诏。故有以知君之狂，以其言之当〔君狂言，臣下不敢谏止，而喜轻言，自以其言为当，是以知其言之当〕；有以知君之惑，以其言之得〔狂言而得，所以知其惑也〕。君也者，以无当为当、以无得为得者也。当、得不在于君，而在于臣〔待臣匡之〕。今之为车者，数官然后成〔轮舆辕轴，各自有材，故曰数官然后成也〕。夫国岂特为车哉？众智众能之所持也，不可以一物一方安也〔方，道也〕。思虑自伤也〔思虑，劳精神也〕，智差自亡也〔用智过差，极其情欲，以自消亡〕，奋能自殃也〔奋，强〕。凡奸邪险诐之人也，必有因。何因？因主之为〔因，犹随也〕。

【译文】

大自然没有制作出物的形状，而万物却能自然形成；伟大圣君不做事，但群臣都各尽其能。这就叫做不训诲的教化、无言语的诏告。因此，可以知道君主狂妄自大，因为他自己以为所言恰当；可以知道君主暗昧不明，因为他自以为所言正确。所谓君主，是应该以不追求自己所言恰当为恰当、以不追求自己所言正确为正确。恰当与否不在于国君，而在于臣子。如果是制造车子，数种器件齐备之后才可以造成。国家难道仅仅像造车吗？是要靠众人的智慧、众人的能力来扶持的，不能用一种东西、一种方法来使国家达到安定。心情忧虑会自伤精神，智谋错误会自取灭亡，逞强好能会自招祸殃。凡是奸邪险僻之人，必定有所顺随。顺随什么？顺随君主之所为。

人主好以己为〔己所好，情欲则为也〕，则守职者，舍职而阿主之为，有过则主无以责之，则人主日侵，而人臣日得〔得其阿主之心〕。是宜动者静，宜静者动，尊之为卑，卑之为尊，从此生矣。此国之所以衰，而敌之所以攻也。

【译文】

人主如果喜好自行其事，那么遵行职责的人，就会放弃职责而奉承人主之所为，即使事情有错，人主也无法责罚他。这样，君主的权力将一天一天地被侵害，而人臣却一天比一天得意。于是，宜于行动的却静止不动，应该静止的却盲目行动，当尊重者被贬低，当贬低者被尊重，这些（现象）就都从此产生了。这就是国家之所以衰败、敌人之所以进犯的原因。

## 任　教

凡官者，以治为任，以乱为罪。今乱而无责，则乱愈长矣。人主以好为示能〔以能示众〕，以好唱自奋〔奋，强〕；人臣以不争持位，以听从取容。是君代有司为有司也〔大臣匡君，进思尽忠，退思补过。此以德从取容，无有正君者，君（旧无君字，补之）当自正耳，是为代有司为有司〕，是臣得后随以进其业也〔后随，随后也；其业，不争取容之业也〕。君臣不定〔君不君，臣不臣，故不定也〕。

【译文】

大凡做官，以（政事）太平为胜任，以（政事）混乱为罪过。现在如果混乱却不责罚，那么混乱就会越来越严重。君主以喜好多做事来显示能力，以喜欢出风头逞强，臣子以不予劝谏来保持官位，靠接受、顺从来取悦君主，这是君主代替有关部门来做臣子的事，使臣子随君主之后来增进自己的“功业”（靠不劝谏、只迎合取悦来谋取进身）。这都是因为君臣职责不明确所造成的。

## 勿躬

人主自智而愚人，自巧而拙人，若此，则愚拙者请矣〔君自谓智而巧，故愚拙者从之请也〕，巧智者诏矣。诏多则请者愈多矣，请者愈多，且无不请也。主虽巧智，未无不知也〔未能尽无所不知也〕。以未无不知，应无不请，其道固穷〔固，必〕。穷而不知其穷，其患又将反以自多，是之谓重塞（重塞原作重重塞塞）之主，无存国矣。故有道之主，因而不为〔因循旧法，不改为也〕，责而不诏〔责臣成功，不妄有所教诏〕，不伐之言，不夺之事，督名审实，官使自司，以不知为道，以奈何为实〔以不知为道，道尚因循长养，不违戾自然之性，故以不可奈何为实也〕。绝江者托于船，致远者托于骥，霸王者托于贤。伊尹、吕尚、管夷吾、百里奚，此霸王之船骥也。释父兄与子弟，非疏之也；任庖人、钓者，与仇人、仆虏，非阿之也。用持社稷，立功名之道，不得不然也〔庖人即伊尹，钓者即吕尚，仇人即管夷吾，仆虏即百里奚也。非阿私近之也，用其以持社稷，立功名之道也，故曰不得不然〕。

【译文】

君主以为自己聪明而别人愚昧、自己灵巧而别人笨拙，这样，愚拙的人就会来请教，自谓巧智的君主就给予指教。指教多则请教者就越来越多。请示者越来越多，就将没有不请教的事。君主即使聪明灵巧，但并非无所不知。以并非无所不知来应对无所不请教，君主所懂得的方略、道理必定会穷尽。实际上已经穷尽却没有感觉到穷尽，其害处是更将使君主反以此自夸。这就称作严重蔽塞自己的君主，国家就不能存在了。所以，有道的君主，因循旧法而不更改，要求臣子做事而不去指教，不夸耀自己的言论，不争做臣子的事务，察看名分，审查实绩，官府的事让臣子自己掌管，以大智若愚作为君之道，以善用大臣为治国之实。渡江的人依靠船只，远行的人依靠良马，欲称王称霸者依靠贤人。伊尹、吕尚、管夷吾、百里奚等，就是称王称霸者的船只、良马。不任用父兄与子弟，不是疏远他们；任用厨师、钓鱼人与仇人、俘虏，并不是偏爱他们。这是用以保住国家、建功立名的办法，不得不如此啊。

## 杂俗览

三代之道无二，以信为管〔管，准法也〕。宋人有取道者，其马不进，刭而投之溪水〔刭，杀也；投，弃〕。又复取道，其马不进，又刭而投之溪水。如此者三。虽造父之所以威马，不过此矣。不得造父之道，而徒得其威，无益于御。人主之不肖者，有似于此。不得其道，而徒多其威，威愈多，民愈不用〔民不为之用也〕。亡国之主，多以威使其民矣。故威不可无有，而不足专恃。譬之若盐之于味，凡盐之用，有所托也，不适则败所托而不可食。威亦然矣。恶乎托？托于爱利〔爱则利民〕。爱利之心息，而徒疾行威，身必咎矣。

【译文】

夏、商、周三代治国之道没有别的，就是把诚信作为准则。宋国有个赶路的人，他的马不肯往前走，就杀了马扔进溪水。然后重换一匹继续赶路，这匹马也不肯往前走，就又杀了马扔进溪水。这样反复了多次。即使是善于驭马的造父用严威驯马的方法，也没有超过这种程度。没有掌握造父的驭马之术，而只学造父驯马的威严，这是无益于驾驭的。国君中不贤德的人，就与此相似。他们不掌握治国的方法，而只是大增其威严。结果是威严越多，臣民越不为其所用。亡国的君主，大多凭过分的威严役使其臣民。所以说，威严不可以没有，但不可以专靠它。比如像盐对味道一样。凡是用盐，要有所依托，用量不当就会败坏所依托之物而使之不能食用。威严也是这样啊！它依托什么呢？依托爱民利民之心。爱民利民之心没有了，却只是急切地施加威严，自己必会有灾祸。

## 适　惑

古之君民者，仁义以治之，爱利以安之，忠信以导之，务除其灾、致其福。故民之于上也，若玺之于涂。此五帝三王之所以无敌也。

【译文】

古时君王以仁义来治理臣民，用财物和利益来安定臣民，用忠信来引导臣民，务求驱除天下灾祸，为臣民带来福患。所以臣民对于君主来讲，就像玺对于封泥一样。这是五帝三王能够君临天下的原因。

东野稷以御见庄公，庄公以为造父不过也。颜阖曰："其马将败。"少顷，东野稷之马败（败原作放，下同）而至。庄公召颜阖而问之曰："子何以知其败也？"对曰："夫进退中绳，左右旋中规，造父之御，无以过焉，犹求其马。臣是以知其败也。"故乱国之使其民，不论人之性，不反人之情，烦为教而过不识〔过，责也；识，知也〕，重为任而罪不胜〔不能胜其所任者而罚〕。民进则欲其赏，退则畏其罪。知其能力之不足也，则以伪继矣。知，则上又从而罪之〔罪其伪也〕。是以罪召罪也〔召，致〕。故礼烦则不庄，业众则无功，令苛则不听，禁多则不行。桀、纣之禁，不可胜数，故民不用而身为戮。

【译文】

东野稷表演驾车技艺给庄公看，庄公认为造父也超不过他。颜阖说："他的马力将衰竭。"一会儿，东野稷的马衰疲而至。庄公召见颜阖问他说："你怎么知道他的马力要衰竭呢？"颜阖回答说："马的进退路线笔直，左右旋转符合规则。造父驾驭，也不过如此。但他还在苛求其马，我因此知道他的马会力气衰竭。"混乱的国家役使其臣民，不研究人的本性，不类推人之常情，反复地进行训导，还责备臣民无知；加给他们很重的任务，且要惩罚完不成任务者。臣民前进就想到赏赐，后退就害怕惩罚。当知道自己能力不足时，就用弄虚作假增益；如果被发觉了，上级又对其弄虚作假加以惩处。这是因畏罪招致罪过。所以，礼节繁缛就不庄重，举事太多就无功效，命令苛刻就不听从，禁令过多就无法执行。夏桀、商纣的禁令不可胜数，因此百姓不为其效命，反而夏桀、商纣也被杀死。

## 恃君览

凡使贤不肖异。使不肖以赏罚〔不肖者喜生恶死，则可使也矣〕，使贤以义〔唯义所在，死生一也〕。故贤主之使其下也，必以义，必审赏罚，然后贤不肖尽为用也。

【译文】

大凡使用贤才和德才不佳之人，办法是不同的。使用德才不佳之人靠赏罚，使用贤德之人靠道义。所以贤明的君主使用臣下必定用道义，必定慎重使用赏罚。这样做了，贤才和德才不佳之人都能为君主所用。

## 达　郁

凡人筋骨欲其固也，心志欲其和也，精气欲其行也。若此，则病无所居，而恶无由生矣。病之留，恶之生，精气郁也〔郁滞不通〕。故水郁则为污〔水浅不流曰污〕，树郁则为蠹〔蠹，蝎〕，草郁则为蒉（蒉原作菑，下同）〔蒉，秽〕。国亦有郁：主德不通，民欲不达，此国之郁也。国之郁处久，则百恶并起，而万灾丛生矣〔丛，聚〕。故圣人贵豪士与忠臣也，为其敢直言，而决郁塞也。

【译文】

人都希望筋骨强壮，都希望心意平和，都希望精气流畅。如果是这样，那么病菌就没有地方停留，疾病就没有因缘发生。病菌的羁留，疾病的发生，是因为精气闭结不通。所以，水闭结就会污浊，树闭结就生蠹虫，草闭结就会腐臭。国家也有闭结。君主的德行不能通达，臣民的愿望不能实现，这些就是国家的闭结。国家的闭结存在一久，就会百恶同起、万灾丛生。所以圣明的君主尊重豪士和忠臣，因为他们敢直言劝谏，从而疏通闭结和阻塞。

赵简子曰："厥也爱我，铎也不我爱也〔厥，简子家臣也；铎，尹铎，亦家臣〕。厥之谏我也，必（旧无必字，补之）于无人之所；铎之谏我也，喜质我于人中〔质，正〕，必使我丑。"尹铎对曰："厥也，爱君之丑〔爱，惜〕，而不爱君之过也；铎也，爱君之过，而不爱君之丑也。"不质君于人中，恐君之不变也〔变，改〕。此简子之贤也。人主贤，则人臣之言刻〔刻，尽〕。

【译文】

赵简子说："赵厥爱我，尹铎不爱我。赵厥劝谏我，必会在没有人的地方；尹铎劝谏我，喜欢在众人面前质问我，必然会使我羞耻。"尹铎回答说："赵厥顾惜您的羞耻，而不顾惜您的过错；尹铎我顾惜您的过错，而不顾惜您的羞耻。"不在众人面前质问赵简子，是怕赵简子不能改正啊！这就是赵简子贤明的原因。君主贤明，臣子才会将自己的意见和盘托出。

## 行　论

人主执民之命。执民之命，重任也，不得以快志。亡国之主必自骄，必自智，必轻物〔自谓有过人智，故轻物。物，人也〕。自骄则简士〔简，贱〕，自智则专独〔不咨忠良〕，轻物则无备〔《传》曰：无备而官辩，犹拾害〕。无备召祸，专独位危，简士雍塞〔士不尽规，故雍塞无闻知〕。欲无雍塞必礼士，欲位无危必得众，欲无召祸必完备。三者，君人之大经也〔经，道〕。

【译文】

君主掌握着万民的命运。掌握万民的命运是一项重任，不能只图舒心快意。亡国的君主肯定是自高自大，肯定是自以为聪明，肯定是轻视众人。自高自大就会怠慢世人，自以为聪明就会独断专行，轻视他人就会没有防备。没有防备就会招致祸患，专断独行会使地位不稳，怠慢士人就会闭塞视听。想不闭塞就一定要礼贤下士，想地位稳固就一定要得到众人支持，想不招致祸患就一定要人才齐备。这三条，是君主的治国大略。

## 骄　恣

赵简子沈栾徼于河，曰："吾尝好声色矣，而栾徼致之；吾尝好宫室台榭矣，而栾徼为之；吾尝好良马善御矣，而栾徼来之。今吾好士六年矣，而栾徼未尝进一人，是长吾过而绌吾善也〔所得者皆过也，所不进乃善，故曰长吾过而绌吾善也〕。"故若简子者，能以理督责于其臣矣。以理督责于其臣，则人主可与为善，而不可与为非；可与为直，而不可与为枉。此三代之盛教也。

【译文】

赵简子把栾徼沉入黄河，说："我曾经喜欢音乐女色，栾徼就把她们送来；我曾经喜欢宫殿台榭，栾徼就把它们造好；我曾经喜欢良马和好驭手，栾徼就把他们都招来。现在我喜欢贤士已六年了，但栾徼却不曾举荐一个人。这是助长我的过失而削弱我的优点啊。”所以，像赵简子这样的人，是能够用义理来督察责罚自己的臣子的。用义理来督责臣子，那么君主就可以与他们一起做好事，而不可能与他们一起做坏事；可以与他们一起做正直的事，而不可能与他们一起做邪曲的事。这就是夏、商、周三代最好的教化啊。

## 开春论

吴起行，魏武侯自送之，曰：“先生将何以治西河？”对曰：“以忠以信，以勇以敢。”武侯曰：“安忠？”曰：“忠君〔尽忠于君〕。”“安信？”曰：“信民〔施信于民〕。”“安勇？”曰：“勇去不肖〔勇于去不肖也〕。”“安敢？”曰：“敢用贤〔用贤无疑〕。”武侯曰：“四者足矣。”

【译文】

吴起将启程，魏武侯亲自送他，说：“先生将靠什么治理河西地区？”吴起答道：“用忠和信、勇和敢。”武侯问：“忠于谁？”吴起说：“忠实于国君。”武侯问：“信于谁？”吴起说：“取信于百姓。”问道：“勇于干什么？”吴起说：“勇于除掉不贤的官吏。”又问：“敢于做什么”？吴起说：“敢于起用贤能的人。”武侯说：“有这四条就足够了。”

## 慎行论

使人大迷惑者，必物之相似者也。玉人之所患，患石之似玉者；贤主之所患，患人博闻辩言而似通者〔通，达〕。亡国之主似智，亡国之臣似忠。似之物，此愚者之所大惑，而圣人之所加虑也〔思则知之〕。

【译文】

使人非常迷惑的，一定是事物中的相似者。玉匠的忧虑，是忧虑石头中像玉石者；贤主的忧虑，是忧虑表面听闻广博、能言善辩、好像通达事理者。有时，亡国的君主似乎挺聪明，亡国的臣子似乎很忠诚。这些相似的事物，是愚昧者大为迷惑的，是圣人应该加倍思虑的。

## 贵直论

贤主所贵莫如士。所以贵士，直言也。言直则枉者见矣。人主之患，欲闻枉而恶直言，是障其源而欲其水也，水奚自至〔自，从〕？是贱其所欲，而贵其所恶也，所欲奚自来〔所欲，欲闻己枉；所恶，恶闻直言也，直言何从来至〕？

能意见齐宣王，宣王曰："寡人闻子好直，有之乎〔能，姓也；意，名也〕？"对曰："意恶能直？意闻好直之士，家不处乱国，身不见污君。今身得见王，而家宅乎齐，意恶能直？"〔宅，居也；恶，安也。〕若能意者，使谨乎论主之侧，亦必不阿主〔阿，曲〕。不阿主，主之所得岂少哉？此贤主之所求，而不肖主之所恶也。

【译文】

贤主所看重的莫过于有才智的人。之所以看重他们，是因为他们敢于直言。言谈正直，则不正派者就会显露出来了。君主的祸患，是想听不正直的话。讨厌正直的话，这就像阻塞水源而想得到水，水又从何而来呢？这是轻视自己所要的东西，而看重自己所厌恶的东西，自己所要的又从哪里来呢？

能意拜见齐宣王，宣王说："我听说你喜欢直言，有这回事吗？"能意回答说："我哪里能做到直言呢！我听说喜欢直言的士人，家不安在混乱的国家，自己不进见行为不正的君主。我现在得以拜见您，而且家住在齐国，我怎能算是直言呢？"像能意这样的人，如果让他在君主身边谨慎地发表论见，肯定不会曲意奉迎君主。不奉迎君主，君主所获得的怎么会少呢？直言是贤明君主所追求的，却是不肖的君主所厌恶的。

## 直　谏

荆文王得茹黄之狗、宛路之矰〔矰，弋射短矢也〕，以田于云梦〔田，猎也；云梦，楚泽也〕，三月不反；得丹之姬，淫，期年不听朝〔淫，惑〕。保申曰："先王卜以臣为保，吉〔保，大保官；申，名〕。今王之罪当笞。"王曰："愿请变更而无笞。"保申曰："臣承先王之令，不敢废也。王不受笞，是废先王之令也。臣宁抵罪于王，毋抵罪于先王。"王曰："诺。"引席王伏，保申束细荆五十，跪而加之于背，如此者再，谓"王起矣"。王曰："有笞之名一也。遂致之〔遂痛致之〕。"保申曰："臣闻君子耻之，小人痛之，耻之不变，痛之何益？"保申起，出请死。文王曰："此不谷之过也，保申何罪？"王乃变，更召保申，杀茹黄之狗，折宛路之矰，放丹之姬。务治荆国，兼国三十九。令荆国广大，至于此者，保申之力也，极言之功也。

【译文】

楚文王得到"茹黄"这种好狗和"宛路"这种好箭，带到云梦泽去打猎，三个月不回来；又得到丹地的美女，迷恋女色而整年不处理朝政。太保官申说："先王占卜后说，让我做太保官则吉祥。现在大王您的罪过应当受鞭笞。"文王说："希望你改变处罚，不要用鞭刑。"太保申说："我秉承先王的法令，不敢废除。大王不受鞭刑，就是废除先王的法令呀。我宁可得罪于您，也不能得罪于先王。"文王说："好吧。"于是拉出席子，让文王爬在上面。太保申捆了五十根细荆条，跪着把它放在文王背上，这样做了两次，说："大王请起来！"文王说："这同鞭笞的名义是一样的。还是打得痛一些吧！"太保申说："我听说对于受刑，君子感到耻辱，小人感到疼痛。如果使其耻辱都不能改正错误，那么打疼他又有何益？”太保申起身，走出门外，请文王处死自己。文王说：“这是我的过错，太保申你有什么罪过呢？”于是，文王改正错误，召回太保申，杀死茹黄狗，折断宛路箭，放逐丹地美女，努力治理楚国，兼并了三十九个封国。使楚国疆土广阔到这种程度，这是太保申的功劳，是冒死进言劝谏的效果啊。

## 壅　塞

齐宣王好射，悦人之谓己能用强弓〔示有力也〕。其尝所用不过三石，以示左右。左右皆试引之，中关（关原作开）而止〔关，开弓弦至半而止〕，皆曰：“此不下九石，非王，其孰能用是？”宣王终身自以为用九石，岂不悲哉〔伤其自诬而不知实〕？非直士其孰不阿主？故乱国之主，患在乎用三石为九石〔力不足，而自以为有余也。其功德，其治理，皆亦如之〕。

【译文】

齐宣王爱好射箭，喜欢别人夸自己能用硬弓。他曾使用的弓，拉力不超过三石（三石约合拉力 360 斤），拿给左右侍从看。左右侍从都试着拉弓，拉开一半就停止了，都说：“（要拉开）这弓力量不下九石，不是大王，有谁能用它？”宣王一辈子都自认为自己用的是拉力九石的弓，难道这不可悲吗？不是正直的士人，哪个不逢迎君主？所以，乱国的君主，忧患在于把“三石”当作“九石”。

## 不苟论

欲知平直，则必准绳；欲知方圆，则必规矩。人主欲自知，则必直士〔唯直士能正言〕。故天子立辅弼，设师保，所以举过也〔举犹正也〕，务在自知。尧有欲谏之鼓，舜有诽谤之木，汤有司过之士，武有戒慎之鞀〔欲戒者，摇其鞀鼓也〕，犹恐不能自知。今贤非尧、舜、汤、武也，而有掩蔽之道，奚由自知哉？荆成、齐庄，不自知而杀；吴王、智伯，不自知而亡。故败莫大于不自知。范氏之亡也〔范氏，晋卿〕，百姓有得其钟者，欲负而走，则钟大不可负，以椎毁之，钟况然有音，恐人之闻之而夺己也，遽掩其耳。恶人之闻之可也，恶己自闻之悖矣。为人主而恶闻其过，亦由此〔此自掩其耳之类也〕。

【译文】

想知道物体是否平直，就一定要用水准、墨线；想知道方圆，就一定要用圆规、矩尺。君主想知道自己的过失，就一定要用正直之士。所以，天子设立辅弼和师保，用以列举君主过失，务必使君主自己知晓。尧帝对想劝谏君主者设有专用的大鼓，舜帝对指责君主过失者设有张贴的木板，商汤设有负责伺察君主过失的官吏，武王设有告诫君主谨慎行事的摇鼓，即使如此，他们仍担心不能了解自己的过错。现在的贤君没有尧、舜、汤、武贤明，却有掩蔽视听的措施，又能从哪里了解自己的过失呢？楚成王、齐庄王因不了解自己的过失而被杀，吴王、智伯因不了解自己的过失而灭亡。所以国家衰败的原因没有比君主不知道自己过失更重大的了。范氏出逃的时候，有个百姓得到他的一口钟，想背着跑，但钟体大，无法背，就用木槌打破它，钟“哐”的发出声响，他害怕别人听见后来抢夺，便立刻掩住自己的耳朵。憎恶别人听见是可以的，憎恶自己听见就错了。作为君主却厌恶听到自己的过失，也就像这件事一样。

## 贵　当

荆有善相人者，所言无遗策〔遗，失〕。庄王见而问焉，对曰：“臣非能相人也，能观（观原作视）人之友也。布衣也，其友皆孝悌，纯谨畏令，如此者，家必日益，身必日安，此所谓吉人也；事君也，其友皆诚信有行好善，如此者，事君日益，官职日进，此所谓吉臣也；人主也，朝臣多贤，左右多忠，主有失，敢交争正谏〔交，俱〕，如此者，国日安，主日尊，天下日服，此所谓吉主也。臣非能相人也，能观人之友也。”庄王喜（喜原作善）之，于是疾收士，日夜不懈，遂霸天下。

【译文】

楚国有个善于给人看相的人，所说的不曾有失算。楚庄王召见他询问此事，他回答说：“我并非能给人看相，而是能观察此人的朋友。观察平民，如果他的朋友都孝顺父母、尊敬兄长，忠厚严谨、敬畏政令，那么像这样的人，家庭必然一天比一天兴旺，自己必然一天比一天安乐，这就是所说的吉人；观察侍奉君主的人，如果他的朋友都诚实守信、德行高尚、喜好为善，那么像这样的人，侍奉君主会一天比一天更好，官职会一天比一天高升，这就是所说的吉臣；观察君主，如果朝臣大多贤能，侍从大多忠诚，君主如有过失，他们都敢于据理劝谏，像这样的君主，国家会一天比一天安定，君主会一天比一天尊贵，天下人会一天比一天敬服，这就是所说的吉主。我并不能给人看相，只能观察人的朋友啊。”庄王认为他说得好，于是大力招收贤士，日夜不松懈，终于称霸天下。

## 似顺论

先王用非其有，如己有之，通乎君道者也。为宫室，必任巧匠，奚故〔奚，何〕？曰：“匠不巧则宫室不善也。”夫国，重物也，其不善也，岂特宫室哉〔特，犹直也〕？巧匠为宫室，为圆必以规，为方必以矩，为平直必以准绳。功已就〔就，成〕，不知规矩准绳，而赏巧匠。宫室已成，不知巧匠，而皆曰：“此某君某王之宫室也。”人主之不通乎主道则不然，自为之则不能，任贤者恶之，与不肖者议之，此功名之所以伤〔伤，败〕，国家之所以危〔危，亡〕。汤、武一日而尽有夏、商之民，尽有夏、商之地，尽有夏、商之财。

以其民安，而天下莫敢危之；以其地封，而天下莫不悦；以其财赏，而天下皆竞劝〔劝，进〕。通乎用非其有也。

【译文】

先王使用并非自己拥有之物如同使用自己拥有的一样，这是通晓为君之道的人。建造宫室，必定任用巧匠，什么缘故呢？回答是："工匠不巧，宫室就造不好。"国家是极重要的，如果治理不好，难道只像宫室不好那样的后果吗？巧匠造宫室时，做圆必定用圆规，取方必定用矩尺，定平直一定要用水准墨线。（需要使用规、矩、准绳的）工作完成后，人们便不知道规、矩、准绳的作用，只是赞赏巧匠。宫室建成后，人们又不知道巧匠是谁，而只是说："这是某某君、某某王的宫室。"君王如不通晓做国君的准则，就不是这样。自己去做不行，任用贤人却又讨厌他们，就与不贤的人去商议。这就是功名毁败、国家危亡的原因。商汤、周武王在很短时间内完全拥有夏、商的臣民和夏、商的土地以及夏、商的财富，凭借这些来安定臣民，天下没有谁敢再来危害他们；凭借这些土地分封诸侯，天下没有人不高兴；利用这些财富赏赐臣民，天下人都争相效力。他们是通晓使用本非自己所有之物的大道的啊。

卫灵公天寒凿池。宛春谏曰："天寒起役，恐伤民〔伤，病〕。"公曰："天寒乎哉？"宛春曰："公衣狐裘，坐熊席，是以不寒。今民衣弊不补，履决不组。君则不寒，民则寒矣。"公曰："善。"令罢役。左右以谏曰："君凿池，不知天之寒也，而春也知之。以春之知也，而令罢之，福将归于春也，而怨将归于君。"公曰："不然。夫春也，鲁国之匹夫也，而我举之〔举，用〕，夫民未有见焉〔未见其德〕，今将令人以此见之。且春也有善，如寡人有春之善，非寡人之善欤？"灵公之论宛春也，可谓知君道矣。

【译文】

卫灵公在天气寒冷时挖凿水池。宛春劝谏说："天寒季节动用劳役，恐怕会冻伤百姓。”卫灵公说：“天气寒冷吗？”宛春说：“您穿着狐皮大衣，坐着熊皮垫席，所以不觉寒冷。现在百姓衣服破烂不能补，鞋子开口不能缝。您不寒冷，百姓寒冷呀！”灵公说：“你说得对！”就下令停止征用劳役。左右侍从进谏说：“您挖凿池子不知道天寒，但宛春知道。因为宛春说明这一原因而下令停止，（百姓的）祝福将归于宛春，怨恨却归结于您。”灵公说：“不是这样。宛春本来只是鲁国的一个平民，我选用了他，而百姓还未看到他的德行，现在将让百姓通过这件事了解他。而且宛春有善行，就如同我有善行，宛春的美好不就是我的美好吗？”卫灵公评论宛春的话，可说是懂得做君主的道理啊。

**（高长安　刘淑环译）**

# 卷四十

# 韩子治要

**【考评】**

《韩子》，战国韩非著。《汉书·艺文志》载《韩子》五十五篇，张守节《史记正义》引阮孝绪《七录》载《韩子》二十卷，其篇数、卷数均与今本相符。惟王应麟《汉艺文志考》作五十六篇，清代永王容等编纂《四库全书总目》时，认为是“撰写字误”，并指出“《韩非子注》，不知何人所作”。据考，元代至元三年，何犿本称“旧有李瓒注，鄙陋无取，尽为削去”云云。而魏征编纂《群书治要》在唐初，所录《韩子》各篇段也未见夹注，则可推断注者李瓒当为宋、元时代人。

韩非(约前280年—前233年)，战国哲学家，法家主要代表人物，出身韩国贵族，与李斯同师事荀子，曾建议韩王变法图强，不见用。他著有《孤愤》《五蠹》《说难》等十余万言，受到秦王政的重视，被邀出使秦国。不久，因李斯、姚贾谗害，自杀于狱中。他吸收了道、儒、墨各家的思想，尤其有选择地接受前期法家的思想，集法家学说之大成，主张“为治者……不务德而务法”、“赏厚而信，刑重而必”(《韩非子·定法》)。他认为法的制订，应该“编著之图籍，设之于官府，而布之于百姓”(《难三》)；法的施行，应该“刑过不避大臣，赏善不遗匹夫”(《有度》)。他综合商鞅的“法”治、申不害的“术”治、慎到的“势”治，提出以“法”为中心的“法、术、势”三者合一的君主统治术，强调加强中央集权，对后世影响很大。在哲学上，他发展了荀子的唯物主义，认为“道”是事物运动的普遍规律，而“理”则是具体事物运动的特殊规律。他说：“万物各异理，而道尽稽万物之理，故不得不化。”(《解老》)肯定具体事物是不断变化的，“道”“理”也都要随之而变化。他提出“缘道理以从事”，反对“无缘而妄意度”；主张用“参验”的方法来验证人的认识。注意到事物的矛盾性，他强调对立面不可调和，提出“杂反之学不两立而治”(《显学》)，认为历史是不断变化的，主张“世异则事异，事异则备变”的历史观。还认为“人民众而货财寡是社会动乱的原因”，强调一切社会关系，如君臣、父子、交换及剥削关系，均出于人们的“自为心”或“计算之心”。他还肯定趋利避害乃人之常情，也是国家执行赏罚、法令的依据。

魏征从巩固李唐王朝的统治需要出发，摘录《韩子》一书的《十过》《说难》《解老》《说林上》《观行》《用人》《功名》《大体》《外储说左上》《外储说左下》《难势》《奸劫弑臣》等篇的部分内容。这些都是魏征向唐太宗进谏的理论依据之一。如辑录《十过》，就是向唐太宗说明人主有十事之失，足以危身亡国。

韩非本称韩子，书也称《韩子》。因唐朝的韩愈也称韩子，为了避免混乱，改称韩非为韩非子，书也改叫作《韩非子》。

《韩非子》是法家韩非及其后学著作的汇编。《史记·老子韩非列传》说：秦始皇看到《孤愤》《五蠹》，非常佩服。李斯告诉他说：“此韩非之所著书也。”后来李斯上书给秦二世，也引韩非的话(《史记·李斯列传》)。其所引之语均见于《五蠹》和《显学》。可见《孤愤》《五蠹》和《显学》确是韩非本人所作。司马迁《韩非传》把《说难》全篇抄入，此外又提到《内储说》《外储说》和《说林》，可见在司马迁看来，这些篇章也是韩非作的。《韩非子》第五十三篇是《饬令》(或作《饰令》)，《商君书》第十三篇也是《饬令》(或作《靳令》)，两篇的内容基本相同。这是因为《商君书》和《韩非子》虽然都不完全是他们本人之作，但由于他们都是战国时期法家代表人物，所以法家著作有些便分编在两人名下，有些共同出现于两人名下。《韩非子》中，也有纵横家游说辞混入书中，例如《初见秦篇》便是。此外，《说林》上下篇，《内储说》上下篇，《外储说》左上、左下、右上、右下四篇以及《十过》等篇，汇集春秋战国故事作为立论根据，可作为研究历史的根据。《史记·韩长儒传》说，韩安国“尝受韩子、杂家说于驺田生所”，可见韩非或其学派有“杂家说”。前引《内储说》《外储说》和《说林》可能就是这一类著作。《韩非子》中的《解老》和《喻老》两篇是很重要的哲学论文，同时也是《老子》的最早注释。有人认为，这两篇不是韩非之作，也不是法家作的，理由是韩非反对“微妙之言”(《五蠹》)“恬谈之学”“恍惚之言”(《忠孝》)，所以他不会讲《老子》。其实正如冯友兰先生所说，《解老》、《喻老》两篇所表现的思想是唯物主义的，是注重实际生活的，与《韩非子》其他各篇的精神是一致的。

## 十　过

十过：一曰行小忠，则大忠之贼也；二曰顾小利，则大利之残也；三曰行僻自用，无礼诸侯，则亡身之至也；四曰不务听治，而好五音，则穷身之事也；五曰贪愎喜利，则灭国杀身之本也；六曰耽于女乐，不顾国政，则亡国之祸也；七曰离内远游，忽于谏士，则危身之道也；八曰过而不听于忠臣，而独行其意，则灭高名，为人笑之始也；九曰内不量力，外恃诸侯，则削国之患也；十曰国小无礼，不用谏臣，则绝世之势也。

【译文】

（国君往往会有）十种过失：一是用小忠，就会损害大忠；二是只图小利，就会伤害大利；三是行为不正又自以为是，无礼地对待诸侯，亡身之祸就会到来；四是不致力国事，而沉溺于声乐之中，就会使自己走向穷途末路；五是贪心任性又追求私利，便是亡国杀身的祸根；六是沉溺于女色歌舞，不关心国家的政事，便会有亡国之祸；七是轻易离开皇宫而远游，又不重视谏议之臣，是危害自身的做法；八是有错误而不听忠臣的劝谏，一意孤行，就是自毁名声、为人耻笑的开始；九是对内不自量力，对外依赖他国，就会有国家被削弱的忧患；十是国家小而无礼义，又不任用忠直敢谏的臣子，这是亡国断嗣的趋势。

## 说　难

昔者，弥子瑕有宠于卫君。卫国之法，窃驾君车者罪刖。弥子母病，人间有夜告弥子，弥子矫驾君车以归。君曰："孝哉，为母故犯刖罪。"异日，与君游于果园，食桃而甘，不尽，以其半啖君。君曰："爱我哉，忘其口而啖寡人。"及弥子色衰爱弛，得罪于君，君曰："是故尝矫驾吾车，又尝啖我以余桃。"故弥子之行，未移于初也。而前所以见贤，后获罪者，人主爱憎之变也。故有爱于主，则智当而加亲；有憎于主，则智不当而加疏。

【译文】

从前，弥子瑕受卫国君主的宠爱。卫国的法律规定，凡偷驾君主车子的人要受到砍脚的刑罚。弥子瑕的母亲病了，有人连夜去告诉弥子瑕。弥子瑕便假传君命，驾驶卫君的车子回家。卫君知道后说："是个孝子啊！为了母亲的缘故，居然甘冒砍脚之罪。"有一天，弥子瑕与卫君游玩到果园里，吃桃子时觉得很香甜，就把剩下的一半给卫君吃。卫君说："真爱我啊！忘却自己的口腹之欲而献给我吃。"等到弥子瑕容颜衰退失去宠幸，又得罪了卫君，卫君则说："他过去曾假传君命驾驶过我的车子，又曾把他吃剩的桃子给我吃。"本来弥子瑕的行为，与当初并无两样，而以前之所以被称为善举，以后却被当作罪过，是因为君主的爱憎发生了变化。所以，受君主宠信之时，其聪明会被看做得当而倍加亲近；被君主憎恶之时，其聪明就被看做不当而愈加疏远。

## 解　老

工人数变业，则失其功；作者数摇徙，则亡其功。一人之作，日亡半日，十日则亡五人之功；万人之作，日亡半日，十日则亡五万人之功。然则数变业，其民弥众，其亏弥大矣。凡法令更，则利害易；利害易，则民务变。民务变，谓之变业。故以理观之，事大众而数摇之，则少成功；藏大器而数徙之，则多败伤；烹小鲜而数挠之，则贼其宰；治大国而数变法，则民苦之。是以有道之君，贵虚静而重变法。故曰："治大国者，若烹小鲜。"

【译文】

技艺工人多次变更职业，就会丧失其技艺的精湛；劳动者经常流动转移，就会损失其劳动成果。一个人的劳作，一天失去半个工日，那么十天就等于失去五个人的功效；一万人的劳作，一天失去半个工日，那么十天就等于失去五万个人的功效。照这样，如果多次变更职业，其人数愈多，造成的损失就愈大。凡是法令变更，与民众相关的利害就发生变化。利害变化，民众就会致力于求变。民众致力于求变，就叫转变职业。因此，依照这个道理来看，管理民众之事若频繁改变政令，就很少能成功；收藏的宝物若多次迁移，就会多有损伤；烹煎小鱼若多次搅动，就会有损于厨师的技艺；治理大国若多次改变法令，民众就会痛苦不堪。因此懂得治国之道的君主总是崇尚虚静而慎重于变法。所以老子说："治理大国，就像烹煎小鱼一样。"

## 说林上

乐羊为魏将，攻中山。其子在中山，中山之君烹其子而遗之，乐羊尽一杯。文侯谓堵师赞曰："乐羊以我故食其子之肉！"答曰："其子而食之，且谁不食？"乐羊罢中山，文侯赏其功而疑其心。孟孙猎得麑，使秦西巴（旧无巴字，补之，下巴同）持之以归，其母随而呼，秦西巴以不忍而与之。孟孙大怒，逐之。居三月，复召为其子傅。其御曰："曩将罪之，今使傅子，何也？"孟孙曰："夫不忍麑，又且忍吾子乎？"故曰："巧诈不如拙诚。"乐羊以有功见疑，秦西巴以有罪益信。

【译文】

乐羊作为魏国将领去攻打中山国，而其子此时正在中山国。中山国的君主就把他儿子煮成肉浆送给他，乐羊竟吃完一杯。魏国君主魏文侯对堵师赞说："乐羊是因为忠于我的缘故，吃了他儿子的肉。"堵师赞回答说："他连自己的儿子都能吃，还有谁不能吃呢？"乐羊在结束对中山国的战争后，魏文侯奖赏了他的功劳，但却怀疑他的用心。孟孙猎得一只鹿仔，便叫秦西巴带回家去。这时母鹿随其后而哀叫，秦西巴心有不忍，遂放掉鹿仔，让它随母鹿而去。孟孙大怒，便把秦西巴赶走了。过了三个月，孟孙又把秦西巴召回来作他儿子的师傅。孟孙的车夫问道："过去您怪罪他，现在却又把他召回来教导您儿子，这是为什么？"孟孙说："对一只小鹿他都不忍心伤害，又怎么会忍心对我儿子不好呢？"所以说："灵巧诈伪不如拙笨诚实。"乐羊因(打败中山国)有功而被怀疑，秦西巴因(私放小鹿)有罪却更受信任。

## 观　行

古之人目短于自见，故以镜观面；智短于自知，故以道正己。目失镜，则无以正须眉；身失道，则无以知迷惑。西门豹之性急，故佩韦以缓己；董阏于之心缓，故佩弦以自急。故以有余补不足、以长续短之谓明主。

【译文】

古时候的人，因眼睛不足以看见自己，所以用镜子来观看自己的面孔；因智慧不足以了解自己，所以用道德准则来端正自己的行为。眼睛失去镜子，就无法修饰自己的面容；自身失去道德准则，就无法觉察自己的迷惑。西门豹性格急躁，所以佩带柔韧的皮带，用以提醒自己缓和一些；董安于心性迟缓，所以佩带紧绷的弓弦，用以提醒自己急迫一些。因此说，能够用别人的有余去补充自己的不足，用别人的长处去接续自己的短处，才是英明的君主。

天下有信数三：一曰智有所不能立，二曰力有所不能举，三曰强有所不能胜。故虽有尧之智，而无众人之助，大功不立；有乌获之劲，而不得人助，不能自举；有贲育之强，而无术法，不得长生。故势有不可得，事有不可成。故乌获轻千钧，而重其身，非其身重于千钧也，势不便也；离娄易百步而难眉睫，非百步近而眉睫远也，道不可也。故明主不穷乌获，以其不能自举；不困离娄，以其不能自见。因可势，求易道，故用力寡而功名立。

【译文】

天下可信之理有三：一是智慧高也有办不成的事情，二是力气大也有举不起来的东西，三是身体壮也有不能战胜的对手。所以，虽有尧帝那样的智慧，若没有众人的帮助，不可能建立大功；虽有乌获那样的力气，若得不到别人的帮助，不可能举起自己；只有孟贲与夏育那样的勇壮，若没有修炼的技巧和方法，不可能长生不老。因此，优势也有不能施展的时候，事情也有办不成的时候。所以乌获以千钧为轻，而以自身为重，并非自身的重量超过千钧，是情势不便于自己把自己举起来。离娄很容易看见百步远的毫毛，而难于看见自己的眉毛和睫毛，并不是百步之处近而眉毛、睫毛远，是自然规律不许可呀。所以，英明的君主不会因乌获不能把自己举起来而使他窘迫，也不会因离娄看不见自己的眉毛和睫毛而使他为难，而是凭藉可以成功的形势，寻求容易成功的办法，所以用力不多而功成名就。

## 用　人

释法术而心治，尧不能正一国；去规矩而妄意，奚仲不能成一轮。使中主守法术，拙匠执规矩，则万不失也。君人者，能去贤巧之所不能，而守中拙之所万不失，则人力尽而功名立。

【译文】

如果放弃法律与策略而只凭主观臆想来治理国家，尧帝也不能端正一国之风。如果离开工匠用的“规”与“矩”而随意制作，奚仲也造不成一只车轮。让中等才能的君主坚持遵循法律和策略，让拙笨的工匠握持“规”与“矩”来做工，则可以万无一失。作君主的人，如果能放弃连贤人巧匠也力所难及的做法，而守持中等才能的君主和拙笨工匠会万无一失的做法，就可以使人尽其力而功成名就。

## 功　名

明君之所以立功成名者四：一曰天时，二曰人心，三曰伎能，四曰势位。非天时，虽十尧不能冬生一穗；逆人心，虽贲育不能尽人力。故得天时，则不务而自生；得人心，则不趣而自劝；因伎能，则不急而自疾；得势位，则不进而成名。若水之流，若船之浮，守自然之道，行毋穷之令，故曰明主。

【译文】

英明的君主之所以能够功成名就的条件有四：一是顺应天时，二是得到人心，三是掌握技能，四是拥有权势地位。违背天时，纵有十个尧帝也不能使庄稼在冬天长出一个穗来；违逆人心，就是孟贲、夏育也不能尽其勇力。所以，如果得天时，即使不努力作务，庄稼也会自然生长；如果得人心，即使不催促人民，他们也会自我勉励；依靠技能，即使不急于求成，任务也会完成得很快；有了权势和地位，即使不努力进取，也能成就威名。为政像水的流动、船的飘浮，遵循自然规律，施行不会穷尽的法令，这就是英明的君主。

## 大　体

古之全大体者，望天地，观江海，因山谷，日月照，四时行，云布风动；不以智累心，不以心累己；寄治乱于法术，托是非于赏罚，属轻重于权衡；不逆天理，不伤情性；不吹毛而求小疵，不洒垢而察难知；守成理，因自然。荣辱之责，在乎己，而不在乎人。上不天，则下不遍覆；心不地，则物不毕载。大山不立好恶，故能成其高；江海不择小助，故能成其富。故大人寄形于天地，而万物备；措心于山海，而国家富。上无忿怒之毒（毒原作志），下无伏怨（怨旧作慈，改之）之患，故长利积、大功立。名成于前，德垂于后，治之至也。

【译文】

古代顾大局识大体的人，瞭望天地的变化，观察江海的流动，顺应山谷的走势，像日月照耀、四时运行、云的飘布、风的吹动一样，不以智慧而牵累心念，不以心念而劳累自身；把国家的治乱寄托于法律和策略，把褒扬与贬责托付于奖赏和处罚，把事情的轻重委托给评议机构；不违背天理，不伤害本性；不吹毛去寻求小疵，不洗垢去探察隐微；坚持真理，顺应自然。荣耀和耻辱的责任全在自己，不在他人。上面如果没有辽阔的天，则下界就不能被全部覆盖；人的心胸如果不像大地那样宽广，就不能包容万物。大山(接受土石)不设定其好恶，所以能形成其高大；江河(容纳水流)不选择其助益的大小，所以能实现其广阔。因此，有德的君主，将其形迹寄托于天地，而万事得以完备；将其心念关注于山川、江海，而国家得以富裕。上层没有忿恨责怒的心态，下层没有藏伏怨气的忧患，所以，长久之利得以积聚，丰功伟业得以建立。其名望成就于生前，其恩德留传于后世。这就是治理天下的最高境界。

## 外储说左上

文公反国至河，令：“笾豆捐之，席蓐捐之，手足胼胝、面目黧黑者后之。”咎犯闻之而夜哭。文公曰：“咎氏不欲寡人之反国耶？”对曰：“笾豆，所以食也，而君捐之；席蓐，所以卧也，而君弃之；手足胼胝、面目黧黑，劳有功者也，而君后之。今臣与在后中，不胜其哀，故哭也。且臣为君行诈伪以反国者众矣，臣尚自恶也，而况于君乎！”再拜而辞。文公止之，乃解左骖而盟于河。

魏文侯与虞人期猎，明日会疾风，左右止，文侯不听，曰：“可以疾风之故而失信？吾不为也。”遂自驱车往，犯风而罢虞人。

曾子妻之市，其子随而泣。其母曰："汝还顾反，为汝杀彘。"妻适（适原作道）市来，曾子欲捕彘杀之，其妻止之曰："特与婴儿戏也。"曾子曰："婴儿者非有知也，待父母而学之者也。今子欺之，是教子欺也。母欺子，子而不信其母，非所以成教也。"遂杀彘。

【译文】

晋文公返回晋国，到了黄河边，下令说："把盛食物的器具扔掉，把睡卧用的草席扔掉，随员中手脚长有老茧的和面目黑瘦之人排到随行队伍的后面。"文公的舅父子犯听到这话后终夜哭泣。文公知道后询问道："舅舅不希望我返回晋国吗？"子犯回答说："食具，是用来进食的，您让扔掉；草席是用来睡觉的，您让扔掉；手脚长老茧者、面目黑瘦者，都是跟随您劳苦有功的人，而您让他们排到后面去。现在，我也该排在后面的人中，心中不胜悲哀，所以哭泣呀。况且我为您能返回晋国，曾采用了许多诈伪的手段，我自己都觉得很丑恶，何况君王您呢！"说完，再三行礼告辞。文公留下他，并且宰杀左边驾车之马，与众人在河边盟誓，永不相弃。

魏文侯与虞人(即管理山泽的官员)约定时间去打猎，到这一天却碰上刮大风，文侯左右的人劝他不要去了，他不听，说："能因忧惧大风之故而失信吗?我不能这样做。"于是亲自驱车前往，顶着大风去告知虞人停止打猎。

曾子的妻子到集市上去，她儿子跟在后面哭着也要去。母亲对儿子说："你回去吧，等我回来后，给你杀猪吃。"妻子刚从集市上回来，曾子就准备捉猪去杀，妻子连忙劝阻说："我说那些话是和小孩开玩笑的。"曾子说："小孩子还不懂事，是跟着父母学习的，如今你欺骗他，就是教孩子学欺骗。母亲欺骗孩子，孩子就不相信其母亲，这不是实现教化的办法呀！"于是曾子便动手杀猪。

# 外储说左下

文王伐崇，至黄凤墟，而袜系解，左右顾无可令结系，文王自结之。太公曰："君何为自结系？"文王曰："吾闻上君之所与处者，尽其师也；中君之所与处者，尽其友也；下君之所与处者，尽其使也。今寡人虽不肖，所与处者，皆先君之人也，故无可令结之者也。"

解狐与邢伯柳为怨，赵简主问于解狐曰："孰可为上党守？"对曰："邢伯柳可。"简主曰："非子之仇乎？"对曰："臣闻忠臣之举贤也，不避仇雠；其废不肖也，不阿亲近。"简主曰："善。"遂以为守。邢伯柳闻之，乃见解狐谢，解狐曰："举子，公也；怨子，私也。往矣，怨子如异日。"

【译文】

周文王讨伐崇国，行至黄凤故城，袜带散开了，环顾左右，没有可以令其为自己系袜带的人，文王便自己把袜带系上。太公望说："君主您为什么自己系袜带？"文王说："我听说上等的君主对于与其相处者，都看作是自己的老师；中等的君主对于与其相处者，都看作是自己的朋友；下等的君主对与其相处者，都看作是供自己役使的人。现在我虽然不贤，(但我知道)与我相处的都是先君的旧臣，所以没有可以令其为自己系袜带的人。"

解狐与邢伯柳有仇怨，赵简子问解狐说："谁可以作上党地方的长官？"解狐回答说："邢伯柳可以。"简子说："邢伯柳不是你的仇家吗？"解狐回答说："臣下听说，忠臣推举贤能之人，不避仇怨者；罢除不肖之人，不偏袒亲近者。"简子说；"说得好。"遂以邢伯柳为上党地方长官。邢伯柳听说后，便去见解狐表示感谢。解狐说："举荐你是为公，怨恨你是为私。你走吧，我怨恨你一如往日。"

## 难势

夫良马固车，使臧获御之，则为人笑；王良御之，而日取千里。车马非异也，或至乎千里，或为人笑，则巧拙相去远矣。今以国为车，以势为马，以号令为辔衔，以刑罚为鞭策，尧舜御之则天下治，桀纣御之则天下乱，则贤不肖相去远矣。夫欲追远致速，不如任王良；欲进利除害，不如任贤能。此则不知类之患也。夫尧舜亦民之王良也。

【译文】

有优良的马和坚固的车，若让低贱的奴仆驾驶，就会被人们耻笑；若让善于驾车的王良驾驶，就可以日行千里。车马没有不同，然而有的人驾驶它日行千里，有的人驾驶它被人耻笑，这是因为灵巧与拙笨相差太远了。现在假若以国家为车，以权势为马，以号令为缰绳，以刑罚为马鞭，让尧帝和舜帝来驾驶，天下就会大治，让夏桀和商纣来驾驶，天下就会大乱，这是因为贤能与不肖相差太远了。想要快速到达远方的目的地，不如任用善驾车的王良；想要兴利除害，不如任用善治国的贤能之人。这些都是不懂得类比用人的毛病。要知道，尧、舜就是驾驭民众的“王良”。

明主之治国也，适其时事，以致财物；论其税赋，以均贫富；厚其爵禄，以尽贤能；重其刑罚，以禁奸邪。使民以力得富，以事致贵，以过受罪，以功置赏，而不望慈惠之赐，此帝王之政也。

【译文】

圣明的君主治理国家，会顺应时务来获得财物，确定赋税来调节贫富，厚赏爵禄使人们竭尽才能，加重刑罚来禁止奸邪。使民众依靠出力得到富裕，依靠功业获得尊贵，有罪行必定惩罚，有功劳必定奖赏，而不企望仁慈恩惠的赏赐，这是通往帝王大业的政治措施。

## 奸劫弑臣

凡奸臣者，皆欲顺人主之心，以取信幸之势者也。是以主有所善，臣从而誉之；主有所憎，臣因而毁之。凡人之大体，取舍同则相是也，取舍异则相非也。今人臣之所誉者，人主之所是也，此之谓同取；人臣之所毁者，人主之所非也，此之谓同舍。夫取舍合同，而相与逆者，未尝闻也。此人臣之所取信幸之道也。夫奸臣，得乘信幸之势，以毁誉进退群臣者也。人主非有术数以御之，非有参验以审之，必将以曩之合己，信今之言。此幸臣之所以得欺主成私者也。故主必蔽于上，臣必重于下矣，此之谓擅主之臣。国有擅主之臣，则群下不得尽智力以陈其忠，百官之吏不得奉令以致其力矣。何以明之？夫安利者就之，危害者去之，此人之情也。人主者，非目若离娄乃为明也，非耳若师旷乃为聪也。不任其数，而待目以为明，所见者少矣，非不蔽之术也；不因其势，而待耳以为聪，所闻者寡矣，非不欺之道也。明主者，使天下不得不为己视，使天下不得不为己听。故身在深宫之中，明烛四海之内，而天下弗能蔽、弗能欺也。

【译文】

凡是奸佞的臣子，都是想通过顺随君主的心意，来取得信任和宠爱之势的人。因此，凡君主有所赞誉的，他们就跟着称赞；凡君主有所憎恶的，他们就随之诋毁。大凡人心，多是取舍相同就互相肯定，取舍不同就互相责难。现今臣下所赞誉的正是君主所肯定的，这就叫“同取”；臣下所诋毁的也正是君主所责难的，这就叫“同舍”。取舍相合、相同却会互相违逆的情况，还没有听说过。这是臣下取得君主信任和宠幸的方法。奸臣就是能乘君主信任、宠爱之势，来诋毁、称誉、提升、降免群臣的人。君主如果没有权谋和策略来抵御他们，没有比较和检验的方法来审视他们，必然会以他们过去的意见与自己相符合而相信其现在的话。这就是宠幸之臣之所以能够欺骗君主而实现个人目的的原因。所以君主必会受蒙蔽于上，而佞臣掌大权于下，这就叫专权欺君之臣。国家只要有专权欺君之臣，则众多朝臣就难以尽其才智、能力来陈奏忠言，其他各级官吏就不可能接受君主的命令去竭尽心力。怎么知道会这样呢？大凡安全有利的事就趋从，危险有害的事就离开，这是人之常情。作为君主，并不是眼睛像离娄的视力那样好才叫“明”，并不是耳朵像师旷听力那样好才叫“聪”。不运用自己的策略，而认为依靠亲眼所见才是明智，那所看到的东西就很少了，这绝非不受蒙蔽的办法；不凭藉自己的策略，而认为依靠亲耳所闻才是聪明，那所听到的东西就很少了，这绝非不受欺骗的办法。英明的君主，能使天下人不能不为自己去观察事物，使天下人不能不为自己去打听情况。因此，他虽然身居深宫之中，光明却能照耀四海之内，使天下之人不能蒙蔽、不能欺骗自己。

（赵保玉译）

## 卷四十

# 三略治要

【考评】

关于《三略》的主旨，作者在《中略》中有这样一段表述："圣人体天，贤者法地，智者师古。是故《三略》为衰世作。"又云："故人主深晓上略，则能任贤擒敌；深晓中略，则能御将统众；深晓下略，则能明盛衰之源、审治国之纪。人臣深晓下略，则能全功保身。"这就是对《三略》的概括。

《三略》全书上、中、下三卷，五千六百余字，按文义可分五十余段。魏征在《群书治要》中，根据政治需要，着重从政治与军事的关系以及选贤用人出发，做了剪裁、嫁接和组合，辑录千余字。其中《上略》摘取九段，《中略》摘取一段，《下略》摘取十一段，皆成为其后谏言的理论依据。

《三略》又称《黄石公记》《黄石公三略》，是中国古代一部著名兵书，旧题黄石公撰。今人研究认为是秦汉之间无名氏作品。《三略》之名始见于《隋书·经籍志》，云下邳神人撰，成氏注。唐、宋《艺文志》所载并同。相传圮上老人以一编书授张良者，即此。全书分为上略、中略、下略三卷。上、中两卷是对前人兵法《军谶》《军势》的征引和发挥，下卷则是作者的论述。着重从政治与军事的关系上论述战胜攻取问题，对后世有重要影响。

# 上　略

夫主将之法，务在于揽英雄之心〔揽，结也〕，赏禄有功，通志于众〔凡为人主，患在骄志，盈不通下，故诫也〕。故与众同好，靡不成；与众同恶，靡不倾。治国安家，得人者也〔人谓贤人也，伊尹赴而汤隆，宁戚到而齐兴〕；亡国破家，失人者也〔微子去而殷灭，伍员奔而楚亡〕。是以明君贤臣，屈己而申人。

夫用兵之要，在于崇礼而重禄。礼崇则智士至，禄重则义士轻其死。故禄贤不爱财，赏功不逾时，则下力并而敌国削矣。用人之道：尊之以爵，赡之以财，则士自来〔《易》曰：何以聚人曰财〕；接之以礼，厉之以辞〔崇接士之礼，厉士以见危授命之辞〕，则士死之。

夫将帅者，必与士卒同滋味而共安危，敌乃可加〔养士如此，乃可加兵于敌也〕。昔者良将之用兵也，人有馈一箪醪者，使投诸河，与士卒逆流而饮之。夫一箪之醪，不能味一河之水，而三军之士思为致死者，以滋味之及己也。

【译文】

统率将领的方法，务必要结交英雄之心，赏赐禄位给有功的人，使自己的意志成为众人的意志。所以与众人有共同的愿望，就没有做不成的事业；与众人有共同的仇恨，就没有不可战胜的敌人。大凡国家安定，是因为得到了贤人；国亡家破，是由于失去了贤人。因此，明君贤臣，宁可委屈自己，也要使他人心志舒展。

用兵的要义，在于崇尚礼仪和增加俸禄。礼仪隆重，则智者就会前来效力；俸禄优厚，则义士就会乐于效死。所以优待贤人，不要吝惜财物；奖赏有功的人，不要拖延时间。这样就能使部属同心协力而使敌国相对削弱。用人的方法是：封以爵位使其尊贵，给以资财使其富足，那么，有用之士就会自愿投效；按礼仪接待他，用言辞激励他，志士就会以死相报。

身为将帅，必须与士卒同甘苦、共安危，才可对敌作战。从前有位良将带兵打仗，有人送他一坛美酒，他叫人把酒倒在河里，与士卒同流而饮。一坛美酒虽然不能使一河的水都有酒味，但三军将士却因此愿为他效力死战，这是由于每个人都能感受到水酒滋味中的情义。

军井未达，将不言渴〔达，彻也〕；军幕未办，将不言倦；冬不服裘，夏不操扇〔与众同也〕。是谓礼将〔是谓达礼之将〕。与之安，与之危，故其众可合而不可离〔将与士同祸福、共安危，众如一体，而不可离也〕，可用而不可疲〔不疲者，以主恩养素积，策谋和同也〕。故曰：畜恩不倦，以一取万〔夫恩以接下，则士归之。养一人，可以致万人。燕养郭隗以致乐毅是也〕。良将之统军也，恕己而治人，推惠施恩，士力日新〔推此之乐惠，而施恩于人，皆忠恕之道。将士用力，故日益新〕，战如风发，攻如河决。故其众可望而不可当，可下而不可胜。以身先人，故兵为天下雄。赏罚明，则将威行；官人得，则士卒服；所任贤，则敌国振〔所得贤，则敌国畏威而振怖也〕。贤者所适，其前无敌。故士可下而不可骄。将者国之命，将能制胜，国家安定。将拒谏，则英雄散；策不从，则谋士叛；善恶同，则功臣倦；将专己，则下归咎；将自臧，则下少功〔臧，善也〕；将受谗，则下有离心；将贪财，则奸不禁〔上贪则下盗也〕；将内顾，则士卒慕〔内顾，思妻妾也〕。将有一，则众不服〔自拒谏以下，将犯此一条，则众不服，以其违主道〕；有二，则军无式〔式，法也〕；有三，则军乖背；有四，则祸及国〔众乖散则国亡，故曰祸及国也〕。军无财，则士不来；军无赏，则士不往。香饵之下，必有悬鱼；重赏之下，必有勇夫。故礼者，士之所归；赏者，士之所死。招其所归，示其所死，则所求者至〔求贤，材士至；求战，则致死。故曰所求者至〕。故礼而后悔者，则士不止；赏而后悔者，则士不使。礼赏不倦，则士争死矣。

【译文】

军井还没有凿成前，将帅不说口渴；帐篷还没有架好时，将帅不说疲倦；冬天不穿皮衣，夏天不用扇子。这就是通达礼义之将。(将帅)能与士卒同安危，因而其部属就能与将帅同心合力而不会背离，会为其所用而不会疲倦。所以说，将帅从不厌倦地积聚对士卒的恩惠，就能因一人之德而引来万人效力。良将统帅军队，能够将心比心去管理部下，广施恩惠，军队的战斗力就会一天比一天增强，作战就像狂风骤起(神速迅猛)，进攻就像江河决堤(势不可挡)。因此，这个军队就能使敌人望风披靡而不敢抵抗，只能退让而不能求胜。将领能身先士卒，他的军队就能称雄于天下。赏罚严明，则将领威严传布；封官用人得当，则士卒人人悦服；所用之人贤能，则敌国就会畏惧震动；贤人所到之处，其前无人能够抵挡。所以，对士卒要谦恭而不可傲慢。将领是国家的命脉，将领能克敌制胜，国家才能安定。将领若拒绝规劝，那么杰出人物就会散去；不采纳其良策，谋士就会背离；善恶不分，有功之臣就会倦怠；将领一意孤行，下级就会归咎于上；将领自以为能，那么下级就少有战绩；将领听信谗言，那么下级就会离心离德；将领贪财，那么邪恶之事就难以禁止；将领常思念妻妾，士卒就会随之想家。(以上八条)将帅身上有了一条，就会众心不服；有了两条，就会军无法纪；有了三条，就会军心涣散；有了四条，就会祸及国家。军中没有资财，士人就不来投奔；军中没有奖赏，士人就不会向往。香饵之下，必有上钩之鱼；重赏之下，必有勇敢之人。所以，能使士人愿意归附的是“礼仪”，能使士人乐于效死的是“奖赏”。彰扬可使其归附的“礼仪”，显示能使其效死的“奖赏”，则所求的贤士就会前来投奔。先表示尊敬而后来又懊悔的，士人就不愿留下来；已给予奖赏后来又懊悔的，士人就不愿受其驱使。尊敬与奖赏始终不懈，那么士人就会争着为他效死。

奸雄相称，鄣蔽主明；毁誉并兴，壅塞主听；各阿所私，令主失忠。故主察异言，乃睹其萌；主聘儒贤，奸雄乃遁；主任旧齿，万事乃理；主聘岩穴，士乃得实〔故傅说陟而殷道兴，四皓至而汉祚长，得治之实也〕。

【译文】

如果奸雄互相标榜，就会蒙蔽君主的视力(使其不易辨别忠奸)；如果诽谤与赞美之声并起，就会妨碍君主的听闻(使其不易分清邪正)；如果各自都庇护其亲信，就会使君主失去忠臣。所以，君主能明察反常的言论，才能看到祸乱的萌芽；君主聘用熟知诗书礼乐的贤哲，奸雄就会悄悄地离去；君主信任久经考验的老臣，万事就能得以治理；君主访求隐士，就能得到有真才实学的治国之才。

## 中　略

《军势》曰："出军行师，将在自专进退。由内御之，则功难成。"〔凡师出专制，不禀命于内。禀命则无威，无威则士不用命，士不用命则功不成。〕

【译文】

《军势》上说："出兵打仗，重在将帅自己决定进退。如果进退都由王宫内发令指挥，那就很难成功。"

## 下　略

夫能扶天下之危者，则据天下之安〔能持天下之危，故天下乐安之〕；能除天下之忧者，则享天下之乐〔天下愿奉而安乐之〕；能救天下之祸者，则得天下之福〔除天下祸，故天下乐福之〕。故泽及人民，则贤归之〔恩泽洽，人民和，则贤者至〕；泽及昆虫，则圣归之〔万物得其所，则圣人至也〕。贤人所归，则其国强；圣人所归，则六合同。贤者之政，降人以礼〔礼服道化，揖让恭谨，故曰降人以礼者也〕；圣人之政，降人以心〔心服教令，故降人以心也〕。礼降可以图始〔礼服道化者，可与谋始也〕，心降可以保终〔心服道化，天下和亲，故可保终也〕。降礼以礼，降心以心。

【译文】

能匡扶天下于危亡的，就能拥有天下的安宁；能消除天下忧患的，就能享受天下的快乐；能拯救天下于祸难的，就能获得天下人的祝福。所以，能恩泽及于民众的，贤人就会归向他；能恩泽及于生灵万物的，圣人就会归向他。贤人归向他，其国家就会强盛；圣人归向他，天下就会统一。贤人执政，能用礼义来使人们和同；圣人执政，能用信念来使人们悦服。用礼义来使人们和同，可以创始；用信念来使人们悦服，可以保终。以礼服人者要凭借礼义，以心服人者要凭借诚心。

释近而谋远者，劳而无功；释远而谋近者，逸而有终。逸政多忠臣，劳政多怨民。故曰：务广地者荒〔不修德政而务广地，荒之道〕，务广德者强也〔务崇节俭，广其德教，强之道也〕。荒国者无善政，广德者其下正〔君德广于上，则兆庶正于下也〕。废一善，则众善衰；赏一恶，则众恶归。善者得其佑，恶者受其诛，则国安而众善到矣。一令逆者，则百令失〔君令一逆，民不从，故百令皆废也〕；一恶施者，则百恶结〔一恶得施，则百恶结而相从也〕。故令施于顺民，恶加于凶人〔教令施于顺化之民，刑恶加于凶逆之人〕，则令行而不怨，群下附亲矣〔教令当，刑法值，百姓悦之，亲附之也〕。

【译文】

放弃眼前之事去筹划将来之事，会劳而无功；放弃长远利益来谋划当前之事，能得到安逸但总有终了之时。实行宽松之政，会出现许多忠臣；实行劳民之政，必然产生许多怨民。所以说，热衷于扩张领地的，内政必然荒废；致力于广施德教者，国家就会强盛。荒废治国者无善政，广施德教者民众都会坚守正道。废弃一个善举，那么许多善举都会衰退；赞赏一件坏事，许多坏事都会接踵到来。好人好事得到佑护，恶人坏事受到惩处，国家就会安宁，而且各种善行就会出现。一项法令违背民意，一百条法令都会失去作用；一件坏事施行了，百件坏事就会接连而生。所以，用友善的态度对待顺化之民，用憎恶的态度处理凶逆之人，那么法令推行而民众无怨，群众就会依附、爱戴了。

有清白之志者，不可以爵禄得〔四皓是也〕；有守节之志者，不可以威刑胁〔晏婴、季子是也〕。故明君求臣，必视其所以为人者而致焉〔视其为人所执之志而求之也〕。致清白之士，修其礼〔四皓亢志，不屈于革命之主；太子修礼卑辞，而降其节焉〕；致守节之士，修其道〔不可以非道屈也〕。而后士可致，而名可保〔保，犹全也〕。

【译文】

对有高尚纯洁之心志的人，不可以用爵禄吸引其到来；对有守持节操之志向的人，不可以用威刑胁迫其到来。所以圣明的君主访求贤臣，必须视其做人的志向来招引他。要招引品行纯洁的人，要认真遵循礼法；要招引坚守气节的人，要认真遵循道义。之后，这样的贤德之士就可以招来，而君主的名节也就可得到保全。

圣王之用兵也，非好乐之，将以诛暴讨乱。夫以义而诛不义，若决江河而溉荧火，临不测而挤欲坠，其克之必也。所以必优游恬惔者何?重伤人物〔兵者凶器，战者危事，相杀伤之道，故不果为也〕，是天道也〔天道乐生也〕。夫人之有道者，若鱼之有水，得水而生，失水而死〔人失道而亡，得道而存也〕。故君人者，畏惧而不敢失道。

【译文】

圣明的君主用兵，不是喜好用兵，而是用以讨伐暴乱。以正义来讨伐不义，就像决开江河去浇灭微弱的火炬，就像在深渊的边缘去推挤一个将要坠落之物，其胜利是必然的。但圣王却必会犹豫不决，保持清静无为，是什么原因呢?是不愿过多地造成人和物的重大损失，是在奉行天道。人能顺乎天道，就好像鱼得到了水，得水而生，离水便死(喻得道而存，失道而亡)。所以为君者时刻敬畏、戒惧而不敢背离天道。

贤臣（臣原作圣）内，则邪臣外〔舜举皋陶，汤举伊尹，不仁者远矣。随会在朝，则奸邪外奔是〕；邪臣内，则贤臣（臣原作圣）毙〔恶来任而比干死，无忌用而伍奢戮，故曰毙〕。内外失宜，祸乱传世〔苟失内外之宜，为子孙之祸，故曰传世也〕。伤贤者，殃及三世；蔽贤者，身受其害；进贤者，德流子孙〔昔鲍叔进管仲，以身下之，子孙世禄于齐，有封邑者十余世，常为名大夫。故曰德流子孙也〕；妒贤者，名不全〔昔庞涓妒孙膑，身死于白木，故曰名不全也〕。故君子急于进贤，而美名章矣。

【译文】

贤臣被亲近，则奸臣就会被疏远；奸臣被亲近，则贤臣就会被害死。亲疏失当，祸乱就会延及后世。伤害贤臣，祸患会殃及三世；埋没贤才，就会身受其害；推荐贤才，功德流传于后人；嫉妒贤人者，其名声不能保全。所以君子迫切地举荐贤能，因而美名显扬。

利一害百，民去城郭；利一害万，国乃思散。去一利百，民乃慕泽〔慕思君之恩泽也〕；去一利万，政乃不乱〔刑以止刑，杀以止杀，政得其所，乱无由生也〕。

【译文】

如果利于一人而害及百人，民众就会离开都城；利于一人而害及万人，国人将都想逃散。若去除一人之利而利及百人，人们就会思慕其恩泽；去除一人之利而利及万人，政事就不会混乱了。

（蔡庄伟译）

卷四十

# 新语治要

【考评】

《新语》，西汉陆贾著，分上、下两卷，共十二篇。卷上篇目：《道基》《术事》《辅政》《无为》《辨惑》《慎微》。卷下篇目：《资质》《至德》《怀虑》《本行》《明诫》《思务》。大旨皆崇王道、贬黜霸术，归本于修身、用人。其称引《老子》者，惟《思务》篇引“上德不德”一语，余皆以孔为宗，所援引多为《春秋》《论语》之文。《新语》是陆贾为帮助汉高祖刘邦总结秦汉失、得天下经验教训的奏章。刘邦高兴地接受陆贾的奏章，号为《新语》。司马迁在《史记·郦生陆贾列传》中有一段生动的记述：“陆生向皇帝进言时经常称用《诗》和《书》。高祖骂他道：‘老子是在马上取得天下的，那里用得着《诗》《书》！’陆生说：‘在马上取得天下，难道可以在马上治理天下吗？试看商汤、周武王以武力夺取天下，便顺应形势以文治巩固政权，文武并用，才是长治久安的办法啊！从前吴王夫差和智伯穷兵黩武以至败亡；秦朝使用严刑苛法不加改变，终于毁灭了自己。当时秦朝统一天下以后，假使施行仁义，效法古代的圣王，陛下又怎么能够取得天下？’高祖不高兴然而面有惭色，就对陆生说：‘你试着替我论述一下秦朝失去天下、我取得天下的原因以及古代各国成功得失的史事。’陆生就粗略地论述了国家存亡的迹象，共著述十二篇。每奏一篇，高祖没有不称赞的，周围的人都喊‘万岁’，把他的书称为《新语》。”

魏征在编撰《群书治要》时，从《新语》中辑录了十七段，段无标题，也未注明出处。

陆贾，汉初政论家、辞赋家，楚人，从汉高祖定天下，官至太中大夫。他曾谏高祖说：“居马上得之，宁可以马上治之乎?”(《史记》本传)意即武力可以夺取政权，却不能单靠它来维持政权。陆贾力主提倡儒学，“行仁义，法先圣”，并辅以黄老的“无为而治”思想。他说：“夫道莫大于无为”、“故无为也，乃无不为也”(《新语·无为》)。对汉初政治曾发生一定影响。他认为自然之天可以认识，“在天者可见”，世道盛衰与天无关。他著作《新语》，又有赋三篇。赋已佚。

# 辅　政

夫居高者，自处不可以不安；履危者，任杖不可以不固。自处不安则坠，任杖不固则仆。是以圣人居高处上，则以仁义为巢；乘危履倾，则以圣贤为杖。故高而不坠，危而不仆。昔者尧以仁义为巢，舜以稷契为杖，故高而益安，动而益固。处宴安之台，承克让之涂，德配天地，光被八极，功垂于无穷，名传于不废，盖自处得其巢、任杖得其人也。秦以刑罚为巢，故有覆巢破卵之患；以李斯、赵高为杖，故有顿仆跌伤之祸。何者？所任者非也。故杖圣者帝，杖贤者王，杖仁者霸，杖义者强，杖谗者灭，杖贼者亡。《诗》云：“谗人罔极，交乱四国。”众邪合心，以倾一君，国危民失，不亦宜乎？

【译文】

凡是身居高位的人，都要注意自身安全；凡是身临险境的人，都要留神抓牢拐杖。居身不稳固就会落马，拄杖不牢靠就会跌倒。所以圣人如果身处高位、居高临下，就要把宽仁厚义作为容身之所；如果面临险境、处于危难，就要把有德有才的人作为依靠对象。正因如此，所以圣人身居高位却不落马，身临险境却不跌倒。从前尧帝把宽仁厚义视为容身之所，舜帝把大禹、后稷作为依靠对象，所以地位越高越稳，越变越牢。他们之所以处在安闲的高台，继承禅让之路，德行与天地相配，遍及八方，功勋流传无穷，盛名宣扬不减，都是因为他们以仁义为安身之所，以贤能之人为杖的缘故。秦朝以刑罚为容身之所，所以倾灭了；以李斯、赵高为依靠对象，所以覆亡了。为什么呢？用人、处事不当罢了。所以，依靠德才兼备的人可当上帝王，依靠仁义聪慧的人可走向强盛，而依靠贪谗、盗贼的人必将导致灭亡。《诗经》上说：“说人坏话的人没有穷尽，把四方国家搅得纷乱不平。”众多奸邪共同颠覆一个国君，则国家危难，百姓遭殃，不就是理所必然的吗？

# 无　为

道莫大于无为，行莫大于谨敬。何以言之？昔舜治天下也，弹五弦之琴，歌《南风》之诗，寂若无治国之意，漠若无忧天下之心，然而天下大治。故无为者，乃有为者也。秦始皇设刑法，为车裂之诛，筑长城以备胡越；蒙恬讨乱于外，李斯治法于内。事愈烦，下愈乱；法愈众，奸愈纵。秦非不欲治也，然失之者，举措大众、刑罚大极故也。

【译文】

治道没有比无为而为更大的，行为没有比谨慎恭敬更好的。为什么这样说呢？从前舜帝治理天下，弹奏着五弦琴，歌唱着《南风》诗，寂静得好像没有治国的意思，淡漠得好像没有忧患天下的心思，但是天下大治。所以说无为也是一种作为。秦始皇设置严刑峻法，还搞了车裂杀人的酷刑，同时修筑长城，用来防备胡越；蒙恬在外征讨叛乱，李斯在内修治法度。结果事情越庞杂天下越混乱，法令越繁多罪犯越猖獗。秦朝并非不想治理好国家，然而其失策就在于举动措施太频繁、刑罚太苛重罢了。

君子尚宽舒以褒其身，行身中和以致疏远。民畏其威而从其化，怀其德而归其境，美其治而不敢违其政。民不罚而畏，不赏而劝，渐渍于道德而被中和之所致也。

【译文】

君子崇尚宽大舒缓，以使自身广大；居身和平，处事公正，以招徕关系疏远的人。百姓因敬畏他的威严而听从他的教化，因向往他的德行而归顺他的管治，因赞成他的治术而不敢违背他的政令。老百姓无须刑罚就心存敬畏，无须奖赏就得以鼓励，这是他们不断感受道德的浸润、亲身接受中和的熏陶所致。

夫法令所以诛暴也。故曾闵之孝、夷齐之廉，此宁畏法教而为之者哉？故尧舜之民，可比屋而封；桀纣之民，可比屋而诛。何者？化使其然也。故近河之地湿，而近山之土燥（土燥原作木长）者，以类相及也；高山出云，丘阜生气，四渎东流，百川无西行者，小象大而少从多也。

【译文】

法令是用来惩罚凶恶的。因此，曾参与闵子骞的孝顺、伯夷与叔齐的廉洁，难道是畏惧法令、政教才这样去做的吗？所以说，尧帝、舜帝时的百姓，可以挨户受封赏，而夏桀、商纣时的百姓，可以逐家受诛戮。为什么呢？这是教化不同的必然结果啊！所以靠近河边的地方潮湿，靠近山丘的树木高大，这是因为同类而相互联系的啊！高山产生云气，丘陵诞生雾气，长江、黄河、淮河和汉江四条大河向东流去，众多河流没有向西倒流的，这就是由于万物中小的要效法大的、少的要跟随多的的缘故啊。

夫南面之君，乃百姓之所取法则者也，举措动作，不可以失法度。故上之化下，由风之靡草也。王者尚武于朝，则农夫缮甲兵于田。故君子之御下也，民奢应之以俭，骄淫者统之以理。未有上仁而下贼、让行而争路者也。故孔子曰："移风易俗。"岂家至（至原作令）人视之哉？亦先（先原作取）之于身而已矣。众口毁誉，浮石沉木；群邪所（所原作相）抑，以直为曲，以白为黑。曲直之异形，白黑之殊色，天下之易见也。然而目缪心惑者，众邪误之。

【译文】

面朝南称帝的君王，是老百姓效法的对象，他们的一举一动，都不应该丧失法度。所以君王教化老百姓，就像风吹草伏一样。君王在朝廷崇尚勇武，农民就会在田间修缮盔甲兵器。所以君王领导老百姓，老百姓奢侈了就提倡节俭，骄纵放荡了就用伦理来约束。没有君王仁爱而百姓作贼的，没有君王礼让而百姓争路的。所以孔子说："移风易俗。"难道是要逐家逐人去下令察看吗？不过是要求君王本人以身作则罢了。若众人一齐毁谤或称誉，能使石头漂于水上，能使木头沉于水下；众多的奸邪勾结在一起，就能把直的说成弯的，把白的说成黑的。曲直的形状不同，黑白的色调两异，这是天下人都容易看清的。但查看的人之所以眼神出错，心意惑乱，就是因为捣鬼的人太多才误导了他。

秦二世之时，赵高驾鹿而从行。王曰："丞相何为驾鹿？"高曰："马也。"于是乃问群臣，群臣半言马、半言鹿。当此时，秦王不敢信其直目，而从邪臣之言。鹿与马之异形，乃众人之所知也，然不能别其是非，况于暗昧之事乎？

【译文】

秦二世执政时，赵高驾驶着鹿车随从他出行。秦二世问："丞相为什么要驾鹿呢？"赵高回答说："这是马啊！"二世于是询问群臣，群臣一半说是鹿，一半说是马。在这个时候，秦二世不相信自己亲眼看到的，却听从了奸臣的话。马和鹿的形状不同，这是普通人都明白的，但是（秦二世）却不能分辨它的是非，更何况那些本身就暗昧不明的事情呢？

人有与曾子同姓名者杀人，有人告曾子母曰："参乃杀人。"母方织如故。有顷，人复告之。若是者三，曾子母投杼逾垣而去。夫流言之并至，众人之所是非，虽贤智不敢自安（安原作毕），况凡人乎？

【译文】

从前有个和曾参同名同姓的人杀了人，有人告诉曾参的母亲说："你儿子曾参杀了人。"曾参的母亲听了这话，仍然跟原来一样织着布帛。接着又有人来告诉她。如此接二连三，曾参的母亲终于扔下梭子翻墙逃跑了。可见流言蜚语一并袭来，众来都来说是道非，连贤德明智的人都不再自信，更何况普通的人呢？

质美者，以通为贵；才良者，以显为能（能原作大）。楩梓豫章，天下之名木也。生深山之中、溪谷之旁，立则为众木之宗（宗原作珍），仆则为世用。因江河之道，而达于京师；因斧斤之功，得舒其文色。上则备帝王御物，下则赐公卿，庶贱不（不原作而）得以备器械。及其隘（隘原作戾）于山陵之阻，隔于九派之间，仆于块磥之津，顿于窈窕之溪，广者无舟车之道，狭者无徒步之蹊，知者所不见，见者所不知。当斯之时，尚不如道傍之枯杨，生于大都之广地，近于大匠之名工，材器制断，规矩度量，坚者补朽，短者接长，大者治樽，小者治觞。彼则枯槁而远弃，此则为宗庙之瑚琏者，通与不通也。人亦犹此。

【译文】

资质美好的事物，要靠流通才能显示尊贵；材资优良的事物，要通过显扬才能被人认知。凭什么这样说呢？黄楩木、楠木和樟木，是天下有名的木材。这些树木生长在深山中、溪水畔，活着是大山中众多树木里的珍品，伐倒可为世所用。顺着黄河、长江的河道，可以运抵京城；借助木匠斧头的功力，可以显露美丽的纹彩。上品可以制作帝王御用的器物，下品可以赏赐给王公大臣，庶民百姓不可以用来制作器械。至于受到山丘阻挡、河水分隔，扑倒在高峻的山边，或埋没于狭小的水旁，不通车船，徒步难涉，知道其价值的人见不到，能见到的人不懂它的价值。在这个时候，这些名贵木材肯定还不如路边上枯死的杨树。因为枯死的杨树生长在大都城宽广的地面，同名工巨匠比较接近，于是工匠们用斧子斫削它，用规矩测度它，好点的用来修补朽坏的，短点的用来接续长点的，大的用来制作酒樽，小的用来制作酒觞。名贵木材因被远远地抛弃而自行枯槁，枯死的杨树却成了宗庙里的宝贵东西，原因就在于得到流通和得不到流通的区别啊。人的一生遭遇也是如此。

夫穷泽之民，据犁接耜之士，或怀不羁之能，有禹、皋陶之美，然身不容于世，无绍介通之者也。公卿之子弟，贵戚之党友，虽无过人之能，然身在尊重之处，辅之者强，而饰之众也。

【译文】

穷乡僻壤的百姓，扶犁用耜的士子，有的人怀有放纵不羁的才能，也有的具备着大禹、皋陶的美德，但却不被当朝所容留任用，是因为没有向朝廷介绍、通报的人。公卿们的子弟，贵戚们的党羽朋友，即使缺乏过人的才能，但却能够占据尊贵重要的职位，原因就在于有强干的人帮助他们，有众多的人美化他们。

夫欲富国强威、辟地服远者，必得之于民；欲建功兴誉，垂名列流荣华者，必取之于身。故据千乘之众，持百姓之命，苞山泽之饶，主士众之力，而功不存乎身、名不显于世者，统理之非也。

【译文】

凡想国家富裕、君权强大、领土开拓、边民归顺的，都必须根据百姓意愿行事；凡想建立功业、培养信誉、名传后世、荣华富贵的，都必须坚持以身作则。那些拥有千乘之多的战车、掌握着百姓命运、富有广大疆域、指挥百姓力量的君王，其身无劳绩、名声不显的原因，必是治理国家之法不对。

天地之性，万物之类，怀德者众归之，恃刑者民畏之。归之则充其侧，畏之则去其城。故设刑者不厌轻，为德者不厌重，行罚不患薄，布赏不患厚，所以亲近而致远也。

【译文】

天地万物的运行规律告诉我们，持有道德的人，百姓就归顺他们，依赖刑罚的人，人民就畏惧他们。归顺了就拥护在他的周围，畏惧了就逃离他的管辖。所以设置刑法不担心轻，坚持道德不担心重；进行处罚不担心轻，公布奖赏不担心重。如此一来，身边的人就会更加亲近，疏远的人也会归附。

夫刑重者则心烦，事众者则身劳。心烦者，则刑罚纵横而无所立；身劳者，则百端回邪而无所就。是以君子之为治也，混然无事，寂然无声；官府若无人，亭落若无吏；邮无夜行之卒，乡无夜召之征；犬不夜吠，鸡不夜鸣；耆老甘味于堂，丁男耕耘于野；在朝忠于君，在家孝于亲。于是虽不言而信诚，不怒而威行，岂待坚甲利兵，深刑（刑原作牢）刻令，朝夕切切而后行哉？

【译文】

刑法太重了会使人心中厌烦，事情太多了会使人身体疲惫。使人心烦的，即使刑罚再多也不会有多大作用；让人身心疲惫的，即使启用各种各样的人也不会有什么成就。所以君子治理政事，浑然无事，寂然无声；官府好像没有当官的，亭落好像没有作吏的；晚间没有传送文书的人，乡间没有夜间征用劳役的事；夜里没有狗叫，没有鸡鸣；年龄大的人在家饮食自如，丁壮劳力能在田间耕种；在朝堂对君主忠心耿耿，在家中非常孝顺父母。于是，君主虽然不说话但信誉卓著，不发怒但威严畅行，难道非得等到铠甲坚硬、兵器锋利、牢狱深幽、政令严苛、官吏早晚都急切地督责才去执行吗？

昔者，晋厉、齐庄、楚灵、宋襄，秉（秉原作乘）大国之权，杖众民之威，军师横出，凌铄诸侯，外骄敌国，内刻百姓。邻国之仇结于外，群臣之怨积于内。而欲建金石之攻（攻原作统），传（传原作继）不绝之世，岂不难哉？故宋襄死于泓之战，三君杀于臣之手。皆轻师尚威，以致于斯。故《春秋》重而书之，嗟叹而伤之。三君强其威而失其国，急其刑而自贼，斯乃去事之戒、来事之师也。

【译文】

从前，晋厉公、齐庄公、楚灵公、宋襄公都曾经秉持大国的权力，依靠着百姓众多的声势，军队四处进攻其他诸侯，对外骄横跋扈，对内苛刻百姓。在外与邻国结仇，在内与臣民结怨，却想要建立不朽的统治、传承不亡的朝代，难道还有可能吗？所以宋襄公在泓水战役中死去，其他三个君主都死在大臣手中。这都是轻易用兵、崇尚武力的必然后果。因此《春秋》中两次写到，并且表示伤感和哀叹。这三个君主都是因为加强了威力而丧失了国家，加重了刑罚而害了自己。这些前人行事的教训，可以作为后人师法的镜子。

鲁庄公一年之中，以三时兴筑作之役，规虞山林草泽之利，与民争田渔薪采之饶；刻桷丹楹，眩曜靡丽，收民十二之税，不足以供邪曲之欲；缮不用之（用之原作足）好，以快妇人之目；财尽于骄淫，力疲于不急；上困于用，下饥于食。于是为齐、卫、陈、宋所伐。贤臣出，邪臣乱，子般杀，鲁国危也。故为威不强还自亡，立法不明还自伤，庄公之谓也。

【译文】

鲁庄公在一年之中，用三个季节大搞土木工程。他规定了山川林木、草地湖泊的利税，与老百姓争夺耕种捕鱼、打柴采果的资源；雕梁画栋，极尽华丽；征收百分之二十的高税率，还不能满足他的不当需求；修缮毫无用处的玩好来愉悦妃子们的眼目；国家资财穷竭在骄奢淫逸之中，国家力量消耗于不急之务；国家困于财用，百姓衣食窘迫。所以被齐、卫、陈、宋等国所讨伐。有才有德的人浪迹天涯，无才无德的人混乱宫廷，庄公的儿子子般被杀，鲁国遇到了危险。所以想树立威望而国家并没有强盛，反而让自己走向灭亡，建立法令而国家还没有清明，反而使自己受到伤害，说的就是鲁庄公这样的人啊！

治以道德为上，行以仁义为本。故尊于位而无德者绌，富于财而无义者刑；贱而好道者尊，贫而有义者荣。夫酒池可以运舟，糟丘可以远望，岂贫于财哉？统四海之权，主九州之众，岂弱于武力哉？然功不能自存，而威不能自守，非贫弱也，乃道德不存乎身，仁义不加于下也。故察于利而惛于道者，众之所谋也；果于力而寡于义者，兵之所图也。君子笃于义而薄于利，敏于行而慎于言，所广功德也。故曰："不义而富且贵，于我如浮云。"夫怀璧玉，要环佩，服名宝，藏珍怪，玉斗酌酒，金罍刻镂，所以夸小人之目者也；高台百仞，金城文画，所以疲百姓之力者也。故圣人卑宫室而高道德，恶衣服而勤仁义；不损其行以好其容，不亏其德以饰其身。国不兴不事之功，家不藏不用之器，所以稀力役而省贡献也。璧玉珠玑不御于上，则玩好之物弃于下；琱琢刻画之类不纳于君，则淫伎曲巧绝于下。夫释农桑之事，入山海，采珠玑，捕豹翠，消筋力，散布帛，以极耳目之好，快淫侈之心，岂不谬哉！

【译文】

治理国家要以道德为上策，处理事情要以仁义为根本。所以，对职位高但缺乏德行的人要贬斥，对财产富集但不讲道义的人要处罚，对地位低下但珍爱德操的人要使其尊贵，对家境贫寒但讲求仁义的人要使其富裕。商纣王的酒池可以用来划船，糟丘可以登高望远，这难道还能算是贫困吗？拥有统领四海的权柄，主宰着九州的百姓，这难道能说是武力弱小吗？然而论功业却不能保全自身，论威势却不能守住社稷，这绝对不是由于贫困、弱小的缘故，而恰恰是由于自身缺乏道德、对百姓不够仁义的缘故啊！所以对财利明察却对治道糊涂的人，必是众人取代的对象；敢于使用武力却缺少仁义的人，必是战争图谋的对象。君子行义笃厚，求利淡薄，做事敏捷，说话谨慎，所传播出去的都是功德美名。所以孔子曾说："通过干不正当的事情求得荣华富贵，对我来说，就像天上的浮云一样没有意义。"怀里揣着璧玉，腰间系上环佩，穿戴名贵的衣服，收藏珍奇怪异的物品，用玉斗斟酒，在金杯上刻镂花纹，这是可以在小人面前夸耀的东西；修筑高达百丈的台子，在坚固的城墙上绘画，这是导致老百姓筋疲力尽的手段。所以圣人住着低矮的宫室却高扬道德，穿着极差的衣服却勤行仁义。他们不用损伤操行来美化容貌，不用亏缺品德来装饰自己。国家不动用民力从事无用的事情，家中不收藏对生活不必要的器物，借此可望减少民众的力役，节省他们的赋税。君主不喜欢璧玉珠玑，那么玩好之类的东西就会被百姓抛弃；君主不接纳雕琢刻画，那么淫巧之类的物品就会被民众弃绝。放弃务农、蚕桑之类重要事体，却去上山下海，采集珠玑，猎捕翡翠，消耗民众的体力，浪费国家的资财，只是为满足耳朵、眼睛的一时愉悦，畅快骄奢淫逸的内心需求，这难道还不算是谬误透顶吗？

## 明　君

君明于德，可以及于远；臣笃于义，可以至于大。何以言之？昔汤以七十里之封，升帝王之位；周公自立三公之官，比德于五帝三王（王旧作代，改之）。斯乃口出善言、身行善道之所致也。故安危之效，吉凶之符，壹出于身；存亡之道，成败之事，一起于善行。尧舜不易日月而兴，桀纣不易星辰而亡，天道不改，而人道易也。

【译文】

君王德行光明美好，就可以招徕远方的百姓；大臣忠实地以道义行事，就会建立伟大功勋。凭什么这样说呢？从前商汤从方圆七十里的封地，逐步走上帝王的宝座；周公创立了三公官制，其德行可与五帝三王相比。这是因为他们说话对人有益、行事讲究道德所致。所以人生的安危和吉凶，完全取决于自身；国家的存亡和成败，完全取决于行动。日月星辰没有变化，但是尧舜兴起了而桀纣灭亡了。可见，这不是自然规则有什么改变，而是人们的行为发生了变化。

夫持天地之政，操四海之纲，屈申不可以失法，动作不可以离度。谬误出口，则乱及万里之外，何况刑无罪于狱，而诛无辜于市哉？故世衰道失，非天之所为也，乃君国者有以取之。恶政生恶气，恶气生灾异。螟虫之类，随气而生；虹霓之属，因政而见。治道失于下，则天文变于上；恶政流于民，则螟虫生于野。

【译文】

君王秉持着天地的大政，掌握着四海的大纲，所以居身不能失去法度，举止不能离开原则。谬误的决策一旦出笼，就可能在万里以外造成混乱，更何况对无罪的人滥用刑罚、将无辜的人杀死在刑场上呢？所以世道衰落，不是自然界造成的，而是君王们行事乖张的后果。腐恶的政治必然产生恶浊的气运，恶浊的气运必然产生灾异现象。螟虫一类东西是随着恶气而产生的，虹霓之类的天象就是因政治而出现的。治道丧失于人间，天象变化就会出现于天上；腐恶的政治一旦波及人民，螟虫就会在野外产生。

夫善道存乎心，无远而不至也；恶行著乎己，无近而不去也。周公躬行礼义，郊祀后稷，越裳奉贡而至，麟凤白雉草泽而应。殷纣无道，微子弃骨肉而亡。行善者则百姓悦，行恶者则子孙怨。是以明者可以致远，否者以失近。

【译文】

只要君王将正确的道德存于内心，那么距离再远的百姓也会前来投奔；如果君王恶行在身，那么关系再近的大臣也会逐步离去。周公躬行仁义，以礼祭奠后稷，远方的越裳国也前来贡献，麒麟、凤凰和白雉之类祥瑞也在草地、湖泊出现。殷纣王行事无道，连微子都弃绝骨肉亲情逃亡了。君王行善，百姓就会欢迎他；君王作恶，连子孙都会埋怨他。所以明白这个道理的人可以行事久远，不然的话连最亲近的人也会抛弃他。

夫长于变者，不可穷以诈；通于道者，不可惊以怪；审于辞者，不可惑以言；达（达原作远）于义者，不可动以利。是以君子博思而广听，进退顺法，动作合度；闻见欲众，而采择欲谨，学问欲博，而行己欲敦；见邪而知其直，见华而知其实；目不淫于炫耀之色，耳不乱于阿谀之辞；虽利之以齐、鲁之富，而志不移，谈之以王乔、赤松之寿，而行不易。然后能一其道而定其操，致其事而立其功也。凡人则不然，目放于富贵之荣，耳乱于不死之道，故多弃其所长，而求其所短，不得其所无，而失其所有。是以吴王夫差知艾陵之可以取胜，而不知槜李之可以破亡也。

【译文】

对于擅长变通的人，不可用欺诈的手段来揭穿他；对于通晓道理的人，不可用怪诞之事来惊吓他；对于善于言辞的人，不可用言语来迷惑他；对于身怀正义的人，不可用利益来打动他。所以君子要广泛思考，听取多方面的意见，进退要遵循一定的法度，举止要符合一定的规矩；见闻要多样，而采择要谨慎；学问要广博，而行为要敦厚；见到奸邪就能知道正直，见到表面就能明白实际；眼睛不受炫耀的色彩迷惑，耳朵不受阿谀的言辞左右；即使用齐鲁两国的财富来利诱，志气也不被转移，用王乔、赤松子一般的寿命来吸引，操行也不被改变。然后君子才能确定自身的操行，建立其功业。普通人却与此不同，眼目关注着富贵荣华，耳朵迷乱于不死之术，所以大多数人抛弃了自己的长处，而追求着自己的短处，结果不但没有得到自己所缺少的东西，反而丧失了自己所拥有的东西。这就是吴王夫差知道在艾陵之战可以取胜，却不明白槜李之战越王勾践使他灭亡的原因所在。

故事或见一（一原作可）利而丧万机，取一福而致百祸。圣人因变而立功，由异而致太平。尧舜承蚩尤之失，而思钦明之道。君子见恶于外，则知变于内矣。今之为君者则不然，治不以五帝之术，则曰今之世不可以道治也；为臣者不师稷、契，则曰今之民不可以仁义正也；为子者不执曾闵之贤（贤原作质），朝夕不休，而曰家人不和也；学者不操回赐之精，昼夜不懈，而曰世所不行也。自人君至于庶人，未有不法圣道而师贤者也。《易》曰：“丰其屋，蔀其家，窥其户，阒其无人。”无人者，非无人也，言无圣贤以治之也。故仁者在位，而仁人来；义者在朝，而义士至。是以墨子之门多勇士，仲尼之门多道德，文王之朝多贤良，秦王之庭多不详。故善者必有所因（因原作主）而至，恶者必有所因而来。夫善恶不空作，祸福不滥生，唯心之所向、志之所行而已矣。

【译文】

所以有的人只看到一点好处却丧失了更大的机会，得到了一点福利却导致了更多的祸患。圣人因为懂得变革而建立了功绩，用不同于以前的做法而让天下实现太平。尧舜总结了蚩尤的缺失，因而思考采用钦敬明察之道。君子发现了外在的不良现象，便开始考虑自己的对策。当今的君王却不是这样的，治国从不考虑五帝的术略，却说当今的社会不可以用道德来治理；做大臣的人不效法后稷、契，却说当今的百姓不能依靠仁义管理；做晚辈的人不肯学习曾参和闵子骞从早到晚孝敬长辈的精神，却说家人不和睦；做学问的人不愿学习颜回、子贡昼夜不懈的精神，却说学问在世间行不通。从君王到百姓，都应该效法圣人之道，以贤者为师。《易经》上说：“用茅草建筑居屋，用竹篾编制家室，从窗户窥看进去，寂静得好像无人一样。”这里所谓无人，不是真的没有人在，而是说看不到治理的圣贤人物。所以仁义的人在朝廷执政，就会有仁人志士前来响应。因此墨子的弟子中勇敢之士很多，孔子的弟子中道德之士很多，文王在位时朝廷贤良之士很多，秦始皇时朝廷有许多不祥的人物。所以不管是善人还是恶人，他们前来投奔都是有原因的。任何善的恶的事情都不会凭空发生，所有祸福都不会随便出现，就看人们心向何处想、志向何处行了。

**（张世民译）**

卷四十

# 贾子治要

**【考评】**

《贾子》即《新书》，汉贾谊著。《汉书·艺文志》儒家类著录贾谊五十八篇。隋唐志皆作十卷。《崇文总目》云：本七十二篇，刘向删定为五十八篇。

贾谊(前200年—前168年)，洛阳(今河南洛阳东)人，世称贾生，西汉初年著名的政治家和文学家。他十八岁即以博学能文著称，后被汉文帝征召为博士，旋又擢拔为太中大夫。他好议论国家大事，为大臣周勃、灌婴等排挤，贬为长沙王太傅。他曾多次上疏批评时政，建议用“众建诸侯而少其力”的办法，削弱诸侯王势力，巩固中央集权；主张重农抑商，“驱民而归之农”；并力主抗击匈奴的攻掠。在贬为长沙王太傅渡湘水时，为赋以吊屈原，“亦以自谕”。贾谊在长沙三年，曾作《鹏鸟赋》，自伤不遇。其所著政论有《陈政时疏》《过秦论》等，为西汉鸿文，原有集，已散佚。明人辑有《贾长沙集》。另传，他有《新书》十卷。今人所辑之《贾谊集》包括《新书》十卷(五十八篇)。魏征等编纂《群书治要》时，从《贾子》五十八篇中节录了十三段。魏征认为“任善人则国治，用恶人则国乱”，而贾谊也认为“吏贤而民治”，并说：“君能为善，则吏必能为善矣；吏能为善，则民必能为善矣。故民之不善，吏之罪也；吏之不善，君之过也。”可见，魏征与贾谊尽管相隔数百年，他们的思想观点却有着惊人的相同之处。

《贾子》是西汉贾谊的政论著作，共十卷，包括《过秦论》等五十八篇。《汉书·艺文志》列入儒家，所载篇数与现行本同，惟谊书隋唐以来本多散佚，疑后人取谊传所载之文，割裂其章段，各为标题，以足五十八篇之数。内容主要为“惩秦之失”，对汉初统治者建议各项治安策，主张在政制上“去就有序，变化因时”，以达“故旷日长久而社稷安矣”的目的(《过秦论》)。书中提出“民无不为本”、“民无不为命”等命题，认为“自古至于今，与民为雠者，有迟有速，而民必胜之”(《大政上》)。

# 连　语

梁尝有疑狱，群臣半以为当罪，半以为无罪。梁王曰："陶之朱叟，以布衣而富侔国，是必有奇智。"乃召朱公而问之。朱公曰："臣鄙民也，不知当狱。虽然，臣之家有二白璧，其色相如也，其径相如也，其泽相如也，然其价，一者千金，一者五百金。"王曰："径与色泽皆相如也，一者千金，一者五百金，何也？"朱公曰："侧而视之，其一者厚倍之，是以千金。"梁王曰："善！"故狱疑则从去，赏疑则从与，梁国大悦。墙薄亟坏，缯薄亟裂，器薄亟毁，酒薄亟酸。夫薄而可以旷日持久者，殆未有也。故有国畜民施政教也，臣窃以为厚之而可耳。

【译文】

梁国曾经有一件难以判明的案件，群臣中一半人认为有罪，另一半人认为无罪。梁王说："陶朱公虽然是普通百姓，却富裕得和国家相差无几，此人必然有奇特的智慧。"于是派人请朱公来询问。朱公说："我是一个普通百姓，不懂得判断案件的事情。尽管如此，我的家中有两个白色的玉璧，色彩一样，尺寸一样，色泽也一样，但两者价格相差悬殊，一个价值千金，一个价值五百金。"梁王问："两块玉璧尺寸和色泽都一样，为什么一个千金，一个五百金？"朱公回答："从侧面来看，一个比另一个要厚一倍，所以价值千金。"梁王说："说得好！"因此梁王判案，凡是罪证不足、有疑问的就免去处罚，凡是立功证据不足、行赏有疑的，则仍予以奖励。梁国百姓大为高兴。正如墙壁太薄了容易毁坏、丝绸太薄了容易破裂、器物太薄了容易打坏、酒味太薄了容易发酸一样，凡是刻薄却能旷日持久的，大概是没有的。所以国家要养活百姓、实施政教，我认为只要宽厚就可以了。

# 问　教

楚惠王食寒葅而得蛭，因遂吞之，腹有疾而不能食。令尹入问曰："王安得此疾也？"王曰："我食寒葅而得蛭，念谴之而不行其罪，是法废而威不立也；谴而行其诛，则庖宰（庖宰原作脆尝）监食者，法皆当死，心又不忍也。故吾恐蛭之见也，因遂吞之。"令尹避席再拜而贺曰："臣闻天道无亲，唯德是辅。王有仁德，天之所奉也，病不为伤。"是昔也，惠王之后而蛭出，心腹之积皆愈。

【译文】

楚惠王吃凉菜时发现菜中有水蛭，于是便吞下了它，因此肚内有病不能进食。令尹入宫询问说："大王是怎么得此病的呢？"楚惠王答道："我吃冷菜见到水蛭，于是考虑，如果给予责备而不治其罪，法令就会废弃，且威严就不能建立；若加以责备并予以惩处，那么庖厨和监食的人，依法都得处死，我于心又有所不忍。所以我见到水蛭以后，就吞吃了它。"令尹离开坐席，拜了两次，庆贺说："为臣听说天道非常公正，没有亲疏之分，只帮助有道德的人。大王有仁德，是上天所愿帮助的，此病不能伤害大王。"当晚，水蛭随着惠王大便泻出，惠王的心、腹之病都好了。

邹穆公食不众味，衣不杂采，自刻以广民，亲贤以定国，亲民犹子，臣下顺从，若手之投心也。故以邹之细，鲁卫不敢轻，齐楚不能胁。穆公死，邹之百姓，若失慈父，四境之邻于邹者，士民向方而道哭，琴瑟无音，期年而后始复。故爱出者爱反，福往者福来。

【译文】

邹穆公饮食从不讲求多样，穿衣从不讲究多彩，对自己非常刻薄，但对百姓非常宽厚，亲近贤良以稳定国家，关心百姓就像对待子女一样，因此臣民顺从邹穆公就好比手臂服从心的指挥一样。所以邹国虽然弱小，鲁国、卫国不敢轻视，齐国、楚国不能威胁。邹穆公死后，邹国的老百姓就好像丧失了慈父一样；邻近邹国边界的人们，不管是士人还是民众，都朝着邹国方向表达自己的哀思；民间连琴瑟的声音都停止了，直到一年之后才开始恢复。所以爱护人民的人，人民也爱护他；给众人带来福祉的人，也一定会有福。

宋康王之时，有雀生鹯于城之陬，使史占之，曰："小而生大，必霸天下。"康王大喜。于是灭滕，伐诸侯，取淮北之地。乃愈自信，欲霸之亟成，射天笞地，斩社稷而焚之，骂国老之谏者，为无头之冠，以示有勇，国人大骇。齐王闻而伐之，民散城不守，王乃逃而死。故见祥而为不可，祥必为祸！

【译文】

宋康王时，有只麻雀在城角生出了一个类似鹞子的晨风鸟。康王便让令史占卜，令史占后说："小鸟生大鸟，必定要雄霸天下。"宋康王听后特别喜欢。于是他消灭了滕国，讨伐诸侯，并夺取了淮北地区。于是康王越发自信，想要霸业快点成就，向天上射箭，对地神进行鞭笞，断绝对土神、谷神之祭且焚烧其庙，责骂朝廷老臣中谏诤之人，制做无头人戴的帽子，以显示自己的勇敢。宋国人为之大惧。齐王听说后讨伐宋国，百姓离城而去，不予防守，康王只好逃跑而死。所以见到祥瑞而去做不应做之事，祥瑞必会变成祸患。

## 先　醒

怀王问于贾君曰："人之谓知道者为'先生'，何也？"对曰："此博号也。大者在人主，中者在卿大夫，下者在布衣之士。乃其正名，非为'先生'也，为'先醒'也。"彼世主未学道理，则嘿然惛于得失，不知治乱存亡之所以然，忙忙犹醉也。而贤主者学问不倦，好道不厌，慧然先达于道理矣。故未治也，知所以治；未乱也，知所以乱；未安也，知所以安；未危也，知所以危。故昭然先寤乎所以存亡矣，故曰“先醒”，譬犹俱醉而独先发也。故世主有先醒者，有后醒者，有不醒者。昔楚庄王与晋人战，大克，归过申侯之邑，申侯进饭，日中而王不食，申侯请罪。王喟然叹曰：“非子之罪也。吾闻之曰：‘其君贤君也，而又有师者，王；其君中君也，而有师者，霸；其君下君也，而群臣又莫若者，亡。’今我下君也，而群臣又莫若也。吾闻之，世不绝贤。天下有贤，而我独不得，若吾生者，何以食为？”故庄王战服大国，义从诸侯，思得贤佐，日中忘饭，可谓明君矣。此之谓先寤所以存亡，此先醒者也。

【译文】

梁怀王询问贾谊说：“听人说懂得‘道’者，可称为‘先生’，这是为什么呢？”贾谊回答说：“这是一个宽泛的称号。其最高者可以是君主，其居中者可以是卿大夫，其最下者可以是布衣之士。至于其正确的名称，并非称为‘先生’，而应称为‘先醒’。”那些世俗的君主没有学过道理，就对得失问题浑浑噩噩，不懂得治乱存亡的根本原因，茫茫然就像喝醉了酒一样。而贤良的君主学、问不倦，喜欢研究“道”且从不厌烦，以其聪明首先懂得了治国道理。所以，在天下未太平时，就已经知道如何实现太平；在天下未动乱时，就已经知道为什么将要动乱；在天下未稳定时，就已经知道如何实现安定；在国家未出现危急时，就已经知道为什么会出现危急。所以能清楚地首先悟出国家存亡的原因，故而称为“先醒”（先醒悟者）。就像大家都醉酒时，他自己先醒酒。因此世世代代的君主，有先清醒的，有后清醒的，还有不清醒的。从前楚庄王和晋国人打仗，取得了很大的胜利，返回的路上经过申侯封邑，申侯给庄王送上饭菜，直到中午，庄王仍然未吃。申侯上前请罪，庄王感叹说：“这不是你的罪过。我听人说，一个君主如果是贤君，且有好老师指导，就可以称王；如果君主德才属于中等，且有好老师指导，就能称霸；如果君主德才属于下等，而且群臣还不及他，就会灭亡。如今我是个下等的君主，群臣又不及我。我听说，每个朝代都会有贤能人才。天下有贤才，而我却偏偏得不到。像我这样的人，还吃什么饭呢？”所以说，庄王战胜了大国，以其信义使诸侯顺从，却因为整天思考怎样才能得到优秀人才辅佐，中午竟然忘记了吃饭，这可以说是明智的君主。这就是所谓的事先懂得存亡之理，此即“先醒的人”。

昔宋昭公出亡至乎境，喟然叹曰：“呜呼，吾知所以亡失矣。被服而立，侍御者数百人，无不曰吾君圣者，内外不闻吾过，吾是以至此，吾困宜矣。”于是革心易行，昼学道而昔讲之，二年而美闻。宋人迎而复之，卒为贤君，谥为昭公。既亡矣，而乃寤所以存亡，此后醒者也。

【译文】

从前宋昭公逃亡国外，到达边境时，感叹说：“唉，我知道我为什么被迫逃亡了。自我受命称王后，专门服侍我的就有几百人，所有的人都把我恭维成圣明君主，在朝廷内外都听不到我的过错，我走到今天正是这个原因。我受点困厄是应该的。”宋昭公从此从内心深处反省自己的言行，白天学习道理，晚上就进行讲解，两年后，好的名声传了出去，宋国人迎接他回去并且恢复君位，终于成为一个贤良的君主，死后被追称为昭公。宋昭公被迫逃亡了，才明白自己存亡的原因，这就是“后醒的人”。

昔者虢君骄恣自伐，谄谀亲贵，谏臣诛逐，政治踳乱，国人不服。晋师伐之，虢君出走，至于泽中曰：“吾渴而欲饮。”其御乃进清酒。曰：“吾饥而欲食。”御进腶脯粱糗。虢君喜曰：“何给也？”御曰：“储之久矣！”曰：“何故储之？”对曰：“为君出亡而道饥渴也。”君曰：“子知寡人之亡也？”对曰：“知之。”曰：“知之，何不以谏？”对曰：“君好谄谀而恶至言，臣愿谏，恐先亡！”虢君作色而怒。御谢曰：“臣之言过也。”君曰：“吾所以亡者，诚何也？”其御曰：“君不知也，君之所亡者，以大贤也。”虢君曰：“贤，人之所以存也，乃亡，何也？”对曰：“天下之君皆不肖，疾君之独贤也，故亡。”虢君喜笑曰：“嗟！贤故若是苦耶？”遂徒行而逃于山中。饥倦，枕御膝而卧，御以块自代而去。君遂饿死，为禽兽食。此已亡矣，犹不寤所以存亡，此不醒者也。

【译文】

从前虢国的君主非常骄纵并自我夸耀，讨好亲戚贵族，谏臣被诛杀或赶走，导致政治混乱，老百姓不服。晋国前来进攻，虢君被迫出逃，走到沼泽地带，说：“我渴了，想喝一点水。”驾车者送上清酒。又说：“我饿了，想吃一点饭。”驾车者又送上加有姜桂的碎干肉和高粱制的干粮。虢君高兴地说：“这是怎么来的？”驾车者回答：“已经储藏很长时间了。”虢君问：“为什么要储藏这些食品呢？”回答说：“为了准备您出逃时路上饥饿用的。”虢君说：“你难道知道我要逃亡吗？”回答说：“我知道。”虢君问：“你知道，为什么不谏诤呢？”回答说：“您喜欢谄媚的，厌恶说真话的，我愿意规劝，就怕性命不保。”虢君脸色一变，立刻发怒。驾车者道歉说：“我说的话确有点过头！”虢君问：“我被迫逃亡，到底是什么原因呢？”驾车者说：“您不知道，您之所以逃亡，是因为您太贤能。”虢君说：“贤能，是人们生存的保障，我却被迫逃亡，是什么原因呢？”回答说：“举天下的国君都无德无才，嫉恨您一人贤良，所以您只好逃亡。”虢君开心地说：“哎！当个贤良的人，就要受这么大的苦难吗？”于是步行进入山中，又饥又困倦，便头枕驾车者的膝盖而睡去。驾车者用土块取代自己之膝，抽身离去了。虢君于是饥饿而死，被野兽吃掉了。这是已经逃亡了，仍然不明白存亡的原因，这就是不觉醒的例子。

# 退　让

梁大夫有宋就者，为边县令，与楚邻界。梁之边亭，与楚之边亭皆种瓜。梁之边亭，劬力而数灌其瓜，瓜美。楚人窳而希灌其瓜，瓜恶。楚令怒其亭瓜之恶也，楚亭恶梁亭之贤己，因往夜窃搔梁亭之瓜，皆有死（死原作华）焦者矣。宋就令人往窃为楚亭，夜善灌其瓜，其瓜日以美。楚亭怪而察之，则乃梁亭也。楚王闻之，悦梁之阴让也，乃谢以重币，而请交于梁王。故梁楚之欢，由宋就始。语曰："转败而为功，因祸而为福。"老子曰："报怨以德。"此之谓也。

【译文】

梁国有个大夫名叫宋就，担任地处边境的县的县令，与楚国接壤。梁、楚两国边亭都种着瓜。梁国边亭勤劳，多次灌溉瓜田，瓜长势很美；楚国边亭偷懒，很少浇灌瓜田，瓜长得很差。楚国边防县令对自家瓜长势太差感到恼火，楚国边亭也嫉恨梁国边亭比自己出色，因而夜间偷盗、破坏梁国边亭的瓜，致使很多瓜枯死了。宋就却派人偷偷地到楚国边亭，夜间仔细灌溉楚国的瓜，所以楚国的瓜长势逐渐变好。楚国边亭对此感到奇怪并秘密观察，发现原来是梁国边亭帮他浇灌。楚王听说这件事情后，对梁国私下让步表示高兴，于是用重金表示感谢，并请求与梁国彼此交好。所以梁楚两国友好往来，是从宋就开始的。有句老话说："将败而为功，因祸而得福。"老子说："以德报怨。"就是说的这类事情啊！

翟王使者之楚，王欲夸之，故飨客于章华之台，上者三休乃至其上。楚王曰："翟国亦有此台乎？"使者对曰："不。翟，窭国也，恶见此台？翟王之自为室也，堂高三尺，茆茨（茆茨原作茛茸）弗剪，采椽不刮，然且翟王犹以为作之者大苦，居之者大逸。翟国恶见此台也？"楚王愧焉。

【译文】

翟王的使者到达楚国，楚王想炫耀自己，于是在章华台上招待使者。上台的人，必须三次歇脚才能登上。楚王问翟王使者：“翟国也有这么气魄的高台吗?”使者答道：“没有。翟国是个贫穷的国家，哪里能够看到如此气魄的高台？翟王自己居住的地方，堂庭仅有三尺高，以茅草为屋顶，不求整齐，以柞木作椽，不加削斫。尽管如此，翟王还以为盖房子的人太辛苦了，住房子的人太安逸了。翟国哪能见到这样的台子？”楚王对此感到惭愧。

# 官　人

王者官人有六等：一曰师，二曰友，三曰大臣，四曰左右，五曰侍御，六曰厮役。智足以为原泉，行足以为表仪，问焉则应，求焉则得，入人之家，足以重人之家，入人之国，足以重人之国者，谓之师。智足以为砻厉，行足以为辅助，明于进贤，敢于退不肖，内相匡正，外相扬美，谓之友。智足以谋国事，行足以为民率，仁足以合上下之欢，国有法则退而守之，君有难则能死之，职之所守，君不以阿私托者，大臣也。修身正行，不怍于乡曲，道路谈说，不怍于朝廷，执戟居前，能举君之失过，不难以死持之者，左右也。不贪于财，不淫于色，事君不敢有二心，君有失过，虽不能正谏、以死持之，愁悴有忧色，不劝听从者，侍御也。柔色伛偻，唯谀之行，唯言之听，以睚眦之间事君者，厮役也。故与师为国者，帝；与友为国者，王；与大臣为国者，霸；与左右为国者，强；与侍御为国者，若存若亡；与厮役为国者，亡可立而待。

【译文】

王者封人官职有六等：一等为“师”，二等为“友”，三等为“大臣”，四等为“左右”，五等为“侍御”，六等为“厮役”。智谋深不可测，源源不绝，行为足以作为表率，有问必答，有求必得，进入大夫的封地，能使其封地名重诸侯，进入一个国家，能使这个国家受人敬重，这种人称为“师”。智慧足以和君主切磋磨砺，行为足以作为君主的辅佐，善于鉴别贤人而引进，敢于黜退不肖之人，对内能辅助君主匡正谬误，对外能辅助君主发扬善举，这种人称为“友”。其才智足以谋划国事，其行为足以为民之表率，其仁爱足以使上下欢心，国家有相关法规则遵守它，国君有难则能为其效死，恪守职责，君主也不能以偏私之事相托，这样的人是“大臣”。修养身心，端正行为，无愧于乡里；来往道路，谈论时事，无愧于朝廷；在君主前持戟而立，能够指出君主过失，敢于冒死坚持的人，可为“左右”。不贪婪钱财，不迷恋女色，服侍君主不敢二心，君主有过失，虽然不能正面指出、以死抗争，但有忧虑的神色，不支持、听从君主错误决定的人，这种人可为“侍御”。声音柔弱，身体弯曲，只懂谄谀和听从，以小怨小忿的情态服侍君主的人，称为“厮役”。与“师”一起治国的人，可以称帝；与“友”一起治国的人，可以称王；与“大臣”一起治国的人，可以称霸；与“左右”一起治国的人，可以强大；与“侍御”一起治国的人，将处在存亡之间；与“厮役”一起治国的人，国家很快就会灭亡。

## 大　政

闻之，于政也（原无也字，补之），民无不为本也。国以为本，君以为本，吏以为本。故国以民为安危，君以民为威侮，吏以民为贵贱，此之谓民无不为本也。民无不为命也。国以为命，君以为命，吏以为命。故国以民为存亡，君以民为盲明，吏以民为贤不肖，此之谓民无不为命也。民无不为功也。故国以为功，君以为功，吏以为功。故国以民为兴坏，君以民为强弱，吏以民为能否，此之谓民无不为功也。故夫民者，至贱而不可简也，至愚而不可欺也。故自古而至于今，与民为仇者，有迟有速，而民必胜之矣。道也者，福之本也；祥也者，福之荣也。无道者，必祸之本；不祥者，必失福之荣矣。故行而不缘道者，其言也必不顾义矣。故纣自谓天王也，而桀自为天子也，已灭之后，民以骂也。以此观之，则位不足以为尊，而号不足以为荣矣。故君子之贵也，士民贵之，故谓之贵；故君子之富也，士民乐之，故谓之富。故君子之贵也，与民以福，故士民贵之；故君子之富也，与民以财，故士民乐之。

【译文】

我听说，人民始终是一切政治的根本。国家以人民为根本，君主以人民为根本，官吏也以人民为根本。所以国家的安危取决于人民，君主的威严与屈辱取决于人民，官吏的尊贵与低贱取决于人民。这就是我所说的人民是一切政治的根本所在。人民是一切政治的命脉。国家以人民为命脉，君主以人民为命脉，官吏也以人民为命脉。所以国家的存亡在于人民，君主的暗昧与清明在于人民，官吏的贤与不贤取决于人民。这就是所说的人民是国家的命脉所在。人民是一切功绩的创建者。国家靠人民之力取得成就，君主靠人民之力取得治绩，官吏靠人民之力取得政绩。所以国家的兴衰取决于人民，君主权威的强弱取决于人民，官吏能力的高低取决于人民的评价。这就是所说的人民是一切功绩的创建者。因此，人民虽然是最低贱的，但不能轻视；虽然是最愚昧的，但不能欺骗。所以从古到今，凡是与人民为敌的人，不管迟早，人民都必定会取得胜利。道是福的根本，吉祥是福的表现。丧失道义，一定是灾祸的根源；不吉祥，一定是丧失福禄的征兆。所以行为不遵从正道者，所讲的话也就不会顾及义理。因此，商纣自称天王，夏桀自称天子，灭亡以后，因此被人民唾骂。由此来看，职位并不等于尊贵，名号也不等于荣耀。所以君子的高贵，是士子和庶民尊敬他们，所以谓之“贵”；而君子的富有，是士子和庶民乐其富有，所以谓之“富”。君子的尊贵在于给人民幸福，所以士子和庶民尊崇他们；君子的富有在于给人民财富，所以士子和庶民乐其富有。

君能为善，则吏必能为善矣；吏能为善，则民必能为善矣。故民之不善，吏之罪也；吏之不善，君之过也。呜呼！戒之戒之！故夫士民者，率之以道，然后士民道也；率之以义，然后士民义也；率之以忠，然后士民忠也；率之以信，然后士民信也。故为人君者，出其令也，其如声；士民学之，其如响；曲折而从君，其如影。

【译文】

君主能够做好事，那么官吏必然能够做好事；官吏能够做好事，那么人民必定会做好事。所以人民不贤善，是官吏的罪过；官吏不贤善，是君主的罪过。啊，对此要警惕而又警惕呀！对于士子和庶民来说，上层能够以正道做表率，然后士子和庶民就走正道；上层能够以正义做表率，然后士子和庶民就讲正义；上层能够以忠诚做表率，然后士子和庶民就会尽忠诚；上层能够以信用做表率，然后士子和庶民就讲信用。所以做君主者，发布的号令就像声音；士子和庶民向他学习，响应就像回声；士子和庶民的行为都跟从君主，像影子一样。

渚泽有枯水，而国无枯士矣。故有不能求士之君，而无不可得之士。故有不能治民之吏，而无不可治之人。故君明而吏贤矣，吏贤而民治矣。故见其民而知其君矣。故君功见于选士，吏功见于治民。王者有易政而无易国，有易吏而无易民。故因是国也而为安，因是民也而为治。是以汤以桀之乱民为治，武王以纣之北卒为强。

【译文】

沼泽有干涸失水的，但国家不会缺乏人才。所以有不能求得士子的君主，而没有不可求得的士子；有不懂治理庶民的官吏，而没有无法治理的人民。君主明智了，官吏就会贤良；官吏贤良了，人民就安定了。所以，看一个国家的人民，就能够知道其国的君主。君主的功绩要看选择士子，官吏的功绩要看治理人民。做国君的人，有政治的变革而没有国土的变更，有被更换的官吏但没有被更换的人民。所以要根据该国的国情来实现安定，根据该国的民情来进行治理。所以，商汤领导夏桀的乱民而实现了国家安定，周武王依靠商纣的败兵而成为强大之师。

# 修　政

周武王问鬻子曰：“寡人愿守而必存、攻而必得、战而必胜，则吾为此奈何？”鬻子对曰：“攻守战胜同道，而和与严其备也。故曰：和可以守，而严可以守，严不若和之固也；和可以攻，而严可以攻，严不若和之得也；和可以战，而严可以战，严不若和之胜也。则唯由和而可也。故诸侯发政施令，政平于人者，谓之文政矣；诸侯接士，而使吏礼恭于人者，谓之文礼矣；诸侯听狱断治，刑仁于人者，谓之文诛矣。故三文行于政、立于治、陈于行，其由此守而不存、攻而不得、战而不胜者，自古而至于今，未之尝闻也。今也，君王欲守而必存、攻而必得、战而必胜，则唯由此为可也。”武王曰：“受命矣。”

【译文】

周武王询问鬻子说：“寡人祈望守卫就能守住，进攻就能攻取，作战就能胜利，那么我应该怎么办呢?”鬻子回答说：“进攻、守卫、战胜对方，其实道理是相同的，平和与严厉都可以做到。所以说，平和可以守卫，严厉也可以守卫，严厉不如平和来得稳固；平和可以进攻，严厉可以进攻，严厉不如平和所得多；平和可以作战，严厉可以作战，严厉不如平和胜算大。就是说只有采取‘平和’才更合宜。所以诸侯发号施令，政令对一切人都公平的，叫做‘文政’；诸侯接待士子，能让官吏待人恭敬的，叫做‘文礼’；诸侯判案治罪惩处时，要对人体现仁爱，叫做‘文诛’。如果将这三‘文’贯穿在行政过程、治理过程和行动过程中，还守卫不住、进攻不得、作战不胜的，从古到今，从来没有听说过。今天君王想要守卫就能守住，进攻就能攻取，作战就能胜利，那么只有采取平和的‘文政’、‘文礼’、‘文诛’才最为合宜。”周武王说：

“我听您的。”

周成王曰：“寡人闻之，圣在上位，使民富且寿云。若夫富则可为也，寿则不在天乎？”鬻子对曰：“圣人在上位，则天下无军兵之事，民不私相杀，则民免于一死，而得一生矣。君积于道，而吏积于德，而民积于用力，故妇人为其所衣，丈夫为其所食，则民无冻饿，则民免于二死，而得二生矣。君积于仁，而吏积于爱，而民积于财，刑罚废矣，而民无大过（大过原作夭竭）之诛，则民免于三死，而得三生矣。使民有时，而用之有节，则民无厉疾，则民免于四死，而得四生矣。兴贤良以禁邪恶，贤人必用，不肖人不作，则民得其命矣。故夫富且寿者，圣王之功也。”王曰：“受命矣。”

【译文】

周成王问道：“寡人听说，有‘圣人在上位，便可以让人民富裕且长寿’之语。让人民富裕尚可以做到，但长寿难道不是取决于上天吗？”鬻子回答说：“圣人在上位，那么天下就没有战争发生，人民不互相杀伤，就可免除一次死亡，得到一次生机；君主蓄积治道，官吏讲究品德，人民就会积蓄力量，妇女制作衣裳，男子生产食物，人民就不会挨冻受饿，就会免除两次死亡，得到两次生机；君主积聚仁义，官吏积聚爱心，人民就会积聚财富，刑罚就可以废弃不用了，人民没有因贫困而违法遭到诛杀，就可免除三次死亡，得到三次生机；若役使百姓只占用农闲时间，且使用很有节制，那么人民就没有疾病，就可以免除四次死亡，得到四次生机。起用贤良人才，防禁邪恶行为，凡是优秀人才就能够得到起用，不肖的人无法得逞，那么人民就会得到生机。所以说富裕和长寿，都是圣王的功劳。”周成王说：“我受到教育了。”

# 立后义

殷汤放桀，武王杀纣，此天下之所同闻也。为人臣而放其君，为人下而杀其上，天下之至逆也，而所以长有天下者，以其为天下开利除害，以义继之也，故声名称于天下，而传于后世。以其后世之隐其恶，而扬其德美，立其功烈，而传于久远，故天下皆称圣帝至治，其道之也当矣。

【译文】

商汤流放夏桀，周武王杀死商纣，这是世人都知道的。作为臣子而放逐自己的君主、作为部下而杀死其君上，这是天下最大的叛逆行为。而商汤、周武王之所以能长久拥有天下，是因为他们替天下兴利除害，并继之以仁义之道，所以他们的名声能在天下称道，并且传扬于后世。因为其后代隐没他们的罪责，而弘扬他们的美德，树立他们的功绩，并且流传久远，所以天下人都称颂他们是圣明的君主，他们的朝代是太平盛世，他们的治国之道是最好的。

（张世民译）

## 卷四十一

# 淮南子治要

【考评】

《淮南子》系西汉淮南王刘安(前179年—前122年)和他的门客共同编著。《汉书·艺文志》著录内二十一篇，外三十三篇。

《淮南子》集众家之说而归之于“道”，乃西汉道家思想的最高理论结晶，也是我国思想史上划时代的学术巨著。该书内容丰富，思想深邃，文笔瑰丽，可谓汉代上乘之作，后世也罕有其匹。唐朝史学家刘知几对《淮南子》曾有“牢笼天地，博及古今”的评价。它提出了汉代道家的天人之学，其体系庞大而系统，集哲学、政治学、史学、伦理学、科学、经济学、军事学等于一书，表现出汉人的宏阔气魄。高诱也曾说过：“学者不论《淮南》，则不知大道之深也。”

魏征等编撰《群书治要》，于《淮南子》二十一篇中摘选十一篇的部分段落，包括原注释七千七百六十一字。其目的“为主治要”，所以收录的多是君主治国平天下的内容，不涉自然科学。选文言简意赅，博洽精严，颇具说服力。

《淮南子》亦称《淮南鸿烈》。“鸿，大也；烈，明也。以为大明道之言也。”后来，“刘向校定撰具，名之淮南。”西汉淮南王刘安及其门客苏飞、李尚、伍被等撰。《汉书·艺文志》著录内二十一篇，外三十三篇。内篇论道，外篇杂说。现只流传内二十一篇。是书“言其大也，则焘天载地；说其细也，则沦为无垠。及古今治乱，存亡祸福，世间诡异瑰奇之事……无所不载"(高诱《淮南鸿烈解》序)。文以道家为主，揉合儒、法、阴阳五行等家，一般认为属杂家著作。如司马谈所说："其为术也，因阴阳之大顺，采儒、墨之善，撮名、法之要"。(《论六家要指》)《淮南子》为文，纵横蔓衍，多所旁涉，其所包括的历史知识非常丰富。尤其所记大量的神话传说，是研究中国原始社会的重要资料。在《原道》篇所提出的宇宙生成论，对古代唯物主义和自然科学有重要影响，保存了不少自然科学史材料。注本有东汉高诱的《淮南鸿烈解》及刘家立的《淮南集征》(中华书局)和刘文典的《淮南鸿烈集解》等。

# 原　道

夫道者（本书云夫道者覆天载地廓四方析人极云云，其德优天地而和阴阳云云），覆天地而和阴阳，节四时而调五行。故达于道者，处上而民弗重也，居前而众不害也，天下归之，奸邪畏之。以其无争于万物也，故莫能与之争。故体道者，逸而不穷；任数者，劳而无功。夫峭法刻诛（旧无诛字，补之）者，非霸王之业也〔峭，峻〕；棰策繁（旧无繁字，补之）用者，非致远之御也。离朱之明，察针末于百步之外，而不能见渊中之鱼；师旷之聪，合八风之调，而不能听十里之外。故任一人之能，不足以治三亩之宅；修道理之数，因天地之自然，则六合不足均也。

【译文】

道，覆盖天地而使天地协调、阴阳和谐，使四季有序、五行相配。所以，凡得道者，居上位而百姓不会认为权势重，处于人前而众人不会感到有祸害，天下的人都归附他，奸邪小人都害怕他。因为他不与万物相争，所以没有谁能和他争。依道行事者安逸而顺达，凭依权术者辛劳而无功。严厉的刑法、苛刻的诛罚，不是成就霸业的手段；快鞭驱马，不是到达远方的驾驭办法。离朱的眼睛明亮，能看到百步之外的针尖，却看不见深渊中的鱼；师旷听觉灵敏，能分辨出“八风”的音调，却不能听到十里外的声音。所以，凭一个人的能力，无法治好三亩见方的家业；遵循道的规律，顺应天地的自然之性，则天地四方还不够他治理。

# 本　经

凡人之性，心和（和原作平）欲得则乐，歌舞节则禽兽跳矣；有忧丧（原作无丧字）则悲哀（原注无哀字），有所侵犯则怒，怒则有所释憾矣。故钟鼓管箫，所以饰喜也；衰絰苴杖〔苴，麻〕，所以饰哀也；金鼓鈇钺，所以饰怒也，必有其质，乃为之文。古者圣王在上，上下同心，君臣辑睦，衣食有余，家足人给，父慈子孝，兄良弟顺，天下和洽，人得其愿。故圣人为之作礼乐，以和（旧无和字，补之）节之。末世之政，田渔重税，关市急征；民力竭于徭役，财用殚于会赋〔会，计〕；居者无食，行者无粮；老者不养，死者不葬；赘（原著赘疑卖）妻鬻子，以给上求，犹不能赡其用。愚夫蠢妇，皆有流连之心、凄怆之意，乃始为之撞大钟，击鸣鼓，吹竽笙，弹琴瑟，则失乐之本矣。

【译文】

大凡人性，心情平和、欲望满足的就快乐，（快乐了就会）手舞足蹈地像禽兽一样欢蹦乱跳；心里忧愁沮丧便生伤悲，受到侵犯便生怒气，怒气发泄后心中之恨就会排解。所以，钟鼓管箫，能用来修饰喜悦；孝服孝杖，能借以表现悲哀；金鼓斧钺，能用以发泄愤怒。一定是因为有这样的实际作用，（朝廷）才制定相应的礼乐制度。古时候圣人在上位，上下同心，君臣和睦，百姓衣食有余，家用丰足，人人有衣食供给，父亲慈爱，子女孝顺，兄长温良，弟弟恭从，天下平安和谐，人人随心如愿。所以圣人为其制定礼仪、音乐来使其和谐、节制。衰世统治者为政，农夫、渔民承受着繁重的赋税，关卡、集市紧追不放地征敛；民力被徭役耗尽，百姓财用被赋税刮完；居家的无饭吃，外出者无干粮；老人得不到赡养，死者没有人安葬；抵押妻子，卖掉子女，来供给官府的索求，还是不能满足其征用。即便是愚夫蠢妇，也会生流离转徙之意、凄凉悲怆之情，此时才开始为他们撞大钟，击响鼓，吹竽笙，弹琴瑟，就失去了制定音乐的根本目的。

古者，上求薄而民用给，君施其德，臣尽其忠（忠原作力），父行其慈，子竭其孝，各致其爱，而无憾恨其间矣。夫三年之丧，非强引而致之也，听乐不乐，食旨不甘，思慕之心未能绝（绝原作弛）。晚世风流俗败，嗜欲多而礼义废，君臣相欺，父子相疑，怨尤充胸，思心尽亡，被衰戴绖，戏笑其中，虽致之三年，失丧之本矣。古者天子一畿〔千里为畿〕，诸侯一同〔百里为同也〕，各守其分地，不得相侵。有不行王道、暴虐万民、乱政犯禁者，乃举兵而伐之，戮其君，易其党，卜其子孙以代之〔天子不灭国，诸侯不灭姓，古之政也（原作此注为，天子不灭同姓，诸侯不灭国，自古之正也）〕。晚世务广地侵壤，并兼无已，举不义之兵而伐无罪之国，杀不辜之民而绝先圣之后，大国出攻，小国城守，驱人之马牛，系人之子女，毁人之宗庙，徙人之重宝，流血千里，暴骸满野，以赡贪主之欲，非兵之所为主也。故兵者所以讨暴也，非所以为暴也；乐者所以致和也，非所以为淫也；丧者所以尽哀也，非所以为伪也。故事亲有道矣，而爱为务；朝廷有容矣，而敬为上；处丧有礼矣，而哀为主；用兵有术矣，而义为本。本立而道行，本伤而道废矣。

【译文】

古时候在上位的人需求少而百姓财用就会丰足，君主布施恩德，臣民尽心效忠，父亲表达其慈爱，子女竭尽其孝道，各自都奉献爱心，人们之间才没有什么遗憾和怨恨。服丧三年的规定，并非强制而使其做到，是因为听到音乐也感受不到快乐，吃着美食也不觉得香甜，思慕死者之情未能断绝啊！末世之时，遗风流失，世俗败坏，人们嗜欲增多，礼义废弛，君臣相欺，父子相疑，怨恨充满心胸，痛思之心丢弃，虽还披麻戴孝，但在服丧期间竟还戏嬉欢笑，虽然也做到守孝三年，但却失去了丧礼的根本意义呀！古代天子有方圆千里的国土，诸侯有方圆百里的封地，各守本分，不得相互侵犯。出现不行王道的诸侯暴虐百姓、扰乱政事、违犯禁令者，天子便发兵征讨他，杀掉作乱的国君，更换其统治集团，选择该诸侯国君子孙中贤能的人来取代国君。后世诸侯致力于扩大疆土，兼并不休，兴不义之师，攻打无罪之国，残杀无辜百姓，灭绝先圣的后代，大国发动进攻，小国死守城池，赶走他人的牛马，拘囚别人的子女，毁掉他国的宗庙，迁走人家的国宝，血流千里，尸横遍野，用来满足贪婪君主的欲望。这不是设置军队的本来目的。本来军队是用以讨伐暴乱的，不是用来制造暴乱的；音乐是用以求得和谐的，不是借以助长淫乱的；丧制是用来充分表达哀悼之情的，不是用来表示虚情假意的。所以，侍奉父母有孝道，而以敬爱为要务；进入朝堂有礼仪，而以恭肃为最上；守丧有丧礼规定，而以悲痛为基础；用兵有战略战术，而以正义为根本。根本确立以后，道义才能畅行；根本受到损伤，道义就会废弃。

## 主　术

人主之术，处无为之事，行不言之教；清静而不动，壹度（壹度原作壹动）而不摇；因循而任下，责成而不劳。是故心知规而师傅喻导（导原作道），口能言而行人称辞，足能行而相者前导，耳能听而执正（正原作政，原作政下有者字）进谏。是故虑无失策，举无过事，言成文章，而行为仪表于天下，进退应时，动静循理，不为丑美好憎，不为赏罚喜怒，事由自然，莫出于己。故古之王者，冕而前旒，所以蔽明〔冕，冠也。前旒，冕前珠饰也〕；黈纩充耳，所以掩聪〔黈纩，所以塞耳〕；天子外屏，所以自障也。故所理者远，则所在者近；所治者大，则所守者小。目妄视则淫，耳妄听（听原作闻）则惑，口妄言则乱。三关者，不可不慎守也。

【译文】

君主治理天下的策略，应以“无为而治”的思路处理政务，以不重言谈的方式施行教化；应清静无为而不轻举妄动，一旦有所举措就不宜动摇；应遵循旧制而信任臣下，责令百官各成其事而不亲自劳作。所以心里明明知道法规却让辅政大臣晓谕、讲说，口虽能言善辩却让外交使臣去陈说辞令，双脚虽能行走却要让负责礼仪的傧相在前面引导，耳虽善于听政却让执政大臣规劝指正。因此考虑问题不会失策，谋划大计不会出错，言谈皆成为礼乐法度，而行为成为天下人效仿的楷模，进退都适应时势要求，动静都遵循客观规律，不因外表美丑而决定好恶，也不因赞赏或批评而表现喜怒，万事万物都顺其自然，不独出于个人意见。

所以古代的君主皇冠前垂挂着玉珠，这是为了遮挡视力之明；用黄色的丝绵塞住耳孔，这是为了掩蔽听觉之敏；天子宫门外设立垣墙，是用来阻隔自己的。因此天子所管理的地方远，但所活动的范围却很近；所管理的事情重大，但所持守的道理却很简单。眼睛胡乱观看就会失去节制，耳朵胡乱听取就会产生迷惑，信口胡乱言谈就会发生混乱。这三点，不可不慎守。

夫明主之听于群臣，其计可用也，不羞其位；其言可行也，不责其辩。暗主则不然，信所爱习亲近者，虽邪枉不正，不能见也；疏远卑贱者，虽竭力尽忠，不能知也；有言者穷之以辞，有谏者诛之以罪。如此而欲照海内、存万方，是犹塞耳而听清浊、掩目而视青黄也，其离聪明亦远矣。汤、武圣主也，而不能与越人乘干（干原作舼）舟、浮江湖；伊尹贤相也，而不能与胡人骑騵马、服騊駼〔原，国名，在益州西南，出千里马、騊駼，野马〕；孔墨博通，而不能与山居者入榛薄（原作有出字）险阻。由此观之，则人智之于物浅矣。而欲以照海内、存万方，不因道理之数，而专己之能，则其穷不达矣。故智不足以为治，勇不足以为疆，则人才不足以任明矣。然而君人者不下庙堂之上，而知四海之外者，因物以识物，因人以知人也。故人主深居隐处，以避燥湿，闺门重袭，以避奸贼，内不知闾里之情，外不知山泽之形，帷幕之外，目不能见十里之前，耳不能闻百步之外，然天下之物，无所不通者，其灌输者大而斟酌者众也。是故不出户知天下，不窥牖知天道。乘众人之智，则天下不足有也；专用其心，则独身不能保（保原作守）也。

【译文】

贤明的君主听取群臣的建议，如果其计策可用，就不会因其地位低下而耻于采用，如果其言论可行，就不会责怪他们与自己争辩。昏庸的君主则不然。他信任、偏爱、亲近自己的人，虽然其奸邪枉法、品行不端，却看不见；他疏远地位卑贱的人，虽然其竭忠尽智，却不会知道；有进言的便用责备等方法使他们辞穷，有直言规劝的就以某种罪名予以惩处。这样做却想要光耀海内、抚恤万方，就像塞住耳朵听辨乐声的清浊、遮住眼睛却想看清青黄之色。这离耳聪目明也就更远了！商汤和周武王，是圣明之君，却不能和越人一起驾小船、泛江湖；伊尹，是贤良的卿相，却不能和胡人一道骑骏马、驯野马；孔子、墨子博通经典，却不能和山里人一起出入于草木丛生及险阻之地。由此看来，人们的才智对于万物来说太浅薄了。然而君主却想运用自己一人之智来遍照海内、抚恤万方，不遵循天道事理的规律，而独用个人的能力，那么他就会阻滞不通，不能达到目的。所以，其才智不足以治理天下，勇力不足以使国家强盛，那么对人才不能够任用，是显而易见的了。可是君主不走出朝廷就能知道四海之事，是因为他能够通过身边的事物而推知其他的事物，能够通过身边的人而了解其他人。君主深居在隐蔽之地来避开燥湿，宫门重重紧闭来避开奸贼，对内没有体察过闾里的民情，对外没有见到山川的形貌，对宫室的帷幕以外，眼睛不能看到十里之远，耳朵不能听到百步之外，然而却对天下之事没有不通晓的。这是因为向他传递信息的渠道十分宽阔，为他出谋划策的人员众多。所以，君主足不出户就能了解天下大事，不用向窗外观看就知道自然规律。君主如果凭借众人的才智，那么整个天下也不够他治理；如果只运用个人心志，那么他连自身也难以保全。

主道圆者，运转而无端，化育如神，虚无因循，常后而不先者也。臣道方者，论是处当，为事先唱，守职分明，以立成功者也。是故君臣异道则治，同道则乱。各得其宜，处得其当，则上下有以相使也。夫载重而马羸，虽造父不能以致远；车轻而马良，中工可以追速。是故圣人之举事也，岂能咈道理之数，诡自然之性，以曲为直，以诎为伸哉？未尝不因其（旧无其字，补之）资而用之也。是以积力之所举，则无不胜也；众智之所为，则无不成也。贤主之用人，犹巧匠制木，大小修短，皆得所宜，规矩方圆，各有所施，殊形异材，莫不可得而用也。天下之物，莫凶于奚毒〔奚毒，附子〕，然而良医橐而藏之，有所用也。是故竹木草莽之材，犹有不弃者，而又况人乎？

【译文】

君主治国之道如天之圆，能够运转无穷，化育万物而功效如神，虚心无为而因循事理，常甘处于后而不为人先。百官为臣之道方正，应言论正确、处事得当，做事先行倡导，为官职责分明，因而能建功立业。所以，君臣做事方法有别，就会使天下治平；君臣处事方法相同，就会使天下混乱。如果治术各得其宜，处事各得其当，那么君臣之间就会相互促进。如果车辆承载过重并且马匹疲弱，即使是造父这样高明的御手也不能驾驭它到达远方；如果车辆载物较轻、马匹优良，即使是中等的御手也可以驾着它跑得很快。因此，圣人做事又怎能违反治理的法则、背离自然的本性，把弯当作直而把屈说成伸呢？他们从来都是遵循事物的本性来使用它们。因此，凝聚众人的力量来举事，没有不胜利的；集中众人的智慧来行事，没有不成功的。贤德的君主任用人才，就像高明的工匠裁取木料，无论大小长短，都能各尽其用，无论规矩方圆，都能各有所施，各种形状各种材质的木料，没有不能使用的。天下的植物，没有比奚毒（附子）毒性更猛烈的，然而良医用袋子装着收藏起来，因为它有用处。所以，竹木野草之类的材料，尚有不应抛弃的，更何况于人呢？

今夫朝廷之所不举，而乡邑之所不誉，非其人不肖，其所以（旧无以字，补之）官之者，非其职也。麋之上山也，大（大字疑衍）獐不能跂（跂原作跋）也，及其下也，牧竖能追之，才有修短也。是故有大略者，不可责以捷巧；有小智者，不可任以大功。人有其才，物有其形，有任一而大重，有任百而尚轻。是故审于毫厘之计者，必遗天下之大数（天下之大数原作天地之数）；不失小物之选者，惑于大事之举。犹狸之不可使搏牛，虎之不可使捕鼠也。今人之才，或（或原作有）欲平九州、并（并原作从）方外、存危国，而乃责之以闺合之礼、奥窔（奥窔原作人事）之间；或佞巧小具，修乡曲之俗，卑下众人之耳目，而乃任之以天下之权、治乱之机。是犹以斧翦毛而以刀伐木也，皆失其宜矣。

【译文】

现在，那些朝廷不提拔、乡邑不赞誉的人，并非他们不贤能，而是给他们所封的官职不是他们适宜从事的。鹿上山时，大獐子也不能赶上它，等到下山，连牧童也能追上它。这是因为人的才能有其长短。所以，有雄才大略者，不能苛求他们敏捷和灵巧；有小才智者，不可委任他们去做大事业。人各有其才能，物各有其形貌。有人承担一件事就已感到沉重，有人肩负百倍的重担仍然觉得轻松。所以，那些详明于毫厘小数的人，必定要失去天地一样的大数；不失误于小事算计的人，往往迷惑于大事的筹划。这就像猫不能用来与牛搏斗、虎不能用来捕捉老鼠一样。如果人有才干，有的可以平定九州，兼并外族，挽救危亡之国，却要求他们去主管君主宫内的礼节，处理人事上的嫌隙等问题；有的具有小的才智和技巧，遵循乡野偏僻处人的陋俗，低下地哗众取宠，却委任他们以国家的大权、关乎治乱的大事。这些就犹如用斧子去割剪毛发、用剃刀来砍伐大树，两者都没有发挥他们的实际作用啊。

人主之赋敛于人也，必先计岁收，量民积聚，知（知后原有民）饶馑有余不足之数，然后取车舆衣食，供养其欲（欲原作上）。高台层榭，非不丽也，然民无窟室狭庐〔窟室，土室〕，则明主不乐也；肥醲甘肥，非不美（美原作香）也，然民无糟糠菽粟，则明主不甘也；匡床衽席，非不宁也，然而民有处边城、犯危难、泽死暴骸者，则明主不安也。故古之君人者，甚憯怛于民也。国有饥者，食不重味；民有寒者，而冬不被裘。岁丰谷登，乃始悬钟鼓、陈干戚，君臣上下同心而乐之，国无哀人。故古之为金石管弦者，所以宣乐也；兵革斧钺，所以饰怒也；觞酌俎豆，所以效喜也；

衰绖菅屦，所以喻哀也。此皆有充于内，而成象于外者也。及至乱主，取民则不裁其力，求下则不量其积，男女不得事耕织之业以供上之求，力勤财匮，君臣相疾。而乃始撞大钟，击鸣鼓，吹竽笙，弹琴瑟。是由贯介胄而入庙、被绮罗而从军也，失乐之所由生矣。

【译文】

君主向民众收取赋税，一定要首先计算当年的收成，估量人民的积蓄，了解百姓生活有余与不足的情况，然后适度征取车舆、衣食的费用来供给自己的需求。那些高耸的楼台、层叠的亭榭，不是不华丽，但是民众有的连土室草屋都没有，那么明君（住在华丽的宫室里）也不会感到快乐；肥肉烈酒、甜脆的食物，不是不香，但有的百姓连糟糠杂粮都吃不上，那么明君（吃着佳肴）也不会觉得心安；方正安适的卧床与床席，不是不舒适，但百姓有的身在边城，遭逢危难，死于荒野洼泽，尸骨暴露，则明君（睡在安适的卧床上）也不会觉得安适。所以，古时候统治人民的君主，很为百姓忧伤。国民中有挨饿的，君主吃饭时就不要第二道菜；民众中有受冻的，君主冬天就不穿裘衣。只有年终五谷丰登、人民富足时，才开始悬挂起钟鼓，陈列起干戚，君臣官民同心欢乐，国内也没有悲哀的人。所以，古代设置金、石、管、弦等乐器，是为了抒发欢乐的；设兵、革、斧、钺等跳舞用具，是为了宣泄愤怒的；设置觞、酌、俎、豆等礼器，是用来表示喜悦的；披着麻服、系着孝带、穿着草鞋，是用来表达哀悼的。这一切都是发自内心并且通过外表流露出来的。及至乱世的君主，征敛民财则不考虑人民的承受能力，求取于下民则不估量人民的蓄积，使得男女不能从事耕织的本业来满足君主的贪求，民力劳苦，而财物匮乏，君臣相互怨恨。这时却开始撞击大钟，敲击响鼓，吹起竽笙，弹起琴瑟。这犹如披挂着甲胄进入宗庙祭祀、穿着绫罗锦衣而去参军一样，也就失去了制定礼乐的本意。

食者，民之本也，民者，国之本也，国者，君之本也。是故君人者，上因天时，下尽地财，中用人力。是以群生遂长，五谷蕃殖，各因其宜。所以应时修备，富利国民，实旷来远者，其道备矣。非能目见而足行之也，欲利之也。欲利之也不忘于心，则官自备矣。心之于九窍四支也，不能一事焉。然而动静听视，皆以为主者，不忘乎欲利之也。故尧为善而众善至，桀为非而众非来矣。

【译文】

粮食，是人民生存的根本；人民，是国家存在的根本；国家，是君主立身的根本。所以，统治人民的君主，如果能对上顺应天时，对下充分运用地利，中间充分运用人力，这样就能使万物顺利生长，使五谷繁衍生息，各依其宜而成长。其所以能顺应天时，措施完备，使国家富足、人民得利，使荒远之地富足、远方之民归附，是因为他们的治国之道非常完善。这些并不是目所能见的东西和足迹可及之处，而是想对民众有利。想对民众有利，就会在心中念念不忘，这样各级官府就会自行备办。君主治理国家，就像心脏对于九窍四肢，不能专一于某一处的职事，然而身体的动静、视听都由心来掌管，是因为心总不忘有利于它们。所以，尧帝施行善举而各种善举相应而至，夏桀为非作歹而各种胡作非为也随之而来。

凡人之论，心欲小而志欲大，智欲圆而行欲方，能欲多而事欲鲜。尧置敢（敢原作欲）谏之鼓，舜立诽谤之木，汤有司直之人，武王有戒慎之鞀（鞀原作铭），过若毫厘，而既已备之矣。夫圣人之于善也，无小而不举；于过也，无微而不改。战战栗栗，日慎一日。由此观之，则圣人之心小矣。武王克殷，发巨桥之粟，散鹿台之钱，封比干之墓，解箕子之囚，无故无新，唯贤之亲，用非其有，使非其人，晏然若（若后原有其字）故有之。由此观之，则圣人之志大矣。文王周观得失，遍览是非，尧舜所以昌，桀纣所以亡者，皆著之于明堂。由是观之，则圣人之智圆矣。成康继文武之业，守明堂之制，观存亡之迹，见成败之变，非道不言，非义不行，言不苟出，行不苟为，择善而后从事焉。由此观之，则圣人之行方矣。孔子之通，智过苌弘〔苌弘，周景王之史臣，通天下鬼方之术也〕，勇服孟贲〔孟贲，卫人〕，能亦多矣。然而勇力不闻，伎巧不知，专行孝道，以成素王，事亦鲜矣。夫圣人之智，固已多矣，其所守者约，故举而必荣；愚人之智，固以少矣，其所事者又多，故动而必穷矣。

【译文】

衡量圣贤人的标准是：内心谦卑而志向远大，智慧圆满而行为方正，能力全面而行事简约。尧帝设置供直谏用的大鼓，舜帝树起供人议论并书写其善恶的木牌，商汤设立专门掌管直言进谏的官员，周武王刻制有专门用来警戒自己的铭文。当过错还只有毫厘大小的时候，他们已经加以戒备了。圣人对于善举，不因其小就不施行；对于过错，不因其小就不改正。战战栗栗，小心翼翼，时时谨慎。由此看来，圣人的内心是谨小慎微的。周武王伐纣，发放巨桥的粮食，散发鹿台的库钱，封修比干的陵墓，把箕子从囚禁中解放出来，不分故人还是新人，只任用和亲近那些贤能的人。任用的不一定是原有的，使用的不一定是亲近的，但武王安然放心，就像他本来就拥有的一样。由此看来，圣人的志向远大呀！周文王全面地考查得失，广泛地鉴明是非，尧帝舜帝昌盛的原因、夏桀商纣灭亡的教训，都记载下来放在明堂里。由此看来，圣人的才能智慧是运转无穷的。周成王和周康王继承文王和武王的基业，遵守明堂制度，明察前代兴亡的事迹，看清国家成败的演变，不合乎道义的话不说，不合乎义理的事不做，言论不随便出口，举动不随便作为，先选择出好的方法然后根据它去行事。由此看来，圣人的行为是方正的。孔子广博的才智超过苌弘，勇力胜过孟贲，才能算是很多了。可是他的勇力不为人所知，技巧不被人了解，专心从事孝道，因而成为没有王者之位却有王者之德的人，这样的情况是少有的。圣人的才智本来已经广博，而他们所掌握的又是简约的要领，所以凡有行动，必会兴旺；愚人的才智本来就浅薄，而他们所做的事又很烦杂，所以凡有行动必然困窘不顺。

# 缪　称

主者国之心也。心治则百节皆安，心扰则百节皆乱〔治，犹理也；节，犹事也。以体喻也〕。故其心治者，枝体相遗〔遗，忘〕；其国治者，君臣相忘也〔各得其所，无所思念〕。

【译文】

君主，是国家的心脏。心神安定则各部位都会安定，心神纷乱则各部位都会紊乱。所以，如果人心神安定，肢体就能自然协调；如果国家安定，君臣之间就会各守其职，相安无扰。

君子非仁（原无仁字，下同）义无以生，失仁义则失其所以生；小人非嗜欲无以活，失嗜欲则失其所以活。故君子惧失仁义，小人惧失利。观其所惧，知各（各原作居）殊矣。

【译文】

君子若无仁义就不能生存，失掉了仁义，也就失去了君子赖以生存的支柱；小人如果没有嗜欲就不能活命，失掉了嗜欲也就失去了他们赖以活命的依托。所以，君子担心失去仁义，而小人害怕失去利益。考察他们所担心失去的东西，就能看出君子与小人是各不相同的。

凡人各贤其所悦，而悦其所快。世莫不举贤〔贤其所悦者，而悦其所行之快性（其所行之快性或作其性之所快凡），人无不举与己同者，以为贤也〕，或以治，或以乱，非自遁也，求同于己者〔遁，失〕。己未必贤，而求与己同者也，而欲得贤，亦不几矣〔几，近也〕。

【译文】

人都认为自己喜欢的人是贤才，且喜欢其能使自己称心。世人没有不举荐贤者的，可有的因此达到治平，有的却导致了混乱。这不是因为他们逃避责任，而是因为其访求的是和自己相同的人。自己未必贤能，却访求和自己相同者，而希望得到（真正的）贤才，那便相去甚远了！

## 齐　俗

子路拯溺，而受牛谢〔拯，举也〕，孔子曰："鲁国必好救人于患矣！"子贡赎人，而不受金于府〔鲁国之法，赎人于他国者，受金于府〕，孔子曰："鲁国不复赎人矣！"子路受而劝德，子贡让而止善。孔子之明，以小知大，以近知远，通于论者也。由此观之，廉有所（所下原有不字）在，而不可公行也。故行齐于俗可随也，事周于能易为也。矜伪以惑世，伉行以违众，圣人不以为民俗也。

【译文】

子路救起溺水的人，因而接受一头牛的谢礼。孔子说："鲁国人一定会因此而乐意拯救处于患难中的人。"子贡自己出钱从他国赎回国人，却拒绝接受官府的奖金。孔子说："鲁国不会再有赎人的举动了。"子路接受了谢礼而鼓励了人们修德，子贡谢绝奖励却会遏止善行的发扬。孔子的明智就在于他能以小知大，以近知远，是个通晓事理的圣人。由此观之，廉洁能在部分人中存在，却难以普遍地推行。所以，行为同社会风俗一致时，就可以追随效仿；要行之事都有能力做到，便容易推行。作出矜持虚伪的样子来迷惑世人，行为看似高尚却背离民众，圣人不以此来整治民俗。

日月欲明，浮云盖之；河水欲清，沙石秽之；人性欲平，嗜欲害之。夫纵欲而失性，动未尝正也，以治身则危（危原作失），以治国则乱（乱原作败）。是故不闻道者，无以反性。故古之圣王，能得诸己，故令行禁止，名传后世，德施四海。是故凡将举事，必先平意清神。神清意平，物乃可正。

【译文】

日月本欲明亮，却有浮云遮蔽它；河水本欲清澈，却有沙石污染它；人性本欲宁静，却有嗜欲妨害它。如果放纵欲望而丧失了本性，那么行动就没有正确的时候。以这种心态修身是危险的，以这种心态治国则会使国家衰败。所以，不了解修身之道的人，无法回归本性。因而古代圣明之君能够回归自己清明的本性，这样就能够令行禁止，名传后世，恩德布于天下。所以大凡要办什么事情，（圣王）一定先清静心神。心神清静，才能处事公正、合理。

夫载哀者，闻歌声而泣；载乐者，闻哭者而笑。何者？载使然也。是故贵虚〔虚者，无所载（载疑作感）于哀乐〕。故水激则波兴，气乱则智昏。智昏不可以为政，波水不可以为平。故圣王执一而勿失，万物之情既（既原作测）矣，四夷九州服矣！

【译文】

怀有哀痛心情的人听到歌声便哭泣，怀有欢乐心情的人见人哭泣却发笑。这是为什么呢？所怀的心情使他们这样啊！所以贵在有虚静的心境。水流急速就会兴起波浪，精神迷乱就会失去理智。失去理智便不能够从事政事，荡起波浪的水面不能作为测平的水准。所以圣明的君主专心一志而不失去（理智），那么万物的情况就可以推想而知了，四夷九州就会全部归顺了。

天下是非无所定。世各是其所是，非其所非，所谓是与所谓非各异，皆自是而非人。今吾欲择是而居之，择非而去之，不知世之所谓是非者，孰是孰非？客有见人于宓（宓原作季，注同）子者〔宓子，子贱也〕。客出，宓子曰："子之所见客，独有三过：望我而笑，是亻蹇也〔亻蹇，慢〕；谈语而不称师，是反也；交浅而言深，是乱也。"客曰："望君而笑，是公也；谈语而不称师，是通也；交浅而言深，是忠也。"故客之容一体也，或以为君子，或以为小人，所自见之异也。故趣舍合，则言忠而益亲，身疏则谋当，而见疑也。亲母为其子治（旧无治字，补之）扢秃，血流至耳，见者以为爱之至也；使在于继母，则过者以为嫉也。事之情一也，所从观者异也。从城上视牛如羊，视羊如豚，所居高也。窥面于盘水则圆，于杯水即椭，面形不变其故，有所圆、有所椭者，所自窥之异也。

【译文】

天下的是非没有什么定论，世人各自肯定其所认为正确的，而否定其所认为不正确的。所认为正确的和所认为不正确的各不相同，但都是肯定自己而否定别人。现在我想选择正确的东西而坚守它，找出错误的东西而抛弃它，但不知道世人所谓的是与非，到底谁是谁非。宓子的门客向他引荐宾客，宾客离开后，宓子说："你引见的宾客有三个过错：看到我就笑，这是傲慢的表现；和我谈话却不以师礼相待，这是违反礼节的表现；与我交情浅而言谈深切，这是说话没有分寸的表现。"门客说："他看着你笑，是恭敬你；和你交谈却不以师礼相待，是学识渊博的表现；交浅而言深，是做人忠诚的表现。"本来宾客的表现是一样的，但有人认为他是君子，有人却认为他是小人，这是所见不同。所以志趣相投，就会认为言语忠诚而更加亲近；与自己相疏远，即使计策恰当也会被怀疑。亲生母亲为儿子治头上的疙瘩时，血流到儿子耳朵上，见此情者认为是爱得深切。假如此事发生在继母身上，那么过往的人会认为这是继母嫉恨儿子。事情的情况是一样的，看法不同是缘于角度不同。从城墙上看牛就像羊一样，看羊就像猪一样，这是所处位置高的缘故。用盛在盘子里的水照脸是圆的，用盛在杯子里的水照脸是椭圆的。脸并没有改变原形，可照出来的有时圆、有时椭圆，这是由于用来映照自己的盛水容器各异的缘故。

今吾虽欲正身而待物，庸遽知世之所自窥我者乎？治世之体（体原作职。体作职讲，编者注）易守也，其事易为也。是以人不兼官，官不兼事，各安其性，不得相干。故伊尹之兴土功也，修胫者使之踏镬〔长胫以蹋插者，使入深〕，强脊者使之负土〔脊强者，任重也〕，眇者使之准，伛者使之涂〔伛人涂地，因其俛也〕，各有所以，而人性齐矣。胡人便于马，越人便于舟，异形殊类，易事而悖，失处而贱，得势而贵，圣人总而用之，其数一也。夫挈（挈原作擎）轻重不失铢两，圣人弗用，而悬之乎权衡；视高下不差尺寸，明主弗任，而求之乎浣准〔浣准，水望之平〕。何则？人材不可专用，而度量可世传也。夫待要褭、飞兔而驾之〔要褭、飞兔，皆一日万里也〕，则世莫乘车；待西施、毛嫱（毛嫱原作络慕）而为妃〔西施、毛嫱，古好女也〕，则终身不家矣。然不待古之英俊，而人自足者，因其所有，而遂用之也。

【译文】

现在我虽想端正自身去正确地对待外物，可怎能知道世人从什么角度来看待我呢？治世时的职责容易遵行，事情也容易做成，所以一人不兼任数职，一职不兼管数事，各行各业的人都安于本职，就不会出现相互干扰对方的现象。所以伊尹兴建土木工程时，让腿长的人踩锹，让脊梁强壮的人背土，让独眼的人观察准平，让驼背的人和泥，使每个人都做自己适宜的事情，于是人的特点在这里得到同等的发挥。胡人熟习骑马，越人熟习操舟。地形不同，种族各异，如果让双方交换所做之事，便是谬误，所处之地不当便显得低贱，所处之地得势便显得尊贵，圣人对所有的人（按其特点）统筹任用，其中的道理是同样的。有人用手掂量物体轻重，不差铢两，但圣人不任用他们，而是将重物挂在秤上称量；有人目测地平高低，不差尺寸，明君不任用他们，而凭借测水平的器具。这是为什么呢？因为使用人才不能只考虑一时一事有用，而度量器具却能够世代相传下去。如果只等有了“要褭”、“飞兔”等宝马来驾车，那么世上恐怕就没有乘车的人了；如果只等有了西施、毛嫱那样的美女才娶妻，那恐怕人们终身也不能成家了。然而之所以不等待像古代那样杰的人物出现，而现有的人才就可满足其用，是因为根据其现在所拥有的来充分使用他们。

治国之道，上无苛（苛原作苟）令，官无烦治；士无伪行，工无淫巧；其事轻（轻原作任）而不扰，其器完而不饰。乱世则不然，为行者相揭（揭原作扬，注同）以高〔揭，举〕，为礼者相矜以伪；车舆极于雕琢，器用逐（逐原作遽）于刻镂；求货者争难得以为宝，诋（诋原作调）文者处（处原作遽）于烦挠（挠原作绕）以为慧；争为诡辩，久积（积原作稽）而不决，无益于治；工为奇器，历岁而后成，不周于用。故神农之法曰："丈夫丁壮而不耕，天下有受其饥者；妇人当年而不织，天下有受其寒者。"故身自耕，妻亲织，以为天下先。其道民也，不贵难得之货，不器无用之物。是故其耕不强者，无以养生；其织不力者，无以掩形。有余不足，各归其身；衣食饶溢（溢原作裕），奸邪不生；安乐无事，而天下均平。故孔丘、曾参，无所施其善；孟贲、成荆，无所行其威〔成荆，古勇士也〕。衰世之俗，以其智巧诈伪，饰众无用，贵远方之货，珍难得之财，不积于养生之具，浇天下之淳，以清为浊，人失其情。

【译文】

治国之道，应是君主无苛刻严厉的政令，官吏无繁琐的政务，士人无虚伪的行径，百工不滥施技巧，他们各自做好本职工作并且互不干涉，所用器物完美但不求巧饰。乱世则不然，做事者相互高调吹捧，操办礼仪者竞相以虚伪来自夸；车舆极力雕琢，器用争相刻镂；求取财物者争抢难得的器物视为珍宝，写文章的人极尽冗长并认为这就是聪明才智；官吏争相诡辩，查处问题久拖不决，无益于国家的治理；工匠制造珍异的器具，经年之后才可以做成，不适合实用。所以神农氏的治国之法中说："男子中的青壮年如果不耕种田地，天下便有因之而受饿的；妇女正值纺织年龄的却不纺织，天下就有因之而受寒的。"所以他亲自耕种，其妻子亲自织布，以此来作为天下人的表率。他引导万民，不看重难得的货物，不器重没有实用价值的器物。所以当时不用力耕种的，无法维持生活；不努力纺织的，无法遮蔽身体。有余或是不足，责任皆在于自身。于是，百姓衣食丰足，奸佞邪僻的行为就不会萌生，百姓相安无事，天下太平。这样，就是孔丘、曾参也无处实施他们的善行，孟贲、成荆也无处施展他们的威猛。衰败之世的风俗，是人们凭借智巧作假欺诈，雕饰众多无用的器具，重视远方而来的东西，珍视难得的财物，不注重生活必需品的积储，使天下质朴敦厚之风日见淡薄，把清澈说成污浊，人们都丧失了（善良的）本性。

故其为编户齐民无以异，然贫富之相去也，犹人君与仆虏，不足伦之。夫乘奇伎为邪施者，自足乎一世之间；守正修理，不为苟得者，不免乎饥渴之患。而欲民之去末反本，是犹发其源而壅其流也。且夫雕文刻镂，伤农事者也；锦绣纂组，害女功者也。农事废业，饥之本也；女功不继，寒之源也。饥寒并至，而能无犯令干诛者，古今未之闻也。故江河决流，一乡父子兄弟相遗而走，争升陵阪上高丘，轻足者先，不能相顾也。世乐志平，见邻国人溺，尚犹哀之，况亲戚乎？而人不能解也。游者不能拯溺，手足有所急也；灼者不能救火，身体有所痛也。夫民有余即让，不足即争。让则礼义生，争则暴乱起。扣门求火水，莫不与者，所饶足也；林中不卖薪，湖上不鬻鱼，所有余也。故物丰（丰原作隆）则欲省，求赡则争止。故世治则小人守正，而利不能诱也；世乱则君子为奸，而法（法原作刑）不能禁也。

【译文】

凡是已进行户籍注册的平民百姓，他们并没有什么不同，然而贫富却相去甚远，犹如人君与奴仆，不能相提并论。那些利用其特殊的技巧和有不正当行为的人，在社会上能够自给自足，但那些坚守正道、讲求义理、不苟且获取的人，却不能免于饥渴的忧愁。这样，却想要百姓抛开末业、返归农耕，就像是开凿了源头又去阻塞水流渠道一样。况且，追求雕琢刻镂是有害于农事的现象；热衷锦绣之衣、五彩丝带，是有害于女工的现象。农事荒废，是造成饥饿的根本原因；女工无法接续，是遭受寒冷的根本原因。在饥寒交迫的情况下，能使人们不触犯法令、刑罚，从古到今还未听说过。所以江河决堤淹没一乡，父子兄弟互不相顾、各自逃跑，争相登上山坡高地，脚步轻快者先登，不能互相照顾。如果时世安乐，人们心志平和，看见邻国的人溺水，尚还哀怜他，更何况是亲戚呢！这是一般人不能明白的。正在游泳的人不能拯救落水的人，因为他的手脚急于自己浮游；烧伤的人不能去救火，是因为自己的身体因烧伤而疼痛。百姓如果财物富余，便会相互礼让；财物自用不足，百姓便会相互争利。人们相互礼让，礼仪便会产生；人们相互争利，那么暴乱便会发生。有人敲门讨水讨火，没有谁不给他们，这是因为水火丰足；在林中卖不出去柴薪，在湖中卖不出去鱼类，是因为这里柴、鱼有余。所以财物丰足，贪欲便会减少；所求可以供给，争抢便会停止。因此，时世太平时，连小人都坚守正道，利益也不能引诱他们；时世混乱时，连君子都做奸邪之事，刑罚也不能禁止他们。

## 道　应

惠子为惠王为国法〔惠王，魏惠王。惠子，惠施也〕。已成，王甚悦之，以示翟煎。翟煎曰："善。"王曰："可行耶？"煎曰："不可。"王曰："善而不可行，何也？"对曰："今举大木者，前呼邪许，后亦应之，此举重劝力之歌也。岂无郑卫激楚之音哉？然而不用者，不若此其宜也。治国在礼，不在文辩。"故老子曰："法令滋彰，盗贼多有。"此之谓也。

【译文】

惠施为梁惠王制定国法，写成后交给惠王，惠王很高兴，便让翟煎过目。翟煎看了后说："写得好。"梁惠王说："可以颁行了吧？"翟煎说："不行。"梁惠王说："既然好，却不能颁行，为什么呢？"翟煎说："抬大木料的人，前头的高呼'呀嗨'，后头的人也跟着应和。这是抬重物时互相鼓劲的歌号。难道没有郑国、卫国那种激越、齐整的音调可用吗？然而之所以不使用那些音调，是因为它不如这种歌号更适宜。治理国家在于礼义，而不在文辞雕凿。"所以《老子》说："法令不断增多、详明，盗贼依然很多。"说的就是这个道理。

赵襄子使攻翟而胜之，襄子方将食而有忧色。左右曰：“一朝而两城下，此人之所（喜上旧有以字，去之）喜也。今君有忧色，何也？”襄子曰：“江河之大也，不过三日〔三日而减〕；飘风暴雨，日中不须臾〔言其不能终日〕。今赵氏之德行无积，一朝而两城下，亡其及我乎？”孔子闻之曰：“赵氏其昌乎！”夫忧所以为昌也，而喜所以为亡也；胜非其难者也，持之其难者也。贤主以此持胜，故其福及后世。齐、楚、吴、越皆尝胜矣，然而卒取亡焉，不通乎持胜也。唯有道之主能持胜。

【译文】

赵襄子指挥军队攻打翟国大获全胜，赵襄子正要吃饭却面露忧色。他身边的人不解地问他：“一天就攻下了两座城池， 这个消息谁听了都高兴。现在您却面露忧色，这是为什么呀？”赵襄子说：“江河发大水，不过三天便会退去；飓风暴雨，在一天中不过是一会儿的事。如今我们赵家的德行没有积累多少，又一天攻下两城，恐怕衰亡也就会接踵而至了吧！”孔子听到后说：“赵氏会昌盛的。”胜而有所忧，国家反而能昌盛；有小胜便沾沾自喜，很容易导致衰亡。打胜仗并不难，但要保持胜利成果却不易。贤明的君主靠这个认识来保持胜利成果，因此他给民众带来的幸福将泽及子孙。齐、楚、吴、越四国都曾战胜过诸侯国，然而最终都衰亡了，这是因为他们不懂得保持胜利果实的道理。只有有道德的君主才能保持胜利成果。

齐王后死，欲置后而未定，使群臣议。薛公欲中王之意〔薛公，田婴〕，因献十珥而美其一。旦日，因问美珥之所在，因劝立以为王后。齐王大悦，遂重薛公。故人主之嗜欲见于外，则为人臣之所制。故老子曰：“塞其兑，闭其门，终身不勤。”

【译文】

齐威王的王后死了，威王打算新立王后却没有定下来，便命群臣议定此事。薛公田婴想迎合威王的心意，便献上十只玉耳饰而赞美其中一只。第二天，田婴便问那只最美的玉耳饰在谁处，就劝威王立那位妃子为王后。齐威王极为高兴，从此便格外器重田婴。所以，君主的意图嗜爱一旦显现于外表，那么就会为臣子所挟制。所以《老子》说："堵塞流露欲望的洞口，关闭放纵情性的门户，则终身不会愁苦。"

宓子治单父三年〔宓子，子贱也〕，而巫马期〔巫马期，孔子弟子也〕往观化焉〔微视之〕。见夜渔者，得鱼则释之，问焉。渔者对曰："宓子不欲人之取小鱼也，所得者小鱼，是以释之。"巫马期归，以报孔子曰："宓子之德至矣！使人暗行，若有严刑在其侧者。宓子何以至于此？"孔子曰："丘尝问之以治，言曰'诚于此者形于彼。'宓子必行此术也。"

【译文】

宓子贱治理单父的第三年，孔子的弟子巫马期去观察该地的风气如何。巫马期见有人在夜间捕鱼，捕得后又将鱼放了，便询问捕鱼人。渔夫回答说："宓子贱不愿让人捕捞正在成长的小鱼。我刚捕到的是些小鱼，因而就把它们放了。"巫马期回去后把所见所闻向孔子做了汇报，说："宓子贱的德政好到极点了！他能使人私下做事时也像严刑峻法就在身边一样。宓子贱为什么能达到这种治理成效呢？"孔子说："我曾经向宓子贱询问他用什么方法治理政务，他说道：'（为政者）精诚的仁爱之心表现在身边小事上，就能在（百姓中）产生深远的影响。'宓子贱一定施行的是这种治理方法。"

## 汜　论

天下岂有常法哉？当于世事，得于人理，顺于天地，则可以正治矣。夫神农伏羲，不施赏罚而民不为非，然立政者不能废法而治民；舜执干戚而服有苗，然征伐者不能释甲兵而制强暴。由此观之，法度者，所以论民俗而节缓急也；器械者，因时变而制宜适也。圣人作法而万民制焉，贤者立礼而不肖者拘焉。制法之民，不可与远举；拘礼之人，不可以应变耳。不知清浊之分者，不可令调音；心不知治乱之源者，不可令制法（法后原有度字）。必有独闻之听，独见之明，然后能擅道而行也。夫殷变夏，周变殷，春秋变周，三代之礼不同，何古之从？今儒墨称三代文武，而不行也，是言其所不行也〔儒墨之所言，今皆不行也〕；非今时之世而不改，是行其所非也。称其所是，行其所非，是以尽日极虑而无益于治，劳形竭精而无补于主。今夫图工好画鬼魅而憎图狗马，鬼魅无信验，而狗马切于前也。夫存危治乱，非智不能，而道先称古，虽愚有余。故不用之法，圣主不行；不验之言，明主不听也。

【译文】

天下哪有一成不变的治国办法呢！只要合乎时势，符合人情，顺应自然规律，国政就可以得到正确的治理。神农、伏羲并不施行赏罚而百姓也不干坏事，可是（后来的）统治者却不能废弃法令来管理百姓；舜帝手持盾牌战斧起舞便使苗族归顺，可是（后来的）征伐者却不能放下武器来制止强暴。由此看来，法律制度是依据民风来调节（政令的）宽严程度的，器械是根据时势的变化而制作以便于使用的。圣人制定法令而万民受制约，贤人建立礼法而不贤者被约束。受法律制约的百姓不能与之一起远走他乡，拘泥于礼法的人不能应对时势的变化。耳朵不能分辨清浊之声调的人，不可以让他调整音律；心里不懂治乱根源的人，不可以让他制定法令。必须有深透的听辨能力、深透的观察能力，然后才能依据规律随时世变化来行动。殷朝更改了夏朝的法度，周朝更改了殷朝的法度，春秋时期各诸侯国更改了周王室的法度。三代的礼乐制度有所不同，遵从哪一种古制呢？现在的儒家、墨家称赞三代的文治武功而自己却不予施行，其实说的是自己不能施行的东西；非议当今之世却又不改变它，这是在施行自己所非议的东西。称赞自己所以为是的东西，施行自己所以为非的东西，因此整天殚精竭虑却无益于国家的管理，劳身耗神却对君主毫无帮助。现在有些画工喜画鬼魅而不喜欢画狗和马，这是因为鬼魅之形态无法验证，而狗和马就在眼前啊！挽救危局，治理混乱，没有智慧是不行的；但说话先称古制，即使愚笨者也足以做到。所以不合时宜的法度，圣明的君王不会施行；不切合实际的言论，贤达的君王不会听信。

今谓强者胜，则度地计众；富者利，则量粟称金。如此，则千乘之君无不霸王，万乘之国无破亡者矣。国之亡也，大不足恃；道之行也，小不可轻。由此观之，存在得道，而不在于大；亡在失道，而不在于小也。乱国之君，务广其地而不务仁义，务高其位而不务道德，是释其所以存而就其所以亡也。故桀囚于焦门，而不能自非其所行，而悔不杀汤于夏台；纣拘于宣室，而不反其过，而悔其不杀文王于牖里。二君（二君原作尝试）处强大之势，而修道德之论，汤武救罪之不给，何谋之敢虑乎？若上乱三光之明，下失万民之心，虽微汤武，孰弗能夺？今不审其在己者，而反备诸乎人。天下非一汤武也，杀一人即必或继之者矣！且汤武之所以处小弱而能以王（以王原作著字）者，以其有道也；桀纣之所以处强大而（而后原有终字）见夺者，以其无道也。今不行人之所以王，而反益己之所以夺者，趋亡之道也。

【译文】

现在有人认为只要强大就可致胜，于是便丈量本国的地域、计算本国的人口；认为只要富有国事就顺利，所以热衷于计量储粮、称量金银。如果是这样，那么有千辆马车的君主无不可以称霸诸侯，有万辆马车的大国更是永远不会灭亡。一个国家将亡，再大也是靠不住的；如果道义畅行，国虽小也不能轻视。由此看来，国家得以存在，在于有道，而不在于其大；国家所以灭亡，在于失道，而不在于其小。乱国的君王，只图扩大其领地而不行仁义，追求地位尊贵而不修道德，这是抛弃所以存在的理由而趋向所以灭亡的途径。过去，夏桀被商汤关在焦门，不能自责个人的所作所为，却后悔没有在夏台杀了商汤；殷纣王被周武王困在宣室，不反思自己的过失，反而懊悔当初在羑里没有杀死周文王。这两位君王如果处在强大地位时，能研习以道德治国的主张，商汤、周武王改过都来不及，哪里还敢生图谋天下的想法！假若对上挠乱日、月、星辰的光辉，对下失去万民之心，即使没有商汤、周武王，其江山谁又不能夺走呢？如今不检查自己的过错，反而去防备别人。普天之下并不只有一个商汤、武王，杀掉一个人，也一定会有后继者。况且商汤、武王虽处弱小之势而最终能统治天下，是因为他们有高尚的道德；夏桀、殷纣王虽处强大之势而最终被别人夺走天下，是因为他们丧失道德。现在若有人不采用前人之所以能称王的经验，却反过来增多自己之所以能夺得政权的那些前朝的失误，这是走向灭亡的治国之道。

事有可行而不可言者，有可言而不可行者；或易为而难成者，或难成而易败者。所谓可行而不可言者，趣舍也；可言而不可行者，伪诈也；易为而难成者，事也；难成而易败者，名（名原作治）也。此四策者，圣人之所独视而留志也。

【译文】

有的事可以做但不可以说，有的事可以说但不可以做；有的容易做却难以成功，有的难于成功却容易败坏。所谓可以做但不可以说的，是取舍；能说而不能做的，是欺诈；容易做却难于成功的，是事业；难于成功却容易败坏的，是名声。这四个方面，是圣人所独自观察并加以留意的。

未有功而知其贤者，唯尧之知舜也；功成事立而知其贤者，市人之知舜也。夫物之相类者，世主之所乱惑也；嫌疑肖象者，众人之所眩耀也。故狠者类智，而非智也〔狠，慢也〕；愚者类仁（仁原作君子，下同），而非仁也；戆者类勇，而非勇也。使人之相去也，若玉之与石也、葵（葵或作善）之与苋（苋或作恶）也，则论人易矣。

【译文】

尚未有功劳而知其为贤才的，就像尧了解舜那样；功成业就后才知其是贤才的，就像普通人了解舜那样。事物中相类似的东西，正是当代君主所为之困惑的；疑惑之处相象的，也是众人感到迷惑的。所以刚愎自用的人看上去似乎有智慧，而实际上那不是智慧；愚笨的人看上去似乎仁慈，而实际上那不是仁慈；愚而刚直的人看上去似乎勇敢，而实际上那不是勇敢。假使人们之间的差别像玉石和石头、冬葵和苋菜那样明显的话，那么评价人的好坏就容易了。

天下莫易于为善，而莫难于为不善。所谓为善者，静而无为也；所谓为不善者，躁而多欲也。适情辞余，无所诱惑（惑原作慕）；循（循原作修）性保真，无变于己。故曰："为善者易也。"越城郭，逾险塞，篡杀矫诬，非人之性也。故曰："为不善难也。"今人之所以犯囹圄之罪，而陷于刑戮之患者，由嗜欲无厌，不循（循原作修）度量之故也。何以知其然？今夫陈卒设兵而相当，将施令曰："斩首者拜爵，而曲桡者要斩。"然而队伯之卒，皆不能前遂斩首之功，而后被要斩之罪，是去恐死而就必死也。故事或欲之，适足以失之；或避之，适足以就之。有人乘船而遇大风者，波至而恐，自投水中。非不贪生而畏死，惑于恐死而反忘生也。故人之嗜欲，亦犹此也。故达道之人，不苟得，不让福；其有不弃，非其有不索也；恒盈而不溢，常虚而易足。今夫溜水足以溢壶榼，而江河不能实漏卮，故人心犹此也。自当以道术度量，食充虚，衣御寒，则足以养七尺之形矣。若无道术度量，则万乘之势不足以为尊，天下之富不足以为乐矣。

【译文】

天下没有比一心向善更容易的了，也没有比行为不善（作恶）更难的了。所谓向善，就是清静无为；所谓行为不善，就是浮躁而多贪欲。调适心情，排遣杂念，不受外界诱惑；修养天性，保持真诚，才可不使自己（操守）改变。所以说，做一心向善的人容易。翻越城墙，跨越险关，篡位弑君，矫诏诬陷，这些行为都是违背人的本性的。所以说，行不善、做坏事不易。现在的人之所以犯监禁之罪而遭刑罚或杀戮之祸，是因为贪得无厌，不按照法度做事的缘故。怎么知道是这样的呢？假如现在两军摆开阵势且旗鼓相当，将帅下令道："砍下敌兵首级的封给爵位，后退逃跑的腰斩。"然而队伍前排的士兵都不能冲上前去成就杀敌之功，而是纷纷后退，受到腰斩之罪，这是摆脱"恐惧会死亡的境地"而走向"必定会死亡的境地"。有些事是想要得到却恰会失去、本想避开却偏偏会靠近的。有一个人乘船时遇上大风，江上巨浪袭来，因之恐怕（翻船），便纵身跳进江中。其实这人并非不贪生怕死，而是迷惑于怕死反而忘掉了生的机会。人的贪欲也是如此。所以明白道理的人，不随便捞取好处，也不推让属于自己的利益；自己该有的不放弃，不该有的绝不索取；能经常保持充实却不使外溢，经常保持虚己而容易满足。屋檐上滴下的水能把水壶装满，而江河之水却装不满漏水的酒杯。人心也像这样。人应以道的法则来衡量自己，食物能填饱肚子，衣服能抵御严寒，就足以保养七尺之躯了。如果不用道的法则衡量，那么即使拥有极高的地位也会觉得不够尊贵，即使富甲天下也会感到不够快乐。

## 诠　言

为治之本务，在于安民；安民之本，在于足用；足用之本，在于勿夺时；勿夺时之本，在于省事；省事之本，在于节欲；节欲之本，在于反性。释道而任智者必危，弃数而用材者必困。有以欲多亡者，未有以无欲危者也；有以欲治而乱者，未有以守常失者也。故智不足以免患，愚不足以至于失宁。守其分，循其理，失之不忧，得之不喜。因春而生，因秋而杀，所生者不德，所杀者不怨，则近于道矣！圣人守其所以有，不求其所未得。求其所未得，则所有者亡矣；修其所有，则所欲者至矣。故用兵者，先为不可胜，以待敌之可胜也；治国者，先为不可夺也，以待敌之可夺也。舜修之历山，而海内从；文王修之岐周，而天下移。使舜趋天下之利，而忘修己之道，身犹弗能保，何尺地之有乎？故福莫大无祸，利莫美不丧。动之为物，不损则益〔动，有为也〕，不成则毁，不利则病，皆险也〔险，言危难不可行〕，道之者危。

【译文】

治理国家的根本，在于安定百姓；安定百姓的根本，在于衣食充足；衣食充足的根本，在于不误农时；不误农时的根本，在于减少徭役；减少徭役的根本，在于节制君臣的欲望；节制君臣欲望的根本，在于返归清静安逸的天性。放弃道而单凭智巧行事，一定会很危险；放弃计划来使用物资，必然会陷于困窘。只有因为贪欲而灭亡的，没有因为无欲而面临危险的；只有以私欲治理国家而使天下大乱的，而没有因保持（道的）规律而失去天下的。所以凭智巧尚不能免除祸患，因愚昧还不至于失去安宁。应安守本分，遵循事理，失去了不忧伤，得到了不狂喜。（万物随顺）春天而生长，随着秋天而衰败，所生长者不感激天的恩德，所衰败者不怨恨天的无情，这就接近“道”了。圣人遵守自己之所以能获得权位资财的原则，而不去刻意追求还没有得到的东西。如果只顾追求自己尚没有得到的，那么已有的东西也会失去；如果修养自己已有的(德行)，那么想要的东西就会来到了。所以会用兵的人，打仗时总是先做好不能得胜的打算，以等待可以战胜敌人的时机；会治理国家的，总是先做好不能夺取的准备，以等待可以夺取敌国的时机。舜在历山修养德行，却使天下人追随；周文王在歧山修整德政，而使天下改朝换代。假使舜为图天下之利而忽略了修养自己的德行，那将会连他自身都难保住，哪里会有尺寸之地呢？所以说福分没有比无祸更重要的，利益没有比不丧失更好的。按照有所作为的方式创造万物，不是有损就是增益，不是成功就是毁灭，不是有利就是有害，这都是危难不可行的，照这样做的人一定会有危险。

## 说　山

上求材，臣残木；上求鱼，臣干谷；上求楫，而下致船。上言若丝，下言若纶；上有一善，下有二誉；上有三衰，下有九杀〔衰、杀，皆喻踰（踰原作俭）也。传曰：“上之所好，下有（有原作尤）甚焉。”故有九杀也〕。

【译文】

君王要用木料，臣子们就毁坏林木；君王要吃鱼，臣下就放干河谷的水；君王要船桨，臣下就送来船。君王的话若像细丝，臣下之言就会像丝带；君王的一个优点，臣下就有两种赞誉；君王的奢欲减少三分，臣下就会减少九分。

## 人　间

夫言出于口者，不可止于人；行发于迩者，不可禁于远。事者难成而易败也，名者难立而易废也。千里之堤，以蝼蚁之穴漏；百寻之屋，以突隙之烟焚〔突，灶突也〕。《尧戒》曰：“战战栗栗，日慎一日。莫蹪于山，而蹪于垤〔蹪，蹶。垤，蚁封也〕。”是故人者，皆轻小害，易微事，是以多悔。患至而后忧之，是犹病者已惓〔惓，剧〕而索良医也，虽有扁鹊、俞夫之巧，犹不能生也〔俞夫，黄帝时医〕。

【译文】

话从自己口中说出，不会终止于听话的那个人；所做的事发生在近处，不可能禁止它传到远方。办事情成功困难，而失败容易；名誉树立很难，而毁掉却很容易。千里大堤，会因蝼蚁之穴而发生渗漏；百寻（古制八尺为一寻）高楼，会因烟囱缝隙冒出的火而焚毁。《尧戒》上说：“战战栗栗，一天比一天谨慎。没有人被山碰倒，却会被小土堆绊倒。”因此说，人们往往都轻视小害，不看重小事，以至酿成大祸后才后悔不迭。祸患降临时才忧虑，好比病情沉重才去找好医生，（到那时）即使医生有扁鹊、俞夫那样高超的医术，也不能让人起死回生了。

天下有三危：少德而多宠，一危也；材下而位高，二危也；身无大功而有厚禄，三危也。贤主不苟得，忠臣不苟利。何以明之？中行缪伯攻鼓弗能下〔中行缪伯，晋大夫。鼓，北翟〕，馈闻（闻原作间，下及注同）伦曰："鼓之啬夫，闻伦知之〔馈闻伦，晋大夫〕。请无疲武丈夫，而鼓可得也。"缪伯弗应。左右曰："不折一戟，不伤一卒，而鼓可得也，君奚为弗取？"缪伯曰："闻伦为人，佞而不仁。若使闻伦下之，吾可以勿赏乎？若赏之，是赏佞人。佞人得志，是使晋国之武舍仁而为佞，虽得鼓，将何所用之？"

【译文】

天下有三种危险情况：缺少德行却受宠很多，是第一种危险；才能低下而地位高贵，是第二种危险；自身没有大功却享受优厚俸禄，是第三种危险。贤明的君主不会只顾眼前所得，忠诚的臣子不会苟且取利。怎么证明这一观点呢？晋大夫中行缪伯攻打被北狄人占据的鼓地，很久未能攻克。晋国大夫馈闻伦对他说："鼓地的啬夫与我有交情。请你不要劳累军中将士，我有办法得到鼓地。"缪伯没有答应。他身边的人不解地问："不折一戟，不伤一卒，却可以得到鼓地，您为什么不派馈闻伦去收取鼓地呢？"缪伯说："闻伦为人，巧言谄媚而不仁德。如果他夺下鼓地，我能不奖赏他么？如果奖赏了他，便是赏了不仁德的人。不仁德的人得志，是让晋国的军队舍弃仁德而去做不仁德的事。果真这样的话，即使得到鼓地，又有什么用呢？"

# 泰　族

圣王在上位，廓然无形，寂然无声，官府若无事，朝廷若无人，无隐士，无逸民，无劳役，无冤刑。四海之内，莫不仰上之德，象主之指；夷狄之国，重译而至。非户辨而家说之也，推其诚心，施之天下而已矣。《诗》曰："惠此中国，以绥四方。"内顺外宁矣。大王亶父处邠，狄人攻之（旧无处邠狄人攻之六字，补之），杖策而去，百姓携幼扶老，而国乎岐周，非令之（旧无令之二字）所能召也；秦穆公为食骏马之伤也，饮之美酒，以其死力报，非券之所责也〔券，契也〕；宓（宓原作季）子治单父，夜渔者得小即释之，非刑之所能禁也；孔子为鲁司寇，田渔（渔原作亩）皆让长〔长者得多〕，而斑白不负载〔斑白，须有白发〕，非法之所能致也。夫矢之所以射远贯坚者，弩力也；其所以中的剖微者，人心也。赏善罚暴者，政令也；其所以行者，精诚（诚原作神）也。故弩虽强，不能独中，令虽明，不能独行，必有精气所与之。故摅（摅原作总）道以被民，而民不从，诚心弗施也。

【译文】

圣明的君主居于上位，空阔不见身形，寂然没有声响；官府就像无事可做，朝廷就像无有大臣；民间没有隐居的士人，没有避世的民众；国中没有劳役，牢狱没有冤案；四海之内，无不仰慕君主的仁德，依照君主的指向前进；周边外族之邦，从遥远的地方前来归附。这不是靠挨家挨户去辩说才能形成，而是君王以诚心施之于天下人而已。《诗经》中说："施厚爱于国中，安抚四方诸侯。"国内政治和顺，外部就能安宁了。太公亶父在邠地时，狄人常常袭击他，于是亶父便骑马离去，百姓们扶老携幼跟随他，将国都建在岐周。这不是简单的命令能招致的。秦穆公为避免盗去他骏马的人吃马肉导致生病，便给他们喝美酒。（因此在与晋国的战斗中，）这些人便以死报效穆公，这不是凭契约要求他们这样。宓子贱治理单父之地时，夜间打鱼的人捕到小鱼便自觉地放掉，这（指不打捞小鱼）不是刑罚所能禁止的。孔子做鲁国司寇时，农夫渔夫都谦让长者，老年人不用去背负重物，这不是法律所能达到的。箭之所以能远射并穿透坚硬之物，靠的是弩的力量，然而它之所以能正中目标并分辨出细微之处，还是靠人的意念。奖赏善行、惩罚暴虐，靠的是政令，政令所以能施行，靠的又是精诚。所以弩虽有力但不能自己去射中目标，法令虽明确但不能孤立推行，一定要有人的精诚来配合施行。所以如果阐明道理来让民众接受，而民众不听从，那就是还没有把诚心交给民众。

天地四时，非生万物者。神明接，阴阳和，而万物生之。圣人之治天下，非易民性也，拊循其所有，而涤荡之。故因则大，化则细矣〔能因（或无因字）循则大矣，化而欲作则小〕。先王之制法也，因民之所好，而为之节文者也。因其好色，而制婚姻之礼，故男女有班；因其好音，而正雅颂之声，故风俗不流；因其宁室家，乐妻子，教之以顺（顺原作孝），故父子有亲；因其喜朋友，而教之以悌，故长幼有序。然后修朝聘，以明贵贱；乡饮习射，以明长幼；时搜振旅，以习用兵〔搜，简车马也〕；入学庠序，以修人伦。此皆人所有于性，而圣人所匠成也。

【译文】

天地四季，不能直接使万物生长。只有神明相接、阴阳相和，万物才得成长。圣人治理天下，不是强制改变民众天性，而是顺着民众所具有的天性予以安抚并进行宣传引导。因势利导效果则良好，人为地改变成效则不大。先王制定法令是依据民众爱好来加以调节，使其行之有度。因为人皆有好色之欲，于是制定婚姻礼法，所以男女有别；因为人皆喜爱音乐，于是端正雅乐、颂乐的声律，所以风俗不会变坏；因为人皆希望家庭安宁、妻儿快乐，于是教育他们孝顺事亲，所以父子间才会有亲情；因为人皆喜交朋友，于是教育他们兄弟互敬互爱，所以长幼之间礼节有序。做到这些后，再制定朝拜天子、出使诸侯国的礼节，以明确高低贵贱；制定乡饮和习射的礼法，来明确长幼之间的礼节；适时检查车马、整顿军队，来练习用兵；让人们进学堂学习，来提高道德修养。这都是人本性中所已具备，又由圣人培养造就才实现的。

民无廉耻，不可治也。非修礼义，廉耻不立。民不知礼义，法弗能正也。非崇善废丑，不向礼义。无法不可以为治也，不知礼义不可以行法。法能杀不孝者，而不能使人为孔、曾之行；法能刑窃盗者，而不能使人为伯夷之廉。孔子养徒三千人，皆入孝出悌，言为文章，行为仪表，教之所成也。墨子服役百八十人，皆可使赴火蹈刃，死不还踵，化之所致也。夫刻肌肤，镵皮革，被创流血，至难也，然越人为之，以求荣也〔越人以箴刺其皮，为龙文〕。圣王在位，明好憎以示之（之原作人），经诽誉以导之，亲贤而进之，贱不肖而退之，无被疮流血之患，而有高世尊显之名，民孰不从？古者法设而不犯，刑措而不用，非可刑而不刑也。百工维时，庶绩咸熙，礼义修而任贤得（得旧作德，改之）也。故举天下之高，以为三公；一国之高，以为九卿；一县之高，以为二十七大夫；一乡之高，以为八十一元士。各以小大之材处其位、得其宜，由本流末，以重制轻，上唱而民和，上动而下随，四海之内，一心同归，背贪鄙而向义理。于其以化民也，若风之摇草木，无之而不靡。今使愚教智，使不肖临贤，虽严刑罚，民弗从者，小不能制大、弱不能使强也。故圣主者，举贤以立功，不肖主举其所与同。文王举太公望、召公奭而王，桓公任管仲、隰朋而霸，此举贤以立功也；夫差用大宰嚭而灭，秦任李斯、赵高而亡，此举所与同也。

【译文】

民众如果没有廉耻，就无法治理。不遵循礼义，廉耻感就不会树立。民众不懂礼义，法度也无法让他们行为端正。不崇尚善举、废弃恶习，民众就不会向往礼义。没有法度不能治理好国家，不懂礼义也不可能施行法制。法律能处死不孝之子，却不能让人去效法孔子、曾子的品行；法律能惩处偷盗的人，却不能让人学伯夷的正直。孔子培养门徒三千人，个个在家讲孝道，出门讲友善，说话有文采，行为是表率，这是教育的结果。墨子门徒一百八十人，都可以赴火踩刃，至死不后退，这是教化的结果。以刀刻划肌肤、用针刺皮肉纹身，受伤流血，这是很难忍受的痛苦，但越人却刻肌刺肤以求荣耀。圣明的君主居于高位，阐明好恶来昭示国人，通过责备和赞美来引导国人，亲近贤人并重用他，鄙弃小人并罢免他，无受伤流血之苦，却有盛世尊显的名声，民众谁不服从这样的君王呢？古代法律制定了而无人触犯，刑罚设置了却不施用，不是该施刑的而不用刑。而是百官举措得时，各项事业都兴旺发达，礼仪得到修治，贤德之人得到任用。所以选拔天下驰名的贤人来任三公，选拔在一国中驰名的贤人任九卿，选拔在一县中驰名的贤人任二十七大夫，选拔在一乡中闻名的贤人做八十一元士。各以其才能大小处身其位，各得其宜。教化由根本到细节，行政以重要的制约次要的；在上位的人倡导一声，人民便争相应和，上边行动而下面紧随；四海之内，归于一心；鄙弃贪婪和卑污，向往义理。如此教化民众，就像风吹动草木，没有不随风而倒伏的。如果让愚笨的人去教聪明的人，让不贤的人居于贤人之上，即使严明刑罚，民众也不会顺从。这是因为小的不能制约大的、弱的不能支配强的。所以圣明的君主任用贤人建立功业，不贤的君主任用与他气味相投者。周文王选用太公吕望、召公奭而成就王业，齐桓公任用管仲、隰朋而成就霸业，这些都是任用贤能建立功业的典范。夫差任用太宰伯嚭导致灭亡，秦始皇任用李斯、赵高而使秦国败亡，这是君王任用气味相投者所产生的恶果。

故观其所举，而治乱可见也；察其党与，而贤不肖可论也。夫圣人之屈者，以求申也，枉者以求直也。故虽出邪僻之道，行幽昧之途，将欲以兴大道、成大功，犹出林之中，不得直道，拯溺之人，不得不濡足。夫观逐者于其反也，观行者于其终也。故百川并流，不注海者，不为川谷；趋行蹐驰，不归善者，不为君子。故善言归乎可行，善行归乎仁义。君子之过也，犹日月之蚀也，何害于明？小人之可也，犹狗之昼吠、鸱之夜见，何益于善？夫智者不妄为，勇者不妄发，择善而为之，计义而行之。故事成而功足赖也，身死而名足称也。虽有智能，必以仁义为之本，而后可立也。智能蹐驰，百事并作，圣人一（原作无一字）以仁义为之准绳。中之者谓之君子，不中者谓之小人。人莫不知学之有益于己也，然而不能者，嬉戏害之也。人皆多以无用害有用，故知不博而日不足。以凿观池之力耕，则田野必辟矣；以积土山之高修堤防，则水用必足矣；以食狗马鸿雁之费养士，则名誉必荣矣；以弋猎博奕之日诵诗书，则闻识必博矣。故上下异道则治，同道则乱。

【译文】

所以观察他们所用的人，其治乱便可以预见；考察一个人的同伙，其贤与不贤便可以论定了。圣人暂时的屈曲是为了日后的伸展，暂时的屈从是为了日后的正直。所以他们虽然有时出没在幽僻的路上，行走在昏暗的途中，却志在振兴大道、成就大业，好像要走出山林没有笔直的路、要拯救溺水的人不能不沾湿双脚一样。观察追逐奔跑的人，要看他们返回时的情况；观察远行的人，要看他们达到终点时的情形。所以百川奔流，不注入大海的算不上河谷；不管快步行走还是骑马慢行，不向善者不能算是君子。所以好的言论要归结到可行，好的行为要归结到仁义。君子的过失，如同日月亏蚀，怎能妨害它的光明呢？小人的所谓可取之处，如狗白天吠叫、鸱鸟夜里能看见东西，对行善又有什么益处呢？智者不违法行事，勇者不胡作非为，他们总是选择好事去做，考虑合乎道义再去办，所以事业可成而功劳足可带来利益，死后名声足以称颂。即使拥有智慧和才能，一定要以仁义为根本，然后才能立于不败。不管是聪明能干者还是行动迟缓者，百事并列而兴起，圣人只以仁义作为准绳。符合准则的称为君子，不符合准则的称为小人。人无不懂得学习对自己有益，然而却学无所成，是热衷游戏害了他。人多以无用之事来妨害有用之事，所以造成知识不博而日见不足。假如用开凿游乐池塘的劲头去从事耕作，那么田野一定都开垦出来了；倘若用修建高台的热情去修筑堤防，那么水利一定会充足；如果用豢养珍禽异兽的费用来供养士人，那么名誉一定会显扬荣耀；假使用游猎、博弈的时间去诵《诗》读《书》，那么见闻、知识一定会广博。所以上下意见有所不同，国家就能治理好；君臣意见相同，就难免出乱子。

位高而道大者从，事大而道小者凶。故小快害义，小惠害道，小辩害治，苛峭伤德。大政不险，故民易遵；至治宽裕，故下不相贼；至德朴素，故民无慝。原蚕一岁再收，非不利也，然而王法禁之者，为其残桑也；家老异粮而食之，殊器而烹之，子妇跣而上堂，跪而酌羹，非不费也，然而不可省者，为其害义也；待媒而结言，聘纳而取妇，绂冕而亲迎，非不烦也，然而不可易者，可以防淫也；使民居处相司，有罪相告，于以禁奸非不辍也，然而不可行者，为伤和睦之心，而构仇雠之怨也。故事有凿一孔而生百隙、树一物而生万叶者，所凿不足以为便，而所开足以为败；所树不足以为利，而所生足以为秽。愚者惑于小利，而忘其大害，不可以为法也。故仁、智，人材之美者也。所谓仁者，爱人也；所谓智者，知人也。爱人则无虐刑矣，知人则无乱政矣，三代之所以昌也。智伯有五过人之材〔智伯，美髯长大，一材也；射御足力，二材也；伎艺毕极，三材也；巧文辩惠，四材也；强毅果敢，五材也〕，而不免于身死人手者，不爱人也；齐王建有三过人之巧〔力能引强，走先驰马，超能越高〕，而身虏于秦者，不知贤也〔齐王建任用后胜之计，不用淳于越之言〕。故仁莫大于爱人，智莫大于知人。二者不立，虽察惠捷巧，不免于乱矣。

【译文】

地位高且道行深厚者做事从容，职事重大而道行浅薄者多凶险。所以一时的称心会伤害正义，微小的利益会妨害大道，小事的巧辩会影响国家的治理，政令苛刻会败坏仁德。善政不险恶，所以民众容易遵守；最好的治理是宽松富民，所以百姓互不伤害；最好的德政朴素无华，所以民众没有邪恶之念。蚕本可以年内再次孵化而两次收获，这不是没有利，但是王法禁止这样做，是因为这样做会损害桑树。家中长者吃不同的饭，用不同的餐具烹调，儿媳光着脚走上堂去，跪着给长辈盛好羹汤，这种礼法不是不费事，然而却不能省略，是因为省略了会损害礼义。等有媒人才订婚约、下聘礼迎娶新妇，穿上盛服迎亲，这样做不是不麻烦，然而却不能改变，是因为这样可以防止淫乱。让百姓同地居住则可以相互监视，发现有人犯罪便互相告官，用这种做法查禁奸恶并非不能终止作恶，但这样做会损伤和睦相处之心，而结成仇怨。所以事情有时像凿开一个小孔会生成百条缝隙、栽一棵树会长出万片叶子一样。凿开小孔不会带来什么方便，而裂开的缝隙足以坏事；所栽之树不会带来什么收益，而长出的树叶足以带来肮脏（落叶满地）。愚蠢的人贪图小利，而忘掉会产生的大祸，不可以去效法。所以仁德、智慧是人的素质中最好的方面。所谓仁德，就是亲爱他人；所谓智慧，就是了解他人。亲爱他人就不会滥施刑罚，了解他人就不会搞乱国政。这就是夏、商、周三代之所以昌盛的原因。智伯有五种超众的素质，自己却未免死于别人之手，其原因就是他不仁爱他人。齐王建有三种过人的技艺，但自己却被秦国俘虏，就因为他认不出贤人。所以“仁”没有比爱人更重要的，“智”没有比了解人更高明的。如果二者不具备，即使聪慧过人、敏捷灵巧，也不会幸免于动乱之祸。

（吕效祖 张爱玲译）

卷四十二

# 盐铁论治要

【考评】

魏征作为唐太宗李世民的一名诤臣，从《盐铁论》六十篇的十二篇中，辑录十二段，约三千字，编入《群书治要》。所选十二段皆出自“文学”与“贤良”之口，其儒家传统的立场是显明的。这十二段虽无标题，每段皆有独立的主题，但又浑然一体，论述了明君与诤臣、德教与刑治、居安思危等君主关心的问题。

《盐铁论》，西汉桓宽编著。记录昭帝时盐铁会议的文献。始元六年(前81年)，帝召全国各地推举的贤良、文学六十多人到京城(长安)举行会议。“问民间所疾苦。”贤良、文学从反对盐铁官营、均输、平准开始，对政府政策进行了全面批评，并和御史大夫桑弘羊等反复辨论。内容涉及政治、经济、军事、文化等各个方面。该书记述了双方的论点，为后来人研究当时的社会矛盾、思想斗争和桑弘羊的思想，保存了丰富的史料。书分十卷六十篇，各立标题，但其内容仍互相连贯。

## 贫 富

行远道者假于车，济江海者因于舟。故贤士之立功成名，因于资而假物者也。公输子能因人主之材木，以构宫室台榭，而不能自为专屋狭庐，材不足也。欧冶能因君之铜铁，以为金炉大钟，而不能自为壶鼎盘杅，无其用也。君子能因人主之正(正原作政)朝，以和百姓、润众庶，而不能自饶其家，势不便也。故舜耕于历山，恩不及州里；太公屠牛于朝歌，利不及妻子。及其见用，恩流八荒，德溢四海。故舜假之尧，太公因之周。君子能修身以假道者，不能枉道而假财也。

【译文】

走远路的得借助于车子，渡江海的要依靠船只。所以贤士的功成名就，是依靠自己的才能并借助于众人。鲁班能借助国君的木料器材来建筑宫殿台阁，但不能给自己盖一间狭小的屋子，就是因为自己的建筑材料不足。欧冶子能凭借国君的铜铁来铸造金炉大钟，但不能给自己造一些壶鼎盘盆，是因为没有资财。君子能够依靠皇上的朝廷政令来安和百姓，造福大众，但不能使自己家庭富足，是因为地位不允许的原故。所以，舜在历山耕田的时候，他的恩惠尚不能遍及乡里；姜太公在朝歌宰牛为生的时候，连他的妻子也得不到多少好处；等到他们得到重用，恩惠流布全国，德泽流溢天下。所以舜的成功是凭借尧，姜太公的成功是凭借周文周武。君子可以借助道义来修身，不可以借着财富来违背正道。

## 相 刺

扁鹊不能治不受针药之疾，圣贤不能正不食（食疑受）善言之君。故桀有关龙逢而夏亡，纣有三仁而商灭。故不患无夷吾、由余之论，患无桓、穆之听耳。是以孔子东西无所遇，屈原放逐于楚国也。故曰："直道而事人，焉往而不三黜。枉道而事人，何必去父母之邦？"此所以言而不见从、行而不得合者也。

【译文】

扁鹊不能医治不能承受针刺和服用药物的病人；贤人圣人不能匡正听不进善言的国君。因此夏桀虽有关龙逄，夏朝还是灭亡了；殷纣虽有微子、箕子、比干三个仁人，商朝还是灭亡了。所以不怕没有夷吾、由余那样的见解，就怕没有像齐桓公、秦穆公那样能听取建议的国君。因此孔子东奔西走而得不到礼遇，屈原被楚国放逐。所以有人说："用正道侍奉国君，到哪里不是多次被贬黜呢？如果是用不正派的方法来侍奉国君，又何必要离开自己的国家呢？"这正是我们说话没有人听、做事总不合于世的原因啊。

## 后　刑

古者笃教以导民，明辟以正刑。刑之于治，犹策之于御也。良工不能无策而御，有策而勿用也。圣人假法以成教，教成而刑不施，故威厉而不杀，刑设而不犯。今废其纪纲而不能张，坏其礼义而不能防，民陷于罪，从而猎之以刑，是犹开其阑牢，发以毒矢也，不尽不止矣。曾子曰："上失其道，民散久矣。如得其情，则哀矜而勿喜。"夫不伤民之不治，而伐己之能得奸，犹弋者睹鸟兽挂罻罗而喜也。今天下之被诛者，不必有管蔡之邪、邓晳之伪也。孔子曰："人而不仁，疾之以甚，乱也。"故民乱反之政，政乱反之身，身正而天下定。是以君子嘉善而矜不能，恩及刑人，德润穷夫，施惠悦尔，行刑不乐也。

【译文】

古时候，注重用教化来引导百姓，阐明法律来端正刑罚。刑法对于治理国家，就像马鞭对于赶车一样。好的御手不能没有马鞭就去赶车，是拿着马鞭而不轻易使用。圣人借助刑法来实现教化，教化成功，刑罚便可不用。所以他们虽然威风严厉但没有人被杀，设置了刑罚却无人去触犯。如今抛弃了圣人的治国大纲而不予伸张，毁坏了圣人的礼义而不能防止犯法，使百姓陷入法网，因此被抓起来惩处。这好比打开栏圈放出禽兽（而声称其逃走），用毒箭去射，不射完不罢休呀！曾子说过："当政的人不按正道行事，民心离散已经很久了。你如果知道了他们的真实情况，就会同情他们而不会沾沾自喜。"不忧虑百姓没有治理好，反而夸耀自己能抓到坏人，就好像捕鸟的人看到鸟陷入自己悬挂的罗网中就高兴一样。现在天下被杀的人并不一定有管叔、蔡叔那样邪恶，有邓皙那样伪诈。孔子说："对于不讲仁德的人，疾恶得太过分了，就会招致祸乱。"所以，百姓动乱，就要回头来反省政令；政令混乱要回过头来反省执政者自身。自身正，天下才能安定。所以君子赞美善行，又能怜悯那些不能为善的人；对受刑的也应给予恩惠，对穷人要施行仁德；施恩惠于人应该高兴，实施刑罚时应感到难过。

## 授　时

周公之相成王也，百姓饶乐，国无穷人，非代之耕织也，易其田畴，薄其税敛，则民富矣。上以奉君亲，下无饥寒之忧，则教可成也。语曰："既富矣，又何加焉？"曰："教之。"教之以德，齐之以礼，则民徙义而从善，莫不入孝出悌，夫何奢侈暴慢之有乎？管子曰："仓廪实而知礼节，衣食足而知荣辱。"故富民易与适礼。

【译文】

周公辅助周成王时，百姓富足安乐，国家没有穷人。周公并没有替老百姓耕地织布，而是改变土地制度，减轻百姓赋税，那样百姓就会富裕。(百姓富裕了)对上可侍奉君主和父母，下民无饥寒之忧，则教化可以成功。《论语》里说："民众富裕后，还要做些什么呢？"孔子回答是：

“要对他们进行教育。”用道德教化他们，要求他们遵守礼义，百姓就会向往仁义而一心向善，人人都讲孝悌，哪里还有什么奢侈懈怠的现象呢？管仲说：“仓库充实百姓就会懂得礼节，衣食富足百姓就会知道荣辱。”所以富裕的百姓容易适应礼义。

## 水　旱

古者政有德（有德原作得）则阴阳调、星辰理、风雨时。故行修于内，声闻于外；为善（为善原作为之）于下，福应于天。周公在上，而天下太平，国无夭伤，岁无荒年。当此时，雨不破块，风不鸣条，旬而一雨，必以夜，无丘陵高下皆孰。今不省其所以然，而曰阴阳之运也，非所闻也。孟子曰：“野有饿（饿原作死）殍，不知收也；狗豕食人食，不知检（检原作殓）也；为民父母，民（民原作见）饥而死，则曰‘非我，岁也’。何异乎以刃杀之，则曰‘非我，兵也’。”方今之务，在除饥寒之患、罢盐铁、退权利、分土地、趣本业、养桑麻，尽地力也。寡功节用，则民自富。如是，则水旱不能忧、凶年不能累也。

【译文】

古时候，政令得当则阴阳调和、星辰有序、风调雨顺。所以品行修养于内，声誉传扬于外；做好事于人间，上天就会应和赐福。周公执政时，天下太平，国家没有灾难，年年没有灾荒。那时候雨冲不破土块，风吹不响树枝，十天下一次雨，每次下雨都在夜里。不论是丘陵还是高山洼地，庄稼都能成熟。如今不去仔细考察过去为什么会这样，而只说“这都是阴阳变化的结果，不是我们所能闻知的”。孟子说：“田野有饿死的尸首而不去收殓；猪、狗吃供人食用的粮食也不加遏止；作为百姓的父母，见百姓因饥饿而死，却说这不是我的过错，是年景不好的缘故。这就如同用刀子杀了人，而说不是我杀的，是兵器杀的。”当今政令之急，在于消除饥寒的病根，取消盐、铁官营，对百姓放权让利，合理分配土地，使百姓趋向农业、养蚕种麻，充分发挥地力，少搞政绩工程，节省费用，百姓就会富足。如果能这样，水旱灾害就不会使人忧愁，荒年也不会造成灾难。

## 崇　礼

王者崇礼施德，尚仁义而贱怪力，故圣人绝而不言。孔子曰："言忠信，行笃敬，虽之蛮貊，不可弃也。"今万方绝国之君，奉贽献见者，怀天子之威德，而欲观中国之礼，宜设明堂辟雍以示之，扬干戚、昭雅颂以风之。今乃以玩好不用之器、奇虫不畜之兽、角抵之戏、炫耀之物陈夸之，殆与周公之待远方殊也。昔周公处谦让以交卑士，执礼德以下天下。故辞越裳之贽，见恭敬之礼也。既与入文王之庙，是见大孝之礼也。目睹威仪干戚之容，耳听声歌雅颂之声，心充以至德，欣然以归，此四夷所以慕义内附，非重译狄鞮，来观猛兽熊罴也。夫犀象兕虎，南夷之所多也；驴骡馲驼，北狄之常畜也。中国所鲜，外国贱之。南越以孔雀珥门户，昆山之旁以玉璞抵乌鹊。今贵人之所贱，珍人之所饶，非所以厚中国而明盛德也。隋和，世之名宝也，而不能安危存亡。故喻德示威，唯贤臣良相，不在戎马珍怪也。是以圣王以贤为宝，不以珠玉为宝。昔晏子修之樽俎之间，而折冲乎千里。不能者，虽隋和满箧，无益于存亡矣。

【译文】

治理国家的人应该崇尚礼义，广施恩德，重视仁义而鄙视怪异的能力。所以圣人从不言怪异之事。孔子说："说话要诚实守信，行动要庄重严肃，即使到了蛮、貊那样的地方，也是不能改变的"。现在四面八方偏远邦国的君主都带着礼物来进见，是感念皇上的威严与仁德，而想看看我们中原大国的礼仪。应该设置明堂、开办太学给他们看；跳起干戚舞蹈，演唱雅、颂歌曲来感化他们。现在却只拿那些供玩赏、没有实用的东西，奇异而不易喂养的动物、摔跤杂技之类的游戏和光彩夺目的物品陈设自夸，这当然和周公对待远方客人的方式不一样。过去周公谦虚地对待地位低下的人，用礼仪仁德来屈尊天下之人；自己不收越裳的晋见礼，显现出恭敬的礼节；随后与来使同入文王的祠堂谒拜，这是显现其大孝的礼节啊。让来使目睹迎宾仪仗、干戚舞蹈的阵容，耳听清新的雅、颂歌声，心中充满极大的感德，高高兴兴地回去了。这就是周边的民族之所以仰慕仁义而归附中原大国的原因。并不是要通过译使来观赏猛兽熊罴的。犀牛、大象和老虎，南方之邦极多；骡、驴、骆驼，北方之族常养。内地所希罕者，外族人却认为很平常。南越(今两广)人用孔雀的翠羽来装饰门户；昆仑山附近的人，用玉石来投掷乌鹊。现在我们看重人家不稀罕的东西，把别人非常多的东西当作宝贝，这不是厚爱汉朝和显扬朝廷的盛德。隋侯之珠、和氏之璧，都是世间有名的宝贝，但对国家的安危存亡没有什么帮助。所以要想显示国家的盛德和威望，只有贤臣良相，并不在于军马与珍禽异兽。因之，圣明的帝王把贤人作为宝贝，不把珠玉当宝贝。过去晏子在宴会上讲究礼义，使千里之外的晋军退却；没有能耐的人，就是有满箱子隋侯珠、和氏璧，对国家的存亡也是没有什么用处的。

## 取　下

卫灵公当隆冬兴众穿池。宛春（宛春原作海春）以谏曰：“天寒百姓冻馁，愿公之罢役也。”公曰：“天寒乎哉？寒乎哉？”海春曰：“人之言曰：‘安者不能恤危，饱者不能食饥。’故余粱肉者，难为言隐约；处逸乐者，难为言勤苦。夫高堂邃宇、广厦洞房者，不知专屋狭庐、上漏下湿者之痛也；系马百驷、货财充内、储陈纳新者，不知有旦无暮、称贷者之急也；乘坚驱良、列骑成行者，不知负担步行者之劳也；匡床荐席、侍御满侧者，不知服辂挽船、登高绝流者之难也；衣轻暖、处温室、载安车者，不知乘长城、眺胡代、向清风者之危寒也；妻子好合、子孙保之者，不知老母之憔悴、匹妇之悲恨也；耳听五音、目视弄优者，不知蒙流矢、距（距原作推）敌方外之死亡也；东向仗几，振笔而调文者，不知木索之急、棰楚之痛也。昔商鞅之任秦也，刑人若刈菅茅，用师若弹丸，从军旅者暴骨长城，戍漕者辎车相望，生而往，死而还，彼独非人子耶？故君子仁以恕，义以度，所好恶与天下共之。”

【译文】

卫灵公在严冬季节征集百姓给他挖池塘，臣子海春劝告说：“天太冷了，老百姓又冻又饿，希望你停止征集徭役！”卫灵公说：“天冷吗？我为什么不感到冷呢？”海春说：“人们常说，安逸的人不能体恤危难的人，吃饱的人想不到让饥饿者吃饭。所以对粮肉吃不完的人，很难诉说穷困忧愁；对生活安逸快乐的人，很难诉说辛勤劳苦。那些身居高楼深院、大厦宽屋之人，不知道居住在狭小简陋、屋顶漏雨、地面潮湿的房屋之人的痛苦；车马成群、财物满屋、储藏旧粮又收入新粮之人，不知道吃了上顿没下顿、负债累累者的焦虑；乘坚车、驱良马、随从排列成行的人，不知道挑着担子赶路者的劳累；睡在方正而铺着毡毯的床上、妻妾奴婢站满身边的人，不知道推车拉船、爬山涉水者的艰难；穿着轻盈暖和的衣服、坐在温暖的房子里或坐在安稳的车子上的人，不知道登上长城、远望胡人和代族人的动静、顶着寒风守卫边防者的危险与寒冷；与妻子和睦团圆、子孙得以抚养的人，不知道老母思念儿子的忧愁和独守空房的妇女想念丈夫的悲恨；耳听音乐、眼观杂技舞蹈的人，不知道在边境上冒着飞来的利箭、抵抗远方来犯之敌的战斗伤亡；面向东窗、伏于案头，挥笔调整典章法度者不知道刑枷、绳索的严急和鞭子、荆条抽打的痛苦。过去商鞅在秦国做官，杀人如割草，用兵若弹丸；出征的人尸骨扔在长城下，运送军粮者车船相继不绝；人们活着去出征，死了运回尸首。他们难道不是父母所生养的吗？所以君子有仁爱、宽恕之心，坚持正义而把握尺度，其所好所恶，都和天下人保持一致。”

## 击 之

地广而不德者国危，兵强而凌敌者身亡。虎兕相搏，而蝼蚁得志；两敌相机，而匹夫乘闲。是以圣王见利虑害，见远存近。

【译文】

土地广阔，但不实行德政者，国家就有危险；倚仗兵力强大来欺凌别国者，自己也会灭亡。猛虎和犀牛相斗而致蝼蛄和蚂蚁得志；两敌互寻战机，而一般人却乘机休闲。因此圣明的君主，看到有利的一面，就要考虑有害的一面；看到长远的形势，就要想到眼前的事情。

## 刑 德

道径众，民不知所由也；法令众，人不知所避也。故王者之制法也，昭乎如日月，故民不迷；旷乎若大路，故民不惑。幽隐远方，折乎知之；愚妇童妇，咸知所避。是故法令不犯，而狱犴不用也。昔秦法繁于秋荼，而网密于凝脂，然而上下相遁，奸伪萌生，有司治之，若救烂捌（捌通行本作扑）焦。不能禁，非网疏而罪漏，礼义废而刑罚任也。方今律令百有余篇，文章繁，罪名重，群国用之，疑惑或浅或深，自吏明习者，不知所处，而况愚民乎？律令尘蠹于栈阁，吏不能遍睹，而况愚民乎？此断狱所以滋众，而民犯禁滋多也。亲服之属甚众，上附下附，而服不过五；五刑之属三千，上杀下杀，而罪不过五。故治民之道，务笃于教也。

【译文】

道路很多，人们就不知该走哪条；法令过多，百姓就不知怎样避免犯法。因此，圣明君王制定法令，如日月一样昭明，所以民众不会迷乱；象大道一样宽广，所以民众不会困惑；偏僻、隐幽、遥远之地，也能曲折的闻知，愚昧的妇女儿童都知道怎样避免犯罪。所以无人违反法令，监狱和刑具也用不着了。过去秦国法令比秋天的芦花还繁多，法网比凝冻的脂肪还密实。然而上下都能逃过制裁，邪恶、伪诈不断萌生。司法机构整治这些，就像挽救腐烂之品，分开烧焦之物那样困难。违法犯罪难以防禁，不是因为法网不密而使有罪者漏网，是因为礼义废弃而只任用刑罚。现在光律令就有一百多篇，条文款章繁冗，所定罪名又重，各封国施行起来均感疑惑；其文义或浅或深，连习文明白的官吏，都不知怎样处理，何况普通百姓呢。这样的律令只能束之高阁，连官吏都不能全部看完，何况平民百姓呢？这就造成要判决的案件越来越多，而百姓犯法者也日益增多。（亲族有丧事时）应穿丧服的很多，但按亲疏关系上下推算，也不会超出五服；“五刑”的条例多达三千条，但上下比较、归类，也不过五种罪行。所以治理百姓的方法，在于务必加强教育感化。

## 申草书

法能刑人，而不能使人廉；能杀人，而不能使人仁。所贵良医者，贵其审消息，而退邪气也，非贵其下针石，而钻肌肤也；所贵良吏者，贵其绝恶于未萌，使之不为非，非贵其拘之囹圄，而刑杀之也。今之所谓良吏者，文察则以祸其民，强力则以厉其下，不本法之所由生，而专己之残心，文诛假法，以陷不辜，累无罪，以子及父，以弟及兄，一人有罪，州里惊骇，十家奔亡，若痈疽之相漫、色淫之相连，一节动而百枝摇。《诗》云：“舍彼有罪，既伏其辜。若此无罪，沦胥以铺。”伤无罪而累也。非患铫锄之不利，患其舍草而芸苗也；非患无准平，患其舍枉而绳直也。故亲近为过不必诛，是锄不用也；疏远有功不必赏，是苗不养也。故世不患无法，而患无必行之法也。

【译文】

法律可以惩罚人，但不能使人廉洁；可以把人处死，但不能使人仁爱。良医之所以可贵，贵在他能明察气脉盛衰反映出的先兆，从而使病邪消退，不是贵在用石针去刺皮肉；好的官吏之所以可贵，贵在他能把坏事消灭在没有发生之前，使人不去为非作歹，不是贵在把犯人监禁起来，判刑或杀死。可是现在所谓好的官吏，明察法律条文是用以危害百姓，有较强的能力是用以对下级严厉；不根据法律产生的本意，而是专凭自己残忍之心；假借法令去陷害无辜，连累无罪的人；儿子有罪，罪及父亲；弟弟有罪，罪及哥哥；一人有罪，乡里都恐惧，许多家的人逃亡。这就好像痈、疽之疮互相浸染，像女色淫乱相互关联，如一个枝节动摇，百根枝条都晃动起来。《诗经》上说："赦免那个有罪的人，因为他已经服罪；如果此人无罪，那便是受到牵连而受苦难。"这是在哀伤其无罪而受连累。不怕锄头不锋利，只怕放弃杂草，反而把禾苗锄掉；不怕没有测量平直的仪器，只怕放过凹曲不平直的反而去纠正平直的。所以说，对亲近的人，有过错却不一定去处罚，就等于有锄而不用；对疏远的人，有功劳却不一定奖赏，就等于不去培育禾苗。所以国家不愁没有法律，就怕没有切实可行的法律。

## 周　秦

古者周其礼而明其教，礼周教明，不从者，然后等之以刑，刑罚中，民不怨矣。故舜施四罪，而天下咸服，诛不仁也。轻重各伏其诛，刑必加而无赦，赦维疑者。若此，则世安得不轨之人而罪之乎？今废其德教，而责之礼义，是虐民也。《春秋传》曰："子有罪执其父，臣有罪执其君，听失之大者也。"今以子诛父，以弟诛兄，亲戚相坐，什伍相连，若引根本而及华叶，伤小指而累四体也。如此，则以有罪反诛无罪。反诛无罪，则天下之无罪者寡矣。故吏不以多断为良，医不以多刺为工。子产杀一人、刑二人，道不拾遗，而民无诬心。故为民父母，以（以原作似）养疾子，长恩厚而已。自首匿，相坐之法立，骨肉之恩废，而刑罪多矣。闻父母之于子，虽有罪犹匿之，其不欲服罪尔。子为父隐，父为子隐，未闻父子之相坐也。闻兄弟能缓追以免贼，未闻兄弟之相坐也。闻恶恶止其人，疾始而诛首恶，未闻什伍而相坐也。

【译文】

古代君王，完善其礼义，昭明其教化。礼义完备，教化昭明，但还不服从的人，再按其违法犯罪程度，处以不同的刑罚。刑罚恰当，百姓就没有怨言了。所以舜惩办了四个坏人，天下都信服，这是因为惩办的是不仁的人。轻、重罪犯各自诚服其处罚，必须受刑罚处置者决不宽赦；宽赦的只是罪证有疑点者。这样做，世间哪能找到不守法规的人来给予惩处呢？现在废除了仁德教化，却责求百姓遵守礼义，这是虐害老百姓啊。《春秋》上说："儿子犯了罪，抓他的父亲；臣下犯了罪，追究他的国君。这是断案失误中的大错误。"现在如果因儿子犯罪，而惩罚父亲，因弟弟犯罪，而惩办兄长，亲戚互相牵连而定罪，户籍编在一组的要连坐，好比牵挽树干而动及花和叶子，小手指受伤而牵连四肢一样。这是因为一人犯罪而加罪于无罪之人。归罪于无罪之人，那么天下的无罪之人就很少了。所以做官的不以断案多为高明，医生不以多动针刺为精善。子产治理郑国，只杀掉一人、处罚二人，便使郑国路不拾遗，且百姓没有欺诈之心。所以，作为百姓的父母官，对待百姓就像父母对待自己有病的孩子一样，不过是增施恩惠宽厚罢了。自从施行"首先藏匿罪犯者与犯罪者同罪"的法令之后，骨肉之情就被抛弃，而刑罚和罪名也增多了。曾听说过父母对于儿子，虽然知道有罪，还要替他隐瞒，是不愿让他受到惩治罢了。因而儿子为父亲隐瞒，父亲为儿子隐瞒，还从来没听说过要父子互相连坐的事情。听说过兄弟之间如有一方作案，能做到缓慢追赶，以免互相伤害，还从来没听说过兄弟因此互相连坐的事情。只听说憎恨坏人，只恨坏人本人，痛恨带头作恶者而惩办那些首恶，却从没有听说十家连保五家相坐的事情。

纣为炮烙之刑，而秦有收孥之法。赵高以峻文决罪于内，百官以峭法断割于外，死者相枕席，刑者相望，百姓侧目重足，不寒而栗。方此之时，岂特冒火蹈刃哉？然父子相背，兄弟相嫚，至于骨肉相残，上下相杀，非刑轻而罚不必，令太严而仁恩不施也。故政宽则下亲其上，政严则臣谋其主。晋厉以幽，二世以弑，恶在峻法之不犯，严家之无悍（悍原作格）虏也。圣人知之，是以务恩（恩原作和）而不务威。故高皇帝约秦苛法，以慰怨毒之人，而长和睦之心，唯恐刑之重而德之薄也，是以恩施无穷，泽流后世。商鞅、吴起以秦楚之法为轻而累之，上危其主，下没其身，或非特慈母乎？

【译文】

商纣王设有炮烙的刑罚，秦国有收押犯罪者妻子儿女为奴之法。赵高在朝内以苛刻的法令条文给人判罪，百官们在朝外以严酷的刑法判决、宰割。死尸纵横相枕，受刑的接连不断，百姓不敢正眼相看，害怕得连脚都不敢移动，真是不寒而栗。在那时候，人们岂只是置身于刀山火海之中呢！然而父子间互相背离，兄弟间相互不敬，以至于骨肉相残，上下相杀，这不是因为刑罚轻和该惩罚而未必惩罚，而是法令太严，不施行仁德惠民之政。所以政令宽和，百姓就亲近君主；政令严酷，臣子就谋害君主。(正是因此)晋厉公被幽禁而死，秦二世被臣下所杀。怎么能说在严苛的刑法之下就没有人犯罪、在严厉的家庭就没有蛮横的奴仆呢？圣人懂得这个道理，所以致力于爱民，而不追求威严。所以高祖简化了秦国的苛刻刑法，安慰那些身受其害、怨恨秦朝的百姓；培养大家与朝廷和睦的感情，唯恐刑罚太重而恩德太薄，因此而施惠无穷，恩泽流传后世。商鞅、吴起认为秦国和楚国的刑法太轻，而加重了刑法，结果对上害了他的君主，对下断送了自己性命。或许不只是慈母不教育孩子或教育不当而造成的后果吧！

# 诏　圣

民之仰法，犹鱼之仰水。水清则静，浊则扰。扰则不安其居，静则乐其业。乐其业则富，富则仁生，赡则争止。是以成康之世，赏无所施，法无所加。非可刑而不刑，民莫犯禁也；非可赏而不赏，民莫不仁也。若斯则吏何事而可理乎？今之治民者，若拙御之御马也，行则顿之，止则击之，身创于棰，吻伤于衔，而求其无失，何可得也。故疲马不畏鞭棰，疲民不畏刑法。虽增而累之，其有益乎？

【译文】

老百姓仰仗法律，就象鱼仰仗水一样，水清就生活得安静，水混浊就受到惊扰。同样，社会秩序混乱，老百姓就不能安居；社会稳定，老百姓就乐业。安居乐业就能致富，富足则滋生仁爱之心，富足则会停止争夺。所以周朝成、康时代，没有什么赏赐，也没有增加什么法律。并非应当惩罚而不惩罚，而是百姓没有违犯禁令的；也不是应当奖赏的不奖赏，而是百姓没有不讲仁义的。如果像这样，那么官吏还有什么事情可处理呢？今天的官吏，像一个笨拙的赶车人驾驭马车一样，马在行走，却勒紧缰绳，马停下了又要鞭打。马身上被鞭子打伤，嘴角被马嚼子勒破，还要求它不耽误行程，怎么能达到目的呢？所以说，极为疲乏的马不怕鞭打，身心极度疲惫的人不怕刑罚，即使一再加重刑罚，难道会有益处吗？

古者明其仁义之誓，使民不逾。不教而杀，是虐民也。与其刑不可逾，不若义之不可逾也。闻礼义行而刑罚中，未闻刑罚行（行原作任）而孝悌兴也。高墙狭基，不可立也；严刑峻法，不可久也。二世信赵高之计，深督责而任诛断，刑者半道，死者日积，杀人多者为忠，敛民悉者为能，百姓不胜其求，黔首不胜其刑，海内同忧，而俱不聊生。故过任之事，父不得于子；无已之求，君不得于臣。知死不再，穷鼠啮狸，匹夫奔万乘，舍人折弓，陈胜、吴广是也。闻不一期而社稷为虚，恶在其能长制群下，而久守其国也？

【译文】

古代的贤明君王，明确其施行仁义的誓约，让百姓不去违犯，认为不进行教育而待人犯罪后杀掉，就是残害百姓。与其制订刑法使百姓不敢逾越，不如确定礼义规范使百姓不可逾越。只听说礼义昌行而刑罚就能运用得当，没有听说过刑罚昌行而孝悌之风就能兴起的。在狭窄的地基上建筑高墙，是不能建成的；用严刑峻法治理国家，是不能长久的。秦二世听信赵高的计谋，严厉地监督责罚，任意诛杀、判决，使路上行人一半是囚徒，被处死的人日益增多；使官吏以杀人多者为忠，以刮尽民财者为能。百姓承受不了他们的苛求，庶民承受不了他们的刑罚，天下的人都充满忧愁而民不聊生。所以凡超过其能力之事，父亲不能要求儿子做到；无止境的奢求，君主不会从臣下那儿得到。知道死而不可复生，走投无路的老鼠也敢于咬狸猫；普通老百姓奔向帝位，左右亲近之人也敢掉转弓箭。陈胜、吴广就是这样的。听说不到一年的时间，秦国就灭亡了，社稷成为虚影，哪里还能长期压制民众而永久保住其政权呢？

（蔡庄伟译）

卷四十二

# 新序治要

【考评】

《新序》与先秦诸子书比较，特点是：一是凡符合儒家思想观点及道德标准的材料，一般不多改动。如《节士》中的“齐大荒”章，略同于《礼纪·檀弓下》“嗟来之食”的故事。二是有些篇章虽与他书所载略同，但往往在史实的叙述中加入评论，以突出其主题思想。如《杂事》“楚王问群臣”章，略同《战国策·楚策》“狐假虎威”的寓言，而篇末加评语：“故人臣而见畏者，是见君之威也，君不用则威亡矣。”说明臣威君之道理。三是有故事内容散见于他书，而作者则加以收辑编排，所以更显得完善。如《节士》“曹公子喜时”章，在《左传》则分载于成公十年、十三年、十六年三处。

《新序》的编撰思想，大致是以儒家仁政为主，而杂以王霸大略。魏征从《新序》节录了三十章，概括其内容有，民本思想、轻徭薄赋、禁欲戒奢、辨别贤佞忠奸、尊贤礼士、强调劝谏等。刘向目睹汉王朝国势衰颓的趋势，上层统治集团的奢侈腐朽，对于社会矛盾的尖锐，有较为清醒的认识，所以编《新序》以期讽君劝臣，达到整顿朝纲，匡救时弊的目的。而魏征所辑录的三十章，正好借此告诉唐太宗与大臣及士大夫们应当怎样为君作臣当士民，应当怎样巩固李唐帝国的统治，应当怎样治理百姓处理邦交等，富有较强的现实针对性。同时也充分反映了封建社会政治的若干侧面，揭露讽刺了封建统治者的穷奢极欲，表现了劳动人民对封建统治者的某些不满情绪。这是此书最显著的一大特点。

魏征在刘向的《说苑》节录时有原标题，而在《新序》中没有节录标题，因此，我们在这次校勘时也同样未标出原标题。

《新序》，西汉刘向著。《隋书·经籍志》、《唐书·艺文志》均有著录。《新序》类目是：《杂事》五卷、《刺奢》一卷、《节士》二卷、《善谋》二卷。《崇文总目》指出：《新序》所载，“春秋事尤多，汉事不过数条”。今存《新序》共一百八十三章，秦汉事不过十五章。可见《新序》主要提供先秦政治历史的经验教训的事例。

由于刘向编撰《新序》的主要目的是劝诫，因此特别注重思想内容而不甚注重史实考核，且对史料颇有改编之处，时有评论之语。不少篇章，谋篇修辞也相当讲究，常常采取寓言手法，有的篇章略略有魏晋小说意味，因而具有一定的文学价值。

# 杂　事

楚恭王有疾，召令尹曰："常侍管苏与我处，常劝我以义。吾与处不安也，不见不思也。虽然，吾有得也。其功不细，必厚爵之。申侯伯与我处，常纵恣吾。吾所乐者，劝吾为之；吾所好者，先吾服之。吾与处欢乐之，不见则戚。虽然，吾终无得也，其过不细，必亟遣之。"令尹曰："诺。"明日王薨，令尹即拜管苏为上卿，而逐申侯伯出之境。曾子曰："人之将死，其言也善。"恭王之谓也。孔子曰："朝闻道，夕死可矣。"于是以开后嗣，觉来世，犹愈没身不寤者也。

【译文】

楚恭王生了病，把令尹召来，说："常侍管苏跟我在一起，常用正义之言规劝我。我跟他相处，不得安闲，见不到他时也不想他。尽管如此，我是有收获的。他的功劳不小，一定要给他更高的爵位。申侯伯跟我在一起，常放纵听任我之所为。我所喜欢的，他就鼓励我去干；我所爱好的，他就先让我去做。我跟他相处，感到快乐，见不到他时心里就闷闷不乐。尽管如此，我却一无所获。他的过失不小，一定要赶快把他打发走。"令尹说："是"。第二天楚恭王去世了，令尹就马上拜管苏为卿，把申侯伯赶出国境。曾子说过："人要死的时候，说出的话是善良的。"恭王就是这样。孔子说："早晨得知真理，要我当晚死去都可以。"(楚恭王的做法)可以启发子孙，使后辈醒悟，还是胜过那些至死不悟的人。

赵简子上羊肠之坂，群臣皆偏袒推车，而虎会独担戟行歌，不推车。简子曰："群臣皆推车，会独担戟行歌，是会为人臣侮其主。为人臣侮其主者，其罪何若？"对曰："为人臣而侮其主者，死而又死。"简子曰："何谓死而又死？"会曰："身死妻子为徒，若是谓死而又死也。君既已闻为人臣而侮其主者之罪矣，君亦闻为人君而侮其臣者乎？"简子曰："何若？"会曰："为人君而侮其臣者，智者不为谋，辨者不为使，勇者不为斗。智者不为谋，则社稷危；辨者不为使，则使不通；勇者不为斗，则边境侵。”简子曰：“善！”乃以会为上客。

【译文】

赵简子从一条崎岖的小道上山，群臣都光着一只膀子给他推车，只有虎会肩上扛着戟，边走边唱，不去推车。赵简子说：“群臣都来推车，你虎会偏偏扛着戟边走边唱，这是你虎会身为臣而轻慢你的君主。做为臣子而轻慢他的君主，该当何罪？”虎会答道：“做臣子而轻慢其君主应该死上加死。”简子说：“什么叫死上加死？”虎会说：“本人要死，老婆孩子也要死，像这样就是死上加死。君主您已经知道做为臣子而轻慢君主的人该当何罪了，那么您也听说过作为君主而轻慢其臣下的结果吧！”简子说：“结果会怎么样？”虎会答道：“作为君主而轻慢其臣下，结果是有智谋的人不给他出主意，有辩才的人不给他办外交，有勇力的人不为他冲锋陷阵。有智谋的人不为他出主意，国家就危险；有辩才的人不为他办外交，出使就不会顺畅；有勇力的人不为他冲锋陷阵，边境就会受到别国的侵犯。”简子说：“你说的有道理。”于是把虎会尊为上宾。

魏文侯与大夫坐，问曰：“寡人何如君也？”群臣皆曰：“君仁君也。”次至翟黄，曰：“君非仁君也。”曰：“子何以言之？”对曰：“君伐中山，不以封君之弟，而以封君之长子，臣以此知君之非仁君也。”文侯怒而逐（逐原作出）之。次至任座，文侯问曰：“寡人何如君也？”任座对曰：“君仁君也。”曰：“子何以言之？”对曰：“臣闻之，其君仁者其臣直，向翟黄之言直，臣是以知君仁君也。”文侯曰：“善！”复召翟黄。

【译文】

魏文侯与大夫们闲坐时，问道：“我是个什么样的君主呢？”臣子们都说：“君主您是位仁德之君。”轮到翟黄，他说：“君主您不是仁德之君。”文侯问：“您凭什么这么说？”翟黄答道：“君主您攻取中山以后，不把它封给您的弟弟，却把它封给您的大儿子，我从这里看出您不是位仁德之君。”文侯勃然大怒，赶翟黄出去。接着轮到任座，文侯问道：“我是什么样的君主呢？”任座答道：“君主您是位仁德之君。”文侯问：“您凭什么这么呢？”任座答道：“我听说过，如果君主有仁德，他的臣子就正直，而刚才翟黄敢说真话，因此我看出君主是仁德之君。”文侯说：“您说的对。”遂又召回翟黄。

中行寅将亡，乃召其大祝，而欲加罪焉，曰：“子为我祝，牺牲不肥泽耶？且斋戒不敬耶？使国亡何也？”祝简对曰：“昔者吾先君中行穆子，皮车十乘，不忧其薄也，忧德义之不足也。今主君有革车百乘，不忧德义之薄，唯患车之不足也。夫船车饰则赋敛厚，赋敛厚则民怨谤诅矣。且君苟以为祝有益于国乎？则诅亦将为损世亡矣。一人祝之，一国诅之，一祝不胜万诅，国亡不亦宜乎？祝其何罪？”中行子乃惭。

【译文】

中行寅出逃前夕，就把他的大祝简召来，想加罪于他，说：“你为我祈祷的时候，所宰杀祭献的牲口不够肥美吧？而且斋戒的时候不敬肃吧？弄得我国家败亡，是为什么呢？”祝简答道：“从前我故去的君主中行穆子只有薄板车十辆，不为车子少发愁，发愁的是自己在道德仁义上还有欠缺。现在主君您有战车上百辆，不为自己的道德仁义欠缺发愁，只忧虑车子不够多、不够美。对船、车进行装饰就要加重税赋，税赋加重，老百姓就会怨恨、指责、诅咒了。况且您就算认为祈祷对国家有益吧，那么诅咒也将对国家造成损害，使天下衰败呀！一个人为它祈祷，全国都诅咒它，而一个人的祈祷抵不过万人的诅咒，国家衰亡不也是理所当然的吗？我这个大祝又有什么罪过呢？”中行寅这才感到惭愧。

秦欲伐楚，使使者往观楚之宝器。楚王闻之，召令尹子西而问焉，曰：“秦欲观楚之宝器，吾和氏之璧、随侯之珠，可以示诸？”令尹子西对曰：“不知也。”召昭奚恤而问焉，昭奚恤曰：“此欲观吾国得失而图之。宝器在贤臣，珠玉玩好之物，非宝之重者也。”王遂使昭奚恤应之。昭奚恤为东面之坛一，为南面之坛四，为西面之坛一。秦使者至，昭奚恤曰：“君客也，请就上位东面，令尹子西南面，太宗子敖次之，叶公子高次之，司马子反次之。”昭奚恤自居西面之坛，称曰：“客欲观楚之宝器，楚国之宝者，贤臣也。理百姓，实仓廪，使民各得其所，令尹子西在此；奉珪璧使诸侯，解忿悁之难，交两国之欢，使无兵革之忧，太宗子敖在此；守封疆，谨境界，不侵邻国，邻国亦不见侵，叶公子高在此；理师旅，整兵戎，以当强敌，提枹鼓以动百万之众，所使皆趣汤火、蹈白刃，出万死不顾一生，司马子反在此；怀霸王之余议，摄（摄原作撮）治乱之遗风，昭奚恤在此。唯大国之所观。”秦使者瞿然无以对。使者反，言于秦君曰：“楚多贤臣，未可谋也。”遂不伐楚。

【译文】

秦国想攻打楚国，派使臣去察看楚国的国宝。楚王听到这个消息，就召见令尹子西来询问说：“秦国要看楚国的国宝，我的和氏璧、随侯之珠，可以拿给他们看吗？”令尹子西答道：“我不知道(该不该这么做)。”(楚王)又召见昭奚恤来询问，昭奚恤回答说：“这是想观察我国政治的利弊而图谋侵犯(不在于想看宝物)。国宝就是贤臣，珠玉之类的赏玩之物，不是值得珍视的国宝。”楚王于是就派昭奚恤应付这件事。昭奚恤在东面建了一座土台，在南面建了四座土台，在西面建了一座土台。秦国使者来到，昭奚恤说：“先生是客人，请您坐在面朝东的上位。”令尹子西面向南而坐，太宗子敖、叶公子高、司马子反依次就座，昭奚恤自己坐在面西的土台上。他说：“客人想看看楚国的国宝，而楚国所珍视的是贤能的臣子。若论及治理百姓，充实府库，使百姓各得其所，令尹子西就在这里；若论及捧着玉硅玉璧，出使各诸侯之国，消解彼此的愤怒和怨仇，结交两国的友谊，使国家没有战争的忧患，太宗子敖就在这里；

若论及保卫国土，严守疆界，不侵犯邻国，也不被邻国侵犯，叶公子高就在这里；若论及管理军队，整治军备，来抵抗强大的敌人，亲自擂战鼓来激励百万大军，他的部下都能赴汤蹈火，面对刀剑，万死不辞，司马子反就在这里；心怀曾为霸主的先王留下的治国主张，整顿治世乱世的遗风，我昭奚恤也在这里，请大国的使者随意看吧！”秦国的使者吃惊地看着，答不出话来。秦国的使者回国后对秦王说：“楚国有很多贤臣，不能打楚国的主意。”于是就没有攻打楚国。

昔者唐虞崇举九贤，布之于位，而海内大康，要荒来宾，麟凤在郊。商汤用伊尹，而文武用太公、闳夭，成王任周、邵，而海内大治，越裳重译，祥瑞并降，遂安千载。皆由任贤之功也。无贤臣，虽五帝三王，不能以兴。齐桓得管仲，有霸诸侯之荣；失管仲，而有乱危之辱。虞不用百里奚而亡，秦穆用之而霸。楚不用子胥而破，吴王阖庐用之而霸。夫差非徒不用子胥也，又杀之，而卒以亡。燕昭王用乐毅，推弱燕之兵，破强齐之仇，屠七十城，而惠王废乐毅，更（更原作变）代以骑劫，兵立破，亡七十城。此父用之，子不用，其事可见也。故阖庐用子胥而兴，夫差杀之而以亡；昭王用乐毅以胜，惠王逐之而以败，此的的然若白黑也。秦不用叔孙通，项王不用陈平、韩信，而皆灭，汉用之而大兴，此未远也。夫失贤者其祸如彼，用贤者其福如此。人君莫不求贤以自辅，然而国以乱亡者，所谓（谓原作以）贤者不贤也。或使贤者为之，与不肖者议之，使智者图之，与愚者谋之。不肖嫉贤，愚者妒智，是贤者之所以隔蔽也，所以千岁不合者也。或不肯用贤，或用贤而不能久也，或久而不能终也。或不肖子，废贤父之忠臣，其祸败难一二录也。然其要在于己不明，而听众口也。故谮诉不行，斯为明矣。

【译文】

过去唐尧虞舜尊崇、选拔九位贤能之士，安置在适当的职位上，因而国泰民安，边远地区的人民都带着贡品前来朝见，麟凤之类的瑞兽祥禽也出现在郊外的原野上。商汤王重用伊尹，周文王、周武王重用太公、闳夭，周成王重用周公、召公，因而海内大治，远在南海边的越裳国也通过译使前来朝贡，(只有太平盛世才出现的)种种祥瑞之物纷纷降临，因而国家长治久安。这都是任用贤能之士的功效啊。没有贤臣，即使是五帝三王，也不可能使国家昌盛。齐桓公得到管仲，就得到了称霸诸侯的荣耀；管仲去世，就有了危机变乱造成的耻辱。虞国不用百里奚而灭亡；秦穆公重用百里奚而称霸。楚国不用伍子胥而国家破败；吴王阖庐用伍子胥而称霸。夫差不但不用伍子胥，还杀了他，而终于国亡身死。燕昭王用乐毅，率领弱小的燕国军队，打败了齐国那样强大的仇敌，攻占七十多座城池；而燕惠王罢免乐毅，让骑劫代替他当大将，燕军马上被打败，失掉了七十座城池。这都是父亲重用人才，儿子却不用，其事情的成败清楚可见啊！所以，阖庐重用伍子胥而国兴，夫差杀伍子胥以致国亡；昭王重用乐毅而取胜，惠王逼走乐毅以致失败。这样的事实，的确像黑白两色一样分明。秦朝不用叔孙通，项羽不用陈平、韩信，结果都灭亡；汉朝用了这些人，就兴旺起来，这是年代不远的事。失去贤才的，其危害就像上述那样；重用贤才的，其福运也像上述的这些。君主没有不寻求贤才来辅佐自己的，然而国家仍至于变乱、灭亡，其原因在于君主所认为贤能的人，其实并不贤能；或者是君主让贤能的人做事，却与无才无德的人一起评论他；让有智慧的人谋划一件事，却又同愚蠢的人一起商议。无才德者嫉妒贤能的人，愚蠢的人嫉妒聪明的人，这是贤人被隔阻、遮蔽(难以接近君主)的原因，也是明君贤臣的遇合千载难逢的原因。有的君主不肯重用贤士，或者任用了贤能之士却不能长久任用，即或任用较久也不能有始有终。有些不贤德的继承人罢黜其贤明的父亲的忠臣，这种作法招来的灾祸实在无法一一记述。出现这种情况的主要原因是君主自己不贤明却一味听信众人的言论。所以说，使诬陷之辞不起作用，那才是君主的贤明啊。

魏庞共与太子质于邯郸，谓魏王曰：“今一人言市中有虎，王信之乎？”王曰：“不信也。”曰：“二人言，王信之乎？”曰：‘寡人疑矣。”曰：“三人言，王信之乎？”曰：“寡人信之矣。”庞共曰：“夫市之无虎明矣，三人言而成有虎。今邯郸去魏远于市，议臣者过三人，愿王察之也。”魏王曰：“寡人知之矣。”及庞共自邯郸反，谗口果至矣，遂不得见。

【译文】

魏国的庞恭陪从太子到邯郸去做人质，(临行前)对魏王说：“假如有一个人来说闹市里有老虎，大王信不信？”魏王说：“不信。”庞恭说：“有两个人那么说，大王信不信？”魏王说：“我会怀疑。”庞恭说：“三个人这么说，大王信不信？”魏王说：“我会相信有虎。”庞恭说：“闹市没有老虎，这是清清楚楚的事，三个人说有虎就使人信以为真。现在邯郸离魏国比这里离市场远多了，如果议论我的人不止三个，我希望大王明察。”魏王说：“我明白你的意思了。”等到庞恭从邯郸回来，不实之辞果然出现了，庞恭终于没有被魏王召见。

昔者邹忌以鼓琴见齐宣王，宣王善之，与语三日，遂拜以为相。有稷下先生淳于髡之属，七十二人，乃相与俱行，见邹忌曰：“狐白之裘，补之以弊羊皮，何如？”忌曰：“诺，请不敢杂贤以不肖。”髡曰：“方内而圜缸，何如？”忌曰：“诺，请谨门户，不敢留客。”髡等曰：“三人共牧一羊，羊不得食，人不得息，何如？”忌曰：“诺，请减吏省员，使无扰民。”淳于髡等三称（称原作辞），邹忌三知之，如应响。淳于髡等辞屈，辞而去。

【译文】

从前，邹忌以善于弹琴谒见齐宣王。宣王认为此人不错，与他一连谈了三天，遂拜邹忌为相国。有一天，齐国稷下学者淳于髡等一行七十二个人，结伴一起去见邹忌说：“雪白的狐皮袍子，补上一块旧羊皮，怎么样？”邹忌说：“噢，请不要把贤能之士与不肖之徒相混杂。”淳于髡说：“能装进方形器物，现在想装圆形的缸，怎么办？”邹忌说：“噢，请谨慎门户，不敢留宾客。”淳于髡等人说：“三个人一起牧放一只羊，羊得不到草吃，人也没工夫休息，怎么办？”邹忌说：“噢，请裁减官吏，减少冗员，使其不要侵扰百姓。”淳于髡等人三次设问，邹忌都理解其寓意，像回音与声响那样迅速准确地作出回答。淳于髡等人理屈辞穷，只好告辞而去。

梁君出猎，见白雁群，梁君下车，彀弩欲射之。道有行者，梁君谓行者止，行者不止，白雁群骇。梁君怒，欲射行者。其御公孙龙下车抚矢曰：“君止。”梁君忿然作色而怒曰：“龙不与其君，而顾与他人，何也？”公孙龙对曰：“昔者齐景公之时，大旱三年，卜之曰：‘必以人祠，乃雨。’景公曰：‘凡吾所以求雨者，为吾民也。今必使吾以人祠，乃且雨，寡人将自当之。’言未卒，而天大雨，方千里。何也？为有德于天，而惠于民也。今主君以白雁之故，而欲射杀之，无异于虎狼矣。”梁君援其手与上车，归入郭门，呼万岁（岁原作年）曰：“幸哉今日也！人猎皆得兽，吾猎得善言而归。”

【译文】

梁国国君外出打猎，看见一群白雁，他下了车，张满了弓要射它们。路上恰好有人行走，梁君叫那个行人止步，那个行人却没有停下来，惊动了那群白雁。梁君发怒，想射死那个行人，他的车夫公孙龙下车，用手按住那支箭，说：“大王别射。”梁君气得脸色都变了，骂道：“你公孙龙不向着你的主子，反而向着别人，是什么意思？”公孙龙答道：“从前齐景公作君主的时候，天大旱三年，占卜的谶语说：‘一定要杀个人做祭品，才会下雨，’景公说：‘我之所以求雨，都是为了我的百姓。假如一定要叫我用人来祭献，然后才下雨，就杀了我去充当祭品吧。’他的话还没有说完，千里见方的广大地区就下起了大雨。这是为什么呢？就是因为他的品德感动了苍天，一心为民造福啊。现在大王因为惊飞白雁之故，就要射死行人，这跟虎狼没有什么两样啊！”(于是)梁君拉着公孙龙的手，跟他一块儿上车回去，一进入外城的大门，就高呼“万岁”，说："我今天太幸运了！别人打猎得到的都是野味，而我却猎获了极好的谏言回来。"

晋文公出田，逐兽，砀入大泽，迷不知所出。其中有渔者，文公谓曰："我若君也，道安从出？"渔者曰："臣愿有献。"文公曰："出泽而受之。"于是送出泽。渔者曰："鸿鹄保河海之中，厌而欲数移，徙之小泽，则必有丸矰之忧；鼋鼍保深渊，厌而出之浅渚，则必有罗网钓射之忧。今君逐兽，砀入至此，何行之太远也！"文公曰："善哉！"谓从者记渔者名。渔者曰："君何以名为？君其尊天事地，敬社稷，固四国，慈爱万民，薄赋敛，轻租税者，臣亦与焉。君不敬社稷，不固四国，外失礼于诸侯，内逆民心，一国流亡，渔者虽有厚赐，不得保也。"遂辞不受，曰："君亟归国，臣亦反渔所。"

【译文】

晋文公外出打猎，因为追逐野兽，冲进了一片大沼泽地，迷失了方向，找不到出路。这里有位渔夫，文公对他说："我是你的君主，从哪条路能走出去呢？"渔夫说："下民只求您听我的一点献言。"文公说："等走出去再听吧。"渔夫于是送文公走出这片大沼泽。(走出沼泽后)渔夫说："鸿雁、天鹅安居在大河大海之中，住腻了便想迁移，迁到小小的湖泽，那就必有被弹丸弓箭射中的危险；绿团鱼、扬子鳄安居在深渊里，住腻了，就出游到浅处的河洲旁，那就必有遇到罗网钓钩的危险。现在大王追野兽远行，进入这片大泽，您走得太远了吧！"文公说："说得对呀！"遂告诉随从记下渔夫的姓名(予以奖赏)。渔夫说："大王何必记下我的姓名呢？大王若能尊崇天地，慎重对待祖宗基业，固守边境，慈爱万民，减轻租税，草民也就能分沾一份幸福了。大王若不珍惜祖宗基业，不固守边境，对外失礼于诸侯，对内违背民意，使全国百姓颠沛流离，草民纵然得了重赏，也不能保住啊。"于是谢绝了赏赐，说："大王赶快回都城，草民也回去打鱼了。"

晋文公逐麋而失之，问农夫老古曰：“吾麋何在？”老古以足指曰：“如是往矣。”文公曰：“寡人问子，子以足指，何也？”老古振衣而起曰：“壹不意人君之如此也。虎豹之居也，厌闲而近人，故得；鱼鳖之居也，厌深而之浅，故得。诸侯厌众，而亡其国。《诗》曰：‘维鹊有巢，维鸠居之。’君放不归，人将居之矣。”于是文公恐。归遇栾武子，栾武子曰：“猎得兽乎？而有悦色。”文公曰：“吾逐麋而失之，得善言，故有悦色。”武子曰：“其人安在？”曰：“吾未与来。”武子曰：“处上位而不恤其下，骄也；缓令急诛，暴也；取人言而弃其身，盗也。”文公曰：“善。”还车载老古，与俱归。

【译文】

晋文公追赶一头麋鹿，可是跟丢了，便问农夫老古说：“我追的麋鹿跑到哪儿去了？”老古用脚指着说：“朝这边跑去了。”文公说：“我问你话，你就用脚指一指，这是为什么？”老古抖抖衣服站直了说：“我一时没想到大王会这个样子。虎豹有它该住的地方，因为厌倦了安静而接近人群，所以被捕获；鱼鳖有它该住的地方，因为厌倦了深水而游向浅水，所以被捕获；(同样)诸侯如果厌倦了民众，那就会失掉其国家。《诗经》里有这样的话：‘喜鹊有窝，却让布谷鸟占了。’大王在外游荡而不回宫，别人就要取代你当国君了。”于是文公惊恐地往回赶，路上遇到栾武子，栾武子问道：“捕到野兽了吗？这么面带喜色。”文公说：“我追一只麋鹿没追上，倒得到几句有益的劝告，因此面带喜色。”栾武子说：“那个人在哪儿呀？”文公说：“我没有和他一块回来。”栾武子说：“身为君主而不体恤下民，这是骄纵；法令尚未传达到各地，却忙着处罚违令的人，这是残暴；接受了人家的劝告，却把人家丢在一边，这是抢夺。”文公说：“是啊。”于是调转车头去接老者，与他同车回到王宫。

魏文侯出游，见路人反裘而负刍。文侯曰：“胡为反裘而负刍？”对曰：“臣爱其毛。”文侯曰：“若不知其里尽，而毛无所恃矣。”明年，东阳上计，钱布十倍，大夫毕贺，文侯曰：“此非所以贺我也。譬无异夫路人反裘而负刍也，将爱其毛，不知其里尽，毛无所恃也。今吾田地不加广，士民不加众，而钱十倍，必取之士大夫也。吾闻之，下不安者，其上不可居，此非所以贺我也。”

【译文】

魏文侯外出游玩，在路上看见一个人反穿皮衣来背喂牲口的草，文侯问他：“干嘛反穿皮衣来背草呢？”那个人答道：“我是因为爱惜皮上的毛。”文侯说：“你不懂得皮子磨透了的话，毛也不就无处依附了吗？”第二年，东阳之地呈上的簿册表明上交的税款比往年多了十倍，朝臣全都来祝贺。文侯说：“这不是所应该祝贺我的事。打个比方说，这跟路上那个人反穿皮袄背草毫无不同，他只是怕损坏了毛，可不懂得皮子磨破了，毛也就无所依附了。现在我国的耕地没有扩大，人民没有增多，而钱却增加了十倍，这一定是士大夫们从老百姓那里收来的。我听说如果下层不安定，那么在上位的人也就不会安处。这不是所应向我道贺的事啊！”

齐有妇人，极丑，号曰无盐女。臼头深目，长壮大节，仰鼻结喉，肥项少发，折腰出胸，皮肤若漆。行年三十，无所容入。于是乃自诣宣王曰：“妾，齐之不售女也，闻君王之圣德，愿备后宫之扫除。”谒者以闻。宣王方置酒于渐台，左右闻之，莫不掩口而笑，曰：“此天下强颜女子也。”于是宣王乃召而见之。但扬目衔齿，举手拊肘，曰：“殆哉殆哉。”如此者四。宣王曰：“愿遂闻命。”对曰：“今大王之君国也，西有衡秦之患，南有强楚之仇，外有三国之难；内聚奸臣，众人不附；春秋四十，壮男不立，故不务众子而务众妇，尊所好而忽所恃。一旦山陵崩阤，社稷不定，此一殆也。渐台五重，黄金白玉，翡翠珠玑，莫落连饰，万民疲极，此二殆也。贤者伏匿于山林，谄谀强进于左右，邪伪立于本朝，谏者不得通入，此三殆也。酒浆沉湎，以夜续朝，女乐俳优，从横大笑，外不修诸侯之礼，内不秉国家之治，此四殆也。故曰‘殆哉殆哉’。”于是宣王掩然无声，喟然而叹曰：“痛乎无盐君之言，今乃壹闻，寡人之殆，几不全也。”于是立毁渐台，罢女乐，退谄谀，去雕琢，选兵马，实府库，招进直言，延及侧陋，择吉日立太子，拜无盐君以为王后。而齐国大安，丑女之功也。

【译文】

齐国有位女子，长得很丑，人称“无盐女”。她头像捣臼，眼窝深陷，身材高大，骨节粗壮，朝天鼻子，喉结突出，身体肥胖，头发稀疏，腰部弯曲，‘鸡胸’突出，皮肤黑得像涂了漆，三十岁了，还无人收留接纳(为妻)。于是她自己去见齐宣王，对传达人员说：“我，就是齐国那个嫁不出去的姑娘。听说大王德行高尚，我愿意充当后宫打扫卫生的佣人。”传达人员把此事报告给宣王，当时宣王正在渐台大宴宾客，左右之人听罢，没有一个不捂着嘴笑的，都说：“这真是天下脸皮最厚的女人啦！”当时，宣王却召见了她。只见她睁大眼睛，咬着牙齿，举起手来拍打着胳膊肘儿，然后说：“危险哪！危险哪！”这样重复了四次。宣王说：“希望听听你到底有何见教。”无盐女答道：“现在大王治理的国家，西有实行连横的秦国的忧患，南有强盛的楚国与我为仇，就外部讲，有三个国家发难；从国内看，聚集着一大批奸臣，民心离散，大王四十岁了，还不给已经长大成人的儿子确定名位，不替儿子们操心，而致力于收纳众多姬妾，看重自己喜爱的人而轻忽自己应该依靠的人，一旦大王御驾归天，国家必然大乱，这是第一危险。渐台高达五层，黄金白玉，翡翠珠玑等贵重的装饰品触目皆是，而万民却疲困至极，这是第二危险。贤能之士都隐藏在山林草野之中，阿谀逢迎之徒拼命朝大王身边靠近；奸邪虚伪的人成了朝中权贵，要进忠言的人见不到大王，这是第三个危险。大王沉迷于饮酒作乐，夜以继日，歌妓和舞女毫无顾忌地在宫廷里喧闹；对外不设法与诸侯联络感情，对内不操持国家的治理，这是第四个危险。所以我说‘危险哪！危险哪！’”宣王听了，默不作声，然后喟然叹息，说：“讲得真痛快啊！今天听了无盐君的话，我才明白我的危险，寡人差一点儿就要国破家亡、性命不保了。”于是立刻下令拆掉渐台，解散戏班子，黜免逢迎拍马之辈，不用华贵的器物，挑选壮士、良马，扩大兵力，充实国家府库的钱粮储备；欢迎进献直言，门第很低者也在提拔重用之列；并选择吉日良辰立太子，拜无盐君为王后。此后齐国国泰民安，都是这位丑女的功劳啊。

有司请事于桓公，桓公曰："以告仲父。"有司又请，桓公曰："以告仲父。"若是者三。在侧者曰："一则告仲父，二则告仲父，易哉为君。"桓公曰："吾未得仲父则难，已得仲父之后，则曷为其不易也。故王者劳于求贤，逸于得人。舜举众贤在位，垂衣裳，恭己无为，而天下治；汤文用伊吕，成王任周、邵，刑措不用，用众贤故也。"

【译文】

有关官员向齐桓公请示一件事情，桓公说："将此事报告给仲父。"有关官员又有人来请示，桓公还是说："将此事报告给仲父。"这样的请示与回答一连几次，在桓公身边侍侯的人说："一次是'报告给仲父'，二次还是'报告给仲父'，当个国君也太容易啦！"桓公说："我没有得到仲父的时候当国君觉得很难，有了仲父之后，怎么能不容易呢？"所以说，当君主的人寻求贤才是辛苦的，得到了贤才就轻松了。舜提拔了很多贤能的人主管各种事务，自己垂衣正身，威严而坐，不用有所作为，就使天下太平。商汤王、周文王任用伊尹、太公，周成王任用周公、邵(召)公,(结果)刑法都摆在那里用不上，这就是因为用了那班贤能之士啊。

公季成谓魏文侯曰："田子方虽贤人，然而非有土君也。君常与之齐礼，假有贤于子方者，君又（又原作有）何以加之？"文侯曰："如子方者，非成所得议也。子方，仁人也。仁人也者，国之宝也；智士也者，国之器也；博通之士也者，国之尊也。故国有仁人，则群臣不争；国有智士，则无四邻诸侯之患；国有博通之士，则人主尊。固非成之所得议也。”公季成自退于郊。

【译文】

公季成对魏文侯说：“田子方固然是贤能之士，可他并不是有封地的君主，您总是跟他平起平坐，假如有比田子方更贤能的人，您又用什么礼数对待呢？”文侯说：“像田子方这样的人，不是你所能议论的。田子方是仁人，仁人是国家的珍宝；智士是国家的人才；诸事皆通晓的人，是国家的尊贵者。因此，国家有了仁人，那么群臣们就不会明争暗斗；国家有了智士，就没有四邻诸侯侵扰的担忧；国家有了博通诸事的人，那么国君就会受到尊崇。因此说，这不是你所能议论的事呀。”公季成就自觉地离开了都城。

孟尝君问于白圭曰：“魏文侯名过于齐桓，而功不及五伯者何？”白圭对曰：“文侯师子夏，友田子方，敬段干木，此名之所以过于桓公也。卜相则曰：‘成与黄孰可’，此功之所以不及五伯也。以私爱妨公举，在职者不堪其事，故功废也。然而名号显荣者，三士翊之也。如相三士，则王功成，岂特霸哉！”

【译文】

孟尝君问白圭道：“魏文侯名气比齐桓公大，但功业却赶不上五霸，为什么呢？”白圭答道：“魏文侯以子夏为老师，以田子方为朋友，敬重段干木，这是他的名气比齐桓公大的原因。但在选择相国时却问：‘公季成与翟黄哪一个合适？’这就是其功业不及五霸的原因。这是因个人的偏爱妨害了公正的选拔，致使在其职者不能胜任本职工作，所以其功业衰微。然而他的名声却显赫荣盛，这是因为有三位贤者的帮助。假如他能够拜这三位贤士为相国，那么就能成就称王天下的大业，岂止成为霸主呢！”

晋平公问于叔向曰：“昔齐桓公，九合诸侯，一匡天下，不识其君之力乎？其臣之力乎？”叔向对曰：“管仲善制割，隰朋善削缝（缝原作齐），宾胥无善纯缘，桓公知衣而已，亦其臣之力也。”师旷侍曰：“臣请譬之以五味。管仲善断割之，隰朋善煎熬之，宾胥无善齐和之。羹已熟矣，奉而进之，而君不食，谁能强之？亦其君之力也。”

【译文】

晋平公问叔向：“从前齐桓公多次成为诸侯会盟的盟主，匡正天下，不知道那是国君的功劳，还是臣子的功劳？”叔向回答说：“管仲善于剪裁，隰朋善于缝合，宾胥无善于镶边，桓公只知道穿衣而已，这只是其臣子的功劳。”师旷在旁陪伴，插嘴说：“在下愿拿菜肴打个比方，管仲善于掌刀切割，隰朋善于煎炒烹煮，宾胥无善于调配佐料，一盘佳肴做熟了，捧到君主面前，君主不吃，谁能强迫他吃？这也是君主的功劳吧！”

晋文公田于虢，遇一老夫而问曰：“子处此故也，虢亡其有说乎？”对曰：“虢君断则不能，谏（谏原作谋）则不与也。不能断，又不能用人，此虢之所以亡也。”文公辍田而归，遇赵衰而告之，衰曰：“古之君子，听其言而用其身；今之君子，听其言而弃其身。哀哉！晋国之忧也。”文公乃召赏之。于是晋国乐纳善言，文公卒以霸也。

【译文】

晋文公在虢国打猎，遇到一位老人，文公问他：“您住在此地也很久了，对虢国的灭亡有什么看法呢？”农夫答道：“虢国国君自己不能决断国事，忠言进谏他又不赞成。自己不能决断而又不重用贤才，这就是虢国灭亡的原因了。”文公听了这话就停止打猎，回到都城，遇见赵衰，就把这事说给他听。(赵衰问道：“现在那个人在那儿？”文公说：“我没有跟他一起回来。”)赵衰说：“古时候的君子，采纳了一个人的建言就任用这个人。现在君主您，采纳了人家的建议却把人家甩在一边，可悲啊！这是晋国令人担心之处啊！”文公于是召见并赏赐了这位老人。从此晋国乐于采纳好的建言，文公也终于因此而成了诸侯的盟主。

晋平公过九原而叹曰："嗟乎！此地之蕴吾良臣多矣，若使死者可起也，吾将谁与归乎？"叔向对曰："赵武乎？"公曰："子党于子之师也。"对曰："臣敢言赵武之为人也，立若不胜衣，言若不出口，然其身所举士于白屋下者，四十六人，是其无私德也。臣故以为贤也。"平公曰："善。"

【译文】

晋平公路过九原时叹息道："唉！这里埋葬着我们晋国多少杰出的大臣啊，如果让死者复活，我该带着那一位一起回朝呢？"叔向答道："大概是赵武吧。"平公说："您偏袒您的老师吧。"叔向答道："臣下冒昧地谈谈赵武的为人吧！他站起来时，好像连衣服都承受不住，说话的时候半天都说不出口，但是他自己一生举荐的贫寒之士有四十六个人，这是他没有个人恩怨呀！臣下因此认为赵武是位贤德之士。"平公说："是的。"

周文王作灵台，及为池沼，掘地得死人之骨，吏以闻于文王。文王曰："更葬之。"吏曰："此无主矣。"文王曰："有天下者，天下之主也；有一国者，一国之主也。寡人固其主，又安求主。"遂令吏以衣棺更葬之。天下闻之，皆曰："文王贤矣，泽及朽骨，又况于人乎？"或得宝以危国，文王得朽骨以喻其意，而天下归心焉。

【译文】

周文王建造灵台，到修建池沼的时候，挖地挖出了死人骨头，管理工地的官员把这事报告文王。文王说："给他改葬。"官员说："那是无主的尸骨。"文王说："拥有天下的人，就是天下人的主人；拥有一国的人，就是一国的主人。寡人本来就是他的主人，你还到哪儿去找他的主人？"于是叫那位官员备办寿衣棺木给他改葬。天下的人听到这件事，都说："文王真是贤君啊，连朽骨都受到他的恩泽，又何况是活生生的人呢！"有人得到珍宝但给国家带来灾难，文王得到枯骨，以此表明他仁爱的诚心，因此天下人心归向啊！

宁戚欲干齐桓公，穷困无以自进，于是为商旅赁车以适齐，暮宿于郭门之外。桓公郊迎客，夜开门，辟赁车。宁戚饭牛于车下，击牛角，疾商歌。桓公闻之，曰："异哉此歌者，非常人也。"命后车载之。桓公反，宁戚见，说桓公以全境内。明日复见，说桓公以为天下。桓公大悦，将任之，而群臣争之，曰："客卫人，去齐不远，不若使人问之，而贤也，用之未晚也。"桓公曰："不然。问之恐有小恶，以其小恶，忘人之大美，此人主之所以失天下之士也。且人固难全权，用其长者。"遂举而授之以为卿。当此举也，桓公得之矣，所以成霸也。"

【译文】

宁戚想投奔齐桓公为他效力，但因穷困而没有办法进见，于是他给长途贩运的商人做赶车的雇工才来到齐国，夜晚在外城的门外住宿。桓公到郊外迎接客人，夜间打开城门，派人叫赶车的雇工回避，宁戚正在车下喂牛，(望见桓公)就敲着牛角激切地唱起凄厉的商调歌曲。桓公听到歌声，说："奇异啊，这位唱歌的人，他不是普通人！"命令身后的车载上宁戚。桓公回城，宁戚进见，以完备国内政事劝说桓公。第二天又进见，以称霸天下之计劝说桓公。桓公非常高兴，打算重用他。大臣们提出不同意见，说："这位客人是卫国人，离齐国不远，不如派人去察访一下，若真是贤能之士，再任命也不晚。"桓公说："不可这么做。察访了，恐怕他有些小缺点；因为他的小缺点，而忘记人家的大优点，这是君主失掉天下贤士的原因。而且，人本来难于十全十美，应权衡而用其所长。"遂即提拔重用宁戚，授他为卿。由于此举得当，桓公得到了贤士，所以他后来成就了霸业。

齐桓公见小臣稷，一日三至，不得见。从者曰："万乘之主，见布衣士，一日三至而不得见，亦可以止矣。"桓公曰："不然。

士之傲爵禄者，固轻其主；其主傲霸王者，亦轻其士。纵夫子傲爵禄，吾庸敢傲霸王乎？”五往而后得见。天下闻之，皆曰：“桓公犹下布衣之士，而况国君乎？”于是相率而朝，靡有不至。

【译文】

齐桓公去拜访小臣稷，一天当中去了三次，都没有见到。随从的官员说：“一个大国的君主，去拜见一个平头百姓，一天去了三次不能见到，也可以就此罢了。”桓公说：“话不能这么说，士人当中那些轻视高官厚禄的，当然会轻视其君主；其君主如果轻视称王称霸的事，也就会轻视士人。即使这位先生轻视高官厚禄，我怎么敢轻视称王称霸之事呢？”齐桓公直到第五次拜访才见到小臣稷。天下的人听到这件事，都说：“桓公对平头百姓都能屈身去见，何况对国君呢？”于是天下诸侯交互前往朝见桓公，没有不来朝见的。

魏文侯过段干木之闾而轼，其仆曰：“君何为轼？”曰：“此非段干木之闾与？段干木盖贤者也，吾安敢不轼。且段干木光于德，寡人光于地；段干木富乎义，寡人富乎财。地不如德，财不如义。寡人当事之者也。”遂致禄百万，而时问之，国人皆喜。居无几何，秦兴兵而欲攻魏。司马唐且谏秦君曰：“段干木，贤者也，而魏礼之，天下莫不闻，无乃不可加乎兵？”秦君以为然，乃案兵而辍，不攻魏。文侯可谓善用兵矣。夫君子之用兵也，莫见其形而功已成，此之谓也。野人之用兵也，鼓声则似雷，号呼则动地，尘气充天，流矢如雨，扶伤举死，履肠涉血，无罪之民，其死者已量于泽矣，而国之存亡、主之死生，犹未知也，其离仁义亦远矣。

【译文】

魏文侯经过段干木住的胡同大门前面时，总要伏在轼(车箱前的横木)上表示敬意，他的仆人问：“主公为什么要伏轼致敬？”文侯说：“这不是段干木住的那条胡同吗？段干木是贤德之士，我怎么敢不伏轼致敬呢？况且，段干木因德行高尚而荣光，寡人因国土较大而荣光；段干木富有的是道义，寡人富有的是钱财。地域不如德行，钱财不如道义，他是寡人应当服侍的人。”于是给段干木送去薪俸百万，经常向他请教，魏国人民都很高兴。过了不久，秦国动员军队要攻打魏国，司马唐且规劝秦国国君说：“段干木是位贤德之士，魏文侯非常尊敬他，天下无人不知，恐怕不可以发兵攻打吧！”秦国国君认为此话有理，就停止动员部队，不打魏国了。魏文侯可以说是善于用兵的人了。“君子的用兵，未见其有所表露，而大功已告成”，说的就是这种情形。粗鲁之人用兵，鼓声就像打雷，喊杀声震动大地，尘土满天，箭如雨下，搀扶伤员，抬走死者，人们踩着死者肠子、趟过遍地血水，无辜的民众，其战死者足以填平一大片洼地，但是国家的存亡，君主的死活，都还在不可知之数。这离仁义之道也太远了。

晋平公问于叔向曰：“国家之患孰为大？”对曰：“大臣重禄而不极谏，近臣畏罪而不敢言，下情不上通，此患之大者也。”公曰：“善。”

【译文】

晋平公向叔向询问说：“国家的祸患中哪一种最大？”叔向答道：“大臣看重爵禄而不尽力规劝君主；左右亲信怕受到惩罚而不敢说真话；下情不能上达。这是国家祸患中最大的。”平公说：“说得对。”

子张见鲁哀公，见七日，哀公不礼，托仆夫去，曰：“臣闻君好士，故不远千里之外，百舍重趼，不敢休息以见君，见七日，而君不礼。君之好士也，有似叶公子高之好龙也。叶公子高好龙，钩以写龙，凿以写龙，屋室雕文以写龙。于是也，天龙闻而下之，窥头于牖，拖尾于堂，叶公见之，弃而还走，失其魂魄。是叶公非好龙也，好夫似龙而非龙者也。今臣闻君好士，故不远千里之外以见君，七日不礼。君非好士也，好夫似士而非士者也。《诗》曰：‘中心臧之，何日忘之。’敢托而去。”

【译文】

子张去拜见鲁哀公，求见七天，鲁哀公不以礼相待，子张托仆人带话：“臣下听说主公喜欢士人，因此不远千里，中途住宿百次，脚上磨起层层厚茧，来不及歇一口气就来拜见主公，求见了七天，而君主您不给予应有的礼遇。(看来)君主喜欢士人，就象叶公子高喜欢龙一样。叶公子高喜欢龙，用木工园规来摹画龙，用木工凿子来雕刻龙，房子里雕刻绘画的都是龙。于是，天上的龙听说后就从天而降，把头伸进窗子，尾巴拖在厅堂。叶公看见后，丢开它回头就跑，吓得失魂落魄。(这样看来)叶公喜欢的不是龙，他喜欢的是像龙而又不是龙的东西。而今臣下听说君主喜欢士人，所以不远千里跋涉来见君主您，求见七天，主公不予礼遇。看来，主公喜欢的不是士人，而是喜欢像士人而又不是士人的人。《诗经》说：‘把这个人的好处记在心里，没有哪一天忘记。’我要走了，冒昧地托人带话给您。”

孟子见齐宣王于雪宫，王左右顾曰：“贤者亦有此乐耶？”孟子对曰：“有。人不得则非其上矣。不得而非其上者，非也；为人之上者，而不与民同乐者，亦非也。乐民之乐者，人亦乐其乐；忧人之忧者，民亦忧其忧。乐以天下，忧以天下，然而不王者，未之有也。”

【译文】

孟子在别墅雪宫被齐宣王接见，齐宣王看着左右大臣说：“贤德的人也有这种(同君主一起赏雪的)乐趣吗？”孟子回答说：“有。人得不到这种乐趣就去埋怨他的君主。因得不到就埋怨他的君主，是不对的。但是，作国君却不能与老百姓同乐，也是不对的。以老百姓快乐作为自己的快乐，老百姓也就把国君的快乐当作他的快乐；以老百姓的忧虑为自己的忧虑，老百姓也就会以国君的忧虑为他们的忧虑。与天下人同乐，与天下人同忧，却不能称王于天下，这样的情形是没有过的。”

邹穆公有令，食凫雁者必以秕，无以粟。于是仓秕尽，而求易于民，二石粟而得一石秕。吏以为费，请以粟食之。穆公曰：“去！非汝所知也。夫百姓暴背而耕，勤而不敢惰者，岂为鸟兽也哉！米粟，人之上食也，奈何其以养鸟？且汝知小计（计原作利），而不知大会也。周谚曰：‘囊漏贮中。’汝独不闻耶？夫君者，人之父母也，取仓之粟，移之于民，此非吾粟耶？鸟食邹之秕，不害邹之粟而已。粟之在仓与在民，于我何择耶？”民闻之，皆知其私积之与公家为一体也。此之谓知富国矣。

【译文】

邹穆公下了命令，饲养野鸭和大雁只能用瘪谷，不许用小米。因而他库里的瘪谷吃光了，而到民间去换，两石小米才换来一石瘪谷。主管的官吏认为耗费多，不划算，建议用小米来饲养。穆公说：“你走吧！这不是你所能理解的。老百姓光着脊背来耕田，辛勤劳作不敢懈怠，难道是为了禽兽吗？小米，这是人的上等食物，怎么能用它来养鸟？而且，你只知道算小账，而不懂得算总账。周人有谚语说：‘口袋漏出的东西落在另一贮存之处。’你难道没听说过吗？君主是百姓父母，把国家仓库里的小米，转到老百姓手里，这就不是我的小米吗？让鸟吃邹国的瘪谷，是为了不损失邹国的小米罢了！而小米在国家仓库里还是在老百姓手里，对我来说有什么区别呢？”百姓听邹穆公这样说，都懂得了个人的储粮和公家的积存利益是一致的。这就叫做懂得使国家富裕的道理。

## 谏　言

齐有田巴先生者，行修于内，智明于外。齐王闻其贤，聘而将问政焉。田巴先生，改制新衣，鬌饰冠带，顾谓其妾曰：“何若？”其妾曰：“佼。”将出门，问其从者曰：“何若？”从者曰：“佼。”

过于淄水自窥，丑恶甚矣。遂见齐王，齐王问政焉，对曰："政在正身。正身之本，在于群臣。今者大王召臣，臣改制鬌饰，将造公门，问于妾，妾爱臣，谀臣曰'佼'；将出门，问从者，从者畏臣，曰'佼'。臣临淄水而观影，然后自知丑恶也。今齐之臣妾谀王者，非特二人也。王能临淄水，见己之恶，过而自改，斯齐国治矣。"

【译文】

齐国有一个叫田巴先生的人，自身品行美好，聪慧显扬于外界。齐王闻说他贤明，要聘他入朝，打算询问政事。田巴先生行前，改穿了新作的衣服，修饰须发，戴冠束带，回头问他的妾："怎么样？"他的妾说："漂亮。"将要出门时，问跟从他的人："怎么样？"跟从的人说："漂亮。"经过淄河时自照其影，发现自己很丑。于是去见齐王。齐王询问国家大政，他回答说："为政的根本在于端正自身，端正自身根本在于群臣。现在大王召见我，我改穿了新制之衣，修饰须发，将前往公府。我问妾，妾偏爱我，恭维我说'漂亮'；将出门时，问跟从的人，跟从的人畏惧我，也说'漂亮'。我面对淄河水观看身影，这才知道自己貌丑。现在齐国的大臣、后妃恭维大王的，不仅仅是两个呀。大王如果能面对淄水，发现自己的缺点，有过失便自己改掉，这齐国就能治理好了！"

## 猛　政

臧孙行猛政，子贡非之。臧孙召子贡而问曰："我不法耶？"曰："法矣。""我不廉耶？"曰："廉矣。""我不能事耶？"曰："能事矣。"臧孙曰："三者吾唯恐不能，今尽能之，子尚何非耶？"子贡曰："子法矣，好以害人；子廉矣，好以骄上；子能事矣，好以陵下。夫政者犹张琴瑟也，大弦急则小弦绝矣。是以位尊者，德不可以薄；官大者，治不可以小；地广者，制不可以狭；民众者，法不可以苛。天性然也。故曰：‘罚得则奸邪止矣，赏得则下欢悦矣。’由此观之，子则贼心已见矣。独不闻夫子产之相郑乎？其论材推贤举能也，抑恶而扬善。故有大略者，不问其所短；有德厚者，不问其小疵；有大功者，宿恶灭息。成人之美，不成人之恶也。其牧民之道，养之以仁，教之以礼，使之以义，修法练教，必遵民所乐。故从其所便而处之，因其所欲而与之，顺其所好而劝之。赏之疑者从重，罚之疑者从轻。其罚审，其赏明，其刑省，其德纯，其治约，而教化行矣。治郑七年，而风俗和平，灾害不生，国无刑人，囹圄空虚。及死，国人闻之，皆叩心流涕，曰：‘子产已死，吾将安归？夫使子产命可易，吾不爱家一人。’其生也，则见爱；其死也，而可悲。仕者哭于廷，商人哭于市，农人哭于野，处女哭于室，良人绝琴瑟，大夫解佩玦，妇人脱簪珥，皆巷哭。然则恩（恩原作思）者仁恕之道也。君子之治，始于不足见，而终于不可及，此之谓也。盖德厚者报美，怨大者祸深。故曰：‘德莫大于仁，而祸莫大于刻。’夫善不可以为求，而恶不可以乱去。今子方病，民喜而相贺曰：‘臧孙子已病，幸其将死。’子之病少愈，而民以相惧，曰：‘臧孙子病又愈矣，何吾命不幸也，臧孙子又不死矣。’子之病也，人以相喜；生也，人以相骇。子之贼心亦甚深矣。为政若此，如之何不非也。”于是臧孙子惭焉，退而避位。

【译文】

臧孙实行苛刻的政治，子贡指责他。臧孙召见子贡问道：“我不是按照法律行事的吗？”子贡回答说：“是按照法律行事的。”“我不廉洁吗？”回答说：“廉洁。”“我没有执政能力吗？”回答说：“有能力。”臧孙说：“这三条我唯恐自己达不到，现在我全部都能达到，你为什么还指责我呢？”子贡说：“您能以法行事，却喜欢以法杀害人；您也廉洁，但喜欢以廉洁在国君面前表现出自高自大；您有执政能力，但喜欢欺压下属。执政就好像调紧琴瑟，粗弦上得太紧(音太高)，细弦就会被上断。

因此地位尊贵的人，德行不能浅薄；官位高的人，管理不能太细；辖地广大者，制度不能偏狭；辖区百姓众多者，法律不能苛刻。自然法则就是这样。所以有人说：‘处罚得当奸邪就能制止，奖赏得当下属就会高兴。’由此看来，你的残忍之心已经显露了。难道您没有听说过子产在郑国为相的事吗？他探讨人的本质来推荐贤能之人，能抑制人不好的一面，而发扬人的长处。所以对于有大谋略的人，他不计较人的短处；对于道德高尚的人，他不计较人的小缺点；对于有大功的人，旧日的罪错隐灭不究；成人之美，不促成人的恶名。子产管理老百姓的办法是，以仁政培养人，用礼法教导人，用公义使用人，无论是修治法律还是训练教育人，一定遵遁民众的意愿。所以顺着民众的方便而处理民事，按照民众的愿望而给予治理，顺应民众的喜好而劝勉。奖赏的多少难于确定时宁可从重，惩罚的轻重难于确定时宁可从轻；处罚慎重，奖赏明确。其刑罚简约，其道德纯美，其管理办法简要，这样教化就会行遍天下、教化广布。子产治理郑国七年，风尚习俗和顺，没有发生灾害；全国没有被判刑的人，监狱都空虚了。等到子产逝世，国人闻知后，都垂胸痛哭流涕，说：‘子产死了，我将怎么生活呢？假如子产的生命可以替换，我不吝惜全家任一个人去替死。’子产活着被百姓所爱戴，死了让举国悲伤。当官的人在朝堂上哭，做生意者在集市上哭，农民在田野里哭，姑娘在闺房中哭；美人揪断琴弦，大夫解下佩玉，女人卸去发簪耳坠，都在街上痛哭。之所以能这样，是贤明智慧的人推行仁义之政讲究恕道啊。君子治理国家，一开始看不出他的政绩，但是最终却让别人难以企及，说的就是这种情形。凡是道德高尚的人回报必然美好，积怨很深的人祸患也很深重。所以说美德莫过于行仁政，而祸患莫过于行苛政；善不能用伪诈来求取，恶不能用迷惑来消除。现在您刚一生病，老百姓高兴得互相庆贺说：‘臧孙子生病了！幸亏他快要死了。’您的病稍有好转，老百姓就相互表示惧怕，说：‘臧孙子病又好了，为什么我们的命运这么不幸啊，臧孙子怕又死不了了。’您活着，老百姓为之害怕，您的残忍之心也太重了。执政结果到了这个地步，人们怎么会不责怪您呢？”于是臧孙子感到惭愧，才退身而让出职位。

# 和　政

子路治蒲三年，孔子过之。入其境，曰：“善哉由乎，恭敬以信矣。”入其邑，曰：“善哉由乎，忠信以宽矣。”至于其廷，曰：“善哉由乎，明察以断矣。”子贡执辔而问曰：“夫子未见由，而三称其善，可得闻乎？”孔子曰：“我入其境，田畴尽易，草莱甚辟，沟洫甚深，此其恭敬以信，故其民尽力也；入其邑，墙屋甚崇，树木甚茂，此忠信以宽，故其民不偷也；入其廷，廷甚闲，此明察以断，故其民不扰也。”

【译文】

子路治理蒲地三年，孔子出游经过那里，进入蒲地境内，说：“好呀子路，恭敬而诚实啊！”进入蒲地城邑，说：“好呀子路，忠信宽厚啊！”到了官衙庭堂说：“好啊子路，明察而善断啊！”子贡拉着马缰问道：“老师没有见子路，却三次称赞他好，能不能让我听听这是为什么呢？”孔子说：“我进入蒲境，见田地都进行了整治，郊外荒地多已开垦，田间水沟很深。这说明他恭敬而诚实，所以老百姓尽力耕种；进入城邑，看到墙壁房屋高而整齐，树木非常茂盛，这说明他忠信而宽厚，老百姓就不苟且从事；进到他的官衙大堂，大堂上很清闲，这说明他明察善断，所以老百姓不来申诉打扰。”

（刘峻　张玉霞译）

# 卷四十三

# 说苑治要

【考评】

《说苑》的思想内容，大致是借助先秦至汉世的历史故事，提供政治兴亡的历史镜鉴，意在讽君劝臣，达到整顿朝政、匡救时弊的目的。

魏征在《群书治要》中节录《说苑》的《君道》《臣术》《贵德》《复思》《政理》《尊贤》《正谏》《法诫》《善说》《修文》《反质》等篇的片段，告诉唐太宗及其大臣们应当怎样为君作臣当士民，应当怎样振兴大唐，应当怎样治理百姓、处理邦交。如贞观十四年魏征向唐太宗上疏说："……今之君臣，罕能贞白卓异者，盖求之不切，励之未精故也。若勖之以公忠，期之以远大，各有职分，得行其道；贵则观其所举，富则观其所养，居则观其所好，习则观其所言，穷则观其所不受，贱则观其所不为；因其材所取之，审其能以任之，用其所长，掩其所短；进之以六正，戒之以六邪，则不严而自励，不劝而自勉矣。故《说苑》曰：'人臣之行，有六正六邪，行六正则荣，犯六邪则辱。何谓六正？一曰，萌芽未动，形兆未见，昭然独见存亡之机、得失之要，预禁乎未然之前，使主超然立乎显荣之处，如此者，圣臣也。二曰，虚心尽意，日进善道；勉主以礼义，谕主以长策；将顺其美，匡救其恶，如此者，良臣也。三曰，夙兴夜寐，进贤不懈；数称往古之行事，以厉主意，如此者，忠臣也。四曰，明察成败，早防而救之，塞其间，绝其源，转祸以为福，使君终以无忧，如此者，智臣也。五曰，守文奉法，任官职事，不受赠遗，辞禄让赐，饮食节俭，如此者，贞臣也。六曰，家国昏乱，所为不谀，敢犯主之严颜，面言主之过失，如此者，直臣也。是谓六正。何谓六邪？一曰，安官贪禄，不务公事，与世浮沉，左右观望，如此者，具臣也。二曰，主所言皆曰善，主所为皆曰可；隐而求主之所好而进之，以快主之耳目，偷合苟容，与主为乐，不顾其后害，如此者，谀臣也。三曰，内实险诐，外貌小谨，巧言令色，妒善嫉贤；所欲进，则明其美，隐其恶，所欲退，则明其过，匿其美；使主赏罚不当，号令不行，如此者，奸臣也。四曰，智足以饰非，辩足以行说；内离骨肉之亲，外构朝廷之乱，如此者，谗臣也。五曰，专权擅势，以轻为重；私门成党，以富其家；擅矫主令，以自贵显，如此者，贼臣也。六曰，谄说以佞邪，陷主于不义；朋党比周，以蔽主明，使白黑无别，是非无间；使主恶布于境内，闻于四邻，如此者，亡国之臣也。是谓六邪。贤臣处六正之道，不行六邪之术。故上安而下治。生则见乐，死则见思，此人臣之术也。"

"六正、六邪"之说，是魏征引自西汉刘向编撰的《说苑》一书。它是以儒家的政治思想和伦理观念来论述如何"识忠奸""任贤良"的一篇不朽之作。魏征进而提出辨识人才的六种方法以及"因其材以取之，审其能以任之，用其所长，掩其所短"的这些"识忠奸""任贤良"的原则，对于我们今天识别干部和选择使用干部，有一定的历史借鉴价值。

《说苑》，西汉刘向著，《隋书·经籍志》《唐书·艺文志》均有著录，原二十卷，后仅余五卷；经宋曾巩搜辑，又得高丽足本补之，复为二十卷。内分君道、臣术、建本、立节等二十门，分类纂辑先秦至汉代史事，杂以议论，借以阐明儒家的政治思想和伦理观念，既具有文献价值，又具有文学价值，特别是其中保存了若干佚失文献和先秦诸子佚说。例如道家《伊尹》、小说家《尹子说》见于《汉书·艺文志》著录，却久已亡佚。但《说苑》在《君道》《臣术》二篇中载有伊尹论政四则，很可能就是《伊尹》的佚文；又如在《建本》中载有"魏文侯问元年于吴子"，或即所谓吴起传《春秋》之说；《政理》中载有"成王问政于尹逸"，或即史载墨家尹佚之佚说。又如《政理》中的"鲁国之法"章，故事情节则散见于《孔子家语》的《致思》篇和《淮南子》的《道应训》篇，是刘向自己根据史料撰写的。

# 君　道

河间献王曰："尧存心于天下，加志于穷民，痛万姓之罹罪，忧众生之不遂也。有一民饥，则曰：'此我饥之也。'有一民寒，则曰：'此我寒之也。'一民有罪，则曰：'此我陷之也。'仁昭而义立，德博而化广，故不赏而民劝，不罚而民治。先恕而后教，是尧道也。"

【译文】

河间献王(刘德)说："唐尧心怀天下，用心去周济贫民，痛心于百姓的苦难，忧心于众生不能顺利生长。有一人挨饿，他就说：'这是我使他挨饿的。'有一人寒冷，他就说：'这是我使他受冻的。'有人犯了罪，他就说：'这都是我造成的。'他仁爱昭著而正义树立，施恩众多而教化深广。所以即使不加奖赏，百姓也会努力；不施刑罚，民众也会安定。先推己及人，然后施以教导，这是唐尧治理天下的方法！"

河间献王曰："禹称，'民无食，则我不能使也；功成而不利于民，则我不能劝也'。故疏河而道之，凿江通于九派，洒五湖而定东海。民亦劳矣，然而不怨苦者，利归于民也。"

【译文】

河间献王说："大禹曾说：'百姓没有吃的，那么我就不能驱使他们；事业成功却无利于人民，那我就不能勉励他们。'所以他疏通黄河，加以导流；开凿三峡，使长江众多支流通畅；泄放五湖之水使之归于东海。(做这么多事)百姓确实劳累，但是却不叫苦，其原因就在于利益都归属人民。"

禹出见罪人，下车问而泣之。左右曰："罪人不顺道使然，君王何为痛之至于此也？"禹曰："尧舜之民，皆以尧舜之心为心。

今寡人为君也，百姓各自以其心为心，是以痛之也。”

【译文】

大禹出巡遇见一个犯罪的人，便下车询问并为他哭泣。左右的人说：“那罪人因为不走正路，所以会这样。君王你为什么要为他伤痛成这个样子呢？”大禹说：“尧、舜时候的人民，都以尧、舜仁爱之心为己心。现在我作为君王，百姓却各以自己的私心为己心，因此，我感到痛心。”

当尧之时，舜为司徒，契为司马，禹为司空，后稷为田畴，夔为乐正，倕为工师，伯夷为秩宗，皋陶为大理，益掌驱禽，尧不能为一焉。尧为君，而九子者为臣，其何故也？尧知九职之事，使九子各受其事，皆胜其任以成功，尧遂成厥功（成厥功原作乘成功）以王天下。是故知人者主道也，知事者臣道也。主道知人，臣道知事。毋乱旧法，而天下治矣。

明主者有三惧：一曰处尊位而恐不闻其过，二曰得意而恐骄，三曰闻天下之至言而恐不能行。

【译文】

在尧主天下的时候，舜是主管土地和百姓的司徒；契为掌管军政赋税的司马；禹为掌管工程的司空；后稷为掌管耕作的农官；夔做掌管礼乐教化的乐官；倕做能工巧匠的总管；伯夷为掌管宗庙祭祀的秩宗；皋陶为掌管刑狱的大理；益为掌管狩猎的官。尧却不能承担其中任何一件事。可是尧成为君主，而这九人却做他的臣子，那是什么原因呢？尧知道这九种职务应做的事情，能任命这九个人各自承担他们的职事，并且都能胜任，都能取得成绩。尧于是凭借他们的功绩统治天下。所以说，知人善任是做君主的原则，做好职事是做臣子的原则。君主的治理之道是在于用好人，臣子的管理之道在于做好本职工作。不要打乱已有的规定，这样天下就安定了。

贤明的君主有三种担心：一是处于高位听不到别人指出自己的过

失，二是得意过头而骄傲，三是听到天下最好的意见，而担心自己不能实行。

师经鼓琴，魏文侯起舞，赋曰："使我言而无见违。"师经援琴而撞文侯，不中，中旒溃之。文侯顾谓左右曰："为人臣而撞其君，其罪何如？"左右曰："罪当烹。"提师经下堂一等。师经曰："臣可得一言而死乎？"文侯曰："可。"师经曰；"昔尧舜之为君也，唯恐言而人不违；桀、纣之为君也，唯恐言而人违之。臣撞桀、纣，非撞吾君也。"文侯曰："释之，是寡人之过也。"悬琴于城门，以为寡人符；不补旒，以为寡人戒。"

【译文】

乐工师经奏琴，魏文侯欣然起舞，吟诵道："让我的言语不要被人违背吧！"师经一听此话，便操起琴去撞击魏文侯，没有撞上，只撞在文侯冕冠的玉串上，玉串给撞散了。魏文侯环顾左右臣僚说："作为臣子竟敢撞击他的君王，该当何罪？"左右的臣僚说："罪当受烹刑。"于是，武士将师经带下朝堂。才下了一级台阶，师经说："我可再说一句话然后受死吗？"文候说："可以。"师经说："从前尧、舜作君王，只怕自己的言语没有人违抗；桀、纣作君王，唯恐自己的言语被人违抗。我撞击的只是夏桀、商纣这样的暴君，并没有撞击我们的君王。"魏文侯说："放开他吧，这是我的过错。把这张琴悬挂在城门上，用来作为我有过错而被撞击的凭证，也不要补冕冠上的玉串，用来作为我的鉴戒。"

## 臣 术

人臣之行，行（行原作有）六正则荣，犯六邪则辱。何谓六正？一曰萌牙未动，形兆未见昭然独见、存亡之机，得失之要，豫禁乎不（不原作未）然之（原作无之字），前使主超然立乎显荣之处。如此者，圣臣也。二曰虚心白意，进善通道，勉主以礼义，谕主以长策，将顺其美，匡救其恶。如此者，良（良原作大）臣也。三曰夙兴夜寐，进贤不懈，数称于往古之行事，以厉主意。如此者，忠臣也。四曰明察极，见成败，早防而救之，塞其间，绝其源，转祸以为福，使君终以无忧。如此者，智臣也。五曰守文奉法，任官职事，不受赠遗，衣服端齐，食饮节俭。如此者，贞臣也。六曰，国家昏乱，所为不谀，敢犯主之严颜，面言主之过失。如此者，直臣也。是谓六正也。

【译文】

作为人臣的操行，遵从“六正”就会荣耀，触犯“六邪”就会受辱。什么叫做“六正”？一是事物的萌芽未发，迹象征兆还未显现，只有他能清楚地看见存亡的机运、得失的关键；在事态恶化之前预先制止，使君王能够超然居于显贵尊荣的位置。像这样的人，就是圣臣。二是胸怀宽广，思想纯洁，进奏善言，通达道义；用礼义来勉励君王，用良策来启示君王，顺从君王的美善，纠正补救君王的不良行为。像这样的人就是良臣。三是早起晚睡，推举贤士从不懈怠，经常援引古代圣君贤王的行为事迹，来激励君王的意志。像这样的人，就是忠臣。四是能明察事理、预见最终的成败，早作防务并进行补救，堵塞漏洞，杜绝致乱根源，转祸为福，使君主最终无忧无虑。像这样的人，就是智臣。五是能遵守礼制，奉行法规，胜任所在官位的职事，不接受礼物馈赠；衣冠端庄整齐，生活节俭。像这样的人，就是贞臣。六是当国家政治昏乱时，行为不阿谀逢迎，敢于触犯君王的威严，当面指出君王的过失。像这样的人，就是直臣。以上这些叫做“六正”。

何谓六邪？一曰安官贪禄，不务公事，与世沉浮，左右观望。如此者，具臣也。二曰主所言皆曰善，主所为皆曰可，隐而求主之所好而进之，以快主之耳目，偷合苟容，与主为乐，不顾其后害。如此者，谀臣也。三曰中实险诐，外貌小谨，巧言令色，又心疾贤，所欲进则明其美、隐其恶，所欲退则明其过、匿其美，使主赏罚不当，号令不行。如此者，奸臣也。四曰智足以饰非，辩足以行说，内离骨肉之亲，外妒乱朝廷。如此者，谗臣也。五曰专权擅势，以为轻重；私门成党，以富其家；擅矫主命，以自显贵。如此者，贼臣也。六曰谄主以邪，坠主于不义，朋党比周，以蔽主明，使白黑无别，是非无闻，使主恶布于境内，闻于四邻。如此者，亡国之臣也。是谓六邪。

贤臣处六正之道，不行六邪之术，故上安而下治，生则见乐，死则见思，此人臣之术也。

【译文】

什么叫做“六邪”?一是安享官爵，贪求俸禄，不致力于公务；随世俗俯仰进退，做事左右观望。像这样的人，就是具臣。二是对君王所说的一律称好，对君王所做的全部赞同；暗中探求君王的嗜好并进献礼物以愉悦君王的耳目，苟且迎合以求安身；一味与君王寻欢作乐，全不考虑后患。像这样的人，就是谀臣。三是内心充满了邪僻险恶，外表却谨小慎微；花言巧语，伪装和善，又嫉贤妒能；对他想推荐的人，就宣扬那人的好处而隐瞒其恶行，他想要排挤的人，就宣扬那人的过错而掩盖其美德；使君王赏罚不当，号令不能施行。像这样的人，就是奸臣。四是他的机智足以掩饰自己的错误，其辩才足以进行游说；对王室离间骨肉之亲，对外妒嫉贤能、扰乱朝廷。像这样的人，就是谗臣。五是独揽权势，自己说了算，结党营私，使自己家族富有；又擅自篡改君王的命令，以取得自己的尊荣显贵。像这样的人，就是贼臣。六是用邪僻之事来谄媚君王，使君王陷入不义；拉帮结伙，来遮蔽君王的视线，颠倒黑白，混淆是非；使君王恶名流布国内，传遍邻国。像这样的人，就是亡国之臣。以上这些叫做“六邪”。

贤臣以“六正“的原则处身立世，不走“六邪”之路，因而国家安定而百姓得到治理，使自己活着时能享受安乐，死了也会被人们所追思。这就是做人臣的方法。

汤问伊尹曰："三公九卿，大夫列士，其相去何如？"对曰："智通于大道，应变而不穷，辨于万物之情，其言足以调阴阳、正四时，节风雨，如是者，举以为三公。故三公之事，常在于道也。不失四时，通于地理；能通不通，能利不利，如此者，举以为九卿。九卿之事，常在于德也。通于人事，行猷举绳，通于关梁，实于府库，如是者，举以为大夫。大夫之事，常在于仁也。忠正强谏，而无有奸诈，去私立公，而言有法度，如是者，举以为列士。列士之事，常在于义也。故道德仁义定，而天下正。凡此四者，明王臣而不臣。"汤曰："何谓臣而不臣？"对曰："君之所不名臣者四：诸父，臣而不名；诸兄，臣而不名；先王之臣，臣而不名；盛德之士，臣而不名。是谓大顺也。"

【译文】

商汤问伊尹："三公、九卿、大夫、列士，这些职位有些什么区别？"伊尹回答说："智慧能通晓大道，能应付各种变化而不会陷入困境，对万事万物的真情实状能够分辨，其言论可以调理阴阳，使四季合时，调节风雨，像这样的人，可以推举为"三公"。所以三公的职事，每每在于通晓大道。不误四季农时，通晓地理，能使不通的变得畅通，能使不利的变得有利，像这样的人，可以推举为'九卿'。九卿的职事每每在于能造福谋利。能通晓人间百事，行使计谋、提出标准，能疏通水陆交通枢纽，充实国家府库，像这样的人，可以推举为大夫。大夫的职事，每每在于仁爱。忠贞正直，敢于竭力规劝君主，不怀奸诈之心，杜绝私门、扶持公室，一言一语都符合法度，像这样的人，可推举为列士。列士的职事，每每在于行事有准则。所以'道德仁义'四者确定了，天下就会公正。大凡这四种人，圣明的君王以他们为臣，却不把他们称作臣。"商汤问："什么叫做以他们为臣却不把他们称作臣呢？"伊尹回答说："君王不称为臣子的人有四类：属父辈而作臣子的不称为臣；是兄长而作臣子的不称为臣；作过先王大臣的臣子不称为臣；有高尚道德的贤士作臣子的不称为臣。这就叫做顺乎伦常大道。"

# 贵　德

圣人之于天下也，譬犹一堂之上也。今有满堂饮酒者，有一人独索然向隅而泣，则一堂之人皆不乐矣。圣人之于天下也，譬犹一堂之上也。有一人不得其所者，则孝子不敢以其物荐进也。

【译文】

圣人治理天下，好像处在厅堂之上，假如满堂都是饮酒的人，但有一个人独自面向墙角哭泣，那么这满堂之人都会不愉快了。圣人治理天下，也如同处在厅堂之上，如果堂上有一个人未得到适当的坐位，那么孝子也不敢将他的物品进献上来。

# 复　恩

晋文公亡时，陶叔狐从。文公反国，三行赏而不及。见咎犯曰："吾从君而亡，十有三年，颜色黧黑，手足胼胝。今君反国，三行赏而不及我，意者君忘我与？我有大故与？"咎犯言之文公，文公曰："噫，我岂忘是子哉！夫耽我以道，说我以仁，昭明我名，使我为成人者，吾以为上赏；防我以礼，谏我以义，使不得为非者，吾以为次赏；勇壮强御，难在前则居前，难在后则居后，免我于患难中者，吾复以为次（原有赏字）。且子独不闻乎？死人者，不如存人之身；亡人者，不如存人之国。三行赏之后，而劳苦之士次之。劳苦之士，子固为首矣。吾岂敢忘子哉！"周内史叔兴闻之曰："文公其霸乎？昔者圣王先德后力，文公其当之矣。"

【译文】

晋文公逃亡在外时，陶叔狐跟随他。晋文公回到晋国，颁行了三次赏赐都没有轮到陶叔狐。陶叔狐谒见咎犯说："我跟随国君逃亡有十三年，容颜憔悴，手脚都磨起了老茧。现在国君回国颁行了三次赏赐都没有轮到我。我私下考虑，这是国君忘掉了我呢，还是因为我有什么大过错呢？”咎犯便向晋文公说了这件事，晋文公说：“唉，我怎么会忘了这个人呢？那些能用道义使我精神专注、用仁爱的道理来说服我、显扬我的名声、使我成为德才优异之君的人，我认为应该受最高的赏赐；那些能用礼制来约束我、用正确的道理来劝诫我、使我不至于做错事的人，我认为应该受到第二等赏赐。那些勇敢强壮善于御敌、危难在前就奋身上前、危难在后他就断后、使我从祸难中得以解脱的人，我认为该受到第三等赏赐。他难道不知道吗？为人殉死不如保护其人的性命；跟人逃亡不如保存其人的国家。三次行赏之后，就轮到有劳苦功绩的人了。在那有劳苦功绩的人当中，陶叔狐当然是头一个了！我怎么会忘了他呢？”东周内史叔兴知道这件事后说：“晋文公将会称霸了！从前先王将德行摆在首位，而将勇力放在其后，文公大概堪当这样的评价吧！”

楚庄王赐群臣酒，日暮，酒酣，灯（灯原作华）烛灭，乃有引美人衣者。美人援绝其冠缨，告王曰：“今烛灭，有引妾衣者，援得其缨，持（持原作待）之矣。”促上火，视绝缨者。王曰：“赐人酒，使醉失礼，奈何欲显妇人节，而辱士乎？”乃命左右：“今与寡人饮，不绝冠缨者不欢。”群臣皆绝缨而上火，尽欢而罢。居三（三原作二）年，晋与楚战，有一臣常在前，五合五获首而却敌，卒得胜之。庄王怪而问之，对曰：“臣往者醉失礼，王隐忍不暴而诛，常愿肝脑涂地，用颈血湔敌久（久旧作人，改之）矣。臣乃夜绝缨者也。”

【译文】

楚庄王赏赐群臣饮酒，天已黑了，酒兴正浓，灯烛忽然灭了。此时有人拽庄王妃妾的衣服，该妃妾顺手扯断了那人帽子上的带子，告诉庄王说：“刚才灯烛灭时，有人拽我衣裳，我揪断了他帽上的带子并拿来了，取灯火上来，看看谁是断了带子的人。”楚庄王说：“赐人饮酒，致使他们醉后失礼，怎么能为了显示妇人的贞节就羞辱勇士呢？”于是命令左右的人说：“今天与我饮酒，不扯断帽子带子的人不算尽兴。”群臣都扯断了自己帽上的带子，然后才取火点灯，最后都尽兴而散。过了两年，晋国与楚国打仗，有一个臣子总冲杀在前，五次交战五次擒获敌军官，并打退敌军，最后取得胜利。楚庄王感到奇怪，就问他，那人回答说：“我从前醉后失礼，大王你克制忍耐，不使我出丑，也不杀死我。我常怀着肝脑涂地、以颈上的鲜血溅洒到敌人身上的决心，这已有很久时间了。我就是那天夜里被美人揪断了帽上带子的人。”

阳虎得罪，北见简子曰：“自今以来，不复树人矣。”简子曰：“何哉？”对曰：“夫堂上之人，臣所树者过半矣；朝廷之吏，臣所立者亦过半矣；边境之士，臣所立者亦过半矣。今夫堂上之人，亲却臣于君；朝廷之吏，亲危臣于法；边境之士，亲劫臣于兵。”简子曰：“唯贤者为能复恩，不肖者不能。夫树桃李者，夏得休息，秋得食焉；树蒺藜者，夏不得休息，秋得其刺焉。今子之所树（树原作种）者，蒺藜也，非桃李也。自今已来，择人而树之，毋已树而择之也。”

【译文】

阳虎因事被降罪，北去晋国谒见赵简子说；“从今以后，我不再培养人了。”赵简子问；“为什么呢？”阳虎回答说：“那朝堂上的大臣，我所培养的超过了半数；朝廷中的官吏，我所培养的也超过了半数；那边境上的将士，我所培养的还是超过了半数。现在那朝堂上的大臣，亲自在君王面前排斥我；朝廷中的官吏，亲自以刑法来危害我；边境上的将士，亲自以武力劫持我。”赵简子说：“只有贤人才能报恩，不贤的人是不能的。种植桃李的人，夏天能在树荫下得到休息，秋天能得到果实吃；种植蒺藜的人，夏天没有树荫可休息，秋天得到的是棘刺。现在你所栽培的就是蒺藜，并不是桃李。从今以后，要选择人材来进行培养，不要已经栽培了才选择。”

## 政　理

政有三品：王者之政化之，霸者之政威之，强国之政胁之。夫此三者，各有所施，而化之为贵矣。夫化之不变，而后威之；威之不变，而后胁之；胁之不变，而后刑之。夫至于刑者，则非王者之所贵也。是以圣王先德教而后刑罚，立荣耻而明防禁，崇礼义之节以示之，贱货利之弊以变之，则下莫不慕义礼（礼原作节）之荣，而恶贪乱之耻。其所由致之者，化使然也。

【译文】

政治的优劣有三个品级：能称王于天下者，其政治靠的是教化；能称霸于诸侯者，其政治靠的是威严；强暴之国的政治靠的是威胁。这三种政治方略各有所用，但以教化为最高。如果教化未能使百姓转变，就用威严震慑他们；震慑也未能使之转变，就用武力威胁他们；威胁仍无效果，就用刑罚惩治他们。那种弄到非用刑法不可的政治，并不是可成就王业者所推崇的。因此，圣王先用仁德教化而后用刑罚；树立荣辱观念并明确防禁事项；推崇符合礼义的节操来明示百姓；鄙视财利金钱带来的敝病，促使百姓转变观念。这样，臣民就没有谁不仰慕礼义节操的光荣；没有谁不厌恶贪婪淫乱的可耻。所以能使他们达到如此地步的原因，是教化的结果。

治国有二机，刑、德是也。王者尚其德而稀其刑，霸者刑德并凑，强国先其刑而后其德。夫刑德者，化之所由兴也。德者，养善而进阙（进阙原作进之）者也；刑者，惩恶而禁后者也。故德化之崇者至于赏，刑罚之甚者至于诛。夫诛赏者，所以别贤不肖，而列有功与无功也。诛赏缪，则善恶乱矣。夫有功而不赏，则善不劝矣；有过而不诛，则恶不惧矣。善不劝，而能以行化乎天下者，未尝闻也。

【译文】

治理国政有两个关键，就是刑法与德教。行王道的人重德教而罕用刑法；行霸道的人刑法与德教并用；强暴之国是以刑法为首要，把德教至于后。刑法与德教，都是社会风气转变所凭借的手段。所谓德教，就是培养良好品行，促使其不断进步；所谓刑法，就是惩罚邪恶行为，以禁止后来者仿效。因此，受仁德教化而修养高的，应得到奖赏；受刑法惩处最严重者，就是被诛杀。惩处和奖赏是用来区别贤与不贤并分辨有功与无功的。如果惩罚与奖赏错乱了，善与恶也就错乱了。如果有功而不奖赏，那就不能鼓励人向善；有罪过而不惩处，那做恶的人就不会惧怕。善良的人得不到鼓励，而能用品行来感化天下的事，未曾听说过。

齐桓公逐鹿而远，入山谷之中，见一老。公问之曰："是为何谷？"对曰："为愚公之谷也。"公曰："何故？"对曰："以臣名之。"公曰："何为以公名之？"对曰："臣故畜牸牛，子大，卖之而买驹。少年曰：'牛不能生马。'遂持驹去。傍邻闻之，以臣为愚。故名此谷为愚公之谷。"桓公曰："诚愚矣，夫何为而与之。"桓公遂归，以告管仲。管仲曰："此夷吾之愚（愚原作过）也！使尧在上，咎繇为理，安有取人之驹，见暴如此叟者也。是公知狱讼不正，故与之耳。请退而修政。"孔子曰："弟子记之，桓公，霸君也，管仲，贤佐也，犹有以智为愚者，况不及桓公、管仲者乎！"

【译文】

齐桓公追逐一头鹿，进入一个远处的山谷之中，看见一位老翁，就问他说："这是什么谷？"老翁回答说："是愚公谷。"齐桓公问："为什么取了这个名字？"老翁回答说："因为我而起的名。"齐桓公说："为什么因为你而取名愚公谷呢？"老翁回答说："我从前养过一头母牛，生下牛犊长大后，我卖掉它买了一匹马驹。有个年轻人说，'牛是不能生马的。'于是便牵走了我的马驹。邻居听说这件事，认为我太愚蠢了，所以这个山谷命名为愚公谷。"齐桓公说："你确实太愚蠢了！你为什么要把马驹给他呢？"齐桓公于是回到宫中，第二天上朝时，将此事告诉了管仲。管仲说："这是我的过错。假若尧在上，咎繇作刑狱官，怎么会有随便拉走人家马驹，像这个老翁一样被人欺凌的事呢？这是老翁知道诉讼案件判处不会公正，所以把马驹给了人。请让我回去很好地整顿政事。"孔子说："弟子们应记住这件事。齐桓公是建立霸业的国君，管仲是贤明的辅佐，还有把智者当成愚者的时候，何况赶不上桓公与管仲的人呢！"

宓子贱治单父，弹鸣琴，身不下堂，而单父治。巫马期亦治单父，以星出，以星入，日夜不处，以身亲之，而单父亦治。巫马期问其故于子贱，子贱曰："我之谓任人，子之谓任力。任力者固劳，任人者固（旧无固字，补之）逸也。"人曰："宓子贱则君子矣！逸四支，全耳目，平心气，而百官治。巫马期则不然，弊性事情，劳烦教诏，虽治，犹未至也。"

【译文】

宓子贱治理单父城，弹奏琴曲，身不下堂，而单父社会安定。巫马期也治理过单父城，忙得顶着星星出门，戴着星星回家，日夜不能安居，凡事必定亲自处理，单父也得以社会安定。巫马朝向宓子贱请教这劳逸的原故，宓子贱说："我这种做法叫凭借人，你那样做叫凭借力。凭借力的人当然劳苦，凭借人的人当然轻松。"有人说："宓子贱可算是位君子，四肢轻松，不劳耳目，心平气和，但所有公事都办得很好。巫马期却不是这样，不惜损害生命去做事，费力烦神地去教育告诫，虽然单父也得到治理，但还是没有达到最好。"

孔子谓宓子贱曰："子治单父而众悦，语丘所以为之者。"曰："不齐父其父，子其子，恤诸孤而哀丧纪。"孔子曰："善，小节也。小人附矣，犹未足也。"曰："不齐所父事者三人，所兄事者五人，所友者十一人。"孔子曰："父事三人，可以教孝矣；兄事五人，可以教悌矣；友十一人，可以教学矣。中节也，中民附矣，犹未足也。"曰："民有贤于不齐者五人，不齐事之，皆教不齐所以治之术。”孔子曰：“欲其大者，乃于此在矣。昔者尧舜清微其身，务来贤人。夫举贤者，百福之宗也，而神明之主也。惜也不齐之所治者小，所治者大，其与尧、舜继矣。”

【译文】

孔子对宓子贱说：“你治理单父得到众人的好评，告诉我你是靠什么做到这些的。”子贱说：“我像对待自己的父亲一样对待百姓的父亲；像爱护自己的子女一样爱护百姓的子女；抚恤所有的孤儿并为百姓的丧事哀痛。”孔子说：“不错，但还只是小的善行。这样做能使劳力者亲附，但还不够。”子贱又说：“我当作父亲一样对待的有三人；当作兄长一样对待的有五人；所结交的朋友有十一人。”孔子说：“当作父亲一样对待的三人，能够用来教育人们尽孝道了；当作兄长一样对待的五人，能够用来教育人们敬爱兄长了；结交朋友十一人，能够以此教育人们互相学习了。这些是中等的善行，中等层次的人会亲附，但是还不够。”子贱说：“此地百姓中有比我贤明的五个人，我向他们学习，他们都教给我用以从政治民的方法。”孔子说：“要想使自己成就大事业，关键就在这里了。从前尧、舜清心寡欲，放下架子，务求招徕天下的贤才。推举贤人，这是各种福佑的根本，也是神灵主宰的要务。可惜啊！子贱所管理的地方太小了，如果子贱所管理的地方很大，他的政绩将与尧、舜相继了。

齐桓公问于管仲曰：“国何患？”对曰：“患夫社鼠。”桓公曰：“何谓也？”对曰：“夫社，束木而涂之，鼠因往托焉。熏之则恐烧其木，灌之则恐坏其涂。此鼠所以不可得杀者，以社故也。夫国亦有社鼠，人主左右是也。内则蔽善恶于君上，外则卖权重于百姓。不诛之则为乱，诛之则为人主所案，据腹有之。此亦国之社鼠也。”人有酤酒者，为器甚洁清，置表甚长，而酒酸不售。问之里人其故，里人曰：“公之狗猛，人挈器而入，且酤公酒，狗迎而噬之，此酒所以酸不售之故也。夫国亦有猛狗，用事者也。

有道术之士，欲明万乘之主，而用事者迎而龁之，此亦国之猛狗也。左右为社鼠，用事者为猛狗，则道术之士不得用矣，此治国之所患也。”

【译文】

齐桓公向管仲问道：“治理国家最担心的是什么？”管仲回答说：“担心社鼠。”桓公问：“这是什么意思？”管仲回答说：“那土地神是用木头捆扎后涂上泥做成的，老鼠便寄身在那里面。用烟熏它，恐怕会烧坏了木头，用水灌它又恐怕冲坏了所涂之泥，这里边的老鼠之所以不能被杀死，是由于土地神的缘故。国家也有社鼠，君主左右的亲信就是。他们在宫内对君主隐瞒一切善恶情况，在宫外就向百姓炫耀他们手握大权。不杀他们就会酿成祸乱；要杀掉他们，他们又被君主所倚重，常常加以保护和豢养。这些人就是国家的社鼠。有一个卖酒的人，他准备的酒具十分清洁，悬挂的酒帘也很高，但酒放酸了也卖不出去。他问邻里的人这是什么缘故，邻里的人说：‘你的狗太凶了，别人提壶进来，准备买你的酒，那狗就扑上来咬人。这就是酒放酸了都卖不出去的缘故’。国家也有猛狗，当权的人就是。有道德学问的贤士，想要求见国君，但当权的人像狗一样扑去咬他，这种人就是国家的猛狗。左右的亲信是社鼠，当权的人是猛狗，那么有道德学问的贤士就得不到任用了。这就是治理国家所担心的事。”

齐侯问于晏子曰：“为政何患？”对曰：“患善恶之不分。”公曰：“何以察之？”对曰：“审择左右，左右善则百僚各获其所宜，而善恶分矣。”孔子闻之曰：“此言信矣！善进则不善无由入矣，不善进则善亦无由入矣。”

【译文】

齐君向晏子问道：“从政最担心的是什么？”晏子回答说：“担心好人坏人分不清。”齐君问：“怎样考察他们呢？”晏子回答说：“审慎地选择身边的亲信，亲信好，那么百官就会各自得到其所适当的位置，这样好人坏人就能分清。”孔子知道这件事后说：“这话确实不错。好人进用，那么坏人就进不来；坏人进用，那么好人就进不来。”

# 尊　贤

人君之欲平治天下而垂荣名者，必尊贤而下士。《易》曰：“自上下下，其道大光。”又曰：“以贵下贱，大得民。”夫明王之施德而下下，将怀远而致近也。朝无贤人，犹鸿鹄之无羽翼，虽有千里之望，犹不能致其意之所欲至矣。是故绝江海者，托于船；致远道者，托于乘；欲霸王者，托于贤。非其人而欲有功，若夏至之日，而欲夜之长也；射鱼指天，而欲发之当也。虽舜禹犹亦困，而又况乎俗主哉！

【译文】

国君如果想要治理天下并使功名永垂后世，就必须尊重贤人并谦恭地对待他们。《易经》上说：“在上的人谦恭待臣下，那前途就很光明。”又说：“以尊贵的身份谦恭地对待地位低贱者，就会大得民心。”那些英明的君主布施恩德并谦恭地对待臣民，就能使远方的民众怀念并使近处百姓亲附。如果朝中没有贤人，就好比鸿雁没有翅膀一样，虽有远飞千里的愿望，也不能达到它心中想去的地方。因此，横渡大江大海的人得依靠舟船，要走远路的人得依靠车马，要成就王霸大业的人得依靠贤人。用的不是合适的人，却想建立功业，好比在夏至那天想要使夜晚很长；又如同对着天空射鱼，想要发出的箭必中。就是虞舜、夏禹那样的君王也要处于困境，更何况一般的君主呢！

禹以夏王，桀以夏亡。汤以殷王，纣以殷亡。阖庐以吴战胜，无敌于天下，而夫差以见禽于越。穆公以秦显名尊号，而二世以劫于望夷。其所以君王者同，而功迹不等者，所任异也。是故成王处襁褓而朝诸侯，周公用事也。赵武灵王年五十而饿于沙丘，任李兑故也。桓公得管仲，九合诸侯，一匡天下；失管仲，任竖刁、易牙，而身死不葬，为天下笑。一人之身，荣辱俱施焉，在所任也。故魏有公子无忌，削地复得；赵任蔺相如，秦兵不敢出；楚有申包胥，而昭王反位；齐有田单，襄王得国。由此观之，国无贤佐俊士，而能以成功立名、安危继绝者，未尝有也。故国不务大，而务得民心；佐不务多，而务得贤俊。得民心者，民往之；有贤佐者，士归之。文王请除炮烙之刑，而殷民从；汤去张网之三面，而夏民从。以其所为顺于民心也。故声同则处异而相应，德合则未见而相亲。贤者立于本朝，则天下之豪相率而趋之矣。故无常安之国，无恒治之民，得贤者则安昌，失之者则危亡。自古及今，未有不然者也。

【译文】

大禹因为夏朝而成就王业，夏桀却因为夏朝而导致身亡；商汤因为殷朝而成就王业，商纣却因为殷朝而导致身亡；阖庐依靠吴国每战每胜，天下没有敌手，但吴王夫差却因此被越王所擒；秦穆公凭仗秦国使名号显赫尊荣，但秦二世却被劫杀于望夷宫。这些人都同是君王，但事迹却不一样，原因就在于用人的不同。因此，成王在年幼时就能接受诸侯朝拜，是因为有周公摄政；赵武灵王到五十岁时却饿死在沙丘宫中，是因为任用了李兑的缘故。齐桓公得到了管仲，多次会合诸侯，一举匡正天下；管仲死后，任用竖刁、易牙，以致身死不能安葬，被天下的人讥笑。在一个人的身上，荣耀与耻辱都碰到了，是在于用人的不同。魏国有公子无忌，使失去的国土重新收复；赵国任用蔺相如，秦兵不敢再出函谷关；楚国有申包胥，楚昭王便能返国复位；齐国有田单，齐襄王才能拥有齐国。由此看来，国家没有贤能的辅臣和优秀的人才，而要使事业成功、美名树立、安定危难、续立已亡的封国，从来都未曾有过。所以国家不求大，要求得民心；大臣不求多，要求得贤才。得民心的人，百姓追随他；有贤臣辅佐的人，士人归附他。周文王请求废除炮烙酷刑，殷商的民众就追随他；商汤网开三面，夏朝的民众就追随他；因为他们做的这些事顺乎民心。假如声气相同，处在不同的地方也能互相应和；德性相合，虽未见面却能心中互爱；贤人在本朝立足，那天下的豪杰就会相跟着赶来。所以说，没有始终安定的国家，也没有永远顺从的百姓。得到贤人就会安定昌盛，失去贤人就会危亡。从古至今，没有不是这样的。

周公摄天子位七年，布衣之士，执贽而所师见者十人，所友见者十二人；穷巷白屋，所先见者四十九人，进善者百人，教士者千人，官朝者万人。当此之时，诚使周公骄而且吝，则天下贤士至者寡矣。苟有至者，则必（必原作心）贪而尸禄者也。尸禄之臣，不能存君也。

【译文】

周公旦代天子执政七年，周公带着礼物以师礼求见的未做官的读书人有十人；以朋友之礼求见者十二人；平民百姓中优先见到他的有四十九人；提拔优秀人才上百人；受到他教导的士人有上千人；在馆驿中接待前来朝见的有上万人。在这个时候，若是周公对人傲慢而且鄙吝，那么天下的贤士就很少有人来见他了。如果有来见的人，那就一定是贪财而且当官不做事、白拿俸禄的人。当官不做事白拿俸禄的臣子，不能保全君王。

齐桓公设庭燎，期年而士不至。于是有以九九之术见者，公曰："九九足以见乎？"对曰："臣非以九九为足以见。臣闻主君待士，期年而士不至。夫士之所以不至者，君天下之贤君也，四方之士，皆自以不及，故不至也。夫九九薄能耳，而君犹礼之，况贤于九九者乎？"公曰："善。"乃因礼之。期月，四方之士相携而并至。

【译文】

齐桓公在厅堂上设置了照明的大蜡烛（为了对前来求见的士人表示

敬意），过了一年，却没有士人前来。这时，有个会背九九乘法口诀的人来求见，齐桓公说："懂得九九算术口诀哪值得来求见呢？"此人回答说："我并不认为凭九九算术口诀便值得求见。我听说君主（在厅堂上设置了明烛）礼待士人，满了一年却没有士人来。士人之所以不来，是因为君主是天下的贤君，四方的士人，自认为不及君王，所以没有来。这九九乘法口诀只是微小的技能，而你还能以礼相待这样的人，何况比懂得九九算术更有才能的人呢？"齐桓公说："讲得好。"于是便以礼相待。过了一个月，四方的士人便携手而来。

齐宣王坐，淳于髡侍。王曰："先生论寡人何好？"髡曰："古者所好四，王所好三焉。"王曰："可得闻乎？"髡曰："古者好马，王亦好马；古者好味，王亦好味；古者好色，王亦好色；古者好士，王独不好士。"王曰："国无士耳，有则寡人亦悦之矣。"髡曰："古者有骅骝骐骥，今无有，王选于从，王好马矣。古者有豹象之胎，今无有，王选于众，王好味矣。古者有毛嫱、西施，今无有，王选于众，王好色矣。王必将待尧、舜、禹、汤之士而后好之，则禹、汤之士亦不好王矣。"宣王默然无以应。

【译文】

齐宣王闲坐，淳于髡陪伴。齐宣王说："先生可说说我爱好什么？"淳于髡说："古人的爱好有四种，但君王只爱好其中的三种。"齐宣王说；"可以听听是什么吗？"淳于髡说；"古人喜欢良马，君王也喜欢良马；古人喜欢美味，君王也喜欢美味；古人喜好女色，君王也喜好女色；古人喜欢贤士，君王唯独不喜欢贤士。"齐宣王说；"是国内没有贤士，如有的话，我也会喜欢他们的。"淳于髡说："古代有骅骝骐骥那样的骏马，现在没有，君王会从众多的马中去选取，说明君王是好马的了；古代有豹子、大象之胎做成的美味，现在没有，君王会从众多的豹象中选取，说明君王是好美味的人了；古代有毛嫱、西施，现在没有，君王会从众多的美女中挑选，说明君王是好色的了。君王一定要等待尧、舜、禹、汤时代那样的贤士出现然后才喜欢，那么像禹汤时代那样的贤士，也就不喜欢君王了。”宣王默不作声，不能回答。

卫君问于田让曰：“寡人封侯尽千里之地，赏赐尽御府缯帛，而士不至，何也？”对曰：“君之赏赐，不可以功及；君之诛罚，不可以理避。犹举杖而呼狗，张弓而祝鸡矣。虽有香饵，而不能致者，害之必也。”

【译文】

卫君询问田让道：“我将用尽千里之地来封侯，用尽王府中的绫罗绸缎来赏赐，但贤士不来我这里，为什么呢？”田让回答说：“君王你的赏赐，不能凭功劳得到；你的诛罚，不能凭道理避免。这好比举起木棒唤狗，拉开弓弦呼鸡。虽然有很香的诱饵，却不能唤来鸡狗，是因为它们知道一定会受到伤害。”

魏文侯从中山奔命安邑，田子方后。太子击遇之，下车而趋，子方坐乘如故，告太子曰：“为我请君，待我朝哥。”太子不悦，谓子方曰：“不识贫穷者骄人乎？富贵者骄人乎？”子方曰：“贫穷者骄人。富贵者安敢骄人？人主骄人，而亡其国；大夫骄人，而亡其家。贫穷者若不得意，纳履而去，安往而不得贫穷乎？”太子及文侯，道子方之语，文侯叹曰：“微吾子之故，吾安得闻贤人之言。吾下子方以行（行原作仁），得而友之。自吾友子方也，君臣益亲，百姓益附，吾是以得友士之功。我欲伐中山，吾以武下乐羊，三年而中山为献于我，我是以得友武之功。吾所以不少进于此者，吾未见以智骄我者也。若得以智骄我者，岂不及古之人乎？”

【译文】

魏文侯从中山国急速奔赴安邑，田子方居队伍之后。太子击遇见他，便下车快步前行。田子方坐在车上未动，告诉太子说：“替我请求国君在朝歌等我。”太子不高兴，便对田子方说：“我不明白是贫穷者待人骄傲呢，还是富贵者待人骄傲呢？”田子方说：“当然是贫穷者待人骄傲，富贵者怎么敢骄傲于人？君主待人骄傲会亡国，大夫对人骄傲会丢失他的采邑，贫穷的人如果不顺意，穿上鞋子就离开，去哪里会得不到贫穷呢？”太子去赶上了魏文侯，转告了田子方的话。文侯叹息说：“要不是你的缘故，我怎么能听到贤人的这番话呢！我用仁爱来礼敬子方，所以能与他结交。自从我结交上子方，君臣就更加亲近，百姓更加归附，我因此明白与贤士交友的成效。我想要征伐中山国，就以对待武将之礼对待乐羊，三年就把中山国攻下献给了我，我因此获得与武将交友的成效。我所以不能比现在稍有进步，是因为我还未见凭智慧骄傲于我的人；假若得到凭智慧骄傲于我的人，难道还怕赶不上古人吗？”

齐桓公使管仲治国，对曰：“贱不能临贵。”桓公以为上卿，而国不治。公曰：“何故？”对曰：“贫不能使富。”公赐之齐国之市租一年，而国不治。公曰：“何故？”对曰：“疏不能制亲。”公立以为仲父，齐国大安，而遂霸天下。孔子曰：“管仲之贤，不得此三权者，亦不能使其君南面而霸矣。”

【译文】

齐桓公命管仲治理国家，管仲对他说：“低贱的人不能管理高贵的人。”桓公就拜他为上卿，但国家还是没有治好。桓公问：“这是什么原故？”管仲回答说：“贫穷的人不能指使富有的人。”桓公便将齐国一年的市场税收赐给了他，但国家还是没有治理好。桓公又问：“这是什么原故？”管仲回答说：“关系远的不能控制关系亲密的。”桓公就尊他为仲父。于是齐国治理得非常安定，并终于称霸天下。孔子说：“管仲这样的贤才，如果不能得到这三种权力，也不能使他的国君面南而坐，称霸天下呀！”

桓公问于管仲曰：“吾欲使爵腐于酒、肉腐于俎，得毋害于霸乎？”管仲对曰：“此极非其贵者耳，然亦无害于霸也。”桓公曰：

“何如而害霸乎？”对曰：“不知贤，害霸也；知而不用，害霸也；用而不任，害霸也；任而不信，害霸也；信而复使小人参之，害霸也。”桓公曰：“善。”

【译文】

齐桓公询问管仲道：“我要让酒杯在酒中锈蚀，肉在砧板上放臭，这对称霸没有妨害吧？”管仲回答说：“这些远不是值得重视的事，对称霸并无妨害。”齐桓公问：“怎样才会妨害称霸呢？”管仲回答说：“不能识别贤人，妨害称霸；识别了贤人却不使用，妨害称霸；使用了却不委以重任，妨害称霸；重用了而不信任他，妨害称霸；信任他却又让小人去查验他，妨害称霸。”齐桓公说：“讲得好。”

田忌去齐奔楚，楚王问曰：“楚齐常欲相并，为之奈何？”对曰：“齐使申孺将，则楚发五万人，使上将军将之，至禽将军首而反耳。齐使眄子将，则楚悉发四封之内，王自出将，仅存耳。”于是齐使申孺将，楚发五万人，使上将军将，斩其首而反。于是齐王更使眄子将，楚悉发四境之内，王自出将，仅而得免。至舍，王曰：“先生何（何原作在先生之前）知之早耶？”忌曰：“申孺为人，侮贤者而轻不肖者，贤不肖俱不为用，是以亡也。眄子之为人也，尊贤者而爱不肖者，贤不肖俱负任，是以王仅得存耳。”

【译文】

田忌离开齐国投奔楚国，楚王问他说：“齐楚经常想相互吞并，这件事怎么办呢？”田忌回答说：“若齐国派申孺领兵，那么楚国就发兵五万人，派上将军率领，一定会提着敌将的首级回师；若齐国派眄子率军，那么楚就要尽征全国兵员，大王亲自率军出征，这样也仅能保全自己。”就在这时，齐国派申孺领兵攻打楚国，楚国发兵五万人，派上将军率军应战，斩取齐军主将的首级回师。于是齐王又让眄子率军攻楚，楚国尽征全国兵员，楚王亲自率军对敌，结果仅仅免于溃败。回到馆舍，楚王说：“为什么先生早就知道这样的结局呢？”田忌说：“申孺的为人，是轻慢贤士、也看不起无能的人，这样，贤人与不贤的人都不愿为他效力，因此会败亡；晒子的为人，是既尊重贤士也爱护不贤的人，贤人与不贤的人都能担负责任，因此大王仅能保全自己。”

## 正 谏

《易》曰：“王臣謇謇，匪躬之故。”人臣之所以謇謇为难，而谏其君者，非为身也，将欲以匡君之过、矫君之失也。君有过失，危亡之萌也。见君之过失而不谏，是轻君之危亡也。夫轻君之危亡者，忠臣不忍为也。

【译文】

《易经》上说：“辅佐王室的臣子刚正忠直，不是为了自身的原故。”作臣子的之所以要刚正忠直，迎难而上去劝谏君主，不是为了自己，而是想要纠正君主的过错，改正君主的失误。君主有过失，那是国家危亡的萌芽；看见君主有过失而不劝谏，是忽视君主的危亡。不关心君主危亡的行为，忠臣是不忍心做的。

## 敬 慎

昔成王封伯禽于鲁，将辞去。周公戒之曰：“往矣，子其无以鲁国骄士也。我文王之子、武王之弟、今王之叔父也，又相天子，吾于天下不轻矣。然尝一沐而三捉发，一食而三吐哺，犹恐失天下之士。吾闻之曰：‘德行广大，而守以恭者荣；土地博裕，而守以俭者安；禄位尊盛，而守以卑者贵；人众兵强，而守以畏者胜；聪明睿智，而守以愚者益；博闻多记，而守以浅者广。此六守者，皆谦德也。贵为天子，富有四海，德不谦者，失天下亡其身，桀纣是也，可不慎乎！’故《易》有一道，大足以守天下，中足以守国家，小足以守其身，谦之谓也。夫天道毁满而益谦，地道变满而流谦，鬼神害满而福谦，人道恶满而好谦。《易》曰：‘谦，亨，君子有终，吉。’子其无以鲁国骄士矣。”

【译文】

从前周成王把周公的儿子伯禽封在鲁地。伯禽即将告辞离去，周公告诫他说：“你去了之后，不要仗恃自己是鲁国国君而对士人傲慢。我是周文王的儿子，周武王的弟弟，当今成王的叔父，又辅佐天子，我的地位在天下来说也不算轻了，但是我曾经在洗头时就几次握着头发见客，在吃饭时几次吐出口中的食物去见客，还恐怕漏掉天下的贤士。我听说：‘道德品行宽广博大却又坚持恭谨的人才会荣耀；土地广阔富饶却又坚持节俭的人才会安乐；俸禄多爵位高却又坚持谦卑的人才会尊贵；兵员多、武器精却又保持戒惧的人才会获胜；聪明机智却又保持愚拙姿态的人才会受益；博闻强记却又保持浅陋态度的人才会更加广博。’这六种操守，都是谦虚的美德。贵为天子，富有四海，品德不谦逊的，会失去天下、败亡自身。桀、纣就是这样的人，能不谨慎吗？所以《易经》上说：‘有一种处世之道，大能保住天下，中能保住国家，小能保住自身，说的就是谦逊’。天道是减损自满者而增益谦逊者；地道是改变自满者而流向谦逊者；鬼神是伤害自满者而保佑谦逊者；人道是厌恶自满者而喜欢谦逊者。《易》上说：‘谦卦，亨通，君子有好结果，吉祥。’你一定不能依仗拥有鲁国就傲慢地对待士人啊！”

孙叔敖为楚令尹，一国吏民皆来贺。有一老父后来吊，叔敖曰：“楚王不知臣不肖，使臣受吏民之垢，人尽来贺，子独后来吊，岂有说乎？”父曰：“有。身已贵而骄人者，民去之；位已高而擅权者，君恶之；禄已厚而不知足者，患处之。”叔敖再拜曰：“敬受命，愿闻余教。”父曰：“位已高而意益下，官益大而心益小，禄已厚而慎不敢取。君谨守此三者，足以治楚矣。”

【译文】

孙叔敖作了楚国令尹，全都城的官吏和百姓都来祝贺。有一个老人最后来表示怜悯。孙叔敖说："楚王不知道我德才不佳，以致使我忝居高位而受官民们的责骂，现人们都来祝贺，只有你最后来表示怜悯，难道有什么道理要讲吗？"老人说："有。身为显贵而对人傲慢的，百姓会离开他；职位很高而独揽大权的，国君会厌恶他；俸禄已经优厚却不知满足的，灾祸会跟着他。"孙叔敖再拜说："恭敬地接受你的教诲，还希望听到其余的教诲。"老人说："爵位很高而态度却越谦恭，官越大而内心却越谨慎，俸禄丰厚就更加小心，不敢妄取。你恭谨地坚守这三条，就能够治理好楚国了。"

魏公子牟东行，穰侯送之曰："先生独无一言以教冉乎？"公之牟曰："夫官不与势期，而势自至；势不与富期，而富自至；富不与贵期，而贵自至；贵不与骄期，而骄自至；骄不与罪期，而罪自至；罪不与死期，而死自至。"穰侯曰："善。"

【译文】

魏公子牟将到东方去，穰侯为他送行，说："先生（将要离去），难道不留一句话来教诲我吗？"魏公子牟说"（你要知道）官位并不与权势相约，而权势自己就会来到；权势不与财富相约，而财富自己就会来到；财富不与尊贵相约，而尊贵自己就会来到；尊贵不与骄纵相约，而骄纵自己就会来到；骄纵不与罪过相约，而罪过自己就会来到；罪过不与死亡相约，而死亡就会来到。"穰侯说："讲得好！"

## 善　说

齐宣王出猎于社山，父老相与劳王。王曰："父老苦矣！赐父老田不租。"父老皆拜，闾丘先生独不拜。王曰："父老以为少耶？赐父老无徭役。"先生又不拜。王曰："父老皆拜，先生独不拜，寡人得无有过乎？"闾丘先生对曰："闻大王来游，所以为劳大王，望得寿于大王，望得富于大王，望得贵于大王。"王曰："天杀生有时，非寡人所得与也，无以寿先生；仓廪虽实，以备灾害，无以富先生；大官无缺，小官卑贱，无以贵先生。”先生对曰：“此非人臣所敢望也。愿大王选有修行者以为吏，平其法度，如此，臣少可以得寿焉；振之以时，无烦扰百姓，如是，臣可少得以富焉；愿大王出令，令少者敬老，如是，臣可少得以贵焉。今大王幸赐臣田不租，然则仓廪将虚也；赐臣无徭役，然则官府无使焉。此固非臣之所敢望也。”齐王曰：“善。”

【译文】

齐宣王外出到社山打猎，社山父老一齐来慰劳齐宣王。齐宣王说："父老们辛苦了！赐令父老们的田地免交租税。"父老们都拜谢宣王，只有闾丘先生不拜谢。齐宣王说："父老们认为太少了吗？再赐令他们不服徭役。"闾丘先生还是不拜谢。齐宣王说："父老们都拜谢，只有先生你不拜谢，难道是我有什么过错吗？"闾丘先生回答说："听说大王要来巡游，所以才来慰劳大王，希望从大王这里得到长寿，希望从大王这里得到富裕，希望从大王这里得到尊贵。"齐宣王说："人的生死有一定时限，不是我所能给予的，无法使先生长寿；粮仓虽然充实，是用来防备灾害的，无法使先生富裕；大官没有缺额，小官又太低贱，无法使先生显贵。"闾丘先生回答说："这些不是我所敢乞求的。只希望大王挑选有美好德行者在此作官吏，使法令制度公平，这样，我就可以稍微多活几年了；按时赈济百姓，不要烦扰百姓，这样，我就可以稍微得到富足了；希望大王发出命令，让年轻的尊敬年老的，这样，我就可以稍微得到尊贵了。现在大王赐我们田地不交租，但这样仓库就将空虚了；赐我们不服徭役，但这样官府就没人役使了。这些本来就不是我所敢希望的事。"齐宣王说："讲得好！"

## 修　文

成王将冠，周公使祝雍祝王曰：“达而勿多。”祝雍曰：“使王近于仁，远于佞，啬于时，惠于财，任贤使能。”

【译文】

成王将要加冠，周公命祝雍为成王致祝辞，说：“祝辞要通达而简炼。”祝雍致辞说：“让君王接近仁德之人，远离奸佞之人；爱惜时间，惠施财物，任用贤能。”

## 反　质

秦始皇帝既兼天下，侈靡奢泰。有方士韩客侯生、齐客卢生相与谋曰：“当今时，不可以居。上乐以刑杀为威，下畏罪持禄，莫敢尽忠。上不闻过而日骄，下慑服以慢欺而取容，谏者不用，而失道滋甚，吾党久居，且为所害。”乃亡去。始皇闻之，大怒曰：“吾闻诸生多为妖言，以乱黔首。”乃使御史悉上诸生。诸生四百余人，皆坑之。侯生后得，始皇召而见之。侯生曰：“陛下肯听臣一言乎？”始皇曰：“若欲何言？”侯生曰：“今陛下奢侈失本，淫佚趣末。宫室台阁，连属增累；珠玉重宝，积袭成山；妇女倡优，数巨万人；钟鼓之乐，流漫无穷；舆马文饰，所以自奉，丽靡烂漫，不可胜极。黔首匮竭，民力殚尽，尚不自知，又急诽谤，严威刻下，下喑上聋，臣等故去。臣等不惜臣之身，惜陛下国之亡耳。今陛下之淫，万丹朱而千昆吾、桀纣。臣恐陛下之十亡，曾不一存。”始皇默然久之，曰：“汝何不早言？”侯生曰：“陛下自贤自健，上侮五帝，下凌三王，弃素朴就末技，陛下亡征久见矣。臣等恐言之无益，而自为取死，故逃而不敢言。今臣以必死，故为陛下陈之。虽不能使陛下不亡，欲使陛下自知也。”始皇曰：“吾可以变乎？”侯生曰：“形（形原作刑）已成矣，陛下坐而待亡耳。若陛下欲更之，能若尧与禹乎？不然，无冀也。”始皇喟然而叹，遂释不诛。

【译文】

秦始皇兼并天下后，大肆奢侈淫靡。有方士韩人侯生、齐人卢生在一起商量说："看当今的时势，不能在秦国住下去了。皇上喜欢用刑杀树立威严，臣下怕加罪而只图保持俸禄，没有人敢尽忠。皇上听不到自己的过失而一天比一天骄横，臣下畏惧屈从，以怠慢欺骗来讨好皇上。进谏之官不用，因而背离正道越来越严重。我们如果久住这里，将被皇上杀害，只有逃去。"秦始皇听到后大怒，说："我听说这帮儒生大多制造妖言，扰乱百姓的思想。"于是命令御史将儒生全部捉拿归案。诸儒生四百多人，统统被活埋了。后来抓住了侯生，秦始皇召见了他。侯生说："陛下肯听我一句话吗？"秦始皇说："你想要说什么？"侯生说："现在陛下奢侈而丧失根本，淫逸而追求末事；宫室台阁，接连增修重建；珍珠美玉等贵重宝物，堆聚成山；侍姬歌伎舞女，人数多以万计；钟鼓之类的音乐，放纵不节而无休无止；车马的彩绘装饰，均各行其事，华丽奢靡，五彩缤纷，不可胜数其极。百姓资财困竭，民力已经用尽，自己还不知道，又以有人指责为紧急严重之事，用威严制服臣下，下层不敢讲话，上层不明事理，我们因此离去。我们不吝惜自己的性命，只惋惜陛下的国家将会灭亡。现在陛下这样没有节制，是丹朱的万倍，是昆吾、夏桀、商纣的千倍，我恐怕陛下有十条败亡的理由，却没有一条生存的可能。"秦始皇沉默了很久，才开口道："你为什么不早说呢？"侯生说："陛下自认为贤明，自认为强盛；上对五帝轻慢，下对三皇不敬；抛弃朴素，追求末枝，陛下败亡的征兆已经出现很久了。我们怕说出来也没有用处，只有自寻死路，因而宁可逃走，不敢陈说。现在我认为自己必死无疑，所以向陛下陈述这些。虽然这些话不能使陛下不遭败亡，但愿能使陛下自己明白。"秦始皇说："我还能改变局势吗？"侯生说："形势已经造成，陛下只有坐等灭亡。如果陛下想改变这种形势，能像唐尧和夏禹那样吗？否则是没有希望的。"秦始皇长长地叹了一口气，终于放了侯生，没有杀他。

魏文侯问李克曰："刑罚之源安生？"对曰："生于奸邪淫佚之行也。凡奸邪之心，饥寒而起。淫佚者，文饰之耗。雕文刻镂，害农事者也；文绣纂组，伤女功者也。农事害则饥之本，女功伤则寒之源也。饥寒并至，而能不为奸邪者，未之有也。男女饰美以相矜，而能无淫佚者，未尝有也。故上不禁技功，则国贫民侈；国贫民侈，则贫穷者为奸邪，而富足者为淫佚，则驱民而为邪也。民已为邪，因以法随而诛之，则是为民设陷也。刑罚之起有源，人主不塞其本，而督其末，伤国之道也。”文侯曰：“善。”

【译文】

魏文侯问李克道：“刑罚产生的根源在哪里？”李克说：“产生于邪恶不正、淫逸放纵的行为。凡是邪恶不正的念头，都由饥寒引起。纵欲放荡者耗神于文饰、雕文镂花，会妨害农事；锦绣绶带，会妨害女工。农事受妨害，是饥饿的本源；女工受妨害，是寒冷的本源。饥寒一起到来，却能不做邪恶的事，是从未有过的。男女修饰华美的外表以互相夸耀，却能没有纵欲放荡的行为，也是从未有过的。因此，君主不禁止机巧之事，则国家贫弱、百姓奢侈；国家贫弱、百姓奢侈，则贫穷者就会干出奸诈邪恶的事，富足者就会干出荒淫放荡的事，这等于驱赶百姓去做坏事。人既已做了坏事，于是用法令随即诛罚他，这就等于为百姓设下陷阱。刑罚的起始有本源，君主不堵塞那本源却去督察那些枝节小事，这是有害于国家的做法。”魏文侯说：“讲得好。”

季文子相鲁，妾不衣帛，马不食粟。仲孙忌（原注忌作它）谏曰：“子为鲁上卿，妾不衣帛，马不食粟，人其以子为爱，且不华国也。”文子曰：“然！吾观人之父母，衣粗食蔬，吾是以不敢。且吾闻君子以德华国，不闻以妾与马。夫德者，得于我，又得于彼，故可行。若淫于奢侈，沉于文章，不能自反，何以守国？”仲孙忌惭而退。

【译文】

季文子作鲁国宰相，妾不穿丝绸，马不吃粮食。仲孙忌劝他说：“你是鲁国上卿，妾不穿丝绸，马不吃粮食，别人将会认为你是吝啬，并且使国家不光彩。”季文子说：“是这样吗？我看到国人的父母都还穿粗衣、吃蔬菜，我因此不敢奢侈。而且我听说君子靠高尚的道德使国家光彩，没有听说过靠妾和马（为国增光）。所谓德，是既能使我有所得，也能使他人有所得，所以能够推行。如果放纵自己，尽情奢侈，沉迷于错综华美的色彩，不能反躬自省，怎么能守卫国家呢？”仲孙忌惭愧地退出。

（吕效祖　张爱玲译）

# 卷四十四

# 桓子新论治要

【考评】

桓谭(约20年—56年)，东汉哲学家、经学家，字君山，沛国相(今安徽濉溪县西北)人，著《新论》，官至议郎给事中。他善鼓琴，博学多通，遍习五经，喜非毁俗儒，因坚持反对谶纬神学，“极言谶之非经”，被光武帝视为“非圣无法”，几遭处斩。后出为六安郡丞，道病卒。他提出“以烛光喻形神”的有名论点，断言精神不能离开人的形体而独立存在，正如烛光不能脱离烛体而存在一样，指出“人生之有长，长之有老，老之有死，若四时之代谢矣”，否认神仙长生，对后来无神论思想发展有影响。现传《新论·形神》一篇，收入《弘明集》内。清人辑本以严可均的《全汉文》较为完备。

魏征《群书治要》中节录桓谭《新论》十四段，成为向唐太宗进谏的理论依据的组成部分。“曲突徙薪”的故事就出于《新论·见征》篇。其文曰：“淳于髡邻家，见其灶突之直，而积薪在旁，曰：‘此但有火灾。’即教使更为曲突，而徙远其薪。灶家不听，后灾火果及积薪，而燔其屋，邻里并救击。及灭止而烹羊具酒，以劳谢救火者，曲突远薪，固不肯呼淳于髡饮饭。智者讥之云：‘教人曲突远薪，固无恩泽；焦头烂额，反为上客。’盖伤其贱本而贵末，岂无独突薪可以除害哉?而人病国乱，亦皆如斯。是故良医医其未发，而明君绝其本谋。后世多损于杜塞未萌，而勤于攻击已成，谋臣稀赏，而斗士常荣，犹彼人殆失事之重轻。察淳于髡之预言，可以无不通，此见微之类也。”后来衍为用以比喻防患于未然的一条著名成语。

《桓子新论》，东汉桓谭著。《后汉书·桓谭传》称：“谭著书言当世行事二十九篇，号曰《新论》：一《本造》，二《王霸》，三《求辅》，四《言体》，五《见微》，六《谴非》，七《启寤》，八《祛蔽》，九《正经》，十《识通》，十一《离事》，十二《道赋》，十三《辨惑》，十四《述策》，十五《闵友》，十六《琴道》。《本造》《述策》《闵友》《琴道》各一篇，余并有上下。”《观东记》曰：“光武读之，敕言卷大，令皆别为上下，凡二十九篇。”

昔秦王见周室之失统，丧权于诸侯，故遂自恃，不任人封立诸侯。及陈胜、楚、汉，咸由布衣，非封君有土，而并共灭秦。高帝既定天下，念项王从函谷入，而已由武关到，推却关（推却关恐有阙误），修强守御，内充实三军，外多发屯戍，设穷治党与之法，重悬告反之赏。及王翁之夺取，乃不犯关梁厄塞，而坐得其处。王翁自见以专国秉政得之，即抑重臣，收下权，使事无大小深浅，皆断决于己身。及其失之，人不从，大臣生怨（怨原作焉）。更始帝见王翁以失百姓心亡天下，既西到京师，恃民悦喜，则自安乐，不听纳谏臣谋士，赤眉围其外，而近臣反，城遂以破败。由是观之，夫患害奇邪不一，何可胜为设防量备哉？防备之善者，则唯量贤智大材，然后先见豫图，将遏（将遏原作遏将）救之耳！

【译文】

当年秦王见周室失统，丧权于诸侯，因此便自矜称大，建立政权后，不再封立诸侯。到了陈胜、楚、汉，他们都是出身卑贱的平民百姓，并非天子授封之君而享有封邑，但他们联合起来灭了秦朝。汉高祖平定天下之后，思及当年项羽从函谷关入秦，而自己则由武关先达咸阳，于是移却关隘，加强工事并派重兵把守，在关内充实三军，在关外则多发官兵驻守防卫，设立肃清余党之法，重金悬赏告发谋反之士。到了王莽夺取汉朝政权之时，不用犯关夺塞而坐享其皇位。王莽自知是凭着独揽朝政而窃取皇位，便实行抑制重臣势力、收回下级权力的办法，使事无大小深浅，皆由自己一人决断。一到他失去权力，众人不追随，大臣皆抱怨。更始帝刘玄见王莽因失去民心而亡天下，于是西进到长安后，自恃取悦于民心，就可以自行安乐，不听谏臣谋士的意见，以致赤眉军包围城外，而近臣乘机反叛，终于败亡。由以上这些事例可以看出，危害国家的祸患千奇百怪，不一而足，又怎能完全提前作好防患的准备呢？防备祸国之患的最好办法，只有去考查并任用那些贤能大智的人，才能事先发现危害国家的预谋，才能遏止危害，从而挽救国家。

# 求　辅

维针艾方药者，已病之具也，非良医不能以愈人；材能德行者，治国之器也，非明君不能以立功。医无针药，可作为求买，以行术伎，不须必自有也；君无材德，可选任明辅，不待必躬能也。由是察焉，则材能德行，国之针药也，其得立功效，乃在君辅。传曰：“得十良马，不如得一伯乐；得十利剑，不如得一欧冶。”多得善物，不如少得能知物。知物者之致善珍，珍益广，非特止于十也。

【译文】

针艾方药，是祛病的工具，不是良医则不能用它治愈病人；才能德行，是治理国家的工具，不是圣明君主则不能用它建立功业。医生没有针药，可以努力寻求或购买，从而施行医术，而无须自己一定要拥有看病的器具；一国之君虽无才德，但可选拔任用贤明的人才来辅佐他，而不必自身要具有相应的才能。由此看来，才能德行，乃是治国的针药啊，它要产生功效，则要通过辅佐君主来实现。古书说，得到十匹良马，不如得到一个伯乐；得到十把利剑，不如得到一个欧冶子。多得美好之物，不如少得而能知物者。知物者能使善珍之物到来，且会使善珍之物越来越多，不仅仅止于十倍而已。

言求取辅佐之术，既得之，又有大难三，而止善二。为世之事，中庸多，大材少，少不胜众。一口不能与一国讼，持孤特之论，干雷同之计，以疏贱之处，逆贵近之心，则万不合，此一难也。夫建踔殊，为非常，乃世俗所不能见也，又使明智图事，而与众平之，亦必不足，此二难也。既听纳有所施行，而事未及成，谗人随而恶之，即中道狐疑，或使言者还受其尤，此三难也。智者尽心竭言，以为国造事，众间之则反见疑，壹不当合，遂被谮诉（诉原作想），虽有十善，隔以一恶去，此一止善也。材能之士，世所嫉妒，遭遇明君，乃壹兴起，既幸得之，又复随众弗与知者，虽有若仲尼，犹且出走，此二止善也。

【译文】

要说求取辅佐君主治国之人的方法，即使君主能够得到这些人才，在发挥其作用方面又有三大难题和两种不能始终信任贤辅的情况。为国家办事的官吏，中等之人众多，而具有高超才能的人少，少则难于胜众。一人之口不能与一国之人争辩，持高深不同凡响之论，而去冒犯大家一致的观点，凭其疏远低贱的出身，而去违背权贵及其亲近之人的意愿，则是万万不合时宜的，这是一难。建立非同凡响的功绩，做不同寻常的事情，这是世俗之人不能看得到的，如果使明智之人去做事，而与众人去评论，那其功绩也就大大打了折扣，这是第二难。即使君主听纳谏言而加以采用推行，但往往事情还未等到成功，奸佞小人的谗言随之而诽谤他，便会使君主中途产生狐疑，有时还会归罪于谏言者，这是第三难。有才智的人尽心竭言，以此来为国谋事，而众人从中挑拨离间，则其反被怀疑，如果意见稍不合宜，就会被诬陷，即使有十条辅佐的良策，也会因一次恶意的离间而被弃之不用，这是第一种不能始终信任贤辅的情况。有才能的人往往被世人所嫉妒，遇到明君，即使被启用并得到信任，但是和他共事的人没有一个理解他的人，即使如孔子那样的圣人，也会无可奈何地离去，这是第二种不能始终信任贤辅的情况。

是故非君臣致密坚固，割心相信，动无间疑，若伊、吕之见用，傅说通梦，管、鲍之信任，则难以遂功竟意矣。又说之言，亦甚多端。其欲观使者，则以古之贤辅厉主；欲间疏别离，则以专权危国者论之。盖父子至亲，而人主有高宗、孝己之谗（谗原作设），及景、武时栗、卫太子之事；忠臣高节，时有龙逢、比干、伍员、晁错之变。比类众多，不可尽记，则事曷可为邪？庸易知邪？虽然，察前世已然之效，可以观览，亦可以为戒。惟诸高妙大材之人，重时遇合（合原作答），皆欲上与贤侔，而垂荣历载，安肯毁名废义，而为不轨恶行乎？若夫鲁连解齐赵之金封，虞卿捐万户与国相，乃乐以成名肆志，岂复干求便辟趋利耶？览诸邪背叛之臣，皆小辨贪饕之人也，大材者莫有焉。由是观之，世间高士材能绝异者，其行亲任亦明矣。不主乃意疑之也，如不能听纳施行其策，虽广知得，亦终无益也。

【译文】

所以，如果不是君臣关系紧密坚固，以心换心，彼此信任，不管有什么动静，君臣之间都无一丝怀疑，就如伊尹和吕尚被重用、傅说出现在殷高宗的梦中而被启用、管仲和鲍叔彼此信任那样，则难以建功遂愿。再者，评论的人，也有各种各样的说法。想观察受命聘用之人，则用古代贤士辅佐人主的例子来比喻；想离间疏远君臣关系，就用大臣专权危害国家的先例来议论。世上大概父子关系是最亲的了，但人主中尚有殷高宗武丁听信谗言逼死其子孝己的事情，又有汉景帝废掉栗太子、汉武帝逼死卫太子的事情。忠臣高节之士，当年也有龙逢、比干、伍员、晁错的变故。这类情况很多，不可尽记。如此则事情怎能进行下去呢？然而这又岂是容易知道的呢？虽然如此，考察前代已经发生的事情，可以作为观览，也可引以为戒。那些高妙大材之人，遇到合适时机，得到君主信任，都想尽力向上和先贤看齐，从而垂美名于青史，怎能毁坏名节、放弃道义，去干不遵法度的坏事呢？至于鲁仲连不接受齐赵两国金印、虞卿捐弃万户侯和国相的赏赐，乃是他们以成就名节、尽显其志向为乐，又怎会摧眉折腰去追求功利呢？纵观那些奸佞背叛之臣，都是狡辩贪财之人，没有一个是具有大才能的。由此可见，世上那些高士，其才能不同一般的人，他们可被亲近任用是明显的。那些不行人主之道的人君怀疑这一点，如果不听取纳言并去施行，那么高士治国良策即使再多，也终无用处。

## 言　体

凡人耳目所闻见，心意所知识，性情所好恶，利害所去就，亦皆同务焉。若材能有大小，智略有深浅，听明有暗照，质行有薄厚，亦则异度焉。非有大材深智，则不能见其大体。大体者，皆是当之事也。夫言是而计当，遭变而用权，常守正，见事不惑，内有度量，不可倾移，而诳以谲异，为知大体矣。如无大材，则虽威权如王翁，察慧如公孙龙，敏给如东方朔，言灾异如京君明，及博见多闻，书至万篇，为儒教授数百千人，祗益不知大体焉。维王翁之过绝世人有三焉：其智足以饰非夺是，辨能穷诘说士，威则震惧群下。又数阴中不快己者。故群臣莫能抗答其论，莫敢干犯匡谏，卒以致亡败，其不知大体之祸也。

【译文】

大凡人的耳目所听到和见到的，心理和意识所认知的，性情所喜好或厌恶的，面对利益和祸害所弃所求的，是每个人都基本相同的。至于才能的大小，智慧和谋略的深与浅，视觉和听觉的明与暗，本质和德行的厚与薄，那就有不同的量度了。没有大材深智，就不能明见大体。所谓大体，都是恰当合适的事情。所说之言正确，所出之计得当，遇事变而懂得变通，平时守持正道，遇事不惑，胸有度量，不因欺诈迷惑而偏移，这就是知大体者。如果胸无大才，那么即使有像王莽那样的威严和权力，有如公孙龙那样的辨论才能，有东方朔那样的机敏，预言灾异具有京房那样的能力，甚至达到博见多闻，著书万篇，教儒士千百人，也只能让其更不知大体而已。王莽的过错超越世人的有三点：他的智谋足以颠倒是非，辩争才能足以诘难士大夫，其威严足能震慑下属。他又经常暗算不合自己心意之人。所以群臣没有人能抗辩他的谬论，没有人敢于冒犯他而匡正谏诤，最终导致他的灭亡失败，这就是不懂大体的祸患。

夫帝王之知（原无知字，补之）大体者，则高帝是矣。高帝曰："张良、萧何、韩信，此三子者，皆人杰也，吾能用之，故得天下。"此其知大体之效也。

【译文】

帝王中称得上识大体的，汉高祖是一个。汉高祖说："张良、萧何、韩信这三个人都是人中俊杰。我能任用他们，所以能得天下。"这就是知大体的效果。

王翁始秉国政，自以通明贤圣，而谓群下才智莫能出其上。是故举措兴事，辄欲自信任，不肯与诸明习者通共，苟直意而发，得之而用，是以稀获其功效焉。故卒遇破亡，此不知大体者也。高帝怀大智略，能自揆度，群臣制事定法，常谓曰："庳而勿高也，度吾所能行为之。"宪度内疏，政合于时，故民臣乐悦，为世所思，此知大体者也。

【译文】

王莽初掌国政，自认为通晓先古圣贤之道，认为下属才智没有一个在其之上的，因此他的一举一动、所办之事，都是那样自信，不肯和许多明事理、有才智的人交流沟通，极不慎重地凭主观想象，想出一个办法就运用，所以很少取得什么功效，因此终遭破亡。这就是不识大体的人啊。汉高祖胸有大智雄略，能够自我评估，大臣们制定法度、决定事情时，他常对他们说："不要定得太高，要考虑我所能够做到的限度。"由于法制宽松，政令适合当世的实际情况，因此，百姓和大臣都欢乐愉悦，高祖亦被后世所思慕。这就是识大体的人。

王翁嘉慕前圣之治，而简薄汉家法令，故多所变更，欲事事效古，美先圣制度，而不知己之不能行其事。释近趋远，所尚非务，故以高义退致废乱，此不知大体者也。高祖欲攻魏，乃使人窥视其国相，及诸将率左右用事者，知其主名，乃曰："此皆不如吾萧何、曹参、韩信、樊哙等，亦易与耳。"遂往击破之。此知大体者也。

【译文】

王莽赞美、仰慕前世圣人之治，而鄙薄汉朝法令，所以许多汉家法令被变更，而想事事效仿古人法则，以前世圣人的制度为美，但不知道自己是推行不了先圣之事的。舍近代而求远古，所崇尚的不是当朝要务，所以终于由推崇先圣高义而退到衰败动乱。这叫不识大体。高祖欲攻魏国，就派人暗中了解其国相以及诸位将领和其身旁左右参事的人，知道了对方各级主管者的名字，于是说："这些人都不如我的萧何、曹参、韩信、樊哙等人，很容易对付。"于是率军破敌。这就是识大体的人。

王翁前欲北伐匈奴，及后东击青、徐众郡赤眉之徒，皆不择良将，而但以世姓及信谨文吏，或遣亲属子孙，素所爱好，咸无权智将帅之用，猥使据军持众，当赴强敌，是以军合则损，士众散走。咎在不择将，将与主俱不知大体者也。

【译文】

王莽先前想北伐匈奴，以及后来向东出兵，去平定青、徐众郡的赤眉义军，都未认真选择良将，而只是任用世姓家族成员和胆小谨慎的文官，或派平常被看好的亲属及王姓子孙，这些人都是不曾担任过将帅的人，却苟且地让他们掌握军兵，前往阻挡强敌，因此两军一交战便大败，士卒军官四处逃散。其过错就在于不择良将，将帅与君主都是不识大体者。

夫言行在于美善，不在于众多。出一美言善行，而天下从之，或见一恶意丑事，而万民违，可不慎乎？故《易》曰："言行，君子之枢机。枢机之发，荣辱之主，所以动天地者也。"

【译文】

言语行为贵在美好有益，而不在于众多。出一美言善行，就会使天下拥戴服从，有时因为一件恶意丑事，就会招致万民违抗，一言一行能不慎重吗？所以，《易经》上说："言行就如同户枢和机弩一样，是君子立身处世的关键。言语行为的发动是导致荣辱的根本所在，是惊动天地的大事啊。”

王翁刑杀人，又复加毒害焉，至生烧人，以醯五毒灌死者肌肉，及埋之，复荐覆以荆棘。人既死，与木土等，虽重加创毒，亦何损益？成汤之省纳，无补于士民，士民向之者，嘉其有德惠也；齐宣之活牛，无益于贤人，贤人善之者，贵其有仁心也；文王葬枯骨，无益于众庶，众庶悦之者，其恩（恩原作思）义动之也；王翁之残死人，无损于生人，生人恶之者，以残酷示之也。维此四事，忽微而显著，纤细而犹大。故二圣以兴，一君用称，王翁以亡，知大体与不知者远矣。

【译文】

王莽以刑杀人，而死后又加以残害，竟至于活活将人烧死，尔后又用醋、五毒灌注死者肌肉，掩埋时又在尸体上下铺盖以荆棘。人死如木土，即使对死尸加以伤害，又能减少什么、增加什么呢？成汤减少华丽衣服以节简，无补于民众，但民众归向他，是因为赞许他有道德恩义。齐宣王不杀牛，并无益于贤人，但贤人以他为善，是因为崇尚他有仁义之心。文王葬枯骨，对于庶民百姓来说并无什么益处，但是百姓喜欢他，是因为他的恩惠大义感动了人们。王莽残酷虐待死人，无损于活着的人，但活着的人厌恶痛恨他，是因为他向众人展示了他的残酷。这四件事例，虽细微但其意义十分显著，虽细碎但其意义十分重大。所以，成汤、文王二圣治国兴盛，齐宣王称霸，而王莽灭亡。可见识大体与不识大体相差甚远啊！

圣王治国，崇礼让，显仁义，以尊贤爱民为务，是为卜筮维寡，祭祀用稀。王翁好卜筮，信时日，而笃于事鬼神，多作庙兆，洁斋祀祭，牺牲肴膳之费，吏卒辨治之苦，不可称道。为政不善，见叛天下。及难作兵起，无权策以自救解，乃驰之南郊告祷，搏心言冤，号兴流涕，叩头请命，幸天哀助之也。当兵入宫日，射矢（射矢原作矢射）交集，燔火大起，逃渐台下，尚抱其符命书，及所作威斗，可谓蔽惑至甚矣。

【译文】

圣王治理国家，推崇礼义和谦让，显扬仁义，以尊贤爱民为追求，因此很少占卜问卦和祭祀。王莽好占卜，相信黄道吉日，忠实地事奉鬼神，修建了许多庙坛，洁身斋戒以祭祀，牛羊供品和美味膳肴的浪费以及官吏忙碌治办的劳苦，用语言无法形容。执国政而不善，被天下反叛。及至灾难发生，义军四起，无权谋、计策以自救，于是策马到南郊庙坛乞祷上苍，手抚心口而言冤，痛哭流涕，叩头乞请上苍，指望上天可怜并帮助他。当义兵攻入宫中，万箭交集，大火又起，王莽逃到渐台（水上之台）下，还紧抱着他的符命书和自制的“威斗”，可谓受迷信蒙蔽太深了。

## 见　微

淳于髡至邻家，见其灶突之直，而积薪在旁，曰：“此且有火灾。”即教使更为曲突，而徙远其薪。灶家不听。后灾，火果及积薪，而燔其屋，邻里并救击。及灭止，而烹羊具酒，以劳谢救火者，曲突远薪，固不肯呼淳于髡饮饭。智者讥之云：“教人曲突远薪，固无恩泽；焦头烂额，反为上客。”盖伤其贱本而贵末。岂夫独突薪可以除害哉？而人病国乱，亦皆如斯。是故良医医其未发，而明君绝其本谋。后世多损于杜塞未萌，而勤于攻击已成，谋臣稀赏，而斗士常荣，犹彼人殆失事之重轻。察淳于髡之预言，可以无不通，此见微之类也。

【译文】

淳于髡到邻家，见他家锅灶烟道太直，而柴草又堆放在灶旁，就对邻居说："这样早晚会发生火灾。"便指教邻人将直烟道改为弯烟道，并将柴草移往远处。邻人没有听从他的话。尔后灶火落下，燃及柴草而烧着了房子，众邻里齐来救火。火被扑灭后，这失火者烹羊摆酒以答谢帮其救火的人，随后将烟道改为弯烟道，将柴草搬到远离锅灶的地方，却不请淳于髡吃饭。智者讥讽失火之人说："教你将直烟道改为弯烟道、将柴草远离锅灶的人却不认为有恩泽，而那些帮助救火被烧得焦头烂额的人反成为座上宾。"这是为其不重视根本而看重末节而感到悲哀。难道只是改烟道和移柴草能免除灾害吗？人们生病、国家动乱，也都是如此。所以，高明的医生看病是在病未发之时就予以诊治，而圣明君主可以提前阻断动乱阴谋。后人多疏于杜绝尚未发生的动乱苗头，而勤于打击已成事实的动乱行动，那些当初为防动乱而提出建议的大臣很少得到赏赐，而那些平息动乱之士却常显荣耀，这就如同那失火之人全然弄错了事情的轻重一样。明察淳于髡"曲突远薪"的预言，则对于事理没有不通晓的。这就是能见微知著的例子啊。

## 谴　非

王者初兴，皆先建根本，广立藩屏，以自树党，而强固国基焉。是以周武王克殷，未下舆而封黄帝、尧、舜、夏、殷之后，及同姓亲属、功臣德行，以为羽翼，佐助鸿业，永垂统（统原作流）于后嗣。乃者强秦罢去诸侯，而独自恃任一身，子弟无所封，孤弱无与，是以为帝十四岁而亡。汉高祖始定天下，背亡秦之短计，遵（遵原作导）殷周之长道，褒显功德，多封子弟，后虽多以骄佚败亡，然汉之基本，得以定成，而异姓强臣，不能复倾；至景、武之世，见诸王数作乱，因抑夺其权势，而王但得虚尊，坐食租税，故汉朝遂弱，孤单特立。是以王翁不兴兵领士，而径取天下，又怀贪功独专之利，不肯封建子孙及同姓戚属，为藩辅之固，故兵起莫之救助也。传曰："与死人同病者，不可为医；与亡国同政者，不可为谋。"王翁行甚类暴秦，故亦十五岁而亡。失猎射禽兽者，始欲中之，恐其创不大也；既已得之，又恶其伤肉多也。鄙人有得鲢酱而美之，及饭，恶与人共食，即小唾其中，共者怒，因涕其酱，遂弃而俱（俱原作但，疑）不得食焉。彼亡秦、王翁，欲取天下时，乃乐与人分之；及已得而重爱不肯与，是惜肉嗜鲢之类也。

【译文】

称王者初建王朝，都首先要建立根本，广泛封立藩国作为屏障，为自己建立统治集团，加强、巩固统治的基础。因此，周武王攻克殷都，还未登基就封立黄帝、尧、舜、夏、殷各朝君王的后人及同姓亲属、有功之臣和有道德的人，作为自己的羽翼，用以辅助鸿图大业，使大统流传于后代。而当年强大的秦国废去诸侯，独自集天下重任于皇帝一身，不封立嬴氏子弟，从而孤弱无助，因此称帝十四年便灭亡了。汉高祖刚平定天下，便摒弃秦朝的短视而遵从殷周长治久安之道，大量彰显有功之臣的功德，又封赏许多刘姓子弟。后来，即使许多所封之王因骄奢淫逸而败亡，但是汉朝的国家根基能够稳定，而有权势的异姓大臣也不能颠覆它。到了景帝、武帝时，看到诸王多次作乱，因此抑制并剥夺他们的权势，使诸王只有空虚的尊位，坐食租税。因此汉朝逐渐衰败，君主孤单无助，所以王莽不发一兵一卒而直接夺得天下。然而他又心怀贪功及独断专行之利，不肯分封子孙及同姓亲属为藩国，来辅助巩固王室，所以兵戎一起，没有人来救助他。古书上说："与已死之人患同一种病者，是不能医治的；与亡国之君施行同样的政治措施者，是不能为他谋划的。"王莽所作所为和残暴的秦国一样，所以也只在位十五年就灭亡了。打猎射杀飞禽走兽的人，开始只想射中猎物，唯恐猎物创伤不大；射得猎物以后，又不喜欢猎物之肉伤得太多。过去偏远的地方有一个人得到一份鲢鱼酱而十分高兴，到了吃饭时不想与他人同食，就吐了一口唾沫在酱中，与他一起食酱的人十分生气，于是便在酱里擤了一把鼻涕，结果是扔掉了鱼酱，谁都没有吃上。那个被灭的秦国和王莽，想夺取天下的时候，还乐于与人分享利益，等得到天下以后，又十分看重这利益而不肯分于他人，这和上述怜惜猎物之肉创伤多和想独吃鲢鱼酱而最终吃不到是一样的啊!

昔齐桓公出，见一故墟而问之。或对曰:“郭氏之墟也。”复问郭氏曷为墟，曰:“善善而恶恶焉。”桓公曰:“善善恶恶，乃所以为存，而反为墟，何也?”曰:“善善而不能用，恶恶而不能去。彼善人知其贵己而不用，则怨之;恶人见其贱己而不好，则仇之。夫与善人为怨，恶人为仇，欲毋亡，得乎?”乃者王翁善天下贤智才能之士，皆征聚而不肯用，使人怀诽谤而怨之。更始帝恶诸王假号无义之人，而不能去，令各心恨而仇之。是以王翁见攻而身死，宫室烧尽;更始帝为诸王假号而出走，令城郭残。二王皆有善善恶恶之费，故不免于祸难大灾，卒使长安大都，坏败为墟，此大非之行也。北蛮之先，与中国并，历年兹多，不可记也。仁者不能以德来，强者不能以力并也。其性忿鸷，兽聚而鸟散，其强难屈，而和难得，是以圣王羁縻而不专制也。昔周室衰微，夷狄交侵，中国不绝如线。于是宣王中兴，仅得复其侵地。夫以秦始皇之强，带甲四十万，不敢窥河西，乃筑长城以分之。

【译文】

当年齐桓公出外，见到一古宅的废墟而询问。有人回答说:“这是郭氏宅院的废墟。”桓公又问郭氏宅院怎么会变成废墟呢，那人回答说:“这是因为他喜欢好人而憎恶恶人的缘故。”桓公说:“喜欢善人而憎恶恶人，这是使人得以保全之道，却反而成为一片废墟，这是为什么呢?”回答说:“郭氏虽喜欢好人而不加以重用，憎恶恶人而不赶走他们。那些好人知道他看重自己却不被重用，从而产生抱怨;恶人看到他鄙视自己而得不到喜欢，就会怨恨他。和好人结怨，和恶人结仇，要想不亡，行吗?”王莽喜欢天下有德有智有才能的人，都将他们征聚在朝，却不肯任用，使这些人心生非议而抱怨他;更始帝刘玄憎恶诸王假借自己旗号而行不义，但不能废他们，使诸王个个心怀不满而仇恨他。所以王莽被攻打，身亡而王宫被烧毁。更始帝刘玄因诸王假借其号令而出走，使城郭毁为废墟。以上二王都有喜欢贤人而憎恶恶人的言辞却言而不行，因此不能幸免于祸难、大灾，终使长安古都破败为墟，这是极端错误的行为。北蛮先时与中国并存，历年多次滋扰中原，不可计数。中原历代讲仁义的执政者不能以德使之归顺，强悍者不能以武力征服他们。北蛮性情凶狠，时而像兽一样集聚，时而像鸟一样飞散，以强力难以使其屈服，又难以与其修好议和，因此凡是圣明君主均采取束缚限制的办法而不对其进行专断的统治。当年周王室衰微，边疆少数民族交替侵入中原，使中原政权像线一样几乎无法维持。当时宣王中兴，也仅是收复被北蛮侵占的失地。凭着秦始皇那样强大，率四十万大军，仍然不敢窥视河西，于是修筑长城来隔离。

汉兴，高祖见围于平城，吕后时为不轨之言。文帝时，匈奴大入，烽火候骑，至雍甘泉。景、武之间，兵出数困，卒不能禽制，即与之结和亲，然后边民（民原作甬）得安，中国以宁。其后匈奴内乱，分为五单于，甘延寿得承其弊，以深德呼韩耶单于，故肯委质称臣，来入朝见汉家。汉家得以宣德广之隆，而威示四海，莫不率服，历世无寇。安危尚未可知，而猥复侵刻匈奴，往攻夺其玺绶，而贬损其大臣号位，变易旧常，分单于为十五，是以恨恚大怒，事相攻拒。王翁不自非悔，反（反原作及）遂持屈强无理，多拜将率，调发兵马，运徙粮食财物，以殚（殚原作弹）索天下，天下愁恨怨苦，因大扰乱，竟不能挫伤一胡虏，徒自穷极竭尽而已。《书》曰："天作孽可避，自作孽不可活。"其斯之谓矣。夫高帝之见围，十日不食，及得免脱，遂无愠色，诚知其往攻非务，而怨之无益也。今匈奴负于王翁，王翁就往侵削扰之，故使事至于斯，岂所谓肉自生虫，而人自生祸者耶！其为不急，乃剧如此，自作之甚者也。

【译文】

汉朝兴，汉高祖征伐匈奴被围困平城，吕后时匈奴人曾有对吕后不尊之言；汉文帝时，匈奴大举入侵，警戒烽火及侦察骑兵已到达雍州甘泉。汉景帝、汉武帝年间，出兵北伐，多次被困，最终不能制服匈奴，便与匈奴和好结亲，从这以后边民才得以安生，中国才得以安宁。后来匈奴发生内乱，分为五个单于，甘延寿利用其分裂的弊端，对呼韩耶单于施以厚恩，终于使他愿用丰厚的见面礼称臣，入朝谒见汉家天子，汉朝因此而向世人显示了其深厚大德，又以强大国威显彰于四海，周边四夷没有不率众臣服的，这以后历代无敌寇。新莽之初，自身安危尚不可知，而又轻率地攻打匈奴，夺回其当年被赐封的玉玺、印绶，降低其位次，贬损其大臣的名号和地位，改变旧规，并分立为十五个单于，因此激起匈奴人的愤怒，借故便攻击抗拒。王莽不自责悔过，反而持屈强、行无理，封许多将帅，调集兵马，运送粮食和财物，以至于敛尽天下所有，全国上下愁恨怨苦，于是国内大乱，然而竟然不能挫伤匈奴一兵一卒，白白使自己财力竭尽而已。《尚书》上说："天作孽犹可避，自作孽不可活。"说的就是这种情况。当年汉高祖被围，十天都吃不上饭，等到解围脱险后，面无忿恨之色，是他的确认识到攻打匈奴不是一件应该做的事情，而怨恨被围也毫无益处。如今匈奴有负于王莽，王莽便发兵侵扰、削其封号，所以才会使事情到此地步，这就是人常说的肉自生虫而人自生祸啊！其为了不紧迫之事乃致灾祸如此剧烈，是自作孽太重了。

## 启　悟

灾（灾原作夫，疑）异变怪者，天下所常有，无世而不然。逢明主贤臣，智士仁人，则修德善政，省职慎行以应之，故咎殃消亡，而祸转为福焉。昔大戊遭桑谷生朝之怪，获中宗之号；武丁有雊雉升鼎之异，身享百年之寿；周成王遇雷风折木之变，而获反风岁熟之报；宋景公有荧惑守心之忧，星为徙三舍。由是观之，则莫善于以德义精诚报塞之矣。故《周书》曰："天子见怪则修德，诸侯见怪则修政，大夫见怪则修职，士庶见怪则修身。"神不能伤道，妖亦不能害德。及衰世薄俗，君臣多淫骄失政，士庶多邪心恶行，是以数有灾异变怪。又不能内自省视，畏天戒，而反外考谤议，求问厥故，惑于佞愚，而以自诖误，而令患祸得就，皆违天逆道者也。

【译文】

天灾和异常变化，是天下所常有的事，没有哪个时代不是这样。遇到圣明君主、贤能大臣和有智谋的仁人志士，便会修其德行，很好地管理国家事务，时常反省自己职能，小心谨慎地来对待灾祸异常，这样便能使灾殃消失，转祸为福。当年太戊遇到朝堂上一夜长出硕大桑谷树的怪事，便修其德行，后获中宗称号；武丁（殷高宗）梦有雉鸣于鼎的怪事，便修整政事，身享百年之寿；周成王遇雷电、疾风摧毁树木的异常天变，而后获得风调雨顺、五谷丰收的回报；宋景公忧惧荧惑星出现在心星之位，于是显其仁德，星宿为之迁徙三舍。由此可见，没有比用德义诚心应对灾异更好的了。所以，《周书》上说："天子看到怪异现象则修德，诸侯看到怪异现象则修政，大夫看到怪异现象则修职，士庶看到怪异现象则修身。"神明不能伤害道义，妖怪不能伤害仁德。到了世道衰败、风气浇薄时，群臣骄奢淫逸，不理政事，士庶也大多产生邪心、恶行，因此多有灾异变怪。又不能内心审视反省，惧天警告而加以反思，反而对外追查诽谤朝廷的议论，求问天灾发生的缘故，被奸佞小人愚见所迷惑而自己欺骗自己，最终使得祸患降临，这些都是违背天意、道义的。

## 杂　事

或言："往者公卿重臣缺，而众人咸豫部署，云甲乙当为之，后果然。彼何以虑（虑原作处，疑）知，而又能与上同意乎？孔子谓子贡'亿则屡中'，令众人能与子贡等乎？"余应曰："世之在位人，率同辈，相去不甚胶著，其修善少愈者，固上下所昔闻知也。夫明殊者视异，智均者虑侔。故群下之隐，常与上同度也。如昔汤、武之用伊、吕，高宗之取傅说，桓、穆之授管、宁、由、奚，岂众人所识知哉？彼群下虽好意措，亦焉能真？斯以可居大臣辅相者乎？”

【译文】

有人说：“过去朝庭的公卿重臣职位有空缺时，众人都私下预先猜测排布，说某某人应当补充这个位子，后来果然如此。他们根据什么来推测得知，而又能和君主有相同的想法呢？孔子评论子贡，说他料事屡次都很准确，众人的才能能与子贡相等吗？”我回答说：“世上在位之人，一般来说品位相当，谁比谁相差不是很明显。谁的德行修养略有出众，本来朝廷上下早有听闻。视力差别很大的人看到的东西不一样，智力相同的人思虑也差不多。所以手下众人的思度，常常与君王相同。如果像古时商汤、周武王任用伊尹、吕尚，殷高宗启用傅说，齐桓公、秦穆公授任管仲、宁戚和由余、百里奚那样，岂是众人所能了解的呢？那些手下人虽然看好他们，但其所猜想的又怎能真确呢？他们能料到这些人可以身居大臣之位而作辅相吗？”

国家设理官，制刑辟，所以定奸邪，又内置（置原作量）中丞御史，以正齐毂下。故常用明习者，始于欲分正法，而终乎侵轻深刻，皆务酷虐过度，欲见未（未恐衍）尽力而求获功赏。或著能立事，而恐劣弱之谤，是以役以棰楚，舞文成恶。及事成狱毕，虽使皋陶听之，犹不能闻也。至以言语小故，陷致人于族灭，事诚可悼痛焉！渐至乎朝廷，时有忿悁，闻恶弗原，故令天下相放，俱成惑，讥有司之行深刻，云下尚执重，而令上得施恩泽。此言甚非也。夫贤吏正士，为上处事持法，宜如丹青矣，是故言之当必可行也，罪之当必可刑也，如何苟欲阿指乎？如遭上忽略不宿留，而听行其事，则当受强死也。哀帝时，待诏伍客以知星（星原作皇）好方道（以知至方道疑有阙误），数召，后坐帝（帝恐衍）事下狱，狱穷讯，得其宿与人言，“汉朝当生勇怒子如武帝者”。刻暴以为先帝为“怒子”，非所宜言，大不敬。夫言语之时，过差失误，乃不足被以刑诛，及诋欺事，可无于（于恐衍）不至罪。《易》言：“大人虎变，君子豹变。”即以是论谕人主，宁可谓曰：“何为比我禽兽乎？”如称君之圣明与尧舜同，或可怒曰：“何故比我于死人乎？”世主既不通，而辅佐执事者，复随而听之、顺成之，不亦重为蒙蒙乎！

【译文】

国家设置司法官吏，制定刑法，以此来平定奸邪，又在朝廷内设置了中丞御使，以此来整束朝廷大臣。因此，那些清明能干、通晓事理的人，他们最初也想端正法规，而后来渐渐用刑严厉，都追求严酷过度，想显其卖力以求得功赏。有的显能行事，而怕人非议自己软弱，因此动用竹鞭、荆条，舞弄文墨，屈成其罪，等到诬陷事成、冤案成立，即使是让善于断案的皋陶来判案，也不能知道实情，以至于因言语小事，而陷人于灭族之灾，这种事情真是使人哀痛啊！等到案情慢慢传到朝廷，君主也时有愤怒，但听到了可恶之举，却往往不去追究。因此，这种恶行使天下竞相仿效，使百姓产生困惑，便指责立法部门制定法律严苛，说下级官吏量刑择重，而企盼君王明察案情，降以恩惠。此言是极不正确的。贤能官吏、方正之士，为君王处理事情，执法应如画画使用丹青那样认真，所以语言应恰当可行，判罪要适当，然后施刑，怎能极不严肃地去曲解其意呢？如果遇到君主忽略而未留下判罪文书来进行审察，而听任其按上报之判决结果执行，那么受害人则会死于非命。汉哀帝时，待诏伍客因能看天相和占卜之术而被多次召用，后来因犯事而下狱。狱吏穷究不舍地审讯，了解到他过去常对人说，汉朝应当有一个胆识过人、气势强盛的统治者，如同武帝那样。苛吏以为称先帝为“怒子”，不是合宜之言，乃是大不敬。人说话之时，难免有过差失误，这不足以遭到杀头之刑。等到毁谤丑化他的时候，便都成为罪状。《易经》上说：“大人虎变，君子豹变。”如果用此来作议论、比喻向君王进言。人主难道能说：“为什么将我比喻成禽兽呢？”这也如同称赞君主圣明如同尧舜一样，也可以大怒说：“为什么将我同死人相比呢？”如果人君不明事理，而辅佐执事之人又随着君主之意，听之任之而定罪，这不是更加愚昧无知了吗？

**（杨新育译）**

卷四十四

# 潜夫论治要

【考评】

唐代文学家韩愈曾对被范晔同列一传的王符、王充和仲长统进行比较评价，尤其推崇《潜夫论》一书，认为“今以三家之书相较，符书洞悉政体似《昌言》，而明切过之；辨别是非若《论衡》，而醇正过之。前史列之儒家，斯为不愧”。这是对《潜夫论》比较中肯的评价。魏征在《群书治要》中选录了《潜夫论》十个段落，计四千余字，原文无标题。如在《治要》第二段中指出：“国之所以治者君明也，其所以乱者君暗也；君之所以明者兼听也，其所以暗者偏信也。是故人君通心兼听，则圣日广矣；庸说偏信，则愚日甚矣。”此论较中肯。魏征回答唐太宗问何谓明暗君时提出的“兼听则明，偏信则暗”的论断，可能就是本于王符的《潜夫论》。

《潜夫论》凡十卷，三十六篇。东汉王符著。内容指陈时政得失，反对谶纬迷信，大量揭露官吏豪强奢侈浪费和欺压人民的罪行。作者隐居著述，不欲彰显姓名，故称“潜夫”。范晔在《后汉书·王符传》中说王符“少好学，有志操”，“耿介不同于俗，以此遂不得升迁，志意蕴愤，乃隐居著书三十余篇，以讥当时失得。不欲章显其名，故号曰《潜夫论》”，并将其《贵忠》《浮侈》《实贡》《爱日》《述赦》五篇录入本传，而字句与今本多有不同。

# 赞　学

天地之所贵者，人也；圣人之所尚者，义也；德义之所成者，智也；明智之所求者，学问也。虽有至圣，不生而智；虽有至材，不生而能。故志曰：黄帝师风后，颛顼师老彭，帝喾师祝融，尧师务成，舜师纪后，禹师墨（墨原作黑）如，汤师伊尹，文武师姜尚，周公师庶秀，孔子师老聃。夫此十一君者，皆上圣也，由待学问，其智乃博，其德乃硕，而况于凡人乎？是故工欲善其事，必先利其器；士欲宣其义，必先读其书。《易》曰："君子以多志前言往行，以畜其德。"是以人之有学也，犹物之有治也。故夏后之璜，楚和之璧，不琢不错，不离砾石。夫瑚簋之器，朝祭之服，其始也，乃山野之木、蚕茧之丝耳。使巧倕加绳墨，而制之以斤斧，女工加五色，而制之以机杼，则皆成宗庙之器、黼黻之章，可羞于鬼神，可御于王公。而况君子敦贞之质、察敏之才，摄之以良朋，教之以明师，文之以《礼》、《乐》，导之以《诗》、《书》，幽赞之以《周易》，明之以《春秋》，其有不济乎？

【译文】

天地之间，最可宝贵的是人；圣人所崇尚的，是道义；品德道义所造就的，是智慧；明智之人所追求的，是学问。虽然有大智慧的圣人，但不是生来就具有智慧；虽然有高才，但不是生来就具有才能。所以史书上说，黄帝师从于风后，颛顼师从于老彭，帝喾师从于祝融，尧师从于务成，舜师从于纪后，禹师从于墨如，汤师从于伊尹，文王、武王师从于姜尚，周公师从于庶秀，孔子师从于老聃。这十一位先贤，都是大圣人，尚且好求学问，其智慧才博大，其品行才坚贞，何况凡人呢？所以工匠要想做好活，一定要先磨利所使用的工具；读书人想彰显他的道义，一定要先读好书。《易经》上说："君子要多记前人的言行，以此来培养他的德行。"因此，人有学问，就像万物得到了很好的治理一样。所以夏后的璜、楚国卞和的璧，不琢不挫，是不会和砾石分开的。用于盛放黍稷稻粱和祭祀食品的瑚琏、簠簋一类器具，以及朝拜、祭祀时所穿的衣服，最初不过是山野之木、蚕茧之丝而已。让能工巧匠打好绳墨用斧子制作，叫灵巧女子加上五彩用织机织造，就都成为供奉于宗庙的器皿和绣有色彩的华丽衣裳，可敬献美味于鬼神，可供王公大臣专用。更何况君子有敦厚精诚的本质、明察敏捷的才能，再以良朋来帮助他们，用明师来教育他们，用《礼》、《乐》来修饰他们，用《诗》、《书》来引导他们，用《周易》来使他们了解有形无形的现象，用《春秋》来增加他们洞察国家兴替的能力，怎么会有不成功的呢？

## 务　本

凡为治之大体，莫善于抑末而务本，莫不善于离本而饰末。夫为国者以富民为本，以正学为基。民富乃可教，学正乃得义；民贫则背善，学淫则诈伪；入学则不乱，得义则忠孝。故明君之法，务此二者，以为太平基也。

【译文】

治理国家的大政方针，没有比抑末务本更好的了，没有比离本而饰末更糟的了。治国之人以富民为根本，以端正学风为基础。民富则可教化，学风正则可知晓义理；民贫则会背离善良，学风不正则会欺诈虚假；钻研学问则不会迷惑，懂得道义则会尽忠行孝。因此圣明君主的治国之道，就是致力于这两条，并将它们作为国家太平的基础。

夫富民者，以农桑为本，以游业为末；百工者，以致用为本，以巧饰为末；商贾者，以通货为本，以鬻奇为末。三者守本离末则民富，离本守末则民贫。贫则厄而忘善，富则乐而可教。教训者，以道义为本，以巧辩为末；辞语者，以信顺为本，以诡丽为末；列士者，以孝悌为本，以交游为末；孝悌者，以致养为本，以华观为末；人臣者，以忠正为本，以媚爱为末。五者守本离末则仁义兴，离本守末则道德崩。慎本略末犹可也，舍本务末则恶矣。夫用天之道，分地之利，六畜生于时，百物取于野，此富国之本也；游业末事，以收民利，此贫邦之源也。忠信谨慎，此德义之基也；虚无谲诡，此乱道之根也。故力田所以富国也。今民去农桑，赴游业，披采众利，聚之一门，虽于私家有富，然公计（计原作界，疑）愈贫矣。百工者，所使备器也。器以便事为善，以胶固为上。今工好造雕琢之器，伪饰之巧，以欺民取贿，虽于奸工有利，而国计愈病矣。商贾者，所以通物也。物以任用为要，以坚牢为资。今竞鬻无用之货，淫侈之弊，以惑民取产，虽于淫商有得，然国计愈失矣。此三者，外虽有勤力富家之私名，然内有损民贫国之公实（实原作费）。故为政者，明督工商，勿使淫伪，困辱游业，勿使擅利，宽假本农，而宠遂学士，则民富而国平矣。夫教训者，所以遂道术而崇德义也。今学问之士，好语虚无之事，争著雕丽之文，以求见异于世，品人鲜识，从而尚之，此伤道德之实，而惑蒙夫之失者也。诗赋者，所以颂善丑之德，泄哀乐之情也，故温雅以广文，兴喻以尽意。今赋颂之徒，苟为饶辨屈蹇之辞，竞陈诬罔无然之事，以索见怪于世，愚夫戆士从而奇之，此悖孩童之思，而长不诚之言者也。尽孝悌于父母，正操行于闺门，所以为列士也。今多务交游以结党，偷势窃名，以取济渡，夸末之徒，从而尚之，此逼贞士之节，而眩世俗之心者也。养生顺志，所以为孝也。今多违志以俭养，约生以待终，终没之后，乃崇饰丧纪以言孝，盛飨宾旅以求名，诬善之徒，从而称之，此乱孝悌之真行，而误后生之痛者也。忠正以事君，信法以理下，所以居官也。今多奸谀以取媚，玩法以便己，苟得之徒，从而贤之，此灭贞良之行，开乱危之源者也。五者，外虽有贤才之虚誉，内有伤道德之至实。凡此八者，皆衰世之务，而暗君之所固也。

【译文】

要想富民，就要以从事农桑为本，以流动性职业为末；从事各种手艺的工匠，以制品实用为本，而以精巧的修饰为末；从事经商的人，以流通货物为本，而以贩卖珍奇之物为末。以上三类人若能守本弃末，则百姓会致富；若弃本从末，则百姓会贫穷。贫穷则会使人困苦而忘善，富裕则使人欢愉而可教化。教诲人的人，要以道义为本，而以巧辩为末；从事文章辞语的人，要以真诚顺理为本，以华而不实为末；读书之人，应以孝敬父母、善事兄长为本，而以结交游玩为末；孝敬父母、善事兄长者，应以终养老人为本，以显示浮华的样子来做给人看为末；为人臣者，以忠实正派为本，而以谄媚求宠为末。这五类人若能守本弃末则会使仁义兴起，若弃本从末则会使道德崩溃。谨慎根本而忽略枝末，尚还可以，若舍本而求末则是坏事。利用上天运行的规律，分享大地赐予的利益，饲养六畜于四时，收获万物于田野，这是富国的根本；以流动职业这等末事来攫取百姓的钱利，这是使国家贫困的根源。忠诚、谨慎是德义的基石，虚伪、欺诈是惑乱道义的根源。所以，勤于农事才能富国。如今百姓放弃农耕纺织而去从事流动性职业，攫取众人之利而聚之于一家，虽然可使少数人家富裕，却使大多数人家更加贫困了。从事百工手艺的工匠，为的是使人们各种所需器具完备。器具以方便于使用为好，以坚固结实为上。如今的工匠，喜欢制造有雕琢文饰的器具，虚浮的装饰十分精巧，以此来欺骗百姓、攫取钱财，虽然对于那些奸巧工匠有利，但国家财政却更疲困了。经商之人是为了流通货物的，物品要以便于使用为要，而又以结实耐用为基础。如今的商人却竞相贩卖好看而不实用的货物，用过分奢侈、有害的东西来迷惑百姓，骗取他们的财产，虽然对奸商来说有所收获，但是国家经济情况更会因此而失衡。这三种人，从外表看，虽然有勤勉而使家富的个人名声，但从实质上说，则有损害百姓、致使国家贫困的公开的事实。所以，执政者应该明确监督工商业，不要使其过度和伪诈，限制贬低流动性职业，不要使其独占民利，宽待并依靠务农之人，爱护尊重有才学之士，便会使民众富裕而国家太平。所谓教诲，是为了使人遵从治道之法和崇尚德义。而如今做学问的人，偏好说那些虚无之事，争相写那些雕琢华丽之文，以求显示其与众不同，品评之人见识不足，跟在其后推崇他们，这种作为伤害了道德的实质，而会使人蒙受很大迷惑。吟诗作赋，是用来褒贬美丑之德行、宣泄哀乐之情的，因此，以温文尔雅的文辞来拓展文采，以寄兴情景、事物，运用比喻手法来尽其心志。如今有些写诗作赋的人，轻率地写一些强辩艰涩之辞，竞相陈说欺世虚枉之事，以搏取世人之惊骇，而那些愚笨憨厚之人从而为之惊奇，这是悖逆纯真无邪的心思，而助长那些不诚实的言论。对父母竭尽孝道，在家中端正操行，因此被称为贞烈之士。如今许多人致力于结交朋友、拉帮组派，窃取权势名分，以求得功成名就，那些夸赞末节之徒，跟着崇尚他们，这是逼迫贞烈之士无法守持节操，并且惑乱世上常人之心的行为。赡养老人，顺其心意，这就是孝顺。如今有许多人违背老人意愿，节省生活供给，生前紧缩资费而等待其死亡，老人死后，却尊崇治丧准则以显其孝道，大宴宾客以求取孝名，不辨善恶之人却对此予以称赞，这是惑乱孝悌的本质，贻误后世之人的做法。忠诚正直事奉国君，遵从法令治理百姓，这是为官之根本。如今有许多奸伪小人，阿谀奉承讨好上司，玩弄法令以方便自己，那些以不正当手段得官职的人却称之为贤才，这种行为灭杀了忠良的德行，凿开了国家危乱的源头。以上这五种人，对外虽有贤才的虚名，对内则有伤害道德的公认事实。总此八种情形，都是使国家衰败的所作所为，也是昏君之所以更加蔽固的原因。

## 明　暗

国之所以治者，君明也；其所以乱者，君暗也。君之所以明者，兼听也；其所以暗者，偏信也。是故人君通心（心原作必）兼听，则圣日广矣；庸说偏信，则愚日甚矣。《诗》云：“先民有言，询于刍荛。”夫尧、舜之治，辟四门，明四目，通四聪，是以天下辐凑，而圣无不照。故共、鲧之徒弗能塞也，靖言庸回弗能惑也。秦之二世，务隐藏己，而断百僚，隔捐疏贱，而信赵高，是以听塞于贵重之臣，明蔽于骄妒之人，故天下溃叛，弗得闻也，皆知高杀，莫敢言之。周章至戏乃始骇，阎乐进劝乃后悔，不亦晚乎！故人君兼听纳下，则贵臣不得诬，而远人不得欺也。是故明君莅众，务下之言，以昭外也；敬纳卑贱，以诱贤也。其无拒言，未必言者之尽用也，乃惧拒无用而让有用也；其无慢贱也，未必其人尽贤也，乃惧慢不肖而绝贤圣也。是故圣王表小以厉大，赏鄙以招贤，然后良士集于朝，下情达于君也。故上无遗失之策，官无乱法之臣。此君民之所利，而奸佞之所患也。舜曰："予违汝弼，汝无面从，退有后言。"故治国之道，劝之使谏，宣之使言，然后君明察，而治情通矣。且凡骄臣之好隐贤也，既患其正义以绳己矣，又耻居上位而明不及下，尹（尹疑作尸）其职而策不出于己。是以郤宛得众，而子常杀之；屈原得君，而椒兰构谗；耿寿建常平，而严延妒其谋；陈汤杀郅支，而匡衡捄（捄原作挍）其功。由此观之，处位卑贱而欲效善于君，则必先与宠人为雠矣。乘旧宠沮之于内，而己接贱欲自信于外，此思善之君，愿忠之士，所以虽并生一世，而终不得遇者也。

【译文】

国家能够得到治理的原因，是因为君主英明；国家治不好的原因，是因为君主昏庸。国君之所以英明，是因为他能广泛听取不同意见；国君之所以昏庸，是因为他偏听偏信。所以，国君一贯倾心于广泛听取不同意见，那么圣德就会日益宏大；听取平庸之言，加上偏听偏信，就会日益昏庸。《诗经》上说："古人有这样的话：要多征求身在草野之人的意见。"尧、舜治理国家，打开四方城门，放眼四方之地，听取四方建言，因此天下就像车辐围绕在车轴周围一样，其圣光没有照不到的地方。所以共工、鲧之徒不能堵塞他们的视听，平庸之言、奸邪之辈不能迷惑他们。秦二世极力隐藏自己而不和百官沟通，隔弃疏远贫贱之士，只信任赵高，因此被他的贵重之臣堵塞了言路，被骄横嫉妒之人遮蔽了视线，所以天下溃败、背叛他也不知道。都知道赵高要杀害他，但没有人敢说话。陈胜、吴广的部将周章率兵攻打到戏水（新丰附近）他才震惊，阎乐逼宫时才后悔，不是太晚了吗！所以国君只有广泛听取并采纳各方意见，才能不受贵宠之臣的欺骗，远方的人也不能欺骗他。因此圣明国君治理天下，务求听取下层的言论以明察朝廷之外的情况，敬纳没有地位、出身贫贱的人来吸引贤才。他们不拒听谏言，但不一定所有谏言都可用，是因为害怕拒听无用之言而使有用之言不敢进；不怠慢地位低贱之人，但不一定这些人都是贤能之士，是因为害怕轻视不肖之人而断绝了贤士的期望。因此圣明君主表彰小的建言是为了借此激发出大的论见，奖励才能浅陋之人是为了借此招纳贤才，然后良士贤才才能汇集于朝廷，国君才能够掌握民情。因此君主没有遗漏的计策，官员中也不会有乱法之臣。这对国君和百姓有利，却是奸佞小人所忧惧的。舜说："我若违背了道义，你就纠正我，你不要当面服从，退朝后又有意见。"所以，治国之道，要鼓励人们上谏言，宣示人们说真话，尔后国君明察，国家治理的情况才能上下通达。大凡骄横大臣喜好埋没贤能人才的原因，在于他们既害怕贤才用正义制裁自己，又耻于承认占据官位而才智却不如下级，白白占着官位而策谋皆非出于自己。所以郤宛虽然受到大众拥护，但被子常杀死；屈原得到君王信任，但却被子椒、子兰谗陷；耿寿建议宣帝建立常平仓制度，而后却遭到严延的忌妒；陈汤征杀郅支单于，而匡衡埋没其功。由此可以看出，身处卑贱地位而想效力于国君，就肯定先与受宠之臣结仇。那些骄横的大臣依仗旧宠在朝内设置障碍，而自己又想以接待地位低下的贤士之名树信誉于外界，这就是思念贤能的国君、愿意效忠的大臣，虽同生于一个时代，却最终不能遇合的原因。

## 思　贤

国之所以存者，治也；其所以亡者，乱也。人君莫不好治而恶乱，乐存而畏亡。然尝观上记，近古已来，亡代有三，秽国不数，夫何故哉？察其败，皆由君常好其所以乱，而恶其所以治；憎其所以（以原作与，下同）存，而爱其所以亡。是故虽相去百世，殊俗千里，然其亡征败迹，若重规袭矩，稽节合符。故曰："殷鉴不远，在夏后之世。"夫与死人同病者，不可生也；与亡国同行者，不可存也。岂虚言哉！何以知人且病？以其不嗜食也。何以知国之将乱？以其不嗜贤也。是故病家之厨，非无嘉馔，乃其人弗之能食，故遂死也；乱国之官，非无贤人，其君弗之能任，故遂亡也。故养寿之士，先病服药；养世之君，先乱任贤。是以身常安而国脉（旧无脉字，补之）永也。身之病待医而愈，国之乱待贤而治。治身有黄帝之术，理世有孔子之经，然病不愈而乱不治者，非针石（针石原作炙针）之法误而五经之言诬也，乃因之者非其人。苟非其人，则规不圆而矩不方，绳不直而准不平，钻燧不得火，鼓石不下金，驱马不可以追速，进舟不可以涉水也。凡此八者，有形见物，苟非其人，犹尚无功，则又况乎怀道术以抚民氓，乘六龙以御天心者哉？夫理世不得真贤，譬由治病不得真药也。是故先王为官择人，必得其材，功加于民，德称其位；此三代开国建侯，所以能传嗣百世，历载千数者也。

【译文】

国家之所以存在，是因为国家安定；之所以灭亡，是因为国家动乱。国君没有不喜欢安定而讨厌动乱、高兴国运长存而害怕国运衰亡的。然而纵观前代所记载，近古以来，有三个朝代灭亡，政权荒芜之国多不胜数，这是什么原因呢？观察它们之所以衰败的原因，都是因为君主喜欢导致国乱的所作所为，而不喜欢能使国治的所作所为；厌恶能使国家存在的所作所为，而喜爱导致国家灭亡的所作所为。所以即使相距百代，有如同千里之遥的不同风俗，但它们统治失败的轨迹，却如出一辙，很有规律。所以说："殷商应引以为戒的，就是其前亡国的夏朝。"与死人患同一种病的人，是不能救活的；与灭亡之国走同一条路的国家，是不能存在的。这岂是虚妄之言呢！怎能知道一个人病重了呢？凭他不想吃饭便可知道。怎能知道一个国家将乱呢？凭它不好贤才便可知道。因此说病重之人家里的厨房，并不是没有好的饭食，而是病人不能够吃，所以便会死去；那些动乱之国的官员中，并非没有贤人，而是国君不任用他们，所以国家就会灭亡。因此，讲究养生长寿的人，在病重前就服药；养护国家使之长治久安的国君，在国家动乱之前就任用贤能。这就是身体常健、国脉永承的原因所在。身体有病让医生医治就会痊愈，国家纷乱任用贤士才能得到治理。治病有黄帝之术，治理社会有孔子之经。然而病重而不能痊愈，国乱而得不到治理，不是因为运用针灸这一方法有什么错误，也不是五经上说得不对，而是所凭藉的人不是合适的人。如果不是合适的人，就会使规不圆、矩不方、绳不直、准不平；钻燧得不到火，炼石而不成金；驱马而不能快速，行舟而不能涉水。总此八种情况，皆有形可见之物，但若不逢合适之人，尚且无功效，更何况胸怀道义来抚慰百姓、乘六龙之车来驾御天意的事呢？ 要治理国家而得不到真正的贤才，就如同治病没有得到真药。因此，从前先王任官选人，一定要得到合适的人才，使其功业有益于民众，德行与官位相称。这就是夏商周三代建立国家、封立诸侯，之所以能传承百世、经历千年的原因。

# 潜　叹

凡有国之君，未尝不欲治也，而治不世见者，所任不贤（贤原作固）也。世未尝无贤也，而贤不得用者，群臣妒也。主有索贤之心，而无得贤之术；臣有进贤之名，而无进贤之实。此所以人君孤危于上，而道独抑于下也。夫国君之所以致治者，公也，公法行则宄乱绝；佞臣之所以便身者，私也，私术用则公法夺；列士之所以建节者，义也，正节立则丑类代。此奸臣乱吏无法（无法原作思私）之徒，所以为日夜杜塞（塞原作隔）贤君义士之间，咸（咸原作亟）使不相得者也。夫贤者之为人臣，不损君以奉佞，不阿众以取容，不堕公以听私，不挠法以吐刚，其明能照奸，而义不比党。是以范武归晋而国奸逃，华元反朝而鱼氏亡。故正义之士与邪枉之人不两立。而人君之取士也，不能参听民氓，断之聪明，反徒信乱臣之说，独用污吏之言，此所谓与仇选使、令囚择吏者也。《书》云："谋及乃心，谋及庶人。"孔子曰："众好之，必察焉；众恶之，必察焉。”故圣人之施舍也，不必任众，亦不必专己，必察彼己之为（为原作谓），而度之以义。故举无遗失而政（政原作功）无废灭也。惑君则不然，已有所爱，则因以断正，不稽于众，不谋于心，苟眩于爱，唯言是从，此政之所以败乱，而士之所以放佚者也。故有周之制，天子听政，使三公至于列士献诗，庶人传语，近臣尽规，亲戚补察，瞽史教诲，耆艾修之，而后王斟酌焉，是以事行而无败也。末世则不然，徒信贵人骄妒之议，独用苟（苟原作宿）媚蛊惑之言，行丰礼者蒙愆咎，论德义者见尤恶，于是谀臣佞人从以诋訾之法，被以议上之刑，此贤士之姤困也。夫诋訾之法者，伐贤之斧也，而骄妒之臣，噬贤之狗也。人君内秉伐贤之斧，而外招噬贤之狗，欲其至理也，不亦悲乎（而以下作权噬贤之狗，而外招贤，欲其至也）！

【译文】

大凡在位的国君，没有不想把国家治理好的，而国家太平并非每个时期都能见到，是因为任用贤良的国策未能坚持。世上不是没有贤能之士，而贤才却得不到使用，是因为群臣嫉妒。人君虽有求贤之心，但无得到贤才的好办法；大臣有举荐贤才的名声，而无举贤的实际行动。因此，人君孤单地高高在上，而那些好的治国措施却被下面人所抑制而不能贯彻。国君之所以能够实现国家安定，是因为公正，公正的法规得以施行，则奸乱才得以灭绝。奸佞之臣之所以能够方便自身，是因为以私废公。谋私之术得以运用，则国家法律就会被削弱。众多志士之所以能树立节操，是因为遵从道义，正直的气节树立，就会使丑恶之辈被取代。这就是奸臣、乱吏、不法之徒之所以日夜阻隔在贤君和义士之间，屡屡使其不能互得的原因。贤能之士作为人臣，不以奉承和花言巧语使君主圣德受到损害，不为讨人高兴而曲意迎合大众，不因听信私言来败坏公事，不因畏惧强暴而歪曲法规。他们的光明能照出奸人之形，他们讲大义而不结党营私。因此范武子回到晋国后，那些祸国奸臣便逃跑了；华元返回朝廷而奸臣鱼氏就自杀了。所以正义之士与奸佞小人势不两立。而人君在社会上选士，不听取民间百姓意见，凭自己的聪明来决断，反而却听信乱臣之言，偏用污吏之说，这就叫与敌人一起选择使者、让囚犯挑选狱吏。《尚书》上说：“谋划之时既要虑及你自己的想法，又要虑及众人的意见。”孔子说：“众人喜欢的，你一定要去仔细了解；众人厌恶的，你也一定要去仔细了解。”所以圣人的取舍不一定任凭众人所说，也不一定只按自己意见办，一定要仔细了解彼此的作为，然后用道义来推断。这样提拔贤才才不会被遗漏，而其事业也不会衰亡。糊涂的人君则不是这样，自己有所宠爱，就认为其所说绝对正确，不询问大众，不认真思考，被偏爱所迷惑，唯其言是从，这就是国家政治衰败混乱和贤能之士被放逐、抛弃的原因。过去周朝制度是天子听政，让太师、太傅、太保三公以至朝中官员上书献诗，百姓传说议论，周围的大臣尽力规诫，亲戚补充、详审，乐师、太史用礼法训诲，年长的大臣进行修改，之后，君王才斟酌、决定，因此政令施行而不会失败。到了末代则不是这样，只听信亲近显贵之人骄横、嫉妒的论见，只用谄媚之人的蛊惑之言，遵行大礼的人蒙受罪过，讲求德义的人被讨厌嫌弃，于是阿谀逢迎的大臣和奸佞小人便按照有关诋毁诽谤的法律条款，给他们安上诽谤国君的罪名，这就是贤能之士往往受辱、困窘的原因。诋毁诽谤国君的法律条款成了砍伐贤才的斧子，而骄横并怀嫉妒之心的大臣则是噬咬贤士的疯狗。人君在朝内手持伐贤之斧，重用咬贤之狗，而对外招贤，且希望贤士到来，这不是可悲的事吗？

## 劝　将

兵之设也，久矣。涉历五代，以迨于今，国未尝不以德昌而以兵强也。今兵巧之械，盈乎府库；孙、吴之言，聒乎将耳。然诸将用之，进战则兵败，退守则城亡，是何也哉？彼此之情不闻乎主上，胜负之数不明（明原作用）乎将心，士卒进无利而退无畏，此所以然也。夫服重上阪（阪原作嵕），步骤千里，马之祸也，然骐骥乐之者，以御者良，足为尽力也。先登陷阵，赴死严敌，民之祸也，然节士乐之者，以明君可为效死也。凡人所以肯赴死亡而不辞者，非为趋利，则因以避害也。无贤鄙愚智皆然，顾其所利害有异耳。不利显名，则利厚赏也；不避耻辱，则避祸乱也。非此四者，虽圣王不能以要其臣，慈父不能以必其子。明主深知之，故崇利显害，以与下市，使亲疏贵贱愚智，必顺我令，乃得其欲。是以一旦军鼓雷震，旌旗并发，士皆奋激，竞于死敌者，岂其情厌久生，而乐空死哉？乃义士且以徼其名，贪夫且以求其赏尔。今（贪夫至尔今原作求实取令）吏从军败没，死公事者，以十万数，上不闻吊唁嗟叹之荣名，下又无禄赏之厚实，节士无所劝慕，庸夫无所贪利。此其所以人怀阻解，不肯复死者也。军起以来，暴师五年，典兵之吏将以千数，大小之战，岁十百合，而希有功。历察其败，无他故焉，皆将不明于变势，而士不劝于死敌也。其士之不能死也，乃其将不能效也。言赏则不与，言罚则不行，士进有独死之祸，退蒙众生之福，此其所以临阵忘战，而竞思奔北者也。今观诸将，既无料敌合变之奇，复无明赏必罚之信。然其士又甚贫困，器械不简习，将恩不素结。卒然有急，则吏以暴发虐其士，士以所拙（拙原作屈）遇敌巧（巧原作抉）。此为将吏驱怨以御雠，士卒缚手以待寇也。夫将不能劝其士，士不能用其兵，此二者与无兵等。无士无兵，而欲合战，其败负也，理数也然。故曰：其败者，非天之所灾，将之过也。

【译文】

军队的设立由来已久了。历经五个朝代以至于今，国家没有不是凭德义而昌盛、凭军队而强大的。如今兵戈器械，堆满了库房，孙子、吴起的用兵之言经常在将军耳旁回响。但是诸将用此兵法，进军则兵败，退守则城亡，是什么原因呢？敌我双方情况不告知主上，将军对胜败心中无数，士兵奋力攻击而无利可得，溃退也无所惧怕，这就是失败的原因。马车负重上山，疾行千里，这是马的灾难，但是良马乐于受驱使，是因为驭者优秀，值得竭尽其力。率先登城陷阵，冒死杀敌，这是百姓的灾难，但是节义之士愿意赴死破敌，是因为君主圣明，值得以死来效力。一般来说，人之所以情愿赴死而不辞的原因，不是为了求取利益，就是借此而躲避灾祸。不论贤达之人或卑贱之人、愚蠢之人或聪明之人，都是这样，只不过他们追求的利和所避的害有所不同罢了。不是追求名声显赫，就是追求丰厚赏赐；不是逃避耻辱，就是逃避祸乱。如果不是这四种情况，即使圣王也不能约束其大臣，即使慈父也不能指使其子。圣明之主深知这个道理，所以增长其利也显现其害，以此与下级交易，使亲疏贵贱愚智之人，必定顺从自己的命令，才能得到他们所想要得到的。因此，一旦进军战鼓如雷震响，旌旗并出，士兵皆兴奋激越，和死敌搏杀，难道他们不愿久生而乐于去白白送死吗？实在是因为义士欲以此求得英名，贪婪之人欲以此求得厚赏罢了。如今吏卒从军因公死亡的，以十万计，既听不到上面赞叹吊唁的荣誉，而下面又无奖赏的实惠，节义之士得不到勉励和敬慕，平庸之人得不到钱利，这就是人心离散，不肯再去拼死的原因所在。自国家对外用兵以来，部队暴露于野外已五年了，主管士兵的官吏将领有上千人，大小战斗一年有数十上百次，但是建立功勋的很少。历观其败，没有其他缘故，都是因为将领不懂得根据敌情变化而改变策略、士兵没有获得激励去拼死杀敌。士兵不愿效死，乃是因为将领不考功记过，所言赏赐却不给予，所言处罚却不执行，士卒奋勇前进有个人送死之祸，临阵退逃则有大家保全性命之福。这就是官兵临阵不战而竞相逃跑的缘故。现观诸将，既无预料敌情、及时应变之奇谋，又无有功必赏、有过必罚的信用，士兵又十分贫困，也不认真演习作战器械，平时又得不到将领的恩德，突然有紧急军情，则将吏因毫无准备而只是一味苛虐士兵，士兵未受训练、士气低落就和敌遭遇。其结果，就是将吏驱赶心怀怨气的士兵来抵御仇敌、士兵缚手以等待敌寇。将帅不能勉励士卒，士卒不能使用其兵器，这两种情况等于没有军队。无士卒又无兵器，而想交战，其战败也是理所当然的。所以说：打败仗的原因，不是老天所降之灾，而是将帅的过错。

# 明　忠

人君之称，莫大于明；人臣之誉，莫美于忠。此二德者，古来君臣所共愿也。然明不继踵、忠不万一（它本作全）者，非必愚暗不逮而恶名扬也，所以求之非道耳。夫明据下起，忠依上成，二人同心，则其利断金。能如此者，要在于明操法术而已矣。夫帝王者，其利重矣，其威大矣。徒悬重利，足以劝善；徒设严威，可以惩奸。乃张重利以诱民，操大威以驱民，则举世之人，可令冒白刃而不恨，赴汤火而不难，岂云但率之以共治而不宜哉？若鹰，野鸟也，然猎夫御之，犹使终日奋击而不敢怠，岂有人臣而不可使尽力者哉？故进忠扶危者，贤不肖之所共愿也。诚皆愿之而行违者，常苦其道不利而有害，言未得信而身败。广观古来爱君忧主敢言之臣，忠信未达，而为左右所鞫案，更为愚恶无状之臣者，岂可胜数哉？孝成终没之日，不知王章之直；孝哀终没之日，不知王嘉之忠也。后贤虽有忧君哀主之情，忠诚正直之节，然犹且沉吟观听。是以忠臣必待明君，乃能显其节；良吏必得察主，乃能成其功。故圣人求之于己，不以责下也。凡为人上，法术明而赏罚必者，虽无言语，而势自治；法术不明而赏罚不必者，虽日号令，然势自乱。是故势治者，虽委之不乱；势乱者，虽勤之不治也。尧、舜拱己无为而有余，势治也；胡亥、王莽驰骛而不足，势乱也。故曰：“善者求之于势，弗责于人。”是以明王审法度而布教令，不行私以欺法，不黩教以辱命。故臣下敬其言而奉其禁，竭其心而称其职。此由法术明也。

【译文】

对人君的称颂，莫大于英明；对人臣的称赞，莫好于忠诚。这两种美德，是古往今来君臣所共有的追求。然而英明之君鲜见、忠诚之臣万人中难有一个，不是因为愚昧而达不到英明、忠诚，以致恶名远扬，而是由于他们求取的方法不正确。人君的英明凭藉下属而建立，人臣的忠诚要依仗君主而形成。君臣同心，则锋利可以断金。要达到这种效果，其要领就在于明智地运用法术而已。做帝王的人，其掌握的利益是很丰厚的，其威势是很强大的。仅悬以重利，便足以鼓励人们向善；施设威严，便足以惩罚大臣行奸。如果兴重利来引导民众，持重威来驱使庶人，则可使全社会的人甘冒兵刃之险而不怨恨，赴汤蹈火而不畏难，怎能说只是率领他们共同治理国家却不合适呢？比如老鹰，原是一种野鸟，但是猎人利用它，尚可使之终日奋发捕猎而不敢懈怠，哪有身为人臣，却不能使其尽全力的事情呢？所以，进忠言、扶危难，是贤人与普通人都愿意的。确实都愿进忠扶危，但行动却违背初衷的原因，是他们常常苦于进身之路不顺利而反遭迫害，或忠言尚未得到信任而自身已残败。纵观古往今来爱戴国君、替主分忧、敢于说真话的大臣，往往忠实诚信之心还未上达，就被君主左右之人审讯查办，以至后来变成愚钝、声名不好、没有功绩的臣子的，岂可胜数？汉成帝到死的那一天，也不知道京兆尹王章（蒙冤入狱而死）的刚直；汉哀帝到死的那一天，也不知道丞相王嘉（蒙冤入狱而死）的忠诚。此后的贤士即使有忧君惜主之情、忠诚正直之节，然尚且犹疑不定，观望探听。所以，忠臣定然等有了圣明国君，才能展现他的节操；良吏定然遇上明察之主，才能成就他的功业。所以，圣人要责求于自己，而不要责备手下人。凡是统治天下的君主，律法严明而赏罚必行的，即使不言语，社会局势也可以自然安定；律法不严明而赏罚不一定执行的，即使日日号令，社会局面还会自乱。所以，社会局势安定的，即使将国事委托给大臣也不会乱；社会局势混乱的，即使君主再辛苦也治理不好。尧、舜自己垂衣拱手不去作为，而显得治国才能有余，是因为社会局势稳定；胡亥、王莽不停地奔忙，犹显治国才能不足，是因为社会局势混乱。所以说：“贤明的人求之于发展趋势，而不责难于人。”因此圣明君主审慎地制定法律制度，颁布教令，不谋私利以枉法，不轻慢教化以辱没使命，因此臣下尊敬国君之言而遵守其禁令，竭尽心力地尽好自己的职责。这都是由于法规、策略比较明确。

是故圣人显诸仁，藏诸用，神而化之，使民宜之，然后致其治而成其功。功业效于民，美誉传于世，然后君乃得称明，臣乃得称忠。此所谓“明据下作，忠依上成；二人同心，其利断金”者也。

【译文】

所以圣人显示其仁义，隐藏其功用，以神妙莫测之理潜移默化，使民众与之相适宜，然后求得社会稳定，成就其功业。其功业有利于民众，美誉流传于世上，然后国君才能称为英明，大臣才能称为忠诚。这就是所谓的“人君的英明凭藉下属而建起，人臣的忠名要依仗君主而形成，君臣同心，则锋利可以断金”。

## 德　化

人君之治，莫大于道，莫盛于德，莫美于教，莫神于化。道者所以持之也，德者所以苞之也，教者所以知之也，化者所以致之也。民有性有情，有化有俗。情性者，心也、本也；化俗者，行也、末也。上君抚世，先其本而后其末，顺其心而理其行。心情苟正，则奸慝无所生，邪意无所载矣。是故上圣不务治民事，而务治民心。故曰：“听讼，吾犹人也，必也使无讼乎！”导之以德，齐之以礼，民亲爱则无相害伤之意，动思义则无奸邪之心。夫若此者，非法律之所使也，非威刑之所强也，此乃教化之所致也。圣人甚尊德礼而卑刑罚，故舜先敕契以敬敷五教，而后命皋陶以五刑三居。是故凡立法者，非以司民短而诛过误，乃以防奸恶而救祸败、检淫邪而内正道耳。民蒙善化，则人有士君子之心；被恶政，则人有怀奸乱之虑。故善者之养天民也，由良工之为麴豉也，起居以其时，寒温得其适，则一荫之麴豉，尽美而多量。其遇拙工，则一荫之麴豉，皆臭败而弃捐。今六合亦由一荫也，黔首之属犹豆麦也，变化云为，在将者耳。遭良吏，则皆怀忠信而履仁厚；遇恶吏，则皆怀奸邪而行浅薄。忠厚积则致太平，奸薄积则致危亡。是以圣帝明王，皆敦德化而薄威刑。德者所以修己也，威者所以治人也。民之生世也，犹铄金之在炉，方圆薄厚，随熔制耳。是故世之善恶，俗之薄厚，皆在于君主。诚能使六合之内，举世之人，咸怀方厚之情，而无浅薄之恶，各奉公正之心，而无奸险之虑，则羲、农之俗，复见于兹，麟龙鸾凤，复畜于郊矣。

【译文】

人君治国，最大的莫过于道义，最盛的莫过于德行，最美的莫过于教育，最神妙的莫过于感化。道义是用以保持稳定的，品德是用以包容万物的，教育是用以使人知理的，善化人心是用以达到天下大治的。民众有其本性和情感，有其风气和习俗。情感和本性出于心，是根本；风气风俗产生于行为，是枝末。上古君主安抚社会，先本而后末，顺应其心理而整治其行为。内心情致如果端正，那么奸恶之念就没有产生的条件，邪意就没有承载的处所。因此，上古圣人不致力于治理民事，而是致力于治理人心。所以孔子说："审判案件，我同别人一样，不一样的是我一定要使其不再有诉讼啊！"用道德来引导，用礼义来整顿，百姓相爱就没有互相伤害之意，百姓常思礼义就不会有奸邪之心。要达到这种情况，不是使用法律能够做得到的，也不是施威刑所能够强制的，这是教化达到的效果。圣人十分崇尚道德礼义而不重视刑罚，所以舜帝首先诏令契认真制定五教，而后命皋陶按照五刑三居之法判案。所以，凡立法之人，不是为了探察百姓的短处，从而惩处其过失和错误，而是为了防止奸恶和拯救祸乱与颓败，检点淫邪而纳入正道啊！百姓受到良好的教化，则人人有士人君子之心；蒙受恶政，则人人有心怀奸乱的思谋。所以贤善之人教育天下百姓，就如同优秀的技师用曲子做豆豉，起居要适时，温度要合适，就会使一池豆豉味道鲜美、产量最多。如果遇到一个笨拙的工匠，便会使一池豆豉都发臭腐败而倒掉。如今天地四方犹如一个发酵池，百姓犹如供酿造的豆麦，其发酵变化的情况，在于领导他们的人。遇良吏，就都会心怀忠信而践行仁厚；遇恶吏，就都会心怀奸诈邪恶而行为轻薄。忠厚积累就会使天下太平，奸薄积累就会招致天下危亡。所以圣帝明主，都勉力于教化而不看重威严的刑罚。道德是用来修养自身的，威刑是用来整治世人的。人在世上活着，犹如金子在炉里融化，方圆薄厚，是随着人的意愿熔制成的。所以世上人心的善与恶、风俗的薄与厚，都在于君主。如果能使普天之下、举世之人，都怀有方正敦厚之情，而无浅薄之恶习，人人怀着公正之心而无奸险心思，那么伏羲、神农时期的风俗就会再次出现，麟、龙、鸾、凤这些太平盛世通常出现的吉祥飞禽走兽又会重现于京郊。

**（杨新育译）**

# 卷四十五

# 崔寔政论治要

【考评】

从《群书治要》所收《政论》看，是文深刻地分析论述了东汉政治、经济、社会生活中一系列重大问题，指出为政者须居安思危，励精图治，明辨忠奸，善用贤能；强调严明法度，信赏必罚，以民为本，重农抑商；并针对当时下层官吏俸禄菲薄，贪赃枉法屡有发生，一年数次大赦而致犯罪愈加猖獗等现象，提出了重爱臣属、厚俸养廉、慎言赦免、根治犯罪等一系列主张。范晔在《后汉书》中称赞是文“指切时要，言辨而确”、“言当世理乱，虽晁错之徒，不能过也”。崔寔提出的“厚俸养廉”，可谓远见卓识，颇有借鉴的价值。

《政论》，又称《崔氏政论》，东汉政论家崔寔著。崔寔（?—170年左右），东汉著名文学崔马因之孙、崔瑗之子。父卒，隐居墓侧，三年服终，三公推荐出仕皆不就。恒帝初(公元147年)，以“至孝独行”官至议郎，著作东观。后被任为五原太守，有政绩。复拜辽东太守，继而又拜为尚书。他曾以“世方多难”，“称疾不视事”。他为政以节俭廉洁自励，“历位边郡，而愈贫薄”，死时“家徒四壁，无以殡殓”，朋友杨赐、袁逢等“为备棺椁葬具”，袁隗立碑颂德。少好典籍，明于政体，著碑、论、箴、铭、答、七言、词、文、表、记、书凡十五篇。《政论》一篇专论当世之事，对现实直言抨击，为其代表作。《隋书 · 经籍志 · 法家》著录为六卷，《旧唐书 · 经籍志》作五卷。原书宋时已佚。《后汉书·崔马因传》附崔寔传中收录了其中一部分，仅为《群书治要》收录内容的六分之一，文字亦略有差异。清光绪《玉函山房辑佚书》将《后汉书》所收全文照录。《意林》等书亦有辑录。

# 政　论

自尧舜之帝，汤武之王，皆赖明哲之佐、博物之臣。故皋陶陈谟，而唐虞以兴；伊、箕作训，而殷周用隆。及继体之君，欲立中兴之功者，曷尝不赖贤哲之谋乎？凡天下之所以不治者，常由人主承平日久，俗渐弊而不寤，政浸衰而不改，习乱安危，怢（怢原作逸）不自睹。或荒耽嗜欲，不恤万机；或耳蔽箴诲，厌伪忽真；或犹豫歧路，莫适所从；或见信之佐，括囊守禄；或疏远之臣，言之贱废。是以王纲纵弛于上，智士郁伊于下，悲夫！且守文之君，继陵迟之绪，譬诸乘弊车矣，当求巧工，使辑治之，折则接之，缓则契之，补琢换易，可复为新，新不已，用之无穷。若遂不治，因而乘之，摧拉捌裂，亦无可奈何矣。若武丁之获傅说，宣王之得申甫，是则其巧工也。今朝廷以圣哲之姿，龙飞天衢，大臣辅政，将成断金。诚宜有以满天下望，称兆民之心，年谷丰稔，风俗未乂。夫风俗者，国之脉诊也，不和，诚未足为休。《书》曰："虽休勿休。"况不休而可休乎？且济时救世之术，岂必体尧蹈舜，然后乃治哉？期于补绽决坏，枝拄邪倾，随形裁割，取时君所能行，要厝斯世于安宁之域而已。故圣人执权，遭时定制，步骤之差，各有云设（设原作施），不强人以不能，背所急而慕所闻也。

【译文】

从前尧、舜、商汤、周武王都依靠明哲博学的大臣治理国家。因此皋陶献《谟》，使唐虞兴盛；伊尹作《伊训》、箕子作《洪范》，殷周因此兴盛。继位的君主，要想建立中兴的功绩，何尝不依靠贤明之士的谋略呢？大凡国家得不到治理的原因，多是由于君主承继太平之世已久，风气日渐变坏也不觉察，政治逐渐腐败也不变革，习惯于混乱，安于现状，逸乐而看不到危机。有的荒淫奢侈，不考虑国家大事；有的不听忠言劝告，满足虚伪，忽视真诚；有的在歧路徘徊，不知何去何从；有些是被信任的大臣，只求中饱私囊，保住俸禄；有些是被疏远的臣子，因地位低微，谏言被弃而不用。于是，国法松驰于上，有识之士忧忡于下，真是可悲啊！因循守旧的君主，继承衰颓的事业，好比乘着破车，应当找个能工巧匠修理一下，断了的接好，松了的楔紧，缺了的修补，坏了的更换，变旧为新，永远像新的一样长久用下去。假如不修理而继续乘用，拉扯破裂，最后就无从收拾了。如同武丁获得傅说、周宣王获得申甫，这两人就是他们的能工巧匠。当今皇帝在位，贤明有为，加上大臣辅政，同心同德，力可断金，确应借此满足天下人的期望，符合百姓的心愿。然而年景虽好，风俗未淳。风俗好比国家脉搏，脉搏不正常，确实不算好。《尚书》说："虽然好了也不能停止治理。"何况尚未好转而停止治理呢？并且，拯救时世的方法，难道一定要效法尧、舜然后才能天下安定吗？只要能补好破的，取掉坏的，支好倾斜的，按照实际情况裁决，采取当时君主所能实施的去做，关键在于使天下得到安宁就行了。所以圣人掌握权柄，按其所处的时代制定规章，区别情势缓急，各有其不同的措施，而不勉强做办不到的事，或不顾当务之急而追慕耳闻的古代政事。

昔孝武皇帝策书曰："三代不同法，所由殊路，而建德一也。"盖孔子对叶公以来远、哀公以临民、景公以节礼，非其不同，所急异务也。俗人拘文牵古，不达权制，奇玮所闻，简忽所见，策不见珍，计不见信。夫人既不知善之为善，又将不知不善之为不善，恶足与论家国之大事哉？故每有言事，颇合圣德者，或下群臣，令集议之，虽有可采，辄见掎夺。何者？其顽士暗于时权，安习所见，殆不知乐成，况可与虑始乎？心闪意舛，不知所云，则苟云率由旧章而已。其达者，或矜名嫉能，耻善策不从己出，则舞笔奋辞，以破其义。寡不胜众，遂见屏弃。虽稷、契复存，由将困焉。斯实贾生之所以排于绛、灌，吊屈子以舒愤者也。夫以文帝之明，贾生之贤，绛、灌之忠，而有此患，况其余哉！况其余哉！（下况其余哉四字恐衍文）且世主莫不愿得尼、轲之伦以为辅佐，卒然获之，未必珍也。自非题牓其面曰“鲁孔丘”、“邹孟轲”，殆必不见敬信。何以明其然也？此二者，善已存于上矣，当时皆见薄贱，而莫能任用，困厄削逐，待放不追，劳辱勤瘁，为竖子所议笑，其故获也。夫淳淑之士，固不曲道以媚时，不诡行以徼名，耻乡原之誉、比周之党。而世主凡君，明不能别异量之士，而适足受谮润之愬。前君既失之于古，后君又蹈之于今。是以命世之士，常抑于当时，而见思于后人。以往揆来，亦何容易？向使贤不肖相去如泰山之与蚁垤，策谋得失相觉如日月之与萤火，虽顽嚚之人，犹能察焉。常患贤佞难别，是非倒纷，始相去如毫厘，而祸福差以千里。故圣君明主，其犹慎之。

【译文】

以前汉武帝《策书》中说：“夏商周三代法规制度不同，治国措施不一样，但建立的功德却是一样的。”孔丘劝叶公招徕远地百姓归附，劝鲁哀公亲民，劝齐景公用礼来治理国家，不是说治国之道不同，而是各国要迫切解决的问题不同。最令人厌恶的是平庸的人拘泥成文，墨守古法，不知权变，夸张所听到的，轻视所看到的，却埋怨自己的计谋不被珍视和信任。这些人既不知好的计策为什么好，也必定不知道不好的计策何以不好，怎么能与他们讨论国家大事呢！所以臣子每有建议并符合皇帝心意的，就交给群臣共议，虽然可以采用，但最终总被废弃。为什么呢？那些顽固的人不明白时势变化，安于旧习，几乎连守成都达不到，哪里还谈得上创新？这些人心慌意乱，不知所云，便苟且地说：都要按旧规矩办事。那些所谓有见识的人，有的自夸其名，嫉妒贤能，羞于好办法不是自己提出的，便舞弄文笔，夸大其辞，反对别人意见。因寡不敌众，正确见解往往被摒弃。照这样，即使是稷、契复生，也会为之困窘。这就是贾谊被周勃和灌婴排斥，不得不借凭吊屈原来抒发内心忧愤的原因。像汉文帝那样的英明，贾谊那样的贤才，周勃、灌婴那样的忠诚，仍然还有这种弊病，何况其他处境呢！没有一位君主不想得到孔丘、孟轲那样的人辅佐，但得到了却未必重视，假若不是脸上写着

“鲁国孔丘”、“邹国孟轲”，大概不一定被敬重和信任。根据什么知道是这样呢？现代的君主认为这两个人的贤德已是上古的事了，当时都被人轻视，没有人用他们。孔子困苦被逐，孟子被迫出走也无人追回，劳苦屈辱，辛勤憔悴，受到无见识的小人讥笑。说现在不一定会被敬重的缘故就在这里。淳朴善良的人，绝不歪曲正道讨好世俗，也不用欺诈手段求得名望，耻于被那些言行不一的伪君子赞誉，耻于相互勾结以成党派。而那些平庸的君主，没有识别英才的能力，便很容易接受那些善进谗言者的毁谤，致使前代君主失之于用贤，后世君主又沿循其错于今。所以有治世之才的人常常是在当时受到压制，到后世才被人们思念。用过去推测将来，要使这种情况不再重复是很不容易的。假使贤者与不贤者相差就如泰山与蚁穴外的小土堆一样，其计谋策略的正确与错误就像日月之光与萤火那样对比明显，那么，即使顽固愚蠢的人也能明察。人们经常忧虑贤奸难辩，是非混淆，起初好像只差毫厘，后来导致的祸福就会相差千里。所以，贤明的君主对此应特别注意。

## 制　度

夫人之情，莫不乐富贵荣华、美服丽饰、铿锵眩耀、芬芳嘉味者也。昼则思之，夜则梦焉，唯斯之务，无须臾不存于心，犹急水之归下、下（旧无此下字，补之）川之赴壑。不厚为之制度，则皆侯服王食，僭至尊，逾天制矣。是故先王之御世也，必明法度，以闭民欲，崇堤防以御水害。法度替而民散乱，堤防堕而水泛溢。顷者，法度颇不稽古，而旧号网漏吞舟。故庸夫设藻棁之饰，匹竖享方丈之馔，下僭其上，尊卑无别，礼坏而莫救，法堕而不恒。斯盖有识之士所为于邑而增叹者也。律令虽有舆服制度，然断之不自其源，禁之又不密。今使列肆卖侈功、商贾鬻僭服、百工作淫器，民见可欲，不能不买，贾人之列，户蹈逾侈矣。故王政一倾，普天率土，莫不奢僭者，非家至人告，乃时势驱之使然。此则天下之患一也。且世奢服僭，则无用之器贵，本务之业贱矣。

农桑勤而利薄，工商逸而入厚，故农夫辍耒而雕镂，工女投杼而刺文。躬耕者少，末作者众，生土虽皆垦乂，故地功不致，苟无力穑，焉得有年？财郁蓄而不尽出，百姓穷匮而为奸寇，是以仓廪空而囹圄实。一谷不登，则饥馁流死，上下俱匮，无以相济。国以民为根，民以谷为命。命尽则根拔，根拔则本颠。此最国家之毒忧，可为热心者也。斯则天下之患二也。

【译文】

从人情看，没有不喜欢富贵荣华、穿华丽的衣服、戴叮咚作响漂亮耀眼的首饰、天天吃美味佳肴的。白天想这些，夜晚梦这些，一心追求这些，无时无刻不记在心里，就像湍急之水下泻、大水奔向深壑。不规定严格的制度，大家就要和王侯一样讲究吃穿，甚至超过皇帝，违反国家法令制度了。所以古代帝王统治天下，一定要明确法度，借以封闭百姓的贪欲，如同高筑堤坝防止水灾一样。法度衰废则百姓散乱，堤坝堕毁则大水泛滥。现在的法度不参照以前好的法制，这就像过去人们说的网破得连能吞没船的大鱼也能漏掉。现在普通人家也雕梁画栋，一般人也享用满桌美食，小民阔绰超过高官，高贵低贱没有差别，礼仪败坏没人挽救，法律堕落没人维持。这就是有见识的人悲伤感叹的缘故吧。法令对乘车、穿衣虽有等级限制，可是对违法者不从源头杜绝，禁止又不严格。现今市场上都在卖奢侈工艺品，商人随意可以出卖僭越大官员的服饰，手工业者大肆制作奢侈品，百姓随心所欲，想买就买，商人之家，户户奢靡，超越等级享受。所以国家政策一旦偏差，普天之下，人们都去追求奢侈生活，这不是有人到各家宣传倡导，而是时势驱使他们这样做。这是天下祸害之一。现今社会风气奢华，没有实用价值的东西昂贵，农业反被轻视。务农种桑辛苦劳累而得利少，工商业安逸舒适而收入多。因此农夫放下农具去搞雕刻，妇女放弃纺织去搞刺绣。耕地的人越来越少，从事末业的人越来越多。荒地虽然都已开垦，但用在耕种上的心血却不多，如果不尽力耕种、精心收割，怎能有丰收的年成？财富集中在少数人手中，百姓穷困就会行奸为寇，因此仓库空虚，监狱人满。一旦粮食收成不好，就会有饿死流亡的人，国家和百姓都很穷，无法相互接济。国家以人民为根基，人民以粮食为生命。粮食没有了，根基就会动摇，根基动摇则国家危亡。这是国家最大的忧虑，可谓是令人焦心的事。这是天下祸患之二。

法度既堕，舆服无限，婢妾皆戴瑱楴之饰，而被织文之衣。乃送终之家，亦无法度，至用輀梓黄肠，多藏宝货，享牛作倡，高坟大寝。是可忍也，孰不可忍！而俗人多之，咸曰“健子”。天下跂慕，耻不相逮，念亲将终，无以奉遣，乃约其供养，豫修亡殁之备。老亲之饥寒，以事淫法（法疑作汰）之华称，竭家尽业，甘心而不恨。穷厄既迫，迫为盗贼，拘执陷罪，为世大戮。痛乎！化俗之刑陷愚民也。且橘柚之贡，尧舜所不尝御；山龙华虫，帝王不以为亵服。今之臣妾，皆余黄甘，而厌文绣者，盖以万数矣。其余称此，不可胜记。古者墓而不坟，文武之兆与平地齐。今豪民之坟，已千坊矣。欲民不匮，诚亦难矣。是以天戚戚，人汲汲，外溺奢风，内忧穷竭。故在位者则犯王法以聚敛，愚民则冒罪戮以为健。俗之坏败，乃至于斯。此天下之患三也。承三患之弊，继荒顿之绪，而徒欲修旧修故，而无匡改，虽唐虞复存，无益于治乱也。昔圣王远虑深思，患民情之难防，忧奢淫之害政，乃塞其源以绝其末，深其刑而重其罚。夫善堙川者，必杜其源；善防奸者，必绝其萌。昔子产相郑，殊尊卑，异章服，而国用治。岂大汉之明主，曾不如小藩之陪臣？在修之与不耳。

【译文】

法度遭到破坏，乘车穿衣没有限制，婢妾都戴着美玉首饰、穿着锦绣衣服。办理丧事也没有法度，以至平常人都用梓木做丧车、柏木作棺外的围墙，随葬许多珍宝，用整牛祭祀，坟墓越修越大。这事都忍心做，还有什么不忍心做？可是俗人都称赞这些作法，夸人家有本事，人人羡慕，自己惭愧比不上。有的人想到自己父母将死，没有钱送终，就克扣父母平时的生活用度，准备送葬之用，不顾父母眼前饥寒，只图办丧事的表面好看。有的人用尽家产，心甘无怨，穷困紧迫，就去作盗贼，被捕定罪，甚至杀头。痛心啊！都是这些不良风气害了愚昧的百姓。再说，桔、柚这种贡品，过去连尧舜也不曾享用；绣着山、龙、野鸡花纹的衣服，帝王也不作内衣。当今一些做官的人，金黄的柑桔吃不完、华丽的衣服穿不尽的人数以万计。其余类似的事，不胜枚举。古人建墓没有高起的坟堆，周文王、周武王的墓区与平地一样。现在豪强的坟地上修建了许多牌坊。想让百姓不穷困，实在难了。因此，上天在忧虑，人人在焦愁，外面沉溺于奢侈之风，内心忧虑财物耗尽。所以官吏不惜违犯国法搜刮钱财来备办丧事，百姓则冒杀头的危险弄钱来大办丧事。社会风气的败坏竟到了这种地步！这是国家祸患之三。有这三种祸患的弊病，又继之以荒废、困顿的遗绪，却只想修烂补旧而不进行改革，即使唐尧、虞舜再生，也无法治理这种乱政。昔日的圣明君主，深谋远虑，担忧民情难防，忧虑腐败荒淫危害政治，所以堵其根源，断其枝节，严明刑罚。善于堵水的人，一定会先堵源头；善于防止奸邪的，一定会消灭纷乱于萌芽状态。从前，子产在郑国当国相，区别尊卑和不同等级的礼服，使国家得到治理。难道汉王朝的圣明君主还不如小诸侯国的陪臣？关键在治理还是不治理。

## 足　信

《易》曰："言行，君子所以动天地也。"仲尼曰："人而无信，不知其可。"今官之接民，甚多违理，苟解面前，不顾先哲。作使百工，及从民市，辄设计加以诱来之，器成之后，更不与直。老弱冻饿，痛号道路，守阙告哀，终不见省。历年累岁，乃才给之，又云逋直，请十与三。此逋直岂物主之罪耶？不自咎责，反复灭之，冤抑酷痛，足感和气。既尔复平弊败之物与之，至有车舆。故谒者冠（冠原作寇），卖之则莫取，服之则不可。其余杂物，略皆此辈。是以百姓创艾，咸以官为忌讳，遁逃鼠窜，莫肯应募。因乃捕之，劫以威势。心苟不乐，则器械行沽，虚费则用，不周于事。故曰："上为下效，然后谓之教。"上下相效殆如此，将何以防之？罚则不恕，不罚则不治。是以风移于诈，俗易于欺，狱讼繁多，民好残伪。为政如此，未睹其利。斯皆起于典藏之吏，不明为国之体。苟割胫以肥头，不知胫弱亦将颠仆也。《礼》讥聚敛之臣，《诗》曰"贪人败类"，盖伤之也。

【译文】

《易经》上说："言必信，行必果，这是君子能感动天地的原因。"孔子讲："人不守信用，我不知道他能办好什么事。"现在的官员对待百姓，很多都违背了这个道理，只顾眼前，不管先辈的教训。为了役使手工业者，到民间市场，设计诱骗他们来做工，东西做好后，却不给报酬。他们家中老老少少忍冻挨饿，在路上啼哭，到官府里苦苦哀求，始终没有人理会，过很长时间，才发还他们，并说："这是拖欠的钱，十元只还给三元。"难道欠账是市民百工的错误吗？不责备自己，却反复压价，物主的怨恨和惨痛的心情，足以破坏天地的和气，于是接着又用破旧的东西抵价取平，所给的甚至有大官用过的旧车轿和为君主传令的谒者们曾戴过的官帽。这些东西是想卖没人敢要，自己用又犯法的。其中用来抵价的东西，差不多都是这一类。因此百姓戒惧，见了官都躲避，东逃西窜不肯应召。若被捉住，迫于权势不得不做，但内心不乐，那么做的器物就质量粗糙，白费资财，不能使用。所以说："在上位的为在下位的作出表率，才称得上教化。"上下之间弄成这样，又用什么办法来防止歪风呢？处罚则显得不宽容，不罚又不能治理，所以社会逐渐变得欺诈成风，各种案件繁多，人们爱好凶横虚伪。这样施政，看不到有何好处。这都是由于主管储藏的官员，不明白治理国家的大局。其不知如果割了腿上的肉去补脑袋，则腿弱了也必会摔倒。《礼记》讥讽那些搜刮钱财的大臣，《诗经》说"贪财之人、败德之辈"，都是感伤于其不知为国大要。"

## 足　兵

传曰："工欲善其事，必先利其器。"旧时永平、建初之际，去战攻未久，朝廷留意于武备，财用优饶，主者躬亲，故官兵常牢劲精利。谢蔡大仆之弩，及龙亭九年之剑，至今擅名天下。顷主者既不敕慎，而诏书又误进入之宾。贪饕之吏，竞约其财用。狡猾之工，复盗窃之。至以麻枲被弓弩、米粥杂漆，烧铠铁焠醯中，令脆易冶，孔又褊小，刀牟悉钝。故边民敢斗健士，皆自作私兵，不肯用官器。凡汉所以能制胡者，徒擅铠弩之利也。铠则不坚，弩则不劲，永失所恃矣。且夫士之身，苟兵钝甲软，不可依怙，虽孟贲、卞庄，由有犹豫。推此论之，以小况大，使三军器械，皆可依阻，则胆强势盛，各有赴敌不旋之虑。若皆弊败，不足任用，亦竞奋皆不避水火矣。三军皆奋，则何敌不克？诚宜复申明巧工旧令，除进入之课，复故财用，虽颇为吏工所中，尚胜于自中也。

【译文】

《论语》说："工匠要想干好活，一定要先整治好工具。"过去明帝、章帝的时候，距离战争年代还不很久远，朝廷就重视战备，资财充足，主管的官员又亲自负责，所以国家制造的兵器坚固锋利。著名的谢蔡太仆之弩和龙亭九年之剑，至今还享誉全国。现今，主管的人不够谨慎，君主的命令又有失误。贪财的官吏竞相克扣资财，狡猾的工匠又偷工减料，以至弓弩只用大麻包裹弓弩，漆里也掺杂米粥，为了容易加工，把制铠甲的铁烧红放入醋中淬火，使其脆软而易加工，铠甲的尺寸缩小，无法穿用，打造的刀、斧等兵器都不锋利。所以边疆百姓中勇敢能斗的，都自己制作兵器，不肯用国家的武器。汉朝所以能够战胜匈奴，主要是发挥了铠甲、弓弩的作用。当今铠甲不够坚硬，弓弩不够牢固有力，那就失去依赖了。对于战士来说，如果武器钝、铠甲软，不能依仗，即使像孟贲、卞庄一样勇猛的武士，也会犹豫不前。由此推论，从小处看大处，假使全军的武器军械都牢固，战士则会胆子大、气势盛，人人都有向前冲击决不后退的决心。如果武器破败不能使用，即使奋勇向前也不能避免灾难。全军奋勇向前，那还有什么敌人不能被战胜呢？的确应该重新确立过去精工细作的规章制度，免除工匠的税收，恢复以前的军事开支。这样虽然能让官吏、工匠得些好处，但总比让他们克扣贪污好。

苟以牢利任用为故，无问其他。《月令》曰：“物刻工名，以覆其诚。功有不当，必行其罪，以穷其情。”今虽刻名之，而赏罚不能，又数有赦赎，主者轻玩，无所惩畏。夫兵革，国之大事，宜特留意，重其法罚。敢有巧诈辄行之辈，罪勿以赦赎除，则吏敬其职、工慎其业矣。

【译文】

若是为了兵器坚固耐用的缘故，就不要查问其他事项。《月令》讲：“器物上要刻工匠的名字，以检查他是否诚信。兵器做工有不符合标准的，一定要追究原因，治他的罪。”现在虽然也刻上名字，但却不能执行赏罚的规定，又多次赦免赎罪，主管的人不经心，也没有惩罚，而使其畏惧。兵器衣甲是国家大事，应该重视管理和惩罚。对胡作妄为、巧诈渔利的人，罪在不赦，也不能赎罪。这样官吏就会严肃尽职，工匠就会谨慎敬业。

## 用　臣

昔圣王之治天下，咸建诸侯，以临其民。国有常君，君有定臣，上下相安，政如一家。秦兼天下，罢侯置县，于是君臣始有不亲之衅矣。我文、景患其如此，故令长视事。至十余年，居位或长子孙，永久则相习，上下无所窜情。加以心坚意专，安官乐职，图虑久长，而无苟且之政；吏民供奉，亦竭忠尽节，而无壹切之计。故能君臣和睦，百姓康乐。苟有康乐之心充于中，则和气应于外。是以灾害不生，祸乱不作。自顷以来，政教稍改，重刑阙于大臣，而密罔刻于下职。鼎辅不思在宽之德，牧牧守守逐之，各竞擿微短，吹毛求疵，重案深诋，以中伤贞良。长吏或实清廉，心平行洁，内省不疚，不肯媚灶，曲礼不行于所属，私敬无废于府。州郡侧目，以为负折，乃选巧文猾吏，向壁作条，诬覆阖门，摄捕妻子。人情耻令妻子就逮，则不迫自去。且人主莫不欲豹、产之臣，然西门豹治邺一年，民欲杀之；子产相郑，初亦见诅，三载之后，德化乃洽。今长吏下车百日，无他异观，则州郡睥睨，待以恶意，满岁寂漠，便见驱逐。正使豹、产复在，方见怨诅，应时奔驰，何缘得成易歌之勋，垂不朽之名者哉？犹冯唐评文帝之不能用李牧矣。近汉世所谓良吏，黄侯召父之治郡视事，皆且十年，然后功业乃著。且以仲尼之圣，由曰“三年有成”，况凡庸之士，而责以造次之效哉？故夫卒成之政，必有横暴酷烈之夫，而世俗归称，谓之辨治。故绌已复进，弃已复用，横迁超取，不由次第。是以残猛之人，遂奋其毒；仁贤之士，劫俗为虐。本操虽异，驱出一揆。故朝廷不获温良之用，兆民不蒙宽惠之德，则百姓之命，委于酷吏之手，嗷嗷之怨，咎归于上。

【译文】

过去圣王治理天下，都建立诸侯国来统治百姓。诸侯国家有固定的君主，君主有长期任职的大臣，君臣相安，统治国家如治理一个家庭。秦统一后，废除诸侯，设立郡县，于是君臣之间开始有了不和。我朝文帝、景帝考虑到这种不和，下令官员任期可延长到十数年，或任命他们的子孙为长官，于是上下相互熟悉，毫不隐瞒，在上位的官员专心致志，安其位而乐其职，以图长久任职，而不苟且怠慢于政事；在下位的官吏和民众也都尽力效忠，没有应付投机的伪巧。所以能做到君臣和睦，百姓康乐。若人人都有康乐之情充满内心，则社会就会显现和睦，因此不会产生灾祸和动乱。自近年以来，政令和教化稍有改变，重刑不用在大臣身上，只用来弹压下面的官吏。重臣要员不思宽厚之德，地方官吏追名逐利，相互挑剔短处，吹毛求疵，故意加重案情，毁谤诬蔑，中伤忠贞良善之人。有的地方官吏清正廉洁，心存公平，品行端正，问心无愧，不愿阿谀奉承，对下行为正直，对上不送礼巴结。这样上司就对他冷眼看待，以为这是对他的叛逆，于是指派狡诈的官吏，凭空捏造罪名，冤枉他全家，拘捕他的妻子儿女。妻子儿女被捕则感到羞耻，这是人的本性，因此不需逼迫就会自动离职。君主没有不想得到西门豹、子产这样的贤臣的。然而，西门豹第一年治邺时，老百姓还要杀他；子产到郑国作丞相，起初也遭到咒骂，三年以后，好的风气才得到普及。现在官员任职不久，没有特殊的表现，上司就恶意相待，若到了一年还官声寂然，那就要被赶走了。假若西门豹、子产重现，也正处在被怨恨、被诅咒的第一年，这时被赶走，怎么能成就由被咒骂到受人歌颂的转变而留下不朽的声名呢？这就像冯唐批评文帝不能用李牧一样。西汉的所谓良吏黄侯和召父，治理郡州，都经过十年的努力才有显著的成绩。再说，像孔子那样的圣人还说“干三年才能有成效”，何况平凡的人，能要求他们立即收到成效吗？所以说急于求成的政策必然会出现横暴酷烈的过错，而世俗之人却对此加以赞赏，说这是明察事理，善于办事。所以，降职后又复职，罢免后又任用，不按照次序而任意提拔。因此凶残的人更加苛毒，仁爱贤明的人被世俗所逼迫也不得不做残暴之事。其本性虽然不同，但却被迫遵行同一准则。所以国家无法获得敦诚善良的官吏供调用，亿万民众受不到宽厚仁爱的恩惠。这样百姓的命运掌握在酷吏的手中，他们怨恨感叹，把罪责归结于皇上。

夫民善之则畜，恶之则仇，仇满天下，可不惧哉？是以有国有家者，甚畏其民，既畏其怨，又畏其罚。故养之如伤病，爱之如赤子，兢兢业业，惧以终始，恐失群臣之和，以堕先王之轨也。今朝廷虽屡下恩泽之诏，垂恤民之言，而法度制令，甚失养民之道，劳思而无功，华繁而实寡。必欲求利民之术，则宜沛然改法，有以安固长吏，原其小罪，阔略微过，取其大较，惠下而已。昔唐虞之制，三载考绩，三考绌陟，所以表善而简恶，尽臣力也。汉法亦三年壹察治状，举孝廉、尤异。宣帝时，王成为胶东相，黄霸为颍川太守，皆且十年，但就增秩赐金，封关内侯，以次入为公卿，然后政化大行，勋垂竹帛。皆先帝旧法，所宜因循。及中兴后，上官象为并州刺史，祭彤为辽东太守，视事各十八年，皆增秩中二千石。近日所见，或一期之中，郡主易数二千石，云扰波转，溃溃纷纷，吏民疑惑，不知所谓。及公卿、尚书，亦复如此。且台阁之职，尤宜简习。先（帝上疑脱先字，补之）帝时尚书，但厚加赏赐，希得外补，是以机事周密，莫有漏泄。昔舜命九官，自受终于文祖，以至陟方五十年，不闻复有改易也。圣人行之于古，以致时雍；文、宣拟式，亦至隆平。若不克从，是羞效唐虞，而耻遵先帝也。

【译文】

就百姓而言，你对他好，他就记在心里；你对他坏，他就会仇恨。一旦仇恨满天下，能不为之畏惧吗？因此拥有国家者，很惧怕其百姓，既怕他们怨恨，又怕对他们处罚。所以像对待伤员病人那样保养他们，像对婴儿那样爱护他们，兢兢业业，自始至终都谨慎小心，唯恐失去和大臣之间建立的和睦关系，毁坏先王制定的法度。当今朝廷虽然多次下达给予百姓恩惠的诏令，发表抚恤民众的言论，但是法令制度却很不符合养育百姓的法则。用尽心机却没有收效，方法繁多而成果很少。果真想得到有利于民众的方法，就应该立即改变现行的法令，稳定行政官员，原谅他们的微小过失，看重大节，只要做的事有利于百姓就行了。过去唐尧、虞舜的制度，是每三年考察官吏的政绩，考察三次，决定升降，用这种办法表彰好的，除去坏的，充分发挥臣子的作用。汉朝法制也实行三年考察一次官吏治理的情况，选拔品德突出的“孝廉”和政绩突出的“尤异”。宣帝时期，王成作胶东侯的辅臣，黄霸任颍川太守，都干了将近十年，得到升迁、赐金，被封为关内侯，先后入朝为公卿，使国家的政治教化得到很好的贯彻，功绩记录在史册。这都说明先帝确定的规章制度，应该沿袭，遵照执行。光武帝中兴以后，上官象任并州刺史，祭肜担任了辽东太守，任职理事各十八年，都提高其品级成为俸禄中二千石的郡守。最近看到，一年之中，郡守更换数次，就像云翻波转那样，混乱不堪，官吏和百姓都疑惑不解，不知是什么原因。公卿、尚书一级的状况也像这样。尚书这个职位，尤其要选拔熟悉本职事务的人。先帝时的尚书，只厚加赏赐，很少调往地方任职，因此国家大事考虑得很周密，没有漏洞。从前舜任命九官，自让位给禹到他去世，近五十年，没有听说有什么改变。圣人推行古制，使时势太平；文帝、宣帝模仿这种做法，也使国家兴盛安定。现在如果不能跟从，那就是羞于仿效唐尧、虞舜而耻于遵行先帝的规章。

## 内　恕

昔明王之统黎元，盖济其欲，而为之节度者也。凡人情之所通好，则恕己而足之。因民有乐生之性，故分禄以颐其士，制庐井以养其萌，然后上下交足，厥心乃静。人非食不活，衣食足然后可教以礼义，威以刑罚。苟其不足，慈亲不能畜其子，况君能捡其臣乎？故古记曰："仓禀实而知礼节，衣食足而知荣辱。"今所使分威权、御民人、理狱讼、干府库者，皆群臣之所为，而其奉禄甚薄，仰不足以养父母，俯不足以活妻子。父母者，性所爱也；妻子者，性所亲也。所爱所亲，方将冻馁，虽冒刃求利，尚犹不避，况可令临财御众乎？是所谓渴马守水，饿犬护肉，欲其不侵，亦不几矣。夫事有不疑，势有不然，盖此之类。虽时有素富骨清者，未能百一，不可为天下通率。圣王知其如此，故重其禄，以防其贪欲，使之取足于奉，不与百姓争利。故其为士者，习推让之风，耻言十五之计，而拔葵去织之义形矣。故三代之赋也，足以代其耕。故晏平仲，诸侯之大夫耳，禄足赡五百，斯非优衍之故耶？昔在暴秦，反道违圣，厚自封宠，而虏遇臣下。汉兴因循，未改其制。夫百里长吏，荷诸侯之任，而食监门之禄。

【译文】

过去贤明的君主统治百姓，都是既满足他们的要求，又对其加以节制。大凡大家共同喜爱的，就推己及人，给予满足。因为热爱生命是人的本性，所以分发俸禄供养官吏，建筑房屋、划分井田来养育百姓。这样，上下都感到满足，心里也就稳定了。人不吃饭不能生存，衣食满足了，方能用礼仪教化他们，用刑罚惩戒他们。如果衣食缺乏，父母就没有能力抚养子女，君主又怎能检束他的臣下呢！所以古书说：“粮仓充实则知礼节，衣食充足才会知荣辱。”现在分掌职权、治理百姓、审理案件、管理国库，都是臣子们去做，但是他们的俸禄很少，对上不够赡养父母，对下不能养活妻子儿女。爱父母是人的本性，爱妻子儿女也是人的本性，自己的亲人正在受冻挨饿，即使冒生命危险去追求私利也不退避，何况让他们管理钱财、驾驭百姓呢！这简直是让渴马看守水泉，让饿狗看护肥肉，要让他们不偷吃偷饮，恐怕也没有几个。事情有不用置疑的，但形势却有出人意料的，大概说的就是这类情况。即使偶尔有一贯守节廉洁的人，但百中无一，不能作为天下普遍的榜样。圣明的君主知道这种情况，所以给予官吏较多的俸禄，防止他们的贪欲，使他们足够供养家人，不去和百姓争利。所以做官的人，都习惯了互相推让的作风，以斤斤计较钱财为可耻。于是形成像公仪休那样不许自家人种葵、织布，以免有与百姓争利市场的行为。以前夏、商、周三代给官员的俸禄，足够供给其生活。古代的晏平仲只是诸侯的一个大夫，他的俸禄足够供养五百人，这不是官员富裕的先例吗？以前的秦王朝，反正道、违圣贤，自享丰厚，加封宠爱的人，而把臣下像奴隶一样对待。汉朝立国后沿袭秦的制度，未加变革。辖地百里的一县之长担负过去诸侯的责任，而俸禄却和其守门人一样。

请举一隅，以率其余。一月之禄，得粟二十斛、钱二千。长吏虽欲崇约，犹当有从者一人，假令无奴，当复取客。客庸一月千刍，膏肉五百，薪炭盐菜又五百，二人食粟六斛，其余财足给马，岂能供冬夏衣被、四时祠祀、宾客升酒之费乎？况复迎父母，致妻子哉？不迎父母，则违定省；不致妻子，则继嗣绝。迎之不足相赡，自非夷齐，孰能饿死？于是则有卖官鬻狱、盗贼主守之奸生矣。孝宣皇帝悼其如此，乃诏曰："吏不平则治道衰。今小吏皆勤事，奉之薄，欲其不侵渔百姓，难矣！其益吏奉百石以下什五。"然尚俭隘，又不上逮古赋禄。虽不可悉遵，宜少增益，以赒其匮，使足代耕自供，以绝其内顾念奸之心，然后重其受取之罚，则吏内足于财，外惮严刑，人怀羔羊之洁，民无侵枉之性矣。昔周之衰也，大夫无禄，诗人刺之；暴秦之政，始建薄奉；亡新之乱，不与吏除。三亡之失，异世同术，我无所鉴？夏后及商，覆车之轨，宜以为戒"。

【译文】

这里，我想列举一例子，人们可据此去推想其余情况。县官一个月的俸禄是二十斛谷子和两千钱。他即使非常节俭，也应当有一个随从，如果自己没有仆人，就得临时雇人。雇一个人每月需一千文工钱，加上肉油等五百文，柴炭盐菜又五百文，两人吃的粮食六斛，剩余的只够马的草料钱，哪里还能够置办一年的衣服被褥、提供四时祭祖和招待宾客的费用呢？更何况还要养活父母妻子呀！不与父母生活在一起，就不能尽孝；不娶妻生子，就没有后代。把他们接来一同生活，又养活不起。若不是伯夷、叔齐那样的人，谁愿意饿死？于是就有卖官卖狱、监守自盗这样的事不断发生。孝宣帝痛惜这种情况，就下诏说："官员不安定，治理国家的法规和权威就会削弱。现今下级官员都勤于国事，但俸禄微薄，要让他们不侵夺老百姓是很难做到的。百石以下的官吏，俸禄一律增加十分之五。"就是这样仍很低微，也比不上古时的官员。俸禄虽然不能完全按照古时的标准，确应稍微增加一些，来贴补生活的不足，使官吏俸禄足够满足自家供给，以消除其挂牵家人生计、想做坏事的心思，然后对受贿的贪官加重处罚。这样，官吏一方面满足家中已有的财物，另一方面又惧怕严厉的刑罚，就会使人人怀有羊羔那样的纯洁，人人都没有侵夺枉法的情性。古代周朝衰落的时候，大夫没有俸禄，诗人作诗讽刺；暴秦统治的时候，开始给官吏设立微薄的俸禄；王莽篡国后，不给官吏赏赐。周、秦、新莽的失误，虽时代不同，其方式是一样的。我们难道没有可借鉴的吗？夏朝和商朝灭亡的教训值得我们引以为戒。

## 去　赦

大赦之造，乃圣王受命而兴，讨乱除残，诛其鲸鲵，赦其臣民，渐染化者耳。及战国之时，犯罪者辄亡奔邻国，遂赦之以诱还其逋逃之民。汉承秦制，遵而不越。孝文皇帝即位二十三年乃赦，示不废旧章而已。近永平、建初之际，亦六七年，乃一赦命，子皆老于草野，穷困惩艾，比之于死。顷间以来，岁且一赦，百姓忸忕，轻为奸非，每迫春节，侥幸之会，犯恶尤多。近前年一期之中，大小四赦。谚曰："一岁再赦，奴儿喑恶。"况不轨之民，孰不肆意？遂以赦为常俗。初期望之，过期不至，亡命蓄积，群辈屯聚，为朝廷忧。如是则劫不得不赦。赦以趣奸，奸以趣赦，转相驱蹴，两不得息，虽日赦之，乱甫繁耳。由坐饮多发消渴，而水更不得去口，其归亦无终矣。又践祚改元际，未尝不赦，每其令曰："荡涤旧恶，将与士大夫更始。"是衰己薄先，且违无改之义，非所以明孝抑邪之道也。昔管子有云："赦者，奔马之委辔；不赦者，痤疽之砭石。"及匡衡、吴汉，将相之隽，而皆建言不当数赦。今如欲遵（遵原作尊）先王之制，宜旷然更下大赦令，因明谕使知永不复赦，则群下震栗，莫轻犯罪。纵不能然，宜十岁以上，乃时一赦。

【译文】

大赦制度的创立，是在圣主受天命而兴师、讨伐叛乱、消除残暴、诛杀元凶而赦免胁从之人的背景下，逐渐演化而成的。到战国时代，犯罪的人总是逃亡到邻国，于是就用赦免的办法劝诱、招回逃亡的人。汉朝继承秦朝的赦免制度，全盘遵守而不超出界限。孝文帝继位二十三年才发布了大赦令，是表示不抛弃旧的规章而已。最近的永平、建初年代，也是每隔六七年才大赦一次，逃命之人都长期生活在荒山草野，受到贫困冻饿的惩罚，跟死了没有什么两样。而近年以来，每年一大赦，百姓都熟知、习惯了，一些人就随意为非作歹。每到临近春节，就可能侥幸得到赦免的机会，犯罪的人就特别多。前年，一年之中大小赦免共有四次。谚语说："一年多次赦免，连奴仆也悄悄地作恶。"更何况不守法的人，谁不肆无忌惮呢？于是，赦免便成了日常的习惯。一些人起先把希望寄托在赦免上，而过期还不赦免时，则逃亡在外的罪犯越来越多，一伙坏人聚集在一起，成为朝廷的忧患。这就迫使朝廷不能不赦免。赦免促使犯罪，犯罪成风又促使赦免，互相促使，以致犯罪、赦免两方面都不能停息，即使每天赦免，犯罪的事也越来越多。好像人患了消渴病一样，坐着只想喝水，水更不能离口，结果是越喝水口越渴。此外，皇帝即位、更改年号时，没有不赦免的。每次下令就说："彻底扫除旧恶，将与大臣们一起除旧弊、布新恩。"这是回避自己过错，又贬低前代声誉，且违背了不改前代法规的大义，不是用以彰显孝道、抑制邪恶的办法。从前，管仲说："赦免，好像飞奔的马放脱了缰绳；不赦免，就像刺疖疮治病的针石。"匡衡、吴汉是才智出众的将相，两人都建议不要频繁赦免。现在如果要遵守先代君主制定的法规，就应该立即更改所颁发的大赦令，明确告谕，使人们知道永远不再大赦，这样下面的人就会惧怕，没有谁敢轻易犯罪。即使不能这样，也应该相隔十年以上，再适时赦免一次。

（樊为之译）

卷四十五

# 昌言治要

【考评】

《昌言》，意即善言、上言。唐章怀太子注曰："昌，谠言。""谠言"即善言、正言之意。以《群书治要》辑入的内容看，全为针砭时事、俾补朝政之谏言。文中主张重视道德教化，提倡礼义廉耻，重视个人道德修养，劝谏君王重贤任能，严明法度，戒防母妻之党及宦官败乱朝政，并就君臣关系、为君者立身治国之道进行了颇为精要的论述。仲长统的友人缪袭曾赞誉他"才章足继西京董、贾、刘、杨"(指董仲舒、贾谊、刘向、杨雄四人)。范晔则在《后汉书》本传中称他"管视好偏，群言难一。救朴虽文，矫迟必疾。举端自理，滞阳则失。详观时蠹，成昭政术。"作了很高的评价。魏征在《群书治要·序》中所谓的"大奸巨猾，转日回天，社鼠城狐，反白仰黑，忠良由其放逐，邦国因以危亡"，以及"至于母仪嫔则，懿后良妃，参徽猷于十乱，著深诫于辞辇，辇或倾城哲妇、亡国艳妻，候晨鸡以先鸣，待举烽而后笑者，时有所存，以备劝戒"，和仲长统"防母妻之党及宦官败乱朝政"的论述所见相同。

《昌言》又称《仲长子昌言》。《后汉书·仲长统传》称："……尚书令荀闻统名奇之，举为尚书郎，后参丞相曹操军事。每论说古今及时俗行事，恒发愤叹息。因著论名曰《昌言》，凡三十四篇，十余万言。"《三国志·魏·刘劭传》注引缪袭《昌言表》谓二十四篇。《隋书·经籍志·

杂家》作十二卷。全书宋时尚在，今已不存。《后汉书》本传中载其《理乱篇》《损益篇》《法讹篇》三篇。清光绪《玉函山房辑佚书》除收此三篇外，又从《意林》《太平御览》《文选》《北堂书钞》《艺文类聚》等书中辑得他篇片断数十条。《群书治要》收录内容与《后汉书》所收三篇全然不同，且疑其非出一篇，当系节选于多篇。至于具体选自何篇尚不得而知，故无法取他本参互校勘，仅据日刊本《群书治要》眉批内容略作校改。

# 德　教

德教者，人君之常任也，而刑罚为之佐助焉。古之圣帝明王，所以能亲百姓、训五品、和万邦、蕃黎民，召天地之嘉应，降鬼神之吉灵者，寔德是为，而非刑之攸致也。至于革命之期运，非征伐用兵，则不能定其业；奸宄之成群，非严刑峻法，则不能破其党。时势不同，所用之数，亦宜异也。教化以礼义为宗，礼义以典籍为本。常道行于百世，权宜用于一时，所不可得而易者也。故制不足，则引之无所至；礼无等，则用之不可依；法无常，则网罗当道路；教不明，则士民无所信。引之无所至，则难以致治；用之不可依，则无所取正；罗网当道路，则不可得而避；士民无所信，则其志不知所定。非治理之道也。诚令方来之作，礼简而易用，仪省而易行，法明而易知，教约而易从。篇章既著，勿复刊剟，仪故既定，勿复变易。而人主临之以至公，行之以忠仁，壹德于恒久，先之用己身。又使通治乱之大体者，总纲纪而为辅佐；知稼穑之艰难者，亲民事而布惠利。政不分于外戚之家，权不入于宦竖之门。下无侵民之吏，京师无佞邪之臣。则天神可降，地祇可出。

【译文】

以德教化人是君主永恒的责任，刑罚只是德教的辅助。古代的圣明君主之所以能使百姓亲和、训导五伦、万邦和谐、黎民繁衍，召来天地的美好回应，降下鬼神的吉祥灵光，这确实是德教的成果，而不是刑罚所致。至于承受天命、改朝换代之时，有时不用兵征战，就不能确立功业；狡诈邪恶者成群结伙，没有严刑重法，就不能打破其集团。时代形势不同，采用的措施也应不同。道德教化应以礼义为宗旨，礼义教育应以古代典籍为根本。恒久的常道可以通行百代，变通的措施只适用于一时，常道和权宜之计不能相互替代。制度不完整，召引则无人来；礼仪错乱，实行起来就无可依从；法令多变，就会到处是法网，让人不知所措；政教不明晰，则士民不知该相信什么。征召无贤才前来，国家则难以达到大治；实行无可依从，就没有办法选用正确标准；法网布满道路，百姓就难以躲避；士民不知应该相信什么，就志向不定。这都不是治国理政的好办法。真想实现未来的振兴，就要规章简略而易用，礼仪较少而易行，法律明晰而易懂，教化简约容易遵从。典章既已写定，不要再删削；法度既已确定，不要再变更。而且君主临朝处事要公正，推行忠信仁爱，永久保持仁德，以仁德规范自己。又要选用通晓治国方略的人总揽法纪章程，辅助君主；任用了解耕作艰苦的人，料理民事，布施恩惠。治国政务不交给外戚，国家大权不托付给宦官阉人。地方上没有侵害百姓的小吏，京城里没有奸邪的大臣。如此，则天神可以降福，地神能够施恩。

大治之后，有易乱之民者，安宁无故，邪心起也；大乱之后，有易治之势者，创艾祸灾，乐生全也。刑繁而乱益甚者，法难胜避，苟免而无耻也；教兴而罚罕用者，仁义相厉，廉耻成也。任循吏于大乱之会，必有恃仁恩之败；用酷吏于清治之世，必有杀良民之残。此其大数也。我有公心焉，则士民不敢念其私矣；我有平心焉，则士民不敢行其险矣；我有俭心焉，则士民不敢放其奢矣。此躬行之所征者也。开道涂焉，起堤防焉，舍我涂而不由，逾堤防而横行，逆我政者也。诰之而知罪，可使悔遏于后矣；诰之而不知罪，明刑之所取者也。教有道，禁不义，而身以先之，令德者也；身不能先，而聪略能行之，严明者也。忠仁为上，勤以守之，其成虽迟，君子之德也。谲诈以御其下，欺其民而取其心，虽有立成之功，至德之所不贵也。

【译文】

长治久安之后，往往有轻易作乱之人，那是因为生活安闲无事，邪恶之心萌生；大乱之后，往往有容易安定的趋势，这是因为饱受创伤灾祸，渴望保全生命。刑罚繁多，但暴乱日益严重，是因为法网难以尽避，便只求当时能免于惩罚而并没有羞耻之心；加强道德教育就能够少用刑罚，那是因为以仁义激励人，知廉耻的风尚就能得以形成。社会大动乱时如果任用遵章守法的官吏，就一定会有因其单纯推行仁政、施予恩惠而使政事衰败的情况；在政治清明安定时，任用推行严刑峻法的酷吏，就一定会出现杀戮良民的残暴行为。这是用人的大致规律。君主有公正之心，士民就不敢存私心；君主有公平之心，士民就不敢做冒险的事；君主一心节俭，士民就不敢奢侈。这是身体力行做出表率的最好证明。推行德教是开辟道路，使用刑罚是修筑堤坝。舍弃我开辟的道路而不走，越过堤坝而横行，是违背国家政令的人。告诫他们使其知罪，可使他们悔罪而从此遏制自己；告诫了以后仍不悔罪，就拿出明确的刑法整治他们。教育人讲求道德，禁止不义之行，自己能率先垂范，是有美德的人；自己不能率先垂范，而聪明谋略能明正法令，是严明的人。崇尚忠诚仁爱，勤谨守职，成就虽晚，但却是君子的美德。用诡诈手段控制下属，以欺诈来收买人心，即使很快能成就政绩，也是道德高尚之人所不看重的。

## 损　益

廉隅贞洁者，德之令也；流逸奔随者，行之污也。风有所从来，俗有所由起。疾其末者，刈其本；恶其流者，塞其源。夫男女之际，明别其外内，远绝其声音，激厉其廉耻，涂塞其亏隙，由尚有胸心之逸念，睇盼之过视，而况开其门、导其径者乎？今嫁娶之会，捶杖以督之，戏谑酒醴以趣情欲，宣淫佚于广众之中，显阴私于族亲之间。污风诡俗，生淫长奸，莫此之甚，不可不断者也。

【译文】

品行端方、意志坚定、操守纯正，是美好的品德；流浪、放荡、相从私奔，是污浊的行为。风气总有起因，习俗总有来源。嫉恨其末梢就该割断根本，厌恶其浊流就要堵塞源头。男女之间，即使分别内外，彼此远离，杜绝其交谈，培养廉耻之心，阻断造成非礼的路子，还会有放荡的念头、越礼的斜视，更何况大开其门并为之引路呢？现今嫁女娶妻的时候，打着逼着让他们调笑戏谑，饮酒以促发其情欲，在大庭广众中张扬淫秽，在亲族之间显露阴私。败坏风俗，滋生淫乱，助长奸邪，没有比这更严重的了，不能不立即制止。

## 法　诫

汉兴以来，皆引母妻之党为上将，谓之辅政，而所赖以治理者甚少，而所坐以危乱者甚众。妙采于万夫之望，其良犹未可得而遇也，况欲求之妃妾之党，取之于骄盈之家，侥天幸以自获其人者哉？夫以丈夫之智，犹不能久处公正、长思利害，耽荣乐宠，死而后已，又况妇人之愚，而望其遵巡正路，谦虚节俭，深图远虑，为国家校计者乎？故其欲关豫朝政，恇快私愿，是乃理之自然也。昔赵绾白不奏事于大后，而受不测之罪；王章陈日蚀之变，而取背叛之诛。夫二后不甚名为无道之妇人，犹尚若此，又况吕后、飞燕、傅昭仪之等乎？夫母之于我，尊且亲，于其私亲，亦若我父之欲厚其父兄子弟也；妻之于我，爱且媟，于其私亲，亦若我之欲厚我父兄子弟也。我之欲尽孝顺于慈母，无所择事矣；我之欲效恩情于爱妻妾，亦无所择力矣。而所求于我者，非使我有四体之劳苦、肌肤之疾病也。夫以此咳唾盼睇之间至易也，谁能违此者乎？唯不世之主，抱独断绝异之明，有坚刚不移之气，然后可庶几其不陷没流沦耳。

【译文】

汉朝开国以来，大都任用外戚一派担任上将，名义上称作辅佐朝政，可是靠他们治理国家收效甚少，因此而导致危机动乱的居多。精心从万众中采选有德才者，尚不能得到良才，何况从妃子妾媵的亲族中寻求、从骄纵富贵之家选取而企图侥幸获得合适的人才呢？凭男子的才智，尚不能长久处事公正、长虑国家利害，以至沉迷于荣耀，贪享宠爱，至死而后已，更何况以妇人的愚妄，怎能希望她们遵循正路、谦虚节俭、深谋远虑，为国家谋划大事呢？所以她们想参与朝政，其惊恐与快乐都出自私情，就是理所当然的事。从前赵绾说不必向太后奏报朝中大事，而蒙受不测之罪；王章陈奏日蚀变化的吉凶，而以背叛之罪被杀。此二后还不算是无道的妇人，尚且如此，更何况吕后、赵飞燕、傅昭仪这些人呢？母亲是自己尊敬亲爱的人，她爱其亲眷，如同自己父亲想厚待他的父兄子弟一样；妻子是自己亲近爱护的人，她爱其亲眷，如同自己想厚待其父兄子弟一样。我想对慈母尽孝心，什么事都可做；我想对妻妾恩爱，也不遗余力。他们要我做的，不会使我四肢劳苦，也不会使身体病痛，就像是咳嗽、吐唾沫、瞪眼、斜视一类最容易的事，谁能违背她们的意愿呢？只有超乎寻常，有果断独到见识、有坚强刚毅气质的君主，才不会陷于后党亲缘的束缚而流于沉沦呀！

宦竖者，传言给使之臣也，拚扫是为，趋（趋原作超）走是供。传延房卧之内，交错妇人之间，又亦实刑者之所宜也。孝宣之世，则以弘恭为中书令、石显为仆射。中宗严明，二竖不敢容错其奸心也。后暨孝元，常抱病，而留好于音乐，悉以枢机委之石显，则昏迷雾乱之政起，而仇忠害正之祸成矣。呜呼！父子之间，相监至近，而明暗之分若此，岂不良足悲耶？孝桓皇帝起自蠡吾，而登至尊。侯览、张让之等，以乱承乱，政令多门，权利并作，迷荒帝主，浊乱海内。高命士恶其如此，直言正谕，与相摩切，被诬见陷，谓之党人。灵皇帝登自解犊，以继孝桓。中常侍曹节、侯览等，造为维纲，帝终不寤，宠之日隆，唯其所言，无求不得。凡贪淫放纵、僭凌横恣、挠乱内外、螫噬民化，隆自顺、桓之时，盛极孝灵之世，前后五十余年。天下亦何缘得不破坏耶？古之圣人，立礼垂典，使子孙少在师保，不令处于妇女小人之间，盖犹见此之良审也。

【译文】

宦官是宫中传话和供役使的人，清扫宫院奔走服务是他们的职责，在卧房之间联络迎送，与宫中妇人往来，也确实适宜受过腐刑的人充任。汉宣帝时，让受过腐刑的弘恭任中书令、石显任仆射。当时宣帝严明，两个宦官不敢心存奸恶。后来汉元帝即位，经常患病，且迷恋音乐，把机要大事都交给石显，朝政昏庸混乱从此开始，而仇视、伤害忠正大臣的灾祸便形成了。哎，按说宣帝、元帝父子之间相互借鉴最近，可是其明达与昏暗却如此分明，岂不是很让人伤心吗？汉桓帝起于涿郡蠡吾县，登上帝位后，侯览、张让等人依势贪纵，祸乱接连，政令出于多门，威权与财利并用，迷惑皇帝，朝政荒废，国家混乱。高命士痛恨他们祸国乱政，直言正告，与侯、张等抵触，被诬陷为朋党。汉灵帝从河间解犊登上帝位，继承桓帝。这时中常侍曹节、侯览等人操纵着国家的法令制度，而灵帝终不觉悟，对他们的宠信日盛一日，只听信他们所言，有求必得。凡贪淫放纵、越级行事、横行恣肆、朝廷内外被搅乱、毒害民风的混乱状况，都是兴于东汉顺帝、桓帝时期，盛极于灵帝时期，前后经过五十多年，国家怎能不破败呢？古代的圣人，确立礼制，留下法典，让子孙从小接受太师、太保的管教，不让其在妇女小人中厮混，都是对这些问题看得很清楚啊！

## 教　禁

和神气，惩思虑，避风湿，节饮食，适嗜欲，此寿考之方也，不幸而有疾，则针石汤药之所去也；肃礼容，居中正，康道德，履仁义，敬天地，恪宗庙，此吉祥之术也，不幸而有灾，则克己责躬之所复也。然而有祷祈之礼、史巫之事者，尽中正、竭精诚也。下世（世下有脱字）其本而为奸邪之阶，于是淫厉乱神之礼兴焉，侜张变怪之言起焉，丹书厌胜之物作焉。故常俗忌讳可笑事，时世之所遂往，而通人所深疾也。且夫堀地九仞以取水，凿山百步以攻金；入林伐木不卜日，适野刈草不择时。及其构而居之，制而用之，则疑其吉凶，不亦迷乎？简郊社，慢祖祢，逆时令，背大顺，而反求福佑于不祥之物，取信诚于愚惑之人，不亦误乎？彼图家画舍、转局指天者，不能自使室家滑利、子孙贵富，而望其能致之于我，不亦惑乎？今有严禁于下，而上不去，非教化之法也。诸厌胜之物、非礼之祭，皆所宜急除者也。情无所止，礼为之俭；欲无所齐，法为之防。越礼宜贬，逾法宜刑，先王之所以纪纲人物也。若不制此二者，人情之纵横驰骋，谁能度其所极者哉？表正则影直，范端则器良，行之于上，禁之于下，非元首之教也。君臣士民，并顺私心，又大乱之道也。顷皇子皇女有夭折，年未及殇，爵加王主之号，葬从成人之礼，非也。及下殇以上，已有国邑之名，虽不合古制，行之可也。王侯者，所与共受气于祖考，干合而支分者也。性类纯美，臭味芬香，孰有加此乎？然而生长于骄溢之处，自恣于色乐之中，不闻典籍之法言，不因师傅之良教，故使其心同于夷狄，其行比于禽兽也。长幼相效，子孙相袭，家以为风，世以为俗。故姓族之门，不与王侯婚者，不以其五品不和睦、闺门不洁盛耶？所贵于善者，以其有礼义也；所贱于恶者，以其有罪过也。今以所贵者教民，以所贱者教亲，不亦悖乎？可令王侯子弟，悉入大学，广之以他山，肃之以二物，则腥臊之污可除，而芬芳之风可发矣。

【译文】

调和精神气息，戒除焦虑，避免风湿，节制饮食，控制嗜欲，是长寿的良方，不幸而患了病，扎针吃药就可除去；整肃礼节仪容，遵循正道，弘扬道德，施行仁义，尊敬天地，恭敬宗庙，是求得吉祥的方法，不幸有了灾祸，严格克制自己、反省责备自己就能回复吉祥。这样才有祈祷的礼仪、掌祭祀的史官和巫师之业，目的都是为了竭尽中正精诚之意。近世抛弃了忠心至诚的根本，而成为奸诈邪恶的阶梯，于是祭鬼弄神的仪式就应运而生，欺骗怪诞的言论兴起，天书咒语出现。因此传统习俗忌讳并认为可笑的事，现时一些人却竞相追逐，而学识渊博之人对此非常厌恶。人们挖地九仞打井汲水，开山深百步用以采矿；去森林伐木不占卜日子，到野外割草不挑选吉时。但等到建筑房子居住、制作器物使用，却怀疑是否吉祥，是否有灾凶，岂不太迷惑了吗？荒废祭祀天地，怠慢宗庙中的祖先，违反时令，背离自然规律，却向不吉祥的东西祈求幸福和保佑，向愚昧糊涂之人寻求诚信，岂不大错特错吗？那些为人筹划宅基房舍来转换运势、指示天意的人，不能使自己家庭顺利，也不能使子孙富贵，而企望他们能给我福分，岂不太糊涂吗？现在有些事对民间严格禁止，朝廷却不去除，这不是推行教化的方法。各种用巫术为人祈福消灾之事和不符合礼法的祭祀都应尽快除掉。人们的情欲没有止境，要用礼法予以约束；人们的欲望不可能一样，要用法律进行防范。超越礼制的应该批评，违反法规的应该惩处。先王就是用这种办法管理相关的人和事的。如果不用礼与法来控制人们的感情和欲望，放任人之情性的放纵泛滥，谁又能估量到它会发展到哪一步呢？形象端正影子就直，模子端正则铸造出的器物就好。皇帝大臣照样去做而禁止百姓去做，这不是君主应推行的教化。君主、臣子、士人、百姓都顺其私心行事，是造成大乱的做法。现今皇子皇女有的不幸夭亡，年龄未到八岁以上就封爵位、加王号，按成年礼仪埋葬，这是错误的。到了八岁以上且已有国邑名号的，按大礼安葬，虽不符合古代典制，尚可施行。王侯们与君主都是一个祖先，是一个主干上的分支，其性情之纯美、气味之芬香，有谁能超过他们呢？可是，（他们）有的生活在骄奢气盛的环境，在美色欢娱中自我放纵，不学典籍中合乎礼法之言，不接受师长的教诲。因此其心志与蛮夷之族无异，其行为与禽兽可比。长幼互相效法，子孙互相沿袭，已形成家风世俗。所以有声望的士族不跟王侯通婚，究其原因，岂不是担心尊卑不和睦、闺门不清纯兴旺吗？人们崇尚好人好事，是因为其合礼义；鄙视坏人坏事，是因为其有罪过。如今，以所崇尚的教导民众，却以所鄙视的教导亲族，不是很糊涂的事吗？应该让王侯子弟都进太学读书，扩大眼界，了解其他阶层的情况，用礼和法整肃他们的思想，这样一来，他们沾染的恶习就可除掉，美好作风就可得以发扬了。

# 中　制

有天下者，莫不君之以王，而治之以道。道有大中，所以为贵也，又何慕于空言高论、难行之术？而台榭则高数十百尺，壁带加珠玉之物，木土被绨锦之饰。不见夫之女子，成市于宫中；未曾御之妇人，生幽于山陵。继体之君，诚欲行道，虽父之所兴，可有所坏者也；虽父之美人，可有所嫁者也。至若门庭，足以容朝贺之会同；公堂，足以陈千人之坐席；台榭，足以览都民之有无；防闼，足以殊五等之尊卑。宇殿高显敞，而不加以雕采之巧、错涂之饰，是自其中也。苑囿池沼百里，而还使刍荛雉菟者得时往焉，随农郄而讲事，因田狩以教战，上虔郊庙，下虞宾客，是又自其中也。嫡庶之数，使从周制：妾之无子与希幸者，以时出之，均齐恩施，以广子姓。使令之人，取足相供，时其上下，通其隔旷，是又自然其中也。

在位之人，有乘柴马弊车者矣，有食菽藿者矣，有亲饮食之蒸烹者矣，有过客不敢沽酒市脯者矣，有妻子不到官舍者矣，有还奉禄者矣，有辞爵赏者矣，莫不称述以为清劭。非不清劭，而不可以言中也。好节之士，有遇君子而不食其食者矣，有妻子冻馁而不纳善人之施者矣，有茅茨蒿屏而上漏下湿者矣，有穷居僻处求而不可得见者矣，莫不叹美以为高洁。此非不高洁，而不可以言中也。

【译文】

拥有天下的人，没有不以王者身份君临天下而以道义去治理国家的。道义广大、中正，所以被尊崇，又何必羡慕空谈玄机和难以实行的方术呢？未得中正之道而去建造高数十百尺的台榭，围墙加装珍珠宝玉，木柱与地面上覆盖着织锦布帛。未出嫁的少女被成群地集中于皇宫中，不曾被皇帝宠幸的女子被活活幽禁于陵墓。继位的君主，果真是想施行大中之道，即使是父亲所建，有的也可以毁掉；即使是父亲的嫔妃，有的也可以让她们外嫁。至于门庭，足够容纳朝贺时的会聚就行了；公堂，足够安放供千人用的坐席就行了；台榭，高度足够观览都城市民的活动就行了；各式宫门，足以区分五等尊卑就行了。宫室高大显亮、宽敞，而不做精巧的雕刻彩绘，也不镶金涂漆，以守中持正。园林、兽场、池塘广达百里，可让割草打柴捕猎的人在适当时节进入，趁农闲时讲政事，借打猎教练战术，对上恭敬祭祀天地，对下让来宾们欢娱，这也是守中持正。对待嫡生与庶出的子弟，遵从周代礼制：妾不生子女或很少受宠幸的，适时让其外嫁；无论嫡生还是庶出的子女，恩惠施予要均齐，用以宽慰同姓子孙。使役、传令的人，选足可供使用之数，又时常上下替换，疏通其阻隔，这又是守中持正。

在职之人，有骑瘦马乘破车者，有吃粗茶淡饭者，有亲自蒸烹饭食者，有来了客人也不沽酒买肉者，有妻子不随同住在官舍者，有退还俸禄者，有推辞封爵奖赏者。人人称说这是清高美好。美好固然美好，只是不能够说这合乎中正。喜好名节的士子，有遇到君子也不享用其所给的饭食的，有妻子受冻挨饿也不接受善人的施与的，有住着茅草为屋顶、蒿草做门墙的房子，上漏雨、下潮湿的，有困居偏僻之处，访求也难以见到的。没有谁不感叹赞美他们的高洁。这些人确实高洁，却不能说这合乎中道。

夫世之所以高此者，亦有由然。先古之制休废，时王之政不平，直正不行，诈伪独售。于是世俗同共知节义之难复持也，乃舍正从邪，背道而驰奸。彼独能介然不为，故见贵也。如使王度昭明，禄除从古，服章不中法，则诘之以典制，货财不及礼，则间之以志故，向所称以清邵者，将欲何矫哉？向所叹云高洁者，欲以何厉哉？故人主能使违时诡俗之行，无所复剀摩；困苦难为之约，无所复激切。步骤乎平夷之涂，偃息乎大中之居。人享其宜，物安其所。然后足以称贤圣之王公、中和之（之原作人）君子矣。

【译文】

世人赞美这些人，是有来由的。先古的制度被废弃，现今君主的政令不公平，刚直公正却不能流行，欺诈虚伪却猖狂无忌。于是世俗之人都知道气节正义难以保持了，就抛弃正义，追随邪恶，背叛正道，投奔奸佞。那些坚贞而不从流俗的人，就更显得可敬。如果君主法度昭明，授禄任官依照古代典制，凡服饰色泽图案不合等级规定，就根据典章制度去责问，财用不合礼制，就查对有关记述的先例。如此，则往昔所称为清高的人，还有什么要通过他们纠正呢？此前所称为高洁的人，还要通过他们去劝勉什么呢？所以君主若能让违反时俗的行为不再有切磋、探讨的必要，困苦难当的贫困生活不再使之急迫，缓急适度地走在平坦的道路上，安卧于很适中的居室，使人各享其当享，使物各安其所在，之后才称得上是圣明之王、贤能之公、中正而合乎节操的君子了。

## 拾　遗

古者，君之于臣，无不答拜也。虽王者有变，不必相因，犹宜存其大者。御史大夫，三公之列也。今不为起，非也。为太子时太傅，即位之后，宜常答其拜。少傅可比三公为之起。周礼，王为三公六卿锡衰，为诸侯缌衰，为大夫士疑衰。及于其病时，皆自问焉。古礼虽难悉奉行，师傅三公所不宜阙者也。凡在京师，大夫以上疾者，可遣使修赐问之恩；州牧郡守远者，其死然后有吊赠之礼也。坐而论道，谓之三公；作而行之，谓士大夫。论道必求高明之士，干事必使良能之人。非独三太、三少可与言也，凡在列位者，皆宜及焉。故士不与其言，何知其术之浅深？不试之事，何以知其能之高下？与群臣言议者，又非但用观彼之志行、察彼之才能也，乃所以自弘天德、益圣性也。圣人犹（犹上恐脱圣人二字，补之）十五志学，朋友讲习，自强不息，德与年进，至于七十，然后心从而不逾矩，况于不及中规者乎？而不自勉也。

【译文】

古代君主对臣子没有不以礼相待的。即使皇帝更替，不一定沿用旧例，还是应保持那些重要的礼节。御史大夫，位属三公。现在御史大夫行叩拜礼而君不起身，这不妥当。太子继皇位后，对作太子时的太傅应时常回拜，对少傅的礼节可比照三公起身答礼。周朝的礼制，周王为逝去的三公六卿穿锡衰，为逝去的诸侯穿缌麻，为逝去的大夫穿疑衰。他们患病时，君主亲自慰问。古代的礼制虽难全部遵行，但对太师、太傅、三公的礼节不应有缺失。京城之中，大夫以上官员患病，可派专使去赏赐慰问以示君恩。州牧郡守离京都远，在他们去世后应有吊唁馈赠的礼仪。出谋划策，是三公的职务；具体执行，是大夫的责任。出谋划策要选用见识卓越的人，具体执行要选任有才干、能力强的人。君主不只应太师、太傅、太保、少师、少傅、少保商谈，凡在官位的人都应与之接触。不与士子交谈，怎么知道他才能的深浅？不拿具体事务去检验，怎知他能力的高低？与群臣一起商讨国事，也不只是观察他的志向、了解他的才能，还可借以扩大圣上的德性、广益圣上的灵性。圣人尚且十五岁立志学习，与志同道合的人在一起切磋学问，自强不息，品德随年龄增长而完善，到七十岁才随心所欲却不会超越规范。何况尚不能言行合乎规范者，能不自我勉励吗？

公卿、列校、侍中、尚书，皆九州之选也。而不与之从容言议，咨论古事，访国家正事，问四海豪英，琢磨珪璧，染练金锡，何以昭仁心于民物、广令闻于天下哉？人主有常不可谏者五焉：一曰废后黜正，二曰不节情欲，三曰专爱一人，四曰宠幸佞谄，五曰骄贵外戚。废后黜正，覆其国家者也；不节情欲，伐其性命者也；专爱一人，绝其继嗣者也；宠幸佞谄，壅蔽忠正者也；骄贵外戚，淆乱政治者也。此为疾痛在于膏肓，此为倾危比于累卵者也。然而人臣破首分形，所不能救止也。不忘（忘原作忌）初故，仁也；以计御情，智也；以严专制，礼也。丰之以财，而勿与之位，亦足以为恩也；封之以土，而勿与之权，亦足以为厚也。何必友年弥世，惑贤乱国，然后于我心乃快哉？

【译文】

公卿、列校、侍中、尚书，都是从全国各地选拔的，如果不同他们平心静气地交谈商讨，不询问讨论古代典制，不询访治国事宜，不探问全国的英豪，商议完善治国大计，怎能在百姓中宣示仁德之心，在全国扩大声望呢？君主常在五个方面不接受规劝：一、废黜王后；二、不节制情欲；三、专宠一人；四、宠爱听信奸佞谄谀的人；五、放纵、看重外戚。废黜王后，可使国家倾覆；不节制情欲，危害君主性命；专宠一人，就会断绝后代；宠信谄谀奸佞之徒，就会阻塞正直人的上进之路；放纵、重用外戚，就会淆乱国家政治。这些会使国家病入膏肓，使政权危如累卵，即使臣子们肝脑涂地，也难拯救。不记恨别人以前犯过的错误，是仁爱；用理智控制感情，是智慧；以严谨的态度施行制度，这就是遵行礼制。给予丰盛财货，却不授予官职，也能够显示恩惠；封赏土地，却不交给实权，也能够显示优厚。何必让那些人长年累月弄权，猜忌贤臣，以致国家混乱，难道这样心里才痛快吗？

## 悝　行

人之事亲也，不去乎父母之侧，不倦乎劳辱之事，唯父母之所言也，唯父母之所欲也。于其体之不安，则不能寝；于其餐之不饱，则不能食。孜孜为此，以没其身，恶有为此人父母而憎之者也？人之事君也，言无小大，无愆也；事无劳逸，无所避也。其见识知也，则不恃恩宠而加敬；其见遗忘也，则不怀怨恨而加勤。安危不贰其志，险易不革其心。孜孜为此，以没其身，恶有为此人君长而憎之者也？人之交士也，仁爱笃恕，谦逊敬让，忠诚发乎内，信效著乎外，流言无所受，爱憎无所偏，幽闲攻人之短，会友述人之长。有负我者，我又加厚焉；有疑我者，我又加信焉。患难必相及，行潜德而不有，立潜功而不名。孜孜为此，以没其身，恶有与此人交而憎之者也？故事亲而不为亲所知，是孝未至者也；事君而不为君所知，是忠未至者也；与人交而不为人所知，是信义未至者也。父母怨咎人，不以正己，审其不然，可违而不报也；父母欲与人以官位爵禄，而才实不可，可违而不从也；父母欲为奢泰侈靡，以适心快意，可违而不许也；父母不好学问，疾子孙之为之，可违而学也；父母不好善士，恶子孙交之，可违而友也；士友有患故，待己而济，父母不欲其行，可违而往也。故不可违而违，非孝也；可违而不违，亦非孝也。好不违，非孝也；好违，亦非孝也。其得义而已也。

【译文】

人们侍奉双亲，不离父母身边，不因劳累困辱而倦怠，听从父母的话，满足父母的期望。父母身体不安，就睡不着；父母饮食不佳，自己就吃不下饭。为此终生孜孜不倦，哪有这样的人还遭父母厌恶呢？臣子侍奉君主，无论大事小事的进谏都无差错，无论多么劳苦也不推辞。其被君主记住并了解，则不依恃恩宠而反更加敬业；其被君主遗忘，则不心怀埋怨反而更加勤勉。无论自身安或危都不更改志向，无论形势险或易都不改变诚心。就这样终生孜孜不倦，哪有这样的臣子却遭君主憎恶呢？人与人交往，要做到仁爱、宽恕、谦逊、礼让，忠诚发自内心，信用显扬于外，不听信流言蜚语，爱憎没有偏私，私下谨防指责别人短处，聚会多说别人长处。有负于我的人，我对他更加宽厚；怀疑我的人，我对他更加诚信。别人有祸患灾难一定相帮，暗中施恩于人而不图报，暗中立功而不求人知。像这样终生孜孜不倦，哪有与这样的人结交还憎恶他的呢？侍奉父母而不被父母认可，是孝行尚未至善；侍奉君主而不被君主认可，是忠贞尚未至善；与人交往而不被人了解，是信义尚未至善。父母埋怨怪罪别人，而不去端正自己，知道这样不对，可以违背父母之命而不去报复；父母要给人官位爵禄，可是这人的才能实难胜任，可违背父母之命不听从；父母想追求奢侈靡费的生活，以使自己舒适快乐，可违背父母之命不予答应；父母不喜好学问，从而反对子孙求学，可违背父母意愿而去学习；父母不喜欢贤良之士，不喜欢子孙和这些人交往，可违背父母之命与这样的人交朋友；朋友遇到忧患，等着自己去帮助，父母反对前去，可违背父母之命前去帮助。所以不应该违背的却违背了，这是不孝顺父母；应该违背的却不违背，也不是孝道。一味讲不违背，这是不孝；一味地喜欢违背父母之命，也是不孝。这都要看是否符合道义啊！

## 议　难

昔高祖诛秦、项，而陟天子之位；光武讨篡臣，而复已亡之汉。皆受命之圣主也。萧、曹、丙、魏、平、勃、霍光之等，夷诸吕，尊大宗，废昌邑而立孝宣，经纬国家，镇安社稷，一代之名臣也。二主数子之所以震威四海，布德生民，建功立业，流名百世者，唯人事之尽耳，无天道之学焉。然则王天下、作大臣者，不待于知天道矣。所贵乎用天之道者，则指星辰以授民事，顺四时而兴功业。其大略吉凶之祥，又何取焉？故知天道而无人略者，是巫医、卜祝之伍，下愚不齿之民也；信天道而背人事者，是昏乱迷惑之主、覆国亡家之臣也。问者曰：治天下者，壹之乎人事，抑亦有取诸天道也？曰：所取于天道者，谓四时之宜也；所壹于人事者，谓治乱之实也。曰：周礼之冯相保章，其无所用耶？曰：大备于天人之道耳，是非治天下之本也，是非理生民之要也。曰：然则本与要奚所存耶？曰：王者官人无私，唯贤是亲，勤恤政事，屡省功臣，赏赐期于功劳，刑罚归乎罪恶，政平民安，各得其所，则天地将自从我而正矣，休祥将自应我而集矣，恶物将自舍我而亡矣。求其不然，乃不可得也。

【译文】

从前高祖灭掉秦朝和项羽做了皇帝，光武帝讨伐篡位的臣子而光复了已经灭亡的汉朝。这都是承受天命的圣明君主。萧何、曹参、丙吉、魏相、陈平、周勃、霍光等人，消灭吕氏家族，尊立文帝，废除昌邑王而帮助孝宣帝即位，治理国家，安定社稷，都是一代名臣。这两位君主和几位臣子所以能够威震四海，布施德惠于人民，建功立业，名传百世，只是由于尽心于人事，并不懂得关于天道的学问。既是这样，那么统治天下的君主以及做大臣的人，何必一定要通晓天道呢。人们之所以重视利用天道，那是按照星辰的位置指导人民从事生产，顺应春夏秋冬四时的交替来兴办各种事业。至于渺茫的吉凶预兆，又有什么可取之处呢？因此只知道天道而没有人事谋划才能的，都是巫医、占卜祈祷之类，是愚昧而被人看不起的人。迷信天道却违背人情事理者，是昏乱糊涂的君主和颠覆国家的臣子。有人问：治理天下是专一于人情事理，还是也有取于天道呢？回答是：有取于天道之处，是指按四季变化安排各项事宜，专一于人情世理，是要考察天下治乱的实际。又问：周礼中春官登台观察星辰的冯相氏和从星辰变动中辨别吉凶的保章氏，他们难道没有用处吗？回答是：那只是通过天人感应来完备国家治理之道罢了，既不是治理国家的根本，也不是管理人民的关键。问：那治理国家的根本和关键在哪里呢？回答是：君主任用官吏，不徇私情，只亲近贤人，勤于考虑政事，经常探望功臣，赏赐仅限于有功劳的人，刑罚只加予有罪恶的人，政治清明，人民安乐，各得其所，天地自然会因我而正常，祥瑞自然会应和我而汇集，凶神恶鬼将自然会远离我而逃去，即使希望不这样，也是不可能的。

王者所官者，非亲属则宠幸也；所爱者，非美色则巧佞也。以同异为善恶，以喜怒为赏罚。取乎丽女，怠乎万机，黎民冤枉类残贼。虽五方之兆，不失四时之礼，断狱之政，不违冬日之期，蓍龟积于庙门之中，牺牲群丽碑之间，冯相坐台上而不下，祝史伏坛旁而不去，犹无益于败亡也。从此言之，人事为本，天道为末，不其然与？故审我已善，而不复恃乎天道，上也；疑我未善，引天道以自济者，其次也；不求诸己，而求诸天者，下愚之主也。今（今原作令）夫王者，诚忠心于自省，专思虑于治道，自省无愆，治道不谬，则彼嘉物之生、休祥之来，是我汲井而水出、爨灶而火燃者耳，何足以为贺者耶？故欢于报应，喜于珍祥，是劣者之私情，未可谓太上之公德也。

【译文】

若君主所任命的官吏，不是亲属就是宠幸的人；所喜欢的人，不是美女就是奸邪谄媚的人。以和自己观点相同与否来分别好人坏人，以自己高兴与不高兴来决定赏罚。娶了美女，便懈怠政事，使百姓受到冤枉残害。那么，即使各方祭坛四季按时敬祭，判案的政事严格限定在冬季执行，卜筮用的蓍草龟壳堆满庙堂，祭祀用的猪、牛、羊成群地拴在碑石之间，冯相氏坐在观星台上不下来，庙祝跪在祭坛前不离去，还是没有办法挽救败亡的。这样说来，人事是根本，天道是末节，难道不是这样吗？因此确信自己做事正确，不依靠天道，是最好的；担心自己做事尚未尽善，希望借天道来帮助自己的，是第二等；不求之于自己，却只求上天佑助的，是最下等的昏君。假使君主能够诚心诚意反省自己，全心全意地考虑治国之道，反省自己而没有过错，治国的方法正确无误，那么祥端之事的出现、吉祥之物的来到，就如同我从井里能够汲出水来、从炉灶里能够烧火一样自然，有什么值得庆贺的呢？因此喜欢上天的报应，喜欢珍奇的吉兆，都是愚蠢者个人的心理，不能说是最上等之人的公德。

（樊为之译）

## 卷四十六

# 申鉴治要

**【考评】**

《申鉴》作者荀悦(148—209)，字仲豫，颍川颍阴(今河南许昌)人，东汉末年政治家、史学家。汉献帝时荀悦任黄门侍郎、秘书监等职，曾受诏撰成《汉纪》三十篇，时人称其“辞纪事详，足称良史。”东汉末年，群雄纷起，地主豪强，肆意兼并，时“悦侍讲禁中，见政移曹氏，志在献帝，而谋无所用，乃作《申鉴》五篇，其所论辨，通知政体，既成奏上，帝览而善之。”(《后汉书·荀叔传》)荀悦崇尚儒家思想，在《申鉴》卷首，开宗明义曰“道之大本，仁义而已”。同时申明写《申鉴》的用意：“前鉴既明，后复申之，故古之圣王其于仁义也，申重无已，笃厚无疆，谓之‘申鉴’。”魏征正是以“鉴前申后”的用意，节选了《申鉴》中的有关章节，以劝谏李唐王朝的统治者，只有“先丰民财以定其志，帝耕籍田，后桑蚕宫”，才能“国无游民，野无荒业，财不虚用，力不妄加”，也才能使唐王朝的统治得以巩固和发展。原书有篇名，魏征辑录时未冠篇名。我们仍保持《群书治要》原貌。

《申鉴》，东汉荀悦著，《隋书·经籍志》《唐书·艺文志》均有著录。内容包括《政体》《时事》《俗嫌》《杂言》上下等五篇。《政体》《时事》两篇阐述为政之道和致治之术；《俗嫌》篇批驳谶纬符瑞等宗教迷信，以神仙术为虚诞；《杂言》篇则广泛议论为人之道和处世之理，崇尚儒家思想，以仁义为道之本，提倡为人君者，应广施教化，以正世风，这样才能使社会安定，民富国强。同时，他又主张德刑并用，赏罚分明，惩恶扬善，以为“教扶其善，法逆其恶。”荀悦谓：“人臣有三罪：一曰导非，二曰阿失，三曰尸宠。以非先上，谓之导；从上之非，谓之阿；见非不言，谓之尸。导臣诛，阿臣刑，尸臣绌”。总之，《申鉴》“剖析事理，深切著明”(《四库全书总目》)。

# 政　体

夫道之大本，仁义而已。《五典》以经之，群籍以纬之。前鉴既明，后复申之。故古之圣王，其于仁义也，申重无已，笃序（序原作厚）无疆（疆疑作强），谓之“申鉴”。天作道，皇作极，臣作辅，民作基；制度以纲之，事业以纪之。先王之政：一曰承天，二曰正身，三曰任贤，四曰恤民，五曰明制，六曰立业。承天惟允，正身惟恒，任贤惟固，恤民惟勤，明制惟典，立业惟敦，是谓政体。

【译文】

道的根本不过是“仁义”而已。《五典》(汇总少昊，颛顼，高辛，唐尧，虞舜有关论述的古书)对其要义进行了规范，群籍(此指《诗》《书》《礼》《乐》《易》《春秋》《孝经》等书)又作了考证和阐释。前人的审察认识已很明白，后人还是要加以申述。所以，古代的圣主明君，对于“仁义”不过是再三申述罢了，确当的论述是没有穷尽的，所以这本书名为《申鉴》。以天道为施政的依据，以先王为最高的榜样，以大臣为辅佐，以百姓为基础。用国家制度进行宏观控制，用各种事业进行综合治理。先朝君主的治国之政，一是承顺天命；二是端正自己；三是任用贤能；四是体恤民情；五是申明纲纪；六是成就功业。他们承顺天命必真诚无二；端正自身必持之以恒；任用贤能必坚定不移；体恤民情必勤于访察；申明纲纪必符合典章；成就功业必尽心治理。这就是先王治政的体制。

致治之术，先屏四患，乃崇五政。一曰伪；二曰私；三曰放；四曰奢。伪乱俗，私坏法，放越轨，奢败制。四者不除，则政无由行矣。俗乱则道荒，虽天地不得保其性矣；法坏则世倾，虽人主不得守其度矣；轨越则礼亡，虽圣人不得全其行矣；制败则欲肆，虽四表不能充其求矣。是谓四患。兴农桑以养其生，审好恶以正其俗，宣文教以章其化，立武备以秉其威，明赏罚以统其法，是谓五政。

【译文】

实现天下大治的办法(总的说)要首先革除“四患”(也就是革除四个弊端)同时要推崇“五政”(就是推崇五个政策)。四个弊端：一是弄虚作假；二是假公济私；三是恣肆放纵；四是奢侈浪费。弄虚做假则惑乱社会风气；假公济私则破坏法律纲纪；恣肆放纵则助长越轨行为；奢侈浪费则败坏制度规定。这四个弊端不除，则政令无法行施。风气混乱则道德观念废弃，纵有天地感化也难以保其理性；法纪毁坏则社会秩序危倾，就是君主也难以保住其制度；行为越轨则道德规范消亡，就是圣人也难以保全其品行；制度败坏则各种私欲放纵，就是富有四方也不能满足其要求。这就叫做“四患”。发展农桑以养活国家生民；明辨好恶以端正社会风气；加强文教以彰明思想教化；建立军队以保持政权威力；严明赏罚以统一国家法令。这就叫做“五政”。

民不畏死，不可惧以罪；民不乐生，不可劝以善；虽使契布五教、咎繇作士，政不行焉。故在上者，先丰民财以定其志，帝耕籍田，后桑蚕宫。国无游民，野无荒业，财不虚用，力不妄加，以周民事，是谓养生。

君子之所以动天地、应神明、正万物而成王治者，必本乎真实而已。故在上者，审则仪道，以定好恶。善恶要于功罪，毁誉效（效原作放）于准验。听言责事，举名察实，无或诈伪淫巧以荡众心。故事无不核，物无不功，善无不显，恶无不彰，俗无奸怪，民无淫风。百姓上下，睹利害之存乎已也，故肃恭其心，慎修其行。有罪恶者无侥幸，无罪过者不忧惧，请谒无所行，货赂无所用，则民志平矣，是谓正俗。

君子以情用，小人以刑用。荣辱者，赏罚之精华也。故礼教荣辱，以加君子，治其情也；桎梏鞭扑，以加小人，治其刑也。君子不犯辱，况于刑乎？小人不忌刑，况于辱乎？若夫中人之伦，则刑礼兼焉。教化之废，推中人而坠于小人之域；教化之行，引中人而纳于君子之途，是谓彰化。

【译文】

如果人民连死都不怕，便难以用治罪使其畏惧；如果人民对生存失去信心，便难以用多行善事来勉励。即便让契(商代始祖之名)来施行“五教”(五教即五常之教，内容包括“父义、母慈、兄友、弟恭、子孝”五种伦理道德的教育)，让咎繇(即皋陶，传说舜时为掌管刑律之官)来做执法之官，政令也难以执行。所以，作为君主，首先要使人民走向富裕，从而安定其心志。帝王要耕种划给自己的那些农田，皇后要采摘桑叶去蚕房喂蚕，从而使国家没有无业之民，田野没有荒废之地；不滥花无用之钱，不随便使用民力，尽量满足民众的需要。这就叫“养生”。

君子其所以能够感动天地，应和神明，使万物归于正道，从而成就天下大治，都是因为本着求真务实的原则而已。所以作为君主，要明悉法则，遵从规律，来确定提倡什么，反对什么。分清善恶比赏功罚罪更重要；该批评还是该表扬，要依照准则和凭据。听其言要询问事实；闻其名要考察实况，看是否有人用奸猾诡诈、弄虚作假、言过其实、巧舌如簧来蛊惑动摇人心，从而做到事情没有不核实的；做事没有无成效的；好事没有不显扬的；坏事没有不曝光的；习俗没有奸诈怪异；人民没有奢侈之风。百姓上下，看到利害与自己密切相关，所以端严恭敬自己的内心，谨慎修正自己的行为；有罪恶者不存侥幸心理，无过失者不会担忧恐惧；想“走后门”无处可行，送礼行贿没有作用。这样，人民才能意顺心平。这就是“正俗”。

对君子应动之以情，对小人可施之以刑。荣与辱，是奖罚的最高境界，所以，将礼教荣辱施加于君子，是以情感来治理；用镣铐鞭笞施加于小人，是以惩罚来管理。君子连受辱都不愿意，何况受惩罚呢？小人连刑罚都不惧怕，何况受辱呢？如果是介于君子和小人之间的一类人，则可以刑罚礼教并用。如果废弃教化，就会把这类人推到小人一边去；如果施行教化，则可以把这类人引上君子的道路。这就是彰显教化的作用。

小人之情，缓则骄，骄则恣，急则叛；叛则谋乱，安则思欲，非威强无以惩之。故在上者，必有武备，以戒不虞，以遏寇虐，安居则寄之内政，有事则用之军旅，是谓秉威。

赏罚，政之柄也。明赏必罚，审信慎令，赏以劝善，罚以惩恶。人主不妄赏，非徒爱其财也，赏妄行则善不劝矣；不妄罚，非徒矜其人也，罚妄行则恶不惩矣。赏不劝，谓之止善；罚不惩，谓之纵恶。在上者，能不止下为善，不纵下为恶，则国治矣。是谓统法。

四患既蠲，五政既立，行之以诚，守之以固，简而不怠，疏而不失；无为为之，使自施之，无事事之，使自交（交原作忧）之；不肃而成，不严而治，垂拱揖让，而海内平矣，是谓为政之方。

【译文】

就小人的性情而言，一放松就骄纵无羁；一骄纵就恣意妄为；情急之下就悖道而行；悖道而行就阴谋作乱。然而，安适稳顺又会滋生邪欲，若没有威慑与强制是无法惩戒的。所以，作君主的，必须有武力装备，用以防止发生不测，用以遏止盗寇肆虐。就是说，社会稳定时要靠政策法规；一旦出现叛乱，则须动用武力。这就是“秉威”。

奖赏与处罚，是为政的重要手段。该奖赏的一定要奖赏，该处罚的一定要处罚；并要查证确实，慎重决定。要通过奖赏，引导人们向善；要通过处罚，儆戒人们作恶。君主不随意奖赏，并非只是吝惜其财物，而是随意奖赏则起不到鼓励向善的作用；君主不随意处罚，并非只是怜悯被处罚者，而是随意处罚则起不到惩戒邪恶的作用。奖赏起不到鼓励作用，就是“止善”；处罚起不到儆戒作用，就是“纵恶”。作君主的，能够做到不抑止臣民做好事，不放纵臣民做坏事，则国家就会安定了。这就是纲纪。

“四患”既已革除，“五政’既已建立，以诚信来贯彻，以巩固来保持；力求简约而不懈怠，尽量宽松但不失误；顺应规律而为之，让百姓自己去实施；无须干涉太多，让百姓自己去操心；不需要那么严肃，便可以成功；不需要那么严厉，便可以图治；垂衣拱手，平和礼让，而天下即可太平了。这就是治理政事的良方。

惟恤十难，以任贤能：一曰不知；二曰不进（进原作求）；三曰不任；四曰不终；五曰以小怨弃大德；六曰以小过黜大功；七曰以小失（失原作短）掩大美；八曰以干讦伤忠正；九曰以邪说乱正度；十曰以谗嫉废贤能。是谓十难。十难不除，则贤臣不用；贤臣不用，则国非其国也。

【译文】

令人忧虑的是选任贤能的十个难点问题：一是不知道贤能在哪里；二是知道了不去访求贤能；三是有了贤能却不能任用；四是任用了贤能却有始无终；五是因小小的意见而否定其高尚的道德；六是因小小的过失而抹杀其很大的功劳；七是因微小的短处而掩盖其整体的善美；八是因诬蔑攻击之词而伤害忠诚正直之士；九是听信异端邪说而惑乱正确评价；十是因谗言嫉妒而废弃贤能。这就是“十难”。这十个难点问题不解决，则贤能之臣得不到任用；贤能之臣得不到任用。则国家也就不成其为国家了。

惟审九风，以定国常：一曰治；二曰衰；三曰弱；四曰乖；五曰乱；六曰荒；七曰叛；八曰危；九曰亡。君臣亲而有礼，百僚和而不同；让而不争，勤而不怨，无事惟职是司；此治国之风也。礼俗不一，职位不重；小臣谗嫉（馋嫉原作咨度），庶人作议，此衰国之风也。君好让（让原作谦），臣好逸，士好游，民好流，此弱国之风也。君臣争明，朝廷争功；士大夫争名，庶人争利，此乖国之风也。上多欲，下多端，法不定，政多门，此乱国之风也。以侈为博，以伉为高，以滥为通；遵礼谓之劬，守法谓之固；此荒国之风也。以苛为察，以利为公；以割下为能，以附上为忠；此叛国之风也。上下相疏，内外相蒙（蒙原作疑）；小臣争宠，大臣争权；此危国之风也。上不访下，下不谏上；妇言用，私政行；

此亡国之风也。

【译文】

还有，就是要明辩九种社会风气，以确定国家倡导的道德、行为准则。这九种风气，一是治国之风；二是衰国之风；三是弱国之风；四是乖国之风；五是乱国之风；六是荒国之风；七是叛国之风；八是危国之风；九是亡国之风。君臣关系密切而又能保持礼仪，百官和谐相处而又不结帮组派；互相谦让而不争名夺利，勤劳国事而没有怨言；没有危急重大之事，则一心做好本职工作；这就是治国之风(太平盛世之风)。礼教和风俗不相一致，官职和爵位不被敬重；小臣随意揣测，平民议论纷纷；这是衰国之风(使国家败颓的风气)。君主心安理得，臣子好逸恶劳；士人喜欢游乐，百姓喜欢流动；这是弱国之风(使国家衰弱的风气)。君臣各夸英明，朝廷好大喜功；官吏争名于朝，平民争利于市；这是乖国之风(使国事不能和谐的风气)。上层欲壑难慎，下层事端繁多；法规朝定夕改，国家政出多门；这是乱国之风(使国家混乱无序的风气)。以夸大其辞为博识，以骄傲自诩为高才，以夸夸空谈为渊博；视遵从礼仪为烦劳，视遵守法纪为固执；这是荒国之风(迷乱国政的风气)。以苛刻为明察，以逐利为公务；以宰割下属为能事，以攀附上司为忠诚；这是叛国之风(背离国策的风气)。上下互相疏远，内外互相怀疑；小臣争相求宠，大臣争权夺位；这是危国之风,(使国家濒临危机的风气)。君主不问臣下国事，臣下不向君主进谏；内室之言多被采纳，私门之令畅行无阻；这是亡国之风(使国家濒临灭亡的风气)。

惟稽（稽原作晳）五赦，以绥民中：一曰原心；二曰明德；三曰劝功；四曰褒（褒原作衰）化；五曰权计。凡先王之攸赦，必是族也；非是族焉，刑兹无赦。

【译文】

再则，应督察对五类人的赦免，以安抚民心。一是推究其犯罪动机而情有可原的；二是明白了做人道德的；三是经劝勉确有成效的；四是有众人取保教化的；五是可以采取变通措施的。凡是先王所赦免的，必定是这一类人。不是这类人的，应继续给予刑罚惩诫，不予赦免。

有一言而可常行者，恕也；一行而可常履者，正也。恕者，仁之术也；正者，义之要也。至矣哉。

【译文】

如果说有一个字可以始终恭行，那就是“恕”；如果说有一种品行可以始终保持，那就是“正”。“恕”就是宽恕，是实现“仁爱”的大道；“正”就是正义，是道德规范的要点。这是最重要的啊！

或曰：圣王以天下为乐乎？曰：否。圣王以天下为忧，天下以圣王为乐。凡主以天下为乐；天下以凡主为忧。圣王屈己以申天下之乐；凡主申己以屈天下之忧。申天下之乐，故乐亦报之；屈天下之忧，故忧亦及之。天之道也。

【译文】

有人问：“圣主明君以拥有天下为乐吗？”我说：“不是。圣主明君以拥有天下为忧；天下以拥有圣主明君为乐。平庸的君主以拥有天下为乐，天下以遇上平庸的君主为忧。圣主明君经常委屈自己以增加天下人之乐，平庸的君主以增加自己之乐而使天下人忧愁。为天下人谋快乐者，天下人则以使君主快乐为回报；委屈天下人而使其增忧者，自己的忧愁也就随之而来了。这是天道啊。”

治世之臣，所贵乎顺者三：一曰心顺；二曰职顺；三曰道顺。衰世之臣，所贵乎顺者三：一曰体顺；二曰辞顺；三曰事顺。治世之顺，则真顺也；衰世之顺，则生逆也。体苟顺则逆节，辞苟顺则逆忠，事苟顺则逆道。下有忧民，则上不尽乐；下有饥民，则上不备膳；下有寒民，则上不具服。故足寒伤心，民忧伤国。

【译文】

世道太平时的官吏，所看重的“顺”有三个内容：一是“心顺”，就是心平气顺；二是“职顺”，就是工作顺利；三是“道顺”，就是政治主张顺遂。世道衰败时的官吏，所看重的“顺”也有三个：一是“体顺”，就是自身安顺；二是“辞顺”，就是言词顺耳；三是“事顺”，就是自己之事顺畅。世道太平时的“顺”是真顺，世道衰败时的“顺”，就适得其反。因为，明哲保身则有悖于节操；言词顺耳则有悖于忠贞；只求自己之事顺畅则有悖于天道。下有忧愁之民，则君主不会有很多快乐；下有饥饿之民，则君主不会有丰盛的膳食；下有受冻之民，则君主不会有像样的衣服。也就是说，人脚底受寒则伤及心脏，百姓忧愁则伤及国家。

## 时　事

或曰：三皇之民至敦也，其治至清也，天性乎（旧无乎字，补之）？曰：皇民敦，秦民弊，时也；山民朴，市民玩，处也。桀纣不易民而乱，汤武不易民而治，政也。皇民寡，寡斯敦；皇治纯，纯斯清矣。唯性不求无益之物，不畜难得之货；节华丽之饰，退利进之路，则民俗清矣。简小忌，去淫祀，绝奇怪，则妖伪息矣；致精（精旧作情，改之）诚，求诸己，正大事，则神明应矣。放邪说，绝淫智，抑百家，崇圣典，则道义定矣；去浮华，举功实，绝末伎，周本务，则事业修矣。

【译文】

有人问：“三皇时的百姓非常敦厚，三皇时的政治非常清明，这是天生如此吗？”答曰：“三皇时民心敦厚，秦代时民心多弊，这是时代不同的缘故；山区之民纯朴，城市之民刁顽，这是地域不同的缘故。夏桀、商纣时，百姓还是原来的百姓，但天下大乱；商汤周武时，百姓也是原来的百姓，却天下大治，这是治国之道不同的缘故。三皇时，百姓私欲较少，私欲较少则比较敦厚；三皇治道纯正，纯正则政治清明。只要心性不奢求身外之物，不积蓄贵重之货，节制华丽的服饰，互让谋利求官的途径，则民俗就会清淳；省去细小的禁忌，取消过多的祭祀，断绝奇异的骇疑，妖孽虚妄就平息了；只要竭尽致诚，依靠自己努力，立志完成大业，则神仙也会应和的；抛弃异端邪说，杜绝滥用聪明，抑制百家之争，尊崇圣贤典籍，则道德和行为准则便可确定；摒弃浮华无用的风气，推崇敬业务实的做法，禁绝工商末业，致力于农桑本业，则事业可以成功。

尚主之制非古也。厘降二女，陶唐之典；归妹元吉，帝乙之训；王姬归齐，宗周之礼也。以阴乘阳，违天也；以妇凌夫，违人也。违天不祥，违人不义。

【译文】

平民娶公主为妻的有关规定，并非远古才有。将两个女儿下嫁虞舜为妻，这是唐尧时的佳话；嫁小女而获得大的吉利：这是帝乙的教诲；周朝天子的女儿下嫁到齐国，这是尊奉周朝的礼制。“阴”升置于“阳”之上，是违背天道的；妻子凌驾于丈夫之上，是违背人伦的。违背天道是不祥之兆，违背人伦是不义之举。

古者天子诸侯有事，必告于庙。朝（原作无朝字）有二史，右史记事，左史记言；事为《春秋》，言为《尚书》。君举必记，臧否成败，无不存焉；下及士庶，苟有茂异，咸在载籍；或欲显而不得，欲隐而名章，得失一朝，荣辱千载；善人劝焉，淫人惧焉。故先王重之，以嗣（嗣原作副）赏罚，以辅法教。宜于今者，官以其方，各书其事，岁尽则集之于《尚书》；各备史官，使掌其典。

【译文】

古代的天子诸侯，遇有大事，必求告于宗庙。朝中设有两名史官，右史官记录国家重要的事件，左史官记录帝王与大臣的言论；所记之事结集为《春秋》一书，所记之言结集为《尚书》一书。凡帝王之一言一行，必有记录，其善恶成败，没有不录以存史的。往下延伸到官吏平民，若有盛美稀奇之事，都载入书籍，即便有人想显扬自己，却难以达到目的；有人想隐而不露，却声名昭之于世。这就是得失或在于一时，荣辱却留传于千载。这样，为善之人就会得到鼓励，作恶之人就会有所畏惧。所以，前代帝王非常重视修史，用以配合赏功罚罪，用以辅助法制教化。对于适宜于当今社会的，各官衙部门可以袭用其方法格式，各自记录其事件、言论，岁终年末，集中编录于《尚书》之中。各部门可以自设史官，让他们掌管此类书典。

## 杂　言

君子有三鉴：鉴乎前；鉴乎人；鉴乎镜。前惟训，人惟贤，镜惟明。夏商（夏商原作商德）之衰，不鉴于禹汤也；周秦之弊，不鉴于群下也；侧弁垢颜，不鉴于明镜也。故君子惟鉴之务焉。

【译文】

君子有三种借鉴：借鉴于前事，借鉴于他人，借鉴于铜镜。借鉴于前事，要选可以为训之事；借鉴于他人，要选德才兼备之人；借鉴于铜镜，要选明亮无尘之镜。商代道德之渐衰，是因为不借鉴于大禹、商汤；周朝、秦朝弊端之渐多，是因为不借鉴于群臣百官；帽子歪戴，脸存污垢，是因为不借鉴于明镜。所以君子把借鉴视为很重要的事情。

不任所爱之谓公，惟公（公原作义）是从之谓明。齐桓公中材也，夫能成功业，由有异焉者矣。妾媵盈宫，非无爱幸也；群臣盈朝，非无亲近也；然外则管仲射己。卫姬色衰，非爱也，任之也，然后知非贤不可任，非智不可从也，夫此之举宠矣哉。

膏肓纯白，二竖不生，兹谓心宁；省闼清静，嬖孽不作，兹谓政（政原作主）平。夫膏肓近心而处厄，针之不逮，药之不中，攻之不可，二竖藏焉。是谓笃患。故治身治国者，唯是之畏。

【译文】

不重用自己偏爱的人，叫做公道：只按道义来办事叫做明智。齐桓公是诸侯王中才能中等的人物，其所以能成就霸主大业，是因为有不同于他人之处。其妻妾和随嫁之女满宫皆是，并非没有宠爱的；众多的大臣挤满朝堂，并非没有可亲近的。然而，外臣中，管仲曾放箭射伤自己；内宫中，卫姬已年长色衰；并非喜爱他们，而是信任他们。其后，他体会到，非贤德之人，不可任用；非聪慧之人，不可听从。他这样的举动真是值得推崇啊！

膏肓处一片纯白，病魔便不能寄生，此谓身心安宁；王宫禁地小门清净，嬖臣孽子不会产生，此谓君主平安。膏肓离心脏极近而又在狭隘之处，用针扎不到，用药难生效，针疗药疗都不顶用，而病魔就藏在此处，这就是大患。所以对于修身治国者，唯有这种情况最可怕。

或曰：爱民如子，仁之至乎？曰：未也。爱民如身，仁之至乎？曰：未也。汤祷桑林，邾迁于绎，景祀于旱，可谓爱民矣。曰：何重民而轻身也？曰：人主承天命以养民者也；民存则社稷存，人亡则社稷亡；故重民者，所以重社稷而承天命也。

【译文】

有人问：“爱护人民像爱护自己的儿子，就是仁爱之最吧！”答曰：“这还没有达到仁爱之最。”又问：“爱护人民像爱护自己的身体，就是仁爱之最吧？”答曰：“还没有达到。为了解除大旱，商汤在桑林连续四日祈祷；邾国灭亡，国君被迁于绎，他当即四处寻找难民，重聚于绎；景公为解民苦，头顶烈日，祭祀于高阜之上；这些真可以称作爱民啊！”问曰：“他们为什么如此关心百姓而看轻自身呢？”答曰：“君主是承顺天命来养育人民的人，人民存则国家存，人民亡则国家亡。所以，以人民为重者，正是看重国家和承顺天命呀！”

或问曰：孟轲称人皆可以为尧舜，其信矣乎？曰：人非下愚，则可以为尧舜矣；写尧舜貌，同尧之性，则否；服尧之制，行尧之道，则可矣；行之于前，则古之尧舜也；行之于后，则今之尧舜也。或曰：人皆可以为桀纣乎？曰：行桀纣之事，是桀纣也。尧、舜、桀、纣之事，常并存于世，唯人所用而已。

【译文】

有人问："孟子曾说，人人都可以成为同尧舜一样的人，这话可信吗？"答曰："只要不是愚蠢的人，都可以成为尧舜那样的人。扮成尧舜的外貌、模仿尧舜的脾性，则不成；信服尧舜的管理制度、恭行尧舜的政治主张，则可以。按前一个办法去做，则是古时的尧舜；按照后者去行，才是当今的尧舜。"又问："人都可以成为桀纣那样的人吗？"答曰："如果做的是桀纣那样的事，就是桀纣那样的人了。尧、舜、桀、纣所做的事，常常并存于一个社会，只是看你做哪样的事情而已。"

人主之患，常立于二难之间，在上而国家不治，是难也；治国家则必勤身苦思，矫情以从道，是难也。有难之难，暗主取之；无难之难，明主居之。

【译文】

君主的忧虑，常处于"两难"之间。作为一国之主而国家治理不好，这是一难；要治理好国家，则必须勤劳于身，苦思于心，矫正自己的感情而服从于道义准则，又是一难。第一种"难"让国家处于患难之中，昏庸的君主去做，第二种"难"让国家平安无事，没有灾难，是明主采取的办法。

人臣之患，常立于二罪之间，在职而不尽忠直之道，罪也；尽忠直之道焉，则必矫上拂下，罪也。有罪之罪，邪臣由之；无罪之罪，忠臣致之。

【译文】

臣子的忧虑，常处于"二罪"之间。任其官职却不行忠贞正直之道，这是一罪；若尽其忠贞正直之道，则必然会违背上意、得罪同僚，也是一罪。怕罪及自身的“罪责”，是奸臣自己带来的；不怕罪及自身的“罪责”，是忠臣自己招致的。

人臣有三罪：一曰导非（原作无非字）；二曰阿失；三曰尸宠。以非引（引原作先）上，谓之导；从上之非，谓之阿；见非不言，谓之尸。导臣诛，阿臣刑，尸臣绌。

【译文】

臣子有三罪：一曰导非；二曰阿失；三曰尸宠。以错误的建言诱导君主犯错误，叫做导非；听从君主的错误决定以致共同犯错误，叫做阿失；看到君主有错误而不进言，叫做尸宠(尸位素餐以求宠)。导非之臣应当诛杀，阿失之臣应当判刑；尸宠之臣，应当罢免。

忠有三术：一曰防；二曰救；三曰戒。先其未然，谓之防也；发而止之，谓之救也；行而责之，谓之戒也。防为上，救次之，戒为下。

【译文】

尽忠有三种方法：一是“防”，二是“救”，三是“戒”。君主之错尚未发生而设法避免，叫做“防”；君主之错已经发生而能进行劝阻，叫做“救”；君主之错犯过之后，能进行批评，叫做“戒”。“防”为上策，“救”为中策，“戒”为下策。

或问：天子守在四夷，有诸?曰：此外守也，天子之内守在身。曰：何谓也?曰：至尊者，其攻之者众焉，故便僻御侍，攻人主而夺其财；近幸妻妾，攻人主而夺其宠；逸游伎艺，攻人主而夺其志；左右小臣，攻人主而夺其行；不令之臣，攻人主而夺其事。是谓内寇。自古失道之君，其见攻者众矣，小者危身，大者亡国。鲧、共工之徒攻尧，仪狄攻禹，弗能克，故唐、夏平；南之威攻文公，申侯伯攻恭王，不能克，故晋、楚兴。万众之寇凌疆场，非患也；一言之寇袭于膝下，患之甚矣！八域重译而献珍，非宝也；腹心之人，匍匐而献善，宝之至矣。故明主慎内守，除内寇，而重内宝。

【译文】

有的人问：“天子的职守在于防御外寇，是吗？”答曰：“这只是对外的防御。天子对内的防御在于自身。”问曰：“此话怎讲？”答曰：“处于至高无上之地位的人，向他发起‘进攻’的人是很多的。善于逢迎谄媚的守卫侍从之人，‘攻’人主之心而竞相获取其财利；得以亲近的妻妾嫔妃，‘攻’人主之心而争夺其宠爱；安闲游乐的歌妓艺人，‘攻’人主之心，使其玩物丧志；君主左右的小臣小官，‘攻’人主之心，使其品行不端；心怀不善之臣‘攻’人主之心，使其贻误大事。这些可说是内部的盗寇。自古以来，无道之君受到的‘进攻’是很多的。小者危及自身，大者导致亡国。鲧、共工等人‘攻’唐尧，仪狄‘攻’夏禹，没有得逞，所以唐尧，夏禹平安无事。南之威‘攻’晋文公，申侯伯‘攻’楚恭王，没有得逞，所以晋、楚兴盛。上万之多的外寇侵犯边境，不为大患，而只用一句话的‘盗寇’袭击于膝下，这才是最大之患。八方的异族通过译使，来进献珍宝，这不算宝；君主心腹之人匍匐上前，进献善言，这才是最可贵的珍宝。所以，大凡有道之君，都非常谨慎地对内设防，除去内部的‘盗寇’，而且器重常进善言的‘内宝’。”

君子所恶乎异者三：好生事也；好生奇也；好变常也。好生事，则多端而动众；好生奇，则离道而惑俗；好变常，则轻法而乱度。故名不贵苟传，行不贵苟难。纯德无慝，其上也；伏而不动，其次也；动而不行，行而不远，远而能复，又其次也。其下远而不近也（不近也原作已矣）。

【译文】

君子所厌恶的不同于常人的人有三类：好惹事生非的人；好发奇谈

怪论的人；好改变常规的人。好惹事生非则头绪繁多而惊动公众；好奇谈怪论则离经叛道而惑乱习俗；好改变常规则轻视法纪而搅乱制度。所以，名声贵在不用不正当的手段传扬，行为不以做了不该做的事情为难能可贵。纯有道德而没有恶念，这是最好的；恶念生起了但隐藏不动，这是其次的；动了邪念但未行动，有了行动但未走远，虽走远了但还能回头，这又在其次。再往下，就相去太远了。

（张耀武译）

## 卷四十六

# 中论治要

【考评】

《中论》，《隋书·经籍志》《唐书·艺文志》均有著录，上下两卷，共二十篇。其内容主要阐发孔孟儒家经义，提出“学者所以总群经”，“圣人亦相因而学”；认为“大义为先，物名为后，名系于实”；反对“矜于古训，摘其章句，而不能统其大义之所极”的倾向。三国魏文帝称赞徐干“著《中论》二十余篇，辞义典雅，足传于后”。北宋人曾巩在校勘《中论》叙录中说：“始见馆阁本《中论》二十篇，以谓尽于此，及观《贞观政要》太宗称尝见徐干《中论》‘复三年丧’篇，而今本此篇缺。”宋代大藏书家晁公武又称李淑所见别本，实有“复三年丧”、“制役”两篇，可见馆阁本非全书也。曾巩据馆阁本著录，相沿既久，于是《复三年丧》《制役》两篇遂佚失不存。而魏征在《群书治要》中选录了这两篇，使得久已失传的史料得以完整保留下来。除此两篇外，《群书治要》还选录了《中论》中的《法象》《条本》《虚道》《贵验》《核辨》《爵录》《务本》《审大臣》《亡国》《赏罚》等十二篇的片段。

徐干(171—218)，字伟长，北海(今山东潍坊)人，东汉末年哲学家、文学家，“建安七子”之一。建安中为司空军谋祭酒属，五官中郎将文学。能诗，善辞赋，崇尚孔孟儒家思想。所著《中论》，主张“凡学者大义为先，物名为后，大义举而物名从之”。他反对当时流行的训诂章句之学。后人辑其著作为《徐伟长集》。

# 法　象

慌其瞻视，轻其辞令，而望民之则我者，未之有也；莫之则者，必慢之者至矣。小人见慢，而致怨乎人，患己之卑，而不思其所以然，哀哉！是故君子敬孤独而慎幽微，虽在隐翳，鬼神不得见其隙，况于游宴乎？君子口无戏谑之言，言必有防；身无戏谑之行，行必有检。言必有防，行必有检，虽妻妾不可得而黩也，虽朋友不可得而狎也。是以不愠怒，而教行于闺门；不谏谕，而风声化乎乡党。传称：大人正己而物正者，盖此之谓也。徒以匹夫之居犹然，况得志而行于天下乎。故唐帝允恭克让，光被四表；成汤不敢怠遑，而掩有九域；文王祗畏，而造彼区夏也。

【译文】

一个人如果忽略自己的仪表，行为举止慌张，言辞命令轻率随便，而指望他人会以自己为榜样，这是从来未有过的事。没有人以之为榜样，便必然会被人轻视。小人被人轻视，就会抱怨别人，忧虑自己的地位低下，而不反思自己为什么会地位低下，可悲啊！正是因此，君子孤身独处也不敢怠慢，细微小节也非常谨慎，即使在无人能见的隐蔽之处，鬼神也看不到他的过失，更何况交游、饮宴之时呢！君子口无嬉戏之言，出言必有防范；身无嬉戏之行，行动必有检点。正因为出言必有防范，行动必有检点，所以，即便是妻妾，也不可能有轻慢不敬的机会；即便是朋友，也不可能有亲近而不庄重的时候。因此，他不责备、不动怒，而其教化便可行之于家庭；不规劝、不讽谕，而其风范名声便能感化乡党。经传上说：圣人端正自己，天下万物便随之端正，说的就是这种情况。在只是平民百姓身份时犹能如此，何况壮志得酬而行事于天下呢？所以唐尧诚实恭谨、克制忍让，光辉覆盖四方；成汤不敢懈怠、偷闲，而拥有九州之地；文王恭敬小心，而造就了华夏之国。

# 修　本

民心莫不有治道，至于用之则异矣。或用乎人，或用乎己。用乎己者谓之务本，用乎人者谓之近（近原作追）末。君子之治之也，先务其本，故德建而怨寡；小人之治之也，先追其末，故功废而仇多。夫见人而不自见者谓之矇；闻人而不自闻者谓之聩；虑人而不自虑者谓之瞀。故明莫大于自见，聪莫大于自闻，睿莫大于自虑。此三者举之甚轻，行之甚迩，而人莫之知也。故知者，举甚轻之事，以任天下之重；行甚迩之路，以穷天下之远。故德（德原作位）弥高，基弥固；胜弥众，爱（爱原作受）弥广。君子之于己也，无事而不惧焉。我之有善，惧人之未吾好也；我之有不善，惧人之必吾恶也；见人之善，惧我之不能修也；见人之不善，惧我之必若彼也。故君子不恤年之将衰，而忧志之有倦，不寝道焉，不宿义焉。言而不行，斯寝道矣；行而不时，斯宿义矣。是故君子之务，以行前言也。民之过在于哀死而不爱生，悔往而不慎来；喜（喜原作善）语乎已然，好争乎遂事；堕于今日，而懈于后旬；如斯以及于老。故孔子谓子张（谓子张原作抚其心）曰：“师，吾欲闻彼，将以改此也。闻彼而不以改此；虽闻何益？”小人朝为而夕求其成，坐施而立望其反（反原作及）；行一日之善，而问终身之誉，誉不至，则曰善无益矣；遂疑圣人之言，背先王之教，存其旧术，顺其常好；是以身辱名贱，而不免（不免原作永）为人役也。

【译文】

每个人心里都有自己的治理之道，至于怎样运用就各不相同了。有人用它整治别人，有人用它整治自己。用于整治自己，叫做务本；用于整治别人，叫做逐末。君子的治理，是先致力于根本（整治自己），所以美德树立而结怨很少；小人的治理是先追求末节（整治别人），所以前功尽弃且树敌较多。能看清别人而看不清自己叫做“矇”；能听到说别人而听不到别人说自己叫做“聩”；能分析别人而不能剖析自己叫做“瞀”。所以说，明智莫过于能看清自己，聪慧莫过于能听到他人说自己，敏睿莫过于能自己剖析自己。这三个问题提出来很容易，做起来也很近便，但许多人却没有真正理解。理解了的，即便做很小的事情，也联想到如同担负天下的重任；即便走很近的路程，也联想到如同走遍天下的远途。所以他品德越来越高，根基越来越固，成功越来越多，仁爱越来越广。君子对于自己，没有不担忧的事情。自己有了长处，担忧别人还没有自己好；自己有了短处，担忧别人必会厌恶自己；看见别人的长处，担忧自己不能学到；看见别人的短处，担忧自己会像他那样。所以，君子不忧虑暮年将至，而担忧心志出现倦怠。因此“不止息于道”、“不停留于义”。言而不行就是“止息于道”；施行而不合时就是“停留于义”。因此君子的要务，就是去实施上述之言。人的过错，在于为死亡悲伤但却不珍惜有限的生命，常为过去的事情后悔，却不慎重考虑将来；经常说“既已如此”，喜欢争过去之事；懒惰于今天而懈怠于明天，如此一直到老。所以孔子语重心长地说：“求师，我想知道那个道理，好用以改正这个过失；知道了那个道理，又不改正这个过失，虽然知道了，又有什么用处呢？”小人早晨开始做事，傍晚就想做成；刚坐下来做事，站起来就指望达到目的；做了一天好事，就希望有终身的荣誉；荣誉没有得到，就说做好事没有什么益处；于是便怀疑圣人之言，违背先王之教，保留其过去的做法，延袭其固有的喜好。因此自身受辱，名位低微，从而也难免为他人所役使。

## 虚　道

人之为德，其犹虚（原作无虚字）器欤！器虚则物注，满则止焉。故君子常虚其心志，恭其容貌，不以逸群之才，加乎众人之上；视彼犹贤，自视犹不肖也。故人愿告之而不厌，诲之而不倦。君子之于善道也，大则大识之，小则小识之；善无大小，咸载于心，然后举而行之。我之所有，既不可夺，而我之所无，又取于人，是以功常前人，而人后之也。故夫才敏过人，未足贵也；博辨过人，未足贵也；勇决过人，未足贵也。君子之所贵者，迁善惧其不及，改恶恐其有余。故孔子曰："颜氏之子，其殆庶几乎？有不善未尝不知，知之未尝复行"。夫恶犹疾也，攻之则日益悛，不攻则日甚。故君子之相求也，非特与善也，将以攻恶也；恶不废则善不兴，自然之道也。先民有言，人之所难者二：乐攻（攻原作知）其恶者难；以恶告人者难。夫唯君子，然后能为己之所难，能致人之所难也。夫酒食人之所爱也，而人相见莫不进焉；不吝于所爱者，以彼之嗜之也。使嗜忠言甚于酒食，人岂其爱之乎？故忠言之不出，以未有（有旧作良，改之）嗜之者也。《诗》云："匪言不能，胡其畏忌"。

【译文】

人的道德修养，就像一个器皿。器皿空虚，则东西可以装入，器皿满盈，就装不进东西了。所以君子经常虚怀若谷，态度谦恭，不因有超群之才而把自己置于众人之上；看到别人也很贤德，就觉得自己还比不上人家。故此，人家愿意指出自己的不足就不厌烦；愿意教导于自己就不倦怠。君子对于为善之道，属于大道理的，就从大处去认识；属于小道理的，就从小处去认识。只要是正确的道理，不分大小，都记在心里，然后分别付诸实践。我所懂得的，别人夺不去；而我所不懂的，又可从别人那儿学到。因此，功业经常名列别人之前，而别人就会落在我后面。所以说，才智敏捷过人不足为贵，博识善辨过人不足为贵，勇武善射过人不足为贵。君子最可贵的地方，就是一心向善唯恐不及；改正错误惟恐遗漏。因而孔子说："颜渊，大概要算这样的人了吧！自己有了错误，没有不知道的；知道了的，就没有重犯的。"错误犹如疾病，治疗则日见转好，不治疗则日见加重。所以君子之间所期望的，不单单是与之关系融洽，还应该相互批评其错误。错误不除则长处难以发挥，这是很自然的道理。过去有人说过，一般人难做到的有两点：一是乐于知道自己的错误难；二是把他人的错误告知对方难。只有成为君子之后，才能做自己难做的事，就是乐于知道和勇于改正自己的缺点；也才能求得别人去做难做的事，就是求得别人把自己的丑陋告知自己。酒食是人们都珍爱的东西，而人们相见没有不以酒食招待的。其所以不吝惜自己所珍爱的东西，是因为对方也喜爱的缘故。假使喜欢忠言有甚于喜欢酒食，对方怎能只喜欢你的酒食呢？所以，人们不把忠言献出来，是因为没有遇上最喜爱忠言的人罢了。《诗经》中写道："并非不能建言，而是有许多的惧怕与顾忌。"

目也者，远察天际而不能近见其眦，心亦如之。君子诚知心之似目也，是以务鉴于人以观得失，故视不过垣墙之里，而见邦国之表；听不过阈奥之内，而闻千里之外，因人之耳目也。人之耳目尽为我用，则我之聪明无敌于天下矣。是谓人一之，我万之；人塞之，我通之，故其高不可为员，其广不可为方。

【译文】

眼睛，远望可以看到天的尽头，而近瞧却看不到自己的眼角。思想也是这样。君子深知思想也像眼睛一样，因此，务必以他人为鉴，洞察自己的得失。所以，虽然人能看到的不过是墙壁之内的东西，但却可以想见邦国之外的事物；能听见的不过是外墙之内的声音，但却可以闻知千里之外的动静，这是借助于众人的耳目呀！众人的耳目尽都为我所用，那么我的耳聪目明，天下就没有比得上的了。这就是别人有一对耳目；我则有上万对耳目；别人看东西、听声音有很多阻碍，而我则通畅无阻。所以能看到的高度不可以数字计，能听到的广度不可以面积计。

先王之礼，左史记事，右史记言；师瞽诵诗，庶僚箴诲；器用载铭，筵席书戒；月考其为，岁会其行。所以自供正也。昔卫武公年过九十，犹夙夜不怠，思闻训道，命其群臣曰："无谓我老耄而舍我，必朝夕交戒我。"凡兴国之君，未有不然者也。下愚反此道，以为己既仁矣、知矣、神明矣，何求乎众人？是以辜罪昭著，腥德发闻，百姓伤心，鬼神怨痛。若有告之者，则曰："斯事也，徒生乎予心，出乎子口。"于是刑焉、戮焉、辱焉。不然则曰："与我异德故也，未达我道故也，又安足责？"是己之非，遂初之谬，至于身危国亡，可痛已矣！

【译文】

前代帝王规定，左史官记录国家事件，右史官记录君臣言论；乐官诵读诗经，众官规劝教诲；器具上刻载铭言，座位上书写警句；每月考察其所为，每年汇总其所行；这都是用以供自己正身自省的。昔日卫武公年过九十，仍然昼夜不倦地思考所闻、阐释道理，还命令其群臣说："不要说我年事已高便抛开我，必须早晚轮流警戒于我。"凡是一心使国家兴旺发达的君主，没有不是这样的啊！下愚之人则反此道而行之，以为自己已经有仁德了，有知识了，非常明智了，还有什么有求于众人的呢？因此导致罪错昭著于世，散发腥味的德行传闻于野；百姓为之伤心，神鬼为之怨痛。如果有人将这些情况告诉他，他会说："这些事，只是你凭空想出的，信口说出的。"于是，给予惩罚，以至处斩，或者羞辱。如不然，他则会说："这是因为你们与我离心离德的缘故，没有弄通我的方略的缘故，又有什么可责备的呢？"于是以非为是，坚持原来的谬误，以至于自身危机、国家灭亡。真是令人痛惜啊！

## 贵　验

事莫贵乎有验，言莫弃乎无征。言之未有益也，不言未有损也。水之寒也，火之热也，金石之坚刚也，此（此原作彼）彼数物未尝有言，而人莫不知其然者，信著乎其体也。使吾所行之信，若彼数物，谁其疑我哉？今不信吾所行，而怨人之不信己，犹教人执鬼缚魅，而怨人之不得也，惑亦甚矣。孔子曰："欲人之信己，则微言而笃行之；笃行之，则用日久；用日久，则事著明；

事著明，则有目者莫不见也，有耳者莫不闻也，其可诬乎？”故根深而枝叶茂，行久而名誉远。

【译文】

事情没有比经得起检验更可贵的，谈话没有比全无根据更可弃的。因为说了没有益处，不说也没有损失。水是冷的，火是热的，金石是坚硬的，这几种物品并没有说话，而人们没有不知道它们就是那样的，就是因为他们把自身冷热、坚硬的性质真实地显露在形体中了。假使自己的所作所为真实得就像上述几种物体，谁还会怀疑你呢？如果不使自己的行为取信于人，而又埋怨别人不相信自己，就如同让人捉鬼擒妖，而责怪人家没有捉到一样。这也就太糊涂了。孔子说：“想要别人相信自己，则要少说空话而笃实地去做。笃实地去做，则其信用持久；信用持久则事理就会显明；事理显明，则有目共睹、有耳皆闻。这样还能说是欺骗吗？”因此，树根扎得深则枝叶茂盛，善行持续久则声誉远播。

人情也，莫不恶谤，而卒不免乎谤，其故何也？非爱致（致原作智）力而不已之也，已之之术反也；谤之为名也，逃之而愈至，拒之而愈来，讼之而愈多。明乎此，则君子不足为也；暗乎此，则小人不足得也。帝舜屡省，禹拜昌言，明乎此者也；厉王加戮，吴起刺之，暗乎此者也。夫人也（原注无夫人也三字），皆书名前策，著形列图，或为世法，或为世戒，可不慎欤！夫闻过而不改，谓之丧心；思过而不改，谓之失体。失体丧心之人，祸乱之所及也，君子舍旃。君子不友不如己者，非羞彼而大我也。不如己者，须己植（植原作慎）者也。然则扶人不暇，将谁相我哉？吾之偾也，亦无日矣。故坟庳则水纵，友邪则己僻，是以君子慎取（取原作所）友也。孔子曰：“居而得贤友，福之次也。”夫贤者，言足听，貌足象，行足法，加乎（乎疑字误）善奖人之美，而好摄人之过，其不隐也如影，其不讳也如响。故我之惮之，若严君在堂，而神明处室矣，虽欲为不善，其敢乎？

【译文】

以人之常情，没有不厌恶诽谤的，然而终究却难免有诽谤。这是什么原因？不是因为吝惜智慧和力气而未去止谤，是止谤的办法恰适其反。诽谤是关乎名声的事，你愈逃避它愈至、愈推拒它愈来，越是辩驳则会变得更多。明白这一道理，所以君子不躲避、不辩驳、不诉讼；不明白这一道理、所以小人们就不可能有所得了。虞舜屡屡反省自己，大禹崇尚畅开言路，是明白这一道理的人，周厉王对诽谤者处以刑罚，吴起对诽谤者进行斥责，是不明白这一道理的人。这些人，都是在以前的竹简书签上写下了名字，连形象也留上了图册，或者让世人效仿，或者让世人警戒，怎么能不慎重呢？知道了自己的过错而不改正，就叫丧失理智；反思了自己的过错而仍不改正，就叫丢弃根本。丢弃根本、丧失理智的人，灾祸就会降临，君子不取。君子不喜欢与德行不如自己的人交朋友，并非看不起别人而妄自尊大。因为不如自己的人，是必须自己常常为之操心的人。这样，帮助他都忙不过来，靠谁来帮助自己呢？如果这样的话，自己的衰颓也就不远了。所以说，堤坝低矮则水流泛滥；朋友歪邪则自己会失正，因此君子交朋友非常慎重。孔子说：“所居之处有贤德之人为友，这是仅次于得福的事情。”贤德之人，其言谈值得聆听，其风度值得模仿，其行为值得效法；加上善于褒奖人的长处，喜欢帮助人改正过失；其不隐匿朋友的长处与过错如同影子于形体，其不避讳称赞与批评如同回声于音响，所以我怯惧他，就像严明的君主同在庭堂，又像天上的神明就在此室，即使想做不善之事，又怎么敢呢？

# 核　辨

夫利口者，心足以见小数，言足以尽巧，辞给足以应切问，难足以断俗疑，然而好说不倦，谍谍如也。夫类族辨物之士者寡，而愚暗不达之人者多，孰知其非乎？此其所以无用而不见废也，至贱而不见遗也。先王之法：析言破律，乱名改作，行僻而坚，言伪而辨者杀之。为其疑众惑民，而溃（溃原作浇）乱至道也。

【译文】

凡能言善辨者，其心计足以想到微小环节，言谈足以竭尽巧辨之辞，敏捷足以应付急切之问；质问足以判断一般疑惑。然而，这类人喜欢夸夸其谈，喋喋不休。他们之中能真正推类归纳、明辨事物的人很少，而用以愚弄蒙蔽不明达者的人很多，有谁能明了他们的过错呢？这就是他们没有用处，但还不被废除，最没出息而又不被遗弃的原因。先王的律法规定：对于剖析与言谈破坏律法的、惑乱名分而改变原意的、行为不正又坚持不改的和言辞虚伪而长于舌辨的，要处以死刑，这是因为他们使众人疑虑，使人民困惑，从而扰乱正确的治国之道。

## 爵　禄

古之制爵禄也，爵以居有德，禄以养有功。功大者其禄厚，德远者其爵尊；功小者其禄薄，德近者其爵卑。是故观其爵，则别其人之德；见其禄，则知其人之功，不待问之也。古之君子贵爵禄者，盖以此也。爵禄者，先王所重也。爵禄之贱也，由处之者不宜也；贱其人，斯贱其位矣。其贵也，由处之者宜之也；贵其人，斯贵其位矣。黻衣绣裳，君子之所服，爱其德，故美其服也。暴乱之君，非无此服，民弗美也。

【译文】

古时候建立爵位俸禄制度，以爵位来安置有道德的人，以俸禄来供养有功劳的人。功劳大的人，其俸禄就丰厚；品德高的人，其爵位就尊贵；功劳小的人，其俸禄就较少；品德次之者，其爵位就低微。因此，看其爵位，就可以区别这个人品德的高低；看其俸禄，就可以知道这个人功劳的大小；不必等待询问。古代的君子其所以看重爵位俸禄，都是因为这个缘故。对于爵禄，先王非常重视。后来，爵位、俸禄之所以被人轻视，是因为处在该爵位、享受该俸禄者是不应该享受这一爵禄的人；因为人们瞧不起其人，也就轻视其爵位。反之，爵禄被看重，也是由于享受爵禄者是应该享受这一爵禄的人；因看重其人也就看重其爵位。描有图案的绣制衣服，拿来给君子穿，是因为爱其美德，所以也就赞美其衣服。残暴淫乱的君主，并非没有这样的衣服，但人民却不赞美它。

位也者，立德之机也；势也者，行义之杼也。圣人蹈机握杼，织成天地之化，使万物顺焉，人伦正焉。六合之内，各竟（竟原作充）其愿，其为大宝，不亦宜乎？夫登高而建旌，则所视（视原作示）者广矣；顺风而奋铎，则所闻者远矣。非旌色之益明，非铎声之益长，所托者然也。况居富贵之地，而行其政令者也。

【译文】

职位，好比是织造高尚品德的织机；权势，好比是施行仁义的梭子。圣人脚踏织机，手握梭子，织成天地之教化，使万物和顺，人伦肃正，国域之内，人民都能满足其愿。这样的人来作皇帝，不是很应该的吗？爬到高处树起旗帜，则能使很广的地方看到；顺着风向摇动大铃，则能使很远的地方听到。不是因为旗的色彩更鲜明，不是因为铃的声音更悠长，是所凭借的高阜和顺风使其如此。更何况身居高官厚禄之位而行使其政令的人呢？

# 务　本

人君之大患也，莫大乎详于小事，而略于大道；察于近物，而暗于远图（图原作数）。自古及今，未有如此而不亡也。详于小事，察于近物者，谓耳听于丝竹歌谣之和，目明乎雕琢采色之章；口给乎辨慧切对之辞，心通乎短言小说之文；手习乎射御书数之功，体比乎俯仰折（折原作般）旋之容。凡此数者，观之足以尽人之心，学之足以动（动原作勤）人之志（志原作思）。且先王之末教也，非有小才智，则亦不能为也。是故能之者，莫不自悦乎其事，而无取于人，以人皆（以人皆原作皆以）不能故也。夫君居南面之尊，秉杀生之权者，其势固足以胜人矣，而加之以胜人之能，怀足己之心，谁敢犯之者乎？以匹夫行之，犹莫敢规也，而况于人君哉？故罪恶若山而己不见，谤声若雷而己不闻，岂不甚乎？夫小事者味甘，而大道者醇淡；而近物者易验，而远数者难效；非大明君子则不能兼通也。故皆惑于所甘，而不能至乎所淡；眩于所易，而不能及于所难。是以治君世寡，而乱君世多也。故人君之所务者，其在大道远数乎？大道远数者，谓仁足以覆焘群生，惠足以抚养百姓；明足以照见四方，智足以统理万物；权足以应变无端，义足以阜生财用；威足以禁遏奸非，武足以平定祸乱；详于听受，而审于官人；达于废兴之源，通于安危之分；如此则君道毕矣。

【译文】

君主最大的忧患，没有比详察于小事而忽略了治国的大道、只看到眼前的事物而没有长远的谋划更大的了。从古到今，没有如此而不亡国的。所谓“详察于小事，只看到眼前的事物”，就是耳能听出丝竹歌谣之和谐；目能辨认雕琢彩色之花纹；口能道出辨黠慧敏的舌战辞令；心能领会短小论说之文意；手能熟悉射箭、驾车、书法、棋枰之技巧；身能比上俯仰旋转、翩翩起舞者的仪态。以上这些，观之足以使人赏心悦目；习之足以改变人的志趣，而且这些是前代帝王的枝末之教，如果没有一点聪明才智，也是做不到的。所以，凡有上述能力者，都是自己喜欢这些事情，而不是求取于他人，皆因一般人无此才能的缘故。君主处在坐北面南的至尊之位，是掌握着生杀大权的人，其处势本来就足以胜过别人，又加之有胜过别人的才能，怀有满足自我的心理，谁敢触犯他呢？就算是一般人有这样的威势，恐怕也没有人敢规劝，更何况是君主呢？所以，即便是罪恶堆积如山，自己也看不见；毁谤之声如雷，自己也听不到；岂不是问题越来越严重吗？做小事往往觉得滋味甘甜；行大道往往觉得其味纯淡，且做眼前的事容易干出成绩，而图长远大计则一时难见功效；不是聪明大智的君子，则不能大小事兼通。所以人们往往困惑于“其味甘甜”的小事，而不能投身“其味纯淡”的大事；迷惑于自己易于做到的事，而不能投身自己感到难做的事。因此，能使国家大治的君主世上少有，而导致国家混乱的君主世上很多。所以，君主所应致力的，应该是“治国的大道和长远的谋划”啊！所谓“治国的大道和长远的谋划”，其意思是仁德足以庇佑广大民众；恩惠足以抚养天下百姓；光明足以照亮四面八方；智慧足以统理人间万物；权力足以应付意外变故；道义足以丰富财物用度；威严足以禁绝歪门邪道；武力足以平定外患内乱；能仔细听取意见，慎重赐爵封官；明达事业兴亡的根本，通晓安定、危机的区别。能做到这些，为君之道就算齐备了。

今使人君视如离娄，听如师旷，御如王良，射如夷羿，书如史籀，计如隶首，走追驷马，力折门键。有此六者，可谓善于有司之职，何益于治乎？无此六者，可谓乏于有司之职，何增于乱乎？必以废仁义、妨道德矣。何则？小器不能兼容，治乱又不系于此，而中才之人所好也。昔潞丰舒、晋智伯瑶之亡，皆怙其三才，恃其五贤，而以不仁之故也。故人君多伎艺、好小智而不通于大道者，只足以拒谏者之说，而钳忠直（直下旧有者字）之口也；只足以追亡国之迹，而背安家之轨也。不其然耶！不其然耶！

【译文】

假如现在让君主眼目之明能比上离娄（传说中黄帝时代的奇人，能看见百步之外的微小之物）；听力之好能比上师旷（春秋时晋国乐师，目盲，善弹琴，辨音能力很强）；驾车技术能比得上王良（春秋时，公认最善于驾车的人）；射箭之艺能比得上羿（即后羿，传说中夏代东夷族首领，特别善于射箭）；书法造诣比得上史籀（春秋战国时兴起的大篆体）；计算本领比得上隶首（从事会计事务的差役中的最佳者）；奔跑之快追得上四马之车；力气之大能折断大门门杠；然而有上述六人那样的本领，也只可说是善于从事有关官吏的工作，对于治理好国家，又有多大作用呢？即便没有这六个人那样的本领，只可以说缺少从事有关官吏工作的能力，又怎会加剧天下的混乱呢？甚至反而会因此废弃仁义之政，妨碍道德修养。为什么这样说呢？才智不高之人不可能同时具有这么多本领，但这些技艺又不关乎国家治乱，只是有中等才能之人所爱好的。昔日，潞州丰舒、晋国智伯瑶的灭亡，都是因为其自恃有三种才能、五种特长而不讲仁义的缘故。所以，人君有多种技艺、喜好小聪明但却不通晓治国的大道理者，只能导致拒绝进谏者的主张，而封住忠诚直言者之口；只能追随亡国之君的足迹，而背离安定国家之轨道。不可以这样啊！不可以这样啊！

## 审大臣

帝者昧旦而视朝，南面而听天下，将与谁为之，岂非群公卿士欤？故大臣不可以不得其人也。大臣者，君股肱耳目也，所以视听也，所以行事也。先王知其如是，故博求聪明睿哲君子，措诸上位，使执邦之政令焉。执政聪明睿哲，则其事举；其事举，则百僚莫不任其职；百僚莫不任其职，则庶事莫不致其治；庶事莫不致其治，则九牧之人莫不得其所。故《书》曰："元首明哉，股肱良哉，庶事康哉"。

【译文】

做帝王者，天拂晓即临朝，面南而坐，听取群臣谏奏。天下将同谁来一起治理？岂不就是众多公卿臣僚吗？所以任用大臣不能不选择合适的人。大臣是帝王的肱股耳目，靠他们了解有关情况，靠他们办理各种事务。以前圣明的君王知道治理天下就得这样，所以广泛访寻聪明睿智的君子，并安置在较高的职位上，让他们执掌国家的政令。执政者聪明睿智，则国家的各种事务就能展开；各种事务能够展开，则百官无不各尽其职；百官各尽其职，则众多的事情没有办不好的；众多的事情都办好了，则九州之民无不各得其所。所以《尚书》上说："国君圣明，大臣贤明，则万事安康。"

# 亡　国

凡亡国之君，其朝未尝无致治之臣也，其府未尝无先王之书也。然而不免乎亡者，何也？其贤不用，其法不行也。苟书法而不行其事，爵贤而不用其道，则法无异于路说，而贤无异于木主也。昔桀奔南巢，纣踣于京，厉流于彘，幽灭于戏。当是时也，三后之典尚在，而良谋之臣犹存也。下及春秋之世，楚有伍举，左史倚相，右尹子革，而灵王丧师；卫有大叔仪，公子鲭，蘧伯玉，而献公出奔；晋有赵宣孟、范武子，而灵公被弑；鲁有子家羁、叔孙婼，而昭公野死；齐有晏平仲、南史氏，而庄公不免弑(原注无弑字)；虞虢有宫之奇、舟之侨，而二公绝祀。由是观之，苟不用贤，虽有无益也。然彼亦知有马必待乘之，然后远行；有医必待使之，而后愈疾。至于有贤，则不知必待用之而后兴治也。且六国之君，虽不用贤，及其致人也，犹修礼尽意，不敢侮慢也。至于王莽，既不能用，及其致之也，尚不能言。莽之为人，内实奸邪，外慕古义。亦聘求名儒，征命术士，政烦教虐，无以致之，于是胁之以峻刑，威之以重戮。贤者恐惧，莫敢不至，徒张设虚名，以夸海内，莽亦卒以灭亡。且莽之爵人也，其实囚之也。囚人者，非必著桎梏，置之囹圄之谓也，拘系之，愁忧之之谓也。使在朝之人欲进，则不得陈其谋，欲退则不得安其身，是则以绂组为绳索，以印佩为钳釱也。小人虽乐之，君子则（则原作情）以为辱矣。

【译文】

大凡亡国之君，其朝中不见得没有能使国家大治的臣子，其府中不见得没有古代先王留下的典籍，然而却终未免其亡国，这是为什么？是因为其贤臣不能得到任用，其先王的法规不能推行。如果写出法规而又不按法规执行，赐位给贤臣而又不采用他的治理办法，那么，法规便无异于路边闲话，而贤臣也无异于神主。昔年，夏桀王逃奔到南巢；殷纣王毙命于镐京；周厉王流放于彘地（山西霍县）；周幽王亡身于嬉戏。然而就在他们执政时，三后之典尚在，朝中贤德有智之臣尚在啊！到了春秋时代，楚国有伍举，还有左史倚相、右尹子革，而楚灵王大军覆没；卫国有太叔仪、公子鲭，蘧伯玉，而卫献公败逃出走；晋国有赵宣孟、范武子，而赵灵公被臣下所杀；鲁国有子家羁、叔孙婼，而鲁昭公死于荒郊；齐国有晏平仲、南史氏，而齐庄公未免于被刺；虞虢有宫子奇、舟之侨，而二公断绝祭祀。如此看来，如果不重用贤臣，虽有也无济于事。然而，上述国君也知道：有良马，必待骑上之后才可以远行；有医生，必待请来诊治之后，才可以医好疾病；但至于有贤臣，却不知道必待任用，然后才可以兴国图治。以上六国的君主，虽然不重用贤臣，但在其聘用时，还能用美好的礼节来表示其诚意，不敢轻悔慢待。至于王莽，既不能任用贤才，即使征招来了，也不许议论朝政。王莽之为人，其内心充满奸诈邪恶，而外表上却仰慕古时君主之义。他也聘请名儒，征召有术之士，但由于政治混乱，政教暴虐，难以吸引人才，于是便用严刑进行威胁，用“杀头”使其惧怕。贤者恐惧，不敢不来，这只是虚张声势，欺世盗名，以夸耀于海内而已。王莽也因之而很快灭亡。况且，王莽赐人官爵，其实等于囚人。所谓“囚人,”不是必须戴上刑枷、关进监狱的意思，而是限制、束缚、使其忧愁的意思。如此，则使在朝为官之人，欲进不能够陈述自己的谋略；欲退不能保全自己的性命。这就等于以佩带官印用的丝绶为绳索，以官印、佩玉为铁钳而囚人。小人虽以有了官位而高兴，君子则认为是受到了侮辱。

故明主之得贤也，得其心也，非谓得其躯也。苟得其躯而不论其心，斯与笼鸟槛兽，未有异也。则贤者之于我也，亦犹怨仇，岂为我用哉？虽曰（虽曰原作曰虽）班万钟之禄，将何益欤！故苟得其心，万里犹近；苟失其心，同衾为远。今不修所以得贤者之心，而务修所以执贤者之身，至于社稷颠覆，宗庙废绝，岂不哀哉！孙子曰：“人主之患，不在于言不用贤，而在于诚不用贤。言用贤者口也，却贤者行也；口行反，而欲贤者之进，不肖之退，不亦难乎？”善哉言也！故人君苟修其道义，昭其德音，慎其威仪，审其教令，刑无颇僻（僻原作类），惠泽播流，百官乐职，万民得所，则贤者仰之如天地，爱之如亲戚（亲戚原作其亲），乐之如埙篪，歆之如兰芳。故其归我也，犹决壅导滞，注之大壑，何不至之有乎（原注无乎字）？苟粗秽暴虐，香馨不登，谗邪在侧，杀戮不辜，宫馆崇侈，妻妾无度，淫乐日纵，征税繁多，财力匮竭，死莩（死莩原作怨丧）盈野，矜己自得，谏者被诛，外内震骚，远近怨悲，则贤者之视我容貌如魍魉，台殿如狴牢，采服如衰绖，歌乐如号哭，酒醴如滫涤，肴馔如粪土。众事举措，每无一善，彼之恶我也如是，其肯至哉？今不务明其义，而徒设其禄，可以获小人，难以得君子。君子者，行不苟合，立不易方，不以天下枉道，不以乐生害仁，安可以禄诱哉？虽强搏（搏原作缚）执之，而不获已，亦杜口佯愚，苟免不暇，国之安危将何赖焉（原作无焉字）！

【译文】

所以，圣明的君主求得贤臣，是要得到其真心，并非要得到其躯体。如果得到其躯体而不管其心里怎么想，这便与用笼子、栅栏关住鸟兽没有什么不同。那么贤者对于我，就会像仇人一样，岂能为我所用？纵然每天发给他万钟(六石四斗为一钟)俸禄，会有什么用呢！所以说，如果得到其心，相距万里也是近；如果失去其心，同盖一床被子也是远。现在，不研究怎样得到贤才之心，而着力于研究怎样控制住贤才之身，以致使国家政权颠覆，祖宗庙堂废弃，岂不令人痛心！荀子说：“君主的过错，不在于口上说不任用贤才，而在于打心底里不重用贤才。口上说任用贤才、行动上拒绝贤才，言行相反而想要贤才靠近、不贤者退让，不是很难吗？”这话说的真好啊！所以，君主如果能研修其道德义理，显现其善言善行，谨慎其尊严仪态，审正其政教命令，处罚无不公之例，恩惠传播于四方，百官乐尽职守，万民得其所愿，则贤才敬仰他如同敬天地，爱戴他如同爱亲人；快乐得如听埙篪之音，欣喜得如嗅兰芳之香。如此则贤才投奔于我，好像挖开障碍，排放积水，流入大沟，怎会有不来的呢？如果粗俗暴虐，美名远扬者不予晋升，谗谄邪恶者围在身边，杀戮无罪之人，宫馆崇尚奢侈，妻妾之多没有限度，淫荡取乐日益放纵，征收赋税名目繁多，国家资财匮乏短缺，怨气丧气充满郊野，骄傲自满而自鸣得意，进谏者被诛杀，内外震动骚乱，远近怨恨悲愤，那么贤德之人会视我容貌如妖怪，金殿如监狱；华彩之衣如同丧服，歌乐之声如同嚎哭；美酒甘醇如同污水，美食佳肴如同粪土；众多事情的举措，往往无一件正确；贤者厌我之心如同上述，他还愿意投奔于我吗？如今若不致力于明其大义，而空设其俸禄，只可以得到小人，难以得到君子。所谓君子，就是其行为不随意合流，处世不改其正直；不为占有天下而歪曲道义，不为自己生活快乐而损害仁爱；怎么会被俸禄所引诱呢？虽用强力束缚控制于他，不得已而从之，也会闭口不言，佯装愚钝，苟且让自己免遭不幸，国家的安危，又依赖什么呢？

## 赏　罚

政之大纲有二，赏、罚之谓也。人君明乎赏罚之道，则治不难矣。赏罚者，不在于必重，而在于必行；必行则虽不重而民肃，必不行也，则虽重而民怠。故先王务赏罚之必行也。夫当赏者不赏，则为善者失其本望，而疑其所行；当罚者不罚，则为恶者轻其国法，而怙其所守。苟如是也，虽日用斧钺于市，而民不去恶矣；日赐爵禄于朝，而民不兴善矣。是以圣人不敢以亲戚之恩而废刑罚，不敢以怨仇之忿而留庆赏，夫何故哉，将以有救也。故司马法曰：“赏罚不逾时，欲使民速见善恶之报也。”逾时且犹不可，而况废之者乎？赏罚不可以疏，亦不可以数；数则所及者多，疏则所漏者多。赏罚不可以重，亦不可以轻；赏轻则民（原作无民字）不劝，罚轻则民（原作无民字）不惧；赏重则民侥幸，罚重则民无聊。故先王明恕以听之，思中以平之，而不失其节也。夫赏罚之于万人，犹辔策之于驷马也，辔策之不调，非徒迟速之分也，至于覆车而摧辕。赏罚之不明，非徒治乱之分也，至于灭国而丧身。可不慎乎？可不慎乎？

【译文】

为政之大纲有两条，指的就是奖赏与惩罚。君主若能明白赏罚的道理，那么，治理好国家也就不难了。奖赏与惩罚，不在于必须很重，而在于必须执行。只要坚持执行，虽然不重，但人民便会恭肃；不坚持执行，虽然很重，但人民也会懈怠。所以古代帝王着力于奖罚的坚持执行。如果应该奖赏的不予奖赏，则做好事者就会失去其原有的期望，而怀疑自己的所为；应当惩罚的不予惩罚，则做坏事者就会轻视国家法纪，而坚持其固有的行为。如果是这样，即便每日使用斧钺在街市上行刑，人民也不会丢弃邪恶；即便每日在朝中封官赐禄，民间也不会兴起良好风气。所以，圣人不敢以亲戚之情而免于处罚；不敢以个人仇怨而不予奖赏，这是什么缘故呢，是用此来端正世风呀！因此，司马法说："奖罚不拖过时限，是希望民众尽快见到善恶的报应。"超过时限都不可以，更何况废弃不用呢！奖罚不可以过少，也不可以过密；过密则所涉及者太多，过少则所遗漏者太多。奖罚不可以过重，也不可以过轻；奖励过轻则起不到鼓励作用，处罚过轻则起不到威慑作用；奖励过重则人会心存侥幸，处罚过重则民会无所依赖。所以，古代帝王以明察宽大之道来决断案件，以中正之道来安定天下，因此而不失其节。奖罚对于万民，如同缰绳、竹鞭之于驾车之马，缰绳、竹鞭使用不协调，不只关乎车速快慢，甚至会造成翻车或折断车辕；奖罚不明，不只有导致社会稳定与社会混乱之分，甚至会导致国家灭亡、丧失性命。能不慎重吗？能不慎重吗？

## 服三年

天地之间，含气而生者，莫知乎人；人情之至痛，莫过乎丧亲。夫创巨者其日久，痛甚者其愈迟。故圣王制三年之服，称情而立文所以，为至痛极也。自天子至于庶人，莫不由之；帝王相传，未有知其所从来者。及孝文皇帝，天姿谦让，务崇简易，其将弃万国，乃顾臣子，令勿行久丧，已葬则除之，将以省烦劳而宽群下也。观其诏文，唯欲施乎己而已，非为汉室创制丧礼，而传之于来世也。后人遂奉而行焉，莫之分理。至乎显宗，圣德钦明，深照孝文一时之制，又惟先王之礼，不可以久违，是以世祖徂崩，则斩衰三年。孝明既没，朝之大臣，徒以己之私意，忖度嗣君之必贪速除也，检之以大宗遗诏，不唯孝子之心，哀慕未歇，故令圣王之迹，陵迟而莫遵，短丧之制，遂行而不除，斯诚可悼之甚者也。滕文公小国之君耳，加之生周之末世，礼教不行，犹能改前之失，咨问于孟轲，而服丧三年，岂况大汉配天之主，而废三年之丧，岂不惜哉！且作法于仁，其弊犹薄；道隆于己，历世则废，况以不仁之作，宣之于海内，而望家有慈孝，民德归厚，不亦难乎。《诗》曰："尔之教矣，民胥放矣。"圣主若以游宴之闲，超然远思，览周公之旧章，咨显宗之故事，感蓼莪之笃行，恶素冠之所刺，发复古之德音，改大宗之权令，事行之后，永为典式，传示万代，不刊之道也。

【译文】

天地之间，通过呼吸空气来生存者，没有比人更具智慧的。人感情中最悲痛的，莫过于父母去世；创伤巨大者，其延续的时间长；悲痛剧烈者，其恢复的速度慢。所以，圣明的君主规定，父母去世要服丧三年，这是适应人情而确立的法令条文，因为这是最大的悲痛。从天子到百姓，没有不遵从此法的。帝王代代相传，但没有人知道这条法令是从那里来的。到了孝文皇帝，天资谦恭宽让，办事崇尚从简，他临死之前，尚且顾念臣子，下令不要实行长久服丧的制度，埋葬之后，即可脱去丧服，旨在按此办理，可以省去烦挠劳碌而使群臣宽舒。但观其所下诏令条文，只是要适应于自己而已，并非要为汉朝创立治丧的礼节仪式，并传之于后世。后人便照此行使，未曾有人分析其中道理。到了显宗皇帝，其圣德恭谨、英明，深刻理解孝文皇帝一时的规定，又考虑过去君主所定的礼节仪式不能长久违背，所以世祖去世时，穿了三年丧服。孝明皇帝去世后，朝中大臣徒然以自己个人的想法，揣度太子必然会希望快点脱去丧服，便查看太宗遗诏，又不考虑孝子之心的哀恸、仰慕不止，遂令孝明皇帝的遗制逐步取消，不予遵从。服丧时间缩短的规定从此实施且没有废除。这实在是最大的悲哀。滕文公不过是小国的君主，又加之生于周朝末年，礼教已难以实施，但他还能修正前朝的失误，问询于孟子后，自己服丧三年，更何况大汉朝与天同高的君主，却废除服丧三年之制，这难道不令人叹息吗？制定短丧之法出于仁爱，尚且还有轻微的弊端，道德隆盛之风已然形成，但只历经一代，服丧三年之制就被废止，何况将不仁爱的法令公布于社会，却希望家中有慈母孝子，人民品德回归于敦厚，不是很难吗？《诗经》说："你的教化，民众会仿效的。"圣明的君主，若能在出游、饮宴的空闲时间，以超然的心态想得远点，看看周公当年所定的规章，咨询一下显宗的故事，感受一下"蓼莪"(《诗·小雅》中篇名，其诗大意是宣扬孝道。）中的笃厚孝行，憎恶"素冠"(《诗·桧风》中篇名，其诗斥责不能守三年之丧的现象。)中所斥责的现象，从而发出恢复古制的善言，修改太宗(此指孝文皇帝)的权宜之令，而且实施之后，要求永久地作为治丧的典范仪式，使之传承昭示于万代，将此作为不能删改的治丧办法。

## 制　役

昔之圣王，制为礼法，贵有常尊，贱有等差；君子小人，各司分职。故下无僭（僭原作潜）上之愆，而人役财力，能相供足也。往昔，海内富民及工商之家，资财巨万，役使奴婢，多者以百数，少者以十数，斯岂先王制礼之意哉？夫国有四民，不相干黩，士者劳心，工农商者劳力；劳心之谓君子，劳力之谓小人；君子者治人，小人者治于人；治于人者食人，治人者食于人；百王之达义也。今夫无德而居富之民，宜治于人，且食人者也，役使奴婢，不劳筋力，目喻颐指，从容垂拱，虽怀忠信之士，读圣哲之书，端委执笏，列在朝位者，何以加之。且今之君子，尚多贫匮，家无奴婢；即其有者，不足供事；妻子勤劳，躬自爨烹。其故何也？皆由罔利之人，与之竞逐，又有纡青拖紫，并兼之门，使之然也。

【译文】

昔日的圣主明君，制定明确的礼法：高贵者阶层中，有一般的、有更尊贵的；低贱者阶层中，也有相应的等级差别；君子与小人，各自掌管其所分配的职权。所以下层不会出现违犯规定而超越上层的过错，供役使的劳力和财力，都能相互供给充足。过去，国内富裕的平民以及工商家庭，钱财多达数万，雇用的奴婢，多者有几百人，少者有几十人，这难道是古代帝王制定礼法的旨意吗？国家有四类人(指士、农、工、商)，本应互不干扰、轻慢，有知识的人劳心，务工、务农、经商的人劳力；劳心者称为“君子”，劳力者称为“小人”。君子管理人，小人被管理；被管理者养活人，管理者被养活。这是历代君王都明白的道理。可当今呢，没有高尚道德却占有大量财富的人，本应该是被管理者，是应该养活人的，而他们役使奴婢，自己不劳动，颐指气使，不慌不忙，垂衣拱手。即使那些胸怀忠信、熟读圣贤之书、受君主委任而手执笏板站在朝堂之上的人，又有谁超过他们呢？当今的君子，还有许多贫穷匮乏之人，家里没有奴婢，即使有，也因数量少而忙不过来，妻子勤于家务劳动，亲自烧火做饭，这是什么缘故呢？都因为那些捞取横财的人，与他们竞争高下，再加上那些结交大小官员以及集官吏、豪富于一身的家族，致使君子陷于如此境地。

夫物有所盈，则有所缩。圣人知其如此，故裒多益寡，称物平施，动为之防，不使过度，是以治可致也。为国而令廉让君子不足如此，而使贪人有余如彼，非所以辨尊卑，等贵贱，贱财利，尚道德也。今太守令长得称君者，以庆赏刑威咸自己出也。民畜奴婢，或至数百，庆赏刑威，亦自己出，则与郡县长史又何以异？夫奴婢虽贱，俱含五常，本帝王良民，而使编户小人为己役，哀穷失所，犹无告诉，岂不枉哉！今自斗食佐吏以上，至诸侯王，皆治民人者也，宜畜奴婢；农工商及给趋走使令者，皆劳力躬作，治于人者也，宜不得畜。昔孝哀皇帝即位，师丹辅政，建议令畜田宅奴婢者有限，时丁傅用事，董贤贵宠，皆不乐之，事遂废覆。夫师丹之徒，皆前朝知名大臣，患疾并兼之家，建纳忠信，为国设禁，然为邪臣所抑，卒不施行，岂况布衣之士，而欲唱议立制，不亦远乎！

【译文】

社会财富，有多占的，必有少占的。圣人知道会是这样，所以，设法减少多占的，补给少占的，权衡财物多寡，公平分配，经常提防，不使有人超过限度。因此，能够实现社会稳定。治理国家却使廉洁礼让的君子这样物用不足，而使贪婪之人那样物用有余，这不是在区别尊卑、划分贵贱等级，也不是看轻财利、崇尚道德。现今的太守县令得以成为一方之主宰，是因为庆典、奖赏、处罚、威吓，都由自己决定。富人蓄养奴婢，有的达到数百之多，其庆贺、奖赏、处罚、威吓也是自己决定。这与郡县的长官又有什么不同呢？奴婢虽然地位低贱，但都有“五常”之情，本来都是帝王的良民，却编入小人之户，供他们役使，以至哀伤穷困，流离失所，还无权告状申诉，岂不是很冤枉的吗？当今，下自薪俸很低的衙吏，上至各诸侯王，都算是管理民众的人，是可以蓄养奴婢的，务农、做工、经商及供他们役使的人，都是应该亲自劳作、被管理的人，应当不许其蓄养奴婢。昔日孝哀皇帝即位，师丹辅佐国政，曾建议对蓄养种田、看院之奴婢的人数定一个限额，但当时丁傅专权，董贤受宠，都不乐意这么办，这个建议遂被废弃。师丹等人，皆是前朝的知名大臣，担忧、憎恨既有官位又做富豪的人家，建议召纳忠信之士，为国家创设禁令，然而因邪恶之臣的压制，终于未能实行。更何况尚未做官的一般人士，想倡议建立有关制度，那不是遥遥无期的事情吗？

**（张耀武译）**

卷四十六

# 典论治要

【考评】

《典论》，三国魏文帝曹丕著。《隋书·经籍志》："《典论》五卷，曹丕著"。《旧唐书·艺文志》有同样记载。《三国志·魏志·文帝纪》裴松之注："帝以素书所著《典论》及诗赋饷孙权，又以纸写一通与张昭。"此书《宋史·艺文志》未著录，说明此书久佚。惟《典论》中的《自叙》篇在裴松之注《文帝纪》中。其中《论文》一篇为《文选》所收，故全。此足证魏征编撰《群书治要》时所辑录亦早失佚。《群书治要》保存《典论》的部分资料，成为研究三国时期社会政治形势及政治思想发展演变的重要文献之一。

曹丕，字子桓，曹操之子。生于汉灵帝中平四年，卒魏黄初七年，年四十岁，建安十六年(公元211年)，为五官中郎将、副丞相，与孔融、王粲辈为文学交，尤与朝歌令吴献相善。二十二年(公元216年)，丕立为魏太子；操死，嗣位为丞相、魏王；建安末(公元219年)，废献帝为山阳公，篡汉自立，都洛阳，改元黄初。丕即位后，蜀与吴亦相继称帝，凡二伐吴，皆无功；在位六年卒，谥文帝。丕好文学，礼重文人，以著述为事，著典论、诗、赋之属几百余篇。《典论·论文》一篇，被认为是中国批评文学之始。

# 奸 谗

何进灭于吴匡、张璋；袁绍亡于审配、郭图；刘表昏于蔡瑁、张允。孔子曰：“佞人殆。”信矣。古事已列于载籍，聊复论此数子，以为后之监诫，作奸谗。

【译文】

何进的灭亡，是因为任用了吴匡和张璋；袁绍的灭亡，是因为任用了审配和郭图；刘表的昏庸，是因为任用了蔡瑁和张允。孔子曾说：“任用奸佞之人危险。”这话是可信的。这几件过去的事已记载于史书之上，这里姑且再围绕这几个人加以评论，以作为后人之借鉴，警戒作奸进谗者。

中平之初，大将军何进，弟车骑苗，并开府。近士吴匡、张璋，各以异端有宠于进，而苗恶其为人。匡璋毁苗而称进，进闻而嘉之，以为一于己。后灵帝崩，进为宦者韩悝等所害。匡、璋忌苗，遂劫进之众，杀苗于北阙，而何氏灭矣。昔郑昭公杀于渠弥，鲁隐公死于羽父，苗也，能无及此乎。夫忠臣之事主也，尊其父以重其子，奉其兄以敬其弟，故曰：“爱其人者，及其屋乌，”况乎骨肉之间哉？而进独何嘉焉？

【译文】

中平初年，大将军何进与其弟车骑将军何苗，两人都建立府署自选幕僚。近士吴匡、张璋各以异端邪说得宠于何进，而何苗却憎恶其为人。吴匡和张璋诋毁何苗，而称赞何进，何进听后即嘉奖此二人，认为他俩是一心一意忠于自己。后来汉灵帝去世，何进被宦官韩悝等人所害。吴匡和张璋忌恨何苗，便威逼利诱何进的部下，将何苗杀死于北城门，从而使何氏灭亡。昔日，郑昭公被渠弥杀死，鲁隐公被羽父杀死，何苗怎能不落得如此下场呢？忠臣侍奉其主，往往都是尊敬其父亲，也敬重其儿子；扶持其兄长也尊敬其兄弟，这就是因爱其人，也就爱其屋上之乌鸦，何况兄弟乃骨肉之亲，而何进为什么要独自嘉奖吴张二人呢？

袁绍之子，谭长而慧，尚少而美。绍妻爱尚，数称其才，绍亦雅奇其貌，欲以为后。未显而绍死，别驾审配、护军逢纪，宿以骄侈，不为谭所善。于是外顺绍妻，内虑私害，矫绍之遗命，奉尚为嗣。颍川郭图、辛评，与配、纪有隙，惧有后患，相与依谭，盛陈嫡长之义，激以绌降之辱，劝其为乱。而谭亦素有意焉，与尚亲振干戈，欲相屠裂。王师承天人之符应，以席卷乎河朔，遂走尚枭谭，擒配馘图。二子既灭，臣无余。

绍遇因运，得收英雄之谋，假士民之力，东苞巨海之实，西举全晋之地，南阻白渠黄河，北有劲弓胡马，地方二千里，众数十万，可谓威矣。当此之时，无敌于天下，视霸王易于覆手，而不能抑遏愚妻，显别嫡庶，婉恋私爱，宠子以貌；其后败绩丧师，身以疾死，邪臣饰奸，二子相屠，坟土未干，而宗庙为墟，其误至矣。

【译文】

袁绍的儿子中，袁谭是长子，而且聪慧；袁尚年龄小，但相貌俊美。袁绍之妻喜欢袁尚，多次称赞袁尚有才能。袁绍也很惊奇袁尚的相貌，想让他继承自己的事业，但还没有来得及公告，袁绍就死了。别驾审配、护军逢纪素来骄横奢侈，不被袁谭所喜欢。于是，这两人外表上是顺从袁绍之妻，而内心是担忧个人的危机，便假造袁绍遗诏，奉立袁尚继承父业。当时在颍川的郭图和辛评，与审配、逢纪有隔阂，怕生后患，便双双投靠袁谭，大讲嫡生长子的权利义务，并以“被排挤降格的耻辱”刺激袁谭，劝他兴兵作乱，加上袁谭本来就有承继父业的想法，便亲自与袁尚刀兵相见，要互相屠杀，分地裂土。此时，朝廷的军队秉承天意人心，席卷河北大地，遂赶走袁尚，诛杀袁谭，生擒审配，割去郭图左耳。袁尚败走，袁谭被灭，其他臣子或死或逃，无一剩余。

袁绍兴起的机遇在于时运。因为得到英雄的谋划，凭借士民的力量，他向东占据到大海之边，向西攻占了山西全境，南面以白渠、黄河为阻敌之屏障，北面可借用善射善骑的胡兵。他占地两千里，拥兵数十万，真可谓威风八面。当时，袁绍无敌于天下，认为以强力取得王位，易如反掌。但他却不能遏制其愚蠢的妻子，不能明确地区别嫡生与庶出；留恋于个人之喜好，因容貌俊美而宠爱幼子；从而导致其后来的事业失败，军队覆亡，自己也得病而死。奸臣掩藏其诡诈，使两个儿子互相残杀，以至袁绍坟上黄土未干，宗庙便成废墟。其失误太大了啊！

刘表长子曰琦，表始爱之，称其类己。久之为少子琮，纳后妻蔡氏之侄。至蔡氏有宠，其弟蔡瑁，表甥张允，并幸于表，惮琦之长，欲图毁之。而琮日睦于蔡氏，允、瑁为之先后。琮之有善，虽小各闻；有过，虽大必蔽。蔡氏称美于内，瑁、允叹德于外，表日然之，而琦益疏矣。出为江夏太守，监兵于外，瑁、允阴司其过阙，随而毁之。美无显而不掩，阙无微而不露，于是表忿怒之色日发，诮让之书日至，而琮坚为嗣矣。故曰："容刀生于身疏，积爱出于近习。"岂谓是耶？昔泄柳申详，无人乎穆公之侧，则不能安其身。君臣则然，父子亦犹是乎！后表疾病，琦归省疾。琦素慈孝，瑁、允恐其见表，父子相感，更有托后之意，谓曰："将军命君抚临江夏，为国东藩，其任至重。今释众而来，必见谴怒，伤亲之欢心（魏志注，所引典论欢下有心字），以增其疾，非孝敬也。"遂遏于户外，使不得见，琦流涕而去。士民闻而伤焉，虽易牙杜宫、竖牛虚器，何以加此。琦岂忘晨凫北犬之献乎？隔户牖而不达，何言千里之中山。嗟乎！

【译文】

刘表的长子叫刘琦。刘表起初很爱他，说他很像自己。过了很长时间，因幼子刘琮之故，接纳了后妻蔡氏的侄子。到了蔡氏深得刘表宠爱之时，其弟蔡瑁和刘表的外甥张允，同得刘表宠爱。他们顾虑刘琦是长子，想没法毁掉刘琦。而刘琮同蔡氏关系日益密切，张允、蔡瑁鞍前马后紧随刘琮。刘琮做了好事，即便微小，也要让所有人都知道；刘琮有了过错，即便很大，也必定为其遮掩。蔡氏在宫内说刘琮的好话，蔡瑁、张允在外面赞叹刘琮的美德，刘表便日益觉得刘琮不错，对刘琦越来越疏远，随后将他派出去任江夏太守，监理兵马于外地。蔡瑁、张允则暗地里搜寻刘琦的过失，随时诽谤诋毁。刘琦有再大的优点，他们都予以掩盖；刘琦有再小的过失，他们都四处传扬。于是，刘表忿怒的表情日益显现，讥笑责怪的书信日见送达。这样一来，刘琮继承父位渐成定局。所以人们常说："挑拨的介入是由于两相疏远；宠爱的积加是出自习性相近"，其所说的，不正是这种情况吗？昔日泄柳陈情奏事详明，好像秦穆公身边别无他人，所以他不能在朝中安身。君臣之间是这样，父子之间也同样是这样啊！后来刘表生病，刘琦回来探望。因为刘琦本来就仁慈孝顺，蔡瑁、张允怕他见到刘表后为父子之情所感，刘表会产生托付后事之意，便对刘琦说："将军命令你驻守江夏，那里是国家东部屏障，其责任非常重大。你今日扔下众人而来，必然会受到父亲的谴责与怒斥，有伤父亲的欢心，因而加重父亲疾病，这不是孝敬啊！"于是便将刘琦挡在户外，使其不能与父相见，刘琦只好哭着离去。士民百姓听到这件事都为之伤心，认为易牙堵塞齐桓公宫门、竖牛不给齐恒公吃饭，恐怕也超不过这种作法呀！刘琦岂能不知道当初太子击向父亲魏文侯进献晨凫北犬，文候让太子从中山国返回朝廷的典故呢，只是隔着一层窗户尚不能进见，何言身在千里之外的中山国呢？可叹呀！

父子之间，可至是也。表卒，琮竟嗣立，以侯与琦。琦怒投印，伪辞奔丧，内有讨瑁、允之意。会王师已临其郊，琮举州请罪，琦遂奔于江南。昔伊戾费忌，以无宠而作谗；江充、焚丰以负罪而造蛊；高斯之诈也贪权；躬宠之罔也欲贵，皆近取乎骨肉之间，以成其凶逆。悲夫！匡、璋、配、图、瑁、允之徒，固未足多怪，以后监前，无不烹俎夷灭，为百世戮诋（诋原作试）。然犹昧于一往者，奸利之心笃也。其谁离父子，隔昆弟，成奸于朝，制事于须臾，皆缘厓隙以措意，托气应以发事。挟宜愠之成画，投必忿之常心；势如憝怒，应若发机，虽在圣智，不能自免，况乎中材之人。若夫爰盎之谏淮南；田叔之救梁孝；杜邺之绐二王；安国之和两主；仓唐之称诗；史丹之引过；周昌犯色以廷争；叔孙切谏以陈诫；三老抗疏以理冤；千秋托灵以寤主；彼数公者，或显德于前朝，或扬声于上世；或累迁而登相，或受金于帝室；其言既酬，福亦随之。斯可谓善处骨肉之间矣。

【译文】

父子之间，也可以弄到如此地步呀！刘表死后，刘琮竟继承了父位，封刘琦为侯。刘琦大怒，扔掉大印，假说要来奔丧，内心实有讨伐蔡瑁、张允之意。恰在此时，朝廷大军已经到了荆州郊外，刘琮手举全州图册出城请罪，刘琦只好逃向江南。昔日伊戾、费忌，因不得宠而制造谗言；江充、焚丰，因负罪而造谣蛊惑；赵高、李斯的奸诈是因为贪图权力；躬、宠的欺骗是想谋求富贵。他们都是在骨肉至亲之间趁便行事，以实现其凶残背叛的图谋。可悲啊！吴匡、张璋、审配、郭图、蔡瑁、张允之流固然并不少见，但从现在追溯到前代，没有不被诛杀、消灭，从而被后世百代羞辱笑骂的。然而，至今还有人愚昧地走这条道，都是因为奸恶、逐利之心太重。不管是谁，离间父子，在兄弟间制造隔阂；或成其奸诈于朝廷，或制造事端于一时，都是利用他们的矛盾，留意其心思，凭借其气愤，相机起事，怀着可以激发其愤怒的周密策划，投合其必然产生忿怒的通常心理，使其情势如同憎恶发怒、其回应之快捷如同扣动弓箭上的板机。就是很有智慧的人，也难免受其蛊惑，何况中等才能之人呢！至于爰盎谏阻淮南王、田叔拯救梁孝、杜邺好意欺骗二王、安国说合两主、仓唐智评诗作、史丹引过于己，周昌在朝堂上犯颜争论、叔孙恳切进谏以陈述其警诫、三老抗奏以审理冤案、千秋托幽灵而使君主醒悟，这些人，有的显示品德于前朝，有的声誉远扬于上世，有的几次升迁而登相位，有的受到皇帝的重金奖励，其建言得以实现，幸福也就随之而来。这可说是善于处理骨肉至亲之间矛盾、隔阂呀！

# 内　诫

三代之亡，由乎妇人。故诗刺艳女，书诫哲妇，斯已著在篇籍矣。近世之若此者众，或在布衣细人，其失不足以败政乱俗。至于二袁，过窃声名，一世豪士，而术以之失，绍以之灭，斯有国者所宜慎也。是以录之，庶以为诫于后，作内诫。古之有国有家者，无不患贵臣擅朝，宠妻专室。故女无美恶，入宫见妒；士无贤愚，入朝见嫉。夫宠幸之欲专爱擅权，其来尚矣。然莫不恭慎于明世，而恣睢于暗（暗原作间）时者，度主以行志也。故龙阳临钓而泣，以塞美人之路；郑袖伪隆其爱，以残魏女之貌。司隶冯方女，国色也，世乱避地扬州，袁术登城见而悦之，遂纳焉，甚爱幸之。诸妇害其宠，绐言将军贵人有志节，当时涕泣示忧愁，必长见敬重。冯氏女以为然，后见术辄垂涕，术果以为有心志，益哀之。诸妇因是共绞，悬之庙梁，言自杀。术诚以为不得志而死，厚加殡殓。袁绍妻刘氏甚妒忌，绍死僵尸未殡，宠妾五人，妻尽杀之；以为死者有知，当复见绍，乃髡头墨面，以毁其形。追妒亡魂，戮及死人，恶妇之为，一至是哉！其少子尚又为尽杀死者之家，媚说恶母，蔑死先父，行暴逆，忘大义，灭其宜矣。绍听顺妻意，欲以尚为嗣，又不时决定，身死而二子争国，举宗涂地，社稷为墟。

上定冀州屯邺，舍绍之第，余亲涉其庭，登其堂、游其阁、寝其房，栋宇未堕，陛除自若，忽然而他姓处之。绍虽蔽乎，亦由恶妇。

【译文】

夏商周三个朝代的灭亡，都是由女人所导致的。所以《诗经》中有诗讽刺艳丽的女子，史书记录贤德之妇的事迹劝诫世人。这些已记录在有关文章和书籍里了。近世像这样的事很多，有些只是发生在平民、小人之中，其失误还不至于败坏政治、祸乱习俗。至于袁绍、袁术二人，他们过于热衷窃取声誉、名位。作为一代豪杰之士，袁术因之而失败，袁绍因之而灭亡。这一点是拥有封国者应当审慎的，因此记述于上，希望以此为后来者借鉴，也以此作为内室之诫。自古以来的拥有国家者，无不忧虑皇亲重臣专权于朝、宠爱之妻专断于家。女人不管是好是坏，一入帝宫就被妒忌；士人不管是贤是愚，一入朝廷就被嫉妒。得到宠爱信任者，就想得到专爱，就想独揽大权，这已由来已久了。然而，这些人之所以在政治清明之世无不恭敬谨慎，而在上下左右有隔阂时恣意妄为，都是猜度君主的心思才实施其意愿的。所以龙阳正钓鱼时哭泣，以断绝美女攀附之路；郑袖假装非常关爱，借机毁掉魏女之容貌。司隶冯方之女乃天姿国色，社会动乱时躲避到扬州。袁术登上城楼后看见了她，非常喜欢，便娶了她，而且很是喜爱、宠幸。其他女人想阻止其得宠，谎称将军最看重有志向有节操的人，便对她说，你应当经常哭泣以示忧愁，必然得到长久的敬重。冯氏之女信以为然，此后见到袁术，每每垂泪。袁术果然以为她是有心志者，更加怜悯她。其他几个女人认为时机成熟，便合起伙来勒死了她，并悬其尸于房梁之上，说她自杀。袁术真以为她是因不得志而悬梁自尽，遂厚礼埋葬。袁绍之妻刘氏，是个妒忌心很强的女人。袁绍死后、尸体尚未埋葬，其五个宠妾，尽被刘氏所杀。她认为人死之后，灵魂有知，可能还会在九泉之下见到袁绍，于是剃去死者头发，涂脏死者面容，用这种办法来毁坏其形象。就是说她的嫉妒连死人的灵魂也不放过，因此施刑于死人。恶妇之妒忌，竟然达到了如此程度啊！而袁绍的少子袁尚又诛杀了被杀死者的家人，以谄媚逢迎、取悦恶母，污蔑其刚刚去世的父亲袁绍，施行暴逆，忘却大义，应该被消灭。袁绍当初听从妻子的意见，打算让袁尚继承自己之位，又不及时决定，结果，自己死后，两个儿子争做国君，致使整个宗族肝脑涂地，社稷变为废墟。

当今圣上平定冀州后，屯兵于邺城，住在袁绍原来的府第里。我亲自漫步其庭院，登上其殿堂，游览其楼阁，寝卧其房舍，但见梁栋屋檐没有塌落，王宫的台阶依然如旧，却忽然之间为他姓之人所据有。虽说这是因为袁绍暗昧不明，但不也是由于恶毒的妻子所致吗？

（张耀武译）

卷四十七

# 刘廙政论治要

【考评】

《群书治要》节录《刘廙政论》约四千余字，分为《备政》《正名》《慎爱》《审爱》《欲失》《疑贤》《任臣》《下视》等八篇，主要论述人君应该如何知人、用人，颇有见地，且条理清楚，逻辑性强，语言生动，为魏征谏言所常引。如《下视》篇："夫自足者不足，自明者不明。日月至光至大，而有所不遍者，以其高于众之上也；灯烛至微至小，而无不可之者，以其明之下，能照日月之所蔽也。圣人能睹往知来，不下堂而知四方。萧墙之表，有所不喻焉！诚无所以知之也。夫有所以知之，无远而不睹；无所以知之，近不如童昏之履之也。人岂逾于日月，而皆贤于圣哉！故高于人之上者，必有以应于人；其察之也视下，视下者见之详矣。人君诚能知所不知，不遗灯烛童昏之见，故无不可知而不知也。何幽冥之不尽，况人情之足蔽哉！"今天看来，作为领导者之借鉴，也有很大的现实意义。

《刘廙别传》即《刘廙政论》。《三国志·魏书》在刘廙传中记载有："著书数十篇，及与丁仪共论刑礼，皆传于世。"世已久佚，惟魏征主编的《群书治要》辑录《刘廙政论》，尚可窥其政治思想之大概。

刘廙(180—221)，字恭嗣，南阳安众人，卒于魏文帝黄初二年，年四十二岁。兄望之有名于世，为刘表幕僚，故刘廙与兄当时同居荆州。后来其兄望之为表所杀，刘廙逃奔扬州，归曹操。曹请他担任丞相椽属，旋转升为五官将文学。曹丕即位，以廙为侍中，赐爵关内侯。

# 备　政

夫为政者，譬犹工匠之造屋也。广厦既成，众棁不安，则梁栋为之断折；一物不备，则千柱为之并废。善为屋者，知梁棁之不可以不安，故栋梁常存；知一物之不可以不备，故众榱与之共成也。善为政者，知一事之不可阙也，故无物而不备；知一是之不可失也，故众非与之共得。其不然者，轻一事之为小，忽而阙焉，不知众物与之共多也；睹一非之为小也，轻而蹈焉，不知众是与之共失也。

【译文】

执政者，如同工匠建造房屋。大房已经建成，梁上的短柱却没有安放，则梁栋就会因之而折断；一个构件不完备，则众多柱子都会不起作用。善于建造房屋者，深知梁上的短柱不可不安放稳妥，所以栋梁可以常保完好；深知一样东西也不能不完备，所以屋檐屋桷与主体应共同完成。同样，善于执政者，知道哪一项工作都不可缺少，所以没有一件事不作准备；知道一条正确的意见也不可遗漏，所以许多不正确的意见都要与之同时听取。不知上述道理者，轻视某件事，认为是小事，因不重视而造成缺失，其不知大事正是由一件件小事共同组成的；发现某一错误，自认为是小错，而轻率地实行，其不知总体上的正确会因一次次小错误而全盘失误。

夫政之相须，犹輗辖之在车，无輗辖犹可以小进也，谓之历远而不顿踬者，未之有也。夫为政者，轻一失而不矜之，犹乘无辖之车，安其少进，而不睹其顿踬之患也。夫车之患近，故无不睹焉；国之患远，故无不忽焉。知其体者，夕惕若厉，慎其愆矣。夫为政者，莫善于清其吏也。故选托于由夷，而又威之以笃罚，欲其贪之必惩、令之必从也，而奸益多、巧弥大，何也？知清之为清，而不知所以清之，故免而无耻也。日欲其清，而薄其禄，禄薄所以不得成其清。夫饥寒切于肌肤，固人情之所难也，其甚又将使其父不父、子不子、兄不兄、弟不弟、夫不夫、妇不妇矣。贫则仁义之事狭，而怨望之心笃。从政者捐私门，而委身于公朝，荣不足以光室族，禄不足以代其身，骨肉饥寒，离怨于内，朋友离叛，弃（弃原作衰）捐于外，亏仁孝，损名誉，能守之而不易者，万无一也。不能原其所以然，又将佐其室族之不和、合门之不登也。疑其名，必将忘其实。因而下之，不移之士，虽苦身于内，冒谤于外，捐私门之患，毕死力于国，然犹未获见信之衷，不免黜放之罪。故守清者，死于沟壑，而犹有遗谤于世也。为之至难，其罚至重，谁能为之哉！人知守清之必困于终也，违清而又惧卒罚之及其身也，故不为昭昭之行，而咸思暗昧之利，奸巧机于内，而虚名逸于外。

【译文】

各类政令之相辅相成，就像輗辖对于车一样。没有这两样东西，车子也可以行进一段路程，但要说它能远行而不停顿、不摔倒，则是从未有过的。凡执政者，轻视小的失误而不加慎重，就像乘坐没有使车轮得以固定的车键的车子，自安于一时的行进，而看不到其将会有摔倒或翻车的祸患。乘车的祸患近在眼前，所以人们没有看不到的，而国家的祸患往往比较遥远，所以没有不忽视的。明白这一根本道理的人，终日警惕，如同曾经亲历，慎重地对待其差错。执掌政权，最好莫过于使其官吏廉洁清正。所以，选拔并委托政事于许由和伯夷这样的人，且又以重罚加以威慑，希望实现有贪必惩、有令必从。但伪诈之举却日益增多，虚浮不实之风却越来越严重，这是何故？是因为知道怎样算是清廉，却不知怎样才能实现清廉，所以人们只求逃避惩罚而并无廉耻之心。君主希望官吏清廉，而减少其俸禄，其不知俸禄太低，正是很难实现其清廉的原因。饥饿寒冷与人体关系最为密切，本来就是人性所难耐的，更严重的，会使其父不像父，子不像子，兄不像兄，弟不像弟，夫不像夫，妻不像妻。贫困则仁爱仗义之事不多，而怨恨责望之心加重。从政之人放弃自己家庭事务而委身于国家朝廷，但荣贵却不足以光耀其家庭户族，所得的俸禄还比不上自己在家耕田劳作所得；在家收到骨肉亲人因为饥寒交迫而产生的离恨怨尤；在外受到朋友的离弃背叛；这样既有亏于仁爱孝敬，又有损于官声名誉。情况如此，还能保持廉洁而不变的，万人中怕也没有一个。若不能推究其为什么会这样穷困，又将加剧其家族的不和睦和全家的不丰裕。怀疑其声誉，也必将忘记其实绩。照此下去，矢志不移的官吏，即使对内苦了自身，对外顶着诽谤，抛弃个人忧虑，竭力报效国家，却仍然难以获得被信任的善报，难以避免被罢官流放之罪。因此，操守廉洁的人，即便因冻饿死于沟壑，身后还往往有诽谤流传于世。作廉吏如此之难，处罚又如此之重，谁能做到呢？人们知道坚持廉洁必会贫困终生，违犯廉洁之律又怕自身受到惩罚，所以不光明正大地办事，而常想暗中得到好处，于是，伪诈隐密于内，而清廉的虚名传扬于外。

人主贵其虚名，而不知贱其所以为名也。虚名彰于世，奸实隐于身，人主眩其虚，必有以暗其实矣，故因而贵之，敬而用之，此所谓恶贪而罚于由夷、好清而赏于盗跖也。名实相违，好恶相错，此欲清而不知重其禄之故也。不知重其禄，非徒失于清也，又将使清分于私，而知周于欺。推此一失，以至于欺，苟欺之行，何事而不乱哉！故知清而不知所以重其禄者，则欺而浊；知重其禄而不知所以少其吏者，则竭而不足；知少其吏而不知所以尽其力者，则事繁而职阙。凡此数事，相须而成，偏废则有者不为用矣。其余放欺，无事而不若此者也，不可得一二而载之耳。故明君必须良佐而后致治，非良佐能独治也〔必须善法有以用之。夫君犹医也，臣犹针也，法，阴阳补泻也。针非人不入，人非针不彻于病。二者既备，而不知阴阳补泻，则无益于疾也，又况逆（逆疑并）失之哉？今用针而不存于善术，使所针必死。夫然也，欲其疾之疗亦远。良医急于速疗，而不恃针入之无恙也；明君急于治平，而不恃亡失之不便亡也〕。

【译文】

君主看重其虚名，却不知鄙视其得到清廉之名的原因。结果，虚得之名彰扬于世，而邪恶之实隐藏于身。君主被其虚名所迷惑，必然会以虚名掩盖其实质，并因而重视他，尊敬、任用他。这就是憎恶贪官却处罚了由夷，喜欢廉洁却奖励了盗跖。名与实相违背，善与恶相错位，这就是希望官吏廉洁，却又不知道增加其俸禄的缘故。不知道增加其俸禄，不仅仅失去廉洁之臣，还将把清廉之名给予谋取私利者，从而让人们普遍知道去行欺诈之事。这样的失误发展下去，便会欺诈成风。如果欺诈成风，还有什么事情不出现混乱呢！所以，知道廉洁重要而不知道为什么要增加其俸禄，则会导致欺诈与污浊；知道应增加俸禄，而不知道应因之而精减官吏，则财力枯竭而不足用；知道应精减官吏，而不知怎样可以使人尽其力，则事务繁多而职事有所缺漏。这几方面，相辅相成，若只重视某一方面，则虽有举措，也难以产生效用。在其他方面，如果放任欺诈行为，就会事事如此，不能因为在一两件事情上有所成效便加以肯定和宣扬。所以，明君在得到贤良的辅佐之后，才能实现国家大治，但是并非贤良辅佐之臣能独自治理好国家。（一定要采用好的方法、具备条件来运用。君主如同医生，大臣如同银针，善法则如同阴阳补泄，银针没有人的扎入则不会进入身体，人不通过针灸则难以医好疾病，这两者都齐备了之后，如果不懂得阴阳补泄的道理，则对治愈疾病没有任何的好处，何况采取相反的行为呢？现在如果用针灸而不懂得阴阳补泄的道理，那么让他用针就会致人于死，这样离治好病也就很遥远了。良医急于治好病，但不会凭借针灸马上把病治好。明君急于治理好国家，但不至于依赖让国家灭亡的臣子。）

## 正　名

夫名不正，则其事错矣；物无制，则其用淫矣。错则无以知其实，淫则无以禁其非。故王者必正名以督其实，制物以息其非。名其何以正之哉？曰："行不美则名不得称，称必实所以然，效其所以成。故实无不称于名，名无不当于实也。"曰："物又何以制之哉？”曰：“物可以养生，而不可废之于民者，富之备之；无益于养生，而可以宝于世者，则随尊卑而为之制，使不为此官，不得服此服，不得备此饰。故其物甚可欲，民不得服，虽捐之旷野，而民不敢取也；虽简于禁，而民皆无欲也。是以民一于业，本务而末息，有益之物阜而贱，无益之宝省而贵矣。所谓贵者，民贵愿之也，匪谓贾贵于市也。故其政惠，其民洁，其法易，其业大。”昔人曰：“唯器与名，不可以假人。”其此之谓与！

【译文】

名分不正，则其做事就会乖错；物品不加控制，则其使用就会过滥。乖错则无从了解其实际情况，过滥则无法制止其错误行为。所以帝王必须端正名分来督察其实际作为，控制物品来终止其错误行为。名分怎样来端正呢？答曰：“所作所为不善，则该名分不能称用。要称用，必须查实其做了什么好事，验证其凭什么得以成功。这样做就会实称其名，名符其实。”问：“物品又用什么办法来控制呢？”答曰：“凡物品可以养生且不会于民众无用的，就使其富足、完备；凡是无益于养生，但可作为社会上的财宝者，可按人的地位高低加以控制使用。如果不是某一级官吏，就不能穿某一种衣服，不能用某一种饰品。这样，即使这些东西人人都非常想要，但平民却不能穿戴；即便抛弃于旷野，平民也不敢去拿；即使禁令松懈，但百姓皆没有占有的欲望。从而，人民专心于自己的工作，使本业得以重视，而末业得以停息；使有用之物品丰足而便宜，无实用意义的珍宝则稀少而贵重。这里所说的贵重是人民心目中的贵重，并非市场买卖中的价格昂贵。这样，则政治显现仁爱，人民思想纯洁；法令简约易行，事业光大兴旺。”古人说：“唯有车服之器和爵号之名不能轻易授予人。”这句话说的就是这种情况。

# 慎　爱

夫人主莫不爱爱己，而莫知爱己者之不足爱也。故惑小臣之佞，而不能废也；忌（忌原作忘）违己之益己，而不能用也。夫犬之为猛也，莫不爱其主矣，见其主，则腾踊而不能自禁，此欢爱之甚也。有非则鸣吠，而不遑于夙夜，此自效之至也。昔宋人有沽酒者，酒酸而不售，何也？以其有猛犬之故也。夫犬知爱其主，而不能为其主，虑酒酸之患者不噬也。夫小臣之欲忠其主也，知爱之而不能去其嫉妒之心，又安能敬有道，为己愿稷、契之佐哉！此养犬以求不贫，爱小臣以丧良贤也。悲夫！为国者之不可不察也。

【译文】

君主都喜欢敬爱自己的人，而不了解敬爱自己的人身上存在的不值得喜爱的东西，所以常常会被小臣的巧言谄媚所迷惑，而不能废黜这类人；憎恶与自己意见不同却会有益于自己的人，从而不任用他们。狗是很凶猛的动物，但没有不爱其主人的，见到主人，就又蹦又跳而不能自禁，这可说是欢快喜爱之最了；有异常动静，它就发出叫声，且昼夜都不闲暇，这可说是自愿效力之极了。昔日宋代有一个卖米酒的人，酒已发酸还卖不出去，这是为什么呢？是因他养着一只凶猛之狗的缘故。狗只知道爱护其主人，却不能为其主人着想，不会因担忧主人米酒发酸而不去咬买酒者。小臣想忠于其主，知道爱护其主人却不能消除自己嫉妒的心态，又怎么能够去尊敬有才德的人？又怎能愿意自己的君主拥有稷、契一样的辅政之臣呢？这就是养狗本为了求得不贫（反而导致了贫困），喜爱小臣却失去贤良之才。可悲啊！治理国家者不能不详审。

## 审　爱

为人君者，莫不利小人以广其视听，谓视听之可以益于己也。今彼有恶而己不见，无善而己爱之者，何也？智不周其恶，而义不能割其情也。己不能割情于所爱，虑不能睹其得失之机，彼亦能见己成败于所暗，割私情以事其上哉？其势适足以厚奸人之资。此朋党者之所以日固，独善之所以孤弃（弃原作弄）也。故视听日多，而暗蔽日甚，岂不诡哉！

【译文】

做君主的，没有哪一个不给身边侍奉小臣以好处，以求通过他们拓宽自己的见闻，认为这些见闻可以有益于自己。实际情况是，这些人有不良行为，而自己看不见；没有做什么好事，自己却喜欢他们。这是为什么？是因为君主虽然聪慧，却难以尽见这些小臣不好的一面，因情义而割不断对他们的私情。君主自己不能割断对所爱者的私情，又担心看不到国家得失的关键所在，而那些人又怎能看到君主自己尚未显露的成败、割断私情以侍奉主上呢？这种形势恰好可以被奸邪之人利用，借以提高自己的资望。这就是拉帮结派者地位日益巩固，而一心从善者却被孤立、遗弃的原因。所以，君主的所谓见闻一天比一天增多，而暗昧蒙蔽却一天比一天更甚，岂不是事与愿违吗？

## 欲　失

夫人君莫不愿众心之一于己也，而疾奸党之比于人也。欲得之而不知所以得之，故欲之益甚，而不可得亦甚；疾之益力，而为之者亦益勤矣。何也？彼将恐其党也，任之而不知所以信之，朝任其身，夕访于恶，恶无毁实，善无赏分，事无小大，访而后知。彼众之不必同于道也，又知访之不能于己也，虽至诚至忠，俾曾参以事其亲，借龙逄以贯其忠，犹将屈于私交，况世俗之庸臣哉！故为君而欲使其臣之无党者，得其人也。得其人而使必尽节于国者，信之于己也。

【译文】

做君主的，没有谁不希望众臣之心专一于自己，而憎恨奸诈之党笼络人心、拉帮结派。因为想得到众臣专一之心，而又不知道怎样得到，所以越是想得到，越是难以得到；憎恨越来越强烈，而笼络人心、拉帮结派者活动也更频繁。这是为什么呢？君主怕臣子拉帮结派，既已任用而又不知道怎样去信任他们，早晨才委任其人，晚上便去调查此人有无不良行为，听到中伤之语，不分辨是诽谤还是真实，听到赞许之言，也不表示给予赏赐，事情不分大小，查访之后才让人知道。那些被调查的官吏，思想、主张不一定与查访者相同，但又知道君主不会直接询问自己。即使是最诚实、最忠心的人，就像曾参孝顺其母亲那样，像龙逄忠心一以贯之那样，也可能因屈服于人言而私相交接，更何况一般的世俗官吏呢？所以，做君主而想使臣子中没有朋党，关键在于得到臣子的心。要得到臣子的心而想使他们一定会为国家尽忠尽节，则自己一定要信任他们。

## 疑　贤

自古人君莫不愿得忠贤而用之也，既得之，莫不访之于众人也。忠于君者，岂能必利于人，苟无利于人，又何能保誉于人哉！故常愿之于心，而常先（先疑作失）之于人也。非愿之之不笃而失之也，所以定之之术非也。故为忠者获小赏，而大乖违于人，恃人君之独知之耳，而获访之于人，此为忠者福无几，而祸不测于身也。得于君不过斯须之欢，失于君而终身之故患，荷赏名而实穷于罚也。是以忠者逝而遂，智者虑而不为。为忠者不利，则其为不忠者利矣。凡利之所在，人无不欲；人无不欲，故无不为不忠矣。为君者，以一人而独虑于众奸之上，虽至明而犹困于见暗，又况庸君之能睹之哉！庸人知忠之无益于己，而私名之可以得于人，得于人可以重于君也，故笃私交，薄公义，为己者殖而长之，为国也抑而割之。是以真实之人黜于国，阿欲之人盈于朝矣。由是田季之恩隆，而齐鲁之政衰也。虽威（威原作成）之市朝，示之刀锯，私欲益盛，齐鲁日困。何也？诚威之以言，而赏之以实也。好恶相错，政令日弊。昔人曰："为君难。"不其然哉！

【译文】

自古以来，君主没有不希望得到忠心贤德之士而予以任用的，任用之后，又没有不在众人中进行调查的。忠于君主者，岂能事事都有利于他人？若无利于人，又怎能在他人中保持其声誉？因此，君主心里常常希望得到忠心贤德之才，却常常因为访之于人而失去他们。并不是君主渴望得到忠心贤德之才的愿望不诚，而是判定忠心贤德之才的方法不正确啊。因为，做忠臣者虽获得小小赏赐，却因之而与他人的利益相违背，这是仰仗君主一人的了解呀！君主若得到咨询其他人后的反馈，则忠臣福运便会没有多久，且自身的祸患也难以预料。得到君主的赏赐不过是一时的欢快，因之而失去君主的信任，则是终身的、长久的忧患，担着受赏赐之名，而实际上终究将会被处罚。因此，忠臣只有离去才是出路，聪明人也因此忧虑而不做忠臣。做忠臣不顺利，则对那些做不忠之臣者有利。凡是有利的事，人没有不想去做的；人人都想去做，所以就没有人不去做不忠之臣。做君主的，以自己一人而居众多邪恶伪诈者之上，即使非常英明，也难免因阴谋所困，又何况一般的君主，怎么能看到这一点呢！平庸之人知道做忠臣无益于自己，而个人的名声可以从他人那儿得到，且从他人那儿得到又进而可以被君主所器重。所以他们重视私人交情，轻视国家利益，对有助于自己者，培植而使其增多，对一心为了国家者，压制而使其断绝。因此，真心为国的人被国家罢黜，迎合私欲的人充满朝廷。也正是因此，田穰苴和季孙行父受到很高的恩惠，而齐国和鲁国的政事却反而衰败。虽在大庭广众中予以训诫，用刀锯之刑予以警示，但私欲却更加旺盛，齐鲁却日益困迫。这是为什么呢？因为警诫只流于言辞，而赏赐得到的是财物，所喜好与所憎恶的相互错位，政策命令日益多弊。古人说：“做君主难。”不正是这样吗？

## 任　臣

人君所以尊敬人臣者，以其知任人臣，委所信，而保治于己也。是以其听察，其明昭，身日高而视日下，事日远而听日近，业至难而身至易，功至多而勤至少也。若多疑而自任也，则其臣不思其所以为国，而思其所以得于君，深其计而浅其事，以求其指撝。人主浅之，则不陷于之难（严可均《全三国文》注：不陷于之难当作“则不□而□不陷于难”）；人主深之，则进而顺之，以取其心。所阙者，忠于国而难明于君者也；所修者，不必忠于国而易行于时者也。因其所贵者贵之，故能同其贵；因其所贱者贱之，故能殊于贱。其所贵者不必贤，所贱者不必愚也。家怀因循之术，人为悦心易见之行。夫美大者，深而难明；利长者，不可以仓卒形也。故难明长利之事废于世，阿（阿下恐有脱文）易见之行塞于侧，为非不知其过，知困不知其乏，此为天下共一人之智，以一人而独治于四海之内也。其业大，其智寡，岂不蔽哉！以一蔽主，而临不量之阿欲，能不惑其功者，未之有也。苟惑之，则人得其志矣；人得其志，则君之志失矣。君劳臣逸，上下易所，是一君为臣，而万臣为君也。以一臣而事万君，鲜不用矣；有不（不字恐衍）用人之名，而终为人所用也。是以明主慎之，不贵知所用于己，而贵知所用于人，能用人，故人无不为己用也。昔舜恭己正南面而已，天下不多皋陶、稷、契之数，而贵圣舜独治之功。故曰：“为之者，不必名其功；获其业者，不必勤其身也。”其舜之谓与？

【译文】

君主之所以尊重臣子，是因为他知道任用臣子并给予信任，才能保证自己政权的稳定。因此，（圣明的君主）他听奏详察，圣明昭著，自己地位日益高贵而目光却日益细致，对具体事务日益疏远而判断却日益准确，事业很艰难而自身却很轻松，功绩很多而劳碌却很少。如果君主凡事多疑而自己去做，则其臣下便不思考自己怎样报效国家，而只考虑自己怎样取悦于君主，从而深藏其智谋、敷衍其工作，以求得谦虚的评价。若君主学识较浅，则不（深入讲说，以免触犯君主而使自己）陷入危难；若君主学识高深，则进一步表示顺服，以取得君主的欢心。这样一来，大臣所缺少的是忠诚于国事却难以为君主所理解的（谏言），所研究的是不一定有利于国事却易于在社会上实行的东西。君主所敬重的，他们就敬重，所以他们能同样受到敬重；君主所鄙视的，他们就鄙视，所以他们能异于被鄙视者。他们所敬重的不一定贤德，所鄙视的不一定愚笨。大家都揣着因循守旧的思想，人人都去做悦心常见的事情。美好远大的事，往往深奥而不易明白，能利益长远的事往往不易仓促而成。所以，难于显现而有长远利益的事在社会上被废止，容易见效而没有意义的活动充塞于身边；办事错误不知其过失，知识困乏不知其欠缺。这就等于一个国家总共只有一个人的智慧，以一个人而独自治理偌大一个国家。其事业广大，其智慧贫乏，怎能不被蒙蔽呢？以一个被蒙蔽的君主，而面对不可估量的阿谀之人，能够不被他们迷惑其事业的，这是从未有过的。如果君主被迷惑，则阿谀之人就达到了目的，阿谀之人达到了目的，则君主希望治好国家的目的就达不到了。君主劳碌而臣下安闲，上下交换了位置，是君主一人充当臣子，而万千个臣子充当了君主。以一个臣子侍奉万千个君主，就很少有空闲的时候了，既落了个不会用人的名声，又终于被他人所利用。因此，圣明的君主很审慎，不看重只靠自己的智慧（治理国家），而看重利用他人的智慧（治理国家），能利用他人的智慧，所以他人便无不为自己所用。昔日舜帝只是以谦逊有礼之态，面向正南坐于殿上而已，但天下不赞美皋陶、后稷、契的筹划，而敬重圣主虞舜个人治理的功绩。所以说：“做事者，人们不一定称颂其功劳；成就其事业者，不一定要自己去操劳。”这不就是在说舜帝吗？

# 下　视

夫自足者不足，自明者不明。日月至光至大，而有所不遍者，以其高于众之上也；灯烛至微至小，而无不可之者，以其明之下，能照日月之所蔽也。圣人能睹往知来，不下堂而知四方，萧墙之表，有所不喻焉，诚无所以知之也。夫有所以知之，无远而不睹；无所以知之，虽近，不如童昏之履之也。人岂逾于日月，而皆贤于圣哉！故高于人之上者，必有以应于人，其察之也视下，视下者见之详矣。人君诚能知所不知，不遗灯烛童昏之见，故无不可知而不知也，何幽冥之不尽，况人情之足蔽哉！

【译文】

自以为完备的人其实并不完备，自以为很聪明者其实并不聪明。太阳月亮最亮，照耀最广，但还有照不到的地方，那是因为它高居于众物之上；灯光最微弱，照到的地方最小，却没有照不到的地方，是因为它的明亮居于下边，能照到太阳月亮所照不到的地方。圣人能观察过去而预知未来，不走出房间而通晓天下之事，但自己门墙之外，却有不了解的东西，这的确是因为没有办法知道。凡有办法去了解的东西，再远也没有看不到的；没有办法去了解的东西，虽然很近，也不如年幼无知的儿童对所亲历的事情那么清楚。人怎会超过日月，甚至比圣人还贤明呢？所以高居于众人之上的人，必有其适宜居于人上的特点。他观察问题能眼睛向下，能眼睛向下，其所见就广泛而周详了。君主真想知道自己还有不知道的东西，因而不遗弃灯火微光所能照见的和年幼无知的儿童所能看到的，则很难知道的事情就没有不被其了解的了，又何叹昏暗无穷无尽，人情过于隐蔽呢！

（张耀武译）

# 卷四十七

# 蒋子万机论治要

【考评】

魏征在《群书治要》中辑录的《万机论》，世已早佚，惟《群书治要》保存。全文分为《政略》《刑论》《用奇》等三篇，可能是魏征摘录其中的精华。原文因佚，无法校对，但从这三篇文章可以窥其大概。司马彪《战略》中记述，蒋济曾给魏明帝谏言："凡非相吞之国，不侵；叛逆之臣，不宜轻伐。伐之而不制，是驱使为贼。故曰：'虎狼当路，不治狐狸。免除大害，小害自已。'"所见颇有政治头脑。

《万机论》是三国蒋济上给魏文帝的一篇疏文。《三国志·魏书》记载："济上《万机论》，帝善之。入为散骑常侍。"说明蒋济由于进谏言得到文帝的赏识，官衔由相国长史提升为散骑常侍。蒋济，字子通，楚国平阿人，生年不详，卒于魏嘉平元年(249)；初仕为郡计吏，后为州别驾。曹操屡用其言，辟为丞相主簿西曹属。曹丕即王位，其为相国长史；明帝时，为中护军。景初中，外勤征役，内修宫室，蒋济上疏力谏。齐王即位，迁太尉。当时丁谧、邓飏等轻改法度，蒋济又藉星变复极言得失，后以随司马懿屯洛水浮桥，诛曹爽等，进封都乡侯。蒋济曾致书劝爽罢兵，以"免官勿治罪"为约。后爽遭诛，济自伤失信，发病而卒。

# 政　略

夫君王之治，必须贤佐，然后为泰。故君称元首，臣为股肱，譬之一体相须而行也。是以陶唐钦明，羲氏平秩，有虞明目，元恺敷教，皆此君唱臣和，同亮天功，故能天成地平，咸熙于和穆，盛德之治也。夫随俗树化，因世建业，慎在务三而已：一曰“择人”，二曰“因民”，三曰“从时”。时移而不移，违天之祥也，民望而不因，违人之咎也，好善而不能择人，败官之患也。三者失，则天人之事悖矣。夫人乖则时逆，时逆则天违。天违而望国安，未有也。

【译文】

君主治理国家，必须有德才兼备者辅佐，然后才会国泰民安。所以人们把君主称为人的头颅，把大臣当做人的大腿和手臂。这是比喻两者同处一体，必须相互配合行动。因此，唐尧敬肃明察，羲氏辨明耕作的次序，虞舜阐明治国纲目，八元、八恺敷陈道德教化，这都是君唱臣和，共同昭明上天的使命，所以能够天下平定，大地安宁，上下都和乐舒畅，这是有盛德者治理的结果。随顺风俗来树立教化，依据时势来建立功业，应该慎重地做好三件事而已：一是挑选人才，二是听从民意，三是随顺时势。时势变化而你不改变，这是违背天意的兆头；人民期望而你不依从，这是违背民意的罪责；喜好善事而不能选拔良臣，会有败坏官风的后患。这三件事有失误，则有悖于天意人心。人不和谐则时势逆转，时势逆转则天意相悖，天意相悖而希望国家安宁，这是从来没有过的。

## 刑　论

患之巨者，狡猾之狱焉。狡黠之民，不事家事，烦贷乡党，以见厌贱，因反忿恨，看国家忌讳造诽谤，崇饰戏言，以成丑语，被以叛逆，告白长吏。长吏或内利疾恶尽节之名，外以为功，遂使无罪并门灭族，父子孩耄，肝脑涂地，岂不剧哉！求媚之臣，侧人取舍，虽烝子啖君，孤己悦主，而不惮也。况因捕叛之时，无悦亲之民，必获尽节之称乎？夫妄造诽谤，虚书叛逆，狡黠之民也，而诈忠者知而族之，此国之大残，不可不察也。

【译文】

一个国家最大的忧虑，是诡诈无比的诉讼。狡猾而又有小聪明的人，不去做自家的事情，频繁地借贷于乡邻而被厌恶、鄙视，却因之反生怨恨情绪，观察国家顾忌或隐讳之事，制造指责的言论，收集、整理戏笑之语，使之成为俗陋的民谣，结果被加以叛逆之名，告发给地方长官。长官往往因为对内有利于自己“疾恨恶人、力保节操”的名声，对外可以作为自己的政绩，遂使无罪者被封门灭族，父亲、儿子、孩童、老人，一律处死。这岂不是太过分了吗？期求谄言媚主的臣子，总是选择不正之道而取悦君上，哪怕是进献儿子供君主食用、轻贱自己而取悦君主都无所忌惮，更何况逮捕犯人时，其中没有自己喜欢、亲近之人，又定能使自己获得尽节的称誉呢！他们伪造诽谤之词，虚拟犯罪文书。其实所谓犯罪者，不过是狡猾而有些小聪明的百姓。伪装忠君者明知如此，却夷灭其全家。这是国家最大的残暴，不能不认真考虑啊！

## 用　奇

或曰：“官人用士，累功积效，以次相叙，明主之法、忠臣之节尽矣。若拔奇求异，超等逾第，非臣之事也。”应之曰：“顾当忧世无奇人，倘有又不能识耳。明法忠节，未必已尽也。”自昔五帝之冠，固有黜陟之谟矣，复勤扬侧陋；殷有考诫之诰矣，复力索岩穴；西伯有呈效之誓矣，复旁求鱼钓；小伯有督课之法矣，复遽求囚俘；汉祖有赏爵之约矣，复急追亡信。若修叙为明法，拔奇为非事，是两帝三君非圣哲，而鲍萧非忠吏也。然则考功案第，守成之法也；拔奇取异，定社稷之事也。当多事之世，而论无事之法，处用奇之时，而必效一官之智，此所以上古多无严之国也。是以高世之主，成功之臣，张法以御常人，厚礼以延奇逸，求之若不及，索之若骨肉，故能消灾除难，君臣同烈也。曩使五主二臣，牵于有司，束于修（修疑循）常，不念畴咨，则唐民康哉之歌不作，殷无高宗之号，周无殪商雅颂之美，齐无九合之功，汉歼于京索而不帝矣。故明君良臣，垂意于奇异，诚欲济其事也。使奇异填于沟壑，有国者将不兴其治矣。

【译文】

有人说：“封官用人，累积其功劳、成绩，按功绩大小依次晋升任用，则明君的法度、忠臣的节操就到顶点了。至于提拔、求取奇异之才，并超越等级次序来任用，那不是臣子所应考虑的事。”我的回答是：“应当忧虑的是当代没有奇才，即使有，又怕不能识别。好d恶用人法度和臣子的忠义节操，未必就已达到道极致了。”从昔日“五帝”之首(这里指尧帝)起，就已经有了罢免和提拔的谋略，但还是常常荐举出身微贱而德才兼备的人；殷商有考核和诫勉的文告，但还是尽力访求隐居山野的人才；西伯侯有显扬有功者的承诺，但还别求在磻溪钓鱼的吕尚；齐王小白有督察考核的办法，但还急迫地访求沦为囚俘的管仲；汉高祖刘邦有论功赏爵的盟约，但还是匆忙追回逃走的韩信。若认为依次晋职是英明之策，选择特殊人才是错误之事，那么，前述两帝三君便不是圣哲之人，而鲍叔牙、萧何也不是忠心为国的官吏了。如此看来，考核功绩、依次递进是保持前人成就的办法，而选拔起用特殊人才则是安定天下的大事。处在多事的时代，就要思考令天下太平无事的办法；处在应该起用特殊人才的时代，就一定要效法单个奇才官员的智谋。所以，上古时代的国家不严格按照考核功绩的用人制度选拔人才（此言上古时期的古圣先王深谙用奇之道）。因此，盛世的君主、成功的大臣，设立法规来驾驭平常之人，而以优厚的礼遇来聘请奇特、隐逸的人才，求之惟恐不来，寻之如寻骨肉，所以能使国家消除灾难，使君臣共同显赫于世。往昔，假如五主二臣受有关部门牵制，拘泥于常规，不想在山野之地访询，则唐尧时民众称颂太平的诗歌便不会写出；殷高宗就不会因任用傅说而获得“高宗”的尊号；周朝将没有灭亡商纣并被作诗颂扬之美；齐国将没有作为霸主九次主持诸侯会盟的成功；汉军将被歼灭于京索，从而刘邦也最终当不上皇帝。所以圣明的君主、贤良的大臣，着意于寻访特殊人才，的确是想利于其事业。倘使奇异之才埋没于深沟野壑，拥有国土者也将难以达到其大治。

汉元帝为太子时，谏持法泰深，求用儒生，宣帝作色怒之云：“俗儒不达不足任，乱吾家者太子也。”据如斯言，汉之中灭，职由宣帝，非太子也。乃知班固步骤盛衰，发明是非之理，弗逮古史远矣。昔秦穆公近纳英儒，招致智辩，知富国强兵。至于始皇，乘历世余，灭吞六国，建帝号而坑儒任刑，疏扶苏之谏，外蒙恬之直，受胡亥之曲，信赵高之谀，身没三岁，秦无噍类矣。前史书二世之祸，始皇所起也。夫汉祖初以三章，结黔首之心，并任儒辩，以并诸侯，然后罔漏吞舟之鱼，烝民朴谨，天下大治。宣帝受六世之洪业，继武昭之成法，四夷怖征伐之威，生民厌兵革之苦，海内归势，适当安乐时也，而以峻法绳下，贱儒贵刑名。是时名则（名则二字似衍）石显、弘恭之徒，便僻危险，杜塞公论，专制于事，使其君负无穷之谤也。如此，谁果乱宣帝家哉？向使宣帝豫料柱石之士、骨鲠之臣，属之社稷，不令宦竖秉持天机，岂近于元世栋桡榱崩，三十年间，汉为新家哉？推计之，始皇任刑，祸近及身，宣帝好刑，短丧天下，不同于秦祸少者耳。

【译文】

汉元帝做太子的时候，曾向皇帝进谏，认为执法过分苛刻，请求任用儒生。汉宣帝却一脸怒气地说："俗儒不通权变，不能任用。看来，将乱我汉室天下的就是太子。"据其有这样的言论，可见汉朝之所以中途灭亡，责任正在于宣帝，而并非太子。从这里可以知晓，班固记载朝代兴衰的次第、阐明是非的道理，远不如古代史官了。昔日秦穆公亲近、接纳杰出的儒生，招引聪慧善辩之士，故而通晓富国强兵策略。到秦始皇，藉其历代的余威，灭亡吞并六国，但建立帝号后却坑杀儒生，只凭借刑罚治国；不听扶苏的规劝，怀疑蒙恬的直言；接受胡亥的歪曲之说，相信赵高的谄媚之辞，结果自己死后三年，秦国就灭亡了。此前史书记载的秦二世的灾祸，是由秦始皇所引起的。汉高祖最初用约法三章结好百姓之心，同时任用儒生、辩士，以吞并诸侯，然后网漏可以吞舟的大鱼（此指采用宽松的政策），使众人淳朴恭谨，天下得以大治。汉宣帝继承六代先帝的宏大基业，继续汉武帝、汉昭帝的现成办法，四周少数民族恐惧于征讨的威力，国人厌倦于战争带来的苦难，天下形成归附之势，恰好处于安居乐业的时代。而他却以严峻之法对待下层，鄙视儒学，偏重"刑名"。当时名倾朝野的就是石显、弘恭之辈，他们逢迎谄媚，位高而险恶，堵塞公众言路，凡事独断专行，致使君主背负无穷的指责。这样看来，到底是谁祸乱了汉宣帝的天下呢？那时，假使宣帝预先想到任用可作汉室柱石的贤士和刚直之臣，并将国家大政托付给他们，不让宦官、奴仆掌握国家机要事宜，岂能近在元帝时代就栋梁弯曲折断、屋檐屋桷崩塌，以至不过三十年，汉朝就变成了王莽的新朝呢！推而计之，秦始皇凭借刑罚治国，灾祸很快及于自身；汉宣帝喜好以刑罚治国，很短时间便丧失天下。与秦朝灭国之祸没有多少不同之处！

（张耀武译）

## 卷四十七

# 政要论治要

【考评】

魏征《群书治要》辑录桓范的《政要论》计有《为君难》《臣不易》《政务》《节欲》《详刑》《兵要》《辨能》《尊嫡》《谏争》《决壅》《赞象》《铭诔》《序作》等十三篇。文章阐述了在用人方面如何“防恶”“进善”；提出“善治国者，不尤斯民而罪诸己；不责诸下而求诸身”，“长民治国之本在身”的理论；认为臣下辅佐国君之道“莫过于谏”，“子从令者不得为孝，臣苟顺者不得为忠”，“国之将兴，贵在谏臣”。他总结出古今亡国的教训，是“皆由壅蔽于帷幄之内，沈溺于谄谀之言”，不能采纳臣下的批评意见。

《政要论》，三国桓范著。世已久佚。

桓范(?—249年)字元则，生年不详，卒于魏嘉平元年；建安末年，入丞相府；延康中(220年)为羽林左监，以有文才，与王象等典集《皇览》；正始中(244年)拜大司农，以清省称。当时曹爽辅政，以桓范是乡里老宿，于九卿中特加敬重。司马懿起兵讨爽，范劝爽兄弟以天子谒许昌，征外兵自辅。爽不从其计。当初，司马懿闻范出从爽，不觉爽然道：“智囊往矣！”后来曹爽被骗罢兵，被司马懿杀害，桓范受株连亦被杀害。《三国志·魏书》给桓范未立传，事迹俱附在曹爽传的注文里。

# 为君难

或曰："仲尼称为君难。夫人君者，处尊高之位，执赏罚之柄，用人之才，因人之力，何为不成，何求不得？功立则受其功，治成则厚其福。故官人舜也，治水禹也，稼穑弃也，理讼皋陶也。尧无事焉，而由之圣治，何为君难耶？"曰："此其所以为难也。夫日月照于昼夜，风雨动润于万物，阴阳代以生杀，四时迭以成岁，不见天事，而犹贵之者，其所以运气陶演，协和施化，皆天之为也。是以天，万物之覆；君，万物之焘也。怀生之类，有不浸润于泽者，天以为负；员首之民，有不沾濡于惠者，君以为耻。是以在上者，体人君之大德，怀恤下之小心；阐化立教，必以其道；发言则通四海，行政则动万物；虑之于心，思之于内，布之于天下；正身于庙堂之上，而化应于千里之外；虽黈纩塞耳，隐屏而居，照幽达情，烛于宇宙；动作周旋，无事不虑。服一綵，则念女功之劳；御一谷，则恤农夫之勤，决不听之狱，则惧刑之不中；进一士之爵，则恐官之失贤。赏毫厘之善，必有所劝；罚纤芥之恶，必有所阻。使化若春气，泽如时雨，消凋污之人，移薄伪之俗，救衰世之弊，反之于上古之朴。至德加于天下，惠厚施于百姓。故民仰之如天地，爱之如父母，敬之如神明，畏之如雷霆。

【译文】

有人说："孔子认为做君主不容易。做君主的，处在尊贵至高的地位，执掌赏赐处罚的权柄，借用他人的才能，依赖他人的力量，什么想做的事做不成？什么想要的东西得不到？别人立了功，他享其成，天下安定了他多其福。封官赐爵有舜，治理水患有禹，教民稼穑有弃，审理公案有皋陶。尧没有做什么事，却因之而天下大治，为什么说做君主难呀？"答曰："这就是做君主难的原因。日月经天，照耀着昼夜，风雨吹动，润泽着万物；阴阳交替才有生死，四季更迭始成年岁。看不见上天在做事，而人们仍然敬重它，是因为它运作六气(指阴、阳、风、雨、明、晦）培养、推演，协调万物，施加变化，这些都是天的作为。故此说，上天是万物的保护者，君主是万民的保护者。凡有生命的物种，若有得不到雨水浸润的，天把这看做有负众生；一国之中的庶民，若有得不到仁慈濡染的，君主把这看做自己的耻辱。因此处在万民之上者，要体现君主的高尚道德，怀有怜悯百姓的谨慎之心，阐明风俗，确立教化，必须遵从这一原则。发表言论则通达四海，行使政令则调动万民；思考于心中，推敲于宫内，而发布于天下；自己正身端坐于殿堂之上，而教化应遍及千里之外。虽然黄色丝绵塞耳，隐居于门屏之内，也能照亮幽暗之处，通晓四方情况，使整个宇宙得其照耀。举动作为、应接交际，没有考虑不周的事情。身穿一件彩衣，就想到缝衣妇女的劳碌；下边进献一粒粮食，就体恤种田之人的勤苦；判决未加详审的官司，就担心惩罚不当；晋升一人的爵位，就恐怕封赐有失贤明；奖励微小的善行，也一定要有勉励作用；惩处轻微的坏事，也一定要有警示的效果，要使教化像春日的气候，恩泽像适时的雨露；减少衰颓污浊的士民，改变轻薄虚伪的风气；纠正衰败之世的弊病，恢复上古时代的淳朴，高尚与道德施及天下，仁慈与宽厚施及百姓。所以，人民敬仰他如敬天地，爱戴他如爱父母，尊敬他如敬神明，惧怕他如惧雷电。

且佐治之臣，历世难遇，庸人众而贤才寡。是故君人者，不能皆得稷契之干、伊吕之辅，犹造父不能皆得骐骥之乘、追风之匹也。御蹉啮必烦辔衔，统庸臣必劳智虑。是以人君其所以济辅群下，均养小大，审核真伪，考察变态，在于幽冥窈妙之中，割毫折芒纤微之间。非天下之至精，孰能尽于此哉！

【译文】

“再则，能辅佐君主实现天下大治之臣，有时经历一世也难遇合。因为才能一般的人多，而才能出众的人少。因此，为人君者，不可能都得到后稷、子契一样的骨干之才和伊尹、吕尚一样的辅佐之臣，就像善于驾车的造父不可能每次驾车都有骐骥(日驰千里之良马)驾辕，追风(秦始皇曾乘的良马）陪驾。控制马的踢咬必然要使用缰绳和嚼子；统领众多臣民必然要烦劳心智和思虑。因此，人君要想周济、帮助诸多臣下，协调、教育大小官员，审察、核实事情的真伪，思考、观察势态的变化，都是在隐蔽不明、浮远玄妙之中，在分割毫毛、分解麦芒一样的纤细微小之间进行，非天下的最精明者，谁能做到这些呢？

故臣有立小忠，以售大不忠，效小信，以成大不信，可不虑之以诈乎？臣有貌厉而内荏，色取仁而行违，可不虑之以虚乎？臣有害同侪以专朝，塞下情以壅上，可不虑之以嫉乎？臣有进邪说以乱是，因似然以伤贤，可不虑之以奸乎？臣有因赏以（恩上恐有脱字）恩，因罚以佐威，可不虑之以奸乎？臣有外显相荐，内阴相谋，事托公而实挟私，可不虑之以欺乎？臣有事左右以求进，托重臣以自结，可不虑之以伪乎？臣有和同以取谐，苟合以求荐，可不虑之以祸乎？臣有悦君意以求亲，悦主言以取容，可不虑之以佞乎？此九虑者，所以防恶也。

【译文】

“有些臣子借小事表现其忠君，以实施其大事上的不忠；显现出小事上的老实，借以掩盖其大事上的不老实，能不考虑这是欺诈吗？臣下有人外表严厉而内心软弱，神色显出仁爱而行为却另是一样，能不考虑这是虚假吗？臣下有人伤害同僚以专权于朝，闭塞下情以蒙蔽君主，能不考虑这是嫉妒吗？臣下有人进献异端邪说而扰乱正确判断，因其貌似有理而伤害贤良，能不考虑这是奸猾吗？臣下有人借奖赏而扩展其私恩，借处罚以助长其威势，能不考虑这是营私吗？臣下有人外表显示互相推荐，内心暗藏相互算计，做事假托为公而实际怀有私愤，能不考虑这是欺骗吗？臣下有人讨好左右同僚以求进身，寄托希望于位高势重之臣以求私下交好，能不考虑这是虚伪吗？臣下有人和气相处以争取亲睦，无原则的附和以求其举荐，能不考虑这是祸害吗？臣下有人迎合君主心意以求其亲近，附合君主言谈而求得君主欢心，能不考虑这是谄媚吗？其所以有这九个考虑，都是为了防范邪恶之人。

臣有辞拙而意工，言逆而事顺，可不恕之以直乎？臣有朴呆而辞讷，外疏而内敏，可不恕之以质乎？臣有犯难以为士（士疑当作上或主），离谤以为国，可不恕之以忠乎？臣有守正以逆众意，执法而违私志，可不恕之以公乎？臣有不曲己以求合，不耦世以取容，可不恕之以贞乎！臣有从侧陋而进显言，由卑贱而陈国事，可不恕之以难乎？臣有孤特而执节，分立而见毁，可不恕之以劲乎？此七恕者，所以进善接下之理也。御臣之道，岂徒七恕九虑而已哉！

【译文】

“臣下有人辞令笨拙而意见精辟，言论逆耳而做事顺理，能不推想这是直率吗？臣下有人淳朴古板而言辞木讷，外表粗疏而内心敏睿，能不推想这是质朴吗？臣下有人为了君主甘冒风险，为了国家而受诽谤，能不推想这是忠诚吗？臣下有人坚持正义而违背众人之议，严格执法而违背个人私愿，能不推想这是公心吗？臣下有人不委屈自己来求得投契，不迎合世俗而求得容身，能不推想这是有操守吗？臣下有人身处侧陋而进献显达之言，在低贱之位而陈说国家大事，能不推想这是难得吗？臣下有人处境孤立而保持节操，因意见对立而遭受谗毁，能不推想这是刚烈吗？这七个推想，正是引进贤良、接纳下层意见的思路。其实，驾驭臣子的办法，又怎能仅此七个推想、九个考虑而已呢？”

## 臣不易

昔孔子言为臣不易，或人以为易，言臣之事君，供职奉命，敕身恭己，忠顺而已。忠则获宠安之福，顺则无危辱之忧，曷为不易哉！此言似易，论之甚难。夫君臣之接，以愚奉智不易，以明事暗为难，唯以贤事圣，以圣事贤为可。然贤圣相遭既稀，又周公之于成王，犹未能得，斯诚不易也。且父子以恩亲，君臣以义固，恩有所为亏，况义能无所为缺哉！苟有亏缺，亦何容易？且夫事君者，竭忠义之道，尽忠义之节，服劳辱之事；当危（危字上下恐有脱文）之难，肝脑涂地，膏液润草，而不辞者，以安上治民，宣化成德，使君为一代之圣明，己为一世之良辅。辅千乘则念过管晏，佐天下则思丑稷禹。岂为七尺之躯，宠一官之贵，贪充家之禄，荣华器之观哉！以忠臣之事主，投命委身，期于成功立事，便国利民，故不为难易变节、安危革行也。然为大臣者，或仍旧德、藉故势，或见拔擢重任。其所以保宠成功，承上安下，则当远威权之地，避嫌疑之分，知亏盈之数，达止足之义，动依典礼，事念忠笃。乃当匡上之行，谏主之非，献可济否，匪躬之故；刚亦不吐，柔亦不茹；所谓大臣以道事君也。然当托于幽微，当行于隐密；使怨咎从己身，而众善自君发，为群僚之表式，作万官之仪范。岂得偷乐容悦而已哉！然或为邪臣所谮，幸臣所乱，听一疑而不见信，事似然而不可释，忠诡计而为非，善事变而为恶，罪结于天，无所祷请，激直言而无所诉，深者即时伏剑赐死，浅者以渐斥逐放弃。盖比干、龙逢，所以见害于飞廉、恶来；孔子、周公，所以见毁于管蔡、季孙也。斯则大臣所以不易也。

【译文】

昔日孔子曾说做臣子不容易，有人却认为容易。说臣下不过是恭守其职，服从命令，自己正身敬肃，忠于君主、顺从君意而已。忠于君主则可以获得宠爱、平安之福；顺从君意则可以没有危险、受辱之忧，为什么说不容易呢？照这么说，好像是做臣子容易，但探讨之后就会知其不易。君与臣打交道，以愚笨之身侍奉聪明之君不易，以明智之身侍奉愚昧之主也不易，惟有以贤德之身侍奉圣明之君，以圣哲之身侍奉贤德之君可以。然而，贤德之臣与圣明之君相遇合的事终究是很少的，就连周公遇到了成王，也没有完全称心如意，看来这的确不容易呀！再说，父子关系因亲情而融洽，君臣关系因道义而牢固。亲情都有相欠缺的时候，道义怎会没有缺失的时候呢？如果有亏缺，又谈何容易呢？侍奉君主的人，其所以完全遵从忠君利人的原则，尽力保持忠君利人的节操，从事劳碌繁多的工作，以至在国家危难之时，肝脑涂地、脂血润草而在所不辞，就是为了让君主安稳，庶民太平，宣扬教化，养成公德，从而使君主成为一代明君，自己成为一代贤臣。他们辅佐拥有千乘的诸侯，就想超过管仲、晏子；辅佐拥有整个天下的君主，就想同后稷、大禹相比，怎能使七尺之躯，只喜爱做个大官的尊贵，只贪图充盈家室的俸禄，陶醉于浮华喧闹之壮观呢？因为忠臣侍奉君主，是抛弃身家性命，希望能建功立业，有利于国家和民众。所以，不因为处境的难易改变节操，不因为自身的安危改变行迹。然而做大臣者，不管是承袭旧日君主的恩典、凭藉旧日家族的权势，还是被提升官职、委以重任，他们想要保持宠信，成就功业，上承君意，下安百姓，就应当远离逞威专权的地方，从而避免成为被猜疑的对象，明白亏盈转换的规律，通晓止步知足的义理，行动依照法规制度，办事牢记忠诚宽厚，还应当匡正君主的行为，批评君主的错误，进献良言，挽救过错，因为舍己尽忠之故，硬的不吐，软的不吃，这就是大臣以道义侍奉君主。不过，批评、进谏都应托意于深奥的哲理，应行之于隐密的地方，使可能出现的埋怨、过失归咎于自己，而使众人的夸赞归功于君主，从而成为众多臣僚学习的榜样，堪作万千官吏向往的典范，岂能苟安于享乐、愉悦而已呢？然而，良臣也有可能被奸邪之臣所谗毁、被宠幸之臣所惑乱，使君主听到一点怀疑后，便可能对臣子失去信任，认为事情好像如此，又很难释疑，以至使忠诚的谋划反而成了错误，好事变成了坏事，而降罪又出自于君主，没有办法祈求接见。由于激愤于直言而无处诉告，重者当时便被赐剑自裁，轻者则逐渐被罢免流放。大概就如比干、龙逢被飞廉、恶来所害，或孔子、周公被管蔡、季孙所毁一样。这都说明做大臣不容易呀！

为小臣者，得任则治其职，受事则（原无则，补之）修其业，思不出其位，虑不过其责，竭力致诚，忠信而已。然或困辱而不均，厌抑而失所。是以贤者或非其议，预非其事，不著其陋，不嫌其卑，庶贯一言而利一事。然以至轻至微，至疏至贱，干万乘之主，约以礼义之度，匡以行事之非；忤执政之臣，暴其所短。说合则裁自若，不当则离祸害，或计不欲人知，事不从人豫，而己策谋适合，陈偶同上者，或显戮其身以神其计，在下者或妒其人而夺其策。盖关思见杀于郑，韩非受诛于秦，庞涓刖孙膑之足，魏齐折应侯之胁。斯又孤宦小臣所以为难也。为小臣者，一当恪恭职司，出内惟允，造膝诡辞，执心审密，忠上爱主，媚不求奥灶而已。若为苟若此，患为外人所弹，邪臣所嫉。以职近而言易，身亲而见信，奉公侠私之吏，求害之以见直，怀奸抱邪之臣，欲除之以示忠。言有若是，事有似然，虽父子之间，犹不能明，况臣之于君而得之乎？故上官毁屈平，爰盎谮朝错，公孙排主父，张汤陷严助。夫数子者，虽示纯德，亦亲近之臣，所以为难也。

【译文】

做小臣者，得到任用则做好分内工作，接受任务则研修相关业务，所思考的不越出职位，所担忧的不超过职责，竭力尽其真诚，做到忠君守信即可。然而，有的做小臣的，因为不公平而困窘和受到侮辱，因人的压制而不能获得相应的官位。因此他们中有才能的人也会发表他所在位置不该发表的言论，也会参与他所在位置不该参与的事情，不会觉得自己目光短浅；见识不广，更不会顾忌自己地位卑微，只是期望能通过自己的一番言论而有利于某一国事。然而，以其非常轻微、非常渺小的身份和非常疏远、非常低下的地位，冒犯拥有万乘之国的君主，想用礼仪的尺度来约束君主，纠正其做事的过失；抵触掌握朝政的大臣，揭露他们的短处。有时说对了却没有任何改善，所言不当则会遭遇灾祸。有的人，其计谋不想让别人知道，做事不听从别人的预见，一旦自己的策略谋划适当，所陈述的偶同君主心意，则有可能被当众处决，从而使其计谋成为秘密，君主下面的人也可能因嫉妒其人而剽窃其策略。关思在郑国被杀，韩非在秦国被诛，庞涓截去孙膑双脚，魏齐击断范睢肋骨，这都是势孤力单的小臣所以难做的又一原因。做小臣的，一上任就应当恪尽职守、恭恭敬敬做好自己的本分工作，出入办事都要公允诚实，向君主促膝直言，勇于纳谏，心志要专一坚定，谋事要详尽严密，忠诚于自己的上级和君主，不以谄媚的方式去接近当权的近臣。如果能够做到这些，则又有怕被他人弹劾、被奸臣嫉妒的隐患。奸臣们因其所处地位靠近君主，便于进言，个人同君主关系亲密，而且受到信任，其中假公济私的官吏，想加害于小臣来显现自己的正直，心怀邪恶的臣子，想除去小臣来显示自己的忠君，他们所进之言好像正确，所奏之事似乎如此。试想，就是父子之间的事，尚且难以说清，何况臣下对于君主，能说得清吗？因此，上官大夫靳尚谗毁屈原，爰盎诬陷晁错，公孙贺排挤主父偃，张汤陷害严助，虽然上述屈原等几个人还表现出纯洁的品德，也是君主亲近的臣子（却遭遇如此非难）。所以，做小臣不易。

为外臣者，尽力致死，其义一也。不以远而自外、疏而自简，亲涉其事而掌其任，苟有可以兴利除害、安危定乱，虽违本朝之议，诡常法之道，陈之于主，行之于身；志于忠上济事，忧公无私，善否之间，在己兴（兴原作典）主可也。然患为左右所轻重、贵臣所壅制，或逆而毁之，使不得用；或用而害之，使不得成；或成而谮之，使不得其所。吴起见毁于魏，李牧见杀于赵，乐毅被谗于燕，章邯畏诛于秦，斯又外臣所以为危也。此举梗概耳，曲折纤妙，岂可得备论之哉！

【译文】

在京城之外做官的，也应竭尽全力，死而后已，其道理是一样的。他们不因离朝廷距离较远而自己例外，不因同君主接触较少而自己怠慢，亲自处理其事务，掌握其职权，如果有可以兴利除弊、平息危乱的事，虽然也有违背朝廷主张、改变常规程序之处，向君主说明后自己去办理，志在忠于君主、完成事业，忧虑国家而不是出于私心，可行与否，由自己掌握作主还可以。然而，就怕被君主左右之人说长道短、被朝廷显贵之臣蒙蔽、掣肘。或者反对、诽谤，使其建议不被采用；或者采用之后，进行破坏，使其事不得成功；或者成功之后，反加以诬陷，使其不能达到预期目的。吴起在魏国遭诽谤，李牧在赵国被杀害，乐毅在燕国被谗毁，章邯在秦国常怕被诛。这都是外任之臣也有危险的原因。这里不过是列举其主要情况，其中的曲折微妙，怎么能完全说到呢？

夫治国之本有二：刑也，德也。二者相须而行，相待而成矣！天以阴阳成岁，人以刑德成治，故虽圣人为政，不能偏用也。故任德多，用刑少者，五帝也；刑德相半者，三王也；杖刑多，任德少者，五霸也；纯用刑，强而亡者，秦也。夫人君欲治者，既达专持刑德之柄矣，位必使当其德，禄必使当其功，官必使当其能。此三者，治乱之本也。位当其德，则贤者居上，不肖者居下；禄当其功，则有劳者劝，无劳者慕。未之有也（未之有也恐衍）。

【译文】

治理国家的根本办法有两个：一是法制，二是德治。两者结合使用，相辅相成。上天以阴阳变化形成年岁，君主以惩罚与恩德结合实现大治，即便是圣人治理国家，也不可偏颇而用。往昔，用德治多，用法治少的是五帝；用法治和用德治分量相当的是三王；凭借法治多、使用德治少的是"五霸"；只使用法治，国家虽然强盛但却速亡的是秦国。大凡君主想治理好国家者，既然明白自己掌握着法治与德治的大权，那么，就要使爵位一定与其品德相当，俸禄一定与其功绩相当，官职一定与其才能相当。这三点是天下安定还是混乱的根本。爵位与品德相当，则贤德之人处于上层，不贤之人处于下层；俸禄与功绩相当，则有功绩者得到勉励，无功绩者心存仰慕。这样国家未能大治，是从未有过的。

凡国无常治，亦无常乱，欲治者治，不欲治者乱。后之国土人民，亦前之有也；前之有亦后之有也，而禹独以安，幽厉独以危，斯不易天地、异人民，欲与不欲也。吴坂之马，庸夫统衔，则为弊乘；伯乐执辔，即为良骥。非马更异，教民亦然也。故遇禹汤，则为良民；遭桀纣，则为凶顽。治使然也。故善治国者，不尤斯民，而罪诸己；不责诸下，而求诸身。传曰："禹汤罪己，其兴也勃焉；桀纣罪人，其亡也忽焉。"由是言之，长民治国之本在身。故詹何曰："未闻身治而国乱者也。"若詹者，可谓知治本矣。

【译文】

一个国家，没有永久的稳定，也没有永久的混乱，真想治理好国家的就可以实现安定，不想治理好国家的就会出现混乱。后世的国土、百姓也是前代就有的；前代所拥有的国土、百姓也是后世所拥有的。然而，大禹偏能因之而安定，幽王、厉王却偏偏因之而陷入危机。这是天地没有更换而人民却大不相同，是真想安定与不想安定的问题。吴坂的马，让一般人去骑，则是不好的马；让伯乐去骑，则是好马。不是只有马这么奇怪，教化民众也是同样的道理。遇到大禹、商汤，他们就是良民；遇到夏桀、商纣，则成了凶顽之民，这是他们的管理使庶民成为这样的。所以，善于治理国家者，不埋怨这些民众，而归罪于自己；不责怪诸多属下，而从自己身上找原因。《左传》中写道："大禹、商汤归罪自己，其国家勃然兴盛；夏桀、商纣怪罪别人，其国家忽然灭亡。"由此说来，培育人民、治理国家的根本问题在君主自己身上。所以詹何说："没有听说过君主修身严谨而其国家却混乱的事。"像詹何这样的人，可说是明白治国的根本道理呀！

# 政　务

凡吏之于君，民之于吏，莫不听其言，而则其行。故为政之务，务在正身，身正于此，而民应于彼。《诗》云："尔之教矣，民胥效矣。"是以叶公问政，孔子对曰："子帅而正，孰敢不正。"又曰："苟正其身，于从政乎何有？不能正其身，如正人何？"故君子为政，以正己为先，教禁为次。若君正于上，则吏不敢邪于下；吏正于下，则民不敢僻于野。国无倾君，朝无邪吏，野无僻民，而政之不善者，未之有也。凡政之务，务在节事。事节于上，则民有余力于下。下有余力，则无争讼之有乎民。民无争讼，则政无为而治，教不言而行矣。

【译文】

官吏对于君主、民众对于官吏，无不听顺其言而效法其行。所以，从政者最重要的，就是努力端正自身。你在自己的岗位上正身，民众就会相应的在他们的岗位上正身。《诗经》上说："你以身教，民众争相仿效"。因此，当叶公（沈诸深）问如何从政时，孔子答道："你率先端正自身，谁还敢不正呢！"。又接着说："你如果能端正自身，从事政事何难之有？试想，如果你连自身都不能端正，又怎能使别人端正呢？"所以君子从政，以端正自身为先，教育、约束为次。如果君主正身于上，官吏便不敢不正于下；官吏正身于下，庶民便不敢不正于郊野。国家没有不正的君主，朝庭没有不正的官吏，郊野没有不正的庶民，而国政却不好，这是没有过的事。国家政策最重要的，就在于尽量地减少扰民的事。上面节制扰民的事，则下层的庶民便有剩余的财力物力；庶民有余财余力，则没有争斗诉讼存在于庶民中；庶民没有争斗诉讼，则国政可无为而治，教化可不言而行。

## 节　欲

夫人生而有情，情发而为欲。物见于外，情动于中。物之感人也无穷，而情之所欲也无极，是物至而人化也。人化也者，灭天理矣。夫欲至无极，以寻难穷之物，虽有贤圣之姿，鲜不衰败。故修身治国也，要莫大于节欲。传曰："欲不可纵。"历观有家有国，其得之也，莫不阶于俭约；其失之也，莫不由于奢侈。俭者节欲，奢者放情。放情者危，节欲者安。尧舜之居，土阶三等，夏日衣葛，冬日鹿裘；禹卑宫室，而菲饮食。此数帝者，非其情之不好，乃节俭之至也。故其所取民赋也薄，而使民力也寡；其育物也广，而兴利也厚。故家给人足，国积饶而群术也以（群术也以恐有脱文误字），仁义兴而四海安。孔子曰："以约失之者鲜矣。"且夫闭情无欲者上也，咈心消除者次之。昔帝舜藏黄金于崭岩之山，抵珠玉于深川之底。及仪狄献旨酒，而禹甘之，于是疏远仪狄，绝（绝原作纯）上旨酒。此能闭情于无欲者也。楚文王悦妇人而废朝政，好獠猎而忘归，于是放逐丹姬，断杀如黄，及庄王破陈而得夏姬，其艳国色，王纳之宫，从巫臣之谏，坏后垣而出之。此能咈心消除之也。既不能闭情欲，能抑除之斯可矣。故舜禹之德，巍巍称圣；楚文用朝邻国，恭王终谥为“恭”也。

【译文】

人生来就会对事物产生感情，感情产生后就会发展为欲望。人只要接触到外界的事物，内心就会产生情感活动。外物对人情感的影响没有止尽，而由情感所产生的欲望也没有止尽。所以一旦任由外物控制了人的欲望，人的纯净纯善的本性就会转化为贪婪的习性。而一旦人的本性转化成了习性，人心对天理的感悟就不复存在了。人的欲望是没有止尽的。如果一个人以内心无穷无尽的欲望，去追逐身外无穷无尽的物境，纵然有成圣成贤的资质，也很少有不中途颓堕和失败的。所以，要提高自身的修养、管好国家，没有比节制欲望更重要的了。《礼记》上写道：“欲望不可放纵。”遍观家庭与国家，其取得成功，没有不凭藉于俭约的；其导致失败，没有不是因为奢侈的。俭约者控制欲望，奢侈者放纵情感；放纵情感者危险，节制欲望者平安。尧舜所住之处，门前只有三级土台阶，夏天穿葛布衣服，冬天穿鹿皮衣服。大禹宫室低矮，饮食微薄。这几个帝王，不是其心里不喜好（住好、穿好、吃好），而是因为十分节俭。因此，他们征收百姓赋税很微薄，役使百姓的劳力很少；培植的物产很丰富，而兴办的利民之事非常多。所以家家自给有余，人人丰衣足食，国家积蓄丰饶，而许多地区也依照此例，仁义之风兴盛而国家四方安宁。孔子说：“因为简约而失败的事是极少见的”。抑制情感，使之不生奢欲是最好的；违逆自己心愿而消除奢欲，是次一等的。昔日，舜帝把黄金收藏在高峻的山崖之上，把珠玉投掷于很深的河流之底。及至善造酒的仪狄献上美酒，大禹尝了很甜美，于是疏远仪狄，禁止其进献美酒。这些，都是在尚未形成欲望时就关闭情感之门的。楚文王因爱好女色而荒废朝政，喜欢夜间打猎而不想返回，后来却放逐了美女丹姬，宰杀了猎犬“如黄”。及至庄王打败陈国而得到夏姬，因其是全国最美的女人，便纳入后宫，此后又听从巫臣的规劝，毁坏后墙而放走了夏姬。这两人是能够违逆自己心愿而消除私欲的。既然做不到一开始就关闭情欲，后来却能够抑制并消除情欲，也还算可以。因此说，舜帝、大禹的品德，巍巍然堪称圣人；楚文王重整朝政，亲理国事，死后被楚恭王予以“恭”的谥号。

# 详　刑

夫刑辟之作，所从尚矣！圣人以治，乱人以亡。故古今帝王莫不详慎之者，以为人命至重，壹死不生、一断不属故也。夫尧舜之明，犹惟刑之恤也。是以后圣制法，设三槐九棘之吏，肺石嘉石之讯，然犹复三判，佥曰可杀，然后杀之，罚若有疑，即从其轻，此盖详慎之至也。故苟详则死者不恨、生者不忿、忿恨不作，则灾害不生，灾害不生，太平之治也。是以圣主用其刑也，详而行之，必欲民犯之者寡，而畏之者众。“明刑至于无刑，善杀至于无杀。”此之谓矣。夫暗乱之主，用刑弥繁，而犯之者益多，而杀之者弥众，而慢之者尤甚者何？由用之不详，而行之不必也。不详则罪不值，所罪不值，则当死反生；不必则令有所亏，令有所亏，则刑罚不齐矣。失此二者，虽日用五刑，而民犹轻犯之。故乱刑之刑，刑以生刑，恶杀之杀，杀以致杀，此之谓也。

【译文】

刑法的创制，已经历时很久了。圣明之人使用刑法而天下稳定，昏乱之人使用刑罚而国家灭亡。从古到今的帝王没有不审慎使用刑法的。这是因为他们认识到人的生命是最重要的，人死不能复生，头一断便接不上了的缘故。尧舜那么英明，尚且常为刑罚而担忧。所以后来的圣主制定法规，设立三公九卿等官吏，还在朝廷门外分别设立容许百姓站在其上控诉地方官吏和为受刑者辩冤的大石，让人们立于石上陈诉。即使这样，还要重复进行三次审判，大家都认为可以判处死刑，然后才处死；处罚若有疑点，则从轻处理。这都是因为非常审慎的缘故。所以，如果量刑非常审慎，则死者没有怨恨，生者没有愤怒，不引起怨恨和愤怒，则不会出现灾祸，不出现灾祸，是使天下太平的治理方略。因此，圣明的君主使用其刑法，详审之后才执行，目的是让庶民违犯法律者少，而畏惧法律者多。“明确刑法是为了达到不用刑罚，准确地判处死刑是为了达到没有死刑”，讲的就是这个道理。昏乱的君主，使用刑罚越多，违犯刑法者却更多；判处死刑者越多，轻慢刑法的情绪更甚。这是什么原因呢？是因为使用刑法不是详察慎判，执行刑法不是有法必依。不详慎则量刑不当，量刑不当则应处死的反而活着；不依法行事则法令有所毁弃，法令有所毁弃则量刑处罚不能公平。出现这两个错误，即使每天都使用五种刑罚，庶民还是轻慢、触犯法律。所以，“滥用刑罚的刑法，使刑法生出更多的刑罚；恶意斩杀的斩杀，使斩杀招致更多的斩杀。”讲的就是这种情况。

## 兵　要

圣人之用兵也，将以利物，不以害物也；将以救亡，非以危存也。故不得已而用之耳。然以战者危事，兵者凶器，不欲人之好用之。故制法遗后，命将出师，虽胜敌而反，犹以丧礼处之，明弗乐也。故曰：“好战者亡，忘战者危。不好不忘，天下之王也。”

【译文】

圣人运用战争手段，是为了以此造福于民众，不是以此来祸害民众；是为了以此来拯救危亡，并非以此来危害生存，是迫不得已才运用的。然而，因为作战毕竟是危险之事，兵器毕竟是杀人器械，因此不希望人们喜好运用它。所以，圣人制定礼法，留于后代，凡命令将士出征，虽然战胜敌人而返回，还用办丧事的礼仪来对待，明确规定不准奏乐。所以人们说：“爱好战争者会走向灭亡，忘记战争者会出现危机；不喜好战争也不忘记战争，才可以称王于天下。”

夫兵之要，在于修政，修政之要，在于得民心。得民心在于利之，利之之要，在于仁以爱之、义以理之也。故六马不和，造父不能以致远；臣民不附，汤武不能以立功。故兵之要，在得众者，善政之谓也。善政者，恤民之患，除民之害也。故政善于内，兵强于外。历观古今，用兵之败，非鼓之日也，民心离散，素行豫败也；用兵之胜，非阵之朝也，民心亲附，素行豫胜也。故法天之道，履地之德，尽人之和，君臣辑穆，上下一心，盟誓不用，赏罚未施，消奸慝于未萌，折凶邪于殊俗，此帝者之兵也。德以为卒，威以为辅，修仁义之行，行恺悌之令，辟地殖谷，国富民丰，赏罚明，约誓信，民乐为之死，将乐为之亡，师不越境，旅不涉场，而敌人稽颡，此王者之兵也。

【译文】

进行战争的关键在于整治国政，整治国政的关键在于取得民心，取得民心的关键在于利民，利民的关键在于用仁慈来爱护他们，用道义来管理他们。因为，如果六匹马不互相配合，善驾车的造父不可能到达远处；臣子与百姓不归附，商汤与周武都不可能取得成功。所以战争的关键在于得到群众拥护，意即要有好的政治。什么是好的政治？就是体恤人民的忧愁，消除人民的灾祸。所以，对内有好的政策，对外才有强盛军队。历览古今，战争的失败，实质上不在于作战的那些日子。如果民心相离相散，据往常之所行便可预料到失败。同样，战争的胜利，实质上不在于临阵的那些日子。如果民心亲近归附，据往常的行为便可预料到胜利。效法上天的规律，实践大地的德行，极尽人民的团结，君臣和睦，上下一心，不用对天盟誓，赏罚也未实施，奸心恶念在未萌发时便使其消除，凶兆妖异在刚反常时便使其夭折。这便是五帝的用兵之道。用恩德对待士兵，用威严作为辅助，养成仁爱正义的行为习惯，以平易近人的态度发布命令，开垦荒地，种植谷物，国家富强，百姓丰足；赏罚严明，誓约有信，人人乐意为国效命，将士乐意为其赴死；队伍不越过疆界，军旅不到达战场，敌人就会屈膝请降。这是王者的军队。

# 辨　能

夫商鞅、申、韩之徒，其能也，贵尚谲诈，务行苛刻，则伊尹、周、邵之罪人也。然其尊君卑臣，富国强兵，有可取焉。宁成、郅都辈，放商、韩之治，专以残暴为能。然其抑强抚弱，背私立公，尚有可取焉。其晚世之所谓能者，乃犯公家之法，赴私门之势，废百姓之务，趣人间之事，决烦理务，临时苟辨，但使官无谴负之累，不省下民吁嗟之冤，复是申、韩、宁、郅之罪人也。而俗犹共言其能，执政者选用不废者，何也？为贵势之所持，人间之士所称，听声用名者众，察实审能者寡，故使能否之分不定也。夫定令长之能者，守相也；定守相之能者，州牧刺史也。然刺史之徒，未必能考论能否也，未必能端平也。或委任下吏，听浮游之誉；或受其戚党贵势之托，整顿其（原作其整顿）传舍，待望迎宾，听其请竭，供其私求，则行道之人，言其能也；治政以威严为先，行事务邀时取辨，悕望上官之指，敬顺监司之教，期会之命，无不（原无不）降身以接，士之来，违法以供其求，欲人间之事无不循，言说之谈无不用，则寄寓游行幅巾之士，言其能也。有此三者为之谈，听声誉者之所以可惑、能否之所以不定也。

【译文】

商鞅、申不害、韩非一类人，其才能是尊崇诡诈变化，办事推行苛刻之政。对伊尹、周公、邵公来说，他们是罪人。然而，他们尊重君主、看轻官吏、使国富兵强，却有可取之处。宁成、郅都之流放弃商鞅、韩非的治理办法，专门以残暴为能事。然而他们抑制豪强、安抚贫弱，背弃私利、树立公心，也还有可取之处。后世所谓有能力者，却违犯国家法度，投靠有势力的达官显贵；废弃百姓的要务，儿戏人间事业；决断繁务、处理政事，临时苟且处置，只求做官没有被责罚的麻烦，而不省察庶民忧愁伤叹的冤屈。他们又是申不害、韩非、宁成、郅都的罪人。但是，一般人却都说他们同样有能力，执政者也选拔任用而不罢其官职，这是为什么呢？因为他们被显贵权势所保护，被世间一些读书人所称颂；只听凭名声而用人者多，审察业绩能力而用人者少，所以要想区分其有能力还是无能力，很难评定。评定县令的能力，取决于郡守及其辅佐者；评定郡守及其辅佐者的能力，取决于州牧、刺史。然而刺史一类人，未必能考评他们有无能力，未必能使考评端正公平。有的委派手下人员，听受一些空虚不实的赞誉；有的被考评者接受亲朋中显贵有势之人的嘱托。这些相关人等不是忙着整顿客舍，等待瞭望，迎接上宾，就是忙着接待拜访，许诺对方私下的请求。于是连无关的路人都可以尽说其能，（作为他们升迁的依据了）。这些人治理政事首先考虑的是自己的威严，办事一味迎合时风，揣摩长官的意图，对监察官员的话唯唯诺诺，不论对错一概言听计从。凡是上级规定期限要完成的任务，不论百姓是否能够承受得了，无不低声下气一概接受；如果有上级来视察工作，就不惜违反常礼制度去满足他们的欲望和要求。对于世俗的陋习没有不遵循的，世俗的言论没有不采用的。这样，一些客居、遨游、风雅之士就会纷纷说他们有能力了。有这三种人到处替他们说好话，这就是听信声誉者其所以被迷惑、官员的能力高低之所以难以评定的原因了。

## 尊　嫡

凡光祖祢、安宗庙、传国土、利民人者，在于立嗣继世。继世之道，莫重于尊嫡别庶也。故圣人之制礼贵嫡，异其服数，殊其宠秩，所以一群下之望，塞变争之路，杜邪防萌，深根固本之虑。历观前代，后妻贱而侄媵贵，太子卑而庶子尊，莫不争乱以至危亡。是以周有子带之难，齐有无知之祸，晋有庄伯之患，卫有州吁之篡。故传曰：“并后匹嫡，两政耦国，乱之本也。”

【译文】

一般说，能够光耀宗庙、稳定天下、传承国土、利于民众的大事，就在于确立太子继承王位。继承王位的法则，最重要的就是尊奉正妻所生之子，使其有别于妾妃所生之子。所以，圣人制定的礼法是敬重正妻所生之子，并特定其着装规定，区别其亲近程度和俸禄品级。这是为了促使下属臣民期望专一，阻断生变、争夺的途径，杜绝邪恶并防止其萌生，这是从深根固本考虑的。历观前朝各代，凡是皇后或正妻轻贱而侧妃尊贵、太子低贱而庶子尊贵的，没有不出现争位乱朝以至于国家危亡的。因此，周朝有子带之难，齐国有无知之祸，晋国有庄伯之患，卫国有州吁之篡位。所以《左传》上写道："使妃妾与正妻并列、旁出之子与正妻之子同等，就像两个政府同时管理一个国家，这是混乱的根本。"

## 谏　争

夫谏争者，所以纳君于道，矫枉正非，救上之谬也。上苟有谬而无救焉，则害于事，害于事则危道也。故曰："危而不持，颠而不扶，则将焉用彼相？"扶之之道，莫过于谏矣。故子从命者，不得为孝；臣苟顺者，不得为忠。是以国之将兴，贵在谏臣；家之将盛，贵在谏子。若托物以风喻，微生（生疑言）而不切，不切则不改，唯正谏直谏可以补缺也。《诗》云："衮职有缺，仲山甫补之；柔亦不茹，刚亦不吐。"正谏者也。《易》曰："王臣謇謇。"传曰："愕愕者昌。"直谏者也。然则咈人之耳，逆人之意，变人之情，抑人之欲，不尔不为谏也。虽有父子兄弟，犹用生怨隙焉。况臣于君，有天壤之殊，无亲戚之属，以至贱干至贵，以至稀间至亲，何庸易耶？恶死亡而乐生存，耻困辱而乐荣宠，虽甚愚人犹知之也，况士君子乎？今正言直谏，则近死辱而远荣宠，人情何好焉？此乃欲忠于主耳。夫不能谏则君危，固谏则身殆。贤人君子，不忍观上之危，而不爱身之殆。故蒙危辱之灾，逆人主之鳞，及罪而弗避者，忠也、义也。深思谏士之事，知进谏之难矣。

【译文】

臣子直言规劝，是为了把君主拉回到正确之路，纠正其偏差与缺点，挽救君主的谬误。君主如果有谬误之处而无人去纠正，就会有害于国事，有害于国事就会步入危途。所以说："有危机而不帮助，跌倒了而不扶持，什么时候用得着你的帮助呢？"而扶助的办法，没有比直言规劝更好的了。所以说当儿子的唯命是从，不能说就是孝顺；做臣子的苟且顺合，不能说就是忠君。因此，国家要兴旺，可贵的就在于有直言规劝的臣子；家庭要兴旺，可贵的就在于有直言规劝的儿子。如果寓意于其他事件，以比喻手法来规劝，往往会深奥、勉强而不恳切，不恳切则很难改正。惟有正面、直言规劝可以补救失误与纰漏。《诗经》中写道："君主的龙袍和金殿上的旗帜有缺损，仲山甫坚持要修补，软的不吃，硬的不吐。"这是正面规劝的人。《易经》上说："大王的臣子非常忠贞"；《左传》上说："言语正直者昌盛"。这都是讲直言规劝。然而，直言规劝往往会不顺他人之耳，违逆他人心意，改变他人的情趣，抑制他人的欲望，但不这样便不是规劝。即便是父子兄弟，往往也会因之而产生怨恨或感情上的裂痕，何况臣下对于君主，存在天壤之别且无亲戚关系，要以最低贱的身份冒犯最尊贵者，以最疏远的关系使其最亲密者疏远，谈何容易？不愿死亡而乐于生存，羞于困苦受辱而乐于荣耀受宠，即便是很愚笨的人也是知道的，何况士人君子呢？现今，用正直之言进行规劝，是走近死亡和耻辱而远离荣耀与宠爱，就人的感情而言，谁会喜好呢？这都是欲尽忠诚于君主而已。若不能直言规劝则君主危急，坚持直言规劝则自己危险，但贤臣君子不忍看到君主危急，不顾及自身的危险，所以才冒着蒙受危险受辱之祸，揭开君主的龙鳞。明知会获罪却不回避的原因，就在于忠心为君，就在于坚持正义。深思直言规劝之人的所为所遇，便会明白以直言来规劝君主的难处了。

## 决　壅

夫人君为左右所壅制，此有目而无见，有耳而无闻。积无闻见，必至乱正。故国有壅臣，祸速近邻。人臣之欲壅其主者，无国无之。何也？利在于壅也。壅则擅宠于身，威权独于已，此人臣日夜所祷祝而（而原作面）求也。人臣之壅其君，微妙工巧，见壅之时不知也，率至亡败然后悔焉。为人君之务，在于决壅；决壅之务，在于进下；进下之道，在于博听；博听之义，无贵贱同异，隶竖牧圉，皆得达焉。若此则所闻见者广，所闻见者广，则虽欲求壅，弗得也。

【译文】

君主被其左右之人所蒙蔽、制约，这就如同有眼睛而看不见，有耳朵而听不见。长久的听不见、看不见，必定会搅乱正确思路。因此，若国家有蔽塞君主视听的臣子，祸患到来之快，如同就在近邻。臣下想蔽塞其君主视听的现象，没有哪个国家不存在，这是为什么呢？因为蔽塞对他们有利。蔽塞则自己独揽宠幸，独掌威权，这是此类臣子日夜期望和追求的。臣子蔽塞其君主，办法十分巧妙，君主被蒙蔽时则完全察觉不出，一般到了灭亡或失败时才感到悔恨。做君主者首要之事，在于冲破蒙蔽；冲破蒙蔽的关键，在于能听到下层的意见；听取下层意见的方法，在于广泛听取；广泛听取的含义，就是不管是显贵的、微贱的、意见相同的、意见不同的，以至差役、童仆和放牧养马之人，都可以上达自己的意见。如此，则会听到、看到的多，听到看到的多，即便臣子想蒙蔽也是办不到的。

人主之好恶，不可见于外也，所好恶见于外，则臣妾乘其所好恶，以行壅制焉。故曰：人君无见其意，将为下饵。昔晋公好色，骊女乘色以壅之；吴王好广地，太宰陈伐以壅之；桓公好味，易牙烝首子以壅之。及薛公进美珥以劝立后，龙阳临钓鱼行微巧之诈，以壅制其主，沉寞无端，甚可畏矣。古今亡国多矣，皆由壅蔽于帷幄之内，沉溺于谄谀之言也，而秦二世独甚。赵高见二世好淫游之乐，遗于政，因曰："帝王贵有天下者，贵得纵欲恣意，尊严若神，固可得闻，而不可得睹。"高遂专权欺内，二世见杀望夷，临死乃知见之祸（见之祸恐有误），悔复无及，岂不哀哉！

【译文】

君主的喜好与厌恶，不可以显现于外表。所喜好与所厌恶的显现于外表，则臣子、妃妾会利用君主的喜好与厌恶，来实施其蒙蔽和制约。所以说，君主如果看不清他们的用意，就会被臣下所引诱。昔日晋公喜好女色，骊女凭借自己的美貌来蔽塞其视听；吴王喜好扩大领地，太宰陈述征伐之事来阻塞其视听；桓公喜好美味，易牙烹其儿子进献给君主以求阻塞其视听。再如，薛公进献美玉，劝说拥立皇后；龙阳在钓鱼时，使出巧妙的诈术，以此来蔽塞制约其君主。其术隐伏、平静、不露端倪，真是可怕呀！从古及今，国家灭亡之事多了，大都由于君主蒙蔽与帐幕之内，沉溺于谄谀之言。秦二世最为明显。赵高发现秦二世喜好淫乱、游览之乐而抛弃国政，因而进言说："帝王拥有天下的可贵之处，就在于可以放纵欲望、任性行事，其尊严就像神一样，只可以让人听说，而不可以让人看见。"于是，赵高便独揽大权，欺凌皇室。秦二世被逼自杀于望夷宫，临死之前才明白被蒙蔽的危害，后悔也来不及了，岂不是可悲吗？

## 赞　象

夫赞象之所作，所以昭述勋德，思咏政惠，此盖诗颂之末流矣。宜由上而兴，非专下而作也。世考之导之（原无之字），实有勋绩，惠利加于百姓，遗爱留于民庶，宜请于国，当录于史官，载于竹帛，上章君将之德，下宣臣吏之忠，若言不足纪，事不足述，虚而为盈，亡而为有，此圣人之所疾，庶几之所耻也。

【译文】

赞颂体文章的兴起，是用以昭示、记述功勋美德，怀念、歌颂政治的善美，这都属于《诗经》中《颂》类文辞的末流，应当由上层发起，并非专由下层来写作。经过世人的考察之后，确有功绩，而给百姓带来恩惠利益，使仁爱遗留于后世民众，应请示国君，然后由史官进行记录并载于史册，对上彰扬君主、将帅的大德，对下表扬臣子、官吏的忠诚。如果其言论不值得记载，事迹不值得评说，或者凭空予以充实，把没有的说成有，这是圣人所憎恶的，更是其为之羞愧的。

## 铭　诔

夫渝世富贵，乘时要世，爵以赂至，官以贿成。视常侍黄门宾客，假其气势，以致公卿牧守，所在宰莅，无清惠之政，而有饕餮之害，为臣无忠诚之行，而有奸欺之罪，背正向邪，附下内上，此乃绳墨之所加，流放之所弃。而门生故吏，合集财货，刊石纪功，称述勋德，高邈伊、周，下凌管、晏，远追豹、产，近逾黄、邵，势重者称美，财富者文丽。后人相踵，称以为义，外若赞善，内为己发，上下相效，竞以为荣。其流之弊，乃至于此，欺曜当时，疑误后世，罪莫大焉。且夫赏生以爵禄，荣死以诔谥，是人主权柄。而汉世不禁，使私称与王命争流，臣子与君上俱用；善恶无章，得失无效，岂不误哉！

【译文】

有的人以财富和权力改变世风，爵位因送礼而得到，求官靠行贿而实现。看看常侍、黄门这些皇帝近臣的嘉宾贵客，凭借其气势，以致使朝廷公卿、州牧郡守所管辖的地方，没有清廉仁爱的政风，而有贪财贪食的祸害；做臣子的没有忠诚的行为，而有邪恶欺诈的罪孽。背离正道，走向邪路，拉拢下属，亲近上层，这些本应该用法规来制裁，用流放来逐弃。然而，曾依附于他们的人和过去的部下，却合伙筹集钱财物资，雕刻石碑记载其功业，赞述其大德；高可以藐视伊尹、周公，低可以名齐管仲、晏婴；远可以比及西门豹、子产，近可以超过黄霸、邵信臣；对位高势众者称颂其美德，对家财丰厚者，描述其美好。后辈之人，竞相追随，把这称做义举。外表好像是赞美善行，内心其实是为表现自己。上下相互仿效，竞相以此为荣。这类人的恶劣，竟然达到如此程度，骗取荣耀于当时，迷惑、误导于后世，这实在是莫大的罪过啊！

生前赏赐其爵位俸禄，死后显耀其诔祭谥号，这些本应由君主来掌握，而汉代以来，不加限禁，使得私自的称颂与君主的命名争相流传，臣子与君主都曾引用，好的坏的难以分明，对的错的不加考证，岂不是很荒谬吗?

## 序作

夫著作书论者，乃欲阐弘大道，述明圣教，推演事义，尽极情类，记是贬非，以为法式；当时可行，后世可修。且古者富贵而名贱（贱疑姓），废灭不可胜记。唯篇论俶傥之人，为不朽耳。夫奋名于百代之前，而流誉于千载之后；以其览之者益，闻之者有觉故也。岂徒转相放效，名作书论，浮辞谈说而无损益哉！而世俗之人，不解作体，而务泛溢之言，不存有益之义，非也。故作者不尚其辞丽，而贵其存道也；不好其巧慧，而恶其伤义也。故夫小辩破道，狂简之徒，斐然成文，皆圣人之所疾矣。

【译文】

写作文章、论著的目的，是想阐发、弘扬圣贤大道，叙述、明确圣人教诲，推演事情背后的义理，尽力抒发情感；记载对的，批评错的，以此作为标准、规格，使当时可以遵循，后世可以研习。古代的富豪显贵到后来声名低贱以至泯灭的不可数计，唯有留下一篇篇卓异书论之人，为名垂不朽者。他们声名振起于百代之前，而赞誉流传于千载之后，是因为阅读这些文章论著会受益，听闻这些文章论著可以得到启迪的缘故。岂是那些凭空转相仿效、名为评论而实以虚浮之辞论说、又于世无损无益的文章呢！世间一般的人，不懂得序作的本质，而写一些空泛、过分的言论，没有有益于人的义理，这是错误的。因此，对于书论作者，不崇尚其词藻华丽，而应看重其蕴含的道理；不应称道其精巧聪慧，而应厌恶其损害道义。本来小小的论辩即可剖析的道理，而志大才疏的人斐斐然长篇大论。这都是圣人所厌恶的。

（张耀武译）

## 卷四十八

# 体论治要

**【考评】**

《体论》，三国杜恕著。《隋书·经籍志》载："《体论》四卷。"《三国志·魏书》载："杜恕《体论》八篇。"世已久佚，今存《群书治要》是魏征等辑录。日本尾张藩刻本，全文分六段，每段自成一篇。《三国志·魏书》杜恕本传的注里引用《杜氏新书》对《体论》的评介说："以为人伦之大纲，莫重于君臣；立身之基本，莫大于言行；安上理民，莫精于政法；胜残去杀，莫善于用兵。夫礼也者，万物之体也，万物皆得其体，无有不善，故谓之'体论'。"魏征给唐太宗的谏言中，多次引用《体论》中语。如贞观十一年(公元637年)，以房玄龄为首，在修订《武德律》的基础上颁行的《贞观律》，是"正刑定罪"用的。由于贞观时期重视立法与守法，法律的执行一般比较认真，官吏"有枉法者必无赦免"，贪赃者皆"置以重法"，因此"官吏多自清谨"，"王公妃主之家，大姓豪猾之伍，皆畏威屏迹，无敢侵欺细人"。这对唐初封建统治的巩固，起了相当大的作用。魏征这年写给唐太宗的《理狱听谏疏》实质是《贞观律》的立法指导思想与理论基础，对后来封建立法理论影响极大。魏征认为，要"移风易俗"，不能单靠"严刑峻法"。所以他在疏文中引用《体论》"夫淫欲盗窃，百姓之所恶也，我从而刑罚之，虽过乎当，百姓不以我为暴者，公也；怨旷饥寒，亦百姓之所恶也，遁而陷之法，我从而宽宥之，百姓不以我为偏者，公也。我之所重，百姓之所憎也；

我之所轻，百姓之所怜也。是故赏轻而劝善，刑省而禁奸”，并提出了“凡立法者，非以司民短，而诛过误也”的总方针。认为量刑必须心存公正，“如果取舍在于爱憎，轻重由乎喜怒”，“群私于上，吏奸于下”，要想达到“人和讼息”的政治局面是办不到的。只有“执法公正”，才能使“百姓心服”。执法如果循私，量刑无论从轻从重，都会造成恶果，因为“过轻则纵奸，过重则伤善”。

杜恕(198年—252年)，字务伯，京兆杜陵(今陕西长安县)人，生于汉献帝建安三年，卒于魏嘉平四年。他为人倜傥任意，而思不防患。太和中为散骑黄门侍郎，推诚以质，不治华饰，专心向公，论议亢直，故无名誉。其在朝八年，不结党援。后为幽州刺史，为程喜所劾，徒章武郡。杜恕《体论》就是在章武任上所著。又著《兴性论》一篇。

# 君　体

人主之大患，莫大乎好名。人主好名，则群臣知所要矣。夫名所以名善者也，善修而名自随之，非好之之所能得也。苟好之甚，则必伪行要名，而奸臣以伪事应之。一人而受其庆，则举天下应之矣。君以伪化天下，欲贞信敦朴，诚难矣。虽有至聪至达之主，由无缘见其非而知其伪，况庸主乎？人主之高而处隩，譬犹游云梦而迷惑，当借左右以正东西者也。左曰："功巍巍矣！"右曰："名赫赫乎！"今日闻斯论，明日闻斯论，苟不校之以事类，则人主嚣然自以为名齐乎尧舜，而化洽乎泰平也，群臣琐琐，皆不足任也。尧舜之臣，宜独断者也。不足任之臣，当受成者也。以独断之君，与受成之臣，帅讹伪之俗，而天下治者，未之有也。

【译文】

君主最大的忧患，莫过于喜好美名。君主喜好美名，则群臣便知道其期求了。美名是为了褒扬优秀者的，做了好事，美名自然会随之而来，并非因为你喜好它就可得到。君王如果过于喜好美名，就一定会以虚假的行为来求取美名，那么，奸邪之臣就会以虚假之事来应和。一个人因之而受到奖赏，则普天下的人就会效法。君主以虚伪教化天下，想要人有操守、讲信用、敦厚朴实，的确很难呀！即便是最聪敏、最明达的君主，也没有机会看出其中的问题而知道其虚假，何况一般的君主呢？君主身居高位，处于深宫之中，就像游览云梦泽而感到迷惑，需要凭借左右之人来指正方向。左边人说："圣上的功勋极大啊！"右边人说："圣上的名声显赫啊！"今天听到这么讲，明天听到这么说，如果不对这类事情进行验证，君主就会颐然自得，以为自己可以和尧舜齐名，且自己的教化已达到天下太平，而群臣个个卑微，都不称职。尧舜的臣子，善于独立决断。不称职的臣子，只会依君主的计划行事，而没有自己的主张。靠独断的君主和"凡事照办"的臣子，会引导社会出现讹诈和虚假的风气，如此而能使天下得到大治，是没有过的。

夫圣人之修其身，所以御群臣也；御群臣也，所以化万民也。其法轻而易守，其礼简而易持；其求诸己也诚，其化诸人也深。苟非其人，道不虚行；苟非其道，治不虚应。

是以古之圣君之于其臣也，疾则视之无数，死则临其大敛小敛，为彻膳不举乐，岂徒色取仁而实违之者哉？乃惨怛之心，出于自然，形于颜色。世未有不自然，而能得人自然者也。色取仁而实违之者，谓之虚；不以诚待其臣，而望其臣以诚事己，谓之愚。虚愚之君，未有能得人之死力者也。故《书》称“君为元首，臣为股肱”，期其一体相须而成也。而俭伪浅薄之士，有商鞅、韩非、申不害者，专饰巧辩邪伪之术，以荧惑诸侯，著法术之书，其言云：“尊君而卑臣。”上以尊君，取容于人主；下以卑臣，得售其奸说。此听受之端，参言之要，不可不慎。元首已尊矣，而复云尊之，是以君过乎头也；股肱已卑矣，而复曰卑之，是使其臣不及乎手足也。君过乎头，而臣不及乎手足，是离其体也。君臣体离，而望治化之洽，未之前闻也。

【译文】

圣主明君加强自身修养，是为了驾驭群臣；驾驭群臣，是为了教化万民。其法令较轻而容易遵守，礼仪简约而容易守持；其要求自己很真诚，对众人的感化教育很深刻。如果不是这样的圣贤君主，其治国之道便不会凭空得以实行；如果不是那样的治国之道，天下太平也不会凭空随之而来。

因此，古代的圣君明主对于臣下，有病则多次去探视，死后则亲自看着死者穿衣入棺，并为此经常吃饭时停止奏乐。这难道只是表面上实行仁义而实际上不行仁义吗？乃是他们的痛悼之情发乎自然而显现于表情。世界上没有不出自真情而能换得别人的真情的。表面采取仁爱而实际上违背仁爱，这就叫做虚伪；不以诚心对待其臣下，而期望臣下以诚心来侍奉自己，这就叫做愚蠢。虚伪、愚蠢的君主，没有能使得臣下为其拼死效力的。《尚书》上说：“君王好比人的头，大臣好比人的大腿和手臂。”这就是期望他们结为一体，相辅相成。然而卑躬虚伪、见识浅薄的人，如商鞅、韩非、申不害等，专一修饰其巧辩奸伪之术，以迷惑诸侯，并撰写关于法家学说的书，其中有言：“尊重君主，看轻臣子。”其实是对上独尊君主，借以讨取主上的喜欢；对下贬低臣子，得以兜售自己的邪说。这样听受其主张的端倪，检验其言论的要领，就不能不慎重。头颅已很高贵了，而还说要尊贵，是使君主高过头颅；大腿、手臂已经低微，而还说要贬低，是使其臣子比不上手足。君主高过了头，而臣子还比不上手足，这是分割了身体。君臣之体分开，而期望治理、教化达到和谐，还没有先例。

且夫术家说又云：“明主之道，当外御群臣，内疑妻子。”其引证连类，非不辩且悦也，然不免于利口之覆国家也。何以言之？夫善进，不善无由入；不善进，善亦无由入。故汤举伊尹而不仁者远，何畏乎驩兜？何迁乎有苗？夫奸臣贼子、下愚不移之人，自古及今，未尝不有也。百岁一人，是为继踵；千里一人，是为比肩。而举以为戒，是犹一噎而禁食也。噎者虽少，饿者必多，未知奸臣贼子处之云何？且令人主魁然独立，是无臣子也，又谁为君父乎？是犹髡其枝而欲根之荫，掩其目而欲视之明，袭独立之迹而愿其扶疏也。

夫徇名好术之主，又有惑焉，皆曰：“为君之道，凡事当密。人主苟密，则群臣无所容其巧，而不敢怠于职。”此即赵高之教二世不当听朝之类也，是好乘高履危，而笑先僵者也。《易》曰：“机事不密则害成。”《易》称“机事”，不谓凡事也，不谓宜共而独之也，不谓释公而行私也。人主欲以之匿病饰非，而人臣反以之窃宠擅权。疑似之间，可不察欤！夫设官分职，君之体也；委任责成，君之体也；好谋无倦，君之体也；宽以得众，君之体也；含垢藏疾，君之体也；不动如山，君之体也；难知如渊，君之体也。君有君人之体，其臣畏而爱之，此文王所以戒百辟也，夫何法术之有哉？

【译文】

法家的学说又言道："明智君主的措施，应该是对外防备群臣，对内怀疑妻儿。"他们引用例证，联系推类，不是不够巧辩悦耳，然而却难免因其能言善辩而使国家覆灭。为什么这么说呢？因为好人被重用，不好的人便无从入朝；不好的人被重用，好人也无从入朝。所以商汤重用伊尹，不仁者就被疏远，又何须畏惧驩兜之类？何须放逐有苗之流？奸臣贼子、愚蠢而不知悔改的人，从古到今，何尝没有。一百年有一个，就算是接踵而来；一千里地有一个，就算是比肩而生。举这些例子以为警诫，就好像是因噎而废食，但被噎者只是少数，饥饿者一定是多数，不知道奸臣贼子处在这种情况下会有何话说？而且如果让君主巍巍然一人独立，就等于没有臣子，还给谁当君主呢？这就像剪光树枝而望树干成荫、捂住眼睛而想看得清楚、两脚重合在一起而想舞姿婆娑一样不可能。

这样，极好虚名、热衷法术的君主，又有疑问了：为君之道，是凡事都应该机密，君主如果凡事机密，则群臣没有地方容存其机巧，因而就不敢怠慢于自己的职责。这正是赵高教给秦二世所谓"君主不宜亲自临朝听政"之类的鬼话，是喜好登上高处、身居险境却讥笑先死之人啊！《易经》上说："关键之事不保密则会妨害事情的成功。"这里，《易经》所说的是"关键的事"，不是一般的事，不是说应该共同商量的事也须只有自己知道，也不是说放弃公开讨论而私下去做。君主想用《易经》上的这句话隐匿弊病、掩饰过错，而臣子反而用这句话来窃取宠爱、独揽大权。这些处在疑似之间的问题，能不仔细思考吗？设立官职、划分职权，是为君的根本；委任官员，责求其成功，是为君的根本；擅长谋略而从不倦怠，是为君的根本；以宽容取得众人拥戴，是为君的根本；容忍羞辱、埋藏痛苦，是为君的根本；像大山一样毫不动摇，是为君的根本；像大海一样深不可测，是为君的根本。君主有了统治国家的根本，其臣子就会既惧怕又敬爱。这就是周文王用以告诫诸侯的，又有什么法术可言呢？

故善为政者，务在于择人而已。及其求人也，总其大略，不具其小善，则不失贤矣。故曰：“记人之功，忘人之过，宜为君者也。”人有厚德，无问其小节；人有大誉，无訾其小故。自古及今，未有能全其行者也。和氏之璧，不能无瑕；隋侯之珠，不能无纇。然天下宝之者，不以小故妨大美也。不以小故妨大美，故能成大功。夫成大功在己而已，何具之于人也？今之从政者，称贤圣，则先乎商韩；言治道，则师乎法术。法术之御世，有似铁辔之御马，非必能制马也，适所以梏其手也。

【译文】

善于处理国政的人，都致力于选择贤才。求取人才时，应总括其大要，不要求小的方面都好，这样就不会失去贤才。因此说：“记住人的功劳，忘记人的过失，是适宜于做君主的人。”如果一个人有厚德，不必再查问其小节；一个人有很高的声誉，不要再非议其小事。从古到今，没有能使自己的行为十全十美的人。卞和之玉，不会没有瑕疵；隋侯之珠，不会没有缺点。但天下人仍认为它们是宝贝，原因就是不以小疵而妨害其大美。正因为不因小疵而妨害大美，所以能成就大业。成就大业在于自己，怎能责求于人呢？现今的从政者，一说到贤圣之人，就先提商鞅、韩非；一讲起治国之道，就师从法家之术。用法家的手段驾驭社会，有点像用铁制缰绳驾驭马匹，并非一定能控制其马，恰恰因之而束缚了驾驭者之手。

人君之数至少，而人臣之数至众，以至少御至众，其势不胜也。人主任术而欲御其臣，无术其势不禁也，俱任术则至少者不便也。故君使臣以礼，则臣事君以忠。晏平仲对齐景公曰：“君若弃礼，则齐国五尺之童，皆能胜婴，又能胜君。所以服者，以有礼也。”今末世弃礼任术之君之于其身也，得无所不能胜五尺之童子乎？三代之亡，非其法亡也，御法者非其人也。苟得其人，王良、造父能以腐索御奔驷，伊尹、太公能以败法御悍民。苟非其人，不由其道，索虽坚马必败，法虽明民必叛。奈何乎万乘之主，释人而任法哉！且世未尝无贤也，求贤之务非其道，故常不遇之也。除去汤武圣人之君，任贤之功，近观齐桓中才之主耳，犹知劳于索人，逸于任之，不疑子纠之亲，不忘射钩之怨，荡然而委政焉，不已明乎？九合诸侯，一匡天下，不已荣乎？一曰仲父，二曰仲父，不已优乎？孰与秦二世悬石程书，愈密愈乱，为之愈勤，而天下愈叛，至于弑死。以斯二者观之，优劣之相悬，存亡之相背，不亦昭昭乎？

【译文】

君主的数量很少，而臣子的数量很多，以很少驾驭很多，其趋势是不能取胜。君主想凭藉计谋手段驾驭其臣子，一旦没有了计谋、手段，其形势便难以控制。这就是说，全靠计谋、手段，会对最少者(指君主)不利。因此，君主应该以礼义来对待臣子，臣子就会以忠心来侍奉君主。晏平仲回答齐景公说："君主若放弃礼义，则齐国五尺高的孩童，都能打得过我晏婴，也能打得过君王。其所以敬服（君王与我），是因为有礼义。"处在乱世却废弃礼义而只用计谋、手段的人，就他们个人来说，一定能打得过五尺孩童吗？夏商周三个朝代的灭亡，不是其法规没有了，是掌握法规的不是合适之人。如果得到合适的人，像善于驾驶车辆的王良、造父，就能以腐烂的绳索驾驭奔跑的马匹；伊尹、太公，能以衰微的法规驾驭剽悍的民众。如果不是胜任之人，不依照正确的方法，绳索虽然结实，马也一定会有失；法令虽然明确，民众也一定会违犯。拥有万乘的国君，怎么能放弃人才而凭借法术呢？况且当今之世，未必没有贤才，是求贤之时没有采取正确的方法，因而常常遇不到贤才。抛开商汤、周武王等如圣人一样的君主不说，关于任用贤才的事，近观齐桓公这样中等才能的君主，他也知道不遗余力地去搜索人才，并放手使用人才。他不犹疑于管仲与子纠之间的亲密关系，没有忘记管仲本欲射杀自己却幸而只射中腰带钩的仇恨，却坦荡地将朝政委托于他，不是很明智吗？后来九次会盟诸侯，以一统之势匡正天下，不是很荣耀吗？（对管仲）开口叫"仲父，"闭口称"仲父"，不是很优厚吗？哪里像秦二世悬石示功、规范图书，越是周密，越是混乱，事做得越勤，天下越是背叛，以至于被逼自杀。就此二者来看，其优劣的悬殊、存亡的相背，不是很清楚吗？

夫人生莫不欲安存而恶危亡，莫不欲荣乐而恶劳辱也。终恒不得其所欲，而不免乎所恶者何？诚失道也。欲宫室之崇丽也，必悬重赏而求良匠，内不以阿亲戚，外不以遗疏远，必得其人然后授之，故宫室崇丽，而处之逸乐。至于求其辅佐，独不若是之公也，唯便辟亲近者之用。故图国不如图舍，是人主之大患也。使贤者为之，与不肖者议之；使智者虑之，与愚者断之；使修士履之，与邪人疑之，此又人主之所患也。夫赏贤使能，则民知其方；赏罚明必，则民不偷；兼聪齐明，则天下归之。然后明分职序事业，公道开而私门塞矣。如此，则忠公者进而佞悦者止，虚伪者退而贞实者起，自群臣以下至乎庶人，莫不修己而后敢安其职业，变心易虑，反其端悫。此之谓政化之极。审斯论者，明君之体毕矣。

【译文】

人生来没有不希望平安生存而憎恶危险、死亡的，没有不期望荣耀、快乐而厌恶劳苦、受辱的。然而终究却得不到其所盼望的，并且摆脱不了其所厌恶的，这是为什么？就是因为违背了事物发展的规律。想要宫室高大华丽，必然会悬重赏来寻求优秀的工匠，对内不因亲戚而偏袒，对外不因疏远而遗漏，一定要寻得合适之人，然后把任务交给他，所以宫室才得以建得高大华丽，居之才安逸快乐。然而到了求取辅佐国政的人才时，却偏又不如寻求优秀工匠那么公平，唯独对善于逢迎谄媚的亲近者加以取用。就是说，谋划国事远不如谋划宫舍那么经心，这是君主的大病。让贤德之人去做事，却与不贤者一起评论；让有智慧者去谋划，却与愚蠢之人一起决断；让有修养的人去践行，却与心术不正者一起怀疑。这又是君主的通病。奖励贤才，使用能人，则人民就知道去端正自己的品行；赏罚明确且必赏必罚，则人民不会苟且从事；同时听取多种声音，全部弄明各种事理，则天下人心归附。然后，明确地区分职位，按职责安排工作，使公开的途径畅通而徇私的门路关闭。这样，就会使忠于公事者进入朝廷而使谄媚取悦者止步；虚浮伪诈者退出而坚贞诚实者起用。从而使群臣以下，以至于庶民百姓，没有人不提高自身素质，然后才敢安心于其职业，改变不良的心念和想法，返归正直纯朴的本性。这就是政治教化的最高境界。能够明白这一论断者，做一个圣明君主的基本素质就都有了。

## 臣 体

凡人臣之于其君也，犹四支之戴元首、耳目之为心使也，皆相须而成为体、相得而后为治者也。故《虞书》曰："臣作股肱耳目。"而屠、蒯亦云："汝为君目，将司明也；汝为君耳，将司聪也。"然则君人者，安可以斯须无臣；臣人者，安可以斯须无君，斯须无君，斯须无臣，是斯须无身也。故臣之事君，犹子之事父，而加敬焉。父子至亲矣，然其相须尚不及乎身之与手足也。身之于手足，可谓无间矣，然而圣人犹复督而致之。故其化益淳，其恩益密，自然不觉教化之移也。奸人离而间之，故使其臣自疑于下，而令其君孤立乎上。君臣相疑，上下离心，乃奸人之所以为劫杀之资也。然夫中才之主，明不及乎治化之原，而感于伪术似是之说，故备之愈密，而奸人愈甚。譬犹登高者，愈惧愈危，愈危愈坠，孰如早去邪径而就夫大道乎？

【译文】

臣子对于其君主来说，就好像四肢拥戴头颅、耳目听从心的使唤，都是相互需要而成为一体，相互配合然后才能去治理国家。因此，《虞书》上说："臣子是君主的大腿、手臂、耳朵、眼睛。"屠氏、蒯彻也说："你作为君主的眼睛，就是负责使君主的目光明亮；你作为君主的耳朵，就是负责使君主的听觉灵敏。"既然如此，做君主的怎能片刻没有臣子？做臣子的怎能须臾没有君主？须臾没有君主或须臾没有臣子，都等于片刻没有身体。本来臣子事奉君主，就像儿子侍奉父亲，而且应更加尊敬呀！父子最为亲近，然而其相互需求还比不上身体与手足。身体对于手足，可说是没有隔阂，然而圣人还反复督导，使其达到协调。这是因为教化越淳朴，恩情越密切，一切都自自然然，觉察不出教育、转化的痕迹。而心术不正之人，挑拨离间，故而使其臣子自疑于朝堂之下，使其君主孤立于朝堂之上，君臣互相怀疑，上下离心离德，这正是心术不正者之所以能够实行其强夺国柄、杀害忠良的先决条件。然而，只具有中等才能的君主，看不见国家稳定、风俗好转的根源，而对于有伪诈之术者貌似有理的言论很感兴趣，所以防备越是严密，邪恶者也越是猖狂。这就像登临高崖之人，越是害怕，便越感危急，越感危急，便越容易摔下去，怎比得上早点离开邪僻小路而踏上宽敞的大道呢？

凡士之结发束修，立志于家门，欲以事君也，宗族称孝焉，乡党称悌焉。及志乎学，自托于师友，师贵其义，而友安其信。孝悌以笃，信义又著，以此立身，以此事君，何待乎法然后为安？及其为人臣也，称才居位，称能受禄；不面誉以求亲，不偷悦以苟合；公家之利，知无不为也；上足以尊主安国，下足以丰财阜民；谋事不忘其君，图身不忘其国；内匡其过，外扬其义；不下比以暗上，不上同以病下；见善行之如不及，见贤举之如不容；内举不避亲戚，外举不避仇雠；程功积事而不望其报，进贤达能而不求其赏；道途不争险易之利，见难而无苟免之心；其身可杀，而其守不可夺。此直道之臣，所以佐贤明之主，致治平之功者也。

【译文】

大凡读书人年轻时拜师求学，在家中就树立远大志向，就是想将来以此报效君主。从小，家族之人称赞其孝顺父母，乡里之人称赞其敬爱兄长。到有志于学业时，自己托身于老师、学友，老师赞赏其仁义，而学友放心其信用。其孝敬父兄更加笃诚，其讲求信用更为显著，以此立身处世，以此侍奉君主，何须等待法律约束之后才安心做事？到他作臣子时，根据其德才而就任官位，按其能力而享受俸禄；不当面奉承以求亲近，不苟且地贪图欢愉而随声附和；有利于国家的事，只要知道，没有不去做的；对上足以尊奉君主、安定国家，对下足以增加财力、富裕民众；考虑大小事情不忘记君主，谋求自身进取不忘记国家；对内纠正自己的过错，对外张扬自己的仁义；不在下边结党以蒙蔽君主，不与君主一起去损害百姓；看见人家做了好事就觉得自己还跟不上，看见贤才被选用就想到自己还很平庸；举荐人才，对内不避亲戚，对外不避仇人；估量自己的功绩，总结自己的工作，但并不希望得到回报；举荐贤才，引进能人，并不期求得到奖励；行路中不争平坦之利，遇灾难而没有苟且求免的思想；宁可丢掉性命，也不丧失操守。这是以正直立身处世的臣子，是能够辅佐明君实现天下大治的臣子。

若夫主明而臣暗、主暗而臣伪，有尽忠不见信、有见信而不尽忠。溷淆于臣主之分，出入于治乱之间，或被褐怀玉以待时，或巧言令色以容身，又可胜尽哉！是以古之全其道者，进则正，退则曲；正则与世乐其业，曲则全身归于道；不傲世以华众，不立高以为名；不为苟得以偷安，不为苟免而无耻。夫修之于乡闾，坏之于朝廷，可惜也；修之于已立，坏之于阖棺，可惜也！君子惜兹二者，是以有杀身以成仁，无求生以害仁，况害仁以求宠乎？故孔子曰："不义而富且贵，于我如浮云。"若夫智虑足以图国，忠贞足以悟主，公平足以怀众，温柔足以服人，不诽毁以取进，不刻人以自入，不苟容以隐忠，不耽禄以伤高，通则使上恤其下，穷则教下顺其上，故用于上则民安，行于下则君尊，可谓进不失忠，退不失行。此正士之义，为臣之体也。

【译文】

至于君主英明而臣子愚昧、君主昏暗而臣子诡诈，就会出现有的竭尽忠诚而不被信任、有的虽被信任而不尽忠诚的情况。臣下与君主的职分界限不清，处身于安定与混乱之间，有的身穿粗布衣服、怀藏美玉以待时机(怀才不遇)，有的花言巧语、伪装和善以求安身，又怎能尽数呢！因此，过去那些保全其立身之道者，在位则正直，退居则曲身；正直则与社会同乐其业，曲身则得以保全名声，归于正道；不傲慢于当世而迎合庶众，不清高而图名；不为苟且得到而采取偷安态度，不为苟且求免而不顾廉耻。在乡间闾里修德，却自毁于朝堂之地，可惜呀！进德修业几十年，却自毁于盖棺之时，可惜呀！君子重视这两点，因此宁可杀身以成仁，也不求生以毁仁，更何况毁仁只是为了取宠呢？所以孔子说："不讲仁义而得来的财富和显贵，对我来说，如同浮云。"至于智谋筹划足以使国家富强，忠诚坚定足以使君主醒悟，公平处事足以安抚百姓，温和怀柔足以使人钦服的人，他们不以诽谤谗毁求得晋升，不以排挤他人而使自己入职，不苟且求得容身而隐藏其忠诚，不嗜求薪俸而伤害其高尚。他们官运亨通时则促使君主怜悯其百姓；仕途困窘时则教育百姓顺服其君主。这样的人，选用于上层则百姓平安，行走于下层则君主尊贵，可说是在位不失其忠诚，退身不失其品行。这是正直之士的义节，是为臣的根本。

凡趣舍之患，在于见可欲而不虑其败，见可利而不虑其害，故动近于危辱。昔孙叔敖三相楚国，而其心愈卑，每益禄而其施愈博，位滋高而其礼愈恭。正考父伛偻而走；晏平仲辞其赐邑。此皆守满以冲，为臣之体也。

【译文】

大凡进退、取舍时的忧患，就在于遇到自己想要的便不考虑其失败的后果，遇到对自己有利的便不考虑其造成的危害，所以常常面临危险与耻辱。昔日，孙叔敖三次出任楚国宰相，但在其心中却把自己看得更加低微；每次增加俸禄，其施舍便更加广泛；爵位不断提高，其礼节却更显恭敬。正考父曲体弯腰走路，晏平仲不接受所赐食邑。这都是因谦逊而保持知足的心态，是为臣的根本。

夫不忧主之不尊于天下，而唯忧己之不富贵，此古之所谓庸人，而今之所谓显士；小人之所荣慕，而君子之所以为耻也。

【译文】

不担忧君主尚未被全天下的人尊敬，而只担忧自己尚未富贵，这就是过去所说的平庸之人，却是现今所谓的显贵之士。小人以此引以为荣和羡慕，君子把这看成是一种耻辱。

凡人臣之论，所以事君者有四：有贤主之臣，有明主之臣，有中主之臣，有庸主之臣。上能尊主，下能壹民，物至能应，事起能辨，教化流于下，如影响之应形声，此贤主之臣也。内足以壹民，外足以拒难，民亲而士信之，身之所长不以怫君，身之所短不以取功，此明主之臣也。君有过事，能一心同力，相与谏而正之，以解国之大患，成君之大荣，此中主之臣也。端悫而守法，壹心以事君，君有过事，虽不能正谏，其忧见于颜色，此庸主之臣也。以庸主之臣也，事贤主则从；以贤主之臣，事庸主则凶。古之所以成其名者，皆度主而行者也。修之在己，而遭遇有时，是以古人抱麟而泣也。

【译文】

关于对臣子的评价，按其奉事君主的情况可分四类：有圣贤君主的臣子，有明智君主的臣子，有中才君主的臣子，有平庸君主的臣子。对上能尊敬君主，对下能统一民心，事物到来能应对，事故发生能处理，教化传布到下层，民众如影子、回声对于形体、呐喊那样来应和，这便是圣贤之主的臣子。对内足以安抚百姓，对外足以抵御祸难，百姓爱戴，士人信服，不以自身之长而使君主难堪，不以自身之短去求取功劳，这是明智君主的臣子。君主有做错的事，能与臣僚一起同心同力地进行规劝和纠正，以化解国家的大灾大祸，保全君主的至高荣誉，这是中才君主的臣子。端正笃诚且遵守法纪，一心一意地奉事君主，君主有了做错的事，虽然不能正面规劝，但其忧虑显现于表情，这是平庸君主的臣子。以平庸君主的臣子来侍奉圣贤之君，则可追随左右；以圣贤君主的臣子来侍奉平庸君主，则有凶险。古代那些能够成就功名的臣子，都是能分析君主情况而行事的臣子。提高素养在于自己，而君臣的遇合则有其机遇，所以古代有人怀抱麒麟而哭泣(为怀才不遇而悲伤)。

夫名不可以虚伪取也，不可以比周争也。故君子务修诸内而让之于外，务积于身而处之以不足。夫为人臣，其犹土乎！万物载焉，而不辞其重；水渎污焉，而不辞其下；草木殖焉，而不有其功。此成功而不处，为臣之体也。若夫处大位，任大事，荷重权于万乘之国，必无后患者，其上莫如推贤让能，而安随其后，不为管仲，即为鲍叔耳。其次莫如广树而并进之，不为魏成子，即为翟黄耳。安有壅君蔽主、专权之害哉！此事君之道，为臣之体也。

【译文】

名望不能靠弄虚作假来取得，不能靠结党组派来争夺。所以君子务必修身于内而谦让于外，务必积蓄(功德)于身而以（功德)积蓄未足来自处。作臣子的就像土地呀！承载着世间万物，而不拒绝重负；被不洁之水污染，而不拒绝低下；草木繁殖生长，而不认为是自己的功劳。这就是成功而不居功，是为臣的根本。至于身居高位、肩负重任，掌握着万乘之国的重要权力，却定然没有后患的臣子，其上策莫过于推荐贤才、谦让贤能，而自己安稳地追随其后，就是说不充当管仲那样的角色，而去做鲍叔牙那样的荐贤之人。其次之策，莫过于广泛接纳人才并且使他们都得到任用，也就是说不充当魏成子那样的角色，就做翟璜那样的角色。这样，怎会有阻塞蒙蔽君主、独揽大权而带来的祸害呢？这是侍奉君主的正确办法，是为臣的根本。

# 行　体

夫行也者，举趾所由之径路也，东西南北之趣舍也，君子小人之分界也，吉凶荣辱之皂白也。由南则失北也，由东则失西矣；由乎利则失为君子，由乎义则失为小人。吉凶荣辱之所由生，义利为之本母也，是以君子慎趣舍焉。夫君子直道以耦世，小人枉行以取容；君子掩人之过以长善，小人毁人之善以为功；君子宽贤容众以为道，小人徼讦怀诈以为智；君子下学而无常师，小人耻学而羞不能。此又君子小人之分界也。

君子心有所定，计有所守。智不务多，务行其所知；行不务多，务审其所由。安之若性，行之如不及。小人则不然，心不在乎道义之经，口不吐乎训诰之言，不择贤以托身，不力行以自定，随转如流，不知所执。此又君子小人之分界也。

【译文】

人的行为标准，决定其举步所走之路，决定其南、北、东、西的去向，决定其是君子还是小人，决定其此后的吉凶荣辱。向南走则失去了北，向东走则失去了西；顺从私利则不会成为君子，顺从正义则不会成为小人。吉凶荣辱之所以发生，正义和私利是其产生的根源。所以君子谨慎其进退取舍。君子以正直之道处世，小人以不正之道取得别人欢悦；君子以掩盖他人的过失来增长自己的美德，小人把诋毁他人的美善看作自己的成功；君子把宽待贤才、接纳众人作为准则，小人把寻取别人之短和心藏狡诈称为聪明；君子学而不耻下问，没有固定的老师，小人耻于向别人学习而笑话别人无能。这也是君子与小人的分界。

君子有其稳定的思想，有其坚守的计划。智谋不务求很多，但务求实施其所懂得的；实施不务求很多，务求明白其为什么实施。处之坦然，好像是本性具有的，做起事来；就像比不上他人。小人则不然，他们心思不在阐明道义的经典上，口里不说教诲诫免的言辞，不选择贤德之人使自己有所依赖，不努力工作来使自己得以稳定，随意转移，如同流水，不知道自己该做什么。这又是君子与小人的分界。

君子之养其心，莫善于诚。夫诚，君子所以怀万物也。天不言而人推高焉，地不言而人推厚焉，四时不言而人期焉，此以至诚者也。诚者，天地之大定，而君子之所守也。天地有纪矣，不诚则不能化育；君臣有义矣，不诚则不能相临；父子有礼矣，不诚则疏；夫妇有恩矣，不诚则离；交接有分矣，不诚则绝。以义应当，曲得其情，其唯诚乎！

【译文】

君子调养其心性，没有比诚信更好的。正因为诚信，君子才能够心怀万物。天不说话而人可以推知其高，地不说话而人可以推知其厚，四季不说话而人可以期待，这都因为它们是最诚信的。诚信，是天地最大的定规，也是君子所坚守的。天地是有秩序的，不诚则不能孳生、培育万物；君臣是有道义的，不诚则难以互相面对；父子之间是有规矩的，不诚则会疏远；夫妻之间是有恩情的，不诚则会分离；交际往来是有分寸的，不诚则会绝交。遵循道义而应事得当，最终得到万物真诚的感应，这不是只有“诚”才能达到的吗？

## 政　体

孔子曰：“为政以德。”又曰：“导之以德，齐之以礼，有耻且格。”然则德之为政大矣，而礼次之也。夫德礼也者，其导民之具欤。太上养化，使民日迁善，而不知其所以然，此治之上也；其次使民交让，处劳而不怨，此治之次也；其下正法，使民利赏而欢善，畏刑而不敢为非，此治之下也。

【译文】

孔子说：“治理政事应该德化天下。”又说：“应该用道德来引导，用礼法来整治，使人民有羞耻之心，能自我检点而归于正道。”可见，为政以德是第一位的，礼法则紧随其后。道德与礼法都是引导人民的用具啊！远古时代的道德教化，使人民日益转向善良，却不知道自己为什么会转向善良，这是最好的治理；其次，使人民互相礼让，身受劳作之苦而并无埋怨，这是次一等的状况；再次就是用法规来纠正，使人民因利益得到保障而喜欢从善，因畏惧刑罚而不敢做非法之事，这是最末一等的治理。

夫善御民者，其犹御马乎？正其衔勒，齐其辔策，均马力，和马心，故能不劳而极千里。善御民者，壹其德礼，正其百官，齐民力，和民心，是故令不再而民从，刑不用而天下化治。

【译文】

善于驾驭百姓者，不是很像驾驭马匹吗？端正其嚼子、笼头，整理好缰绳、鞭子，均匀使用马力，谐和马的心意，所以能不觉得烦劳而驰骋千里。善于驾驭百姓者，统一其道德规范，端正其大小官吏，调剂民力，谐和民心，因此政令无须重复而百姓顺从，刑罚无须使用而天下得以大治。

所贵圣人者，非贵其随罪而作刑也，贵其防乱之所生也。是以至人之为治也：民有小罪，必求其善以赦其过；民有大罪，必原其故以仁辅化。是故上下亲而不离，道化流而不蕴。

【译文】

人们之所以尊崇圣人，并非尊崇其依照犯罪情节而能恰当量刑，而是尊崇其能防止犯罪的发生。因此，圣人从事治理的办法是：百姓有轻微罪过，一定会寻找其好的一面而赦免其罪过；百姓有重大罪过，一定会推究其犯罪原因，以仁爱之心帮助其转化。所以上下亲合而不背离，道德教化流畅而不停滞。

夫君子欲政之速行，莫如以道御之也。皋繇瘖而为大理，有不贵乎言也；师旷盲而为太宰，有不贵乎见也。唯神化之为贵。是故圣王冕而前旒，所以蔽明；黈纩充耳，所以掩聪也。观夫弊俗偷薄之政，耳目以效聪明，设倚伏以探民情，是为以军政虏其民也，而望民之信向之，可谓不识乎分者矣，难哉为君也！

【译文】

君子希望政令尽快得以实施，没有比用道义来制约更好的了。皋繇喑哑而能担任廷尉，是因为不看重于语言；师旷目盲而能担任大宰，是因为不看重于视力。崇尚的是其异乎寻常的教化能力。所以，圣明的君主皇冠前垂着玉串，用以遮挡视力之明；黄色丝棉塞着耳朵，用以遮蔽听觉之敏。观察那些有害而庸俗、苟且浇薄的政治，都是设立耳目以扩大视听、设置隐伏之官来探察民情。这是以军事手段来对付其民众，却希望民众相信、拥护他。可以说，这是不知道分寸的人，要做好君主，很难啊！

夫君，尊严而威，高远而危。民者，卑贱而恭，愚弱而神，恶之则国亡，爱之则国存。御民者必明此要，故南面而临官，不敢以其富贵骄人。有诸中而能图外，取诸身而能畅远，观一物而贯乎万者，以身为本也。夫欲知天之终始也，今日是也；欲知千万之情，一人情是也。故为政者，不可以不知民之情，知民然后民乃从令。己所不欲，不施之于人，令安得不从乎？故善政者，简而易行，则民不变；法存身而民象之，则民不怨。近臣便嬖，百官因之而后达，则群臣自污也。是以为政者，必慎择其左右，左右正则人主正矣。人主正，则夫号令安得曲耶！

【译文】

君主尊贵严肃并具有威力，居高处远却有危险。百姓地位低下却很谦恭，愚昧软弱却很神奇。厌恶他们，国家就会灭亡；热爱他们，国家就会生存。驾驭百姓者一定要明白这一治国要领，因此上朝面南而坐，面对百官，不敢因自己的富有、尊贵而骄慢于人。能依据自己听到看到的东西考虑到其它事物，能凭借自身听到看到的东西推及到长远的事情，观察一件事物而后能融会贯通万物，都是以自身为根本。想知道天的终了与开始吗？就像今天这样。想知道千万人的感情吗？就像自己的感情。所以执政者不能不了解民情；了解民情之后，才能指望人民听从你的命令。自己所不愿意的，不施加于别人，你的命令百姓怎么会不听从呢？因此，好的政策，简约而容易实行，则人民不会发生纠结；法规同样适用于自身时，人民便会用以比照，则人民不会怨恨。君主身边有亲近宠爱的小臣，假如百官要依靠他们才得通达于君王，则群臣自然会行为不正。因此，执政者必须慎重地选择其左右之人。左右之人正派，则君主就会公正。君主公正，所发布的命令怎么会不公正呢！

天下大恶有五，而盗窃不豫焉：一曰心达而性险，二曰行僻而志坚，三曰言伪而辞辩，四曰记丑而喻博，五曰循非而言泽。此五者有一于人，则不可以不诛，况兼而有之，置之左右，访之以事，而人主能立其身者，未之有也。

【译文】

天下最可恶的有五种现象，而盗窃不在其中：一是心存背逆而且阴险；二是行为邪僻而坚持不改；三是言语虚妄而巧言善变；四是搜记不义而不厌其多；五是随顺邪恶而润饰美化。这五种恶习一种在人身上，则不可不杀，何况五种恶习兼有，把这样的人安置在左右，有事便询问他们，如此而君主能端正其身者，从未有过。

## 法　体

夫淫逸盗窃，百姓之所恶也。我从而刑之、残之、刻剥之，虽过乎当，百姓不以为暴者，公也。怨旷饥寒，亦百姓之所恶也。

遁而陷于法，我从而宽宥之，虽及于刑，必加隐恻焉，百姓不以我为偏者，公也。我之所重，百姓之所憎也；我之所轻，百姓之所怜也。是故赏约而劝善，刑省而禁奸。由此言之，公之于法，无不可也，过轻亦可，过重亦可。私之于法，无可也，过轻则纵奸，过重则伤善。今之为法者，不平公私之分，而辩轻重之文，不本百姓之心，而谨奏当之书，是治化在身而走求之也。

【译文】

恣纵逸乐、偷盗抢劫，都是百姓所憎恨的。我们因此对其杀头、用刑、伤害，即使有处置过当的，百姓往往不认为这是残暴，那是因为我们出于公心。怨仇、旷废、饥饿、寒冷，也是百姓所厌恶的。有人因逃避这些而触犯法律，我们对此给以宽恕、赦罪，即便是动用刑罚，也一定会加以怜悯，百姓之所以不认为我们偏袒，也是因为我们出于公心。我们所从重处罚的，是百姓所憎恨的；我们所从轻处理的，是百姓所怜悯的。因此，赏赐不多也可以勉励善行，刑罚减少也可以禁止邪恶。照此说来，只要以公心来执行法规，没有不可以的，偏轻也可以，偏重也可以。以私心来执行法规则是不可以的，偏轻则会放纵恶人，偏重则会伤害好人。现今的执法者，不论及公私之别，而去讨论法律条文该轻该重；不以民意为基础，而只谨慎于使上奏判罪的文书得当。这就好像治理教化之道本来在于自己，却去别处寻求。

圣人之于法也，已公矣，然犹身惧其未也。故曰："与其害善，宁其利淫。"知刑当之难必也，从而救之以化，此上古之所务也。后之治狱者则不然，未讯罪人，则驱而致之，意谓之能。下不探狱之所由生为之分，而上求人主之微旨以为制，谓之忠。其当官也能，其事上也忠，则名利随而与之。驱世而陷，此以望道化之隆，亦不几矣。

【译文】

圣人对于执法，即使已做到了公平，但自己还是怕有失公平。所以说："与其伤害善良，宁可滥舍有罪。"这是知道量刑难以做到必定恰当，从而以教育感化来进行补救，这是古代执法者所追求的。后来的处理诉讼者则不是这样。他们未曾讯问犯罪嫌疑人，便逼迫其认罪，认为这就是有能力。他们对下不探求案件发生的根由，从而对案件的性质加以区别，却向上请求君主隐微的圣旨并把它当做断案的准则，并把这叫做忠君。这样做，其作为官吏就显得有"能力"，其奉事于君主就显得有"忠心"，名利就会随之而来。这就驱使世道沉溺于这种风气，却还希望道德教化能够兴盛，这几乎是不可能的。

凡听讼决狱，必原父子之亲，立君臣之义，权轻重之叙，测浅深之量，悉其聪明，致其忠爱，然后察之，疑则与众共之。众疑则从轻者，所以重之也。非为法不具也，以为法不独立，当须贤明共听断之也。故舜命皋繇曰："汝作士，惟刑之恤。"又复加之以三諮，众所谓善，然后断之。是以为法，参之人情也。故《春秋传》曰："小大之狱，虽不能察，必以情。"而世俗拘愚苛刻之吏以为情也者，取货赂者也，立爱憎者也，佑亲戚者也，陷怨仇者也。何世俗小吏之情，与夫古人之悬远乎！无乃风化使之然邪？有司以此情疑之群吏，人主以此情疑之有司，是君臣上下不通相疑也。不通相疑，欲其尽忠立节，亦难矣。苟非忠节，免而无耻。免而无耻，以民安所厝其手足乎？

【译文】

凡是审案断案，一定要本着父子间的亲情，立足于君臣间的道义，权衡犯罪情节的轻重，估量案件根子深浅的程度，尽其聪明才智，做到忠诚仁爱，然后进行调查。若有疑点，就与大家共同商议。大家也有疑点，则从轻处理。其原因就是要慎重对待。这并不是认为法规不完备，而是认为法规并非单为本案而立款，必须有贤德高明之人共同进行处理决断。当初虞舜命令皋繇说："你充任法官，惩罚时要想到怜悯。"又要重复进行三次会审，如果大家都认为正确，然后进行判决。这就是说，执行法规也要参入人的感情。所以《左传》上写道："大大小小的案件，虽不能完全明察，但必须考虑到符合情理。"而社会上拘泥、愚昧、执法苛刻的官吏，认为考虑人的感情就是接受贿赂，就是存在一己爱憎，就是庇护其亲戚，就是陷害与己有仇者。为何世俗小吏的感情与古人相差这么悬殊？恐怕是风气、教化使他们这样呀！主管官员按这种情况来猜疑众多官吏，君主也以此种情状来猜疑主管官员，这是君臣上下不沟通导致其相互间猜疑的结果。相互间猜疑不沟通，希望大家都尽其忠诚、立其节操就很难了。这样一来，如果不是忠贞守节之士，就会只求苟且幸免而没有廉耻。官吏只求苟免而没有廉耻，作为百姓，又怎么知道如何措其手足呢？

春秋之时，王道浸坏，教化不行。子产相郑而铸刑书，偷薄之政自此始矣。逮至战国，韩任申子，秦用商鞅，连相坐之法，造参夷之诛。至于始皇，兼吞六国，遂灭礼义之官，专任刑罚，而奸邪并生，天下叛之。高祖约法三章，而天下大悦。及孝文即位，躬修玄默，论议务在宽厚，天下化之，有刑厝之风。至于孝武，征发烦数，百姓虚耗，穷民犯法，酷吏击断，奸宄不胜。于是张汤、赵禹之属，条定法令，转相比况，禁罔（原作固）积密，文书盈于机格，典者不能遍睹，奸吏因缘为市，议者咸怨伤之。凡治狱之情，必本所犯之事以为之主，不放讯，不旁求，不贵多端以见聪明也。故律正其举劾之法，参伍其辞，以求实也，非所以饰实也。但当参伍聪明之耳目，不使狱吏断练饰治成辞于手也。孔子曰："古之听狱，求所以生之也；今之听狱，求所以杀之也。"故斥言以破律，诋案以成法，执左道以乱政，皆王诛之所必加也。

【译文】

春秋之时，以仁义治天下的国策逐渐毁弃，教育感化的办法难以实行。子产做郑国宰相时，铸造了刑鼎，苟且浮薄之政从此开始。及至战国，韩国任用申不害、秦国起用商鞅，使用连坐的治罪办法，建立夷灭九族的株连制度。到秦始皇吞并六国后，遂取消主管礼仪之官，专靠刑罚，于是奸邪相并出现，天下之民皆背叛于他。汉高祖即位后，约法三章，而天下之人皆大欢喜。到孝文帝即位后，亲自倡导清净无为的政风，谈法议事，务求宽厚，天下移风易俗，大有刑罚搁置不用之势。到了孝武帝，征召、派遣名目繁多，百姓虚弱耗损，贫民若违犯法律，残酷的官吏以斩杀来剿除，以致犯法作乱之人不胜其多。于是，张汤、赵禹等人，分列专项制定法令，并相互对照比较，使禁令之网日积月累而更其细密，法律文件堆满桌案、格架，连主管之人也难以看完。狡诈的官吏趁机进行权钱交易，议论者对此无不怨恨、担忧。凡审理案件，都必须以所诉讼的事端为主来进行审讯，不扩大讯问，不从旁搜求，不提倡用发掘其他方面的犯罪事由来表现自己的聪明。所以，依法端正其举告勘验程序，多方、反复验证其口供，以求符合事实，而不是用以掩饰犯罪事实。应当让那些耳目聪明的人分析比较案情，防止管理监狱的官吏切断线索、粉饰其治理状况并形成口供于其手。孔子说："古代人审理案件，希求的是怎样能使犯法者活命；现在的人审理案件，希求的是怎样能致其于死地。"所以，凡斥责的言词超出了法规的、毁谤的文书造成了法律后果的、秉持邪道扰乱了政令的，都应受到君主的惩罚。

**（张耀武译）**

卷四十八

# 时务论治要

**【考评】**

在天明本和元和二年骏河本《群书治要》中，均无《时务论》一书的书名，我们在出版《群书治要考译》后，又有幸购得日本影印的“金泽文库”本《群书治要》，通过互相比较发现，“金泽文库”本《群书治要》中卷四十六另有《时务论》一篇，内容则是天明本和元和二年骏和本《群书治要》的《体论》的最后两段。此外，在“金泽文库”本《群书治要》中，天明本和元和二年骏河本《群书治要》中许多没有保留章节名篇目的，在“金泽文库”本都有保留。因此，我们特以“金泽文库”本为底本，将《时务论》篇名重新补上。

《时务论》，《旧唐书·经籍志》载：《时务论》，十二卷，杨伟撰。杨伟，曾为三国曹魏尚书郎，魏、晋之间著名历法家，著作《乘丘先生书》二卷、《时务论》十二卷。

《时务论》，世已早佚，在其他文献仅存三条佚文，而《群书治要》保存较长的佚文两篇，由此可以窥见其内容梗概。第一段名为“审察计谋”，指出为君者要审慎听察，第二段为“断忠臣国”指出为君者必得忠臣的辅佐才能成治，而忠良之臣更要辅佐君主端正视听，若无忠良之臣的献计献策，君主就无以成治。

# 审察计谋

夫听察者，乃存亡之门户、安危之机要也。若人主听察不博，偏受听信，则谋有所漏，不尽良策。若博其观听，纳受无方，考察不精，则数有所乱矣。人主以独听之聪，考察成败之数、利害之说，杂而并至，以干窥听。如此，诚至精之难，在于人主耳，不在竭诚纳谋、尽己之策者也。若人主听察不差，纳受不谬，则计济事全，利倍功大，治隆而国富，民强而敌灭矣。若过听不精，纳受不审，则计困事败，利丧功亏，国贫而兵弱，治乱而势危矣。听察之所考，不可不精、不可不审者，如此急也。

【译文】

听闻与考察，是国家存亡的门户、治乱安危的关键。如果君主的听闻考察面不广，偏听偏信，则谋划就有所缺漏，不能得到所有良策。若扩大其所见所闻，但采纳接受却没有正确方法，考察不够精细，则筹划便会有所混乱。君主以独自听受的聪敏，去推断思考各种言论的成败和利害，若各种意见纷至沓来，必然干扰其视听。如此看来，考察各种建议须非常精细周到的难题，就落在君主身上，而不在竭尽忠诚、献出谋略、倾尽自己计策的臣子那儿。如果君主听受与考察不出差错，采纳接受没有谬误，则计谋成功而事情圆满，利益倍增而事业光大，治绩隆盛而国家富裕，人民强盛而敌人灭亡。如果访查听取不精细，采纳接受不慎重，则计谋困窘而事情失败，利益丧失而功业毁弃，国家贫穷而军队势弱，治理混乱而形势危机。之所以对所听所见的考察不能不精细、不能不慎重，就是因为情况会如此严重呀！

凡有国之主，不可谓举国无深谋之臣、阖朝无智策之士也，在听策所考精与不精、审与不审耳。何以验其然乎？在昔汉祖者，聪听之主也，纳陈恢之谋则下南阳，不用娄敬之计则困平城。广武君者，策谋之士也，韩信纳其计则燕齐举，陈余不用其谋则泜水败。由此观之，汉祖之德，未必一暗一聪也，在于精与不精耳；广武之谋，非为一拙一工也，在用与不用耳。不可谓事济者有计策之士，覆败者无深谋之臣也。吴王夫差，拒子胥之谋，纳宰嚭之说，国灭身亡者，不可谓无深谋之臣也。楚怀王拒屈原之计，纳靳尚之策，没秦而不反者，不可谓无计画之士也。虞公不用宫奇之谋灭于晋，仇由不听赤章之言亡于智氏。蹇叔之哭，不能济崤、渑之覆；赵括之母，不能救长平之败。此皆人主之听，不精不审耳。由此观之，天下之国，莫不皆有忠臣谋士也，或丧师败军、危身亡国者，诚在人主之听不精不审。取忠臣、谋博士，将何国无之乎？

【译文】

凡是做国君的，不可能举国之内无深谋远虑之臣，满朝之上没有聪明而善于策划之士，关键在于对其策略的考察精心不精心、慎重不慎重而已。怎么能证明是这样呢？昔日汉高祖是善于听受的君主，采纳了陈恢之计便攻下南阳，不采用娄敬之计便被困平城。广武君是善于出谋划策的人，韩信采纳其计则攻占了燕齐之地，陈余不采用其计则有泜水的失败。由此看来，汉高祖的听受，未必是一次糊涂、一次清楚，问题在于精心不精心啊！广武君的计谋，并非一条拙劣、一条精巧，问题在于采用不采用啊！不能说事情成功了，才说明有善于谋划的人，失败了就是没有具备高深谋略的臣子。吴王夫差，拒用伍子胥的计谋，接受宰相伯嚭的主张，因而国家被灭、自己被杀，不能说本国无谋略高深之臣；楚怀王拒绝屈原的计谋，采纳靳尚的策划，因而身陷秦国而不能返回，不能说本国无善于策划之人。虞公不采用宫之奇的计谋而被晋国所灭，仇由不听取赤章的建议而被智伯消灭。蹇叔以痛哭阻止秦兵出师未果，因而没有能挽救崤函、渑池的覆败；赵括的母亲劝赵王勿用儿子赵括为将而赵王不予采纳，因而未能挽救赵国在长平的大败。这些都是因为人主在听取建议时，不精心、不详察罢了。由此看来，天下各个国家，莫不都有其忠臣谋士，但有的却丧师败军、害己亡国，其原因的确在于君主听取建议不精细、不审慎。如果真想选取忠君之臣、谋求博才之士，会有哪一个国家没有呢？

## 断忠臣国

臣以为忠良虑治益国之臣，必竭诚纳谋恳恻而不隐者，欲以究尽治乱之数，舒展安危之策耳。故准圣主明君，莫不皆有献可退否纳忠之臣也。昔者，帝舜大圣之君也，犹有咎繇献谟、夏禹纳戒。暨至殷之成汤、周之文武，皆亦至圣之君也，然必俟伊尹为辅、吕尚为师，然后乃能兴功济业、混一天下者，诚视听之聪察，须忠良为耳目也。由此观之，忠良虑治益国之臣者，得不师踪往古，袭迹前圣，投命自尽，以辅佐视听乎？

【译文】

臣以为，忠心贤良、考虑治理以求利于国家的臣子，一定是竭尽忠诚、进献谋略、心存诚恳恻隐且不隐瞒自己观点的人，他们都是想深入探求国家治乱的规律，施展其关乎国家安定的政略。所以凡是称得上圣主明君的，无一没有进献可行之策、斥退错误建议、奉上自己忠心的臣子。古昔之时，舜帝是很圣明的君主，还有咎繇献上谋略、夏禹奉上告诫。到了殷朝的成汤、周朝的文王、武王，也都是很圣明的君主，然而，只有等到伊尹成了辅弼、吕尚做了军师，然后才得以建立功勋、完成大业、统一天下。其原因正在于君主想使视听聪敏、详明，必须有忠良之臣作为其耳目。由此看来，忠心贤良、一心谋虑治理、利于国家的臣子，怎能不效法、追随往古，沿袭前圣的脚印，舍弃性命而竭尽全力来辅助君主的视听呢？

夫人君者，以至尊之聪听，总万机而监之，以至贵之明察，料治乱而考焉，将当能皆穷究其孔要、料尽其门户乎？其数必用有所遗漏。不有忠臣良谋辅佐视听者，则凡百机微有所不闻矣。何以论其然乎？夫人君所以尊异于人者，顺志养真也。欢康之虞，则严乐盈耳，玩好足目，美色充欲，丽服适体。远眺迥望，则登云表之崇台；逍遥容豫，则历飞阁之高观。嬉乎绿水之清池，游乎桂林之芳园。弋凫与雁，从禽逐兽。行与毛嫱俱，入与西施处。将当何从体觉穷愁之戚悴、识鳏独之难堪乎？食则膳鼎几俎，庶羞兼品，酸甘盈备，珍馔充庭，奏乐而进，鸣钟而彻，间馈代至，口不绝味，将当何从觉饥馁之厄艰、识困饿之难堪乎？暑则被雾縠，袭纤絺，处华屋之大厦，居重荫之玄堂，褰罗帷以来清风，裂（裂原作烈）凝冰以遏微暑，侍者御粉扇，典衣易轻裳，飘飘焉有秋日之凉，将当何从体觉炎夏之郁赫、识毒热之难堪乎？寒则服绵（绵疑锦，下同）袍，袭轻裘，绵衾貂蓐，叠茵累席，居隩密之深室，处复帟之重幄，炽猛炭于室隅以起温，御玉卮之旨酒以御寒，炎炎焉有夏日之热，将当何从体觉隆冬之惨烈、识毒寒之难堪乎？此数者，诚无从得而知之者也。凡百机微，如此比类者，必用遗漏，有所未详也。如此，则至忠之臣者，得不辅佐视听，以起寤遗忘乎？

【译文】

做君主的，以最尊贵者的聪敏和判断力，总理万机而监察其实施，以最高贵者的觉察力，预测天下治乱而进行考察；就定能全部追溯探求出深藏的机密、料知其全部关键之所在吗？君主治理国家的政策方针必定有所遗漏。如果没有忠臣的良谋来辅助君主的视听，就会有很多机要和隐蔽之事君主尚难得知。怎样证明其会是这样呢？君主的尊贵之所以不同于常人，就在于能顺其志趣来调养自身。其有欢愉安乐之望，则严整的音乐充盈于耳，珍玩喜爱之物足以悦目，美丽的姿色满足欲望，漂亮的衣服正合其身。想登高远眺、极目展望，则登上耸立入云的高台；想优游自得、从容取乐，则穿过飞檐凌空的楼阁。嬉戏于碧水清池，游览于桂林芳园。戏射野鸡与大雁，跟踪飞鸟，追逐走兽。出行与佳丽为伴，回宫与美人共处。又怎能体会到贫穷愁苦之人的悲伤与憔悴？怎能知道鳏寡孤独之人处境的难以忍耐呢？用餐则有烹煮食物的铜鼎、用以切肉的砧板，众多菜肴同时品味，酸的甜的诸样齐备，珍贵的食物摆满厅堂，音乐声起开始进餐，鸣钟之后撤去宴席，陆续有食品交替而上，口中从不停止品味，又怎么能感觉到饥馁的苦楚、怎能知道贫困饥饿之人的难以忍耐呢？天热时则盖上薄如云雾的绉纱，穿上细纹绸帛或精制葛布做成的衣裳，居住于有华丽帐幔的高大房舍，安处于有重重浓荫的北向庭堂，揭开美观的丝帐以迎来清凉的轻风，破开凝冻的冰块以遏止轻微的暑热，侍奉起居的人摇动粉扇，主管穿衣的人更换薄衫，飘飘然似有秋日的凉爽，又怎能体会觉察炎夏的酷热、怎能知道酷热的难耐呢？寒冷时则身着绵袍，套上轻软的皮衣，盖上锦绣被子，铺上貂皮褥子，茵席重叠而设，身处于避寒就暖、封闭严密的深宫，居住于边沿垂着小幕的重重帷帐之内，房角烧红火炭以提高温度，献上玉杯盛着的美酒以抵挡寒气，暖乎乎有如夏日的温热，又怎能体察到隆冬的酷寒、怎能知道酷寒的难耐呢？以上这些，的确是君主无从得知的事情。其他许多机要隐微之事，以上面这些情况比类而观，必定有被遗漏而未能详细知道的。在这种情况下，最忠心的臣子，能不辅助君主开阔视听，以使其醒悟并不会遗忘吗？

（张耀武译）

卷四十八

# 典语治要

【考评】

陆景(250 年—281 年)，字士仁，吴郡吴县华亭(今上海市松江)人，幼受教育于祖母，洁身好学，曾以尚公主拜骑都尉，封毗陵侯。其父陆抗死后，与兄陆晏、弟陆机、陆玄、陆云分领其父当年所帅之兵，拜偏将军。后来吴国被中夏督王濬所灭，陆景与其兄陆晏均被杀。据史书记载，陆景仅活三十一岁，著书数十篇，今不传。惟保存在《群书治要》中的《典语》是他遗留下来的一篇颇有见地的政论文。该文主张对官吏实行高薪制，"爵禄不可不重"，同时提出"制爵必俟有德，班禄必施有功。"因为"俊乂在官，则治道清；奸佞干政，则祸乱作。"他还警告统治者要"敬贤""诛恶"。因为"敬一贤则众贤悦，诛一恶则众恶惧。"

陆景在一千七百多年前著书立说，提出高薪养廉、"爵禄不可不重"，其理论，是中华民族优秀传统文化典籍中的重要组成部分。《典语》引经据典，用历史经验，反复论证，阐明"爵禄不可不重"的道理，很有说服力。今天新加坡国家公务员的廉洁风尚，受到世界各国的称赞，其中一个重要原因是和新加坡国家在公务员中实行高薪制是分不开的。同时可以看出，在我国一千七百多年前提出的这一治国理论已为新加坡率先实践，进一步证明中华民族优秀传统文化，将超越国界为全人类的文明进步作出贡献。

《典语》，三国陆景著。《隋书·经籍志》载《典语》五卷；《唐书·

艺文志》亦载《典语》五卷。至北宋此书已佚，景祐中王尧臣等编辑的《崇文总目》已不记载。幸而唐初魏征编撰《群书治要》时，收录《典语》文七段，而尚能窥其大概。但《群书治要》至宋，国内亦不传，《崇文总目》已不著录。我们这次整理的《群书治要》是依据日本天明七年尾张藩刊本进行整理的。

## 重　爵

爵禄赏罚，人主之威柄，帝王之所以为尊者也。故爵禄不可不重。重之则居之者贵，轻之则处之者贱。居之者贵，则君子慕义；取之者贱，则小人觊觎。君子慕义，治道之兆；小人觊觎，乱政之渐也。《易》曰："圣人之大宝曰位，何以守位，曰人（人应作仁）。"故先王重于爵位，慎于官人；制爵必俟有德，班禄必施有功。是以见其爵者昭其德，闻其禄者知其功。然犹诫以威罚，劝以黜陟；显以锡命，耀以车服。故朝无旷官之讥，士无尸禄之责矣。夫无功而受禄，君子犹不可，况小人乎？孔子所以耻禀丘之封，而恶季氏之富也。故曰：富与贵是人之所欲，不以其道得之不处。苟得其志，执鞭可为；苟非其道，卿相犹避。明君不可以虚授，人臣亦不可以苟受也。《书》曰："天工人其代之。"是以圣帝明王，重器与名，尤慎官人。故周褒申伯，吉甫著诵；祈父失职，诗人作刺；王商为宰，单于震畏；千秋登相，匈奴轻汉。推此言之，官人封爵，不可不慎也。官得其人，方类相求，虽在下位，士以为荣也。俗以货成，位失其守，虽则三公，士以为辱也。故王阳在位，贡公弹冠；王许并立，班伯耻之。

【译文】

爵位、俸禄、奖赏、惩罚，是君主的权威之柄，也是帝王之所以受人尊奉的原因。所以，爵位、俸禄不能不看重。看重它，则居其位者就珍惜；不看重它，则处其位者就轻视。居其位者珍贵，则君子就会敬慕道义；得来并不费力，则小人也希望得到。君子敬慕道义，是天下走向大治的先兆；小人也想得到，是败坏国家政治的开始。《易经》上写道："圣人最宝贵的东西就是爵位，怎样才能保持爵位，就在于仁爱的美德。"因此，古代圣明的帝王对赐爵非常重视，对封官非常慎重。帝王赐予爵位，一定要等待有道德的人；分赐俸禄，一定要给予有功劳的人。因此，看一个人的爵位，便明了其德行；听到一个人的俸禄，便知道其功绩。然而，还需要以刑罚给以警诫，以黜免和晋升进行劝勉，以赐封官职的诏书使其显贵，以相应的车马袍服使其荣耀。这样，则朝廷没有因空缺官位而带来的讥讽，为官者也没有因只拿薪俸不做事而招致的指责。无功而受禄，即使是君子，也不可以，更何况小人呢？这也是孔子之所以对禀丘之封（周天子在禀丘之战后册封赵、魏、韩三家为诸侯）感到耻辱，对鲁国执政者季氏的富有表示厌恶的原因。所以说，富有与尊贵都是人所期望的，但不以正当途径取得则不能要。如果适得其志，给人执鞭赶车也可去做；如果不合其道，让担任卿相也应回避。英明的君主不可以凭空授官，作为臣子也不能苟且接受。《尚书》上说："上天的职司，由人（君主）来代替行使。"因此，圣明的帝王，重视礼器与名望，尤其慎重封官。所以，周朝褒奖申伯，吉甫著文颂扬；祈父有失职守，诗人作诗讽刺；王商担任宰辅，单于震惊畏惧；田千秋登上相位，匈奴轻视汉朝。推究上述事例，可以说明封官赐爵，不能不予慎重。官职给予合宜之人，士人之间就会同气相求，虽然处于较低的位置，他们也会认为是一种荣耀；如果风气是钱能买官，居官而失其职守，就算是位居三公，士人也认为是一种耻辱。所以王阳在位，贡公弹冠庆贺；与王许两家子弟并立在朝，班伯为之感到羞耻。

## 请　治

天子据率土之资，总三才之任，以制御六合，统理群生，固未易为也。是以圣帝明王，忧劳待旦，勤于日昃，未有不汲汲于求贤，勤勤于远恶者也。故大舜招二八于唐朝，投四凶于荒裔。殛鲧不嫌登禹，亲仁也；举子不为宥父，远恶也。以能昭德立化，为百王之命也。

【译文】

天子占有四海之内的资财，总揽天、地、人的职责，来掌握驾驭天下四方，统管众多的生灵，因此很不容易做好。所以圣明的帝王，忧虑操劳，通宵达旦，一直忙碌到太阳西斜，没有哪一个不急切地寻求贤德之人，并尽力地去疏远邪恶之臣。因此舜帝招取“八恺”(指高阳氏八个才子)、“八元”（指高辛氏八个才子)于唐尧之朝，流放四凶（指共工、驩兜、三苗、鲧)到荒芜边远的地方。他诛杀鲧而不妨碍提升其儿子禹，这是亲近仁人；提拔儿子而不饶恕其父亲，这是疏远邪恶。所以能够显示其道德，树立其教化，成为后代帝王的楷模。

夫世之治乱，国之安危，非由他也。俊乂在官，则治道清；奸佞干政，则祸乱作。故王者任人，不可不慎也。得人之道，盖在于敬贤而诛恶也。敬一贤则众贤悦，诛一恶则众恶惧。昔鲁诛少正，佞人变行；燕礼郭隗，群士向至。此非其效与！然人主处于深宫之中，生于禁闼之内，眼不亲见臣下之得失，耳不亲闻贤愚之否臧，焉知臣下谁忠谁否、谁是谁非？须当留意隐括，听言观行，验之以实，效之以事。能推事效实，则贤愚明而治道清矣。

【译文】

天下的治乱，国家的安危，不是由于其他什么原因。只要贤能之人做官，则治理之道清明；奸诈谄媚之人参与政事，则灾祸、叛乱发生。所以君王用人，不能不慎重。得到人才的办法，全在于尊敬贤才而诛弃邪恶。尊敬一位贤才，则众多贤才喜悦；诛弃一个恶人，则众多邪恶者恐惧。昔日鲁国诛杀少正卯，巧言谄媚之人则改变其行为；燕国尊敬郭隗，成群的士人向往而至。这不是其效验吗？然而，君主居住于深宫之中，生活在禁地小门之内，眼不能亲自看到臣下的得失，耳不能亲自听到关于贤愚的评论，怎能知道臣下谁忠谁奸、谁是谁非？必须要留心思考，暗中访求，听其言语，观其行动，在实践中证明，在做事中校验。若能推证其事，验证其实，则是贤是愚可以分明，从而治理之道就清明了。

## 君　道

王者所以称天子者，以其号令政治，法天而行故也。夫天之育万物也，耀之以日月，纪之以星辰，运之以阴阳，成之以寒暑，震之以雷霆，润之以云雨。天不亲事，而万事归功者，以所任者得其宜也。然握璿玑，御七辰，调四时，制五行，此盖天子之所为任者也。孔子曰："唯天为大，唯尧则之。"帝王之盛莫过虞。昔帝尧之末，洪水有滔天之灾，烝民有昏垫之忧。于是咨嗟四岳，举及侧陋。虞舜既登，百揆时叙，二八龙腾，并干唐朝。故能扬严亿载，冠德百王。舜既受终，并简俊德，咸列庶官，从容垂拱，身无一劳，而庶事归功、光炎百世者，所任得其人也。

【译文】

帝王之所以称作"天子"，是因为他发布政令，都是依照上天旨意而行事。天养育万物，以日月给以照耀，以星辰给以秩序，以阴阳使之运转，以寒暑使之成长，以雷霆使之震摄，以云雨使之润泽。天不亲自做事，而万事之功皆归于天，是因为天所凭借的这些主管者都很称职。然而，掌握璇玑，驾驭七辰，协调春夏秋冬，控制五行生克，这都是天子为上天担负的责任。孔子说："只有天是最大的，只有尧能够效法于天。"帝王的兴盛没有超过虞舜的。昔日尧帝后期，有洪水滔天而来的灾祸，有众民困于水患的忧愁。人们咨嗟忧愁，于是尧帝询问"四岳"(指尧时的四个部落首领)谁能担当大任，于是"四岳"举荐了出身低微之人(虞舜)。虞舜当上冢宰后，百官顺承，"八恺""八元"等杰出人才被提拔，共同为唐尧朝廷做事。所以能够显扬威严于亿万年，使其美德在百王之上。虞舜在尧帝死后三年，接受了天下，遂选拔才智出众、德行高尚之人，安排在许多职位上，自己则从容不迫，垂拱而治，没有一点烦劳，而众多事业都归功于他，以至于光耀百世，其原因就在于他所任用的皆是贤德之人。

## 臣　职

天子所以立公卿、大夫、列士之官者，非但欲备员数、设虚位而已也。以天下至广，庶事总猥，非一人之身所能周理，故分官别职，各守其位。事有大小，故官有尊卑；人有优劣，故爵有等级。三公者，帝王之所杖也。自非天下之俊德，当世之良材，即不得而处其任。处其任者，必荷其责；在其任者，必知所职。夫匡辅社稷，佐日扬光，协齐七政，宣化四方，此三公之职。笾豆之事，则有司存。大臣不亲细事，犹周鼎不调小味也。故《书》曰："元首丛脞哉，股肱惰哉，庶事隳哉。"此之谓也。陈平曰："宰相者，上佐天子，下理阴阳，外抚四夷诸侯，内亲附百姓，使卿大夫各得其任其职也。"可谓知其任者也。

【译文】

天子所以设立公卿、大夫、各种执事等官员，不是只要备齐官员数目，设置一些空有其名的官位就算了，是因为天下那么大，众多的事情烦杂琐碎，不是靠自己一人所能够周密处置的，所以才分设官位、区别职责，使其各守其位。因为事情有大有小，所以官职有高有低；因为人有德才的高低，所以爵位有等级区别。三公，是帝王所依靠的，如果不是天下品德高尚之人，不是当代才智超群之人，便不能担任其职务。居其官者，就一定要承担应有的责任；在其位者，就一定要明确自己的职责。匡正辅弼君主治理国家，辅助帝王传播光辉，协调整治"七政（指春、夏、秋、冬、天文、地理、人道）"，传播教化于四方，这是三公的职责。至于祭祀与饮宴用具一类事情，则让有关部门去掌管。大臣不亲自去做细小之事，就像周代的铜鼎不是用来调制小食品一样。所以，《尚书》曰："国家元首处理细碎之事，股肱大臣就会懈怠，众多的事情就会搞坏呀！"讲的就是这个道理。陈平说："做宰相的人，对上辅助天子，对下处理根本大事，对外安抚周边少数民族和诸侯，对内亲近抚恤百姓，使卿大夫各自适应其官位和职责。"他称得上是明白自己责任的人。

# 任　贤

天下至广，万机至繁。人主以一人之身，处重仞之内，而御至广之士，听至繁之政，安知万国之声息、民俗之动静乎？故古之圣帝立辅弼之臣，列官司之守，劝之以爵赏，诫之以刑罚。故明诫以效其功，考绩以核其能，德高者位尊，才优者任重。人主总君谟以观众智，杖忠贤而布政化，明耳目以来风声，进直言以求得失。夫如是，虽广必周，虽繁必理。何则？御之有此具也。夫君称元首，臣云股肱，明大臣与人主一体者也。尧明俊德，守位以人，所以强四支而辅体也，其为己用岂细也哉！苟非其选，器不虚假；苟得其人，委之无疑。君之任臣，如身之信手，臣之事君，亦宜如手之击身，安则共乐，痛则同忧。其上下协心，以治世事，不俟命而自勤，不求容而自亲。何则？相信之忠著也。是以天子改容于大臣，所以重之也；人臣尽命于君上，所以报德也。宠之以爵级，而天下莫不尊其位；任之以重器，天下莫不敬其人；显之以车服，天下莫不瞻其荣者，以其荷光景于辰耀，登阶（登阶之间恐有脱字）于天路也。若此之人，进退必足以动天地而应列宿也。故选不可以不精，任之不可以不信，进不可以不礼，退之不可以权辱。昔贾生尝陈阶级，而文帝加重。大臣每贤其遗言，博引古今，文辞雅伟，真君人之至道、王臣之硕谟也。

【译文】

天下非常大，重要的事情非常多，君主以自己一人，又居住在深宫之内，而要驾驭这么多的臣僚，处理非常繁多的政务，怎能知道那么多诸侯国的讯息以及民间习俗的动静呢？所以，古代圣明的帝王设立辅弼国政的大臣，安排管理部门的职责，并用爵位、奖赏给以勉励，用刑律、责罚给以警告。而且常常申明告诫以考核其功劳，考察政绩以核实其能力，使道德高尚者爵位尊贵、才能优秀者担当重任。君主总揽大政方略以观察众人的智慧，依靠忠心贤德之人来部署政事和教化，明其耳目以得到社会反馈讯息，引进忠直的谏言以求知道自己的得失。如此则地域虽广，必可遍及；事情虽多，必能管好。为什么管理得如此完备呢？就是因为有这些方法来驾驭它的缘故。君主称作“头”，大臣称做大腿和手臂，这是表明大臣与君主同属一体呀！尧能辨明才能出众、道德高尚的人，并以这样的人来据守其位，就是为了强健四肢而辅助身体。这样量才用人不是很精细吗？如果不是其选中的人，不会白白地给予其官位；如果得到合宜的人，则托事于他而毫无怀疑。君主任用臣子，就像身体信任自己的手；臣子服务于君主，也应该像手触摸自己的身体，安则共同欢乐，痛则一起忧愁。君臣上下协同一心，治理国家事务，不等命令而自发劳作，不求君主欢心而自发亲近。为什么会这样呢？是相互信任与忠诚的表现。因此说，天子对大臣动容，是因为器重他；臣子对君主舍身尽力，是为了报答恩德。以给予爵位表示宠信，则天下没有不尊崇其职位的；以赏赐国家的宝器表示信任，则天下没有不尊重其人的；以相应的车辆、服饰使其显贵，天下没有不瞻视其荣耀的。这是因为他披着清晨闪耀的阳光，登上通天之路的台阶。像这样的人，进退行止一定能够感动天地而应合众星，因此，挑选时不能不细心，任用后不能不信任，在朝时不能没有礼节，退位后不能随便侮辱。昔日，贾谊曾经陈述官吏薪俸的等级问题，汉文帝更加信任。大臣每每称赞其言论，认为其谏言广泛引用古今事例，文辞雅正宏伟，真是君主管理臣子的最好方法、统帅群臣的高超谋略。

## 料　才

夫料才核能，治世之要也。凡人之才，用有所周，能有偏达，自非圣人，谁兼资百行、备贯众理乎？故明君圣主，裁而用焉。昔舜命群司，随才守位；汉述功臣，三杰异称。况非此俦，而可备责乎？且造父善御，师旷知音，皆古之至奇也。使其探（探疑换）事易伎，则彼此俱屈。何则？才有偏达也。人之才能，率皆此类，不可不料也。若任得其才，才堪其任，而国不治者，未之有也。或有用士而不能以治者，既任之，不尽其才，不核其能，故功难成而世不治也。马无辇重之任，牛无千里之迹。违其本性，责其效事，岂可得哉！使韩信下帷，仲舒当戎，于公驰说，陆贾听讼，必无曩时之勋，而显今日之名也。何则？素非才之所长也。推此论之，何可不料哉！

【译文】

评估考核一个人的才质和能力，是治理国家的要务。凡是人的才能，用处有其范围，能力有所偏通。如果不是圣人，谁的天资能兼通百行百业，完全通晓所有的道理呢？所以圣明的君主，衡量其所长而用。昔日，虞舜任用众多部门的官吏，都是根据其才能安排职位。汉朝表彰其功臣，萧何、张良、韩信这三位杰出人物各因其长而称谓；何况不是这类杰出人物而去求全责备呢？造父善于驾车，师旷擅长音律，都是古代最少见的，但如果让他们研讨事理或交换献艺，则双方都会感到很勉强。为什么呢？其才能有所偏通呀！人的才能，大致都是如此，不能不加以评估。如果所任是适合于职位的人才，或者才能确实能担当大任，而国家却治理不好，这是没有过的。也有任用了有一定特长的人，但国家并没有因为他们而治理好的情况，那是因为虽然任用，却不能人尽其才，不仔细考察其才能长项，所以事业难成，国家不治啊。马没有运载重物的职任，牛没有奔驰千里的行迹。如果违背其本性，却要求其成事，怎么能如愿呢？如果让韩信去帷幄中运筹，让董仲舒去抵挡入侵之敌，让于公去游说，让陆贾去断案，他们肯定不会有昔日的功勋和今世显扬的名声。为什么呢？因为这向来就不是他们才能的长项。以此推论，怎么能不事先掌握其才能状况呢？

## 通　变

政有宜于古而不利于今，有长于彼而不行于此者。风移俗易，每世则变。故结绳之治，五帝不行；三代损益，政法不同；随时改制，所以救弊也。《易》曰："随时之义大矣哉！"孔子曰："不教民战，是谓弃之。"《司马法》曰："国虽大，好战必亡；天下虽安，忘战必危。"明用武有时。昔秦杖威用武，卒成王业，吞灭六国，帝有天下，而不斟酌唐虞以美其治，损益三代以御其世，尔乃废先圣之教，任残酷之政，阻兵行威，暴虐海内，故百姓怨毒，雄桀奋起，至于二世，社稷湮灭。非武不能取，而所守之者非也。传曰："夫兵犹火也，不戢将自焚。"秦无戢兵之虑，故有自焚之祸。"好战必亡"，此之谓也。徐偃王好行仁义，不修武备；楚人伐之，身死国灭。天下虽安，武不可废。况以区区之徐，处争战之世乎！"忘战必危"，此之谓也。汉高帝发迹泗水，龙起丰沛；仁以怀远，武以弭难，任奇纳策，遂扫秦项，被以惠泽，饰以文德，文武并作，祚流世长。此高帝之举也。

【译文】

为政之道常有适宜于过去，却不利于现在的；有在彼地发挥了效应，但在此地却难以实施的情况。这是因为风俗习惯有所变迁，每更换一个朝代，都会发生变化。所以，结绳记事时期的治理之道，五帝不推行；夏、商、周三代（体制相同）也是有增有减，政令法规不尽相同，随时代的变化而改变。这是为了补救一些弊端。《易经》曰："跟随时代的变化而变化，意义很重大啊！"孔子说："不教习人民作战之术就让他们参战，这就是抛弃他们。"《司马法》说："国家虽然强大，若喜好战争，便一定会灭亡；天下虽然安定，若忘记战争，便一定很危险。"这都是明白使用武力必有其时机的道理。昔日秦国仗其威力而发动战争，很快地完成了统一天下的大业，吞并六国，称帝于天下，但却不斟酌运用唐尧虞舜的治国方略来完善其治理；不是在夏、商、周三代法规的基础上适当增减来驾驭社会，却废弃先朝圣贤的教诲，任用残酷的政治，依仗兵力炫耀武力，残暴肆虐于天下，以至于百姓怨恨，雄杰奋起，到秦二世，国家即灭亡。并非其武力不能夺取政权，而是用武力保持政权就错了。《左传》上写道："用兵就像是火，不收敛就会招致自焚。"秦朝的统治者没有收敛用兵的打算，所以有自己毁灭的灾祸。"好战者必然灭亡，"说的就是这种情况。徐偃王喜欢实行仁义之政，不整治军备，楚国出兵侵犯，自己被杀，国家灭亡。这是说即便天下安定，军备也不可废弃，更何况徐国这样的区区小国，且又处于你争我夺的时代呢！"忘记战争，国家必危"，说的就是这种情况。汉高祖刘邦发迹于泗水，帝业起始于故乡沛县之丰邑，用仁爱来安抚远方之民，用武力来消除危难，任用奇士、采纳良谋，遂扫灭秦朝与项羽，施惠泽于天下，又以文德进行整治，文治武功并用，国祚传承而朝代长久。这是汉高祖创业治国的举措。

秦汉俱杖兵用武，以取天下，汉何以昌？秦何以亡？秦知取而不知守，汉取守之具备矣乎！中世孝武以武（武原作成）功恢帝纲，元成以儒术失皇纲，德不堪也。王莽之世，内尚文章，外缮师旅，立明堂之制，修辟雍之礼；招集儒学，思遵古道；文武之事备矣。然而命绝于渐台、支解于汉刃者，岂文武之不能治世哉？而用之者拙也。班输骋功于利器，拙夫操刀而伤手，非利器有害于工匠。而夫膏粱旨馔，时或生疾；针艾药石，时或疗疾。故体病则攻之以针艾，疾疗则养之以膏粱。文武之道亦犹是矣，世乱则威之以师旅，道治则被之以文德。

【译文】

秦朝、汉朝都是依仗军事、使用武力来夺取天下，汉朝为什么会兴盛、秦朝为什么会灭亡呢？秦朝只知道夺取政权而不懂得维护政权，汉朝则夺取、守护的方略兼而有之。汉代中期，汉武帝运用文治武功，恢复了帝王治国的纲纪，元帝、成帝采用儒术，却失掉了帝王治国的纲纪，是其德行不称其任呀！王莽时代，对内崇尚礼乐法度，对外整饬军队，建立"天子适时、定点宣明政教"的制度，修建学校来进行礼义教化，招集儒学之士，想遵从古代的治国之道，文治武治之事均已齐备。

然而，王莽却命丧于渐台，身体被汉兵的刀刃肢解，这难道是文武结合不能治理国家吗？是因为使用这方法的人拙劣的缘故。鲁班能尽情施展其精巧，就在于有锋利的工具，但笨拙之人使用其刀具，却会砍伤手指，这并不是锋利的工具有害于工匠。况且，精美的食品，常常可能滋生疾病；针灸和药物，却常常可以治疗疾病。所以，身体生病则可以用针灸治之，疾病好转则可以用美食保养。文武结合治理国家的道理也像这样，社会混乱则以军队来震慑，天下太平则以文德来教化。

## 恤　民

天生烝民，授之以君，所以综理四海、收养品庶也。王者据天位，御万国，临兆民之众，有率土之资，此所以尊者也。然宫室壮观，出于民力；器服珍玩，生于民财；千乘万骑，由于民众。无此三者，则天子魁然独在，无所为尊者也。明主智君，阶民以为尊，国须政而后治。其恤民也，忧劳待旦，日侧忘餐；恕己及下，务在博爱。临御华殿，轩槛华美；则欲民皆有容身之宅、庐室之居，窈窕盈堂，美女侍侧，则欲民皆有配匹之偶、室家之好。肥肉淳酒，珠膳玉食，则欲民皆有余粮之资、充饥之饴。轻裘累暖，衣裳重茧，则欲民皆有温身之服，御寒之备。凡四者，生民之本性，人情所共有。故明主乐之于上，亦欲士女欢之于下，是以仁惠广洽，家安厥所，临军则士忘其死，御政则民戴其化。此先王之所以丰动祚、享长期者也。若居无庇首之庐，家无配匹之偶，口无充饥之食，身无蔽形之衣，婚姻无以致娉，死葬无以相恤，饥寒入于肠骨，悲愁出于肝心，虽百舜不能杜其怨声，千尧不能成其治迹。是以明主御世，恤民养士，恕下以身，自近及远，化通宇宙，丕惧民之不安，故能康厥世治，播其德教焉。

【译文】

上天生养了万民，把他们授予君主，所以君主综合治理天下，接纳养育众多庶民。做帝王者，处在最高地位，管理众多诸侯之国（封地），统治着亿万之多的民众，拥有四海之内的资财，这就是其所以尊贵的原因。然而，其宫殿屋宇壮观，出自民众的劳动；用具服饰、珍玩之物，来之于民众的钱财；上千的车辆，上万的坐骑，都来自于民众。如果没有上述三者，天子就是巍然独处，没有什么尊贵可言了。明智的君主，知道凭借民众才得以尊贵，国家须有好的政策然后才能太平。他们怜悯民众，忧虑劳累而通宵达旦，日已西斜犹忘记进餐；以自己之所想来推想民众的心愿，致力于博爱大众。御驾来到华美的宫殿，看见长廊、栏杆光彩美观，则期望人民都有安身的宅院，有居住的房舍；窈窕的女子挤满了庭堂，美丽的佳人侍奉在身边，则期望人民都有适合的配偶、家室的温暖；吃着肥美的肉，喝着醇香的酒，餐用珍贵的膳食，则期望人民都有买粮的钱资、充饥的饮食；轻软的皮衣增加温暖，衣裳以重叠的丝绵絮成，则期望人民都有保暖身体的衣服，防御寒冷的储备。以上四个方面是人的本性，也是人情所共有。所以，明智的君主享乐于上，也希望天下男女欢喜于下，因此，其仁慈广泛润泽，家家安居其所。这样，他亲临军阵则兵士舍生忘死，治理国政则人民尊奉其教导。这就是先王之所以能够丰其福祉、享位长久的原因。如果百姓住没有遮风挡雨的住所，家中没有匹配的偶伴，口中没有充饥的食物，身上没有遮体的衣服；缔结婚姻无钱去行聘礼，死亡埋葬无钱吊唁；饥肠辘辘、严寒入骨，悲伤忧愁，摧心裂肝，即便有一百个虞舜也不能杜绝其怨恨的声音，有一千个唐尧也不能成就其大治的事业。因此英明的君主治理国家，体恤民众，教育士人，自己以仁爱之心待下，由近及远，教化通达天地万物，不担忧人民不安乐，所以能使国家治理步入坦途，使其道德教化传播四方啊！

**（张耀武译）**

# 卷四十九

# 傅子治要

**【考评】**

《傅子》，西晋傅玄著。《隋书·经籍志》《唐书·艺文志》皆载有《傅子》一百二十卷，说明唐代其书尚完整不缺，至宋代《崇文总目》所录仅存二十三篇，大部分已散佚。今本《傅子》是从《群书治要》《太平御览》《永乐大典》等书辑录，有《正心》《仁论》《义信》《通志》《举贤》《重爵禄》《礼乐》《贵教》《检商贾》《校工》《戒言》《假言》等十二篇，文义比较完具。文义未全者有《问政》《治体》《授职》《官人》《曲制》《信直》《矫违》《问刑》《安民》《法刑》《平役赋》《镜总叙》等十二篇，另有附录四十八条。

魏征编撰《群书治要》，从傅玄所著《傅子》中辑录二十六段，未冠题目，约一万余字。《晋书·傅玄传》称：玄“撰论经国九流及三史故事，评断得失，各为区例”。晋朝著名学者王沈看了傅玄之作后，给傅玄写信说：“省足下所著书，言富理济，经纶政体，存重儒教，足以塞扬墨之流，遁齐荀孟于往代。”其书为当时所重如此。

傅玄在哲学上，认为自然界是按照“气”的自然之理而运动的，气的自然之理“时至自生，非德之力”，人的“德行”不能代替自然规律的作用，并说“人之性如水焉，置之圆则圆，置之方则方”，指出“民富则安乡重家，敬上而从教；贫则危乡轻家，相聚而犯上”，把自然和人类历史都看作纯粹的自然过程，批判了有神论的世界观和玄学空谈。

在选拔人才方面，认为每个时代都有自己的人才。他说："圣人者，不世而出者也，贤能之士，何世无之。"又进一步论证说："舜兴而五臣显，武王兴而九贤进。齐桓之霸，管仲为之谋；秦孝之强，商君佐之以法。欲王则王佐至，欲霸则霸臣出，欲富国强兵，则富国强兵之人往。"认为"天下之不乏贤才"、"求与不求耳，何忧天下之无人乎"，说那些"称古多贤，患世无人"的领导是"不自三省而坐诬一世"。这种开明的人才观，对我们今天国家的各级组织部门仍有借鉴的价值。

傅玄(217年—278年)，西晋著名哲学家、文学家，字休奕，北地泥阳(今陕西耀县东南)人，曾任散骑常侍、司隶校尉，封鹑觚子。他学问渊博，精通音律，于诗擅长乐府，主张限制士、工、商人数，其余务农，并提出封建赋税应遵守"至平"、"积俭"和"有常"三原则。著作有《傅子》《傅玄集》，俱佚。明人辑有《傅鹑觚集》。

# 治　体

治国有二柄：一曰赏，二曰罚。赏者，政之大德也；罚者，政之大威也。人所以畏天地者，以其能生而杀之也。为治审持二柄，能使杀生不妄，则其威德与天地并矣。信顺者，天地之正道也；诈逆者，天地之邪路也。民之所好莫甚于生，所恶莫甚于死。善治民者，开其正道，因所好而赏之，则民乐其德也；塞其邪路，因所恶而罚之，则民畏其威矣。善赏者赏一善而天下之善皆劝，善罚者罚一恶而天下之恶皆惧者何？赏公而罚不贰也。有善，虽疏贱必赏；有恶，虽贵近必诛。可不谓公而不贰乎？若赏一无功，则天下饰诈矣；罚一无罪，则天下怀疑矣。是以明德慎赏，而不肯轻之；明德慎罚，而不肯忍之。夫威德者，相须而济者也。故独任威刑而无德惠，则民不乐生；独任德惠而无威刑，则民不畏死。民不乐生，不可得而教也；民不畏死，不可得而制也。有国立政，能使其民可教可制者，其唯威德足以相济者乎！

【译文】

治理国家有两个根本手段：一是奖赏，二是惩罚。奖赏是政治的恩德展示，惩罚是政治的威严所在。人们之所以惧怕天地，就是因为天地掌握着生杀大权。治理国家，如果能谨慎掌握以上两个根本，能不乱用生杀之权，那么其恩德与威严就会与天地并存。诚信顺理是天地间的正道，欺诈背理是天地间的邪路。人所喜好的莫过于生存，最厌恶的莫过于死亡。善于治理百姓的人，开辟其正道，顺其所好给予奖赏，则人们就喜欢其恩德；杜绝其邪路，对其所厌恶的施以刑罚，则百姓就畏惧其威严。善于奖赏的人，赏一个好人就会让天下的善举都受到鼓励；善于使用刑罚的人，处罚一个坏人就会让天下作恶的人都会恐惧。这是为什么呢？是因为奖赏公正不偏，处罚依照法制。对做好事的人，即使关系疏远、出身卑微，也一定会奖赏；对干坏事的人，即使出身高贵、关系亲近，也一定会惩罚。这能不说是公正而坚持原则吗？如果奖赏一个无功的人，天下人就会作伪欺诈；处罚一个无罪的人，天下人就会怀有疑虑。所以贤明者慎于奖赏，不肯轻易施行；贤明者慎于处罚，而不肯隐忍不用。威严与恩德必须相辅相成。只有威严、惩罚，而无恩德、仁爱，百姓就不能幸福地生活；只讲恩德、仁爱，而没有威严、惩罚，百姓就不惧怕死亡。百姓不能幸福地生活，就不可能听从教化；百姓不惧怕死亡，就不能得以控制。拥有国家、制定政策，能使其百姓易于教化、可以控制，这都是由于威严与恩德能够相辅相成啊！

## 举　贤

贤者，圣人所与共治天下者也。故先王以举贤为急。举贤之本，莫大乎正身而壹其听。身不正、听不壹，则贤者不至，虽至，不为之用矣。古之明君，简天下之良财，举天下之贤人，岂家至而户阅之乎？开至公之路，秉至平之心，执大象而致之，亦云诚而已矣。夫任诚，天地可感，而况于人乎？傅说，岩下之筑夫也，高宗引而相之；吕尚，屠钓之贱老也，文、武尊而宗之；陈平，项氏之亡臣也，高祖以为腹心。四君不以小疵忘大德，三臣不以疏贱而自疑，其建帝王之业，不亦宜乎！文王内举周公旦，天下不以为私其子；外举太公望，天下称其公。周公诛弟而典刑立，桓公任仇而齐国治。苟其无私，他人之与骨肉，其于诛赏，岂二法哉？唯至公然后可以举贤也。夏禹有言，知人则哲，惟帝其难之。因斯以谈，君莫贤于高祖，臣莫奇于韩信。高祖在巴汉困矣，韩信去楚而亡穷矣。夫以高祖之明，困而思士；信之奇材，穷而愿进。其相遭也，宜万里响应，不移景而将相可取（将相可取原作相取）矣。然信归汉，历时而不见知，非徒不见知而已，又将案法而诛之。向不遇滕公，则身不免于戮死；不值萧何，则终不离于亡命。幸而得存，固水滨之饿夫、市中之怯子也，又安得市人可驱而立乎天下之功也哉？萧何一言，而不世之交合，定倾之功立。岂萧何知人之明绝于高祖，而韩信求进之意曲于萧何乎？尊卑之势异，而高下之处殊也。高祖势尊而处高，故思进者难；萧何势卑而处下，故自纳者易。然则居尊高之位者，其接人之道固难，而在卑下之地者，其相知之道固易矣。

【译文】

贤人，是与天子共同治理天下的人。所以，先王以选拔贤人为最迫切的事。选拔贤能的根本问题，最重要的是端正自身、专一圣听。身不正，听不专，贤才就选拔不上来，即使选拔上来，也不会被重用。古代英明的国君，选拔天下贤才，难道都要去每家每户查问吗？只要开启公正之门，秉持公平之心，把握根本原则去招引英才，也就是说很有诚心就可以了。若抱有诚意，天地都能被感动，何况人呢？傅说，是一个隐居山洞的筑墙之人，高宗武丁招引他来辅佐自己。姜尚，是一个曾屠宰、垂钓的微贱老者，周文王、周武王尊崇重用他。陈平是从项羽那儿逃走的人，汉高祖把他当作心腹之臣。上述四位君主不因臣子有小毛病而忽视大德，这三位大臣不因疏远微贱而缺乏自信。他们能成就帝王之大业，不是很应该吗？周文王在本家族中选任周公旦，国人不认为是偏爱自己的儿子；在外姓中举拔姜尚，国人说他公正。周公诛杀其弟，典制刑律的威严得到确立；齐桓公任用仇人管仲，齐国得到大治。如果不徇私情，那么外人与亲骨肉，在奖赏与处罚上，难道会有两种法则吗？只有十分公正才可以选拔出贤才。夏禹说过，能够识别人才才是聪慧，即使是帝尧，尚且觉得很难。由此说来，国君没有谁比汉高祖更贤明的了，臣子没有谁比韩信更有奇才了。汉高祖在巴郡、汉中时很困窘呀，韩信离开楚而逃亡时也走投无路呀！以汉高祖的贤明，困难中又渴求贤士；以韩信的奇才，困窘中又希望进身。他们的相遇，应该是不远万里而彼此呼应，不费功夫便可得到将相之才。可是，韩信归汉后，长时间不被重用，不但不被重用，还打算按军法诛杀之。假如不是遇见滕公，韩信则免不了会被杀；假如不逢萧何，韩信最终不免流亡逃命。纵然有幸得以活命，这位昔日河边的饿汉、市井中的胆小者，又怎能遇到一个（像刘邦那样的）市井之人能逼迫其建立闻名天下的功劳呢？萧何一番谏言，使这一非凡的交往得以遇合，使决定社稷稳定与倾覆的功勋得以建立。这难道是萧何知人之明胜过高祖，而韩信求进之心意委曲成全于萧何吗？这是因为尊、卑的情势相异，高下的位置不同。高祖势尊，处在高位，所以想求得进身的人比较难以见到；萧何处在低位，所以接纳人就比较容易。这就是说，处在尊高地位的人接纳人的途径确实不易畅通，而处在低下地位的人彼此相知的途径确实容易畅通。

昔人知居上取士之难，故虚心而下听；知在下相接之易，故因人以致人。舜之举咎陶难，得咎陶致天下之士易；汤之举伊尹难，得伊尹致天下之士易。故举一人而听之者，王道也；举二人而听之者，霸道也；举三人而听之者，仅存之道也。听一人何以王也？任明而致信也。听二人何以霸也？任术而设疑也。听三人何以仅存也？从二而求一也。明主任人之道专，致人之道博。任人道专，故邪不得间；致人之道博，故下无所壅。任人之道不专，则谗说起而异心生；致人之道不博，则殊涂塞而良材屈。使舜未得咎陶、汤未得伊尹，而不求贤，则上下不交，而大业废矣。既得咎陶，既得伊尹，而又人人自用，是代大匠斫也。君臣易位，劳神之道也。今之人或抵掌而言，称古多贤，患世无人，退不自三省，而坐诬一世，岂不甚耶！夫圣人者，不世而出者也。贤能之士，何世无之。何以知其然？舜兴而五臣显，武王兴而九贤进；齐桓之霸，管仲为之谋；秦孝之强，商君佐之以法。欲王则王佐至，欲霸则霸臣出，欲富国强兵，则富国强兵之人往。求无不得，唱无不和，是以天下之不乏贤也，顾求与不求耳，何忧天下之无人乎！

【译文】

过去人都知道在上位者选取人才的艰难，所以虚心听取下级的意见；知道处于下位者相互接触比较容易，所以在上者凭借下边的人来招引人才。舜举拔皋陶难，但利用皋陶罗致天下之士容易；商汤举拔伊尹难，但利用伊尹罗致天下之士却容易。所以说，选拔一个人，又能听取其意见，这是能成就王业的治国之道；选拔两个人，并能分别听取他们的意见，这是能称霸诸侯的治国之道；选拔三个人，又能分别听取他们的意见，这仅仅是不亡国的治理办法。听一个人的进言为什么能成就王业呢？这是因为依仗其贤明且又能给予信任。听取两个人的进言为什么能成就霸业呢？这是因为依仗其策略，而又怀有疑虑。听取三个人的进言，为什么仅能不亡国呢？这是因为听从两人意见，又要征求另一人的意见。明智的君主，用人之道专一，招揽人才的途径宽广。用人之道专一，所以邪恶之徒不能离间；招揽人才的途径宽广，进才之路才不会被壅塞。用人之道不专一，谗言就会出现，异心就会产生；招揽人才的途径不宽广，则各条渠道都会堵塞，而人才也会被埋没。假如舜没有得到皋陶、商汤没有得到伊尹，而又不去访求贤才，就会上下不遇合，而使大业衰败。既已得到皋陶，既已得到伊尹，却还每个人都由君主自己选用，这就是代替大工匠去砍制木器。国君和大臣易位，这是劳神之道。当今，有人合掌谈论，称赞古代贤人多，忧虑今世缺少有才能的人。不退身再三自省，却凭空诬蔑当世之人，岂不太过分了吗？圣人，不是任何时代都会有的；贤能的人，却任何时代都会有。凭什么知道是这样呢？虞舜兴起而五臣得以显贵，武王兴起而九贤进入朝廷；齐桓公称霸，是因为管仲给他出谋；秦孝公强大，靠的是商鞅变法。想成就王业，就会有辅佐其行王道的大臣前来；想成就霸业，就会有辅助他成霸业的臣子出现；想富国强兵，就会有帮助他富国强兵的人投奔。其所求没有得不到的，其倡导没有不响应的。因此说，天下不缺乏贤能的人，只看你求取不求取罢了，何必担忧天下会没有人才呢？

## 授　职

夫裁径尺之帛，刊方寸之木，不任左右，必求良工者，裁帛刊木，非左右之所能故也。径尺之帛，方寸之木，薄物也，非良工不能裁之，况帝王之佐，经国之任，可不审择其人乎！故构大厦者，先择匠然后简材；治国家者，先择佐然后定民。大匠构屋，必大材为栋梁，小材为榱擦。苟有所中，尺寸之木无弃也。非独屋有栋梁，国家亦然。大德为宰相，此国之栋梁也。审其栋梁，则经国之本立矣。经国之本立，则庶官无旷，而天工时叙矣。

【译文】

剪裁一尺长的丝绸，雕刻方寸大的木器，不用自己身边的人，一定要用良工巧匠，这是因为剪裁丝绸、雕刻木器，不是自己身边之人所能够办得到的。径尺丝绸、方寸木材，都是较小的物件，离开了良工巧匠都不能裁制，更何况帝王的臣佐，担负着治国的重任，怎能不慎重选拔胜任的人呢？所以，建筑大厦的人，必先选择工匠，然后准备材料；治国的君主，须先选择良臣，然后才能治理好百姓。大的工匠建筑房屋，必用大的木材做栋梁，小的木材做椽榱。只要是能派上用场的材料，即使是尺寸的木料也不扔掉。不只是房屋有栋梁，国家也是同样的。让有大德的人担任宰相，这样的人正是国家的栋梁。慎重地选用国家的栋梁，治理国家的根本就奠定了。治国的根本奠定了，其他各种官职就会量才授任，就会四时和谐，不违自然。

## 核　工

天下之害，莫甚于女饰。上之人不节其耳目之欲，殚生民之巧，以极天下之变。一首之饰，盈千金之资（资原作价）；婢妾之服，兼四海之珍。纵欲者无穷，用力者有尽。用有尽之力，逞无穷之欲，此汉灵之所以失其民也。上欲无节，众下肆情，淫奓并兴，而百姓受其殃毒矣。尝见汉末一笔之柙，雕以黄金，饰以和璧，缀以隋珠，发以翠羽。此笔非文犀之植，必象齿之管、丰狐之柱、秋兔之翰。用之者，必被珠绣之衣，践雕玉之履。由是推之，其极靡不至矣。然公卿大夫，刻石为碑，镌石为虎，碑虎崇伪，陈于三衢，妨功丧德，异端并起。众邪之乱正若此，岂不哀哉！夫经国立功之道有二：一曰息欲，二曰明制。欲息制明，而天下定矣。

【译文】

对国家有害的，莫过于对女人的装饰打扮。居高位的人，不节制耳目的欲望，竭尽天下的奇巧，耗尽天下的奇异之物。一头的首饰，就花费千金之资；婢妾的衣服，兼有四海的珍宝。纵欲的人欲望无穷，而百姓的物力有限。用有限的物力，去满足无穷尽的欲望，这是汉灵帝失去民心的原因。在上者欲望没有节制，下面的人肆情纵欲，荒淫奢侈之风并起，百姓就会遭殃受害。曾见到过汉朝末年一个盛笔的匣子，用黄金雕饰，用玉璧装扮，用珠宝点缀，贴着翠鸟的羽毛，笔管不是犀牛骨就是象牙，笔毫不是丰狐尾就是秋兔毛。使用的人一定得着装饰珠宝的刺绣美衣，穿镶有玉雕的鞋子。由此推断，其奢侈程度真是达到了极点。然而，朝里的公卿大夫，刻石立碑，镌石为虎，碑文虚假，虎形高大，陈列在大道边，伤功败德，邪乱之事并起。众多奸邪如此祸乱正事，岂不令人痛心吗？治理国家、建立功业的路子有两条：一是消除私欲，二是彰明法制。私欲消除，法制明确，天下一定会安定。

## 检商贾

夫商贾者，所以伸盈虚而获天地之利，通有无而壹四海之财。其人可甚贱，而其业不可废。盖众利之所充，而积伪之所生，不可不审察也。古者民朴而化淳，上少欲而下尠伪；衣足以暖身，食足以充口；器足以给用，居足以避风雨；养以大道，而民乐其生；敦以大质，而下无逸心；日中为市，民交易而退，各得其所，盖化淳也。暨周世殷盛，承变极文，而重为之防。国有定制，下供常事；役赋有恒，而业不废。君臣相与，一体上下，譬之形影；官恕民忠，而恩侔父子。上不征非常之物，下不供非常之求；君不索无用之宝，民不鬻无用之货。自公侯至于皂隶仆妾，尊卑殊礼，贵贱异等，万机运于上，百事动于下，而六合晏如者，分数定也。夫神农正其纲，先之以无欲，而咸安其道；周综其目，壹之以中正（正原作典），而民不越法。及秦乱四民而废常贱，竞逐末利而弃本业，苟合一切之风起矣。于是士树奸于朝，贾穷伪于市；臣挟邪以罔（罔原作内）其君，子怀利以诈其父。一人唱欲而亿兆和。上逞无厌之欲，下充无极之求，都有专市之贾，邑有倾世之商，商贾富乎公室，农夫伏于陇亩而堕沟壑。上愈增无常之好以征下，下穷死而不知所归，哀夫！

【译文】

所谓商业，是为了调剂物品的有余与不足，从而获取天地的利益；流通有无，来均衡四方的财物。对经商的人，可使其社会地位低贱，但商业却不能没有。因为商业是众多利益的汇集之地，各种欺诈都从中产生产生，不能加以审察。古代人民朴实，风俗淳厚，在上者贪欲少，居下者少伪诈。人们只求衣能暖身，食可充饥，器具可供使用，住房能避风雨。用正确的道理教化，则百姓安居乐业；用至美的纯朴督导，则下层无放荡之心。日中为市，百姓参加交易后归家，各得其所。这是教化淳厚的结果。到了周代，殷实富足，承前朝变乱，极力提倡礼乐教化，重在防范奢靡之风。国家有恒定的制度，下面按常规供奉，差役和赋税都有定规，事业不荒废。君臣互相协助，上下一体，如同形影不分，官员宽厚，百姓忠诚，恩同父子。在上者不征收奇巧的物品，下民不供奉额外的索求；国君不索取无用的珍宝，百姓不出卖无用的货物。从公侯到公差仆人以至小妾，尊卑礼仪不同，贵贱等级有别，国家大政运作于上，各种事务行动于下，天下安定，是因为一切都有一定的规矩。神农端正纲纪，首先倡导无欲，使大家都能遵守正道；周代整理各项条规，以“公正”使人心一致，百姓不越轨犯法。到了秦代，搞乱了士农工商，而废弃常业，竞相追求工商之利，而放弃农业，苟且逐利之风兴起。于是，官吏在朝廷行奸，商人在市场弄虚作假，大臣用邪伪欺骗国君，儿子为私利欺诈父亲。君主一人倡导私欲，亿万人就会应和。君主恣肆永无满足的欲望，官员充满无穷尽的贪求，都城里有垄断市场的商人，城邑中有财倾一世的商贩，商人比王室还富有，农夫饿死在荒郊野外，葬身沟壑。在上者欲望无穷，对下无限征取，百姓困死都不知往哪里逃亡，可悲啊！

且末流滥溢而本源竭，纤靡盈市而谷帛罄，其势然也。古言非典义，学士不以经心；事非田桑，农夫不以乱业；器非时用，工人不以措手；物非世资，商贾不以适市。士思其训，农思其务，工思其用，贾思其常，是以上用足而下不匮。故壹野不如壹市，壹市不如壹朝，壹朝不如一用，一用不如上息欲，上息欲而下反真矣。不息欲于上，而欲于下之安静，此犹纵火焚林，而索原野之不凋瘁，难矣！故明君止欲而宽下，急商而缓农，贵本而贱末；朝无蔽贤之臣，市无专利之贾，国无擅山泽之民。一臣蔽贤，则上下之道壅；商贾专利，则四方之资困；民擅山泽，则兼并之路开，兼并之路开，而上以无常役。下赋一物，非民所生，而请于商贾，则民财暴贱；民财暴贱，而非常暴贵；非常暴贵，则本竭而末盈。末盈本竭而国富民安，未之有矣。

【译文】

商业泛滥，农业遭破坏，奢侈品充满市场，粮食和布帛枯竭，这种形势是社会风气造成的。古时，言谈不符合典章义理的，学士不以它来调整心志；不是耕田养蚕之事，农夫不因之而扰乱本业；器具不适宜当时使用，工人就不动手去做它；物品不是社会需要的，商人不把它运到市场。士人想着圣贤的训诲，农民想着务农，工人想着器物的实用，商人想着经营常用的物品。因此，在上者用度充足，百姓的需要也不缺乏。所以，限定民间不如限定集市，限定集市不如限定朝廷，限定朝廷不如限定用度，限定用度不如在上者减少欲望。在上者去除欲望，百姓就能返璞归真。在上者不去除奢欲，却想让百姓安稳清静，这就如同纵火焚烧森林，还想使原野不凋零枯败，实在太难了！所以，英名的君主，遏止欲望，宽待百姓，对商业从严，而对农业宽松，重视农桑，不看重商业；朝廷中没有蒙蔽贤能的佞臣，集市上没有专利霸市的商人，国家没有擅自开发山泽的农夫。一个佞臣遮蔽贤能，君主与百姓的沟通就被堵塞；商贾垄断霸市，四方的物资就会困缺；农夫擅自开发山泽，兼并土地的路子就被打开；兼并土地的风气兴起，则上层就不能按常规征役。百姓交纳的兵甲车马等，不是自己生产的，只能从商人那里购买。于是，农产品价格暴跌，而非常用的物品却暴涨。非常用的物品暴涨，农业就会衰竭，商人就会富裕。商人富裕、农业衰败却国富民安，这是从来没有的。

## 仁　论

昔者圣人之崇仁也，将以兴天下之利也。利或不兴，须仁以济天下，有不得其所，若己推而委之于沟壑然。夫仁者，盖推己以及人也。故己所不欲，无施于人；推己所欲，以及天下。推己心孝于父母，以及天下，则天下之为人子者，不失其事亲之道矣；推己心有乐于妻子，以及天下，则天下之为人父者，不失其室家之欢矣；推己之不忍于饥寒，以及天下之心，含生无冻馁之忧矣。此三者，非难见之理，非难行之事，唯不内推其心，以恕乎人，未之思耳，夫何远之有哉！古之仁人，推所好以训天下，而民莫不尚德；推所恶以诫天下，而民莫不知耻。孔子曰："仁远乎哉？我欲仁，斯仁至矣。"此之谓也。若子方惠及于老马，西巴不忍而放麑，皆仁之端也。推而广之，可以及乎远矣。

【译文】

从前，圣人崇尚仁政，是用以为天下人兴利，利民之事如果尚未及兴办，就必须以仁政普济天下。若有不得其所的人，应看作是自己把他们丢弃到沟壑一般。仁爱的人，都将心比心以待人，所以己所不欲，不施于人；推想自己之所求，延及天下之人。推究己心之好恶来尽孝于父母，并延及天下的父母，那么，天下的子女就不会丧失侍奉双亲的准则；把自己对妻子、儿女的爱护推广到天下，天下做丈夫、做父亲的人就不会失去家庭的欢乐；用自己忍受不了饥寒的心情去想天下人之心，天下生灵就不会有冻馁之忧。这三点不是难懂的道理，也不是难办到的事情，只是不能推己之心以宽诚待人。连这些切近的事都不去思考，哪里还会有什么远虑呢？古代仁人，推求自己之所好去教诲天下的人，则百姓没有不崇尚道德的；推求自己之所恶以警诫天下的人，百姓就没有不知道耻辱的。孔子说："仁难道很遥远吗？只要自己追求仁，仁就来到。"说的就是这个道理。子方把仁爱施于老马，西巴于心不忍而放掉幼鹿，都是仁爱的开始，把这种仁爱推广开来，便可惠及长远。

## 信　义

盖天地著信，而四时不悖；日月著信，而昏明有常；王者体信，而万国以安；诸侯秉信，而境内以和；君子履信，而厥身以立。古之圣君贤佐，将化世美俗，去信须臾，而能安上治民者，未之有也。夫象天则地，履信思顺，以壹天下，此王者之信也；据法持正，行以不贰，此诸侯之信也；言出乎口，结乎心，守以不移，以立其身，此君子之信也。讲信修义，而人道定矣。若君不信以御臣，臣不信以奉君，父不信以教子，子不信以事父，夫不信以遇妇，妇不信以承夫，则君臣相疑于朝，父子相疑于家，夫妇相疑于室矣。小大混然而怀奸心，上下纷然而竞相欺，人伦于是亡矣。

【译文】

天地显现其诚信，则四季运行便不违背常规；日月显现其诚信，黑夜白昼便交替正常；君王体现其诚信，则各个诸侯国便安定；诸侯讲诚信，则国内和平；君子践行诚信，就可以立身于世。古代的明君贤臣，要美化世俗，如果片刻离开诚信，却能安定国家、治理好百姓的，从未有过。效法天地，践行诚信，顺应天理，使天下一心，这是帝王的诚信；依据法律，秉持公正，言行如一，这是诸侯的诚信；言出于口而牢记于心，守正不移，以之立身处世，这是君子的诚信。讲究诚信，培养正义，做人的准则就确定了。如果君主不以诚信来御使臣子，臣子不以诚信来侍奉君主，父亲不以诚信来教育儿子，儿子不以诚信来侍奉父亲，丈夫不以诚信对待妻子，妻子不以诚信对待丈夫，那么，君主和臣子就会在朝廷互相猜疑，父亲和儿子就会在家里互相猜疑，丈夫和妻子就会在家中相互猜疑。若大小不分而各怀奸诈之心，上下纷杂而竞相欺骗，人间伦理就完全丧失了。

夫信由上而结者也。故君以信训其臣，则臣以信忠其君；父以信诲其子，则子以信孝其父；夫以信先其妇，则妇以信顺其夫。上秉常以化下，下服常而应上，其不化者，百未有一也。夫为人上，竭至诚开信以待下，则怀信者欢然而乐进，不信者赧然而回意矣。老子不云乎："信不足焉，有不信也。"故以信待人，不信思信；不信待人，信斯不信。况本无信者乎！先王欲下之信也，故示之以款诚，而民莫欺其上；申之以礼教，而民笃于义矣。夫以上接下，而以不信随之，是亦日夜见灾也。周幽以诡烽灭国，齐襄以瓜时致杀，非其显乎？故祸莫大于无信，无信则不知所亲，不知所亲，则左右书己之所疑，况天下乎？信者亦疑，不信亦疑，则忠诚者丧心而结舌，怀奸者饰邪以自纳，此无信之祸也。

【译文】

诚信是由在上者缔结的。所以，国君用诚信教诲大臣，大臣就用诚信效忠国君；父亲用诚信教育儿子，儿子就用诚信孝敬父亲；丈夫首先以诚信对待妻子，妻子就会用诚信顺从丈夫。若在上者秉持恒常之道来教化在下者，在下者服从恒常之道而侍奉上级，却不能使社会风气得到转化，那是百例中不会有一例的。在上位者，若竭尽至诚信义来对待在下者，则有诚信的人就会高兴并乐于进取；缺少诚信的人，也会羞愧而回心转意。老子说过："是你诚信不足，才有不讲诚信的人。"所以，用诚信待人，不诚信的人也想着诚信；不以诚信待人，诚信的人也会不诚信。何况根本就不讲诚信的人呢？先王想让民众有诚信，首先以诚恳待下，于是，民众没有人欺蒙主上；用礼教来训育，百姓就忠实遵守道义。上级对下级不讲诚信，随时可能有灾祸发生。周幽王点燃烽火，欺骗戏弄诸侯，遭到灭国之祸，齐襄公昏庸，对属下不守诺言而被杀，不是明显的实例吗？所以，祸患没有比不讲诚信更大的了。没有诚信，则不知谁该亲近。不知道谁该亲近，身边的人都会对自己产生怀疑，何况天下的人呢？讲诚信的人怀疑，不讲诚信的人也怀疑，那么忠诚者也会失去诚实从而结舌不语，怀奸心的人便会伪饰其奸恶而使自己被接纳。这就是不讲诚信招来的祸患。

## 礼　乐

傅子曰：能以礼教兴天下者，其知大本之所立乎！夫大本者，与天地并存，与人道俱设，虽蔽天地，不可以质文损益变也。大本有三：一曰君臣，以立邦国；二曰父子，以定家室；三曰夫妇，以别内外。三本者立，则天下正。三本不立，则天下不可得而正。天下不可得而正，则有国有家者亟亡，而立人之道废矣。礼之大本存乎三者，可不谓之近乎？用之而蔽天地，可不谓之远乎？由近以知远，推己以况人，此礼之情也。

【译文】

傅子说：能够用礼仪教化而兴旺国家的，是知道治理国家的根本大道啊。大道，是与天地并存的，是与人伦共同设立的。即使天地被遮蔽了，治国的大道，其内容和形式都不能有所改变。大道有三：一是君臣关系，凭借这建国立邦；二是父子关系，凭借这安定家庭；三是夫妻关系，凭借这区分内外。这三种根本关系确立，则天下归于正道；这三种关系不能确立，天下就不能归于正道。天下不能归于正道，有国的诸侯、有家的士大夫会很快衰亡，立身做人的准则也会废弃。礼义的根本存在于这三个方面，能不说很切近吗？运用它则可以概括天地运行的法则，能不说意义很深远吗？由近以知远，推己以比人，这就是礼制的实情。

商君始残礼乐，至乎始皇，遂灭其制，贼九族、破五教，独任其威刑酷暴之政。内去礼义之教，外无列国之辅。日纵桀纣之淫乐，君臣竞留意于刑书。虽荷戟百万，石城造天，威凌沧海，胡越不动，身死未收，奸谋内发，而太子已死于外矣。胡亥不觉，二年而灭。曾无尽忠效节之臣，以救其难。岂非敬义不立、和爱先亡之祸也哉！礼义者，先王之藩卫也。秦废礼义，是去其藩卫也。夫赍不訾之宝，独宿于野，其为危败，甚于累卵，方之于秦，犹有泰山之安。《易》曰："上慢下暴，盗思伐（伐原作代）之。"其秦之谓与！

【译文】

从商鞅开始毁坏礼法乐典，到秦始皇，便完全废去礼制，诛杀九族，破坏五常之教，只依靠严刑和残暴的政治。对内去除礼义教化，在外没有了诸侯国的辅助。每日如夏桀、殷纣那样放纵淫乐，君臣竞相关注于刑名之书。虽掌握持剑戟的百万甲士，石砌的城墙高可冲天，威风可侵凌沧海，北胡南越未曾动兵，秦始皇身死而尚未安葬，奸谋便由内部而发，太子扶苏死于塞外。二世胡亥并不省悟，继位两年就亡国了，竟没有一个效忠尽节的臣子来挽救危难。这难道不是礼义未立、和睦仁爱先丧失造成的横祸吗？礼义，是先王治国的屏障，秦朝废除礼义，等于去除屏障。携带价值不可计量的珍宝，独自住宿在郊野，可能出现的危险，比累卵随时都会破碎还要严重。然而此情与秦国的情况相比拟，却还是像泰山一样安稳。《易经》说："在上者轻慢，在下者凶暴，连盗寇都想讨伐他。"说的就是秦国啊！

## 法　刑

立善防恶谓之礼，禁非立是谓之法。法者，所以正不法也。明书禁令曰法，诛杀威罚曰刑。治世之民，从善者多，上立德而下服其化，故先礼而后刑也。乱世之民，从善者少，上不能以德化之，故先刑而后礼也。《周书》曰：“小乃不可不杀，乃有大罪，非终，乃惟眚灾。”然则心恶者，虽小必诛；意善过误，虽大必赦。此先王所以立刑法之本也。礼、法殊途而同归，赏、刑递用而相济矣。是故圣帝明王，惟刑之恤，惟敬五刑，以成三德。若乃暴君昏主，刑残法酷，作五虐之刑，设炮烙之辟，而天下之民，无所措其手足矣。故圣人伤之，乃建三典，殊其轻重，以定厥中。司寇行刑，君为之不举乐，哀矜之心至也；八辟议其故而宥之，仁爱之情笃也。

【译文】

确立善举、杜绝坏事就叫做礼，禁止错误的行为、设置正确的纲纪就叫做法。法是用来矫正非法的。明确写出禁令叫做法，诛杀、威罚叫做刑。太平之世的百姓，做善事的多，君主树立大德，百姓服从他的教化，所以，先行礼义而后施刑罚。乱世的人，从善的少，君主不能用德教使其转化，所以先施刑罚，后行礼教。《周书》说：“故意犯错，小罪尚且不可不杀，及至有大罪，并非有意为之，只是一时过误，则不可杀。”既如此，那么对心怀恶意的人，虽犯小罪，也要诛罚；对心怀善意而有过失犯罪者，即使有大罪，也可赦免。这是先王制定刑法的原则。礼和法殊途同归，奖赏和刑罚交互使用，可相辅相成。因此，圣明的君主，担忧刑罚的乱用，慎重使用五种刑罚，成就三种品德（《尚书》中“三德”指正直、刚克、柔克）。如果是残暴昏庸的君主，施行残酷的刑法，实行五种暴虐的刑罚，用炮烙等酷刑，就会使天下人手足无措。圣人怜惜人命，建立轻、中、重三类刑法，按犯罪不同，酌情处理，罚当其罪。司寇行刑时，国君不听音乐，这是哀怜到了极点啊；设立“八辟”的减刑法，对犯罪的亲人、故旧、贤臣等八种人尽量予以宽宥，这是仁爱之情无比深厚啊。

柔愿之主，闻先王之有哀矜仁爱、议狱缓死也，则妄轻其刑，而赦元恶。刑妄轻，则威政堕而法易犯；元恶赦，则奸人兴而善人困。刚猛之主，闻先王之以五刑纠万民、舜诛四凶而天下服也，于是峻法酷刑以侮天下，罪连三族，戮及善民，无辜而死者过半矣。下民怨而思叛，诸侯乘其弊而起，万乘之主死于人手者，失其道也。齐、秦之君，所以威制天下，而或不能自保其身，何也？法峻而教不设也。末儒见峻法之生叛，则去法而纯仁；偏法见弱法之失政，则去仁而法刑。此法所以世轻世重，而恒失其中也。

【译文】

软弱老实的君主，听说先王怜悯、仁爱，处理狱讼宽缓其死罪，就胡乱减轻刑罚，从而赦免罪大恶极者。胡乱减轻刑罚，威严的政令就会被败坏，违法犯罪的人就增多；连最凶恶的首犯也赦免，邪恶奸诈的人就会兴起，好人反受困辱。刚勇严厉的君主，听说先王用五种严刑督察百姓、舜帝诛杀四凶而天下人顺服，于是，用严刑峻法镇压百姓，犯罪株连三族，杀及善良百姓，无罪而死的人超过处死者半数。民众怨愤想反叛，诸侯趁其混乱而起兵，以致万乘之尊的君主死在他人之手，这是丧失治理之道的恶果。齐国、秦国的君主，以威严治天下，却不能保全自身，是什么原因呢？是因为只讲严刑峻法，而不讲教化。末流的儒生只看到严刑峻法引起叛乱，就去掉刑法，只讲仁政；片面的法家，只看到削弱刑法使政令败坏，就去掉仁政，只用刑罚。这就是法制有的世代轻有的世代重，常常偏离中正之道的原因。

## 重爵禄

爵禄者，国柄之本，而贵富之所由，不可以不重也。然则爵非德不授，禄非功不与。二教既立，则良士不敢以贱德受贵爵，劳臣不敢以微功受重禄，况无德无功，而敢虚干爵禄之制乎！然则先王之用爵禄，不可谓轻矣。夫爵者位之级，而禄者官之实也。

级有等而称其位，实足利而周其官，此立爵禄之分也。爵禄之分定，必明选其人而重用之。德贵功多者，受重爵大位、厚禄尊官；德浅功寡者，受轻爵小位、薄禄卑官。厚足以卫宗党，薄足以代其耕。居官奉职者，坐而食于人，既食于人，不敢以私利经心。既受禄于官，而或营私利，则公法绳之于上，而显议废之于下。是以仁让之教存，廉耻之化行，贪鄙之路塞，嗜欲之情灭。百官各敬其职，大臣论道于朝，公议日兴，而私利日废矣。明君必顺善制而后致治，非善制之能独治也，必须良佐有以行之也。

【译文】

封爵授禄，是国家权力的根本，也是实现富贵的正路，不能不予以重视。既如此，就应是无德的不授爵位，无功的不给俸禄。这两条规矩确定了，贤良之士不敢以微德接受高贵的爵位，敬业的臣子不敢以微小功绩接受重禄，何况无德无功的人，怎敢以虚假追求爵位和俸禄呢？可见先王封爵授禄，不能说是轻率的。爵是地位的等级，禄是官职的实际收入。品级有等差而各称其位，收入满足利益而合于其职，这是建立爵禄的原则。建立爵禄的原则既已确定，就一定要公开选用合适之人并予以重用。品德高尚、功劳大的人，授予重爵高位，享受厚禄高官；德行浅薄、功劳少的人，授予低爵小位，享有薄禄低官。使俸禄之厚足以庇护宗族之人，俸禄少者也足够和自身耕种的收入相等。居官任职的人，靠百姓供养，不敢只图私利。既然做官享受俸禄，却有人营谋私利，就上有国法制裁，下有百姓议论而名声扫地。因此仁爱礼让的教化常存，知廉耻的风气畅行，贪婪邪鄙的路子被堵塞，奢求欲望之火被熄灭。百官敬业尽职，大臣在朝廷论政，公正议论之风盛行，追逐私利的行为日渐废止。明君必须推行善政，才能达到社会安定。并不是只有好的制度就能大治，还必须有贤臣去推行善政。

欲（欲原作故）治其民，而不省其事，则事繁而职乱。知省其职，而不知节其利（利原作吏）、厚其禄也，则下力既竭，而上犹未供。薄其禄也，则吏竞背公义、营私利，此教之所以必废而不行也。凡欲为治者，无不欲其吏之清也。不知所以致清而求其清，此犹滑其源，而望其流之洁也。知所以致清，则虽举盗跖，不敢为非；不知所以致清，则虽举夷、叔，必犯其制矣。夫授夷叔以事，而薄其禄，近不足以济其身，远不足以及室家，父母饿于前，妻子馁于后。不营则骨肉之道亏，营之则奉公之制犯。骨肉之道亏，则怨毒之心生；怨毒之心生，则仁义之理衰矣。使夷、叔有父母存，无以致养，必不采薇于首阳、顾公制而守死矣！由此言之，吏禄不重，则夷叔必犯矣。夫弃家门，委身于公朝，荣不足以庇宗人，禄不足以济家室，骨肉怨于内，交党离于外，仁孝之道亏，名誉之利损，能守志而不移者鲜矣。人主不详察，闻其怨兴于内，而交离于外，薄其名，必时黜其身矣。家困而身黜，不移之士，不顾私门之怨，不惮远近之谪，死而后已，不改其行，上不见信于君，下不见明于俗，遂委死沟壑，而莫之能知也，岂不悲夫！天下知为清之若此，则改行而从俗矣。清者化而为浊，善者变而陷于非，若此而能以致治者，未之闻也。

【译文】

想治理百姓，却不精简政事，就会导致事务繁多而职责混乱。知道精简官职，却不知道节制财用，增加他们的俸禄，则在下位者财力已尽，而君上还没有充分的供给。这样俸禄微薄，则官吏竞相违背公义、谋求私利，这就是教化废弃不能推行的原因。凡是想治理国家的人，都想求得官吏清廉。不知怎样使官吏清廉，却茫然责求其清廉，这如同搅混水源，却希望河流清澈。知道如何使官吏清廉，即使举用盗跖为官，他也不敢做坏事；不知道怎样使官吏清廉，即使举用伯夷、叔齐，他们也定会违犯禁制。如果交给伯夷、叔齐政事，却只给微薄的俸禄，近不能养活自身，远不够赡养全家，父母受饿，妻子儿女没饭吃，他们不营谋私利则养家糊口都有亏缺，营谋私利则违犯奉公守法的规矩。养家糊口尚有亏缺，就会有怨恨之心；有怨恨之心，仁爱礼义的道理就丧失了。假如伯夷、叔齐有父母在，又无力赡养，他们一定不去首阳山采薇充饥、顾念公制而守节以死。由此说来，官吏俸禄不足，即使伯夷、叔齐也必犯禁令。官员们离开家庭，投身朝廷，如果荣耀不足以荫庇宗族，俸禄不足以赡养全家，亲人们在家里埋怨，朋辈与他分手，仁爱孝敬的做人原则亏欠，美名声誉受损，却还能坚持志节不动摇，这样的人实在太少了。君主不详细体察实情，听到其内有家人埋怨，外有朋友背离，便鄙薄其声名，一定会随时贬黜他们。家庭窘困且被贬黜，忠贞不移的人，不顾自己家族的埋怨，不怕遥远的贬谪，死而后已，不改其品行，结果上不被君主信任，下不被世俗理解，遂委身死于沟壑，没有谁能了解他，岂不可悲吗！天下人如果知道为官清正会如此，就会改变志行而顺从世俗了。清廉者变得污浊，贤良者改变操守而从事非义之事，如此而能达到天下太平的，从未听说过。

## 平役赋

昔先王之兴役赋，所以安上济下，尽利用之宜，是故随时质文，不过其节，计民丰约而平均之，使力足以供事、财足以周用。乃立壹定之制，以为常典。甸都有常分，诸侯有常职焉。万国致其贡，器用殊其物。上不兴非常之赋，下不进非常之贡。上下同心，以奉常教。民虽输力致财，而莫怨其上者，所务公而制有常也。战国之际，弃德任威，竞相吞代，而天下之民困矣。秦并海内，遂灭先王之制，行其暴政。内造阿房之宫，继以骊山之役；外筑长城之限，重以百越之戍。赋过太半，倾天下之财，不足以盈其欲；役及闾左，竭天下之力，不足以周其事。于是蓄怨积愤，同声而起。陈涉、项梁之畴，奋剑大呼，而天下之民，响应以从之。骊山之墓（墓原作基）未闭，而敌国已收其图籍矣。昔者东野毕御，尽其马之力，而颜回知其必败。况御天下，而可尽人之力也哉！夫用人之力，岁不过三日者，谓治平无事之世，故周之典制载焉。

【译文】

从前，先王制定劳役赋税，是用来安上利下，达到物尽其用的目的的，因此会随着实际情况调整有关法律条文，不越过应有的节制，计算百姓的收成多少，平衡调节，使服役的劳力能够满足朝廷项目建设的需要、征收的财资能够满足公家的用度。于是，确立统一的规定，并作为常规制度。郊区、都城有固定的分限，诸侯有固定的赋税。各诸侯国进奉贡品，器物用度各不相同。君主不征取非常规的赋税，百姓不进奉非常规的贡物。上下一心，遵守固定的礼教。百姓虽服役出力、上交财物，却没有人埋怨君主，是因为赋役公允、制度规范。战国时，抛弃德教，仅凭威严，各国相互吞并，天下百姓穷困。秦王统一全国，于是毁坏先王的制度，推行暴政。内修阿房宫，接着征役夫在骊山修墓；外筑长城限敌，并加强对百越的防守。赋税大增，超过百姓收入的一半，竭尽天下的财富，尚不能满足他的欲望；劳役殃及贫苦人家，用尽天下的民力，也不能完成他的事务。于是，蓄积已久的怨愤，一齐爆发。陈涉、项梁一伙举剑高呼，天下百姓响应跟从。骊山的坟墓尚未完成，都城已被敌对者攻占。从前东野毕驾车，竭尽马的气力以争先，颜回知道他一定会失败。何况统治天下，而竭尽民力呢？使用民力，如果一年不超过三天，就称得上是太平安定的社会，所以周朝典制予以记载。

若黄帝之时，外有赤帝、蚩尤之难，内设舟车、门卫、甲兵之备，六兴大役，再行天诛。居无安处，即天下之民，亦不得不劳也；劳而不怨，用之至平也。禹凿龙门，辟伊阙，筑九山，涤百川，过门不入，薄饮食，卑宫室，以率先天下，天下乐尽其力，而不敢辞劳者，俭而有节，所趣公也。故世有事，即役烦而赋重；世无事，即役简而赋轻。役简赋轻，则奉上之礼宜崇，国家之制宜备，此周公所以定六典也。役烦赋重，即上宜损制以恤其下，事宜从省以致其用，此黄帝、夏禹之所以成其功也。后之为政，思黄帝之至平、夏禹之积俭、周制之有常，随时益损而息耗之，庶几虽劳而不怨矣。

【译文】

黄帝时，外有赤帝(《史记》中五帝之一)、蚩尤(《史记》中东方九族首领)之患，国内设置舟车、门卫、甲兵的防备，发起六次大战役，又替天行道讨伐叛逆。居住没有安定的处所，则天下百姓不得不异常辛劳，但辛劳却没有人埋怨，因为是用以实现天下太平。大禹凿通龙门，打开伊阙山，筑室于九山(即会稽山、泰山、王屋山、首山、太华山、岐山、太行山、羊肠山、孟门山)，疏通百川，过家门而不入，饮食粗劣，宫室简陋，勤劳先于天下人，而天下人乐于尽力，不辞劳苦，是因为他凡事约束自己而有节制，其目的是为了公众利益。因此，国家有大事，劳役赋税就繁重；天下太平，就劳役少而赋税轻。劳役少而赋税轻，那么百姓侍奉君主的礼节应更为尊崇，国家的制度应更加完备，这是周公制定六典的原因。劳役赋税繁重，君主应减少政令而体恤百姓，事务应减少以求实用，这就是黄帝、夏禹成就其功业的原因。后世为政，想到黄帝的公平、夏禹的积蓄节俭、周代制度的稳定有常，结合时势改革税赋徭役制度而增减其征收程度，这样，百姓大概就会劳苦而不埋怨了。

## 贵　教

虎至猛也，可威（威原作畏）而服；鹿至粗也，可教而使；木至劲也，可柔而屈；石至坚也，可消而用。况人含五常之性，有善可因，有恶可改者乎！人之所重，莫重乎身。贵教之道行，士有伏节成义、死而不顾者矣。此先王因善教义，因义而立礼者也。因善教义，故义成而教行；因义立礼，故礼设而义通。若夫商、韩、孙、吴，知人性之贪得乐进，而不知兼济其善，于是束之以法，要之以功，使天（天原无，补之）下唯力是恃，唯争是务。恃力务争，至有探汤赴火，而忘其身者，好利之心独用也。人怀好利之心，则善端没矣。中国所以常制四夷者，礼义之教行也。失其所以教，则同乎夷狄矣。其所以同，则同乎禽兽矣。不唯同乎禽兽，乱将甚焉！何者？禽兽保其性然者也，人以智役力者也。智役力而无教节，是智巧日用，而相残无极也。相残无极，乱孰大焉！不济其善，而唯力是恃，其不大乱几稀耳！人之性，避害从利。故利出于礼让，即修礼让；利出于力争，则任力争。修礼让，则上安下顺而无侵夺；任力争，则父子几乎相危，而况于悠悠者乎！

【译文】

老虎是最凶猛的野兽，可用威力制服；鹿是最粗笨的动物，可调教而役使；木头很强硬，可使其柔韧而弯曲；石头最坚硬，可销融而为人使用。何况人有仁、义、礼、智、信五性，是有善心能够依循、有恶习能够改正的呀！人所看重的，莫过于自己的躯体，但崇尚教化的风气盛行，士子中就有为节操杀身取义、死而无所顾惜者。这是先王依靠人的善心而教人以义、依靠义确立礼。顺其善心而教以义，所以人们从义而政教畅行；凭靠义来确立礼，所以礼制设立而人人循礼而行。至于商鞅、韩非、孙子、吴起，知道人性贪得无厌、乐于进身，而不知同时助长其善的一面。因此，用刑法约束，用功名鼓励，使天下人只依靠强力，只致力于争夺。依仗强力、务求争夺，以至于有人赴汤蹈火而忘记死活，都是争利之心所驱使的。人人都抱着求利之心，人善良的一面就丧失了。中国能制服四夷的原因，是推行了礼义之教。丧失了礼义教化，就与夷狄没有了区别。跟夷狄相同，则也就和禽兽相同了。不仅是与禽兽相同，甚至比禽兽更混乱无序。这是因为禽兽保持自己的天性不变，人却是用巧智驾驭体力者。以巧智驾驭体力，而没有教化加以节制，就会巧智日见使用，而彼此伤害无穷无尽。彼此相互伤害无穷无尽，哪有比这更大的祸乱呢？不帮助人向善，只凭借暴力，天下不发生大乱几乎是没有的。人的本性，是避害趋利。因此，利益出自于礼让，人们就会修习礼让；利益出自于强力，人们就会凭借强力争夺。人们修习礼让，则国家安定，百姓顺从，没有侵凌掠夺；凭借强力争夺，则父子难免相互危害，何况对于其他人呢？

# 戒　言

上好德则下修行，上好言则下饰辩。修行则仁义兴焉，饰辩则大伪起焉，此必然之征也。德者难成而难见者也，言者易撰而易悦者也。先王知言之易，而悦之者众，故不尚焉。不尊贤尚德、举善以教，而以一言之悦取人，则天下之弃德饰辩以要其上者不鲜矣。何者？德难为而言易饰也。夫贪荣重利，常人之性也。上之所好，荣利存焉。故上好之，下必趣之，趣之不已，虽死不避也。先王知人有好善尚德之性，而又贪荣而重利，故贵其所尚，而抑其所贪。贵其所尚，故礼让兴；抑其所贪，故廉耻存。夫荣利者可抑，而不可绝也，故明为显名高位、丰禄厚赏，使天下希而慕之。不修行崇德，则不得此名；不居此位，不食此禄，不获此赏。此先王立教之大体也。夫德修之难，不积其实，不成其名。夫言撰之易，合所悦而大用，修之不久，所悦无常，故君子不贵也。

【译文】

君主重视美德，则臣下乐于修身洁行；君主喜好空谈，则臣下热衷粉饰巧辩。修身洁行，则仁义之道兴起；粉饰巧辩，则诡诈之风兴起。这是必然现象。美德难修成也难显现，空论容易撰写也容易讨人喜欢。古代圣王知道美言好说且多数人爱听，所以不崇尚。如果不尊重贤能、崇尚美德、倡导善行来进行教化，而是因为使自己喜欢的一句话来选拔人，那么，天下抛弃道德、粉饰巧辩并以此要求君主封赏者便不会少见了。为什么呢？这是因为提高道德修养难而巧言伪饰容易。贪求荣誉、看重财利，是一般人的通性。君主的喜好中就有荣誉和财利。所以君主喜好的，百姓就会趋从且追求不止，即使死也不避开。先王知道人一方面有喜好善良、崇尚美德的本性，另一方面又贪慕荣誉财利，因此就重视其所崇尚的，而抑制其所贪求的。重视其所崇尚的，所以兴起礼让之风；抑制其所贪求的，让人保有廉耻之心。追求荣誉、财利可予以抑制却不能断绝，于是，公开定出显名高位、丰禄厚赏，让天下人追求并羡慕。不修养良好的德行，就不能获得显名；不处其职位，就不能享受相应的俸禄。这是先王树立教化的大纲。修养道德是困难的，不积累实行就不能成就其名声。言论的撰述容易，符合君主所喜欢的就可重用，然而因其研修不恒久，君主所喜欢的也时有改变，所以君子不看重它。

## 正　心

立德之本，莫尚乎正心。心正而后身正，身正而后左右正，左右正而后朝廷正，朝廷正而后国家正，国家正而后天下正。故天下不正，修之国家；国家不正，修之朝廷；朝廷不正，修之左右；左右不正，修之身；身不正，修之心。所修弥近，而所济弥远。禹汤罪己，其兴也勃焉，正心之谓也。心者，神明之主，万理之统。动而不失正，天地可感，而况于人乎？况于万物乎？夫有正心，必有正德。以正德临民，犹树表望影，不令而行。《大雅》云："仪形文王，万邦作孚。"此之谓也。有邪心必有枉行。以枉行临民，犹树曲表，而望其影之直。若乃身坐廊庙之内，意驰云梦之野，临朝宰事，情系曲房之娱，心与体离，情与志乖，形神且不相保，孰左右之能正乎哉！忠正仁理存乎心，则万品不失其伦矣。礼度仪法存乎体，则远迩内外，咸知所象矣。古之大君子，修身治人，先正其心，自得而已矣。能自得则无不得矣，苟自失则无不失矣。无不得者，治天下有余，故否则保身居正，终年不失其和，达则兼善天下，物无不得其所。

【译文】

立德的根本是正心，心正之后才能身正。自身端正，身边办事的人才端正；身边办事的人端正，朝廷才端正；朝廷端正，国家才端正；国家端正，天下才端正。所以，天下不正就要整治国家，国家不正就要整治朝廷，朝廷不正就要整治身边的臣子，臣子不正就要加强自身修养，自身不正就首先要端正自己的思想。所整治的越切近，所成就的越远大。夏禹、商汤常常检讨自己的错误，国家的兴盛就很快，这是正心的结果。心是精神的主宰，是各种理念的统率。行为端正，可感天动地，何况人呢？更何况万物呢？心地端正就会有美德，以良好的品德君临天下，就如树立标竿观望影子，无须命令，影子也会围着移动。《诗·大雅》说："取法于文王，则万邦都会表示信服。"说的就是这个道理。有邪恶之心，必有不正的行为。以不正之行君临天下，就如同树立的标竿弯曲，却希望影子端直一样（是不可能的）。如果身在朝廷，心神却飞向云梦之野去游乐，虽临朝理事，情思却不忘幽隐密室之中的娱乐，心神与形体相分离，感情与意志相违背，自己的形体与精神都不能保持一致，身边的人怎能端正呢？忠诚、正直、仁爱、理义存在心中，则万物万事都不会失其伦常。礼义、制度、准则、法规体现于自身，那么，无论远近内外，都知道以其为榜样。古代圣明君子，修身治天下，首先端正自己的思想，要求自身行事得当而已。能使自己行事得当，则其他事无所不当；如果自身有失误，则会处处失误。做事无不得当者，治理天下就力有所余。因此，时运不通时则保全自身遵循正道，终年持守中和；得志时则兼济天下，使万众各得其所。

无不失者，营妻子不足，故否则是己非人，而祸逮乎其身，达则纵情用物，而殃及乎天下。昔者有虞氏弹五弦之琴，而天下乐其和者，自得也；秦始皇筑长城之塞以为固，祸机发于左右者，自失也。夫推心以及人，而四海蒙其佑，则文王其人也；不推心虑用天下，则左右不可保，亡秦是也。秦之虓君目玩倾城之色，天下男女怨旷而不肯恤也；耳淫亡国之声，天下小大哀怨而不知抚也。意盈四海之外，口穷天下之味，宫室造天而起，万国为之憔瘁，犹未足以逞其欲。唯不推心以况人，故视用人如用草芥。使用人如用己，恶有不得其性者乎？古之达治者，知心为万事主，动而无节则乱，故先正其心。其心正于内，而后动静不妄，以率先天下，而后天下履正，而咸保其性也。斯远乎哉？求之心而已矣。

【译文】

处处违背道义的人，养妻育子尚有不足。因此，不顺利时则肯定自己、指责别人，以至灾祸降临自身；顺利时则放纵其情，挥霍无度，以至殃及天下。从前，有虞氏弹奏五弦琴，天下乐于应和的原因，就是他自身行为得当。秦始皇修长城要塞，以为永固，而危机从身边产生，这是自身行为不当所造成的。推思己心去体察别人，就会使四海之内得其佑护，这是周文王的为人；不推思己心而去役使天下，连身边的人都不能保全，亡秦就是例证。秦朝的暴君以目戏弄倾城美色，对天下的怨女旷夫却不肯体恤；整天听着亡国的靡靡之音，对天下人的种种哀怨却不去抚慰。志得意满，享尽天下美味佳肴，宫室连天，天下人却疲惫憔悴，还不能满足他的欲望。这是不推己心去体谅他人，因此，其用人如用草芥。如果对待别人像对待自己，怎么会不顺应其本性的好恶呢？古代能通达治国之道者，明白心是万事的主宰，行为无节制，就会使国家动乱，所以首先端正自己之心。假如心性端正，无论动还是静，都不会胡作非为，自己做天下人的表率，天下人就会践行正道，从而皆能保有其本性。这些要求遥远吗？不过是求之于自心而已呀！

## 通　志

夫能通天下之志者，莫大乎至公。能行至公者，莫要乎无忌心。唯至公，故近者安焉，远者归焉，枉直取正，而天下信之。唯无忌心，故进者自尽，而退不怀疑，其道泰然，浸润之谮，不敢干也。《虞书》曰："辟四门，则天下之人辐凑其庭矣。明四目，则天下之人乐为之视矣。达四聪，则天下之人乐为之听矣。"江海所以能为百谷王者，以其不逆之也。苟有所逆，众流之不至者多矣。众流不至者多，则无以成其深矣。夫有公心，必有公道；

有公道，必有公制。丹朱、商均，子也，不肖，尧舜黜之；管叔、蔡叔，弟也，为恶，周公诛之。苟不善，虽子弟不赦，则于天下无所私矣。鲧乱政，舜殛之；禹圣明，举用之；戮其父而授其子，则于天下无所忌矣。

【译文】

能使天下人同心的，没有比极其公正更好的办法。要做到极其公正，没有比自身无猜忌之心更重要的。只有无比公正，才能使近处的人安定，使远方的人归附。是非曲直都有一定的标准，就会得到天下人的信任。因为没有顾忌之心，入朝者能尽情说自己想说的话，退朝后不存疑虑，其治国之道安定无虑。即使有人想不断地进谗言，也不敢冒犯。《虞书》说："打开通往四方之门，天下人会聚集到你的庭堂；明亮远观四方之目，天下人乐于为你观看；畅通你远及四方之所闻，天下人乐意为你听闻。"江海能成为百川之王的原因，是它不会逆向流动。如果它逆向流动，众河流不流向大海的就多了。众流不归于大海，就不会成就它的深广。有公正之心，必有公正之道；有公正之道，必有公正之制。尧之子丹朱、舜之子商均不肖，尧舜贬退了他们。管叔、蔡叔，身为周公之弟，却作乱为恶，周公诛杀了他们。如果人品不好，即使是子弟也不宽赦，那么，治理天下就不会偏私了。鲧败乱国事，舜杀了他；禹圣明，舜就重用他。舜杀了禹的父亲而传帝位给禹，则对天下人也就无所猜忌了。

石厚，子也，石碏诛之；冀缺，仇也，晋侯举之。是之谓公道。夫（夫原作未）在人上，天下皆乐为之用。无远无近，苟所怀得达，死命可致也。唯患众流异源，清浊不同，爱恶相攻，而亲疏党别。上之人或有所好，所好之流独进，而所不好之流退矣。通者一而塞者万，则公道废而利道行矣，于是天下之志塞而不通。欲自纳者，因左右而达，则权移左右，而上势分矣。昧于利者，知趣左右之必通，必变业以求进矣。昧利者变业而党成，正士守志而日否，则虽见者盈庭，而上之所开实寡。外倦于人，而内寡间，此自闭之道也。故先王之教，进贤者为上赏，蔽贤者为上戮；顺礼者进，逆法者诛；设诽谤之木，容狂狷之人；任公而去私，内恕而无忌。是之谓公制也。公道行则天下之志通，公制立则私曲之情塞矣。

【译文】

石碏杀了谋乱的儿子石厚，晋侯举用仇人冀缺，这就是公道。怀有公心的人在上位，天下人都乐于听从调用。如果抱负能得到施展，以死报效者无论远近都会前来。只担忧众流非出一源，清浊不同，爱恶相互攻讦，形成亲疏党派之别。在上者有时会有所偏爱，所爱的那些人被进用，而所不喜欢的那些人就被贬退。一人亨通而多数人被阻塞，则公正之道废弛而利私之风盛行，于是天下人的心志都会堵塞不通。向君主自我献纳的人，凭借君主左右亲信而得志，于是权力就会旁移，君主的权力就会分散。贪冒私利的人，知道趋奉君主身边的人定能通达，必会变更原职业而求得进身。贪冒私利的人变换职业、结成朋党，正直的人坚守志向而仕途日益不通，则虽谒见的人充满朝庭，但君主所能听到的切实有用的言论其实很少。外部为党人所困，内部又无人进言，这是自我封闭的做法啊。所以，先王的教令，是举荐贤才的人给大赏，蒙蔽贤才的人处重罚；合乎礼法的进用，背逆礼法的诛罚；设立允许书写非议朝廷谤言的木板，宽容狂傲耿介之人；凭借公正而去除偏私，内心宽恕而不忌恨。这就是所说的公正的制度。施行公正之道，则天下人的心志就得以上达。公正的制度确立，则谋私、偏邪的情况就被杜绝。

凡有血气，苟不相顺，皆有争心。隐而难分、微而害深者，莫甚于言矣。君人者，将和众定民，而殊其善恶，以通天下之志者也，闻言不可不审也。闻言未审，而以定善恶，则是非有错，而饰辩巧言之流起矣。故听言不如观事，观事不如观行。听言必审其本，观事必校其实，观行必考其迹。参三者而详之，近少失矣。

问曰："汉之官制，皆用秦法。秦不二世而灭，汉二十余世而后亡者，何也？"答曰："其制则同，用之则异。秦任私而有忌心，法峻而恶闻其失。任私者则天下（则天下三字原无，补之）怨，有忌心则天下疑，法峻则民不顺之，恶闻其失则过不上闻，此秦之所以不二世而灭也。

【译文】

大凡有血性的人，如果彼此不和顺，都会有竞争之心。人们交往中隐讳而难以分辨、细小却有大害的，莫过于言语。做君主的要协调众人、安定百姓、分别善恶以通达天下人的心志，对听到的话就不能不详察。对听到的话不加详审，轻率叛定善恶，就会把是非判错，使伪饰巧辩的风气流行。所以听其言不如观其所事，观其事不如观其品行。听言一定要审察其内心的实际想法，观事一定要查验其真实性，观察品行一定要考察其事迹。综合言、事、行三方面，并详加分析，就会很少有失误。有人会问："汉朝的官吏体制，都是沿用秦朝的办法。秦朝不到二世就灭亡，汉朝却延续了二十多代，这是为什么呢？"回答是："两朝制度大体相同，具体施用不同。秦朝任私党且有猜忌之心，刑法严峻而厌恶听批评的话，任用私党则招怨愤，有猜忌之心则人人生疑；刑法严峻则民心不顺从。厌恶听批评的话则君主就听不到为政的过错，这是秦朝不到二世就灭亡的原因。

汉初入秦，约法三章；论功定赏，先封所憎。约法三章，公而简也；先封所憎，无忌也。虽网漏吞舟，而百姓安之者，能通天下之志，得其略也。世尚宽简，尊儒贵学；政虽有失，能容直臣。简则不苟，宽则众归之；尊儒贵学，则民笃于义；能容直臣，则上之失不害于下，而民之所患上闻矣。自非圣人，焉无失！失而能改，则所失少矣。心以为是，故言行由之。其或不是，不自知也。先王患人之不自知其失，而处尊者天下之命在焉。顺之则生，逆之则死。顺而无节，则谄谀进；逆而畏死，则直道屈。明主患谀己者众，而无由闻失也，故开敢谏之路，纳逆己之言。苟所言出于忠诚，虽事不尽是，犹欢然受（受原无，补之）之。所通直言之途，引而致之，非为名也，以为直言不闻，则己之耳目塞。耳目塞于内，谀者顺之于外，此三季所以至亡，而不自知也。周昌比高祖于桀纣，而高祖托以爱子；周亚夫申军令，而太宗为之不驱；朱云折槛，辛庆忌叩头流血。斯乃宽简之风，汉所以历年四百也。”

【译文】

汉初入关中，与民约法三章；论功行赏，先封赏自己所憎恶的人。约法三章，公正而简单明了；先封赏所憎恶的人，显示不怀猜忌。虽然法网宽大，百姓却安定，就是因为能顺应民心，方略得当。治国崇尚宽缓简约，尊儒重教；政令即使有失误，却能容留直言敢谏的臣子。政令简约则不轻率，政令宽缓则民众就归附；尊儒重教，百姓就忠诚守法；能容纳正直臣子，则君主有失误也不会贻害百姓，而百姓的忧患君主也能听到。人非圣贤，怎能没有过失！有过失及时改正，失误就会减少。心里认为正确，言行就会表现出来。即使所想的不正确，自己也觉察不到。先王所担心的是人不了解自己的错误，且对处尊位者来说，天下人的性命在于自身，顺从自己则生，违逆自己则亡。顺从而不讲操守，则阿谀者会得势；违逆而又怕被处死，以正直之道事君者便会屈从。英明君主担心阿谀自己的人多，不能听到为政的失误，于是，敞开谏诤的言路，接受批评自己的言论。如果谏言出于忠诚，虽然不完全切合实事，仍然高兴地接受。敞开直言之路，招引他们进谏，不是为取得好名声，而是认为听不到正直的言论，自己就会耳目闭塞。自己耳目闭塞，阿谀的人又凡事顺从自己，这就是夏、商、周三代末年的君主灭亡的原因，而他们自己却不知道。周昌把汉高祖比作桀纣，高祖还是把爱子托付给他；周亚夫申明军令，汉文帝的车马因此不在军营中驱驰；汉朝朱云不服成帝，攀折殿槛，辛庆忌叩头流血营救，才免其一死，后被成帝称为直臣。这都是宽宏简约的政风。汉朝能够统治四百年，原因就在这里。”

## 曲　制

天下之福，莫大于无欲；天下之祸，莫大于不知足。无欲则无求；无求者，所以成其俭也。不知足，则物莫能盈其欲矣；莫能盈其欲，则虽有天下，所求无已、所欲无极矣。海内之物不益，万民之力有尽。纵无已之求，以灭不益之物；逞无极之欲，而役有尽之力。此殷士所以倒戈于牧野，秦民所以不期而同（同原作周）叛。曲论之，好奢而不足者，岂非天下之大祸耶！

【译文】

天下最大的福祉就是无欲，天下最大的灾祸就是不知足。没有欲望，就没有贪求；没有贪求，就能够养成节俭。不知足，则物质追求永远满足不了欲望；不能满足他的欲望，即使占有天下，其贪求也不会停止，其欲望仍会无穷无尽。全国物产不增多，万民之力有限度。放纵无休止的追求，耗尽有限的物产；放任无尽的欲望，使役有限的人力。这就是殷朝士卒倒戈、秦朝百姓不约而同起来反叛的原因。就此而言，追求奢侈而不知足，岂不是天下最大的祸害吗？

## 安　民

民富则安，贫则危。明主之治也，分其业而壹其事。业分则不相乱，事一则各尽其力。而不相乱，则民必安矣。重亲民之吏而不数迁。重则乐其职，不数迁则志不流于他官。乐其职，而志不流于他官，则尽心恤其下。尽心以恤其下，则民必安矣。附法以宽民者赏，克法以要名者诛。宽民者赏，则法不亏于下，克民者诛，而名不乱于上，则民必安矣。量时而置官，则吏省而民供。吏省则精，精则当才而不遗力；民则供顺，供顺则思义而不背上。上爱其下，下乐其上，则民必安矣。笃乡闾之教，则民存知相恤，而亡知相救。存相恤而亡相救，则邻居相恃，怀土而无迁志。邻居相恃，怀土无迁志，则民必安矣。度时宜而立制，量民力以役赋。役赋有常，上无横求，则事事有储，而并兼之隙塞。事有储，并兼之隙塞，则民必安矣。图远必验之近，兴事必度之民。知稼穑之艰难，重用其民，如保赤子，则民必安矣。

【译文】

百姓富足则安稳，百姓贫困则忧惧。圣明的君主治理国家，把各业分开，让人们专门从事本职工作。职业有分工就不互相扰乱，做事专一则各尽其力。各尽其力，不互相干扰，百姓必会安稳。应重视切近百姓的基层官吏，不频繁调迁。重视则他们乐于尽职尽责，不频繁调迁则其心志不会转向其他官位。乐于其职，心志不转向其他官位，就会尽心体恤其辖区民众。尽心体恤其辖区民众，民众就安定。对依法办事、宽仁待民的官吏应奖赏，对执法苛刻、追求名声的官吏就惩罚。对宽厚待民的予以奖赏，则律法不会伤害百姓；对苛刻害民者给予惩罚，则其名声就不会使君主迷惑。这样，百姓必会安定。衡量时势设置官吏，则官吏少而百姓易于供给。官吏少则精干，精干就能人尽其材、不遗余力；百姓的供给合理，则怀念其恩谊而不背逆上级。上司爱护下民，下民喜欢上司，百姓一定会安定。重视乡间的教化，则百姓安定时懂得相互体恤，危急时知道相互救助。如此，则邻居间相互依仗，热爱故土不愿迁徙。相互依赖、怀恋故土而不愿迁徙，百姓一定会安定。分析时宜而定立制度，衡量民力来征役定税。徭役赋税有常规，上级不横征乱收，则各行各业皆有积储，兼并的漏洞就会被堵塞。如此，则百姓必然安定。谋求长远计划要用近期之事检验，兴办各种事业要考虑民力民意。懂得耕种收获的艰难，慎重使用民力，爱民如子，百姓必然安定。

职业无分，事务不壹，职荒事废，相督不已，若是者民危。亲民之吏不重，有资者无劳而数迁，竞营私以害公、饰虚以求进，仕宦如寄，视用其民，如用路人，若是者民危。以法宽民者不赏，克民为能者必进，下力尽矣，而用之不已，若是者民危。吏多而民不能供，上下不相乐，若是者民危。乡闾无教，存不相恤，而亡不相救，若是者民危。不度时而立制，不量民而役赋无常，横求相仍，弱（弱上下恐有脱字）穷迫不堪其命，若是者民危。视远而忘近，兴事不度于民，不知稼穑艰难，而转用之，如是者民危。安民而上危，民危而上安者，未之有也。《虞书》曰："安民则惠，黎民怀之。"其为治之要乎！今之刺史，古之牧伯也；今之郡县，古之诸侯也。州总其统，郡举其纲，县理其目，各职守不得相干，治之经也。夫弹枉正邪，纠其不法，击一以警百者，刺史之职也。比其不法，击一以警百者，刺史之职也。比物校成，考定能否，均其劳逸，同其得失，有大不可，而后举之者，太守之职也。亲民授业，平理百事，猛以威吏，宽以容民者，令长之职也。然则令长者，最亲民之吏，百姓之命也。国以民为本，亲民之吏，不可以不留意也。

【译文】

职业没有分工，事务不专一，以至职业荒废，督察不停止，如此则百姓一定会忧惧。不看重直接管理百姓的官员，有资财的人虽无功绩却多次迁升，官吏竞相营私利而危害公家，弄虚作假以求升官，做官如寄宿，使用百姓如役使路人，如此则百姓必定忧惧。按法行事、宽缓待民的人得不到奖赏，以苛刻虐待为能事的人迁升，民力已耗尽，征用还不停止，如此则百姓会忧惧。官吏多而百姓不能供给，上下都不高兴，如此则百姓一定忧惧。乡间闾里不行教化，平时彼此不体恤，外出时互相不救助，如此则百姓一定忧惧。不分析时势而定立制度，不估量民力而滥加赋役，横征乱收接连不断，穷弱之民受其逼迫而无法忍受，如此百姓一定忧惧。只图将来不顾眼前，办事不估量民力，不知耕作艰难，轮番役使民力，如此则百姓忧惧。百姓安定而君主却忧惧、百姓忧惧而君主能安稳，是从未有过的事。《虞书》说："安定百姓就是仁爱，黎民就会归向他。"这是治国的关键。当今的刺史相当于古代的州牧，现在的郡县相当于古代的诸侯国。州牧总领其大统，郡守掌握其纲要，县令管理好细目，各尽其职守，不能彼此干扰，这是治国的原则。批评纠正歪风邪气，检举不法分子，惩一以儆百，这是刺史的职责；与别人比较而查对其完成情况，考核确定其能力高低，均衡其辛劳与安闲，汇集其做事的得失，若有很不合宜者，然后向上举报，这是太守的职责。爱民授业，公平处理民事，严肃治理下级官吏，宽容地对待百姓，这是令长的职责。令长是最接近百姓的官吏，关系到百姓的性命。国家以民为根本，对直接亲近百姓的官吏不能不关注呀。

## 孝　仁

傅子曰："利天下者，天下亦利；害天下者，天下亦害之。利则利，害则害，无有幽深隐微，无不报也。仁人在位，常为天下所归者，无他也，善为天下兴利而已矣。"

【译文】

傅子说："给天下人利益的人，天下人也给他利益；危害天下人的，天下人也危害他。利人则对自己有利，害人则对自己有害。不管事情多么久远隐蔽，没有不报应的。仁爱之人在位，常使天下人都归顺，这没有别的原因，不过是因为他善为天下人兴利罢了。"

## 问　政

刘子问政。傅子曰："政在去私。私不去，则公道亡；公道亡，则礼教无所立；礼教无所立，则刑赏不用情。赏刑不用情。而下从之者，未之有也。夫去私者，所以立公道也，唯公然后可正天下。"傅子曰："善为政者，天地不能害也，而况于人乎！尧水汤旱，而人无菜色，犹太平也，不亦美乎！晋饥矣，懈而为秦所（所原作越）禽。人且害之，而况于天地乎！"

【译文】

刘子问政，傅子回答说："为政在于去掉私欲。私欲不去除，公正就丧失；公正丧失，礼仪教化就难以树立；礼教难以树立，则惩罚、奖赏就不顾情理。惩罚奖赏不顾情理而百姓会顺从的事，是从未有过的。去除私欲是为了树立公正之道。只有公正，才能使国家走上正轨。"傅子说："善于处理政事的人，连天地都不能加害，何况人呢？尧时遭水灾、汤时遭旱灾，可是百姓未受饥寒，犹如处在太平时代，这岂不美好吗？晋国有饥荒，国君懈怠而被秦国所擒。连人都加害于他，何况天地呢？"

## 问　刑

傅子曰："秦始皇之无道，岂不甚哉！视杀人如杀狗彘。狗彘，仁人用之犹有节；始皇之杀人，触情而已，其不以道如是。而李斯又深刑峻法，随其指而妄杀人。秦不二世而灭，李斯无遗类。以不道遇人，人亦以不道报之。人仇之，天绝之，行无道未有不亡者也。"或曰："汉太宗除肉刑，可谓仁乎？"傅子曰："匹夫之仁，非王天下之仁也。夫王天下者，大有济者也，非小不忍之谓也。先王之制，杀人者死，故生者惧；伤人者残其体，故终身惩。所刑者寡，而所济者众，故天下称仁焉。今不忍残人之体，而忍杀之，既不类，伤人刑轻，是失其所以惩也。失其所以惩，则易伤人。人易相伤，乱之渐也。犹有不忍人心，故曰匹夫之仁也。"

【译文】

傅子说："秦始皇残暴无道，难道不严重吗？杀人如同杀猪狗。猪狗，仁人虽然使用，却有节制。始皇杀人，只是因触怒了自己而已，其不按道义行事达到了如此程度。李斯又进一步施行严刑峻法，按自己意图胡乱杀人。结果秦朝不满两代就亡国，李斯也全族绝灭。他们不以仁道待人，别人也以不讲道义回报。人人仇视他，连上天也灭绝他，可见所行无道的人没有不灭亡的。"有人问："汉文帝废除摧残肉体的刑罚，可称为仁爱吗？”傅子说：“那是普通人的仁爱，不是天子的仁爱。以仁道治天下者，是能有利于广大民众的，不是指微小的同情心。先王的法规是杀人者判死刑，所以活着的人惧怕；伤人者要残损其肢体，使其终身受到惩处。所惩处的人少，而所获益者多，所以天下人称赞他仁爱。如今不忍心伤残人的肉体，却忍心杀人，这已经说不通，而伤人所受的刑罚很轻，这就失去了惩处的用意。失去了惩处的用意，就容易发生伤害人的事。容易发生彼此伤害的事，是叛乱的开端。然而还有同情之心，所以说只是‘匹夫的仁爱’。”

## 信　道

傅子曰：“古之贤君，乐闻其过，故直言得至，以补其阙。古之忠臣，不敢隐君之过，故有过者，知所以改。其戒不改，以死继之，不亦至直乎！”

【译文】

傅子说：“古代的贤明君主，乐于听人指出自己的过失，所以能听到正直的话，借以补救缺点。古代的忠臣，不敢隐瞒君主的过错，所以君主有了过错，知道怎样改正。如果已告诫君主而其仍不改正，则继而以死进谏，这不是极其正直吗？”

## 信　直

傅子曰：“至哉，季文子之事君也！使恶人不得行其境内，况在其君之侧乎？推公心而行直道，有臣若此，其君稀陷乎不义矣。”

【译文】

傅子说：“季文子侍奉君主真是太好了！使恶人不能行走于国境之

内，何况在君主周围呢？发扬公正之心，奉行正直之道，有这样的臣子在身边，君主就很少陷于不义的境地。”

## 矫　违

傅子曰：“正道之不行，常由佞人乱之也。故桀信其佞臣推役侈，以杀其正臣关龙逢，而夏以亡。纣信其佞臣恶来，以剖其正臣王子比干之心，而殷以亡。”曰：“惑佞之不可用如此，何惑者之不息也？”傅子曰：“佞人善养人私欲也，故多私欲者悦之。唯圣人无私欲，贤者能去私欲也。有见人之私欲，必以正道矫之者，正人之徒也；违正而从之者，佞人之徒也。自察其心，斯知佞正之分矣。”

【译文】

傅子说：“正直的主张难以实行，常常是因为君主受巧言谄媚之人的迷惑。夏桀听信其佞臣推役侈之言，因而杀害了正直之臣关龙逢，结果夏朝灭亡；殷纣听信其佞臣恶来之言，因而剜割了正直之臣王子比干的心，结果殷朝灭亡。”有人说：“蛊惑的奸佞之徒如此不可任用，为什么受其迷惑的人不断会有呢？”傅子说：“巧言谄媚之徒善于培养人的私欲，因此私欲强的人喜欢他们。圣人没有私欲，贤人能去除自己的私欲。看到别人有私欲，就用正确的思想去矫正的人，是正直的人；违背正直之道而顺从其私欲者，是奸佞之徒。自己仔细体察其用心，就会知道巧言谄媚之人与正直无私之人的区别。”

或问：“佞孰为大？”傅子曰：“行足以服俗，辨足以惑众，言必称乎仁义，隐其恶心而不可卒见，伺主之欲微合之，得其志敢以非道陷善人，称之有术，饰之有利，非圣人不能别，此大佞也。其次，心不欲为仁义，言亦必称之，行无大可非，动不违乎俗，合主所欲而不敢正也，有害之者然后陷之。最下佞者，行不顾乎天下，唯求主心，使文巧辞，自利而已，显然害善，行之不怍。若四凶，可谓大佞者也；若安昌侯张禹，可谓次佞也；若赵高、石显，可谓最下佞者也。大佞形隐为害深，下佞形露为害浅。形露犹不别之，可谓至暗也已。”

【译文】

有人问：“怎样的人才算最大的佞臣？”傅子回答：“行为能适应世俗，诡辩能迷惑众人，言论必称仁义，隐藏作恶之心而人不能一下子看透，窥探君主的欲望而巧妙迎合，得志时用歪理陷害好人，称颂他人有高妙的策略，掩饰自己有能说会道的本领，若不是圣人则不能识别，这种人是最大的佞臣。其次，内心不想实行仁义，言谈却必称仁义，行为没有大可非议的，行动也不违背世俗习惯，迎合君主的私欲而不敢去矫正，有危害自己的人则随后加以陷害。最下等的佞臣，是其作为不顾忌天下人的非议，只求迎合君主心意，使用一些华美而虚浮不实的词句，以求于己有利而已，其言行显然有害于善举，但我行我素，毫不觉得愧怍。像虞舜时‘四凶’（指共工、驩兜、三苗、鲧）那样的，可称为大佞臣；像汉成帝时的安昌侯张禹那样的，可称为次等奸佞；像赵高、石显那样的，可算是最下等的佞臣。大佞形色隐蔽，危害最大；下等佞臣形色显露，危害较小。如果佞臣的形色显露，却还不能识别，可称得上昏庸至极了。”

## 治　正

治人之谓治，正己之谓正。人不能自治，故设法以一之。身不正，虽有明法，即民或不从，故必正己以先之也。然即明法者，所以齐众也；正己者，所以率人也。夫法设而民从之者，得所故也。法独设而无主，即不行；有主而不一，则势分。一则顺，分则争，此自然之理也。

【译文】

管理人叫做治，端正自己叫做正。人们不能自己管好自己，所以制定法律来统一管理。处上位的人本身行为不端正，虽然制定了明确的法令，民众中也有人会不遵从，因此，必须首先端正自己。这就是说，彰明法度是用来使众人一致的；端正自己，是为了给众人做表率的。设置法规而民众服从其法，就是实现了立法的本意。只制定法令而没有人掌管，法令则不能实行；有人掌管，却不能统一施行，权力就分散。统一就和顺无争，分散就争斗，这是很自然的道理。

## 假　言

天地至神，不能同道而生万物；圣人至明，不能一检（检原作捡）而治百姓。故以异致同者，天地之道也；因物制宜者，圣人之治也。既得其道，虽有诡常之变、相害之物，不伤乎治体矣。水火之性相灭也，善用之者，陈釜鼎乎其间，爨之煮之，而能两尽其用，不相害也，五味以调，百品以成。天下之物，为火水者多矣，若施釜鼎乎其间，则何忧乎相害，何患乎不尽其用也。

【译文】

天地最神奇，也不能用同一方法生出万物；圣人最贤明，不能以一种法则就能治理好百姓。所以，用不同的方法达到相同的目的，是天地的规律；根据事物的具体情况制定适宜的措施，是圣人的治国法则。既已得到适宜的治国方针，即使有异常的变故、互有伤害性的事物，也不会损害治国之根本。水火的特性是彼此相灭，善于运用水火的人，把釜鼎安放在水火之间，点火烧之，水火都可各尽其用，二者互不伤害，再用五味来烹调，则百样食物都能做成。天下事物，如同水火般相害的很多，如果安放“釜鼎”于它们之间，何必担忧它们彼此伤害呢？又何必担忧不能物尽其用呢？

**（武天合译）**

# 卷五十

# 袁子正书治要

【考评】

《群书治要》辑录的《袁子正书》篇目有《礼政》《经国》《设官》《政略》《论兵》《王子主失》《厚德》《用贤》《悦近》《贵公》《治乱》《损益》《世治》《刑法》《人主》《致贤》《明赏罚》等十七篇。魏征在唐太宗的谏言中多有引用。

袁准在《礼政》篇提出，治理国家，要德治和法治并举才是“治之至也”的理论，这无疑是治国必须遵循的一条放之四海而皆准的方针。他认为“仁义礼制者，治之本也；法令刑罚者，治之末也。无本者不立，无末者不成”。他进一步论述说，只偏重法治而轻视德治，必然会造成“久则民忽，民忽则怒”的后果；相反，只抓德治，则忽视法治，必然会造成“有仁义而无刑罚，则民慢，民慢则奸起”的后果。所以他认为治国要“本之以仁，成之以法，使两通而无偏重”，才是治理国家的根本途径，也是魏征向唐太宗进谏数十万言的宗旨。

《袁子正书》，晋袁准著，《隋书·经籍志》载：《袁子正论》十九卷，袁准撰。梁又有《袁子正书》二十五卷，袁准撰，并无《袁淮正书》。据《榕圆丛书·治要节抄跋》考记：“袁凖，即袁准。”庾仲容《子钞》载：“《袁凖正书》《袁凖正论》，分为二编，亦无袁凖。郑公(指魏征)所编《治要》始作《袁凖正书》。《唐书·艺文志》载《袁子正书》三十五卷，遂不作‘正论’，则其误始自《治要》。洪容斋跋马总《意林》，遂直以为二人矣。今者《三国志》注引《袁子正书》凡五条，其诸葛亮传注一条，明指为孝尼，其为袁凖无疑。而武、文、王公世家评论所引，今即在《治要》袁凖书中，是二书即一书之证。又，杜佑《通典》引《正论》尤夥，初作袁凖，次作袁淮，至礼二十八嫡妻议条，直作袁淮。是先讹‘凖’为‘淮’，又讹‘准’为‘凖’，而初无所谓《正书》也。《三国志》于当时著述之家，搜罗殆备，纵不附传，亦见于注，岂有著述如此，而寂然无称者哉？”

袁凖，字孝尼，陈郡扶乐人，郎中令涣之季子，不求仕进，著书十余万言，论治世之务，为《周官》《诗》《传》《五经滞义》及圣人之微言以传于世。《魏志》无传，附见其父涣传注。依据考证，“袁凖”已改为“袁准”。

# 体　政

治国之大体有四：一曰仁义，二曰礼制，三曰法令，四曰刑罚。四本者具，则帝王之功立矣。所谓仁者，爱人者也。爱人，父母之行也。为民父母，故能兴天下之利也。所谓义者，能辨物理者也。物得理，故能除天下之害也。兴利除害者，则贤人之业也。夫仁义礼制者，治之本也；法令刑罚者，治之末也。无本者不立，无末者不成。夫礼教之治，先之以仁义，示之以敬让，使民迁善日用而不知也。儒者见其如此，因谓治国不须刑法，不知刑法承其下，而后仁义兴于上也。法令者赏善禁淫，居治之要会。商、韩见其如此，因曰治国不待仁义，不知仁义为之体，故法令行于下也。是故导之以德，齐之以礼，则民有耻；导之以政，齐之以刑，则民苟免，是治之贵贱者也。先仁而后法，先教而后刑，是治之先后者也。夫远物难明，而近理易知，故礼让缓而刑罚急，是治之缓急也。夫仁者使人有德，不能使人知禁；礼者使人知禁，不能使人必仁。故本之者仁，明之者礼也，必行之者刑罚也。先王为礼，以达人之性理，刑以承礼之所不足。故以仁义为不足以治者，不知人性者也，是故失教，失教者无本也。以刑法为不可用者，是不知情伪者也，是故失威，失威者不禁也。故有刑法而无仁义，久则民忽，民忽则怒也；有仁义而无刑法，则民慢，民慢则奸起也。故曰："本之以仁，成之以法，使两通而无偏重，则治之至也。"夫仁义虽弱而持久，刑杀虽强而速亡，自然之治也。

【译文】

治理国家有四个最重要的根本：一是仁义，二是礼制，三是法令，四是刑罚。这四项具备了，帝王的功业就算建立了。所谓仁，就是能爱人。爱人，是父母的品行。做百姓的父母，故而能兴办有利于天下人民的事。所谓义，是指能明辨事理。能使事情合乎道理，故能为天下人民解除祸害。兴利除害，乃是贤人的功业。仁义礼制，是治国的根本；法令刑罚，是治理国家的枝节。没有根本就不能立国，没有枝节也不能成功。讲求礼教治国，首先要讲仁义，显现以戒慎谦让，使人民在不知不觉中日渐向善。儒家学者看到这种情况，因而说治国不须刑法，其不知刑法辅助于下，然后仁义才能自上而下地发挥作用。法令的作用在于奖赏善举、惩处邪恶，在治国中占有重要地位。商鞅、韩非看到这种情况，因而说治国不须依靠仁义，其不知仁义是根本，因此才需要法令行之于下。因此用道德来引导，用制度来整治，则人民会知廉耻；用政令来引导，用刑罚来整治，则人民就只图逃避刑罚。这是治国方略的高下之分。先讲仁政而后讲法制，先行教化而后行惩罚，这是治国要讲求的先后次序。长远的事情难以明了，身边的道理容易懂得，所以礼义谦让的作用缓慢而动用刑罚见效较快，这是治国应知的关于缓急的道理。讲仁爱使人有道德，却不能使人知禁令；讲礼制使人知道避忌，却不能使人一定会讲求仁爱。所以能奠定立身之本的是仁义，使仁义得以显明的是礼制，使人必须遵行礼制的是刑罚。古代先王实行礼制，使人们明白本性中的仁义之道，再用刑法补救礼制的不足之处。所以，认为仁义不足以治国的，是不明白人性本善，这就是“失教”，失教就会失去仁义这一根本。认为刑法不可用的思想，那是不明白各种弊端，这就会“失威”，失威就难以禁止邪恶。看重刑法而忽略了仁义，时间长了人民就会疏忽，人民疏忽，就会产生抱怨情绪。只有仁义而无刑法，人民就会怠慢，人民怠慢，奸邪之事就会发生。所以说：“根本是仁义，再经法令促成，使两者结合而不偏废，那么治国才可达到最高境界。”仁义虽显得柔弱，但能使国家持久；刑杀虽显得强硬，却会加速国家灭亡。二者结合才是合情合理的治国之道。

## 经　国

先王之制，立爵五等，所以立蕃屏、利后嗣者也，是故国治而万世安。秦以列国之势而并天下，于是去五等之爵而置郡县，虽有亲子、母弟，皆为匹夫。及其衰，一夫大呼而天下去。及至汉家，见亡秦之以孤特亡也，于是大封子弟。或连城数十，廓地千里，自关已东皆为王国，力多而权重，故亦有七国之难。魏兴，以新承大乱之后，民人损减，不可则以古治，于是封建侯王，皆使寄地，空名而无其实。王国使有老兵百余人，以卫其国。虽有王侯之号，而力侪于匹夫。县隔千里之外，无朝聘之仪，邻国无会同之制。诸侯游猎，不得过三十里。又为设防辅监国之官，以司察之。王侯皆思为布衣不能得，既违宗国蕃屏之义，又亏亲戚骨肉之恩。

【译文】

古代圣明的君王制定制度，立公、侯、伯、子、男五等爵位，为的是树立屏藩，有利于王室后代子孙，因此能达到国治而万世平安。秦始皇趁着列国分立的形势而统一了天下，于是废除了五等爵位制度而实行郡县政体，即使自己的亲儿子和亲兄弟，也都是无职无权的普通人。等到秦王朝衰败，陈胜一人大呼而政权瓦解。到了汉代，看到秦朝因孤立无援而灭亡，于是大封刘氏子弟。有的封地连城数十，扩地千里，从函谷关以东都是诸侯王国封地，力量雄厚而权力很重，因此又酿成了吴楚七国之乱。三国曹魏政权兴起，因为是继承汉末大乱之后，人口减少，不可能实行先王的治国之道，于是封立侯王，都使他们有托身之地，却只是空有其名而无实权。诸侯王国役使老兵百余人，来保卫其封国。虽然有王侯的封号，但其实力却跟一般人相等。这些诸侯王国远在千里之外，没有定期朝觐天子的仪礼，邻国也没有会合结盟的制度。诸侯游猎，不得超过三十里地界。朝廷还设置防守监国之官来监视他们。王侯们都想当个平民百姓而还办不到。这既违背了宗国卫护中央政权的意义，又使亲戚骨肉关系的情分有所亏缺。

昔武王既克殷，下车而封子弟，同姓之国五十余，然亦卜世三十，卜年七百。至乎王赧之后，海内无主三十余年。故诸侯之治，则辅车相持，翼戴天子，以礼征伐。虽有乱君暴主，若吴楚之君者，不过恣睢其国，恶能为天下害乎！周以千乘之赋封诸侯，今也曾无一城之田。何周室之奢泰，而今日之俭少也？岂古今之道不同，而今日之势然哉？未之思耳。夫物莫不有弊，圣人者岂能无衰？能审终始之道，取其长者而已。今虽不能尽建五等，犹宜封诸亲戚，使少有土地；制朝聘会同之义，以合亲戚之恩；讲礼以明其职业，黜陟以讨其不然。如是则国有常守，兵有常强，保世延祚，长久而有家矣。

【译文】

古时周武王攻灭了殷商后，初登帝位即分封子弟，同姓的诸侯国有五十多个，国运三十代，享国七百年。到了周赧王之后，国内没有君主在位长达三十多年。所以周代设立诸侯的政体，是诸侯国与朝廷之间相互扶持，诸侯拥护天子，按照礼义进行征伐之事。即使有乱君暴主，像吴楚的国君，也不过只能在他们的封国胡作非为，怎能够给天下带来祸害呢？周代用千乘的食邑分封诸侯，可是当今的诸侯却无一城的地盘。为什么周王朝那样的大方，而今天却减少到这样的地步呢？难道是古今的治理办法不同，而今日的形势必定要这样吗？是从来没有深入考虑过罢了。世间的事物都有其一定的弊病，圣人难道能使之不衰败？不过只是能审察始终之道，取其有利的一面罢了。当今虽然不可能完全建立五等爵位的政体，但还是应该分封诸侯王室亲属，使他们有少量的土地；设置朝聘会同的仪礼，以符合于亲戚的恩谊；宣讲礼义来明确其职责，用黜免与提升之法来整治不遵礼义的诸侯王。这样，国家就有了长期守卫，军力可经常保持强大，从而保障世代延续，达到长治久安。

## 设　官

古者三公论王职，六卿典事业。事大者官大，事小者官小。今三公之官，或无事，或职小；又有贵重之官，无治事之实。此官虚设者也。秦汉置丞相九卿之官，以治万机。其后天子不能与公卿造事，外之而置尚书，又外之而置中书，转相重累，稍执机事，制百官之本，公卿之职遂轻，则失体矣。又有兵士而封侯者。古之尊贵者，以职大故贵。今列侯无事，未有无职而空贵者也。世衰礼废，五等散亡，故有赐爵封侯之赏。既公且侯，失其制。今有卿相之才，居三公之位，修其治政，以安宁国家，未必封侯也。而今军政之法，斩一牙门将者封侯。夫斩一将之功，孰与安宁天下也？安宁天下者不爵，斩一将之功者封侯，失封赏之意矣。夫离古意制，外内不壹，小大错贸，转相重累，是以人执异端，窥欲无极，此治道之所患也。先王置官，各有分职，使各以其属，达之于王。自己职事，则是非精练，百官奏，则下情不塞，先王之道也。

【译文】

古代三公与君主共同讨论国家大事，六卿来主管国家具体的政事。事大的设官大，事小的设官小。而今的三公之官，或者无事可做，或者职责很轻。还有一些地位尊贵的官员，无治事之实。这些官是形同虚设啊。秦、汉两代设丞相九卿，来治理军国大事。这样一来，天子不能够和公卿共同议事，于是另外设置尚书，再另外设置中书，转相重迭，稍能执掌大政，制约百官的本职，公卿的职责便随之减轻，就失去设官的根本意义了。还有由兵士而被封为侯爵的。古之尊贵者，是因为职责重大，所以才尊贵。当今的列侯却无事可做，但从来没有无事可做而凭空尊贵的呀！世道衰败，礼制废弃，公、侯、伯、子、男五等散亡，所以才有赐爵封侯的赏赐。既是公又为侯，违背了爵制。今天有卿相之才者，居于三公之位，主持政务，来使国家安宁，未必能封侯。而今天的军政法规规定，斩杀一个敌方低级军官就可以封侯。斩一低级军官的功劳，怎么能与使天下安宁相比呢？能使天下安宁的人不封爵，而有斩一将的功劳却能封侯，这就失去了封赏的意义了。背离古代设官的意义，内外不能一致，大小错位变换，转相重叠，因此人人各持不同意见，非分想法没完没了，这是治理国家的一个隐患啊！先王设置官员，各有不同的职分，使各以其管辖范围之事上达于君王。自己掌管的职事，则是对是错尽都熟知，百官上奏，下情必然不会被堵塞，这就是先王的治国之道啊。

## 政　略

夫有不急之官，则有不急之禄，国之蛑贼也。明主设官，使人当于事。人当于事，则吏少而民多。民多则归农者众，吏少则所奉者寡。使吏禄厚则养足，养足（原无养足二字，补之）则无求于民。无求于民，奸宄息矣。禄足以代耕则壹心于职，壹心于职则政理，政理则民不扰，民不扰则不乱其农矣。养生有制，送终有度；嫁娶宴享，皆有分节；衣服食味，皆有品帙；明设其礼，而严其禁。如是，则国无违法之民，财无无用之费矣。此富民之大略也。非先王之法行不得行，非先王之法言不得道，名不可以虚求，贵不可以伪得，有天下坦然知所去就矣；本行而不本名，责义而不责功，行莫大于孝敬，义莫大于忠信，则天下之人知所以措身矣。此教之大略也。夫礼设则民贵行，分明则事不错。民贵行则所治寡，事不错则下静壹。此富民致治之道也。礼重而刑轻则士劝，爱施而罚必则民服。士劝则忠信之人至，民服则犯法者寡。德全则教诚，教诚则感神。行深则著厚，著厚则流远。尚义则同利者相覆，尚法则贵公者相刻；相刻则无亲，相覆则无疏。措礼则政平，政平则民诚；设术则政险，政险则民伪。此礼义法术之情也。

【译文】

国家有不必要设立的官职，就有不必要的俸禄，这是国家的害虫。英明君主设官，使人数和政事相称。人数和政事相称，则官吏数少而百姓相对多。百姓多则务农的人数自然也就多了，官吏少则人民的负担就可以减轻。让官俸厚而养廉，就不会向人民求索，不向人民求索，作奸犯科的事自然也就止息了。官吏俸禄足以维持正常生活，就能专心职守，专心于职守，政务就可以办好。官吏把政事办好，则人民就不会受烦扰，人民不受烦扰，就不会伤害农耕了。养生有一定的规定，送终有一定的限度，嫁娶宴请都有一定的名分和礼节，穿衣饮食都有等级限制，明确地设立规范，而且严加管制。这样，国家就不会有违法之民，钱财物就没有无谓的耗费了。这是使民富裕的大致策略。不是合乎礼法的行为不能实行，不是合乎礼法的言词不能说，名位不能凭空求得，尊贵不能以弄虚作假得到，则有天下者会很自然地晓得如何取舍；根据其行为而不根据其名声，责求其合乎道义而不责求其功绩，品行没有什么大过孝敬的，道义没有什么大过忠信的，这样天下之人就会知道怎样立身处世了。这就是教化民众的要点。礼法设立，人民就会重视自身行为；职分明确，办事就不会错乱。人民重视自身行为，则所需管理的事就会减少；办事不错乱，则下边的人就会专心致志。这就是富民和实现安定的办法。重礼义而轻刑罚，士人就会受到勉励；广施仁爱而坚定处罚（违法者），人民就会信服。士人得到勉励，则忠信之人就会来到；人民信服，则犯法的人必然会少。道德完备则教化必然至诚，教化至诚就会感动神灵。品行修养深则名高望重，名高望重则流传久远。崇尚仁义就可使同一利害的人互相包容，崇尚刑法则使看重公事者相互刻求；相互刻求就不会亲近，互相包容就不会疏远。推行礼义则政治就会公平，政治公平则人民就会忠诚；玩弄权术则政治险恶，政治险恶则人民就会作伪。这就是崇尚礼义还是法术的不同情况。

## 论　兵

夫为政失道，可思而更也，兵者存亡之机，一死不可复生也。故曰："天下难事在于兵。"今有人于此，力举重鼎，气盖三军，一怒而三军之士皆震。世俗见若人者，谓之能用兵矣。然以吾观之，此亡国之兵也。夫有气者，志先其谋，无策而径往，怒心一奋，天下若无人焉，不量其力，而轻天下之物，偏遇可以幸胜，有数者御之，则必死矣。凡用兵，正体不备，不可以全胜。故善用兵者，我谓之死，则民尽死；我谓之生，则民尽生；我使之勇，则民尽勇；我使之怯，则民尽怯。能死而不能生，能勇而不能怯，此兵之半，非全胜者也。夫用战有四：有大体者，难与持久；有威刑者，难与争险；善柔者，待之以重；善任势者，御之以坚。用兵能使民坚重者，则可与之赴汤火，可与之避患难，进不可诡，退不可追，所在而民安，尽地而守固，疑间不能入，权谲不能设也。

【译文】

为政之道如有失误，还是可以想法补救的，而用兵则是关乎生死存亡的大事，因为人死了是不会复生的。所以说，天下难事在于用兵。假如现在有一人在军中，力量可以举起重鼎，气势可慑服三军，一发怒而三军将士都会感到震惊，一般人看到这样的人，就会说他是能用兵的。可是以我看来，此人是一个可使国家灭亡的武夫。有怒气的人，其决定形成于谋划之前，还没有定好计策便径直出战，发泄其愤怒之心，似乎天下没有敌得过他的人。这样的人不考虑自己的实力，而轻视天下的人，偶尔或许还能侥幸获胜，但遇到有谋略的人的抵抗，注定是死路一条。凡是用兵，不作通盘计谋，就不可能全胜。所以善于用兵的人，我让他们拼死，那么人人都拼死作战；我让他们生还，那么人人都会求生；我让他们勇敢，那么人人都会勇敢；我让他们怯惧，那么人人都会怯惧。能使人效死而不能使人求生，能使人勇敢而不能使人怯惧，这只是晓得用兵的一半，不会获得全胜。作战有四项原则：敌方有长远计划，就不要与之打持久战；敌方军纪严明，就不要与之争夺险地；敌方善于以柔克刚，就要以持重的策略对付它；敌方善于利用有利形势进攻，就应坚定地防御它。用兵能使人信心坚定并持重者，人就可以与他赴汤蹈火，可以和他度过患难。这样，他进军就不会被欺诈，他退军敌人就不能追击，所到之处人民安宁，所有地盘都防守坚固，造谣惑众、离间之计都不能动摇人心，玩弄权术与欺诈的手段都不能施展。

坚重者，备物者也。备物者无偏形，无偏形，故其变无不之也。故礼与法，首尾也；文与武，本末也。故礼正而后法明，文用而后武法。故用兵不知先为政，则亡国之兵也。用人有四：一曰以功业期之，二曰与天下同利，三曰乐人之胜己，四曰因才而处任。以功业期之，则人尽其能；与天下同利，则民乐其业；乐人胜己，则下无隐情；因才择任，则众物备举。人各有能有不能也，是以智者不以一能求众善，不以一过掩众美。不遗小类，不弃小力，故能有为也。夫治天下者，其所以行之在一。一者何也？曰公而已矣。故公者，所以攻天下之邪，屏谗慝之萌。兵者倾危之物，死生之机，一物不至，则众乱兴矣。故以仁聚天下之心，以公塞天下之隙，心公而隙塞，则民专而可用矣。公心明，故贤才至。一公则万事通，一私则万事闭。兵者死生之机也，是故贵公。

【译文】

使人坚定从容，就是要在战前做好充分的准备；战前做好准备，就不会有出乎意料的局面；没有出乎意料的局面，所以各种变化就没有不能应对的。所以说，礼与法是首和尾的关系，文和武是本和末的关系。道德规范正确以后法律才能明确，文治运用而后军事手段才可以使用。所以，用兵不知道先搞好政事，那就是亡国之兵。用人之道有四个要点：一是期望人建立功业，二是和天下人共享利益，三是喜欢别人比自己强，四是因才而安排职位。期望人建立功业，就可以使人尽其能；和天下人同享利益，人民就乐其事业；喜欢别人比自己强，则下属就不会有隐情；因才而安排职位，那么众多事业都能够振兴。人各有其擅长和不擅长的方面，所以聪明的人不能用同一种能力来要求大家都擅长，也不能因人有一点过错而掩盖其诸多好处。不丢弃小的方面，不放弃小的力量，故而才能有作为。治理天下的人，其所以能够有作为，关键在于一点。这一点是什么呢？不过是“公正”而已。所以，“公正”是用以战胜天下的邪恶、除去刚刚产生的谗言恶念的。打仗是很危险的事，是关系到人之生死的大事，一件事情考虑不到，那么许多的祸乱就会发生。所以用“仁”来凝聚天下人的思想，用“公”来堵塞天下的漏洞。思想公正而漏洞被堵塞，那么人就会心思专一而为其所用。公心显明，故能招致贤才来到。用心公正则万事亨通，私心作用则万事遇阻。用兵是关乎国家存亡的关键之事，因此要很重视公正。

## 王子主失

有王子者，著《主失》之书，子张甚善之，为袁子称之曰：“夫人之所以贵于大人者，非为其官爵也，以其言忠信，行笃敬，人主授之不虚，人臣受之不妄也。若居其位不论其能，赏其身不议其功，则私门之路通，而公正之道塞矣。”凡世之所患，非患人主之有过失也，患有过欲改而不能得也。是何也？夫奸臣之事君，固欲苟悦其心。夫物未尝无似象，似象之言，浸（浸原作漫）润之谀，非明者不能察也。奸臣因以似象之言，而为之容说，人主不能别也，是而悦之，惑乱其心，举动日缪，而常自以为得道。此有国之常患也。夫佞邪之言，柔顺而有文；忠正之言，简直而多逆。使忠臣之言是也，人主固弗快之矣。今奸臣之言，已掩于人主，不自以为非，忠臣以逆迕之言说之，人主方以为诬妄，何其言之见听哉？是以大者刳腹，小者见奴。忠臣涉危死而言不见听，奸臣飨荣利而言见悦，则天下奚蹈夫危死而不用、去夫荣乐而见听哉？故有被发而为狂，有窜伏于窟穴，此古今之常也。凡奸臣者，好为难成之事，以侥幸成功之利，而能先得人主之心。上之人不能审察，而悦其巧言，则见其赏而不见其罚矣。

【译文】

有一个王先生，写了一本名为《主失》的书，一个张姓的先生觉得它很好，就向袁子称说道：“人们之所以敬重位高权重的人，并不是由于其官爵显要，而是因为其说话忠诚可信，行为诚实恭敬，人主不白授给其官爵，人臣也当之无愧。如果居其官位却不论其才能，对他予以奖赏却不论其功绩，则徇私情的门路就会畅通，而公正的途径就会阻塞了。”大凡世间所令人担忧的事，不是担忧人主有过失，而是担忧有了过失想改过却难以改正。这是什么缘故呢？凡是奸臣侍奉君主，本意就在于想苟且地讨人主的欢心。世间不会没有相似的事物。那些表面上似乎有理的言语、逐渐起作用的奉承话，如果不是明智者，是不能察觉的。因此奸臣用表面似乎有理的话语，而讨好取悦于人主，人主难以辨别其真伪，因此喜欢他，使自己思想受到迷惑，行动日益荒谬，却常常自认为合乎道义。这是拥有国家者应常常为之担忧的事。那些谄媚邪恶的话，柔顺好听而有文采；忠诚正直的话，简略正直而大多逆耳。假使忠臣的话说得对，人主本来就会心中不高兴。现在奸臣的话，已使人主有所蒙蔽，人主不认为自己不对，而忠臣又用逆忤人主的话进谏，人主便将认为忠臣所说是欺骗、荒谬之言，这些话又怎能被听进去呢！所以忠臣重者被剖腹而死，轻者被罚为奴仆。忠臣面临危死而谏言不被采纳，奸臣获得荣利而谀言被喜爱，那么天下人何必要身赴危难与死亡而又不被任用、舍弃荣华与快乐而求自己的意见被采纳呢？所以有的人披发而做放荡无拘的狂人，有的人则逃入山中并隐居于山洞岩穴之中。这是古今常见的现象啊！凡是奸臣，喜爱做那些极难做成的事，以求侥幸成功之利，使自己能先取得人主的欢心。居上位的人不能详察到这一点，而只是喜悦听那些巧辩之言，于是奸臣就常被赏赐而不被处罚。

为人臣，有礼未必尊，无礼未必卑，则奸臣知所以事主矣。虽有今日之失，必知明日所以复之涂也。故人主赏罚一不当，则邪人为巧滋生，其为奸滋甚。知者虽见其非，而不敢言，为将不用也。夫先王之道，远而难明；当世之法，近而易知。凡人莫不违其疏而从其亲，见其小而暗其大。今贤者固远主矣，而执远而难明之物；奸人固近主矣，而执近而易知之理。则忠正之言，奚时而得达哉？故主蔽于上，奸成于下，国亡而家破。伍子胥为吴破楚，令阖闾霸，及夫差立，鸱夷而浮之江。乐毅为燕王破强齐、报大耻，及惠王立而驱逐之。夫二子之于国家，可谓有功矣，夫差、惠王足以知之矣，然犹不免于危死者，人主不能常明，而忠邪之道异故也。又况于草茅孤远之臣，而无二子之功，涉奸邪之门，经倾险之涂，欲其身达，不亦难哉！今人虽有子产之贤而无子皮之举，有解狐之德而无祁奚之直，亦何由得达而进用哉？故有祁奚之直，而无宣子之听，有子皮之贤，而无当国之权，则虽荆山之璞，犹且见瓦耳。故有管仲之贤，有鲍叔之友，必遇桓公而后达；有陈平之智，有无知之友，必遇高祖而后听。桓公、高祖不可遇，虽有二子之才，夫奚得用哉？

【译文】

做臣子的，讲礼义者未必会尊贵，不讲礼义者未必会卑下，那么奸臣便知道如何来事奉人主了。即使今天有所失利，但肯定知道来日恢复其荣宠的途径。所以，人主赏罚一有不当之处，则奸邪之人的伪诈之行就会滋长，且其作恶也会越来越厉害。明智的人虽然已看到君主做法不对，但却不敢说，因为说了也不会被采纳。上古先王之道距今为时久远而难以详明，而当世之法度近在眼前而容易知道。一般人无不是避开与其疏远者而听从与其亲近者，只看见小事而看不清大事。现今贤者本来就离君主很远，而且坚持的又是远而难明的主张；奸人本来就和君主亲近，而且所论的又是眼前容易了解的事理。那么，忠正的话何时能使君主明白呢？所以，人主受蒙蔽于上，奸人成其事于下，就会弄得国破家亡。伍子胥为吴国攻破楚国，使阖闾得以称霸，到夫差即位，他却被装在皮口袋里而投入江中。乐毅为燕破强齐，报了很大的国耻，到燕惠王即位后，他却被赶出燕国。伍子胥和乐毅两位对于国家，可算是有功之臣了，这一点，夫差、惠王是完全清楚的，可是他们到头来还是免不了被害被杀，其原因就在于人主不能经常保持其明智，且忠臣和奸臣的处世之道不同的缘故。更何况那些被轻视和孤立、疏远的臣子，没有伍、乐两人的功劳，又牵涉奸邪之人的谗毁，经历险恶的道路，想求得自身显达，那不是太难了吗？当今之人即使有郑国子产的贤能，而却没有子皮(名罕虎)的推举，有晋国解狐的德行，而没有祁奚的正直相助，那能有什么门路而得以显达被用呢？所以仅有祁奚的正直，而没有宣子的采纳忠言，有子皮的贤能，而没有其掌握朝政的权柄，则即使有荆山的璞玉，还是会被看作瓦砾呀！所以，有齐国管仲那样的贤能，又逢有鲍叔牙这样的知友，还一定得遇齐桓公这样的人主后才能显达；有西汉陈平那样的智慧，有魏无知那样的朋友，还必须有汉高祖这样的人君而后才能被接受。齐桓公、汉高祖如果不能遇到，即使怀有像管仲、陈平两人的才能，又怎么能被任用呢？

## 厚　德

恃门户之闭以禁盗者，不如明其刑也；明其刑，不如厚其德也。故有教禁，有刑禁，有物禁，圣人者兼而用之，故民知耻而无过行也。不能止民恶心，而欲以刀锯禁其外，虽日刑人于市，不能制也。明者知制之在于本，故退而修德。为男女之礼、妃匹之合，则不淫矣；为廉耻之教、知足之分，则不盗矣；以贤制爵，令民德厚矣。故圣人贵恒，恒者德之固也。圣人久于其道，而天下化成，未有不恒而可以成德、无德而可以持久者也。

【译文】

靠关闭门户来制止盗贼，不如明示刑罚；明示刑罚，不如加强道德教育。所以，有以教化来制止为恶的，有以刑罚来制止为恶的，有以器具来制止为恶的，圣人则三者兼而用之，故人民知耻而无犯法的行为。如果不能防止百姓的恶念，只是想以刑具从外部制止，即使天天在市上行刑杀人，也是禁绝不了犯法行为的。明智者晓得要从源头制止恶行，故退而加强道德教育。制定男女之礼，使之婚配合意，就不会发生淫乱的行为了；进行廉耻教育，使人各尽其本分而知足，就不会发生偷盗的事情了；以贤德为标准来定封爵，可以使人民提高道德修养。所以圣人看重“恒久”，只有恒久，才能使道德稳固。圣人长期这样做，普天下的教化事业就会取得成效。从来没有不长久坚持而能成就其美德的，也没有不讲道德国家却可以持久的。

## 用　贤

治国有四：一曰尚德，二曰考能，三曰赏功，四曰罚罪。四者明则国治矣。夫论士不以其德，而以其旧，考能不以其才而以其久，而求下之贵上，不可得也。赏可以势求，罚可以力避，而求下之无奸，不可得也。为官长非苟相君也，治天下也；用贤非以役之，尚德也。行之以公，故天下归之。故明王之使人有五：一曰以大体期之，二曰要其成功，三曰忠信不疑，四曰至公无私，五曰与天下同忧。以大体期之，则臣自重；要其成功，则臣勤惧；忠信不疑，则臣尽节；至公无私，则臣尽情；与天下同忧，则臣尽死。夫唯信而后可以使人。昔者齐威王使章子将而伐魏，人言其反者三，威王不应也。自是之后，为齐将者，无有自疑之心，是以兵强于终始也。唯君子为能信，一不信则终身之行废矣。故君子重之。汉高祖，山东之匹夫也，无有咫尺之土、十室之聚，能任天下之智力，举大体而不苛，故王天下，莫之能御也。项籍，楚之世将，有重于民，横行天下，然而卒死东城者，何也？有一范增不能用，意忌多疑，不信大臣故也。宽则得众，用贤则多功，信则人归之。

【译文】

治国之道有四个要点：一是崇尚美德，二是考核官吏能力，三是奖赏有功者，四是惩罚有罪者。这四方面清明，则国家就会太平了。评议士人不依据其德行而只是着眼于和他的交情，考查能力不依据他的才识而只是看他的工作年限，如此要想求得在下的人尊敬上级，那是办不到的事。奖赏可以凭权势取得，处罚可以凭势力避免，而凭借权势想求得

下边的人不狡诈，却是办不到的事。做官长不是为苟且地辅助君主，而是为治理天下；用贤才不是为了役使的，而是崇尚其德行。以公正行事，故天下人会归顺他。所以圣明的君王用人的原则有五：一是以能识大体来要求他，二是期望他能做出成绩，三是相信他而不怀疑，四是要做到大公无私，五是和天下人有共同的忧患。以识大体要求，做臣子的就知道自重；期望他做出成绩，做臣子的就能勤勉谨慎；对其诚信而不疑，做臣子的就能尽节效命；做到大公无私，做臣子的就可以尽心竭力做事；与天下有共同的忧患，则臣子会拼死尽力。只有信任人，然后才可以使用人。过去齐威王派匡章领兵伐魏，有人多次说他会反叛，威王没有听信。从此以后，凡做齐国将领的，无人有自疑之心，因此齐国军队始终是强盛的。只有君子是能讲信用者，如果一次不讲信用，那么终身的品行就算完了，所以君子很看重信用。汉高祖，原是崤山以东地区的一个平民百姓，没有咫尺的封地、十室的积蓄，但他能任用天下有能力的人，注重大体而不苛求细节，所以终于成了天下之主，没有人能抵御他。项羽是楚国的世代将门之后，对人民有重大影响，横行于天下，然而最后死于东城。为什么呢？是因为他有一位谋臣范增却不能重用，且猜忌多疑、不信任大臣的缘故。宽容就能得到众人拥护，用贤就能成就众多功业，讲信用就会使人归服于他。

## 悦　近

孔子曰：“为上不宽，吾何以观之？”“苛政甚于猛虎。”诗人疾掊克在位。是以圣人体德居简，而以虚受人。夫有德则谦，谦则能让；虚则宽，宽则爱物。世俗以公刻为能，以苛察为明，以忌讳为深。三物具，则国危矣。故礼法欲其简，禁令欲其约，事业欲其希。简则易明，约则易从，希则有功。此圣贤之务也。汉高祖，山东之匹夫也，起兵之日，天下英贤奔走而归之，贤士辐凑而乐为之用，是以王天下，而莫之能御，唯其以简节宽大，受天下之物故也。是故宽则得众，虚则受物，信则不疑，不忌讳（老

子经注曰：忌讳者防禁也。）则下情达而人心安。夫高祖非能举必当也，唯以其心旷，故人不疑。况乎以至公处物，而以聪明治人乎？尧先亲九族，文王刑于寡妻。物莫不由内及外，由大信而结，由易简而上安，由仁厚而下亲。今诸侯王国之制，无一成之田、一旅之众，独坐空宫之中，民莫见其面。其所以防御之备，甚于仇雠。内无公族之辅，外无藩屏之援。是以兄弟无睦亲之教，百姓无光明之德，弊薄之俗兴，忠厚之礼衰，近者不亲，远者不附。人主孤立于上，而本根无庇荫之助，此天下之大患也。圣人者，以仁义为本，以大信持之，根深而基厚，故风雨不愆伏也。

【译文】

孔子说："在上位者不宽厚待人，还有什么可看的呢？"又说："残暴的政治比猛虎还厉害。"《诗经》中的作者也痛恨搜刮聚敛民财者在位。所以圣人体悟道德，持身宽略，并能虚心接受别人的意见。凡是有道德的人就谦虚，谦虚就能礼让别人；虚心则宽宏大量，宽宏大量则爱护民物。世俗的官吏以公开地损减百姓利益为能事，以严苛地考察为高明，以说话办事懂得忌讳为学问高深。这三样全具备，那国家就危急了。所以礼法讲求简略，禁令要求简约，宫室建设等事情要尽量减少。简略就容易使人明白，简约就容易使人遵从，事少就会有功效。这是圣贤之人所追求的。汉高祖，是崤山以东地区的一个普通人，起兵的时候，天下英贤奔走而归附他，贤士群集而乐于为他使用，所以取得了天下，而没有人能敌得过他，就是因为他能政令简约、节制自己且宽宏大量，能接纳天下之人的缘故。因此宽厚就能得到众人的拥护，谦虚则能接受新的事物，信任人就不会猜疑，不忌讳则下情就可以上达并使得人心安稳。汉高祖并不是样样事情都能做得恰当，只是因为他心胸旷达，所以人就不疑虑。何况用至公无私的态度处理事情，而又能用聪智来管理人呢？唐尧先亲近九族，文王先给妻子做榜样。事物无不由内及外，因相互非常信任而结交，由于简易可行而君主安稳，由于仁厚而使居下者爱戴。当今按照对诸侯王国的规定，没有方圆十里的田地，没有一旅（五百人）的兵士，诸侯王独自坐于空宫之中，老百姓谁也见不上他一

面。对其防御那么完备，甚至超过了对付敌人的办法。如此，使君主内没有同族的辅佐，外没有同姓诸侯国的援助。所以兄弟之间没有亲近和睦的教育，百姓没有光明磊落的德行，薄情寡义的风气兴起，忠厚的礼义衰落，近者不亲近，远者不归附。人主孤立在上边，而根本缺乏庇护扶持的助力，这是天下的大患啊。作为圣人，是以仁义为根本，以大信维护仁义，使根深而基厚，故而经历风风雨雨也不会动摇。

## 贵　公

治国之道万端，所以行之在一。一者何？曰：公而已矣。唯公心而后可以有国，唯公心可以有家，唯公心可以有身。身也者，为国之本也；公也者，为身之本也。夫私人之所欲，而治之所甚恶也，欲为国者一，不欲为国者万。凡有国而以私临之，则国分为万矣。故立天子，所以治天下也；置三公，所以佐其王也。观事故而立制，瞻民心而立法。制不可以轻重，轻重即颇邪；法不可以私倚，私倚即奸起。古之人有当市繁之时，而窃人金者，人问其故，曰："吾徒见金，不见人也。"故其爱者必有大迷。宋人有子甚丑，而以胜曾上之美。故心倚于私者，即所知少也。乱于色者，即目不别精粗；沉于声者，则耳不别清浊；偏于爱（爱原作受）者，即心不别是非。是以圣人节欲去私，故能与物无尤、与人无争也。明主知其然也，虽有天下之大、四海之富，而不敢私其亲，故百姓超然，背私而向公。公道行，即邪利无所隐矣。向公即百姓之所道者一，向私即百姓之所道者万。一向公，则明不劳而奸自息；一向私，则繁刑罚而奸不禁。故公之为道，言甚约，而用之甚博。

【译文】

君主治国之道有千条万条，之所以能够实行，根本只在于一条。这一条是什么？不过是"公心"而已。只有有了公心而后才可以保有国家，只有有公心才会保有家族，只有有公心才可以保全自身。自身是治国之根本，公心又是立身的根本。个人所想要的，往往是治理国家所应厌恶的。如果放任私心，则希望治理好国家的只有一个人，不想治理好国家者却成千上万。凡拥有国家却以私心去统治的，就如同一个国家分成了许多国家。所以国家设立天子，为的是治理天下；设置三公，为的是辅佐国君。观察事物的变化而建立制度，顺应民心而制定法律。制度不能有偏重，有偏重就会发生偏差；法度不能有偏私，有偏私就会产生奸邪。古代有个人趁集市贸易人正多之时，窃取了别人的金钱。人家问他为什么要这样做，他回答说："我只看到金钱，没有看到有人啊。"所以，凡贪求多欲者，必会心意迷乱。宋国有个人长得很丑，而自以为比貌在其上者美。所以人的思想一偏私，他所知道的事就会很少。被五色迷乱的人，他的目光就会分辨不出精粗；沉迷于声乐的人，他的耳朵就分辨不出清浊；片面地听取意见者，他的心里就分辨不出对错。所以圣人节制欲望、去除偏私，故而能对他人无怨，跟别人无争。圣明的君主晓得这个道理，所以即使拥有全天下的广大土地、四海之财富，而不敢偏私对待其亲人，故而老百姓能超然于一己私利之外，背弃私心而趋向公正。公正之道畅行，以不正当手段谋利之事就无处隐藏。社会趋向公正，老百姓所行之路就一致；社会趋向偏私，老百姓所行之路就会有千条万条。一旦社会人人为公，那么，贤明者不用费力，而奸邪的事就自然会停息；一旦社会人人为私，虽加大刑罚力度，奸邪也难以禁止。所以说，以公心作为治国之道，话虽简约，而其作用却是非常之大的。

## 治　乱

治国之要有三：一曰食，二曰兵，三曰信。三者国之急务，存亡之机，明主之所重也。民之所恶者莫如死，岂独百姓之心然，虽尧、舜亦然。民困衣食将死亡，而望其奉法从教，不可得也。夫唯君子而后能固穷，故有国而不务食，是责天下之人而为君子之行也。伯夷饿死于首阳之山，伤性也；管仲分财自取多，伤义也。夫有伯夷之节，故可以不食而死；有管仲之才，故可以不让而取。然死不如生，争不如让。故有民而国贫者，则君子伤道，小人伤行矣。君子伤道则教亏，小人伤行则奸起。夫民者，君之所求用也。民富则所求尽得，民贫则所求尽失。用而不得，故无强兵；求而皆失，故无兴国。明主知为国之不可以不富也，故率民于农。

【译文】

治国的要务有三点：一是吃饭问题，二是军事问题，三是信用问题。这三条是国家的当务之急、存亡的关键，是明主所重视的事。老百姓所不乐意的莫过于死亡。岂只是老百姓的想法是如此，即使是唐尧、虞舜也同样是这样。老百姓缺衣少吃而面临死亡的威胁，而希望他们遵守法律，听从教化，那是办不到的事。只有有道义的君子处于穷困才能矢志不移。所以，拥有国家却不努力解决百姓吃饭问题，那是责求天下之人都去学君子的行为。伯夷不食周粟，饿死在首阳山，那是有伤人之本性的行为；管仲分财时自己多得，那是有伤于道义的做法。人如果有伯夷的节操，才可以不食而死；有管仲的才能，才可以不加推让而自己多取。可是，死总不如生，争总不如让。所以有老百姓而国家却贫穷的，在君子则有伤其立身之道，在小人则有损其品行。君子有损于立身之道，则对教化有害；小人有损其品行，则奸邪之事会发生。老百姓是君主所要求取而使用的人。老百姓富足了，那么所求就完全可以得到；老百姓贫穷了，那么所求就完全落空。想使用而得不到，所以国家就不会有强兵；所求都落空了，所以就不会使国家兴旺发达。明主知晓治理国家不可以不富民的道理，所以统率百姓从事于农耕生产。

富国有八政：一曰俭以足用，二曰时以生利，三曰贵农贱商，四曰常民之业，五曰出入有度，六曰以货均财，七曰抑谈说之士，八曰塞朋党之门。夫俭则能广，时则农修，贵农则谷重，贱商则货轻，有常则民壹，有度则不散，货布则并兼塞，抑谈说之士则百姓不淫，塞朋党之门则天下归本。知此八者，国虽小必王；不知此八者，国虽大必亡。

凡上之所以能制其下者，以有利权也。贫者能富之之谓利，有罪者能罚之之谓权。今为国不明其威禁，使刑赏利禄壹出于己，则国贫而家富，离上而趣下矣。夫处至贵之上，有一国之富，不可以不明其威刑，而纳公实之言。此国之所以治乱也。至贵者人夺之，至富者人取之。是以明君不敢恃其尊，以道为尊；不敢恃其强，以法为强。亲道不亲人，故天下皆亲也；爱义不爱近，故万里为近也。天下同道，万里一心，是故以人治人，以国治国，以天下治天下，圣王之道也。凡有国者，患在壅塞，故不可以不公；患在虚巧，故不可以不实；患在诈伪，故不可以不信。三者明则国安，三者不明则国危。苟功之所在，虽疏远必赏；苟罪之所在，虽亲近必罚。辨智无所横其辞，左右无所开其说。君子卿大夫，其敬惧如布衣之虑。故百姓蹈法，而无侥幸之心。君制而臣从，令行而禁止，壅塞之路闭，而人主安太山矣。

【译文】

富国有八项政务：一是节俭以足用，二是根据时节安排农事实现丰产，三是重农轻商，四是让百姓职业稳定，五是财政收支有度，六是以货币来调节财富，七是遏止只会空谈的士人，八是堵塞结党的门路。节俭可以扩大积蓄，不误农时则农业兴旺，重视农业则粮食就会增加，看轻商贸则货物价低，职业固定则百姓工作专一，收支有度则百姓不会离散，财货流通则可阻止兼并，遏止空谈之士老百姓就不会惑乱，堵塞朋党之门则天下就会归于正道。明白这八条，国家即使很小也会兴旺；不明白这八条，国家即使很大也必然会灭亡。

大凡在上者能约束其下层，是因为他掌握着“利”与“权”。贫穷的能使他们富足就叫“利”，有罪的人能使其受到惩罚就叫“权”。当今治理国家者不显示其威严、明确其禁令，以使刑赏利禄全由自己决定，这就使得国贫而家族富，则人人将背离在上位者而趋向下层。凡居于至贵之上位，有一国的财富，不可以不显明其威严与刑罚，进而采纳公正真实的谏言。这就是国家之所以有治有乱的原因啊！地位至贵，别人就想争夺；财富至多，别人就想取得。所以明君不敢依仗自己的尊贵，而以道为尊；不敢依恃自己的强大，而以法为强。亲道而不亲人，所以天下人都爱戴；衷爱道义而不偏爱近在身边的人，所以万里之遥的人都像是近在身边。天下同道，万里一心，因此以人治人，以国治国，以天下治天下，这才是圣王的正确做法。凡是有国的人，担忧言路壅塞，所以不可不注意公正；担忧虚浮不实，所以不可以不讲求真实；担忧欺骗作假，所以不可以不讲诚信。明示这三者，国家就安定；这三者不显明，国家就有危机。如果真的有功劳，即使关系疏远者，也应该给以奖赏；如果真的有罪过，即使关系亲近者，也应该给以处罚。从而使辩智之人无可辩驳，左右之人无话可说。君子卿大夫所敬惧的和百姓的心意一样，故而百姓守法而无侥幸之心。君制而臣从，令行而禁止，壅塞之路消除，做人主的就安如泰山了。

夫礼者所以正君子也，法者所以治小人也。治在于君子，功在于小人。故为国而不以礼，则君子不让；制民而不以法，则小人不惧。君子不让，则治不立；小人不惧，则功不成。是以圣人之法，使贵贱不同礼，贤愚不同法。毁法者诛，有罪者罚。爵位以其才行，不计本末；刑赏以其功过，不计轻重。言必出于公实，行必落于法理。是以百姓乐义，不敢为非也。太上使民知道，其次使民知心，其下使民不得为非。使民知道者，德也；使民知心者，义也；使民不得为非者，威禁也。威禁者，赏必行、刑必断之谓也。此三道者，治天下之具也。欲王而王，欲霸而霸，欲强而强，在人主所志也。

【译文】

礼是用来匡正君子的，法是用来治理百姓的。国家太平在于君子，国家富强在于百姓。所以治国不凭借礼义，则君子不会谦让；治民不凭借法律，则百姓不知畏惧。君子不谦让，则管理不会有效；百姓不畏惧，则事业难以成功。因此圣人之法度，是对贵贱之人采用不同的行为规范，对贤愚之人采用不同的律法。破坏法律者受责罚，有罪之人受惩处。爵位按才能授予，不应考虑其出身；刑赏根据功过来评定，不考虑其职任轻重。言论一定要公正真实，行为一定要合理合法。因此老百姓乐行正义，不敢胡作非为。最上之策是让百姓懂得道理，其次是让百姓知道君主心意，再次是让百姓不能越轨妄为。要让老百姓明白做人的道理，靠的是君主的美德；要让老百姓知道君主之心，靠的是君主提倡道义；要让老百姓不越轨妄为，靠的是威严与禁令。所谓威严与禁令，是有功必赏、有罪必罚。上述美德、道义、威禁三个原则，是治理天下所必须具备的。三者皆备，想称王就可称王，想称霸就可称霸，想达到强盛就会达到强盛，这就看人主的志向了。

## 损　益

夫服物不称，则贵贱无等。于是富者逾侈，贫者不及。小人乘君子之器，贾竖袭卿士之服，被文绣，佩银黄，重门而玉食，其中（中疑作于）左右叱咄颐指而使。是故有财者光荣，无财者卑辱。上接卿相，下雄齐民，珍宝旁流，而刑放于贿。下而法侵，能无亏乎？

【译文】

人们穿的衣服和使用的器物与自己的身份不相称，那就分不出贵贱的等级。于是，富有的人超越其等级享用，贫寒的人却达不到其等级应享用的标准。小人使用君子才应使用的器物，商人穿着卿士才应穿的衣服。他们穿用刺绣的衣带，佩戴金银首饰，住着高门大第，吃着美食珍馐，对于左右之人随意呵斥、颐指气使。因此，有钱财的光彩荣耀，无钱财的卑下屈辱。这些人对上交接卿相，对下逞威于平民，珍宝到处转送，有罪时也因贿赂而得以释放。这样一来，法律便不起作用，能没有损害吗？

# 世　治

天地之道贵大，圣人之道贵宽。无分寸之曲，至直也，以是绳之，则工不足于材矣；无纤分之短，至善也，以是规之，则人主不足于人矣。故凡用人者，不求备于一人。桓公之于宁戚也，知之矣。夫有近会者无远期。今之为法曰：“选举之官，不得见人。”曰以绝奸私也。夫处深宫之中，而选天下之人以为明，奚从而知之？夫交接人之道，不可绝也。故圣人求所以治交，而不求绝交人。莫问不交，以人禁人，是以私禁私也。先王之用人不然，不论贵贱，不禁交游，以德底爵，以能底官，以功底录。具赏罚以待其归，虽使之游，谁敢离道哉！

【译文】

天地之道贵在宏大，圣人之道贵在宽容。没有一分一寸的弯曲，是最端直的，但用这一标准衡量取材，工匠就难以选出可用的材料；没有丝毫的缺点，是最好的，但按这一标准来选人，那人主就没有可用的人才了。所以，凡用人者，不能要求一个人各方面都完美。齐桓公对于宁戚的任用，可算是明白这一道理的了。有眼前遇到的贤人就不必去远方寻求。当今制定法规的人说：“准备选用的官员，不让其会见他人。”说什么这是为了防止奸私。处在深宫之中，而从全天下之人中选取被认为是贤明的人，这是从何得知的呢？与人结交的途径，是不可断绝的。所以圣人研求的是对交往进行约束的方法，而不是要求不与他人交往。没有查问过的人就不交往，像这样人为地禁止与人交往，是以偏私来防止偏私。先王用人之道就不是这样，不论人出身贵贱，不禁止人们交游，凭德行授予其爵位，凭才能授予其官阶，凭功绩授予其俸禄。完备赏罚之法来等待人才的到来，即便让人们互相交游，有谁敢背离正道呢！

# 刑　法

礼法明则民无私虑，事业专则民无邪伪，百官具则民不要功。故有国者，为法欲其正也，事业欲其久也，百官欲其常也。天下之事，以次为爵禄，以次进士，君子以精德显。夫德有次则行修，官有次则人静，事有次则民安。农夫思其疆畔，百工思其规矩，士君子思其德行，群臣百官思其分职，上之人思其一道，侵官无所由，离业无所至。夫然，故天下之道正而民壹。夫变化者，圣人之事也；非常者，上智之任也。此入于权道，非贤者之所窥也。才智至明，而好为异事者，乱之端也。是以圣人甚恶奇功。天下有可赦之心，而有可赦之罪；无可赦之心，而无可赦之罪。明王之不赦罪，非乐杀而恶生也，以为乐生之实，在于此物也。夫思可赦之法，则法出入；法出入，则奸邪得容其议；奸邪得容其议，则法日乱。犯罪者多，而私议并兴，则虽欲无赦不可已。夫数赏则贤能不劝，数赦则罪人侥幸。明主知之，故不为也。夫可赦之罪，千百之一也。得之于一，而伤之于万，治道不取也。故先王知赦罪不可为也，故所俘虏，壹断之于法，务求所以立法，而不求可赦之法也。

【译文】

礼法明确那么老百姓就没有个人打算，事业专一那么老百姓就没有邪伪之事发生，百官齐全那么老百姓就不会邀功。所以一国之君，执行礼法要求其公正无私，创建事业要求能够长久，设置百官要求其能够恒常守职。天下之事，按次第确定爵禄，按次第进用士人，君子则因优秀品德而著称。进德有次序则士人就会致力于修身，晋升有次第则官员安分，事业有次序则人民安居乐业。农夫想的是他的田亩，工匠想的是他的技艺，士君子想的是他的德行，群臣百官想的是尽到各自的职分。在上的人君想的是如何达到天下太平之道，为官的就没有理由贪赃枉法，老百姓就不会摒弃自己的正业。如果能够这样，则治理天下之道走上正轨而老百姓就会同心同德。至于变通，乃是圣人之事；应对反常情况，那是上智之人的责任。这些事归入权变之道，不是贤者所能窥见的。人的才智到了顶高明的程度，而却喜欢做出异乎寻常之事，那是祸乱发生的开端。所以圣人非常厌恶奇功。天下有可赦之心，那就有可赦之罪；没有可赦之心，就没有可赦之罪。明王不赦罪，不是由于他喜欢杀人而厌恶使人活下去，是认为让人乐于活下去的方法正在于此。如果想的是可赦之法，那法律就有了空子；法律有了空子，那么奸邪就能钻空子来说三道四；奸邪之论有空子可钻，那法令就乱了套。犯罪之人一天天多起来，同时私议也会一并兴起，到那时就是想不赦也是办不到的了。屡次奖赏，则贤能之人就得不到劝勉；屡次赦罪，那犯罪的人就会存侥幸心理。明主知道这一弊端，故而不这样做。可赦之罪，按比例只占到千百分之一。得当于千百分之一，而对绝大多数人有伤害，是治国之道所不采取的。所以先王知道赦罪是不可以做的，因此对所抓获的有罪之人，一律断之以法，务求立法以止恶，而不研求赦免罪行的办法。

法立令行，则民不犯法；法不立令不行，则民多触死。故曰：能杀而后能生，能断而后仁立。国之治乱，在于定法。定法则民心定，移法则民心移。法者，所以正之事者也，一出而正，再出而邪，三出而乱。法出而不正，是无法也；法正而不行，是无君也。是以明君将有行也，必先求之于心，虑先定而后书之于策，言出而不可易也，令下而不反也。如阴阳之动，如四时之行，如风雨之施，所至而化，所育而长。夫天之不可逆者时也，君之不可逆者法也。使四时而可逆，则非天也；法令而可违，是非君也。今有十人，彍弩于百万之众，未有不震怖者也。夫十矢之不能杀百万人可知也，然一军皆震者，以为唯无向（向疑中）则已，所中必死也。明君正其礼，明其法，严其刑，持满不发，以牧万民，犯礼者死，逆法者诛，赏无不信，刑无不必，则暴乱之人莫敢试矣。故中人必死，一矢可以惧万人；有罪必诛，一刑可以禁天下。

是以明君重法慎令。

【译文】

法立令行，老百姓就不会犯法；法不立令不行，老百姓就会多因犯法而死。所以说："能杀而后能生，能断而后仁立。"国家的治乱，关键在于确定法令。法令确定则民心定，法令变更则民心变。法令是为了求得处事公正的，法令刚出来则百事正，发生变更则会有奸邪的事发生，多次变更就会发生混乱。法令出而事不正，是等于无法；法令正而不执行，是等于没有君上。所以明君将有所作为，必先反求于已心，考虑好了之后书写成简策，一言既出就不再更改，命令一下达就不再收回。这正像自然界阴阳的变动、四时的运行，亦如刮风下雨，所到之处无不变化，所养育者无不成长。天的运行，不可逆转的是季节变化；君王治国，不可违逆的是法令的施行。如果四时可以逆转，那就不成其为天；如果法令可以违背，那就不成其为君主。如果现在有十个人拉满弓弩而面对百万之众，没有人不感到震惊和恐骇的。十支箭不能杀伤百万人，这是谁都明白的道理，然而整个军队都感到震惊的原因，是认为弓箭尚没有明确的射击目标，如果自己被射中，必定会死亡。明君正其礼，明其法，严其刑，就如弓箭拉满而不发，以管理万民。犯礼的要处死，违法的要惩治，赏无不信，刑无不必，那么暴乱之人就没有谁敢以身试法了。因为中箭之人必死，所以一支箭可以使万人畏惧；因为有罪必诛，所以一刑可以严禁天下之人作恶。所以明君对于法令是极为慎重的。

## 人　主

人主莫不欲得贤而用之，而所用者不免于不肖；莫不欲得奸而除之，而所除者不免于罚贤。若是者，赏罚之不当，任使之所由也。人主之所赏，非谓其不可赏也，必以为当矣；人主之所罪，非以为不可罚也，必以为信矣。智不能见是非之理，明不能察浸润之言，所任者不必智，所用者不必忠，故有赏贤罚暴之名，而有戮能养奸之实。此天下之大患也。

【译文】

人主没有谁不想得到有贤德的人并任用他们，但是所任用的人免不了也还有不贤能的人；没有谁不想把那些奸邪的人驱除掉，而所驱除的人中免不了也会有贤能的人。像这样，是由于赏罚不当、任意用人所产生的必然结果。人主之所赏者，不是说不可以奖赏，但一定要做到恰乎其当；人主之所降罪者，不是说不可以处罚，但一定要做到真实可信。如果其智慧尚不能看清是与非的道理，其明达尚不能洞察渐次而进的谗言，所信任者不一定都是智者，所任用者不一定都是忠臣，那就会有赏暴罚贤之名，有戮能养奸之实。这是天下的大患啊。

## 致　贤

虽有离娄之目，不能两视而明；夔旷之耳，不能两听而聪；仲尼之智，不能两虑而察。夫以天下之至明至智，犹不能参听而俱存之，而况于凡人乎！故以目，虽至明，有所不知；以因，虽凡人，无所不得。故善学者，假先王以论道；善因者，借外智以接物。故假人之目以视，奚适夫两见；假人之耳以听，奚适夫两闻；假人之智以虑，奚适夫两察。故夫处天下之大道而智不穷，兴天下之大业而虑不竭，统齐群言之类而口不劳，兼听古今之辨而志不倦者，其唯用贤乎？

【译文】

即使有像古代以明目著称的离娄的眼睛，但也不能够同时看清两个东西；有像虞舜时的乐官夔和春秋时晋国的乐师旷那样善于辨音的耳朵，但也不能同时听清两种声音；有像孔子那样的智慧，但也不能同时考虑清两件事情。凭天下之至明至智的人，尚且不能同时听受两件事且都能明白，更何况是一般的人呢！所以目光即使最明亮，也有不知晓的事物。如果有所凭借，即使是一般人也无所不得。所以善于学习的人，借先王之道以论道；善于凭借的人，凭着他人的智慧来接触外界事物。能借助别人的目光来观察，怎么会不能两见呢？能借助别人的耳朵来听，怎么会不能两闻呢？能借助别人的智慧来思考，怎么会不能两察呢？所以要想立足于天下之大道而智慧不会穷尽，兴办天下之大业而思虑不会竭尽，统一百家的意见而口舌不会劳累，兼听古今的论辩而心志就不会倦怠，只有使用贤才这一个办法。

## 明赏罚

夫干禄者唯利所在，智足以取当世，而不能日月不违仁。当其用智以御世，贤者有不如也。圣人明于此道，故张仁义以开天下之门，抑情伪以塞天下之户，相赏罚以随之，赏足荣而罚可畏。智者知荣辱之必至，是故劝善之心生，而不轨之奸息。赏一人而天下知所从，罚一人而天下知所避。明开塞之路，使百姓晓然，知轨疏（疏疑迹）之所由。是以贤者不忧，知者不惧，干禄者不邪。是故仁者安仁，智者利仁，畏罪者强仁。天下尽为仁，明法之谓。死者人之所甚恶也，杀人者仁人之所不忍也。人之于利欲，有犯死罪而为之。先王制肉刑，断人之体，彻膳去乐，咨嗟而行之者，不得已也。刑不断则不威，避亲贵则法日弊。如是则奸不禁，而犯罪者多。惠施一人之身，而伤天下生也。圣人计之于利害，故行之不疑。是故刑杀者，乃爱人之心也。涕泣而行之，故天下明其仁也；虽贵重不得免，故天下知其断也。仁见故民不怨，立断下不犯，圣王之所以禁奸也。先王制为八议赦宥之差，断之以三槐九棘之听，服念五六日，至于旬时，全正义也，而后断之。仁心如此之厚，故至刑可为也。

【译文】

求官的人惟利所在，智谋足够取用于当世，但却不能每月每天不做违背仁德的事。当他用智谋来办理世间的事，即使是贤者有时也不如他。圣人对这个道理非常了解，所以就张扬仁义来大开天下进取之门，抑制巧智来堵塞天下侥幸之户，并随之辅之以赏罚，使赏足以使人荣耀而罚足以使人畏惧。巧智者知道荣辱必然到来，所以向善之心就会产生，而不遵守法规的奸诈便得以收敛。奖赏一个人而使天下人都知道所应追随的，处罚一个人而使天下人都知道所应避免的。明示所应行和不应行之路，让老百姓通晓，知道向何处去。所以贤者不忧，智者不惧，求官的不走邪道。如此则天下仁者恪守仁义，智者为求利而行仁，畏罪者害怕罪责也勉强从仁。天下人都施行仁爱，这就是圣明的法度。死亡是人们所最厌恶的事，杀人之事是仁者所不忍心干的事。对于利欲，有人甘冒死罪去贪求。先王制定肉刑，断人肢体，但行刑时撤食去乐，虽叹息而这样做的原因，是出于不得已。刑罚不果断就不能显示它的威力，照顾亲贵之人则法令就一天天败坏。如果这样，则作奸犯科之事就不能禁止，而犯罪的人也会一天天增多。恩惠只施于一人之身，就会伤及天下人的生命。圣人从利害两方面考虑，所以施行惩罚绝不迟疑。因此，刑杀这件事，实际上是出自爱护人的用心。流着眼泪而施行惩罚，那么天下人会明白他的用心是从仁爱出发的；即使是地位贵重的人也不能免受刑罚，那么天下人就知道其执法果断。惩处时仍能显现其仁爱，那么老百姓就不怨恨；对犯罪者当即判决，下边就不会犯法。这是圣王能禁止奸恶的原因。先王制定“八议”之法来显明对亲人、故旧、贤臣等八种人犯罪后宽恕赦免的等差，听取三公九卿的意见来断决，反复思考五六天，以至十天时间，认为完全合乎义理，而后作出决定。仁爱的用心这样诚厚，所以虽是至重之刑也是可以执行的。

（王井南译）

# 卷五十

# 抱朴子治要

【考评】

《抱朴子》，东晋葛洪著。葛洪(约286年—341年)，东晋道教理论家、医学家、炼丹术家，字稚川，自号抱朴子，丹阳句容(今属江苏)人，葛玄之从孙。少好神仙导引之法，从葛玄的弟子郑隐受炼丹术。司马睿任丞相后，用其为掾，后任谘议参军等职。他因镇压石冰领导的农民起义“有功”，赐爵关内侯。洪闻交趾出丹砂，求为勾漏令，携子侄至广州，止于罗浮山炼丹，在山积年而卒。他把道家术语附会入金丹、神仙的教理，使道教思想系统化、理论化，并和儒家的名教纲常思想相结合，以神仙养生为内，以儒术应世为外，提出以“玄”为自然之始祖。其对魏晋以来玄学清谈风气不满，主张立言必须有助于教化，同时又提倡文章与德行并重，反对贵古贱今；不满道家的“无为而治”，提出“身在山林而心存魏阙”。他对化学、医学的发展有一定贡献，记载了当时流行的炼丹方法，保存了中国最早期医学典籍和民间方剂，其中有对天花、恙虫病的世界最早的记载。著作有《抱朴子内篇》《抱朴子外篇》、《肘后备急方》《神仙传》等，又曾托名汉刘歆撰《西京杂记》。《群书治要》仅辑录了《抱朴子外篇》的《酒诫》《疾谬》《刺骄》《博喻》《广譬》等五篇的部分内容，作为向唐太宗进谏的理论依据，而对于道教所宣扬的神仙养生之术则未辑录。

葛洪的少年时代，是勤苦求学的时期。他的父亲早逝，家道中衰，便亲自操持农活，并于其暇发愤苦读。他说："年十有三，而慈父见背，夙失庭训，饥寒困悴，躬执耕穑，承星履草，密勿畴袭。又累遭兵火，先人典籍荡尽。农隙之暇无所读，乃负笈徒步行借。又卒于一家，少得全部之书，益破功，日伐薪卖之，以给纸笔，就营田园处，以柴火写书。坐此之故，不得早涉艺文。常乏纸，每所写，反复有字，人鲜能读也。"到了十六岁，葛洪开始读《孝经》《论语》《诗经》《易经》等儒家经典，但自学难通，就去拜从祖葛仙公的弟子郑隐为师。在那里，他博览经史百子之言，还浏览过《河图》《洛书》之类图谶之书，以及当时颇流行的风角、遁甲、六壬、太一之类术数学。郑隐见他年少体弱，又兼其为葛仙公后人，便与其他弟子区别对待，命他抄写道书，饱览秘笈，又立坛盟誓，将金丹仙术传给葛洪。这时的葛洪既想做一个著簿于书、后世流名的文儒，又具有巢父、许由等人隐居山林的思想。

葛洪成年时期参加了镇压张昌、石冰义军的战争，战后因功被授予伏波将军，这是葛洪入仕的一个契机，但事后朝廷不论其功，未被录用。兼济天下不得，葛洪只好到洛阳读书。可是北方战乱，归路又因动乱而阻断，他只好在徐、豫、荆、襄、广等几州间周游。光熙元年(公元303年)，故友嵇含被任命为广州刺史，就推荐葛洪为参军。这又是葛洪经世济俗的一个机会。他来到广州，偏偏嵇含没到任就被仇人暗杀，这对青年葛洪无疑是一个重大的打击。他作客异乡，苦闷中开始撰写《抱朴子》一书。这时，南海太守鲍靓与他交上朋友，将女儿鲍姑嫁与他为妻。鲍靓明天文、河图、洛书之类，也学仙术。在这种氛围里，而立之年的葛洪入世之心逐渐灰冷，而潜心修道，服食养性的决心越来越坚定了。之后，葛洪又屡次出仕。建兴三年(公元315年)，被荐入琅王牙王丞相府。建武元年(公元317年)，被辟为掾，并于此年完成《抱朴子》全书。

# 酒　诫

抱朴子曰：目之所好，不可从也；耳之所乐，不可顺（顺原作不慎）也；鼻之所喜，不可任也；口之所嗜，不可随也；心之所欲，不可恣也。故惑目者，必逸容鲜藻也；惑耳者，必妍音淫声也；惑鼻者，必芷蕙芬馥也；惑口者，必珍羞嘉旨也；惑心者，必势利功名也。五者毕惑，则或承之祸。为身患者，不亦信哉！是以其抑情也，剧乎堤防之备决；其御性也，过乎腐辔之乘奔。故能内保永年，外免衅累也。夫酒醴之近味，生病之毒物，无豪锋之细益，有丘山之巨损。君子以之败德，小人以之速罪。耽之惑之，鲜不及祸。世之士人，亦知其然，既莫能绝，又不肯节，纵口心之近欲，轻名灾之根原，似热肠之恣冷，虽适己而身危。小大乱丧，亦罔非酒，然而俗人是酣是湎。其初筵也，抑抑济济，言希容整，咏湛露之厌厌，歌在镐之恺乐，举万寿之觞，诵温克之义。日未移晷，体轻耳热，琉璃海螺之器并用，满酌罚余之令遂急，醉而不出，拔辖投井。于是口涌鼻溢，濡首及乱，屡舞仙仙，舍其座迁，载号载呶，如沸如羹。

【译文】

抱朴子说：眼所喜欢看的，不可以放纵；耳所乐闻的，不可以顺从；鼻所爱嗅的，不可以放任；口所嗜吃的，不可以随意；心所向往的，不可以恣肆。迷惑眼目的，必是超群的容貌、鲜明的色彩；迷惑耳闻的，必是美妙的音乐、迷人的歌声；迷惑于鼻嗅的，必是芷草蕙兰的芳香；迷惑口感的，必是珍贵的食物、绝佳的美味；迷惑心灵的，必是权势利禄与功名。目、耳、鼻、口、心五者全都被迷惑，就可能要遭受灾祸。身受其患者，不是确实如此吗？因此，人们要控制自己的情感，应比防备堤坝决口还要重视；人们要制约自己的心性，较之用腐朽的辔头驾御奔车还要更加警惕。这样就能使人内保长寿、外免灾祸啊。甜酒虽近似美味，却是致病的毒物，对人没有丝毫的益处，却有像山丘一样的大害。君子因为它会败德，小人因为它会招致罪过。沉迷于它，很少有不招祸的。世间的士人，也知道这些道理，但是既没有人能戒绝，又不肯节饮，放纵内心和口腹浅近的欲望，轻视名声受害的根源，好似人内热时大喝冷饮一样，虽说一时适意，而身体却受到了危害。小到百姓作乱，大到大大小小的诸侯国的灭亡，无不是因酒而引起的，然而世俗之人却酣饮沉溺于它。这些人开始饮宴时，还显得谨慎庄重、说话较少且仪容整齐，如咏读《诗·小雅·湛露》中“厌厌夜饮”之句那样和悦，如吟唱《诗·小雅·鱼藻》中“王在在镐”之章那样恬淡，宾主互相敬酒，虽然微醉，犹能自我把持。过了一段时间，就感到体轻耳热，琉璃、海螺制成的酒器并用，杯子斟满而饮后杯中有余酒要罚的酒令于是变得急切，已经喝得大醉仍不许离去，将其所乘之车车轴端孔内的车键拔出投入井中（使车轮脱落）。这时候口吐鼻溢，沾湿头脸以至须发散乱，不时蹁跹起舞，离开座位，边喊边叫，像开了锅一样沸腾。

或争辞尚胜，或哑哑独笑，或无对而谈，或呕吐机筵，或颠蹶良（良原作梁）倡，或冠脱带解。贞良者，流华督之顾盼；怯懦者，效庆忌之蕃捷；迟重者，蓬转而波扰；整肃者，鹿踊而鱼跃。口讷于寒暑者，皆抚掌以谐声；谦卑而不竞者，悉裨瞻以高交。廉耻之仪毁，而荒错之疢发；阘茸之性露，而傲狠之态出。精浊神乱，臧否颠倒。或奔车走马，赴阬谷而不惮，以九折之坂为蚁封也；或登危蹋颓，虽堕坠而不觉，以吕梁之渊为牛迹也。或肆忿于器物，或酗（酗原作酌）詈于妻子；加枉酷于臣仆，用剡锋乎六畜；炽火烈于室庐，迁威怒于路人，加暴害于士友。亵严主以夷戮者有矣，犯凶人而受困者有矣。言虽尚辞，烦而叛理；拜伏徒多，劳而非敬。臣子失礼于君亲之前，幼贱悖慢于老宿之座。谓清谈为诋詈，以忠告为侵己。于是白刃抽而忘思难之虑，棒杖奋而罔顾乎先后；构洒血之仇，招大辟之祸。以少凌长，则邻（邻原作邦）党加重责矣；辱人父兄，则子弟将推刃矣；发人所讳，则壮士不能堪矣；计数深刻，则醒者不能恕矣。起众患于须臾，结百痾于膏肓。奔驷不能追既往之悔，思改而无自反之蹊。盖知者所深防，而庸人所不免也。其为祸败，不可胜载，然而欢集，莫之或释。举白盈耳，不论能否。料沥雷于小余，以稽迟为轻己。倾筐注于所敬，殷勤变而成薄。劝之不持，督之不尽，恶色丑音，所由而发也。

【译文】

有的和人争辩求胜，有的哑哑独笑，有的自言自语，有的呕吐得几案坐席到处都是，有的跌倒爬起行路踉跄，有的卸下帽子解开腰带。平日操守好的，也像春秋时宋国太宰华督喜欢并注目观看大司马孔父之妻一样回视和斜视；平日性情怯懦者，也模仿春秋时吴国公子庆忌的多动和敏捷；平日从容庄重者，却变得行动失常、四处叨扰；平日态度严肃的，却像鹿跳鱼跃一样闹腾不已；平日不善于寒喧的人，都会抚掌来附和叫好；平日谦躬不与人争逐者，也壮起胆子，去同地位高者交往。廉耻的仪态毁弃，而荒唐错乱的毛病出现；品行卑鄙的本性显露，而傲慢凶狠的态度产生。精神混乱，好坏颠倒。有的醉酒者奔车跑马，即使走向坑谷也不惧怕，把九曲的山坡看作是蚂蚁堆成的封土；有的登上高处，脚踩崩塌之土，即使跌落下来还不觉察，认为吕梁山的深渊不过是牛蹄窝。有的任意摔拌东西，有的因酗酒迁怒妻子，妄罚、虐待奴仆，甚至用锐利的刀锋刺杀六畜、用炽火点燃房屋，有的则迁威怒于路人、加暴害于士友。亵渎严厉的君主而被杀戮者有之，冒犯凶暴之人而被围困者有之。话虽是尊重的言辞，但烦琐而背理；跪拜之礼徒然多行，费力而并非尊敬。做臣子的失礼于君主、父母之前，年轻小辈却对长辈老人悖慢而无礼。认为公正的评论是攻击谩骂之辞，把忠言劝告当作是侵犯了自己。于是抽出白刃而忘记思考因此造成祸患的忧虑，拿起棍棒乱抡却不顾及事情的前前后后，造成洒血的仇恨，招来杀身的大祸。以少欺长，则乡党就会重加责斥；辱人父兄，子弟们将会持刀相向；揭发人的阴私忌讳，就是壮士也不能忍受；心计苛刻严峻，头脑清醒的人是不会宽恕的。在片刻之间惹起许多祸患，积结诸多疾病于膏肓之处。就是飞奔的骏马也不能追回已造成的令人后悔之事，想改正错误也找不到自我返回的途径。这些都是明智的人所应该深切防止而庸人却摆脱不了的。酒造成的祸害败亡之事，载不胜载。然而人们欢聚时，却没有人放弃饮酒。举杯之声充耳而闻，不管能否喝酒；核计杯中未饮尽的酒的点滴数，认为拖延时间迟迟不喝就是看不起自己；倾尽酒篓倒给所敬之人，殷勤反而变成了不厚道。劝酒不端杯，催促不饮尽，于是不友好的脸色、谩骂的声调便由此而发生。

夫风经府藏，使人忽恍，或遇斯疾，莫不忧惧，吞苦忍痛，欲其速愈。至于醉之病性，何异于兹？而独居密以逃风，不能割情以节酒。若畏酒如畏风，憎醉如憎病，则荒沉之咎塞，而流连之失止矣。夫风之为病，犹展攻治，酒之为变，在乎呼噏及其闷乱，若存若亡，视泰山如弹丸，见沧海如盘盂，仰哗天堕，俯呼地陷，卧待虎狼，投井赴火，而不谓恶也。夫用身之如此，亦安能惜敬恭之礼、护喜怒之失哉！昔仪狄既疏，大禹以兴；糟丘酒池，辛癸以亡。丰侯得罪，以戴樽衔杯；景升荒坏，以三雅之爵。赵武之失众，子反之诛戮，灌夫之灭族，季布之疏斥，子建之免退，徐邈之禁言，皆是物也。世人之好之乐之者甚多，而戒之畏之者至少。彼众我寡，良箴安施？且愿君子节之而已。

【译文】

风吹入人的腑脏，使人恍惚不适，如果染上此病，没有人不发愁害怕，忍受着痛苦，总想疾病赶快痊愈。至于喝醉酒而造成的性情错乱，跟这有什么差别呢？人偏能到隐蔽之处去避邪风，却不能割爱以节制饮酒。如果怕酒像怕风、憎醉如憎病，那么放纵、沉湎于饮酒的毛病就能戒绝，并且流连于酒的过失也就不会再发生了。风给人带来的疾病，还可以施展医术来治疗，而酒使人产生的病变，只在瞬息之间。到了醉酒烦乱之时，若生若死，能把泰山看成弹丸，把沧海看作盘盂，仰面大叫天要塌下来了，俯地呼喊地要陷落了，睡在地上等待虎狼来临，乃至跳入深坑、走入火堆，却不认为这是丑行。一个人的行为到了如此地步，又怎么能珍惜恭敬的礼仪、防备随意喜怒带来的的过错呢！古时发明酿酒的仪狄（因向大禹进献美酒而）被疏远，大禹一朝的政事从而兴旺；酒糟积成山、酒浆满如池，辛（商纣）、癸（夏桀）因而亡国。丰侯获罪，是因为头上顶着酒壶、口上衔着酒杯；刘景升政事荒废、衰败，是因为将酒爵分为伯雅、仲雅和季雅三个等级。赵武的失去民众，子反的被杀戮，灌夫的被灭族，季布的被疏远斥退，子建的被免官黜退，徐邈的被禁言，都是因为酒啊！但是社会上的人们喜爱饮酒并以饮酒为乐事者非常的多，而戒酒怕酒的人却非常的少。彼众我寡，劝诫箴言又怎能有效施教呢？只希望君子能够节制就行了。

## 疾　谬

抱朴子曰：世故继有，礼教斯颓，敬让莫崇，傲慢成俗。俦(俦原作畴)类饮会，或蹲或踞；暑夏之月，露首袒体。盛务唯在樗蒲弹棋，所论极于声色之间。举足不离绮襦纨袴之侧，游步不去势利酒客之门。不闻清言讲道之言，专以丑辞嘲弄为先。以如此者为高远，以不尔者为呆野。于是驰逐之庸民、偶俗之近人，慕之者犹宵虫之赴明烛，学之者犹轻毛之应飚风。嘲戏之言，或上及祖考，或下逮妇女。往者务其深焉，报者恐不重焉。唱之者不虑见答之后患，和之者耻于言轻之不塞。以不应者为拙劣，以先止者为负败。如此交恶之辞，焉得嘿哉！其有才思者之为之也，犹善于依因机会，言微理举，雅而可笑，中而不伤。若夫疏拙者之为之也，则枉曲直奏，使人愕然。妍之与蚩，其于宜绝，岂唯无益而已哉！乃有使酒之客，及于难侵之性，不能堪之，拂衣拔棘，而手足相及。丑言加于所尊，欢心变而成仇，绝交坏厚，构隙致祸。以楁螺相掷者有矣，以阴私相讦者有矣。昔陈灵之被矢，灌夫之泯族，匪降自天，口实为之。

【译文】

抱朴子说：世间的变乱时有发生，礼教因此而衰颓，没有人崇尚戒慎谦让，傲慢无礼已成风气。同伴们在一起饮酒聚会，有的蹲着，有的坐着，暑夏季节，袒胸露体；最盛行的事就只有赌博、下棋，所谈论的话题尽都是歌舞、女色；行动不离开穿绸挂缎的富贵子弟左右，交游、出行不离开权势、富豪、酒徒之门；听不到公正评论和谈说道义之言，专门以用丑恶的言辞嘲弄别人为首要内容；认为这样就是高明深远，以为不这样的就是呆笨粗野。于是乎那些奔走钻营的平庸之人、迎合世俗的受宠之人，羡慕他们就好像是飞蛾扑向明烛，学习他们犹如轻毛随飚风而飞升。这些人在一起嘲讽戏弄的话，或者上及先祖父亲，或者下涉妇女。出言者务求苛刻，回应者唯恐不够份量。首先发话的人不考虑答话的后患，随后说话的则以话不苛刻不能堵住对方的嘴为耻。把不应对的人当作愚笨的人，把首先停止的人看成失败的人。像这样伤害感情、互相憎恨的言辞，谁肯容忍而默然呢？其中有才思的人这样做，还能善于借势找到机会，言轻理正，让人觉得不俗气又很可笑，击中要害而不伤害感情。至于才疏学浅的笨人这样做，不知变通，只顾直白地陈说，让人感到惊愕。但无论言辞的美与丑，都应该彻底断绝，岂止是没有好处呢？又有一些发酒疯的人，有不可侵犯的性格，不能忍受，便挽袖持棒，拳脚相加；恶言加于所尊敬者，欢心变为仇恨，断绝深厚的交情，造成感情上的裂痕而招致祸殃；以酒杯相掷撕打者有之，以阴私互相攻讦者有之。昔日春秋时陈灵公之被射杀，西汉灌夫之被灭族，不是天降的灾祸，都是祸从口出啊。

枢机之发，荣辱之主。三缄之戒，岂欺我哉！激电不能追既往之失辞，班输（输原作轮）不能磨斯言之既玷。虽不能三思而吐谈，犹可息谑调以杜祸萌也。然而迷谬者，无自见之明；触情者，讳逆耳之规。疾（疾原作恢）美而无直亮之针艾，群惑而无指南以自反。谄媚小人，欢笑以赞善；面从之徒，拊节以称功。益使惑者不觉其非，自谓有端晏之捷、过人之辩而不寤。斯乃招患之旌、召害之符也，岂徒减其方策之令问、亏其没世之德音而已哉！然敢为此者，非必笃顽（顽原作顾）也，率多冠盖之后、势援之门，素颇力行善事，以窃虚名，名既粗立，本情便放。或假财色以交权豪，或因时运以叨荣位，或以婚姻而成贵戚，故弄毁誉以合威柄。器盈志溢，态发病出；党成交广，道通步高。清论所不能复制，绳墨所不能复弹，遂成鹰头之蝇、庙垣之鼠。所未及者，则低眉扫地以奉望之；其下者，作威作福以鞚御之。故胜己者，则不得闻，闻亦阳不知也；减己者，则不敢言，言亦不能禁也。

【译文】

言语，是涉及一个人荣辱的根本问题。古人“三缄其口”的警言，难道是欺骗我们的话吗？快速的闪电不能把已往的失口之言追回来，巧匠公输班也不可能把有玷污的言辞磨掉。即使不能够经过深思熟虑而说一些不涉及世务、只讲玄理的话语，但总还可以停止戏谑调侃之辞来杜绝祸患的萌生吧！可是那些辨不清谬误的人，没有自见之明；触动情欲者，忌讳听取逆耳的规劝。疾病很重，却没有直接辅助的医病石针和艾草；众多之人迷惑，却没有正确的指导而使其自省以返回正道。谄媚的小人笑着称赞叫好，当面顺从的人拍掌来称颂功德。如此越发使迷惑者不醒悟其过错，自认为有子贡、晏婴的敏捷和过人的辩才而不觉醒。这是招祸的旗子、招害的符箓啊，岂只是减损其在青史中的好声誉、失去他一生的好名望而已呢！然而敢于这样做的，不一定真的很顽劣，而大多是官宦人家的后代、攀附有权势者的家族，他们平日还能力行善事，来窃取虚名，等到虚名初步成就，本性便开始放纵。他们有的利用财色来结交权贵，有的一有时机便贪求荣耀之位，有的因婚姻关系而成为贵戚，因此故意散布诽谤或赞誉之言来迎合当权者。他们志骄意满，故态复萌而毛病百出，朋党结成，交往甚广，仕路畅通，步步高升。公正的评议已不再能遏制他们，法规对他们不再能纠劾，遂令他们成为鹰头上的苍蝇、庙堂里的硕鼠。对自己还比不上的人，他们就低眉下气，放弃尊严去侍奉、拜望；对权位在他们之下的，就作威作福，以强硬手段来加以控制。所以，权位超过他们的听不到其恶迹，即使听到了也佯装不知；地位次于他们的，则不敢说什么，即使说了也不能有所制止。

# 刺　骄

盖劳谦虚己，则附之者众；骄慢倨傲，则去之者多矣。附之者众，则安之征也；去之者多，则危之诊也。存亡之机，于是乎在。轻而为之，不亦蔽哉！自尊重之道，乃在乎以贵下贱，卑以自牧也。非此之谓也，乃衰薄之弊俗、膏肓之废疾，安共为之？可悲者也。不修善事，即为恶人；无事于大，则为小人。纣为无道，见称独夫；仲尼陪臣，谓为素王。即君子不在乎富贵矣。今为犯礼之行，而不喜闻遄死之讥，是负豕而憎人说其臭、投泥而讳人言其污也。夫节士不能使人敬之，而志不可夺也；不能使人不憎之，而道不可屈也；不能令人不辱之，而荣在我也；不能令人不摈之，而操之不可改也。

【译文】

人有功劳还能够谦虚，那归附他的人就多；骄傲倨慢，则离开他的人就多。归附的人多，就是安定的景象；反对的人多，乃是危困的象征。存亡的关键，就在这里。不重视这一点，不也是太糊涂了吗？自尊自重的途径，在于能以尊贵的身份去敬重地位低下的人，以谦卑之心自处。如果不是这样，那就是衰颓、浇薄的有害风气，是染上了不治的疾病。怎能一起去做这种事？这是很可悲的事啊。不做好事，就是不好的人；不做大事，就是普通人。商纣是无道之君，被称为“独夫”；仲尼只是诸侯的大夫，却被尊为有王者之德而不在王位的“素王”。这样看来，君子不在乎是否富贵。现在有人有违犯礼义的行为，而不喜欢听“人而无过，胡不遄死”的批评，就好像是背着一头猪却讨厌别人说他臭、投身于污泥之中却忌讳别人说他污秽。有气节的人纵然不能让人尊敬自己，但其志向是不能被改变的；不能使人不憎恨自己，但其处世之道是不可被扭曲的；不能令人不侮辱自己，但光荣在于自身；不能令人不排斥自己，而节操却是不能改变的。

故分定计决，劝沮不能干；乐天知命，忧惧不能入。困瘁而益坚，穷否而不悔。诚能用心如此者，亦安肯草靡萍浮，效礼之所弃者之所为哉？俗之伤破人伦，剧于寇贼之来，不能经久，其所损坏一时而已。若夫贵门子孙，及在位之士，不惜典刑，而皆科头袒体，踞见宾客，毁辱天官，又移染庸民。后生晚出，见彼或已经清资，或叨窃虚名，而躬自为之，则凡夫便谓立身当世，莫此之为美也。夫守礼防者，苦且难，而其人多穷贱焉；恣骄放者，乐且易，而为者皆速达焉。于是俗人莫不委此而就彼矣。世间或有少无清白之操业，长以买官而富贵，或亦其所知足以自饰也，其党与足以相引也。而无行之子，便指以为证，曰彼纵情恣欲，而不妨其赫奕矣；此整身履道，而不免于贫贱矣。而不知荣显者有幸，而顿沦者不遇，皆不由其行也。

【译文】

所以职分、计划一旦决定，劝阻不能干扰其志；乐天知命，忧惧不能入乎其心。困苦而更加坚强，不得志而不悔。如果真能用心如此，又怎肯像茅草随风而倒、浮萍随水而飘，去效法非礼无义之人的所作所为呢！世俗对人伦的毁坏，比起寇贼之来犯还要厉害。寇贼不能持久，其所造成的损坏不过是暂时的。至于那些贵族子孙和在位的人士，不顾惜礼制法式，而都不戴帽子、袒胸露体，蹲着、坐着接见宾客，诽谤侮辱朝廷要员，又从而使平民百姓受其感染。后生晚辈，看见他们中有的已拥有清高的资望，有的贪求并窃取了虚名，却亲自做违背礼法之事，那么一般人便认为，立身于当世，再没有比这样做更好的了。遵守礼制既辛苦又难于做到，且这样的人大多不得志而地位低下，而恣意放纵既快乐又不费力，而这样做的人都很快显达。因此世人无不放弃遵守礼制而倒向恣意放纵了。世间也有些人，年轻时没有清白的操守，长大后因买官而富贵，或者有人是因其所懂得的知识足以粉饰自己、朋党足以相互引荐而富贵。而品行不好的人，便指此作证，说他们这些人尽管纵情恣欲，但并不妨碍他们的名位显赫，而那些遵守礼义、修身行道者，却不能避免其贫困和低贱呀！他们不知荣显者受到宠幸困顿沉沦者得不到礼遇，全都不依据他们的操行啊。

## 博　喻

抱朴子曰：民财匮矣，而求不已；下力极矣，而役不休。欲怨叹之不生，规其宁之惟永，犹断根以续枝、剜背以裨腹、刻目以广明、割耳以开聪也。

【译文】

抱朴子说：老百姓的财物已经匮乏了，但是征取仍然不休止；下边的力气已经用到极点，而徭役却不停息。如此，想使百姓不产生怨恨伤叹情绪而告诫其要永远安宁，这犹如挖掉树根接到树枝上让其继续生长、剜割背上之肉来补给肚腹、隔开眼眶来扩展其视力、割去其耳朵来开通其听觉一样。

抱朴子曰：法无一定，而慕权宜之随时；功不倍前，而好屡变以偶俗。犹剸高马以适卑车、削跗踝以就褊履、断长剑以赴短鞞、剖尺璧以纳促匣也。

【译文】

抱朴子说：法令未能成为定规，却羡慕随事随时变通的做法；功业未能超过前代，而喜好不断变革以迎合世俗。这样的想法，正如截断高头大马的腿来适应低车、削小踝骨来穿上小鞋、切断长剑来装入短鞘、分割一尺大小的玉璧来纳入小匣子（一样荒谬）。

抱朴子曰：禁令不明，而严刑以静乱；庙算不精，而穷兵以侵邻。犹钐禾以计蝗虫、伐木以杀蛣蝎、食毒（食原作灭食）以中蚤虱、撤舍以逐雀鼠也。

【译文】

抱朴子说：禁令不明确，却实行严刑使祸乱平静；朝廷的策划不精密，却穷兵黩武以侵犯邻国。这正像是钐割禾苗来消灭蝗虫、砍伐掉林木来捕杀蛀虫、服毒以使身上的跳蚤和虱子中毒而死、拆掉房屋来赶走麻雀和老鼠一样。

## 广　譬

抱朴子曰：三辰蔽于天，则清景暗于地；根荄蹶于此，则柯条瘁于彼。道失于近，则祸及于远；政缪于上，而民困于下。

【译文】

抱朴子说：日、月、星受到云雾遮蔽，大地上的美景就昏暗；草木根部倒于此处，其枝条就会毁坏于彼处。道义在近处缺失，祸患就会延及远方。执政者在上层出现错误，下面的老百姓就会贫困。

抱朴子曰：贵远而贱近者，常人之用情也；信耳而疑目者，古今之所患也。是以秦王叹息于韩非之书，而想其为人；汉武慷慨于相如之文，而恨不同世。及既得之，终不能拔，或纳谗而诛之，或放之乎冗散。此盖叶公之好伪形，见真龙而失色也。

【译文】

抱朴子说：看重远方之物而不看重近处之物，是人之常情；相信听闻而对眼见的事物怀疑，乃是从古到今人们常见的弊病。因此秦王看到韩非子所著的书赞叹，而向往能见到他本人；汉武帝赏识司马相如的文章，而恨自己与他不能同世相处。及至已经见到其人，却不能重用，或听信谗言而诛杀之，或以闲散之职安置之。这大概就像叶公一样，喜爱龙的图形，但见到真龙以后却为之大惊失色。

（王井南译）

# 后　记

# 中华文化何以能传承不断

中华优秀传统文化是当今世界文明古国中唯一五千年一脉相承且不断发展丰富，至今依然生命力旺盛，依然对当今社会政治、文化、社会风尚乃至经济建设有着很大影响的独成体系的民族文化。其“源远流长，博大精深，包括着先哲们无穷的智慧，记载了炎黄子孙的辉煌业绩，是先祖留给我们的一笔丰厚遗产”。正是这一文化，使华夏民族在从公元前三十世纪到公元十三世纪的四千多年里，一直处于全世界文明进程的领先地位，直到清代的“康乾盛世”，其文化成果依然为世界瞩目，其经济总量依然居世界第一（占全世界三分之一）。可以说，中华传统文化造就了一代代中华儿女爱国守土、自立自强、勤劳节俭、艰苦奋斗、仁爱礼让、谦虚谨慎、知荣知辱、修身养德、孝老敬长、以和为贵等文明良好的传统道德风尚。公元七世纪勃兴的大唐王朝特别是“贞观”年代，更是登上了封建社会的“治世”之巅，从而也使大唐的都城长安成为当时公认的世界政治、经济、文化中心。革命先驱孙中山先生有诗句曰：“世界文明，唯有我先。”法国前总统季斯卡·德斯坦就曾说：“人类有很多古文明，我特别尊崇和学习中国的古文明。”

中华古文化何以传承不断、独成体系、典籍浩繁？笔者以为主要原因有四：

其一，中华民族从人类文明之初，就体悟天道，宗法自然，渐次形成了以民为本、以仁治政，崇礼让、尚教化、贵修身、讲恕道，重德轻刑、重义轻利、崇扬孝道、以和为贵、谋求大同的治国理念。在其后几千年的“准封建社会”到完全封建社会的演进中，经诸子百家之论争，使文化思想宝库更为丰盈，也使有利于统治者地位巩固和社会相对和谐的儒家学说日臻丰满，并成为两千余年封建社会的主流意识形态。这一文化态势无疑会有利于古文化的不断传承和独成体系。

其二，中国历代的君臣士子，大都有敬畏前贤、以史为镜的“师古情结”与风习。其匡政、论事、修身、教化等，辄引先贤之道以为则。傅说曰：“人求多闻，时惟建事，学于古训，乃有获。事不师古，以克永世，匪说所闻。”太史公曰：“前事之不忘，后世之师。是以君子为国，观之上古，验之当世……”班固曰：“善言古者，必有验于今。”唐太宗曰：“夫以铜为镜，可以正衣冠；以古为镜，可以知兴替；以人为镜，可以明得失。”唐朝吴兢所著的《贞观政要》更是成为唐中叶到明、清历代君臣士儒的必读典籍。明代还规定，皇帝除三、六、九日上朝而外，每天中午都要听侍臣讲授《贞观政要》。

其三，以中原汉文化为源头和大纲的中华传统文化，在其发展过程中，受外来文化干扰较少，且总能以其博大、文明和通情达理，融化、同化进入中原的周边少数民族。正如美国人艾奇逊所感叹的：“中国自己的高度文化和文明有三千多年的发展，大体上不曾沾染外来的影响。中国人即使被武力征服，最后总是能够驯服和融化侵入者。”比如，魏孝文帝系鲜卑族，却非常重视从“诸子百家”中学习汉文化，尊慕儒家，倡行文治；元世祖忽必烈早在即汗位前便崇尚汉文化，即位后则以汉法治国，重用汉人，还将《四书》选为科举考试教材；清代满人的汉化更不用说，集汉文化之大成、对后世产生重大影响的《康熙字典》《全唐诗》《四库全书》等等经典之作皆出自满族入主中原时期。汉文化不仅覆盖国内，周边国家也大都延用或借鉴汉制。如，近邻日本史料载，“仁明天皇承和五年（公元838年），天皇御清凉殿，令助教直道宿称广公读《群书治要》”，并确定为皇家教材；日本嘉元四年（公元1305年）二月十八日，以右大办三位经雄卿本书写点校《群书治要》；日本元和时代（公元1615—1623年），又用活字版刊印《群书治要》；德川幕府在1615年颁布的《禁中并公家法度》十七条中规定，天皇必须读《贞观政要》；公元1787年（乾隆五十二年），日本又重新刊印《群书治要》，其朝散大夫国子祭酒林信敬在重刊序言中称誉道：“我朝承和、贞观之间，致重雍袭熙之盛者，未必不因讲究此书之力。则凡君民、臣君者非所可忽也。”即使当代，日本公务员考试，还要考老子的《道德经》。

其四，中国历朝历代都重视修史修志、理编古籍。魏征在有关书评中说：“古者天子、诸侯必有国史，以纪言行。后世多务，其道弥繁。夏殷以上，左史记言，右史记事。”史载，从上古伏羲氏起，中华民族已迈入文明时代。及至黄帝时代苍颉造字后，古文化典籍便薪火相传，延续不断且日见丰硕。夏代及其前朝，已流传《三坟》《五典》《八索》《九丘》等论大道、讲五常、演八卦、察地理的经典。商周时期，“史官尤备，纪言书事，靡事阙遗”。

魏征《经籍志总序》曰：“夫经籍也者，机神之妙旨，圣哲之能事，所以经天地、纬阴阳、正纪纲、弘道德。显仁足以利物，藏用足以独善。学之者将殖焉，不学者将落焉。大业崇之，则成钦明之德；匹夫克念，则有王公之重。其王者之所以树风声、流显号、美教化、移风俗，何莫由乎斯道。”又曰：“其教有适，其用无穷，实仁义之陶钧，诚道德之橐籥也。其为用大矣，随时之义深矣，言无得而称焉”、“今之所以知古，后之所以知今，……经籍于是兴焉”。

从伏羲文化到孔子述《易》道而删《诗》《书》、修《春秋》而正《雅》《颂》起，到司马迁著《史记》，经典的基本格局已定。汉哀帝时，刘歆又继其父刘向之业，辑著《七略》：一曰《集略》，二曰《六艺略》，三曰《诸子略》，四曰《诗赋略》，五曰《兵书略》，六曰《术数略》，七曰《方技略》，大凡三万三千九十卷。至此，经籍类编已成规模，中华古文化蔚成大观。南北朝谢灵运造《四部目录》，大凡六万四千五百八十卷。隋开皇三年，秘书监牛弘奉旨广搜异本，“每书一卷，赏绢一匹，校写既定，本即归主。于是民间异书，往往间出”。大唐武德五年，敕令尽征天下图书。虽载书之船失事，书籍多漂没，但合条整编后，仍有一万四千四百六十六部，八万九千六百六十六卷。其后各朝，大都依随前例，归整书目、类编经籍。到清乾隆年间，虽几经取舍，修成的《四库全书》尚计有七万九千三百三十七卷。以上只是略举，已足见经籍日繁，累世愈丰。

笔者以为，中华优秀民族文化虽斑斓多彩、各有千秋，但于理国治世，最有价值者当推前文已首肯之儒学。魏征评价说：“儒之为教大矣，其利物博矣，笃父子、正君臣、尚忠节、重仁义、贵廉让、贱贪鄙，开政化之本源，凿生民之耳目。百王损益，一以贯之。虽世或污隆，而斯文不坠，经邦致治，非一时也。涉其流者，无禄而富；怀其道者，无位而尊……”又说：“文之为用，其大矣哉！上所以敷德教于下，下所以达情志于上。大则经纬天地、作训垂范，次则风谣歌颂、匡主和民。”其言不只教育古人，对当代人们认识中华优秀传统文化的博深与价值和对构建社会主义和谐社会也大有启迪之义。

毛泽东说：“中国长期的封建社会中，创造了灿烂的古代文化。”又说：“今天的中国是历史的中国的一个发展。我们是马克思主义的历史主义者，我们不能割断历史。从孔夫子到孙中山，我们应当给以总结，继承这一份珍贵的遗产。”毛主席的这一论见和指示，正是数十年来我国众多学者和不少领导干部都重视古文化研究的动力和宗旨。

近几年，我们听到温家宝总理在多次讲话中，都曾引用古贤的哲语警言以深化治政之理。《群书治要》一书，虽距今已经一千多年，然而，古圣先贤治国平天下之智慧结晶，其思想价值足以跨越时空，历久弥新，成为人类共有的精神财富。愿更多有识之士，深体古贤斯旨，落实书中教诲，则不仅利在当代，更能泽被后世。

张耀武

# 中華文化大講堂 系列产品目录

| 序号 | 书　名 | 作　者 | 开 本 | 定价/元 |
|---|---|---|---|---|
| 1 | 张居正讲《大学 中庸》 | (明)张居正 | 16K | 24.00 |
| 2 | 张居正讲《论语》 | (明)张居正 | 16K | 32.00 |
| 3 | 张居正讲《孟子》 | (明)张居正 | 16K | 42.00 |
| 4 | 《王凤仪讲人生》 | 王凤仪 | 16K | 32.00 |
| 5 | 《王凤仪诚明录》 | 王凤仪 | 16K | 29.80 |
| 6 | 《王凤仪嘉言录》 | 王凤仪 | 16K | 29.80 |
| 7 | 《王凤仪言行录》 | 王凤仪 | 16K | 29.80 |
| 8 | 《王凤仪笃行录》 | 王凤仪 | 16K | 29.80 |
| 9 | 《来自山沟的大智慧》 | 以志 | 16K | 58.00 |
| 10 | 《家和万事兴》 | 王元五 | 16K | 29.80 |
| 11 | 《孝经》研习报告 | 钟茂森 | 16K | 29.80 |
| 12 | 《朱子治家格言》研习报告 | 钟茂森 | 16K | 25.00 |
| 13 | 《弟子规》研习报告 | 钟茂森 | 16K | 18.00 |
| 14 | 《太上感应篇》研习报告 | 钟茂森 | 16K | 18.00 |
| 15 | 《十善业道经》研习报告 | 钟茂森 | 16K | 18.00 |
| 16 | 《找寻中国精神》 | 钟茂森 | 16K | 25.00 |
| 17 | 《了凡四训》研习报告 | 钟茂森 | 16K | 25.00 |
| 18 | 《细讲大学》 | 钟茂森 | 16K | 25.00 |
| 19 | 《中华文化大讲堂》第一辑 | 诚敬和 | 16K | 32.00 |
| 20 | 《中华文化大讲堂》第二辑 | 诚敬和 | 16K | 32.00 |
| 21 | 《中华文化大讲堂》第三辑 | 诚敬和 | 大16K | 32.00 |
| 22 | 《悦心集》 | 雍正 | 16K | 29.80 |
| 23 | 《钟博士讲解弟子规》 | 钟茂森 | 大16K | 22.00 |
| 24 | 《钟博士简讲孝经》 | 钟茂森 | 大16K | 22.00 |
| 25 | 《企业人的道德修养》 | 慧祥 | 大16K | 25.00 |
| 26 | 《窈窕淑女的标准》 | 钟茂森 | 大16K | 29.80 |
| 27 | 《细讲论语》 | 钟茂森 | 大16K | 23.80 |
| 28 | 《王凤仪年谱与语录》 | 王凤仪 | 大16K | 48.00 |
| 29 | 《王凤仪性理讲病录》 | 王凤仪 | 大16K | 29.80 |
| 30 | 《中国精神》 | 钟茂森 | 大16K | 10.00 |

| | | | | |
|---|---|---|---|---|
| 31 | 《四大高僧说佛》 | 弘一大师等 | 大16K | 168.00 |
| 32 | 《论语讲要》 | 李炳南 | 大32K | 36.00 |
| 33 | 《民国老课本》（全五册） | 沈颐、戴克敦等 | 大16K | 75.00 |
| 34 | 《群书治要》考译 | 魏征等 | 大16K | 298.00 |
| 35 | 涵养女德　美丽人生《女四书·女孝经》 | 王相 | 大16K | 18.00 |
| 36 | 涵养女德　美丽人生《女子德育课本》 | 蔡振绅 | 大16K | 18.00 |
| 37 | 文白对照曾国藩家书全编（全四册） | 曾国藩 | 大16K | 198.00 |
| 38 | 言文对照《古文观止》 | 宋晶如 | 大16K | 48.00 |
| 39 | 五种遗规 | 陈宏谋 | 大16K | 58.00 |
| 40 | 《阿弥陀经》白话解释 | 黄智海 | 大16K | 20.00 |
| 41 | 《观无量寿佛经》白话解释 | 黄智海 | 大16K | 20.00 |
| 42 | 《普贤行愿品》白话解释 | 黄智海 | 大16K | 20.00 |
| 43 | 《心经·金刚经》白话解释 | 黄智海等 | 大16K | 20.00 |
| 44 | 《无量寿经》白话易解 | 净空法师 | 大16K | 20.00 |
| 45 | 《地藏菩萨本愿经》白话解释 | 胡维铨 | 大16K | 20.00 |
| 46 | 人生宝典 | 和谐 | 大16K | 29.80 |
| 47 | 曾文正公全集（全二十三册） | 曾国藩 | 大32K | 698.00 |
| 48 | 曾国藩传 | 蒋星德 | 大16K | 29.80 |
| 49 | 国学治要（全八册） | 张文治 | 大16K | 320.00 |
| 50 | 中华传世经典藏书（第一辑）全十册 | 王应麟等 | 小64K | 100.00 |
| 51 | 群书治要译注（全二十八册） | 魏征等 | 大32K | 420.00 |
| 52 | 五种遗规 | 陈宏谋 | 大16K | 58.00 |
| 53 | 齐家治国 女德为要：《女诫》学习心得 | 陈静瑜 | 大16K | 26.00 |
| 53 | 家和宝典 | 刘光启 | 大16K | 29.80 |
| 54 | 群书治要360 | 魏征等 | 大32K | 15.00 |
| 55 | 踏对人生的脚步 | 蔡礼旭 | 大16K | 25.00 |
| 56 | 纳兰词笺 | 纳兰性德 | 大32K | 29.80 |
| 57 | 文昌帝君阴骘文讲记 | 钟茂森 | 大16K | 108.00 |
| 58 | 养正遗规译注 | 陈宏谋 | 大16K | 32.00 |
| 59 | 建立理智的人生观 | 蔡礼旭 | 大16K | 22.00 |
| 60 | 曾文正公家书（繁体竖排） | 曾国藩 | 大16K | 68.00 |
| 61 | 德育课本（全四册） | 蔡振绅 | 大16K | 128.00 |
| 62 | 女四书白话解 | 蔡振绅 | 大16K | 18.00 |
| 63 | 《群书治要》心得 | 萧祥剑 | 大32K | 29.80 |
| 64 | 品读《群书治要》 | 刘余莉 | 大32K | 29.80 |
| 65 | 弟子规图说 | （清）李毓秀 | 大32K | 5.00 |

**联系方式**
电　话：010 — 65407420　　13911578809　　网　址：www.zhwhdjt.com